中国资本市场法制发展报告

— 2013 —

中国证券监督管理委员会

法律出版社
LAW PRESS CHINA

主　编：庄心一

副主编：黄　炜　程合红　刘辅华

2013 年 11 月 28 日，第四届“上证法治论坛”以“打造升级版的证券法，促进资本市场改革创新”为主题在北京召开，中国证监会主席肖钢出席论坛并发表题为“证券法的法理与逻辑”的演讲。

2013 年 11 月 28 日，第四届“上证法治论坛”以“打造升级版的证券法，促进资本市场改革创新”为主题在北京召开，全国人大常委会法工委副主任信春鹰出席论坛并发表演讲。

2013 年 11 月 28 日，第四届“上证法治论坛”以“打造升级版的证券法，促进资本市场改革创新”为主题在北京召开，国务院法制办副主任甘藏春出席论坛并发表演讲。

2013 年 11 月 28 日，第四届“上证法治论坛”以“打造升级版的证券法，促进资本市场改革创新”为主题在北京召开，最高人民法院审判委员会专职委员杜万华出席论坛并发表演讲。

2013年5月21日，中国证监会党委中心组学习贯彻国务院机构职能转变动员电视电话会议，中央机构编制委员会办公室副主任王峰作专题辅导报告。

2013 年 6 月 28 日，“2013 陆家嘴论坛”在上海召开，中国证监会副主席庄心一出席会议并讲话。

2013 年 1 月 12 日，“第 17 届 (2013) 中国资本市场论坛”在北京召开，中国证监会副主席姚刚出席会议并讲话。

2013 年 9 月 3 日，中国—亚欧博览会“2013 金融发展与合作论坛”在乌鲁木齐召开，中国证监会副主席刘新华出席会议并讲话。

2013 年 1 月 22 日，2013 年全国证券期货监管系统纪检监察工作会议在北京召开，中国证监会纪委书记（时任）黎晓宏出席会议并讲话。

2013 年 8 月 24 日，“2013CCTV 中国上市公司峰会”在北京召开，中国证监会副主席姜洋出席会议并讲话。

2013年8月2日，“期货投资者保护研讨会”在北京召开，中国证监会主席助理（时任）吴利军出席会议并讲话。

2013 年 5 月 31 日，“2013 年基金业协会年会”在北京召开，中国证监会主席助理张育军出席会议并讲话。

2013 年 8 月 19 日，全国证券期货稽查执法工作会议在北京召开。

2013 年 7 月 25 日，中国证监会举办“资本市场法律体系建设规划意见”座谈会。

2013 年 9 月 18 日，《上市公司监督管理条例（草案）》研讨会在上海召开。

2013 年 10 月 14 日，中国证监会召开“党委中心组（扩大）学习会议”，邀请上海市高级人民法院副院长、审判委员会委员盛勇强作“中小投资者保护工作”专题讲座。

2013年12月26日，中国证监会副主席庄心一、最高人民法院副院长奚晓明、最高人民法院专职审判委员会委员杜万华到全国股份转让系统公司开展专题调研工作。

2013 年 12 月 31 日，中国证监会召开“党委中心组（扩大）学习会议”，邀请中国政法大学法学院院长薛刚凌围绕“我国建立行政和解制度”作专题讲座。

内容说明

本《报告》总结了2013年我国资本市场法制建设的主要成果，并力图反映我国资本市场法制发展的整体状况、发展水平和所处阶段。《报告》在编辑体例和内容上，基本遵循了2011年《报告》的做法，主要包括以下内容：

第一部分为领导讲话，主要收录了有关领导在2013年关于资本市场法制建设的重要讲话12篇。

第二部分为重要文献，收录重要文献5篇。

第三部分为法律法规，主要收录了2013年证券期货市场法律制度建设综述，2013年颁布的与资本市场发展相关的法律法规，包括法律修改决定2件、行政法规和法规性文件12部、规章10件和司法解释2件的全文，以及其他部委规章1件。

第四部分为执法实践，主要收录了2013年行政许可、信息公开、打击非法证券活动工作、案件稽查、证监会各业务部门监管工作、行政处罚、行政复议与行政诉讼、法律问题评析、律师监管、普法工作、诚信建设共11个方面的工作综述，以及行政处罚、市场禁入和行政复议决定书等文件。

第五部分为派出机构依法行政工作，收录了中国证监会12家派出机构的依法行政工作报告。

第六部分为市场自律组织及相关机构法制建设，收录了上海证券交易所、深圳证券交易所、上海期货交易所、大连商品交易所、郑州商品交易所、中国金融期货交易所、中国证券登记结算公司、中国证券投资者保护基金公司、中国证券金融公司、中国期货保证金监控中心公司、中证资本市场运行统计监测中心公司、全国股份转让系统公司、中国证券业协会、中国期货业协会、中国上市公司协会、中国证券投资基金业协会2013年法制建设工作综述，并收录了上海、深圳证券交易所，上海期货交易所、大连商品交易所、郑州商品交易所和中国金融期货交易所等作出的纪律措施决定书目录。

第七部分为监管专题，收录了各部门、各单位报送的专项工作稿件11篇。

第八部分为综述评析，收录了上海证券交易所王升义、梁胜撰写的《2013年资本市场法治建设述评》，从顶层设计、制度建设、监管执法、自律监管、证券司法、法治研究等方面对2013年资本市场法制发展取得的成就及存在的问题做了具体阐述和评析。

第九部分为案例评析，收录了2013年在资本市场上有较大影响的5个典型案例分析。

第十部分为司法文书选编，收录了北京市高级人民法院行政判决书（龙长生不服中国证监会行政处罚决定行政诉讼案）、广东省高级人民法院刑事判决书（冯大明等人内幕交易罪案）等司法文书共10件。

第十一部分为法律意见书选编，收录了包括主要证券法律服务业类别在内的法律意见书8篇。

附录为2013年资本市场法制建设大事记，按时间顺序收录了2013年发生的对资本市场法制建设有重要影响的事件。

目　　录

第一部分　领导讲话

第二部分　重要文献

第三部分　法 律 法 规

一、立法工作

二、法律文件

五、证监会各业务部门监管工作

六、行政处罚

七、行政复议与行政诉讼

八、法律问题评析

九、律师监管

十、普法工作

十一、诚信建设

第五部分 派出机构依法行政工作

第六部分 市场自律组织及相关机构法制建设

一、上海证券交易所

二、深圳证券交易所

三、上海期货交易所

四、大连商品交易所

五、郑州商品交易所

六、中国金融期货交易所

七、中国证券登记结算公司

八、中国证券投资者保护基金公司

第七部分 监 管 专 题

第八部分　综 述 评 析

第九部分　案 例 评 析

第十部分　司法文书选编

第十一部分 法律意见书选编

附 录

第一部分　领导讲话

肖钢主席在全国证券期货稽查执法工作会议上的讲话

（2013 年 8 月 19 日）

我就贯彻执行好我会最近印发的《关于进一步加强稽查执法工作的意见》讲三个问题：

一、加强稽查执法工作的基本原则与要求

稽查执法工作是证监会的一项主要业务与核心工作，是加快资本市场改革开放、实现市场创新发展的重要基础，是履行“两维护，一促进”职责的根本保障。做好稽查执法工作，必须把握好以下几项原则和要求。

（一）坚持严格执法。对违法违规行为必须依照法律法规予以严惩，严肃追究责任，严厉打击各种违法违规活动，讲求“稳、准、狠”，大幅提高违法和失信成本。要大胆执法，根据现行法律法规的规定，大胆履行稽查执法的职责，用好用足法律法规赋予的职责和权力，积极探索和积累案例，丰富执法手段。要长期坚持严格执法，不搞“运动式执法”，不搞“一阵松，一阵紧”的执法，更不能根据市场指数的涨跌来调整执法的力度，要始终保持高压态势。

（二）坚持公正执法。坚持法律面前人人平等，无论是什么机构、什么人，违法必惩，违规必究。要有啃硬骨头的精神，坚决查处大要案，切实维护市场公正。要快速高效执法，一个案子拖两年、三年，甚至不了了之，对守法者、守信者是不公平的，投资者得不到及时补偿，更是不公平的。要强化稽查执法的透明度，让权力在阳光下运行。要进一步明确执法的标准，减少自由裁量空间，做到同一情形同样对待。要处理好监管措施、行政处罚和加大经济成本的关系，在案件处理中切实加大违法违规者的经济成本，提高执法的有效性和威慑力。

（三）坚持文明执法。注重法治的理性精神，理性平和地运用法律机制处理问题。坚持以事实和证据为依据，有效运用现代化执法手段，提高执法专业化水平，让违法违规者受到惩戒，让市场参与主体真正敬畏法律。在案件处理过程中，区别违法违规的性质、情节、影响和危害程度，实施不同的监管措施和行政处罚，努力做到宽严相济。区分市场创新与违法违规的边界，为市场创新发展留有余地，给市场主体“自我修正”留出空间，激发市场活力，规范市场秩序。在追究违法违规当事人责任的同时，严格按程序办事，该听证的听证，该复议的复议，依法维护被处罚者的正当权益，维护市场稳定，促进社会和谐。

二、切实贯彻执行《意见》的各项工作部署

《意见》是在认真总结多年来稽查执法工作经验、深入研究新形势新任务基础上形成的，是反复征求意见、反复研究沟通形成的集体智慧。制定一个好的文件不容易，要执行好就更不容易，关键要狠抓落实。

第一,切实转变观念、提高认识,把监管重心转到加强稽查执法工作上来。

证监会系统各级领导班子要认真组织学习《意见》,充分认识《意见》的重要意义和精神实质,了解掌握《意见》提出的各项工作要求。要按照简政放权、转变职能的要求,加快推进证监会工作重心从事前审批向事中、事后监管执法转变。目前一部分领导干部的思想认识还跟不上形势发展需要,没有把稽查执法纳入重要议事日程,对于监管中发现的问题不愿采取稽查执法的手段解决,线索能不移的就不移,案件能不立的就不立,有的甚至不敢动真碰硬。一些业务部门和单位,认为稽查执法主要是稽查处罚部门的事情,与自己关系不大。有的派出机构对交办案件不积极承办,找各种理由推脱,有的甚至多年从未主动立过一个案子,稽查执法工作处于荒废状态,干部也没有从事稽查执法工作的积极性。特别值得注意的是,日常监管与稽查执法职责边界不明晰,衔接配合不到位,工作形不成合力,执法效果大打折扣。这些问题都要引起高度重视,并通过贯彻落实《意见》逐步加以解决。

第二,切实解决执法标准不明确、要求不统一、程序不规范的问题。

明确的执法标准、统一的执法要求、规范的执法程序是严格、公正、文明执法的重要保障,也是影响整体执法效果的核心内容。目前,在线索移送、立案、认定、量罚等环节,要么没有标准,要么规定过于原则,实际难以操作。我会至今还没有出台有关稽查执法标准方面的规章类文件。由于具体执法标准的缺失,导致日常监管与稽查执法部门之间,就线索要不要移送、要不要立案产生分歧,调查部门与审理部门之间,就事实认定和法律适用相互扯皮,莫衷一是,大量的时间和精力花在个案会商和协调的具体事务中,严重影响案件办理进度和效果。因此,贯彻执行好《意见》,必须明确标准、规范程序。

一是要建立相互衔接、逻辑严密的执法标准体系。执法标准要覆盖线索移送、立案、调查取证、审理、复议等各个环节。近期连同《意见》印发了立案指引、调查终结报告编制指引、处罚权下放等几个文件,下一步还要陆续出台一些相关规则。由于我们缺乏经验,加上相关部门和单位还存在一些分歧意见,因此,这些规则还不完善,但要勇于实践,允许线索发现单位和部门按照试行的立案指引,探索具体的线索移送标准,稽查局要及时总结交流推广,逐步细化,同时全面梳理修订案件调查取证的各种标准规程;处罚委要尽快明确各类案件的认定标准和量罚标准;法律部要进一步完善复议制度和应诉工作规程。对于案例、经验积累不足,目前没有形成广泛共识标准的事项,调查和审理部门应当加强沟通协调,尽早达成共识;已有标准不能适应实际需要的,要组织力量抓紧修订,重新颁布执行。

二是要明确认定标准的核心原则。认定标准在案件处理中居于核心地位,必须坚持基本的原则,并在执法各个环节保持一致。在这个问题上决不允许一个部门一套标准、一个人一个做法。必须明确的是,证监会稽查执法工作的基本导向是维护市场公开、公平、公正,维护投资者特别是中小投资者合法权益,这也是取证和审理工作的基本导向。只要符合这个导向,就要大胆坚持。要以此确立认定标准,并充分考虑市场实际、考虑我们目前调查手段所受到的制约、考虑我们对案件特别是新型案件的认知能力,既要有适当的前瞻性和创新性,又要符合实际、具有可操作性。作为行政执法中的证明标准应当与其执法性质和执法依据的要求相一致,不一定像刑事案件那么高,当然也不能低于民事案件的证明标准。

三是要明确量罚过程中自由裁量权的掌握原则。《证券法》存在不少关于量罚的自由裁量性规定,这是法律赋予监管部门的职权,能否恰当行使,对执法效果有非常大的影响。基本原则是大幅提高违法违规成本,就高不就低,能适用高一层级的处罚措施就要用高一层级的处罚措施,依法通过高额的经济处罚,或者通过暂停或撤销从业资格的处罚,进一步加大违法行为的成本,形成对违法行为的强有力震慑。要坚持在依法依例的基础上,不断解放思想,不简单照搬过去的做法,按照法律的原则和精神大胆处理案件,既严格执法,又避免简单执法,不断积累案例,丰富执法经验和手段。

四是要进一步明确与立案有关的行政许可与监管措施适用标准。立案稽查的威慑力不仅体现在处罚上,更要体现在一系列行政许可与日常监管措施的综合运用上。必要的、有效的联动是增强稽查执法威慑力不可或缺的手段。当然,也要明确,案件在未正式处罚前,对涉嫌违法主体在法律上的权利和义务仍要维护,并不是所有行政许可都与立案去挂钩。对于案件查处与行政许可、日常监管措施的联动,还要重点围绕健全诚信档案、建立关注名单、及时纠正制止以及有效教育整改等方面来加强。

第三,切实提高工作质量和效率,充分发挥稽查执法的综合功效。

从目前情况看,质量和效率方面的问题仍然不少。部分案件存在取证不完整,关键证据缺失,证明力减弱,调查时效低,调查报告内容表述不清等问题,甚至有的案件反复补证,多次修改调查报告,致使调查周期拉长。由于各种原因,审理部门积案压案现象也非常突出,一些案件搁置多年没有结果,出现争议不能及时加以解决。办案效率低、查处不及时、处罚不到位等问题严重影响执法工作的质量与效率。特别是大要案、敏感类案件,时间拖得越长,查处难度越大,查案压力越大,即便最后查实,查办效果也会大打折扣。正是基于上述原因,《意见》专门建立了案件限时办结制度。今后,案件的调查和审理原则上不得超过一年,超时的,必须讲清理由,履行报批程序。稽查执法的每个环节,都要有明确的时限要求,绝不能再出现积案压案现象。执法权限下放以后,该由哪一级负责就由哪一级负责。会机关有关部门既要加强指导监督,又要避免过多干预或变为层层审批。对于重大案件,要在调查取得主要证据后尽快开展审理提前介入工作。调查审理过程中,对同一个案件不同违法主体是不是可以分别移交、边办边移,处罚是不是可以对案件进行分拆处理,行政处罚如何与刑事制裁更加有效地衔接,等等,都对执法效率具有很大影响,要积极研究,开阔思路,拿出解决办法。

当然,案件限时办结绝不意味着对案件质量放松要求。稽查执法的各个环节都要加强案件质量控制,完善相关流程。要更加重视科技手段在执法工作中的运用,更加重视稽查执法信息系统建设,不断提高执法工作的科技水平和技术含量,最大限度提高案件查办的效率和质量。要有计划开展执法评估工作,围绕执法制度建设、案件查办质量、执法效率效果等,对全系统执法整体情况和各具体执法单位(部门)执法职责落实情况进行综合评估。通过评估,总结经验,发现问题,分析原因,研究对策,推动完善稽查执法工作和制度建设,同时也有利于激励先进,鞭策落后。

第四,牢固树立一盘棋思想,加强协作,形成合力。

稽查执法工作涉及面广,环节多,流程长,对相互之间的协调配合提出了很高的要求。

一是要加强稽查执法与日常监管的衔接协调。一方面,要以发现问题和移送线索为重点,在提升监管部门和派出机构在日常监管、行政许可、现场检查等工作中发现违法行为能力的基础上,及时将发现的违法线索移送稽查执法部门,防止以日常监管代替行政处罚。另一方面,要围绕案件综合处置,建立健全稽查执法部门、日常监管部门、自律监管组织之间的会商沟通机制,及时通报相关监管措施、立案、调查和审理情况,研究解决案件查办难题,协同做好综合监管工作。

二是要加强稽查执法部门之间的协作配合。执法权下放后,全系统各执法单位,要更加注意不断增强大局意识。稽查局要进一步强化案件调查工作的牵头抓总职能,统一调配使用好全系统案件调查力量,进一步改进调查组织模式,加大联合办案、异地办案力度。处罚委要抓紧研究处罚权下放后的新情况、新问题,尽快完善相关工作规程。要坚持和优化查审分离机制,调查与审理部门之间要完善双向提前介入制度,既要有分离,也要有合作,把提高行政处罚的独立性与证监会领导班子集体决策有机结合和统一起来,在坚持查审分离的基础上,有效解决查审部门分歧,绝不能长期搁置,或者一推了之、一退了之。

三是要积极推动与系统外单位的协作。加强与公安司法机关、纪检监察机关、地方政府、政府部门的联系沟通,提高执法效率与效果。派出机构要不等、不靠,在辖区范围内大胆实践、积极试点,取得经验后及时在全系统推广。公安部证券犯罪侦查局驻会办公,部会共管,这是证券执法的一大特殊体制,优势非常明显,我们一定要继续发挥好这个优势,大力推动行政执法与刑事司法的有效衔接。

三、加强稽查执法队伍建设

第一，以作风和能力建设为核心，不断提高稽查执法队伍的战斗力。

稽查办案任务艰巨，敏感复杂，对抗性强，对执法人员提出了很高的要求，要切实加强稽查执法队伍思想政治建设。稽查执法干部要充分认识自身肩负的责任和使命，坚定理想信念，热爱稽查工作，钻研稽查业务，创新稽查方法。稽查执法专业性强，既要了解资本市场，又要掌握法律法规和各类专业知识，要特别注重稽查执法队伍能力素质建设，通过案件调查实践、及时总结经验教训、相互学习交流、有效组织培训等方式，不断提高执法队伍的实战能力。要切实加强稽查执法队伍作风建设，牢固树立职业操守，不畏艰险，敢打硬仗，真正形成和发扬“特别能吃苦、特别能战斗、特别能奉献”的稽查精神。要切实加强队伍管理，严格管理才能真正出人才、出干部。要在形成正向激励导向的同时，时刻提醒全体稽查执法人员，务必坚持廉洁公正，严守纪律，抵制诱惑，守住底线，经得住考验，努力打造一支政治坚定、作风优良、业务过硬、坚持原则、敢于碰硬的执法队伍。

第二，加强执法机构建设，充实稽查执法力量。

目前的系统资源配置和稽查执法机构都是多年以前设立的，与政府职能转变、监管重心转移、执法形势任务以及市场内外部环境均不适应。2008 年至 2012 年，我会案件数量比前五年增长了 66%，涉外案件增长 169%，案件复杂程度和办案难度越来越大，特别是随着多层次资本市场建设深入推进和市场对外开放程度进一步扩大，案件查办任务将大幅增加。全系统稽查人员近年来虽然有所增长，但总数不足 600 人，占比不到 20%，人员配置与执法任务的矛盾日益突出，必须下决心加强执法机构，充实执法力量。

一是该整合的机构坚决整合，该增设的机构及时增设。《意见》要求上海、深圳专员办与沪深支队分别合署办公，合署以后的主要职能就是稽查办案，原有的机构巡检职能移交相应的派出机构。要新设一级党委，接受会党委的直接领导。大区稽查局要加强班子队伍配备，通过大区稽查局长单列管理，进一步增强稽查执法工作的独立性。各派出机构要适应调查权、处罚权下放的要求，及时调整充实处室职能。交易所和会管机构要进一步整合与稽查执法相关的部门设置，加强执法部门建设，切实加强自律监管与稽查执法的协作。《意见》要求新组建违法线索处理中心和技术服务中心，这是加强稽查执法工作的重要举措，要抓紧筹备建立。

二是要大幅充实执法力量。会党委决定新增 600 名稽查执法人员，实现全系统稽查执法队伍在现有基础上翻一番。新增 600 人主要从系统内人员、业内专业人员及应届毕业生中招聘，进入 6 个证券期货交易所与中登公司以及沪深支队等相关执法部门。全部调查力量，特别是 6 个交易所和中登公司的新增力量，要根据工作需要接受会里的统一指导和调配。

第三，提高执法保障水平，加大执法激励力度。

要在经费上保障执法工作顺利开展，按稽查办案工作量合理分配办案经费，做到专款专用，优先保证大案要案的经费需要，保证稽查执法干部正常的差旅住宿费用。要不断提高装备保障水平，加大稽查总队、沪深专员办及大区稽查局各种取证设备的投入，积极研发推广先进的技术取证设备和信息系统，提高执法信息化水平。要认真落实《意见》规定的各种激励保障制度，积极发挥评价评奖工作的引导激励作用，尽快建立稽查专业职务序列，落实稽查办案补贴，有序开展稽查执法干部岗位轮换，增强稽查执法岗位的吸引力，同时有效减轻长期出差办案、长期从事稽查执法工作所带来的压力。要充分利用系统内外各方面的力量，特别是各级公安机关的力量，有效保障稽查执法人员安全。各级党委，各单位、各部门负责同志，要在政治上、工作上、生活上多关心稽查执法人员，帮助他们解决工作和生活中遇到的实际困难，解除后顾之忧。

肖钢主席在《财经》年会上的讲话

（2013 年 11 月 19 日）

大家上午好！今天很荣幸能有机会参加一年一度的《财经》年会。借此机会，我祝愿本届年会取得圆满成功！衷心感谢大家对中国资本市场改革发展的关心和支持。今天我想主要谈一谈对资本市场改革的一些认识。

改革从来都是问题驱动和问题导向的。就是说，哪个地方问题比较多、矛盾比较大、困难比较多，哪个地方就需要改革。所以，改革是冲着问题来的，哪里有问题，哪里就有改革。改革的目的，就是要解决当前存在的突出问题。如果哪一件事情大家都比较满意，运行也比较顺畅，恐怕就没有改革的动力了。即使有改革的主意，恐怕也难以推行。

所以，改革因遇到现实问题而驱动，又在解决问题的过程当中不断深化。这是一个持续、动态的过程。当然，不同的历史时期，我们会遇到不同的问题，旧的问题基本解决以后，必然会产生新的问题，这就需要继续改革。因此，改革永无止境。

改革本身不是目的，不能为改革而改革，解决问题才是目的。改革必须从实际出发，立足于中国的国情。必须解放思想，实事求是。这句话说起来容易，真正做到很不容易。

我想有两个方面的情况是最不容易做到的。第一个方面，就是对过去实践证明是行之有效的措施，但是在今天的条件下却不再适用，需要放弃，这一点是很不容易做到的。第二方面，就是对未来要做的、必须做的又是正确的事情，但是在今天条件还不具备的时候，不急于去做，这一点也是很难的。

当然，改革也必然触动利益，因而是一件冒风险的事情，这就需要勇气和智慧，没有勇气肯定谈不上改革，因为改革是创新的事情，但是不讲究策略和方法，改革也难以成功。所以，改革的胆子要大，步子要稳，还要循序渐进，渐进式的改革。衡量改革的成效最终要用实践来检验。改革的成效既要看当前，更要看长远，这是很不好衡量的。有些改革的成效往往短期内显现不出来，遇到困难就容易退出，或者叫摇摆，或者叫反复，这是经常发生的。所以，我认为对改革的成效，需要放在一个比较长的时期来观察和检验。因此，改革要有一股韧劲。习近平总书记告诫我们要有“钉钉子”的精神，很形象，很通俗，很深刻。

资本市场改革要坚持市场化、法治化、国际化的取向。本来资本市场就是一个市场化的东西，为什么现在还把市场化作为第一位的取向呢？20 多年来，中国资本市场发展取得了很大的成就，但是，在市场化方面做得还不够，资本市场还是行政主导型的，不仅市场运行机制还没有市场化，更为重要的是，资本市场的外部环境，或生态环境也没有市场化。所以推进资本市场的市场化，任务仍然非常繁重和艰巨。

我们现在各种形式的审批和备案的事项还是比较多，而且除了备案审批的事项以外，还有其他一些不叫审批、备案但却类似审批的事项，比如说有些事情要登记，有些事情还要验收。验收算不算审批事项？肯定不算，但是不验收，这个事情就办不成，就通不过。这些都不利于激发市场的活力，也不能促进市场主体公平、有效率地竞争。

资本市场的价格形成机制还不完善，甚至可以说，市场价格还是扭曲的，还不是完全由市场来决定的。比如，新股“三高”的现象仍然比较突出，就是高发行价、高市盈率、高超募资金，投资者在二级市场炒新、炒小、炒差仍然比较普遍。这些扭曲的现象，造成了资源的浪费和错配。

上市公司一股独大的现象也比较突出。其实从公司自身来讲,股权是分散一点好,还是集中一点好?本身不是什么大的问题,各有利弊。在中国资本市场20多年的发展历程当中,前几年主要是国有企业上市,国有企业一股独大的现象自然比较普遍。最近几年增加了很多民营企业上市,但是,民营企业大多又是由家族企业演变而来,所以也存在一股独大的现象。这种一股独大容易产生大股东利用优势地位,侵害中小投资者权益的情况,也就是我们说的"隧道效应"。另外,上市公司自由现金流不充分,从一个侧面反映了上市公司粗放经营的现象。上市公司募集了资金以后,大部分都要扩大规模,把资本支出搞得很大,负债率较高,造成自由现金流不足,总体回报水平也不高。在这种情况下,加上我们国家无风险资金收益率过高,使资本市场难以建立一个长期投资的价值理念。上市公司也没有建立常态化的退市机制。

这些问题都要进一步通过市场化改革来逐步加以解决。也就是说,解决当前资本市场存在的问题,没有别的办法,唯一的办法就是积极稳妥地推进市场化的改革。当然,这里我要特别说明的是,由于资本市场的系统性、敏感性和复杂性的特点,在推进市场化改革的过程中,一定要看清楚问题究竟在哪里,对改革的方案、步骤、途径和方法一定要做充分的、细致的论证,广泛听取市场的意见,这样才能够防止出现大的反复和折腾,也才能够防止市场出现大幅波动。

现在各方面对于资本市场改革的意见很多,看法也不一致,这是一个正常的现象,因为资本市场各种参与主体利益各不相同。这里确实不乏真知灼见,但有些也存在概念上的误读、误用,有些过于偏激,有些似是而非,还有的自相矛盾。我们在推进资本市场改革中,一定要保持战略定力,要仔细分辨这些意见,吸取、集中大家的智慧来积极稳妥地推进市场化改革,这是对我们的考验。

大家比较关心股票发行注册制改革。我认为股票发行注册制改革是发行体制的一次重大改革,是还权于市场、还权于投资者的重大改革,也是资本市场"牵一发而动全身"的改革,这个改革会带动和促进很多方面的改革。这次改革的意义就是尊重市场的规律。大家都知道,各个国家和地区,实行注册制改革做法都不完全一样。当然,有一个基本的特点,就是股票发行审核一定要以信息披露为中心,证监会要以投资者需求为导向,对发行人信息披露的准确性、全面性进行审核,但是,不对这个公司的投资价值和持续盈利能力做出判断,而交由市场、投资者自主判断,真正还权于市场,还权于投资者。大家千万不要误解,注册制就是登记生效制,不是这样的。股票发行不是不要审了,更不是垃圾股可以随便发了,而是审核方式要改革。

比如,美国是实行注册制的一个很典型的国家,它的证监会股票发行部门有近500人,里面大多是会计师、律师,还有一些行业的专家。当然,跟他们相比,我们的力量就弱得多了,无论从人员的数量和人员的素质来讲,都不适应。可见,不能将注册制理解为不管了,就是登记备案,自动生效。实行注册制也需要一系列的配套改革和条件,比如,法律的修改。要实行注册制就必须修改现行《证券法》。

再如,要增强券商、会计师事务所、律师事务所的责任和能力,让他们真正归位尽责。现在有些投资银行实际上能力是不够的,在IPO项目中,它们没那么多人力去做尽职调查,内部也缺乏强有力的会计师、律师等专业团队的支持,所以,这个能力要加强。还有司法制度的改革,特别是民事赔偿制度改革也是非常重要的。在中小投资者保护这个方面,如果不得到系统的加强,也就是说如果不能构建资本市场保护中小投资者的一套法律政策体系,中小投资者维权难,举证也很难。总之,股票发行注册制改革是一项重大改革,是还权于市场,还权于投资者的一个根本举措。但是,需要一个循序渐进的过程,还需要其他方面的配套改革。

推进市场化的改革也必须以法治化作为保障,这个就不展开了。资本市场说到底是一个法治市场,没有法律、法规的规范,市场化是无法进行的。所以,要坚持法治化。市场化也必然要求国际化,只有资本市场实行双向开放,通过"引进来,走出去",才能够进一步促进市场化。如果没有国际化,很难形成一个真正的市场。当然,资本市场的开放是一个长期的、渐进的过程。大家都知道,我们十年以前引进了QFII制度,后来又引进了RQFII的制度,但是QFII、RQFII在我们股票的流通市值占比低于2%,总量还很小。今后还要进一步地扩大开放。当然,推进资本市场的双向开放,推进资本市场的国际化,并没有打算现在就开国际板。现在开国际板的条件还不成熟,我想在这里特别澄清一下。

推进市场化改革,迫切要求加强证监会自身的改革和自身的建设。讲到证监会在资本市场的作用,我想引用一位有名人士讲的“五指理论”,五个手指头的理论。大拇指是投资者,老大。紧靠着大拇指的什指是券商,当然也可以理解为券商加上会计师事务所、律师事务所。中指是媒体,在座的媒体很多。为什么中指是媒体?媒体报道资本市场的事情一定要客观、中立。上市公司是无名指,证监会是小指头,最小。

虽然证监会最小,但离佛法最近,要借用法律的力量行使职责。我们要进一步简政放权,转变职能,把证监会职能切实转到“两维护,一促进”上来,即维护市场的公开、公平、公正,维护投资者特别是中小投资者的合法权益。通过“两维护”,促进资本市场长期、稳定、健康发展。

证监会要加强自身建设,努力做到公正、透明。要建设一个公正的、透明的证监会,实现规则公开、过程公开、结果公开。然后是严谨、高效。执法者一定要严谨,同时要高效,从审批者转变为真正的监管者。

讲的不对的地方请大家批评指正。谢谢大家!

现场提问环节

提问1:刚才您也提到了资本市场的双向开放,就是引进来,走出去。近年很多中资证券公司也是不断的投资到海外,您认为在中资证券公司投资并且融资海外的过程中取得了哪些成绩,还存在哪些不足?

肖钢:谢谢您这个问题。刚才我也简单说了,最近十多年来,中国的证券期货业对外开放迈出了一些步伐,比如说,一些公司在海外设立机构,并成功地并购了一些外国公司。同时,随着QDII制度的建立,境内机构扩大了对海外资本市场的投资。另外,多年来大量中国公司到境外去上市。我们大概统计了一下,累计起来,中国公司到境外上市,一共筹资超过2000亿美元,应该说是一个不小的数字,所以在对外开放当中还是迈出了很大的步伐。但是,我觉得我们的公司国际化程度还不够,应该说还处在一个初级阶段。证券基金机构走出去并购的还不多;在境外设机构,也主要在香港多一些,真正到外国也不多;QDII的规模也比较小,这几年遇上国际金融危机,QDII投资的效益也不好。

总的来看,我们“走出去”还是处在一个初级阶段,一个起步的阶段。而且坦率地说,随着今后对外开放力度进一步加大,中国的券商、基金公司、期货公司等机构,国际竞争能力还是比较弱的。大家都知道,我们有110多家证券公司,80多家基金公司,160家左右的期货公司,好几百家机构,但是总的规模很小,还是比较散,比较小。所以,将来若真正同国外的同行,特别是实力比较强的同行竞争,还有很大的差距。所以,下一步应该研究怎么样壮大机构的竞争能力问题,的确是一个很迫切的问题。谢谢您!

提问2:肖主席好,中央刚发布的《决定》提到在资本市场层面要推进多渠道的股权融资,这方面有什么具体的举措?

肖钢:大家都知道,我国的直接融资比重比较小,有历史和文化的原因。中国的融资是以银行为主体,我们的直接融资不仅小于一些发达国家,也小于一些发展中国家,包括新兴市场经济体,如巴西、印度等。中国的储蓄率又很高,怎么样把比较高的储蓄转化为资本的形成和资本的投资,是未来发展中面临的一个很大的问题。

大家都知道,这场金融危机,2008年发生以后,中国政府出台了刺激措施,其中,发放了大量银行贷款。建国64年,前60年放了30万亿元贷款,后4年放了近40万亿元贷款,现在是70万亿元。所以我们主要是靠银行信贷,或者叫以银行为主的融资来拉动的。

但是,我认为这条路走不下去了。大家都在讨论,政府和企业负债率在升高,当然在这个问题上有不同的看法,负债率的计算口径也不一致,但是负债率升高是事实。所以,未来中国经济的发展再靠提高负债率的水平,应该说接近一个极限了,再过多地用银行贷款的杠杆已经难以为继了。因此,正是基于这样的背景,资本市场将会迎来难得的发展机遇,所以要多渠道的股权融资。

多层次的资本市场是一个很广的体系,既包括股票,又包括债券,还包括期货、期权和其他金融衍生品;既包括场内市场,又包括交易所之外的场外市场;既包括公募,又包括私募,它是整个一个体系。就股权而言,我们要建立一个多渠道的股权融资的体系,或者叫多层次的股权市场。我们要进一步壮大主板,丰富主板的内涵。现在看主板市场大多是一些传统的行业,但是,一些企业经过转型升级,有些传统的行业也会变为战略新型产业,主板大有可为。继续发展中小板,同时还要改革创业板,使创业板真正定位在支持成长型和创新型的中小企业上。我们创业板才搞了四年,当时开的时候比较审慎,因为大家知道世界各国和地区创业板成功的不超过一半,一半以上创业板最后没搞成。但是,这四年来的实践证明,我们的创业板还是成功的。但是下一步还要继续改革,怎么样使它成为一个支持成长型、创新型企业的新平台,还有文章可做。

要扩大"新三板"。大家都知道全国中小企业股份转让系统,简称"新三板",现在已经在向全国扩大,将来"新三板"的企业更小了,门槛就更低了,投资者的适当性管理也更严格了,有一套不同于主板、创业板的制度。

最后还要规范和发展区域性的股权市场。大家知道,这几年在清理整顿各地区的交易场所,在这个基础上还要规范,要把区域性的股权市场纳入多层次股权市场的体系当中。还要发展证券公司的柜台交易市场。

总之,通过多层次的资本市场体系才能够适应不同的融资者的需求,才能够满足不同的,或者叫作多元化的投资者的需求,把更多的储蓄转化为资本,减轻债务率,或者叫杠杆率,增加资本,这样就会更好地服务于经济社会转型和持续健康发展。我本人对资本市场未来的发展充满信心,要做的事情确实太多了。谢谢!

我国《证券法》发展与完善

——全国人大常委会法制工作委员会信春鹰副主任在第四届上证法治论坛上的讲话

(2013 年 11 月 28 日)

各位领导,各位专家,大家好!刚才,肖主席就《证券法》的修改完善,发表了重要讲话。这里我简单回顾一下我国《证券法》的发展历程,再共享现在《证券法》修改关注的一些重大问题。

一、我国《证券法》的发展历程

证券市场的健康发展,离不开以《证券法》为核心的证券法律制度的规范和引领。同时,法律制度也需要根据市场的变化对新的问题、新的情况做出回应。市场和制度既是博弈的关系,同时又休戚相关,一损俱损,一荣俱荣。我国《证券法》是 1998 年通过、1999 年 7 月 1 日起实施的,这部法律是一部破冰的法律,它是在我国的证券市场刚刚兴起的时候制定的。它建立了一些基础的制度,在座的各位专家都很熟悉,概括起来:一是明确了证券的范围,包括股票、公司债券和国务院依法认定的其他证券。二是建立了证券的发行制度,明确规定公开发行证券实行审批制。三是规定了证券交易的一般规则,明确了证券上市的程序和条件,并对证券交易过程中的信息公开和停止交易的行为作出了规定。四是规定了上市公司的收购制度,明确收购的方式和步骤。五是规定了对证券公司的分类管理,明确其业务规则,明确了证券交易所,证券登记结算机构的法律地位、职能和业务规则。六是规范了证券监督管理,明确证券监督管理机构的职责、执法措施和程序等。这些制度,奠定了我国证券法律制度的大框架,改变了证券市场无法可依的状态,是我国证券市场法制建设中的里程碑。实践证明,证券法的颁布实施,对于规范证券市场活动,保护投资者权益,促进证券市场的规范健康发展起到了重要作用。

2005 年 10 月十届全国人大常委会又对《证券法》进行了全面的修订。这次修订扩大了证券的范围,把政府债券、证券投资基金份额的上市交易纳入调整范围,明确证券衍生品种的发行和交易原则上适用证券法;在证券发行制度方面,规定了证券公开发行的情形,增加了发行保荐制度和首次公开发行股票的预披露制度,完善了关于公开发行新股和公司债券的条件的规定;在证券交易制度方面,扩大了证券交易的场所范围和交易方式,增加了上市保荐制度,规定由证券交易所审核证券上市申请,明确了关于证券上市条件和暂停、终止上市条件的规定;在上市公司收购制度方面,扩大了收购方式和收购人的范围,延长了收购人持有股票的锁定期;进一步明确了证券交易所的法律地位,授权证券交易所对重大异常的证券交易账户限制交易;明确了证券公司的设立条件和业务范围,增加了国务院证券监督管理机构对证券公司的监管手段和措施;明确证券公司与证券登记结算机构之间的证券存管关系;增加了资产评估机构、会计师事务所从事证券业务的审批要求,增加了投资咨询机构及从业人员从事证券服务业务的禁止性规定;增加了证券监督管理机构的职责和执法权限、手段,等等。

此外,为实施行政许可法、依法推进行政审批制度改革和政府职能转变,以适应改革、发展的需要,全国人大常委会还两次对证券法的个别条款进行了修改。第一次修改是 2004 年 8 月,主要是取消了对于采取溢价发行的股票发行价格的审批,并且把证券上市交易由证监会审批改为由证券交易所核准。今年 6 月的第二次修改将证券公司变更注册资本审批改为"增加注册资本且股权结构发生重大调整以及减少注册资本"审批,并取消证券公司变更公司形式审批。

《证券法》的修改和完善,对于在新的条件下推进证券市场的健康发展,进一步激发市场的活力,发挥了重要的作用。十八届三中全会公报提出要处理好政府和市场的关系,使市场在资源配置中起决定性作用,同时也强调要更好发挥政府的作用。公报对包括证券市场在内的资本市场的建设和发展,也提出了明确的改革的方向。比如,要健全多层次的资本市场体系,推进股票发行注册改革,多渠道推动股权融资,发展并规范债券市场,提高直接融资比重,等等。

二、《证券法》修改应当关注的核心问题

近年来,证券市场的内部和外部的环境发生了很大的变化。因此,再一次修改《证券法》已经提上了日程。在十二届全国人大立法规划中《证券法》被列入一类项目。进入立法规划一类项目的法律,通常是修法的必要性和完善的重点具有较高共识的项目。对《证券法》的修改,社会各方面的共识是比较集中的,所以它被列入一类,本届内应该完成立法程序。

从工作层面,现在大家集中研究的几个核心问题:一是扩大证券范围,明确证券的定义。从世界各国证券制度的发展来看,这个概念也是在不断地扩大。在中国现阶段怎么扩,扩多大,值得研究;二是在证券发行制度方面,如何体现放松管制的要求,取消公开发行新股和公司债券的法定条件、发行审核制度,实行证券发行注册制,明确公开发行证券依照法定程序注册,同时进一步明确对债券市场的监管,解决债券多头监管问题;三是在证券交易制度方面,如何进一步扩展证券交易和结算的方式,授权证券交易所制定证券上市条件,扩展内幕交易行为的主体范围,增加新的禁止交易行为类型;四是如何建立系统的投资者保护制度,加强对普通投资者的保护,建立投资者适当性管理制度、投资者赔偿基金制度等。

一部法律不管它有多少条,都要有一个核心,或者说是一个灵魂。这个灵魂是其他具体的制度设计的基础。《证券法》的灵魂应该是投资者权益的保护,其他的制度都应该围绕这样的一个核心的理念去设计。

从立法工作角度总结经验,我们很关注立法过程的充分博弈,特别是在证券法领域,怎样倾听投资者,特别是中小投资者的声音,给投资者以信心,非常重要。现在立法经常是部门之间的博弈压倒了利益主体之间的博弈。博弈不充分的结果,会进一步导致权力分割乃至市场的分割,而对广大投资者来说,法律的修改对保护他们的权益没有实质性改善。未来《证券法》修改过程中不可回避的问题,有两组关系需要我们认真研究。一是如何平衡我国的行政法律制度,特别是行政强制制度的一般性规定和证券市场监管法律制度的特殊性关系。二是如何平衡《证券法》普遍的规则和我国发展阶段的特殊性关系。国际上关于证券立法尽管有一些通行的规则,但这些规则现在有很多还不在我国法律制度里。为什么呢? 我理解,我国的证券市场所有的主体都具有某种程度的不成熟,这和我们的市场起步晚,以及快速发展的大背景相关。进入股市,在我们的社会里被称为"炒股",一个"炒"字,体现了我国证券市场各类主体的心态。而这样的一个心态,是不适应现代的、成熟的证券市场的发展要求的。所以,修法是资本市场完善的一个方面,市场的培育、市场的成熟以及社会其他制度的完善,都是证券制度能够健康发展的重要基础。

在法治轨道上继续推进资本市场的创新发展

——国务院法制办甘藏春副主任在第四届上证法治论坛上的讲话

(2013年11月28日)

本届"上证法治论坛"以"适应资本市场的创新发展,打造中国《证券法》的升级版"为主题,将在回顾和总结过去证券立法和实践的基础上,对完善当前资本市场法律制度进行系统性思考和研讨,为下一步修改《证券法》提供坚实的理论基础。

自1993年第一部资本市场监管的行政法规《股票发行与交易管理暂行条例》颁布和实施以来,中国资本市场法治建设已经走过了20年的历程。遵循小平同志对发展股票市场"允许看,但要坚决地试"的要求,这种"摸着石头过河"的改革创新精神始终贯穿于中国资本市场的发展进程。法治建设则是伴随着这一进程,从最初的"治乱"到逐步引导资本市场走向规范,建立健全各项制度,既鼓励创新,又防范风险。20年来,中国资本市场得到了快速发展,法治建设功不可没。今天,我们依然面临着资本市场不断出现的种种新情况、新问题,也仍需继续坚持勤于探索和勇于尝试,但经过了20年的积累,我们更应侧重从顶层设计的角度把握当前资本市场的发展方向,全面推进资本市场法治建设。这次论坛主题所称的"打造中国《证券法》的升级版",应该就有做好顶层设计、推动中国资本市场法治建设更上新台阶的意蕴。

1998年我国颁布了《证券法》,对证券市场作了较为全面系统的规定。但受当时发展阶段的局限,这第一版《证券法》的许多制度规定不够完善,还有不少限制性规定。2005年《证券法》经历了一次全面的修订,放松了管制,同时建立健全了各方面制度,还为发展多层次资本市场留出了空间。为更好地实施修订后的《证券法》,在总结资本市场经验教训的基础上,国务院于2008年颁布了《证券公司监督管理条例》和《证券公司风险处置条例》,完善了证券公司的监督管理和市场退出机制。几年来,我国还颁布并修订了《证券投资基金法》。证监会也出台了一系列规章和指引规定,最高法院则出台了指导证券案件审判实践、打击资本市场违法犯罪的司法解释。此外,交易所制定的自律规则也对资本市场法律制度起到了补充和细化的作用。应该说,现有的法治资源是丰富的。但由于资本市场发展迅速,一方面创新层出不穷,另一方面风险时有暴露,还需不断完善各方面制度，以适应日新月异的形势变化，资本市场法治建设任重而道远。对于今后的证券立法，我认为需重点把握几个方面问题，供大家讨论和参考：

一是继续为深化资本市场改革和创新服务，完善能够让市场机制发挥决定性作用的基本制度。如推进股票发行注册制改革，弱化行政审批，在股票发行过程中，减少证券监管部门对发行人资质的实质性审核和价值判断，以信息披露为中心，代之以市场机制的判断，同时加强事中、事后监管力度；又如完善上市公司退出机制，通过优胜劣汰机制提高上市公司整体质量；再如为适应建立多层次资本市场的需要，完善不同市场之间的转板机制，给市场主体和投资者提供更多的选择。

二是完善风险防范机制，保障资本市场健康可持续发展。对于资本市场因制度不健全、无序发展而导致风险的问题，我们有过很多深刻的教训。制度建设应注重规范市场运行，严格控制风险，而控制风险又应以预防为主。如《证券公司监督管理条例》明确了客户资产的第三方存管制度，从源头上杜绝证券公司挪用客户资产的风险。完善风险防范机制，还应进一步完善信息披露制度，提高资本市场的透明度，对市场主体形成有效约束。

三是切实维护投资者的合法权益，为资本市场发展奠定坚实基础。投资者是资本市场活力的源泉，改革发展的红利应惠及更广泛的投资者群体。因市场实力悬殊、信息不对称等因素决定了中小投资者往往处于弱势地位，资本市场的利益保护机制应向他们倾斜，兼顾效率与公平。目前投资者保护的制度建设还面临一些问题，比如，我国上市公司普遍存在重融资、轻回报的倾向，使投资者无法通过分享利润获得投资回报；再如上市公司控股股东、实际控制人利用其优势地位掏空上市公司、进行利益输送，损害中小投资者合法权益的现象也时有发生。根据国务院立法工作计划，我们正在研究制定《上市公司监督管理条例》，对这些问题都要进行深入研究并努力加以解决。

四是加强证券监管，合理配置监管资源，增强对证券市场的监管力度，特别是强化市场从业人员的诚信义务，净化市场环境。一方面要加大证券市场执法力度，完善民事、刑事责任追究制度，严厉打击虚假陈述、操纵市场、内幕交易等违法违规行为；另一方面要探索完善监管谈话、记录诚信档案等非强制性措施，以更低的执法成本获得更好的执法效果。

党的十八届三中全会提出，提高直接融资比重，推进股票发行注册制改革，多渠道推动股权融资，发展并规范债券市场。这些任务都与资本市场的发展密切相关，也需要在法治轨道上推进。目前，证监会已完成对现行《证券法》的全面评估工作，梳理了资本市场亟须解决的问题，提出了相应的制度建设需求，对下一步全面修改《证券法》做了充分的基础性研究和论证。全国人大常委会也将修改《证券法》列入未来五年立法规划中的第一类项目，拟于任期内审议。我们也愿意和大家一起，积极参与，为提高我国资本市场法治化水平贡献力量。

发挥审判职能　服务经济体制改革
为资本市场健康发展保驾护航

——最高人民法院审判委员会杜万华专职委员在第四届上证法治论坛上的讲话

（2013 年 11 月 28 日）

改革开放以来，我国资本市场取得了长足发展，为我国改革经济体制、发展市场经济发挥了积极作用。党的十八届三中全会提出，要紧紧围绕使市场在资源配置中起决定作用深化经济体制改革。建设统一开放、竞争有序的市场体系，是使市场在资源配置中起决定性作用的基础。而资本市场是最重要的生产要素市场之一，是现代市场体系的重要组成部分。今天，我们开展以“适应资本市场的创新发展，打造中国《证券法》的升级版”为主题的论坛，就加强资本多层次市场建设、推进证券行业创新、加强证券监管执法、加强投资者保护等议题展开深入研讨，与形势发展紧密结合，对于落实党中央关于发挥市场在资源配置中的决定作用的要求，具有重要意义。

资本市场是高度法治的市场，要继续发挥好其在资源配置中的决定性作用，就必须依靠法治的保障。人民法院是我国法治建设的重要力量，为我国建立统一、高效、有序的资本市场体系作出了自己的努力。多年来，人民法院依法公正审结了一大批涉资本市场案件，对市场主体权益予以平等保护，维护资本市场稳定，为资本市场的良性发展提供了有力的司法保障。与此同时，最高人民法院制定了一批司法解释，对彰显交易规则、维护市场秩序、规范主体行为发挥了应有的作用。但是，随着我国经济不断发展，经济体制改革不断深入，特别是资本市场改革的不断深化，司法审判职能的发挥如何适应新形势的发展和要求，是摆在人民法院面前的重要任务。下面，我就如何更好履行司法审判职能，促进资本市场发挥其对配置资源的决定作用，谈几点个人观点。

一、彰显交易规则，维护资本市场秩序

市场经济是法治经济，市场的健康发展以市场主体对交易规则的遵守为前提。资本市场是一个信心市场，市场的信心来源于市场的诚信和法治。司法审判不仅要在个案中对当事人的利益进行平衡，更重要的是要通过司法审判彰显规则、维护秩序，并进而实现对社会公平和正义的维护。具体来说，就是人民法院要通过依法独立公正审判，严格执行法律，做到有法必依、执法必严、违法必究，让资本市场交易规则得到普遍遵守。对于破坏资本市场秩序、损害其他交易主体权益的关联交易、内幕交易、虚假称述、欺诈客户、操纵证券市场等违法行为依法予以规制，维护社会公平正义。对于泄露内幕信息、编造并传播证券交易虚假信息、诈骗他人买卖证券等犯罪行为，依法予以打击，坚决维护资本市场的健康发展。

二、尊重市场规律，保护市场创新

发挥市场在资源配置中的决定作用，关键是要尊重市场的客观规律，充分调动所有市场主体的积极性和创造性。如果在市场之外另搞一套，就会损害市场作用的发挥。因此，在司法审判工作中，人民法院应当尊重资本市场的客观规律，尊重交易主体的意思自治，注重市场对于交易价格形成的主导作用，促进资本自由流动，维护资源配置的高效率和公平性。对于资本市场的交易合约，只要不违反法律的效力性禁止性规定，不违背国家利益和社会公共利益，就不应当否定其效力。

市场的活力在于创新，既包括市场类型的创新也包括交易方式的创新。人民法院应当支持建立多层次的资本市场，以满足不同企业，尤其是广大中小企业、高科技企业的融资需求，激发市场活力；保护各种合法证券交易形式，鼓励不损害市场秩序、公共利益及其他投资者权益，有利于促进生产要素流动、使生产要素效用最大化的新型交易方式。在鼓励创新的同时，人民法院还应当注重运用司法手段防范资本市场风险，为营造充满活力且和谐有序的现代资本市场体系提供司法保障。

三、平等保护市场主体，建设社会诚信体系

市场主体的基本特征是交易主体的平等性。市场主体之间不存在人身依附关系或管理与被管理的关系，而是平等关系，在交易规则允许的范围内开展交易活动，享有平等的缔约机会，受到法律的平等保护。无论市场主体在交易中处于强势地位还是弱势地位，无论是国有企业还是私营企业，无论是国外投资人还是国内投资人，人民法院都必须依法平等保护其诉讼权利和实体权益。在维护形式平等、机会平等的前提下，人民法院还应当依法维护实质公平，依法规范中介机构、大股东等特殊主体的行为，依法保护广大中小投资者等在交易中处于弱势地位一方的合法权益，“努力让人民群众在每一个司法案件中都感受到公平正义”。

市场经济是信用经济，建立健全社会诚信体系是发挥市场在资源配置中决定作用的一项基础性工作。今年10月25日，李克强总理主持召开国务院常务会议，部署推进公司注册资本登记制度改革。会议明确了以下改革主要内容：一是放宽注册资本登记条件。除法律、法规另有规定外，取消公司最低注册资本额限制；不再限制公司设立时的首次出资比例和缴足出资期限。公司实收资本不再作为工商登记事项。二是将企业年检制度改为年度报告制度，建立公平规范的抽查制度。三是放宽市场主体住所或经营场所登记条件，由地方政府具体规定。四是推进注册资本由实缴登记制改为认缴登记制，降低开办公司成本。此次注册资本制度改革进一步降低了设立公司的门槛，必将对资本市场和交易安全带来深远影响。同时，此次会议还提出，要大力推进企业诚信制度建设，完善信用约束机制，将有违规行为的市场主体列入经营异常的“黑名录”。影响交易安全的因素将从实缴注册资本等静态指标向企业诚信行为等动态指标转变。建设统一、权威的社会诚信体系更加紧迫。人民法院在司法审判工作中，应当继续坚持维护诚实信用原则，使不诚信行为不仅要受到市场的否定，还要受到司法的否定，树立资本市场诚实守信的良好风气。此外，人民法院将在失信被执行人名单公布、裁判文书公开等制度的基础上，继续与有关职能部门协作，加强顶层设计，积极参与社会诚信体系建设，促进资本市场等各类市场健康、有序发展。

四、支持执法监管，参与规则制定

加强宏观调控是我国社会主义市场经济的基本特征。资本市场的健康发展不能脱离国家的宏观调控政策，离不开监管部门的依法监管。但加强宏观调控不是脱离市场规律另搞一套，也不是政府调控与市场调节各自为阵。党的十八届三中全会提出，要紧紧围绕使市场在资源配置中起决定作用深化经济体制改革。宏观调控要遵循市场规律，要依照法律的规定进行。资本市场作为市场经济中重要的要素市场，政府的监管职责的履行，对于市场在资源配置中决定性作用的发挥有着重要作用。对此，人民法院要对监管机构依法监管资本市场的行为予以支持。今后，人民法院将继续支持资本市场监管机构创新管理方式，维护合法监管行为的执行力，与监管机构共同维护资本市场的法治秩序。

支持、协助立法机关修改、完善《证券法》等法律，并通过制定新的司法解释进一步统一司法标准，使市场规则具体化，更具操作性，从而更好发挥其引导和规范市场主体的作用，是人民法院的重要任务之一。在规范和推动资本市场发展的过程中，人民法院将加强顶层设计和“摸着石头过河”相结合，对于资本市场中的新事物，既要加强顶层设计，予以合理引导、有效规范，又要尊重人民群众的首创精神，保护市场活力，适时提出修法建议，制定司法解释，有针对性地修改、完善交易规则。

五、深化司法改革，服务资本市场

人民法院依法独立公正行使审判权对于资本市场的健康发展具有重要的保障和促进作用。但是，目前我国司法体制和司法制度还存在与人民法院依法独立公正行使审判权的要求不相符合的地方，其中最突出的问题就是地方保护主义和部门保护主义对依法独立公正司法的影响。对此，党的十八届三中全会提出，建设法治中国，必须深化司法体制改革，加快建设公正高效的社会主义司法制度，确保依法独立公正行使审判权，健全司法权力运行机制。

应当看到，人民法院的司法改革，对于司法审判职能的发挥具有重要意义，同时对整个经济体制改革的推进也具有重要意义。因此，人民法院的司法体制改革应当与经济体制改革和其他领域的改革同步开展，相互协调，共同推进。如果人民法院司法体制改革推进过缓，将有可能拖整个改革的后腿，对此，我们应当有强烈的责任意识，在党中央的统一领导下，在各兄弟部门和全国人民的支持下完成这一重大的历史任务。

各位来宾、各位专家学者，作为法学理论优秀研究成果的受益者和践行者，人民法院所取得的每一个进步，都离不开各位的关心、支持和贡献。我诚挚希望证券实务界和理论界人士监督司法审判工作，在如何促进司法公正、提高司法公信力方面给我们多提宝贵意见。通过此次论坛，我们交流观点,凝聚共识,形成合力,共同推动资本市场有序、高效、良性发展。让我们共同以更加开放的眼光,更加务实的行动,为建设一个诚信法治、高效有序的资本市场做出新的、更大的贡献!

庄心一副主席在“2013年陆家嘴论坛”上的讲话

(2013年6月28日)

我受肖钢主席委托,出席本次陆家嘴论坛。首先,我代表肖钢主席和中国证监会,对论坛的召开表示热烈祝贺!

十八大以来,党中央、国务院着眼于全面建成小康社会的奋斗目标,作出了以改革释放红利、以转型增添动力,打造中国经济升级版的战略部署。近期,国务院明确指出,稳增长、调结构、促转型、惠民生,金融发挥着重要作用,并就当前金融支持经济结构调整和转型升级,出台了有针对性的政策措施。本次论坛的主题“中国金融改革开放与经济转型升级”,契合当前经济的脉动,直面金融工作的重心,正是今后一个时期需要深入研究和全面实践的重大课题。今天,大家共聚黄浦江畔,围绕这一主题集思广益,对落实好党中央、国务院部署必将提供有益的启示,起到积极的作用。

从世界经济发展史来看,经济转型和产业升级是各经济体发展到一定阶段后必须面对的重大现实问题,主要经济强国都是通过数次成功的转型升级,保持和提升了经济核心竞争力与综合实力。近年来,国际金融危机影响笼罩全球,欧洲主权债务危机持续发酵,世界经济格局和竞争格局正在发生深刻复杂变化。在原有增长动力减弱、新的增长动力尚未形成的情况下,无论是发达国家还是新兴经济体,都面临转方式、调结构,抢占新一轮发展主动权和制高点的紧迫任务。对于我国来说,经过30多年的改革开放,已经发展成为世界第二大经济体,调结构、转方式的客观要求越发突出和迫切。经济转型呼唤着金融改革的深化,产业升级亟待优化金融资源配置,更有效地提升金融服务实体经济的能力已经刻不容缓。

自我国资本市场建立以来,一直坚持市场化、法制化目标,推动市场发挥在资源配置中的基础性作用,促进投融资效率的提升。近年来,为服务实体经济的转型升级,证监会持续推进市场基础性建设,在改革新股发行制度和上市公司退市制度,完善主板市场功能,建立多层次市场体系,改善并购重组环境,扩大市场开放,强化监管执法力度,维护投资者合法权益等方面,进行了积极务实的探索。在各方共同努力下,取得了阶段性进展和成效。

大家知道,资本市场是投融资双方直接互动的平台。用市场化方式引导资源合理流动,高效动态地进行配置组合,是资本市场的天然优势。发挥好这一优势,对宏观经济目标的实现和微观主体的做优、做强、做大都益处极大。但这一优势的实现乃至充分发挥绝非轻而易举,更非一朝一夕之功,而是一项持续性的、牵涉面极广的系统工程,需要付出长期艰苦的努力。我们必须坚定信心和决心,不为任何困难所扰,不为任何挑战所惧,坚持不懈,齐心协力推进市场建设。当前,提升资本市场服务功能的重要性、紧迫性日趋显现,对所面临的困难与成因在认识上更为客观、深刻,解决问题的各种有利条件正在积聚增长,综合各项因素而言,现阶段,正是加快资本市场进一步改革发展的重要时期。证监会作为法定监管机构责无旁贷,一定要敢于担当,善于攻艰,有所作为,一定要化压力为动力,化挑战为机遇,紧紧围绕服务实体经济转型升级,下工夫、出实招,依靠、配合各方力量积极推进市场建设,着力强化市场监管执法,稳步推进对外开放,全力开创资本市场改革发展新格局。

监管工作是资本市场体系不可或缺的重要部分,是资本市场发挥功能的重要基础。依法实施监管符合市场运行的内在要求，是市场发展的客观规律使然，有效维护市场秩序始终是各国市场监管机构的核心职责所在。

在我国当前经济金融形势下，在资本市场进一步加快改革开放过程中，对证监会更好地履行职责提出了更高要求。实现我国资本市场的健康发展目标，必须维护公开、公平、公正的市场秩序，必须维护投资者特别是中小投资者的合法权益。只有始终牢记并着力实践这"两个维护"的宗旨，才能营造良好市场生态和市场秩序，才能充分调动市场各方积极性，提振市场信心，夯实市场长期稳定发展的根基。作为市场监管者，证监会不是市场交易的当事人，也不是价格的调控者。证监会的工作重点、资源、精力都应集中在维护"三公"原则和维护投资者权益上，监管理念、监管规则、监管手段、监管行为都必须据此展开。"两个维护"是否得到落实，是检验证监会监管工作的重要标准。促进资本市场发展，增强市场的功能，归根结底要靠市场自身的力量，尊重市场规律，发挥市场作用，与加强监管是相辅相成、相得益彰的。在一定意义上，监管就是要弘扬市场正气，压制歪风邪气，助长市场规范运行的正能量，遏制妨碍市场健康的负能量，疏堵并重，为资本市场充分地、可持续地发挥自身功能营造良好环境。

落实"两个维护"意义重大、内涵丰富、工作繁多，其中首要的一项是保障、维护市场信息的真实性。资本市场是信息汇集的市场，信息的真实性是资本市场的命脉所在。提高市场的真实性要求各市场主体披露的信息都必须真实、准确、及时、完整，不得有虚假记载、误导性陈述或者重大遗漏，更不得以背信、造假、欺诈手段谋取利益。只有信息真实，才能形成合理的市场定价，市场配置资源的机制才能正常发挥作用；只有信息真实，市场的投融资双方才能真正拥有平等权利，市场的约束和制衡机制才能切实产生效能；只有信息真实，才能拓展市场化解决问题的范围和空间，为市场自我修复创造前提条件，实现动态均衡，也才能让监管放得更开、放得更好；只有信息真实，才能形成市场主体互信互重的良好市场生态，降低市场运行成本，提高市场整体效率；只有信息真实，市场专业分析方法和投融资管理工具才能真正有用武之地，才能引导投资者形成合理明确的预期，促进理性的投融资决策和股权文化；只有信息真实，市场的风险才能得到及时揭示、评估和防控，也才能始终守住不发生系统性风险的底线，提高市场运行的稳定性。从根本上看，市场信息的真实性，是实现资本市场市场化、法制化、国际化的重要基础，是资本市场健康发展的基本要求，是投资者保护制度的核心所在。信息真实性是资本市场改革发展中最基本的、最重要的、最永恒的一项要求。基于此，捍卫市场信息的真实性，既是证监会的一个重要工作主线，也是证监会开展日常监管和稽查执法的一个重要抓手。围绕着提高市场真实性、增强信息对称性，我们要持之以恒地抓好以下工作：

一要提高证监会监管工作的透明度。制定或修改各项监管规定，证监会都要坚持提前公开信息，充分征求意见，集思广益。对于依法履行的行政许可审批职责，坚决推进审批标准、审批过程和审批结果的"三公开"制度。明确执法标准，限制自由裁量，强化市场准入、日常监管、稽查执法和行政处罚、市场退出等各个监管环节执法的透明度，让监管在阳光下进行。对市场关注的疑点、焦点问题，及时回应、如实发布相关信息。"己欲立而立人"，证监会要从自身做起，自觉接受社会监督和舆论监督，促进市场各方充分理解和及时掌握监管信息，稳定监管预期，清楚监管导向。

二要不折不扣地落实好信息披露规定。要落实好新股发行体制改革关于发行人"一申报即披露，一披露即承担责任"的规定，坚持在发审前对中介机构履责尽职情况的抽查制度，对造假行为始终保持威慑。毫不松懈地加大对上市公司虚假披露信息、中介机构不履职尽责的问责力度。严格执行投资者适当性制度，督促证券期货产品销售机构真实披露产品或服务的性质、风险、权益安排、咨询途径、维权方式等完整信息，充分保障投资者知情权。改进完善上市公司信息披露制度和具体要求，并鼓励相关市场主体开展形式多样的投资者互动活动，使投资者获取信息方便快捷、渠道畅通。对市场广泛关注、质疑而得不到及时、明确答复的焦点问题，要通过监管措施，督促当事主体及时、充分、准确、负责地进行信息披露和说明。

三要严格稽查执法，加大打击造假等违法违规行为的工作力度。要用好用足现有法律法规赋予的监管权力和监管手段,依法对弄虚作假等违法违规行为予以严惩、严罚,让造假者付出高昂沉重的代价。持之以恒地坚持严格执法,不搞"运动式执法",不搞"时松时紧"的执法,对欺诈发行、内幕交易、操纵市场等利用虚假信息或信息优势牟取利益的严重违法违规行为始终保持"零容忍"的高压态势。

四要加强市场诚信体系建设,强化失信惩戒。在上市公司、证券期货经营机构和法律、审计、资产评估、咨询顾问等中介服务机构领域,开展以执业水准和诚信记录为主要依据的分类监管制度,逐步形成一套诚信受益、失信受制的长效机制。加强与相关部门的监管协作,促进信息交流与共享。认真落实资本市场诚信监管规定,以市场诚信档案数据库为依据,强化诚信监管和约束,依法惩戒失信背信行为。

五要下大力气强化市场信息系统建设。积极推进证券期货信息系统的资源整合和共享,不断提高信息系统安全水平,促进市场信息更加规范、高效、充分、及时、便捷、持续地传播,最大限度地降低信息获取成本,保障相关市场主体平等获取信息的权利,增强对日常各类市场信息留痕留影和监测比对能力,提高案件发现的精准性、及时性和查处效率。

六要强化投资者尤其是中小投资者权益保护。统筹研究制定系统的、可操作的投资者保护制度,系统梳理和修订日常监管制度规则,把投资者保护嵌入全程监管的各个环节。持续深化投资者教育和服务,切实提高个人投资者自我保护意识和能力。从我国市场实际出发,完善多元化纠纷解决机制、市场化投资者损害赔偿机制。

上海一直是我国资本市场改革开放的前沿阵地。2009 年,国务院明确提出要把上海建设成为国际金融中心,这不仅为上海深化改革开放指明了方向,也为资本市场发展带来了重大机遇和新的突破口。近年来,在上海这片充满活力的热土上,各类金融机构包括跨国机构不断聚集,覆盖证券、期货、外汇、黄金等品种的金融体系不断健全,跨境业务活动取得可喜进展,推进市场国际化的相关研究和探索正在持续进行,证券期货交易所的创新能力和服务水平明显提升。证监会将一如既往地支持上海国际金融中心建设,也希望与各界各方进一步加强合作,紧紧抓住国际金融中心建设这一重要战略契机,围绕资本市场"市场化、法制化、国际化"建设,勇于创新、锐意进取,作出新的探索和贡献。

姚刚副主席在全国股份转让系统公司揭牌仪式上的讲话

(2013 年 1 月 16 日)

1 月 16 日,是全国场外市场建设值得纪念的日子。七年前的今天,中国证监会召开新闻发布会,宣布中关村高新技术产业开发区非上市股份公司股份转让试点正式启动,开始了场外市场建设的实践探索。经过七年的试点,今天,全国中小企业股份转让系统正式揭牌,标志着我国多层次资本市场建设又迈出了重要的一步。在此,我谨代表中国证监会和郭树清主席,向关心和支持全国场外市场建设的各级政府、有关部门和社会各界朋友,向为市场建设的前期探索倾注心血和努力的挂牌公司、证券公司及其他市场中介组织,表示衷心的感谢和诚挚的敬意!

七年来,园区试点范围从北京中关村扩大到了上海张江、天津滨海、武汉东湖,挂牌公司在 2012 年年底已经达到 200 家,场外市场股份转让试点产生了两个积极效应:一是在实践基础上不断完善制度,并于 2009 年 7 月进行了一次较为全面的制度调整,初步形成了以主办券商为基础的场外市场制度框架；二是试点在全国形成了积极的示范效应，各地国家级高新技术产业开发区为参与试点做了大量企业资源、监管服务和政策配套准备。这两方面的效应，为建立全国性场外交易市场创造了重要的基础条件。

全国中小企业股份转让系统的揭牌运营，是全国场外市场建设的标志性事件。自此，非上市公司股份转让的小范围、区域性试点将开始渐次走向面向全国的正式运行；市场运作平台将由证券公司代办股份转让系统，转为国务院批准设立的全国中小企业股份转让系统；市场挂牌公司的准入和持续监管将纳入中国证监会非上市公众公司监管范围；市场运行制度将由中国证券业协会发布的试点办法转为全国中小企业股份转让系统业务规则。全国中小企业股份转让系统是我国多层次资本市场建设的重要组成部分，随着市场稳步发展和功能的持续完善，对于改善中小企业发展的金融环境，推动企业自主创新和产业结构调整，增强资本市场对实体经济的服务能力，必将产生积极和深远的影响。

全国中小企业股份转让系统的揭牌运营，是在更高的起点上推进场外市场建设的开始。市场制度规则还处在试行阶段，需要在充分听取各方面意见和实践的基础上不断完善；市场自身的技术系统准备还没有完全到位，需要配合业务推进加快完善市场交易功能；市场运行还缺乏在更广范围内的实践基础，需要在实践中继续探索和规范发展。全国中小企业股份转让系统的管理机构要认真学习贯彻党的十八大报告提出的“加快发展多层次资本市场”的精神，增强使命感、责任感和紧迫感。要坚持求真务实的科学态度，深入了解实体经济的需求，及时总结实践经验，从市场发展的实际出发，以创新精神推进市场功能和规则体系的完善，探索适合场外市场特点的发展路径；要坚持开放、合作、互利、共赢的发展方针，兼顾市场各方主体利益，营造和谐发展的市场氛围，充分调动各方面的积极性，共同推进市场建设；要坚持规范发展、依法运作的宗旨，强化市场参与主体诚实守信、归位尽责的市场自律体系，要切实维护技术系统安全，有效防范市场风险；要坚持大局意识，建立和完善与各层次市场之间的有机联系，妥善把握交易所市场与场外市场稳定发展的平衡。

最后，预祝全国中小企业股份转让系统规范发展，真正办成自律、高效、包容、创新的市场平台，为我国多层次资本市场建设贡献力量！

刘新华副主席在第三届中国—亚欧博览会金融发展与合作论坛上的讲话

（2013年9月4日）

很高兴再次来到美丽的新疆，参加第三届中国——亚欧博览会金融发展与合作论坛。首先，我代表中国证监会，对论坛的召开表示热烈祝贺！中国——亚欧博览会开办以来，在搭建国际交流平台、促进新疆地区发展等方面，发挥了积极的作用。围绕论坛主题，下面我就金融支持新疆地区经济发展和加强区域金融合作，谈几点看法。

西部大开发战略实施以来，我会坚决贯彻落实党中央、国务院的工作部署，不断加大资本市场服务新疆经济发展的力度。一是支持新疆企业利用资本市场筹集资金、发展壮大。在支持新疆企业发行股票上市、上市公司再融资和并购重组，支持新疆培育上市后备资源等一系列优惠政策措施的基础上，我会又将有关支持政策的范围扩大到注册地在疆外，但募集资金主要投资到新疆的企业。截至目前，新疆共有上市公司39家，涵盖了制造业、农林牧渔业、批发和零售贸易业等多个行业。2011 年至 2013 年 6 月底,新疆企业通过资本市场累计融资 455.06 亿元,为新疆地区的发展提供了支持。二是推动新疆地区证券经营机构创新发展、做优做强。在合理规划辖区证券营业网点布局的基础上,支持证券公司新设分公司和证券营业部。2011 年至 2013 年 6 月,累计新设 4 家分公司和 10 家证券营业部。今年以来至 6 月底,新疆地区 62 家证券营业部平均盈利水平位居全国第一。三是积极培育期货市场,支持新疆农业发展。2011 年,郑州商品期货交易所增设了一家主要服务于新疆地区的棉花交割库,促进了疆棉企业优质棉花资源与内地纺织企业在期货市场的对接,初步形成了“疆棉出疆新通道”。几年来,我会组织交易所等单位连续在新疆举办了多期棉花期货培训班和棉花市场论坛,着力提高广大新疆涉棉企业利用期货市场规避经营风险,实现稳定经营的意识和能力。同时,我会还积极鼓励新疆地区期货公司通过兼并重组、增资扩股等方式发展壮大,拓宽业务范围,提升专业服务能力。从总体上看,按照党中央、国务院的战略部署,在有关各方的积极支持配合下,资本市场与新疆经济社会发展结合得更加紧密,在助推新疆经济社会跨越式发展方面,资本市场的服务功能也在不断显现。

女士们,先生们:

当前,我国经济正处于转型升级、结构调整的关键阶段,迫切需要加快建设一个层次丰富、规范透明、稳健高效、开放包容、功能完善的资本市场。我会将认真贯彻党中央、国务院的决策部署,按照市场化、法制化、国际化的方向,深入推动资本市场改革发展。

一是加快多层次资本市场建设,抓紧制订中小企业股份转让系统试点扩大到全国的具体方案并做好各项准备工作。规范发展区域性股权转让市场。深化债券市场互通互融,扩大交易所中小企业私募债试点范围,不断拓宽市场的广度和深度,更好地满足企业多样化的融资需求。二是稳步推进重点领域改革,进一步完善以信息披露为中心的新股发行体制,适当放宽创业板对创新型、成长型企业的财务准入指标,建立符合创业板企业特点的“小额、快速、灵活”的再融资机制。推动并购重组市场化改革,丰富并购重组支付工具,拓宽并购融资渠道,促进产业整合和结构调整。三是进一步简政放权,加快政府职能转变,将主要工作从行政审批向监管执法转型,将工作重心从事前把关向事中、事后监管转移。四是强化资本市场执法体制建设,加大稽查执法力度,切实保护投资者尤其是中小投资者的合法权益。五是严格防控系统性区域性风险,为经济发展营造良好的环境。我相信,随着这些措施不断取得成效,资本市场服务经济社会发展全局的能力必将在更高层面得到提升,也将进一步增强对新疆乃至西部地区经济社会发展的支持力度。

女士们,先生们:

长期以来,我会始终重视与境外证券期货监管机构、国际组织和政府部门的交流合作。截至目前,我会已经与包括巴基斯坦等亚欧国家在内的 49 个国家或地区的证券期货监管机构签署了 53 个监管合作谅解备忘录。在上述双边监管备忘录和国际证监会组织(IOSCO)多边备忘录框架下,通过互派人员实习培训、共同参与国际性会议以及相互提供跨境监管协助,我会与境外主要的证券监管机构增进了相互了解,扩大了监管合作范围。下一步,我们将进一步做好资本市场对外开放有关工作,继续加强与亚欧各国监管机构和政府部门的沟通协作,不断深化区域性金融合作与创新。

女士们,先生们:

西部大开发战略实施 8 年以来,新疆地区社会经济改革发展取得了巨大的成就,新疆已经成为我国向西开放的桥头堡和重要枢纽。我会将一如既往地支持新疆金融业创新发展,也希望新疆地区努力发挥区位优势,深化国际金融合作,推动区域经济发展再上新台阶。

以反腐倡廉建设实际成效
进一步提升监管部门公信力

——黎晓宏纪委书记(时任)在全国证券期货监管系统纪检监察工作会议上的讲话

(2013年1月22日)

同志们:

这次会议的主要任务是:全面贯彻党的十八大精神,按照习近平总书记在十八届中央纪委二次全会上的重要讲话和王岐山同志所作的工作报告部署,认真总结2012年工作,研究提出2013年任务,努力开创全系统党风廉政建设和反腐败工作新局面。

一、2012年党风廉政建设和反腐败工作取得新进展

会党委高度重视党风廉政建设和反腐败工作。郭树清主席明确提出,“时刻牢记:证监会没有自己的利益”,要以更严要求,坚决贯彻党中央、国务院和中央纪委反腐倡廉的各项规定,扎实推进惩防体系建设。在会党委领导下,全系统各级党委和纪检监察机构,认真学习贯彻党的十八大精神,深入开展“三个如何”大讨论活动,按照十七届中央纪委七次全会部署和中央纪委领导同志对我会反腐倡廉工作重要指示精神,以贯彻党风廉政建设责任制为主线,以推进惩防体系和诚信体系建设为重点,以落实廉洁从政八项要求为抓手,突出重点,狠抓落实,反腐倡廉工作取得积极进展。

(一)加强监督检查,党中央、国务院方针政策和会党委重大决策部署得到贯彻

各级纪检监察机构认真履行职责,围绕贯彻落实中央经济工作会议、全国金融工作会议精神和会党委坚持“稳中求进”总基调,进一步优化市场结构,规范市场秩序、保护投资者合法权益和推动资本市场更好服务国民经济等方面要求,加大监督检查力度,促进多层次资本市场建设和发行、退市、分红等制度改革,确保了政令畅通。

坚持把执行党的路线方针政策和会党委工作部署情况作为巡视监督的首要任务。完成7个单位2011年巡视情况反馈和1个单位巡视回访。对民主集中制执行情况不好的个别单位领导班子及时建议会党委作出调整。组建3个巡视组对内蒙古局、期货保证金监控中心、郑商所和中金所进行巡视,发现监管工作等方面问题9个,提出改进建议10条,对被巡视单位党组织领导班子监督进一步加强。制定《中国证监会党委巡视工作暂行办法》,提高了巡视工作规范化水平。

深入推进工程建设领域突出问题专项治理。会同会计部对上交所、中金所、中登公司“竹园”项目和郑商所技术中心项目进行检查,对深交所、中登公司、上期所工程建设检查情况进行反馈,督促相关单位对存在问题进行整改。

(二)落实廉政责任,重点领域改革继续深化

认真执行党风廉政建设责任制。修订证监会党风廉政建设责任制实施办法,明确各级党委和领导班子成员党风廉政建设职责,完善了考核监督措施以及责任追究方式。组织签订党风廉政建设责任书和廉洁自律承诺书,促使各级领导干部认真落实“一岗双责”,促进广大监管干部切实提高责任意识。印发派出机构和会管单位反腐倡廉工作评价办法,通过一系列评价指标,客观反映各单位反腐倡廉工作情况,确保党风廉政建设责任制落到实处。

推进行政审批制度改革。下放和取消35项行政审批项目,在国务院所有部门中排名第一。推行审核标准、程序和过程“三公开”,发行部、创业板部向社会公开股票发行审核流程和申报企业基本信息,每周动态更新,发审工作透明度进一步提高。邀请媒体列席发审会,拓宽舆论监督渠道,社会反映良好。

推进干部轮岗交流。对24个会机关部门、30个派出机构和18个会管单位领导班子进行优化,共调整269人次,涉及干部228名,包括“一把手”56名,其他会管干部172名。其中轮岗交流75名,包括“一把手”25名,其他会管干部50名。组织19名会机关处级干部轮岗交流,17名派出机构处级干部对口挂职锻炼,10名优秀干部到中西部艰苦地区挂职,增强了监管队伍活力,促进了监管干部廉洁自律。

(三)建立风控体系,权力约束机制进一步完善

深入贯彻中央纪委《关于加强廉政风险防控的指导意见》,围绕“审批前沿抓重点岗位、监管前沿抓派出机构、市场前沿抓交易所”的要求,探索建立“制度、流程加科技”的系统风控体系。

一是坚持用制度管人。把落实任职回避、公务回避、离职回避和内幕信息管理制度放在突出位置来抓,切实防止利益冲突。制定执行证监会廉洁从政八项要求、公务接待、礼品处理3项制度以及监管干部配偶担任上市公司独立董事执行回避规定的意见和加强会机关借调人员廉政风险防控工作的指导意见。修改完善《离职承诺书》,明确规定工作人员离职后不得利用原工作关系为公司上市、并购重组等审批事项到原单位谋求特殊照顾或不正当利益。

二是坚持用流程管权。组织开展清权确权工作。绘制“权力运行流程图”,初步形成面向监管对象和部门与单位内部的“职权目录”。全系统共梳理出职权388项,会机关97项,其中行政许可权50项,监管权16项,行政处罚权9项,内部管理权22项;派出机构40项,其中行政许可权19项,监管权13项,行政处罚权3项,内部管理权5项;会管单位251项,面向监管对象权力134项,内部管理权71项,为保证公权力不滥用、不私用、不越界打下了重要基础。

三是坚持用技术管事。推动建立行政许可电子审批和监察系统。基金部基于可扩展商业报告语言(XBRL)数据建立综合监管系统,分析报表一键生成,实现了对基金业绩、投资运作的动态量化分析,提高了监管效能。湖南局、厦门局建立行政许可审批在线运行机制,做到监管过程电子监控和留痕。上交所将异动信息指标分为4大类72项,将敏感信息分为3级共11大类154项,实行信息分类实时预警、快速处理。深交所完成风险管理信息系统一期开发上线,建立16个部门32个主流程、429个子流程、1729个控制程序,实现了风险管理电子化、动态化和风险信息收集自动化、风险审计集成化。中金所建立含89个基础指标、21个规则预警、33个违规分析模型的风险监控系统,加大了对违法违规交易行为的监控和打击力度。

(四)强化教育惩戒,从严治党、从严治政的要求进一步得到贯彻

一是岗位教育抓重点。及时对新一届主板、创业板发审委委员提出廉政要求,对新入会干部和交易所借调人员进行廉政授课,不断强化关键岗位、重点人员防范利益冲突意识和廉洁自律意识。

二是警示教育抓案例。运用天津局原党委委员、巡视员罗智扬严重违纪违法典型案例,在全系统集中开展警示教育,以案明纪、以案说法,认真吸取教训,不断增强监管干部的法纪意识。

三是作风教育抓调研。以“贴近市场,贴近企业,贴近投资者”为主题,大力开展“大兴密切联系群众之风、大兴求真务实之风、大兴艰苦奋斗之风、大兴批评与自我批评之风和讲诚信、讲规范、讲法制、讲服务”活动。各级领导干部立足市场发展现状和监管工作实际,主动深入基层,加强调查研究,认真解决突出问题,增强了宗旨意识、公仆意识和大局意识,改进了工作作风。

四是惩戒教育抓办案。全年共受理反映监管干部党风廉政问题信访举报61件。对举报失实的,及时予以澄清,坚决保护干部干事创业的积极性;对犯有一般性错误的,进行严肃批评教育;对派出机构违纪行为,予以立案;完成中央纪委要结果信访件2件。给予党政纪处分3名,其中局级干部1名,处级干部1名,科级干部1名。

（五）深化源头治理，惩防体系建设，牵头任务圆满完成

认真完成惩防体系建设证监会牵头任务。推动最高人民法院、最高人民检院出台的《关于办理内幕交易、泄露内幕信息刑事案件具体应用法律若干问题的解释》等司法文件，提高了及时应对和打击市场违法违规行为水平。

积极落实《关于依法打击和防控资本市场内幕交易的意见》。与公安部、监察部、国资委、国家预防腐败局等部委联合开展调研，深入分析打击和防控内幕交易面临的问题，研究提出了完善工作的建议。广东局和广东省保密局联合印发内幕信息保密管理规定，首次将内幕信息界定为国家机关工作秘密，并自主设计开发内幕交易案件调查分析系统，打击内幕交易的能力进一步提高。

组织开展内幕交易警示教育展。全系统监管干部和上市公司、拟上市公司高管，证券期货经营机构、中介机构以及各级政府部门工作人员近10万人参观展览。天津、广东、浙江、湖北等11个省（市）分管金融工作的领导参加开幕式。四大证券报等媒体第一时间报道展览情况，凤凰、搜狐等网站迅速转载报道，营造了良好的防控内幕交易氛围，增强了社会各界遵纪守法意识，市场反响积极。

（六）健全诚信体系，市场诚信度进一步提升

着重围绕公开透明监管、诚信约束机制、诚信平台建设和严惩违法失信，建立和完善诚信体系。

一是监管部门“带头讲诚信”。设立行政许可及信息公开申请受理服务中心，提高受理效率，增加透明度。2012年中国政府网站绩效评估结果显示，我会信息公开绩效指数在57个中央国家机关中排名第8位，依申请公开事项100%依法及时回复。

二是建立健全市场诚信约束机制。出台《证券期货市场诚信监督管理暂行办法》（以下简称《诚信监管办法》），对行政许可审查、创新业务限制、常规监管检查、行政处罚从严裁量等提出针对性措施，强化违法失信行为惩戒约束。据不完全统计，《诚信监管办法》实施半年来，因当事人存在负面记录被予以限制和约束的行政许可事项近50件。

三是升级建成全市场统一的诚信数据库。在原有违法违规、自律管理两类信息基础上，新增主体身份、许可审批、监管关注、部际共享、媒体反映5类信息。截至目前，诚信数据库共收录约1.1万家市场机构、51.5万名个人诚信信息。

四是严惩违法失信行为。对内幕交易、欺诈发行等违法行为坚持“零容忍”。全年初步调查案件143起，正式立案113起，移送公安机关3起，同比分别增长24%、20%、32%，行政处罚罚没款总计达434亿元。

（七）培育自身能力，纪检监察组织基础不断夯实

修订完善《中国证监会纪委监察局工作规则》，及时调整、增补会纪委委员，纪委全会职能作用进一步发挥。加强纪检监察组织建设，成立证监会机关纪委，4个会管单位成立纪委，15个派出机构配齐纪委书记，7个会管单位新任或调整了纪委书记，6个会管单位按会党委要求单独设立纪检监察办公室。加大教育培训力度，举办全系统纪委书记学习贯彻党的十八大精神培训班，邀请中央纪委有关部门负责同志作专题辅导，增强了贯彻落实党的十八大精神的自觉性。召开12名新任纪委书记座谈会，组织17名纪检监察干部参加中央纪委培训班，纪检监察干部履职能力得到提高。

过去一年，在中央纪委和会党委的正确领导下，在各级党委和纪检监察机构的共同努力下，全系统党风廉政建设和反腐败工作取得了新的进展和成效。同时，也必须清醒地看到，证券期货行业利益相对集中，监管部门防范利益冲突的风险始终伴随；由于行政审批权和执法监管权相对集中，权力寻租的风险不容忽视；由于各类敏感信息集中，利用职务便利获取信息为本人或他人谋取利益的风险需要警惕；监管工作中不依法办事、不规范执法现象和庸懒散奢等不良风气仍然存在；一些领导干部不以身作则，引发腐败问题；资本市场透明度高，市场各方和社会各界对监管部门加强反腐败工作、提升公信力的期待越来越高，等等。我们要不断增强忧患意识、风险意识、责任意识，既坚定果断刹风整纪，又注重通过深化改革加强源头治理，以反腐倡廉实际成效扎实推进廉洁政治建设。

二、围绕资本市场科学发展,深入推进党风廉政建设和反腐败工作

2013年,全系统各级党委和纪检监察机构要以党的十八大精神为指导,认真贯彻习近平总书记关于反腐倡廉的重要论述和十八届中央纪委二次全会精神,坚持党要管党、从严治党,坚持标本兼治、综合治理、惩防并举、注重预防,以严明党的纪律特别是政治纪律为主线,以加强作风建设和加强廉政风险防控机制建设为重点,全面推进惩治和预防腐败体系建设,做到干部清正、政府清廉、政治清明,为加快发展多层次资本市场提供有力保障。

(一)大力加强党的纪律建设,切实维护党章的权威性、严肃性

按照党的十八大和十八届中央纪委二次全会要求,认真学习党章、遵守党章、贯彻党章、维护党章,切实加强对党的政治纪律、组织纪律、经济工作纪律、群众工作纪律执行情况的督促检查,做到党章规定什么就坚决维护什么、党章禁止什么就坚决纠正什么。

一是自觉学习党章、强化纪律意识。“党章是我们党的总章程、总规矩。严明政治纪律就要从遵守和维护党章入手。”以学习党章推动监管干部加强对党的基本理论、基本路线和方针政策的学习。把纪律教育纳入各级党委中心组理论学习内容和证监会党校教学计划,坚持正面教育与警示教育相结合、经常性教育与集中教育整顿相结合,通过认真学习党章和党的纪律,使广大党员和党员领导干部了解掌握党的纪律具体内容和基本要求。增强用纪律规范和约束行为的自觉性。

二是主动查找问题、纠正自身不足。广大党员要对照党章规定的8项义务,认真查找和纠正党性党风党纪方面存在的突出问题。党员领导干部要按照党章规定的6项基本条件,认真检查和纠正自身存在的薄弱环节,自觉加强党性修养,牢固树立宗旨意识、大局意识、责任意识。

三是严查违纪行为、维护中央权威。严明党的纪律特别是政治纪律,严肃查处公开发表同中央决定相违背的言论和“上有政策,下有对策”,有令不行、有禁不止等违反纪律的行为,促使广大党员干部自觉按党的组织原则和党内政治生活准则办事,在思想上、政治上、行动上同党中央保持高度一致,使党的纪律成为党员干部必须严格遵守的铁律。

各级纪检监察机构要围绕党的十八大关于加快发展多层次资本市场战略部署,深入贯彻会党委继续推进改革,进一步调整和优化市场结构,有效改进市场服务能力,着力提高市场透明度,切实落实“三公”原则,更有力地保护投资者合法权益,实现证券期货市场科学发展的监管思路,通过开展执法监察,推进绩效管理监察,严格实施问责,实现依法监管、阳光监管、廉洁监管。

(二)严格执行中央关于改进工作作风、密切联系群众的八项规定,切实树立监管部门良好风气

根据中央要求,会党委在2012年印发的证监会廉洁从政八项要求等3项制度基础上,制定了贯彻落实中央“八项规定”的实施办法,从密切联系群众、精简会议活动、精简文件简报、厉行勤俭节约、保持清正廉洁等9个方面提出25条具体措施。各部门、各单位要认真组织学习,并结合评估总结2012年下发的证监会廉洁从政八项要求等3项制度执行情况,切实抓好落实,努力在以下四个方面取得实效。

一是正文风。发文报文要言之有物,没有实质内容、可发可不发的文件简报,一律不发;严格控制篇幅,克服“长、假、空”,提倡“短、实、新”,做到“内容精、观点明、重点实、问题准”。

二是改会风。切实减少各类会议,能不开的坚决不开,可以合并的坚决合并。未经批准,会领导及部门负责人一般不出席行业各机构开业、剪彩和庆祝会、博览会及论坛等活动。到地方召开的会议,不邀请地方政府负责人出席。坚持开短会、讲短话,力戒空话、套话。

三是转作风。重大决策、规定出台前要深入论证,广泛征求群众和市场各方意见。强化服务意识,端正服务态度,优化工作流程,压缩办理时限,提高工作效率。各窗口单位要提供“一站式”优质服务,公开办事和咨询程序,方便群众办事。

四是树新风。按规定安排住宿、用餐、交通等服务,不得超标准接待。工作会议、内部汇报会和调研座谈会一律不摆花草、水果,不制作背景板。不得超标准配备使用车辆。不得收受监管对象赠

送的礼品、礼金、有价证券和支付凭证。不得参加监管对象安排的宴请和娱乐健身活动。严禁泄露或传播内幕信息及从事内幕交易。严禁工作人员本人及相关亲属买卖股票。

“欲寡则神清,操严则政立”。也就是说,个人欲望少,思想上就清醒;自身操守严,政治上就坚定。各级领导干部要率先垂范,带头执行“八项规定”,要求下级做到的自己首先做到,要求别人不做的自己坚决不做。同时要加强对亲属的教育和约束,决不允许搞特权、耍特权。各级纪检监察机构要加强对执行“八项规定”情况的监督检查,按照中央纪委即将颁布的“违反‘八项规定’及其实施细则行为适用党纪处分条例的解释”,对工作落实较好的,要给予表扬;没有做到的,要督促做到;违反规定的,要责令整改;情节严重的,要严肃处理并及时通报。要建立抓“八项规定”落实的长效机制,推动作风建设常态化,坚决防止走形式、搞变通。“抓改进工作作风,各项工作都很重要,但最根本的是要坚持和发扬艰苦奋斗精神。”

从2013年上半年开始,中央将通过试点,逐级分批开展“以为民务实清廉为主要内容的群众路线教育实践活动”。我们要按照中央部署,科学谋划,采取措施,有效整治庸懒散奢等不良风气,使教育活动切实收到“照镜子、正衣冠、洗洗澡、治治病”的效果。

(三)抓紧建立廉政风险防控体系,切实保证权力正确行使

2012年,通过各部门、各单位努力,全系统廉政风险防控工作呈现出理论不断创新、领域不断拓展、科技含量不断提升和成效逐步显现的良好态势。2013年,开展廉政风险防控工作的重点是建立廉政风险防控“金字塔”模型,通过对“组织防控系统”、“风险识别系统”、“防范控制系统”和廉政风险评级指标的科学设计,达到“易记忆、易操作、易推广”的效果,真正把“制度、流程加科技”的有效做法融入其中。具体工作中要注意把握三点。

一是制度建设要体系化。在依照法律规定清权确权的基础上,进一步研究提炼量化指标,构建廉政风险指数体系,科学设置预警红线,找准廉政风险防控重点,并依法依规制定出具体管用和切实可行的防控措施,实现制度建设“横向到边、纵向到底”的整体覆盖。

二是工作流程要规范化。针对监管部门行政审批、监管执法、稽查办案、行政处罚等权力特点,对职权事项、权力运行过程和风险产生环节进行系统性甄别,制定出标准化通用格式模板,规范权力运行流程,进一步减少自由裁量权。择机对外公布职权目录和权力运行流程图,让广大投资者和市场参与者了解我会办事流程、执行依据和风险节点,接受社会监督。

三是监督预警要智能化。把现代科技手段融入廉政风险防控之中,大力推行电子政务和电子监察系统,实现权力运行动态监控、实时预警。从本质上说,监管工作的核心是信息披露。目前,我会正在积极推进首次公开发行股票(IPO)、上市公司中央数据平台和场外市场以及证券公司集合理财电子化信息披露等系统建设。在此过程中,要合理嵌入预警功能,使其既有效保证对市场违规行为的实时监控,又切实防范监管干部行政不作为、行政乱作为等现象发生。

(四)始终坚持惩治和预防两手抓、两手都要硬,切实提高反腐倡廉建设的整体效能

2013年,中央将印发实施《建立健全惩治和预防腐败体系2013-2017年工作规划》。据了解,该工作规划中明确由证监会牵头的任务是“防范上市公司信息虚假披露、内幕交易和市场操纵等行为”。要及时研究制定牵头任务落实意见,抓好责任分解,明确工作目标、责任部门、具体任务、完成时限、检查考核等要求,保证牵头任务落实到位。要以落实牵头任务为契机,推动出台加强党政机关及其工作人员涉及资本市场内幕信息管理规定。同时,要继续以防范利益冲突为重点,从媒体关注、社会关切、市场关心的问题入手,研究提出新的对策措施,进一步完善反腐倡廉制度体系。

要保持惩治腐败的高压态势。坚持有案必查、有腐必惩,凡是有群众举报的,要及时受理;凡是有具体线索的,要认真核查;凡是违反党纪国法的,要严肃处理。“从严治党,惩治这一手决不能放松。要坚持‘老虎’、‘苍蝇’一起打,既坚决查处领导干部违纪违法案件,又切实解决发生在群众身边的不正之风和腐败问题。”突出办案重点,严肃查处监管部门发生的权力寻租和内幕交易或泄露内幕信息等违纪违法行为,严肃查处媒体或网络揭露的监管干部廉政等方面问题。严格依纪依法做好信访举报和案件核查工作。切实保障被调查人员合法权益。正确应对媒体报道,特别是妥善

处理好诽谤和污蔑事项,及时澄清事实真相。加强对典型案件的剖析,建章立制、堵塞漏洞。

要加大预防腐败工作力度。一是加强反腐倡廉教育,突出抓好防止利益冲突教育。围绕社会主义核心价值体系建设,有针对性地开展理想信念、宗旨教育和廉政法规教育,促使广大监管干部正确处理人情关系,严格执行任职回避、公务回避、离职回避和内幕信息管理制度,自觉做到不逾越法纪红线,不突破做人底线。

二是加强对权力运行的制约监督,突出抓好依法依规行使权力。据北京局统计,目前他们共有行政许可类审批项目 19 项,其中包括会机关 2011 年下放的 5 项和 2012 年下放的 5 项;需要出具监管意见的非行政许可审批项目 29 项。针对部分行政许可权力下放到派出机构和交易所以及辖区监管责任制出现的新情况,要深入研究加强对权力约束的措施和办法,坚持规范用权,促进依法行政。新近成立的中国证券金融公司、全国中小企业股份转让系统公司、中国上市公司协会、证券投资基金业协会以及中证资本市场运行统计监测中心公司、中国资本市场学院、北京证券期货研究院和稽查总队沪深支队,以及筹建中的中证投资者教育发展中心、资信发展公司等专业机构,从一开始就要把权力运行的规范性要求纳入管理制度和工作流程设计之中。要进一步加强和改进巡视工作,提高发现问题能力,强化巡视成果运用。深化领导干部经济责任审计,提升审计监督效果。

三是推进改革和制度创新,突出抓好源头治理。深化行政审批制度改革,持续开展行政审批项目的评估和清理工作,进一步取消、调整行政许可项目。推进干部人事制度改革,扩大干部工作民主,提高选人用人公信度。

总之,“要加强对权力运行的制约和监督,把权力关进制度的笼子里,形成不敢腐的惩戒机制、不能腐的防范机制、不易腐的保障机制”。有了惩戒机制,就有落实力;有了防范机制,就有执行力;有了保障机制,就有战斗力。

(五)不断加强纪检监察干部队伍建设,切实提高科学履职的能力和水平

信任不能代替监督。各级纪检监察机构要把加强自身建设作为一项重要的基础工程来抓,议事要明,自律要严,管理要强。自觉实践科学发展观,加强理论修养和党性锻炼,提高思想政治素质。以开展党的群众路线教育实践活动为契机,加大理论学习和业务培训力度,努力提高纪检监察干部整体素质和专业水平。“干部廉洁自律的关键在于守住底线。只要能守住做人、处事、用权、交友的底线,就能守住党和人民交给自己的政治责任。守住自己的政治生命线,守住正确的人生价值。”各级纪委既要加强对同级党委班子成员的监督,也要加强自身建设和队伍建设,切实增强廉洁自律意识和改进工作作风,坚持“四严”标准,严格遵守党章党纪,自觉成为学法、守法、用法的模范和标兵。建立健全良好的选人用人机制,完善内部监督机制,对不适合从事纪检监察工作的要坚决调离,对违纪违法的要严肃查处,努力建设一支忠诚可靠、服务人民、刚正不阿、秉公执纪的纪检监察干部队伍。

春节将至,祝大家新年快乐、阖家幸福!

姜洋副主席在第九届中国(深圳)国际期货大会上的讲话

(2013 年 12 月 3 日)

尊敬的各位领导、各位嘉宾,女士们、先生们:

大家上午好!

很高兴参加第九届中国(深圳)国际期货大会。首先我谨代表中国证监会对大会的召开表示

热烈的祝贺！对来自海内外的各位嘉宾表示热烈的欢迎！对长期以来关心、支持中国期货和衍生品市场发展的各界朋友表示衷心的感谢！在当前深入学习、贯彻落实党的十八届三中全会精神的背景下，召开此次大会对于进一步推进期货和衍生品市场改革开放具有重大意义。

稳步发展期货市场是党中央、国务院的战略部署。经过20多年的发展，特别是最近这些年的发展，我国期货市场在产品创新、市场规模、法规制度、功能发挥、国际影响力等方面取得了很大成就。今年以来，在全市场和全行业的共同努力下，期货市场继续保持良好发展势头，发展质量和效率不断提升，服务实体经济能力不断增强。

一是重大产品创新取得新突破。落实国务院关于2013年深化经济体制改革重点工作的安排，先后上市了焦煤、动力煤、铁矿石等6个重大商品期货品种。成功上市了国债期货，助推利率市场化改革和债券市场建设，使我国期货市场不仅有了股权类衍生品，也有了利率类衍生品，这标志着我国金融衍生品市场迈入了新的发展阶段。完善原油期货上市推进工作机制，启动开展原油期货国际平台技术系统测试，在上海自贸区成立了上海国际能源交易中心，具体承担国际原油期货平台的产品设计和原油期货上市后的运行维护工作。目前，加上即将上市的胶合板、纤维板期货，全年共上市9个期货品种，期货品种总数达到40个，为国民经济相关产业对风险管理需求提供了更多的选择。

二是市场监管制度改革有序推进。为提升市场效率、提升对外开放水平，开展了黄金、白银期货连续交易试点，目前总体运行平稳，市场规模显著扩大，投资者结构不断优化，国际影响力明显增强。进一步推进简政放权，取消期货公司、期货保证金存管银行等行政审批项目9项，下放给派出机构3项。加大期货公司现场检查和非现场检查力度，建成期货公司监管综合信息系统。

三是市场法规规则体系日益健全。贯彻落实修订后的《期货交易管理条例》，推进《期货交易所管理办法》、《期货公司管理办法》、《期货公司风险监管指标管理办法》、《期货公司境外期货经纪业务管理办法》等配套法规文件的修订和制定工作，同时，加快推进《期货法》立法工作。适应相关现货行业发展变化的需要，组织完成14个期货品种的合约规则修订工作。

四是市场服务能力和水平不断提升。研究推进多层次商品市场体系建设，探索开展场外商品衍生品交易。批准20家期货公司成立风险管理子公司，提升产业服务的专业化水平。深化与农业部、保监会及世界银行等的合作和交流，积极拓展期货市场服务农业现代化的渠道和机制。

当前，我国正处于全面深化改革开放的关键时期，经济转型和社会转型任务艰巨。党的十八届三中全会要求“紧紧围绕使市场在资源配置中起决定性作用深化经济体制改革”，明确提出了“健全多层次资本市场体系”，“鼓励金融创新，丰富金融市场层次和产品”等任务，这些都对期货和衍生品市场改革发展提供了新机遇、新契机和新要求。贯彻落实好三中全会精神，必须深刻理解上述战略任务的丰富内涵，进一步增强使命意识和责任意识，尊重市场发展规律，发挥市场首创精神，以更大的勇气和魄力深化改革、扩大开放，努力建设一个与经济金融发展程度相匹配、与风险管理需求相适应的，具有较强竞争力的期货和衍生品市场，逐步形成以期货价格为核心的、具有一定国际影响力的市场化定价体系，更好地发挥市场在资源配置中的决定性作用，提升资源配置效率。

当前和今后一段时间内，中国证监会将深入贯彻落实党的十八大和十八届三中全会精神，坚持市场化、法治化、国际化的改革导向，按照服务实体经济发展的根本要求，统筹兼顾、远近结合，不断创新改革、发展、监管和服务理念，扎实推进期货和衍生品市场各项工作。

一是健全商品期货和金融衍生品市场体系。推动原油等战略性资源品种和宜农期货品种上市，完善资源性产品、农产品等重要领域的市场化价格形成机制。加快建设金融衍生品市场，发展权益类、利率类、汇率类金融衍生品。稳步发展期权、商品指数、碳排放权等新型交易工具，为投资者提供更加完善的投资工具。研究推进场外衍生品市场建设，支持实体企业、金融机构开发符合实际需要的远期、互换、场外期权等衍生产品，加强场外衍生品市场配套设施服务。

二是着力做精做细已上市期货品种。期货市场是规则导向的市场，合约规则的产业匹配度直接影响市场功能的发挥。证监会将积极支持期货交易所对已上市的产品进行评估，根据其功能发挥情况对已上市产品进行适合于实体企业需要的调整与改造。积极支持各期货交易所根据自己的产品特点开展“连续交易”的试点。要将对已上市期货品种合约规则的改造工作放在更加突出的位置,平衡好与新品种上市之间的关系。要进一步完善期货品种功能发挥的评估—反馈—改进机制,着力提升合约规则改造的针对性和有效性。各期货交易所、期货公司要注重贴近实体经济、贴近“三农”,以提升市场服务质量为核心,深入研究现货市场,全面了解行业需求,提升产业服务的能力。

三是加大监管转型和执法力度。按照放松管制、加强监管的思路,进一步简政放权,继续取消和下放行政审批事项。深化品种上市及交易、结算、交割和中介机构监管等制度改革,着力破解制约市场发展效率的突出问题,进一步释放改革红利。厘清监管边界,整合监管资源,健全多层次的风险防控网络,完善不同市场之间的风险预警、监测监控和防范处置机制,强化跨市场、跨行业的监管协作和信息共享,有效避免监管套利和监管盲区。坚持严格执法、公正执法、文明执法,严厉打击市场操纵等违法违规行为,净化市场环境。

四是积极稳妥推进对外开放。按照自主渐进安全共赢的方针,坚持“引进来”和“走出去”,充分利用国际、国内两个市场、两种资源。在成熟品种上试点引入境外投资者。扩大商品期货保税交割品种和区域的试点范围。扩大期货行业对外开放,允许境外机构参股期货公司,支持具有市场竞争力和风险承受力的期货公司开展境外期货经纪业务,设立境外分支机构。

五是夯实市场基础制度。加快推动《期货法》立法工作,为市场创新发展提供更加坚实的法制保障。完善期货市场投资者适当性制度。积极培育和发展机构投资者,推动完善各类经济实体、金融机构有序参与期货和衍生品市场的政策规定。加大期货市场宣传力度,提升全社会对期货市场的认知度、认同度和利用度。推动协调有关各方,着力清除市场壁垒和分割,破除阻碍市场发展的体制机制性障碍,形成促进市场持续健康发展的强大动力。

预祝大会圆满成功!

谢谢大家!

吴利军主席助理(时任)在第二次投资者保护工作联席会议上的讲话

(2013 年 4 月 24 日)

今天这个联席会议,投保局做了充分准备,主要是围绕落实肖钢主席近期对投资者保护工作的有关要求,包括梳理境内外投资者保护的相关法律法规、投资者保护工作现状等情况,研究提出下一步的工作思路。如何进一步明确工作目标和侧重点,完善工作体系,促进制度有效落地,仍需要作细致深入的研究。下面结合几位同志的发言,我谈四点想法,供大家参考:

一、要更加重视投资者保护工作

我们在投资者保护方面做了一些探索性的工作,取得了较好的成效。一是投资者成熟度明显提高。市场产生了积极的变化,投资者慢慢成熟起来,对市场的理解和认同在加深,认识在提高,行为也更加理性,特别是面对市场大幅波动,反应不像过去那么强烈了,炒新、炒小、炒差方面更趋谨慎。二是投资者保护工作体系逐步健全。相关统计表明,各证券交易所、协会、有关会管公司大都设有专门的投资者保护部门,人员配备、平台建设也不少。如交易所建立了专门的工作平台,在投资者权益的维护、上市公司投资者关系管理等方面,做了不少工作。三是投资者保护工作深度不断拓展。不仅开展投资者教育,还触及一些敏感问题,开展了一些维权活动。最近查办的一起案子,拟通过执法倒逼机制,迫使违法主体主动向投资者赔偿相关损失。

与此同时,我们也要清醒地看到投资者保护工作任务还非常艰巨。一方面,侵害中小投资者利益的现象比较普遍。大股东内幕交易、关联交易,上市公司只顾圈钱,不管股价,通过各种方式侵吞投资者权益。从执法情况看,今年一季度的案件同比增长20%,违法披露的案件同比增幅超过20%,中介机构违法违规的案子是去年同期的5倍,这些违法违规行为对投资者利益的损害比较大。另一方面,投资者自我保护能力亟待加强。我国市场是以中小散户为主的市场,自然人开户数占到99.63%,但不少投资者对自己应有的权利不清楚,如何维权更不清楚,中小投资者处在弱势地位,他们应该成为我们投资者保护工作的重点,投资者保护工作还任重道远。大家要认清投资者保护工作所面临的形势,增强责任感和紧迫感,切实把投资者保护摆在更加突出的位置,更加重视投资者保护工作,进一步转变监管工作理念,淡化行政审批,把工作重心转到加强监管、保护投资者利益上去。要坚定信心,坚持高标准,有针对性地去开展工作,这对于提升投资者的信心具有非常重要的意义。要重视顶层设计,远近结合、动静结合,积极探索符合我国市场特点的投保工作机制和制度。

二、进一步明确工作定位和目标

证监会一直重视投资者保护工作,投保局也已经成立两个年头了,现在回过头来又要研究工作定位和目标,说明我们要研究的问题还不少,现在的工作目标太大太虚,力量比较分散,分工还不科学明确。

对保护中小投资者和平等对待所有投资者的问题,市场认识有差异,也有争议。事实上,国外保护的也是中小投资者,如美国的专业机构投资者就没有被纳入保护范围,欧盟也认为一部分投资者不需要被保护。当然,我们也要讲平等对待股东,不能只说对中小投资者的保护,大的就不保护。由于信息不对称,中小投资者一直处于弱势地位,但法律就是保护弱者的,这从法理上是可以说清楚的。

平常我们讲投资者保护,往往主要是针对中小股民,而基民、期民等都还没有真正纳入进来。期民虽然数量少,但最近就有案例,主力资金在期货市场炒远期合约,通过对敲转移资金等方式损害客户利益,所以,期民、基民等投资者的保护问题也应纳入研究范围。

投资者如何分类方法也不同,有的按机构投资者和中小投资者分,有的按流通股东和非流通股东分,也有按产品分的,只有把这些分类明确下来了,投资者保护工作体系才会清晰。否则,一类投资者群体,多家保护机构都对着他,会让投资者无所适从。在投资者分类问题上可以借鉴国外的一些经验。

总之,要明确工作目标,包括远期的、近期的,要花工夫把任务清单列出来,对现有监管制度中涉及投资者保护的条款要做梳理评估,在此基础上明确需要我们保护的是哪类投资者,保护的内容是什么,哪些应由市场其他主体承担。只有这样,才能理出一个清晰、全面的思路,明确一个有限而不是无限的工作目标。

三、研究完善有效的工作体系和制度

投资者保护工作涉及面广,难度大,是一项综合的系统工程,需要凝聚各方面力量,不断完善工作体系,形成工作合力。如何让这个体系更加有效?就是要按照“定位清晰、分工明确、统筹合作、运转高效”的原则去完善工作体系。

定位清晰。投资者保护涉及投资者自我保护、监管保护、自律保护、法律保护、司法保护等几个方面,其中每一方面定位和切入点都应有所不同,需要研究描述清楚。

分工明确。虽然我们已经有了一个初步的保护体系,有些方面甚至比国外做的更超前,但由于它是随着市场、工作的需要逐步拼出来的,缺少顶层设计,体系内部的分工定位还需要进一步明晰。要明确每个投资者保护工作的机构应该干什么、怎么干才能形成合力。“一股力量多种角度”,围绕一个目标多维度地去开展工作,针对一类投资者,工作侧重点和着力点都是有所区别的,但总体上行动是有组织、有计划的,这对我们的工作提出了更高要求,要靠制度、机制来衔接,需要做的工作还是比较多的。

统筹合作。各单位都应该找到各自的优势和工作的切入点,不要重复建设。比如,交易所可以围绕对上市公司监管这条主线,通过对大股东的监管去保护中小投资者的利益;协会可以通过适当性制度建设切入,当然适当性制度还需要在会里统筹下进行;另外协会之间也有分工,上市公司协会、证券期货业协会、基金业协会分别干什么都要细分;投保基金将来负责底线上的保护,做最后的救济,还要大量投入投资者保护工作基础设施的建设;发展中心应该更多地在维权、投资者教育和宣传等方面去推动创新方面的工作,要补上更加直面中小投资者的这个短板。所以,大家要围绕工作切入点,将工作分解清楚。

运转高效。我们的市场层次、投资者构成差别很大,要通过投保组织机构内部的合理分工,找准切入点,做该做的事,做互补的事情,不能做可有可无的事,使体系建设更加系统化、科学化,才能取得更好的效果。所以,我们一定要认真梳理一下,内容上每家都要有侧重,这很重要,大家研究之后要积极地提出建议,哪些需要加强,一定要把我们工作体系中的短板找出来重点加强。希望大家集思广益,把问题想透,结合境外经验,合理布局工作。

四、促进监管制度有效落地

投资者保护制度有效落地是投资者保护工作的核心任务,我们要通过制度将投资者保护措施“变硬”。

一是在制度梳理过程中将投资者保护要求纳入进去。将来投资者保护的目标、重点、内容、体系确定了,渠道也畅通了,最终还是要落在监管制度上去,落实到成系统的法律制度中去。今后整个监管制度的设计天平要向中小投资者倾斜,原来可能考虑融资,对公司、对机构的角度多些,涉及中小投资者的内容相对较少,今后体现投资者利益的制度要多一些。目前有的内部监管制度在协调性方面还存在一些问题,需要系统梳理。最近会里要求对现有制度进行梳理完善,这是一个非常好的契机,投保局要抓住这个契机,广泛听取意见,将投资者保护工作的要求纳入相关监管制度中去。

二是建立投资者保护工作和日常业务监管工作的协作机制,这是解决日常监管与投资者保护“两张皮”的重要举措。会党委对投资者保护工作非常重视,投保局要有话语权,就必须通过建立机制把投资者保护工作渗透到日常监管工作当中去。最近稽查局和发行、上市、基金等业务部门都在对接,建立相互介入机制,投保局也要经常向日常监管部门反馈意见,不利于投资者保护的制度要及时予以调整。因此,投资者保护制度落地非常重要,只有落实到监管制度里面去,将来通过监管、执法才能切实保护投资者利益。

三是力求在投资者保护创新方面有所突破。投资者保护创新也要根据实际情况,根据整个外部环境、法制环境等有序推进,特别是涉及投资者维权,短期内要实现什么目标,如何去开展,包括买股票提供法律支持、参与中小投资者维权等创新的事情也需要研究一下。最近会里也在探索行政执法创新,过去是行政执法加司法追责,现在又加上了经济赔偿,这是一个民事行为,但这一环节加到行政执法里面,相应就带来了如何对接的问题。市场如何解读,是否讲对价,如何把握关系,如果违法主体主动配合、主动承担损失、主动消除市场负面影响,是否考虑酌情处理?

《反垄断法》规定,如果违法责任主体发现问题立即整改,对市场负面影响很小,就停止调查;如果没改则加倍处罚,从各个环节执法都可以进行和解。证券市场对和解的问题比较敏感,但境外已经很成熟,80%至90%的案件都是和解,对政府、监管部门来讲是最有效的,节约了监管资源,对投资者利益保护也是最实际的举措,使投资者能获得赔偿。

近几年民事诉讼案件汇总以后发现，诉讼时间很漫长。所以投资者保护在现有的大环境下，创新可以在哪些方面突破，在我们这个层面上要形成共识，要大胆地研究。包括最近协调违法责任主体民事赔偿问题，有人提出证监会要合理定位，不能冲在前面，但同时证监会还要进行协调指导。因此，投资者保护创新任务很重，还涉及系统外如何加强与司法部门的合作、专业队伍的培养等问题，都需要大家深入研究。

这次会议主题定得很好，讨论以后可以形成一个思路性的框架，有些内容还要按照专题梳理，将来安排专题讨论。联席会制度要变成投资者保护的智囊机构，不能只是一般性工作交流，要在工作创新和突破上有所作为，要对相关问题进行深入研究，多发挥积极作用，为推动投资者保护工作有序开展提供有力支持。

认真贯彻落实新基金法
进一步推动资产管理行业创新发展

——张育军主席助理在2013年基金业协会年会上的讲话

（2013年5月31日）

非常高兴参加本届年会。在今天的会议上，基金业协会作了工作报告，来自监管部门、自律组织和行业机构的代表，结合自身工作，作了精彩发言和深入交流。总的来看，会议达到了预期目标。借此机会，我就认真贯彻落实新基金法，进一步推动资产管理行业改革创新发展，再谈几点意见。

一、全行业要将贯彻落实新基金法作为当前首要任务

新基金法将于明天起正式施行。基金法的修订完善，夯实了基金行业的制度基础，优化了行业发展的法治环境，为行业改革创新创造了难得的历史性机遇。

第一，提高了人力资本在行业中的地位。从主要股东的资质等方面降低基金管理公司的市场准入条件，允许基金公司通过专业人士持股等方式强化激励约束机制，大幅强化了人力资本和智力资本的重要性，为吸引和培育一流人才提供了制度保障。

第二，拓展了公募基金的发展空间。适当放宽了公募基金募集的审核，由“核准制”改为“注册制”，并在投资范围、业务运作等方面为公募基金大幅“松绑”，有利于进一步推动公募基金产品创新、业务创新，促进公募基金向现代资产管理机构全面升级转型。

第三，为私募基金规范发展创造了条件。将私募基金纳入调整范围，明确了私募基金的法律地位，构建了适度监管的基本制度框架，将有助于私募基金提高阳光化、规范化水平，同时在投资主体地位和合理配置税负等方面享受更公平的制度环境。

第四，初步构建了开放、包容、多元的行业发展空间。为符合条件的证券公司、保险资产管理公司和私募基金管理机构等从事公募业务，以及商业银行之外的其他金融机构从事基金托管业务，留足了法律空间，将进一步丰富机构投资者队伍，完善市场结构，提升行业活力和整体竞争力。

第五，完善了行业产业链的制度安排。支持基金销售、支付、份额登记、估值、投资顾问、评价等各类服务机构发展，允许基金管理人将投资决策之外的非核心业务外包，有利于推动行业的专业化分工和差异化竞争，促进基金产业链的协调发展。

第六，加大了对投资者权益保护的力度。突出了基金持有人利益优先的原则，在对基金管理人行为要求、监督管理和责任追究等方面进一步完善制度、强化约束,有利于切实维护市场秩序、净化市场环境,把行业长期健康发展真正建立在投资者权益得到有效保护这个坚实基础之上。

新基金法的一系列制度安排,必将对整个资产管理行业发展发挥积极而深远的影响。全行业应当充分认识新法实施的重要意义,把贯彻落实新基金法作为当前的首要任务抓实抓好。一要扎实做好新基金法的学习贯彻,深刻领会新法的修改精神,全面理解新法规定的有关制度和措施,使公司全员真正做到知法、懂法、守法,严格依法办事。二要抓紧做好内部制度的梳理调整,确保公司各项制度、流程符合新法精神和要求,推动公司合规经营、规范发展。三要善于把握新基金法提供的重大机遇,结合自身在股东背景、资本实力、人才储备、地域背景、行业背景等方面的特色和优势,积极探索符合自身实际的特色化、个性化发展道路。总之,全行业都应当以新基金法的实施为契机,坚定发展信心,加快创新步伐,抢占发展先机,努力实现新的发展和跨越。

二、推动基金公司加快向现代资产管理机构转型

基金公司是我国金融市场最重要的资产管理机构之一。加快推动基金公司创新发展,对于整个资产管理行业发展具有突出的引领和带动作用。去年以来,证监会按照“放松管制、加强监管”的基本原则,加快改革创新步伐,大力推动基金公司转型升级。一是完善了基金监管配套法规制度。在拓宽基金公司投资领域,适当放开公募基金管理和托管业务,优化基金管理公司股东准入,丰富基金销售机构类型等各方面取得了新的突破。二是深化了基金产品审核制度改革。取消了基金产品通道制,简化审核程序,缩短审核期限,实施网上审批,确保常规产品 20 个工作日完成批复。三是加快了基金业务和产品创新。先后推出了跨市场、跨境 ETF、短期理财基金、场内货币市场基金等创新产品。四是取消和下放了部分行政许可。坚决放松管制,取消了 5% 以下股东资格审核、同比例增减注册资本等多项行政许可事项,下放了基金销售资格审批,发挥市场约束机制的作用。从实践情况看,这些改革创新举措取得了积极成效,得到了市场各方的普遍认同。

改革创新是资产管理行业的永恒主题。推动基金公司向现代资产管理机构转型,必须始终坚持市场化改革的根本方向,保持政策的连续性和稳定性,坚定不移地持续推动基金公司制度创新、组织创新、业务创新和产品创新。同时要综合把握行业发展实际与改革政策推进力度,不断总结创新发展的经验教训,切实巩固和深化改革创新成果,积极稳妥地将行业创新发展引向深入。结合去年以来的改革创新实践,当前全行业要扎扎实实做好以下几项重点工作,务求取得创新实效:

一是积极稳妥地开展子公司业务。基金子公司业务是行业服务实体经济的重要途径,同时有利于满足居民多样性的财富管理需求,推动基金公司走差异化、特色化、专业化发展道路。目前全行业 34 家基金子公司中有 19 家开展了专户业务,管理规模 600 多亿元,整体业务规模较小,风险合规意识较强,产品运行状况良好。下一步相关基金公司要继续扎实推进子公司业务,紧密结合自身的特色和优势,探索差异化的业务发展模式;积极探索完善子公司业务的管理框架、业务模式与制度建设;循序渐进,逐步积累客户资源与管理经验,不断提升主动投资、主动管理、自主设计产品的能力。在发展过程中,要特别注意不要盲目推进,一味冲规模、求速度;坚决杜绝资金池业务,确保产品与投资标的权属清晰,一一对应;加强尽职调查,审慎选择合作对象与投资项目,切实防范对手方风险与兑付风险,把握好业务创新和风险控制的平衡。

二是扎实做好债券市场投资。目前,国内投资者特别是中小投资者对于低风险的固定收益类投资产品需求旺盛。债券是固定收益类基金的主要投资品种,今年新成立的基金产品中,债券型基金超过一半,做好债券市场投资业务意义重大。要进一步加强对债券市场的研究,不断提升债券投资管理水平,在稳步发展债券投资的基础上,促进固定收益类产品和业务的发展壮大。

近期,媒体对债券市场投资违法违规的报道较为集中,个别基金公司从业人员也牵涉其中。证监会坚决支持和配合相关部门,依法严厉查处涉及基金公司的违法违规行为,进一步加强相关债券投资监管工作。全行业都应当以此为戒,高度重视暴露出来的问题,对债券投资业务进行全面自查。要加强内部人员教育管理,健全相关内控制度,防止各种内幕交易和利益输送等违反监管高压

线的行为发生。

三是积极推进业务和产品创新。证监会坚持积极、开放、包容的态度，对于法律法规没有禁止、存在市场需求的产品，允许基金公司积极探索和先行先试。前不久协会专门出台了基金产品创新评审规则，建立健全了创新产品的评审机制，引导基金公司加大业务产品创新力度。基金公司应当充分发挥创新主体作用，加强市场研究，注重树立以客户为中心的经营理念，根据客户偏好，设计各种满足投资者多元化财富管理需求的理财工具；紧密结合实体经济发展需要，探索设计对接科技创新、支持创业企业发展的基金产品，拓展服务实体经济的广度和深度；根据业务和产品特色，在产品设计与销售、运作流程、投资管理、风险控制、技术系统和业务规则等各个环节做出有针对性的安排，做好对新业务新产品的配套支持。

四是加强专业人才队伍建设。资产管理行业是以智力资本为核心的行业，人才是行业发展的关键。能否培养一流的人才，在根本上决定了行业能否为投资者提供一流的资产管理服务。要建立健全人才引进、培养、使用和各种激励约束机制，把既有专业能力又有强烈进取意识和职业素养的核心人才留住、用好；高度重视合规风控人才的培养，摒弃重投研管理人才、轻合规风控人才的倾向；健全人才退出机制，按照市场法则，把不合格、不尽责甚至违法违规的人员从行业淘汰出去，在优胜劣汰中提高人才队伍的素质和活力。

三、务必把合规风控放在行业创新发展更加突出的位置

在推动基金行业创新发展过程中，必须坚持创新能力和合规风控能力并重。越是创新发展，越要重视合规风控。创新一定要建立在抓好合规管理、强化风险控制的基础上，确保创新发展和合规风控两手抓、两手都要硬。

合规风控的责任首先在于行业机构自身。全行业要转变被动应对监管要求的心态，主动强化合规管理，全面提升风险控制水平，使合规风控与创新发展齐头并进、均衡协调。

一是要建立现代风险管理体系。去年证监会明确提出证券公司要建设包括风控制度、组织框架、风控队伍、技术系统、指标体系和预警处置机制在内的“六个一”的现代风险管理体系。对于基金行业而言，这个要求同样适用。基金公司应当按照相关要求，努力构建符合自身特点的有效风险管理体系，做到全员参与、全过程控制、全风险覆盖。同时可量化，可分析，可检查。大力培育公司风险管理文化，重视培育一线员工的风控意识和能力，使合规风控理念深入人心。

二是要牢牢守住职业道德与法律法规底线。资产管理行业是以诚信为基础，以受托文化为支撑的行业。必须大力弘扬诚信文化、受托文化，强化勤勉尽责意识。各类资产管理机构都要讲求诚信，强化信息披露，坚持合规运作，永远把客户利益放在第一位，始终牢记保护持有人合法权益的宗旨。行业从业人员特别是高管人员要坚守职业道德，忠诚于投资者的权益，敬畏于法律的威严，坚决不要触碰法律底线和道德底线。

三是要建立健全风控合规责任追究制度。基金公司要建立有利于风控合规工作落实的激励约束机制，将风控合规责任落实到各个部门、岗位和员工，并将落实情况纳入绩效考评体系。健全违规记录制度和责任追究机制，对违反法律法规、风控合规工作执行不力、损害投资者权益等行为，严肃追究责任。

四是要加强重点风险防范和化解工作。从目前行业发展实际出发，首先要注意防范各种低级错误，强化信息技术系统建设，投资者资金、份额安全等基本保障工作。其次要高度关注新业务、新产品的潜在风险。各公司应当将新产品、新业务与公司现有合规风控体系有效衔接，确保合规风控先行一步。基金部和协会要注意密切跟踪创新产品的运作情况，适时总结经验，加强对潜在风险的防范与化解工作。

四、市场监管要跟上行业创新发展的步伐

前不久李克强总理在国务院机构职能转变动员电视电话会议上强调，既要把该放的权力放开、

放到位,又要把该管的事务管住、管好。在基金业改革发展过程中,“放松管制”与“加强监管”相辅相成、缺一不可。放松管制、鼓励创新,绝不意味着放松监管要求;恰恰相反,只有回归监管本位,狠抓监管落实,创新发展才有更安全、更可靠的基础。因此,我们既要坚定不移地放松管制,又要旗帜鲜明地加强监管,把加强监管放在更加突出的位置,使监管工作紧紧跟上行业和市场创新的步伐。

基金部要不断完善基金综合监管体系。结合资产管理行业开放多元、转型发展的形势任务,改进完善由基金部牵头,各证监局、自律组织和托管机构各司其职、各负其责、密切协作的基金综合监管体制,特别要抓紧建立行之有效的私募基金综合监管体系框架。要统筹部署全系统基金监管资源,有针对性地加强现场检查和监管执法,推进基金监管工作向“重行为监管”、“重现场检查”、“重系统性风险防范”转变。

各派出机构要全力强化日常监管。随着新基金法调整范围的扩大以及行业进入门槛的降低,派出机构将承担越来越多的一线监管任务,责任十分重大。当前要抓紧学习私募基金监管的政策法规要求,切实把“适度监管”的原则贯彻到位。将更多的精力投入现场检查和调研中,及时发现问题、解决问题。加强与基金部和基金业协会的沟通、协调和配合,齐心协力把监管工作做实、做好。

基金业协会要切实做好行业服务和自律。去年以来,协会在服务行业发展、促进行业创新、加强行业自律方面做了大量工作,取得了较好成效。下一步,要继续突出服务宗旨,抓好专业培训、行业宣传、会员交流、投资者教育等基础工作;发挥桥梁作用,促进监管部门与行业之间有效、充分沟通,及时向监管部门反映行业的需求与呼声;进一步强化行业自律,制定、修订符合行业发展需要的自律规范、业务规则,加强对一线风险的监测监控,专业高效地履行好自律管理职责。

交易所、登记结算公司、托管机构要切实发挥一线监督作用。沪深交易所要在进一步加强创新支持的同时,强化自律管理,改善会员服务,防控风险传递。登记结算公司要认真做好行业中央数据交换平台的运营维护、行业数据集中备份工和销售结算资金对账监督等工作,确保投资人财产安全。托管机构要切实承担净值核算和投资监督职责,有效保障投资人合法权益。

五、努力创造形成开放包容、公平竞争的市场环境

建立开放、包容、多元的资产管理体系,是加快机构投资者培育的重要方向和根本途径。新基金法已经为不同资本背景、组织形式的机构进入资产管理行业开展业务建立了基本的制度框架。监管部门将根据市场发展需要不断细化和完善相关政策,积极协调相关部门争取配套政策支持,为行业发展创造更加开放包容、公平竞争的市场环境,推动包括基金公司在内的各类资产管理机构发展壮大。

全行业都必须学会在更加激烈同时也更加公平的竞争环境中,通过加快创新发展赢取生存空间。要在竞争中把握发展机遇,应当重点把握以下几个方面:

一是强化开放竞争意识。要充分认识到画地为牢、故步自封没有任何出路。必须戒除等、靠、要的被动心态,拿出精气神,主动思考、主动学习、主动加压,勇于迎接竞争与挑战。

二是打造自身特色和品牌。在发展模式上要注重结合自身的战略定位和比较优势,在行业细分领域打造品牌,通过优质的产品服务和高效的组织管理,形成差异化竞争优势。

三是虚心学习借鉴成功经验。境外美国的黑石、富达、道富等,国内的银行、保险、信托等各类资产管理机构,在业务模式、服务体系、发展路径等方面都有很多值得学习思考的地方。要善于向国内外成功者学习,在分析辨别、去粗取精的基础上,尽可能地吸收一切好的发展经验为我所用。

四是牢固树立标杆意识。我始终鼓励大家都要找到自己的标杆。树立学习、借鉴、赶超标杆的强烈进取精神,这是有抱负的资产管理机构应当具备的基本特质,也是锻造一流资产管理机构的强大精神动力。

五是加强基础性研究。要结合公司自身业务实践和专业特长,深入研究关系行业长远发展的重大前瞻性、基础性问题,如引入长期资金问题、投资品种拓展问题、税收负担问题、对外开放问题

等，群策群力，集思广益，共同推动行业长期健康发展。

同志们，习总书记号召要努力追求中华民族伟大复兴的“中国梦”。资产管理行业是实现“中国梦”的重要载体。我们一定要以高度的社会责任感和历史使命感，牢牢抓住新基金法实施带来的重大机遇，改革创新，锐意进取，推进资产管理行业转型发展，为实现中华民族伟大复兴的“中国梦”做出应有的贡献！

第二部分　重要文献

监管执法：资本市场健康发展的基石

——肖钢主席在《求是》杂志发表署名文章

（2013 年 8 月 1 日）

经过 20 多年的发展，我国资本市场已经成为全球最大的新兴市场，在经济金融体系中的作用越来越重要，对全球金融市场的影响也越来越大。当前，要准确把握十八大以来党中央国务院对资本市场改革发展的新定位、新部署，勇于攻坚克难，加快监管职能转变，加强监管执法，切实维护市场公开、公平、公正和投资者合法权益，促进资本市场健康发展。

一、加强监管执法是资本市场健康运行的重要前提

资本市场具有法治依赖性，需要推动法治建设、加强监管执法，保障市场运行不“脱轨”。与其他要素市场不同，资本市场的双重性突出，既高效，又脆弱。如果没有有效规则，或规则得不到遵守，逐利的资本就会冲破诚信的底线。轻则导致市场萎缩和停滞，重则滋生和传导风险，危及经济运行和社会稳定。这就决定了要发展资本市场，就离不开法治，就离不开监管执法，资本市场必须走向法治市场。18 世纪初期英国和法国先后发生股市“泡沫危机”，引发全国陷入政治动荡，主要原因就是早期市场依靠自发自律调节，操纵、欺诈行为容易泛滥、失控。美国 1929 年爆发股灾，根本原因也是在此前 100 多年的历史中，既没有统一的成文法，也没有出面维护市场秩序的公共机构。危机促使罗斯福政府痛定思痛，制定了一系列证券法律，设立美国证监会。

资本市场投机违法行为具有伴生性，成熟市场的发展过程，就是一个不断加大执法力度的过程。资本逐利的本性决定，信息欺诈、内幕交易、操纵市场等投机违法行为是市场的伴生物，具有长期性固有性，不会因为市场成熟、加强管理就能完全消失。政府的职责就是以执法为己任，遏制违法行为的蔓延，使市场功能正常发挥。近一个世纪以来，美国国会授予证监会行使的职权，从一般行政执法权，到准立法权、准司法权，逐步扩大。近 20 年来，美国国会赋予证监会的执法任务还在加码，其拥有的职能超出了任何行政部门，华尔街甚至称美国证监会为三权分立之外的“第四部门”。即便如此，美国证监会还经常需要请求联邦司法部、地区检察官联手行动，提供办案支持，美国社会仍然经常批评证监会执法不力。香港特区经历 1998 年亚洲金融危机的冲击后，为提高执法能力，借鉴英美国家增加了证监会多项权力，包括过去只有司法机构才可以行使的传唤权、搜查权、扣留权。最引发关注的是，香港证监会于 2004 年获得对 3 年以下刑事案件直接“入禀”法院的权力。我国具有后发优势，需要汲取境外的经验和教训，树立持续不断加强监管执法的治市理念。

“宽进严管”、加强监管执法是当前我国资本市场监管转型的“着力点”。党的十八大以来，党中央国务院明确指出政府职能迫切需要转变到创造良好发展环境、提供优质公共服务、维护社会公平正义上来。资本市场监管需要以此为契机，更加尊重市场客观规律，扭转“重审批、轻监管”倾向。将“主营业务”从审核审批向监管执法转型，将“运营重心”从事前把关向事中、事后监管转移。

对不该管的事情，要坚决地放，对需要管好的事情，坚决地管住管好。对违法违规行为，毫不手软地追究到底、处罚到位。

二、我国资本市场监管执法面临的形势和挑战

我国的资本市场是“新兴加转轨”市场，在20多年来的快速发展中，注意按照“法规先行”的思路建设市场，注意不断加强监管执法。但也要清醒地看到，在经济社会转型的关键期，监管执法领域面临着严峻的形势和挑战。

违法案件越来越多，执法资源相对紧张。近年来，违法案件呈多发高发态势。2009—2012年，案件增幅年均14%，2012年同比增长21%，2013年上半年同比又增加40%。目前，内幕交易案件数量超过一半，欺诈发行、虚假信息披露案件在快速上升。同时要看到，一方面，还有为数不少的违法行为并没有得到查处；另一方面，随着多层次资本市场发展，市场规模将继续扩大，违法案件还会增多。

面对这一形势，尽管近年来执法队伍不断加强，但在监管角色尚未转变到位的条件下，人员不足、投入不足、缺乏激励的问题还长期存在。受编制、经费等各种限制，中国证监会系统目前专司执法的人员不到600人，不及职工总数的20%。而美国证监会经过2011年部门重组，执法部门人员达到1236人，占总数的32%。此外，成熟市场都在利用先进科技装备搜索调查违法行为，节约大量人力。我国在这方面投入不足，科技执法还跟不上形势发展。

违法手段越来越复杂隐蔽，执法手段相对不足。随着金融产品创新步伐加快，混合型、交叉型产品越来越多。借助互联网，违法者可以轻易实现跨市场、跨边境作案。当事人反调查的意识越来越强，内幕交易开始向隐名化、集群化、跨界化、多层传递演化，市场操纵出现短线化、多点化、合谋化和跨市场化的趋势。部分案件的社会关系复杂，不仅涉及上市公司、中介机构高管人员，还涉及到金融机构、党政机关干部。这些都对监管者提出了挑战。

与此同时，行政执法普遍存在案件发现难、取证难、处罚难、执行难的问题。资本市场案件查实率只有60%—70%，主要就是因为执法手段不足，调查困难。当事人往往不配合调查，暴力抗法事件时有发生。

维护市场“三公”的任务艰巨，执法环境亟须改善。在资本市场中，虚假陈述、市场操纵、内幕交易等行为严重扭曲价格信号，使金融资源发生错配，这是我国市场“三公”程度不高的表现。与此同时，社会法治意识薄弱，监管执法受到干扰，违法成本低，问责不及时。据统计，目前资本市场的法规规则超过1200件，问责条款达到200多个，但其中无论是刑事责任还是行政、经济责任，没有启用过的条款超过2/3。毋庸讳言，其中既有立法修法不及时、不具体的问题，也有执法体制不适应，地方保护主义依然存在的问题；既有人情世故的原因，也有不敢碰硬、不坚持原则的原因。这些因素长期存在，致使相当一部分责任追究不了。近年来证监会每年立案调查110件左右，能够顺利作出行政处罚的平均不超过60件。每年平均移送涉刑案件30多件，最终不了了之的超过一半。

投资者保护任务越来越重，维护投资者权益的制度安排不相适应。保护投资者，就是保护市场。我国拥有全球最多、最活跃的个人投资者群体，散户占比高，缺乏金融风险识别能力，容易成为各种欺诈行为的受害者。近年来，一些大案要案，特别是上市造假类案件涉及的主体众多，受害投资者多则几十万人，少的也有一万多人。随着公众维权期望值不断提高，各方面要求监管部门有更多作为的呼声在增加，保护投资者的任务加重。

现有的执法模式程序较长，效率较低，还不适应威慑违法行为的需要，还不能尽快回应市场和社会的关切。一方面，我国还没有形成与现代资本市场节奏相适应的行政执法新模式；另一方面，我国投资者维权的渠道还不顺畅，投资者难以获得经济赔偿。现有法律法规还不适应证券集团诉讼等做法，支持投资者维权的公共机构有待健全。

三、努力构建符合国情的资本市场执法体制机制

推进资本市场健康发展，需要我们提高运用法治思维深化改革、推动发展、化解矛盾、维护稳定

的能力,探索加强监管执法的新路子。

建立健全“主动型”立法保障机制,加大制度供给力度。资本市场的立法修法,需要反映商事规则创新多、变化快的特有规律,增强主动性、灵活性。可以考虑采取“一年一评估、两年一小改、五年一大改”的方法,及时将监管执法经验和趋势反映在立法之中。当前重点是要抓紧修订《证券法》,并以《期货条例》为基础,加快制定我国期货市场的基本法。要进一步细化违法行为认定标准,提高处罚标准,丰富执法措施和手段,增强操作性和匹配性,建立行政执法和解制度,研究投资者补偿制度。更多引入刑事司法力量参与监管执法,强化“行”“刑”衔接。

建立健全“高效型”行政执法机制,提高监管作为能力。大胆探索金融监管机构作为特定机构,脱离现行公务员管理模式的改革试点,在机构设置、人员编制和薪酬体系等方面实行灵活的机制,吸引和留住优秀专业人才。要进一步加大稽查执法力度,严格执法、公正执法、文明执法,大幅提高违法失信成本,坚决查处大要案。进一步充实执法力量,保障执法人员安全。向优化流程要效率,解决好日常监管、自律监管与稽查执法的职能边界及相互配合的问题,建立统一的违法线索监控监测平台,实现调查、审理、移送等执法过程标准化。建立资本市场违法违规举报激励机制,提高案件发现能力。

建立健全“制约型”查审分离机制,提高行政执法工作水平。监管机构内部实行调查和审理分开,是我国行政执法领域的探索和创新。“查审分离”的目的是从不同角度对违法事实认定和法律应用进行把握,弥补执法环节中的不足与漏洞,既最大限度地提高执法的科学性和公允性,又形成内部制约制衡机制。鉴于实行“查审分离”后增加了执法环节、程序和争议,为避免影响执法工作效率,发挥好制度作用,首先要保证调查与审理环节的独立性,上级有权监督,但不干预调查部门的立案意见和审理部门的处罚意见。其次,查审两个环节既要有分工,也要有协作,要加快统一调查标准和审理标准,建立办案时限制度,对大案要案及时实行双向提前介入。此外,针对重大案件或者需要尽快回应社会的案件,要建立查审协调处理机制,及时解决调查、审理和其他执法环节之间的分歧和衔接问题,提高执法反应能力。

建立健全“紧密型”政府部门协同机制,提高风险防范和处置能力。为守住不发生系统性、区域性金融风险的底线,需要全社会共同构建“大监管、大执法”格局。要加强政府部门信息共享,促进部门协作,加强金融监管协调机制,避免监管重叠和监管盲区。2012 年度,有关部门提供给证监会的涉案个人身份信息达到 2100 多人次,发挥了重要作用。证监会要继续加强与相关部门的合作,建立高效的信息联网查询通道。要针对资本市场重大监管事项,建立国家有关部门、地方政府共同参加的“联手行动”机制,做到对违法行为和风险及时发现、及时制止、及时立案、及时调查、及时处罚、及时公开,高效处置风险隐患。要扩大与境外监管机构的合作。鼓励自律组织等社会力量采取多种方式广泛参与,共同维护市场秩序。提高执法透明度,主动接受社会和舆论的监督。

保护中小投资者就是保护资本市场

——肖钢主席在《人民日报》发表署名文章

(2013 年 10 月 16 日)

保护中小投资者的合法权益,不仅是资本市场健康运行的内在要求,也是维护社会公平正义的有效途径。在我国资本市场发展历程中,中小投资者发挥着不可替代的作用。目前在沪深交易所开户的个人投资者近 9000 万人,其中 50 万元人民币以下投资者完成的交易约占股票交易总量的

60%。这是中国资本市场的一个显著特征,对资本市场内在质量、运行效率和市场监管等都提出了许多新要求,迫切需要构建一系列有针对性的制度安排和政策措施。

中小投资者权益保护已成为制约资本市场发展的突出问题
信息不对称、投资回报机制不健全、上市公司违法违规行为、
维权渠道不畅等,都损害了中小投资者利益

现行制度针对投资者权益保护的专门安排不足。由于历史原因,长期以来我国资本市场在制度设计中更多偏重于融资,对中小投资者权益保护重视不够,有针对性的制度安排少,形成了融资者强、投资者弱的失衡格局。中小投资者保护制度规范原则笼统,可操作性缺乏,权利行使存在很多障碍,甚至形同虚设。部分上市公司及控股股东、实际控制人在公司重大决策中,不尊重中小投资者意见,不重视他们的利益和合理诉求。在"资本多数决"原则下,"一股独大"现象普遍存在,为侵占中小投资者权益提供了条件和机会,导致"隧洞效应",大股东通过各种各样的"地下隧道",把众多中小投资者的利益占为己有。因此,真正捍卫市场公平和平等的原则,就必须旗帜鲜明地保护中小投资者。保护中小投资者就是保护资本市场,保护中小投资者就是保护全体投资者。

信息不对称严重侵害中小投资者权利和利益。资本市场是基于信息定价的交易市场。让中小投资者充分享有知情权,公平获得应当公开的全部信息,是维护其合法权益的基本前提。由于证券发行人及其控股股东、实际控制人是证券信息的产生者和控制者,处于信息占有的绝对优势地位;证券经营机构及其他中介服务机构处于近距离获取信息的相对优势地位;广大中小投资者则处于最外围的劣势地位,加上知识、经验和专业能力的缺乏,难以及时获取真实准确的信息。这种信息不对称的状况,容易产生代理人诚信问题,误导中小投资者。

投资回报机制不健全致使长期投资理念难以形成。在我国无风险资金收益率偏高的情况下,资本市场投资回报整体较低。据统计,2001 至 2011 年,我国上市公司现金分红占净利润的比例为 25.3%,而境外成熟市场通常在 40% 左右。2006 年以来,上市公司平均年化股息率只有 1% 左右。同时,上市公司回报方式单一,有的甚至存在利用现金分红套现。由于投资回报机制不健全,投资者难以形成稳定回报预期,炒新、炒小、炒差等投机行为盛行,快进快出现象普遍,这也是中小投资者亏损的重要原因。

违法违规行为直接侵害中小投资者切身利益。中小投资者缺乏风险识别和防范能力,更容易成为各种违法违规行为的侵害对象。上市公司信息披露违法行为,导致中小投资者因做出错误投资决策而遭受损失。内幕交易违法行为使得进行反向操作的投资者可能因股价波动而造成损失。市场操纵者利用资金、持股、信息优势等手段操纵交易价格或交易量,使得很多不明真相的中小投资者被误导参与相关交易,权益受到侵害。

维权渠道不便于中小投资者有效寻求法律救济。市场经营主体投诉处理责任不明确,资本市场多元化纠纷解决机制不健全,证券纠纷专业调解刚刚起步,民事赔偿诉讼制度有待完善,中小投资者起诉、举证还存在诸多困难。投资者保护的组织体系不健全,许多中小投资者权利意识也不强。调查显示,85% 的中小投资者不知道有哪些权利、如何行权和维权,只有 2% 的中小投资者能够读懂上市公司披露的财务信息;近 3 年股东大会网络投票股东平均参与率不到 0.25%。

全面构筑保护中小投资者合法权益的制度体系
保障中小投资者知情权、健全上市公司股东投票和表决机制、
建立多元化纠纷解决机制、完善中小投资者赔偿制度

增加顶层制度供给。及时调整、增加中小投资者权益保护的相关制度,进一步明确中小投资者权利义务,完善经济赔偿制度,强化中小投资者权益维护的法律责任。

保障中小投资者知情权。信息披露是投资者了解上市公司的主要渠道,也是实现投融资功能的重要基础。信息披露必须全面、准确、及时,并做到简明、易懂、实用。建立限售股股东减持计划

预披露制度,有关股东在披露之前不得转让股票。加强对上市公司信息披露的监管,强化相关市场主体的责任与义务。要系统研究中小投资者公平获取信息的制度规范,健全信息披露违规问责机制。

健全上市公司股东投票和表决机制。股东投票方式、表决结果效力直接影响中小投资者行使参与权的积极性。要研究专门针对中小投资者行使参与权、具有中国特色的分类表决机制。在股东大会审议再融资、利润分配等可能影响中小投资者利益的重大事项时,要重视中小投资者的话语权。探索建立完善征集投票制度,为中小投资者行使投票权提供便利。

健全投资回报机制。要引导上市公司积极回报投资者。根据上市公司所在板块、所处行业、上市年限、发展阶段等情况,引导公司制定差异化的分红政策,对持续、稳定现金分红的公司,探索建立适当扶持的制度安排。建立多元化投资者回报体系,完善股份回购制度,引导上市公司承诺在股价低于净资产情况下开展股份回购。丰富分红方式,探索上市公司进行股利分配时由股东自行决定选择新股或现金,尽快推出优先股制度。

健全投资者适当性制度。投资者适当性管理是对中小投资者实施保护的有效措施,也是境内外市场普遍采用的一种制度安排。目前我国的创业板、"三板"、股指期货、融资融券业务实施了投资者适当性制度,但制度层级较低、约束力不强。要根据投资目标、资产金额、投资经验、财务状况、风险偏好以及诚信记录等因素,明确中小投资者与其他投资者的分类标准。要落实产品风险分级制度,充分披露可能影响其权益的各类信息,建立销售人员执业规范和问责机制,将适当的产品或服务提供给适当的投资者。

丰富投资渠道和产品。资本市场相关各方都要树立为中小投资者服务的意识。发展服务于中小投资者的专业化中介机构。鼓励创新开发适合中小投资者的低风险、有相对稳定回报的产品。以保护中小投资者为核心,试行大众理财产品管理费率与产品回报挂钩的机制。

建立多元化纠纷解决机制。要进一步明确市场经营主体投诉处理首要责任,完善投诉处理机制,依法公开处理流程和办理情况。支持中小投资者与市场经营主体协商解决争议。推广专业化纠纷调解和仲裁,为中小投资者提供免费的纠纷调解服务。增强调解的法律约束力,建立完善调解与仲裁、诉讼的对接机制。探索有助于中小投资者依法诉讼的相关制度安排,拓宽维权渠道。

完善中小投资者赔偿制度。建立先行赔偿制度,督促违法责任主体主动赔偿中小投资者。引导市场各类经营主体建立自主性投资者救济机制,设立专项风险准备金,拓宽赔偿资金来源,方便中小投资者充分、及时、便捷地获得赔偿。建立上市公司退市风险管理和补偿制度,减少中小投资者可能造成的损失。

强化中小投资者教育。要明确监管部门、自律组织、市场经营主体等各方的职责,发挥新闻媒体和网络的作用,增强中小投资者的权利意识和风险防范意识。中小投资者也要主动掌握投资知识和相关技能,树立理性投资意识,不盲目跟风、频繁炒作,提高自我保护能力。

将保护中小投资者合法权益贯穿监管工作始终
坚决查处欺诈发行、违法披露、内幕交易、操纵市场、
老鼠仓等违法行为,提高违法违规成本

证券期货监管工作肩负着保护中小投资者的使命和职责,面对新形势、新要求,要从根本上转变观念,统一认识,把维护中小投资者合法权益贯穿监管工作始终。及时完善监管制度,严格执行法律法规。全面加强监管协作,形成保护工作合力。完善与中小投资者的沟通机制,及时对中小投资者诉求做出回应。坚决查处欺诈发行、违法披露、内幕交易、操纵市场、老鼠仓等严重损害中小投资者利益的违法行为,提高违法违规成本。加强行政执法与刑事执法的有效衔接,提高证券期货犯罪案件查处效率。建立违法案件举报奖励制度,畅通举报渠道,完善举报查询、保密措施,有效保护举报人。健全考核制度,把维护中小投资者合法权益的职责履行情况作为衡量监管工作成效的重要依据。大力开展监管执法宣传,建立守信受益、失信惩戒机制,强化市场主体诚信守法意识。

中小投资者权益保护是涉及全社会的系统工程,要加强与各地方、各部门的配合与合作,建立常态化联系沟通机制,努力搭建“法律保护、监管保护、自律保护、市场保护、自我保护”的保护体系,推动各方力量共同参与,形成合力。建立覆盖全市场诚信记录的数据库,实现部际信息共享。上市公司、市场经营机构要遵守维护中小投资者权益的各项制度,倡导诚信经营和股权文化。建立中小投资者权益保障评价机制,充分发挥社会监督作用,在全社会形成保护中小投资者的良好氛围,使中小投资者享受到资本市场改革发展的红利,让资本市场助力实现“中国梦”。

法制强则市场兴

——肖钢主席在《新世纪》杂志发表署名文章

(2013 年 12 月 10 日)

资本市场是一个资金场、信息场和名利场,因而必须是法治市场,要高度依赖健全完备的法律制度体系。

经过 20 多年的发展,中国资本市场法律体系建设取得了很大进展,也存在一些亟待解决的现实问题,必须认真做好资本市场法律体系建设的总体规划设计,编制好路线图,全面推动基本法律、行政法规、司法解释和司法政策的健全和完善,有计划、有步骤、有重点地清理整合现行有效的法律实施规范,不断提升资本市场法律制度的系统性和科学性。

在法律和行政法规方面,应认真总结资本市场实践经验,尽快修订《证券法》,抓紧制定《期货法》。及时制定上市公司监管条例、证券期货投资者保护基金条例、类别股份发行管理规定、私募基金监管条例。在司法解释和司法政策方面,需要尽快修订虚假陈述民事赔偿司法解释。抓紧制定内幕交易、市场操纵民事赔偿司法解释和虚假陈述、市场操纵、“老鼠仓”刑事司法解释。抓紧研究制定认定证券期货交易场所、登记结算公司商事规则法律效力的司法解释。

证监会作为监管机构,要按照功能监管的基本理念,适应市场发展的现实要求,遵循证券期货监管的法理逻辑,按照规制内容与法律关系的不同性质,全面整合现有规章和规范性文件,适时制定必要的行政规章,尽可能做到同一性质、类型的事项由同一个规章规定,形成相对科学完备的法律实施规范子体系。

一是“融资与并购”子体系。要围绕以信息披露为中心的监管理念,紧扣投资者权益变动的制度定位,按照注册制的法律规制要求,在证券发行、上市类现行制度规则的基础上,整合形成证券发行管理办法、兼并收购办法、信息披露办法等规章。

二是“市场交易”子体系。要以交易秩序的维护与交易结果的确认为核心,正确处理公平与效率的关系,在现行证券、期货交易所管理办法有关交易规则的内容规范基础上,针对证券、期货分别形成交易管理办法、结算管理办法等规章。

三是“产品业务”子体系。要紧扣证券期货产品、业务等金融服务规范的制度定位,围绕以明确执业标准、强化行为规范为中心的监管理念,在基金类现有规则的基础上,统合形成适用于证券公司、基金公司、期货公司,涉及公募私募、运作管理、信息披露等方面的资产管理类规章;制定证券期货投资咨询办法;针对证券、期货分别制定自营、经纪业务管理办法;分别形成发行保荐、财务顾问、资信评级、审计服务、法律服务、资产评估等专项业务管理办法。

四是“市场与机构主体”子体系。要以不同市场组织主体和市场机构主体的设立和治理规范为核心,在机构、基金、期货有关公司管理的现行制度规定基础上,整合形成证券公司管理办法、基金公司管理办法、期货公司管理办法,在当前规则基础上制定涵盖不同市场层次的证券、期货交易场所管理办法。

五是“对外开放”子体系。要以引导、规范境内主体利用国际市场为核心,制定境内机构提供跨境证券投资服务管理办法、跨境监管执法合作管理办法等规章。

六是“审慎监管”子体系。要以系统性风险的监测、预警与防控为核心,统合形成市场统计监测办法、市场风险基金管理办法、风控指标管理办法、信息技术安全保障办法等规章。

七是“投资者保护”子体系。要以投资者权益的保障与救济为核心,在现有的投资者适当性制度、销售适当性、现金分红政策的基础上,统合形成适用于整个证券期货市场的投资者适当性办法、产品销售规则、股东权益保障与实现办法,制定投资者公平基金办法、公益机构支持投资者维权诉讼管理办法等规章。

八是“监管执法”子体系。要以统一证券期货监管执法程序与实体性认定标准为核心,统合形成监管工作职责规定、监管信息公开办法、信访工作规则等规章,根据发现、立案、调查、处罚、复议等执法工作关键节点分别制定投诉举报处理办法、立案审查处理办法、行政和解实施规定、行政处罚实施办法等规章,针对操纵市场、内幕交易、“老鼠仓”等重大违法行为相应制定实体性认定办法。

进一步完善资本市场法律体系,是一项长期的系统性工程。一方面,要积极配合和支持立法、司法机关做好立法工作,主动反映资本市场改革发展的制度需求,加快推进证券法修改和期货法制定工作。要充分运用“法律修正案”的立法形式,有效解决市场改革创新和监管执法实践面临的制度供给问题。另一方面,要切实履行好证监会的自身职责,集中开展规章、规范性文件清理整合工作,建立专门的、常态化的工作机制,明确工作要求,规范工作程序,落实工作责任,增强法律实施规范体系结构的统一性、制度内容的科学性和层级效力的适当性,为中国资本市场的改革发展提供更加有效的法律制度保障。

中国证监会关于进一步加强稽查执法工作的意见

(2013 年 8 月 15 日　证监发〔2013〕49 号)

稽查执法是证监会的基本职责和核心工作,是加快资本市场改革开放、实现市场创新发展的重要基础,是维护公开、公平、公正的市场秩序、维护投资者合法权益、促进资本市场健康发展的根本保障。为进一步加强稽查执法工作,切实做到严格执法、公正执法、文明执法,提出以下意见。

一、提升线索发现及处理能力

(一)提高监管工作发现违法违规线索的能力。会机关业务监管部门和派出机构要以发现线索、及时移送等为重点,进一步完善行政许可、日常监管、现场检查等工作的制度建设与程序规范,提高监管工作的有效性和针对性,增强违法违规线索发现能力;发现违法违规迹象的,应按照稽查执法要求固化证据,也可会同稽查执法部门采取稽查提前介入方式进行调查取证,确保相关材料能够有效转换为稽查执法案件证据;违法违规线索清楚的,应在 5 个工作日内向稽查执法部门移送,由稽查执法部门开展初步调查或立案调查。

(二)拓宽发现违法违规线索的渠道。各证券期货交易所等自律监管组织要加强异常交易等监控系统建设，提高交易数据分析水平，明确内幕交易、操纵市场等违法违规行为的识别标准，同时建立信息披露类案件线索报送标准和工作机制。达到违法立案标准的线索，应在5个工作日内报送稽查局；涉及上市公司、非上市公众公司、证券期货经营机构、基金管理机构以及会计师事务所、律师事务所等中介服务机构的，同时抄送相关辖区的派出机构。制定证券期货违法违规举报受理工作规程，完善处理工作机制和程序，建立举报人保护和奖励制度。充分发挥证券期货经营机构、基金管理机构、会计师事务所、律师事务所等中介机构的作用，建立向监管部门报送违法违规线索的激励与约束机制。加强对新闻媒体有关证券期货违法违规行为的报道、评论等信息的监测和分析，对于社会影响广泛、线索基本清楚的重大媒体线索，及时展开调查。

（三）完善违法违规线索处理工作机制。设立违法违规线索处理中心，提高对内幕交易、操纵市场、虚假陈述等违法违规线索的监测能力和分析处理能力。在分析、评估的基础上，根据线索清晰度、与立案标准的符合度等因素，将线索分为立案线索、待查线索和其他线索。对于立案线索，要及时开展立案调查；对于待查线索，要及时启动初步调查；对于其他线索，可转日常监管部门或有关单位处理。稽查局要通过日常单项通报、定期通报、信息系统共享以及召开联席会议等方式，与自律监管组织、派出机构和日常监管部门建立案件及线索的快速处理机制，定期向线索报送单位反馈线索处理情况。派出机构受理的案件线索，参照上述要求分类办理，并通报相关单位。

二、完善案件调查管理机制

（四）进一步加强立案工作。制定并印发各类案件的立案标准，对于触发立案标准的行为及时立案调查。稽查局和各派出机构均有立案权，稽查局立案事宜根据《会领导班子成员关于审批事项分工合作的意见》（证监发〔2013〕27号）办理，涉案主体为拟上市公司、上市公司、非上市公众公司、证券期货经营机构、基金管理机构以及会计师事务所、律师事务所等中介服务机构的重大案件，必要时，稽查局可会签相关业务部门。派出机构要进一步规范有关立案事宜，建立和完善相应的立案会商制度。自律监管组织和日常监管部门要进一步明确监管措施适用的具体条件和程序，细化自由裁量的标准，实现与立案标准的有机衔接；存在需要及时对违法违规行为予以制止、纠正、警示、惩戒等情形的，要及时采取行政监管或自律监管措施并记入诚信档案；需要采取监管措施的行为达到立案标准的，在采取监管措施的同时，要及时移送稽查执法部门，不得以监管措施替代行政处罚。在加强立案工作的同时，要进一步梳理完善行政许可和监管标准，清晰界定责任，实现精准打击、过罚相当。

（五）建立案件分类管理制度。建立大案要案类（A类）、常规案件类（B类）、简单案件类（C类）三类案件的分类标准，并根据案件具体进展适时进行动态调整。A类案件主要包括涉嫌证券期货犯罪、涉案主体特殊、涉嫌违法情节特别严重、市场持续高度关注、上级机关有具体明确查办要求以及涉及其他重大敏感新型案件；C类案件包括成交金额和违法所得较少或没有违法所得的内幕交易案件、案情简单的操纵市场案件、不涉及重大财务造假的信息披露案件等违法情节较轻的案件；B类案件为A类、C类案件以外的其他案件。稽查执法部门要对不同类别的案件进行分类管理，优先组织安排A类案件的调查、审理等工作，确保重大案件的查办质量和效率。

（六）改进案件调查组织方式。稽查局负责所受理线索的立案交办、全系统案件调查工作的协调督导评价、交办案件的统一复核移送以及派出机构自立自办案件备案管理工作。上海、深圳专员办分别与稽查总队上海支队、深圳支队合署办公，主要负责案件调查工作。稽查总队、上海稽查支队、深圳稽查支队以承办A类案件为主。各证券期货交易所和证券登记结算公司等会管单位的执法部门在承担自律监管职责的同时，应按照稽查局的统一调配，配合做好稽查执法工作。天津、沈阳、上海、济南、武汉、广州、深圳、成都、西安9个大区稽查局在承办所在辖区案件的同时，需承办稽查局交办的跨辖区案件。大区稽查局以外的派出机构以自立自办所在辖区案件为主，同时根据稽查局的指定，承办或参与承办跨辖区案件的调查。调查过程中遇到可能影响案件质量、查办效果等情形的，稽查局可根据需要或承办单位申请，另行指定案件承办单位。稽查局要建立统一的案件管理系统,建立健全案件调查的取证标准和制度规范,及时进行现场或非现场督导,切实履行全系统案件调查的协调、督导、评价、统计、宣传以及调查力量的调配使用等职责,同时定期向会领导和系统各单位通报全系统立案及案件调查情况。稽查执法部门要按规定及时将立案以及案件进展等信息录入案件管理系统。

(七)明确调查取证基本要求。案件调查工作要在保证质量的基础上,更加注重执法效率和社会效果,进一步提升及时性、针对性和有效性。初步调查和立案调查应当使用统一的调查通知书等法律文书,相关法律文书的样式、编号、使用规范等由稽查局负责制定。案件调查的取证工作应当突出法律责任导向,集约使用调查资源,按照行政处罚的证明标准,优化取证内容,做到事实清楚、证据充分、程序合法。完善稽查工作底稿制度,通过工作底稿如实记录调查程序、取证过程、调查事项和初步意见。稽查工作底稿连同证据装订入卷,与调查终结报告一起保存,任何人不得更改。进一步完善调查终结报告的编制归档制度,制定证券期货违法违规行为调查认定卷宗规范,围绕认定违法违规行为的证明目的、证据类别、证据形式等,准确撰写调查终结报告,有效立卷装卷,确保符合审理处罚、行政复议和行政诉讼的证据要求。

三、坚持和优化查审分离体制

(八)全面授予派出机构行政处罚权限。制定《派出机构行政处罚工作规定》,将行使行政处罚权的范围扩大至全部派出机构。扩大派出机构自办案件范围,纳入自办范围的案件,原则上由派出机构审理、处罚,但大案要案、疑难复杂案件和可能对当事人权益造成重大影响的案件仍由行政处罚委员会审理、处罚,相关复核移送工作按照交办案件的程序办理。行政处罚委员会负责派出机构行政处罚工作制度和拟处罚案件的备案审查工作,加强对案件审理的监督、指导,保障全系统行政处罚工作的统一性。派出机构审理案件的相关法律文书及作出的行政处罚决定,由该派出机构负责送达与执行,也可以根据工作需要委托其他派出机构送达或执行;行政处罚委员会作出的行政处罚决定,由稽查执法部门委托当事人相关辖区派出机构负责送达与执行。各派出机构要确保及时、规范送达,提高行政处罚的执行率。

(九)加强调查、审理工作的衔接、配合。在坚持查审分离原则的前提下,调查和审理部门要加强衔接配合,在法律法规规定范围内,用足用好法律赋予的职责,加大对违法违规行为的惩处力度。行政处罚委员会要加快制定各类案件审理标准,统一案件认定、处理标准,为案件调查提供指引。进一步加强案件管理,明确各类案件审理时限,优化审理工作机制和程序,不断提高审理效率。对于事实清楚、依据充分、情节轻微的案件适用独任审理程序。对于重大、复杂、疑难或新型案件,在调查取得主要证据、调查部门形成初步认定意见后可以按相关规程开展审理提前介入。在审理提前介入阶段及正式审理阶段发现证据不足时,审理部门可根据相关规定和程序要求调查部门补充证据。补充证据以两次为限,每次补充证据应当在30个工作日内完成。补充证据后经审理认为证据不足,不能认定违法行为成立的,审理部门可以结案。进一步完善查审部门分歧解决机制,经调查、审理部门沟通协调后仍存在重大分歧的案件,由会领导召集调查、审理、法律等相关部门研究决定,派出机构依照上述原则办理。加强行政处罚工作透明度建设,依法及时公开行政处罚信息,在依法保护证人的前提下,为当事人行使阅卷权利提供便利,保障行政处罚当事人的知情权和救济权。

(十)建立特殊案件快速会商处理机制。会机关和派出机构要分别建立特别重大案件的快速会商处理机制,主要负责处理A类案件中需要快速回应社会关注等情形的特别重大案件。会机关快速会商处理机制由会领导牵头,协调稽查局、行政处罚委员会、法律部及相关调查部门组成专门工作小组研究案件调查和处理问题,必要时可吸收会机关相关部门和派出机构、相关交易所、会管单位参加。在特殊处理机制下,需要采取监管措施的,有关部门要及时跟进。办公厅、稽查局牵头做好舆论宣传工作,实行分阶段新闻通报办法,及时公布行政处罚及日常监管措施等处理情况。派出机构可参照上述机制办理。

（十一）建立完善快速结案制度。坚持保护投资者合法权益的原则，鼓励涉案当事人自查自认自纠违法违规行为，主动减轻或消除危害后果和不良影响，积极补偿投资者。对于整改效果较好、危害后果和不良影响明显消除、投资者利益得到有效补偿的，可以依法酌情从轻或减轻行政处罚。会机关交办案件在调查环节出现规定结案情形的，由调查部门提出结案建议，稽查局复核后按程序报会领导批准；在审理环节出现规定结案情形的，由审理部门按程序报会领导批准。派出机构自办案件结案的，按照相关规定办理。

四、加强系统内外的协调配合

（十二）完善内部执法联动机制。建立稽查执法与信息披露监管联动机制，对上市公司、非上市公众公司等信息披露义务人进行立案调查的，要在调查通知书中载明涉嫌违法的主要类型，并在立案、调查结案、审理结案、行政处罚等环节及时告知信息披露义务人，督促其及时披露案件有关信息。办公厅、稽查局等部门要按照稽查执法信息发布的相关规定，加强信息发布工作管理，在发布涉及信息披露义务人的执法信息时，应先由信息披露义务人进行披露。建立健全稽查执法部门、日常监管部门、自律监管组织之间的会商沟通机制，及时通报相关立案、调查和审理情况，研究解决案件查办难题，协同做好各类监管措施的实施工作。稽查执法部门应及时将当事人拒不配合接受调查的情况记入诚信档案，对于虽未达到立案标准或不予行政处罚但需要持续加以关注的，通过稽查关注名单的方式通报日常监管及自律监管部门，并及时将发现的问题以稽查建议书等形式反馈相关单位或部门。有关派出机构、日常监管和自律管理部门要建立稽查通报事项的后续应对机制，有针对性地予以持续关注，涉及整改要求的，督促当事人限期整改，及时通报稽查执法部门，并依法公开披露当事人整改情况。

（十三）加大行政司法衔接配合力度。进一步健全与各级公检法机关的执法协作机制，加强涉嫌刑事犯罪案件的会商、移送与办理，推动完善证券期货犯罪行为的追诉标准和司法解释。对于达到刑事追诉标准的案件，在案情基本清晰、主要证据已调取后，即可启动与公安机关的沟通会商。会机关移送公安部的案件，由稽查局、证券犯罪侦查局与案件调查单位会商，必要时可邀请会内相关部门参加；经上级机关同意移送的重大案件，必要时可通过最高法、最高检、公安部、证监会共同参加的打击证券期货犯罪协作平台，依法做好侦办组织、侦查监督、审查起诉、司法审判等相关工作，切实加大刑事追责力度。派出机构向所在辖区公安机关移送的案件，可参照建立相应的会商机制，必要时提请会机关有关部门研究。推动建立证券期货案件行政执法商请公安机关支持的工作机制，会同公安机关研究细化并有效落实执法协作、治安处罚、刑事追责等相关规定，探索建立办案支持工作机制，有效解决涉案信息查询困难、当事人阻碍执法等突出问题。

（十四）健全行政执法外部协作体系。从会机关和派出机构两个层面，通过签订合作备忘录等方式，与地方人民政府建立制度化的案件反馈机制与协同执法机制，涉及对地方经济或社会有较大影响的执法行动要及时通报当地政府；与其他金融监管机构、政府有关部门建立专门的沟通协作机制，畅通案件信息查询渠道，落实《证券法》赋予我会的执法职权，建立健全跨部门的资本市场监管与执法协作体系。加强跨境执法协作，畅通跨境调查与协查通道，提升跨境取证效率，有效打击跨境违法犯罪行为。

五、严格执法监督与考核问责

（十五）完善稽查执法流程控制。提高案件查办效率，案件调查审理周期原则上不得超过一年，确需延长办理期限的，应报会领导审批。大力推进稽查执法信息化建设，规范案卷管理制度，实现稽查、处罚和行政复议等工作规范化、标准化、信息化。进一步强化执法信息公开，增强执法工作透明度，主动接受社会监督。调查、审理部门做出的立案或处罚决定，上级领导和其他部门、单位不得提出不予立案、不予处罚或从轻处罚的意见，但有权对不予立案、不予处罚或从轻处罚的意见提出立案调查、依法予以处罚或从重处罚的要求，由调查、审理部门依法定程序重新研究处理决定。

严禁证监会系统任何人为涉案主体或当事人说情以及违反程序干预、影响稽查执法工作。同时,建立说情人备案通报制度,进一步完善稽查执法工作保密制度,违反规定的,严格追究责任。

(十六)建立健全执法评估评价机制。建立稽查执法评估工作机制,按照我会关于监管执法评估工作的总体部署,评估稽查执法工作的合法合规性及综合执法效果,不断改进稽查执法工作。采取定性和定量相结合的方法,设定科学的评价考核指标,根据案件调查、审理、执行的数量、质量、效率、效果,以及执法行为是否规范、合作机制是否健全等情况,综合评价各执法单位的稽查执法工作,确保严格、公正、文明执法。派出机构监管工作的评价考核、稽查经费的分配、稽查执法干部的考核等,要将上述评价结果作为重要依据。

(十七)建立健全执法监督问责机制。制订我会行政复议意见书和行政复议建议书工作规程,明确发布的形式、程序、效力等内容,有效落实复议意见书和建议书制度。强化行政复议对稽查执法的监督规范作用,稽查执法部门要对复议意见书中提出的问题及时提出改正方案并切实改进完善。结合相关行政诉讼应诉和答复工作,及时将司法机关或国务院法制部门对我会稽查执法的审查意见转化为内部工作要求。建立稽查执法专项巡视、案卷评查等制度,进一步加强执法监督,对于不严格执行法律法规、因故意或重大过失未发现线索、发现线索不报、有案不立、查处不力以及影响干扰正常案件查办的,依法严格追究责任。

六、健全稽查执法组织保障体系

(十八)强化稽查执法信息技术保障。建立监管信息电子化查询机制,实现会机关监管数据互联互通。会机关各部门、各证券期货交易所和证券登记结算公司等会管单位要支持案件调查对相关数据的查询,建立稽查执法电子化查询机制和渠道,简化稽查执法查询程序,并在查询支持单位和案件调查单位建立专门的查询登记备案制度。组建稽查执法技术服务中心,加强新型取证工具和数据分析系统的研发和使用,提高快速取证能力。发布实施《关于加强证券期货经营机构客户交易终端信息等客户信息管理的规定》,制定配套技术指引,规范证券期货经营机构按照统一标准收集和存储客户交易终端信息,提高调查部门采集和分析数据的效率。

(十九)加大稽查执法经费保障。稽查执法经费的增长要适应执法任务和执法力量快速增加的需要。探索建立经费的分配使用与各执法单位案件查处工作量相挂钩的机制。加大对稽查执法部门核心技术服务、重要稽查取证设备以及执法信息化系统建设的投入。改善稽查执法人员待遇,建立稽查案件补贴制度,进一步提高办案差旅食宿标准,深入推进稽查总队、上海稽查支队、深圳稽查支队事业单位薪酬制度改革。建立稽查保障基金,为一线调查办案人员人身意外伤害及案件查办等工作提供保障和支持。

(二十)大力充实稽查执法力量。增加稽查执法人员数量,重点充实一线执法力量和调查取证技术支持队伍。加强大区稽查局领导班子建设,实行稽查局长单列管理,局长可以配备为正局级,副局长可以配备为副局级。大区稽查局局长兼任所在辖区派出机构党委委员,派出机构主要负责人为稽查执法工作第一责任人。派出机构及大区稽查局分管稽查、审理工作的局领导分工调整及相关处室负责人的任免,需分别征求稽查局、行政处罚委员会的意见。各证券期货交易所和证券登记结算公司执法部门负责人的任免,需征求稽查局的意见。建立后备干部稽查执法挂职锻炼制度,司局级后备干部应分期分批到一线执法岗位参与案件调查审理工作。

(二十一)强化执法队伍建设。大力加强稽查执法队伍的思想政治建设,打造一支政治坚定、作风优良、业务过硬、坚持原则、敢于碰硬的执法队伍。同时,大力加强专业能力建设,建立稽查岗位专业(技术)职务序列管理制度,完善行政处罚委员会委员、审理员聘任制度,加大专业职务人员公开遴选力度。建立稽查执法岗位与日常监管等岗位定期轮岗及干部交流制度。建立虚假陈述、操纵市场、内幕交易等违法案件的专业执法队伍。对稽查执法干部每年开展不少于两周的专业培训,不断优化稽查干部队伍的专业技能和知识结构,持续提高稽查执法队伍的战斗力。

用法治思维和方式推进资本市场改革发展

——透析2012年证监会改革的法治逻辑

（2013年2月18日）

2012年，资本市场经受住了国际国内复杂环境的考验，保持了改革创新稳步推进的良好态势。市场体系日趋完整，市场功能不断提升，市场机制日益健全，市场开放不断深化，市场稳定获得保障。特别是，在改革步入“深水区”、市场与监管面临更大考验的新形势下，中国证监会坚持用法律的手段推动改革创新，用法律的手段加强监督管理，努力以法治的思维和方式探索、开拓具有中国特色的资本市场改革发展新路，推出了一系列以法治为“内核”的市场改革举措：努力推动基金法、《期货交易管理条例》修改；加快推进多层次资本市场建设、不断深化发行和退市制度改革；鼓励上市公司分红，强化投资回报；加强信息披露和规范公司治理；大力发展机构投资者，推动证券期货经营机构创新发展；加强市场稽查执法；积极稳妥推进对外开放等等，取得了新成效、新进展，引起了市场和社会有关各方的广泛关注。从法制完善的角度看，2012年堪称我国资本市场法制重构的一年。

尊崇法律　做依法治市的坚定“唱多者”

“只要我们真正在内心深处树立起尊崇法律、认同法律的理念，用法治的思维和方式推进资本市场的改革和发展，这一过程一定会充满创新、充满生机、充满活力。”

——摘自郭树清主席2012年12月8日在第三届“上证法治论坛”开幕式上的演讲

法治是现代政治文明的内涵，更是现代市场经济的基础。证监会主席郭树清作为最早参与我国经济体制改革方案设计和实践推动的领导干部，对于市场经济与法治的内在关系有着深刻的体会和认识。反映到他施政的指导思想上，便是始终坚持从依法治国方略、资本市场发展的规律特点和资本市场自身对法治的内在需求等出发，注意运用法治的思维和方式做好经济金融体制改革和资本市场改革发展的各项工作，要求监管系统干部经常地、反复地学习法律，不断提高依法行政、依法治市的能力和水平。

在党的十八大期间接受记者采访时，郭树清鲜明地指出，法治是这些年国家改革发展取得伟大成绩的基本经验，是治国理政的基本方略，也是我国资本市场改革发展的正确方向、可循路径和有效手段。

2012年“12·4”全国法制宣传日到来之际，郭树清专门发表有关弘扬资本市场法治建设的专题文章，鲜明指出：市场经济必然走向法治经济，现代政府必然走向法治政府，法治已经成为引领、促进和保障市场经济发展的重要力量。

在2012年12月8日上海证券交易所主办的“上证法治论坛”上，郭树清强调要认真学习习近平总书记在首都各界纪念现行宪法公布施行30周年大会上的讲话精神，要求在证券监管系统、在资本市场领域带头学习法律，坚决执行法律，并深有体会地说：“我到证监会工作以来，深深体会到学法用法的重要性。有些法律过去读过，时间一长就记得不那么清楚。遇到了困难问题，似乎感到非常新鲜特殊，但是一查一问却发现法律法规早有阐述。”末了，他还引用哈佛大学著名教授哈罗德·伯尔曼的名言：“法律必须被信仰，否则将形同虚设”。

规则先行　夯实改革创新的制度基础

“资本市场对于法律制度供给的要求，典型反映出商事法制更新变化快的特有规律。目前我们在私募市场、债券市场、资产管理市场以及期货和衍生品市场等方面的制度空白和制度缺陷,迫切需要通过修改法律加以解决。"

——摘自郭树清主席2012年12月8日在第三届"上证法治论坛"开幕式上的演讲

盘点证监会去年一年的工作,记者注意到,这个部门非常重视法律制度建设,始终强调必须"规则先行"。在他们看来,市场机制的个体活力和创造激情,只有通过稳定的产权规则、平等的交易规则、公平的竞争规则和有效的救济保护规则才能激发、维护和保障。在立法工作和制度建设思路上,一方面,他们十分重视具体改革实践急需的制度规范建设;另一方面,他们十分注重从宏观和顶层设计层面大力推进关系到资本市场改革、创新和发展未来的基础法律制度建设。

据证监会有关负责人介绍,2012年是证监会推进改革创新举措最多、力度最大的一年,同样也是制定修改规章及规范性文件最多、制度建设和法治规范涉及面最广、介入程度最深、制度成果最为丰富的一年。全年共制定出台有关证券发行体制改革、完善上市公司退市制度、鼓励上市公司分红、建设多层次资本市场、发展债券市场、促进行业创新发展等证券期货规章规范性文件70余件。

2012年,全国人大修订出台《证券投资基金法》,国务院修改颁布《期货交易管理条例》。一年内,证券期货领域成功推动出台"一法一条例"两大基础性法律法规,实属不易。

2012年10月24日,国务院公布《关于修改〈期货交易管理条例〉的决定》。其中包含了两大亮点,深受期货业界关注:为适应推出我国的原油期货市场需要,《决定》为境外投资者直接进入期货交易所进行原油期货交易预留了空间;为适应推出国债期货交易的需要,《决定》删除了非期货公司结算会员参与期货交易的禁止性规定,适应了我国期货业创新发展的需要。

2012年12月28日,第十一届全国人民代表大会常务委员会第三十次会议以高票审议通过了证券投资基金法修正案。该法的修订通过,是去年证券法治建设中的一件大事。修订后的基金法将私募基金纳入调整范围,而且适应公募基金放松管制的要求,做了大幅度的调整和修订。

在推进具有顶层设计性质的基础性法律制度建设方面,证监会不只是"着眼当下",而且"未雨绸缪"。开展证券法实施情况的评估,这是去年证监会在证券法治领域所做的又一件大事。据证监会有关人士透露,证监会经系统梳理40家单位近300万字的评估意见,形成了关于证券法实施情况的评估报告送审稿和修改证券法的建议报告。评估报告从适应证券市场改革创新发展的需要出发,明确提出了证券公开发行制度、证券私募监管、债券市场发展、场外市场建设、非公公司监管以及市场对外开放等方面的制度完善的思路建议,形成了下一步修改完善证券法的基本方向和重点内容。与此同时,证监会还研究形成了期货法的立法工作思路。

还权市场　培育法治化的成熟市场机制

"坚持市场优先和社会自治原则,积极主动转变监管工作理念和方式。凡是市场机制能够有效调节,市场主体能够自主决策,自律组织能够自律管理的事项,都要取消行政审批。"

——摘自郭树清主席在2012年全国证券期货监管工作会议上的讲话

按照建设法治政府和依法行政的要求,放松管制、加强监管,主动把本应属于市场的权利交还给市场,努力减少对市场的行政干预,实际已成为证监会去年全年创建新型监管模式的一条主线。这首先体现在大量取消、调整行政审批事项方面。在最近一次国务院行政审批改革中,证监会取消调整32项行政许可项目,在国家部委中名列第一。

2011年11月,行政审批制度改革工作部际联席会议办公室(以下简称审改办)向国务院各部门发文,征求对行政审批项目的清理意见。按惯例,在各部委上报取消和调整行政审批事项前,审改办已有初步方案。但证监会最后提交的项目数,远超当初的方案数。郭树清主席对此工作非常重视。他在审阅证监会各部门首次提交的取消和调整行政审批事项后指出:这远远不够。之后,证监会各部门再次审核,将能取消和调整的行政审批事项全部上报。最终确定取消32项、下放由派出机构办理的行政审批事项10项,共取消和下放行政审批事项42项,在国务院部门中数量最多,占国务院清理项目总数314项的13.4%，占金融领域清理项目总数的50%以上。同时，证监会还向审改办提出拟取消、下放的行政审批项目10项，待相关设定该行政审批项目的法律修改后立即取消。自2001年行政审批制度改革工作全面启动至今，证监会已分六批累计取消136项行政审批项目。

来自证券公司的刘峥先生向记者介绍，这些举措对券商产生了重大影响。放松管制以后，券商的业务创新步伐加快，出现了不少适应市场和客户需要的新产品、新业务，为券商发展注入了新的活力和动力。实际上，在2012年券商佣金收入下降的背景下，各种创新业务成为券商赚钱的重要来源，今后随着业务和产品的不断拓展，证券公司加快向全能型财富管理机构转型，证券行业的前景以及服务金融和实体经济的能力日渐看涨。

来自一家基金公司的邢博士也向记者说，由于监管机构放松管制，基金业的产品创新力度最为明显，基金公司可以根据市场需求创新基金产品，分级基金、理财基金、跨市场的ETF等产品及其业务将有更大的发展空间，在有银行、保险、信托和证券等群雄竞逐的财富管理市场格局下，对基金业的发展必将产生重大而积极的影响。

透明监管　破除资本市场中的"神秘主义"

"要以充分、完整、准确的信息披露为中心，改革完善发行审核制度。要继续完善预先披露制度和发行审核信息公开制度，不断提升发行审核工作的透明度，充分发挥社会公众的监督作用。"

——摘自郭树清主席在2012年全国证券期货监管工作会议上的讲话

"阳光是最好的防腐剂，路灯是最好的警察"。刘易斯－布兰代斯的这句名言用在资本市场中是再贴切不过的。据说，美国的证券法中的信息披露制度就是以此为其哲学基础的。在我国证券法中，以"公开"为首的"三公"原则也是资本市场最基本的法律要求之一。而且，程序透明还是构建现代法治政府的一个关键要素。证监会以资本市场和社会各界最为关心的股票发行公开透明问题为切入点，以监管信息公开带动市场信息披露，全方位开展了政务公开、市场透明建设。

"自我加压"，高标准、严要求。在法规政策制定工作的公开透明方面，证监会发布了专门的《证券期货规章草案公开征求意见试行规则》，在国家部委中较早对规章政策起草制定工作的公开透明提出了规范化要求。除了按照国务院规定严格遵循将规章草案一律向社会公开征求意见之外，还要求非规章形式的，但在内容上涉及市场主体权利义务和法律责任的大量规范性文件，也比照规章向社会公开征求意见；同时要求在规章、规范性文件公开征求意见时，不能仅仅公布征求意见稿，而是必须同时公布其起草说明，以便于公众了解情况、提出意见。应当说，这是非常难能可贵的。

破除市场与监管中的"神秘主义"，把公开透明要求贯穿于监管执法与市场活动的全流程、全方位。2012年2月，证监会在其官方网站上，第一次公布了申请在主板、中小板和创业板发行上市的515家IPO排队企业名单"全景图"，并同时公开了发行股票审核工作流程。其他一系列监管公开举措也相继实施。包括上市公司并购重组行政许可审核工作流程的公开，上市公司并购重组行政许可申请基本信息及审核进度的随时更新，公募基金募集申请行政许可受理及审核情况的公示，证券公司行政许可申请受理及审核情况的公示，等等，这些在过去都是不公开的事项，均全部公开，再无神秘可言。投资者、申请人从网站上对相关信息完全知晓，无须劳神费力去四处打听，以往经常出现的传言也随之戛然而止。

此外，证监会还专门设立行政许可及信息公开申请受理服务中心，并建立了公开回访制度，对依申请公开事项做到100%依法及时回复。在2012年中国政府网站绩效评估中，证监会信息公开绩效指数在57个中央国家机关中排名第8位。

严格执法　对内幕交易等违法犯罪"零容忍"

"现阶段我国的内幕交易有两种情况，有一部分人有目的地利用特殊地位和关系，谋取不正当利益；也有一部分人主观意识不甚明确，没有认识到这是与贪污、盗窃、欺诈性质相近的犯罪行为。小偷从菜市场偷一棵白菜，人们都会义愤填膺，但是若有人把手伸进成千上万股民的钱包，却常常不会引起人们的重视。”

——摘自郭树清主席2011年12月1日在第九届中小企业融资论坛上发表的讲话

这是郭树清用朴素形象的语言揭示了内幕交易的实质,被市场人士广泛称为“偷菜论”。

郭树清在多次谈话中反复强调对内幕交易等市场违法行为“坚持零容忍”,“零容忍”成为人们频繁使用的新名词。一些长期关注资本市场的法律实务界人士在谈到证监会去年法治建设问题时,印象最深的是证券执法力度非同往昔。

打击内幕交易成为监管机构查处违法行为的重点。去年,证监会查处了张涛、沈少玲、肖家守、林郁、杨治山等一大批内幕交易案件。据证监会有关负责人介绍,2012年,证监会共受理包括内幕交易在内的证券期货违法违规线索300多件;其中,初步调查和立案调查共计200余件,已经移送行政处罚委员会行政处罚100多件,移送公安机关涉嫌犯罪的案件30多件。

在移送司法机关的案件中,当属昔日明星基金经理李旭利“老鼠仓”案最有影响。2012年11月23日,上海市一中院判决其有期徒刑4年,罚金1800万元,同时,追缴违法所得1000余万元。李旭利也成为基金经理被判有期徒刑第一人。

据有关负责人介绍,在行政处罚中,证监会去年共作出56项行政处罚决定书和8项市场禁入决定书。处罚对象中涉及17家上市公司、2家会计师事务所、8家其他机构、168名个人。对158人给予罚款,对12人实施了市场禁入,其中1人被实施了终身市场禁入。去年已经作出的行政处罚罚没款总计达4.37亿元,为行政处罚委员会成立以来最高额。其中,唐建平操纵市场,被处1.68亿元罚款并没收违法所得1.68亿元,是近年来被罚没金额最高的。

惩戒失信　建立法治化的市场诚信约束机制

“诚信和法治之间存在密切的内在逻辑联系。诚信的要求往往体现为法律制度的具体内容,需要通过法治的保障实现。只有通过法律的引导、规范和调节,通过对违法失信行为的民事、行政、刑事责任追究,才能确保形成崇尚信用、相互信任、普遍信赖的市场关系。”

——摘自郭树清主席2012年12月8日在第三届“上证法治论坛”开幕式上的演讲

正是基于这样深刻的认识,证监会去年做的一件大事就是为诚信立法。2012年4月,证监会发布《证券期货市场诚信监督管理暂行办法(征求意见稿)》公开征求意见。7月,郭树清签署2012第80号令正式发布《证券期货市场诚信监督管理暂行办法》,该办法于2012年9月1日起施行。

这是资本市场首部关于诚信的规章。在中央部门中较早通过部门规章全面规范诚信信息的内容与范围,建立失信惩戒与约束、守信激励与引导机制。据了解,该办法实施三个月以来,至少有50件行政许可因相关当事人存在负面记录受到不同程度的限制或约束。

据证监会有关人士介绍,上述诚信监管规章在将近年来诚信档案实践予以制度化、规范化的基础上,新增了行政许可审查、创新业务限制、常规监管检查、行政处罚从严裁量等一些具有针对性的措施和办法,以进一步加强对违法失信行为的惩戒约束。同时,还将上市公司公开承诺履行情况和不当的市场评论纳入诚信监督、约束的范畴,并为诚实守信先进典型的评选评比、市场诚信状况的评价评估等留下了空间。

较为完备的诚信信息平台为失信惩戒约束和守信激励评价奠定了信息数据基础。去年10月,证监会在以前的诚信档案之上,升级建成了新的诚信数据库,全面囊括了市场参与主体的身份信息、正面信息和负面信息,为全方位实施诚信约束提供了坚实的信息基础。截至目前,诚信数据库收录有约1.1万家机构、51.5万名个人的诚信信息,其中包括约3500家机构、8600名个人的负面信息。

形成合力　塑造资本市场良好法治环境

“与国外成熟市场相比,中国资本市场起步晚、建设时间短,在发展起点上和过程中都面临着特有的初始条件和内外部环境。尽管在过去20多年的时间里取得很大成就,但我国资本市场总体上仍十分年轻,不可避免地还存在诸多‘幼稚期’问题,不太成熟、不太规范的地方不少,距离成熟市场有相当差距,不能说用20年就完全走完了成熟市场200年的路程。”

——摘自郭树清主席在《行政管理改革》2012年第10期上的撰文

资本市场是为国家、为实体经济、为人民群众服务的,涉及方方面面、众多行业。市场改革创新的推动、协同,市场秩序的维护、规范,证监会单打独斗做不到,客观上需要国家立法、司法和其他执法机关以及地方政府等发挥重要作用。同时,作为一项新事物,资本市场始终处在我国改革开放的前沿,在引领市场化理念、法治理念、股权文化、信用文化的同时,不断涌现的产品、业务或交易机制等创新,经常与周边制度、体制环境不相协调,客观上要求对有关法律制度及时进行修改、完善。这一切都要求监管者着力塑造有利于资本市场改革、创新和发展的法治环境。

据有关人士透露,去年一年里,证监会的领导同志通过专题汇报、登门拜访、会议研讨等各种不同形式,就资本市场有关法律法规的修改制定、司法政策的出台、监管执法体制的完善、违法犯罪行为的惩治和投资者权益的保护等事项,多次与中央政法主管部门、国家最高立法机关、司法机关和其他相关执法部门以及不少地方政府的负责人等一起商谈、研究,争取支持。

2012年5月22日,在证监会的积极推动下,最高人民法院、最高人民检察院发布《关于办理内幕交易、泄露内幕信息刑事案件具体应用法律若干问题的解释》。这是针对证券、期货犯罪的第一部司法解释,在严格遵循现有刑事法律制度“无罪推定”的基本原则前提下,借鉴境外成熟市场要约收购领域内幕交易的特殊证明制度,采取明确公诉机关证明标准和要求的思路,创造性地实现了与市场呼吁的“举证责任倒置”制度安排“殊途同归”,解决了内幕交易认定难问题,降低了举证和认定难度。有舆论称之“为老虎装上了牙齿”,是打击内幕交易的一个“杀手锏”。

除此之外,还出台了《关于审理上市公司破产重整案件工作座谈会纪要》、《对国债回购交易纠纷案件有关问题的意见》等司法政策文件;有关操纵市场刑事犯罪司法解释和包括上市公司虚假陈述、操纵市场、内幕交易在内统一的证券民事损害赔偿司法解释的起草制定工作,也取得了新的重大进展;有关证券期货执法和解制度的试点研究、探索工作在有关部门的支持下,也取得了新的成果。

据统计,截至2012年年底,由最高人民法院、最高人民检察院和公安部单独或联合发布的涉及资本市场运行发展及证券期货监管执法的刑事、行政和民事司法解释及政策文件,共计60多件,从单个部门和行业来看,几乎是最多的。

2013年1月21日,一年一度的全国证券期货监管工作会议上,郭树清在阐述今年的工作重点时,再次强调要进一步优化资本市场改革发展的有利环境,指出资本市场改革、创新和发展的各项工作,始终离不开国家立法、司法和执法机关以及地方政府、行业组织等各方面的大力支持。

第三部分　法律法规

一、立 法 工 作

2013 年证券期货市场法律制度建设综述

2013 年，中国证监会在党中央、国务院的正确领导下，紧紧围绕证券期货市场改革创新，坚持科学立法、民主立法，进一步完善多层次资本市场法律体系建设，取得了显著成效，为切实履行好“两维护一促进”的核心职能提供了制度支撑。全年共推动国务院发布法规性文件 3 件，制定出台规章 9 件，规范性文件 57 件。截至 2013 年年底，现行有效的专门规范证券期货市场的法律文件共 599 件。其中，法律 3 件、行政法规和法规性文件 25 件、规章和规范性文件 492 件，与资本市场相关的司法政策文件 79 件。资本市场法制化水平稳步提升，市场健康有序发展的保障机制进一步巩固。

一、继续加强多层次法律体系建设，平稳推动市场有序发展

（一）配合推进证券法期货法立法工作

成功推动全国人大将《证券法》修订和《期货法》制定纳入《十二届全国人大常委会立法规划》，全国人大已成立《证券法》（修改）起草组和《期货法》起草组，正式启动立法工作。成立我会《证券法》、《期货法》立法工作领导小组和工作机构，积极开展境内外立法资料、市场情况和相关案例资料收集整理、若干重大问题专题研究等多项工作，广泛听取系统单位、行业、市场意见，深入论证，在此基础上草拟了《中国证监会证券法修改建议稿》和《中国证监会期货法建议稿》，全力配合全国人大做好各项立法工作。

（二）加强中小投资者合法权益的保护

推动国务院出台投资者保护的专项政策，发布《关于进一步加强资本市场中小投资者合法权益保护工作的意见》（以下简称《意见》）。《意见》紧紧围绕中小投资者最关心的收益回报权、知情权、参与监督权和求偿权等基本权利，构建资本市场中小投资者权益保护的制度体系，针对投资者适当性制度、投资回报机制、投资者参与权和知情权、纠纷解决和赔偿救助、中小投资者教育和投资者保护组织体系等方面，做出有针对性的专门安排，是指导我国资本市场中小投资者权益保护工作和促进资本市场持续健康发展的纲领性文件。

（三）配合推动行政审批制度改革

结合行政审批制度改革的要求，推动全国人大常委会对现行《证券法》第一百二十九条作出修正，取消了证券公司有关审批项目中变更公司形式等部分审批情形；推动全国人大常委会对《公司法》第七条等十二个条款作出修正，完善公司的设立制度，放宽注册资本要求，简化登记事项和登记文件，为推进注册资本登记制度改革提供法律保障。推动国务院对《期货交易管理条例》作出修正，删除第四十三条第一款“国务院商务主管部门对境内单位或者个人从事境外商品期货交易的品种进行核准”的内容，进一步简化行政审批项目，增强市场活力。

（四）加大资本市场对外开放力度

会同中国人民银行、国家外汇管理局联合发布《人民币合格境外机构投资者境内证券投

资试点办法》、《关于实施〈人民币合格境外机构投资者境内证券投资试点办法〉的规定》，扩大RQFII试点机构类型，放宽了RQFII投资范围限制，明确了RQFII投资范围和持股比例等相关要求，简化申请文件，便利试点机构的投资运作，为进一步扩大资本市场开放、支持香港国际金融中心地位、促进相关离岸人民币市场发展提供制度保障。

二、完善发行融资制度，夯实直接融资基础

（一）进一步完善新股发行制度

出台《中国证监会关于进一步推进新股发行体制改革的意见》，就新股定价和发行机制的市场化、强化发行人及其控股股东等责任主体公开承诺提出明确要求。为落实意见提出的相关措施，修订了《证券发行与承销管理办法》，发布了《首次公开发行股票时公司股东公开发售股份暂行规定》。同时，发布《关于首次公开发行股票并上市公司招股说明书财务报告审计截止日后主要财务信息及经营状况信息披露指引》、《关于首次公开发行股票并上市公司招股说明书中与盈利能力相关的信息披露指引》，进一步贯彻以信息披露为中心的监管理念，指导新股发行信息披露工作。

（二）完善"新三板"市场和非上市公众公司监管制度

推动国务院出台《国务院关于中小企业股份转让系统有关问题的决定》，对全国股份转让系统的定位、市场体系建设、行政许可制度改革、投资者管理、投资者权益保护及监管协作等六个方面进行了原则性规定，明确定位于服务创新型、创业型、成长型中小微企业，为其提供股权融资、债券融资等服务，拓展中小微企业的融资渠道，缓解中小微企业融资难问题，提升资本市场服务实体经济的能力，标志着多层次资本市场建设取得了实质性进展。配套发布《关于修改〈非上市公众公司监督管理办法〉的决定》，对非上市公众公司的范围、在"新三板"挂牌转让等内容作了调整和补充。同时，发布非上市公众公司监管指引第1号至第4号、非上市公众公司信息披露内容与格式准则第1号至第4号，完善了非上市公众公司公开转让和定向发行申请、章程条款、股东人数超过200人的未上市股份公司行政许可、信息披露内容格式等要求，健全非上市公众公司监管体系。出台《全国中小企业股份转让系统有限公司管理暂行办法》，确立了全国股份转让系统公司的职能、组织架构和自律职责，形成了监管框架及制度内容。

（三）推动出台优先股制度

推动国务院根据《公司法》第一百三十二条"国务院可以对公司发行本法规定以外的其他种类的股份，另行作出规定"的授权，发布《关于开展优先股试点的指导意见》（以下简称《指导意见》）。《指导意见》对优先股股东的权利与义务、优先股发行与交易、组织管理和配套政策等内容加以规范，一方面有利于进一步深化企业股份制改革，为发行人提供灵活的直接融资工具，优化企业财务结构，推动企业兼并重组；另一方面有利于丰富证券品种，为投资者提供多元化的投资渠道，提高直接融资比重，促进资本市场稳定发展。

（四）促进债券市场功能发挥

会同中国银监会联合发布《关于商业银行发行公司债券补充资本的指导意见》，对申请发行公司债券补充资本的发行主体资格、资本工具选择、发行管理、交易机制、投资者适当性管理、风险防范机制等作出安排，不但为商业银行拓宽资本补充渠道提供制度规范，也有利于促进债券市场发展和互联互通。

三、推动健全上市公司治理，加强上市公司监管

（一）有效引导上市公司完善分红机制

发布《上市公司监管指引第3号——上市公司现金分红》，立足资本市场实情，从保护投资者合法权益、培育市场长期投资理念出发，多措并举引导上市公司完善现金分红机制，强化回报意识。一方面督促上市公司规范和完善利润分配的内部决策程序和机制，增强现金分红的透明度。另一方面支持上市公司采取差异化、多元化方式回报投资者。同时完善分红监管规定，加强监督检查力度，在充分尊重公司自治的基础上，加强对中小投资者合法权益的保护。

（二）结合实际提高借壳上市审核标准

根据2011年制定借壳上市标准时的既定方向，以及近年来市场规范发展的实践需要，出台《关于在借壳上市审核中严格执行首次公开

发行股票上市标准的通知》，针对市场反映比较强烈的“壳资源”炒作等问题，强化了对借壳上市的监管，在审核中对借壳上市条件的把握由与IPO标准“趋同”向“等同”逐渐过渡，并按照《首次公开发行股票并上市管理办法》(证监会令第32号)的相关规定提高了借壳上市的条件，防止市场监管套利。同时，借壳上市条件与IPO标准等同，将引导资本等市场资源和监管资源向规范运作程度高的绩优公司集中，有利于优化资本市场资源配置功能，促进产业结构优化升级，服务于国民经济调结构、转方式的总体大局。

(三)明确并细化上市公司信息披露要求

修订发布主板、创业板上市公司半年度报告内容与格式准则、季度报告内容与格式准则等信息披露规则。同时，制定上市公司信息披露解释性公告第2号至第5号，明确公司财务报表附注中政府补助相关信息、可供出售金融资产减值、分步实现企业合并相关信息、分步处置对子公司投资至丧失控制权相关信息等的披露要求，有利于上市公司信息披露的系统化、规范化。

四、改善机构经营环境，提高机构监管标准

(一)调整证券公司经营管理规范

发布《证券公司分支机构监管规定》，放宽证券公司分支机构的设立限制，强化证券公司对分支机构的内部管理，不再对分支机构业务范围做具体规定，统一证券公司分支机构的监管要求，以适应证券公司自身及外部环境发展变化的要求。发布《关于进一步完善证券公司缴纳证券投资者保护基金有关事项的补充规定》，下调证券公司缴纳证券投资者保护基金比例，针对亏损证券公司设定保护性缴纳政策。

(二)细化证券公司信息披露标准

修订《证券公司年度报告内容与格式准则》，对信息披露渠道、财务报表格式等进行了调整，明确应以合并报表数据口径为基础编制年度报告，以标准化表格的形式统一证券公司财务报表重要项目附注的披露格式，对会计政策的披露提出原则性要求，有利于更充分地反映证券公司整体经营情况和风险特征。

(三)明确证券公司业务管理有关要求

修订《证券公司客户资产管理业务管理办法》和《证券公司集合资产管理业务实施细则》，删除投资者超过200人的集合计划的相关规定，调整证券公司资产管理计划的监管要求，对证券公司专项资产管理计划融资方提出原则性要求，修改与新《证券投资基金法》相冲突的条款，使相关规章规则与上位法保持一致。

发布《证券公司资产证券化业务管理规定》，在总结证券公司企业资产证券化业务试点经验的基础上，将试点业务转为常规业务，进一步扩大证券公司资产证券化业务模式范围，扩展基础资产的内涵和外延，放宽证券公司资产证券化业务限制，强化资产支持证券的流动性安排，适应资产证券化业务的发展需要，有助于更好满足社会投融资需求。

(四)强化证券期货经营机构客户信息管理

发布《关于加强证券期货经营机构客户交易终端信息等客户信息管理的规定》，明确规范客户交易终端信息的采集内容、记录方式、存储期限等技术要求，强调证券期货经营机构的妥善管理义务、保密义务和报告义务，有利于保护广大投资者合法权益，保护客户资产和交易安全。

五、落实新《证券投资基金法》要求，鼓励基金行业创新

(一)鼓励各类市场主体从事基金业务

出台《资产管理机构开展公募证券投资基金管理业务暂行规定》，允许证券公司、保险资产管理公司、私募证券基金管理机构开展公募基金管理业务。与中国保监会联合发布《保险机构投资设立基金管理公司试点办法》，扩宽基金管理公司主要股东的范围，规范保险机构投资设立基金管理公司的申请程序、风险控制要求、监管合作与沟通机制等制度，丰富机构投资者队伍，促进行业竞争。发布《非银行金融机构开展证券投资基金托管业务暂行规定》，允许符合条件的非银行金融机构开展证券基金托管业务。

(二)促进基金销售多元化竞争

修订《证券投资基金销售管理办法》和《关于实施〈证券投资基金销售管理办法〉的规定》，对基金销售业务资格申请实行注册制，扩大基金销售机构类型，调整资格条件，进一步放

松限制,适应基金销售机构拓展业务范围的需求。与中国保监会联合发布《保险机构销售证券投资基金管理暂行规定》,明确具体监管要求以及中国证监会与中国保监会的监管职责分工,有利于满足投资人日益多样化的金融需求。修改《开放式证券投资基金销售费用管理规定》,明确基金销售费用的范围,基金管理公司可在产品设计时采用多种收费模式和收费水平,基金销售机构可以根据自身服务差异化收费,鼓励市场化竞争。发布《证券投资基金销售机构通过第三方电子商务平台开展业务管理暂行规定》,对销售机构通过第三方电子商务平台开展基金销售业务的准入条件、行为规范、备案流程等做了相应要求,为推动基金销售机构借助成熟互联网机构及电子商务平台开展网上基金销售业务提供制度保障。

(三)完善基金管理公司固有资金运用管理

为适应基金管理公司业务拓展、对外投资和向现代财富管理机构转型的需要,发布《基金管理公司固有资金运用管理暂行规定》,明确固有资金运用的定义,扩大固有资金的投资范围,提出固有资金运用的原则及要求,规定基金管理公司应当在公司治理、内部控制、决策交易、关联交易、信息披露等方面加强对固有资金运用的监督管理。

(四)推动基金托管业务专业化发展

会同中国银监会联合发布《证券投资基金托管业务管理办法》,进一步明确基金托管资格准入的专业化要求,健全基金托管资格退出机制,细化托管人各项法定职责,鼓励托管人拓宽服务内容开展增值服务,对推进基金托管业务对外开放、提升基金托管服务水平、更好发挥公募基金托管的制度优势具有积极意义。

(五)严格防控基金业务风险

发布《公开募集证券投资基金风险准备金监督管理暂行办法》,明确公募基金风险准备金制度的适用范围与指定用途,完善基金托管人的风险准备金管理制度,确立风险准备金存管银行对风险准备金的提取、管理与使用等情况进行日常监督的制度安排,对提升基金行业风险防范能力、保护公募基金份额持有人利益、促进基金行业持续稳定发展具有重大现实意义。

(六)增加交易所上市的开放式基金品种

发布《黄金交易型开放式证券投资基金暂行规定》,对黄金 ETF 的定义、投资范围、风险控制、相关主体责任、监管要求等内容进行规范,为黄金 ETF 的顺利推出奠定基础,有助于丰富投资品种,拓宽基金业发展空间,增强证券经营机构服务投资者和实体经济的能力。

(七)提高养老金产品投资便利化程度

会同人力资源和社会保障部、中国银监会、中国保监会联合发布《关于企业年金养老金产品有关问题的通知》和《关于扩大企业年金基金投资范围的通知》。前者明确了养老金产品的定义、产品类型、投资范围、投资比例、发行要求、管理运行要求,有利于提高企业年金基金投资运营效率。后者进一步扩大了企业年金投资范围,增加了商业理财产品、信托产品、基础设施债权投资计划、特定资产管理计划、股指期货等投资对象,降低了机构准入门槛和企业年金基金参与项目的门槛,有利于实现企业年金基金资产保值增值。

六、积极推动业务创新,强化期货市场监管

(一)出台完善国债期货相关配套制度

发布《证券公司参与股指期货、国债期货交易指引》,在维持原有《证券公司参与股指期货交易指引》总体框架不变的基础上,针对国债期货的特点相应补充有关监管要求,明确证券公司参与国债期货风控指标计算要求,针对国债期货的特点提出相应的监管要求。发布《公开募集证券投资基金参与国债期货交易指引》,明确提出除保本基金及特殊基金品种外,证券投资基金投资国债期货应以套期保值为目的,在此基础上规定了基金投资国债期货的参与程序、比例限制、信息披露、风险管理、内控制度等要求,引导基金管理公司和托管银行以审慎的态度对待基金参与国债期货交易。将《关于建立股指期货投资者适当性制度的规定(试行)》修改为《关于建立金融期货投资者适当性制度的规定》,规定相关条款中涉及“股指期货”的内容调整为“金融期货”,将投资者适当性制度的适用范围扩大至整个金融期货领域,建立金融期货投资者适当性制度,明确了“把适当的产品销售给适当的投资者”的核心原则。

(二)规范发展期货经营机构

为适应期货行业快速发展的需求,进一步提高期货行业服务实体经济水平,发布《关于进一步规范期货营业部设立有关问题的规定》,按照“放松管制、加强监管”的原则,降低期货营业部的准入门槛,简化营业部设立的审核程序,并将拟设营业部开业前的验收检查改为开业后的备案管理。

(三)严格防控期货市场风险

发布《关于期货公司风险资本准备计算标准的规定》,明确期货公司经营境内经纪业务、境外经纪业务、资产管理业务、设立分支机构的风险准备金计提标准,明确不同类别期货公司实施不同风险资本准备计算系数,有效防控期货市场风险。会同国家发改委、工信部、商务部、工商总局、中国银监会联合发布《关于禁止以电子商务名义开展标准化合约交易活动的通知》,禁止以电子商务名义,采取集合竞价、连续竞价、电子撮合、匿名交易、做市商等集中方式进行标准化合约交易,有序推动各类交易场所清理整顿工作,保护广大投资者合法权益。会同商务部、人民银行联合发布《商品现货市场交易特别规定(试行)》,确立了商务部、人民银行和证监会对商品现货市场交易的联合监管机制,明确监管职责,有利于进一步加强商品现货市场行业管理,严防非法期货交易活动,创造良好市场秩序。

二、法 律 文 件

(一)法　　律

全国人大常委会关于修改《中华人民共和国文物保护法》等十二部法律的决定

(2013年6月29日第十二届全国人民代表大会常务委员会第三次会议通过)

《全国人民代表大会常务委员会关于修改〈中华人民共和国文物保护法〉等十二部法律的决定》已由中华人民共和国第十二届全国人民代表大会常务委员会第三次会议于2013年6月29日通过,现予公布,自公布之日起施行。

第十二届全国人民代表大会常务委员会第三次会议决定:

一、对《中华人民共和国文物保护法》作出修改

(一)将第二十五条第二款修改为:“非国有不可移动文物转让、抵押或者改变用途的,应当根据其级别报相应的文物行政部门备案。”

(二)将第五十六条第二款修改为:“拍卖企业拍卖的文物,在拍卖前应当经省、自治区、直辖市人民政府文物行政部门审核,并报国务院文物行政部门备案。”

二、对《中华人民共和国草原法》作出修改

(一)将第五十五条修改为:“除抢险救灾和牧民搬迁的机动车辆外,禁止机动车辆离开道路在草原上行驶,破坏草原植被;因从事地质勘探、科学考察等活动确需离开道路在草原上行驶的,应当事先向所在地县级人民政府草原行政主管部门报告行驶区域和行驶路线,并按照报告的行驶区域和行驶路线在草原上行驶。”

（二）将第七十条修改为："非抢险救灾和牧民搬迁的机动车辆离开道路在草原上行驶，或者从事地质勘探、科学考察等活动，未事先向所在地县级人民政府草原行政主管部门报告或者未按照报告的行驶区域和行驶路线在草原上行驶，破坏草原植被的，由县级人民政府草原行政主管部门责令停止违法行为，限期恢复植被，可以并处草原被破坏前三年平均产值三倍以上九倍以下的罚款；给草原所有者或者使用者造成损失的，依法承担赔偿责任。"

三、对《中华人民共和国海关法》作出修改

将第二十八条第二款修改为："海关在特殊情况下对进出口货物予以免验，具体办法由海关总署制定。"

四、对《中华人民共和国进出口商品检验法》作出修改

将第二十一条修改为："为进出口货物的收发货人办理报检手续的代理人办理报检手续时应当向商检机构提交授权委托书。"

五、对《中华人民共和国税收征收管理法》作出修改

将第十五条第一款修改为："企业，企业在外地设立的分支机构和从事生产、经营的场所，个体工商户和从事生产、经营的事业单位（以下统称从事生产、经营的纳税人）自领取营业执照之日起三十日内，持有关证件，向税务机关申报办理税务登记。税务机关应当于收到申报的当日办理登记并发给税务登记证件。"

六、对《中华人民共和国固体废物污染环境防治法》作出修改

将第四十四条第二款修改为："禁止擅自关闭、闲置或者拆除生活垃圾处置的设施、场所；确有必要关闭、闲置或者拆除的，必须经所在地的市、县人民政府环境卫生行政主管部门和环境保护行政主管部门核准，并采取措施，防止污染环境。"

七、对《中华人民共和国煤炭法》作出修改

（一）将第二十二条修改为："煤矿投入生产前，煤矿企业应当依照有关安全生产的法律、行政法规的规定取得安全生产许可证。未取得安全生产许可证的，不得从事煤炭生产。"

（二）删去第二十三条、第二十四条、第二十五条、第二十六条、第二十七条、第四十六条、第四十七条、第四十八条、第六十七条、第六十八条。

（三）将第六十九条改为第五十九条，并将"吊销其煤炭生产许可证"修改为"责令停止生产"。

（四）将第七十条改为第六十条，并删去"吊销其煤炭生产许可证"。

（五）删去第七十一条。

（六）将第七十二条改为第六十一条，并删去"可以依法吊销煤炭生产许可证或者取消煤炭经营资格"。

（七）删去第七十七条。

煤炭法的有关条文序号根据本决定作相应调整。

八、对《中华人民共和国动物防疫法》作出修改

将第五十四条第一款修改为："国家实行执业兽医资格考试制度。具有兽医相关专业大学专科以上学历的，可以申请参加执业兽医资格考试；考试合格的，由省、自治区、直辖市人民政府兽医主管部门颁发执业兽医资格证书；从事动物诊疗的，还应当向当地县级人民政府兽医主管部门申请注册。执业兽医资格考试和注册办法由国务院兽医主管部门商国务院人事行政部门制定。"

九、对《中华人民共和国证券法》作出修改

将第一百二十九条第一款修改为："证券公司设立、收购或者撤销分支机构，变更业务范围，增加注册资本且股权结构发生重大调整，减少注册资本，变更持有百分之五以上股权的股东、实际控制人，变更公司章程中的重要条款，合并、分立、停业、解散、破产，必须经国务院证券监督管理机构批准。"

十、对《中华人民共和国种子法》作出修改

删去第四十五条第三项。

增加一款，作为第二款："农作物种子检验员应当经省级以上人民政府农业行政主管部门考核合格;林木种子检验员应当经省、自治区、直辖市人民政府林业行政主管部门考核合格。”

十一、对《中华人民共和国民办教育促进法》作出修改

将第二十三条修改为:“民办学校参照同级同类公办学校校长任职的条件聘任校长,年龄可以适当放宽。”

十二、对《中华人民共和国传染病防治法》作出修改

(一)将第三条第五款修改为:“国务院卫生行政部门根据传染病暴发、流行情况和危害程度,可以决定增加、减少或者调整乙类、丙类传染病病种并予以公布。”

(二)第四条增加一款,作为第二款:“需要解除依照前款规定采取的甲类传染病预防、控制措施的,由国务院卫生行政部门报经国务院批准后予以公布。”

本决定自公布之日起施行。

《中华人民共和国文物保护法》、《中华人民共和国草原法》、《中华人民共和国海关法》、《中华人民共和国进出口商品检验法》、《中华人民共和国税收征收管理法》、《中华人民共和国固体废物污染环境防治法》、《中华人民共和国煤炭法》、《中华人民共和国动物防疫法》、《中华人民共和国证券法》、《中华人民共和国种子法》、《中华人民共和国民办教育促进法》、《中华人民共和国传染病防治法》根据本决定作相应修改,重新公布。

全国人大常委会关于修改《中华人民共和国海洋环境保护法》等七部法律的决定

(2013年12月28日第十二届全国人民代表大会常务委员会第六次会议通过)

第十二届全国人民代表大会常务委员会第六次会议决定:

一、对《中华人民共和国海洋环境保护法》作出修改

(一)将第四十三条修改为:“海岸工程建设项目的单位,必须在建设项目可行性研究阶段,对海洋环境进行科学调查,根据自然条件和社会条件,合理选址,编报环境影响报告书。环境影响报告书报环境保护行政主管部门审查批准。

“环境保护行政主管部门在批准环境影响报告书之前,必须征求海洋、海事、渔业行政主管部门和军队环境保护部门的意见。”

(二)将第五十四条修改为:“勘探开发海洋石油,必须按有关规定编制溢油应急计划,报国家海洋行政主管部门的海区派出机构备案。”

(三)删去第八十条中的“审核和”。

二、对《中华人民共和国药品管理法》作出修改

将第十三条修改为:“经省、自治区、直辖市人民政府药品监督管理部门批准,药品生产企业可以接受委托生产药品。”

三、对《中华人民共和国计量法》作出修改

(一)删去第十条第二款中的“并向国务院计量行政部门备案”。

(二)将第十四条中的“国务院计量行政部门”修改为“省、自治区、直辖市人民政府计量行政部门”。

四、对《中华人民共和国渔业法》作出修改

将第二十三条第二款修改为:“到中华人民共和国与有关国家缔结的协定确定的共同管

理的渔区或者公海从事捕捞作业的捕捞许可证，由国务院渔业行政主管部门批准发放。海洋大型拖网、围网作业的捕捞许可证，由省、自治区、直辖市人民政府渔业行政主管部门批准发放。其他作业的捕捞许可证，由县级以上地方人民政府渔业行政主管部门批准发放；但是，批准发放海洋作业的捕捞许可证不得超过国家下达的船网工具控制指标，具体办法由省、自治区、直辖市人民政府规定。”

五、对《中华人民共和国海关法》作出修改

（一）将第十一条第一款修改为：“进出口货物收发货人、报关企业办理报关手续，必须依法经海关注册登记。未依法经海关注册登记，不得从事报关业务。”

（二）将第二十条第一款修改为：“进出境船舶和航空器兼营境内客、货运输，应当符合海关监管要求。”

（三）将第二十六条修改为：“海关接受申报后，报关单证及其内容不得修改或者撤销，但符合海关规定情形的除外。”

（四）将第八十六条第八项修改为：“（八）进出境运输工具，不符合海关监管要求或者未向海关办理手续，擅自兼营或者改营境内运输的”。

（五）删去第八十八条中的“和未取得报关从业资格”。

（六）将第八十九条修改为：“报关企业非法代理他人报关或者超出其业务范围进行报关活动的，由海关责令改正，处以罚款；情节严重的，撤销其报关注册登记。

“报关人员非法代理他人报关或者超出其业务范围进行报关活动的，由海关责令改正，处以罚款。”

（七）将第九十条修改为：“进出口货物收发货人、报关企业向海关工作人员行贿的，由海关撤销其报关注册登记，并处以罚款；构成犯罪的，依法追究刑事责任，并不得重新注册登记为报关企业。

“报关人员向海关工作人员行贿的，处以罚款；构成犯罪的，依法追究刑事责任。”

六、对《中华人民共和国烟草专卖法》作出修改

删去第八条中的“经全国或者省级烟草品种审定委员会审定批准后”。

七、对《中华人民共和国公司法》作出修改

（一）删去第七条第二款中的“实收资本”。

（二）将第二十三条第二项修改为：“（二）有符合公司章程规定的全体股东认缴的出资额”。

（三）将第二十六条修改为：“有限责任公司的注册资本为在公司登记机关登记的全体股东认缴的出资额。

“法律、行政法规以及国务院决定对有限责任公司注册资本实缴、注册资本最低限额另有规定的，从其规定。”

（四）删去第二十七条第三款。

（五）删去第二十九条。

（六）将第三十条改为第二十九条，修改为：“股东认足公司章程规定的出资后，由全体股东指定的代表或者共同委托的代理人向公司登记机关报送公司登记申请书、公司章程等文件，申请设立登记。”

（七）删去第三十三条第三款中的“及其出资额”。

（八）删去第五十九条第一款。

（九）将第七十七条改为第七十六条，并将第二项修改为：“（二）有符合公司章程规定的全体发起人认购的股本总额或者募集的实收股本总额”。

（十）将第八十一条改为第八十条，并将第一款修改为：“股份有限公司采取发起设立方式设立的，注册资本为在公司登记机关登记的全体发起人认购的股本总额。在发起人认购的股份缴足前，不得向他人募集股份。”

第三款修改为：“法律、行政法规以及国务院决定对股份有限公司注册资本实缴、注册资本最低限额另有规定的，从其规定。”

（十一）将第八十四条改为第八十三条，并将第一款修改为：“以发起设立方式设立股份有限公司的，发起人应当书面认足公司章程规定其认购的股份，并按照公司章程规定缴纳出资。以非货币财产出资的，应当依法办理其财产权的转移手续。”

第三款修改为：“发起人认足公司章程规定的出资后，应当选举董事会和监事会，由董事会向公司登记机关报送公司章程以及法律、行政法规规定的其他文件，申请设立登记。”

(十二)删去第一百七十八条第三款。

此外,对条文顺序作相应调整。

本决定对《中华人民共和国海洋环境保护法》、《中华人民共和国药品管理法》、《中华人民共和国计量法》、《中华人民共和国渔业法》、《中华人民共和国海关法》、《中华人民共和国烟草专卖法》所作的修改,自公布之日起施行;对《中华人民共和国公司法》所作的修改,自2014年3月1日起施行。

《中华人民共和国海洋环境保护法》、《中华人民共和国药品管理法》、《中华人民共和国计量法》、《中华人民共和国渔业法》、《中华人民共和国海关法》、《中华人民共和国烟草专卖法》、《中华人民共和国公司法》根据本决定作相应修改,重新公布。

(二)行政法规、规范性文件

征信业管理条例

(2013年1月21日　国务院令第631号)

第一章　总　　则

第一条　为了规范征信活动,保护当事人合法权益,引导、促进征信业健康发展,推进社会信用体系建设,制定本条例。

第二条　在中国境内从事征信业务及相关活动,适用本条例。

本条例所称征信业务,是指对企业、事业单位等组织(以下统称企业)的信用信息和个人的信用信息进行采集、整理、保存、加工,并向信息使用者提供的活动。

国家设立的金融信用信息基础数据库进行信息的采集、整理、保存、加工和提供,适用本条例第五章规定。

国家机关以及法律、法规授权的具有管理公共事务职能的组织依照法律、行政法规和国务院的规定,为履行职责进行的企业和个人信息的采集、整理、保存、加工和公布,不适用本条例。

第三条　从事征信业务及相关活动,应当遵守法律法规,诚实守信,不得危害国家秘密,不得侵犯商业秘密和个人隐私。

第四条　中国人民银行(以下称国务院征信业监督管理部门)及其派出机构依法对征信业进行监督管理。

县级以上地方人民政府和国务院有关部门依法推进本地区、本行业的社会信用体系建设,培育征信市场,推动征信业发展。

第二章　征 信 机 构

第五条　本条例所称征信机构,是指依法设立,主要经营征信业务的机构。

第六条　设立经营个人征信业务的征信机构,应当符合《中华人民共和国公司法》规定的公司设立条件和下列条件,并经国务院征信业监督管理部门批准:

(一)主要股东信誉良好,最近3年无重大违法违规记录;

(二)注册资本不少于人民币5000万元;

(三)有符合国务院征信业监督管理部门规定的保障信息安全的设施、设备和制度、措施;

(四)拟任董事、监事和高级管理人员符合本条例第八条规定的任职条件;

(五)国务院征信业监督管理部门规定的其他审慎性条件。

第七条　申请设立经营个人征信业务的征信机构，应当向国务院征信业监督管理部门提交申请书和证明其符合本条例第六条规定条件的材料。

国务院征信业监督管理部门应当依法进行审查，自受理申请之日起60日内作出批准或者不予批准的决定。决定批准的，颁发个人征信业务经营许可证；不予批准的，应当书面说明理由。

经批准设立的经营个人征信业务的征信机构，凭个人征信业务经营许可证向公司登记机关办理登记。

未经国务院征信业监督管理部门批准，任何单位和个人不得经营个人征信业务。

第八条　经营个人征信业务的征信机构的董事、监事和高级管理人员，应当熟悉与征信业务相关的法律法规，具有履行职责所需的征信业从业经验和管理能力，最近3年无重大违法违规记录，并取得国务院征信业监督管理部门核准的任职资格。

第九条　经营个人征信业务的征信机构设立分支机构、合并或者分立、变更注册资本、变更出资额占公司资本总额5%以上或者持股占公司股份5%以上的股东的，应当经国务院征信业监督管理部门批准。

经营个人征信业务的征信机构变更名称的，应当向国务院征信业监督管理部门办理备案。

第十条　设立经营企业征信业务的征信机构，应当符合《中华人民共和国公司法》规定的设立条件，并自公司登记机关准予登记之日起30日内向所在地的国务院征信业监督管理部门派出机构办理备案，并提供下列材料：

（一）营业执照；

（二）股权结构、组织机构说明；

（三）业务范围、业务规则、业务系统的基本情况；

（四）信息安全和风险防范措施。

备案事项发生变更的，应当自变更之日起30日内向原备案机构办理变更备案。

第十一条　征信机构应当按照国务院征信业监督管理部门的规定，报告上一年度开展征信业务的情况。

国务院征信业监督管理部门应当向社会公告经营个人征信业务和企业征信业务的征信机构名单，并及时更新。

第十二条　征信机构解散或者被依法宣告破产的，应当向国务院征信业监督管理部门报告，并按照下列方式处理信息数据库：

（一）与其他征信机构约定并经国务院征信业监督管理部门同意，转让给其他征信机构；

（二）不能依照前项规定转让的，移交给国务院征信业监督管理部门指定的征信机构；

（三）不能依照前两项规定转让、移交的，在国务院征信业监督管理部门的监督下销毁。

经营个人征信业务的征信机构解散或者被依法宣告破产的，还应当在国务院征信业监督管理部门指定的媒体上公告，并将个人征信业务经营许可证交国务院征信业监督管理部门注销。

第三章　征信业务规则

第十三条　采集个人信息应当经信息主体本人同意，未经本人同意不得采集。但是，依照法律、行政法规规定公开的信息除外。

企业的董事、监事、高级管理人员与其履行职务相关的信息，不作为个人信息。

第十四条　禁止征信机构采集个人的宗教信仰、基因、指纹、血型、疾病和病史信息以及法律、行政法规规定禁止采集的其他个人信息。

征信机构不得采集个人的收入、存款、有价证券、商业保险、不动产的信息和纳税数额信息。但是，征信机构明确告知信息主体提供该信息可能产生的不利后果，并取得其书面同意的除外。

第十五条　信息提供者向征信机构提供个人不良信息，应当事先告知信息主体本人。但是，依照法律、行政法规规定公开的不良信息除外。

第十六条　征信机构对个人不良信息的保存期限，自不良行为或者事件终止之日起为5年；超过5年的，应当予以删除。

在不良信息保存期限内，信息主体可以对不良信息作出说明，征信机构应当予以记载。

第十七条　信息主体可以向征信机构查询自身信息。个人信息主体有权每年两次免费获取本人的信用报告。

第十八条　向征信机构查询个人信息的，

应当取得信息主体本人的书面同意并约定用途。但是,法律规定可以不经同意查询的除外。

征信机构不得违反前款规定提供个人信息。

第十九条 征信机构或者信息提供者、信息使用者采用格式合同条款取得个人信息主体同意的,应当在合同中作出足以引起信息主体注意的提示,并按照信息主体的要求作出明确说明。

第二十条 信息使用者应当按照与个人信息主体约定的用途使用个人信息,不得用作约定以外的用途,不得未经个人信息主体同意向第三方提供。

第二十一条 征信机构可以通过信息主体、企业交易对方、行业协会提供信息,政府有关部门依法已公开的信息,人民法院依法公布的判决、裁定等渠道,采集企业信息。

征信机构不得采集法律、行政法规禁止采集的企业信息。

第二十二条 征信机构应当按照国务院征信业监督管理部门的规定,建立健全和严格执行保障信息安全的规章制度,并采取有效技术措施保障信息安全。

经营个人征信业务的征信机构应当对其工作人员查询个人信息的权限和程序作出明确规定,对工作人员查询个人信息的情况进行登记,如实记载查询工作人员的姓名,查询的时间、内容及用途。工作人员不得违反规定的权限和程序查询信息,不得泄露工作中获取的信息。

第二十三条 征信机构应当采取合理措施,保障其提供信息的准确性。

征信机构提供的信息供信息使用者参考。

第二十四条 征信机构在中国境内采集的信息的整理、保存和加工,应当在中国境内进行。

征信机构向境外组织或者个人提供信息,应当遵守法律、行政法规和国务院征信业监督管理部门的有关规定。

第四章 异议和投诉

第二十五条 信息主体认为征信机构采集、保存、提供的信息存在错误、遗漏的,有权向征信机构或者信息提供者提出异议,要求更正。

征信机构或者信息提供者收到异议,应当按照国务院征信业监督管理部门的规定对相关信息作出存在异议的标注,自收到异议之日起20日内进行核查和处理,并将结果书面答复异议人。

经核查,确认相关信息确有错误、遗漏的,信息提供者、征信机构应当予以更正;确认不存在错误、遗漏的,应当取消异议标注;经核查仍不能确认的,对核查情况和异议内容应当予以记载。

第二十六条 信息主体认为征信机构或者信息提供者、信息使用者侵害其合法权益的,可以向所在地的国务院征信业监督管理部门派出机构投诉。

受理投诉的机构应当及时进行核查和处理,自受理之日起30日内书面答复投诉人。

信息主体认为征信机构或者信息提供者、信息使用者侵害其合法权益的,可以直接向人民法院起诉。

第五章 金融信用信息基础数据库

第二十七条 国家设立金融信用信息基础数据库,为防范金融风险、促进金融业发展提供相关信息服务。

金融信用信息基础数据库由专业运行机构建设、运行和维护。该运行机构不以营利为目的,由国务院征信业监督管理部门监督管理。

第二十八条 金融信用信息基础数据库接收从事信贷业务的机构按照规定提供的信贷信息。

金融信用信息基础数据库为信息主体和取得信息主体本人书面同意的信息使用者提供查询服务。国家机关可以依法查询金融信用信息基础数据库的信息。

第二十九条 从事信贷业务的机构应当按照规定向金融信用信息基础数据库提供信贷信息。

从事信贷业务的机构向金融信用信息基础数据库或者其他主体提供信贷信息,应当事先取得信息主体的书面同意,并适用本条例关于信息提供者的规定。

第三十条 不从事信贷业务的金融机构向

金融信用信息基础数据库提供、查询信用信息以及金融信用信息基础数据库接收其提供的信用信息的具体办法，由国务院征信业监督管理部门会同国务院有关金融监督管理机构依法制定。

第三十一条　金融信用信息基础数据库运行机构可以按照补偿成本原则收取查询服务费用，收费标准由国务院价格主管部门规定。

第三十二条　本条例第十四条、第十六条、第十七条、第十八条、第二十二条、第二十三条、第二十四条、第二十五条、第二十六条适用于金融信用信息基础数据库运行机构。

第六章　监督管理

第三十三条　国务院征信业监督管理部门及其派出机构依照法律、行政法规和国务院的规定，履行对征信业和金融信用信息基础数据库运行机构的监督管理职责，可以采取下列监督检查措施：

（一）进入征信机构、金融信用信息基础数据库运行机构进行现场检查，对向金融信用信息基础数据库提供或者查询信息的机构遵守本条例有关规定的情况进行检查；

（二）询问当事人和与被调查事件有关的单位和个人，要求其对与被调查事件有关的事项作出说明；

（三）查阅、复制与被调查事件有关的文件、资料，对可能被转移、销毁、隐匿或者篡改的文件、资料予以封存；

（四）检查相关信息系统。

进行现场检查或者调查的人员不得少于2人，并应当出示合法证件和检查、调查通知书。

被检查、调查的单位和个人应当配合，如实提供有关文件、资料，不得隐瞒、拒绝和阻碍。

第三十四条　经营个人征信业务的征信机构、金融信用信息基础数据库、向金融信用信息基础数据库提供或者查询信息的机构发生重大信息泄露等事件的，国务院征信业监督管理部门可以采取临时接管相关信息系统等必要措施，避免损害扩大。

第三十五条　国务院征信业监督管理部门及其派出机构的工作人员对在工作中知悉的国家秘密和信息主体的信息，应当依法保密。

第七章　法律责任

第三十六条　未经国务院征信业监督管理部门批准，擅自设立经营个人征信业务的征信机构或者从事个人征信业务活动的，由国务院征信业监督管理部门予以取缔，没收违法所得，并处5万元以上50万元以下的罚款；构成犯罪的，依法追究刑事责任。

第三十七条　经营个人征信业务的征信机构违反本条例第九条规定的，由国务院征信业监督管理部门责令限期改正，对单位处2万元以上20万元以下的罚款；对直接负责的主管人员和其他直接责任人员给予警告，处1万元以下的罚款。

经营企业征信业务的征信机构未按照本条例第十条规定办理备案的，由其所在地的国务院征信业监督管理部门派出机构责令限期改正；逾期不改正的，依照前款规定处罚。

第三十八条　征信机构、金融信用信息基础数据库运行机构违反本条例规定，有下列行为之一的，由国务院征信业监督管理部门或者其派出机构责令限期改正，对单位处5万元以上50万元以下的罚款；对直接负责的主管人员和其他直接责任人员处1万元以上10万元以下的罚款；有违法所得的，没收违法所得。给信息主体造成损失的，依法承担民事责任；构成犯罪的，依法追究刑事责任：

（一）窃取或者以其他方式非法获取信息；

（二）采集禁止采集的个人信息或者未经同意采集个人信息；

（三）违法提供或者出售信息；

（四）因过失泄露信息；

（五）逾期不删除个人不良信息；

（六）未按照规定对异议信息进行核查和处理；

（七）拒绝、阻碍国务院征信业监督管理部门或者其派出机构检查、调查或者不如实提供有关文件、资料；

（八）违反征信业务规则，侵害信息主体合法权益的其他行为。

经营个人征信业务的征信机构有前款所列行为之一，情节严重或者造成严重后果的，由国务院征信业监督管理部门吊销其个人征信业务经营许可证。

第三十九条 征信机构违反本条例规定,未按照规定报告其上一年度开展征信业务情况的,由国务院征信业监督管理部门或者其派出机构责令限期改正;逾期不改正的,对单位处2万元以上10万元以下的罚款;对直接负责的主管人员和其他直接责任人员给予警告,处1万元以下的罚款。

第四十条 向金融信用信息基础数据库提供或者查询信息的机构违反本条例规定,有下列行为之一的,由国务院征信业监督管理部门或者其派出机构责令限期改正,对单位处5万元以上50万元以下的罚款;对直接负责的主管人员和其他直接责任人员处1万元以上10万元以下的罚款;有违法所得的,没收违法所得。给信息主体造成损失的,依法承担民事责任;构成犯罪的,依法追究刑事责任:

(一)违法提供或者出售信息;

(二)因过失泄露信息;

(三)未经同意查询个人信息或者企业的信贷信息;

(四)未按照规定处理异议或者对确有错误、遗漏的信息不予更正;

(五)拒绝、阻碍国务院征信业监督管理部门或者其派出机构检查、调查或者不如实提供有关文件、资料。

第四十一条 信息提供者违反本条例规定,向征信机构、金融信用信息基础数据库提供非依法公开的个人不良信息,未事先告知信息主体本人,情节严重或者造成严重后果的,由国务院征信业监督管理部门或者其派出机构对单位处2万元以上20万元以下的罚款;对个人处1万元以上5万元以下的罚款。

第四十二条 信息使用者违反本条例规定,未按照与个人信息主体约定的用途使用个人信息或者未经个人信息主体同意向第三方提供个人信息,情节严重或者造成严重后果的,由国务院征信业监督管理部门或者其派出机构对单位处2万元以上20万元以下的罚款;对个人处1万元以上5万元以下的罚款;有违法所得的,没收违法所得。给信息主体造成损失的,依法承担民事责任;构成犯罪的,依法追究刑事责任。

第四十三条 国务院征信业监督管理部门及其派出机构的工作人员滥用职权、玩忽职守、徇私舞弊,不依法履行监督管理职责,或者泄露国家秘密、信息主体信息的,依法给予处分。给信息主体造成损失的,依法承担民事责任;构成犯罪的,依法追究刑事责任。

第八章　附　　则

第四十四条 本条例下列用语的含义:

(一)信息提供者,是指向征信机构提供信息的单位和个人,以及向金融信用信息基础数据库提供信息的单位。

(二)信息使用者,是指从征信机构和金融信用信息基础数据库获取信息的单位和个人。

(三)不良信息,是指对信息主体信用状况构成负面影响的下列信息:信息主体在借贷、赊购、担保、租赁、保险、使用信用卡等活动中未按照合同履行义务的信息,对信息主体的行政处罚信息,人民法院判决或者裁定信息主体履行义务以及强制执行的信息,以及国务院征信业监督管理部门规定的其他不良信息。

第四十五条 外商投资征信机构的设立条件,由国务院征信业监督管理部门会同国务院有关部门制定,报国务院批准。

境外征信机构在境内经营征信业务,应当经国务院征信业监督管理部门批准。

第四十六条 本条例施行前已经经营个人征信业务的机构,应当自本条例施行之日起6个月内,依照本条例的规定申请个人征信业务经营许可证。

本条例施行前已经经营企业征信业务的机构,应当自本条例施行之日起3个月内,依照本条例的规定办理备案。

第四十七条 本条例自2013年3月15日起施行。

国务院关于取消和下放一批行政审批项目等事项的决定

（2013 年 5 月 15 日　国发〔2013〕19 号）

各省、自治区、直辖市人民政府，国务院各部委、各直属机构：

第十二届全国人民代表大会第一次会议批准的《国务院机构改革和职能转变方案》明确提出，要减少和下放投资审批事项，减少和下放生产经营活动审批事项，减少资质资格许可和认定，取消不合法不合理的行政事业性收费和政府性基金项目。经研究论证，国务院决定，取消和下放一批行政审批项目等事项，共计 117 项。其中，取消行政审批项目 71 项，下放管理层级行政审批项目 20 项，取消评比达标表彰项目 10 项，取消行政事业性收费项目 3 项；取消或下放管理层级的机关内部事项和涉密事项 13 项（按规定另行通知）。另有 16 项拟取消或下放的行政审批项目是依据有关法律设立的，国务院将依照法定程序提请全国人民代表大会常务委员会修订相关法律规定。

各地区、各部门要认真做好取消和下放管理层级行政审批项目等事项的落实和衔接工作，切实加强后续监管。要按照深化行政体制改革、加快转变政府职能的要求，继续坚定不移推进行政审批制度改革，清理行政审批等事项，加大简政放权力度。要健全监督制约机制，加强对行政审批权运行的监督，不断提高政府管理科学化、规范化水平。

附件：1. 国务院决定取消和下放管理层级的行政审批项目目录（共计 91 项）
2. 国务院决定取消的评比、达标、表彰项目目录（共计 10 项）
3. 国务院决定取消的行政事业性收费项目目录（共计 3 项）

附件 1

国务院决定取消和下放管理层级的行政审批项目目录
（共计 91 项，其中取消 71 项、下放 20 项）

序号	项目名称	实施机关	设定依据	处理决定	备　注
1	企业投资扩建民用机场项目核准	国家发展改革委	《国务院关于投资体制改革的决定》（国发〔2004〕20 号）	取消	对取消的投资审批项目，国土资源、环保、安全生产监管等有关部门要切实履行职责，加强监管，投资主管部门通过备案发现不符合国家有关规划和产业政策要求的投资项目，要通知有关部门和机构，在职责范围内依法采取措施，予以制止。

续表

序号	项目名称	实施机关	设定依据	处理决定	备注
2	企业投资城市轨道交通车辆、信号系统和牵引传动控制系统制造项目核准	国家发展改革委	《国务院关于投资体制改革的决定》(国发〔2004〕20号)	取消	对取消的投资审批项目,国土资源、环保、安全生产监管等有关部门要切实履行职责,加强监管,投资主管部门通过备案发现不符合国家有关规划和产业政策要求的投资项目,要通知有关部门和机构,在职责范围内依法采取措施,予以制止。
3	企业投资纸浆项目核准	国家发展改革委	《国务院关于投资体制改革的决定》(国发〔2004〕20号)	取消	对取消的投资审批项目,国土资源、环保、安全生产监管等有关部门要切实履行职责,加强监管,投资主管部门通过备案发现不符合国家有关规划和产业政策要求的投资项目,要通知有关部门和机构,在职责范围内依法采取措施,予以制止。
4	企业投资日产300吨及以上聚酯项目核准	国家发展改革委	《国务院关于投资体制改革的决定》(国发〔2004〕20号)	取消	对取消的投资审批项目,国土资源、环保、安全生产监管等有关部门要切实履行职责,加强监管,投资主管部门通过备案发现不符合国家有关规划和产业政策要求的投资项目,要通知有关部门和机构,在职责范围内依法采取措施,予以制止。
5	企业投资日处理糖料1500吨及以上项目核准	国家发展改革委	《国务院关于投资体制改革的决定》(国发〔2004〕20号)	取消	对取消的投资审批项目,国土资源、环保、安全生产监管等有关部门要切实履行职责,加强监管,投资主管部门通过备案发现不符合国家有关规划和产业政策要求的投资项目,要通知有关部门和机构,在职责范围内依法采取措施,予以制止。
6	企业投资年产100万吨及以上新油田开发项目核准	国家发展改革委	《国务院关于投资体制改革的决定》(国发〔2004〕20号)	取消	对取消的投资审批项目,国土资源、环保、安全生产监管等有关部门要切实履行职责,加强监管,投资主管部门通过备案发现不符合国家有关规划和产业政策要求的投资项目,要通知有关部门和机构,在职责范围内依法采取措施,予以制止。
7	企业投资年产20亿立方米及以上新气田开发项目核准	国家发展改革委	《国务院关于投资体制改革的决定》(国发〔2004〕20号)	取消	对取消的投资审批项目,国土资源、环保、安全生产监管等有关部门要切实履行职责,加强监管,投资主管部门通过备案发现不符合国家有关规划和产业政策要求的投资项目,要通知有关部门和机构,在职责范围内依法采取措施,予以制止。
8	企业投资冷轧项目核准	国家发展改革委	《国务院关于投资体制改革的决定》(国发〔2004〕20号)	取消	对取消的投资审批项目,国土资源、环保、安全生产监管等有关部门要切实履行职责,加强监管,投资主管部门通过备案发现不符合国家有关规划和产业政策要求的投资项目,要通知有关部门和机构,在职责范围内依法采取措施,予以制止。

续表

序号	项目名称	实施机关	设定依据	处理决定	备　注
9	企业投资乙烯改扩建项目核准	国家发展改革委	《国务院关于投资体制改革的决定》(国发〔2004〕20号)	取消	对取消的投资审批项目,国土资源、环保、安全生产监管等有关部门要切实履行职责,加强监管,投资主管部门通过备案发现不符合国家有关规划和产业政策要求的投资项目,要通知有关部门和机构,在职责范围内依法采取措施,予以制止。
10	企业投资医学城、大学城及其他园区性建设项目核准	国家发展改革委	《国务院关于投资体制改革的决定》(国发〔2004〕20号)	取消	对取消的投资审批项目,国土资源、环保、安全生产监管等有关部门要切实履行职责,加强监管,投资主管部门通过备案发现不符合国家有关规划和产业政策要求的投资项目,要通知有关部门和机构,在职责范围内依法采取措施,予以制止。
11	企业投资精对苯二甲酸(PTA)、甲苯二异氰酸酯(TDI)项目及对二甲苯(PX)改扩建项目核准	国家发展改革委	《国务院关于投资体制改革的决定》(国发〔2004〕20号)	取消	对取消的投资审批项目,国土资源、环保、安全生产监管等有关部门要切实履行职责,加强监管,投资主管部门通过备案发现不符合国家有关规划和产业政策要求的投资项目,要通知有关部门和机构,在职责范围内依法采取措施,予以制止。
12	企业投资卫星电视接收机及关键件、国家特殊规定的移动通信系统及终端等生产项目核准	国家发展改革委	《国务院关于投资体制改革的决定》(国发〔2004〕20号)	取消	对取消的投资审批项目,国土资源、环保、安全生产监管等有关部门要切实履行职责,加强监管,投资主管部门通过备案发现不符合国家有关规划和产业政策要求的投资项目,要通知有关部门和机构,在职责范围内依法采取措施,予以制止。
13	企业投资F1赛车场项目核准	国家发展改革委	《国务院关于投资体制改革的决定》(国发〔2004〕20号)	取消	对取消的投资审批项目,国土资源、环保、安全生产监管等有关部门要切实履行职责,加强监管,投资主管部门通过备案发现不符合国家有关规划和产业政策要求的投资项目,要通知有关部门和机构,在职责范围内依法采取措施,予以制止。
14	价格评估人员执业资格认定	国家发展改革委	《国务院对确需保留的行政审批项目设定行政许可的决定》(国务院令第412号)	取消	

续表

序号	项目名称	实施机关	设定依据	处理决定	备注
15	电力用户向发电企业直接购电试点	国家能源局	《国家电力监管委员会、国家发展和改革委员会关于印发〈电力用户向发电企业直接购电试点暂行办法〉的通知》(电监输电〔2004〕17号) 《国家电力监管委员会、国家发展和改革委员会、国家能源局关于完善电力用户与发电企业直接交易试点工作有关问题的通知》(电监市场〔2009〕20号)	取消	
16	电力市场份额核定	国家能源局	《电力监管条例》(国务院令第432号)	取消	
17	卫星地面接收设施生产企业指定	工业和信息化部	《卫星电视广播地面接收设施管理规定》(国务院令第129号)	取消	
18	电信业务经营者拍卖码号审批	工业和信息化部	《国务院对确需保留的行政审批项目设定行政许可的决定》(国务院令第412号)	取消	
19	通信信息网络系统集成企业资质认定	工业和信息化部	《国务院对确需保留的行政审批项目设定行政许可的决定》(国务院令第412号)	取消	
20	通信用户管线建设企业资质认定	工业和信息化部	《国务院对确需保留的行政审批项目设定行政许可的决定》(国务院令第412号)	取消	
21	通信建设工程概预算人员资格认定	工业和信息化部	《国务院对确需保留的行政审批项目设定行政许可的决定》(国务院令第412号)	取消	
22	通信建设监理企业资质认证和监理工程师资格认定	工业和信息化部	《国务院对确需保留的行政审批项目设定行政许可的决定》(国务院令第412号) 《国务院关于第六批取消和调整行政审批项目的决定》(国发〔2012〕52号)	取消	
23	举办全国性人才交流会审批	人力资源社会保障部	《国务院对确需保留的行政审批项目设定行政许可的决定》(国务院令第412号)	取消	
24	安全培训机构资格认可	安全监管总局	《国务院对确需保留的行政审批项目设定行政许可的决定》(国务院令第412号)	取消	
25	只读类光盘生产设备引进、增加与更新审批	新闻出版广电总局	《国务院对确需保留的行政审批项目设定行政许可的决定》(国务院令第412号)	取消	

续表

序号	项目名称	实施机关	设定依据	处理决定	备注
26	设立出版物全国连锁经营单位审批	新闻出版广电总局	《出版管理条例》(国务院令第594号)	取消	
27	举办全国性出版物订货、展销活动审批	新闻出版广电总局	《国务院办公厅关于保留部分非行政许可审批项目的通知》(国办发〔2004〕62号)	取消	
28	在境外展示、展销国内出版物审批	新闻出版广电总局	《国务院办公厅关于保留部分非行政许可审批项目的通知》(国办发〔2004〕62号)	取消	
29	国际船舶运输经营者之间兼并、收购审核	交通运输部	《中华人民共和国国际海运条例》(国务院令第335号)	取消	
30	承担船舶油污损害民事责任保险的商业性保险机构和互助性保险机构的确定	交通运输部	《防治船舶污染海洋环境管理条例》(国务院令第561号)	取消	
31	国际船舶代理业务审批	交通运输部	《中华人民共和国国际海运条例》(国务院令第335号)	取消	
32	船舶修造、水上拆解地点确定	交通运输部	直属海事局《防治船舶污染海洋环境管理条例》(国务院令第561号)	取消	
33	从事内河船舶船员服务业务审批	省级地方海事机构	《中华人民共和国船员条例》(国务院令第494号)	取消	
34	企业铁路专用线与国铁接轨审批	原铁道部	《国务院对确需保留的行政审批项目设定行政许可的决定》(国务院令第412号)	取消	
35	企业自备车辆参加铁路运输审批	原铁道部	国家铁路局《国务院对确需保留的行政审批项目设定行政许可的决定》(国务院令第412号)	取消	
36	水利工程开工审批	水利部	《国务院对确需保留的行政审批项目设定行政许可的决定》(国务院令第412号)	取消	
37	水文监测资料使用审查	水利部	《中华人民共和国水文条例》(国务院令第496号) 《国务院对确需保留的行政审批项目设定行政许可的决定》(国务院令第412号)	取消	
38	大中型水利工程移民安置监督评估单位资质认定	水利部	《大中型水利水电工程建设征地补偿和移民安置条例》(国务院令第471号)	取消	
39	农作物种子质量检验机构考评员的考核评定	农业部	《农作物种子质量检验机构考核管理办法》(农业部令第12号)	取消	

续表

序号	项目 名称	实施 机关	设定 依据	处理 决定	备注
40	渔业船舶设计、修造单位资格认定	农业部	《国务院对确需保留的行政审批项目设定行政许可的决定》(国务院令第412号)	取消	
41	渔业污染事故调查鉴定机构资格认定	农业部	《国务院办公厅关于保留部分非行政许可审批项目的通知》(国办发〔2004〕62号)	取消	
42	远洋渔业船舶、渔业科研船和教学实习船的船名核定	农业部	《中华人民共和国船舶登记条例》(国务院令第155号)	取消	
43	石油、天然气、煤层气对外合作合同审批	商务部	《中华人民共和国对外合作开采海洋石油资源条例》(国务院令第607号) 《中华人民共和国对外合作开采陆上石油资源条例》(国务院令第606号)	取消	
44	境内单位或者个人从事境外商品期货交易品种核准	商务部	《期货交易管理条例》(国务院令第489号)	取消	
45	"中国服务外包基地城市"认定	商务部、工业和信息化部、科技部、财政部	《商务部关于实施服务外包"千百十工程"的通知》(商资发〔2006〕556号) 《商务部、信息产业部关于开展"中国服务外包基地城市"认定工作有关问题的通知》(商资函〔2006〕102号)	取消	
46	对纳税人申报方式的核准	税务机关	《中华人民共和国税收征收管理法实施细则》(国务院令第362号)	取消	
47	印制有本单位名称发票的审批	税务总局	《中华人民共和国发票管理办法》(国务院令第587号)	取消	
48	中外合作办学机构以及内地与香港特别行政区、澳门特别行政区、台湾地区合作办学机构聘任校长或者主要行政负责人核准	教育部	《中华人民共和国中外合作办学条例》(国务院令第372号)	取消	
49	高等学校部分特殊专业及特殊需要的应届毕业生就业计划审批	教育部	《国务院办公厅关于保留部分非行政许可审批项目的通知》(国办发〔2004〕62号)	取消	
50	非营利性科研机构认定	科技部、财政部、税务总局	《国务院办公厅关于保留部分非行政许可审批项目的通知》(国办发〔2004〕62号)	取消	

续表

序号	项目名称	实施机关	设定依据	处理决定	备注
51	社会力量设立的面向全国、跨国境和跨省区域的科学技术奖登记	科技部	《国家科学技术奖励条例》(国务院令第396号) 《社会力量设立科学技术奖管理办法》(1999年12月26日科学技术部令第3号发布,2006年2月5日科学技术部令第10号修订)	取消	
52	国家级示范生产力促进中心认定	科技部	《国务院办公厅关于保留部分非行政许可审批项目的通知》(国办发〔2004〕62号)	取消	
53	中外合资经营、中外合作经营的演出经纪机构名称、住所、法定代表人或者主要负责人、营业性演出经营项目变更审批	文化部	《营业性演出管理条例》(国务院令第528号)	取消	
54	香港特别行政区、澳门特别行政区投资者在内地投资设立合资、合作、独资经营的演出经纪机构名称、住所、法定代表人或者主要负责人、营业性演出经营项目变更审批	文化部	《营业性演出管理条例》(国务院令第528号)	取消	
55	台湾地区投资者在内地投资设立合资、合作经营的演出经纪机构名称、住所、法定代表人或者主要负责人、营业性演出经营项目变更审批	文化部	《营业性演出管理条例》(国务院令第528号)	取消	
56	世界博览会标志使用许可合同备案	工商总局	《世界博览会标志保护条例》(国务院令第422号) 《特殊标志管理条例》(国务院令第202号)	取消	
57	外国人乘自备交通工具在华旅游审批	公安部	《国务院对确需保留的行政审批项目设定行政许可的决定》(国务院令第412号)	取消	
58	专项海洋环境预报服务资格认定	国家海洋局	《国务院对确需保留的行政审批项目设定行政许可的决定》(国务院令第412号)	取消	
59	建立国家级苗木花卉市场审批	国家林业局	《国家林业局关于加快林木种苗发展的意见》(林场发〔2004〕135号)	取消	

续表

序号	项目名称	实施机关	设定依据	处理决定	备注
60	全国经济林、花木之乡命名	国家林业局	《国家林业局办公室关于印发〈全国经济林、花木之乡命名工作管理暂行办法〉、〈全国经济林、花卉示范基地命名工作管理暂行办法〉、〈关于审批主办全国性经济林产品节(会)活动的暂行规定〉的通知》(办造字〔2002〕51号)	取消	
61	主办全国性经济林产品节(会)活动审批	国家林业局	《国家林业局关于印发〈全国性经济林产品节(会)管理规定〉的通知》(林造发〔2010〕269号)	取消	
62	全国经济林、花卉示范基地命名	国家林业局	《国家林业局办公室关于印发〈全国经济林、花木之乡命名工作管理暂行办法〉、〈全国经济林、花卉示范基地命名工作管理暂行办法〉、〈关于审批主办全国性经济林产品节(会)活动的暂行规定〉的通知》(办造字〔2002〕51号)	取消	
63	国家林业局重点开放性实验室命名	国家林业局	《林业部关于印发〈林业部重点开放性实验室评审办法〉、〈林业部重点开放性实验室管理办法〉的通知》(林科通字〔1994〕133号)	取消	
64	林业科技示范县审批	国家林业局	《国家林业局关于印发〈"百县千村万户"林业科技示范行动实施方案〉的通知》(林科发〔2008〕97号)	取消	
65	天保工程示范点建设单位审批	国家林业局	《国家林业局关于开展天然林保护工程第一批示范点建设工作的通知》(林天发〔2005〕49号)	取消	
66	天保工程森工企业职工"四险补助"和混岗职工安置办法、安置标准审批	国家林业局	《国家林业局关于做好天然林保护工程区森工企业职工"四险补助"和混岗职工安置等工作的通知》(林计发〔2006〕92号)	取消	
67	天保工程森工企业下岗职工一次性安置审批	国家林业局	《财政部、国家林业局关于做好森工企业下岗职工一次性安置工作的通知》(财农〔2000〕83号)	取消	
68	开办烟草专卖品交易市场审批	国家烟草局	《中华人民共和国烟草专卖法实施条例》(国务院令第223号)	取消	
69	烟草基因工程事项审批	国家烟草局	《国务院办公厅关于保留部分非行政许可审批项目的通知》(国办发〔2004〕62号)	取消	

续表

序号	项目名称	实施机关	设定依据	处理决定	备注
70	厂办大集体改革试点审批	国务院国资委	《国务院关于同意东北地区厂办大集体改革试点工作指导意见的批复》(国函〔2005〕88号) 《国务院办公厅印发关于中部六省实施比照振兴东北地区等老工业基地和西部大开发有关政策的通知》(国办函〔2008〕15号)	取消	
71	出入境检验检疫报检员从业注册	出入境检验检疫机构	《中华人民共和国进出口商品检验法实施条例》(国务院令第447号)	取消	
72	企业投资在非主要河流上建设的水电站项目核准	国家发展改革委	《国务院关于投资体制改革的决定》(国发〔2004〕20号)	下放地方政府投资主管部门	
73	企业投资分布式燃气发电项目核准	国家发展改革委	《国务院关于投资体制改革的决定》(国发〔2004〕20号)	下放省级投资主管部门	
74	企业投资燃煤背压热电项目核准	国家发展改革委	《国务院关于投资体制改革的决定》(国发〔2004〕20号)	下放省级投资主管部门	
75	企业投资风电站项目核准	国家发展改革委	《国务院关于投资体制改革的决定》(国发〔2004〕20号)	下放地方政府投资主管部门	
76	企业投资330千伏及以下电压等级的交流电网工程项目,列入国家规划的非跨境、跨省(区、市)500千伏电压等级的交流电网工程项目核准	国家发展改革委	《国务院关于投资体制改革的决定》(国发〔2004〕20号)	下放地方政府投资主管部门	
77	企业投资钾矿肥、磷矿肥项目核准	国家发展改革委	《国务院关于投资体制改革的决定》(国发〔2004〕20号)	下放省级投资主管部门	
78	企业投资国家规划矿区内新增年生产能力低于120万吨的煤矿开发项目核准	国家发展改革委	《国务院关于投资体制改革的决定》(国发〔2004〕20号)	下放省级投资主管部门	
79	企业投资非跨境、跨省(区、市)的油气输送管网项目核准	国家发展改革委	《国务院关于投资体制改革的决定》(国发〔2004〕20号)	下放省级投资主管部门	

续表

序号	项目名称	实施机关	设定依据	处理决定	备注
80	企业投资除稀土矿山开发项目和已探明工业储量5000万吨及以上规模的铁矿开发项目外的其他矿山开发项目(不含煤矿、铀矿)核准	国家发展改革委	《国务院关于投资体制改革的决定》(国发〔2004〕20号)	下放省级投资主管部门	
81	企业投资稀土深加工项目核准	国家发展改革委	《国务院关于投资体制改革的决定》(国发〔2004〕20号)	下放省级投资主管部门	
82	企业投资城市快速轨道交通项目按照国家批准的规划核准	国家发展改革委	《国务院关于投资体制改革的决定》(国发〔2004〕20号)	下放省级投资主管部门	
83	企业投资国家重点风景名胜区、国家自然保护区、全国重点文物保护单位区域内总投资5000万元以上的旅游开发和资源保护项目,世界自然和文化遗产保护区内总投资3000万元及以上的项目核准	国家发展改革委	《国务院关于投资体制改革的决定》(国发〔2004〕20号)	下放省级投资主管部门	
84	外国企业常驻代表机构登记	工商总局	《外国企业常驻代表机构登记管理条例》(国务院令第584号)	下放省级工商行政管理部门	
85	外国(地区)企业在中国境内从事生产经营活动核准	工商总局	《国务院对确需保留的行政审批项目设定行政许可的决定》(国务院令第412号)	下放省级工商行政管理部门	
86	外国文艺表演团体、个人来华在非歌舞娱乐场所进行营业性演出审批	文化部	《营业性演出管理条例》(国务院令第528号)	下放省级文化行政部门	
87	中央管理的建筑施工企业安全生产许可	住房城乡建设部	《安全生产许可证条例》(国务院令第397号)	下放省级住房城乡建设行政部门	
88	实验动物出口审批	科技部	《实验动物管理条例》(1988年10月31日国务院批准,1988年11月14日国家科学技术委员会令第2号发布,根据2011年1月8日《国务院关于废止和修改部分行政法规的决定》修改)	下放省级科技行政管理部门	

续表

序号	项目名称	实施机关	设定依据	处理决定	备注
89	实验动物工作单位从国外进口实验动物原种登记单位指定	科技部	《实验动物管理条例》(1988 年 10 月 31 日国务院批准,1988 年 11 月 14 日国家科学技术委员会令第 2 号发布,根据 2011 年 1 月 8 日《国务院关于废止和修改部分行政法规的决定》修改)	下放省级科技行政管理部门	
90	加工利用国家限制进口、可用作原料的废五金电器、废电线电缆、废电机等企业认定	环境保护部	《国务院对确需保留的行政审批项目设定行政许可的决定》(国务院令第 412 号)	下放省级环境保护行政部门	
91	经营高危险性体育项目许可	体育总局	《全民健身条例》(国务院令第 560 号)	下放省级以下体育行政主管部门	

附件 2

国务院决定取消的评比、达标、表彰项目目录

(共计 10 项)

序号	项目名称	主办单位	处理决定
1	部级电子工程设计奖评选	工业和信息化部	取消
2	中国工艺美术大师评选	工业和信息化部	取消部门评选,转由中国轻工业联合会举办
3	民爆行业企业信息化和工业化融合评估	工业和信息化部	取消
4	全国居民家庭经济状况核对示范单位命名	民政部	取消
5	全国财政协作研究课题评比	财政部	取消部门评比,转由中国财政学会举办
6	全国农村优秀人才评选	人力资源社会保障部	并入全国杰出创业技术人才评选
7	留学人员创业园评估	人力资源社会保障部	取消
8	劳动保障监察“两网化”管理标准执行情况评估	人力资源社会保障部	取消
9	城镇房屋拆迁管理规范化考核	住房城乡建设部	取消
10	全路节能环保绿化先进集体、先进个人评选	原铁道部	取消

附件3

国务院决定取消的行政事业性收费项目目录

(共计3项)

序号	项目	收费部门	依据	处理决定
1	电子工程概预算人员培训费	工业和信息化部门	《国家计委、财政部关于电子工程建设概预算人员培训费收费标准的通知》(计价格〔2000〕876号)	取消
2	烟草制品及原辅材料检验费	烟草部门	《国家物价局、财政部关于发布烟草专卖系统行政事业性收费项目及标准的通知》(价费字〔1992〕187号)	取消
3	保密证表包装材料费	保密部门	《国家保密局、国家物价局、财政部关于保密工作部门执行有关管理规定收取工本费问题的通知》(国保〔1991〕48号)	取消

国务院关于修改《中华人民共和国外资保险公司管理条例》的决定

(2013年5月30日　国务院令第636号)

国务院决定对《中华人民共和国外资保险公司管理条例》作如下修改:

第七条第一款修改为:"合资保险公司、独资保险公司的注册资本最低限额为2亿元人民币或者等值的自由兑换货币;其注册资本最低限额必须为实缴货币资本。"第二款修改为:"外国保险公司分公司应当由其总公司无偿拨给不少于2亿元人民币或者等值的自由兑换货币的营运资金。"

本决定自2013年8月1日起施行。

《中华人民共和国外资保险公司管理条例》根据本决定作相应修改,重新公布。

中华人民共和国外资保险公司管理条例

(2013年修订)

第一章　总　　则

第一条　为了适应对外开放和经济发展的需要,加强和完善对外资保险公司的监督管理,促进保险业的健康发展,制定本条例。

第二条　本条例所称外资保险公司,是指依照中华人民共和国有关法律、行政法规的规定，经批准在中国境内设立和营业的下列保险公司：

（一）外国保险公司同中国的公司、企业在中国境内合资经营的保险公司（以下简称合资保险公司）；

（二）外国保险公司在中国境内投资经营的外国资本保险公司（以下简称独资保险公司）；

（三）外国保险公司在中国境内的分公司（以下简称外国保险公司分公司）。

第三条　外资保险公司必须遵守中国法律、法规，不得损害中国的社会公共利益。

外资保险公司的正当业务活动和合法权益受中国法律保护。

第四条　中国保险监督管理委员会（以下简称中国保监会）负责对外资保险公司实施监督管理。中国保监会的派出机构根据中国保监会的授权，对本辖区的外资保险公司进行日常监督管理。

第二章　设立与登记

第五条　设立外资保险公司，应当经中国保监会批准。

设立外资保险公司的地区，由中国保监会按照有关规定确定。

第六条　设立经营人身保险业务的外资保险公司和经营财产保险业务的外资保险公司，其设立形式、外资比例由中国保监会按照有关规定确定。

第七条　合资保险公司、独资保险公司的注册资本最低限额为2亿元人民币或者等值的自由兑换货币；其注册资本最低限额必须为实缴货币资本。

外国保险公司分公司应当由其总公司无偿拨给不少于2亿元人民币或者等值的自由兑换货币的营运资金。

中国保监会根据外资保险公司业务范围、经营规模，可以提高前两款规定的外资保险公司注册资本或者营运资金的最低限额。

第八条　申请设立外资保险公司的外国保险公司，应当具备下列条件：

（一）经营保险业务30年以上；

（二）在中国境内已经设立代表机构2年以上；

（三）提出设立申请前1年年末总资产不少于50亿美元；

（四）所在国家或者地区有完善的保险监管制度，并且该外国保险公司已经受到所在国家或者地区有关主管当局的有效监管；

（五）符合所在国家或者地区偿付能力标准；

（六）所在国家或者地区有关主管当局同意其申请；

（七）中国保监会规定的其他审慎性条件。

第九条　设立外资保险公司，申请人应当向中国保监会提出书面申请，并提交下列资料：

（一）申请人法定代表人签署的申请书，其中设立合资保险公司的，申请书由合资各方法定代表人共同签署；

（二）外国申请人所在国家或者地区有关主管当局核发的营业执照（副本）、对其符合偿付能力标准的证明及对其申请的意见书；

（三）外国申请人的公司章程、最近3年的年报；

（四）设立合资保险公司的，中国申请人的有关资料；

（五）拟设公司的可行性研究报告及筹建方案；

（六）拟设公司的筹建负责人员名单、简历和任职资格证明；

（七）中国保监会规定提供的其他资料。

第十条　中国保监会应当对设立外资保险公司的申请进行初步审查，自收到完整的申请文件之日起6个月内作出受理或者不受理的决定。决定受理的，发给正式申请表；决定不受理的，应当书面通知申请人并说明理由。

第十一条　申请人应当自接到正式申请表之日起1年内完成筹建工作；在规定的期限内未完成筹建工作，有正当理由的，经中国保监会批准，可以延长3个月。在延长期内仍未完成筹建工作的，中国保监会作出的受理决定自动失效。筹建工作完成后，申请人应当将填写好的申请表连同下列文件报中国保监会审批：

（一）筹建报告；

（二）拟设公司的章程；

（三）拟设公司的出资人及其出资额；

（四）法定验资机构出具的验资证明；

(五)对拟任该公司主要负责人的授权书;

(六)拟设公司的高级管理人员名单、简历和任职资格证明;

(七)拟设公司未来3年的经营规划和分保方案;

(八)拟在中国境内开办保险险种的保险条款、保险费率及责任准备金的计算说明书;

(九)拟设公司的营业场所和与业务有关的其他设施的资料;

(十)设立外国保险公司分公司的,其总公司对该分公司承担税务、债务的责任担保书;

(十一)设立合资保险公司的,其合资经营合同;

(十二)中国保监会规定提供的其他文件。

第十二条　中国保监会应当自收到设立外资保险公司完整的正式申请文件之日起60日内,作出批准或者不批准的决定。决定批准的,颁发经营保险业务许可证;决定不批准的,应当书面通知申请人并说明理由。

经批准设立外资保险公司的,申请人凭经营保险业务许可证向工商行政管理机关办理登记,领取营业执照。

第十三条　外资保险公司成立后,应当按照其注册资本或者营运资金总额的20%提取保证金,存入中国保监会指定的银行;保证金除外资保险公司清算时用于清偿债务外,不得动用。

第十四条　外资保险公司在中国境内设立分支机构,由中国保监会按照有关规定审核批准。

第三章　业务范围

第十五条　外资保险公司按照中国保监会核定的业务范围,可以全部或者部分依法经营下列种类的保险业务:

(一)财产保险业务,包括财产损失保险、责任保险、信用保险等保险业务;

(二)人身保险业务,包括人寿保险、健康保险、意外伤害保险等保险业务。

外资保险公司经中国保监会按照有关规定核定,可以在核定的范围内经营大型商业风险保险业务、统括保单保险业务。

第十六条　同一外资保险公司不得同时兼营财产保险业务和人身保险业务。

第十七条　外资保险公司可以依法经营本条例第十五条规定的保险业务的下列再保险业务:

(一)分出保险;

(二)分入保险。

第十八条　外资保险公司的具体业务范围、业务地域范围和服务对象范围,由中国保监会按照有关规定核定。外资保险公司只能在核定的范围内从事保险业务活动。

第四章　监督管理

第十九条　中国保监会有权检查外资保险公司的业务状况、财务状况及资金运用状况,有权要求外资保险公司在规定的期限内提供有关文件、资料和书面报告,有权对违法违规行为依法进行处罚、处理。

外资保险公司应当接受中国保监会依法进行的监督检查,如实提供有关文件、资料和书面报告,不得拒绝、阻碍、隐瞒。

第二十条　除经中国保监会批准外,外资保险公司不得与其关联企业从事下列交易活动:

(一)再保险的分出或者分入业务;

(二)资产买卖或者其他交易。

前款所称关联企业,是指与外资保险公司有下列关系之一的企业:

(一)在股份、出资方面存在控制关系;

(二)在股份、出资方面同为第三人所控制;

(三)在利益上具有其他相关联的关系。

第二十一条　外国保险公司分公司应当于每一会计年度终了后3个月内,将该分公司及其总公司上一年度的财务会计报告报送中国保监会,并予公布。

第二十二条　外国保险公司分公司的总公司有下列情形之一的,该分公司应当自各该情形发生之日起10日内,将有关情况向中国保监会提交书面报告:

(一)变更名称、主要负责人或者注册地;

(二)变更资本金;

(三)变更持有资本总额或者股份总额10%以上的股东;

(四)调整业务范围;

(五)受到所在国家或者地区有关主管当局处罚;

（六）发生重大亏损；

（七）分立、合并、解散、依法被撤销或者被宣告破产；

（八）中国保监会规定的其他情形。

第二十三条　外国保险公司分公司的总公司解散、依法被撤销或者被宣告破产的，中国保监会应当停止该分公司开展新业务。

第二十四条　外资保险公司经营外汇保险业务的，应当遵守国家有关外汇管理的规定。

除经国家外汇管理机关批准外，外资保险公司在中国境内经营保险业务的，应当以人民币计价结算。

第二十五条　本条例规定向中国保监会提交、报送文件、资料和书面报告的，应当提供中文本。

第五章　终止与清算

第二十六条　外资保险公司因分立、合并或者公司章程规定的解散事由出现，经中国保监会批准后解散。外资保险公司解散的，应当依法成立清算组，进行清算。

经营人寿保险业务的外资保险公司，除分立、合并外，不得解散。

第二十七条　外资保险公司违反法律、行政法规，被中国保监会吊销经营保险业务许可证的，依法撤销，由中国保监会依法及时组织成立清算组进行清算。

第二十八条　外资保险公司因解散、依法被撤销而清算的，应当自清算组成立之日起60日内在报纸上至少公告3次。公告内容应当经中国保监会核准。

第二十九条　外资保险公司不能支付到期债务，经中国保监会同意，由人民法院依法宣告破产。外资保险公司被宣告破产的，由人民法院组织中国保监会等有关部门和有关人员成立清算组，进行清算。

第三十条　外资保险公司解散、依法被撤销或者被宣告破产的，未清偿债务前，不得将其财产转移至中国境外。

第六章　法律责任

第三十一条　违反本条例规定，擅自设立外资保险公司或者非法从事保险业务活动的，由中国保监会予以取缔；依照刑法关于擅自设立金融机构罪、非法经营罪或者其他罪的规定，依法追究刑事责任；尚不够刑事处罚的，由中国保监会没收违法所得，并处违法所得1倍以上5倍以下的罚款，没有违法所得或者违法所得不足20万元的，处20万元以上100万元以下的罚款。

第三十二条　外资保险公司违反本条例规定，超出核定的业务范围、业务地域范围或者服务对象范围从事保险业务活动的，依照刑法关于非法经营罪或者其他罪的规定，依法追究刑事责任；尚不够刑事处罚的，由中国保监会责令改正，责令退还收取的保险费，没收违法所得，并处违法所得1倍以上5倍以下的罚款，没有违法所得或者违法所得不足10万元的，处10万元以上50万元以下的罚款；逾期不改正或者造成严重后果的，责令限期停业或者吊销经营保险业务许可证。

第三十三条　外资保险公司违反本条例规定，有下列行为之一的，由中国保监会责令改正，处5万元以上30万元以下的罚款；情节严重的，可以责令停止接受新业务或者吊销经营保险业务许可证：

（一）未按照规定提存保证金或者违反规定动用保证金的；

（二）违反规定与其关联企业从事交易活动的；

（三）未按照规定补足注册资本或者营运资金的。

第三十四条　外资保险公司违反本条例规定，有下列行为之一的，由中国保监会责令限期改正；逾期不改正的，处1万元以上10万元以下的罚款：

（一）未按照规定提交、报送有关文件、资料和书面报告的；

（二）未按照规定公告的。

第三十五条　外资保险公司违反本条例规定，有下列行为之一的，由中国保监会处10万元以上50万元以下的罚款：

（一）提供虚假的文件、资料和书面报告的；

（二）拒绝或者阻碍依法监督检查的。

第三十六条　外资保险公司违反本条例规定，将其财产转移至中国境外的，由中国保监会责令转回转移的财产，处转移财产金额20%以上等值以下的罚款。

第三十七条 外资保险公司违反中国有关法律、行政法规和本条例规定的,中国保监会可以取消该外资保险公司高级管理人员一定期限直至终身在中国的任职资格。

第七章 附 则

第三十八条 对外资保险公司的管理,本条例未作规定的,适用《中华人民共和国保险法》和其他有关法律、行政法规和国家其他有关规定。

第三十九条 香港特别行政区、澳门特别行政区和台湾地区的保险公司在内地设立和营业的保险公司,比照适用本条例。

第四十条 本条例自2002年2月1日起施行。

国务院办公厅关于金融支持经济结构调整和转型升级的指导意见

(2013年7月1日 国办发〔2013〕67号)

各省、自治区、直辖市人民政府,国务院各部委、各直属机构:

当前,我国经济运行总体平稳,但结构性矛盾依然突出。金融运行总体是稳健的,但资金分布不合理问题仍然存在,与经济结构调整和转型升级的要求不相适应。为深入贯彻党的十八大、中央经济工作会议和国务院常务会议精神,更好地发挥金融对经济结构调整和转型升级的支持作用,更好地发挥市场配置资源的基础性作用,更好地发挥金融政策、财政政策和产业政策的协同作用,优化社会融资结构,持续加强对重点领域和薄弱环节的金融支持,切实防范化解金融风险,经国务院同意,现提出以下指导意见。

一、继续执行稳健的货币政策,合理保持货币信贷总量

统筹兼顾稳增长、调结构、控通胀、防风险,合理保持货币总量。综合运用数量、价格等多种货币政策工具组合,充分发挥再贷款、再贴现和差别存款准备金动态调整机制的引导作用,盘活存量资金,用好增量资金,加快资金周转速度,提高资金使用效率。对中小金融机构继续实施较低的存款准备金率,增加"三农"、小微企业等薄弱环节的信贷资金来源。稳步推进利率市场化改革,更大程度发挥市场在资金配置中的基础性作用,促进企业根据自身条件选择融资渠道、优化融资结构,提高实体经济特别是小微企业的信贷可获得性,进一步加大金融对实体经济的支持力度。(人民银行牵头,发展改革委、工业和信息化部、财政部、银监会、证监会、保监会、外汇局等参加)

二、引导、推动重点领域与行业转型和调整

坚持有扶有控、有保有压原则,增强资金支持的针对性和有效性。大力支持实施创新驱动发展战略。加大对有市场发展前景的先进制造业、战略性新兴产业、现代信息技术产业和信息消费、劳动密集型产业、服务业、传统产业改造升级以及绿色环保等领域的资金支持力度。保证重点在建续建工程和项目的合理资金需求,积极支持铁路等重大基础设施、城市基础设施、保障性安居工程等民生工程建设,培育新的产业增长点。按照"消化一批、转移一批、整合一批、淘汰一批"的要求,对产能过剩行业区分不同情况实施差别化政策。对产品有竞争力、有市场、有效益的企业,要继续给予资金支持;对合理向境外转移产能的企业,要通过内保外贷、外汇及人民币贷款、债权融资、股权融资等方式,积极支持增强跨境投资经营能力;对实施产

能整合的企业,要通过探索发行优先股、定向开展并购贷款、适当延长贷款期限等方式,支持企业兼并重组;对属于淘汰落后产能的企业,要通过保全资产和不良贷款转让、贷款损失核销等方式支持压产退市。严禁对产能严重过剩行业违规建设项目提供任何形式的新增授信和直接融资,防止盲目投资加剧产能过剩。(发展改革委、工业和信息化部、财政部、商务部、人民银行、国资委、银监会、证监会、保监会、外汇局等按职责分工负责)

三、整合金融资源支持小微企业发展

优化小微企业金融服务。支持金融机构向小微企业集中的区域延伸服务网点。根据小微企业不同发展阶段的金融需求特点,支持金融机构向小微企业提供融资、结算、理财、咨询等综合性金融服务。继续支持符合条件的银行发行小微企业专项金融债,所募集资金发放的小微企业贷款不纳入存贷比考核。逐步推进信贷资产证券化常规化发展,盘活资金支持小微企业发展和经济结构调整。适度放开小额外保内贷业务,扩大小微企业境内融资来源。适当提高对小微企业贷款的不良贷款容忍度。加强对科技型、创新型、创业型小微企业的金融支持力度。力争全年小微企业贷款增速不低于当年各项贷款平均增速,贷款增量不低于上年同期水平。鼓励地方人民政府建立小微企业信贷风险补偿基金,支持小微企业信息整合,加快推进中小企业信用体系建设。支持地方人民政府加强对小额贷款公司、融资性担保公司的监管,对非融资性担保公司进行清理规范。鼓励地方人民政府出资设立或参股融资性担保公司,以及通过奖励、风险补偿等多种方式引导融资性担保公司健康发展,帮助小微企业增信融资,降低小微企业融资成本,提高小微企业贷款覆盖面。推动金融机构完善服务定价管理机制,严格规范收费行为,严格执行不得以贷转存、不得存贷挂钩、不得以贷收费、不得浮利分费、不得借贷搭售、不得一浮到顶、不得转嫁成本,公开收费项目、服务质价、效用功能、优惠政策等规定,切实降低企业融资成本。(发展改革委、科技部、工业和信息化部、财政部、人民银行、工商总局、银监会、证监会、保监会、外汇局等按职责分工负责)

四、加大对“三农”领域的信贷支持力度

优化“三农”金融服务,统筹发挥政策性金融、商业性金融和合作性金融的协同作用,发挥直接融资优势,推动加快农业现代化步伐。鼓励涉农金融机构在金融服务空白乡镇设立服务网点,创新服务方式,努力实现农村基础金融服务全覆盖。支持金融机构开发符合农业农村新型经营主体和农产品批发商特点的金融产品和服务,加大信贷支持力度,力争全年“三农”贷款增速不低于当年各项贷款平均增速,贷款增量不低于上年同期水平。支持符合条件的银行发行“三农”专项金融债。鼓励银行业金融机构扩大林权抵押贷款,探索开展大中型农机具、农村土地承包经营权和宅基地使用权抵押贷款试点。支持农业银行在总结试点经验的基础上,逐步扩大县域“三农金融事业部”试点省份范围。支持经中央批准的农村金融改革试点地区创新农村金融产品和服务。(财政部、国土资源部、农业部、商务部、人民银行、林业局、法制办、银监会等按职责分工负责)

五、进一步发展消费金融促进消费升级

加快完善银行卡消费服务功能,优化刷卡消费环境,扩大城乡居民用卡范围。积极满足居民家庭首套自住购房、大宗耐用消费品、新型消费品以及教育、旅游等服务消费领域的合理信贷需求。逐步扩大消费金融公司的试点城市范围,培育和壮大新的消费增长点。加强个人信用管理。根据城镇化过程中进城务工人员等群体的消费特点,提高金融服务的匹配度和适应性,促进消费升级。(人民银行牵头,发展改革委、工业和信息化部、商务部、银监会等参加)

六、支持企业“走出去”

鼓励政策性银行、商业银行等金融机构大力支持企业“走出去”。以推进贸易投资便利化为重点,进一步推动人民币跨境使用,推进外汇管理简政放权,完善货物贸易和服务贸易外汇管理制度。逐步开展个人境外直接投资试点,进一步推动资本市场对外开放。改进外债管理方式,完善全口径外债管理制度。加强银行间外汇市场净额清算等基础设施建设。创新外汇储备运用,拓展外汇储备委托贷款平台和

商业银行转贷款渠道,综合运用多种方式为用汇主体提供融资支持。(人民银行牵头,外交部、发展改革委、财政部、商务部、海关总署、银监会、证监会、保监会、外汇局等参加)

七、加快发展多层次资本市场

进一步优化主板、中小企业板、创业板市场的制度安排,完善发行、定价、并购重组等方面的各项制度。适当放宽创业板对创新型、成长型企业的财务准入标准。将中小企业股份转让系统试点扩大至全国。规范非上市公众公司管理。稳步扩大公司(企业)债、中期票据和中小企业私募债券发行,促进债券市场互联互通。规范发展各类机构投资者,探索发展并购投资基金,鼓励私募股权投资基金、风险投资基金产品创新,促进创新型、创业型中小企业融资发展。加快完善期货市场建设,稳步推进期货市场品种创新,进一步发挥期货市场的定价、分散风险、套期保值和推进经济转型升级的作用。(证监会牵头,发展改革委、科技部、工业和信息化部、财政部、人民银行、工商总局、法制办等参加)

八、进一步发挥保险的保障作用

扩大农业保险覆盖范围,推广菜篮子工程保险、渔业保险、农产品质量保证保险、农房保险等新型险种。建立完善财政支持的农业保险大灾风险分散机制。大力发展出口信用保险,鼓励为企业开展对外贸易和"走出去"提供投资、运营、劳动用工等方面的一揽子保险服务。深入推进科技保险工作。试点推广小额信贷保证保险,推动发展国内贸易信用保险。拓宽保险覆盖面和保险资金运用范围,进一步发挥保险对经济结构调整和转型升级的积极作用。(保监会牵头,发展改革委、科技部、工业和信息化部、财政部、农业部、商务部、人民银行、林业局、银监会、外汇局等参加)

九、扩大民间资本进入金融业

鼓励民间资本投资入股金融机构和参与金融机构重组改造。允许发展成熟、经营稳健的村镇银行在最低股比要求内,调整主发起行与其他股东持股比例。尝试由民间资本发起设立自担风险的民营银行、金融租赁公司和消费金融公司等金融机构。探索优化银行业分类监管机制,对不同类型银行业金融机构在经营地域和业务范围上实行差异化准入管理,建立相应的考核和评估体系,为实体经济发展提供广覆盖、差异化、高效率的金融服务。(银监会牵头,人民银行、工商总局、法制办等参加)

十、严密防范金融风险

深入排查各类金融风险隐患,适时开展压力测试,动态分析可能存在的风险触点,及时锁定、防控和化解风险,严守不发生系统性区域性金融风险的底线。继续按照总量控制、分类管理、区别对待、逐步化解的原则,防范化解地方政府融资平台贷款等风险。认真执行房地产调控政策,落实差别化住房信贷政策,加强名单制管理,严格防控房地产融资风险。按照理财与信贷业务分离、产品与项目逐一对应、单独建账管理、信息公开透明的原则,规范商业银行理财产品,加强行为监管,严格风险管控。密切关注并积极化解"两高一剩"(高耗能、高污染、产能过剩)行业结构调整时暴露的金融风险。防范跨市场、跨行业经营带来的交叉金融风险,防止民间融资、非法集资、国际资本流动等风险向金融系统传染渗透。支持银行开展不良贷款转让,扩大银行不良贷款自主核销权,及时主动消化吸收风险。稳妥有序处置风险,加强疏导,防止因处置不当等引发新的风险。加快信用立法和社会信用体系建设,培育社会诚信文化,为金融支持经济结构调整和转型升级营造良好环境。(人民银行牵头,发展改革委、工业和信息化部、财政部、住房城乡建设部、法制办、银监会、证监会、保监会、外汇局等参加)

国务院关于废止和修改部分行政法规的决定

（2013年7月18日　国务院令第638号）

为了依法推进行政审批制度改革和政府职能转变，进一步激发市场、社会的创造活力，发挥好地方政府贴近基层的优势，促进和保障政府管理由事前审批更多地转为事中事后监管，国务院对有关的行政法规进行了清理。经过清理，现决定：

一、废止《煤炭生产许可证管理办法》（1994年12月20日国务院公布）。

二、对25件行政法规的部分条款予以修改。

本决定自公布之日起施行。

附件：

国务院决定修改的行政法规

一、将《中华人民共和国对外合作开采海洋石油资源条例》第七条修改为："中国海洋石油总公司就对外合作开采石油的海区、面积、区块，通过组织招标，确定合作开采海洋石油资源的外国企业，签订合作开采石油合同或者其他合作合同，并向中华人民共和国商务部报送合同有关情况。"

二、将《实验动物管理条例》第二十三条修改为："实验动物工作单位从国外进口实验动物原种，必须向该单位所在地省、自治区、直辖市人民政府科技行政管理部门指定的保种、育种和质量监控单位登记。"

第二十四条第一款修改为："出口实验动物，必须报实验动物工作单位所在地省、自治区、直辖市人民政府科技行政管理部门审批。经批准后，方可办理出口手续。"

三、删去《卫星电视广播地面接收设施管理规定》第四条。

第五条改为第四条，并修改为："工业产品生产许可证主管部门许可的生产企业，应当将卫星地面接收设施销售给依法设立的安装服务机构。其他任何单位和个人不得销售。"

第十一条改为第十条，并将第一款修改为："违反本规定，擅自生产卫星地面接收设施或者生产企业未按照规定销售给依法设立的安装服务机构的，由工业产品生产许可证主管部门责令停止生产、销售。"

四、将《中华人民共和国对外合作开采陆上石油资源条例》第八条修改为："中方石油公司在国务院批准的对外合作开采陆上石油资源的区域内，按划分的合作区块，通过招标或者谈判，确定合作开采陆上石油资源的外国企业，签订合作开采石油合同或者其他合作合同，并向中华人民共和国商务部报送合同有关情况。"

五、将《传统工艺美术保护条例》第十二条修改为："符合下列条件并长期从事传统工艺美术制作的人员，由相关行业协会组织评审，可以授予中国工艺美术大师称号：

"（一）成就卓越，在国内外享有声誉的；

"（二）技艺精湛，自成流派的。"

删去第十三条。

六、将《中华人民共和国烟草专卖法实施条例》第二十四条修改为："卷烟、雪茄烟和有包装的烟丝，应当使用注册商标。"

删去第四十七条。

七、将《国家科学技术奖励条例》第七条修改为:“社会力量设立的面向社会的科学技术奖,在奖励活动中不得收取任何费用。”

删去第二十三条。

八、删去《中华人民共和国国际海运条例》第九条、第十条。

第十三条改为第十一条,并删去其中的“国际船舶代理经营者”。

第十四条改为第十二条,并删去其中的“国际船舶代理经营者”。

第十五条改为第十三条,并删去其中的“国际船舶代理经营者”。

删去第二十四条。

第三十四条改为第三十一条,并删去第一款。

第四十四条改为第四十一条,并修改为:“未办理登记手续,擅自经营国际船舶管理业务的,由经营业务所在地的省、自治区、直辖市人民政府交通主管部门责令停止经营;有违法所得的,没收违法所得;违法所得5万元以上的,处违法所得2倍以上5倍以下的罚款;没有违法所得或者违法所得不足5万元的,处2万元以上10万元以下的罚款。”

第四十七条改为第四十四条,并删去其中的“国际船舶代理经营者”。

第五十二条改为第四十九条,并删去第一款。

第五十五条改为第五十二条,并删去第二项中的“国际船舶代理经营者”。

九、删去《出版管理条例》第三十五条第四款。

十、将《中华人民共和国税收征收管理法实施细则》第二十三条修改为:“生产、经营规模小又确无建账能力的纳税人,可以聘请经批准从事会计代理记账业务的专业机构或者财会人员代为建账和办理账务。”

删去第三十条第一款中的“经税务机关批准”。

十一、删去《中华人民共和国中外合作办学条例》第二十五条第二款。

第四十三条第二款修改为:“中外合作办学机构住所、法定代表人的变更,应当经审批机关核准,并办理相应的变更手续。中外合作办学机构校长或者主要行政负责人的变更,应当及时办理变更手续。”

十二、将《粮食流通管理条例》第十九条修改为:“建立粮食销售出库质量检验制度。粮食储存企业对超过正常储存年限的陈粮,在出库前应当经过粮食质量检验机构进行质量鉴定,凡已陈化变质、不符合食用卫生标准的粮食,严禁流入口粮市场。陈化粮判定标准,由国家粮食行政管理部门会同有关部门制定,陈化粮销售、处理和监管的具体办法,依照国家有关规定执行。”

第四十五条第二款修改为:“倒卖陈化粮或者不按照规定使用陈化粮的,由工商行政管理部门没收非法倒卖的粮食,并处非法倒卖粮食价值20%以下的罚款;情节严重的,由工商行政管理部门并处非法倒卖粮食价值1倍以上5倍以下的罚款,吊销营业执照;构成犯罪的,依法追究刑事责任。”

十三、删去《营业性演出管理条例》第九条第一款中的“和演出经纪机构”。

第十二条第三款修改为:“依照本条规定设立演出经纪机构、演出场所经营单位的,应当依照本条例第十一条第三款的规定办理审批手续。”

第十六条第一款修改为:“举办外国的文艺表演团体、个人参加的营业性演出,演出举办单位应当向演出所在地省、自治区、直辖市人民政府文化主管部门提出申请。”

十四、将《大中型水利水电工程建设征地补偿和移民安置条例》第五十一条第一款修改为:“国家对移民安置实行全过程监督评估。签订移民安置协议的地方人民政府和项目法人应当采取招标的方式,共同委托移民安置监督评估单位对移民搬迁进度、移民安置质量、移民资金的拨付和使用情况以及移民生活水平的恢复情况进行监督评估;被委托方应当将监督评估的情况及时向委托方报告。”

十五、删去《期货交易管理条例》第四十三条第一款。

十六、将《中华人民共和国船员条例》第三十九条修改为:“从事代理海洋船舶船员办理申请培训、考试、申领证书(包括外国海洋船舶船员证书)等有关手续,代理海洋船舶船员用人单位管理船员事务,提供海洋船舶配员等海

洋船舶船员服务业务的机构,应当符合下列条件:

“(一)在中华人民共和国境内依法设立的法人;

“(二)有2名以上具有高级船员任职资历的管理人员;

“(三)有符合国务院交通主管部门规定的船员服务管理制度;

“(四)具有与所从事业务相适应的服务能力。”

第四十条第一款修改为:“从事海洋船舶船员服务业务的机构,应当向海事管理机构提交书面申请,并附送符合本条例第三十九条规定条件的证明材料。”

第四十一条第一款中的“船员服务机构”修改为“从事内河船舶、海洋船舶船员服务业务的机构(以下简称船员服务机构)”。

第四十七条中的“船员服务业务许可”修改为“海洋船舶船员服务业务许可”。

第六十三条中的“船员服务”修改为“海洋船舶船员服务”。

第六十七条中的“船员服务机构”修改为“海洋船舶船员服务机构”。

十七、将《中华人民共和国水文条例》第二十七条修改为:“编制重要规划、进行重点项目建设和水资源管理等使用的水文监测资料应当完整、可靠、一致。”

删去第四十一条第二项。

十八、将《全民健身条例》第三十二条中的“县级以上人民政府体育主管部门”修改为“县级以上地方人民政府体育主管部门”。

十九、将《防治船舶污染海洋环境管理条例》第二十九条修改为:“船舶修造、水上拆解的地点应当符合环境功能区划和海洋功能区划。”

删去第五十三条第三款。

二十、将《外国企业常驻代表机构登记管理条例》第五条第一款修改为:“省、自治区、直辖市人民政府工商行政管理部门是代表机构的登记和管理机关(以下简称登记机关)。”

二十一、将《乡镇煤矿管理条例》第四条、第十四条中的“煤炭生产许可证”修改为“安全生产许可证”。

二十二、将《煤矿安全监察条例》第三十七条、第四十三条中的“煤炭生产许可证”修改为“安全生产许可证”。

删去第四十七条中的“煤炭生产许可证”。

二十三、将《安全生产许可证条例》第四条修改为:“省、自治区、直辖市人民政府建设主管部门负责建筑施工企业安全生产许可证的颁发和管理,并接受国务院建设主管部门的指导和监督。”

删去第七条第二款中的“在申请领取煤炭生产许可证前”。

二十四、删去《中华人民共和国进出口商品检验法实施条例》第十二条第二款、第三款、第四款。

删去第二十二条第一款、第二款中的“经国家质检总局指定的”。

删去第三十三条、第三十四条。

第三十九条改为第三十七条,并删去其中的“人员资格”。

第四十三条改为第四十一条,并删去第一款中的“办理原产地证明的申请人应当依法取得出入境检验检疫机构的注册登记。”

第四十八条改为第四十六条,并删去第一款、第三款中的“情节严重的,并撤销其报检注册登记、报检从业注册”。

第五十二条改为第五十条,并删去其中的“化妆品”。

第五十八条改为第五十六条,修改为:“代理报检企业、出入境快件运营企业违反国家有关规定,扰乱报检秩序的,由出入境检验检疫机构责令改正,没收违法所得,可以处10万元以下罚款,国家质检总局或者出入境检验检疫机构可以暂停其6个月以内代理报检业务。”

二十五、删去《国务院关于预防煤矿生产安全事故的特别规定》第五条第一款、第六条第一款、第八条第二款第十四项、第十一条第一款中的“煤炭生产许可证”。

删去第八条第二款第十三项中的“和煤炭生产许可证”。

此外,对相关行政法规的条文顺序作了相应调整。

国务院办公厅关于金融支持小微企业发展的实施意见

(2013年8月8日 国办发〔2013〕87号)

各省、自治区、直辖市人民政府,国务院各部委、各直属机构:

小微企业是国民经济发展的生力军,在稳定增长、扩大就业、促进创新、繁荣市场和满足人民群众需求等方面,发挥着极为重要的作用。加强小微企业金融服务,是金融支持实体经济和稳定就业、鼓励创业的重要内容,事关经济社会发展全局,具有十分重要的战略意义。为进一步做好小微企业金融服务工作,全力支持小微企业良性发展,经国务院同意,现提出以下意见。

一、确保实现小微企业贷款增速和增量“两个不低于”的目标

继续坚持“两个不低于”的小微企业金融服务目标,在风险总体可控的前提下,确保小微企业贷款增速不低于各项贷款平均水平、增量不低于上年同期水平。在继续实施稳健的货币政策、合理保持全年货币信贷总量的前提下,优化信贷结构,腾挪信贷资源,在盘活存量中扩大小微企业融资增量,在新增信贷中增加小微企业贷款份额。充分发挥再贷款、再贴现和差别准备金动态调整机制的引导作用,对中小金融机构继续实施较低的存款准备金率。进一步细化“两个不低于”的考核措施,对银行业金融机构的小微企业贷款比例、贷款覆盖率、服务覆盖率和申贷获得率等指标,定期考核,按月通报。要求各银行业金融机构在商业可持续和有效控制风险的前提下,单列小微企业信贷计划,合理分解任务,优化绩效考核机制,并由主要负责人推动层层落实。(人民银行、银监会按职责分工负责)

二、加快丰富和创新小微企业金融服务方式

增强服务功能、转变服务方式、创新服务产品,是丰富和创新小微企业金融服务方式的重点内容。进一步引导金融机构增强支小助微的服务理念,动员更多营业网点参与小微企业金融服务,扩大业务范围,加大创新力度,增强服务功能;牢固树立以客户为中心的经营理念,针对不同类型、不同发展阶段小微企业的特点,不断开发特色产品,为小微企业提供量身定做的金融产品和服务。积极鼓励金融机构为小微企业全面提供开户、结算、理财、咨询等基础性、综合性金融服务;大力发展产业链融资、商业圈融资和企业群融资,积极开展知识产权质押、应收账款质押、动产质押、股权质押、订单质押、仓单质押、保单质押等抵质押贷款业务;推动开办商业保理、金融租赁和定向信托等融资服务。鼓励保险机构创新资金运用安排,通过投资企业股权、基金、债权、资产支持计划等多种形式,为小微企业发展提供资金支持。充分利用互联网等新技术、新工具,不断创新网络金融服务模式。(人民银行、银监会、证监会、保监会按职责分工负责)

三、着力强化对小微企业的增信服务和信息服务

加快建立“小微企业—信息和增信服务机构—商业银行”利益共享、风险共担新机制,是破解小微企业缺信息、缺信用导致融资难的关键举措。积极搭建小微企业综合信息共享平台,整合注册登记、生产经营、人才及技术、纳税缴费、劳动用工、用水用电、节能环保等信息资源。加快建立小微企业信用征集体系、评级发布制度和信息通报制度,引导银行业金融机构注重用好人才、技术等“软信息”,建立针对小微企业的信用评审机制。建立健全主要为小微企业服务的融资担保体系,由地方人民政府参股和控股部分担保公司，以省（区、市）为单位建立政府主导的再担保公司，创设小微企业信贷风险补偿基金。指导相关行业协会推进联合增信，加强本行业小微企业的合作互助。充分挖掘保险工具的增信作用，大力发展贷款保证保险和信用保险业务，稳步扩大出口信用保险对小微企业的服务范围。（发展改革委、工业和信息化部、财政部、商务部、人民银行、工商总局、银监会、证监会、保监会等按职责分工负责）

四、积极发展小型金融机构

积极发展小型金融机构，打通民间资本进入金融业的通道，建立广覆盖、差异化、高效率的小微企业金融服务机构体系，是增加小微企业金融服务有效供给、促进竞争的有效途径。进一步丰富小微企业金融服务机构种类，支持在小微企业集中的地区设立村镇银行、贷款公司等小型金融机构，推动尝试由民间资本发起设立自担风险的民营银行、金融租赁公司和消费金融公司等金融机构。引导地方金融机构坚持立足当地、服务小微的市场定位，向县域和乡镇等小微企业集中的地区延伸网点和业务，进一步做深、做实小微企业金融服务。鼓励大中型银行加快小微企业专营机构建设和向下延伸服务网点，提高小微企业金融服务的批量化、规模化、标准化水平。（银监会牵头）

五、大力拓展小微企业直接融资渠道

加快发展多层次资本市场，是解决小微企业直接融资比例过低、渠道过窄的必由之路。进一步优化中小企业板、创业板市场的制度安排，完善发行、定价、并购重组等方面的政策和措施。适当放宽创业板市场对创新型、成长型企业的财务准入标准，尽快启动上市小微企业再融资。建立完善全国中小企业股份转让系统（以下称“新三板”），加大产品创新力度，增加适合小微企业的融资品种。进一步扩大中小企业私募债券试点，逐步扩大中小企业集合债券和小微企业增信集合债券发行规模，在创业板、“新三板”、公司债、私募债等市场建立服务小微企业的小额、快速、灵活的融资机制。在清理整顿各类交易场所基础上，将区域性股权市场纳入多层次资本市场体系，促进小微企业改制、挂牌、定向转让股份和融资，支持证券公司通过区域性股权市场为小微企业提供挂牌公司推荐、股权代理买卖等服务。进一步建立健全非上市公众公司监管制度，适时出台定向发行、并购重组等具体规定，支持小微企业股本融资、股份转让、资产重组等活动。探索发展并购投资基金，积极引导私募股权投资基金、创业投资企业投资于小微企业，支持符合条件的创业投资企业、股权投资企业等发行企业债券，专项用于投资小微企业，促进创新型、创业型小微企业融资发展。（证监会、发展改革委、科技部等按职责分工负责）

六、切实降低小微企业融资成本

进一步清理规范各类不合理收费，是切实降低小微企业综合融资成本的必然要求。继续对小微企业免征管理类、登记类、证照类行政事业性收费。规范担保公司等中介机构的收费定价行为，通过财政补贴和风险补偿等方式合理降低费率。继续治理金融机构不合理收费和高收费行为，开展对金融机构落实收费政策情况的专项检查，对落实不到位的金融机构要严肃处理。（发展改革委、工业和信息化部、财政部、人民银行、银监会等按职责分工负责）

七、加大对小微企业金融服务的政策支持力度

对小微企业金融服务予以政策倾斜，是做好小微企业金融服务、防范金融风险的必要条件。进一步完善和细化小微企业划型标准，引导各类金融机构和支持政策更好地聚焦小微企业。充分发挥支持性财税政策的引导作用，强化对小微企业金融服务的正向激励；在简化程序、扩大金融机构自主核销权等方面，对小微企业不良贷款核销给予支持。建立科技金融服务体系，进一步细化科技型小微企业标准，完善对各类科技成果的评价机制。在银行业金融机构的业务准入、风险资产权重、存贷比考核等方面实施差异化监管。继续支持符合条件的银行发行小微企业专项金融债，用所募集资金发放的小微企业贷款不纳入存贷比考核。逐步推进信贷资产证券化常规化发展，引导金融机构将盘活的资金主要用于小微企业贷款。鼓励银行业金融机构适度提高小微企业不良贷款容忍度，

相应调整绩效考核机制。继续鼓励担保机构加大对小微企业的服务力度,推进完善有关扶持政策。积极争取将保险服务纳入小微企业产业引导政策,不断完善小微企业风险补偿机制。(发展改革委、科技部、工业和信息化部、财政部、人民银行、税务总局、统计局、银监会、证监会、保监会等按职责分工负责)

八、全面营造良好的小微金融发展环境

推进金融环境建设,营造良好的金融环境,是促进小微金融发展的重要基础。地方人民政府要在健全法治、改善公共服务、预警提示风险、完善抵质押登记、宣传普及金融知识等方面,抓紧研究制定支持小微企业金融服务的政策措施;切实落实融资性担保公司、小额贷款公司、典当行、投资(咨询)公司、股权投资企业等机构的监管和风险处置责任,加大对非法集资等非法金融活动的打击惩处力度;减少对金融机构正常经营活动的干预,帮助维护银行债权,打击逃废银行债务行为;化解金融风险,切实维护地方金融市场秩序。有关部门要研究采取有效措施,积极引导小微企业提高自身素质,改善经营管理,健全财务制度,增强信用意识。(发展改革委、工业和信息化部、公安部、财政部、商务部、人民银行、税务总局、工商总局、银监会、证监会、保监会等按职责分工负责)

各地区、各有关部门和各金融机构要按照国务院的统一部署,进一步提高对小微企业金融服务重要性的认识,明确分工,落实责任,形成合力,真正帮助小微企业解决现实难题。银监会要牵头组织实施督促检查工作,确保各项政策措施落实到位。从2014年开始,各省级人民政府、人民银行、银监会、证监会和保监会要将本地区或本领域上一年度小微企业金融服务的情况、成效、问题、下一步打算及政策建议,于每年1月底前专题报告国务院。各银行业金融机构有关落实情况及下一步工作和建议,由银监会汇总后报国务院。

国务院关于同意建立金融监管协调部际联席会议制度的批复

(2013年8月15日　国函〔2013〕91号)

人民银行:

《中国人民银行关于金融监管协调机制工作方案的请示》(银发〔2013〕185号)收悉。现批复如下:

同意建立由人民银行牵头的金融监管协调部际联席会议制度。联席会议不刻制印章,不正式行文,请按照国务院有关要求认真组织开展工作。

附件:金融监管协调部际联席会议制度

附件:

金融监管协调部际联席会议制度

为进一步加强金融监管协调,保障金融业稳健运行,经国务院同意,建立金融监管协调部际联席会议(以下简称联席会议)制度。

一、职责和任务

(一)货币政策与金融监管政策之间的协调;

（二）金融监管政策、法律法规之间的协调；

（三）维护金融稳定和防范化解区域性系统性金融风险的协调；

（四）交叉性金融产品、跨市场金融创新的协调；

（五）金融信息共享和金融业综合统计体系的协调；

（六）国务院交办的其他事项。

二、组成单位

联席会议由人民银行牵头，成员单位包括银监会、证监会、保监会、外汇局，必要时可邀请发展改革委、财政部等有关部门参加。人民银行行长担任联席会议召集人，各成员单位主要负责同志为组成人员。联席会议联络员由成员单位有关司局负责同志担任。联席会议成员因工作变动需要调整的，由所在单位提出，联席会议确定。

联席会议办公室设在人民银行，承担金融监管协调日常工作。

三、工作规则和要求

联席会议重点围绕金融监管开展工作，不改变现行金融监管体制，不替代、不削弱有关部门现行职责分工，不替代国务院决策，重大事项按程序报国务院。联席会议通过季度例会或临时会议等方式开展工作，落实国务院交办事项，履行工作职责。联席会议建立简报制度，及时汇报、通报金融监管协调信息和工作进展情况。

人民银行要切实发挥好牵头作用，银监会、证监会、保监会、外汇局等成员单位要积极参加，相互支持，加强沟通配合，形成合力，确保联席会议制度有效运转。

金融监管协调部际联席会议成员名单

召集人：

周小川 人民银行行长

成　员：

尚福林 银监会主席

肖　钢 证监会主席

项俊波 保监会主席

易　纲 外汇局局长

国务院关于严格控制新设行政许可的通知

（2013 年 9 月 19 日 国发〔2013〕39 号）

各省、自治区、直辖市人民政府，国务院各部委、各直属机构：

严格行政许可设定，是深化行政审批制度改革、推进政府职能转变的必然要求。为贯彻落实党的十八大有关深化行政审批制度改革的精神和十二届全国人大一次会议审议通过的《国务院机构改革和职能转变方案》，严格控制新设行政许可，切实防止行政许可事项边减边增、明减暗增，现就有关问题通知如下：

一、严格行政许可设定标准

行政许可，是行政机关根据公民、法人或其他组织的申请，经依法审查，准予其从事特定活动的行为，是各级行政机关在依法管理经济社会事务过程中对公民、法人或其他组织的活动实行事前控制的一种手段。设定行政许可，对人民群众生产、生活影响很大，必须从严控制。今后起草法律草案、行政法规草案一般不新设行政许可，确需新设的，必须严格遵守行政许可法的规定，严格设定标准。

（一）对企业不使用政府性资金的投资活动，除重大和限制类固定资产投资项目外，不得设定行政许可。

（二）对人员能力水平评价的事项，除提供公共服务并且直接关系公共利益，需要具备特殊信誉、特殊条件或特殊技能的职业，确需设定行政许可的外，不得设定行政许可。

（三）对确需设定企业、个人资质资格的事

项,原则上只能设定基础资质资格。

(四)中介服务机构所代理的事项最终需由行政机关或法律、行政法规授权的组织许可的,对该中介服务机构不得设定行政许可。

(五)对产品实施行政许可的,除涉及人身健康、生命财产安全的外,不得对生产该产品的企业设定行政许可。

(六)通过对产品大类设定行政许可能够实现管理目的的,对产品子类不得设定行政许可。确需对产品子类设定行政许可的,实行目录管理。

(七)法律、行政法规或国务院决定规定对需要取得行政许可的产品、活动实施目录管理的,产品、活动目录的制定、调整应当报经国务院批准。

(八)法律草案、行政法规草案拟设定的对生产经营活动的行政许可,凡直接面向基层、量大面广或由地方实施更方便有效的,不得规定国务院部门作为行政许可实施机关。

(九)通过严格执行现有管理手段和措施能够解决的事项,不得设定行政许可。

(十)通过技术标准、管理规范能够有效管理的事项,不得设定行政许可。

(十一)对同一事项,由一个行政机关实施行政许可能够解决的,不得设定由其他行政机关实施的行政许可;对可以由一个行政机关在实施行政许可中征求其他行政机关意见解决的事项,不得设定新的行政许可。

(十二)对同一事项,在一个管理环节设定行政许可能够解决的,不得在多个管理环节分别设定行政许可。

(十三)通过修改现行法律、行政法规有关行政许可的规定能够解决的事项,不得设定新的行政许可。

(十四)现行法律已经规定了具体管理手段和措施,但未设定行政许可的,起草执行性或配套的行政法规草案时,不得设定行政许可。

(十五)行政法规草案为实施法律设定的行政许可作出的具体规定,不得增设行政许可;对行政许可条件作出的具体规定,不得增设违反法律的其他条件。

(十六)国务院部门规章和规范性文件一律不得设定行政许可,不得以备案、登记、年检、监制、认定、认证、审定等形式变相设定行政许可,不得以非行政许可审批为名变相设定行政许可。

除法律、行政法规外,对行政机关实施行政许可以及监督检查被许可人从事行政许可事项的活动,一律不得设定收费;不得借实施行政许可变相收费。

二、规范行政许可设定审查程序

法律草案、行政法规草案拟设定行政许可的,起草单位和审查机关都要深入调查研究,加强合法性、必要性和合理性审查论证。

(一)起草单位对拟设定的行政许可,应当采取座谈会、论证会、听证会等多种形式,广泛听取有关组织、企业和公民的意见,同时征求国务院相关部门的意见。

(二)起草单位向国务院报送法律草案、行政法规草案送审稿及其说明时,应当附拟设定行政许可的论证材料、各方面对拟设定行政许可的意见和意见采纳情况以及其他国家、地区的相关立法资料。

论证材料应当包括:一是合法性论证材料,重点说明草案拟设定的行政许可符合行政许可法和本通知规定的理由。二是必要性论证材料,重点说明拟设定行政许可的事项属于直接涉及国家安全、公共安全、生态环境安全和生命财产安全,通过市场机制、行业自律、企业和个人自主决定以及其他管理方式不能有效解决问题,以及拟设定的行政许可是解决现有问题或实现行政管理目的的有效手段的理由。三是合理性论证材料,重点评估实施该行政许可对经济社会可能产生的影响,说明实施该行政许可的预期效果。

(三)国务院法制办应当对法律草案、行政法规草案拟设定的行政许可进行严格审查论证。

对法律草案、行政法规草案拟设定的行政许可,国务院法制办应当征求中央编办、国务院相关部门以及地方人民政府的意见;将法律草案、行政法规草案通过中国政府法制信息网向社会公开征求意见时,公开征求意见的材料应当就拟设定行政许可的理由作重点说明。

中央编办对起草单位提出的拟设行政许可意见进行审查,对是否确需通过行政许可方式实施管理、是否有其他替代方式、是否符合行政体制改革和职能转变的基本方向、是否符合行政审批制度改革的原则和要求、是否会造成与其他机构的职责交叉等提出审核意见。

经研究论证，认为拟设定的行政许可不符合行政许可法和本通知的规定或设定理由不充分的，不得设定行政许可。有关情况在法律草案、行政法规草案说明中予以说明，说明与法律草案、行政法规草案一并报国务院审议。

（四）涉及重大公共利益，需要及时实行行政许可管理的，经国务院常务会议讨论通过后采用发布决定的方式设定；国务院可以根据形势变化决定停止实施该项行政许可，确有必要长期实施的，及时提请全国人大及其常委会制定法律，或者制定行政法规。

三、加强对设定行政许可的监督

对已设定的行政许可，要加强跟踪评估、监督管理。

（一）国务院部门要制定本部门负责实施的行政许可目录并向社会公布，目录要列明行政许可项目、依据、实施机关、程序、条件、期限、收费等情况。行政许可项目发生增加、调整、变更等变化的，要及时更新目录。行政许可目录要报中央编办备案。

（二）国务院部门要定期对其负责实施的行政许可实施情况进行评价，并将意见报告该行政许可的设定机关。对没有达到预期效果或不适应经济社会发展要求的行政许可，应当及时提出修改或废止建议。

（三）起草法律、行政法规修订草案，起草单位要对该法律、行政法规设定的行政许可的实施情况进行重点评估，对没有达到预期效果或不适应经济社会发展要求的行政许可，应当提出修改或废止建议。

（四）国务院有关部门要建立制度、畅通渠道，听取公民、法人或其他组织对其负责实施的行政许可提出的意见和建议。

（五）国务院法制办要加强对国务院部门规章的备案审查，对设定行政许可、增设行政许可条件，以备案、登记、年检、监制、认定、认证、审定等形式变相设定行政许可，以非行政许可审批名义变相设定行政许可或违法设定行政许可收费的，要按照规定的程序严格处理、坚决纠正。

（六）对违法设定行政许可、增设行政许可条件，违法实施行政许可，以及不依法履行监督职责或监督不力、造成严重后果的，有关机关要依照行政监察法、行政机关公务员处分条例等法律、行政法规的规定严格追究责任。

地方人民政府要根据本通知的规定，结合各地实际，提出并执行严格控制新设行政许可的具体措施。地方人民政府、国务院各部门要按照行政许可法和本通知的规定，对规章和规范性文件进行一次全面清理，对违法设定行政许可、增设行政许可条件，以备案、登记、年检、监制、认定、认证、审定等形式变相设定行政许可，以非行政许可审批名义变相设定行政许可，以及违法设定行政许可收费或借实施行政许可变相收费的，要坚决纠正。各省级人民政府、国务院各部门应当于2013年12月底前将清理结果报中央编办。国务院将于2014年适时组织开展一次贯彻本通知情况的督促检查。

国务院关于开展优先股试点的指导意见

（2013年11月30日　国发〔2013〕46号）

各省、自治区、直辖市人民政府，国务院各部委、各直属机构：

为贯彻落实党的十八大、十八届三中全会精神，深化金融体制改革，支持实体经济发展，依照公司法、证券法相关规定，国务院决定开展优先股试点。开展优先股试点，有利于进一步深化企业股份制改革，为发行人提供灵活的直接融资工具，优化企业财务结构，推动企业兼并重组;有利于丰富证券品种,为投资者提供多元化的投资渠道,提高直接融资比重,促进资本市场稳定发展。为稳妥有序开展优先股试点,现提出如下指导意见。

一、优先股股东的权利与义务

(一)优先股的含义。优先股是指依照公司法,在一般规定的普通种类股份之外,另行规定的其他种类股份,其股份持有人优先于普通股股东分配公司利润和剩余财产,但参与公司决策管理等权利受到限制。

除本指导意见另有规定以外,优先股股东的权利、义务以及优先股股份的管理应当符合公司法的规定。试点期间不允许发行在股息分配和剩余财产分配上具有不同优先顺序的优先股,但允许发行在其他条款上具有不同设置的优先股。

(二)优先分配利润。优先股股东按照约定的票面股息率,优先于普通股股东分配公司利润。公司应当以现金的形式向优先股股东支付股息,在完全支付约定的股息之前,不得向普通股股东分配利润。

公司应当在公司章程中明确以下事项:(1)优先股股息率是采用固定股息率还是浮动股息率,并相应明确固定股息率水平或浮动股息率计算方法。(2)公司在有可分配税后利润的情况下是否必须分配利润。(3)如果公司因本会计年度可分配利润不足而未向优先股股东足额派发股息,差额部分是否累积到下一会计年度。(4)优先股股东按照约定的股息率分配股息后,是否有权同普通股股东一起参加剩余利润分配。(5)优先股利润分配涉及的其他事项。

(三)优先分配剩余财产。公司因解散、破产等原因进行清算时,公司财产在按照公司法和破产法有关规定进行清偿后的剩余财产,应当优先向优先股股东支付未派发的股息和公司章程约定的清算金额,不足以支付的按照优先股股东持股比例分配。

(四)优先股转换和回购。公司可以在公司章程中规定优先股转换为普通股、发行人回购优先股的条件、价格和比例。转换选择权或回购选择权可规定由发行人或优先股股东行使。发行人要求回购优先股的,必须完全支付所欠股息,但商业银行发行优先股补充资本的除外。优先股回购后相应减记发行在外的优先股股份总数。

(五)表决权限制。除以下情况外,优先股股东不出席股东大会会议,所持股份没有表决权:(1)修改公司章程中与优先股相关的内容;(2)一次或累计减少公司注册资本超过百分之十;(3)公司合并、分立、解散或变更公司形式;(4)发行优先股;(5)公司章程规定的其他情形。上述事项的决议,除须经出席会议的普通股股东(含表决权恢复的优先股股东)所持表决权的三分之二以上通过之外,还须经出席会议的优先股股东(不含表决权恢复的优先股股东)所持表决权的三分之二以上通过。

(六)表决权恢复。公司累计 3 个会计年度或连续 2 个会计年度未按约定支付优先股股息的,优先股股东有权出席股东大会,每股优先股股份享有公司章程规定的表决权。对于股息可累积到下一会计年度的优先股,表决权恢复直至公司全额支付所欠股息。对于股息不可累积的优先股,表决权恢复直至公司全额支付当年股息。公司章程可规定优先股表决权恢复的其他情形。

(七)与股份种类相关的计算。以下事项计算持股比例时,仅计算普通股和表决权恢复的优先股:(1)根据公司法第一百零一条,请求召开临时股东大会;(2)根据公司法第一百零二条,召集和主持股东大会;(3)根据公司法第一百零三条,提交股东大会临时提案;(4)根据公司法第二百一十七条,认定控股股东。

二、优先股发行与交易

(八)发行人范围。公开发行优先股的发行人限于证监会规定的上市公司,非公开发行优先股的发行人限于上市公司(含注册地在境内的境外上市公司)和非上市公众公司。

(九)发行条件。公司已发行的优先股不得超过公司普通股股份总数的百分之五十,且筹资金额不得超过发行前净资产的百分之五十,已回购、转换的优先股不纳入计算。公司公开发行优先股以及上市公司非公开发行优先股的其他条件适用证券法的规定。非上市公众公司非公开发行优先股的条件由证监会另行规定。

(十)公开发行。公司公开发行优先股的,应当在公司章程中规定以下事项:(1)采取固定股息率；(2)在有可分配税后利润的情况下必须向优先股股东分配股息；(3)未向优先股股东足额派发股息的差额部分应当累积到下一会计年度；(4)优先股股东按照约定的股息率分配股息后，不再同普通股股东一起参加剩余利润分配。商业银行发行优先股补充资本的，可就第(2)项和第(3)项事项另行规定。

(十一)交易转让及登记存管。优先股应当在证券交易所、全国中小企业股份转让系统或者在国务院批准的其他证券交易场所交易或转让。优先股应当在中国证券登记结算公司集中登记存管。优先股交易或转让环节的投资者适当性标准应当与发行环节一致。

(十二)信息披露。公司应当在发行文件中详尽说明优先股股东的权利义务，充分揭示风险。同时，应按规定真实、准确、完整、及时、公平地披露或者提供信息，不得有虚假记载、误导性陈述或重大遗漏。

(十三)公司收购。优先股可以作为并购重组支付手段。上市公司收购要约适用于被收购公司的所有股东，但可以针对优先股股东和普通股股东提出不同的收购条件。根据证券法第八十六条计算收购人持有上市公司已发行股份比例，以及根据证券法第八十八条和第九十六条计算触发要约收购义务时，表决权未恢复的优先股不计入持股数额和股本总额。

(十四)与持股数额相关的计算。以下事项计算持股数额时，仅计算普通股和表决权恢复的优先股：(1)根据证券法第五十四条和第六十六条，认定持有公司股份最多的前十名股东的名单和持股数额；(2)根据证券法第四十七条、第六十七条和第七十四条，认定持有公司百分之五以上股份的股东。

三、组织管理和配套政策

(十五)加强组织管理。证监会应加强与有关部门的协调配合，积极稳妥地组织开展优先股试点工作。证监会应当根据公司法、证券法和本指导意见，制定并发布优先股试点的具体规定，指导证券自律组织完善相关业务规则。

证监会应当加强市场监管，督促公司认真履行信息披露义务，督促中介机构诚实守信、勤勉尽责，依法查处违法违规行为，切实保护投资者合法权益。

(十六)完善配套政策。优先股相关会计处理和财务报告，应当遵循财政部发布的企业会计准则及其他相关会计标准。企业投资优先股获得的股息、红利等投资收益，符合税法规定条件的，可以作为企业所得税免税收入。全国社会保障基金、企业年金投资优先股的比例不受现行证券品种投资比例的限制，具体政策由国务院主管部门制定。外资行业准入管理中外资持股比例优先股与普通股合并计算。试点中需要配套制定的其他政策事项，由证监会根据试点进展情况提出，商有关部门办理，重大事项报告国务院。

国务院关于管理公开募集基金的基金管理公司有关问题的批复

(2013年12月10日　国函〔2013〕132号)

中国证券监督管理委员会：

你会关于贯彻实施修订后的《中华人民共和国证券投资基金法》有关问题的请示收悉。现批复如下：

一、根据《中华人民共和国证券投资基金法》第十三条规定，国务院同意你会对管理公开募集基金的基金管理公司(以下简称基金管理公司)主要股东的条件作如下规定：

(一)主要股东为法人或者其他组织的，净资产不低于2亿元人民币；

(二)主要股东为自然人的，个人金融资产不低于3000万元人民币，在境内外资产管理行业从业10年以上。

二、根据《中华人民共和国证券投资基金法》第十三条规定,国务院同意你会对基金管理公司持有5%以上股权的非主要股东的条件作如下规定:

(一)非主要股东为法人或者其他组织的,净资产不低于5000万元人民币,资产质量良好,内部监控制度完善;

(二)非主要股东为自然人的,个人金融资产不低于1000万元人民币,在境内外资产管理行业从业5年以上;

(三)最近3年没有因违法违规行为受到行政处罚或者刑事处罚;

(四)没有挪用客户资产等损害客户利益的行为;

(五)没有因违法违规行为正在被监管机构调查,或者正处于整改期间;

(六)具有良好的社会信誉,最近3年在税务、工商等行政机关以及金融监管、自律管理、商业银行等机构无不良记录。

三、根据《中华人民共和国证券投资基金法》第十三条规定,国务院同意你会对中外合资基金管理公司境内外股东的条件作如下规定:

(一)出资比例最高的境内股东应当具备基金管理公司主要股东的条件;其他境内股东应当具备基金管理公司非主要股东的条件。

(二)境外股东应当具备下列条件:

1. 依所在国家或者地区法律设立、合法存续并具有金融资产管理经验的金融机构,财务稳健,资信良好,最近3年没有受到监管机构或者司法机关的处罚;

2. 所在国家或者地区具有完善的证券法律和监管制度,其证券监管机构已与中国证券监督管理委员会或者中国证券监督管理委员会认可的其他机构签订证券监管合作谅解备忘录,并保持着有效的监管合作关系;

3. 净资产不低于2亿元人民币的等值可自由兑换货币;

4. 经国务院批准的中国证券监督管理委员会规定的其他条件。

香港特别行政区、澳门特别行政区和台湾地区的金融机构在内地投资基金管理公司,比照适用前款规定。

四、根据《中华人民共和国证券投资基金法》第十三条规定,国务院同意你会对不得成为基金管理公司实际控制人的情形作如下规定:

(一)因故意犯罪被判处刑罚,刑罚执行完毕未逾3年;

(二)净资产低于实收资本的50%,或者或有负债达到净资产的50%;

(三)不能清偿到期债务。

国务院关于全国中小企业股份转让系统有关问题的决定

(2013年12月13日 国发〔2013〕49号)

各省、自治区、直辖市人民政府,国务院各部委、各直属机构:

为更好地发挥金融对经济结构调整和转型升级的支持作用,进一步拓展民间投资渠道,充分发挥全国中小企业股份转让系统(以下简称全国股份转让系统)的功能,缓解中小微企业融资难,按照党的十八大、十八届三中全会关于多层次资本市场发展的精神和国务院第13次常务会议的有关要求,现就全国股份转让系统有关问题作出如下决定。

一、充分发挥全国股份转让系统服务中小微企业发展的功能

全国股份转让系统是经国务院批准,依据证券法设立的全国性证券交易场所,主要为创新型、创业型、成长型中小微企业发展服务。境

内符合条件的股份公司均可通过主办券商申请在全国股份转让系统挂牌，公开转让股份，进行股权融资、债权融资、资产重组等。申请挂牌的公司应当业务明确、产权清晰、依法规范经营、公司治理健全，可以尚未盈利，但须履行信息披露义务，所披露的信息应当真实、准确、完整。

二、建立不同层次市场间的有机联系

在全国股份转让系统挂牌的公司，达到股票上市条件的，可以直接向证券交易所申请上市交易。在符合《国务院关于清理整顿各类交易场所切实防范金融风险的决定》（国发〔2011〕38号）要求的区域性股权转让市场进行股权非公开转让的公司，符合挂牌条件的，可以申请在全国股份转让系统挂牌公开转让股份。

三、简化行政许可程序

挂牌公司依法纳入非上市公众公司监管，股东人数可以超过200人。股东人数未超过200人的股份公司申请在全国股份转让系统挂牌，证监会豁免核准。挂牌公司向特定对象发行证券，且发行后证券持有人累计不超过200人的，证监会豁免核准。依法需要核准的行政许可事项，证监会应当建立简便、快捷、高效的行政许可方式，简化审核流程，提高审核效率，无需再提交证监会发行审核委员会审核。

四、建立和完善投资者适当性管理制度

建立与投资者风险识别和承受能力相适应的投资者适当性管理制度。中小微企业具有业绩波动大、风险较高的特点，应当严格自然人投资者的准入条件。积极培育和发展机构投资者队伍，鼓励证券公司、保险公司、证券投资基金、私募股权投资基金、风险投资基金、合格境外机构投资者、企业年金等机构投资者参与市场，逐步将全国股份转让系统建成以机构投资者为主体的证券交易场所。

五、加强事中、事后监管，保障投资者合法权益

证监会应当比照证券法关于市场主体法律责任的相关规定，严格执法，对虚假披露、内幕交易、操纵市场等违法违规行为采取监管措施，实施行政处罚。全国股份转让系统要制定并完善业务规则体系，建立市场监控系统，完善风险管理制度和设施，保障技术系统和信息安全，切实履行自律监管职责。

六、加强协调配合，为挂牌公司健康发展创造良好环境

国务院有关部门应当加强统筹协调，为中小微企业利用全国股份转让系统发展创造良好的制度环境。市场建设中涉及税收政策的，原则上比照上市公司投资者的税收政策处理；涉及外资政策的，原则上比照交易所市场及上市公司相关规定办理；涉及国有股权监管事项的，应当同时遵守国有资产管理的相关规定。各省（区、市）人民政府要加强组织领导和协调，建立健全挂牌公司风险处置机制，切实维护社会稳定。

国务院办公厅关于进一步加强资本市场中小投资者合法权益保护工作的意见

（2013年12月25日　国办发〔2013〕110号）

各省、自治区、直辖市人民政府，国务院各部委、各直属机构：

中小投资者是我国现阶段资本市场的主要参与群体，但处于信息弱势地位，抗风险能力和自我保护能力较弱，合法权益容易受到侵害。维护中小投资者合法权益是证券期货监管工作的重中之重，关系广大人民群众切身利益，是资本市场持续健康发展的基础。近年来，我国中小投资者保护工作取得了积极成效,但与维护市场“公开、公平、公正”和保护广大投资者合法权益的要求相比还有较大差距。为贯彻落实党的十八大、十八届三中全会精神和国务院有关要求,进一步加强资本市场中小投资者合法权益保护工作,经国务院同意,现提出如下意见。

一、健全投资者适当性制度

制定完善中小投资者分类标准。根据我国资本市场实际情况,制定并公开中小投资者分类标准及依据,并进行动态评估和调整。进一步规范不同层次市场及交易品种的投资者适当性制度安排,明确适合投资者参与的范围和方式。

科学划分风险等级。证券期货经营机构和中介机构应当对产品或者服务的风险进行评估并划分风险等级。推荐与投资者风险承受和识别能力相适应的产品或者服务,向投资者充分说明可能影响其权利的信息,不得误导、欺诈客户。

进一步完善规章制度和市场服务规则。证券期货经营机构和中介机构应当建立执业规范和内部问责机制,销售人员不得以个人名义接受客户委托从事交易;明确提示投资者如实提供资料信息,对收集的个人信息要严格保密、确保安全,不得出售或者非法提供给他人。严格落实投资者适当性制度并强化监管,违反适当性管理规定给中小投资者造成损失的,要依法追究责任。

二、优化投资回报机制

引导和支持上市公司增强持续回报能力。上市公司应当完善公司治理,提高盈利能力,主动积极回报投资者。公司首次公开发行股票、上市公司再融资或者并购重组摊薄即期回报的,应当承诺并兑现填补回报的具体措施。

完善利润分配制度。上市公司应当披露利润分配政策尤其是现金分红政策的具体安排和承诺。对不履行分红承诺的上市公司,要记入诚信档案,未达到整改要求的不得进行再融资。独立董事及相关中介机构应当对利润分配政策是否损害中小投资者合法权益发表明确意见。

建立多元化投资回报体系。完善股份回购制度,引导上市公司承诺在出现股价低于每股净资产等情形时回购股份。研究建立“以股代息”制度,丰富股利分配方式。对现金分红持续稳定的上市公司,在监管政策上给予扶持。制定差异化的分红引导政策。完善除权除息制度安排。

发展服务中小投资者的专业化中介机构。鼓励开发适合中小投资者的产品。鼓励中小投资者通过机构投资者参与市场。基金管理人应当切实履行分红承诺,并努力创造良好投资回报。鼓励基金管理费率结构及水平多样化,形成基金管理人与基金份额持有人利益一致的费用模式。

三、保障中小投资者知情权

增强信息披露的针对性。有关主体应当真实、准确、完整、及时地披露对投资决策有重大影响的信息,披露内容做到简明易懂,充分揭示风险,方便中小投资者查阅。健全内部信息披露制度和流程,强化董事会秘书等相关人员职责。制定自愿性和简明化的信息披露规则。

提高市场透明度。对显著影响证券期货交易价格的信息,交易场所和有关主体要及时履行报告、信息披露和提示风险的义务。建立统一的信息披露平台。健全跨市场交易产品及突发事件信息披露机制。健全信息披露异常情形问责机制,加大对上市公司发生敏感事件时信息披露的动态监管力度。

切实履行信息披露职责。上市公司依法公开披露信息前,不得非法对他人提供相关信息。上市公司控股股东、实际控制人在信息披露文件中的承诺须具体可操作,特别是应当就赔偿或者补偿责任作出明确承诺并切实履行。上市公司应当明确接受投资者问询的时间和方式,健全舆论反应机制。

四、健全中小投资者投票机制

完善中小投资者投票等机制。引导上市公司股东大会全面采用网络投票方式。积极推行累积投票制选举董事、监事。上市公司不得对征集投票权提出最低持股比例限制。完善上市公司股东大会投票表决第三方见证制度。研究完善中小投资者提出罢免公司董事提案的制度。自律组织应当健全独立董事备案和履职评价制度。

建立中小投资者单独计票机制。上市公司股东大会审议影响中小投资者利益的重大事项时,对中小投资者表决应当单独计票。单独计票结果应当及时公开披露,并报送证券监管部门。

保障中小投资者依法行使权利。健全利益冲突回避、杜绝同业竞争和关联交易公平处理制度。上市公司控股股东、实际控制人不得限制或者阻挠中小投资者行使合法权利,不得损害公司和中小投资者的权益。健全公开发行公司债券持有人会议制度和受托管理制度。基金管理人须为基金份额持有人行使投票权提供便利,鼓励中小投资者参加持有人大会。

五、建立多元化纠纷解决机制

完善纠纷解决机制。上市公司及证券期货经营机构等应当承担投资者投诉处理的首要责任,完善投诉处理机制并公开处理流程和办理情况。证券监管部门要健全登记备案制度,将投诉处理情况作为衡量相关主体合规管理水平的依据。支持投资者与市场经营主体协商解决争议或者达成和解协议。

发挥第三方机构作用。支持自律组织、市场机构独立或者联合依法开展证券期货专业调解,为中小投资者提供免费服务。开展证券期货仲裁服务,培养专业仲裁力量。建立调解与仲裁、诉讼的对接机制。

加强协调配合。有关部门配合司法机关完善相关侵权行为民事诉讼制度。优化中小投资者依法维权程序,降低维权成本。健全适应资本市场中小投资者民事侵权赔偿特点的救济维权工作机制。推动完善破产清偿中保护投资者的措施。

六、健全中小投资者赔偿机制

督促违规或者涉案当事人主动赔偿投资者。对上市公司违法行为负有责任的控股股东及实际控制人,应当主动、依法将其持有的公司股权及其他资产用于赔偿中小投资者。招股说明书虚假记载、误导性陈述或者重大遗漏致使投资者遭受损失的,责任主体须依法赔偿投资者,中介机构也应当承担相应责任。基金管理人、托管人等未能履行勤勉尽责义务造成基金份额持有人财产损失的,应当依法赔偿。

建立上市公司退市风险应对机制。因违法违规而存在退市风险的上市公司,在定期报告中应当对退市风险作专项评估,并提出应对预案。研究建立公开发行公司债券的偿债基金制度。上市公司退市引入保险机制,在有关责任保险中增加退市保险附加条款。健全证券中介机构职业保险制度。

完善风险救助机制。证券期货经营机构和基金管理人应当在现有政策框架下,利用计提的风险准备金完善自主救济机制,依法赔偿投资者损失。研究实行证券发行保荐质保金制度和上市公司违规风险准备金制度。探索建立证券期货领域行政和解制度,开展行政和解试点。研究扩大证券投资者保护基金和期货投资者保障基金使用范围和来源。

七、加大监管和打击力度

完善监管政策。证券监管部门应当把维护中小投资者合法权益贯穿监管工作始终,落实到各个环节。对纳入行政许可、注册或者备案管理的证券期货行为,证券监管部门应当建立起相应的投资者合法权益保护安排。建立限售股股东减持计划预披露制度,在披露之前有关股东不得转让股票。鼓励限售股股东主动延长锁定期。建立覆盖全市场的诚信记录数据库,并实现部门之间共享。健全中小投资者查询市场经营主体诚信状况的机制。建立守信激励和失信惩戒机制。

坚决查处损害中小投资者合法权益的违法行为。严肃查处上市公司不当更正盈利预测报告、未披露导致股价异动事项、先于指定媒体发布信息、以新闻发布替代应履行公告义务、编造或传播虚假信息误导投资者,以及进行内幕交易和操纵市场等行为。坚决打击上市公司控股股东、实际控制人直接或者间接转移、侵占上市公司资产。建立证券期货违法案件举报奖励制度。

强化执法协作。各地区、各部门要统一认识,密切配合,严厉打击各类证券期货违法犯罪活动,及时纠正各类损害中小投资者合法权益的行为。建立侵害中小投资者合法权益事件的快速反应和处置机制,制定和完善应对突发性群体事件预案,做好相关事件处理和维护稳定工作。证券监管部门、公安机关应当不断强化执法协作，完善工作机制，加大提前介入力度。有关部门要配合公安、司法机关完善证券期货犯罪行为的追诉标准及相关司法解释。

八、强化中小投资者教育

加大普及证券期货知识力度。将投资者教育逐步纳入国民教育体系，有条件的地区可以先行试点。充分发挥媒体的舆论引导和宣传教育功能。证券期货经营机构应当承担各项产品和服务的投资者教育义务，保障费用支出和人员配备，将投资者教育纳入各业务环节。

提高投资者风险防范意识。自律组织应当强化投资者教育功能，健全会员投资者教育服务自律规则。中小投资者应当树立理性投资意识，依法行使权利和履行义务，养成良好投资习惯，不听信传言，不盲目跟风，提高风险防范意识和自我保护能力。

九、完善投资者保护组织体系

构建综合保护体系。加快形成法律保护、监管保护、自律保护、市场保护、自我保护的综合保护体系，实现中小投资者保护工作常态化、规范化和制度化。证券监管部门、自律组织以及市场经营主体应当健全组织机构和工作制度，加大资源投入，完善基础设施，畅通与中小投资者的沟通渠道。证券监管部门建立中小投资者合法权益保障检查制度与评估评价体系，并将其作为日常监管和行政许可申请审核的重要依据。

完善组织体系。探索建立中小投资者自律组织和公益性维权组织，向中小投资者提供救济援助，丰富和解、调解、仲裁、诉讼等维权内容和方式。充分发挥证券期货专业律师的作用，鼓励和支持律师为中小投资者提供公益性法律援助。

优化政策环境。证券监管部门要进一步完善政策措施，提高保护中小投资者合法权益的水平。上市公司国有大股东或者实际控制人应当依法行使权利，支持市场经营主体履行法定义务。财政、税收、证券监管部门应当完善交易和分红等相关税费制度，优化投资环境。国务院有关部门和地方人民政府要求上市公司提供未公开信息的，应当遵循法律法规相关规定。有关部门要完善数据采集发布工作机制，加强信息共享，形成投资者合法权益保护的协调沟通机制。强化国际监管合作与交流，实现投资者合法权益的跨境监管和保护。

(三)中国证监会规章

全国中小企业股份转让系统有限责任公司管理暂行办法

(2013年1月31日　证监会令第89号)

《全国中小企业股份转让系统有限责任公司管理暂行办法》已经2013年1月18日中国证券监督管理委员会第27次主席办公会审议通过，现予公布，自公布之日起施行。

第一章　总　　则

第一条　为加强对全国中小企业股份转让系统有限责任公司(以下简称全国股份转让系统公司)的管理，明确其职权与责任，维护股票挂牌转让及相关活动的正常秩序，根据《公司法》、《证券法》等法律、行政法规，制定本办法。

第二条　全国中小企业股份转让系统（以下简称全国股份转让系统）是经国务院批准设立的全国性证券交易场所。

第三条　股票在全国股份转让系统挂牌的公司（以下简称挂牌公司）为非上市公众公司，股东人数可以超过200人，接受中国证券监督管理委员会（以下简称中国证监会）的统一监督管理。

第四条　全国股份转让系统公司负责组织和监督挂牌公司的股票转让及相关活动，实行自律管理。

第五条　全国股份转让系统公司应当坚持公益优先的原则，维护公开、公平、公正的市场环境，保证全国股份转让系统的正常运行，为全国股份转让系统各参与人提供优质、高效、低成本的金融服务。

第六条　全国股份转让系统的股票挂牌转让及相关活动，必须遵守法律、行政法规和各项规章规定，禁止欺诈、内幕交易、操纵市场等违法违规行为。

第七条　中国证监会依法对全国股份转让系统公司、全国股份转让系统的各项业务活动及各参与人实行统一监督管理，维护全国股份转让系统运行秩序，依法查处违法违规行为。

第二章　全国股份转让系统公司的职能

第八条　全国股份转让系统公司的职能包括：

（一）建立、维护和完善股票转让相关技术系统和设施；

（二）制定和修改全国股份转让系统业务规则；

（三）接受并审查股票挂牌及其他相关业务申请，安排符合条件的公司股票挂牌；

（四）组织、监督股票转让及相关活动；

（五）对主办券商等全国股份转让系统参与人进行监管；

（六）对挂牌公司及其他信息披露义务人进行监管；

（七）管理和公布全国股份转让系统相关信息；

（八）中国证监会批准的其他职能。

第九条　全国股份转让系统公司应当就股票挂牌、股票转让、主办券商管理、挂牌公司管理、投资者适当性管理等依法制定基本业务规则。

全国股份转让系统公司制定与修改基本业务规则，应当经中国证监会批准。制定与修改其他业务规则，应当报中国证监会备案。

第十条　全国股份转让系统挂牌新的证券品种或采用新的转让方式，应当报中国证监会批准。

第十一条　全国股份转让系统公司应当为组织公平的股票转让提供保障，公布股票转让即时行情。未经全国股份转让系统公司许可，任何单位和个人不得发布、使用或传播股票转让即时行情。

第十二条　全国股份转让系统公司收取的资金和费用应当符合有关主管部门的规定，并优先用于维护和完善相关技术系统和设施。

全国股份转让系统公司应当制定专项财务管理规则，并报中国证监会备案。

第十三条　全国股份转让系统公司应当从其收取的费用中提取一定比例的金额设立风险基金。风险基金提取和使用的具体办法，由中国证监会另行制定。

第十四条　全国股份转让系统的登记结算业务由中国证券登记结算有限责任公司负责。全国股份转让系统公司应当与其签订业务协议，并报中国证监会备案。

第三章　全国股份转让系统公司的组织结构

第十五条　全国股份转让系统公司应当按照《公司法》等法律、行政法规和中国证监会的规定，制定公司章程，明确股东会、董事会、监事会和经理层之间的职责划分，建立健全内部组织机构，完善公司治理。

全国股份转让系统公司章程的制定和修改，应当经中国证监会批准。

第十六条　全国股份转让系统公司的股东应当具备法律、行政法规和中国证监会规定的资格条件，股东持股比例应当符合中国证监会的有关规定。

全国股份转让系统公司新增股东或原股东转让所持股份的，应当报中国证监会批准。

第十七条 全国股份转让系统公司董事会、监事会的组成及议事规则应当符合有关法律、行政法规和中国证监会的规定,并报中国证监会备案。

第十八条 全国股份转让系统公司董事长、副董事长、监事会主席及高级管理人员由中国证监会提名,任免程序和任期遵守《公司法》和全国股份转让系统公司章程的有关规定。

前款所述高级管理人员的范围,由全国股份转让系统公司章程规定。

第十九条 全国股份转让系统公司应当根据需要设立专门委员会。各专门委员会的组成及议事规则报中国证监会备案。

第四章 全国股份转让系统公司的自律监管

第二十条 全国股份转让系统实行主办券商制度。在全国股份转让系统从事主办券商业务的证券公司称为主办券商。

主办券商业务包括推荐股份公司股票挂牌,对挂牌公司进行持续督导,代理投资者买卖挂牌公司股票,为股票转让提供做市服务及其他全国股份转让系统公司规定的业务。

第二十一条 全国股份转让系统公司依法对股份公司股票挂牌、定向发行等申请及主办券商推荐文件进行审查,出具审查意见。

全国股份转让系统公司应当与符合条件的股份公司签署挂牌协议,确定双方的权利义务关系。

第二十二条 全国股份转让系统公司应当督促申请股票挂牌的股份公司、挂牌公司及其他信息披露义务人,依法履行信息披露义务,真实、准确、完整、及时地披露信息,不得有虚假记载、误导性陈述或者重大遗漏。

第二十三条 挂牌公司应当符合全国股份转让系统持续挂牌条件,不符合持续挂牌条件的,全国股份转让系统公司应当及时作出股票暂停或终止挂牌的决定,及时公告,并报中国证监会备案。

第二十四条 挂牌股票转让可以采取做市方式、协议方式、竞价方式或证监会批准的其他转让方式。

第二十五条 全国股份转让系统实行投资者适当性管理制度。参与股票转让的投资者应当具备一定的证券投资经验和相应的风险识别和承担能力,了解熟悉相关业务规则。

第二十六条 因突发性事件而影响股票转让的正常进行时,全国股份转让系统公司可以采取技术性停牌措施;因不可抗力的突发性事件或者为维护股票转让的正常秩序,可以决定临时停市。

全国股份转让系统公司采取技术性停牌或者决定临时停市,应当及时报告中国证监会。

第二十七条 全国股份转让系统公司应当建立市场监控制度及相应技术系统,配备专门市场监察人员,依法对股票转让实行监控,及时发现、及时制止内幕交易、市场操纵等异常转让行为。

对违反法律法规及业务规则的,全国股份转让系统公司应当及时采取自律监管措施,并视情节轻重或根据监管要求,及时向中国证监会报告。

第二十八条 全国股份转让系统公司应当督促主办券商、律师事务所、会计师事务所等为挂牌转让等相关业务提供服务的证券服务机构和人员,诚实守信、勤勉尽责,严格履行法定职责,遵守法律法规和行业规范,并对出具文件的真实性、准确性、完整性负责。

第二十九条 全国股份转让系统公司发现相关当事人违反法律法规及业务规则的,可以依法采取自律监管措施,并报中国证监会备案。依法应当由中国证监会进行查处的,全国股份转让系统公司应当向中国证监会提出查处建议。

第五章 监督管理

第三十条 全国股份转让系统公司应当向中国证监会报告股东会、董事会、监事会、总经理办公会议和其他重要会议的会议纪要,全国股份转让系统运行情况,全国股份转让系统公司自律监管职责履行情况、日常工作动态以及中国证监会要求报告的其他信息。

全国股份转让系统公司的其他报告义务,比照执行证券交易所管理有关规定。

第三十一条 中国证监会有权要求全国股份转让系统公司对其章程和业务规则进行修改。

第三十二条 中国证监会依法对全国股份

转让系统公司进行监管，开展定期、不定期的现场检查，并对其履职和运营情况进行评估和考核。

全国股份转让系统公司及相关人员违反本办法规定，在监管工作中不履行职责，或者不履行本办法规定的有关义务，中国证监会比照证券交易所管理有关规定进行查处。

第六章　附　　则

第三十三条　全国股份转让系统公司为其他证券品种提供挂牌转让服务的，比照本办法执行。

第三十四条　在证券公司代办股份转让系统的原STAQ、NET系统挂牌公司和退市公司及其股份转让相关活动，由全国股份转让系统公司负责监督管理。

第三十五条　本办法公布之日起施行。

人民币合格境外机构投资者境内证券投资试点办法

（2013年3月1日　证监会令第90号）

《人民币合格境外机构投资者境内证券投资试点办法》已经中国证券监督管理委员会2013年2月17日第28次主席办公会议、中国人民银行2013年2月26日第2次行长办公会议、国家外汇管理局2013年2月21日第2次局长办公会议审议通过，现予公布，自公布之日起施行。

第一条　为规范人民币合格境外机构投资者在境内进行证券投资的行为，促进证券市场发展，保护投资者合法权益，根据有关法律和行政法规，制定本办法。

第二条　本办法所称人民币合格境外机构投资者（以下简称人民币合格投资者），是指经中国证券监督管理委员会（以下简称中国证监会）批准，并取得国家外汇管理局（以下简称国家外汇局）批准的投资额度，运用来自境外的人民币资金进行境内证券投资的境外法人。

第三条　中国证监会依法对人民币合格投资者的境内证券投资实施监督管理，中国人民银行（以下简称人民银行）依法对人民币合格投资者在境内开立人民币银行账户进行管理，国家外汇局依法对人民币合格投资者的投资额度实施管理，人民银行会同国家外汇局依法对人民币合格投资者的资金汇出入进行监测和管理。

第四条　人民币合格投资者开展境内证券投资业务，应当委托具有合格境外机构投资者托管人资格的境内商业银行负责资产托管业务，委托境内证券公司代理买卖证券。

人民币合格投资者可以委托境内资产管理机构进行境内证券投资管理。

第五条　申请人民币合格投资者资格，应当具备下列条件：

（一）财务稳健，资信良好，注册地、业务资格等符合中国证监会的规定；

（二）公司治理和内部控制有效，从业人员符合所在国家或地区的有关从业资格要求；

（三）经营行为规范，最近3年或者自成立起未受到所在地监管部门的重大处罚；

（四）中国证监会根据审慎监管原则规定的其他条件。

第六条　中国证监会对人民币合格投资者的境内证券投资业务资格进行审核，自收到完整的申请文件之日起60日内作出批准或者不予批准的决定。决定批准的,作出书面批复并颁发证券投资业务许可证;决定不批准的,书面通知申请人。

第七条 取得境内证券投资业务资格的人民币合格投资者应当持下列材料向国家外汇局申请投资额度:

(一)申请报告,包括申请人基本情况、资金来源说明、境内证券投资计划等;

(二)中国证监会颁发的证券投资业务许可证复印件;

(三)经公证的对境内托管人的授权委托书;

(四)国家外汇局要求提供的其他材料。

国家外汇局自收到人民币合格投资者完整的申请文件之日起60日内作出批准或者不予批准的决定。决定批准的,作出书面批复并颁发登记证;决定不批准的,书面通知申请人。

第八条 人民币合格投资者的境内托管人应当履行下列职责:

(一)保管人民币合格投资者托管的全部资产;

(二)监督人民币合格投资者的境内证券投资运作;

(三)办理人民币合格投资者资金汇出入等相关业务;

(四)按照规定进行国际收支统计申报;

(五)向中国证监会、人民银行和国家外汇局报送相关业务报告和报表;

(六)中国证监会、人民银行和国家外汇局根据审慎监管原则规定的其他职责。

第九条 人民币合格投资者在经批准的投资额度内投资人民币金融工具,应当遵守相关监管要求。中国证监会和人民银行可以根据宏观管理要求和试点发展情况,对总体投资比例和品种做出规定和调整。

人民币合格投资者投资银行间债券市场,应当根据人民银行相关规定办理。

第十条 人民币合格投资者开展境内证券投资业务试点,应当遵守中国境内关于持股比例、信息披露等法律法规的规定和其他有关监管规则的要求。

人民币合格投资者应当按照人民银行的规定,通过境内托管人向人民银行人民币跨境收付信息管理系统报送人民币资金汇出入等信息。

第十一条 人民币合格投资者应当按照投资额度管理的有关要求办理资金汇出入。

人民币合格投资者可以人民币或购汇汇出本金和投资收益。

第十二条 中国证监会、人民银行和国家外汇局依法可以要求人民币合格投资者、境内托管人、证券公司等机构提供人民币合格投资者的有关资料,并进行必要的询问、检查。

第十三条 人民币合格投资者有下列情形之一的,应当在5个工作日内报告中国证监会、人民银行和国家外汇局:

(一)变更境内托管人;

(二)变更机构负责人;

(三)调整股权结构;

(四)调整注册资本;

(五)吸收合并其他机构;

(六)涉及重大诉讼及其他重大事件;

(七)在境外受到重大处罚;

(八)中国证监会、人民银行和国家外汇局规定的其他情形。

第十四条 人民币合格投资者有下列情形之一的,应当重新申领证券投资业务许可证:

(一)变更机构名称;

(二)被其他机构吸收合并;

(三)中国证监会和国家外汇局认定的其他情形。

重新申领证券投资业务许可证期间,人民币合格投资者可以继续进行证券投资,但中国证监会根据审慎监管原则认为需要暂停的除外。

第十五条 人民币合格投资者有下列情形之一的,应当将证券投资业务许可证和外汇登记证分别交还发证机关:

(一)取得证券投资业务许可证后1年内未向国家外汇局提出投资额度申请的;

(二)机构解散、进入破产程序或者由接管人接管的;

(三)中国证监会、人民银行和国家外汇局认定的其他情形。

第十六条 人民币合格投资者及境内托管人在开展境内证券投资业务试点过程中发生违法违规行为的,中国证监会、人民银行和国家外汇局可以依法采取相应的监管措施和行政处罚。

第十七条　本办法自公布之日起施行，2011 年 12 月 16 日发布的《基金管理公司、证券公司人民币合格境外机构投资者境内证券投资试点办法》（证监会令第 76 号）同时废止。

证券投资基金销售管理办法

（2013 年 3 月 15 日　证监会令第 91 号）

《证券投资基金销售管理办法》已由中国证券监督管理委员会第 28 次主席办公会议于 2013 年 2 月 17 日修订通过，现公布修订后的《证券投资基金销售管理办法》，自 2013 年 6 月 1 日起施行。

第一章　总　　则

第一条　为了规范公开募集证券投资基金（以下简称基金）的销售活动，促进证券投资基金市场健康发展，根据《证券投资基金法》、《证券法》及其他有关法律法规，制定本办法。

第二条　本办法所称基金销售，包括基金销售机构宣传推介基金，发售基金份额，办理基金份额申购、赎回等活动。

基金销售机构是指基金管理人以及经中国证券监督管理委员会（以下简称中国证监会）及其派出机构注册的其他机构。

其他基金服务机构就其参与基金销售业务的环节适用本办法。其他基金服务机构包括为基金销售机构提供支付结算服务、基金销售结算资金监督、份额登记等与基金销售业务相关服务的机构。

第三条　基金销售机构从事基金销售活动，应当遵守法律法规和中国证监会的规定，不得损害国家利益、社会公共利益和基金投资人的合法权益。

第四条　基金销售机构从事基金销售活动，应当遵守基金合同、基金销售协议的约定，遵循公开、公平、公正的原则，诚实守信，勤勉尽责，恪守职业道德和行为规范。

第五条　基金销售结算资金是基金投资人的交易结算资金，涉及基金销售结算专用账户开立、使用、监督的机构不得将基金销售结算资金归入其自有财产。禁止任何单位或者个人以任何形式挪用基金销售结算资金。相关机构破产或者清算时，基金销售结算资金不属于其破产财产或者清算财产。

基金销售结算资金是指由基金销售机构、基金销售支付结算机构或者基金份额登记机构等基金销售相关机构归集的，在基金投资人结算账户与基金财产托管账户之间划转的基金申购（认购）、赎回、现金分红等资金。

第六条　中国证监会及其派出机构依照法律法规和本办法的规定，对基金销售活动实施监督管理。

第七条　中国证券投资基金业协会（以下简称基金业协会）依据法律法规和自律规则，对基金销售活动进行自律管理，并对基金销售人员进行资格管理。

基金销售机构及基金销售服务机构可以加入基金业协会，接受行业协会的自律管理。

第二章　基金销售机构

第八条　基金管理人可以办理其募集的基金产品的销售业务。商业银行（含在华外资法人银行，下同）、证券公司、期货公司、保险机构、证券投资咨询机构、独立基金销售机构以及中国证监会认定的其他机构从事基金销售业务的,应向工商注册登记所在地的中国证监会派出机构进行注册并取得相应资格。

第九条　商业银行、证券公司、期货公司、保险机构、证券投资咨询机构、独立基金销售机构以及中国证监会认定的其他机构申请注册基金销售业务资格,应当具备下列条件:

(一)具有健全的治理结构、完善的内部控制和风险管理制度,并得到有效执行;

(二)财务状况良好,运作规范稳定;

(三)有与基金销售业务相适应的营业场所、安全防范设施和其他设施;

(四)有安全、高效的办理基金发售、申购和赎回等业务的技术设施,且符合中国证监会对基金销售业务信息管理平台的有关要求,基金销售业务的技术系统已与基金管理人、中国证券登记结算公司相应的技术系统进行了联网测试,测试结果符合国家规定的标准;

(五)制定了完善的资金清算流程,资金管理符合中国证监会对基金销售结算资金管理的有关要求;

(六)有评价基金投资人风险承受能力和基金产品风险等级的方法体系;

(七)制定了完善的业务流程、销售人员执业操守、应急处理措施等基金销售业务管理制度,符合中国证监会对基金销售机构内部控制的有关要求;

(八)有符合法律法规要求的反洗钱内部控制制度;

(九)中国证监会规定的其他条件。

第十条　商业银行申请基金销售业务资格,除具备本办法第九条规定的条件外,还应当具备下列条件:

(一)有专门负责基金销售业务的部门;

(二)资本充足率符合国务院银行业监督管理机构的有关规定;

(三)最近3年内没有受到重大行政处罚或者刑事处罚;

(四)公司负责基金销售业务的部门取得基金从业资格的人员不低于该部门员工人数的1/2,负责基金销售业务的部门管理人员取得基金从业资格,熟悉基金销售业务,并具备从事基金业务2年以上或者在其他金融相关机构5年以上的工作经历;公司主要分支机构基金销售业务负责人均已取得基金从业资格;

(五)国有商业银行、股份制商业银行以及邮政储蓄银行等取得基金从业资格人员不少于30人;城市商业银行、农村商业银行、在华外资法人银行等取得基金从业资格人员不少于20人。

第十一条　证券公司申请基金销售业务资格,除具备本办法第九条规定的条件外,还应当具备下列条件:

(一)有专门负责基金销售业务的部门;

(二)净资本等财务风险监控指标符合中国证监会的有关规定;

(三)最近3年没有挪用客户资产等损害客户利益的行为;

(四)没有因违法违规行为正在被监管机构调查或者正处于整改期间,最近3年内没有受到重大行政处罚或者刑事处罚;

(五)没有发生已经影响或者可能影响公司正常运作的重大变更事项,或者诉讼、仲裁等其他重大事项;

(六)公司负责基金销售业务的部门取得基金从业资格的人员不低于该部门员工人数的1/2,负责基金销售业务的部门管理人员取得基金从业资格,熟悉基金销售业务,并具备从事基金业务2年以上或者在其他金融相关机构5年以上的工作经历;公司主要分支机构基金销售业务负责人均已取得基金从业资格;

(七)取得基金从业资格的人员不少于30人。

第十二条　期货公司申请基金销售业务资格,除具备本办法第九条规定的条件外,还应当具备下列条件:

(一)有专门负责基金销售业务的部门;

(二)净资本等财务风险监控指标符合中国证监会的有关规定;

(三)最近3年没有挪用客户保证金等损害客户利益的行为;

(四)没有因违法违规行为正在被监管机构调查或者正处于整改期间,最近3年内没有受到重大行政处罚或者刑事处罚;

(五)没有发生已经影响或者可能影响公司正常运作的重大变更事项,或者诉讼、仲裁等其他重大事项;

(六)公司负责基金销售业务的部门取得

基金从业资格的人员不低于该部门员工人数的1/2,负责基金销售业务的部门管理人员取得基金从业资格,熟悉基金销售业务,并具备从事基金业务2年以上或者在其他金融相关机构5年以上的工作经历;公司主要分支机构基金销售业务负责人均已取得基金从业资格;

(七)取得基金从业资格的人员不少于20人。

第十三条　保险机构是指在中华人民共和国境内经中国保险监督管理委员会批准设立的保险公司、保险经纪公司和保险代理公司。

保险公司申请基金销售业务资格,除具备本办法第九条规定的条件外,还应当具备下列条件:

(一)有专门负责基金销售业务的部门;

(二)注册资本不低于5亿元人民币;

(三)偿付能力充足率符合国务院保险业监督管理机构的有关规定;

(四)没有因违法违规行为正在被监管机构调查或者正处于整改期间,最近3年内没有受到重大行政处罚或者刑事处罚;

(五)没有发生已经影响或者可能影响公司正常运作的重大变更或者诉讼、仲裁等重大事项;

(六)公司负责基金销售业务的部门取得基金从业资格的人员不低于该部门员工人数的1/2,负责基金销售业务的部门管理人员取得基金从业资格,熟悉基金销售业务,并具备从事基金业务2年以上或者在其他金融相关机构5年以上的工作经历;公司主要分支机构基金销售业务负责人均已取得基金从业资格;

(七)取得基金从业资格的人员不少于30人。

保险经纪公司和保险代理公司申请基金销售业务资格,除具备本办法第九条规定的条件外,还应当具备下列条件:

(一)有专门负责基金销售业务的部门;

(二)注册资本不低于5000万元人民币,且必须为实缴货币资本;

(三)公司负责基金销售业务的高级管理人员已取得基金从业资格,熟悉基金销售业务,并具备从事基金业务2年以上或者在其他金融相关机构5年以上的工作经历;

(四)没有因违法违规行为正在被监管机构调查或者正处于整改期间,最近3年内没有受到重大行政处罚或者刑事处罚;

(五)没有发生已经影响或者可能影响公司正常运作的重大变更或者诉讼、仲裁等重大事项;

(六)公司负责基金销售业务的部门取得基金从业资格的人员不低于该部门员工人数的1/2,负责基金销售业务的部门管理人员取得基金从业资格,熟悉基金销售业务,并具备从事基金业务2年以上或者在其他金融相关机构5年以上的工作经历;公司主要分支机构基金销售业务负责人均已取得基金从业资格;

(七)取得基金从业资格的人员不少于10人。

第十四条　证券投资咨询机构申请基金销售业务资格,除具备本办法第九条规定的条件外,还应当具备下列条件:

(一)有专门负责基金销售业务的部门;

(二)注册资本不低于2000万元人民币,且必须为实缴货币资本;

(三)公司负责基金销售业务的高级管理人员已取得基金从业资格,熟悉基金销售业务,并具备从事基金业务2年以上或者在其他金融相关机构5年以上的工作经历;

(四)持续从事证券投资咨询业务3个以上完整会计年度;

(五)最近3年没有代理投资人从事证券买卖的行为;

(六)没有因违法违规行为正在被监管机构调查,或者正处于整改期间;最近3年内没有受到重大行政处罚或者刑事处罚;

(七)没有发生已经影响或者可能影响公司正常运作的重大变更事项,或者诉讼、仲裁等其他重大事项;

(八)公司负责基金销售业务的部门取得基金从业资格的人员不低于该部门员工人数的1/2,负责基金销售业务的部门管理人员取得基金从业资格,熟悉基金销售业务,并具备从事基金业务2年以上或者其他金融相关机构5年以上的工作经历;公司主要分支机构基金销售业务负责人均已取得基金从业资格;

(九)取得基金从业资格的人员不少于10人。

第十五条　独立基金销售机构可以专业从

事基金及其他金融理财产品销售,其申请基金销售业务资格,除具备本办法第九条规定的条件外,还应当具备下列条件:

(一)为依法设立的有限责任公司、合伙企业或者符合中国证监会规定的其他形式;

(二)有符合规定的经营范围;

(三)注册资本或者出资不低于2000万元人民币,且必须为实缴货币资本;

(四)有限责任公司股东或者合伙企业合伙人符合本办法规定;

(五)没有发生已经影响或者可能影响机构正常运作的重大变更事项,或者诉讼、仲裁等其他重大事项;

(六)高级管理人员已取得基金从业资格,熟悉基金销售业务,并具备从事基金业务2年以上或者在其他金融相关机构5年以上的工作经历;

(七)取得基金从业资格的人员不少于10人。

第十六条 独立基金销售机构以有限责任公司形式设立的,其股东可以是企业法人或者自然人。

企业法人参股独立基金销售机构,应当具备以下条件:

(一)持续经营3个以上完整会计年度,财务状况良好,运作规范稳定;

(二)最近3年没有受到刑事处罚;

(三)最近3年没有受到金融监管、行业监管、工商、税务等行政管理部门的行政处罚;

(四)最近3年在自律管理、商业银行等机构无不良记录;

(五)没有因违法违规行为正在被监管机构调查或者正处于整改期间。

自然人参股独立基金销售机构,应当具备以下条件:

(一)有从事证券、基金或者其他金融业务10年以上或者证券、基金业务部门管理5年以上或者担任证券、基金行业高级管理人员3年以上的工作经历;

(二)最近3年没有受到刑事处罚;

(三)最近3年没有受到金融监管、行业监管、工商、税务等行政管理部门的行政处罚;

(四)在自律管理、商业银行等机构无不良记录;

(五)无到期未清偿的数额较大的债务;

(六)最近3年无其他重大不良诚信记录。

第十七条 独立基金销售机构以合伙企业形式设立的,其合伙人应当具备以下条件:

(一)有从事证券、基金或者其他金融业务10年以上或者证券、基金业务部门管理5年以上或者担任证券、基金行业高级管理人员3年以上的工作经历;

(二)最近3年没有受到刑事处罚;

(三)最近3年没有受到金融监管、工商、税务等行政管理部门的行政处罚;

(四)在自律管理、商业银行等机构无不良记录;

(五)无到期未清偿的数额较大的债务;

(六)最近3年无其他重大不良诚信记录。

第十八条 申请基金销售业务资格的机构,应当按照中国证监会的规定提交申请材料。

申请期间申请材料涉及的事项发生重大变化的,申请人应当自变化发生之日起5个工作日内向工商注册登记所在地的中国证监会派出机构提交更新材料。

第十九条 中国证监会派出机构依照《行政许可法》的规定,受理基金销售业务资格的注册申请,并进行审查,作出注册或不予注册的决定。

第二十条 依法必须办理工商变更登记的,申请人应当在收到批准文件后按照有关规定向工商行政管理机关办理变更登记手续。

第二十一条 独立基金销售机构申请设立分支机构的,应当具备下列条件:

(一)内部控制完善,经营稳定,有较强的持续经营能力,能有效控制分支机构风险;

(二)最近1年内没有受到行政处罚或者刑事处罚;

(三)没有因违法违规行为正在被监管机构调查,或者正处于整改期间;

(四)拟设立的分支机构有符合规定的办公场所、业务人员、安全防范设施和与业务有关的其他设施;

(五)拟设立的分支机构有明确的职责和完善的管理制度;

(六)拟设立的分支机构取得基金从业资格的人员不少于2人;

(七)中国证监会规定的其他条件。

独立基金销售机构申请基金销售业务资格时已经设立的分支机构，应当符合上述条件。

第二十二条　独立基金销售机构设立分支机构，变更经营范围、注册资本或者出资、股东或者合伙人、高级管理人员的，应当在变更前将变更方案报工商注册登记所在地中国证监会派出机构备案。独立基金销售机构经营期间取得基金从业资格的人员少于10人或者分支机构经营期间取得基金从业资格的人员少于2人的，应当于5个工作日内向工商注册登记所在地中国证监会派出机构报告，并于30个工作日内将人员调整至规定要求。

独立基金销售机构按照前款规定备案后，中国证监会派出机构根据本办法第十五条、第十六条、第十七条、第十八条的规定进行持续动态监管。对于不符合基金销售机构资质条件的机构责令限期改正，逾期未予改正的，取消基金销售业务资格。

第二十三条　取得基金销售业务资格的基金销售机构，应当将机构基本信息报中国证监会备案，并予以定期更新。

第二十四条　基金销售机构合并分立，基金销售业务资格按下述原则管理：

（一）基金销售机构新设合并的，新公司应当根据本办法的规定向工商注册登记所在地的中国证监会派出机构进行注册，在新公司未完成注册前，合并方基金销售业务资格部分终止，新公司6个月内仍未完成注册的，合并方基金销售业务资格终止；

（二）基金销售机构吸收合并且存续方不具备基金销售业务资格的，存续方应当根据本办法的规定向工商注册登记所在地的中国证监会派出机构进行注册，在存续方完成注册前，被合并方基金销售业务部分终止，存续方6个月内仍未完成注册的，被合并方基金销售业务资格终止；

（三）基金销售机构吸收合并且被合并方不具备基金销售业务资格的，基金销售机构应当在被合并方分支机构（网点）符合基金销售规范要求后，按本办法第二十二条、第二十三条的要求备案，同时按照基金销售信息管理平台的相关要求将系统整合报告报中国证监会备案；

（四）基金销售机构吸收合并，合并方和被合并方均具备基金销售业务资格的，合并方应当按照基金销售信息管理平台的相关要求将系统整合报告报中国证监会备案；

（五）基金销售机构分立的，新公司应当根据本办法的规定向工商注册登记所在地的中国证监会派出机构进行注册。

基金销售业务资格部分终止的，基金销售机构可以办理销户、赎回、转托管转出等业务，不得办理开户、认购、申购等业务。

第三章　基金销售支付结算

第二十五条　基金销售机构可以选择商业银行或者支付机构从事基金销售支付结算业务。基金销售支付结算机构应当确保基金销售结算资金安全、及时、高效的划付。

第二十六条　基金销售机构应当选择具备下列条件的商业银行或者支付机构从事基金销售支付结算业务：

（一）有安全、高效的办理支付结算业务的信息系统。该信息系统应当具有合法的知识产权，且与合作机构及监管机构完成联网测试，测试结果符合国家规定标准；

（二）制订了有效的风险控制制度；

（三）中国证监会规定的其他条件。

第二十七条　从事基金销售支付结算业务的商业银行除应当具备本办法第二十六条规定的条件外，还应当具有基金销售业务资格。

商业银行为基金销售机构提供支付结算服务的，应当根据商业银行从事支付结算服务的价格收取相关费用。商业银行收取超出支付结算服务费用的，应当与基金销售机构签订销售协议，并提供基金销售相关服务，履行基金销售相关责任。

第二十八条　从事基金销售支付结算业务的支付机构除应当具备本办法第二十六条规定的条件外，还应当取得中国人民银行颁发的《支付业务许可证》，且公司基金销售支付结算业务账户应当与公司其他业务账户有效隔离。

第二十九条　基金销售机构、基金销售支付结算机构、基金份额登记机构可以在具备基金销售业务资格的商业银行或者从事客户交易结算资金存管的指定商业银行开立基金销售结算专用账户。

基金销售机构、基金销售支付结算机构、基金份额登记机构开立基金销售结算专用账户时,应当就账户性质、账户功能、账户使用的具体内容、监督方式、账户异常处理等事项以监督协议的形式与基金销售结算资金监督机构做出约定。

基金销售结算专用账户是指基金销售机构、基金销售支付结算机构或者基金份额登记机构用于归集、暂存、划转基金销售结算资金的专用账户。

基金销售结算资金监督机构是指在基金销售结算资金流转过程中,对基金销售相关机构开立、使用销售账户的行为和基金销售结算资金划转流程承担监督职责的商业银行或者中国证券登记结算有限责任公司。

第三十条 基金销售结算专用账户的启用、变更和撤销应当按照规定向中国证监会及账户开立人所在地中国证监会派出机构备案。

第三十一条 基金销售机构应当以基金投资人的结算账户作为其申购资金的银行账户。

第四章 基金宣传推介材料

第三十二条 本办法所称基金宣传推介材料,是指为推介基金向公众分发或者公布,使公众可以普遍获得的书面、电子或者其他介质的信息,包括:

(一)公开出版资料;

(二)宣传单、手册、信函、传真、非指定信息披露媒体上刊发的与基金销售相关的公告等面向公众的宣传资料;

(三)海报、户外广告;

(四)电视、电影、广播、互联网资料、公共网站链接广告、短信及其他音像、通讯资料;

(五)中国证监会规定的其他材料。

第三十三条 基金管理人的基金宣传推介材料,应当事先经基金管理人负责基金销售业务的高级管理人员和督察长检查,出具合规意见书,并自向公众分发或者发布之日起5个工作日内报主要经营活动所在地中国证监会派出机构备案。

其他基金销售机构的基金宣传推介材料,应当事先经基金销售机构负责基金销售业务和合规的高级管理人员检查,出具合规意见书,并自向公众分发或者发布之日起5个工作日内报工商注册登记所在地中国证监会派出机构备案。

第三十四条 制作基金宣传推介材料的基金销售机构应当对其内容负责,保证其内容的合规性,并确保向公众分发、公布的材料与备案的材料一致。

第三十五条 基金宣传推介材料必须真实、准确,与基金合同、基金招募说明书相符,不得有下列情形:

(一)虚假记载、误导性陈述或者重大遗漏;

(二)预测基金的证券投资业绩;

(三)违规承诺收益或者承担损失;

(四)诋毁其他基金管理人、基金托管人或者基金销售机构,或者其他基金管理人募集或者管理的基金;

(五)夸大或者片面宣传基金,违规使用安全、保证、承诺、保险、避险、有保障、高收益、无风险等可能使投资人认为没有风险的或者片面强调集中营销时间限制的表述;

(六)登载单位或者个人的推荐性文字;

(七)中国证监会规定的其他情形。

第三十六条 基金宣传推介材料可以登载该基金、基金管理人管理的其他基金的过往业绩,但基金合同生效不足6个月的除外。

基金宣传推介材料登载过往业绩的,应当符合以下要求:

(一)基金合同生效6个月以上但不满1年的,应当登载从合同生效之日起计算的业绩;

(二)基金合同生效1年以上但不满10年的,应当登载自合同生效当年开始所有完整会计年度的业绩,宣传推介材料公布日在下半年的,还应当登载当年上半年度的业绩;

(三)基金合同生效10年以上的,应当登载最近10个完整会计年度的业绩;

(四)业绩登载期间基金合同中投资目标、投资范围和投资策略发生改变的,应当予以特别说明。

第三十七条 基金宣传推介材料登载该基金、基金管理人管理的其他基金的过往业绩,应当遵守下列规定:

(一)按照有关法律法规的规定或者行业公认的准则计算基金的业绩表现数据;

（二）引用的统计数据和资料应当真实、准确，并注明出处，不得引用未经核实、尚未发生或者模拟的数据；

对于推介定期定额投资业务等需要模拟历史业绩的，应当采用我国证券市场或者境外成熟证券市场具有代表性的指数，对其过往足够长时间的实际收益率进行模拟，同时注明相应的复合年平均收益率；此外，还应当说明模拟数据的来源、模拟方法及主要计算公式，并进行相应的风险提示；

（三）真实、准确、合理地表述基金业绩和基金管理人的管理水平。

基金业绩表现数据应当经基金托管人复核或者摘取自基金定期报告。

第三十八条　基金宣传推介材料登载基金过往业绩的，应当特别声明，基金的过往业绩并不预示其未来表现，基金管理人管理的其他基金的业绩并不构成基金业绩表现的保证。

第三十九条　基金宣传推介材料对不同基金的业绩进行比较的，应当使用可比的数据来源、统计方法和比较期间，并且有关数据来源、统计方法应当公平、准确，具有关联性。

第四十条　基金宣传推介材料附有统计图表的，应当清晰、准确。

第四十一条　基金宣传推介材料提及基金评价机构评价结果的，应当符合中国证监会关于基金评价结果引用的相关规范，并应当列明基金评价机构的名称及评价日期。

第四十二条　基金宣传推介材料登载基金管理人股东背景时，应当特别声明基金管理人与股东之间实行业务隔离制度，股东并不直接参与基金财产的投资运作。

第四十三条　基金宣传推介材料中推介货币市场基金的，应当提示基金投资人，购买货币市场基金并不等于将资金作为存款存放在银行或者存款类金融机构，基金管理人不保证基金一定盈利，也不保证最低收益。

第四十四条　基金宣传材料中推介保本基金的，应当充分揭示保本基金的风险，说明投资者投资于保本基金并不等于将资金作为存款存放在银行或者存款类金融机构，并说明保本基金在极端情况下仍然存在本金损失的风险。

保本基金在保本期间开放申购的，应当在相关业务公告以及宣传推介材料中说明开放申购期间，投资者的申购金额是否保本。

第四十五条　基金宣传推介材料应当含有明确、醒目的风险提示和警示性文字，以提醒投资人注意投资风险，仔细阅读基金合同和基金招募说明书，了解基金的具体情况。

有足够平面空间的基金宣传推介材料应当在材料中加入具有符合规定的必备内容的风险提示函。

电视、电影、互联网资料、公共网站链接形式的宣传推介材料应当包括为时至少5秒钟的影像显示，提示投资人注意风险并参考该基金的销售文件。电台广播应当以旁白形式表达上述内容。

第四十六条　基金宣传推介材料含有基金获中国证监会核准内容的，应当特别声明中国证监会的核准并不代表中国证监会对该基金的风险和收益做出实质性判断、推荐或者保证。

第五章　基金销售费用

第四十七条　基金管理人应当在基金合同、招募说明书或者公告中载明收取销售费用的项目、条件和方式，在招募说明书或者公告中载明费率标准及费用计算方法。

第四十八条　基金销售机构办理基金销售业务，可以按照基金合同和招募说明书的约定向投资人收取认购费、申购费、赎回费、转换费和销售服务费等费用。基金销售机构收取基金销售费用的，应当符合中国证监会关于基金销售费用的有关规定。

第四十九条　基金销售机构为基金投资人提供增值服务的，可以向基金投资人收取增值服务费。增值服务是指基金销售机构在销售基金产品的过程中，在确保遵守基金和相关产品销售适用性原则的基础上，向投资人提供的除法定或者基金合同、招募说明书约定服务以外的附加服务。

第五十条　基金销售机构收取增值服务费的，应当符合下列要求：

（一）遵循合理、公开、质价相符的定价原则；

（二）所有开办增值服务的营业网点应当公示增值服务的内容；

（三）统一印制服务协议，明确增值服务的

内容、方式、收费标准、期限及纠纷解决机制等；

(四)基金投资人应当享有自主选择增值服务的权利,选择接受增值服务的基金投资人应当在服务协议上签字确认；

(五)增值服务费应当单独缴纳,不应从申购(认购)资金中扣除；

(六)提供增值服务和签订服务协议的主体应当是基金销售机构,任何销售人员不得私自收取增值服务费；

(七)相关监管机构规定的其他情形。

基金销售机构提供增值服务并以此向投资人收取增值服务费的,应当将统一印制的服务协议向中国证监会备案。

第五十一条 基金管理人与基金销售机构可以在基金销售协议中约定依据基金销售机构销售基金的保有量提取一定比例的客户维护费,用以向基金销售机构支付客户服务及销售活动中产生的相关费用。基金销售机构收取客户维护费的,应当符合中国证监会关于基金销售费用的有关规定。

第五十二条 基金管理人与基金销售机构应当在基金销售协议或者其补充协议中约定,双方在申购(认购)费、赎回费、销售服务费等销售费用的分成比例,并据此就各自实际取得的销售费用确认基金销售收入,如实核算、记账,依法纳税。

第五十三条 基金业协会可以在自律规则中规定基金销售费用的最低标准。

第六章 销售业务规范

第五十四条 办理基金销售业务或者办理基金销售相关业务,并向基金销售机构收取以基金交易(含开户)为基础的相关佣金的机构应当向中国证监会派出机构进行注册或者经中国证监会认定。

未经注册并取得基金销售业务资格或者未经中国证监会认定的机构,不得办理基金的销售或者相关业务。任何个人不得以个人名义办理基金的销售或者相关业务。

第五十五条 基金销售机构应当建立健全并有效执行基金销售业务制度,加强对基金销售业务合规运作的检查和监督,确保基金销售业务的执行符合中国证监会对基金销售机构内部控制的有关要求。

第五十六条 基金销售机构应当确保基金销售信息管理平台安全、高效运行,且符合中国证监会对基金销售业务信息管理平台的有关要求。

第五十七条 未经基金销售机构聘任,任何人员不得从事基金销售活动,中国证监会另有规定的除外。

宣传推介基金的人员、基金销售信息管理平台系统运营维护人员等从事基金销售业务的人员应当取得基金销售业务资格。基金销售机构应当建立健全并有效执行基金销售人员的持续培训制度,加强对基金销售人员行为规范的检查和监督。

第五十八条 基金销售机构应当建立完善的基金份额持有人账户和资金账户管理制度,以及基金份额持有人资金的存取程序和授权审批制度。

第五十九条 基金销售机构在销售基金和相关产品的过程中,应当坚持投资人利益优先原则,注重根据投资人的风险承受能力销售不同风险等级的产品,把合适的产品销售给合适的基金投资人。

第六十条 基金销售机构应当建立基金销售适用性管理制度,至少包括以下内容:

(一)对基金管理人进行审慎调查的方式和方法；

(二)对基金产品的风险等级进行设置、对基金产品进行风险评价的方式和方法；

(三)对基金投资人风险承受能力进行调查和评价的方式和方法；

(四)对基金产品和基金投资人进行匹配的方法。

第六十一条 基金销售机构所使用的基金产品风险评价方法及其说明应当向基金投资人公开。

第六十二条 基金管理人在选择基金销售机构时应当对基金销售机构进行审慎调查,基金销售机构选择销售基金产品应当对基金管理人进行审慎调查。

第六十三条 基金销售机构应当加强投资者教育,引导投资者充分认识基金产品的风险特征,保障投资者合法权益。

第六十四条 基金销售机构办理基金销售

业务时应当根据反洗钱法规相关要求识别客户身份,核对客户的有效身份证件,登记客户身份基本信息,确保基金账户持有人名称与身份证明文件中记载的名称一致,并留存有效身份证件的复印件或者影印件。

基金销售机构销售基金产品时委托其他机构进行客户身份识别的,应当通过合同、协议或者其他书面文件,明确双方在客户身份识别、客户身份资料和交易记录保存与信息交换、大额交易和可疑交易报告等方面的反洗钱职责和程序。

第六十五条 基金销售机构应当建立健全档案管理制度,妥善保管基金份额持有人的开户资料和与销售业务有关的其他资料。客户身份资料自业务关系结束当年计起至少保存15年,与销售业务有关的其他资料自业务发生当年计起至少保存15年。

第六十六条 基金销售机构办理基金的销售业务,应当由基金销售机构与基金管理人签订书面销售协议,明确双方的权利义务,并至少包括以下内容:

(一)销售费用分配的比例和方式;

(二)基金持有人联系方式等客户资料的保存方式;

(三)对基金持有人的持续服务责任;

(四)反洗钱义务履行及责任划分;

(五)基金销售信息交换及资金交收权利义务。

未经签订书面销售协议,基金销售机构不得办理基金的销售。

第六十七条 基金销售机构应当将基金销售业务资格的证明文件置备于基金销售网点的显著位置或者在其网站予以公示。

第六十八条 基金募集申请在完成向中国证监会注册前,基金销售机构不得办理基金销售业务,不得向公众分发、公布基金宣传推介材料或者发售基金份额。

第六十九条 基金销售机构选择合作的基金销售相关机构应当符合监管部门的资质要求,并建立完善的合作基金销售相关机构选择标准和业务流程,充分评估相关风险,明确双方的权利义务。

第七十条 基金份额登记机构是指办理基金份额的登记过户、存管和结算等业务的机构。基金份额登记机构可办理投资人基金账户的建立和管理、基金份额注册登记、基金销售业务的确认、清算和结算、代理发放红利、建立并保管基金份额持有人名册等业务。

第七十一条 基金份额登记机构应当确保基金份额的登记过户、存管和结算业务处理安全、准确、及时、高效。主要职责包括:

(一)建立并管理投资人基金份额账户;

(二)负责基金份额的登记;

(三)基金交易确认;

(四)代理发放红利;

(五)建立并保管基金份额持有人名册;

(六)登记代理协议规定的其他职责。

第七十二条 基金管理人变更基金份额登记机构的,应当在变更前将变更方案报中国证监会备案。

第七十三条 基金销售机构、基金份额登记机构应当通过中国证监会指定的技术平台进行数据交换,并完成基金注册登记数据在中国证监会指定机构的集中备份存储。数据交换应当符合中国证监会的有关规范。

第七十四条 开放式基金合同生效后,基金销售机构应当按照法律、行政法规、中国证监会的规定和基金合同、销售协议的约定,办理基金份额的申购、赎回,不得擅自停止办理基金份额的发售或者拒绝接受投资人的申购、赎回申请。基金管理人暂停或者开放申购、赎回等业务的,应当在公告中说明具体原因和依据。

第七十五条 基金销售机构不得在基金合同约定之外的日期或者时间办理基金份额的申购、赎回或者转换。

投资人在基金合同约定之外的日期和时间提出申购、赎回或者转换申请的,作为下一个交易日交易处理,其基金份额申购、赎回价格为下次办理基金份额申购、赎回时间所在开放日的价格。

第七十六条 投资人申购基金份额时,必须全额交付申购款项,但中国证监会规定的特殊基金品种除外;投资人按规定提交申购申请并全额交付款项的,申购申请即为成立;申购申请是否生效以基金份额登记机构确认为准。

第七十七条 基金销售机构应当提供有效途径供基金投资人查询基金合同、招募说明书等基金销售文件。

第七十八条 基金销售机构应当按照基金合同、招募说明书和基金销售服务协议的约定向投资人收取销售费用,并如实核算、记账;未经基金合同、招募说明书、基金销售服务协议约定,不得向投资人收取额外费用;未经招募说明书载明并公告,不得对不同投资人适用不同费率。

第七十九条 基金销售机构及基金销售相关机构应当依法为投资人保守秘密。

第八十条 基金销售机构和基金销售相关机构通过互联网开展基金销售活动的,应当报相关部门进行网络内容服务商备案,其信息系统应当符合中国证监会基金销售业务信息管理平台的有关要求,并在向投资人开通前将基金销售网站地址报中国证监会备案。

第八十一条 基金销售机构公开发售以基金为投资标的的理财产品等活动的管理规定,由中国证监会另行规定。

第八十二条 基金销售机构从事基金销售活动,不得有下列情形:

(一)以排挤竞争对手为目的,压低基金的收费水平;

(二)采取抽奖、回扣或者送实物、保险、基金份额等方式销售基金;

(三)以低于成本的销售费用销售基金;

(四)承诺利用基金资产进行利益输送;

(五)进行预约认购或者预约申购(基金定期定额投资业务除外),未按规定公告擅自变更基金的发售日期;

(六)挪用基金销售结算资金;

(七)本办法第三十五条规定的情形;

(八)中国证监会规定禁止的其他情形。

第七章 监督管理和法律责任

第八十三条 基金管理人应当自与基金销售机构签订销售协议之日起 7 日内,将销售协议报送其主要经营活动所在地中国证监会派出机构。

第八十四条 基金销售机构应当建立相关人员的离任审计或者离任审查制度。独立基金销售机构的董事长、总经理离任或者执行事务合伙人退伙的,应当根据中国证监会的规定进行审计。独立基金销售机构的其他高级管理人员,保险经纪公司、保险代理公司和证券投资咨询机构负责基金销售业务的高级管理人员,其他基金销售机构负责基金销售业务的部门负责人离任的,应当根据中国证监会的规定进行审查。

第八十五条 基金销售机构负责基金销售业务的监察稽核人员应当及时检查基金销售业务的合法合规情况,并于年度结束一个季度内完成上年度监察稽核报告,予以存档备查。

第八十六条 基金销售机构应当根据中国证监会的要求履行信息报送义务。中国证监会及其派出机构对基金销售机构从事基金销售活动的情况进行定期或者不定期检查,基金销售机构应当予以配合。

第八十七条 基金销售机构违反本办法规定的,中国证监会及其派出机构可以责令改正,出具警示函暂停办理相关业务;对直接负责的主管人员和其他直接责任人员,可以采取监管谈话、出具警示函、暂停履行职务、认定为不适宜担任相关职务者等行政监管措施。

第八十八条 商业银行、证券公司、期货公司、保险机构、证券投资咨询机构、独立基金销售机构,以及中国证监会认定的其他机构进行基金销售业务资格注册时,隐瞒有关情况或者提供虚假材料的,中国证监会派出机构不予接受;已经接受的,不予注册,并处以警告。

第八十九条 基金销售机构从事基金销售活动,存在下列情形之一的,将依据《证券投资基金法》对相关机构和人员进行处罚。

(一)未经中国证监会注册或认定,擅自从事基金销售业务的;

(二)未向投资人充分揭示投资风险并误导其购买与其风险承担能力不相当的基金产品;

(三)挪用基金销售结算资金或者基金份额的;

(四)未建立应急等风险管理制度和灾难备份系统,或者泄露与基金份额持有人、基金投资运作相关的非公开信息的。

基金销售机构存在上述情形,情节严重的,责令暂停或者终止基金销售业务;构成犯罪的,依法移送司法机构,追究刑事责任。

第九十条 基金销售机构从事基金销售活动,有下列情形之一的,责令改正,单处或者并处警告、三万元以下罚款；对直接负责的主管人员和其他直接责任人员，单处或者并处警告、三万元以下罚款：

（一）基金销售机构与未取得基金销售业务资格或经中国证监会资质认定的机构或者个人合作，开办基金销售业务的；

（二）未按照本办法第二十九条的规定开立与基金销售有关的账户；

（三）未按照本办法第三十四条的规定使用基金宣传推介材料；

（四）违反本办法第五十七条的规定，允许未经聘任的人员销售基金或者未经中国证监会认可的人员宣传推介基金；

（五）未按照本办法第六十六条的规定签订书面销售协议；

（六）违反本办法第六十八条的规定，擅自向公众分发、公布基金宣传推介材料；

（七）违反本办法第七十四条的规定，擅自停止办理基金份额发售或者拒绝投资人的申购、赎回；

（八）违反本办法第七十五条的规定，确定基金份额申购、赎回价格；

（九）未按照本办法第七十八条的规定收取销售费用并核算、记账；

（十）从事本办法第八十二条规定禁止的行为；

（十一）未按照本办法第八十五条的规定进行自查，并编制监察稽核报告；

（十二）未按照本办法第八十六条的规定履行信息报送义务或者配合中国证监会及其派出机构进行监督检查。

基金销售机构存在上述情形，情节严重的，责令暂停或者终止基金销售业务；构成犯罪的，依法移送司法机构，追究刑事责任。

第九十一条　基金销售机构获得基金销售业务资格后1年内未开展基金销售业务，将终止基金销售业务资格。

第九十二条　基金销售机构被责令暂停基金销售业务的，暂停期间不得从事下列活动：

（一）签订新的销售协议；

（二）宣传推介基金；

（三）发售基金份额；

（四）办理基金份额申购。

基金销售机构被责令终止基金销售业务的，应当停止基金销售活动。

基金销售机构被责令暂停或者终止基金销售业务的，基金管理人应当配合中国证监会指定的中介机构妥善处理有关投资人基金份额的申购、赎回、转托管等业务，并可按照销售协议的约定，依法要求销售机构赔偿有关损失。

第九十三条　基金销售支付结算机构从事基金销售支付结算活动，存在下列情形之一的，将依据《证券投资基金法》对相关机构和人员进行处罚。

（一）未经中国证监会认可，擅自开办基金销售支付结算业务的；

（二）未按照规定划付基金销售结算资金的；

（三）挪用基金销售结算资金或者基金份额的；

（四）未建立应急等风险管理制度和灾难备份系统，或者泄露与基金份额持有人、基金投资运作相关的非公开信息的。

基金销售支付结算机构存在上述情形，情节严重的，责令暂停或者终止基金销售支付结算业务；构成犯罪的，依法移送司法机构，追究刑事责任。

第九十四条　基金销售支付结算机构被暂停或者终止基金销售支付结算业务的，基金销售机构和监督机构应当配合中国证监会指定的中介机构妥善处理有关投资人基金份额的申购、赎回、转托管等业务，并可按相关协议的约定，依法追偿有关损失。

第八章　附　　则

第九十五条　本办法自2013年6月1日起施行。2011年6月9日发布的《证券投资基金销售管理办法》（证监会令第72号）同时废止。

证券投资基金托管业务管理办法

(2013年4月2日　证监会令第92号)

《证券投资基金托管业务管理办法》已经2013年2月17日中国证券监督管理委员会第28次主席办公会议审议通过,现予公布,自公布之日起施行。

第一章　总　　则

第一条　为了规范证券投资基金托管业务,维护证券投资基金托管业务竞争秩序,保护基金份额持有人及相关当事人合法权益,促进证券投资基金健康发展,根据《证券投资基金法》、《银行业监督管理法》及其他相关法律、行政法规,制定本办法。

第二条　本办法所称证券投资基金(以下简称基金)托管,是指由依法设立并取得基金托管资格的商业银行或者其他金融机构担任托管人,按照法律法规的规定及基金合同的约定,对基金履行安全保管基金财产、办理清算交割、复核审查资产净值、开展投资监督、召集基金份额持有人大会等职责的行为。

第三条　商业银行从事基金托管业务,应当经中国证券监督管理委员会(以下简称中国证监会)和中国银行业监督管理委员会(以下简称中国银监会)核准,依法取得基金托管资格。其他金融机构从事基金托管业务,应当经中国证监会核准,依法取得基金托管资格。

未取得基金托管资格的机构,不得从事基金托管业务。

第四条　基金托管人应当遵守法律法规的规定以及基金合同和基金托管协议的约定,恪守职业道德和行为规范,诚实信用、谨慎勤勉,为基金份额持有人利益履行基金托管职责。

第五条　基金托管人的基金托管部门高级管理人员和其他从业人员应当忠实、勤勉地履行职责,不得从事损害基金财产和基金份额持有人利益的证券交易及其他活动。

第六条　中国证监会、中国银监会依照法律法规和审慎监管原则,对基金托管人及其基金托管业务活动实施监督管理。

第七条　中国证券投资基金业协会依据法律法规和自律规则,对基金托管人及其基金托管业务活动进行自律管理。

第二章　基金托管机构

第八条　申请基金托管资格的商业银行(以下简称申请人),应当具备下列条件:

(一)最近3个会计年度的年末净资产均不低于20亿元人民币,资本充足率等风险控制指标符合监管部门的有关规定;

(二)设有专门的基金托管部门,部门设置能够保证托管业务运营的完整与独立;

(三)基金托管部门拟任高级管理人员符合法定条件,取得基金从业资格的人员不低于该部门员工人数的1/2;拟从事基金清算、核算、投资监督、信息披露、内部稽核监控等业务的执业人员不少于8人,并具有基金从业资格,其中,核算、监督等核心业务岗位人员应当具备2年以上托管业务从业经验;

(四)有安全保管基金财产、确保基金财产完整与独立的条件;

(五)有安全高效的清算、交割系统;

(六)基金托管部门有满足营业需要的固定场所、配备独立的安全监控系统;

(七)基金托管部门配备独立的托管业务技术系统,包括网络系统、应用系统、安全防护系统、数据备份系统;

(八)有完善的内部稽核监控制度和风险

控制制度；

（九）最近3年无重大违法违规记录；

（十）法律、行政法规规定的和经国务院批准的中国证监会、中国银监会规定的其他条件。

第九条 申请人应当具有健全的清算、交割业务制度，清算、交割系统应当符合下列规定：

（一）系统内证券交易结算资金及时汇划到账；

（二）从交易所、证券登记结算机构等相关机构安全接收交易结算数据；

（三）与基金管理人、基金注册登记机构、证券登记结算机构等相关业务机构的系统安全对接；

（四）依法执行基金管理人的投资指令，及时办理清算、交割事宜。

第十条 申请人的基金托管营业场所、安全防范设施、与基金托管业务有关的其他设施和相关制度，应当符合下列规定：

（一）基金托管部门的营业场所相对独立，配备门禁系统；

（二）能够接触基金交易数据的业务岗位有单独的办公场所，无关人员不得随意进入；

（三）有完善的基金交易数据保密制度；

（四）有安全的基金托管业务数据备份系统；

（五）有基金托管业务的应急处理方案，具备应急处理能力。

第十一条 申请人应当向中国证监会报送下列申请材料，同时抄报中国银监会：

（一）申请书；

（二）具有证券业务资格的会计师事务所出具的净资产和资本充足率专项验资报告；

（三）设立专门基金托管部门的证明文件，确保部门业务运营完整与独立的说明和承诺；

（四）内部机构设置和岗位职责规定；

（五）基金托管部门拟任高级管理人员和执业人员基本情况，包括拟任高级管理人员任职材料，拟任执业人员名单、履历、基金从业资格证明复印件、专业培训及岗位配备情况；

（六）关于安全保管基金财产有关条件的报告；

（七）关于基金清算、交割系统的运行测试报告；

（八）办公场所平面图、安全监控系统设计方案和安装调试情况报告；

（九）基金托管业务备份系统设计方案和应急处理方案、应急处理能力测试报告；

（十）相关业务规章制度，包括业务管理、操作规程、基金会计核算、基金清算、信息披露、内部稽核监控、内控与风险管理、信息系统管理、从业人员管理、保密与档案管理、重大可疑情况报告、应急处理及其他履行基金托管人职责所需的规章制度；

（十一）开办基金托管业务的商业计划书；

（十二）中国证监会、中国银监会规定的其他材料。

第十二条 中国证监会应当自收到申请材料之日起5个工作日内作出是否受理的决定。申请材料齐全、符合法定形式的，向申请人出具书面受理凭证；申请材料不齐全或者不符合法定形式的，应当一次告知申请人需要补正的全部内容。

第十三条 中国证监会应当自受理申请材料之日起20个工作日内作出行政许可决定。中国证监会作出予以核准决定的，应当会签中国银监会；作出不予核准决定的，应当说明理由并告知申请人，行政许可程序终止。

中国银监会应当自收到会签件之日起20个工作日内，作出行政许可决定。中国银监会作出予以核准决定的，中国证监会和中国银监会共同签发批准文件，并由中国证监会颁发基金托管业务许可证；中国银监会作出不予核准决定的，应当说明理由并告知申请人，行政许可程序终止。

第十四条 中国证监会、中国银监会在作出核准决定前，可以采取下列方式进行审查：

（一）以专家评审、核查等方式审查申请材料的内容；

（二）联合对商业银行拟设立基金托管部门的筹建情况进行现场检查，现场检查由两名以上工作人员进行，现场检查的时间不计算在本办法第十三条规定的期限内。

第十五条 取得基金托管资格的商业银行为基金托管人。基金托管人应当及时办理基金托管部门高级管理人员的任职手续。

第三章　托管职责的履行

第十六条　基金托管人在与基金管理人订立基金合同、基金招募说明书、基金托管协议等法律文件前,应当从保护基金份额持有人角度,对涉及投资范围与投资限制、基金费用、收益分配、会计估值、信息披露等方面的条款进行评估,确保相关约定合规清晰、风险揭示充分、会计估值科学公允。在基金托管协议中,还应当对基金托管人与基金管理人之间的业务监督与协作等职责进行详细约定。

第十七条　基金托管人应当安全保管基金财产,按照相关规定和基金托管协议约定履行下列职责:

(一)为所托管的不同基金财产分别设置资金账户、证券账户等投资交易必需的相关账户,确保基金财产的独立与完整;

(二)建立与基金管理人的对账机制,定期核对资金头寸、证券账目、资产净值等数据,及时核查认购与申购资金的到账、赎回资金的支付以及投资资金的支付与到账情况,并对基金的会计凭证、交易记录、合同协议等重要文件档案保存15年以上;

(三)对基金财产投资信息和相关资料负保密义务,除法律、行政法规和其他有关规定、监管机构及审计要求外,不得向任何机构或者个人泄露相关信息和资料。

第十八条　基金托管人应当与相关证券登记结算机构签订结算协议,依法承担作为市场结算参与人的相关职责。

基金托管人与基金管理人应当签订结算协议或者在基金托管协议中约定结算条款,明确双方在基金清算交收及相关风险控制方面的职责。基金清算交收过程中,出现基金财产中资金或证券不足以交收的,基金托管人应当及时通知基金管理人,督促基金管理人积极采取措施、最大程度控制违约交收风险与相关损失,并报告中国证监会。

第十九条　基金托管人与基金管理人应当按照《企业会计准则》及中国证监会的有关规定进行估值核算,对各类金融工具的估值方法予以定期评估。基金托管人发现基金份额净值计价出现错误的,应当提示基金管理人立即纠正,并采取合理措施防止损失进一步扩大。基金托管人发现基金份额净值计价出现重大错误或者估值出现重大偏离的,应当提示基金管理人依法履行披露和报告义务。

第二十条　基金托管人应当按照法律法规的规定以及基金合同的约定办理与基金托管业务有关的信息披露事项,包括但不限于:披露基金托管协议,对基金定期报告等信息披露文件中有关基金财务报告等信息及时进行复核审查并出具意见,在基金年度报告和半年度报告中出具托管人报告,就基金托管部门负责人变动等重大事项发布临时公告。

第二十一条　基金托管人应当根据基金合同及托管协议约定,制定基金投资监督标准与监督流程,对基金合同生效之后所托管基金的投资范围、投资比例、投资风格、投资限制、关联方交易等进行严格监督,及时提示基金管理人违规风险。

当发现基金管理人发出但未执行的投资指令或者已经生效的投资指令违反法律、行政法规和其他有关规定,或者基金合同约定,应当依法履行通知基金管理人等程序,并及时报告中国证监会,持续跟进基金管理人的后续处理,督促基金管理人依法履行披露义务。基金管理人的上述违规失信行为给基金财产或者基金份额持有人造成损害的,基金托管人应当督促基金管理人及时予以赔偿。

第二十二条　基金托管人应当对所托管基金履行法律法规、基金合同有关收益分配约定情况进行定期复核,发现基金收益分配有违规失信行为的,应当及时通知基金管理人,并报告中国证监会。

第二十三条　对于转换基金运作方式、更换基金管理人等需召开基金份额持有人大会审议的事项,基金托管人应当积极配合基金管理人召集基金份额持有人大会;基金管理人未按规定召集或者不能召集的,基金托管人应当按照规定召集基金份额持有人大会,并依法履行对外披露与报告义务。

第二十四条　基金托管人在取得基金托管资格后,不得长期不开展基金托管业务;在从事基金托管业务过程中,不得进行不正当竞争,不得利用非法手段垄断市场,不得违反基金托管协议约定将部分或者全部托管的基金财产委托他人托管。

第二十五条　基金托管人应当按照市场化原则，综合考虑基金托管规模、产品类别、服务内容、业务处理难易程度等因素，与基金管理人协商确定基金托管费用的计算方式和方法。

基金托管费用的计提方式和计算方法应当在基金合同、基金招募说明书中明确列示。

第四章　托管业务内部控制

第二十六条　基金托管人应当按照相关法律法规，针对基金托管业务建立科学合理、控制严密、运行高效的内部控制体系，保持托管业务内部控制制度健全、执行有效。

基金托管人应当每年聘请具有证券业务资格的会计师事务所，或者由托管人内部审计部门组织，针对基金托管法定业务和增值业务的内部控制制度建设与实施情况，开展相关审查与评估，出具评估报告。

第二十七条　基金托管人应当建立突发事件处理预案制度，对发生严重影响基金份额持有人利益、可能引发系统性风险或者严重影响社会稳定的突发事件，按照预案妥善处理。

第二十八条　基金托管人应当健全从业人员管理制度，完善信息管理及保密制度，加强对基金托管部门从业人员执业行为及投资基金等相关活动的管理。

基金托管部门的从业人员不得利用未公开信息为自己或者他人谋取利益。

第二十九条　基金托管人应当根据托管业务发展及其风险控制的需要，不断完善托管业务信息技术系统，配置足够的托管业务人员，规范岗位职责，加强职业培训，保证托管服务质量。

第三十条　基金托管人应当依法采取措施，确保基金托管和基金销售业务相互独立，切实保障基金财产的完整与独立。

第三十一条　基金托管人根据业务发展的需要，按照法律法规规定和基金托管协议约定委托符合条件的境外资产托管人开展境外资产托管业务的，应当对境外资产托管人进行尽职调查，制定遴选标准与程序，健全相关的业务风险管理和应急处理制度，加强对境外资产托管人的监督与约束。

第三十二条　基金托管人在法定托管职责之外依法开展基金服务外包等增值业务的，应当设立专门的团队与业务系统，与原有基金托管业务团队之间建立必要的业务隔离，有效防范潜在的利益冲突。

第五章　监督管理与法律责任

第三十三条　申请人在申请基金托管资格时，隐瞒有关情况或者提供虚假申请材料的，中国证监会、中国银监会不予受理或者不予核准，并给予警告；申请人在3年内不得再次申请基金托管资格。

申请人以欺骗、贿赂等不正当手段取得基金托管资格的，中国证监会商中国银监会取消基金托管资格，给予警告、罚款，由中国证监会注销基金托管业务许可证；中国银监会可以区别不同情形，责令申请人对直接负责的主管人员和其他直接责任人员给予纪律处分，或者对其给予警告、罚款，或者禁止其一定期限直至终身从事银行业工作；申请人在3年内不得再次申请基金托管资格；涉嫌犯罪的依法移送司法机关，追究刑事责任。

第三十四条　未取得基金托管资格擅自从事基金托管业务的，责令停止，没收违法所得，并处违法所得一倍以上五倍以下罚款；没有违法所得或者违法所得不足一百万元的，并处十万元以上一百万元以下罚款；对直接负责的主管人员和其他直接责任人员给予警告，并处三万元以上三十万元以下罚款。

第三十五条　基金托管人应当根据中国证监会的要求，履行下列信息报送义务：

（一）基金投资运作监督报告；

（二）基金托管业务运营情况报告；

（三）基金托管业务内部控制年度评估报告；

（四）中国证监会根据审慎监管原则要求报送的其他材料。

第三十六条　当基金托管人发生下列情形之一的，应当自发生之日起5日内向中国证监会报告：

（一）基金托管部门的设置发生重大变更；

（二）托管人或者其基金托管部门的名称、住所发生变更；

（三）基金托管部门的高级管理人员发生变更；

（四）托管人及基金托管部门的高级管理人员受到刑事、行政处罚，或者被监管机构、司法机关调查；

（五）涉及托管业务的重大诉讼或者仲裁；

（六）与基金托管业务相关的其他重大事项。

第三十七条　中国证监会可以根据日常监管情况，对基金托管人的基金托管部门进行现场检查，并采取下列措施：

（一）要求提供与检查事项有关的文件、会议记录、报表、凭证和其他资料，查阅、复制与检查事项有关的文件；

（二）询问相关工作人员，要求其对有关检查事项做出说明；

（三）检查基金托管业务系统；

（四）中国证监会规定的其他措施。

中国证监会进行现场检查后，应当向被检查的基金托管人出具检查结论。基金托管人及有关人员应当配合中国证监会进行检查，不得以任何理由拒绝、拖延提供有关材料，或者提供不真实、不准确、不完整的资料。

第三十八条　基金托管人在开展基金托管业务过程中违反本办法规定，中国证监会应当责令限期整改，整改期间可以暂停其办理新的基金托管业务；对直接负责的基金托管业务主管人员和其他直接责任人员，可以采取监管谈话、出具警示函等行政监管措施。

第三十九条　对有下列情形之一的基金托管人，中国证监会商中国银监会可以依法取消其基金托管资格，依法给予罚款；对直接负责的主管人员和其他直接责任人员，中国证监会依法给予罚款，可以并处暂停或者撤销基金从业资格，中国银监会可以并处禁止一定期限直至终身从事银行业工作：

（一）连续3年没有开展基金托管业务的；

（二）未能在规定时间内通过整改验收的；

（三）违反法律法规，情节严重的；

（四）法律法规规定的其他情形。

第六章　附　　则

第四十条　本办法适用于境内法人商业银行及境内依法设立的其他金融机构。

第四十一条　非银行金融机构申请基金托管资格的条件与程序由中国证监会另行规定。

第四十二条　本办法自2013年4月2日起施行。2004年11月29日中国证监会、中国银监会联合公布的《证券投资基金托管资格管理办法》同时废止。

关于修改《证券公司客户资产管理业务管理办法》的决定

（2013年6月26日　证监会令第93号）

《关于修改〈证券公司客户资产管理业务管理办法〉的决定》已经2013年6月3日中国证券监督管理委员会第4次主席办公会议审议通过，现予公布，自公布之日起施行。

一、第一条修改为“为规范证券公司客户资产管理活动，保护投资者的合法权益，维护证券市场秩序，根据《中华人民共和国证券法》、《中华人民共和国证券投资基金法》、《证券公司监督管理条例》和其他相关法律、行政法规，制定本办法。”

二、第十三条修改为“证券公司为多个客户办理集合资产管理业务，应当设立集合资产管理计划，与客户签订集合资产管理合同，将客户资产交由取得基金托管业务资格的资产托管机构托管，通过专门账户为客户提供资产管理服务。”

三、删除第十四条。

四、第十五条改为第十四条，修改为“证券公司为客户办理特定目的的专项资产管理业务，应当签订专项资产管理合同，针对客户的特殊要求和基础资产的具体情况，设定特定投资目标，通过专门账户为客户提供资产管理服务。

"证券公司应当充分了解并向客户披露基础资产所有人或融资主体的诚信合规状况、基础资产的权属情况、有无担保安排及具体情况、投资目标的风险收益特征等相关重大事项。

"证券公司可以通过设立综合性的集合资产管理计划办理专项资产管理业务。"

五、第二十条改为第十九条，修改为"证券公司开展客户资产管理业务，应当依据法律、行政法规和本办法的规定，与客户签订书面资产管理合同，就双方的权利义务和相关事宜做出明确约定。资产管理合同应当包括《中华人民共和国证券投资基金法》第九十三条、第九十四条规定的必备内容。"

六、删除第二十一条。

七、第二十四条改为第二十二条，修改为"证券公司办理集合资产管理业务，只能接受货币资金形式的资产。"

八、第二十八条改为第二十六条，修改为"证券公司可以自行推广集合资产管理计划，也可以委托其他证券公司、商业银行或者中国证监会认可的其他机构代为推广。

"集合资产管理计划应当面向合格投资者推广，合格投资者累计不得超过 200 人。合格投资者是指具备相应风险识别能力和承担所投资集合资产管理计划风险能力且符合下列条件之一的单位和个人：

（一）个人或者家庭金融资产合计不低于 100 万元人民币；

（二）公司、企业等机构净资产不低于 1000 万元人民币。

依法设立并受监管的各类集合投资产品视为单一合格投资者。"

九、删除第三十一条。

十、第三十二条改为第二十九条，修改为"证券公司将其管理的客户资产投资于本公司及与本公司有关联方关系的公司发行的证券或承销期内承销的证券，或者从事其他重大关联交易的，应当遵循客户利益优先原则，事先取得客户的同意，事后告知资产托管机构和客户，同时向证券交易所报告，并采取切实有效措施，防范利益冲突，保护客户合法权益。"

十一、第四十二条改为第三十九条，修改为"证券公司及其他推广机构应当采取有效措施，并通过证券公司、中国证券业协会、中国证监会电子化信息披露平台或者中国证监会认可的其他信息披露平台，客观准确披露资产管理计划批准或者备案信息、风险收益特征、投诉电话等，使客户详尽了解资产管理计划的特性、风险等情况及客户的权利、义务，但不得通过广播、电视、报刊、互联网及其他公共媒体推广资产管理计划。"

十二、第四十七条改为第四十四条，修改为"证券公司办理集合资产管理业务，应当将集合资产管理计划资产交由取得基金托管业务资格的资产托管机构托管。

"证券公司、资产托管机构应当为集合资产管理计划单独开立证券账户、资金账户等相关账户。证券账户名称应当注明证券公司、集合资产管理计划名称等内容。"

十三、第五十八条改为第五十五条，修改为"中国证监会及其派出机构对证券公司、资产托管机构从事客户资产管理业务的情况，进行定期或者不定期的检查，证券公司和资产托管机构应当予以配合。"

十四、第五十九条改为第五十六条，修改为"证券公司、资产托管机构、推广机构的高级管理人员、直接负责的主管人员和其他直接责任人员违反本办法规定的，中国证监会及其派出机构根据不同情况，对其采取监管谈话、责令停止职权、认定为不适当人选等行政监管措施。

"证券公司、资产托管机构、推广机构及其高级管理人员、直接负责的主管人员和其他直接责任人员从事客户资产管理业务，损害客户合法权益的，应当依法承担民事责任。"

十五、第六十条改为第五十七条，修改为"证券公司、资产托管机构、推广机构违反本办法规定的，根据不同情况，依法采取责令改正、责令增加内部合规检查的次数、责令处分有关人员、暂停业务等行政监管措施。"

十六、第六十一条改为第五十八条，修改为"证券公司、资产托管机构、推广机构及其高级管理人员、直接负责的主管人员和其他直接责任人员违反法律、法规规定的，按照《中华人民共和国证券法》、《中华人民共和国证券投资基金法》、《证券公司监督管理条例》的有关规定，进行行政处罚。”

十七、第六十二条改为第五十九条,修改为“证券公司、资产托管机构、推广机构及其高级管理人员、直接负责的主管人员和其他直接责任人员涉嫌犯罪的,依法移送司法机关,追究刑事责任。”

十八、删除第六十三条。

本决定自公布之日起施行。

《证券公司客户资产管理业务管理办法》根据本决定作相应修改并对条文顺序作相应调整,重新公布。

证券公司客户资产管理业务管理办法

第一章 总 则

第一条 为规范证券公司客户资产管理活动,保护投资者的合法权益,维护证券市场秩序,根据《中华人民共和国证券法》、《中华人民共和国证券投资基金法》、《证券公司监督管理条例》和其他相关法律、行政法规,制定本办法。

第二条 证券公司在中华人民共和国境内从事客户资产管理业务,适用本办法。

法律、行政法规和中国证券监督管理委员会(以下简称中国证监会)对证券公司客户资产管理业务另有规定的,从其规定。

第三条 证券公司从事客户资产管理业务,应当遵守法律、行政法规和中国证监会的规定,遵循公平、公正的原则,维护客户的合法权益,诚实守信,勤勉尽责,避免利益冲突。

证券公司从事客户资产管理业务,应当充分了解客户,对客户进行分类,遵循风险匹配原则,向客户推荐适当的产品或服务,禁止误导客户购买与其风险承受能力不相符合的产品或服务。

客户应当独立承担投资风险,不得损害国家利益、社会公共利益和他人合法权益。

第四条 证券公司从事客户资产管理业务,应当依照本办法的规定向中国证监会申请客户资产管理业务资格。未取得客户资产管理业务资格的证券公司,不得从事客户资产管理业务。

第五条 证券公司从事客户资产管理业务,应当依照本办法的规定与客户签订资产管理合同,根据资产管理合同约定的方式、条件、要求及限制,对客户资产进行经营运作,为客户提供证券及其他金融产品的投资管理服务。

第六条 证券公司从事客户资产管理业务,应当实行集中运营管理,对外统一签订资产管理合同。

第七条 证券公司从事客户资产管理业务,应当建立健全风险控制制度和合规管理制度,采取有效措施,将客户资产管理业务与公司的其他业务分开管理,控制敏感信息的不当流动和使用,防范内幕交易和利益冲突。

第八条 证券交易所、证券登记结算机构、中国证券业协会依据法律、行政法规和中国证监会的规定,对证券公司客户资产管理业务实行规范有序的自律管理和行业指导。

第九条 中国证监会及其派出机构依据法律、行政法规和本办法的规定,对证券公司客户资产管理活动进行监督管理。

第十条 鼓励证券公司在有效控制风险的前提下,依法开展资产管理业务创新。

中国证监会及其派出机构依照审慎监管原则,采取有效措施,促进证券公司资产管理的创新活动规范、有序进行。

第二章 业务范围

第十一条 证券公司可以依法从事下列客户资产管理业务:

(一)为单一客户办理定向资产管理业务;

(二)为多个客户办理集合资产管理业务;

(三)为客户办理特定目的的专项资产管理业务。

第十二条 证券公司为单一客户办理定向资产管理业务,应当与客户签订定向资产管理合同,通过专门账户为客户提供资产管理服务。

第十三条 证券公司为多个客户办理集合资产管理业务,应当设立集合资产管理计划,与客户签订集合资产管理合同,将客户资产交由取得基金托管业务资格的资产托管机构托管,通过专门账户为客户提供资产管理服务。

第十四条　证券公司为客户办理特定目的的专项资产管理业务，应当签订专项资产管理合同，针对客户的特殊要求和基础资产的具体情况，设定特定投资目标，通过专门账户为客户提供资产管理服务。

证券公司应当充分了解并向客户披露基础资产所有人或融资主体的诚信合规状况、基础资产的权属情况、有无担保安排及具体情况、投资目标的风险收益特征等相关重大事项。

证券公司可以通过设立综合性的集合资产管理计划办理专项资产管理业务。

第十五条　取得客户资产管理业务资格的证券公司，可以办理定向资产管理业务；办理专项资产管理业务的，还须按照本办法的规定，向中国证监会提出逐项申请。

第十六条　证券公司开展资产管理业务，投资主办人不得少于5人。投资主办人须具有3年以上证券投资、研究、投资顾问或类似从业经历，具备良好的诚信纪录和职业操守，通过中国证券业协会的注册登记。

第十七条　证券公司发起设立集合资产管理计划后5个工作日内，应当将集合资产管理计划的发起设立情况报中国证券业协会备案，同时抄送证券公司住所地、资产管理分公司所在地中国证监会派出机构。

第十八条　证券公司备案发起设立的集合资产管理计划，应当提交下列材料：

（一）备案报告；

（二）集合资产管理计划说明书、合同文本、风险揭示书；

（三）资产托管协议；

（四）合规总监的合规审查意见；

（五）中国证监会要求提交的其他材料。

第三章　基本业务规范

第十九条　证券公司开展客户资产管理业务，应当依据法律、行政法规和本办法的规定，与客户签订书面资产管理合同，就双方的权利义务和相关事宜做出明确约定。资产管理合同应当包括《中华人民共和国证券投资基金法》第九十三条、第九十四条规定的必备内容。

第二十条　证券公司应当根据有关法律法规，制定健全、有效的估值政策和程序，并定期对其执行效果进行评估，保证集合资产管理计划估值的公平、合理。估值的具体规定，由中国证券业协会另行制定。

第二十一条　证券公司办理定向资产管理业务，接受单个客户的资产净值不得低于人民币100万元。

第二十二条　证券公司办理集合资产管理业务，只能接受货币资金形式的资产。

第二十三条　证券公司应当将集合资产管理计划设定为均等份额，并可以根据风险收益特征划分为不同种类。同一种类的集合资产管理计划份额，享有同等权益，承担同等风险，但本办法第二十五条规定另有约定的除外。

第二十四条　证券公司设立集合资产管理计划，可以对计划存续期间做出规定，也可以不做规定。

集合资产管理合同应当对客户参与和退出集合资产管理计划的时间、方式、价格、程序等事项做出明确约定。

参与集合资产管理计划的客户不得转让其所拥有的份额；但是法律、行政法规和中国证监会另有规定的除外。

第二十五条　证券公司可以自有资金参与本公司设立的集合资产管理计划。募集推广期投入且按照合同约定承担责任的自有资金，在约定责任解除前不得退出；存续期间自有资金参与、退出的，应当符合相关规定。

证券公司、资产托管机构和客户应当在资产管理合同中明确约定自有资金参与、退出的条件、程序、风险揭示和信息披露等事项，合同约定承担责任的自有资金，还应当对金额做出约定。证券公司应当采取措施，有效防范利益冲突，保护客户利益。

证券公司投入的资金，根据其所承担的责任，在计算公司的净资本额时予以相应的扣减。

第二十六条　证券公司可以自行推广集合资产管理计划，也可以委托其他证券公司、商业银行或者中国证监会认可的其他机构代为推广。

集合资产管理计划应当面向合格投资者推广，合格投资者累计不得超过200人。合格投资者是指具备相应风险识别能力和承担所投资集合资产管理计划风险能力且符合下列条件之一的单位和个人：

(一)个人或者家庭金融资产合计不低于100万元人民币;

(二)公司、企业等机构净资产不低于1000万元人民币。

依法设立并受监管的各类集合投资产品视为单一合格投资者。

第二十七条 集合资产管理计划设立完成前,客户的参与资金只能存入集合资产管理计划份额登记机构指定的专门账户,不得动用。

第二十八条 证券公司进行集合资产管理业务投资运作,在证券期货等交易所进行交易的,应当遵守交易所的相关规定。在证券交易所进行证券交易的,还应当通过专用交易单元进行。

在交易所以外进行交易的,应当遵守相关管理规定。

第二十九条 证券公司将其管理的客户资产投资于本公司及与本公司有关联方关系的公司发行的证券或承销期内承销的证券,或者从事其他重大关联交易的,应当遵循客户利益优先原则,事先取得客户的同意,事后告知资产托管机构和客户,同时向证券交易所报告,并采取切实有效措施,防范利益冲突,保护客户合法权益。

第三十条 因证券市场波动、证券发行人合并、资产管理计划规模变动等证券公司之外的因素致使资产管理计划投资不符合资产管理合同约定的投资比例的,证券公司应当在合同中明确约定相应处理原则,依法及时调整,并向证券公司住所地、资产管理分公司所在地中国证监会派出机构及中国证券业协会报告。

第三十一条 证券公司办理定向资产管理业务,由客户自行行使其所持有证券的权利,履行相应的义务。

证券公司将定向资产管理业务的客户资产投资于上市公司的股票,发生客户应当履行公告、报告、要约收购等法律、行政法规和中国证监会规定义务的情形时,证券公司应当立即通知有关客户,并督促其履行相应义务;客户拒不履行的,证券公司应当向证券交易所报告。

第三十二条 证券公司代表客户行使集合资产管理计划所拥有证券的权利,履行相应的义务。

第三十三条 证券公司从事客户资产管理业务,不得有下列行为:

(一)挪用客户资产;

(二)向客户做出保证其资产本金不受损失或者取得最低收益的承诺;

(三)以欺诈手段或者其他不当方式误导、诱导客户;

(四)将资产管理业务与其他业务混合操作;

(五)以转移资产管理账户收益或者亏损为目的,在自营账户与资产管理账户之间或者不同的资产管理账户之间进行买卖,损害客户的利益;

(六)利用所管理的客户资产为第三方谋取不正当利益,进行利益输送;

(七)自营业务抢先于资产管理业务进行交易,损害客户的利益;

(八)以获取佣金或者其他利益为目的,用客户资产进行不必要的证券交易;

(九)内幕交易、操纵市场;

(十)法律、行政法规和中国证监会规定禁止的其他行为。

第三十四条 证券公司办理集合资产管理业务,除应遵守前条规定外,还应当遵守下列规定:

(一)不得违规将集合资产管理计划资产用于资金拆借、贷款、抵押融资或者对外担保等用途;

(二)不得将集合资产管理计划资产用于可能承担无限责任的投资。

第四章 风险控制和客户资产托管

第三十五条 证券公司开展客户资产管理业务,应当在资产管理合同中明确规定,由客户自行承担投资风险。

第三十六条 证券公司应当向客户如实披露其客户资产管理业务资质、管理能力和业绩等情况,并应当充分揭示市场风险,证券公司因丧失客户资产管理业务资格给客户带来的法律风险,以及其他投资风险。

证券公司向客户介绍投资收益预期,必须恪守诚信原则,提供充分合理的依据,并以书面方式特别声明,所述预期仅供客户参考,不构成证券公司对客户的承诺。

第三十七条 在签订资产管理合同之前,

证券公司、推广机构应当了解客户的资产与收入状况、风险承受能力以及投资偏好等基本情况，客户应当如实提供相关信息。证券公司、推广机构应当根据所了解的客户情况推荐适当的资产管理计划。

证券公司设立集合资产管理计划，应当对客户的条件和集合资产管理计划的推广范围进行明确界定，参与集合资产管理计划的客户应当具备相应的金融投资经验和风险承受能力。

第三十八条　客户应当对其资产来源及用途的合法性做出承诺。客户未做承诺或者证券公司明知客户资产来源或者用途不合法的，不得签订资产管理合同。

任何人不得非法汇集他人资金参与集合资产管理计划。

第三十九条　证券公司及其他推广机构应当采取有效措施，并通过证券公司、中国证券业协会、中国证监会电子化信息披露平台或者中国证监会认可的其他信息披露平台，客观准确披露资产管理计划批准或者备案信息、风险收益特征、投诉电话等，使客户详尽了解资产管理计划的特性、风险等情况及客户的权利、义务，但不得通过广播、电视、报刊、互联网及其他公共媒体推广资产管理计划。

第四十条　证券公司应当至少每季度向客户提供一次准确、完整的资产管理报告，对报告期内客户资产的配置状况、价值变动等情况做出详细说明。

证券公司应当保证客户能够按照资产管理合同约定的时间和方式查询客户资产配置状况等信息。发生资产管理合同约定的、可能影响客户利益的重大事项时，证券公司应当及时告知客户。

第四十一条　证券公司办理定向资产管理业务，应当保证客户资产与其自有资产、不同客户的资产相互独立，对不同客户的资产分别设置账户、独立核算、分账管理。

第四十二条　证券公司办理集合资产管理业务，应当保证集合资产管理计划资产与其自有资产、集合资产管理计划资产与其他客户的资产、不同集合资产管理计划的资产相互独立，单独设置账户、独立核算、分账管理。

第四十三条　证券公司办理定向资产管理业务，应当将客户的委托资产交由负责客户交易结算资金存管的指定商业银行、中国证券登记结算有限责任公司或者中国证监会认可的证券公司等其他资产托管机构托管。

第四十四条　证券公司办理集合资产管理业务，应当将集合资产管理计划资产交由取得基金托管业务资格的资产托管机构托管。

证券公司、资产托管机构应当为集合资产管理计划单独开立证券账户、资金账户等相关账户。证券账户名称应当注明证券公司、集合资产管理计划名称等内容。

第四十五条　证券公司应当建立公平交易制度及异常交易日常监控机制，公平对待所管理的不同资产，对不同投资组合之间发生的同向交易和反向交易进行监控，并定期向证券公司住所地、资产管理分公司所在地中国证监会派出机构及中国证券业协会报告。

第四十六条　资产托管机构应当由专门部门负责资产管理业务的资产托管，并将托管的资产管理业务资产与其自有资产及其管理的其他资产严格分开。

第四十七条　资产托管机构办理资产管理的资产托管业务，应当履行下列职责：

（一）安全保管资产管理业务资产；

（二）执行证券公司的投资或者清算指令，并负责办理资产管理业务资产运营中的资金往来；

（三）监督证券公司资产管理业务的经营运作，发现证券公司的投资或清算指令违反法律、行政法规、中国证监会的规定或者资产管理合同约定的，应当要求改正；未能改正的，应当拒绝执行，并向证券公司住所地、资产管理分公司所在地中国证监会派出机构及中国证券业协会报告；

（四）出具资产托管报告；

（五）资产管理合同约定的其他事项。

第四十八条　资产托管机构有权随时查询资产管理业务的经营运作情况，并应当定期核对资产管理业务资产的情况，防止出现挪用或者遗失。

第四十九条　定向资产管理合同约定的投资管理期限届满或者发生合同约定的其他事由，应当终止资产管理合同的，证券公司在扣除合同约定的各项费用后，必须将客户账户内的全部资产交还客户自行管理。

集合资产管理合同约定的投资管理期限届满或者发生合同约定的其他事由，应当终止集合资产管理计划运营的,证券公司和资产托管机构在扣除合同规定的各项费用后,必须将集合资产管理计划资产,按照客户拥有份额的比例或者集合资产管理合同的约定,以货币资金的形式全部分派给客户,并注销证券账户和资金账户等相关账户。

第五章 监管措施和法律责任

第五十条 证券公司存在下列情形的,中国证监会暂不受理专项资产管理计划设立申请;已经受理的,暂缓进行审核。责令证券公司暂停签订新的集合及定向资产管理合同:

(一)因涉嫌违法违规被中国证监会调查,但证券公司能够证明立案调查与资产管理业务明显无关的除外;

(二)因发生重大风险事件、适当性管理失效和重大信息安全事件等表明公司内部控制存在重大缺陷的事项,处在整改期间;

(三)中国证监会规定的其他情形。

第五十一条 证券公司应当就客户资产管理业务的运营制定内部检查制度,定期进行自查。

证券公司应当按季编制资产管理业务的报告,报中国证券业协会备案,同时抄送证券公司住所地、资产管理分公司所在地中国证监会派出机构。

第五十二条 证券公司推广集合资产管理计划,应当将集合资产管理合同、集合资产管理计划说明书等正式推广文件,置备于证券公司及其他推广机构推广集合资产管理计划的营业场所。

第五十三条 证券公司进行年度审计,应当同时对客户资产管理业务的运营情况进行审计,并要求会计师事务所就各集合资产管理计划出具单项审计意见。

证券公司应当将审计结果报中国证券业协会备案,同时抄送证券公司住所地、资产管理分公司所在地中国证监会派出机构,并将各集合资产管理计划的单项审计意见提供给客户和资产托管机构。

第五十四条 证券公司和资产托管机构应当按照有关法律、行政法规的规定保存资产管理业务的会计账册,并妥善保存有关的合同、协议、交易记录等文件、资料。

第五十五条 中国证监会及其派出机构对证券公司、资产托管机构从事客户资产管理业务的情况,进行定期或者不定期的检查,证券公司和资产托管机构应当予以配合。

第五十六条 证券公司、资产托管机构、推广机构的高级管理人员、直接负责的主管人员和其他直接责任人员违反本办法规定的,中国证监会及其派出机构根据不同情况,对其采取监管谈话、责令停止职权、认定为不适当人选等行政监管措施。

证券公司、资产托管机构、推广机构及其高级管理人员、直接负责的主管人员和其他直接责任人员从事客户资产管理业务,损害客户合法权益的,应当依法承担民事责任。

第五十七条 证券公司、资产托管机构、推广机构违反本办法规定的,根据不同情况,依法采取责令改正、责令增加内部合规检查的次数、责令处分有关人员、暂停业务等行政监管措施。

第五十八条 证券公司、资产托管机构、推广机构及其高级管理人员、直接负责的主管人员和其他直接责任人员违反法律、法规规定的,按照《中华人民共和国证券法》、《中华人民共和国证券投资基金法》、《证券公司监督管理条例》的有关规定,进行行政处罚。

第五十九条 证券公司、资产托管机构、推广机构及其高级管理人员、直接负责的主管人员和其他直接责任人员涉嫌犯罪的,依法移送司法机关,追究刑事责任。

第六十条 证券公司因违法违规经营或者有关财务指标不符合中国证监会的规定,被中国证监会暂停客户资产管理业务的,暂停期间不得签订新的资产管理合同;被中国证监会依法取消客户资产管理业务资格的,应当停止资产管理活动,按照本办法第四十九条的规定处理合同终止事宜。

第六章 附　　则

第六十一条 本办法所指关联方关系的含义与财政部《企业会计准则第36号——关联方披露》中的关联方关系的含义相同。

第六十二条 经中国证监会批准从事客户资产管理业务的其他机构,遵照执行本办法。

第六十三条 本办法自公布之日起施行。

2012年10月18日中国证监会公布的《证券公司客户资产管理业务管理办法》(证监会令第87号)同时废止。

公开募集证券投资基金风险准备金监督管理暂行办法

(2013年9月24日　证监会令第94号)

《公开募集证券投资基金风险准备金监督管理暂行办法》已经2013年6月13日中国证券监督管理委员会第5次主席办公会议通过,现予公布,自2014年1月1日起施行。

第一章　总　　则

第一条　为保护公开募集证券投资基金(以下简称基金)份额持有人的合法权益,增强基金行业风险防范能力,促进基金管理人及托管人规范经营和持续发展,根据《证券投资基金法》及其他有关法律法规,制定本办法。

第二条　在中国境内依法设立的基金管理人与托管人,应当从基金管理费或者托管费收入中计提风险准备金。

第三条　风险准备金主要用于弥补因基金管理人或托管人违法违规、违反基金合同、操作错误或因技术故障等原因给基金财产或基金份额持有人造成的损失,以及中国证券监督管理委员会(以下简称中国证监会)规定的其他用途。风险准备金不足以赔偿上述损失的,基金管理人与托管人应当使用其他自有财产进行赔偿。

第四条　中国证监会依法对基金管理人与托管人风险准备金提取、投资运作、使用等活动进行监督管理。

第二章　风险准备金的提取、管理与使用

第五条　基金管理人应当每月从基金管理费收入中计提风险准备金,计提比例不得低于基金管理费收入的10%。风险准备金余额达到上季末管理基金资产净值的1%时可以不再提取。风险准备金余额高于上季末管理基金资产净值1%的,基金管理人可以申请转出部分资金,但转出后的风险准备金余额不得低于上季末管理基金资产净值的1%。

第六条　基金托管人应当每月从基金托管费收入中计提风险准备金,计提比例不得低于基金托管费收入的2.5%。风险准备金余额达到上季末托管基金资产净值的0.25%时可以不再提取。风险准备金余额高于上季末托管基金资产净值0.25%的,基金托管人可以申请转出部分资金,但转出后的风险准备金余额不得低于上季末托管基金资产净值的0.25%。

第七条　中国证监会可根据对基金管理人的综合评价结果,要求综合评价较低、风险较为突出的基金管理人提高风险准备金的计提比例或一次性补足一定金额的风险准备金。

第八条　基金管理人与托管人应当选定一家具有基金托管资格的商业银行(以下简称存管银行)开立专门的风险准备金账户(以下简称风险准备金专户),用于风险准备金的归集、存放与支付。该账户不得与其他类型账户混用,不得存放其他性质资金。

商业银行基金托管人不得在本行开立风险准备金专户。

第九条　基金管理人应当将风险准备金专户及风险准备金的提取、划转等程序告知相关基金托管人。相关基金托管人应当于每月划付基金管理人管理费用的同时,将计提的风险准

备金划入相应的风险准备金专户。

基金托管人应当于每月划付基金托管人托管费用的同时,将计提的风险准备金划入相应的风险准备金专户。

第十条 基金管理人发生需要使用风险准备金的情形时,应当经相关基金托管人复核后,交由风险准备金存管银行办理。基金管理人应在使用风险准备金后2个工作日内将相关情况书面报告中国证监会,并在基金管理人监察稽核季度报告中予以说明。

基金托管人发生需要使用风险准备金的情形时,应当经相关基金管理人复核后,交由风险准备金存管银行办理。基金托管人应在使用风险准备金后2个工作日内将相关情况书面报告中国证监会,并在基金托管人托管业务运营情况季度报告中予以说明。

第十一条 风险准备金被人民法院依法查封、扣押、冻结或强制执行的,风险准备金存管银行以及相关基金管理人与托管人应当立即报告中国证监会。由此影响风险准备金的使用或者风险准备金减少的,基金管理人与托管人应在5个工作日内予以补足。

第十二条 风险准备金属特定用途资金,基金管理人与托管人不得以任何形式擅自占用、挪用或借用。

第三章 风险准备金的投资运作

第十三条 在保证安全性与流动性的前提下,基金管理人与托管人可以对已提取的风险准备金进行自主投资管理或开展一定形式的委托投资。风险准备金投资应遵循分散化组合投资原则,事先约定各投资品种的投资比例等限制。

第十四条 基金管理人风险准备金可投资于银行存款、国债、中央银行票据、中央企业债券、中央级金融机构发行的金融债券,以及中国证监会规定的其他投资品种。风险准备金专户应当保持不低于风险准备金总额10%的现金或者到期日在一年以内的政府债券。

基金托管人风险准备金的投资管理活动在符合所在行业监管机构有关规定的基础上参照上述要求执行。

第十五条 风险准备金投资管理产生的各类投资损益,应纳入风险准备金管理。风险准备金投资运作和使用过程中发生的各项费用和税收,可以由风险准备金承担。

第十六条 风险准备金投资于本管理人管理或本托管人托管的基金,或者用于弥补基金财产相关损失等法定用途的,应当依法在相关基金的定期报告中披露。

第十七条 风险准备金投资于本管理人管理或本托管人托管的基金的,基金管理人或基金托管人依法可以作为基金份额持有人向基金份额持有人大会提出议案,但对涉及本管理人或本托管人利益的表决事项应当回避。

第四章 监督管理

第十八条 基金管理人与托管人应当建立完备的风险准备金管理制度,对风险准备金的提取、划转、投资管理、使用、支付等方面的程序进行规定,并留存备查。

第十九条 基金管理人与托管人应当将风险准备金管理制度及时报送风险准备金存管银行。风险准备金存管银行应当制定完备规范的风险准备金专户监控管理规则,对基金管理人与托管人风险准备金的提取、投资运作和使用等情况进行监督,确保资金存放安全,提取、投资运作和使用符合相关规定。

第二十条 风险准备金存管银行应当于每年结束之日起一个月内,向中国证监会提交上年度所存管风险准备金的提取、投资管理、支付使用、年末结余等情况的专项报告。

基金管理人与托管人应在管理人监察稽核年度报告及托管人托管业务运营情况年度报告中对上年度风险准备金的提取、投资管理、使用、年末结余等情况作专项说明。

第二十一条 对没有按照规定提取、管理或使用风险准备金的基金管理人、托管人,中国证监会可以依法对其采取责令改正、暂不受理与行政许可有关的文件等行政监管措施;对直接负责的主管人员和其他直接责任人员,采取监管谈话、出具警示函、认定为不适当人选等行政监管措施;依法应予行政处罚的,依照有关规定进行行政处罚;涉嫌犯罪的,依法移送司法机关,追究刑事责任。

第五章　附　　则

第二十二条　本办法自2014年1月1日起施行。《关于基金管理公司提取风险准备金有关问题的通知》(证监基金字〔2006〕154号)、《关于修改〈关于基金管理公司提取风险准备金有关问题的通知〉的决定》(中国证监会公告〔2008〕46号)同时废止。

商品现货市场交易特别规定(试行)

(2013年11月8日　商务部、人民银行、证监会令2013第3号)

第一章　总　　则

第一条　为规范商品现货市场交易活动,维护市场秩序,防范市场风险,保护交易各方的合法权益,促进商品现货市场健康发展,加快推行现代流通方式,根据国家有关法律法规以及《国务院关于清理整顿各类交易场所切实防范金融风险的决定》(国发〔2011〕38号),制定本规定。

第二条　中华人民共和国境内的商品现货市场交易活动,应当遵守本规定。国家另有规定的,依照其规定。

第三条　本规定所称商品现货市场,是指依法设立的,由买卖双方进行公开的、经常性的或定期性的商品现货交易活动,具有信息、物流等配套服务功能的场所或互联网交易平台。

本规定所称商品现货市场经营者(以下简称市场经营者),是指依法设立商品现货市场,制定市场相关业务规则和规章制度,并为商品现货交易活动提供场所及相关配套服务的法人、其他经济组织和个人。

第四条　从事商品现货市场交易活动,应当遵循公开、公平、公正和诚实信用的原则。

第五条　商务部负责全国商品现货市场的规划、信息、统计等行业管理工作,促进商品现货市场健康发展。

中国人民银行依据职责负责商品现货市场交易涉及的金融监管以及非金融机构支付业务的监管工作。

第六条　商品现货市场行业协会应当制定行业规范和行业标准,加强行业自律,组织业务培训,建立高管诚信档案,受理投诉和调解纠纷等。

第二章　交易对象和交易方式

第七条　商品现货市场交易对象包括:

(一)实物商品;

(二)以实物商品为标的的仓单、可转让提单等提货凭证;

(三)省级人民政府依法规定的其他交易对象。

第八条　商品现货市场交易的实物商品,应当执行国家有关质量担保责任的法律法规,并符合现行有效的质量标准。

第九条　商品现货市场交易可以采用下列方式:

(一)协议交易;

(二)单向竞价交易;

(三)省级人民政府依法规定的其他交易方式。

本规定所称协议交易,是指买卖双方以实物商品交收为目的,采用协商等方式达成一致,约定立即交收或者在一定期限内交收的交易方式。

本规定所称单向竞价交易,是指一个买方(卖方)向市场提出申请,市场预先公告交易对象,多个卖方(买方)按照规定加价或者减价,在约定交易时间内达成一致并成交的交易方式。

第十条　市场经营者不得开展法律法规以及《国务院关于清理整顿各类交易场所切实防范金融风险的决定》禁止的交易活动,不得以集中交易方式进行标准化合约交易。

现货合同的转让、变更,应当按照法律法规的相关规定办理。

第三章　商品现货市场经营规范

第十一条　市场经营者应当履行下列职责:

(一)提供交易的场所、设施及相关服务;

(二)按照本规定确定的交易方式和交易对象,建立健全交易、交收、结算、仓储、信息发布、风险控制、市场管理等业务规则与各项规章制度;

(三)法律法规规定的其他职责。

第十二条　市场经营者应当公开业务规则和规章制度。制定、修改和变更业务规则和规章制度,应当在合理时间内提前公示。

第十三条　商品现货市场应当制定应急预案。出现异常情况时,应当及时采取有效措施,防止出现市场风险。

第十四条　市场经营者应当采取合同约束、系统控制、强化内部管理等措施,加强资金管理力度。

市场经营者不得以任何形式侵占或挪用交易者的资金。

第十五条　鼓励商品现货市场创新流通方式,降低交易成本;建设节能环保、绿色低碳市场。

第十六条　鼓励商品现货市场采用现代信息化技术,建立互联网交易平台,开展电子商务。

第十七条　市场经营者应当建立完善商品信息发布制度,公布交易商品的名称、数量、质量、规格、产地等相关信息,保证信息的真实、准确,不得发布虚假信息。

第十八条　采用现代信息化技术开展交易活动的,市场经营者应当实时记录商品仓储、交易、交收、结算、支付等相关信息,采取措施保证相关信息的完整和安全,并保存五年以上。

第十九条　市场经营者不得擅自篡改、销毁相关信息和资料。

第四章　监督管理

第二十条　县级以上人民政府商务主管部门负责本行政区域内的商品现货市场的行业管理,并按照要求及时报送行业发展规划和其他具体措施。

中国人民银行分支机构依据职责负责辖区内商品现货市场交易涉及的金融机构和支付机构的监督管理工作。

国务院期货监督管理机构派出机构负责商品现货市场非法期货交易活动的认定等工作。

第二十一条　市场经营者应当根据相关部门的要求报送有关经营信息与资料。

第二十二条　县级以上人民政府商务主管部门应当根据本地实际情况,建立完善各项工作制度。必要时应及时将有关情况报告上级商务主管部门和本级人民政府。

第五章　法律责任

第二十三条　市场经营者违反第十一条、第十二条、第十三条、第十四条、第十七条、第十八条、第十九条、第二十一条规定,由县级以上商务主管部门会同有关部门责令改正。逾期不改的,处一万元以上三万元以下罚款。

第二十四条　市场经营者违反第八条、第十条规定和《期货交易管理条例》的,依法予以处理。

第二十五条　有关行政管理部门工作人员在市场监督管理工作中,玩忽职守、滥用职权、徇私舞弊的,依法给予行政处分;构成犯罪的,依法追究刑事责任。

第六章　附　　则

第二十六条　本规定自 2014 年 1 月 1 日起施行。

证券发行与承销管理办法

（2013年12月13日　证监会令第95号）

《证券发行与承销管理办法》已经2013年10月8日中国证券监督管理委员会第11次主席办公会议审议通过，现予公布，自2013年12月13日起施行。

第一章　总　　则

第一条　为规范证券发行与承销行为，保护投资者合法权益，根据《证券法》和《公司法》，制定本办法。

第二条　发行人在境内发行股票或者可转换公司债券（以下统称证券）、证券公司在境内承销证券以及投资者认购境内发行的证券，适用本办法。

首次公开发行股票时公司股东公开发售其所持股份（以下简称老股转让）的，还应当符合中国证券监督管理委员会（以下简称中国证监会）的相关规定。

第三条　中国证监会依法对证券发行与承销行为进行监督管理。证券交易所、证券登记结算机构和中国证券业协会应当制定相关业务规则（以下简称相关规则），规范证券发行与承销行为。证券公司承销证券，应当依据本办法以及中国证监会有关风险控制和内部控制等相关规定，制定严格的风险管理制度和内部控制制度，加强定价和配售过程管理，落实承销责任。

为证券发行出具相关文件的证券服务机构和人员，应当按照本行业公认的业务标准和道德规范，严格履行法定职责，对其所出具文件的真实性、准确性和完整性承担责任。

第二章　定价与配售

第四条　首次公开发行股票，可以通过向网下投资者询价的方式确定股票发行价格，也可以通过发行人与主承销商自主协商直接定价等其他合法可行的方式确定发行价格。发行人和主承销商应当在招股意向书（或招股说明书，下同）和发行公告中披露本次发行股票的定价方式。上市公司发行证券的定价，应当符合中国证监会关于上市公司证券发行的有关规定。

第五条　首次公开发行股票采用询价方式定价的，符合条件的网下机构和个人投资者可以自主决定是否报价，主承销商无正当理由不得拒绝。网下投资者应当遵循独立、客观、诚信的原则合理报价，不得协商报价或者故意压低、抬高价格。

网下投资者报价应当包含每股价格和该价格对应的拟申购股数。单个投资者报价多于一个的，主承销商应当依据相关规则在发行公告中对其最高报价和最低报价的价差做出限定。首次公开发行股票价格（或发行价格区间）确定后，提供有效报价的投资者方可参与申购。

第六条　首次公开发行股票采用询价方式的，网下投资者报价后，发行人和主承销商应当剔除拟申购总量中报价最高的部分，剔除部分不得低于所有网下投资者拟申购总量的10%，然后根据剩余报价及拟申购数量协商确定发行价格。剔除部分不得参与网下申购。

发行人和主承销商应当合理确定剔除最高报价部分后的有效报价投资者数量。公开发行股票数量在4亿股（含）以下的，有效报价投资者的数量不少于10家，不多于20家；公开发行股票数量在4亿股以上的，有效报价投资者的数量不少于20家，不多于40家；公开发行股票筹资总额数量巨大的，有效报价投资者数量可适当增加,但不得多于 60 家。

剔除最高报价部分后有效报价投资者数量不足的,应当中止发行。

第七条　首次公开发行股票时,发行人和主承销商可以自主协商确定参与网下询价投资者的条件、有效报价条件、配售原则和配售方式,并按照事先确定的配售原则在有效申购的网下投资者中选择配售股票的对象。

第八条　参与首次公开发行股票网下报价和申购的投资者应为依法可以进行股票投资的主体。其中,机构投资者应当依法设立并具有良好的信用记录,个人投资者应具备至少 5 年投资经验。

发行人和主承销商可以对网下投资者的资质、研究能力和风险承受能力等方面提出具体条件,并在发行公告中预先披露。

第九条　首次公开发行股票后总股本 4 亿股(含)以下的,网下初始发行比例不低于本次公开发行股票数量的 60%;发行后总股本超过 4 亿股的,网下初始发行比例不低于本次公开发行股票数量的 70%。其中,应安排不低于本次网下发行股票数量的 40% 优先向通过公开募集方式设立的证券投资基金(以下简称公募基金)和由社保基金投资管理人管理的社会保障基金(以下简称社保基金)配售。公募基金和社保基金有效申购不足 40% 的,发行人和主承销商可以向其他符合条件的网下投资者配售。

安排向战略投资者配售股票的,应当扣除向战略投资者配售部分后确定网下网上发行比例。

网下投资者可与发行人和主承销商自主约定网下配售股票的持有期限并公开披露。

第十条　首次公开发行股票网下投资者申购数量低于网下初始发行量的,发行人和主承销商不得将网下发行部分向网上回拨,应当中止发行。

网上投资者有效申购倍数超过 50 倍、低于 100 倍(含)的,应当从网下向网上回拨,回拨比例为本次公开发行股票数量的 20%;网上投资者有效申购倍数超过 100 倍的,回拨比例为本次公开发行股票数量的 40%。

网上投资者申购数量不足网上初始发行量的,可回拨给网下投资者。

除本办法第六条和本条第一款规定的中止发行情形外,发行人和主承销商还可以约定中止发行的其他具体情形并事先披露。中止发行后,在核准文件有效期内,经向中国证监会备案,可重新启动发行。

第十一条　首次公开发行股票,持有一定数量非限售股份的投资者才能参与网上申购。网上配售应当综合考虑投资者持有非限售股份的市值和申购资金量。采用其他方式进行网上申购和配售的,应当符合中国证监会的有关规定。

第十二条　首次公开发行股票的网下发行应和网上发行同时进行,参与申购的网下和网上投资者应当全额缴付申购资金。投资者应自行选择参与网下或网上发行,不得同时参与。

发行人股东拟进行老股转让的,发行人和主承销商应于网下网上申购前协商确定发行价格、发行数量和老股转让数量。无老股转让计划的,发行人和主承销商可通过网下询价确定发行价格或发行价格区间。网上投资者申购时仅公告发行价格区间、未确定发行价格的,主承销商应当安排投资者按价格区间上限申购,如最终确定的发行价格低于价格区间上限,差价部分应当及时退还投资者。

第十三条　首次公开发行股票数量在 4 亿股以上的,可以向战略投资者配售股票。发行人应当与战略投资者事先签署配售协议。

发行人和主承销商应当在发行公告中披露战略投资者的选择标准、向战略投资者配售的股票总量、占本次发行股票的比例以及持有期限等。

战略投资者不参与网下询价,且应当承诺获得本次配售的股票持有期限不少于 12 个月,持有期自本次公开发行的股票上市之日起计算。

第十四条　首次公开发行股票数量在 4 亿股以上的,发行人和主承销商可以在发行方案中采用超额配售选择权。超额配售选择权的实施应当遵守中国证监会、证券交易所、证券登记结算机构和中国证券业协会的规定。

第十五条　首次公开发行股票网下配售时,发行人和主承销商不得向下列对象配售股票:

(一)发行人及其股东、实际控制人、董事、监事、高级管理人员和其他员工；发行人及其股东、实际控制人、董事、监事、高级管理人员能够直接或间接实施控制、共同控制或施加重大影响的公司，以及该公司控股股东、控股子公司和控股股东控制的其他子公司；

（二）主承销商及其持股比例5%以上的股东，主承销商的董事、监事、高级管理人员和其他员工；主承销商及其持股比例5%以上的股东、董事、监事、高级管理人员能够直接或间接实施控制、共同控制或施加重大影响的公司，以及该公司控股股东、控股子公司和控股股东控制的其他子公司；

（三）承销商及其控股股东、董事、监事、高级管理人员和其他员工；

（四）本条第（一）、（二）、（三）项所述人士的关系密切的家庭成员，包括配偶、子女及其配偶、父母及配偶的父母、兄弟姐妹及其配偶、配偶的兄弟姐妹、子女配偶的父母；

（五）通过配售可能导致不当行为或不正当利益的其他自然人、法人和组织。

本条第（二）、（三）项规定的禁止配售对象管理的公募基金不受前款规定的限制，但应符合中国证监会的有关规定。

第十六条　发行人和承销商不得采取操纵发行定价、暗箱操作或其他有违公开、公平、公正原则的行为；不得劝诱网下投资者抬高报价，不得干扰网下投资者正常报价和申购；不得以提供透支、回扣或者中国证监会认定的其他不正当手段诱使他人申购股票；不得以代持、信托持股等方式谋取不正当利益或向其他相关利益主体输送利益；不得直接或通过其利益相关方向参与认购的投资者提供财务资助或者补偿；不得以自有资金或者变相通过自有资金参与网下配售。

第十七条　上市公司发行证券，存在利润分配方案、公积金转增股本方案尚未提交股东大会表决或者虽经股东大会表决通过但未实施的，应当在方案实施后发行。相关方案实施前，主承销商不得承销上市公司发行的证券。

第十八条　上市公司向原股东配售股票（以下简称配股），应当向股权登记日登记在册的股东配售，且配售比例应当相同。

上市公司向不特定对象公开募集股份（以下简称增发）或者发行可转换公司债券，可以全部或者部分向原股东优先配售，优先配售比例应当在发行公告中披露。

第十九条　上市公司增发或者发行可转换公司债券，主承销商可以对参与网下配售的机构投资者进行分类，对不同类别的机构投资者设定不同的配售比例，对同一类别的机构投资者应当按相同的比例进行配售。主承销商应当在发行公告中明确机构投资者的分类标准。

主承销商未对机构投资者进行分类的，应当在网下配售和网上发行之间建立回拨机制，回拨后两者的获配比例应当一致。

第二十条　上市公司非公开发行证券的，发行对象及其数量的选择应当符合中国证监会关于上市公司证券发行的相关规定。

第三章　证券承销

第二十一条　发行人和主承销商应当签订承销协议，在承销协议中界定双方的权利义务关系，约定明确的承销基数。采用包销方式的，应当明确包销责任；采用代销方式的，应当约定发行失败后的处理措施。

证券发行依照法律、行政法规的规定应由承销团承销的，组成承销团的承销商应当签订承销团协议，由主承销商负责组织承销工作。证券发行由两家以上证券公司联合主承销的，所有担任主承销商的证券公司应当共同承担主承销责任，履行相关义务。承销团由3家以上承销商组成的，可以设副主承销商，协助主承销商组织承销活动。

承销团成员应当按照承销团协议及承销协议的规定进行承销活动，不得进行虚假承销。

第二十二条　证券公司承销证券，应当依照《证券法》第二十八条的规定采用包销或者代销方式。上市公司非公开发行股票未采用自行销售方式或者上市公司配股的，应当采用代销方式。

第二十三条　股票发行采用代销方式的，应当在发行公告（或认购邀请书）中披露发行失败后的处理措施。股票发行失败后，主承销商应当协助发行人按照发行价并加算银行同期存款利息返还股票认购人。

第二十四条　证券公司实施承销前，应当向中国证监会报送发行与承销方案。

第二十五条　上市公司发行证券期间相关证券的停复牌安排,应当遵守证券交易所的相关规则。

主承销商应当按有关规定及时划付申购资金冻结利息。

第二十六条　投资者申购缴款结束后,发行人和主承销商应当聘请具有证券、期货相关业务资格的会计师事务所对申购和募集资金进行验证,并出具验资报告;还应当聘请律师事务所对网下发行过程、配售行为、参与定价和配售的投资者资质条件及其与发行人和承销商的关联关系、资金划拨等事项进行见证,并出具专项法律意见书。证券上市后10日内,主承销商应当将验资报告、专项法律意见随同承销总结报告等文件一并报中国证监会。

第四章　信息披露

第二十七条　发行人和主承销商在发行过程中,应当按照中国证监会规定的要求编制信息披露文件,履行信息披露义务。发行人和承销商在发行过程中披露的信息,应当真实、准确、完整、及时,不得有虚假记载、误导性陈述或者重大遗漏。

第二十八条　首次公开发行股票申请文件受理后至发行人发行申请经中国证监会核准、依法刊登招股意向书前,发行人及与本次发行有关的当事人不得采取任何公开方式或变相公开方式进行与股票发行相关的推介活动,也不得通过其他利益关联方或委托他人等方式进行相关活动。

第二十九条　首次公开发行股票招股意向书刊登后,发行人和主承销商可以向网下投资者进行推介和询价,并通过互联网等方式向公众投资者进行推介。

发行人和主承销商向公众投资者进行推介时,向公众投资者提供的发行人信息的内容及完整性应与向网下投资者提供的信息保持一致。

第三十条　发行人和主承销商在推介过程中不得夸大宣传,或以虚假广告等不正当手段诱导、误导投资者,不得披露除招股意向书等公开信息以外的发行人其他信息。

承销商应当保留推介、定价、配售等承销过程中的相关资料至少三年并存档备查,包括推介宣传材料、路演现场录音等,如实、全面反映询价、定价和配售过程。

第三十一条　发行人和主承销商应当将发行过程中披露的信息刊登在至少一种中国证监会指定的报刊,同时将其刊登在中国证监会指定的互联网网站,并置备于中国证监会指定的场所,供公众查阅。

第三十二条　发行人披露的招股意向书除不含发行价格、筹资金额以外,其内容与格式应当与招股说明书一致,并与招股说明书具有同等法律效力。

第三十三条　首次公开发行股票的发行人和主承销商应当在发行和承销过程中公开披露以下信息:

(一)招股意向书刊登首日在发行公告中披露发行定价方式、定价程序、参与网下询价投资者条件、股票配售原则、配售方式、有效报价的确定方式、中止发行安排、发行时间安排和路演推介相关安排等信息;发行人股东拟老股转让的,还应披露预计老股转让的数量上限,老股转让股东名称及各自转让老股数量,并明确新股发行与老股转让数量的调整机制。

(二)网上申购前披露每位网下投资者的详细报价情况,包括投资者名称、申购价格及对应的拟申购数量;剔除最高报价有关情况;剔除最高报价部分后网下投资者报价的中位数和加权平均数以及公募基金报价的中位数和加权平均数;有效报价和发行价格(或发行价格区间)的确定过程;发行价格(或发行价格区间)及对应的市盈率;网下网上的发行方式和发行数量;回拨机制;中止发行安排;申购缴款要求等。已公告老股转让方案的,还应披露老股转让和新股发行的确定数量,老股转让股东名称及各自转让老股数量,并应提示投资者关注,发行人将不会获得老股转让部分所得资金。按照发行价格计算的预计募集资金总额低于拟以本次募集资金投资的项目金额的,还应披露相关投资风险。

(三)如公告的发行价格(或发行价格区间上限)市盈率高于同行业上市公司二级市场平均市盈率,发行人和主承销商应当在披露发行价格的同时,在投资风险特别公告中明示该定价可能存在估值过高给投资者带来损失的风险,提醒投资者关注。内容至少包括:

1. 比较分析发行人与同行业上市公司的差异及该差异对估值的影响；提请投资者关注发行价格与网下投资者报价之间存在的差异。

2. 提请投资者关注投资风险，审慎研判发行定价的合理性，理性做出投资决策。

（四）在发行结果公告中披露获配机构投资者名称、个人投资者个人信息以及每个获配投资者的报价、申购数量和获配数量等，并明确说明自主配售的结果是否符合事先公布的配售原则；对于提供有效报价但未参与申购，或实际申购数量明显少于报价时拟申购量的投资者应列表公示并着重说明；发行后还应披露保荐费用、承销费用、其他中介费用等发行费用信息。

（五）向战略投资者配售股票的，应当在网下配售结果公告中披露战略投资者的名称、认购数量及持有期限等情况。

第三十四条　发行人和主承销商在披露发行市盈率时，应同时披露发行市盈率的计算方式。在进行行业市盈率比较分析时，应当按照中国证监会有关上市公司行业分类指引中制定的行业分类标准确定发行人行业归属，并分析说明行业归属的依据。存在多个市盈率口径时，应当充分列示可供选择的比较基准，并应当按照审慎、充分提示风险的原则选取和披露行业平均市盈率。发行人还可以同时披露市净率等反映发行人所在行业特点的估值指标。

第五章　监管和处罚

第三十五条　发行人、证券公司、证券服务机构、投资者及其直接负责的主管人员和其他直接责任人员有失诚信、违反法律、行政法规或者本办法规定的，中国证监会可以视情节轻重采取责令改正、监管谈话、出具警示函、责令公开说明、认定为不适当人选等监管措施，并记入诚信档案；依法应予行政处罚的，依照有关规定进行处罚；涉嫌犯罪的，依法移送司法机关，追究其刑事责任。

中国证监会和中国证券业协会组织对推介、定价、配售、承销过程的监督检查。发现证券公司存在违反相关规则规定情形的，中国证券业协会可以采取自律监管措施。

第三十六条　证券公司承销未经核准擅自公开发行的证券的，依照《证券法》第一百九十条的规定处罚。

证券公司承销证券有前款所述情形的，中国证监会可以采取12至36个月暂不受理其证券承销业务有关文件的监管措施。

第三十七条　证券公司及其直接负责的主管人员和其他直接责任人员在承销证券过程中，有下列行为之一的，中国证监会可以采取本办法第三十五条规定的监管措施；情节比较严重的，还可以采取3至12个月暂不受理其证券承销业务有关文件的监管措施；依法应予行政处罚的，依照《证券法》第一百九十一条的规定予以处罚：

（一）夸大宣传，或以虚假广告等不正当手段诱导、误导投资者；

（二）以不正当竞争手段招揽承销业务；

（三）从事本办法第十六条规定禁止的行为；

（四）向不符合本办法第八条规定的网下投资者配售股票，或向本办法第十五条规定禁止配售的对象配售股票；

（五）未按本办法要求披露有关文件；

（六）未按照事先披露的原则和方式配售股票，或其他未依照披露文件实施的行为；

（七）向投资者提供除招股意向书等公开信息以外的发行人其他信息；

（八）未按照本办法要求保留推介、定价、配售等承销过程中相关资料；

（九）其他违反证券承销业务规定的行为。

第三十八条　发行人及其直接负责的主管人员和其他直接责任人员有下列行为之一的，中国证监会可以采取本办法第三十五条规定的监管措施；构成违反《证券法》相关规定的，依法进行行政处罚：

（一）从事本办法第十六条规定禁止的行为；

（二）夸大宣传，或以虚假广告等不正当手段诱导、误导投资者；

（三）向投资者提供除招股意向书等公开信息以外的发行人信息；

（四）中国证监会认定的其他情形。

第六章　附　　则

第三十九条　其他证券的发行与承销比照

本办法执行。中国证监会另有规定的,从其规定。

第四十条　本办法自2013年12月13日起施行。2006年9月17日发布并于2010年10月11日、2012年5月18日修改的《证券发行与承销管理办法》同时废止。

关于修改《非上市公众公司监督管理办法》的决定

(2013年12月26日　证监会令第96号)

《关于修改〈非上市公众公司监督管理办法〉的决定》已经2013年12月2日中国证券监督管理委员会第15次主席办公会议审议通过,现予公布,自公布之日起施行。

一、第二条修改为:"本办法所称非上市公众公司(以下简称公众公司)是指有下列情形之一且其股票未在证券交易所上市交易的股份有限公司:

"(一)股票向特定对象发行或者转让导致股东累计超过200人;

"(二)股票公开转让。"

二、第四条修改为:"公众公司公开转让股票应当在全国中小企业股份转让系统进行,公开转让的公众公司股票应当在中国证券登记结算公司集中登记存管。"

三、增加一条,作为第五条:"公众公司可以依法进行股权融资、债权融资、资产重组等。

"公众公司发行优先股等证券品种,应当遵守法律、行政法规和中国证券监督管理委员会(以下简称中国证监会)的相关规定。"

四、第二十一条改为第二十二条,修改为:"股票公开转让与定向发行的公众公司应当披露半年度报告、年度报告。年度报告中的财务会计报告应当经具有证券期货相关业务资格的会计师事务所审计。

"股票向特定对象转让导致股东累计超过200人的公众公司,应当披露年度报告。年度报告中的财务会计报告应当经会计师事务所审计。"

五、第三十三条改为第三十四条,修改为:"股东人数超过200人的公司申请其股票公开转让,应当按照中国证监会有关规定制作公开转让的申请文件,申请文件应当包括但不限于:公开转让说明书、律师事务所出具的法律意见书、具有证券期货相关业务资格的会计师事务所出具的审计报告、证券公司出具的推荐文件。公司持申请文件向中国证监会申请核准。

"公开转让说明书应当在公开转让前披露。"

六、第三十四条改为第三十五条,修改为:"中国证监会受理申请文件后,依法对公司治理和信息披露进行审核,在20个工作日内作出核准、中止审核、终止审核、不予核准的决定。"

七、增加一条,作为第三十六条:"股东人数未超过200人的公司申请其股票公开转让,中国证监会豁免核准,由全国中小企业股份转让系统进行审查。"

八、增加一条,作为第三十八条:"本办法施行前股东人数超过200人的股份有限公司,符合条件的,可以申请在全国中小企业股份转让系统挂牌公开转让股票、首次公开发行并在证券交易所上市。"

九、第四十条改为第四十三条,修改为:"中国证监会受理申请文件后,依法对公司治理和信息披露以及发行对象情况进行审核,在20个工作日内作出核准、中止审核、终止审核、不予核准的决定。"

十、第四十二条改为第四十五条,修改为:"在全国中小企业股份转让系统挂牌公开转让股票的公众公司向特定对象发行股票后股东累计不超过200人的,中国证监会豁免核准,由全国中小企业股份转让系统自律管理,但发行对象应当符合本办法第三十九条的规定。”

十一、增加一条,作为第五十一条:“全国中小企业股份转让系统应当发挥自律管理作用,对在全国中小企业股份转让系统公开转让股票的公众公司及相关信息披露义务人披露信息进行监督,督促其依法及时、准确地披露信息。发现公开转让股票的公众公司及相关信息披露义务人有违反法律、行政法规和中国证监会相关规定的行为,应当向中国证监会报告,并采取自律管理措施。”

十二、第六十一条改为第六十五条,修改为:“本办法施行前股东人数超过200人的股份有限公司,不在全国中小企业股份转让系统挂牌公开转让股票或证券交易所上市的,应当按相关要求规范后申请纳入非上市公众公司监管。”

十三、将修改后的第三十二条、第三十三条、第三十四条、第三十六条中“股票向社会公众公开转让”的表述修改为“股票公开转让”。

本决定自公布之日起施行。

《非上市公众公司监督管理办法》根据本决定作相应的修改并对条文顺序作相应调整,重新公布。

非上市公众公司监督管理办法

第一章　总　　则

第一条　为了规范非上市公众公司股票转让和发行行为,保护投资者合法权益,维护社会公共利益,根据《证券法》、《公司法》及相关法律法规的规定,制定本办法。

第二条　本办法所称非上市公众公司(以下简称公众公司)是指有下列情形之一且其股票未在证券交易所上市交易的股份有限公司:

(一)股票向特定对象发行或者转让导致股东累计超过200人;

(二)股票公开转让。

第三条　公众公司应当按照法律、行政法规、本办法和公司章程的规定,做到股权明晰,合法规范经营,公司治理机制健全,履行信息披露义务。

第四条　公众公司公开转让股票应当在全国中小企业股份转让系统进行,公开转让的公众公司股票应当在中国证券登记结算公司集中登记存管。

第五条　公众公司可以依法进行股权融资、债权融资、资产重组等。

公众公司发行优先股等证券品种,应当遵守法律、行政法规和中国证券监督管理委员会(以下简称中国证监会)的相关规定。

第六条　为公司出具专项文件的证券公司、律师事务所、会计师事务所及其他证券服务机构,应当勤勉尽责、诚实守信,认真履行审慎核查义务,按照依法制定的业务规则、行业执业规范和职业道德准则发表专业意见,保证所出具文件的真实性、准确性和完整性,并接受中国证监会的监管。

第二章　公司治理

第七条　公众公司应当依法制定公司章程。

中国证监会依法对公众公司章程必备条款作出具体规定,规范公司章程的制定和修改。

第八条　公众公司应当建立兼顾公司特点和公司治理机制基本要求的股东大会、董事会、监事会制度,明晰职责和议事规则。

第九条　公众公司的治理结构应当确保所有股东,特别是中小股东充分行使法律、行政法规和公司章程规定的合法权利。

股东对法律、行政法规和公司章程规定的公司重大事项,享有知情权和参与权。

公众公司应当建立健全投资者关系管理,保护投资者的合法权益。

第十条　公众公司股东大会、董事会、监事会的召集、提案审议、通知时间、召开程序、授权委托、表决和决议等应当符合法律、行政法规和公司章程的规定;会议记录应当完整并安全保存。

股东大会的提案审议应当符合程序,保障股东的知情权、参与权、质询权和表决权;董事会应当在职权范围和股东大会授权范围内对审议事项作出决议,不得代替股东大会对超出董事会职权范围和授权范围的事项进行决议。

第十一条 公众公司董事会应当对公司的治理机制是否给所有的股东提供合适的保护和平等权利等情况进行充分讨论、评估。

第十二条 公众公司应当强化内部管理,按照相关规定建立会计核算体系、财务管理和风险控制等制度,确保公司财务报告真实可靠及行为合法合规。

第十三条 公众公司进行关联交易应当遵循平等、自愿、等价、有偿的原则,保证交易公平、公允,维护公司的合法权益,根据法律、行政法规、中国证监会的规定和公司章程,履行相应的审议程序。

第十四条 公众公司应当采取有效措施防止股东及其关联方以各种形式占用或者转移公司的资金、资产及其他资源。

第十五条 公众公司实施并购重组行为,应当按照法律、行政法规、中国证监会的规定和公司章程,履行相应的决策程序并聘请证券公司和相关证券服务机构出具专业意见。

任何单位和个人不得利用并购重组损害公众公司及其股东的合法权益。

第十六条 进行公众公司收购,收购人或者其实际控制人应当具有健全的公司治理机制和良好的诚信记录。收购人不得以任何形式从被收购公司获得财务资助,不得利用收购活动损害被收购公司及其股东的合法权益。

在公众公司收购中,收购人持有的被收购公司的股份,在收购完成后 12 个月内不得转让。

第十七条 公众公司实施重大资产重组,重组的相关资产应当权属清晰、定价公允,重组后的公众公司治理机制健全,不得损害公众公司和股东的合法权益。

第十八条 公众公司应当按照法律的规定,同时结合公司的实际情况在章程中约定建立表决权回避制度。

第十九条 公众公司应当在章程中约定纠纷解决机制。股东有权按照法律、行政法规和公司章程的规定,通过仲裁、民事诉讼或者其他法律手段保护其合法权益。

第三章 信息披露

第二十条 公司及其他信息披露义务人应当按照法律、行政法规和中国证监会的规定,真实、准确、完整、及时地披露信息,不得有虚假记载、误导性陈述或者重大遗漏。公司及其他信息披露义务人应当向所有投资者同时公开披露信息。

公司的董事、监事、高级管理人员应当忠实、勤勉地履行职责,保证公司披露信息的真实、准确、完整、及时。

第二十一条 信息披露文件主要包括公开转让说明书、定向转让说明书、定向发行说明书、发行情况报告书、定期报告和临时报告等。具体的内容与格式、编制规则及披露要求,由中国证监会另行制定。

第二十二条 股票公开转让与定向发行的公众公司应当披露半年度报告、年度报告。年度报告中的财务会计报告应当经具有证券期货相关业务资格的会计师事务所审计。

股票向特定对象转让导致股东累计超过 200 人的公众公司,应当披露年度报告。年度报告中的财务会计报告应当经会计师事务所审计。

第二十三条 公众公司董事、高级管理人员应当对定期报告签署书面确认意见;对报告内容有异议的,应当单独陈述理由,并与定期报告同时披露。公众公司不得以董事、高级管理人员对定期报告内容有异议为由不按时披露定期报告。

公众公司监事会应当对董事会编制的定期报告进行审核并提出书面审核意见,说明董事会对定期报告的编制和审核程序是否符合法律、行政法规、中国证监会的规定和公司章程,报告的内容是否能够真实、准确、完整地反映公司实际情况。

第二十四条 证券公司、律师事务所、会计师事务所及其他证券服务机构出具的文件和其他有关的重要文件应当作为备查文件,予以披露。

第二十五条 发生可能对股票价格产生较

大影响的重大事件，投资者尚未得知时，公众公司应当立即将有关该重大事件的情况报送临时报告，并予以公告，说明事件的起因、目前的状态和可能产生的后果。

第二十六条　公众公司实施并购重组的，相关信息披露义务人应当依法严格履行公告义务，并及时准确地向公众公司通报有关信息，配合公众公司及时、准确、完整地进行披露。

参与并购重组的相关单位和人员，在并购重组的信息依法披露前负有保密义务，禁止利用该信息进行内幕交易。

第二十七条　公众公司应当制定信息披露事务管理制度并指定具有相关专业知识的人员负责信息披露事务。

第二十八条　除监事会公告外，公众公司披露的信息应当以董事会公告的形式发布。董事、监事、高级管理人员非经董事会书面授权，不得对外发布未披露的信息。

第二十九条　公司及其他信息披露义务人依法披露的信息，应当在中国证监会指定的信息披露平台公布。公司及其他信息披露义务人可在公司网站或者其他公众媒体上刊登依本办法必须披露的信息，但披露的内容应当完全一致，且不得早于在中国证监会指定的信息披露平台披露的时间。

股票向特定对象转让导致股东累计超过200人的公众公司可以在公司章程中约定其他信息披露方式；在中国证监会指定的信息披露平台披露相关信息的，应当符合本条第一款的要求。

第三十条　公司及其他信息披露义务人应当将信息披露公告文稿和相关备查文件置备于公司住所供社会公众查阅。

第三十一条　公司应当配合为其提供服务的证券公司及律师事务所、会计师事务所等证券服务机构的工作，按要求提供所需资料，不得要求证券公司、证券服务机构出具与客观事实不符的文件或者阻碍其工作。

第四章　股票转让

第三十二条　股票向特定对象转让导致股东累计超过200人的股份有限公司，应当自上述行为发生之日起3个月内，按照中国证监会有关规定制作申请文件，申请文件应当包括但不限于：定向转让说明书、律师事务所出具的法律意见书、会计师事务所出具的审计报告。股份有限公司持申请文件向中国证监会申请核准。在提交申请文件前，股份有限公司应当将相关情况通知所有股东。

在3个月内股东人数降至200人以内的，可以不提出申请。

股票向特定对象转让应当以非公开方式协议转让。申请股票公开转让的，按照本办法第三十三条、第三十四条的规定办理。

第三十三条　公司申请其股票公开转让的，董事会应当依法就股票公开转让的具体方案作出决议，并提请股东大会批准，股东大会决议必须经出席会议的股东所持表决权的2/3以上通过。

董事会和股东大会决议中还应当包括以下内容：

（一）按照中国证监会的相关规定修改公司章程；

（二）按照法律、行政法规和公司章程的规定建立健全公司治理机制；

（三）履行信息披露义务，按照相关规定披露公开转让说明书、年度报告、半年度报告及其他信息披露内容。

第三十四条　股东人数超过200人的公司申请其股票公开转让，应当按照中国证监会有关规定制作公开转让的申请文件，申请文件应当包括但不限于：公开转让说明书、律师事务所出具的法律意见书、具有证券期货相关业务资格的会计师事务所出具的审计报告、证券公司出具的推荐文件。公司持申请文件向中国证监会申请核准。

公开转让说明书应当在公开转让前披露。

第三十五条　中国证监会受理申请文件后，依法对公司治理和信息披露进行审核，在20个工作日内作出核准、中止审核、终止审核、不予核准的决定。

第三十六条　股东人数未超过200人的公司申请其股票公开转让，中国证监会豁免核准，由全国中小企业股份转让系统进行审查。

第三十七条　公司及其董事、监事、高级管理人员，应当对公开转让说明书、定向转让说明书签署书面确认意见，保证所披露的信息真实、准确、完整。

第三十八条　本办法施行前股东人数超过200人的股份有限公司,符合条件的,可以申请在全国中小企业股份转让系统挂牌公开转让股票、首次公开发行并在证券交易所上市。

第五章　定向发行

第三十九条　本办法所称定向发行包括向特定对象发行股票导致股东累计超过200人,以及股东人数超过200人的公众公司向特定对象发行股票两种情形。

前款所称特定对象的范围包括下列机构或者自然人:

(一)公司股东;

(二)公司的董事、监事、高级管理人员、核心员工;

(三)符合投资者适当性管理规定的自然人投资者、法人投资者及其他经济组织。

公司确定发行对象时,符合本条第二款第(二)项、第(三)项规定的投资者合计不得超过35名。

核心员工的认定,应当由公司董事会提名,并向全体员工公示和征求意见,由监事会发表明确意见后,经股东大会审议批准。

投资者适当性管理规定由中国证监会另行制定。

第四十条　公司应当对发行对象的身份进行确认,有充分理由确信发行对象符合本办法和公司的相关规定。

公司应当与发行对象签订包含风险揭示条款的认购协议。

第四十一条　公司董事会应当依法就本次股票发行的具体方案作出决议,并提请股东大会批准,股东大会决议必须经出席会议的股东所持表决权的2/3以上通过。

申请向特定对象发行股票导致股东累计超过200人的股份有限公司,董事会和股东大会决议中还应当包括以下内容:

(一)按照中国证监会的相关规定修改公司章程;

(二)按照法律、行政法规和公司章程的规定建立健全公司治理机制;

(三)履行信息披露义务,按照相关规定披露定向发行说明书、发行情况报告书、年度报告、半年度报告及其他信息披露内容。

第四十二条　公司应当按照中国证监会有关规定制作定向发行的申请文件,申请文件应当包括但不限于:定向发行说明书、律师事务所出具的法律意见书、具有证券期货相关业务资格的会计师事务所出具的审计报告、证券公司出具的推荐文件。公司持申请文件向中国证监会申请核准。

第四十三条　中国证监会受理申请文件后,依法对公司治理和信息披露以及发行对象情况进行审核,在20个工作日内作出核准、中止审核、终止审核、不予核准的决定。

第四十四条　公司申请定向发行股票,可申请一次核准,分期发行。自中国证监会予以核准之日起,公司应当在3个月内首期发行,剩余数量应当在12个月内发行完毕。超过核准文件限定的有效期未发行的,须重新经中国证监会核准后方可发行。首期发行数量应当不少于总发行数量的50%,剩余各期发行的数量由公司自行确定,每期发行后5个工作日内将发行情况报中国证监会备案。

第四十五条　在全国中小企业股份转让系统挂牌公开转让股票的公众公司向特定对象发行股票后股东累计不超过200人的,中国证监会豁免核准,由全国中小企业股份转让系统自律管理,但发行对象应当符合本办法第三十九条的规定。

第四十六条　股票发行结束后,公众公司应当按照中国证监会的有关要求编制并披露发行情况报告书。申请分期发行的公众公司应在每期发行后按照中国证监会的有关要求进行披露,并在全部发行结束或者超过核准文件有效期后按照中国证监会的有关要求编制并披露发行情况报告书。

豁免向中国证监会申请核准定向发行的公众公司,应当在发行结束后按照中国证监会的有关要求编制并披露发行情况报告书。

第四十七条　公司及其董事、监事、高级管理人员,应当对定向发行说明书、发行情况报告书签署书面确认意见,保证所披露的信息真实、准确、完整。

第四十八条　公众公司定向发行股份购买资产的,按照本章有关规定办理。

第六章　监 督 管 理

第四十九条　中国证监会会同国务院有关部门、地方人民政府,依照法律法规和国务院有关规定,各司其职,分工协作,对公众公司进行持续监管,防范风险,维护证券市场秩序。

第五十条　中国证监会依法履行对公司股票转让、定向发行、信息披露的监管职责,有权对公司、证券公司、证券服务机构采取《证券法》第一百八十条规定的措施。

第五十一条　全国中小企业股份转让系统应当发挥自律管理作用,对在全国中小企业股份转让系统公开转让股票的公众公司及相关信息披露义务人披露信息进行监督,督促其依法及时、准确地披露信息。发现公开转让股票的公众公司及相关信息披露义务人有违反法律、行政法规和中国证监会相关规定的行为,应当向中国证监会报告,并采取自律管理措施。

第五十二条　中国证券业协会应当发挥自律管理作用,对从事公司股票转让和定向发行业务的证券公司进行监督,督促其勤勉尽责地履行尽职调查和督导职责。发现证券公司有违反法律、行政法规和中国证监会相关规定的行为,应当向中国证监会报告,并采取自律管理措施。

第五十三条　中国证监会可以要求公司及其他信息披露义务人或者其董事、监事、高级管理人员对有关信息披露问题作出解释、说明或者提供相关资料,并要求公司提供证券公司或者证券服务机构的专业意见。

中国证监会对证券公司和证券服务机构出具文件的真实性、准确性、完整性有疑义的,可以要求相关机构作出解释、补充,并调阅其工作底稿。

第五十四条　证券公司在从事股票转让、定向发行等业务活动中,应当按照中国证监会的有关规定勤勉尽责地进行尽职调查,规范履行内核程序,认真编制相关文件,并持续督导所推荐公司及时履行信息披露义务、完善公司治理。

第五十五条　证券服务机构为公司的股票转让、定向发行等活动出具审计报告、资产评估报告或者法律意见书等文件的,应当严格履行法定职责,遵循勤勉尽责和诚实信用原则,对公司的主体资格、股本情况、规范运作、财务状况、公司治理、信息披露等内容的真实性、准确性、完整性进行充分的核查和验证,并保证其出具的文件不存在虚假记载、误导性陈述或者重大遗漏。

第五十六条　中国证监会依法对公司进行监督检查或者调查,公司有义务提供相关文件资料。对于发现问题的公司,中国证监会可以采取责令改正、监管谈话、责令公开说明、出具警示函等监管措施,并记入诚信档案;涉嫌违法、犯罪的,应当立案调查或者移送司法机关。

第七章　法 律 责 任

第五十七条　公司以欺骗手段骗取核准的,公司报送的报告有虚假记载、误导性陈述或者重大遗漏的,除依照《证券法》有关规定进行处罚外,中国证监会可以采取终止审核并自确认之日起在36个月内不受理公司的股票转让和定向发行申请的监管措施。

第五十八条　公司未按照本办法第三十二条、第三十四条、第四十二条规定,擅自转让或者发行股票的,按照《证券法》第一百八十八条的规定进行处罚。

第五十九条　证券公司、证券服务机构出具的文件有虚假记载、误导性陈述或者重大遗漏的,除依照《证券法》及相关法律法规的规定处罚外,中国证监会可视情节轻重,自确认之日起采取3个月至12个月内不接受该机构出具的相关专项文件,36个月内不接受相关签字人员出具的专项文件的监管措施。

第六十条　公司及其他信息披露义务人未按照规定披露信息,或者所披露的信息有虚假记载、误导性陈述或者重大遗漏的,依照《证券法》第一百九十三条的规定进行处罚。

第六十一条　公司向不符合本办法规定条件的投资者发行股票的,中国证监会可以责令改正,并可以自确认之日起在36个月内不受理其申请。

第六十二条　信息披露义务人及其董事、监事、高级管理人员,公司控股股东、实际控制人,为信息披露义务人出具专项文件的证券公司、证券服务机构及其工作人员,违反《证券法》、行政法规和中国证监会相关规定的,中国证监会可以采取责令改正、监管谈话、出具警示函、认定为不适当人选等监管措施,并记入诚信档案;情节严重的,中国证监会可以对有关责任人员采取证券市场禁入的措施。

第六十三条　公众公司内幕信息知情人或非法获取内幕信息的人,在对公众公司股票价格有重大影响的信息公开前,泄露该信息、买卖或者建议他人买卖该股票的,依照《证券法》第二百零二条的规定进行处罚。

第八章　附　　则

第六十四条　公众公司向不特定对象公开发行股票的,应当遵守《证券法》和中国证监会的相关规定。

公众公司申请在证券交易所上市的,应当遵守中国证监会和证券交易所的相关规定。

第六十五条　本办法施行前股东人数超过200人的股份有限公司,不在全国中小企业股份转让系统挂牌公开转让股票或证券交易所上市的,应当按相关要求规范后申请纳入非上市公众公司监管。

第六十六条　本办法所称股份有限公司是指首次申请股票转让或定向发行的股份有限公司;所称公司包括非上市公众公司和首次申请股票转让或定向发行的股份有限公司。

第六十七条　本办法自2013年1月1日起施行。

(四)其他部委发布的与资本市场相关的部门规章

合格境内机构投资者境外证券投资外汇管理规定

(2013年8月21日　国家外汇管理局公告2013年第1号)

第一章　总　　则

第一条　为规范合格境内机构投资者(以下简称合格投资者)境外证券投资外汇管理,根据《中华人民共和国外汇管理条例》(国务院令第532号,以下简称《外汇管理条例》)及相关规定,制定本规定。

第二条　本规定所称合格投资者是指取得相关部门批准或许可开展境外证券等投资(以下简称境外投资)的境内机构,包括但不限于:商业银行、证券公司、基金管理公司、保险机构、信托公司等。

合格投资者可以自有资金或募集境内机构和个人资金,投资于法规及相关部门允许的境外市场及产品(银行自有资金境外运用除外)。

第三条　国家外汇管理局及其分局、外汇管理部(以下简称外汇局)依法对合格投资者境外投资的投资额度、资金账户、资金收付及汇兑等实施监督、管理和检查。

第二章　投资额度管理

第四条　国家外汇管理局依法批准单个合格投资者境外投资额度(以下简称投资额度)。

第五条　合格投资者申请投资额度,应向国家外汇管理局提交以下材料:

(一)《合格境内机构投资者境外证券投资申请表》(见附1);

(二)相关部门对合格投资者境外投资资格批准或许可文件复印件。法规规定需要取得经营外汇业务资格的机构,还需提供外汇局等部门出具的经营外汇业务资格文件或凭证；

（三）合格投资者与境内托管行签订的托管协议草案；

（四）国家外汇管理局要求的其他材料。

申请增加投资额度的，除需提供上述材料中（一）、（三）、（四）外，还需提供已获批投资额度使用情况说明。

第六条　国家外汇管理局对投资额度实行余额管理，合格投资者境外投资净汇出额（含外汇及人民币资金）不得超过经批准的投资额度。

合格投资者汇出入非美元币种资金时，应参照汇出入资金当月国家外汇管理局公布的各种货币对美元折算率表，计算汇出入资金的等值美元投资额度。

已取得投资额度的合格投资者，如两年内未能有效使用投资额度，国家外汇管理局有权对其投资额度进行调减。

合格投资者不得转让或转卖投资额度。

第三章　账户管理

第七条　合格投资者进行境外投资的，应委托境内具有相关业务资格的商业银行或其他金融机构作为境内托管人（以下简称托管人）负责资产托管业务。

第八条　合格投资者应凭国家外汇管理局投资额度批准文件，在托管人处开立境内托管账户。

合格投资者可根据募集及汇出入资金币种等需要，选择开立境内外汇托管账户及境内人民币托管账户。

托管人可为合格投资者每只产品（含自有资金）分别开立境内托管账户。同一产品下不同币种的境内外汇托管账户，视同为一个账户。

境内外汇托管账户的收支范围见附2。

第九条　托管人应在境外托管人处为合格投资者相关产品开立境外托管账户。

境外托管账户收支范围限于与境内托管账户之间的资金划转以及合格投资者境外投资项下相关收支。

第十条　合格投资者募集境内机构和个人资金进行投资的，可为其产品开立募集资金专用账户和清算账户。

合格投资者通过直销和代销方式募集境内机构和个人资金的，可开立产品的直销和代销账户。

上述账户涉及外汇收支的，合格投资者可持国家外汇管理局投资额度批准文件开立相应的外汇账户（募集资金专用外汇账户、外汇清算账户、直销和代销外汇账户）。相应外汇账户的收支范围见附2。

第四章　汇兑管理

第十一条　合格投资者可通过托管人以外汇或人民币形式汇出入境外投资资金。相关资金汇出入应按币种分别通过境内外汇托管账户和境内人民币托管账户办理。

涉及购汇及境内外汇划转的，合格投资者可凭国家外汇管理局投资额度批准文件到境内商业银行办理。

第十二条　合格投资者境外投资本金及收益，可以外汇或人民币形式汇回。

合格投资者以外汇形式汇回的本金和收益，可以外汇形式保留或划转至境内机构和个人外汇账户，也可以结汇划转至其境内人民币托管账户。法规规定不予结汇的除外。

合格投资者可凭国家外汇管理局投资额度批准文件到银行办理相关资金结汇及划转手续。

第五章　统计与监督管理

第十三条　合格投资者应在首次获批投资额度后20个工作日内，持营业执照复印件、组织机构代码证、投资额度批准文件等到其注册所在地外汇局办理合格投资者基本信息登记。登记完成后，合格投资者应通过托管人将有关情况及时告知国家外汇管理局。

合格投资者组织机构代码、机构名称、营业场所、营业执照注册号等基本信息发生变更的，应在信息变更后5个工作日内持相关变更材料到其注册所在地外汇局办理基本信息变更登记。

第十四条　托管人应在合格投资者资金汇出、汇入后2个工作日内，通过资本项目信息系统报送合格投资者资金汇出、汇入明细情况。

托管人应在每月结束后5个工作日内,通过资本项目信息系统报送上月合格投资者境外投资资金汇出入、结购汇、资产分布及占比等信息。

合格投资者应在每个会计年度结束后4个月内,向国家外汇管理局报送上一年度境外投资情况报告(包括投资额度使用情况、投资收益情况等)。

第十五条 合格投资者和托管人应按国际收支统计申报相关规定履行国际收支申报义务。

第十六条 合格投资者有以下行为的,外汇局依据《外汇管理条例》等相关规定予以处罚;情节严重的,外汇局可调减直至取消其投资额度。

(一)超过国家外汇管理局批准的投资额度进行境外投资的;

(二)转让或转卖投资额度等非法使用外汇行为的;

(三)向托管人或外汇局提供虚假信息或材料的;

(四)未按规定办理投资购付汇或收结汇的;

(五)未按规定办理基本信息登记或变更登记的;

(六)未按规定报送相关报表、数据及报备材料的;

(七)未履行国际收支申报义务的;

(八)违反其他外汇管理规定的。

第十七条 托管人有下列行为的,外汇局依据《外汇管理条例》等相关规定予以处罚;情节严重的,外汇局可责成合格投资者更换托管人:

(一)未按规定为合格投资者办理资金汇出入手续的;

(二)未按规定为合格投资者开立或关闭相关账户,或未按规定的账户收支范围为合格投资者办理资金汇兑和划转手续的;

(三)未按规定向外汇局报送相关报表、数据及报备材料的;

(四)未按规定进行国际收支申报的;

(五)违反其他外汇管理规定的。

第十八条 本规定由国家外汇管理局负责解释。

第十九条 本规定自发布之日起实施。《国家外汇管理局关于印发〈商业银行代客境外理财业务外汇管理操作规程〉的通知》(汇综发〔2006〕135号)、《国家外汇管理局关于基金管理公司和证券公司境外证券投资外汇管理有关问题的通知》(汇发〔2009〕47号)同时废止。其他相关外汇管理与本规定不一致的,以本规定为准。

(五)司 法 解 释

最高人民法院关于依据国际公约和双边司法协助条约办理民商事案件司法文书送达和调查取证司法协助请求的规定

(2013年4月7日　法释〔2013〕11号)

为正确适用有关国际公约和双边司法协助条约,依法办理民商事案件司法文书送达和调查取证请求,根据《中华人民共和国民事诉讼法》、《关于向国外送达民事或商事司法文书和司法外文书的公约》(海牙送达公约)、《关于从国外调取民事或商事证据的公约》(海牙取证公约)和双边民事司法协助条约的规定,结合我国的司法实践,制定本规定。

第一条　人民法院应当根据便捷、高效的原则确定依据海牙送达公约、海牙取证公约,或者双边民事司法协助条约,对外提出民商事案件司法文书送达和调查取证请求。

第二条　人民法院协助外国办理民商事案件司法文书送达和调查取证请求,适用对等原则。

第三条　人民法院协助外国办理民商事案件司法文书送达和调查取证请求,应当进行审查。外国提出的司法协助请求,具有海牙送达公约、海牙取证公约或双边民事司法协助条约规定的拒绝提供协助的情形的,人民法院应当拒绝提供协助。

第四条　人民法院协助外国办理民商事案件司法文书送达和调查取证请求,应当按照民事诉讼法和相关司法解释规定的方式办理。

请求方要求按照请求书中列明的特殊方式办理的,如果该方式与我国法律不相抵触,且在实践中不存在无法办理或者办理困难的情形,应当按照该特殊方式办理。

第五条　人民法院委托外国送达民商事案件司法文书和进行民商事案件调查取证,需要提供译文的,应当委托中华人民共和国领域内的翻译机构进行翻译。

译文应当附有确认译文与原文一致的翻译证明。翻译证明应当有翻译机构的印章和翻译人的签名。译文不得加盖人民法院印章。

第六条　最高人民法院统一管理全国各级人民法院的国际司法协助工作。高级人民法院应当确定一个部门统一管理本辖区各级人民法院的国际司法协助工作并指定专人负责。中级人民法院、基层人民法院和有权受理涉外案件的专门法院,应当指定专人管理国际司法协助工作;有条件的,可以同时确定一个部门管理国际司法协助工作。

第七条　人民法院应当建立独立的国际司法协助登记制度。

第八条　人民法院应当建立国际司法协助档案制度。办理民商事案件司法文书送达的送达回证、送达证明在各个转递环节应当以适当方式保存。办理民商事案件调查取证的材料应当作为档案保存。

第九条　经最高人民法院授权的高级人民法院,可以依据海牙送达公约、海牙取证公约直接对外发出本辖区各级人民法院提出的民商事案件司法文书送达和调查取证请求。

第十条　通过外交途径办理民商事案件司法文书送达和调查取证,不适用本规定。

第十一条　最高人民法院国际司法协助统一管理部门根据本规定制定实施细则。

第十二条　最高人民法院以前所作的司法解释及规范性文件,凡与本规定不一致的,按本规定办理。

最高人民法院关于适用《中华人民共和国企业破产法》若干问题的规定(二)

(2013 年 9 月 5 日　法释〔2013〕22 号)

根据《中华人民共和国企业破产法》、《中华人民共和国物权法》、《中华人民共和国合同法》等相关法律,结合审判实践,就人民法院审理企业破产案件中认定债务人财产相关的法律适用问题,制定本规定。

第一条　除债务人所有的货币、实物外,债务人依法享有的可以用货币估价并可以依法转让的债权、股权、知识产权、用益物权等财产和财产权益,人民法院均应认定为债务人财产。

第二条　下列财产不应认定为债务人财产:

(一)债务人基于仓储、保管、承揽、代销、借用、寄存、租赁等合同或者其他法律关系占有、使用的他人财产;

(二)债务人在所有权保留买卖中尚未取得所有权的财产;

(三)所有权专属于国家且不得转让的财产;

(四)其他依照法律、行政法规不属于债务人的财产。

第三条 债务人已依法设定担保物权的特定财产,人民法院应当认定为债务人财产。

对债务人的特定财产在担保物权消灭或者实现担保物权后的剩余部分,在破产程序中可用以清偿破产费用、共益债务和其他破产债权。

第四条 债务人对按份享有所有权的共有财产的相关份额,或者共同享有所有权的共有财产的相应财产权利,以及依法分割共有财产所得部分,人民法院均应认定为债务人财产。

人民法院宣告债务人破产清算,属于共有财产分割的法定事由。人民法院裁定债务人重整或者和解的,共有财产的分割应当依据物权法第九十九条的规定进行;基于重整或者和解的需要必须分割共有财产,管理人请求分割的,人民法院应予准许。

因分割共有财产导致其他共有人损害产生的债务,其他共有人请求作为共益债务清偿的,人民法院应予支持。

第五条 破产申请受理后,有关债务人财产的执行程序未依照企业破产法第十九条的规定中止的,采取执行措施的相关单位应当依法予以纠正。依法执行回转的财产,人民法院应当认定为债务人财产。

第六条 破产申请受理后,对于可能因有关利益相关人的行为或者其他原因,影响破产程序依法进行的,受理破产申请的人民法院可以根据管理人的申请或者依职权,对债务人的全部或者部分财产采取保全措施。

第七条 对债务人财产已采取保全措施的相关单位,在知悉人民法院已裁定受理有关债务人的破产申请后,应当依照企业破产法第十九条的规定及时解除对债务人财产的保全措施。

第八条 人民法院受理破产申请后至破产宣告前裁定驳回破产申请,或者依据企业破产法第一百零八条的规定裁定终结破产程序的,应当及时通知原已采取保全措施并已依法解除保全措施的单位按照原保全顺位恢复相关保全措施。

在已依法解除保全的单位恢复保全措施或者表示不再恢复之前,受理破产申请的人民法院不得解除对债务人财产的保全措施。

第九条 管理人依据企业破产法第三十一条和第三十二条的规定提起诉讼,请求撤销涉及债务人财产的相关行为并由相对人返还债务人财产的,人民法院应予支持。

管理人因过错未依法行使撤销权导致债务人财产不当减损,债权人提起诉讼主张管理人对其损失承担相应赔偿责任的,人民法院应予支持。

第十条 债务人经过行政清理程序转入破产程序的,企业破产法第三十一条和第三十二条规定的可撤销行为的起算点,为行政监管机构作出撤销决定之日。

债务人经过强制清算程序转入破产程序的,企业破产法第三十一条和第三十二条规定的可撤销行为的起算点,为人民法院裁定受理强制清算申请之日。

第十一条 人民法院根据管理人的请求撤销涉及债务人财产的以明显不合理价格进行的交易的,买卖双方应当依法返还从对方获取的财产或者价款。

因撤销该交易,对于债务人应返还受让人已支付价款所产生的债务,受让人请求作为共益债务清偿的,人民法院应予支持。

第十二条 破产申请受理前一年内债务人提前清偿的未到期债务,在破产申请受理前已经到期,管理人请求撤销该清偿行为的,人民法院不予支持。但是,该清偿行为发生在破产申请受理前六个月内且债务人有企业破产法第二条第一款规定情形的除外。

第十三条 破产申请受理后,管理人未依据企业破产法第三十一条的规定请求撤销债务人无偿转让财产、以明显不合理价格交易、放弃债权行为的,债权人依据合同法第七十四条等规定提起诉讼,请求撤销债务人上述行为并将因此追回的财产归入债务人财产的,人民法院应予受理。

相对人以债权人行使撤销权的范围超出债权人的债权抗辩的,人民法院不予支持。

第十四条 债务人对以自有财产设定担保物权的债权进行的个别清偿,管理人依据企业破产法第三十二条的规定请求撤销的,人民法院不予支持。但是,债务清偿时担保财产的价值低于债权额的除外。

第十五条　债务人经诉讼、仲裁、执行程序对债权人进行的个别清偿,管理人依据企业破产法第三十二条的规定请求撤销的,人民法院不予支持。但是,债务人与债权人恶意串通损害其他债权人利益的除外。

第十六条　债务人对债权人进行的以下个别清偿,管理人依据企业破产法第三十二条的规定请求撤销的,人民法院不予支持:

(一)债务人为维系基本生产需要而支付水费、电费等的;

(二)债务人支付劳动报酬、人身损害赔偿金的;

(三)使债务人财产受益的其他个别清偿。

第十七条　管理人依据企业破产法第三十三条的规定提起诉讼,主张被隐匿、转移财产的实际占有人返还债务人财产,或者主张债务人虚构债务或者承认不真实债务的行为无效并返还债务人财产的,人民法院应予支持。

第十八条　管理人代表债务人依据企业破产法第一百二十八条的规定,以债务人的法定代表人和其他直接责任人员对所涉债务人财产的相关行为存在故意或者重大过失,造成债务人财产损失为由提起诉讼,主张上述责任人员承担相应赔偿责任的,人民法院应予支持。

第十九条　债务人对外享有债权的诉讼时效,自人民法院受理破产申请之日起中断。

债务人无正当理由未对其到期债权及时行使权利,导致其对外债权在破产申请受理前一年内超过诉讼时效期间的,人民法院受理破产申请之日起重新计算上述债权的诉讼时效期间。

第二十条　管理人代表债务人提起诉讼,主张出资人向债务人依法缴付未履行的出资或者返还抽逃的出资本息,出资人以认缴出资尚未届至公司章程规定的缴纳期限或者违反出资义务已经超过诉讼时效为由抗辩的,人民法院不予支持。

管理人依据公司法的相关规定代表债务人提起诉讼,主张公司的发起人和负有监督股东履行出资义务的董事、高级管理人员,或者协助抽逃出资的其他股东、董事、高级管理人员、实际控制人等,对股东违反出资义务或者抽逃出资承担相应责任,并将财产归入债务人财产的,人民法院应予支持。

第二十一条　破产申请受理前,债权人就债务人财产提起下列诉讼,破产申请受理时案件尚未审结的,人民法院应当中止审理:

(一)主张次债务人代替债务人直接向其偿还债务的;

(二)主张债务人的出资人、发起人和负有监督股东履行出资义务的董事、高级管理人员,或者协助抽逃出资的其他股东、董事、高级管理人员、实际控制人等直接向其承担出资不实或者抽逃出资责任的;

(三)以债务人的股东与债务人法人人格严重混同为由,主张债务人的股东直接向其偿还债务人对其所负债务的;

(四)其他就债务人财产提起的个别清偿诉讼。

债务人破产宣告后,人民法院应当依照企业破产法第四十四条的规定判决驳回债权人的诉讼请求。但是,债权人一审中变更其诉讼请求为追收的相关财产归入债务人财产的除外。

债务人破产宣告前,人民法院依据企业破产法第十二条或者第一百零八条的规定裁定驳回破产申请或者终结破产程序的,上述中止审理的案件应当依法恢复审理。

第二十二条　破产申请受理前,债权人就债务人财产向人民法院提起本规定第二十一条第一款所列诉讼,人民法院已经作出生效民事判决书或者调解书但尚未执行完毕的,破产申请受理后,相关执行行为应当依据企业破产法第十九条的规定中止,债权人应当依法向管理人申报相关债权。

第二十三条　破产申请受理后,债权人就债务人财产向人民法院提起本规定第二十一条第一款所列诉讼的,人民法院不予受理。

债权人通过债权人会议或者债权人委员会,要求管理人依法向次债务人、债务人的出资人等追收债务人财产,管理人无正当理由拒绝追收,债权人会议依据企业破产法第二十二条的规定,申请人民法院更换管理人的,人民法院应予支持。

管理人不予追收,个别债权人代表全体债权人提起相关诉讼,主张次债务人或者债务人的出资人等向债务人清偿或者返还债务人财产,或者依法申请合并破产的,人民法院应予受理。

第二十四条 债务人有企业破产法第二条第一款规定的情形时,债务人的董事、监事和高级管理人员利用职权获取的以下收入,人民法院应当认定为企业破产法第三十六条规定的非正常收入:

(一)绩效奖金;

(二)普遍拖欠职工工资情况下获取的工资性收入;

(三)其他非正常收入。

债务人的董事、监事和高级管理人员拒不向管理人返还上述债务人财产,管理人主张上述人员予以返还的,人民法院应予支持。

债务人的董事、监事和高级管理人员因返还第一款第(一)项、第(三)项非正常收入形成的债权,可以作为普通破产债权清偿。因返还第一款第(二)项非正常收入形成的债权,依据企业破产法第一百一十三条第三款的规定,按照该企业职工平均工资计算的部分作为拖欠职工工资清偿;高出该企业职工平均工资计算的部分,可以作为普通破产债权清偿。

第二十五条 管理人拟通过清偿债务或者提供担保取回质物、留置物,或者与质权人、留置权人协议以质物、留置物折价清偿债务等方式,进行对债权人利益有重大影响的财产处分行为的,应当及时报告债权人委员会。未设立债权人委员会的,管理人应当及时报告人民法院。

第二十六条 权利人依据企业破产法第三十八条的规定行使取回权,应当在破产财产变价方案或者和解协议、重整计划草案提交债权人会议表决前向管理人提出。权利人在上述期限后主张取回相关财产的,应当承担延迟行使取回权增加的相关费用。

第二十七条 权利人依据企业破产法第三十八条的规定向管理人主张取回相关财产,管理人不予认可,权利人以债务人为被告向人民法院提起诉讼请求行使取回权的,人民法院应予受理。

权利人依据人民法院或者仲裁机关的相关生效法律文书向管理人主张取回所涉争议财产,管理人以生效法律文书错误为由拒绝其行使取回权的,人民法院不予支持。

第二十八条 权利人行使取回权时未依法向管理人支付相关的加工费、保管费、托运费、委托费、代销费等费用,管理人拒绝其取回相关财产的,人民法院应予支持。

第二十九条 对债务人占有的权属不清的鲜活易腐等不易保管的财产或者不及时变现价值将严重贬损的财产,管理人及时变价并提存变价款后,有关权利人就该变价款行使取回权的,人民法院应予支持。

第三十条 债务人占有的他人财产被违法转让给第三人,依据物权法第一百零六条的规定第三人已善意取得财产所有权,原权利人无法取回该财产的,人民法院应当按照以下规定处理:

(一)转让行为发生在破产申请受理前的,原权利人因财产损失形成的债权,作为普通破产债权清偿;

(二)转让行为发生在破产申请受理后的,因管理人或者相关人员执行职务导致原权利人损害产生的债务,作为共益债务清偿。

第三十一条 债务人占有的他人财产被违法转让给第三人,第三人已向债务人支付了转让价款,但依据物权法第一百零六条的规定未取得财产所有权,原权利人依法追回转让财产的,对因第三人已支付对价而产生的债务,人民法院应当按照以下规定处理:

(一)转让行为发生在破产申请受理前的,作为普通破产债权清偿;

(二)转让行为发生在破产申请受理后的,作为共益债务清偿。

第三十二条 债务人占有的他人财产毁损、灭失,因此获得的保险金、赔偿金、代偿物尚未交付给债务人,或者代偿物虽已交付给债务人但能与债务人财产予以区分的,权利人主张取回就此获得的保险金、赔偿金、代偿物的,人民法院应予支持。

保险金、赔偿金已经交付给债务人,或者代偿物已经交付给债务人且不能与债务人财产予以区分的,人民法院应当按照以下规定处理:

(一)财产毁损、灭失发生在破产申请受理前的,权利人因财产损失形成的债权,作为普通破产债权清偿;

(二)财产毁损、灭失发生在破产申请受理

后的,因管理人或者相关人员执行职务导致权利人损害产生的债务,作为共益债务清偿。

债务人占有的他人财产毁损、灭失,没有获得相应的保险金、赔偿金、代偿物,或者保险金、赔偿物、代偿物不足以弥补其损失的部分,人民法院应当按照本条第二款的规定处理。

第三十三条　管理人或者相关人员在执行职务过程中,因故意或者重大过失不当转让他人财产或者造成他人财产毁损、灭失,导致他人损害产生的债务作为共益债务,由债务人财产随时清偿不足弥补损失,权利人向管理人或者相关人员主张承担补充赔偿责任的,人民法院应予支持。

上述债务作为共益债务由债务人财产随时清偿后,债权人以管理人或者相关人员执行职务不当导致债务人财产减少给其造成损失为由提起诉讼,主张管理人或者相关人员承担相应赔偿责任的,人民法院应予支持。

第三十四条　买卖合同双方当事人在合同中约定标的物所有权保留,在标的物所有权未依法转移给买受人前,一方当事人破产的,该买卖合同属于双方均未履行完毕的合同,管理人有权依据企业破产法第十八条的规定决定解除或者继续履行合同。

第三十五条　出卖人破产,其管理人决定继续履行所有权保留买卖合同的,买受人应当按照原买卖合同的约定支付价款或者履行其他义务。

买受人未依约支付价款或者履行完毕其他义务,或者将标的物出卖、出质或者作出其他不当处分,给出卖人造成损害,出卖人管理人依法主张取回标的物的,人民法院应予支持。但是,买受人已经支付标的物总价款百分之七十五以上或者第三人善意取得标的物所有权或者其他物权的除外。

因本条第二款规定未能取回标的物,出卖人管理人依法主张买受人继续支付价款、履行完毕其他义务,以及承担相应赔偿责任的,人民法院应予支持。

第三十六条　出卖人破产,其管理人决定解除所有权保留买卖合同,并依据企业破产法第十七条的规定要求买受人向其交付买卖标的物的,人民法院应予支持。

买受人以其不存在未依约支付价款或者履行完毕其他义务,或者将标的物出卖、出质或者作出其他不当处分情形抗辩的,人民法院不予支持。

买受人依法履行合同义务并依据本条第一款将买卖标的物交付出卖人管理人后,买受人已支付价款损失形成的债权作为共益债务清偿。但是,买受人违反合同约定,出卖人管理人主张上述债权作为普通破产债权清偿的,人民法院应予支持。

第三十七条　买受人破产,其管理人决定继续履行所有权保留买卖合同的,原买卖合同中约定的买受人支付价款或者履行其他义务的期限在破产申请受理时视为到期,买受人管理人应当及时向出卖人支付价款或者履行其他义务。

买受人管理人无正当理由未及时支付价款或者履行完毕其他义务,或者将标的物出卖、出质或者作出其他不当处分,给出卖人造成损害,出卖人依据合同法第一百三十四条等规定主张取回标的物的,人民法院应予支持。但是,买受人已支付标的物总价款百分之七十五以上或者第三人善意取得标的物所有权或者其他物权的除外。

因本条第二款规定未能取回标的物,出卖人依法主张买受人继续支付价款、履行完毕其他义务,以及承担相应赔偿责任的,人民法院应予支持。对因买受人未支付价款或者未履行完毕其他义务,以及买受人管理人将标的物出卖、出质或者作出其他不当处分导致出卖人损害产生的债务,出卖人主张作为共益债务清偿的,人民法院应予支持。

第三十八条　买受人破产,其管理人决定解除所有权保留买卖合同,出卖人依据企业破产法第三十八条的规定主张取回买卖标的物的,人民法院应予支持。

出卖人取回买卖标的物,买受人管理人主张出卖人返还已支付价款的,人民法院应予支持。取回的标的物价值明显减少给出卖人造成损失的,出卖人可从买受人已支付价款中优先予以抵扣后,将剩余部分返还给买受人;对买受人已支付价款不足以弥补出卖人标的物价值减损损失形成的债权,出卖人主张作为共益债务清偿的,人民法院应予支持。

第三十九条　出卖人依据企业破产法第三

十九条的规定,通过通知承运人或者实际占有人中止运输、返还货物、变更到达地,或者将货物交给其他收货人等方式,对在运途中标的物主张了取回权但未能实现,或者在货物未达管理人前已向管理人主张取回在运途中标的物,在买卖标的物到达管理人后,出卖人向管理人主张取回的,管理人应予准许。

出卖人对在运途中标的物未及时行使取回权,在买卖标的物到达管理人后向管理人行使在运途中标的物取回权的,管理人不应准许。

第四十条 债务人重整期间,权利人要求取回债务人合法占有的权利人的财产,不符合双方事先约定条件的,人民法院不予支持。但是,因管理人或者自行管理的债务人违反约定,可能导致取回物被转让、毁损、灭失或者价值明显减少的除外。

第四十一条 债权人依据企业破产法第四十条的规定行使抵销权,应当向管理人提出抵销主张。

管理人不得主动抵销债务人与债权人的互负债务,但抵销使债务人财产受益的除外。

第四十二条 管理人收到债权人提出的主张债务抵销的通知后,经审查无异议的,抵销自管理人收到通知之日起生效。

管理人对抵销主张有异议的,应当在约定的异议期限内或者自收到主张债务抵销的通知之日起三个月内向人民法院提起诉讼。无正当理由逾期提起的,人民法院不予支持。

人民法院判决驳回管理人提起的抵销无效诉讼请求的,该抵销自管理人收到主张债务抵销的通知之日起生效。

第四十三条 债权人主张抵销,管理人以下列理由提出异议的,人民法院不予支持:

(一)破产申请受理时,债务人对债权人负有的债务尚未到期;

(二)破产申请受理时,债权人对债务人负有的债务尚未到期;

(三)双方互负债务标的物种类、品质不同。

第四十四条 破产申请受理前六个月内,债务人有企业破产法第二条第一款规定的情形,债务人与个别债权人以抵销方式对个别债权人清偿,其抵销的债权债务属于企业破产法第四十条第(二)、(三)项规定的情形之一,管理人在破产申请受理之日起三个月内向人民法院提起诉讼,主张该抵销无效的,人民法院应予支持。

第四十五条 企业破产法第四十条所列不得抵销情形的债权人,主张以其对债务人特定财产享有优先受偿权的债权,与债务人对其不享有优先受偿权的债权抵销,债务人管理人以抵销存在企业破产法第四十条规定的情形提出异议的,人民法院不予支持。但是,用以抵销的债权大于债权人享有优先受偿权财产价值的除外。

第四十六条 债务人的股东主张以下列债务与债务人对其负有的债务抵销,债务人管理人提出异议的,人民法院应予支持:

(一)债务人股东因欠缴债务人的出资或者抽逃出资对债务人所负的债务;

(二)债务人股东滥用股东权利或者关联关系损害公司利益对债务人所负的债务。

第四十七条 人民法院受理破产申请后,当事人提起的有关债务人的民事诉讼案件,应当依据企业破产法第二十一条的规定,由受理破产申请的人民法院管辖。

受理破产申请的人民法院管辖的有关债务人的第一审民事案件,可以依据民事诉讼法第三十八条的规定,由上级人民法院提审,或者报请上级人民法院批准后交下级人民法院审理。

受理破产申请的人民法院,如对有关债务人的海事纠纷、专利纠纷、证券市场因虚假陈述引发的民事赔偿纠纷等案件不能行使管辖权的,可以依据民事诉讼法第三十七条的规定,由上级人民法院指定管辖。

第四十八条 本规定施行前本院发布的有关企业破产的司法解释,与本规定相抵触的,自本规定施行之日起不再适用。

附件一：

中国证监会规范性文件目录

1.《非上市公众公司监管指引第1号——信息披露》（2013年1月4日　证监会公告〔2013〕1号）

2.《非上市公众公司监管指引第2号——申请文件》（2013年1月4日　证监会公告〔2013〕2号）

3.《非上市公众公司监管指引第3号——章程必备条款》（2013年1月4日　证监会公告〔2013〕3号）

4.《证券期货业统计指标标准指引》（2013年1月7日　证监会公告〔2013〕5号）

5.《黄金交易型开放式证券投资基金暂行规定》（2013年1月23日　证监会公告〔2013〕6号）

6.《关于公布金融行业推荐性标准〈证券期货业信息系统运维管理规范〉的公告》（2013年1月31日　证监会公告〔2013〕7号）

7.《关于公布金融行业推荐性标准〈期货经纪合同要素〉的公告》（2013年1月31日　证监会公告〔2013〕8号）

8.《资产管理机构开展公募证券投资基金管理业务暂行规定》（2013年2月18日　证监会公告〔2013〕10号）

9.《关于进一步规范期货营业部设立有关问题的规定》（2013年2月20日　证监会公告〔2013〕11号）

10.《关于修改〈期货公司风险监管指标管理试行办法〉的决定》（2013年2月21日　证监会公告〔2013〕12号）

11.《关于期货公司风险资本准备计算标准的规定》（2013年2月21日　证监会公告〔2013〕13号）

12.《关于实施〈人民币合格境外机构投资者境内证券投资试点办法〉的规定》（2013年3月1日　证监会公告〔2013〕14号）

13.《非银行金融机构开展证券投资基金托管业务暂行规定》（2013年3月15日　证监会公告〔2013〕15号）

14.《证券公司资产证券化业务管理规定》（2013年3月15日　证监会公告〔2013〕16号）

15.《证券公司分支机构监管规定》（2013年3月15日　证监会公告〔2013〕17号）

16.《证券投资基金销售机构通过第三方电子商务平台开展业务管理暂行规定》（2013年3月15日　证监会公告〔2013〕18号）

17.《关于实施〈证券投资基金销售管理办法〉的规定》（2013年3月15日　证监会公告〔2013〕19号）

18.《公开发行证券的公司信息披露编报规则第20号——创业板上市公司季度报告的内容与格式（2013年修订）》（2013年3月25日　证监会公告〔2013〕21号）

19.《关于进一步完善证券公司缴纳证券投资者保护基金有关事项的补充规定》（2013年4月2日　证监会公告〔2013〕22号）

20.《公开发行证券的公司信息披露内容与格式准则第3号——半年度报告的内容与格式（2013年修订）》（2013年4月15日　证监会公告〔2013〕23号）

21.《公开发行证券的公司信息披露编报规则第13号——季度报告内容与格式特别规定（2013年修订）》（2013年4月15日　证监会公告〔2013〕23号）

22.《保险机构销售证券投资基金管理暂行规定》（2013年6月3日　证监会公告〔2013〕25号）

23.《关于修改〈开放式证券投资基金销售费用管理规定〉的决定》（2013年6月6日　证监会公告〔2013〕26号）

24.《保险机构投资设立基金管理公司试点办法》（2013年6月7日　证监会公告〔2013〕27号）

25.《关于修改〈证券公司集合资产管理业务实施细则〉的决定》（2013年6月26日　证监会公告〔2013〕28号）

26.《公开发行证券的公司信息披露内容与格式准则第31号——创业板上市公司半年

度报告的内容与格式》(2013 年 6 月 28 日　证监会公告〔2013〕29 号)

27.《关于加强证券期货经营机构客户交易终端信息等客户信息管理的规定》(2013 年 7 月 18 日　证监会公告〔2013〕30 号)

28.《关于修改〈关于建立股指期货投资者适当性制度的规定(试行)〉的决定》(2013 年 8 月 2 日　证监会公告〔2013〕32 号)

29.《基金管理公司固有资金运用管理暂行规定》(2013 年 8 月 2 日　证监会公告〔2013〕33 号)

30.《证券公司参与股指期货、国债期货交易指引》(2013 年 8 月 21 日　证监会公告〔2013〕34 号)

31.《公开募集证券投资基金参与国债期货交易指引》(2013 年 9 月 3 日　证监会公告〔2013〕37 号)

32.《公开发行证券的公司信息披露解释性公告第 2 号——财务报表附注中政府补助相关信息的披露》(2013 年 9 月 12 日　证监会公告〔2013〕38 号)

33.《公开发行证券的公司信息披露解释性公告第 3 号——财务报表附注中可供出售金融资产减值的披露》(2013 年 9 月 12 日　证监会公告〔2013〕38 号)

34.《关于商业银行发行公司债券补充资本的指导意见》(2013 年 10 月 30 日　证监会公告〔2013〕39 号)

35.《证券公司年度报告内容与格式准则》(2013 年 11 月 20 日　证监会公告〔2013〕41 号)

36.《中国证监会关于进一步推进新股发行体制改革的意见》(2013 年 11 月 30 日　证监会公告〔2013〕42 号)

37.《上市公司监管指引第 3 号——上市公司现金分红》(2013 年 11 月 30 日　证监会公告〔2013〕43 号)

38.《首次公开发行股票时公司股东公开发售股份暂行规定》(2013 年 12 月 2 日　证监会公告〔2013〕44 号)

39.《关于首次公开发行股票并上市公司招股说明书财务报告审计截止日后主要财务信息及经营状况信息披露指引》(2013 年 12 月 6 日　证监会公告〔2013〕45 号)

40.《关于首次公开发行股票并上市公司招股说明书中与盈利能力相关的信息披露指引》(2013 年 12 月 6 日　证监会公告〔2013〕46 号)

41.《公开发行证券的公司信息披露解释性公告第 4 号——财务报表附注中分步实现企业合并相关信息的披露》(2013 年 12 月 23 日　证监会公告〔2013〕48 号)

42.《公开发行证券的公司信息披露解释性公告第 5 号——财务报表附注中分步处置对子公司投资至丧失控制权相关信息的披露》(2013 年 12 月 23 日　证监会公告〔2013〕48 号)

43.《非上市公众公司信息披露内容与格式准则第 1 号——公开转让说明书》(2013 年 12 月 26 日　证监会公告〔2013〕50 号)

44.《非上市公众公司信息披露内容与格式准则第 2 号——公开转让股票申请文件》(2013 年 12 月 26 日　证监会公告〔2013〕51 号)

45.《非上市公众公司信息披露内容与格式准则第 3 号——定向发行说明书和发行情况报告书》(2013 年 12 月 26 日　证监会公告〔2013〕52 号)

46.《非上市公众公司信息披露内容与格式准则第 4 号——定向发行申请文件》(2013 年 12 月 26 日　证监会公告〔2013〕53 号)

47.《非上市公众公司监管指引第 4 号——股东人数超过 200 人的未上市股份有限公司申请行政许可有关问题的审核指引》(2013 年 12 月 26 日　证监会公告〔2013〕54 号)

48.《上市公司监管指引第 4 号——上市公司实际控制人、股东、关联方、收购人以及上市公司承诺及履行》(2013 年 12 月 27 日　证监会公告〔2013〕55 号)

附件二：

其他部委发布与资本市场相关的规范性文件目录

1.《财政部、中国人民银行、中国证券监督管理委员会关于开展国债预发行试点的通知》(2013 年 3 月 13 日 财库〔2013〕28 号)

2.《人力资源和社会保障部、银监会、证监会、保监会关于扩大企业年金基金投资范围的通知》(2013 年 3 月 19 日 人社部发〔2013〕23 号)

3.《人力资源和社会保障部、银监会、证监会、保监会关于企业年金养老金产品有关问题的通知》(2013 年 3 月 19 日 人社部发〔2013〕24 号)

4.《国家外汇管理局关于修订〈银行间外汇市场做市商指引〉的通知》(2013 年 4 月 12 日 汇发〔2013〕13 号)

5.《国家外汇管理局关于国有企业境外期货套期保值业务外汇管理有关问题的通知》(2013 年 6 月 3 日 汇发〔2013〕25 号)

6.《国家发展改革委关于加强小微企业融资服务支持小微企业发展的指导意见》(2013 年 7 月 23 日 发改财金〔2013〕1410 号)

7.《国家发展改革委办公厅关于进一步改进企业债券发行工作的通知》(2013 年 8 月 2 日 发改办财金〔2013〕1890 号)

8.《财政部、国资委、证监会、社保基金会关于进一步明确金融企业国有股转持有关问题的通知》(2013 年 8 月 14 日 财金〔2013〕78 号)

9.《合格境内机构投资者境外证券投资外汇管理规定》(2013 年 8 月 21 日 国家外汇管理局公告 2013 年第 1 号)

10.《国资委、证监会关于印发〈关于推动国有股东与所控股上市公司解决同业竞争规范关联交易的指导意见〉的通知》(2013 年 8 月 20 日 国资发产权〔2013〕202 号)

11.《国家发展改革委办公厅关于企业债券融资支持棚户区改造有关问题的通知》(2013 年 8 月 22 日 发改办财金〔2013〕2050 号)

12.《关于印发〈公安机关办理刑事案件适用查封、冻结措施有关规定〉的通知》(2013 年 9 月 1 日 公通字〔2013〕30 号)

13.《财政部、国家税务总局关于期货投资者保障基金有关税收政策继续执行的通知》(2013 年 10 月 28 日 财税〔2013〕80 号)

14.《商品现货市场交易特别规定(试行)》(2013 年 11 月 8 日 商务部、人民银行、证监会令 2013 第 3 号)

15.《财政部关于国有金融企业发行可转换公司债券有关事宜的通知》(2013 年 11 月 16 日 财金〔2013〕116 号)

16.《人民银行、工信部、银监会、证监会、保监会关于防范比特币风险的通知》(2013 年 12 月 3 日 银发〔2013〕289 号)

三、法律文件说明

《证券公司客户资产管理业务管理办法》及配套实施细则修订说明

为贯彻实施修订后的《中华人民共和国证券投资基金法》(以下简称新《基金法》)，落实中国证监会《关于做好贯彻实施修订后的〈证券投资基金法〉有关工作的通知》(证监办发

〔2013〕11 号)的相关工作要求,中国证监会修订了《证券公司客户资产管理业务管理办法》(以下简称《管理办法》)及配套实施细则。现将有关情况说明如下:

一、修订背景和修订原则

(一)修订背景。现行的《管理办法》及配套实施细则于 2012 年 10 月 18 日修订实施,适应了证券公司资产管理业务改革创新和规范运作的需要,推动了证券公司资产管理业务健康发展。本次修订主要是贯彻实施新《基金法》,保持法规之间的一致性。

(二)修订原则。《管理办法》及配套实施细则修订施行不久,基本满足了证券公司资产管理业务的发展需要,本次修订拟遵循两个原则:一是稳定性原则。除与新《基金法》衔接必须修改的内容外,其他条款基本不动,保持法规稳定性和延续性;二是渐进性原则。规则修订先行,对于现存投资者超过 200 人的集合计划与新《基金法》的衔接等问题,尚需进一步研究明确,拟另行解决。

二、修订的主要内容

涉及纳入新《基金法》调整范围的证券公司部分资产管理业务是本次修订的主要内容。经研究,明确如下:一是,新《基金法》施行后设立的投资者超过 200 人的一般集合资产管理计划(俗称大集合)属于公募基金,应当适用新《基金法》关于公募基金的管理规定。二是,限额特定资产管理计划(俗称小集合)在产品销售、推广方式、投资范围、法律关系等方面都具有基金的特性,在新《基金法》明确将私募基金纳入调整范围后,小集合宜作为私募基金进行管理。三是,定向资产管理业务属于"一对一"业务,在资金募集、投资者限制、信息披露及基础法律结构上与基金存在差异,不属于私募基金。四是,投资者在 200 人以下的专项资产管理业务往往作为证券公司发行资产证券化产品的特殊载体,投资标的不是证券,不应适用新《基金法》。综上,本次修订主要涉及《管理办法》和《证券公司集合资产管理业务实施细则》(以下简称《集合细则》),《证券公司定向资产管理业务实施细则》不修订。具体修订内容如下:

(一)修改《管理办法》和《集合细则》的调整范围,删除投资者超过 200 人的集合计划的相关规定。

新《基金法》第 51 条第 2 款明确规定,公开募集基金包括向不特定对象募集资金、向特定对象募集资金累计超过 200 人,以及法律、行政法规规定的其他情形。据此,6 月 1 日新《基金法》正式施行后,证券公司投资者超过 200 人的集合资产管理计划将被定性为公募基金,应当纳入新《基金法》调整,不再适用《管理办法》及《集合细则》。因此,本次修订删除了《管理办法》及《集合细则》中的相关规定:一是,删除现行《管理办法》第 14 条关于限定性集合计划和非限定性集合计划的分类规定①;相应删除现行《管理办法》第 24 条第 2 款限定性集合计划和非限定性集合计划客户准入门槛的规定②。二是,删除现行《管理办法》第 31 条③和《集合细则》第 35 条第 1 至 3 款④关于大集合双 10% 投资比例限制的规定。三是,删除现行《集合

---

① 现行《管理办法》第 14 条规定,证券公司办理集合资产管理业务,可以设立限定性集合资产管理计划和非限定性集合资产管理计划。限定性集合资产管理计划资产应当主要用于投资国债、债券型证券投资基金、在证券交易所上市的企业债券、其他信用度高且流动性强的固定收益类金融产品;投资于股票等权益类证券以及股票型证券投资基金的资产,不得超过该计划资产净值的 20%,并应当遵循分散投资风险的原则。非限定性集合资产管理计划的投资范围由集合资产管理合同约定,不受前款规定限制。

② 现行《管理办法》第 24 条第 2 款规定,证券公司设立限定性集合资产管理计划的,接受单个客户的资金数额不得低于人民币 5 万元;设立非限定性集合资产管理计划的,接受单个客户的资金数额不得低于人民币 10 万元。

③ 现行《管理办法》第 31 条规定,证券公司将其所管理的集合资产管理计划资产投资于一家公司发行的证券,不得超过该证券发行总量的 10%。一个集合资产管理计划投资于一家公司发行的证券不得超过该计划资产净值的 10%。中国证监会另有规定的除外。

④ 现行《集合细则》第 35 条第 1 至 3 款规定,单个集合计划持有一家公司发行的证券,不得超过集合计划资产净值的 10%;集合计划投资于指数基金的除外。证券公司将其管理的集合计划资产投资于一家公司发行的证券,不得超过该证券发行总量的 10%。完全按照有关指数的构成比例进行证券投资的集合计划及限额特定资产管理计划不受前两款限制。

细则》第14条第1款关于大集合投资范围[①]的规定。四是,删除现行《集合细则》第28条关于大集合1亿元人民币成立条件的规定。修订后的《管理办法》及《集合细则》等规范的证券公司资产管理业务,无论集合、定向和专项,均定性私募。

(二)按照新《基金法》非公开募集基金的统一规定,调整证券公司资产管理计划的监管要求。

1. 删除小集合投资者人数的例外规定

新《基金法》第88条第1款规定,非公开募集基金应当向合格投资者募集,合格投资者累计不得超过200人。据此,私募基金投资者人数严格限定为200人以下,没有例外,因此,删除现行《集合细则》第15条关于小集合"客户人数在200人以下,但单笔委托金额在300万元以上的客户数量不受限制"中"单笔委托金额在300万元以上的客户数量不受限制"的例外规定。

2. 将小集合由"面向证券公司和代理推广机构的特定客户"改为"面向合格投资者"推广,并明确合格投资者的界定

新《基金法》第88条规定,非公开募集基金应当向合格投资者募集,合格投资者累计不得超过200人。前款所称合格投资者,是指达到规定资产规模或者收入水平,并且具备相应的风险识别能力和风险承担能力、其基金份额认购金额不低于规定限额的单位和个人。合格投资者的具体标准由国务院证券监督管理机构规定。根据该规定,新《基金法》明确非公开募集基金应当面向合格投资者募集,且授权中国证监会制订合格投资者的具体标准。目前,中国证监会《私募证券投资基金业务管理暂行办法》已公开征求意见,且初步明确了合格投资者的具体标准。

因此,将现行《管理办法》第28条第2款[②]及《集合细则》第5条第2款[③]关于证券公司小集合面向证券公司和代理推广机构的已有客户推广的相关规定,修改为证券公司小集合面向合格投资者推广。同时,参考制订中的《私募证券投资基金业务管理暂行办法》规定的合格投资者的具体标准,在现行《管理办法》第28条第2款中明确:合格投资者是指具备相应风险识别能力和承担所投资集合资产管理计划风险能力且符合下列条件之一的单位和个人:(一)个人或者家庭金融资产合计不低于100万元人民币;(二)公司、企业等机构净资产不低于1000万元人民币;依法设立并受监管的各类集合投资产品视为单一合格投资者。

3. 调整资产管理合同必备事项的内容

新《基金法》第93条、第94条规定了非公开募集基金合同的必备事项内容。为与上述规定保持一致,且避免重复规定,将现行《管理办法》第20条、第21条合并,简化规定为"资产管理合同应当包括《中华人民共和国证券投资基金法》第九十三条、第九十四条规定的必备内容"。

4. 调整推广销售要求

新《基金法》第92条规定,非公开募集基金,不得向合格投资者之外的单位和个人募集资金,不得通过报刊、电台、电视台、互联网等公众传播媒体或者讲座、报告会、分析会等方式向不特定对象宣传推介。据此,将现行《集合细则》第21条由"禁止通过电视、报刊、广播及其他公共媒体推广集合计划。禁止通过签订保本保底补充协议等方式,或者采用虚假宣传、夸大预期收益和商业贿赂等不正当手段推广集合计划",修改为"不得向合格投资者之外的单位和个人募集资金,不得通过报刊、电台、电视台、互联网等公众传播媒体或者讲座、报告会、分析会等方式向不特定对象宣传推介。禁止通过签订保本保底补充协议等方式,或者采用虚假宣传、夸大预期收益和商业贿赂等不正当手段推广集合计划"。

5. 调整关联交易的相关规定

新《基金法》第74条第2款规定,运用基金财产买卖基金管理人、基金托管人及其控股股

---

① 现行《集合细则》第14条第1款规定,集合计划募集的资金应当用于投资中国境内依法发行的股票、债券、证券投资基金、央行票据、短期融资券、资产支持证券、中期票据、股指期货等金融衍生品、保证收益及保本浮动收益商业银行理财计划以及中国证监会认可的其他投资品种。

② 现行《管理办法》第28条第2款规定,客户在参与集合资产管理计划之前,应当已经是证券公司自身或者其他推广机构的客户。

③ 现行《集合细则》第5条第2款规定,特定客户应当是证券公司自身的客户,或者是代理推广机构的客户,并且参与资金最低限额符合中国证监会的规定。

东、实际控制人或者与其有其他重大利害关系的公司发行的证券或承销期内承销的证券,或者从事其他重大关联交易的,应当遵循基金份额持有人利益优先的原则,防范利益冲突,符合国务院证券监督管理机构的规定,并履行信息披露义务。

为保持非公开募集基金监管规则的一致性,拟删除集合计划关联交易的比例限制,但保留对证券公司资产管理业务的重大关联交易的原则性监管要求。将《管理办法》第 32 条①修改为"证券公司将其管理的客户资产投资于本公司及与本公司有关联方关系的公司发行的证券或承销期内承销的证券,或者从事其他重大关联交易的,应当遵循客户利益优先原则,事先取得客户的同意,事后告知资产托管机构和客户,同时向证券交易所报告,并采取切实有效措施,防范利益冲突,保护客户合法权益"。

6. 对专项资产管理业务融资方提出原则性要求

修订过程中,有意见提出,证券公司专项资产管理业务不同于集合和定向资产管理业务,它既涉及投资方,也涉及融资方,应当在《管理办法》中对融资方提出原则性要求。

目前,证券公司专项资产管理业务以资产证券化为主。对于资产证券化业务,中国证监会已于 2013 年 3 月 15 日发布《证券公司资产证券化业务管理规定》(证监会公告〔2013〕16 号),做出了具体规范。但专项资产管理业务不限于资产证券化。为落实上述意见,拟在《管理办法》第 15 条增加第 2 款,对融资主体提出原则要求,明确"证券公司应当充分了解并向客户披露基础资产所有人或融资主体的诚信合规状况、基础资产的权属情况、有无担保安排及具体情况、投资目标的风险收益特征等相关重大事项"。

7. 统一资产管理业务的托管机构

有意见提出,根据《基金法》,无论是公募基金还是私募基金,托管机构都应当取得基金托管资格,《管理办法》、《集合细则》对托管机构的规定应当与《基金法》要求保持一致。经研究,拟将《管理办法》第 13 条修改为"证券公司为多个客户办理集合资产管理业务,应当设立集合资产管理计划,与客户签订集合资产管理合同,将客户资产交由取得基金托管业务资格的资产托管机构托管,通过专门账户为客户提供资产管理服务"。相应修改《管理办法》第 44 条和《集合细则》第 28 条。

8. 区分监管措施和法律责任的适用

有意见提出,《管理办法》对法律责任的规定要与《基金法》相衔接,并区分行政监管措施、行政处罚与刑事责任的适用。

经研究,拟整合《管理办法》原第 58 条至第 63 条的相关内容(修订调整为第 56 条至第 59 条),区分监管措施、行政处罚、刑事责任三个层次,分别处理。一是,证券公司、资产托管机构、推广机构的相关人员违反本办法规定的,依法对其采取监管谈话、责令停止职权、认定为不适当人选等行政监管措施。证券公司、资产托管机构、推广机构违反本办法规定,根据不同情况,依法采取责令改正、责令增加内部合规检查的次数、责令处分有关人员、暂停业务等行政监管措施。二是,证券公司、资产托管机构、推广机构及其相关责任人员违反法律、法规规定的,按照《证券法》、《证券投资基金法》、《证券公司监督管理条例》的有关规定,进行行政处罚。三是,证券公司、资产托管机构、推广机构及其相关责任人员涉嫌犯罪的,依法移送司法机关,追究刑事责任。

9. 其他调整。一是,鉴于大集合的相关规定将删除,不再有大、小集合的划分,为避免《管理办法》及《集合细则》中集合计划名称的多处修改,拟统一将"限额特定资产管理计划"调整为"集合资产管理计划"。二是,将现行《集合细则》第 15 条对小集合的界定,调整到第 5 条第 2 款规定。三是,将现行《集合细则》第 14 条、15 条合并,统一规定小集合的投资范围。

三、需要说明的问题

关于 6 月 1 日前证券公司已设立的投资者超过 200 人集合资产管理计划的后续处理问题。

---

① 《管理办法》第 32 条规定,证券公司将其管理的客户资产投资于本公司及与本公司有关联方关系的公司发行的证券,应当事先取得客户的同意,事后告知资产托管机构和客户,同时向证券交易所报告。证券公司办理集合资产管理业务,单个集合资产管理计划投资于前款所述证券的资金,不得超过该集合资产管理计划资产净值的 7%。投资于指数基金或者完全按照有关指数的构成比例进行证券投资的集合资产管理计划不受前款规定的比例限制。

新《基金法》正式施行前，证券公司已经设立的投资者超过200人的集合资产管理计划，是根据《管理办法》和《集合细则》设立的，按照法不溯及既往原则，将依法受到保护。

为做好证券公司资产管理业务与新《基金法》的衔接，中国证监会于3月15日下发《关于加强证券公司资产管理业务监管的通知》（证监办发〔2013〕26号），明确了相关安排：2013年6月1日以后，证券公司不得再发起设立新的投资者超过200人的集合资产管理计划。今后，证券公司要开展公募基金管理业务，可以按照《资产管理机构开展公募证券投资基金管理业务暂行规定》（证监会公告〔2013〕10号），依法申请基金管理业务资格。2013年6月1日之前，证券公司已经设立的投资者超过200人的集合资产管理计划可以在存续期内继续运作，允许客户参与或退出集合资产管理计划，即允许有进有出。

下一步，为贯彻落实新《基金法》，中国证监会将继续深入研究制定证券公司现存投资者超过200人的集合计划的后续处理方案，包括：符合条件的转为公募基金；维持集合计划形式，继续存续运作；终止集合计划；转为私募基金等。为维护政策的统一性和执行的一致性，待关于现存各类理财产品的规范政策明确后，将出台相关指导性文件明确证券公司现存投资者超过200人的集合计划的具体处理方案。

上市公司《半年报准则》、《季报规则》（2013年修订）修订说明

为进一步增强上市公司定期报告披露的针对性和有效性，合理降低公司信息披露成本，我会对《公开发行证券的公司信息披露内容与格式准则第3号——半年度报告的内容与格式》（以下简称《半年报准则》）与《公开发行证券的公司信息披露编报规则第13号——季度报告内容与格式特别规定》（以下简称《季报规则》）进行了修订。本次修订遵循《年报准则》的修订原则，以投资者需求为导向，注意回应投资者最为关心的核心问题，简化披露内容。修订后的《半年报准则》、《季报规则》适用于主板、中小板上市公司，分别由四章五十一条和四章十四条组成。本次修订的主要特点包括：

一、简化半年报、季报披露内容

修订前的《半年报准则》、《季报规则》要求上市公司披露的信息较为庞杂、重点不突出，增加了报告的篇幅和阅读者的负担。为此，我会从以下方面进行了修订：

首先，建立索引方式。借鉴《公开发行证券的公司信息披露内容与格式准则第2号——年度报告的内容与格式（2012年修订）》（以下简称《年报准则》）强化索引适用、避免重复披露的有益创新，在《半年报准则》的董事会报告、重要事项部分与《季报规则》的重要事项部分，采用提供财务报表附注或临时公告索引的方式，在不影响披露效果的前提下缩减报告披露内容。

其次，简化财务指标。参照《年报准则》，分别删除了《半年报准则》、《季报规则》中能够通过互相替代或推导计算获得的"营业利润、利润总额、所有者权益（或股东权益）、每股净资产、每股经营活动产生的现金流量净额"等会计数据和财务指标，保留了"营业收入、归属于上市公司股东的净利润、归属于上市公司股东的扣除非经常性损益的净利润"等八项内容。

最后，删减部分内容。鉴于前一年度的年报中已经详细披露了公司基本情况，为了简化披露内容，本次修订删除了《半年报准则》公司简介一节中全面陈述注册地址、信息披露报纸名称及网站网址、注册情况等介绍性信息，改为只需通过提供查询索引对该等事项的变更情况进行披露。

二、强化投资者关心事项的披露

在简化一般性内容的同时,本次修订还以《年报准则》为依据,在《半年报准则》中细化了对投资者关心事项的披露要求,主要体现在董事会报告部分。如在该部分的对外投资状况分析项下,一方面,增加了对非金融类公司委托理财及衍生品投资情况的披露要求;另一方面,将"重大非募集资金投资项目"的界定标准量化为投资总额超过公司上年度末经审计净资产的10%。又如,为回应投资者对现金分红方案落实情况的关注,本次修订在涉及利润分配方案的条文中新增了对现金分红方案执行或调整情况的披露要求。同时,为使投资者更为全面地了解公司的运营情况,重要事项部分增加了对报告期内重大诉讼、仲裁的执行情况、破产重整和公司与关联方共同对外投资事项的披露要求。

三、缩减半年报摘要篇幅

针对以往半年报摘要与正文内容趋同、详略失当的问题,本次修订要求公司在摘要中着重披露投资者最为关心的公司主要财务数据和股东变化、管理层讨论与分析、报告期内重要事项等内容,并与《年报准则》对年报摘要的要求一致,要求半年报摘要篇幅原则上不超过报纸的1/4版面,并至少在一种指定报刊上刊登。

《证券投资基金销售管理办法》修改说明

一、修改背景

《证券投资基金销售管理办法》(证监会第72号令,下称《销售办法》)自2011年10月发布实施以来,为推动基金销售机构多元化、专业化发展发挥了积极作用。截至目前,基金销售机构涵盖了商业银行、证券公司、证券投资咨询机构和独立销售机构等四类型机构,已有190家机构获得基金销售业务资格。《销售办法》实施以来,证券投资咨询机构参与基金销售业务的数量从原先的1家增加到了6家,独立基金销售机构则从无发展到了现在的19家。新的基金销售机构类型的出现,带来了新的基金销售业务模式和理念,促进了基金销售机构间的差异化竞争,为行业的发展增添了活力。

然而,在实践中我们发现,随着基金行业的不断创新发展,原《销售办法》中的部分规定与新形势不相适应,需要及时调整。比如,基金销售机构类型需要进一步扩展,以满足不同类型投资者的理财需求和机构发展需要;在监管法律法规体系愈趋完善、监管手段愈趋丰富的情况下,可以对基金销售机构准入环节的诚信合规要求进行调整,以促使更多具有专业理财产品销售和客户服务能力的机构进入基金销售领域;有一部分基金销售机构的分支机构通过多年的业务积累,从内部管控、人员配备等方面均具备独立开展基金销售的能力,但是受限于基金管理人只能与基金销售机构总部签订销售协议的规定限制,无法发挥其贴近市场的优势以更好地为投资人服务。与此同时,新《证券投资基金法》的颁布实施、基金代销业务资格核准行政许可下放至证监会派出机构实施等,也对《销售办法》的修改提出了要求。

二、修改思路

鉴于上述情况,我们考虑对《销售办法》作出了进一步修改完善,以满足和适应行业发展需要,主要内容有:

(一)将《销售办法》明确为对公开募集基金销售业务的管理规范。

(二)对基金销售业务资格申请实行注册制,同时将基金销售业务资格注册、基金销售机构持续动态监管等事项的实施主体调整为中国证监会派出机构。不再要求基金销售机构向中国证监会派出机构报备分支机构(网点)信息。

(三)扩大基金销售机构类型,推进期货公

司、保险机构等参与基金销售业务,就其参与基金销售业务的准入条件和监管要求进行明确。

（四）对各类基金销售机构具有符合资质要求人员的数量进行明确,国有银行、股份制商业银行、邮政储蓄银行、证券公司以及保险公司等具有基金从业资格的人员不少于30人,城商行、农商行以及期货公司等具有基金从业资格的人员不少于20人,独立销售机构、证券投资咨询机构、保险经纪公司以及保险代理公司等具有基金从业资格的人员不少于10人;此外,各基金销售机构还需满足开展基金销售业务的网点应有一名以上人员具备基金销售业务资质的要求。

（五）对基金销售业务资格申请机构因受到行政处罚而被限制申请资格的判断标准进行调整,将其所受行政处罚区分为"重大处罚"和"一般处罚",对限制申请基金销售业务资格的范围限定于"重大处罚"。具体执行中,对基金销售业务资格申请机构所受行政处罚的"重大处罚"与"一般处罚"区分标准和实施程序为:首先依据做出处罚部门区分标准来执行;其次,若做出处罚部门无明确标准对其性质进行区分的,由申请主体提请相关部门作出书面说明;最后,若做出处罚部门既无明确标准又不做出书面说明的,则可由律师依据相关法律原则出具法律意见,就申请主体所受处罚是否属于"重大处罚"做出判断说明。

（六）将证券公司、期货公司没有挪用客户资产/保证金等损害客户利益的行为的时间要求由原先的2年提高到3年。

（七）取消对独立销售机构及其分支机构名称、组织机构等方面的限制要求,以适应其拓展业务范围参与其他金融产品销售的需求。

（八）取消只有基金销售机构总部方可与基金管理人签订销售协议的限制,支持符合条件的基金销售机构分支机构与基金管理人签订销售协议并办理基金的销售业务。

（九）取消基金销售人员未经基金销售机构聘任不得从事基金销售活动的要求,为下一步保险机构经纪人参与基金销售业务预留政策空间。

（十）进一步加强对基金销售机构、基金销售支付结算机构等在业务开展过程违法违规行为的处罚力度。

《上市公司监管指引第3号——上市公司现金分红》起草说明

为进一步规范上市公司现金分红,增强现金分红透明度,切实维护投资者合法权益,我会制定了《上市公司监管指引第3号——上市公司现金分红》(以下简称《指引》),现就《指引》的起草情况说明如下:

一、起草背景

近年来,我会高度重视上市公司现金分红问题,采取了一系列措施引导上市公司完善现金分红机制,强化回报意识。一是要求上市公司在章程中明确现金分红政策,健全分红决策程序和机制,并予以充分披露。二是督促公司严格执行现金分红政策,规范现金分红行为,强化其现金分红承诺与执行的一致性。三是配合财政部、税务总局实施新的上市公司股息红利税收政策,按照投资者持股期限实行差别化税率,鼓励长期持有。随着各项政策推进,我国上市公司现金分红的稳定性、持续性有所改善,2010年至2012年,境内实施现金分红的上市公司家数占比分别为50%、58%、68%,现金分红比例分别为18%、20%、24%。

受经济、体制、监管政策及股权文化等多方面因素影响,我国上市公司现金分红仍存在高度集中于少数优质公司、分红的连续性和稳定性不足、成长性企业分红水平总体高于成熟企业、分红回报方式较为单一等问题。为此,我会在分析评估现行政策的实施效果的基础上,结合监管实践,制定了《指引》。

二、起草过程

根据领导指示,我们对现行与现金分红相关的法律法规、部门规章与规范性文件进行系统梳理和汇总,通过评估现金分红制度的具体实施效果,结合监管实践,同时吸收2012年我会发布的《关于进一步落实上市公司现金分红有关事项的通知》(证监发〔2012〕37号)中的有关内容,起草了《指引》草案。同时,我们就《指引》草案征求了上海、深圳证券交易所,上市二部、法律部、发行部、创业板发行部及有关派出机构的意见,此后,根据会领导指示,又进行了进一步的修改完善,形成了目前的文件。

三、主要内容

《指引》共有16条,重点从以下几方面加以规范:

一是督促上市公司规范和完善利润分配的内部决策程序和机制,增强现金分红的透明度。证监会着力于公司章程和决策机制,鼓励上市公司在章程中明确现金分红在利润分配方式中的优先顺序,要求上市公司在进行分红决策时充分听取独立董事和中小股东的意见和诉求。督促上市公司进一步强化现金分红政策的持续性、稳定性和透明度,形成稳定回报预期。

二是支持上市公司采取差异化、多元化方式回报投资者。支持上市公司结合自身发展阶段并考虑其是否有重大资本支出安排等因素制定差异化的现金分红政策。鼓励上市公司依法通过发行优先股、回购股份等方式稳定投资者回报预期,支持上市公司在其股价低于净资产的情况下回购股份。

三是完善分红监管规定,加强监督检查力度。加大对未按承诺分红和有能力但长期不分红公司的监管约束,依法采取相应监管措施。完善现金分红与再融资挂钩制度,对现金分红表现好的公司给予再融资便利等激励措施,营造重视分红回报的政策环境。

《上市公司监管指引第4号——上市公司实际控制人、股东、关联方、收购人以及上市公司承诺及履行》起草说明

为便于理解《上市公司监管指引第4号——上市公司实际控制人、股东、关联方、收购人以及上市公司承诺及履行》(以下简称监管指引),就监管指引的起草情况作如下说明:

一、起草背景

上市公司实际控制人、股东、关联方、收购人以及上市公司(以下简称承诺相关方)的承诺事项,对解决上市公司历史遗留问题、规范上市公司治理等关系重大。无论是此前的清欠、股改,还是上市公司重大资产重组、再融资方案中存在的问题,以及日常监管中发现的关联交易、同业竞争等,很多都是通过相关方承诺的方式予以解决。但实践中发现,承诺相关方的各项承诺在后续履行过程中存在诸多问题,例如承诺不切实际,难以履行;承诺事项不明确,约束力不强;以及承诺期限模糊,导致承诺无限期拖延等。

2012年11月,我部要求36家派出机构对截至目前承诺相关方的承诺履行情况进行了一次专项检查。检查发现,两市共2494家公司中有1631家公司存在未超期且未履行完毕的承诺事项,有80家公司存在超期未履行承诺的情况,有的已超期多年,至今没有明确的解决时间表,有的甚至已经明确无法履行。此外,存在尚未履行完毕承诺事项但并未超期的公司中,有较多承诺事项没有明确的履约期限,例如大股东承诺"合适时机"、"尽快"注入相关资产等,这些承诺事项长期得不到履行,甚至存在恶意拖延、逃避承诺义务等现象,实质上与前述超期

不履行的承诺事项并无不同。

为了改变上述状况，我们组织起草了本监管指引。

二、起草过程

根据领导部署，我们对截至目前全部上市公司的承诺及履行的具体情况进行了梳理、汇总，包括，从数据中总结实践中存在的规律。2013年3月，我们制定出监管指引草稿在系统内征求意见并进行了初步修订。此后，我们征求了上市二部、法律部等相关部门的意见。4月，上交所专门就承诺事项向我会提交了相关报告，提出了意见建议。8月，我部与国务院国资委产权局进行了数次沟通，听取其对监管指引的建议。其间，我们又根据会领导相关指示、讲话精神进行了修订，数易其稿，形成监管指引草稿。

三、法律依据

监管指引中的各项条款主要依据《证券法》、《上市公司收购管理办法》、《证券期货市场诚信监督管理暂行办法》等。

由于《上市公司监管条例》尚未出台，依据条例草稿中设定的个别条款，目前尚缺乏法律依据。但是，在当前的监管实践中，对于大股东及相关方不履行承诺问题，由于中小股东处于较为弱势的地位，加之证券诉讼机制有待完善，很难对承诺相关方形成制约，上市公司及中小股东长期处于“利益受损、无人做主”的状态；另一方面，《上市公司监管条例》经过多年酝酿，目前已较为成熟，预计将在较短时间内发布。监管指引中监管措施的设定均依照了条例草稿的有关规定，而先于条例“先行先试”，符合改革实践，也不会突破未来的法律框架。

四、主要内容

监管指引主要从明确标准、无法履行的承诺退出与替代机制及程序、对超期不履行承诺的行为的监管措施以及信息披露等四个方面提出了9条监管建议：第一方面共4条，明确了监管指引规范的对象和范围、承诺事项应满足的具体标准，以及不符合标准的承诺的规范时限等内容；第二方面共2条，对因政策性原因和非政策性原因导致无法履行的承诺变更和退出的程序分别进行了规范；第三方面共2条，明确了今后对承诺相关方不履行承诺行为的监管措施；第四方面共1条，规范了承诺相关方承诺履行事项的信息披露义务。

（一）明确标准

监管中发现，此前的很多承诺根本不具备实现的条件，作出时即为了“忽悠”投资者和监管机构；很多承诺并无明确履约时限，客观上给了相关方长期不履行承诺、甚至恶意拖延履行承诺的机会，同时投资者和监管机构又无可奈何。

为解决上述问题，监管指引要求承诺相关方的各项承诺事项，必须有明确的履约时限，不得使用“尽快”、“时机成熟时”等模糊性词语；承诺履行涉及行业政策限制的，应当在政策允许的基础上明确履约时限；承诺事项需要主管部门审批的，承诺相关方应明确披露需要取得的审批，并明确如无法取得审批的补救措施。

承诺相关方在作出承诺前应分析论证承诺事项的可实现性，不得承诺根据当时情况判断明显不可能实现的事项。承诺应明确时限、方式、履约能力分析及不能履约时的制约措施等内容。此外，监管指引要求凡不符合上述标准的承诺事项必须重新予以规范或提交股东大会，由股东大会决定是否可以变更或解除承诺，否则视同超期未履行承诺。

（二）在充分保护中小投资者权益的前提下对确实无法履行的承诺建立退出机制

不得不正视的是，出于种种原因，确有部分无法履行的承诺责任并不在承诺相关方，例如国家政策变化等。对于上述情况，如果按照新标准对承诺相关方进行处罚，不利于风险和矛盾的化解，反而会给我会的监管工作带来被动。鉴此，监管指引规定因相关法律法规、政策变化、自然灾害等承诺相关方自身无法控制的客观原因导致承诺无法履行或无法按期履行的，承诺相关方应及时披露相关信息；除因相关法律法规、政策变化、自然灾害等自身无法控制的客观原因外，承诺确已无法履行的，承诺相关方应充分披露承诺不能履行的原因，并向上市公司或其他投资者提出替代方案或者豁免履行承诺义务。

而为了充分保护中小投资者利益，对于前述第二类替代或豁免履行承诺的情形，监管指引规定相关变更方案应提交股东大会审议,且要求独立董事、监事会发表意见。

(三)对不履行承诺行为制定明确的监管措施

在多年的监管实践中,派出机构普遍反映对承诺相关方不履行承诺行为的监管存在几个盲区:一是处理依据不足;二是处理标准不明确;三是处理手段力度弱。

为了解决上述问题,监管指引明确规定除因相关法律法规、政策变化、自然灾害等承诺相关方自身无法控制的客观原因外,超期未履行承诺或违反承诺的,我会将相关情况记入诚信档案,对承诺相关方采取监管谈话、出具警示函、责令公开说明、责令改正等监管措施;将承诺相关方及主要决策者认定为不适当担任上市公司董事、监事、高管人选。

同时,还将承诺履行与行政许可挂钩,规定在承诺履行完毕或替代方案经股东大会批准前,我会将依据《证券期货市场诚信监督管理暂行办法》及相关法规的规定,对承诺相关方提交的行政许可申请,以及其作为上市公司交易对手方的行政许可申请(例如上市公司向其购买资产、募集资金等)审慎审核或作出不予许可的决定。

此外,有证据表明收购人在承诺作出时已知承诺不可履行的,我会将其进行处理。查实后在对收购人作出处理前及按本指引进行整改前,依据《证券法》、《上市公司收购管理办法》的有关规定,限制收购人对其持有或者实际支配的股份行使表决权。

(四)明确信息披露义务人

由于承诺相关方并不一定是上市公司,有些还不属于我会的监管对象,所以有关承诺事项的信息披露一直以来都处于混乱状态,有些信息披露不全,有些甚至遗漏。本次监管指引明确规定相关承诺事项应由上市公司统一进行信息披露,上市公司如发现承诺相关方自行作出的承诺事项不符合本指引的要求,应及时披露相关信息并向投资者作出风险提示。同时上市公司应在定期报告中披露报告期内发生或正在履行中的承诺事项及进展情况。

《证券公司分支机构监管规定》起草说明

为明确证券公司分支机构设立、收购、变更和撤销等事项的审批和监管要求,根据《证券法》、《证券公司监督管理条例》有关规定,中国证监会在总结完善现有证券公司分公司、证券营业部设立监管要求的基础上,起草了《证券公司分支机构监管规定》(以下简称《规定》)。现就有关情况说明如下:

一、起草背景与必要性分析

证券公司综合治理初期,中国证监会停止了对证券公司设立分支机构的审批。综合治理结束后,市场稳步发展,证券行业规范运作水平也有了实质性提升,已具备重新启动分支机构设立的基本条件。但是考虑到政策重启之初,证券公司累积需求快速释放,为防止证券公司盲目设点,盲目授权,导致分支机构业务风险失控,中国证监会确立了“循序渐进、扶优限劣,分步放开”的政策基本思路。2008 年 5 月,中国证监会先后公告了《证券公司分公司监管规定(试行)》,《关于进一步规范证券营业网点的规定》,启动证券公司分支机构的审批工作。

自 2008 年证券公司分公司、证券营业部设立重新启动后,累计批准设立证券分公司 337 家,证券营业部 1153 家,规范 1063 家证券服务部为证券营业部,清理关闭 84 家历史遗留违规营业网点。截至 2012 年 10 月底,全行业共有证券公司分公司 337 家,证券营业部 5385 家。从实施情况看,现行分支机构政策充分考虑了证券行业由综合治理转入常规监管过渡阶段的特点,基本实现了积极、稳妥、合理、均衡支持证券公司分支机构建设的目标。

经过近 4 年的发展,与综合治理结束之前相比，证券公司自身及外部环境发生了显著的变化，主要有以下几方面：

一是证券公司的制度基础和管控水平显著提升。证券公司初步实现了各项业务及相关技术系统的统一管理，建立了集中的合规、风控体系。2010年，中国证券业协会发布了《证券公司信息隔离墙制度指引》，证券行业建立了信息隔离墙制度，初步形成防范内幕交易、管理利益冲突的运营机制。随着管控制度的完善和集中管理机制的建立，证券公司对分支机构及其复杂业务的管理能力显著提升。

二是证券公司的组织结构更为灵活、多样。随着市场发展和客户需求的多样化，部分公司开始探索更为灵活的业务布局模式，有的公司拟针对高净值人群在经济发达区域设立高佣金、高质服务的分支机构，也有公司希望复制成熟市场行之有效的社区营业部模式，让分支机构快速覆盖城市各个区域，形成服务网络优势。在分支机构组织模式上，有的公司对证券营业部实施直接管理；有的公司按区域设立分公司，授权其管理一定区域内的证券营业部；还有的希望探索更为灵活的组织架构，根据不同的客户需求分别设立分公司或者证券营业部。证券公司组织结构的创新对分支机构设立数量、地域及业务范围等方面提出了更为多样化的需求。

三是证券公司分支机构逐步向综合业务平台转变。随着市场的发展以及投资产品的增多，投资者需求趋向多样，从单纯的股票买卖，逐渐扩展到投资顾问、金融产品配置、资产管理及柜台交易等。与之相应，一方面证券营业部功能也从传统的经纪业务，逐步扩展到向客户提供投资顾问服务、代销金融产品、融资融券、资产管理的辅助服务等多种功能；另一方面，分公司单纯的管理角色、单一的业务功能，已无法满足客户多方面的金融服务需求，也需要向综合性业务平台转变。

四是分支机构建设成本显著降低。2012年12月3日，中国证券业协会发布了修订后的《证券营业部信息技术指引》，允许不提供现场交易的证券公司分支机构实施差别化的信息技术系统建设标准，证券公司设立分支机构的刚性成本显著降低，从原来的每家300万－800万元，可降至最低30万－200万元。

五是社会经济总体水平快速提高。近年来，我国国民经济一直保持高速增长，城乡居民特别是二、三线城市居民财富快速积累，相应产生了新的金融服务需求。但目前全国2003个县级行政区（不含市辖区）中，有超过60%的区域无证券分支机构，相应的金融服务渠道尚未建立。

为适应证券公司自身及外部环境的发展变化，拟按以下思路对现行的证券公司分支机构政策进行相应的调整：一是放开分支机构设立的主体资格限制、地域限制、数量限制，同时强化证券公司对分支机构的内部管理，以市场机制取代过渡性安排，鼓励证券公司在竞争中打造核心竞争能力。二是不对分支机构业务范围作具体限定。在符合集中管理、建立信息隔离墙制度等要求的前提下，分支机构可以经营证券公司授权的各类业务。三是整合证券公司分公司、证券营业部的监管规则，统一对分支机构的监管要求。

遵循上述思路，中国证监会对《证券公司分公司监管规定（试行）》，《关于进一步规范证券营业网点的规定》做了合并、整理并进一步补充完善，起草了《规定》。

二、《规定》主要内容

《规定》共22条，主要内容如下：

（一）明确了分支机构的种类。《规定》明确，证券公司分支机构包括分公司、证券营业部两类。（第2条）

（二）明确了分支机构业务范围。《规定》明确，证券公司分支机构经营的业务，不得超出证券公司的业务范围。（第4条）

（三）明确了证券公司设立分支机构的资格条件。《规定》明确，经营规范、具备管理控制能力、不存在重大风险的证券公司，均可设立分支机构。（第5条）

（四）对证券公司设立分支机构不再作数量和区域限制。《规定》明确，符合设点要求的证券公司可以在全国范围内设立分支机构。支持证券公司按照业务类型、发展规划和管理能力，自行决定分支机构的设立数量、区域。（第5条）

（五）明确了分支机构变更营业场所的备案程序。2012年8月，国务院批准取消了“证券公司分支机构变更营业场所"行政许可事项。据此,《规定》明确,证券公司分支机构在同一城市变更营业场所的,应当关闭原营业场所,并在新营业场所开业后5个工作日内,向分支机构所在地证监局报备。(第12条)

(六)进一步强化合规管理,提升对分支机构的管控要求。《规定》明确,最近2年因重大违法违规行为受到行政或刑事处罚,最近1年被采取重大监管措施,因与分支机构相关的活动涉嫌重大违法违规正受到有关机关立案调查的证券公司,不得设立分支机构(第5条第3项);要求证券公司对分支机构实施集中统一管理,证券公司授权分支机构经营证券自营业务、证券承销与保荐业务以及证券资产管理业务的,应当确保符合相关业务集中运营、集中操作的规定(第15条);将分支机构业务纳入信息隔离墙制度管控范围(第16条);此外,《规定》还从信息公开、分支机构负责人、突发事件处理等方面,对分支机构的管控提出了具体要求。(第14条、第17条、第18条)

(七)明确了证券公司申请设立、收购、撤销分支机构等的实施流程。《规定》从材料报送、监管部门审批、工商手续办理、领取经营证券业务许可证等环节,明确了证券公司设立、收购、撤销证券公司分支机构的具体流程安排和申请材料清单。(第6条至第10条)

(八)明确了监管安排。《规定》明确,分支机构所在地证监局负责对证券公司分支机构实施日常监管。证券公司住所地证监局应当将证券公司对分支机构的合规管理、风险控制和稽核审计等纳入监管范围。(第19条)

《证券公司资产证券化业务管理规定》起草说明

为积极推动证券公司创新,丰富固定收益产品,发展资产证券化业务,在对证券公司企业资产证券化业务试点情况进行研究总结的基础上,中国证监会起草了《证券公司资产证券化业务管理规定》(以下简称"《规定》")。有关情况说明如下:

一、起草《规定》的背景与必要性

2004年4月,中国证监会启动了以证券公司专项资产管理计划(以下简称专项计划)为载体的企业资产证券化业务的研究论证,并于2005年8月开始了证券公司企业资产证券化业务的试点。试点期间,为规范业务的开展,防范有关业务风险,中国证监会机构监管部于2009年5月下发了《关于通报证券公司企业资产证券化业务试点情况的函》及《证券公司企业资产证券化业务试点指引(试行)》(以下简称《试点指引》),通过上述两个文件明确了中国证监会对于证券公司进行企业资产证券化业务试点的相关政策及监管要求。

当前,国内证券公司的传统业务对实体经济和社会投融资需求的服务能力不足。资产证券化业务是提升证券公司服务实体经济能力,更好地满足社会投融资需求的重要途径,也有助于推进证券行业的转型发展,提升证券公司的市场竞争力。因此,证券公司资产证券化业务由试点业务转为常规业务发展已成为现实需要。但是试点期间出台的有关文件法律层级较低,并且相关文件对证券公司从事该项业务的限制性规定较多,也不适应资产证券化业务发展的需要。因此,有必要针对现实需要,立足长远,制定与证券公司从事资产证券化业务相适应的法规文件。

二、《规定》的主要内容说明

(一)基本框架

《规定》共八章四十六条。第一章"总则",主要涉及证券公司资产证券化业务的立法依据、业务定义、业务原则、专项计划设立、资产独立性要求等。第二章"专项计划"共13条,主要规定了专项计划基础资产类型、基础资产转移要求，账户管理、现金流归集，资产支持证券及其信用增级，投资者权利、专项计划终止等内容；第三章“管理人和托管人”主要规定了管理人职责、管理人与原始权益人关联关系披露、托管人职责等内容；第四章“原始权益人”主要规定了原始权益人条件、职责；第五章“设立申请”主要规定了专项计划设立和资产支持证券发行条件及程序；第六章“信息披露”规定了管理人、托管人定期和临时信息披露的各项内容和要求；第七章“监督管理”明确了中国证监会及派出机构、自律组织对证券公司开展资产证券化业务的监管要求和措施；第八章为附则。

（二）主要内容

1. 业务模式

试点期间，对基础资产类型、特殊目的载体形态、获得基础资产的方式、原始权益人等均有严格的限定，对业务的持续发展客观上形成了一定阻碍。考虑到证券公司资产证券化业务的特点和发展趋势，资产证券化业务的定义既要反映现状，又要具有一定的扩展性和前瞻性，此次立法，将业务名称定为证券公司资产证券化业务，删除“企业”字样，并将业务定义为：证券公司以特殊目的载体管理人身份，按照约定从原始权益人受让或以其他方式获得基础资产，并以该基础资产产生的现金流为支持发行资产支持证券的业务活动。

首先，该定义扩大了资产证券化业务的载体范围，在继续采用专项计划作为特殊目的载体并明确专项计划资产为信托财产基础上，为将来引入基金、特殊目的公司或其他形式的载体预留了空间；其次，未限制获得基础资产的具体方式，除转让方式外，为可能采用财产信托等其他基础资产转移方式留下制度空间，同时也兼顾了原始权益人不特定的资产证券化业务类型。另外，将“资产支持受益凭证”修改成“资产支持证券”，以便和《证券公司集合资产管理业务实施细则》等规范性文件及市场通行称谓保持一致，更容易被市场上机构投资者认可和接受。上述定义有效扩展了证券公司资产证券化业务内涵，能够较好地适应将来基础资产多样化和业务模式多元化的客观需求，有利于拓宽证券公司资产证券化业务空间。

2. 扩展了基础资产的内涵和外延

为了便于扩展资产证券化业务深度与广度，此次《规定》通过列举的方式列明可以证券化的基础资产具体形态，允许包括企业应收款、信贷资产、信托受益权、基础设施收益权等财产权利，商业物业等不动产财产等均可作为可证券化的基础资产，为实务操作提供了明确指引。此外，还允许以基础资产产生的现金流循环购买新的基础资产方式组成专项计划资产。

3. 降低了业务门槛，放宽对证券公司的业务限制

为更多证券公司能够开展资产证券化业务，《规定》取消有关证券公司分类结果、净资本规模等门槛限制，具备证券资产管理业务资格、近一年无重大违法违规行为等基本条件的证券公司均可申请设立专项资产计划开展资产证券化业务。

此外，考虑到资产证券化业务过程中，证券公司可以通过有关措施防范可能存在的利益冲突，《规定》未对证券公司在与原始权益人存在关联关系情况下设立专项计划和担任管理人作禁止性规定，但对此种情况下作为管理人的证券公司提出了严格的信息披露要求。

4. 强化了流动性安排

为了提高产品的流动性，《规定》允许资产支持证券可以在证券交易所、中国证券业协会机构间报价与转让系统、证券公司柜台交易市场以及中国证监会认可的其他交易场所进行转让。此外，还允许证券公司为资产支持证券提供双边报价服务，即证券公司可以成为资产支持证券的做市商，按照交易场所的规则为产品提供流动性服务。符合公开发行条件的资产支持证券，还可以公开发行，并可以成为质押回购标的。

5. 取消了管理人自有资金及关联资金投资专项计划规模上限等限制性要求

为便于产品设计，《规定》未对自有资金投资专项计划的比例和规模作出限制。另外，考虑到证券公司发行的集合计划也可以认购资产支持证券，为鼓励证券公司设计能够满足客户需求、结构灵活的集合理财产品，《规定》允许证券公司“以其管理的集合资产管理计划认购资产支持证券的比例上限可以根据具体业务需要自行确定”。

6. 明确了监管安排

为加强对证券公司资产证券化业务的一线监管,《规定》明确了派出机构、证券交易场所、登记结算机构和有关自律组织对资产证券化业务的监管职责和自律管理职责。

7. 简化审核程序

为提高审核效率,《规定》明确了对于非公开发行的资产证券化产品,证券公司可直接向中国证监会提交资产证券化相关产品的申请,无需事先取得交易场所的论证意见,对于公开发行的资产证券化产品,中国证监会受理申请后可以组织召开专家论证会对对产品进行技术论证。

另外,为丰富证券市场投资品种,做优做强相关交易市场,鼓励多类型金融机构在中国证监会认可的交易场所发行和转让资产支持证券,《规定》第四十五条规定,基金管理公司、期货公司、证券金融公司和其他中国证监会负责监管的公司,以及商业银行、保险公司、信托公司等金融机构在本办法第六条所列交易场所发行、转让资产支持证券,参照适用本办法。

《公开募集证券投资基金风险准备金监督管理暂行办法》起草说明

为更好保护公开募集证券投资基金(以下简称"基金")份额持有人的合法权益,增强基金行业风险防范能力,促进基金管理人与托管人规范经营和稳定发展,我们起草了《公开募集证券投资基金风险准备金监督管理暂行办法》(以下简称《暂行办法》)。现将相关情况说明如下:

一、起草背景与目的

2006 年 8 月,我会发布《关于基金管理公司提取风险准备金有关问题的通知》(以下简称"《通知》"),要求基金管理人按管理费收入 5% 计提风险准备金,用于弥补管理人违法违规、操作失误等原因给基金及持有人造成的损失,提取上限为管理基金资产净值的 1%。2008 年,我会发布补充通知,将计提比例由 5% 提升到 10%。基金行业风险准备金制度实施 6 年多来,多次有效化解风险,及时足额弥补了基金财产及份额持有人的损失。实践证明,风险准备金制度是提升行业风险防范能力、保护投资者利益、促进行业稳定发展的重要制度。

随着基金行业的不断发展,有关各方对于基金投资运作风险防控的意识不断加强,对风险准备金制度的重要性和必要性亦逐步达成共识。结合有关建议,目前起草《暂行办法》主要基于以下两方面考虑:

一是基金管理人风险准备金面临着投资范围狭窄、资金利用率低、收益性差等问题,需要在保证资金安全性及流动性的前提下,适当增加风险准备金可投资的低风险品种。经过 6 年的积累,目前基金管理人风险准备金留存数额较大。但是,按《通知》规定,风险准备金只能投资于国债、存款等高流动性低风险资产。在保证资金安全的前提下,适当增加风险准备金可投资的低风险品种,更好发挥该部分资金的效用,是行业比较迫切的诉求。

二是尽快建立基金托管人风险准备金制度,为基金托管人更好履行共同受托职责提供制度保障。近年来,随着资产托管规模的扩张,托管市场竞争日益加剧,同时,产品创新带来了托管运作复杂度的不断提升,对托管人来说,托管业务运营差错导致损失的可能性持续增加,托管业务风险管理压力逐渐加大,因此,行业对建立托管人风险准备金制度的呼声由来已久。新修订的《基金法》对此给予了回应,按照该法第二十三条和第三十九条,不仅公开募集基金的基金管理人应从管理费收入中计提风险准备金,而且基金托管人也应从托管费收入中计提风险准备金。为落实《基金法》,进一步提升基金托管人风险抵御能力,需在现有基金管理人风险准备金制度基础上补充建立托管人风险准备金制度。

二、《暂行办法》的主要内容

《暂行办法》共分五章二十二条，主要内容包括：

（一）明确了风险准备金制度的适用范围与用途

按照新《基金法》要求，《暂行办法》规定，依法设立的公募基金管理人和托管人，应从管理费或托管费收入中计提风险准备金，主要用于弥补因基金管理人或托管人违法违规及违反基金合同、技术故障、操作错误等原因给基金财产或基金持有人造成的损失，以及中国证监会指定的其他用途。

（二）完善了基金管理人风险准备金的有关管理规定

一是适当增加了基金管理人风险准备金可投资的低风险品种，同时明确了风险准备金的投资损益和税费处理原则。《暂行办法》在充分考虑风险准备金资金性质、确保资金安全性与流动性的前提下，按照市场化管理、投资风险自负的原则，适当增加了风险准备金可投资的低风险品种，规定管理人风险准备金可投资于银行存款、政府债券、中央银行票据、中央企业债券、中央级金融机构发行的金融债券。同时，为遵循分散投资原则，并保持一定流动性资产以应对风险事件，规定各机构应事先约定各投资品种的投资比例限制，风险准备金专户应当保持不低于风险准备金总额10%的现金或者到期日在一年以内的政府债券。此外，为保证风险准备金专户资产的独立性，规定风险准备金投资管理产生的各类投资损益，应归入风险准备金专户；发生的各项费用和税收，可以由风险准备金承担。

二是调整了管理人风险准备金在账户开立、资金划转与使用等方面的制度安排。在适当拓宽投资范围的情况下，为保证风险准备金的资金安全与有效管理，仍坚持风险准备金账户“归一”原则，管理人需选定一家具有基金托管资格的商业银行开立风险准备金专户。同时，为保证对风险准备金的运作实施有效监督，要求存管银行制定风险准备金专户监控管理规则，对所存管风险准备金的提取、管理与使用等情况进行日常监督。

（三）建立了基金托管人的风险准备金管理制度

一方面，明确了基金托管人风险准备金的计提标准与留存限额。考虑到基金管理人与托管人之间的业务性质差异，以及各自业务活动对基金财产及持有人利益的潜在影响程度不同，适当调低了托管人风险准备金的计提标准与留存限额，计提比例为每月托管费收入的2.5%，留存限额为季末托管基金资产净值的0.25%。

另一方面，对基金托管人风险准备金的账户开立、管理与使用等作出了针对性规定。第一，为保证风险准备金资产的独立性，明确规定商业银行托管人不得在本行开立风险准备金专户。第二，基金托管人应在每月划付托管费收入的同时，将计提的风险准备金划入风险准备金专户。第三，考虑到目前我国对金融业实行机构监管的模式，基金托管人风险准备金的投资管理活动需在符合所在行业监管机构有关规定的基础上参照基金管理人的要求执行。第四，为保证复核的独立性，保护基金份额持有人利益，在发生需要托管人使用风险准备金的情形时，要求经相关基金管理人复核后，由存管银行负责办理。

（四）明确了相关罚则

为保证风险准备金制度作为一种强制性安排能够得到有效贯彻落实，《暂行办法》规定，对没有按照规定提取、管理或使用风险准备金的基金管理人、托管人，中国证监会可以依法对其采取责令改正、暂不受理与行政许可有关的文件等行政监管措施；对直接负责的主管人员和其他直接责任人员，采取监管谈话、出具警示函、认定为不适当人选等行政监管措施；依法应予行政处罚的，依照有关规定进行行政处罚；涉嫌犯罪的，依法移送司法机关，追究刑事责任。

《证券投资基金托管资格管理办法》修订暨《证券投资基金托管业务管理办法》起草说明及公开征求意见情况说明

为进一步规范证券投资基金托管业务，不断提高基金托管业务运作与服务水平，我们近期修订了《证券投资基金托管资格管理办法》(中国证监会　中国银监会令〔2004〕26 号，以下简称《资格管理办法》)，在此基础上重新起草制定了《证券投资基金托管业务管理办法》(以下简称《业务管理办法》)。现将相关情况说明如下：

一、起草背景与过程

我国证券投资基金行业从 1998 年发展伊始，即引入强制托管制度，基金托管人与基金管理人作为公募基金的共同受托人，履行相关法定受托职责。2004 年 11 月，根据《证券投资基金法》等法律法规，中国证监会与中国银监会联合颁布了《资格管理办法》，对基金托管人的资格准入、审核程序以及监督管理等方面做出了较为详尽的规定。基金行业发展十余年来，基金托管制度在规范基金运作、防范各类风险、保障基金份额持有人合法权益等方面发挥了至关重要的作用。截至 2012 年 10 月底，全行业共有基金托管银行 19 家，托管基金 1110 只，基金托管总份额约 2.93 万亿份，基金托管净值规模合计 2.50 万亿元。

此次启动《资格管理办法》修订、并着手制定《业务管理办法》，主要基于以下两点考虑：

(一)推进基金托管业务稳步对外开放，提升基金托管服务水平，进一步优化我国基金托管制度。

长期以来，我会持续推进基金业稳步、有序对外开放，从设立合资基金管理公司、推出 QDII 业务到允许基金管理公司在香港设立境外子公司并开展 RQFII 业务，各项开放政策取得良好成效。对公募基金其他业务领域的后续开放，我会秉持积极开明的态度。2011 年 5 月，我会经商中国银监会，在第三轮中美战略与经济对话中承诺，拟通过修改《资格管理办法》等法规的限制，允许符合审慎监管要求并具备一定资质条件的在华外资法人银行在获得基金托管资格上享受与本国银行同等权利。

从过往几年外资法人银行在境内开展 QFII 托管等业务实践看，目前部分在华外资法人银行已积累了较为丰富的托管业务经验。允许具备一定资质条件的外资法人银行开展基金托管业务，将有助于引入境外成熟市场的先进托管经验，推动我国基金托管行业市场化竞争，提升基金托管服务水平，从而进一步优化我国基金托管制度。

(二)进一步强化基金托管人的受托职责，加强托管业务内部控制，更好保护基金份额持有人的合法权益。

按照《证券投资基金法》，我国基金托管人需要履行安全保管基金财产、计算并复核基金资产净值、办理基金清算交割、监督基金投资运作、召集基金持有人大会等多项职责。与境外基金保管人、目前境内其他托管产品的托管人不同，我国公募基金托管人扮演着共同受托人的角色，其法定职责的内容更多，责任更大。

十余年来，各基金托管银行较好的履行了法定的托管职责，对促进基金业持续规范发展发挥了重要作用。然而，随着基金市场的发展，基金托管业务发展也面临一些挑战。一方面，基金产品创新速度加快，基金产品数量增多且运作复杂度不断提高，对基金托管人在业务系统投入及专业人员配备等方面提出了更高要求，在新的市场竞争环境下，基金托管人需要进一步强化受托责任意识，同时提高托管运作能力与服务水平。另一方面，目前我国基金托管银行自身业务也正在经历由境内托管向境外托管拓展、由法定业务向增值业务拓展的过程，从推进托管业务持续发展角度，托管人内控水平与风险管理能力也需进一步提高。

基于前述考虑，我们认为，在《证券投资基金法》的框架下，通过起草《业务管理办法》，进一步明晰基金托管人各项法定职责、强化基金托管业务内部控制要求，同时根据监管实践进一步完善托管准入标准，提高托管专业性要求，是适应基金行业市场化改革、完善我国基金托管制度的必然选择。

2012 年上半年，《资格管理办法》修订工作启动，我会多次召集各基金托管银行开展专题调研与讨论，就进一步完善基金托管准入标准、细化各项托管职责、加强托管内部控制等问题进行了充分沟通并初步达成共识，形成《业务管理办法（征求意见稿）》。2012 年 9 月，我会就《业务管理办法（征求意见稿）》书面征求银监会创新监管部意见，吸收了反馈的主要意见作修改完善。2012 年 10 月 26 日至 11 月 25 日，我会就《资格管理办法》修改为《业务管理办法》向社会公开征求意见。

二、修订原则与主要内容

（一）修订原则

当前基金监管法规体系中，除《证券投资基金法》对基金托管人职责的原则性要求、《资格管理办法》对托管资格准入与审核等进行规范外，尚无法规对基金托管人职责及其托管业务开展过程中的内部控制进行完整、系统性的规范。因此，此次修订的总体思路是"变《资格管理办法》为《业务管理办法》，作为《证券投资基金法》的配套部门规章"。一方面，从明确职责、规范业务、防范风险的角度，进一步落实基金托管人的受托责任，完善日常监管的违规问责机制。另一方面，结合近年来基金托管行业的最新发展，按照"高标准、宽准入、重服务、严监管"的思路，进一步完善托管资格准入条件，强调托管独立性与专业性要求，建立托管资格的退出机制。

（二）主要内容

较之《资格管理办法》（不分章节，共二十条），《业务管理办法》在体例上有一定变化，共六章四十一条。

1. 适用范围

《业务管理办法》主要是对依法设立的公募基金托管人履行各项托管职责的行为进行规范。

2. 完善基金托管资格准入条件与审核程序，更加强调业务独立性与专业性，对外资法人银行开放基金托管业务

一是进一步强调基金托管部门独立性与业务完整性要求（第八条第二项）。针对近年来个别托管行因部门设置问题导致基金托管部门独立性受损的情况，在申请材料中新增"确保部门业务运营完整与独立的说明和承诺"（第十一条第三项）。

二是进一步提高托管部门专业人员的配备要求（第八条第三项）。基金托管部门取得基金从业资格的人员不低于部门员工人数的 1/2；从事基金清算、核算、监督、披露、稽核等业务的人员由"不少于 5 人"调整为"不少于 8 人"，且应具有基金从业资格，更好符合不相容职务分离、核心业务复核机制等风险控制要求；对于核算、监督等核心岗位，应当具备 2 年以上托管业务从业经验。

三是在托管资格审核程序上，除先前已有的对申请材料的形式审查、由我会与银监会开展联合现场检查等方式外，按照审慎监管的原则，增加"可以采取以专家评审、核查等方式审查申请材料的内容"，以进一步了解及评估申请机构的资质条件与业务规划（第十四条第一项）。

四是将原办法第十九条"本办法适用于境内中资商业银行，不适用于外资商业银行"改为"本办法适用于境内法人商业银行"（第四十条），允许符合条件的在华外资法人银行申请基金托管业务。

3. 进一步细化《证券投资基金法》关于基金托管人的各项法定职责，同时强化托管业务内部控制与相关风险管理

《业务管理办法》增设第三章共十条，对托管银行在从事基金托管业务过程中应履行的各项法定职责进行了具体规范，涵盖基金法律文件订立、保管基金财产、办理清算交收、基金估值、信息披露、投资监督、收益分配、召集持有人大会等各项职责，同时对于禁止行为以及托管费用的收取原则与披露进行了规范。

《业务管理办法》增设第四章共七条，强调托管业务的内控建设与相关业务风险管理。要

求托管银行建立科学合理、运行高效的内部控制体系,每年由托管人内部审计部门或聘请具有一定资质的会计师事务所对内控制度建设与实施情况进行审查评估并出具评估报告。加强对托管从业人员执业行为及投资基金等活动的管理。针对业务发展及风险控制需要加强系统建设与人员培训。对委托境外托管人开展境外资产托管业务、开展基金业务外包等增值服务,提出了相关风险控制要求。

4. 加强对基金托管银行的后续监督管理

《业务管理办法》第五章除继续加强对基金托管人在资格申请过程中的诚信监管外,还进一步加强对基金托管业务开展过程中的行为监管。主要通过以下方式开展日常监管:一是要求托管行向监管机构报送业务信息与报告重大事件;二是开展托管业务现场检查。新法规完善了违规的问责机制,明确了对违规机构及相关人员的行政监管措施,同时建立了托管资格退出机制,对连续三年未开展基金托管业务或者严重的违规行为,将对机构及相关人员采取行政处罚,直至取消基金托管资格。

三、公开征求意见及修改吸收情况

截至 11 月 25 日征求意见结束,我会共收到 9 家机构与个人共 40 条意见,反馈方包括 4 家外资银行、3 家基金公司、1 家证券公司与 1 位社会人士。反馈意见包括两类,第一类是对条款的具体修改建议,共 27 条,拟采纳或部分采纳 6 条,未采纳 11 条,另有 10 条为其他法规已有规定或不属本规定规范范畴。第二类是对法规的咨询,共 13 条,考虑在后续监管中通过业务培训等方式给予解答。

此次意见反馈主要来自外资银行,表明外资银行对基金托管资格准入政策的高度关注,同时从其具体反馈意见看,也反映部分外资银行对境内外托管职责的差异尚需一个消化理解的过程。对中资托管银行,由于前期通过座谈会等方式已广泛征求意见,因此,此次没有收到中资行的反馈意见。对于公开征求意见中反馈的建议,具体采纳情况如下:

(一)采纳或部分采纳的建议

在采纳或部分采纳的建议中,主要是个别文字的调整,使法规表述更加全面、准确,主要包括:第一,关于托管人在基金法律文件中的责任,从保护持有人角度,除继续强调合规性评估责任外,将“会计估值科学合理”的评估要求调整为“会计估值科学公允”。第二,在管理人与托管人签订结算协议的要求中,增加通过基金托管协议予以约定的方式。第三,删除对托管人监督方式采取“设置预警指标”的要求,由托管人根据实际监督内容灵活采取不同的监控手段与方法。第四,在原先要求的托管人对基金定期报告有关财务信息进行复核审查并出具意见中,相关建议提出托管人复核的报告还包括招募说明书等披露文件,同时建议要求托管人及时进行复核并出具意见,予以采纳并调整相关表述。第五,根据相关建议,将第五条“托管人应当遵守法律、行政法规”的表述,调整为“应当遵守法律法规的规定”。第六,相关机构对第九条有关托管人接收交易结算数据的表述,建议在考虑投资范围扩大情况下,托管人接收数据的来源不仅限于交易所和登记结算公司,对此,我们在表述上进行了相应调整。

(二)未采纳的建议

一是相关建议不符合现行《基金法》等法律法规的规定,因此未予采纳。包括:第一,建议允许商业银行以外的其他机构申请基金托管资格。第二,建议允许外资银行境内分行申请基金托管资格。第三,建议允许商业银行托管其持股的基金管理公司旗下基金。第四,托管人只能对相关交易进行事后监控,难以开展交易前监督,我们认为,对于基金申购新股,托管人仍有必要依法承担事前及事中的监督责任。

二是关于基金托管人对管理人投资运作进行监督相关条款的疑问与建议。由于对基金投资风格进行监督的具体操作性存在疑问,而建议不作要求,例如,部分外资行认为,基金投资风格定义与分类较多且没有统一标准,可以监控量化分类,但难以监控定性分类。从监管实践看,基金投资风格飘移是影响基金持有人权益的重要事项,应该纳入托管人的监督范围之列,近年来,内资托管行已对投资风格开展量化指标的监控,只要基金合同对基金投资策略有明晰约定,就不会存在监督标准不明确的问题。另外,从境外托管实践看,加强投资风格监督也已成为印度、新加坡等地基金托管监管的新趋势。

三是未予采纳的其他建议。对已取得

QFII托管资格的商业银行,允许不再另外申请基金托管资格。我们认为,两类业务托管所适用的法律及职责存在较大差异,两种资格不可等同。

另外,还有一些建议的内容不是本办法规范的范围,因此未予体现,例如,建议明确托管人日常报送监管部门的文件要求、建议禁止商业银行同时担任基金产品的托管人和后台外包服务提供商、建议明确QDII基金委托境外次托管人的相关责任要求、建议具体明确基金托管部从业人员及直系亲属买卖股票的管理要求、建议允许托管行为基金交收透支垫付资金等,我们认为,上述有的建议已由其他法规予以明确,有的建议宜由其他法规另行规定,因此,我们未在本规定中体现相关内容。

第四部分　执法实践

一、行 政 许 可

(一)2013 年行政许可受理工作综述

2013 年,中国证监会严格按照《行政许可法》、《中国证券监督管理委员会行政许可实施程序规定》的规定,依法行政,扎实做好行政许可受理工作,稳步推进行政审批制度改革工作。

一、2013 年基本情况

2013 年,我会共接收各类行政许可申请 1778 件,发出补正通知 258 件,受理通知 1635 件,反馈通知 837 件;送达行政许可批复 1318 件,不予受理决定 5 件,终止审查决定 385 件。

二、行政许可申请受理工作

1. 不断健全完善行政许可申请受理各项制度

始终坚持把制度建设作为推进行政许可受理依法行政工作的出发点和落脚点。一是根据有关法规调整情况,修订编辑《中国证监会行政许可法规汇编》,进一步方便行政许可工作人员依法办事;二是根据部分许可事项调整情况,修订印制行政许可项目公示册。前期,我会行政审批项目取消和下放的力度较大,调整内容较多,为进一步方便申请人,我们对现有的公示册内容进行了重新核对和印刷;三是完善受理工作月报、季报和年报制度、受理工作例会制度等。通过落实这些日常制度,及早发现存在的问题,及时督促各部门严格按照行政许可的时限、程序履行监管职能;四是完善部门协作制度。完善会内各部门之间、会机关与派出机构之间行政受理工作的具体流程和制度建设,保证受理部门与审核部门之间顺利衔接与配合。

2. 完善机制流程,不断发挥受理服务中心的集中优势

经会领导批准,2012 年底,我会受理服务中心正式建成并投入使用,实现了由受理处对材料统一接收、各部门分散办理的新模式。为进一步提升我会行政许可申请受理的服务质量,2013 年,我们在工作中不断完善受理服务中心内部制度建设、提高工作效率上下了很大的功夫。

一是完善内部管理制度,不断健全《证监会受理服务中心规范化管理手册》。实现规范化管理、靠制度管人、按规则办事。在前期制定的管理手册基础上,增加了受理服务中心人员考勤制度和日常行为守则等一系列的规范性文件。

二是形成机制,以岗代训,不断提高工作人员的业务能力。材料接收工作具有专业性较强、关注度较高的特点,这就要求工作人员要不断提高业务水平,满足业务部门随时提出的各项工作要求。为做到这点,全处同志加强学习、以岗代训,在前期部门老师讲授理论知识的基础上,通过现场指导和考核,提高了学习与实践的深度与难度。

三是做好沟通协调,确保顺畅衔接。材料接收工作涉及会内的部门多、项目广,与部门的沟通协调就显得非常重要。为确保材料的接收质量,在前期确定的对口联络人制度的基础上,我们还增加了材料复核表、文件交接清单等环

节，完善了各类材料交接流程的工作质量。

三、行政审批项目取消和调整工作

自2001年行政审批制度改革工作全面启动以来，截至2012年年底，我会已分六批累计取消136项行政审批事项。2013年，按照国务院审改办的统一部署，我会继续推进新一轮行政审批事项清理工作，取得了阶段性成效。

1. 完成我会行政审批事项摸底核实工作

2013年4月，按照国务院审改办要求，我会将现有行政审批事项具体情况报送国务院审改办。同年6月，根据国务院审改办的反馈意见，我会对现有行政审批事项，以及日常管理中具有审批性质的其他事项等，进行了全面彻底地清理核实并提出了处理意见，向国务院审改办报送了我会《行政审批事项摸底核实表》和《行政审批事项处理意见表》。同年9月，国务院审改办向我会来函，转来国务院各部门行政审批事项汇总目录，请我会核实所列行政审批事项是否真实、准确、完整，对哪些事项应取消、下放或保留提出意见建议，并说明理由。我会按照国务院审改办要求，及时反馈了我会意见。同年11月，我会向国务院审改办发函对我会的行政审批事项予以了确认，确认后我会现有行政审批事项共计66项。

2. 简政放权，进一步推进我会行政审批项目取消和调整工作

2013年6月1日，随着新《证券投资基金法》的实施，我会已取消2项行政审批项目，分别是“基金份额持有人大会决定事项核准”和“基金托管部门高级管理人员选任或改任审核”。按照国务院审改办要求，我会于同年7月初向国务院审改办报送了《行政审批事项处理意见表》，拟取消3项审批项目。同年11月，我会向国务院审改办发函，新增4个三年内拟取消的行政审批项目。同年12月，我会经研究，再次新增11项拟于三年内取消、调整的行政审批事项。综上，不包含随着新基金法实施已取消的2项，我会三年内（2013－2015年）拟取消、调整的行政审批项目达到了18项，占现有66项审批事项的27%。

（二）2013年证监会作出的行政许可决定书目录

序号	发文字号	标　　题	签批日期
1	证监许可〔2013〕1号	关于核准北京市顺义大龙城乡建设开发总公司公告北京市大龙伟业房地产开发股份有限公司收购报告书并豁免其要约收购义务的批复	2013/1/4
2	证监许可〔2013〕2号	关于核准深圳市纺织（集团）股份有限公司非公开发行股票的批复	2013/1/4
3	证监许可〔2013〕3号	关于核准深圳市新纶科技股份有限公司非公开发行股票的批复	2013/1/4
4	证监许可〔2013〕4号	关于核准河北钢铁股份有限公司公开发行公司债券的批复	2013/1/4
5	证监许可〔2013〕5号	关于核准中信重工机械股份有限公司公开发行公司债券的批复	2013/1/4
6	证监许可〔2013〕6号	关于核准江苏爱康太阳能科技股份有限公司公开发行公司债券的批复	2013/1/4
7	证监许可〔2013〕7号	关于核准博时亚洲票息收益债券型证券投资基金募集的批复	2013/1/5

续表

序号	发文字号	标　　题	签批日期
8	证监许可〔2013〕8 号	关于核准平安大华日升利货币市场基金募集的批复	2013/1/5
9	证监许可〔2013〕9 号	关于核准银华中证成长股债恒定组合 30/70 指数证券投资基金募集的批复	2013/1/5
10	证监许可〔2013〕10 号	关于核准华安纳斯达克 100 指数证券投资基金募集的批复	2013/1/5
11	证监许可〔2013〕11 号	关于核准上证 5 年期国债交易型开放式指数证券投资基金及联接基金募集的批复	2013/1/5
12	证监许可〔2013〕12 号	关于核准中欧纯债分级债券型证券投资基金募集的批复	2013/1/5
13	证监许可〔2013〕13 号	关于核准金鹰元盛分级债券型发起式证券投资基金募集的批复	2013/1/5
14	证监许可〔2013〕14 号	关于核准嘉实美国成长股票型证券投资基金募集的批复	2013/1/5
15	证监许可〔2013〕15 号	关于核准上证企债 30 交易型开放式指数证券投资基金及连接基金募集的批复	2013/1/5
16	证监许可〔2013〕16 号	关于核准中海可转换债券债券型证券投资基金募集的批复	2013/1/5
17	证监许可〔2013〕17 号	关于核准深圳能源集团股份有限公司吸收合并深圳市深能能源管理有限公司的批复	2013/1/5
18	证监许可〔2013〕18 号	关于核准上海置信电气股份有限公司向国网电力科学研究院发行股份购买资产的批复	2013/1/5
19	证监许可〔2013〕19 号	关于不予核准兰州民百(集团)股份有限公司向红楼集团有限公司发行股份购买资产的决定	2013/1/6
20	证监许可〔2013〕20 号	关于核准宜思投资管理有限责任公司合格境外机构投资者资格的批复	2013/1/7
21	证监许可〔2013〕21 号	关于核准江苏双良科技有限公司公告双良节能系统股份有限公司要约收购报告书的批复	2013/1/7
22	证监许可〔2013〕22 号	关于核准东方基金管理有限责任公司变更股权及修改章程重要条款的批复	2013/1/8
23	证监许可〔2013〕23 号	关于核准重庆华邦制药股份有限公司非公开发行股票的批复	2013/1/8
24	证监许可〔2013〕24 号	关于核准上海浦东路桥建设股份有限公司非公开发行股票的批复	2013/1/8
25	证监许可〔2013〕25 号	关于核准山东隆基机械股份有限公司非公开发行股票的批复	2013/1/8
26	证监许可〔2013〕26 号	关于核准陕西秦川机械发展股份有限公司公开发行公司债券的批复	2013/1/8
27	证监许可〔2013〕27 号	关于核准肇越担任香港致富证券有限公司北京代表处首席代表的批复	2013/1/11
28	证监许可〔2013〕28 号	关于核准招商证券股份有限公司设立华能澜沧江第二期水电上网收费权专项资产管理计划的批复	2013/1/11
29	证监许可〔2013〕29 号	关于核准民生加银家盈理财 7 天债券型证券投资基金募集的批复	2013/1/11

续表

序号	发文字号	标 题	签批日期
30	证监许可〔2013〕30号	关于核准华夏保证金理财货币市场基金募集的批复	2013/1/11
31	证监许可〔2013〕31号	关于核准中核华原钛白股份有限公司向李建锋等发行股份购买资产并募集配套资金的批复	2013/1/16
32	证监许可〔2013〕32号	关于核准李建锋及一致行动人公告中核华原钛白股份有限公司收购报告书并豁免其要约收购义务的批复	2013/1/16
33	证监许可〔2013〕33号	关于核准东方花旗证券有限公司保荐机构资格的批复	2013/1/16
34	证监许可〔2013〕34号	关于建议同意湖北联赢投资股份有限公司公告北京福星晓程电子科技股份有限公司收购报告书并豁免其要约收购义务的请示	2013/1/16
35	证监许可〔2013〕35号	关于核准河南安彩高科股份有限公司非公开发行股票的批复	2013/1/16
36	证监许可〔2013〕36号	关于核准江苏新民纺织科技股份有限公司非公开发行股票的批复	2013/1/16
37	证监许可〔2013〕37号	关于核准中国国际航空股份有限公司非公开发行股票的批复	2013/1/16
38	证监许可〔2013〕38号	关于核准山东齐星铁塔科技股份有限公司非公开发行股票的批复	2013/1/16
39	证监许可〔2013〕39号	关于核准北京中科金财科技股份有限公司公开发行公司债券的批复	2013/1/16
40	证监许可〔2013〕40号	关于核准光正钢结构股份有限公司非公开发行股票的批复	2013/1/16
41	证监许可〔2013〕41号	关于核准深圳市芭田生态工程股份有限公司公开发行公司债券的批复	2013/1/16
42	证监许可〔2013〕42号	关于核准广州汽车集团股份有限公司公开发行公司债券的批复	2013/1/16
43	证监许可〔2013〕43号	关于核准英大证券有限责任公司变更注册资本的批复	2013/1/16
44	证监许可〔2013〕44号	关于核准上海航天汽车机电股份有限公司重大资产重组的批复	2013/1/16
45	证监许可〔2013〕45号	关于核准联讯证券有限责任公司变更注册资本的批复	2013/1/17
46	证监许可〔2013〕46号	关于核准泰信基金管理有限公司设立子公司的批复	2013/1/18
47	证监许可〔2013〕47号	关于核准东吴基金管理有限公司设立子公司的批复	2013/1/18
48	证监许可〔2013〕48号	关于核准民生加银基金管理有限公司设立子公司的批复	2013/1/18
49	证监许可〔2013〕49号	关于核准华宸未来沪深300指数增强型发起式证券投资基金(LOF)募集的批复	2013/1/18
50	证监许可〔2013〕50号	关于核准华夏纯债债券型证券投资基金募集的批复	2013/1/22
51	证监许可〔2013〕51号	关于核准华夏一年定期开放债券型证券投资基金募集的批复	2013/1/22
52	证监许可〔2013〕52号	关于核准景顺长城品质投资股票型证券投资基金募集的批复	2013/1/22
53	证监许可〔2013〕53号	关于核准汇添富实业债债券型证券投资基金募集的批复	2013/1/22

续表

序号	发文字号	标　题	签批日期
54	证监许可〔2013〕54 号	关于核准富国宏观策略灵活配置混合型证券投资基金募集的批复	2013/1/22
55	证监许可〔2013〕55 号	关于核准中国电子信息产业集团有限公司公告彩虹显示器件股份有限公司收购报告书并豁免其要约义务的批复	2013/1/23
56	证监许可〔2013〕56 号	关于核准第一金证券投资信托股份有限公司合格境外机构投资者资格的批复	2013/1/24
57	证监许可〔2013〕57 号	关于核准太平洋投资管理公司亚洲私营有限公司合格境外机构投资者资格的批复	2013/1/24
58	证监许可〔2013〕58 号	关于核准瑞银环球资产管理(香港)有限公司合格境外机构投资者资格的批复	2013/1/24
59	证监许可〔2013〕59 号	关于核准路翔股份有限公司向广州融捷投资管理集团有限公司等发行股份购买资产并募集配套资金的批复	2013/1/23
60	证监许可〔2013〕60 号	关于核准朝华科技(集团)股份有限公司向甘肃建新实业集团有限公司等发行股份购买资产的批复	2013/1/24
61	证监许可〔2013〕61 号	关于核准开元证券投资基金基金份额持有人大会有关转换基金运作方式决议的批复	2013/1/25
62	证监许可〔2013〕62 号	关于核准易方达保证金收益货币市场基金募集的批复	2013/1/25
63	证监许可〔2013〕63 号	关于核准广发理财 7 天债券型证券投资基金募集的批复	2013/1/25
64	证监许可〔2013〕64 号	关于核准萧博担任香港新鸿基投资服务有限公司广州代表处首席代表的批复	2013/1/25
65	证监许可〔2013〕65 号	关于核准招商保证金快线货币市场基金募集的批复	2013/1/28
66	证监许可〔2013〕66 号	关于核准易方达信用债债券型证券投资基金募集的批复	2013/1/28
67	证监许可〔2013〕67 号	关于核准上海交大产业投资管理(集团)有限公司公告上海新南洋股份有限公司收购报告书并豁免其要约收购义务的批复	2013/1/28
68	证监许可〔2013〕68 号	关于核准万家基金管理有限公司设立子公司的批复	2013/1/29
69	证监许可〔2013〕69 号	关于核准华富保本混合型证券投资基金募集的批复	2013/1/29
70	证监许可〔2013〕70 号	关于核准中天证券有限责任公司融资融券业务资格的批复	2013/1/30
71	证监许可〔2013〕71 号	关于核准华安标普 500 指数证券投资基金募集的批复	2013/1/30
72	证监许可〔2013〕72 号	关于核准北京梅泰诺通信技术股份有限公司向缪金迪等发行股份购买资产的批复	2013/1/31
73	证监许可〔2013〕73 号	关于核准招商证券股份有限公司公开发行公司债券的批复	2013/1/31
74	证监许可〔2013〕74 号	关于核准白银铜城商厦(集团)股份有限公司重大资产重组及向浙江上峰控股集团有限公司等发行股份购买资产的批复	2013/1/31
75	证监许可〔2013〕75 号	关于核准浙江上峰控股集团有限公司公告白银铜城商厦(集团)股份有限公司收购报告书并豁免其要约收购义务的批复	2013/1/31
76	证监许可〔2013〕76 号	关于核准华南永昌综合证券股份有限公司设立北京代表处的批复	2013/1/31

续表

序号	发文字号	标　　题	签批日期
77	证监许可〔2013〕77 号	关于核准上海莱士血液制品股份有限公司公开发行公司债券的批复	2013/1/31
78	证监许可〔2013〕78 号	关于核准西安民生集团股份有限公司公开发行公司债券的批复	2013/1/31
79	证监许可〔2013〕79 号	关于核准浙江传化股份有限公司公开发行公司债券的批复	2013/1/31
80	证监许可〔2013〕80 号	关于核准浙江菲达环保科技股份有限公司非公开发行股票的批复	2013/1/31
81	证监许可〔2013〕81 号	关于核准新疆天康畜牧生物技术股份有限公司非公开发行股票的批复	2013/1/31
82	证监许可〔2013〕82 号	关于核准广东鸿图科技股份有限公司非公开发行股票的批复	2013/1/31
83	证监许可〔2013〕83 号	关于核准吉林电力股份有限公司非公开发行股票的批复	2013/1/31
84	证监许可〔2013〕84 号	关于不予核准重庆三峡油漆股份有限公司非公开发行股票申请的决定	2013/1/31
85	证监许可〔2013〕85 号	关于核准华菱星马汽车(集团)股份有限公司非公开发行股票的批复	2013/1/31
86	证监许可〔2013〕86 号	关于核准山东太阳纸业股份有限公司非公开发行股票的批复	2013/1/31
87	证监许可〔2013〕87 号	关于核准兰州长城电工股份有限公司非公开发行股票的批复	2013/1/31
88	证监许可〔2013〕88 号	关于核准吉林利源铝业股份有限公司非公开发行股票的批复	2013/1/31
89	证监许可〔2013〕89 号	关于核准第一拖拉机股份有限公司公开发行公司债券的批复	2013/1/31
90	证监许可〔2013〕90 号	关于核准四川北方硝化棉股份有限公司非公开发行股票的批复	2013/1/31
91	证监许可〔2013〕91 号	关于核准西北轴承股份有限公司非公开发行股票的批复	2013/1/31
92	证监许可〔2013〕92 号	关于核准安徽方兴科技股份有限公司非公开发行股票的批复	2013/1/31
93	证监许可〔2013〕93 号	关于核准积成电子股份有限公司非公开发行股票的批复	2013/1/31
94	证监许可〔2013〕94 号	关于核准南方东英资产管理有限公司合格境外机构投资者资格的批复	2013/1/31
95	证监许可〔2013〕95 号	关于核准 EJS 投资管理有限公司合格境外机构投资者的批复	2013/1/31
96	证监许可〔2013〕96 号	关于核准长野雅彦担任日本摩乃科斯证券股份有限公司北京代表处首席代表的批复	2013/1/31
97	证监许可〔2013〕97 号	关于核准交银施罗德双轮动债券型证券投资基金募集的批复	2013/1/31
98	证监许可〔2013〕98 号	关于核准鹏华实业债纯债债券型证券投资基金募集的批复	2013/1/31
99	证监许可〔2013〕99 号	关于核准鹏华双债增利债券型证券投资基金募集的批复	2013/1/31
100	证监许可〔2013〕100 号	关于核准中证财通中国可持续发展 100(ECPI ESG)指数增强型证券投资基金募集的批复	2013/1/31
101	证监许可〔2013〕101 号	关于核准中邮创业基金管理有限公司设立子公司的批复	2013/1/31

续表

序号	发文字号	标　题	签批日期
102	证监许可〔2013〕102 号	关于核准国泰君安资产管理有限公司设立国泰君安君得金债券分级专项资产管理计划的批复	2013/1/31
103	证监许可〔2013〕103 号	关于核准浙江刚泰控股(集团)股份有限公司重大资产重组及向上海刚泰矿业有限公司等发行股份购买资产并募集配套资金的批复	2013/1/31
104	证监许可〔2013〕104 号	关于核准中国东方航空股份有限公司增发境外上市外资股的批复	2013/1/31
105	证监许可〔2013〕105 号	关于核准中国医药工业研究总院公告上海现代制药股份有限公司收购报告书并豁免其要约收购义务的批复	2013/2/1
106	证监许可〔2013〕106 号	关于核准大地期货有限公司资产管理业务资格的批复	2013/2/1
107	证监许可〔2013〕107 号	关于核准中国石油化工股份有限公司增发境外上市外资股的批复	2013/2/1
108	证监许可〔2013〕108 号	关于核准国信期货有限责任公司资产管理业务资格的批复	2013/2/1
109	证监许可〔2013〕109 号	关于核准国贸期货经纪有限公司资产管理业务资格的批复	2013/2/1
110	证监许可〔2013〕110 号	关于核准中信建投期货经纪有限公司资产管理业务资格的批复	2013/2/1
111	证监许可〔2013〕111 号	关于核准浙江中大期货有限公司资产管理业务资格的批复	2013/2/1
112	证监许可〔2013〕112 号	关于核准宏源期货有限公司资产管理业务资格的批复	2013/2/1
113	证监许可〔2013〕113 号	关于核准金谷期货有限公司金融期货经纪业务资格的批复	2013/2/1
114	证监许可〔2013〕114 号	关于核准宋家雏担任英国马丁可利投资管理有限公司上海代表处首席代表的批复	2013/2/4
115	证监许可〔2013〕115 号	关于核准上投摩根基金管理有限公司刘万方基金行业高级管理人员任职资格的批复	2013/2/4
116	证监许可〔2013〕116 号	关于核准华夏双债增强债券型证券投资基金募集的批复	2013/2/4
117	证监许可〔2013〕117 号	关于核准工银瑞信产业债债券型证券投资基金募集的批复	2013/2/4
118	证监许可〔2013〕118 号	关于核准浙商基金管理有限公司修改章程重要条款的批复	2013/2/4
119	证监许可〔2013〕119 号	关于核准万家基金管理有限公司变更股权的批复	2013/2/4
120	证监许可〔2013〕120 号	关于核准中航光电科技股份有限公司非公开发行股票的批复	2013/2/4
121	证监许可〔2013〕121 号	关于核准国药控股股份有限公司增发境外上市外资股的批复	2013/2/4
122	证监许可〔2013〕122 号	关于核准江苏华昌化工股份有限公司非公开发行股票的批复	2013/2/4
123	证监许可〔2013〕123 号	关于核准安徽岳阳纸业股份有限公司公开发行公司债券的批复	2013/2/4
124	证监许可〔2013〕124 号	关于核准南方永利 1 年定期开放债券型证券投资基金募集的批复	2013/2/5
125	证监许可〔2013〕125 号	关于核准上证市值百强交易型开放式指数证券投资基金及其联接基金募集的批复	2013/2/6

续表

序号	发文字号	标　　题	签批日期
126	证监许可〔2013〕126 号	关于核准英大纯债债券型证券投资基金募集的批复	2013/2/6
127	证监许可〔2013〕127 号	关于核准招商基金管理有限公司设立子公司的批复	2013/2/6
128	证监许可〔2013〕128 号	关于核准国联安中证股债动态策略指数证券投资基金募集的批复	2013/2/6
129	证监许可〔2013〕129 号	关于核准民生加银转债优选债券型证券投资基金募集的批复	2013/2/6
130	证监许可〔2013〕130 号	关于核准工银瑞信安心增利场内实时申赎货币市场基金募集的批复	2013/2/6
131	证监许可〔2013〕131 号	关于核准大成现金宝场内实时申赎货币市场基金募集的批复	2013/2/6
132	证监许可〔2013〕132 号	关于核准博时基金管理有限公司设立子公司的批复	2013/2/6
133	证监许可〔2013〕133 号	关于核准德邦基金管理有限公司设立子公司的批复	2013/2/6
134	证监许可〔2013〕134 号	关于收回雷曼兄弟国际(欧洲)公司证券投资业务许可证的决定	2013/2/6
135	证监许可〔2013〕135 号	关于核准威海市商业银行等 10 家基金销售机构证券投资基金销售业务资格的批复	2013/2/6
136	证监许可〔2013〕136 号	关于核准北京万银财富投资有限公司证券投资基金销售业务资格的批复	2013/2/6
137	证监许可〔2013〕137 号	关于核准南充市商业银行股份有限公司证券投资基金销售业务资格的批复	2013/2/6
138	证监许可〔2013〕138 号	关于核准北京增财投资有限公司证券投资基金销售业务资格的批复	2013/2/6
139	证监许可〔2013〕139 号	关于核准北京中天嘉华商贸有限公司证券投资基金销售资格的批复	2013/2/6
140	证监许可〔2013〕140 号	关于核准厦门市鑫鼎盛证券投资咨询服务有限公司证券投资基金销售业务资格的批复	2013/2/6
141	证监许可〔2013〕141 号	关于核准杭州联合农村商业银行股份有限公司证券投资基金销售业务资格的批复	2013/2/6
142	证监许可〔2013〕142 号	关于核准泛华普益投资管理有限公司证券投资基金销售业务资格的批复	2013/2/6
143	证监许可〔2013〕143 号	关于核准诚浩证券有限责任公司证券投资基金销售业务资格的批复	2013/2/6
144	证监许可〔2013〕144 号	关于核准宜信普泽投资顾问(北京)有限公司证券投资基金销售业务资格的批复	2013/2/6
145	证监许可〔2013〕145 号	关于核准长盛纯债债券型证券投资基金募集的批复	2013/2/6
146	证监许可〔2013〕146 号	关于核准珠海港股份有限公司配股的批复	2013/2/7
147	证监许可〔2013〕147 号	关于核准财达证券有限责任公司保荐机构资格的批复	2013/2/7
148	证监许可〔2013〕148 号	关于核准贵州久联民爆器材发展股份有限公司公开发行公司债券的批复	2013/2/7

续表

序号	发文字号	标　　题	签批日期
149	证监许可〔2013〕149 号	关于核准通威股份有限公司非公开发行股票的批复	2013/2/7
150	证监许可〔2013〕150 号	关于核准交银施罗德荣泰保本混合型证券投资基金募集的批复	2013/2/16
151	证监许可〔2013〕151 号	关于核准交银施罗德荣祥保本混合型证券投资基金募集的批复	2013/2/16
152	证监许可〔2013〕152 号	关于核准德邦德信中证中高收益企债指数分级证券投资基金募集的批复	2013/2/16
153	证监许可〔2013〕153 号	关于核准嘉实中证金边中期国债交易型开放式指数证券投资基金及其联接基金募集的批复	2013/2/16
154	证监许可〔2013〕154 号	关于核准鹏华丰利分级债券型发起式证券投资基金募集申请的批复	2013/2/16
155	证监许可〔2013〕155 号	关于核准金元惠理基金管理有限公司设立子公司的批复	2013/2/16
156	证监许可〔2013〕156 号	关于核准南方黑芝麻集团股份有限公司非公开发行股票的批复	2013/2/16
157	证监许可〔2013〕157 号	关于核准云南锡业股份有限公司非公开发行股票的批复	2013/2/16
158	证监许可〔2013〕158 号	关于核准广东韶能集团股份有限公司非公开发行股票的批复	2013/2/16
159	证监许可〔2013〕159 号	关于核准哈尔滨电气股份有限公司公开发行公司债券的批复	2013/2/16
160	证监许可〔2013〕160 号	关于核准深圳市益达科技股份有限公司非公开发行股票的批复	2013/2/16
161	证监许可〔2013〕161 号	关于核准兴业证券股份有限公司非公开发行股票的批复	2013/2/16
162	证监许可〔2013〕162 号	关于核准黑牛食品股份有限公司公开发行公司债券的批复	2013/2/16
163	证监许可〔2013〕163 号	关于核准国泰国证医药卫生行业指数分级证券投资基金募集的批复	2013/2/17
164	证监许可〔2013〕164 号	关于核准工银瑞信增利分级债券型证券投资基金募集的批复	2013/2/17
165	证监许可〔2013〕165 号	关于核准广发中证 500 交易型开放式指数证券投资基金募集的批复	2013/2/17
166	证监许可〔2013〕166 号	关于核准安徽科大讯飞信息科技股份有限公司非公开发行股票的批复	2013/2/17
167	证监许可〔2013〕167 号	关于核准深圳市怡亚通供应链股份有限公司非公开发行股票的批复	2013/2/17
168	证监许可〔2013〕168 号	关于核准上海电力股份有限公司公开发行公司债券的批复	2013/2/17
169	证监许可〔2013〕169 号	关于核准建信消费升级混合型证券投资基金募集的批复	2013/2/18
170	证监许可〔2013〕170 号	关于核准中银消费主题股票型证券投资基金募集的批复	2013/2/18
171	证监许可〔2013〕171 号	关于核准诺安鸿鑫保本混合型证券投资基金募集的批复	2013/2/18
172	证监许可〔2013〕172 号	关于核准贵研铂业股份有限公司配股的批复	2013/2/16
173	证监许可〔2013〕173 号	关于核准中国有色金属建设股份有限公司配股的批复	2013/2/16

续表

序号	发文字号	标题	签批日期
174	证监许可〔2013〕174 号	关于核准国投瑞银基金管理有限公司刘凯基金行业高级管理人员任职资格的批复	2013/2/18
175	证监许可〔2013〕175 号	关于核准国泰基金管理有限公司在香港特别行政区设立国泰全球投资管理有限公司的批复	2013/2/18
176	证监许可〔2013〕176 号	关于核准浙商基金管理有限公司设立子公司的批复	2013/2/18
177	证监许可〔2013〕177 号	关于核准华宸未来信用增利债券型发起式证券投资基金募集的批复	2013/2/19
178	证监许可〔2013〕178 号	关于核准浙报传媒集团股份有限公司非公开发行股票的批复	2013/2/19
179	证监许可〔2013〕179 号	关于核准设立东海基金管理有限责任公司的批复	2013/2/19
180	证监许可〔2013〕180 号	关于核准中信证券股份有限公司设立中信证券信盈分级专项资产管理计划的批复	2013/2/21
181	证监许可〔2013〕181 号	关于核准上海海通证券资产管理有限公司设立海通宝盛债券分级专项资产管理计划的批复	2013/2/21
182	证监许可〔2013〕182 号	关于核准国泰君安资产管理(亚洲)有限公司合格境外机构投资者资格的批复	2013/2/21
183	证监许可〔2013〕183 号	关于核准保龄宝生物股份有限公司非公开发行股票的批复	2013/2/22
184	证监许可〔2013〕184 号	关于核准河南太龙药业股份有限公司非公开发行股票的批复	2013/2/22
185	证监许可〔2013〕185 号	关于核准中国铝业股份有限公司非公开发行股票的批复	2013/2/22
186	证监许可〔2013〕186 号	关于核准诺安基金(香港)有限公司人民币合格境外机构投资者资格的批复	2013/2/22
187	证监许可〔2013〕187 号	关于核准泰康资产管理(香港)有限公司合格境外机构投资者资格的批复	2013/2/22
188	证监许可〔2013〕188 号	关于核准招商证券资产管理(香港)有限公司合格境外机构投资者资格的批复	2013/2/22
189	证监许可〔2013〕189 号	关于核准国泰中国企业境外高收益债券型证券投资基金募集的批复	2013/2/25
190	证监许可〔2013〕190 号	关于核准深圳市通产丽星股份有限公司非公开发行股票的批复	2013/2/26
191	证监许可〔2013〕191 号	关于核准新疆西部建设股份有限公司向中国建筑股份有限公司等发行股份购买资产并募集配套资金的批复	2013/2/26
192	证监许可〔2013〕192 号	关于核准浙江省能源集团有限公司公告宁波海运股份有限公司要约收购报告书的批复	2013/2/26
193	证监许可〔2013〕193 号	关于核准成都金亚科技股份有限公司非公开发行公司债券的批复	2013/2/26
194	证监许可〔2013〕194 号	关于核准广东潮宏基实业股份有限公司非公开发行股票的批复	2013/2/26
195	证监许可〔2013〕195 号	关于核准申万菱信基金管理有限公司过振华基金行业高级管理人员任职资格的批复	2013/2/26

续表

序号	发文字号	标　　题	签批日期
196	证监许可〔2013〕196 号	关于核准万联证券有限责任公司融资融券业务资格的批复	2013/2/26
197	证监许可〔2013〕197 号	关于核准新时代证券有限责任公司变更注册资本的批复	2013/2/26
198	证监许可〔2013〕198 号	关于核准国金通用基金管理有限公司修改章程重要条款的批复	2013/2/28
199	证监许可〔2013〕199 号	关于核准摩根士丹利华鑫纯债稳定增利 18 个月定期开放债券型证券投资基金募集的批复	2013/2/28
200	证监许可〔2013〕200 号	关于核准富国创业板指数分级证券投资基金募集的批复	2013/2/28
201	证监许可〔2013〕201 号	关于核准汇添富基金管理有限公司设立子公司的批复	2013/2/28
202	证监许可〔2013〕202 号	关于核准安徽华星化工股份有限公司非公开发行股票的批复	2013/2/28
203	证监许可〔2013〕203 号	关于核准信达澳银基金管理有限公司设立子公司的批复	2013/2/28
204	证监许可〔2013〕204 号	关于核准建信优势动力股票型证券投资基金基金份额持有人大会有关转换基金运作方式决议的批复	2013/3/1
205	证监许可〔2013〕205 号	关于核准富国国有企业债债券型证券投资基金募集的批复	2013/3/4
206	证监许可〔2013〕206 号	关于核准富兰克林国海焦点驱动灵活配置混合型证券投资基金募集的批复	2013/3/4
207	证监许可〔2013〕207 号	关于核准云南驰宏锌锗股份有限公司配股的批复	2013/2/16
208	证监许可〔2013〕208 号	关于核准株洲时代新材料科技股份有限公司配股的批复	2013/2/16
209	证监许可〔2013〕209 号	关于核准银华基金管理有限公司设立子公司的批复	2013/3/4
210	证监许可〔2013〕210 号	关于核准中粮屯河股份有限公司非公开发行股票的批复	2013/3/4
211	证监许可〔2013〕211 号	关于核准河北威远生物化工股份有限公司向新奥控股投资有限公司等发行股份购买资产并募集配套资金的批复	2013/3/4
212	证监许可〔2013〕212 号	关于核准广东德豪润达电气股份有限公司公开发行公司债券的批复	2013/3/4
213	证监许可〔2013〕213 号	关于核准嘉实研究阿尔法股票型证券投资基金募集的批复	2013/3/6
214	证监许可〔2013〕214 号	关于核准工银瑞信信用纯债一年定期开放债券型证券投资基金募集的批复	2013/3/6
215	证监许可〔2013〕215 号	关于核准上投摩根成长动力混合型证券投资基金募集的批复	2013/3/7
216	证监许可〔2013〕216 号	关于核准广发聚源定期开放债券型证券投资基金募集的批复	2013/3/7
217	证监许可〔2013〕217 号	关于核准国投瑞银中高等级债券型证券投资基金募集的批复	2013/3/7
218	证监许可〔2013〕218 号	关于核准华安保本混合型证券投资基金募集的批复	2013/3/7
219	证监许可〔2013〕219 号	关于核准融通通泰保本混合型证券投资基金募集的批复	2013/3/7
220	证监许可〔2013〕220 号	关于核准工银瑞信双债增强债券型证券投资基金募集的批复	2013/3/7
221	证监许可〔2013〕221 号	关于核准工银瑞信信用纯债两年定期开放债券型证券投资基金募集的批复	2013/3/7

续表

序号	发文字号	标　题	签批日期
222	证监许可〔2013〕222 号	关于核准上海华信石油集团有限公司公告安徽华星化工股份有限公司收购报告书并豁免其要约收购义务的批复	2013/3/7
223	证监许可〔2013〕223 号	关于核准中国化工集团公司公告沈阳化工股份有限公司要约收购报告书的批复	2013/3/8
224	证监许可〔2013〕224 号	关于核准万家增强收益债券型证券投资基金基金份额持有人大会有关变更基金投资范围等事项决议的批复	2013/3/11
225	证监许可〔2013〕225 号	关于核准万家稳健增利债券型证券投资基金基金份额持有人大会有关变更基金投资范围等事项决议的批复	2013/3/11
226	证监许可〔2013〕226 号	关于核准天治可转债增强债券型证券投资基金募集的批复	2013/3/11
227	证监许可〔2013〕227 号	关于核准富国信用增强债券型证券投资基金募集的批复	2013/3/11
228	证监许可〔2013〕228 号	关于核准诺安基金管理有限公司修改章程重要条款的批复	2013/3/12
229	证监许可〔2013〕229 号	关于核准新疆中泰化学股份有限公司非公开发行股票的批复	2013/3/11
230	证监许可〔2013〕230 号	关于核准深圳市宇顺电子股份有限公司非公开发行股票的批复	2013/3/11
231	证监许可〔2013〕231 号	关于核准兰州民百(集团)股份有限公司向红楼集团有限公司发行股份购买资产的批复	2013/3/11
232	证监许可〔2013〕232 号	关于核准吉林制药股份有限公司重大资产重组及向江苏金浦集团有限公司等发行股份购买资产的批复	2013/3/11
233	证监许可〔2013〕233 号	关于核准江苏金浦集团有限公司及一致行动人公告吉林制药股份有限公司收购报告书并豁免其要约收购义务的批复	2013/3/11
234	证监许可〔2013〕234 号	关于核准平安证券有限责任公司变更注册资本的批复	2013/3/13
235	证监许可〔2013〕235 号	关于核准华泰柏瑞基金管理有限公司修改章程重要条款的批复	2013/3/13
236	证监许可〔2013〕236 号	关于核准鹏华基金管理有限公司修改章程重要条款的批复	2013/3/13
237	证监许可〔2013〕237 号	关于核准汇添富消费行业股票型证券投资基金募集的批复	2013/3/13
238	证监许可〔2013〕238 号	关于核准汇添富理财 7 天债券型证券投资基金募集的批复	2013/3/12
239	证监许可〔2013〕239 号	关于核准信诚新双盈分级债券型证券投资基金募集的批复	2013/3/12
240	证监许可〔2013〕240 号	关于核准中欧基金管理有限公司变更注册资本的批复	2013/3/13
241	证监许可〔2013〕241 号	关于核准浙江金洲管道科技股份有限公司非公开发行股票的批复	2013/3/13
242	证监许可〔2013〕242 号	关于核准浙江省围海建设集团股份有限公司公开发行公司债券的批复	2013/3/13
243	证监许可〔2013〕243 号	关于核准华电福新能源股份有限公司公开发行公司债券的批复	2013/3/13
244	证监许可〔2013〕244 号	关于核准博时安盈债券型证券投资基金募集的批复	2013/3/14
245	证监许可〔2013〕245 号	关于核准天弘同利分级债券型证券投资基金募集的批复	2013/3/13

续表

序号	发文字号	标　　题	签批日期
246	证监许可〔2013〕246 号	关于核准民生加银家盈理财月度债券型证券投资基金募集的批复	2013/3/13
247	证监许可〔2013〕247 号	关于核准设立中加基金管理有限公司的批复	2013/3/14
248	证监许可〔2013〕248 号	关于核准安秉鹤担任韩国大宇证券股份有限公司上海代表处首席代表的批复	2013/3/14
249	证监许可〔2013〕249 号	关于核准泰康资产管理(香港)有限公司人民币合格境外机构投资者资格的批复	2013/3/14
250	证监许可〔2013〕250 号	关于核准东方基金管理有限责任公司变更注册资本的批复	2013/3/14
251	证监许可〔2013〕251 号	关于廖良担任香港博大证券有限公司上海代表处首席代表的批复	2013/3/15
252	证监许可〔2013〕252 号	关于核准东海证券有限责任公司融资融券业务资格的批复	2013/3/15
253	证监许可〔2013〕253 号	关于核准南方稳利 1 年定期开放债券型证券投资基金募集的批复	2013/3/15
254	证监许可〔2013〕254 号	关于核准金鹰元安保本混合型证券投资基金募集的批复	2013/3/14
255	证监许可〔2013〕255 号	关于核准交银施罗德成长 30 股票型证券投资基金募集的批复	2013/3/18
256	证监许可〔2013〕256 号	关于核准建信安心回报定期开放债券型证券投资基金募集的批复	2013/3/18
257	证监许可〔2013〕257 号	关于核准富兰克林国海日鑫月益 30 天理财债券型证券投资基金募集的批复	2013/3/18
258	证监许可〔2013〕258 号	关于核准泰达宏利基金管理有限公司刘青山基金行业高级管理人员任职资格的批复	2013/3/18
259	证监许可〔2013〕259 号	关于核准中欧价值智选回报混合型证券投资基金募集的批复	2013/3/18
260	证监许可〔2013〕260 号	关于核准华宸未来基金管理有限公司设立子公司的批复	2013/3/19
261	证监许可〔2013〕261 号	关于核准天治基金管理有限公司变更股权及修改章程重要条款的批复	2013/3/19
262	证监许可〔2013〕262 号	关于核准纳斯达克 100 交易型开放式指数证券投资基金募集的批复	2013/3/19
263	证监许可〔2013〕263 号	关于核准益民基金管理有限公司设立子公司的批复	2013/3/19
264	证监许可〔2013〕264 号	关于核准四川和邦股份有限公司公开发行公司债券的批复	2013/3/19
265	证监许可〔2013〕265 号	关于核准长江期货有限公司吸收合并湘财祈年期货经纪有限公司的批复	2013/3/19
266	证监许可〔2013〕266 号	关于核准平顶山天安煤业股份有限公司公开发行公司债券的批复	2013/3/21
267	证监许可〔2013〕267 号	关于核准中石化炼化工程(集团)股份有限公司发行境外上市外资股的批复	2013/3/21
268	证监许可〔2013〕268 号	关于核准新华基金管理有限公司设立子公司的批复	2013/3/22

续表

序号	发文字号	标　　题	签批日期
269	证监许可〔2013〕269 号	关于核准新华基金管理有限公司张宗友基金行业高级管理人员任职资格的批复	2013/3/22
270	证监许可〔2013〕270 号	关于核准易方达纯债 1 年定期开放债券型证券投资基金募集的批复	2013/3/22
271	证监许可〔2013〕271 号	关于核准现代证券株式会社合格境外机构投资者资格的批复	2013/3/22
272	证监许可〔2013〕272 号	关于核准工银亚洲投资管理有限公司合格境外机构投资者资格的批复	2013/3/25
273	证监许可〔2013〕273 号	关于核准建银国际资产管理有限公司人民币合格境外机构投资者资格的批复	2013/3/25
274	证监许可〔2013〕274 号	关于核准宁波热电股份有限公司公开发行公司债券的批复	2013/3/25
275	证监许可〔2013〕275 号	关于核准东吴基金管理有限公司徐军基金行业高级管理人员任职资格的批复	2013/3/25
276	证监许可〔2013〕276 号	关于核准纽银梅隆西部基金管理有限公司陈喆基金行业高级管理人员任职资格的批复	2013/3/25
277	证监许可〔2013〕277 号	关于核准兴华证券投资基金基金份额持有人大会有关转换基金运作方式决议的批复	2013/3/25
278	证监许可〔2013〕278 号	关于核准广州普邦园林股份有限公司公开发行公司债券的批复	2013/3/26
279	证监许可〔2013〕279 号	关于核准有研半导体材料股份有限公司非公开发行股票的批复	2013/3/26
280	证监许可〔2013〕280 号	关于核准安徽鑫科新材料股份有限公司非公开发行股票的批复	2013/3/26
281	证监许可〔2013〕281 号	关于核准安徽四创电子股份有限公司非公开发行股票的批复	2013/3/26
282	证监许可〔2013〕282 号	关于核准永辉超市股份有限公司非公开发行股票的批复	2013/3/26
283	证监许可〔2013〕283 号	关于核准张家港化工机械股份有限公司非公开发行股票的批复	2013/3/26
284	证监许可〔2013〕284 号	关于核准浙江华海药业股份有限公司增发股票的批复	2013/3/26
285	证监许可〔2013〕285 号	关于核准中国南车股份有限公司公开发行公司债券的批复	2013/3/26
286	证监许可〔2013〕286 号	关于核准华润三九医药股份有限公司公开发行公司债券的批复	2013/3/26
287	证监许可〔2013〕287 号	关于核准华福证券有限责任公司保荐机构资格的批复	2013/3/27
288	证监许可〔2013〕288 号	关于核准设立兴业基金管理有限公司的批复	2013/3/27
289	证监许可〔2013〕289 号	关于核准招商期货有限公司资产管理业务资格的批复	2013/3/27
290	证监许可〔2013〕290 号	关于核准嘉实如意宝定期开放债券型证券投资基金募集的批复	2013/3/28
291	证监许可〔2013〕291 号	关于核准民生加银岁岁增利定期开放债券型证券投资基金募集的批复	2013/3/29

续表

序号	发文字号	标　　题	签批日期
292	证监许可〔2013〕292 号	关于核准农银汇理行业领先股票型证券投资基金募集的批复	2013/3/29
293	证监许可〔2013〕293 号	关于核准广发聚鑫债券型证券投资基金募集的批复	2013/3/29
294	证监许可〔2013〕294 号	关于核准金元惠理基金管理有限公司修改章程重要条款的批复	2013/3/29
295	证监许可〔2013〕295 号	关于核准长信基金管理有限责任公司修改章程重要条款的批复	2013/3/29
296	证监许可〔2013〕296 号	关于核准江西赣粤高速公路股份有限公司公开发行公司债券的批复	2013/3/29
297	证监许可〔2013〕297 号	关于核准中国东方航空股份有限公司非公开发行股票的批复	2013/3/29
298	证监许可〔2013〕298 号	关于核准中国建材股份有限公司增发境外上市外资股的批复	2013/3/29
299	证监许可〔2013〕299 号	关于核准海富通养老收益混合型证券投资基金募集的批复	2013/4/1
300	证监许可〔2013〕300 号	关于核准信诚基金管理有限公司设立子公司的批复	2013/4/1
301	证监许可〔2013〕301 号	关于核准苏州新海宜通信科技股份有限公司向易思博网络系统(深圳)有限公司等发行股份购买资产的批复	2013/4/2
302	证监许可〔2013〕302 号	关于核准中国船舶工业集团公司公告中船江南重工股份有限公司收购报告书并豁免其要约收购义务的批复	2013/4/3
303	证监许可〔2013〕303 号	关于核准招商安润保本混合型证券投资基金募集的批复	2013/4/3
304	证监许可〔2013〕304 号	关于核准浦银安盛季季添利定期开放债券型证券投资基金募集的批复	2013/4/3
305	证监许可〔2013〕305 号	关于核准华夏永福养老理财混合型证券投资基金募集的批复	2013/4/3
306	证监许可〔2013〕306 号	关于核准华宝兴业服务优选股票型证券投资基金募集的批复	2013/4/3
307	证监许可〔2013〕307 号	关于核准广发轮动配置股票型证券投资基金募集的批复	2013/4/3
308	证监许可〔2013〕308 号	关于核准工银瑞信添福债券型证券投资基金募集的批复	2013/4/3
309	证监许可〔2013〕309 号	关于核准嘉实丰益纯债定期开放债券型证券投资基金募集的批复	2013/4/7
310	证监许可〔2013〕310 号	关于核准大成景安短融债券型证券投资基金募集的批复	2013/4/7
311	证监许可〔2013〕311 号	关于核准长盛城镇化主题股票型证券投资基金募集的批复	2013/4/7
312	证监许可〔2013〕312 号	关于核准新华行业轮换灵活配置混合型证券投资基金募集的批复	2013/4/7
313	证监许可〔2013〕313 号	关于核准中银美丽中国股票型证券投资基金募集的批复	2013/4/7
314	证监许可〔2013〕314 号	关于核准中天证券有限责任公司变更注册资本的批复	2013/4/7
315	证监许可〔2013〕315 号	关于核准通化葡萄酒股份有限公司非公开发行股票的批复	2013/4/7
316	证监许可〔2013〕316 号	关于核准内蒙古亿利能源股份有限公司非公开发行股票的批复	2013/4/7
317	证监许可〔2013〕317 号	关于核准风帆股份有限公司非公开发行股票的批复	2013/4/7

续表

序号	发文字号	标　　题	签批日期
318	证监许可〔2013〕318 号	关于核准山东黄金矿业股份有限公司公开发行公司债券的批复	2013/4/7
319	证监许可〔2013〕319 号	关于核准中银理财 21 天债券型证券投资基金募集的批复	2013/4/7
320	证监许可〔2013〕320 号	关于核准财通基金管理有限公司刘未基金行业高级管理人员任职资格的批复	2013/4/8
321	证监许可〔2013〕321 号	关于核准上投摩根天颐年丰混合型证券投资基金募集的批复	2013/4/8
322	证监许可〔2013〕322 号	关于核准大成景兴信用债债券型证券投资基金募集的批复	2013/4/8
323	证监许可〔2013〕323 号	关于核准江苏高淳陶瓷股份有限公司重大资产重组及向中国电子科技集团公司第十四研究所等发行股份购买资产的批复	2013/4/9
324	证监许可〔2013〕324 号	关于核准富安达基金管理有限公司修改章程重要条款的批复	2013/4/10
325	证监许可〔2013〕325 号	关于核准中国银河证券股份有限公司发行境外上市外资股的批复	2013/4/11
326	证监许可〔2013〕326 号	关于核准亚洲资本再保险集团私人有限公司合格境外机构投资者资格的批复	2013/4/11
327	证监许可〔2013〕327 号	关于核准 AZ 基金管理股份有限公司合格境外机构投资者资格的批复	2013/4/11
328	证监许可〔2013〕328 号	关于核准信诚理财 28 日债券型证券投资基金募集的批复	2013/4/11
329	证监许可〔2013〕329 号	关于核准西安饮食股份有限公司非公开发行股票的批复	2013/4/12
330	证监许可〔2013〕330 号	关于核准云南南天电子信息产业股份有限公司非公开发行股票的批复	2013/4/12
331	证监许可〔2013〕331 号	关于核准长江出版传媒股份有限公司非公开发行股票的批复	2013/4/12
332	证监许可〔2013〕332 号	关于核准南京熊猫电子股份有限公司非公开发行股票的批复	2013/4/12
333	证监许可〔2013〕333 号	关于核准黑龙江国中水务股份有限公司非公开发行股票的批复	2013/4/11
334	证监许可〔2013〕334 号	关于核准晋亿实业股份有限公司非公开发行股票的批复	2013/4/12
335	证监许可〔2013〕335 号	关于核准熊猫烟花集团股份有限公司非公开发行股票的批复	2013/4/12
336	证监许可〔2013〕336 号	关于核准新疆绿原投资有限责任公司公告新疆冠农果茸集团股份有限公司收购报告书并豁免其要约收购义务的批复	2013/4/12
337	证监许可〔2013〕337 号	关于核准常州天晟新材料股份有限公司非公开发行公司债券的批复	2013/4/15
338	证监许可〔2013〕338 号	关于核准江苏金材科技股份有限公司向鸿达兴业集团有限公司等发行股份购买资产并募集配套资金的批复	2013/4/15
339	证监许可〔2013〕339 号	关于核准中国中纺集团公司外汇风险敞口的批复	2013/4/16
340	证监许可〔2013〕340 号	关于核准水口山有色金属有限责任公司外汇风险敞口的批复	2013/4/16
341	证监许可〔2013〕341 号	关于核准中铝国际贸易有限公司外汇风险敞口的批复	2013/4/16
342	证监许可〔2013〕342 号	关于核准株洲冶炼集团股份有限公司外汇风险敞口的批复	2013/4/16

续表

序号	发文字号	标　　题	签批日期
343	证监许可〔2013〕343 号	关于核准云南驰宏锌锗股有限公司外汇风险敞口的批复	2013/4/16
344	证监许可〔2013〕344 号	关于核准金川集团股份有限公司外汇风险敞口的批复	2013/4/16
345	证监许可〔2013〕345 号	关于核准铜陵有色金属集团控股有限公司外汇风险敞口的批复	2013/4/16
346	证监许可〔2013〕346 号	关于核准江西铜业股份有限公司外汇风险敞口的批复	2013/4/16
347	证监许可〔2013〕347 号	关于核准云南铜业(集团)有限公司外汇风险敞口的批复	2013/4/16
348	证监许可〔2013〕348 号	关于核准西部矿业股份有限公司外汇风险敞口的批复	2013/4/16
349	证监许可〔2013〕349 号	关于核准五矿有色金属股份有限公司外汇风险敞口的批复	2013/4/16
350	证监许可〔2013〕350 号	关于核准云南铝业股份有限公司外汇风险敞口的批复	2013/4/16
351	证监许可〔2013〕351 号	关于核准云南锡业股份有限公司外汇风险敞口的批复	2013/4/16
352	证监许可〔2013〕352 号	关于核准吉林粮食集团进出口有限公司外汇风险敞口的批复	2013/4/16
353	证监许可〔2013〕353 号	关于核准中谷粮油集团公司外汇风险敞口的批复	2013/4/16
354	证监许可〔2013〕354 号	关于核准深圳市中金岭南有色金属股份有限公司外汇风险敞口的批复	2013/4/16
355	证监许可〔2013〕355 号	关于核准河南豫光金铅股份有限公司外汇风险敞口的批复	2013/4/16
356	证监许可〔2013〕356 号	关于核准中粮集团有限公司外汇风险敞口的批复	2013/4/16
357	证监许可〔2013〕357 号	关于核准上海豫园旅游商城股份有限公司公开发行公司债券的批复	2013/4/17
358	证监许可〔2013〕358 号	关于核准浙江华海药业股份有限公司增发股票的批复	2013/4/17
359	证监许可〔2013〕359 号	关于核准深圳广田装饰集团股份有限公司公开发行公司债券的批复	2013/4/17
360	证监许可〔2013〕360 号	关于核准东方利群混合型发起式证券投资基金募集的批复	2013/4/18
361	证监许可〔2013〕361 号	关于核准富国信用债债券型证券投资基金募集的批复	2013/4/18
362	证监许可〔2013〕362 号	关于核准鹏华双债加利债券型证券投资基金募集的批复	2013/4/18
363	证监许可〔2013〕363 号	关于核准嘉实沪深 300 指数研究增强型证券投资基金募集的批复	2013/4/18
364	证监许可〔2013〕364 号	关于核准国泰目标收益保本混合型证券投资基金募集的批复	2013/4/19
365	证监许可〔2013〕365 号	关于核准大成景旭纯债债券型证券投资基金募集的批复	2013/4/19
366	证监许可〔2013〕366 号	关于核准富兰克林国海日日收益货币市场证券投资基金募集的批复	2013/4/19
367	证监许可〔2013〕367 号	关于核准长盛季季红 1 年期定期开放债券型证券投资基金募集的批复	2013/4/19
368	证监许可〔2013〕368 号	关于核准东方安心收益保本混合型证券投资基金募集的批复	2013/4/19
369	证监许可〔2013〕369 号	关于核准中海安鑫保本混合型证券投资基金募集的批复	2013/4/19

续表

序号	发文字号	标　　题	签批日期
370	证监许可〔2013〕370 号	关于核准光大保德信基金管理有限公司修改章程重要条款的批复	2013/4/19
371	证监许可〔2013〕371 号	关于核准北京北斗星通导航技术股份有限公司配股的批复	2013/4/19
372	证监许可〔2013〕372 号	关于核准中科软科技股份有限公司股票在全国中小企业股份转让系统公开转让的批复	2013/4/22
373	证监许可〔2013〕373 号	关于核准北京时代科技股份有限公司股票在全国中小企业股份转让系统公开转让的批复	2013/4/22
374	证监许可〔2013〕374 号	关于核准北京绿创环保设备股份有限公司股票在全国中小企业股份转让系统公开转让的批复	2013/4/22
375	证监许可〔2013〕375 号	关于核准原子高科股份有限公司股票在全国中小企业股份转让系统公开转让的批复	2013/4/22
376	证监许可〔2013〕376 号	关于核准北京华环电子股份有限公司股票在全国中小企业股份转让系统公开转让的批复	2013/4/22
377	证监许可〔2013〕377 号	关于核准现代农装科技股份有限公司股票在全国中小企业股份转让系统公开转让的批复	2013/4/22
378	证监许可〔2013〕378 号	关于核准北京指南针科技发展股份有限公司股票在全国中小企业股份转让系统公开转让的批复	2013/4/22
379	证监许可〔2013〕379 号	关于核准北京恒业世纪科技股份有限公司股票在全国中小企业股份转让系统公开转让的批复	2013/4/22
380	证监许可〔2013〕380 号	关于核准北京盖特佳信息安全技术股份有限公司股票在全国中小企业股份转让系统公开转让的批复	2013/4/22
381	证监许可〔2013〕381 号	关于核准北京胜龙科技股份有限公司股票在全国中小企业股份转让系统公开转让的批复	2013/4/22
382	证监许可〔2013〕382 号	关于核准北京星昊医药股份有限公司股票在全国中小企业股份转让系统公开转让的批复	2013/4/22
383	证监许可〔2013〕383 号	关于核准北京合纵科技股份有限公司股票在全国中小企业股份转让系统公开转让的批复	2013/4/22
384	证监许可〔2013〕384 号	关于核准北京新松佳和电子系统股份有限公司股票在全国中小企业股份转让系统公开转让的批复	2013/4/22
385	证监许可〔2013〕385 号	关于核准北京建工华创科技发展股份有限公司股票在全国中小企业股份转让系统公开转让的批复	2013/4/22
386	证监许可〔2013〕386 号	关于核准北京海鑫科金高科技股份有限公司股票在全国中小企业股份转让系统公开转让的批复	2013/4/22
387	证监许可〔2013〕387 号	关于核准北京五岳鑫信息技术股份有限公司股票在全国中小企业股份转让系统公开转让的批复	2013/4/22
388	证监许可〔2013〕388 号	关于核准北京金和软件股份有限公司股票在全国中小企业股份转让系统公开转让的批复	2013/4/22
389	证监许可〔2013〕389 号	关于核准北京石晶光电科技股份有限公司股票在全国中小企业股份转让系统公开转让的批复	2013/4/22

续表

序号	发文字号	标　　题	签批日期
390	证监许可〔2013〕390 号	关于核准北京金豪制药股份有限公司股票在全国中小企业股份转让系统公开转让的批复	2013/4/22
391	证监许可〔2013〕391 号	关于核准北京北科光大信息技术股份有限公司股票在全国中小企业股份转让系统公开转让的批复	2013/4/22
392	证监许可〔2013〕392 号	关于核准北京京鹏环球科技股份有限公司股票在全国中小企业股份转让系统公开转让的批复	2013/4/22
393	证监许可〔2013〕393 号	关于核准北京金泰得生物科技股份有限公司股票在全国中小企业股份转让系统公开转让的批复	2013/4/22
394	证监许可〔2013〕394 号	关于核准北京安控科技股份有限公司股票在全国中小企业股份转让系统公开转让的批复	2013/4/22
395	证监许可〔2013〕395 号	关于核准北京林克曼数控技术股份有限公司股票在全国中小企业股份转让系统公开转让的批复	2013/4/22
396	证监许可〔2013〕396 号	关于核准北京凯英信业科技股份有限公司股票在全国中小企业股份转让系统公开转让的批复	2013/4/22
397	证监许可〔2013〕397 号	关于核准北京彩讯科技股份有限公司股票在全国中小企业股份转让系统公开转让的批复	2013/4/22
398	证监许可〔2013〕398 号	关于核准北京九州大地生物技术集团股份有限公司股票在全国中小企业股份转让系统公开转让的批复	2013/4/22
399	证监许可〔2013〕399 号	关于核准北京中兴通科技股份有限公司股票在全国中小企业股份转让系统公开转让的批复	2013/4/22
400	证监许可〔2013〕400 号	关于核准北京鼎普科技股份有限公司股票在全国中小企业股份转让系统公开转让的批复	2013/4/22
401	证监许可〔2013〕401 号	关于核准北京联飞翔科技股份有限公司股票在全国中小企业股份转让系统公开转让的批复	2013/4/22
402	证监许可〔2013〕402 号	关于核准北京信维科技股份有限公司股票在全国中小企业股份转让系统公开转让的批复	2013/4/22
403	证监许可〔2013〕403 号	关于核准北京华高世纪科技股份有限公司股票在全国中小企业股份转让系统公开转让的批复	2013/4/22
404	证监许可〔2013〕404 号	关于核准北京康斯特仪表科技股份有限公司股票在全国中小企业股份转让系统公开转让的批复	2013/4/22
405	证监许可〔2013〕405 号	关于核准北京中机联供非晶科技股份有限公司股票在全国中小企业股份转让系统公开转让的批复	2013/4/22
406	证监许可〔2013〕406 号	关于核准北京市科瑞讯科技发展股份有限公司股票在全国中小企业股份转让系统公开转让的批复	2013/4/22
407	证监许可〔2013〕407 号	关于核准北京世纪东方国铁科技股份有限公司股票在全国中小企业股份转让系统公开转让的批复	2013/4/22
408	证监许可〔2013〕408 号	关于核准北京东宝亿通科技股份有限公司股票在全国中小企业股份转让系统公开转让的批复	2013/4/22
409	证监许可〔2013〕409 号	关于核准北京圣博润高新技术股份有限公司股票在全国中小企业股份转让系统公开转让的批复	2013/4/22

续表

序号	发文字号	标　　题	签批日期
410	证监许可〔2013〕410 号	关于核准北京诺思兰德生物技术股份有限公司股票在全国中小企业股份转让系统公开转让的批复	2013/4/22
411	证监许可〔2013〕411 号	关于核准北京建设数字科技股份有限公司股票在全国中小企业股份转让系统公开转让的批复	2013/4/22
412	证监许可〔2013〕412 号	关于核准北京双杰电气股份有限公司股票在全国中小企业股份转让系统公开转让的批复	2013/4/22
413	证监许可〔2013〕413 号	关于核准北京博朗环境工程技术股份有限公司股票在全国中小企业股份转让系统公开转让的批复	2013/4/22
414	证监许可〔2013〕414 号	关于核准北京九恒星科技股份有限公司股票在全国中小企业股份转让系统公开转让的批复	2013/4/22
415	证监许可〔2013〕415 号	关于核准北京斯福泰克科技股份有限公司股票在全国中小企业股份转让系统公开转让的批复	2013/4/22
416	证监许可〔2013〕416 号	关于核准北京国学时代文化传播股份有限公司股票在全国中小企业股份转让系统公开转让的批复	2013/4/22
417	证监许可〔2013〕417 号	关于核准北京超毅世纪网络技术股份有限公司股票在全国中小企业股份转让系统公开转让的批复	2013/4/22
418	证监许可〔2013〕418 号	关于核准北京中电达通通信技术股份有限公司股票在全国中小企业股份转让系统公开转让的批复	2013/4/22
419	证监许可〔2013〕419 号	关于核准中航百慕新材料技术工程股份有限公司股票在全国中小企业股份转让系统公开转让的批复	2013/4/22
420	证监许可〔2013〕420 号	关于核准北京清畅电力技术股份有限公司股票在全国中小企业股份转让系统公开转让的批复	2013/4/22
421	证监许可〔2013〕421 号	关于核准北京意诚信通智能卡股份有限公司股票在全国中小企业股份转让系统公开转让的批复	2013/4/22
422	证监许可〔2013〕422 号	关于核准北京中海纪元数字技术发展股份有限公司股票在全国中小企业股份转让系统公开转让的批复	2013/4/22
423	证监许可〔2013〕423 号	关于核准北京北方永邦科技股份有限公司股票在全国中小企业股份转让系统公开转让的批复	2013/4/22
424	证监许可〔2013〕424 号	关于核准北京富机达能电气产品股份有限公司股票在全国中小企业股份转让系统公开转让的批复	2013/4/22
425	证监许可〔2013〕425 号	关于核准北京中科国信科技股份有限公司股票在全国中小企业股份转让系统公开转让的批复	2013/4/22
426	证监许可〔2013〕426 号	关于核准工控网（北京）信息技术股份有限公司股票在全国中小企业股份转让系统公开转让的批复	2013/4/22
427	证监许可〔2013〕427 号	关于核准北京金山顶尖科技股份有限公司股票在全国中小企业股份转让系统公开转让的批复	2013/4/22
428	证监许可〔2013〕428 号	关于核准中海阳能源集团股份有限公司股票在全国中小企业股份转让系统公开转让的批复	2013/4/22
429	证监许可〔2013〕429 号	关于核准北京南北天地科技股份有限公司股票在全国中小企业股份转让系统公开转让的批复	2013/4/22

续表

序号	发文字号	标　　题	签批日期
430	证监许可〔2013〕430 号	关于核准北京维信通科技股份有限公司股票在全国中小企业股份转让系统公开转让的批复	2013/4/22
431	证监许可〔2013〕431 号	关于核准北京纬纶华业环保科技股份有限公司股票在全国中小企业股份转让系统公开转让的批复	2013/4/22
432	证监许可〔2013〕432 号	关于核准北京天助畅运医疗技术股份有限公司股票在全国中小企业股份转让系统公开转让的批复	2013/4/22
433	证监许可〔2013〕433 号	关于核准北京赛亿科技股份有限公司股票在全国中小企业股份转让系统公开转让的批复	2013/4/22
434	证监许可〔2013〕434 号	关于核准北京首都在线科技股份有限公司股票在全国中小企业股份转让系统公开转让的批复	2013/4/22
435	证监许可〔2013〕435 号	关于核准北京亿创网安科技股份有限公司股票在全国中小企业股份转让系统公开转让的批复	2013/4/22
436	证监许可〔2013〕436 号	关于核准北京兆信信息技术股份有限公司股票在全国中小企业股份转让系统公开转让的批复	2013/4/22
437	证监许可〔2013〕437 号	关于核准北京德鑫泉物联网科技股份有限公司股票在全国中小企业股份转让系统公开转让的批复	2013/4/22
438	证监许可〔2013〕438 号	关于核准北京中讯四方科技股份有限公司股票在全国中小企业股份转让系统公开转让的批复	2013/4/22
439	证监许可〔2013〕439 号	关于核准北京国基科技股份有限公司股票在全国中小企业股份转让系统公开转让的批复	2013/4/22
440	证监许可〔2013〕440 号	关于核准北京道隆华尔软件股份有限公司股票在全国中小企业股份转让系统公开转让的批复	2013/4/22
441	证监许可〔2013〕441 号	关于核准北京君德同创农牧科技股份有限公司股票在全国中小企业股份转让系统公开转让的批复	2013/4/22
442	证监许可〔2013〕442 号	关于核准北京环拓科技股份有限公司股票在全国中小企业股份转让系统公开转让的批复	2013/4/22
443	证监许可〔2013〕443 号	关于核准北京尚水信息技术股份有限公司股票在全国中小企业股份转让系统公开转让的批复	2013/4/22
444	证监许可〔2013〕444 号	关于核准北京莱富特佰网络科技股份有限公司股票在全国中小企业股份转让系统公开转让的批复	2013/4/22
445	证监许可〔2013〕445 号	关于核准北京博雅英杰科技股份有限公司股票在全国中小企业股份转让系统公开转让的批复	2013/4/22
446	证监许可〔2013〕446 号	关于核准北京中科联众科技股份有限公司股票在全国中小企业股份转让系统公开转让的批复	2013/4/22
447	证监许可〔2013〕447 号	关于核准北京星和众工设备技术股份有限公司股票在全国中小企业股份转让系统公开转让的批复	2013/4/22
448	证监许可〔2013〕448 号	关于核准新锐英诚(北京)科技股份有限公司股票在全国中小企业股份转让系统公开转让的批复	2013/4/22
449	证监许可〔2013〕449 号	关于核准北京爱迪科森教育科技股份有限公司股票在全国中小企业股份转让系统公开转让的批复	2013/4/22

续表

序号	发文字号	标　　题	签批日期
450	证监许可〔2013〕450号	关于核准北京威力恒科技股份有限公司股票在全国中小企业股份转让系统公开转让的批复	2013/4/22
451	证监许可〔2013〕451号	关于核准北京七维航测科技股份有限公司股票在全国中小企业股份转让系统公开转让的批复	2013/4/22
452	证监许可〔2013〕452号	关于核准北京天一众合科技股份有限公司股票在全国中小企业股份转让系统公开转让的批复	2013/4/22
453	证监许可〔2013〕453号	关于核准同辉佳视（北京）信息技术股份有限公司股票在全国中小企业股份转让系统公开转让的批复	2013/4/22
454	证监许可〔2013〕454号	关于核准北京东方润泽生态科技股份有限公司股票在全国中小企业股份转让系统公开转让的批复	2013/4/22
455	证监许可〔2013〕455号	关于核准北京易生创新科技股份有限公司股票在全国中小企业股份转让系统公开转让的批复	2013/4/22
456	证监许可〔2013〕456号	关于核准北京掌上通网络技术股份有限公司股票在全国中小企业股份转让系统公开转让的批复	2013/4/22
457	证监许可〔2013〕457号	关于核准北京确安科技股份有限公司股票在全国中小企业股份转让系统公开转让的批复	2013/4/22
458	证监许可〔2013〕458号	关于核准北京航星网讯技术股份有限公司股票在全国中小企业股份转让系统公开转让的批复	2013/4/22
459	证监许可〔2013〕459号	关于核准北京航天宏达光电技术股份有限公司股票在全国中小企业股份转让系统公开转让的批复	2013/4/22
460	证监许可〔2013〕460号	关于核准北京赛德丽科技股份有限公司股票在全国中小企业股份转让系统公开转让的批复	2013/4/22
461	证监许可〔2013〕461号	关于核准北京大津硅藻新材料股份有限公司股票在全国中小企业股份转让系统公开转让的批复	2013/4/22
462	证监许可〔2013〕462号	关于核准北京理想固网科技股份有限公司股票在全国中小企业股份转让系统公开转让的批复	2013/4/22
463	证监许可〔2013〕463号	关于核准北京九尊能源技术股份有限公司股票在全国中小企业股份转让系统公开转让的批复	2013/4/22
464	证监许可〔2013〕464号	关于核准北京泰诚信测控技术股份有限公司股票在全国中小企业股份转让系统公开转让的批复	2013/4/22
465	证监许可〔2013〕465号	关于核准北京科若思技术开发股份有限公司股票在全国中小企业股份转让系统公开转让的批复	2013/4/22
466	证监许可〔2013〕466号	关于核准北京天大清源通信科技股份有限公司股票在全国中小企业股份转让系统公开转让的批复	2013/4/22
467	证监许可〔2013〕467号	关于核准北京全三维能源科技股份有限公司股票在全国中小企业股份转让系统公开转让的批复	2013/4/22
468	证监许可〔2013〕468号	关于核准北京合力思腾科技股份有限公司股票在全国中小企业股份转让系统公开转让的批复	2013/4/22
469	证监许可〔2013〕469号	关于核准北京爱特泰克技术股份公司股票在全国中小企业股份转让系统公开转让的批复	2013/4/22

续表

序号	发文字号	标　　题	签批日期
470	证监许可〔2013〕470 号	关于核准北京朗铭海川科技股份有限公司股票在全国中小企业股份转让系统公开转让的批复	2013/4/22
471	证监许可〔2013〕471 号	关于核准北京精耕天下农业科技股份有限公司股票在全国中小企业股份转让系统公开转让的批复	2013/4/22
472	证监许可〔2013〕472 号	关于核准北京中航讯科技股份有限公司股票在全国中小企业股份转让系统公开转让的批复	2013/4/22
473	证监许可〔2013〕473 号	关于核准百拓商旅(北京)网络科技股份有限公司股票在全国中小企业股份转让系统公开转让的批复	2013/4/22
474	证监许可〔2013〕474 号	关于核准北京航峰科伟装备技术股份有限公司股票在全国中小企业股份转让系统公开转让的批复	2013/4/22
475	证监许可〔2013〕475 号	关于核准北京弘祥隆生物技术股份有限公司股票在全国中小企业股份转让系统公开转让的批复	2013/4/22
476	证监许可〔2013〕476 号	关于核准中交远洲信息技术(北京)股份有限公司股票在全国中小企业股份转让系统公开转让的批复	2013/4/22
477	证监许可〔2013〕477 号	关于核准北京永瀚星港生物科技股份有限公司股票在全国中小企业股份转让系统公开转让的批复	2013/4/22
478	证监许可〔2013〕478 号	关于核准北京世纪阿姆斯生物技术股份有限公司股票在全国中小企业股份转让系统公开转让的批复	2013/4/22
479	证监许可〔2013〕479 号	关于核准北京中矿华沃科技股份有限公司股票在全国中小企业股份转让系统公开转让的批复	2013/4/22
480	证监许可〔2013〕480 号	关于核准北京航天理想科技股份有限公司股票在全国中小企业股份转让系统公开转让的批复	2013/4/22
481	证监许可〔2013〕481 号	关于核准北京华欣远达软件股份有限公司股票在全国中小企业股份转让系统公开转让的批复	2013/4/22
482	证监许可〔2013〕482 号	关于核准北京鸿仪四方辐射技术股份有限公司股票在全国中小企业股份转让系统公开转让的批复	2013/4/22
483	证监许可〔2013〕483 号	关于核准北京金润方舟科技股份有限公司股票在全国中小企业股份转让系统公开转让的批复	2013/4/22
484	证监许可〔2013〕484 号	关于核准北京英福美信息科技股份有限公司股票在全国中小企业股份转让系统公开转让的批复	2013/4/22
485	证监许可〔2013〕485 号	关于核准北京中控智联科技股份有限公司股票在全国中小企业股份转让系统公开转让的批复	2013/4/22
486	证监许可〔2013〕486 号	关于核准北京速原中天科技股份公司股票在全国中小企业股份转让系统公开转让的批复	2013/4/22
487	证监许可〔2013〕487 号	关于核准北京汉唐自远技术股份有限公司股票在全国中小企业股份转让系统公开转让的批复	2013/4/22
488	证监许可〔2013〕488 号	关于核准北京都市鼎点科技股份有限公司股票在全国中小企业股份转让系统公开转让的批复	2013/4/22
489	证监许可〔2013〕489 号	关于核准马氏兄弟科技(北京)股份有限公司股票在全国中小企业股份转让系统公开转让的批复	2013/4/22

续表

序号	发文字号	标　　题	签批日期
490	证监许可〔2013〕490号	关于核准北京塞尔瑟斯仪表科技股份有限公司股票在全国中小企业股份转让系统公开转让的批复	2013/4/22
491	证监许可〔2013〕491号	关于核准北京广厦网络技术股份公司股票在全国中小企业股份转让系统公开转让的批复	2013/4/22
492	证监许可〔2013〕492号	关于核准北京极品无限科技发展股份有限公司股票在全国中小企业股份转让系统公开转让的批复	2013/4/22
493	证监许可〔2013〕493号	关于核准北京卡联科技股份有限公司股票在全国中小企业股份转让系统公开转让的批复	2013/4/22
494	证监许可〔2013〕494号	关于核准北京伟利讯信息技术股份有限公司股票在全国中小企业股份转让系统公开转让的批复	2013/4/22
495	证监许可〔2013〕495号	关于核准北京国铁科林科技股份有限公司股票在全国中小企业股份转让系统公开转让的批复	2013/4/22
496	证监许可〔2013〕496号	关于核准北京赛孚制药股份有限公司股票在全国中小企业股份转让系统公开转让的批复	2013/4/22
497	证监许可〔2013〕497号	关于核准北京中科可来博电子科技股份有限公司股票在全国中小企业股份转让系统公开转让的批复	2013/4/22
498	证监许可〔2013〕498号	关于核准北京三益能源环保发展股份有限公司股票在全国中小企业股份转让系统公开转让的批复	2013/4/22
499	证监许可〔2013〕499号	关于核准北京安普能环保工程技术股份有限公司股票在全国中小企业股份转让系统公开转让的批复	2013/4/22
500	证监许可〔2013〕500号	关于核准北京金信润天信息技术股份有限公司股票在全国中小企业股份转让系统公开转让的批复	2013/4/22
501	证监许可〔2013〕501号	关于核准武汉国电武仪电气股份有限公司股票在全国中小企业股份转让系统公开转让的批复	2013/4/22
502	证监许可〔2013〕502号	关于核准上海华岭集成电路技术股份有限公司股票在全国中小企业股份转让系统公开转让的批复	2013/4/22
503	证监许可〔2013〕503号	关于核准上海新眼光医疗器械股份有限公司股票在全国中小企业股份转让系统公开转让的批复	2013/4/22
504	证监许可〔2013〕504号	关于核准天津久日化学股份有限公司股票在全国中小企业股份转让系统公开转让的批复	2013/4/22
505	证监许可〔2013〕505号	关于核准天津锐新昌轻合金股份有限公司股票在全国中小企业股份转让系统公开转让的批复	2013/4/22
506	证监许可〔2013〕506号	关于核准湖北武大有机硅新材料股份有限公司股票在全国中小企业股份转让系统公开转让的批复	2013/4/22
507	证监许可〔2013〕507号	关于核准北京煦联得节能科技股份有限公司股票在全国中小企业股份转让系统公开转让的批复	2013/4/22
508	证监许可〔2013〕508号	关于核准北京智立医学技术股份有限公司股票在全国中小企业股份转让系统公开转让的批复	2013/4/22
509	证监许可〔2013〕509号	关于核准亚泰都会（北京）城市规划建筑园林设计研究院股份有限公司股票在全国中小企业股份转让系统公开转让的批复	2013/4/22

续表

序号	发文字号	标　　题	签批日期
510	证监许可〔2013〕510 号	关于核准中矿龙科能源科技(北京)股份有限公司股票在全国中小企业股份转让系统公开转让的批复	2013/4/22
511	证监许可〔2013〕511 号	关于核准北京科能腾达信息技术股份有限公司股票在全国中小企业股份转让系统公开转让的批复	2013/4/22
512	证监许可〔2013〕512 号	关于核准湖北江汉石油仪器仪表股份有限公司股票在全国中小企业股份转让系统公开转让的批复	2013/4/22
513	证监许可〔2013〕513 号	关于核准北京创和世纪通讯技术股份有限公司股票在全国中小企业股份转让系统公开转让的批复	2013/4/22
514	证监许可〔2013〕514 号	关于核准天津亿鑫通科技股份有限公司股票在全国中小企业股份转让系统公开转让的批复	2013/4/22
515	证监许可〔2013〕515 号	关于核准北京思创银联科技股份有限公司股票在全国中小企业股份转让系统公开转让的批复	2013/4/22
516	证监许可〔2013〕516 号	关于核准北京中金网信科技股份有限公司股票在全国中小企业股份转让系统公开转让的批复	2013/4/22
517	证监许可〔2013〕517 号	关于核准武汉中科通达高新技术股份有限公司股票在全国中小企业股份转让系统公开转让的批复	2013/4/22
518	证监许可〔2013〕518 号	关于核准北京康辰亚奥技术股份有限公司股票在全国中小企业股份转让系统公开转让的批复	2013/4/22
519	证监许可〔2013〕519 号	关于核准上海科曼车辆部件系统股份有限公司股票在全国中小企业股份转让系统公开转让的批复	2013/4/22
520	证监许可〔2013〕520 号	关于核准腾龙电子技术(上海)股份有限公司股票在全国中小企业股份转让系统公开转让的批复	2013/4/22
521	证监许可〔2013〕521 号	关于核准北京北方科诚科技股份有限公司股票在全国中小企业股份转让系统公开转让的批复	2013/4/22
522	证监许可〔2013〕522 号	关于核准天津创世生态景观建设股份有限公司股票在全国中小企业股份转让系统公开转让的批复	2013/4/22
523	证监许可〔2013〕523 号	关于核准天津三泰晟驰科技股份有限公司股票在全国中小企业股份转让系统公开转让的批复	2013/4/22
524	证监许可〔2013〕524 号	关于核准武汉光谷信息技术股份有限公司股票在全国中小企业股份转让系统公开转让的批复	2013/4/22
525	证监许可〔2013〕525 号	关于核准北京聚利科技股份有限公司股票在全国中小企业股份转让系统公开转让的批复	2013/4/22
526	证监许可〔2013〕526 号	关于核准北京合创三众能源科技股份有限公司股票在全国中小企业股份转让系统公开转让的批复	2013/4/22
527	证监许可〔2013〕527 号	关于核准北京思倍驰科技股份有限公司股票在全国中小企业股份转让系统公开转让的批复	2013/4/22
528	证监许可〔2013〕528 号	关于核准光宝联合(北京)科技股份有限公司股票在全国中小企业股份转让系统公开转让的批复	2013/4/22
529	证监许可〔2013〕529 号	关于核准北京一正启源科技发展股份有限公司股票在全国中小企业股份转让系统公开转让的批复	2013/4/22

续表

序号	发文字号	标　　题	签批日期
530	证监许可〔2013〕530 号	关于核准北京四利通控制技术股份有限公司股票在全国中小企业股份转让系统公开转让的批复	2013/4/22
531	证监许可〔2013〕531 号	关于核准北京博维仕科技股份有限公司股票在全国中小企业股份转让系统公开转让的批复	2013/4/22
532	证监许可〔2013〕532 号	关于核准融智通科技(北京)股份有限公司股票在全国中小企业股份转让系统公开转让的批复	2013/4/22
533	证监许可〔2013〕533 号	关于核准金易通科技(北京)股份有限公司股票在全国中小企业股份转让系统公开转让的批复	2013/4/22
534	证监许可〔2013〕534 号	关于核准北京电信易通信息技术股份有限公司股票在全国中小企业股份转让系统公开转让的批复	2013/4/22
535	证监许可〔2013〕535 号	关于核准北京瑞达恩科技股份有限公司股票在全国中小企业股份转让系统公开转让的批复	2013/4/22
536	证监许可〔2013〕536 号	关于核准鼎讯互动(北京)科技股份有限公司股票在全国中小企业股份转让系统公开转让的批复	2013/4/22
537	证监许可〔2013〕537 号	关于核准北京沃捷文化传媒股份有限公司股票在全国中小企业股份转让系统公开转让的批复	2013/4/22
538	证监许可〔2013〕538 号	关于核准上海科新生物技术股份有限公司股票在全国中小企业股份转让系统公开转让的批复	2013/4/22
539	证监许可〔2013〕539 号	关于核准北京中教启星科技股份有限公司股票在全国中小企业股份转让系统公开转让的批复	2013/4/22
540	证监许可〔2013〕540 号	关于核准上海点客信息技术股份有限公司股票在全国中小企业股份转让系统公开转让的批复	2013/4/22
541	证监许可〔2013〕541 号	关于核准上海白虹软件科技股份有限公司股票在全国中小企业股份转让系统公开转让的批复	2013/4/22
542	证监许可〔2013〕542 号	关于核准上海宇昂水性新材料科技股份有限公司股票在全国中小企业股份转让系统公开转让的批复	2013/4/22
543	证监许可〔2013〕543 号	关于核准北京东方瑞威科技发展股份有限公司股票在全国中小企业股份转让系统公开转让的批复	2013/4/22
544	证监许可〔2013〕544 号	关于核准北京道从交通安全科技股份有限公司股票在全国中小企业股份转让系统公开转让的批复	2013/4/22
545	证监许可〔2013〕545 号	关于核准北京全网数商科技股份有限公司股票在全国中小企业股份转让系统公开转让的批复	2013/4/22
546	证监许可〔2013〕546 号	关于核准天津市天友建筑设计股份有限公司股票在全国中小企业股份转让系统公开转让的批复	2013/4/22
547	证监许可〔2013〕547 号	关于核准北方跃龙科技(北京)股份有限公司股票在全国中小企业股份转让系统公开转让的批复	2013/4/22
548	证监许可〔2013〕548 号	关于核准北京普瑞塞特物联科技股份有限公司股票在全国中小企业股份转让系统公开转让的批复	2013/4/22
549	证监许可〔2013〕549 号	关于核准北京国承瑞泰科技股份有限公司股票在全国中小企业股份转让系统公开转让的批复	2013/4/22

续表

序号	发文字号	标　　题	签批日期
550	证监许可〔2013〕550 号	关于核准北京全有时代科技股份有限公司股票在全国中小企业股份转让系统公开转让的批复	2013/4/22
551	证监许可〔2013〕551 号	关于核准北京奥贝克电子股份有限公司股票在全国中小企业股份转让系统公开转让的批复	2013/4/22
552	证监许可〔2013〕552 号	关于核准北京七彩亮点环能技术股份有限公司股票在全国中小企业股份转让系统公开转让的批复	2013/4/22
553	证监许可〔2013〕553 号	关于核准北京新瑞理想软件股份有限公司股票在全国中小企业股份转让系统公开转让的批复	2013/4/22
554	证监许可〔2013〕554 号	关于核准北京波尔通信技术股份有限公司股票在全国中小企业股份转让系统公开转让的批复	2013/4/22
555	证监许可〔2013〕555 号	关于核准北京东展科博科技股份有限公司股票在全国中小企业股份转让系统公开转让的批复	2013/4/22
556	证监许可〔2013〕556 号	关于核准北京紫新报通科技股份有限公司股票在全国中小企业股份转让系统公开转让的批复	2013/4/22
557	证监许可〔2013〕557 号	关于核准北京锐风行艺术交流股份有限公司股票在全国中小企业股份转让系统公开转让的批复	2013/4/22
558	证监许可〔2013〕558 号	关于核准北京欧泰克能源环保工程技术股份有限公司股票在全国中小企业股份转让系统公开转让的批复	2013/4/22
559	证监许可〔2013〕559 号	关于核准北京宣爱智能模拟技术股份有限公司股票在全国中小企业股份转让系统公开转让的批复	2013/4/22
560	证监许可〔2013〕560 号	关于核准津伦(天津)精密机械股份有限公司股票在全国中小企业股份转让系统公开转让的批复	2013/4/22
561	证监许可〔2013〕561 号	关于核准武汉微创光电股份有限公司股票在全国中小企业股份转让系统公开转让的批复	2013/4/22
562	证监许可〔2013〕562 号	关于核准北京了望投资顾问股份有限公司股票在全国中小企业股份转让系统公开转让的批复	2013/4/22
563	证监许可〔2013〕563 号	关于核准武汉时代地智科技股份有限公司股票在全国中小企业股份转让系统公开转让的批复	2013/4/22
564	证监许可〔2013〕564 号	关于核准北京腾实信科技股份有限公司股票在全国中小企业股份转让系统公开转让的批复	2013/4/22
565	证监许可〔2013〕565 号	关于核准北京星河康帝思科技开发股份有限公司股票在全国中小企业股份转让系统公开转让的批复	2013/4/22
566	证监许可〔2013〕566 号	关于核准兴和鹏能源技术(北京)股份有限公司股票在全国中小企业股份转让系统公开转让的批复	2013/4/22
567	证监许可〔2013〕567 号	关于核准北京石竹科技股份有限公司股票在全国中小企业股份转让系统公开转让的批复	2013/4/22
568	证监许可〔2013〕568 号	关于核准武汉亿房信息股份有限公司股票在全国中小企业股份转让系统公开转让的批复	2013/4/22
569	证监许可〔2013〕569 号	关于核准武汉尚远环保股份有限公司股票在全国中小企业股份转让系统公开转让的批复	2013/4/22

续表

序号	发文字号	标　　题	签批日期
570	证监许可〔2013〕570 号	关于核准武汉威明德科技股份有限公司股票在全国中小企业股份转让系统公开转让的批复	2013/4/22
571	证监许可〔2013〕571 号	关于核准北京优炫软件股份有限公司股票在全国中小企业股份转让系统公开转让的批复	2013/4/22
572	证监许可〔2013〕572 号	关于核准北京康孚科技股份有限公司股票在全国中小企业股份转让系统公开转让的批复	2013/4/22
573	证监许可〔2013〕573 号	关于核准天津舜能润滑科技股份有限公司股票在全国中小企业股份转让系统公开转让的批复	2013/4/22
574	证监许可〔2013〕574 号	关于核准北京丰电科技股份有限公司股票在全国中小企业股份转让系统公开转让的批复	2013/4/22
575	证监许可〔2013〕575 号	关于核准北京六合伟业科技股份有限公司股票在全国中小企业股份转让系统公开转让的批复	2013/4/22
576	证监许可〔2013〕576 号	关于核准汇添富高息债债券型证券投资基金募集的批复	2013/4/22
577	证监许可〔2013〕577 号	关于核准上海国泰君安证券资产管理有限公司设立隧道股份BOT 项目专项资产管理计划的批复	2013/4/22
578	证监许可〔2013〕578 号	关于核准杭州顶点财经网络传媒有限公司从事证券投资咨询业务的批复	2013/4/22
579	证监许可〔2013〕579 号	关于核准广发聚优灵活配置混合型证券投资基金募集的批复	2013/4/23
580	证监许可〔2013〕580 号	关于核准华安双债添利债券型证券投资基金募集的批复	2013/4/23
581	证监许可〔2013〕581 号	关于核准交银施罗德周期回报灵活配置混合型证券投资基金募集的批复	2013/4/23
582	证监许可〔2013〕582 号	关于核准易方达高等级信用债债券型证券投资基金募集的批复	2013/4/23
583	证监许可〔2013〕583 号	关于核准张仅担任法国巴黎资本(亚洲)有限公司上海代表处首席代表的批复	2013/4/23
584	证监许可〔2013〕584 号	关于核准国投瑞银策略精选灵活配置混合型证券投资基金募集的批复	2013/4/23
585	证监许可〔2013〕585 号	关于核准诺安信用债券一年定期开放债券型证券投资基金募集的批复	2013/4/23
586	证监许可〔2013〕586 号	关于核准云南云天化股份有限公司向云天化集团有限责任公司等发行股份购买资产的批复	2013/4/23
587	证监许可〔2013〕587 号	关于核准凯撒(中国)股份有限公司非公开发行股票的批复	2013/4/23
588	证监许可〔2013〕588 号	关于核准河南新大新材料股份有限公司向中国平煤神马能源化工集团有限责任公司等发行股份购买资产的批复	2013/4/23
589	证监许可〔2013〕589 号	关于核准浙江大立科技股份有限公司公开发行公司债券的批复	2013/4/23
590	证监许可〔2013〕590 号	关于核准安信证券投资基金基金份额持有人大会有关转换基金运作方式决议的批复	2013/4/23

续表

序号	发文字号	标　　题	签批日期
591	证监许可〔2013〕591 号	关于核准融通基金管理有限公司设立子公司的批复	2013/4/23
592	证监许可〔2013〕592 号	关于核准中国平安保险(集团)股份有限公司公开发行可转换公司债券的批复	2013/4/24
593	证监许可〔2013〕593 号	关于核准浙江大华技术股份有限公司非公开发行股票的批复	2013/4/24
594	证监许可〔2013〕594 号	关于核准广东南洋电缆集团股份有限公司公开发行公司债券的批复	2013/4/24
595	证监许可〔2013〕595 号	关于核准浙江尖峰集团股份有限公司公开发行公司债券的批复	2013/4/24
596	证监许可〔2013〕596 号	关于核准航天时代电子技术股份有限公司配股的批复	2013/4/24
597	证监许可〔2013〕597 号	关于核准兴证(香港)金融控股有限公司人民币合格境外机构投资者资格的批复	2013/4/25
598	证监许可〔2013〕598 号	关于核准苏州天马精细化学品股份有限公司非公开发行股票的批复	2013/4/25
599	证监许可〔2013〕599 号	关于北京乐升科技股份有限公司股票在全国中小企业股份转让系统公开转让的批复	2013/4/26
600	证监许可〔2013〕600 号	关于上海建中医疗器械包装股份有限公司股票在全国中小企业股份转让系统公开转让的批复	2013/4/26
601	证监许可〔2013〕601 号	关于北京必可测科技股份有限公司股票在全国中小企业股份转让系统公开转让的批复	2013/4/26
602	证监许可〔2013〕602 号	关于上海风格信息技术股份有限公司股票在全国中小企业股份转让系统公开转让的批复	2013/4/26
603	证监许可〔2013〕603 号	关于上海申石软件科技股份有限公司股票在全国中小企业股份转让系统公开转让的批复	2013/4/26
604	证监许可〔2013〕604 号	关于长虹立川(天津)科技股份有限公司股票在全国中小企业股份转让系统公开转让的批复	2013/4/26
605	证监许可〔2013〕605 号	关于北京拓川科研设备股份有限公司股票在全国中小企业股份转让系统公开转让的批复	2013/4/26
606	证监许可〔2013〕606 号	关于核准易方达裕丰回报债券型证券投资基金募集的批复	2013/4/26
607	证监许可〔2013〕607 号	关于核准长盛年年收益定期开放债券型证券投资基金募集的批复	2013/4/26
608	证监许可〔2013〕608 号	关于核准泰达宏利高票息定期开放债券型证券投资基金募集的批复	2013/4/26
609	证监许可〔2013〕609 号	关于核准中银盛利纯债一年定期开放债券型证券投资基金(LOF)募集的批复	2013/4/26
610	证监许可〔2013〕610 号	关于核准华泰柏瑞量化指数增强股票型证券投资基金募集的批复	2013/4/26
611	证监许可〔2013〕611 号	关于核准汇添富美丽 30 股票型证券投资基金募集的批复	2013/4/26

续表

序号	发文字号	标题	签批日期
612	证监许可〔2013〕612 号	关于核准成都聚友网络股份有限公司重大资产重组及向王辉等发行股份购买资产的批复	2013/4/27
613	证监许可〔2013〕613 号	关于核准王辉及一致行动人公告成都聚友网络股份有限公司收购报告书并豁免其要约收购义务的批复	2013/4/27
614	证监许可〔2013〕614 号	关于核准台新证券投资信托股份有限公司合格境外机构投资者资格的批复	2013/4/27
615	证监许可〔2013〕615 号	关于核准建信中证 500 指数增强型证券投资基金募集的批复	2013/4/27
616	证监许可〔2013〕616 号	关于核准工银瑞信中证 200 交易型开放式指数证券投资基金及联接基金募集的批复	2013/4/27
617	证监许可〔2013〕617 号	关于核准黄山金马股份有限公司非公开发行股票的批复	2013/4/27
618	证监许可〔2013〕618 号	关于核准国投瑞银基金管理有限公司刘纯亮基金行业高级管理人员任职资格的批复	2013/4/27
619	证监许可〔2013〕619 号	关于核准广发美国房地产指数证券投资基金募集的批复	2013/5/2
620	证监许可〔2013〕620 号	关于核准嘉实丰益策略定期开放债券型证券投资基金募集的批复	2013/5/2
621	证监许可〔2013〕621 号	关于核准嘉实丰益信用定期开放债券型证券投资基金募集的批复	2013/5/2
622	证监许可〔2013〕622 号	关于核准东海证券有限责任公司变更为股份有限公司的批复	2013/5/3
623	证监许可〔2013〕623 号	关于核准华映科技(集团)股份有限公司重大资产重组的批复	2013/5/6
624	证监许可〔2013〕624 号	关于核准承德南江股份有限公司重大资产重组的批复	2013/5/6
625	证监许可〔2013〕625 号	关于核准景顺长城四季金利纯债债券型证券投资基金募集的批复	2013/5/6
626	证监许可〔2013〕626 号	关于核准博时灵活配置混合型证券投资基金募集的批复	2013/5/6
627	证监许可〔2013〕627 号	关于核准汇丰晋信基金管理有限公司从事特定客户资产管理业务的批复	2013/5/7
628	证监许可〔2013〕628 号	关于核准海富通基金管理有限公司张文伟基金行业高级管理人员任职资格的批复	2013/5/7
629	证监许可〔2013〕629 号	关于核准华泰柏瑞中证申万医药生物交易型开放式指数证券投资基金募集的批复	2013/5/7
630	证监许可〔2013〕630 号	关于核准国泰基金管理有限公司设立子公司的批复	2013/5/7
631	证监许可〔2013〕631 号	关于核准海富通资产管理(香港)有限公司合格境外机构投资者资格的批复	2013/5/7
632	证监许可〔2013〕632 号	关于核准湖南电广传媒股份有限公司非公开发行股票的批复	2013/5/8
633	证监许可〔2013〕633 号	关于核准上海永生投资管理股份有限公司向贵州神奇投资有限公司等发行股份购买资产并募集配套资金的批复	2013/5/8
634	证监许可〔2013〕634 号	关于核准云南煤业能源股份有限公司非公开发行股票的批复	2013/5/8

续表

序号	发文字号	标　题	签批日期
635	证监许可〔2013〕635 号	关于核准深圳市深宝实业股份有限公司重大资产重组的批复	2013/5/8
636	证监许可〔2013〕636 号	关于核准富国医疗保健行业股票型证券投资基金募的批复	2013/5/9
637	证监许可〔2013〕637 号	关于核准汇添富美国房地产证券投资基金募集的批复	2013/5/9
638	证监许可〔2013〕638 号	关于核准新疆生产建设兵团农十二师国有资产经营有限责任公司公告新疆天宏纸业股份有限公司收购报告书并豁免其要约收购义务的批复	2013/5/9
639	证监许可〔2013〕639 号	关于核准杨曜嘉担任日盛嘉富证券国际有限公司上海代表处首席代表的批复	2013/5/9
640	证监许可〔2013〕640 号	关于核准鹏华沪深 300 交易型开放式指数证券投资基金募集的批复	2013/5/9
641	证监许可〔2013〕641 号	关于核准汇添富互利分级债券型证券投资基金募集的批复	2013/5/9
642	证监许可〔2013〕642 号	关于核准汇丰中华证券投资信托股份有限公司合格境外机构投资者资格的批复	2013/5/10
643	证监许可〔2013〕643 号	关于核准银华信用四季红债券型证券投资基金募集的批复	2013/5/10
644	证监许可〔2013〕644 号	关于核准中银保本二号混合型证券投资基金募集的批复	2013/5/10
645	证监许可〔2013〕645 号	关于核准华泰柏瑞丰盛纯债债券型证券投资基金募集的批复	2013/5/10
646	证监许可〔2013〕646 号	关于核准国泰美国房地产开发股票型证券投资基金募集的批复	2013/5/10
647	证监许可〔2013〕647 号	关于核准博时裕益灵活配置混合型证券投资基金募集的批复	2013/5/10
648	证监许可〔2013〕648 号	关于核准华泰证券股份有限公司设立华泰紫金资券通分级专项资产管理计划的批复	2013/5/13
649	证监许可〔2013〕649 号	关于核准张家港保税科技股份有限公司公开发行公司债券的批复	2013/5/14
650	证监许可〔2013〕650 号	关于不予核准上海汇通能源股份有限公司非公开发行股票申请的决定	2013/5/14
651	证监许可〔2013〕651 号	关于核准陕西建设机械股份有限公司非公开发行股票的批复	2013/5/14
652	证监许可〔2013〕652 号	关于核准河南华英农业发展股份有限公司非公开发行股票的批复	2013/5/14
653	证监许可〔2013〕653 号	关于核准山东省商业集团有限公司公告银座集团股份有限公司要约收购报告书的批复	2013/5/14
654	证监许可〔2013〕654 号	关于核准北京燕京啤酒股份有限公司增发股票的批复	2013/5/14
655	证监许可〔2013〕655 号	关于核准中国人寿富兰克林资产管理有限公司人民币合格境外机构投资者资格的批复	2013/5/15
656	证监许可〔2013〕656 号	关于核准太平资产管理(香港)有限公司合格境外机构投资者资格的批复	2013/5/15
657	证监许可〔2013〕657 号	关于核准易方达保本一号混合型证券投资基金募集的批复	2013/5/15

续表

序号	发文字号	标　　题	签批日期
658	证监许可〔2013〕658 号	关于核准工银瑞信保本 3 号混合型证券投资基金募集的批复	2013/5/15
659	证监许可〔2013〕659 号	关于核准上海益盟软件技术股份有限公司从事证券投资咨询业务的批复	2013/5/15
660	证监许可〔2013〕660 号	关于核准华富基金管理有限公司设立子公司的批复	2013/5/15
661	证监许可〔2013〕661 号	关于核准中国人民财产保险股份有限公司增发境外上市外资股的批复	2013/5/15
662	证监许可〔2013〕662 号	关于核准财通基金管理有限公司设立子公司的批复	2013/5/15
663	证监许可〔2013〕663 号	关于核准农银国际资产管理有限公司人民币合格境外机构投资者资格的批复	2013/5/15
664	证监许可〔2013〕664 号	关于核准光大证券股份有限公司非公开发行股票的批复	2013/5/16
665	证监许可〔2013〕665 号	关于核准中国国际金融香港资产管理有限公司合格境外机构投资者资格的批复	2013/5/16
666	证监许可〔2013〕666 号	关于核准中投证券(香港)金融控股有限公司人民币合格境外机构投资者资格的批复	2013/5/16
667	证监许可〔2013〕667 号	关于核准设立道富基金管理有限公司的批复	2013/5/16
668	证监许可〔2013〕668 号	关于核准民生加银平稳添利定期开放债券型证券投资基金募集的批复	2013/5/16
669	证监许可〔2013〕669 号	关于核准华泰柏瑞季季红债券型证券投资基金募集的批复	2013/5/16
670	证监许可〔2013〕670 号	关于核准华夏基金管理有限公司修改章程重要条款的批复	2013/5/16
671	证监许可〔2013〕671 号	关于核准王伟建担任美国盈透证券有限公司上海代表处首席代表的批复	2013/5/16
672	证监许可〔2013〕672 号	关于核准王彧担任香港结好证券有限公司宁波代表处首席代表的批复	2013/5/16
673	证监许可〔2013〕673 号	关于核准安信宝利分级债券型证券投资基金募集的批复	2013/5/16
674	证监许可〔2013〕674 号	关于核准南方沪深 300 指数证券投资基金基金份额持有人大会有关变更基金投资范围等事项决议的批复	2013/5/16
675	证监许可〔2013〕675 号	关于核准工银瑞信金融地产行业股票型证券投资基金募集的批复	2013/5/21
676	证监许可〔2013〕676 号	关于核准银河增利债券型发起式证券投资基金募集的批复	2013/5/22
677	证监许可〔2013〕677 号	关于核准秦岚担任瑞士信贷(香港)有限公司上海代表处首席代表的批复	2013/5/22
678	证监许可〔2013〕678 号	关于核准博时双债增强债券型证券投资基金募集的批复	2013/5/22
679	证监许可〔2013〕679 号	关于不予核准宝诚投资股份有限公司非公开发行股票申请的决定	2013/5/22
680	证监许可〔2013〕680 号	关于核准申万菱信基金管理有限公司修改章程重要条款的批复	2013/5/22

续表

序号	发文字号	标题	签批日期
681	证监许可〔2013〕681 号	关于核准纽银梅隆西部基金管理有限公司修改公司章程重要条款的批复	2013/5/22
682	证监许可〔2013〕682 号	关于核准易方达投资级信用债债券型证券投资基金募集的批复	2013/5/22
683	证监许可〔2013〕683 号	关于核准诺安泰新一年定期开放债券型证券投资基金募集的批复	2013/5/22
684	证监许可〔2013〕684 号	关于核准富国目标收益两年期纯债债券型证券投资基金募集的批复	2013/5/23
685	证监许可〔2013〕685 号	关于核准富国目标收益一年期纯债债券型证券投资基金募集的批复	2013/5/23
686	证监许可〔2013〕686 号	关于核准信诚沪深 300 指数分级证券投资基金基金份额持有人大会决议的批复	2013/5/23
687	证监许可〔2013〕687 号	关于核准新兴铸管股份有限公司增发股票的批复	2013/5/23
688	证监许可〔2013〕688 号	关于核准杭州士兰微电子股份有限公司非公开发行股票的批复	2013/5/23
689	证监许可〔2013〕689 号	关于核准银华中证 800 等权重指数增强分级证券投资基金募集的批复	2013/5/23
690	证监许可〔2013〕690 号	关于核准东方金融控股(香港)有限公司人民币合格境外机构投资者资格的批复	2013/5/23
691	证监许可〔2013〕691 号	关于核准博时岁岁增利一年定期开放债券型证券投资基金募集的批复	2013/5/23
692	证监许可〔2013〕692 号	关于核准天弘增利宝货币市场基金募集的批复	2013/5/23
693	证监许可〔2013〕693 号	关于核准建信基金管理有限责任公司设立子公司的批复	2013/5/23
694	证监许可〔2013〕694 号	关于核准国金通用沪深 300 指数分级证券投资基金募集的批复	2013/5/23
695	证监许可〔2013〕695 号	关于核准江苏联环药业股份有限公司向江苏联环药业集团有限公司发行股份购买资产的批复	2013/5/24
696	证监许可〔2013〕696 号	关于核准山东新华医疗器械股份有限公司非公开发行股票的批复	2013/5/24
697	证监许可〔2013〕697 号	关于核准南京市交通建设投资控股(集团)有限责任公司公告南京港股份有限公司收购报告书并豁免其要约收购义务的批复	2013/5/27
698	证监许可〔2013〕698 号	关于核准建信双债增强债券型证券投资基金募集的批复	2013/5/28
699	证监许可〔2013〕699 号	关于核准 Ng Shu Chen 担任新加坡利安资金管理公司上海代表处首席代表的批复	2013/5/28
700	证监许可〔2013〕700 号	关于核准光大保德信现金宝货币市场基金募集的批复	2013/5/29
701	证监许可〔2013〕701 号	关于核准汇添富年年利定期开放债券型证券投资基金募集的批复	2013/5/29

续表

序号	发文字号	标 题	签批日期
702	证监许可〔2013〕702 号	关于核准中国医药保健品股份有限公司吸收合并河南天方药业股份有限公司及向中国通用技术(集团)控股有限责任公司等发行股份购买资产并募集配套资金的批复	2013/5/29
703	证监许可〔2013〕703 号	关于核准华富基金管理有限公司修改章程重要条款的批复	2013/5/29
704	证监许可〔2013〕704 号	关于核准兴业全球基金管理有限公司修改章程重要条款的批复	2013/5/29
705	证监许可〔2013〕705 号	关于核准国联安基金管理有限公司修改章程重要条款的批复	2013/5/29
706	证监许可〔2013〕706 号	关于核准中信证券股份有限公司公开发行公司债券的批复	2013/5/30
707	证监许可〔2013〕707 号	关于核准华泰证券股份有限公司公开发行公司债券的批复	2013/5/30
708	证监许可〔2013〕708 号	关于核准云南煤业能源股份有限公司公开发行公司债券的批复	2013/5/30
709	证监许可〔2013〕709 号	关于核准广东超华科技股份有限公司公开发行公司债券的批复	2013/5/30
710	证监许可〔2013〕710 号	关于核准中国民族证券有限责任公司发行次级债券的批复	2013/5/30
711	证监许可〔2013〕711 号	关于核准国信证券股份有限公司发行次级债券的批复	2013/5/30
712	证监许可〔2013〕712 号	关于核准深证信用债综指交易型开放式指数证券投资基金及联接基金募集的批复	2013/5/30
713	证监许可〔2013〕713 号	关于核准工银瑞信纳斯达克 100 交易型开放式指数证券投资基金及联接基金募集的批复	2013/5/30
714	证监许可〔2013〕714 号	关于核准宝盈基金管理有限公司变更股权的批复	2013/5/30
715	证监许可〔2013〕715 号	关于核准中国光大资产管理有限公司合格境外机构投资者资格的批复	2013/5/30
716	证监许可〔2013〕716 号	关于核准德邦基金管理有限公司修改章程重要条款的批复	2013/5/30
717	证监许可〔2013〕717 号	关于核准国泰基金管理有限公司修改章程重要条款的批复	2013/5/30
718	证监许可〔2013〕718 号	关于核准汇丰晋信基金管理有限公司修改章程重要条款的批复	2013/5/30
719	证监许可〔2013〕719 号	关于核准东海基金管理有限责任公司修改章程重要条款的批复	2013/5/30
720	证监许可〔2013〕720 号	关于核准诺德基金管理有限公司修改章程重要条款的批复	2013/5/30
721	证监许可〔2013〕721 号	关于核准长盛基金管理有限公司修改章程重要条款的批复	2013/5/30
722	证监许可〔2013〕722 号	关于核准广发趋势优选灵活配置混合型证券投资基金募集的批复	2013/5/30
723	证监许可〔2013〕723 号	关于核准信诚新兴产业股票型证券投资基金募集的批复	2013/5/30
724	证监许可〔2013〕724 号	关于核准嘉实基金管理有限公司修改章程重要条款的批复	2013/5/31
725	证监许可〔2013〕725 号	关于核准广发证券股份有限公司公开发行公司债券的批复	2013/5/31
726	证监许可〔2013〕726 号	关于核准漳州片仔癀药业股份有限公司配股的批复	2013/5/31

续表

序号	发文字号	标　题	签批日期
727	证监许可〔2013〕727 号	关于核准中航机载电子股份有限公司公开发行公司债券的批复	2013/5/31
728	证监许可〔2013〕728 号	关于核准中国国旅股份有限公司非公开发行股票的批复	2013/5/31
729	证监许可〔2013〕729 号	关于核准广东韶钢松山股份有限公司非公开发行股票的批复	2013/5/31
730	证监许可〔2013〕730 号	关于核准博时优势收益信用债债券型证券投资基金募集的批复	2013/5/31
731	证监许可〔2013〕731 号	关于核准杨兵担任花旗环球金融亚洲有限公司上海代表处首席代表的批复	2013/6/3
732	证监许可〔2013〕732 号	关于核准工银瑞信宝利分级债券型证券投资基金募集的批复	2013/5/31
733	证监许可〔2013〕733 号	关于核准工银瑞信富利分级债券型证券投资基金募集的批复	2013/5/31
734	证监许可〔2013〕734 号	关于核准易方达中债新中期票据交易型开放式指数证券投资基金及联接基金募集的批复	2013/5/31
735	证监许可〔2013〕735 号	关于核准广发基金管理有限公司设立子公司的批复	2013/6/4
736	证监许可〔2013〕736 号	关于核准易方达基金管理有限公司设立子公司的批复	2013/6/4
737	证监许可〔2013〕737 号	关于核准建信创新中国股票型证券投资基金募集的批复	2013/6/4
738	证监许可〔2013〕738 号	关于核准工银亚洲投资管理有限公司人民币合格境外机构投资者资格的批复	2013/6/4
739	证监许可〔2013〕739 号	关于核准恒生投资管理有限公司人民币合格境外机构投资者资格的批复	2013/6/4
740	证监许可〔2013〕740 号	关于核准博时基金(国际)有限公司合格境外机构投资者资格的批复	2013/6/4
741	证监许可〔2013〕741 号	关于核准兆丰国际证券投资信托股份有限公司合格境外机构投资者资格的批复	2013/6/4
742	证监许可〔2013〕742 号	关于核准易方达量化衍伸股票型证券投资基金基金份额持有人大会决议的批复	2013/6/4
743	证监许可〔2013〕743 号	关于核准渤海租赁股份有限公司公开发行公司债券的批复	2013/6/4
744	证监许可〔2013〕744 号	关于核准贵州轮胎股份有限公司非公开发行股票的批复	2013/6/4
745	证监许可〔2013〕745 号	关于核准广发成长优选灵活配置混合型证券投资基金募集的批复	2013/6/5
746	证监许可〔2013〕746 号	关于核准泰信鑫益定期开放债券型证券投资基金募集的批复	2013/6/5
747	证监许可〔2013〕747 号	关于不予核准吉林吉恩镍业股份有限公司非公开发行股票申请的决定	2013/6/5
748	证监许可〔2013〕748 号	关于核准申万菱信盛利强化配置混合型证券投资基金基金份额持有人大会决议的批复	2013/6/5
749	证监许可〔2013〕749 号	关于核准大成中债 5 年期国债交易型开放式指数证券投资基金募集的批复	2013/6/6

续表

序号	发文字号	标　　题	签批日期
750	证监许可〔2013〕750号	关于核准博时标普500交易型开放式指数证券投资基金募集的批复	2013/6/6
751	证监许可〔2013〕751号	关于核准银华中证转债指数增强分级证券投资基金募集的批复	2013/6/6
752	证监许可〔2013〕752号	关于核准工银瑞信广利分级债券型证券投资基金募集的批复	2013/6/6
753	证监许可〔2013〕753号	关于核准交银施罗德定期支付双息平衡混合型证券投资基金募集的批复	2013/6/6
754	证监许可〔2013〕754号	关于核准交银施罗德定期支付月月丰债券型证券投资基金募集的批复	2013/6/6
755	证监许可〔2013〕755号	关于核准华安年年红定期开放债券型证券投资基金募集的批复	2013/6/6
756	证监许可〔2013〕756号	关于核准中证能源交易型开放式指数证券投资基金及联接基金募集的批复	2013/6/6
757	证监许可〔2013〕757号	关于核准中证主要消费交易型开放式指数证券投资基金及联接基金募集的批复	2013/6/6
758	证监许可〔2013〕758号	关于核准中证金融地产交易型开放式指数证券投资基金及联接基金募集的批复	2013/6/6
759	证监许可〔2013〕759号	关于核准中证医药卫生交易型开放式指数证券投资基金及联接基金募集的批复	2013/6/6
760	证监许可〔2013〕760号	关于不予核准上海宽频科技股份有限公司重大资产重组及向昆明市交通投资有限责任公司发行股份购买资产的决定	2013/6/6
761	证监许可〔2013〕761号	关于核准博时双月薪定期支付债券型证券投资基金募集的批复	2013/6/6
762	证监许可〔2013〕762号	关于核准博时月月薪定期支付债券型证券投资基金募集的批复	2013/6/6
763	证监许可〔2013〕763号	关于核准方正富邦互利定期开放债券型证券投资基金募集的批复	2013/6/6
764	证监许可〔2013〕764号	关于核准招商沪深300高贝塔指数分级证券投资基金募集的批复	2013/6/6
765	证监许可〔2013〕765号	关于核准易方达中债高信用等级债券交易型开放式指数证券投资基金及联接基金募集的批复	2013/6/6
766	证监许可〔2013〕766号	关于核准诺安稳固收益一年定期开放债券型证券投资基金募集的批复	2013/6/6
767	证监许可〔2013〕767号	关于核准中欧成长优选回报灵活配置混合型发起式证券投资基金募集的批复	2013/6/6
768	证监许可〔2013〕768号	关于核准山西省人民政府国有资产监督管理委员会公告太原煤气化股份有限公司收购报告书并豁免其要约收购义务的批复	2013/6/8

续表

序号	发文字号	标题	签批日期
769	证监许可〔2013〕769 号	关于核准中国化工橡胶有限公司公告风神轮胎股份有限公司收购报告书并豁免其要约收购义务的批复	2013/6/8
770	证监许可〔2013〕770 号	关于核准国泰黄金交易型开放式证券投资基金及联接基金募集的批复	2013/6/8
771	证监许可〔2013〕771 号	关于核准华安易富黄金交易型开放式证券投资基金及联接基金募集的批复	2013/6/8
772	证监许可〔2013〕772 号	关于核准工银瑞信月月薪定期支付债券型证券投资基金募集的批复	2013/6/8
773	证监许可〔2013〕773 号	关于核准神华国能集团有限公司公告广东金马旅游集团股份有限公司要约收购报告书的批复	2013/6/9
774	证监许可〔2013〕774 号	关于核准交银施罗德基金管理有限公司在香港特别行政区设立交银施罗德资产管理(香港)有限公司的批复	2013/6/9
775	证监许可〔2013〕775 号	关于核准中证中期信用债交易型开放式指数证券投资基金及联接基金募集的批复	2013/6/13
776	证监许可〔2013〕776 号	关于核准中证中期企业债交易型开放式指数证券投资基金及联接基金募集的批复	2013/6/13
777	证监许可〔2013〕777 号	关于核准国泰民富分级债券型证券投资基金募集的批复	2013/6/13
778	证监许可〔2013〕778 号	关于核准博时季季薪定期支付债券型证券投资基金募集的批复	2013/6/13
779	证监许可〔2013〕779 号	关于核准上海美特斯邦威服饰股份有限公司公开发行公司债券的批复	2013/6/13
780	证监许可〔2013〕780 号	关于核准大成中证 500 深市交易型开放式指数证券投资基金募集的批复	2013/6/14
781	证监许可〔2013〕781 号	关于核准银华信用季季红债券型证券投资基金募集的批复	2013/6/14
782	证监许可〔2013〕782 号	关于核准北京利尔高温材料股份有限公司向李胜男等发行股份购买资产的批复	2013/6/13
783	证监许可〔2013〕783 号	关于核准华安年年盈定期开放债券型证券投资基金募集的批复	2013/6/17
784	证监许可〔2013〕784 号	关于核准景顺长城策略精选灵活配置混合型证券投资基金募集的批复	2013/6/17
785	证监许可〔2013〕785 号	关于核准建信安心保本混合型证券投资基金募集的批复	2013/6/17
786	证监许可〔2013〕786 号	关于核准银河岁岁回报定期开放债券型证券投资基金募集的批复	2013/6/17
787	证监许可〔2013〕787 号	关于核准国投瑞银岁添利一年期定期开放债券型证券投资基金募集的批复	2013/6/17
788	证监许可〔2013〕788 号	关于核准西部期货有限公司变更股权的批复	2013/6/17
789	证监许可〔2013〕789 号	关于核准宝城期货有限责任公司变更股权的批复	2013/6/17

续表

序号	发文字号	标题	签批日期
790	证监许可〔2013〕790 号	关于核准华融证券股份有限公司发行次级债券的批复	2013/6/17
791	证监许可〔2013〕791 号	关于核准北京京客隆商业集团股份有限公司公开发行公司债券的批复	2013/6/18
792	证监许可〔2013〕792 号	关于核准昆明制药集团股份有限公司增发股票的批复	2013/6/18
793	证监许可〔2013〕793 号	关于核准麻生宏子担任日本大和住银投信投资顾问株式会社上海代表处首席代表的批复	2013/6/19
794	证监许可〔2013〕794 号	关于核准上投摩根红利回报混合型证券投资基金募集的批复	2013/6/18
795	证监许可〔2013〕795 号	关于核准恒泰长财证券有限责任公司变更注册资本的批复	2013/6/19
796	证监许可〔2013〕796 号	关于核准法国巴黎投资管理亚洲有限公司合格境外机构投资者资格的批复	2013/6/19
797	证监许可〔2013〕797 号	关于核准太平资产管理(香港)有限公司人民币合格境外机构投资者资格的批复	2013/6/19
798	证监许可〔2013〕798 号	关于核准圣母大学合格境外机构投资者资格的批复	2013/6/19
799	证监许可〔2013〕799 号	关于核准天弘稳利定期开放债券型证券投资基金募集的批复	2013/6/19
800	证监许可〔2013〕800 号	关于核准上投摩根岁岁盈定期开放债券型证券投资基金募集的批复	2013/6/18
801	证监许可〔2013〕801 号	关于核准杭州华星创业通信技术股份有限公司向陈俊胡等发行股份购买资产并募集配套资金的批复	2013/6/19
802	证监许可〔2013〕802 号	关于核准国泰君安证券股份有限公司发行债券的批复	2013/6/21
803	证监许可〔2013〕803 号	关于核准晋西车轴股份有限公司非公开发行股票的批复	2013/6/21
804	证监许可〔2013〕804 号	关于核准海南瑞泽新型建材股份有限公司公开发行公司债券的批复	2013/6/21
805	证监许可〔2013〕805 号	关于核准天津迈达医学科技股份有限公司股票在全国中小企业股份转让系统公开转让的批复	2013/6/21
806	证监许可〔2013〕806 号	关于核准武汉风帆电镀技术股份有限公司股票在全国中小企业股份转让系统公开转让的批复	2013/6/21
807	证监许可〔2013〕807 号	关于核准武汉璟泓万方堂医药科技股份有限公司股票在全国中小企业股份转让系统公开转让的批复	2013/6/21
808	证监许可〔2013〕808 号	关于核准武汉亿童文教股份有限公司股票在全国中小企业股份转让系统公开转让的批复	2013/6/21
809	证监许可〔2013〕809 号	关于核准北京网动网络科技股份有限公司股票在全国中小企业股份转让系统公开转让的批复	2013/6/21
810	证监许可〔2013〕810 号	关于核准上海伊禾农产品科技发展股份有限公司股票在全国中小企业股份转让系统公开转让的批复	2013/6/21
811	证监许可〔2013〕811 号	关于核准北京奥凯立科技发展股份有限公司股票在全国中小企业股份转让系统公开转让的批复	2013/6/21
812	证监许可〔2013〕812 号	关于核准北京东软慧聚信息技术股份有限公司股票在全国中小企业股份转让系统公开转让的批复	2013/6/21

续表

序号	发文字号	标　题	签批日期
813	证监许可〔2013〕813 号	关于核准天津市天房科技发展股份有限公司股票在全国中小企业股份转让系统公开转让的批复	2013/6/21
814	证监许可〔2013〕814 号	关于核准上海绿岸网络科技股份有限公司股票在全国中小企业股份转让系统公开转让的批复	2013/6/21
815	证监许可〔2013〕815 号	关于核准武汉银都文化传媒股份有限公司股票在全国中小企业股份转让系统公开转让的批复	2013/6/21
816	证监许可〔2013〕816 号	关于核准天津市赛诺达智能技术股份有限公司股票在全国中小企业股份转让系统公开转让的批复	2013/6/21
817	证监许可〔2013〕817 号	关于核准天津桦清信息技术股份有限公司股票在全国中小企业股份转让系统公开转让的批复	2013/6/21
818	证监许可〔2013〕818 号	关于核准北京星原丰泰电子技术股份有限公司股票在全国中小企业股份转让系统公开转让的批复	2013/6/21
819	证监许可〔2013〕819 号	关于核准上海翼捷工业安全设备股份有限公司股票在全国中小企业股份转让系统公开转让的批复	2013/6/21
820	证监许可〔2013〕820 号	关于核准北京典雅天地文化传播股份有限公司股票在全国中小企业股份转让系统公开转让的批复	2013/6/21
821	证监许可〔2013〕821 号	关于核准美兰创新(北京)科技股份有限公司股票在全国中小企业股份转让系统公开转让的批复	2013/6/21
822	证监许可〔2013〕822 号	关于核准上海大汉三通通信股份有限公司股票在全国中小企业股份转让系统公开转让的批复	2013/6/21
823	证监许可〔2013〕823 号	关于核准上海普华科技发展股份有限公司股票在全国中小企业股份转让系统公开转让的批复	2013/6/21
824	证监许可〔2013〕824 号	关于核准北京信诺达泰思特科技股份有限公司股票在全国中小企业股份转让系统公开转让的批复	2013/6/21
825	证监许可〔2013〕825 号	关于核准北京随视传媒科技股份有限公司股票在全国中小企业股份转让系统公开转让的批复	2013/6/21
826	证监许可〔2013〕826 号	关于核准武汉威林科技股份有限公司股票在全国中小企业股份转让系统公开转让的批复	2013/6/21
827	证监许可〔2013〕827 号	关于核准北京蓝贝望生物医药科技股份有限公司股票在全国中小企业股份转让系统公开转让的批复	2013/6/21
828	证监许可〔2013〕828 号	关于核准北京铜牛信息科技股份有限公司股票在全国中小企业股份转让系统公开转让的批复	2013/6/21
829	证监许可〔2013〕829 号	关于核准武汉颂大教育科技股份有限公司股票在全国中小企业股份转让系统公开转让的批复	2013/6/21
830	证监许可〔2013〕830 号	关于核准国泰君安证券股份有限公司发行次级债券的批复	2013/6/24
831	证监许可〔2013〕831 号	关于核准信诚中证 800 有色指数分级证券投资基金募集的批复	2013/6/24
832	证监许可〔2013〕832 号	关于核准信诚中证 800 医药指数分级证券投资基金募集的批复	2013/6/24

续表

序号	发文字号	标　　题	签批日期
833	证监许可〔2013〕833 号	关于核准信诚季季定期支付债券型证券投资基金募集的批复	2013/6/24
834	证监许可〔2013〕834 号	关于核准景顺长城景兴信用纯债债券型证券投资基金募集的批复	2013/6/25
835	证监许可〔2013〕835 号	关于核准兴业基金管理有限公司设立子公司的批复	2013/6/25
836	证监许可〔2013〕836 号	关于核准农银汇理区间收益灵活配置混合型证券投资基金募集的批复	2013/6/25
837	证监许可〔2013〕837 号	关于核准泰达宏利淘利债券型证券投资基金募集的批复	2013/6/25
838	证监许可〔2013〕838 号	关于核准易方达恒久添利 1 年定期开放债券型证券投资基金募集的批复	2013/6/25
839	证监许可〔2013〕839 号	关于核准广发集利一年定期开放债券型证券投资基金募集的批复	2013/6/25
840	证监许可〔2013〕840 号	关于核准长城增强收益定期开放债券型证券投资基金募集的批复	2013/6/25
841	证监许可〔2013〕841 号	关于核准北京掌趣科技股份有限公司重大资产重组及向宋海波等发行股份购买资产并募集配套资金的批复	2013/6/26
842	证监许可〔2013〕842 号	关于核准上海东方证券资产管理有限公司设立东证资管 - 阿里巴巴 1 号至 10 号专项资产管理计划的批复	2013/6/25
843	证监许可〔2013〕843 号	关于核准华泰柏瑞中证申万食品饮料交易型开放式指数证券投资基金募集的批复	2013/6/26
844	证监许可〔2013〕844 号	关于核准恒远石化股份有限公司公开发行公司债券的批复	2013/6/26
845	证监许可〔2013〕845 号	关于核准东华软件股份公司公开发行可转换公司债券的批复	2013/6/26
846	证监许可〔2013〕846 号	关于核准国元证券股份有限公司公开发行公司债券的批复	2013/6/26
847	证监许可〔2013〕847 号	关于核准嘉实合润双债两年期定期开放债券型证券投资基金募集的批复	2013/6/27
848	证监许可〔2013〕848 号	关于核准工银瑞信信息产业股票型证券投资基金募集的批复	2013/6/27
849	证监许可〔2013〕849 号	关于核准天治基金管理有限公司设立子公司的批复	2013/6/27
850	证监许可〔2013〕850 号	关于核准设立国开泰富基金管理有限责任公司的批复	2013/6/28
851	证监许可〔2013〕851 号	关于核准浙江方正电机股份有限公司非公开发行股票的批复	2013/7/1
852	证监许可〔2013〕852 号	关于核准中国石油化工股份有限公司公开发行可转换公司债券的批复	2013/7/1
853	证监许可〔2013〕853 号	关于核准四川雅化集团股份有限公司公开发行公司债券的批复	2013/7/1
854	证监许可〔2013〕854 号	关于核准金鹰基金管理有限公司设立子公司的批复	2013/7/2
855	证监许可〔2013〕855 号	关于核准四川路桥建设股份有限公司公开发行公司债券的批复	2013/7/2
856	证监许可〔2013〕856 号	关于核准华安中证中高等级信用债交易型开放式指数证券投资基金及联接基金募集的批复	2013/7/2

续表

序号	发文字号	标　　题	签批日期
857	证监许可〔2013〕857 号	关于核准晋能有限责任公司公告山西通宝能源股份有限公司收购报告书并豁免其要约收购义务的批复	2013/7/2
858	证监许可〔2013〕858 号	关于核准福建省投资开发集团有限责任公司公告福建省南纸股份有限公司收购报告书并豁免其要约收购义务的批复	2013/7/2
859	证监许可〔2013〕859 号	关于核准易方达沪深 300 地产交易型开放式指数证券投资基金募集的批复	2013/7/2
860	证监许可〔2013〕860 号	关于核准易方达沪深 300 非银行金融交易型开放式指数证券投资基金募集的批复	2013/7/2
861	证监许可〔2013〕861 号	关于核准易方达沪深 300 能源交易型开放式指数证券投资基金募集的批复	2013/7/2
862	证监许可〔2013〕862 号	关于核准易方达沪深 300 医药卫生交易型开放式指数证券投资基金募集的批复	2013/7/2
863	证监许可〔2013〕863 号	关于核准易方达沪深 300 银行交易型开放式指数证券投资基金募集的批复	2013/7/2
864	证监许可〔2013〕864 号	关于核准易方达沪深 300 有色金属交易型开放式指数证券投资基金募集的批复	2013/7/2
865	证监许可〔2013〕865 号	关于核准易方达沪深 300 主要消费交易型开放式指数证券投资基金募集的批复	2013/7/2
866	证监许可〔2013〕866 号	关于核准山东瑞康医药股份有限公司非公开发行股票的批复	2013/7/3
867	证监许可〔2013〕867 号	关于核准广东海大集团股份有限公司非公开发行股票的批复	2013/7/3
868	证监许可〔2013〕868 号	关于核准中国外运股份有限公司公开发行公司债券的批复	2013/7/3
869	证监许可〔2013〕869 号	关于核准郑州煤电股份有限公司公开发行公司债券的批复	2013/7/3
870	证监许可〔2013〕870 号	关于核准安徽盛运机械股份有限公司向赣州涌金稀土投资有限公司等发行股份购买资产并募集配套资金的批复	2013/7/4
871	证监许可〔2013〕871 号	关于核准安徽德力日用玻璃股份有限公司非公开发行股票的批复	2013/7/5
872	证监许可〔2013〕872 号	关于核准华润元大保本混合型证券投资基金募集的批复	2013/7/5
873	证监许可〔2013〕873 号	关于核准山推工程机械股份有限公司非公开发行股票的批复	2013/7/5
874	证监许可〔2013〕874 号	关于核准信诚年年有余定期开放债券型证券投资基金募集的批复	2013/7/5
875	证监许可〔2013〕875 号	关于核准广发亚太中高收益债券型证券投资基金募集的批复	2013/7/5
876	证监许可〔2013〕876 号	关于核准北京奥特美克科技股份有限公司股票在全国中小企业股份转让系统公开转让的批复	2013/7/5
877	证监许可〔2013〕877 号	关于核准北京佳星慧盟科技股份有限公司股票在全国中小企业股份转让系统公开转让的批复	2013/7/5
878	证监许可〔2013〕878 号	关于核准北京金日创科技股份有限公司股票在全国中小企业股份转让系统公开转让的批复	2013/7/5

续表

序号	发文字号	标　　题	签批日期
879	证监许可〔2013〕879 号	关于核准北京奥尔斯科技股份有限公司股票在全国中小企业股份转让系统公开转让的批复	2013/7/5
880	证监许可〔2013〕880 号	关于核准北京慧峰仁和科技股份有限公司股票在全国中小企业股份转让系统公开转让的批复	2013/7/5
881	证监许可〔2013〕881 号	关于核准北京智网科技股份有限公司股票在全国中小企业股份转让系统公开转让的批复	2013/7/5
882	证监许可〔2013〕882 号	关于核准天津光电高斯通信工程技术股份有限公司股票在全国中小企业股份转让系统公开转让的批复	2013/7/5
883	证监许可〔2013〕883 号	关于核准武汉联宇技术股份有限公司股票在全国中小企业股份转让系统公开转让的批复	2013/7/5
884	证监许可〔2013〕884 号	关于核准北京兴竹同智信息技术股份有限公司股票在全国中小企业股份转让系统公开转让的批复	2013/7/5
885	证监许可〔2013〕885 号	关于核准上海中卉生态科技股份有限公司股票在全国中小企业股份转让系统公开转让的批复	2013/7/5
886	证监许可〔2013〕886 号	关于核准北京三意时代科技股份有限公司股票在全国中小企业股份转让系统公开转让的批复	2013/7/5
887	证监许可〔2013〕887 号	关于核准上海卓繁信息技术股份有限公司股票在全国中小企业股份转让系统公开转让的批复	2013/7/5
888	证监许可〔2013〕888 号	关于核准天津成科传动机电技术股份有限公司股票在全国中小企业股份转让系统公开转让的批复	2013/7/5
889	证监许可〔2013〕889 号	关于核准上海易同科技股份有限公司股票在全国中小企业股份转让系统公开转让的批复	2013/7/5
890	证监许可〔2013〕890 号	关于核准上海华宿电气股份有限公司股票在全国中小企业股份转让系统公开转让的批复	2013/7/5
891	证监许可〔2013〕891 号	关于核准布雷尔利（北京）金属家居用品股份有限公司股票在全国中小企业股份转让系统公开转让的批复	2013/7/5
892	证监许可〔2013〕892 号	关于核准武汉易维科技股份有限公司股票在全国中小企业股份转让系统公开转让的批复	2013/7/5
893	证监许可〔2013〕893 号	关于核准北京蓝天瑞德环保技术股份有限公司股票在全国中小企业股份转让系统公开转让的批复	2013/7/5
894	证监许可〔2013〕894 号	关于核准北京神州云动科技股份有限公司股票在全国中小企业股份转让系统公开转让的批复	2013/7/5
895	证监许可〔2013〕895 号	关于核准武汉中舟环保设备股份有限公司股票在全国中小企业股份转让系统公开转让的批复	2013/7/5
896	证监许可〔2013〕896 号	关于核准武汉国威重型机床股份有限公司股票在全国中小企业股份转让系统公开转让的批复	2013/7/5
897	证监许可〔2013〕897 号	关于核准武汉联动设计股份有限公司股票在全国中小企业股份转让系统公开转让的批复	2013/7/5
898	证监许可〔2013〕898 号	关于核准北京盛世光明软件股份有限公司股票在全国中小企业股份转让系统公开转让的批复	2013/7/5

续表

序号	发文字号	标　　题	签批日期
899	证监许可〔2013〕899 号	关于核准北京恒信启华信息技术股份有限公司股票在全国中小企业股份转让系统公开转让的批复	2013/7/5
900	证监许可〔2013〕900 号	关于核准上海新网程信息技术股份有限公司股票在全国中小企业股份转让系统公开转让的批复	2013/7/5
901	证监许可〔2013〕901 号	关于核准鹏华丰泰定期开放债券型证券投资基金募集的批复	2013/7/8
902	证监许可〔2013〕902 号	关于核准长盛双月红 1 年定期开放债券型证券投资基金募集的批复	2013/7/8
903	证监许可〔2013〕903 号	关于核准博时安丰 18 个月定期开放债券型证券投资基金(LOF)募集的批复	2013/6/28
904	证监许可〔2013〕904 号	关于核准中邮定期开放债券型证券投资基金募集的批复	2013/7/8
905	证监许可〔2013〕905 号	关于核准新华趋势领航股票型证券投资基金募集的批复	2013/7/9
906	证监许可〔2013〕906 号	关于核准国海富兰克林基金管理有限公司储丽莉基金行业高级管理人员任职资格的批复	2013/7/9
907	证监许可〔2013〕907 号	关于核准永泰能源股份有限公司公开发行公司债券的批复	2013/7/10
908	证监许可〔2013〕908 号	关于核准中海基金管理有限公司设立子公司的批复	2013/7/11
909	证监许可〔2013〕909 号	关于核准襄阳汽车轴承股份有限公司重大资产重组的批复	2013/7/11
910	证监许可〔2013〕910 号	关于核准富国祥利一年定期开放债券型证券投资基金募集的批复	2013/7/11
911	证监许可〔2013〕911 号	关于核准长信纯债一年定期开放债券型证券投资基金募集的批复	2013/7/11
912	证监许可〔2013〕912 号	关于核准富国睿利一年期定期开放债券型证券投资基金募集的批复	2013/7/11
913	证监许可〔2013〕913 号	关于核准申万菱信一年期纯债定期开放债券型证券投资基金募集的批复	2013/7/11
914	证监许可〔2013〕914 号	关于核准袁迈峰担任摩根士丹利亚洲有限公司北京代表处首席代表的批复	2013/7/11
915	证监许可〔2013〕915 号	关于核准天一星辰(北京)科技有限公司从事证券投资咨询业务的批复	2013/7/12
916	证监许可〔2013〕916 号	关于核准金鹰中证大消费 360 交易型开放式指数证券投资基金及联接基金募集的批复	2013/7/12
917	证监许可〔2013〕917 号	关于核准嘉实中证主要消费交易型开放式指数证券投资基金募集的批复	2013/7/12
918	证监许可〔2013〕918 号	关于核准嘉实中证医药卫生交易型开放式指数证券投资基金募集的批复	2013/7/12
919	证监许可〔2013〕919 号	关于核准嘉实中证能源交易型开放式指数证券投资基金募集的批复	2013/7/12
920	证监许可〔2013〕920 号	关于核准嘉实中证可选消费交易型开放式指数证券投资基金募集的批复	2013/7/12

续表

序号	发文字号	标　　题	签批日期
921	证监许可〔2013〕921 号	关于核准嘉实中证金融地产交易型开放式指数证券投资基金募集的批复	2013/7/12
922	证监许可〔2013〕922 号	关于核准申银万国证券股份有限公司发行债券的批复	2013/7/12
923	证监许可〔2013〕923 号	关于核准纽堡亚洲境外机构投资者资格的批复	2013/7/15
924	证监许可〔2013〕924 号	关于核准华南永昌证券投资信托股份有限公司合格境外机构投资者资格的批复	2013/7/15
925	证监许可〔2013〕925 号	关于核准景林资产管理香港有限公司合格境外机构投资者资格的批复	2013/7/15
926	证监许可〔2013〕926 号	关于核准南华资产管理（香港）有限公司人民币合格境外机构投资者资格的批复	2013/7/15
927	证监许可〔2013〕927 号	关于核准中银香港资产管理有限公司人民币合格境外机构投资者资格的批复	2013/7/15
928	证监许可〔2013〕928 号	关于核准长江证券控股（香港）有限公司人民币合格境外机构投资者资格的批复	2013/7/15
929	证监许可〔2013〕929 号	关于核准民生加银城镇化灵活配置混合型证券投资基金募集的批复	2013/7/16
930	证监许可〔2013〕930 号	关于核准上投摩根转型动力灵活配置混合型证券投资基金募集的批复	2013/7/16
931	证监许可〔2013〕931 号	关于核准海马（上海）投资有限公司及一致行动人公告海马汽车集团股份有限公司收购报告书并豁免其要约收购义务的批复	2013/7/16
932	证监许可〔2013〕932 号	关于核准富安达信用主题轮动纯债债券型发起式证券投资基金募集的批复	2013/7/16
933	证监许可〔2013〕933 号	关于核准鹏华全球高收益债债券型证券投资基金募集的批复	2013/7/16
934	证监许可〔2013〕934 号	关于核准潍坊创科实业有限公司公告包头华资实业股份有限公司要约收购报告书的批复	2013/7/17
935	证监许可〔2013〕935 号	关于核准安徽山鹰纸业股份有限公司向福建泰盛实业有限公司等发行股份购买资产并募集配套资金的批复	2013/7/18
936	证监许可〔2013〕936 号	关于核准福建泰盛实业有限公司及一致行动人公告安徽山鹰纸业股份有限公司收购报告书并豁免其要约收购义务的批复	2013/7/18
937	证监许可〔2013〕937 号	关于核准国投瑞银基金管理有限公司设立子公司的批复	2013/7/18
938	证监许可〔2013〕938 号	关于核准鹏华丰信分级债券型证券投资基金募集的批复	2013/7/18
939	证监许可〔2013〕939 号	关于核准长城基金管理有限公司设立子公司的批复	2013/7/18
940	证监许可〔2013〕940 号	关于核准中国平安资产管理（香港）有限公司人民币合格境外机构投资者资格的批复	2013/7/19
941	证监许可〔2013〕941 号	关于核准信达国际资产管理有限公司人民币合格境外机构投资者资格的批复	2013/7/19
942	证监许可〔2013〕942 号	关于核准丰收投资管理（香港）有限公司人民币合格境外机构投资者资格的批复	2013/7/19

续表

序号	发文字号	标　　题	签批日期
943	证监许可〔2013〕943 号	关于核准汇丰环球投资管理(香港)有限公司人民币合格境外机构投资者资格的批复	2013/7/19
944	证监许可〔2013〕944 号	关于核准融通通泽一年目标触发式灵活配置混合型证券投资基金的批复	2013/7/19
945	证监许可〔2013〕945 号	关于核准富国基金管理有限公司设立子公司的批复	2013/7/19
946	证监许可〔2013〕946 号	关于核准鹏华中证 100 交易型开放式指数证券投资基金募集的批复	2013/7/19
947	证监许可〔2013〕947 号	关于核准河南森源电气股份有限公司非公开发行股票的批复	2013/7/19
948	证监许可〔2013〕948 号	关于核准浙江华峰氨纶股份有限公司公开发行公司债券的批复	2013/7/19
949	证监许可〔2013〕949 号	关于核准成都市路桥工程股份有限公司增发股票的批复	2013/7/19
950	证监许可〔2013〕950 号	关于核准招商银行股份有限公司配股的	2013/7/19
951	证监许可〔2013〕951 号	关于核准中国东方红卫星股份有限公司配股的批复	2013/7/19
952	证监许可〔2013〕952 号	关于核准河南中孚实业股份有限公司非公开发行股票的批复	2013/7/22
953	证监许可〔2013〕953 号	关于核准中牧实业股份有限公司非公开发行股票的批复	2013/7/22
954	证监许可〔2013〕954 号	关于核准江苏连云港港口股份有限公司非公开发行股票的批复	2013/7/22
955	证监许可〔2013〕955 号	关于核准上海延华智能科技(集团)股份有限公司非公开发行股票的批复	2013/7/22
956	证监许可〔2013〕956 号	关于核准中化国际(控股)股份有限公司非公开发行股票的批复	2013/7/22
957	证监许可〔2013〕957 号	关于核准上海隧道工程股份有限公司公开发行可转换公司债券的批复	2013/7/22
958	证监许可〔2013〕958 号	关于核准中海惠丰纯债分级债券型证券投资基金募集的批复	2013/7/19
959	证监许可〔2013〕959 号	关于核准农银汇理 14 天理财债券型证券投资基金募集的批复	2013/7/19
960	证监许可〔2013〕960 号	关于核准万联证券有限责任公司变更注册资本的批复	2013/7/22
961	证监许可〔2013〕961 号	关于核准华夏臻选一年定期开放债券型证券投资基金募集的批复	2013/7/23
962	证监许可〔2013〕962 号	关于核准博时基金管理有限公司吴姚东基金行业高级管理人员任职资格的批复	2013/7/23
963	证监许可〔2013〕963 号	关于核准武汉三镇实业控股股份有限公司重大资产重组及向武汉市水务集团有限公司发行股票购买资产并募集配套资金的批复	2013/7/22
964	证监许可〔2013〕964 号	关于核准山西证券股份有限公司现金和发行股份购买资产、格林期货有限公司吸收合并大华期货有限公司的批复	2013/7/23
965	证监许可〔2013〕965 号	关于核准江苏吴通通讯股份有限公司向惠州市德邦实业有限公司等发行股份购买资产的批复	2013/7/22

续表

序号	发文字号	标题	签批日期
966	证监许可〔2013〕966 号	关于核准卧龙电气集团股份有限公司向浙江卧龙舜禹投资有限公司发行股份购买资产的批复	2013/7/23
967	证监许可〔2013〕967 号	关于核准银华永利债券型证券投资基金募集的批复	2013/7/24
968	证监许可〔2013〕968 号	关于核准财通证券有限责任公司变更为股份有限公司的批复	2013/7/24
969	证监许可〔2013〕969 号	关于核准天风证券股份有限公司变更注册资本的批复	2013/7/24
970	证监许可〔2013〕970 号	关于核准国盛证券有限责任公司变更注册资本的批复	2013/7/24
971	证监许可〔2013〕971 号	关于核准国开证券有限责任公司融资融券业务资格的批复	2013/7/24
972	证监许可〔2013〕972 号	关于核准中国化工科学研究院及一致行动人公告青岛黄海橡胶股份有限公司收购报告书并豁免其要约收购义务的批复	2013/7/24
973	证监许可〔2013〕973 号	关于核准同方股份有限公司向杜国楹等发行股份购买资产并募集配套资金的批复	2013/7/24
974	证监许可〔2013〕974 号	关于核准中国银河证券股份有限公司发行次级债券的批复	2013/7/25
975	证监许可〔2013〕975 号	关于核准沈阳惠天热电股份有限公司公开发行公司债券的批复	2013/7/25
976	证监许可〔2013〕976 号	关于核准重庆万里新能源股份有限公司非公开发行股票的批复	2013/7/25
977	证监许可〔2013〕977 号	关于核准魏桥纺织股份有限公司公开发行公司债券的批复	2013/7/25
978	证监许可〔2013〕978 号	关于核准湖北高曼重工股份有限公司股票在全国中小企业股份转让系统公开转让的批复	2013/7/24
979	证监许可〔2013〕979 号	关于核准天津瑞灵石油设备股份有限公司股票在全国中小企业股份转让系统公开转让的批复	2013/7/24
980	证监许可〔2013〕980 号	关于核准上海世富环保节能科技股份有限公司股票在全国中小企业股份转让系统公开转让的批复	2013/7/24
981	证监许可〔2013〕981 号	关于核准上海永天科技股份有限公司股票在全国中小企业股份转让系统公开转让的批复	2013/7/24
982	证监许可〔2013〕982 号	关于核准天津重钢机械装备股份有限公司股票在全国中小企业股份转让系统公开转让的批复	2013/7/24
983	证监许可〔2013〕983 号	关于核准武汉新冠亿碳环境资源开发股份有限公司股票在全国中小企业股份转让系统公开转让的批复	2013/7/24
984	证监许可〔2013〕984 号	关于核准北京福乐维生物科技股份有限公司股票在全国中小企业股份转让系统公开转让的批复	2013/7/24
985	证监许可〔2013〕985 号	关于核准上海晟矽微电子股份有限公司股票在全国中小企业股份转让系统公开转让的批复	2013/7/24
986	证监许可〔2013〕986 号	关于核准上海连能环保科技股份有限公司股票在全国中小企业股份转让系统公开转让的批复	2013/7/24
987	证监许可〔2013〕987 号	关于核准武汉华安科技股份有限公司股票在全国中小企业股份转让系统公开转让的批复	2013/7/24

续表

序号	发文字号	标　　题	签批日期
988	证监许可〔2013〕988号	关于核准索享(北京)科技股份有限公司股票在全国中小企业股份转让系统公开转让的批复	2013/7/24
989	证监许可〔2013〕989号	关于核准北京能为科技股份有限公司股票在全国中小企业股份转让系统公开转让的批复	2013/7/24
990	证监许可〔2013〕990号	关于核准上海优睿文化传媒股份有限公司股票在全国中小企业股份转让系统公开转让的批复	2013/7/24
991	证监许可〔2013〕991号	关于核准武汉景弘环保科技股份有限公司股票在全国中小企业股份转让系统公开转让的批复	2013/7/24
992	证监许可〔2013〕992号	关于核准北京科胜伟达科技股份有限公司股票在全国中小企业股份转让系统公开转让的批复	2013/7/24
993	证监许可〔2013〕993号	关于核准北京锐创信通科技股份有限公司股票在全国中小企业股份转让系统公开转让的批复	2013/7/24
994	证监许可〔2013〕994号	关于核准上海东岩机械股份有限公司股票在全国中小企业股份转让系统公开转让的批复	2013/7/24
995	证监许可〔2013〕995号	关于核准北京京鹏环宇畜牧科技股份有限公司股票在全国中小企业股份转让系统公开转让的批复	2013/7/24
996	证监许可〔2013〕996号	关于核准北京威达宇电软件股份有限公司股票在全国中小企业股份转让系统公开转让的批复	2013/7/24
997	证监许可〔2013〕997号	关于核准北京华索科技股份有限公司股票在全国中小企业股份转让系统公开转让的批复	2013/7/24
998	证监许可〔2013〕998号	关于核准北京和隆优化科技股份有限公司股票在全国中小企业股份转让系统公开转让的批复	2013/7/24
999	证监许可〔2013〕999号	关于核准湖北中试电力科技股份有限公司股票在全国中小企业股份转让系统公开转让的批复	2013/7/24
1000	证监许可〔2013〕1000号	关于核准北京威控科技股份有限公司股票在全国中小企业股份转让系统公开转让的批复	2013/7/24
1001	证监许可〔2013〕1001号	关于核准上海奉天电子股份有限公司股票在全国中小企业股份转让系统公开转让的批复	2013/7/24
1002	证监许可〔2013〕1002号	关于核准武汉七环电气股份有限公司股票在全国中小企业股份转让系统公开转让的批复	2013/7/24
1003	证监许可〔2013〕1003号	关于核准上海捷虹颜料化工集团股份有限公司股票在全国中小企业股份转让系统公开转让的批复	2013/7/25
1004	证监许可〔2013〕1004号	关于核准北京平安力合科技发展股份有限公司股票在全国中小企业股份转让系统公开转让的批复	2013/7/25
1005	证监许可〔2013〕1005号	关于核准天津金硕信息科技集团股份有限公司股票在全国中小企业股份转让系统公开转让的批复	2013/7/25
1006	证监许可〔2013〕1006号	关于核准北京淘礼网科技股份有限公司股票在全国中小企业股份转让系统公开转让的批复	2013/7/25

续表

序号	发文字号	标　　题	签批日期
1007	证监许可〔2013〕1007 号	关于核准天津宝恒流体控制设备股份有限公司股票在全国中小企业股份转让系统公开转让的批复	2013/7/25
1008	证监许可〔2013〕1008 号	关于核准新疆准东石油技术股份有限公司非公开发行股票的批复	2013/7/26
1009	证监许可〔2013〕1009 号	关于核准天水华天科技股份有限公司公开发行可转换公司债券的批复	2013/7/26
1010	证监许可〔2013〕1010 号	关于核准深圳长城开发科技股份有限公司非公开发行股票的批复	2013/7/26
1011	证监许可〔2013〕1011 号	关于核准中航动力控制股份有限公司非公开发行股票的批复	2013/7/26
1012	证监许可〔2013〕1012 号	关于核准湖南江南红箭股份有限公司向中国兵器工业集团公司等发行股份购买资产并募集配套资金的批复	2013/7/29
1013	证监许可〔2013〕1013 号	关于核准新疆天山毛纺织股份有限公司向新疆凯迪矿业投资股份有限公司等发行股份购买资产的批复	2013/7/29
1014	证监许可〔2013〕1014 号	关于核准美的集团股份有限公司吸收合并广东美的电器股份有限公司的批复	2013/7/29
1015	证监许可〔2013〕1015 号	关于核准美的集团股份有限公司公告无锡小天鹅股份有限公司收购报告书并豁免其要约收购义务的批复	2013/7/29
1016	证监许可〔2013〕1016 号	关于核准鹏华丰时定期开放债券型证券投资基金募集的批复	2013/7/30
1017	证监许可〔2013〕1017 号	关于核准华安生态优先股票型证券投资基金募集的批复	2013/7/30
1018	证监许可〔2013〕1018 号	关于核准德邦德利货币市场基金募集的批复	2013/7/30
1019	证监许可〔2013〕1019 号	关于核准富国城镇发展股票型证券投资基金募集的批复	2013/7/30
1020	证监许可〔2013〕1020 号	关于核准中海纯债债券型证券投资基金募集的批复	2013/7/30
1021	证监许可〔2013〕1021 号	关于核准中银中高等级债券型证券投资基金募集的批复	2013/7/30
1022	证监许可〔2013〕1022 号	关于核准万家市政纯债定期开放债券型证券投资基金募集的批复	2013/7/30
1023	证监许可〔2013〕1023 号	关于核准鹏华可转债债券型证券投资基金募集的批复	2013/7/30
1024	证监许可〔2013〕1024 号	关于核准北京动力源科技股份有限公司非公开发行股票的批复	2013/7/30
1025	证监许可〔2013〕1025 号	关于核准中国西电电气股份有限公司非公开发行股票的批复	2013/7/30
1026	证监许可〔2013〕1026 号	关于核准博时黄金交易型开放式证券投资基金及联接基金募集的批复	2013/7/31
1027	证监许可〔2013〕1027 号	关于核准易方达黄金交易型开放式证券投资基金及联接基金募集的批复	2013/7/31
1028	证监许可〔2013〕1028 号	关于核准景顺长城沪深 300 指数增强型证券投资基金募集的批复	2013/7/30
1029	证监许可〔2013〕1029 号	关于核准天弘弘利债券型证券投资基金募集的批复	2013/7/31

续表

序号	发文字号	标　　题	签批日期
1030	证监许可〔2013〕1030 号	关于核准北京倚天凌云科技股份有限公司股票在全国中小企业股份转让系统公开转让的批复	2013/7/30
1031	证监许可〔2013〕1031 号	关于核准上海辰光医疗科技股份有限公司股票在全国中小企业股份转让系统公开转让的批复	2013/7/30
1032	证监许可〔2013〕1032 号	关于核准武汉保华石化新材料开发股份有限公司股票在全国中小企业股份转让系统公开转让的批复	2013/7/30
1033	证监许可〔2013〕1033 号	关于核准北京百文宝科技股份有限公司股票在全国中小企业股份转让系统公开转让的批复	2013/7/30
1034	证监许可〔2013〕1034 号	关于核准北京每日视界影视动画股份有限公司股票在全国中小企业股份转让系统公开转让的批复	2013/7/30
1035	证监许可〔2013〕1035 号	关于核准北京维珍创意科技股份有限公司股票在全国中小企业股份转让系统公开转让的批复	2013/7/30
1036	证监许可〔2013〕1036 号	关于核准上海巨灵信息技术股份有限公司股票在全国中小企业股份转让系统公开转让的批复	2013/7/30
1037	证监许可〔2013〕1037 号	关于核准北京达美盛软件股份有限公司股票在全国中小企业股份转让系统公开转让的批复	2013/7/30
1038	证监许可〔2013〕1038 号	关于核准永铭诚道(北京)医学科技股份有限公司股票在全国中小企业股份转让系统公开转让的批复	2013/7/30
1039	证监许可〔2013〕1039 号	关于核准上海扬讯计算机科技股份有限公司股票在全国中小企业股份转让系统公开转让的批复	2013/7/30
1040	证监许可〔2013〕1040 号	关于核准北京泽天盛海油田技术服务股份有限公司股票在全国中小企业股份转让系统公开转让的批复	2013/7/30
1041	证监许可〔2013〕1041 号	关于核准上海易所试网络信息技术股份有限公司股票在全国中小企业股份转让系统公开转让的批复	2013/7/30
1042	证监许可〔2013〕1042 号	关于核准博易智软(北京)技术股份有限公司股票在全国中小企业股份转让系统公开转让的批复	2013/7/30
1043	证监许可〔2013〕1043 号	关于核准天津伟力盛世节能科技股份有限公司股票在全国中小企业股份转让系统公开转让的批复	2013/7/30
1044	证监许可〔2013〕1044 号	关于核准北京国创富盛通信股份有限公司股票在全国中小企业股份转让系统公开转让的批复	2013/7/30
1045	证监许可〔2013〕1045 号	关于核准北京北化新橡特种材料科技股份有限公司股票在全国中小企业股份转让系统公开转让的批复	2013/7/30
1046	证监许可〔2013〕1046 号	关于核准武汉众联信息技术股份有限公司股票在全国中小企业股份转让系统公开转让的批复	2013/7/30
1047	证监许可〔2013〕1047 号	关于核准万家上证 380 交易型开放式指数证券投资基金募集的批复	2013/7/31
1048	证监许可〔2013〕1048 号	关于核准北京京能热电股份有限公司公开发行公司债券的批复	2013/8/1

续表

序号	发文字号	标　　题	签批日期
1049	证监许可〔2013〕1049 号	关于核准安信证券股份有限公司发行债券的批复	2013/8/1
1050	证监许可〔2013〕1050 号	关于核准国泰淘金互联网债券型证券投资基金募集的批复	2013/8/1
1051	证监许可〔2013〕1051 号	关于核准信达澳银基金管理有限公司于建伟基金行业高级管理人员任职资格的批复	2013/8/2
1052	证监许可〔2013〕1052 号	关于核准中加基金管理有限公司从事特定客户资产管理业务的批复	2013/8/2
1053	证监许可〔2013〕1053 号	关于核准宏信证券有限责任公司变更注册资本的批复	2013/8/2
1054	证监许可〔2013〕1054 号	关于核准上海大智慧股份有限公司从事证券投资咨询业务的批复	2013/8/2
1055	证监许可〔2013〕1055 号	关于核准安信基金管理有限责任公司变更注册资本的批复	2013/8/2
1056	证监许可〔2013〕1056 号	关于核准北京蓝色光标品牌管理顾问股份有限公司向李梵等发行股份购买资产并募集配套资金的批复	2013/8/5
1057	证监许可〔2013〕1057 号	关于核准长信基金管理有限责任公司设立子公司的批复	2013/8/5
1058	证监许可〔2013〕1058 号	关于核准安信永利信用定期开放债券型证券投资基金募集的批复	2013/8/6
1059	证监许可〔2013〕1059 号	关于核准鹏华丰饶定期开放债券型证券投资基金募集的批复	2013/8/7
1060	证监许可〔2013〕1060 号	关于核准招商瑞丰灵活配置混合型发起式证券投资基金募集的批复	2013/8/8
1061	证监许可〔2013〕1061 号	关于核准新华信用增益债券型证券投资基金募集的批复	2013/8/8
1062	证监许可〔2013〕1062 号	关于核准海富通一年定期开放债券型证券投资基金募集的批复	2013/8/8
1063	证监许可〔2013〕1063 号	关于核准华润元大现金收益货币市场基金募集的批复	2013/8/8
1064	证监许可〔2013〕1064 号	关于核准摩根士丹利华鑫品质生活精选股票型证券投资基金募集的批复	2013/8/8
1065	证监许可〔2013〕1065 号	关于核准华安沪深 300 量化增强证券投资基金募集的批复	2013/8/8
1066	证监许可〔2013〕1066 号	关于核准红塔证券股份有限公司变更注册资本的批复	2013/8/8
1067	证监许可〔2013〕1067 号	关于核准北京同仁堂科技发展股份有限公司增发境外上市外资股的批复	2013/8/2
1068	证监许可〔2013〕1068 号	关于核准国联安基金管理有限公司庹启斌基金行业任职资格的批复	2013/8/13
1069	证监许可〔2013〕1069 号	关于核准国投瑞银沪深 300 金融地产交易型开放式指数证券投资基金募集的批复	2013/8/13
1070	证监许可〔2013〕1070 号	关于核准国泰瞬利场内实时申赎货币市场基金募集的批复	2013/8/13
1071	证监许可〔2013〕1071 号	关于核准融通通祥一年目标触发式灵活配置混合型证券投资基金募集的批复	2013/8/13
1072	证监许可〔2013〕1072 号	关于核准招商银行股份有限公司境外上市外资股配股的批复	2013/8/13

续表

序号	发文字号	标　　题	签批日期
1073	证监许可〔2013〕1073 号	关于核准国联安信心增盈定期开放债券型证券投资基金募集的批复	2013/8/14
1074	证监许可〔2013〕1074 号	关于核准招商基金管理有限公司变更股权的批复	2013/8/14
1075	证监许可〔2013〕1075 号	关于核准歌尔声学股份有限公司公开发行公司债券的批复	2013/8/14
1076	证监许可〔2013〕1076 号	关于核准永辉超市股份有限公司非公开发行股票的批复	2013/8/14
1077	证监许可〔2013〕1077 号	关于核准东亚银行有限公司人民币合格境外机构投资者资格的批复	2013/8/15
1078	证监许可〔2013〕1078 号	关于核准东北证券股份有限公司公开发行公司债券的批复	2013/8/15
1079	证监许可〔2013〕1079 号	关于核准浙江仙琚制药股份有限公司公开发行公司债券的批复	2013/8/15
1080	证监许可〔2013〕1080 号	关于核准沧州明珠塑料股份有限公司公开发行公司债券的批复	2013/8/15
1081	证监许可〔2013〕1081 号	关于核准人福医药集团股份有限公司非公开发行股票的批复	2013/8/15
1082	证监许可〔2013〕1082 号	关于核准永丰金资产管理(亚洲)有限公司人民币合格境外机构投资者资格的批复	2013/8/15
1083	证监许可〔2013〕1083 号	关于核准中海惠利纯债分级债券型证券投资基金募集的批复	2013/8/13
1084	证监许可〔2013〕1084 号	关于核准海富通双利分级债券型证券投资基金募集的批复	2013/8/16
1085	证监许可〔2013〕1085 号	关于核准东方基金管理有限责任公司设立子公司的批复	2013/8/16
1086	证监许可〔2013〕1086 号	关于核准东海基金管理有限责任公司设立子公司的批复	2013/8/16
1087	证监许可〔2013〕1087 号	关于核准南方基金管理有限公司杨小松、鲍文革基金行业高级管理人员任职资格的批复	2013/8/19
1088	证监许可〔2013〕1088 号	关于核准信诚中证 800 金融指数分级基金募集的批复	2013/8/19
1089	证监许可〔2013〕1089 号	关于核准华夏基金管理有限公司变更股权的批复	2013/8/19
1090	证监许可〔2013〕1090 号	关于核准南方顺达保本混合型证券投资基金募集的批复	2013/8/20
1091	证监许可〔2013〕1091 号	关于核准南方丰合保本混合型证券投资基金募集的批复	2013/8/20
1092	证监许可〔2013〕1092 号	关于核准中国信托人寿保险股份有限公司合格境外机构投资者资格的批复	2013/8/20
1093	证监许可〔2013〕1093 号	关于核准交银国际资产管理有限公司人民币合格境外机构投资者资格的批复	2013/8/20
1094	证监许可〔2013〕1094 号	关于核准凯斯博投资管理(香港)有限公司合格境外机构投资者资格的批复	2013/8/20
1095	证监许可〔2013〕1095 号	关于核准中国东方国际资产管理有限公司人民币合格境外机构投资者资格的批复	2013/8/20
1096	证监许可〔2013〕1096 号	关于核准惠理基金管理香港有限公司人民币合格境外机构投资者资格的批复	2013/8/20
1097	证监许可〔2013〕1097 号	关于核准汇添富现金宝货币市场基金募集的批复	2013/8/20

续表

序号	发文字号	标　　题	签批日期
1098	证监许可〔2013〕1098 号	关于核准新疆天利期货经纪有限公司变更股权的批复	2013/8/20
1099	证监许可〔2013〕1099 号	关于核准上海金源期货有限公司变更注册资本和股权的批复	2013/8/20
1100	证监许可〔2013〕1100 号	关于核准北京中期期货有限公司变更股权并吸收合并方正期货有限公司的批复	2013/8/20
1101	证监许可〔2013〕1101 号	关于核准国联期货有限责任公司变更股权的批复	2013/8/20
1102	证监许可〔2013〕1102 号	关于建议同意中国机械工业集团有限公司公告二重集团(德阳)重型装备股份有限公司收购报告书并豁免其要约收购义务的批复	2013/8/21
1103	证监许可〔2013〕1103 号	关于核准重庆莱美药业股份有限公司向上海鼎亮禾元投资中心(有限合伙)等发行股份购买资产并募集配套资金的批复	2013/8/21
1104	证监许可〔2013〕1104 号	关于核准前海开源基金管理有限公司蔡颖基金行业高级管理人员任职资格的批复	2013/8/21
1105	证监许可〔2013〕1105 号	关于核准诺安基金管理有限公司设立子公司的批复	2013/8/21
1106	证监许可〔2013〕1106 号	关于核准前海开源基金管理有限公司设立子公司的批复	2013/8/21
1107	证监许可〔2013〕1107 号	关于核准农银汇理基金管理有限公司设立子公司的批复	2013/8/21
1108	证监许可〔2013〕1108 号	关于核准设立中信建投基金管理有限公司的批复	2013/8/21
1109	证监许可〔2013〕1109 号	关于核准宏信证券有限责任公司融资融券业务资格的批复	2013/8/21
1110	证监许可〔2013〕1110 号	关于核准万家城市建设主题纯债债券型证券投资基金募集的批复	2013/8/21
1111	证监许可〔2013〕1111 号	关于核准广发中债金融债券指数证券投资基金募集的批复	2013/8/21
1112	证监许可〔2013〕1112 号	关于核准恒泰艾普石油天然气技术服务股份有限公司向崔勇等发行股份购买资产的批复	2013/8/23
1113	证监许可〔2013〕1113 号	关于核准张晖担任兆丰资本(亚洲)有限公司北京代表处首席代表的批复	2013/8/23
1114	证监许可〔2013〕1114 号	关于核准设立上银基金管理有限公司的批复	2013/8/23
1115	证监许可〔2013〕1115 号	关于核准设立鑫元基金管理有限公司的批复	2013/8/23
1116	证监许可〔2013〕1116 号	关于核准农银汇理研究精选灵活配置混合型证券投资基金募集的批复	2013/8/23
1117	证监许可〔2013〕1117 号	关于核准长城稳固收益债券型证券投资基金募集的批复	2013/8/23
1118	证监许可〔2013〕1118 号	关于核准英大证券有限责任公司融资融券业务资格的批复	2013/8/26
1119	证监许可〔2013〕1119 号	关于核准第一创业证券股份有限公司发行次级债券的批复	2013/8/26
1120	证监许可〔2013〕1120 号	关于核准四川路桥建设股份有限公司非公开发行股票的批复	2013/8/26
1121	证监许可〔2013〕1121 号	关于核准沈阳金山能源股份有限公司非公开发行股票的批复	2013/8/26
1122	证监许可〔2013〕1122 号	关于核准北京国电清新环保技术股份有限公司公开发行公司债券的批复	2013/8/26

续表

序号	发文字号	标　　题	签批日期
1123	证监许可〔2013〕1123 号	关于核准深圳欧菲光科技股份有限公司公开发行公司债券的批复	2013/8/26
1124	证监许可〔2013〕1124 号	关于核准江苏辉丰农化股份有限公司公开发行公司债券的批复	2013/8/26
1125	证监许可〔2013〕1125 号	关于核准中加货币市场基金募集的批复	2013/8/27
1126	证监许可〔2013〕1126 号	关于核准深圳市东部开发(集团)有限公司公告深圳市天地(集团)股份有限公司要约收购报告书的批复	2013/8/27
1127	证监许可〔2013〕1127 号	关于核准中欧基金管理有限公司设立子公司的批复	2013/8/10
1128	证监许可〔2013〕1128 号	关于核准富邦产物保险股份有限公司合格境外机构投资者资格的批复	2013/8/26
1129	证监许可〔2013〕1129 号	关于建议批准欧特咨询有限公司合格境外机构投资者资格的批复	2013/8/26
1130	证监许可〔2013〕1130 号	关于核准盛树投资管理有限公司合格境外机构投资者资格的批复	2013/8/26
1131	证监许可〔2013〕1131 号	关于核准上海东方证券资产管理有限公司公开募集证券投资基金管理业务资格的批复	2013/8/26
1132	证监许可〔2013〕1132 号	关于核准徐成担任新加坡东京海上国际资产管理有限公司上海代表处首席代表的批复	2013/8/27
1133	证监许可〔2013〕1133 号	关于核准利欧集团股份有限公司非公开发行股票的批复	2013/8/27
1134	证监许可〔2013〕1134 号	关于核准贵州钢绳股份有限公司非公开发行股票的批复	2013/8/27
1135	证监许可〔2013〕1135 号	关于核准龙星化工股份有限公司公开发行公司债券的批复	2013/8/27
1136	证监许可〔2013〕1136 号	关于核准重庆百货大楼股份有限公司非公开发行股票的批复	2013/8/27
1137	证监许可〔2013〕1137 号	关于核准龙元建设集团股份有限公司公开发行公司债券的批复	2013/8/27
1138	证监许可〔2013〕1138 号	关于核准四川九洲电器股份有限公司公开发行公司债券的批复	2013/8/27
1139	证监许可〔2013〕1139 号	关于核准宝德科技集团股份有限公司公开发行公司债券的批复	2013/8/27
1140	证监许可〔2013〕1140 号	关于核准鹏华全球房地产证券投资基金募集的批复	2013/8/29
1141	证监许可〔2013〕1141 号	关于核准新华安享惠金定期开放债券型证券投资基金募集的批复	2013/8/29
1142	证监许可〔2013〕1142 号	关于核准赤峰吉隆黄金矿业股份有限公司重大资产重组方案的批复	2013/8/29
1143	证监许可〔2013〕1143 号	关于核准长城医疗保健股票型证券投资基金募集的批复	2013/8/30
1144	证监许可〔2013〕1144 号	关于核准大同证券经纪有限责任公司融资融券业务资格的批复	2013/9/2
1145	证监许可〔2013〕1145 号	关于核准鹏华双债保利债券型证券投资基金募集的批复	2013/9/2

续表

序号	发文字号	标　　题	签批日期
1146	证监许可〔2013〕1146 号	关于核准重庆市涪陵国有资产投资经营集团有限公司公告重庆市涪陵榨菜集团股份有限公司收购报告书并豁免其要约收购义务的批复	2013/9/3
1147	证监许可〔2013〕1147 号	关于核准中银互利分级债券型证券投资基金募集申请的请示	2013/9/4
1148	证监许可〔2013〕1148 号	关于核准招商基金管理有限公司张光华基金行业任职资格的批复	2013/9/4
1149	证监许可〔2013〕1149 号	关于核准富国恒利分级债券型证券投资基金募集申请的请示	2013/9/4
1150	证监许可〔2013〕1150 号	关于核准锦州港股份有限公司非公开发行股票的批复	2013/9/4
1151	证监许可〔2013〕1151 号	关于核准北京东方园林股份有限公司非公开发行股票的批复	2013/9/4
1152	证监许可〔2013〕1152 号	关于核准威海华东数控股份有限公司非公开发行股票的批复	2013/9/4
1153	证监许可〔2013〕1153 号	关于核准深圳丹邦科技股份有限公司非公开发行股票的批复	2013/9/4
1154	证监许可〔2013〕1154 号	关于核准嘉实新兴市场双币分级债券型证券投资基金（QDII）募集申请的请示	2013/9/4
1155	证监许可〔2013〕1155 号	关于核准鹏华丰融定期开放债券型证券投资基金募集的批复	2013/9/4
1156	证监许可〔2013〕1156 号	关于核准华融证券股份有限公司变更注册资本的批复	2013/9/5
1157	证监许可〔2013〕1157 号	北京华谊嘉信整合营销顾问集团股份有限公司向霖漉投资（上海）有限公司等发行股份购买资产并募集配套资金的批复	2013/9/5
1158	证监许可〔2013〕1158 号	关于核准中钨高新材料股份有限公司向湖南有色金属股份有限公司发行股份购买资产募集配套资金的批复	2013/9/5
1159	证监许可〔2013〕1159 号	关于核准英大基金管理有限公司张传良基金行业任职资格的批复	2013/9/5
1160	证监许可〔2013〕1160 号	关于核准景顺长城景益货币市场基金募集的批复	2013/9/6
1161	证监许可〔2013〕1161 号	关于核准建信安心回报两年定期开放债券型证券投资基金募集的批复	2013/9/6
1162	证监许可〔2013〕1162 号	关于核准华夏财富宝货币市场基金募集的批复	2013/9/6
1163	证监许可〔2013〕1163 号	关于核准王萍担任内藤证券公司上海代表处首席代表的批复	2013/9/6
1164	证监许可〔2013〕1164 号	关于核准河南煤业化工集团有限责任公司公告河南大有能源股份有限公司收购报告书并豁免期要约收购义务的批复	2013/9/9
1165	证监许可〔2013〕1165 号	关于同意中国电力投资集团公司及一致行动人公告石家庄东方热电股份有限公司收购报告书并豁免其要约收购义务的批复	2013/9/9
1166	证监许可〔2013〕1166 号	关于核准建信周盈安心理财债券型证券投资基金募集的批复	2013/9/10
1167	证监许可〔2013〕1167 号	关于核准北京指南针科技发展股份有限公司从事证券投资咨询业务的批复	2013/9/10
1168	证监许可〔2013〕1168 号	关于核准东海期货有限责任公司资产管理业务资格的批复	2013/9/10
1169	证监许可〔2013〕1169 号	关于核准上海锦江国际酒店发展股份有限公司公开发行公司债券的批复	2013/9/10

续表

序号	发文字号	标　　题	签批日期
1170	证监许可〔2013〕1170 号	关于核准银华永信纯债分级债券型证券投资基金募集的批复	2013/9/10
1171	证监许可〔2013〕1171 号	关于核准珠海和佳医疗设备股份有限公司非公开发行公司债券的批复	2013/9/10
1172	证监许可〔2013〕1172 号	关于核准鹏华易货币市场基金募集的批复	2013/9/11
1173	证监许可〔2013〕1173 号	关于核准山西证券股份有限公司公开发行公司债券的批复	2013/9/10
1174	证监许可〔2013〕1174 号	关于核准大成沪深 300 医药卫生交易型开放式指数证券投资基金募集的批复	2013/9/11
1175	证监许可〔2013〕1175 号	关于核准大成沪深 300 能源交易型开放式指数证券投资基金募集的批复	2013/9/11
1176	证监许可〔2013〕1176 号	关于核准大成沪深 300 金融地产交易型开放式指数证券投资基金募集的批复	2013/9/11
1177	证监许可〔2013〕1177 号	关于核准大成景祥分级债券型证券投资基金募集的批复	2013/9/11
1178	证监许可〔2013〕1178 号	关于核准广发现金宝场内实时申赎货币市场基金募集的批复	2013/9/11
1179	证监许可〔2013〕1179 号	关于核准河南辉煌科技股份有限公司非公开发行股票的批复	2013/9/11
1180	证监许可〔2013〕1180 号	关于核准海洋石油工程股份有限公司非公开发行股票的批复	2013/9/11
1181	证监许可〔2013〕1181 号	关于核准大连橡胶塑料机械股份有限公司非公开发行股票的批复	2013/9/11
1182	证监许可〔2013〕1182 号	关于核准景顺长城基金管理有限公司设立子公司的批复	2013/9/11
1183	证监许可〔2013〕1183 号	关于核准道富基金管理有限公司设立子公司的批复	2013/9/11
1184	证监许可〔2013〕1184 号	关于核准南方丰元信用增强债券型证券投资基金募集的批复	2013/9/12
1185	证监许可〔2013〕1185 号	关于核准华商优势行业灵活配置混合型证券投资基金募集的批复	2013/9/12
1186	证监许可〔2013〕1186 号	关于核准华商双债丰利债券型证券投资基金募集的批复	2013/9/12
1187	证监许可〔2013〕1187 号	关于核准富兰克林国海岁岁恒丰定期开放债券型证券投资基金募集的批复	2013/9/12
1188	证监许可〔2013〕1188 号	关于核准广东锦龙发展股份有限公司重大资产重组的批复	2013/9/16
1189	证监许可〔2013〕1189 号	关于核准百大集团股份有限公司重大资产重组的批复	2013/9/16
1190	证监许可〔2013〕1190 号	关于核准易方达易理财货币市场基金募集的批复	2013/9/16
1191	证监许可〔2013〕1191 号	关于核准广发全球医疗保健指数证券投资基金募集的批复	2013/9/16
1192	证监许可〔2013〕1192 号	关于核准国泰纳新债券型证券投资基金募集的批复	2013/9/17
1193	证监许可〔2013〕1193 号	关于核准洛阳隆华传热节能股份有限公司向杨媛等发行股份购买资产的批复	2013/9/17
1194	证监许可〔2013〕1194 号	关于核准上海新阳半导体材料股份有限公司向李昊等发行股份购买资产的批复	2013/9/17
1195	证监许可〔2013〕1195 号	关于核准深圳市证通电子股份有限公司非公开发行股票的批复	2013/9/17

续表

序号	发文字号	标　　题	签批日期
1196	证监许可〔2013〕1196 号	关于核准嘉实保证金理财场内实时申赎货币市场基金募集的批复	2013/9/17
1197	证监许可〔2013〕1197 号	关于核准汇添富新收益债券型证券投资基金募集的批复	2013/9/18
1198	证监许可〔2013〕1198 号	关于核准国泰聚信价值优势灵活配置混合型证券投资基金募集的批复	2013/9/18
1199	证监许可〔2013〕1199 号	关于核准中信建投证券股份有限公司发行次级债券的批复	2013/9/22
1200	证监许可〔2013〕1200 号	关于核准南方聚利 1 年定期开放债券型证券投资基金（LOF）募集的批复	2013/9/22
1201	证监许可〔2013〕1201 号	关于核准西南期货经纪有限公司变更股权的批复	2013/9/22
1202	证监许可〔2013〕1202 号	关于核准海航东银期货有限公司资产管理业务资格的批复	2013/9/22
1203	证监许可〔2013〕1203 号	关于核准宁波杉杉股份有限公司公开发行公司债券的批复	2013/9/23
1204	证监许可〔2013〕1204 号	关于核准徐工集团工程机械股份有限公司公开发行可转换公司债券的批复	2013/9/23
1205	证监许可〔2013〕1205 号	关于核准辽宁曙光汽车集团股份有限公司非公开发行股票的批复	2013/9/23
1206	证监许可〔2013〕1206 号	关于核准成都博瑞传播股份有限公司非公开发行股票的批复	2013/9/23
1207	证监许可〔2013〕1207 号	关于核准国泰安康养老定期支付混合型证券投资基金募集的批复	2013/9/23
1208	证监许可〔2013〕1208 号	关于核准交银施罗德目标收益一年期定期开放债券型证券投资基金募集的批复	2013/9/23
1209	证监许可〔2013〕1209 号	关于核准汇添富沪深 300 安中动态策略指数型证券投资基金募集的批复	2013/9/24
1210	证监许可〔2013〕1210 号	关于核准摩根士丹利华鑫优质信价纯债债券型证券投资基金募集的批复	2013/9/24
1211	证监许可〔2013〕1211 号	关于核准平安大华日增利货币市场基金募集的批复	2013/9/24
1212	证监许可〔2013〕1212 号	关于核准融通通福分级债券型证券投资基金募集的批复	2013/9/22
1213	证监许可〔2013〕1213 号	关于核准华安中证细分医药交易型开放式指数证券投资基金募集的批复	2013/9/22
1214	证监许可〔2013〕1214 号	关于核准华安中证细分地产交易型开放式指数证券投资基金募集的批复	2013/9/22
1215	证监许可〔2013〕1215 号	关于核准华安中证细分金融交易型开放式指数证券投资基金募集的批复	2013/9/22
1216	证监许可〔2013〕1216 号	关于核准中欧纯债添利分级债券型证券投资基金募集的批复	2013/9/24
1217	证监许可〔2013〕1217 号	关于核准华宝兴业基金管理有限公司黄小薏基金行业高级管理人员任职资格的批复	2013/9/24
1218	证监许可〔2013〕1218 号	关于核准广东省宜华木业股份有限公司配股的批复	2013/9/24

续表

序号	发文字号	标　题	签批日期
1219	证监许可〔2013〕1219 号	关于核准浙江金固股份有限公司公开发行公司债券的批复	2013/9/24
1220	证监许可〔2013〕1220 号	关于核准海通证券股份有限公司公开发行公司债券的批复	2013/9/24
1221	证监许可〔2013〕1221 号	关于核准航天通信控股集团股份有限公司非公开发行股票的批复	2013/9/24
1222	证监许可〔2013〕1222 号	关于核准上海栋华石油化工股份有限公司公开发行公司债券的批复	2013/9/24
1223	证监许可〔2013〕1223 号	关于核准哈飞航空工业股份有限公司向中航直升机有限责任公司等发行股份购买资产并募集配套资金的批复	2013/9/24
1224	证监许可〔2013〕1224 号	关于核准北京三聚环保新材料股份有限公司非公开发行公司债券的请示	2013/9/24
1225	证监许可〔2013〕1225 号	关于核准北京日升天信科技股份有限公司股票在全国中小企业股份转让系统公开转让的批复	2013/9/18
1226	证监许可〔2013〕1226 号	关于核准上海四维文化传媒股份有限公司股票在全国中小企业股份转让系统公开转让的批复	2013/9/18
1227	证监许可〔2013〕1227 号	关于核准上海欧萨评价咨询股份有限公司股票在全国中小企业股份转让系统公开转让的批复	2013/9/18
1228	证监许可〔2013〕1228 号	关于核准武汉江扬环境科技股份有限公司股票在全国中小企业股份转让系统公开转让的批复	2013/9/18
1229	证监许可〔2013〕1229 号	关于核准北京博德世达石油技术股份有限公司股票在全国中小企业股份转让系统公开转让的批复	2013/9/18
1230	证监许可〔2013〕1230 号	关于核准智合新天(北京)传媒广告股份有限公司股票在全国中小企业股份转让系统公开转让的批复	2013/9/18
1231	证监许可〔2013〕1231 号	关于核准北京世贸天阶生物科技股份有限公司股票在全国中小企业股份转让系统公开转让的批复	2013/9/18
1232	证监许可〔2013〕1232 号	关于核准上海致远绿色能源股份有限公司股票在全国中小企业股份转让系统公开转让的批复	2013/9/23
1233	证监许可〔2013〕1233 号	关于核准北京精英智通科技股份有限公司股票在全国中小企业股份转让系统公开转让的批复	2013/9/23
1234	证监许可〔2013〕1234 号	关于核准北京元工国际科技股份有限公司股票在全国中小企业股份转让系统公开转让的批复	2013/9/23
1235	证监许可〔2013〕1235 号	关于核准北京锦鸿希电信息技术股份有限公司股票在全国中小企业股份转让系统公开转让的批复	2013/9/23
1236	证监许可〔2013〕1236 号	关于核准上海百林通信网络科技服务股份有限公司股票在全国中小企业股份转让系统公开转让的批复	2013/9/23
1237	证监许可〔2013〕1237 号	关于核准北京捷世智通科技股份有限公司股票在全国中小企业股份转让系统公开转让的批复	2013/9/23
1238	证监许可〔2013〕1238 号	关于核准天津开发区中环系统电子工程股份有限公司股票在全国中小企业股份转让系统公开转让的批复	2013/9/23

续表

序号	发文字号	标题	签批日期
1239	证监许可〔2013〕1239 号	关于核准华安基金管理有限公司设立子公司的批复	2013/9/24
1240	证监许可〔2013〕1240 号	关于核准北人印刷机械股份有限公司重大资产重组的批复	2013/9/24
1241	证监许可〔2013〕1241 号	关于核准湖北鼎龙化学股份有限公司向欧阳彦等发行股份购买资产并募集配套资金的批复	2013/9/25
1242	证监许可〔2013〕1242 号	关于核准中银惠利纯债半年定期开放债券型证券投资基金募集的批复	2013/9/25
1243	证监许可〔2013〕1243 号	关于核准汇添富全额宝货币市场基金募集的批复	2013/9/25
1244	证监许可〔2013〕1244 号	关于核准民生加银现金宝货币市场基金募集的批复	2013/9/25
1245	证监许可〔2013〕1245 号	关于核准上投摩根双债增利债券型证券投资基金募集的批复	2013/9/25
1246	证监许可〔2013〕1246 号	关于核准濮阳濮耐高温材料(集团)股份有限公司向郑化轸等发行股份购买资产的批复	2013/9/25
1247	证监许可〔2013〕1247 号	关于核准汇添富恒生指数分级证券投资基金募集的批复	2013/9/25
1248	证监许可〔2013〕1248 号	关于核准丽珠医药集团股份有限公司到香港交易所主板上市的批复	2013/9/22
1249	证监许可〔2013〕1249 号	关于核准柏瑞投资香港有限公司人民币合格境外机构投资者资格的批复	2013/9/26
1250	证监许可〔2013〕1250 号	关于建议批准广发国际资产管理有限公司合格境外机构投资者(QFII)资格的请示	2013/9/26
1251	证监许可〔2013〕1251 号	关于核准创兴银行有限公司人民币合格境外机构投资者资格的批复	2013/9/26
1252	证监许可〔2013〕1252 号	关于核准华林证券有限责任公司融资融券业务资格的批复	2013/9/26
1253	证监许可〔2013〕1253 号	关于核准浙江浙能电力股份有限公司发行股份吸收合并浙江东南发电股份有限公司的批复	2013/9/27
1254	证监许可〔2013〕1254 号	关于核准南京纺织品进出口股份有限公司重大资产重组的批复	2013/9/29
1255	证监许可〔2013〕1255 号	关于核准重庆银行股份有限公司发行境外上市外资股的批复	2013/9/29
1256	证监许可〔2013〕1256 号	关于核准西南证券股份有限公司在香港特别行政区设立西证国际投资有限责任公司的批复	2013/9/29
1257	证监许可〔2013〕1257 号	关于核准信诚月月定期支付债券型证券投资基金募集的批复	2013/9/29
1258	证监许可〔2013〕1258 号	关于核准杭州杭氧股份有限公司非公开发行股票的批复	2013/9/29
1259	证监许可〔2013〕1259 号	关于核准四川大西洋焊接材料股份有限公司非公开发行股票的批复	2013/9/29
1260	证监许可〔2013〕1260 号	关于核准嘉实合利分级债券型证券投资基金募集的批复	2013/9/29
1261	证监许可〔2013〕1261 号	关于核准湖北中航精机科技股份有限公司公开发行公司债券的批复	2013/9/29
1262	证监许可〔2013〕1262 号	关于核准广发中证全指金融地产交易型开放式指数证券投资基金募集的批复	2013/9/29

续表

序号	发文字号	标　　题	签批日期
1263	证监许可〔2013〕1263 号	关于核准广发中证全指医药卫生交易型开放式指数证券投资基金募集的批复	2013/9/29
1264	证监许可〔2013〕1264 号	关于核准广发中证全指主要消费交易型开放式指数证券投资基金募集的批复	2013/9/29
1265	证监许可〔2013〕1265 号	关于核准广发中证全指可选消费交易型开放式指数证券投资基金募集的批复	2013/9/29
1266	证监许可〔2013〕1266 号	关于核准广发中证全指原材料交易型开放式指数证券投资基金募集的批复	2013/9/29
1267	证监许可〔2013〕1267 号	关于核准广发中证全指能源交易型开放式指数证券投资基金募集的批复	2013/9/29
1268	证监许可〔2013〕1268 号	关于核准梅奥诊所合格境外机构投资者资格的批复	2013/9/29
1269	证监许可〔2013〕1269 号	关于核准国信证券(香港)资产管理有限公司合格境外机构投资者资格的批复	2013/9/29
1270	证监许可〔2013〕1270 号	关于核准江信基金管理有限公司变更股权的批复	2013/9/30
1271	证监许可〔2013〕1271 号	关于核准黑龙江交通发展股份有限公司非公开发行股票的批复	2013/9/30
1272	证监许可〔2013〕1272 号	关于核准内蒙古包钢钢联股份有限公司公开发行公司债券的批复	2013/9/30
1273	证监许可〔2013〕1273 号	关于核准东兴证券股份有限公司发行次级债券的批复	2013/10/8
1274	证监许可〔2013〕1274 号	关于核准国泰君安证券股份有限公司发行次级债券的批复	2013/10/8
1275	证监许可〔2013〕1275 号	关于核准 Celsius PropertyB. V. 公告湖北沙隆达股份有限公司 B 股要约收购报告书的批复	2013/10/8
1276	证监许可〔2013〕1276 号	关于不予核准西藏珠峰工业股份有限公司向新疆塔城国际资源有限公司等发行股份购买资产的决定	2013/10/8
1277	证监许可〔2013〕1277 号	关于核准华能新能源股份有限公司增发境外上市外资股的批复	2013/10/8
1278	证监许可〔2013〕1278 号	关于核准北京京能清洁能源电力股份有限公司增发境外上市外资股的批复	2013/10/8
1279	证监许可〔2013〕1279 号	关于核准中国太平保险集团有限责任公司向下属境外中资控股上市公司注资的批复	2013/10/8
1280	证监许可〔2013〕1280 号	关于核准设立永赢基金管理有限公司的批复	2013/10/8
1281	证监许可〔2013〕1281 号	关于核准浦银安盛消费升级灵活配置混合型证券投资基金募集的批复	2013/10/9
1282	证监许可〔2013〕1282 号	关于核准景顺长城景颐双利债券型证券投资基金募集的批复	2013/10/9
1283	证监许可〔2013〕1283 号	关于核准汇添富安心中国债券型证券投资基金募集的批复	2013/10/9
1284	证监许可〔2013〕1284 号	关于核准国海证券股份有限公司配股的批复	2013/10/10
1285	证监许可〔2013〕1285 号	关于核准北京大北农科技集团有限公司公开发行公司债券的批复	2013/10/10

续表

序号	发文字号	标　　题	签批日期
1286	证监许可〔2013〕1286 号	关于核准东吴证券股份有限公司公开发行公司债券的批复	2013/10/10
1287	证监许可〔2013〕1287 号	关于核准广发天天红发起式货币市场基金募集的批复	2013/10/10
1288	证监许可〔2013〕1288 号	关于核准富安达基金管理有限公司蒋晓刚基金行业高级管理人员任职资格的批复	2013/10/10
1289	证监许可〔2013〕1289 号	关于设立华福管理基金有限责任公司的批复	2013/10/10
1290	证监许可〔2013〕1290 号	关于核准武汉希文科技股份有限公司股票在全国中小企业股份转让系统公开转让的批复	2013/10/10
1291	证监许可〔2013〕1291 号	关于核准普康迪(北京)数码科技股份有限公司股票在全国中小企业股份转让系统公开转让的批复	2013/10/10
1292	证监许可〔2013〕1292 号	关于核准湖北安华智能股份公司股票在全国中小企业股份转让系统公开转让的批复	2013/10/10
1293	证监许可〔2013〕1293 号	关于核准泰达宏利瑞利分级债券型证券投资基金募集的批复	2013/10/11
1294	证监许可〔2013〕1294 号	关于核准准融通通源一年目标触发式灵活配置混合型证券投资基金募集的批复	2013/10/11
1295	证监许可〔2013〕1295 号	关于核准徽商银行股份有限公司发行境外上市外资股的批复	2013/10/11
1296	证监许可〔2013〕1296 号	关于核准安信基金管理有限责任公司刘入领基金行业高级管理人员任职资格的批复	2013/10/11
1297	证监许可〔2013〕1297 号	关于核准兴业基金管理有限公司汤夕生基金行业高级管理人员任职资格的批复	2013/10/12
1298	证监许可〔2013〕1298 号	关于核准汇添富双利增强债券型证券投资基金募集的批复	2013/10/12
1299	证监许可〔2013〕1299 号	关于核准北京中长石基信息技术股份有限公司重大资产重组的批复	2013/10/12
1300	证监许可〔2013〕1300 号	关于核准大成基金管理有限公司设立子公司的批复	2013/10/12
1301	证监许可〔2013〕1301 号	关于核准南方基金管理有限公司设立子公司的批复	2013/10/12
1302	证监许可〔2013〕1302 号	关于核准长盛基金管理有限公司设立子公司的批复	2013/10/12
1303	证监许可〔2013〕1303 号	关于核准天弘福动力浮动费率债券型证券投资基金募集的批复	2013/10/14
1304	证监许可〔2013〕1304 号	关于核准银华永益分级债券型证券投资基金募集的批复	2013/10/15
1305	证监许可〔2013〕1305 号	关于核准豁免大同煤矿集团有限责任公司要约收购山西漳泽电力股份有限公司股份义务的批复	2013/10/15
1306	证监许可〔2013〕1306 号	关于核准华富恒鑫债券型证券投资基金募集的批复	2013/10/15
1307	证监许可〔2013〕1307 号	关于核准道富增鑫一年定期开放债券型证券投资基金募集的批复	2013/10/15
1308	证监许可〔2013〕1308 号	关于核准设立国寿安保基金管理有限公司的批复	2013/10/15
1309	证监许可〔2013〕1309 号	关于核准中国光大银行股份有限公司发行境外上市外资股的批复	2013/10/15

续表

序号	发文字号	标　题	签批日期
1310	证监许可〔2013〕1310 号	关于核准前海开源基金管理有限公司变更注册资本的批复	2013/10/15
1311	证监许可〔2013〕1311 号	关于不予核准湖北蓝鼎控股股份有限公司非公开发行股票申请的决定	2013/10/15
1312	证监许可〔2013〕1312 号	关于不予核准苏州东山精密制造股份有限公司非公开发行股票申请的决定	2013/10/15
1313	证监许可〔2013〕1313 号	关于核准易方达新兴成长灵活配置混合型证券投资基金募集的批复	2013/10/16
1314	证监许可〔2013〕1314 号	关于核准工银瑞信纯债债券型证券投资基金募集的批复	2013/10/17
1315	证监许可〔2013〕1315 号	关于核准云南罗平锌电股份有限公司向贵州泛华矿业集团有限公司发行股份购买资产的批复	2013/10/18
1316	证监许可〔2013〕1316 号	关于核准贵州泛华矿业集团有限公司公告云南罗平锌电股份有限公司收购报告书并豁免其要约收购义务的批复	2013/10/18
1317	证监许可〔2013〕1317 号	关于核准天风证券股份有限公司发行次级债券的批复	2013/10/18
1318	证监许可〔2013〕1318 号	关于核准东方证券股份有限公司发行次级债券的批复	2013/10/18
1319	证监许可〔2013〕1319 号	关于核准中信建投证券股份有限公司设立汇元一期专项资产管理计划的批复	2013/10/18
1320	证监许可〔2013〕1320 号	关于核准新华基金惠鑫分级债券型证券投资基金募集的批复	2013/10/18
1321	证监许可〔2013〕1321 号	关于核准青岛市企业发展投资有限公司公告澳柯玛股份有限公司收购报告书并豁免其要约收购义务的批复	2013/10/18
1322	证监许可〔2013〕1322 号	关于核准景顺长城优质成长股票型证券投资基金募集的批复	2013/10/18
1323	证监许可〔2013〕1323 号	关于核准新加坡科技资产管理有限公司合格境外机构投资者资格的批复	2013/10/18
1324	证监许可〔2013〕1324 号	关于核准天通控股股份有限公司非公开发行股票的批复	2013/10/19
1325	证监许可〔2013〕1325 号	关于核准风神轮胎股份有限公司公开发行公司债券的批复	2013/10/19
1326	证监许可〔2013〕1326 号	关于核准华油惠博普科技股份有限公司公开发行公司债券的批复	2013/10/19
1327	证监许可〔2013〕1327 号	关于核准富兰克林国海恒利分级债券型证券投资基金的批复	2013/10/22
1328	证监许可〔2013〕1328 号	关于核准富国目标齐利一年期纯债债券型证券投资基金的批复	2013/10/22
1329	证监许可〔2013〕1329 号	关于核准长安产业精选灵活配置混合型发起式证券投资基金的批复	2013/10/22
1330	证监许可〔2013〕1330 号	关于核准交银施罗德增利增强债券型证券投资基金的批复	2013/10/22
1331	证监许可〔2013〕1331 号	关于核准华夏新利一年定期开放债券型证券投资基金的批复	2013/10/22
1332	证监许可〔2013〕1332 号	关于核准广东嘉应制药股份有限公司向江苏省中国药科大学控股有限责任公司等发行股份购买资产的批复	2013/10/23
1333	证监许可〔2013〕1333 号	关于核准云南旅游股份有限公司向云南世博旅游控股集团有限公司发行股份购买资产并募集配套资金的批复	2013/10/23

续表

序号	发文字号	标　　题	签批日期
1334	证监许可〔2013〕1334 号	关于核准嘉实绝对收益策略定期开放混合型发起式证券投资基金募集的批复	2013/10/22
1335	证监许可〔2013〕1335 号	关于核准上海科洋科技股份有限公司股票在全国中小企业股份转让系统公开转让的批复	2013/10/23
1336	证监许可〔2013〕1336 号	关于核准华韩整形美容医院投资股份有限公司股票在全国中小企业股份转让系统公开转让的批复	2013/10/23
1337	证监许可〔2013〕1337 号	关于核准天津皇冠幕墙装饰股份有限公司股票在全国中小企业股份转让系统公开转让的批复	2013/10/23
1338	证监许可〔2013〕1338 号	关于核准北京郎威视讯科技股份有限公司股票在全国中小企业股份转让系统公开转让的批复	2013/10/23
1339	证监许可〔2013〕1339 号	关于核准上海银音信息科技股份有限公司股票在全国中小企业股份转让系统公开转让的批复	2013/10/23
1340	证监许可〔2013〕1340 号	关于核准北京中搜网络技术股份有限公司股票在全国中小企业股份转让系统公开转让的批复	2013/10/23
1341	证监许可〔2013〕1341 号	关于核准上海伟钊光学科技股份有限公司股票在全国中小企业股份转让系统公开转让的批复	2013/10/23
1342	证监许可〔2013〕1342 号	关于核准北京呈创科技股份有限公司股票在全国中小企业股份转让系统公开转让的批复	2013/10/23
1343	证监许可〔2013〕1343 号	关于核准北京天润康隆科技股份有限公司股票在全国中小企业股份转让系统公开转让的批复	2013/10/23
1344	证监许可〔2013〕1344 号	关于核准优网科技（上海）股份有限公司股票在全国中小企业股份转让系统公开转让的批复	2013/10/23
1345	证监许可〔2013〕1345 号	关于核准鹏华环保产业股票型证券投资基金募集的批复	2013/10/24
1346	证监许可〔2013〕1346 号	关于核准益民服务领先灵活配置混合型证券投资基金募集的批复	2013/10/24
1347	证监许可〔2013〕1347 号	关于核准国开泰富岁月鎏金定期开放信用债券型证券投资基金募集的批复	2013/10/24
1348	证监许可〔2013〕1348 号	关于核准新疆天宏纸业股份有限公司重大资产重组及向新疆生产建设兵团农十二师国有资产经营有限责任公司等发行股份购买资产的批复	2013/10/24
1349	证监许可〔2013〕1349 号	关于核准政府养老基金（泰国）合格境外机构投资者资格的批复	2013/10/24
1350	证监许可〔2013〕1350 号	关于同意 Celsius Property B. V. 调整要约收购湖北沙隆达股份有限公司 B 股价格的批复	2013/10/25
1351	证监许可〔2013〕1351 号	关于核准青岛黄海橡胶股份有限公司重大资产重组及向中国化工科学研究院发行股份购买资产的批复	2013/10/28
1352	证监许可〔2013〕1352 号	关于核准山东好当家海洋发展股份有限公司公开发行公司债券的批复	2013/10/28
1353	证监许可〔2013〕1353 号	关于核准上海嘉麟杰纺织品股份有限公司公开发行公司债券的批复	2013/10/28

续表

序号	发文字号	标　　题	签批日期
1354	证监许可〔2013〕1354 号	关于核准浙江亚厦装饰股份有限公司非公开发行股票的批复	2013/10/28
1355	证监许可〔2013〕1355 号	关于核准长江润发机械股份有限公司公开发行公司债券的批复	2013/10/28
1356	证监许可〔2013〕1356 号	关于核准国联安新精选灵活配置混合型证券投资基金募集的批复	2013/10/28
1357	证监许可〔2013〕1357 号	关于大成信用增利一年定期开放债券型证券投资基金募集的批复	2013/10/28
1358	证监许可〔2013〕1358 号	关于核准广发集鑫债券型证券投资基金募集的批复	2013/10/28
1359	证监许可〔2013〕1359 号	关于核准新华壹诺宝货币市场基金募集的批复	2013/10/28
1360	证监许可〔2013〕1360 号	关于核准嘉实活期宝货币市场基金募集的批复	2013/10/28
1361	证监许可〔2013〕1361 号	关于核准景顺长城成长之星股票型证券投资基金募集的批复	2013/10/28
1362	证监许可〔2013〕1362 号	关于核准秦皇岛港股份有限公司发行境外上市外资股的批复	2013/10/29
1363	证监许可〔2013〕1363 号	关于核准摩根士丹利华鑫纯债稳定添利 18 个月定期开放债券型证券投资基金募集的批复	2013/10/29
1364	证监许可〔2013〕1364 号	关于核准嘉士伯啤酒厂香港有限公司公告重庆啤酒股份有限公司要约收购报告书的批复	2013/10/29
1365	证监许可〔2013〕1365 号	关于核准豁免贵州盘江投资控股(集团)有限公司要约收购贵州盘江精煤股份有限公司股份义务的批复	2013/10/29
1366	证监许可〔2013〕1366 号	关于核准 JF 资产管理有限公司人民币合格境外机构投资者资格的批复	2013/10/30
1367	证监许可〔2013〕1367 号	关于核准未来资产环球投资(香港)有限公司人民币合格境外机构投资者资格的批复	2013/10/30
1368	证监许可〔2013〕1368 号	关于核准香港沪光国际投资管理有限公司人民币合格境外机构投资者资格的批复	2013/10/30
1369	证监许可〔2013〕1369 号	关于核准狮诚控股国际私人有限公司合格境外机构投资者资格的批复	2013/10/30
1370	证监许可〔2013〕1370 号	关于核准 CSAM 资产管理有限公司合格境外机构投资者资格的批复	2013/10/30
1371	证监许可〔2013〕1371 号	关于核准中国光大资产管理有限公司人民币合格境外机构投资者资格的批复	2013/10/30
1372	证监许可〔2013〕1372 号	关于核准中国人寿富兰克林资产管理有限公司合格境外机构投资者资格的批复	2013/10/30
1373	证监许可〔2013〕1373 号	关于不予核准上海莱士血液制品股份有限公司向科瑞天诚投资控股有限公司等发行股份购买资产并募集配套资金的决定	2013/10/30
1374	证监许可〔2013〕1374 号	关于核准吉台镐担任韩国韩亚大投证券株式会社北京代表处首席代表的批复	2013/10/30
1375	证监许可〔2013〕1375 号	关于核准易方达裕惠回报债券型证券投资基金募集的批复	2013/10/30

续表

序号	发文字号	标题	签批日期
1376	证监许可〔2013〕1376号	关于核准新华基金管理有限公司变更股权的批复	2013/10/30
1377	证监许可〔2013〕1377号	关于核准华泰柏瑞丰汇债券型证券投资基金募集的批复	2013/10/31
1378	证监许可〔2013〕1378号	关于建议同意北京捷成世纪科技股份有限公司发行股份及支付现金购买资产申请的请示	2013/10/30
1379	证监许可〔2013〕1379号	关于核准中银建投(国际)金融控股有限公司人民币合格境外机构投资者资格的批复	2013/10/30
1380	证监许可〔2013〕1380号	关于核准华域汽车系统股份有限公司公开发行公司债券的批复	2013/10/31
1381	证监许可〔2013〕1381号	关于核准中通客车控股股份有限公司公开发行公司债券的批复	2013/10/31
1382	证监许可〔2013〕1382号	关于核准中银优秀企业股票型证券投资基金募集的批复	2013/11/1
1383	证监许可〔2013〕1383号	关于不予核准武汉东湖高新集团股份有限公司发行公司债券申请的决定	2013/11/1
1384	证监许可〔2013〕1384号	关于核准深圳翰宇药业股份有限公司非公开发行公司债券的批复	2013/11/1
1385	证监许可〔2013〕1385号	关于核准上海鼎晖科技股份有限公司股票在全国中小企业股份转让系统公开转让的批复	2013/10/31
1386	证监许可〔2013〕1386号	关于核准武汉地大信息工程股份有限公司股票在全国中小企业股份转让系统公开转让的批复	2013/10/31
1387	证监许可〔2013〕1387号	关于核准北京瑞斯福高新科技股份有限公司股票在全国中小企业股份转让系统公开转让的批复	2013/10/31
1388	证监许可〔2013〕1388号	关于核准上海安威士科技股份有限公司股票在全国中小企业股份转让系统公开转让的批复	2013/10/31
1389	证监许可〔2013〕1389号	关于核准武汉万德智新科技股份有限公司股票在全国中小企业股份转让系统公开转让的批复	2013/10/31
1390	证监许可〔2013〕1390号	关于核准爱科凯能科技(北京)股份有限公司股票在全国中小企业股份转让系统公开转让的批复	2013/10/31
1391	证监许可〔2013〕1391号	关于核准北京慧网通达科技股份有限公司股票在全国中小企业股份转让系统公开转让的批复	2013/10/31
1392	证监许可〔2013〕1392号	关于核准上海百傲科技股份有限公司股票在全国中小企业股份转让系统公开转让的批复	2013/10/31
1393	证监许可〔2013〕1393号	关于核准武汉华敏测控技术股份有限公司股票在全国中小企业股份转让系统公开转让的批复	2013/10/31
1394	证监许可〔2013〕1394号	关于核准武汉祥龙电业股份有限公司重大资产重组的批复	2013/11/1
1395	证监许可〔2013〕1395号	关于核准广东万家乐股份有限公司重大资产重组的批复	2013/11/1
1396	证监许可〔2013〕1396号	关于核准许继电气股份有限公司向许继集团有限公司发行股份购买资产并募集配套资金的批复	2013/11/1

续表

序号	发文字号	标　题	签批日期
1397	证监许可〔2013〕1397 号	关于核准招商多元收益债券型证券投资基金募集的批复	2013/11/4
1398	证监许可〔2013〕1398 号	关于核准鹏华品牌传承灵活配置混合型证券投资基金募集的批复	2013/11/4
1399	证监许可〔2013〕1399 号	关于核准前海开源事件驱动灵活配置混合型发起式证券投资基金募集的批复	2013/11/4
1400	证监许可〔2013〕1400 号	关于核准招商丰盛稳定增长灵活配置混合型证券投资基金募集的批复	2013/11/4
1401	证监许可〔2013〕1401 号	关于核准安信鑫发优选灵活配置混合型证券投资基金募集的批复	2013/11/4
1402	证监许可〔2013〕1402 号	关于核准富安达高票息定期开放债券型证券投资基金募集的批复	2013/11/4
1403	证监许可〔2013〕1403 号	关于核准长盛添利宝货币市场基金募集的批复	2013/11/4
1404	证监许可〔2013〕1404 号	关于核准中国信达资产管理股份有限公司发行境外上市外资股的批复	2013/11/5
1405	证监许可〔2013〕1405 号	关于核准津投期货经纪有限公司金融期货经纪业务资格的批复	2013/11/5
1406	证监许可〔2013〕1406 号	关于核准峨眉山旅游股份有限公司非公开发行股票的批复	2013/11/5
1407	证监许可〔2013〕1407 号	关于核准巨轮股份有限公司公开发行公司债券的批复	2013/11/5
1408	证监许可〔2013〕1408 号	关于核准江苏江淮动力股份有限公司非公开发行股票的批复	2013/11/5
1409	证监许可〔2013〕1409 号	关于核准湖北博盈投资股份有限公司非公开发行股票的批复	2013/11/5
1410	证监许可〔2013〕1410 号	关于核准华安沪深 300 交易型开放式指数证券投资基金及其联接基金募集的批复	2013/11/6
1411	证监许可〔2013〕1411 号	关于核准长信利息满溢的场内实时申赎货币市场基金募集的批复	2013/11/6
1412	证监许可〔2013〕1412 号	关于核准重庆钢铁股份有限公司重大资产重组及向重庆钢铁(集团)有限责任公司发行股份购买资产并募集配套资金的批复	2013/11/6
1413	证监许可〔2013〕1413 号	关于核准北京荣之联科技股份有限公司向上海翊辉投资管理有限公司等发行股份购买资产的批复	2013/11/5
1414	证监许可〔2013〕1414 号	关于核准浙商证券股份有限公司发行次级债券的批复	2013/11/5
1415	证监许可〔2013〕1415 号	关于核准易方达聚盈分级债券型发起式证券投资基金募集的批复	2013/11/6
1416	证监许可〔2013〕1416 号	关于核准国金通用鑫利分级债券型证券投资基金募集的批复	2013/11/6
1417	证监许可〔2013〕1417 号	关于核准福特基金会合格境外机构投资者资格的批复	2013/10/31
1418	证监许可〔2013〕1418 号	关于设立上海浦银安盛资产管理公司的批复	2013/11/6
1419	证监许可〔2013〕1419 号	关于核准瑞银韩亚株式会社合格境外机构投资者资格的批复	2013/10/31
1420	证监许可〔2013〕1420 号	关于核准招商可转债分级债券型证券投资基金募集的批复	2013/11/7

续表

序号	发文字号	标　　题	签批日期
1421	证监许可〔2013〕1421 号	关于核准申万菱信双利分级债券型证券投资基金募集的批复	2013/11/7
1422	证监许可〔2013〕1422 号	关于核准国泰世华商业银行合格境外机构投资者资格的批复	2013/11/7
1423	证监许可〔2013〕1423 号	关于核准盛屯矿业集团股份有限公司公开发行公司债券的批复	2013/11/7
1424	证监许可〔2013〕1424 号	关于核准江西赣锋锂业股份有限公司非公开发行股票的批复	2013/11/7
1425	证监许可〔2013〕1425 号	关于核准林州重机集团股份有限公司公开发行公司债券的批复	2013/11/7
1426	证监许可〔2013〕1426 号	关于核准中信建投证券股份有限公司发行债券的批复	2013/11/8
1427	证监许可〔2013〕1427 号	关于核准华纺股份有限公司非公开发行股票的批复	2013/11/8
1428	证监许可〔2013〕1428 号	关于核准湖南博云新材料股份有限公司非公开发行股票的批复	2013/11/8
1429	证监许可〔2013〕1429 号	关于核准中源协和干细胞生物工程股份公司非公开发行股票的批复	2013/11/8
1430	证监许可〔2013〕1430 号	关于核准唐人神集团股份有限公司公开发行公司债券的批复	2013/11/8
1431	证监许可〔2013〕1431 号	关于核准湖南金健米业股份有限公司非公开发行股票的批复	2013/11/8
1432	证监许可〔2013〕1432 号	关于核准好想你枣业股份有限公司公开发行公司债券的批复	2013/11/8
1433	证监许可〔2013〕1433 号	关于核准银华恒生中国企业指数分级证券投资基金募集的批复	2013/11/7
1434	证监许可〔2013〕1434 号	关于核准建信稳定添利债券型证券投资基金募集的批复	2013/11/11
1435	证监许可〔2013〕1435 号	关于核准融通月月添利定期开放债券型证券投资基金募集的批复	2013/11/12
1436	证监许可〔2013〕1436 号	关于核准中国平安保险(集团)股份有限公司公开发行可转换公司债券的批复	2013/11/8
1437	证监许可〔2013〕1437 号	关于核准海富通内需热点股票型证券投资基金募集的批复	2013/11/13
1438	证监许可〔2013〕1438 号	关于核准云南云天化股份有限公司重大资产重组的批复	2013/11/13
1439	证监许可〔2013〕1439 号	关于核准广发天天利货币市场基金募集的批复	2013/11/13
1440	证监许可〔2013〕1440 号	关于核准信诚惠报债券型证券投资基金募集的批复	2013/11/13
1441	证监许可〔2013〕1441 号	关于核准天津市医药集团有限公司公告天津中新药业集团股份有限公司收购报告书并豁免其要约收购义务的批复	2013/11/13
1442	证监许可〔2013〕1442 号	关于核准国金通用鑫盈货币市场基金募集的批复	2013/11/13
1443	证监许可〔2013〕1443 号	关于核准交银施罗德强化回报债券型证券投资基金募集的批复	2013/11/14
1444	证监许可〔2013〕1444 号	关于核准南方医药保健灵活配置混合型证券投资基金募集的批复	2013/11/14
1445	证监许可〔2013〕1445 号	关于核准平安证券有限责任公司发行次级债券的批复	2013/11/14

续表

序号	发文字号	标　　题	签批日期
1446	证监许可〔2013〕1446 号	关于核准四川川投能源股份有限公司公开发行公司债券的批复	2013/11/15
1447	证监许可〔2013〕1447 号	关于核准沧州大化股份有限公司增发股票的批复	2013/11/15
1448	证监许可〔2013〕1448 号	关于核准山东阳谷华泰化工股份有限公司非公开发行公司债券的批复	2013/11/15
1449	证监许可〔2013〕1449 号	关于核准北京华联商厦股份有限公司非公开发行股票的批复	2013/11/15
1450	证监许可〔2013〕1450 号	关于核准国金通用基金管理有限公司毛伟基金行业高级管理人员任职资格的批复	2013/11/15
1451	证监许可〔2013〕1451 号	关于核准三星证券公司设立北京代表处的批复	2013/11/18
1452	证监许可〔2013〕1452 号	关于核准国泰淘新灵配置混合型证券投资基金(LOF)募集的批复	2013/11/18
1453	证监许可〔2013〕1453 号	关于核准北海港股份有限公司向广西北部湾国际港务集团有限公司等发行股份购买资产的批复	2013/11/18
1454	证监许可〔2013〕1454 号	关于核准郭耀成担任元大宝来证券股份有限公司上海代表处首席代表的批复	2013/11/19
1455	证监许可〔2013〕1455 号	关于核准上海耀皮玻璃集团股份有限公司非公开发行股票的批复	2013/11/20
1456	证监许可〔2013〕1456 号	关于核准深圳市燃气集团股份有限公司公开发行可转换公司债券的批复	2013/11/20
1457	证监许可〔2013〕1457 号	关于核准佛山星期六鞋业股份有限公司公开发行公司债券的批复	2013/11/20
1458	证监许可〔2013〕1458 号	关于核准富贵鸟股份有限公司发行境外上市外资股的批复	2013/11/19
1459	证监许可〔2013〕1459 号	关于核准佳都新太科技股份有限公司向堆龙佳都科技有限公司等发行股份购买资产并募集配套资金的批复	2013/11/20
1460	证监许可〔2013〕1460 号	关于核准上投摩根核心成长股票型证券投资基金募集的批复	2013/11/20
1461	证监许可〔2013〕1461 号	关于核准英大领先回报混合型发起式证券投资基金募集的批复	2013/11/20
1462	证监许可〔2013〕1462 号	关于核准广发主题领先灵活配置混合型证券投资基金募集的批复	2013/11/20
1463	证监许可〔2013〕1463 号	关于核准海富通纯债债券型证券投资基金募集的批复	2013/11/20
1464	证监许可〔2013〕1464 号	关于核准安信基金管理有限责任公司设立子公司的批复	2013/11/19
1465	证监许可〔2013〕1465 号	关于核准农银汇理主题轮动股票型证券投资基金募集的批复	2013/11/20
1466	证监许可〔2013〕1466 号	关于核准佛山佛塑科技集团股份有限公司向广东省广新控股集团有限公司发行股份购买资产的批复	2013/11/21
1467	证监许可〔2013〕1467 号	关于核准华闻传媒投资集团股份有限公司向陕西华路新型塑料建材有限公司等发行股份购买资产的批复	2013/11/21
1468	证监许可〔2013〕1468 号	关于核准新疆百花村股份有限公司公开发行公司债券的批复	2013/11/21

续表

序号	发文字号	标　题	签批日期
1469	证监许可〔2013〕1469 号	关于核准万家鑫利分级债券型证券投资基金募集的批复	2013/11/21
1470	证监许可〔2013〕1470 号	关于核准上海爱使股份有限公司公开发行公司债券的批复	2013/11/21
1471	证监许可〔2013〕1471 号	关于核准东吴中正可转换债券指数分级证券投资基金募集的批复	2013/11/21
1472	证监许可〔2013〕1472 号	关于核准宁夏中银绒业股份有限公司非公开发行股票的批复	2013/11/21
1473	证监许可〔2013〕1473 号	关于核准景顺长城鑫月薪定期支付债券型证券投资基金募集的批复	2013/11/21
1474	证监许可〔2013〕1474 号	关于核准日照港股份有限公司公开发行公司债券的批复	2013/11/21
1475	证监许可〔2013〕1475 号	关于核准海南海岛建设股份有限公司公开发行公司债券的批复	2013/11/21
1476	证监许可〔2013〕1476 号	关于核准中国软件与技术服务股份有限公司非公开发行股票的批复	2013/11/21
1477	证监许可〔2013〕1477 号	关于核准国投电力控股股份有限公司公开发行公司债券的批复	2013/11/21
1478	证监许可〔2013〕1478 号	关于核准河北福成五丰食品股份有限公司向三河福生投资有限公司等发行股份购买资产的批复	2013/11/21
1479	证监许可〔2013〕1479 号	关于核准浙江星星瑞金科技股份有限公司向毛肖林等发行股份购买资产并募集配套资金的批复	2013/11/22
1480	证监许可〔2013〕1480 号	关于核准中山达华智能科技股份有限公司向陈融圣等发行股份购买资产的批复	2013/11/22
1481	证监许可〔2013〕1481 号	关于核准四环药业股份有限公司向天津市水务局引滦入港工程管理处等发行股份购买资产并募集配套资金的批复	2013/11/22
1482	证监许可〔2013〕1482 号	关于核准天津市水务局引滦入港工程管理处及一致行动人公告四环药业股份有限公司收购报告书并豁免其要约收购义务的批复	2013/11/22
1483	证监许可〔2013〕1483 号	关于核准国金通用基金管理有限公司设立子公司的批复	2013/11/22
1484	证监许可〔2013〕1484 号	关于核准宝盈基金管理有限公司设立子公司的批复	2013/11/22
1485	证监许可〔2013〕1485 号	关于核准交银施罗德基金管理有限公司设立子公司的批复	2013/11/22
1486	证监许可〔2013〕1486 号	关于核准上海天呈医流科技股份有限公司股票在全国中小企业股份转让系统公开转让的批复	2013/11/22
1487	证监许可〔2013〕1487 号	关于核准哇棒（北京）国际传媒股份有限公司股票在全国中小企业股份转让系统公开转让的批复	2013/11/22
1488	证监许可〔2013〕1488 号	关于核准上海沃特奇能源科技股份有限公司股票在全国中小企业股份转让系统公开转让的批复	2013/11/22
1489	证监许可〔2013〕1489 号	关于核准上海雷腾软件股份有限公司股票在全国中小企业股份转让系统公开转让的批复	2013/11/22
1490	证监许可〔2013〕1490 号	关于核准上海行悦信息科技股份有限公司股票在全国中小企业股份转让系统公开转让的批复	2013/11/22

续表

序号	发文字号	标　题	签批日期
1491	证监许可〔2013〕1491 号	关于核准上海基美影业股份有限公司股票在全国中小企业股份转让系统公开转让的批复	2013/11/22
1492	证监许可〔2013〕1492 号	关于核准上海普民期货经纪有限公司变更注册资本和股权的批复	2013/11/25
1493	证监许可〔2013〕1493 号	关于核准北京北纬通信科技股份有限公司非公开发行股票的批复	2013/11/25
1494	证监许可〔2013〕1494 号	关于核准内蒙古兴业矿业股份有限公司非公开发行股票的批复	2013/11/25
1495	证监许可〔2013〕1495 号	关于不予核准厦门大洲兴业能源控股股份有限公司非公开发行股票申请的决定	2013/11/25
1496	证监许可〔2013〕1496 号	关于核准立陶宛银行合格境外机构投资者资格的批复	2013/11/23
1497	证监许可〔2013〕1497 号	关于核准富兰克林华美证券投资信托股份有限公司合格境外机构投资者资格的批复	2013/11/23
1498	证监许可〔2013〕1498 号	关于核准中国信托商业银行股份有限公司合格境外机构投资者资格的批复	2013/11/23
1499	证监许可〔2013〕1499 号	关于核准银河加多宝债券型证券投资基金募集的批复	2013/11/26
1500	证监许可〔2013〕1500 号	关于核准中银产业债一年定期开放债券型证券投资基金募集的批复	2013/11/25
1501	证监许可〔2013〕1501 号	关于核准景顺长城中证 500 交易型开放式指数证券投资基金募集的批复	2013/11/25
1502	证监许可〔2013〕1502 号	关于核准广东省水电集团有限公司公告广东水电二局股份有限公司要约收购报告书的批复	2013/11/27
1503	证监许可〔2013〕1503 号	关于核准武汉中恒华信实业有限公司公告深圳中恒华发股份有限公司收购报告书并豁免其要约收购义务的批复	2013/11/27
1504	证监许可〔2013〕1504 号	关于核准华夏基金管理有限公司杨明辉基金行业任职资格的批复	2013/11/27
1505	证监许可〔2013〕1505 号	关于核准华润元大基金管理有限公司设立子公司的批复	2013/11/27
1506	证监许可〔2013〕1506 号	关于不予核准中国国际金融有限公司设立恒信一期专项资产管理计划申请的决定	2013/11/27
1507	证监许可〔2013〕1507 号	关于核准国海富兰克林基金管理有限公司设立子公司的批复	2013/11/27
1508	证监许可〔2013〕1508 号	关于核准古少明及一致行动人公告深圳成霖洁具股份有限公司收购报告书并豁免其要约收购义务的批复	2013/11/27
1509	证监许可〔2013〕1509 号	关于核准深圳成霖洁具股份有限公司重大资产重组及向古少明等发行股份购买资产并募集配套资金的批复	2013/11/27
1510	证监许可〔2013〕1510 号	关于核准广东东阳光铝业股份有限公司非公开发行股票的批复	2013/11/28
1511	证监许可〔2013〕1511 号	关于核准华数传媒控股股份有限公司非公开发行股票的批复	2013/11/28
1512	证监许可〔2013〕1512 号	关于核准赛轮股份有限公司非公开发行股票的批复	2013/11/28

续表

序号	发文字号	标　　题	签批日期
1513	证监许可〔2013〕1513 号	关于核准诺安中证 500 交易型开放式指数证券投资基金及其联接基金募集的批复	2013/11/28
1514	证监许可〔2013〕1514 号	关于核准设立圆信永丰基金管理有限公司的批复	2013/11/28
1515	证监许可〔2013〕1515 号	关于核准融通通瑞一年目标触发式债券型证券投资基金募集的批复	2013/11/28
1516	证监许可〔2013〕1516 号	关于核准德邦基金管理有限公司变更股权的批复	2013/11/28
1517	证监许可〔2013〕1517 号	关于核准黄山金马股份有限公司非公开发行股票的批复	2013/11/28
1518	证监许可〔2013〕1518 号	关于核准贵州轮胎股份有限公司非公开发行股票的批复	2013/11/28
1519	证监许可〔2013〕1519 号	关于核准浙商银行股份有限公司证券投资基金托管资格的批复	2013/11/13
1520	证监许可〔2013〕1520 号	关于核准浙江海康集团有限公司公告杭州海康威视数字技术股份有限公司收购报告书并豁免其要约收购义务的批复	2013/11/29
1521	证监许可〔2013〕1521 号	关于核准山东新华医疗器械股份有限公司向王波等发行股份购买资产并募集配套资金的批复	2013/12/2
1522	证监许可〔2013〕1522 号	关于核准中信证券股份有限公司发行次级债券的批复	2013/12/2
1523	证监许可〔2013〕1523 号	关于核准严俊皓担任韩国友利投资证券公司上海代表处首席代表的批复	2013/12/3
1524	证监许可〔2013〕1524 号	关于核准太极计算机股份有限公司向姜晓丹等发行股份购买资产并募集配套资金的批复	2013/12/3
1525	证监许可〔2013〕1525 号	关于核准德邦证券有限责任公司发行次级债券的批复	2013/12/3
1526	证监许可〔2013〕1526 号	关于核准光大保德信岁末红利纯债债券型证券投资基金募集的批复	2013/12/3
1527	证监许可〔2013〕1527 号	关于核准东方红新动力灵活配置混合型证券投资基金募集的批复	2013/12/3
1528	证监许可〔2013〕1528 号	关于核准湖南电广传媒股份有限公司非公开发行股票的批复	2013/12/4
1529	证监许可〔2013〕1529 号	关于北京北斗星通导航技术股份有限公司配股的批复	2013/12/4
1530	证监许可〔2013〕1530 号	关于核准中欧基金管理有限公司窦玉朋基金行业任职资格的批复	2013/12/4
1531	证监许可〔2013〕1531 号	关于核准银河灵活配置混合型证券投资基金募集的批复	2013/12/6
1532	证监许可〔2013〕1532 号	关于核准中捷缝纫机股份有限公司非公开发行股票的批复	2013/12/6
1533	证监许可〔2013〕1533 号	关于核准西南证券股份有限公司非公开发行股票的批复	2013/12/6
1534	证监许可〔2013〕1534 号	关于核准甘肃蓝科石化高新装备股份有限公司配股的批复	2013/12/6
1535	证监许可〔2013〕1535 号	关于核准南方保证金货币市场证券投资基金募集的批复	2013/12/6
1536	证监许可〔2013〕1536 号	关于核准博彦科技股份有限公司非公开发行股票的批复	2013/12/6
1537	证监许可〔2013〕1537 号	关于核准山东龙泉管道工程股份有限公司非公开发行股票的批复	2013/12/6

续表

序号	发文字号	标　　题	签批日期
1538	证监许可〔2013〕1538 号	关于核准湖南海利化工股份有限公司非公开发行股票的批复	2013/12/6
1539	证监许可〔2013〕1539 号	关于核准安徽国风塑业股份有限公司非公开发行股票的批复	2013/12/6
1540	证监许可〔2013〕1540 号	关于核准上海斯米克控股股份有限公司非公开发行股票的批复	2013/12/6
1541	证监许可〔2013〕1541 号	关于核准粤海证券有限公司人民币合格境外机构投资者资格的批复	2013/12/6
1542	证监许可〔2013〕1542 号	关于核准高伟伦担任元大宝来证券(香港)有限公司深圳代表处首席代表的批复	2013/12/9
1543	证监许可〔2013〕1543 号	关于核准中国服装股份有限公司重大资产重组及向湖北洋丰股份有限公司等发行股份购买资产的批复	2013/12/9
1544	证监许可〔2013〕1544 号	关于核准湖北洋丰股份有限公司及一致行动人公告中国服装股份有限公司收购报告书并豁免其要约收购义务的批复	2013/12/9
1545	证监许可〔2013〕1545 号	关于核准上海联华合作股份有限公司向山西省国新能源发展集团有限公司等发行股份购买资产并募集配套资金的批复	2013/12/9
1546	证监许可〔2013〕1546 号	关于核准山西省国新能源发展集团有限公司公告上海联华合纤股份有限公司收购报告书并豁免其要约收购义务的批复	2013/12/9
1547	证监许可〔2013〕1547 号	关于核准北京东方国信科技股份有限公司向邢洪海等发行股份购买资产的批复	2013/12/9
1548	证监许可〔2013〕1548 号	关于核准陈凯文担任香港摩根资产管理有限公司北京代表处首席代表的批复	2013/12/9
1549	证监许可〔2013〕1549 号	关于核准福建诺奇股份有限公司发行境外上市外资股的批复	2013/12/9
1550	证监许可〔2013〕1550 号	关于核准宏发科技股份有限公司非公开发行股票的批复	2013/12/9
1551	证监许可〔2013〕1551 号	关于核准深圳中青宝互动网络股份有限公司非公开发行公司债券的批复	2013/12/9
1552	证监许可〔2013〕1552 号	关于核准广东汕头超声电子股份有限公司非公开发行股票的批复	2013/12/9
1553	证监许可〔2013〕1553 号	关于核准浙江巨化股份有限公司配股的批复	2013/12/9
1554	证监许可〔2013〕1554 号	关于核准大连大显控股股份有限公司非公开发行股票的批复	2013/12/9
1555	证监许可〔2013〕1555 号	关于核准南京中生联合股份有限公司发行境外上市外资股的批复	2013/12/9
1556	证监许可〔2013〕1556 号	关于核准中国银河证券股份有限公司设立资产管理子公司的批复	2013/12/10
1557	证监许可〔2013〕1557 号	关于核准吉林电力股份有限公司非公开发行股票的批复	2013/12/10
1558	证监许可〔2013〕1558 号	关于核准上海金枫酒业股份有限公司非公开发行股票的批复	2013/12/10
1559	证监许可〔2013〕1559 号	关于核准浙江众成包装材料股份有限公司配股的批复	2013/12/10
1560	证监许可〔2013〕1560 号	关于核准贵州益佰制药股份有限公司非公开发行股票的批复	2013/12/10
1561	证监许可〔2013〕1561 号	关于核准银河美丽优萃股票型证券投资基金募集的批复	2013/12/10

续表

序号	发文字号	标　　题	签批日期
1562	证监许可〔2013〕1562 号	关于核准鑫元货币市场基金募集的批复	2013/12/10
1563	证监许可〔2013〕1563 号	关于核准富国基金高端制造行业股票型证券投资基金募集的批复	2013/12/10
1564	证监许可〔2013〕1564 号	关于核准上海澄海企业发展股份有限公司向颜静刚等发行股份购买资产并募集配套资金的批复	2013/12/11
1565	证监许可〔2013〕1565 号	关于核准颜静刚公告上海澄海企业发展股份有限公司收购报告书并豁免其要约收购义务的批复	2013/12/11
1566	证监许可〔2013〕1566 号	关于核准中国银河证券股份有限公司设立淮北矿业铁路专用线运输服务费收益权专项资产管理计划的批复	2013/12/11
1567	证监许可〔2013〕1567 号	关于核准中国银河国际金融控股有限公司人民币合格境外机构投资者资格的批复	2013/12/11
1568	证监许可〔2013〕1568 号	关于核准四川大通燃气开发股份有限公司非公开发行股票的批复	2013/12/11
1569	证监许可〔2013〕1569 号	关于核准广东德豪润达电气股份有限公司非公开发行股票的批复	2013/12/11
1570	证监许可〔2013〕1570 号	关于核准广西北部湾国际港务集团有限公司公告南宁化工股份有限公司收购报告书并豁免其要约收购义务的批复	2013/12/11
1571	证监许可〔2013〕1571 号	关于核准南方现金通货币市场基金募集的批复	2013/12/12
1572	证监许可〔2013〕1572 号	关于核准西藏同信证券有限责任公司融资融券业务资格的批复	2013/12/12
1573	证监许可〔2013〕1573 号	关于核准四川浩物机电股份有限公司非公开发行股票的批复	2013/12/12
1574	证监许可〔2013〕1574 号	关于核准中债公司信用类债券交易型开放式指数证券投资基金及其联接基金募集的批复	2013/12/12
1575	证监许可〔2013〕1575 号	关于核准华融证券股份有限公司公开募集证券投资基金管理业务资格的批复	2013/12/12
1576	证监许可〔2013〕1576 号	关于核准李淞炫担任兆丰资本（亚洲）有限公司深圳代表处首席代表的批复	2013/12/12
1577	证监许可〔2013〕1577 号	关于核准神州数码软件有限公司公告深圳市太光电信股份有限公司收购报告书并豁免其要约收购义务的批复	2013/12/13
1578	证监许可〔2013〕1578 号	关于核准深圳市太光电信股份有限公司吸收合并神州数码信息服务有限公司并募集配套资金的批复	2013/12/13
1579	证监许可〔2013〕1579 号	关于核准武汉同济现代医药科技股份有限公司股票在全国中小企业股份转让系统公开转让的批复	2013/12/13
1580	证监许可〔2013〕1580 号	关于核准北京世纪竹邦能源技术股份有限公司股票在全国中小企业股份转让系统公开转让的批复	2013/12/13
1581	证监许可〔2013〕1581 号	关于核准般固（北京）科技股份有限公司股票在全国中小企业股份转让系统公开转让的批复	2013/12/13
1582	证监许可〔2013〕1582 号	关于核准东电创新（北京）科技发展股份有限公司股票在全国中小企业股份转让系统公开转让的批复	2013/12/13

续表

序号	发文字号	标　题	签批日期
1583	证监许可〔2013〕1583 号	关于核准上海上电电机股份有限公司股票在全国中小企业股份转让系统公开转让的批复	2013/12/13
1584	证监许可〔2013〕1584 号	关于不予核准华润锦华股份有限公司重大资产重组及向深圳创维—RGB 电子有限公司等发行股份购买资产的决定	2013/12/13
1585	证监许可〔2013〕1585 号	关于核准道富淘乐 60 天理财债券型证券投资基金募集的批复	2013/12/13
1586	证监许可〔2013〕1586 号	关于核准嘉实 3 个月理财债券型证券投资基金募集的批复	2013/12/13
1587	证监许可〔2013〕1587 号	关于核准建信月添利定期支付债券型证券投资基金募集的批复	2013/12/13
1588	证监许可〔2013〕1588 号	关于核准鹏华中证 500 交易型开放式指数证券投资基金募集的批复	2013/12/13
1589	证监许可〔2013〕1589 号	关于核准嘉实 1 个月理财债券型证券投资基金募集的批复	2013/12/13
1590	证监许可〔2013〕1590 号	关于核准财通纯债分级债券型证券投资基金募集的批复	2013/12/13
1591	证监许可〔2013〕1591 号	关于核准农银汇理月月薪定期支付债券型证券投资基金募集的批复	2013/12/13
1592	证监许可〔2013〕1592 号	关于核准汇添富互盈分级债券型证券投资基金募集的批复	2013/12/13
1593	证监许可〔2013〕1593 号	关于核准华富恒富分级债券型证券投资基金募集的批复	2013/12/12
1594	证监许可〔2013〕1594 号	关于核准融通通盛两年目标触发式灵活配置混合型证券投资基金募集的批复	2013/12/12
1595	证监许可〔2013〕1595 号	关于核准铁岭新城投资控股股份有限公司公开发行公司债券的批复	2013/12/13
1596	证监许可〔2013〕1596 号	关于核准摩根士丹利华鑫进取优选股票型证券投资基金募集的批复	2013/12/17
1597	证监许可〔2013〕1597 号	关于核准上投摩根民生需求股票型证券投资基金募集的批复	2013/12/17
1598	证监许可〔2013〕1598 号	关于核准华润元大信息传媒科技股票型证券投资基金募集的批复	2013/12/17
1599	证监许可〔2013〕1599 号	关于核准上银新兴价值成长股票型证券投资基金募集的批复	2013/12/18
1600	证监许可〔2013〕1600 号	关于核准鲁银投资集团股份有限公司重大资产重组及向莱芜钢铁集团有限公司发行股份购买资产的批复	2013/12/18
1601	证监许可〔2013〕1601 号	关于核准深圳市宇顺电子股份有限公司向林萌等发行股份购买资产并募集配套资金的批复	2013/12/18
1602	证监许可〔2013〕1602 号	关于核准江河创建集团股份有限公司向北京城建集团有限责任公司等发行股份购买资产的批复	2013/12/18
1603	证监许可〔2013〕1603 号	关于核准于圣智担任高盛有限责任公司北京代表处首席代表的批复	2013/12/19
1604	证监许可〔2013〕1604 号	关于核准湖北洪城通用机械股份有限公司重大资产重组向江苏济川控股集团有限公司等发行股份购买资产并募集配套资金的批复	2013/12/19

续表

序号	发文字号	标 题	签批日期
1605	证监许可〔2013〕1605 号	关于核准江苏济川控股集团有限公司及一致行动人公告湖北洪城通用机械股份有限公司收购报告书并豁免其要约收购义务的批复	2013/12/19
1606	证监许可〔2013〕1606 号	关于核准国电南瑞科技股份有限公司向南京南瑞集团公司等发行股份购买资产的批复	2013/12/19
1607	证监许可〔2013〕1607 号	关于核准瑞银环球资产管理(香港)有限公司人民币合格境外机构投资者资格的批复	2013/12/19
1608	证监许可〔2013〕1608 号	关于核准宝盈基金管理有限公司张瑾基金行业高级管理人员任职资格的批复	2013/12/19
1609	证监许可〔2013〕1609 号	关于不予核准上海新南洋股份有限公司向上海交大企业管理中心等发行股份购买资产并募集配套资金的批复	2013/12/19
1610	证监许可〔2013〕1610 号	关于核准广发证券股份有限公司设立资产管理子公司的批复	2013/12/19
1611	证监许可〔2013〕1611 号	关于核准国寿安保基金管理有限公司从事特定客户资产管理业务的批复	2013/12/20
1612	证监许可〔2013〕1612 号	关于核准中原证券股份有限公司发行债券的批复	2013/12/20
1613	证监许可〔2013〕1613 号	关于核准诺安永鑫收益一年定期开放债券型证券投资基金募集的批复	2013/12/20
1614	证监许可〔2013〕1614 号	关于核准铜陵中发三佳科技股份有限公司非公开发行股票的批复	2013/12/20
1615	证监许可〔2013〕1615 号	关于核准京东方科技股份有限公司非公开发行股票的批复	2013/12/20
1616	证监许可〔2013〕1616 号	关于核准立讯精密工业股份有限公司公开发行公司债券的批复	2013/12/20
1617	证监许可〔2013〕1617 号	关于核准中海油田服务股份有限公司增发境外上市外资股的批复	2013/12/20
1618	证监许可〔2013〕1618 号	关于核准中信证券股份有限公司设立远东三期专项资产管理计划的批复	2013/12/20
1619	证监许可〔2013〕1619 号	关于核准富国嘉利月月开放债券型证券投资基金募集的批复	2013/12/23
1620	证监许可〔2013〕1620 号	关于核准安石投资管理有限公司人民币合格境外机构投资者资格的批复	2013/12/17
1621	证监许可〔2013〕1621 号	关于核准石家庄东方热电股份有限公司非公开发行股票的批复	2013/12/23
1622	证监许可〔2013〕1622 号	关于核准上海海通证券资产管理有限公司设立浦发集团 BT 回购项目专项资产管理计划的批复	2013/12/20
1623	证监许可〔2013〕1623 号	关于核准广发钱袋子货币市场基金募集的批复	2013/12/24
1624	证监许可〔2013〕1624 号	关于核准泰达宏利养老收益混合型证券投资基金募集的批复	2013/12/24
1625	证监许可〔2013〕1625 号	关于核准中信建投稳信定期开放债券型证券投资基金募集的批复	2013/12/24
1626	证监许可〔2013〕1626 号	关于核准国寿安保货币市场基金募集的批复	2013/12/24

续表

序号	发文字号	标　　题	签批日期
1627	证监许可〔2013〕1627 号	关于核准诺安瑞鑫定期开放债券型证券投资基金募集的批复	2013/12/25
1628	证监许可〔2013〕1628 号	关于核准广发竞争优势灵活配置混合型证券投资基金募集的批复	2013/12/25
1629	证监许可〔2013〕1629 号	关于核准国泰国策驱动灵活配置混合型证券投资基金募集的批复	2013/12/25
1630	证监许可〔2013〕1630 号	关于核准国泰结构转型灵活配置混合型证券投资基金募集的批复	2013/12/26
1631	证监许可〔2013〕1631 号	关于核准浙江华策影视股份有限公司向吴涛等发行股份购买资产并募集配套资金的批复	2013/12/26
1632	证监许可〔2013〕1632 号	关于核准山西同德化工股份有限公司向郑俊卿等发行股份购买资产的批复	2013/12/26
1633	证监许可〔2013〕1633 号	关于核准银江股份有限公司向李欣等发行股份购买资产并募集配套资金的批复	2013/12/26
1634	证监许可〔2013〕1634 号	关于核准渤海租赁股份有限公司重大资产重组及向海航资本控股有限公司发行股份购买资产并募集配套资金的批复	2013/12/27
1635	证监许可〔2013〕1635 号	关于注销华证期货有限公司经营期货业务许可证的批复	2013/12/26
1636	证监许可〔2013〕1636 号	关于核准袁隆平农业高科技股份有限公司向袁丰年等发行股份购买资产的批复	2013/12/27
1637	证监许可〔2013〕1637 号	关于核准尤洛卡矿业安全工程股份有限公司向田斌等发行股份购买资产的批复	2013/12/27
1638	证监许可〔2013〕1638 号	关于核准大连壹桥海洋苗业股份有限公司非公开发行股票的批复	2013/12/27
1639	证监许可〔2013〕1639 号	关于核准华北制药股份有限公司非公开发行股票的批复	2013/12/27
1640	证监许可〔2013〕1640 号	关于核准丽江玉龙旅游股份有限公司非公开发行股票的批复	2013/12/27
1641	证监许可〔2013〕1641 号	关于核准河南平高电气股份有限公司非公开发行股票的批复	2013/12/27
1642	证监许可〔2013〕1642 号	关于核准平安银行股份有限公司非公开发行股票的批复	2013/12/27
1643	证监许可〔2013〕1643 号	关于核准海通证券股份有限公司证券投资基金托管资格的批复	2013/12/27
1644	证监许可〔2013〕1644 号	关于核准厦门海翼集团有限公司公告厦门金龙汽车集团股份有限公司收购报告书并豁免其要约收购义务的批复	2013/12/28
1645	证监许可〔2013〕1645 号	关于核准永隆资产管理有限公司人民币合格境外机构投资者资格的批复	2013/12/30
1646	证监许可〔2013〕1646 号	关于核准国投瑞银瑞易货币市场基金募集的批复	2013/12/30
1647	证监许可〔2013〕1647 号	关于核准泰达宏利新利债券型证券投资基金募集的批复	2013/12/30
1648	证监许可〔2013〕1648 号	关于核准富兰克林国海健康优质生活股票型证券投资基金募集的批复	2013/12/30
1649	证监许可〔2013〕1649 号	关于核准广东全通教育股份有限公司首次公开发行股票并在创业板上市的批复	2013/12/30

续表

序号	发文字号	标　　题	签批日期
1650	证监许可〔2013〕1650号	关于核准楚天科技股份有限公司首次公开发行股票并在创业板上市的批复	2013/12/30
1651	证监许可〔2013〕1651号	关于核准浙江我武生物科技股份有限公司首次公开发行股票并在创业板上市的批复	2013/12/30
1652	证监许可〔2013〕1652号	关于核准广东新宝电器股份有限公司首次公开发行股票的批复	2013/12/30
1653	证监许可〔2013〕1653号	关于核准苏州纽威阀门股份有限公司首次公开发行股票的批复	2013/12/30
1654	证监许可〔2013〕1654号	关于核准银河定投宝中证腾安价值100指数型发起式证券投资基金募集的批复	2013/12/31
1655	证监许可〔2013〕1655号	关于核准江苏奥赛康药业股份有限公司首次公开发行股票并在创业板上市的批复	2013/12/31
1656	证监许可〔2013〕1656号	关于核准银川新华百货商业集团股份有限公司向银川市东桥家电有限公司等发行股份购买资产的批复	2013/12/31
1657	证监许可〔2013〕1657号	关于核准浙江省物产集团公司公告物产中拓股份有限公司收购报告书并豁免其要约收购义务的批复	2013/12/31
1658	证监许可〔2013〕1658号	关于核准河北建投能源投资股份有限公司向河北建设投资集团有限责任公司发行股份购买资产并募集配套资金的批复	2013/12/31
1659	证监许可〔2013〕1659号	关于核准杭州炬华科技股份有限公司首次公开发行股票并在创业板上市的批复	2013/12/31
1660	证监许可〔2013〕1660号	关于核准成都天保重型装备股份有限公司首次公开发行股票并在创业板上市的批复	2013/12/31
1661	证监许可〔2013〕1661号	关于核准北京众信国际旅行社股份有限公司首次公开发行股票的批复	2013/12/31
1662	证监许可〔2013〕1662号	关于核准常州光洋轴承股份有限公司首次公开发行股票的批复	2013/12/31
1663	证监许可〔2013〕1663号	关于核准上海良信电气股份有限公司首次公开发行股票的批复	2013/12/31
1664	证监许可〔2013〕1664号	关于核准陕西煤业股份有限公司首次公开发行股票的批复	2013/12/31
1665	证监许可〔2013〕1665号	关于核准国投瑞银医疗保健行业灵活配置混合型证券投资基金募集的批复	2013/12/31
1666	证监许可〔2013〕1666号	关于核准国信证券股份有限公司证券投资基金托管资格的批复	2013/12/31
1667	证监许可〔2013〕1667号	关于核准湖北楚天高速公路股份有限公司公开发行公司债券的批复	2013/12/31
1668	证监许可〔2013〕1668号	关于核准河南通达电缆股份有限公司非公开发行股票的批复	2013/12/31
1669	证监许可〔2013〕1669号	关于核准山东滨州渤海活塞股份有限公司非公开发行股票的批复	2013/12/31
1670	证监许可〔2013〕1670号	关于核准雏鹰农牧集团股份有限公司非公开发行股票的批复	2013/12/31
1671	证监许可〔2013〕1671号	关于核准雏鹰农牧集团股份有限公司公开发行公司债券的批复	2013/12/31

二、信 息 公 开

2013 年监管信息公开工作综述

2013 年,我会贯彻落实《政府信息公开条例》和《中国证券监督管理委员会证券期货监督管理信息公开办法》的各项规定,扎实推进监管信息主动公开和依申请公开工作。

一、2013 年基本情况

2013,我会主动公开监管信息 7211 条,其中会机关公开 1789 件,派出机构公开 5422 件。依申请信息公开方面,我会共收到信息公开申请 70 件,其中已回复 55 件,撤回 10 件,正在办理 5 件。

二、信息公开工作事项

1. 依托互联网站,开展多种形式的主动公开

作为我会信息公开第一平台,目前,我会互联网站主动公开的信息已经基本涵盖了我会应予公开的监管信息的各个方面,并能够做到及时更新、方便检索。我们将信息公开与行政审批工作相结合,对行政审批项目的依据、条件、程序、期限以及申请需要提交的全部材料目录都在我会网站予以公开,并且公开审核流程进度,使申请人能够在我会互联网站随时查看所申报项目的具体审核状态和每一阶段的办结时间。

2. 加强督察督办,提高信息主动公开及时性

定期检查我会网站各栏目中会机关各部门主动公开信息内容,对于超期未主动公开的信息,及时与部门联系,督促及时挂网公开,确保行政许可决定等公开文件及时在网站公布。

3. 坚持依法依规,妥善处理依申请公开事项

我处与会内相关部门密切配合、认真研究应对,确保了所有依申请公开事项妥善处理。积极应对信息公开复议案件,向法律部提供国务院裁决答复书 2 件、行政复议答复书 4 件。与上市一部、法律部共同组成行政应诉小组,出庭应诉会机关第一起信息公开诉讼案件,获得一审、二审胜诉。

4. 加强学习交流,开展全系统信息公开专项培训工作

为进一步提升我会信息公开工作水平,办公厅联合法律部、中国证券登记结算公司、厦门证监局,于 11 月 23 – 25 日在厦门举办新闻宣传、信息公开、行政复议应诉培训班。邀请国务院法制办、国务院办公厅政府信息公开办公室、北京市高级人民法院、北京市第一中级人民法院等单位的专家对 36 家派出机构、各交易所、部分会管公司及会机关相关部门进行培训。参训人员总计约 200 人,姜洋副主席出席培训班并作了开班讲话。本次培训学习了关于政府信息公开工作的若干法规及最新政策,总结交流了监管信息公开工作经验,分析了证券期货监管系统信息公开工作面临的新形势、新任务,对提高全系统信息公开工作水平起到了积极作用。

三、打击非法证券活动工作

（一）2013年打击非法证券活动工作综述

2013年，我部打非工作的中心任务从完善机制、主动出击转变为清理积案、防范风险，重在防止非法发行股票活动的死灰复燃。为此，我部主要从以下几方面推进打非工作的深入开展：

一是推进部分积案、陈案的办理进度，积极配合重点地区人民政府做好“原始股”投资者的善后处置和维稳工作，帮助投资者尽可能挽回损失。

二是针对当前一些不法分子通过网站、论坛、博客、微博、C2C商务平台等渠道非法发行或转让股票的现实情况，深入分析研究此类非法证券活动的特点，创新工作方法，协调处置某文化传媒公司利用淘宝网擅自发行股票一事，督促相关责任人及时退还全部募集资金。

三是结合具体案例，积极开展投资者教育工作，增强投资者的防范意识和辨识能力，促使其自觉远离非法证券活动。

四是推动各省（自治区、直辖市、计划单列市）人民政府贯彻“打早、打小、露头就打”的原则，充分发挥打非协调工作机制的作用，加强信息监控和排查，做到早发现、早介入、早查处，将新发案件消灭在萌芽状态。

2013年，证监系统共收到涉及非法发行股票和非法经营未上市公司股票的各类来信、来访111件，其中移送公安29件，全国范围内非法发行股票和非法经营未上市公司股票的信访投诉数量连续5年保持较低水平。

（二）清理整顿各类交易场所验收工作综述

2011年11月，国务院发布《关于清理整顿各类交易场所　切实防范金融风险的决定》（国发〔2011〕38号），启动全国范围清理整顿各类交易场所工作。2012年1月，国务院批复证监会，同意建立由证监会牵头，其他23个部委参加的清理整顿各类交易场所部际联席会议（以下简称联席会议）制度。联席会议按照国务院统一部署，在各地方政府大力支持和配合下，积极履行职责，认真做好清理整顿各项工作。截至2013年底，除天津市、云南省外，34省、区、市（含计划单列市）清理整顿工作已经通过联席会议检查验收，清理整顿验收工作基本结束。

根据2012年7月召开的清理整顿各类交易场所工作会议暨部际联席会议第二次会议的部署，联席会议对各地清理整顿工作进行检查验收。绝大部分省区市在2012年下半年已完成辖区清理整顿工作，联席会议自2012年11月开始对36省区市的清理整顿工作进行验收，第一批8省区市、第二批8省市、第三批10省区市的清理整顿工作先后于2012年11月、2013年1月、2月通过验收，之后陆续有8省区市通过验收。验收过程中，联席会议各相关成员单位按照国发〔2011〕38号、国办发〔2012〕37号文件要求，密切配合、认真审核，合理确定各省、区、市按新设程序申请保留以及申请备案的交易所名单，以验收工作进一步促进了各地对违规交易场所的彻底整改。

自国发〔2011〕38 号、国办发〔2012〕37 号文件发布以来,证监会牵头,中央宣传部、发展改革委、工业和信息化部、公安部、财政部、农业部、商务部、文化部、国资委、工商总局、林业局、法制办、银监会、保监会等 24 个成员单位密切配合,充分发挥各自领域和行业管理的职能,对各地区清理整顿工作进行督促协调,加强政策解释和指导、投资者保护等相关工作。发展改革委、财政部发挥宏观指导职能;中央宣传部、文化部对文化艺术品份额化违规交易加强督导整改;商务部加强督导,对各地大宗商品交易场所违规交易督促整改,修改交易规则,调整交易机制,促进有序转型;国资委督导各地产权交易场所规范运作;农业部、林业局分别对农村产权、林权交易场所督促规范;工商总局严把交易场所注册准入关;法制办、银监会、保监会加强研究,明确金融资产、保险类交易场所政策界限,督促各地对违规行为进行整改。

商务部按照国发〔2011〕38 号文件要求,加强对大宗商品交易市场的规范管理,确保其有序回归现货市场。2013 年 11 月,商务部联合人民银行、证监会发布《商品现货市场交易特别规定(试行)》(以下简称《规定》),自 2014 年 1 月 1 日起施行。《规定》第一次以部委规章形式对商品现货市场的运营交易、监督管理、违规查处等问题进行了明确规范,对加强商品类交易场所日常监管,促进其规范健康发展具有重大的制度规范意义。

针对清理整顿工作后期出现的部分公司以电子商务名义开展商品电子盘违规交易问题,按照国务院领导批示精神,证监会、工商总局会同公安部、商务部、法制办等联席会议相关成员单位,深入有关地区现场检查、督导整改。2013 年 12 月底,经国务院同意,证监会、发展改革委、工业和信息化部、商务部、工商总局、银监会联合发布《关于禁止以电子商务名义开展标准化合约交易活动的通知》,有效遏制违规交易活动蔓延。

各省级人民政府按照国务院要求,精心组织,周密部署,认真贯彻落实清理整顿各项工作安排,对各类交易场所认真排查,对存在问题的交易场所组织整改规范,合理确定保留的交易场所,并着力建立健全交易场所长效监管机制:广东省对交易场所开展现场检查并制作核查工作底稿,按照分类处置原则开展清理整顿,同时注重制度建设,完善体制机制;山东省强化督促检查,坚持突出重点,督促大宗商品中远期交易场所向现货市场转型,对一批严重脱离实体经济需求的大宗商品交易场所予以关闭;安徽省对长期无任何业务的交易场所进行注销,取缔关闭一大批各类违规场所,并对交易所名称进行规范,对房产、车辆等实物交易所进行更名。

清理整顿工作开展以来,全国各地共关闭了 200 余家各类交易场所,清理整顿工作取得明显成效。文化艺术品份额化交易、大宗商品类期货交易等行为得到集中整顿和纠正,深圳、湖南、山东、四川、北京等地文交所,先后通过回购投资者持有的艺术品份额等方式妥善化解了风险。一批严重违法违规的交易场所被取缔或关闭,山东金乡大蒜国际交易所、湖南创新贵金属交易所、江西赣南脐橙电子交易有限公司、江苏恒丰商品交易服务有限公司、湖南维财大宗贵金属交易所等严重违法、涉嫌犯罪的交易场所已被立案侦查,有关责任人员被追究刑事责任,滥设交易场所的势头得到有效遏制。其中湖南维财大宗贵金属交易所非法经营案已被作出一审判决,相关人员受到了应有的刑事处罚。通过清理整顿工作,规范了市场秩序,防范化解了风险,维护了经济社会稳定,各类交易场所有序发展的环境得到改善,一批运作规范的交易场所得以更好地发挥服务实体经济的作用。

下一步,联席会议将按照国发〔2011〕38 号、国办发〔2012〕37 号文件的要求,督导天津、云南尽快完成清理整顿工作,尤其重点督导天津对天津文化艺术品交易所、渤海商品交易所、天津贵金属交易所等交易场所整改规范;并继续加强协调指导,保持与各省级人民政府密切沟通,为各省级人民政府对交易场所的属地管理、日常监管做好政策解释和服务,齐心协力促进各类交易场所规范健康发展。

(证监会打击非法证券期货活动局供稿)

四、案 件 稽 查

（一）2013年证监会稽查局工作综述

2013年，稽查局紧紧围绕会党委监管转型中心工作，强化顶层设计、优化体制机制、健全法规制度、凝聚执法合力，全力推进各项重点工作，取得了阶段性成绩。全年共受理各类违法线索611件，同比增长61%。新增调查350件，同比增长40%，新增立案调查190件，同比增长68%，新增涉外协查92件，同比增长53%。案件结构进一步合理，新增立案案件中，信息披露案件54件，占比28%；内幕交易案件86件，占比45%。期间，移送公安机关涉嫌犯罪案件41件，同比增长24%；移送审理案件130件，同比增长26%。累计对174名涉案当事人采取了限制出境措施，冻结涉案资金0.75亿余元。执行金额2.5亿元，是去年同期的6.1倍。

一、2013年主要工作情况

（一）加强顶层设计研究，积极推动落实会党委加强稽查执法重要部署

会同上市一部、稽查总队、处罚委、法律部，牵头起草并在全系统印发《中国证监会关于进一步加强稽查执法工作的意见》（以下简称《意见》）。配合办公厅，于2013年8月组织召开全国证券期货稽查执法工作会议，重点推动解决影响执法效率效果的突出问题。《意见》印发和全国执法会召开后，逐项细化推动落实各项工作部署，先后两次分片区举办派出机构稽查执法座谈会，深入解读执法会精神和《意见》工作部署，有效统一了派出机构的认识，推动了一线稽查执法工作深入开展。持续推动完善稽查执法体制机制，积极推动新增稽查执法人员招聘及相关机构组建工作，目前，专员办分别与第六支队、第七支队合署办公，系统内选聘的新增执法人员预计年内将基本到位，稽查执法线索中心和技术中心目前也正在抓紧筹备建立。

（二）紧紧围绕会党委中心工作，有效发挥稽查执法职能作用

一是切实加大对信息披露违法行为的打击力度，努力夯实市场运行基础。2013年，证监会新增信息披露案件同比增长170%，尤其是按照严格执法原则从严查处了万福生科、新大地、天丰节能等造假公司以及平安证券、光大证券、南京证券等中介机构，收到良好社会效果，对保障证监会监管转型工作顺利推进具有重要意义。为确保执法效果，稽查局专门就行政许可与立案调查挂钩情况做了全面梳理研究，提出了改进意见建议，并与上市一部进行了27期并购重组与立案稽查衔接协作筛查。

二是在执法力量整体有限的情况下，科学组织，灵活运用独立承办、联合办案、交叉办案等多种模式，组织局局联合、队局联合办案共15起，既提高了案件调查的效率，有效减轻了案件高发区域办案压力，又达到锻炼队伍的目的。通过协调督导等多种方式，确保了SST华新、中钢吉炭等重大内幕交易案和珠海中富、大元股份、海联讯信披违规案等一批案件的调查突破。积极探索新途径，努力压缩环节，实现公安机关快速介入，使得博盈投资、博时基金经理马乐等9起内幕交易及老鼠仓案件成功移交，顺利侦办，有效彰显了证券执法威慑力。

三是充分发挥执法宣传警示教育功能。围绕证监会加强稽查执法工作部署，先后配合办公厅新闻办组织了21次执法新闻发布会，内容涵盖欺诈发行案、上市公司虚假信息披露案、内幕交易案等多个执法专题，涉及45起案件。期间，重点对万福生科案、新大地案和天能科技案等17起典型案件进行了深度报道，有力地震慑了违法违规行为，提振了投资者信心。目前，拟对证监会执法宣传原则和程序做进一步完善后

形成正式通知发送系统各单位。

（三）持续优化体制机制，不断提高执法效率

一是完善线索处理监管协作机制。6 月在上海组织召开“第六次稽查执法联席会议”，正式确立了交易所信息披露违法违规案件线索报送机制。与交易所等线索来源单位，发行部、创业板部等行政审批部门以及处罚委、法律部、会计部、发行部、创业板部、上市部等建立了重大复杂案件立案前会商机制。与相关主要线索来源方正式建立起立案反馈工作机制，每月反馈线索处理情况，并通过季度会等方式会商新情况、新问题。

二是积极改进案件复核机制。进一步明确复核标准，制定了三大类七种形式内幕交易案件的表格化复核工作机制，通过四大表格有效控制案件质量，提高复核效率。改进了复核报告格式，从原来的只体现程序复核内容转为既体现程序复核，又注重反映实质复核内容。更加重视与处罚委的沟通，并将复核报告也一并提交处罚委。加大复核提前介入的工作力度，现场与调查组就事实、证据以及认定、法律适用等问题进行讨论，并就重大问题形成一致，有效提高了执法合力。

三是完善外部协作机制，优化执法环境。年初要求派出机构走访当地公检法机关，3 月组织召开了与公安司法机关座谈会，最高人民法院、最高人民检察院、公安部等多方代表参会。5 月再次就案件移送与执法协作召开专题会商会，一方面推动案件移送工作，另一方面就暴力抗法应对和执法协作等达成了共识。目前，近 30 家证监局与当地公安、银监等部门签订合作协议或建立合作机制。此外，与工商总局就查询工商登记内档资料、与人民银行就利用反洗钱信息事宜做了沟通。

（四）全面推进制度建设，夯实稽查执法工作基础

2013 年，稽查执法制度建设取得明显成绩。《证券期货案件立案工作规定》、《调查部门案件结案工作规程》、《证券期货案件调查终结报告编制指引》以及处罚权下放等与《意见》配套的 7 个文件先后正式印发。说情人备案、有奖举报、稽查关注名单、证券期货经营机构协助稽查执法工作指引等制度也已起草完毕。特别是《证券期货案件立案工作规定》，进一步明确了立案的权限、程序及标准，首次对信息披露、内幕交易、操纵市场三类案件的具体立案标准做了量化设计，增强了可操作性。规定印发后，对明确稽查执法与日常监管职责边界、推动全系统稽查执法工作具有重要意义。

（五）以信息化为导向，积极推进提高科技办案能力

一是积极推进“数字稽查”规划设计及制度建设。正式形成“一个平台、四个系统”的稽查执法信息化建设和科技化办案方案。《关于加强证券期货经营机构客户交易终端信息等客户信息管理的规定》（证监会公告〔2013〕30 号）经过多次调研并经 3 轮会内部门书面征求意见，正式印发，对规范证券公司集中、完整、规范保存客户交易终端信息具有重要意义。《电子取证与电子证据工作指引和工作流程规范》初稿编写工作也已基本完成。

二是数字稽查子系统建设取得阶段性成效。推动完成案件管理系统立项和招投标等工作，目前第一版案件管理系统即将于春节后试用。互联网舆情稽查分析系统一期建设初步完成，已在江苏、上海、北京等派出机构试运行。推动完善派出机构自主研发的稽查相关辅助系统共建共享，包括上海局稽查辅助系统、湖南局现场调查取证软件以及广东局数据分析系统等，持续提高了现场调查效率。

三是从设备和人员两个方面推进提高系统电子取证能力。协调会计部、办公厅争取 120 万元为各派出机构配备电子取证工具，认真做好工具使用等技术培训，积极推动“以案代训”，组织建立全系统技术取证支持小组，全年协调技术人员到派出机构支持办案 46 件，取得了较好的效果。稽查局会议室视频改造工程目前也已完成控制室外墙改造及综合布线工作。

（六）扎实做好稽查执法基础性保障支持工作

一是积极协调保障稽查办案经费。今年部分派出机构由于初查案件量上升，异地办案大幅增加，导致稽查办案经费提前用完。为不影响后期办案，稽查局积极汇报协调，推动经费得到及时补充，较快解决了相关派出机构办案燃眉之急，保证了案件的顺利查办。

二是加强稽查执法队伍培训工作。在公安

大学完成7期调查基本技能培训班，培训300多人次，覆盖全系统过半数稽查干部。协助公安部证券犯罪侦查局举办全国证券期货案件侦查培训班，培训公安干警和稽查干部160余人。继续开展稽查干部赴国内交易所培训工作。与香港证监会继续开展赴港合作培训项目，并合作举办两地证券执法专题培训班。

三是认真做好预研预判。对新三板市场、交易所私募债市场、银行间债券市场等潜在的违法违规进行深入研究，特别是与中金所联合开展《债券及衍生品市场执法研究》课题研究，提出了构建债券跨市场执法机制的政策建议。及时对证监会信息披露类案件办理情况进行了阶段性总结分析，有效指导证监会后续稽查执法及相关监管工作。

（七）积极稳妥做好涉外案件协查工作

面对不断加重的跨境执法协查任务，有步骤、有章法、有条理处理涉外协查案件，将协查周期基本控制在2个月左右。同时，推动建立完善跨境执法协查机制。为解决协查材料涉诉等问题，推动国务院港澳办与证监会建立了涉诉问题个案会商机制；针对涉及安全部门、军方背景的敏感类案件增多情况，推动与国家安全部建立了涉及国家安全背景证券期货案件统一归口联络机制。进一步完善跨境执法合作体系，开展跨境执法合作课题研究，重点围绕加强证监会和香港证监会跨境执法合作总体方案，研究起草执法合作声明。

二、2014年工作考虑

2014年，稽查局将围绕《意见》的全面落实，立足于“组织、协调、督导、服务”，深入落实会党委各项决策部署，进一步突出执法重点，针对目前各种新型违法行为增多的实际情况，继续严厉打击上市公司虚假信息披露行为，继续保持对内幕交易的高压态势，同时加大对操纵行为的执法打击力度，适时开展专项行动。重点做好以下七个方面的工作：

（一）进一步优化稽查局职能定位，强化监督考核及制度标准建设

1. 以案件为核心强化评价考核。完善稽查工作评价办法和指标体系，依托案件管理系统，以合规和效能评价为导向，以案件调查为中心，建立涵盖线索处理和发现、线索转立案率、案件调查数量、质量和效率、单位案件的稽查经费使用、协助执行等在内的科学合理评价体系，通过稽查考核评价理顺机制，形成合力，推动工作。

2. 明确稽查执法核心标准。完善出台《办理内幕交易案件工作规程》，规范和统一内幕交易案件调查的标准、流程和具体要求。在现行《证券市场操纵行为认定指引》基础上，充分吸收近年来反操纵执法实践中积累的经验，抓紧出台《证券市场操纵行为认定办法》。区分不同类型的信息披露违法违规行为，联合制订调查取证标准，细化财务造假类案件所涉会计科目的具体取证要求。

3. 加强执法监督。强化对重点案件的督导检查，确保案件质量。对拟结案案件进行审核把关，报会领导办理相应手续。对移交处罚案件进行同步备案管理，重点围绕是否存在应予调查未调查等大案查小、小案查无情形进行审查，通过备案审查意见书的方式向调查及审理部门进行反馈，并报会领导。对于辖区责任制范围内的违法行为应予立案未立案或不提出立案建议、案件或线索调查组织明显不当等情况，及时要求改正或直接处理，并视情况开展相应的执法检查。

（二）大幅提升违法线索发现及快速处理能力

4. 加快完成线索中心组建工作。尽快建立有奖举报制度，运行有奖举报系统。尽快把网络舆情监测分析系统运用到线索发现工作。尽快完善交易所线索报送机制和报送标准。积极调动派出机构发现线索自主立案的积极性。积极推动提高日常监管部门、市场中介机构等主动发现和移送线索的能力，完善线索移送机制。

5. 优化立案工作机制，提高快速反应能力。对线索基本清晰、涉案主体不需要履行信息披露义务的，在第一时间内立案调查，需要对线索做进一步核实的，尽量通过后台支持系统进行核查，尽量减少调查人员在立案前直接接触当事人，最大限度降低可能引发的各种说情和干扰。严格落实初查转立案直通车机制，初步调查需要转为立案调查的，中间不得中止调查工作。

6. 案件交办上，一方面要把案件交下去，

特别是要将大量的常规案件交派出机构作为自办案件自查自审;另一方面要把派出机构办理确有难度的案件提上来,交总队与专员办(简称三总队)承办,同时按照各自有所侧重原则,有效发挥三总队各自的优势。

7. 改进案件移送程序,强化调查责任。案件承办单位调查结束认为需要进行行政处罚的,直接移交案件审理部门,同时报稽查局备案。与侦查局建立直接对接机制,统一牵头办理涉刑案件及线索的移送会商手续。

(三)推动完善稽查执法保障支持体系

8. 继续推动完善《意见》各项配套制度,重点落实办案补贴、稽查专业职务序列以及稽查保障基金三项制度。积极推动执法创新,探索执法和解,更好保护投资者合法权益。

9. 积极推进稽查信息系统建设,全面提高证监会执法科技化、信息化水平。依托案件管理系统,实现案件查办全流程数字化管理,为质量控制及考核评价等工作提供基础,为会领导决策提供实时参考。进一步建立健全数字稽查标准和制度,发布试行电子取证相关工作指引和流程规范。

10. 推动提升稽查后勤保障水平,围绕经费管理、装备配备、经验交流推广等,为一线稽查执法工作提供有力的后台支持。

(四)加强系统内外的执法协作

11. 加快研究上市公司现场检查如何与案件调查相衔接的统一流程和标准,真正实现监管和执法的有机统一,避免重复劳动,节省监管执法资源。

12. 尽快通过与相关部门通过签订合作备忘录、联合发文等方式,推动《证券法》赋予证监会执法职权的落实,优化执法环境。

13. 推动证监会与公安机关的协作,推动建立证监会稽查总队、沪深专员办与所在地公安部直属警力直接对接机制,探索行政调查与刑事侦办的同步立案、联合取证机制,有效形成优势互补,强化执法合力,提升执法效率。

(五)不断提升执法队伍战斗力

14. 积极配合人教部、沪深专员办、中登公司以及相关交易所,分步完成新增执法人员招聘工作,大幅充实沪、深专员办(支队)以及相关部门的执法力量,整体提升队伍战斗力。

15. 在新增执法人员陆续到位的情况下,要对执法人员培训工作早做安排,有规划、有方案、有举措。通过及时有效针对性强的培训,使新增人员尽快形成战斗力。还要通过稽查立功评奖,在全系统积极营造热爱稽查、建功稽查的氛围。

16. 加强执法规律研究,做好形势研判,当好参谋助手,推动有关法律以及监管规则制度的完善。

(六)以保障"沪港通"项目顺利实施为重点,做好跨境执法的相关工作

17. 认真做好中国证监会与香港证监会执法联合声明、两会跨境执法合作细化协议起草等专项工作。着力加大在跨境执法合作方面的投入,进一步提高执法合作效率和工作有效性。

(七)更好做好执法宣传工作

18. 积极配合办公厅新闻办,落实好证监会执法信息发布事宜,及时回应社会关切和热点敏感问题。及时组织执法信息专题报道和深度报道,最大限度发挥执法综合功效。

(证监会稽查局供稿)

(二)2013年证监会稽查总队执法工作综述

2013年,稽查总队全面贯彻会党委决策部署,紧紧围绕我会职能转变、监管转型、强化执法的中心工作,针对承办案件的特点动向,优化调查组织,强化快速响应,提升执法实效,案件调查的效率和质量稳步提升,队伍专业化建设及各项工作取得了新的进展。

截至2013年年底,总队全年共承办案件118件,同比增长44%,其中新承办案件98件,同

比增长51%；查结案件90件，同比增长48%。总体来看，今年承办的案件类型更加多样，案情更加复杂，涉案金额更加巨大，违法分子规避调查、干扰调查的能力更强。围绕快速高效查处各类市场违法，提高稽查执法的针对性、时效性和有效性，总队全面落实会党委决策部署，根据案件承办情况，重点开展以下工作：

一、优化调查组织，提高快速反应能力

一是试行在办案件分类管理。制定《稽查总队案件分类管理办法》，以案件的重要性、紧迫性、优先性为标准，将总队承办案件分为大案要案（A类）和常规案件（B类）两类，并在办案各个环节实施差别化管理。同时，建立特别重大案件的特殊处理机制，适用快速会商办理程序。今年以来，总队查办的万福生科、新大地、天能科技、光大证券"8·16"案等一系列重大案件均为A类案件，在办案各环节均对其进行了醒目标注、优先办理，有效提高了重大案件在总队内部的流转效率。

二是组织"大兵团"集中攻关重点案件。区分轻重缓急，优先保障查办公众关注、市场关切的A类案件，打破处室界限，动态、灵活地调配总队专业人员和技术力量，形成"拳头"、"尖刀"，迅速出击、快查快办。对于案情复杂、工作任务重的案件多采用"大兵团"作战模式现场迅速突破，取得了良好效果。特别是在光大证券"8·16"案中，对于这一中国资本市场建立以来首次因交易软件缺陷引发的极端个别事件，总队迅速集结优势力量，调查、技术、内审同步进场，仅一周时间即查清案情、专家论证、形成结论并对外发布，有效平息了市场议论，及时回应了社会关注。

三是突出阶段性执法重点。今年以来，总队在保持快速查处内幕交易等查办模式相对成熟案件同时，将打击重点转向财务造假、欺诈发行、虚假信息披露等破坏市场诚信基础、严重伤害投资者的重大案件。全年共查办了天丰节能等27起欺诈发行、虚假陈述及中介机构违法违规类案件，其中已办结24件，较往年提升85%。上述案件违法性质严重、社会影响恶劣、涉及利益众多、案情普遍疑难复杂，调查取证、认定处理以及后续听证处罚、投资者保护与维稳压力更大。总队根据承办案件整体情况，科学调度、集约使用调查资源，大幅提高此类案件的查办效率，全部调查用时不及以往处理同类案件的三分之一，极大提升了执法的时效性。

四是压缩总队内部办案流转周期。一方面，梳理案件接收、分类管理、任务分派、调查组织、执法协作、内审衔接、移交移送等各个主要环节，完善办案运转程序，充分内部挖潜，提高案件调查的整体效率。在此基础上，全面试行《稽查总队案件调查管理办法》，以这一总队"宪法"统领各项具体制度，突出和强调大要案优先、上下内外衔接、核心办案能力建设、安全防范与突发事件应对等工作导向。另一方面，制定《内审提前介入工作规程》，强化内审在办案前期、中期的指导把关作用，将以往移交内审后的沟通案情、出具内审意见、调查补正等工作环节前移，促进调查内审人员各司其职、相互配合、提高效率。今年以来，总队案件调查周期进一步缩短，实现了由原来平均的现场调查"百日查结"缩减到目前的大多数案件从进场调查、内部审理到合议定案的"百日办结"。截至目前，总队上年承办的案件已经全部办结，实现了新案新办、轻装上阵的良性循环。

五是强化行刑衔接，提升执法合力。今年以来，总队创新行刑衔接机制，与公安机关的执法互助合作更加紧密、成效更加彰显。第一，创造性地采取立案与移送同时推进、行刑同步联合调查的新模式，在多个涉刑案件初查发现明确证据后，及时与公安机关沟通，同时立案，迅速移送，体现了很高的调查效率。第二，探索局队直接沟通、快速移送线索的新路，与涉案地公安机关积极联系、加强沟通，极大提高了查办效率。第三，以公安部证券犯罪侦查局为纽带，借助公安机关的手段优势，提升案件取证效率，有效缩短了办案周期。第四，启动《证券行政执法与刑事司法衔接创新工作研究》课题研究，全面梳理分析制约行刑衔接的因素，提出推动建立信息查证、执法保障的长效机制、分层移送会商机制、集中交办、专项打击机制等建议，努力提高行刑衔接的有效性。

二、强化专业建设，提升科学执法能力

一是发挥技术办案优势。第一，针对办案现场急需且需求数量多、技术人员缺口大的"僧多粥少"矛盾，申请会党委批准筹建"调查

技术中心”,扩充办案技术人员。第二,研发“稽查技术支持系统”,实现案情调查进展多地实时共享和办案进展实时显示,为现场组织调度和案件突破提供支撑,为挖掘办案规律、交流办案经验、开展专题研究等提供基础数据,提升案件管理的精细化、科学化水平。第三,推进取证工具、取证方法的标准化建设和专题研究,一方面规范电子取证流程,提高电子取证所获取的证据质量,强化证据的法律效力;另一方面,紧跟技术发展趋势,推进技术取证措施的研发和更新。第四,进一步拓展数据信息查询渠道,优化查询流程,简化查证中间环节,大幅提升信息查证能力和效率。

二是建设专业人才队伍。今年以来,总队突出强化调查干部的专业化建设,努力培养能够查办多种类型案件的“多面手”、擅长某类案件查办的“行家里手”,又培养善于发现问题、诊断问题、解决问题的“专业高手”。第一,培养调查询问专家。针对人难找、话难谈、反制措施少的情况,从提高核心办案能力和专业优势的高度出发,启动了询问专家培养计划,发挥询问专业人才在重点疑难个案办理、培训带动总队整体水平方面的作用。第二,提前做好执法策略储备。组织开展《中国资本市场操纵行为发展趋势及监管执法对策》课题研究,加强与公安部、高检、高法和地方公、检、法的交流沟通,推动恶性操纵市场案件的刑事追责,推动制定我会操纵市场行为认定办法,并在此基础上推动《证券法》以及相关司法政策的修订出台。年初部署的“程序化交易、高频交易”追踪研究,未雨绸缪、提前准备,保持了对市场违法的同步反应,为“8 · 16”案件的案情把握、准确定性、迅速查处提供了充分及时的准备。第三,提升监管专业能力。将提高干部的专题研究能力提到更加突出的位置,鼓励一线办案人员发挥接触案例直接、切身感受深刻的优势,研究案件成因、违法动机、提出完善监管的措施,通过办案举一反三、亡羊补牢,防患于未然、治病于未病。

三是开展形式多样的业务交流培训。今年以来,立足办案能力和综合素质的提升,总队组织了实用性更高、针对性更强的业务培训。第一,加强与日常监管部门的对接,组织监管业务培训。完善与其他日常监管部门的培训学习共享机制,多人其他部门组织的监管工作会议和业务培训,进一步拓展了调查人员视野。第二,围绕提高案件查办能力,组织执法链条上下游交流培训。派员参加稽查局组织的交易所、公安大学、专项稽查干部培训班及境外监管会议等业务培训和研讨活动。邀请公安部证券犯罪侦查局就证券案件移送刑事处理标准作专题培训。多次与处罚委就执法机制与个案查办进行深入沟通研讨,就调查与审理客观存在的证据标准、认定思路、处罚尺度上形成了广泛共识。第三,加大成果输出力度,带动提升系统执法水平。发挥办案类型全、数量多的优势,将总队办理近400件大要案所形成的宝贵经验、办案技巧和违法违规行为的规律性认识与系统内外单位进行分享,分别派员为北京、上海、广东、大连、厦门等系统派出机构以及中纪委、公安部、国资委、上海基金业公会、深交所、中石化、国家开发投资公司等进行授课培训20余次,推动提升全系统案件查办水平,发挥案件查办对市场的警示教育作用。

三、注重综合防控,提升办案附加值

一是强化稽查反馈,促进监管规则完善。以案件查办为抓手,更加注重办案过程中的动态研究,加强与日常监管的互动,努力实现工作方式从消极被动的案件受理承办向积极主动的防范风险、完善监管方向转变。通过“发现问题 - 弥补漏洞 - 完善监管”的模式做好资本市场的“安全卫士”,着力加大与案件查办和监管执法相关的规律性、前瞻性研究,就案件查处认定过程中反映出的法律制度、行业规制、交易规则等问题进行深入挖掘,为弥补监管空白、推动市场健康发展献计献策。在多个新型案件的查处过程中,总队就案件查处的难点热点、规则不明的监管盲点等问题进行了深入分析论证,就案件查办过程及后续处理进行了全面总结,为今后应对类似问题提供了案例注解。

二是加强横向沟通联系,提升执法合力。为提出相对准确的认定和处理意见,围绕对部分行业影响大、认识看法不一的案件的认定处罚,邀请日常监管部门、相关交易所以及会内执法部门进行反复研讨会商,促进公正执法、审慎执法。发挥大局意识,在总队办案任务重、人手紧张的情况下,大力支持IPO专项核查,选派包括调查大队负责人、处级骨干等在内的20名业

务骨干参与核查工作，充分发挥案件查办专业特长，弘扬总队优良作风。

三是大力提升案件查办的社会效果。今年以来，总队在对违法违规行为加大打击力度、对违法违规者加强惩戒的同时，更加注重查办案件的综合功效，突出优先保护投资者的执法原则，严格执法、科学执法，着力化解恶性案件引致的市场风险，切实维护市场公平正义。在万福生科案综合处置过程中，积极探索执法创新，首次通过执法倒逼机制推动违法责任主体主动提出"先行赔付"投资者损失的方案，从而有效保护了中小投资者的利益，为我会今后处理类似案件提供了新的标杆。

四、加强机关建设，提升干部队伍战斗力

一是创建学习型机关。发挥总队一手案例丰富鲜活、专业人员集聚优势，按照承办工作的不同特点和个人兴趣、特长，结合案件查办工作确定了不同的研究方向与重点课题，在办案感性认识积累的基础上，提升理性思维水平，提高调查人员专业素质；发挥《稽查探索》挖掘办案深度、引导学习钻研的积极作用，巩固理论研究交流阵地；鼓励工作人员在《稽查动态》、《交流》等刊物上发表学术文章和思想火花，宣传总队勤谨专业、生动鲜活的良好队伍形象。目前总队中青年干部结合实际工作需要在职读书、思考写作、研究课题、争相学习蔚然成风。

二是营造团结和谐的工作氛围。针对总队新人多、队伍总体年轻的实际情况，一方面，始终坚持把作风培育作为重点内容，大力弘扬总队优良队风，强化公平正义感、历史使命感、政治责任感教育，通过办案实战培养工作人员的职业荣誉感和成就感，激励广大年轻干部的事业心和上进心。另一方面，想方设法开展形式多样的党建工作和朝气蓬勃的文化活动，积极发挥党支部、团委及工会小组作用，强化团队建设，提高队伍凝聚力和向心力。

三是构建特色勤政廉政文化。第一，突出廉政教育重点，加强作风建设。以"八项规定"的贯彻执行和监督检查为重点，在总队内部开展"光盘行动"、绿色出行、节能减排检查等活动，倡导大家从点滴做起，培养良好的习惯，推进节约型机关建设。第二，打造特色教育平台，丰富形式内容。今年1月，稽查总队《勤政廉政文化园地》电子杂志（以下简称《园地》）创刊。一年来，《园地》通过"廉政学习"、"稽查时空"、"铁军风采"等栏目刊发了12期200多篇文章，多角度地开展反腐廉政教育，全面反映总队人勤勉尽责、攻坚克难的干部队伍风貌。《园地》因其新颖的形式、积极向上的内容深受总队同志的欢迎，已经成为总队宣传先进、弘扬正气、礼赞清风的重要平台。第三，保持廉政教育传统，增强廉洁执法意识，落实"一岗双责"，坚持"每月一课"，廉政教育警钟长鸣、常抓不懈。

下一步，总队将按照会党委总体部署和全国证券期货监管工作会议精神，紧紧围绕我会"两维护，一促进"的核心职责，强化预研预判，强化调度组织，强化衔接配合，努力提高对市场违法违规行为的快速反应和查处打击能力，有效打击遏制市场违法行为，促进监管完善，为维护市场"三公"原则、保护投资者合法权益做出更大贡献。

（证监会稽查总队供稿）

五、证监会各业务部门监管工作

2013年发行监管部监管工作综述

2013年，在中国证监会（以下简称证监会）党委的正确领导下，发行部坚决贯彻党中央、国务院关于金融发展改革的各项决策部署，落实深化改革和监管转型的各项要求，坚持市场化、法制化的改革取向,切实履行“两维护,一促进”的核心职责,较好地完成了年初确定的各项发行监管工作任务。

一、以信息披露为中心推进新股发行体制改革,为注册制改革打好基础

新股发行体制改革是逐步推进股票发行从核准制向注册制过渡的重要步骤,也是加快推动资本市场监管转型的重要举措。2013 年 11 月 30 日,证监会正式发布《关于进一步推进新股发行体制改革的意见》(以下简称《意见》),突出以信息披露为中心的监管理念,进一步理顺发行、定价、配售等环节的市场化运行机制,强化发行人及其控股股东等责任主体的诚信义务,强化中介机构职责,加大监管执法力度,切实维护“三公”秩序和投资者合法权益。为实行股票发行注册制改革奠定良好基础。《意见》推出后,市场各方面反响热烈,对改革普遍持支持和欢迎的态度。

为落实《意见》的要求,发行部牵头制订了各项改革措施的配套规则,如修订《证券发行与承销管理办法》,制订老股转让办法、预先披露规则、信息披露指引等,并协调证券交易所、证券登记结算公司和证券业协会制订了相关配套的业务规则和自律规则。

同时,发行部落实证监会党委要求,围绕股票发行注册制改革问题,进行了大量认真细致的基础性研究工作:牵头开展资本市场运行机制改革若干重大问题研究,提出以证券发行注册制为目标,积极推进发行体制改革的初步设想;积极配合《证券法》修改小组工作,努力构建符合我国国情的,以信息披露为中心、以投资者需求为导向的注册发行制度;借鉴成熟市场经验,远近结合、整体布局,研究制定适合我国实际的新股发行注册制改革的时间表和路线图等;研究启动优先股试点的各项配套文件,开展证券期货监管执法评估等专项工作安排。

二、进一步规范审核流程,提高直接融资比重

去年 10 月至今年 11 月 30 日,受市场内外复杂因素的影响,IPO 审核未能正常推进。在此背景下,发行部按照证监会党委关于监管转型的统一部署,积极完善和规范首发和再融资审核流程,对审核流程中各项细节均形成成文规定,促进审核质量和效率的提升。截至 12 月末,共审核再融资申请项目 627 个,审结率为 76%,工作量和审结量连续两年保持增长,273 家上市公司实现融资 5332 亿元。平均审结天数为 72 天,其中 90 天内审结的有 159 家,占已审结家数的 73%,股权审核最快 44 天审结,公司债审核最快 13 天审结。同时,创新审核方式,建立股债同审机制安排,对 8 家同时申报股权和债权融资的发行申请进行审核,审核信息及时对接,取得良好效果。

其中,公司债券融资在保持融资规模和家数基本稳定的前提下,证券公司债和房地产企业再融资规模和家数有较大幅度的增长,体现出一定的行业性和周期性特征。截至 12 月末,共有 16 家证券公司申请发行公司债券,累计已发行规模为 955 亿元,占今年已发行的债券总额的比例约为 41.63%。针对房地产企业再融资相关政策问题,证监会与国土资源部、住房和城乡建设部等建立了部际联席机制。

三、加强制度建设,落实以信息披露为中心的改革理念

一是审核重心逐渐向合规性审核转变。《意见》明确提出股票发行审核以信息披露为中心,发行监管部门和发审委依法对发行申请文件和信息披露内容的合法合规性进行审核,不对发行人的盈利能力和投资价值作出判断。今年以来,发行部加强了对 IPO 反馈意见的归纳、整理和研究工作,以促进在审核过程中贯彻信息披露为中心的审核理念。2013 年再融资审核共出具审核意见 257 份,90% 以上的意见紧扣信息披露,督促上市公司补充披露信息 500 余次,以促进市场和投资者获取更加全面、有效、准确的信息。

二是开展 IPO 公司财务会计信息专项检查。为落实以信息披露为中心的监管理念,督促发行人和中介机构提升诚信意识,切实履行信息披露和尽职调查责任,2012 年年底证监会启动 IPO 公司财务会计信息专项检查工作,并于 2013 年 7 月底完成现场检查工作。检查过程中,共 622 家企业提交自查报告,268 家企业提交终止审查申请,终止审查数量占此前在审 IPO 企业家数的 30.49%。对于审阅及抽查自

查报告中发现的问题,要求发行人整改落实,并将检查中发现的个别企业存在违法违规问题的线索移交稽查部门立案稽查。

三是进一步明确发行人和中介机构的信息披露责任和标准。《意见》明确要求完善信息披露标准,突出重点,语言通俗易懂,并对报价、定价、申购、配售等环节信息披露提出了更为详细的要求。围绕着《意见》落实,发行部先后研究制定了《关于首次公开发行股票并上市公司招股说明书财务报告审计截止日后主要财务信息及经营状况信息披露指引》、《关于首次公开发行股票并上市公司招股说明书中与盈利能力相关的信息披露指引》、《关于首次公开发行股票并在主板上市的公司招股说明书非财务信息披露若干问题的指引》(暂定名)等配套文件,提高信息披露的有效性,为投资者判断企业价值提供更加便捷、可靠的信息支持。

四、进一步优化审核机制,提高审核质量和效率

一是进一步总结归纳审核要点,制订并规范审核工作指南。先后研究制订首发财务、非财务审核工作手册和股权、公司债券再融资审核要点,对疑难和共性问题进行研究并形成审核指引,规范反馈意见的内容与格式,确保审核人员审核理念的一致性,统一执法尺度,减少自由裁量。制订首发和再融资内部工作指南,进一步理顺反馈会、初审会、发审会、举报信、封卷等环节审核流程及文件流转程序,进一步明确责任,优化审核程序。

二是加强难点问题研究,探索行业分类审核模式。在再融资审核过程中,对收购探矿权、资产管理计划认购股份、新股认购与二级市场减持的反向交易等突出问题进行专项研究,借鉴美国证交会审核经验,组织审核人员对国家引导、推动转型和调整的重点领域按行业类别进行研究,初步总结了文化传媒、金融服务、产能过剩、农牧业等5类行业的审核要点,为推动行业分类审核模式的改革探索经验。

五、强化事中事后监管,加大保荐监管力度

一是与日常审核紧密结合。在审核过程中,采取多种措施督促发行人和中介机构披露信息,强化外部约束,如对再融资中类似“借壳上市”的项目要求比照IPO进行核查、对评估高溢价项目要求采取多种评估方法验证、对信用评级短期变化项目要求充分说明差异原因、对存在涉嫌违法违规中介机构加大移送处理力度。通过对市场主体归位尽责的有力督导,中小股东自我保护意识和市场自我修正功能明显增强,年内10家上市公司中小股东否决了大股东提请的有关证券发行的议案,近30家公司主动调减融资额度,51家公司主动撤回融资申请。

二是加大保荐监管执法力度。制定强化保荐机构内部控制的通知,要求保荐机构抓紧健全对首发项目的内部问核机制,明确问核程序、内容、人员和责任。对审核中发现的问题,快速反应、及时处理,依法对未勤勉尽责的国信证券、光大证券出具了警示函,对保荐代表人采取了暂不受理行政许可有关文件的措施。全年,发行部共对3家发行人、4家保荐机构、8名保荐代表人、1名保荐业务负责人、1名内核负责人采取了监管措施。其中,出具警示函8次,责令改正2次、公开谴责1次,暂不受理与行政许可有关的文件8(人)次。此外,还就日常审核发现的个别执业瑕疵,对15人进行了内部批评提醒。

三是与稽查执法全面对接。与稽查部门之间建立了针对首发企业的提前介入调查制度,移送了一批提请稽查提前介入的案件材料。

(证监会发行监管部供稿)

2013 年上市公司公司债券发行监管工作综述

2013 年,在中国证监会党委的正确领导下,在会内外相关部门和单位的大力支持下,债券办认真贯彻落实会党委的决策部署,自觉践行教育实践活动,坚持以市场化、法治化为导向,坚持远近结合和打基础、建机制,深入开展调查研究工作,加快推进公司债券市场改革发展。

一、加强改革整体规划,提出我国公司债券市场改革发展建议

一是按照会党委明确的资本市场重点调研课题安排,认真组织开展公司债券市场改革发展调研,广泛听取市场各方的意见和建议,形成《关于我国公司债券市场改革发展的建议》上报国务院,并向中编办提交《我国公司债券市场现状、问题和改革建议》,积极研究推动债券市场监管体制改革。二是以此为基础,形成对《新国九条》债券部分的政策建议,积极发展统一规范的公司债券市场。三是落实国务院"盘活存量"总体部署,起草《关于应收账款证券化的调研报告》,研究推进应收账款证券化。四是落实国务院新型城镇化建设总体规划,研究起草《关于我国地方政府债的研究报告》上报国务院,积极为以阳光化地方政府债券化解地方债务建言献策。五是积极支持铁路建设事业,研究创新铁路债券发行方式,提出扩大在交易所市场发债、开放承销环节、创新应收账款证券化等建议。

二、加强债券市场基础制度建设,积极推进《公司债券发行试点办法》等的修订工作

一是起草《公司债券发行与交易管理办法》(修订草案),按照简政放权、宽进严管的市场化改革原则,扩大发行主体范围、丰富发行方式、简化发行审核流程、推进多层次债券市场建设。二是积极向《证券法》修订领导小组提出有关《证券法》债券条款的立法修订建议。以《证券法》修订为契机强化依法监管,推进统一公司债券市场准入条件、信息披露标准、资信评级要求、投资者适当性制度和投资者保护制度等各项监管规则。

三、深化对实体经济特别是中小微企业等薄弱环节的服务支持能力,积极扩大中小企业私募债试点范围

一是进一步扩大中小企业私募债试点地域范围,年内试点地域范围扩大到全国。二是与新三板扩大试点工作同步推进,中小企业私募债试点主体范围扩大到新三板挂牌公司,支持更多中小企业通过多层次债券市场直接融资。三是积极总结中小企业私募债试点经验,推动完善中小企业私募债配套制度,增强中小企业私募债流动性和存续期管理,培育中小企业私募债投资者队伍;协调引导相关交易所和派出机构稳妥处置中小企业私募债个别兑付风险。截至 2013 年底,试点已在全国 30 个省(区、市)展开,沪深交易所共接受 520 家中小企业发行备案,拟发行金额 849.3 亿元。

四、促进盘活资产存量,积极推进可交换债试点

一是为盘活国有股权存量,向国务院报送了《关于上市公司国有股东发行可交换债券的建议》。二是按照国务院常务会议提出"优化金融资源配置,用好增量、盘活存量"的总体部署,进一步修订《上市公司股东发行可交换公司债券试行规定》,加快完善可交换公司债券交易、结算配套规则,积极放松管制,增加非公开发行方式,缩短可交换债转股限制期。

五、推动信贷资产支持证券在交易所上市,全面启动资产证券化工作

一是按照国务院常务会议确定的进一步扩大信贷资产证券化试点的工作部署和会领导有关抓紧落实的工作要求,积极制定相关工作方案,以我会资产证券化业务模式、通过采用双特

殊目的载体(SPV)结构,加快推动信贷资产证券化产品在交易所上市。二是紧扣实体经济盘活存量需求,积极研究推进应收账款证券化,抓紧推出一批应收账款证券化示范项目。三是牵头成立资产证券化工作小组,统筹推进资产证券化的法规完善和深入发展工作;统筹发展企业资产证券化业务,完善相关制度安排和配套措施;积极推动完善资产证券化基础法律制度;成立专门法律研究小组,开展资产证券化立法调研和讲座培训。

六、全力推进债券品种创新,促进债券市场互联互通

一是积极启动国债预发性试点工作。证监会会同财政部、人民银行等联合发布了《关于开展国债预发行试点的通知》,进一步完善国债市场化发行机制。首批7年期国债预发行交易试点已于2013年10月在上交所正式推出。二是积极推进减记债试点工作。2013年11月证监会与银监会联合发布了《关于商业银行发行公司债券补充资本的指导意见》,为商业银行在交易所市场发行减记债补充资本提供制度支持。三是积极推进政策性金融债在交易所市场发行上市,启动国家开发银行在交易所发行金融债券试点。四是积极推动商业银行重返交易所回购市场,深化债券市场互联互通。

七、完善评级机构监管工作机制,增进监管实效

一是密切关注金融危机后信用评级行业的国际监管改革动态和最新司法判例,对信用评级机构监管和信息披露法律责任等开展深入研究。二是承接相关评级机构日常监管职责,修订资信评级机构行政许可工作制度,细化和完善行政许可审批流程,增强审核工作的公开性和透明度。三是会同相关派出机构完成对6家资信评级机构的现场检查工作,强化规范评级机构行为,提高评级质量和公信力。四是起草《关于规范发展资信评级机构的报告》,推动完善评级监管体制。

八、推动完善公司债券市场风险防控机制,研究防范债券市场利益输送行为

一是完善公司债券风险防控机制,结合个别公司债违约风险事件,认真总结经验和教训,起草完善公司债券风险防控机制的会发文件,进一步明确相关各方的职责分工,加强公司债券发行、上市衔接和投资者适当性管理,持续监测公司债券信用风险和回购风险,强化对债券受托管理人、增信机构的自律管理,做好风险的应急处置工作。二是研究加强对债券市场利益输送行为的监测,探索健全债券市场一线监察体系。三是积极加强公司信用类债券部际监管协作,推动跨市场执法工作,研究落实在部际协调机制框架下履行跨市场监管职责。

(证监会债券办供稿)

2013年创业板发行监管部工作综述

2013年,创业板发行监管部围绕年初监管工作会议的部署,贯彻落实新股发行体制改革各项要求,研究创业板制度改革措施,做好财务信息披露专项检查工作,推进以信息披露为中心的发行监管体制建设,推动创业板市场健康稳定发展。

一、研究推动创业板制度改革,形成改革方案

为贯彻落实国务院关于支持中小企业发展和金融支持经济转型升级的相关工作部署,按照会领导指示,我部在前期工作的基础上,深入调查研究、广泛征求意见,形成了创业板制度改革的总体思路和措施,一是研究修订创业板首发管理办法等规则,提高创业板市场覆盖面。适当放宽创业板对创新型、成长型企业的财务准入指标;简化其他发行条件,强化信息披露约束;停止执行《关于进一步做好创业板推荐工作的指引》,扩大市场服务行业范围。二是研究制定创业板再融资规则,推动形成"小额、快速、灵活"的融资机制。合理设置发行条件,鼓励重视投资者回报的上市公司再融资;防范上市公司"恶意"融资,不支持资产负债率较低,或前次募集资金尚未使用完毕的上市公司再融资;鼓励创业板上市公司并购,对于通过定向增发再融资进行收购兼并的,可以适当放宽对盈利、分红的要求;推行"小额、快速、灵活"的定向增发机制。三是完善信息披露规则,改进信息披露质量与内容。修订创业板首发招股说明书准则,制定创业板再融资募集文件准则。总的原则是披露内容从监管导向转为投资者导向,取消与投资决策不相关的冗余信息披露要求,让信息披露文件的信息对投资者决策有用;结合创业板企业业务模式新、业绩波动大等特点,提出差异化的披露要求;强化风险揭示,要求风险披露须全面、深入、具体;信息披露要求使用浅白语言,提高可读性。

同时,我部已完成修订创业板首发管理办法、制定创业板再融资办法、创业板首发招股说明书准则和申请文件准则修订的前期工作,主要条款基本形成,前期论证基本完成,待履行相关程序后发布实施。

二、认真做好财务信息披露专项检查,提高财务信息披露质量

为推进以信息披露为中心的新股发行体制改革工作,夯实首发公司财务会计信息真实性、准确性、完整性,检查中介机构执业质量,我会对在审首发公司财务会计信息开展2012年度财务报告专项检查工作。一是做好前期准备和组织动员。会同发行部拟定总体计划,对外发布核查通知,对中介机构反映较为集中的问题进行答复,组织召开动员大会;二是确定现场检查对象,建立检查工作小组,完成对中介结构自查工作底稿的初步审阅。会同发行部共同以抽签程序方式确定现场检查对象;会同相关部门拟定保荐机构、会计师事务所的工作底稿财务核查评价系统,财务核查现场工作底稿编制标准、财务核查现场工作计划等;组建创业板财务现场检查工作组,会同发行部共同组织财务核查的集中培训;对保荐机构、会计师事务所自查的工作底稿进行初步审阅;三是认真做好现场检查工作。分两批对创业板11家在审企业进行现场财务核查,拟定财务核查报告;四是建立长效机制,将财务检查工作制度化、常态化。会同发行部共同拟定对保荐机构、会计师事务所、律师事务所等相关中介机构的工作底稿及尽职履责情况(发审会前)进行财务抽查的工作程序和工作标准。

三、大力推进以信息披露为中心的发行监管体制建设

一是做好日常发行审核工作。截至2013年11月底,创业板今年共受理创业板首发申报企业65家,138家企业终止审查;受理非公开发行公司债5家,发审委会议审核非公债申请7家,通过7家,5家融资8.2亿元。二是研究抑制创业板发行阶段的"三高"问题。研究适当安排创业板新股集中发行上市,缓解新股局部供不应求的局面,强化定价过程中的博弈机制,缓解"三高"问题;研究对发行定价过程的监管机制,强化事中事后监管。三是协同做好新股发行体制改革的研究工作。参与新股发行体制改革指导意见、承销办法以及老股转让规则、财务信息披露指引等规则的研究论证。四是完善审核程序和制度,强化过程留痕和内部约束。优化审核工作规程,持续提高审核工作的计划性、执行力;完善发行审核各个环节的工作底稿制度,建立规范留痕的审核工作机制,切实做到公正公平对待每一个发行人;修改完善反馈会审核报告的内容格式要求。五是研究完善相关审核标准。在总结案例的基础上,起草创业板审核涉及出资瑕疵问题、曾经由境内上市公司直接或间接控制但目前不再控制的创业板发行人有关问题等审核问答,待履行相关签批程序后发布。六是加强对市场热点问题和审核中难点问题的研究。研究境内互联网企业境外上市有关情况、采用VIE架构在境外上市的中资公司回归A股上市的可行性、互联网金融等问题。七是做好创业板首发监管执法评估试点工作。全面梳理评估创业板发行监管涉及的法规和评估重点事项,完成监管执法评估报告,

协助法律部完成评估抽查及后续工作。

四、进一步完善发审委制度，做好发审委和咨询委相关工作

一是进一步完善创业板发审委相关制度。改进发审委的审核机制，通过加强委员审核过程控制、推动委员审核重心前移，督促委员正确行使自由裁量权；落实“以信息披露为中心”的审核理念，减少对持续盈利能力直接判断；研究提出提高发审委透明度的改革方案；加强对委员的事后核查和问责，强化委员权责匹配。二是顺利完成创业板发审委换届工作。除对交易所推荐的两名委员例行更换外，全部续聘其余33名第四届创业板发审委委员为第五届创业板发审委委员。三是做好发审委后勤保障工作。会同行政中心、信息中心对发审委新会议室装修，装修后可支持发审会视频直播。四是加强与咨询委的沟通和交流，充分发挥咨询委作用。邀请咨询委委员及相关行业的专家来我会举办7次关于新兴产业发展情况的讲座。

五、强化中介机构监管，督促归位尽责

一是加强对违规保荐机构的监管。配合稽查局、行政处罚委严肃处理创业板发行保荐中的违规行为，对平安证券、南京证券采取监管措施，并在南京证券整改结束时组织了验收工作。二是对违规保荐机构进行监管谈话。针对在非公债审核中发现的问题，对广州证券、中信建投证券保荐业务负责人及相关项目负责人进行监管谈话。三是配合发行部修改保荐业务管理办法。强化信息披露义务，强化保荐业务监管与稽查执法的联动，强化保荐执业全过程监管，强化行业自律管理和保荐机构内控机制，并在制度上为创业板实现“小额、快速、灵活”的再融资留下空间。

（证监会创业板发行监管部供稿）

2013年市场监管部监管工作综述

2013年，市场部认真贯彻落实会党委的各项决策部署，按照年度证券期货监管工作会议确定的工作思路和重点事项，严格落实“两维护，一促进”的监管要求，全力推进多层次资本市场发展，完善市场基础设施建设，推动市场改革创新，加强市场监管，防范和化解市场市场风险，维护市场稳定运行。

一、全力推进新三板市场建设

一是研究制定新三板扩大到全国的具体方案，起草《中国证监会关于进一步扩大非上市公司股份转让试点的请示》并报经国务院批准。二是建立对全国股份转让系统公司的基本监管框架，起草《全国中小企业股份转让系统有限责任公司管理暂行办法》，我会已于2013年2月2日公布并正式实施。三是审核批复《全国中小企业股份转让系统登记结算业务实施细则》，奠定了新三板试点扩大至全国的后台基础。四是研究审定了全国股份转让系统基本业务规则及信息披露、股票转让、主办券商管理、投资者适当性等业务细则，批复公开转让、定向发行审查流程方案、收费方案以及代码分配规则等。目前，新三板试点已扩大到全国。

二、牵头推进优先股工作

我部牵头协调会内外有关单位，稳妥推进优先股试点相关工作。一是通过开展基础制度研究，重点解决了优先股法律依据、立法路径、制度设计要点、配套政策等一系列核心问题。二是代拟《国务院关于开展优先股试点的指导意见》，已于2013年11月底由国务院正式发布。三是牵头起草《优先股试点管理办法》。起草过程中坚持保护投资者合法权益、市场化和平稳起步原则，从信息披露较充分、公司治理较完善的上市公司和非上市公众公司开始试点。该《办法》向社会征求意见的工作已于

2013年12月30日结束。四是协调优先股试点工作配套措施,加强优先股的政策解释和宣传工作。通过上述工作,目前已基本建立起优先股试点的监管制度。

三、加强市场监管

一是审核批复沪深交易所修改《交易规则》,完善了大宗交易规则,对债券ETF、黄金ETF、上市交易的货币市场基金实行日内回转交易。二是审核批复上交所修改《债券交易实施细则》和《开放式基金业务管理办法》,并调整若干创新产品申报时间。三是审核批复上交所和中国结算发布《国债预发行(试点)交易及登记结算业务办法》,国债预发行试点在上交所正式启动。四是协调所司推出股票质押式回购业务、基金质押式回购业务,推动债券质押式报价回购业务转常规。五是积极支持国债期货上市,批准《中国证券登记结算有限责任公司国债期货交割登记结算业务实施办法》。六是协调中国结算推进证券账户改革,批准《证券账户非现场开户实施暂行办法》及对配套文件的修改,正式允许证券公司以见证开户和网上开户的方式实施非现场开户。七是落实《金融市场基础设施原则》(FMI原则),牵头制定并发布证券期货行业FMI原则实施方案,指导所司开展FMI原则自评和专家评审工作,提升整体抗风险能力。

四、进一步改进统计分析工作

一是修订《证券期货业统计指标标准指引》,新增28个指标,修订23个原有指标,进一步细化对统计指标分类维度的解释,规范了上市公司及新三板挂牌公司控股情况分类。二是制定投资者分类及投资者盈亏计算的标准。三是完成股市市值、市盈率、市净率、AH及AB股溢价指数、除权除息及复权等证券期货业重点指标的详细诠释。四是会同资本市场运行统计监测中心(以下简称"监测中心"),就证券期货统计制度以及统计指标标准指引等,开展对会系统内单位和部门的专项培训,并加大统计指标普及运用的新闻宣传力度。五是改进日常统计工作,进一步丰富统计产品。今年陆续推出了《债券月报》、《月度快报》、《资金流动月报》、《投资者买卖日报》、《国际基金流动统计周报》等新的统计产品。六是加强统计调查工作。积极配合国家统计局开展全国经济普查工作,稳妥开展资本市场三项调查。

五、完成"8·16"事件应急处置和后续制度建设

8月16日异常事件发生后,我部受会领导指派牵头应急处置和后续制度建设工作。一是全程参与案件的调查、定性和处罚过程,会同有关各方协调确定新闻口径和信息披露内容,妥善处理了突发情况。二是牵头汇总梳理了事件经过、问题和改进建议,草拟了《关于8·16事件反思总结的报告》已上报国务院。三是牵头研究后续制度改进措施,会同各所司和会内部门研究起草了《关于加强证券期货市场重大交易异常情况防范和处置的指导意见》,堵上了制度漏洞,防止类似问题再次发生。

六、加强日常市场监控和系统性风险防范工作

一是履行日常市场监控职责,及时处理各种异动线索。共处理228份个股异动报告,其中126件违法违规线索转稽查局继续办理。二是对市场重大异常情况进行监控分析。2013年对"6月26日工商银行股价大幅波动"、"11月27日沪深300指数异动事件"、"8·16异常交易事件"等重大市场异动进行了监控分析,排查和化解市场风险。三是组织监测中心对资本市场系统性风险评估、监测和预警进行了深入研究,探索适合我国实际情况的资本市场系统性风险监测指标体系、工作机制及工作方案。

七、协助办理相关法律事务工作

一是落实中央简政放权和我会关于金融领域行政审批制度改革工作要求,进一步清理精简部门审批备案事项。全年共完成四批次部门审批事项清理,涉及非行政许可审批事项10余项,调整和下放部分审批、审核项目,提高了监管效能,促进了部门职能转型。二是积极参与证券法修订工作,对证券交易、登记、托管、名义持有、担保、结算以及登记结算机构等问题进行了深入研究,形成我部关于修法的意见报送会修法小组。

(证监会市场监管部供稿)

2013 年机构监管部监管工作综述

2013 年,中国证监会机构监管部继续坚持“放松管制,加强监管”的总体思路,一手抓创新发展,一手抓监管执法,积极推进监管转型,取得积极成效。

一、组织现场检查,强化监管执法

(一)加大现场检查力度。在常规检查基础上,上半年对 110 家证券公司的资产管理业务、合规和风险管理情况进行了专项现场检查,下半年对 33 家证券公司的融资类业务和代销金融产品业务进行了专项现场检查。

(二)认真梳理现场检查结果,研究提出处理意见。针对检查中发现的突出问题,对 14 家证券公司依法采取了监管措施,且按规定在分类评价中予以扣分处理。

(三)应急处置光大证券“8·16”事件。从公司内部管理角度分析事件成因,及时依法对光大证券采取监管措施,将光大证券移送稽查部门立案查处,并做好有关后续工作,研究提出防范类似问题发生的监管对策措施。

(四)持续跟进有关证券公司或其业务人员有关问题处理进展,督促公司深入自查整改并提交整改报告。

二、支持证券行业创新发展

(一)制定发布证券公司资产证券化业务规则。将该业务由试点转为常规,并降低准入门槛,扩大基础资产范围,支持证券公司发展资产证券化业务。2013 年累计批准 7 家证券公司 7 只资产证券化产品,其中 1 只为小额信贷资产证券化业务。

(二)制定发布证券公司分支机构监管规定。放开分支机构设立的主体资格限制、地域限制和数量限制,支持证券公司依法自主设立分支机构,自主确定分支机构业务范围。

(三)修订发布证券公司资产管理业务监管规则。支持证券公司依法合规开展资产管理业务,产品类型不断丰富,业务规模快速增长。截至 2013 年年底管理资产规模达到 5.2 万亿元,比去年同期增加了 175%。配合证券业协会出台自律规则,进一步规范证券公司通道类资产管理业务。

(四)稳步扩大融资融券业务市场覆盖面。融资融券业务规模不断增长,截至 2013 年底,共有 84 家证券公司开展融资融券业务,融资融券余额 3465 亿元,其中融资余额 3435 亿元,融券余额 30 亿元。2013 年 2 月 28 日推出转融券业务试点,进一步完善融资融券配套机制。

(五)配合交易所推出股票质押式回购交易,配合中国证券业协会、中国证券登记结算有限责任公司制定发布非现场开户、柜台交易的有关规则。截至 2013 年底,86 家证券公司开展了股票质押式回购交易,待购回金额 846 亿元;15 家证券公司经证券业协会备案开展柜台市场试点。

(六)支持证券公司自主创新。审核同意 17 家证券公司私募基金综合托管试点方案、10 家证券公司客户资金消费支付服务试点方案、3 家证券公司的上市公司股权激励行权融资试点方案。研究制定贵金属现货合约代理业务及黄金现货合约自营交易试点审核方案,已同意 2 家证券公司开展试点。配合基金部做好证券公司公募基金和基金托管牌照的审核工作,目前有 2 家证券公司取得公募基金牌照。支持证券公司研究提出创新方案,推进创新措施。

三、做好监管的基础性工作

(一)按照统一部署,配合做好《证券法》修订工作。仔细梳理分析存在的问题,根据国务院关于改革行政管理制度、转变政府职能的精神,借鉴境外成熟市场经验,在分专题进行深入研究的基础上,提出了进一步完善证券经营机构法律制度的具体修改建议和理由。

(二)系统清理机构监管法规,提出了“废、改、并、立”计划。目前已废止 3 件规范性文件,另外10件规范性文件在履行程序后也将废止。组织派出机构清理规范辖区不利于行业创新发展的“软措施”、“土政策”,共废止234项,修改36项。

(三)完成证券公司股权激励、信息技术管理等方面的政策研究和规则起草工作。修订发布证券公司参与股指期货、国债期货交易指引和约定购回、股票质押式回购、质押式报价回购三项业务风控指标监管指引。参与互联网金融发展与监管课题研究。

(四)全面梳理证券机构行政审批项目,研究取消、整合或者下放行政审批事项的可行性,提出清理行政审批事项的建议。2013年6月,全国人大常委会修订《证券法》,取消了证券公司增加注册资本且股权结构未发生重大调整、证券公司变更公司形式的审批项目。

综上,中国证监会机构部及机构监管工作按照会党委的统一部署,较好地完成了2013年的工作。证券行业资产质量良好,资本相对充足,财务稳健。截至2013年年底,115家证券公司总资产20788亿元,净资产7539亿元,净资本5205亿元,注册资本2560亿元。2013年,115家证券公司累计营业收入1592亿元,比2012年增长23%;累计实现净利润440亿元,比2012年增长34%。证券行业实现连续8年整体盈利。

(证监会机构监管部供稿)

2013年上市公司监管一部监管工作综述

截至2013年年末,境内上市公司家数为2489家,其中主板1433家,中小板701家。今年以来,受国内外多重因素影响,境内上市公司业绩波动较大,行业分化加剧问题依旧突出,监管工作依然艰巨。按照中央关于简政放权、转变政府职能的要求,在证监会党委的正确领导下,上市公司监管一部(以下简称上市一部)与证监局、证券交易所齐心协力,以服务实体经济为中心,推动监管转型,减少审批,加强事中、事后监管,取得了一定成效。主要工作包括:

一、完善监管法律法规,坚持依法合规监管

法治强,则市场兴。依法监管是提升资本市场公信力、净化市场环境、保护投资者权益的重要基础。2013年度,上市一部高度重视上市公司监管法规体系建设,通过“开门立法、民主立法”,力争使部门规章、规范性意见能既符合实践需要,又简单易懂、操作性强,便于各类市场主体,特别是中小投资者学习、掌握。具体包括:

一是积极参与法律、行政法规的制订工作。参与《证券法》修改工作,针对上市公司持续信息公开、收购制度提出修改建议。按照“强化信息披露监管、弱化行政许可、督促上市公司完善治理机制”的原则,配合法律部和国务院法制办,积极有序地推进《上市公司监督管理条例》制订工作。积极配合有关部门起草发布关于加强中小投资者保护、促进资本市场改革发展的有关意见。

二是不断完善上市公司并购重组监管规章。一方面,为贯彻落实《国务院关于促进企业兼并重组的意见》要求,遵循“放松管制、加强监管”的理念,充分考虑并购重组实际需求和相关各方意见,进一步研究修改《重组办法》,以期有效激发证券市场发现价格、优化资源配置的功能,限制ST和*ST等问题公司“卖壳”重组、健全并购重组“优胜劣汰”的有效机制,减少和简化并购重组行政许可事项、支持上市公司进行有利于可持续发展的并购重组;另一方面,为适应全流通市场特点,配合国家经济结构战略性调整,使资本市场更好地服务国民经济发展,2013年度上市一部结合《上市公司收购办法》实施六年多来的监管实践及市场呼声,进一步研究修订《收购办法》,重点在于简化审批环节,提高并购重组效率,加快政府职能转变。

三是参与“优先股”试点筹备工作，配套修改规范性文件。根据中国证监会“优先股”试点工作统一安排，上市一部积极参与研究确定“优先股”若干重大事项，引导、规范上市公司利用优先股这一制度创新，化解公司融资和投资者利益分配之间的矛盾。其后，为配合相关法规文件出台，奠定试点工作的规范基础，对《上市公司章程指引》、《上市公司股东大会规则》等七个规范性文件一并进行配套修订。

四是提升对上市公司回购股份和董监高持股变动的规范水平。一方面，为落实国务院关于取消上市公司回购股份行政审批的决定，满足上市公司实施股份回购的多重需求，上市一部起草了《上市公司回购股份规定》，通过强化信息披露，加强回购决策的公平性，提升相关规则的系统性和可操作性；另一方面，为完善对上市公司董监高买卖本公司股票的监管制度，贯彻公平原则，在坚持防控和打击内幕交易等违法违规行为的同时，保障相关主体依法从事股票交易，上市一部对《上市公司董事、监事和高级管理人员所持本公司股份及其变动管理规则》进行修订，进一步强化对董监高持股的约束和激励作用，切实保护中小投资者的知情权和公平交易权。

五是起草发布信息披露准则、监管指引，及时发布问题解答。包括修改《半年报准则》、《季报规则》，发布《承诺履行监管指引》，起草《上市公司监管措施实施指引》。与此同时，充分利用证监会官方网站“上市公司业务咨询平台”互动性强、覆盖面广的传播优势，针对上市公司、投资者、中介机构关心的法规理解、适用问题，及时登载“问题与答复”答疑解惑，内容涉及上市公司信息披露、并购重组多个重要环节，对市场和相关主体起到了积极的引导作用。

二、深化并购重组市场化改革，进一步提高审核透明度

进一步深化并购重组市场化改革。上市一部起草《关于加快企业兼并重组的政策建议》上报国务院，并根据国务院领导批示，积极配合工信部起草《关于进一步促进企业兼并重组若干政策措施的意见》。研究制定中国证监会层面推进并购重组市场化改革十五条措施，实施上市公司并购重组审核分道制，发布借壳上市条件与IPO标准等同的通知。

进一步提高并购重组审核透明度。完善并购重组信息公开方案，公开重组委“有条件通过”意见及否决意见。试行重组委会议向媒体公开，开展“走进上市一部”活动。对行政许可流程新增公示“接收”、“补正”、“反馈回复”三个环节，为2014年一季度对外公开“反馈意见”做好准备。

做好并购重组审核及监管工作。截至2013年年底，上市一部累计受理申请234单，核准191单，组织召开重组委会议46次，提交并购重组委审核93单，过会86单，全年核准重大资产重组事项的交易金额约为3143亿元，较去年增加35%。

进一步优化股权激励备案工作。2013年累计完成备案73单。通过不断完善工作规程，继续坚持“一天审核、两天合议、三天出报告、七天发函”的备案程序，扣除公司补充材料时间，已实现了7天发函。

三、扎实做好日常监管，提高上市公司信息披露质量

继续以年报监管为抓手做好信息披露监管工作。制定并发布《上市公司年报现场检查工作指引》，指导派出机构现场检查工作。2013年共27家上市公司因信息披露被立案稽查，其中20起系派出机构在现场检查中发现问题后移送。组织部内人员完成64家公司年报审核，并对发现的问题责成证监局、交易所进行处理。联合沪深专员办、稽查局、稽查总队对10家公司进行年报现场检查，发现问题220个，采取监管措施11项，移送稽查立案1例。

加强监管协调。召开4次监管协调会，发布监管案例4个，下发监管专报19期；解答政策咨询50余例；协调处理重点公司个案88例，如超日太阳、九龙山、昌九生化等；出具再融资持续监管意见107份。

稳妥处置舆情、投诉。研究制定社交媒体应对机制并对外发布；关注并处理重大媒体质疑314项，通过新闻发布会主动发布15个媒体质疑事项；处理信访投诉126单。

四、聚焦重点公司监管，妥善防范化解风险

研究深入推进退市制度改革相关措施，就

重大违法行为直接退市、主动退市制度提出意见,配套制定严格执行退市制度的若干意见。

有序做好＊ST 长油、＊ST 锌业、＊ST 金泰三家暂停上市公司可能涉及的退市衔接工作,启动监管联动机制,协调证监局、交易所督促公司充分披露信息,制定退市工作预案。向国务院国资委通报央企退市情况,赴辽宁、江苏、山东三地向省政府通报情况。

指导协调贤成矿业、华锐风电等公司的风险处置工作,推动上海石化等公司的股权分置改革进程以及＊ST 中达等公司的破产重整。

五、加强内部协作机制,健全综合监管体系

加强“五位一体”的监管协作,加快信息系统建设,“147 上市公司监管系统”正式投入使用,与信息中心共同启动“上市公司监管信息系统”建设,促进监管经验交流及监管尺度统一。与稽查局形成信息披露违法违规与立案稽查协调挂钩常态化机制;联合上市二部发布《关于加强上市公司监管工作的若干意见》;参加市场部优先股制度探索专题小组;配合市场部、法律部、国际部等完成多项专题研究。

会同相关部委起草制定多项规章制度。与国资委联合印发《关于推动国有股东与所控股上市公司解决同业竞争规范关联交易的指导意见》。与商务部、税务总局印发《消除地区封锁 打破行业垄断工作方案》。会同银监会修订《商业银行信息披露特别规定》,逐步建立差异化信息披露制度。为鼓励境内上市公司“走出去”,积极、稳妥地开展海外并购,积极配合商务部对《外国投资者对上市公司战略投资管理办法》进行修订。针对社会关注度较高的房地产行业上市公司重启并购重组和再融资审核事项,会同发行部起草涉及房地产行业并购重组和再融资的相关政策,商请国土部、工信部同意后公开发布。

推进规范运作小组工作。与国资委联合开展国有上市公司治理状况调研,与银监会联合开展金融类上市公司治理状况调研,与国资委、上市公司协会开展央企集团培训工作。

六、突出工作重点,做实做好各类专项工作

一是切实推进“简政放权”。根据国务院推进行政审批制度改革、清理行政审批事项的总体要求,上市一部在充分调研的基础上,按照“简政放权、加强事中事后监管”的目标,比较系统地提出了取消和简化并购重组行政许可的后续改革思路。同时,为优化上市公司并购重组审核工作机制,就简化反垄断审批流程与商务部反垄断局多次进行沟通、协调。

二是完善内幕交易防控长效机制。根据前期开展的内幕交易防控专项调研,上市一部起草了向国务院报送的《中国证监会关于依法打击与防控内幕交易专项调研检查报告》。其后,为在上市公司日常监管工作中进一步完善内幕交易防控工作,做到内幕交易防控工作的长期化、常态化,起草了《关于进一步完善内幕交易防控工作的通知》和《内幕信息知情人登记制度现场检查工作底稿》,并下发中国证监会各派出机构一体执行。

三是认真做好引导上市公司现金分红的工作。多措并举引导上市公司完善现金分红机制,起草发布《上市公司现金分红指引》,向国务院报送《关于上市公司现金分红问题的报告》。

四是督促上市公司加强公司治理和内控。研究修订《上市公司治理准则》,指导、协助上市公司协会制定《独立董事及高管人员行为指引》。制定发布内控现场检查工作规程,主板共计 853 家公司披露了内部控制报告。

五是实施执法评估试点工作。按照 2013 年度中国证监会《关于开展证券期货监管执法评估试点工作的通知》,上市一部成立“监管执法评估试点工作小组”,从全面梳理执法制度、对照评议执法结果、准确评估现实监管执法工作状况三个方面组织开展上市公司信息披露监管领域的执法评估试点工作,在此基础上认真编写了《上市公司信息披露监管执法评估报告》,提出初步评估意见。

七、遵循“三公”原则,深入开展法制宣传教育工作

一是加大法制宣传力度,巩固依法打击和防控内幕交易的社会效果。认真组织部署各派出机构对口部门积极开展内幕交易防控相关法律法规的宣传教育工作,在不断总结经验的基础上,通过法制宣传、案例揭示、培训讲座等多种形式对上市公司及其控股股东、中介机构和

有关各方开展持续性的宣传教育，帮助相关主体充分认清内幕交易的危害性，增强遵纪守法意识，推动内幕交易综合防控体系的各项具体措施落实到位。

二是打造多层次法制宣教平台，强化中小投资者权益保护。为充分落实中国证监会“两维护，一促进”的核心职责，继续以强化上市公司监管人员法治意识与执法能力为抓手，突出中小投资者权益保护的工作重心。除了采取赴派出机构等单位开展专题授课的传统方式，还利用远程视频教学形式，在系统内外组织多期普法培训。2013 年 11 月，上市一部会同证券业协会、上市公司协会于在深圳证券交易所举办“上市公司并购重组审核分道制”专场教学活动，全国 36 家派出机构和沪深交易所全体上市公司监管人员、34 名并购重组委委员、2489 家上市公司和 72 家财务顾问的代表共计 3000 余人，绝大部分通过网络转播接受培训，大大节约了培训和参训成本，践行了中央关于务实、节俭的相关要求。

三是突出普法工作重点，强化央企和金融类上市公司法制宣教。结合央企和金融类上市公司规模大、盈利能力突出、对资本市场影响大的特点，2013 年度，上市一部坚持“寓监管于服务”的理念，以央企和金融类上市公司规范运作为主题，先后就“解决同业竞争、规范关联交易”、“规范信息披露”为重点，开展一系列专题讲学活动，全力推动央企控股和金融类上市公司进一步提升规范运作水平。

（证监会上市公司监管一部供稿）

2013 年上市公司监管二部监管工作综述

2013 年，我部以“信息披露”为中心，以市场化监管为导向，放松管制、加强监管，推动市场主体归位尽责，围绕“以投资者需求为导向的信息披露体系”、“适合中国国情的创业板上市公司监管体系”两个体系建设，积极落实各项监管任务，探索创业板上市公司监管的有效途径。

一、以投资者需求为导向，构建创业板上市公司信息披露体系

（一）全面制定信息披露体系框架，提升披露内容的有效性

2012 年 12 月修订《年报准则》后，今年我部陆续修订发布了创业板上市公司《季报准则》和《半年报准则》，新修订的披露规则总结了 2009 年创业板开板以来的监管实践，进一步细化了创业板公司核心竞争力、主要风险等非财务信息的披露要求，突出了投资者关心的内容。同时，我部还协调深交所发布了创业板特殊行业信息披露指引。至此，定期报告相关规则已全部修订完成，以投资者需求为导向的披露体系框架已初具规模。

（二）积极探索创新信息披露有效方式，促进投资者与公司互动交流

一是协调深交所继续对互动易进行升级完善，提高系统服务器功能和支持能力，并对互动易进一步加强宣传和推广；二是进一步发挥业绩说明会、互动易等交流渠道的作用，在年报披露中试行视频股东大会和业绩说明会，增进投资者与上市公司间的双向交流；三是进一步扩大创业板上市公司信息披露直通车试点公司范围和公告类别范围，强化上市公司披露责任，提升信息披露的效率和效果。

（三）降低上市公司披露成本

自 2013 年起，我部简化在指定报纸刊载报告摘要的要求，仅要求创业板公司在报纸登载提示性公告。从投资者和上市公司的反馈看，这一做法既方便了投资者获取信息，同时也降低了公司信息披露的成本，获得了市场的认可。

二、以市场化为导向,探索创业板上市公司监管有效途径

(一)探索系统内监管协作机制,努力构建高效监管体系

在对系统内各单位意见建议梳理基础上,我部牵头起草了《关于进一步加强上市公司监管工作若干事项的通知》(以下简称《通知》),对现阶段上市公司监管的目标任务、重要监管业务分工与协作流程等予以明确,以提高监管系统效率和效能。目前,《通知》已正式发布实施。

(二)优化年报监管分工协作机制,统筹协调年报信息披露监管工作

我部在年报审核中加强统筹部署,明确“三点一线”分工,交易所对全部创业板公司、证监局对辖区重点公司、我部选取10家公司分别进行了审核,年报监管分工协作机制得到优化。为保证年报审核工作质量,我部通过电话、网络、抄送年报监管意见函、问询函等多种形式,分阶段协调、指导派出机构和交易所有序推进年报审核工作。

(三)现场检查与持续督导工作相结合,推动保荐机构归位尽责

一是对上市公司现场检查与保荐机构持续督导工作同部署、同推进。工作中试行了证监局现场核实及非现场问核相结合的全新监管模式,即要求保荐机构对上市公司进行先期核查,并由证监局对其工作进行现场核实或非现场问核。同时,我部以“观察员”身份参加了7个辖区的现场检查工作,对监管工作进行督导、复核;二是组织召开2013年创业板上市公司现场检查经验交流会,集中总结前期经验、解决共性及突出问题,部署并指导下一阶段工作。会议还对对强化保荐机构的问责机制进行了专题讨论,为进一步推动保荐机构归位尽责献计献策;三是开展保荐机构持续督导调研工作。了解保荐机构持续督导制度建立及执行情况,并组织部分保荐机构召开持续督导座谈会,就持续督导制度广泛听取意见建议。

(四)以信息披露为有力武器,探索风险处置过程中投资者保护的全新模式

万福生科是我部成立以来第一家风险处置的创业板上市公司。我部紧紧围绕信息披露监管主线,指导湖南局、深交所做好风险处置工作,开创了上市公司主动披露欺诈发行、保荐机构主动承担民事赔偿责任、监管部门迅速进入行政处罚等多项风险处置先河。

此外,对三五互联、数字政通、银江股份等部分创业板公司媒体质疑事项及时进行舆情引导;对蒙草抗旱、联创节能等存在信息披露问题的公司及时向证监局提出核查核实建议路径;对海联讯、迪威视讯、通源石油等被证监局立案调查的创业板公司进行重点关注。

(五)提高股权激励备案效率,发挥股权激励在促进企业成长方面的积极作用

一方面,认真做好股权激励的日常备案工作。注意在保质的前提下提高备案工作效率,缩短备案时间。2013年,共接受创业板公司股权激励备案材料56家,全年50家公司成功实施了股权激励计划,再审11家;另一方面,积极开展股权激励改革研究。对创业板公司近三年来实施股权激励的情况和问题进行初步梳理和总结,为下一步创业板股权激励制度改革奠定基础。

三、专项任务进展情况

(一)牵头完成“资本市场监管体系建设课题研究”工作

根据会领导工作部署,按照“严格监管、创新监管、阳光监管、科技监管、效能监管”的原则,对构建“集中统一、优势互补、功能配套、信息共享、协同有效”监管体系提出了“简政放权”、“统一公众公司监管”、“探索功能性监管”等6方面改革建议,目前课题报告已完成并上报。

(二)指导中上协修订《上市公司独立董事行为指引》

在2008年独董行为指引的基础上,指导中上协开展修订工作,发挥自律组织在公司治理等方面“软规则”的作用。

(三)探索构建上市一部、二部协作配合机制

协同上市一部在联合办文、联合办会、联合办事等方面进行了机制探索。如两部门联合部署上市公司监管系统2013年工作要点任务,共同编写“两会”热点答复口径,联合编写监管工作简报、开展上市公司监管人员培训等工作,对维护上市公司监管整体性、提高监管合力发挥了初步作用。

(证监会上市公司监管二部供稿)

2013年基金监管部工作综述

2013年，基金监管部按照国务院“加快转变政府职能”的要求和会党委“两维护，一促进”的决策部署，坚持“放松管制、加强监管”的工作思路，贯彻落实新基金法要求，在不断加强监管执法，有效维护基金市场公平有序竞争环境、维护持有人合法权益的基础上，积极推动改革创新，维护了行业平稳健康发展的良好局面。截至12月31日，全国共有89家基金管理公司(含合资公司48家)，管理资产规模4.22万亿元，其中，证券投资基金产品共1552只、资产3万亿元，社保基金资产4508亿元，企业年金基金资产2405亿元，专户理财资产5260亿元。基金持股市值13187.45亿元，占沪深股市流通市值的6.66%。此外，境内专户子公司62家，管理资产超过6000亿元。

一、做好新基金法配套法规的梳理修订工作，不断优化行业制度环境

作为行业基础性制度安排的总纲领，新基金法的颁布实施为行业改革创新开拓了广阔空间。今年以来，基金监管部认真做好配套法规梳理修订工作。就基金管理公司股东、实际控制人条件请示国务院，获《国务院关于管理公开募集基金的基金管理公司有关问题的批复》；发布多项配套规章及规范性文件，包括修订《证券投资基金销售管理办法》、《证券投资基金托管业务管理办法》、《公开募集证券投资基金风险准备金监督管理暂行办法》，出台《资产管理机构开展公募证券投资基金管理业务暂行规定》、《非银行金融机构开展证券投资基金托管业务暂行规定》等；另有《公开募集证券投资基金运作管理办法》、《公开募集证券投资基金管理人管理办法》等数项配套规章及规范性文件已完成修订、公开征求意见等程序。系列配套法规的陆续推出，将为行业的持续健康发展提供基本的制度保障。

二、进一步简政放权，促进市场竞争机制的形成

(一)深化基金产品审核制度的市场化改革，全面落实新基金法关于产品注册制的要求，由市场机构自主决定基金产品的发行类别、数量、时机。今年1月1日起，基金监管部取消基金产品通道制，实施网上电子化审批。常规产品按照简易程序、20个工作日实行快速审核。创新产品按照普通程序、6个月进行审核。

(二)积极推进公募基金管理业务资格审核，加快推动形成多元、开放、包容的公募基金管理机构队伍。完成商业银行设立基金管理公司第三批试点，5家城市商业银行成功发起设立基金管理公司。保险机构投资设立基金管理公司试点取得实质性进展，人寿资产作为首家保险机构成功设立国寿安保基金管理公司。支持券商等资管机构申请开展公募基金管理业务，东方证券资管、华融证券获得公募基金管理资格。

(三)做好基金销售业务资格许可下放后的统筹指导，推进销售渠道多元化发展。2012年10月，基金销售业务资格许可下放至派出机构。今年，基金监管部积极开展许可下放后的业务培训与指导工作。截至2013年年底，14家派出机构完成33家机构的基金销售业务资格审核，在所有223家基金销售机构中，机构类别覆盖中外资商业银行、证券公司、期货公司、证券投资咨询机构、独立基金销售机构等，多元化的基金销售渠道逐步形成。

(四)积极拓宽基金托管业务牌照的机构范围，提升托管市场的竞争度，促进托管服务总体水平的提升。稳步推进中资商业银行托管资格审核工作，全面评估外资法人银行开展基金托管业务的可行性，积极支持证券公司、中登公司等非银行金融机构申请基金托管资格。批复浙商银行、海通证券、国信证券等机构的基金托

管业务资格申请。

(五)推进信息系统建设,许可事项全部实现电子审核。今年以来,在前期销售资格电子审核成功经验的基础上,基金监管部陆续完成了基金产品、QFII 和 RQFII 资格、托管资格、基金公司及子公司设立、高管资格的电子化审核系统建设,成功实现电子审核覆盖所有许可的既定目标,在提升监管效能的同时,也进一步规范了审核标准与程序,减少了自由裁量权。另外,对专户产品实现了网上实时备案,解放了审核资源,有力支持了市场机构的创新发展。

三、积极支持行业创新,更好满足居民多元化理财需求,提升基金行业服务实体经济的能力

(一)稳妥推进创新基金产品开发,充分释放市场创新活力。支持公募基金拓展投资范围,发布《黄金交易型开放式证券投资基金暂行规定》,成功推出黄金 ETF 产品,发布《基金参与国债期货交易指引》,引导基金审慎开展金融衍生品投资。以更好满足居民理财需求为导向,推出了债券 ETF、浮动管理费率、定期支付、绝对收益等创新产品。审慎推进多空分级、杠杆 ETF 等复杂类创新产品审核,确立了基金业协会对创新产品的评审机制,发布了《多空分级基金产品注册指引》,初步建立了复杂基金产品的合格投资者制度。

(二)支持行业利用互联网金融争取客户资源,着力突破行业销售瓶颈。支持基金销售电子商务业务发展,发布《基金销售机构通过第三方电子商务平台开展业务管理暂行规定》。今年以来,由互联网等新渠道拉动的公募基金规模新增超过 2000 亿元,互联网等新渠道的基金客户数增长超过 4000 万,互联网金融在客户普及方面的作用突显。

(三)支持基金专户子公司平稳起步,打造投融资对接平台,提升基金行业服务实体经济的能力。按照“宽进严管”要求,稳步推进专户子公司设立审核,加强子公司业务的日常监管。针对子公司业务风险,指导基金业协会及时发布《关于加强专项资产管理业务风险管理有关事项的通知》。

四、推进资本市场双向开放,加快推动长期资金入市

(一)加快引入 QFII 步伐,大力推进 RQFII 发展。继续稳步推进 QFII 资格审批,协调外汇局加快批准 QFII 投资额度。完成 RQFII 法规修订工作,进一步扩大试点机构范围。积极推动 RQFII 试点范围扩大至台湾、伦敦和新加坡等地区。截至 2013 年 12 月 31 日,已有 251 家机构获得 QFII 资格,较年初增加 44 家,其中 226 家 QFII 合计获批 497.01 亿美元投资额度,较年初增加 122.58 亿美元;共有 60 家试点机构获得 RQFII 资格,累计获批投资额度合计 1575 亿元人民币。截至 2013 年 12 月 27 日,QFII 及 RQFII 合计净汇入资金达 3100 亿元人民币(RQFII 不包含证券公司香港子公司),较年初增加 959 亿元。

(二)积极推动内地与香港基金产品的互认。今年 8 月,“积极研究内地与香港基金产品互认”被写入 CEPA 补充协议。目前,相关研究和准备工作正在积极推动中。

五、加强监管执法,切实保护投资者合法权益,维护公平有序的市场环境,做好系统性风险防控

(一)加强基金公司现场检查。围绕监管重点,推动 5 家派出机构对 12 家基金管理公司开展全面现场检查,7 家派出机构对 28 家基金管理公司开展专项现场检查,组织 3 次由多家派出机构参加的联合现场检查。针对现场检查中发现的问题,依法对相关公司及责任人采取行政监管措施。

(二)加强基金投资运作非现场监管。依法处置基金投资运作违规与操作失误事项,问责相关基金管理人、托管人及相关责任人,及时足额赔偿因违规失信给基金财产或投资者造成的损失。

(三)严肃查处销售违规行为。2013 年,已经完成 250 余次现场检查和 22 项非现场监管,依法对违规售机构或销售分支机构作出处罚;组织派出机构对 2012 年 333 次现场检查发现的问题进行处罚。

(四)加强系统性风险防范。持续跟进货币类基金风险监控,平稳化解 6 月货币类基金

风险,10月,下发《关于定期开展货币类基金统一情景压力测试的通知》,推动货币类基金压力测试工作制度化和常态化。修订发布《公开募集基金风险准备金监督管理暂行办法》,完善行业风险准备金制度。

(证监会基金监管部供稿)

2013年期货监管一部监管工作综述

2013年是全面深入贯彻落实党的十八大精神的开局之年。我部按照会党委的统一部署,坚持服务实体经济发展的根本要求,按照"两维护,一促进、一加强"的指导思想,牢牢把握市场化、法治化、国际化的改革方向,扎实推进期货市场改革、创新、开放工作,全年各项工作取得显著成效。

今年以来,共上市了8个商品期货品种和1个金融期货品种,进一步完善了期货市场品种体系。目前,全市场期货品种总数达到40个,其中商品期货38个,金融期货2个,成为资本市场创新最为活跃的领域之一。期货市场继续保持良好发展态势。全年共成交20.62亿手、成交金额267.48万亿元,同比分别增长42.14%和56.30%,商品期货成交量连续多年居世界前列。

一、国债期货市场平稳起步,助推利率市场化改革

推进国债期货市场建设是国务院2013年深化经济体制改革的重点工作。历经18年的研究论证特别是近几年的精心筹备,9月6日国债期货正式挂牌上市。这是我国多层次资本市场建设取得的重要成果,标志着我国金融衍生品市场迈入了新的发展阶段。截至目前,国债期货上市虽然只有3个多月时间,但已经在提升国债发行效率、提高现券流动性、盘活存量国债、推动债券市场互联互通等方面开始发挥积极作用,这对于健全完善国债收益率曲线、优化货币政策传导机制、促进金融机构产品创新也具有积极意义。一是扎实推进上市准备工作,实现了平稳上市。坚持"高标准、稳起步"的原则,科学设计了5年期合约,制定了实行滚动交割的实物交割制度,建立了以风险控制为核心的规则制度体系,发布实施金融期货投资者适当性制度,明确证券公司、基金公司等参与国债期货交易的相关规定。与财政部、人民银行、银监会等部委加强沟通协调,推动解决上市中的交割、监管等关键问题。深入开展了国债期货仿真交易、投资者教育和培训工作。二是全力确保国债期货安全运行,不追求交易量和活跃程度。指导中金所做好国债期货市场运行关键风险的解决预案,建立市场运行报告制度。建立健全国债期货跨部委协调机制和监管框架,推进三所两司建立国债期货与现货跨市场监管协调机制,防范跨市场操纵风险。三是深化市场培育,市场功能逐步发挥。目前,证券公司、基金公司、期货公司等金融机构已参与国债期货交易,正会同银监会、保监会研究落实商业银行、保险公司参与国债期货的相关政策规定。

二、战略性期货品种取得新突破,切实服务国家"新四化"建设

一是积极研发并顺利推出全球首个实物交割的铁矿石期货,不仅标志着黑色金属期货产业链的完善,同时为争夺全球定价权迈出了重要一步。目前市场总体运行平稳,流动性初具规模,产业客户参与积极,服务功能逐步发挥,成为全球最活跃的铁矿石衍生品市场。二是上市了焦煤、动力煤期货,不仅健全了煤炭期货品种序列,有利于增强企业抗风险能力,缓解煤电联动压力,同时进一步完善了煤炭市场交易体系。三是推进其他大宗商品期货品种的上市研发,上市了沥青期货,聚丙烯期货已上报国务院,铁合金、热轧卷板期货已征求部委意见。

三、创新机制、简政放权,进一步释放市场活力

一是为提升市场效率和对外开放水平,增强我国期货市场价格的连续性和权威性,在黄金、白银、铜、铝、锌、铅等期货品种开展了连续交易试点,目前黄金、白银期货连续交易总体运行平稳,市场规模显著扩大,投资者结构不断优化,国际影响力明显增强。其中,白银期货市场规模已跃居全球第一,并获得期货期权世界杂志(FOW)颁发的"2012－2013年度亚洲最佳合约"。二是进一步简政放权,发布实施期货保证金存管银行监管工作指引,落实行政许可取消后的配套监管工作,指导期货交易所制定《指定存管银行管理办法》。三是推动套利、限仓、保证金等市场制度改革,进一步降低交易成本,提升客户参与市场交易的便捷性,优化市场风险管理体系。

四、拓展服务"三农"渠道和机制,促进了现代农业发展

一是主动贴近"三农"需求,成功推出鸡蛋、粳稻、胶合板、纤维板等宜农品种,晚籼稻已获国务院批准,填补了林木和畜牧类鲜活产品领域的空白,进一步拓展了农产品定价和服务体系。二是深化与农业部的合作,联合主办第二届风险管理与农业高端论坛;主办面向农业部系统处以上干部的"农产品期货市场观摩讲习班";与保监会密切沟通,推进农业保险与期货市场对接。与世界银行开展期货市场服务"三农"联合调研,完成《中国农业风险管理专题报告》上报国务院。三是积极推广期货市场服务"三农"典型模式。组织开展"保底价订单＋期货市场"、"保底价订单＋期货公司风险管理子公司＋期货市场"试点,探索市场化管理"三农"风险的新机制。推动解决农发行成为期货市场保证金存管行的相关问题,为推动涉农企业信贷资金入市交易创造条件。

五、扎实开展原油期货市场建设,稳妥推进市场对外开放

一是按照国务院的统一部署,会同20多个部委建立并完善了原油期货上市推进工作机制,进一步深入研究论证市场建设方案,相关配套政策取得积极进展;启动开展了原油期货国际平台技术系统测试,总体运行平稳;落实国家建设上海自贸区的战略部署,成立了上海国际能源交易中心,具体承担国际原油期货平台的筹建工作;深入研究并论证原油期货跨境监管以及投资者参与模式。二是在石油报价机构监管及仓储设施监管等方面积极参与国际标准制定,积极参加金融稳定理事会场外衍生品工作组,参与国际衍生品市场监管改革相关工作,提高我国作为商品期货大国在国际监管规则制定上的话语权。三是研究扩大完善期货保税交割业务范围,提升市场国际化程度和辐射领域。

六、加强法规建设和监管执法,维护市场"三公"

一是开展期货法立法工作,推动期货法列入十二届全国人大二类立法项目。贯彻落实修订后的《期货交易管理条例》,推进《期货交易所管理办法》等配套法规文件的修订工作。二是加强对期货市场风险的监测和处置。配合做好"光大8·16"突发事件处置工作。严厉查处市场违法违规行为,全年共查处异常交易1225起,协助稽查、公安部门查处期货市场对敲转移他人资金案件共4起,涉案金额800余万元。配合处罚委有关期货市场操纵案件的认定处罚工作。三是组织完成2012年期货品种功能发挥评估工作,适应相关现货行业发展变化的需要,完成铜、黄金、黄大豆1号、焦炭等14个期货品种合约规则修订工作。四是推动保证金监控中心体制改革,完善法人治理结构,以保障其能够有效履职,充分发挥功能。加强期货交易所核心系统安全和运维管理工作,提升期货市场信息技术管理规范化水平。五是对18省市的清理整顿工作进行验收,配合参与指导部分省市清理整顿工作。与商务部、人民银行联合发布《商品现货市场交易管理办法(试行)》。配合有关政府、部门查处、打击非法期货交易,出具非法期货认定意见8件。

七、推进新市场、新工具建设,拓展服务实体经济的领域

一是加强对碳交易试点市场的调研和引导,总结分析试点情况,研究开展碳期货交易的可行性及路径,有关情况已经或即将上报国务院。启动了碳期货交易可行性和我国碳期货市

场建设方案专项课题研究工作。加强对国际国内碳市场建设专题研究。二是推进多层次商品市场体系建设，研究开展场外商品衍生品交易的思路和方案，即将上报国务院。三是组织开展期权和商品指数等新工具的研发工作。推进制定统一的期权交易管理办法。股指期权、商品期货期权都开展了面向全市场的仿真交易。正式对外发布了监控中心中国商品综合指数。

（证监会期货监管一部供稿）

2013 年期货监管二部监管工作综述

2013 年，期货二部认真贯彻落实年初全国证券期货监管工作会议部署，紧紧围绕我会“两维护，一促进”的核心职能，坚持“市场化、法治化、国际化”的改革方向，坚决贯彻执行中央“八项规定”及我会的相关实施办法，深入开展党的群众路线教育实践活动，切实转变工作作风，着力推进监管转型。进一步简政放权，减少行政审批，加强事中事后监管；修订整合期货公司管理办法及有关规定，梳理完善期货行业监管法规体系；研究制定行业发展规划，稳步推动期货公司业务创新和对外开放，提高行业服务实体经济能力，促进了期货行业平稳健康发展。

截至 2013 年 11 月底，全国共有 158 家期货公司，下设营业部 1460 家；期货公司总资产、实收资本、净资产及净资本分别为 631.66 亿元、381.00 亿元、519.36 亿元和 434.04 亿元，较 2012 年年末分别增长 14.56%、13.34%、13.73%、4.10%；全国期货公司管理的客户保证金达 2086.01 亿元，较 2012 年年末增长 18.05%；2013 年 1－11 月累计代理交易额为 491.65 万亿元，较去年同期增长 62.01%；2013 年 1－11 月累计净利润共计 31.89 亿元（未经审计），较去年同期增长 9.13%。

一、推动立法修法工作，完善行业监管法规制度体系

（一）推动期货立法。积极配合做好《期货法》立法工作，研究提出立法需求，广泛征求意见，起草期货中介机构监管的相关条款。同时，为做好《期货法》与《证券法》的衔接和协调，积极配合做好《证券法》修订工作，结合行业发展实际，就《证券法》修订提出意见。

（二）制定修订规章及规范性文件。为落实《期货交易管理条例》的修订及行政审批项目的调整，进一步推动期货行业改革开放和创新发展，完成《期货公司管理办法》的修订草案；根据市场发展及监管需要，修订期货公司净资本监管规则，发布修订后的《期货公司风险监管指标管理办法》及《关于期货公司风险资本准备计算标准的规定》；研究起草《期货公司自有资金运用管理暂行规定》、《期货经纪人管理暂行规定》；积极推动《期货公司会计科目设置及核算指引》的修订工作。

（三）研究制定检查工作规范。总结近年来期货公司监管实践经验，制定并发布《期货公司现场检查工作指引（试行）》，指导派出机构做好现场检查工作；研究改进非现场检查工作规程，提高非现场检查工作质量和效率；全面梳理期货监管措施，制定《期货经营机构监督管理措施实施工作指导意见》，进一步完善了监管措施实施程序。

二、进一步取消和调整行政许可项目，落实简政放权

在去年清理行政许可项目的基础上，研究提出了 2013－2015 年拟进一步取消的审批项目。除只保留个别项目外，其余绝大部分项目将被分批取消。同时，完善了已取消许可事项的后续管理及衔接方案，加强日常监管执法，积极推进监管转型。发布《关于进一步规范期货营业部设立有关问题的规定》，降低营业部的准入门槛，简化营业部设立的审批程序。

三、紧紧围绕合规和风控管理，加强事中事后监管

(一)扎实做好日常监管工作。进一步加强风险防范和投资者利益保护，出台了《关于加强期货公司内部控制保护客户资金安全有关问题的通知》；组织开展了2013年期货公司现场检查，及时发现问题督促整改，防范风险；借助期货公司监管综合信息系统(FISS系统)，改进和加强了对期货公司的非现场检查和风险监测；开展了2013年期货公司分类评价工作，引导和督促期货公司不断提高合规意识、风控水平和服务机构客户的能力；高度重视期货公司创新业务风险防范，重点加强了对期货公司资产管理、风险管理子公司、连续交易及证券投资基金销售等创新业务的监管工作。

(二)加强期货公司信息技术监管。组织开展2013年期货公司信息系统评级检查，对52家期货公司落实《期货公司信息技术管理指引》要求情况进行了现场检查，评定其信息技术达标等级；同时，做好期货公司信息安全事件的处置工作，今年累计处理20起期货公司突发网络与信息安全事件及4起感染病毒事件。

(三)稳妥推进期货公司风险处置。北亚期货风险处置工作取得实质性进展，启动了对首批符合条件的投资者补偿工作；启动三力期货许可证注销程序；通过市场化重组方式妥善处置了华证期货风险，启动华证期货牌照注销程序。

(四)持续做好投资者保护和教育。协调处理了24件次信访投诉事项，切实保护投资者合法权益。总结派出机构在开展投资者教育方面的有益经验和做法，编写《期货投资者教育工作情况专刊》，供系统内参阅；指导派出机构、中期协做好投资者教育工作，着重开展对新上市期货品种的知识培训和风险提示。

四、推动期货公司业务创新，提高服务实体经济能力

(一)支持期货公司开展资产管理业务。截至11月底，29家公司取得资产管理业务资格，其中26家已开展业务，管理客户资金余额10.5亿元。研究制约资管业务发展的主要问题，在总结“一对一”资管业务经验的基础上，积极推进“一对多”资管业务，起草了《期货公司资产管理业务管理办法》。

(二)推动期货公司风险管理子公司业务试点。指导中期协制定完善子公司备案评审工作程序和实施细则，探索完善风险管理子公司业务运作模式，研究建立子公司业务监管技术系统。截至11月底，已有20家期货公司通过了协会备案。

(三)支持期货公司开展连续交易。组织派出机构进行连续交易专题培训，建立连续交易业务联系人制度，督促期货公司做好连续交易技术测试、人员配备等准备工作；完成中期协制定的《期货合同关于连续交易的补充协议》的备案工作。

(四)推动期货公司开展基金销售业务。允许期货公司开展证券投资基金销售业务，相关法规于2013年6月1日正式实施。目前，有1家公司(中信建投期货)取得此项业务资格。

(五)研究期货公司参与期权交易的方案。配合有关部门起草《期权交易管理办法》，研究提出中介机构参与个股期权交易的模式与路径；参与商品期权交易上市推进工作，积极推动期货公司做好期权交易准备工作。

(六)支持期货公司发行上市和并购重组。稳步推进期货公司发行上市，支持公司自主选择境内外上市地点，撰写了《关于期货公司发行上市准备工作进展情况的报告》。大力支持期货公司市场化并购重组，本年共核准7件控股股东变更和3件吸收合并事项。

五、进一步解放思想，扩大行业对外开放

(一)加大“请进来”力度。研究制定外资参股期货公司的相关规定，并纳入《期货公司管理办法》的修订内容，允许外资直接参股期货公司；对原油期货中介政策涉及的重点问题进行深入研究，起草了《期货公司代理境外客户参与境内期货交易试行办法》。

(二)加快“走出去”步伐。推进期货公司境外期货经纪业务试点筹备工作，起草了《境内企业从事境外期货交易试行办法》、《期货公司境外期货经纪业务试行办法》。研究制定期货公司在境外设立、收购、参股期货类经营机构的政策，并纳入《期货公司管理办法》的修订内容，引导和支持期货公司有序开展国际化经营。

(证监会期货监管二部供稿)

2013年会计部监管工作综述

2013年，会计部紧紧围绕资本市场市场化、法治化、国际化的改革方向，夯实基础、加强监管、防范风险，深化落实各项监管要求，不断加强和改进会计监管工作，促进资本市场会计信息质量的提高，切实维护市场秩序和投资者合法权益。截止2013年年底，我国具有证券期货相关业务资格的会计师事务所和资产评估机构分别有43家和70家。

一、健全各项监管制度

一是积极配合《证券法》修订工作。以《证券法》修订为契机，按照"放松管制、加强监管"的整体思路，系统梳理审计与评估机构监管方式、方法，完善《证券法》相关条款内容；二是发布针对事务所整合的有关规范性文件。立足于提升事务所质量控制水平和执业质量，针对事务所分所管理混乱、合伙机制不健全等问题，出台有关规范性文件，促进行业健康发展；三是深入调研证券资产评估机构审批管理制度实施情况，为下一步修订审批管理制度提供重要参考依据；四是研究推进会计师事务所从事证券业务执业质量评价工作，优化监管资源配置；五是发布《年报审计监管工作规程》。按照理顺审计监管体制，建立权责明晰、内部机制顺畅的辖区监管责任制的总体要求，在广泛调研基础上，出台《年报审计监管工作规程》，统一会系统年报审计监管标准。

二、加强审计监管与执法跨境合作

一是深化中美审计监管与执法合作。联合财政部与美国公众公司会计监督委员会（PCAOB）就审计执法合作事宜签署《美国公众公司会计监督委员会与中国证券监督管理委员会和中国财政部的执法合作谅解备忘录》，同时就审计监管跨境合作加强交流与合作；二是积极开展与国际组织的合作与交流。深度参与国际证监会组织（IOSCO）的各项会议，就审计报告改革方案、应对疑似违法行为、事务所透明度报告等议题发表我方看法。接待国际会计师联合会、加拿大会计监管机构、香港会计师工会等组织的来访。

三、强化检查，加大对违法违规行为的查处力度

一是认真开展检查工作。2013年，会计部组织沪深专员办、证监局完成对3家会计师事务所、5家资产评估机构的全面检查，以及33个审计项目、18个评估项目的专项检查，有效督促审计与评估机构加强内部管理和质量控制，切实提高执业质量。二是加大对违法违规行为的查处力度。2013年，会计部对存在违法违规行为的相关审计与评估机构及执业人员共采取了17家次和25人次的行政监管措施，并移送稽查立案3家次，及时有效净化了市场环境。此外，会计部还积极配合稽查和行政处罚部门做好对大信会计师事务所、中磊会计师事务所、大华会计师事务所等13家次的责任认定工作。

四、扎实开展各项日常监管工作

一是做好审计与评估机构证券资格持续监管。督促审计与评估机构做好年度报备和重大事项报备工作，就有关机构存在的内部管理混乱、净资本不达标等问题，督促整改，并开展有关专项检查。另外，持续关注会计师事务所特殊普通转制进展情况，会同财政部完成10家会计师事务所的更名换证工作；二是开展2012年证券市场审计分析和评估分析。全面审阅并分析上市公司2012年年度报告和有关资产评估报告，组织整理编写相关专题书籍，并就发现的审计与评估机构可能存在的执业问题，发函相关机构进行内部核查，必要时组织专项检查；三是推进内地会计师事务所从事H股企业审计业务的监管。系统梳理内地事务所从事H股

审计业务的基本情况,联合财政部启动内地会计师事务所从事H股审计业务的评估工作;四是加强对会计师事务所独立性问题的监管。对会计师事务所单独或与其关联公司同时为同一上市公司提供内控审计和咨询服务的问题,及时采取相关监管措施,督促会计师事务所严格遵守独立性有关规定;五是推进资本市场会计监管信息系统建设。以建设资本市场审计与评估信息报备和分析平台、监管工作平台、信息交流平台为目标,全面收集整理系统需求,推进系统建设工作;六是依法处理各项信访投诉案件。

(证监会会计部供稿)

2013年国际合作部监管工作综述

2013年,按照初全国证券期货监管工作会议提出的"继续积极稳妥推进资本市场的对外开放"的决策和部署,贯彻落实会党委关于简政放权、监管转型等要求,面对错综复杂的国际国内环境,国际合作部(以下简称国际部)积极做好资本市场对外开放相关工作。

一、积极落实监管转型要求,着力提高服务实体经济能力

一是配合《证券法》的修改,积极推动国际部行政许可事项改革,推动境内企业境外上市再融资由审核制向备案制过渡。二是进一步完善企业见面会、反馈会、部门审核会等内部制度建设,明确审核标准和审核流程,减少自由裁量,提高审核效率。三是积极推动H股公司境外上市内资股境外上市全流通事宜,更好地为市场主体尤其是中小微企业和民营企业境外上市做好监管与服务工作。

2013年以来,中国证监会共核准11家公司首发及上市,其中银河证券、中石化炼化、重庆银行、徽商银行、中国信达、秦港股份、光大银行、富贵鸟8家公司完成境外首发;共核准10家公司增发,其中中国石化、国药控股、东方航空、中国人保财险、同仁堂科技、招商银行、华能新能源、京能清洁能源8家完成增发,2012年核准的复旦张江、株洲南车电气2家公司也完成增发;核准1家B股转H股介绍上市;核准1家公司红筹注资。此外,共有3家公司转板(浙江浙大网新兰德、重庆长安民生物流、上海复旦张江生物医药);另有2家公司退市(牡丹汽车、浙江玻璃)。2013年,合计筹资174.18亿美元。

截至2013年年底,经中国证监会核准,共有185家境内公司到境外上市,筹资总额2080.77亿美元。其中,在香港主板上市158家(其中香港/纽约同时上市的10家,香港/伦敦同时上市的4家,香港/纽约/伦敦同时上市的1家),在香港创业板上市的24家,在新加坡单独上市的3家。185家境外上市公司中有80家已发行A股,1家发行A、B股,1家发行B股。

二、切实履行国际承诺,加大跨境协查工作力度

一是建立涉及诉讼类协查请求的司法部际会商机制,清理非审计类跨境协查积案。2013年,国际部牵头建立并启动了与相关部委的司法部际会商机制,解决了此前中国证监会对外提供涉诉类协查请求协查信息的问题。2013年全年清理非审计类历年积案及新接收案件共计31件协查请求,其中26件已办结。国际部还进一步加强与境外监管机构的沟通,定期向境外监管机构通报协查请求办理进展,并借助出席国际会议、IOSCO秘书长来访等机会开展沟通,宣传中国证监会近期在跨境协查方面取得的突破进展,加强与外方沟通,有力的维护了中国证监会的国际形象和国家利益。

二是与美监管机构签署合作框架协议,开创性地开展会计审计执法合作。2012年年底,针对美国证监会起诉为中国概念股公司提供审计服务的会计师事务所事件,中国证监会主动

应对，积极协调，制订会计审计执法合作工作机制和流程，为最终实现中美会计审计执法合作奠定了坚实基础。自2013年年初以来，相关会计审计跨境执法合作进展有序。中国证监会3月初开始启动相关机制，5月初与美审计监管机构签订执法合作备忘录，7月初，中美战略经济对话前夕向美方提供了第一单审计底稿。2013年底，中国证监会与财政部相关部门负责人再次与美有关监管机构进行商谈和沟通，取得了积极进展。

三、继续做好谅解备忘录的相关工作，进一步扩大对外交流与合作

一是继续做好谅解备忘录磋商和签署工作。2013年，国际部完成了3家境外监管机构与中国证监会双边监管合作谅解备忘录的签署事宜，包括：与乌克兰国家证券与股市委员会的重新签署备忘录、与立陶宛央行以及耿西金融服务局签署备忘录。此外，中国证监会还与多家境外监管机构磋商备忘录签署事宜。截至2013年底，中国证监会已与51个国家（或地区）的证券期货监管机构签署了55个监管合作谅解备忘录。

二是做好系统单位与外方签署备忘录工作。2013年8月，在全面梳理总结以往系统单位备忘录审核工作情况的基础上，与法律部商定了新的系统单位备忘录审核流程，有效提升了审核工作的规范化水平和审核效率。

四、全面参与IOSCO等国际组织工作，不断提升国际话语权

一是加大对IOSCO工作参与的广度和深度。2013年，继续做好中国证监会和系统单位参与国际组织工作的统筹管理，重点加大对于IOSCO的参与，继续做好参会、参加评估等常规工作。国际部协调保护局加入了IOSCO新成立的散户投资者教育和保护委员会，国际部汤晓东同志加入了IOSCO新成立的长期融资工作组，中国证监会派遣一位同志前往IOSCO秘书处工作，派员出席了IOSCO理事会会议等重要活动。完成IOSCO的专题评估1次、各类问卷5次。借助IOSCO平台，编写《国际证监会组织简报》，及时跟踪研究国际金融监管改革进展情况。二是继续做好其他国际组织相关工作。2013年，积极配合商务部，做好WTO对中国贸易政策审议工作，对《服务贸易协定》谈判提出立场和我方要价，做好欧盟反补贴应诉工作。协调做好国际货币基金组织（IMF）第四条款磋商工作，继续与经济合作组织（OECD）开展合作，做好中国与欧盟世贸项目（二期）方面工作，高度重视并积极参与二十国集团（G20）、金融稳定理事会（FSB）等国际平台下的国际金融监管工作，参与金融部门评估规划（FSAP）收尾工作，参与国际规则制定，不断提高国际话语权。

五、积极参与双多边对话与谈判，推动资本市场对外开放与合作

一是双边对话工作成果丰硕。2013年是历年来双边高层对话最密集的一年。2013年以来，中国证监会共参与副总理级别的政府双边高层对话6次，分别为第五轮中美战略经济对话、第8次中欧经济对话、第5次中英经济财金对话、中国—新加坡财金对话、首次中法财金对话、第6次中印财金对话。最终达成涉及中国证监会工作的成果共计28项。二是积极参与国家对外开放进程，认真参加相关谈判。近年来，国际经济金融合作与联系日趋紧密，开放领域的实质性谈判工作明显提速，已进入探索准入前国民待遇和负面清单管理模式的新型开放阶段。2013年，积极参与《中美双边投资保护协定》（BIT）以及《海外账户税收合规法案》（FATCA）的谈判工作，积极参与中国—瑞士、中国—韩国自贸区、中国—澳大利亚自贸区谈判，推动最终签署《中国—瑞士自由贸易协定》。

六、认真做好我国资本市场对外开放的政策专题研究工作

一是根据《证券法》修改工作小组的统一安排，形成了《证券法》第四章“证券跨境发行与交易”初稿；二是组织撰写《关于我国资本市场对外开放的专题报告》，做好我国资本市场对外开放的前瞻性研究工作；三是做好推动将A股纳入MSCI等全球主要基准指数工作。2013年6月，MSCI已就A股纳入MSCI指数启动了为期一年的全球征询，同年12月，国际部与MSCI进行工作层面的磋商，沟通了解相

关工作进展,阐述我方立场,争取主动;四是协调推进资本市场支持区域发展政策。中国证监会已明确将“建立合格境内个人投资者境外投资制度”以及“研究推动符合条件的境外机构在境内发行人民币债券”列为中国(上海)自由贸易区的相关支持政策。同时,会同相关业务部门,研究金融支持政策,协调推进江苏昆山、广西东兴、福建平潭、内蒙古满洲里、山东青岛、天津生态城、广州南沙、河北沿海地区等区域发展;五是跟踪研究国际金融监管改革动态。编办《证券市场对外开放情况月报》12 期,编发《国际经济金融专报》9 期,编印《每日全球财经报道摘编》235 期,跟踪研究 IOSCO 报告,编发《国际证监会组织简报》8 期。

七、承办国际性会议,不断提高中国证监会的国际影响力

一是成功承办了中国证监会国际顾问委员会第十次会议,顾委会委员就“《中美双边投资保护协定》(BIT)下的资本市场对外开放议题”议题建言献策,为中国证监会 BIT 谈判下一步工作提出了诸多建设性意见和建议。二是圆满承办了亚太经合组织“跨境上市与披露监管”(APEC FRTI)研讨会,来自香港、柬埔寨、印尼、新加坡等国家和地区代表参会,会议受到 APEC FRTI 方面和参会人员的一致肯定。三是规划、维护中国证监会英文网站,不断丰富相关栏目和内容,有利于便利和加深境外投资者、监管机构、境外媒体等对中国证监会工作及中国资本市场改革发展的全面了解。四是编辑出版了中国证监会 2012 年中英文版年报等。中英文年报的改版、更新,英文网站的建设水平都有全面提升,有助于维护与提升中国证监会在国际上的良好形象。

(证监会国际合作部供稿)

2013 年公众公司部监管工作综述

2013 年,根据十八大关于发展多层次资本市场的要求和会党委的决策部署,我部主动转变监管理念,积极探索监管转型,按照市场化、简化行政许可、转变政府职能的改革精神,推动出台《国务院关于全国中小企业股份转让系统扩大试点的决定》(以下简称《国务院决定》),研究制定系列配套制度规则,先行先试行政审批体系改革,探索建立新的监管模式,取得了较好成效。同时,在持续推进清理整顿交易场所工作,加强部门管理和队伍建设等方面也取得了明显实绩。主要工作如下:

一、推动出台《国务院决定》,全力推进“新三板”扩大试点工作,多层次资本市场建设取得重大突破。

多层次资本市场是完善金融市场体系战略部署的一项重要任务,对扩大资本市场的服务覆盖面,提升资本市场服务实体经济的能力,发挥市场在资源配置中的决定性的作用,推动资本市场自身建设和改革创新等具有积极而深远的影响。党的十八大、十八届三中全会,都对发展多层资本市场提出了明确要求。

全国中小企业股份转让系统(以下简称全国股份转让系统)是多层次资本市场的重要组成部分,将试点范围扩大至全国有利于完善我国资本市场结构,是支持中小微企业发展的一项重要举措,影响面大,需要进一步统一思想,凝聚共识,明晰职责,完善制度。

我们深入研究相关问题、积极协调相关部委,推动国务院决定的正式出台。《国务院决定》的发布,填补了《证券法》没有直接针对全国股份转让系统和挂牌公司规定的法律空白,形成了由证券法、国务院决定、证监会规章和市场业务规则组成的层次鲜明、较为完备的制度规则体系,提升了市场建设的法律层级,市场将步入更为规范的法制化运行轨道。《国务院决定》明确了全国股份转让系统的性质、功能和定位,标志着多层次资本市场建设取得了实质性进展。

二、坚持市场化改革方向，进行制度创新，研究制定了系列制度规则体系。

《国务院决定》对资本市场创新实践给予了高度认可，很多创新成果率先在全国股份转让系统实施。在准入条件上，不设财务门槛和公司规模要求；在行政许可安排上，简化核准程序，豁免部分核准；在多层次资本市场建设上，建立转板机制。这些制度安排不仅契合了中小微企业和全国股份转让系统的特点，也是推动新股发行制度向注册制迈出实质性一步。

落实《国务院决定》的各项要求，我们制定、修改相关业务规则和工作流程，积极推进全国股份转让系统建设。主要工作包括：

（一）研究制定发布实施相关配套规则

1. 根据《国务院决定》的精神，相应地修改《非上市公众公司监督管理办法》的相关内容。

2. 制定发布非上市公众公司信息披露内容与格式准则，明确“股东人数已超过 200 人的股份公司申请在全国股份转让系统挂牌公开转让股票”和“挂牌公司定向发行证券且发行后证券持有人累计超过 200 人”两种情形的监管要求。

3. 按照《行政许可法》和《中国证券监督管理委员会行政许可实施程序规定》（证监会令第 66 号）的规定，公开行政许可事项的依据、条件、程序、期限和审核流程。

4. 制定非上市公众公司并购重组监管规则。

这些制度规则结合了挂牌公司和股份转让市场的特点，充分体现市场化改革创新的思路，按照“低门槛、低成本、低起步”的要求，尤其在信息披露制度上进行了有特色的安排，如，要求适度披露，突出重要信息；简化披露内容，降低公司的合规成本；突出客观性信息披露为主，减少主观信息；减少硬性规定，采取了一些自愿性和分层披露的要求，切实增强制度规则的适用性和可操作性。

（二）研究制定非上市公众公司优先股制度。建立非上市公众公司优先股制度，能进一步推进中小微企业投融资对接，拓宽中小微企业直接融资渠道，增强其抗风险能力。我部积极参与我会优先股管理办法及相关政策的研究制定工作，研究起草了非上市公众公司优先股发行制度和相关信息披露规则，完善监管制度规则体系。

（三）加强市场培训推广与宣传。配合做好全国股份转让系统试点范围扩大营造良好的氛围，积极开展调查研究工作，通过座谈、实地考察等方式，在听取对公司监管和市场建设的意见建议的同时，积极宣传我会市场化监管的理念，以及政策制定的主要思路和原则。《国务院决定》发布后，通过官方微博、网站、主流媒体等途径做好新闻宣传和舆论引导工作，使社会各界了解相关政策和制度安排。

（四）推动《证券法》修订工作。为根本上解决非上市公众公司监管的法律供给不足问题，组织专门力量研究修订《证券法》，并形成了《关于公众公司监管的逻辑基础及体系架构的初步思路》，为修订《证券法》关于非上市公众公司法律供给方面提供建议。

三、研究出台历史遗留 200 人公司事项的适用政策，解决了市场多年关注的疑难问题。

在我国股份制改革和发展实践中，存在大量“200 人公司”，但由于特殊的时代背景和法律环境，按《证券法》的规定，这类“200 人公司”不能利用资本市场发展壮大，成为市场关注多年而难以解决的历史遗留事项。明确相关政策并及时启动“200 人公司”申请公开发行并上市或在“新三板”挂牌，是探索合理解决我国企业股份制改革遗留事项的一项必要举措，对服务实体实经济有重要意义，也是我会依法履行监管职责的需要。

在对“200 人公司”较多和具有典型意义的地区广泛调研，摸清掌握了各类公司设立时的法律和政策背景，主动与相关部委协调的基础上，我部向国务院报送了《关于股东人数已超过 200 人的未上市股份有限公司申请行政许可相关政策适用问题的报告》，出台相关审核指引，明确了申请的程序、标准和基本要求，为这些公司利用资本市场发展壮大扫清了障碍。

四、做好日常监管工作，探索建立常态化工作机制

按照加强事中、事后监管的要求，切实做好与全国股转系统日常沟通和对接，加强指导和协调，探索建立常态化工作机制。牵头建立非

上市公众公司监管联席会议制度和日常监管信息报送机制。筹备监管信息数据库建设。研究起草《构建非上市公众公司监管体系的有关意见》。积极配合全国股转系统做好现有挂牌公司行政许可的核准工作。

五、持续推进各类交易场所清理整顿工作,基本完成检查验收工作

按照国务院部署和会党委的要求,继续牵头组织统筹开展清理整顿工作,基本完成检查验收工作。同时,积极查找问题和风险点,总结有益经验,为下一步转入日常管理规范阶段后的制度建设和政策指导做好准备。

六、强化部门基础管理建设和队伍建设,深入开展党的群众路线教育实践活动

加强部门基础管理建设和队伍建设工作,为部门各项工作顺利开展创造条件。认真开展党建工作。在部门认真部署、积极开展党的群众路线教育实践活动。

(证监会公众公司部供稿)

2013 年投资者保护工作综述

今年以来,在会党委的正确领导下,投资者保护局紧紧围绕我会中心工作,按照"两维护一促进"的根本要求,以投资者需求为导向,以投资者权益保护为中心,统筹协调各方力量,探索创新有效方式,在各派出机构、各交易所、各会管单位、各协会及会内相关部门的大力支持下,不断拓展投资者保护工作的深度和广度。

一、圆满完成会党委、会领导交子的牵头起草国务院办公厅《关于进一步加强资本市场中小投资者合法权益保护工作的意见》任务

(一)起草过程

牵头起草国务院办公厅《关于进一步加强资本市场中小投资者合法权益保护工作的意见》(以下简称《意见》)是投保局今年的重点工作。受领任务后,投保局成立了教育服务处牵头、全体干部参加的起草工作组。起草组在系统了解境外市场投资者保护制度体系,深入分析我国投资者保护制度、现状和存在问题以及投资者需求的基础上,提出了一系列进一步做好中小投资者保护工作的具体制度安排和举措,于 6 月底形成了《意见》初稿。后经会领导多次指导,百易其稿,于 10 月底定稿报国务院审议,12 月 25 日获国务院批复,12 月 27 日以国务院办公厅名义发布。

《意见》起草历时半年时间,肖主席高度重视意见的起草工作,两次主持召开专题座谈会,研究《意见》指导思想、原则、定位等重大问题,对起草工作明确提出了创新、务实、简洁、可操作的具体要求,使起草工作始终围绕确保中小投资者行权、落权的核心问题,研究相关制度安排。吴利军主席助理直接领导《意见》起草工作,数十次提出具体指导意见,还亲自参加一些重点制度的设计和讨论,主持召开起草组会议 20 多次,组织召开投资者、专家学者和市场业内人士以及会内相关部门等工作会议 10 多次,听取各方意见,把脉《意见》内容。起草过程中,会办公厅、法律部、研究中心、上市一部等部门以及上海局、广东局、深圳局等部分派出机构和保护基金公司、投发中心、沪深交易所等会管机构,都积极参与并给予具体的支持指导。起草组的同志们以极大的热情和忘我的精神,齐心协力,加班加点翻译研究境外资料、梳理查找问题不足、设计论证制度安排等,做了大量细致的工作:一是组织对我国资本市场投资者概况及其保护现状情况进行摸底调查,并对境内外投保制度进行比较研究,找出问题、差距,明确起草原则和思路。二是书面征求 12 个部委的意见,拜访国资委、法制办、财政部、最高院、公安部、保监会、税务总局等 9 家部委并座谈,经过多次讨论修订,最终取得各部委的支持和肯定。三是委托证券业协会和上市公司协会组织召开部分上市公司、证券期货经营机构座谈会听取意见。四是召开投资者代表、业内专家和会内相关业务部门座谈会听取意见。五是组织对意见涉及的一些创新制度如退市保险制度、分类表决制度、赔偿救济制度等进行深入论证。同时,还组织草拟了与《意见》配套的起草说明和给国务院的签报,以及重点制度的论证材料等。据统计,仅从2013年5月至年底,《意见》及相关配套文件修改记录累计就达1345次,文件大小342兆(1兆35万字,约1.2亿字)。

(二)宣传报道情况

《意见》发布前,为形成证券期货系统和全社会理解资本市场转型、确立中小投资者保护导向的良好舆论氛围,我局高度重视,专门成立《意见》宣传报道小组,制定了《宣传实施要点》,协调系统单位、媒体、市场等各方力量,积极宣传、传递和深度解读国务院高度重视中小投资者权益保护的政策信号。

12月27日,《意见》正式发布后,按照事前制定的周密计划,宣传报道工作有条不紊的推进,受到媒体和市场高度关注。据初步统计,截至2014年1月13日,80多家媒体累计刊发报道700多篇,网站转载链接3500多条,微博主帖6000多条,累计评论12000多条,合计转发10万多次,在证券市场引起巨大反响,达到了预期效果。我局会同办公厅编写了《证券市场情况专报》报送中央领导,同时编撰2期《投资者舆情专报》供会领导决策参考。

宣传报道工作主要包括四个方面内容:一是联合办公厅新闻办形成宣传机制。在办公厅新闻办的大力支持下,我们充分发挥人民日报、新华社、中央电视台等中央媒体和四大证券报的作用,向社会和市场传递正面声音。二是组织和动员会系统各单位撰写学习贯彻文章。为落实《意见》配套宣传总体部署,我们组织各派出机构、交易所、协会和其他会管单位分别以单位名义撰写《意见》解读文章,分批在四大证券报发表,一直持续至1月6日肖主席讲话,为肖主席讲话做了较好的预热和铺垫,也向市场传递了监管系统学习贯彻《意见》的声音和良好形象,起到了引导主流舆论的作用。三是有效借助专家队伍。此次宣传活动中,我们借助16位关心资本市场投资者保护的学者律师等专家队伍,为我所用,用他们的声音和主张充分向市场解读《意见》,引领市场舆论方向。四是充分利用网络力量。依托传统媒体进行宣传的同时,我们还大力协调搜狐、新浪、网易、腾讯、凤凰等主要商业网站,请其在网站显著位置对《意见》进行全面推介和宣传,取得了良好宣传效果。

此次《意见》宣传活动,为以后投保宣传奠定了坚实的基础。总结经验,今后在落实《意见》的宣传工作中要从三个方面着手:一是更多依托网络优势。随着互联网的发展,网络在新闻宣传中的作用日益凸显,需要更加重视网络的优势和作用,充分发挥商业网站受众面广、影响力大、方便易读的优势,积极利用网上途径开展宣传活动。譬如可从《意见》中选取部分内容,如权利行使、维权救济,依托知名网络开展网上调查及主题宣传。二是继续用好专家库。通过专家学者律师开展宣传活动,更易被社会大众和投资者接受,因此我们要继续做好专家库建设,更好发挥专家作用。三是将报道情况编辑成册。《意见》发布后,我们积极收集各媒体和网络的报道,目前已基本收集完毕,拟将在适当时机编辑成册,作为宣传活动总结,供系统单位学习交流。

(三)《意见》概要解读

《意见》是我国资本市场发展进程中的的一个重要里程碑,也是投资者权益保护的一个纲领性文件。《意见》对于中小投资者权益保护作了3个层次的制度安排,包括9个方面80余项的具体政策安排。概要解读如下:

第一部分,健全投资者适当性制度。主要包括三方面内容:1. 制定完善中小投资者分类标准;2. 科学划分风险等级;3. 进一步完善规则制度和市场服务规则。具体讨论了投资者准入保护、底线保护、分层次的适应性要求、市场专业服务、市场责任细化和分层等问题。需要讨论的问题包括如何走向更专业化的监管,适当性标准,适当性责任及其义务边界等。

第二部分,优化投资回报机制。主要包括四方面内容:1. 引导和支持上市公司增强持续回报能力;2. 完善利润分配制度;3. 建立多元化投资回报体系;4. 发展服务中小投资者的专业化中介机构。具体讨论了收益回报、价值导向、投资者权益动态优化、市场持续健康等问题。需要讨论的问题包括摊薄填补制度,股份回购制度,分红与再融资挂钩等。

第三部分,中小投资者知情权与信息披露。主要包括三方面内容:1. 增强信息披露的针对性;2. 提高市场透明度;3. 切实履行信息披露职责。具体讨论了真实透明、诚信质量、投资预期正常化等问题。需要讨论的问题包括投资者需求,信息披露标准与监管执法标准,信息披露的责任体系等。

第四部分,投资者投票机制与参与权。主要包括三方面内容:1. 完善中小投资者投票等机制;2. 建立中小投资者单独计票机制;3. 保障中小投资者依法行使权利。制度创新之处就是形成了投资者便利行权的“组合拳”,包括单独计票、网络投票、第三方见证、罢免董事、征集投票权、累积投票制等制度规定。

第五部分,投资者权益多元化纠纷解决机制。相关机制涵盖了投诉、和解、调解、仲裁、诉讼等多元化手段。本部分主要涉及三方面内容:1. 完善纠纷解决机制;2. 发挥第三方机构作用;3. 加强协调配合。具体讨论了将维权体现在事中,将矛盾化解于服务中等问题。需要讨论之处包括集团诉讼与代表人诉讼,代理诉讼,风险代理,公司民主的进程等。

第六部分,中小投资者赔偿机制。主要包括三方面内容:1. 督促违规或者涉案当事人主动赔偿投资者;2. 建立上市公司退市风险应对机制;3. 完善风险救助机制。具体讨论了民事赔偿,真诚责任,从发行到退市的赔偿安排,多元化的赔偿机制(涵盖民事赔偿、行政强制赔偿、主动赔偿、责任挂钩的先行赔偿、风险补偿等种类)等内容。需要讨论的问题包括招股书及信息披露的赔偿及连带责任,交易购回要求,适当性服务赔偿,先行赔偿与行政和解,风险补偿与风险救助等。

第七部分,加大监管和打击力度。主要包括三方面内容:1. 完善监管政策;2. 坚决查处损害中小投资者合法权益的违法行为;3. 强化执法协作。具体讨论了监管转型,侵权违法违规“零容忍”,监管与司法合作等问题。需要讨论的问题包括相关司法解释的确立完善,稽查执法与投资者保护,常规监管与投资者保护等。

第八部分,强化中小投资者教育。主要包括两方面内容:1. 加大普及证券期货知识力度;2. 提高投资者风险防范意识。具体讨论了证券知识与资本文明,全方位、全过程的教育义务等问题。讨论点在于投资者教育的责任等。

第九部分,完善投资者保护组织体系。主要包括三方面内容:1. 构建综合保护体系;2. 完善组织体系;3. 优化政策环境。创新之处在于建立了“五位一体”的投资者保护体系,包括自我保护、市场保护、自律保护、监管保护、法律保护等层面。

此外,投资者保护中需要研究的重大问题包括以下方面:1. 投资者保护与监管执法;2. 市场公平准入与投权保护;3. 公司治理与投权保护;4. 提供金融产品服务的投资者适当性义务;5. 投资者类别与保护的法理;6. 公募、私募、OTC与投资者保护;7. 侵权赔偿原则及便利民事赔偿的机制;8. 投资者和谐关系与纠纷解决机制;9. 投资者动态保护机制与稽查处罚、司法的衔接;10. 金融审慎性措施下的例外原则及国际竞争参与下的投权保护。

二、推动顶层制度设计,努力构建投资者保护制度体系

一是积极推动《证券法》修改。分析目前我国投资者保护存在的问题,草拟《证券法》“投资者保护”专章,就增加投资者的定义和分类、投资者适当性管理制度、优化投资者回报要求、便利知情要求、投资者行使权利、证券纠纷解决机制、市场主体主动赔偿、证券赔偿基金来源、赔偿基金用途、先期赔付、投资者保护基金、强制购回制度、股东派生诉讼、代表人诉讼、公益诉讼等重点制度规定提出意见。二是全面了解境外市场投资者保护的制度和组织体系,系统梳理我国投资者保护的相关制度和措施,撰写《投资者保护制度与措施》课题报告。三是做好统一的适当性管理规范制定相关准备工作,为下一步起草小组的工作打下基础。

三、积极探索投资者教育方式,全面拓宽投教渠道

一是组织系统单位开展了“证券3·15维权在行动”主题宣传活动,联合多家媒体进行宣传报道,并将典型材料整理成投教材料《证券3·15维权在行动》,相关内容在“3·15”当天由《人民日报》、新华社等中央媒体进行了报道。二是梳理总结当前各地投资者教育纳入国

民教育工作的进展情况，研究境外市场开展投资者教育的经验，为下一步与教育部等部委沟通，推动投资者教育进入国民教育体系打下了良好基础。三是单独或与其他单位共同制作了10本投教书籍、3部公益广告片、40多个投教词条，系统各单位也推出多种投教产品。借助会内网建立了投资者教育工作交流平台，将系统各单位的投教产品一并收入《投资者教育与服务产品索引表》中，在平台公布供大家下载使用，并定期更新。

四、推动建立反映投资者诉求的工作机制

一是开通“12386”中国证监会热线。明确投资者诉求处理要求和流程，完善热线的预警、进度查询等功能，稳步推进开设举报接收窗口事宜，定期编写热线月报，指导系统单位处理诉求，对投资者集中反映的问题，分析原因，提出改进建议。截止至2013年12月31日，热线迄今接收、处理诉求13907件，现场答复12605件，占90.6%，其余1302件转交会内部门、系统单位办理，已办结1128件，帮助投资者挽回损失200多万元。二是每天重点监控人民网等20多家网站的财经证券频道以及10多家活跃的股民论坛、微博、股吧等，了解投资者动向，收集投资者反应，提出政策建议。截至2013年12月底，已编发《每日舆情》249期，《政策建议》18期，《投资者舆情月报》12期。三是做好投资者关注问题的集中答复。健全工作机制，梳理汇总系统单位收集的投资者关注问题，对收到的200多个问题，除部分由我局集中答复外，其他及时提交相关部门，通过新闻通气会等方式回应。四是组织召开了4次投资者座谈会和3次专家学者座谈会，推动系统各单位通过座谈会、问卷调查等方式建立与投资者的直接沟通交流机制。五是会同信息中心、新闻办完成了会外网投资者保护频道的调整优化工作，全年上传信息900多条。六是推动建立会管单位投资者互动平台工作机制，强化与投资者互动，每月定期报送互动平台收集的投资者建议类信息。

五、跟踪研究和推动投资者维权工作

一是研究会管机构持股为投资者提供法律支持、设立投资者赔偿基金、罚没款用于补偿投资者等权益维护的新办法、硬措施，撰写了相关研究报告。二是参加万福生科案投资者补偿工作，参与审议通过和解补偿方案；撰写研究报告，提出建立市场化补偿长效机制的建议。三是密切关注绿大地、佛山照明、昌九生化等投资者维权事件，分析重点案件，提出了加强正面引导、营造维权市场氛围、加大对维权律师的支持引导、加大与相关部门和单位协作等建议。四是积极研究调解、和解、仲裁等多元化纠纷解决机制建设，推动实践探索，支持自律组织和市场机构开展和解、调解、仲裁等多元化纠纷解决服务，还应邀对中证协调解中心的调解员进行了授课培训。跟踪了解并研究深圳证券期货业纠纷调解中心建设运作情况，提出我国开展投资者专业调解、和解、仲裁等救济服务工作的意见和建议。

六、开展多种形式的投资者调查

一是建立投资者调查系统，统筹投资者调查工作。会同投保基金启动了投资者关注热点问题的月度调查。二是在结算公司、证券业协会等系统单位的支持下，撰写《2012年度自然人投资者情况调查分析报告》和《我国证券投资者状况及特点分析》；研究统筹系统力量、建立分工开展投资者调查的机制。三是起草《证券期货市场投资者权益监测调查及互动平台工作指引》，研究整合构建统一的投资者互动服务体系，并对投资者权益受损情况进行跟踪监测。

七、探索形成投资者保护合力的机制和途径

一是印发《关于做好2013年投资者保护工作的通知》，明确2013年全系统投资者保护工作的总体思路和具体要求，并根据各单位情况跟踪指导相关工作。二是编写《投资者保护》刊物9期，研究专刊16期，交流工作体会，深入研究投保工作实践中的突出问题，进一步紧密系统单位之间的联系。三是以投资者保护联席会议机制为平台，动员系统力量，研究重点难点问题。今年组织召开了第二次联席会议，就借鉴境外经验加强中小投资者合法权益保护进行了深入探讨。四是探索通过评价检查机制提高全系统的投资者保护水平，推动在日常监管执法中嵌入投资者权益保护的核心理念。

此外，我局还承办全国人大十二届一次会议

代表建议7件、全国政协十二届一次会议提案3件。参加了美国证监会、英国金融行为监管局、亚太经合组织、印度国家交易所成员协会组织的相关活动,接待世界银行专家组、香港投资者教育中心的外事拜访,与澳大利亚证券投资委员会等境外机构进行了深入交流和相互学习。

2014年,投资者保护局将按照我会监管转型的各项要求,树立改革创新意识、大局全局意识和责任担当意识,以肖主席在"中小投资者保护工作会议"上的讲话精神和全国证券期货监管工作会议精神为指导,以中小投资者权益保护为中心,以贯彻落实《意见》为主线,重点落实《意见》涉及的相关政策安排,适应全面推进资本市场改革的需要,推动全系统将中小投资者保护贯穿监管工作始终,落实到各个环节,促进投保工作真正落地。主要做好以下七个方面工作:

(一)全力抓好国办《意见》的贯彻落实

一是做好《意见》的任务分解工作。明确每项任务的具体目的、现实状况、需解决的问题、性质界定、需达到的效果、牵头部门、配合部门等。做好与会内部门及相关部委的衔接汇总、统筹督办等协调工作。二是统筹做好《意见》督办工作。及时了解各单位、各部门相关工作进展情况。充分发挥督办机制作用,找准督办的恰当方式和切入点,特别是要建立起与国务院办公厅的常态化沟通机制。坚持通过舆情监测渠道收集来自市场、投资者等各方的意见建议。三是持续做好《意见》学习宣传。通过专项简报等形式,及时反映业内、系统内对于《意见》的学习认识情况、贯彻落实举措,督促系统单位和派出机构继续做好《意见》的学习宣传和贯彻落实。四是以落实《意见》为契机进一步做好投保工作。《意见》建立了保护中小投资者的政策体系,使投资者保护的边界更加清晰。今后工作中,我们将按照从小到大、从虚到实的原则,对投保工作的职能、定位、边界、常态化机制进行梳理,明确工作方式、抓手、方法,始终围绕"牵头抓总"要求,找好切入点和落脚点,打好重点仗。继续发挥已有的投保工作联席会议机制的作用,确定会管单位中保护基金、投发中心以及各协会、各交易所的职责分工,完善投保组织体系,形成有效工作机制。处理好督促落实《意见》和超脱《意见》本身谋划全局性工作之间的关系。对于投保局牵头的事项,例如统一的投资者适当性规范制定、《证券法》专章起草等,充分依托专门工作小组机制,邀请相关部门和单位派员参与。加强投保工作统筹和组织动员,运用好抽查、评估等机制,充分发挥市场各主体作用和积极性。

(二)健全投资者保护法规制度,建立投资者保护的常态化工作机制

以落实《意见》要求为契机,以中小投资者保护为衡量标准,评估和梳理现行法规制度,推动《证券法》修改,研究增设"投资者权益及其保护"专章。积极在《期货法》起草中体现投资者保护的宗旨。研究制定《意见》配套的相关制度,包括投资者适当性管理办法、投资者保护检查办法、投诉处理办法、投资者教育指导意见、投资者权益保护评估指引和投资者权益监测调查及互动平台工作指引,不断完善投资者保护的法规制度体系,推进依法保护。

(三)总结提升"12386"平台功能,整合资源,建立和完善投资者权益监测调查、诉求反应机制

整合系统单位涉及投资者调查、监测、评估等相关资源,研究形成分工合理、优势互补、制度明确的机制,保障相关工作常态化。保障"12386"证监会热线平稳运行,做好投资者诉求的转办督办,统筹指导派出机构、会管单位等稳妥有效处理投资者诉求,定期召开工作会议,不断完善相关配套制度和预警、重大案件报告、检查抽查、回访等功能。从热线诉求处理经验入手,制定完善诉求处理制度,强化市场经营主体投诉处理的首要责任。充分发挥"12386"及各单位信息监测工作的调查反映舆情和投资者诉求的功能,形成统一的具有监管协调功能导向的抽查(重疑点)机制,形成常态化的调查成果和有针对性的监管意见。积极开展多种形式的投资者座谈。整合系统单位的互动平台,建立常态化的互动机制。

(四)探索适应事中事后监管的转型需求,建立投资者权益保护的评估和检查抽查制度,建立投保维权执法纠察机制,针对突出矛盾问题,强化事中监测和纠察,提升保护的有效性

建立保护执法机制,强化事中监测和纠察,建立异常情形检查抽查机制,督促市场经营和服务主体、相关机构和组织履行投资者服务和

投权维护的义务，排查伤害投资者权益和不公平对待的制度隐患、市场隐患以及相关行为，对在检查抽查中发现的线索或案件，建立及时反应和协调处置的工作机制，包括转送或警示派出机构或会内部门、自律机构；发出监管意见，按相关程序追究保荐机构、保荐代表人、律师、上市公司、中介服务机构等责任；提出或反应监管政策建议，推动修订完善相关的法律法规规则。大力推进集团诉讼、代理诉讼，以适当方式转代理机构或专业机构进行调解或仲裁，积极推进与司法的对接等。立足投资者权益保护的底线要求及主要内涵，建立包括市场主体自我评估、自律组织评估、监管评估在内的评估体系。明确市场经营和服务主体投权服务、自我评估的义务。

（五）围绕执法维权推动建立投资者服务的工作体系

推动开展多种形式的投资者服务工作，推动征集投票权、专业提案等服务投资者的工作。整合系统互动平台，依托会管机构、自律组织的作用，保持系统单位互动平台与调解工作的联动，采取必要的措施统筹协调投权调解的规范工作。针对投资者诉求和投保的主要矛盾，组织策划调动各方力量，开展投资者服务的公益活动，对各类投权服务提供监管法律支持。推动证券知识普及、投资者权益宣讲、投资者关系管理和投资者教育纳入国民教育体系，提升资本文化的辐射力和积极功能，帮助投资者提高投资能力和风险防范意识。

（六）推动建立多元化投资者纠纷解决和投资者赔偿救济制度

持续支持推动各级监管部门、自律组织、投保专门机构及社会公益组织，开展多种形式的投权正义和谐服务和维权救济服务，采取必要措施统筹协调投权调解的规范工作。支持有条件的各类主体开展纠纷和解、专业调解，创造条件推动投权调解、和解、仲裁结构与司法的对接。推动会管机构开展支持维权诉讼的试点工作，探索建立证券期货专业仲裁机构，加大力度培育和引导公益律师等队伍建设。

（七）建立健全投资者保护评价机制，推动形成投资者保护合力

投保局将发挥自身作用，统筹全系统投保力量，分工明确，各司其职，共同做好投保工作。做事投资者保护联席会议机制，优化对派出机构投权工作评价机制，建立对会管单位投权工作评价机制。

会同相关部门积极推动国务院相关部委和地方政府维护投资者权益，加强沟通协调与信息共享，建立投资者权益保护综合协调沟通机制，加快形成“法律保护、监管保护、自律保护、市场保护、自我保护”的保护体系。

（证监会投资者保护局供稿）

六、行 政 处 罚

（一）2013 年行政处罚工作综述

一、2013 年度行政处罚委工作综述及相关统计数据

2013 年，在会党委的正确领导和会内相关部门、派出机构的大力支持下，处罚委围绕证券监管中心工作，认真贯彻落实会党委确定的简政放权，减少审批和加强监管执法工作的总体思路，积极推进行政处罚体制改革，推动实现派出机构全面行使行政处罚权，构建统一，高效，多层次的执法体系；高效稳妥处理大案、要案，加大对各类违法行为处罚力度；加强制度建设、完善工作机制，推动审理标准统一，有力支持配合了监管体制转型，实现了加强执法和加大投资者合法权益保护力度的工作目标和效果。

2013 年,处罚委共收案 92 件,包括信息披露违法案件 22 件、内幕交易案件 46 件、操纵市场案件 13 件,其他类型案件 11 件。常规案件审结 86 件(不含积案),全部案件审结 142 件,较去年增加 84.4%。今年共作出 79 项行政处罚决定,较去年增加 41.1%,作出 21 项市场禁入决定,较去年增加 162.5%。移送司法案件 2 起。其中行政处罚对象中涉及 10 家上市公司、4 家会计师事务所、17 家其他机构、239 名个人。个人中对 170 人给予警告,对 215 人给予罚款。对 38 人实施了市场禁入,较去年增加 216.7%,其中 25 人被实施了终身市场禁入,较去年增加 24 倍。

2013 年已经作出的行政处罚罚没款总计达 7.28 亿元,比 2012 年增加 67.4%,为证监会成立以来最高金额。其中 11 名当事人被处以违法所得两倍以上罚款,比 2012 年增加 8 人。2012 年 12 月 31 日前移交处罚委案件审结率为 91.4%。2013 年 1 月 1 日至 6 月 30 日前移交处罚委案件已结案、已进入告知程序或已进入结案程序的案件的比例为 85.6%。全年共举行听证会 40 次,审理会 21 次,专家咨询会 1 次。

2013 年被提起复议的行政处罚案件 6 件,提出复议的当事人 18 名,已作出复议决定的案件复议维持率 100%。应诉案件 7 件,1 件胜诉,2 件待法院判决,4 件尚未开庭。

2013 年派出机构审理报备案件 11 件,其中上海局 1 件,广东局 5 件,深圳局 5 件。

二、2013 年的行政处罚决定书、市场禁入决定书

2013 年,处罚委共下发 79 项行政处罚决定书和 21 项市场禁入决定书。

三、2013 年行政处罚典型案例分析

2013 年,处罚委从重从快对万福生科案、新大地案、天能科技案、光大证券案等四件大要案作出行政处罚,完成了天丰节能案的审理工作并完成告知程序。大要案平均审理周期 160 天,纯审理时间平均 40 个自然日。案件的高效快速办理及有力宣传有效震慑和警示欺诈发行等违法行为,社会效果良好。

(一)万福生科欺诈发行及违规披露案。本案系我会近年来查处的具有广泛社会关注度的欺诈发行案件,我会依法对涉案的万福生科及其保荐机构、会计师事务所、律师事务所进行了严肃处理。对涉嫌犯罪的万福生科及其法定代表人龚永福、财务总监覃学军,依法移送司法机关,并对龚永福、覃学军二人实施终身市场禁入;对保荐机构平安证券给予警告、罚没 7665 万元、暂停保荐业务许可 3 个月,对两名保荐代表人及其他四名责任人撤销证券从业资格并罚款,且对两名保荐代表人实施终身市场禁入。该案的处罚对欺诈发行违法行为具有较大的震慑作用。同时,本案中平安证券主动出资先行赔付投资者损失的做法,开创了国内证券中介机构主动先行赔付的先例,拓展了资本市场通过市场手段保护投资者合法权益的新途径。

(二)新大地违法违规案。本案属于证监会 2013 年重点查办的发行申请人违法违规案件。经查明,广东新大地生物科技股份有限公司在预披露的招股说明书申报稿以及上会稿中存在重大遗漏,且在 2009 年至 2011 年年度报告中虚假记载。相关中介机构南京证券、大华会计师事务所、大成律师事务所在开展保荐业务和证券服务业务过程中未勤勉尽责,所出具的保荐书、审计报告、法律意见书等文件存在虚假记载。我会依法对相关主体和责任人处以警告、没收业务收入和罚款的行政处罚,对 8 名当事人采取了证券市场禁入措施,其中 4 名为终身禁入。发行申请中的财务造假属于严重失信行为,侵蚀证券市场的诚信基石,具有极大的社会危害性,我会对相关责任主体从重处罚,显示了维护市场“三公”原则、保护中小投资者合法权益的决心和力量。

(三)天能科技违法违规案。该案与万福生科案、新大地案并称为发行三大案,是 2013 年度颇具社会关注度和市场影响力的大案要案。天能科技于 2011 年 3 月 31 日向证监会提交 IPO 申请,并于 2012 年 2 月 1 日进行招股说明书预披露。我会依法认定天能科技所披露的信息有虚假记载、并报送有虚假记载的报告,认定民生证券的保荐人责任,认定大信会计师事务所和君泽君律所未勤勉尽责。该案明确了发行人责任认定的始点为报送材料之时,明确了中介机构在发行过程中的义务和责任,并且该案与万福生科、新大地同为我会首次认定发行过程中律师责任。

（四）光大证券内幕交易案。光大证券内幕交易案是证监会处理的第一例涉及股指期货及ETF的内幕交易案件。证监会于2013年11月1日对光大证券内幕交易主体及相关责任人员作出行政处罚决定，根据《证券法》第二百零二条和《期货交易管理条例》第七十条的规定，决定没收光大证券ETF、股指期货内幕交易违法所得，并处以违法所得5倍的罚款，罚没款共计523,285,668.48元。对相关责任人员给予警告，并分别处以60万元罚款和采取期货市场、证券市场禁入措施。同时，证监会对光大证券董事会秘书梅键信息误导的行为处以20万元罚款。该案是证监会迄今为止作出的罚没金额最高的处罚，该案的处罚对新型内幕交易违法行为具有较大的震慑作用。

四、围绕会党委中心工作部署推进完成的专项工作及报告

（一）推动实现派出机构全面行使行政处罚权

2013年，处罚委推动实现派出机构全面行使行政处罚权，对我会处罚执法体制作出重大变革。处罚权下放是适应资本市场发展新形势、证监会监管转型新要求的重大举措，将推动实现监管资源合理调配，构建起多层次执法体系，夯实派出机构监管职能，提升辖区监管权威，提高行政处罚效率和效果。

（二）召开完善“查审分离”体制工作座谈会

2013年，处罚委在杭州组织召开完善“查审分离”体制工作座谈会，会机关相关部门、派出机构、交易所等单位和部门就“查审分离”体制的价值及目标、现行体制的利弊、改进完善的方向及措施等进行了研究交流并达成共识，姜洋副主席出席座谈会并讲话。此次座谈会的讨论成果为我会执法体制机制改革做了理论准备。

（二）2013年作出的行政处罚决定书

关于顾振其、穆彩球违反证券法规的行政处罚决定书

（〔2013〕1号）

当事人：顾振其，男，1963年11月28日出生，时任舒泰神（北京）生物制药股份有限公司（以下简称舒泰神）董事，住址：江苏省太仓市。

穆彩球，女，1964年4月6日出生，顾振其妻子。

依据《中华人民共和国证券法》（以下简称《证券法》）的有关规定，我会对“舒泰神”股票内幕交易行为进行了立案调查、审理，并依法向当事人告知了作出行政处罚的事实、理由、依据及当事人依法享有的权利。当事人顾振其、穆彩球未提出陈述、申辩意见。本案现已调查、审理终结。

经查明，顾振其泄露内幕信息及穆彩球内幕交易“舒泰神”股票，存在以下违法事实：

一、关于舒泰神2011年年度业绩预告的形成

2012年1月5日17时，舒泰神2011年年度业绩预告形成，舒泰神董事长、总经理周某某在当天晚上将舒泰神2011年年度业绩预告情况告知顾振其。

2012年1月6日16时，舒泰神披露2011年年度业绩预告：预计盈利9775万元至10,925万元，净利润比上年度增长70%至90%。

根据以上事实，我会认定，舒泰神2011年年度业绩预告在公布前为《证券法》第七十五条所规定的内幕信息。内幕信息价格敏感期为

2012 年 1 月 5 日至 1 月 6 日。顾振其为内幕信息知情人。

二、顾振其泄露内幕信息及穆彩球内幕交易“舒泰神”股票

顾振其、穆彩球承认,顾振其于 2012 年 1 月 5 日晚上将舒泰神 2011 年业绩预告内容告诉穆彩球。

2012 年 1 月 6 日 13 时 40 分至 13 时 52 分,穆彩球买入“舒泰神”股票 4,300 股。

根据以上事实,我会认定,顾振其泄露内幕信息及穆彩球内幕交易“舒泰神”股票。顾振其、穆彩球的行为违反了《证券法》第七十六条关于禁止泄露内幕信息及内幕交易的规定,构成了《证券法》第二百零二条所述的违法行为。

以上违法事实,有舒泰神 2011 年年度业绩预告,相关人员的谈话笔录,穆彩球交易“舒泰神”股票情况,顾振其、穆彩球提供给深圳证券交易所的相关情况说明等证据证明,足以认定。

根据当事人违法行为的事实、性质、情节与社会危害程度,依据《证券法》第二百零二条的规定,我会决定:对顾振其、穆彩球处以共计 3 万元的罚款。

上述当事人应自收到本处罚决定书之日起 15 日内,将罚款汇交中国证券监督管理委员会(开户银行:中信银行总行营业部,账号:7111010189800000162,由该行直接上缴国库),并将注有当事人名称的付款凭证复印件送中国证券监督管理委员会稽查局备案。当事人如果对本处罚决定不服,可在收到本处罚决定书之日起 60 日内向中国证券监督管理委员会申请行政复议,也可在收到本处罚决定书之日起 3 个月内直接向有管辖权的人民法院提起行政诉讼。复议和诉讼期间,上述决定不停止执行。

关于李国刚等四人违反证券法规的行政处罚决定书

(〔2013〕2 号)

当事人:李国刚,男,1960 年 8 月 24 日出生,住址:内蒙古自治区赤峰市红山区解三段一委土产家属院。

白宪慧,女,1961 年 9 月 28 日出生,住址:内蒙古自治区赤峰市元宝山区平庄工商银行家属楼。

周富华,男,1971 年 2 月 8 日出生,住址:内蒙古自治区赤峰市松山区西站街通达路进修巷。

姚文喜,男,1962 年 11 月 4 日出生,住址:广东省汕头市环碧庄金珠园。

依据《中华人民共和国证券法》(以下简称《证券法》)的有关规定,我会对李国刚、白宪慧、周富华、姚文喜内幕交易行为进行了立案调查、审理,并依法向当事人告知了作出行政处罚的事实、理由、依据及当事人依法享有的权利。当事人李国刚、白宪慧、周富华、姚文喜提出了书面陈述、申辩意见,未要求听证。本案现已调查、审理终结。

经查明,李国刚、白宪慧、周富华、姚文喜存在以下违法事实:

一、本案所涉内幕信息

(一)关于成立银泰盛达矿业投资开发有限责任公司(以下简称银泰盛达)的信息

1. 内幕信息形成及公开

2011 年 7 月 7 日,经江西中信矿业投资有限公司(以下简称江西中信)法定代表人刘某某介绍,南方科学城发展股份有限公司(以下简称科学城)董事长杨某某、中国银泰投资有限公司(以下简称中国银泰)总裁程某某与内蒙古第十地质矿产勘查开发院(以下简称十院)讨论合作事宜。科学城与中茂坤(北京)商贸有限公司(以下简称中茂坤)签订了《咨询服务合同》。主要内容为:中茂坤向科学城推荐内蒙古玉龙矿业股份有限公司(以下简称玉龙矿业）西乌珠穆沁旗花敖包特银铅矿项目，并积极促成科学城与玉龙矿业法定股东或关联公司签订任何类型的投资合同。7月8日，杨某某、程某某、刘某某与十院院长王某某、副院长丁某某就合作事项进行了商谈，参加会谈的还有海南信得泰盛投资管理有限公司（以下简称海南信得）实际控制人王某的代表李国刚。商谈内容主要为中国银泰与十院合作事宜：中国银泰希望利用十院专业技术力量为其找矿，因此中国银泰、十院、江西中信准备共同成立矿业投资公司为中国银泰找矿，具体为中国银泰以其控股的科学城、十院（或其指定的公司）、江西中信（或其指定的公司）三方共同出资成立矿业投资公司，矿业投资公司主要从事矿业企业及矿业资产的前期工作，待其符合上市公司要求时以出让股权或出售资产的方式装入科学城。

三方讨论了《中国银泰、十院、江西中信合作框架协议》，主要内容包括：（1）矿业投资公司股权、注册资金、注册地问题；（2）在条件成熟时，科学城就十院持有的玉龙矿业股权进行合作，合作方式包括但不限于定向增发股份、现金或定向增发股份与现金相结合的方式对玉龙矿业股权收购。同时中国银泰锁定与十院合作，即十院保证不再就玉龙矿业与其他第三方进行接触或签署类似协议。7月8日会谈以后，李国刚去科学城，与杨某某等人洽谈矿业投资公司注册事宜。

8月31日前一周左右，王某某与周富华联系，说科学城想成立一个找矿的平台公司，希望周富华担任总经理，周富华同意。8月31日，在赤峰召开矿业投资公司筹备大会，参加人员包括王某某、丁某某、李国刚、周富华、杨某某等人。主要讨论矿业投资公司股东、人员、机构设置等问题。由于十院是国有事业单位，本身不便参与股东事宜，由玉龙矿业股东海南信得参股，江西中信是国有企业，决策程序复杂，由杨某某、刘某某推荐北京首一创业投资有限公司（以下简称首一创业）参与，具体由刘某某与姚文喜联系。会上确定周富华为总经理，董事为杨某某等人。之前，刘某某与姚文喜联系，问首一创业有无兴趣入股科学城成立的矿业投资公司，姚文喜希望借此机会与科学城合作，以便将首一创业投资的其他矿业公司推荐给科学城，所以姚文喜同意首一创业参股银泰盛达。

9月20日，科学城刊登重大对外投资公告，称经公司第四届董事会第二十次会议通过，科学城与海南信得、首一创业拟成立银泰盛达，注册资本1亿元，科学城、海南信得、首一创业分别持有51%、36%、13%的股权。并称科学城利用自有资金与海南信得、首一创业共同设立银泰盛达，充分整合利用三方的资源优势，在矿产资源领域寻找合适的投资项目，为公司增加新的利润增长点，为公司的可持续发展创造有利条件。

2. 内幕信息敏感期

科学城主营业务是酒店业，科学城、海南信得、首一创业合资成立银泰盛达的主要目的是从事矿业企业及矿业资产的前期工作，待其符合上市公司要求时以出让股权或出售资产的方式装入科学城。因此，科学城、海南信得、首一创业合资成立银泰盛达，是科学城实现从酒店业向能源开发行业延伸的重大事项，属于《证券法》第六十七条第二款第（一）项所规定的“公司的经营方针和经营范围的重大变化”，构成《证券法》第七十五条第二款第（一）项所规定的内幕信息。该信息敏感期自2011年7月8日王某某、李国刚、杨某某等人商谈并决定成立矿业投资平台公司起，至2011年9月20日科学城公告披露合资成立银泰盛达事项为止。

（二）关于科学城收购玉龙矿业股权的信息

1. 内幕信息形成及公开

2011年11月7日至9日，杨某某请李国刚安排与王某、侯某某在玉龙宾馆见面。杨某某表示，科学城重点在玉龙矿业；王某表示，可以与科学城签订意向性协议，其与侯某某持有的玉龙矿业69%的股权可以转让给科学城，定向增发也行。

12月中旬，王某某、李国刚来北京与中国银泰董事长沈某某、杨某某会谈，主要谈了关于玉龙矿业合作意愿，双方表示愿意合作。

12月底，科学城联系周富华，让周富华联系李国刚、丁某某、王某某等人去宁波就玉龙矿业合作事项与十院方面沟通。

2012年1月5日，程某某、杨某某、周富华、李国刚等人去宁波游玩，交谈了银泰盛达在西安、赤峰找矿进展。

1月9日，沈某某、科学城董事辛某某、杨某某赴锡盟向盟党委书记、盟长汇报中国银泰在锡盟投资发展并与玉龙矿业吸收合并事宜。

1月10日，杨某某在锡盟汇报结束后，由周富华派车接到赤峰，在李国刚的安排下，杨某某与王某、侯某某商谈玉龙矿业合作问题。

1月16日，锡盟党委书记、盟长到北京拜访中国银泰，表示全力支持其与玉龙矿业合作，当天下午中国银泰向锡盟党委书记递交了《关于中国银泰投资有限公司锡林郭勒盟投资及合作项目问题的报告》，报告称科学城将锡盟作为投资矿业的首选，且已与十院进行接触，就地质找矿、矿业开发、矿产品经营与深加工等合作项目取得了许多一致意向。科学城拟吸收合并玉龙矿业。次日，锡盟党委书记在报告上做了批示。

1月17日，科学城临时停牌，称公司接大股东中国银泰通知，正就与公司有关的重大事项进行磋商，可能对公司股价造成影响。

1月18日，中国银泰与侯某某签订《关于内蒙古玉龙矿业股份有限公司合作协议》，约定科学城通过向侯某某及其他玉龙矿业股东发行股份或现金收购或发行股份与现金收购相结合的方式，吸收合并玉龙矿业；侯某某尽其最大努力在2012年2月10日前说服玉龙矿业其他股东(不少于持股21%的股东)共同认购科学城发行的股份，同时启动与上市公司吸收合并的相关工作，以尽快达到对玉龙矿业控制不少于51%股权的目的；侯某某不再就玉龙矿业的合作事宜与其他第三方进行接触或签署同类协议。

1月31日，科学城公告《南方科学城发展股份有限公司关于终止第四届董事会第十八次会议通过的重大资产重组事项的公告》，同时，科学城刊登重大资产重组停牌公告，称正在筹划新的重大资产重组事项，科学城股票申请继续停牌。

5月4日，科学城公布《科学城重大资产出售及现金和发行股份购买资产并募集配套资金暨关联交易报告书》草案，拟以现金及发行股份的方式向侯某某等人购买其持有的玉龙矿业69.4685%股权。同日，科学城股票复牌，至5月14日，科学城股票连续出现7个涨停。

2. 内幕信息敏感期

科学城收购玉龙矿业股权，属于《证券法》第七十五条第二款第(七)项所规定的内幕信息，该内幕信息敏感期自2011年11月7日王某与杨某某等面谈表示可以与科学城签订有关转让玉龙矿业股权的合作意向性协议起，至2012年5月4日科学城公布收购玉龙矿业股权事项止。

二、李国刚、白宪慧、周富华、姚文喜知悉内幕信息情况

(一)李国刚知悉内幕信息情况

李国刚作为王某就科学城与玉龙矿业资产重组谈判的委托人，参与并知悉银泰盛达成立事项、科学城收购玉龙矿业股权事项。

(二)白宪慧知悉内幕信息情况

白宪慧系李国刚妻妹。2012年元旦前后，白宪慧从李国刚处获取科学城正在买矿的消息。

(三)周富华知悉内幕信息情况

2011年8月31日前一周左右，王某某告知其科学城要成立矿业投资公司，推荐周富华担任银泰盛达总经理，周富华同意。2011年11月7日，科学城杨某某等人到赤峰洽谈收购玉龙矿业事项，作为科学城子公司银泰盛达总经理，周富华负责接待。

(四)姚文喜知悉内幕信息情况

姚文喜系首一创业总经理。2011年7至8月份，刘某某联系姚文喜，询问首一创业是否同意与科学城共同出资成立银泰盛达，姚文喜表示同意。

三、相关交易情况

(一)李国刚交易科学城股票情况：2011年7月25日至9月5日，李国刚买入620,200股，7月26日至9月21日卖出320,300股。2012年5月14日，该账户将剩余299,900股全部卖出。根据深圳证券交易所计算结果，李国刚在2011年7月5日至2012年5月14日交易科学城股票共计亏损77,766.86元。

(二)白宪慧交易科学城股票情况：在李国刚建议和帮助操作下，白宪慧使用其女儿的证券账户于2012年1月6日至13日，买入101,400股，至5月10日卖出。根据深圳证券交易所计算结果，白宪慧交易科学城股票获利332,100.06元。

（三）周富华交易科学城股票情况：2011年8月30日至9月19日买入49,700股，卖出15,000股；2011年11月7日至2012年1月9日买入909,726股，至2012年5月8日分次全部卖出。根据深圳证券交易所计算结果，周富华2011年8月30日至9月19日交易科学城股票获利30,922.53元，2011年11月7日至2012年1月9日交易科学城股票获利898,357.37元。

（四）姚文喜交易科学城股票情况：姚文喜于2011年9月2日买入32,000股，至9月23日分次卖出12,000股，获利5,623.43元，截至调查截止日，账户仍有部分余股。

姚文喜控制"庄某"账户，于2011年9月1日至5日买入82,000股，后陆续卖出，获利23,735.71元，截至调查截止日，账户仍有部分余股。

以上事实，有相关公告、谈话笔录以及深圳证券交易所计算的相应数据等证据证明，足以认定。

李国刚作为玉龙矿业股东的代表，全程参与了成立银泰盛达以及科学城收购玉龙矿业股权事项的谈判，系内幕信息知情人。李国刚在内幕信息公开前买卖科学城股票，并将科学城正在买矿的消息透露给妻妹白宪慧并建议买入科学城股票，违反《证券法》关于内幕信息知情人不得利用内幕信息从事相关证券交易、不得泄露信息或建议他人买卖该证券等禁止性规定。

白宪慧根据李国刚透露科学城正在买矿消息及其买入建议，买入科学城股票，交易时间与涉案内幕信息形成时间高度吻合、交易金额放大，交易行为明显异常，属于非法获取内幕信息并在该信息公开前交易该证券。

周富华参与了成立银泰盛达的筹备，并作为银泰盛达的总经理负责科学城收购玉龙矿业股权谈判行程的接待。周富华在内幕信息公开前买卖科学城股票，违反《证券法》关于内幕信息知情人不得利用内幕信息从事相关证券交易的禁止性规定。

姚文喜作为首一创业的总经理，同意首一创业投资入股银泰盛达，系上述内幕信息的知情人。姚文喜在内幕信息公开前以自己证券账户以及通过"庄某"证券账户买卖科学城股票，违反《证券法》关于内幕信息知情人不得利用内幕信息从事相关证券交易的禁止性规定。

周富华、李国刚、白宪慧辩称，对证券法律法规缺乏了解，无意触犯法律，并积极配合调查，请求从轻处罚；周富华还提出合计盈利为741,198.49元，不是《行政处罚事先告知书》中认定的929,279.90元。

姚文喜辩称：第一，科学城在拟设立银泰盛达之前就已经公告过开始进入矿产开发行业，那时科学城的经营方针和经营范围已经开始发生重大变化，科学城拟设立银盛泰达只是这一方针的具体实施，而且银盛泰达至今没有投资矿业项目。因此此信息不能认定为内幕信息。第二，其2011年9月2日至5日买入科学城股票时不知悉科学城收购玉龙矿业的重组行为，是根据公开披露的信息进行的投资行为。

经复核认为，本案中，李国刚、白宪慧、周富华提出的从轻处罚的理由于法无据，不能采纳。周富华提出的盈利问题，根据深圳证券交易所计算结果并经审理复核，周富华2011年8月30日至9月19日交易"科学城"股票获利30,922.53元，2011年11月7日至2012年1月9日交易"科学城"股票获利898,357.37元。

关于姚文喜提出的科学城拟设立银盛泰达是否构成内幕信息的问题，正如姚文喜本人陈述，虽然科学城之前已经公告过开始进入矿产开发行业，但科学城拟设立银盛泰达却是这一方针的具体实施，为科学城经营方针和经营范围发生重大变化增加了确定性，因此属于内幕信息。关于姚文喜陈述其2011年9月2日至5日买入科学城股票时不知悉科学城收购玉龙矿业的重组行为，是根据公开披露的信息进行投资的说法，《行政处罚事先告知书》认定其2011年9月2日至5日买入科学城股票是利用科学城拟设立银盛泰达这一内幕信息，并非科学城收购玉龙矿业的信息。

综上，李国刚、白宪慧、周富华、姚文喜提交的书面意见不构成减轻或免除处罚的理由，我会不予采纳。

根据当事人违法行为的事实、性质、情节与社会危害程度，依据《证券法》第二百零二条的规定，我会决定：

一、对李国刚处以30万元罚款；

二、没收白宪慧违法所得332,100.06元，并处以332,100.06元罚款；

三、没收周富华违法所得929,279.90元,并处以929,279.90元罚款;

四、对姚文喜处以5万元罚款。

上述当事人应自收到本处罚决定书之日起15日内,将罚款汇交中国证券监督管理委员会(开户银行:中信银行总行营业部,账号:7111010189800000162,由该行直接上缴国库),并将注有当事人名称的付款凭证复印件送中国证券监督管理委员会稽查局备案。当事人如果对本处罚决定不服,可在收到本处罚决定书之日起60日内向中国证券监督管理委员会申请行政复议,也可在收到本处罚决定书之日起3个月内直接向有管辖权的人民法院提起行政诉讼。复议和诉讼期间,上述决定不停止执行。

关于潍坊亚星化学股份有限公司及有关个人违反证券法规的行政处罚决定书

(〔2013〕3号)

当事人:潍坊亚星化学股份有限公司(以下简称亚星化学)住所:山东省潍坊市奎文区鸢飞路899号,法定代表人曹希波。

陈华森,男,1945年1月出生,2009年1月至2010年11月任亚星化学董事长,2001年至2010年11月任潍坊亚星集团有限公司(以下简称亚星集团)董事长,住址:山东省潍坊市奎文区新华西路。

曹希波,男,1964年2月出生,2010年12月至调查结束任亚星化学董事长,2010年11月至调查结束任亚星集团董事长、总经理,住址:山东省潍坊市寒亭区大家洼街道海源街。

王志峰,男,1974年3月出生,2009年1月至调查结束任亚星化学董事,2003年至2011年1月任亚星集团财务总监,住址:山东省潍坊市高新技术开发区福寿东街。

张福涛,男,1977年2月出生,2010年5月至11月任亚星化学董事,2009年1月至2010年11月任亚星化学财务总监,住址:山东省潍坊市奎文区鸢飞路。

郝玉江,男,1967年4月出生,2011年3月至调查结束任亚星化学董事、财务总监、副总经理,住址:山东省潍坊市寿光大家洼街道海源街。

汪波,男,1955年10月出生,2009年1月至2010年11月任亚星化学董事、董事会秘书,住址:山东省潍坊市奎文区新华西路。

唐文军,男,1963年2月出生,2009年1月至调查结束任亚星化学董事、总经理,2010年11月至12月代行董事会秘书职责,住址:山东省潍坊市奎文区新华西路。

周建强,男,1963年6月出生,2009年1月至2011年12月任亚星化学副董事长,住址:福建省福州市鼓楼区省府路。

鄢辉,男,1972年10月出生,2010年1月至2011年8月任亚星化学董事,住址:福建省福州市台江区贸发新村。

周洋,男,1965年9月出生,2009年1月至调查结束任亚星化学独立董事,住址:山东省泰安市泰山区花园街。

陈坚,男,1972年7月出生,2009年1月至调查结束任亚星化学独立董事,住址:上海市浦东新区巨峰路。

韩俊生,男,1946年11月出生,2009年1月至调查结束任亚星化学独立董事,住址:山东省潍坊市潍城区城关曹家巷。

王维盛,男,1952年10月出生,2009年1月至调查结束任亚星化学独立董事,住址:山东省潍坊市高新技术开发区金马路。

裴延智,男,1963年6月出生,2010年11月至2011年3月任亚星化学财务总监,2011年3月至调查结束任亚星集团财务总监,住址:山东省潍坊市奎文区新华西路。

范铭华,男,1968年3月出生,2010年12

月至调查结束任亚星化学董事会秘书，住址：山东省潍坊市奎文区新华西路。

刘建平，男，1953年4月出生，2009年1月至2010年4月任亚星化学董事，住址：山东省潍坊市奎文区新华西路。

董治，男，1963年12月出生，2011年3月至调查结束任亚星化学董事，住址：山东省潍坊市奎文区新华西路。

黄涛，男，1960年9月出生，2009年1月至调查结束任亚星化学监事，住址：山东省潍坊市奎文区民生东街。

林平，男，1955年6月出生，2009年1月至调查结束任亚星化学监事，住址：山东省潍坊市奎文区新华西路。

毕永昌，男，1954年9月出生，2009年1月至调查结束任亚星化学监事，住址：山东省潍坊市奎文区新华西路。

杨雷，男，1968年10月出生，2009年1月至调查结束任亚星化学副总经理，住址：山东省潍坊市奎文区新华西路。

崔焕义，男，1967年9月出生，2009年1月至调查结束任亚星化学副总经理，住址：山东省潍坊市奎文区新华西路。

依据《中华人民共和国证券法》(以下简称《证券法》)的有关规定，我会对亚星化学信息披露违法一案进行了立案调查、审理，并依法向当事人告知了作出行政处罚的事实、理由、依据及当事人依法享有的权利。应当事人陈华森的要求，我会举行了听证会，听取当事人及其代理人的陈述、申辩。当事人亚星化学、曹希波、王志峰、张福涛、郝玉江、唐文军、周洋、陈坚、韩俊生、王维盛、范铭华、黄涛、林平、崔焕义提交了书面陈述、申辩意见。当事人汪波、刘建平、毕永昌、杨雷、裴延智、董治、周建强、鄢辉未提出陈述、申辩意见，也未要求听证。本案现已调查、审理终结。

经查明，亚星化学存在以下违法事实：

一、未按规定披露关联方关系

2007年6月，亚星集团安排其持有91%股份的潍坊第二热电有限责任公司(以下简称第二热电)，通过借款合同和股权质押合同，分别向青岛吉永昌装饰设计工程有限公司(以下简称青岛吉永昌)、上海宝韧化工有限公司(以下简称上海宝韧)两家公司提供200万元和800万元，由这两家公司以该借款出资成立了上海廊桥国际贸易有限公司(以下简称上海廊桥)。除该两笔借款外，第二热电与青岛吉永昌、上海宝韧无任何经济往来。截至调查结束，青岛吉永昌、上海宝韧尚未向第二热电归还上述借款，也从未按照借款合同中的约定向第二热电支付过借款利息。

上海廊桥成立后至调查结束，先后有过3名财务人员，其中有2人是亚星集团向上海廊桥派驻的，工资一直由亚星集团发放；上海廊桥在工商银行、中国银行驻潍坊的分支机构分别开有一个账户，亚星集团保管着上海廊桥的财务专用章，上海廊桥在潍坊的银行业务都由亚星集团的财务人员办理；除与亚星集团、亚星化学及亚星化学的子公司潍坊亚星湖石化工有限公司(以下简称亚星湖石)存在销售、采购业务往来外，上海廊桥对外基本无经营业务发生；上海廊桥自成立后未向青岛吉永昌、上海宝韧进行过利润分配。

2010年11月，上海廊桥在办理年度工商年检时无法与原法定代表人取得联系。2011年5月，经亚星集团领导研究决定，找到一位与公司无任何关联的人员暂时担任法定代表人配合公司年审。

亚星化学、亚星集团及上海廊桥提供给调查组的书面说明承认，从上海廊桥的人员及业务等各方面情况看，上海廊桥由亚星集团控制，系亚星集团和亚星化学的关联方。相关涉案人员陈华森、曹希波、张福涛、王志峰在接受调查询问时均承认上海廊桥是亚星化学的关联方。

亚星化学在2009年年度报告、2010年半年度报告、2010年年度报告及2011年半年度报告中均未将上海廊桥作为关联方披露。

二、未按规定披露关联交易

2009至2010年，亚星化学与上海廊桥存在大量的业务往来，主要是亚星化学向上海廊桥销售氯化聚乙烯(CPE)，从上海廊桥采购聚乙烯(PE)；2011年度，亚星化学与上海廊桥之间产品购销业务发生较少。

2009年1月至2011年6月，按照所涉及的半年度报告、年度报告期间，亚星化学与上海廊桥的关联交易及关联方往来余额如下：

2009 年 1 至 6 月,亚星化学与上海廊桥之间产品购销往来发生额为 0 元。

2009 年 1 至 12 月,亚星化学向上海廊桥销售产品 367,041,966.77 元,自上海廊桥采购产品 29,371,581.19 元。截至 2009 年 12 月 31 日,亚星化学对上海廊桥往来科目余额为:应收票据 96,130,555.81 元,预付账款 143,352,436.80 元,应付票据 212,600,000.00 元,预收账款 10,159,524.90 元。

2010 年 1 至 6 月,亚星化学向上海廊桥销售产品 99,478,461.54 元,自上海廊桥采购产品为 0 元。截至 2010 年 6 月 30 日,亚星化学对上海廊桥往来科目余额为:应收账款 10,049,959.77 元,应收票据 6,031,702.60 元,预付账款 186,084,158.41 元,应付票据 57,000,000.00 元。

2010 年 1 至 12 月,亚星化学向上海廊桥销售产品 100,339,145.30 元,自上海廊桥采购产品 60,106,666.67 元。截至 2010 年 12 月 31 日,亚星化学对上海廊桥往来科目余额为:应收账款 3,764,095.07 元,预付账款 27,161,750.60 元,应付票据 57,000,000.00 元。

2011 年 1 至 6 月,亚星化学向上海廊桥销售产品为 0 元,自上海廊桥采购产品 6,398,717.95 元。截至 2011 年 6 月 30 日,亚星化学对上海廊桥往来科目余额为:应收账款 12,477,595.07 元,预付账款 27,161,750.60 元。

比照《上海证券交易所股票上市规则(2008 年修订)》第 10.2.4 条“上市公司与关联法人发生的交易金额在 300 万元人民币以上,且占上市公司最近一期经审计净资产绝对值 0.5% 以上的关联交易(上市公司提供担保除外),应当及时披露”,以及第 10.2.11 条关于上市公司在连续十二个月内发生的与同一关联法人进行的交易应当按照累计计算的原则适用第 10.2.4 条的规定,经测算,亚星化学与上海廊桥发生的上述关联交易,在多个时点达到了临时披露要求,但是,亚星化学未按规定及时披露这些关联交易事项。

我会制定的《公开发行证券的公司信息披露内容与格式准则第 2 号〈年度报告的内容与格式〉(2007 年修订)》第四十五条要求,公司应当披露报告期内发生的重大关联交易事项。若对于某一关联方,报告期内累计关联交易总额高于 3000 万元且占公司最近一期经审计净资产值 5% 以上的,须披露详细情况。经测算,亚星化学与上海廊桥发生的关联交易均超过了 3000 万元,且占公司最近一期经审计净资产值 5% 以上,但亚星化学未按规定在相关定期报告中披露这些关联交易事项。

三、未按规定披露与亚星集团的非经营性资金往来

2011 年 1 月,为解决前期遗留问题,亚星集团以其持有的亚星化学 985 万股股份为质押与湛江华森投资有限公司(以下简称湛江华森)签订了 7200 万元借款合同。因亚星集团资金不足,亚星化学分别于 2011 年 4 月 22 日、6 月 1 日通过其银行账户支付 2400 万元、1200 万元给湛江华森,代替亚星集团归还对湛江华森的欠款。亚星化学对上述资金划转未履行审议程序,也未及时进行披露。2011 年 11 月 29 日,亚星集团向亚星化学支付 15,000 万元,用于归还上述亚星化学代为支付的 3600 万元及其他欠款。

2011 年 8 月,亚星集团为归还到期的农业银行某笔借款,尚缺 1000 万元;亚星化学通过其银行账户划款 1000 万元至潍坊虹远建筑劳务有限公司(以下简称虹远建筑),由虹远建筑账户划转至亚星集团。该笔资金并无真实业务背景,亚星化学对上述资金划转未履行审议程序,也未予以披露。2011 年 10 月,亚星集团直接向亚星化学归还 380 万元,剩余 620 万元于 2011 年 11 月由亚星集团连同对亚星化学的其他欠款一并归还。

比照《上海证券交易所股票上市规则(2008 年修订)》第 10.2.4 条以及第 10.2.10 条关于“上市公司进行提供财务资助等关联交易时,应当以发生额作为计算的披露标准,并按交易类别在连续十二个月内累计计算”的规定,经测算,亚星化学与亚星集团发生的上述 3 笔非经营性资金往来均达到了临时披露要求,但是,亚星化学未按照规定及时披露;对于 2011 年 4 至 6 月替亚星集团偿还的 3,600 万元债务,亚星化学也未在 2011 年半年度报告中披露。

四、2011年半年度报告虚假记载

2011年1至6月，亚星化学及亚星湖石未及时入账的财务费用合计14,760,616.43元，影响当期损益，造成2011年半年度报告虚假记载。截至2011年10月底，亚星化学已将有关银行贷款利息计入当期损益。

五、其他相关事项

2010年11月，亚星化学因隐瞒2009年、2010年度向亚星集团提供巨额资金、为亚星集团提供担保等事项，被我会立案调查。2012年5月，我会作出行政处罚决定。

2011年12月2日，亚星化学发布公告，称亚星集团已于11月29日将9900万元归还亚星化学，并归还占用资金利息382万元，解决了非经营性资金占用问题。

亚星化学、亚星集团能够积极配合本次调查。

以上事实，有亚星化学相关财务资料、定期报告、涉案单位的书面说明、当事人询问笔录等证据证明，足以认定。

亚星化学的上述行为，违反了《证券法》第六十三条的规定，构成了《证券法》第一百九十三条所述违法行为。

陈华森长期担任亚星集团董事长，并于2009年、2010年兼任亚星化学董事长，是亚星化学未披露与上海廊桥之间关联关系及关联交易的主要责任人，是对亚星化学相关信息披露违法行为直接负责的主管人员。

曹希波于2010年底接任亚星集团董事长、总经理和亚星化学董事长之后，本应领导上市公司力除积弊、纠正错误，但其上任后在知悉上海廊桥是关联方的情况下未安排亚星化学及时披露，更在2011年度直接决策、组织了亚星化学替亚星集团偿还债务、向亚星集团划转资金的事项，并知悉2011年1至6月亚星化学及亚星湖石存在未及时入账的财务费用从而影响2011年半年度报告损益的情况，是对亚星化学相关信息披露违法行为直接负责的主管人员。

王志峰长期担任亚星集团财务总监，并于涉案期间兼任亚星化学董事，明知上海廊桥是亚星化学的关联方、上海廊桥与亚星化学之间的业务往来构成关联交易，但未安排、督促亚星化学按规定披露，是对亚星化学相关信息披露违法行为直接负责的主管人员。

张福涛作为时任亚星化学董事、财务总监，明知上海廊桥是亚星化学的关联方、上海廊桥与亚星化学之间的业务往来构成关联交易，但未安排、组织亚星化学按规定披露，是对亚星化学相关信息披露违法行为直接负责的主管人员。

郝玉江于2011年3月继任亚星化学董事、财务总监、副总经理之后，知悉2011年度亚星化学通过虹远建筑向亚星集团划转资金及替亚星集团偿还债务事项，知悉2011年1至6月亚星化学存在未及时入账的财务费用事项，未安排、组织亚星化学按规定披露，是对亚星化学相关信息披露违法行为直接负责的主管人员。

汪波作为时任亚星化学董事、董事会秘书，在审议亚星化学涉案定期报告的董事会会议上投同意票并签字，没有证据显示其已经尽到了作为上市公司董事的监督责任和作为上市公司董事会秘书应承担的信息披露事务主要责任人责任，是对亚星化学相关信息披露违法行为直接负责的主管人员。

唐文军作为时任亚星化学董事、总经理，多次在审议亚星化学涉案定期报告的董事会会议上投同意票并签字，没有证据显示其已经尽到了作为上市公司董事、总经理的监督责任，是对亚星化学相关信息披露违法行为直接负责的主管人员。

周建强作为时任亚星化学副董事长、外部董事，多次在审议亚星化学涉案定期报告的董事会会议上投同意票并签字，没有证据显示其已经尽到了作为上市公司董事的监督责任，是对亚星化学相关信息披露违法行为负责的其他直接责任人员。

鄢辉作为时任亚星化学外部董事，多次在审议亚星化学涉案定期报告的董事会会议上投同意票并签字，没有证据显示其已经尽到了作为上市公司董事的监督责任，是对亚星化学相关信息披露违法行为负责的其他直接责任人员。

周洋、陈坚、韩俊生、王维盛作为时任亚星化学独立董事，多次在审议亚星化学涉案定期报告的董事会会议上投同意票并签字，没有证据显示其已经尽到了作为上市公司独立董事的监督责任,是对亚星化学相关信息披露违法行为负责的其他直接责任人员。

裴延智作为时任亚星化学财务总监、亚星集团财务总监,知悉2011年度亚星化学向亚星集团划转资金及替亚星集团偿还债务事项,作为财务总监列席了审议亚星化学2010年年度报告的董事会会议,并在书面确认意见上签字,没有证据证明其已经尽到了作为上市公司财务总监的核查、监督责任,是对亚星化学相关信息披露违法行为负责的其他直接责任人员。

范铭华在2010年底任亚星化学董事会秘书之后,列席了审议亚星化学2010年年度报告、2011年半年度报告的董事会会议,并在为相关定期报告出具的书面确认意见上签字,没有证据显示其已经尽到了作为上市公司董事会秘书应承担的信息披露事务主要责任人责任,是对亚星化学相关信息披露违法行为负责的其他直接责任人员。

刘建平作为时任亚星化学董事,曾在审议亚星化学涉案定期报告的董事会会议上投同意票并签字,没有证据显示其已经尽到了作为上市公司董事的监督责任,是对亚星化学相关信息披露违法行为负责的其他直接责任人员。

董治作为时任亚星化学董事,曾在审议亚星化学涉案定期报告的董事会会议上投同意票并签字,没有证据显示其已经尽到了作为上市公司董事的监督责任,是对亚星化学相关信息披露违法行为负责的其他直接责任人员。

黄涛、林平、毕永昌作为时任亚星化学监事,多次参加审议亚星化学涉案定期报告的监事会会议,投同意票并签字,没有证据显示其已经尽到了作为上市公司监事的监督责任,是对亚星化学相关信息披露违法行为负责的其他直接责任人员。

杨雷、崔焕义作为时任亚星化学高级管理人员,多次列席了审议亚星化学涉案定期报告的董事会会议,并在为相关定期报告出具的书面确认意见上签字,没有证据显示其作为高级管理人员已经尽到了保证上市公司信息披露真实、准确、完整的责任,是对亚星化学相关信息披露违法行为负责的其他直接责任人员。

当事人陈华森及其代理人在听证会上和书面申辩意见中提出,我会曾于2012年5月对陈华森作出行政处罚,本次处罚属于"一事再罚",违反了我国现行法律、法规的规定。

经复核,从实体上看,我会于2012年5月对陈华森作出行政处罚,系基于陈华森作为亚星集团兼亚星化学董事长,亚星化学隐瞒2009年、2010年向亚星集团提供巨额资金、为亚星集团提供担保事项;本次行政处罚,系基于陈华森作为亚星集团兼亚星化学董事长,亚星化学未披露其与上海廊桥的关联方关系与关联交易。从立案稽查的程序和内容看,我会对上述两个事项系先后分别立案、分别稽查,前案稽查、审理终结后,本案才立案,亚星化学也是先后两次发布了被立案稽查的公告;我会在前案稽查中,并未涵盖亚星化学未披露其与上海廊桥的关联方关系及关联交易事项。因此,本案与前案涉及的事项,并非"一事",我会依据本案查明的事实对陈华森给予行政处罚,并不涉及"一事不再罚"问题。

亚星化学、曹希波、王志峰、张福涛、郝玉江、唐文军、周洋、陈坚、韩俊生、王维盛、范铭华、黄涛、林平、崔焕义等当事人提出其已经于2012年5月受到行政处罚、本案涉及事项属于历史遗留问题、未直接参与公司经营、不知情等理由,请求对其减轻或者免除处罚。

经复核,上述当事人提出的请求对其减轻或者免除处罚理由不能成立,本案在审理时,已经区分不同情况对有关当事人进行了从轻处理。

综上,鉴于当事人未就事先告知有关其违法行为的认定提出新的事实及证据,当事人在接受调查及提出陈述、申辩意见时,未提交充分证据证明其有勤勉尽责的情形,我会对当事人有关陈述、申辩意见不予采纳。

根据当事人违法行为的事实、性质、情节与社会危害程度,依据《证券法》第一百九十三条的规定,我会决定:

一、对亚星化学责令改正,给予警告,并处以40万元罚款;

二、对陈华森给予警告,并处以30万元罚款;

三、对曹希波给予警告,并处以20万元罚款;

四、对王志峰、张福涛、郝玉江给予警告,并分别处以10万元罚款;

五、对汪波、唐文军给予警告,并分别处以

5万元罚款；

六、对周建强、鄢辉、周洋、陈坚、韩俊生、王维盛、裴延智、范铭华给予警告，并分别处以3万元罚款；

七、对刘建平、董治、黄涛、林平、毕永昌、杨雷、崔焕义给予警告。

上述当事人应自收到本处罚决定书之日起15日内，将罚款汇交中国证券监督管理委员会（开户银行：中信银行总行营业部，账号：7111010189800000162，由该行直接上缴国库），并将注有当事人名称的付款凭证复印件送中国证券监督管理委员会稽查局备案。当事人如对本处罚决定不服，可在收到本处罚决定书之日起60日内向中国证券监督管理委员会申请行政复议，也可在收到本处罚决定书之日起3个月内直接向有管辖权的人民法院提起行政诉讼。复议和诉讼期间，上述决定不停止执行。

关于谭淑智违反证券法规的行政处罚决定书

（〔2013〕4号）

当事人：谭淑智，女，1965年1月出生，住址：云南省昆明市五华区瓦仓庄116号。

依据《中华人民共和国证券法》（以下简称《证券法》）的有关规定，我会对谭淑智内幕交易行为进行了立案调查、审理，并依法向当事人告知了作出行政处罚的事实、理由、依据及当事人依法享有的权利，当事人未提出陈述、申辩意见。本案现已调查、审理终结。

经查明，谭淑智存在以下违法事实：

一、内幕信息形成过程

2010年年初，在“央企入滇”的背景下，云南省、昆明市确定了积极引入汽车产业的战略思路。按昆明市政府部署，昆明市工信委负责与中国兵器装备集团公司（以下简称兵装集团）下属单位中国长安汽车集团股份有限公司（以下简称长安集团）洽谈。

2010年6月初，昆明云内动力股份有限公司（以下简称云内动力）及其控股股东云南内燃机厂向昆明市国资委提交了《关于云内动力与中国长安集团合作的建议草案》，提出云南内燃机厂股权参与合作的不同方式。6月中旬，昆明市国资委副主任李某（谭淑智的丈夫）与企业领导人员对建议草案进行了初步探讨。

2010年9月15日，昆明市政府副市长召开专题会议，听取市工信委、市国资委分别与兵装集团等公司洽谈的情况，李某参加会议。其后，昆明市决定把洽谈的重点放在兵装集团。

2010年9月底至10月初，因涉及云内动力国有股权划转，由昆明市国资委负责与长安集团洽谈云内动力股权划转事宜。李某参与相关工作。

2010年11月16日，昆明市政府副市长召集相关人员，研究云南省政府与兵装集团拟签署的汽车产业合作框架协议涉及昆明市的事宜，会议主要讨论了土地、税收、规划、环保等方面的问题。

2010年11月19日上午，昆明市政府副秘书长再次召集相关部门人员，就兵装集团到昆明投资汽车产业提出的条件进行了分析研究，李某参加会议。11月19日下午，云南省政府副秘书长召集会议，研究与兵装集团合作的有关事项，李某参加会议。

2010年11月23日，李某与云内动力讨论云南内燃机厂与兵装集团进行产权合作事宜。

2010年12月3日，李某到昆明市工信委与兵装集团讨论兵装集团整合云南内燃机厂的有关事宜。

2010年12月8日，云内动力停牌，公告政府正与兵装集团就云南内燃机厂股权合作进行接触。

2010年12月28日，昆明市国资委与长安集团签署《云南内燃机厂国有产权划转协议》,昆明市国资委将所持云南内燃机厂 100% 股权无偿划转给长安集团。

二、谭淑智交易“云内动力”的相关事实

谭淑智账户(120 × × ×7940)于 1996 年 9 月 11 日在红塔证券昆明春城路营业部开立,三方存管账户开户行为建设银行昆明正义路支行。谭淑智账户 2010 年 9 月至 12 月 7 日买入云内动力股票 4,300 股,实际亏损 7,525.22 元。谭淑智使用笔记本电脑在家交易股票。

我会认为,云南内燃机厂国有股权有重大变动,云内动力的实际控制人将发生变更属于《证券法》第六十七条第二款第(八)项所称的重大事件,构成《证券法》第七十五条第二款第(一)项规定的内幕信息。2010 年 9 月下旬该内幕信息形成,谭淑智的丈夫李某是内幕信息知情人。2010 年 11 月中下旬开始,昆明市、云南省先后加大了对与兵装集团合作及股权问题研究的进度,李某多次参加相关会议,应当对合作进展情况知情。在 2010 年 11 月 16 日和 22 日相关会议的第二个交易日谭淑智账户分别买入云内动力股票 2000 股和 2300 股,交易明显异常。谭淑智上述交易行为违反了《证券法》第七十三条、第七十六条关于禁止内幕交易的规定,构成了《证券法》第二百零二条所述的内幕交易行为。以上事实,有相关人员询问笔录、相关公告、账户开户材料、交易记录、资金流水等证据证明,足以认定。

根据当事人违法行为的事实、性质、情节与社会危害程度,依据《证券法》第二百零二条的规定,我会决定:对谭淑智处以 3 万元罚款。

上述当事人应自收到本处罚决定书之日起 15 日内,将罚款汇交中国证券监督管理委员会(开户银行:中信银行总行营业部,账号:7111010189800000162,由该行直接上缴国库),并将注有当事人名称的付款凭证复印件送中国证券监督管理委员会稽查局备案。当事人如果对本处罚决定不服,可在收到本处罚决定书之日起 60 日内向中国证券监督管理委员会申请行政复议,也可在收到本处罚决定书之日起 3 个月内直接向有管辖权的人民法院提起行政诉讼。复议和诉讼期间,上述决定不停止执行。

关于李凯等四人违反证券法规的行政处罚决定书

([2013]5 号)

当事人:李凯,男,1964 年 1 月出生,时任四川方向光电股份有限公司(以下简称方向光电)董事长、法定代表人,住址:辽宁省沈阳市和平区重庆北街。

田斌,男,1967 年 3 月出生,2007 年 10 月至 2011 年 12 月任方向光电副总经理。2009 年 4 月至 2010 年 10 月任内江峨柴鸿翔机械有限公司(以下简称鸿翔机械)董事长、法定代表人,2009 年 4 月至调查时任内江金鸿曲轴有限公司(以下简称金鸿曲轴)董事长、法定代表人,住址:四川省内江市市中区交通路。

范群华,男,1958 年 8 月出生,2005 年 11 月至调查时任鸿翔机械总经理助理,2010 年 5 月至调查时任方向光电监事,住址:四川省内江市市中区广场路。

钟家惠,女,1965 年 7 月出生,2008 年 5 月至调查时任方向光电财务总监,住址:四川省内江市市中区沿江路。

依据《中华人民共和国证券法》(以下简称《证券法》)的有关规定,我会对方向光电违法违规行为进行了立案调查、审理,并依法向当事人告知了作出行政处罚的事实、理由、依据及当事人依法享有的权利。当事人未提出陈述、申辩意见,也未要求听证。本案现已调查、审理终结。

经查明,方向光电存在以下违法事实:

2009年10月15日，方向光电子公司鸿翔机械与成都沐和投资管理有限公司（以下简称成都沐和）签署《股权转让协议》，约定鸿翔机械将其控制的金鸿曲轴100%股权转让给成都沐和。2009年12月2日，金鸿曲轴完成了工商变更登记。

以上股权转让事项，方向光电未及时履行信息披露义务，也未在2009年年度报告、2010年中期报告中予以披露。方向光电2010年年度报告披露了鸿翔机械于2010年5月31日将其子公司金鸿曲轴转让给成都沐和的情况，所披露的时间与实际转让时间不符，存在虚假记载。

鸿翔机械将金鸿曲轴股权转让给成都沐和后，仍实际控制金鸿曲轴。根据《企业会计准则》的相关规定，方向光电应将金鸿曲轴的财务数据纳入合并财务报表的合并范围，但方向光电在2010年年度报告中，并未将金鸿曲轴2010年6月至12月的财务数据纳入合并范围，造成方向光电当期营业收入少计2432.22万元，存在重大遗漏。

方向光电未按规定披露信息、所披露的信息存在虚假记载和重大遗漏的行为，违反了《证券法》第六十三条、六十七条、六十八条的规定，构成《证券法》第一百九十三条所述违法行为。

对于方向光电的上述行为，时任方向光电董事长李凯是直接负责的主管人员，副总经理田斌、监事范群华、财务总监钟家惠是其他直接责任人员。

根据当事人违法行为的事实、性质、情节与社会危害程度，依据《证券法》第一百九十三条的规定，我会决定：

一、对李凯给予警告，并处以3万元罚款；

二、对田斌、范群华、钟家惠给予警告。

当事人应自收到本处罚决定书之日起15日内，将罚款汇交中国证券监督管理委员会（开户银行：中信银行总行营业部，账号：7111010189800000162，由该行直接上缴国库），并将注有当事人名称的付款凭证复印件送中国证券监督管理委员会稽查局备案。当事人如果对本处罚决定不服，可在收到本处罚决定书之日起60日内向中国证券监督管理委员会申请行政复议，也可在收到本处罚决定书之日起3个月内直接向有管辖权的人民法院提起行政诉讼。复议和诉讼期间，上述决定不停止执行。

关于王瑞苹违反证券法规的行政处罚决定书

（〔2013〕6号）

当事人：王瑞苹，女，1966年10月17日出生，江西省地质矿产勘查开发局赣西地质调查大队高级工程师，住址：江西省南昌市南昌县向塘镇思强北路515号40栋。

依据《中华人民共和国证券法》（以下简称《证券法》）的有关规定，我会对王瑞苹内幕交易违法行为进行了立案调查、审理，并依法向王瑞苹告知了作出行政处罚的事实、理由、依据及当事人依法享有的权利。应当事人王瑞苹的要求举行了听证会，听取了王瑞苹代理人的陈述和申辩。本案现已调查、审理终结。

经查明，王瑞苹存在以下违法事实：

一、本案所涉及的内幕信息

2012年3月15日，上海斯米克控股股份有限公司（以下简称斯米克）公告江西省地质矿产勘查开发局赣西地质调查大队（以下简称赣西大队）2012年3月14日向斯米克全资子公司江西斯米克陶瓷有限公司（以下简称江西斯米克）持股75%的宜丰县花桥矿业有限公司（以下简称花桥矿业）出具了《江西省宜丰县白市瓷石矿区详查地质报告》，该矿瓷石资源储量通过估算为3，164.88万吨，这与斯米克通过江西斯米克对花桥矿业进行增资时公告的 64,051 吨储量发生了巨大变化。该信息属于《证券法》第七十五条第二款第(八)项规定的“对证券交易价格有显著影响的其他重要信息”,自公告之日起,斯米克股票连续6个交易日涨停。

二、本案所涉及的内幕信息的形成及王瑞苹知悉情况

2010年5月7日,斯米克与江西省宜丰县人民政府签署《项目投资意向书》,双方就合作开发含锂瓷土矿达成意向。2011年6月28日,斯米克与江西省宜丰县人民政府签署《合作框架协议》,合作标的为宜丰县花桥乡白市含锂瓷土矿(该矿归属于花桥矿业),合作方式为斯米克通过江西斯米克对花桥矿业进行增资,出资比例不低于75%。2011年8月25日,江西斯米克与花桥矿业签署《关于宜丰县花桥矿业有限公司之增资入股协议》,江西斯米克以现金150万元认缴花桥矿业新增注册资本150万元,取得花桥矿业75%的控股权。2011年9月13日,斯米克公告花桥矿业拥有的宜丰县花桥乡白市含锂瓷土矿矿业权的基本情况,称:“该矿于2008年4月13日由江西省宜春市地质队进行了普查,其普查报告载明的矿区内保有资源量为64,051吨;……由于原矿产普查报告的勘探程度比较低,增资后合资公司将对上述采矿许可证范围的矿产资源进行地质详勘,以探明资源储量、品位等情况;……资源储量的最终结果存在较大的不确定性。”

2011年9月21日,赣西大队下属江西地勘局赣西地质矿产勘查开发院(以下简称赣西地勘院)与花桥矿业签订《地质勘查合同书》,约定由赣西地勘院对江西省宜丰县白市瓷石矿进行详查,并于2012年1月30日前提交详查地质报告,详查费用295万元。赣西大队罗某某和王瑞苹参加了上述合同的签订。2011年9月底至2011年12月底,赣西大队钟某某和谌某某从事了上述勘查项目的野外作业。期间,罗某某和王瑞苹进行了协调和指导。2012年2月,钟某某和谌某某经测算得出白市瓷石矿储量为3164.88万吨。2012年2月底,王瑞苹和钟某某将详查地质报告初稿交给罗某某审核,罗某某将水工环章节交由王瑞苹重新撰写,储量结果自测算后没有变动;2012年3月6日,钟某某将详查地质报告初稿通过电子邮件发送给斯米克锂矿事业部副总经理郑某某。加盖有赣西大队公章的《江西省宜丰县白市瓷石矿区详查地质报告》显示:报告提交时间为2012年3月14日,项目负责人为王瑞苹和钟某某,报告编写人为王瑞苹、钟某某、谌某某等人,审查人为罗某某。加盖有赣西大队和赣西地勘院公章的有关“宜丰县花桥矿业白市瓷石矿详勘结果”内幕信息事项知情人档案表显示:登记时间2012年3月27日;内幕信息知情人包括王瑞苹、钟某某、谌某某、罗某某;其中王瑞苹一栏记载知悉内幕信息时间为“2012.2”、知悉地点为“江西南昌、宜丰”、知悉内幕信息方式为“参与矿区详勘”、内幕信息内容为“矿区资源量”、内幕信息所处阶段“参与资源量估算”。

三、王瑞苹涉案账户及其交易情况

王瑞苹于2011年2月13日在国信证券股份有限公司八一大道证券营业部开立资金账户660××××081,下挂4个股东账户。该账户于2012年3月6日买入斯米克股票34,280股,买入均价7.65元,买入金额262,084.20元(不含手续费等);2012年3月20日卖出斯米克股票34,280股,卖出均价10.52元,卖出金额360,625.60元(不含手续费等)。经深圳证券交易所计算,王瑞苹账户交易斯米克股票的收益为96,312.67元。除上述交易外,该账户未在其他时间段交易过斯米克股票。

王瑞苹账户于2012年3月6日买入斯米克股票的资金主要源于该账户当日卖出阳泉煤业股票13,000股所得的258,603元(不含手续费等),卖出均价19.89元;2012年3月20日,王瑞苹账户卖出斯米克股票后1小时内买入阳泉煤业股票18,000股,买入金额359,280元(不含手续费等),买入均价19.96元。

以上事实有相关合同书、详查地质报告、上市公司公告、内幕信息知情人登记表、当事人谈话笔录等证据证明,足以认定。

我会认为,根据以上查明的事实,应当认定王瑞苹利用涉案内幕信息买卖斯米克股票。

第一,王瑞苹系为上市公司斯米克全资子公司持股企业出具地质详查报告项目组的负责人,其因履行涉案地质详查的职务行为直接接触到涉案内幕信息形成的整个过程。王瑞苹应为法定的内幕信息知情人。

第二,涉案内幕信息形成的事实经过清楚、项目参与人员确定,包括王瑞苹在内参与涉案白市瓷石矿详查项目的钟某某、谌某某、罗某某等人谈话笔录均陈述王瑞苹作为该项目负责人参与相关详查合同的签订、勘查工作的指导和协调、详查地质报告的制作和修改,知悉包括矿产储量在内的相关内幕信息。《江西省宜丰县白市瓷石矿区详查地质报告》、赣西大队提供给斯米克的有关内幕信息知情人登记表等书证所反映的内容,与当事人上述陈述内容相符,相互印证。王瑞苹作为该地质详查项目的负责人,参与了储量调查,至2012年2月底,王瑞苹将详查地质报告初稿交审时知悉涉案内幕信息。

第三,王瑞苹买入斯米克股票与其知晓涉案内幕信息密切相关。王瑞苹账户于2012年3月6日买入斯米克股票,而此前从未交易过该股票,其买入的时点正处于涉案内幕信息敏感期内。在涉案内幕信息于3月15日公告后,斯米克股票连续涨停,王瑞苹于3月20日全部抛出斯米克股票,其利用内幕信息短线操作特征明显。王瑞苹在谈话笔录中也承认"我在做这个项目是准备在提交项目报告附近时买'斯米克'股票的"、"是我在修改勘查报告水工环部分的时候产生买入该股票的想法的"。

王瑞苹在听证会上及所提交的书面申辩意见中称:

首先,其不是涉案内幕信息知情人。一是其不具有法定内幕知情人的身份,不在《证券法》规定的内幕信息知情人范围之内。二是不知晓涉案内幕信息。其仅是名义上的涉案地质详查项目组负责人,实际未参与相关勘查、报告制作工作,也未接触详查地质报告,对该报告中有关储量数据等内容完全不知晓。赣西大队之所以在报告上将其列为项目负责人,主要是出于帮助其近一、两年申报教授级高级工程师而增加专业技术业绩。此外该项目实际负责人钟某某的职称是助理工程师,不符合江西省国土资源厅对涉案详查地质报告的送审规定,故将具有高级工程师职称的王瑞苹列为项目名义负责人。

其次,王瑞苹个人买卖股票较早,买入斯米克股票是基于对资源类股票业绩增长判断下的正常交易,不符合内幕交易行为特征。其只用了部分资金买入,且并非低价买入和高价卖出,完全属于合理操作,与利用内幕信息买卖股票无关。

最后,本案调查人员在找王瑞苹谈话过程中,并未明确目的,存在胁迫、诱使当事人供述之嫌,故包括王瑞苹本人在内,钟某某、谌某某、罗某某等人当时在谈话中关于王瑞苹系涉案详查项目负责人、知晓详查地质报告有关矿产储量数据等内容均系在不明调查真实意图情况下所作不实陈述,不应作为定案证据。

为支持上述申辩主张,王瑞苹在听证会上提交两组证据材料:

一是加盖有赣西大队、赣西地勘院公章印鉴的书面证明1份;分别有罗某某、钟某某、谌某某签名字样和指印的证明3份。上述书面证明均写明王瑞苹是涉案地质详查项目的名义负责人,未参与项目勘察和报告制作,不知晓详查报告内容,以此证明王瑞苹关于其不知晓内幕信息的事实主张。

二是王瑞苹夫妇2012年2月1日至3月14日可用资金情况,相关银行资金对账单等。以此证明,王瑞苹仅用部分资金买入斯米克股票,不符合内幕交易行为特征。

对于王瑞苹上述申辩及其举证,我会经审核认为:

第一,王瑞苹系经相关行政职能部门审验通过的具有法律效力的详查地质报告上明确记载的项目负责人,因其履行项目负责人职责,直接接触到本案内幕信息生成的全过程,并因此被本单位和上市公司记入内幕信息知情人名册,完全符合有关法律法规对内幕人员的身份定义范围,属于《证券法》第七十四条第(七)项所规定的内幕信息知情人。

第二,王瑞苹否认其知晓涉案内幕信息的申辩,事实和法律依据不充分。其一,王瑞苹系涉案地质详查项目负责人,参与了合同签订、项目勘查、报告制作、知晓报告内容,且意欲在报告提交时点买入斯米克股票等事实,有其谈话笔录中的自认,且与钟某某、谌某某、罗某某谈话笔录完全能够相互印证。特别是钟某某陈述中提到的王瑞苹是其师傅,对其野外勘查、草拟勘查报告予以指导,其将储量测算结果报告给王瑞苹、向王瑞苹请教撰写报告初稿,并在得到王瑞苹认同下将报告初稿交罗某某等事实,前后连贯、细致入微、合情合理。上述当事人陈述也与地质详查合同书、详查地质报告、内幕知情人登记表等书面证据所记载的内容相吻合,形成强有力的证据链,应予确认。其二,王瑞苹称其系形式上的相关项目负责人,此与上述证据所反映的事实严重不符,而其所提理由系为申报教授级工程师而虚列项目负责人以增加专业技术业绩。对此,我会认为王瑞苹以其专业技术业绩造假来排除对相关事实的认定,其申辩事由本身就反映出其存在不诚信之嫌,对其以此为由所提主张我会不予采纳。关于王瑞苹推翻其在谈话笔录中的自认,并提交加盖有赣西大队和赣西勘查院印鉴和有钟某某、谌某某、罗某某签名字样的书面证明,来否定此前各当事人谈话笔录所陈述的事实,我会认为该组材料未经相关单位和证人,包括王瑞苹本人出席听证会接受质证,缺乏证明力。该组材料所反映的内容与我会此前调查所取得有关当事人谈话笔录的陈述截然相反,但并无其他证据推翻前次谈话笔录以及其他书证所证明的事实,我会对该组材料不予认定。

第三,王瑞苹关于调查人员胁迫、诱使其供述不实事实的主张,没有事实依据。我会依法对本案开展调查,找相关单位以及王瑞苹本人询问、谈话并制作笔录,程序合法。从笔录内容反映,并无胁迫、诱骗当事人之处,且王瑞苹在笔录中陈述事实和修改内容均自由、自愿,并签名确认。

第四,王瑞苹作为内幕信息知情人,在本案内幕信息敏感期内买入斯米克股票,已构成违法。王瑞苹关于其交易斯米克股票系不符合内幕交易行为特征的辩称,与事实和法律不符,我会不予采纳。

综上,王瑞苹系涉案地质详查项目负责人,参与详查项目合同的签订和履行项目详查职责,并因此获取本案内幕信息。作为本单位和上市公司确认和报告的内幕信息知情人,应恪守《证券法》关于内幕信息知情人不得利用内幕信息从事相关证券交易的禁止性规定。但王瑞苹在本单位向斯米克提交相关详查地质报告的时点,买入斯米克股票,违反了法律规定,应依法承担行政责任,接受相应行政处罚。

根据当事人违法行为的事实、性质、情节与社会危害程度,依据《证券法》第二百零二条的规定,我会决定:没收王瑞苹违法所得96,312.67元,并处以96,312.67元罚款。

上述当事人应自收到本处罚决定书之日起15日内,将罚没款汇交中国证券监督管理委员会(开户银行:中信银行总行营业部,账号:7111010189800000162,由该行直接上缴国库),并将注有当事人名称的付款凭证复印件送中国证券监督管理委员会稽查局备案。当事人如果对本处罚决定不服,可在收到本处罚决定书之日起60日内向中国证券监督管理委员会申请行政复议,也可在收到本处罚决定书之日起3个月内直接向有管辖权的人民法院提起行政诉讼。复议和诉讼期间,上述决定不停止执行。

关于尤利丰违反证券法规的行政处罚决定书

(〔2013〕7号)

当事人:尤利丰,女,1970年3月出生,无固定职业,住址:北京市朝阳区慧忠北里。

依据《中华人民共和国证券法》(以下简称《证券法》)的有关规定,我会对尤利丰、马某、闫某、尤某芹、尤某丽等5个账户(以下简称尤利丰等5个账户)合计超比例持有河北福成五丰食品股份有限公司(以下简称福成五丰)股票的行为进行了立案调查、审理,并依法向当事人告知了作出行政处罚的事实、理由、依据及当事人依法享有的权利,当事人未提出陈述、申辩意见,也未要求听证。本案现已调查、审理终结。

经查明，尤利丰存在以下违法事实：

尤利丰等5个账户在2011年11月至2012年2月期间持续交易了"福成五丰"，在2011年12月22日合计持有"福成五丰"15,735,035股，占其总股本的比例为5.63%，首次超过5%的比例，直至2012年2月8日合计持有福成五丰股份比例均超过5%，其中2012年1月31日合计持股比例达到8%。根据公开信息，未发现尤利丰等人就上述账户合计持股达到规定比例事项请上市公司履行公告程序。

一、尤利丰等5个账户交易福成五丰股票情况

（一）尤利丰账户（资金账号81××××923）

该账户于2006年4月3日在第一创业证券有限责任公司北京平安大街证券营业部开立，自2011年11月9日至现场调查日共计买入"福成五丰"5,332,631股，成交均价6.12元，自2011年11月14日至现场调查日共计卖出"福成五丰"1,439,750股，成交均价6.35元。该账户2011年11月9日后除"福成五丰"外，未买入其他股票。

（二）马某账户（资金账号10××××672）

该账户于2011年11月23日在第一创业证券有限责任公司北京平安大街证券营业部开立，自2011年11月30日至现场调查日共计买入"福成五丰"4,115,250股，成交均价6.07元，自2012年2月1日至现场调查日共计卖出"福成五丰"2,308,300股，成交均价6.28元。该账户未交易过其他股票。

（三）尤某丽账户（资金账号81××××924）

该账户于2006年4月3日在第一创业证券有限责任公司北京平安大街证券营业部开立，自2011年11月10日至现场调查日共计买入"福成五丰"3,861,257股，成交均价6.13元，自2011年11月23日至现场调查日共计卖出"福成五丰"1,925,700股，成交均价6.33元。该账户2011年11月10日后未交易过其他股票。

（四）尤某芹账户（资金账号10××××847）

该账户于2011年12月19日在第一创业证券有限责任公司北京平安大街证券营业部开立，自2011年12月20日至现场调查日共计买入"福成五丰"5,154,711股，成交均价5.80元，自2012年2月1日至现场调查日共计卖出"福成五丰"3,831,550股，成交均价6.29元。该账户未交易过其他股票。

（五）闫某账户（资金账号10××××846）

该账户于2011年12月19日在第一创业证券有限责任公司北京平安大街证券营业部开立，自2012年12月20日至现场调查日共计买入"福成五丰"5,185,433股，成交均价5.76元，自2012年2月9日至现场调查日共计卖出"福成五丰"3,280,000股，成交均价6.28元。该账户未交易过其他股票。

二、尤利丰等5个账户的关联关系

（一）尤利丰等5个账户所有人的关联关系

尤某芹是尤利丰的姐姐，闫某是尤利丰的外甥、尤某芹之子，马某是尤利丰的嫂子，尤某丽是尤利丰的侄女。

（二）尤利丰等5个账户资金来源

上述5个账户交易福成五丰股票的资金，除尤利丰账户中自有的2000万元以外，其余均直接或间接来源于尤利丰等人向尤某娜（尤利丰侄女，时任福成房地产公司办公室文秘）的借款。尤某娜借给尤利丰等人的11,500余万元中，有1500余万元来源于其向三河福成投资有限公司（以下简称福成投资，为福成五丰控股股东）的借款，另有2799.94万元来源于福成房地产公司（福成投资子公司）账户，其余7000余万元来源于尤某娜为福成五丰暨福成房地产公司董事长李某代管的资金。

三、尤利丰等5个账户的交易决策及具体操作

经查，尤利丰曾是李某公司员工，与李某认识，一直关注福成五丰股价走势（但没有证据表明尤利丰知悉并利用相关内幕信息，其在敏感期内的相关交易行为亦无明显异常）。尤利丰认为2011年11、12月期间福成五丰价格较低，遂提议马某、闫某、尤某芹、尤某丽等一起买入。尤利丰等5个账户主要由尤利丰操作。尤某芹、马某、闫某基本不懂股票，也从未具体操作。

四、尤利丰系尤利丰等5个账户的实际控制人，即为本案的责任人

（一）尤利丰与福成五丰实际控制人李某

认识,对福成五丰较为熟悉。本案中,买卖福成五丰股票的建议由尤利丰提出,投资决策由尤利丰作出;尤利丰等5个账户的股票交易、部分资金往来也由尤利丰具体操作。其他4人中,仅尤某丽表示曾亲自交易过福成五丰股票,但其证词因与实际情形存在明显不符而不予采信。

(二)尤利丰等5个账户资金借入均通过尤某娜办理,资金转出均由尤利丰办理。

(三)尤某丽、尤某芹、马某和闫某均基本或根本没有投资股票的经验和能力。其中,尤某丽于2006年4月开立股票账户,但对其账户是否买卖过除福成五丰以外的股票不清楚;尤某芹、马某和闫某的股票账户均在2011年11月、12月期间开立,仅交易过福成五丰股票,且3人均表示不懂股票投资,无自有资金,也对自己账户资金和持股状况不了解。

换言之,在交易福成五丰股票过程中,先有尤利丰之提议,次有尤利丰之决策,后有尤利丰之操盘行为;其间虽有其他4人之同意,但该4人既无独立投资能力和经验,亦无投资资金和具体操作行为。因此,本案应由尤利丰等5个账户的实际控制人尤利丰承担超比例持股未予披露违法行为的行政责任。

以上违法事实,有询问笔录、相关协议、账户开户材料、交易记录、交易IP地址、MAC地址、资金流水等证据证明,足以认定。

尤利丰的行为违反了《证券法》第八十六条关于持有上市公司已发行股份达到规定比例时应依法定程序公告的规定,构成了《证券法》第一百九十三条所述的违法行为。

根据当事人违法行为的事实、性质、情节与社会危害程度,依据《证券法》第一百九十三条第一款的规定,我会决定:对尤利丰给予警告,并处以人民币30万元罚款。

上述当事人应自收到本处罚决定书之日起15日内,将罚款汇交中国证券监督管理委员会(开户银行:中信银行总行营业部,账号:7111010189800000162,由该行直接上缴国库),并将注有当事人名称的付款凭证复印件送中国证券监督管理委员会稽查局备案。当事人如果对本处罚决定不服,可在收到本处罚决定书之日起60日内向中国证券监督管理委员会申请行政复议,也可在收到本处罚决定书之日起3个月内直接向有管辖权的人民法院提起行政诉讼。复议和诉讼期间,上述决定不停止执行。

关于陈新违反证券法规的行政处罚决定书

(〔2013〕8号)

当事人:陈新,男,1963年2月24日生,时任成功信息产业(集团)股份有限公司(经重大资产重组后更名为荣安地产股份有限公司,以下简称甬成功,股票代码000517)董事长,住址:广东省深圳市福田区嘉州豪园A3。

依据1999年7月1日起施行的《中华人民共和国证券法》(以下简称原《证券法》)有关规定,我会依法对甬成功信息披露违法行为进行了立案调查、审理,并向当事人陈新告知了作出行政处罚的事实、理由、依据及当事人依法享有的权利。应当事人陈新的申请,我会举行了听证会,听取了其陈述和申辩。本案现已调查、审理终结。

经查明,陈新存在以下信息披露违法行为:

甬成功在1999年至2004年,在陈新的控制下,通过编造虚假的经济业务事项和资料,虚构销售收入、虚构投资收益、虚列成本和少计费用等方式进行会计核算,导致公开披露的1999年至2004年年度报告财务数据存在重大虚假记载。同时,甬成功未及时披露对外担保事项,在2004年中期报告中遗漏有关借款的重大信息。具体如下:

一、甬成功1999年年度报告虚假记载

甬成功1999年年度报告虚构销售收入2419.24万元,占当年收入的50.53%;虚构投资收益248.00万元,占当年投资收益的39.34%;虚构合并利润总额1397.31万元,占当年合并利润总额的45.20%。

二、甬成功2000年年度报告虚假记载

甬成功2000年年度报告虚构销售收入13,297.02万元,占当年收入的65.29%;虚构合并利润总额6031.62万元,占当年合并利润总额的97.03%。

三、甬成功2001年年度报告虚假记载

甬成功2001年年度报告虚构销售收入33,316.07万元,占当年收入的67.33%;虚构合并利润总额8117.01万元,为当年合并利润总额的136.31%。

四、甬成功2002年年度报告虚假记载

甬成功2002年年度报告虚构销售收入12,236.09万元,占当年收入的22.12%;少记财务费用123.62万元,占当年财务费用的10.79%;虚构合并利润总额3530.97万元,占当年合并利润总额的89.02%。

五、甬成功2003年年度报告虚假记载

甬成功2003年年度报告虚构销售收入277.77万元,占当年收入的0.50%;虚构投资收益250.64万元,占当年投资收益的13.84%;少记财务费用1025.58万元,占当年财务费用的71.55%;虚构合并利润总额1250.69万元,占当年合并利润总额的58.56%。

六、甬成功2004年年度报告虚假记载

甬成功2004年年度报告虚构投资收益906.92万元,当年投资收益实际发生亏损;少记财务费用128.49万元,占当年财务费用的11.89%;少记其他应收款8890万元;虚构合并利润总额1134.63万元,甬成功当年实际为亏损。

七、甬成功未及时披露重大担保事项

深圳市成功通信技术有限公司(以下简称深圳成功)于2004年7月、8月为深圳新明星发展有限公司向光大银行深圳福田支行借入12,000万元提供担保,甬成功未及时披露该重大对外担保事项。

八、甬成功2004年中期报告有关借款事项重大遗漏

2004年3、4、5月深圳成功向中国光大银行深圳福田支行借款2500万元、5000万元、900万元和1600万元,累计达到1亿元。甬成功2004年半年度报告没有按规定披露上述借款事项。

上述违法事实,有相关定期报告、相关公司会计凭证、原始单据、相关协议、相关董事会决议、相关工商登记资料、相关银行凭证、相关人员谈话笔录等证据证明,足以认定。

我会认为,甬成功上述行为构成了原《证券法》第一百七十七条第一款所述"发行人未按照有关规定披露信息,或者所披露的信息有虚假记载、误导性陈述或者有重大遗漏"的行为。我会认定时任甬成功董事长陈新是甬成功1999年年度报告至2004年年度报告虚假记载、2004年未及时披露对外担保事项以及2004年中期报告中遗漏有关借款的重大信息违法事项直接负责的主管人员。同时,我会认定陈新通过控制甬成功的大股东深圳市新海投资控股有限公司(以下简称深圳新海),实际操纵了深圳成功的财务造假,并且对甬成功其他董事和中介机构刻意隐瞒,导致审计失败和信息披露违法。在实际控制人、大股东滥用控股股东控制地位,操纵、指使上市公司子公司财务造假的情况下,上市公司的独立人格未能发挥有效作用,未能发现和阻止公司信息披露违法事项的发生。因此,我会对上市公司甬成功不再给予处罚。

甬成功原实际控制人陈新委托律师在听证会上提出的主要申辩意见如下:

第一,《行政处罚和市场禁入事先告知书》认定陈新通过实际控制的深圳新海操纵了深圳成功的财务造假并导致甬成功信息披露违法的证据不足。

第二,陈新为甬成功的重组作出了贡献,属于主动消除或者减轻违法行为危害后果的行为,应当依法从轻或者减轻处罚。

第三,对陈新进行行政处罚已经超过法定处罚时效。

我会复核认为:

第一,甬成功主要虚假财务活动都通过深圳成功来实施,深圳成功的管理层均系陈新和深圳新海安排的管理人员,陈新对其实施控制;陈新提供的《证明材料》中明确表明“公司的经营和财务方面主要由集团公司、我、财务总监和子公司总经理、财务经理负责”。同时,宁波市江东区人民检察院的《不起诉决定书》中明确指出:“被不起诉人陈新承包的北京市华远集团公司名下的深圳市新海工贸发展有限公司(后更名为深圳市新海投资控股有限公司)”以及“在被不起诉人陈新的指示、默许下,甬成功实施了《中华人民共和国刑法》第一百六十条第二款规定的罪行”,“但犯罪情节轻微,……可以免除刑罚”,即证明在陈新对深圳新海通过承包的方式实施实际控制权,并在其指使下,甬成功制作和对外提供了虚假财务报告。因此,认定陈新通过深圳新海操纵了甬成功的财务造假事实清楚,证据确凿充分。

第二,甬成功重组为荣安地产与当事人陈新操纵甬成功财务造假之间没有关联,不能认定为主动消除违法行为后果,尤其是甬成功财务造假后进行再融资,造成的投资者损失巨大。因此,不能据此对陈新从轻或者减轻处罚。

第三,甬成功信息披露违法发生于1999年年度报至2004年年度报告发布期间,我会于2005年7月立案。案件调查审理期间,陈新涉嫌欺诈发行罪被移交司法机关,而该刑事案件牵涉本案行政处罚所要认定的违法事实,本案中止审理。宁波市江东区人们检察院作出不予起诉决定后,我会恢复审理本案。因此,我会对陈新的违法行为是在发生之日起两年内发现的,对陈新进行行政处罚符合《行政处罚法》规定的时效。

根据当事人违法行为的事实、性质、情节与社会危害程度,依据原《证券法》第一百七十七条规定,我会决定:对陈新给予警告,并处以30万元罚款。

上述当事人应自收到本处罚决定书之日起15日内,将罚款汇交中国证券监督管理委员会(开户银行:中信银行总行营业部,账号:7111010189800000162,由该行直接上缴国库),并将注有当事人名称的付款凭证复印件送中国证券监督管理委员会稽查局备案。当事人如果对本处罚决定不服,可在收到本处罚决定书之日起60日内向中国证券监督管理委员会申请行政复议,也可以在收到本处罚决定书之日起3个月内直接向有管辖权的人民法院提起行政诉讼。复议和诉讼期间,上述决定不停止执行。

关于紫光古汉集团股份有限公司及有关个人违反证券法规的行政处罚决定书

([2013]9号)

当事人:紫光古汉集团股份有限公司(以下简称紫光古汉),住所:湖南省衡阳市蒸湘区白云路42号,法定代表人李义。

郭元林,男,1963年12月出生,2005年6月至2009年7月任紫光古汉董事长,住址:北京市海淀区清华园荷清苑。

刘箭,男,1963年7月出生,2002年7月至2009年7月曾任紫光古汉副总经理、总经理、董事,2005年12月至2007年2月任湖南紫光古汉南岳制药有限公司(以下简称南岳制药)董事长;2005年4月至2005年12月任湖南紫光古汉药业有限公司(以下简称湖南紫光药业)董事长,2005年4月至调查截止日任湖南紫光药业董事,住址:北京市海淀区西三旗花园二里。

李筱竑，女，1963年4月出生，2008年3月至2009年8月任紫光古汉财务总监，住址：湖南省益阳市赫山区长坡路。

兰学军，男，1966年9月出生，2008年10月至调查截止日任紫光古汉副总经理，住址：湖南省衡阳市海逸楼。

刘炳成，男，1962年5月出生，2000年9月至调查截止日任紫光古汉董事，2002年4月至调查截止日任紫光古汉副总经理，2007年3月至调查截止日任紫光古汉集团衡阳中药有限公司（以下简称衡阳中药公司）董事、总经理，2005年12月至调查截止日任南岳制药董事，住址：湖南省衡阳市珠晖区东风南路。

曾巍巍，男，1952年10月出生，2002年5月至2008年6月任紫光古汉副董事长、党委书记，2008年6月至调查截止日任紫光古汉党委书记，住址：湖南省衡阳市雁峰区雁城路。

朱开悉，男，1964年5月出生，2002年5月至2008年6月任紫光古汉独立董事，住址：湖南省长沙市岳麓区欣胜园。

依据1999年7月1日起施行的《中华人民共和国证券法》（以下简称原《证券法》）以及2006年1月1日起施行的《中华人民共和国证券法》（以下简称《证券法》）有关规定，我会对紫光古汉信息披露违法违规行为进行了立案调查、审理，并依法向当事人告知了作出行政处罚的事实、理由、依据及当事人依法享有的权利。当事人郭元林、李筱竑、刘炳成、朱开悉、查扬、邹大伟、陈国民提交了陈述申辩材料；应当事人朱开悉等人的要求，我会举行了听证会，听取了朱开悉等人的陈述和申辩。本案现已调查、审理终结。

经查明，紫光古汉存在以下违法事实：

一、2005年至2008年年度报告会计信息存在虚假记载

（一）2005年虚增主营业务收入36,694,689.82元，虚增主营业务成本6,752,513.52元，虚减营业费用756万元，从而虚增利润37,502,176.30元。其中，向北京康达家科技发展有限公司（以下简称北京康达家）虚开普通发票16,547,111.11元；向湖南紫光药业虚开普通发票13,760,341.88元，虚增主营业务成本5,209,157.42元；向某部队单位虚开普通发票6,387,236.93元，虚增主营业务成本1,543,356.10元；对湖南紫光药业756万元返利未计入2005年营业费用。

2005年紫光古汉对外公开披露年度报告中净利润为429万元。

（二）2006年虚增主营业务收入11,222,832.54元，虚增主营业务成本4,459,039.80元，从而虚增利润6,763,792.68元。其中，向湖南紫光药业虚开发票，从而虚增主营业务收入12,255,986.32元，虚增主营业务成本4,459,039.80元；向湖南紫光药业低于结算价开票解决2005年返利以及高开部分发票等。

2006年紫光古汉对外公开披露年度报告中净利润为464.18万元。

（三）2007年虚增主营业务收入5,335,384.62元，虚减财务费用880,024.00元，从而虚增利润6,215,408.62元；2007年紫光古汉下属子公司衡阳中药公司存在账外发货事项，当年账外发货金额为18,979,413.00元（含税），衡阳中药公司向职工借款7,826,001.00元未在报表中反映。

2007年紫光古汉对外公开披露年度报告中净利润为2081.74万元。

（四）2008年虚减财务费用1,156,933.00元，从而虚增利润1,156,933.00元；2008年紫光古汉从郑州谙拓公司拆借1200万元未在报表中反映，2008年衡阳中药公司存在账外发货事项，当年账外发货金额为12,934,742.00元（含税）。

2008年紫光古汉对外公开披露年度报告中净利润为2037.45万元。

二、未如实披露《合资协议之补充协议》签订并实际执行相关情况

2005年12月，在未经董事会授权的情况下，紫光古汉与湖南景达生物工程有限公司（以下简称景达生物）签订了《合资协议之补充协议》，紫光古汉承接了南岳制药84,796,606.08元的不良资产和84,796,606.08元负债。2006年至2008年，紫光古汉通过代南岳制药偿还债务的方式隐性执行了该协议，但未及时披露，也未在2005年至2008年年度报告中披露该协议及其实际执行情况。2008年，为隐瞒该协议实际执行的事实，紫光古汉通过与衡阳弘湘国有资产经营有限责任公司(以下简称衡阳弘湘)签订虚假土地出让金代付协议、安排南岳制药与衡阳弘湘签订虚假资产剥离协议等方式冲销了执行协议形成的应收南岳制药往来款余额。

紫光古汉上述信息披露违法违规行为具体责任人员情况如下:

紫光古汉时任董事长郭元林签字通过了紫光古汉 2005 年至 2008 年年度报告,为 2005 年至 2008 年紫光古汉会计信息存在虚假记载行为直接负责的主管人员;同时,郭元林为《合资协议之补充协议》的签署、实际执行情况未如实披露行为直接负责的主管人员。

紫光古汉时任董事、总经理刘箭签字通过了紫光古汉 2005 年至 2008 年年度报告,其对 2005 年至 2006 年紫光古汉向湖南紫光药业虚开发票的事项知情,对 2005 年至 2007 年紫光古汉向湖南紫光药业低开和高开发票调节利润的事项知情,为掩盖高开发票 14,339,504.00 元未发货等事项,其安排了下属子公司衡阳中药公司向湖南紫光药业账外发货;2005 年紫光古汉向北京康达家虚开普通发票、2007 年至 2008 年存在借款未在报表中反映等会计信息虚假事项均发生在刘箭任总经理期内,其应当对此知情;另外,刘箭代表紫光古汉与景达生物签订了《合资协议之补充协议》,对该协议的签署以及实际执行知情,为了隐瞒该协议实际执行的事实,其通过安排紫光古汉与衡阳弘湘签订虚假土地出让金代付协议、南岳制药与衡阳弘湘签订虚假资产剥离协议等方式冲销了执行协议形成的应收南岳制药往来款余额。刘箭为 2005 年至 2008 年紫光古汉会计信息存在虚假记载行为直接负责的主管人员,为《合资协议之补充协议》未如实披露行为直接负责的主管人员。

紫光古汉原财务总监李筱竑签字通过了紫光古汉 2007 年年度报告,在 2008 年财务报表上签字,对 2007 年至 2008 年账外发货等会计信息虚假事项知情,为 2007 年至 2008 年紫光古汉会计信息存在虚假记载行为直接负责的主管人员。

紫光古汉副总经理兰学军签字通过了紫光古汉 2008 年年度报告,其对 2008 年 12 月紫光古汉向郑州谙拓公司借款未在报表中反映的事情知情,其对紫光古汉隐瞒《合资协议之补充协议》实际执行的事实知情,为 2008 年紫光古汉会计信息存在虚假记载行为直接负责的主管人员,为《合资协议之补充协议》未如实披露行为其他直接责任人员。

紫光古汉董事、副总经理刘炳成签字通过了紫光古汉 2005 年至 2008 年年度报告,参加了 2007 年 9 月公司讨论对湖南紫光药业账外发货的会议,对 2007 年至 2008 年会计信息虚假知情,为 2005 年至 2008 年紫光古汉会计信息存在虚假记载行为其他直接责任人员。

紫光古汉原副董事长曾巍巍签字通过了紫光古汉 2005 年至 2007 年年度报告,参加了 2007 年 9 月公司讨论对湖南紫光药业账外发货的会议,对 2007 年会计信息虚假知情,为 2005 年至 2007 年紫光古汉会计信息存在虚假记载行为其他直接责任人员。

紫光古汉原独立董事朱开悉签字通过了紫光古汉 2005 年至 2007 年年度报告,为 2005 年至 2007 年紫光古汉会计信息存在虚假记载行为其他直接责任人员。

上述违法事实及责任人员认定,有相关人员询问笔录、公司出具的说明、相关会议纪要、公司财务会计报表、年报等证据证明,足以认定。

郭元林在其申辩材料中提出:其一,工作勤勉尽责、诚实守信,无主观不当,对 2005 年至 2008 年度财务造假细节不知悉;其二,积极配合调查,有效纠正错误;其三,任职期间经营状况得到改善,紫光古汉的问题属于历史遗留问题,即使存在不当,也不应当由本人和经营班子负全部责任;其四,决策依据是经营班子汇报和审计事务所的审计报告;其五,《合资协议之补充协议》相关事项,的确存在信息披露不严的瑕疵,但是相关资产和债务安排是与有关方面商定的拯救盘活南岳制药资产方案的组成部分,不存在侵害股东利益之情形,应当由经营班子承担责任,本人不应当承担责任。请求酌情减免处罚。

我会认为,郭元林于 2005 年至 2008 年期间任紫光古汉董事长,应当全面了解并掌握公司的财务状况、经营管理情况。紫光古汉 2005 年至 2008 年的净利润分别为:429 万元、464.18 万元、2081.74 万元、2037.45 万元。2007 年与 2005 年相比,净利润增加了近 5 倍,作为董事会负责人，应当有所觉察，并对相关会计情况有所关注，不应当仅凭借会计师事务所出具的审计报告判断。郭元林并没有履行董事应当勤勉尽责的义务。其申辩理由不成立。

李筱竑在其申辩材料中提出：其于2008年6月11日起任紫光古汉财务总监，2008年之前从未在紫光古汉任职，而紫光古汉账外发货情况始于2005年，操作办法由其他部门制定，不是财务部门制定，且未在账上反应，其对虚假记载不知情。请求免于处罚。

我会认为，李筱竑并非没有责任。理由如下：第一，虽然李筱竑从2008年3月才开始任紫光古汉财务总监，没有亲自参与财务造假活动，但是签字通过了紫光古汉2007年年度报告，身为财务总监有责任在上任后对公司近年的财务状况进行了解；第二，作为专业财务人员，不同于非专业人士，凭借其专业判断，应当对2007年年度报告财务上存在的问题有所察觉，因此，其“刚到任，不知情”的抗辩不成立。但是，紫光古汉主要违法行为发生于2005年，此后的信息披露虚假是先前违法行为的继续，而李筱竑2008年3月才开始任职，并非违法行为的直接参与者。对于李筱竑提出的此申辩意见，我会予以采纳。

刘炳成在其申辩材料中提出：其一，其在年度报告上签字是基于对会计师事务所的专业素质的信任；其二，其不是会计专业，对公司财务和重大事项判断上存在业务不熟的情况；其三，其分管安全生产，且公司财务对子公司进行垂直管理，对会计造假未参与也不知情，无法一一核实；其四，案发后其积极配合调查，对公司管理层进行纠错整改。请求减轻处罚。

我会认为，刘炳成对信息披露违法行为负有责任。理由如下：第一，刘炳成签字通过了紫光古汉2005年至2008年年度报告，经历了公司财务造假的全过程，以分管安全生产、未参与造假为由，对长达4年的财务造假毫无察觉、均不知悉的申辩不成立；第二，刘炳成参加了2007年9月公司讨论对湖南紫光药业账外发货的会议，对2007年至2008年会计信息虚假知情；第三，未发现刘炳成在调查期间积极配合调查的证据；第四，对刘炳成的处罚建议与其责任及职务相匹配，轻于对董事长及总经理的处罚；对于刘炳成提出减轻处罚的请求，我会在量罚时已经考虑。

在听证过程中，朱开悉提出如下申辩意见：其一，诚实守信勤勉尽责，根据会计师事务所专业审计结果签字；其二，对于管理层隐瞒、财务部门造假无法知晓；其三，公司刻意隐瞒，即使逐笔审阅财务记录，自己单独聘请事务所进行审计，理论上也发现不了公司刻意造假行为；其四，在董事会会议上不断强调公司经营及信息披露的严肃性及公司决策的规范性，有董事会会议记录为证。请求免于处罚。

我会认为，朱开悉是湖南大学商学院教授，具有良好的会计专业背景，2005年至2007年一直在任，经历了紫光古汉财务造假的大部分时间跨度，并在2005年紫光古汉造假最严重的年度报告上签字。朱开悉对公司的具体经营情况可能不清楚，但是作为专业人士对公司的财务造假应当予以关注。听证会上，朱开悉并未提出勤勉尽责的证据。值得注意的是，紫光古汉2005年年度报告中审计意见存在保留段，朱开悉作为专业人士应当予以关注，但未足够关注。因此，朱开悉的申辩理由不成立。

紫光古汉信息披露违法违规行为持续时间较长，虚假记载及不实披露情节严重，性质恶劣，破坏了证券市场“三公”原则，依法应当予以行政处罚。

根据当事人违法行为的事实、性质、情节与社会危害程度，依据原《证券法》第一百七十七条、《证券法》第一百九十三条以及《中华人民共和国行政处罚法》第二十七条的规定，我会决定：

一、责令紫光古汉改正，给予警告，并处以50万元罚款；

二、对郭元林、刘箭给予警告，并分别处以15万元罚款；

三、对李筱竑、兰学军、刘炳成给予警告，并分别处以3万元罚款；

四、对曾巍巍、朱开悉给予警告。

上述当事人应自收到本处罚决定书之日起15日内，将罚款汇交中国证券监督管理委员会（开户银行：中信银行总行营业部，账号：7111010189800000162，由该行直接上缴国库），并将注有当事人名称的付款凭证复印件送中国证券监督管理委员会稽查局备案。当事人如果对本处罚决定不服，可在收到本处罚决定书之日起60日内向中国证券监督管理委员会申请行政复议,也可以在收到本处罚决定书之日起3个月内直接向有管辖权的人民法院提起行政诉讼。复议和诉讼期间,上述决定不停止执行。

关于潘广超等七人违反证券法规的行政处罚决定书

(〔2013〕10号)

当事人:潘广超,男,1962年6月出生,2005年5月至调查时任辽宁国能集团(控股)股份有限公司(以下简称国能集团)副董事长、总经理,住址:辽宁省沈阳市沈河区青年大街。

周立明,男,1963年9月出生,2005年9月至调查时任国能集团董事,2008年6月至调查时任国能集团董事长,住址:北京市朝阳区广渠路九龙山家园。

潘孝莲,女,1959年3月出生,2005年5月至调查时任国能集团董事,住址:北京市朝阳区南磨房路。

刘树元,男,1950年5月出生,2004年8月至2008年6月任国能集团董事长、法定代表人,住址:辽宁省沈阳市皇姑区黄河南大街。

张凯,男,1974年8月出生,2008年8月至2010年9月任国能集团财务总监,住址:辽宁省沈阳市浑南新区科幻路10号百科软件园。

孙文合,男,1962年11月出生,2004年8月至2007年9月任国能集团副总经理、副总会计师,住址:辽宁省沈阳市皇姑区崇山中路48号。

冯巧根,男,1961年12月出生,2007年11月至调查时任国能集团独立董事,住址:浙江省杭州市西湖区学院路。

依据《中华人民共和国证券法》(以下简称《证券法》)的有关规定,我会对国能集团违法违规行为进行了立案调查、审理,依法向当事人告知了作出行政处罚的事实、理由、依据及当事人依法享有的权利(其中,当事人张凯无法联系,我会已依法向其公告送达了《行政处罚事先告知书》),并应当事人的要求举行了听证会。本案现已调查、审理终结。

经查明,国能集团存在以下违法事实:

一、国能集团2005年年度报告、2006年年度报告、2007年年度报告未披露有关关联关系和关联交易

(一)2005年,国能集团与本溪板材有限公司(以下简称本溪板材)发生1亿元的资金支付和1亿元的资金回款往来。但在2005年年度报告中,国能集团未披露与本溪板材的关联关系及关联交易情况。

(二)2005年年底,国能集团与本溪钢铁板材有限公司(以下简称本溪钢铁)发生1.5亿元资金支付。2006年度,国能集团从本溪钢铁采购钢材269,881,241.97元。2007年度,国能集团从本溪钢铁采购钢材241,202,181.97元。但在2005年年度报告、2006年年度报告和2007年年度报告中,国能集团均未披露与本溪钢铁的关联关系及关联交易情况。

(三)2006年度和2007年度,国能集团先后向大连加中国际贸易有限公司(以下简称大连加中)销售钢材19,993,131.47元、44,314,118.56元。但在2006年年度报告和2007年年度报告中,国能集团均未披露与大连加中的关联关系及关联交易情况。

(四)2006年度和2007年度,国能集团先后向天津溪储板材有限公司(以下简称天津溪储)销售钢材34,539,612.92元、47,282,471.47元。但在2006年年度报告和2007年年度报告中,国能集团均未披露与天津溪储的关联关系及关联交易情况。

二、国能集团2005年年度报告、2006年年度报告、2007年年度报告中的"预付账款"存在虚假记载

(一)2005年8月5日,国能集团与辽宁资产托管经营有限公司(以下简称辽宁托管)签订《股权转让协议书》,将其持有的沈阳经济技术开发区热电有限公司67.73%的股权转让给辽宁托管,转让价款总金额106,689,237.72元。2005年9月13日,国能集团收到辽宁托管支付的股权转让款1亿元。当日,国能集团以"预付账款"名义将该1亿元转给沈阳百科网络开发股份有限公司(以下简称百科网络),百科网络当日将该1亿元转给百科投资管理有限公司(以下简称百科投资),百科投资又在同一天转给沈阳百科实业集团有限公司(以下简称百科实业,系国能集团大股东),从而导致百科实业占用国能集团资金1亿元。2005年年末,国能集团通过与本溪钢铁、本溪板材和百科网络等关联法人倒账的方式,将对百科网络1亿元"预付账款"虚挂到对本溪钢铁的"预付账款"。同时,为避免披露与百科网络的关联交易,国能集团又冲减对百科网络5000万元"预付账款",相应地虚挂为对本溪钢铁的"预付账款"5000万元。当年国能集团虚挂对本溪钢铁的"预付账款"共计1.5亿元。国能集团在2005年年度报告中披露的对本溪钢铁"预付账款"中含有前述虚假记载。

(二)2006年1月25日,国能集团与辽宁能源投资(集团)有限责任公司(以下简称辽宁能源)签订《股权转让协议》,将其持有的华能国际电力股份有限公司3358.27万股股份转让给辽宁能源,转让价款120,897,756.00元。2006年4月11日,国能集团收到辽宁能源支付的股权转让款120,897,756.00元。当日,国能集团通过本溪钢铁、百科网络等关联法人将该笔资金转给百科实业,从而形成百科实业占用国能集团资金120,897,756.00元。但国能集团却将该笔资金虚挂为对本溪钢铁的"预付账款"120,897,756.00元。加上2005年末虚挂余额1.5亿元,共计虚挂"预付账款"270,897,756.00元。之后,国能集团通过与本溪钢铁、鞍山德鑫建筑工程有限公司(以下简称鞍山德鑫)等单位倒账以及退款的方式,将对本溪钢铁的"预付账款"调减1.076亿元,2006年度国能集团实际虚挂对本溪钢铁的"预付账款"163,297,756.00元。国能集团在2006年年度报告中披露的对本溪钢铁"预付账款"中含有前述虚假记载。

(三)国能集团2007年年度报告披露,对本溪钢铁"预付账款"期末余额为163,025,742.79元,与实际不符。

三、国能集团2006年年度报告、临时报告及2007年年度报告中的"在建工程"存在虚假记载

(一)2006年6月23日至27日,国能集团向鞍山德鑫支付工程款1.901亿元。当日,鞍山德鑫通过本溪钢铁,将上述款项汇入国能集团,国能集团虚列对鞍山德鑫的"其他应收款"1.901亿元,冲减对本溪钢铁的"预付账款"1.901亿元。2006年12月28日至30日,国能集团再次通过与鞍山德鑫、本溪钢铁、百科实业等单位相互倒账的方式,由鞍山德鑫退回国能集团工程款8250万元,国能集团再将收到的8250万元汇往本溪钢铁。相应地,冲减对鞍山德鑫的"其他应收款"8250万元,虚增对本溪钢铁的"预付账款"8250万元。2006年年末,对虚列的鞍山德鑫"其他应收款",国能集团以工程结算方式虚列"在建工程"及"在建工程—预付工程款",两项共计虚列1.076亿元。国能集团在2006年年度报告中披露的"在建工程"中含有前述虚假记载。

(二)国能集团2006年5月26日发布的《辽宁国能集团(控股)股份有限公司项目投资公告》中关于其投资建设沈阳钢铁物流加工中心项目的在建工程系百科实业的在建工程,产权未变更到国能集团名下。其临时公告内容存在虚假记载。

(三)2007年,国能集团虚增"在建工程"7,973,037.04元,结转2006年末所虚列的"在建工程"8011.1万元,累计虚列"在建工程"余额88,084,037.04元。国能集团在2007年年度报告中披露的"在建工程"余额88,084,037.04元为虚假记载。

四、国能集团2008年年度报告存在虚假记载

国能集团2008年年度报告称,百科实业占用国能集团的资金114,767,542.34元,已于2009年4月17日归还。经查,百科实业在2009年4月16日和17日分别使用1000余万元资金在沈阳百科钢铁加工有限公司、天津溪储、国能集团和百科网络等五家公司之间循环划转 11 次,从而在账面上体现百科实业归还了占用资金。经查证,2009 年 4 月 17 日,国能集团建设银行沈阳融汇支行账号中的余额仅为 11,999,705.06 元。国能集团 2008 年年度报告存在虚假记载。

国能集团 2005 年年度报告、2006 年年度报告、2007 年年度报告和 2008 年年度报告及国能集团 2006 年 5 月 26 日发布的临时公告中存在虚假记载的行为,违反了《证券法》第六十三条的规定,构成《证券法》第一百九十三条所述违法行为。

对国能集团 2005 年年度报告存在虚假记载的行为,直接负责的主管人员是董事潘广超、董事长刘树元;其他直接责任人员是潘孝莲、周立明、孙文合。

对国能集团 2006 年年度报告存在虚假记载的行为,直接负责的主管人员是董事潘广超、董事长刘树元;其他直接责任人员是潘孝莲、周立明、孙文合。

对于国能集团 2006 年 5 月 26 日发布的临时公告中存在虚假记载的行为,直接负责的主管人员是董事潘广超、董事长刘树元,其他直接责任人员是潘孝莲、周立明。

对国能集团 2007 年年度报告存在虚假记载的行为,直接负责的主管人员是董事潘广超、董事长刘树元;其他直接责任人员是潘孝莲、周立明、冯巧根。

对国能集团 2008 年年度报告存在虚假记载的行为,直接负责的主管人员是时任董事长周立明、时任副董事长兼总经理潘广超;其他直接责任人员是潘孝莲、张凯、冯巧根。

周立明在陈述、申辩意见中提出:其一,2005 年至 2008 年 6 月,他只担任国能集团董事,未担任实职。2008 年下半年,方出任董事长;其二,财务报告都已经过会计师事务所审计,其已经做到了对企业的尽职尽责;其三,客观上能力有限,主观上尽到了勤勉尽责,他本人现在没有工作,难以承受重罚。

我会认为,根据相关法律规定,上市公司董事会通过内部控制、内部审计监督等方式,保证公司所披露的信息真实、准确、完整。外部审计是基于公司所提供的财务数据进行审计,因此,公司的财务数据是进行外部审计的基础。以"财务报告都是经过会计师事务所审计"为由的抗辩,完全是本末倒置。本案中,正是由于国能集团故意造假、刻意隐瞒资金多次循环划转、虚增资金的行为,才使外部审计机构虽已勤勉尽责,但仍无法发现国能集团的故意造假行为。周立明作为公司董事,了解、掌握国能集团的财务状况、经营管理等情况,是财务造假行为、虚假陈述行为的始作俑者,其将信息披露违法和财务造假的责任,以会计师和会计师事务所未发现、未指出为由,请求免除责任的抗辩理由不成立;其是否在公司担任实职以及是否有能力支付罚款均不属于构成减轻或免除责任的法定情节。

潘孝莲在陈述、申辩意见中提出:其一,2005 年至 2008 年,她只担任董事,未担任实职,未领取报酬;其二,国能集团的财务报告均经会计师和会计师事务所审计,她认为是真实的;其三,她现在没有工作,没有能力承担处罚。

我会认为,潘孝莲以会计师和会计师事务所未发现、未指出为由,请求当然免除责任的抗辩理由不成立;其是否在公司担任实职以及是否有能力支付罚款均不属于构成减轻或免除责任的法定情节。

孙文合在听证及陈述、申辩意见中提出:其一,他本人作为国能集团的财务总监,任职的实际有效期间截至 2005 年年末;其二,2005 年年度报告虚假,并非其主导的财务作假,不应承担主要责任;其三,2006 年年度报告,他是按大股东的意愿被迫签署。

我会认为,国能集团年度报告虚假记载一事,系实际控制人及个别高管实施,孙文合并非违法行为的直接参与者,责任较轻。

冯巧根在陈述、申辩意见中提出:其一,公司 2007 年年度报告存在的虚假记载行为,是遗留问题。从会计理论上讲,将这种做法归为"造假"值得商榷;其二,对于循环划转资金 11 次、虚增 1 亿多元的问题,他本人没有主观故意,且会计师事务所存在误导因素。请求给予警告处理。

我会认为,尽管国能集团存在刻意隐瞒违法行为的情节,但是冯巧根作为专业人士,在数年的任职期间,并未运用自身具备的专业知识、技能和经验去关注国能集团的经营和运作,且无证据证明其已尽到勤勉尽责义务。

根据当事人违法行为的事实、性质、情节与

社会危害程度,依据《证券法》第一百九十三条的规定,我会决定:

一、对潘广超给予警告,并处以30万元罚款;

二、对周立明、潘孝莲给予警告,并分别处以20万元罚款;

三、对刘树元给予警告,并处以10万元罚款;

四、对张凯给予警告,并处以5万元罚款;

五、对孙文合、冯巧根给予警告。

上述当事人应自收到本处罚决定书之日起15日内,将罚款汇交中国证券监督管理委员会(开户银行:中信银行总行营业部,账号:7111010189800000162,由该行直接上缴国库),并将注有当事人名称的付款凭证复印件送中国证券监督管理委员会稽查局备案。当事人如果对本处罚决定不服,可在收到本处罚决定书之日起60日内向中国证券监督管理委员会申请行政复议,也可在收到本处罚决定书之日起3个月内直接向有管辖权的人民法院提起行政诉讼。复议和诉讼期间,上述决定不停止执行。

关于马鞍山同辉纸制品股份有限公司及有关个人违反证券法规的行政处罚决定书

(〔2013〕11号)

当事人:马鞍山同辉纸制品股份有限公司(以下简称同辉公司),法定代表人李虹,住所:安徽省马鞍山市当涂经济开发区。

王德贤,男,1947年3月出生,同辉公司股东,住址:安徽省马鞍山市花山区解放路36号。

依据《中华人民共和国证券法》(以下简称《证券法》)的有关规定,我会对同辉公司非法利用他人账户从事证券交易的违法行为进行了立案调查、审理,并依法向当事人告知了作出行政处罚的事实、理由、依据及当事人依法享有的权利。应当事人王德贤的要求,我会举行了听证会,听取当事人的陈述、申辩。当事人同辉公司未提出陈述、申辩意见。本案现已调查、审理终结。

经查明,同辉公司存在以下违法事实:

一、同辉公司非法利用他人证券账户的决策情况

2006年6月,同辉公司前身马鞍山市山鹰创业投资有限公司(以下简称创投公司)召开股东会,决定以机构和个人名义开立证券账户进行基金和股票投资。

2007年5月,创投公司以程晓辉、潘苏云、田庭生、耿永顺、章昌忠和徐淑兰的名义开立了个人证券账户和银行账户。上述证券账户均由创投公司统一使用保管,银行账户由创投公司控制,通过银证转账和银行间转账方式调度使用。

相关涉案人员在询问笔录中称,2006年6月22日,王德贤为了调动员工积极性,改善职工福利,提出由创投公司以机构和个人名义开立证券账户进行证券交易;程晓辉等6人的证券账户从开户至销户期间由王德贤进行投资交易决策。

二、同辉公司非法利用他人证券账户从事交易的情况

程晓辉等6个证券账户从开户至销户期间,交易证券累计亏损达2566.51万元。具体情况如下:

(一)"程晓辉"账户。该账户2007年8月3日开立于银河证券马鞍山营业部。该账户开户至2011年3月2日期间陆续交易过"红利ETF"、"大成优选"等基金和"苏宁电器"、"宝钢股份"等股票。该账户于2011年6月8日销户。开户至销户期间,该账户交易亏损302.23万元;

(二)"耿永顺"账户。该账户2007年8月

3 日开立于银河证券马鞍山营业部。该账户开户至 2011 年 3 月 2 日期间陆续交易过“基金泰和”等基金和“苏宁电器”等股票。该账户于 2011 年 6 月 8 日销户。开户至销户期间,该账户交易亏损 949.58 万元;

(三)“田庭生”账户。该账户 2007 年 8 月 3 日开立于银河证券马鞍山营业部。该账户开户至 2007 年 11 月 23 日期间陆续交易过“基金泰和”等基金和“苏宁电器”等股票。该账户于 2009 年 11 月 11 日销户。开户至销户期间,该账户交易盈利 4.15 万元;

(四)“徐淑兰”账户。该账户 2007 年 6 月 20 日开立于银河证券马鞍山营业部。该账户开户至 2007 年 12 月 3 日期间陆续交易过“基金泰和”等基金和“苏宁电器”等股票。该账户于 2009 年 11 月 12 日销户。开户至销户期间,该账户交易盈利 15.63 万元;

(五)“章昌忠”账户。该账户 2007 年 8 月 3 日开立于银河证券马鞍山营业部。该账户开户至 2009 年 11 月 17 日期间陆续交易过“基金泰和”等基金和“苏宁电器”等股票。该账户于 2009 年 11 月 27 日销户。开户至销户期间,该账户交易亏损 553.93 万元;

(六)“潘苏云”账户。该账户 2007 年 8 月 3 日开立于银河证券马鞍山营业部。该账户开户至 2009 年 3 月 23 日期间陆续交易过“基金泰和”等基金和“苏宁电器”等股票。该账户于 2009 年 11 月 11 日销户。开户至销户期间,该账户交易亏损 780.55 万元。

前述 6 个账户资金的来源与去向主要为同辉公司及其控制的银行账户。

以上事实,有同辉公司提供的情况说明、涉案人员询问笔录、涉案账户交易及资金划转记录等证据证明,足以认定。

我会认为,上述行为违反了《证券法》第八十条关于“禁止法人非法利用他人账户从事证券交易”的规定,构成了《证券法》第二百零八条所述违法行为。王德贤是对上述违法行为直接负责的主管人员。

王德贤在陈述、申辩材料中及听证会上提出,我会认定的违法事实清楚,但其对相关法律规定不知悉,且无主观恶意等情况,请求对其从轻处理。

经复核,王德贤对我会认定的违法事实无异议,其请求从轻处理的申辩理由依法不能成立,我会不予采纳。

根据当事人违法行为的事实、性质、情节与社会危害程度,依据《证券法》第二百零八条的规定,我会决定:

一、对同辉公司处以 10 万元罚款;

二、对王德贤给予警告,并处以 5 万元罚款。

上述当事人应自收到本处罚决定书之日起 15 日内,将罚款汇交中国证券监督管理委员会(开户银行:中信银行总行营业部,账号:7111010189800000162,由该行直接上缴国库),并将注有当事人名称的付款凭证复印件送中国证券监督管理委员会稽查局备案。当事人如对本处罚决定不服,可在收到本处罚决定书之日起 60 日内向中国证券监督管理委员会申请行政复议,也可在收到本处罚决定书之日起 3 个月内直接向有管辖权的人民法院提起行政诉讼。复议和诉讼期间,上述决定不停止执行。

关于郑州工银信典当有限公司及有关个人违反证券法规的行政处罚决定书

(〔2013〕12 号)

当事人:郑州工银信典当有限公司(以下简称工银信典当),住所:河南省郑州市郑东新区 CBD 商务内环路 2 号,法定代表人张世磊。

孙学东,男,1968 年 10 月出生,工银信典当实际负责人,住址:河南省郑州市金水区红专路 81 号。

依据《中华人民共和国证券法》(以下简称

《证券法》)的有关规定,我会对工银信典当非法利用他人账户买卖证券的违法行为进行了立案调查、审理,并依法向当事人告知了作出行政处罚的事实、理由、依据及当事人依法享有的权利。当事人孙学东提出了书面申辩意见,未要求听证;当事人工银信典当未提出陈述申辩意见,也未要求听证。本案现已调查、审理终结。

经查明,工银信典当存在以下违法事实:

"常某"账户 41020×××0430,2010 年 8 月 13 日开立于西藏同信证券有限责任公司(以下简称西藏同信)中牟官渡大街营业部,下挂 1 个上海证券账户 A527×××460 和 1 个深圳证券账户 0109×××151,相关手续由常某办理。

"常某"账户对应的第三方存管银行账户为常某建设银行账户,该银行账户与工银信典当银行账户频繁发生资金往来。"常某"账户于 2010 年 8 月至 2011 年 9 月共交易过 82 只股票,盈利共计 1,720,895.32 元。

工银信典当实际负责人孙学东是常某的大学同学,在孙学东的推荐并陪同下,常某在西藏同信中牟官渡大街营业部开立同名账户,之后"常某"账户和对应的银行账户由孙学东实际控制、决策并操作。常某不知道该账户所有的资金往来、股票交易情况。工银信典当确认 2010 年 8 月至 2011 年 10 月 10 日"常某"账户上的一切债权债务归属于该公司。

上述事实,有账户开户交易资料、工银信典当情况说明、相关当事人询问笔录等证据证实,足以认定。

我会认为,"常某"账户由工银信典当使用,资金属于工银信典当,由孙学东具体决策并操作,工银信典当的行为违反了《证券法》第八十条关于禁止法人非法利用他人账户从事证券交易的规定。对工银信典当的上述行为,孙学东是直接负责的主管人员。

孙学东提出书面申辩意见,认为其本人只是工银信典当的工作人员,受用人单位工银信典当的管理,相关行为属公司行为,并且违法行为轻微,已及时纠正,没有造成危害后果,并在证监会调查过程中积极配合,应当对其不予处罚。

我会认为:孙学东为工银信典当实际负责人,"常某"账户是常某在孙学东的推荐及陪同下开立的,并由孙学东实际控制、决策并操作。孙学东在工银信典当非法利用他人账户从事证券交易的违法行为中起主要作用;本案违法所得巨大,严重扰乱证券市场的正常秩序,与孙学东陈述的违法行为轻微未造成危害后果的情形不符;孙学东接受调查的情形,我会在量罚时予以考虑。综上,对孙学东不作处罚的申辩请求,我会不予采纳。

根据当事人违法行为的事实、性质、情节与社会危害程度,依据《证券法》第二百零八条的规定,我会决定:

一、责令工银信典当改正,没收工银信典当违法所得 1,720,895.32 元,并处以 1,720,895.32 元罚款;

二、对孙学东给予警告,并处以 5 万元罚款。

上述当事人应自收到本处罚决定书之日起 15 日内,将罚没款汇交中国证券监督管理委员会(开户银行:中信银行总行营业部,账号:7111010189800000162,由该行直接上缴国库),并将注有当事人名称的付款凭证复印件送中国证券监督管理委员会稽查局备案。当事人如果对本处罚决定不服,可在收到本处罚决定书之日起 60 日内向中国证券监督管理委员会申请行政复议,也可在收到本处罚决定书之日起 3 个月内直接向有管辖权的人民法院提起行政诉讼。复议和诉讼期间,上述决定不停止执行。

关于齐凯、张讲才违反证券法规的行政处罚决定书

([2013]13 号)

当事人:齐凯,男,1965 年 5 月 9 日生,河南诺德投资担保公司(以下简称诺德担保)董事

长、法定代表人,住址:河南省郑州市中原区伊河路。

张进才,男,1963年6月17日生,河南商业经济研究所所长,诺德担保监事,住址:河南省郑州市文化路任砦北街。

依据《中华人民共和国证券法》(以下简称《证券法》)的有关规定,我会对齐凯、张进才内幕交易违法行为进行了立案调查、审理,并依法向齐凯、张进才告知了作出行政处罚的事实、理由、依据及当事人依法享有的权利。齐凯、张进才未要求听证,但提出了书面申辩意见。本案现已调查、审理终结。

经查明,齐凯、张进才存在以下违法事实:

一、本案相关内幕信息

(一)内幕信息内容

2012年2月27日,河南森源电气股份有限公司(以下简称森源电气)董事会决议通过并于次日公告披露了《公司2011年度报告及摘要》、《公司2011年度财务决算报告》、《公司2011年度利润分配及资本公积金转增股本的方案》等议案,其中关于2011年度公司利润分配及资本公积转增股本预案,即每10股送2股派现2元并转增8股的方案。该方案对森源电气股票价格具有重大影响,并涉及森源电气增资扩股的战略发展计划,属于《证券法》第七十五条第二款第(二)项规定的"公司分配股利或者增资的计划",是法定内幕信息。

(二)内幕信息形成及公开过程

2012年1月14日,森源电气公布了《关于2011年度业绩预告修正公告》,修正后的预计业绩:归属于上市公司股东的净利润比上年同期增长80% - 100%,盈利12,722.47万 - 14,136.08万元。楚金某是河南森源集团有限公司(以下简称森源集团)、森源电气的实际控制人、股东和法定代表人,其对森源电气一直持增资扩股的战略发展思路。森源电气2011年度财务数据、利润状况内容最迟不晚于2012年1月10日确定,楚金某不晚于2012年1月14日了解到森源电气各项财务数据和利润状况,其结合一贯持有的增资扩股思路,开始酝酿森源电气2011年度分红送配计划,并通过一系列部署付诸议案。因此,内幕信息敏感期为2012年1月14日至2月28日相关董事会决议公布之日。

二、齐凯、张进才知晓内幕信息情况

楚金某与齐凯、张进才熟识,楚金某以其女儿名义出资1000万元入股诺德担保,后该股份由森源集团受让,森源电气副总经理崔付某曾受楚金某指派担任过诺德担保的董事。森源集团与诺德担保之间有资金拆借和理财业务往来,森源电气也将其名下的房产租赁给诺德担保。2012年年初,齐凯、张进才访问森源电气,并与楚金某见面。2012年1月10日、11日、16日、17日、18日,2月8日、21日,楚金某与齐凯、张进才有手机通话记录。

三、齐凯、张进才内幕交易森源电气股票相关情况

2012年1月13日,齐凯在东兴证券郑州营业部开立资金账户,办理深圳股东账户挂失补办手续,并转入800万元。2012年1月19日、20日、30日,2月6日、8日,在齐凯决策下,由张进才操作,在上述齐凯账户分次买入森源电气股票共计301,800股,成交金额人民币5,978,400元(不含税费)。至2012年2月28日,上述股票账面盈利人民币1,005,424.8元。截至本案调查终止日,该账户仅交易森源电气一只股票,且尚未卖出。

以上事实有相关公告、谈话笔录、交易记录等证据可以证明,足以认定。根据以上查明的事实,我会认定齐凯、张进才利用涉案内幕信息买卖森源电气股票。

齐凯申辩意见提出,对于森源电气内幕信息等事项,没有打听,之所以购买森源电气股票是由于一直对省内优质企业较为关注,森源电气是省内成长性较好、较有投资价值的企业。

张进才申辩意见提出,与森源电气有悠久的关系,认同森源电气及其实际控制人的做事风格,了解森源电气的经营质地,据此才进行投资。关于在敏感期内购买森源电气股票,其解释是基于2012年1月14日森源电气业绩预增公告,至于购买的时点在内幕信息敏感期内,属于偶然。

经复核,我会认为,第一,本案中齐凯证券账户自2011年1月10日至2012年1月18日没有证券交易行为,但于2012年1月19日至2

月8日集中买入森源电气股票30万余股,其买入森源电气股票时间与涉案内幕信息敏感期高度吻合,交易数额巨大,与2011年1月该证券账户交易几千股,最多时上万股的习惯明显不同。第二,从资金账户情况来看,2011年1月资金转出后余额仅为0.01元,其后至2012年1月13日,并无资金转入。2012年1月13日,重新开立涉案资金账户。1月14日公司发布业绩公告,其后在短期内转入资金800万元,于业绩公告五天后集中买入森源电气股票30万余股,难以解释为是在业绩公告后着手买入。通观其2011年1月至2012年1月的资金流转情况、涉案资金账户开立时间以及涉案交易时间、交易情况等,齐凯账户在信息敏感期内的交易十分异常,且与内幕信息高度吻合。因此,二人的申辩意见不能排除其利用内幕信息从事涉案股票交易的嫌疑。

根据当事人违法行为的事实、性质、情节与社会危害程度,依据《证券法》第二百零二条的规定,我会决定:对齐凯和张进才分别处以30万元罚款,同时责令齐凯处理非法持有的股票,如有盈利予以没收。

上述当事人应自收到本处罚决定书之日起15日内,将罚没款汇交中国证券监督管理委员会(开户银行:中信银行总行营业部,账号:7111010189800000162,由该行直接上缴国库),并将注有当事人名称的付款凭证复印件送中国证券监督管理委员会稽查局备案。当事人如果对本处罚决定不服,可在收到本处罚决定书之日起60日内向中国证券监督管理委员会申请行政复议,也可在收到本处罚决定书之日起3个月内直接向有管辖权的人民法院提起行政诉讼。复议和诉讼期间,上述决定不停止执行。

关于包维春等三人违反证券法规的行政处罚决定书

(〔2013〕14号)

当事人:包维春,男,1965年2月出生,1999年1月1日至2010年10月15日任四川宏达股份有限公司(以下简称宏达股份)总会计师。

冯振民,男,1976年1月出生,时任四川路桥建设股份有限公司证券部副经理。

吴春永,男,1974年10月出生,时任交银施罗德基金管理有限公司专户投资部投资经理。

依据《中华人民共和国证券法》(以下简称《证券法》)的有关规定,我会对包维春等人的内幕交易行为进行了立案调查、审理,并依法向当事人告知了作出行政处罚的事实、理由、依据及当事人依法享有的权利,当事人包维春提交了陈述、申辩意见,当事人冯振民提交了陈述、申辩意见并要求听证,当事人吴春永未提出陈述、申辩意见,也未要求听证。应当事人冯振民的要求,我会举行了听证会,听取了冯振民及其代理人的陈述和申辩。本案现已调查、审理终结。

经查明,包维春存在泄露内幕信息行为,冯振民、吴春永存在内幕交易。具体违法事实如下:

一、内幕信息的形成

2010年4月14日至4月21日之间,时任宏达股份董事长刘某某问西藏天仁矿业有限公司(以下简称天仁矿业)董事长岳某是否愿意将天仁矿业装入上市公司,岳某表示同意。2010年5月14日,刘某某要求宏达股份总会计师包维春寻找一家资产评估机构对西藏的一个矿产进行资产预估价值。当日中午,包维春与中资资产评估有限公司成都负责人见面,并告知其拟估值资产的基本情况。经初步计算,矿山评估价为90亿元。根据宏达股份2009年的年度报告,公司2009年年末总资产为86.71亿元,该矿山资产估价已经超过了宏达股份的总资产,一旦注入,将对上市公司股价产生重大影响。2010 年 5 月 17 日,刘某某集合宏达股份高层开会,通报拟将天仁矿业拥有的矿产资源注入上市公司的想法,并研究可行性方案。总会计师包维春参加讨论。2010 年 5 月 19 日,刘某某再次召集高层沟通并决定公司股票次日停牌。2010 年 6 月 7 日,宏达股份公告称:鉴于交易目标资产相关条件不成熟,本次资产重组事项的其他工作也无法开展,宏达集团决定终止商谈涉及该公司的重大资产重组事宜,公司股票于 2010 年 6 月 7 日复牌。

根据上述事实,天仁矿业资产注入宏达股份事项属于《证券法》第七十五条第二款第三项规定的内幕信息。

二、包维春泄露内幕信息的相关事实及认定

宏达股份与天仁矿业有过业务联系,作为宏达股份的总会计师包维春知道该公司主要出产铜和钼。因此,2010 年 5 月 14 日刘某某让包维春找一家资产评估机构对一个矿产进行资产预估价值并告诉其相关指标和地点后,包维春凭借对公司业务的熟悉程度,能够判断出评估的内容与天仁矿业生产的矿产有关,该评估所涉及的内容对公司股票而言将是重大利好。

2010 年 5 月 14 日(周五)下午,包维春打电话给冯振民,告诉冯振民“宏达股份”近期可能有动作,可以逢低买入一些。冯振民回答说:“我知道了”。包维春称,“动作”是指宏达股份有将天仁矿业资产注入的计划,理由是这几年董事长刘某某一直在会议上提到要把宏达股份做成中国最好的资源类上市公司,今后在条件成熟的时候逐步注入宏达集团所持有的矿产类资源。包维春上述给冯振民打电话的行为,属于泄露内幕信息。

2010 年 5 月 17 日晚,交银施罗德基金管理有限公司时任专户投资部投资经理吴春永,打电话询问包维春关于有色金属下半年的走势情况。由于当时背景嘈杂,包维春挂断了电话,后又将电话打给吴春永,说上半年库存比较大,下半年库存减少后有色金属价格应该会上涨。吴春永还问包维春宏达股份最近有什么动作,包维春说不清楚,但有色金属下半年应该有行情。吴春永在电话中问包维春宏达股份股票是否能买,包维春说买了风险不大。包维春在电话中对于吴春永打听、刺探和印证内幕信息行为未保持足够谨慎,属于过失泄露内幕信息行为。

包维春的行为违反了《证券法》第七十六条之规定,构成《证券法》第二百零二条所述泄露内幕信息行为。

三、冯振民、吴春永内幕交易的事实

(一)冯振民内幕交易的事实

包维春向冯振民泄露内幕信息,并建议其买入“宏达股份”,因此,冯振民知悉内幕信息。

1. 冯振民利用妻子黄薇账户进行内幕交易

2010 年 5 月 17 日(周一),从开盘后 3 分 27 秒起冯振民用妻子黄薇账户分 10 笔共买入 78,000 股“宏达股份”,5 月 19 日分 2 笔共买入 40,000 股“宏达股份”,买入金额 1,459,050 元;5 月 19 日分 2 笔共卖出 30,000 股“宏达股份”,6 月 7 日卖出 88,000 股“宏达股份”,卖出金额 1,486,300 元,获利 16,927.65 元。账户由冯振民一人操作,资金来源于家庭自有资金。冯振民交易“宏达股份”的行为属于内幕交易。

2. 冯振民操作合力创赢投资咨询有限公司(以下简称合力创赢)账户进行内幕交易

受合力创赢(该公司已经注销)的委托,冯振民代其买卖股票。2010 年 5 月 17 日,冯振民操作该公司账户分 2 笔共买入 28,300 股“宏达股份”,买入金额 343,197 元;6 月 7 日,卖出 28,300 股“宏达股份”,卖出金额 346,675 元,获利 1061.71 元。冯振民为合力创赢账户交易行为直接负责的主管人员。

冯振民的上述行为属于在内幕信息公开前买卖相关公司证券,违反了《证券法》第七十三条、第七十六条之规定,构成《证券法》第二百零二条所述之情形。对冯振民以上两项违法行为予以合并处罚。

(二)吴春永内幕交易的事实

根据包维春与吴春永的谈话、当时的谈话背景以及事后的交易行为等,可以认定,2010 年 5 月 17 日晚,吴春永通过包维春获知了内幕信息。随后,吴春永用其管理的 7 个账户买入“宏达股份”股票。

1. “交银施罗德—交行—交银施罗德 · 交通银行银企尊享稳健回报 1 号资产管理计划”

为交银施罗德特定资产管理业务（以下简称专户业务）。2010年5月19日，该专户买入“宏达股份”268,000股，金额3,567,945元；6月28日至6月30日卖出“宏达股份”268,000股，卖出金额2,988,608.90元，亏损601,994.37元。

2.“交银施罗德—交行—交银施罗德·交通银行银企尊享稳健回报2号资产管理计划”专户业务。2010年5月19日，该专户买入“宏达股份”232,000股，金额3,088,194元；6月28日至6月30日卖出“宏达股份”232,000股，金额2,588,522.18元，亏损519,290.49元。

3.“交银施罗德—交行—上海中建房产（集团）有限公司—证券投资组合零一号”专户业务。2010年5月19日，该专户买入“宏达股份”200,000股，金额2,662,643元；2010年6月8日卖出“宏达股份”200,000股，金额2,353,100元，亏损326,943元。

4.“交银施罗德—交行—孙怀庆”专户业务。募集成立日期为2009年9月7日，初始募集资本1亿元。2010年5月19日，该专户买入“宏达股份”200,000股，金额2,662,192元；2010年6月28日至6月30日卖出“宏达股份”200,000股，金额2,233,685.99元，亏损445,427.33元。

5.“交银施罗德—交行—交银国信专户理财产品”专户业务。2010年5月19日，该专户买入“宏达股份”100,000股，金额1,329,554元；2010年6月22日卖出“宏达股份”100,000股，金额1,233,490元，亏损104,986.62元。

6.“交银施罗德—交行—姚晓丽”专户业务。2010年5月19日，该专户买入“宏达股份”100,000股，金额1,328,999元；6月23日至6月25日卖出“宏达股份”100,000股，金额1,207,094.17元，亏损130,720.20元。

7.“交银聚富一号集合资金信托”为交银施罗德基金管理有限公司与厦门国际信托有限公司签订的投资顾问业务。2010年5月19日，该信托买入“宏达股份”500,000股，金额6,596,515.59元；6月28日至6月30日卖出“宏达股份”500,000股，金额5,608,491.67元，亏损1,030,247.43元。

以上账户交易共计亏损3,159,609.77元。

吴春永的上述行为，违反了《证券法》第七十三条、第七十六条之规定，构成《证券法》第二百零二条所述之情形。

上述违法事实及责任认定，有相关人员询问笔录、相关账户交易记录和统计数据、宏达股份情况说明等证据证明，足以认定。

包维春在其申辩材料中提出：《行政处罚及市场禁入告知书》（处罚字〔2010〕100－2号）所列向冯振民、吴春永等人泄露内幕信息的情形与事实不符，其不知道内幕信息，也未向他人泄露内幕信息，请求免于处罚。

我会认为，根据询问笔录等相关证据，包维春申辩意见不成立。但在审理中发现包维春有配合调查的重大立功表现。

在听证过程中，冯振民提出如下申辩意见：包维春没有向其泄露内幕信息，其投资行为基于自己对行情的分析，且交易记录显示其交易不异常。

我会认为，根据相关询问笔录、交易记录等证据，冯振民提出的申辩意见不成立，其交易行为存在异常：第一，其在与内幕信息知情人包维春通话后第一时间（2010年5月17日开盘）买入涉案股票，而在此之前的6个月内，没有交易过该只股票；第二，2010年5月14日与包维春通话当天，其将持有的多只股票卖出，该日变现的清算金额共计728,673.07元，而该日没有一笔买入成功的交易，与其平时的交易习惯有所不符。然而，冯振民操作的两个账户的违法所得金额较小，社会危害性较轻。

根据当事人违法行为的事实、性质、情节与社会危害程度，依据《证券法》第二百零二条的规定，我会决定：

一、对包维春处以30万元罚款；

二、对冯振民给予警告，并处以30万元罚款；

三、对吴春永处以30万元罚款。

上述当事人应自收到本处罚决定书之日起15日内，将罚款汇交中国证券监督管理委员会（开户银行：中信银行总行营业部，账号：7111010189800000162，由该行直接上缴国库），并将注有当事人名称的付款凭证复印件送中国证券监督管理委员会稽查局备案。当事人如果对本处罚决定不服，可在收到本处罚决定书之日起60日内向中国证券监督管理委员会申请行政复议，也可以在收到本处罚决定书之日起3个月内直接向有管辖权的人民法院提起行政诉讼。复议和诉讼期间，上述决定不停止执行。

关于张东良违反证券法规的行政处罚决定书

(〔2013〕15 号)

当事人:张东良,男,1959 年 1 月出生,住址:浙江省绍兴市绍兴县王坛镇肇湖村。

依据《中华人民共和国证券法》(以下简称《证券法》)的有关规定,我会对张东良证券违法违规行为进行了立案调查、审理,并依法向当事人张东良告知了作出行政处罚的事实、理由、依据及当事人依法享有的权利。张东良未提出陈述、申辩意见,也未要求听证。本案现已调查、审理终结。

经查明,张东良存在以下违法事实:

2008 年 1 月至 2012 年初,张东良以支付账户使用费的方式,借用并操作"顾某"等账户进行证券投资。2010 年 11 月 10 日,张东良借用并操作的"顾某"、"张某"、"沈某"、"阮某"、"毛某"、"梁某"、"孙某娟"、"宋某"、"俞某"、"董某"、"孙某娣"、"陶某"等 12 个账户合计持有"ST 宝利来"3,823,373 股,占该上市公司已发行股份的 5.19%。此后截至 2011 年 9 月 19 日,上述"顾某"等 12 个账户有 60 个交易日合计持有"ST 宝利来"达到或超过该上市公司已发行股份的 5%,最高持股比例为 2011 年 2 月 10 日的 7.85%。在上述事实发生后,张东良未就"顾某"等 12 个账户合计持股比例超过 5% 依法履行相应的报告和公告义务。

以上事实,有相关工商登记资料、账户开户资料、交易资料、证券营业部情况说明、银行资金划转凭证、证券交易所统计资料、当事人询问笔录和情况说明等证据证明,足以认定。

张东良借用并操作"顾某"等 12 个账户合计持有"ST 宝利来"达到或超过上市公司已发行股份的 5% 后,未按规定履行报告和公告义务的行为,违反了《证券法》第八十六条有关"通过证券交易所的证券交易,投资者持有或者通过协议、其他安排与他人共同持有一个上市公司已发行的股份达到百分之五时,应当在该事实发生之日起三日内,向国务院证券监督管理机构、证券交易所作出书面报告,通知该上市公司,并予公告;在上述期限内,不得再行买卖该上市公司的股票"的规定,构成了《证券法》第一百九十三条所述"发行人、上市公司或者其他信息披露义务人未按照规定披露信息,或者所披露的信息有虚假记载、误导性陈述或者重大遗漏"的行为。

在调查过程中,张东良能够配合我会的调查工作,提供有关证据材料。

根据当事人违法行为的事实、性质、情节与社会危害程度,依据《证券法》第一百九十三条的规定,我会决定:责令张东良改正违法行为,给予警告,并处以 30 万元的罚款。

上述当事人应自收到本处罚决定书之日起 15 日内,将罚款汇交中国证券监督管理委员会(开户银行:中信银行总行营业部、账号:7111010189800000162,由该行直接上缴国库),并将注有当事人名称的付款凭证复印件送中国证券监督管理委员会稽查局备案。当事人如果对本处罚决定不服,可在收到本处罚决定书之日起 60 日内向中国证券监督管理委员会申请行政复议,也可在收到本处罚决定书之日起 3 个月内直接向有管辖权的人民法院提起行政诉讼。复议和诉讼期间,上述决定不停止执行。

关于上海金瑞达资产管理股份有限公司及有关个人违反证券法规的行政处罚决定书

（〔2013〕16号）

当事人：上海金瑞达资产管理股份有限公司（以下简称金瑞达），住所：上海市崇明县城桥镇鳌山路附2号1幢101室，法定代表人王某龙。

王敏文，男，1963年11月出生，浙江金瑞泓科技股份有限公司董事长，住址：上海市浦东新区康桥镇康桥路1298弄。

刘晓霖，女，1976年2月出生，住址：上海市浦东新区德州路60弄。

依据《中华人民共和国证券法》（以下简称《证券法》）的有关规定，我会对金瑞达等涉嫌违反证券法律法规行为进行了立案调查、审理，并依法向当事人告知了作出行政处罚的事实、理由、依据及当事人依法享有的权利。应当事人金瑞达等的要求，我会依法举行了听证会，听取了当事人金瑞达等及其代理人的陈述和申辩。本案现已调查、审理终结。

经查明，金瑞达等存在以下违法事实：

一、关于内幕信息形成情况

上海海立（集团）股份有限公司（以下简称海立股份）筹划向其第一大股东上海电气（集团）总公司（以下简称电气集团）定向增发的事项属于《中华人民共和证券法》（以下简称《证券法》）第七十五条第二款第（二）项规定的内幕信息。该信息形成于2010年7月23日，并于2010年8月25日公告。内幕信息知情人包括沈某芳、徐某、张建伟等人。张建伟作为海立股份董事，属于《证券法》第七十四条规定的内幕信息知情人。内幕信息形成、公开过程情况如下：

2010年7月23日至25日，电气集团董事长徐某国等4人与海立股份董事长沈某芳一同考察空调和压缩机市场。考察过程中，沈某芳口头提出两个方案：一个是希望大股东能定向增发，二是能将生产冰箱压缩机的亏损企业上海珂纳剥离，提出定向增发的资金5亿元左右，主要用于南昌项目和上海日立扩大产能项目。徐某国让海立股份提交比较详细的方案。7月26日，沈某芳召集海立股份总经理、董秘初步讨论了定向增发发行股份数、募集资金的投资项目、募集资金如何注入上海日立用于项目建设、时间进度等，并决定由财务总监以电气集团要求中期审计为由组织海立股份中期财务报表审计，以免信息泄露。7月27日，财务总监秦某君与安永华明协调安排对海立股份进行中期财务报告审计。8月6日，海立股份证券事务代表许某向沈某芳、张建伟、徐某等8人发送会议通知，定于2010年8月13日召开海立股份第五届董事会战略委员会第六次扩大会议。8月12日，海立股份完成了非公开发行的初步方案、募投项目的可行性报告，并递交给电气集团职能部门。8月13日9时电气集团召开总裁办公会，会议同意海立股份向电气集团定向增发的方案。徐某国、黄某南等18人参会，会议讨论通过对海立股份定向增发及将上海珂纳剥离的议案。8月13日18时海立股份召开第五届董事会战略委员会第六次扩大会议，沈某芳、张建伟等8人参会，会议审议通过《公司非公开发行A股股票的议案》、《向上海电气集团总公司出售上海珂纳电气机械有限公司股权的议案》等4件议案。在会议决议上签字的有沈某芳、徐某（张建伟代）、张建伟、周某炎、郭某萍（沈某芳代）等人。8月16日起，海立股份停牌。8月23日，海立股份继续停牌，并召开第五届董事会第十三次会议，会议审议通过了《公司非公开发行A股股票的议案》等议案，参会人员包括沈某芳、张某彪、罗某德、徐某、吴某、张建伟、郭某萍、冯某栋等。8月25日,海立股份复牌。

二、关于相关账户交易情况

王敏文与内幕信息知情人张建伟关系密切,且双方在内幕信息公开前联络,讨论与内幕信息高度相关的事宜。王敏文等直接或间接交易海立股份股票的数量、时间等均与该内幕信息高度吻合,具体情况如下:

(一)“金瑞达”账户交易情况

金瑞达的法人代表王某龙是王敏文的弟弟。“金瑞达”账户资金2300万元来源于该公司注册资本金,去向为王敏文母亲及其岳父。该账户平时的交易由该公司副总张某海下达指令,公司投资部职员冷某具体操作,张某海对王敏文负责,向其报告工作。2010年8月12日,王敏文打电话给冷某,告诉其海立股份定向增发、资产注入的情况,让其告诉张某海可以用公司账户买入,随后张某海下达交易指令,“金瑞达”账户买入海立股份股票300,000股,成交金额2,750,833元,清算金额2,752,783.51元并于8月25日海立股份复牌后全部卖出,成交金额2,999,408元,清算金额2,994,308.95元,获利241,525.44元。该账户交易“海立股份”时间与内幕信息时点高度吻合。

(二)“张国英”、“李茂兰”账户交易情况

“张国英”、“李茂兰”账户是金瑞达成立时,王敏文交张某海管理,由冷某操作。张国英是王敏文的朋友。其账户与王敏文妹妹王某岚银行账户有大额资金往来。李茂兰是王敏文姨夫。其账户与王敏岚、王敏文银行账户有大额资金往来。知悉相关内幕信息后,王敏文直接打电话给冷某,要求用“张国英”账户买入“海立股份”;“李茂兰”账户交易“海立股份”是王敏文亲自操作下单。

2010年8月10日、12日,“张国英”账户买入“海立股份”780,020股,成交金额7,148,400.04元,清算金额7,152,039.42元。2010年8月25日海立股份复牌后上述股票全部卖出,成交金额7,794,171.30元,清算金额7,782,479.21元,获利630,439.79元。该账户交易“海立股份”与内幕信息时点高度吻合。

2010年8月12日、13日,“李茂兰”账户买入“海立股份”336,963股,成交金额3,108,019.7元,清算金额3,109,599.87元。2010年8月25日海立股份复牌后上述股票全部卖出,卖出金额3,363,437.97元,清算金额3,358,382.27元,获利248,782.4元。该账户交易“海立股份”时间与内幕信息时点高度吻合。

(三)“刘晓霖”账户的交易情况

刘晓霖是王敏文的妻子,是金瑞达的股东、出资150万元,占5%,“刘晓霖”账户与陈某花(王敏文的前妻,于2008年离婚)、王敏文的银行账户有大额资金往来。该账户在交易“海立股份”期间,是由刘晓霖操作。

2010年8月12日,“刘晓霖”账户买入“海立股份”108,400股,成交金额1,002,114元,清算金额1,002,623.25元。2010年8月30日、9月6日、9月8日,上述股票全部卖出,成交金额1,045,608.30元,清算金额1,044,036.04元,获利41,412.79元。该账户交易“海立股份”时间与内幕信息时点高度吻合。

在听证会上,当事人张建伟提出,其虽是海立股份的独立董事,属法定知情人,但不是实际知情,关于海立股份向大股东非公开发行股票的内幕信息是2010年8月13日下午6时海立股份召开第五届董事会战略委员会第六次扩大会议时任董秘钟某现场发放会议材料时才知悉。张建伟除了提交海立股份董事会战略委员会参会董事、监事证明材料外,还请海立股份董事长沈某芳、原董秘钟某、董事徐某在听证会上作为证人,证明其是在8月13日下午6时后才知悉该内幕信息。张建伟还提出,与王敏文并无密切关系,是王敏文突然致电询问海立股份行业情况,其只是根据已公开的信息予以答复,因此,没有泄露内幕信息。

我会认为,根据海立股份证券事务代表许某、独立董事徐某首次询问笔录,上海日立公关科科长卢某询问笔录以及广告公司情况说明等客观证据,可以认定张建伟最迟于2010年8月9日实际知悉内幕信息。当王敏文打听海立股份相关情况时张建伟不够谨慎,使王敏文获悉印证了相应内幕信息,但情节轻微,免予处罚。

当事人王敏文提出,他与张建伟不是“其他有密切关系的人”;他建议投资海立股份在先,张建伟知悉内幕信息在后,关键时点不吻合;他打电话给张建伟是因为很久没有联系,问候一下,同时了解空调压缩机行业发展情况,讨

论上海国资提高资产证券化率等市场热点及海立股份相关经营情况，在整个通话过程中，没有涉及与海立股份定向增发相关的信息；“金瑞达”、“张国英”和“李茂兰”等账户买入的金额占各自账户总资产比例较低，没有大量集中买入行为，不存在抛售其他股票筹集更多资金买入和调入新资金买入行为，交易行为无异常，买入时间与内幕时间一致，纯属巧合；并且积极配合调查。当事人金瑞达提出，买入“海立股份”的理由是基于对海立股份基本面、市场面和技术面等综合分析而作出的判断，决策过程符合公司的投资决策程序，也没有违反国家的相关规定，交易行为不成内幕交易。当事人刘晓霖提出，虽然与王敏文是夫妻关系，但没有获悉海立股份的内幕信息，只是根据金瑞达的研究成果和该股票的走势自主决策买入，与内幕交易无关。

我会认为，王敏文是金瑞达的实际控制人，在内幕信息敏感期内，主动打电话联络内幕信息知情人张建伟询问海立股份情况，利用后者过失非法获取了内幕信息。金瑞达的冷某与张某海的对话相互印证，证明王敏文知悉内幕信息。“金瑞达”账户于2010年8月12日买入“海立股份”30万股；“张国英”账户由王敏文打电话给冷某，让其在8月10日和12日共计买入78万余股；“李茂兰”账户于8月12日和13日由王敏文亲自操作下单先后买入30万余股。上述3个账户的“海立股份”在8月25日海立股份复牌后全部卖出，交易行为明显异常，买入或者卖出行为与内幕信息的形成、变化和公开时间基本一致，高度吻合，因此，可以认定王敏文、金瑞达内幕交易行为成立。刘晓霖系王敏文配偶，其账户的“海立股份”于8月12日买入，8月30日至9月8日分批卖出，王敏文在询问笔录中承认对其讲过海立股份有重组的可能，可以认定刘晓霖与王敏文共同内幕交易行为成立，因此，王敏文等的申辩不成立。

上述违法事实，有相关人员询问笔录、相关公司出具的说明、有关账户交易记录和统计数据等证据证明，足以认定。

金瑞达、王敏文、刘晓霖的上述行为违反了《证券法》第七十六条的规定，构成内幕交易行为。

根据当事人违法行为的事实、性质、情节与社会危害程度，依据《证券法》第二百零二条的规定，我会决定：

一、对王敏文与金瑞达共同进行内幕交易的行为，没收违法所得241,525.44元，并处以241,525.44元的罚款。

二、对王敏文利用“张国英”、“李茂兰”账户进行内幕交易的行为，没收违法所得879,222.19元，并处以879,222.19元的罚款。

三、对王敏文与刘晓霖共同进行内幕交易的行为，没收违法所得41,412.79元，并处以41,412.79元的罚款。

上述当事人应自收到本处罚决定书之日起15日内，将罚款汇交中国证券监督管理委员会（开户银行：中信银行总行营业部，账号：7111010189800000162，由该行直接上缴国库），并将注有当事人名称的付款凭证复印件送中国证券监督管理委员会稽查局备案。当事人如果对本处罚决定不服，可在收到本处罚决定书之日起60日内向中国证券监督管理委员会申请行政复议，也可在收到本处罚决定书之日起3个月内直接向有管辖权的人民法院提起行政诉讼。复议和诉讼期间，上述决定不停止执行。

关于深圳市朗科科技股份有限公司及有关个人违反证券法规的行政处罚决定书

（〔2013〕17号）

当事人：深圳市朗科科技股份有限公司（以下简称朗科科技），法定代表人成晓华，住所:广东省深圳市南山区高新技术产业园高新南六道朗科大厦。

成晓华,男,1963 年 11 月出生,2008 年 1 月至调查时任朗科科技董事,2010 年 9 月至调查时任朗科科技董事长、总经理,住址:广东省深圳市南山区高新南一道科技开发院孵化大楼。

王全祥,男,1959 年 10 月出生,2008 年 1 月至调查时任朗科科技董事,2011 年 6 月至调查时任朗科科技执行董事,住址:山东省烟台市芝罘区东沟路。

依据《中华人民共和国证券法》(以下简称《证券法》)的有关规定,我会对朗科科技信息披露违法一案进行了立案调查、审理,并依法向当事人告知了作出行政处罚的事实、理由、依据及当事人依法享有的权利。当事人朗科科技提交了书面陈述、申辩意见,但未要求听证。当事人成晓华、王全祥未提出陈述、申辩意见。本案现已调查、审理终结。

经查明,朗科科技存在以下违法事实:

一、未按规定披露签订《朗科国际存储科技产业园建设协议书》事项

2010 年朗科科技上市时,存在资金超募的情况。2010 年下半年,朗科科技与北海市政府接触,2011 年年初确定与北海市政府洽谈投资建设存储产业园事宜。相关事项的沟通、推进主要由王全祥负责。

2011 年 5 月下旬,北海市政府就朗科科技在北海电子产业园投资建设存储产业园项目起草了一份协议,要求朗科科技签约。王全祥就协议内容向成晓华作了汇报,二人商定设立朗科科技全资子公司广西朗科科技实业有限公司,以其名义签约,由王全祥代表签字。

2011 年 5 月 28 日,北海市政府与广西朗科科技实业有限公司签订了《朗科国际存储科技产业园建设协议书》(以下简称《协议书》),王全祥和北海市市长代表双方签字。因广西朗科科技实业有限公司当时尚未成立,未在协议上盖公章。成晓华参加了签约仪式。《协议书》的主要内容为广西朗科科技实业有限公司计划在北海电子产业园内投资建设朗科国际存储科技产业园,计划总投资不少于 20 亿元,其中固定资产投资不少于 16 亿元。

2011 年 5 月 29 日,《广西日报》刊登了《北部湾电子信息产业添新军　朗科科技三诺电子入驻》新闻报道,称北海市政府与朗科科技等合作签约仪式在北海举行。该报道被多家媒体转载。

对于同北海市政府签订《协议书》一事,朗科科技未按规定予以披露。

二、未按规定披露签订《朗科国际存储科技产业园建设补充协议书》事项

2011 年 6 月 27 日,朗科科技召开董事会会议,审议通过了在广西设立全资子公司等议案,授权王全祥作为朗科科技执行董事,协助董事长开展项目投资、对外合作等董事会日常工作;使用自有资金 3000 万元在广西设立全资子公司,由王全祥任法定代表人。本次董事会审议时,把原拟设立的"广西朗科科技实业有限公司"名称改成"广西朗科科技投资有限公司"。

2011 年 7 月 14 日,朗科科技发布公告称,广西朗科科技投资有限公司(以下简称广西朗科)已于 2011 年 7 月 12 日完成了工商注册登记,王全祥任法定代表人。

此后,为与广西朗科的名称相吻合,北海工业园区管委会建议北海市政府要求朗科科技方面在 2011 年 5 月 28 日签订的《协议书》上补盖公章。根据北海工业园区管委会提供的《协议书》复印件,该协议的内容与原《协议书》一致,只是修正了条款序号错误,合同主体变为"广西朗科科技投资有限公司"并加盖其公章,落款日期仍为 2011 年 5 月 28 日。

2011 年 8 月 22 日,广西朗科与北海市政府签订《朗科国际存储科技产业园建设补充协议书》(以下简称《补充协议书》),计划总投资不少于 20 亿元,基本条款与 2011 年 5 月 28 日《协议书》一致,仅进行了少量细化调整。王全祥以广西朗科执行董事兼总经理的身份与北海市市长分别代表双方签字。

调查发现,成晓华在 2011 年 9 月知悉《补充协议书》的签订情况。

对于同北海市政府签订《补充协议书》一事,朗科科技未按规定予以披露。

以上事实,有朗科科技临时公告、涉案人员询问笔录、相关部门提供的协议文本及文件、媒体报道等证据证明,足以认定。

我会认为，朗科科技及有关人员的行为构成信息披露违法。

首先，我国《证券法》第六十七条与我会发布的《上市公司信息披露管理办法》第三十条规定，发生可能对上市公司证券及其衍生品交易价格产生较大影响的重要事件，投资者尚未得知时，上市公司应当“立即”披露，说明事件的起因、目前的状态和可能产生的影响。关于具体的信息披露时点，《上市公司信息披露管理办法》第三十一条规定以下三个时点在先者：董事会或者监事会就该重大事件形成决议时；有关各方就该重大事件签署意向书或者协议时；董事、监事或者高级管理人员知悉该重大事件发生并报告时。《深圳证券交易所创业板股票上市规则》7.3 进一步规定：“上市公司应当在临时报告所涉及的重大事件最先触及下列任一时点后及时履行首次披露义务：（一）董事会、监事会作出决议时；（二）签署意向书或者协议（无论是否附加条件或者期限）时；（三）公司（含任一董事、监事或者高级管理人员）知悉或者理应知悉重大事件发生时。”

本案中，虽然 2011 年 5 月 28 日签订的《协议书》由北海市政府起草，只有北海市政府盖公章，广西朗科科技实业有限公司因尚未成立，未盖公章，但这并不影响《协议书》的签订构成“就重大事件签署意向书”，朗科科技有义务立即披露。

实践中，在上市公司与交易对方签订重大商业合作事项过程中，初步磋商、谈判阶段达成的意向性协议往往并不具有法律上的约束力，能否最终签约也处在不确定状态；如果过早披露，可能使上市公司在与商业交易对方或者利益相关者讨价还价时，处于谈判劣势，也可能被竞争对手“搭便车”。但是，由于该阶段有关谈判、尽职调查以及签订意向性协议的信息可能会对证券交易价格与投资者的判断产生重大影响，市场投资者希望上市公司能尽早披露相关信息，从而在信息披露及时性原则与上市公司的保密需求之间产生一定的冲突。此时，如果上市公司有足够的信心与能力采取有效控制措施，保证有关意向性信息不会外泄、不会被不当使用，为了促进商业合作正式协议的顺利签署，并防止“过早披露”、“动辄披露”、“频繁披露”可能导致的股价异常波动，上市公司在履行必要的监管程序后，可以暂不披露意向性信息。但是，如果上市公司无意保密、无法做到严格保密或者有关信息已经外泄，就应当立即予以披露，不得延误。本案中，虽然王全祥接受调查询问时称曾要求有关方面不要对外披露这个事项，但是，朗科科技未采取任何实质性的保密控制措施，在签约后第二天《广西日报》就报道了该事项并被多家媒体转载、朗科科技核心管理人员也已经关注到该报道的情况下，未能立即采取补救性措施，违背了上市公司持续信息披露的及时性要求。

成晓华直接参与了签订《协议书》的相关工作；王全祥全权负责存储产业园项目谈判、签约工作；成晓华、王全祥在朗科科技 2011 年 5 月 28 日签订《协议书》后，未对公司信息披露履行勤勉尽责义务；对此违法事项，成晓华、王全祥系直接负责的主管人员。

其次，朗科科技未及时披露 2011 年 8 月 22 日签订《补充协议书》事项的行为，构成进一步的信息披露违法。审理认为，如果朗科科技曾经披露过上述签订《协议书》事项，鉴于《补充协议书》基本条款与 2011 年 5 月 28 日《协议书》一致，仅进行了少量细化调整，根据上市公司信息披露的“重要性”原则，朗科科技可以不披露签订《补充协议书》的情况。但是，本案中，朗科科技在并未披露签订《协议书》事项的情况下，本可利用签订《补充协议书》的机会，对此前未披露行为予以补救；其未披露签订《补充协议书》事项，属于未披露相关重大事项行为的延续。

成晓华在 2011 年 9 月份知悉《补充协议书》的签订事项；王全祥全权负责《补充协议书》谈判及签约；成晓华、王全祥在广西朗科 2011 年 8 月 22 日签订《补充协议书》后，未对公司信息披露履行勤勉尽责义务。对于该违法事项，成晓华、王全祥为直接负责的主管人员。

当事人朗科科技在陈述、申辩材料中对《行政处罚事先告知书》认定的公司未及时披露收到政府扶持资金事项的经过作出说明，请求对其酌情减轻处罚。

经复核，朗科科技所述情况属实。鉴此，不再认定该项事实违法。同时，朗科科技未就《行政处罚事先告知书》认定其未按规定披露《协议书》、《补充协议书》事项提出异议，有关处罚建议已是法律规定的低限，综合考虑，对朗科科技减轻处罚的申辩不予采纳。

根据当事人违法行为的事实、性质、情节与社会危害程度，依据《证券法》第一百九十三条的规定，我会决定：

一、责令朗科科技改正，给予警告，并处以30万元罚款；

二、对成晓华、王全祥给予警告，并分别处以3万元罚款。

上述当事人应自收到本处罚决定书之日起15日内，将罚款汇交中国证券监督管理委员会（开户银行：中信银行总行营业部，账号：7111010189800000162，由该行直接上缴国库），并将注有当事人名称的付款凭证复印件送中国证券监督管理委员会稽查局备案。当事人如对本处罚决定不服，可在收到本处罚决定书之日起60日内向中国证券监督管理委员会申请行政复议，也可在收到本处罚决定书之日起3个月内直接向有管辖权的人民法院提起行政诉讼。复议和诉讼期间，上述决定不停止执行。

关于罗永斌违反证券法规的行政处罚决定书

（〔2013〕18号）

当事人：罗永斌，男，1973年2月出生，住址：上海市长宁区水城路883弄25号。

依据《中华人民共和国证券法》（以下简称《证券法》）的有关规定，我会对罗永斌内幕交易上海安诺其纺织化工股份有限公司（以下简称安诺其）股票的行为进行了立案调查、审理，并依法向当事人告知了作出行政处罚的事实、理由、依据及当事人依法享有的权利，当事人未提出陈述、申辩意见，也未要求听证。本案现已调查、审理终结。

经查明，罗永斌存在以下违法事实：

一、内幕信息形成过程

2010年年底，丽源（湖北）科技有限公司（以下简称湖北丽源）董事长罗某的私人顾问刘某向安诺其的第二大股东、原总经理臧某传达了罗某想将其控制的企业上市或与合适的上市公司合作的想法。臧某将该信息向安诺其第一大股东、董事长纪某做了汇报，纪某表示愿意约见沟通。罗某在与多家上市公司沟通后，经比较，表示如果湖北丽源能够嫁接到安诺其公司平台中，必将获得更大的发展空间。

2010年12月中旬至2011年4月，安诺其启动重组项目相关工作，初步形成“交易标的湖北丽源100%股权整体作价5亿元，其中上市公司支付3.6亿股票和1.4亿元现金”的交易条件。但因各种原因，其后项目基本停滞。

2011年8月23日左右，该重组项目财务顾问的项目负责人韩某约见纪某和刘某，提出新的交易条件。2011年9月初，双方会面进行了沟通，基本认可新的交易条件，有了重启项目合作的意向。2011年9月13日，交易双方对新交易条件基本认可。新的交易条件是，交易价格确定为3.2亿元，如果湖北丽源2012年、2013年实现净利润均超过4000万元、2014年超过4500万元，上市公司将在2014年年度审计完成后向湖北丽源股东额外支付现金7000万元等。

2011年11月19日，纪某、臧某、刘某、罗某作了沟通，双方均认可基本方案已经形成。2011年12月30日，双方交流了刘某辞职问题，同时确定了通知中介机构再次启动项目。

2012年1月3日，重组项目召开中介机构协调会，就交易方案和标的资产运营情况等事项以及资产重组项目后续时间安排进行了探讨，并确定了若标的资产运营不存在规范性问题，以目前的业务发展状况及整合业务能够符合评估机构的评估要求，初步确定2012年1月30日停牌。协调会参加人员有纪某、刘某等人。

2012年1月14日，项目组召开讨论会，就重组项目涉及的评估事宜进行讨论，评估机构认为湖北丽源提供的财务数据可以实现交易作价。1月18日对本次会议形成备忘录并载明春节后可择日停牌。2012年1月31日，项目组商讨具体细节及股票停牌事宜。会议参加人员有纪某、罗某等人。

2012年2月1日，安诺其发布公告称，正在筹划重大资产重组事项，公司股票自2012年2月1日起停牌。2012年3月2日，安诺其发布公告称，安诺其召开董事会，通过了《上海安诺其纺织化工股份有限公司发行股份及现金购买资产预案》。根据该预案内容，安诺其与湖北丽源数码工程技术有限公司(以下简称丽源数码)、湖北丽源及罗某签署了《发行股份及现金购买资产之框架协议》。根据协议，安诺其拟以发行不超过2,445万股人民币普通股和支付不超过1亿元现金的方式购买丽源数码持有的湖北丽源100%股份，标的股权的价格最高不超过人民币3.2亿元，但如满足约定的条件，上市公司将向丽源数码另行追加支付7,000万元现金作为股权转让价款。股票于当日起复牌。复牌后安诺其股票于2012年3月2日、3月5日至7日连续4个交易日涨停。

二、罗永斌交易“安诺其”的相关事实

(一)徐某知悉内幕信息的情况

徐某是纪某大学师兄，是安诺其法人股东上海嘉兆投资管理有限公司的实际控制人。2012年1月5日的晚上，纪某、徐某、吴某等人吃饭。吃饭的时候，徐某问纪某元旦在忙什么，纪某说在忙收购湖北一家公司的资产重组事情。徐某问纪某进展怎么样了，纪某说快了，这个月底就差不多了。吴某称，他们两人聊了安诺其发展壮大的问题。

(二)罗永斌与徐某的联系情况

罗永斌与徐某系好朋友关系，较早前认识，平时联系比较多。罗永斌与徐某在2012年1月5日至16日间有多次电话和短信联络。

(三)罗永斌利用“吕某”、“俞某”证券账户交易“安诺其”

“吕某”账户(账号09×××335)于2007年7月27日在招商证券上海娄山关路营业部开立，下挂深圳股东账户011×××0705。该账户于2012年1月17日至18日买入“安诺其”393,725股，买入均价7.61元，2012年3月7日全部卖出，卖出均价11.53元，获利1,514,438.08元。

“俞某”账户(账号09×××638)于2007年9月18日在招商证券上海娄山关路营业部开立，下挂深圳股东账户011×××7436。该账户于2012年1月18日至20日，买入“安诺其”382,159股，买入均价7.84元，2012年3月7日全部卖出，卖出均价11.39元，获利1,332,193.38元。该账户自2011年1月以来，只于2012年1月至3月交易了安诺其这一只股票。

上述两个证券账户对应的三方存管银行账户于2012年1月16日各收到从“罗永斌”账户转入的300万元，并于1月17日全部转入上述两个账户用于买入“安诺其”。2012年3月8日，“吕某”账户将卖出“安诺其”所得的4,536,362.71元、“俞某”账户将卖出“安诺其”所得的4,350,546.26元全部转出至上述罗永斌账户。

吕某、俞某、薛某三人均为罗永斌公司里的员工，吕某、俞某两人的账户按罗永斌的要求借给其使用，主要由吕某操作，薛某帮忙进行银行转账。罗永斌公司的办公电脑IP、MAC地址与“吕某、俞某”账户交易“安诺其”的IP、MAC地址完全一致。

罗永斌在询问中称，自己从事纺织行业多年，对行业比较熟悉，2011年初判断印染服装又进入上升阶段，开始关注相关股票。

我会认为，安诺其以发行股份和支付现金相结合的方式购买丽源数码持有的湖北丽源100%股权事项，系《证券法》第六十七条第二款第(二)项规定的“公司的重大投资行为”，构成《证券法》第七十五条第二款第(一)项规定的内幕信息。该内幕信息最晚于2011年9月13日形成，于2012年3月2日公开。纪某等人为内幕信息知情人，知悉时间不晚于2011年9月13日。基于徐某是安诺其法人股东实际控制人的身份、地位及与纪某的合作关系，徐某通过与纪某的正常沟通，不晚于2012年1月5日知悉了内幕信息。

罗永斌在内幕信息公开前，与徐某有联络、接触，利用他人账户交易“安诺其”，交易行为明显异常：1. 罗永斌利用“吕某”、“俞某”账户买入“安诺其”的时间与其获悉内幕信息的时间基本一致，买入和卖出“安诺其”的时间、资

金变化的时间与内幕信息变化、公开时间基本一致;2. 罗永斌交易"安诺其"不使用本人账户而是借用他人账户交易,且在内幕信息公开前转入大额资金全仓买入一只股票,该交易行为与2010年以来交易股票的习惯明显不同。

以上事实,有相关人员询问笔录、相关公告、账户开户材料、交易记录、资金流水等证据证明,足以认定。

罗永斌的上述行为,违反了《证券法》第七十六条的规定,构成了《证券法》第二百零二条所规定的内幕交易行为。

根据当事人违法行为的事实、性质、情节与社会危害程度,依据《证券法》第二百零二条的规定,我会决定:没收罗永斌违法所得2,846,631.46元,并处以2,846,631.46元罚款。

上述当事人应自收到本处罚决定书之日起15日内,将罚没款汇交中国证券监督管理委员会(开户银行:中信银行总行营业部,账号:7111010189800000162,由该行直接上缴国库),并将注有当事人名称的付款凭证复印件送中国证券监督管理委员会稽查局备案。当事人如果对本处罚决定不服,可在收到本处罚决定书之日起60日内向中国证券监督管理委员会申请行政复议,也可在收到本处罚决定书之日起3个月内直接向有管辖权的人民法院提起行政诉讼。复议和诉讼期间,上述决定不停止执行。

关于郭红莲违反证券法规的行政处罚决定书

(〔2013〕19号)

当事人:郭红莲,女,1962年9月出生,住址:湖北省石首市绣林街道南岳山路58号。

依据《中华人民共和国证券法》(以下简称《证券法》)的有关规定,我会对郭红莲内幕交易上海安诺其纺织化工股份有限公司(以下简称安诺其)股票的行为进行了立案调查、审理,并依法向当事人告知了作出行政处罚的事实、理由、依据及当事人依法享有的权利,当事人提出了陈述、申辩意见,未要求听证。本案现已调查、审理终结。

经查明,郭红莲存在以下违法事实:

一、内幕信息形成过程

2010年年底,丽源(湖北)科技有限公司(以下简称湖北丽源)董事长罗某的私人顾问刘某向安诺其的第二大股东、原总经理臧某传达了罗某想将其控制的企业上市或与合适的上市公司合作的想法。臧某将该信息向安诺其第一大股东、董事长纪某做了汇报,纪某表示愿意约见沟通。罗某在与多家上市公司沟通后,经比较,表示如果湖北丽源能够嫁接到安诺其公司平台中,必将获得更大的发展空间。

2010年12月中旬至2011年4月,安诺其启动重组项目相关工作,初步形成"交易标的湖北丽源100%股权整体作价5亿元,其中上市公司支付3.6亿股票和1.4亿元现金"的交易条件。但因各种原因,其后项目基本停滞。

2011年8月23日左右,该重组项目财务顾问的项目负责人韩某约见纪某和刘某,提出新的交易条件。2011年9月初,双方会面进行了沟通,基本认可新的交易条件,有了重启项目合作的意向。2011年9月13日,交易双方对新交易条件基本认可。新的交易条件是,交易价格确定为3.2亿元,如果湖北丽源2012年、2013年实现净利润均超过4000万元、2014年超过4500万元,上市公司将在2014年年度审计完成后向湖北丽源股东额外支付现金7000万元等。

2011年11月19日,纪某、臧某、刘某、罗某作了沟通,双方均认可基本方案已经形成。2011年12月30日,双方交流了刘某辞职问题,同时确定了通知中介机构再次启动项目。

2012年1月3日,重组项目召开中介机构协调会,就交易方案和标的资产运营情况等事项以及资产重组项目后续时间安排进行了探讨，并确定了若标的资产运营不存在规范性问题，以目前的业务发展状况及整合业务能够符合评估机构的评估要求，初步确定2012年1月30日停牌。协调会参加人员有纪某、刘某等人。

2012年1月14日11:00，项目组召开讨论会，就重组项目涉及的评估事宜进行讨论，评估机构认为湖北丽源提供的财务数据可以实现交易作价。1月18日对本次会议形成备忘录并载明春节后可择日停牌。2012年1月31日，项目组商讨具体细节及股票停牌事宜。会议参加人员有纪某、罗某等人。

2012年2月1日，安诺其发布公告称，正在筹划重大资产重组事项，公司股票自2012年2月1日起停牌。2012年3月2日，安诺其发布公告称，安诺其召开董事会，通过了《上海安诺其纺织化工股份有限公司发行股份及现金购买资产预案》。根据该预案内容，安诺其与湖北丽源数码工程技术有限公司（以下简称丽源数码）、湖北丽源及罗某签署了《发行股份及现金购买资产之框架协议》。根据协议，安诺其拟以发行不超过2445万股人民币普通股和支付不超过1亿元现金的方式购买丽源数码持有的湖北丽源100%股份，标的股权的价格最高不超过人民币3.2亿元，但如满足约定的条件，上市公司将向丽源数码另行追加支付7000万元现金作为股权转让价款。股票于当日起复牌。复牌后安诺其股票于2012年3月2日、3月5日至7日连续4个交易日涨停。

二、郭红莲交易“安诺其”的相关事实

郭红莲的丈夫涂某系刘某的高中老师，郭红莲也认识刘某，并有些交往。

（一）郭红莲与刘某的联系情况

2011年12月7日或8日，刘某、涂某及郭红莲参加同学聚会。2011年12月19日至20日郭红莲与刘某有多次电话联系。

（二）郭红莲利用其本人证券账户交易“安诺其”

“郭红莲”账户（账号0230×××14771）于2006年5月24日在华泰联合证券石首中山路营业部开立，下挂深圳股东账户010×××0899。该账户于2011年12月12日至19日，买入“安诺其”25,700股，买入均价8.57元，买入金额222,175元。2012年3月6日将“安诺其”全部卖出，卖出均价10.84元，获利54,632.15元。除“安诺其”外，该账户在2011年1月1日至2011年12月19日间，仅于11月14日买入100股“南山铝业”、于12月13日买入3000股“武汉塑料”，该账户此前三年未作交易。

“郭红莲”账户在买入“安诺其”之前，资金余额仅为116.6元。此后分别于2011年12月12日转入20.1万元、12月19日转入6万元，将85%的资金用于买入“安诺其”。

郭红莲提供的MAC地址与其交易“安诺其”记载的MAC地址基本一致。

我会认为，安诺其以发行股份和支付现金相结合的方式购买丽源数码持有的湖北丽源100%股权事项，系《证券法》第六十七条第二款第（二）项规定的“公司的重大投资行为”，构成《证券法》第七十五条第二款第（一）项规定的内幕信息。该内幕信息最晚于2011年9月13日形成，于2012年3月2日公开。刘某是重大投资对象实际委派参与商谈的代表，对商谈进展的具体情况知情，其知悉内幕信息的时间不晚于2011年9月13日。

郭红莲在内幕信息公开前，与刘某有联络、接触，其交易“安诺其”的行为与内幕信息高度吻合：1.“郭红莲”账户买入“安诺其”的时间与其可能获悉内幕信息的时间基本一致，买入和卖出“安诺其”的时间、资金变化的时间与内幕信息变化、公开时间基本一致；2.“郭红莲”账户交易是在基本无资金的情况下先后转入资金共计26万余元，主要用来购买“安诺其”，与其前三年内未交易过深市股票、2011年基本不交易股票的习惯明显不同。

郭红莲在申辩材料中称：1. 买卖安诺其股票行为系个人独立判断，与刘某没有关系；2. 如确有内幕消息，可能会买得更多一些；3. 愿意配合上缴买卖股票的盈利，请求不要罚款。

经复核，我会认为，郭红莲的陈述未对其异常交易安诺其股票的行为作出合理解释，不能排除其利用内幕信息从事相关交易，郭红莲内幕交易行为成立，我会对郭红莲免于罚款的请求不予支持。

以上事实，有相关人员询问笔录、相关公告、账户开户材料、交易记录、资金流水等证据证明,足以认定。

郭红莲的上述行为,违反了《证券法》第七十六条的规定,构成了《证券法》第二百零二条所规定的内幕交易行为。

根据当事人违法行为的事实、性质、情节与社会危害程度,依据《证券法》第二百零二条的规定,我会决定:没收郭红莲违法所得54,632.15元,并处以54,632.15元罚款。

上述当事人应自收到本处罚决定书之日起15日内,将罚没款汇交中国证券监督管理委员会(开户银行:中信银行总行营业部,账号:7111010189800000162,由该行直接上缴国库),并将注有当事人名称的付款凭证复印件送中国证券监督管理委员会稽查局备案。当事人如果对本处罚决定不服,可在收到本处罚决定书之日起60日内向中国证券监督管理委员会申请行政复议,也可在收到本处罚决定书之日起3个月内直接向有管辖权的人民法院提起行政诉讼。复议和诉讼期间,上述决定不停止执行。

关于罗明违反证券法规的行政处罚决定书

([2013]20号)

当事人:罗明,男,1969年1月出生,住址:湖北省荆州市荆州区中路10号。

依据《中华人民共和国证券法》(以下简称《证券法》)的有关规定,我会对罗明内幕交易上海安诺其纺织化工股份有限公司(以下简称安诺其)股票的行为进行了立案调查、审理,并依法向当事人告知了作出行政处罚的事实、理由、依据及当事人依法享有的权利,当事人提出了陈述、申辩意见,未要求听证。本案现已调查、审理终结。

经查明,罗明存在以下违法事实:

一、内幕信息形成过程

2010年年底,丽源(湖北)科技有限公司(以下简称湖北丽源)董事长罗某的私人顾问刘某向安诺其的第二大股东、原总经理臧某传达了罗某想将其控制的企业上市或与合适的上市公司合作的想法。臧某将该信息向安诺其第一大股东、董事长纪某做了汇报,纪某表示愿意约见沟通。罗某在与多家上市公司沟通后,经比较,表示如果湖北丽源能够嫁接到安诺其公司平台中,必将获得更大的发展空间。

2010年12月中旬至2011年4月,安诺其启动重组项目相关工作,初步形成"交易标的湖北丽源100%股权整体作价5亿元,其中上市公司支付3.6亿股票和1.4亿元现金"的交易条件。但因各种原因,其后项目基本停滞。

2011年8月23日左右,该重组项目财务顾问的项目负责人韩某约见纪某和刘某,提出新的交易条件。2011年9月初,双方会面进行了沟通,基本认可新的交易条件,有了重启项目合作的意向。2011年9月13日,交易双方对新交易条件基本认可。新的交易条件是,交易价格确定为3.2亿元,如果湖北丽源2012年、2013年实现净利润均超过4000万元、2014年超过4500万元,上市公司将在2014年年度审计完成后向湖北丽源股东额外支付现金7000万元等。

2011年11月19日,纪某、臧某、刘某、罗某作了沟通,双方均认可基本方案已经形成。2011年12月30日,双方交流了刘某辞职问题,同时确定了通知中介机构再次启动项目。

2012年1月3日,重组项目召开中介机构协调会,就交易方案和标的资产运营情况等事项以及资产重组项目后续时间安排进行了探讨,并确定了若标的资产运营不存在规范性问题,以目前的业务发展状况及整合业务能够符合评估机构的评估要求,初步确定2012年1月30日停牌。协调会参加人员有纪某、刘某等人。

2012年1月14日，项目组召开讨论会，就重组项目涉及的评估事宜进行讨论，评估机构认为湖北丽源提供的财务数据可以实现交易作价。1月18日对本次会议形成备忘录并载明春节后可择日停牌。2012年1月31日，项目组商讨具体细节及股票停牌事宜。会议参加人员有纪某、罗某等人。

2012年2月1日，安诺其发布公告称，正在筹划重大资产重组事项，公司股票自2012年2月1日起停牌。2012年3月2日，安诺其发布公告称，安诺其召开董事会，通过了《上海安诺其纺织化工股份有限公司发行股份及现金购买资产预案》。根据该预案内容，安诺其与湖北丽源数码工程技术有限公司（以下简称丽源数码）、湖北丽源及罗某签署了《发行股份及现金购买资产之框架协议》。根据协议，安诺其拟以发行不超过2445万股人民币普通股和支付不超过1亿元现金的方式购买丽源数码持有的湖北丽源100%股份，标的股权的价格最高不超过人民币3.2亿元，但如满足约定的条件，上市公司将向丽源数码另行追加支付7000万元现金作为股权转让价款。股票于当日起复牌。复牌后安诺其股票于2012年3月2日、3月5日至7日连续4个交易日涨停。

二、罗明交易“安诺其”的相关事实

（一）罗明与刘某的联系情况

罗明与刘某系很好的朋友，已认识多年。罗明与刘某2011年12月1日至2012年1月30日有多次电话联络。

（二）罗明利用本人及“罗某霞”证券账户交易“安诺其”

“罗明”账户（账号251×××031681）于2004年3月11日在广发证券荆州北京路营业部开立，下挂深圳股东账户005×××1624。该账户于2011年12月26日至2012年1月30日，买入“安诺其”99,800股，买入均价7.89元，买入金额787,705.94元。2012年3月8日将“安诺其”全部卖出，卖出均价11.65元，获利368,051.86元。

“罗某霞”账户（账号60×××02）于1994年8月12日在长江证券荆州江津西路营业部开立，下挂深圳股东账户002×××5672。该账户于2011年12月26日至2012年1月30日，买入“安诺其”58,578股，买入均价7.99元，买入金额468,021.76元。2012年3月8日将“安诺其”全部卖出，卖出均价11.64元，获利209,930.23元。

“罗明”账户原有资金规模约20万元，于2011年12月27日分两笔转入35万元、2011年12月28日分两笔转入10万元、2012年1月30日转入13万元，在此期间共计转入58万元，后全部买入“安诺其”，资金规模约78万元，是原有资金规模的4倍。

“罗某霞”账户原有资金规模约20万元，分别于2011年12月27日转入12.6万元、2012年1月30日转入15万元，在此期间共计转入27.6万元，后全部买入“安诺其”，资金规模约47.6万元，是原有资金规模的2.4倍。

罗明办公电脑MAC地址与“罗明”、“罗某霞”证券账户交易的MAC地址完全一致。

我会认为，安诺其以发行股份和支付现金相结合的方式购买丽源数码持有的湖北丽源100%股权事项，系《证券法》第六十七条第二款第（二）项规定的“公司的重大投资行为”，构成《证券法》第七十五条第二款第（一）项规定的内幕信息。该内幕信息最晚于2011年9月13日形成，于2012年3月2日公开。刘某是重大投资对象实际委派参与商谈的代表，对商谈进展的具体情况知情，其知悉内幕信息的时间不晚于2011年9月13日。

罗明在内幕信息公开前，与刘某有联络、接触，且利用本人及他人账户交易“安诺其”，交易行为明显异常：1. 罗明利用其本人及“罗某霞”账户买入“安诺其”的时间与其可能获悉内幕信息的时间基本一致，买入和卖出“安诺其”的时间、资金变化的时间与内幕信息变化、公开时间基本一致；2. 罗明交易“安诺其”过程中，多次与刘某联系，并边转入资金边买入股票，且所动用的资金规模是原有资金规模的数倍，这与其平时交易习惯明显不同。

罗明在申辩材料中称：1. 对《证券法》认识不够，已构成内幕交易，自己却认识不到，还以为是正常交易；2. 买入安诺其股票是由于和被收购公司有工作上的联系，一直非常关注安诺其这家公司；3. 买入安诺其股票是在2011年12月26日至2012年1月30日分次买入，其时大盘从2011年年初的3000点跌到2100点，安诺其股票由20多元跌到7－8元,有投资机会,更有可能重组;4. 安诺其股票重组停牌期间大盘上涨较为明显,即使不重组股价也有一定的涨幅;5. 没有内幕交易的主观故意,没有人告诉其重组内幕信息;6. 请求减轻处罚。

经复核,我会认为,罗明陈述的对上市公司了解关注、股票投资价值判断及交易情况等不能排除其利用内幕信息从事相关交易,罗明内幕交易行为成立。我会已考虑了罗明的相关情节,对罗明减轻处罚的请求不予支持。

以上事实,有相关人员询问笔录、相关公告、账户开户材料、交易记录、资金流水等证据证明,足以认定。

罗明的上述行为,违反了《证券法》第七十六条的规定,构成了《证券法》第二百零二条所规定的内幕交易行为。

根据当事人违法行为的事实、性质、情节与社会危害程度,依据《证券法》第二百零二条的规定,我会决定:没收罗明违法所得577,982.09元,并处以577,982.09元罚款。

上述当事人应自收到本处罚决定书之日起15日内,将罚没款汇交中国证券监督管理委员会(开户银行:中信银行总行营业部,账号:7111010189800000162,由该行直接上缴国库),并将注有当事人名称的付款凭证复印件送中国证券监督管理委员会稽查局备案。当事人如果对本处罚决定不服,可在收到本处罚决定书之日起60日内向中国证券监督管理委员会申请行政复议,也可在收到本处罚决定书之日起3个月内直接向有管辖权的人民法院提起行政诉讼。复议和诉讼期间,上述决定不停止执行。

关于蒯雯瑾违反证券法规的行政处罚决定书

(〔2013〕21号)

当事人:蒯雯瑾,女,1968年10月出生,住址:浙江省杭州市西湖区庆丰新村20号。

依据《中华人民共和国证券法》(以下简称《证券法》)的有关规定,我会对蒯雯瑾内幕交易上海安诺其纺织化工股份有限公司(以下简称安诺其)股票的行为进行了立案调查、审理,并依法向当事人告知了作出行政处罚的事实、理由、依据及当事人依法享有的权利,当事人未提出陈述、申辩意见,也未要求听证。本案现已调查、审理终结。

经查明,蒯雯瑾存在以下违法事实:

一、内幕信息形成过程

2010年年底,丽源(湖北)科技有限公司(以下简称湖北丽源)董事长罗某的私人顾问刘某向安诺其的第二大股东、原总经理臧某传达了罗某想将其控制的企业上市或与合适的上市公司合作的想法。臧某将该信息向安诺其第一大股东、董事长纪某做了汇报,纪某表示愿意约见沟通。罗某在与多家上市公司沟通后,经比较,表示如果湖北丽源能够嫁接到安诺其公司平台中,必将获得更大的发展空间。

2010年12月中旬至2011年4月,安诺其启动重组项目相关工作,初步形成"交易标的湖北丽源100%股权整体作价5亿元,其中上市公司支付3.6亿股票和1.4亿元现金"的交易条件。但因各种原因,其后项目基本停滞。

2011年8月23日左右,该重组项目财务顾问的项目负责人韩某约见纪某和刘某,提出新的交易条件。2011年9月初,双方会面进行了沟通,基本认可新的交易条件,有了重启项目合作的意向。2011年9月13日,交易双方对新交易条件基本认可。新的交易条件是,交易价格确定为3.2亿元,如果湖北丽源2012年、2013年实现净利润均超过4000万元、2014年超过4500万元,上市公司将在2014年年度审计完成后向湖北丽源股东额外支付现金7000万元等。

2011年11月19日，纪某、臧某、刘某、罗某作了沟通，双方均认可基本方案已经形成。2011年12月30日，双方交流了刘某辞职问题，同时确定了通知中介机构再次启动项目。

2012年1月3日，重组项目召开中介机构协调会，就交易方案和标的资产运营情况等事项以及资产重组项目后续时间安排进行了探讨，并确定了若标的资产运营不存在规范性问题，以目前的业务发展状况及整合业务能够符合评估机构的评估要求，初步确定2012年1月30日停牌。协调会参加人员有纪某、刘某等人。

2012年1月14日11:00，项目组召开讨论会，就重组项目涉及的评估事宜进行讨论，评估机构认为湖北丽源提供的财务数据可以实现交易作价。1月18日对本次会议形成备忘录并载明春节后可择日停牌。2012年1月31日，项目组商讨具体细节及股票停牌事宜。会议参加人员有纪某、罗某等人。

2012年2月1日，安诺其发布公告称，正在筹划重大资产重组事项，公司股票自2012年2月1日起停牌。2012年3月2日，安诺其发布公告称，安诺其召开董事会，通过了《上海安诺其纺织化工股份有限公司发行股份及现金购买资产预案》。根据该预案内容，安诺其与湖北丽源数码工程技术有限公司（以下简称丽源数码）、湖北丽源及罗某签署了《发行股份及现金购买资产之框架协议》。根据协议，安诺其拟以发行不超过2445万股人民币普通股和支付不超过1亿元现金的方式购买丽源数码持有的湖北丽源100%股份，标的股权的价格最高不超过人民币3.2亿元，但如满足约定的条件，上市公司将向丽源数码另行追加支付7000万元现金作为股权转让价款。股票于当日起复牌。复牌后安诺其股票于2012年3月2日、3月5日至7日连续4个交易日涨停。

二、蒯雯瑾交易“安诺其”的相关事实

（一）徐某知悉内幕信息的情况

徐某是纪某大学师兄，是安诺其法人股东上海嘉兆投资管理有限公司的实际控制人。2012年1月5日的晚上，纪某、徐某、吴某等人吃饭。吃饭的时候，徐某问纪某元旦在忙什么，纪某说在忙收购湖北一家公司的资产重组事情。徐某问纪某进展怎么样了，纪某说快了，这个月底就差不多了。吴某称，他们两人聊了安诺其发展壮大的问题。

（二）蒯雯瑾利用“邓某”证券账户交易“安诺其”

“邓某”（蒯雯瑾之母）账户（账号15××456）于1997年10月4日在中信证券杭州文三路营业部开立，下挂深圳股东账户002××8591。该账户于2012年1月9日开始申报买入，并于2012年1月10日、1月18日、1月30日分三笔买入“安诺其”3100股，成交金额24,526元，2012年3月7日卖出，获利10,599.06元。该账户2011年以来，除交易“安诺其”外，仅交易了2000股的“华映科技”、1000股的“ST化工”。

“邓某”账户自2011年5月5日至2012年3月7日，共成交“安诺其”28笔，根据IP、MAC地址记录，其中20笔在蒯雯瑾家下单、4笔在蒯雯瑾的公司下单、4笔在杭州下单；在2012年1月买入的3100股中，1月10日、18日的两笔在蒯雯瑾公司下单。“邓某”账户于2011年5月至6月间买入“安诺其”股票的多笔下单时点与“蒯雯瑾”账户买入“豫园商城”、“浦发银行”的下单时点高度接近，并且两个账户交易上述股票的IP、MAC地址一致。

我会认为，安诺其以发行股份和支付现金相结合的方式购买丽源数码持有的湖北丽源100%股权事项，系《证券法》第六十七条第二款第（二）项规定的“公司的重大投资行为”，构成《证券法》第七十五条第二款第（一）项规定的内幕信息。该内幕信息最晚于2011年9月13日形成，于2012年3月2日公开。纪某等人为内幕信息知情人，知悉时间不晚于2011年9月13日。基于徐某是安诺其法人股东实际控制人的身份、地位及与纪某的合作关系，徐某通过与纪某的正常沟通，不晚于2012年1月5日知悉了内幕信息。蒯雯瑾与徐某系夫妻，共同生活且分别为安诺其法人股东的名义股东和实际控制人。“邓某”账户主要由蒯雯瑾操作，“邓某”账户在徐某知悉内幕信息后至内幕信息公开前买入安诺其股票。

以上事实，有相关人员询问笔录、相关公告、账户开户材料、交易记录、资金流水等证据

证明,足以认定。

蒯雯瑾的上述行为,违反了《证券法》第七十六条的规定,构成了《证券法》第二百零二条所规定的内幕交易行为。

根据当事人违法行为的事实、性质、情节与社会危害程度,依据《证券法》第二百零二条的规定,我会决定:对蒯雯瑾处以3万元罚款。

上述当事人应自收到本处罚决定书之日起15日内,将罚款汇交中国证券监督管理委员会(开户银行:中信银行总行营业部,账号:7111010189800000162,由该行直接上缴国库),并将注有当事人名称的付款凭证复印件送中国证券监督管理委员会稽查局备案。当事人如果对本处罚决定不服,可在收到本处罚决定书之日起60日内向中国证券监督管理委员会申请行政复议,也可在收到本处罚决定书之日起3个月内直接向有管辖权的人民法院提起行政诉讼。复议和诉讼期间,上述决定不停止执行。

关于王周屋违反证券法规的行政处罚决定书

([2013]22号)

当事人:王周屋,男,1964年11月出生,住址:广东省深圳市福田区金地海景花园。

依据《中华人民共和国证券法》(以下简称《证券法》)的有关规定,我会对"万顺股份"股票内幕交易违法一案进行了立案调查、审理,并依法向当事人告知了作出行政处罚的事实、理由、依据及当事人依法享有的权利。当事人王周屋未提出陈述、申辩意见,也未要求听证。本案现已调查、审理终结。

经查明,王周屋存在以下违法事实:

一、内幕信息的形成与公开过程

汕头万顺包装材料股份有限公司(以下简称万顺股份)于2010年2月在深圳证券交易所创业板上市,超募资金4.5亿元。2010年4月,万顺股份董事长兼总经理杜某与其他董事沟通如何使用超募资金时,提出向上游行业发展的设想。

2010年4月21日,杜某和肖某(万顺股份股东)赴江苏拜访江苏中基复合材料有限公司(以下简称江苏中基)首席执行官、上海亚洲控股有限公司(以下简称亚洲控股)股东六某中。亚洲控股是一家新加坡上市公司,为上海亚洲私人有限公司(以下简称亚洲私人)的控股股东,亚洲私人系江苏中基、江阴中基铝业有限公司(以下简称江阴中基)的外商独资股东。六某中的哥哥六某方是亚洲私人执行董事、亚洲控股的股东。

2010年4月23日,杜某与六某中商谈万顺股份拟收购江苏中基、江阴中基。六某中按照江苏中基、江阴中基各75%的股权计算,告诉杜某现金收购的金额为7.5亿元人民币。杜某表达了收购意向,提出收购价格能不能低些,六某中表示这是收购底线。

2010年4月24日,杜某与六某中、六某方明确了万顺股份收购亚洲私人持有的江苏中基、江阴中基各75%的股权,收购价款底线为7.5亿元人民币。

2010年4月底,六某中与亚洲控股的另一名股东,江苏中基、江阴中基的法定代表人颜某进行了沟通,颜某同意以7.5亿元人民币的价格转让江苏中基、江阴中基各75%的股权给万顺股份。

2010年4月底,杜某与六某方、六某中会面,六某方报价12亿元转让江苏中基、江阴中基和江阴新联通印务有限公司100%股份,杜某表示同意。与杜某见面第二天,六某方打电话给颜某,颜某也表示同意。

2010年5月10日左右,杜某与六某中、六某方就收购价格初步达成一致,即万顺股份以7.5亿元收购江苏中基、江阴中基各75%股权,但没有形成书面文件。

2010年5月8日或9日，渤海证券曾某拟好了万顺股份收购江苏中基和江阴中基的重组协议（当时已经明确收购股权比例为75%）及时间表的初稿、保密协议，并于5月10日凌晨通过邮件发送给渤海证券投行部总经理杨某。杨某告诉曾某收购股权价格为7.5亿元。曾某于当天上午再次向杨某发送了修改后的相关材料，写明标的资产的交易价格以评估价值确定且不超过7.5亿元人民币。

2010年7月27日，万顺股份与亚洲私人、亚洲控股就万顺股份收购江苏中基、江阴中基各75%股权的保密事项进行了约定。

根据江阴中基提供的保密协议，万顺股份与亚洲私人及亚洲控股就万顺股份拟收购亚洲私人持有的江苏中基75%股权、江阴中基75%股权和江阴中恩复合材料有限公司52%股权的保密事项进行了约定。

2010年8月17日，万顺股份与亚洲私人签署备忘录。备忘录包括：附件一《关于汕头万顺包装材料股份有限公司收购上海亚洲私人有限公司所持有的江苏中基复合材料有限公司75%股权、江阴中基铝业有限公司75%股权、江阴中恩复合材料有限公司52%股权协议》，标的资产交易价格为7.5亿元；附件二《共管账户协议书》，明确要设立共管账户用于股权收购。

2010年8月19日，万顺股份及相关中介机构对江苏中基、江阴中基两企业进行收购尽职调查。

2010年9月29日，万顺股份发布公告，"万顺股份"停牌。

2010年10月11日，万顺股份再次发布公告，"万顺股份"继续停牌。

2010年10月24日，万顺股份与亚洲私人就收购江苏中基、江阴中基各75%股权合同条款完全达成一致，并签署了股权收购协议。协议明确标的资产为亚洲私人持有的江苏中基75%股权、江阴中基75%股权，交易价格为7.5亿元。

2010年10月25日，万顺股份公告了股权收购协议的内容。

2010年11月2日，万顺股份董事会审议通过万顺股份收购亚洲私人所持有的江苏中基75%股权、江阴中基75%股权的议案。

2010年11月5日，"万顺股份"复牌。

二、王周屋从事内幕交易的情况

（一）涉案账户开立与交易情况

王周屋时任民生银行汕头分行工作人员。刘某时任民生银行汕头分行办公室职员。金某系王周屋之妻。

"刘某"账户由刘某本人于2010年9月15日在广发证券汕头珠池路营业部开立。2010年9月28日，该账户买入"万顺股份"118,790股，11月9日买入110,300股。截至调查日，无卖出记录。

"金某"账户由金某本人于2007年8月31日开立于国信证券深圳红岭中路营业部。2010年9月17日该账户买入"万顺股份"111,300股，9月28日买入129,100股。截至调查日，无卖出记录。

（二）涉案账户交易操作与决策情况

根据王周屋本人实名账户交易记录，该账户采取网上委托交易方式。经核对，"刘某"、"金某"账户交易"万顺股份"为网上委托，"刘某"账户交易"万顺股份"的IP地址和MAC记录、"金某"账户交易"万顺股份"所用两个IP地址之一和MAC记录，与王周屋本人实名账户网上委托交易IP地址和MAC记录完全重合。

根据王周屋的询问笔录，王周屋本人实名账户都是由王周屋本人操作。王周屋仅操作过其本人实名账户，没有操作过其他人的账户。2011年5、6月，王周屋在办公室用本人的笔记本电脑买入"万顺股份"12万多股。根据民生银行汕头分行提供的情况说明，该行于2010年6月后使用电信提供的光纤专线上网，其中一固定IP地址是王周屋本人实名账户网上委托交易地址、"刘某"账户交易"万顺股份"的地址，也是"金某"账户交易"万顺股份"所用两个IP地址之一。经调查人员查询，"金某"账户交易"万顺股份"使用的另一个IP地址归属地为汕头。

根据刘某的询问笔录，"刘某"账户开户至今都只有本人使用。刘某每次使用单位人力部办公室内唯一一台可以上外网的台式电脑下单，且刘某只使用过这一台电脑进行股票交易，没有使用其他电脑或者在其他地点进行股票交易。但是，根据刘某提供的人力部办公室外网台式电脑截屏信息，该电脑MAC记录与刘某账户交易“万顺股份”的MAC记录并不相同。刘某交易“万顺股份”的原因:2010年9月左右,刘某在吃饭时听到单位同事讨论说到万顺股份业绩不错,自己也查了下觉得万顺股份业绩确实不错,所以就去开立了证券账户,买了20多万股“万顺股份”。刘某认为当时万顺股份的销售很好,但具体情况不清楚。

根据金某的询问笔录,“金某”账户从开户至今一直是金某及其丈夫王周屋使用;金某大约在两年前买了大约20万股“万顺股份”。金某交易股票通常是在其工作时的办公室里;王周屋知道金某证券账户密码,也可以使用金某的证券账户;金某买“万顺股份”时,也曾和王周屋商量过,并取得了王周屋的同意。但是,根据王周屋的询问笔录,王周屋不清楚“金某”账户的交易情况,“金某”账户由金某本人决策交易,没有咨询过王周屋。

(三)涉案账户主要资金往来情况

2010年9月27日,金某华夏银行账户转入刘某三方存管账户175万元。2010年9月28日,王周屋民生银行账户分两笔转入刘某三方存管账户共计59万元,刘某存入刘某三方存管账户2万元;同日,刘某三方存管账户转入刘某证券资金账户236万元。2010年11月2日,王周屋民生银行账户转入刘某三方存管账户281万元;同日,该笔资金全部转入刘某证券资金账户。

根据刘某的询问笔录,2010年9月,刘某向金某借款175万元用于股票交易;2010年9月和11月,刘某分别向王周屋借款50万元和281万元用于股票交易。

根据王周屋的询问笔录,金某、刘某在没有与王周屋商量的情况下借钱给刘某;王周屋本人先后借给刘某50万元和281万元,没有与金某商量,也没有任何书面协议;王周屋在汕头工作期间每两周回一次深圳,均由刘某负责接送,刘某在深圳没有住所,每次都住在刘某妹妹家。偶尔在刘某送王周屋回深圳比较晚的时候,刘某会跟王周屋及金某一起吃饭,除此之外,刘某跟金某没有什么接触。

根据金某的询问笔录,2010年9月,金某和王周屋商量后借给刘某175万元,没有开具借条;王周屋在汕头工作期间,基本上每两周回一次深圳,均为别人开车送王周屋回深圳,但金某不知道是谁开车载王周屋回深圳。

(四)王周屋知悉相关信息的情况

根据杜某的询问笔录,大概2010年8月底,杜某亲自和王周屋打招呼,说要在民生银行开立共管账户;2010年9月中上旬,杜某给王周屋打电话说万顺股份需要融资3个亿资金进行股权收购,王周屋答应帮杜某落实此事。

根据王周屋、民生银行汕头分行中小企业业务三部副总经理李某的询问笔录,2010年9月20日左右,王周屋电话通知李某,说万顺股份要在民生银行汕头分行开立一个账户,让李某和民生银行汕头分行运营管理部副总经理熊某去帝豪酒店拜访杜某。随后,李某到帝豪酒店,杜某说万顺股份要进行并购重组,咨询开立共管账户需要什么资料,李某向杜某详细进行了解答。当时在帝豪酒店的除杜某外,还有几个人,李某都不认识。当天,李某把万顺股份并购重组和开立共管账户的事在王周屋办公室向王周屋进行了具体汇报,包括:万顺股份和亚洲私人因股权转让在民生银行汕头分行开立共管账户,账户内包括保证金和交易支付对价款共7.5亿元,用于万顺股份收购亚洲私人持有的股权,由民生银行汕头分行作为共管协议的丙方提供鉴证服务和划转服务,先期有5,000万元股权收购保证金转入该户,后续还有7亿元对价款转入。

以上事实,有涉案人员询问笔录、涉案账户资金往来和交易记录等证据证明,足以认定。

王周屋的有关行为,违反了《证券法》第七十六条的规定,构成了《证券法》第二百零二条所述违法行为。

根据当事人违法行为的事实、性质、情节与社会危害程度,依据《证券法》第二百零二条的规定,我会决定:责令王周屋自收到本处罚决定书之日起7个可交易日内,依法处理非法持有的证券;如有违法所得,没收王周屋违法所得,并处以违法所得一倍罚款;如没有违法所得或者违法所得不足3万元,对王周屋处以20万元罚款。

上述当事人应自收到本处罚决定书之日起15日内,将罚没款汇交中国证券监督管理委员会(开户银行:中信银行总行营业部,账号:7111010189800000162,由该行直接上缴国库),并将注有当事人名称的付款凭证复印件送中国证券监督管理委员会稽查局备案。当事人如对本处罚决定不服,可在收到本处罚决定书之日起60日内向中国证券监督管理委员会申请行政复议,也可在收到本处罚决定书之日起3个月内直接向有管辖权的人民法院提起行政诉讼。复议和诉讼期间,上述决定不停止执行。

关于云南绿大地生物科技股份有限公司及有关个人违反证券法规的行政处罚决定书

(〔2013〕23号)

当事人:云南绿大地生物科技股份有限公司(以下简称绿大地),住所:云南省昆明市经济技术开发区经浦路6号,法定代表人:杨槐璋。

赵国权,男,1954年3月3日出生,时任绿大地董事、副董事长,住址:北京市海淀区。

胡虹,女,1969年2月1日出生,时任绿大地董事,住址:云南省昆明市五华区。

黎钢,男,1965年5月10日出生,时任绿大地董事,住址:广东省深圳市福田区。

钟佳富,男,1965年6月13日出生,时任绿大地董事,住址:北京市顺义区。

普乐,男,1957年4月26日出生,时任绿大地独立董事,住址:云南省昆明市五华区。

罗孝银,男,1962年5月12日出生,时任绿大地独立董事,住址:四川省成都市。

谭焕珠,男,1969年3月10日出生,时任绿大地独立董事,住址:北京市西城区。

郑亚光,男,1971年8月26日出生,时任绿大地独立董事,住址:四川省成都市青羊区。

毛志明,男,1954年4月21日出生,时任绿大地总经理,住址:云南省昆明市盘龙区。

徐云葵,女,1969年2月1日出生,时任总经理,住址:云南省昆明市五华区。

陈德生,男,1968年8月18日出生,时任绿大地副总经理,住址:云南省昆明市官渡区。

依据《中华人民共和国证券法》(以下简称《证券法》)的有关规定,我会对绿大地违法违规行为进行了立案调查、审理,并依法向当事人告知了作出行政处罚的事实、理由、依据及当事人依法享有的权利。当事人绿大地、钟佳富、谭焕珠未提出陈述、申辩意见,未要求听证;当事人普乐提出了陈述、申辩意见,并要求听证,我会应普乐的要求举行了听证会;当事人赵国权、胡虹、黎钢、罗孝银、郑亚光、毛志明、徐云葵、陈德生提出了陈述、申辩意见,未要求听证。本案现已调查、审理终结。

经查明,绿大地存在以下违法事实:

一、在招股说明书中虚增资产、虚增业务收入

司法机关在相关刑事判决中认定,绿大地在招股说明书中虚增资产70,114,000元,虚增2004年至2007年6月间的业务收入296,102,891.70元。

绿大地在招股说明书中虚增资产、虚增业务收入的行为违反了《证券法》第十三条关于公司公开发行新股,应当"具有持续盈利能力,财务状况良好"和"最近三年财务会计文件无虚假记载"的规定,违反了《证券法》第二十条关于"发行人向国务院证券监督管理机构或者国务院授权的部门报送的证券发行申请文件,必须真实、准确和完整"的规定,构成了《证券法》第一百八十九条所述的"以欺骗手段骗取发行核准"的行为。

对绿大地在招股说明书中虚增资产、虚增业务收入的其他直接责任人员为在绿大地招股说明书上签名并确认招股说明书不存在虚假记载、误导性陈述或重大遗漏的时任副董事长赵国权,时任董事胡虹、黎钢、钟佳富,时任独立董事普乐、谭焕珠、罗孝银,时任总经理毛志明。

二、绿大地在2007年、2008年、2009年年度报告中虚增资产、虚增业务收入

司法机关在相关刑事判决中认定,绿大地

在 2007 年年度报告中虚增资产 21,240,000 元,虚增收入 96,599,026.78 元;在 2008 年年度报告中虚增资产 163,353,150 元,虚增收入 85,646,822.39 元;在 2009 年年度报告中虚增资产 104,070,550 元,虚增收入 68,560,911.94 元。

绿大地在 2007 年、2008 年、2009 年年度报告中虚增资产、虚增业务收入的行为违反了《证券法》第六十三条关于"上市公司依法披露的信息,必须真实、准确和完整,不得有虚假记载、误导性陈述或者重大遗漏"的规定,构成了《证券法》第一百九十三条所述的上市公司"报送的报告有虚假记载、误导性陈述或者重大遗漏"的行为。

对绿大地在 2007 年年度报告中虚增资产、虚增业务收入其他直接责任人员为参加审议绿大地 2007 年年度报告董事会会议并同意 2007 年年度报告的时任副董事长赵国权,时任董事胡虹、黎钢、钟佳富,时任独立董事普乐、谭焕珠、罗孝银,时任总经理毛志明,时任副总经理陈德生。

对绿大地在 2008 年年度报告中虚增资产、虚增业务收入的其他直接责任人员为参加审议绿大地 2008 年年度报告董事会会议并同意 2008 年年度报告的时任副董事长赵国权,时任董事胡虹、黎钢、钟佳富,时任独立董事普乐、谭焕珠、罗孝银,时任副总经理陈德生。

对绿大地在 2009 年年度报告中虚增资产、虚增业务收入其他直接责任人员为参加审议绿大地 2009 年年度报告董事会会议并同意 2009 年年度报告的时任董事胡虹、钟佳富,时任独立董事谭焕珠、郑亚光,时任总经理徐云葵,时任副总经理陈德生。

以上违法事实,有司法机关刑事判决书,绿大地招股说明书,绿大地 2007 年、2008 年、2009 年年度报告,绿大地相关董事会决议,相关人员谈话笔录等证据证明,足以认定。

普乐在听证会上及陈述和申辩意见中称,其按时参加董事会会议,推动绿大地建立健全内部管理制度,督促绿大地完善治理结构,绿大地虚增资产、虚增业务收入隐蔽性强、不易察觉。赵国权在陈述、申辩意见中提出,对招股说明书、年度报告的决定主要依赖中介机构,作为非财务专业人员难以发现造假情况。胡虹在陈述、申辩意见中提出,其担任董事是由于委派,后果应由委托人承担,其勤勉尽责地履行了董事职责。黎钢在陈述、申辩意见中提出,其担任董事是由于委派,其已在力所能及的范围内履行了董事职责。罗孝银在陈述、申辩意见中提出,其勤勉尽责地履行了董事职责。郑亚光在陈述、申辩意见中提出,其按时参加董事会会议,勤勉尽责地履行了董事职责。上述人员要求我会不认定其责任或减轻处罚。

根据相关事实和证据,我会认为,现有证据不足以证明上述人员忠实、勤勉地履行了职责,上述人员在陈述、申辩意见中没有提出忠实、勤勉地履行职责的证据。按照《中华人民共和国公司法》及我会的相关规定,上市公司董事应当根据公司和全体股东的最大利益,忠实、勤勉地履行职责,遵守有关法律、法规、规章及公司章程的规定,保证公开披露的文件内容没有虚假记载、误导性陈述或重大遗漏。上市公司董事应当对董事会的决议负责,保证上市公司定期报告的真实、准确和完整。还应当对提供给中介机构进行审计的上市公司相关财务报表的真实、准确和完整负责。因此,我会对于赵国权、胡虹、黎钢、普乐、罗孝银、郑亚光未勤勉尽责的认定事实清楚、证据充分,我会对赵国权、胡虹、黎钢、普乐、罗孝银、郑亚光的申辩意见不予采纳。

毛志明在陈述、申辩意见中提出,其不知晓绿大地的造假情况。徐云葵在陈述、申辩意见中提出,其没有参与造假的主观故意。陈德生在陈述、申辩意见中提出,其没有参与造假的主观故意,不知晓绿大地的造假情况。

根据相关事实和证据,我会认为,按照《中华人民共和国公司法》及我会的相关规定,上市公司的高级管理人员负有了解公司重大决策等各项职责,应当保证所披露的信息真实、准确和完整,现有证据不足以证明上述人员忠实、勤勉地履行了职责,上述人员在陈述、申辩意见中没有提出其忠实、勤勉地履行职责的证据。因此,我会对于毛志明、徐云葵、陈德生未勤勉尽责的认定事实清楚、证据充分,我会对毛志明、徐云葵、陈德生的申辩意见不予采纳。

根据当事人违法行为的事实、性质、情节与社会危害程度,依据《证券法》第一百八十九条、第一百九十三条的规定,我会决定:

（一）对绿大地在2007年、2008年、2009年年度报告中虚增资产、虚增业务收入的行为，责令绿大地改正，给予警告，并处以60万元罚款。

由于司法机关已对绿大地在招股说明书中虚增资产、虚增业务收入的行为刑事处罚，不再行政处罚。

（二）对赵国权、胡虹、黎钢、钟佳富、普乐、罗孝银、谭焕珠、毛志明、徐云葵、陈德生给予警告，并分别处以30万元罚款。

（三）对郑亚光给予警告，并处以10万元罚款。

上述当事人应自收到本处罚决定书之日起15日内，将罚款汇交中国证券监督管理委员会（开户银行：中信银行总行营业部，账号：7111010189800000162，由该行直接上缴国库），并将注有当事人名称的付款凭证复印件送中国证券监督管理委员会稽查局备案。当事人如果对本处罚决定不服，可在收到本处罚决定书之日起60日内向中国证券监督管理委员会申请行政复议，也可在收到本处罚决定书之日起3个月内直接向有管辖权的人民法院提起行政诉讼。复议和诉讼期间，上述决定不停止执行。

关于联合证券有限责任公司及有关个人违反证券法规的行政处罚决定书

（〔2013〕24号）

当事人：联合证券有限责任公司（以下简称联合证券），云南绿大地生物科技股份有限公司（以下简称绿大地）发行上市的保荐机构。

黎海祥，男，1963年5月6日出生，联合证券保荐代表人，绿大地招股说明书及上市保荐书签字保荐代表人，住址：广东省深圳市福田区。

李迅冬，男，1972年8月18日出生，联合证券保荐代表人，绿大地招股说明书及上市保荐书签字保荐代表人，住址：广东省深圳市罗湖区。

依据《中华人民共和国证券法》（以下简称《证券法》）的有关规定，我会对联合证券在绿大地欺诈发行上市时未勤勉尽责的行为进行了立案调查、审理，并依法向当事人告知了作出行政处罚的事实、理由、依据及当事人依法享有的权利。当事人联合证券未提出陈述、申辩意见，也未要求听证；黎海祥在法定期限内未提出陈述、申辩意见，也未要求听证；李迅冬提出了陈述、申辩意见，未要求听证。本案现已调查、审理终结。

经查明，联合证券在绿大地欺诈发行上市时未勤勉尽责，未发现绿大地在招股说明书中编造虚假资产、虚假业务收入。违法事实如下：

联合证券对绿大地招股说明书进行了核查。

司法机关认定，绿大地在招股说明书中编造虚假资产、虚假业务收入。绿大地编造虚假资产、虚假业务收入的金额巨大，性质严重。

一、由于未对土地使用权完整地进行核实，联合证券未发现绿大地在招股说明书中编造虚假资产

2004年，绿大地受让云南省曲靖市马龙县旧县镇旧县村960亩荒山使用权。绿大地招股说明书显示，上述荒山使用权原值9,552,000元。绿大地提供的合同书显示，绿大地支付上述荒山使用权受让款9,552,000元。云南省曲靖市马龙县旧县镇旧县村村委会提供的合同书显示，绿大地支付上述荒山使用权受让款400,000元。

2005年，绿大地受让云南省曲靖市马龙县马鸣乡马鸣村3500亩荒山使用权。绿大地招股说明书显示，上述荒山使用权原值3,360,000元。绿大地提供的合同显示，绿大地支付上述荒山使用权受让款3,360,000元。上述荒山使用权转让方证明,绿大地支付实际支付上述荒山使用权受让款825,000元。

联合证券的保荐代表人未去当地土地管理部门核实绿大地受让上述荒山土地使用权的情况。

由于未对土地使用权完整地进行核实,联合证券未发现绿大地在招股说明书中编造虚假资产。

二、由于未对有关关联关系足够关注,联合证券未发现绿大地在招股说明书中编造虚假资产、虚假业务收入

司法机关认定,为促使绿大地发行股票并上市,绿大地相关人员注册了一批由绿大地实际控制或者掌握银行账户的关联公司,并利用相关银行账户操控资金流转,采用伪造合同、发票、工商登记、资料等手段,达到少付多列、将款项支付给其控制的公司、虚构交易业务、虚增资产、虚增收入等。

联合证券保荐底稿显示:绿大地分别于2002年9月3日、2004年3月2日、2004年12月9日与昆明自由空间园艺有限责任公司签订《全面营销战略合作协议》、《全面营销战略合作协议补充协议(2)》、《关于全面营销战略合作协议的补充协议》,徐丹宁代表昆明自由空间园艺有限责任公司签字。

联合证券保荐底稿显示:2007年12月14日,时任绿大地董事会秘书徐云葵在填写上市公司高级管理人员声明及承诺书中说明徐丹宁为其妹妹。

经查,昆明自由空间园艺有限责任公司成立于2002年11月8日。

由于未对有关关联关系足够关注,联合证券未发现绿大地在招股说明书中编造虚假资产、虚假业务收入。

三、由于未对绿大地提供的销售客户和供应商的工商信息完整地进行核实,联合证券未发现绿大地在招股说明书中编造虚假资产、虚假业务收入

绿大地招股说明书披露的销售客户和供应商昆明自由空间园艺有限责任公司、昆明鑫景园艺工程有限公司、昆明祥佑旅游开发有限公司、昆明五华花卉经贸公司、昆明滇文卉园艺有限公司、昆明天绿园艺有限公司的部分工商信息与实际情况不一致,联合证券未对绿大地提供的上述销售客户和供应商的工商信息完整地进行核实。

由于未对绿大地提供的上述销售客户和供应商的工商信息完整的进行核实,联合证券未发现绿大地在招股说明书中编造虚假资产、虚假业务收入。

联合证券的保荐工作不符合中国证监会《首次公开发行股票并上市管理办法》第五十五条关于保荐人及其保荐代表人应当对招股说明书的真实性、准确性、完整性进行核查的规定。联合证券未按规定编制、保存相关工作底稿,联合证券的上述做法不符合中国证监会《保荐人尽职调查工作准则》第七条关于工作底稿应当真实、准确、完整地反映尽职调查工作的规定。联合证券的上述行为违反了《证券法》第十一条关于保荐人应当遵守业务规则和行业规范,诚实守信,勤勉尽责,对发行人的申请文件和信息披露资料进行审慎核查的规定。

对上述违法行为直接负责的主管人员为在招股说明书上签字的保荐代表人黎海祥、李迅冬。

以上违法事实,有司法机关认定文件、招股说明书、相关工作底稿、相关人员谈话笔录等证据证明,足以认定。

李迅冬在陈述、申辩意见中提出,保荐代表人对绿大地相关土地使用权进行了核查,对绿大地有关关联关系进行了核查,保荐代表人对绿大地客户和供应商工商信息的核查未违反相关法律法规。根据相关事实和证据,我会认为,由于未对土地使用权完整地进行核实,联合证券未发现绿大地在招股说明书中编造虚假资产;由于未对有关关联关系足够关注,联合证券未发现绿大地在招股说明书中编造虚假资产、虚假业务收入;由于未对绿大地提供的销售客户和供应商的工商信息完整地进行核实,联合证券未发现绿大地在招股说明书中编造虚假资产、虚假业务收入。因此,我会对于联合证券在绿大地欺诈发行上市时未勤勉尽责,未发现绿大地在招股说明书中编造虚假资产、虚假业务收入的认定事实清楚、证据充分。综上所述,我会对李迅冬的申辩意见不予采纳。

根据当事人违法行为的事实、性质、情节与

社会危害程度，依据《证券法》第一百九十二条的规定，我会决定：

一、没收联合证券业务收入1200万元，并处以1200万元罚款。鉴于联合证券已于2009年与其大股东华泰证券股份有限公司进行了业务整合，已更名为华泰联合证券有限责任公司，上述罚没款由华泰联合证券有限责任公司支付。由于云南省公安厅经济犯罪侦查总队扣押了联合证券的1200万元收入，中国证监会在执行时扣除云南省公安厅经济犯罪侦查总队扣押的款项，如果云南省公安厅经济犯罪侦查总队发还上述款项，中国证监会将予以追缴。

二、对黎海祥、李迅冬给予警告，并分别处以30万元罚款，撤销黎海祥、李迅冬保荐代表人资格和证券从业资格。

上述当事人应自收到本处罚决定书之日起15日内，将罚没款汇交中国证券监督管理委员会（开户银行：中信银行总行营业部，账号：7111010189800000162，由该行直接上缴国库），并将注有当事人名称的付款凭证复印件送中国证券监督管理委员会稽查局备案。当事人如果对本处罚决定不服，可在收到本处罚决定书之日起60日内向中国证券监督管理委员会申请行政复议，也可在收到本处罚决定书之日起3个月内直接向有管辖权的人民法院提起行政诉讼。复议和诉讼期间，上述决定不停止执行。

关于四川天澄门律师事务所及有关个人违反证券法规的行政处罚决定书

（〔2013〕25号）

当事人：四川天澄门律师事务所（以下简称天澄门），云南绿大地生物科技股份有限公司（以下简称绿大地）发行上市的法律服务机构。

徐平，男，1963年9月8日出生，天澄门执业律师，绿大地招股说明书及法律意见书签字律师，住址：四川省成都市高新区。

肖兵，男，1963年3月7日出生，天澄门执业律师，绿大地招股说明书及法律意见书签字律师，住址：四川省成都市金牛区。

依据《中华人民共和国证券法》（以下简称《证券法》）的有关规定，我会对天澄门在绿大地欺诈发行上市时未勤勉尽责的行为进行了立案调查、审理，并依法向当事人告知了作出行政处罚的事实、理由、依据及当事人依法享有的权利。当事人天澄门、徐平、肖兵提出了陈述、申辩意见，在要求听证后放弃听证。本案现已调查、审理终结。

经查明，天澄门在绿大地欺诈发行上市时未勤勉尽责，未在法律意见书中说明其工作相关情况，未对绿大地相关资产的取得过程进行完整地核实。违法事实如下：

天澄门为绿大地发行股票并上市出具法律意见书。

司法机关认定，绿大地在招股说明书中编造虚假资产、虚假业务收入。绿大地编造虚假资产、虚假业务收入的金额巨大，性质严重。

一、天澄门未在法律意见书中说明其相关工作情况

司法机关认定，为促使绿大地发行股票并上市，绿大地相关人员注册了一批由绿大地实际控制或者掌握银行账户的关联公司，并利用相关银行账户操控资金流转，采用伪造合同、发票、工商登记、资料等手段，达到少付多列、将款项支付给其控制的公司、虚构交易业务、虚增资产、虚增收入等。

天澄门未能对绿大地提供的销售客户和供应商的工商信息完整地进行核实。由于未对绿大地提供的客户及供应商的工商信息完整地进行核实，天澄门未发现绿大地编造重大虚假内容。天澄门未在法律意见书中就未能对绿大地提供的客户及供应商的工商信息完整地进行核实的情况予以说明。

二、天澄门对绿大地旧县和马鸣土地使用权的取得过程未完整地进行核实

2004 年,绿大地受让云南省曲靖市马龙县旧县镇旧县村 960 亩荒山的土地使用权。绿大地招股说明书显示,上述荒山的土地使用权原值 9,552,000 元。绿大地提供的合同书显示,绿大地支付上述荒山的土地使用权受让款 9,552,000 元。云南省曲靖市马龙县旧县镇旧县村村委会提供的合同书显示,绿大地支付上述荒山的土地使用权受让款 400,000 元。

2005 年,绿大地受让云南省曲靖市马龙县马鸣乡马鸣村 3500 亩荒山的土地使用权。绿大地招股说明书显示,上述荒山的土地使用权原值 3,360,000 元。绿大地提供的合同显示,绿大地支付上述荒山的土地使用权受让款 3,360,000 元。上述荒山的土地使用权转让方证明,绿大地实际支付上述荒山的土地使用权受让款 825,000 元。

出具法律意见书前,相关律师徐平、肖兵到上述荒山所在地进行了查看,并查验了绿大地提交的其取得土地使用权的合同、协议、产权证书,但未去当地土地管理部门核实绿大地受让上述荒山的土地使用权情况。天澄门未勤勉尽责,未对绿大地上述土地使用权的取得过程完整地进行核实。

天澄门的上述做法不符合中国证监会、司法部《律师事务所从事证券法律业务管理办法》第十五条和第二十条的规定,违反了《中华人民共和国证券法》(以下简称《证券法》)第二十条关于为证券发行出具有关文件的证券服务机构和人员,必须严格履行法定职责,保证其所出具文件的真实性、准确性和完整性的规定,构成《证券法》第二百二十三条所述的违法行为。

对上述违法行为直接负责的主管人员为在绿大地发行上市所出具的法律意见书上签字的律师徐平、肖兵。

以上违法事实,有司法机关认定文件、法律意见书、相关工作底稿、相关人员谈话笔录等证据证明,足以认定。

天澄门、徐平、肖兵在陈述、申辩意见中提出,其未发现绿大地编造重大虚假内容,系履行法定职责不当,而非不履行法定职责。根据相关事实和证据,我会认为,由于未对绿大地提供的客户及供应商的工商信息完整地进行核实,天澄门未发现绿大地编造重大虚假内容。天澄门未在法律意见书中就未能对绿大地提供的客户及供应商的工商信息完整地进行核实的情况予以说明。天澄门未勤勉尽责,未对绿大地相关土地使用权的取得过程完整地进行核实。因此,我会对于天澄门在绿大地欺诈发行上市时未勤勉尽责,未在法律意见书中说明其工作相关情况,未对绿大地相关资产的取得过程进行完整核实的认定事实清楚、证据充分。综上所述,我会对天澄门、徐平、肖兵的申辩意见不予采纳。

根据当事人违法行为的事实、性质、情节与社会危害程度,依据《证券法》第二百二十三条的规定,我会决定:

一、没收天澄门业务收入 58 万元,并处以 58 万元的罚款。

二、对徐平、肖兵给予警告,并分别处以 10 万元罚款。

上述当事人应自收到本处罚决定书之日起 15 日内,将罚没款汇交中国证券监督管理委员会(开户银行:中信银行总行营业部,账号:7111010189800000162,由该行直接上缴国库),并将注有当事人名称的付款凭证复印件送中国证券监督管理委员会稽查局备案。当事人如果对本处罚决定不服,可在收到本处罚决定书之日起 60 日内向中国证券监督管理委员会申请行政复议,也可在收到本处罚决定书之日起 3 个月内直接向有管辖权的人民法院提起行政诉讼。复议和诉讼期间,上述决定不停止执行。

关于深圳市鹏城会计师事务所有限公司违反证券法规的行政处罚决定书

（〔2013〕26号）

当事人：深圳市鹏城会计师事务所有限公司（以下简称深圳鹏城），云南绿大地生物科技股份有限公司（以下简称绿大地）发行上市的审计机构。

依据《中华人民共和国证券法》（以下简称《证券法》）的有关规定，我们对深圳鹏城在绿大地欺诈发行上市时未勤勉尽责进行了立案调查、审理，并依法向当事人告知了作出行政处罚的事实、理由、依据及当事人依法享有的权利。本案现已调查、审理终结。

经查明，深圳鹏城在绿大地欺诈发行上市时未勤勉尽责，未发现绿大地为发行上市所编制的财务报表编造虚假资产、虚假业务收入，从而出具无保留意见的审计报告，发表不恰当的审计意见。违法事实如下：

为绿大地发行股票并上市，深圳鹏城对绿大地2004年、2005年、2006年年度财务报表和2007年半年度财务报表进行审计并出具无保留意见的审计报告。

司法机关认定，绿大地在招股说明书中编造虚假资产、虚假业务收入。绿大地编造虚假资产、虚假业务收入的金额巨大，性质严重。

一、绿大地2004年至2006年财务报表披露的各年度前5大销售客户与实际不符，经查，深圳鹏城的审计底稿中没有记录对绿大地前5大销售客户的审计程序。

二、绿大地招股说明书披露的2006年销售收入中包含通过绿大地交通银行3711银行账户核算的销售收入，交通银行提供的资料显示，上述交易部分不存在。绿大地招股说明书披露，2006年12月31日货币资金余额为47,742,838.19元；其中，交通银行3711账户余额为32,295,131.74元。交通银行提供的资料显示，2006年12月31日的3711账户余额为4,974,568.16元。经查，深圳鹏城没有向交通银行函证绿大地交通银行3711账户2006年12月31日的余额。

深圳鹏城未勤勉尽责，未对部分银行账户进行函证、未真实完整编制工作底稿，深圳鹏城的上述做法不符合《中国注册会计师审计准则第1301号——审计证据》第六条、《中国注册会计师审计准则第1312号——函证》第十一条、《中国注册会计师审计准则第1331号——审计工作底稿》第四条的规定。深圳鹏城未勤勉尽责造成其未发现绿大地在为发行上市所编制的财务报表中编造虚假资产、虚假业务收入，从而为绿大地出具无保留意见的审计报告，发表了不恰当的审计意见。深圳鹏城的上述行为违反了《证券法》第二十条关于为证券发行出具有关文件的证券服务机构和人员，必须严格履行法定职责，保证其所出具文件的真实性、准确性和完整性的规定，构成了《证券法》第二百二十三条所述的违法行为。

以上违法事实，有司法机关认定文件，审计报告，相关工作底稿，相关人员谈话笔录等证据证明，足以认定。

根据当事人违法行为的事实、性质、情节与社会危害程度，依据《证券法》第二百二十三条的规定，中国证监会、财政部决定：撤销深圳鹏城的证券服务业务许可。

当事人如果对本处罚决定不服，可在收到本处罚决定书之日起60日内向中国证监会或财政部申请行政复议，也可在收到本处罚决定书之日起3个月内直接向有管辖权的人民法院提起行政诉讼。复议和诉讼期间，上述决定不停止执行。

关于深圳市鹏城会计师事务所有限公司及有关个人违反证券法规的行政处罚决定书

([2013]27 号)

当事人:深圳市鹏城会计师事务所有限公司(以下简称深圳鹏城),云南绿大地生物科技股份有限公司(以下简称绿大地)发行上市的审计机构。

姚国勇,男,1966 年 10 月 27 日出生,深圳鹏城执业注册会计师,绿大地发行上市财务报表审计报告签字注册会计师,住址:广东省深圳市南山区。

廖福澍,男,1962 年 5 月 13 日出生,深圳鹏城执业注册会计师,绿大地发行上市财务报表审计报告签字注册会计师,住址:广东省深圳市罗湖区。

依据《中华人民共和国证券法》(以下简称《证券法》)的有关规定,我会对深圳鹏城在绿大地欺诈发行上市时未勤勉尽责的行为进行了立案调查、审理,并依法向当事人告知了作出行政处罚的事实、理由、依据及当事人依法享有的权利。当事人深圳鹏城提出了陈述、申辩意见,未要求听证;姚国勇提出陈述、申辩意见,未要求听证;廖福澍提出了陈述、申辩意见,并要求听证。本案现已调查、审理终结。

经查明,深圳鹏城在绿大地欺诈发行上市时未勤勉尽责,未发现绿大地为发行上市所编制的财务报表编造虚假资产、虚假业务收入,从而出具无保留意见的审计报告,发表不恰当的审计意见。违法事实如下:

为绿大地发行股票并上市,深圳鹏城对绿大地 2004 年、2005 年、2006 年年度财务报表和 2007 年半年度财务报表进行审计并出具无保留意见的审计报告。

司法机关认定,绿大地在招股说明书中编造虚假资产、虚假业务收入。绿大地编造虚假资产、虚假业务收入的金额巨大,性质严重。

一、绿大地 2004 年至 2006 年财务报表披露的各年度前 5 大销售客户与实际不符,经查,深圳鹏城的审计底稿中没有记录对绿大地前 5 大销售客户的审计程序。

二、绿大地招股说明书披露的 2006 年销售收入中包含通过绿大地交通银行 3711 银行账户核算的销售收入,交通银行提供的资料显示,上述交易部分不存在。绿大地招股说明书披露,2006 年 12 月 31 日货币资金余额为 47,742,838.19 元;其中,交通银行 3711 账户余额为 32,295,131.74 元。交通银行提供的资料显示,2006 年 12 月 31 日的 3711 账户余额为 4,974,568.16 元。经查,深圳鹏城没有向交通银行函证绿大地交通银行 3711 账户 2006 年 12 月 31 日的余额。

深圳鹏城未勤勉尽责,未对部分银行账户进行函证、未真实完整编制工作底稿,深圳鹏城的上述做法不符合《中国注册会计师审计准则第 1301 号——审计证据》第六条、《中国注册会计师审计准则第 1312 号——函证》第十一条、《中国注册会计师审计准则第 1331 号——审计工作底稿》第四条的规定。深圳鹏城未勤勉尽责造成其未发现绿大地在为发行上市所编制的财务报表中编造虚假资产、虚假业务收入,从而为绿大地出具无保留意见的审计报告,发表了不恰当的审计意见。深圳鹏城的上述行为违反了《证券法》第二十条关于为证券发行出具有关文件的证券服务机构和人员,必须严格履行法定职责,保证其所出具文件的真实性、准确性和完整性的规定,构成《证券法》第二百二十三条所述的违法行为。

对上述违法行为直接负责的主管人员为注册会计师姚国勇、廖福澍。

以上违法事实,有司法机关认定文件、审计报告、相关工作底稿、相关人员谈话笔录等证据证明,足以认定。

姚国勇在陈述、申辩意见中提出,深圳鹏城对绿大地前5大销售客户履行了审计程序。根据相关事实和证据,我会认为,深圳鹏城的审计底稿中没有记录对绿大地前5大销售客户的审计程序。廖福澍在陈述、申辩意见中提出,其在执行审计过程中未违反审计准则,无过错行为。根据相关事实和证据,我会认为,深圳鹏城未勤勉尽责,未对部分银行账户进行函证、未真实完整编制工作底稿,深圳鹏城的上述做法不符合《中国注册会计师审计准则》的相关规定。作为在审计报告上签字的注册会计师,廖福澍未勤勉尽责,造成其未发现绿大地在为发行上市所编制的财务报表中编造虚假资产、虚假业务收入。因此,我会对于姚国勇、廖福澍的责任认定事实清楚、证据充分。综上所述,我会对姚国勇、廖福澍的申辩意见不予采纳。

根据当事人违法行为的事实、性质、情节与社会危害程度,依据《证券法》第二百二十三条的规定,我会决定:

一、没收深圳鹏城业务收入60万元,并处以60万元的罚款。

二、对姚国勇、廖福澍给予警告并分别处以10万元罚款。

上述当事人应自收到本处罚决定书之日起15日内,将罚没款汇交中国证券监督管理委员会(开户银行:中信银行总行营业部,账号:7111010189800000162,由该行直接上缴国库),并将注有当事人名称的付款凭证复印件送中国证券监督管理委员会稽查局备案。当事人如果对本处罚决定不服,可在收到本处罚决定书之日起60日内向中国证券监督管理委员会申请行政复议,也可在收到本处罚决定书之日起3个月内直接向有管辖权的人民法院提起行政诉讼。复议和诉讼期间,上述决定不停止执行。

关于朱维君等三人违反证券法规的行政处罚决定书

(〔2013〕28号)

当事人:朱维君,男,1959年2月出生,时任嘉兴市中华化工有限责任公司(以下简称中华化工)总经理,住址:浙江省嘉兴市南湖区大桥镇中华村老坝底5号。

毛海舫,男,1967年8月出生,时任中华化工副总经理,住址:上海市徐汇区华泾路999弄149号。

仲志真,女,1973年2月出生,住址:上海市长宁区镇宁路405弄8号。

依据《中华人民共和国证券法》(以下简称《证券法》)的有关规定,我会对"兄弟科技"内幕交易案进行了立案调查、审理,并依法向当事人告知了作出行政处罚的事实、理由、依据及当事人依法享有的权利。当事人提交了书面的申辩材料。本案现已调查、审理终结。

经查明,朱维君等存在如下违法行为:

一、关于内幕信息形成情况

2012年3月16日,兄弟科技股份有限公司(以下简称兄弟科技)与朱某法等11名自然人签署了受让其持有的中华化工72%股权的协议,兄弟科技以25元/股价格向上海六禾芳甸投资中心、苏州鑫德诚股权投资合伙企业定向发行股票不超过2000万股,募集资金不超过5亿元用于收购中华化工72%股权。该事项属于《证券法》第六十七条第二款第(二)项规定的"公司的重大投资行为"内幕信息。该内幕信息形成日为2012年1月18日,信息敏感期为2012年1月18日至3月21日,朱维君、毛海舫是内幕信息知情人。内幕信息形成、公开过程情况如下:

2011年12月10日,兄弟科技董事长钱某达等从中华化工顾问潘某明处了解到中华化工要转让股权,觉得双方可以接触了解。12 月 17 日,钱某达在龙祥大厦办公室召集董秘金某平等人开会,提出收购中华化工整合上市公司产业布局的想法,参会人员也讨论了收购中华化工的方式。2012 年 1 月 18 日,经中华化工顾问潘某明牵线,兄弟科技董事长钱某达等在浙江嘉兴文华园宾馆与中华化工的董事长朱某法、副总经理丁某胜见面。钱某达表达了愿意收购的意向,朱某法也表示同意由他们收购,关于诚意金等具体事项由兄弟科技金某平和中华化工丁某胜负责。2 月 27 日,朱某法与海宁兄弟投资有限公司(以下简称兄弟投资)签署了将中华化工 72% 股权转让的意向书,兄弟投资承诺支付 1 亿元诚意金。现场参与商议签署协议的人员包括钱某达、金某平、钱某华、朱某法、丁某胜、潘某明等。2 月 29 日明确由兄弟科技通过非公开发行募集资金收购中华化工的方案。3 月 7 日,兄弟科技公告,"正在筹划非公开发行股票事宜,因该事项的方案有待进一步论证,存在较大不确定性",申请连续停牌。3 月 21 日,兄弟科技股票复牌交易,当日涨幅 3.85%,收盘价为 29.7 元/股。

二、相关账户交易情况

朱维君系朱某法之子,时任中华化工总经理,朱维君实际知悉兄弟科技要收购中华化工股权事宜,2012 年 3 月 6 日,"朱维君"账户买入 3300 股"兄弟科技",买入金额 94,347 元;4 月 26 日,该账户红股入账 3300 股,红利入账 297 元;7 月 20 日,该账户将 6600 股"兄弟科技"全部卖出,卖出金额 85,011 元。扣除税费后该账户亏损 9214.21 元。

毛海舫系中华化工副总经理,技术负责人,毛海舫参与了兄弟科技收购中华化工会谈,实际知悉内幕信息,并将该信息泄露给其妻仲志真。2012 年 2 月 29 日,"仲志真"账户买入"兄弟科技"9000 股,买入金额 236,490 元;4 月 26 日,该账户红股入账 9000 股,红利入账 810 元;7 月 2 日,该账户卖出"兄弟科技"2000 股,卖出金额 25,660 元;7 月 4 日,该账户卖出 12,000 股,卖出金额 165,110 元;9 月 4 日,该账户将剩余 4000 股全部卖出,卖出金额 51,940 元。扣除税费后该账户实际获利 5733.04 元。

当事人朱维君在提交书面申辩意见中称,不了解相关法律法规,无意违反《证券法》的规定,希望证监委念其为初犯,且未获利,免予处罚。当事人毛海舫、仲志真申辩称,之前没有任何这方面法律意识,为初犯、获利小,也积极配合调查,二人是夫妻关系,分别处罚似有重复,希望宽大处理。

我会认为,关于朱维君是初犯且未获利的情节,量罚时已酌情从轻;当事人毛海舫与仲志真虽然是夫妻关系,但毛海舫的行为属于泄露内幕信息,仲志真的行为属于非法获取内幕信息,从事内幕交易,对二人不同违法行为分别处罚,不存在重复,其他情节,量罚时已酌情从轻。

上述违法事实有交易流水、账簿资料、相关协议及当事人询问笔录等证据证明,足以认定。

朱维君知悉内幕信息,并使用本人账户在内幕信息敏感期内交易兄弟科技股票的行为违反《证券法》第七十六条关于"禁止内幕交易"的规定,构成内幕交易行为;毛海舫知悉内幕信息,在内幕信息敏感期内向他人泄露未公开信息,其行为违反《证券法》第七十六条关于"禁止泄露内幕信息"的规定;仲志真获知内幕信息后,利用其本人证券账户在内幕信息敏感期内交易"兄弟科技",其行为违反《证券法》第七十六条关于"禁止内幕交易"的规定,构成内幕交易行为。

根据当事人违法行为的事实、性质、情节与社会危害程度,依据《证券法》第二百零二条的规定,我会决定:

一、对朱维君、毛海舫分别处以 3 万元的罚款。

二、对仲志真处以 3.6 万元的罚款。

当事人应自收到本处罚决定书之日起 15 日内,将罚款汇交中国证券监督管理委员会(开户银行:中信银行总行营业部,账号:7111010189800000162,由该行直接上缴国库),并将注有当事人名称的付款凭证复印件送中国证券监督管理委员会稽查局备案。当事人如果对本处罚决定不服,可在收到本处罚决定书之日起 60 日内向中国证券监督管理委员会申请行政复议,也可在收到本处罚决定书之日起 3 个月内直接向有管辖权的人民法院提起行政诉讼。复议和诉讼期间,上述决定不停止执行。

关于周小南等四人违反证券法规的行政处罚决定书

（〔2013〕29 号）

当事人：周小南，男，1958 年 8 月出生，住址：江苏省常州市钟楼区怀德苑 24 幢。

朱敏，男，1964 年 9 月出生，住址：江苏省常州市钟楼区吴家场 7 幢。

朱敖娣，女，1941 年 10 月出生，住址：江苏省常州市钟楼区西新桥二村 24 幢。

潘企康，男，1958 年 5 月出生，住址：江苏省常州市钟楼区邮电宿舍 2 号楼。

依据《中华人民共和国证券法》（以下简称《证券法》）的有关规定，我会对周小南等 4 人内幕交易“九鼎新材”股票的行为进行了立案调查、审理，并依法向当事人告知了作出行政处罚的事实、理由、依据及当事人依法享有的权利。当事人均未提出陈述、申辩意见，也未要求听证。本案现已调查、审理终结。

经查明，周小南等 4 人存在以下内幕交易违法事实：

一、内幕信息的形成和公开过程

2009 年 11 月，常州天马集团有限公司（以下简称天马集团）董事长解某、天马集团国有股东常州工贸国有资产经营有限公司（以下简称工贸公司）代表周小南（工贸公司副总经理）多次前往江苏九鼎新材料股份有限公司（以下简称九鼎新材），与九鼎新材董事长顾某等人磋商合作事宜，双方初步明确以九鼎新材重组天马集团方式合作。

2009 年 12 月 15 日，周小南在工贸公司总经理办公会会议上称，九鼎新材重组天马集团已进入审计评估阶段，待报告完成后明确价格，以九鼎新材股票 20 天平均价格收购天马集团。周小南、潘企康等人参加此次会议。

2010 年 1 月 29 日，工贸公司请求常州市政府协调解决天马集团股东缓缴重组涉及股权增值部分所得税事宜。

2010 年 3 月 11 日下午，常州市政府召开讨论天马集团重组所涉及税收问题的会议。此次会议《会议纪要》记载的重组方为九鼎新材。朱敏、周小南、解某等人参加此次会议。

2010 年 10 月 16 日，解某、周小南与顾某等人沟通后，决定九鼎新材于 2010 年 10 月 18 日停牌，双方正式开始筹划重大资产重组。

2010 年 10 月 18 日，九鼎新材发布《江苏九鼎新材料股份有限公司重大事项停牌公告》。

2010 年 12 月 7 日，九鼎新材股票复牌，公布重大资产重组预案，称拟向天马集团 10 名股东发行股份购买其持有的天马集团 100% 股权。九鼎新材股价当日和次日连续涨停。

二、周小南知悉重组信息并交易九鼎新材股票的情况

周小南作为天马集团国有股东代表，自 2009 年 11 月开始全程参与天马集团与九鼎新材的重组事宜，知悉九鼎新材拟与天马集团进行重组的情况。

2009 年 12 月 23 日至 2010 年 3 月 17 日，周小南操作其账户累计买入九鼎新材股票 141,099 股，累计卖出九鼎新材股票 141,099 股，扣除相关交易费用，实际获利 89,039.88 元。

三、朱敏知悉重组信息并交易九鼎新材股票的情况

朱敏参加了 2010 年 3 月 11 日下午关于天马集团股东暂缓缴纳所得税的会议，知悉天马集团拟与九鼎新材进行重组的情况。

2010 年 3 月 12 日至 9 月 29 日，朱敏操作其账户累计买入九鼎新材股票 99,050 股，累计卖出九鼎新材股票 100,850 股，扣除相关交易

费用,实际获利 15,692.69 元。

四、朱敖娣知悉重组信息并交易九鼎新材股票的情况

朱敖娣系朱敏的母亲。2010 年 3 月 15 日(周一),“朱敖娣”账户开始买入九鼎新材股票。此后直至 2010 年 7 月 7 日,“朱敖娣”账户累计买入九鼎新材股票 24,929 股,累计卖出九鼎新材股票 24,929 股,扣除相关交易费用,实际亏损 6399.29 元。

朱敏于 2010 年 3 月 11 日(周四)下午参加了关于天马集团股东暂缓缴纳所得税的会议,知悉天马集团拟与九鼎新材进行重组事宜。朱敏与朱敖娣同城而居,且有周末探望朱敖娣的习惯。“朱敖娣”账户开始交易九鼎新材股票时点与朱敏知悉内幕信息的时点基本吻合;朱敖娣对其交易九鼎新材股票行为不能作出合理说明,亦未能提供排除其利用内幕信息从事相关证券交易的证据。可以认定朱敖娣知悉九鼎新材的重组信息并从事内幕交易行为。

五、潘企康知悉重组信息并交易九鼎新材股票的情况

潘企康参加了 2009 年 12 月 15 日涉及天马集团与九鼎新材重组事项的工贸公司总经理办公会,知悉九鼎新材拟与天马集团进行重组的情况。

2010 年 2 月 5 日至 3 月 2 日,潘企康操作其账户累计买入九鼎新材股票 2600 股,累计卖出九鼎新材股票 2600 股,扣除相关交易费用,实际获利 1455.73 元。

以上事实,有相关工商登记资料、涉案人员情况说明、会议记录、重大事项停牌公告、证券账户委托交易资料和当事人询问笔录等证据证明,足以认定。

上述九鼎新材向天马集团股东发行股份购买资产暨重大资产重组事项,属于《证券法》第七十五条规定的内幕信息。周小南、朱敏、朱敖娣、潘企康知悉该内幕信息,其 4 人在信息公开前买卖九鼎新材股票的行为,违反了《证券法》第七十三条、第七十六条的规定,构成了《证券法》第二百零二条所述内幕交易行为。

根据当事人违法行为的事实、性质、情节与社会危害程度,依据《证券法》第二百零二条的规定,我会决定:

一、没收周小南违法所得 89,039.88 元,并处以 89,039.88 元罚款;

二、对朱敏处以 3 万元罚款;

三、对朱敖娣处以 3 万元罚款;

四、对潘企康处以 3 万元罚款。

上述当事人应自收到本处罚决定书之日起 15 日内,将罚没款汇交中国证券监督管理委员会(开户银行:中信银行总行营业部,账号:7111010189800000162,由该行直接上缴国库),并将注有当事人名称的付款凭证复印件送中国证券监督管理委员会稽查局备案。当事人如果对本处罚决定不服,可在收到本处罚决定书之日起 60 日内向中国证券监督管理委员会申请行政复议,也可在收到本处罚决定书之日起 3 个月内直接向有管辖权的人民法院提起行政诉讼。复议和诉讼期间,上述决定不停止执行。

关于黎家燕等四人违反证券法规的行政处罚决定书

([2013]30 号)

当事人:黎家燕,女,1965 年 4 月出生,2008 年 1 月至 2011 年 7 月担任合浦能鑫矿业有限公司(以下简称能鑫矿业)执行董事和法定代表人;2011 年 7 月,在转让能鑫矿业股权后不再在该公司担任职务。

张鹏,男,1979 年 8 月出生,2010 年 2 月 24 日起担任北海高岭科技有限公司(以下简称北海高岭)副总经理。

赵东生，男，1965 年 12 月出生，广东海富投资管理有限公司（以下简称海富投资）董事、总经理。

张海颜，女，1973 年 11 月出生，赵东生的配偶。

依据《中华人民共和国证券法》（以下简称《证券法》）的有关规定，我会对"海印股份"内幕交易案进行了立案调查、审理，并依法向当事人告知了作出行政处罚的事实、理由、依据及当事人依法享有的权利。当事人均未提出陈述、申辩意见，也未要求听证。本案现已调查、审理终结。

经查明，本案存在以下违法事实：

一、内幕信息及相关当事人的知悉情况

广州海印实业集团有限公司（以下简称海印集团）为广东海印集团股份有限公司（以下简称海印股份，1998 年 10 月在深圳证券交易所挂牌上市）的大股东，北海高岭为海印股份的全资子公司。2011 年 1 月以来，海印股份与能鑫矿业就北海高岭收购能鑫矿业 100% 股权事项一直进行谈判，能鑫矿业代表为黎家燕，海富投资提供咨询意见，海富投资总经理赵东生自始至终参与收购工作。2011 年 1 月 6 日起，黎家燕与赵东生、海印股份、海印集团管理人员之间的若干封电子邮件往来，内容涉及北海高岭收购能鑫矿业逐步推进的商讨过程。2011 年春节后，北海高岭副总经理张鹏参与了北海高岭与黎家燕洽谈收购一事的相关工作。2011 年 7 月 27 日起，海印股份股票临时停牌。2011 年 9 月 22 日，海印股份公告了《海印股份董事会关于〈全资子公司北海高岭科技有限公司收购合浦能鑫矿业有限公司 100% 股权〉交易事项的意见》，披露了北海高岭收购能鑫矿业 100% 股权一事，9 月 22 日海印股份股票复牌。

二、相关证券账户的买卖情况

1. 黎家燕。黎家燕在 2011 年 1 月 6 日知悉内幕信息后至 7 月 26 日期间，通过"黎家燕"账户买入海印股份股票 42,100 股，买入金额 776,649.21 元；截至 2012 年 12 月 28 日（委托交易所计算违法所得之日）卖出 42,100 股，对应卖出金额 809,147.91 元，"黎家燕"账户交易海印股份股票实现收益 26,932.16 元。

2. 赵东生。赵东生是"赵东生"、"张海颜"账户的实际控制人。在 2011 年 1 月 6 日知悉内幕信息后至 7 月 26 日期间，通过"赵东生"账户买入海印股份股票 33,700 股，买入金额 611,639.00 元；截至 2012 年 12 月 28 日全部卖出，对应卖出金额 579,444.00 元，亏损 34,033.79 元；通过"张海颜"账户买入海印股份 65,600 股，买入金额 1,239,914.00 元，截至 2012 年 12 月 28 日，卖出 200 股，对应卖出金额 2820.51 元，股息收益 6492.6 元，实际获利 5510.27 元。

3. 张海颜。张海颜是内幕信息知情人赵东生配偶，是赵东生父亲"赵子君"账户实际控制人。张海颜控制"赵子君"账户在 2011 年 1 月 6 日至 7 月 26 日期间买入海印股份股票 31,000 股，买入金额 578,925.00 元；截至 2012 年 12 月 28 日（委托交易所计算违法所得之日）全部卖出，对应卖出金额 538,275.41 元，亏损 43,931.97 元。

4. 张鹏。张鹏为"张鹏"、"张杰"、"张俊"账户的实际控制人。2011 年 1 月 23 日至 7 月 26 日期间，"张鹏"账户买入海印股份股票 33,700股，买入金额 670,390.10 元，"张杰"账户买入 71,500 股，买入金额 1,373,144.32 元，"张俊"账户买入 110,200 股，买入金额 2,116,897.00 元；截至 2012 年 12 月 28 日，"张鹏"账户全部卖出，对应卖出金额 732,663.60 元，实际获利 57,331.68 元，"张杰"账户全部卖出，对应卖出金额 1,350,434.00 元，亏损 32,231.49 元，"张俊"账户全部卖出，对应卖出金额 2,165,964.00 元，实际获利 34,052.45 元。张鹏控制的账户实际获利 59,152.64 元。

黎家燕、赵东生、张海颜、张鹏的行为违法了《证券法》第七十六条的规定，构成内幕交易行为。

上述违法事实，有相关人员询问笔录、相关账户交易记录和统计数据等证据证明，足以认定。

根据当事人违法行为的事实、性质、情节与社会危害程度，依据《证券法》第七十三条、第七十六条、第二百零二条以及《中华人民共和国行政处罚法》第二十七条的规定，我会决定：

一、对黎家燕、赵东生、张海颜各处以 3 万元罚款；

二、没收张鹏违法所得 59,152.64 元，并处以 59,152.64 元罚款。

上述当事人应自收到本处罚决定书之日起

15 日内,将罚没款汇交中国证券监督管理委员会(开户银行:中信银行总行营业部,账号:7111010189800000162,由该行直接上缴国库),并将注有当事人名称的付款凭证复印件送中国证券监督管理委员会稽查局备案。当事人如果对本处罚决定不服,可在收到本处罚决定书之日起 60 日内向中国证券监督管理委员会申请行政复议,也可在收到本处罚决定书之日起 3 个月内直接向有管辖权的人民法院提起行政诉讼。复议和诉讼期间,上述决定不停止执行。

关于吕顺龙违反证券法规的行政处罚决定书

(〔2013〕31 号)

当事人:吕顺龙,男,1977 年 11 月 22 日出生,时任莱茵达置业股份有限公司(以下简称莱茵置业)财务部经理,住址:江苏省扬州市。

依据《中华人民共和国证券法》(以下简称《证券法》)的有关规定,我会对莱茵置业股票内幕交易案进行了立案调查、审理,并依法向当事人告知了作出行政处罚的事实、理由、依据及当事人依法享有的权利。当事人吕顺龙未提出陈述、申辩意见。本案现已调查、审理终结。

经查明,吕顺龙内幕交易莱茵置业股票,违法事实如下:

一、关于莱茵置业 2010 年年度利润分配方案的形成

2011 年 2 月 25 日,莱茵置业董事长、总裁制定 2010 年年度利润分配方案。

2011 年 2 月 25 日,吕顺龙知悉了莱茵置业 2010 年年度利润分配方案。

2011 年 3 月 2 日,莱茵置业公布了“每 10 股送红股 7 股派发现金 0.78 元(含税)”的利润分配方案。

根据以上事实,我会认定,莱茵置业 2010 年年度利润分派方案在公布前为《证券法》第七十五条所规定的内幕信息。莱茵置业 2010 年年度利润分配方案在 2011 年 2 月 25 日形成,2011 年 3 月 2 日公开,内幕信息价格敏感期为 2011 年 2 月 25 日至 3 月 2 日。吕顺龙于 2011 年 2 月 25 日知悉莱茵置业 2010 年年度利润分派方案,为内幕信息知情人。

二、吕顺龙内幕交易莱茵置业股票

2011 年 2 月 28 日,吕顺龙买入“莱茵置业”5700 股;3 月 1 日,买入“莱茵置业”28,300 股。2011 年 3 月 2 日,吕顺龙卖出“莱茵置业”34,000 股。吕顺龙上述内幕交易莱茵置业股票获利 12,532.12 元。

根据以上事实,我会认定,吕顺龙内幕交易莱茵置业股票。吕顺龙的行为违反了《证券法》第七十六条关于禁止内幕交易的规定,构成了《证券法》第二百零二条所述的违法行为。

以上违法事实,有莱茵置业公告、莱茵置业的相关说明、相关证券交易记录、吕顺龙的谈话笔录等证据证明,足以认定。

根据当事人违法行为的事实、性质、情节与社会危害程度,依据《证券法》第二百零二条的规定,我会决定:

对吕顺龙处以 3 万元罚款。

上述当事人应自收到本处罚决定书之日起 15 日内,将罚款汇交中国证券监督管理委员会(开户银行:中信银行总行营业部,账号:7111010189800000162,由该行直接上缴国库),并将注有当事人名称的付款凭证复印件送中国证券监督管理委员会稽查局备案。当事人如果对本处罚决定不服,可在收到本处罚决定书之日起 60 日内向中国证券监督管理委员会申请行政复议,也可在收到本处罚决定书之日起 3 个月内直接向有管辖权的人民法院提起行政诉讼。复议和诉讼期间,上述决定不停止执行。

关于翟隽、刘妍违反证券法规的行政处罚决定书

（〔2013〕32 号）

当事人：翟隽，男，1969 年 7 月 4 日出生，香港居民，住址：北京朝阳区永安东里。

刘妍，女，1977 年 10 月 15 日出生，住址：内蒙古包头市昆都仑区。

依据《中华人民共和国证券法》（以下简称《证券法》）的有关规定，我会对翟隽、刘妍内幕交易行为进行了立案调查、审理，并依法向翟隽、刘妍告知了作出行政处罚的事实、理由、依据及当事人依法享有的权利，当事人翟隽提出了陈述申辩意见并申请听证，后翟隽自愿撤回了听证申请。当事人刘妍未提出陈述申辩意见，也未要求听证。本案现已调查、审理终结。

经查明，翟隽、刘妍存在以下违法事实：

一、本案所涉内幕信息

2012 年 3 月 9 日维维食品饮料股份有限公司（以下简称维维

股份）发布第五届董事会第六次会议决议公告：维维股份第五届董事会第六次会议于 2012 年 3 月 8 日召开，会议审议通过了关于本公司拟与贵州省兴义市政府、贵州醇酒厂、贵州兴义阳光资产经营管理有限公司（以下简称兴义阳光公司）等签署《框架协议》的议案（以下简称“贵州醇项目”）。该框架协议的重要内容如下：兴义市政府拟通过国有资产划转、资产和债务剥离等方式，将贵州醇酒厂酒业相关资产划转至兴义阳光公司名下，与维维股份及红石宝源（北京）投资管理有限公司（以下简称红石宝源公司）合资成立贵州醇酒业公司，并通过贵州醇酒业公司购买剩余酒业资产，使贵州醇酒厂全部酒业资产及业务转移至贵州醇酒业公司。兴义阳光公司以商标、土地等资产出资，持有贵州醇酒业公司 19% 的股权，维维股份及红石宝源公司以现金出资，持有贵州醇酒业公司 81% 的股权（其中维维股份持有 51% 的股权，红石宝源持有 30% 的股权）。

该案内幕信息形成日为 2011 年 12 月 30 日，即兴义政府方通过电子邮件正式复函维维股份，双方就合作模式、兴义方投资主体、双方持股比例等问题达成一致的时间，内幕信息公开日为 2012 年 3 月 9 日。

二、翟隽、刘妍知悉内幕信息的情况

翟隽、刘妍等为该内幕信息知情人。红石宝源咨询顾问翟隽、红石宝源副总赵某某自 2011 年 12 月 19 日起多次参与了兴义市政府、维维股份等关于“贵州醇项目”的洽谈，律师钱某根据每次讨论结果将《框架协议》历次修改稿、《关于贵州醇项目收购方案及步骤的备忘录》、《贵州醇项目合作签约仪式活动方案》、《账户监管协议》等邮件发给翟隽。2012 年 2 月 10 日，翟隽、刘妍、赵某某在北京与兴义市常务副市长吕某某、陈某某和维维股份律师钱某、李某某会面并讨论“贵州醇项目”进展，贵州兴义方希望抓紧推进合作进程。2012 年 3 月 6 日，维维股份、红石宝源投资方与兴义市政府方在北京非中心就合作框架协议进行第三次讨论，对框架协议的内容逐条进行确认，包括各阶段的工作时间，最终达成一致意见：维维股份 3 月 8 日开董事会，3 月 9 日各方在北京贵州大厦签订合作框架协议。红石宝源赵某某及其顾问翟隽参加了此次讨论。2012 年 3 月 9 日，维维股份、红石宝源、兴义市政府、阳光资产、贵州醇酒厂五方在北京贵州大厦举行《框架协议》签约仪式，刘妍作为红石宝源的签约人，翟隽作为见证人等出席签约仪式。

三、北京意德辰翔投资咨询有限公司（以下简称“意德投资”）等四个账户在内幕信息敏感期内异常交易情况

“侯某某”账户在 2012 年 3 月 7 日卖出持

有的股票,总计卖出金额 5,643,284 元;同日买进“维维股份”1,294,300 股,买入金额为 5,842,152.42 元;2012 年 5 月 2 日、3 日、7 日分别全部卖出,获利 3,972,498.03 元。

“刘妍”账户在 2012 年 3 月 8 日卖出持有的股票,总计卖出金额 4,467,472 元;同日买进“维维股份”925,940 股,买入金额 4,327,910.6 元;2012 年 4 月 6 日全部卖出,获利 1,949,415.30 元。

“意德投资”账户在 2012 年 3 月 8 日卖出持有的股票,总计卖出金额 998,103 元;同日买进“维维股份”220,200 股,买入金额 1,028,837 元;2012 年 5 月 7 日全部卖出,获利 778,245.44 元。

“翟某某”账户在 2012 年 3 月 8 日买进“维维股份”28,200 股,买入金额 132,258 元;2012 年 4 月 6 日全部卖出,获利 58,000.91 元。

根据相关证据,涉案账户实名人员翟某某是翟隽的父亲,意德投资的法定代表人、董事、股东;侯某某是翟隽的母亲,意德投资的监事、股东。翟隽实际控制着“意德投资”、“侯某某”、“翟某某”账户并实际管理“刘妍”账户,刘妍为其本人账户实际控制人。翟隽和刘妍在交易“维维股份”期间通话频繁,特别是在买入“维维股份”前存在大量频繁的通话行为,二人交易“维维股份”为合谋。“意德投资”、“侯某某”、“刘妍”、“翟某某”账户买入“维维股份”的交易识别信息相同,为关联账户。相关识别信息指向翟隽、刘妍进行了相关交易。

刘妍的姐姐刘建红说她是“侯某某”、“意德投资”、“刘妍”账户操作人,但她在关联账户、下单电脑、下单手机等方面表述与实际情况不符,所以,刘建红自称是“侯某某”、“意德投资”、“刘妍”账户交易“维维股份”的操作人不成立。

“侯某某”等账户于 2012 年 5 月 8 日前将维维股份全部卖出,经统计,“意德投资”、“侯某某”、“刘妍”、“翟某某”四账户买卖“维维股份”,合计收益为 6,758,159.68 元。

以上违法事实,有合资成立贵州醇酒业公司的相关协议、相关书面说明、涉案账户交易情况、工商登记资料、电子邮件、相关人员询问笔录等证据证明,足以认定。

根据以上事实,我会认定,翟隽和刘妍作为内幕信息知情人,其控制或所有的账户在内幕信息敏感期内利用本案所涉及内幕信息交易维维股份股票。翟隽、刘妍的行为违反了《证券法》第七十三条、第七十六条的规定,构成了《证券法》第二百零二条所述的违法行为。

翟隽辩称:(一)行政处罚事先告知书的某些陈述与事实并不一致。(二)其父翟某某因病去世。翟某某是申辩人申请听证的主要证人,是唯一能够就其名下股票账户(“翟某某”账户)和其控制的股票账户(“侯某某”账户、“意德投资”账户)的操作提供证词的证人。(三)申辩人因其母需要照顾原因提出撤销听证会,并表示愿意接受证监会的行政处罚。(四)申辩人等家庭为其父治病花费了巨额的医疗费。其母今后的治疗及养老需很大的开支。同时,申辩人在中国境内并无任何收入,交付罚款的资金来源将主要是父母所拥有的人民币资产或借款筹措。申辩人及申辩人家庭确实在交付罚款上有困难。申辩人认为拟做出的行政处罚过重,两倍的罚款会给申辩人家人带来巨大的负担。恳请酌情考量减轻处罚。

对于翟隽上述书面申辩意见,我会经审核认为:(一)翟隽未对本案的事实、证据、法律提出明确异议,本案行政处罚事实清楚,证据确凿,适用法律正确。(二)期间翟隽的父亲病重、病故和母亲患乳腺癌等事项发生确实给翟隽精神上和财务上带来重大影响。后翟隽自愿撤销听证申请,并愿接受行政处罚。这表明翟隽对其内幕交易行为认错悔改态度较好,属于可以从轻处罚情形。

综上,翟隽作为红石宝源公司贵州醇项目咨询顾问,刘妍时任红石宝源公司经理,二人在参与“贵州醇项目”过程中,履行相应工作职责中获取了本案内幕信息,作为该项目的内幕信息知情人,应恪守《证券法》关于内幕信息知情人不得利用内幕信息从事相关证券交易的禁止性规定。但翟隽、刘妍在该内幕信息公开前,买入维维股份股票,违反了法律规定,应依法承担行政责任,接受相应行政处罚。

根据当事人的违法事实、性质、情节与社会危害程度,依据《证券法》第二百零二条的规定,我会决定:依法没收翟隽、刘妍共同违法所得金额 6,758,159.68 元,并处以 6,758,159.68 元罚款。

上述当事人应自收到本处罚决定书之日起 15 日内,将罚没款汇交中国证券监督管理委员会(开户银行:中信银行总行营业部、账号:

7111010189800000162,由该行直接上缴国库),并将注有当事人名称的付款凭证复印件送中国证券监督管理委员会稽查局备案。当事人如果对本处罚决定不服,可在收到本处罚决定书之日起60日内向中国证券监督管理委员会申请行政复议,也可在收到本处罚决定书之日起3个月内直接向有管辖权的人民法院提起行政诉讼。复议和诉讼期间,上述决定不停止执行。

关于上海仪电控股(集团)有限公司违反证券法规的行政处罚决定书

(〔2013〕33号)

当事人:上海仪电控股(集团)有限公司(以下简称仪电集团),住所:上海市徐汇区田林路168号,法定代表人蒋耀。

依据《中华人民共和国证券法》(以下简称《证券法》)的有关规定,我会对仪电集团违反证券法律法规行为进行了立案调查、审理,并依法向当事人告知了作出行政处罚的事实、理由、依据及当事人依法享有的权利。当事人未提出陈述、申辩意见,也未要求听证。本案现已调查、审理终结。

经查明,仪电集团存在以下违法事实:

仪电集团通过直接持股以及通过上海兴正投资发展管理中心(以下简称兴正投资)持股上海敏特投资有限公司(以下简称敏特投资)、上海华铭投资有限公司(以下简称华铭投资),对敏特投资、华铭投资具有股权控制关系。此外,仪电集团对敏特投资、华铭投资的人事、财务、投资决策均有控制权,包括:敏特投资、华铭投资的高级管理人员任命由仪电集团党委会决定;敏特投资、华铭投资向仪电集团提出的借款申请程序由仪电集团审批;敏特投资、华铭投资在二级市场的证券交易都先由仪电集团就买卖股票数量和资金安排下达指令;敏特投资、华铭投资作为股东参加上海金陵股份有限公司(以下简称上海金陵)和上海飞乐音响股份有限公司(以下简称飞乐音响)的股东大会,都事先向仪电集团请示是否参加及投票事宜。2008年5月,仪电集团与仪电集团本部工会签订《委托持股协议》,仪电集团本部工会以代持有的方式持有仪电集团对兴正投资100%的股权。

2008年6月2日,仪电集团与敏特投资、华铭投资合计持有“上海金陵”股权比例7.59%(其中仪电集团直接持股0.43%),超过上市公司总股本的5%,仪电集团应当予以披露。2008年6月3日,上海市国资委将所持“上海金陵”股权转至仪电集团名下后,仪电集团与敏特投资、华铭投资合计持有“上海金陵”股权比例为24.95%(其中仪电集团直接持股17.71%),仪电集团仍未对合计持股情况进行披露。2010年5月10日,敏特投资将所持“上海金陵”股票通过大宗交易转让给仪电集团。

以上事实,有相关交易资料、协议、询问笔录、工商登记资料等证据证明,足以认定。

仪电集团的行为违反了《证券法》第八十六条第一款的规定,构成了《证券法》第一百九十三条所述的行为。

根据当事人违法行为的事实、性质、情节与社会危害程度,依据《证券法》第一百九十三条的规定,我会决定:对仪电集团给予警告,并处以30万元罚款。

上述当事人应自收到本处罚决定书之日起15日内,将罚款汇交中国证券监督管理委员会(开户银行:中信银行总行营业部,账号:7111010189800000162,由该行直接上缴国库),并将注有当事人名称的付款凭证复印件送中国证券监督管理委员会稽查局备案。当事人如果对本处罚决定不服,可在收到本处罚决定书之日起60日内向中国证券监督管理委员会申请行政复议,也可在收到本处罚决定书之日起3个月内直接向有管辖权的人民法院提起行政诉讼。复议和诉讼期间,上述决定不停止执行。

关于杨成社违反证券法规的行政处罚决定书

(〔2013〕34 号)

当事人:杨成社,男,1956 年 1 月出生,住址:上海市浦东新区银宵路。

依据《中华人民共和国证券法》(以下简称《证券法》)的有关规定,我会对杨成社的违法违规行为进行了立案调查、审理,并依法向当事人告知了作出行政处罚的事实、理由、依据及当事人依法享有的权利,当事人未提出陈述、申辩意见,也未要求听证。本案现已调查、审理终结。

经查明,杨成社存在以下违法事实:

杨成社利用其自有和实际控制的杨成社账户、施某账户、杨某燕账户、杨某义账户、周某账户、陆某账户、曹某账户、杨某荣账户、杨某平账户等 9 个账户(以下简称杨成社等账户),合计持有星美联合股份有限公司(以下简称 * ST 星美)股票于 2011 年 9 月 7 日首次超过 * ST 星美已发行总股本(413,876,880 股)的 5%(合计持股 20,995,610 股,占总股本的 5.07%)。此后截至 2012 年 8 月 21 日,杨成社等账户合计持股超过总股本的 5%(未超过 10%)的交易日为 231 日,期间至 2012 年 2 月 2 日达到最大值,为 24,613,774 股,占总股本的 5.95%。

证据显示,杨成社是杨成社等账户的实际控制人,账户资金都来源于杨成社,买卖股票的决策都由杨成社做出,账户收益归杨成社所有。

杨成社在其自有及实际控制账户合计持有 * ST 星美股票超过 5% 期间未按规定向中国证监会、深圳证券交易所作出书面报告,亦未书面通知 * ST 星美。

以上违法事实,有询问笔录、相关协议、账户开户资料、交易资料、交易 IP 地址、MAC 地址、资金流水等证据证明,足以认定。

杨成社的行为违反了《证券法》第八十六条关于持有上市公司已发行股份达到规定比例时应依法定程序公告的规定,构成了《证券法》第一百九十三条所述的违法行为。

根据当事人违法行为的事实、性质、情节与社会危害程度,依据《证券法》第一百九十三条的规定,我会决定:对杨成社给予警告,并处以 30 万元罚款。

上述当事人应自收到本处罚决定书之日起 15 日内,将罚款汇交中国证券监督管理委员会(开户银行:中信银行总行营业部,账号:7111010189800000162,由该行直接上缴国库),并将注有当事人名称的付款凭证复印件送中国证券监督管理委员会稽查局备案。当事人如果对本处罚决定不服,可在收到本处罚决定书之日起 60 日内向中国证券监督管理委员会申请行政复议,也可在收到本处罚决定书之日起 3 个月内直接向有管辖权的人民法院提起行政诉讼。复议和诉讼期间,上述决定不停止执行。

关于朱建峰违反证券法规的行政处罚决定书

(〔2013〕35 号)

当事人:朱建峰,男,1973 年 4 月出生,住址:北京市朝阳区甘露园南里二区。

依据《中华人民共和国证券法》(以下简称《证券法》)的有关规定,我会对“朱建峰”、“白某秀”账户涉嫌内幕交易股票案进行了立案调查、审理,并依法向当事人告知了作出行政处罚的事实、理由、依据及当事人依法享有的权利。当事人未提出陈述、申辩意见,也未要求听证。本案现已调查、审理终结。

经查,朱建峰存在利用其本人及“白某秀”账户进行内幕交易的违法行为,具体事实如下:

一、内幕信息的形成、披露过程及知情人情况

2012年1月10日,新能国际投资有限公司(以下简称新能国际)实际控制人、中油金鸿天然气输送有限公司(以下简称中油金鸿)董事长陈某和委托姚某峰与天津领先集团有限公司(以下简称领先集团)刘某钢接洽,提出间接持有吉林领先科技发展股份有限公司(以下简称领先科技)股权事宜。2012年2月18日,新能国际与领先集团双方就股权转让对价等事项基本达成共识。2月20日,新能国际、领先集团、天津市滨奥航空设备有限公司(以下简称滨奥航空)、天津燕化科技有限公司(以下简称燕化科技)针对此次股权收购事宜签订了《保密协议》。2月21日,新能国际、领先集团、滨奥航空、燕化科技分别召开股东会,审议通过了股权转让事项,并同意签署《股权转让协议》。2月22日,新能国际委托天风证券有限责任公司(以下简称天风证券)担任此次股权收购重组的财务顾问,并签署了《财务顾问协议》。2月24日,新能国际、领先集团、滨奥航空、燕化科技共同签署了《股权转让协议》。2012年2月24日,领先科技刊登重大事项停牌公告,称因吉林中讯新技术有限公司(以下简称吉林中讯)筹划公司股权转让事项,申请公司股票自2月27日起停牌。3月2日,领先科技刊登关于实际控制人变更的提示性公告,新能国际拟受让领先集团、滨奥航空、燕化科技持有的吉林中讯100%的股权。

自2012年1月10日新能国际与领先集团初步接洽时起,至2月20日,内幕信息知情人有陈某和、姚某峰、李某新、刘某钢。2012年2月20日至27日,知情人员范围扩大,除前述4人外,还包括领先科技的杜某营、沈某华、焦某文、高某,新能国际的段某军、邓某洲,天风证券的刘某飞、夏某洁、王某等。滨奥航空和燕化科技公司称,因双方出资吉林中讯的款项均由领先集团代为支付并一直未予归还,滨奥航空和燕化科技属于代领先集团持股,并未参与股权转让事项的洽谈与决策过程,但两公司与新能国际签署《保密协议》和《股权转让协议》时,滨奥航空方知情人有魏某山、陈某智、韩某、张某新、崔某军,燕化科技方知情人有康某东、陈某智、徐某生。

二、涉嫌内幕交易账户交易和操作的情况

(一)账户基本交易情况

1.“朱建峰”账户(007××××465)无委托代理人。2012年1月10至3月19日,该账户交易“领先科技”的情况为:2012年1月31日买入2100股,成交金额为36,414.00元,成交均价为17.34元;2月14日买入94,298股,成交金额为2,000,110.68元,成交均价为21.21元;同年3月9日96,398股全部卖出,成交金额为2,710,009.99元,成交均价为28.11元。扣除交易税费,盈利总计669,351.32元。

2.“白某秀”账户(013××××708)委托代理人为朱建峰,代理权限是全权代理。2012年1月10至3月19日,该账户交易“领先科技”的情况为:2012年2月13日买入9300股,成交金额为198,538.00元,成交均价为21.348元;2月22日买入700股,成交金额为15,050.00元,成交均价为21.5元;同年3月9日10,000股全部卖出,成交金额为282,400.00元。成交均价为28.24元。扣除交易税费,盈利总计68,380.17元。

“白某秀”账户委托朱建峰全权代理。“朱建峰”与“白某秀”账户使用相同的电脑在相近的时间交易领先科技股票,交易电脑的MAC地址为707××××××08E。

(二)账户资金划转情况

1.“朱建峰”股东账户对应三方存管同名银行账户为工商银行622××××××××××××5805,2012年2月14日赵某工商银行账户622××××××××××××6845网银转两笔共90万至朱建峰账户,董某建设银行622×××××××××××××1316跨行转账110万至朱建峰账户。转入“朱建峰”账户的200万资金于2月14日当日全部用于购买领先科技股票。“朱建峰”账户的资金关联人董某在

谈话中表示,200 万元资金都是他归还给朱建峰的,由于资金紧张,其中有 90 万是董某向朋友赵某借入的。朱建峰称,这 200 万元是董某给他的业务提成。

2012 年 7 月 5 日朱建峰三方存管银行账户取款 150 万,7 月 6 日取款 85 万,7 月 10 日取款 30 万。经查询 3 笔交易的银行网点,证实单笔取款均为其本人的取现交易。

2. "白某秀"股东账户对应三方存管同名银行账户为工商银行 622×××××××××××××0637 在 2012 年 1 月 10 至 3 月 19 日期间不存在大额银证转账交易。

经与朱建峰谈话了解,其本人账户和"白某秀"账户内的资金均为其各自的自有资金。未发现朱建峰与白某秀的银行账户间存在资金划转情况。

(三)账户实际操作人情况

经与朱建峰谈话了解,他有一个哥哥叫朱某喜,朱某喜是职业股民,朱建峰因工作不便,会将其本人及岳父的股票账户都委托他的哥哥代为操作,其本人账户和"白某秀"账户交易领先科技的操作是由其哥哥朱某喜做出的。朱某喜在谈话中也承认,他掌握朱建峰和白某秀的股东账户交易密码,也会在弟弟朱建峰委托的情况下操作"朱建峰"和"白某秀"账户。两个账户交易领先科技股票的决策是由朱建峰做出的,他仅代替朱建峰进行下单操作。

(四)账户交易特征分析

1. "朱建峰"账户在西南证券北京北三环中路营业部开户以来,交易股票品种繁杂,交易股票数量和金额均不大。账户在 2 月 14 日转入 200 万元资金之前,资产总额不足十万元。该账户交易委托流水显示,领先科技股票的交易金额高达 200 万,明显高于其账户内其他股票的交易金额。

2. "白某秀"账户 2012 年 2 月 13 日买入领先科技股票前,剩余资金仅 759.43 元。为买入领先科技股票,该账户以 21.10 元的价格卖出其他股票 9000 股,成交额 199,909.00 元全部用于购买领先科技股票。2012 年 2 月 22 日买入领先科技股票的资金也来自当日卖出其他股票的成交额 13,642.00 元。而该账户在 2012 年 3 月 23 日,再次买入其他股票 15,000 股,成交价为 23.92 元。同时,该账户在 2012 年 2 月 13 日,曾先后以 20.72 元买入领先科技股票 9600 股和 20.92 元买入领先科技股票 9500 股进行下单委托,均未成交。最终成交价格为 21.348 元。

三、姚某峰与朱建峰关系及联络情况

姚某峰与朱建峰在 2012 年 1 月 21 日至 2 月 11 日期间共计通话 10 次,其中 2 月 10 日和 11 日双方通话 3 次,每次通话时间均不足一分钟。在 2011 年 11、12 月以及 2012 年 3、4 月双方没有电话联系。2012 年 5 月至 10 月期间,姚某峰与朱建峰仅联系过两次,分别是 5 月 1 日 12:25 分通话 31 秒和 9 月 21 日 23:10 分通话 2 分 8 秒。在调查询问中,二人均表示他们是大学校友。

上述事实分别有交易明细、当事人询问笔录、通讯记录等证据证明,足以认定。

朱建峰以其本人账户和他所控制的"白某秀"账户利用内幕信息交易领先科技股票的行为,违反了《证券法》第七十三条的规定。

根据当事人违法行为的事实、性质、情节与社会危害程度,依据《证券法》第二百零二条的规定,我会决定:没收朱建峰违法所得 737,731.49 元,并处以 737,731.49 元罚款。

上述当事人应自收到本处罚决定书之日起 15 日内,将罚没款汇交中国证券监督管理委员会(开户银行:中信银行总行营业部,账号:7111010189800000162,由该行直接上缴国库),并将注有当事人名称的付款凭证复印件送中国证券监督管理委员会稽查局备案。当事人如果对本处罚决定不服,可在收到本处罚决定书之日起 60 日内向中国证券监督管理委员会申请行政复议,也可在收到本处罚决定书之日起 3 个月内直接向有管辖权的人民法院提起行政诉讼。复议和诉讼期间,上述决定不停止执行。

关于邓永祥违反证券法规的行政处罚决定书

（〔2013〕36 号）

当事人：邓永祥，男，1971 年 2 月出生，住址：辽宁省大连市中山区丰汇园。

依据《中华人民共和国证券法》（以下简称《证券法》）的有关规定，我会对邓永祥内幕交易案进行了立案调查、审理，并依法向当事人告知了作出行政处罚的事实、理由、依据及当事人依法享有的权利。当事人邓永祥未提出陈述、申辩意见，也未要求听证。本案现已调查、审理终结。

经查明，邓永祥存在以下违法事实：

一、内幕信息的形成、传递与公开

宁夏大元化工股份有限公司（以下简称大元股份）原第一大股东大连实德投资有限公司（以下简称实德投资），法定代表人徐明。陈某国负责实德投资的工作，具体事务由贾某处理。上海泓泽世纪投资发展有限公司（以下简称泓泽世纪）成立于 2004 年，杨某持股 94%。邓永祥于 2009 年 7 月至 2010 年 6 月任泓泽世纪总裁，2010 年 6 月至调查时任大元股份总经理。

2009 年 7 月之前，邓永祥通过公开信息关注到实德投资一直在减持"大元股份"。2009 年 7 月 1、2 日左右，经对大元股份的初步了解，邓永祥受杨某委派联系陈某国，得知实德投资有意转让大元股份控股股权。陈某国、贾某分别向徐明汇报邓永祥有意收购大元股份股权，徐明当时并未同意，后邓永祥多次给徐明打电话、发短信沟通收购事宜，徐明短信回复邓永祥说此事由贾某负责，让他直接找贾某。邓永祥和陈某国到上海与杨某见面，陈某国介绍了实德投资的基本情况，当时实德投资持有"大元股份"市值 10 个多亿，杨某觉得太多，而且价格也不能确定，认为受让的股份不要超过 30%，商谈时没有表态。

2009 年 7 月 10 日左右，邓永祥与贾某在北京进行了第一次会谈，说他代表上海一家公司有意受让实德投资持有的大元股份股权，转让价格以二级市场价格为准，但未透露收购方的具体公司名称，初次洽谈没有达成任何意向。随后，贾某与邓永祥还进行了多次洽谈，陈某国、贾某向徐明汇报邓永祥提出的收购方案比较可行，确定将大元股份股权转让给泓泽世纪。

2009 年 7 月中下旬，邓永祥、杨某等与贾某在北京进行洽谈，除转让价格外，其他条件都达成了一致。

2009 年 7 月 27 日，贾某与邓永祥在北京就泓泽世纪受让大元股份股权事宜达成一致。陈某国向徐明汇报说商谈的价格很好。邓永祥打电话给杨某，说与实德投资谈差不多了，需要杨某去北京把数量和价格确定下来。

2009 年 7 月 28 日，贾某致电大元股份董事会秘书张某梅，咨询股权协议转让的相关法律法规及信息披露相关要求，并通知近期有股权协议转让交易发生。

2009 年 7 月 29 日，张某梅当面回复贾某咨询的问题，并与交易所沟通相关事宜。

2009 年 7 月 30 日，邓永祥、杨某等与贾某在北京商定泓泽世纪以每股 11 元受让实德投资持有的 5080 万股"大元股份"（占大元股份总股本的 25.4%）。

2009 年 7 月 31 日，邓永祥、杨某等与贾某签订了《股份转让协议》。

2009 年 8 月 1 日，大元股份发布《关于第一大股东股权转让的提示性公告》，称 2009 年 7 月 31 日实德投资与泓泽世纪签署《股份转让协议》，将其持有的 5080 万股"大元股份"转让给泓泽世纪，转让价格为 11 元/股，总价款 55,880 万元。

2009 年 9 月 7 日，泓泽世纪向实德投资先行支付了大元股份股权转让款 194,056,000 元。

2009 年 9 月 8 日,泓泽世纪完成股权过户手续。

2009 年 9 月 30 日,大元股份召开 2009 年第二次临时股东大会,泓泽世纪正式接管大元股份。

二、涉案账户交易情况

2007 年 6 月 22 日,邓永祥开立股东账户。2009 年 6 月 1 日至 9 月 7 日,该账户累计买入 60,744 股“大元股份”,卖出 60,744 股,下单方式为网上委托。其中 2009 年 6 月 1 日买入 5000 股,6 月 9 日卖出 3000 股,6 月 11 日买入 2700 股,6 月 24 日卖出 4700 股,6 月 29 日买入 2200 股,7 月 2 日卖出 2200 股。2009 年 7 月 28 日买入 36,044 股,成交金额 541,999.56 元,8 月 10 日卖出 37,944 股。2009 年 8 月 26 日、9 月 7 日该户仍交易“大元股份”。

2009 年 7 月 27 日,邓永祥本人存现 550,000 元;2009 年 8 月 11 日,向农行青铜峡市支行广场分理处腾宝账户转出 500,000 元,邓永祥办理。

根据邓永祥的询问笔录,2007 年或 2008 年邓永祥将该账户借给其弟邓某新使用,2009 年 10 月左右归还,同时邓永祥将账户中的个人资金也基本取出;账户借给邓某新后,资金由邓某新安排,邓永祥没有与该户发生过资金往来,也不清楚该账户交易情况;邓永祥证券账户只有其本人和邓某新使用;1994 年邓某新职业中专毕业,2006、2007 年在山东、广东、湖南等地打工,2008 年至 2009 年 9 月在广东打工,2009 年至 2010 年 3 月在湖南老家;2010 年 3 月之前来过北京一两次,但具体什么时候、住在什么地方、因为什么事来京邓永祥均不知道,邓某新来京期间没有与邓永祥见面。

根据北京中奥凯富国际酒店有限公司(以下简称凯富公寓)提供的情况说明、《租赁契约》及涉案账户交易流水,邓永祥 2009 年 7 月 16 日至 8 月 15 日租住凯富公寓客房,2009 年 7 月 28 日“邓永祥”账户通过凯富公寓互联网交易“大元股份”。

调查时,邓某新始终不肯接受调查人员的询问。

根据计算,“邓永祥”账户 2009 年 7 月 28 日买入“大元股份”股票 36,044 股,亏损 2,287.81 元。

以上违法事实,有相关公告、涉案账户交易记录以及涉案人员询问笔录等证据证明,足以认定。

上述行为,违反了《证券法》第七十六条的规定,构成了《证券法》第二百零二条所述的违法行为。

根据当事人违法行为的事实、性质、情节与社会危害程度,依据《证券法》第二百零二条的规定,我会决定:对邓永祥处以 50 万元罚款。

当事人应自收到本处罚决定书之日起 15 日内,将罚款汇交中国证券监督管理委员会(开户银行:中信银行总行营业部,账号:7111010189800000162,由该行直接上缴国库),并将注有当事人名称的付款凭证复印件送中国证券监督管理委员会稽查局备案。当事人如对本处罚决定不服,可在收到本处罚决定书之日起 60 日内向中国证券监督管理委员会申请行政复议,也可在收到本处罚决定书之日起 3 个月内直接向有管辖权的人民法院提起行政诉讼。复议和诉讼期间,上述决定不停止执行。

关于郭文忠违反证券法规的行政处罚决定书

(〔2013〕37 号)

当事人:郭文忠,男,1971 年 7 月出生,住址:内蒙古自治区阿拉善盟阿拉善左旗巴彦浩特镇额鲁特西路。

依据《中华人民共和国证券法》(以下简称

《证券法》)的有关规定,我会对郭文忠内幕交易案进行了立案调查、审理,并依法向当事人告知了作出行政处罚的事实、理由、依据及当事人依法享有的权利。当事人郭文忠提交了书面陈述、申辩意见。本案现已调查、审理终结。

经查明,郭文忠存在以下违法事实:

一、内幕信息的形成、传递与公开

宁夏大元化工股份有限公司(以下简称大元股份)原第一大股东是大连实德投资有限公司(以下简称实德投资)。上海泓泽世纪投资发展有限公司(以下简称泓泽世纪)成立于2004年,杨某持股94%。邓永祥于2009年7月至2010年6月任泓泽世纪总裁,2010年6月至调查时任大元股份总经理。

2009年7月31日,实德投资与泓泽世纪签署《股份转让协议》,将其持有的5080万股"大元股份"转让给泓泽世纪。泓泽世纪受让大元股份股权后,发现大元股份不能维持正常的经营业务,为避免公司连续两年亏损,杨某与邓永祥商议置换公司的主营业务。2009年10月,杨某、邓永祥着手将大元股份的主营业务更换为黄金板块业务,邓永祥负责此事。

2009年10月至11月底,邓永祥与阿拉善左旗珠拉黄金开发有限责任公司(以下简称珠拉黄金)进行接触,对珠拉黄金的生产经营情况有了初步了解。在内蒙古包头市,邓永祥向珠拉黄金单一股东、法定代表人郭某军表露了通过资本市场非公开发行的方式收购珠拉黄金的意向。郭某军称不懂资本市场和邓永祥所说的事情,但对收购变现是有意向的;双方谈了收购珠拉黄金股权比例的问题,也谈了收购的价格,但没有谈妥;郭某军弟弟、负责珠拉黄金生产工艺的郭文忠参加了会谈。随后,郭某军、郭文忠与邓永祥方面等三个人在呼和浩特又见了一次面。邓永祥表示,只要郭某军愿意,可以通过非公开发行的方式收购珠拉黄金。郭某军表达要卖就全卖的意思。

2009年12月初,邓永祥向杨某汇报,已与珠拉黄金有了接触和意向。郭某军、郭文忠与邓永祥、杨某在上海虹桥迎宾馆会谈。关于此次会谈,郭某军接受调查询问时称,郭某军告诉邓永祥,珠拉黄金的现金流年底比较困难,如果邓永祥方面能帮助一下,在以后的收购事情上,将优先考虑大元股份。邓永祥表示通过上市公司不方便,可以通过大元股份的关联公司给珠拉黄金借款三四千万元;郭某军称,如果后续双方合作成功,则上述借款折成转让款,如果不成功,则该笔款项作为借款返还。邓永祥接受调查询问时称,这次双方所谈的内容比较具体,并就收购价格基本达成一致,当时定的收购价格是16.5亿元;郭某军称如果邓永祥方面给他定金,他就不再与其他公司谈合作的事了;郭某军要求邓永祥方面先支付10%的定金,经双方协商,最终泓泽世纪只支付给珠拉黄金4000万元的定金,由泓泽世纪和嘉兴中宝炭纤维有限公司先行支付;谈定金的时候,杨某不在场,但该笔款项的性质,杨某是清楚并同意的。

2009年12月11日,邓永祥告诉杨某如果要和珠拉黄金继续谈下去的话,需要先期支付3000万元定金,杨某随后安排财务将3000万元打入珠拉黄金。

2009年12月30、31日,邓永祥实地考察珠拉黄金。

2010年1月2至4日,邓永祥、郭某军、大元股份董事长赵某、总经理李某等人,与阿拉善左旗旗长等政府领导,以及海通证券、北京华堂律师事务所人员,在北京洽谈大元股份在阿拉善左旗的战略规划与大元股份收购珠拉黄金股权相关事宜,形成了《阿拉善左旗政府与大元股份战略合作洽谈会会议纪要》,大元股份将在2010年融资30亿元左右投向阿左旗黄金产业发展,促进上市公司主业转型。在阿左旗政府的支持下,大元股份把珠拉黄金作为发展平台,投入资源、拉动地方经济、推进阿左旗金矿产业可持续发展。1月3日晚,邓永祥通知大元股份相关人员,泓泽世纪拟筹划对大元股份进行非公开发行股份募集资金购买资产事宜。

2010年1月4日上午8:40,大元股份接到泓泽世纪《关于对宁夏大元化工股份有限公司进行非公开发行股份募集资金购买资产的通知》的函,称泓泽世纪拟筹划对大元股份进行非公开发行股份募集资金购买资产事宜,为避免股价异动,于当日申请"大元股份"自2010年1月5日起停牌。

2010年1月5日,"大元股份"开始停牌,券商项目组、律师事务所项目组、会计师项目组进入珠拉黄金现场。

2010 年 1 月 6 日,邓永祥、郭某军、阿拉善左旗政府领导在阿拉善左旗洽谈正式合作的相关条款。

2010 年 1 月 7 日,邓永祥代表泓泽世纪与阿拉善左旗旗长签署《黄金与贵金属产业发展战略合作协议》,当日,大元股份将泓泽世纪和券商提供的背景资料以传真、邮件、专人送达的方式向各位董事发出。

2010 年 1 月 10 日,大元股份赵某与珠拉黄金郭某军签署《附生效条件的股权转让框架协议》,珠拉黄金股权转让价格初步定为 16.75 亿元。

二、涉案账户交易情况

2007 年 11 月 30 日,郭文忠开立股东账户。2009 年 12 月 29 日,该账户买入 1400 股“大元股份”,成交金额 35,140 元,2010 年 12 月 6 日卖出,成交金额 54,301.5 元。2008 年 3 月 26 日存现 30,000 元,至调查时无资金转出。

根据计算,上述交易获利 18,836.08 元。

根据郭文忠的询问笔录,郭文忠在珠拉黄金负责生产工艺,不参与公司的经营管理;郭文忠资金账户由其本人使用,账户内资金属本人所有;2009 年年底郭文忠交易“大元股份”由其本人决策并操作,没有听取任何其他人的意见或建议,其交易股票的方式为网上委托,下单地址不固定。

以上违法事实,有相关公告、涉案账户交易记录以及涉案人员询问笔录等证据证明,足以认定。

郭文忠的行为,违反了《证券法》第七十六条的规定,构成了《证券法》第二百零二条所述的违法行为。

郭文忠在书面申辩意见中提出,其在客观上不具备利用内幕信息的条件,主观上不具备利用内幕信息购股的主观动机和目的。请求免予追究法律责任。

经审核,我会认为,综合考虑郭文忠参加了珠拉黄金与大元股份就收购金矿一事举行的多次会谈、了解大元股份看好并准备购买金矿资产的情况,以及郭文忠系珠拉黄金单一股东、法定代表人郭某军弟弟的身份,郭文忠于知悉内幕信息后、内幕信息公开前交易“大元股份”的事实至为明显;涉案交易与相关事项的进展在时点上高度吻合,当事人未提出足以切断知悉内幕信息行为与涉案交易行为之间联系的理由与证据;因此,不采纳其未利用内幕信息的申辩意见。

根据当事人违法行为的事实、性质、情节与社会危害程度,依据《证券法》第二百零二条的规定,我会决定:没收郭文忠违法所得 18,836.08 元,并处以 3 万元罚款。

当事人应自收到本处罚决定书之日起 15 日内,将罚没款汇交中国证券监督管理委员会(开户银行:中信银行总行营业部,账号:7111010189800000162,由该行直接上缴国库),并将注有当事人名称的付款凭证复印件送中国证券监督管理委员会稽查局备案。当事人如对本处罚决定不服,可在收到本处罚决定书之日起 60 日内向中国证券监督管理委员会申请行政复议,也可在收到本处罚决定书之日起 3 个月内直接向有管辖权的人民法院提起行政诉讼。复议和诉讼期间,上述决定不停止执行。

关于李辉违反证券法规的行政处罚决定书

([2013]38 号)

当事人:李辉,男,1973 年 9 月出生,住址:上海市浦东新区蓝村路 31 弄。

依据《中华人民共和国证券法》(以下简称《证券法》)的有关规定,我会对李辉违法违规行为进行了立案调查、审理,并依法向当事人告知了作出行政处罚的事实、理由、依据及当事人依法享有的权利。当事人李辉未提出陈述、申辩意见,也未要求听证。本案现已调查、审理终结。

经查明,李辉存在以下违法事实:

一、涉案账户组开立、交易及资金往来情况

2009年5月7日,丁某娇开立股东账户。2009年7月7日,该账户通过大宗交易方式买入9,500,000股"大元股份",2009年7月9日至7月29日陆续全部卖出。该户资金主要往来方为陶某威、杜某益。

2009年7月8日,丁某开立股东账户。2009年7月10日,该账户通过大宗交易方式买入5,000,000股"大元股份",2009年7月13日至7月17日陆续全部卖出。该户资金主要往来方为陶某威。

2009年7月16日,陶某英开立股东账户。2009年7月20日,该账户通过大宗交易方式买入4,000,000股"大元股份",2009年7月22日至7月30日陆续全部卖出。该户资金主要往来方为陶某威。

2009年7月14日,袁某开立股东账户。2009年7月15日,该账户通过大宗交易方式买入8,000,000股"大元股份"。该户资金主要往来方为陶某威。

二、涉案账户组的权利归属及交易操作情况

根据陶某威的询问笔录,丁某娇、陶某英、丁某、袁某4个账户实质为陶某威所有。2009年年初,陶某威在上交所网站发布了想做大宗交易的意愿,公布了联系方式。"杜某益"电话联系了他,想和他进行融资合作,具体方式是杜某益借陶某威的钱进行大宗交易,日息万分之五,条件是杜向陶控制的丁某娇的银行账户打入10%的保证金。合作的起点是丁某娇账户接收的第一笔大宗交易开始,陶某威本人没有见过"杜某益",因为后来跟他发生资金往来的人是"杜某益",所以推测给他打电话谈大宗交易的人应该是"杜某益"。陶称,他借给"杜某益"的账户应该是丁某娇、丁某、陶某英、袁某4个账户。

根据李辉的询问笔录,2009年2、3月至今,杜某益的兴业银行及招商银行账户均由李辉使用,账户内资金均为李辉所有。2009年5月21日,李辉通过杜某益招商银行账户给丁某娇账户打入1000万保证金,后又陆续打了几笔保证金。7月,李辉动用1个多亿使用该账户接"大元股份"的大宗交易。2009年年中,李辉共使用了丁某娇、丁某、袁某、陶某英证券账户交易"大元股份",并具有自主决策权和收益权。2009年8、9月,陶某威支付给李辉约五六千万元,包括李辉支付给他的保证金及大宗交易的收益。

根据杜某益的询问笔录,杜某益2009年年初至2010年年初为李辉开车,并替李辉办理证券账户及银行账户的存取款业务;杜某益的招商银行账户以及在宏源证券浦北路营业部开立的证券账户,自开立之日起都借给李辉使用。

根据招商银行提供的资料,2009年5月至9月杜某益招商银行账户与丁某娇招商银行账户之间的资金往来有:2009年5月21日、5月25日杜某益账户分别向丁某娇账户汇入1000万元、200万元;2009年5月26日至6月3日,丁某娇账户向杜某益账户累计汇入940万元;2009年6月5日,杜某益账户向丁某娇账户汇入300万元;2009年6月8日至6月11日,丁某娇账户向杜某益账户汇入920万元;2009年6月12日,杜某益账户向丁某娇账户汇入500万元;2009年6月17日至9月3日,丁某娇账户向杜某益账户累计汇入5578.98万元。

根据赵某颖的询问笔录,2009年4月开始,李辉让赵某颖到宏源证券康定路营业部8009大户室帮他下单,赵某颖和李辉直到调查时还是雇佣关系;李辉使用丁某娇、丁某、陶某英、袁某账户至2009年7、8月,这4个账户都与陶某威有关。

根据营业部提供的资料,丁某娇、丁某、陶某英、袁某等4个账户在2009年7月至8月期间交易"大元股份"股票的MAC地址与杜某益账户证券交易使用的MAC地址存在部分重合情况。

三、涉案账户组持有"大元股份"情况

丁某娇账户组在2009年7月10日持有10,143,700股"大元股份",占该股流通股及总股本的5.07%;7月15、7月16日持有12,944,000股"大元股份",占该股流通股及总股本的

6. 47%;7 月 17 日持有 11,732,800 股“大元股份”,占该股流通股及总股本的 5. 87%;7 月 20 日、7 月 21 日持有 15,100,000 股“大元股份”,占该股流通股及总股本的 7. 55%。

以上违法事实,有涉案账户交易记录以及涉案人员询问笔录等证据证明,足以认定。

李辉的行为,违反了《证券法》第八十六条关于持有上市公司已发行股份达到规定比例时应依法定程序公告的规定,构成了《证券法》第一百九十三条所述的违法行为。

根据当事人违法行为的事实、性质、情节与社会危害程度,依据《证券法》第一百九十三条的规定,我会决定:对李辉给予警告,并处以 60 万元罚款。

当事人应自收到本处罚决定书之日起 15 日内,将罚款汇交中国证券监督管理委员会(开户银行:中信银行总行营业部,账号:7111010189800000162,由该行直接上缴国库),并将注有当事人名称的付款凭证复印件送中国证券监督管理委员会稽查局备案。当事人如对本处罚决定不服,可在收到本处罚决定书之日起 60 日内向中国证券监督管理委员会申请行政复议,也可在收到本处罚决定书之日起 3 个月内直接向有管辖权的人民法院提起行政诉讼。复议和诉讼期间,上述决定不停止执行。

关于江建华、熊碧波违反证券法规的行政处罚决定书

(〔2013〕39 号)

当事人:江建华,男,香港居民,1956 年 11 月出生,2007 年 9 月至今为上海娴遐投资管理有限公司(以下简称娴遐投资)法定代表人、实际控制人、执行董事,住址:上海市闸北区。

熊碧波,男,加拿大永久居民,1968 年 1 月出生,原上海天力投资咨询顾问公司董事长,住址:上海市浦东新区。

依据《中华人民共和国证券法》(以下简称《证券法》)的有关规定,我会对江建华、熊碧波涉嫌内幕交易秦皇岛天业通联重工股份有限公司(以下简称天业通联)股票的行为进行了立案调查、审理,并依法向当事人告知了作出行政处罚的事实、理由、依据及当事人依法享有的权利,当事人未提出陈述、申辩意见,也未要求听证。本案现已调查、审理终结。

经查明,江建华、熊碧波存在以下违法事实:

一、内幕信息的形成和公开过程

2011 年 6 月 2 日,天业通联法定代表人朱某和时任敖汉银亿矿业有限公司(以下简称敖汉银亿)法定代表人金某就天业通联收购敖汉银亿事项进行了初步磋商。2011 年 6 月 11 日,朱某、郑某(时任天业通联董秘)、陈某、熊碧波(后 3 人乘同一航班)到达赤峰并于次日考察敖汉银亿。考察期间,朱某等人和金某对收购事项进行了磋商。双方对天业通联控股和收购价格分歧不大。2011 年 6 月 13 日,郑某和熊碧波、陈某三人坐同一航班回上海。2011 年 7 月底,朱某和金某就收购敖汉银亿最终达成一致。2011 年 8 月 2 日,金某与朱某签署《股权收购及增资意向协议》。2011 年 8 月 4 日,天业通联公告前述收购事项。

天业通联收购敖汉银亿股权事项属于《证券法》第六十七条第二款第(二)项所述的“公司的重大投资行为和重大的购置财产的决定”。该事项在 2011 年 8 月 4 日公开前属内幕信息。该内幕信息形成日期不迟于 2011 年 6 月 13 日。

二、江建华、熊碧波知悉内幕信息情况

娴遐投资时为天业通联持股 5% 以上的大股东,江建华是娴遐投资的执行董事和实际控制人,系《证券法》第七十四条第一款第(二)项

规定的法定内幕信息知情人。此外,郑某、陈某由娴遐投资派驻到天业通联担任董事,并向江建华汇报天业通联的重大事项。

熊碧波与江建华、郑某、陈某及娴遐投资关系密切,且在内幕信息公开前与朱某、郑某、陈某等内幕信息知情人存在密切接触,其知悉内幕信息。

三、相关账户交易天业通联股票情况

江建华通过借用和协议控制李某等9个账户交易天业通联股票。该账户组在2011年6月13日至8月3日期间共买入"天业通联"3,241,775股,买入金额64,527,521.56元。截至2012年6月8日(调查结束日,下同)收盘,该账户组持有的"天业通联"已全部卖出。经计算,该账户组在2011年6月13日至8月3日期间买入的"天业通联"共亏损16,439,735.44元。

熊碧波实际控制彭某等9个账户交易天业通联股票。该账户组在2011年6月13日至8月3日期间共买入"天业通联"3,677,580股,买入金额72,959,127.86元。截至2012年6月8日收盘,该账户组尚持有"天业通联"688,417股。经计算,该账户组在2011年6月13日至8月3日期间买入的"天业通联"共亏损16,846,257.44元。

以上违法事实,有询问笔录、相关协议、账户开户材料、交易记录、交易IP地址、MAC地址、资金流水等证据证明,足以认定。

江建华、熊碧波的上述行为违反了《证券法》第七十三条、第七十六条的规定,构成了《证券法》第二百零二条所规定的内幕交易行为。

根据当事人的违法事实、性质、情节与社会危害程度,依据《证券法》第二百零二条的规定,我会决定:

一、对江建华处以400,000元罚款。

二、鉴于熊碧波在2010年曾因从事非法证券投资咨询活动被我会行政处罚并予以市场禁入(行政处罚决定书〔2010〕25号、市场禁入决定书〔2010〕9号),对熊碧波从重处以罚款600,000元,并责令其卖出内幕信息敏感期内所买入的天业通联股票,如有违法所得,予以没收。

上述当事人应自收到本处罚决定书之日起15日内,将罚没款汇交中国证券监督管理委员会(开户银行:中信银行总行营业部,账号:7111010189800000162,由该行直接上缴国库),并将注有当事人名称的付款凭证复印件送中国证券监督管理委员会稽查局备案。当事人如果对本处罚决定不服,可在收到本处罚决定书之日起60日内向中国证券监督管理委员会申请行政复议,也可在收到本处罚决定书之日起3个月内直接向有管辖权的人民法院提起行政诉讼。复议和诉讼期间,上述决定不停止执行。

关于王建森违反证券法规的行政处罚决定书

(〔2013〕40号)

当事人:王建森,男,1981年11月出生,住址:黑龙江省哈尔滨市平房区建文街。

依据《中华人民共和国证券法》(以下简称《证券法》)的有关规定,我会对王建森操纵深圳中冠纺织印染股份有限公司(以下简称ST中冠A)股票价格违法行为进行了立案调查、审理,并依法向王建森告知了作出行政处罚的事实、理由、依据及当事人依法享有的权利,我会根据王建森的请求举行了听证会。本案现已调查、审理终结。

经查明,王建森存在以下违法事实:

一、本案所涉账户情况

2007年3月2日,王建森实名账户开立。2012年9月10日至2012年9月28日期间,王建森账户交易股票共使用15个IP地址,经查询均显示在黑龙江省哈尔滨市,MAC 地址显示为王建森本人使用的电脑。

王建森在其笔录中称:"王建森账户从开立至今都是由我本人操作交易,没有其他人操作,交易决策都是我自己决定,资金也都是我们家庭自有资金,账户盈亏收益都归我自己。"

二、王建森操纵 ST 中冠 A 股价情况

王建森在2012 年9 月10 日至9 月28 日期间,共计买入6,789,807 股"ST 中冠 A",全部卖出,亏损325,340.37 元。王建森采取了多种方式操纵 ST 中冠 A 股价,具体包括:

(一)开盘期间虚假申报

王建森2012 年9 月10 日至9 月28 日期间共计有7 天交易"ST 中冠 A"采取开盘虚假申报手段操纵开盘价,具体为:

2012 年9 月11 日,在集合竞价阶段9:17:01,以当日涨停价6.43 元大单申报买入915,400 股,9:17:20 全部撤单,占集合竞价阶段市场撤单量99.46%,申报和撤单时刻间隔仅19 秒,申报前一秒市场同档位其他投资者买入申报总量仅1,100 股,申报前一秒市场前10 档买入申报总量仅18,900 股。当日该账户集合竞价阶段共申买2 笔,共计申买925,400 股,占集合竞价阶段市场申买量的96.71%,当日开盘价格以6.27 元开盘,较前一交易日收盘价涨幅2.45%。

2012 年9 月12 日,在集合竞价阶段9:15:4498,以第2 档价格6.61 元申报买入172,800 股,9:17:5942 全部撤单,占集合竞价阶段市场撤单量100%,申报和撤单时刻间隔仅134 秒,申报前一秒市场同档位其他投资者买入申报总量0 股,申报前一秒市场前10 档买入申报总量仅8,000 股。9:23:5223 以6.38 元的价格在第8 档申报买入692,200 股,造成买盘大的假象,并于9:30:2281 全部撤单,撤单时该申报尚处于买入第6 档。当日该账户集合竞价阶段共申买2 笔,共计申买865,000 股,占集合竞价阶段市场申买量的96.66%,当日开盘价格以6.45 元开盘,较前一交易日收盘价涨幅1.56%。

2012 年9 月14 日,在集合竞价阶段9:15:1902,以当日涨停价6.88 元大单申报买入278,700 股,占开盘集合竞价期间全部涨停价位申报买入量的93.46%,9:19:4737 全部撤单。之后又于9:24:1474、9:24:4044、9:30:3961 分别以6.68 元至6.62 元在买入的第5 至第3 档价格之间申报买入合计330,300 股,造成买大的假象,9:33:25 全部撤单。其中,集合竞价阶段,共计申报3 笔,申报占全部市场申买量的74.87%。

2012 年9 月21 日,在集合竞价阶段的9:20:2635,以买入第1 档申报买入83,100 股,未成交并于9:43:0080 撤单,撤单档位为买入第8 档。集合竞价阶段账户申买量占市场申买量比例为79.36%。当日开盘价6.86 元,较前一交易日收盘价跌幅-1.15%。

2012 年9 月25 日,在集合竞价阶段9:15:3936,以7 元申报买入103,300 股,占全部市场申买量的78.49%,9:15:4773 撤单,申报和撤单时刻仅间隔8.37 秒。集合竞价阶段账户撤单量占市场撤单量100%,账户申买量占市场申买量78.50%。当日开盘价6.99 元,较前一交易日收盘价下跌-0.99%。

2012 年9 月27 日,在集合竞价阶段9:15:2978,以6.69 元价格分别挂出164,100 股买单,随后9:19:3826 全部撤单。集合竞价阶段账户申买量占市场申买量79.12%,当日开盘价6.71 元,较前一交易日收盘价下跌-4.68%。

2012 年9 月28 日,在集合竞价阶段9:15:3703,以当天跌停价格6.46 元挂出724,700 股买单,9:19:1831 全部撤单,集合竞价阶段账户申买量占市场申买量84.22%。当日开盘价6.49 元,较前一交易日收盘价下跌-4.55%。

(二)反向交易并自成交

王建森2012 年9 月10 日至9 月28 日期间交易"ST 中冠 A"共计有9 天存在反向交易并自成交情况,其中当日自成交笔数超过10 笔的有5 天,9 月14 日13 笔、21 日15 笔、24 日23 笔、25 日17 笔、27 日18 笔;当日自成交量占买入成交量比例超过50%的有4 天,9 月21 日占67.83%、24 日占90.49%、25 日占67.32%、27 日占86.11%;当日自成交量占卖出成交量比例超过50%的有5 天,9 月13 日占100%、14 日占66.57%、20 日占98.14%、21 日占71.67%、24 日占90.52%;当日自成交量占市场成交总量比例超过50%的有1 天,9 月24 日占69.27%。具体情况如下:

2012年9月13日，当日自成交笔数4笔，自成交量152,580股，自成交量占买入成交量比例27.28%，自成交量占卖出成交量比例100%，自成交量占市场成交总量比例26.35%。

2012年9月14日，当日自成交笔数13笔，自成交量295,050股，自成交量占买入成交量比例41.77%，自成交量占卖出成交量比例66.56%，自成交量占市场成交总量比例18.68%。

2012年9月20日，当日自成交笔数2笔，自成交量52,710股，自成交量占卖出成交量比例98.14%，自成交量占市场成交总量比例5.90%。

2012年9月21日，当日自成交笔数15笔，自成交量818,240股，自成交量占买入成交量比例67.82%，自成交量占卖出成交量比例71.67%，自成交量占市场成交总量比例36.54%。

2012年9月24日，当日自成交笔数23笔，自成交量1,175,600股，自成交量占买入成交量比例90.48%，自成交量占卖出成交量比例90.51%，自成交量占市场成交总量比例69.27%。

2012年9月25日，当日自成交笔数17笔，自成交量587,488股，自成交量占买入成交量比例67.31%，自成交量占卖出成交量比例48.41%，自成交量占市场成交总量比例35.82%。

2012年9月26日，当日自成交笔数9笔，自成交量130,100股，自成交量占买入成交量比例22.19%，自成交量占卖出成交量比例38.74%，自成交量占市场成交总量比例10.73%。

2012年9月27日，当日自成交笔数18笔，自成交520,000股，自成交量占买入成交量比例86.11%，自成交量占卖出成交量比例41.80%，自成交量占市场成交总量比例27.85%。

（三）收盘期间虚假申报

王建森2012年9月10日至9月28日期间交易"ST中冠A"有6天采取尾盘虚假申报方式操纵收盘价，分别为2012年9月11日、14日、19日、20日、21日、24日、26日、27日，具体情况如下：

2012年9月11日14:58:3265至收盘，申买1笔，申买量645,600股，买入成交量809股，账户申买量占该时段市场申买量99.95%，账户申买量占收盘前15分钟市场申买量96.1%。

2012年9月14日14:45:5827至14:56:5260，申买笔数12笔，申买量375,000股，买入成交量220,700股，买入成交量占该时段市场成交量91.65%，申买量占该时段市场申买量88.86%，该时段股价涨幅0.89%，当日收盘前15分钟股价涨幅1.34%，买入成交量占收盘前15分钟市场成交量88.77%，申买量占收盘前15分钟市场申买量86.66%。

2012年9月19日14:45:3193至14:53:1196，申买笔数3笔，申买量78,500股，买入成交量52,500股，买入成交量占该时段市场成交量79.90%，申买量占该时段市场申买量71.42%，该时段股价涨幅1.05%，当日收盘前15分钟股价涨幅1.20%，买入成交量占收盘前15分钟市场成交量49.06%，申买量占收盘前15分钟市场申买量30.79%。

2012年9月20日14:56:5455至14:59:5451，申买笔数2笔，申买量203,700股，买入成交量50,000股，买入成交量占该时段市场成交量100%，申买量占该时段市场申买量93.61%，该时段股价涨幅2.08%，当日收盘前15分钟股价涨幅1.61%，买入成交量占收盘前15分钟市场成交量31.74%，申买量占收盘前15分钟市场申买量76.43%。

2012年9月21日14:54:2239至14:59:5324，申买笔数3笔，申买量302,500股，买入成交量200,000股，买入成交量占该时段市场成交量87.52%，申买量占该时段市场申买83.79%，该时段股价涨幅1.41%，当日收盘前15分钟股价涨幅0.13%，买入成交量占收盘前15分钟市场成交量63.29%，申买量占收盘前15分钟市场申买量74.43%。

2012年9月24日14:48:1936至14:56:5581，申买笔数3笔，申买量300,000股，买入成交量100,000股，买入成交量占该时段市场成交量81.03%，申买量占该时段市场申买90.06%，该时段股价涨幅0.86%，当日收盘前15分钟股价涨幅1.58%，买入成交量占收盘前

15分钟市场成交量42.68%,申买量占收盘前15分钟市场申买量80.60%。

(四)连续交易

王建森2012年9月10日至9月28日期间连续交易"ST中冠A"情况:

2012年9月10日王建森总共买入"ST中冠A"306,150股,合计买成交量排名市场第一。该股当天涨停。

2012年9月11日9:24:5930至10:22:1356,买成交量99,900股,占账户当日买成交量比例99.19%,占同期市场成交量比例17.54%,申买17笔,申买量为3,933,400股,占同期市场申买量比重为79.64%,第一笔申买时刻之前的最后一笔市场成交价为6.12元,最后一笔申买时刻之后的第一笔市场成交价为6.42元,期间股价涨跌幅为4.90%。当日合计申报买入5,494,400股,占市场申买量比例为74.87%,合计申买量排名市场第一,合计买成交量100,709股,占市场成交量比例为9.91%,合计买成交量排名市场第一。

2012年9月12日9:30:3753至10:05:1834,买成交量48,222股,占账户当日买成交量比例100%,占同期市场成交量比例19.40%,申买9笔,申买量为966,200股,申买量占同期市场申买量比重为60.84%,第一笔申买时刻之前的最后一笔市场成交价为6.55元,最后一笔申买时刻之后的第一笔市场成交价为6.32元,期间股价涨跌幅为-3.51%。合计申报买入5,494,400股,占市场申买量比例为74.87%,合计申买量排名市场第一,合计买成交量100,709股,占市场成交量比例为9.91%,合计买成交量排名市场第一。

2012年9月13日,合计申报买入882,700股,占市场申买量比例42.90%,合计申买量排名市场第一,合计买成交量559,184股,占市场成交量比例96.6%,合计买成交量排名市场第一。

2012年9月14日9:56:2996至10:48:0974,买成交量247,599股,买成交量占账户当日买成交量比例35.05%,买成交量占同期市场成交量比例57.73%,卖成交量143,500股,卖成交量占当日卖成交量比例32.37%,卖成交量占同期市场成交量比例33.45%。申买25笔,申买量为690,400股,申买量占同期市场申买量比重为67.78%,申卖5笔,申卖量占同期市场申卖量比重40.99%,第一笔申买时刻之前的最后一笔市场成交价为6.59元,最后一笔申买时刻之后的第一笔市场成交价为6.77元,期间股价涨跌幅达2.73%。当日合计申报买入2,567,500股,占市场申买量比例59.15%,合计申买量排名市场第一,合计买成交量706,319股,占市场成交量比例44.73%,合计买成交量排名市场第一。

2012年9月17日,当日合计申报买入12,600股,占市场申买量比例1.64%,合计买成交量4200股,占市场成交量比例1.35%。当日股价跌停。

2012年9月18日,当日股价跌0.47%,申报卖出262,600股,除开盘集合竞价阶段9:16:0141以卖1档申报外,其他3笔都以卖出第5、6档申报,均未成交。

2012年9月19日9:15:5264至9:18:4658挂出4笔申报卖单,均未成交全部撤单。14:30:1846至14:35:2701挂出3笔卖单,未成交全部撤单。14:17:2733至14:53:1196,在该时段内的买成交量155,600股,买成交量占账户当日买成交量比例86.87%,买成交量占同期市场成交量比例84.01%。申买22笔,申买量为193,500股,申买量占同期市场申买量比重为40.85%,申卖3笔,申卖量占同期市场申卖量比重64.07%,第一笔申买时刻之前的最后一笔市场成交价为6.50元,最后一笔申买时刻之后的第一笔市场成交价为6.73元,期间股价涨跌幅达3.53%。当日合计申报买入193,500股,占市场申买量比例18.45%,合计申买量排名市场第一,合计买成交量179100股,占市场成交量比例52.20%,合计买成交量排名市场第一。

2012年9月20日,9:16:0018至9:17:1855挂出3笔申报卖单共计16,100股,均未成交撤单。9:31:1221至14:43:0913,买成交量162,700股,买成交量占账户当日买成交量比例51.23%,买成交量占同期市场成交量比例23.26%,卖成交量53,710股,卖成交量占当日卖成交量比例100%,卖成交量占同期市场成交量比例7.67%。申买21笔,申买量为818,300股,申买量占同期市场申买量比重为46.44%,第一笔申买时刻之前的最后一笔市场成交价为6.8元,最后一笔申买时刻之后的第一笔市场成交价为6.74元,期间股价涨跌幅达-0.88%。当日合计申报买入1,022,000股,占市场申买量比例49.25%,合计申买量排名市场第一,合计买成交量317,550股,占市场成交量比例35.56%,合计买成交量排名市场第一。

2012年9月21日,9:20:2635买1档申报买入83,100股,未成交9:43:0080撤单,撤单档位买8档。9:35:5468至9:36:4586,以7.17元至7.12元的价格挂出6笔卖出申报18,000股,13:34:3143除主动撤单6,000股之外,余下12,000股全部成交。9:48:5141至14:59:5324,买成交量1,206,385股,买成交量占账户当日买成交量比例100%,买成交量占同期市场成交量比例55.24%,卖成交量1,141,630股,卖成交量占当日卖成交量比例100%。申买33笔,申买量为2,065,300股,申买量占同期市场申买量比重为42.60%,申卖49笔,申卖量占同期市场申卖量比重42.53%,第一笔申买时刻之前的最后一笔市场成交价为6.69元,最后一笔申买时刻之后的第一笔市场成交价为7.17元,期间股价涨跌幅达7.17%。当日合计申报买入2,148,400股,占市场申买量比例42.71%,合计申买量排名市场第一,合计买成交量1,206,385股,占市场成交量比例53.88%,合计买成交量排名市场第一。

2012年9月24日11:29:5220至13:06:0447,买成交量449,900股,买成交量占账户当日买成交量比例34.62%,买成交量占同期市场成交量比例94.75%,卖成交量435,500股,卖成交量占当日卖成交量比例33.53%,卖成交量占同期市场成交量比例91.72%。申买6笔,申买量为539,900股,申买量占同期市场申买量比重为91.27%。13:28:4335至13:30:4725,买成交量304,100股,买成交量占账户当日买成交量比例23.40%,买成交量占同期市场成交量比例99.80%,卖成交量304,000股,卖成交量占当日卖成交量比例23.40%,卖成交量占同期市场成交量比例99.77%。申买5笔,申买量为465,900股,申买量占同期市场申买量比重为99.84%,申卖2笔,申卖量占同期市场申卖量比重99.75%,第一笔申买时刻之前的最后一笔市场成交价为7.10元,最后一笔申买时刻之后的第一笔市场成交价为7.13元,期间股价涨跌幅为0.42%。14:02:0457至14:15:3339,买成交量200,000股,买成交量占账户当日买成交量比例15.39%,买成交量占同期市场成交量比例86.35%,卖成交量206,300股,卖成交量占当日卖成交量比例15.88%,卖成交量占同期市场成交量比例89.07%,申买3笔,申买量为254,300股,占同期市场申买量比重为91.77%,申卖3笔,占同期市场申卖量比重70.58%,第一笔申买时刻之前的最后一笔市场成交价为7.07元,最后一笔申买时刻之后的第一笔市场成交价为7.02元,期间股价跌0.71%;14:48:1936至14:56:5581,买成交量100,000股,买成交量占账户当日买成交量比例7.69%,买成交量占同期市场成交量比例81.03%,卖成交量79,400股,占当日卖成交量比例6.11%,卖成交量占同期市场成交量比例64.34%,申买3笔,申买量为300,000股,占同期市场申买量比重为90.06%,申卖1笔,占同期市场申卖量比重64.68%,第一笔申买时刻之前的最后一笔市场成交价为6.97元,最后一笔申买时刻之后的第一笔市场成交价为7.03元,期间股价涨跌幅为0.86%。当日合计申报买入1,822,700股,占市场申买量比例67.84%,合计申买量排名市场第一,合计买成交量1,299,200股,占市场成交量比例76.55%,合计买成交量排名市场第一。

2012年9月25日9:57:2164至10:36:4824,买成交量771,800股,买成交量占账户当日买成交量比例88.43%,买成交量占同期市场成交量比例73.26%,卖成交量769,800股,卖成交量占当日卖成交量比例63.43%,卖成交量占同期市场成交量比例73.07%。申买7笔,申买量为1,215,000股,申买量占同期市场申买量比重为81.17%,申卖55笔,申卖量占同期市场申卖量比重79.10%,第一笔申买时刻之前的最后一笔市场成交价为6.71元,最后一笔申买时刻之后的第一笔市场成交价为6.74元,期间股价涨跌幅0.45%。当日合计申报买入3,273,700股,占市场申买量比例79.74%,合计申买量排名市场第一,该账户合计买成交量872,688股,占市场成交量比例53.21%,合计买成交量排名市场第一。

2012年9月26日11:00:2852至13:34:4557,买成交量90,900股,买成交量占账户当日买成交量比例15.50%,买成交量占同期市场成交量比例55.56%。申买21笔,申买量为108,900股,申买量占同期市场申买量比重为28.03%,申卖2笔,申卖量占同期市场申卖量比重21.64%,第一笔申买时刻之前的最后一笔市场成交价为6.47元,最后一笔申买时刻之后的第一笔市场成交价为6.49元,期间股价涨跌幅0.31%。当日合计申报买入673,600股,占市场申买量比例38.26%,合计申买量排名市场第一,合计买成交量586,200股,占市场成交量比例48.36%,合计买成交量排名市场第一。

2012年9月27日14:55:2518至14:59:5449,申买4笔,申买量为1,540,000股,申买量占同期市场申买量比重为98.55%,第一笔申买时刻之前的最后一笔市场成交价为6.77元,最后一笔申买时刻之后的第一笔市场成交价为6.80元,期间股价涨跌幅0.44%。当日合计申报买入2,545,100股,占市场申买量比例53.65%,合计申买量排名市场第一,合计买成交量603,900股,占市场成交量比例32.34%,合计买成交量排名市场第一。

2012年9月28日,9:15:3703,王建森以6.46元当天跌停价格挂出724,700股买单,9:19:1831全部撤单,集合竞价阶段账户申买量占市场申买量84.22%。9:30:3973以6.46元价格委托买入77,300股,9:35:1370全部撤单。当日股票全部卖出,卖出价格为6.46元至6.59元。

以上违法事实有相应书证、谈话笔录、交易数据、以及当事人确认的电子数据截屏等证据证明。

2012年9月10日至9月28日期间王建森共计有7天交易"ST中冠A"采取虚假申报手段操纵开盘价,有6天采取尾盘虚假申报方式操纵收盘价,共计有9天存在自成交情况,其中当日自成交笔数超过10笔的有5天,当日自成交量占买入成交量比例超过50%的有4天,最高达90.49%,当日自成交量占卖出成交量比例超过50%的有5天,最高达100%,当日自成交量占市场成交总量比例超过50%的有1天为69.27%。同时,王建森还利用资金或持股优势连续买卖"ST中冠A"。在王建森交易"ST中冠A"期间,该股成交量放大,日均成交116万股,之前该股日均成交量(取14个交易日)仅为28万股,之后该股日均成交量(取14个交易日)为51.86万股。"ST中冠A"的股价从2012年9月10日的5.85元(开盘价)上涨至9月28日的6.46元(收盘价),最高涨至7.22元(9月21日盘中价)。

王建森的交易数据能够证明王建森有操纵ST中冠A股价的故意并实施了操纵行为,操纵行为对ST中冠A股价有一定的影响力。同时,王建森的交易行为对"ST中冠A"的成交量和股价产生了影响。王建森于2012年9月10日至9月28日期间利用资金或持股优势连续买卖、虚假申报、反向交易并自成交等方式交易"ST中冠A",影响该股价格的行为构成《证券法》第七十七条规定所述的情形。

2013年6月28日我会向当事人送达《行政处罚事先告知书》。2013年7月31日,应王建森的请求召开听证会。王建森对《行政处罚事先告知书》认定的违法事实无异议,但提出以下申辩意见请求减免处罚:

在我会调查过程中,其积极配合调查并如实讲述了买卖ST中冠A股票的全过程;其操纵ST中冠A股价只用了本人一个账号,且资金量不大,违法情节不重;其操纵ST中冠A股价没有获利,反而亏损,受到了市场的处罚;与我会以往处罚的案件相比,对其处罚偏重。

针对王建森上述申辩意见,我会经复核认为:

根据《证券法》第二百零三条的规定,操纵证券市场没有违法所得或者违法所得不足30万元的,我会可处以30万元以上300万元以下的罚款。王建森操纵ST中冠A股票,亏损325,340.37元,依法可以处以30万元至300万元罚款。考虑到王建森调查期间较配合,能比较坦白地交代自己的违法行为及动机,认识到自己给市场造成异常波动的后果并感到后悔,已酌情从轻处罚。王建森用以比较处罚幅度的其他处罚决定与本案属于不同案由,违法事实性质不同,不具可比性。

据此,依照《证券法》第二百零三条之规定,我会决定:对王建森处以60万元的罚款。

上述当事人应自收到本处罚决定书之日起15日内,将罚款汇交中国证券监督管理委员会(开户银行:中信银行总行营业部,账号:7111010189800000162,由该行直接上缴国库),并将注有当事人名称的付款凭证复印件送中国证券监督管理委员会稽查局备案。当事人如果对本处罚决定不服,可在收到本处罚决定书之日起60日内向中国证券监督管理委员会申请行政复议,也可在收到本处罚决定书之日起3个月内直接向有管辖权的人民法院提起行政诉讼。复议和诉讼期间,上述决定不停止执行。

关于张庆瑞违反证券法规的行政处罚决定书

（〔2013〕41号）

当事人:张庆瑞,男,1963年10月出生,住址:北京市东城区北河沿大街。

依据《中华人民共和国证券法》(以下简称《证券法》)的有关规定,我会对张庆瑞内幕交易北人印刷机械股份有限公司(以下简称ST北人)股票行为进行了立案调查、审理,并依法向张庆瑞告知了作出行政处罚的事实、理由、依据及当事人依法享有的权利,并应当事人张庆瑞的请求举行了听证会,听取了当事人及其代理人的陈述和申辩。本案现已调查、审理终结。

经查明,张庆瑞存在以下违法事实:

一、本案涉及的内幕信息

根据ST北人实际控制人北京京城机电控股有限责任公司(以下简称京城控股)提供的说明、相关人员谈话笔录及相关公告,ST北人自2009年重组失败后,证券市场及京城控股内部普遍存在ST北人的重组预期。2011年12月底,京城控股完成引入机床业务战略投资者后,京城控股党委书记、董事长任某某与京城控股总经理、董事、党委副书记仇某开始考虑解决ST北人的重组问题,两人有将气体储运业务资产注入ST北人的共识。2012年3月29日,任某某、仇某商定择机对ST北人停牌进行重组。

2012年4月7日(周六),ST北人发布公告,称因公司实际控制人京城控股正在筹划重大事项,公司股票自4月9日(周一)开始停牌。

2012年6月19日,ST北人发布国有股权无偿划转公告,称京城控股通过无偿划转方式取得北人集团持有的ST北人47.78%股权,成为ST北人的控股股东,继续为ST北人的实际控制人。

2012年7月6日,ST北人公告重大资产重组暨关联交易方案,拟以全部资产和负债与京城控股所拥有的气体储运装备业务相关资产进行置换,差额部分由京城控股以现金方式补足。公司股票于2012年7月6日(周五)恢复交易。

ST北人于2012年4月9日停牌筹划置入京城控股旗下气体储运资产事项,属于重大资产重组,根据《证券法》第七十五条第二款第(八)项的规定,在公开前属于内幕信息,该内幕信息形成时间不晚于2012年3月29日下午。

二、张庆瑞知悉内幕信息及相关交易情况

"张庆瑞"证券账户,相关资金账户为广发证券0123××××8442,下挂上海证券账户A22××××262和深圳证券账户002××××748,资金来自"张庆瑞"第三方存管招商银行账户。2012年4月6日,"张庆瑞"中信银行账户分别转入"张庆瑞"第三方存管银行招商银行账户70万元和65万元;"张庆瑞"工商银行账户转入"张庆瑞"第三方存管银行招商银行账户40万元;"张庆瑞"第三方存管银行招商银行账户接受了"贺某某"农业银行账户转入的31.5万元,并接受了"张庆瑞"10万元现金存款。同日,"张庆瑞"第三方存管银行招商银行账户向"张庆瑞"证券账户转入221.5万元。同日,"张庆瑞"股票账户将原持有的卧龙电气、中远航运股票全部卖出,获得49.9万元。以上共计271.4万元。

"张庆瑞"证券账户从2012年4月6日至2013年1月22日仅交易过"ST北人"一只股票。2012年4月6日上午9时33分至14时06分,该账户累计买入ST北人股票53.8289万股,交易金额270.96万元。2012年7月13日

至8月1日,该证券账户又陆续买入ST北人股票0.18万股。2012年10月15日至2013年1月7日,该证券账户陆续全部卖出ST北人股票。张庆瑞2012年4月6日买入ST北人股票的实际获利为542,712.12元。

自2009年至2012年4月,“张庆瑞”证券账户单日买入数量最多的是2011年1月14日买入国恒铁路股票6万股;单日交易额最多的是2010年1月11日以24.93万元买入云南城投股票1万股。

根据张庆瑞电脑截屏,张庆瑞电脑上有广发证券0123××××8442账户的登录记录。张庆瑞在接受本案调查时认可“张庆瑞”证券账户由其本人操作。

根据京城控股总经理仇某的通话记录,2012年2-3月间张庆瑞与仇某经常电话联系,其中3月28日通话两次,时间均为44秒;3月29日晚20:09:54通话时间为2分28秒(仇某主叫)。之后双方再无电话联系。仇某在本案内幕信息形成后的当天晚上与张庆瑞有电话联系。2012年的3月30日至4月4日休市。张庆瑞账户于4月6日大量买入ST北人股票。张庆瑞在本案中交易的时间与其和仇某的联系时间高度吻合,并且交易风格同以往相比有较大差异。

以上情况,有相关说明、谈话笔录、公告以及上海证券交易所的相关数据等证据可以证明,足以认定。

张庆瑞2012年4月6日购买ST北人股票的行为违反了《证券法》第七十六条关于“证券交易内幕信息的知情人和非法获取内幕信息的人,在内幕信息公开前,不得买卖该公司的证券”的规定,构成了《证券法》第二百零二条所述的内幕交易行为。

在听证会上,张庆瑞及其代理人提出以下申辩意见:一是,张庆瑞和内幕信息知情人仇某在内幕信息敏感期内的通话不涉及内幕信息。二是,张庆瑞购买“ST北人”的原因在于一直看好这支股票,并提供了网页材料作为证据。三是,其购买“ST北人”的资金只是其自有资金的很小一部分,如果是因为获知内幕信息进行交易,应该会动用更多的资金。四是,张庆瑞曾经全仓购买其他股票,在购买“ST北人”时,不存在改变交易风格的情况。

对于张庆瑞上述申辩意见及提供的证据材料,我会经复核认为:第一,张庆瑞和内幕信息知情人在内幕信息敏感期内有通话记录,并在随后买入“ST北人”,交易行为明显异常;第二,张庆瑞提供的网页材料不能解释其买入“ST北人”的时点;第三,张庆瑞自有资金的多少与其内幕交易行为没有直接关系;第四,张庆瑞在买入国恒铁路、云南城投等股票时,还同时持有其他股票,在2012年4月6日买入“ST北人”时,没有同时持有其他股票,交易风格较以往有较大差异。

根据《证券法》第二百零二条的规定,我会决定:没收张庆瑞违法所得542,712.12元,并处以542,712.12元罚款。

上述当事人应自收到本处罚决定书之日起15日内,将罚没款汇交中国证券监督管理委员会(开户银行:中信银行总行营业部,账号:7111010189800000162,由该行直接上缴国库),并将注有当事人名称的付款凭证复印件送中国证券监督管理委员会稽查局备案。当事人如果对本处罚决定不服,可在收到本处罚决定书之日起60日内向中国证券监督管理委员会申请行政复议,也可在收到本处罚决定书之日起3个月内直接向有管辖权的人民法院提起行政诉讼。复议和诉讼期间,上述决定不停止执行。

关于何海潮、梁瑞芝违反证券法规的行政处罚决定书

([2013]42号)

当事人:何海潮,男,1965年5月8日出生。

梁瑞芝,女,1965年4月28日出生,系何海

潮之妻。

依据《中华人民共和国证券法》(以下简称《证券法》)的有关规定,我会对何海潮、梁瑞芝未按规定披露持有相关股票信息案进行了立案调查、审理,并依法向当事人告知了作出行政处罚的事实、理由、依据及当事人依法享有的权利。当事人何海潮、梁瑞芝未提出陈述、申辩意见。本案现已调查、审理终结。

经查明,何海潮、梁瑞芝未按规定披露持有相关股票信息,违法事实如下:

一、何海潮、梁瑞芝持有"金花股份"股票及信息披露情况

2010年12月27日,持有15,573,239股,持股比例5.10%;

2010年12月30日,持有15,903,266股,持股比例5.21%;

2010年12月31日,持有16,628,316股,持股比例5.45%;

2012年8月20日,持有1,355,369股,持股比例0.44%。

何海潮、梁瑞芝未就上述持有"金花股份"股票情况进行信息披露。

二、何海潮、梁瑞芝持有"ST福日"股票及信息披露情况

2012年7月25日,持有12,629,762股,持股比例5.25%;

2012年7月26日,持有12,851,563股,持股比例5.34%;

2012年7月30日,持有14,082,563股,持股比例5.85%。

2012年8月9日,何海潮、梁瑞芝公告了其一致行动关系及持有"ST福日"股票情况。

根据以上事实,我会认定,何海潮、梁瑞芝未按规定披露持有相关证券的信息,其行为违反了《证券法》第八十六条的规定,构成了《证券法》第一百九十三条所述的违法行为。

以上违法事实,有何海潮、梁瑞芝在相关证券营业部证券资金账户开户情况,相关证券账户交易"金花股份"、"ST福日"股票情况,相关公告,相关人员的谈话笔录等证据证明,足以认定。

由于何海潮、梁瑞芝没有违反《证券法》第八十六条的主观故意,违法行为情节轻微,没有对证券市场交易秩序造成危害后果,并已经改正了违法行为;上海证券交易所已经对何海潮、梁瑞芝的相关行为进行了处理;何海潮、梁瑞芝接受了上海证券交易所的处理,并有积极主动配合我会调查等情节,依据《证券法》第一百九十三条和《中华人民共和国行政处罚法》第二十七条减轻行政处罚的相关规定,我会决定:给予何海潮、梁瑞芝警告。

当事人如果对本处罚决定不服,可在收到本处罚决定书之日起60日内向中国证券监督管理委员会申请行政复议,也可在收到本处罚决定书之日起3个月内直接向有管辖权的人民法院提起行政诉讼。复议和诉讼期间,上述决定不停止执行。

关于山西天能科技股份有限公司及有关个人违反证券法规的行政处罚决定书

(〔2013〕43号)

当事人:山西天能科技股份有限公司(以下简称天能科技),住所:太原市高新区总部大街,法定代表人秦海滨。

秦海滨,男,1966年3月出生,时任天能科技董事长,住址:山西省太原市迎泽区上官巷。

曾坚强,男,1968年6月出生,时任天能科技董事会秘书,住址:山西省太原市迎泽区寇庄西路。

刘俊奕,男,1967 年 10 月出生,时任天能科技董事长特别助理,住址:湖北省荆门市东宝区宏图路。

陈守法,男,1961 年 6 月出生,时任天能科技财务总监,住址:山西省太原市迎泽区郝庄镇狄村正街。

张德利,男,1960 年 12 月出生,时任天能科技董事,住址:山西省太原市万柏林区永乐苑银座。

张红超,男,1977 年 10 月出生,时任天能科技董事,住址:河北省邢台市宁晋县河渠镇南苏村。

任小军,男,1983 年 4 月出生,时任天能科技董事,住址:为山西省太原市小店区西温庄乡寺庄村。

陈涌海,男,1967 年 11 月出生,时任天能科技董事,住址:北京市海淀区清华东路。

刘正,男,1973 年 1 月,时任天能科技董事,住址:山西省太原市小店区坞城路。

郑庆华,男,1962 年 5 月出生,时任天能科技董事,住址:北京市海淀区紫竹园路。

王永平,男,1957 年 5 月出生,时任天能科技监事,住址:山西省侯马市合欢街。

张新梅,女,1978 年 1 月出生,时任天能科技监事,住址:山西省太原市迎泽区南内环街。

高文新,男,1977 年 4 月出生,时任天能科技监事,住址:山西省太原市尖草坪区轨枕西巷。

张志成,男,1975 年 11 月生,新加坡籍,时任天能科技高级管理人员,住址:不详。

依据《中华人民共和国证券法》(以下简称《证券法》)的有关规定,我会依法对天能科技违法违规行为进行了立案调查、审理,并向当事人告知了作出行政处罚的事实、理由、依据及当事人依法享有的权利,当事人刘正提交了陈述、申辩意见;当事人天能科技、秦海滨、曾坚强、刘俊奕、陈守法、张德利、张红超、任小军、王永平、张新梅、高文新、张志成、陈涌海、郑庆华提交了陈述和申辩意见并要求听证。我会于 2013 年 8 月 13 日举行听证会,听取了当事人的陈述和申辩。本案现已调查、审理终结。

经查明,天能科技存在以下违法违规事实:

2012 年 1 月 20 日,天能科技签署《天能科技首次公开发行股票招股说明书(申报稿)》(以下简称天能科技招股说明书),并于同年 2 月 1 日预披露天能科技 2008 年至 2010 年以及 2011 年 1 - 9 月的财务信息。其中,2011 年 1—9 月天能科技营业总收入 572,849,797.60 元,营业总成本 513,626,431.27 元,营业利润 59,223,366.33 元,利润总额 71,735,831.08 元。在天能科技招股说明书上签字的人员包括:董事秦海滨、陈守法、张德利、曾坚强、张红超、任小军、陈涌海、刘正、郑庆华,监事王永平、张新梅、高文新,高级管理人员为秦海滨、张志成、任小军、曾坚强、陈守法。

经查,天能科技在以下三个工程项目的财务账册中有虚假记载:

一、应县道路亮化工程项目

天能科技确认应县道路亮化工程项目(一期)主营业务收入 5,555,555.56 元,应交税费—应交增值税(销项税额)944,444.44 元,应收账款 6,500,000 元,确认结转项目成本 2,936,062.39 元;确认应县道路亮化工程(二期)项目主营业务收入 38,461,538.46 元,应交税费—应交增值税(销项税额)6,538,461.54 元,应收账款 45,000,000 元,确认结转项目成本 21,805,019.41 元。

二、金沙植物园太阳能照明工程项目

天能科技确认金沙植物园太阳能照明工程(一期)项目主营业务收入 7,863,247.84 元,应交税费—应交增值税(销项税额)1,336,752.16 元,应收账款 9,200,000.00 元,确认结转项目主营业务成本 3,963,015.81 元;确认金沙植物园太阳能照明工程(二期)项目主营业务收入 29,914,529.91 元,应交税费—应交增值税(销项税额)5,085,470.09 元,应收账款 35,000,000.00 元,确认结转项目主营业务成本 16,808,428.90 元。

三、和谐小区太阳能照明工程项目

天能科技确认朔州市和谐小区太阳能照明工程项目主营业务收入 3,846,153.85 元,应交税费—应交增值税(销项税额)653,846.15 元,应收账款—朔州市房产管理局 4,500,000 元,确认结转项目成本 1,976,530.97 元。朔州市房产管理局证实,3,840,038 元的和谐小区太阳能照明工程项目由天能科技中标,设备、设施由天能科技负责提供、安装,但目前暂不能入场安装建设。

经查,应县道路亮化工程项目、金沙植物园太阳能照明工程项目、和谐小区太阳能照明工程项目的招标人分别为应县公用事业局、朔州市房产管理局等政府部门,上述项目均属于政府工程项目,但天能科技在与上述政府部门订立工程施工合同前,均未经过招投标程序,朔州市财政局也未批准就天能科技产品进行单一政府采购。经查实,上述三个工程项目作为入账凭据的《工程结算书》是伪造的,合同第三方朔州市建设监理公司加盖的公章与该公司备案使用的公章不符。朔州市建设监理公司证实,该公司未参与上述三个工程项目的监理工作。此外,天能科技虚构了上述三个工程项目的销售回款。在2011年8月17日至12月31日期间,天能科技通过秦海滨实际控制的山西友为经济开发有限公司、太原陆宇建筑安装工程有限公司、太原酷博尔贸易有限责任公司的银行账户向朔州市万林园林有限公司、朔州民欣物业管理有限公司、应县公用事业局累计转入11,905万元。上述账户收到转入款后将资金转回天能科技银行账户用于伪造销售回款。天能科技在2011年1-9月财务报告中,虚增收入85,641,025.64元,虚增成本47,489,057.48元,虚增当期利润38,151,968.16元,占当期利润总额53.18%。

上述事实有招股说明书、相关合同、账户记录、财务凭证和账簿、当事人说明和询问笔录等证据证明,足以认定。

我会认为,天能科技虚增2011年1—9月营业收入和利润的行为违反了《证券法》第二十条、第六十三条的规定。秦海滨作为天能科技的董事长和实际控制人、曾坚强作为天能科技董事会秘书在公司发行上市过程中实施了部分造假行为,故认定秦海滨、曾坚强为直接负责的主管人员。陈守法作为财务总监直接参与财务造假,在所有造假的财务报表上签字,故认定其为直接负责的主管人员。刘俊奕虽然不是董事会成员,但其作为董事长助理组织策划了财务造假,故认定其为直接负责的主管人员。认定在天能科技招股说明书上签字的董事张德利、张红超、任小军、陈涌海、刘正、郑庆华、王永平、张新梅、高文新、张志成为其他直接责任人员。

当事人天能科技、其他听证申请人及其委托代理人在听证会上提出如下申辩意见:

第一,天能科技具备上市实力,但是在发行过程中由于欠缺经验,出现了严重的工作失误,但并非故意。

第二,天能科技主动撤回了上市申报材料,未造成严重影响,根据《中华人民共和国行政处罚法》(以下简称《行政处罚法》)第二十七条规定,属于主动减轻违法行为后果,应当予以从轻、减轻处罚。

我会认为,当事人及其委托代理人的上述申辩理由均不能成立:

第一,天能科技在首次公开发行股票并上市(以下简称IPO)申报过程中向我会报送了虚假材料,存在明显的主观故意。天能科技伪造了三个项目入账凭据的《工程结算书》,并且制造虚假的资金流,伪造销售回款。上述行为绝非欠缺经验导致,而是基于主观故意而为。

第二,因天能科技在IPO申报过程中向我会报送虚假材料的行为被媒体曝光,在社会舆论的压力之下,天能科技才撤回材料。在我会立案调查后天能科技还拒绝、阻碍我会调查工作,不属于《行政处罚法》第二十七条规定的"主动消除或者减轻违法行为危害后果"的情形。

第三,我会对天能科技及其董事、监事、高级管理人员处以罚款,是按照天能科技财务造假的事实、性质、情节以及相应人员在其中所起的作用等因素综合考虑后作出的,符合《证券法》和《行政处罚法》。

当事人陈涌海在听证会上提出如下申辩意见:对2012年1月20日天能科技招股说明书复印件上其本人的签名以及签名页提出质疑,怀疑该签名是伪造的,其本人于2011年4月份左右在天能科技工作人员提供的签字页上签了字,但未关注签字页具体对应的内容。

我会认为,当事人陈涌海的上述申辩理由不能成立:

第一,根据民生证券股份有限公司(以下简称民生证券)提供的《关于天能科技全套申报文件签章页情况的说明》,关于2012年1月20日天能科技招股说明书原件,"天能科技于2012年8月委派司机将上述申报文件运回其所在地山西",并且"每次天能科技提供签字页后,民生证券项目组均与创立大会时的签字进行核对,未发现有伪造的情形。另外,在历次申报和印刷材料过程中,均有天能科技的高管人员全程参与,对申报内容(包括该公司董、监、高的签字)进行把关和确认。”我会认为,根据《最高人民法院关于行政诉讼证据若干问题的规定》第十条:“提供原件确有困难的,可以提供与原件核对无误的复印件、照本、节录本。”由于天能科技拒绝配合调查,我会调查人员无法取到原件,属于规定中“提供原件确有困难的”情形,民生证券在说明中已明确“申报文件的复印件与原件核对无误,已提交贵会”,因此民生证券向调查人员提供的复印件,符合上述规定,可以作为证据使用。据此认定,2012 年 1 月 20 日天能科技招股说明书复印件上陈涌海的签字具有证明力。

第二,陈涌海所提出的未关注天能科技招股说明书相关文件内容的申辩,不但不能作为减轻其责任的理由,相反,恰好证明其未勤勉尽责。

根据当事人违法行为的事实、性质、情节与社会危害程度,依据《证券法》第一百九十三条的规定,我会决定:

一、对天能科技给予警告,并处以 60 万元罚款;

二、对秦海滨、曾坚强、刘俊奕和陈守法给予警告,并分别处以 30 万元罚款;

三、对任小军、张德利、张红超、陈涌海、刘正、郑庆华、王永平、张新梅、高文新、张志成给予警告,并分别处以 10 万元罚款。

上述当事人应自收到本处罚决定书之日起 15 日内,将罚款汇交中国证券监督管理委员会(开户银行:中信银行总行营业部,账号:7111010189800000162,由该行直接上缴国库),并将注有当事人名称的付款凭证复印件送中国证券监督管理委员会稽查局备案。当事人如果对本处罚决定不服,可在收到本处罚决定书之日起 60 日内向中国证券监督管理委员会申请行政复议,也可以在收到本处罚决定书之日起 3 个月内直接向有管辖权的人民法院提起行政诉讼。复议和诉讼期间,上述决定不停止执行。

关于民生证券股份有限公司及有关个人违反证券法规的行政处罚决定书

([2013]44 号)

当事人:民生证券股份有限公司(以下简称民生证券),山西天能科技股份有限公司(以下简称天能科技)首次公开发行股票并上市的保荐机构,住所:北京市朝阳区建国门内大街 28 号民生金融中心,法定代表人余政。

邓德兵,男,1971 年 4 月出生,天能科技招股说明书签字保荐代表人,住址:四川省成都市金牛区交桂路。

刘小群,男,1971 年 11 月出生,天能科技招股说明书签字保荐代表人,住址:广东省广州市天河区体育东横街。

依据《中华人民共和国证券法》(以下简称《证券法》)的有关规定,我会依法对民生证券违法违规行为进行了立案调查、审理,并向当事人告知了作出行政处罚的事实、理由、依据及当事人依法享有的权利,当事人未提出陈述、申辩意见,也未要求听证。本案现已调查、审理终结。

经查明,民生证券存在以下违法违规事实:

2012 年 1 月 20 日,民生证券签署《关于山西天能科技股份有限公司首次公开发行股票并上市之发行保荐书》、《关于山西天能科技股份有限公司首次公开发行股票并上市之发行保荐工作报告》,以及《天能科技首次公开发行股票招股说明书(申报稿)》,在上述文件上签字的保荐代表人为邓德兵、刘小群。2011 年 5 月 16

日，天能科技支付给民生证券100万元服务费。

2012年4月6日，民生证券出具《关于对山西天能科技股份有限公司举报信有关问题进行核查的报告》，认定发行人三个光伏系统应用项目收入确认符合企业会计准则规定，不存在提前确认收入和虚增收入情形，在该报告上签字的保荐代表人为邓德兵、刘小群。

民生证券对于天能科技的应县道路亮化照明工程项目、金沙植物园太阳能照明工程项目，以及和谐小区太阳能照明工程项目的真实性和合同履行情况未尽职核查，对于上述三个项目属于市政工程而必须履行相应的招投标程序未予关注，对于同一工程项目的《出库单》与《货物验收单》存在明显不一致的情况未加以核查。而且，民生证券对于天能科技同一项工程项目的尽职调查工作底稿有相互矛盾的记载。

对于上述三个项目销售收入的尽职调查工作，民生证券保荐代表人没有直接向客户发函了解情况，只是查阅了会计师针对上述客户的相关函证，没有针对天能科技2011年8月、9月会计期末销售收入异常增长的情况予以核查，且没有关注到太原酷博尔贸易有限责任公司、山西友为经济开发有限公司、太原陆宇建筑安装工程有限公司和山西众晶益新科技发展有限公司与天能科技频繁、大额且没有经济实质的资金往来情况。

上述事实有相关保荐报告、尽职调查工作底稿、招股说明书、相关合同、账户记录、财务凭证和账簿、当事人说明和询问笔录等证据证明，足以认定。

民生证券未勤勉尽责的行为违反了《证券法》第十一条的规定，构成《证券法》第一百九十二条所述行为。对民生证券上述违法行为，邓德兵、刘小群是直接负责的主管人员。

根据当事人违法行为的事实、性质、情节与社会危害程度，依据《证券法》第一百九十二条的规定，我会决定：

一、对民生证券给予警告，没收民生证券该业务收入100万元，并处以200万元罚款；

二、对邓德兵、刘小群给予警告，并分别处以15万元罚款。

上述当事人应自收到本处罚决定书之日起15日内，将罚没款汇交中国证券监督管理委员会（开户银行：中信银行总行营业部，账号：7111010189800000162，由该行直接上缴国库），并将注有当事人名称的付款凭证复印件送中国证券监督管理委员会稽查局备案。当事人如果对本处罚决定不服，可在收到本处罚决定书之日起60日内向中国证券监督管理委员会申请行政复议，也可以在收到本处罚决定书之日起3个月内直接向有管辖权的人民法院提起行政诉讼。复议和诉讼期间，上述决定不停止执行。

关于大信会计师事务所及有关个人违反证券法规的行政处罚决定书

（〔2013〕45号）

当事人：大信会计师事务所（以下简称大信所），山西天能科技股份有限公司（以下简称天能科技）首次公开发行股票并上市（以下简称IPO）财务报表审计机构，住所：北京市海淀区知春路1号学院国际大厦，执行事务合伙人吴卫星。

胡小黑，男，1974年4月出生，天能科技IPO审计报告签字注册会计师，住址：北京市海淀区颐和园路。

吴国民，男，1977年7月出生，天能科技IPO审计报告签字注册会计师，住址：河北省秦皇岛市青龙满族自治县双山子镇双山子村。

依据《中华人民共和国证券法》（以下简称《证券法》）的有关规定，我会依法对大信所违法违规行为进行了立案调查、审理，并向当事人告知了作出行政处罚的事实、理由、依据及当事人依法享有的权利,当事人大信所未提出陈述、申辩意见,也未要求听证。当事人胡小黑、吴国民提交了陈述、申辩意见并要求听证。我会于2013年8月14日举行听证会,听取了当事人的陈述和申辩。本案现已调查、审理终结。

经查明,大信所存在以下违法违规事实:

2011年10月15日,大信所出具大信审字〔2011〕第1-2538号《山西天能科技股份有限公司审计报告》(以下简称天能科技IPO审计报告),审计意见认为天能科技财务报表已经按照企业会计准则的规定编制,在所有重大方面公允反映了其财务状况以及2011年1—9月、2010年度、2009年度、2008年度的经营成果和现金流量,签字注册会计师为胡小黑、吴国民。天能科技招股说明书(申报稿)预披露使用了上述审计报告。

大信所根据我会的要求,对天能科技举报信、媒体报道事项进行核查,于2012年4月6日出具《大信会计师事务所关于山西天能科技股份有限公司举报信有关问题进行核查的报告》(以下简称天能科技IPO审计核查报告),核查意见为:发行人应县道路亮化工程、金沙植物园太阳能照明工程、和谐小区太阳能照明项目等三个光伏系统应用项目收入确认符合企业会计准则的规定,不存在提前确认收入和虚增收入的情形。

经查,大信所在天能科技IPO审计过程中取得的部分审计证据相互矛盾,包括:天能科技IPO审计工作底稿与天能科技财务凭证不一致,审计工作底稿中审计证据不一致,天能科技IPO核查工作底稿中审计证据不一致,核查工作底稿与审计工作底稿中审计证据不一致。而且,大信所在天能科技IPO审计过程中,未对所发出的询证函汇总并进行有效控制。

在对上述三个工程项目的财务审计中,对于在天能科技IPO审计过程中部分审计证据相互矛盾、相关资金流转异常,以及政府招投标程序缺失等情况,大信所未予关注并追加必要的审计程序。

大信所向天能科技收取审计费60万元。

上述事实有相关审计报告、审计工作底稿、核查工作底稿、招股说明书、相关合同、账户记录、财务凭证和账簿、当事人说明和询问笔录等证据证明,足以认定。

我会认为,大信所上述未勤勉尽责行为,违反了《证券法》第二十条的规定,构成《证券法》第二百二十三条所述违法行为。对大信所的上述违法行为,胡小黑为直接负责的主管人员,吴国民为其他直接责任人员。

当事人胡小黑、吴国民在听证会上提出如下申辩意见:

第一,天能科技IPO项目不存在虚增收入及利润的情况,应县道路亮化工程、金沙植物园太阳能照明工程、和谐小区太阳能照明工程三个项目只是提前确认收入。

第二,天能科技在其二人协调下,主动撤回IPO申请,属于《中华人民共和国行政处罚法》(以下简称《行政处罚法》)第二十七条规定的"主动消除或减轻违法行为危害后果"的情形,应当予以从轻、减轻处罚。

我会认为,当事人胡小黑、吴国民的上述申辩理由均不能成立:

第一,天能科技财务造假的事实清楚,虽然应县道路亮化工程、金沙植物园太阳能照明工程、和谐小区太阳能照明工程三个项目真实存在,但在2011年9月均未达到收入确认条件,天能科技采取伪造收入的方式,虚增当期利润占当期利润总额达53.18%,当事人胡小黑、吴国民对此情况未予关注。

第二,当事人的行为不符合《行政处罚法》第二十七条所述"主动消除或减轻违法行为危害后果"的情形,根据《中国注册会计师执业准则》的要求,会计师应当就舞弊导致的会计差错主动向监管机构报告。在我会发现天能科技存在舞弊嫌疑并要求当事人核查的前提下,当事人应当对核查工作给予特别关注和高度注意,但当事人未履行基本的审慎注意义务。

根据当事人违法行为的事实、性质、情节与社会危害程度,依据《证券法》第二百二十三条的规定,我会决定:

一、没收大信所业务收入60万元,并处以120万元罚款;

二、对胡小黑给予警告,并处以10万元罚款;

三、对吴国民给予警告,并处以5万元罚款。

上述当事人应自收到本处罚决定书之日起15日内,将罚没款汇交中国证券监督管理委员会(开户银行:中信银行总行营业部,账号:

711101018980000 0162,由该行直接上缴国库),并将注有当事人名称的付款凭证复印件送中国证券监督管理委员会稽查局备案。当事人如果对本处罚决定不服,可在收到本处罚决定书之日起60日内向中国证券监督管理委员会申请行政复议,也可以在收到本处罚决定书之日起3个月内直接向有管辖权的人民法院提起行政诉讼。复议和诉讼期间,上述决定不停止执行。

关于北京市君泽君律师事务所及有关个人违反证券法规的行政处罚决定书

(〔2013〕46号)

当事人:北京市君泽君律师事务所(以下简称君泽君律所),住所:北京市西城区金融大街9号,负责人王冰。

许迪,女,1979年5月出生,山西天能科技股份有限公司(以下简称天能科技)首次公开发行股票并上市(以下简称IPO)项目法律意见书和律师工作报告签字律师,住址:北京市东城区香河园街。

王祺,男,1979年9月出生,天能科技IPO项目法律意见书和律师工作报告签字律师,住址:北京市昌平区五街煤市口胡同。

依据《中华人民共和国证券法》(以下简称《证券法》)的有关规定,我会依法对君泽君律所违法违规行为进行了立案调查、审理,并向当事人告知了作出行政处罚的事实、理由、依据及当事人依法享有的权利,当事人君泽君律所、许迪、王祺提交了陈述、申辩意见并要求听证。我会于2013年8月15日举行听证会,听取了当事人的陈述和申辩。本案现已调查、审理终结。

经查明,君泽君律所存在以下违法违规事实:

2011年11月10日,君泽君律所为天能科技IPO出具《关于山西天能科技股份有限公司首次公开发行股票并上市的法律意见》(以下简称法律意见)及《关于山西天能科技股份有限公司首次公开发行股票并上市的律师工作报告》(以下简称律师工作报告),签字律师为许迪、王祺。根据律师工作报告,君泽君律所对天能科技将要履行、正在履行尚未履行完毕的重大合同做了情况说明,确认天能科技的重大债权债务合法、合规、真实。此外,君泽君律所在其出具的法律意见中称,“经本所律师审查,发行人将要履行、正在履行尚未履行完毕的重大合同合法、有效,不存在法律风险”。

君泽君律所工作底稿中未见与天能科技应县道路亮化工程项目、金沙植物园太阳能照明工程项目、和谐小区太阳能照明工程项目三个工程项目有关的招投标文件。许迪、王祺在我会调查时称,没有关注上述项目是否经过招投标程序,也没有质疑过这三个合同的有效性,至于天能科技是否存在无法收回款项的法律风险,考虑到合同对方是政府,天能科技已经履行完合同义务,因此认定这些账款的收回不存在法律风险。

君泽君律所向天能科技收取60万元律师费。

上述事实有相关法律报告、工作底稿、招股说明书、相关合同、账户记录、财务凭证和账簿、当事人说明和询问笔录等证据证明,足以认定。

我会认为,君泽君律所在为天能科技公开发行股票提供法律服务过程中,未注意到天能科技三个工程项目是属于政府市政工程项目必须进行招标的事实,未进行相应的尽职调查工作;对于相关工程合同是否得到适当履行,对于天能科技重大债权债务的真实性、合法性和法律风险,未给予适当注意和采取适当的尽职调查措施。君泽君律所未对合同进行审查和风险提示,未对发行人的重大债权债务事项进行查验和风险提示,违反了《证券法》第二十条的规定,构成《证券法》第二百二十三条所述违法行为。对君泽君律所的上述违法行为,许迪、王祺是直接负责的主管人员。

当事人君泽君律所委托代理人在听证会上提出其行为不构成《证券法》第二百二十三条规定的“重大遗漏”:

第一,天能科技三个工程项目合同,不属于《公开发行证券的公司信息披露编报规则第12号—公开发行证券的法律意见书和律师工作报告》(以下简称编报规则)规定的需要披露的重大合同。

第二,未就招投标事项进行专项核查,不影响当事人对发行条件的判断。

第三,未就招投标事项进行专项核查,与天能科技财务造假成功不具有因果关系。

当事人许迪、王祺委托代理人在听证会上提出其行为不构成《证券法》第二百二十三条规定的“重大遗漏”:

第一,三个工程项目合同属于“发行人已经履行完毕”的合同,不对其进行专门复核不违反编报规则、执业规范指引及行业惯例。

第二,未关注并在申报文件中分析该工程项目合同是否履行了招投标程序不会构成发行人经营合法性评价的重大遗漏。

第三,根据《最高人民法院关于审理建设工程施工合同纠纷案件适用法律问题的解释》第二条,建设施工合同无效的,但建设工程竣工验收合格的,承包人请求根据合同约定支付工程款的,人民法院应予支持。因此,天能科技三个工程项目无论是否履行招投标程序,依据该合同可以合理期待的应收账款债权不存在依法无法实现的法律风险。

我会认为,当事人君泽君律所及许迪、王祺的上述申辩理由均不能成立:

第一,经查,天能科技财务造假涉及的三个工程项目共五个合同,单个合同的金额均在500万元以上,合同金额共约1亿元,约占天能科技2011年1—9月销售总额的15%;涉及的三个客户为天能科技前五大应收账款客户,共占当期末应收账款总额36%,属于编报规则第四十条所规定的:“发行人将要履行、正在履行以及虽已履行完毕但可能存在潜在纠纷的重大合同”。因此,当事人理应按编报规则第四十条的规定,对合同的“合法性、有效性、是否存在潜在风险”进行披露。

第二,三个工程项目属于市政工程项目,合同的签订均未经过招投标程序,违反了《中华人民共和国政府采购法》、《中华人民共和国招标投标法》等相关法律的强制性规定,属于无效合同。当事人未审核出招投标程序的缺失、未揭示出招投标程序的缺失对合同合法性、有效性的影响。由于三个工程项目的合同属于发行人的重大合同,当事人未对影响合同合法性的招投标事项进行核查,必然影响相对关系人对发行人发行条件的判断。

第三,三个工程项目的合同尚未履行完毕。截至当事人出具法律意见之日,三个工程项目的合同尚有5570万元工程款未收回。在《天能科技首次公开发行股票招股说明书(申报稿)》(以下简称《招股说明书》)中,金沙恢河公园管理处为天能科技第一大应收账款客户,金额为4420万元;应县公用事业局为天能科技第四大应收账款客户,金额为1150万元。上述巨额的未收回工程款项与《招股说明书》之间的差异,君泽君律所通过审阅《招股说明书》和对照合同工程款额便能够发现。对于未履行完毕的重大工程及工程款不能全部收回的潜在风险,君泽君律所应当根据编报规则第四十条的要求进行风险提示,但该所审核律师缺乏起码的职业谨慎,在法律意见中认定合同已经全部履行完毕。

第四,三个工程项目的合同不仅尚未履行完毕,且存在潜在风险。首先,《最高人民法院关于审理建设工程施工合同纠纷案件适用法律问题的解释》(以下简称《解释》)第一条明确规定建设工程必须进行招标而未招标或者中标无效的应认定无效合同。本案中,三个工程项目合同都未进行招标,属于无效合同。其次,针对当事人提出的《解释》第二条,根据该条规定,建设工程经竣工验收合格,承包人请求参照合同约定支付工程价款的,法院应予支持。由此可见,法院判决支持承包人收回工程价款的前提是工程经竣工验收合格。经查,根据工作底稿,三个项目工程的合同虽附工程结算书和验收单,但是仅金沙植物园太阳能照明工程项目的验收单上有建设单位、设计单位与施工单位三方审核验收的盖章。在应县道路亮化工程项目中,验收单审核意见栏仅有建设单位和施工单位两方盖章验收,缺少监理单位、设计单位的盖章；在和谐小区太阳能照明工程项目中，验收单审核意见栏只有施工单位即天能科技的盖章，缺少建设单位、监理单位、设计单位的盖章。且不论工程结算书与工程验收单是否伪造，仅从书面审查就能判断，应县道路亮化工程项目的验收程序不合格，和谐小区太阳能照明工程项目没有经过验收。因此不适用《解释》第二条。由此可见，天能科技要求对方支付的价款存在极大不确定性，律师应给予风险提示。

第五，天能科技三个工程项目未进行招投标程序，是天能科技财务造假成功的重要因素之一，如果君泽君律所及律师许迪、王祺在工作中履行基本的审慎注意义务，在法律意见和律师工作报告中对合同的合法性、有效性以及合同债权存在的风险进行说明和提示，对天能科技发行申报过程中的财务造假成功将产生明显的阻断作用。

综上，对于合同的合法性、有效性以及是否存在风险的审核，是律师执业的最低注意义务要求，当事人君泽君律所及律师许迪、王祺并没有履行这一最低注意义务，未在法律意见和律师工作报告中揭示出合同合法性、有效性问题以及合同债权存在的风险，构成《证券法》第二百二十三条的“重大遗漏”行为。

根据当事人违法行为的事实、性质、情节与社会危害程度，依据《证券法》第二百二十三条的规定，我会决定：

一、没收君泽君律所业务收入60万元，并处以120万元罚款；

二、对许迪、王祺给予警告，并分别处以5万元罚款。

上述当事人应自收到本处罚决定书之日起15日内，将罚没款汇交中国证券监督管理委员会（开户银行：中信银行总行营业部，账号：7111010189800000162，由该行直接上缴国库），并将注有当事人名称的付款凭证复印件送中国证券监督管理委员会稽查局备案。当事人如果对本处罚决定不服，可在收到本处罚决定书之日起60日内向中国证券监督管理委员会申请行政复议，也可以在收到本处罚决定书之日起3个月内直接向有管辖权的人民法院提起行政诉讼。复议和诉讼期间，上述决定不停止执行。

关于万福生科（湖南）农业开发股份有限公司及有关个人违反证券法规的行政处罚决定书

（〔2013〕47号）

当事人：万福生科（湖南）农业开发股份有限公司（以下简称万福生科），住所：湖南省常德市桃源县陬市镇桂花路1号，法定代表人龚永福。

龚永福，男，1959年8月出生，时任万福生科董事长、总经理，住址：湖南省常德市桃源县陬市镇农贸街。

严平贵，男，1963年9月出生，时任万福生科副总经理，住址：湖南省常德市武陵区城北紫桥。

蒋建初，男，1953年1月出生，时任万福生科副董事长，住址：湖南省常德市武陵区城北健民花园。

张行，男，1957年5月出生，时任万福生科董事、副总经理，住址：湖南省长沙市岳麓区芙蓉山庄。

杨荣华，女，1962年6月出生，时任万福生科董事，住址：湖南省常德市桃源县陬市镇农贸街。

肖德祥，男，1954年10月出生，时任万福生科董事，住址：湖南省常德市桃源县青林回族维吾尔族乡政府机关。

邹丽娟，女，1969年9月出生，时任万福生科独立董事，住址：湖南省长沙市开福区德雅路。

单杨，男，1963年2月出生，时任万福生科独立董事,住址:湖南省长沙市芙蓉区远大二路。

程云辉,女,1964 年 1 月出生,时任万福生科独立董事,住址:湖南省长沙市天心区剑一村。

刘炎溪,男,1952 年 10 月出生,时任万福生科监事,住址:湖南省常德市桃源县陬市镇农贸街。

王湛淅,男,1963 年 5 月出生,时任万福生科监事,住址:湖南省沅陵县沅陵镇辰州东街。

张苏江,女,1973 年 11 月出生,时任万福生科监事,住址:江苏省南京市鼓楼区汉口路。

文会清,男,1957 年 2 月出生,时任万福生科副总经理,住址:湖南省长沙县星沙镇经贸路社区星沙大道。

马海啸,男,1970 年 3 月出生,时任万福生科董事,住址:广东省深圳市福田区彩田北路翡翠名园。

黄平,男,1964 年 4 月出生,时任万福生科副总经理,住址:湖南省石门县楚江镇池张路。

叶华,女,1963 年 11 月出生,时任万福生科副总经理,住址:湖南省长沙市雨花区红旗区一片。

肖明清,男,1973 年 1 月出生,时任万福生科董事会秘书,住址:湖南省常德市武陵区城北宏紫路金钻置业。

肖力,男,1974 年 4 月出生,时任万福生科副总经理、董事会秘书,住址:湖南省株洲市石峰区铜塘湾沿河一村钢厂宿舍。

李玉强,男,1973 年 5 月出生,时任万福生科副总经理,住址:山东省沂水县龙家圈乡张家诸坞村。

杨满华,女,1972 年 7 月出生,时任万福生科副总经理,住址:湖南省常德市武陵区城北宏宇花园。

依据《中华人民共和国证券法》(以下简称《证券法》)的有关规定,我会对万福生科涉嫌欺诈发行股票和信息披露违法行为进行了立案调查、审理,并依法向当事人告知了作出行政处罚的事实、理由、依据及当事人依法享有的权利。当事人万福生科、单杨、程云辉、张苏江要求申辩,但不要求听证。当事人马海啸要求申辩和举行听证会。我会于 2013 年 7 月 29 日举行听证会,听取了马海啸的陈述、申辩。本案现已调查、审理终结。

经查明,万福生科存在如下违法事实:

一、万福生科《首次公开发行股票并在创业板上市招股说明书》披露的 2008 年至 2010 年财务数据存在虚假记载,公司不符合公开发行股票的条件

万福生科公告的《首次公开发行股票并在创业板上市招股说明书》披露,公司 2008 年、2009 年、2010 年的营业收入分别为 22,824 万元、32,765 万元、43,359 万元,营业利润分别为 3265 万元、4200 万元、5343 万元,净利润分别为 2566 万元、3956 万元、5555 万元。

经查,万福生科为了达到公开发行股票并上市条件,由董事长兼总经理龚永福决策,并经财务总监覃学军安排人员执行,2008 年至 2010 年分别虚增销售收入 12,262 万元、14,966 万元、19,074 万元,虚增营业利润 2851 万元、3857 万元、4590 万元。扣除上述虚增营业利润后,万福生科 2008 年至 2010 年扣除非经常性损益的净利润分别为 -332 万元、-71 万元、383 万元。

万福生科《首次公开发行股票并在创业板上市招股说明书》由龚永福、蒋建初、张行、杨荣华、肖德祥、马海啸、邹丽娟、单杨、程云辉、刘炎溪、王湛淅、张苏江,黄平、文会清、严平贵、叶华、覃学军、肖明清等全部公司董事、监事、高级管理人员签署。

二、万福生科《2011 年年度报告》存在虚假记载

万福生科 2012 年 4 月 16 日公告《2011 年年度报告》,披露公司 2011 年营业收入为 55,324 万元。经查,万福生科 2011 年虚增销售收入 28,681 万元。

万福生科《2011 年年度报告》由公司董事会、监事会审议通过,未有人提出异议。出席董事会的董事包括龚永福、蒋建初、肖德祥、杨荣华、马海啸、张行、邹丽娟、单杨、程云辉,出席监事会的监事包括刘炎溪、王湛淅、张苏江。

三、万福生科未就公司 2012 年上半年停产事项履行及时报告、公告义务

2012 年年初,万福生科下属糖厂、米厂和油厂停产,其糖品、大米等主营产品生产陷入停顿。对主营业务处于停顿状态的事实，万福生科未依法履行及时报告、公告义务。对上述生产线停产事项知情的人员包括龚永福、副总经理兼董事会秘书肖力、副总经理严平贵、副总经理李玉强。

四、万福生科《2012年半年度报告》存在虚假记载和重大遗漏

万福生科2012年8月23日公告《2012年半年度报告》，披露公司上半年营业收入为26,991万元。经查，万福生科2012年上半年虚增销售收入16,549万元。同时，对于前述公司部分生产线2012年上半年停产的事项，万福生科也未在《2012年半年度报告》中予以披露，存在重大遗漏。

万福生科《2012年半年度报告》由公司董事会、监事会审议通过，未有人提出异议。出席董事会的董事包括龚永福、蒋建初、肖德祥、杨荣华、张行、邹丽娟、单杨、程云辉，出席监事会的监事包括刘炎溪、王湛淅、张苏江。

以上事实，有相关公告、财务资料、银行资料、情况说明、工程合同、销售业务文件、财务人员询问笔录和当事人询问笔录等证据证明，足以认定。

万福生科通过编造重大虚假财务数据的方式，在不符合条件的情况下骗取发行核准的行为，违反了《证券法》第十三条的规定，构成《证券法》第一百八十九条所述"发行人不符合发行条件，以欺骗手段骗取发行核准"的行为。同时，该行为还涉嫌违反《中华人民共和国刑法》（以下简称《刑法》）的相关规定。对万福生科该违法行为，直接负责的主管人员为公司董事长兼总经理龚永福、财务总监覃学军，其他直接责任人员为在《首次公开发行股票并在创业板上市招股说明书》签字的蒋建初、张行、杨荣华、肖德祥、马海啸、邹丽娟、单杨、程云辉、刘炎溪、王湛淅、张苏江、黄平、文会清、严平贵、叶华、肖明清。

万福生科在《2011年年度报告》中虚假记载财务数据的行为，违反了《证券法》第六十三条的规定，构成《证券法》第一百九十三条所述"发行人、上市公司或者其他信息披露义务人未按照规定披露信息，或者所披露的信息有虚假记载、误导性陈述或者重大遗漏"的行为。同时，该行为还涉嫌违反《刑法》的相关规定。对万福生科该违法行为，直接负责的主管人员为龚永福、覃学军，其他直接责任人员为参加审议通过《2011年年度报告》的董事和监事，即蒋建初、肖德祥、杨荣华、马海啸、张行、邹丽娟、单杨、程云辉、刘炎溪、王湛淅、张苏江，以及时任万福生科高级管理人员的严平贵、文会清。

万福生科未及时报告和公告公司2012年上半年停产事项的行为，违反了《证券法》第六十七条和《上市公司信息披露管理办法》第三十条的规定，构成《证券法》第一百九十三条所述"发行人、上市公司或者其他信息披露义务人未按照规定披露信息，或者所披露的信息有虚假记载、误导性陈述或者重大遗漏"的行为。对万福生科该违法行为，直接负责的主管人员为龚永福，其他直接责任人员为肖力、严平贵、李玉强。

万福生科《2012年半年度报告》虚假记载财务数据和遗漏公司2012年上半年停产事项的行为，违反了《证券法》第六十三条的规定，构成《证券法》第一百九十三条所述"发行人、上市公司或者其他信息披露义务人未按照规定披露信息，或者所披露的信息有虚假记载、误导性陈述或者重大遗漏"的行为。同时，该行为还涉嫌违反《刑法》的相关规定。对万福生科该违法行为，直接负责的主管人员为龚永福、覃学军，其他直接责任人员为参加审议通过《2012年半年度报告》的董事和监事，即蒋建初、肖德祥、杨荣华、张行、邹丽娟、单杨、程云辉、刘炎溪、王湛淅、张苏江，以及时任万福生科高级管理人员的严平贵、杨满华、李玉强、文会清、肖力。

万福生科在申辩材料中提出，公司2008年至2011年虚增销售收入、虚增利润，导致公司存在相应年度多计提资产减值损失和多缴纳企业所得税的情况，请求调整相应年度的财务数据。

单杨、程云辉、张苏江和马海啸在申辩材料和听证中提出：其一，因其并未直接参与万福生科的日常经营与管理，故对万福生科财务造假、生产线停产等事项并不知情，且客观上也无从知晓。其二，因客观条件限制，其在审议、签署相关报告文件时，只能依据万福生科管理层披露的信息和会计师事务所提供的审计报告。他们也是财务造假行为的受害者。其三,马海啸、张苏江除担任万福生科董事或监事外,未在万福生科兼任其他职务,也未领取任何薪酬、津贴。根据上述申辩意见,单杨、程云辉、马海啸请求我会对其从轻处罚,张苏江请求我会对其不予处罚。

我会认为,万福生科在申辩意见中所提出的调整财务数据请求,与我会认定其行为违法并予以处罚之间并无关联,万福生科应依法合规披露其财务数据。

我会同时认为,单杨、程云辉、张苏江和马海啸的申辩意见不能成立:其一,单杨等4人均在万福生科《首次公开发行股票并在创业板上市招股说明书》上签字,该文件有“本公司全体董事、监事、高级管理人员承诺本招股说明书不存在虚假记载、误导性陈述或重大遗漏,并对其真实性、准确性、完整性承担个别和连带的法律责任”的陈述,单杨等人应当对存有虚假记载的上述文件承担相应的法律责任。其二,根据《证券法》第六十八条关于“上市公司董事、监事、高级管理人员应当保证上市公司所披露的信息真实、准确、完整”的规定,对于万福生科上市后的信息披露的真实性、准确性和完整性,公司董事、监事、高级管理人员应当承担法定保证责任。其三,当事人虽提出了各种辩解理由,如不知情、未领取薪酬、不具有财务专业背景等,但没有提供能够证明其已履行忠实和勤勉尽责义务的证据,因此不能免除其应当承担的法律责任。

根据当事人违法行为的事实、性质、情节与社会危害程度,依据《证券法》第一百八十九条、第一百九十三条的规定,我会决定:

一、责令万福生科改正违法行为,给予警告,并处以30万元罚款;

二、对龚永福给予警告,并处以30万元罚款;

三、对严平贵给予警告,并处以25万元罚款;

四、对蒋建初、张行、杨荣华、肖德祥、邹丽娟、单杨、程云辉、刘炎溪、王湛浙、张苏江、文会清给予警告,并分别处以20万元罚款;

五、对马海啸给予警告,并处以15万元罚款;

六、对黄平、叶华、肖明清、肖力、李玉强给予警告,并分别处以10万元罚款;

七、对杨满华给予警告,并处以5万元罚款。

鉴于我会已依法将万福生科及主要责任人员龚永福、覃学军涉嫌欺诈发行股票行为和涉嫌违规披露、不披露重要信息行为移送司法机关处理,我会对该两类行为中已涉嫌犯罪的万福生科、龚永福、覃学军不再行政处罚,相应违法事实中涉及的虚构销售收入、营业利润等财务数据,以司法机关认定为准。

上述当事人应自收到本处罚决定书之日起15日内,将罚款汇交中国证券监督管理委员会(开户银行:中信银行总行营业部、账号:7111010189800000162,由该行直接上缴国库),并将注有当事人名称的付款凭证复印件送中国证券监督管理委员会稽查局备案。当事人如果对本处罚决定不服,可在收到本处罚决定书之日起60日内向中国证券监督管理委员会申请行政复议,也可在收到本处罚决定书之日起3个月内直接向有管辖权的人民法院提起行政诉讼。复议和诉讼期间,上述决定不停止执行。

关于平安证券有限责任公司及有关个人违反证券法规的行政处罚决定书

(〔2013〕48号)

当事人:平安证券有限责任公司(以下简称平安证券),万福生科(湖南)农业开发股份有限公司(以下简称万福生科)首次公开发行股票并在创业板上市(以下简称IPO)保荐机构和主承销商，住所：广东省深圳市福田区金田路大中华国际交易广场8层，法定代表人杨宇翔。

吴文浩，男，1977年7月出生，平安证券万福生科项目保荐代表人，住址：上海市长宁区延安西路。

何涛，男，1980年9月出生，平安证券万福生科项目保荐代表人，住址：北京市海淀区学院南路。

薛荣年，男，1965年10月出生，时任平安证券总经理，住址：上海市普陀区长寿路。

曾年生，男，1973年1月出生，时任平安证券总经理助理，住址：上海市普陀区宁夏路。

崔岭，男，1975年3月出生，时任平安证券总公司投资银行事业部上海业务负责人，住址：上海市普陀区中潭路。

汤德智，男，1981年7月出生，平安证券万福生科项目组成员，住址：湖南省岳阳市岳阳楼区税务局分局大院。

依据《中华人民共和国证券法》（以下简称《证券法》）的有关规定，我会对平安证券涉嫌违法违规行为进行了立案调查、审理，并依法向当事人告知了作出行政处罚的事实、理由、依据及当事人依法享有的权利。当事人薛荣年、曾年生、崔岭、汤德智要求申辩和举行听证会。我会于2013年6月13日举行听证会，听取了薛荣年、曾年生、崔岭、汤德智的陈述、申辩。本案现已调查、审理终结。

经查明，平安证券在推荐万福生科IPO过程中，未能勤勉尽责地履行法定职责，出具的保荐书存在虚假记载。

一、平安证券在尽职调查中未勤勉尽责，未对万福生科提供的资料和披露的内容进行独立判断

对万福生科IPO申请文件和股票发行募集文件中无证券服务机构出具专业意见的内容，平安证券没有获得充分的尽职调查证据，没有在综合分析各种证据的基础上对万福生科提供的资料及披露的内容进行审慎核查和独立判断。

（一）未审慎核查万福生科主要供应商身份和采购合同真实性

平安证券保荐业务工作底稿中收集的采购合同复印件中，部分主要供应商在不同采购合同中签名不一致，部分主要供应商的签名与身份证姓名不一致。平安证券对上述情况，未作审慎核查。平安证券保荐业务工作底稿中，亦没有关于核查万福生科主要供应商（粮食经纪人）身份和采购合同真实性的相关记录。

（二）未审慎核查万福生科主要客户身份和销售合同真实性

平安证券保荐业务工作底稿中收集的销售合同复印件中，万福生科部分主要客户印章名称与工商登记名称不一致，平安证券对此情况未作审慎核查。平安证券走访主要客户时制作的调查笔录，部分没有被访谈客户盖章或签名，且所记载金额与实际金额存在明显差异。平安证券保荐业务工作底稿中，亦没有关于核查万福生科主要客户身份和销售合同真实性的相关记录。

二、平安证券未审慎核查其他中介机构出具的专业意见，未能发现万福生科涉嫌造假的内容

对万福生科IPO申请文件和股票发行募集文件中有证券服务机构及其签字人员出具专业意见的内容，平安证券没有结合尽职调查过程中所获得的信息，对其进行审慎核查，没有对万福生科提供的资料和披露的内容进行独立判断。

（一）未审慎核查湖南博鳌律师事务所（以下简称博鳌所）提供的相关材料

博鳌所系万福生科IPO法律服务机构。博鳌所向平安证券提供的万福生科供应商访谈笔录、律师鉴证的采购合同和销售合同以及律师询证函回执等材料中，存在供应商签名与身份证姓名不一致、销售合同鉴证日期早于签订日期、销售合同客户印章名称与工商登记名称不一致等情况。平安证券未能结合其尽职调查过程中获得的信息，对上述情况进行审慎核查。

（二）未审慎核查中磊会计师事务所有限责任公司（以下简称中磊所）提供的相关材料

中磊所系万福生科IPO审计机构。中磊所向平安证券提供的企业往来询证函中，部分供应商的签名与身份证姓名不一致、与采购合同中签名不一致，部分客户加盖印章名称与工商登记名称不一致。平安证券未能结合其尽职调查过程中获得的信息，对上述情况进行审慎核查。

三、平安证券未对万福生科的实际业务及各报告期内财务数据履行尽职调查、审慎核查义务

在尽职调查过程中,平安证券未能按照尽职调查工作要求,全面审慎核查万福生科各报告期内财务状况、财务数据的真实性。平安证券出具的发行保荐书等文件中的财务数据,系直接引自万福生科经审计的财务报告,而非由其在获得充分证据基础上进行独立判断。

平安证券保荐业务工作底稿中缺乏对万福生科各报告期内的实际采购、销售业务的核查记录,遗漏万福生科 2008 年、2009 年银行对账单。

以上事实,有相关发行保荐书、保荐工作报告、保荐业务工作底稿和当事人询问笔录等证据证明,足以认定。

平安证券的上述行为,违反了《证券法》第十一条的规定,构成了《证券法》第一百九十二条所述"保荐人出具有虚假记载、误导性陈述或者重大遗漏的保荐书,或者不履行其他法定职责"的行为。

对平安证券的上述违法行为,吴文浩、何涛是直接负责的主管人员,薛荣年、曾年生、崔岭、汤德智是其他直接责任人员。

薛荣年、曾年生、崔岭在听证中对我会认定的平安证券违法事实提出以下申辩意见:其一,为确认万福生科采购、销售业务的真实性,平安证券已采取包括调取相关合同、执行穿行测试、走访供应商和客户、调取工商资料、安排律师函证、复核会计师询证函回函等在内的方式进行审慎核查;为核实万福生科财务状况,平安证券还利用分析复核产品转化率、盘点存货、分析能源消耗配比等方式进行核查验证,已属勤勉尽责。其二,本案中存在供应商和客户签章问题的合同数量较少,且不易被发现。其三,平安证券走访客户时制作调查笔录记载的交易金额与实际不符,乃是因客户与万福生科串通造假所致。法律并未规定保荐机构走访客户时必须由被访谈客户签章。其四,平安证券引用会计师事务所等中介机构专业意见符合法律规定,同时平安证券已针对万福生科业务特点,履行相关核查工作,不是未经核查的直接引用。其五,平安证券实际查阅了万福生科 2008 年、2009 年银行对账单,工作底稿是否保存相关记录与未发现万福生科财务造假之间没有因果关系。

我会认为,薛荣年等 3 人关于平安证券违法事实的辩解理由不能成立:其一,平安证券并未有效执行部分关键核查程序以获得充分的尽职调查证据,导致未能发现万福生科存在的问题。其二,本案中存在签章不一致问题的合同数量多,且合同中签字盖章不一致的问题明显,如李纪州系万福生科 2008 年、2009 年第一大供应商,2010 年第二大供应商,其在不同采购合同中的签名不一致,且部分签名与身份证姓名不一致;津市市中意糖果有限公司系万福生科 2008 年、2009 年、2010 年第一大客户,2011 年上半年第二大客户,其在平安证券收集的相关销售合同中的签章为"湖南省津市市中意糖果有限公司",签章名称与工商登记名称不一致。平安证券对此重大差异,亦未予以审慎核查。其三,平安证券制作的调查笔录记载金额与实际金额的重大差异,系因其未能在勤勉尽责基础上进行审慎核查所致。其四,平安证券引用其他中介机构出具的法律意见,应结合尽职调查过程中获得的信息进行审慎核查。但现有证据显示,平安证券关于万福生科的财务数据系直接引自万福生科经审计的财务报告,而未由其自身予以独立判断。其五,保荐业务工作底稿是评价保荐机构从事保荐业务是否诚实守信、勤勉尽责的重要依据。平安证券工作底稿缺乏相关核查记录,遗漏万福生科 2008 年、2009 年银行对账单的事实清楚。

薛荣年、曾年生、崔岭、汤德智在听证中对我会认定其责任提出以下申辩意见:其一,因万福生科系统造假,所以听证申请人未能发现万福生科财务造假行为,但其已勤勉尽责。其二,听证申请人并不直接组织、指挥、决策万福生科项目,不应对保荐代表人未勤勉尽责行为负责。崔岭、汤德智并提出,法律并未规定保荐业务部门负责人、项目协办人的法律责任,不应对该两类人进行行政处罚。其三,薛荣年提出,他在 2011 年 8 月 2 日后不再分管平安证券投资银行内核工作,因向中国证监会备案尚需时间,他本人作为名义内核负责人在保荐文件上签字。崔岭提出,他实际上并非"保荐业务部门负责人",他只是根据公司安排在《发行保荐工作报

告》上签字。其四,中国证监会对本案的处理有违法律的公平性。

除上述申辩意见外,崔岭并提出,中国证监会在听证前未对其进行调查,也未出示立案文件,违反了法定程序。根据《证券法》第一百九十二条的有关规定,中国证监会的行政处罚不能同时适用"警告、罚款"与"撤销证券从业资格"。

我会认为,薛荣年等4人上述申辩理由不能成立:

其一,薛荣年、曾年生提供的证据材料无法证明其已勤勉尽责。薛荣年、曾年生在案发时作为平安证券总经理、总经理助理,应根据法律规定加强公司内部控制和风险管理,规范保荐业务行为,防范保荐业务风险,避免保荐项目执行过程失控。万福生科欺诈发行股票,既与具体承担保荐职责的保荐代表人未勤勉尽责有关,也与平安证券内部整体缺乏有效的质量控制和风险管理有关。虽然从形式上看,平安证券在案发时已按照法律规定建立保荐业务制度,但从本案的发生看,平安证券保荐业务相关质量控制制度未能得到有效执行。薛荣年、曾年生在参与相关业务并做出决策时,主要依据保荐代表人等经办人员的口头汇报,而非独立、审慎核查相关证据材料,在内核会上也未能对万福生科采购业务、销售业务真实性及财务状况等核心问题予以审慎关注,最终导致未能发现万福生科项目存在的问题。同时,在万福生科项目中,薛荣年先后作为保荐业务负责人、内核负责人在相关申报材料中签字,且参与万福生科项目问核程序;曾年生先后作为保荐业务部门负责人、内核负责人、保荐业务负责人在相关申报材料中签字。我会已查明的事实足以表明,平安证券未能发现万福生科财务造假,主要源于其未能勤勉尽责地履行相关尽职调查义务。听证申请人所谓万福生科系统造假难以发现的申辩理由不能成立。

其二,崔岭于2011年7月15日被平安证券指定为保荐业务部门负责人,即应当按照规定履行相应的职责,承担相应的责任。法律法规并未规定何种职务人员才能被指定为保荐业务部门负责人,因此崔岭在平安证券内部是否履行了任职手续,与其在本案中是否应承担责任无关。同时,在万福生科项目中,崔岭参与了项目立项会议、内核会议,且在《发行保荐工作报告》上签字,表明其已实际履行了相关职责。崔岭在听证会上提供的相关证据无法证明其已勤勉尽责。关于调查程序问题。因本案违法主体是平安证券,我会已依法向平安证券出具调查通知书。同时,在我会作出正式处罚决定前,已通过听证程序充分保障崔岭的各项权利,并不存在所谓的"违反法定程序"问题。

其三,汤德智作为万福生科项目组成员及在相关申报材料上签字的项目协办人,参与了调取万福生科各报告期合同、走访万福生科主要客户等关键工作。在履行上述职责过程中,汤德智未能勤勉尽责地核查取得的相关材料,导致平安证券未能发现万福生科财务数据虚假的事实。汤德智的申辩理由不能成立。

其四,根据《中华人民共和国行政处罚法》的规定,实施行政处罚必须以事实为依据,与违法行为的事实、性质、情节以及社会危害程度相当。在本案处理过程中,我会已充分考虑各当事人违法行为的事实、性质、情节、社会危害程度、配合调查机关查处、主动消除或减轻违法行为危害后果等各种因素,并不存在违反法律公平性的情况。

根据当事人违法行为的事实、性质、情节与社会危害程度,依据《证券法》第一百九十二条的规定,我会决定:

一、责令平安证券改正违法行为,给予警告,没收业务收入2,555万元,并处以5,110万元罚款,暂停保荐业务许可3个月;

二、对吴文浩、何涛、薛荣年、曾年生、崔岭给予警告,并分别处以30万元罚款,撤销证券从业资格;

三、对汤德智给予警告,并处以10万元罚款,撤销证券从业资格。

上述当事人应自收到本处罚决定书之日起15日内,将罚没款汇交中国证券监督管理委员会(开户银行:中信银行总行营业部、账号:7111010189800000162,由该行直接上缴国库),并将注有当事人名称的付款凭证复印件送中国证券监督管理委员会稽查局备案。当事人如果对本处罚决定不服,可在收到本处罚决定书之日起60日内向中国证券监督管理委员会申请行政复议,也可在收到本处罚决定书之日起3个月内直接向有管辖权的人民法院提起行政诉讼。复议和诉讼期间,上述决定不停止执行。

关于中磊会计师事务所有限责任公司及有关个人违反证券法规的行政处罚决定书

([2013]49 号)

当事人:中磊会计师事务所有限责任公司(以下简称中磊所),万福生科(湖南)农业开发股份有限公司(以下简称万福生科)首次公开发行股票并在创业板上市(以下简称 IPO)审计机构,住所:北京市丰台桥南科学城星火路 1 号,法定代表人谢泽敏。

王越,男,1965 年 5 月出生,中磊所执业注册会计师,万福生科 IPO 财务报表审计报告签字注册会计师,住址:广西壮族自治区北海市海城区。

黄国华,男,1956 年 1 月出生,中磊所执业注册会计师,万福生科 IPO 财务报表审计报告签字注册会计师,住址:广西壮族自治区南宁市青秀区。

依据《中华人民共和国证券法》(以下简称《证券法》)的有关规定,我会对中磊所涉嫌违法违规行为进行了立案调查、审理,并依法向当事人告知了作出行政处罚的事实、理由、依据及当事人依法享有的权利。涉案当事人均提出申辩并要求举行听证会。我会于 2013 年 7 月 22 日举行听证会,听取了中磊所、王越、黄国华的陈述、申辩。本案现已调查、审理终结。

2011 年 7 月 26 日,中磊所就万福生科上市前三个年度(2008 年度、2009 年度、2010 年度)和最近一期(2011 年上半年)财务报表出具标准无保留意见的审计报告,签字注册会计师为王越、黄国华。经查明,中磊所及其注册会计师在审计万福生科 IPO 财务报表过程中,未能勤勉尽责,出具的审计报告存在虚假记载。

一、IPO 审计阶段函证程序缺失

中磊所及其注册会计师在审计万福生科 IPO 财务报表过程中,未对万福生科 2008 年末、2009 年末的银行存款、应收账款余额进行函证,也未执行恰当的替代审计程序。其中,银行存款函证程序的缺失,导致中磊所未能发现万福生科虚构一个桃源县农信社银行账户的事实,万福生科 2008 年以该银行账户虚构资金发生额 2.86 亿元,其中包括虚构收入回款约 1 亿元;应收账款函证程序的缺失,导致中磊所未能发现万福生科 2008 年、2009 年虚增收入的事实。

中磊所及其注册会计师在对万福生科 2010 年末和 2011 年 6 月 30 日的往来科目余额进行函证时,未对函证实施过程保持控制。中磊所审计工作底稿中部分询证函回函上的签章,并非被询证者本人的签章。上述程序缺陷,导致中磊所未能发现万福生科 2010 年、2011 年上半年虚增收入和采购的事实。

中磊所及其注册会计师的上述行为,违反了《中国注册会计师审计准则第 1312 号——函证》的相关规定。

二、IPO 审计阶段未对评估的重大错报风险实施恰当的审计程序

中磊所及其注册会计师在评价万福生科舞弊风险时,认为其管理层为满足上市要求和借款融资需求,有粉饰财务报表的动机和压力。在已识别出包括营业收入、应收账款、预付账款等在内的重大错报风险领域的情况下,中磊所及其注册会计师未实施有效的进一步审计程序。

中磊所及其注册会计师的上述行为,违反了《中国注册会计师审计准则第 1231 号——针对评估的重大错报风险实施的程序》的相关规定。

以上事实,有相关审计报告、审计工作底稿、银行资料、情况说明和当事人询问笔录等证据证明,足以认定。

中磊所未按照行业标准履行勤勉尽责义务，导致其所出具的审计报告有虚假记载，其行为违反了《证券法》第一百七十三条的规定，构成《证券法》第二百二十三条所述情形。对中磊所的违法行为，在相关审计报告上签字的注册会计师王越、黄国华是直接负责的主管人员。

中磊所、王越、黄国华在听证中辩称：其一，在IPO审计阶段，已实施函证程序或采取必要替代程序，包括已对万福生科2008年年末银行存款实施函证；对万福生科2009年年末银行存款实施了检查等必要程序；对桃源县农信社的银行账户，取得了万福生科开销户申请和询证函回函；对万福生科2008年年末、2009年年末的应收账款，已在对万福生科2010年9月30日应收账款函证的基础上，实施了账项核对、凭证检查等必要程序。其二，对IPO审计阶段评估的重大错报风险领域，已实施包括扩大函证样本量、询证发生额、现场走访客户、增加分析程序、扩大凭证检查样本量等在内的必要审计程序。其三，总体上而言，已按照审计准则的要求执行审计工作，虽然审计工作底稿存在某些瑕疵，但并不影响审计报告结论，与能否发现万福生科财务造假行为之间不存在必然联系。同时，王越、黄国华提出其已按审计准则应用指南规定，履行相关监督、复核责任，且积极配合中国证监会调查工作。中磊所、王越、黄国华请求我会对其从轻处罚。

我会认为，当事人的申辩理由不能成立：

其一，关于函证程序。中磊所用于证明其已对万福生科2008年年末银行存款实施函证的证据，系其无法证明真实来源的“股改及IPO尽职调查审计”底稿。在我会调查中，当事人提供的IPO审计工作底稿中并无其对万福生科2008年年末银行存款实施函证的任何证据，签字注册会计师王越、黄国华及审计助理梁某某在我会询问笔录中也承认未对2008年年末银行存款实施函证。询证函所涉及的桃源县农信社则称其从未开立过涉案银行账户，也从未受理过中磊所听证会上提供的询证函，询证函上的签章也并非桃源县农信社的签章。同时，中磊所对万福生科2009年年末银行存款和2008年年末、2009年年末应收账款实施其他审计程序代替函证的做法，不符合《中国注册会计师审计准则第1312号——函证》的要求。中磊所实施的“必要程序”，也未能为其发表审计意见提供充分、适当的审计证据。

其二，中磊所及其注册会计师针对评估的重大错报风险，虽已计划确定了包括实质性分析、函证、实地访谈等在内的应对措施，但上述应对措施并未得到有效执行。

其三，中磊所及其注册会计师未按照审计准则要求执行审计工作并导致出具的审计报告存在虚假记载的事实清楚、证据确凿。注册会计师应对所审计业务的质量负责，王越、黄国华所谓已经勤勉尽责的申辩理由不能成立。我会同时认为，对于责任人的处理，应综合考虑涉案违法行为的事实、性质、情节、社会危害程度及当事人是否配合调查等多种因素。本案中，当事人提出的从轻处罚的理由不能成立。

根据当事人违法行为的事实、性质、情节与社会危害程度，依据《证券法》第二百二十三条的规定，我会决定：

一、责令中磊所改正违法行为，没收业务收入98万元，并处以196万元罚款；

二、对王越、黄国华给予警告，并分别处以10万元罚款。

上述当事人应自收到本处罚决定书之日起15日内，将罚没款汇交中国证券监督管理委员会（开户银行：中信银行总行营业部，账号：7111010189800000162，由该行直接上缴国库），并将注有当事人名称的付款凭证复印件送中国证券监督管理委员会稽查局备案。当事人如果对本处罚决定不服，可在收到本处罚决定书之日起60日内向中国证券监督管理委员会申请行政复议，也可在收到本处罚决定书之日起3个月内直接向有管辖权的人民法院提起行政诉讼。复议和诉讼期间，上述决定不停止执行。

关于湖南博鳌律师事务所及有关个人违反证券法规的行政处罚决定书

(〔2013〕50 号)

当事人:湖南博鳌律师事务所(以下简称博鳌所),万福生科(湖南)农业开发股份有限公司(以下简称万福生科)首次公开发行股票并在创业板上市(以下简称 IPO)法律服务机构,住所:湖南省长沙市芙蓉中路一段 191 号好来登大酒店 29 楼,主要负责人刘彦。

刘彦,女,1965 年 9 月出生,博鳌所主任,万福生科 IPO 相关法律文件签字律师,住址:湖南省长沙市芙蓉区韶山路。

胡筠,男,1963 年 6 月出生,博鳌所合伙人,万福生科 IPO 相关法律文件签字律师,住址:湖南省长沙市天心区新开铺路。

依据《中华人民共和国证券法》(以下简称《证券法》)的有关规定,我会对博鳌所涉嫌违法违规行为进行了立案调查、审理,并依法向当事人告知了作出行政处罚的事实、理由、依据及当事人依法享有的权利。涉案当事人均要求申辩和举行听证会。我会于 2013 年 6 月 26 日举行听证会,听取了博鳌所、刘彦、胡筠的陈述、申辩。本案现已调查、审理终结。

经查明,博鳌所在为万福生科 IPO 提供相关法律服务时,未能勤勉尽责地核查和验证所依据文件资料内容的真实性、准确性,导致其出具的法律意见书存在虚假记载。

一、在首次出具法律意见时,未能勤勉尽责地核查和验证万福生科重大销售合同的真实性、准确性

2010 年 12 月 28 日,博鳌所出具《关于万福生科(湖南)农业开发股份有限公司首次公开发行股票并在创业板上市的法律意见书》(以下简称《法律意见书》)。《法律意见书》称万福生科正在履行的重大合同包括:“销售合同 2 份、借款合同 9 份、担保合同 4 份、技术合作合同 5 份、工程技术承包合同 1 份、承销协议和保荐协议各 1 份等”。在博鳌所工作底稿中,前述 2 份销售合同对手方加盖的印章分别为“湖南省津市市中意糖果有限公司”、“湖南省常德市鼎城区裕佳食品有限公司”。

经查,万福生科客户中仅有名称为津市市中意糖果有限公司(以下简称中意糖果)、常德市鼎城区裕佳食品有限公司(以下简称裕佳食品)的客户,二者系万福生科 2007 年至 2010 年 9 月各报告期前两大客户。博鳌所工作底稿收集的 2 份销售合同中客户印章名称与万福生科前两大客户名称存在明显差异。中意糖果、裕佳食品证实该 2 份销售合同为虚假合同。博鳌所对上述 2 份重大销售合同的印章名称与客户名称存在明显差异的情况,未尽审慎核查义务,就在《法律意见书》中作出“上述合同均因发行人正常生产经营所签订,内容完备、真实、合法、有效”的结论性意见。

二、在核查销售合同及关联关系过程中,未能勤勉尽责地核查和验证相关文件资料的真实性、准确性

博鳌所在核查万福生科与主要客户销售合同及执行情况以及万福生科主要客户与万福生科相关人员、主要供应商的关联关系过程中,未能勤勉尽责,导致其未发现万福生科虚构销售的事实。

(一)在核查万福生科与主要客户签订销售合同过程中,未审慎履行核查和验证义务

博鳌所在 2011 年 3 月 6 日出具的《补充法律意见书(一)》中,以表格形式列举了万福生科 2007 年至 2010 年 9 月与公司前五大客户签订的 214 份销售合同以及合同履行情况。

根据博鳌所工作底稿,博鳌所从万福生科

处收集了万福生科2007年至2010年9月各期与公司前五大客户（共计10家）签订的销售合同复印件196份，其中190份销售合同为《补充法律意见书（一）》表格中列举的销售合同。

经查，在博鳌所收集的上述销售合同中，中意糖果、裕佳食品加盖的印章分别为“湖南省津市市中意糖果有限公司”、“湖南省常德市鼎城区裕佳食品有限公司”，印章名称与客户名称存在明显差异，相关销售合同为虚假合同。同时，其他部分销售合同中所列的湖南省傻牛食品厂、中山市民生粮食有限公司、东莞市樟木头华源粮油经营部、湖南省佳美食品工业有限公司等4家客户均否认与万福生科签订过书面合同。博鳌所对于上述销售合同未尽审慎核查义务，导致其未能发现万福生科虚构销售的事实。

此外，《补充法律意见书（一）》表格列示万福生科2007年与东莞市常平湘盈粮油经营部未签订书面合同，但博鳌所收集的196份销售合同中有5份为万福生科2007年与东莞市常平湘盈粮油经营部签订的销售合同。博鳌所《补充法律意见书（一）》所称事实与其收集的证据材料存在矛盾，未见博鳌所对此进行核查验证。

（二）在核查万福生科主要客户与万福生科相关人员、主要供应商关联关系过程中，未审慎履行核查和验证义务

博鳌所在《补充法律意见书（一）》中说明了万福生科董事、监事、高级管理人员及其关联方等在万福生科主要客户中是否拥有权益，以及万福生科主要供应商与主要客户是否存在关联关系的情况。博鳌所工作底稿显示，博鳌所向万福生科前五大客户、前五大供应商发出《问卷调查表》，对上述情况进行了核查。

经查，博鳌所《问卷调查表》大部分系交由万福生科办理。在回收的《问卷调查表》中，客户中意糖果、裕佳食品加盖的印章为“湖南省津市市中意糖果有限公司”、“湖南省常德市鼎城区裕佳食品有限公司”，供应商杨建中的签名为“杨建忠”。同时，《问卷调查表》中有供应商李纪州、向建兵、熊国太、王卫东、曾宏清、曾美云等人签名，但上述供应商均称没有律师向其核实了解过情况。博鳌所未对问卷调查实施过程保持适当控制，且未对回收的《问卷调查表》上存在明显不一致的情况进行审慎核查和验证，导致其未能发现万福生科虚构销售的事实。

三、在核查万福生科采购合同和销售合同过程中，未能勤勉尽责地核查和验证相关材料的真实性、准确性

为核实万福生科2007年至2010年签订的采购合同和销售合同及合同履行情况，博鳌所于2011年4月25日后向万福生科供应商、客户发出307份《律师函》，收到《律师函》回执286份。

经查，上述《律师函》大部分系博鳌所交由万福生科送达或邮寄。在收回的《律师函》回执中，客户中意糖果、裕佳食品加盖的印章为“湖南省津市市中意糖果有限公司”、“湖南省常德市鼎城区裕佳食品有限公司”。在万福生科各报告期前五大供应商的《律师函》回执中，有李纪州、向建兵、王卫东、曾宏清、曾美云等人签名，但上述人员均称没有律师向其核实了解过情况。博鳌所未对函证实施过程保持适当控制，且未对回收的《律师函》回执上的前述不一致情况进行审慎核查和验证，导致其未能发现万福生科虚构销售和采购的事实。

以上事实，有相关法律意见书、补充法律意见书、工作底稿、销售合同、律师函、工商登记资料、情况说明和询问笔录等证据证明，足以认定。

博鳌所未按照行业的执业标准，履行勤勉尽责的义务，致使其所出具的文件有虚假记载的行为，违反了《证券法》第一百七十三条的规定，构成《证券法》第二百二十三条所述“证券服务机构未勤勉尽责，所制作、出具的文件有虚假记载、误导性陈述或者重大遗漏”的行为。

对于博鳌所的上述违法行为，直接负责的主管人员为在万福生科IPO相关法律文件上签字的律师刘彦、胡筠。

博鳌所、刘彦、胡筠在听证中辩称：其一，2010年12月28日出具《法律意见书》中涉及中意糖果、裕佳食品的2份销售合同，系未实际履行的框架合同，不涉及万福生科的任何虚假业绩。其二，核查发行人与主要客户销售合同及其执行情况属于保荐机构的法定职责。博鳌

所2011年3月6日出具的《补充法律意见书(一)》中的合同明细表格引自于保荐机构,博鳌所并未对此发表任何结论性意见。其三,律师核查关联关系主要是审查有无有违公平、公正交易原则的关联交易。截至目前,既没有证据证明博鳌所对关联关系发表的意见是错误的,也没有证据证明万福生科财务造假是由关联关系造成的。其四,博鳌所2011年4月25日后收回的《律师函》回执并未作为博鳌所出具任何一次法律意见书的证据使用。其五,相较于对万福生科相关人员和保荐机构的处罚,中国证监会对博鳌所及其相关人员的处罚有失公平。综上,博鳌所、刘彦、胡筠称其已履行尽责义务,出具的法律意见书没有构成对万福生科虚假业绩的虚假陈述或记载,没有造成任何危害社会的严重后果,中国证监会认定的事实、理由和法律依据均不能成立。

我会认为,博鳌所、刘彦、胡筠的申辩理由不能成立:

其一,博鳌所《法律意见书》中"发行人重大债权债务"部分仅涉及2份销售合同,且该2份销售合同系万福生科与前两大客户签订并被博鳌所披露为"正在履行的重大合同"。对于该合同,无论是否涉及万福生科业绩,律师均应保持法律专业人士的特别注意义务,予以审慎核查。

其二,博鳌所《补充法律意见书(一)》已对万福生科与主要客户合同及其履行情况发表了核查意见。同时,博鳌所已取得万福生科2007年至2010年9月与前五大客户签订的销售合同,但其未对销售合同的真实性、准确性进行核查和验证,导致其未能发现合同中的异常情况。博鳌所援引保荐机构制作的合同明细表格,不属于可以依法免责的理由。

其三,本案中,由于博鳌所未对《问卷调查表》、《律师函》的办理保持适当控制,也未对回收材料进行审慎核查,导致未能发现客户名称与所加盖公章名称不一致的情况,进而未能发现万福生科的财务造假问题。

其四,2011年4月25日《律师函》涉及验证万福生科采购合同、销售合同的真实性及执行情况,直接关系到万福生科经营业绩的真实性问题。博鳌所虽因未及时收回《律师函》回执等原因未在《补充法律意见书(三)》中对采购、销售合同发表意见,但其在收到相关《律师函》回执后,仍应予以审慎核查,以验证之前出具法律意见的恰当性。但博鳌所在之后出具的历次补充法律意见书中,均未对之前发表的法律意见作出修订,其对万福生科相关合同的核查和验证结论未发生变化。

其五,因万福生科的行为已涉嫌构成欺诈发行股票和违规披露、不披露重要信息犯罪,我会已将万福生科、龚永福、覃学军移送司法机关处理,对万福生科其他未移送人员已依法予以行政处罚。对其他中介机构及其人员的处罚,我会已综合考虑各自违法行为的事实、性质、情节、社会危害程度、配合调查机关查处、主动消除或减轻违法行为危害后果等各种因素,不存在所谓"有失公平"的情形。

综上,我会认为,博鳌所未审慎核查和验证获取的相关资料,对部分核查程序缺乏基本的控制,导致其未能发现万福生科的财务造假事实。博鳌所为万福生科IPO所出具的一系列法律意见书中均认定万福生科符合IPO条件,其法律意见书含有虚假记载。博鳌所、刘彦、胡筠的相关辩解理由不能成立。

根据当事人违法行为的事实、性质、情节与社会危害程度,依据《证券法》第二百二十三条的规定,我会决定:

一、责令博鳌所改正违法行为,没收业务收入70万元,并处以140万元罚款;

二、对刘彦、胡筠给予警告,并分别处以10万元罚款。

上述当事人应自收到本处罚决定书之日起15日内,将罚没款汇交中国证券监督管理委员会(开户银行:中信银行总行营业部、账号:7111010189800000162,由该行直接上缴国库),并将注有当事人名称的付款凭证复印件送中国证券监督管理委员会稽查局备案。当事人如果对本处罚决定不服,可在收到本处罚决定书之日起60日内向中国证券监督管理委员会申请行政复议,也可在收到本处罚决定书之日起3个月内直接向有管辖权的人民法院提起行政诉讼。复议和诉讼期间,上述决定不停止执行。

关于刘绍军、李小燕违反证券法规的行政处罚决定书

（〔2013〕51 号）

当事人：刘绍军，男，1973 年 6 月出生，长沙鑫航机轮刹车有限公司（以下简称长沙鑫航）办公室员工，住址：湖南省长沙市岳麓区麓山南路。

李小燕，女，1963 年 11 月出生，湖南师范大学数学与计算机科学学院教授，住址：湖南省长沙市岳麓区高家坪。

依据《中华人民共和国证券法》（以下简称《证券法》）的有关规定，我会对"刘绍军"、"李小燕"等账户涉嫌内幕交易湖南博云新材料股份有限公司（以下简称博云新材）股票案的行为进行了立案调查、审理，并依法向当事人告知了作出行政处罚的事实、理由、依据及当事人依法享有的权利，当事人未提出陈述、申辩意见，也未要求听证。本案现已调查、审理终结。

经查明，刘绍军、李小燕存在以下违法事实：

2010 年 7 月 16 日，博云新材公告称：拟与霍尼韦尔（中国）有限公司（以下简称霍尼韦尔）成立合资公司承担中国商用飞机有限责任公司（以下简称中国商飞）C919 大型客机机轮、轮胎和刹车系统项目。2012 年 2 月 2 日至 16 日，博云新材与其关联公司长沙鑫航作为共同中方与外方霍尼韦尔（以下简称双方）就合资事项进行第十轮谈判，苏某、刘绍军等人为中方谈判代表。2 月 16 日，双方对合资合同的内容达成一致，博云新材股价当天上涨 8.39%。2 月 17 日，博云新材公告称：因正在筹划重大事项，公司股票停牌，待披露相关信息后于 2 月 20 日复牌。2 月 18 日，博云新材公告称：拟与长沙鑫航作为共同中方与霍尼韦尔成立合资公司承担中国商飞 C919 大型客机机轮、轮胎和刹车系统项目，合资公司（拟）注册资本为 8000 万美元，其中中方占 49%，霍尼韦尔占 51%，双方商定合资合同于 2012 年 2 月 18 日签订。2 月 20 日，博云新材公告称：公司在 2 月 18 日与霍尼韦尔在美国签署合资合同。博云新材股票于 2 月 20 日复牌。

博云新材、长沙鑫航与霍尼韦尔签署合资合同的事项在未公开之前为内幕信息，内幕信息敏感期为 2012 年 2 月 1 日至 2 月 20 日，内幕信息知情人为苏某、刘绍军等人。经核查，发现"刘绍军"、苏某的妻子"李小燕"等账户在内幕信息敏感期内有买卖博云新材股票的行为。

一、"刘绍军"账户

"刘绍军"账户于 2012 年 2 月 10 日至 14 日买入"博云新材"8300 股，成交金额 115,099.80 元；2 月 20 日卖出 8300 股，成交金额 126,658 元，扣除交易税费后获利 10,950.76 元。

二、"李小燕"账户

"李小燕"账户于 2012 年 2 月 16 日买入"博云新材"4600 股，成交金额 66,700 元；2 月 20 日卖出 4600 股，成交金额 69,706 元，扣除交易税费后获利 2527.07 元。

以上违法事实，有询问笔录、相关协议、账户开户材料、交易记录、交易 IP 地址、MAC 地址、资金流水等证据证明，足以认定。

刘绍军作为内幕信息知情人，在内幕信息敏感期内买卖了博云新材股票，其行为违反了《证券法》第七十三条与第七十六条的规定，构成内幕交易行为。李小燕是内幕信息知情人苏某的妻子，对苏某的工作情况有条件知情。李小燕在苏某前往美国的当天即 2012 年 2 月 16 日买入博云新材股票并在内幕信息公开后迅速卖出，其交易行为明显异常。李小燕作为非法获取内幕信息的人员，在内幕信息敏感期内买卖博云新材股票，其行为违反了《证券法》第七十三条和第七十六条的规定，构成内幕交易行为。

根据当事人违法行为的事实、性质、情节与

社会危害程度,依据《证券法》第二百零二条的规定,我会决定:对刘绍军、李小燕各处以3万元罚款。

上述当事人应自收到本处罚决定书之日起15日内,将罚款汇交中国证券监督管理委员会(开户银行:中信银行总行营业部,账号:7111010189800000162,由该行直接上缴国库),并将注有当事人名称的付款凭证复印件送中国证券监督管理委员会稽查局备案。当事人如果对本处罚决定不服,可在收到本处罚决定书之日起60日内向中国证券监督管理委员会申请行政复议,也可在收到本处罚决定书之日起3个月内直接向有管辖权的人民法院提起行政诉讼。复议和诉讼期间,上述决定不停止执行。

关于中磊会计师事务所有限责任公司违反证券法规的行政处罚决定书

(〔2013〕52号)

当事人:中磊会计师事务所有限责任公司(以下简称中磊所),万福生科(湖南)农业开发股份有限公司(以下简称万福生科)首次公开发行股票并在创业板上市(以下简称IPO)审计机构,住所:北京市丰台桥南科学城星火路1号,法定代表人谢泽敏。

依据《中华人民共和国证券法》(以下简称《证券法》)的有关规定,我们对中磊所涉嫌违法违规行为进行了立案调查、审理,并依法向中磊所告知了作出行政处罚的事实、理由、依据及当事人依法享有的权利。中磊所提出申辩并要求举行听证会。据此,我们于2013年7月22日举行听证会,听取了中磊所的陈述、申辩。本案现已调查、审理终结。

2011年7月26日,中磊所就万福生科上市前三个年度(2008年度、2009年度、2010年度)和最近一期(2011年上半年)财务报表出具标准无保留意见的审计报告。经查明,中磊所及其注册会计师在审计万福生科IPO财务报表过程中,未能勤勉尽责,出具的审计报告存在虚假记载。

一、IPO审计阶段函证程序缺失

中磊所及其注册会计师在审计万福生科IPO财务报表过程中,未对万福生科2008年年末、2009年年末的银行存款、应收账款余额进行函证,也未执行恰当的替代审计程序。其中,银行存款函证程序的缺失,导致中磊所未能发现万福生科虚构一个桃源县农信社银行账户的事实,万福生科2008年以该银行账户虚构资金发生额2.86亿元,其中包括虚构收入回款约1亿元;应收账款函证程序的缺失,导致中磊所未能发现万福生科2008年、2009年虚增收入的事实。

中磊所及其注册会计师在对万福生科2010年年末和2011年6月30日的往来科目余额进行函证时,未对函证实施过程保持控制。中磊所审计工作底稿中部分询证函回函上的签章,并非被询证者本人的签章。上述程序缺陷,导致中磊所未能发现万福生科2010年、2011年上半年虚增收入和采购的事实。

中磊所及其注册会计师的上述行为,违反了《中国注册会计师审计准则第1312号——函证》的相关规定。

二、IPO审计阶段未对评估的重大错报风险实施恰当的审计程序

中磊所及其注册会计师在评价万福生科舞弊风险时,认为其管理层为满足上市要求和借款融资需求,有粉饰财务报表的动机和压力。在已识别出包括营业收入、应收账款、预付账款等在内的重大错报风险领域的情况下,中磊所及其注册会计师未实施有效的进一步审计程序。

中磊所及其注册会计师的上述行为,违反了《中国注册会计师审计准则第1231号——针对评估的重大错报风险实施的程序》的相关规定。

以上事实，有相关审计报告、审计工作底稿、银行资料、情况说明和当事人询问笔录等证据证明，足以认定。

中磊所未按照行业标准履行勤勉尽责义务，导致其所出具的审计报告有虚假记载，其行为构成《证券法》第二百二十三条所述情形。

根据当事人上述违法行为的事实、性质、情节与社会危害程度，依据《证券法》第二百二十三条的规定，中国证监会、财政部决定：撤销中磊所证券服务业务许可。

当事人如果对本处罚决定不服，可在收到本处罚决定书之日起60日内向中国证监会或财政部申请行政复议，也可在收到本处罚决定书之日起3个月内直接向有管辖权的人民法院提起行政诉讼。复议和诉讼期间，上述决定不停止执行。

关于广东新大地生物科技股份有限公司及有关个人违反证券法规的行政处罚决定书

（〔2013〕53号）

当事人：广东新大地生物科技股份有限公司（以下简称新大地），住所：广东省平远县长田镇油茶工业园，法定代表人黄运江。

黄运江，男，1963年7月出生，新大地董事长兼总经理，住址：广东省梅州市梅江区滨江新村。

凌梅兰，女，1965年9月出生，新大地副董事长，2008年7月至2010年10月任新大地财务总监，住址：广东省梅州市梅江区滨江新村。

凌洪，男，1962年5月出生，新大地监事，2010年10月任新大地财务总监，住址：广东省深圳市罗湖区红岭南路。

黄鲜露，男，1969年12月出生，新大地董事，住址：广东省蕉岭县长潭镇。

赵罡，男，1975年5月出生，新大地董事、董事会秘书，住址：河南省漯河市郾城区黄山路。

樊和平，男，1965年2月出生，新大地董事、副总经理，住址：江西省南昌县银三角大道一支路。

邱礼鸿，男，1964年2月出生，新大地独立董事，住址：广东省广州市海珠区中大东北区。

支晓强，男，1974年6月出生，新大地独立董事，住址：北京市海淀区世纪城。

何日胜，男，1965年10月出生，新大地独立董事，住址：广东省梅州市梅江区嘉应学院。

奚如春，男，1963年9月出生，新大地独立董事，住址：广东省广州市天河区五山路。

马建华，男，1955年4月出生，新大地监事，住址：广东省平远县长田镇。

陈增湘，男，1962年5月出生，新大地监事，住址：广东省平远县大柘镇关柘路。

林明华，男，1962年12月出生，新大地监事，住址：广东省梅县丙村镇。

李明，男，1958年4月出生，新大地副总经理，住址：广东省梅县新城办事处锭子桥。

何敏，男，1982年9月出生，新大地副总经理，住址：北京市朝阳区光华里。

依据《中华人民共和国证券法》（以下简称《证券法》）的有关规定，我会对新大地违法违规行为进行了立案调查、审理，并依法向当事人告知了作出行政处罚的事实、理由、依据及当事人依法享有的权利。所有当事人均要求陈述、申辩和举行听证会。据此，我会于2013年7月23日举行听证会，听取了其陈述、申辩。本案现已调查、审理终结。

经查明，新大地在2012年4月12日预披露的招股说明书申报稿以及上会稿中存在重大遗漏，且在2009年至2011年年度报告中虚假记载。具体事实如下：

一、新大地通过多种手段虚增 2011 年利润总额 1521.07 万元,占当年利润总额的 36.13%

(一)新大地 2011 年财务账册多记向梅州市喜多多超市连锁有限公司(以下简称喜多多超市)、平远县农业局、梅州市林业局、深圳市铁汉生态环境股份有限公司、深圳致君药业有限公司、平远县飞龙实业有限公司飞龙超市(以下简称飞龙超市)、平远县林业局、平远县金利贸易有限公司(以下简称平远金利)、平远县财政局等 9 家客户的商品销售,共计虚增 2011 年营业收入 2,246,928.38 元,虚增营业成本 1,169,434.58 元,虚增利润总额 1,077,493.8 元。

(二)新大地 2011 年财务账册多记向梅州市梅江区风火综合商行、平远县健记土特产(以下简称健记土特产)、平远县通汇自选商场(以下简称通汇自选商场)、五华县春晖燃气发展有限公司县城总经销等 4 家客户的商品销售,多记部分的销售回款资金来源于新大地或其控制使用的公司及个人银行账户,共计虚增 2011 年营业收入 850,544.3 元,虚增营业成本 529,016.74 元,虚增利润总额 321,527.56 元。

(三)新大地利用黄运江向吴某平的借款,及其子黄某斌获得的贷款资金,从出借方账户直接转入新大地账户,或经新大地控制使用的账户转账至客户,并最终转入新大地,新大地据此确认销售回款 917.94 万元,虚增 2011 年营业收入 8,001,161.81 元,虚增营业成本 3,828,530.1 元,虚增利润总额 4,172,631.71 元。

(四)2011 年 6 月,新大地转款 135.2 万元至其他账户,其中部分资金再转入新大地控制使用的平远县源源农副产品销售部(以下简称源源农副)账户,随即分别转款至梅塘西路宏德建材经营部等 5 家单位,该 5 家单位于收款当日转出等额资金至新大地;12 月,新大地转款 40 万元至新大地控制使用的账户,其中 23.44 万元再转入梅州市九州贸易有限公司(以下简称九州贸易),九州贸易于收款当日转出等额资金至新大地;12 月,新大地向其董事黄鲜露邮政储蓄银行账户存入资金 200,100 元,黄鲜露于当日向广州市越秀区嘉阳贸易商行(以下简称嘉阳贸易)转账 200,050 元(另付转账手续费 50 元),嘉阳贸易于收款当日转款 20 万元至新大地。上述最终划回新大地账户的资金被确认为销售回款,虚增 2011 年营业收入 1,170,541.4 元,虚增营业成本 524,813.19 元,虚增利润总额 645,728.21 元。

(五)2011 年 11 月,新大地将五华县财政局应拨付其的政府补贴款 100 万元,经新大地控制使用的梅州维运新农业发展有限公司(以下简称维运新农业,原名新大地油茶发展有限公司)账户转款 45 万元至九州贸易,九州贸易于收款当日转出等额资金至新大地,新大地据此确认销售回款,虚增 2011 年营业收入 387,584.53 元,虚增营业成本 123,204.7 元,虚增利润总额 264,379,83 元。

(六)2011 年 12 月,凌梅兰向天津久丰股权投资基金合伙企业(以下简称天津久丰)转让新大地股份应收的股权转让款 300 万元,经新大地控制使用的梅州志联实业有限公司(以下简称梅州志联)账户,分别转款 30 万元、23.19 万元和 20.44 万元至梅州市梅江区伟梅商行、梅州市鸿隆实业有限公司和嘉阳贸易,以上 3 家公司于收款当日转出等额资金至新大地。新大地据此确认销售回款,虚增 2011 年营业收入 646,920.66 元,虚增营业成本 341,016.8 元,虚增利润总额 305,903.86 元。

(七)2011 年,由新大地提供资金,经新大地的关联方梅州市曼陀神露山茶油专卖店(以下简称曼陀神露)、梅州志联账户等最终回到新大地,虚增 2011 年营业收入 3,920,221.5 元,虚增营业成本 2,383,143.75 元,虚增利润总额 1,537,077.75 元。

(八)2011 年 3 月至 5 月、11 月、12 月、2012 年 6 月,由新大地提供资金,经梅州志联、新大地关联方梅州市三鑫有限公司(以下简称梅州三鑫)、源源农副账户转款至梅州市康之基农业科技发展有限公司(以下简称康之基)账户,再转入新大地;此外以康之基名义向新大地存入现金,以上共转入或存入新大地资金 2,919,500 元,由新大地确认为销售回款,虚增 2011 年营业收入 2,342,035.4 元,虚增营业成本 1,643,835.32 元,虚增利润总额 698,200.08 元。

(九)2011 年 3 月,新大地从维运新农业账户转出资金,经维顺农工贸发展有限公司(以下简称维顺农工贸)转入新大地;4 月、5 月和

10 月，新大地将其自有资金及平远县人民政府办公室拨付其的资金，通过维运新农业、梅州志联、梅州三鑫、源源农副等账户，经维顺农工贸转入新大地；12 月，新大地将来源于黄运江向吴某平的借款资金，经维顺农工贸转入新大地。以上共转入新大地资金 3,225,840 元，新大地据此确认为销售回款，虚增 2011 年营业收入 2,827,970.59 元，虚增营业成本 1,793,117.77 元，虚增利润总额 1,034,852.82 元。

（十）2011 年 11 月、12 月，新大地以采购货物、支付劳务费名义向其控制使用的个人账户转入资金，之后全额或部分取出，同时从源源农副等其他账户（资金最终来源为新大地获取的财政补贴款，黄运江、凌梅兰及其子黄某斌的借款或新大地股权转让款）取现，并先后于取现当日以 178 个客户销售回款的名义存入新大地银行账户。共有 14 天存在上述存取款业务在同一天、同一银行网点由新大地同一经办人办理，存取金额全部或基本相同的情形，合计确认销售回款 9,112,794 元，虚增 2011 年营业收入 7,996,270.6 元，虚增营业成本 4,979,457.29 元，虚增利润总额 3,016,813.31 元。

（十一）2011 年 2 月、6 月至 8 月，新大地将获取的财政补贴款等多项资金，转入新大地控制使用的账户后，以采购货物，支付差旅费、备用金名义取现，并先后于取现当日以 52 个客户销售回款的名义直接存入新大地。共有 6 天存在上述存取款业务在同一天、同一银行网点由新大地同一经办人办理，存取金额全部或基本相同的情形，合计确认销售回款 2,557,495 元，虚增 2011 年营业收入 2,260,328.3 元，虚增营业成本 1,425,691.55 元，虚增利润总额 834,636.75 元。

（十二）2011 年 1 月至 6 月、9 月、11 月、12 月，新大地获取的财政补贴款等多项资金，转入梅州三鑫、梅州志联银行账户后，再转入源源农副账户或新大地关联方凌某平、黄某燕等个人账户后取现，并先后于取现当日以 129 个客户销售回款的名义直接存入新大地。共有 19 天存在上述存取款业务在同一天、同一银行网点由新大地同一经办人办理，存取金额全部或基本相同的情形，合计确认销售回款 10,150,723 元，虚增 2011 年营业收入 8,909,015.58 元，虚增营业成本 5,268,758.14 元，虚增利润总额 3,640,257.45 元。

上述第 1 项至 12 项存在重复计算的虚增营业收入 6,150,129.86 元、虚增营业成本 3,811,340.55元、虚增利润总额 2,338,789.31 元，在合并计算时已予以剔除。

二、新大地通过多种手段虚增 2010 年利润总额 289.15 万元，占当年利润总额的 10.89%

（一）新大地 2010 年财务账册多记向喜多多超市、平远县农业局、梅州市林业局、飞龙超市、平远金利和平远县财政局等 6 家客户的销售业务，虚增 2010 年营业收入 1,297,533.83 元，虚增营业成本 625,420.2 元，虚增利润总额 672,113.63 元。

（二）新大地 2010 年财务账册多记向健记土特产、通汇自选商场 2 家客户的商品销售，多记部分的销售回款资金来源于新大地的关联方梅州市绿康农副产品经营部（以下简称梅州绿康）账户和凌某平账户，共计虚增 2010 年营业收入 55,574.18 元，虚增营业成本 29,180.21 元，虚增利润总额 26,393.97 元。

（三）2010 年 5 月、8 月、11 月，新大地关联方陈某、梅州三鑫转款至新大地控制使用的银行账户，随即分别转款 11 万元、8.2 万元和 19.9 万元至新大地账户，新大地确认为销售回款，虚增 2010 年营业收入 344,792.45 元，虚增营业成本 206,768.91 元，虚增利润总额 138,023.54 元。

（四）2010 年 6 月，新大地经其他账户转款至其控制使用的平远县绿丰农业科技发展有限公司（以下简称绿丰农业）账户、梅州绿康账户，最终从曼陀神露转款 25 万元回到新大地；2010 年，新大地关联方凌某平和梅州市鸿达装饰有限公司（以下简称鸿达装饰）分 6 次转款合计 644,787 元至曼陀神露，曼陀神露随即转入新大地，合计转入 651,947 元。新大地将以上收到的资金确认为销售回款，虚增 2010 年营业收入 791,882.86 元，虚增营业成本 393,847.8 元，虚增利润总额 398,035.06 元。

（五）2010 年 3 月至 12 月，新大地从凌梅兰、凌某平个人银行账户提取现金，并先后于取现当日以 163 个客户销售回款的名义存入新大地。共有 16 天存在上述存取款业务在同一天、同一银行网点由新大地同一经办人办理，存取金额全部或基本相同的情形，合计确认销售回款 2,557,900 元，虚增 2010 年营业收入

2,251,792.90 元,虚增营业成本 1,491,888.25 元,虚增利润总额 759,904.65 元。

(六)2010 年 6 月至 11 月,新大地自有资金、新大地获取的专项资金或鸿达装饰账户的资金,通过往来款等名义转出至平远县二轻建筑工程公司(以下简称平远二轻建)、梅州三鑫账户,再经绿丰农业、梅州绿康账户多次转账并取现后,以客户名义存入新大地。共有 15 天存在上述存取款业务在同一天、同一银行网点由新大地同一经办人办理,存取金额全部或基本相同的情形,合计确认销售回款 2,919,000 元,虚增 2010 年营业收入 2,573,223.65 元,虚增营业成本 1,509,565.34 元,虚增利润总额 1,063,658.31 元。

上述第 1 项至第 6 项存在重复计算的虚增营业收入 320,748.49 元、虚增营业成本 154,075.59 元、虚增利润总额 166,672.90 元,在合并计算时已予以剔除。

三、新大地通过多种手段虚增 2009 年利润总额 251.9 万元,占当年利润总额的 14.87%

(一)新大地 2009 年财务账册多记向喜多多超市、梅州市林业局、平远金利和平远县财政局等 4 家客户的销售业务,虚增 2009 年营业收入 405,310.92 元,虚增营业成本 194,131.97 元,虚增利润总额 211,178.95 元。

(二)2009 年 5 月,鸿达装饰及梅州三鑫账户转款至梅州绿康,5 月、6 月、7 月梅州绿康分别向新大地转款 2.2 万元、15.93 万元、5.3 万元,新大地确认为销售回款,虚增 2009 年营业收入 207,345.12 元,虚增营业成本 76,713.01 元,虚增利润总额 130,632.11 元。

(三)新大地通过其控制的账户及曼陀神露虚增 2009 年营业收入 2,929,538.99 元,虚增营业成本 952,265.95 元,虚增利润总额 1,977,273.04 元。

(四)2008 年,新大地与立信会计师事务所有限公司签订《业务约定书》,约定分期支付中介服务费用,新大地将已支付的 20 万元中介服务费用记录为预付账款,少计 2009 年管理费用 20 万元,多计预付账款 20 万元。

四、新大地 2009 年至 2011 年虚增固定资产

新大地 2009 年至 2011 年以支付工程款的名义划款至平远二轻建,由此形成在建工程,并最终计入固定资产项下,而平远二轻建并未为其实施工程建造,由此,新大地 2009 年虚增固定资产 227.68 万元,2010 年虚增固定资产 648.73 万元,2011 年虚增固定资产 264.5 万元。

五、新大地在 2012 年 4 月 12 日预披露的招股说明书申报稿以及上会稿中遗漏关联方关系及其交易

(一)由于曼陀神露及其经营者与新大地及其实际控制人之间存在特殊关系,以及新大地可能或已经为曼陀神露及其经营者提供了利益倾斜,新大地报告期前十大客户之一的曼陀神露为新大地的关联方。2009 年至 2011 年,新大地与曼陀神露交易金额分别为 19.89 万元、122.13 万元和 104.31 万元。该关联方关系及其交易均未在招股说明书申报稿以及上会稿中披露。

(二)鸿达装饰法定代表人黄某光于 2009 年至 2011 年担任新大地监事,且黄某光是黄运江的弟弟,鸿达装饰为新大地的关联方。2009 年新大地与鸿达装饰交易金额为 23.41 万元。该关联方关系及其交易未在招股说明书申报稿以及上会稿中披露。

(三)梅州绿康经营者陈某系凌洪之妻,凌洪系凌梅兰的哥哥,凌洪于 2009 年至 2010 年 10 月任新大地监事,2010 年 10 月任新大地财务总监,梅州绿康为新大地的关联方。2009 年、2010 年新大地与梅州绿康交易金额分别为 38.86 万元和 23.88 万元。该关联方关系及其交易均未在招股说明书申报稿以及上会稿中披露。

六、新大地在 2012 年 4 月 12 日预披露的招股说明书申报稿以及上会稿中遗漏控股股东股份转让情况

2011 年 12 月 20 日,凌梅兰与天津久丰和广东富升投资管理有限公司签订股份转让合同,将其持有的 300 万股新大地股份以 2100 万元转让给上述 2 家公司,该重大事项未在招股

说明书申报稿以及上会稿中披露。

以上事实有新大地招股说明书，新大地2009年至2011年年度财务报告，相关会议决议，财务账册，会计凭证，银行开销户资料，资金存取和划款凭证，工商登记资料，相关合同、文件和协议，询问笔录，情况说明等证据证明，足以认定。

新大地上述行为违反了《证券法》第十三条、第二十条第一款、第六十三条的规定，构成了《证券法》第一百九十三条第一款“发行人、上市公司或者其他信息披露义务人未按照规定披露信息，或者所披露的信息有虚假记载、误导性陈述或者重大遗漏的”和第二款“发行人、上市公司或者其他信息披露义务人未按照规定报送有关报告，或者报送的报告有虚假记载、误导性陈述或者重大遗漏的”的行为。上述违法行为直接负责的主管人员是黄运江和凌梅兰，其他直接责任人员是凌洪、黄鲜露、赵罡、樊和平、邱礼鸿、支晓强、何日胜、奚如春、马建华、陈增湘、林明华、李明、何敏。

当事人新大地主要申辩理由：一、资金循环过程中的维运新农业、梅州志联等账户并非如告知书所述为新大地所控制使用；二、资金循环中部分资金源头如康之基、维顺农工贸并非来自新大地，而是其他人向黄运江的借款，或是其自有资金；三、从新大地账户同时取现再存现，是由于之前占用了销售款去支付采购款，因此将新大地自有资金从账户取出，再以客户名义存回新大地账户以还原之前被占用的销售款；四、拟作出处罚过重，新大地系主动撤回首次发行申请文件，具有从轻、减轻情节。

经我会复核，从工商登记信息、相关账户的大额资金转出控制、对账业务控制及账户实际使用等因素综合判断，新大地控制使用维运新农业、梅州志联等银行账户可以认定；新大地通过其控制使用的银行账户，将其自有资金或其可以调度的外部资金，经过转账、直接存入现金或同时在不同账户取现再存现，最终以客户销售回款的名义转回新大地。上述资金循环路径清晰，并有对客户的抽访、销售业务合理性的分析等证据予以佐证。我会认为，当事人提交的证据不能支持其申辩意见，上述违法事实可以认定，相关申辩意见不予采纳。

我会认为，新大地主动撤回首发申请文件，只能表明从形式上看是其自主作出的行为，但并不属于其反省自己的违法行为、为减轻危害后果而主动中止的行为，不具有法定从轻、减轻情节。新大地具有报送、预披露有虚假记载、重大遗漏报告的主观故意，情节十分恶劣，相关申辩意见不予采纳。

当事人黄运江、凌梅兰、凌洪等人的申辩意见与新大地基本相同。其他当事人辩称，自己的工作岗位不涉及原材料采购、销售、财务和控股股东股份转让工作，对新大地2009年至2011年虚增利润情况及新大地在2012年4月12日预披露招股说明书申报稿以及上会稿中遗漏控股股东股份转让情况事实不知情，也未参与上述事实；不认为新大地与曼陀神露构成关联关系及对梅州绿康与新大地构成关联关系不知情具有合理理由；认为新大地主动提交终止发行上市申请，应从轻、减轻或免除处罚，拟定处罚过重。此外，当事人黄鲜露还辩称其曾协助出纳做过存取款工作，但对款项来源和去向并不知情。

经我会复核，与新大地相同申辩意见不予采纳。对董事、监事、高级管理人员的处罚已考虑不同情节，并区别认定直接负责的主管人员和其他直接责任人员，上述人员在招股说明书等申报材料中签字，做出了承诺招股说明书不存在虚假记载、误导性陈述或重大遗漏，并对其真实性、准确性、完整性承担个别和连带的法律责任的声明，根据法律规定，应当承担法律责任。黄鲜露经办过新大地用于资金周转的梅州志联、曼陀神露等多个公司或个人银行账户的开销户、转账或存取款业务，是新大地虚增收入事项的直接参与人员。相关申辩意见不予采纳。

根据当事人违法行为的事实、性质、情节与社会危害程度，依据《证券法》第一百九十三条第一款、第二款规定，我会决定：

一、对新大地给予警告，并处以60万元罚款；

二、对黄运江、凌梅兰给予警告，并分别处以30万元罚款；

三、对凌洪、黄鲜露、赵罡给予警告，并分别处以20万元罚款；

四、对樊和平、邱礼鸿、支晓强、何日胜、奚如春、马建华、陈增湘、林明华、李明、何敏给予警告，并分别处以15万元罚款。

上述当事人应自收到本处罚决定书之日

起15日内,将罚款汇交中国证券监督管理委员会(开户银行:中信银行总行营业部、账号:7111010189800000162,由该行直接上缴国库),并将注有当事人名称的付款凭证复印件送中国证券监督管理委员会稽查局备案。当事人如果对本处罚决定不服,可在收到本处罚决定书之日起60日内向中国证券监督管理委员会申请行政复议,也可在收到本处罚决定书之日起3个月内直接向有管辖权的人民法院提起行政诉讼。复议和诉讼期间,上述决定不停止执行。

关于大华会计师事务所有限公司及有关个人违反证券法规的行政处罚决定书

([2013]54号)

当事人:大华会计师事务所有限公司(以下简称大华所),广东新大地生物科技股份有限公司(以下简称新大地)首次公开发行股票并在创业板上市(以下简称IPO)审计机构,住所:北京市海淀区西四环中路16号院,法定代表人梁春。

王海滨,男,1964年7月出生,新大地IPO审计报告签字注册会计师,住址:安徽省淮北市相山区淮海路220号。

刘春奎,男,1973年10月出生,新大地IPO审计报告签字注册会计师,住址:河北省石家庄市长安区谈固南大街25号。

依据《中华人民共和国证券法》(以下简称《证券法》)的有关规定,我会对大华所违法违规行为进行了立案调查、审理,并依法向当事人告知了作出行政处罚的事实、理由、依据及当事人依法享有的权利。当事人大华所、王海滨、刘春奎均要求举行听证会。据此,我会于2013年7月25日举行听证会,听取了其陈述、申辩。本案现已调查、审理终结。

经查明,大华所及其注册会计师在为新大地IPO提供审计鉴证服务过程中,未能勤勉尽责,出具的审计报告、核查意见等文件存在虚假记载。具体违法事实如下:

一、在审计新大地2009年主营业务收入项目的过程中,大华所对新大地2009年主营业务毛利率进行了统计,并将统计结果记录于工作底稿,但未对毛利率巨幅波动(3月为-104.24%,11月为90.44%)做出审计结论,也未对异常波动的原因进行分析。

在审计新大地2011年主营业务收入项目的过程中,在12月毛利率与全年平均毛利率偏离度超过33%的情况下,未保持适当的职业审慎,得出全年毛利率无异常波动的结论;且在审计当年应收账款过程中,也未保持适当的职业审慎,未发现2011年12月新大地现金销售回款占当月销售回款43%的异常情形,也未对上述两项异常进一步查验。

二、大华所工作底稿显示,2011年10月21日,大华所在深圳对梅州市绿康农副产品经营部(以下简称梅州绿康)经营者陈某进行了实地访谈,访谈笔录中记载新大地对梅州绿康2010年度销售金额与新大地账面数相同。经查明,大华所等中介机构及其人员当日并未对梅州绿康进行实地访谈,且2010年新大地向梅州绿康虚假销售34.48万元。而大华所在关于新大地有关举报问题的核查意见中称,大华所与保荐机构、律师事务所等三家中介机构对梅州绿康进行了实地访谈,其向新大地采购茶油情况与发行人2010年度茶油销售情况一致。

以上事实,有大华所出具的审计报告、核查意见、工作底稿、有关人员的询问笔录等证据证明,足以认定。

大华所未按照行业标准履行勤勉尽责义务,其做法不符合《中国注册会计师审计准则(2006年)第1313号——分析程序》、《中国注册会计师审计准则(2010年)第1313号——分析程序》等相关规定,所出具的审计报告、核查意见等文件有虚假记载，违反了《证券法》第二十条第二款、第一百七十三条的规定，构成《证券法》第二百二十三条所述违法行为。对大华所的上述违法行为直接负责的主管人员为王海滨、刘春奎。

当事人大华所、王海滨、刘春奎在听证中辩称：其一，新大地 2009 年、2011 年月综合毛利率出现较大波动系由于其生产和销售季节性特点较强的原因，年度之间并未出现重大异常，会计师在报告期内对于现金销售、毛利率波动等风险一直充分关注并实施了审计程序，新大地的会计责任不能扩大为会计师的审计责任；其二，对梅州绿康虚假访谈事项不构成大华所正常履行的复核流程瑕疵，2010 年新大地向梅州绿康虚假销售 34.48 万元，仅占当年主营业务收入的 0.39%，并不构成重大影响；其三，中国证监会拟作出的处罚过重，显失公平。

我会认为，当事人大华所、王海滨、刘春奎的申辩理由不能成立：

其一，新大地产品的市场价格与原材料的市场价格具有较强的联动性，毛利率可以持续保持一个高水平而不会出现较大的波动，2009 年 3 月、11 月毛利率巨幅波动，2011 年 12 月毛利率明显高于年平均水平且当月销售现金回款过高，大华所未对上述异常保持应有的职业审慎。

其二，大华所在未作真实走访的情况下，制作虚假访谈笔录，不仅未履行勤勉尽责义务，也违背了基本的职业道德。

其三，我会对大华所及签字注册会计师的处罚，已综合考虑违法行为的事实、性质、情节、社会危害程度等各种因素，不存在显失公平的情形。

大华所还就其审计业务收入提出申辩，并提交了相关证据，申辩称：新大地股改及 IPO 审计业务合同总额为 110 万元，大华所实际收取的审计费用为 90 万元，其中为新大地用于 2009 年、2010 年、2011 年各年度一般工商年检的审计收费为 30 万元，该 30 万元不应视作 IPO 审计业务收入。

经核实，我会认定大华所开展新大地 IPO 审计业务的收入为 90 万元，大华所主张的专用于 2009 年、2010 年、2011 年度工商年检的 30 万元审计收费没有证据支持，不予扣减。

根据当事人违法行为的事实、性质、情节与社会危害程度，依据《证券法》第二百二十三条的规定，我会决定：

一、没收大华所业务收入 90 万元，并处以 90 万元的罚款；

二、对王海滨给予警告，并处以 10 万元的罚款；

三、对刘春奎给予警告，并处以 5 万元的罚款。

上述当事人应自收到本处罚决定书之日起 15 日内，将罚没款汇交中国证券监督管理委员会（开户银行：中信银行总行营业部、账号：7111010189800000162，由该行直接上缴国库），并将注有当事人名称的付款凭证复印件送中国证券监督管理委员会稽查局备案。当事人如果对本处罚决定不服，可在收到本处罚决定书之日起 60 日内向中国证券监督管理委员会申请行政复议，也可在收到本处罚决定书之日起 3 个月内直接向有管辖权的人民法院提起行政诉讼。复议和诉讼期间，上述决定不停止执行。

关于北京市大成律师事务所及有关个人违反证券法规的行政处罚决定书

（〔2013〕55 号）

当事人：北京市大成律师事务所（以下简称大成所），广东新大地生物科技股份有限公司（以下简称新大地）首次公开发行股票并在创业板上市（以下简称 IPO）法律服务机构，住所:北京市东城区东直门南大街 3 号国华投资大厦 12 层,法定代表人彭雪峰。

丘远良,男,1964 年 9 月出生,新大地 IPO 相关法律文件签字律师,住址:北京市海淀区中关村 19 号楼。

申林平,男,1971 年 6 月出生,新大地 IPO 相关法律文件签字律师,住址:河南省安阳市北关区胜利路 40 号院。

刘军,男,1972 年 11 月出生,新大地 IPO 相关法律文件签字律师,住址:贵州省独山县城关镇中华北路 33 号。

刘韬,男,1984 年 5 月出生,新大地 IPO 相关法律文件签字律师,住址:北京市朝阳区农光里二区。

依据《中华人民共和国证券法》(以下简称《证券法》)的有关规定,我会对大成所违法违规行为进行了立案调查、审理,并依法向当事人告知了作出行政处罚的事实、理由、依据及当事人依法享有的权利。全体当事人均要求陈述、申辩和举行听证会。据此,我会于 2013 年 7 月 24 日举行听证会,听取了其陈述、申辩。本案现已调查、审理终结。

经查明,大成所在为新大地 IPO 提供相关法律服务时,未能勤勉尽责地开展核查验证,其出具的法律意见书等文件存在虚假记载。具体违法事实如下:

(一)大成所在未对梅州维运新农业发展有限公司实际控制人廖某梅进行实地访谈的情况下,制作虚假的实地访谈笔录,并在补充法律意见书(五)中作出对廖某梅进行了实地访谈的虚假记载。

(二)大成所在未对梅州市绿康农副产品经营部(以下简称梅州绿康)经营者陈某进行实地访谈的情况下,在专项核查意见中作出对梅州绿康进行了实地访谈的虚假记载。

(三)大成所未全面收集并认真查验梅州绿康的工商资料,未能发现梅州绿康经营者陈某系新大地财务总监凌洪的配偶,未认定梅州绿康与新大地的关联关系,在其出具的补充法律意见书(二)中,称"确认、查阅了发行人主要客户和供应商的工商档案",并根据新大地 11 名自然人股东的声明及承诺,认为新大地股东、财务总监凌洪与主要客户及供应商(包括梅州绿康)无关联关系。

(四)新大地与梅州市曼陀神露山茶油专卖店(以下简称曼陀神露)之间存在如下异常情况:(一)曼陀神露先后以黄某燕、邹某的名义申请办理工商登记,两次登记时预留的联系电话与新大地相同;(二)黄某燕办理工商登记时预留的个人联系电话为新大地董事黄鲜露的手机号码;(三)曼陀神露与受新大地董事长黄运江实际控制的梅州市三鑫有限公司(以下简称梅州三鑫)签订经营房屋租赁合同时预留的联系电话,与新大地实际控制人凌梅兰的联系方式相同;并且黄某燕担任曼陀神露经营者期间;(四)曾作为新大地职工代表参加了新大地选举职工监事的会议;(五)梅州三鑫将其持有的新大地股份转让给他人时,黄某燕为收款经办人;(六)2008 年 5 月 2 日至 31 日,新大地向平远县绿原农副产品收购站等销售的出仓单上,制单人为黄某燕。对于上述异常,大成所律师未履行法律专业人士特别注意义务,并采取进一步的核查措施予以排除或证实,就在补充法律意见书(一)、补充法律意见书(二)以及专项核查意见中,作出曼陀神露与新大地不存在关联关系的法律意见。

(五)大成所调取了梅州市鸿达装饰有限公司(以下简称鸿达装饰)的工商资料,其法定代表人为新大地董事长黄运江之弟黄某光,黄某光在向大成所填报的《公司董监高及其他核心人员在其他公司投资情况调查表》中,表明其持有鸿达装饰 60% 的股份。但大成所在出具法律意见时未审慎尽责,在出具的补充法律意见书(一)中称发行人已充分披露关联方,未指出新大地并未披露与鸿达装饰存在关联关系的事实。

以上事实,有大成所出具的有关法律意见书及专项核查意见、工作底稿、笔迹鉴定结论、相关人员询问笔录等证据证明,足以认定。

大成所未按照行业的执业标准履行勤勉尽责的义务,所出具的文件有虚假记载,其行为违反了《证券法》第二十条第二款、第一百七十三条的规定,构成《证券法》第二百二十三条所述"证券服务机构未勤勉尽责,所制作、出具的文件有虚假记载、误导性陈述或者重大遗漏"的行为。对此直接负责的主管人员为丘远良、申林平、刘军、刘韬。

当事人在其陈述申辩意见书、补充陈述申

辩意见书及听证中辩称：其一，经办律师未对廖某梅、梅州绿康进行实地访谈只能认定其失职，但不影响其结论性意见的正确性，不应认定为虚假记载。其二，未发现梅州绿康与凌洪的关联关系是因为凌洪的故意隐瞒，经办律师在未发现异常的情况下并无调取全部工商底档之必要。其三，曼陀神露与新大地之间的六种情况之中，第（二）、（三）、（五）项不属于曼陀神露与新大地之间的异常情况，经办律师已对第（一）、（四）、（六）项做了必要了解并获得合理解释，且新大地与曼陀神露之间没有虚构交易。其四，鸿达装饰不属于依照《公开发行证券的公司信息披露编报规则第 12 号——公开发行证券的法律意见书和律师工作报告》所须披露的关联方，且根据重要性原则，未将鸿达装饰作为关联方披露并不构成重大遗漏或虚假记载。其五，新大地未进入发行程序，未致投资者利益遭受损害，且本案的社会影响并非大成所造成，属轻微违法，应当免除或减轻处罚。

丘远良还辩称，其本人对新大地 IPO 项目高度重视，已勤勉尽责，且对证券市场发展做出多年贡献，请求对其不予处罚。

申林平还辩称，其主要工作职责与定位是后台支持，并未参与现场核查工作，其在法律意见书上签字是基于对现场律师的信任，且认为核查工作已穷尽律师所具备的手段。

刘军还辩称，其在尽职调查过程中虽有不当核查方式，但未造成法律意见书的虚假记载，违法情节轻微，对其处罚过重。

刘韬辩称，因工作调动原因，其在法律意见书和律师工作报告申报后，并未实际参与新大地 IPO 项目进入反馈意见阶段后的核查工作及补充法律意见书等文件的出具工作，应酌情减免处罚。同时刘韬表示，愿就签署补充法律意见书的不当行为承担责任。

我会认为，大成所、丘远良、申林平、刘军的申辩理由不能成立：

其一，当事人并未否认其虚构廖某梅、梅州绿康访谈的事实。依据《律师事务所从事证券法律业务管理办法》、《律师事务所证券法律业务执业规则（试行）》等相关规定，律师事务所所制作、出具的文件之内容并不仅限于结论性意见，也包括对相关事实材料及查验工作的表述，以及作出结论性意见的论证分析。大成所及其经办律师在未对廖某梅、梅州绿康进行实地访谈的情况下，在法律意见书及专项核查意见等文件中对查验方式和查验过程等内容作出虚假表述，构成《证券法》第二百二十三条所述虚假记载的行为。

其二，大成所及其经办律师未全面收集梅州绿康的工商资料，构成未勤勉尽责。判断关联关系属于律师核查义务的主要内容之一，律师对此应履行法律专业人士特别注意义务，而查阅工商登记资料是判断关联关系的重要核查手段。梅州绿康系新大地 2009 年前十大客户之一，且我会在反馈意见中也明确要求大成所对新大地 11 名自然人股东（包括凌洪）与新大地主要客户（包括梅州绿康）及供应商的关系发表意见，因此，无论是从专业性，还是从重要性而言，律师在查阅工商资料工作中都负有专业人士特别注意义务，应当依法对所依据的文件资料内容的真实性、准确性、完整性进行核查和验证。大成所未全面收集并认真查验梅州绿康的工商资料，仅调取了机读档案信息，其所调取的资料不完整，核查验证不充分，构成未勤勉尽责的情形。

其三，对于新大地与曼陀神露之间的异常情况，即使以普通人的注意义务标准，也会对两者是否存在关联关系提出怀疑，大成所律师作为专业人士，应履行法律专业人士的特别注意义务，并采取必要的措施予以证实或排除。虽然大成所辩称已进行了解并获得合理解释，但从大成所提供的全部工作底稿来看，并未发现相关工作记录，而工作底稿的质量是判断律师是否勤勉尽责的重要依据。当事人的申辩不能成立。

其四，我会在第一次反馈意见中明确要求律师核查新大地关联方的披露是否完整并发表明确意见。大成所在其回复的补充法律意见书（一）中作出“发行人已经对其关联方进行了充分地披露”的法律意见时，也不仅仅针对持有发行人股份 5% 以上的关联方，而是针对六个方面的关联方，其中既有持有发行人 5% 以上股份的关联方，也有与实际控制人关系密切的家庭成员控制的企业。由此可见，大成所在出具补充法律意见书时对中国证监会的要求已有明确理解，即应当核查关联方的披露是否完整，而非是否存在重大遗漏。而大成所在明知鸿达装饰是新大地之关联方、新大地对此关联关系未予披露的情况下,仍出具了新大地对其关联方已充分披露的法律意见,此项意见明显不真实,构成虚假记载。

其五,新大地报送含有虚假内容的发行申报材料,具有极大的社会危害性,影响恶劣。大成所未勤勉尽责,所出具的文件有虚假记载。大成所作为新大地首次公开发行项目的法律服务机构,其所出具的文件是投资者和中国证监会确认相关事项是否合法的重要依据,大成所在新大地违法违规事实中难辞其咎。丘远良从事证券业务多年,更应恪守职业道德,勤勉尽责,其申辩理由不能成为减轻其责任的合法事由。申林平虽未直接参与现场尽职调查,但并不能因此减轻其专业注意义务,其应当保持职业审慎,按程序充分、认真、细致地审核现场律师的工作底稿,而不能仅仅依赖于所谓的个人经验和对现场律师的信任。刘军作为执业律师,不仅未勤勉尽责,且制作虚假的访谈笔录,无视律师从业诚实、守信、独立、勤勉的原则,且在面对调查时刻意掩盖,直至进入听证程序后才予以承认,其行为严重违背了律师职业道德和执业纪律,情节恶劣。

我会认为,大成所未能勤勉尽责地核查和验证新大地相关情况,伪造访谈笔录,其出具的法律文件中存在虚假记载。大成所、丘远良、申林平、刘军的相关申辩理由均不能成立。刘韬在项目后期虽未承担具体的现场工作,但作为补充法律意见书(一)至(五)等文件的签字律师之一,仍应对上述文件承担相应法律责任,考虑到其在调查及申辩过程中较为配合,对其行为认错态度较好,其申辩意见部分予以采纳。

综上,根据当事人违法行为的事实、性质、情节与社会危害程度,依据《证券法》第二百二十三条的规定,我会决定:

一、没收大成所业务收入50万元,并处以100万元的罚款;

二、对丘远良、刘军给予警告,并分别处以10万元的罚款;

三、对申林平给予警告,并处以5万元的罚款;

四、对刘韬给予警告,并处以3万元的罚款。

上述当事人应自收到本处罚决定书之日起15日内,将罚没款汇交中国证券监督管理委员会(开户银行:中信银行总行营业部、账号:7111010189800000162,由该行直接上缴国库),并将注有当事人名称的付款凭证复印件送中国证券监督管理委员会稽查局备案。当事人如果对本处罚决定不服,可在收到本处罚决定书之日起60日内向中国证券监督管理委员会申请行政复议,也可在收到本处罚决定书之日起3个月内直接向有管辖权的人民法院提起行政诉讼。复议和诉讼期间,上述决定不停止执行。

关于南京证券有限责任公司及有关个人违反证券法规的行政处罚决定书

(〔2013〕56号)

当事人:南京证券有限责任公司(以下简称南京证券),广东新大地生物科技股份有限公司(以下简称新大地)首次公开发行股票并在创业板上市(以下简称IPO)保荐人,住所:江苏省南京市玄武区大钟亭8号,法定代表人张华东。

胡冰,男,1971年12月出生,新大地IPO保荐代表人,住址:江苏省南京市建邺区拓园91号。

廖建华,男,1968年7月出生,新大地IPO保荐代表人,住址:湖南省长沙市芙蓉区农大路1号。

依据《中华人民共和国证券法》(以下简称《证券法》)的有关规定,我会对南京证券违法违规行为进行了立案调查、审理，并依法向当事人告知了作出行政处罚的事实、理由、依据及当事人依法享有的权利。当事人均未提出陈述、申辩意见，也未要求听证。本案现已调查、审理终结。

2011年6月至2012年6月，南京证券出具《关于广东新大地生物科技股份有限公司首次公开发行股票并在创业板上市发行保荐书》以及对上市申请文件反馈意见的回复、对有关举报问题的专项核查意见等文件，经查明，南京证券在推荐新大地IPO过程中，存在以下违法事实：

（一）南京证券未按规定对新大地2011年度、2011年1至6月、2010年度主要原材料茶籽、茶饼前十大供应商进行核查，仅随机抽查了10个并非前十大供应商的农户，就在对新大地上市申请文件反馈意见的回复等文件中称，通过实地走访、发询证函或查阅工商档案等方式对新大地2011年度、2011年1至6月、2010年度主要原材料茶籽、茶饼前十大供应商进行了核查，并作出新大地对主要原材料茶籽、茶饼前十大供应商的采购情况符合实际的结论。

（二）南京证券未按规定对新大地招股说明书上会稿中披露的2009年度销售前十大客户中的梅州市喜多多超市连锁有限公司（以下简称喜多多超市）、梅州市绿康农副产品经营部（以下简称梅州绿康）销售金额的真实性进行审慎核查，从而未能发现当年新大地向喜多多超市、梅州绿康虚假销售的事实。

（三）南京证券未按规定全面收集并认真查验梅州绿康的工商登记资料，未能发现梅州绿康经营者陈某系新大地财务总监凌洪的配偶。南京证券在2011年6月10日出具的反馈意见回复说明中发表了梅州绿康与新大地不存在关联关系的意见。

新大地与梅州市曼陀神露山茶油专卖店（以下简称曼陀神露）之间存在如下异常情况：（一）曼陀神露先后以黄某燕、邹某的名义申请办理工商登记，两次登记时预留的联系电话与新大地相同；（二）黄某燕办理工商登记时预留的个人联系电话为新大地董事黄鲜露的手机号码；（三）曼陀神露与受新大地董事长黄运江实际控制的梅州市三鑫有限公司（以下简称梅州三鑫）签订经营房屋租赁合同时预留的联系电话，与新大地实际控制人凌梅兰的联系方式相同；（四）2009年11月梅州三鑫将其持有的新大地股份转让给他人时，收款经办人为黄某燕。对上述异常情况，南京证券未保持应有的职业谨慎并采取进一步的核查措施。

南京证券收集的工作底稿及报送的新大地辅导验收材料中，均披露过新大地董事长黄运江之弟黄某光系梅州市鸿达装饰有限公司（以下简称鸿达装饰）实际控制人，但未保持足够的职业审慎，未能核查出新大地招股说明书上会稿未披露鸿达装饰为新大地关联企业的问题，在向中国证监会出具的反馈意见回复中也未进行披露。南京证券对上述事项的尽职调查未勤勉尽责。

（四）南京证券在未对梅州绿康经营者陈某作实地访谈的情况下，在出具的专项核查意见中，作出对梅州绿康进行了实地访谈的虚假记载。

（五）南京证券工作底稿中收集的新大地原材料明细表显示，新大地2009年至2011年度煤炭采购账面金额分别为89.46万元、180.04万元、273.26万元，与新大地招股说明书上会稿披露的金额85.83万元、159.92万元和294.61万元分别相差3.63万元、20.12万元、21.35万元。上述差额分别占新大地当年披露煤炭采购金额的4.23%、12.58%和7.25%。南京证券对上述事项的尽职调查未勤勉尽责。

以上事实，有新大地招股说明书上会稿、南京证券出具的发行保荐书、反馈意见回复、专项核查意见、工作底稿、有关人员的询问笔录等证据证明，足以认定。

南京证券的上述行为，违反了《证券法》第十一条第二款的规定，构成了《证券法》第一百九十二条所述“保荐人出具有虚假记载、误导性陈述或者重大遗漏的保荐书，或者不履行其他法定职责”的情形，对此直接负责的主管人员为胡冰、廖建华。

根据当事人违法行为的事实、性质、情节与社会危害程度，依据《证券法》第一百九十二条的规定，我会决定：

一、对南京证券给予警告，因其未取得业务收入，不再给予罚款处罚；

二、对胡冰、廖建华给予警告，并分别处以

15万元的罚款。

上述当事人应自收到本处罚决定书之日起15日内,将罚款汇交中国证券监督管理委员会(开户银行:中信银行总行营业部、账号:7111010189800000162,由该行直接上缴国库),并将注有当事人名称的付款凭证复印件送中国证券监督管理委员会稽查局备案。当事人如果对本处罚决定不服,可在收到本处罚决定书之日起60日内向中国证券监督管理委员会申请行政复议,也可在收到本处罚决定书之日起3个月内直接向有管辖权的人民法院提起行政诉讼。复议和诉讼期间,上述决定不停止执行。

关于方振颖、方振韶违反证券法规的行政处罚决定书

(〔2013〕57号)

当事人:方振颖,男,1966年4月出生,住址:广东省开平市长沙港口路,2011年9月16日起任广东开平春晖股份有限公司(以下简称春晖股份)董事长。

方振韶,男,1971年8月出生,住址:广东省开平市三埠街道办事处长沙东郊南区,系方振颖之弟。

依据《中华人民共和国证券法》(以下简称《证券法》)的有关规定,我会对方振颖、方振韶内幕交易违法行为进行了立案调查、审理,并依法向当事人告知了作出行政处罚的事实、理由、依据及当事人依法享有的权利。当事人均未提出陈述、申辩意见。本案现已调查、审理终结。

经查明,当事人存在以下内幕交易违法事实:

一、内幕信息的形成与公开过程

春晖股份是一家深圳证券交易所上市公司,第一大股东为广州市鸿汇投资有限公司(以下简称鸿汇投资,持股比例12.15%),第二大、第三大股东均为开平市国资委控股企业,合计持股比例12.79%。

2011年2月,广东省广晟资产经营有限公司(以下简称广晟资产)动议将其全资子公司广东省广晟酒店集团有限公司(以下简称广晟酒店)借壳春晖股份上市。

2011年4月,广晟资产委托中介机构草拟了广晟酒店借壳春晖股份上市的方案,并与鸿汇投资总经理、实际控制人、香港人士江某灿进行初步沟通。

2011年6月左右,广晟资产有关负责人与江某灿进行小范围会谈,江某灿表示对重组春晖股份有兴趣;随后,广晟资产联系时任开平市经信局局长方振颖,征求开平市政府意见。

2011年6月至7月,经方振颖联系,开平市市长、方振颖等人与广晟资产有关负责人商讨重组春晖股份事宜。开平市政府表态欢迎广晟资产重组春晖股份,并指派方振颖等人具体办理。

2011年8月初,广晟资产有关负责人与江某灿、方振颖等会面,三方就广晟酒店借壳重组春晖股份事宜基本达成一致,即春晖股份原有化纤资产全部置出,广晟酒店资产置入,避免出现双重主业,置出的化纤资产由江某灿与开平市政府按照原有股份比例承担。

2011年8月16日至22日,广晟资产、广晟酒店履行借壳上市的内部决策程序。

2011年9月16日,春晖股份召开股东大会,通过了董事会任命方振颖为公司董事长的议案。

2011年10月8日至11月28日,中介机构进场清理广晟酒店资产,开平市政府同意了重组的大致方向,中介机构起草完毕资产置换及发行股份购买资产及关联交易预案。

2011年12月22日,广晟资产对广晟酒店资产重组的批复定稿。

2011年12月26日,“春晖股份”上涨3.71%;2011年12月27日,“春晖股份”涨停。

2011年12月28日，深圳证券交易所公告，因春晖股份预计有重大事项发生，经其申请，股票临时停牌。

2012年1月4日，春晖股份发布公告，称因正在筹划重大资产重组事项，公司股票自2012年1月5日起开始停牌。

2012年3月26日，春晖股份发布公告，称决定终止筹划本次重大资产重组，公司股票于2012年3月27日复牌。

二、方振颖泄露内幕信息、方振韶内幕交易的情况

方振韶使用其妻弟“谢振辉”账户，于内幕信息公开前累计买入“春晖股份”309,700股，扣除相关交易费用，亏损226,863.76元。

以上事实，有相关工商登记资料、涉案人员情况说明、会议记录、重大事项停牌公告、证券账户委托交易资料和当事人询问笔录等证据证明，足以认定。

我会认为，上述广晟酒店重组春晖股份事项，属于《证券法》第七十五条规定的内幕信息。方振颖全程参与了春晖股份的重组过程，是内幕信息知情人。基于上述事实与相关证据材料，综合考量方振韶与方振颖之间的固有关系、二人2011年9月至2012年1月期间存在比较频繁的手机通话记录，方振韶买入“春晖股份”的时点与买入量明显异常、交易模式明显异常，买入时点与内幕信息所涉及事项的进展情况大体一致，当事人关于交易理由的解释可信度不高等情况，认定方振颖泄露内幕信息，方振韶从方振颖处获知内幕信息后实施了内幕交易。方振颖、方振韶的行为，违反了《证券法》第七十三条、第七十六条的规定，构成了《证券法》第二百零二条所述内幕交易行为。

根据当事人违法行为的事实、性质、情节与社会危害程度，依据《证券法》第二百零二条的规定，我会决定：对方振颖、方振韶分别处以3万元罚款。

上述当事人应自收到本处罚决定书之日起15日内，将罚款汇交中国证券监督管理委员会（开户银行：中信银行总行营业部，账号：7111010189800000162，由该行直接上缴国库），并将注有当事人名称的付款凭证复印件送中国证券监督管理委员会稽查局备案。当事人如果对本处罚决定不服，可在收到本处罚决定书之日起60日内向中国证券监督管理委员会申请行政复议，也可在收到本处罚决定书之日起3个月内直接向有管辖权的人民法院提起行政诉讼。复议和诉讼期间，上述决定不停止执行。

关于江逢灿等三人违反证券法规的行政处罚决定书

（〔2013〕58号）

当事人：江逢灿，男，香港籍，1961年11月出生，住址：广州市越秀区恒福路。

罗建荣，男，1965年2月出生，住址：广州市花都区新华镇龙珠路。

詹嘉绮，女，1969年2月出生，住址：广州市花都区新华镇龙珠路。

依据《中华人民共和国证券法》（以下简称《证券法》）的有关规定，我会对江逢灿等3人内幕交易违法行为进行了立案调查、审理，并依法向当事人告知了作出行政处罚的事实、理由、依据及当事人依法享有的权利。当事人均未提出陈述、申辩意见。本案现已调查、审理终结。

经查明，当事人存在以下内幕交易违法事实：

一、内幕信息的形成与公开过程

广东开平春晖股份有限公司（以下简称春晖股份）是一家深圳证券交易所上市公司，第一大股东为广州市鸿汇投资有限公司（以下简称鸿汇投资，持股比例12.15%），第二大、第三大股东均为开平市国资委控股企业,合计持股比例 12.79%。

2011 年 2 月,广东省广晟资产经营有限公司(以下简称广晟资产)动议将其全资子公司广东省广晟酒店集团有限公司(以下简称广晟酒店)借壳春晖股份上市。

2011 年 4 月,广晟资产委托中介机构草拟了广晟酒店借壳春晖股份上市的方案,并与鸿汇投资总经理、实际控制人、香港人士江逢灿也进行初步沟通。

2011 年 6 月左右,广晟资产有关负责人与江逢灿进行小范围会谈,江逢灿表示对重组春晖股份有兴趣;随后,广晟资产联系时任开平市经信局局长方某颖,征求开平市政府意见。

2011 年 6 月至 7 月,经方某颖联系,开平市市长、方某颖等人与广晟资产有关负责人商讨重组春晖股份事宜。开平市政府表态欢迎广晟资产重组春晖股份,并指派方某颖等人具体办理。

2011 年 8 月初,广晟资产有关负责人与江逢灿、方某颖等会面,三方就广晟酒店借壳重组春晖股份事宜基本达成一致,即春晖股份原有化纤资产全部置出,广晟酒店资产置入,避免出现双重主业,置出的化纤资产由江逢灿与开平市政府按照原有股份比例承担。

2011 年 8 月 16 日至 22 日,广晟资产、广晟酒店履行借壳上市的内部决策程序。

2011 年 9 月 16 日,春晖股份召开股东大会,通过了董事会任命方某颖为公司董事长的议案。

2011 年 10 月 8 日至 11 月 28 日,中介机构进场清理广晟酒店资产,开平市政府同意了重组的大致方向,中介机构起草完毕资产置换及发行股份购买资产及关联交易预案。

2011 年 12 月 22 日,广晟资产对广晟酒店资产重组的批复定稿。

2011 年 12 月 26 日,“春晖股份”上涨 3.71%;2011 年 12 月 27 日,“春晖股份”涨停。

2011 年 12 月 28 日,深圳证券交易所公告,因春晖股份预计有重大事项发生,经其申请,股票临时停牌。

2012 年 1 月 4 日,春晖股份发布公告,称因正在筹划重大资产重组事项,公司股票自 2012 年 1 月 5 日起开始停牌。

2012 年 3 月 26 日,春晖股份发布公告,称决定终止筹划本次重大资产重组,公司股票于 2012 年 3 月 27 日复牌。

二、江逢灿泄露内幕信息,罗建荣、詹嘉绮内幕交易的情况

罗建荣是江逢灿的多年好友,詹嘉绮是罗建荣的妻子。罗建荣、詹嘉绮使用“詹嘉绮”、“林琼芳”、“刘东云”账户,于内幕信息公开前,累计买入“春晖股份”255,300 股,买入金额 1,295,651元,扣除交易税费后,亏损 101,594.97 元。

以上事实,有相关工商登记资料、涉案人员情况说明、会议记录、重大事项停牌公告、证券账户委托交易资料和当事人询问笔录等证据证明,足以认定。

我会认为,上述广晟酒店重组春晖股份事项,属于《证券法》第七十五条规定的内幕信息。江逢灿参与了春晖股份重组事项的沟通、谈判与决策,是内幕信息知情人。基于上述事实与相关证据材料,综合考量罗建荣与江逢灿之间的固有关系、惯常联系,买入时点与罗建荣、江逢灿通话时点大体吻合,3 个账户在买入“春晖股份”期间均亏损卖出其他股票、詹嘉绮提前支取定期存单并全部购买“春晖股份”,现有证据不支持当事人关于交易理由的解释等情况,认定江逢灿涉嫌泄露内幕信息,罗建荣、詹嘉绮从江逢灿处获知内幕信息后实施了内幕交易。江逢灿、罗建荣、詹嘉绮的行为,违反了《证券法》第七十三条、第七十六条的规定,构成了《证券法》第二百零二条所述内幕交易行为。

根据当事人违法行为的事实、性质、情节与社会危害程度,依据《证券法》第二百零二条的规定,我会决定:

一、对江逢灿处以 3 万元罚款;

二、对罗建荣、詹嘉绮合并处以 3 万元罚款。

上述当事人应自收到本处罚决定书之日起 15 日内,将罚款汇交中国证券监督管理委员会(开户银行:中信银行总行营业部,账号:7111010189800000162,由该行直接上缴国库),并将注有当事人名称的付款凭证复印件送中国证券监督管理委员会稽查局备案。当事人如果对本处罚决定不服，可在收到本处罚决定书之日起60日内向中国证券监督管理委员会申请行政复议，也可在收到本处罚决定书之日起3个月内直接向有管辖权的人民法院提起行政诉讼。复议和诉讼期间，上述决定不停止执行。

关于光大证券股份有限公司及有关个人违反证券法规的行政处罚决定书

（〔2013〕59号）

当事人：光大证券股份有限公司（以下简称光大证券），住所：上海市静安区新闸路1508号。

徐浩明，男，1965年10月出生，时任光大证券法定代表人、总裁，住址：上海市徐汇区高安路。

杨赤忠，男，1968年4月出生，时任光大证券助理总裁，分管策略投资部，住址：上海市浦东新区锦绣路。

沈诗光，男，1971年10月出生，时任光大证券计划财务部总经理兼办公室主任，住址：上海市浦东新区五莲路。

杨剑波，男，1977年6月出生，时任光大证券策略投资部总经理，住址：上海市浦东新区商城路。

依据《中华人民共和国证券法》（以下简称《证券法》）和《期货交易管理条例》的有关规定，我会对光大证券内幕交易违法行为进行了立案调查、审理，并依法向光大证券、徐浩明、杨赤忠、沈诗光、杨剑波告知了作出行政处罚的事实、理由、依据及当事人依法享有的权利，当事人均提交了书面陈述、申辩材料，未要求听证。本案现已调查、审理终结。

经查明，2013年8月16日11时05分，光大证券在进行交易型开放式指数基金（以下简称ETF）申赎套利交易时，因程序错误，其所使用的策略交易系统以234亿元的巨量资金申购180ETF成分股，实际成交72.7亿元。经测算，180ETF与沪深300指数在2013年1月4日至8月21日期间的相关系数达99.82%，即巨量申购和成交180ETF成分股对沪深300指数，180ETF、50ETF和股指期货合约价格均产生重大影响。同时，巨量申购和成交可能对投资者判断产生重大影响，从而对沪深300指数，180ETF、50ETF和股指期货合约价格产生重大影响。根据《证券法》第七十五条第二款第（八）项和《期货交易管理条例》第八十二条第（十一）项的规定，“光大证券在进行ETF套利交易时，因程序错误，其所使用的策略交易系统以234亿元的巨量资金申购180ETF成分股，实际成交72.7亿元”为内幕信息。光大证券是《证券法》第二百零二条和《期货交易管理条例》第七十条所规定的内幕信息知情人。

上述内幕信息自2013年8月16日11时05分交易时产生，至当日14时22分光大证券发布公告时公开。

同日不晚于11时40分，徐浩明召集杨赤忠、沈诗光和杨剑波开会，达成通过做空股指期货、卖出ETF对冲风险的意见，并让杨剑波负责实施。因此，光大证券知悉内幕信息的时间不晚于2013年8月16日11时40分。

一、光大证券2013年8月16日下午将所持股票转换为180ETF和50ETF并卖出的行为和2013年8月16日下午卖出股指期货空头合约IF1309、IF1312共计6240张的行为构成内幕交易

2013年8月16日13时，光大证券称因重大事项停牌。当日14时22分，光大证券发布公告，称“公司策略投资部自营业务在使用其独立套利系统时出现问题。”但在当日13时开市后，光大证券即通过卖空股指期货、卖出

ETF 对冲风险,至 14 时 22 分,卖出股指期货空头合约 IF1309、IF1312 共计 6240 张,合约价值 43.8 亿元,获利 74,143,471.45 元;卖出 180ETF 共计 2.63 亿份,价值 1.35 亿元,卖出 50ETF 共计 6.89 亿份,价值 12.8 亿元,合计规避损失 13,070,806.63 元。

光大证券在内幕信息公开前将所持股票转换为 ETF 卖出和卖出股指期货空头合约的交易,构成《证券法》第二百零二条和《期货交易管理条例》第七十条所述内幕交易行为。徐浩明为直接负责的主管人员,杨赤忠、沈诗光、杨剑波为其他直接责任人员。

以上事实,有相关说明、询问笔录、公告、会议纪要、相关鉴定以及上海证券交易所、中国金融期货交易所计算的相关数据等证据证明,足以认定。

二、当事人提出的陈述申辩意见

光大证券在陈述申辩中提出:

其一,2013 年 8 月 16 日全天所做对冲交易,是按照光大证券《策略投资部业务管理制度》的规定和策略投资的原理,按照既定计划进行的必然性和常识性操作,具有合规性和正当性,符合业内操作惯例。

其二,本案系我国资本市场上首次发生的新型案件,事件发生时,作为一个正常理性的市场交易主体,无法判断错单信息属于内幕信息,更无从判断下午的行为可能构成内幕交易行为。证监会认定相关交易构成内幕交易法律依据不足。

其三,证监会对于违法所得的认定没有法律依据,而且存在计算错误。

其四,即使证监会认定其构成内幕交易,也应该从轻减轻处罚,不应处以 5 倍罚款。

除上述申辩理由外,徐浩明、杨赤忠、沈诗光、杨剑波还提出,没有内幕交易的主观故意,杨赤忠、沈诗光、杨剑波还分别提出了各自的申辩意见。杨赤忠提出,2013 年 8 月 16 日中午的会议,只是一个碰头会,不是班子成员会,也不是投资决策委员会正式决策会议,对于对冲方案,其本人不是提出者、决策者和实施者。沈诗光提出,作为办公室主任,只是向总裁徐浩明汇报情况,没有参与讨论相关问题,没有参与决策,只是根据指示做好资金调拨及拆借,其不是光大证券高级管理人员,不应被列为其他直接负责的主管人员。杨剑波提出,其并非高级管理人员,没有参与会议决策,不应对其处以重罚。

针对上述申辩意见,我会经复核认为:

本案是我国资本市场上首次发生的新型案件,虽然《证券法》和《期货交易管理条例》列举的内幕信息主要是与发行人自身相关的信息或与政策相关的信息,但同时规定证监会有权就具体信息是否属于内幕信息进行认定。内幕信息有两个基本特征,包括信息重大和未公开性。本案中,光大证券因程序错误以 234 亿元的巨量资金申购 180ETF 成分股,实际成交 72.7 亿元,可能影响投资者判断,对沪深 300 指数,180ETF、50ETF 和股指期货合约价格均可能产生重大影响,同时这一信息在一段时间内处于未公布状态,符合内幕信息特征。我会据此依法认定其为内幕信息。光大证券自身就是信息产生的主体,对内幕信息知情。

按照光大证券《策略投资部业务管理制度》的规定和策略投资的原理,光大证券可以进行正常的对冲交易,但是光大证券决策层了解相关事件的重大性之后,在没有向社会公开之前进行的交易,并非针对可能遇到的风险进行一般对冲交易的既定安排,而是利用内幕信息进行的交易。此时公司具有进行内幕交易的主观故意,符合《证券法》中“利用”要件,应当认定为内幕交易。光大证券内幕交易行为性质恶劣,影响重大,对市场造成了严重影响,应当依法予以处罚。

本案的违法所得认定综合考虑了交易金额,税费,内幕信息的影响时间等因素,具有合理性。

本案 4 名责任人员召开公司层面的决策会议决定先交易后披露,理应承担相应的责任。

根据《证券法》第二百零二条和《期货交易管理条例》第七十条的规定,我会决定:

一、没收光大证券 ETF 内幕交易违法所得 13,070,806.63 元,并处以违法所得 5 倍的罚款;没收光大证券股指期货内幕交易违法所得 74,143,471.45 元,并处以违法所得 5 倍的罚款。上述两项罚没款共计 523,285,668.48 元。

二、对光大证券 ETF 内幕交易直接负责的主管人员徐浩明给予警告,并处以 30 万元罚款;对光大证券股指期货内幕交易直接负责的主管人员徐浩明给予警告,并处以30万元罚款。上述两项罚款合计60万元。

三、对光大证券ETF内幕交易的其他直接责任人员杨赤忠给予警告,并处以30万元罚款;对光大证券股指期货内幕交易的其他直接责任人员杨赤忠给予警告,并处以30万元罚款。上述两项罚款合计60万元。

四、对光大证券ETF内幕交易的其他直接责任人员沈诗光给予警告,并处以30万元罚款;对光大证券股指期货内幕交易的其他直接责任人员沈诗光给予警告,并处以30万元罚款。上述两项罚款合计60万元。

五、对光大证券ETF内幕交易的其他直接责任人员杨剑波给予警告,并处以30万元罚款;对光大证券股指期货内幕交易的其他直接责任人员杨剑波给予警告,并处以30万元罚款。上述两项罚款合计60万元。

上述当事人应自收到本处罚决定书之日起15日内,将罚没款汇交中国证券监督管理委员会(开户银行:中信银行总行营业部,账号:7111010189800000162,由该行直接上缴国库),并将注有当事人名称的付款凭证复印件送中国证券监督管理委员会稽查局备案。当事人如果对本处罚决定不服,可在收到本处罚决定书之日起60日内向中国证券监督管理委员会申请行政复议,也可在收到本处罚决定书之日起3个月内直接向有管辖权的人民法院提起行政诉讼。复议和诉讼期间,上述决定不停止执行。

关于梅键违反证券法规的行政处罚决定书

(〔2013〕60号)

当事人:梅键,男,1970年3月出生,时任光大证券股份有限公司(以下简称光大证券)董事会秘书,住址:上海市浦东新区锦绣东路。

依据《中华人民共和国证券法》(以下简称《证券法》)的有关规定,我会对时任光大证券董事会秘书梅键涉嫌信息误导行为进行了立案调查、审理,并依法向梅键告知了作出行政处罚的事实、理由、依据及当事人依法享有的权利,当事人提交了书面陈述申辩材料,未要求听证。本案现已调查、审理终结。

经查,2013年8月16日11时05分,光大证券在进行交易型开放式指数基金(以下简称ETF)申赎套利交易时,因程序错误,其所使用的策略交易系统以234亿元的巨量资金申购180ETF成分股,实际成交72.7亿元。11时59分左右光大证券董事会秘书梅键在与大智慧记者高欣通话时否认了市场上"光大证券自营盘70亿元乌龙指"的传闻,而此时梅键对相关情况并不知悉。随后,高欣发布《光大证券就自营盘70亿乌龙传闻回应:子虚乌有》一文。12时13分,梅键向高欣表示需进一步核查情况,要求删除文章。但此时该文已无法撤回,于12时47分发布并被其他各大互联网门户网站转载。梅键的相关行为违反了《证券法》第七十八条第二款关于禁止信息误导的规定。

以上事实,有相关询问笔录、通话记录、新闻报道等市场公开信息等证据证明,足以认定。

梅键在陈述申辩中提出,其在对行情和异常交易事件毫不知情的情况下,基于朋友间的交流和对公司业务的经验判断表达了个人对市场传闻的看法,主观上没有信息误导的故意。在发现大智慧夸张失实的报道后,立即要求大智慧撤回不实报道并予以更正,并且大智慧于12时59分作出了更正举动,最终于13时04分发布更正报道,收回了此前不实报道言论。梅键据此请求对其不予处罚或减轻处罚。

经复核,梅键作为光大证券董事会秘书,在对具体事实不知情的情况下,明知对方为新闻记者,轻率地对未经核实的信息予以否认,构成信息误导。大智慧2013年8月16日13时04

分发布的报道与光大证券13时公告的“重要事项未公开,8月16日下午停牌”内容基本一致,未披露当天上午交易的真实原因,不能视为对大智慧于当日12时47分发布信息的更正。

根据《证券法》第二百零七条的规定,我会决定:责令梅键改正,并处以20万元罚款。

上述当事人应自收到本处罚决定书之日起15日内,将罚款汇交中国证券监督管理委员会(开户银行:中信银行总行营业部,账号:7111010189800000162,由该行直接上缴国库),并将注有当事人名称的付款凭证复印件送中国证券监督管理委员会稽查局备案。当事人如果对本处罚决定不服,可在收到本处罚决定书之日起60日内向中国证券监督管理委员会申请行政复议,也可在收到本处罚决定书之日起3个月内直接向有管辖权的人民法院提起行政诉讼。复议和诉讼期间,上述决定不停止执行。

关于逄奉建等十八人违反证券法规的行政处罚决定书

(〔2013〕61号)

当事人:逄奉建,男,1962年11月出生,时任山东海龙股份有限公司(以下简称山东海龙)董事长,住址:山东省潍坊市寒亭区古亭街。

王利民,男,1959年12月出生,时任山东海龙副董事长、副总经理、财务总监,住址:山东省潍坊市寒亭区古亭街。

张志鸿,男,1966年2月出生,时任山东海龙董事、总经理,住址:山东省潍坊市寒亭区古亭街。

史乐堂,男,1966年5月出生,时任山东海龙董事,住址:山东省潍坊市寒亭区古亭街。

李月刚,男,1962年9月出生,时任山东海龙董事、副总经理,住址:山东省潍坊市寒亭区民主街。

任国威,男,1965年10月出生,时任山东海龙董事,住址:山东省潍坊市寒亭区古亭街。

陈学俭,男,1955年11月出生,时任山东海龙董事,住址:山东省潍坊市高新技术开发区。

袁明哲,男,1963年7月出生,时任山东海龙独立董事,住址:山东省济南市历城区花园路。

郑植艺,男,1946年5月出生,时任山东海龙独立董事,住址:北京市朝阳区中纺里。

韩光亭,男,1957年9月出生,时任山东海龙独立董事,住址:山东省青岛市市南区香港东路。

刘俊峰,男,1970年1月出生,时任山东海龙独立董事,住址:山东省潍坊市奎文区新华乙巷。

郑恩泮,男,1962年8月出生,时任山东海龙监事会主席,住址:山东省潍坊市寒亭区古亭街。

王文涛,男,1965年1月出生,时任山东海龙监事,住址:山东省潍坊市寒亭区古亭街。

宗海省,男,1961年9月出生,时任山东海龙监事,住址:山东省潍坊市奎文区东风东街。

李玉波,男,1963年3月出生,时任山东海龙监事,住址:山东省青岛市市南区海口路。

王兴华,男,1962年11月出生,时任山东海龙监事,住址:山东省潍坊市寒亭区古亭街。

辛青,男,1970年6月出生,时任山东海龙副总经理、董事会秘书,住址:山东省潍坊市寒亭区古亭街。

刘金智,男,1958年12月出生,时任山东海龙副总经理,住址:山东省潍坊市奎文区鸢飞路。

依据《中华人民共和国证券法》(以下简称《证券法》)的有关规定,我会对山东海龙信息披露违法行为进行了立案调查、审理,并依法向当事人告知了作出行政处罚的事实、理由、依据及当事人依法享有的权利,当事人张志鸿、辛青、陈学俭、郑植艺、刘金智提出了书面申辩意见;应当事人张志鸿、辛青、任国威的要求,我会举行了听证会,听取了张志鸿、辛青及其代理人的陈述和申辩。当事人任国威未参加听证会,根据规定视为放弃听证权利。其他当事人未提出陈述申辩意见,也未要求听证。本案现已调查、审理终结。

经查明,山东海龙存在以下违法事实:

一、未披露对外担保事项

2009年1月至2011年6月期间,山东海龙重大担保事项未履行临时报告披露义务118笔,累计金额361,834.50万元人民币,1068.43万美元。重大担保事项未履行定期报告披露义务如下:2009年半年度报告未披露21笔,累计金额33,800.00万元人民币;2009年年度报告未披露31笔,累计金额81,900.00万元人民币,110.00万美元;2010年半年度报告未披露42笔,累计金额145,030.00万元人民币,110.00万美元;2010年年度报告未披露71笔,累计金额190,470.00万元人民币,568.26万美元;2011年半年度报告未披露73笔,累计金额178,744.50万元人民币,2703.84万美元。

二、未披露关联方及关联交易

(一)2009年至2011年6月,未将潍坊巨龙化纤有限公司(以下简称巨龙化纤)作为关联方披露

逄奉建,2006年4月至2011年5月8日任山东海龙董事长;王利民,2006年4月至2010年12月24日任山东海龙副董事长、副总经理、财务总监;张志鸿,2006年4月至调查日任山东海龙董事,2008年12月至调查日任山东海龙总经理,2011年10月26日至调查日任山东海龙董事长并代行董事会秘书职责;李月刚,2006年4月至调查日任山东海龙董事、副总经理;刘金智,2006年4月至2011年6月7日任山东海龙副总经理。

2008年12月至2010年12月巨龙化纤董事长、总经理为刘金智,其余董事包括逄奉建、王利民、张志鸿、李月刚。2010年12月至调查日巨龙化纤董事长、总经理为王利民,其余董事包括逄奉建、张志鸿、李月刚、刘金智。

山东海龙的部分董事、高级管理人员同期兼任巨龙化纤的董事、高级管理人员,根据《上市公司信息披露管理办法》和《企业会计准则第36号——关联方披露》等相关规定,巨龙化纤系山东海龙的关联法人。

(二)未披露与巨龙化纤的关联交易

1. 山东海龙向巨龙化纤支付土地租赁费、调整以前年度记账错误、为巨龙化纤垫付职工工资、社会保险、住房公积金及工程款等各项费用。截至2010年12月31日,山东海龙应收巨龙化纤23,889,660.86元,应付26,570,975.00元。

2. 2003年5月至2011年6月30日,山东海龙替巨龙化纤向职工垫付的集资款本金及利息累计金额39,217,113.57元。

上述关联方和关联交易未在山东海龙2009年半年度报告、2009年年度报告、2010年半年度报告、2010年年度报告、2011年半年度报告中披露。

上述违法事实,有担保合同、董事会决议及会议记录、相关任职文件、财务资料、公告资料、谈话笔录等证据证明,足以认定。

山东海龙的上述行为违反了《证券法》第六十三条及第六十五条、第六十六条、第六十七条关于半年度报告、年度报告及临时报告披露的规定,构成了《证券法》第一百九十三条的行为。逄奉建组织、策划和决策担保事项,王利民组织、策划和参与担保事项,张志鸿参与组织担保事项,上述三人是对山东海龙违法行为直接负责的主管人员。史乐堂、李月刚、任国威、陈学俭、袁明哲、郑植艺、韩光亭、刘俊峰、郑恩泮、王文涛、宗海省、李玉波、王兴华、辛青、刘金智等人是对山东海龙违法行为负责的其他直接责任人员。

张志鸿在其申辩材料和听证过程中提出如下申辩意见:其一,不分管也没有精力管理担保事项及信息披露;其二,山东海龙已对担保事项严格管理并遵守法律法规,其无法及时知悉担保事项是否作适当披露,不存在主观故意;其三,证据不充分且存在矛盾;其四,责任认定不明;其五,其及时主动纠正,积极配合调查取证工作,在山东海龙破产重整中发挥重要作用,具有从轻、减轻处罚的情节。

经复核,张志鸿申辩的职责分工、积极配合

调查并领导山东海龙纠正违法违规行为和在山东海龙破产重整中发挥的作用等情节,我会已予以充分考虑,并据此作出了相对其他直接负责的主管人员较轻的处理。我会认定张志鸿违法责任的事实清楚,证据确凿,对其从轻、减轻处罚的请求不予支持。

辛青在其申辩材料和听证过程中提出如下申辩意见:其一,未参与担保事项办理;其二,对未经董事会审议的担保事项不知情;其三,勤勉尽责履行了董事会秘书的职责。

经复核,辛青知悉并参与的山东海龙部分经董事会审议程序的担保事项,履行了临时信息披露义务但未在相应定期报告中披露,或者在相应定期报告中披露但未履行临时信息披露义务。对其未参与办理未经董事会审议程序担保事项的陈述申辩予以采纳。辛青任董事会秘书期间,山东海龙存在重大信息披露违法违规行为,作为公司信息披露主要负责人之一,辛青未尽职责,其所称勤勉尽责的证据不充分。对辛青不应承担责任的请求,我会不予支持。

陈学俭在其申辩材料中提出如下申辩意见:其一,作为外部董事,无法对山东海龙未经董事会审议、披露的担保事项履行监督职责;其二,经由会计师事务所审计的定期报告应是真实可信的,不应承担未发现山东海龙违规担保的责任;其三,任职期间已尽到了董事恪尽职守、履行诚信、勤勉义务的责任;其四,其与独立董事的义务和责任相同,处罚应一致。

经复核,外部董事的身份、无法履职、相关报告经会计师事务所审计等不属于免责的理由,基于陈学俭董事身份、任职时间及签字情形,相较其他独立董事处罚较重体现了过罚相当的原则,不存在处罚过重的问题。对陈学俭减轻处罚的请求,我会不予支持。

郑植艺在其申辩材料中提出如下申辩意见:其一,未委托刘俊峰参加审议2009年年度报告的董事会;其二,未参加审议2009年年度报告和2010年年度报告的董事会,对2010年年度报告表达了质疑,部分履行了职责;其三,未发现山东海龙2010年年度报告、2011年半年度报告未披露担保不是独立董事责任,不应成为对其进行行政处罚的依据;其四,对推动山东海龙重组做出贡献;其五,自任独立董事以来一直勤勉尽责。

经复核,郑植艺申辩的未委托刘俊峰参加审议2009年年度报告的董事会的事实不能成立,该项事实有山东海龙2010年4月25日公告、郑植艺谈话笔录、董事会会议记录、山东海龙出具的关于董事会材料保管失误的说明等证据证实,郑植艺提交的陈述和申辩材料及山东海龙出具的郑植艺未委托他人参会的说明,不足以推翻前述证据。郑植艺陈述的积极履责和推动山东海龙重组做出贡献等情节我会已予以充分考虑。

刘金智在其申辩材料中提出如下申辩意见:对山东海龙与巨龙化纤的关联交易不知情,未参加2003年5月9日召开的党政联席会,不知晓会议各项决定。巨龙化纤是由逄奉建负全责,没有会议提及山东海龙为巨龙化纤垫付集资款及职工工资等费用。

经复核,根据刘金智身份、履职状况和谈话笔录可以认定其应当知晓巨龙化纤的重大事项,刘金智陈述的对山东海龙与巨龙化纤的关联交易不知情的理由不能成立。

根据当事人违法行为的事实、性质、情节与社会危害程度,依据《证券法》第一百九十三条的规定,我会决定:

一、对逄奉建给予警告,并处以30万元罚款;

二、对王利民、张志鸿给予警告,并分别处以15万元罚款;

三、对史乐堂、李月刚、任国威、辛青给予警告,并分别处以5万元罚款;

四、对陈学俭、刘俊峰、郑恩泮、刘金智给予警告,并分别处以3万元罚款;

五、对袁明哲、郑植艺、韩光亭、王文涛、宗海省、李玉波、王兴华给予警告。

上述当事人应自收到本处罚决定书之日起15日内,将罚款汇交中国证券监督管理委员会(开户银行:中信银行总行营业部,账号:7111010189800000162,由该行直接上缴国库),并将注有当事人名称的付款凭证复印件送中国证券监督管理委员会稽查局备案。当事人如果对本处罚决定不服,可在收到本处罚决定书之日起60日内向中国证券监督管理委员会申请行政复议,也可在收到本处罚决定书之日起3个月内直接向有管辖权的人民法院提起行政诉讼。复议和诉讼期间,上述决定不停止执行。

关于赵玉春等七人违反证券法规的行政处罚决定书

（〔2013〕62号）

当事人：赵玉春，女，1952年3月出生，住址：辽宁省北票市青年路。

孙速，女，1968年6月出生，住址：黑龙江省双鸭山市尖山区园林路。

赵同仁，男，1952年7月出生，住址：黑龙江省友谊县兴隆镇。

赵明，女，1980年1月出生，住址：辽宁省大连市沙河口区星海广场。

曲延辉，男，1953年5月出生，住址：广东省珠海市香洲区香洲华海路。

曲欣欣，女，1979年8月出生，住址：辽宁省葫芦岛市龙岗区龙警街。

董雪枫，男，1979年12月出生，住址：内蒙古牙克石市胜利西街。

依据《中华人民共和国证券法》（以下简称《证券法》）有关规定，我会对赵玉春、曲延辉等涉嫌内幕交易行为进行了立案调查、审理，并依法向当事人告知了作出行政处罚的事实、理由、依据及当事人依法享有的权利。当事人未提出陈述、申辩意见，也未要求听证。本案现已调查、审理终结。

经查明，赵玉春等存在以下违法事实：

一、内幕信息形成过程及敏感期的认定

2012年3月15日，中捷缝纫机股份有限公司（以下简称中捷股份）实际控制人蔡某坚与中科院物理所冯某、中间人董某灿在北京鹏润酒店商谈收购内蒙古突泉县禧利多矿业（以下简称禧利多矿业）股权事宜。4月11日，禧利多矿业董事长王某林与蔡某坚在北京见面，商谈收购矿产转让事宜，初步确定转让价格为1.8亿—2亿元。4月20日，蔡某坚与中捷股份董事长李某元等在禧利多矿业现场考察，并做尽职调查，由王某林和曲延辉接待。同日，中捷股份与禧利多矿业签署了保密协议，双方约定对保密信息履行保密义务，期限自协议签订之日起至保密信息成为公开信息之日止。5月14日，中捷股份与禧利多矿业在北京正式签订收购合同。5月21日，中捷股份公告筹划以2亿元人民币整体收购禧利多矿业100%股权事项，公司股票停牌。该事项为《证券法》第六十七条第二款第（二）项所述“公司的重大投资行为和重大的购置资产的决定”的重大事件，在未公开前属于《证券法》第七十五条第二款第（一）项所述内幕信息，内幕信息敏感期为2012年4月20日至5月21日。

二、赵玉春等人知悉内幕信息及交易股票情况

赵玉春是禧利多矿业的前任法定代表人，同时也是禧利多矿业现任法定代表人王某林之母，知悉中捷股份收购禧利多矿业的全过程，赵玉春在询问笔录中承认知悉中捷股份收购禧利多矿业全过程。孙速是赵玉春外甥女，赵玉春将该消息告诉了孙速，孙速在询问笔录中承认从赵玉春处得知中捷股份收购禧利多矿业的信息。赵同仁是王某林岳父，于2012年5月中旬到王某林家探亲，女儿赵明（王某林之妻）告知内幕信息，赵明在询问笔录中承认是她告诉父亲赵同仁禧利多矿业要出售的事。因此，可以认定赵玉春、孙速、赵同仁知悉该内幕信息。

2012年5月14日，赵玉春账户买入“中捷股份”13,000股，交易金额77,010元；并于5月15日全部卖出，亏损2401.59元。

2012年5月14日至17日，孙速账户中由赵玉春操作买入100,000股，后全部卖出，盈利92,312.47元；由孙速本人操作买入22,700股，后全部卖出，盈利7,457.32元。

2012年5月14日赵同仁账户买入“中捷股份”49,200股，交易金额289,060元，截至调查日,上述股票未卖出。

三、曲延辉知悉内幕信息及交易股票情况

曲延辉是禧利多矿业股东曲某伟之弟,代表曲某伟处理矿上外围事务,根据王某林、蔡某坚的询问笔录,中捷股份人员到禧利多矿业考察,曲延辉负责接待,在北京签订协议书时曲延辉也参加,因此,可以认定曲延辉是内幕信息知情人。

2012年4月23日至5月10日,曲延辉利用本人及田某账户买入"中捷股份"156,100股,交易金额867,101元,获利89,853.06元。

四、曲欣欣等知悉内幕信息及交易股票情况

曲欣欣是曲延辉侄女、董雪枫是曲欣欣前夫(内幕交易时为夫妻),董某书是董雪枫之父,赵某一是董雪枫之母,赵某二是赵某一之妹,王某是曲欣欣远房亲戚。董雪枫在询问笔录中称董某书、赵某一、赵某二的钱是他们自己的,王某账户的钱是董雪枫和曲欣欣共有的,王某、董某书、赵某一、赵某二4个账户的操作人都是董雪枫。曲欣欣与董雪枫在交易期间婚姻关系存续,曲延辉与曲欣欣在2012年4月23日至24日间多次通话,通话时间与董雪枫交易"中捷股份"的时间高度吻合,而此前上述4个账户均未交易过"中捷股份"。

2012年4月24日,赵某一证券账户买入"中捷股份"17,400股,交易金额94,308元;赵某二证券账户买入"中捷股份"6000股,交易金额32,940元;董某书证券账户买入"中捷股份"12,500股,交易金额68,250元;2012年4月24日至25日,王某证券账户买入"中捷股份"215,000股,交易金额1,202,477元。截至目前,4个账户已将"中捷股份"全部卖出,王某账户实际盈利111,465.65元、董某书账户亏损3377.25元、赵某一账户亏损4003.04元、赵某二账户亏损1779.71元。

上述违法事实,有交易流水、账簿资料、相关协议及当事人询问笔录等证据证明,足以认定。

赵玉春、曲延辉知悉内幕信息,并使用本人或他人账户在内幕信息敏感期内交易中捷股份股票的行为违反《证券法》第七十六条关于"禁止内幕交易"的规定,构成内幕交易行为;赵明知悉内幕信息,在内幕信息敏感期内向他人泄露未公开信息,其行为违反《证券法》第七十六条关于"禁止泄露内幕信息"的规定;孙速、赵同仁、曲欣欣、董雪枫获知内幕信息后,利用其本人或他人证券账户在内幕信息敏感期内交易"中捷股份",其行为违反《证券法》第七十六条关于"禁止内幕交易"的规定,构成内幕交易行为。

根据当事人违法行为的事实、性质、情节与社会危害程度,依据《证券法》第二百零二条的规定,我会决定:

一、没收赵玉春违法所得89,910.88元,并处以89,910.88元罚款;没收曲延辉违法所得89,853.05元,并处以89,853.05元罚款;没收曲欣欣、董雪枫违法所得111,465.65元,并处以111,465.65元罚款;

二、对孙速处以37,000元罚款,对赵明处以30,000元罚款;

三、责令赵同仁自收到本处罚决定书之日起7个可交易日内,依法处理非法持有的证券;如有违法所得,没收违法所得,并处以违法所得一倍罚款;如没有违法所得或者违法所得不足30,000元,处以50,000元罚款。

上述当事人应自收到本处罚决定书之日起15日内,将罚没款汇交中国证券监督管理委员会(开户银行:中信银行总行营业部,账号:7111010189800000162,由该行直接上缴国库),并将注有当事人名称的付款凭证复印件送中国证券监督管理委员会稽查局备案。当事人如果对本处罚决定不服,可在收到本处罚决定书之日起60日内向中国证券监督管理委员会申请行政复议,也可在收到本处罚决定书之日起3个月内直接向有管辖权的人民法院提起行政诉讼。复议和诉讼期间,上述决定不停止执行。

关于成都海天鸿实业发展有限公司及有关个人违反证券法规的行政处罚决定书

（〔2013〕63号）

当事人：成都海天鸿实业发展有限公司（以下简称海天鸿），法定代表人曾林，住所：四川省成都市成华区桃源街1号。

曾林，男，1969年11月出生，住址：四川省成都市青羊区草堂路1号。

依据《中华人民共和国证券法》（以下简称《证券法》）的有关规定，我会对中航重机股份有限公司（以下简称中航重机）股票内幕交易案进行了立案调查、审理，并依法向当事人告知了作出行政处罚的事实、理由、依据及当事人依法享有的权利。当事人未提出陈述、申辩意见，也未要求听证。本案现已调查、审理终结。

经查明，当事人存在以下违法事实：

一、内幕信息的形成与公开

中航重机原名贵州力源液压股份有限公司，1996年11月在上海证券交易所挂牌上市，实际控制人为中国航空工业集团公司（以下简称中航工业）。

2009年9月起，中航重机管理层开始考虑通过资产注入扩展公司相关业务，并侧面、间接地了解了一些目标公司的情况。2010年初，中航重机制定了启动新一轮并购重组的实施计划。

2010年上半年，中航重机考虑了一些拟置入公司的标的资产。

2010年9月3日，中航重机证券事务代表王某将其根据中航重机董秘葛某指示起草的文件，通过电子邮件发给葛某。一份文件是中航重机重组停牌公告，另一份文件为《关于抽调相关人员配合做好2010年度资产重组工作的通知》。

2010年9月6日，时任中航重机董事长赵某与中航重机董事、总经理刘某商谈重组事宜。

2010年9月10日上午9:00，赵某、刘某向中航工业总经理等中航工业领导汇报了中航重机2010年资产重组工作设想，经讨论研究，明确了中航重机的重组对象。讨论过程中，中航工业总经理了解到中航重机股价已出现上升趋势、中航重机层面知道这件事的人比较多之后，要求中航重机立即停牌，并要求9月14日召开中航重机重组启动会议。当天上午11:00，中航工业副总经理召开会议决定，由中航重机向交易所申请停牌，并通知相关中介机构，开展相关工作，赵某、刘某等参会。当天下午1:00，赵某、刘某、葛某共同研究停牌事宜，一致同意1:30左右上报停牌申请。

2010年9月13日，中航重机公告称公司正在筹划重大资产重组事项，公司股票停牌。

2010年10月29日，中航重机董事会通过并公告了《发行股份购买资产之重大资产重组暨关联交易预案》，公司股票复牌。

2010年11月2日，中航重机发布股票交易异常波动公告，称公司股票2010年10月29日、2010年11月1日及2010年11月2日连续三个交易日收盘价格涨幅偏离值累计达到20%以上。

2010年8月26日，上证综合指数收盘为2603.48点，11月2日收盘为3045.43点，期间上涨16.98%；2010年8月26日，航天军工指数收盘为4808.34点，11月2日收盘为6509.83点，期间上涨35.39%；2010年8月26日“中航重机”收盘价为14.07元，11月2日收盘价为23.96元，期间上涨70.29%，偏离同期上证综指走势53.31个百分点，偏离同期航天军工同类板块走势34.9个百分点。

“中航重机”2010年9月10日全天成交量为3063.45万股，其中上午成交996.93万股，占全天成交量的 32.45%;下午 13:00 - 14:02 期间成交 483.45 万股,占全天成交量的 15.78%;下午 14:03 - 15:00 期间成交 1583.07 万股,占全天成交量的 51.68%。

2011 年 8 月 23 日,中航重机公告称,由于风电设备市场容量急剧下降和市场竞争加剧等因素,本次重大资产重组主要标的企业中航惠腾上半年经营业绩出现下滑,未来经营业绩的稳定性和持续盈利能力存在较大的不确定性;重组方案尚未获得公司股东大会批准及中国证监会的核准,协议尚未生效;经审慎研究,公司董事会决定终止本次重大资产重组。

二、涉案账户交易“中航重机”情况

成都汉昆投资管理有限公司(以下简称汉昆投资),法定代表人为曾林,股东为曾林(95%)和曾林的弟弟曾某兵(5%),经营范围为资本营运及管理策划等。

海天鸿的法定代表人为曾林,股东为曾林(95%)和曾林的妹夫代某(5%),经营范围为房地产开发与经营等。

2007 年 8 月,“汉昆投资”证券账户开立,账户代理人为钟某(曾林妻弟,海天鸿员工)。

2010 年 7 月 13 日至 16 日,“汉昆投资”账户共买入“中航重机”1,026,050 股;7 月 15 日、8 月 31 日,该账户共卖出 269,300 股;9 月 8 日、9 日,该账户共买入 578,872 股;9 月 10 日 13:07:29 至 14:02:46,该账户共买入 728,555 股;11 月 3 日至 10 日,该账户共卖出 2,064,177 股。

2010 年 1 月 1 日至我会调查时,“汉昆投资”账户从 2010 年 5 月 13 日才开始有交易。2010 年 5 月 13 日至 21 日买入“招商银行”、“民生银行”;7 月 15 日、16 日将“招商银行”、“民生银行”全部卖出,卖出金额用以买入“中航重机”;7 月 16 日至 11 月 10 日期间,该账户只交易“中航重机”,直至 11 月 17 日才开始交易“徐工机械”。

2010 年 9 月 10 日“汉昆投资”账户买入“中航重机”获利 4,244,849.10 元。

“汉昆投资”账户交易“中航重机”均通过网上交易,交易 IP 地址与海天鸿 2008 年 5 月至 2011 年 5 月接入互联网使用的 IP 地址基本相同。

曾林的询问笔录显示,海天鸿使用“汉昆投资”等账户交易股票,“汉昆投资”账户里的资金都是海天鸿的;曾林全权委托海天鸿副总经理符某负责管理公司股票投资,主要由钟某执行;开始符某在交易前都请示曾林,后来曾林觉得符某做得很好就不过问了,符某也很少在事后向曾林汇报;符某决策交易什么股票后,指令钟某下单;曾林不太了解中航重机股票,买入决策是符某做出的,后来符某向曾林解释,一是王亚伟在 2010 年一季度重仓买入,有示范效应;二是当时符某判断大盘处在底部,是买入时机;三是王亚伟的持仓成本在除权之后是 14 块钱左右,而当时市场价格是 12 块左右。

赵某的询问笔录显示,2005 年在成都的一次聚会上,经他人介绍,其与曾林认识。2006 年 11 月,赵某担任董事长的四川成发航空科技股份有限公司(以下简称成发科技)与海天鸿签署《金府路项目合作合同》,此后成发科技以土地使用权净权益作为投资,海天鸿以承担项目在产生销售收入前的所需资金作为投资,合作开发了该项目。

涉案人员通话记录显示,在中航重机重组消息公开前,赵某与曾林有过多次通话(2010 年 7 月 9 日至 9 月 30 日,赵某与曾林通话 15 次,其中赵某主叫 6 次,被叫 9 次),通话时点与“汉昆投资”账户买入“中航重机”的时点高度吻合;但曾林否认其知悉内幕信息,赵某也称其未向任何人提过中航重机重组情况。

我会认为,综合考量内幕信息知情人赵某与曾林之间的固有关系与惯常联系,涉案人员在内幕信息公开前多次通话时点与“汉昆投资”账户买入“中航重机”时点高度吻合,以及“汉昆投资”账户买入“中航重机”的交易异常等情况,海天鸿 2010 年 9 月 10 日通过“汉昆投资”账户买入“中航重机”构成内幕交易,曾林是涉案交易的决策者。

以上事实,有中航重机相关公告、涉案账户交易记录以及涉案人员询问笔录等证据证明,足以认定。

上述行为,违反了《证券法》第七十六条的规定,构成了《证券法》第二百零二条所述违法行为。

根据当事人违法行为的事实、性质、情节与社会危害程度,依据《证券法》第二百零二条的规定,我会决定:

一、没收海天鸿违法所得4,244,849.10元,并处以4,244,849.10元罚款;

二、对曾林给予警告,并处以10万元罚款。

上述当事人应自收到本处罚决定书之日起15日内,将罚没款汇交中国证券监督管理委员会(开户银行:中信银行总行营业部,账号:7111010189800000162,由该行直接上缴国库),并将注有当事人名称的付款凭证复印件送中国证券监督管理委员会稽查局备案。当事人如对本处罚决定不服,可在收到本处罚决定书之日起60日内向中国证券监督管理委员会申请行政复议,也可在收到本处罚决定书之日起3个月内直接向有管辖权的人民法院提起行政诉讼。复议和诉讼期间,上述决定不停止执行。

关于方福全违反证券法规的行政处罚决定书

(〔2013〕64号)

当事人:方福全,男,1970年3月14日出生,南京创源热缩材料有限公司总经理。住址:广东省深圳市南山区。

依据《中华人民共和国证券法》(以下简称《证券法》)的有关规定,我会对方福全涉嫌违法违规行为进行了立案调查、审理,并依法向当事人告知了作出行政处罚的事实、理由、依据及当事人依法享有的权利,当事人方福全未提出陈述申辩意见,也未要求听证。本案现已调查、审理终结。

经查明,方福全存在以下违法事实:

方福全超比例持有"ST雄震"股票信息未披露。方福全、黄某某、薛某某等9人的证券账户由方福全管理和使用,方福全为上述账户的实际控制人。

方福全利用其控制的9个账户组在2009年7月9日至13日买入"ST雄震"累计4,373,522股,持股数量超过"ST雄震"总股本的5%;2009年9月11日持股7,413,310股,持股比例达到最高,占总股本比例9.33%。方福全未按规定向中国证券监督管理委员会、上海证券交易所作出书面报告,未通知厦门雄震矿业集团股份有限公司、并予公告,且此后继续交易"ST雄震"。

根据当事人的违法事实、性质、情节与社会危害程度,依据《证券法》第一百九十三条的规定,我会决定:对方福全给予警告,责令改正,并处以60万元罚款。

上述当事人应自收到本处罚决定书之日起15日内,将罚款汇交中国证券监督管理委员会(开户银行:中信银行总行营业部、账号:7111010189800000162,由该行直接上缴国库),并将注有当事人名称的付款凭证复印件送中国证券监督管理委员会稽查局备案。当事人如果对本处罚决定不服,可在收到本处罚决定书之日起60日内向中国证券监督管理委员会申请行政复议,也可在收到本处罚决定书之日起3个月内直接向有管辖权的人民法院提起行政诉讼。复议和诉讼期间,上述决定不停止执行。

关于杨国章违反证券法规的行政处罚决定书

(〔2013〕65号)

当事人:杨国章,男,1971年7月出生,住址:河北省唐山遵化市遵化镇西北居委会文礼大街。

依据《中华人民共和国证券法》(以下简称《证券法》)的有关规定,我会对杨国章内幕交易北京金自天正智能控制股份有限公司(以下简称金自天正)股票行为进行了立案调查、审理,并依法向杨国章告知了作出行政处罚的事实、理由、依据及当事人依法享有的权利,当事人杨国章进行了陈述和申辩,未要求听证。本案现已调查、审理终结。

经查明,杨国章存在以下违法事实:

一、本案涉及的内幕信息

2011年12月29日,金自天正召开2011年度总结表彰会议,内部报告包括部分未经审计财务数据。2012年1月5日,金自天正向控股股东和实际控制人报送2011年度未经审计的财务数据。2012年1月30日,金自天正委托会计师事务所对公司2011年财务数据进行审计。2月24日(周五),金自天正董事长张某武布置2011年报工作,要求金自天正总经理胡某等4人研究2011年利润分配方案。2012年2月28日,胡某等4人拟定了2011年度利润分配预案初步方案:提议公司2011年度利润分配预案为向全体股东每10股派现1元(含税)、送2股并转增6股。2012年3月13日,金自天正董事会会议通过2011年度利润分配及转增股本预案,并于3月15日公开披露:2011年度利润分配方案和资本公积金转增股本方案为每10股派0.6元(含税)、送2股转增3股。

金自天正2011年度利润分配及转增股本方案在2012年3月15日公开前,属于《证券法》第七十五条第二款第(二)项规定的内幕信息。金自天正总经理胡某于2012年2月24日知悉内幕信息。

2012年2月1日至3月15日,金自天正股价从10.71元上涨至13.23元,累计上涨23.53%,同期上证指数上涨4.66%。其中,2012年2月27日至3月15日,金自天正股价从12.08元上涨至13.23元,累计上涨9.52%,同期上证指数下跌3%。3月15日公告当日,金自天正股价上涨4.5%,上证指数下跌0.73%。

二、杨国章知悉内幕信息及相关交易情况

杨国章和内幕信息知情人金自天正总经理胡某均与河北津西钢铁股份有限公司(以下简称津西钢铁)有业务联系,杨国章经常帮助胡某和津西钢铁联络业务,同时又从金自天正分包业务。2012年2月27日胡某与杨国章有电话联系。

"张学东"账户系本案涉案账户,该账户自开户至调查日,共转入293万元,转出10万元,资金都来自杨国章。该账户于2012年2月27日卖出"芜湖港"97,800股、"远望谷"14,200股、"中路股份"57,090股,卖出金额合计178.86万元。该账户同日买入"金自天正"144,570股,买入金额1,784,879元,并于3月15日卖出全部144,570股,卖出金额1,889,183元,盈利91,102.46元。该账户2011年7月21日至2012年2月27日买入"金自天正"之前,交易股票包括"华泰证券"、"ST新材"、"远望谷"、"中路股份"、"芜湖港"等,操作风格为短线频繁、反复交易同一只股票,没有单日清仓其他股票并全仓买入单一股票的交易记录。2011年7月21日至2012年2月26日期间及2012年2月28日至调查日也没有买入金自天正股票的记录。

杨国章与内幕信息知情人胡某在内幕信息敏感期内有电话联系,之后集中大量买入金自天正股票,交易行为明显异常。根据《证券法》第七十六条的规定,杨国章2012年2月27日买入金自天正股票的行为构成内幕交易。

以上情况,有相关说明、谈话笔录、证券营业部提供的相关数据、证券交易所的计算数据等证据证明,足以认定。

杨国章在陈述和申辩中提出,买入金自天正股票是根据行业经验判断和市场公开信息确定的投资,内幕信息敏感期内的通话是为沟通业务进行的,和内幕信息无关。经复核,杨国章在内幕信息敏感期内,与内幕信息知情人有联络,相关交易行为明显异常,其提供的陈述申辩材料不能解释其敏感期内交易异常的原因。因此,对杨国章的申辩理由不予采纳。

根据《证券法》第二百零二条的规定,我会决定:没收杨国章违法所得91,102.46元,并处以91,102.46元的罚款。

上述当事人应自收到本处罚决定书之日起15日内，将罚没款汇交中国证券监督管理委员会（开户银行：中信银行总行营业部，账号：7111010189800000162，由该行直接上缴国库），并将注有当事人名称的付款凭证复印件送中国证券监督管理委员会稽查局备案。当事人如果对本处罚决定不服，可在收到本处罚决定书之日起60日内向中国证券监督管理委员会申请行政复议，也可在收到本处罚决定书之日起3个月内直接向有管辖权的人民法院提起行政诉讼。复议和诉讼期间，上述决定不停止执行。

关于张玉屏违反证券法规的行政处罚决定书

（〔2013〕66号）

当事人：张玉屏，女，1981年8月出生，住址：上海市浦东新区白杵路。

依据《中华人民共和国证券法》（以下简称《证券法》）的有关规定，我会对张玉屏内幕交易上海建工集团股份有限公司（以下简称上海建工）股票行为进行了立案调查、审理，并依法向张玉屏告知了作出行政处罚的事实、理由、依据及当事人依法享有的权利，张玉屏进行了陈述和申辩，未要求听证。本案现已调查、审理终结。

经查明，张玉屏存在以下违法事实：

一、本案涉及的内幕信息

2012年3月16日，上海建工发出有关审议高送转利润分配方案的董事会、监事会会议通知，在会议通知中列明了会议审议议案的题目。3月19日，上海建工董秘尤某某要求证券事务代表李某对2011年度利润分配方案进行测算。3月23日下午股票交易收盘后，上海建工董事长徐某，董事、总会计师刘某某以及尤某某三人商议公司2011年度分配方式，一致同意将2011年度分配预案定为“十送五转五派一”并提交董事会审议。3月24日和25日，李某与资产财务部副处长张某某加班准备年度报告和董事会、监事会会议材料。3月26日上午，上海建工第五届董事会第二十次会议和第五届监事会第十次会议在上海建工20楼会议室召开。3月27日，上海建工公告2011年年度报告，披露了利润分配方案。

2012年3月27日，上海建工股票高开6.26%，收盘上涨5.17%（当日上证综指的涨幅为-0.15%），至2012年5月7日，上海建工股票累计涨幅为64.34%（同期上证综指的累计涨幅为4.31%）。

上海建工2011年度利润分配方案在公告前属于《证券法》第七十五条第二款第（二）项规定的内幕信息。内幕信息于2012年3月19日形成，3月27日上海建工发布公告时公开。

二、张玉屏知悉内幕信息及相关交易情况

2012年3月24日和25日，李某与张某某加班准备年度报告和董事会、监事会会议材料。3月26日，上海建工召开董事会、监事会时，张某某参会。因此，张某某不迟于3月24日知悉上述内幕信息。

张玉屏为张某某的女儿，经常回张某某家，父女二人也经常联系。本案中，张玉屏使用的其本人实名账户，开立于2007年6月28日，下挂实名沪市股东账户1个。截至我会调查日，该账户“上海建工”交易情况是：2011年未曾交易过“上海建工”，自2012年3月21日起开始交易该股，当日买入17,700股，3月26日买入28,000股。2012年4月26日，卖出5700股，5月2日卖出20,000股，9月19日卖出全部余股。2012年5月10日，红股入账20,000股。该账户交易“上海建工”对应的MAC地址为001A××××114A。经查，该MAC地址为张玉屏在办公室使用笔记本电脑的无线网卡

地址。

张玉屏在张某某知悉本案内幕信息后的3月26日集中大量买入上海建工股票,交易行为明显异常。根据《证券法》第七十六条的规定,张玉屏2012年3月26日买入上海建工股票构成内幕交易行为。

以上情况,有相关说明、谈话笔录以及证券营业部的相关数据等证据证明,足以认定。

张玉屏在陈述申辩意见中提出,第一,其不知买卖父亲所在企业的股票违法才进行了买卖,知晓后已经全部卖出。第二,其除了在2012年3月26日买入上海建工股票之外,还于同年3月21日买入上海建工股票。第三,其已将买卖上海建工股票的收益211,617元上缴给上海建工,再对其进行处罚不近情理。

经复核,我会认为,第一,我国法律并未禁止投资者买卖亲属所在企业的股票,禁止的是利用内幕信息进行股票交易。第二,张玉屏3月21日买入股票的行为不足以解释其3月26日交易异常的原因。第三,根据《证券法》第二百零二条之规定,对张玉屏内幕交易的违法所得予以没收并处以罚款系我会依法作出的行政处罚。

根据《证券法》第二百零二条的规定,我会决定:没收张玉屏违法所得108,945.63元,并处以108,945.63元罚款。

上述当事人应自收到本处罚决定书之日起15日内,将罚没款汇交中国证券监督管理委员会(开户银行:中信银行总行营业部,账号:7111010189800000162,由该行直接上缴国库),并将注有当事人名称的付款凭证复印件送中国证券监督管理委员会稽查局备案。当事人如果对本处罚决定不服,可在收到本处罚决定书之日起60日内向中国证券监督管理委员会申请行政复议,也可在收到本处罚决定书之日起3个月内直接向有管辖权的人民法院提起行政诉讼。复议和诉讼期间,上述决定不停止执行。

关于海南大印集团有关公司、海南万嘉实业有限公司及有关个人违反证券法规的行政处罚决定书

(〔2013〕67号)

当事人:海南大印集团有限公司(以下简称海南大印),法定代表人:王棒,经营范围:热带作物、农副产品收购及销售、化工产品、农业综合开发,住所:海南省海口市,实际控制人为王棒。

海南龙盘园农业投资有限公司(以下简称海南龙盘园),法定代表人:王鹏,经营范围:热带农副产品的收购、仓储、加工、销售等,住所:海南省琼海市,实际控制人为王棒。

海南万嘉实业有限公司(以下简称海南万嘉),法定代表人:李利丽,经营范围:橡胶及其制品的销售等,住所:海南省海口市,实际控制人为吴万春。

王棒,男,1962年7月出生,海南大印法定代表人兼执行董事、经理,住址:海南省琼海市龙江镇。

莫翠萍,女,1982年2月出生,2010年4月起任海南龙盘园副总经理,2003年起任海南大印监事,住址:海南省琼海市龙江镇。

陈道荣,男,1967年12月出生,海南万嘉业务经理,住址:海南省海口市龙华区海秀大道。

依据《期货交易管理条例》的有关规定,我会对天然橡胶RU1010期货合约操纵案进行了立案调查、审理,并依法向当事人履行了告知程序。当事人没有提出听证要求,也没有提出陈述申辩意见。本案现已调查、审理终结。

经查明,海南大印、海南龙盘园、海南万嘉存在如下违法事实:

一、海南龙盘园与海南万嘉以自买自卖、互为对手方交易、虚假申报等方式操纵天然橡胶RU1010期货合约结算价格

(一)海南龙盘园与海南万嘉存在合谋操纵天然橡胶RU1010期货合约结算价格的主观故意

在2010年10月11日、12日、13日交易天然橡胶RU1010期货合约过程中,海南龙盘园与海南万嘉使用相同的电脑IP地址;双方在非常接近的时间内以价格、数量相同但交易方向相反的方式进行申报并成交;在交易前后,海南龙盘园、海南万嘉与海南大印及海南大印的关联公司存在较为频繁的资金往来;相关当事人笔录显示,海南龙盘园与海南万嘉约定,由海南万嘉高买,海南龙盘园高卖。上述事实说明,两家公司在抬高期货合约价格上存在合谋,具有主观上的共同故意。

(二)海南龙盘园与海南万嘉存在操纵天然橡胶RU1010期货合约结算价格的行为

1. 2010年10月11日交易情况

2010年10月11日,海南龙盘园与海南万嘉相互交易21手,占当日天然橡胶RU1010合约总成交量的20.79%;海南万嘉自买自卖8手,海南龙盘园自买自卖27手,占当日天然橡胶RU1010合约总成交量的34.65%;相互交易和自买自卖合计56手,占当日天然橡胶RU1010合约总成交量的55.45%。

根据上海期货交易所提供的各合约每日结算价数据,天然橡胶RU1010合约2010年10月11日结算价28,760元/吨,较2010年10月8日上涨1285元,涨幅达4.68%。对比当天挂牌的临近月份合约,天然橡胶RU1011合约结算价28,515元/吨,较10月8日上涨1205元,涨幅4.41%。

2. 2010年10月12日交易情况

2010年10月12日,海南龙盘园共交易21手,占当日天然橡胶RU1010合约总成交量的80.77%,总成交金额的80.75%。

3. 2010年10月13日交易情况

2010年10月13日,海南龙盘园与海南万嘉相互交易148手,占当日天然橡胶RU1010合约总成交量的75.51%,总成交金额的75.63%。

根据上海期货交易所提供的各合约每日结算价数据,天然橡胶RU1010合约2010年10月13日结算价30,050元/吨,较2010年10月12日上涨815元,涨幅达2.79%。对比当天挂牌的临近月份合约,天然橡胶RU1011合约结算价30,080元/吨,较10月12日上涨755元,涨幅2.57%。

经计算,海南龙盘园在期货市场上的违法所得为289,200元,海南万嘉在期货市场上的违法所得为221,475元。

二、海南大印借天然橡胶RU1010期货合约结算价格被操纵虚高之机卖出仓单获利

目前,随着我国期货市场的发展,当日或者当月期货结算价格已经成为仓单交易双方定价的重要参考。根据期货合约价格生命周期规律,天然橡胶RU1010合约已临近交割,其价格应当趋近现货价格,涨幅应该小,天然橡胶RU1011合约应当比天然橡胶RU1010合约涨幅大,本案情况恰恰相反,天然橡胶RU1010合约比天然橡胶RU1011合约涨幅大。2010年10月11日,天然橡胶RU1010合约结算价格涨幅为4.68%,临近的天然橡胶RU1011合约涨幅为4.41%。天然橡胶RU1010合约因被操纵而多涨0.27%。海南大印利用操纵合约期货结算价格来影响仓单交易价格,进而在仓单交易市场再度获利。

(一)仓单合同的买入及交货日期

1. 2010年6月24日,海南大印向海南民生长流油气储运有限公司购买标准仓单(远期)500吨,合同价格为22,225元/吨,交货日期为2010年10月15日。

2. 2010年7月30日,海南大印向华闻传媒投资有限公司(以下简称华闻传媒)等3家公司购买标准仓单(远期)共计1500吨,合同价格为23,165元/吨,交货日期为2010年10月16日。

3. 2010年7月22日,海南大印向浙江物产化工股份有限公司购买标准仓单(远期)3000吨,合同价格为22,670元/吨,交货日期为2010年10月22日。

4. 2010年9月21日,海南大印向中化国际控股股份有限公司(以下简称中化国际)出售标准仓单(远期)3000吨,合同价格交货时确

定。交货安排为2010年10月10日、16日、22日以前各1000吨。

(二)仓单合同的卖出及实际履行情况

1. 2010年10月11日,海南大印履行9月21日的合同,向中化国际交付标准仓单1000吨,合同履行价格在2010年10月11日确定为28,400元/吨。在10月11日期货市场操纵行为的配合下,海南大印通过此次卖出标准仓单的方式非法获利76,680元。

2. 2010年10月13日,海南大印向华闻传媒及其关联公司出售标准仓单1500吨,合同价格为29,585元/吨。在10月11日、13日操纵期货市场行为的配合下,海南大印通过此次卖出标准仓单的方式非法获利97,630元。

3. 2010年10月18日,海南大印向中化国际交付标准仓单1000吨,合同价格为30,500元/吨。在2010年10月11日、13日操纵期货市场行为的配合下,海南大印通过此次卖出标准仓单的方式非法获利67,100元。

海南大印在标准仓单价格被交割月期货合约结算价格推高的情况下,适时选择在2010年10月11日、13日、18日以卖出标准仓单的方式获利。以天然橡胶RU1010合约与临近的天然橡胶RU1011合约价格增长幅度差衡量,海南大印在仓单交易中的非法获利共计241,410元。

王棒是海南大印、海南龙盘园等公司操纵天然橡胶RU1010期货合约结算交易价格、在标准仓单价格被交割月结算价格推高情况下卖出标准仓单非法获利行为的直接负责的主管人员;莫翠萍作为海南龙盘园副总经理、海南大印监事以及下单交易天然橡胶RU1010合约的决策人,是上述操纵行为的其他直接责任人员;陈道荣作为海南万嘉负责橡胶业务的经理,是海南万嘉与海南龙盘园操纵市场行为的直接负责的主管人员。

上述违法事实,有相关人员询问笔录、上海期货交易所提供的相关数据、有关账户交易记录和统计数据等证据证明,足以认定。

海南大印、海南龙盘园、海南万嘉的上述行为违反了《期货交易管理条例》第七十四条的规定,构成《期货交易管理条例》第七十四条所述操纵期货市场的情形。

根据当事人违法行为的事实、性质、情节与社会危害程度,依据《期货交易管理条例》第七十四条的规定,我会决定:

一、责令海南大印改正违法行为,没收违法所得241,410元,并处以违法所得2倍罚款;

二、责令海南龙盘园改正违法行为,没收违法所得289,200元,并处以违法所得2倍罚款;

三、责令海南万嘉改正违法行为,没收违法所得221,475元,并处以违法所得2倍罚款;

四、对王棒给予警告,并处以10万元罚款;

五、对莫翠萍给予警告,并处以3万元罚款;

六、对陈道荣给予警告,并处以2万元罚款。

上述当事人应自收到本处罚决定书之日起15日内,将罚没款汇交中国证券监督管理委员会(开户银行:中信银行总行营业部,账号:7111010189800000162,由该行直接上缴国库),并将注有当事人名称的付款凭证复印件送中国证券监督管理委员会稽查局备案。当事人如果对本处罚决定不服,可在收到本处罚决定书之日起60日内向中国证券监督管理委员会申请行政复议,也可在收到本处罚决定书之日起3个月内直接向有管辖权的人民法院提起行政诉讼。复议和诉讼期间,上述决定不停止执行。

关于四川省华谊实业有限责任公司及有关个人违反证券法规的行政处罚决定书

(〔2013〕68号)

当事人:四川省华谊实业有限责任公司(以下简称华谊实业),法定代表人余华,住所:

成都市青羊区锦里东路2号12楼A、D、E座。

余华,男,1963年8月出生,住址:四川省成都市武侯区桐梓林北路8号,时任华谊实业法定代表人。

余明,男,1967年9月出生,住址:四川省广汉市雒城镇东西大街东一段15号,时任华谊实业副总经理。

依据《中华人民共和国证券法》(以下简称《证券法》)的有关规定,我会对华谊实业涉嫌利用他人账户交易股票案进行了立案调查、审理,并依法向当事人告知了作出行政处罚的事实、理由、依据及当事人依法享有的权利。当事人未提出陈述、申辩意见,也未要求听证。本案现已调查、审理终结。

经查明,华谊实业、余华、余明存在利用他人账户交易股票行为,具体事实如下:

一、涉案账户开立和交易、资金流转情况

(一)四川东达商贸有限公司(以下简称东达商贸)账户

该账户于2011年7月20日在华西证券广汉湖南路营业部开立,开户代理人是熊某。该账户自开户以来至2013年2月6日,交易“宏达股份”账面盈利-197,239.14元,交易“国机汽车”账面盈利-188,895.85元,交易“天威保变”账面盈利-2,697,557.15元,交易“ST沪科”账面盈利1,750,081.44元,交易“四川美丰”账面盈利250,185.94元,交易“盛运股份”账面盈利67,613.20元,上述6只股票合计账面盈利-1,015,811.56元。

该账户于2011年8月19日转入1500万元,2011年9月14日转出200万元,2011年9月26日转出200万元,2011年10月27日转入700万元,2011年10月28日转出200万元,2011年12月6日转出500万元,2012年1月6日转出200万元。其中,8月19日转入的1500万元中,有3,938,779.73元未用于股票交易而直接转出;10月27日转入的700万元中,有200万元未用于股票交易而直接转出,截至2013年1月15日,该账户资金余额47.7元,直接用于股票交易的资金约1606万元。

截至2012年12月31日,该账户的所有银证转账业务,除2011年10月28日的200万元转给河南银信通科技有限公司外,其他交易的对手方均是华谊实业,经办人是熊某。银行凭证上填写的华谊实业的联系人有刘某、谭某。而在给河南银信通科技发展有限公司的银行凭证上,所留联系人的电话仍是刘某。除上述银证转账外,其他的资金往来包括:2012年6月5日由四川广夏建设有限公司转来450万元,次日转给华谊实业;2012年7月5日收到贷款200万元,次日转给华谊实业150万元、转给东达商贸其他账户50万元。

(二)成都南湖国际旅游文化发展有限公司(以下简称南湖国际)账户

该账户于2011年4月20日在国金证券双元街营业部开立,开户代理人刘某、余明。截至2012年7月16日,该账户持有“ST昌九”4股、“宏达股份”40,423股、“国机汽车”385,300股及“ST沪科”510,400股,市值约672万元。

截至2012年7月19日,该账户的银证转账情况为2011年4月22日转入2800万元,2011年6月13日转出220万元,2011年7月21日转入900万元,2011年7月22日转入600万元,2011年8月26日转出300万元,2012年3月26日转出200万元,2012年3月27日转出300万元,2012年4月9日转出300万元,2012年5月8日转出750万元,2012年6月26日转出517万元,2012年6月28日转出359万元。

上述资金的来源和去向为:2011年4月22日的2800万元来自天津道泓股权投资基金有限公司,2011年6月13日的220万元、2012年3月26日的200万元、3月27日的300万元、4月9日的300万元、5月8日的750万元、6月28日的359万元去向均是华谊实业。2011年7月21日的900万元来源、7月22日的600万元来源、8月26日的300万元去向、2012年6月26日517万元去向均是四川林源山珍菌业发展有限公司。

“南湖国际”证券账户由余明、刘某开立,交易决策人是余明,操作人是刘某,“南湖国际”证券账户与华谊实业有大额资金往来。

二、“东达商贸”账户实际控制人情况

东达商贸的法人代表杨某在接受调查时称,其接受余明的授意开立证券账户后就把账户的密码告诉余明,该账户内的资金是余明的,其对具体操作不清楚。该账户内资金的转入和转出均是余明指示东达商贸出纳熊某办理,盈亏与东达商贸无关。

南湖国际称,南湖国际的法人代表余明同时担任华谊实业的副总经理,余明拥有对华谊实业资金调度权。余明在接受调查时称,用华谊实业的资金来炒股,是经过余华董事长批准,根据账上的流动资金量计划到股市进行投资,是由其决策、刘某操作的。其在调集资金的时候还没有想到最终的盈亏由华谊实业或者南湖国际承担的问题,其本人愿意将亏损记到南湖国际的账目上,再冲销与华谊实业之间"其他应付"科目。

经查,东达商贸账户交易的 MAC 地址显示为华谊实业副总经理办公室台式电脑。该办公室电脑由余明、刘某共用。华谊实业的记账凭证显示,与东达商贸、南湖国际的记账科目"其他应收——关联公司"的银行凭单上均有余华签字。

上述事实,分别有交易明细、当事人询问笔录、相关单位提供的说明等证据证明,足以认定。华谊实业的行为违反了《证券法》第八十条的规定,余华、余明是直接负责的主管人员。

根据当事人违法行为的事实、性质、情节与社会危害程度,依照《证券法》第二百零八条的规定,我会决定:

一、对华谊实业"利用他人账户买卖证券"的行为责令改正,并处以 5 万元罚款;

二、对余华、余明分别给予警告,并分别处以 5 万元罚款。

上述当事人应自收到本处罚决定书之日起 15 日内,将罚款汇交中国证券监督管理委员会(开户银行:中信银行总行营业部,账号:7111010189800000162,由该行直接上缴国库),并将注有当事人名称的付款凭证复印件送中国证券监督管理委员会稽查局备案。当事人如果对本处罚决定不服,可在收到本处罚决定书之日起 60 日内向中国证券监督管理委员会申请行政复议,也可在收到本处罚决定书之日起 3 个月内直接向有管辖权的人民法院提起行政诉讼。复议和诉讼期间,上述决定不停止执行。

关于杭州天目山药业股份有限公司及有关个人违反证券法规的行政处罚决定书

([2013]69 号)

当事人:杭州天目山药业股份有限公司(以下简称天目药业),住所:浙江省临安市苕溪南路 78 号。

章鹏飞,男,1963 年 10 月出生,时为天目药业实际控制人,住址:浙江省杭州市拱墅区白马公寓。

范建国,男,1952 年 12 月出生,时任天目药业董事长,住址:山东省临沂市兰山区羲之路。

朱容稼,男,1971 年 12 月出生,时任天目药业总经理,住址:辽宁省大石桥市向阳里。

依据《中华人民共和国证券法》(以下简称《证券法》)的有关规定,我会对天目药业涉嫌信息披露违法行为进行了立案调查、审理,并依法向天目药业、章鹏飞、范建国、朱容稼告知了作出行政处罚的事实、理由、依据及当事人依法享有的权利,天目药业、章鹏飞、朱容稼未提交书面陈述申辩材料,未要求听证,范建国提交了书面陈述申辩材料,未要求听证。本案现已调查、审理终结。

经查明,天目药业存在以下违法事实:

2011 年 12 月 2 日,天目药业召开董事会,审议并通过了《关于转让两家子公司股权的议案》,同意以 1500 万元的价格向杭州誉振科技有限公司(以下简称誉振科技)转让杭州天目保健品有限公司(以下简称保健品公司)和杭州天目山铁皮石斛有限公司(以下简称铁皮石斛公司)100% 股权,并提交股东大会审议。

2011年12月19日，天目药业临时股东大会审议通过了《关于转让两家子公司股权的议案》。2012年3月30日，天目药业与誉振科技、保健品公司、铁皮石斛公司签订《补充协议》：1. 天目药业与誉振科技于2011年12月2日签订《股权转让协议》，约定天目药业以1500万元的价格将保健品公司100%股权和铁皮石斛公司100%股权转让给誉振科技。由于保健品公司和铁皮石斛公司在股权转让前分别存在不同程度的亏损和债务，作为誉振科技受让股权的前提条件，天目药业和誉振科技约定，在股权转让后，天目药业将与保健品公司、铁皮石斛公司就"天目山"产品代理、商标授权以及品牌资源共享等各方面开展全面合作。2. 作为誉振科技受让天目药业股权的前提条件，天目药业许可保健品公司和铁皮石斛公司分别在华东等地独家销售天目药业以铁皮石斛为主要原料或主要原料之一的产品，销售代理年限为20年；许可保健品公司和铁皮石斛公司免费使用"天目山"产品的注册商标，商标授权使用年限为20年；将"天目山"药业的品牌和资源分别给保健品公司和铁皮石斛公司免费共享20年。3. 在保证上述协议内容严格执行的前提下，天目药业与保健品公司、铁皮石斛公司之间，在2011年12月2日股权转让前产生的应收应付账款，经各方确认后，由保健品公司、铁皮石斛公司协助天目药业收回；如天目药业违反本协议的约定，则上述应收账款无法回收时，誉振科技、保健品公司、铁皮石斛公司不承担任何责任。4. 本协议为《股权转让协议》不可分割的组成部分。本协议与《股权转让协议》约定不一致的，以本协议为准。

《补充协议》中有天目药业应收账款清收等内容，属于《上市公司信息披露管理办法》第三十条第二款第（三）项"公司订立重要合同，可能对公司的资产、负债、权益和经营成果产生重要影响"的重大事件，应立即披露，而天目药业2012年7月26日才对此协议进行披露，违反了《上市公司信息披露管理办法》第三十条第一款"发生可能对上市公司证券及其衍生品种交易价格产生较大影响的重大事件，投资者尚未得知时，上市公司应当立即披露，说明事件的起因、目前的状态和可能产生的影响"和《证券法》第六十三条、六十七条的规定。时为天目药业实际控制人章鹏飞对天目药业未及时披露《补充协议》负有责任，时任天目药业董事长范建国为天目药业未及时披露《补充协议》直接负责的主管人员，时任天目药业总经理朱容稼为其他直接责任人员。

范建国提出，第一，其对天目药业、誉振科技、保健品公司和铁皮石斛公司2012年3月30日签订《补充协议》事先不知情，相关人员没有向其汇报，也没有在协议和印章启用单上签字；第二，根据2012年8月13日天目药业给上海证券交易所的回复函，《补充协议》不仅未提交公司董事会、股东大会审议，而且连公司内部必要的审批程序都未完全履行，协议只是由时任总经理朱容稼等少数人于2012年3月30日签署。范建国提出《补充协议》是在其不知情，未履行必要审批程序、未经董事会研究情况下签订的，对此不应承担任何责任。

经复核认为，天目药业时任董事长范建国2012年9月5日的询问笔录、天目药业时任总经理朱容稼2012年9月7日的询问笔录、天目药业2012年9月4日提供的《关于公司董事会秘书任职情况的说明》等证据证明，2012年3月，朱容稼将补充协议的草拟稿给范建国，范建国提出修改意见并让朱容稼和杭州誉振科技有限公司继续商谈。2011年10月至2012年4月期间，范建国代行董事会秘书职责。范建国对《补充协议》内容知情，虽然《补充协议》未经董事会、股东大会审议，也并非其亲自签署，但其作为天目药业董事长并代行董事会秘书职责，理应对天目药业未及时披露重大合同补充条款承担责任。并且我会已经区分了其与章鹏飞等人的责任大小，在《行政处罚事先告知书》中对章鹏飞提出了给予警告并罚款20万元的处罚建议，对范建国提出了给予警告并罚款5万元的处罚建议。因此，对范建国的申辩理由不予采纳。

根据《证券法》第一百九十三条的规定，我会决定：

一、对天目药业给予警告，并处以30万元罚款；

二、对章鹏飞给予警告，并处以20万元罚款；

三、对范建国给予警告，并处以5万元罚款；

四、对朱容稼给予警告，并处以5万元罚款。

上述当事人应自收到本处罚决定书之日起15日内,将罚款汇交中国证券监督管理委员会(开户银行:中信银行总行营业部,账号:7111010189800000162,由该行直接上缴国库),并将注有当事人名称的付款凭证复印件送中国证券监督管理委员会稽查局备案。当事人如果对本处罚决定不服,可在收到本处罚决定书之日起60日内向中国证券监督管理委员会申请行政复议,也可在收到本处罚决定书之日起3个月内直接向有管辖权的人民法院提起行政诉讼。复议和诉讼期间,上述决定不停止执行。

关于吴晓佳违反证券法规的行政处罚决定书

([2013]70号)

当事人:吴晓佳,男,1964年11月出生,住址:湖南省长沙市岳麓区二里半。

依据《中华人民共和国证券法》(以下简称《证券法》)的有关规定,我会对证券公司从业人员吴晓佳违法买卖股票行为进行了立案调查、审理,并依法向当事人告知了作出行政处罚的事实、理由、依据及当事人依法享有的权利。当事人提出陈述、申辩意见,但未要求听证。本案现已调查、审理终结。

经查明,吴晓佳存在以下违法事实:

吴晓佳在担任财富证券有限责任公司研发中心总经理期间,自2007年10月23日至2012年2月28日,利用“雷小某”、“雷洪某”账户交易股票,累计买入金额416,426,834.18元,累计卖出金额404,729,301.62元,实际亏损9,267,627.43元。

以上事实,有相关账户开户资料、交易流水、资金存取记录、当事人询问笔录和情况说明等证据证明,足以认定。

吴晓佳作为证券公司的从业人员,在任期内借用他人账户买卖、持有股票的行为,违反了《证券法》第四十三条的规定,构成了《证券法》第一百九十九条所述“法律、行政法规规定禁止参与股票交易的人员,直接或者以化名、借他人名义持有、买卖股票”的行为。

当事人吴晓佳在申辩材料中提出:其一,涉案的“雷小某”、“雷洪某”账户实际由其妻雷小某操作。他本人在接受调查时承认其使用“雷小某”和“雷洪某”账户,系由于个人认知上的偏差和调查人员的误导。其二,调查时用于涉案账户交易的上网本之所以出现在他的办公室,是因为当时该上网本出现问题,其妻要他找人重装系统,恰好被调查人员发现。其三,《证券法》规定证券从业人员不得买卖股票,系受特定历史条件局限,存在一定缺陷。证券从业人员买卖股票在现实中较为普遍,未见被处罚的先例。同时,《中华人民共和国证券投资基金法》已放松对基金从业人员买卖股票的限制,《证券法》应当予以参考和借鉴。综上,吴晓佳请求我会对其免予处罚。

我会认为,吴晓佳的申辩理由不能成立,主要理由如下:

其一,吴晓佳、雷小某和雷洪某在接受我会调查时,均称“雷小某”、“雷洪某”账户由吴晓佳使用。吴晓佳承认账户主要通过他个人的笔记本电脑进行交易,且在调查人员见证下用该笔记本电脑登陆“雷小某”、“雷洪某”账户。同时,雷小某第三方存管银行账户的联系人为吴晓佳,资金主要来源于吴晓佳银行账户;雷洪某资金账户和第三方存管银行账户开户资料预留联系电话为吴晓佳的电话。上述证据足以证明系由吴晓佳而非其妻子在操作涉案账户,且吴晓佳所谓涉案笔记本电脑恰巧出现在其办公室的说法也缺乏证据支持。

其二,吴晓佳系取得证券从业资格并长期从事证券业务的人员,理应知悉《证券法》关于禁止证券公司从业人员买卖股票的规定。在我会调查时,吴晓佳承认违规买卖股票,是对事实的陈述,而非其本人认知上的偏差或调查人员的误导。同时,我会调取的证据与吴晓佳调查时陈述内容相互印证,足以认定吴晓佳存在借用他人名义持有、买卖股票的行为。

其三,《证券法》第四十三条明确禁止证券公司从业人员直接或者以化名、借他人名义持有、买卖股票。任何人员违反上述规定,均应承担相应的法律后果。

根据当事人违法行为的事实、性质、情节与社会危害程度,依据《证券法》第一百九十九条的规定,我会决定:责令吴晓佳依法处理非法持有的股票,并处以30万元罚款。

上述当事人应自收到本处罚决定书之日起15日内,将罚款汇交中国证券监督管理委员会(开户银行:中信银行总行营业部、账号:7111010189800000162,由该行直接上缴国库),并将注有当事人名称的付款凭证复印件送中国证券监督管理委员会稽查局备案。当事人如果对本处罚决定不服,可在收到本处罚决定书之日起60日内向中国证券监督管理委员会申请行政复议,也可在收到本处罚决定书之日起3个月内直接向有管辖权的人民法院提起行政诉讼。复议和诉讼期间,上述决定不停止执行。

关于丁国军、潘卫标违反证券法规的行政处罚决定书

(〔2013〕71号)

当事人:丁国军,男,1964年12月出生,时任浙江向日葵光能科技股份有限公司(以下简称向日葵,股票代码300111)总经理,住址:浙江省绍兴县湖塘街道。

潘卫标,男,1970年12月出生,时任向日葵副总经理、财务总监,住址:浙江省绍兴市越城区。

依据《中华人民共和国证券法》(以下简称《证券法》)的有关规定,我会对丁国军、潘卫标涉嫌内幕交易向日葵股票行为进行了立案调查、审理,并依法向当事人告知了作出行政处罚的事实、理由、依据及当事人依法享有的权利。当事人均未提出陈述、申辩意见,也未要求听证。本案现已调查、审理终结。

经查明,丁国军、潘卫标存在以下违法事实:

一、内幕信息的形成和公开过程

向日葵为深圳证券交易所上市公司,主要业务为生产、销售大规格的高效晶体硅太阳能电池。

2012年4月25日,向日葵在第一季度报告中称,预期年初至6月30日的累计净利润可能比去年同期下降50%以上。

2012年6月11日,向日葵母公司5月财务报表编制完成。6月12日,向日葵主管会计陈某某通过内网办公系统给潘卫标发送了公司5月《成本分析报告》,报告中载明,母公司销售毛利率2011年下半年平均约13%,2012年1至5月分别为-2.51%、-0.63%、-2.14%、-3.93%和3.11%。其中,毛利率最高的5月份亏损497万元。6月16日,潘卫标通过内网办公系统将上述报告发送给丁国军,二人通过该报告知悉向日葵母公司2012年上半年毛利率大幅下降的事实。向日葵母公司资产、收入、净利润等指标占上市公司合并财务报表相关指标的90%左右。

丁国军、潘卫标作为向日葵远期外汇交易领导小组成员,知悉公司远期外汇交易余额和每日汇率变化情况,并能根据汇率变化推断出公司盈亏情况。丁国军个人还知悉如下情况:公司原预计在报告期内转让德国20MW电站股权的合同不具备生效条件,预期产生的5000万元收益不能计入2012年中期报告,无法抵减2012年上半年亏损。

2012年7月3日至11日,向日葵分别收到纳入合并报表的各子公司及项目部的财务报表。7月11日,向日葵发布停牌公告。

2012年7月14日,向日葵发布2012年半年度业绩预告修正公告,称"修正后的预计业绩亏损","亏损额为16,000万—17,000万元","预计非经常性损益对净利润的影响金额为-5000万元,主要为公允价值变动损益造成。扣除非经常性损益后的净利润预计为-11,000万元至-12,000万元";"业绩修正原因说明:1. 光伏行业持续低迷,产品销售价格比去年同期大幅下降,但同比产品成本下降幅度较小,使得毛利率大幅下降。2. 4—6月欧元汇率大幅下跌,产生汇兑损失约5000万元,主要系应收账款所产生的汇兑损失。3. 远期外汇交易本期产生损失约6600万元,其中未交割部分产生损失约3570万元。4. 原预计20MW电站于6月30日前转让完毕,产生利润5000万元,但6月30日前未能实现"。向日葵股票于7月16日起复牌,复牌后3个交易日股价跌幅达20.41%。

向日葵2012年上半年净利润预计重大亏损的信息系《证券法》第七十五条规定的"涉及公司的经营、财务或者对该公司证券的市场价格有重大影响的尚未公开的信息",构成第七十五条第二款第(八)项规定的内幕信息。丁国军时任向日葵总经理,潘卫标时任向日葵副总经理兼财务总监,属于《证券法》第七十四条规定的法定内幕信息知情人。丁国军、潘卫标二人在2012年6月29日前,依据其所掌握的情况,能够推断知悉向日葵上半年净利润预计重大亏损的内幕信息。

二、丁国军、潘卫标交易向日葵股票的情况

(一)丁国军

2012年6月29日,丁国军持有的向日葵限售股解禁,其于当日通过本人股票账户卖出80万股向日葵股票,成交均价为8.622元。按照向日葵股票2012年7月17日收盘价计算,丁国军规避损失895,698.10元。

(二)潘卫标

2012年6月29日,潘卫标持有的向日葵限售股解禁,其于6月29日、7月2日通过本人股票账户先后卖出10万股、2.5万股向日葵股票,卖出均价分别为8.395元、8.61元。按照向日葵股票2012年7月17日收盘价计算,潘卫标规避损失120,869.58元。

以上事实,有向日葵相关财务报表、当事人邮件往来、股票交易记录、相关人员询问笔录等证据证明,足以认定。

丁国军、潘卫标知悉内幕信息且在内幕信息公开前交易向日葵股票,违反了《证券法》第七十三条、第七十六条的规定,构成《证券法》第二百零二条所述内幕交易行为。

根据当事人违法行为的事实、性质、情节与社会危害程度,依据《证券法》第二百零二条的规定,我会决定:

一、没收丁国军违法所得895,698.10元,并处以895,698.10元罚款;

二、没收潘卫标违法所得120,869.58元,并处以120,869.58元罚款。

上述当事人应自收到本处罚决定书之日起15日内,将罚没款汇交中国证券监督管理委员会(开户银行:中信银行总行营业部、账号:7111010189800000162,由该行直接上缴国库),并将注有当事人名称的付款凭证复印件送中国证券监督管理委员会稽查局备案。当事人如果对本处罚决定不服,可在收到本处罚决定书之日起60日内向中国证券监督管理委员会申请行政复议,也可在收到本处罚决定书之日起3个月内直接向有管辖权的人民法院提起行政诉讼。复议和诉讼期间,上述决定不停止执行。

关于吴伟、谢霞琴违反证券法规的行政处罚决定书

(〔2013〕72号)

当事人:吴伟,男,1956年1月出生,住址:浙江省杭州市下城区下华光巷72号。

谢霞琴,女,1956 年 6 月出生,新加坡籍人。

依据《中华人民共和国证券法》(以下简称《证券法》)的有关规定,我会对“杭萧钢构”内幕交易案进行了立案调查、审理,并依法向当事人告知了作出行政处罚的事实、理由、依据及当事人依法享有的权利。当事人吴伟提出申辩意见,但不要求听证。当事人谢霞琴未提出陈述、申辩意见,也未要求听证。本案现已调查、审理终结。

经查明,当事人存在以下违法事实:

一、内幕信息的形成与公开过程

从 2006 年 11 月起,浙江杭萧钢构股份有限公司(以下简称杭萧钢构)开始与中国国际基金有限公司(以下简称中基公司)接触,商讨安哥拉住宅项目合作事项。2007 年 1 月中旬杭萧钢构与中基公司开始正式谈判。2007 年 2 月 8 日,双方就该项目的合同价格、数量、付款方式、工期等内容基本达成一致意见,主要参与谈判人员杭萧钢构董事长单某、总裁周某于当晚返回杭州。2007 年 2 月 15 日,杭萧钢构发布股票异常波动公告称:正与有关业主洽谈一境外建设项目,整体涉及总金额折合人民币 300 亿元。2007 年 3 月 13 日,杭萧钢构发布了签订该项目合同的公告。

二、当事人知悉与传递内幕信息的情况

吴伟系职业股民;谢霞琴系时任杭萧钢构总裁周某之妻,吴伟前妻樊某的朋友。

2007 年 1 月底,杭萧钢构公司董事长让周某负责“安哥拉公房住宅项目”。2007 年 2 月 3 日至 2 月 8 日,周某先后去南宁、深圳、香港等地洽谈该项目。谈判期间,周某曾告诉过谢霞琴正在和香港谈一个大项目,如果这个合同做成的话,他就可以轻松一点了。周某在谢霞琴询问杭萧钢构公司情况时,让谢霞琴不要管这些,同时反对谢霞琴买卖股票,更反对买卖本公司股票。

在周某出差期间,谢霞琴聊天时告诉樊某,周某代表杭萧钢构谈一个合同,而且出去这么长时间,一定会很重要,且与香港有关;如果这个合同谈下来,杭萧钢构接下来几年的日子就蛮好过了,而且公司会有利润,杭萧钢构的股票价格可能会上涨,我们是否去买点(指买杭萧钢构股票)赚点钱。随后一两天内,樊某将该消息告诉了吴伟,吴伟追问消息的来源,樊某说是谢霞琴告知的。吴伟知道谢霞琴的丈夫在杭萧钢构工作,因此认为消息可信度高,开始关注杭萧钢构股票。

2007 年 2 月 9 日周某回到杭州后,谢霞琴在与周某一同吃早饭时通过询问了解到杭萧钢构洽谈上述重大合同的人,包括董事长单某全部回来了,进一步确信这是个利好消息,并准备开户买入股票。

2 月 9 日下午,谢霞琴打电话给吴伟询问开户事宜,表示要买入“杭萧钢构”;同时告诉吴伟杭萧钢构有个大项目要签订,如果谈成功,杭萧钢构接下来两三年的日子都会很好过。吴伟听到该消息后,开始大量买入杭萧钢构股票。吴伟的手机通话记录显示,2007 年 2 月 9 日 13 点 37 分 25 秒和 13 点 44 分 20 秒时,谢霞琴使用住所地固定电话两次拨打吴伟手机,两次通话时长分别为 282 秒和 149 秒。

三、吴伟知悉内幕信息后买卖杭萧钢构股票情况

吴伟名下有两个账户买卖杭萧钢构股票:

1. 资金账户 250004466:2002 年 12 月 4 日开立于西南证券杭州庆春东路营业部,曾下挂 2 个上海股东账户 A165 × × ×709、A103 × × ×291。其中股东账户 A165 × × ×709 于 2007 年 4 月 2 日从 250004466 中销户,单开资金账户 250007199。交易股票资金主要来源于吴伟等人,主要去向为吴伟等人。

资金账户 250005885:2005 年 12 月 8 日开立于西南证券杭州庆春东路营业部,下挂 1 个上海股东账户 A158 × × ×028。交易股票资金主要来源于韩某等人,主要去向为吴伟、韩某等人。

2. 资金账户 250004466:2 月 9 日下午 14 点 52 分 58 秒,该账户买入 7.58 万股。2 月 12 日至 2 月 13 继续大量买入,两日成交 15.8886 万股。3 月 16 日,该账户共计卖出 47.7586 万股,3 月 16 日之前未卖出。

资金账户 250005885:2007 年 2 月 9 日下午 14 点 24 分 58 秒开始大量委托买入,截至 2 月 9 日收盘,共买入 47.2085 万股。2 月 12 日 9 点 27 分 34 秒,该账户继续大量委托买入。2

月 12 日至 14 日,该账户共计买入 58.34 万股。该资金账户在 2007 年 2 月 9 日至 2 月 14 日期间共计买入 105.5485 万股"杭萧钢构"股票。2007 年 3 月 16 日,该账户共计卖出 10.5485 万股,余股 95 万股,3 月 16 日之前未卖出。

四、谢霞琴知悉内幕信息后买卖杭萧钢构股票情况

2007 年 2 月 12 日,谢霞琴借用其嫂吴某某的身份证,在西南证券杭州庆春东路营业部开立了资金、股票及对应的工商银行账户,资金账户号为 250006750。2007 年 2 月 14 日 9 点 20 分 28 秒,该账户委托买入杭萧钢构股票 18.07 万股,由于当天"杭萧钢构"已经封涨停,所以一直未能成交。截至 2 月 14 日收盘,该账户实际买入为 0 股。

2007 年 2 月 13 日,谢霞琴到吴伟的大户室表示要买入"杭萧钢构",吴伟告诉她股票已经涨停了,买不进。后吴伟表示将 2 月 13 日买中的 10 万股以每股 5 元的价格转让给谢霞琴,盈亏由谢自负,同时谢霞琴从其控制的吴某某银行账户划出 50 万元至吴伟和樊某账户。3 月 16 日,谢霞琴表示将其拥有的 10 万股卖掉,吴伟代其卖出后,将 50 万元盈利汇至谢霞琴告知的吴某某银行账户。

五、吴伟买卖杭萧钢构股票获利情况

根据计算,截至 2007 年 3 月 16 日,吴伟账户在 2007 年 2 月 9 日至 2 月 14 日期间买入的杭萧钢构股票盈利 798.42 万元,扣除转让给谢霞琴 10 万股的盈利 50 万元,吴伟账户盈利 748.42 万元。

六、其他情况

2007 年 9 月 5 日,吴伟向公安机关主动上缴违法所得 800 万元。2007 年 9 月 6 日,谢霞琴向公安机关主动上缴违法所得 50 万元。

我会认为,吴伟的行为构成知悉内幕信息后买卖股票的内幕交易行为,谢霞琴的行为构成泄露内幕信息、知悉内幕信息后买卖股票的内幕交易行为。

以上事实,有杭萧钢构相关公告、涉案账户交易记录以及涉案人员询问笔录等证据证明,足以认定。

上述行为,违反了《证券法》第七十六条的规定,构成了《证券法》第二百零二条所述违法行为。

当事人吴伟提出,其不知道谢霞琴的丈夫是杭萧钢构总经理,在与谢霞琴的交谈中未获知内幕信息;其大量买入该股票是基于个人技术分析和对大市研判。请求对其免予或减轻处罚。

经复核,基于当事人吴伟、谢霞琴的询问笔录、涉案账户交易记录等证据,当事人吴伟确系从谢霞琴处得知涉案内幕信息,利用该信息从事了内幕交易。鉴于当事人吴伟在陈述、申辩材料中未就《行政处罚事先告知书》有关其违法行为的认定提出新的事实及证据,对其申辩意见不予采纳。

根据当事人违法行为的事实、性质、情节与社会危害程度,依据《证券法》第二百零二条的规定,我会决定:

一、没收吴伟违法所得 748.42 万元,并处以 748.42 万元罚款;

二、没收谢霞琴违法所得 50 万元,并处以 50 万元罚款。

上述当事人应自收到本处罚决定书之日起 15 日内,将罚没款汇交中国证券监督管理委员会(开户银行:中信银行总行营业部,账号:7111010189800000162,由该行直接上缴国库),并将注有当事人名称的付款凭证复印件送中国证券监督管理委员会稽查局备案。当事人如对本处罚决定不服,可在收到本处罚决定书之日起 60 日内向中国证券监督管理委员会申请行政复议,也可在收到本处罚决定书之日起 3 个月内直接向有管辖权的人民法院提起行政诉讼。复议和诉讼期间,上述决定不停止执行。

关于柳宏违反证券法规的行政处罚决定书

（〔2013〕73号）

当事人：柳宏，男，1955年4月出生，北京好友谊缘投资咨询有限公司法人代表，住址：北京市西城区月坛北街。

依据《中华人民共和国证券法》（以下简称《证券法》）的有关规定，我会对柳宏操纵市场案进行了立案调查、审理，并依法向当事人柳宏履行了告知程序。应柳宏的要求，我会举行了听证会，听取了柳宏的陈述和申辩。本案现已调查、审理终结。

经查明，柳宏存在如下违法事实：

柳宏2011年6月2日至2011年7月13日操作“柳宏”等18个账户（以下简称“柳宏”账户组）交易北京捷成世纪科技股份有限公司（以下简称捷成股份）股票的行为构成操纵市场。

一、“柳宏”账户组具有较大资金优势和持股优势。

“柳宏”账户组在2011年6月2日至2011年7月6日期间，75%的交易日（18天）买入“捷成股份”成交占该股票的比例超过10%，单日最大资金投入量达到761.67万，该日买入成交占比达到44.45%；该账户组持股“捷成股份”占比由6月1日收盘后的7.91%增加至7月6日的12.85%；其中66%的交易日（16天）持流通股比例超过10%。上述事实证明，当时柳宏能够对“捷成股份”的交易进行操纵。

二、“柳宏”账户组的交易中存在连续大额买卖和大量对倒，人为推高价格、影响交易量的行为

（一）以买入为主的交易阶段

2011年6月2日至7月6日共24个交易日中，“柳宏”账户组以买入“捷成股份”为主，累计买入约247.26万股，成交金额7854.68万元，占市场同期买入量的21.19%；6月7日，单日买入量占该股市场交易量最大达到55.99%，净买入约138.27万股。柳宏当时申报买入价格往往较大幅度高于当时的市场成交价格，其推高意图明显。

2011年6月2日至7月6日共24个交易日中，“柳宏”账户组共有15个交易日存在对倒交易。“柳宏”账户组日对倒量占同日“捷成股份”市场总成交量的比例在5%以上的，占总对倒天数的53.33%；其中，日对倒量占同日市场总成交量的比例在5%—10%的，占总对倒天数的40%；日对倒量占同日市场总成交量的比例在10%以上的，占总对倒天数的13.33%。大量的对倒形成虚假交易量，造成买卖活跃的假象，引诱他人买卖。

（二）以卖出为主的交易阶段

自2011年7月8日至7月13日共4个交易日中，“柳宏”账户组以卖出“捷成股份”为主，累计卖出约287.48万股，占市场同期卖出量的55.04%，其中后3个交易日单日卖出量占市场交易量分别达33.36%、61.45%、68.70%。持股占流通股比例由12.69%减少至3.02%，持股占总股本比例由3.21%减少至0.76%。大量减持行为证明，推高价格意在卖出。

2011年7月8日，“柳宏”账户组存在对倒交易。该日对倒量占同日账户组交易量的比例为56.26%，该日对倒量占同期市场总成交量的比例为4.56%。这证明当事人对倒掩护卖出。

三、“柳宏”账户组的交易行为影响了捷成股份交易量和股票价格，致使同期“捷成股份”股票涨幅与大盘涨幅、同板块涨幅背离明显

自2011年6月2日至7月6日以来，“柳宏”账户组大量连续买入“捷成股份”股票，致使股价从28元上涨至35.98元，涨幅为28.5%。在此阶段，同期行业指数（399170）涨幅为

4.79%,深圳成指数(399001)涨幅为6.2%。“捷成股份”股票价格涨幅与同行业指数偏离度达23.71%,与深圳成指偏离度达22.3%。

自2011年7月8日至7月13日以来,“柳宏”账户组大量卖出“捷成股份”股票,致使股价从35.6元降低至32.72元,跌幅为8.09%。在此阶段,同期行业指数涨幅为0.5%,深圳成指涨幅为0.6%。“捷成股份”股票价格跌幅与同行业指数偏离度达8.59%,与深圳成指偏离度达8.69%。

当事人柳宏控制并使用“柳宏”等18个账户操纵“捷成股份”股票,利用较大的资金优势、持股优势连续进行买卖,接近2/3的交易日存在对倒行为。柳宏操纵市场的意图明显,其行为严重影响了股票价格与交易量,导致同期“捷成股份”股票涨幅与大盘涨幅、同板块涨幅显著背离。柳宏的上述行为违反了《证券法》第七十七条的规定,构成《证券法》第二百零三条所述操纵证券市场的情形。

上述违法事实,有相关人员询问笔录、相关交易记录等证据证明,足以认定。

柳宏在听证会上提出:第一,18个涉案账户中有4个账户不由自己操作;第二,其主观上没有操纵市场的故意,交易特征上也体现不出操纵市场的故意;第三,其积极配合调查,希望能够减轻处罚。

我会认为,根据现有证据,柳宏具有操纵市场的主观故意,其陈述申辩意见不成立。但柳宏积极配合调查,操纵市场的主观恶性较小、认错态度较好,且交易“捷成股份”股票亏损严重。柳宏的上述情形,属于《行政处罚法》第二十七条规定的应当依法从轻、减轻行政处罚的情形,对此我会已经在量罚时予以考虑。

根据当事人违法行为的事实、性质、情节与社会危害程度,依据《证券法》第二百零三条的规定,我会决定:对柳宏处以150万元罚款。

上述当事人应自收到本处罚决定书之日起15日内,将罚款汇交中国证券监督管理委员会(开户银行:中信银行总行营业部,账号:7111010189800000162,由该行直接上缴国库),并将注有当事人名称的付款凭证复印件送中国证券监督管理委员会稽查局备案。当事人如果对本处罚决定不服,可在收到本处罚决定书之日起60日内向中国证券监督管理委员会申请行政复议,也可在收到本处罚决定书之日起3个月内直接向有管辖权的人民法院提起行政诉讼。复议和诉讼期间,上述决定不停止执行。

关于宋辉东违反证券法规的行政处罚决定书

([2013]74号)

当事人:宋辉东,男,1961年6月出生,北京冠华荣信系统工程股份有限公司董事长,住址:北京市海淀区万寿路4号院。

依据《中华人民共和国证券法》(以下简称《证券法》)的有关规定,我会对宋辉东涉嫌内幕交易北京捷成世纪科技股份有限公司(以下简称捷成股份)股票案进行了立案调查、审理,并依法向当事人宋辉东履行了告知程序。当事人宋辉东未提出陈述、申辩意见。本案现已调查、审理终结。

经查明,宋辉东存在如下违法事实:

一、内幕信息及知情人的认定

北京冠华荣信系统工程股份有限公司(以下简称冠华荣信)董事赵某在2011年5月初将捷成股份董事长徐某某引荐给冠华荣信大股东白某和董事长宋辉东认识。此后,赵某和冠华荣信其他个人股东授权白某与捷成股份谈收购之事。2011年5月初,徐某某与白某沟通两公司业务层面的战略合作。5月中旬,徐某某、白某就并购事宜分别与各自公司的高管讨论,宋辉东参与讨论。双方初步开展投资意向的沟通与联络。此后,白某与冠华荣信个人股东赵某等人沟通转让部分股权给捷成股份事宜并取得认同。5月25日,徐某某代表捷成股份,白某代表冠华荣信90%的股权签署了捷成股份投资冠华荣信的初步意向书。8月16日,捷成股份与冠华荣信重新签署了较为详尽的投资意向书。8月18日,捷成股份发布《北京捷成世纪科技股份有限公司关于收购北京冠华荣信系统工程股份有限公司部分股份的意向公告》。

捷成股份收购冠华荣信部分股权事项属于《证券法》第六十七条第二款第二项所规定的重大事件,在公开披露前属于内幕信息,该信息最迟不晚于2011年5月中旬形成,公开于2011年8月18日。宋辉东为内幕信息知情人。

二、宋辉东内幕交易的相关情况

2011年6月28日,宋辉东利用其配偶"尚某某"账户买入捷成股份6052股,8月29日全部卖出,获利48,388.03元。宋辉东不晚于5月中旬知悉捷成股份收购冠华荣信股权事项的内幕信息,他控制管理的"尚某某"账户在信息敏感期交易捷成股份并获利,宋辉东的行为构成内幕交易。

上述违法事实,有相关人员询问笔录、相关交易记录等证据证明,足以认定。

当事人宋辉东的上述行为违反了《证券法》第七十三条以及第七十六条的规定,构成《证券法》第二百零二条所述的情形。

根据当事人违法行为的事实、性质、情节与社会危害程度,依据《证券法》第二百零二条的规定,我会决定:没收宋辉东违法所得48,388.03元,并处以48,388.03元罚款。

上述当事人应自收到本处罚决定书之日起15日内,将罚没款汇交中国证券监督管理委员会(开户银行:中信银行总行营业部,账号:7111010189800000162,由该行直接上缴国库),并将注有当事人名称的付款凭证复印件送中国证券监督管理委员会稽查局备案。当事人如果对本处罚决定不服,可在收到本处罚决定书之日起60日内向中国证券监督管理委员会申请行政复议,也可在收到本处罚决定书之日起3个月内直接向有管辖权的人民法院提起行政诉讼。复议和诉讼期间,上述决定不停止执行。

关于汉王科技股份有限公司及有关个人违反证券法规的行政处罚决定书

(〔2013〕75号)

当事人:汉王科技股份有限公司(以下简称汉王科技),住所:北京市海淀区东北旺西路,法定代表人:刘迎建。

刘迎建,男,1953年2月出生,住址:北京市海淀区,时任汉王科技董事长、法定代表人。

张学军,男,1969年5月出生,住址:北京市西城区,时任汉王科技董事、总经理。

依据《中华人民共和国证券法》(以下简称《证券法》)的有关规定,我会对汉王科技涉嫌信息披露违法违规行为进行了立案调查、审理,并依法向当事人告知了作出行政处罚的事实、理由、依据及当事人依法享有的权利。当事人汉王科技、刘迎建、张学军提出陈述、申辩意见,并要求听证。我会应汉王科技、刘迎建、张学军的要求举行了听证会。本案现已调查、审理终结。

经查明,汉王科技未披露其与北京汉王信息技术开发有限公司(以下简称汉王信息)关联关系及关联交易:

一、汉王科技与汉王信息存在关联关系

汉王科技和汉王信息的高级管理人员、职员存在相互调动、任职、兼职的情形。具体情况如下:

2008 年 11 月 17 日,汉王科技总经理张学军签发文件,调任汉王信息副总经理樊朝柏为汉王科技的部门市场总监。

2009 年 2 月 20 日,汉王科技董事长刘迎建和总经理张学军签发文件,调任汉王信息总经理孟庆君为汉王科技的部门销售总监。

2009 年 3 月 31 日,张学军签发文件,调任北京汉王信息副总经理籍斌为汉王科技副总经理。

2009 年 3 月 31 日,张学军签发文件,调任汉王科技人力资源部员工朴成艳为汉王信息副总经理。

2009 年 8 月 31 日,刘迎建签发文件,任命陈亚为汉王科技董事长高级助理,此任命文件明确陈亚的汉王信息总经理任命继续有效。

2009 年 12 月 1 日,刘迎建签发文件,陈亚兼任汉王科技天津、上海、广州三地分公司总经理。

根据陈亚等人在汉王科技与汉王信息的任职情况,按照《深圳证券交易所股票上市规则》和《企业会计准则 - 关联方关系及其交易的披露》的相关规定,我会认定,自 2009 年 8 月至 2012 年 3 月我会调查结束时,汉王科技与汉王信息构成关联关系。

二、汉王科技与汉王信息存在关联交易

2009 年,汉王科技与汉王信息的交易金额为 6754. 67 万元;2010 年,汉王科技与汉王信息的交易金额为 6236. 33 万元;2011 年上半年,汉王科技与汉王信息的交易金额为 1169. 18 万元。

汉王科技在其《首次公开发行股票招股说明书》、《2010 年半年度报告》、《2010 年年度报告》、《2011 年半年度报告》中未披露其与汉王信息的关联关系和关联交易。

汉王科技的上述行为违反了《证券法》第六十三条关于上市公司依法披露的信息,必须真实、准确和完整,不得有虚假记载、误导性陈述或者重大遗漏的规定,构成了《证券法》第一百九十三条所述的上市公司报送的报告有虚假记载、误导性陈述或者重大遗漏的违法行为。

对汉王科技的上述违法行为直接负责的主管人员为刘迎建和张学军。

以上违法事实,有汉王科技《首次公开发行股票招股说明书》、《2010 年半年度报告》、《2010 年年度报告》、《2011 年半年度报告》和相关文件、相关财务记录等证据证明,足以认定。

汉王科技、刘迎建、张学军在我会为其举行的听证会上进行了陈述和申辩,提出汉王科技与汉王信息不构成关联关系。根据相关事实和证据,我会认为,汉王科技、刘迎建、张学军的陈述和申辩,其提供的证据及相关证人证言不足以证明汉王科技与汉王信息不构成关联关系。因此,我会对于汉王科技在其《首次公开发行股票招股说明书》、《2010 年半年度报告》、《2010 年年度报告》、《2011 年半年度报告》中未披露其与汉王信息的关联关系和关联交易的认定事实清楚、证据充分,我会对汉王科技、刘迎建、张学军的申辩意见不予采纳。

根据当事人违法行为的事实、性质、情节与社会危害程度,依据《证券法》第一百九十三条的规定,我会决定:

(一)责令汉王科技改正上述违法行为,给予汉王科技警告,并处以 30 万元罚款;

(二)给予刘迎建和张学军警告,并分别处以 5 万元罚款。

上述当事人应自收到本处罚决定书之日起 15 日内,将罚款汇交中国证券监督管理委员会(开户银行:中信银行总行营业部,账号:7111010189800000162,由该行直接上缴国库),并将注有当事人名称的付款凭证复印件送中国证券监督管理委员会稽查局备案。当事人如果对本处罚决定不服,可在收到本处罚决定书之日起 60 日内向中国证券监督管理委员会申请行政复议,也可在收到本处罚决定书之日起 3 个月内直接向有管辖权的人民法院提起行政诉讼。复议和诉讼期间,上述决定不停止执行。

关于王永讲违反证券法规的行政处罚决定书

（〔2013〕76 号）

当事人：王永进，男，1975 年 11 月出生，住址：浙江省温岭市太平街道，时任温岭市东部产业集聚区（以下简称东部新区）管委会副主任。

依据《中华人民共和国证券法》（以下简称《证券法》）的有关规定，我会依法对王永进内幕交易行为进行了立案调查、审理，并向当事人告知了作出行政处罚的事实、理由、依据及当事人依法享有的权利，当事人王永进未提出陈述、申辩意见，也未要求听证。本案现已调查、审理终结。

经查明，王永进存在以下违法事实：

一、内幕信息的形成和披露过程

2010 年 7 月至 2012 年 4 月初，浙江爱仕达电器股份有限公司（以下简称爱仕达）与温岭市东部新区人民政府开始商谈到东部新区投资事项。2011 年 6 月，温岭市领导到爱仕达调研实行“退二进三”工作的可行性。根据市政府规定，政府对爱仕达原厂区地块进行收储公开挂牌出让后，爱仕达将获得出让成交总价 50% 的补偿款。爱仕达要享受“退二进三”政策，必须向市政府提出申请，搬迁到东部新区，并经政府审议通过。2012 年 2 月 12 日，爱仕达起草了《浙江爱仕达电器股份有限公司进行“退二进三”的请示》。2012 年 4 月 17 日，爱仕达向政府提交了请示文件，明确表示公司将积极配合市政府“退二进三”工作，愿意到东部新区投资，但希望政府给予优惠政策。2012 年 4 月 19 日，温岭市东部新区副主任王永进与工作人员李某佳共同起草爱仕达项目投资协议书，协议书中包含了土地价格、容积率和优惠条件等主要信息。2012 年 4 月 19 日，温岭市政府办公室下发关于 4 月 20 日下午召开市长办公会议的通知，会议议题包括讨论产学研园区“退二进三”工作事项。2012 年 4 月 20 日，东部新区与爱仕达签订投资协议书。2012 年 4 月 23 日，爱仕达股票停牌。2012 年 4 月 24 日爱仕达发布关于与东部新区签订投资协议的公告和关于公司“退二进三”的公告，当日爱仕达股票复牌。

爱仕达到东部新区投资属于公司的重大投资行为，爱仕达享受政府“退二进三”政策将使公司生产经营的外部条件发生重大变化，这两起事件互有关联，属于《证券法》第六十七条规定的“重大事件”范围，根据《证券法》第七十五条的规定，该两项信息尚未公开前为内幕信息。

二、王永进知悉内幕信息的情况

根据对王永进办公室台式电脑查询结果：2012 年 4 月 19 日 12 点 24 分，王永进使用 wyj2878@126.com 的邮箱给自己发送了一封附件名为《爱仕达》的邮件，经查询，该附件内容为《温岭经济开发区东部新区项目投资协议书》（以下简称《投资协议书》）。其电脑“桌面”上有一份名为《爱仕达》的 WORD 文件，经查询，该文件内容为《投资协议书》，文件创建时间为 2012 年 4 月 19 日 10 时 24 分 56 秒。上述两份协议书内容相同，且与 2012 年 4 月 20 日东部新区与爱仕达正式签订的投资协议书内容基本相同。

根据王永进询问笔录：2012 年 4 月 19 日之前，王永进和李某佳已经草拟好《投资协议书》文本，经过管委会内部讨论并修改成熟，并由王永进将内容发给律师。当时起草协议的前提是双方基本确定东部新区投资事项。

根据上述证据，王永进作为《投资协议书》起草人，系本案内幕信息知情人。

三、相关交易情况

“王某青”账户于 1997 年 4 月 14 日开立，王某青是王永进的岳母。该账户于 2012 年 4 月 19 日、20 日累计买入“爱仕达”42,100 股，成交金额 398,812 元；4 月 26 日、27 日累计卖出 42,100 股，成交金额442,672元,净盈利42,571.80元。

该账户2012年4月19日之前未交易过爱仕达股票,日常交易单笔委托数量基本上为几百股,从未超过1500股,但交易"爱仕达"时单笔委托数量基本上为1000股以上,数量大的甚至达到22,900股和8100股,买入"爱仕达"股票的意愿强烈。

"王某青"账户资金除由2012年4月19日王某青同名工行账户转入10万元、4月20日王某青本人现金存款5万元外,4月20日王永进中行账户还转入22万元用于买入"爱仕达"股票。

根据"王某青"账户2012年1月至5月的历史委托交易流水,"王某青"账户2012年1月至5月下单的主要MAC地址为00241D33D9A8,另外两个MAC地址F07BCB9F73BE和00166F1C5381均仅在交易"爱仕达"的委托中出现。根据对王永进电脑查询结果,王永进笔记本电脑MAC地址为F07BCB9F73BE,该MAC地址下单交易"爱仕达"时对应的IP地址与王永进办公室IP地址一致。

根据王永进、王永进的岳父杨某尧询问笔录,二者均称"王某青"账户由杨某尧管理和操作,操作"爱仕达"的部分买卖行为由杨某尧打电话给王永进让其帮忙下单。根据王永进手机2012年4月份通话记录,王永进2012年4月19日上午8时26分45秒至9时40分04秒之间5次主叫杨某尧。"王某青"账户于当天上午9时34分开始买入"爱仕达"股票。

以上事实,有交易记录、当事人询问笔录、电脑IP、MAC地址信息等证据证明,足以认定。

王某青是王永进的岳母,"王某青"账户交易"爱仕达"的MAC地址与王永进笔记本电脑MAC地址相同,对应的IP地址与王永进办公室IP地址一致。"王某青"账户交易"爱仕达"的部分资金来自于王永进。根据王永进和杨某尧的询问笔录,二者均称"王某青"账户由杨某尧管理和操作,操作"爱仕达"的部分买卖行为由杨某尧打电话给王永进让其帮忙下单。王永进在2012年4月19日上午多次主叫、与杨某尧通话后,"王某青"账户于当天买入"爱仕达"。因此,可以认定杨某尧操作"王某青"账户买卖"爱仕达"是由王永进操控。王永进作为内幕信息的知情人,在内幕信息敏感期内传递内幕信息给杨某尧、操作"王某青"账户买卖"爱仕达",其行为构成内幕交易。

王永进内幕交易"爱仕达"股票的行为,违反《证券法》第七十三条和第七十六条的规定,构成《证券法》第二百零二条所述行为。

根据当事人的违法事实、性质、情节与社会危害程度,依据《证券法》第二百零二条的规定,我会决定:没收王永进违法所得42,571.80元,并处以127,715元罚款。

上述当事人应自收到本处罚决定书之日起15日内,将罚没款汇交中国证券监督管理委员会(开户银行:中信银行总行营业部,账号:7111010189800000162,由该行直接上缴国库),并将注有当事人名称的付款凭证复印件送中国证券监督管理委员会稽查局备案。当事人如果对本处罚决定不服,可在收到本处罚决定书之日起60日内向中国证券监督管理委员会申请行政复议,也可以在收到本处罚决定书之日起3个月内直接向有管辖权的人民法院提起行政诉讼。复议和诉讼期间,上述决定不停止执行。

关于吴寿康违反证券法规的行政处罚决定书

([2013]77号)

当事人:吴寿康,男,1967年2月出生,1999年12月取得证券从业资格,2004年9月起任联合证券有限责任公司(后更名为华泰联合证券有限责任公司,以下简称联合证券)研究所所长,2005年12月至2008年10月任联合证券总裁助理、研究所所长。住址:广东省深圳市福田区梅林一村。

依据《中华人民共和国证券法》(以下简称

《证券法》)的有关规定,我会对吴寿康违法违规一案进行了立案调查、审理,并依法向当事人告知了作出行政处罚的事实、理由、依据及当事人依法享有的权利。应当事人的要求,我会举行了听证会,听取了当事人的陈述、申辩意见。本案现已调查、审理终结。

经查明,吴寿康存在以下违法违规行为:

2006年9月2日至2008年10月17日(以下简称违法行为期间),吴寿康控制其妻苗某在联合证券深圳市深南东路营业部开立的同名证券账户买卖“航天晨光”等股票32只,获利738,686元。“苗某”账户交易股票资金的主要来源是吴寿康夫妇家庭的共同财产,所获收益也归入二人共同财产,委托方式为网络委托。

以上事实,有“苗某”账户的开户、交易、资金流水记录,网络委托IP地址记录,联合证券的情况说明,当事人及其他有关人员询问笔录等证据证明,足以认定。

上述行为,违反了《证券法》第四十三条有关禁止证券从业人员借他人名义持有、买卖股票的规定,构成了《证券法》第一百九十九条所述违法行为。

吴寿康在陈述和申辩中提出,“苗某”账户的股票交易都是苗某在他的办公室使用笔记本电脑通过网络下单完成的;他平时工作忙,没有机会也从未主动操作“苗某”账户买卖过股票。此外,吴寿康还在听证会上提交了个人出境及乘机记录的复印件,以证明其在违法行为期间没有可能在联合证券办公地点等处操作“苗某”账户下单交易股票。

经复核,本案中,“苗某”账户交易股票资金的主要来源是吴寿康与其妻子苗某的工资和其他收入,属于家庭共同财产,“苗某”账户的获利也归于二人,该二人利用股票交易为自身获利的主观意图明显。经复核,违法行为期间,“苗某”账户出现在联合证券办公地点的委托中,发生在吴寿康出差、出国期间的只是一小部分,并不影响我会对其控制本案账户的认定。经质证,当事人未能对“苗某”账户系由苗某亲自委托下单的说法给出合理解释;对于大量发生在其办公地点处的委托,当事人亦未能提交证据证明不是其亲自委托下单交易或与其本人无关。综上,当事人有关陈述、申辩以及新提交的材料未就其对“苗某”账户的实际控制交易提出充分的辩驳理由,有关陈述、申辩意见不予采纳。

我会认为,当事人吴寿康从事证券业务的时间较长,理当自觉遵守法律法规。2004年起,当事人又成为证券公司的中层管理人员,肩负着对下属人员从业行为的管理职责,本应进一步提高对自身知法守法的要求,严格自律。但是,当事人漠视法律的禁止性规定,从事本案违法行为,具有明显的主观故意,有违其作为证券从业人员应负的义务,应予处罚。

根据当事人的违法事实、性质、情节与社会危害程度,依据《证券法》第一百九十九条,我会决定:没收吴寿康违法所得738,686元,并处以738,686元罚款。

当事人应自收到本处罚决定书之日起15日内,将罚没款汇交中国证券监督管理委员会(开户银行:中信银行总行营业部、账号:7111010189800000162,由该行直接上缴国库),并将注有当事人名称的付款凭证复印件送中国证券监督管理委员会稽查局备案。如对本处罚决定不服,可在收到本处罚决定书之日起60日内向中国证券监督管理委员会申请行政复议;也可以在收到本处罚决定书之日起3个月内直接向有管辖权的人民法院提起诉讼。复议和诉讼期间,上述决定不停止执行。

关于宋华峰违反证券法规的行政处罚决定书

([2013]78号)

当事人:宋华峰,男,1981年11月出生,时任联合证券有限责任公司(以下简称联合证券,现更名为华泰联合证券有限责任公司)研究所研究员,住址:上海市长宁区东诸安浜路。

依据《中华人民共和国证券法》(以下简称《证券法》)的有关规定,我会对宋华峰违法违规一案进行了立案调查、审理,并依法向当事人告知了作出行政处罚的事实、理由、依据及当事人依法享有的权利。当事人未提出陈述、申辩意见,也未要求听证。本案现已调查、审理终结。

经查明,宋华峰存在以下违法违规事实:

2006 年 7 月 17 日至 2007 年 5 月 16 日,宋华峰在任联合证券医药行业研究员期间,通过其个人在招商银行杭州武林支行开立的银证通账户买卖股票 92 只,账面盈利 289,801. 84 元。

2007 年 3 月 28 日至 5 月 11 日,宋华峰以联合证券分析师的名义向该公司客户发表了 5 篇推荐湖北广济药业股份有限公司(以下简称广济药业)股票的研究报告。其中,5 月 11 日的更新报告《VB2 价格再创新高,上调广济 07 年盈利预测》将《中国饲料添加剂信息网》5 月 10 日发布的“据悉,湖北广济已将报价上调到 340 元/KG”的信息内容直接改为“据悉,公司近期已将核黄素出厂价格由 240 元/KG 上调到 340 元/KG”,混淆了广济药业公司主营产品“核黄素”的市场报价与出厂价格之间的区别,存在一定误导。在向客户推荐“广济药业”的同时,宋华峰还在 2007 年 4 月 12 日至 4 月 30 日期间操作个人账户买卖了该股票,累计买入 57,456 股,累计卖出 49,156 股。截至 2007 年 5 月 15 日,宋华峰买卖“广济药业”的账面盈利为 123,343. 94 元。2007 年 5 月,宋华峰将其交易“广济药业”的违法所得 130,000 元交由联合证券暂为保管。

以上事实,有宋华峰、联合证券提供的情况说明,相关研究报告,宋华峰个人账户交易记录等证据证明,足以认定。

上述行为,违反了《证券法》第四十三条有关禁止证券从业人员违规持有、买卖股票的规定,构成了《证券法》第一百九十九条所述违法行为。

根据当事人的违法事实、性质、情节与社会危害程度,依据《证券法》第一百九十九条的规定,我会决定:没收宋华峰违法所得 289,801. 84 元,并处以 5 万元罚款。

当事人应自收到本处罚决定书之日起 15 日内,将罚没款汇交中国证券监督管理委员会(开户银行:中信银行总行营业部、账号:7111010189800000162,由该行直接上缴国库),并将注有当事人名称的付款凭证复印件送中国证券监督管理委员会稽查局备案。如对本处罚决定不服,可在收到本处罚决定书之日起 60 日内向中国证券监督管理委员会申请行政复议;也可以在收到本处罚决定书之日起 3 个月内直接向有管辖权的人民法院提起诉讼。复议和诉讼期间,上述决定不停止执行。

关于米兴平、冯喜利违反证券法规的行政处罚决定书

(〔2013〕79 号)

当事人:米兴平,男,1975 年 9 月出生,北京君合律师事务所律师、北京蓝色光标品牌管理顾问股份有限公司(以下简称蓝色光标)2010 年重大资产购买事项经办律师,住址:北京市西城区金融大街。

冯喜利,男,1970 年 7 月出生,时任工商银行陕西榆林分行银行卡部副经理,系米兴平堂姐夫,住址:陕西省榆林市榆阳区胜利中巷。

依据《中华人民共和国证券法》(以下简称《证券法》)的有关规定,我会依法对米兴平、冯喜利内幕交易违法行为进行了立案调查、审理,并依法向当事人告知了作出行政处罚的事实、理由、依据及当事人依法享有的权利。当事人米兴平提交了陈述、申辩意见,当事人冯喜利未提交陈述、申辩意见,也未要求听证。本案现已调查、审理终结。

经查明，米兴平、冯喜利存在以下违法事实：

一、内幕信息的形成和公开过程

蓝色光标系一家创业板上市公司。2010年6月5日，蓝色光标董事长赵某某和科思世通广告（北京）有限公司（以下简称科思世通）实际控制人洪某接触，表达了合作重组的意向。2010年6月10日，蓝色光标召开尽职调查准备会，米兴平作为北京君合律师事务所的经办律师参加此次会议。2010年6月11日，蓝色光标和科思世通签署《科思世通投资条款清单》，蓝色光标拟采用支付现金与定向增发股份相结合的方式收购科思世通100%的股权。

2010年6月12日，蓝色光标聘请君合律师事务所开始正式尽职调查工作，米兴平起草《法律服务协议》和《法律尽职调查文件清单》。

2010年7月28日，米兴平通过电子邮件将法律尽职调查报告发给蓝色光标董事会秘书田某某。2010年7月29日，蓝色光标通报各中介机构尽职调查情况，米兴平参加会议。2010年8月9日，蓝色光标申请临时重大事项停牌。2010年8月10日，蓝色光标公告正在筹划重大资产购买事项。

根据《证券法》第七十五条的规定，蓝色光标和科思世通的重大资产购买事项属于内幕信息，内幕信息敏感期为2010年6月5日至8月10日。

二、米兴平参与蓝色光标重大资产购买事项的情况

2010年6月12日，米兴平起草《法律服务协议》和《法律尽职调查文件清单》。《法律服务协议》的内容为关于蓝色光标聘请北京君合律师事务所对科思世通进行尽职调查和拟对其业务及资产进行重组提供专项法律服务；《法律尽职调查文件清单》所列包括要求科思世通提供尽职调查所需的文件和资料清单等内容。米兴平和田某某就蓝色光标收购科思世通事宜多次通过电子邮件沟通。2010年7月23日，米兴平前往蓝色光标参加尽职调查讨论会。2010年7月29日，米兴平前往科思世通，参加重组项目会谈。此后直至8月30日，米兴平继续参加涉及重组项目的合同审阅、法律问题讨论、收购协议修改等事项。

我会认为，米兴平自2010年6月12日起知悉蓝色光标重大资产购买事项，系内幕信息知情人。

三、涉案账户买卖“蓝色光标”股票的情况

（一）“刘某某”账户

刘某某系冯喜利的母亲。“刘某某”账户开立于2010年4月13日，2010年7月8日开通创业板交易权限。自2010年4月13日开户至我会开始调查，“刘某某”账户仅交易“东方园林”、“蓝色光标”两只股票。

2010年7月29日，“刘某某”账户在买入“蓝色光标”前，先以1笔委托卖出全部“东方园林”股票，部分成交后，对未成交部分继续以更低的价格委托卖出。在买入“蓝色光标”股票时，首先以每股32.02元的价格委托买入10,000股，成交7650股后，又以每股32.11元的价格继续追高买入3600股。2010年7月29日、30日，“刘某某”账户共买入“蓝色光标”股票21,350股，成交金额68.28万元。2010年9月14日、10月21日、10月26日，“刘某某”账户将7月29日、30日买入的“蓝色光标”股票全部卖出，成交金额67.69万元，亏损10,594.06元。

（二）“姚某某”账户

姚某某系冯喜利的朋友。“姚某某”账户开立于2010年5月24日，2010年7月8日开通创业板交易权限。自2010年5月24日开户至我会开始调查，“姚某某”账户仅交易“蓝色光标”一只股票。

2010年7月29日，“姚某某”账户以每股31.52元的价格委托买入“蓝色光标”16,000股，因委托价格较低未能成交；后又以每股31.60元的价格委托买入16,000股，仍未能成交；后再次以每股31.86元的价格委托买入16,000股，部分成交。2010年7月29日至8月2日，“姚某某”账户连续3个交易日累计买入“蓝色光标”股票29,800股，成交金额94.7万元。2010年9月14日、10月26日、11月5日，“姚某某”账户分别卖出“蓝色光标”股票8000股、8000股、13,800股，最终盈利57,483.05元。

经查，“姚某某”账户2010年8月2日交易使用的MAC地址对应的设备，系工商银行榆林分行个人金融服务部使用的专门用于互联网接

入计算机设备,用于上网的账号 091××××403 系工商银行榆林分行的互联网 ADSL 账号。

四、“刘某某”账户和“姚某某”账户的实际操作人

(一)冯喜利实际操作“刘某某”账户

1. 刘某某系冯喜利的母亲,“刘某某”账户于 2010 年 7 月 8 日在证券营业部开通创业板交易权限时,曾预留冯喜利手机号码。

2. 2010 年 7 月 21 日,米兴平向冯喜利银行账户存入现金 29.6 万元。2010 年 7 月 29 日,冯喜利银行账户转入刘某某三方存管银行账户 29.6 万元,当日,该 29.6 万元转入刘某某资金账户用于买入“蓝色光标”。

3. “刘某某”账户与冯喜利实际操作的“米某某”账户在资金上密切相关,买卖“东方园林”股票的时间紧密相接。2010 年 4 月 28 日,米某某(米兴平的父亲)银行账户转入刘某某银行账户 33.8 万元,该笔资金为米某某卖出“东方园林”股票后的资金。

(二)冯喜利实际操作“姚某某”账户

1. “刘某某”账户为冯喜利操作,而“刘某某”账户和“姚某某”账户开通创业板权限的时间相同,交易股票种类基本相同,买入“蓝色光标”的 MAC 地址、IP 地址部分重合、卖出“蓝色光标”的 IP 地址部分重合。因此,2010 年 7 月 29 日、7 月 30 日“刘某某”、“姚某某”两个账户买入“蓝色光标”股票为同一人操作。

2. “姚某某”账户 2010 年 8 月 2 日买入“蓝色光标”股票的地址为工商银行榆林分行,所用 MAC 地址为 0014××××××A1 的设备,系工商银行榆林分行个人金融服务部使用的专门用于互联网接入计算机设备。冯喜利系工商银行榆林分行银行卡部副经理,其个人证券账户曾于 2010 年 7 月 14 日使用该分行的互联网接口交易股票。而姚某某并非工商银行榆林分行员工,不具备使用银行专用设备的条件。因此,“姚某某”账户 2010 年 8 月 2 日买入“蓝色光标”股票的行为也应为冯喜利实际操作。

3. 冯喜利称其利用“米某某”账户炒股的同时,把自己的巨额资金和刘某某的账户出借给对股市不了解的姚某某炒股,其说法有悖常理。

冯喜利操作“刘某某”账户、“姚某某”账户买卖“蓝色光标”股票的实际获利为 46,888.99 元。

五、内幕信息传递情况

基于下列事实,可以认定米兴平向冯喜利泄露蓝色光标重大资产购买事项的内幕信息:

(一)当事人之间存在资金往来

冯喜利所控制的“刘某某”账户买卖“蓝色光标”股票的部分资金来源于米兴平,冯喜利买卖“蓝色光标”股票的盈亏结果,直接影响到米兴平的利益。

(二)涉案账户交易行为明显异常

“刘某某”账户、“姚某某”账户交易行为明显异常,交易时间与米兴平知悉内幕信息的时间吻合。

(三)当事人之间的关系较为亲密

冯喜利的妻子米某系米兴平的堂姐,米某在米兴平家长大,关系比较亲近。米兴平个人平时主要联系的亲属为米某和冯喜利。

(四)敏感期内米兴平和冯喜利联系较多且异于平常

2010 年 5 月、6 月和 8 月,米兴平手机(139×××××184)和冯喜利手机(139××××037)没有联系。2010 年 7 月,米兴平手机与冯喜利手机联系较多。

(五)米兴平和冯喜利的联系与冯喜利控制账户的交易在时间上高度一致

2010 年 7 月 25 日、7 月 29 日米兴平和冯喜利电话联系之后,冯喜利所控制的账户开始买入涉案股票。

(六)当事人言辞与事实不符,刻意隐瞒事实

1. 米兴平在 2010 年 9 月 28 日首次接受调查时称不认识刘某某和姚某某,但在 2010 年 12 月 8 日第二次接受调查时承认知道刘某某是冯喜利的母亲,姚某某是冯喜利的朋友。

2. 冯喜利在 2010 年 10 月 16 日接受调查时称,他曾借用姚某某的笔记本电脑通过无限网络上网。2010 年 7 月中下旬他从“米某某”账户给“刘某某”账户上转完 33.8 万元后,当天就把借用的姚某某电脑归还了。经我会核实,上述 33.8 万元转账的时间是在 2010 年 4 月 28 日,且并非通过网银办理。

3. 2010年7月21日，米兴平向冯喜利银行账户存入现金29.6万元，米兴平称该笔资金系其同事曲某某交给冯喜利用于高息放贷的钱，先汇到他的账上，他第二天转到冯喜利银行账户上。但根据曲某某2010年12月17日出具的《情况说明》，29.6万元的资金系其交给米兴平拆借的资金，双方约定委托期限1年，利息10%，1年后由米兴平还本付息。

4. 冯喜利在2010年9月29日出具的《情况说明》中称，“刘某某”账户由姚某某使用，刘某某和他本人从未使用“刘某某”账户炒股。但在2010年10月16日接受调查时又改口称其可能在“刘某某”账户刚开户的时候操作过该账户。

以上事实有相关协议、交易流水、当事人询问笔录、电脑IP、MAC取证信息等证据证明，足以认定。

我会认为，米兴平泄露内幕信息，冯喜利知悉内幕信息后买卖股票的行为，违反了《证券法》第七十六条的规定，构成《证券法》第二百零二条所述内幕交易行为。

当事人米兴平提出如下陈述、申辩意见：

第一，他并非冯喜利炒股的直接受益人，其身份是中间人，其并非放款方，实际资金来源于曲某某，由其将曲某某所有的29.6万元资金交由冯喜利投资。该款项于2011年7月由冯喜利将本金利息直接打给曲某某。

第二，2010年7月25日和29日米兴平与冯喜利电话联系的内容与内幕信息无关。

我会复核认为，米兴平的上述申辩理由不能成立：

米兴平为内幕信息知情人，与冯喜利系亲属关系。冯喜利所控制的账户在涉案期内交易“蓝色光标”明显异常，且与内幕信息高度吻合。冯喜利所控制的账户部分资金来自米兴平。敏感期内米兴平和冯喜利联系较多且异于平常。综合上述因素，足以认定米兴平向冯喜利泄露内幕信息。米兴平是否是冯喜利炒股的直接受益人，并不影响米兴平向冯喜利泄露内幕信息的结论。米兴平所称的两次通话内容，均无证据支持，不予采信。

根据当事人违法行为的事实、性质、情节与社会危害程度，依据《证券法》第二百零二条的规定，我会决定：

一、对米兴平处以3万元罚款；

二、没收冯喜利违法所得46,888.99元，并处以140,666.97元罚款。

上述当事人应自收到本处罚决定书之日起15日内，将罚没款汇交中国证券监督管理委员会（开户银行：中信银行总行营业部，账号：7111010189800000162，由该行直接上缴国库），并将注有当事人名称的付款凭证复印件送中国证券监督管理委员会稽查局备案。当事人如果对本处罚决定不服，可在收到本处罚决定书之日起60日内向中国证券监督管理委员会申请行政复议，也可以在收到本处罚决定书之日起3个月内直接向有管辖权的人民法院提起行政诉讼。复议和诉讼期间，上述决定不停止执行。

（三）2013年作出的市场禁入措施决定

关于对陈华森实施市场禁入的决定

（〔2013〕1号）

当事人：陈华森，男，1945年1月出生，2009年1月至2010年11月任潍坊亚星化学股份有限公司（以下简称亚星化学）董事长，2001年至2010年11月任潍坊亚星集团有限公司（以下简称亚星集团）董事长，住址：山东省潍坊市奎文区新华西路。

曹希波,男,1964年2月出生,2010年12月至调查结束任亚星化学董事长,2010年11月至调查结束任亚星集团董事长、总经理,住址:山东省潍坊市寒亭区大家洼街道海源街。

依据《中华人民共和国证券法》(以下简称《证券法》)的有关规定,我会对亚星化学信息披露违法一案进行了立案调查、审理,并依法向当事人告知了作出市场禁入的事实、理由、依据及当事人依法享有的权利。应当事人陈华森的要求,我会举行了听证会,听取当事人及其代理人的陈述、申辩。当事人曹希波提交了书面陈述、申辩意见,未要求举行听证。本案现已调查、审理终结。

经查明,亚星化学存在以下违法事实:

一、未按规定披露关联方关系

2007年6月,亚星集团安排其持有91%股份的潍坊第二热电有限责任公司(以下简称第二热电),通过借款合同和股权质押合同,分别向青岛吉永昌装饰设计工程有限公司(以下简称青岛吉永昌)、上海宝韧化工有限公司(以下简称上海宝韧)两家公司提供200万元和800万元,由这两家公司以该借款出资成立了上海廊桥国际贸易有限公司(以下简称上海廊桥)。除该两笔借款外,第二热电与青岛吉永昌、上海宝韧无任何经济往来。截至调查结束,青岛吉永昌、上海宝韧尚未向第二热电归还上述借款,也从未按照借款合同中的约定向第二热电支付过借款利息。

上海廊桥成立后至调查结束,先后有过3名财务人员,其中有2人是亚星集团向上海廊桥派驻的,工资一直由亚星集团发放;上海廊桥在工商银行、中国银行驻潍坊的分支机构分别开有一个账户,亚星集团保管着上海廊桥的财务专用章,上海廊桥在潍坊的银行业务都由亚星集团的财务人员办理;除与亚星集团、亚星化学及亚星化学的子公司潍坊亚星湖石化工有限公司(以下简称亚星湖石)存在销售、采购业务往来外,上海廊桥对外基本无经营业务发生;上海廊桥自成立后未向青岛吉永昌、上海宝韧进行过利润分配。

2010年11月,上海廊桥在办理年度工商年检时无法与原法定代表人取得联系。2011年5月,经亚星集团领导研究决定,找到一位与公司无任何关联的人员暂时担任法定代表人配合公司年审。

亚星化学、亚星集团及上海廊桥提供给调查组的书面说明承认,从上海廊桥的人员及业务等各方面情况看,上海廊桥由亚星集团控制,系亚星集团和亚星化学的关联方。相关涉案人员陈华森、曹希波、张福涛、王志峰在接受调查询问时均承认上海廊桥是亚星化学的关联方。

亚星化学在2009年年度报告、2010年半年度报告、2010年年度报告及2011年半年度报告中均未将上海廊桥作为关联方披露。

二、未按规定披露关联交易

2009至2010年,亚星化学与上海廊桥存在大量的业务往来,主要是亚星化学向上海廊桥销售氯化聚乙烯(CPE),从上海廊桥采购聚乙烯(PE);2011年度,亚星化学与上海廊桥之间产品购销业务发生较少。

2009年1月至2011年6月,按照所涉及的半年度报告、年度报告期间,亚星化学与上海廊桥的关联交易及关联方往来余额如下:

2009年1至6月,亚星化学与上海廊桥之间产品购销往来发生额为0元。

2009年1至12月,亚星化学向上海廊桥销售产品367,041,966.77元,自上海廊桥采购产品29,371,581.19元。截至2009年12月31日,亚星化学对上海廊桥往来科目余额为:应收票据96,130,555.81元,预付账款143,352,436.80元,应付票据212,600,000.00元,预收账款10,159,524.90元。

2010年1至6月,亚星化学向上海廊桥销售产品99,478,461.54元,自上海廊桥采购产品为0元。截至2010年6月30日,亚星化学对上海廊桥往来科目余额为:应收账款10,049,959.77元,应收票据6,031,702.60元,预付账款186,084,158.41元,应付票据57,000,000.00元。

2010年1至12月,亚星化学向上海廊桥销售产品100,339,145.30元,自上海廊桥采购产品60,106,666.67元。截至2010年12月31日,亚星化学对上海廊桥往来科目余额为:应收账款3,764,095.07元,预付账款27,161,750.60元,应付票据57,000,000.00元。

2011年1至6月,亚星化学向上海廊桥销售产品为0元,自上海廊桥采购产品6,398,717.95

元。截至2011年6月30日，亚星化学对上海廊桥往来科目余额为：应收账款12,477,595.07元，预付账款27,161,750.60元。

比照《上海证券交易所股票上市规则（2008年修订）》第10.2.4条“上市公司与关联法人发生的交易金额在300万元人民币以上，且占上市公司最近一期经审计净资产绝对值0.5%以上的关联交易（上市公司提供担保除外），应当及时披露”，以及第10.2.11条关于上市公司在连续十二个月内发生的与同一关联法人进行的交易应当按照累计计算的原则适用第10.2.4条的规定，经测算，亚星化学与上海廊桥发生的上述关联交易，在多个时点达到了临时披露要求，但是，亚星化学未按规定及时披露这些关联交易事项。

我会制定的《公开发行证券的公司信息披露内容与格式准则第2号〈年度报告的内容与格式〉（2007年修订）》第四十五条要求，公司应当披露报告期内发生的重大关联交易事项。若对于某一关联方，报告期内累计关联交易总额高于3,000万元且占公司最近一期经审计净资产值5%以上的，须披露详细情况。经测算，亚星化学与上海廊桥发生的关联交易均超过了3,000万元，且占公司最近一期经审计净资产值5%以上，但亚星化学未按规定在相关定期报告中披露这些关联交易事项。

三、未按规定披露与亚星集团的非经营性资金往来

2011年1月，为解决前期遗留问题，亚星集团以其持有的亚星化学985万股股份为质押与湛江华森投资有限公司（以下简称湛江华森）签订了7200万元借款合同。因亚星集团资金不足，亚星化学分别于2011年4月22日、6月1日通过其银行账户支付2400万元、1200万元给湛江华森，代替亚星集团归还对湛江华森的欠款。亚星化学对上述资金划转未履行审议程序，也未及时进行披露。2011年11月29日，亚星集团向亚星化学支付15,000万元，用于归还上述亚星化学代为支付的3600万元及其他欠款。

2011年8月，亚星集团为归还到期的农业银行某笔借款，尚缺1000万元；亚星化学通过其银行账户划款1000万元至潍坊虹远建筑劳务有限公司（以下简称虹远建筑），由虹远建筑账户划转至亚星集团。该笔资金并无真实业务背景，亚星化学对上述资金划转未履行审议程序，也未予以披露。2011年10月，亚星集团直接向亚星化学归还380万元，剩余620万元于2011年11月由亚星集团连同对亚星化学的其他欠款一并归还。

比照《上海证券交易所股票上市规则（2008年修订）》第10.2.4条以及第10.2.10条关于“上市公司进行提供财务资助等关联交易时，应当以发生额作为计算的披露标准，并按交易类别在连续十二个月内累计计算”的规定，经测算，亚星化学与亚星集团发生的上述3笔非经营性资金往来均达到了临时披露要求，但是，亚星化学未按照规定及时披露；对于2011年4至6月替亚星集团偿还的3600万元债务，亚星化学也未在2011年半年度报告中披露。

四、2011年半年度报告虚假记载

2011年1至6月，亚星化学及亚星湖石未及时入账的财务费用合计14,760,616.43元，影响当期损益，造成2011年半年度报告虚假记载。截至2011年10月底，亚星化学已将有关银行贷款利息计入当期损益。

五、其他相关事项

2010年11月，亚星化学因隐瞒2009年、2010年度向亚星集团提供巨额资金、为亚星集团提供担保等事项，被我会立案调查。2012年5月，我会作出行政处罚决定。

2011年12月2日，亚星化学发布公告，称亚星集团已于11月29日将9900万元归还亚星化学，并归还占用资金利息382万元，解决了非经营性资金占用问题。

亚星化学、亚星集团能够积极配合本次调查。

以上事实，有亚星化学相关财务资料、定期报告、涉案单位的书面说明、当事人询问笔录等证据证明，足以认定。

亚星化学的上述行为，违反了《证券法》第六十三条的规定，构成了《证券法》第一百九十三条所述违法行为。

陈华森长期担任亚星集团董事长，并于

2009 年、2010 年兼任亚星化学董事长,是亚星化学未披露与上海廊桥之间关联关系及关联交易的主要责任人,是对亚星化学相关信息披露违法行为直接负责的主管人员。

曹希波于 2010 年年底接任亚星集团董事长、总经理和亚星化学董事长之后,本应领导上市公司力除积弊、纠正错误,但其上任后在知悉上海廊桥是关联方的情况下未安排亚星化学及时披露,更在 2011 年度直接决策、组织了亚星化学替亚星集团偿还债务、向亚星集团划转资金的事项,并知悉 2011 年 1 至 6 月亚星化学及亚星湖石存在未及时入账的财务费用从而影响 2011 年半年度报告损益的情况,是对亚星化学相关信息披露违法行为直接负责的主管人员。

当事人陈华森及其代理人在听证会上与书面申辩意见中提出,我会曾于 2012 年 5 月对陈华森作出处理,本次处理属于"一事再罚",违反了我国现行法律、法规的规定,拟对陈华森作出的市场禁入措施没有事实根据。

经复核,从实体上看,我会于 2012 年 5 月对陈华森作出行政处罚,系基于陈华森作为亚星集团兼亚星化学董事长,亚星化学隐瞒 2009 年、2010 年向亚星集团提供巨额资金、为亚星集团提供担保事项;本次行政处罚,系基于陈华森作为亚星集团兼亚星化学董事长,亚星化学未披露其与上海廊桥的关联关系与关联交易。从立案稽查的程序和内容看,我会对上述两个事项系先后分别立案、分别稽查,前案稽查、审理终结后,本案才立案,亚星化学也是先后两次发布了被立案稽查的公告;我会在前案稽查中,并未涵盖亚星化学未披露其与上海廊桥的关联方关系及关联交易事项。因此,本案与前案涉及的事项,并非"一事",我会依据本案查明的事实对陈华森给予市场禁入,并不涉及重复处理的问题。

当事人曹希波在书面申辩意见中提出,其作为亚星化学和亚星集团的董事长,在处理企业历史遗留问题时把握不当,致使出现信息披露违法,但其并无主观恶意,从公司当前经营状况和今后发展的需要考虑,请求对其减免处理。

经复核,曹希波提出的有关在为化解企业生存危机期间出现信息披露违规实属无奈等申辩理由依法不能成立。

综上,鉴于当事人未就事先告知有关其违法行为的认定提出新的事实及证据,其在接受调查及提出陈述、申辩意见时,未提交充分证据证明其有勤勉尽责的情形,对其有关陈述、申辩意见不予采纳。

根据当事人违法行为的事实、性质、情节与社会危害程度,依据《证券法》第一百九十三条的规定,我会已对陈华森、曹希波作出行政处罚决定。同时,鉴于陈华森、曹希波违法行为性质恶劣,社会危害后果严重,依据《证券法》第二百三十三条以及《证券市场禁入规定》第三条至第五条的规定,我会决定:

一、认定陈华森为市场禁入者,自我会宣布决定之日起,10 年内不得从事证券业务或担任上市公司董事、监事、高级管理人员职务;

二、认定曹希波为市场禁入者,自我会宣布决定之日起,3 年内不得从事证券业务或担任上市公司董事、监事、高级管理人员职务。

上述当事人如果对本决定不服,可在收到本决定书之日起 60 日内向中国证券监督管理委员会申请行政复议,也可在收到本决定书之日起 3 个月内直接向有管辖权的人民法院提起行政诉讼。复议和诉讼期间,上述决定不停止执行。

关于对陈新实施市场禁入的决定

(〔2013〕2 号)

当事人:陈新,男,1963 年 2 月 24 日生,时任成功信息产业(集团)股份有限公司(经重大资产重组后更名为荣安地产股份有限公司,以下简称甬成功,股票代码 000517)董事长,住址:广东省深圳市福田区嘉州豪园 A3。

依据 1999 年 7 月 1 日起施行的《中华人民共和国证券法》(以下简称原《证券法》)有关规定,我会依法对甬成功信息披露违法行为进行了立案调查、审理,并向当事人陈新告知了作出市场禁入的事实、理由、依据及当事人依法享有的权利。应当事人陈新的申请,我会举行了听证会,听取了其陈述和申辩。本案现已调查、审理终结。

经查明,陈新存在以下信息披露违法行为:

甬成功在 1999 年至 2004 年,在陈新的控制下,通过编造虚假的经济业务事项和资料,虚构销售收入、虚构投资收益、虚列成本和少计费用等方式进行会计核算,导致公开披露的 1999 年至 2004 年年度报告财务数据存在重大虚假记载。同时,甬成功未及时披露对外担保事项,在 2004 年中期报告中遗漏有关借款的重大信息。具体如下:

一、甬成功 1999 年年度报告虚假记载

甬成功 1999 年年度报告虚构销售收入 2,419.24万元,占当年收入的 50.53%;虚构投资收益 248.00 万元,占当年投资收益的 39.34%;虚构合并利润总额 1397.31 万元,占当年合并利润总额的 45.20%。

二、甬成功 2000 年年度报告虚假记载

甬成功 2000 年年度报告虚构销售收入 13,297.02 万元,占当年收入的 65.29%;虚构合并利润总额 6031.62 万元,占当年合并利润总额的 97.03%。

三、甬成功 2001 年年度报告虚假记载

甬成功 2001 年年度报告虚构销售收入 33,316.07 万元,占当年收入的 67.33%;虚构合并利润总额 8117.01 万元,为当年合并利润总额的 136.31%。

四、甬成功 2002 年年度报告虚假记载

甬成功 2002 年年度报告虚构销售收入 12,236.09 万元,占当年收入的 22.12%;少记财务费用 123.62 万元,占当年财务费用的 10.79%;虚构合并利润总额 3530.97 万元,占当年合并利润总额的 89.02%。

五、甬成功 2003 年年度报告虚假记载

甬成功 2003 年年度报告虚构销售收入 277.77 万元,占当年收入的 0.50%;虚构投资收益 250.64 万元,占当年投资收益的 13.84%;少记财务费用 1025.58 万元,占当年财务费用的 71.55%;虚构合并利润总额 1250.69 万元,占当年合并利润总额的 58.56%。

六、甬成功 2004 年年度报告虚假记载

甬成功 2004 年年度报告虚构投资收益 906.92 万元,当年投资收益实际发生亏损;少记财务费用 128.49 万元,占当年财务费用的 11.89%;少记其他应收款 8890 万元;虚构合并利润总额 1134.63 万元,甬成功当年实际为亏损。

七、甬成功未及时披露重大担保事项

深圳市成功通信技术有限公司(以下简称深圳成功)于 2004 年七八月为深圳新明星发展有限公司向光大银行深圳福田支行借入 12,000 万元提供担保,甬成功未及时披露该重大对外担保事项。

八、甬成功 2004 年中期报告有关借款事项重大遗漏

2004 年 3 月、4 月、5 月深圳成功向中国光大银行深圳福田支行借款 2500 万元、5000 万元、900 万元和 1600 万元,累计达到 1 亿元。甬成功 2004 年半年度报告没有按规定披露上述借款事项。

上述违法事实,有相关定期报告、相关公司会计凭证、原始单据、相关协议、相关董事会决议、相关工商登记资料、相关银行凭证、相关人员谈话笔录等证据证明,足以认定。

我会认为,甬成功上述行为构成了原《证券法》第一百七十七条第一款所述“发行人未按照有关规定披露信息,或者所披露的信息有虚假记载、误导性陈述或者有重大遗漏”的行为。我会认定时任甬成功董事长陈新是甬成功 1999 年年度报告至 2004 年年度报告虚假记载、2004 年未及时披露对外担保事项以及 2004 年中期报告中遗漏有关借款的重大信息违法事项直接负责的主管人员。同时,我会认定陈新通过控制甬成功的大股东深圳市新海投资控股有限公司(以下简称深圳新海),实际操纵了深圳成功的财务造假,并且对甬成功其他董事和中介机构刻意隐瞒,导致审计失败和信息披露违法。在实际控制人、大股东滥用控股股东控制地位,操纵、指使上市公司子公司财务造假的情况下,上市公司的独立人格未能发挥有效作用,未能发现和阻止公司信息披露违法事项的发生。因此,我会对上市公司甬成功不再给予处罚。

甬成功原实际控制人陈新委托律师在听证会上提出的主要申辩意见如下:

第一,《行政处罚和市场禁入事先告知书》认定陈新通过实际控制的深圳新海操纵了深圳成功的财务造假并导致甬成功信息披露违法的证据不足。

第二,陈新为甬成功的重组作出了贡献,属于主动消除或者减轻违法行为危害后果的行为,应当依法从轻或者减轻处罚。

第三,对陈新进行行政处罚已经超过法定处罚时效。

经复核,我会认为:

第一,甬成功主要虚假财务活动都通过深圳成功来实施,深圳成功的管理层均系陈新和深圳新海安排的管理人员,陈新对其实施控制;陈新提供的《证明材料》中明确表明"公司的经营和财务方面主要由集团公司、我、财务总监和子公司总经理、财务经理负责"。同时,宁波市江东区人民检察院的《不起诉决定书》中明确指出:"被不起诉人陈新承包的北京市华远集团公司名下的深圳市新海工贸发展有限公司(后更名为深圳市新海投资控股有限公司)"以及"在被不起诉人陈新的指示、默许下,甬成功实施了《中华人民共和国刑法》第一百六十条第二款规定的罪行","但犯罪情节轻微,……可以免除刑罚",即证明在陈新对深圳新海通过承包的方式实施实际控制权,并在其指使下,甬成功制作和对外提供了虚假财务报告。因此,认定陈新通过深圳新海操纵了甬成功的财务造假事实清楚,证据确凿充分。

第二,甬成功重组为荣安地产与当事人陈新操纵甬成功财务造假之间没有关联,不能认定为主动消除违法行为后果,尤其是甬成功财务造假后进行再融资,造成的投资者损失巨大。因此,不能据此对陈新从轻或者减轻处罚。

第三,甬成功信息披露违法发生于1999年年度报告至2004年年度报告发布期间,我会于2005年7月立案。案件调查审理期间,陈新涉嫌欺诈发行罪被移交司法机关,而该刑事案件牵涉本案行政处罚所要认定的违法事实,本案中止审理。宁波市江东区人们检察院作出不予起诉决定后,我会恢复审理本案。因此,我会对陈新的违法行为是在发生之日起两年内发现的,对陈新进行行政处罚符合《行政处罚法》规定的时效。

根据当事人违法行为的事实、性质、情节与社会危害程度,依据《证券市场禁入暂行规定》第四条和第五条的规定,我会决定:认定陈新为市场禁入者,自我会宣布决定之日起,终身不得从事证券业务或担任上市公司董事、监事、高级管理人员职务。

当事人如果对本决定不服,可在收到本决定书之日起60日内向中国证券监督管理委员会申请行政复议,也可在收到本决定书之日起3个月内直接向有管辖权的人民法院提起行政诉讼。复议和诉讼期间,上述决定不停止执行。

关于对潘广超等四人实施市场禁入的决定

(〔2013〕3号)

当事人:潘广超,男,1962年6月出生,2005年5月至调查时任辽宁国能集团(控股)股份有限公司(以下简称国能集团)副董事长、总经理,住址:辽宁省沈阳市沈河区青年大街。

周立明,男,1963年9月出生,2005年9月至调查时任国能集团董事,2008年6月至调查时任国能集团董事长,住址:北京市朝阳区广渠路九龙山家园。

潘孝莲,女,1959年3月出生,2005年5月至调查时任国能集团董事,住址:北京市朝阳区南磨房路。

张凯,男,1974年8月出生,2008年8月至2010年9月任国能集团财务总监,住址:辽宁省沈阳市浑南新区科幻路10号百科软件园。

依据《中华人民共和国证券法》(以下简称《证券法》)的有关规定,我会对国能集团违法违规行为进行了立案调查、审理,依法向当事人告知了作出市场禁入的事实、理由、依据及当事人依法享有的权利(其中,当事人张凯无法联系,我会已依法向其公告送达了《市场禁入事先告知书》),并应当事人要求举行了听证会。本案现已调查、审理终结。

经查明,国能集团存在以下违法事实:

一、国能集团2005年年度报告、2006年年度报告、2007年年度报告未披露有关关联关系和关联交易

(一)2005年,国能集团与本溪板材有限公司(以下简称本溪板材)发生1亿元的资金支付和1亿元的资金回款往来。但在2005年年度报告中,国能集团未披露与本溪板材的关联关系及关联交易情况。

(二)2005年年底,国能集团与本溪钢铁板材有限公司(以下简称本溪钢铁)发生1.5亿元资金支付。2006年度,国能集团从本溪钢铁采购钢材269,881,241.97元。2007年度,国能集团从本溪钢铁采购钢材241,202,181.97元。但在2005年年度报告、2006年年度报告和2007年年度报告中,国能集团均未披露与本溪钢铁的关联关系及关联交易情况。

(三)2006年度和2007年度,国能集团先后向大连加中国际贸易有限公司(以下简称大连加中)销售钢材19,993,131.47元、44,314,118.56元。但在2006年年度报告和2007年年度报告中,国能集团均未披露与大连加中的关联关系及关联交易情况。

(四)2006年度和2007年度,国能集团先后向天津溪储板材有限公司(以下简称天津溪储)销售钢材34,539,612.92元、47,282,471.47元。但在2006年年度报告和2007年年度报告中,国能集团均未披露与天津溪储的关联关系及关联交易情况。

二、国能集团2005年年度报告、2006年年度报告、2007年年度报告中的“预付账款”存在虚假记载

(一)2005年8月5日,国能集团与辽宁资产托管经营有限公司(以下简称辽宁托管)签订《股权转让协议书》,将其持有的沈阳经济技术开发区热电有限公司67.73%的股权转让给辽宁托管,转让价款总金额106,689,237.72元。2005年9月13日,国能集团收到辽宁托管支付的股权转让款1亿元。当日,国能集团以“预付账款”名义将该1亿元转给沈阳百科网络开发股份有限公司(以下简称百科网络),百科网络当日将该1亿元转给百科投资管理有限公司(以下简称百科投资),百科投资又在同一天转给沈阳百科实业集团有限公司(以下简称百科实业,系国能集团大股东),从而导致百科实业占用国能集团资金1亿元。2005年年末,国能集团通过与本溪钢铁、本溪板材和百科网络等关联法人倒账的方式,将对百科网络1亿元“预付账款”虚挂到对本溪钢铁的“预付账款”。同时,为避免披露与百科网络的关联交易,国能集团又冲减对百科网络5000万元“预付账款”,相应地虚挂为对本溪钢铁的“预付账款”5000万元。当年国能集团虚挂对本溪钢铁的“预付账款”共计1.5亿元。国能集团在2005年年度报告中披露的对本溪钢铁“预付账款”中含有前述虚假记载。

(二)2006年1月25日,国能集团与辽宁能源投资(集团)有限责任公司(以下简称辽宁能源)签订《股权转让协议》,将其持有的华能国际电力股份有限公司3358.27万股股份转让给辽宁能源,转让价款120,897,756.00元。2006年4月11日,国能集团收到辽宁能源支付的股权转让款120,897,756.00元。当日,国能集团通过本溪钢铁、百科网络等关联法人将该笔资金转给百科实业,从而形成百科实业占用国能集团资金120,897,756.00元。但国能集团却将该笔资金虚挂为对本溪钢铁的“预付账款”120,897,756.00元。加上2005

年末虚挂余额1.5亿元,共计虚挂“预付账款”270,897,756.00元。之后,国能集团通过与本溪钢铁、鞍山德鑫建筑工程有限公司(以下简称鞍山德鑫)等单位倒账以及退款的方式,将对本溪钢铁的“预付账款”调减1.076亿元,2006年度国能集团实际虚挂对本溪钢铁的“预付账款”163,297,756.00元。国能集团在2006年年度报告中披露的对本溪钢铁“预付账款”中含有前述虚假记载。

(三)国能集团2007年年度报告披露,对本溪钢铁“预付账款”期末余额为163,025,742.79元,与实际不符。

三、国能集团2006年年度报告、临时报告及2007年年度报告中的“在建工程”存在虚假记载

(一)2006年6月23日至27日,国能集团向鞍山德鑫支付工程款1.901亿元。当日,鞍山德鑫通过本溪钢铁,将上述款项汇入国能集团,国能集团虚列对鞍山德鑫的“其他应收款”1.901亿元,冲减对本溪钢铁的“预付账款”1.901亿元。2006年12月28日至30日,国能集团再次通过与鞍山德鑫、本溪钢铁、百科实业等单位相互倒账的方式,由鞍山德鑫退回国能集团工程款8250万元,国能集团再将收到的8250万元汇往本溪钢铁。相应地,冲减对鞍山德鑫的“其他应收款”8250万元,虚增对本溪钢铁的“预付账款”8250万元。2006年年末,对虚列的鞍山德鑫“其他应收款”,国能集团以工程结算方式虚列“在建工程”及“在建工程—预付工程款”,两项共计虚列1.076亿元。国能集团在2006年年度报告中披露的“在建工程”中含有前述虚假记载。

(二)国能集团2006年5月26日发布的《辽宁国能集团(控股)股份有限公司项目投资公告》中关于其投资建设沈阳钢铁物流加工中心项目的在建工程系百科实业的在建工程,产权未变更到国能集团名下。其临时公告内容存在虚假记载。

(三)2007年,国能集团虚增“在建工程”7,973,037.04元,结转2006年年末所虚列的“在建工程”8011.1万元,累计虚列“在建工程”余额88,084,037.04元。国能集团在2007年年度报告中披露的“在建工程”余额88,084,037.04元为虚假记载。

四、国能集团2008年年度报告存在虚假记载

国能集团2008年年度报告称,百科实业占用国能集团的资金114,767,542.34元,已于2009年4月17日归还。经查,百科实业在2009年4月16日和17日分别使用1000余万元资金在沈阳百科钢铁加工有限公司、天津溪储、国能集团和百科网络等五家公司之间循环划转11次,从而在账面上体现百科实业归还了占用资金。经查证,2009年4月17日,国能集团建设银行沈阳融汇支行账号中的余额仅为11,999,705.06元。国能集团2008年年度报告存在虚假记载。

国能集团2005年年度报告、2006年年度报告、2007年年度报告和2008年年度报告及国能集团2006年5月26日发布的临时公告中存在虚假记载的行为,违反了《证券法》第六十三条的规定,构成《证券法》第一百九十三条所述违法行为。

潘广超是对国能集团2005年至2008年年度报告以及2006年5月26日临时公告存在虚假记载行为直接负责的主管人员。

周立明是对国能集团2008年年度报告存在虚假记载行为直接负责的主管人员,是对国能集团2005年至2007年年度报告以及2006年5月26日临时公告存在虚假记载行为负其他直接责任的人员。

潘孝莲是对国能集团2005年至2008年年度报告以及2006年5月26日临时公告存在虚假记载行为负其他直接责任的人员。

张凯是对国能集团2008年年度报告存在虚假记载行为负其他直接责任的人员。

我会在履行听证告知程序后,周立明、潘孝莲分别提出了陈述、申辩意见。

周立明在陈述、申辩意见中提出:其一,2005年至2008年6月,他只担任国能集团董事,未担任实职。2008年下半年,方出任董事长;其二,财务报告都已经过会计师事务所审计,其已经做到了对企业的尽职尽责;其三,客观上能力有限,主观上尽到了勤勉尽责,他本人现在没有工作,难以承受重罚。

我会认为,根据相关法律规定,上市公司董事会通过内部控制、内部审计监督等方式,保证

公司所披露的信息真实、准确、完整。外部审计是基于公司所提供的财务数据进行审计，因此，公司的财务数据是进行外部审计的基础。以“财务报告都是经过会计师事务所审计”为由的抗辩，完全是本末倒置。本案中，正是由于国能集团故意造假、刻意隐瞒资金多次循环划转、虚增资金的行为，才使外部审计机构虽已勤勉尽责，但仍无法发现国能集团的故意造假行为。周立明作为公司董事，了解、掌握国能集团的财务状况、经营管理等情况，是财务造假行为、虚假陈述行为的始作俑者，其将信息披露违法和财务造假的责任，以会计师和会计师事务所未发现、未指出为由，请求免除责任的抗辩理由不成立；其是否在公司担任实职以及是否有能力支付罚款均不属于构成减轻或免除责任的法定情节。

潘孝莲在陈述、申辩意见中提出：其一，2005 年至 2008 年，她只担任董事，未担任实职，未领取报酬；其二，国能集团的财务报告均经会计师和会计师事务所审计，她认为是真实的；其三，她现在没有工作，没有能力承担处罚。

我会认为，潘孝莲以会计师和会计师事务所未发现、未指出为由，请求当然免除责任的抗辩理由不成立；其是否在公司担任实职以及是否有能力支付罚款均不属于构成减轻或免除责任的法定情节。

根据当事人违法行为的事实、性质、情节与社会危害程度，依据《证券法》第二百三十三条以及《证券市场禁入规定》第三条、第五条的规定，我会决定：

一、认定潘广超为证券市场禁入者，自我会宣布决定之日起，10 年内不得从事证券业务或担任上市公司董事、监事、高级管理人员职务；

二、认定周立明为证券市场禁入者，自我会宣布决定之日起，8 年内不得从事证券业务或担任上市公司董事、监事、高级管理人员职务；

三、认定潘孝莲为证券市场禁入者，自我会宣布决定之日起，8 年内不得从事证券业务或担任上市公司董事、监事、高级管理人员职务；

四、认定张凯为证券市场禁入者，自我会宣布决定之日起，3 年内不得从事证券业务或担任上市公司董事、监事、高级管理人员职务。

当事人如果对本决定不服，可在收到本决定书之日起 60 日内向中国证券监督管理委员会申请行政复议，也可在收到本决定书之日起 3 个月内直接向有管辖权的人民法院提起行政诉讼。复议和诉讼期间，上述决定不停止执行。

关于对何学葵、蒋凯西实施市场禁入的决定

（〔2013〕4 号）

当事人：何学葵，女，1969 年 10 月 15 日出生，时任云南绿大地生物科技股份有限公司（以下简称绿大地）董事长、总经理，绿大地实际控制人，住址：云南省昆明市。

蒋凯西，男，1957 年 10 月 12 日出生，时任绿大地董事、财务总监，住址：云南省昆明市五华区。

依据《中华人民共和国证券法》（以下简称《证券法》）的有关规定，我会对绿大地违法违规行为进行了立案调查、审理，并依法向当事人告知了作出市场禁入的事实、理由、依据及当事人依法享有的权利。当事人何学葵提出了陈述、申辩意见，并要求听证，我会应何学葵的要求举行了听证会；蒋凯西未提出陈述、申辩意见，也未要求听证。本案现已调查、审理终结。

经查明，绿大地存在以下违法事实：

一、在招股说明书中虚增资产、虚增业务收入

司法机关在相关刑事判决中认定，绿大地在招股说明书中虚增资产 70,114,000 元，虚增 2004 年至 2007 年 6 月间的业务收入 296,102,891.70 元。

绿大地在招股说明书中虚增资产、虚增业务收入的行为违反了《证券法》第十三条关于公司公开发行新股,应当“具有持续盈利能力,财务状况良好”和“最近三年财务会计文件无虚假记载”的规定,违反了《证券法》第二十条关于“发行人向国务院证券监督管理机构或者国务院授权的部门报送的证券发行申请文件,必须真实、准确和完整”的规定,构成了《证券法》第一百八十九条所述的“以欺骗手段骗取发行核准”的行为。

对绿大地在招股说明书中虚增资产、虚增业务收入直接负责的主管人员为在绿大地招股说明书上签名并确认招股说明书不存在虚假记载、误导性陈述或重大遗漏的时任董事长何学葵,时任董事、财务总监蒋凯西。

二、绿大地在2007年、2008年、2009年年度报告中虚增资产、虚增业务收入

司法机关在相关刑事判决中认定,绿大地在2007年年度报告中虚增资产21,240,000元,虚增收入96,599,026.78元;在2008年年度报告中虚增资产163,353,150元,虚增收入85,646,822.39元;在2009年年度报告中虚增资产104,070,550元,虚增收入68,560,911.94元。

绿大地在2007年、2008年、2009年年度报告中虚增资产、虚增业务收入的行为违反了《证券法》第六十三条关于“上市公司依法披露的信息,必须真实、准确和完整,不得有虚假记载、误导性陈述或者重大遗漏”的规定,构成了《证券法》第一百九十三条所述的上市公司“报送的报告有虚假记载、误导性陈述或者重大遗漏”的行为。

对绿大地在2007年、2008年、2009年年度报告中虚增资产、虚增业务收入直接负责的主管人员为参加审议绿大地2007年、2008年、2009年年度报告董事会会议并同意2007年、2008年、2009年年度报告的时任董事长、总经理何学葵,时任董事、财务总监蒋凯西。

以上违法事实,有司法机关刑事判决书,绿大地招股说明书,绿大地2007年、2008年、2009年年度报告,绿大地相关董事会决议,相关人员谈话笔录等证据证明,足以认定。

何学葵的代理人在听证会上提出,将对其终身证券市场禁入改为一定期限的证券市场禁入。根据何学葵违法行为的严重性,我会对何学葵的申辩意见不予采纳。

根据《证券法》第二百三十三条以及《证券市场禁入规定》第三条和第五条的规定,我会决定:认定何学葵、蒋凯西为市场禁入者,自我会宣布决定之日起,终身不得从事证券业务或者担任上市公司董事、监事、高级管理人员职务。

当事人如果对本决定不服,可在收到本决定书之日起60日内向中国证券监督管理委员会申请行政复议,也可在收到本决定书之日起3个月内向有管辖权的人民法院提起行政诉讼。复议和诉讼期间,上述决定不停止执行。

关于对黎海祥、李讯东实施市场禁入的决定

([2013]5号)

当事人:黎海祥,男,1963年5月6日出生,联合证券有限责任公司(以下简称联合证券)保荐代表人,云南绿大地生物科技股份有限公司(以下简称绿大地)招股说明书及上市保荐书签字保荐代表人,住址:广东省深圳市福田区。

李迅冬,男,1972年8月18日出生,联合证券保荐代表人,绿大地招股说明书及上市保荐书签字保荐代表人,住址:广东省深圳市罗湖区。

依据《中华人民共和国证券法》(以下简称《证券法》)的有关规定,我会对联合证券在绿

大地欺诈发行上市时未勤勉尽责的行为进行了立案调查、审理,并依法向当事人告知了作出市场禁入的事实、理由、依据及当事人依法享有的权利。当事人黎海祥在法定期限内未提出陈述、申辩意见,也未要求听证;李迅冬提了出陈述、申辩意见,未要求听证。本案现已调查、审理终结。

经查明,联合证券在绿大地欺诈发行上市时未勤勉尽责,未发现绿大地在招股说明书中编造虚假资产、虚假业务收入。违法事实如下:

联合证券对绿大地招股说明书进行了核查。

司法机关认定,绿大地在招股说明书中编造虚假资产、虚假业务收入。绿大地编造虚假资产、虚假业务收入的金额巨大,性质严重。

一、由于未对土地使用权完整地进行核实,联合证券未发现绿大地在招股说明书中编造虚假资产

2004年,绿大地受让云南省曲靖市马龙县旧县镇旧县村960亩荒山使用权。绿大地招股说明书显示,上述荒山使用权原值9,552,000元。绿大地提供的合同书显示,绿大地支付上述荒山使用权受让款9,552,000元。云南省曲靖市马龙县旧县镇旧县村村委会提供的合同书显示,绿大地支付上述荒山使用权受让款400,000元。

2005年,绿大地受让云南省曲靖市马龙县马鸣乡马鸣村3500亩荒山使用权。绿大地招股说明书显示,上述荒山使用权原值3,360,000元。绿大地提供的合同显示,绿大地支付上述荒山使用权受让款3,360,000元。上述荒山使用权转让方证明,绿大地实际支付上述荒山使用权受让款825,000元。

联合证券的保荐代表人未去当地土地管理部门核实绿大地受让上述荒山土地使用权的情况。

由于未对土地使用权完整地进行核实,联合证券未发现绿大地在招股说明书中编造虚假资产。

二、由于未对有关关联关系足够关注,联合证券未发现绿大地在招股说明书中编造虚假资产、虚假业务收入

司法机关认定,为促使绿大地发行股票并上市,绿大地相关人员注册了一批由绿大地实际控制或者掌握银行账户的关联公司,并利用相关银行账户操控资金流转,采用伪造合同、发票、工商登记、资料等手段,达到少付多列、将款项支付给其控制的公司、虚构交易业务、虚增资产、虚增收入等。

联合证券保荐底稿显示:绿大地分别于2002年9月3日、2004年3月2日、2004年12月9日与昆明自由空间园艺有限责任公司签订《全面营销战略合作协议》、《全面营销战略合作协议补充协议(2)》、《关于全面营销战略合作协议的补充协议》,徐丹宁代表昆明自由空间园艺有限责任公司签字。

联合证券保荐底稿显示:2007年12月14日,时任绿大地董事会秘书徐云葵在填写上市公司高级管理人员声明及承诺书中说明徐丹宁为其妹妹。

经查,昆明自由空间园艺有限责任公司成立于2002年11月8日。

由于未对相关关联关系足够关注,联合证券未发现绿大地在招股说明书中编造虚假资产、虚假业务收入。

三、由于未对绿大地提供的销售客户和供应商的工商信息完整地进行核实,联合证券未发现绿大地在招股说明书中编造虚假资产、虚假业务收入

绿大地招股说明书披露的销售客户和供应商昆明自由空间园艺有限责任公司、昆明鑫景园艺工程有限公司、昆明祥佑旅游开发有限公司、昆明五华花卉经贸公司、昆明滇文卉园艺有限公司、昆明天绿园艺有限公司的部分工商信息与实际情况不一致,联合证券未对绿大地提供的上述销售客户和供应商的工商信息完整地进行核实。

由于未对绿大地提供的上述销售客户和供应商的工商信息完整地进行核实,联合证券未发现绿大地在招股说明书中编造虚假资产、虚假业务收入。

联合证券的保荐工作不符合中国证监会《首次公开发行股票并上市管理办法》第五十五条关于保荐人及其保荐代表人应当对招股说明书的真实性、准确性、完整性进行核查的规定。联合证券未按规定编制、保存相关工作底稿,联合证券的上述做法不符合中国证监会《保荐人尽职调查工作准则》第七条关于工作底稿应当真实、准确、完整地反映尽职调查工作的规定。联合证券的上述行为违反了《证券法》第十一条关于保荐人应当遵守业务规则和行业规范,诚实守信,勤勉尽责,对发行人的申请文件和信息披露资料进行审慎核查的规定。

对上述违法行为直接负责的主管人员为在招股说明书上签字的保荐代表人黎海祥、李迅冬。

以上违法事实,有司法机关认定文件、招股说明书、相关工作底稿、相关人员谈话笔录等证据证明,足以认定。

李迅冬在陈述、申辩意见中提出,保荐代表人对绿大地相关土地使用权进行了核查,对绿大地有关关联关系进行了核查,保荐代表人对绿大地客户和供应商工商信息的核查未违反相关法律法规。根据相关事实和证据,我会认为,由于未对土地使用权完整地进行核实,联合证券未发现绿大地在招股说明书中编造虚假资产;由于未对有关关联关系足够关注,联合证券未发现绿大地在招股说明书中编造虚假资产、虚假业务收入;由于未对绿大地提供的销售客户和供应商的工商信息完整地进行核实,联合证券未发现绿大地在招股说明书中编造虚假资产、虚假业务收入。因此,我会对于联合证券在绿大地欺诈发行上市时未勤勉尽责,未发现绿大地在招股说明书中编造虚假资产、虚假业务收入的认定事实清楚、证据充分。综上所述,我会对李迅冬的申辩意见不予采纳。

根据《证券法》第二百三十三条以及《证券市场禁入规定》第三条和第五条的规定,我会决定:认定黎海祥、李迅冬为市场禁入者,自我会宣布决定之日起,终身不得从事证券业务或者担任上市公司董事、监事、高级管理人员职务。

当事人如果对本决定不服,可在收到本决定书之日起60日内向中国证券监督管理委员会申请行政复议,也可在收到本决定书之日起3个月内向有管辖权的人民法院提起行政诉讼。复议和诉讼期间,上述决定不停止执行。

关于对徐平、肖兵实施市场禁入的决定

([2013]6号)

当事人:徐平,男,1963年9月8日出生,四川天澄门律师事务所(以下简称天澄门)执业律师,云南绿大地生物科技股份有限公司(以下简称绿大地)招股说明书及法律意见书签字律师,住址:四川省成都市高新区。

肖兵,男,1963年3月7日出生,天澄门执业律师,绿大地招股说明书及法律意见书签字律师,住址:四川省成都市金牛区。

依据《中华人民共和国证券法》(以下简称《证券法》)的有关规定,我会对天澄门在绿大地欺诈发行上市时未勤勉尽责的行为进行了立案调查、审理,并依法向当事人告知了作出市场禁入的事实、理由、依据及当事人依法享有的权利。当事人徐平、肖兵提出了陈述、申辩意见,在要求听证后放弃听证。本案现已调查、审理终结。

经查明,天澄门在绿大地欺诈发行上市时未勤勉尽责,未在法律意见书中说明其工作相关情况,未对绿大地相关资产的取得过程进行完整的核实。违法事实如下:

天澄门为绿大地发行股票并上市出具法律意见书。

司法机关认定,绿大地在招股说明书中编造虚假资产、虚假业务收入。绿大地编造虚假资产、虚假业务收入的金额巨大,性质严重。

一、天澄门未在法律意见书中说明其相关工作情况

司法机关认定,为绿大地发行股票并上市,绿大地相关人员注册了一批由绿大地实际控制或者掌握银行账户的关联公司,并利用相关银行账户操控资金流转,采用伪造合同、发票、工商登记、资料等手段,达到少付多列、将款项支付给其控制的公司、虚构交易业务、虚增资产、虚增收入等。

天澄门未能对绿大地提供的销售客户和供应商的工商信息完整地进行核实。由于未对绿大地提供的客户及供应商的工商信息完整地进行核实,天澄门未发现绿大地编造重大虚假内容。天澄门未在法律意见书中就未能对绿大地提供的客户及供应商的工商信息完整地进行核实的情况予以说明。

二、天澄门对绿大地旧县和马鸣土地使用权的取得过程未完整地进行核实

2004年,绿大地受让云南省曲靖市马龙县旧县镇旧县村960亩荒山的土地使用权。绿大地招股说明书显示,上述荒山的土地使用权原值9,552,000元。绿大地提供的合同书显示,绿大地支付上述荒山的土地使用权受让款9,552,000元。云南省曲靖市马龙县旧县镇旧县村村委会提供的合同书显示,绿大地支付上述荒山的土地使用权受让款400,000元。

2005年,绿大地受让云南省曲靖市马龙县马鸣乡马鸣村3500亩荒山的土地使用权。绿大地招股说明书显示,上述荒山的土地使用权原值3,360,000元。绿大地提供的合同显示,绿大地支付上述荒山的土地使用权受让款3,360,000元。上述荒山的土地使用权转让方证明,绿大地实际支付上述荒山的土地使用权受让款825,000元。

出具法律意见书前,相关律师徐平、肖兵到上述荒山所在地进行了查看,并查验了绿大地提交的其取得土地使用权的合同、协议、产权证书,但未去当地土地管理部门核实绿大地受让上述荒山的土地使用权情况。天澄门未勤勉尽责,未对绿大地上述土地使用权的取得过程完整地进行核实。

天澄门的上述做法不符合中国证监会、司法部《律师事务所从事证券法律业务管理办法》第十五条和第二十条的规定,违反了《中华人民共和国证券法》(以下简称《证券法》)第二十条关于为证券发行出具有关文件的证券服务机构和人员,必须严格履行法定职责,保证其所出具文件的真实性、准确性和完整性的规定,构成《证券法》第二百二十三条所述的违法行为。

对上述违法行为直接负责的主管人员为在绿大地发行上市所出具的法律意见书上签字的律师徐平、肖兵。

以上违法事实,有司法机关认定文件、法律意见书、相关工作底稿、相关人员谈话笔录等证据证明,足以认定。

徐平、肖兵在陈述、申辩意见中提出,其未发现绿大地编造重大虚假内容,系履行法定职责不当,而非不履行法定职责。根据相关事实和证据,我会认为,由于未对绿大地提供的客户及供应商的工商信息完整地进行核实,天澄门未发现绿大地编造重大虚假内容。天澄门未在法律意见书中就未能对绿大地提供的客户及供应商的工商信息完整地进行核实的情况予以说明。天澄门未勤勉尽责,未对绿大地相关土地使用权的取得过程完整地进行核实。因此,我会对于天澄门在绿大地欺诈发行上市时未勤勉尽责,未在法律意见书中说明其工作相关情况,未对绿大地相关资产的取得过程进行完整核实的认定事实清楚、证据充分。综上所述,我会对徐平、肖兵的申辩意见不予采纳。

根据《证券法》第二百三十三条以及《证券市场禁入规定》第三条和第五条的规定,我会决定:认定徐平、肖兵为市场禁入者,自我会宣布决定之日起,终身不得从事证券业务或者担任上市公司董事、监事、高级管理人员职务。

当事人如果对本决定不服,可在收到本决定书之日起60日内向中国证券监督管理委员会申请行政复议,也可在收到本决定书之日起3个月内向有管辖权的人民法院提起行政诉讼。复议和诉讼期间,上述决定不停止执行。

关于对姚国勇、廖福彭实施市场禁入的决定

(〔2013〕7号)

当事人:姚国勇,男,1966年10月27日出生,深圳市鹏城会计师事务所有限公司(以下简称深圳鹏城)执业注册会计师,云南绿大地生物科技股份有限公司(以下简称绿大地)发行上市财务报表审计报告签字注册会计师,住址:广东省深圳市南山区。

廖福澍,男,1962年5月13日出生,深圳鹏城执业注册会计师,绿大地发行上市财务报表审计报告签字注册会计师,住址:广东省深圳市罗湖区。

依据《中华人民共和国证券法》(以下简称《证券法》)的有关规定,我会对深圳鹏城在绿大地欺诈发行上市时未勤勉尽责的行为进行了立案调查、审理,并依法向当事人告知了作出市场禁入的事实、理由、依据及当事人依法享有的权利。当事人姚国勇提出了陈述、申辩意见,未要求听证;廖福澍提出了陈述、申辩意见,并要求听证。本案现已调查、审理终结。

经查明,深圳鹏城在绿大地欺诈发行上市时未勤勉尽责,未发现绿大地为发行上市所编制的财务报表编造虚假资产、虚假业务收入,从而出具无保留意见的审计报告,发表不恰当的审计意见。违法事实如下:

为绿大地发行股票并上市,深圳鹏城对绿大地2004年、2005年、2006年年度财务报表和2007年半年度财务报表进行审计并出具无保留意见的审计报告。

司法机关认定,绿大地在招股说明书中编造虚假资产、虚假业务收入。绿大地编造虚假资产、虚假业务收入的金额巨大,性质严重。

一、绿大地2004年至2006年财务报表披露的各年度前5大销售客户与实际不符,经查,深圳鹏城的审计底稿中没有记录对绿大地前5大销售客户的审计程序。

二、绿大地招股说明书披露的2006年销售收入中包含通过绿大地交通银行3711银行账户核算的销售收入,交通银行提供的资料显示,上述交易部分不存在。绿大地招股说明书披露,2006年12月31日货币资金余额为47,742,838.19元;其中,交通银行3711账户余额为32,295,131.74元。交通银行提供的资料显示,2006年12月31日的3711账户余额为4,974,568.16元。经查,深圳鹏城没有向交通银行函证绿大地交通银行3711账户2006年12月31日的余额。

深圳鹏城未勤勉尽责,未对部分银行账户进行函证、未真实完整编制工作底稿,深圳鹏城的上述做法不符合《中国注册会计师审计准则第1301号——审计证据》第六条、《中国注册会计师审计准则第1312号——函证》第十一条、《中国注册会计师审计准则第1331号——审计工作底稿》第四条的规定。深圳鹏城未勤勉尽责造成其未发现绿大地在为发行上市所编制的财务报表中编造虚假资产、虚假业务收入,从而为绿大地出具无保留意见的审计报告,发表了不恰当的审计意见。深圳鹏城的上述行为违反了《证券法》第二十条关于为证券发行出具有关文件的证券服务机构和人员,必须严格履行法定职责,保证其所出具文件的真实性、准确性和完整性的规定,构成《证券法》第二百二十三条所述的违法行为。

对上述违法行为直接负责的主管人员为注册会计师姚国勇、廖福澍。

以上违法事实,有司法机关认定文件、审计报告、相关工作底稿、相关人员谈话笔录等证据证明,足以认定。

姚国勇在陈述、申辩意见中提出,深圳鹏城对绿大地前5大销售客户履行了审计程序。根据相关事实和证据,我会认为,深圳鹏城的审计底稿中没有记录对绿大地前5大销售客户的审

计程序。廖福澍在陈述、申辩意见中提出，其在执行审计过程中未违反审计准则，无过错行为。根据相关事实和证据，我会认为，深圳鹏城未勤勉尽责，未对部分银行账户进行函证、未真实完整编制工作底稿，深圳鹏城的上述做法不符合《中国注册会计师审计准则》的相关规定。作为在审计报告上签字的注册会计师，廖福澍未勤勉尽责，造成其未发现绿大地在为发行上市所编制的财务报表中编造虚假资产、虚假业务收入。因此，我会对于姚国勇、廖福澍的责任认定事实清楚、证据充分。综上所述，我会对姚国勇、廖福澍的申辩意见不予采纳。

根据《证券法》第二百三十三条以及《证券市场禁入规定》第三条和第五条的规定，我会决定：认定姚国勇、廖福澍为市场禁入者，自我会宣布决定之日起，终身不得从事证券业务或者担任上市公司董事、监事、高级管理人员职务。

当事人如果对本决定不服，可在收到本决定书之日起60日内向中国证券监督管理委员会申请行政复议，也可在收到本决定书之日起3个月内向有管辖权的人民法院提起行政诉讼。复议和诉讼期间，上述决定不停止执行。

关于对秦海滨等三人实施市场禁入的决定

（〔2013〕8号）

当事人：秦海滨，男，1966年3月出生，时任山西天能科技股份有限公司（以下简称天能科技）董事长，住址：山西省太原市迎泽区上官巷。

曾坚强，男，1968年6月出生，时任天能科技董事会秘书，住址：山西省太原市迎泽区寇庄西路。

刘俊奕，男，1967年10月出生，时任天能科技董事长特别助理，住址：湖北省荆门市东宝区宏图路。

依据《中华人民共和国证券法》（以下简称《证券法》）的有关规定，我会依法对天能科技违法违规行为进行了立案调查、审理，并向当事人秦海滨、曾坚强、刘俊奕告知了作出市场禁入的事实、理由、依据及当事人依法享有的权利，当事人秦海滨、曾坚强、刘俊奕提交了陈述和申辩意见并要求听证。我会于2013年8月13日举行听证会，听取了当事人的陈述和申辩。本案现已调查、审理终结。

经查明，天能科技存在以下违法违规事实：

2012年1月20日，天能科技签署《天能科技首次公开发行股票招股说明书（申报稿）》（以下简称天能科技招股说明书），并于同年2月1日预披露天能科技2008年至2010年以及2011年1—9月的财务信息。其中，2011年1—9月天能科技营业总收入572,849,797.60元，营业总成本513,626,431.27元，营业利润59,223,366.33元，利润总额71,735,831.08元。在天能科技招股说明书上签字的人员包括：董事秦海滨、陈守法、张德利、曾坚强、张红超、任小军、陈涌海、刘正、郑庆华，监事王永平、张新梅、高文新，高级管理人员秦海滨、张志成、任小军、曾坚强、陈守法。

经查，天能科技在以下三个工程项目的财务账册中有虚假记载：

一、应县道路亮化工程项目

天能科技确认应县道路亮化工程项目（一期）主营业务收入5,555,555.56元，应交税费—应交增值税（销项税额）944,444.44元，应收账款6,500,000元，确认结转项目成本2,936,062.39元；确认应县道路亮化工程（二期）项目主营业务收入38,461,538.46元，应交税费—应交增值税（销项税额）6,538,461.54元，应收账款45,000,000元，确认结转项目成本21,805,019.41元。

二、金沙植物园太阳能照明工程项目

天能科技确认金沙植物园太阳能照明工程(一期)项目主营业务收入7,863,247.84元,应交税费—应交增值税(销项税额)1,336,752.16元,应收账款9,200,000.00元,确认结转项目主营业务成本3,963,015.81元;确认金沙植物园太阳能照明工程(二期)项目主营业务收入29,914,529.91元,应交税费—应交增值税(销项税额)5,085,470.09元,应收账款35,000,000.00元,确认结转项目主营业务成本16,808,428.90元。

三、和谐小区太阳能照明工程项目

天能科技确认朔州市和谐小区太阳能照明工程项目主营业务收入3,846,153.85元,应交税费—应交增值税(销项税额)653,846.15元,应收账款—朔州市房产管理局4,500,000元,确认结转项目成本1,976,530.97元。朔州市房产管理局证实,3,840,038元的和谐小区太阳能照明工程项目由天能科技中标,设备、设施由天能科技负责提供、安装,但目前暂不能入场安装建设。

经查,应县道路亮化工程项目、金沙植物园太阳能照明工程项目、和谐小区太阳能照明工程项目的招标人分别为应县公用事业局、朔州市房产管理局等政府部门,上述项目均属于政府工程项目,但天能科技在与上述政府部门订立工程施工合同前,均未经过招投标程序,朔州市财政局也未批准就天能科技产品准许进行单一政府采购。经查实,上述三个工程项目作为入账凭据的《工程结算书》是伪造的,合同第三方朔州市建设监理公司加盖的公章与该公司备案使用的公章不符,朔州市建设监理公司证实,该公司未参与上述三个工程项目的监理工作。此外,天能科技虚构了上述三个工程项目的销售回款,在2011年8月17日至12月31日期间,天能科技通过秦海滨实际控制的山西友为经济开发有限公司、太原陆宇建筑安装工程有限公司、太原酷博尔贸易有限责任公司的银行账户向朔州市万林园林有限公司、朔州民欣物业管理有限公司、应县公用事业局累计转入11,905万元。上述账户收到转入款后将资金转回天能科技银行账户用于伪造销售回款。天能科技在2011年1—9月财务报告中,虚增收入85,641,025.64元,虚增成本47,489,057.48元,虚增当期利润38,151,968.16元,占当期利润总额53.18%。

上述事实有招股说明书、相关合同、账户记录、财务凭证和账簿、当事人说明和询问笔录等证据证明,足以认定。

我会认为,天能科技虚增2011年1—9月营业收入和利润的行为违反了《证券法》第二十条、第六十三条的规定。秦海滨作为天能科技的董事长和实际控制人、曾坚强作为天能科技董事会秘书在公司发行上市过程中实施了部分造假行为,故认定秦海滨、曾坚强为直接负责的主管人员。刘俊奕虽然不是董事会成员,但其作为董事长助理组织策划了财务造假,故认定其为该案直接负责的主管人员。

当事人秦海滨、曾坚强、刘俊奕委托代理人在听证会上提出:

我会对其采取终身证券市场禁入措施过重,不符合《证券市场禁入规定》第五条的规定。

我会认为,当事人秦海滨、曾坚强、刘俊奕的上述申辩理由不能成立:

秦海滨、曾坚强、刘俊奕的行为构成《证券市场禁入规定》第五条规定的关于“违反法律、行政法规或者中国证监会有关规定,行为特别恶劣,严重扰乱证券市场秩序并造成严重社会影响,或者致使投资者利益遭受特别严重损害”的行为。天能科技在首次公开发行股票并上市的申报过程中向我会报送了严重虚假的材料,存在明显的主观故意,其行为严重扰乱了证券市场秩序。其财务造假行为被媒体曝光后虽然撤回了申报材料,但在我会立案调查后拒绝、阻碍我会的调查工作,行为恶劣。秦海滨、曾坚强、刘俊奕作为直接负责的主管人员,对其实施终身市场禁入符合法律规定。

根据当事人违法行为的事实、性质、情节与社会危害程度,依据《证券法》第二百三十三条和《证券市场禁入规定》第三条、第五条的规定,我会决定:认定秦海滨、曾坚强、刘俊奕为市场禁入者,自我会宣布决定之日起,终身不得从事证券业务或担任公司董事、监事、高级管理人员职务。

当事人如果对本决定不服,可在收到本决

定书之日起60日内向中国证券监督管理委员会申请行政复议,也可在收到本决定书之日起3个月内直接向有管辖权的人民法院提起行政诉讼。复议和诉讼期间,上述决定不停止执行。

关于对邓德兵、刘小群实施市场禁入的决定

(〔2013〕9号)

当事人:邓德兵,男,1971年4月出生,山西天能科技股份有限公司(以下简称天能科技)招股说明书签字保荐代表人,住址:四川省成都市金牛区交桂路。

刘小群,男,1971年11月出生,天能科技招股说明书签字保荐代表人,住址:广东省广州市天河区体育东横街。

依据《中华人民共和国证券法》(以下简称《证券法》)的有关规定,我会依法对民生证券股份有限公司(以下简称民生证券)违法违规行为进行了立案调查、审理,并向当事人邓德兵、刘小群告知了作出市场禁入的事实、理由、依据及当事人依法享有的权利。当事人邓德兵、刘小群未提出陈述、申辩意见,也未要求听证。本案现已调查、审理终结。

经查明,民生证券违法违规的事实如下:

2012年1月20日,民生证券签署《关于山西天能科技股份有限公司首次公开发行股票并上市之发行保荐书》、《关于山西天能科技股份有限公司首次公开发行股票并上市之发行保荐工作报告》,以及《天能科技首次公开发行股票招股说明书(申报稿)》,在上述文件上签字的保荐代表人为邓德兵、刘小群。2011年5月16日,天能科技支付给民生证券100万元服务费。

2012年4月6日,民生证券出具了《关于对山西天能科技股份有限公司举报信有关问题进行核查的报告》,认定发行人三个光伏系统应用项目收入确认符合企业会计准则规定,不存在提前确认收入和虚增收入情形,在该报告上签字的保荐代表人为邓德兵、刘小群。

民生证券对于天能科技的应县道路亮化照明工程项目、金沙植物园太阳能照明工程项目,以及和谐小区太阳能照明工程项目的真实性和合同的履行情况未尽职核查,对于上述三个项目属于市政工程而必须履行相应的招投标程序未予以关注,对于同一项工程项目的《出库单》与《货物验收单》存在明显不一致的情况未加以核查。而且,民生证券对于天能科技同一项工程项目的尽职调查工作底稿有相互矛盾的记载。

对于上述三个项目销售收入的尽职调查工作,民生证券保荐代表人没有直接向客户发函了解情况,只是查阅了会计师针对上述客户的相关函证,没有针对天能科技2011年8月、9月会计期末销售收入异常增长的情况予以核查,且没有关注到太原酷博尔贸易有限责任公司、山西友为经济开发有限公司、太原陆宇建筑安装工程有限公司和山西众晶益新科技发展有限公司与天能科技频繁、大额且没有经济实质的资金往来情况。

上述事实有相关保荐报告、尽职调查工作底稿、招股说明书、相关合同、账户记录、财务凭证和账簿、当事人说明和询问笔录等证据证明,足以认定。

民生证券未勤勉尽责的行为违反了《证券法》第十一条的规定,构成《证券法》第一百九十二条所述行为。对民生证券上述违法行为,邓德兵、刘小群为直接负责的主管人员。

根据当事人违法行为的事实、性质、情节与社会危害程度,依据《证券法》第二百三十三条和《证券市场禁入规定》第三条、第五条的规定,我会决定:认定邓德兵、刘小群为市场禁入者,自我会宣布决定之日起,终身不得从事证券业务或担任上市公司董事、监事、高级管理人员

职务。

当事人如果对本决定不服,可在收到本决定书之日起60日内向中国证券监督管理委员会申请行政复议,也可在收到本决定书之日起3个月内直接向有管辖权的人民法院提起行政诉讼。复议和诉讼期间,上述决定不停止执行。

关于对胡小黑、吴国民实施市场禁入的决定

([2013]10号)

当事人:胡小黑,男,1974年4月出生,山西天能科技股份有限公司(以下简称天能科技)首次公开发行股票并上市(以下简称IPO)审计报告签字注册会计师,住址:北京市海淀区颐和园路。

吴国民,男,1977年7月出生,天能科技IPO审计报告签字注册会计师,住址:河北省秦皇岛市青龙满族自治县双山子镇双山子村。

依据《中华人民共和国证券法》(以下简称《证券法》)的有关规定,我会依法对大信会计师事务所(以下简称大信所)违法违规行为进行了立案调查、审理,并向当事人胡小黑、吴国民告知了作出市场禁入的事实、理由、依据及当事人依法享有的权利。当事人胡小黑、吴国民提交了陈述、申辩意见并要求听证。我会于2013年8月14日举行听证会,听取了当事人的陈述和申辩。本案现已调查、审理终结。

经查明,大信所存在以下违法违规事实:

2011年10月15日,大信所出具大信审字[2011]第1-2538号《山西天能科技股份有限公司审计报告》(以下简称天能科技IPO审计报告),审计意见认为天能科技财务报表已经按照企业会计准则的规定编制,在所有重大方面公允反映了其财务状况以及2011年1—9月、2010年度、2009年度、2008年度的经营成果和现金流量,签字注册会计师为胡小黑、吴国民。天能科技招股说明书(申报稿)预披露使用了上述审计报告。

大信所根据我会的要求,对天能科技举报信、媒体报道事项进行核查,于2012年4月6日出具《大信会计师事务所关于山西天能科技股份有限公司举报信有关问题进行核查的报告》(以下简称天能科技IPO审计核查报告),核查意见为:发行人应县道路亮化工程、金沙植物园太阳能照明工程、和谐小区太阳能照明项目等三个光伏系统应用项目收入确认符合企业会计准则的规定,不存在提前确认收入和虚增收入的情形。

经查,大信所在天能科技IPO审计过程中取得的部分审计证据相互矛盾,包括:天能科技IPO审计工作底稿与天能科技财务凭证不一致,审计工作底稿中审计证据不一致,天能科技IPO核查工作底稿中审计证据不一致,核查工作底稿与审计工作底稿中审计证据不一致。而且,大信所在天能科技IPO审计过程中,未对所发出的询证函汇总并进行有效控制。

在对上述三个工程项目的财务审计中,对于在天能科技IPO审计过程中部分审计证据的相互矛盾、相关资金流转的异常,以及政府招投标程序缺失等情况,大信所均未予关注并追加必要的审计程序予以解决。

大信所向天能科技收取60万元审计费。

上述事实有相关审计报告、审计工作底稿、核查工作底稿、招股说明书、相关合同、账户记录、财务凭证和账簿、当事人说明和询问笔录等证据证明,足以认定。

我会认为,大信所上述未勤勉尽责行为,违反了《证券法》第二十条的规定,构成《证券法》第二百二十三条所述违法行为。对大信所的上述违法行为,胡小黑为直接负责的主管人员,吴国民为其他直接责任人员。

当事人胡小黑、吴国民在听证会上提出如下申辩意见:

天能科技在其二人的协调下,主动撤回了

IPO申请，属于《中华人民共和国行政处罚法》（以下简称《行政处罚法》）第二十七条和《证券市场禁入规定》第七条规定的"主动消除或减轻违法行为危害后果"的情形，应当予以从轻、减轻处罚。

我会认为，当事人胡小黑、吴国民的上述申辩理由不能成立：

当事人胡小黑、吴国民的行为不符合《行政处罚法》第二十七条和《证券市场禁入规定》第七条所述"主动消除或减轻违法行为危害后果的"情况，根据《中国注册会计师执业准则》的要求，会计师应当就舞弊导致的会计差错主动向监管机构报告。在我会发现天能科技存在舞弊嫌疑、要求当事人核查的前提下，当事人胡小黑、吴国民应当对核查工作给予特别关注和高度注意，但当事人胡小黑、吴国民未履行基本的审慎注意义务。

根据当事人违法行为的事实、性质、情节与社会危害程度，依据《证券法》第二百三十三条和《证券市场禁入规定》第三条、第五条的规定，我会决定：认定胡小黑、吴国民为市场禁入者，自我会宣布决定之日起，终身不得从事证券业务或担任上市公司董事、监事、高级管理人员职务。

当事人如果对本决定不服，可在收到本决定书之日起60日内向中国证券监督管理委员会申请行政复议，也可以在收到本决定书之日起3个月内直接向有管辖权的人民法院提起行政诉讼。复议和诉讼期间，上述决定不停止执行。

关于对李文军等四人实施市场禁入的决定

（〔2013〕11号）

当事人：李文军，男，1964年8月2日出生，时任武汉国药科技股份有限公司（以下简称国药科技）董事，住址：广东省珠海市。

周雪华，女，1965年5月出生，时任国药科技董事、总经理，住址：广东省深圳市。

惠钟，男，1963年11月29日出生，时任国药科技董事、财务总监，住址：湖北省枣阳市。

张跃伟，男，1964年7月27日出生，时任国药科技董事，住址：广东省珠海市。

依据《中华人民共和国证券法》（以下简称《证券法》）的有关规定，我会对国药科技虚假陈述行为进行了立案调查、审理，并依法向当事人告知了作出市场禁入的事实、理由、依据及当事人依法享有的权利。当事人李文军要求听证；周雪华提出陈述、申辩意见，未要求听证；惠钟、张跃伟未提出陈述、申辩意见，未要求听证。本案现已调查、审理终结。

经查明，国药科技在定期报告中虚假陈述。2010年3月17日，湖北省武汉市武昌区人民法院在（2010）武区刑一初字第117号刑事判决书中认定，国药科技2005年年度报告、2006年半年度报告、2006年年度报告连续披露向山西云中制药有限责任公司（以下简称山西云中制药）增资3924万元的虚假信息，将山西云中制药纳入国药科技年度报告中，并在年度报告的关键数据中虚列资产、利润，2006年虚增资产34,964.8万元、虚增利润1614.13万元。湖北省武汉市武昌区人民法院认定，国药科技实际控制人及时任董事李文军、国药科技时任董事兼总经理周雪华、国药科技时任董事兼财务总监惠钟、国药科技时任董事张跃伟对国药科技定期报告虚假陈述负有刑事责任。

以上违法事实，有相关法院的刑事判决书证明，足以认定。

李文军在陈述、申辩意见中提出，周雪华、张跃伟的违法行为并不严重，我会对周雪华、张跃伟的处理过重，要求减轻对周雪华、张跃伟的处理。周雪华提出，在公安机关调查国药科技虚假陈述行为时，其患有癌症，为保证其医疗所必需的人身自由，她承认了违法行为。周雪华在陈述、申辩意见中提出,对其终身证券市场禁入处理过重。经查,周雪华确实曾患有癌症,周雪华、张跃伟信息披露的违法行为并不十分严重。我会对李文军、周雪华、惠钟、张跃伟证券市场禁入的事实依据是相关法院的刑事判决,相关法院认定李文军、惠钟、周雪华、张跃伟的刑事责任不同,对李文军、惠钟、周雪华、张跃伟的刑事处罚幅度不同。由于上述情况,按照过罚相当的原则,我会采纳李文军、周雪华的陈述、申辩意见。

根据《证券法》第二百三十三条以及《证券市场禁入规定》第三条和第五条的规定,我会决定:

认定李文军、惠钟为市场禁入者,自我会宣布决定之日起,终身不得从事证券业务或者担任上市公司董事、监事、高级管理人员职务。

认定周雪华、张跃伟为市场禁入者,自我会宣布决定之日起,5 年内不得从事证券业务或者担任上市公司董事、监事、高级管理人员职务。

当事人如果对本决定不服,可在收到本决定书之日起 60 日内向中国证券监督管理委员会申请行政复议,也可在收到本决定书之日起 3 个月内向有管辖权的人民法院提起行政诉讼。复议和诉讼期间,上述决定不停止执行。

关于对龚永福、谭学军实施市场禁入的决定

(〔2013〕12 号)

当事人:龚永福,男,1959 年 8 月出生,时任万福生科(湖南)农业开发股份有限公司(以下简称万福生科)董事长、总经理,住址:湖南省常德市桃源县陬市镇农贸街。

覃学军,女,1956 年 12 月出生,时任万福生科财务总监,住址:湖南省常德市桃源县漳江镇漳江南路。

依据《中华人民共和国证券法》(以下简称《证券法》)的有关规定,我会对万福生科涉嫌欺诈发行股票和信息披露违法行为进行了立案调查、审理,并依法向当事人告知了作出市场禁入的事实、理由、依据及当事人依法享有的权利。当事人未提出陈述、申辩意见,也未要求听证。本案现已调查、审理终结。

经查明,万福生科存在如下违法事实:

一、万福生科《首次公开发行股票并在创业板上市招股说明书》披露的 2008 年至 2010 年财务数据存在虚假记载,公司不符合公开发行股票的条件

万福生科公告的《首次公开发行股票并在创业板上市招股说明书》披露,公司 2008 年、2009 年、2010 年的营业收入分别为 22,824 万元、32,765 万元、43,359 万元,营业利润分别为 3265 万元、4200 万元、5343 万元,净利润分别为 2566 万元、3956 万元、5555 万元。

经查,万福生科为了达到公开发行股票并上市条件,由董事长兼总经理龚永福决策,并经财务总监覃学军安排人员执行,2008 年至 2010 年分别虚增销售收入 12,262 万元、14,966 万元、19,074 万元,虚增营业利润 2851 万元、3857 万元、4590 万元。扣除上述虚增营业利润后,万福生科 2008 年至 2010 年扣除非经常性损益的净利润分别为 -332 万元、-71 万元、383 万元。

二、万福生科《2011 年年度报告》存在虚假记载

万福生科 2012 年 4 月 16 日公告《2011 年年度报告》,披露公司 2011 年营业收入为 55,324 万元。经查,万福生科 2011 年虚增销售收入 28,681 万元。

三、万福生科未就公司2012年上半年停产事项履行及时报告、公告义务

2012年年初，万福生科下属糖厂、米厂和油厂停产，其糖品、大米等主营产品生产陷入停顿。对主营业务处于停顿状态的事实，万福生科未依法履行及时报告、公告义务。龚永福对上述生产线停产事项知情。

四、万福生科《2012年半年度报告》存在虚假记载和重大遗漏

万福生科2012年8月23日公告《2012年半年度报告》，披露公司上半年营业收入为26,991万元。

经查，万福生科2012年上半年虚增销售收入16,549万元。同时，对于前述公司部分生产线2012年上半年停产的事项，万福生科也未在《2012年半年度报告》中予以披露，存在重大遗漏。

以上事实，有相关公告、财务资料、银行资料、情况说明、工程合同、销售业务文件、财务人员询问笔录和当事人询问笔录等证据证明，足以认定。

万福生科通过编造重大虚假财务数据的方式，在不符合条件的情况下骗取发行核准的行为，违反了《证券法》第十三条的规定，构成《证券法》第一百八十九条所述"发行人不符合发行条件，以欺骗手段骗取发行核准"的行为。同时，该行为还涉嫌违反《中华人民共和国刑法》(以下简称《刑法》)的相关规定。对此直接负责的主管人员为龚永福、覃学军。

万福生科在《2011年年度报告》、《2012年半年度报告》中虚假记载财务数据、遗漏停产事项的行为，违反了《证券法》第六十三条的规定，构成《证券法》第一百九十三条所述信息披露违法行为。同时，该行为还涉嫌违反《刑法》的相关规定。对此直接负责的主管人员为龚永福、覃学军。

万福生科未及时报告和公告公司2012年上半年停产事项的行为，违反了《证券法》第六十七条和《上市公司信息披露管理办法》第三十条的规定，构成《证券法》第一百九十三条所述信息披露违法行为。对此直接负责的主管人员为龚永福。

鉴于万福生科涉嫌犯罪，我会已依法将万福生科及其主要责任人员龚永福、覃学军移送司法机关处理。相关违法事实中涉及的销售收入、营业利润等财务数据，以司法机关认定为准。

根据当事人违法行为的事实、性质、情节与社会危害程度，依据《证券法》第二百三十三条和《证券市场禁入规定》第五条、第六条的规定，我会决定：认定龚永福、覃学军为证券市场禁入者，自我会宣布决定之日起，终身不得从事证券业务或者担任上市公司董事、监事、高级管理人员职务。

当事人如果对本决定不服，可在收到本决定书之日起60日内向中国证券监督管理委员会申请行政复议，也可在收到本决定书之日起3个月内直接向有管辖权的人民法院提起行政诉讼。复议和诉讼期间，上述决定不停止执行。

关于对吴文浩、何涛实施市场禁入的决定

(〔2013〕13号)

当事人：吴文浩，男，1977年7月出生，时任平安证券有限责任公司(以下简称平安证券)投资银行三部执行总经理，万福生科(湖南)农业开发股份有限公司(以下简称万福生科)首次公开发行股票并在创业板上市(以下简称IPO)相关保荐文件签字保荐代表人，住址：上海市长宁区延安西路。

何涛，男，1980年9月出生，时任平安证券

固定收益部执行副总经理,万福生科 IPO 相关保荐文件签字保荐代表人,住址:北京市海淀区学院南路。

依据《中华人民共和国证券法》(以下简称《证券法》)的有关规定,我会对平安证券涉嫌违法违规行为进行了立案调查、审理,并依法向当事人告知了作出市场禁入的事实、理由、依据及当事人依法享有的权利。当事人未提出陈述、申辩意见,也未要求听证。本案现已调查、审理终结。

经查明,平安证券在推荐万福生科 IPO 过程中,未能勤勉尽责地履行法定职责,出具的保荐书存在虚假记载。

一、平安证券在尽职调查中未勤勉尽责,未对万福生科提供的资料和披露的内容进行独立判断

对万福生科 IPO 申请文件和股票发行募集文件中无证券服务机构出具专业意见的内容,平安证券没有获得充分的尽职调查证据,没有在综合分析各种证据的基础上对万福生科提供的资料及披露的内容进行审慎核查和独立判断。

(一)未审慎核查万福生科主要供应商身份和采购合同真实性

平安证券保荐业务工作底稿中收集的采购合同复印件中,部分主要供应商在不同采购合同中签名不一致,部分主要供应商的签名与身份证姓名不一致。平安证券对上述情况,未作审慎核查。平安证券保荐业务工作底稿中,亦没有关于核查万福生科主要供应商(粮食经纪人)身份和采购合同真实性的相关记录。

(二)未审慎核查万福生科主要客户身份和销售合同真实性

平安证券保荐业务工作底稿中收集的销售合同复印件中,万福生科部分主要客户印章名称与工商登记名称不一致,平安证券对此情况未作审慎核查。平安证券走访主要客户时制作的调查笔录,部分没有被访谈客户盖章或签名,且所记载金额与实际金额存在明显差异。平安证券保荐业务工作底稿中,亦没有关于核查万福生科主要客户身份和销售合同真实性的相关记录。

二、平安证券未审慎核查其他中介机构出具的专业意见,未能发现万福生科涉嫌造假的内容

对万福生科 IPO 申请文件和股票发行募集文件中有证券服务机构及其签字人员出具专业意见的内容,平安证券没有结合尽职调查过程中所获得的信息,对其进行审慎核查,没有对万福生科提供的资料和披露的内容进行独立判断。

(一)未审慎核查湖南博鳌律师事务所(以下简称博鳌所)提供的相关材料

博鳌所系万福生科 IPO 法律服务机构。博鳌所向平安证券提供的万福生科供应商访谈笔录、律师鉴证的采购合同和销售合同以及律师询证函回执等材料中,存在供应商签名与身份证姓名不一致、销售合同鉴证日期早于签订日期、销售合同客户印章名称与工商登记名称不一致等情况。平安证券未能结合其尽职调查过程中获得的信息,对上述情况进行审慎核查。

(二)未审慎核查中磊会计师事务所有限责任公司(以下简称中磊所)提供的相关材料

中磊所系万福生科 IPO 审计机构。中磊所向平安证券提供的企业往来询证函中,部分供应商的签名与身份证姓名不一致、与采购合同中签名不一致,部分客户加盖印章名称与工商登记名称不一致。平安证券未能结合其尽职调查过程中获得的信息,对上述情况进行审慎核查。

三、平安证券未对万福生科的实际业务及各报告期内财务数据履行尽职调查、审慎核查义务

在尽职调查过程中,平安证券未能按照尽职调查工作要求,全面审慎核查万福生科各报告期内财务状况、财务数据的真实性。平安证券出具的发行保荐书等文件中的财务数据,系直接引自万福生科经审计的财务报告,而非由其在获得充分证据基础上进行独立判断。

平安证券保荐业务工作底稿中缺乏对万福生科各报告期内的实际采购、销售业务的核查记录,遗漏万福生科 2008 年、2009 年银行对账单。

以上事实,有相关发行保荐书、保荐工作报

告、保荐业务工作底稿和当事人询问笔录等证据证明,足以认定。

平安证券的上述行为,违反了《证券法》第十一条的规定,构成了《证券法》第一百九十二条所述"保荐人出具有虚假记载、误导性陈述或者重大遗漏的保荐书,或者不履行其他法定职责"的行为。对平安证券的上述违法行为,吴文浩、何涛是直接负责的主管人员。

根据当事人违法行为的事实、性质、情节与社会危害程度,依据《证券法》第二百三十三条和《证券市场禁入规定》第五条的规定,我会决定:认定吴文浩、何涛为证券市场禁入者,自我会宣布决定之日起,终身不得从事证券业务或者担任上市公司董事、监事、高级管理人员职务。

当事人如果对本决定不服,可在收到本决定书之日起60日内向中国证券监督管理委员会申请行政复议,也可在收到本决定书之日起3个月内直接向有管辖权的人民法院提起行政诉讼。复议和诉讼期间,上述决定不停止执行。

关于对王越、黄国华实施市场禁入的决定

([2013]14 号)

当事人:王越,男,1965 年 5 月出生,中磊会计师事务所有限责任公司(以下简称中磊所)执业注册会计师,万福生科(湖南)农业开发股份有限公司(以下简称万福生科)首次公开发行股票并在创业板上市(以下简称 IPO)财务报表审计报告签字注册会计师,住址:广西壮族自治区北海市海城区。

黄国华,男,1956 年 1 月出生,中磊所执业注册会计师,万福生科 IPO 财务报表审计报告签字注册会计师,住址:广西壮族自治区南宁市青秀区。

依据《中华人民共和国证券法》(以下简称《证券法》)的有关规定,我会对中磊所涉嫌违法违规行为进行了立案调查、审理,并依法向当事人告知了作出市场禁入的事实、理由、依据及当事人依法享有的权利。当事人王越、黄国华提出申辩并要求举行听证会。我会于 2013 年7 月 22 日举行听证会,听取了王越、黄国华的陈述、申辩。本案现已调查、审理终结。

2011 年 7 月 26 日,中磊所就万福生科上市前三个年度(2008 年度、2009 年度、2010 年度)和最近一期(2011 年上半年)财务报表出具标准无保留意见的审计报告,签字注册会计师为王越、黄国华。经查明,中磊所及其注册会计师在审计万福生科 IPO 财务报表过程中,未能勤勉尽责,出具的审计报告存在虚假记载。

一、IPO 审计阶段函证程序缺失

中磊所及其注册会计师在审计万福生科 IPO 财务报表过程中,未对万福生科 2008 年末、2009 年末的银行存款、应收账款余额进行函证,也未执行恰当的替代审计程序。其中,银行存款函证程序的缺失,导致中磊所未能发现万福生科虚构一个桃源县农信社银行账户的事实,万福生科 2008 年以该银行账户虚构资金发生额 2.86 亿元,其中包括虚构收入回款约 1 亿元;应收账款函证程序的缺失,导致中磊所未能发现万福生科 2008 年、2009 年虚增收入的事实。

中磊所及其注册会计师在对万福生科 2010 年末和 2011 年 6 月 30 日的往来科目余额进行函证时,未对函证实施过程保持控制。中磊所审计工作底稿中部分询证函回函上的签章,并非被询证者本人的签章。上述程序缺陷,导致中磊所未能发现万福生科 2010 年、2011 年上半年虚增收入和采购的事实。

中磊所及其注册会计师的上述行为,违反了《中国注册会计师审计准则第 1312 号——函证》的相关规定。

二、IPO 审计阶段未对评估的重大错报风险实施恰当的审计程序

中磊所及其注册会计师在评价万福生科舞弊风险时,认为其管理层为满足上市要求和借款融资需求,有粉饰财务报表的动机和压力。在已识别出包括营业收入、应收账款、预付账款等在内的重大错报风险领域的情况下,中磊所及其注册会计师未实施有效的进一步审计程序。

中磊所及其注册会计师的上述行为,违反了《中国注册会计师审计准则第 1231 号——针对评估的重大错报风险实施的程序》的相关规定。

以上事实,有相关审计报告、审计工作底稿、银行资料、情况说明和当事人询问笔录等证据证明,足以认定。

中磊所未按照行业标准履行勤勉尽责义务,导致其所出具的审计报告有虚假记载,其行为违反了《证券法》第一百七十三条的规定,构成《证券法》第二百二十三条所述情形。对中磊所的违法行为,在相关审计报告上签字的注册会计师王越、黄国华是直接负责的主管人员。

王越、黄国华在听证中辩称:其一,在 IPO 审计阶段,已实施函证程序或采取必要替代程序,包括已对万福生科 2008 年年末银行存款实施函证;对万福生科 2009 年年末银行存款实施了检查等必要程序;对桃源县农信社的银行账户,取得了万福生科开销户申请和询证函回函;对万福生科 2008 年年末、2009 年年末的应收账款,已在对万福生科 2010 年 9 月 30 日应收账款函证的基础上,实施了账项核对、凭证检查等必要程序。其二,对 IPO 审计阶段评估的重大错报风险领域,已实施包括扩大函证样本量、询证发生额、现场走访客户、增加分析程序、扩大凭证检查样本量等在内的必要审计程序。其三,总体上而言,已按照审计准则的要求执行审计工作,虽然审计工作底稿存在某些瑕疵,但并不影响审计报告结论,与能否发现万福生科财务造假行为之间不存在必然联系。王越、黄国华提出其已按审计准则应用指南规定,履行相关监督、复核责任,且积极配合中国证监会调查工作。据此,王越、黄国华请求我会对其从轻处理。

我会认为,王越、黄国华的申辩理由不能成立:

其一,关于函证程序。当事人用于证明其已对万福生科 2008 年年末银行存款实施函证的证据,系其无法证明真实来源的"股改及 IPO 尽职调查审计"底稿。在我会调查中,当事人提供的 IPO 审计工作底稿中并无其对万福生科 2008 年年末银行存款实施函证的任何证据,王越、黄国华及审计助理梁某某在我会询问笔录中也承认未对 2008 年年末银行存款实施函证。询证函所涉及的桃源县农信社则称其从未开立过涉案银行账户,也从未受理过中磊所听证会上提供的询证函,询证函上的签章也并非桃源县农信社的签章。同时,中磊所对万福生科 2009 年年末银行存款和 2008 年年末、2009 年年末应收账款实施其他审计程序代替函证的做法,不符合《中国注册会计师审计准则第 1312 号——函证》的要求。中磊所实施的"必要程序",也未能为其发表审计意见提供充分、适当的审计证据。

其二,中磊所及其注册会计师针对评估的重大错报风险,虽已计划确定了包括实质性分析、函证、实地访谈等在内的应对措施,但上述应对措施并未得到有效执行。

其三,中磊所及其注册会计师未按照审计准则要求执行审计工作并导致出具的审计报告存在虚假记载的事实清楚、证据确凿。注册会计师应对所审计业务的质量负责,王越、黄国华所谓已经勤勉尽责的申辩理由不能成立。我会同时认为,对于责任人的处理,应综合考虑涉案违法行为的事实、性质、情节、社会危害程度及当事人是否配合调查等多种因素。本案中,当事人提出的从轻处理理由不能成立。

根据当事人违法行为的事实、性质、情节与社会危害程度,依据《证券法》第二百三十三条和《证券市场禁入规定》第五条的规定,我会决定:认定王越、黄国华为证券市场禁入者,自我会宣布决定之日起,终身不得从事证券业务或者担任上市公司董事、监事、高级管理人员职务。

当事人如果对本决定不服,可在收到本决定书之日起 60 日内向中国证券监督管理委员会申请行政复议,也可在收到本决定书之日起 3 个月内直接向有管辖权的人民法院提起行政诉讼。复议和诉讼期间,上述决定不停止执行。

关于对刘彦、胡筠实施市场禁入的决定

（〔2013〕15 号）

当事人：刘彦，女，1965 年 9 月出生，湖南博鳌律师事务所（以下简称博鳌所）主任，万福生科（湖南）农业开发股份有限公司（以下简称万福生科）首次公开发行股票并在创业板上市（以下简称 IPO）相关法律文件签字律师，住址：湖南省长沙市芙蓉区韶山路。

胡筠，男，1963 年 6 月出生，博鳌所合伙人，万福生科 IPO 相关法律文件签字律师，住址：湖南省长沙市天心区新开铺路。

依据《中华人民共和国证券法》（以下简称《证券法》）的有关规定，我会对博鳌所涉嫌违法违规行为进行了立案调查、审理，并依法向当事人告知了作出市场禁入的事实、理由、依据及当事人依法享有的权利。当事人刘彦、胡筠要求申辩和举行听证会。我会于 2013 年 6 月 26 日举行听证会，听取了刘彦、胡筠的陈述、申辩。本案现已调查、审理终结。

经查明，博鳌所在为万福生科 IPO 提供相关法律服务时，未能勤勉尽责地核查和验证所依据文件资料内容的真实性、准确性，导致其出具的法律意见书存在虚假记载。

一、在首次出具法律意见时，未能勤勉尽责地核查和验证万福生科重大销售合同的真实性、准确性

2010 年 12 月 28 日，博鳌所出具《关于万福生科（湖南）农业开发股份有限公司首次公开发行股票并在创业板上市的法律意见书》（以下简称《法律意见书》）。《法律意见书》称万福生科正在履行的重大合同包括：“销售合同 2 份、借款合同 9 份、担保合同 4 份、技术合作合同 5 份、工程技术承包合同 1 份、承销协议和保荐协议各 1 份等”。在博鳌所工作底稿中，前述 2 份销售合同对手方加盖的印章分别为“湖南省津市市中意糖果有限公司”、“湖南省常德市鼎城区裕佳食品有限公司”。

经查，万福生科客户中仅有名称为津市市中意糖果有限公司（以下简称中意糖果）、常德市鼎城区裕佳食品有限公司（以下简称裕佳食品）的客户，二者系万福生科 2007 年至 2010 年 9 月各报告期前两大客户。博鳌所工作底稿收集的 2 份销售合同中客户印章名称与万福生科前两大客户名称存在明显差异。中意糖果、裕佳食品证实该 2 份销售合同为虚假合同。博鳌所对上述 2 份重大销售合同的印章名称与客户名称存在明显差异的情况，未尽审慎核查义务，就在《法律意见书》中作出“上述合同均因发行人正常生产经营所签订，内容完备、真实、合法、有效”的结论性意见。

二、在核查销售合同及关联关系过程中，未能勤勉尽责地核查和验证相关文件资料的真实性、准确性

博鳌所在核查万福生科与主要客户销售合同及执行情况以及万福生科主要客户与万福生科相关人员、主要供应商的关联关系过程中，未能勤勉尽责，导致其未发现万福生科虚构销售的事实。

（一）在核查万福生科与主要客户签订销售合同过程中，未审慎履行核查和验证义务

博鳌所在 2011 年 3 月 6 日出具的《补充法律意见书（一）》中，以表格形式列举了万福生科 2007 年至 2010 年 9 月与公司前五大客户签订的 214 份销售合同以及合同履行情况。

根据博鳌所工作底稿，博鳌所从万福生科处收集了万福生科 2007 年至 2010 年 9 月各期与公司前五大客户（共计 10 家）签订的销售合同复印件 196 份，其中 190 份销售合同为《补充法律意见书（一）》表格中列举的销售合同。

经查，在博鳌所收集的上述销售合同中，中

意糖果、裕佳食品加盖的印章分别为“湖南省津市市中意糖果有限公司”、“湖南省常德市鼎城区裕佳食品有限公司”,印章名称与客户名称存在明显差异,相关销售合同为虚假合同。同时,其他部分销售合同中所列的湖南省傻牛食品厂、中山市民生粮食有限公司、东莞市樟木头华源粮油经营部、湖南省佳美食品工业有限公司等4家客户均否认与万福生科签订过书面合同。博鳌所对于上述销售合同未尽审慎核查义务,导致其未能发现万福生科虚构销售的事实。

此外,《补充法律意见书(一)》表格列示万福生科2007年与东莞市常平湘盈粮油经营部未签订书面合同,但博鳌所收集的196份销售合同中有5份为万福生科2007年与东莞市常平湘盈粮油经营部签订的销售合同。博鳌所《补充法律意见书(一)》所称事实与其收集的证据材料存在矛盾,未见博鳌所对此进行核查验证。

(二)在核查万福生科主要客户与万福生科相关人员、主要供应商关联关系过程中,未审慎履行核查和验证义务

博鳌所在《补充法律意见书(一)》中说明了万福生科董事、监事、高级管理人员及其关联方等在万福生科主要客户中是否拥有权益,以及万福生科主要供应商与主要客户是否存在关联关系的情况。博鳌所工作底稿显示,博鳌所向万福生科前五大客户、前五大供应商发出《问卷调查表》,对上述情况进行了核查。

经查,博鳌所《问卷调查表》大部分系交由万福生科办理。在回收的《问卷调查表》中,客户中意糖果、裕佳食品加盖的印章为“湖南省津市市中意糖果有限公司”、“湖南省常德市鼎城区裕佳食品有限公司”,供应商杨建中的签名为“杨建忠”。同时,《问卷调查表》中有供应商李纪州、向建兵、熊国太、王卫东、曾宏清、曾美云等人签名,但上述供应商均称没有律师向其核实了解过情况。博鳌所未对问卷调查实施过程保持适当控制,且未对回收的《问卷调查表》上存在明显不一致的情况进行审慎核查和验证,导致其未能发现万福生科虚构销售的事实。

三、在核查万福生科采购合同和销售合同过程中,未能勤勉尽责地核查和验证相关材料的真实性、准确性

为核实万福生科2007年至2010年签订的采购合同和销售合同及合同履行情况,博鳌所于2011年4月25日后向万福生科供应商、客户发出307份《律师函》,收到《律师函》回执286份。

经查,上述《律师函》大部分系博鳌所交由万福生科送达或邮寄。在收回的《律师函》回执中,客户中意糖果、裕佳食品加盖的印章为“湖南省津市市中意糖果有限公司”、“湖南省常德市鼎城区裕佳食品有限公司”。在万福生科各报告期前五大供应商的《律师函》回执中,有李纪州、向建兵、王卫东、曾宏清、曾美云等人签名,但上述人员均称没有律师向其核实了解过情况。博鳌所未对函证实施过程保持适当控制,且未对回收的《律师函》回执上的前述不一致情况进行审慎核查和验证,导致其未能发现万福生科虚构销售和采购的事实。

以上事实,有相关法律意见书、补充法律意见书、工作底稿、销售合同、律师函、工商登记资料、情况说明和询问笔录等证据证明,足以认定。

博鳌所未按照行业的执业标准,履行勤勉尽责的义务,致使其所出具的文件有虚假记载的行为,违反了《证券法》第一百七十三条的规定,构成《证券法》第二百二十三条所述“证券服务机构未勤勉尽责,所制作、出具的文件有虚假记载、误导性陈述或者重大遗漏”的行为。对此直接负责的主管人员为在万福生科IPO相关法律文件上签字的律师刘彦、胡筠。

刘彦、胡筠在听证中辩称:其一,2010年12月28日出具《法律意见书》中涉及中意糖果、裕佳食品的2份销售合同,系未实际履行的框架合同,不涉及万福生科的任何虚假业绩。其二,核查发行人与主要客户销售合同及其执行情况属于保荐机构的法定职责。博鳌所2011年3月6日出具的《补充法律意见书(一)》中的合同明细表格引自于保荐机构,博鳌所并未对此发表任何结论性意见。其三,律师核查关联关系主要是审查有无违公平、公正交易原则的关联交易。截至目前,既没有证据证明博鳌所对关联关系发表的意见是错误的,也没有证据证明万福生科财务造假是由关联关系造成的。其四,博鳌所2011年4月25日后收回的《律师函》回执并未作为博鳌所出具任何一次法律意见书的证据使用。其五,相较于对万福

生科相关人员和保荐机构的处罚，中国证监会对博鳌所及其相关人员的处罚有失公平。综上，刘彦、胡筠称其已履行尽责义务，出具的法律意见书没有构成对万福生科虚假业绩的虚假陈述或记载，没有造成任何危害社会的严重后果，中国证监会认定的事实、理由和法律依据均不能成立。

我会认为，刘彦、胡筠的申辩理由不能成立：

其一，博鳌所《法律意见书》中"发行人重大债权债务"部分仅涉及2份销售合同，且该2份销售合同系万福生科与前两大客户签订并被博鳌所披露为"正在履行的重大合同"。对于该合同，无论是否涉及万福生科业绩，律师均应保持法律专业人士的特别注意义务，予以审慎核查。

其二，博鳌所《补充法律意见书（一）》已对万福生科与主要客户合同及其履行情况发表了核查意见。同时，博鳌所已取得万福生科2007年至2010年9月与前五大客户签订的销售合同，但其未对销售合同的真实性、准确性进行核查和验证，导致其未能发现合同中的异常情况。博鳌所援引保荐机构制作的合同明细表格，不属于可以依法免责的理由。

其三，本案中，由于博鳌所未对《问卷调查表》、《律师函》的办理保持适当控制，也未对回收材料进行审慎核查，导致未能发现客户名称与所加盖公章名称不一致的情况，进而未能发现万福生科的财务造假问题。

其四，2011年4月25日《律师函》涉及验证万福生科采购合同、销售合同的真实性及执行情况，直接关系到万福生科经营业绩的真实性问题。博鳌所虽因未及时收回《律师函》回执等原因未在《补充法律意见书（三）》中对采购、销售合同发表意见，但其在收到相关《律师函》回执后，仍应予以审慎核查，以验证之前出具法律意见的恰当性。但博鳌所在之后出具的历次补充法律意见书中，均未对之前发表的法律意见作出修订，其对万福生科相关合同的核查和验证结论未发生变化。

其五，因万福生科的行为已涉嫌构成欺诈发行股票和违规披露、不披露重要信息犯罪，我会已将万福生科、龚永福、覃学军移送司法机关处理，对万福生科其他未移送人员已依法予以行政处罚。对其他中介机构及其人员的处罚，我会已综合考虑各自违法行为的事实、性质、情节、社会危害程度、配合调查机关查处、主动消除或减轻违法行为危害后果等各种因素，不存在所谓"有失公平"的情形。

综上，我会认为，博鳌所未审慎核查和验证获取的相关资料，对部分核查程序缺乏基本的控制，导致其未能发现万福生科的财务造假事实。博鳌所为万福生科IPO所出具的一系列法律意见书中均认定万福生科符合IPO条件，其法律意见书含有虚假记载。刘彦、胡筠的相关辩解理由不能成立。

根据当事人违法行为的事实、性质、情节与社会危害程度，依据《证券法》第二百三十三条和《证券市场禁入规定》第五条的规定，我会决定：认定刘彦、胡筠为证券市场禁入者，自我会宣布决定之日起，终身不得从事证券业务或者担任上市公司董事、监事、高级管理人员职务。

当事人如果对本决定不服，可在收到本决定书之日起60日内向中国证券监督管理委员会申请行政复议，也可在收到本决定书之日起3个月内直接向有管辖权的人民法院提起行政诉讼。复议和诉讼期间，上述决定不停止执行。

关于对黄运江、凌洪实施市场禁入的决定

（〔2013〕16号）

当事人：黄运江，男，1963年7月出生，新大地董事长兼总经理，住址：广东省梅州市梅江区滨江新村。

凌梅兰，女，1965年9月出生，新大地副董

事长,2008 年 7 月至 2010 年 10 月任新大地财务总监,住址:广东省梅州市梅江区滨江新村。

凌洪,男,1962 年 5 月出生,新大地监事,2010 年 10 月任新大地财务总监,住址:广东省深圳市罗湖区红岭南路。

依据《中华人民共和国证券法》(以下简称《证券法》)的有关规定,我会对新大地违法违规行为进行了立案调查、审理,并依法向当事人告知了作出市场禁入的事实、理由、依据及当事人依法享有的权利。所有当事人均要求陈述、申辩和举行听证会。据此,我会于 2013 年 7 月 23 日举行听证会,听取了其陈述、申辩。本案现已调查、审理终结。

经查明,新大地在 2012 年 4 月 12 日预披露的招股说明书申报稿以及上会稿中存在重大遗漏,且在 2009 年至 2011 年年度报告中虚假记载。具体事实如下:

一、新大地通过多种手段虚增 2011 年利润总额 1521.07 万元,占当年利润总额的 36.13%

(一)新大地 2011 年财务账册多记向梅州市喜多多超市连锁有限公司(以下简称喜多多超市)、平远县农业局、梅州市林业局、深圳市铁汉生态环境股份有限公司、深圳致君药业有限公司、平远县飞龙实业有限公司飞龙超市(以下简称飞龙超市)、平远县林业局、平远县金利贸易有限公司(以下简称平远金利)、平远县财政局等 9 家客户的商品销售,共计虚增 2011 年营业收入 2,246,928.38 元,虚增营业成本 1,169,434.58 元,虚增利润总额 1,077,493.8 元。

(二)新大地 2011 年财务账册多记向梅州市梅江区风火综合商行、平远县健记土特产(以下简称健记土特产)、平远县通汇自选商场(以下简称通汇自选商场)、五华县春晖燃气发展有限公司县城总经销等 4 家客户的商品销售,多记部分的销售回款资金来源于新大地或其控制使用的公司及个人银行账户,共计虚增 2011 年营业收入 850,544.3 元,虚增营业成本 529,016.74 元,虚增利润总额 321,527.56 元。

(三)新大地利用黄运江向吴某平的借款,及其子黄某斌获得的贷款资金,从出借方账户直接转入新大地账户,或经新大地控制使用的账户转账至客户,并最终转入新大地,新大地据此确认销售回款 917.94 万元,虚增 2011 年营业收入 8,001,161.81 元,虚增营业成本 3,828,530.1 元,虚增利润总额 4,172,631.71 元。

(四)2011 年 6 月,新大地转款 135.2 万元至其他账户,其中部分资金再转入新大地控制使用的平远县源源农副产品销售部(以下简称源源农副)账户,随即分别转款至梅塘西路宏德建材经营部等 5 家单位,该 5 家单位于收款当日转出等额资金至新大地;12 月,新大地转款 40 万元至新大地控制使用的账户,其中 23.44 万元再转入梅州市九州贸易有限公司(以下简称九州贸易),九州贸易于收款当日转出等额资金至新大地;12 月,新大地向其董事黄鲜露邮政储蓄银行账户存入资金 200,100 元,黄鲜露于当日向广州市越秀区嘉阳贸易商行(以下简称嘉阳贸易)转账 200,050 元(另付转账手续费 50 元),嘉阳贸易于收款当日转款 20 万元至新大地。上述最终划回新大地账户的资金被确认为销售回款,虚增 2011 年营业收入 1,170,541.4 元,虚增营业成本 524,813.19 元,虚增利润总额 645,728.21 元。

(五)2011 年 11 月,新大地将五华县财政局应拨付其的政府补贴款 100 万元,经新大地控制使用的梅州维运新农业发展有限公司(以下简称维运新农业,原名新大地油茶发展有限公司)账户转款 45 万元至九州贸易,九州贸易于收款当日转出等额资金至新大地,新大地据此确认销售回款,虚增 2011 年营业收入 387,584.53 元,虚增营业成本 123,204.7 元,虚增利润总额 264,379,83 元。

(六)2011 年 12 月,凌梅兰向天津久丰股权投资基金合伙企业(以下简称天津久丰)转让新大地股份应收的股权转让款 300 万元,经新大地控制使用的梅州志联实业有限公司(以下简称梅州志联)账户,分别转款 30 万元、23.19 万元和 20.44 万元至梅州市梅江区伟梅商行、梅州市鸿隆实业有限公司和嘉阳贸易,以上 3 家公司于收款当日转出等额资金至新大地。新大地据此确认销售回款,虚增 2011 年营业收入 646,920.66 元,虚增营业成本 341,016.8 元,虚增利润总额 305,903.86 元。

(七)2011 年,由新大地提供资金,经新大地的关联方梅州市曼陀神露山茶油专卖店(以下简称曼陀神露)、梅州志联账户等最终回到新大地，虚增2011年营业收入3,920,221.5元，虚增营业成本2,383,143.75元，虚增利润总额1,537,077.75元。

（八）2011年3月至5月、11月、12月、2012年6月，由新大地提供资金，经梅州志联、新大地关联方梅州市三鑫有限公司（以下简称梅州三鑫）、源源农副账户转款至梅州市康之基农业科技发展有限公司（以下简称康之基）账户，再转入新大地；此外以康之基名义向新大地存入现金，以上共转入或存入新大地资金2,919,500元，由新大地确认为销售回款，虚增2011年营业收入2,342,035.4元，虚增营业成本1,643,835.32元，虚增利润总额698,200.08元。

（九）2011年3月，新大地从维运新农业账户转出资金，经维顺农工贸发展有限公司（以下简称维顺农工贸）转入新大地；4月、5月和10月，新大地将其自有资金及平远县人民政府办公室拨付其的资金，通过维运新农业、梅州志联、梅州三鑫、源源农副等账户，经维顺农工贸转入新大地；12月，新大地将来源于黄运江向吴某平的借款资金，经维顺农工贸转入新大地。以上共转入新大地资金3,225,840元，新大地据此确认为销售回款，虚增2011年营业收入2,827,970.59元，虚增营业成本1,793,117.77元，虚增利润总额1,034,852.82元。

（十）2011年11月、12月，新大地以采购货物、支付劳务费名义向其控制使用的个人账户转入资金，之后全额或部分取出，同时从源源农副等其他账户（资金最终来源为新大地获取的财政补贴款，黄运江、凌梅兰及其子黄某斌的借款或新大地股权转让款）取现，并先后于取现当日以178个客户销售回款的名义存入新大地银行账户。共有14天存在上述存取款业务在同一天、同一银行网点由新大地同一经办人办理，存取金额全部或基本相同的情形，合计确认销售回款9,112,794元，虚增2011年营业收入7,996,270.6元，虚增营业成本4,979,457.29元，虚增利润总额3,016,813.31元。

（十一）2011年2月、6月至8月，新大地将获取的财政补贴款等多项资金，转入新大地控制使用的账户后，以采购货物，支付差旅费、备用金名义取现，并先后于取现当日以52个客户销售回款的名义直接存入新大地。共有6天存在上述存取款业务在同一天、同一银行网点由新大地同一经办人办理，存取金额全部或基本相同的情形，合计确认销售回款2,557,495元，虚增2011年营业收入2,260,328.3元，虚增营业成本1,425,691.55元，虚增利润总额834,636.75元。

（十二）2011年1月至6月、9月、11月、12月，新大地获取的财政补贴款等多项资金，转入梅州三鑫、梅州志联银行账户后，再转入源源农副账户或新大地关联方凌某平、黄某燕等个人账户后取现，并先后于取现当日以129个客户销售回款的名义直接存入新大地。共有19天存在上述存取款业务在同一天、同一银行网点由新大地同一经办人办理，存取金额全部或基本相同的情形，合计确认销售回款10,150,723元，虚增2011年营业收入8,909,015.58元，虚增营业成本5,268,758.14元，虚增利润总额3,640,257.45元。

上述第1项至12项存在重复计算的虚增营业收入6,150,129.86元、虚增营业成本3,811,340.55元、虚增利润总额2,338,789.31元，在合并计算时已予以剔除。

二、新大地通过多种手段虚增2010年利润总额289.15万元，占当年利润总额的10.89%

（一）新大地2010年财务账册多记向喜多多超市、平远县农业局、梅州市林业局、飞龙超市、平远金利和平远县财政局等6家客户的销售业务，虚增2010年营业收入1,297,533.83元，虚增营业成本625,420.2元，虚增利润总额672,113.63元。

（二）新大地2010年财务账册多记向健记土特产、通汇自选商场2家客户的商品销售，多记部分的销售回款资金来源于新大地的关联方梅州市绿康农副产品经营部（以下简称梅州绿康）账户和凌某平账户，共计虚增2010年营业收入55,574.18元，虚增营业成本29,180.21元，虚增利润总额26,393.97元。

（三）2010年5月、8月、11月，新大地关联方陈某、梅州三鑫转款至新大地控制使用的银行账户，随即分别转款11万元、8.2万元和19.9万元至新大地账户，新大地确认为销售回款，虚增2010年营业收入344,792.45元，虚增营业成本206,768.91元，虚增利润总额138,023.54元。

（四）2010年6月，新大地经其他账户转款至其控制使用的平远县绿丰农业科技发展有限公司(以下简称绿丰农业)账户、梅州绿康账户,最终从曼陀神露转款25万元回到新大地;2010年,新大地关联方凌某平和梅州市鸿达装饰有限公司(以下简称鸿达装饰)分6次转款合计644,787元至曼陀神露,曼陀神露随即转入新大地,合计转入651,947元。新大地将以上收到的资金确认为销售回款,虚增2010年营业收入791,882.86元,虚增营业成本393,847.8元,虚增利润总额398,035.06元。

(五)2010年3月至12月,新大地从凌梅兰、凌某平个人银行账户提取现金,并先后于取现当日以163个客户销售回款的名义存入新大地。共有16天存在上述存取款业务在同一天、同一银行网点由新大地同一经办人办理,存取金额全部或基本相同的情形,合计确认销售回款2,557,900元,虚增2010年营业收入2,251,792.90元,虚增营业成本1,491,888.25元,虚增利润总额759,904.65元。

(六)2010年6月至11月,新大地自有资金、新大地获取的专项资金或鸿达装饰账户的资金,通过往来款等名义转出至平远县二轻建筑工程公司(以下简称平远二轻建)、梅州三鑫账户,再经绿丰农业、梅州绿康账户多次转账并取现后,以客户名义存入新大地。共有15天存在上述存取款业务在同一天、同一银行网点由新大地同一经办人办理,存取金额全部或基本相同的情形,合计确认销售回款2,919,000元,虚增2010年营业收入2,573,223.65元,虚增营业成本1,509,565.34元,虚增利润总额1,063,658.31元。

上述第1项至第6项存在重复计算的虚增营业收入320,748.49元、虚增营业成本154,075.59元、虚增利润总额166,672.90元,在合并计算时已予以剔除。

三、新大地通过多种手段虚增2009年利润总额251.9万元,占当年利润总额的14.87%

(一)新大地2009年财务账册多记向喜多多超市、梅州市林业局、平远金利和平远县财政局等4家客户的销售业务,虚增2009年营业收入405,310.92元,虚增营业成本194,131.97元,虚增利润总额211,178.95元。

(二)2009年5月,鸿达装饰及梅州三鑫账户转款至梅州绿康,5月、6月、7月梅州绿康分别向新大地转款2.2万元、15.93万元、5.3万元,新大地确认为销售回款,虚增2009年营业收入207,345.12元,虚增营业成本76,713.01元,虚增利润总额130,632.11元。

(三)新大地通过其控制的账户及曼陀神露虚增2009年营业收入2,929,538.99元,虚增营业成本952,265.95元,虚增利润总额1,977,273.04元。

(四)2008年,新大地与立信会计师事务所有限公司签订《业务约定书》,约定分期支付中介服务费用,新大地将已支付的20万元中介服务费用记录为预付账款,少计2009年管理费用20万元,多计预付账款20万元。

四、新大地2009年至2011年虚增固定资产

新大地2009年至2011年以支付工程款的名义划款至平远二轻建,由此形成在建工程,并最终计入固定资产项下,而平远二轻建并未为其实施工程建造,由此,新大地2009年虚增固定资产227.68万元,2010年虚增固定资产648.73万元,2011年虚增固定资产264.5万元。

五、新大地在2012年4月12日预披露的招股说明书申报稿以及上会稿中遗漏关联方关系及其交易

(一)由于曼陀神露及其经营者与新大地及其实际控制人之间存在特殊关系,以及新大地可能或已经为曼陀神露及其经营者提供了利益倾斜,新大地报告期前十大客户之一的曼陀神露为新大地的关联方。2009年至2011年,新大地与曼陀神露交易金额分别为19.89万元、122.13万元和104.31万元。该关联方关系及其交易均未在招股说明书申报稿以及上会稿中披露。

(二)鸿达装饰法定代表人黄某光于2009年至2011年担任新大地监事,且黄某光是黄运江的弟弟,鸿达装饰为新大地的关联方。2009年新大地与鸿达装饰交易金额为23.41万元。该关联方关系及其交易未在招股说明书申报稿以及上会稿中披露。

(三)梅州绿康经营者陈某系凌洪之妻,凌洪系凌梅兰的哥哥,凌洪于2009年至2010年

10月任新大地监事，2010年10月任新大地财务总监，梅州绿康为新大地的关联方。2009年、2010年新大地与梅州绿康交易金额分别为38.86万元和23.88万元。该关联方关系及其交易均未在招股说明书申报稿以及上会稿中披露。

六、新大地在2012年4月12日预披露的招股说明书申报稿以及上会稿中遗漏控股股东股份转让情况

2011年12月20日，凌梅兰与天津久丰和广东富升投资管理有限公司签订股份转让合同，将其持有的300万股新大地股份以2100万元转让给上述2家公司，该重大事项未在招股说明书申报稿以及上会稿中披露。

以上事实有新大地招股说明书，新大地2009年至2011年年度财务报告，相关会议决议，财务账册，会计凭证，银行开销户资料，资金存取和划款凭证，工商登记资料，相关合同、文件和协议，询问笔录，情况说明等证据证明，足以认定。

新大地上述行为违反了《证券法》第十三条、第二十条第一款、第六十三条的规定，构成了《证券法》第一百九十三条第一款"发行人、上市公司或者其他信息披露义务人未按照规定披露信息，或者所披露的信息有虚假记载、误导性陈述或者重大遗漏的"和第二款"发行人、上市公司或者其他信息披露义务人未按照规定报送有关报告，或者报送的报告有虚假记载、误导性陈述或者重大遗漏的"的行为。黄运江和凌梅兰是上述违法行为直接负责的主管人员，凌洪是其他直接责任人员。

当事人主要申辩认为：一、资金循环过程中的维运新农业、梅州志联等账户并非如告知书所述为新大地所控制使用；二、资金循环中部分资金源头如康之基、维顺农工贸并非来自新大地，而是其他人向黄运江的借款，或是其自有资金；三、从新大地账户同时取现再存现，是由于之前占用了销售款去支付采购款，因此将新大地自有资金从账户取出，再以客户名义存回新大地账户以还原之前被占用的销售款；四、拟作出处罚过重，新大地系主动撤回首次发行申请文件，具有从轻、减轻情节。

经我会复核，从工商登记信息、相关账户的大额资金转出控制、对账业务控制及账户实际使用等因素综合判断，新大地控制使用维运新农业、梅州志联等银行账户可以认定；新大地通过其控制使用的银行账户，将其自有资金或其可以调度的外部资金，经过转账、直接存入现金或同时在不同账户取现再存现，最终以客户销售回款的名义转回新大地。上述资金循环路径清晰，并有对客户的抽访、销售业务合理性的分析等证据予以佐证。我会认为，当事人提交的证据不能支持其申辩意见，上述违法事实可以认定，相关申辩意见不予采纳。

经我会复核，新大地主动撤回首发申请文件，只能表明从形式上看是其自主作出的行为，但并不属于其反省自己的违法行为、为减轻危害后果而主动中止的行为，不具有法定从轻、减轻情节。新大地具有报送、预披露有虚假记载、重大遗漏报告的主观故意，情节十分恶劣，相关申辩意见不予采纳。

根据当事人违法行为的事实、性质、情节与社会危害程度，依据《证券法》第二百三十三条和《证券市场禁入规定》第五条的规定，我会决定：

一、认定黄运江、凌梅兰为证券市场禁入者，自我会宣布决定之日起，终身不得从事证券业务或者担任上市公司董事、监事、高级管理人员职务；

二、认定凌洪为证券市场禁入者，自我会宣布决定之日起，10年内不得从事证券业务或者担任上市公司董事、监事、高级管理人员职务。

当事人如果对本决定不服，可在收到本决定书之日起60日内向中国证券监督管理委员会申请行政复议，也可在收到本决定书之日起3个月内直接向有管辖权的人民法院提起行政诉讼。复议和诉讼期间，上述决定不停止执行。

关于对王海滨、刘春奎实施市场禁入的决定

(〔2013〕17 号)

当事人:王海滨,男,1964 年 7 月出生,广东新大地生物科技股份有限公司(以下简称新大地)首次公开发行股票并在创业板上市(以下简称 IPO)审计报告签字注册会计师,住址:安徽省淮北市相山区淮海路 220 号。

刘春奎,男,1973 年 10 月出生,新大地 IPO 审计报告签字注册会计师,住址:河北省石家庄市长安区谈固南大街 25 号。

依据《中华人民共和国证券法》(以下简称《证券法》)的有关规定,我会对大华会计师事务所有限公司(以下简称大华所)违法违规行为进行了立案调查、审理,并依法向当事人告知了作出市场禁入的事实、理由、依据及当事人依法享有的权利。当事人王海滨、刘春奎均要求举行听证会。据此,我会于 2013 年 7 月 25 日举行听证会,听取了其陈述、申辩。本案现已调查、审理终结。

经查明,大华所及其注册会计师在为新大地 IPO 提供审计鉴证服务过程中,未能勤勉尽责,出具的审计报告、核查意见等文件存在虚假记载。具体违法事实如下:

(一)在审计新大地 2009 年主营业务收入项目的过程中,大华所对新大地 2009 年主营业务毛利率进行了统计,并将统计结果记录于工作底稿,但未对毛利率巨幅波动(3 月为 -104.24%,11 月为 90.44%)做出审计结论,也未对异常波动的原因进行分析。

在审计新大地 2011 年主营业务收入项目的过程中,在 12 月毛利率与全年平均毛利率偏离度超过 33% 的情况下,未保持适当的职业审慎,得出全年毛利率无异常波动的结论;且在审计当年应收账款过程中,也未保持适当的职业审慎,未发现 2011 年 12 月新大地现金销售回款占当月销售回款 43% 的异常情形,也未对上述两项异常进一步查验。

(二)大华所工作底稿显示,2011 年 10 月 21 日,大华所在深圳对梅州市绿康农副产品经营部(以下简称梅州绿康)经营者陈某进行了实地访谈,访谈笔录中记载新大地对梅州绿康 2010 年度销售金额与新大地账面数相同。经查明,大华所等中介机构及其人员当日并未对梅州绿康进行实地访谈,且 2010 年新大地向梅州绿康虚假销售 34.48 万元。而大华所在关于新大地有关举报问题的核查意见中称,大华所与保荐机构、律师事务所等三家中介机构对梅州绿康进行了实地访谈,其向新大地采购茶油情况与发行人 2010 年度茶油销售情况一致。

以上事实,有大华所出具的审计报告、核查意见、工作底稿、有关人员的询问笔录等证据证明,足以认定。

大华所未按照行业标准履行勤勉尽责义务,其做法不符合《中国注册会计师审计准则(2006 年)第 1313 号——分析程序》、《中国注册会计师审计准则(2010 年)第 1313 号——分析程序》等相关规定,所出具的审计报告、核查意见等文件有虚假记载,违反了《证券法》第二十条第二款、第一百七十三条的规定,构成《证券法》第二百二十三条所述违法行为。对大华所的上述违法行为直接负责的主管人员为王海滨、刘春奎。

当事人在听证中辩称:其一,新大地 2009 年、2011 年月份综合毛利率出现较大波动系由于其生产和销售季节性特点较强的原因,年度之间并未出现重大异常,会计师在报告期内对于现金销售、毛利率波动等风险一直充分关注并实施了审计程序,新大地的会计责任不能扩大为会计师的审计责任;其二,对梅州绿康虚假访谈事项不构成大华所正常履行的复核流程瑕疵,2010 年新大地向梅州绿康虚假销售 34.48 万元,仅占当年主营业务收入的 0.39%,并不

构成重大影响。

我会认为，当事人的申辩理由不能成立：

其一，新大地产品的市场价格与原材料的市场价格具有较强的联动性，毛利率可以持续保持一个高水平而不会出现较大的波动，2009年3月份、11月份毛利率巨幅波动，2011年12月毛利率明显高于年平均水平且当月销售现金回款过高，大华所未对上述异常保持应有的职业审慎。

其二，大华所在未作真实走访的情况下，制作虚假访谈笔录，不仅未履行勤勉尽责义务，也违背了基本的职业道德。

根据当事人违法行为的事实、性质、情节与社会危害程度，依据《证券法》第二百三十三条和《证券市场禁入规定》第五条的规定，我会决定：认定王海滨、刘春奎为证券市场禁入者，自我会宣布决定之日起，7年内不得从事证券业务或者担任上市公司董事、监事、高级管理人员职务。

当事人如果对本决定不服，可在收到本决定书之日起60日内向中国证券监督管理委员会申请行政复议，也可在收到本决定书之日起3个月内直接向有管辖权的人民法院提起行政诉讼。复议和诉讼期间，上述决定不停止执行。

关于对刘军实施市场禁入的决定

（〔2013〕18号）

当事人：刘军，男，1972年11月出生，广东新大地生物科技股份有限公司（以下简称新大地）首次公开发行股票并在创业板上市（以下简称IPO）相关法律文件签字律师，住址：贵州省独山县城关镇中华北路33号。

依据《中华人民共和国证券法》（以下简称《证券法》）的有关规定，我会对北京市大成律师事务所（以下简称大成所）违法违规行为进行了立案调查、审理，并依法向当事人告知了作出市场禁入的事实、理由、依据及当事人依法享有的权利。当事人刘军要求申辩和举行听证会。据此，我会于2013年7月24日举行听证会，听取了刘军的陈述、申辩。本案现已调查、审理终结。

经查明，大成所在为新大地IPO提供相关法律服务时，未能勤勉尽责地开展核查验证，其出具的法律意见书等文件存在虚假记载。具体违法事实如下：

（一）大成所在未对梅州维运新农业发展有限公司实际控制人廖某梅进行实地访谈的情况下，制作虚假的实地访谈笔录，并在补充法律意见书（五）中作出对廖某梅进行了实地访谈的虚假记载。

（二）大成所在未对梅州市绿康农副产品经营部（以下简称梅州绿康）经营者陈某进行实地访谈的情况下，在专项核查意见中作出对梅州绿康进行了实地访谈的虚假记载。

（三）大成所未全面收集并认真查验梅州绿康的工商资料，未能发现梅州绿康经营者陈某系新大地财务总监凌洪的配偶，未认定梅州绿康与新大地的关联关系，在其出具的补充法律意见书（二）中，称“确认、查阅了发行人主要客户和供应商的工商档案”，并根据新大地11名自然人股东的声明及承诺，认为新大地股东、财务总监凌洪与主要客户及供应商（包含梅州绿康）无关联关系。

（四）新大地与梅州市曼陀神露山茶油专卖店（以下简称曼陀神露）之间存在如下异常情况：（1）曼陀神露先后以黄某燕、邹某的名义申请办理工商登记，两次登记时预留的联系电话与新大地相同；（2）黄某燕办理工商登记时预留的个人联系电话为新大地董事黄鲜露的手机号码；（3）曼陀神露与受新大地董事长黄运江实际控制的梅州市三鑫有限公司（以下简称梅州三鑫）签订经营房屋租赁合同时预留的联系电话，与新大地实际控制人凌梅兰的联系方式相同;并且黄某燕担任曼陀神露经营者期间;(4)曾作为新大地职工代表参加了新大地选举职工监事的会议;(5)梅州三鑫将其持有的新大地股份转让给他人时,黄某燕为收款经办人;(6)2008 年 5 月 2 日至 31 日,新大地向平远县绿原农副产品收购站等销售的出仓单上,制单人为黄某燕。对于上述异常,大成所律师未履行法律专业人士特别的注意义务,并采取进一步的核查措施予以排除或证实,就在补充法律意见书(一)、补充法律意见书(二)以及专项核查意见中,作出曼陀神露与新大地不存在关联关系的法律意见。

(五)大成所调取了梅州市鸿达装饰有限公司(以下简称鸿达装饰)的工商资料,其法定代表人为新大地董事长黄运江之弟黄某光,黄某光在向大成所填报的《公司董监高及其他核心人员在其他公司投资情况调查表》中,表明其持有鸿达装饰 60% 的股份。但大成所在出具法律意见时未审慎尽责,在出具的补充法律意见书(一)中称发行人已充分披露关联方,未指出新大地并未披露与鸿达装饰存在关联关系的事实。

以上事实,有大成所出具的有关法律意见书及专项核查意见、工作底稿、笔迹鉴定结论、相关人员询问笔录等证据证明,足以认定。

大成所未按照行业的执业标准履行勤勉尽责的义务,所出具的文件有虚假记载,其行为违反了《证券法》第二十条第二款、第一百七十三条的规定,构成《证券法》第二百二十三条所述"证券服务机构未勤勉尽责,所制作、出具的文件有虚假记载、误导性陈述或者重大遗漏"的行为。对此直接负责的主管人员包括刘军。

当事人刘军在其陈述申辩意见书及听证中辩称:其一,对廖某梅的访谈真实与否不影响法律意见的真实有效,并未导致法律意见书的虚假记载。其二,未发现梅州绿康与凌洪的关联关系是因为凌洪的故意隐瞒,律师在未发现异常的情况下未查询工商底档不违反任何法律法规之规定。其三,已对曼陀神露与新大地之间的异常情况做了必要了解并获得合理解释,且新大地与曼陀神露之间没有虚构交易。其四,鸿达装饰不属于依照《公开发行证券的公司信息披露编报规则第 12 号——公开发行证券的法律意见书和律师工作报告》所须披露的关联方,且根据重要性原则,未将鸿达装饰作为关联方披露并不构成重大遗漏或虚假记载。其五,新大地未进入发行程序,未致投资者利益遭受损害,且本案社会影响并非由律师造成。其六,其本人在尽职调查过程中虽有不当核查方式,但未造成法律意见书的虚假记载,违法情节轻微,对其处罚过重。

我会认为,当事人刘军的申辩理由不能成立:

其一,当事人并未否认其虚构廖某梅、梅州绿康访谈的事实。依据《律师事务所从事证券法律业务管理办法》、《律师事务所证券法律业务执业规则(试行)》等相关规定,律师事务所所制作、出具的文件之内容并不仅限于结论性意见,也包括对相关事实材料及查验工作的表述,以及作出结论性意见的论证分析。大成所及其经办律师在未对廖某梅、梅州绿康进行实地访谈的情况下,在法律意见书及专项核查意见等文件中对查验方式和查验过程等内容作出虚假表述,构成《证券法》第二百二十三条所述虚假记载的行为。

其二,大成所及其经办律师未全面收集梅州绿康的工商资料,构成未勤勉尽责。判断关联关系属于律师核查义务的主要内容之一,律师对此应履行法律专业人士特别的注意义务,而查阅工商登记资料是判断关联关系的重要核查手段。梅州绿康系新大地 2009 年前十大客户之一,且我会在反馈意见中也明确要求大成所对新大地 11 名自然人股东(包括凌洪)与新大地主要客户(包括梅州绿康)及供应商的关系发表意见,因此,无论是从专业性,还是从重要性而言,律师在查阅工商资料工作中都负有专业人士特别的注意义务,应当依法对所依据的文件资料内容的真实性、准确性、完整性进行核查和验证。大成所未全面收集并认真查验梅州绿康的工商资料,仅调取了机读档案信息,其所调取的资料不完整,核查验证不充分,构成未勤勉尽责的情形。

其三,对于新大地与曼陀神露之间的异常情况,即使以普通人的注意义务标准,也会对两者是否存在关联关系提出怀疑,大成所律师作为专业人士,应履行法律专业人士的特别注意义务,并采取必要的措施予以证实或排除。虽然大成所辩称已进行了解并获得合理解释,但从大成所提供的全部工作底稿来看，并未发现相关工作记录，而工作底稿的质量是判断律师是否勤勉尽责的重要依据。当事人的申辩不能成立。

其四，我会在第一次反馈意见中明确要求律师核查新大地关联方的披露是否完整并发表明确意见。大成所在其回复的补充法律意见书（一）中作出“发行人已经对其关联方进行了充分地披露”的法律意见时，也不仅仅针对持有发行人股份5%以上的关联方，而是针对六个方面的关联方，其中既有持有发行人5%以上股份的关联方，也有与实际控制人关系密切的家庭成员控制的企业。由此可见，大成所在出具补充法律意见书时对中国证监会的要求已有明确理解，即应当核查关联方的披露是否完整，而非是否存在重大遗漏。而大成所在明知鸿达装饰是新大地之关联方、新大地对此关联关系未予披露的情况下，仍出具了新大地对其关联方已充分披露的法律意见，此项意见明显不真实，构成虚假记载。

其五，新大地报送含有虚假内容的发行申报材料，具有极大的社会危害性，影响恶劣。大成所未勤勉尽责，所出具的文件有虚假记载。大成所作为新大地首次公开发行项目的法律服务机构，其所出具的文件是投资者和中国证监会确认相关事项是否合法的重要依据，大成所在新大地违法违规事实中难辞其咎。刘军作为执业律师，不仅未勤勉尽责，且制作虚假的访谈笔录，无视律师从业诚实、守信、独立、勤勉的原则，且在面对调查时刻意掩盖，直至进入听证程序后才予以承认，其行为严重违背了律师职业道德和执业纪律，情节恶劣。

根据当事人违法行为的事实、性质、情节与社会危害程度，依据《证券法》第二百三十三条和《证券市场禁入规定》第五条的规定，我会决定：认定刘军为证券市场禁入者，自我会宣布决定之日起，5年内不得从事证券业务或者担任上市公司董事、监事、高级管理人员职务。

当事人如果对本决定不服，可在收到本决定书之日起60日内向中国证券监督管理委员会申请行政复议，也可在收到本决定书之日起3个月内直接向有管辖权的人民法院提起行政诉讼。复议和诉讼期间，上述决定不停止执行。

关于对胡冰、廖建华实施市场禁入的决定

（〔2013〕19号）

当事人：胡冰，男，1971年12月出生，广东新大地生物科技股份有限公司（以下简称新大地）首次公开发行股票并在创业板上市（以下简称IPO）保荐代表人，住址：江苏省南京市建邺区拓园91号。

廖建华，男，1968年7月出生，新大地IPO保荐代表人，住址：湖南省长沙市芙蓉区农大路1号。

依据《中华人民共和国证券法》（以下简称《证券法》）的有关规定，我会对南京证券有限责任公司（以下简称南京证券）违法违规行为进行了立案调查、审理，并依法向当事人告知了作出市场禁入的事实、理由、依据及当事人依法享有的权利。当事人胡冰、廖建华均未提出陈述、申辩意见，也未要求听证。本案现已调查、审理终结。

2011年6月至2012年6月，南京证券出具《关于广东新大地生物科技股份有限公司首次公开发行股票并在创业板上市发行保荐书》以及对上市申请文件反馈意见的回复、对有关举报问题的专项核查意见等文件，经查明，南京证券在推荐新大地IPO过程中，存在以下违法事实：

（一）南京证券未按规定对新大地2011年度、2011年1至6月、2010年度主要原材料茶籽、茶饼前十大供应商进行核查，仅随机抽查了

10 个并非前十大供应商的农户,就在对新大地上市申请文件反馈意见的回复等文件中称,通过实地走访、发询证函或查阅工商档案等方式对新大地 2011 年度、2011 年 1 至 6 月、2010 年度主要原材料茶籽、茶饼前十大供应商进行了核查,并作出新大地对主要原材料茶籽、茶饼前十大供应商的采购情况符合实际的结论。

(二)南京证券未按规定对新大地招股说明书上会稿中披露的 2009 年度销售前十大客户中的梅州市喜多多超市连锁有限公司(以下简称喜多多超市)、梅州市绿康农副产品经营部(以下简称梅州绿康)销售金额的真实性进行审慎核查,从而未能发现当年新大地向喜多多超市、梅州绿康虚假销售的事实。

(三)南京证券未按规定全面收集并认真查验梅州绿康的工商登记资料,未能发现梅州绿康经营者陈某系新大地财务总监凌洪的配偶。南京证券在 2011 年 6 月 10 日出具的反馈意见回复说明中发表了梅州绿康与新大地不存在关联关系的意见。

新大地与梅州市曼陀神露山茶油专卖店(以下简称曼陀神露)之间存在如下异常情况:"(一)曼陀神露先后以黄某燕、邹某的名义申请办理工商登记,两次登记时预留的联系电话与新大地相同;(二)黄某燕办理工商登记时预留的个人联系电话为新大地董事黄鲜露的手机号码;(三)曼陀神露与受新大地董事长黄运江实际控制的梅州市三鑫有限公司(以下简称梅州三鑫)签订经营房屋租赁合同时预留的联系电话,与新大地实际控制人凌梅兰的联系方式相同;(四)2009 年 11 月梅州三鑫将其持有的新大地股份转让给他人时,收款经办人为黄某燕。对上述异常情况,南京证券未保持应有的职业谨慎并采取进一步的核查措施。"

南京证券收集的工作底稿及报送的新大地辅导验收材料中,均披露过新大地董事长黄运江之弟黄某光系梅州市鸿达装饰有限公司(以下简称鸿达装饰)实际控制人,但未保持足够的职业审慎,未能核查出新大地招股说明书上会稿未披露鸿达装饰为新大地关联企业的问题,在向中国证监会出具的反馈意见回复中也未进行披露。南京证券对上述事项的尽职调查未勤勉尽责。

(四)南京证券在未对梅州绿康经营者陈某作实地访谈的情况下,在出具的专项核查意见中,作出对梅州绿康进行了实地访谈的虚假记载。

(五)南京证券工作底稿中收集的新大地原材料明细表显示,新大地 2009 年至 2011 年度煤炭采购账面金额分别为 89.46 万元、180.04 万元、273.26 万元,与新大地招股说明书上会稿披露的金额 85.83 万元、159.92 万元和 294.61 万元分别相差 3.63 万元、20.12 万元、21.35 万元。上述差额分别占新大地当年披露煤炭采购金额的 4.23%、12.58% 和 7.25%。南京证券对上述事项的尽职调查未勤勉尽责。

以上事实,有新大地招股说明书上会稿、南京证券出具的发行保荐书、反馈意见回复、专项核查意见、工作底稿、有关人员的询问笔录等证据证明,足以认定。

南京证券的上述行为,违反了《证券法》第十一条第二款的规定,构成了《证券法》第一百九十二条所述"保荐人出具有虚假记载、误导性陈述或者重大遗漏的保荐书,或者不履行其他法定职责"的情形,对此直接负责的主管人员为胡冰、廖建华。

根据当事人违法行为的事实、性质、情节与社会危害程度,依据《证券法》第二百三十三条和《证券市场禁入规定》第五条的规定,我会决定:认定胡冰、廖建华为证券市场禁入者,自我会宣布决定之日起,终身不得从事证券业务或者担任上市公司董事、监事、高级管理人员职务。

当事人如果对本决定不服,可在收到本决定书之日起 60 日内向中国证券监督管理委员会申请行政复议,也可在收到本决定书之日起 3 个月内直接向有管辖权的人民法院提起行政诉讼。复议和诉讼期间,上述决定不停止执行。

关于对徐浩明等四人实施市场禁入的决定

（〔2013〕20 号）

当事人：徐浩明，男，1965 年 10 月出生，时任光大证券股份有限公司（以下简称光大证券）法定代表人、总裁，住址：上海市徐汇区高安路。

杨赤忠，男，1968 年 4 月出生，时任光大证券助理总裁，分管策略投资部，住址：上海市浦东新区锦绣路。

沈诗光，男，1971 年 10 月出生，时任光大证券计划财务部总经理兼办公室主任，住址：上海市浦东新区五莲路。

杨剑波，男，1977 年 6 月出生，时任光大证券策略投资部总经理，住址：上海市浦东新区商城路。

依据《中华人民共和国证券法》（以下简称《证券法》）和《期货交易管理条例》的有关规定，我会对光大证券内幕交易违法行为进行了立案调查、审理，并依法向徐浩明、杨赤忠、沈诗光、杨剑波告知了作出市场禁入的事实、理由、依据及当事人依法享有的权利，当事人均提交了书面陈述申辩材料，未要求听证。本案现已调查、审理终结。

经查明，2013 年 8 月 16 日 11 时 05 分，光大证券在进行交易型开放式指数基金（以下简称 ETF）申赎套利交易时，因程序错误，其所使用的策略交易系统以 234 亿元的巨量资金申购 180ETF 成分股，实际成交 72.7 亿元。经测算，180ETF 与沪深 300 指数在 2013 年 1 月 4 日至 8 月 21 日期间的相关系数达 99.82%，即巨量申购和成交 180ETF 成分股对沪深 300 指数，180ETF、50ETF 和股指期货合约价格均产生重大影响。同时，巨量申购和成交可能对投资者判断产生重大影响，从而对沪深 300 指数，180ETF、50ETF 和股指期货合约价格产生重大影响。根据《证券法》第七十五条第二款第（八）项和《期货交易管理条例》第八十二条第（十一）项的规定，“光大证券在进行 ETF 套利交易时，因程序错误，其所使用的策略交易系统以 234 亿元的巨量资金申购 180ETF 成分股，实际成交 72.7 亿元”为内幕信息。光大证券是《证券法》第二百零二条和《期货交易管理条例》第七十条所规定的内幕信息知情人。

上述内幕信息自 2013 年 8 月 16 日 11 时 05 分交易时产生，至当日 14 时 22 分光大证券发布公告时公开。

同日不晚于 11 时 40 分，徐浩明召集杨赤忠、沈诗光和杨剑波开会，达成通过做空股指期货、卖出 ETF 对冲风险的意见，并让杨剑波负责实施。因此，光大证券知悉内幕信息的时间不晚于 2013 年 8 月 16 日 11 时 40 分。

一、光大证券 2013 年 8 月 16 日下午将所持股票转换为 180ETF 和 50ETF 并卖出的行为和 2013 年 8 月 16 日下午卖出股指期货空头合约 IF1309、IF1312 共计 6240 张的行为构成内幕交易

2013 年 8 月 16 日 13 时，光大证券称因重大事项停牌。当日 14 时 22 分，光大证券发布公告，称“公司策略投资部自营业务在使用其独立套利系统时出现问题。”但在当日 13 时开市后，光大证券即通过卖空股指期货、卖出 ETF 对冲风险，至 14 时 22 分，卖出股指期货空头合约 IF1309、IF1312 共计 6,240 张，合约价值 43.8 亿元，获利 74,143,471.45 元；卖出 180ETF 共计 2.63 亿份，价值 1.35 亿元，卖出 50ETF 共计 6.89 亿份，价值 12.8 亿元，合计规避损失 13,070,806.63 元。

光大证券在内幕信息公开前将所持股票转换为 ETF 并卖出和卖出股指期货空头合约的交易，构成《证券法》第二百零二条和《期货交易管理条例》第七十条所述内幕交易行为。徐浩明为直接负责的主管人员,杨赤忠、沈诗光、杨剑波为其他直接责任人员。

以上事实,有相关说明、询问笔录、公告、会议纪要、相关鉴定以及上海证券交易所、中国金融期货交易所计算的相关数据等证据证明,足以认定。

二、当事人提出的陈述申辩意见

徐浩明、杨赤忠、沈诗光、杨剑波在陈述申辩中提出:

其一,2013 年 8 月 16 日全天所做对冲交易,是按照光大证券《策略投资部业务管理制度》的规定和策略投资的原理,按照既定计划进行的必然性和常识性操作,具有合规性和正当性,符合业内操作惯例。

其二,本案系我国资本市场上首次发生的新型案件,事件发生时,作为一个正常理性的市场交易主体,无法判断错单信息属于内幕信息,更无从判断下午的行为可能构成内幕交易行为。证监会认定相关交易构成内幕交易法律依据不足。

其三,4 人均没有内幕交易的主观故意,对其采取市场禁入措施过于严厉。

杨赤忠、沈诗光、杨剑波还分别提出了各自的申辩意见。杨赤忠提出,8 月 16 日中午的会议,只是一个碰头会,不是班子成员会,也不是投资决策委员会正式决策会议,对于对冲方案,其本人不是提出者、决策者和实施者。沈诗光提出,其是办公室主任,只是向总裁徐浩明汇报情况,没有参与讨论相关问题,没有参与决策,只是根据指示做好资金调拨及拆借,其不是光大证券高级管理人员,不应被列为其他直接负责的主管人员。杨剑波提出,其并非高级管理人员,没有参与会议决策,不应对其处以重罚。

针对上述申辩意见,我会经复核认为:

本案是我国资本市场上首次发生的新型案件,虽然《证券法》和《期货交易管理条例》列举的内幕信息主要是与发行人自身相关的信息或与政策相关的信息,但同时规定证监会有权就具体信息是否属于内幕信息进行认定。内幕信息有两个基本特征,包括信息重大和未公开性。本案中,光大证券因程序错误以 234 亿元的巨量资金申购 180ETF 成分股,实际成交 72.7 亿元,可能影响投资者判断,对沪深 300 指数,180ETF、50ETF 和股指期货合约价格均可能产生重大影响,同时这一信息在一段时间内处于未公布状态,符合内幕信息特征。我会据此依法认定其为内幕信息。光大证券自身就是信息产生的主体,对内幕信息知情。

按照光大证券《策略投资部业务管理制度》的规定和策略投资的原理,光大证券可以进行正常的对冲交易,但是光大证券决策层了解相关事件的重大性之后,在没有向社会公开之前进行的交易,并非针对可能遇到的风险进行一般对冲交易的既定安排,而是利用内幕信息进行的交易。此时公司具有进行内幕交易的主观故意,符合《证券法》中“利用”要件,应当认定为内幕交易。

光大证券内幕交易行为性质恶劣,影响重大,对市场造成了严重影响,徐浩明、杨赤忠、沈诗光、杨剑波作为决策和主要执行人员应当依法予以处理。

根据《证券法》第二百三十三条、《期货交易管理条例》第七十八条、《证券市场禁入规定》第五条之规定,我会决定:

一、认定徐浩明、杨赤忠、沈诗光、杨剑波为终身证券市场禁入者,自我会宣布决定之日起,终身不得从事证券业务或者担任上市公司董事、监事、高级管理人员职务;

二、宣布徐浩明、杨赤忠、沈诗光、杨剑波为期货市场禁止进入者。

当事人如果对本决定不服,可在收到本决定书之日起60 日内向中国证券监督管理委员会申请行政复议,也可在收到本决定书之日起 3 个月内直接向有管辖权的人民法院提起行政诉讼。复议和诉讼期间,上述决定不停止执行。

关于对逄奉建、王利民实施市场禁入的决定

（〔2013〕21号）

当事人：逄奉建，男，1962年11月出生，时任山东海龙股份有限公司（以下简称山东海龙）董事长，住址：山东省潍坊市寒亭区古亭街。

王利民，男，1959年12月出生，时任山东海龙副董事长、副总经理、财务总监，住址：山东省潍坊市寒亭区古亭街。

依据《中华人民共和国证券法》（以下简称《证券法》）的有关规定，我会对山东海龙信息披露违法行为进行了立案调查、审理，并依法向当事人告知了作出市场禁入的事实、理由、依据及当事人依法享有的权利。当事人未要求陈述、申辩和举行听证会。本案现已调查、审理终结。

经查明，山东海龙存在以下违法事实：

一、未披露对外担保事项

2009年1月至2011年6月期间，山东海龙重大担保事项未履行临时报告披露义务118笔，累计金额361,834.50万元人民币，1068.43万美元。重大担保事项未履行定期报告披露义务如下：2009年半年度报告未披露21笔，累计金额33,800.00万元人民币；2009年年度报告未披露31笔，累计金额81,900.00万元人民币，110.00万美元；2010年半年度报告未披露42笔，累计金额145,030.00万元人民币，110.00万美元；2010年年度报告未披露71笔，累计金额190,470.00万元人民币，568.26万美元；2011年半年度报告未披露73笔，累计金额178,744.50万元人民币，2703.84万美元。

二、未披露关联方及关联交易

（一）未将潍坊巨龙化纤有限公司（以下简称巨龙化纤）作为关联方披露

逄奉建，2006年4月至2011年5月8日任山东海龙董事长；王利民，2006年4月至2010年12月24日任山东海龙副董事长、副总经理、财务总监；张志鸿，2006年4月至调查日任山东海龙董事，2008年12月至调查日任山东海龙总经理，2011年10月26日至调查日任山东海龙董事长并代行董事会秘书职责；李月刚，2006年4月至调查日任山东海龙董事、副总经理；刘金智，2006年4月至2011年6月7日任山东海龙副总经理。

2008年12月至2010年12月巨龙化纤董事长、总经理为刘金智，其余董事包括逄奉建、王利民、张志鸿、李月刚。2010年12月至调查日巨龙化纤董事长、总经理为王利民，其余董事包括逄奉建、张志鸿、李月刚、刘金智。

山东海龙的部分董事、高级管理人员同期兼任巨龙化纤的董事、高级管理人员，根据《上市公司信息披露管理办法》和《企业会计准则第36号——关联方披露》等相关规定，巨龙化纤系山东海龙的关联法人。

（二）未披露与巨龙化纤的关联交易

1. 山东海龙向巨龙化纤支付土地租赁费、调整以前年度记账错误、为巨龙化纤垫付职工工资、社会保险、住房公积金及工程款等各项费用。截至2010年12月31日，山东海龙应收巨龙化纤23,889,660.86元，应付26,570,975.00元。

2. 2003年5月至2011年6月30日，山东海龙替巨龙化纤向职工垫付的集资款本金及利息累计金额39,217,113.57元。

上述关联方和关联交易未在山东海龙2009年半年度报告、2009年年度报告、2010年半年度报告、2010年年度报告、2011年半年度报告中披露。

上述违法事实，有担保合同、董事会决议及会议记录、相关任职文件、财务资料、公告资料、

谈话笔录等证据证明,足以认定。

山东海龙的上述行为违反了《证券法》第六十三条及第六十五条、第六十六条、第六十七条关于半年度报告、年度报告及临时报告披露的规定,构成了《证券法》第一百九十三条的行为。逄奉建和王利民是对山东海龙违法行为直接负责的主管人员。

根据当事人违法行为的事实、性质、情节与社会危害程度,依据《证券法》第二百三十三条和《证券市场禁入规定》第五条的规定,我会决定:

一、认定逄奉建为证券市场禁入者,自我会宣布决定之日起,10年内不得从事证券业务或担任上市公司董事、监事或高级管理人员职务;

二、认定王利民为证券市场禁入者,自我会宣布决定之日起,5年内不得从事证券业务或者担任上市公司董事、监事、高级管理人员职务。

当事人如果对本决定不服,可在收到本决定书之日起60日内向中国证券监督管理委员会申请行政复议,也可在收到本决定书之日起3个月内直接向有管辖权的人民法院提起行政诉讼。复议和诉讼期间,上述决定不停止执行。

七、行政复议与行政诉讼

(一)2013年行政复议与行政诉讼工作综述

一、行政复议和应诉基本情况

(一)行政复议案件情况

2013年度,中国证监会新收复议申请84件,以往年度结转案件9件,共办理复议案件93件。从办理情况看,全年已办结61件(含往年结转案件4件),办结率66%(因年底新收25件)。新收的84件复议案件中,经审查决定受理的38件(其中申请人撤回申请4件),作出不予受理决定的1件,转信访处理的45件。

从案件类型看,2013年新收的行政复议案件总体上可以分为以下三类:一是因责任主体不服行政处罚申请复议的21件,不服市场禁入申请复议的9件,占比35.7%。其中,涉及违规信息披露的28件,内幕交易的1件,法人非法利用他人账户买卖证券的1件;二是因信访举报事项引发申请复议的45件,占同期行政复议申请总数的53.6%;三是申请人不服信息公开答复申请复议的9件,占比10.7%。

从案件主体看,行政复议被申请人是会机关的59件,派出机构的25件,派出机构占比比去年增加19个百分点。申请人总数达100个,其中自然人98人,公司机构2个。

(二)行政应诉案件情况

2013年度,中国证监会办理新发行政应诉案件33件,其中,以会机关为被告的9件,以派出机构为被告的24件。会机关应诉的案件中,3件一审胜诉,2件一审在审;4件二审胜诉结案。派出机构应诉的案件中,2件原告撤诉结案,12件一审胜诉;7件二审胜诉结案,3件二审在审。另外,会机关办理往年结转案件3件,1件原告撤诉结案,2件中止审理。

(三)国务院裁决案件情况

2013年度,新发申请国务院裁决案件3件。其中,1件不属于国务院裁决受案范围而不予受理;2件中国证监会已提交答辩状,国务院法制办正在审理。

二、行政复议与行政应诉工作的主要特点和成效

(一)行政复议与行政应诉工作的主要特点

2013年,中国证监会行政复议和行政应诉工作主要呈现以下特点:一是行政复议案件数

量继续保持增长态势。2013 年中国证监会新收复议案件 84 件，延续了 2012 年以来的爆发性增长态势，远超此前年均 30 件复议申请的数量，反映出投资者维权意识显著增强。二是行政复议应诉案件类型更加多样。案件类型涵盖日常监管、行政许可、行政处罚、信访和信息公开等监管执法的各个主要环节。其中，随着中国证监会行政处罚力度的加大，行政处罚类和市场禁入类复议案件大幅增长，2013 年达 30 件，是 2012 年的 3 倍。其次，信访类和信息公开类案件占比依然较高，分别占复议案件的 54% 和 11%，占应诉案件的 21% 和 63%。三是复议诉讼案件疑难复杂程度增加。案件涉及问题不仅包括监管制度和监管行为的合法性，还包括法律理解适用和监管执法程序等。证券期货违法违规行为更加复杂和非典型化，相关证据难以调取；信访定位、信息公开范围规定不明，导致相关案件难以妥善处理；律师专业代理案件增多，对抗性增强，并出现律师专业代理一类案件的情形。如 2013 年，中国证监会共受理某律所律师直接或间接提起的信访投诉类复议案件 11 件，诉讼案件 6 件，且案件内容及诉求基本相同。四是当事人通过各种救济途径重复反映诉求的情况比较突出。多为当事人举报投诉上市公司存在违法违规，导致其投资损失，要求中国证监会予以查处，对查处结果不满便要求公开查处信息，有的甚至就同一案件从不同就角度多次申请信息公开，进而申请复议或提起诉讼。

（二）工作成效

2013 年以来，中国证监会复议机构围绕资本市场监管中心工作，充分发挥行政复议工作覆盖监管执法各环节的独特优势，在促进监督规范我会执法工作、化解争议方面，取得较大成效。具体内容如下：

一是从加强沟通入手，努力平息化解行政争议。在行政复议中，我们本着“以人为本，复议为民”的原则，坚持多年来形成的案前、案中和案后的全程沟通方式，与当事人“摆事实、讲道理”，力图案结事了。在已办结的 61 件复议案件中，申请人不服复议决定提起行政诉讼或国务院裁决的仅 7 件，绝大多数当事人对我会监管执法的不满通过行政复议得以有效化解。对于申请人基于对我会监管职责和法律规定的不理解、对事实认识有出入，或者对执法监管行为有怨气而提出的申请，经审查，如果判断我会执法决定不存在违法违规之处的，我们都本着切实从申请人自身利益出发的角度，耐心与其沟通，进行解释说明。2013 年，申请人自愿撤回复议申请 4 件。

二是从个案办理入手，加强对监管执法的监督规范。第一，对于行政争议比较集中的领域，加强前端指导。同时，结合复议案件审理实践加强相关法律业务的培训，指导监管系统的监管执法工作。第二，针对复议个案中反映出来的执法问题提出规范建议，有效发挥法律实施监督作用。意见内容涉及建立举报核查机制、规范处罚执法程序和文书、完善行政监管措施程序等。为了使相关复议意见和建议反馈工作进一步制度化、规范化，强化后续改进落实，专门起草制定了行政复议意见书和建议书制度。

三是从执法机制入手，对我会监管执法提出系统性的改进建议。第一，根据会里的统一部署对我会发行和上市公司监管开展监管执法评估工作，从执法依据、执法标准、执法程序和执法责任入手，按照转变政府职能、强化依法行政的要求，对相关执法工作进行评估，查摆不足，分析原因，提出改进建议，以期最终达到提升监管执法水平的目的。第二，全面参与了一系列涉及稽查执法、行政处罚执法改革的纲领性文件的制定，将复议案件办理中发现的监管行为不合法、不规范的问题和亟待健全和完善的机制、立法问题反映到文件中，转化为对全会监管执法的相关政策要求。

三、行政复议与行政应诉工作经验总结

总结 2013 年行政复议和行政应诉工作，积累了以下有益经验：

一是坚持与申请人进行沟通，积极化解争议。今年复议案件延续了 2012 年增长态势的重要原因是申请人对行政复议、信访举报、信息公开等救济方式的功能和定位不了解，导致一些复议申请并非属于行政复议受案范围。如有的申请人将信访或举报事项以复议申请形式提出，有的对信访答复不满的也提出复议申请，而不是申请信访复查或复核。对此，我们不是简单不予受理，而是与申请人耐心沟通，了解情况

的同时告知申请人正确的救济途径,以切实化解行政争议。

二是强化行政复议对监管执法的监督和规范作用,增强复议工作成效。为了充分发挥行政复议对前端监管工作的监督规范作用,提高依法行政水平,将全力贯彻落实2013年中国证监会制定的《行政复议意见书和行政建议书制度规定(试行)》。将复议案件中的个案执法问题,通过行政复议意见书的形式向具体行政行为作出单位进行反馈,并督办整改;同时,针对制度建设或执法标准中的共性问题以行政复议建议书的形式向全系统通报,并提出改进建议。

三是加强案件的总结分析,积极推动相关监管执法文件的完善。中国证监会及时对复议应诉案件进行梳理,总结研究案件反映的问题,如今年重点对复议与信访、举报与信访的定位以及信息公开范围等问题进行了研究,以完善相关制度安排。并且,注重将案件办理中发现的问题反映到执法文件中,及时推动修订或出台监管执法规范。

(二)2013年行政复议决定书

关于江苏炎黄在线物流股份有限公司不服行政处罚的行政复议决定书

(〔2013〕1号)

申请人:江苏炎黄在线物流股份有限公司,法定代表人卢珊。

住所:江苏省常州市新北区太湖东路9号。

被申请人:中国证券监督管理委员会。

地址:北京市西城区金融大街19号。

申请人不服《中国证券监督管理委员会行政处罚决定书》(〔2012〕48号)对其作出的行政处罚决定,向本会提出行政复议申请。本会受理后,依法对本案进行了审查,现已审查终结。

本会《行政处罚决定书》(〔2012〕48号)认定,申请人存在以下违法行为:一是未按规定披露关联关系及关联交易。申请人2006年年度报告没有依法将高能控股有限公司(以下简称高能控股)、北京诚通兴业物流有限公司(以下简称诚通兴业)、北京融昌泰和投资咨询有限公司(以下简称融昌泰和)披露为公司关联方,没有将与上述3家公司发生的业务披露为关联交易;二是虚增物流代理收入70万元,申请人在没有专门人员从事物流代理业务、未设立相关业务台账等情况下,仅凭诚通兴业的收入通知单即确认70万元收入,构成虚增利润的行为;三是虚增债权转让收入179.85万元,申请人与融昌泰和签订的债权转让协议显失公允,确认债权转让收入179.85万元没有依据。上述行为违反了《证券法》第六十三条的规定。依据《证券法》第一百九十三条的规定,本会决定责成申请人改正其违法行为,给予警告,并处以30万元罚款。

申请人请求撤销本会《行政处罚决定书》(〔2012〕48号)对其作出的行政处罚决定,申请人提出的理由和我会的审查情况包括以下几个方面:

一、关于"未按规定披露关联关系及关联交易"

申请人认为,处罚决定书认定申请人未按规定披露关联关系及关联交易,缺乏事实和法律依据。其一,高能控股的股东是王某树和北京中际华盛新材料科技发展有限公司。时任申请人副董事长王云在2006年12月之前并没有担任高能控股的董事、监事和高级管理人员,也未持有高能控股的股权。高能控股工资单上有王云的名字是因为其被聘为公司管理顾问，王云在财务审批单据上签字，只是对相关单据业务的核实，其对高能控股财务等经营活动没有最终决定权。何为民等人因存在利害关系，其证人证言不能采信。其二，融昌泰和股东为王晨阳和刘清，杨志只是受融昌泰和的委托，代办了工商登记手续。融昌泰和收购资金的来源不能作为判断是否构成关联关系的因素，资金来源本身并不影响交易的性质。其三，诚通兴业第一大股东是国资委下属中国诚通集团的全资子公司中国物流，作为央企，诚通兴业不可能将控制权交给民企性质的中企华盛和高能控股。杨志在高能控股和诚通兴业担任的职务与申请人没有利害关系，且其几次证言前后不一致，不应作为认定事实的依据。此外，申请人认为，其第六届十次董事会会议纪要等证据证明，申请人对关联交易的审核符合法律规定。

本会认为，申请人的复议理由不能成立。根据《上市公司信息披露管理办法》（证监会令第40号）第七十一条的规定，本会可以根据"实质重于形式"的原则认定关联关系。高能控股的《工资单》、财务凭证、何为民等人的询问笔录等证据材料证明：2006年12月23日至2008年1月7日期间，王云在担任申请人副董事长期间，一直在高能控股领取工资且其工资记录位于《工资单》首位，金额最高；在高能控股大额支出财务凭证附件上主管审批栏曾多次出现王云签字，且在调查过程中相关财务凭证曾被多次篡改；何为民、梁某某询问笔录证明王云是高能控股实际控制人；高能控股股东出资来源存在冒用他人身份证和使用虚假身份证情况，其中姚某某（王云原北京证券同事）询问笔录证明其2006年3月31日汇入王某树（高能控股出资人）账户30万元系王云让其汇入，本会调查人员在向高能控股出资人王某树及其子核实高能控股的设立、注册资金来源、董事会人员、财务负责人及公司与申请人的业务往来等情况时，二人均无法说清或说法与事实不符；2007年4月，高能控股法定代表人变更为王某忠（王云之父），7月25日，高能控股股东王某树将股份转让给北京诚通伟业物流有限公司（法定代表人为王某忠）。诚通兴业是高能控股和申请人第一大股东中企华盛的参股公司，2006年8月至2007年6月期间公司法定代表人杨志系高能控股派出，杨志同时担任高能控股董事。杨志在询问笔录中承认2006年度诚通兴业的实际控制人为高能控股。融昌泰和的工商登记资料显示，2005年7月5日，杨志（时任高能控股副董事长）办理该公司变更注册登记，2006年12月融昌泰和购买申请人债权的580万元资金来源于诚通兴业和高能控股。根据上述情况及相关证据，可以认定申请人与高能控股、诚通兴业和融昌泰和构成关联关系，上述公司之间的交易属于关联交易。申请人关于王云不是高能控股、诚通兴业和融昌泰和的股东、何为民等人的证人证言不能采信等抗辩理由，不足以推翻本会根据"实质重于形式"原则、认定炎黄在线与高能控股等3家公司存在关联关系的结论。

二、关于"虚增物流代理收入"

申请人认为，其与诚通兴业的物流中介业务真实有效，所取得的70万元业务收入依据充分。从业务背景和过程看，2006年10月，申请人与诚通兴业建立了物流代理客户关系，并签订了《补充协议》，该协议明确70万元的业务收入实质为诚通兴业支付给申请人介绍物流代理客户的中介服务费。协议签订后，申请人已履行中介介绍业务，按照协议约定，向诚通兴业收取了中介服务费，该项业务真实有效。从财务处理看，申请人中介服务属于劳务收入，申请人确认此项收入符合法律规定，另外，与该中介介绍业务相关的成本主要为员工工资、通讯费用和交通费用支出等，因无法单独区分，也已经在营业费用和管理费用中一并进行了核算。此外，申请人认为处罚决定书的理由没有事实和法律依据：其一，以《补充协议》代替《代理服务协议》是双方协商一致的结果，申请人将介绍客户资源给诚通兴业视为物流代理并无过错；其二，双方协议书、收入通知单、汇款单等证据，足以证明此项业务真实存在；其三，在注册会计师现场审计时，申请人已经提供了《补充协议》，审计工作底稿中没有发现《补充协议》不是申请人的责任；其四，证人杨志的证言前后表述矛盾，不应采信；其五，处罚决定书以申请人连续3年亏损，2006年继续亏损将面临退市风险，进而推定申请人虚构此项业务，属于主观判断。

本会认为，申请人的复议理由不能成立。

其一,申请人与诚通兴业签订《代理服务协议》(无合同日期)约定,由申请人负责诚通兴业在南京、无锡、常州等江苏区域的物流业务管理,诚通兴业向申请人支付物流代理服务费。而《补充协议》则是约定由申请人将新疆3家客户介绍给诚通兴业,诚通兴业向申请人支付中介服务费,两种服务费性质完全不同。其二,《补充协议》是2006年10月18日签订的,而诚通兴业2006年12月16日向申请人出具的却是物流代理收入通知单,该单载明“自2006年9月20日起到12月15日为止,贵公司代理物流业务收入为70万元,双方依据本通知办理结算业务”,申请人据此在2006年12月28日确认物流代理收入即主营业务收入(物流收入)70万元,并没有依据《补充协议》确认为其他业务收入(中介服务费收入)。其三,申请人2006年年度报告注册会计师审计工作底稿中未发现该《补充协议》,相关审计工作底稿明确表明该笔收入是主营业务收入,《补充协议》是本会2007年10月对会计师事务所日常检查后,会计师事务所在2008年初对该公司2007年度财务报表审计时才补充取得的,该项事实进一步证明当事人所谓介绍费收入的说法不成立。其四,本会调查过程中,诚通兴业董事长杨志对《补充协议》所涉及业务前后表述矛盾,听证会后申请人也未能提供足以证明业务实际发生的证据。因此,申请人提出“以《补充协议》代替《物流代理协议》”等主张不能成立,结合申请人已连续3年亏损,2006年度如继续亏损,将面临退市风险,该笔业务发生在年底且交易前后均未有此类业务发生等实际情况,可以认定申请人虚构了此项业务,虚增了利润。

三、关于“虚增债权转让收入”

申请人认为其与融昌泰和2006年12月签署了《债权转让协议》,约定将原值1929.84万元,账面净值400.15万元债权以580万元的折扣价格转让给融昌泰和,整个过程真实、有效。处罚决定以融昌泰和购买债权的款项来源于高能控股和诚通兴业,融昌泰和不具备持续经营的条件和资金实力,以580万元购买净值400.15万元的债权显失公允,债权转让过程中缺乏依据等理由,认定申请人虚增债权转让收入179.85万元的理由不能成立。一是申请人与融昌泰和的债权转让是为了落实公司董事会盘活和处置公司资产的决议而采取的具体措施;二是融昌泰和作为合法存续的有限责任公司,经平等协商,与申请人签订《债权转让协议》,属于双方真实意思表示,是合法有效的行为;三是债权转让款来源于高能控股和诚通兴业不能否定协议的真实性,融昌泰和的注册地址、注册资本、股东身份真假以及被吊销营业执照等问题,均不影响协议的效力;四是债权的账面净值是计提坏账损失后的价值,并不是实际的价值。因此,以580万元购买账面价值1929.84万元的债权公平合理。

本会认为,申请人复议理由不能成立。其一,申请人于2006年12月23日与融昌泰和签订《债权转让协议书》,2006年12月29日收到580万元转让款,该款项分别来源于高能控股及其实际控制的诚通兴业。其二,此次转让债权共计262户,均为多年未能收回的债权,绝大多数债务人分布于江苏省各地,而受让方融昌泰和是一家住所在北京市海淀区、注册资本仅10万元的投资咨询公司,股东身份证为虚假身份证,公司不具备持续经营的条件和资金实力。融昌泰和存续期间,多次因未按期年度检验被工商部门处罚,该公司已于2007年11月被吊销营业执照。其三,262户债权账面价值1929.84万元,已提坏账准备1529.69万元,账面净值400.15万元,而融昌泰和却以580万元的价格溢价购入,交易行为不符合常理,显失公允。其四,没有证据证明申请人或融昌泰和已告知债务人债务发生转移,也没有证据表明双方就债权转让价格进行协商。其五,根据财政部《关联方之间出售资产等有关会计处理问题暂行规定》(财会〔2001〕64号)的规定,“上市公司与关联方之间的交易,如果没有确凿证据表明价格公允的,对显失公允的交易价格部分,一律不得确认为当期利润,应当作为资本公积处理”,申请人出售多年未收回债权,债权账面净值比转让价格低179.85万元,显失公允,且申请人没有依法提供确凿证据表明价格公允。因此,可以认定申请人虚增债权转让收入179.85万元,构成虚增利润179.85万元的行为。

作出行政处罚决定前,本会向申请人事先告知了拟对其作出的行政处罚决定和所依据的违法事实、理由、依据以及申请人依法享有的权利,并应申请人申请举行了听证会，听取了申请人的陈述、申辩意见。作出行政处罚决定后，依法向申请人履行了送达程序。行政处罚程序合法。

综上，本会认为，处罚决定认定的申请人与高能控股等3家公司存在关联关系和关联交易，申请人虚增物流代理业务收入，虚增债权转让收入的违法事实成立。申请人的复议理由不能成立，缺乏证据支持。本会行政处罚决定事实清楚，程序合法，适用依据正确。

根据《中华人民共和国行政复议法》第二十八条第一款第一项的规定，本会决定：维持本会《行政处罚决定书》（〔2012〕48号）对申请人作出的行政处罚决定。

申请人如不服本复议决定，可在收到本复议决定书之日起15日内向有管辖权的人民法院提起诉讼或向国务院申请裁决。

关于朱平不服信息公开答复的行政复议决定书

（〔2013〕2号）

申请人：朱平，男，1964年8月出生

住址：江苏省南京市白下区中山东路524号

被申请人：中国证券监督管理委员会

地址：北京市西城区金融大街19号

申请人不服本会《监管信息告知书》（证监信息公开〔2012〕046号），向本会提出行政复议申请。本会受理后，依法对本案进行了审查，现已审查终结。

2012年9月19日，本会作出《监管信息告知书》，针对申请人向本会要求公开“证监会暂停审核高淳陶瓷的信息，证监会自己在什么时间以网络或其他什么方式公开的”的信息公开申请，答复如下：“根据《国务院办公厅关于做好政府信息依申请公开工作的意见》（国办发〔2010〕5号），‘行政机关在日常工作中制作或者获取的内部管理信息以及处于讨论、研究或者审查中的过程性信息，一般不属于《政府信息公开条例》所指应公开的政府信息’的规定，您所申请的信息不属于应公开的信息。”

申请人请求撤销《监管信息告知书》。申请理由为：根据《中国证券监督管理委员会行政许可实施程序规定》第六条、第二十二条、第二十三条、第四十二条和《关于加强与上市公司重大资产重组相关股票异常交易监管的暂行规定》第十一条的规定，暂停审核的决定要公开，不属于内部信息。因此，被申请人涉嫌不履行法定义务。

经审查，目前高淳陶瓷重大资产重组仍在审核过程中，申请人要求公开“证监会暂停审核高淳陶瓷的信息，证监会自己在什么时间以网络或其他什么方式公开的”的信息属于《国务院办公厅关于做好政府信息依申请公开工作的意见》（国办发〔2010〕5号）规定的，“行政机关在日常工作中制作或者获取的内部管理信息以及处于讨论、研究或者审查中的过程性信息”，一般不属于《政府信息公开条例》所指应公开的政府信息。

根据《中国证券监督管理委员会行政许可实施程序规定》第六条、第二十二条、第二十三条、第四十二条的规定，中止审查的决定仅需通知行政许可的申请人。《关于加强与上市公司重大资产重组相关股票异常交易监管的暂行规定》在作出《监管信息告知书》时尚未生效，且与政府信息公开工作无关。

综上，申请人认为“暂停审核的决定要公开，不属于内部信息”、“本会涉嫌不履行法定义务”的理由不能成立。

根据《中华人民共和国行政复议法》第二十八条第一款第一项的规定，本会决定：维持本会《监管信息告知书》对申请人的答复内容。

申请人如不服本复议决定，可在收到本复议决定书之日起15日内向有管辖权的人民法院提起诉讼或向国务院申请裁决。

关于朱平不服信息公开答复的行政复议决定书

(〔2013〕3 号)

申请人:朱平,男,1964 年 8 月出生

住址:江苏省南京市白下区中山东路 524 号

被申请人:中国证券监督管理委员会

地址:北京市西城区金融大街 19 号

申请人不服本会《监管信息告知书》(证监信息公开〔2012〕047 号),向本会提出行政复议申请。本会受理后,依法对本案进行了审查,现已审查终结。

2012 年 9 月 19 日,本会作出《监管信息告知书》,针对申请人向本会要求公开"证监会暂停审核高淳陶瓷的决定什么时间确定的"的信息公开申请,答复如下:"根据《国务院办公厅关于做好政府信息依申请公开工作的意见》(国办发〔2010〕5 号),'行政机关在日常工作中制作或者获取的内部管理信息以及处于讨论、研究或者审查中的过程性信息,一般不属于《政府信息公开条例》所指应公开的政府信息'的规定,您所申请的信息不属于应公开的信息。"

申请人请求撤销《监管信息告知书》。申请理由为:根据《中国证券监督管理委员会行政许可实施程序规定》第六条、第二十二条、第二十三条、第四十二条和《关于加强与上市公司重大资产重组相关股票异常交易监管的暂行规定》第十一条的规定,暂停审核的决定要公开,不属于内部信息。因此,被申请人涉嫌不履行法定义务。

经审查,目前高淳陶瓷重大资产重组仍在审核过程中,申请人要求公开"证监会暂停审核高淳陶瓷的决定什么时间确定的"的信息属于《国务院办公厅关于做好政府信息依申请公开工作的意见》(国办发〔2010〕5 号)规定的,"行政机关在日常工作中制作或者获取的内部管理信息以及处于讨论、研究或者审查中的过程性信息",一般不属于《政府信息公开条例》所指应公开的政府信息。

根据《中国证券监督管理委员会行政许可实施程序规定》第六条、第二十二条、第二十三条、第四十二条的规定,中止审查的决定仅需通知行政许可的申请人。《关于加强与上市公司重大资产重组相关股票异常交易监管的暂行规定》在作出《监管信息告知书》时尚未生效,且与政府信息公开工作无关。

综上,申请人认为"暂停审核的决定要公开,不属于内部信息"、"本会涉嫌不履行法定义务"的理由不能成立。

根据《中华人民共和国行政复议法》第二十八条第一款第一项的规定,本会决定:维持本会《监管信息告知书》对申请人的答复内容。

申请人如不服本复议决定,可在收到本复议决定书之日起 15 日内向有管辖权的人民法院提起诉讼或向国务院申请裁决。

关于孙建丽、曲永珍不服信息公开答复的行政复议决定书

(〔2013〕4 号)

申请人:孙建丽,女,1965 年 9 月出生

住址:山东省烟台市芝罘区解放路 162 号

申请人:曲永珍,女,1939 年 8 月出生

住址:山东省烟台市芝罘区建昌街 19－5 号

被申请人:中国证券监督管理委员会山东监管局

地址:山东省济南市经七路86号证券大厦13楼

申请人不服中国证券监督管理委员会(以下简称本会)山东监管局《山东证监局监管信息部分公开告知书》(依申请公开〔2012〕第2号——部告,以下简称《告知书》),向本会提出行政复议申请。本会受理后,依法对本案进行了审查,现已审查终结。

申请人是中国银河证券股份有限公司(以下简称银河证券)烟台营业部的客户。2011年7月,申请人向本会反映烟台营业部客户档案中缺失其开户合同书的问题(以下简称烟台营业部信访事项)。被申请人调查后,就该营业部档案保管不规范的问题,向银河证券下发了《关于督促中国银河证券股份有限公司进一步加强客户档案管理工作的监管提示函》(鲁证监函〔2011〕84号,以下简称《监管提示函》)。申请人不服,向本会申请复查,本会作出书面答复。申请人又于2012年4月向被申请人提出申请公开《监管提示函》和银河证券内部责任追究文件,该局依法向其提供了前述文件。申请人后于2012年9月向被申请人提出与烟台营业部信访事项查处相关的信息公开申请,请求公开调查笔记、办案纪录、山东证监局给银河证券的回复函(以下简称回复函)、处罚文件以及烟台营业部提交的全部证据等相关文件。被申请人于2012年11月依法向申请人作出《告知书》,并提供了部分资料。

申请人请求被申请人公开烟台营业部信访调查的全部信息。主要理由为:一是被申请人对烟台营业部的信访事项未作出定性和处罚,仅向银河证券下发了监管提示函;二是申请人的客户档案目录与档案内容不符的问题仍未得到纠正;三是申请人举报的“业务需求申请表”日期被伪造的问题,烟台营业部未提供任何证据;四是营业部提供的上海市高级人民法院判决书与烟台营业部信访事项无关联。

经审查查明,申请人于2012年9月28日向被申请人申请公开烟台营业部信访事项查处的相关文件。被申请人于2012年11月7日作出《告知书》,并提供了烟台营业部提交的证据材料,包括申请人账户档案封面、档案中的账户资料目录、上海市高级人民法院作出的关于申请人的民事判决书(〔2011〕沪高民五(商)终字第7号、第8号)、申请人曲永珍的业务需求申请表及其历史操作流水。申请人申请公开的《监管提示函》已于其2012年4月申请信息公开时提供,回复函和处罚文件等不存在。关于烟台营业部信访事项的调查笔记、办案纪录,根据《国务院办公厅关于做好政府信息依申请公开工作的意见》(国办发〔2010〕5号)第二条的规定,属于过程性信息和内部管理信息,不属于依申请公开的监管信息范围,被申请人未予公开。被申请人公开答复的方式、期限均符合法律规定的要求。申请人复议的其他诉求和理由,不属于行政复议的受理范围。

综上,根据《中华人民共和国行政复议法》第二十八条第一款第一项的规定,本会决定:维持被申请人《山东证监局监管信息部分公开告知书》(依申请公开〔2012〕第2号——部告)中对申请人的答复内容。

申请人如不服本复议决定,可在收到本复议决定书之日起15日内向有管辖权的人民法院提起诉讼或向国务院申请裁决。

关于王林贺不服信息公开答复的行政复议决定书

(〔2013〕5号)

申请人:王林贺,男,1980年7月出生

住址:浙江省苍南县巴艚镇新兴西路117号

被申请人:中国证券监督管理委员会深圳监管局(以下简称深圳证监局)

地址:深圳市福田区笋岗西路体育大厦东座

申请人不服深圳证监局《监管信息公开申请答复告知书》(深证公答字〔2012〕3 号),向本会提出行政复议申请。本会受理后,依法对本案进行了审查,现已审查终结。

2012 年 12 月 5 日,申请人向深圳证监局申请公开:"1. 深证信复字〔2012〕0095 号信访答复函中涉及的调查过程的详细信息;2. 在作出深证信复字〔2012〕0095 号信访答复函的调查过程中,深圳证监局自行收集的材料以及中国宝安集团股份有限公司(以下简称中国宝安)、相关会计师事务所等中介机构向深圳证监局提供的材料;3. 深证信复字〔2012〕0095 号信访答复函,认为中国宝安相关年报不存在虚假记载以及不存在申请人所反映的问题,深圳证监局作出该判断的具体事实和法律依据。"2012 年 12 月 27 日,深圳证监局作出《监管信息公开申请答复告知书》(深证公答字〔2012〕3 号),答复如下:"一、我局对中国宝安 2009 年至 2011 年年报相关事项进行了核查,查阅了公司相关的明细账、原始凭证,约谈了公司财务部长和相关会计人员,审阅了审计机构中审亚太会计师事务所(以下简称中审亚太)相关科目的审计工作底稿,约谈了中审亚太深圳分所所长和签字会计师。核查未发现中国宝安 2009 年至 2011 年年报相关部分内容的信息披露存在虚假记载情况。二、现场核查过程中涉及的相关明细账、原始凭证等,以及中审亚太的审计工作底稿等资料,我局并不掌握。三、我局工作人员在核查过程中所作的谈话记录、工作日志、讨论记录等内部管理信息,不属于《中华人民共和国政府信息公开条例》所指应公开的政府信息。"

申请人请求撤销《监管信息公开申请答复告知书》。申请理由为:1. 根据《中华人民共和国政府信息公开条例》第二条的规定,本案被申请人核查过程中所作的谈话记录、工作日志、讨论记录等内部管理信息,属于行政机关在履行职责过程中制作或获取的,以一定形式记录、保存的信息,因此,属于应予以公开的信息。2. 根据《中国证券监督管理委员会调查处理证券期货违法违规案件基本准则》第十五条的规定,调查组实施调查时,依法采取下列措施:……(三)查阅、复制当事人与被调查事件有关的单位和个人的证券期货交易记录、登记过户记录、财务会计资料及其他相关文件和资料;对可能被转移或者隐瞒的文件和资料,可以予以封存。因此,深圳证监局对相关材料不掌握,明显违背了法律规定,也不符合客观实际。3. 被申请人简单告知申请人反映的问题不存在,没有按照申请人的请求进行信息公开。

经审查,申请人要求公开"调查过程及调查过程中收集的材料"等信息属于《国务院办公厅关于做好政府信息依申请公开工作的意见》(国办发〔2010〕5 号)规定的"行政机关在日常工作中制作或者获取的内部管理信息以及处于讨论、研究或者审查中的过程性信息",一般不属于《中华人民共和国政府信息公开条例》所指应公开的政府信息。

《中国证券监督管理委员会调查处理证券期货违法违规案件基本准则》是对立案调查行为的规定,而深圳证监局处理的是申请人反映的信访事项。因此,深圳证监局没有复制、封存财务会计资料及其他相关文件和资料并无不当。

此外,针对申请人反映的问题,深圳证监局已经核查了中国宝安年报、明细账以及中审亚太的审计底稿,并要求公司相关负责人与申请人进行了沟通,对申请人信访事项进行了回应和说明。因此,申请人认为"被申请人简单告知申请人反映的问题不存在"的理由与事实不符。

综上,申请人认为"核查过程中的谈话记录、工作日记等信息应予以公开"、"被申请人不掌握相关明细账等材料违反法律规定"、"被申请人简单告知申请人反映的问题不存在"的理由不能成立。另经审查,深圳证监局此次信息公开答复的程序符合法律规定。

根据《中华人民共和国行政复议法》第二十八条第一款第一项的规定,本会决定:维持深圳证监局《监管信息公开申请答复告知书》(深证公答字〔2012〕3 号)对申请人的答复内容。

申请人如不服本复议决定,可在收到本复议决定书之日起 15 日内向有管辖权的人民法院提起诉讼或向国务院申请裁决。

关于唐建平不服行政处罚的行政复议决定书

（〔2013〕6号）

申请人：唐建平，男，1965年8月出生

住址：陕西省西安市雁塔区西影路四十八号13号楼3单元6层3号

委托代理人：陆峻熙、万亚平，北京市康达律师事务所

被申请人：中国证券监督管理委员会

地址：北京市西城区金融大街19号

申请人不服中国证券监督管理委员会（以下简称本会）《行政处罚决定书》（〔2012〕43号），向本会提出行政复议申请。本会受理后，依法对本案进行了审查，现已审查终结。

2011年5月，本会对“徐文珺”等账户涉嫌操纵航天动力股价行为立案调查。经过调查，认定申请人存在操纵航天动力股票价格的行为。2012年9月17日，对申请人作出行政处罚决定。

本会《行政处罚决定书》（〔2012〕43号）认定以下违法事实：唐建平通过控制A381×××355等19个证券账户（以下简称涉案账户组）在2010年4月2日至7月28日连续交易航天动力股票、在自己实际控制的上述证券账户之间交易航天动力股票，由于交易数量较大，交易量占市场成交量比例较高，致使“航天动力”股票价格从2010年4月1日的14.09（收盘价）上升至2010年7月28日的19.54元，其中于2010年6月10日达到20.51元。唐建平的上述行为违反了《证券法》第七十七条关于禁止操纵股票价格的规定，构成了《证券法》第二百零三条所述操纵股票价格行为。本会据此没收唐建平违法所得168,584,294元，并对其处以168,584,294元的罚款。

申请人请求撤销本会《行政处罚决定书》（〔2012〕43号），如不能撤销，申请变更处罚决定，减少罚款数额。主要理由是：一是被申请人认定申请人自2010年4月2日至12月23日控制“孙健博”等16个证券账户，事实认定错误，证据不足。处罚决定过于相信并依赖涉案账户交易共用MAC地址和IP地址的情况认定控制关系，MAC是可以修改的。而且，唐建平账户与争议账户共用MAC和IP的比率较低，有的甚至没有重合；二是申请人对“航天动力”的投资是长期、持续的过程，不符合处罚决定中认定的操纵特征。处罚决定认定申请人于2010年4月2日至7月28日期间操纵“航天动力”价格，7月29日至12月23日卖出航天动力股票获利了结。但是，有证据表明7月28日以后仍有涉案账户买入航天动力股票，因此，本案存在裁剪证据、自相矛盾之处；三是航天动力股票价格上涨有其他重要原因，涨幅在合理范围内，非因申请人交易航天动力股票所致；四是本案行政处罚听证程序严重违法；五是被申请人在计算申请人违法所得数额上存在明显错误，应修正违法所得数额，减少罚款金额。

申请人提交了公证书（用于说明2010年航天动力股价上升是因当年的市场大势和其自身的基本面向好导致的正常范围的上升，并非其操纵导致，及MAC地址可以人为修改）、航天动力和中国卫星股票在2010年的K线图、申请人代理律师与相关当事人的谈话笔录、相关账户持有人出具的情况说明等材料证明上述主张。

经审查查明，本会《行政处罚决定书》（〔2012〕43号）认定的以下事实成立：

一、申请人实际控制A381×××355等19个证券账户

涉案账户之间的资金往来、谈话笔录、涉案账户交易的股票种类及交易期间的趋同性以及申请人账户与涉案账户交易航天动力股票共用MAC地址和IP地址的交易记录等证据材料证明：申请人实际控制A381×××355等19个证券账户。

二、申请人操纵航天动力股票价格

申请人通过控制涉案账户于2010年4月2日至7月28日期间交易航天动力股票占该股票市场交易总量的比例、交易量排名、航天动力股票价格的涨跌变化及其与大盘的偏离情况等证据材料证明:申请人于2010年4月2日至7月28日连续交易、在自己实际控制的证券账户之间交易航天动力股票。在此期间有72个交易日,申请人在70个交易日中交易航天动力股票,交易量排名第一的有52个交易日。申请人交易航天动力股票的数量占该股市场成交量比例超过20%的有10个交易日,超过30%的有6个交易日,超过40%的有3个交易日;2010年6月24日,申请人交易量占市场成交量比例达到50.14%。在6月11日至7月28日的25个交易日中,申请人有16个交易日在自己实际控制的证券账户间交易航天动力股票,成交量占市场成交量比例超过10%的有9个交易日,超过20%的有3个交易日,2010年7月6日达到32.06%。由于申请人交易航天动力股票数量较大,交易量占市场成交量比例较高,致使航天动力股票价格从2010年4月1日的14.09元(收盘价)上升至2010年7月28日的19.54元;2010年6月10日达到20.51元。

关于申请人认为"被申请人过于相信并依赖交易记录的IP地址和MAC地址认定账户控制关系"的主张。本会认为,计算机的MAC地址具有唯一性,如果不同账户共用一个MAC地址交易,如无相反证据,可以认定同一人在使用操纵这些账户。综合考虑本案涉案账户与申请人账户共用MAC地址或者IP地址交易航天动力股票的情况、账户资金往来、交易股票种类及期间的趋同性和谈话笔录,认定申请人控制涉案账户事实清楚、证据充分。

关于申请人认为航天动力股价上涨非因其交易航天动力股票所致的主张。本会认为,2010年虽然时逢航天事业的发展时期,但这并不能合理解释航天动力股价涨幅为何大幅度偏离同期大盘指数。

关于申请人认为"本案行政处罚听证程序严重程序违法"的主张。本会认为,在行政处罚审理过程中,行政处罚委履行了事先告知、召开听证会等法定程序,复核了申请人提出的申辩意见。本案听证主持人并非本案调查人员,更非主导本案调查工作的负责人。因此,听证程序并无不当。

关于申请人认为其交易"航天动力"是正常投资行为,没有操纵股价意图的主张。本会认为,通过申请人控制19个证券账户布局操纵的行为及其对航天动力股价交易量和交易价格的影响来看,申请人关于其没有操纵股价意图的主张不能成立。

综上,本会认为申请人通过其实际控制的A381×××355等19个证券账户,于2010年4月2日至7月28日,以连续交易和在其实际控制的账户之间交易等方式买卖航天动力股票,影响该公司的股票交易量和股票价格,已构成市场操纵行为。本会行政处罚决定事实清楚,程序合法,适用法律正确。

根据《中华人民共和国证券法》第七十七条、第二百零三条和《中华人民共和国行政复议法》第二十八条第一款第一项的规定,本会决定:维持《行政处罚决定书》(〔2012〕43号)。

申请人如不服本复议决定,可在收到本复议决定书之日起15日内向有管辖权的人民法院提起诉讼或向国务院申请裁决。

关于肖远春不服行政处罚的行政复议决定书

(〔2013〕7号)

申请人:肖远春,男,1976年6月出生

住址:深圳市龙岗区奥林华府3栋1单元1503室

被申请人:中国证券监督管理委员会深圳

监管局

地址:深圳市福田区笋岗西路体育大厦东座

申请人不服中国证券监督管理委员会深圳监管局(以下简称深圳证监局)《行政处罚决定书》(〔2012〕8 号),向本会提出行政复议申请。本会受理后,依法对本案进行了审查,现已审查终结。

2011 年 10 月,投资者粟某向深圳证监局举报华泰证券股份有限公司深圳海德三道证券营业部(以下简称华泰证券海德三道营业部)原员工肖远春私下接受客户买卖证券的委托。2012 年 5 月,深圳证监局立案调查,并于 2012 年 12 月 21 日,对肖远春作出行政处罚决定。

深圳证监局《行政处罚决定书》(〔2012〕8 号)认定以下违法事实:2008 年 6 月 30 日至 2010 年 10 月 1 日期间,申请人为华泰证券海德三道营业部员工,从事客户开发与维护工作,系证券从业人员。投资者粟某曾是华泰证券海德三道营业部的客户,申请人为其提供客户服务。2010 年 4 月 6 日,粟某在海通证券股份有限公司深圳海德三道证券营业部开户,同日,与申请人签订为期一年的《委托理财协议书》,并将其在海通证券的 26 万元资金委托申请人操作。期间该账户持续亏损,申请人未获得收益。申请人私下接受客户委托的行为违反了《证券法》第一百四十五条关于“证券公司及其从业人员不得未经过其依法设立的营业场所私下接受客户委托买卖证券”的规定,构成了《证券法》第二百一十五条所述“证券公司及其从业人员违反本法规定,私下接受客户委托买卖证券”的行为,给予申请人警告并处三万元罚款的行政处罚。

申请人请求减轻行政处罚金额,撤销警告处罚。同时,请求同意投资者粟某撤回信访的请求。主要理由是:一是粟某在与申请人签订委托理财协议时明知该行为违法;二是申请人与粟某之间的委托理财纠纷已经法院调解结案,并向粟某作出赔偿。粟某已委托律师向深圳证监局申请撤回对申请人的投诉;三是《行政处罚法》对减轻处罚的情形作了规定,本案具有减轻处罚的情节,《证券法》关于证券从业人员私下接受客户委托买卖证券的罚则规定不合理。

经审查查明,申请人在华泰证券海德三道营业部工作期间,作为证券从业人员私下与客户签订委托理财协议,接受客户粟某买卖证券的委托,构成《证券法》第二百一十五条所述的违法行为,证据充足、确凿。粟某就申请人私下接受委托的违法行为向深圳证监局投诉后,又以委托合同纠纷诉至深圳市宝安区法院,在法院的主持下,双方就损失赔偿事宜达成调解协议。申请人根据协议规定及时履行赔偿义务的行为,属于《行政处罚法》第二十七条第一款第(一)项规定的“主动消除或者减轻违法行为危害后果的”情形,依法应当从轻或者减轻行政处罚。本会认为,深圳证监局依据《行政处罚法》第二十七条和《证券法》第二百一十五条的规定对申请人作出减轻处罚的决定,符合法律规定。

根据《证券法》第二百一十五条的规定,对于私下接受委托的证券从业人员是采取警告并处罚款的责任形式,而本案不具有《行政处罚法》第二十七条第二款规定的不予处罚的情节。因此,本会对申请人撤销警告处罚的主张不予支持。申请人复议的其他诉求不属于行政复议的受理范围。

综上,根据《中华人民共和国行政复议法》第二十八条第一款第一项的规定,本会决定:维持被申请人深圳证监局《行政处罚决定书》(〔2012〕8 号)。

申请人如不服本复议决定,可在收到本复议决定书之日起 15 日内向有管辖权的人民法院提起诉讼或向国务院申请裁决。

关于陈新不服行政处罚的行政复议决定书

(〔2013〕8 号)

申请人:陈新,男,1963 年 2 月 24 日出生

住址:深圳市福田区商报路奥林匹克大厦 22 楼

委托代理人:练纯洁,广东圣天平律师事务所

被申请人:中国证券监督管理委员会

地址:北京市西城区金融大街19号

申请人不服中国证券监督管理委员会(以下简称本会)《行政处罚决定书》(〔2013〕8号),向本会提出行政复议申请。本会受理后,依法对本案进行了审查,现已审查终结。

2005年7月26日,本会宁波证监局对原成功信息产业(集团)股份有限公司(以下简称甬成功)信息披露违法行为立案稽查。本会在行政处罚审理期间,因发现申请人涉嫌犯罪,将其移送公安机关,并中止行政处罚审理程序。2010年9月19日,宁波江东区人民检察院对申请人欺诈发行股票的行为作出不起诉的决定,并函告宁波证监局依法处理相关责任主体。本会随即恢复对本案的审理,对申请人作出行政处罚决定。

本会《行政处罚决定书》(〔2013〕8号)认定,自1999年至2004年期间,甬成功在申请人的控制下,通过编造虚假的经济业务事项和资料,虚构销售收入、虚构投资收益、虚列成本和少计费用等方式进行会计核算,导致公开披露的1999年至2004年年度报告财务数据存在重大虚假记载。同时甬成功未及时披露对外担保事项,在2004年中期报告中遗漏有关借款的重大信息。甬成功的行为构成原《中华人民共和国证券法》第一百七十七条第一款关于信息披露违法行为的规定,申请人为直接负责的主管人员。考虑到申请人实际操纵了相关财务造假,并对甬成功其他董事和中介机构刻意隐瞒,上市公司的独立人格未能发挥有效作用,对甬成功不再给予处罚,给予陈新警告并处以30万元罚款。

申请人请求撤销本会对其作出的行政处罚决定。主要理由是:一是对其作出的处罚已经超过《行政处罚法》规定的两年时效。证监会将本案移送公安之日起,处罚程序终止。检察机关于2010年9月19日作出不起诉决定的法律文书之日起重新计算处罚时效,证监会直到2012年12月作出行政处罚,已超过法定时效。二是申请人发现违规后果后,主动消除或者减轻违法行为危害后果,应当依法从轻或者减轻行政处罚。

经审查查明,本会认定甬成功于1999年至2004年期间存在信息披露虚假行为及申请人通过甬成功的大股东深圳市新海投资控股有限公司实际操纵深圳市成功通信技术有限公司(甬成功的控股子公司)实施财务造假行为。以上事实证据充足、确凿。

关于本案的处罚时效问题。《中华人民共和国行政处罚法》第二十九条规定,违法行为自其发生之日起两年内未被发现的,不再给予行政处罚,违法行为有连续状态或者继续状态的,从行为终了之日起计算。甬成功的信息披露违法行为自1999年持续至2004年年报披露,因此,本会于2005年7月对其违法行为立案稽查,在《中华人民共和国行政处罚法》规定的两年时效内,符合法律规定。

本案经调查后被移交行政处罚,后发现申请人涉嫌犯罪即被移送公安机关。根据《行政执法机关移送涉嫌犯罪案件的规定》(国务院令第310号)的规定,行政机关在查处案件过程中发现涉嫌犯罪的,必须移送公安机关,并应当在公安机关不立案或者检察机关作出不予起诉决定后,再决定是否给予行政处罚。因此,本会将申请人涉嫌犯罪的案件移送公安机关后,依法中止了行政处罚程序,但并非终结该程序。在检察机关作出对陈新不予起诉的决定后,本会依法恢复行政处罚程序,作出行政处罚决定。

关于本案从轻或者减轻行政处罚的问题。根据《中华人民共和国行政处罚法》第二十七条的规定,对于主动消除或者减轻违法行为危害后果的,应当依法从轻或者减轻行政处罚。本案中,申请人不仅是甬成功的实际控制人,而且是实际操纵公司财务造假的责任主体,在相关违法行为被立案调查后,并没有采取措施推动甬成功纠正财务差错、更正其财务会计报告,使得公司虚假信息披露违法行为造成的危害后果并未及时消除或者减轻。另外,申请人辩称其用个人资产弥补亏损并推动公司重组,但并未提供相应证据予以证明。因此,本会认为申请人不具有《中华人民共和国行政处罚法》规定的从轻或者减轻处罚的情节。

综上,根据《中华人民共和国行政复议法》第二十八条第一款第一项的规定,本会决定:维持《行政处罚决定书》(〔2013〕8号)对申请人作出的行政处罚决定。

申请人如不服本复议决定,可在收到本复议决定书之日起15日内向有管辖权的人民法院提起诉讼或向国务院申请裁决。

关于陈新不服市场禁入的行政复议决定书

（〔2013〕9号）

申请人：陈新，男，1963年2月24日出生

住址：深圳市福田区商报路奥林匹克大厦22楼

委托代理人：练纯洁，广东圣天平律师事务所

被申请人：中国证券监督管理委员会

地址：北京市西城区金融大街19号

申请人不服中国证券监督管理委员会（以下简称本会）《市场禁入决定书》（〔2013〕2号），向本会提出行政复议申请。本会受理后，依法对本案进行了审查，现已审查终结。

2005年7月26日，本会宁波证监局对原成功信息产业（集团）股份有限公司（以下简称甬成功）信息披露违法行为立案稽查。本会在行政处罚审理期间，因发现申请人涉嫌犯罪，将其移送公安机关，并中止对该案的审理。2010年9月19日，宁波江东区人民检察院对申请人欺诈发行股票的行为作出不起诉的决定，并函告宁波证监局依法处理相关责任主体。本会随即恢复对本案的审理，对申请人作出市场禁入决定。

本会《市场禁入决定书》（〔2013〕2号）认定，自1999年至2004年期间，甬成功在申请人的控制下，通过编造虚假的经济业务事项和资料，虚构销售收入、虚构投资收益、虚列成本和少计费用等方式进行会计核算，导致公开披露的1999年至2004年年度报告财务数据存在重大虚假记载。同时甬成功未及时披露对外担保事项，在2004年中期报告中遗漏有关借款的重大信息。甬成功的行为构成原《中华人民共和国证券法》第一百七十七条第一款关于信息披露违法行为的规定，申请人为直接负责的主管人员。考虑到申请人实际操纵了相关财务造假，并对甬成功其他董事和中介机构刻意隐瞒，上市公司的独立人格未能发挥有效作用，因此，对甬成功不再给予处罚，根据申请人违法行为的事实、性质、情节与社会危害程度，依据《证券市场禁入暂行规定》（以下简称《暂行规定》）第四条和第五条的规定，认定申请人为市场禁入者，自本会宣布决定之日起，终身不得从事证券业务或担任上市公司董事、监事、高级管理人员职务。

申请人请求撤销本会对其作出的市场禁入决定。主要理由是：市场禁入决定适用的法律错误。

经审查查明，本会认定，甬成功于1999年至2004年期间存在信息披露虚假行为，申请人通过甬成功的大股东深圳市新海投资控股有限公司，实际操纵深圳市成功通信技术有限公司（甬成功的控股子公司）实施财务造假行为。以上事实证据充足、确凿。

国务院在1996年发布的《关于进一步加强证券监督管理工作的通知》中明确要求建立证券行业禁入制度。按照通知要求，我会制定《暂行规定》，在行政处罚之外专门明确采取市场禁入措施的条件和程序等。2004年1月，国务院发布的《国务院关于推进资本市场改革开放和稳定发展的若干意见》（国发〔2004〕3号）进一步确认了该项制度。根据现行《中华人民共和国证券法》的规定，市场禁入措施是本会在行政处罚之外，依据法律、法规、国务院证券监督管理机构的有关规定所采取的措施。因此，本会对申请人采取的市场禁入措施是合法有效的。

经审查，申请人的违法行为主要发生于1999年至2004年，适用当时有效的《暂行规定》，对申请人作出市场禁入决定符合法律适用的原则。

因此，本会对申请人作出的市场禁入决定适用法律正确，于法有据。

综上，根据《中华人民共和国行政复议法》第二十八条第一款第一项的规定，本会决定：维持《市场禁入决定书》（〔2013〕2号）对申请人作出的市场禁入决定。

申请人如不服本复议决定，可在收到本复议决定书之日起15日内向有管辖权的人民法院提起诉讼或向国务院申请裁决。

关于朱平不服信息公开答复的行政复议决定书

(〔2013〕10 号)

申请人:朱平,男,1964 年 8 月出生

住址:江苏省南京市洪武路 137 号太平洋大厦 2003 室

被申请人:中国证券监督管理委员会

地址:北京市西城区金融大街 19 号

申请人不服中国证券监督管理委员会(以下简称本会)《监管信息告知书》(证监信息公开〔2013〕8 号),向本会提出行政复议申请。本会受理后,依法对本案进行了审查,现已审查终结。

2013 年 5 月 9 日,本会作出《监管信息告知书》,针对申请人向本会要求公开"江苏高淳陶瓷股份有限公司(以下简称高淳陶瓷)已经通过重组委的审核后,而且是重组委无条件通过后,还有什么原因影响重组的行政许可批文批复"的信息公开申请,答复如下:"高淳陶瓷重大资产重组及发行股份购买资产申请经我会并购重组委审核通过后,我会于 2013 年 4 月 9 日作出核准决定,上市公司随后做出了公告,请您查阅高淳陶瓷有关公告以及我会网站公示信息。高淳陶瓷本次重组涉及发行股份,适用《证券法》第二十四条规定的审核时限。"

申请人请求撤销《监管信息告知书》,要求公开本会受理高淳陶瓷申请后作出行政许可核准决定超过法定 20 天的原因。申请理由为:本会应当根据《中国证券监督管理委员会行政许可实施程序规定》第三十四条规定,在无延期的情况下、20 个工作日内作出许可决定。本会在《监管信息告知书》中没有依申请公开超过 20 个工作日作出核准决定的原因,涉嫌不履行法定义务。

经审查,《行政许可法》第四十二条规定,行政机关应当在 20 个工作日内作出许可决定,但是"法律、法规另有规定的,依照其规定"。《证券法》第二十四条规定证券发行行政许可的核准期限为 3 个月。根据特别法优于一般法的法律适用原则,高淳陶瓷本次申请的核心内容是发行股份购买资产,属于证券发行申请,应适用《证券法》第二十四条规定。因此,《监管信息告知书》的答复内容符合法律规定。

综上,申请人认为"本会应在 20 个工作日内作出行政许可决定"、"本会涉嫌不履行法定义务"的理由不能成立。

根据《行政复议法》第二十八条第一款第一项的规定,本会决定:维持本会《监管信息告知书》对申请人的答复内容。

申请人如不服本复议决定,可在收到本复议决定书之日起 15 日内向有管辖权的人民法院提起诉讼或向国务院申请裁决。

关于朱平不服信息公开答复的行政复议决定书

(〔2013〕11 号)

申请人:朱平,男,1964 年 8 月出生

住址:江苏省南京市洪武路 137 号太平洋大厦 2003 室

被申请人:中国证券监督管理委员会

地址:北京市西城区金融大街19号

申请人不服中国证券监督管理委员会(以下简称本会)《监管信息告知书》(证监信息公开〔2013〕13号),向本会提出行政复议申请。本会受理后,依法对本案进行了审查,现已审查终结。

2013年7月4日,本会作出《监管信息告知书》,针对申请人向本会要求公开"并购重组委有条件通过的延边公路建设股份有限公司定向回购暨以新增股份换股吸收合并广发证券股份有限公司申请获得有条件审核通过具体文件"的信息公开申请,答复如下:"该文件我会已经以《并购重组委2010年第2次会议审核结果公告》的形式在我会网站(http://www.csrc.gov.cn)对外公告,请您通过我会网站'证监会公告'栏目查阅、获取。"

申请人请求撤销《监管信息告知书》,理由为:《监管信息告知书》所述的审核结果公告中没有申请人要求的有条件通过的具体文件。

经审查,本会《上市公司并购重组审核委员会工作规程》第二十六条规定,"并购重组委会议对申请人的并购重组申请投票表决后,中国证监会在网站上公布表决结果"。本会已根据上述规定,将申请人申请公开的信息于2010年2月2日并购重组委会议后,以《并购重组委2010年第2次会议审核结果公告》的形式主动在本会网站公开。通过该文件,可以清楚查询到"延边公路建设股份有限公司有条件通过",本会并已告知申请人通过"证监会公告"栏目查阅、获取,依法履行了信息公开的法定义务。根据本会《行政许可实施程序规定》,只有在并购重组会议对并购重组申请表决通过且我会作出准予行政许可决定后,才向申请人出具批文,因此在并购重组委审议阶段并无申请人在《行政复议申请书》中所述的"有条件通过的具体批文",延边公路并购重组审核中的唯一批文是《关于核准延边公路建设股份有限公司定向回购股份及以新增股份换股吸收合并广发证券股份有限公司的批复》(证监许可〔2010〕164号),我会也已通过官方网站"行政许可"栏目对外公布,并已通过《监管信息告知书》(证监信息公开〔2013〕10号)告知申请人查阅、获取的方式和途径。

根据《国务院办公厅关于做好政府信息依申请公开工作的意见》(国办发〔2010〕5号)的规定,"行政机关在日常工作中制作或者获取的内部管理信息以及处于讨论、研究或者审查中的过程性信息,一般不属于《政府信息公开条例》所指应公开的政府信息",我会在并购重组委会议审议阶段形成的并购重组委反馈意见等信息,是我会在并购重组审核中的过程性信息,不属于我会应公开的政府信息范围。

综上,申请人认为本会未履行相应信息公开义务的理由不能成立。根据《中华人民共和国行政复议法》第二十八条第一款第一项的规定,本会决定:维持本会《监管信息告知书》(证监信息公开〔2013〕13号)对申请人的答复内容。

申请人如不服本复议决定,可在收到本复议决定书之日起15日内向有管辖权的人民法院提起诉讼或向国务院申请裁决。

八、法律问题评析

(一)《证券法》第四十七条关于短线交易主体认定的法律问题

1. 法律问题

辖区A上市公司发起人股东B资产管理有限公司(持股比例低于5%)在6个月内卖出股票之后买入,买入之后卖出。A上市公司董事C持有B资产管理公司90%股权。A上市公司告知B资产管理有限公司上述交易行为有可能触犯短线交易的规定,建议该董事暂停在二级市场买卖股票。但B资产管理公司经查阅相关各项法律、法规后认为,认为未有法律法规明确规定有关董、监、高间接持股适用于短线交易的条款。此案例实际上是上市公司董事间接持股行为是否合并计算作为董事持股,从而适用于《证券法》四十七条关于短线交易规定的问题。

2. 法律解析

从立法本意看,间接持股应当合并计算。立法上之所以将董事、监事、高级管理人员和持股5%以上的股东列入短线交易的主体范围,主要是因为作为公司他们比一般市场投资者更容易获得内幕信息,极易利用所知的公司秘密,通过市场买卖股票以获利。因此,即使持股是采用不同子公司名义持有,只要子公司属于同一实际控制人,均不影响实际控制人对上市公司的影响力。其次,如果对于间接持股不采用合并计算的方式,则上述禁止"短线交易"的条文将形同虚设,上市公司董事、监事、高级管理人员和股东很容易采取分立股东账户的方式规避监管,从而达不到《证券法》第四十七条对内幕交易的立法本意。

从国外经验看,间接持股应当合并计算。美国《1934年证券交易法》明确规定,所谓受益股东,依据1934证券交易法16(a)之规定,即为直接或间接持有公司任一种已公开发行股票超过10%之人,明确包含了间接持有的情形。

从证券法有关收购条款看,持股均为合并计算。我国《证券法》第八十六条对涉及公司收购行为作出了如下规定,"通过证券交易所的证券交易,指投资者持有或者通过协议、其他安排与他人共同持有一个上市公司已发行的股份达到5%时"。《上市公司收购管理办法》第十二条也有类似规定,"投资者在一个上市公司中拥有的权益,包括登记在其名下的股份和虽未登记在其名下但该投资者可以实际支配表决权的股份。投资者及其一致行动人在一个上市公司中拥有的权益应当合并计算"。因此,上市公司董事间接持股也应当合并计算为董事持股,保持《证券法》内部各条款之间,及其与《上市公司收购管理办法》的一致性。

3. 相关建议

为防范上市公司股东、董、监、高通过间接持股规避短线交易的规定,在《证券法》未修改之间,证监会出台规定,确定短线交易采取"实际控股"的认定标准。完善《证券法》,扩大短线交易主体认定范围,从立法上明确责任主体的身份界定。

(二)跨市场证券资产证券化产品法律适用相关问题

1. 法律问题

A银行将其贷款信托给B信托公司设立自益信托,并获得信托受益权。上述信托设立后,C证券公司接受认购人委托,以券商专项资产管理计划的方式,向信托权益人(即A银行)购买全部信托受益权,发行资产证券化产品。该资产证券化产品将在交易所综合协议平台挂牌转让,参与主体为机构投资人,由中债登统一登记结算。产品发行、挂牌与转让按照交易所市场资产证券化产品现有规则与运作模式进行。中债登按照非担保全额逐笔方式实施清算交收,与交易所市场资产证券化产品现有结算模式基本相同。类似采用双特殊目的载体(SPV)模式的跨市场证券资产证券化产品,在批准、法律适用及监管方面有哪些需要关注的问题?

2. 法律解析

一是关于多重审批问题。按照《证券公司资产证券化业务管理规定》第7条的规定,C证券公司通过设立专项计划发行资产支持证券,应当向证监会提出申请并获批准。同时,按照人民银行、银监会《信贷资产证券化试点管理办法》的要求，A 银行在发起该信贷资产证券化产品时，需要人民银行、银监会双重审批。即该跨市场资产证券化产品需要同时获得“一行两会”三部门的批准，客观上审批环节较多。

二是不同监管规定的衔接适用。按照人民银行、银监会《信贷资产证券化试点管理办法》的规定，A 银行发起设立信贷资产证券化项目，应由 B 信托机构发行资产支持证券，在全国银行间债券市场上发行和交易。C 证券公司受让 A 银行信托收益权，发行信贷资产证券化产品，则适用证监会《证券公司资产证券化业务管理规定》，即由其发行证券且在交易所上市交易。按项目运行阶段“分段”遵守不同监管规定的做法，客观上并不完全符合不同监管规定的要求，存在违规风险。

三是市场风险的传导。按照证监会《证券公司资产证券化业务管理规定》，从有利于了解、防控风险的角度出发，C 证券公司完全可以直接接受银行信贷资产设立专项计划。按该项目做法，在业务流程中额外增加了 B 信托公司，由 B 信托公司负责运营管理该信贷资产，C 证券公司仅取得信托收益权。按此安排，一方面增加了成本，另一方面作为直接面对投资者、对投资者负担实际义务的 C 证券公司，由于不能对原始信贷资产进行管理应用，很可能会对资产风险状况了解把握不足，引发银行信贷风险传导至证券市场，最终转嫁给证券投资者。

四是基础资产的风险。该项目发起于 A 银行将其信贷资产信托给 B 信托公司设立自益信托。虽然 A 银行将信托受益权转让给了 C 证券公司，但 A 银行作为贷款服务机构，实际上仍控制着该资产。鉴于目前相关登记制度尚不健全，如果 A 银行、B 信托公司等发生破产，该信托财产仍有被列入清算财产的危险，可能不能实现风险的完全隔离。

五是投资者人数的监管。按照《证券公司资产证券化业务管理规定》第 34 条，资产证券化产品的投资者应为合格投资者，且不得超过二百人。鉴于该资产证券化产品将在交易所综合协议平台挂牌转让，在公开平台交易时如何避免可能发生的投资者人数超过二百人的情形，需要 C 证券公司、交易所等事先设置应对机制和预案。

九、律 师 监 管

2013 年证券法律服务业发展报告

2013 年是全面贯彻党的十八大精神的开局之年。面对错综复杂的国内外经济形势，资本市场认真贯彻落实党的十八大、十八届二中、三中全会和中央经济工作会议的决策部署，坚持市场化、法治化、国际化取向，着力推进改革创新，强化监管和投资者保护，实现了市场平稳运行，有力支持了实体经济发展。在过去的一年里，证券法律服务行业坚持服务发行融资、并购重组等市场活动，认真履行合规把关职责，积极参与资本市场改革创新，为资本市场健康发展作出了应有贡献。

一、证券法律服务业务总体情况

2013 年证券法律服务业务体现出以下特点：

一是证券法律服务业务总量有所减少，并购重组业务量大幅增加。受 IPO 暂停影响，2013 年证券法律服务业务总量较往年有所下降。据统计，证监会全年共收到 178 家律师事务所为 1251 项行政许可申请出具的正式法律意见书，从事证券法律服务业务的律师事务所数量和所服务的项目数量均比 2012 年减少 24%。境内股票首发业务下滑明显，全年证券法律服务行业共为161个股票首发项目申请出具法律意见书,比2012年减少72%。其中,为创业板发行上市业务出具法律意见书61份,较2012年减少191份,降幅76%;涉及律师事务所28家,较2012年减少28家,降幅50%;涉及签字律师140人次,较2012年减少520人次,降幅79%。与此同时,并购重组法律服务业务量大幅增长,全年证券法律服务行业共为232个并购重组项目申请出具法律意见书,较2012年增长42%。

二是境外发行上市法律服务业务快速增长。《关于股份有限公司境外发行股票和上市申报文件及审核程序的监管指引》自2013年1月1日起施行,大幅放宽了境内企业直接到境外上市条件,减少了申报文件材料,简化了审核流程,对中小企业、特别是民营企业海外上市起到了积极的推动作用。据统计,2013年共有20家律师事务所为39个境外发行项目出具法律意见书,律师事务所量和业务量分别是2012年的2.9倍和2.8倍。

三是证券法律服务行业集中度进一步提高。从区域分布来看,2013年证监会共受理北京、上海、广东地区律师事务所为1086个项目出具法律意见书,上述地区法律意见书数量占证监会受理的法律意见书总量的87%,占比较2012年提高了2个百分点。股票首发项目(包括主板首发、创业板首发在内)前15家律师事务所中10家来自北京、上海地区,其中,北京地区的律师事务所达7家。从优势律师事务所的业务量占比看,2013年综合业务量统计前20位的律师事务所接受了863个项目申请委托,占了总委托项目量的69%,占比较2012年提高了5个百分点。创业板前5大律师事务所共出具法律意见书28份,占创业板法律意见书总量的46%,较2012年增长约5个百分点。

二、证券法律服务行业所处的监管环境发生新的变化

2013年,按照国务院职能转变工作要求,证监会大力推进监管转型,进一步强化"两维护,一促进"的核心职责,加大对违法违规行为的打击力度,把工作重点切实向监管执法转变。去年以来,证监会查办了绿大地、万福生科、天能科技、新大地、天丰节能等一批有影响力的案件,对四川天澄门律师事务所、湖南博鳌律师事务所、北京市君泽君律师事务所、北京市大成律师事务所、北京市竞天公诚律师事务所等5家涉案律所进行立案调查,并对这5家律所及其12名律师作出了行政处罚决定。另外,还依法对湖南博鳌律师事务所采取了12个月内不接受其出具的证券发行专项文件、对贵州北斗星律师事务所及2名签字律师采取了出具警示函的行政监管措施。从相关案件情况看,部分签字律师在执业规范化方面存在的主要问题包括:一是尽职调查工作不独立、不充分,过于依赖其他中介机构和发行人。二是发表的法律意见不充分、不明确,或者缺乏适当证据和理由。三是法律意见书过于格式化,缺乏针对性。

为适应监管环境的新变化,证券法律服务行业积极反应,通过强化资本市场法律服务的风险意识,修订、完善相关内控制度,不断提高律师执业标准,行业整体规范化程度进一步提高。与此同时,相关律师事务所、中华全国律师协会和律师行业主管部门,就律师、律师事务所在被调查期间,证监会暂不受理和审核其所出具的法律意见书等相关事宜,积极与证监会沟通意见,并就完善相关监管制度提出意见和建议。此外,财新网、经济参考报、金陵晚报等媒体也对有关律所被证监会立案调查进行了集中报道。媒体普遍认为,一直以来,在新股发行中,由于违法成本低廉,发行人、中介机构的违法违规行为屡见不鲜,严重侵害了中小投资者的利益。从证监会最近一段时间的监管取向来看,强化中介机构责任,严厉打击新股发行中发行人、中介机构的违法违规行为,强化信息披露,保护中小投资者利益的改革和监管思路日渐清晰。

三、证券法律服务行业积极参与资本市场改革发展

一是积极参与资本市场法治建设。证券法律服务行业在为委托人提供法律服务的同时,还积极支持资本市场法治建设,全年共为21部规章、规范性文件公开征求意见稿反馈修改意见。特别是在《律师事务所从事首次公开发行股票并上市法律业务执业细则(试行)》制定过程中,中华全国律师协会组织证券律师,结合证券法律业务执业经验,在对律师尽职调查的核

查范围、律师与其他中介机构的责任边界、执业细则与其他规范性文件的关系、执业细则条款内部的逻辑性等事项提出总体意见的基础上，还逐条对执业细则提出了修改完善建议，对提升执业细则的科学性、可行性和操作性具有积极意义。

二是认真建言境外法律业务拓展。近年来，境内律师事务所在境外发行上市、机构设立、跨境并购重组等境外证券期货法律服务方面发挥了越来越重要的作用。为进一步发挥境内律师事务所境外法律服务功能，提升境外法律服务竞争力，2013 年，证监会召开了律师事务所境外法律服务业务座谈会，北京金杜律师事务所、北京君合律师事务所、国浩(上海)律师事务所、北京市中伦律师事务所和北京观韬律师事务所等律所积极参会，围绕中国企业境外上市的现状、新形势下中国企业境外上市面临的问题以及支持中国律师参与境外资本市场业务的政策建议等事项，提出了很好的意见建议，为进一步完善境外发行上市制度规则提供了有益借鉴。

三是大力支持证券律师监管信息系统建设。建设统一的证券律师监管信息系统，是加强对证券法律业务的服务与管理，大力推进监管转型的重要举措。2013 年，在充分调研业务需求基础上，在广大律师事务所和证监会派出机构的支持下，证监会完成了证券律师监管信息系统的设计、开发工作。目前系统内共有 352 家律所、2561 位律师的相关信息。系统具备律所、律师和证券法律服务业务信息网上录入、审核、查询、统计、分析等功能，对进一步改善证券法律服务业务监管提供了坚实基础。

党的十八届三中全会提出，要“健全多层次资本市场体系，推进股票发行注册制改革，多渠道推动股权融资，发展并规范债券市场，提高直接融资比重”。随着各项改革措施的逐步落实，资本市场为证券法律服务行业提供的机会将会更多、空间将会更大。但机遇与挑战并存，随着股票发行注册制改革、特别是监管转型的大力推进，资本市场对包括律师事务所在内的中介机构的执业质量要求将会更高，市场化约束力度将会更大。广大证券律师应当充分认识监管转型对执业质量提出的新要求，在积极拓展业务领域的同时，更加勤勉尽责地履行核查验证义务，进一步提高执业规范化水平，履行好资本市场的“看门人”职责，为保障市场主体依法合规运行做出更大贡献。

附件：2013 年律师事务所从事证券法律业务量排名表(略)

十、普 法 工 作

2013 年普法工作综述

2013 年，全国证券期货监管系统紧紧围绕履行“两维护，一促进”的核心职责，坚持依法行政，严厉打击违法违规行为，维护投资者的合法权益，深入开展各项普法活动，营造学法、用法的良好氛围，有效增强市场主体的法制与诚信意识，为多层次资本市场的建设和发展营造良好的法治环境。

一、围绕中心工作，在立法中普法，夯实普法工作法制化基础

完善的法律体系是普法的前提，我会一贯重视资本市场法律法规体系的建设，大力推进《证券法》、《期货法》等资本市场基本法律的修订、制定工作，认真组织、深入研究，提出修订意见和完善建议；在制定、修订相关规章、规范性文件过程中，尽量做到简单易懂、操作性强，便于各类市场经营主体及投资者学习、适用；推动

出台相关政策文件,营造有利的司法环境。

在法律法规文件以及我会相关规章、规范性文件制定、修订过程中,我会坚持“开门立法”,在立法中普法,不仅广泛征求行业、社会的意见,还积极调动证券期货监管系统全体监管干部的参与热情,提高监管干部对立法规律的认识,掌握立法的背景意义和基本精神,不仅提高了立法质量,也使监管干部了解到立法过程中各种法律疑难问题的解决过程、复杂利益关系的调和过程、立法技术的完善过程,提高了全体监管干部的法制理论水平,为监管干部有效推动执行法律奠定了基础。2013 年,我会正式决定成立《证券法》修订和《期货法》制定工作领导小组和工作机构,配合立法机构启动相关工作,分别形成建议稿(草稿)和初稿。推动国务院及国务院办公厅出台《国务院关于开展优先股试点的指导意见》、《国务院关于全国中小企业股份转让系统有关问题的决定》、《国务院办公厅关于进一步加强资本市场中小投资者合法权益保护工作的意见》三部法规性文件。同时,2013 年我会出台规章 9 部、规范性文件 57 部,进一步完善了资本市场法律体系。

二、组织开展专项普法活动,推进新基金法贯彻实施

2012 年 12 月 28 日,第十一届全国人民代表大会常务委员会审议通过了修订后的《证券投资基金法》(以下简称“新基金法”),自 2013 年 6 月 1 日起施行。鉴于修改条文多、变动幅度大、涉及范围广,为了帮助广大基金投资者、基金从业人员等市场主体和证券监管机构工作人员深入学习、全面理解新基金法的基本精神和主要内容,证券期货监管系统组织开展形式多样的普法活动,有效推动了新基金法的贯彻落实。

一是组织编写基金法修订宣传材料及辅导读本,提供权威读物。此次法律修订系统研究了实践中出现的新情况、新问题,全面总结九年来法律实施的经验,立足于为基金业发展创新创造良好环境、保护投资者合法权益和防范系统性风险,对调整范围、私募基金监管和公募基金规范等问题作了大幅补充、修改和完善,为方便证券期货监管系统监管干部深入学习、准确把握基金法修改的基本精神,我会编发了《基金法修订宣传材料汇编》,将修改条文对照表、全国人大财经委第一次提请审议的说明、全国人大法律委第二次和第三次审议的修改情况报告、审议结果报告等立法文献,以及全国人大财经委负责同志的答记者问等文献一并收录,供系统全体干部学习,提高监管水平,增强监管效果。为促进广大基金投资者、基金从业人员等市场主体和证券监管机构工作人员全面理解新基金法的主要内容,我会参与法律修订工作的同志在搜集整理立法资料、系统梳理重点问题的基础上,组织编写并出版了《新基金法学习辅导读本》,全面介绍和深度剖析新基金法有关规定,反映立法原意、展现立法原味,促进市场主体在业务运作中、监管工作人员在执法实践中,更准确地适用法律。

二是加强法律宣传教育,分类别分层次组织开展培训。2013 年 4 月 18 日至 26 日期间,基金业协会先后在上海、深圳、北京举办 6 期新基金法专题培训,共计 249 家机构 1708 名人员报名参加,全国人大财经委及我会法律部、基金部有关负责人就新基金法立法背景、立法理念、具体规定的理解与适用以及实施要求等相关问题进行了全面细致的讲解,不仅使学员全面系统地把握法律修改的背景和框架,也理清了不同参与主体在开展业务时需要参照的法律条款。2013 年 5 月 31 日,为迎接新基金法正式施行,推动法律的贯彻落实,引导证券投资基金行业把握契机加快发展,基金业协会举办以“贯彻落实新《基金法》推动行业健康发展”为主题的 2013 年年会,来自公募基金、私募基金及证券、期货、保险等各类资产管理机构、QFII 等境外资产管理机构、基金销售机构、托管银行等各类机构共 500 余人参会,年会将新基金法的学习作为一项重要内容,结合法律的修改就新形势下如何推动行业健康发展进行了充分探讨。此外,针对证券投资基金行业具体业务,我会组织开展了各专题培训班,如公募基金业务培训班、基金销售业务培训班、基金托管业务培训班、基金管理公司财务管理培训班及信息技术培训班等。

三是利用媒体开辟新基金法宣传栏目,扩大舆论声势。普及相关法律知识和法治理念,有序推进法律宣传教育工作和投资者教育工作,进一步提升投资者风险识别、理性投资、依

法维权的意识和能力，我会通过官方网站和中国证券报、上海证券报、证券时报等合作媒体，大力宣传新基金法的基本精神及主要内容，组织开展新基金法宣传活动，形成集中普法态势，有效提高宣传覆盖面及影响力。

三、加强市场监管，开展专项依法治理活动，宣传证券市场法治理念

我会遵循“有法必依、执法必严、违法必究”的工作原则，对严重违反“三公”原则、破坏市场秩序的行为，秉持“零容忍”的态度，依法给予严惩。依法行政是界定和限制监管权力的基本要求，我会在加强市场监管的同时，按照“于法周延、于事简便”的原则，从职权的行使等多方面补充、完善相关依据，确保监管工作做到“职权法授、程序法定、行为法限、责任法究”。

一是坚持依法治理，严厉打击非法证券活动。2013 年，我会打击非法证券活动协调工作机制和联合执法机制顺畅运行，对内幕交易、欺诈上市、虚假披露、操纵市场等违法违规行为保持高压态势，在线索核查、案件调查、事实认定、证据运用、性质判断、法律适用以及法理逻辑分析等方面全面落实依法治理基本要求，把依法治理贯穿于行政执法的各个环节。同时，我会按照打防结合、打宣结合的工作思路，不断加大案件稽查执法工作的宣传，提高案件发布时效和发布力度，公开曝光相关典型案件，宣传了证券市场法治理念，取得了良好的社会警示效应。

二是继续推进清理整顿各类交易场所专项依法治理活动。随着清理整顿各类交易场所工作的不断推进，我会按照国务院部署，强调清理整顿工作的总体思路和政策界限，加强对相关法律法规的理解。2013 年，我会先后完成对江苏、广东、广西、山东、辽宁、吉林、新疆、福建、北京等 15 省区市的验收工作，实地走访多家各类交易场所，向地方政府和交易场所宣传清理整顿各项政策，普及相关法律法规，并对重点地区、问题较为突出的交易场所的清理整顿情况进行督导，提出规范要求。为做好阶段性总结并研究措施对策，2013 年，我会对 11 省区市开展调研，对大宗商品类交易场所监管问题、金融资产类交易场所监管问题、各类交易场所监管体系进行专题研究，形成证券基金期货相关金融产品转让交易有关事项的研究成果，及时出台相关规定并向社会公众公布，使社会和市场各个方面及时了解政策、掌握政策、执行政策。我会还注重通过典型案例教育形式在实际工作中进行普法工作，指导地方政府做好相关工作。2013 年，我会协助地方公安机关对 4 起涉嫌违法证券期货交易活动的刑事犯罪案件出具性质认定，积极督促指导地方政府妥善处置、化解风险；对部分通过验收省市的个别交易场所违规交易问题，进行督导整改。

四、开展投资者教育工作，全面提高投资者风险意识、法律意识和维权意识

2013 年，我会注重结合投资者教育工作，继续创新和不断完善投资者教育和服务的内容与形式，使投资者特别是中小投资者熟悉市场规则，了解与证券期货相关的法律知识，自觉增强风险意识、法律意识和维权意识，公益性普法教育与服务取得了良好的社会效果。

一是组织制作宣传教育产品及开展宣传教育活动。组织编发《投资者适当性工作手册》、《上市公司股东权利知识手册》、《识别与防范非法证券活动知识手册》、《证券市场投资入门须知》、《2013 年江苏省证券投资者手册》等材料；通过成立新闻办并设立专职新闻发言人职位，将新闻宣传和舆论引导工作摆在更加突出的位置，通过每周五例行新闻发布会制度及时回应市场关切，加大对社会关注问题的回应力度，通过“以案说法”不断加大违法违规案件宣传力度，组织媒体深度采访报道 30 余起典型案件办案人员，深入浅出再现案件过程，形成报刊、电视、广播、互联网等立体传播网络；围绕工作重点，开展“国债期货研讨会”、“衍生品市场的财富管理”、“投资者适当性管理宣传教育月”等系列活动，组织证券期货经营机构开展各式宣传活动，通过公司网站、经营场所、大众媒体和新媒体等平台，采取印刷宣传材料、张贴海报、悬挂宣传条幅、发送短信、播放公益短片等方式，开展投资者教育活动。如上海局组织辖区证券期货经营机构开展形式多样的“投资者适当性管理宣传教育月”活动，中银国际在公司网站首页内设置“投资者适当性管理宣传教育月”专栏 flash，并链接相关宣传资料；海通证券在公司刊物《彩虹投资》开设专栏进行相

关宣传,通过第一财经电视台“市场零距离”栏目、中国证券网、和讯网等财经媒体进行宣传;财富里昂结合港澳台客户比较集中的特点,举办港澳台客户投资者适当性教育专场活动,向港澳台客户宣传金融法规、普及境内股票投资基础知识、揭示各项证券业务和金融产品投资风险等。

二是完善互动机制,通过直接交流加大普法力度。探索与投资者直接对话的方式和渠道,通过官方网站、市场经营主体营业部、热线电话等,定期收集整理投资者关注的热点问题,用通俗易懂的语言撰写相关问题的统一答复口径,帮助投资者理解问题、消除疑惑;在我会外网设立专门的投资者保护频道,并做好相关信息的把关和发布工作,建立与投资者直接沟通的互动平台,成为普法教育的重要阵地;开展“12386”热线建设专项工作,完成“12386. gov. cn”域名的申请、热线各项制度规范、系统问题分类、知识库的建设以及话务人员证券期货市场基本知识的系统培训等各项工作,顺利开通热线;开通“证监会发布”官方微博作为我会信息发布、舆论引导、了解网意、形象展示、为民服务的平台,提高互动交流的即时性。

三是畅通维权途径,帮助投资者运用法律手段维权。在帮助投资者维权方面,我会从法律制度和实务操作两个层面探索加强投资者对侵权行为的可诉性和易诉性。建立健全诉讼外纠纷解决机制,借鉴国际经验,推动证券专业调解制度试点工作;跟踪研究维权案例,加强正面引导,营造维权市场氛围,加大对维权律师的支持引导,加大与相关部门和单位协作。同时,研究由专门机构持股为投资者提供法律支持、罚没款用于补偿投资者等权益维护的新办法、硬措施,全方位保护投资者合法权益。

此外,2013 年是《中国证监会派出机构投资者保护工作评价实施细则(试行)》正式施行的第一年,实施细则对投资者保护法制宣传的内容、种类、途径及效果都提出了明确的要求,各派出机构按照要求,不断优化法制宣传工作机制,大力开展投资者保护法制宣传教育,有效促进了辖区资本市场稳定健康发展。

五、加大系统内培训、交流力度,营造学法、用法的良好氛围

我会高度重视法律法规学习,以提高依法行政能力为目标,自学与集中培训、常规学习与专题学习相结合,提高机关干部的法律知识水平和法制理论水平。

一是证券期货监管系统开展形式多样的党委中心组学习活动,切实加强领导班子思想建设,不断提高党员领导干部的法制理论水平,增强贯彻执行党的方针、路线、政策的自觉性。2013 年,我会党委开展以“宪法及宪法修正案”、“领导干部的法治思维和法治方式”、“认真学习党的十八届三中全会精神”、“中小投资者保护”、“私募投资基金发展与监管”、“行政和解制度”等为主题的党委中心组学习 13 次,并在证券期货监管系统下发了《关于进一步加强证券监管系统党委中心组学习的通知》,要求各单位党委进一步认识加强党委中心组学习的重要性、明确党委中心组学习的重点内容、进一步完善和严格执行学习制度等。

二是开办“政策讲座”。为进一步加强资本市场重大法规政策及改革开放措施学习培训工作,我会在推出重大法规政策及改革开放措施时,举办“政策讲座”。“政策讲座”主要由制定政策措施的牵头部门或单位负责,在政策措施发布同时做好“政策讲座”准备工作,于发布后的第一个工作日,由主要负责人作为主讲人,解读有关法规政策和改革开放措施的历史背景、总体考虑、重点内容、相关制度安排、利弊分析和预期目标,以及实施中的应对措施等,并安排一定时间提问,通过讲听互动,加深理解。“政策讲座”使全系统干部职工在第一时间掌握有关政策意图和制度安排,更好地统一思想、凝聚共识,促进了监管干部有效推动执行有关规定,形成推动资本市场改革发展的工作合力。

三是围绕市场监管工作重点,开展大规模、系统化的法制培训:在新招录人员初任培训、处级干部任职培训、会管干部培训中,根据不同培训对象,安排有针对性的法律授课内容;根据监管实际需要,开办专题法制培训班,学习成熟资本市场法制建设经验,通过将证券、期货相关法律知识融入培训课程,有力推进全系统普法宣传教育工作。如我会上市一部全年共赴北京、

广东、西藏等多家派出机构和中国证券业协会、中国上市公司协会、中国证券投资者保护基金公司等单位开展专题授课、宣讲活动46次，培训监管人员8000余人次，内容涉及上市公司规范运作、保荐代表人执业要求、中小投资者信访接待等各个方面，有效提高了系统监管人员的法律知识水平和执法能力。机构部会同中国证券业协会举办资产证券化、证券资产管理、融资融券、分支机构监管、客户适当性管理等专题培训会，带动全体干部知法、学法、懂法、用法，不断提升法制工作水平。

此外，为帮助我会系统监管干部及时、准确了解相关法律法规的制定、修订情况，提高依法监管水平，编辑出版《证券期货法规汇编》(2013)，为介绍境外成熟资本市场规定，组织翻译出版《境外资本市场重要法律文献译丛》，为促进监管干部法律研究能力的提高和法律思维的养成，编发《证券法制通讯》、《证券法制参考》等系统内部刊物，系统内各单位也通过"每月一课"等形式，及时向全体人员传递新法规、新业务、新知识。全系统通过形式多样的普法活动，有效促进了监管干部法治观念的养成和法律素质的提升。

六、围绕市场发展主线，增强市场主体的法制与诚信意识

我会注重进一步将法制宣传工作寓于对市场主体的监管中，充分调动各方力量，善于抓住各种契机，围绕市场发展主线，扎实推进"全方位、广参与、多层次、宽覆盖、高实效"的法制宣传教育工作，增强市场主体的法制与诚信意识，实现对上市公司、证券公司、基金管理公司、期货公司等市场参与主体培训的均衡发展和培训对象全覆盖，促进市场主体规范运作。

一是开展监管规则的培训工作。答疑解惑，对立法的背景意义、基本精神、主要内容、实施中应注意的问题进行讲解，精准传递监管要求，帮助市场主体及其从业人员学习、掌握法规的基本精神和主要内容，促进市场主体有效落实法规要求，增强依法合规经营管理的自觉性和主动性。如2013年度，我会坚持"寓监管于服务"的理念，与国务院国资委、银监会等相关部委以及北京市金融工作局等地方政府办事机构密切配合，以央企和金融类上市公司规范运作为主题，先后就"解决同业竞争、规范关联交易"、"规范信息披露"等专题，开展一系列讲学活动，宣传有关监管政策，全力推动央企控股和金融类上市公司进一步提升规范运作水平，促进国有资产保值、增值。浙江局开展"上市公司月"活动，走访上市公司40余家，深入生产经营场所，解决"闭门监管"引起的信息不对称问题，上门给上市公司宣讲最新监管政策及法律法规知识，通过面对面沟通，为上市公司解惑答疑。中国金融期货交易所组织实施国债期货会员种子讲师培训计划，从会员优秀人员中分三期筛选出167人，通过系统的课程设置和师资安排、4天高强度封闭集训以及严格的笔试、面试，最终培养了会员讲师159人，极大充实了市场国债期货讲师队伍，在会员全面开展国债期货市场开发过程中发挥了重要作用。

二是督促证券公司完善合规管理机制，增强从业人员的合规意识，为依法合规经营提供制度保障。2013年，我会通过认真审阅分析合规报告、开展常规现场检查、调查处理违法违规行为等方式，大力推动证券公司健全合规管理长效机制，不断提高合规管理的有效性。中国证券业协会通过组织对证券公司合规总监和合规部门负责人的专项培训，以及对证券公司合规管理人员的培训和测试，提高行业合规管理人员的胜任能力，满足合规管理工作的需求。

七、充分利用各普法专项活动及"12·4"法制宣传日，形成全系统集中普法态势

一是积极参加司法部、全国普法办等举办的各普法专项活动。2013年，我会积极参加司法部、全国普法办等举办的各普法专项活动，在证券期货监管系统下发了《关于积极参与2012年度全国法制好新闻和2011－2012年度全国法制题材电影电视节(剧)目评选活动的通知》、《关于参加第十届全国法制漫画动画微电影作品评选活动的通知》及《关于组织开展法律知识竞赛活动的通知》。系统各单位认真组织、积极参与，在"2012年度全国法制好新闻和2011－2012年度全国法制题材电影电视节(剧)目评选活动"中，我会系统共推荐40件作品，其中《422家上市公司连续五年未现金分红》、《丈夫未尽保密义务妻子违规买股被罚》分别获消息类三等奖和通讯类三等奖；在"第

十届全国法制漫画动画微电影作品征集活动”中,我会系统共推荐29件作品,其中《证券法之内幕交易》获漫画类优秀奖,《来福学投资》、《启航学堂》获动漫类三等奖、优秀奖,《我的男友是股神》获微电影类三等奖。

二是开展“12·4”法制宣传日活动。2013年12月,国务院办公厅发布《关于进一步加强资本市场中小投资者合法权益保护工作的意见》,我会充分利用“12·4”法制宣传日,以“大力维护投资者权益,共建法治资本市场”为主题集中组织开展法制宣传教育活动,向全系统印发《关于开展资本市场2013年“12·4”全国法制宣传日系列宣传活动的通知》后,证券期货监管系统36家派出机构及系统单位积极行动,形式多样,组织开展有声势、有效果的法治宣传教育主题活动,迅速形成覆盖全国的法制宣传声势。如江苏局在《扬子晚报》、《大众证券报》开设10期专栏,以案例剖析、专题知识、新政解读等形式传播投资者保护基本知识,组织辖区各市场主体通过公司网站、短信、微信、“e互动”、官方微博等多种方式向投资者宣传投资者保护相关法律法规。上海期货交易所与上海市同业公会共同举办法律义务咨询活动,邀请著名律师为会员、客户及员工提供义务咨询,取得良好的法制宣传效果。

此外,我会领导特别重视法制宣传工作,通过发表文章、会议演讲等方式,向投资者及市场传递监管政策,带动投资者及市场主体遵法、守法、用法。例如,肖钢主席先后在《求是》、《人民日报》、《新世纪》等刊物,发表《监管执法:资本市场健康发展的基石》、《保护中小投资者就是保护资本市场》、《法制强则市场兴》等多篇署名文章。

总体上看,2013年,我会普法工作机制更加健全,普法工作方式更加多样化,在立法中普法,大大提高了监管干部法律理论水平和依法行政能力,加强市场监管,加大投资者保护力度,市场主体和投资者学法用法能力得到有效提升,投资者互动机制及维权途径进一步完善,营造出良好的舆论氛围,有效推动我国资本市场健康稳定发展。

十一、诚 信 建 设

2013年资本市场诚信建设工作综述

2013年,中国证监会认真贯彻落实党中央、国务院关于加强社会信用体系和诚信建设的要求和部署,深入推进资本市场诚信建设,进一步完善资本市场诚信数据库,不断健全诚信监管和约束机制,积极参与国家社会信用体系建设部际联席会议工作。

一是高度重视资本市场诚信建设工作。中国证监会一直把诚信建设作为资本市场至关重要的基础性工作来抓。2013年11月下旬,党的十八届三中全会闭幕不久,中国证监会党委就专门召开党委会议,研究贯彻落实《中共中央关于全面深化改革若干重大问题的决定》关于“建立健全社会征信体系,褒扬诚信,惩戒失信”的要求,听取资本市场诚信建设工作汇报,谋划下一步诚信建设工作,并重点围绕不断完善资本市场诚信数据库、有效实施诚信监管约束、强化诚信建设工作保障等作出工作部署。

二是不断完善资本市场诚信信息数据库。按照国务院及联席会议关于“完善行业信用记录”的要求,中国证监会近年来组织动员全系统各单位、各部门,积极归集、整合市场诚信记录,成功建成了全国统一的“资本市场诚信信息数据库”,涵盖了发行人、上市公司、非上市公众公司、私募债企业、证券期货经营机构、从事证券业务的会计师事务所、律师事务所以及市场行业从业人员等资本市场各类参与主体的基本信息、负面信息和正面信息。截至2013年年底，诚信数据库收录市场机构13,166家，人员522,525名，诚信信息62,309条(1条指1个法律文件或事件)，其中包括监管措施、案件调查、处罚禁入、纪律处分、诉讼赔偿等类型的负面信息11,990条，上市公司及相关方公开承诺履行情况信息13,356条，以及监管关注信息等其他信息36,963条。

三是着力强化诚信监管约束。在2012年出台的部门规章《证券期货市场诚信监督管理暂行办法》(证监会令第80号)基础上，2013年中国证监会进一步健全工作机制，把诚信信息查询使用和诚信约束嵌入到证券期货监管和执法工作的主要流程和环节，并取得积极成效。据不完全统计，2013年中国证监会系统单位、部门共查询43,311家(人)次主体的诚信信息，有30多个行政许可项目经查发现有关主体存在不良记录，并依法实施了不同形式的约束，包括依法作出不予许可的决定。积极做好市场主体的诚信信息查询申请处理工作，为12家市场机构、60多名个人提供了诚信信息查询服务。在全年稽查办案工作中，依法查询了449名个人的中国人民银行征信系统信息，有助于查找关键证据、加快办案进度以及进一步发现案件线索等。同时，在证券期货监管工作中积极探索新的诚信监管约束制度，出台并实施上市公司并购重组审核分道制，根据提出并购重组申请的上市公司及相关参与方、中介服务机构的诚信状况，区分好中差分别进入豁免/快速、正常、审慎等三条通道，体现了失信受制、守信得利的导向。

四是积极承担联席会议交办的专项工作。除全面参与联席会议工作外，中国证监会还按照联席会议及其办公室的部署，牵头开展优良信用记录和不良信用记录共建共享“专题研究与规章建设小组”工作；积极响应联席会议的号召，推动研究制订关于加强上市公司信用建设的制度文件，提出有效加强上市公司信用建设的政策措施，进一步提高上市公司诚信水平，改善诚信环境，保护投资者利益；此外，承担了地方社会信用体系建设督导工作任务，牵头负责第二十八督导组，对甘肃省社会信用体系建设工作进行了督导，向联席会议提交了督导报告，反映了甘肃省社会信用体系建设工作好的做法和经验，并就进一步加强社会信用体系建设提出了工作建议。

第五部分　派出机构依法行政工作

北京证监局2013年依法行政工作报告

2013年，北京证监局（以下简称“北京局”）充分学习把握资本市场发展的阶段性特点，结合首都经济发展的现实需求，在各项监管工作中深入贯彻“放松管制，加强监管”的监管理念，推动工作重心由事前审批向事中、事后监管转移，探索监管方式由主体监管向功能监管转变。深入辖区市场开展实地调研，广泛联系辖区内其他金融监管部门，开展监管信息共享与业务合作，增强服务首都实体经济的能力。不断完善内部工作制度和外部监管规范，使各项监管工作有据可依。积极落实中国证监会行政许可取消和下放，做好行政审批工作。摸索建立证券期货经营机构以分类评价为基础的日常监管模式和以产品风险为导向的现场检查模式，提高监管效能。

一、摸索监管转型目标，开展专题调研和理论学习

围绕肖主席在北京局调研时提出的“厘清会机关与派出机构职责边界”、“实现事前监管向事中事后监管转变”的调研设想，北京局在局党委带领下，从资本市场监管全局角度出发，开展了一次深入彻底的监管回顾和转型思考，形成了《北京证监局关于证券期货监管转型方案的建议》。调研报告围绕全面推进注册制改革，实现主体监管向功能监管过渡，推动监管重心向投资者保护转变等重点课题，详细阐述了证券监管部门应当如何实现监管理念的提升和监管方式的转变。此次调研是北京辖区多年来监管经验的总结和提升，对系统未来一段时间将要开展的监管转型工作提出了具体的操作性建议。

为更好地发挥中小企业私募债服务北京地区中小企业的优势，畅通中小企业直接融资渠道，北京局联合北京市金融局、北京市中关村管委会成立专门课题组，以北京地区中小企业私募债参与主体为样本，通过实地走访、现场座谈和电话访谈等方式，对当前中小企业私募债现行制度特点和产品发展现状进行深入调研，从债券发行成本、债券增信渠道、债券销售渠道等方面寻找中小企业私募债面临的市场瓶颈和制度障碍，分析问题成因并提出解决对策。

除完成上述大型调研课题外，北京局还将调研作为发现市场主体经营问题、获取积极监管经验、及时完善监管方式的有效途径，充分利用辖区监管对象数量众多、业态丰富、规模各异的优势开展专题调研。北京局联合清华大学组成课题组，承接了上交所的课题项目《公司治理准则与国内经济法律制度匹配性研究》，联合北京市国资委，开展对市属上市公司治理状况的走访调研，与上海、深圳国资委及上海、深圳证券交易所实地交流探讨，寻求提高国有控股上市公司治理水平的经验。为促进辖区期货公司投资者适当性制度建设和合规经营，北京局结合现场检查情况完成了《关于北京辖区期货投资者适当性制度执行情况的调研报告》以及《关于如何做好期货公司业务多元化下的合规及全面风险管理的调研报告》，为下一步监管工作打下基础。

北京局充分利用辖区行业专家齐聚的优势，开展专业领域的培训学习。比如开展“创新背景下的机构监管系列讲座”，先后邀请了瑞银集团、野村证券、摩根斯坦利、奥纬咨询公司等国内外专家分别就衍生品规范、海外OTC业务、风险管理、程序化交易及投行薪酬实践等近十个领域做了专题讲座，拓宽了监管视野，促进了北京局与券商的交流。

二、完善内外管理制度，提高日常监管规范化水平

（一）完善内部工作管理制度

监管工作量的增加和监管人员队伍的扩大对局内工作制度流程提出了更高要求。2013年是北京局名副其实的“制度年”，在已有工作制度的基础上，局办公室牵头制定了《北京证监局公文处理办法》、《北京证监局签报管理制度》、《北京证监局考勤及假期管理规定》，着力改进内部管理制度，提高公文办理流转效率，优化文件签批流程，简化费用报销审批环节，减轻监管人员事务性工作负担，有力促进了工作效率的提高。

（二）制定健全监管业务规范

2013年，北京局积极尝试按照功能监管的基本理念，适应市场发展的现实需要，适时制定颁布业务规范性文件，及时传达监管要求，保证监管工作的规范化和精细化水平。一是配合并购重组分道制改革，起草制定《上市公司风险分类指引》，对辖区公司按照风险高低标准进行筛查和分类，将高风险公司作为日常监管和现场检查的重点；修订了《北京证监局关于上市公司媒体质疑处置工作规程》《北京证监局上市公司监管信息归档制度》《北京证监局上市公司档案交接工作制度》，进一步完善上市公司监管工作流程。二是制定《北京辖区证券公司申请证券投资基金托管业务资格监管工作规程》，以指导辖区证券公司申请证券投资基金托管业务资格的现场检查工作，加强对证券公司申请托管业务的准入监管；制定《北京辖区资产管理机构申请公募基金管理业务资格监管工作规程》，明确审核工作流程和现场检查要求。三是指导北京期货商会，制定出台《关于北京辖区期货经营机构居间人规范管理的指导意见（试行）》，使期货居间人管理纳入正规；搭建北京居间人备案管理系统，实现对期货居间人的规范化、电子化管理。四是制定了《北京证监局信息公开办法》，明确了政府信息公开的受理条件、办理流程、答复格式，保证政府信息公开工作有据可依，规范办理。

三、优化监管职责分工，顺应市场发展与转型需要

（一）研究新型许可备案事项，处理创新与合规关系

北京局按照行政许可审批权下放工作进程及新业务要求，持续完善许可审核的配套业务规则，重点针对新业务许可进行学习培训，保证对新业务许可规则熟悉、风险明晰。

伴随新《证券投资基金法》的施行，一系列涉及基金销售资格、基金托管资格、公募基金管理人资格的行政审批权进行了调整或下放。北京局通过对申请材料审核、现场验收情景演练、核心人员访谈、信息系统安全测试等一系列流程，严格销售机构准入门槛，从源头上把控基金销售机构质量。考虑到派出机构参与基金托管业务的日常监管较少，监管人员对托管业务的整体流程及现场检查的要点不熟悉，我局邀请业内人员进行专题培训，分别就清算、估值、内控监督等托管业务关键流程进行讲解，组织监管人员学习托管业务相关法规，使监管人员从法规体系到具体业务有了清晰的把握。

截至2013年年底，北京局共接受行政许可申请材料282件，受理267件，审核通过254件。

（二）探索转变监管分工模式，提高监管执法工作质效

北京局多年来持续探索优化监管分工模式，2013年率先在上市公司监管条线和基金业务监管条线进行了分工模式的改进尝试。

截至2013年年底，北京辖区共有上市公司217家，不同板块之间的公司在经营规模、股东构成、治理情况等各方面差异明显。为了保证对各类公司实施有效监管，北京局改变过去每位监管人员直接负责若干家公司的日常监管和现场检查的分工模式，创造性地在两个上市公司监管业务处室间实行按主板、中小板、创业板不同板块进行分工，同时在处内设立日常监管组和现场检查组。日常监管组负责信息披露审核、行业研究等非现场监管，现场检查组负责完成年度专项现场检查和全面现场检查任务。定期召集处务会，实现日常监管和现场检查的信息互通和有效衔接。

基金业务监管条线将监管力量按照现场检查和非现场监管进行均衡配置，并按照阶段性现场检查任务量进行动态调整和补充。现场检查组集中力量开展检查，非现场监管组为现场检查组及时提供监管信息和线索，两个小组互相配合，保证了现场检查的连续性和针对性。

(三)引入风险导向工作机制,加强重点机构业务监控

证券期货行业监管实质为风险监管。北京局始终坚持以风险监控为导向,建立完善风险发现机制,在日常监管和现场检查中以防范经营性风险和行业性风险为最终目标,防止风险的集聚和外溢。

在上市公司监管方面,对辖区公司依照风险级别进行分类,向高风险公司倾斜监管资源,建立系列风险发现化解机制。一是在日常监管中通过公司公告审阅、媒体报道、现场检查等多种渠道发现公司风险点,列为监管重点关注事项;二是快速反应,及时采取监管措施,制止纠正违规行为;三是与上市一部、上交所实现信息共享互通,及时通报风险事件处理进展;四是督促公司建立重大事项报告制度、建立大股东过错赔偿机制,切实保护中小投资者权益。

在机构业务监管方面。将易于造成投资者损害、引发信访投诉风险的荐股软件业务列为重点监控对象。对开展荐股软件销售业务的投资咨询公司分为持牌机构与类持牌机构。在摸清辖区持牌机构荐股软件销售业务概况的基础上,按照《证券投资顾问业务暂行规定》的要求将其纳入投资咨询业务范畴,开展常态化监管。对于不直接具备投资咨询业务资质的类持牌机构,明确要求其停止“荐股软件”的销售活动,禁止新增客户。同时为了防止因业务停止给遗留客户造成实际损失,要求相关公司暂予提供后期维护服务。既逐步纠正了非持牌机构变相开展软件销售业务的违法行为,也实现了非持牌机构的平稳清理,保障了软件购买者的合法权益。

在基金业务监管方面。进一步加强基金产品线监管思路,着手研究搭建产品线监管框架。修订完善货币市场基金日常监控分析工作规程,充分利用FIRST系统定期监控,对出现负偏离、巨额赎回、指标异常、流动性不足的高风险公司和风险事件及时提醒,提升公司风险防控能力。在“光大事件”、“钱荒事件”关键时点中及时布置风险排查措施,有效排除风险隐患。

在期货业务监管方面。以加强首席风险官监管为抓手,发挥首席风险官监督作用。建立首席风险官联席会制度,搭建辖区期货公司首席风险官常态化交流平台。指导北京期货商会草拟建立首席风险官联席会制度,加强辖区合规管理资源整合,推动首席风险官工作规范化,提升辖区期货公司内控与合规管理水平。

(四)完善分类评价指标体系,探索辖区机构分类监管

顺应证券期货经营机构分类监管趋势,北京局启动了辖区证券公司营业部分类评价工作,系统梳理证券公司营业部普遍适用的法律法规和业务规范,并以此为基础拟定形成营业部合规经营的87条评价指标,本着“自我评价,诚信为本”的原则,推动实施辖区营业部分类评价、分类监管,探索差异化监管方式。

期货公司分类监管工作于2012年开始实行,在先前工作的基础上北京局继续完善分类评价指标体系,按照《期货公司分类监管规定》和《2013年期货公司分类评价操作指引》要求,指导辖区期货公司开展自评工作。根据日常监管档案,结合其他派出机构、期货交易所、期货业协会的反馈信息,对辖区82家期货营业部的内控制度建设、合规管理、业务规范、投资者教育、行业自律等情况进行评分,并形成最终评价结果。年度分类评价结果已在辖区通报,以期利用分类评价为手段,促进辖区期货公司和营业部规范度提升。

(五)系统开展监管对象培训,引导市场主体改革创新

北京局始终坚持以培训为抓手,提高辖区上市公司和证券期货经营机构公司治理和内控水平。

一是改革上市公司董监事培训方式,探索分业务、分行业的针对性培训,先后组织开展了中小企业私募债专题讲座、中小企业并购重组专题培训、公司债专题培训、股权激励专题培训等系列培训讲座,全年共计举办7期讲座,辖区共计1120多名董事、监事参加了培训。二是开展证券公司营业部总经理培训,从政策解读、情况通报、案例分析、监管架构、信访处置等方面对营业部经理进行宣讲培训,强化和提升营业部总经理的合规意识。三是成功组织辖区期货公司首席风险官培训座谈会,传递北京局监管要求,促进辖区期货公司首风之间的经验交流;指导北京期货商会组织举办营业部负责人专项培训、首席风险官培训、国债期货研修班等专题培训。

(六)广泛开展监管交流协作,形成监管执法工作合力

一是在新三板正式启动运行之际,北京局与证监会非上市公众公司监管部、北京市金融局、中关村管委会、全国中小企业股份转让系统建立五方沟通联络机制,共同服务新三板在京建设。二是与上海交易所签订合作监管备忘录,加强双方在信息披露、舆情监控、内幕交易防控、研究培训等方面的协作,整合监管资源,发挥各自优势,减少监管交叉。三是联合北京市金融工作局、北京市监察局下发《关于建立全市行政机关涉及证券期货内幕信息知情人登记制度和做好相关保密工作的通知》,深化防控内幕交易协作机制。四是探索派出机构间证券机构监管合作机制,本着“加强联系,相互协作,信息共享”的原则,与上海证监局就证券机构监管经验交流为主题进行了两次互访调研,针对北京、上海两地的证券机构监管合作达成共识,签订了监管合作备忘录。未来工作中两地监管局将通过监管经验互享、监管信息互通、现场检查互帮的模式,加强双边合作,实现对本辖区证券公司分支机构两地监管的对接。

四、建立常态监管机制,推动中介机构归位尽责

2013 年,北京局正式成立会计监管处,对从事证券业务的会计师事务所的监管模式由过去的业务延伸检查转变为专门处室的常态化监管。为加强与业务主管部门的沟通协作,局领导亲自带队走访北京财政局、中国注册师协会、中国资产评估协会、北京注册会计师协会及北京财政专员办五家单位,就各自会计监管职责和沟通协作充分交流了意见,为建立长效合作机制打下了基础。北京局全年对辖区 5 家会计师事务所和 3 家资产评估机构开展了现场检查工作,检查中发现了部分会计师事务所业务质量控制体系未能有效执行、异地分支机构管理不规范、风险意识薄弱等问题,北京局及时向证监会会计部汇报,督促各有关会计师事务所整改落实。

北京局积极探索律师证券业务监管模式,年初制定下发《北京辖区律师事务所从事证券期货法律业务监管工作规程(试行)》,明确律师事务所在辖区从事证券期货业务监管工作制度和流程。启动我局行政许可报备法律意见书审核工作,2013 全年共审核法律意见书 29 份。对辖区律师执业情况开展调研统计,形成《北京证监局关于律师事务所在辖区从事证券法律业务情况的报告》,上报法律部,为下一阶段开展律师事务所现场检查积累了素材。

五、落实稽查执法意见,抓好处罚权下放准备

(一)加强稽查执法,推动工作重心转移

北京局进一步贯彻落实《关于进一步加强稽查执法工作的意见》,系统优化稽查执法的内部运行机理和外部环境,落实监管模式转型要求,强化案件查办力度。

一是建立案件会商制度,在拟定计划、询问谈话、调查取证、报告撰写的各个阶段,适时召集处室成员进行会商,集中集体智慧完善优化调查方案,提高调查询问技巧和针对性,保证案件查办效果。二是建立案件调查进度统计跟踪制度,设计案件调查进度表,督促调查人员快速高效开展调查取证工作,提高案件查办效率。三是着手制定案件调查复核工作制度,按照查审分离原则分配复核人员,确保案件调查质量。

截至 12 月底,北京局共办理证券期货违法案件 59 件,查处涉案证券账户 200 余个、银行账户 500 余个,涉案金额近 6 亿元。

(二)准确理解授权,用好用足监管措施

“有法可依,有法必依”是依法行政的基本要求。北京局深入学习贯彻证监会《关于进一步做好证券期货市场监督管理措施实施工作的通知》(证监发〔2013〕9 号)要求,各业务链条分别就统一监管措施实施标准、规范实施流程进行对照检查,对现实执法中存在的“不会用、不敢用”等问题进行探讨反思,并提出改进措施。法制工作处从法律意见会签角度出发,分别从文书格式、措施依据等方面对部分拟出具的监管措施提出意见,协助业务处室进行把关。

2013 年全年共作出监管措施 22 项,其中责令改正 4 项,监管谈话 7 项,警示函 9 项,责令增加内部合规检查和责令参加培训各 1 项,有效发挥了监管措施及时矫正、防止风险扩大的功能。

(三)制定配套措施,作好案件审理准备

2013 年 10 月 1 日,中国证监会正式授予各派出机构行政处罚权。北京局对处罚权下放工

作高度重视,明确由法制工作处承担审理职能。在研究吸收中国证监会行政处罚委、三家处罚权试点单位处罚审理工作规则的基础上,结合北京局执法实际情况,制定了《中国证监会北京监管局行政处罚案件审理工作规则(试行)》《中国证监会北京监管局行政处罚听证规则(试行)》,并就行政处罚权下放和《听证规则》起草了新闻通稿向社会发布。组织相关处室人员集中开展法条和案例学习,为顺利开展案件审理、保证审理质量夯实基础。

六、做好法律会签审查,把关监管执法工作风险

证券市场的深层次发展和市场参与者法律意识的提高,对规范执法提出了更高要求。北京局充分利用法律小组和法制工作处专业力量,对行政监管措施、信访答复意见、规范性文件草案等提出法律意见。会签过程中,法制工作处积极了解会签事项背景,客观提示会签事项风险,准确提出法律适用意见。全年共完成法律会签 162 件,就会签过程中发现的典型性问题专门形成会签专报,记录和反映会签过程中所遇到的执法问题并提出解决建议,为规范执法行为、防范执法风险提供保障。

七、关注立法司法实践,搜集执法理论案例基础

北京局积极参与法律部和北京市立法改法活动,先后对《最高人民法院关于审理证券市场虚假陈述侵权民事赔偿案件的若干规定(修订稿)》、《中国人民银行营业管理部金融消费权益保护工作实施办法(草案)》、《专利代理条例》《律师和律师事务所违法行为处罚办法》等 20 多项草案提出立法修法建议。

北京局持续关注全国证券期货类案件的民事、刑事诉讼案件进展情况,多渠道联系北京地区法院,旁听案件庭审,分析研读法院判决书,吸收提炼法律适用观点以指导日常行政执法工作。重点跟进案件包括梁某诉银河证券梁某伟民事赔偿案、吴某诉黄某裕民事赔偿案等。

八、结合投资者教育工作,多渠道开展普法宣传活动

一是按照投资者保护局统一安排,制定《中国证监会北京监管局"12386"热线投资者诉求事项处理暂行规程》,建立热线档案管理制度和热线台账记录,实现了热线投诉与信访投诉的分道受理、分道反馈。自 9 月份"12386"热线开通以来,北京局共办结收到热线投诉 77 件,办结 52 件,有力的支持了"12386"热线在辖区的推广。二是讲座学法与案例讲法相结合,务实开展内部学法活动。按照法律小组内部培训计划,邀请证监会法律部业务负责人、大学教授、执业律师等来局授课;编写依法行政负面案例汇编本,供监管干部学习借鉴,提升依法行政意识和执法水平。三是多种形式开展媒体普法,加强普法平台建设。全年编发《法制工作通讯》12 期,使《法制工作通讯》成为北京局发布工作动态、传递法制信息、交流执法经验、拓展法律视野的专业平台。同时丰富外部普法媒体内容,在北京局外网"普法园地"栏目分期上挂证券期货市场新法规索引、违法违规案例分析、投资者普法宣传专稿,持续开展对监管法规的解读与宣导。

九、建立专门工作规程,应对复议诉讼监督审查

为保证北京局答复应诉工作的有序开展,2013 年北京局制定了《北京证监局行政复议、行政诉讼工作规程(试行)》。规程对复议和诉讼事项的承办主体、工作方式、办理流程等做了全面规定,建立了法制处和业务处共同参与、分工负责的应诉答复工作机制,明确了复议诉讼各关节节点承办处室的工作内容和要求。2013 年,北京局新增两起行政诉讼案件,均获得法院判决维持。在应诉筹备过程中,法制处与业务处室针对原告起诉请求认真分析、周密准备,取得了良好庭审效果。庭审结束后及时回顾总结,梳理案件焦点和应诉经验,并按照《北京证监局行政复议、行政诉讼工作规程(试行)》规定向证监会法律部进行案件报备,圆满完成了两起诉讼案件的应诉和归档工作。

十、依托市场主体力量,探索机构内部诚信约束机制

参与证监会法律部关于上市公司建立内部诚信监督约束机制的讨论,并受法律部委托起草相关指引草案。通过辖区各个板块具有代表

性的80家上市公司2轮问卷调研、系统梳理现行诚信规范要求、召开起草小组座谈讨论、委托上市公司起草初稿等方式，结合法律部指导意见，形成《关于上市公司建立内部诚信监督约束机制》的指引草稿，供中国证监会法律部参考。此次调研是对在上市公司内部治理中如何实现诚信原则的一次集中讨论和深度探索，是促进证券市场诚信建设和社会信用体系建设的积极举措。

2013年，北京局全年受理并反馈保密诚信查询360单，录入各类诚信信息320项，其中许可信息286项，公开承诺信息12项，监管措施信息22项。

（北京证监局供稿）

天津证监局2013年依法行政工作报告

2013年，在中国证监会党委的正确领导和会机关各部门的大力支持下，天津证监局认真贯彻落实全国证券期货监管工作会议精神和“两维护，一促进”的核心职责要求，紧紧围绕证券期货监管中心工作，不断强化制度建设，完善执法监督体系，提高依法行政水平，为天津辖区资本市场的健康稳定发展做出贡献。

一、注重自身建设，依法行政能力进一步提高

（一）坚持科学、民主、规范的领导决策机制。

天津证监局坚持科学、民主、规范的领导决策机制。健全完善并严格执行《天津证监局党委会议制度》、《天津证监局会议制度》等。凡提交会议讨论的议题，有关处室均事先深入进行调查研究和分析论证；对涉及全局的重大问题的决策，党委分管成员要亲自参加调查研究，提出切实可行的方案。会议讨论时，党委成员充分发表意见后，由党委书记根据集中讨论意见，提出决定方案或意见，并由党委成员按照工作分工督促落实。2013年度，共计召开党委会18次、局长办公会15次、局办公例会43次，保证了全局重大工作事项的民主决策。

（二）突出制度建设，细化依法行政工作流程。

天津证监局始终坚持以制度建设促科学监管，有效保障行政行为程序合法。2013年初，对局内综合类规章制度进行修订，共整理汇编了48项规章制度，其中新制订8项，修订40项，内容涉及财务、人事、公文、档案、会议、接待、保密、党务等13个方面的工作。为进一步落实中小投资者保护核心工作，及时制定了《天津证监局投资者保护工作方案》、《天津证监局办理“12386”中国证监会热线投资者诉求实施细则（试行）》、《天津辖区期货投资者教育保护工作指引》等制度文件。为了贯彻落实肖主席在证券期货稽查执法工作会议上的讲话精神，制定了《天津证监局关于〈关于进一步加强稽查执法工作的意见〉的落实方案》、《天津证监局稽查提前介入试行办法》、《天津证监局证券期货案件立案工作办法（试行）》、《天津证监局案件复核工作办法（试行）》、《天津证监局行政处罚案件审理工作规则》、《天津证监局行政处罚听证规则》，基本形成了辖区稽查执法制度体系。此外，还制定了《天津证监局上市公司风险分类评价办法》、《天津证监局上市公司现场检查工作规程》、《天津证监局关于加强辖区上市公司保荐机构、财务顾问持续督导监管工作的通知》、《天津证监局法律审核工作规则》等规范性文件，细化了依法行政工作流程。

（三）优化人员配置，提升专业小组工作水平。

为了建设一支高素质的复合型监管人才队伍，天津证监局根据监管工作的实际需要，打破处室界限，成立了法律、会计、计算机、诚信监管、金融创新支持与监管等16个专业技术小组，在局内各类专项工作中发挥指导、支持作用。其中，法律工作小组作为法律事务研究会

商的平台,协助法制处对辖区监管工作中遇到的疑难法律问题进行研究。本年度共计审核会签有关事项 24 件,其中会签监管措施 14 件,信访回复意见 6 件,局内制度 3 件,重要合同 1 件,有效地防范和化解行政诉讼风险。截至 2013 年底,未发生一例行政诉讼或行政复议案件。

(四)加强学习调研,大力提高干部法律素养。

天津证监局高度重视监管干部的学习、培训、调研工作,定期分发普法学习材料,积极开展法制宣传和培训活动,组织开展课题调研,强化监管干部的制度意识、程序意识。

在学习培训方面,一是举办了 10 期党委中心组学习专题报告会,邀请国内知名专家作专题辅导报告,内容不仅涉及证券期货监管,还包括中央会议精神解读、宏观经济等领域。二是举办了 4 期监管干部季度学习交流会,由各业务处室骨干介绍证券期货领域最新出台的相关制度,内容涉及 20 余部行政规章、规范性文件和自律规则。三是建立了学习、培训、会议、调研报告及监管案例报送制度,由办公室在局办公内网发布,供全体监管干部学习。四是定期发放《中国资本市场法制发展报告》、《证券法制通讯》、《证券法制参考》、《证券法苑》等法制刊物和普法材料,鼓励监管干部在工作之余,及时学习法律知识。

在课题调研方面,2013 年度累计向会机关和天津市政府有关部门报送调研文章近 20 篇,为支持金融创新与防范风险提供了理论参考。其中,肖钢主席对《天津滨海高新区全国股转系统试点运行情况、存在问题及建议》批示:“请姚刚同志阅批,公众部三板公司调研。”黄兴国市长对《天津辖区证券机构创新发展情况调研报告》批示:“加强培训、辅导、汇报、推动力度。”崔津渡常务副市长对《关于推动天津期货公司创新发展的报告》批示:“天津证监局的报告详实、深入,请市金融办会同有关单位为期货公司研究增资扩股、依法治理和发展期货业务促进实体经济发展和控制价格风险的办法。”

二、严格依法行政,市场合规意识进一步增强

(一)强化行政备案许可,严把市场准入。

一是推进电子政务,实现机构类报告备案事项电子化报送。对照日常监管最新法规政策和监管要求,对机构报备材料、材料名称和格式规范、报送途径进行规范,编制发布了相关工作指南,提高了工作效率,方便了监管对象。二是完善行政许可公示制度,及时披露审核信息。梳理相关行政许可的依据、条件、程序、期限及申请材料目录,将审核工作进一步标准化、透明化,并将“每周行政许可申请受理及审核情况公示表”在局外网进行公示。三是兼顾审慎与效率,在严把审核关的基础上,进一步缩短行政许可办理时间。2013 年度累计完成行政许可审核事项 59 件。

(二)加大日常监管力度,防范市场风险。

在上市公司监管方面,一是实行分类监管,合理配置监管资源。根据《天津证监局上市公司风险分类评价办法》明确的 46 项评定标准,把辖区上市公司划分为高风险、次高风险、关注、正常等 4 类,强化对风险公司、风险事项、风险环节的重点监管,并根据情况每季度动态调整。二是强化现场检查,做实监管效果。按照《天津证监局上市公司现场检查工作规程》,完善了发起、执行、审批、汇报等详细的工作程序,建立重大事项合议、重要问题会商制度,集体讨论,科学判断。全年开展年报现场检查和专项检查 9 家次,累计发现上市公司各类问题 72 个。三是妥善处理突发事件风险。根据《天津证监局上市公司突发事件应急预案》,积极妥善处置辖区 4 起重大突发事件。针对违法违规行为,共采取行政监管措施 11 项,1 家公司被移交立案稽查。

在证券期货机构监管方面,坚持“放松管制,加强监管,敞开空间,严守底线”的监管理念,合理利用现有的监管资源,有的放矢,关注重点,进一步增强监管工作的针对性。通过严格监管执法,推动辖区机构不断提升精细化管理和规范运作水平,维护公开、公平、公正的市场秩序。一是以现场检查为契机,督促各机构切实解决存在的突出问题。二是以行政监管措施为手段,严厉警示市场违规行为,共计采取行政监管措施 3 项。三是防范业务创新中隐含的风险隐患,通过光大证券风险事件,要求各机构开展信息安全专项检查,重点检查创新业务中存在的信息系统安全隐患,督促梳理整合创新业务流程,避免出现操作风险事件。

（三）做好稽查打非工作，净化市场环境。

在案件稽查方面，天津证监局共完成立案调查案件3起（其中1起为辖区自办案件），初步调查案件7起，协助会稽查局和兄弟派出机构调查相关事项14起（其中6起为涉外协查事项），调取证券交易账户119个、银行资金账户357个、与133个涉案当事人进行了约谈。其中，在首例自办案件中，调查组面对调查对象反稽查能力较强，立案事项发生久远，公司账务不清，主要责任人变更，责任认定难度大等困难，统筹规划、合理分工，并加强与日常监管处室的沟通和反馈，增强监管合力，最终圆满地完成了调查任务。

在打击非法证券活动方面，天津证监局共处理3起涉嫌违法事项。其中，1起涉嫌非法证券投资咨询活动已以涉嫌犯罪的案件形式移送至公安，其他2起违法活动也已通报给天津市相关部门。此外，继续安排专人定期搜索门户网站、论坛博客、期刊报纸上的非法证券活动线索，并根据天津市工商局提供的辖区股份公司和其他新注册公司工商信息，对辖区非法证券活动进行网络排查。

（四）履行行政处罚职责，严惩违法行为。

天津证监局积极做好行政处罚权下放准备工作。一是按照会处罚委的统一部署，在局外网公布《天津证监局行政处罚案件审理工作规则》、《天津证监局行政处罚听证规则》，做好宣传工作。二是组织监管干部集体学习会处罚委关于信息披露案件、内幕交易案件、中介机构违法案件、行政处罚案件证据问题和司法审查的专题讲座培训，派员旁听行政处罚案件听证会，积累案件审理经验。目前，辖区首例自办案件已完成调查，进入复核阶段，局内相关部门已做好审理准备工作。

（五）构建综合监管体系，提高监管效能。

在原有与天津市司法、国资、金融监管等部门开展监管合作的基础上，天津证监局进一步拓宽综合监管范围。今年4月，与人民银行天津分行签署《关于加强证券期货监管　共同维护天津市金融稳定的合作备忘录》，双方在健全辖区金融市场风险预警机制，加强证券期货业执法合作，完善监管信息交流共享制度，保护投资者合法权益等领域开展合作。目前，双方已共享月报、季报、半年报等合作监管信息。8月，与天津市公安局签署《办理证券期货违法犯罪案件执法合作工作办法》，建立了提前介入、平行移送和信息共享机制。同月，与天津市工商局签署《合作备忘录》，双方通过设立联络员、加强信息交流、进行专题会商等一系列制度措施，在证券期货业日常监管、稽查办案、防范打击非法证券活动等执法协作方面建立了长效合作机制。12月，与天津保监局签订《合作监管备忘录》，明确监管合作的指导原则和职责分工，对跨行业交叉业务进行合作监管、统一服务，建立信息收集、交流和监管合作工作机制，就重大监管事项和跨行业监管中的复杂问题进行磋商，联合开展检查、培训和调研等活动。目前，辖区合作机制累计达14项，相关各方协调配合，有效发挥整体合力，共同促进辖区资本市场发展。

三、坚持多措并举，辖区法治环境进一步提升

（一）抓好信访工作，依法处理纠纷。

信访工作是直接面对投资者，为投资者提供服务的窗口岗位，天津证监局信访工作人员做到耐心接听信访电话，认真为投资者答疑解惑；妥善处置来人信访，全力维护信访秩序；及时处置来信（邮件），做到件件有回音。2013年度，累计接访783件，其中电话614次，来人100批次（108人次），来信（含邮件）69封，出具书面回复45份。同时，尝试新的接访方式，以带案下访，重点约访等方式，加强与信访人沟通交流，起到了及时化解矛盾纠纷的息诉息访效果。姜洋副主席对此批示："天津局在信访工作中细致、耐心的接访态度应继续保持，做好资本市场解疑释惑工作需要派出机构一把手的支持与关心。"

（二）加强舆情监测，把握市场动态。

天津证监局高度重视辖区舆情信息监测工作，成立了舆论引导宣传工作小组，负责对外相关部门的联络协调和对媒体的新闻发布，跟踪、收集、分析、判断辖区资本市场综合性新闻信息和网络信息，提请并会同有关部门及时处理涉及辖区资本市场不良新闻和网络信息。在综合信息方面，继续编发《证券期货市场参考》共12期，向天津市政府及有关部门寄送近千份，及时传递资本市场重大事件、重要政策法规以及外省市优秀发展经验。在分类信息方面，完成

《机构监管信息速递》12 期，在局内网工作动态和机构监管业务专题发布；完成22篇清理整顿各类交易场所《舆情监测》，崔津渡常务副市长曾作出批示，要求“学习外地的经验，提出解决问题意见”。

（三）注重诚信建设，发挥约束功能。

一是确保诚信档案录入的及时、完整、准确。2013 年度共计新增录入行政许可信息 59 条，监管措施 14 条。二是在实施行政许可、日常监管、稽查执法等各项工作时，积极查询诚信档案，有效实施诚信约束。将查询诚信档案作为行政许可、日常监管和业务创新试点的重要环节，明确工作要求，规范工作程序，强化诚信约束，将诚信信息作为依法作出监管决定的重要考量依据，充分发挥诚信档案服务监管的功能。2013 年度共计自助查询 491 批次，涉密查询 66 批次。

四、突出核心职责，持续推进投资者保护工作

（一）常抓不懈，积极开展法制宣传和培训。

一是紧扣热点，逐步推进，做好日常普法工作。积极加强对辖区监管对象的法制宣传和培训，引导市场主体进一步增强规范意识。组织召开 2013 年度辖区上市公司规范运作培训班、上市公司独立董事培训班、全国股转系统挂牌培训会、证券机构规范发展交流会等一系列法制宣传和培训活动，通过解读监管政策、讲解业务制度、分析重点案例、普及法律知识等多种形式，牢固市场主体合规经营意识。充分发挥互联网的宣传作用，及时更新局外网法制园地内容，2013 年度共计上传新颁布法律、法规、规范性文件 57 部，警示案例 15 件。

二是开展“12 · 4”普法宣传活动，推动形成全年法制宣传教育工作新高潮。根据证监会《关于开展资本市场 2013 年“12 · 4”全国法制宣传日系列宣传活动的通知》要求，全面动员辖区上市公司、证券期货经营机构及各行业协会，共同开展形式多样的“12 · 4”宣传活动，宣传活动紧密围绕“大力维护投资者权益，共建法治资本市场”的主题展开，取得了良好的效果。

（二）持续深入，扎实推进投资者保护工作。

天津证监局一直将保护中小投资者的合法权益作为监管工作的重中之重，成立了局领导牵头、各处室负责人参加的投资者教育保护工作小组。在投保小组的统筹下，各业务处室共同努力，针对不同阶段投资者保护的重点做了大量工作，并初步形成了适合辖区实际的投资者保护工作体系。

一是主动作为，保护中小投资者合法权益。在上市公司监管工作中，加强信息披露监管，保障投资者知情权；开展“积极回报投资者”主题宣传，开展上市公司分红情况检查，保障投资者的收益权；强化上市公司投资者关系管理，保障投资者参与权和监督权。在证券期货机构监管工作中，督促证券期货机构落实投资者适当性制度，将投资者保护融入业务办理的各个环节；加强透明度建设，实施“阳光监管”，通过定期公示的方法，引导投资者通过合法机构开展证券投资活动。在投资者教育工作中，注重对投资者状况和真实诉求的了解，由局领导亲自带队走访辖区证券期货法人经营机构，开展专项调研；发放《证券投资者调查问卷》5050 份，全面深入掌握投资者基本情况和需求；多次召开投资者座谈会，与累计 200 人次的投资者进行互动；开展以“价值投资　理性投资”为主题的大型宣传月活动，创新宣传和服务形式，推动形成投资者保护的声势和氛围；编制发放投资者保护宣传精品材料，将与天津人民广播电台联合开办的《证券、期货投资者教育专题节目》精华内容组织编印成系列手册，分为《打击非法证券活动篇》、《证券投资风险防范篇》、《证券价值投资篇》、《证券投资技巧篇》、《期货风险教育篇》（上、下）等六本小册子，共印制 6 万册向投资者发放。

二是加强协作，构建投资者保护工作体系。建立与新闻媒体的协作机制，营造良好舆论环境和“市场保护”氛围，与天津人民广播电台经济广播共同开办《证券、期货投资者教育专题》节目，播出时间为每周一、三《今日证券》下午版，时间为 20 分钟；自编或组织协会、中介机构在天津当地有影响力的媒体《今晚报》、《每日新报》、《新金融观察》、“北方网”刊发有关投资者保护文章近百篇（组）。与相关职能部门加强合作，加大打击非法证券活动力度，构筑“监管保护”护城河。指导辖区行业协会创造性开展工作,发挥行业协会"自律、服务、传导"职能,一方面开展全方位、多角度的投资者保护宣传;另一方面顺畅纠纷解决渠道,发挥协会在受理、调解和处理投资者和机构矛盾纠纷的积极作用,拓展投资者"自我保护"和"法律保护"的空间。

(天津证监局供稿)

黑龙江证监局2013年依法行政工作报告

2013年是"十二五"规划的中间年,是承上启下的一年,也是资本市场加速创新发展的一年。这一年新的政策法规层出不穷、新的监管理念相继提出、新的产品业务不断推出,为了适应新形势、应对新变化,我局立足维护辖区资本市场繁荣稳定,继续秉承"细化监管,促规范、防风险;强化服务,上水平、求发展"的理念,认真践行"两维护,一促进"的工作职责,积极稳妥地落实中国证监会(以下简称证监会)各项工作部署,着力构建高效廉明的监管体系,努力提高监管队伍业务水准,将我局依法行政工作推向深入。

一、多管齐下,为依法行政工作提供坚实保障

局党委对依法行政工作高度重视,采取多种措施为依法行政工作提供坚实保障。一是组织保障。成立了由局长任组长、分管局长为副组长、各处室负责人为成员的依法行政工作领导小组。形成局党委牵头、班子成员齐抓共管、责任处室具体抓落实的工作组织分工体系,确保了依法行政工作持续深入开展。二是制度保障。根据证监会工作部署和相关文件要求,我局早在2011年年初就召开了依法行政专题研究会议,制定并印发了《黑龙江证监局依法行政工作方案》,建立了稳定的工作制度,明确了依法行政工作的主要任务和要求。对重要任务的完成和落实情况,在每月局长办公会议进行检查点评,做到了年初有安排,年中有检查,年终有总结,有力地推动了依法行政工作的开展。三是机制保障。我局历来高度重视依法行政工作,建立了法律会商机制和大信访工作机制,为依法行政工作提供了法律支持。在信访投诉答复和监管措施的做出等重要决策和发文中都充分征求法制处提供的会签意见,通过建立规范性文件备案审查制度和发文审核把关制度,有效保证了依法行政工作的质量和效果。

二、加强学习,提高干部素养,不断提高监管干部的依法行政观念和能力

我局坚持把法律知识学习作为加强依法行政工作的一项重要基础性工作来抓。

一是加强培训,注重学习。为了督促和引导干部职工加强对现代资本市场发展和监管规律的思考和研究,不断提高专业水平和驾驭市场能力,增强监管工作的预见性、前瞻性、主动性和科学性。在学习理念上,提出了"学习工作化"和"工作学习化"的新理念;在学习方法上,打破了以往就学习而学习的单一模式,更加注重实践,注重调研,注重实效,注重思考总结、经验传授;在学习形式上,坚持每周法律知识学习制度及"每月一课"制度,坚持由参加培训和交流的同志为大家分享工作中获取的宝贵经验,介绍新的法律法规知识和监管经验。以此带动监管人员自觉学法,使学法成为我局监管人员的一项基本任务。二是定期召开法律小组会议。法律小组成立以来,坚持每双月15日召开一次业务情况汇总及法制工作探讨会议,组织各小组成员介绍监管政策等情况,同时对涉及到的相关法律问题进行集中讨论,并及时汇总,形成小组会议记录,及时上报局领导。三是通过专业培训强化提高了执法人员的业务水平。为了突出培训的作用,我局加大了对各监管责任人的培训工作力度。按照法律部来文要求,2013年4月10日参加由人教部、法律部和中国资本市场学院、深交所组织召开的证券期货监管执法评估培训班;参加法律部2013年6

月7—8日在南京组织召开的“证券法律业务监管分工协作研讨班”;参加10月25－27日在北京召开的证券法修订座谈会;参加11月22－25日法律部在厦门组织召开的信息公开、舆论引导、行政复议与应诉培训班等。通过参加培训和学习,使监管人员了解了新政策法规的变化,不断促使监管人员适应市场变化,较快进入工作角色,提高了监管人员工作能力和监管水平。四是加强法律自学,提高监管工作质量。要求监管人员结合自身本职工作,开展有针对性的法律学习,使每位监管人员都能够认识、理解法制工作和依法监管的重要性及必要性,知道自己该学什么,该做什么,该怎么做。在各项监管工作中结合遇到的监管具体情况,把涉及到的法律问题归类整理,根据不同业务专业在不同的处室进行讨论学习,使每一位监管人员加深对法律法规的理解和掌握,为监管工作奠定坚实的基础。通过上述这些有针对性的法律和业务有机结合的学习,使全局监管人员都能够积极、主动、认真地对待每一项监管工作,提高了依法行政工作的质量。全年全局共学习新法规、新规范新文件13次,涉及各个监管业务环节。五是对新招录的7名人员进行任职培训。由各处处长或业务骨干向新同志介绍全局和具体处室的工作职责,以及相关的监管业务知识及工作程序,提高新同志的适应能力,使他们尽快进入角色。

三、完善行政监督制度和机制,强化对行政行为的监督

(一)强化监督检查,提升反腐倡廉建设的效能

一是严格执行党内监督条例,认真落实民主生活会、述职述廉、诫勉谈话等制度。对职务晋升人员、新招录人员、轮岗交流人员、重点岗位工作人员进行谈话谈心和勤政廉政提醒,督促相关人员敬畏规则、自警自律。二是深入开展“每月一课”、“每季一查”活动。坚持将“每月一课”作为党支部开展党风廉政教育的重要抓手,探寻廉政教育与监管工作的结合方式,将廉政要求融入监管工作之中。以“每季一查”为抓手,重点加强对《中国证监会贯彻落实中央政治局八项规定的实施办法》落实情况、《廉政准则》执行情况、权力运行规范情况进行监督检查。三是组织警示教育活动。组织全局同志参观廉洁教育基地,通过教育基地讲解员的讲解和案例介绍,提高了监管干部对依法行政、廉洁从政重要性的认识。

(二)梳理廉政风险,规范行政裁量权

一是围绕我局权力运行的关键环节和重点部位,摸清职权底数,编制权力运行流程图。按照权责一致要求,梳理汇总财务管理、资产购置、公务员招录、干部选拔任用、纪委监督检查、行政许可、现场检查、现场调查、辅导验收等21项职权,其中面向监管对象16项,面向局内5项。二是针对每项职权,科学界定职权名称,明确职权包含的主要内容和行使主体,并遵循“职权法定”原则,确定权力运行的法律依据,编制“职权目录”。三是优化职权运行流程,编制“权力运行流程图”。对于面向监管对象的权利,明确办理的主体、条件、程序和监督方式;对于面向局内的权力,明确权力行使的岗位、权限、程序。四是根据职权重要程度、自由裁量权大小、廉政风险发生概率以及危害程度等因素,按照“高”、“中”、“低”三个等级进行评定。编制廉政风险点及防控措施一览表,明确廉政风险点涉及的职权名称、关键环节、所涉人员、廉政风险表现形式、风险等级、防控措施、已建立健全制度名称,并对不同等级的廉政风险实行分级管理、分级负责和责任到人。

(三)拓宽外部监督渠道,约束权力运行

一是以“半年一评”为抓手,主动征求监管对象对我局、监管干部勤政、廉政、依法行政以及监管工作的意见建议,及时改进不足。二是业务部门开展检查工作,要求廉政监督卡随身携带,邀请监管对象对检查工作的廉政情况、合规情况开展监督。三是从辖区上市公司、拟上市公司、证券期货经营机构以及中介机构聘请党风廉政监督员,通过召开座谈会、征求意见等形式,发挥党风廉政监督员作用,全面加强对拟上市公司辅导、行政许可、现场检查、稽查办案工作的监督,增强对监管权力约束。

四、高度重视制度机制建设,以制度规范监管,全面加强我局依法行政工作

(一)进一步梳理完善工作制度,为依法行政工作提供法律依据

我局始终高度重视依法行政工作,坚持把

《党风廉政准则》和依法行政有机结合起来，认真贯彻落实《全面推进依法行政实施纲要》和《关于贯彻落实〈全面推进依法行政实施纲要〉的实施意见》（国办发〔2004〕24号），大力推行行政执法责任制，把依法行政工作摆在重要位置，狠抓全面落实，注重引导监管干部自觉做到心中有法、言必合法、行必守法，在监管工作中做到严有据、宽有边、硬有度、软有界，提高我局依法行政工作水平。

结合辖区资本市场的实际情况，先后制定了《黑龙江证监局行政许可实施规程》、《黑龙江证监局监督管理措施实施工作规程》、《黑龙江证监局上市公司年报监管工作规程》、《上市公司回访检查工作规程》、《黑龙江辖区期货业务现场检查办法》、《证券经营机构中间介绍业务现场检查工作规程》、《黑龙江证监局整治非法证券期货活动工作机制》、《证券公司董事、监事、高级管理人员及分支机构负责人任职资格日常监管工作指引》等一系列工作制度，全年新建工作制度21项，并不断根据辖区市场的新情况、新问题进行不断地修订与完善。结合群众路线教育实践活动，2013年7月1日，我局开展了对全局现行有效制度的整理、汇编工作，逐一梳理完善全局工作制度，使之与证监会新发布及修订的规章、办法等相符，使之更加适用于目前监管需要。目前，全局现行有效制度的整理、校对和汇编工作已经完成。本次汇编覆盖局内所有处室，共计93个制度。通过制度梳理，进一步促进了全局基础性制度建设，为提高全局工作的规范性、科学性和效率性提供了制度保障。

（二）完善机制流程，努力提升审核水平，依法开展行政许可审核

我局始终不断完善、健全各项行政许可审核流程及操作指引，完善内部审核监督约束机制，依法受理、审核、批复辖区各类行政许可事项。

一是健全审核工作机制，完善审核工作流程。2013年，为进一步规范实施行政许可行为，完善证券期货行政许可实施程序制度，对2012年制定的《黑龙江证监局行政许可实施规程》进行了修改完善，实施行政许可统一受理、统一送达、一次告知补正、说明理由、公示等程序。二是注重审核人员培训，提升行政许可审核工作水平。集中组织受理、审核环节的工作人员学习相关法律法规，尤其是《黑龙江证监局行政许可实施规程》的学习讨论，在完善规程的过程中，广泛征求了局内各处室的意见，提出修改意见的讨论过程也是深入学习相关法律法规的过程。该《规程》印发后，各相关处室组织了处内学习，对受理、审核、决定等环节进一步了解和掌握，为提高办事效率、提供优质服务创造了有利条件。三是许可审核全过程公开，接受社会监督。结合监管政策变化，及时在局外网更新许可项目材料清单、审核要求等内容，及时公示许可项目实施进度，完善工作流程，不断提升行政许可服务质量。事前公示受理的行政许可项目及办理流程；事中公示审核进程，每周发布我局行政许可办理进度公示表；事后公示审核结果，出具许可后两个工作日内将批复内容上传互联网，接受社会监督；及时将批复的行政许可事项录入诚信查询系统，增强了审核工作的公开性和透明度。四是依法合规监管，认真履行依法行政工作职责。我局加大在合规监管和依法行政工作的力度。更加注重合规监管。在年报监管、现场检查、内幕交易防控、内控体系建设、信访投诉处置、采取监管措施等工作中，注重工作的合法性、程序的规范性和档案的完整性，严格贯彻落实依法行政的各项要求。非上市公众公司监管方面，大力培育拟上市资源，通过加强宣传引导、强化约见谈话、主动列席“三会”、坚持组织考试等手段，不断提高辖区在辅导企业规范运作水平；加强行政许可审核工作的规范性，在证券经营机构监管方面，建立了一批关于行政许可审核事项内容、流程与分工的制度和机制，将审核依据等内容及时在外网办事指南进行更新，便于辖区证券经营机构申请行政许可项目按最新要求准备行政许可材料；保持沟通，做好与会机关的工作交流，高质量完成机构部行政许可事项的调研任务，全面梳理2004年行政许可下放以来的行政许可相关工作情况，总结好的经验做法，提出有价值建议；严格遵守证监会关于行政许可的时限、流程、公示、留痕等要求。在期货二部做好第六批取消和调整期货机构行政许可项目的有关规定方面，积极梳理现有工作规程，及时调整、完善工作流程和工作底稿，细化衔接工作，及时向辖区期货经营机构传达有关要求，指导辖区期货

经营机构办理行政许可事项。

截至2013年12月底,我局共受理行政许可26项,接受行政许可项目申请1项(已接收申请材料,要求公司对材料进行补正),出具行政许可批复26项。批复的行政许可事项中,机构类17项,包括人员资格类14项,次级债1项,代销金融产品业务资格1项,营业部撤销1项;期货类9项,包括人员资格类5项,营业部设立2项,营业部终止1现,营业部场所变更1项。2013年,共制作公开监管信息数量126条,其中行政许可批复26条,进程公示50条,通知公告16条,监管对象5条,统计信息5条,投资者园地2条,工作动态22条。

(三)充分发挥大信访机制作用,依法做好信访工作

我局建立的由信访办牵头,各处室共同参与的大信访机制,在处理信访事项工作中发挥了重要的作用。为进一步提高信访事项的办理质量与效率,年初组织召开了信访联席工作会议,对辖区重难点信访事项和创新发展的大背景下可能出现的新情况新问题进行了梳理排查和分析研究,制订了应对预案,确保重难点信访事项和信访新情况新问题得到妥善处理,严防信访隐患扩大升级。2013年证监会开通了"12386"热线,为了确保该项工作的顺利开展,积极学习相关政策细则,结合我局工作实际,制订了我局"12386"热线处理暂行规程,明确了"12386"热线受理、办理等环节的操作流程,为我局"12386"热线工作的顺利开展奠定了坚实的基础。2013年我局共接收"12386"热线转办单23件。2013年全年,我局共接收来信69件,接听来电194次,接待来访39批次,实现了信访工作"件件有着落,事事有回音"。

五、多措并举,强化监管,强化市场主体规范运营和健康发展

(一)加强上市公司合规监管,履行依法行政工作职责

在上市公司年报监管、现场检查、内幕交易防控、内控体系建设、信访投诉处置、采取监管措施等工作中,注重工作的合法性、程序的规范性、监管措施的适当性和档案的完整性,严格贯彻落实依法行政的各项要求。全年共进行年报专项检查6家、全面检查1家,延伸对中介机构检查14家次,保荐机构监管1家次,回访检查6家,专项核查14家次,公开承诺专项检查13家,现金分红专项检查13家,内幕信息知情人登记管理专项检查13家,深入公司现场调研6家次;审阅定期公告和临时公告2200余份,年报详细审核并与交易所审核情况比对分析7家。全年妥善处置2家公司的重大风险隐患、违规行为,为4家公司出具证券发行持续监管意见,对上市公司培训58家次、130人次,已办结42件信访投诉举报,口头答复电话咨询或投诉60余家次,下发《行政监管措施决定书》8份,其中责令整改1份,责令公开说明2份,出具警示函3份,责令参加培训1份,认定不适当人选1份,约见高管谈话13家、19人次,约见年报审计机构谈话42家次、68人次。

(二)依法做好证券经营机构及证券投资咨询机构的监管

一是依法做好证券经营机构的监管工作。做好法人公司江海证券监管工作。指导江海证券健全合规管理和风险控制机制,推进江海证券信息隔离墙机制建立健全,督促其加大隔离墙系统的投入,坚持升级相关功能,及时将新增的资产管理、融资融券等业务及时纳入信息隔离墙机制,强化信息传递的规范性;加强合规管理薄弱环节的监管力度,针对信访投诉反映的热点,督促公司及时启动自查自纠程序;依法做好辖区证券营业部的监管工作。通过非现场监管与现场检查相结合的方式,切实督导辖区营业部提高合规管理水平,规范营销行为;依法做好现场检查工作。为做好现场检查工作,我局制定了《黑龙江辖区证券营业部现场检查办法》,确定检查程序和检查重点,结合辖区监管工作实际,按照机构部工作要点调整检查重点,加大现场检查的力度与频率,建立以检查带动监管的监管模式。利用cisp系统数据、信访投诉台账等工作信息,做到了进场前心中有数,进场后不慌不忙,实现了局内工作的有效对接,提高了系统性完成机构监管工作的能力。检查发现的问题,我局及时反馈给相关机构,督促其进行整改,并对整改的内容进行校验,推动了辖区证券经营机构和投资咨询机构的合规运营。二是依法做好证券投资咨询机构的监管。完成年检工作,对年检工作中发现的问题,要求公司立即整改;持续加强对大富公司和新思路公司的

监控，通过暗访、监听媒体等手段防范其违规经营；针对信访投诉反映出的集中问题，对容维公司进行专项检查，下发了《提醒函》，努力督促公司提高客户服务水平，切实保护投资者权益。三是对辖区证券经营机构进行法律培训。举办辖区证券经营机构营销与合规培训班，辖区证券营业部负责人及营销工作负责人、证券公司及分公司相关人员二百余人参加了此次培训，会上对合规管理及营销管理的相关内容进行了重点讲解，对规范辖区营销行为、促进全辖合规管理工作水平提升起到了积极作用。

（三）加强监管，强化期货机构规范运营和健康发展

一是依法履行职责，促进辖区期货市场健康发展。始终把维护辖区市场秩序作为核心工作，通过依法履行监管职能，打击违法违规行为，不断净化市场发展环境，为辖区期货行业发展保驾护航。日常监管中，我们以现场检查和非现场监管为主要措施，坚持做到每年检查辖区所有期货机构，以查促管、促进机构良性发展。对非现场监管发现的异常现象和问题苗头，我们做到及时处理、及时消除风险隐患。对发生风险已被吊销期货业务许可的北亚期货、龙兴期货等公司，我们积极采取多种应对措施，予以妥善处置，确保不发生影响稳定的群体性事件。对三力期货公司，我们区分问题性质，依法对其分别采取限制业务、限制自有资金使用等监管措施，确保风险在我们的管控范围内。二是稳步推进北亚期货行政清理。有效维稳，成立北亚期货风险处置维稳工作小组。专门组织成立北亚期货风险处置维稳工作小组，制订《北亚期货风险处置维稳工作方案》，积极应对可能存在的维稳隐患。积极协调，指导行政清理组对北亚期货客户权益登记情况进行甄别确认。促成使用期货投资者保障基金补偿北亚期货客户损失，同意使用期货投资者保障基金，并确定1700万使用额度。

（四）紧跟监管需要，做好非上市公众公司监管

一是持续关注学习新政策法规，提高工作能力和水平。密切关注国家针对资本市场发展出台的政策措施，紧密跟踪证监会关于资本市场改革创新的新举措、新动向、新业务，保持市场敏锐性。2013年对于新出台的政策法规，如《非上市公众公司监督管理办法（征求意见稿）》、《关于全国中小企业股份转让系统有关问题的决定》、《进一步推进新股发行体制改革的意见》加强学习和理解，适时修改完善我局相关工作规则，未雨绸缪，抢占先机，紧跟市场发展步伐，适应市场发展需要，不断提高做好监管工作的能力和水平。二是在拟上市培育及首发辅导监管工作中推进依法行政。通过加强宣传引导、强化约见谈话、主动列席“三会”、坚持组织考试等手段，严格执行辅导工作规程，努力提高监管工作的有效性，不断提高拟上市企业的规范运作水平，维护辖区良好的市场秩序。通过大力培育拟上市资源，2006年至今，辖区有5家企业发行上市，15家企业上报首发申请材料，目前在审企业5家，在辅导企业5家，拟上市企业90余家。此外，将培育“新三板”资源，积极推动企业在“新三板”挂牌作为我局的一项重要工作，目前已挖掘出30余家拟挂牌资源，6家企业已向全国股转系统上报申请材料，在全国排名第12位，处于中上游水平。

（五）规范、审慎使用监管措施

通过对市场主体的严格监管，对于存在违法违规问题的主体，我局严格执法、依法监管，及时采取适当的行政监管措施，纠正违法违规行为。

一是制定工作规则，规范使用监管措施。为规范辖区资本市场监督管理措施的实施程序，确保实施监管措施的工作质量和透明度，切实履行监管职责，维护辖区资本市场秩序，根据证监会《证券期货市场监督管理措施实施办法（试行）》的规定，结合辖区资本市场监管工作实际，制定《黑龙江证监局监管措施实施工作规程》。二是审慎使用监管措施。明确监管手段应与违规行为和监管目标相一致的原则，审慎使用各种监管措施，对每项行政监管措施作出决定前，按照《黑龙江证监局法律会商工作制度》规定的程序和要求，充分发挥我局法律会商机制作用，对违规事实和适用法律的正确性，监管措施的适当性等问题，出具法律会商意见，确保了每一份监管措施的质量。2013年，针对三力期货经纪有限责任公司公司净资本等相关指标不符合规定标准，北大荒信息披露违规等事项，我局共采取行政监管措施13项，针对期货公司5项、上市公司8项。其中，出具警

示函2项、责令改正2项、责令公开说明2项、限制业务活动2项、限制自有资金的调拨和使用1项、限制财产处置权利1项、责令参加培训1项。13项监管措施涉及违规行为发生在2012年之前的有9项,2013年新发生的2项。

六、加强稽查执法,维护辖区市场稳定

一是不断建立完善稽查工作制度。为了使稽查工作制度化、规范化,根据稽查职能,按照业务范围建立了《案件调查工作指引》、《打击非法证券活动适用法律条文及工作指引》、《黑龙江证监局初步调查工作流程》、《黑龙江证监局稽查提前介入工作流程》等10项基本制度。基本涵盖了案件调查、整非及反洗钱等稽查处的各项工作职能,为今后顺利开展稽查业务奠定基础。二是严厉打击证券市场违法违规行为。在打击非法证券活动方面,坚持"到位不越位,打早打小,露头就打"的方针,进一步优化打非协作机制,2013年12月17日,与黑龙江省公安厅签署了《预防与打击证券期货领域违法犯罪行为监管合作备忘录》,进一步完善了双方相互配合、优势互补的合作机制,形成打防结合的综合防控体系和长效机制。2013年,我局快速反应处理了哈尔滨融亨通公司涉嫌从事非法证券活动事件,办理了哈尔滨财融投资咨询公司涉嫌非法证券投资咨询、广西卓润涉嫌从事锡期货交易、天津融亨通贵金属哈尔滨分公司涉嫌从事非法投资咨询三项信访事项。完成了姜兵涉嫌超比例持股"同大股份"案、"海德股份"异常交易案、"中钢吉炭"异常交易案、"北大荒"异常交易案、调查张昕等账户异常交易案等案件。2013年共完成案件调查8件,协查8件,处理非法证券发行3件,均做到了程序合法、事实清楚、证据确凿、高质高效、处罚及时,充分发挥了稽查执法震慑效果。三是全面提高稽查档案标准。高度重视执法档案工作,并指定专人负责该项工作。首先,完成所有办结案件卷宗档案归档工作。对1998年以来的历史档案也按照新的要求重新整理,截至目前,稽查处共归档563盒档案材料;其次,重点清理废弃材料。对办案过程中产生的不入卷的证据资料、发文过程中产生的文件修改稿、没有存档价值的材料等进行全面清理,按照类别整理成123卷待办公室集中销毁。

(黑龙江证监局供稿)

上海证监局2013年依法行政工作报告

2013年,上海局在中国证监会(以下简称证监会)的统一领导下,在会内各部门的大力支持和帮助下,进一步加强与地方政府相关部门的协作,积极落实国务院《全面推进依法行政实施纲要》的内容和精神,按照加快监管职能转变,加强监管执法的总体改革思路,紧密围绕各项监管重点开展法制工作,不断加强局内法律制度建设,提高依法行政水平,切实履行"两维护,一促进"职责,共同构建"大监管、大执法"的合力,营造良好金融法治环境,为辖区资本市场的持续健康发展创造了良好的法制条件,现将有关情况报告如下:

一、严格规范行政行为,依法履行日常监管职责,维护辖区市场公开、公平、公正

1. 规范监管措施,实现准确裁量。推进工作重心从事前审批向事中、事后监管执法转变,严格执法,加强监管措施在日常监管中的运用。一是秉持"执法必严,违法必究"的理念,在日常监管中积极使用、敢于运用各类监管措施。通过现场检查、非现场检查等方式,加强日常监管,要求辖区市场主体完善公司治理结构、加强内部风险控制建设、依法合规经营、依法披露信息,切实保护投资者合法权益。对于发现的违规行为,区别违规的性质、情节、影响和危害程度,实施不同的监管措施予以纠正,努力做到宽严相济。同时，对于复杂、重大的监管措施实施行为，由法制工作部门履行必要的法律审查程序，以法律依据的准确性、案件事实的清晰性、执法程序的规范性为着力点，提出法律会签意见。2013年，共计会签各类行政监管措施64件，最终决定采取行政监管措施57件。在这57件最终采取的监管措施中，按业务条线划分，基金监管条线24件、公司监管条线18件、机构监管条线10件、期货监管条线5件；按措施类型划分，出具警示函28件、责令改正23件、监管谈话2件、限制业务活动1件、责令增加内部合规检查次数1件、责令改正并暂停核准新业务申请1件、责令改正并限制业务活动1件。二是注重"程序正当"的理念，严格执行监管措施相应的程序，保障当事人陈述、申辩权利，按照《证券期货市场监督管理措施实施办法（试行）》等规定对相关监管措施实施以及发文的流程、时限进行规范，确保做到流程合规、执法留痕。三是坚持公正执法，实现准确裁量。在进行监管措施裁量时，严格依照法律规定，结合个案的具体情况，采取与违规行为的事实、性质、情节等相匹配的监管措施，平等对待当事人，同等情形同等对待，不同情形区别对待，真正做到把公平性、合理性原则体现在监管措施施行工作中。

2. 简政放权、转变职能，优化行政许可流程。着眼于"流程标准、公开公平、强化服务"，在依法保质按时完成各项行政许可审核、事前备案审阅及征求意见回复的同时，按照简政放权、转变职能的要求，持续推进辖区行政许可工作的优化。2013年，共受理行政许可申请263件，做出准予决定244件。一是按照"完善内部制度、加强监督制约"的原则，系统梳理各类行政许可的工作流程，对内部相关制度流程进行了全面修订更新，进一步细化审核标准、明确职责分工、强化分工制衡、加强工作留痕。二是开发在线电子监察系统，变人控为机控，实现对行政许可审批权的实时监控，将行政许可工作期限需暂停和恢复计时等需求嵌入办公系统，并增设工作时限倒计时、时限届满置顶及红色警示等功能，增加行政许可会办人审批等可选节点。三是明确和固化行政许可工作中诚信系统的信息查询和使用机制，实现对证券期货市场诚信档案公开信息及非公开信息的每单必查，注重监管档案维护与使用。四是在行政许可过程中，牢固树立服务理念，在机构与期货监管领域，进一步提升许可信息的公开性与便捷度，通过局外网实现相关许可项目的网上审批，并根据实际情况及时调整网上审批系统项目内容，做到行政许可事项审批条件、标准及程序的事前公开，许可办理进度的事中公开，许可结果的事后公开。

3. 加强监督现场检查权力。对日常监管处室现场检查项目开展行政监察，促进行政执法效能和依法行政水平提高。一是确定工作重点。紧密围绕稽查执法工作，以"进一步增强现场检查工作程序合法合规、督导监管对象整改工作切实有效"为重点，确保现场检查取证充分，标准统一，为后续与稽查执法的有效对接奠定扎实基础。二是做好各项准备工作。制定工作底稿，明确工作标准和要求，综合考量专业、性别等要素，合理搭配监察项目组成员及复核人员。三是注重沟通交流。项目初期，召开进场沟通会，向日常监管处室全面了解现场检查开展情况，共同确定监察项目。查阅底稿中，及时与日常监管处室沟通查阅中的疑问，充分尊重日常监管处室的实质性判断，避免错判误判。监察结束后，及时告知监察结果，确保日常监管处室的认同和后续改进效果。四是合理安排进程。结合工作实际，合理安排监察进程，确保全部监察工作在10个工作日内完成。重视复核程序，召开多次复核会，充分讨论，提出既符合规定又切合监管实际的监察建议。

4. 成功应对辖区首例行政诉讼案件。2013年9月，南航权证投资者曹晓海因对信访答复不服，以不履行法定职责为由，向浦东新区法院提起行政诉讼。收到法院发来的应诉通知书后，局领导高度重视，就案件处理方式作出重要指示，并对于案件的具体应对思路组织相关处室进行认真讨论。在应诉过程中，局法制工作部门在法律部的大力指导支持下，在局信访办的配合下，充分做好准备，对案件事实、法律依据、证据效力、相关案例进行认真研究和分析，及时提交观点明确、内容详实、依据充分的答辩意见、证据资料等应诉材料，并在庭审中冷静应对、据理力争，最终取得法院的支持。2013年10月，法院作出一审判决，认为上海局信访答复不予受理的处理决定并无不当，上海局不具有查处上交所及26家券商违法违规行为的职权,证券监管机构出具的认定意见并非刑事案件处理的必经程序,原告要求协调的赔偿经济损失也不属于行政诉讼受案范围。至此,上海局主张全部得到法院采纳。该例案件的胜诉在维护监管权威与公信力的同时,也为今后处理类似事件打下良好基础。

5. 探索建立多元化纠纷解决机制,依法处理各类信访投诉。一是严格按照国务院《信访条例》各项规定,做好日常信访接待处理。2013年共接待来访228批次541人次,办理来信598件,接听热线电话2273件。创新推动基金同业公会参与"12386"热线信访投诉处理工作。在信访处理中,严格坚持依法行政,积极化解矛盾纠纷。二是注重处理信访过程中法律手段的运用,形成以金融仲裁解决商事纠纷信访的长效机制,同时妥善处置"老三板"市场投资者集访稳控、涉陕原始股投资者群访处置、超日债投资者集访闹访、轮胎翻修厂职工法人股信访等突出信访矛盾。

6. 依法应对和处置突发事件。一是快速处理光大证券"8·16"事件。第一时间启动核查,结合核查情况采取行政监管措施并暂停相关业务,避免风险面继续扩大;督促及时做好信息披露,推动解决流动性等次生风险,持续关注公司经营管理情况,配合证监会做好相关行政处罚。二是稳妥处理超日债突发风险。协调地方政府及各相关部门,制定风险处置应急预案,多管齐下力促公司兑付债券利息;针对公司涉嫌的虚假记载、重大遗漏、未及时披露信息等违法违规行为,及时启动立案程序开展调查。

二、强化投资者保护,营造良好诚信氛围,维护中小投资者合法权益

1. 投保与法宣结合,广泛开展宣教活动。一是加强组织领导,健全工作机制。围绕"六五"普法规划,召开投保工作专题会,建立投保工作联席会议制度,落实投保评价细则,制定"任务分解表",从机制建设、法制宣教与服务、检查评估、投资者权利救济、专项调研等方面明确工作职责和任务。二是认真研究,精心筹划,积极参与投保立法。在证券法修改中拟订关于投保的专门内容和条款,系统梳理境内外立法资料。承办"投资者保护制度与措施"课题调研座谈会,提出意见建议。三是组织开展形式多样的法宣活动。开展"3·15"投保系列宣传,参与第一财经节目录制,在证券投资者保护网站开设"3·15投资者维权"专栏,就辖区投保情况在上证报发表专题文章;针对新产品、新运营模式进行专门风险提示,联合中金所举办国债期货研修班,推动期货同业公会开展国债期货投教系列活动和以"衍生品市场的财富管理"为主题的期货投资者年会,通报非法期货活动典型案例;联合辖区四家同业公会,通过定时、定量与定点、定人两种方式全面开展投资者调查活动,共计约有1万名市场主体参与调查;组织辖区证券期货经营机构开展种类多样、形式丰富的投教工作,举办近4500余场专题报告会,开展进社区、进高校活动、现场咨询近18000次,累计受众人数近190万人次;编写《证券市场投资入门须知(2013版)》等基础性宣教产品,发布《2013年上海基金投资者情况问卷调查分析报告》。四是创新途径,充分利用新媒体扩大投教宣传面。组织开展以"我投资、我参与"为主题的辖区上市公司网络路演活动;打造覆盖证券经营机构主体信息、从业人员执业信息、诚信信息、销售金融产品信息、参与证券类广播电视节目信息等"五位一体"的信息公示平台;借助行业协会、保护基金等社会组织网站扩大宣传面,正式上线"2013年上海基金行业投资者保护宣传教育活动"专题网站;推动辖区部分证券经营机构开通"客户联络中心"微博。五是加大稽查执法力度,融法制宣传于稽查办案。编写"九龙山大股东短线交易案"、"巴安水务信息披露违法案"等多篇稽查典型案例,通过各种途径向社会传播,以反面典型促教育宣传;查实查透上海物贸、斯米克、安诺其等典型侵害投资者权益案件,引发市场持续高度关注,起到良好宣传教育作用。六是开展以"适当性管理"为主题的"12·4"法制宣传活动,推动形成法宣教育工作新高潮。局领导亲自带队赴证券营业部现场调研、宣讲,要求证券经营机构确保在各业务环节把适当性管理制度执行到位,做好风险揭示;围绕投资者新股交易方面的适当性要求,督促辖区证券经营机构制定相应制度性文件,细化适当性管理规则,充分警示投资者新股交易行为和风险;组织辖区证券期货经营机构开展形式多样的"投资

者适当性管理宣传教育月”活动；及时查处违反适当性制度的行为，督促机构严格落实投资者适当性管理要求。

2. 强化辖区诚信体系建设。一是加强制度机制建设。及时制定全局诚信监管办法，修订诚信监管工作指引，进一步规范辖区诚信工作。同时，为固化新增业务的正常流转程序，确保业务及时、高效办理，推动将诚信档案对外服务业务办理流程嵌入 OA 系统。二是做好诚信档案数据库升级工作。根据《证券期货市场诚信监督管理暂行办法》新增的上市公司承诺信息录入要求，在规定时间内全面梳理并及时录入辖区上市公司承诺信息 317 条，以及行政许可、监管措施、行政处罚等诚信信息 365 条。三是针对《证券期货市场诚信监督管理暂行办法》在各业务条线的实施和执行情况，开展诚信执法专项检查，全面查找并发现问题，要求切实予以整改，进一步提升全局诚信执法水平。四是开展诚信理念宣传活动。编写《证券期货市场诚信宣传手册》，组织诚信宣传漫画征集活动，选取优秀作品集结出版《上海资本市场诚信宣传漫画集》，积极参加上海市“诚信活动月”宣传活动。

3. 有序推动交易场所清理整顿工作。继续贯彻落实“国发 38 号文”和“国办发 37 号文”的各项要求，积极发挥政策指导、协调、督促作用，推动上海市政府尽快完成清理整顿各类交易场所工作。一是配合市金融办等市政府有关部门对航运运价公司、国际酒业交易中心等 6 家交易场所开展现场核查，推动注销相关违规经营场所，督促各交易场所修改交易规则，切实整改落实。二是多次参加市政府有关部门组织的清理整顿工作专题会、情况调研会，共同研究清理整顿对策以及违规整改措施，对交易场所规范发展提出建议。目前，上海市的清理整顿工作已通过清理整顿各类交易场所部际联席会议，全市的清理整顿工作宣告结束。

三、加强稽查执法，严厉打击违法违规，促进辖区市场健康发展

1. 强化稽查执法，加大违法违规查办力度。一是贯彻落实《关于进一步加强稽查执法工作的意见》，加强组织保障，切实加大对信息披露、内幕交易等各类违法行为的打击力度。2013 年，共办理各类案件 111 件，较 2012 年增长了 20.7%。其中，立案案件 17 件、初查案件 28 件、提前介入案件 7 件、线索核查案件 39 件、涉外案件 20 件。同时，将 30% 的新入局干部充实稽查队伍。二是查办案件种类多样，包括欺诈发行、违法披露、内幕交易、操纵市场、利用未公开信息交易等，基本实现了全类型办案，其中信息披露违法违规案件是全年的打击重点。2013 年还查办了国内首单基金公司为主体的内幕交易案、国内首单纯债券基金经理利用未公开信息交易案、系统内首单债券利益输送案等一系列新型典型案件。三是加大自办案件查办力度，2013 年自办案件达 8 件，在立案案件中占比达 47.1%，较去年增长了 3 倍。通过日常监管部门协作、交易所沟通、媒体监测和信访举报等多种途径，进一步拓展线索发现渠道。四是深化内外部反洗钱协作。与人民银行加深协作，走访辖区基金公司并推动完成整改；指导机构有效落实反洗钱相关指引，配合组织东方证券大额和可疑交易报告综合试点阶段性成果报告会。此外，还在 2013 年承办了 20 件涉外案件，数量比 2012 年增长 3 倍，复杂程度大幅提升。涉外协查工作得到稽查局的高度认可，香港证监会还就相关工作专程致谢。

2. 创新执法手段，提高稽查办案水平。一是优化办案模式和技巧。借鉴项目管理方法，逐步推行表格控制的案件管理模式，实现对纷繁复杂的案件信息的系统化梳理。制定调查组工作规程，完善工作底稿编制，推进案件调查的精细化管理。编写《稽查询问工作忌讳与技巧》等工作指南，指导实战工作。二是强化科技办案能力。研发“稽查现场辅助系统”，将稽查执法常用法律法规、现场调查流程经验、办案出行参考等功能集成于手机、平板电脑等移动终端，提高稽查现场取证效率和工作便利，受到肖钢主席高度肯定，要求在系统内推广。在系统内率先引入云存储技术管理稽查数据，实现调查数据的即时共享、汇总、管理和调查任务的即时分配，大幅节约案件沟通和任务下达的时间成本。研发通讯记录分析软件，大幅提高后端数据分析效率，并在一定程度上破解了内幕信息多级传递难以查实的问题。三是建立健全稽查内外协作机制。积极协助兄弟单位开展案件调查，尝试与兄弟局联合办案模式，联合查办的一起案件已移送公安机关,实现执法力量互借、执法资源共享。走访公安部证券犯罪侦查局第二分局、市高院、市检察院、市公安局经侦总队等10家执法单位,在案件平移、联合办案、常态沟通和协作等方面达成有效共识。

3. 开展个案审理,进一步做好行政处罚工作。一是继续开展个案审理。完成李勇鸿、鲜言违反证券法律法规案的行政处罚案件,办理某基金经理利用未公开信息交易案件的复核、审理工作。首次探索通过公告方式向当事人送达行政处罚事先告知书与行政处罚决定书。二是上海局在以往处罚试点的基础上,根据证监会全面下放处罚权工作要求,进一步完善并公布了上海局行政处罚审理与听证规则。同时,加强案件审理和处罚业务学习,派员全程观摩了证监会部分处罚听证会以及案件复核会,加深认识提高案件审理水平。

四、积极建言献策,参与市场立法建设,夯实监管法制基础

1. 建立机制,参与立法。建立以法制工作部门牵头负责、各处室积极参与、局领导审核把关的参与立法工作机制,通过该机制,保证所提建议既符合业务实际、便于操作,又符合法律要求。2013年,共对《关于审理证券市场虚假陈述侵权民事赔偿案件的若干规定》、《上市公司治理准则》、《中国(上海)自由贸易试验区管理暂行办法》、《存款保险条例》等19部法律法规、司法解释的制定或修改提出意见和建议,内容除涉及证券期货业外,还包括上海自贸区建设、法治政府规划、商业银行风险处置、律师处罚等其他领域,部分意见和建议被采纳,有力地支持了资本市场和上海自贸区等相关领域的立法建设和完善。

2. 深入开展《证券法》修改工作。专门召开会议,研究部署辖区《证券法》修改相关工作。在修改工作开展过程中,按照证监会的统一部署,本着立足于履行一线监管职责的工作实践,结合辖区日常监管过程中遇到的情况和问题,对现行《证券法》的实施经验以及存在问题进行了有针对性地研究和分析,并在此基础上提出共计9大方面、31个问题、5万余字的证券法修改建议报告上报证监会。

3. 扎实推进《期货法》立法需求意见征集工作。积极组织一线监管处室和法制工作部门力量,充分听取局内各处室对于《期货法》立法工作的意见建议。同时还通过实地走访、召开专题座谈会等形式,广泛听取辖区期货经营机构、行业法律专家等意见建议。在全面听取意见建议的基础上,对收集到的意见建议进行了系统梳理、深入研究,着重从立法的整体规划、立法的主要原则、未来《期货法》应当包括的相关内容及理由三个方面提出了上海局关于《期货法》立法需求的相关意见并按时上报证监会,为推动《期货法》的立法与制定建言献策。

五、加强对外协作,形成执法合力,营造良好金融法治环境

与公安、检察院、法院、金融办、司法局、仲裁委、律师协会等司法行政部门、行业自律组织通过参加金融法治环境建设联席会议、“打非”工作联席会议、签订合作备忘录、开展金融法律问题研讨、组建金融审判专家咨询库、受聘担任特邀咨询员、定期或不定期的业务走访、日常的司法接待及其他多种形式,健全沟通机制,形成工作合力。

与市检察院订立《建立定期工作交流制度的备忘录》;与公安部证券犯罪侦查局第二分局签订《打击和防范证券期货领域违法犯罪协作会商试行办法》,加强证券期货稽查执法工作的行刑衔接机制;邀请市高院盛勇强副院长围绕投资者权益的司法保护问题,在证监会党委中心组(扩大)学习会议进行专题讲座;走访上海贸仲、上仲,全面调查和了解辖区证券期货合同纠纷仲裁情况,积极探索投资者权益保护的多元化纠纷解决机制,协助和推动信访部门探索引入金融仲裁方式解决辖区商事纠纷信访。

牵头组织上海“打非”工作座谈会,推动形成“打非”合力;与其他监管部门加强对金融违规活动的打击合力,参加市金融办组织召开的打击非法集资研讨会。集中曝光23家非法证券经营机构和网站,取得了良好的社会效应。2013年共向公安机关移送、通报非法证券活动线索9起,向工商机关通报线索3起,其中“阿信科技”等线索已由公安部门立案侦查,“牛股师”涉嫌非法经营案已审查起诉。

积极落实证券法律业务监管分工协作规

程，根据法律部来函要求以及日常监管、信访工作中发现的涉嫌违规线索，对辖区有关律师事务所和律师从事证券法律业务情况进行专项核查，全面调取项目执业材料，在认真开展调查，深入分析事实认定和法律适用等问题的基础上，对相关事务所和律师采取相应处理措施，并向司法局、律师协会及时通报查处情况。

在日常联系合作上，通过定期参加检察院、法院系统召开的案件通报会、司法审判白皮书发布会，以及日常的司法接待（共计接待来访28次，处理来函10次）与出具认定意见（共计8份）、提供证券法律咨询等形式，充分发挥法制对于辖区资本市场规范发展的引领作用，联手预防和打击违法违规，共同构建"大监管、大执法"的工作合力，营造辖区资本市场良好金融法治环境。

（上海证监局供稿）

江苏证监局2013年依法行政工作报告

2013年，江苏证监局在中国证监会的正确领导下，在会机关部门的大力支持下，坚持以十八大和十八届三中全会精神为指导，紧紧围绕"两维护，一促进"核心职责和全国证券期货监管工作会议精神，认真落实证监会党委的决策部署，努力提升依法行政工作水平，保障辖区资本市场健康稳定发展。

一、转变监管理念，全力推进监管工作转型

江苏局把握市场化、法治化、国际化的改革方向，落实"放松管制、加强监管"的要求，进一步转变监管理念，明确监管重点，定好位、补好位、不错位，准确把握放松与加强两者关系，不断推进监管转型。

（一）注重工作实效，进一步转变日常监管重点

一是上市公司监管更加注重"以信息披露为中心"。改变全方位管制式监管模式，将公司经营发展问题还权于投资者决策，将监管重心转移至信息披露是否真实、充分、及时，采取措施督促公司提高信息披露工作水平。二是现场检查更加注重解决问题，提高检查实效。上市公司现场检查引入IPO核查方式和稽查取证手段，将有限的监管资源聚集于重点公司，以把公司查深查透，把问题查清查实为目标，抓"全程质量控制"，促进现场检查规范性和标准度提升；证券期货经营机构现场检查实行"风险导向"，对各项业务的关键风险点以及可能存在的问题类型进行梳理，开展风险筛查，实施穿行测试等检查手段，及时固化证据，提高检查效率。三是会计师、律师等中介机构监管更加注重推动"归位尽责"。在违法违规事项核查中发挥中介机构的作用，同时更加重视发挥中介机构"看门人"的事前防范作用，加大对中介机构"归位尽责"的督促提醒力度。

（二）强化惩戒教育，及时采取监管措施

针对日常监管中发现的问题，江苏局2013年对违规主体采取行政监管措施34起，超过2010年、2011年、2012年三年的总和，情节严重的1起移送稽查，有效维护了市场秩序。针对被采取行政监管措施的违规主体，持续做好教育和跟踪，督促其及时整改，促进辖区上市公司、证券期货经营机构和中介机构不断提高规范运作水平。

（三）深化监管协作，进一步整合监管资源

为发挥合力、提升效能、协调发展、维护稳定，2013年，江苏局分别与人民银行南京分行、南京市政府和无锡市政府签订了《合作备忘录》，从多方面开展监管协作，在行政执法方面互相提供便利。监管合作备忘录的签署在推动金融市场健康发展、维护市场主体合法权益、防范系统性金融风险、打击违法违规行为等方面起到了积极的作用。

二、加强稽查执法，严厉打击违法违规行为

（一）继续保持稽查执法高压态势

一是继续加大各种违法违规案件的稽查力

度。2013 年,江苏局共办理各类稽查案件 51 件,数量同比增长 27.5%。面对查办案件多、案件类型广、时限要求紧等情况,江苏局坚持以方式创新为手段,通过查办案件与执法宣传双拳出击、各类案件多案并进,以对市场严重违法行为的高压态势,有效提升稽查执法综合效果。二是有效提升稽查执法内外部合力。江苏局进一步密切与会稽查局、兄弟派出机构、交易所的联系,充分利用系统内"三位一体"稽查体制,切实加强日常沟通,形成系统合力;严格贯彻落实江苏局《关于加强稽查执法工作实施意见》,利用日常监管与稽查执法互联互通机制,形成内部合力;9 月,与江苏省公安厅签署《关于办理证券期货违法犯罪案件工作合作备忘录》,进一步加强证券期货行政执法与刑事司法机关的协调配合和紧密衔接,对于双方加强合作,联手打击证券期货领域违法犯罪活动形成了有力的支撑。

(二)严格依法审理行政处罚案件

行政处罚权全面下放两个月以来,江苏局已启动 2 起案件的审理工作,涉及信息披露违规、短线交易、超比例持股未披露、非法利用他人账户进行证券交易等违法事实。在案件审理过程中充分发挥合议制的作用,审理部门与调查部门多次沟通,妥善协调解决"查审分歧"。针对其中 1 起信息披露违规案,就性质认定等问题,及时报会处罚委商请给予指导。江苏局严格依法办理行政处罚案件,对市场违法违规行为作出快速反应,显示了严格执法的决心和信心。

(三)持续提升打非整非工作成效

一是优化内部工作机制。通过建立灵活的分工协作、密切配合、运转高效的工作机制,不断提高打非整非案件的查办质量和查办效率。二是健全外部协作机制,发挥执法合力。继续积极主动与公安、通信、广电等相关成员单位联系沟通,梳理完善协作流程,形成运转更加有序、高效的联合执法协作机制。三是加大信访案件查处力度。充分调动办案人员的主观能动性,着力在"准"和"实"上下工夫,穷尽各种手段搜集证据材料,查清案件事实,扩大办案成果。四是大力开展排查清理涉嫌非法集资广告资讯信息、清理违规证券节目和督导经营机构落实整非工作要求等整非专项活动。在持续保持监管高压态势下,2013 年全年,江苏局办理的涉及非法证券活动的信访案件仅有 8 起,移送公安 3 起,相比去年大幅减少。

三、提高监管效能,为辖区市场提供优质服务

(一)严格把关,加强行政许可审核工作

2013 年,江苏局共处理行政许可申请材料 316 件,批复、送达并在网上公示批复结果 283 件,数量较 2012 年增加近 30%。为确保每件行政许可能够高效、准确地审理完成,江苏局一是严把审核标准关。重点审核材料是否真实、完整、有效,申请人是否符合行政许可条件,审核中除了正常的材料补正和意见反馈外,还加强了外部调查;二是严把审核程序关。严格按照工作规程,深入细致做好诚信查询、高管考试、高管谈话等环节的审核;三是严把审核效率关。始终坚持审核效率与审核质量并举,建立前期沟通机制,切实履行"一次性告知"义务,进一步提高审核效率。

2013 年,江苏局较往年新增四类行政许可,面对新的行政许可项目,江苏局在审核准备、审核过程和后续管理三个环节严格把关,依据证监会有关规定自行拟制审核工作底稿,实现了统一标准的严格执法;在具体审核中对于存在疑点的材料,严格依法审查,进行集体讨论研究;对部分批复的模版进行完善,将一些后续报备事项在批文中进行提示,做好后续服务工作。

(二)强化落实,推进诚信建设工作

江苏局制定了诚信工作规程和对外服务指南,严格依照有关规定,做好诚信档案的更新、维护和使用工作,充分发挥诚信档案的激励约束作用。

一是辖区首现 4 起外部主体申请的诚信信息查询,涉及公司发行债券、配股等,江苏局法制处均及时递交会法律部诚信处进行查询,在规定期限内反馈申请人。二是及时审核、更新诚信档案数据库,全年共记入行政许可、违法违规、公开承诺等信息超过 1400 条。三是在实施行政许可、日常监管、稽查执法等各项工作中,积极查询诚信档案,有效实施诚信约束。将查询诚信档案作为行政许可、日常监管和业务创新试点的重要环节,明确工作要求,规范工作程序,强化诚信约束,将诚信信息作为依法作出监管决定的重要考量依据,充分发挥诚信档案服

务监管的功能。四是在全局范围内开展诚信建设专题工作培训，指出工作中存在的诚信信息记入不及时等4个方面的问题，并对进一步做好诚信工作提出了具有操作性的建议，取得了良好的效果。

（三）注重实效，做好信息公开工作

一是强化制度建设，健全工作机制。完善《江苏证监局政务信息公开制度》《江苏证监局依申请信息公开工作规程》《江苏证监局互联网发布信息保密管理制度》等规章制度，做到信息公开工作有章可循，不断完善监督检查机制，制定责任追究制度，确保了发布信息的安全性和有效性，全局形成上下联动、整体推进的良性工作体系。二是强化主动公开，提高公开实效。江苏局不断拓展公开的信息范围，并简化审批流程，提高公开时效。近三年来，江苏局主动公开的信息数量一直保持增长态势，2013年，主动公开监管信息427条，同比增长幅度近13.6%。三是强化依申请公开，增强服务意识。2013年，江苏局处理依申请公开的4件项目群众关注度较高，江苏局受理信息公开申请后，切实从群众利益出发，由专人负责办理，强化处室协作，注重办理时效，做到"一次申请，公开到位"。

（四）完善机制，提高信访办理质量

2013年，为保护投资者合法权益，维护辖区市场稳定，江苏局着重从三方面入手完善信访工作。一是加强信访工作制度建设。根据会机关畅通投诉渠道的新要求，新制定了"12386"热线投诉转办系统实施细则，对于现行制度进行修订完善。二是提升信访事项办理效率。通过加强局内各处室协调，加强江苏局与地方政府、各级公安、各行业协会及新闻媒体的协调配合，形成运作顺畅的协作机制，提高了查办效率。三是改进信访答复格式内容。江苏局积极落实省高院司法建议书，修订申请履行法定职责类信访案件答复函格式，降低了行政诉讼风险。全年，江苏局共接听投资者电话1600余次，受理信件投诉158件，接待来访165人次，总量较去年明显较少，已办结事项91%，其余均在积极办理中。

四、严守法律程序，有效防范和化解执法风险

（一）切实做好行政诉讼应诉工作

2013年4月，周小军等3人认为江苏局以信访形式受理和答复投资者的投诉举报，属于行政不作为，向南京中院提起诉讼。接到法院传票后，江苏局组织应诉小组仔细研讨案情，推敲证据，商定应诉方案。由于江苏局在日常履职过程中，能高度重视待投资者的质疑和举报，严格按照法律规定开展调查工作，及时答复，并注重固化保存信访办理流程中的相关证据材料，严格依法履行监管职责，最终获得胜诉。

（二）高效完成法律文书送达和协助执行工作

受证监会处罚委、法律部、稽查局的委托，2013年全年江苏局依法向有关案件当事人送达各类法律文书44份；受会稽查局委托，对南京中北案欠缴罚没款的当事人进行财产调查，并协助法院对当事人房产进行查封冻结；受会处罚委委托协助催缴舒泰神内幕交易案、金利科技内幕交易案、炎黄在线案、南京证券违法违规案等相关10名当事人100余万罚没款，目前已全部上缴国库。江苏局工作人员严格按照法律规定实施送达和协助执行，尽心协力，切实保障会行政执法工作的顺利进行。

（三）严谨细致做好法律审核工作

江苏局充分发挥法律审核把关作用，对于疑难问题严格落实法律会商制度。2013年共办理关于行政监管措施、信访受理、信访答复、依申请信息公开、退市风险处置等36件法律会商材料。为严格把好法律关和风险防范关，法制处从细节入手，认真核查会商材料，深入研究法律依据，谨慎提出法律意见。经法制处与业务处室反复沟通后，多项决定作出调整、改变或完善，有效防范了监管风险。

五、深入思考研究，积极参与资本市场法制建设

（一）认真做好立法建议

2013年，江苏局共参与《关于审理证券市场虚假陈述侵权民事赔偿案件若干规定》《非上市公众公司监管指引第4号》《优先股试点管理办法（征求意见稿）》《律师和律师事务所违法行为处罚办法》《专利代理条例修订草案（征求意见稿）》等立法项目40余项。对每一项均反复讨论研究，努力保证所提修改意见具有科学性、针对性和可操作性。

(二)积极参与专题调研

2013年是大力推进资本市场顶层设计的一年,江苏局在证监会的统一部署下,结合监管实际,开展了一系列专题调研活动。

一是按会法律部要求参与"资本市场法律体系建设"课题研究,完成证券类法律、行政法规、司法解释和我会规章、规范性文件的现有体系图和将来规划图以及5万余字的分析报告,并派出人员驻会参与统稿工作,协助完成《资本市场法律体系建设课题研究报告》。二是按会法律部要求,由法制处牵头,各业务处室和市场主体广泛参与,完成江苏局《关于证券法修改的意见和建议》的报告。三是根据会统一安排,由期货处会同法制处共同开展《期货法》的立法需求调研。通过向市场主体发放调查问卷、召开座谈会等形式,力求立法需求意见全面、完整。在此基础上认真撰写专题报告。四是在全面征集辖区证券、期货公司的立法意见的基础上,研究起草了《证券期货经营机构内部诚信监督约束指引》,并提交了起草说明,为证券期货机构内部诚信监督约束机制的建立作出了有益探索。五是按会投保局要求参与"投资者保护"课题研究,形成江苏局《关于完善投资者保护相关制度的意见和建议》。六是与郑州商品交易所合作开展动力煤期货调研,通过贴近市场、贴近企业、贴近投资者的调研,拉近了与市场一线的距离,拓宽了监管干部的视野,宣传了动力煤期货品种,增强了市场各方对动力煤期货的认识。

六、开展普法教育,培养干部和市场主体法制意识

(一)加大力度,提升监管人员依法行政能力

一是强化监管干部学法用法。江苏局2013年共编发《法制讯息》23期,内容涵盖法制研究、证券期货市场最新规定、境外法制动态等,更新维护法律、法规、规章以及规范性文件100部,为监管干部提供学法平台。二是强化依法行政专题培训。江苏局多次邀请法官、律师等专业法律人员对全局干部进行授课,内容涉及依法行政、信息公开、行政应诉等,紧贴工作实际,得到了听课干部的一致好评。三是按期开展行政执法监察。通过监督检查,对全局干部的依法行政工作进行梳理考察,查找不足,并要求对照整改,督促干部向前走的同时要回头看,自觉查漏补缺,不断提高依法行政意识和依法行政能力。

(二)多措并举,提高监管对象合规经营水平

一是坚持高管任前考试,强化入职法律法规教育,从源头上提升高管人员的规范运作意识和责任意识。二是丰富宣传形式,以座谈会、编发法规案例、发送短信提示等多种形式向上市公司大力宣传资本市场政策法规,及时提醒上市公司等市场主体规范运作并健康发展。三是强化培训。2013年,江苏局牵头主办、召开多个培训班、培训会,培训内容涉及信息披露、内幕交易、虚假陈述、公司规范运作等方面的法律法规,参加的总人数众多,涉及面广,通过对关键人员的培训,以点带面,逐步提高整个市场参与主体的法律素养和守法能力。

(三)突出重点,大力开展投资者保护法制宣传

一是组织辖区证券期货经营机构开展以"严格遵守适当性制度,依法保护投资者权益"为主题的"3·15投资者保护"宣传月活动,进行为期一个月的集中宣传,宣传活动涵盖广场宣传、媒体专栏宣传、投资者接待日等多方面,辖区机构累计举办各类活动1000多次,发送短信700多万条,网点滚动播出风险警示词条、投教短片累计3万多小时。二是组织辖区上市公司、证券期货经营机构和行业协会以"大力维护投资者权益,共建法治资本市场"为主题,认真开展"12·4"普法宣传活动。在《新华日报》刊载专版报道局长专访,在《扬子晚报》、《大众证券报》开设10期专栏,以案例剖析、专题知识、新政解读等形式传播投资者保护基本知识。辖区各市场主体高度重视此次活动,通过短信、微信、公司网站、"e互动"、官方微博等多种方式向投资者宣传投资者保护相关法律法规。三是借力媒体营造投资者法制教育良好氛围。江苏局注重利用宣传平台和新闻媒体,通过传统媒体和网站,发布宣教文章,解读法律法规政策,及时揭露新型非法证券活动的诈骗手法,提高辖区投资者的法律意识和风险防范能力。2013年在各主流报纸、电台等传统媒体发布投资者教育系列报道33篇;在局、协会外网发布

投资者教育文章200余篇；在中国证券投资者保护网设立江苏局投资者保护宣传专栏，发布理性投资案例20篇。组织编写《2013年江苏省证券投资者手册》、非法活动漫画等投资者教育产品14件，通过纸质媒体和互联网投放。

（江苏证监局供稿）

浙江证监局2013年依法行政工作报告

2013年，在中国证监会的正确领导下，浙江证监局以依法行政工作为主线，一手抓证券监管工作，一手抓机关内部建设，结合辖区资本市场实际，积极探索，勇于实践，切实履行监管职责，建立健全了内部运作规范、权责分明，外部监督有力、措施到位的行政执法体系，为辖区资本市场稳定健康发展提供了有力的法制保障。

一、更新监管理念，推进依法监管工作转型

2013年，我局坚持资本市场改革的市场化、法制化、国际化取向，切实转变职能，加强监管执法，强化投资者保护，努力推进监管工作转型。

（一）明确证券监管工作定位

2013年，我局把“两维护，一促进”：即维护市场公开、公平、公正，维护投资者特别是中小投资者合法权益，促进资本市场健康发展作为监管工作的出发点和落脚点；同时坚持“依法监管、创新监管、严格监管、有效监管”的理念；正确处理好市场创新与风险管控、提高效率与注重安全、放松管制和加强监管的关系。一是从事前监管向事中事后监管转变。结合证监会取消、下放、调整行政许可和备案事项，集中清理规范非行政许可类报备事项、报备流程，废止21项“土政策、土办法”。二是探索建立以机构责任监管和功能监管相结合的监管架构，建立非现场检查与现场检查的联动机制，坚持查访结合、点面结合、查改结合，将现场检查做深做细。全力配合期货公司监管综合信息系统试运行和正式上线工作，加强对期货经营机构的动态监管。全年共对证券期货经营机构开展现场检查149家次，采取行政监管措施7次。

（二）在日常监管中树立“三种意识”

一是健康发展的意识。2013年，我局积极推进多层次资本市场建设，增强资本市场服务实体经济的能力，提高资本市场的包容力和覆盖面；引导上市公司利用资本市场做好做强，给投资者好的回报；支持证券期货经营机构创新发展，提升核心竞争力。二是风险为本的意识。以信息披露为中心，强化上市公司监管；以“一个诚信建设和两个适当性管理”为抓手，强化证券期货经营机构监管。同时强化风险预警、风险分析和风险化解，并针对不同风险类型，采取不同的监管措施，严守“不出现区域性和系统性风险”的底线。三是快速反应的意识。坚持“打早打小、查早查小”，发现违法违规行为，做到快速反应，严肃查处。

（三）进一步提升服务意识和水平

在服务监管对象和投资者上，做到“主动服务、有情服务、有效服务”，不断提升服务意识和服务水平。2013年，我局简化行政许可的审批和备案，为监管对象提供方便、低成本、高透明度服务；同时将服务投资者尤其是中小投资者摆在突出位置，积极回应投资者的咨询和信访投诉，做好排难解忧的工作，体现执政为民的宗旨。

二、突出监管重点，确保依法监管工作实效

（一）依法推动优质企业进入多层次资本市场

一是积极开展辅导监管和财务专项核查工作，督促拟上市公司提升财务信息披露质量。二是通过多种形式的宣传，引导企业到新三板挂牌。2013年，共举办新三板培训会21场，参会企业超过1000家，接受培训人员超过1500

人。截至年底,辖区共有辅导期企业91家,过会待发企业6家,报会待审企业71家,拟在新三板挂牌企业82家。

(二)依法推动上市公司规范运作

一是建立以问题为导向的现场检查机制。全面梳理现场检查、非现场监管等监管执法手段,规范现场检查流程和行政监管措施使用标准,提升现场检查的震慑力。2013年,共开展各类上市公司现场检查30家次,采取行政监管措施7项。二是重点摸排对外担保、资金占用、对外投资理财、政府补助等四大风险领域,排查、通报内幕信息知情人登记制度执行情况,快速处置宏磊股份大股东资金占用、东南发电"B转A"投资者信访、ST天目董事会换届风波等重大风险事项。三是开展上市公司分红调研和政策宣传,推动公司稳固树立起回报股东的意识。辖区204家上市公司中实施现金分红的有160家,分红面78%,高出全国平均水平6个百分点。四是开展会计师事务所与资产评估机构的现场检查,在对7家审计与评估机构完成现场检查的同时,深化对所抽取项目上市公司如银江股份的监管,关注存在的问题和风险。

(三)依法支持证券期货经营机构创新、规范发展

依法拓展创新发展空间,提升证券期货经营机构创新能力。一是重点支持资产管理、债券业务、资产证券化、风险管理、投资咨询等业务和产品创新,确保取得期货资产管理业务、设立风险管理子公司的期货公司平稳起步,推动证券公司加强银证合作,探索开展不良资产处置等业务。二是积极引导证券期货经营机构对接温州、杭州、丽水、台州、义乌、舟山等地相继启动的金改试点,参与企业股份制改造、上市、发行债券等项目。三是搭建信息公示平台,服务证券行业创新。结合销售适当性和投资者适当性的要求,指导浙江证券业协会搭建证券经营机构、证券从业人员及在售金融产品三大信息公示平台机制,提升监管工作透明度的同时,引导证券期货机构有序开展创新。四是针对黄金白银期货连续交易实行24小时值班制度,针对光大证券"乌龙指"等事件,引导辖区证券期货经营机构提高应对突发事件的能力和水平。

(四)依法开展投资者保护工作

将日常监管工作与投资者保护专项工作相结合,探索适合辖区实际的投资者保护工作方式方法。2013年,我局在投资者保护方面建立了三项工作机制。一是投资者纠纷解决机制。成立地方证券协会证券纠纷调解委员会,建立证券经营机构调解联络员机制、与法院诉调对接机制、法官律师等专家参与调解机制、无偿法律援助机制等工作机制。二是投资者日常联络机制。在辖区上市公司及证券期货经营机构设置16个投资者联络站,主动收集投资者的意见和建议。并且,结合群众路线教育实践活动深入开展"走进投资者"调研活动,形成《关于反映辖区投资者对资本市场意见建议的报告》、《中金公司"让投资者赚钱"理念对投教工作的启示》等材料报证监会,并得到肯定批示。三是投资者关系管理机制。指导浙江上市公司协会检查通报上市公司网站"投资者关系"专栏建设、投资者热线电话接听以及现场投资者接待情况。在开展"走进上市公司月"专题活动,走访40余家上市公司,解决"闭门监管"造成的信息不对称问题。此外,我局还开展证券转销户整治专项检查工作,以市场化方式解决市场问题。

三、打击违法违规,优化提升市场法治意识

(一)加大案件稽查力度

2013年,我局继续强化稽查处室与相关业务处室的执法联动,深化与系统各部门以及工商、公安、银监等相关部门的协作配合,完善稽查执法协作机制。重视科技执法,提升稽查执法技术水平,提高稽查办案效率的质量,严厉打击和查处重点和典型案件。2013年,我局立案案件、初步调查、协查和送达执行工作承办量较去年均有较大幅度上升。全年共办理立案案件6起,已办结5起;开展初步调查14起,办结10起;完成协查案件22起。

(二)持续开展"打非"活动

2013年,我局借助监管协作体系,整合行业资源,发挥市场主体作用,增强打非整非合力,深入持续开展打击非法证券活动。一是依托证券营业部广播电视证券节目监听监看轮值制度,对证券节目的内容和形式予以监督。二是协同证监会网控办等部门,关闭"杭州K线密码财富(理财)中心"等6家非法网站。三是与淘宝网建立沟通机制,解决互联网销售非法

荐股软件问题。四是加强与浙江省公安厅等部门的协调配合，建立信息共享平台，巩固“打非”合作机制。

(三)强化外部执法协作

一是积极走访公检法部门，共同探讨资本市场执法合作事宜，推进执法协作工作。二是与浙江省公安厅签署《打击证券期货违法犯罪活动合作纪要》，建立起协助调查、案件移送、业务交流的工作机制。三是与浙江银监局建立银行账户查询的常态化联系人工作机制，采用“一事一议一推进”方法解决证券银行账户查询冻结工作中遇到的问题。

四、加大协作力度，优化依法行政外部环境

(一)加大维稳工作力度

一是持续开展退市维稳工作。结合证监会退市工作部署，全面排查退市风险，确定退市维稳重点区域，加强与地方政府、相关部门的信息沟通，制定退市维稳工作专项应急预案，有针对性地开展退市维稳工作。二是稳妥处置重大信访维稳事件。与浙江省委维稳办沟通协调，参与温岭投资者“卢米林”重大信访维稳事件的处置工作。三是加强舆情监控建设。汇总收集各业务处室对维稳舆情监控的需求，与深圳证券信息有限公司浙江办事处协商对接，探索建设适合辖区实情的舆情监控系统。全国“两会”、十八届三中全会召开期间辖区市场运行平稳，未发生重大维稳事件。

(二)提升协作监管水平

一是深化与人行合作监管。2013 年，我局与人民银行杭州中心支行签署合作监管备忘录，进一步丰富了我局协作监管工作体系。目前，双方进一步细化了工作机制，并在征信查询、信息交流等方面取得了积极进展。二是组织召开辖区合作监管工作会议。会议通报了辖区资本市场发展情况及面临的形势，总结了2013 年合作监管工作成效，重点就各地市推动IPO、“新三板”挂牌等内容开展了交流，取得了实效。三是全面梳理我局构建“紧密型”协作监管体系的情况。总结协作监管的做法和成效，分析体会和对策建议，以情况专报形式向证监会报告。目前，我局已与地方政府和多个部门建立了“四大协作监管体系”：与地方政府构建了全面合作监管体系；与人行、银监、公安、工商等相关部门构建了稽查办案及打非协作体系；与浙江省委维稳办、浙江省应急办等相关部门构建了立体维稳体系；与辖区行业协会、会计师事务所、媒体等社会力量构建了综合协作体系。通过上述协作监管工作体系，我局取得了多部门对证券监管工作的支持和配合，为资本市场发展营造了良好的发展环境。

(三)强化舆论引导责任

按照“加强政府信息公开，回应社会关切，提升政府公信力”的精神，我局着力提高信息公开和新闻舆论的主动性、针对性和时效性。一是完善工作机制。通过下发通知，将信息公开任务责任落实分解到各处室，同时进一步规范了信息公开的工作流程，提高了信息公开工作的主动性。全年共发布外网信息 700 余篇，数量较去年有大幅提升。二是加强正面舆论宣传。与浙江在线、浙江法制报等新闻媒体建立沟通联系，加强与辖区新闻媒体的沟通协作，及时传递新股发行体制改革、优先股试点等监管动态，主动引导舆论导向。三是妥善处置媒体质疑。借助证监会新闻发布会等平台，我局妥善处置千足珍珠等媒体质疑事件。

五、加强内部建设，夯实依法行政工作基础

(一)建章立制，完善工作体制机制

一是制定工作规则。全面梳理修订行政办公、监管业务和队伍建设三大制度体系，最终提炼完成30 章、4 万余字的《浙江证监局工作规则》，有效提升了监管执法、队伍建设和内部管理的制度化水平。二是完成2 个新处室的设置和部分处室的职能调整。明确2 个新处室的工作职能，为新处室合理配备了人才队伍，新处室于6 月份挂牌开展工作，目前各项工作有序运转。

(二)加强“四化”管理，促进监管工作

在内部管理方面，我局力求做到“四化”管理，为监管工作提供坚实保障。一是精细化。即做到事前有计划、事中有督办、事后有总结。各处室组织制定季度工作计划表，明确工作内容、完成时间和责任人，每月作小结回顾和督办检查。二是规范化。今年，我局对办公、办事和干部管理等制度进行了全面梳理，并在此基础上总结提炼了《浙江证监局工作规则》，实现监管工作和内部管理的制度化、规范化。三是定

量化。制定完善期货经营机构诚信考核办法、上市公司分类监管办法,使监管工作从定性向定性与定量相结合转变。四是信息化。利用信息技术,完善现场检查抽样指标、非现场检查分析研判、行政许可审核流程。重点探索建立证券期货经营机构风险动态监测系统,实时监控经营机构风险变动情况。

(三)转变作风,完善执法监督

一是认真开展党的群众路线教育实践活动。局领导积极带队深入基层开展调研,主动征求各方意见,共收到各类意见建议260余条;认真开展问题查摆,提出整改措施;发扬批评和自我批评的优良作风,切实开好专题民主生活会和专题组织生活会,确保群众路线教育实践活动的各项要求落到实处。二是全面推进廉政风险防控建设。制定《浙江证监局职权目录表》,逐项列出权力行使的依据、界限、程序和责任;加强对日常监管、行政审批、稽查办案、现场检查、干部任免、财务管理等领域重点环节的监督;制订《浙江证监局权力运行流程图》,完善防控措施41项。

(浙江证监局供稿)

山东证监局2013年依法行政工作报告

2013年,山东证监局(以下简称山东局)在中国证监会党委的正确领导下,在会机关各部门的大力支持下,认真贯彻落实全国证券期货监管工作会议精神,进一步强化法治理念,积极践行“两维护,一促进”的监管职责,确保各项监管工作沿着法治轨道运行,促进辖区市场的健康稳定发展。现将相关情况报告如下:

一、积极参与立法修法,深入开展法制调研

一是积极参与证券法修法工作。在以往证券法评估的基础上,集全局之智慧,立足派出机构工作实际,从资本市场发展变化的内在法律需求和监管执法的实际需要出发,向会证券法修改工作小组提出了涉及信息披露、内幕交易防控、短线交易、执法查询权限、派出机构权力来源等15个方面的意见和建议。另外,就证券法修改座谈会的相关议题,专门组织人员进行讨论,在座谈会上提出相关意见和建议。

二是积极参加期货法的立法调研和征求意见。根据期货法立法需要,局内成立专门班子,制定工作方案,向辖区期货经营机构和山东省期货业协会广泛征求意见,组织召开专题会议反复讨论,向会期货法立法工作小组提出了涉及期货自营、居间人管理、期货软件开发商监管等6个方面的立法需求建议。

三是认真做好证监会布置的其他各项立法征求意见事项。包括《关于审理证券市场虚假陈述侵权民事赔偿案件的若干规定(修订稿)》、《〈教育法律一揽子修订草案(征求意见稿)〉的修改意见的函》、关于《优先股试点管理办法》征求意见稿等,都认真提出了意见和建议。

二、重视制度建设,强化监管执法基础工作

一是进一步健全工作制度。山东局始终高度重视制度的规范化作用,年内根据行政许可权、行政处罚权下放等职责调整和监管工作的实际需要,制定、修订了包括《山东证监局保荐机构持续督导监管指引(试行)》、《山东辖区律师事务所从事首次公开发行股票并上市法律业务监管指引》、《山东证监局期货经营机构行政许可事项审核工作规程》和《山东证监局年报审计监管工作规程》、《山东证监局行政处罚案件审理工作规则》、《山东证监局行政处罚听证工作规则》等在内的11项工作制度,保证了制度对各项监管工作的全面覆盖和及时更新,进一步细化了监管工作要求,从而更好地规范监管行为。另外,还代上市部起草《上市公司监督管理措施实施指引(代拟稿)》,得到了会领导和有关部门的认可。

二是认真做好制度清理工作。为适应监管转型的需要，根据证监会关于全面深入清理各类许可审批备案事项的要求，山东局进一步统一认识，全面深入的梳理22项行政许可项目，45项非许可类审批、登记、备案事项，21项要求市场主体报送的数据表格、资料等，从法律依据、实施效果、保留或调整的必要性和合理性、标准程序是否确定而且公开等方面进行了分析，年内及时取消了证券机构高管人员任前考试和拟上市公司董监高辅导验收考试，并提出了调整简化2项备案验收事项、废止7项市场主体报送数据表格事项。

三是做好法律法规汇编工作。山东局系统梳理了2012年以来的证券机构监管的法规规定、监管通报等情况，形成了《证券机构监管法规汇编(内部版)》、《证券机构法规汇编(2013版)》、《机构监管情况通报汇编(2013)》，使监管人员和辖区证券机构全面掌握各项最新监管要求，收到了良好的效果。

三、强化监管执法，提高依法行政水平

(一)依法做好行政许可工作，严把市场准入关

一是及时调整行政许可事项并及时公开。根据2013年派出机构行政许可职能的调整，山东局及时调整、更新行政许可以及备案事项，更新办事指南，将行政许可、备案事项的依据、条件、程序、期限以及提交材料的目录和示范文本等在外网公示。

二是坚持做好许可过程信息公示工作。行政许可过程和结果公开是政府信息公开的重要内容。山东局每周将受理和审核进程以及决定文件在网站公示，实行事前、事中、事后全程公开，保障了公众的知情权，提高工作透明度。

三是严格执行复核制度、回避制度、保密制度、集体讨论决策制度等各项工作制度，保证审核工作的制度化和规范化水平不断提高。

2013年，山东局共接收行政许可事项115项，出具并送达受理通知书112件、一次反馈通知书2件、终止审查决定书2件，做出行政许可决定99件。

(二)建立上市公司信息舆情监控、筛查及快速响应机制

以信息披露为核心，加强对辖区上市公司信息披露、媒体报道、市场传闻、投诉举报和股价异动等信息的监测和分析，坚持“有疑点必追问、有线索必核查、有异动必反应”，对信息舆情和股价异动监管中反映的问题分门别类以最快速度作出响应。对于较重要或形成市场热点的股价异动、媒体质疑或市场传闻情况，及时做到与上市部、交易所之间的信息互通。全年共编制“监管信息日报”200余期；督促约30家出现股价异动的公司发布了澄清公告，对近20家信息披露存在疑点及被投诉公司开展了现场核查或采取了监管措施。

(三)抓实做透现场检查，提高上市公司监管的威慑力

一是细化检查工作指引。总结近年来现场检查的经验，制定、修订了《公司治理现场检查工作指引》、《内幕信息管理登记制度检查指引》、《上市公司现金分红现场检查工作指引》，《内控检查指引》，明确了现场检查程序和关注重点，提高了检查工作的规范性和效率。

二是充分运用科技手段，加大信息技术支持监管的力度。一方面设计了基于wind数据提取的年报审核分析模板，自动生成审核工作底稿数据指标。另一方面结合非现场监管和现场检查特点，联合中介机构开发了风险导向的公司监管检查体系。借助舞弊风险模型和数据分析法，搭建起整体风险分析、会计分录数据分析、非财务数据分析“三位一体”，能对财务及运营数据进行整合分析的信息化平台，增强了现场检查中识别风险、发现问题的能力，整体提升了检查的质量和效果。

三是拓展检查的广度和深度。现场检查中，坚持做好“内查外调”工作。一方面深挖内部信息，注重对公司内部真实情况的掌握。通过现场突击检查、内部实物流转环节现场验证、财务与非财务信息的比对、员工访谈等多种方式查找舞弊风险点。另一方面延伸外部检查范围，深入调取工商、土地、房产等部门以及重要供应商、客户、大股东等单位相关资料的同时，高度关注资金流转，发现异常追查到底，几乎每家公司现场检查中都到银行调取资料，本年度先后80多次赴商业银行对100余账户及相关流水资料、交易凭证进行了查询，提高了检查的深度和广度。

四是综合运用监管措施，及时矫正违法违

规行为。全年对29家上市公司实施了现场检查,对2家公司提出了立案建议,对4家公司采取责令改正监管措施,对4家公司、6人分别出具警示函,责令2家公司2人参加培训,发出监管意见函9份,监管关注函11份。向审计机构发出警示函1份、监管意见函和关注函5份;向持续督导工作机构发出监管意见函和关注函4份,向两名保荐代表人发出警示函;向律师事务所发出监管意见函1份;向资产评估机构发出监管关注函2份。另外,针对部分公司存在的疑点、可能对业绩有较大影响且难以定性事项,坚持要求公司公开说明相关情况,及时揭示风险,维护了投资者的知情权。

(四)促中介机构归位尽责,提高拟上市公司辅导质量

一是启动辅导监管信息化支持系统,搭建监管信息交流平台。一方面,通过信息化平台可以向有关市场主体发布辅导监管通知、监管案例、上市资源培育简报等,中介机构也可以通过该系统报送辅导备案材料及辅导工作报告,提高信息传递的效率,降低成本;另一方面,监管人员可及时记录对拟上市公司及其中介机构的监管情况,实现监管留痕,提高工作透明度。另外该系统还兼有信息收集与共享、数据分析等功能,可以较好的提高监管效能。

二是综合运用监管手段,对中介机构进行贴身式全程动态监管。在辅导前期,作讲解,提要求,增强辅导计划的针对性;辅导中期,审阅辅导报告,实施动态现场检查,督促尽职调查和问题整改;辅导后期,跟踪后续整改,如实反映辅导情况。年内,对20家未有效落实辅导计划或签字保荐代表人长期未参与辅导的保荐机构,约见其投行负责人、签字保荐代表人谈话,对30份敷衍了事的辅导工作报告,予以退回要求重新报送;对4家保荐机构对5家公司的辅导情况进行现场检查,向2家保荐机构出具反馈意见函;向审计机构下发2份书面反馈检查函;对5家律师事务所的执业情况进行现场检查,约见3名合伙人和5名签字律师谈话。另外,还积极配合证监会做好辖区50余家在审企业的财务专项核查工作,严防企业造假上市。

(五)现场检查和非现场检查相结合,促进证券机构规范运作

一是深入做好辖区证券经营机构非现场检查工作。今年,山东局探索采用电子化方式进行证券营业部个体分析,确定分析数据内容,规范数据导出格式,调整数据分析期,新建营业部收入结构、支出项目结构等细化分析指标,形成13张数据表格,作为营业部个体分析基础;通过每季度分析,更好的掌握每家证券营业部的具体情况,及时发现潜在问题,提高监管的敏感性,提高对风险的预研预判能力。

二是加大现场检查力度,以检查驱动监管。根据"放松管制、加强监管"的要求,现场检查越来越成为监管工作的重心,通过现场检查督促证券机构和人员树立合规意识、风控意识,及时排查风险,发现和纠正违规问题。全年对一家证券公司进行了专项现场检查,对51家证券公司分支机构进行了例行检查,对8家证券营业部进行了临时检查。对现场检查中发现问题的机构,下发了15份反馈意见函,向1家证券公司下发监管提示函。

(六)加强风险控制,查处违规行为,促进期货市场的健康发展

一是加强对期货公司净资本和两金的监管,认真做好期货经营机构风险控制。通过每月调取外部数据对辖区期货公司的客户保证金安全性和净资本指标进行非现场检查。处理一家期货公司的客户连续两日可用资金为负的预警事项,并约谈公司相关负责人;处理一家期货公司2013年6月份风险监管指标预警事项,要求公司就此次预警原因、对公司的影响等情况进行自查,并按照规定及时安排相关人员对公司进行了现场核查。

二是坚决遏制违法违规行为,净化辖区期货市场环境。随着期货市场的发展,期货经营机构的运作日益规范,但期货从业人员"代客理财"、欺诈客户从事期货交易,期货经营机构违规设置客户的保证金水平等行为仍然存在,且通过常规监管手段难以发现,这些行为不仅损害了投资者的合法权益,也对期货经营机构甚至整个行业的形象和健康发展产生不良影响。为此,山东局与有关单位联合开发了期货交易数据检查软件,严查保证金设置情况,深挖期货从业人员从事期货交易的情况。根据媒体相关报道,及时调配日常监管和稽查力量,迅速查处了从业人员张某代理客户从事期货交易的违规事实,依法采取下发警示函的监管措施,有

效维护了市场秩序。

(七)依法做好稽查打非工作,维护辖区市场秩序

2013年,为达到案件“立的起来、查的下去、送的平顺”的效果,山东局探索构建了内外协作、衔接有序的工作机制,依法、认真开展各项稽查执法工作。全年共承办正式立案案件5起,初步调查案件7起(8个事项),协查案件18起,并完成对4起案件所涉72人次的法律文书送达工作。同时,做好宣传工作,对泰安榕泰案件的调查取证工作、非法证券活动的特点和手法等问题接受央视记者来访。该采访于2013年4月在央视《新闻直播间》播出,并被中国日报网、凤凰网、证券时报等多家媒体转载取得了很好的宣传教育效果。

四、紧扣监管执法工作,加强法律监督与法律服务

(一)做好法制宣传和培训,提高对内法律服务能力

一是举办“最新监管动态”系列培训28次。通过全局内部培训的形式,对新证券投资基金法、行政处罚相关情况、证券期货案件立案工作规定和IPO财务造假典型案例等内容进行讲解,宣讲最新法律动态,交流执法经验,探讨执法难题,提高全局干部的法律素养和运用法律的能力。

二是编发《法制信息》16期。把《法制信息》作为局内法律宣传和信息交流的平台,发挥贴近监管实际、及时解读法规、介绍法制动态、剖析监管案例的作用。一方面,结合证监会最新出台的监管法规,从出台的背景和主要内容进行解读,便于大家了解和掌握相关规定;另一方面,围绕资本市场的热点问题,选择对证券期货市场影响较大的典型案件进行分析,提高大家学法用法的能力。

三是继续加强“法制园地”建设。结合监管工作和局内干部需求,购置多批法律和经济专业书籍,供大家学习交流。

(二)完善法律监督体系,提高法律保障能力

一是全面做好法律审查工作。发挥法制处室对日常监管处室规范性文件的制定、采取监管措施、重要信访事项和信息公开事项等的审核把关作用,提高执法的规范性,防范法律风险。2013年,内部共审查会签各类文件71件,出具无异议会签意见29份,法律意见书42份,提出法律意见118条,促进了监管执法规范性的提高,同时也防范了法律风险。

二是定期分析监管执法中存在的问题。按季度对审查会签过程中遇到的问题进行系统梳理分析,就具有普遍性的问题如监管措施决定书、信访事项的处理、信息公开等存在的常见问题进行了归纳,并提出有针对性的意见和建议,供局内各处室在日常工作中参考,收到了良好的效果。

三是积极开展法律专业小组工作。发挥法律小组集体智慧的作用,为全局监管执法工作提供咨询性意见和建议。全年共组织召开法律专业小组会议7次,先后讨论了某公司信访事项、某公司股票异常交易案件等,会后形成书面法律意见,解答了监管工作中出现的疑难法律问题。

四是做好诚信档案建设工作。一方面,及时录入、查询诚信档案信息,做好诚信档案数据库的更新维护,并为行政许可、监管执法提供查询支持;另一方面,积极开展诚信档案建设的宣传,在辖区的高管培训会上进行宣讲,提高辖区市场主体对诚信建设工作的重视程度。年内录入100条诚信档案信息,录入公开承诺信息508条,涉密诚信信息查询137次。

五、积极应对行政诉讼,增强风险防范意识

针对陈某、黄某诉山东局信息公开案件,我局高度重视,积极做好应诉工作,最终以两审胜诉的方式结案。

一是迅速成立应诉小组。由法制处室牵头,与相关处室协调成立应诉小组,保证了10日内提交答辩状。

二是全面掌握案情。应诉小组调阅了与案件有关的事实证据资料,反复研究诉状中涉及的法律问题和风险点,并听取各方面的意见,研究应诉思路,提出答辩意见并提出有针对性的应对措施,把握庭审的主动权。

三是选择法律专业素质和业务水平较高的干部出庭应诉。应诉干部抓住案件的根本,从证据的真实性、关联性和法律的适用性方面展开有理有力的辩论。

四是密切关注案件进展,及时向证监会法律部汇报,取得了法律部的支持。

五是该案结案后,山东局进行了认真总结和宣传,进一步强化了全局干部的依法行政意识。

六、重视普法宣传,加强投资者教育

(一)积极开展对辖区市场主体普法培训

一方面,在辖区市场主体的培训活动中进行普法教育。开展对上市公司类培训 9 期,会计监管类会议 1 次,机构监管类会议 1 次,参加人员达 1400 多人次。在培训中增加有关加强稽查执法、严厉打击证券期货违法违规行为的重要法律法规的内容,并结合典型案例详细讲解监管要求,取得良好的效果。另一方面,充分借助证券业协会、期货业协会、上市公司协会举办的各类培训进行普法宣传。派出监管干部向辖区证券期货从业人员宣讲、解读最新监管政策,加强对从业人员的合规执业教育,提高从业人员合规执业意识。

(二)多渠道创新普法宣传方式

一是为避免普法工作流于形式,山东局利用法制宣传平台《山东资本市场》,向市场主体以案释法,宣讲国家政策及法律法规。

二是印发"监管信息快递"15 期,对证监会《关于进一步加强稽查执法工作的意见》、内部控制存在重大缺陷的案例等内容进行了详细解读。

三是修订并发放《上市公司规范运作读本》、《内幕交易防控手册》等普法宣传材料。

四是向辖区各期货经营机构下发了《关于开展"明明白白居间人"投资者主题教育活动的通知》,并印制了 5000 份宣传手册通过期货经营机构下发投资者。

五是编印《投资者适当性管理工作手册》,向市场主体和投资者宣传投资者适当性管理的法律法规、证监会和交易所的制度规范,提高投资者对参与证券、期货、基金等适当性的认识,提高对自身利益的保护能力。

(山东证监局供稿)

湖南证监局 2013 年依法行政工作报告

2013 年,湖南局认真贯彻落实国务院《全面推进依法行政实施纲要》和证监会有关依法行政的各项工作要求,牢固树立依法行政意识,将法治思维落实到一线监管实践中去,坚持做到行政审批、现场检查、稽查执法、行政处罚、信访处理等所有的监管行政行为都有法律依据,有规则意识,真正依法行政,切实维护投资者合法权益,促进辖区资本市场持续健康发展。

一、扎实推动行政许可公开,提升行政审批效率

(一)严格规范行政行为。通过完善制度和规程、充实优化审核资源、开展窗口指导、实施全面公示等举措做好行政许可工作。按照受审分离原则严格落实行政许可的接收、受理、审核、公示等程序,全年共录入行政许可 104 条,未发生一起超期办理、违规办理的事项,未发生一起涉及行政许可的举报投诉、行政复议或行政诉讼;全面梳理涉及证券机构的非行政许可类报备事项 139 项,制定了《湖南辖区证券机构报备事项工作指引》、《湖南辖区证券机构类报备事项明细表》及工作流程,为市场主体提供便利。

(二)积极做好信息公开服务。湖南局修订形成了《中国证监会湖南监管局行政许可实施程序规定(试行)》、《中国证监会湖南监管局行政许可审核委员会工作制度》,对各类审批事项作出分类,推动行政监管措施公开工作的制度化和规范化,明确了行政监管措施公开的内部审批流程,并严格例外审批程序。为提升监管透明度与公信力,制定了《中国证监会湖南监管局政务公开工作制度》、《中国证监会湖南监管局信息上网披露管理暂行办法》等制度,并通过诚信档案公开平台、上市公司信息披露平台、湖南局外网信息公开平台对公开对市场主体采取的行政监管措施。以开展诚信监管年活动为契机，强化诚信信息的录入、公开、查询机制，搜集、整理、录入了辖区72家上市公司共209条公开承诺信息，并将辖区所有受行政处罚、监管措施、交易所谴责、行业协会批评的单位和人员信息录入湖南省社会信用体系，增强了诚信档案的约束、激励与引导作用。

（三）提高行政审批效率。建立健全审核工作专岗负责制，适时调整优化审核工作流程，充分利用中国证监会监管系统和湖南局OA办公系统，进一步提升审核工作效率。在经费、场地、后台管理允许的情况下，探索网上无纸化审批，公开和明确审核标准、审核流程、审核期限和方式，对同类事项统一规则。落实中国证监会深化行政审批制度改革的要求，做好相关行政许可项目取消和下放的后续监管衔接工作。及时清理不利于证券机构创新发展的3项"土政策"共10个条款，明确将质押式报价回购、约定式购回、现金宝等业务实行备案制，取消融资融券业务和IB业务的开业验收环节。降低期货新设营业部门槛，取消筹建数量、时间等限制，取消开业验收环节，改为加强备案材料的审查和事后监管。取消期货营业部负责人的任前考试。

二、依法监管，不断提升依法行政能力和执法效果

（一）狠抓日常监管，深入排查上市公司违法违规行为。加强信息披露监管，提高信息披露质量。在"信息披露直通车"改革背景下，湖南局在日常监管中注重"三强化、三提高"。强化现场走访，深入了解上市公司信息披露管理部门人员配置和内部管控情况，推动公司加强内部培训和完善信息传递管控流程，提高信息披露工作人员能力。强化教育培训，通过对公司董、监、高和分子公司负责人开展警示教育和专题培训，提高相关部门、人员配合信息披露的依法依规意识。强化监管追责，完善董、监、高及信息编制、传递、披露人员的责任追究机制，提高公司信息披露内控管理水平。同时，湖南局扎实开展现场检查，提高公司规范化运作水平。现场检查共计发现和责成公司整改各类问题340个，其中财务管理与会计核算78个、募集资金使用16个、公司治理41个、信息披露35个、内部控制建设37个、内幕信息管理19个、同业竞争2个，年审机构执业质量问题100个，持续督导执业质量问题12个。通过扎实开展现场检查，辖区上市公司信息披露质量进一步提高，年内未发生一起由此引起的风险事件。

（二）加强机构风险控制监管，切实提高依法合规经营水平。一是组织开展自查。下发了《关于进一步加强证券经营机构创新业务监管工作的通知》，明确要求辖区各证券经营机构按照风险管理"六个一"的总体要求开展自查和整改。二是现场检查薄弱环节。对辖区3家证券公司进行了风险管理专项现场检查，针对发现的绩效考核不健全、定量化和模型化风险管理能力有待增强等问题，及时督促公司采取有效措施进行完善。三是加强动态监控。通过指定专人负责净资本及各项业务的风险监控，每日查看平台数据，按月编制分析报告，累计发现并排除辖区3家证券公司风险控制指标异常变动10次。辖区3家证券公司的各项风控指标优于监管标准4－10倍，抗风险能力不断增强。四是推动开展压力测试。通过召开工作例会和审阅报告等方式，督促辖区3家证券公司建立健全压力测试机制，指导公司累计开展专项业务特别是创新业务的压力测试7次，各项测试结果均符合监管标准，未发现重大风险。五是重点排查资产管理业务风险。通过对辖区3家证券公司资产管理业务的专项检查，重点排查了资产池和期限错配业务、通道类定向资产管理业务风险等。六是加强融资融券业务风险防范。针对"昌九生化"连续跌停造成辖区39名融资买入客户普遍亏损50%的情况，及时督促7家机构积极沟通客户，提示相关风险，并提前做好应对防范措施，有效防止了群体性事件的发生。

（三）突出关键问题的检查，推动辖区期货市场健康规范发展。湖南局围绕三个重点改进期货业非现场监管工作：一是梳理、完善基础制度。针对各项法规、制度要求期货经营机构报送的信息繁多、杂乱这一情况，进行全面梳理，最终明确期货公司应报送的信息52项、营业部应报送的信息17项，下发书面通知和目录清单，对期货经营机构信息报送的内容、时限和方式进行全面规范。二是重视两金监管。实时紧

盯期货保证金和自有资金,将保证金封闭管理和安全存管作为监管重点。及时调查处理3起一般性保证金预警事项。加强对风险指标的监测和定期核查,重点对4起指标异常变动进行原因核实,全年风险监管指标实现零预警。三是加强治理监管。督促期货公司不断强化以首席风险官为核心的合规管理体系,建立首席风险官"每季一谈"制度,给首席风险官加压,防止首席风险官履职不到位。现场检查也依法依规严格开展。组织安排到位,突出检查的全面性。扩大检查对象的覆盖面,辖区期货公司4家全部检查,抽查异地公司在湘营业部10家,占比38%。查找问题到位,提高检查的针对性。检查围绕法人治理、内部控制、合规管理、信息技术、营业部管理等方面重点展开。通过检查共发现4家期货公司有关问题45个、10家异地公司在湘营业部有关问题32个。督促整改到位,体现检查的有效性。根据问题的大小和严重程度,约见8家营业部负责人进行谈话,要求对反馈的问题和建议予以重视和整改;通知辖区4家期货公司和2家营业部签署现场检查确认书,并下发《现场检查监管意见》,推动现场检查工作依法留痕。

三、多管齐下,重拳打击违法违规行为

湖南局牢牢把握"积极执法、严格执法、文明执法"基本原则,加强执法工作力度,继续保持对违法违规稽查执法的高压态势。全年稽查案件中,直接向公安移送1起;立案案件已办结4起,查实率100%。调查内幕交易类案件14起,信息披露违规类案件2起,市场操纵类案件1起,其他案件类型2起,基本涵盖证券市场主要违法违规行为。

(一)适应监管转型,主动做好辖区自办案件工作。为迎接证监会处罚权下放,湖南局积极赴广东局、深圳局等试点单位开展学习调研,从制度机制和职责分工等方面奠定自办案件基础;加强辖区内违法违规线索甄别,在处罚权下放后2个月内,先后将辖区发2起案件转为自办案件,数量居全国前列,彰显湖南局监管执法的主动性和公正性。

(二)树立执法威信,从严从重查处万福生科虚假陈述。在2012年证实万福生科当年存在虚假信息披露基础上,湖南局顶住各方压力,对其IPO发行上市期间的财务业绩进行追溯调查,深入发掘其欺诈上市的违法事实。同时,本案查办过程中首次对发行人律师事务所类中介机构的首发上市法律认定意见书进行实质和形式审核,实现对违规中介的同步打击。案件的成功办理,极大震慑了市场违法主体,有效规范了市场秩序,保护了投资者合法权益,获得社会公众的广泛好评。

(三)保持高压态势,全力有序查结各类交办案件。一是对内幕交易重拳出击,形成精细化和模块化管理。针对当前并购重组多发,辖区上市公司频繁出现股价异动的现象,湖南局注重办案经验总结积累,牢牢把控内幕交易案件查办关键环节。二是打击国债市场操纵等其他违法违规活动快速有力。如"11国债19案"是湖南局办理的首起交易所国债市场操纵案件,仅从交易手法无法看出操纵人动机。调查组基本掌握案情后,通过调取涉案人电脑聊天记录、手机短信内容等,准确锁定操纵账户实际控制人。从案件启动到调查结束仅用时两周。案件揭示的债券市场交易规则漏洞为交易所完善市场基础性制度提供了有益的启示。

四、精心筹备,扎实做好行政处罚权下放的配套工作

2013年,证监会正式向派出机制下放行政处罚权。为此,湖南局高度重视,从制度、机制、人才等方面为案件审理工作开展了大量准备工作。

(一)制度先行,使行政处罚工作有章可依、有法可依。为行政处罚工作提供坚实的制度保障,湖南局根据中国证监会行政处罚委《关于派出机构实施行政处罚权启动准备工作的函》的文件要求,在学习会处罚委行政处罚审理工作规则、听证规则和广东、上海、深圳三个试点地行政处罚审理工作规则、听证规则的基础上,制定了符合法律、行政法规规定的又能适应湖南行政处罚现实需要的《湖南证监局行政处罚案件审理规则》、《行政处罚听证规则》等相关规则。根据实践需求,湖南局正研究制定关于工作具体流程、档案管理等规范性文件。

(二)加强培训学习,适应行政处罚工作需要。湖南局党委明确由法制处牵头负责案件审理工作,并增加了1名人员编制,增设了听证室

和录音等硬件设备。安排法制与稽查工作人员赴广东证监局进行了案件审理工作专题调研，学习成功经验。购买处罚委编写的《证券行政处罚案例判解》，做到相关处室人手一册，抓住工作间隙和业余时间学习、研讨，争取对各种类型的案件的作案手段、构成要素，办案时的证据要求、处罚幅度了然于胸。组织召开专门的"执法和处罚工作会议"，全面熟悉掌握稽查执法和行政处罚工作制度和流程。

（三）建立沟通协作机制，营造良好的行政处罚工作环境。完善稽查执法与案件审理联动机制，加强调查、审理工作的衔接、配合。加大行政司法衔接配合力度，进一步健全了与各级公检法机关的协作机制。健全行政执法外部协作体系，与地方人民政府建立制度化的案件反馈机制和协同执法机制，营造了良好的行政处罚工作环境。

五、妥善做好信访和"12386"热线建设，维护辖区市场稳定。

（一）规范信访工作，贯彻落实三项工作机制。局领导带头接访机制。分管局领导到信访办亲自接访，组织规范信访制度和信访档案，并召开信访工作专题会议，听取各处室意见，解决了信访流程不熟悉、信访件流转慢、信访电话接转不规范等问题。新提拔副处级干部挂职锻炼机制。全年共有三名新提拔的副处级干部到信访岗位锻炼各一个月，并提出了很好的意见和建议。重大信访问题会商机制，在局领导的组织下，就万福生科虚假陈述案、株冶重大事项信息披露、中联重科与新快报纠纷等重大事项的信访答复进行交流，共同拟定答复口径，进一步提高了信访工作质量和效率。辖区市场矛盾不断得到化解，辖区信访总量大幅下降。湖南局全年共处理信访事项1120件，同比减少25%；其中接待来访49批、82人次，分别同比下降了33.8%和26.1%。电话答复704次，同比减少24.7%。

（二）扎实做好辖区"12386"热线配套工作。自热线系统建设工作启动以来，制定了《湖南局"12386"热线投资者诉求处理暂行规定》，向各市场主体下发了《关于做好"12386"中国证监会热线相关工作的通知》，建立了由信访办负责接收、转办和督办，各业务处室配合，各市场主体履行负责办理的热线投诉办理机制。全年共接收证监会12386热线转办事项18件，咨询类1件、投诉类17件，其中，14件予以受理并已全部办结；2件因属举报事项不予受理，1件属于信访已经受理不再重复受理。

（三）探索多元化权益救济渠道，用法律手段维护权益。为探索建立多元化投资者权益救济渠道。湖南局一是主动与长沙市仲裁委沟通，寻求将证券期货行业内民事纠纷提交仲裁委仲裁渠道和方式，要求各证券期货公司在投资者开户申请当中，将争议纠纷提交仲裁作为一个选项。二是与长沙市中院就湖南投资虚假陈述案相关法律问题及建立相互之间沟通协商机制召开座谈会，初步建立了重大事项协商沟通机制。三是湖南局联合证券业协会一起开展专业调解，成立了由证券业协会、证券机构和监管机构组成的调解委员会，已受理3项调解申请，并就"12386"热线提交的争议事项与调解委员会取得沟通，积极参与证券公司与投资者之间的沟通。

（湖南证监局供稿）

广东证监局2013年依法行政工作报告

2013年，广东局在中国证监会的正确领导和会机关各部门的大力支持下，认真贯彻落实全国证券期货监管工作会议、全国证券期货稽查执法工作会议精神，紧紧围绕中国证监会党委关于加快监管转型的决策部署，放松管制、加强执法，提升依法监管工作水平，进一步强化保护投资者合法权益、为投资者服务的意识，全面推进依法行政工作再上新台阶。

一、废旧立新,为监管执法提供高质量法制保障

(一)全面清理规范监管政策措施。按照“依法履职、放松管制、加强监管、提升服务”的要求,认真做好有关上市公司和证券期货经营机构的监管政策措施清理规范工作,依法按程序对历年下发的具有普遍性、持续性监管要求的171份规范性文件进行全面清理,废止117件,修订4件,取消过时的监管要求和过严的监管措施,给监管对象留出更大的自主决策、自我管理空间。

(二)积极参与资本市场法制建设。配合中国证监会做好《证券法》的修订和证券执法评估工作,结合监管实际提出修改意见和建议,汇总整理形成专门报告。加强资本市场法制问题研究,先后对《上市公司治理准则》、《资产评估机构从事证券期货相关业务监督管理办法》、《最高人民法院关于审理证券市场虚假陈述侵权民事赔偿案件的若干规定》等10余件证券期货法规、规范性文件、司法解释提出修改意见和建议。研究草拟证券期货执法和解制度讨论稿报证监会稽查局。修改完善广东局《行政处罚审理工作规则》和《行政处罚听证工作规则》。

(三)深入开展调查研究。针对资本市场新问题、新情况,围绕监管热点开展调查研究,在投资者保护立法、投资者适当性管理、上市公司信息披露与并购重组、编造和传播证券市场虚假信息行为及法律责任等问题方面,形成调研文章38篇,其中3篇获得中国证监会主要负责人的批示肯定,3篇发表在中国证监会《上市公司监管研究》、《证券法制通讯》等刊物上。

二、放松管制,强化监管机构市场服务职责

(一)减少备案,提高效率,为监管对象服务。一是大幅削减辖区证券经营机构备案事项。清理后备案事项减少了32%,报送的纸质材料数量减少了53%,大大减轻了证券经营机构备案工作负担。二是推进行政许可电子化建设。自主开发行政许可网上审批和备案管理系统、行政许可电子监察系统,实现行政许可项目申报、受理、审核、咨询、办复服务、办理许可证、监督和非行政许可审核项目备案全程网上办理、网上流转、网上监察,既提高了工作效率,方便了群众,又较好地杜绝了“门难进、脸难看、事难办”现象,受到辖区证券期货经营机构的广泛好评。三是切实做好行政许可项目取消和下放衔接后续工作。认真落实中国证监会第六批取消和调整行政许可项目的要求,修订完善行政许可工作规程。加强与职能部门的沟通和协调,方便市场主体行政许可手续的办理。专门向广东省及广州、佛山、东莞、汕头等地市工商行政管理部门发函,实实在在地帮助辖区部分证券经营机构解决换领《营业执照》难的问题。四是支持证券期货经营机构加快创新发展步伐。举办金融创新产品业务、国债期货知识培训班,开展期货公司“规范管理立标杆,创新实践促发展”主题活动,召开机构创新座谈会,组织行业调研交流,营造加快创新的浓厚氛围。支持辖区证券期货经营机构通过增资扩股、发行公司债券等方式扩充资本实力,优化网点布局,推进业务创新、产品创新和组织创新。

(二)推进多层次市场建设,为实体经济服务。一是推动地方政府重视发展利用资本市场工作。利用多种渠道,积极建言献策,促成广东省政府出台发展利用期货市场的有关意见和金融扶持中小微企业发展的一系列政策措施。二是支持“新三板”挂牌培育工作。及时通报“新三板”扩容政策动态,推动、指导地方政府、相关高新园区、主办券商做好“新三板”挂牌企业资源培育工作。截至2013年年底,辖区已有29家企业递交了“新三板”挂牌申请。三是推进场外交易市场建设。配合地方政府及时完成各类交易场所清理整顿工作。支持广州股权交易中心、广东金融高新区股权交易中心等区域性场外交易市场加快发展,支持广发证券开展柜台业务试点,打造面向中小微企业市场化运作的股权、债权融资平台。2013年底,两家股权交易中心挂牌企业分别达420家、208家,广发证券上柜产品达25只,规模达36.7亿元。

(三)大力开展矛盾纠纷排查调处工作,为投资者服务。一是利用信访窗口依法及时解决投资者的投诉和咨询。信访窗口实行“零拒绝”接访制度,对不属于监管职责范围的事项不简单加以拒绝,而是耐心倾听、分析投资者诉求,主动告知责任部门及其联系方式。全年信访窗口共受理各类信访投诉咨询1444件,其

中,接听来电1174件次,接待来访65批80人次,受理书面信访件195件。二是配合中国证监会“12386”热线工作,及时转办投资者诉求。制定辖区“12386”热线系统配套工作制度,建立局内“12386”业务电子化处理流程。全年共接收转办工单26件,均按期予以办结。三是大力推进行业调解。指导广东证券期货业协会成立行业纠纷调解委员会,制定调解委员会工作规程,选聘调解员并对其进行业务培训,全年调解纠纷23件,初步建立了辖区证券期货行业纠纷调解制度。四是在日常监管中强化投资者权益保护。加大检查力度,将投资者适当性管理、投资者关系管理列为对各类市场主体现场检查的必备内容。探索建立辖区证券经营机构代销金融产品公示机制,防范机构及其从业人员欺诈、误导投资者行为。持续加强上市公司承诺履行和分红情况的网上集中公示,开展专项检查,督促辖区上市公司切实履行公开承诺,落实分红政策,提升股东回报。

三、优化监管资源配置,提高依法监管效能

(一)探索功能监管模式。适应监管转型要求,对传统的“全能式”、“人盯人”的监管模式作出调整,在上市公司监管和证券期货经营机构监管中全面实行前后台分工协作的功能监管模式,根据监管业务类型将相关业务处室监管人员分为现场检查组和综合协调组,现场检查组集中精力负责检查、核查等现场监管工作,综合协调组负责非现场监管工作,并为现场监管工作提供后台支持,以优化监管资源配置,强化监管执法的基础和保障。

(二)完善分类监管工作机制。在上市公司监管和证券期货经营机构监管中全面推行并不断完善市场化导向的分类监管机制,从公司治理、信息披露、诚信记录、合规风险等方面建立健全分类评价指标体系,根据评价结果合理配置监管资源,对不同类别的公司或机构采取差异化的监管措施,加大“扶优限劣”力度,切实提高监管的针对性和有效性。

(三)提高监管信息化水平。开发应用并不断完善证券期货网上舆情监控系统、上市公司监管信息系统、上市公司现场检查软件、内幕信息知情人管理系统、证券公司非现场检查系统、互联网监管信息平台,充分利用信息技术提高监管工作效率。有关信息系统得到会领导和相关部门的充分肯定,其中上市公司监管信息系统还被中国证监会推广到系统各派出机构。大力推进稽查执法信息化建设,组建稽查执法电子技术专业队伍,完善证券期货案件调查分析系统功能,配备电子取证等技术装备,积极运用信息技术提高稽查执法效率。

(四)强化中介机构监管。优化监管方式,落实年报审计跟踪监管、保荐机构问核监管、中介执业质量检查和评价、引入独立第三方审计评估机构出具专业意见等工作机制,督促中介机构及其执业人员勤勉尽责。2013年以来共调阅辖区公司年报审计工作底稿36家次、保荐机构持续督导工作底稿24家次,要求保荐机构对有关问题进行核查13家次,约谈注册会计师、保荐代表人162家次,向相关中介机构发出通报函、关注函、提示函49份,建议中国证监会有关部门对3家审计评估机构采取行政监管措施,对1家评估机构进行立案稽查。

(五)发挥诚信档案服务监管功能。2013年在行政许可、日常监管等工作中查询诚信档案1744次,其中通过中国证监会法律部查询诚信档案涉密信息278次。将辖区2536条上市公司公开承诺事项整理并录入诚信档案,进一步完善辖区诚信档案数据库建设。在辖区上市公司高管培训班上讲解有关资本市场诚信建设和广东省信用体系建设的政策和要求,提升辖区市场主体诚信守法、规范经营意识。

四、严格执法,对各种违法违规行为保持高压打击态势

(一)加大问责力度,用好用足行政监管措施。针对日常监管发现的问题,共下发监管关注函178份,从严采取行政监管措施40家次。同时,督促相关公司严格进行内部问责30多人次,使违规责任人员付出经济、名誉、精神上的代价。

(二)强化现场检查,实现“三查”联动。拓展现场检查的广度和深度,把现场检查作为日常监管的主要手段,提高发现问题的能力。实行现场检查、稽查提前介入、非正式调查、立案稽查等监管执法措施“步步升级,层层递进”的工作机制,实现现场检查、专项核查、立案调查“三查”监管联动功能。2013年全年共组织开

展对辖区上市公司、证券期货经营机构和中介机构的现场检查210家次,及时发现和制止了一批违规问题,并将检查中发现的8宗证券期货违法案件线索移交稽查。

(三)集中力量查处证券期货违法案件。2013年以来,共主办虚假信息披露、内幕交易、操纵市场、欺诈发行、欺诈投资者等类型的案件31起,协办案件26起。立案稽查了易方达基金公司基金经理马喜德利用债券代持输送利益案、和佳股份高管人员内幕交易案、珠海中富信息披露违法案等一批大案要案和新型案件。

(四)稳步推进行政处罚工作。全年共承办了佛山照明信息披露违法案等6件案件的审理和处罚工作。截至2013年12月,已完成佛山照明信息披露违法案、钟仁美短线交易和信息披露违法案2件案件的行政处罚工作,对8个当事人进行了处罚,收缴全部罚款104万元。完成对程某等人内幕交易案等3件案件的初步审理工作,向中国证监会处罚委上报备案材料。

(五)持续重拳整治非法证券活动。全年核查非法证券经营机构46家次,协调关闭非法证券网站18个,公开曝光38家非法证券经营机构黑名单,向公安机关移送非法证券案件线索18宗,协调配合公安机关侦破非法证券案件4宗,抓获犯罪嫌疑人30多人,涉案金额达2500多万元。探索建立非法证券案件自主立案查处机制,对辖区非法证券活动进行分类查处。

五、完善监督机制,规范行政执法行为

(一)以群众路线教育实践活动为契机,主动问计投资者。多次前往上市公司、证券期货经营机构,听取市场主体的意见和建议。召开投资者代表座谈会,深入投资者队伍,接受人民群众的监督和批评。开发"投资者在线调查"模块,建立常态化的投资者在线调查机制,开展投资者适当性管理、诉讼维权事项认知情况为主要内容的投资者在线调查,累计对8000余名投资者进行在线访问。在统计分析基础上,完成《广东辖区投资者在线调查报告》,加强投资者服务的针对性,改进监管工作。

(二)建章立制,接受监管对象监督。一是制定《广东证监局加强现场检查廉政监督工作的实施办法》。在现场检查过程中,推行"三公开"制度、见面会制度,加强监管对象的外部监督,规范监管人员现场检查行为。二是制定《广东证监局实行"两书一表"稽查执法监督制度的暂行规定》。明确要求在稽查办案时要填报《廉政保密纪律告知书》、《廉洁自律及保密承诺书》和《廉洁回访监督表》,并履行相关的工作程序,加强被调查对象对稽查执法工作的监督,确保稽查人员做到依法行政、公正执法。

(三)积极应诉,接受司法监督。2013年,广东局发生行政应诉案件4起,其中一审案件3起,二审案件1起。对每一起案件,广东局均积极出庭应诉和答辩,因相关监管工作扎实和应诉妥当,上述行政诉讼案件100%胜诉。通过参加行政诉讼,接受人民法院依法对证券监管工作的监督,改进和完善监管工作。

(四)严格实施法律审查,强化内部监督。按照广东局法律会签制度的规定,对监管文件、信访处理等严格进行法律会签。2013年,广东局法制工作处对业务处室采取的39项行政监管措施进行法律审核把关,提升监管措施的规范性水平。建立信访复函"双核双审"工作机制,对77份信访复函进行实质审核,对存在证据不充分、核查不到位、法律适用不准确的信访复函要求补充核查或完善答复内容,确保信访处理事实清楚、适用法规政策正确。

六、内外结合,切实提高依法行政水平和能力

(一)借助外力,加强执法合作。一是协助司法机关查办证券违法违规案件。全年共接待司法机关有关非法经营证券期货业务的来访17批25人次,应司法机关请求出具司法认定函16份,有力地推动了司法机关对非法经营证券业务类案件的查办工作。二是与广东省公安厅共同签署《关于办理证券期货违法犯罪案件工作合作备忘录》,进一步深化双方在查办证券期货相关案件工作中的交流和协作,共同打击证券期货违法犯罪行为。三是与广州中级人民法院联合举办证券执法与投资者保护研讨会,对证券行政处罚、履行监管职责、政府信息公开、虚假陈述民事赔偿等问题深入研究讨论并达成若干共识,为监管执法工作提供司法支持。

(二)练好内功,提高法律素质。精心组织学法用法暨领导干部法治思维和法治方式学习

宣讲活动，从8月底至11月中旬，在广东局全局和广东证券期货业协会、广东上市公司协会深入开展学法用法考试和法律知识竞赛系列活动，组织监管干部全面学习资本市场专业法律和行政处罚、行政诉讼证据等相关法律，切实提高全体工作人员运用法治思维和法治方式加强和改进监管工作的能力。

（三）做好法制宣传，优化依法行政市场环境。一是持续开展面向投资者的法制宣传教育活动。编写《投资者适当性工作手册》、《防范和打击非法证券期货活动投资者教育宣传手册》、《期货市场ABC》（2013年修订版），向投资者发放。开发建立投资者保护手机信息平台，2013年全年发布公益性提示信息15期共19条，投资者通过各类终端累计接收超过7500万人次。督促引导辖区各机构开发投资者教育产品近30种。开展防范非法集资宣传月活动。组织辖区基金公司开展“基金大讲堂”活动。二是推动辖区企业运用法律法规创新发展。单独或联合举办境外上市培训、金融创新产品业务培训、期货新法规及创新业务培训，引导辖区企业抓住机遇、用好政策实行跨越式发展。三是提高企业高管和从业人员遵法合规意识。举办三期辖区上市公司董事、监事、高级管理人员培训班及一期基金公司投研管理人员合规培训班，开展辖区证券经纪业务法规知识竞赛活动。编发《证券期货法制工作通讯》12期，介绍和解读最新的证券期货法律法规，通报违法违规案例。四是精心组织辖区“12·4”证券期货法制宣传活动。及时印发通知进行动员，督导市场经营主体参加全国网上法律知识竞赛活动，向投资者和从业人员发放普法读物近1600件。辖区上市公司、证券基金期货机构围绕“大力维护投资者权益，共建法治资本市场”的主题，开展了一系列内容丰富、贴近实际的法制宣传教育活动。

（广东证监局供稿）

四川证监局2013年依法行政工作报告

2013年，在中国证监会的正确领导和会机关各部门的悉心指导下，四川局积极贯彻落实国务院《全面推进依法行政实施纲要》和会机关各项工作要求，坚持依法行政，严格依法监管，不断提高依法行政工作水平，有力地推进了辖区市场持续稳定健康发展。

一、加强学习，提升全局监管干部依法行政的意识与能力

今年以来，证监会立足资本市场改革发展全局，明确了“简政放权，转变职能”的监管指导思想和“严格执法、公正执法、文明执法”的行政执法原则，肖钢主席也多次公开发表署名文章就加强资本市场法制建设和监管执法工作进行论述。这对推进依法行政监管工作提出了新的思路和要求。四川局局党委认真领会会党委工作部署和肖主席讲话的深刻内涵，领导班子成员带头学习，从上至下，在全局营造起多形式开展资本市场法制宣传和学习的良好氛围。

一是广泛开展新《基金法》、《期货交易管理条例》、《上市公司信息披露管理办法》等一系列资本市场重要法律法规的学习，强化监管工作的法治思维和法治方式，不断提高全局干部依法行政、依法监管的意识与水平。

二是认真学习《关于进一步加强稽查执法工作的意见》以及新股发行改革、“新三板”建设、分道制改革、行政处罚下放、证券公司创新等一系列文件及政策措施，推进全局监管干部及时跟进最新监管要求，准确把握各项政策精神，提升守法用法的意识与能力。

三是充分发挥局办公平台的作用，开辟专题专栏，刊载会领导的重要论述；收集、整理市场法制热点和有关信息，及时通过法制园地发布；鼓励监管干部积极思考调研，通过办公平台交流学习。全年累计完成调研报告35篇，多篇被证监会投保专刊、证券法制通讯等刊载。

四是以“百家讲坛”为平台,邀请行业领域专家就国内外资本市场法治实践的热点、重点进行专题讲座;编辑《法制宣传动态》、《系统监管动态》,介绍境外市场有关法制建设成果及体制机制运行情况、系统一线监管工作有效做法等,拓宽监管干部视野。

二、抓制度、重程序,夯实全局依法行政工作基础

(一)深入开展全局制度清理

健全、完善依法行政监管工作制度体系。以处室为单位,全面、系统地梳理各项监管工作制度,结合监管实际,及时废立、查漏补缺。尤其是针对今年加强稽查执法的重点工作安排和深入开展群众路线教育实践活动,着力开展了和稽查办案以及行政处罚有关的规则制定,完善了涉及党委班子重大决策、信息公开和廉政建设等环节的制度规定,较好地贯彻落实了会党委有关工作精神和原则,解决了班子民主集中制的执行、权力制衡的操作性等问题,为全局依法行政监管工作的顺利开展提供了制度保障。全年总计制定27项、修订33项、废止32项工作制度和规则。

(二)不断优化行政许可工作程序

根据证监会行政许可事项下放的精神和规定,废举并重,及时做好相关许可事项的调整对接。对取消的审批事项及时清理废止,对新承接的审批事项迅速配套,对保留的审批事项提高效率。优化行政许可审核程序,完善行政许可审核工作制度和流程,坚持多级审核并流程留痕,不断健全内部监督制约和审核信息公示机制。加强行政许可的外部监督,除在会外网网站例行公示外,还开辟了辖区专业纸媒公示平台,有效压缩了行政许可自由裁量空间,加强了行政许可的动态管理和过程监督,保持了我局行政审批工作“三无”(无一起超时,无一起不当,无一起举报投诉)的良好局面。

三、扎实推进重点工作开展,增强全局依法行政工作的有效性

(一)加大投资者保护工作力度

一是初步建立起涵盖信访、行业调解、专业仲裁、司法诉讼的多元化投资者纠纷处理机制。指导四川省证券期货业协会与成都金融仲裁院建立起证券期货行业调解和仲裁衔接机制,全年累计调解中小投资者投诉24起。

二是将投资者保护融入日常监管各个环节。开展上市公司承诺履行专项治理,推动有关公司通过重组、现金偿还欠款等方式切实履诺;开展现金分红专项治理,通过着力处置三家典型,以点带面促进上市公司重视股东回报;将投资者适当性管理、投资者宣教情况列入证券期货监管重点关注内容,引导机构发送宣教短信80余万条,开展讲座300余场,通过媒体进行非法证券活动防控宣传100余次。

三是加大主动宣传力度。结合投资者关注热点,开展“投资者保护月”、“打击非法证券活动宣传周”“证监局开放日”等一系列专项活动,在媒体开设“国债期货知识宣传”、“防范非法证券活动宣教”专栏,深入推进辖区市场投资者保护工作。

(二)加强稽查执法工作力度

一是严厉打击市场违法违规行为。全年独立承担办理各类案件18件,其中,自立案件4件,交办案件5件,初步调查案件9件;协助香港证监会、会稽查总队等单位办理协查16件次,有力地震慑了市场违法违规行为,净化了市场发展环境。

二是创新稽查执法工作机制。强化案件分析总结,案件调查完结后,形成案件调查终结报告、案件调查工作总结报告、案件分析报告、稽查信息反馈报告四个报告,及时梳理调查技巧,固化办案经验,实现一案四促进。

三是创新稽查执法调查手段。案件调查实现多个“首次”突破:在单个案件中首次以电子证据作为主要证据,电子取证能力大幅提升;获证监会技术支持,首次实现电脑数据恢复,发现破案线索;首次前往腾讯公司取得涉案数据;首次针对中介机构单独立案;首次进行自主复核审理案件。

四是完善综合执法协作机制。与省公安厅搭建定期沟通交流平台,积极探索“平行移送”机制的建立;通过“一行三局”的定期沟通交流平台,及时高效的获取涉案机构和人员的银行资金流水和征信等信息;积极推进和省通信管理局建立长期、稳定的涉案通讯信息协助查询机制;继续加强与省纪委、省国资委、省委宣传部的工作联系,共同做好辖区内幕交易防控工作和辖区上市公司被稽查立案的新闻报道工作。

(三)稳步推进行政处罚工作

一是加强制度建设。根据会处罚委的指导,在组织多轮专题研究,借鉴其他派出机构试点经验,吸收各处(室)意见建议的基础上,完成《四川证监局行政处罚案件审理工作规则》和《四川证监局听证工作规则》制定;认真梳理审理工作中需要规范的具体操作流程,制定相关工作底稿和表单格式文本,提高行政处罚工作规范性、有效性和操作性。

二是加强组织学习。完成局审理工作小组设立和人员选定,组织审理小组成员参加行政处罚专题视频培训,积极开展集中学习和讨论,对审理提前介入、查审分歧解决机制等重大事项进行深入剖析,统一工作思路和方法,为行政处罚审理工作做好准备。

三是加强沟通协调。赴会处罚委、稽查局汇报我局行政处罚权下放工作,多次派员参加会处罚委组织的听证会,安排一名同志借调会处罚委"以岗代训"。就有关行政处罚工作开展广泛征求局内相关业务处室意见,尤其是认真听取案件调查处室建议,做好行政处罚工作和其他监管工作的衔接和配合。

目前,四川局第一起行政处罚案件的审理工作已正式展开,我们将严格按照依法行政的各项工作要求,严格审理程序和标准,认真做好案件审理工作。

(四)大力推进多层次资本市场建设

积极开展新三板宣传培育。协调全国股转系统公司、省金融办和相关地方政府,联合举办"全国股转系统四川巡回宣讲会",在德阳、绵阳、乐山、自贡、成都等地开展股转系统业务培训与交流,参与企业超过400家,形成了良好的宣传示范效应;多次赴绵阳、成都高新区等地考察调研,通过座谈、发放问卷等方式收集地方政府和企业借力资本市场发展的需求及意见,提供有针对性的政策指导;关注区域性股权交易市场的建设发展,参加成都(川藏)股权交易中心发展研讨会,对其规范发展提出合理化建议。

四、履行一线监管职责,推进全局依法行政工作的有序开展

一是推进上市公司规范运作。扎实开展上市公司现场检查和中介机构专项检查,针对发现的问题,采取多种监管手段,推动公司督促整改落实;强化信息披露监管,重点抓好定期报告及日常信息披露监管工作,注重早发现、早核实、早防范;加强舆情监控,针对媒体质疑,督促公司采取相关措施妥善处理;强化监管敏锐性,及时对违法违规线索进行核查并移送稽查处理。全年累计对76家上市公司和中介机构开展现场检查及走访,对40余次股价异动及媒体关注事项进行核查。采取行政监管措施及引导性措施31次,移送稽查立案及初步调查2件。

二是加强证券经营机构监管。加强证券公司全面风险管理体系建设,推进证券公司全景压力测试、净资本和风控指标的压力测试及管理、流动性逐日监测;推进非现场监管体系建设,整合现有系统平台,加大对法人公司和分支机构的监测分析,及时掌握机构情况变化和存在问题,有针对性的采取现场检查等措施手段,与现场监管联动互补;推进现场检查体系建设,修订现场检查工作指引,完善现场检查工作底稿,提高现场检查有效性;推进机构合规管理体系建设,加强市场风险提示和应急维稳工作。

三是加强期货经营机构监管。以分类评价结果为依据,有针对性地开展监管工作,推进期货公司整改提质;加强对行政许可报备事项的事后监管,增加现场检查的频率和内容;丰富和深化非现场监管方式,充分利用机构报告、报备资料、财务及风险监管报表的审核,分析、评判合规情况,及时处置发现问题;强化信息系统安全,创建行业网络与信息安全事件收集、通报机制,促进期货公司提升风险处置和系统保障能力;强化风险排查和过程监控,实现辖区"夜盘"交易、国债期货的平稳运行。

四是扎实做好信访工作。畅通信访渠道,严格遵循程序,依法合规办理信访个案,有效化解社会矛盾及潜在风险;强化对信访工作的综合分析,全面准确把握信访工作的整体趋势和阶段性特点,增强工作的敏锐性和预见性;把信访工作和投资者教育及保护,"打非"、舆论引导等工作结合起来,积极探索构建辖区信访分流处理机制。

五、加强市场环境建设,为全局依法行政工作提供法制保障

(一)加强法制宣传工作力度

一是转变工作思路,改变"运动式"、"填鸭

式"的普法模式,将普法内容嵌入监管工作实际,实现普法工作的长效化、常态化。如,督导证券期货经营机构结合日常投资者保护工作开展普法宣传。又如,定期收集证券法律业务政策法规、研究报告及市场信息,编辑发送给辖区从事证券法律业务的律师事务所,有助于其及时掌握监管工作法制政策。

二是加强新闻舆论引导,扩大普法工作阵地。加强与省委宣传部、新闻宣传主管机关沟通,争取普法宣传支持与指导;深化与主流媒体的沟通交流,畅通媒体宣传渠道,进一步密切沟通合作机制;积极与省公安厅等部门协作,形成口径一致、步调统一的普法宣传机制。

三是创新普法宣传形式,多渠道开展普法宣传。指导辖区市场主体通过投资者教育专栏、横幅、行情显示屏、跑马灯等做好宣传工作,同时发挥网站、微博、微信等新兴媒体的传播优势,提高普法宣传覆盖面和影响力。

(二)加强市场诚信体系建设

以诚信档案数据库的日常维护和使用为基础,完成辖区上市公司历年公开承诺信息录入,行政许可信息及负面信息的录入400余条;加强诚信建设与监管工作的互动,严格行政许可事项的诚信档案查询;继续推进诚信档案工作的信息化水平,强化诚信档案信息化全程控制和系统留痕;以协会为平台,将诚信体系建设纳入市场主体培训内容,大力引导行业诚信自律;加强与地方政府和人民银行成都分行的对接,推进金融业统一征信平建设,积极参与社会诚信体系建设;加强政策调研,以资本市场诚信市场建设为题,完成省金融学会课题1篇。

(三)积极参与资本市场立法工作

认真做好《证券法》修订、《期货法》立法的意见反馈工作,局内一名同志借调会法律部参与《证券法》修订工作事宜,《证券法期货法立法工作简报》对我局开展《证券法》修订的工作表现和成绩进行了通报表扬。就《期货公司管理办法》修订、《关于审理证券市场虚假陈述侵权民事案件的若干规定(修订稿)》等十几项法律征求意见向会相关部门反馈意见,为推进资本市场法制建设积极建言献策。此外,积极参与地方政府有关立法工作的开展,立足资本市场服务地方经济发展实际,提出有针对性的意见建议。

六、加强内部机制建设,为全局依法行政工作提供有力支撑

一是完善信息公开制度。在OA系统中增加模块,所有对外发文必须事先对是否公开进行选择,进一步增强依法行政监管工作的透明度;继续推进政务公开信息全面涵盖"两类五项三平台"。"两类"即为主动公开事项和依申请公开事项,"五项"为工作动态、通知公告、行政许可、联系渠道以及公民申请公开信息,"三平台"即为互联网、投诉举报电话、广播报纸等新闻媒体,切实保障政务公开工作的贯彻落实,维护社会公众的知情权、参与权和监督权。

二是强化法制队伍建设。对局法律专业委员会进行重新定位和改选。新一届法专委以防范行政执法风险,提升依法行政水平为目标,着力为监管工作提供法律专业支持。法专委成员由各处室推荐具有法律专业背景、硕士以上学位的人员组成,带动各处室加强法制学习和研究,加强法制宣传和培训,强化法律审核和服务,以点带面,不断提高全局法制工作水平。

三是健全完善内部工作举措。创新纪检监察工作内容,将其嵌入行政处罚案件审理工作中,在确定具体案件审理人员时增加了纪检办的会签流程,明确了审理人员签订承诺书等工作机制,防范行政处罚案件审理过程中可能存在的廉政风险点,强化依法行政工作的内部监督。继续深化行政执法外部评议,加强机关网站建设,积极参加地方阳光政务,加大外部监督工作力度。

(四川证监局供稿)

陕西证监局2013年依法行政工作报告

2013年，在会党委的正确领导下，陕西证监局紧紧围绕“两维护，一促进”的目标要求，认真贯彻落实全国证券期货监管工作会议精神，主动转变监管理念和方式，着力改进一线监管，切实加强稽查执法，以维护投资者合法权益为核心，突出创新发展主基调，各项工作取得新成绩。

一、依法监管，务实推进各项日常监管业务

（一）以信息披露为核心，切实加强上市公司监管，给投资者一个真实可信的上市公司

一是及时处置辖区上市公司风险问题，确保市场稳健运行。积极做好年报监管，针对高风险公司主营业务严重萎缩、缺乏盈利基础等情况，施加压力促使公司年报披露前修正盈利预测，有效释放年报风险。稳妥处置ST宏盛重大资产重组突然终止引发股价连续大幅下跌，有效化解重大市场质疑和股价波动风险；及时处置陕国投突发性经营风险，维护投资者合法权益，降低市场震动和影响。

二是完善信息披露审核程序，改进审核方法，提高信息披露监管的及时性和有效性。确定年报审核重点公司，建立三级审核程序，明确完成审核期限，确保及时发现和处置风险。审核发现通源石油涉嫌重大违规后立即立案稽查，采取责令改正行政监管措施及时处置金花股份违规向关联方贷款问题。

三是创新检查方式，尝试功能监管，确保检查实效。借力稽查手段，加大现场检查深度，建立检查质量控制机制，设置会计、法律专业审核岗位审核检查报告，提高现场检查的标准化水平。现场检查发现135项不规范问题，对6家公司分别采取下发警示函和责令改正等行政监管措施。

（二）围绕“合规管理、安全运行、创新发展”的监管目标，提高监管效能，促进证券经营机构规范发展

一是加强现场检查，坚持违规问题“零容忍”。建立非现场检查与现场检查联动机制，加强对经营活动违规风险隐患的预判。加强各类报告审核，形成判断监管对象违规风险隐患的“过滤网”。确定现场检查重点和风险点，及时发现和纠正业务偏差。保持对媒体反映问题的敏感性，专项检查资产管理及合规、风控，分别采取措施及时处置经纪人代客理财等违规行为。

二是强化风险监测预警，提高安全保障和应急处置能力。密切关注客户交易结算资金监控交互平台涉及辖区公司的预警信息，督促公司强化业务衔接及数据核对，及时化解潜在风险。实施特殊时期安全零报告制度和应急处置工作机制，妥善处置西部证券、中邮证券因三方存管银行信息系统故障引发的信息安全事件。

三是鼓励和引导证券经营机构在风险可控的前提下开展业务创新。建立创新发展动态沟通机制和创新业务风险动态监控机制，梳理风险点，及时处理客户交易结算资金监控平台预警信息。构建风险管理体系五项措施，做到“有问题必有监管措施、有违规必有依法查处”，平稳处置中邮证券因分类评级下降导致风控指标不达标事项。

（三）以“防风险、强服务、促发展”为目标，维护期货市场平稳运行，促进期货功能发挥

一是督促期货经营机构落实基础性制度，切实防范运营风险。加强以净资本为核心的风险监管，紧盯风险指标接近预警线的公司，实施日报制度和清退部分客户权益，防止预警风险。完善保证金监管机制，及时处理预警信息，防范保证金缺失、透支和穿仓。推动信息技术进步，现场督导长安期货稳妥做好新旧交易结算系统切换工作。督促公司做好信息系统管理和维护，开展应急演练和压力测试，严防发生重大事故。

二是针对风险点开展现场检查，有效化解

风险隐患。实行业务牵头人把关、分解业务专人负责的检查制度,对辖区3家公司及10家营业部进行检查。针对迈科期货数据库故障导致交易中断事故,督导公司立即切换备用数据库和启用场内人工应急报单,并在系统恢复后核对调整故障前后交易委托数据差异。组织公司对量化交易程序使用情况、系统搭建、应用管理及风控情况进行排查,严防风险隐患。

(四)促进中介服务机构归位尽责,充分发挥市场约束与监督作用

一是加强审计机构执业行为和执业质量监管,引导审计机构准确把握审计重点,进一步提高年报审计质量。结合上市公司全面现场检查,对5家会计师事务所的12个审计项目执业质量进行现场检查,强化审计机构的审计责任。向审计机构下发监管备忘录,全方位防范预告扭亏为盈的公司操纵利润。

二是督促保荐机构切实履行持续督导义务,有效解决"重发行保荐、轻持续督导"的问题。对于新完成重大资产重组的3家主板公司持续督导履职情况实施检查,推动创业板公司保荐机构持续督导现场核查工作,发挥引领作用,帮助重组后的新公司尽快与资本市场平稳对接。

二、依法治市,着力维护辖区资本市场秩序

(一)加大稽查执法力度,严查各类违法违规行为

一是积极探索"准全员稽查"模式,稽查执法与日常监管衔接更加紧密顺畅。认真落实《关于进一步加强稽查执法工作的意见》,进一步充实稽查办案力量,强化全员稽查业务培训,推行案件调查工作标准化,加大稽查办案经费倾斜,稽查工作得到明显加强。

二是强化稽查与日常监管联动机制,推动稽查提前介入、非正式调查等稽查手段常态化,增强行政执法威慑力。运用"集中固定证据、综合比对线索、同步取证突破"方法,发现3起内幕交易行为。与全国公民身份证号码查询服务中心合作,对身份证信息进行远程验真,防止内幕知情人故意错填身份信息逃避筛查,提高稽查工作威慑力和监管效率。

三是树立稽查工作"全局一盘棋"思想,克服各种困难,顺利完成会稽查局交办的5个初步调查案的调查工作。其中1个已正式立案并完成调查,办结8个协查案件。绝不姑息违法违规行为,对辖区2家公司自主立案进行初步调查,其中1个转为正式立案调查。

(二)稳步推进"整非打非",始终保持高压态势

一是坚持"打防结合、以防为主"的方针,严密监控非法证券活动动向。始终保持对各类非法证券活动的高压态势,形成及时发现、快速反应、严厉查处的常规机制,加强对各类证券信息及非法证券投资咨询、非法代客理财活动的监控。及时调查以电话方式向投资者推销即将"海外上市的原始股"非法证券活动,发布警示公告,提醒投资者。强化与工商部门整非协作机制,及时公示非法证券投资咨询活动黑名单,严防利用合法机构外衣从事非法证券活动。

二是本着"事要解决"的原则,尽心尽责尽力处置涉非信访,维护信访人合法权益。针对上海涉陕股权投资者集中信访事项,与30家公司建立电话沟通机制,通过协调,多家公司愿意协助投资者联系第三方通过收购股份方式,逐步解决历史遗留问题。推动地方政府落实非法证券活动查处和善后处理责任,将在沪涉陕投资者集聚信访全面纳入沪陕两地政府密切协作、稳控有序处置的轨道。

三、多措普法,努力优化辖区市场发展环境

(一)营造诚信守法的市场氛围,稳步提升辖区市场主体合规经营能力

一是强化证券分支机构合规培训,夯实风险管理基础。针对辖区新设证券网点负责人法律法规熟悉程度不高、风险意识不足、管理经验欠缺等新情况,开展辖区新设证券分支机构负责人合规管理系列培训活动,以提高其规范运作管理的能力,避免无知违规,有效防范风险。辖区2010年以来新设的49家证券营业部负责人参加了培训。

二是积极开展"新三板"法规培训,拓宽中小企业融资渠道。为促进辖区中小企业积极利用资本市场发展壮大,加快做好"新三板"挂牌准备工作,我局联合西安高新区共同举办了"中小企业新三板培训会",对"新三板"市场功能定位、运行机制、特点、已挂牌公司概况、挂牌转让及定向增发相关业务规则进行详细讲解。

高新区 106 家中小企业近 200 人参加了培训会。

三是举办国债期货培训班,要求期货经营机构抢抓机遇,实现新发展。2013 年 8 月 10 日和 12 月 23 日,我局与中国金融期货交易所在西安联合举办了两次国债期货培训班。陕西省金融办、人民银行西安分行、银监局、保监局以及辖区的 169 家证券基金期货经营机构共计 300 余人参加了培训。

四是增强高管人员勤勉尽责意识,提升上市公司规范运作水平。我局举办了 2013 年度辖区上市公司董事、监事及高管人员培训班,辖区上市公司 260 余名董监高人员参加了培训。本次培训包括上市公司并购重组、信息披露和再融资等专题,并由我局人员介绍了内幕交易典型案例和辖区上市公司 2012 年报情况。

(二)开展丰富多样的宣传活动,持续深化投资者教育成效

一是普及金融知识,倡导理性投资观念。2013 年 9 月,我局与人行西安分行联合开展“金融知识普及月”活动,组织辖区证券期货经营机构积极开展以“学习法律知识,了解风险责任,倡导理性投资,共建和谐金融”为主题的系列活动。通过多种宣传方式,真正将金融知识传递到金融消费者中间。

二是以金融博览会为平台,拓宽投资者法制教育渠道。我局充分利用辖区各地政府举办金融博览会的平台和时机,借力开展资本市场和投资者法制教育宣传工作。西安、宝鸡两地金融博览会期间,我局组织各证券期货经营机构累计接待群众咨询上千人次,发放各类宣传材料 10000 余份。

三是依托“3 · 15”消费者权益保护日,认真落实投资者教育工作。2013 年 3 月 15 日,我局与陕西省工商局、陕西消费者协会在西安新城广场联合举办“3 · 15”消费者权益保护日集中宣传活动。活动有声有色、反响良好,对帮助投资者增强理性投资、防范风险意识、净化市场环境、促进辖区资本市场发展起到积极作用。

四是借力新闻媒体,扩大投资者法制教育覆盖面。我局与《西安晚报》合作,在该报开设投资者保护教育宣传专栏,集中三个月时间连续开展 12 期面向广大群众的投资者保护教育宣传,提醒广大群众和投资者增强风险意识。

(三)以“12 · 4”全国法制宣传日为契机,扎实开展专项法制宣传活动

一是积极检查,保证辖区市场主体法制宣传实效。为鼓励先进、鞭策落后,我局采用工作实效抽查和书面汇报检查相结合的方式对辖区资本市场 2012 年普法工作情况进行了专项检查。检查结束后,以下发文件、在辖区两协会网站公开等方式,向辖区市场主体通报了检查情况,要求各单位再接再厉,拓宽宣传渠道、途径,创新宣传形式、手段,广泛、深入做好法制宣传工作。

二是扎实准备,迅速组织 2013 年“12 · 4”法制宣传系列活动。我局借鉴以往经验,结合辖区监管工作新形势和年度重点任务,提前制订方案,迅速部署,通知辖区上市公司、证券期货经营机构及证券服务中介机构广泛开展“12 · 4”法制宣传活动,持续推进陕西资本市场法制建设,不断提升各类市场主体诚信合规经营意识和水平。活动期间,辖区各单位紧紧围绕“大力维护投资者权益,共建法治资本市场”主题,创新宣传方式,通过有计划、有步骤、有重点地持续开展法制宣传活动,掀起普法新热潮。

四、服务大局,全面提升法制专项工作质效

(一)积极参与立法调研,夯实监管制度基础

一是深入研究,扎实做好《证券法》修订征求意见与《期货法》立法需求及条文建议工作。充分征求辖区市场主体意见,总结派出机构一线监管执法经验及存在的问题,共提出 47 个方面的修改建议和立法需求意见。另外,对《期货公司管理办法》等多项法规规章制度征求意见稿提出修改建议。

二是建章立制,开展“制度执行年”活动。今年新制定或修订 27 项制度性文件,建立明确、顺畅的工作机制,进一步推动全局监管执法工作的制度化、规范化,提升监管执法质效。制定《陕西证监局机关管理制度执行情况检查一览表》,列明制度要求事项、执行要点、执行依据以及检查监督的责任人等,理顺程序、明确责任、强化检查监督,确保严格执行内部管理制度。

(二)强化服务意识,严格审慎做好合法性审查工作

秉承“敢于说不、善于说行”的工作理念,

以“合理、适度、有效”为标准,务实高效、发挥专业优势,为监管中心工作提供法律支持和服务。

一是制定《法律审查工作规程》,规范法律审查工作。设计法律审查工作办理单,进一步明确法律审查范围、程序和责任等,为推进法律审查工作的规范化、程序化,健全行政诉讼风险防范机制提供制度支持。

二是关注细节,适时扩展审核范围。针对案件调查报告,建议稽查处室进一步补充取证,寻找案件突破口。同时,提醒业务处室在执法过程中按照行政诉讼证据要求进行调查,确保我局监管执法行为的严谨合规。

截至2013年12月31日,共完成合法性审查和法律咨询94项,同比增长32.29%。内容涉及监管执法、信访答复、机关管理等领域,从性质认定、规范适用、公文措辞等方面严格把关,确保法律审查意见客观、专业。

(三)坚持制度先行,扎实推进行政处罚权下放各项准备工作

一是明确机构职责,完善配套设施。由法制处负责案件审理工作的日常事务,确保“查审分离”行政处罚机制有效运转。及时做好听证室布局设置及相应配套设施设备购置工作,确保按期达到开展案件审理工作的基本要求。

二是充实配备人员,组织业务培训。汇集全局具有法律、财经会计、计算机等专业背景的业务骨干,建立审理人员库。委派业务骨干参加会处罚委“以干代训”工作,组织案件调查、审理人员参加会处罚委举办的视频培训,以期尽快熟悉掌握证券期货违法违规案件查处要点、审理程序和技巧等。

三是制定工作规则,规范审理程序。制定了《行政处罚案件审理工作规则》、《行政处罚听证规则》两项规范性文件,并分别在内外网发布,为我局开展行政处罚工作奠定了基础,也明确了保障当事人合法权益的救济程序。

(四)创新工作机制,着力提升诚信监管和信息公开工作效能

一是持续推进诚信监管。出台《诚信监督管理工作规程》,明晰界定各处室诚信监管职责,细化诚信信息的录入、更新、查询、适用等环节的工作要求,设置市场主体查询诚信信息的申请程序,为进一步完善诚信监管工作奠定坚实基础。积极参与省政府公共信用信息管理工作,推动“省部信息共享”,促成省公共信用信息平台与会诚信数据库对接。持续做好诚信信息录入、查询工作。截至2013年12月31日,共录入监管措施、行政许可、公开承诺等诚信信息435条,办理涉密查询85批次(涉及50家机构、200个自然人)。

二是审慎开展信息公开。截止2013年12月31日,全局主动公开194项信息,内容涉及行政许可、监管对象、通知公告、办事指南等。受理11件信息公开申请。申请主体分别涉及公安机关和拟上市公司,内容涉及证券期货业务资格、公司上市辅导备案信息等,全部依法予以回复和公开,保障申请人知情权。总结信息公开工作经验,代表派出机构在厦门召开的证监会系统信息公开研讨班作专题发言。

(五)积极探索律师监管,推进司法协调各项工作

一是开动脑筋,积极探索证券业务律师监管工作新途径。参加证券法律业务监管分工协作研讨班,作为派出机构代表进行关于证券业务律师日常监管的经验交流发言,获得会法律部和兄弟派出机构的一致肯定。制定《律师事务所证券法律业务监管工作规程》,建立明确顺畅的监管机制,形成合力,督促律师事务所归位尽责。

二是主动联系,推动辖区证券期货纠纷仲裁工作。以完成会投保局调查辖区证券期货合同纠纷仲裁工作的任务为契机,主动与省法制办和省内8家仲裁机构建立起联系机制,鼓励我局符合条件的人员兼任仲裁员或仲裁调解员,共同推动辖区证券期货仲裁工作,切实拓宽维护投资者合法权益的途径和方式。

三是积极沟通,与地方人民法院建立良好合作关系。就信访事项法律适用问题与雁塔区人民法院沟通,有效化解履行监管职责的法律风险;就东盛科技证券虚假陈述案审理与西安市中级人民法院联系,研究、探索投资者通过民事诉讼寻求权利救济的方式。

(陕西证监局供稿)

深圳证监局2013年依法行政工作报告

2013年,深圳证监局(下称"深圳局")认真贯彻落实党的十八大精神和中国证监会(下称"证监会")各项工作部署,联系辖区实际,锐意改革进取,创新体制机制,激发市场活力,夯实发展基础,依法维护辖区资本市场秩序,有效服务地方经济发展。

一、谋转型求转变,探索监管创新

(一)切实简政放权,做好接、放、管。做好取消和下放审批事项的承接工作,规范程序。清理辖区内监管政策,废止58项规范性文件。完成行政许可、备案程序电子化工作,提高申报便捷性,提升审核的透明度和效率。研究事中事后监管,做好放与管的协调配合。

(二)谋划功能监管,优化职、责、岗。首次在金融改革实验区专设金融监管机构,由"前海监管办公室"负责前海地区的监管与服务工作,具备了开展功能监管全面试点的条件。率先设立会计监管处统筹审计与评估机构监管。在中介机构监管中试行以业务条线分工为主的新型监管模式。开展派出机构功能监管研究,借鉴成熟市场经验提出改革建议上报证监会。开展功能监管思路下的私募基金监管研究,为构建私募基金监管体制提供参考。

(三)做细风险监管,把握时、度、效。对"钱荒"期间的流动性风险、极端事件暴露的量化投资风险和公司债券违约风险迅速摸底,提出完善流动性救助机制的工作建议。对固定收益、代销金融产品、基金子公司等创新业务的规模、风险传导机制进行调研,采取监管措施注意把握支持创新和审慎监管的度。统筹全局和市场资源成立风险防控工作小组,强化监测预警和协同处置。

二、抓重点转重心,加强监管执法

(一)提高监管效能。加大对高风险公司的检查力度。全年开展现场检查288家次,较去年增长67%,对机构和人员采取行政监管措施41次,较去年增长近4倍。快速核查南方沪深300ETF违规运作事件,维护基金持有人权益,得到市场积极评价;将4家涉嫌财务舞弊、虚假信息披露等重大违法违规的上市公司移交立案调查。

(二)增强执法效果。全年承办各类案件53件,办结45件,移送公安机关5件;其中自立自办9件,较去年增长29%,稽查办案数量、结案率以及自立自办案件数量均居系统前列。成功查办迄今为止全国涉案金额和获利金额最大的基金经理马乐"老鼠仓"案。联合公安机关密集开展"打非"行动,非法证券活动举报同比下降30%。3年来完成13宗案件的审理,作出处罚决定9个,覆盖主要违法案件类型。

(三)完善查审机制。首次牵头协调其他派出机构跨区联合查办HSDQ案,探索完善大区稽查执法机制。深化与公安、司法机关执法协作,完善案件平移机制。完善行政处罚工作机制,修订审理规则、听证规则和文书格式。

三、摸实情重实效,做好投保工作

从全面的投资者基本情况调查入手,掌握投资者构成特点和意见诉求,针对突出问题采取一系列机制性措施。

(一)建立专业调解机构,畅通纠纷解决机制。推动深圳证券期货纠纷调解中心作为独立事业单位法人设立运作,完成2宗纠纷调解,独立性、权威性、便捷性和示范意义得到证监会领导肯定。推动机构建立信访专员制度,构建"信访专员—调解机构—监管部门—司法机关"层层递进、协调运作的工作机制,推动调仲结合、诉调对接。

(二)设立专职部门岗位,优化投诉处理机制。设立专职信访机构,配备专职干部。建立信访业务专题工作会议制度,定期研判重大投诉和信访趋势性特点。全年共处理投诉2077

件,工作质量和效率多次得到投资者好评。

(三)推动健全救济制度,建言完善索偿机制。研究基金份额持有人损害赔偿保障机制,部分措施被吸纳进基金风险准备金监督管理办法。建议设立基金业投资者保护基金,相关部门和行业协会已开展可行性研究。

(四)丰富教育保护形式,建立工作评价机制。举办投资者走进上市公司和网上投资者接待日活动,开展投资者保护大型户外宣讲。量化投资者保护工作指标并分配到承担监管职能的处室,对工作质量进行专项测评。

四、添助力增活力,推动转型升级

(一)立足国家试点,服务前海开放。推动前海金改试点政策落地,就监管跨境资金流动提出境内外资金分账管理、有效监管、逐步放开的工作方案。推动在前海设立台、港资控股的全牌照证券公司,参与营造国际化营商环境和法治环境。支持资产证券化产品研究,服务前海建设。

(二)激发市场活力,引领转型升级。开展资本市场促进文化创意产业成长、推动并购重组、扶持战略新兴产业壮大等重大课题调研,提出产业引导基金市场化运作、并购重组市场化改革等建议。开展房地产投资基金、白银期货交割库、碳排放权交易、期货套期保值交易机制和互联网金融等专项调研,创新支持转型的金融产品和市场机制。

(三)创新手段渠道,服务中小微企业。搭建沟通交流平台,引导投行、PE/VC 为中小微企业提供长期、贴身、多样化的金融服务。调研债券市场功能,提出完善公司债、中小企业私募债发行运作的建议。协调支持前海股权交易中心建设,传达"新三板"政策信息,帮助利用多层次资本市场。

五、利长远见长效,改善金融生态

(一)整合征信信息。争取地方人民银行、工商、社保等机关支持,实现与深圳所有信用信息系统全面对接、互通共享。探索与鹏元征信等机构合作,建立个人诚信信息快捷查询、取证通道。

(二)防控内幕交易。组织上市公司内幕交易防控培训,推动市政府召开针对公务人员的防控会议,制作 4 集动漫宣传片在深圳卫视滚动播出。

(三)重塑行业形象。组织辖区券商签署和发布投行"诚信宣言",树立新形象。通过培训教育等方式规范销售服务行为,减少欺诈及不公平对待投资者。

六、析法理重实践,开展日常法律工作

(一)参与立法调研。结合一线监管实践,就《证券法》、《期货法(草案)》等法律及法规、司法解释提出反馈意见,派干部借调到证监会直接参与修订《证券法》。

(二)妥处行政应诉。就王某某和上海某公司向法院提起行政诉讼案件,认真准备证据材料和答辩状,挑选有公职律师执业证的同志作为诉讼代理人出庭应诉。

(三)做好复议答辩。就王某某不服信息公开申请答复和肖某某不服行政处罚决定提出行政复议案件,认真研究,整理证据材料,及时作出答辩。

(深圳证监局供稿)

第六部分　市场自律组织及相关机构法制建设

一、上海证券交易所

(一)2013 年法制建设工作综述

2013 年是全面贯彻落实党的十八大精神的开局之年,是实施"十二五"规划承前启后的关键一年,也是中国资本市场继续深化改革、大力推进创新的一年。这一年里,上海证券交易所(以下简称"本所")紧紧围绕资本市场改革发展的大局,持续完善业务规则体系,切实加强自律监管,全力支持市场创新,扎实推进法制研究,深入开展法制宣传,在法制建设工作方面取得了新的进展。

一、持续完善业务规则体系

业务规则是本所市场发展和监管的基础,也是资本市场法律、规则体系的有机组成部分。2013 年,本所继续完善业务规则体系,新制定业务规则 34 件,修改 14 件,废止 40 件。截至 2014 年 1 月 5 日,本所有效的业务规则为 193 件。

(一)推进基本业务规则的修订

1. 配合推进退市相关工作的需要,修订《股票上市规则》。根据推进退市相关工作的需要,对《股票上市规则》进行了第八次修订并于 2013 年 12 月 27 日发布,主要是取消了退市公司股份转让系统的设置,实现沪深交易所退市机制的统一。同时,根据上市公司监管的新情况、新变化,特别是监管方式的转变,启动了《股票上市规则》第九次修订的前期准备工作,着手总结近年来上市公司监管实践,研究成熟市场经验,拟对《股票上市规则》进行再次全面修订。

2. 适应大宗交易改革和债券、基金业务发展的需要,修订《交易规则》。2013 年 10 月 18 日,本所发布了修订后的《交易规则》,主要修订内容包括:完善大宗交易机制(降低大宗交易门槛,A 股大宗交易最低限额由"50 万股或者 300 万元人民币"调整为"30 万股或 200 万元人民币",B 股由"50 万股或 30 万美元"调整为"30 万股或 20 万元美元",基金由"300 万份或 300 万元人民币"调整为"200 万份或 200 万元人民币",国债和债券回购由"1 万手或 1000 万元人民币"调整为"1000 手或 100 万元人民币";丰富大宗交易申报类型,在协商议价之外增加固定价格申报;延长大宗交易成交申报的接受时段,增加 16:00 - 17:00 的大宗交易时段),调整债券单笔申报数量上限(由 1 万手提高为 10 万手,即 1 亿元面值),增加债券分期偿还规定(对交易规则有关债券面值和计价单位等进行了例外安排,并设置专节对债券分期偿还方式、计价单位、交易单位、除权处理等具体事宜作出了特殊规定),以及明确债券 ETF、货币基金、黄金 ETF 实行当日回转交易(T + 0)等。

3. 根据会员监管和服务的需要,启动《会员管理规则》修订工作。近年来,随着市场的发展,会员监管面临一些新问题,例如对非会员的交易参与人如何有效监管,对会员、参与人的程序化交易、跨市场交易等业务的风险如何有效监管,如何加强对会员、参与人的服务等,都需要进一步研究、明确,为此,拟对《会员管理规则》适时进行修订,前期准备工作已经启动。

(二)推进业务实施细则、业务指引的立、改、废

2013 年度,本所对外发布的业务规则共 48 件,其中新制定 34 件,修改 14 件,总量较 2012 年(39 件)增加了 23%。业务规则制定与修改涉及的业务领域相对集中,其中,交易管理类业务规则的新增量最大,占到一半以上;上市公司管理类业务规则新增量也占到了四分之一。

本所全年废止的业务规则共计 40 件,较 2012 年(33 件)增加了 21%。在制定和修改业务规则的同时明确废止的 25 件,通过年度清理拟予以集中废止的 15 件。规则废止与规则制定修改之间呈现出较强的联动性,废止的业务规则主要集中在交易管理类别,占比达 57.5%。此外,由于在本年度业务规则统筹管理中,重点加强了对业务通知的归并,全年废止的业务通知达到 22 件,占废止总量的 55%。

(三)加强业务规则的统筹协调和清理评估

1. 推动完善业务规则审批机制。完成交易所业务规则审批机制完善建议、本所业务规则的效力层级与报批情况两份报告提供监管机构决策参考,深入研究境外交易所规则审批机制并形成专题研究报告。

2. 规范业务规则制定工作。修订并在所内发布《业务规则制定技术规范》,指导全所规则制定工作,并在业务规则审核中严格把关,保证本所业务规则的质量。

3. 开展年度业务规则清理。2013 年,本所开展了业务规则清理评估与监督检查工作,重点对业务规则制定和修改的规范化、公开化程度进行了专项核查,就本所业务规则建设和管理情况进行了总结分析,并针对存在的问题和不足提出了完善建议。

4. 组织业务规则问卷调查。通过官方网站、会员公司及上市公司等相关市场主体参与的本所培训班等渠道,就本所业务规则的制定、发布与执行情况开展问卷调查,听取市场意见,查找业务规则管理中存在的问题,为进一步完善相关工作打好基础。

5. 进行业务规则汇编。为便于查询使用,编印本所《业务规则汇编(2013 版)》(分发行上市类、交易管理类、会员及综合类三册),并对本所官方网站(www.sse.com.cn)"法律规则"栏目进行同步更新。

二、切实加强自律监管

自律监管是本所的法定职责和核心职能。2013 年,本所积极探索上市公司监管方式的转变,加大对市场交易违规行为的查处力度,努力提升会员监管的针对性和有效性。

(一)着力创新上市公司监管

1. 实施"上市公司信息披露直通车",确立事后审核为主的信息披露监管模式。信息披露监管是本所上市公司监管工作的核心,为了贯彻落实"放松管制、加强监管"的基本理念,推进本所职能转变,促进监管理念创新,提高监管效能,本所于 7 月 1 日正式推出"上市公司信息披露直通车"。"上市公司信息披露直通车"是指本所上市公司通过本所信息披露电子化系统自行登记公告并直接提交给本所网站及其他指定媒体的信息披露方式。直通车的实施,改变了原有的事前监管模式,实现了公告的电子化提交和 80% 以上公告的事后审核,使信息披露效率大幅提高,上市公司归位尽责意识明显改善,市场的信用机制和责任体系进一步健全。为保障直通车的顺利推出,本所制定、发布了《信息披露直通车业务指引》、《信息披露直通车工作实施方案》、《公告格式指引》、《信息披露业务手册》、《信息披露常见问题》等相关业务规则和指南。

为有效应对信息披露直通车实施后可能出现的新型违规行为,在原有的《纪律处分实施细则》基础上,本所制定了《纪律处分与监管措施实施办法》。《办法》贯彻证监会关于"进一步加强事中事后监管"和推进"规则公开、过程公开、结果公开"的要求,梳理了此前上交所在监管中采取的各类惩处手段,将原本分散在不同业务规则中的各类纪律处分和监管措施进行了整合,就其种类、程序、适用标准等作出统一规定,简化了业务规则,丰富了上交所自律监管的手段,提高了监管的透明度和有效性。《办法》根据市场监管的实际需要,规定了 9 种纪律处分和 19 种监管措施。其中新设的要求公开更正、澄清或说明,要求限期召开投资者说明会,要求上市公司董事会追偿损失,建议上市公司更换相关任职人员,对未按要求改正的上市

公司股票及其衍生品种实施停牌等9种监管措施,其目的就是为了有效应对信息披露事后审核为主可能面临的问题,防范信息披露违规风险,保证事后问责的有效性。

2. 启动"上证e互动平台",促进上市公司加强投资者关系管理。为引导和促进上市公司、投资者等各市场参与主体之间的信息沟通,构建集中、便捷的互动渠道,本所于2013年7月5日上线试运行"上证e互动平台"。"上证e互动平台"是由本所建立、上海证券市场所有参与主体无偿使用的沟通平台。为配合平台上线,本所发布了专门的业务通知、配套规程及使用手册,明确平台用户通过"上证e互动平台"发布信息的有关要求和禁止性条款,规定上市公司的义务。截至2014年1月3日,"上证e互动平台"累计浏览量872.9万,日平均访问量达4.6万。平台注册用户数共计9160个,总提问13363条。本所通过平台组织"昌九生化"等涉及重大事件的上市公司通过"e"访谈栏目召开网络说明会,正面回应市场关注。此外,本所还将平台信息纳入日常监测范围,通过平台发现监管线索,同时避免出现泄露未公开重大信息等违规行为。

3. 强化上市公司事后监管,加大纪律处分与监管措施力度。在上市公司监管转型的过程中,本所强化了上市公司的事后监管:一是整合所内监管资源,完善快速反应机制,强化股价监测与信息披露的监管联动,针对媒体报道集中的热点事件、重大突发事件及时启动了快速反应机制。二是严厉打击上市公司各类重大违规行为,制订纪律处分工作规程和相应的工作手册,细化了包括业绩预告违规、董监高持股违规及权益变动违规案件类型化处分标准,维护监管的公平性和权威性。2013年,本所针对上市公司关联交易和股东权益变动违规等行为进行了重点监管,对18个监管对象予以公开谴责,对100个监管对象予以通报批评,对183个监管对象采取了监管措施,典型案例如ST澄海越权关联担保、多伦股份信息披露违规等。三是加强监管协作,及时向证监会和派出机构报送各类违规线索。

4. 强化上市公司会计监管。一是加强上市公司风险揭示,一方面组织媒体撰写ST公司摘帽风险揭示系列文章,充分揭示公司风险防止市场炒作,另一方面在本所外网开设"扣非后亏损公司风险提示"专栏并予维护;二是总结日常信息披露监管及并购重组审核中发现的会计问题,会商证监会会计部并处理;三是根据2012年年报事后审核发现的问题,约见上市公司和会计师事务所谈话;四是配合证监会会计部制定《会计师事务所与资产评估机构证券期货相关业务监管职责分工与协作规定》,明确各方监管职责。

此外,本所还成立了信息披露咨询委员会,实现信息披露监管的专业化、透明化、开放化,借助专业人士的力量,更好地处置信息披露疑难问题。

(二)切实加强市场交易监管

1. 全方位防范和打击内幕交易。一方面,加强监管联动和并购重组交易核查,并将其中发现的股票异常交易行为,及时上报证监会稽查局和市场监管部;另一方面,完善内幕交易分析和上报工作。不断完善内幕交易账户交易行为分析和判断指标体系,加大了对基金等专业机构账户的分析上报力度。

2. 加大市场操纵行为打击力度。一是加强对市场操纵模式的研究和分析,深入研究市场操纵行为的规律,优化操纵行为识别指标,提高发现能力。二是加大对债券价格波动的监控和上报力度。采取了专人重点监控的方式,对其中导致盘中价格异常波动的行为,以涉嫌价格操纵行为案件线索上报。三是加强对题材股炒作的监控力度,对有关股票采取了停牌核查的监管措施,对过度炒作自贸区概念股的账户及时发函予以警示,以抑制游资过度炒作行为。

3. 及时处理"光大证券8·16事件"。事件发生后,依据现行法律、法规、规章和业务规则,在本所职责范围内,从上市公司监管、会员监管、交易监管及跨市场联合监管角度,及时采取了相关自律监管措施。第一时间向光大证券调查问询事件原因,并做好后续的跟踪监控工作,及时通报相关各方,做好及时发现和及时报告工作,积极参与和配合证监会稽查部门对于该事件的调查工作,并以此为基础做好事件相关法律问题和交易机制的反思和研究,提出未来的改进方案和应急处理办法等。

4. 做好风险警示板监控工作。一是起草发布《关于加强风险警示板股票交易管理有关事项的通知》和《关于基金公司进一步加强风险警示板股票交易管理的通知》,进一步明确风险警示板监管标准和要求;二是做好风险警示板股票的交易监控,重点监控"摘帽"及恢复上市的股票,及时报告有关股票交易情况;三是及时采取监管措施,对买入超限的账户进行口头提醒或警示,约见客户"超买"严重的会员和基金公司高管谈话,并到有关营业部进行现场走访;四是加强总结分析,定期统计分析风险警示板股票交易情况,并做出多份专题分析报告;五是参加风险警示板公司座谈会,开展"股票异常交易监管"培训。

5. 完善异动股监管措施,明确监管干预标准和机制。一是制定了异动股认定标准和后续监管措施,并设置了相应的预警指标,完善了督促上市公司公告和停牌核查的标准;二是进一步完善了内部股价异动股票联合监管机制,对股价波动较大且存在个别投资者集中交易情况的股票,督促公司及时进行信息披露。

6. 做好 IPO 恢复后市场监管的准备工作。为配合新股发行体制改革,进一步防范"炒新"行为,本所按照证监会的统一部署,在原有规定基础上,修订发布了《关于进一步加强新股上市初期交易监管的通知》、《上海证券交易所证券异常交易实时监控细则》。《通知》增加了新股上市首日申报价格的控制措施,明确"集合竞价阶段未产生开盘价的,以当日第一笔成交价格作为开盘价",确定在新股上市首日收盘后公布各类投资者相关交易信息,删除了新股上市首日盘中换手率达到 80% 时实施盘中临时停牌的规定,即新股上市首日盘中换手率达到 80% 时,上交所不再对该新股实施盘中临时停牌。《细则》增加了债券交易盘中临时停牌的规定,整合了现行业务规则中与证券异常交易监管相关的内容(主要是增加了"盘中暂停证券账户当日交易"、对存在异常交易的上市公司进行停牌核查等监管措施),增补了一些新型的证券交易违法违规行为纳入监控范围。

(三)不断完善会员监管

在会员监管方面,本所以支持会员创新为主线,同时确保风险防范、控制、应对体系同步跟上。本所坚持守住行业性、系统性风险底线,加强创新业务的整体监测,做好总量管控,完善场外市场的交易监控机制和风险监测评估机制。

1. 做好融资融券月度风险监测报告。针对标的证券"黑天鹅事件"和个别客户强行平仓情形,及时调查风险,监测关注点并进行有效跟进。

2. 以股票质押回购业务为切入点,切实做好风险监测工作。通过业务周报,供会员参考;以业务通知、召开座谈会等形式,要求会员做好风险控制工作;及时制定股票质押回购业务风险监测方案,编写业务风险监测月报;赴国泰君安等会员现场了解业务开展情况。

3. 探索推出会员定量监管。本所以股票质押回购业务为契机,编制股票质押回购业务综合风险指数,做到定量监管,实现了监管的精细化和系统化。

4. 调查摸底程序化交易情况。本所以光大证券"8 · 16 事件"为切入点,摸底调查会员程序化交易情况。事件发生后,本所立即派员进驻现场了解情况并参与调查;针对该事件,对证券交易进行前端控制和建立证券公司错误交易配套处置机制等有关问题,及时进行研究,并以此为契机对全体会员的程序化交易进行摸底调查

(四)大力推进监管公开

1. 主动回应市场关切。2013 年,本所尝试通过新闻发布会、微信、微博等手段和组织中小投资者走进上交所等活动,主动回应投资者关切,取得积极效果。

2. 分步骤公开监管过程。在 ST 宏盛、北大荒、昌九生化等市场热点问题的处理中,本所尝试通过要求上市公司公告本所监管函件的方式,有重点、分步骤推进监管过程公开,表明本所的监管立场和所采取的监管措施。

3. 纪律处分的进一步公开。本所在进一步推进交易所规则和制度公开的基础上,重点促进纪律处分的公开,及时发布纪律处分典型案例,强化纪律处分决定书中的说理和论证力度,深化纪律处分的功效,优化纪律处分机制。

4. 发布年度自律管理工作报告。自 2006 年起,本所每年发布上一年度自律监管白皮书(自律管理工作报告)。2013 年一季度,本所组织撰写了《上交所 2012 年自律管理工作报告》,在《上海证券报》、本所网站、官方微博上发布,全面公开 2012 年上交所自律监管工作情

况，阐述2013年监管工作重点，使市场对交易所的监管工作有了全局性的认识。

三、全力支持市场创新

为市场创新提供法律支持是本所法制工作的一大重点。2013年，本所市场创新步伐加快，推出了个股期权模拟交易，在债券、基金等领域进行了大量创新，法制工作在其中发挥了重要的支持和保障作用。

（一）推出个股期权模拟交易

2013年，本所个股期权业务准备全面推进，各方面工作均取得重要进展，全真模拟交易于12月26日正式启动。

1. 深入研究相关法律问题，构建期权规则体系。一是研究个股期权业务的法律适用、制度衔接及审批路径等基础法律问题，提出了在现有法律、法规框架下推出个股期权业务的法律路径，得到监管机构认可。二是完成本所期权交易规则、期权交易风险控制实施细则、期权投资者适当性管理指引、期权做市商业务指引、期权经纪合同示范文本和风险揭示书必备条款等配套业务规则的起草工作。三是参与证监会期权规章相关重点问题的论证，承担期权规章的主要起草任务，有力地支持了证监会配套规章的拟订。四是就个股期权业务中较为突出的风控制度、强行平仓法律关系、保证金安全存管法规适用等问题进行研究并形成专题报告。

2. 健全风险控制机制，完善业务流程。一是通过交易结算资金第三方存管，非对称涨跌停板等制度设计，有效地加强了风控管理、抑制了市场投机。二是梳理确定包括合约设计、合约管理、风险管理、参与人管理、投资者适当性管理、监察、信息管理等7大类、共计近100项期权业务流程。针对每一流程，编制规范的流程说明书，制定相关应急流程，为安全运行奠定基础。

（二）力推债券业务创新

1. 成功推出国债预发行交易。本所和中国证券登记结算公司于10月10日推出国债预发行交易，成为国内首个推出国债预发行交易的交易场所。为配合国债预发行制度，本所和中登公司联合发布《上海证券交易所、中国证券登记结算有限责任公司国债预发行（试点）交易及登记结算业务办法》。10月、11月本所分别就利率招标国债和价格招标国债各开展了一次国债预发行交易，交易运行平稳，初显价格发现功能，并顺利完成清算交收。

2. 推动国开行金融债在本所试点发行。国开债到本所发行试点是债市互联互通重要一步，对推进金融债到交易所常态化发行具有重要意义。目前，本所已发布《关于国家开发银行金融债券发行交易试点的通知》，国开债发行、交易的业务流程总体比照国债办理。2014年1月7日，首批国开债在上交所集中竞价交易系统成功上市。

3. 加快推进资产证券化业务。今年3月份，证监会资产证券化新规发布后，本所随即起草发布了《关于为资产管理计划份额提供转让服务的通知》、《关于为资产支持证券提供转让服务的通知》，成立了资产证券化推进工作小组，积极开展企业资产证券化标杆性项目的论证工作。目前已有2单产品获得核准。

4. 完善债券回购业务。一方面，本所起草了债券协议回购的业务方案，同时在所司层面就业务模式进行了讨论与确定，并按照拟定的功能规格说明书开始技术开发准备工作。另一方面，本所对完善债券质押回购机制、扩大质押回购品种、加强回购风险防控开展了研究，与所内相关部门多次讨论，撰写了《关于高等级私募债进入回购的建议》、《开展质押式回购发展动态及改进建议》等报告。

除上述创新业务外，在债券业务方面，本所还发布了《关于优化公司债券上市流程的通知》、《公司债券业务指南》、《中小企业私募债券业务指南》、《上交所债券业务常见问答》等规则、指南，优化本所债券业务流程。同时就债券借贷、引入货币经纪公司、完善做市商制度、研究商业银行承销公司债券等方面进行了创新业务研究工作。

（三）加强基金业务创新

1. 债券ETF顺利上市。2013年3月25日，国内第一只债券（国债）ETF在本所上市。本所制定并发布了《上海证券交易所债券ETF业务指南》和《关于债券类交易型开放式指数基金交易相关事项的通知》，配套实施了“T+0”交易和质押式回购。8月16日，企债ETF上市。

2. 黄金ETF成功上市。7月29日，国内首批跟踪黄金价格走势的商品 ETF——国泰黄金 ETF 和华安黄金 ETF 在本所成功上市。黄金 ETF 上市前,本所发布《上海证券交易所黄金交易型开放式证券投资基金业务指引》,实现了“T+0”交易和现货黄金实时申赎功能,为产品成功上市打下了良好的制度基础。首批黄金 ETF 共募集资金约 16 亿元。

3. 实时申赎型货币市场基金稳健推出。为进一步促进场内低风险货币市场基金持续稳定发展,满足投资者资金配置需求,本所对《上海证券交易所货币市场基金实时申购、赎回业务指引(试行)》进行了修订。实时申赎货币市场基金运作情况基本平稳,四只基金均经受住了 6 月“钱荒”考验,没有因流动性受到挤压而出现负收益。

4. 推出 ETF 质押式回购市场。今年 3 月,随着国债 ETF 在本所上市交易,本所发布《关于在上海证券交易所上市的国债交易所交易基金计入回购质押库的通知》,以国债 ETF 为试点的基金质押式回购市场同时推出。11 月 18 日,本所发布《关于在上海证券交易所上市的上证企债 30 交易所交易基金计入回购质押库的通知》,企债 ETF 允许参与质押式回购。

(四)推进其他业务创新

1. 积极扩大融资融券业务覆盖面和标的证券范围,平稳推出转融券业务试点。本所先后发布了《关于调整融资融券标的证券范围的通知》、《关于上市公司限售股份、解除限售存量股份参与融资融券交易相关问题的通知》、《关于交易所交易基金作为融资融券标的证券相关事项的通知》、《关于进一步明确交易型开放式指数基金融资融券相关比例限制的通知》、《关于扩大融资融券标的股票范围的通知》等规则,极大拓展融资融券的业务范围。融资融券标的证券从 180 只股票和 5 只 ETF 扩大到 400 只股票和 7 只 ETF。2013 年 2 月,本所还成功实施了转融券业务试点。

2. 继续推进报价回购和约定购回业务发展。本所发布了《质押式报价回购交易及登记结算业务办法》,《关于调整质押式报价回购业务质押登记方式相关事项的通知》,实现了报价回购业务顺利转常规。本所还发布了《关于约定购回式证券交易业务转常规后有关事项的通知》、《关于上市证券公司与股东之间进行约定购回式证券交易有关事宜的通知》,继续推动约定购回业务扩大。

四、扎实推进法制研究

(一)继续加大资本市场重大立法工作参与力度,做好法治工作的理论支持和研究

1. 提交了修改证券法、制定期货法两份政协提案,积极推动立法工作。全国政协委员、上交所理事长桂敏在全国政协会议上提交了“关于尽快修改《证券法》的提案”和“关于推进《期货法》制定工作的提案”。以上提案受到市场广泛重视,并被采纳。《十二届全国人大常委会立法规划》将证券法(修改)列入第一类项目,即“条件比较成熟、任期内拟提请审议的法律草案”;将期货法被列入第二类项目,即“需要抓紧工作、条件成熟时提请审议的法律草案”。

2. 组织开展《证券法》修改论证工作,派员参与前期修改工作。一是组织力量开展《证券法》修改论证工作,就证券交易制度、证券交易场所制度、证券的范围及证券衍生品制度,以及发行、公司债券、证券上市等重要制度进行研究,形成证券法条文修改建议及其论证意见计 17 万余字,报送证监会。二是积极参加证监会《证券法》修改专题研讨,并派员借调证监会证券法修改工作小组,参与《证券法》修改前期工作。三是接待全国人大法工委证券法修改调研,推动立法工作的开展。

3. 参与《期货法》修改论证工作。组织力量对期货市场改革发展的立法需求进行梳理,并提交《关于〈期货法〉立法需求意见的报告》,建议重点研究推进证券衍生品市场发展的制度需求、期货市场和现货市场联动监管等问题,适应混业经营的发展趋势,形成规范、高效的统一监管模式。

(二)依托“上证法治论坛”、《证券法苑》等平台,做好舆论宣传引导工作

1. 成功举办第四届“上证法治论坛”。11 月 28 日在北京举办以“打造升级版的证券,促进资本市场改革创新”为主题的第四届“上证法治论坛”。证监会主席肖钢、全国人大法工委副主任信春鹰、最高人民法院审判委员会专职委员杜万华、国务院法制办副主任甘藏春、上海证券交易所理事长桂敏杰出席会议并讲话,

肖钢主席发表了《证券法的法理和逻辑》的重要演讲。立法、司法、监管执法和高校、研究机构的专家80余人参加论坛，对证券市场基础制度、多层次资本市场法律制度、证券监管执法制度等进行了深入研讨。11月29日，三大证券报等主流媒体重点报道了论坛情况，市场反响良好。

2. 依托《证券法苑》、《资本市场法制动态》等，推动资本市场重大问题研究。一是做好《证券法苑》的编辑出版工作。面向学术界、实务界征集论文，编辑出版《证券法苑》第八、九卷，收入论文60余篇，论文质量进一步提高，法制研究和宣传的影响力持续扩大。二是创办《资本市场法制动态》月刊，为本所员工的法制研究提供交流平台。目前已出12期，合计刊登近百篇文章。

3. 完成与资本市场发展密切相关的多份研究报告。一是完成“资本市场法律体系建设”课题研究工作，形成《关于资本市场法律体系建设的思考与建议》；二是围绕阿里上市方案中与控制权相关的特殊股权结构安排、B股转H股法律问题、新三板公司转板上市法律问题、上市公司存在重大违法行为直接退市、美国证券发行注册制中交易所的职责定位等问题，形成了10余份研究成果。

五、深入开展法制宣传，切实加强投资者保护

（一）以增强工作实效为着眼点，不断创新法制宣传的方式方法

1. 举办“相约面对面”活动，拉近上交所与中小投资者之间的距离。上交所领导持续走进券商、营业部等基层一线，在河南、江苏、上海、湖北和天津等地共开展9场（次）活动，倾听投资者的意见和建议，与投资者代表面对面互动交流，对投资者关注的热点问题及时给予回应或解释，受到了投资者的广泛欢迎。

2. 打造“上交所每月问答”投教品牌，为中小投资者答疑解惑。通过电话热线、网站、营业部等渠道，定期收集、整理中小投资者关注的市场热点问题和对上交所创新业务的疑惑，运用通俗易懂、简单明了的语言撰写回答，并通过三大证券报“上交所每月问答专栏”、上交所官方微信、微博等渠道发布。截至目前，共编发每月问答10期，回答了信息披露、风险警示板、分红、ETF、国债预发行、交易规则等48个市场热点问题，合计约8万字。

3. 发挥官方微博“上交所发布”作用，强化政策宣传和舆论引导。围绕资本市场改革创新重大举措，通过“上交所发布”微博，将证监会新股发行制度改革、并购重组、优先股等方面的新政策及时向公众转发，对投资者关注的热点问题及时作出说明，对市场上流传的不实信息及时予以澄清。例如，针对某网站财经频道发布《悬崖边的中国券商》一文，称其“从上交所知情人士处获悉，证监会提交国务院的IPO（新股发行）重启方案遭到否决”，9月10日晚间，上交所官方微博发出“重要澄清”，声明近期上交所未接受任何媒体以任何形式对IPO重启方案所做的采访，并进行交涉，该网站随即删除了相关内容。

（二）以投资者保护为导向，积极推进投资者教育与法制宣传有机结合

1. 联合多家主流媒体，开展“我是股东——中小投资者走进上市公司”系列活动。一是该活动面向个人投资者进行网络投票、报名和问题征集，建立健全投资者与上市公司董事长、总经理等高管的面对面交流机制，帮助投资者认识和行使自己的权利、了解上市公司的情况，同时引导上市公司倾听投资者心声、保护投资者利益，真正将服务投资者理念落到实处。自3月13日活动启动至今，“我是股东”活动先后走进浦发银行、昆明制药、民生银行等18家上市公司，“我是股东”活动共进行5季网络投票，实名参与投票海选的投资者约170万人次，实地参与上市公司调研的投资者及媒体人员近1000人次。根据活动后的满意度调查，上市公司和媒体的满意度超过95%，参与走访中小投资者满意度超过98%，网络匿名投资者的满意度超过90%，会员单位满意度超过95%。二是整理了“我是股东”活动全年走访过的18家上市公司，以及中国农行、中国国航等5家上市公司的投资者关系管理实践案例，编制《2013年上市公司投资者关系管理实践案例集》。三是制作并印刷“我是股东”活动视频光盘《2013，我们一起走过的上市公司》。

2. 持续优化投教网站的内容和形式，增强对投资者的吸引力。上交所从投资者需求出发，整合各方资源，不断优化投教网站。例如，

面向会员开展了“上交所公开课”征集,收到30多家会员报送的公开课近100集,择优通过投教网站向广大投资者推送,内容涵盖黄金ETF、约定购回式证券交易等5个上交所新业务专题;与华泰证券合作开发上线证券模拟交易系统。投教网站点击量大幅提升,截至10月底达5993.14万次,同比增长81%。

(三)以企业培训为窗口,切实加强对上市公司、会员公司的法制教育

1. 推进上市公司高管培训工作。全年举办上市公司独董、董秘、财务总监培训18期、信息披露培训10期。对培训内容进行优化,将并购重组、资产证券化、国债预发行、融资融券、股票质押回购、约定购回式证券交易等内容及时纳入培训课程,深受学员欢迎。同时,根据最新法律法规及时修订培训资料库和考试题库,提升培训效果。

2. 扩展针对市场机构的业务培训。全年举办培训29期,包括债券业务培训11期、基金业务培训8期、会员业务培训7期、投教媒体培训3期。尤其注意加大对市场机构的创新支持力度,全年举办约定购回式证券交易业务交流、股票质押回购、资管份额转让等多次新业务培训,受到证券公司和其他市场主体的热烈欢迎。

(四)以“12·4”全国法制宣传日为契机,大力开展主题普法宣传活动

1. 结合十八届三中全会精神学习贯彻活动,深入学习推进法治中国建设的重要论述。12月5日,上交所举行党委中心组(扩大)学习会议,深入学习党的十八届三中全会《决定》,结合实际思考交易所的改革发展。所党委和各党支部在学习贯彻十八届三中精神过程中,特别注重对法治建设相关论述的学习和讨论。通过学习,全所进一步认识到,在全面推进上交所各项工作过程中,应始终遵循法治原则,高度重视运用法治思维和法治方式推进市场发展,扎实推进依法办所和依法治市,切实提升市场运作的规范化水平。

2. 依托上交所微博平台,开展投资者保护专项法制宣传活动。“12·4”全国法制宣传日当天,上交所结合投资者关心的问题,制作了投资者权益保护专题问答集锦,通过官方微博公开发布。从微博评论来看,投资者普遍反映问答集锦贴近实际、务实有效、通俗易懂,希望今后能有更多的问答集锦能够在微博上发布。

(二)2013年作出的核准上市决定目录

股票

序号	名　　称	发文日期	文　　号
1	关于浙江浙能电力股份有限公司人民币普通股股票上市交易的通知	2013/12/11	自律监管决定书〔2013〕109号①

① 本所自2013年9月1日起,取消以拟稿部门命名的发文代字(“上证债字”、“上证公字”等),设“自律监管决定书”和“纪律处分决定书”发文字号,对以本所名义发出的自律监管决定和纪律处分决定统一编号。

公司债、企业债

序号	名　　称	发文日期	文　　号
1	关于2012年宝鸡市投资(集团)有限公司公司债券上市交易的通知	2013/1/9	上证债字〔2013〕20号
2	关于2012年长沙先导投资控股有限公司公司债券上市交易的通知	2013/1/9	上证债字〔2013〕7号
3	关于2012年大庆高新国有资产运营有限公司公司债券上市交易的通知	2013/1/9	上证债字〔2013〕19号
4	关于2012年哈尔滨合力投资控股有限公司公司债券上市交易的通知	2013/1/9	上证债字〔2013〕6号
5	关于2012年吉首华泰国有资产投资管理有限责任公司企业债券上市交易的通知	2013/1/9	上证债字〔2013〕16号
6	关于2012年金湖县国有资产经营投资有限责任公司公司债券上市交易的通知	2013/1/9	上证债字〔2013〕9号
7	关于2012年喀什城建投资集团有限公司公司债券上市交易的通知	2013/1/9	上证债字〔2013〕15号
8	关于2012年昆明产业开发投资有限责任公司公司债券上市交易的通知	2013/1/9	上证债字〔2013〕2号
9	关于2012年联想控股有限公司公司债券上市交易的通知	2013/1/9	上证债字〔2013〕11号
10	关于2012年临港经济发展(集团)有限公司公司债券上市交易的通知	2013/1/9	上证债字〔2013〕4号
11	关于2012年漯河市城市建设投资有限公司公司债券上市交易的通知	2013/1/9	上证债字〔2013〕14号
12	关于2012年启东国有资产投资控股有限公司公司债券上市交易的通知	2013/1/9	上证债字〔2013〕8号
13	关于2012年韶关市金叶发展公司企业债券上市交易的通知	2013/1/9	上证债字〔2013〕5号
14	关于2012年石狮市国有投资发展有限公司公司债券上市交易的通知	2013/1/9	上证债字〔2013〕18号
15	关于2012年苏州城市建设投资发展有限责任公司公司债券上市交易的通知	2013/1/9	上证债字〔2013〕1号
16	关于2012年宜昌市城市建设投资开发有限公司公司债券上市交易的通知	2013/1/9	上证债字〔2013〕3号
17	关于2012年愉悦家纺有限公司公司债券上市交易的通知	2013/1/9	上证债字〔2013〕17号
18	关于2012年郑州城建集团投资有限公司公司债券上市交易的通知	2013/1/9	上证债字〔2013〕13号
19	关于2012年重庆市渝兴建设投资有限公司公司债券上市交易的通知	2013/1/9	上证债字〔2013〕10号

续表

序号	名　　称	发文日期	文　　号
20	关于2012年株洲市云龙发展投资控股集团有限公司公司债券上市交易的通知	2013/1/9	上证债字〔2013〕12号
21	关于2012年沈阳市和平区国有资产经营有限公司公司债券上市交易的通知	2013/1/18	上证债字〔2013〕28号
22	关于2012年巢湖市城镇建设投资有限公司公司债券上市交易的通知	2013/1/21	上证债字〔2013〕32号
23	关于2012年贵州盘江投资控股(集团)有限公司公司债券上市交易的通知	2013/1/21	上证债字〔2013〕31号
24	关于2012年邯郸市城市建设投资有限公司市政项目建设债券上市交易的通知	2013/1/21	上证债字〔2013〕30号
25	关于2012年黄冈市城市建设投资有限公司市政项目建设债券上市交易的通知	2013/1/21	上证债字〔2013〕24号
26	关于2012年六盘水市开发投资有限公司公司债券上市交易的通知	2013/1/21	上证债字〔2013〕27号
27	关于2012年西子电梯集团有限公司公司债券上市交易的通知	2013/1/21	上证债字〔2013〕23号
28	关于2012年浙江湖州环太湖集团有限公司公司债券上市交易的通知	2013/1/21	上证债字〔2013〕26号
29	关于2012年浙江远洲控股有限公司公司债券上市交易的通知	2013/1/21	上证债字〔2013〕29号
30	关于2013年南京新港开发总公司企业债券上市交易的通知	2013/1/21	上证债字〔2013〕25号
31	关于2012年滁州市城市建设投资有限公司公司债券上市交易的通知	2013/1/22	上证债字〔2013〕39号
32	关于2012年达州市投资有限公司公司债券上市交易的通知	2013/1/22	上证债字〔2013〕40号
33	关于2012年德阳市建设投资有限公司公司债券上市交易的通知	2013/1/22	上证债字〔2013〕44号
34	关于2012年鄂尔多斯市华研投资集团有限责任公司公司债券上市交易的通知	2013/1/22	上证债字〔2013〕43号
35	关于2012年贵阳市工业投资(集团)有限公司公司债券上市交易的通知	2013/1/22	上证债字〔2013〕38号
36	关于2012年湖南昭山经济建设投资有限公司公司债券上市交易的通知	2013/1/22	上证债字〔2013〕37号
37	关于2012年姜堰市国有资产投资集团有限公司公司债券上市交易的通知	2013/1/22	上证债字〔2013〕34号
38	关于2012年青岛国信发展(集团)有限责任公司公司债券上市交易的通知	2013/1/22	上证债字〔2013〕35号
39	关于2012年泉州台商投资区开发建设有限责任公司公司债券上市交易的通知	2013/1/22	上证债字〔2013〕41号

续表

序号	名　　称	发文日期	文　　号
40	关于2012年上海金山城市建设投资有限公司公司债券上市交易的通知	2013/1/22	上证债字〔2013〕45号
41	关于2012年绍兴迪荡新城投资发展有限公司公司债券上市交易的通知	2013/1/22	上证债字〔2013〕42号
42	关于2012年吴江经济技术开发区发展总公司企业债券上市交易的通知	2013/1/22	上证债字〔2013〕46号
43	关于2012年芜湖新马投资有限公司公司债券上市交易的通知	2013/1/22	上证债字〔2013〕36号
44	关于2012年浙江省嘉善经济开发区实业总公司企业债券上市交易的通知	2013/1/23	上证债字〔2013〕48号
45	关于2012年河北顺德投资集团有限公司公司债券上市交易的通知	2013/1/25	上证债字〔2013〕51号
46	关于2012年江苏苏海投资集团有限公司公司债券上市交易的通知	2013/1/25	上证债字〔2013〕49号
47	关于2012年柳州市城市投资建设发展有限公司公司债券上市交易的通知	2013/1/25	上证债字〔2013〕57号
48	关于2012年沛县国有资产经营有限公司公司债券上市交易的通知	2013/1/25	上证债字〔2013〕50号
49	关于2012年泉州市泉港石化工业区建设发展有限公司公司债券上市交易的通知	2013/1/25	上证债字〔2013〕55号
50	关于2012年双鸭山市大地城市建设开发投资有限公司公司债券上市交易的通知	2013/1/25	上证债字〔2013〕53号
51	关于2012年新余市城市建设投资开发公司企业债券上市交易的通知	2013/1/25	上证债字〔2013〕52号
52	关于2013年滁州市同创建设投资有限责任公司公司债券上市交易的通知	2013/1/25	上证债字〔2013〕54号
53	关于2013年陕西东岭工贸集团股份有限公司公司债券上市交易的通知	2013/1/25	上证债字〔2013〕56号
54	关于2012年保山市国有资产经营有限责任公司公司债券上市交易的通知	2013/1/28	上证债字〔2013〕58号
55	关于2012年长兴城市建设有限公司公司债券上市交易的通知	2013/1/30	上证债字〔2013〕67号
56	关于2012年东台市城市建设投资发展有限公司公司债券上市交易的通知	2013/1/30	上证债字〔2013〕65号
57	关于2012年赣州开发区建设投资（集团）有限公司公司债券上市交易的通知	2013/1/30	上证债字〔2013〕70号
58	关于2012年南京市城市建设投资控股（集团）有限责任公司公司债券上市交易的通知	2013/1/30	上证债字〔2013〕69号
59	关于2012年宁夏宝丰能源集团有限公司公司债券上市交易的通知	2013/1/30	上证债字〔2013〕64号

续表

序号	名　称	发文日期	文　号
60	关于2012年绍兴市城市建设投资集团有限公司公司债券上市交易的通知	2013/1/30	上证债字〔2013〕66号
61	关于2012年无锡锡东科技投资控股有限公司公司债券上市交易的通知	2013/1/30	上证债字〔2013〕68号
62	关于2012年鹰潭市投融资公司企业债券上市交易的通知	2013/1/30	上证债字〔2013〕60号
63	关于2012年云南省城市建设投资集团有限公司公司债券上市交易的通知	2013/1/30	上证债字〔2013〕71号
64	关于2013年安顺市国有资产管理有限公司公司债券上市交易的通知	2013/1/30	上证债字〔2013〕63号
65	关于2013年抚州市投资发展(集团)有限公司公司债券上市交易的通知	2013/1/30	上证债字〔2013〕61号
66	关于2013年赣州发展投资控股集团有限责任公司公司债券上市交易的通知	2013/1/30	上证债字〔2013〕62号
67	关于2012年东台市城市建设投资发展有限公司公司债券上市交易的通知	2013/1/31	上证债字〔2013〕76号
68	关于2012年宁波交通投资控股有限公司公司债券上市交易的通知	2013/1/31	上证债字〔2013〕75号
69	关于2012年云南祥鹏航空有限责任公司公司债券上市交易的通知	2013/1/31	上证债字〔2013〕74号
70	关于2012年重庆出版集团公司公司债券上市交易的通知	2013/1/31	上证债字〔2013〕73号
71	关于2013年沧州市建设投资集团有限公司公司债券上市交易的通知	2013/2/5	上证债字〔2013〕78号
72	关于2013年河南盛润控股集团有限公司公司债券上市交易的通知	2013/2/5	上证债字〔2013〕79号
73	关于2012年诸暨市城市建设投资发展有限公司公司债券上市交易的通知	2013/2/6	上证债字〔2013〕81号
74	关于2013年第一期国家电网公司企业债券上市交易的通知	2013/2/6	上证债字〔2013〕82号
75	关于2013年云南省公路开发投资有限责任公司公司债券上市交易的通知	2013/2/6	上证债字〔2013〕80号
76	关于2012年杭州萧山经济技术开发区国有资产经营有限公司公司债券上市交易的通知	2013/2/19	上证债字〔2013〕86号
77	关于2012年台州市黄岩区国有资产经营有限公司公司债券上市交易的通知	2013/2/19	上证债字〔2013〕89号
78	关于2012年遵义市国有资产投融资经营管理有限责任公司公司债券上市交易的通知	2013/2/19	上证债字〔2013〕88号
79	关于2013年成都城建投资管理集团有限责任公司公司债券上市交易的通知	2013/2/19	上证债字〔2013〕85号

续表

序号	名　　称	发文日期	文　　号
80	关于2013年海南省发展控股有限公司公司债券上市交易的通知	2013/2/19	上证债字〔2013〕90号
81	关于2013年南通市港闸区国有资产经营总公司企业债券上市交易的通知	2013/2/19	上证债字〔2013〕94号
82	关于2013年宁波东部新城开发投资有限公司公司债券上市交易的通知	2013/2/19	上证债字〔2013〕91号
83	关于2013年蓬莱市蓬莱阁旅游有限责任公司公司债券上市交易的通知	2013/2/19	上证债字〔2013〕92号
84	关于2013年绍兴市城中村改造建设投资有限公司公司债券上市交易的通知	2013/2/19	上证债字〔2013〕84号
85	关于桐昆集团股份有限公司2012年公司债券上市交易的通知	2013/2/19	上证债字〔2013〕87号
86	关于永泰能源股份有限公司2012年公司债券(第二期)上市交易的通知	2013/2/19	上证债字〔2013〕93号
87	关于2012年长沙市城市建设投资开发集团有限公司市政项目建设债券上市交易的通知	2013/2/27	上证债字〔2013〕118号
88	关于2012年淮北市建投控股集团有限公司公司债券上市交易的通知	2013/2/27	上证债字〔2013〕115号
89	关于2012年江西省高速公路投资集团有限责任公司公司债券上市交易的通知	2013/2/27	上证债字〔2013〕108号
90	关于2012年黔西南州宏升资本营运公司企业债券上市交易的通知	2013/2/27	上证债字〔2013〕117号
91	关于2012年天津经济技术开发区国有资产经营公司企业债券上市交易的通知	2013/2/27	上证债字〔2013〕103号
92	关于2012年中山兴中集团有限公司公司债券上市交易的通知	2013/2/27	上证债字〔2013〕116号
93	关于2013年成都文化旅游发展集团有限责任公司公司债券上市交易的通知	2013/2/27	上证债字〔2013〕106号
94	关于2013年济宁高新城建投资有限公司公司债券上市交易的通知	2013/2/27	上证债字〔2013〕107号
95	关于2013年南昌城市建设投资发展有限公司公司债券上市交易的通知	2013/2/27	上证债字〔2013〕114号
96	关于2013年太仓市城市建设投资集团有限公司公司债券上市交易的通知	2013/2/27	上证债字〔2013〕105号
97	关于2013年泰安市泰山投资有限公司公司债券上市交易的通知	2013/2/27	上证债字〔2013〕102号
98	关于2013年天瑞集团水泥有限公司公司债券上市交易的通知	2013/2/27	上证债字〔2013〕112号
99	关于2013年温州经济技术开发区国有资产经营有限公司公司债券上市交易的通知	2013/2/27	上证债字〔2013〕113号

续表

序号	名　称	发文日期	文　号
100	关于2013年无锡锡东新城建设发展有限公司公司债券上市交易的通知	2013/2/27	上证债字〔2013〕104号
101	关于中国国际航空股份有限公司2012年公司债券(第一期)上市交易的通知	2013/2/27	上证债字〔2013〕109号
102	关于2013年成都兴城投资集团有限公司公司债券上市交易的通知	2013/3/1	上证债字〔2013〕125号
103	关于2013年昆明滇池投资有限责任公司公司债券上市交易的通知	2013/3/1	上证债字〔2013〕123号
104	关于2013年南昌市政公用投资控股有限责任公司公司债券上市交易的通知	2013/3/1	上证债字〔2013〕126号
105	关于中信重工机械股份有限公司2012年公司债券(第一期)上市交易的通知	2013/3/1	上证债字〔2013〕122号
106	关于重庆水务集团股份有限公司2012年公司债券上市交易的通知	2013/3/1	上证债字〔2013〕124号
107	关于2012年安庆市城市建设投资发展(集团)有限公司公司债券上市交易的通知	2013/3/21	上证债字〔2013〕145号
108	关于2012年大丰市城建国有资产经营有限公司公司债券上市交易的通知	2013/3/21	上证债字〔2013〕147号
109	关于2012年淮安市城市资产经营有限公司公司债券上市交易的通知	2013/3/21	上证债字〔2013〕146号
110	关于2012年洛阳城市发展投资集团有限公司公司债券上市交易的通知	2013/3/21	上证债字〔2013〕138号
111	关于2013年大连长兴岛开发建设投资有限公司公司债券上市交易的通知	2013/3/21	上证债字〔2013〕139号
112	关于2013年南京禄口国际机场有限公司公司债券上市交易的通知	2013/3/21	上证债字〔2013〕144号
113	关于2013年陕西有色金属控股集团有限责任公司公司债券上市交易的通知	2013/3/21	上证债字〔2013〕148号
114	关于2013年天津广成投资集团有限公司公司债券上市交易的通知	2013/3/21	上证债字〔2013〕141号
115	关于2013年武汉地铁集团有限公司公司债券上市交易的通知	2013/3/21	上证债字〔2013〕142号
116	关于2013年湘潭高新集团有限公司公司债券上市交易的通知	2013/3/21	上证债字〔2013〕143号
117	关于宝胜科技创新股份有限公司2012年度公司债券上市交易的通知	2013/3/21	上证债字〔2013〕130号
118	关于北京华胜天成科技股份有限公司2012公司债券上市交易的通知	2013/3/21	上证债字〔2013〕132号
119	关于第一拖拉机股份有限公司2012年公司债券(第一期)上市交易的通知	2013/3/21	上证债字〔2013〕140号

续表

序号	名　　称	发文日期	文　　号
120	关于国药控股股份有限公司2012年公司债券(第一期)上市交易的通知	2013/3/21	上证债字〔2013〕133号
121	关于哈尔滨电气股份有限公司2012年公司债券(第一期)上市交易的通知	2013/3/21	上证债字〔2013〕136号
122	关于宁波港股份有限公司2013年公司债券(第一期)上市交易的通知	2013/3/21	上证债字〔2013〕137号
123	关于上海电力股份有限公司2012年公司债券上市交易的通知	2013/3/21	上证债字〔2013〕129号
124	关于上海电气集团股份有限公司2012年公司债券(第一期)上市交易的通知	2013/3/21	上证债字〔2013〕134号
125	关于上海海立(集团)股份有限公司2012年公司债券上市交易的通知	2013/3/21	上证债字〔2013〕135号
126	关于四川西部资源控股股份有限公司2012年公司债券上市交易的通知	2013/3/21	上证债字〔2013〕131号
127	关于招商证券股份有限公司2012年公司债券上市交易的通知	2013/3/21	上证债字〔2013〕128号
128	关于2013年大理州旅游产业开发集团有限责任公司公司债券上市交易的通知	2013/3/26	上证债字〔2013〕153号
129	关于2013年福建省南平市高速公路有限责任公司公司债券上市交易的通知	2013/3/26	上证债字〔2013〕154号
130	关于2013年广州越秀集团有限公司公司债券上市交易的通知	2013/3/26	上证债字〔2013〕160号
131	关于2013年杭州高新技术产业开发区资产经营有限公司公司债券上市交易的通知	2013/3/26	上证债字〔2013〕152号
132	关于2013年江门市滨江建设投资有限公司公司债券上市交易的通知	2013/3/26	上证债字〔2013〕155号
133	关于2013年平潭综合实验区国有资产投资有限公司公司债券上市交易的通知	2013/3/26	上证债字〔2013〕157号
134	关于2013年上海奉贤南桥新城建设发展有限公司公司债券上市交易的通知	2013/3/26	上证债字〔2013〕156号
135	关于2013年文登市城市资产经营有限公司公司债券上市交易的通知	2013/3/26	上证债字〔2013〕151号
136	关于2013年扬州市邗江城市建设发展有限公司公司债券上市交易的通知	2013/3/26	上证债字〔2013〕159号
137	关于2013年余姚经济开发区建设投资发展有限公司企业债券上市交易的通知	2013/3/26	上证债字〔2013〕149号
138	关于2013年浙江吉利控股集团有限公司公司债券上市交易的通知	2013/3/26	上证债字〔2013〕158号
139	关于2013年重庆市綦江区东部新城开发建设有限公司公司债券上市交易的通知	2013/3/26	上证债字〔2013〕150号

续表

序号	名　　称	发文日期	文　　号
140	关于2012年昆山市创业控股有限公司公司债券上市交易的通知	2013/4/11	上证债字〔2013〕168号
141	关于2012年临沂市城市资产经营开发有限公司公司债券上市交易的通知	2013/4/11	上证债字〔2013〕176号
142	关于2013年巴彦淖尔市城市发展投资有限责任公司公司债券上市交易的通知	2013/4/11	上证债字〔2013〕183号
143	关于2013年甘肃省国有资产投资集团有限公司公司债券上市交易的通知	2013/4/11	上证债字〔2013〕179号
144	关于2013年巩义市国有资产投资经营有限公司公司债券上市交易的通知	2013/4/11	上证债字〔2013〕173号
145	关于2013年建湖县城市建设投资有限公司公司债券上市交易的通知	2013/4/11	上证债字〔2013〕167号
146	关于2013年江苏金灌投资发展集团有限公司公司债券上市交易的通知	2013/4/11	上证债字〔2013〕165号
147	关于2013年精工控股集团有限公司公司债券上市交易的通知	2013/4/11	上证债字〔2013〕169号
148	关于2013年如皋市交通投资发展有限公司公司债券上市交易的通知	2013/4/11	上证债字〔2013〕174号
149	关于2013年三门峡市财经投资公司公司债券上市交易的通知	2013/4/11	上证债字〔2013〕180号
150	关于2013年山东泰丰矿业集团有限公司公司债券上市交易的通知	2013/4/11	上证债字〔2013〕184号
151	关于2013年天津城市基础设施建设投资集团有限公司公司债券上市交易的通知	2013/4/11	上证债字〔2013〕170号
152	关于2013年乌鲁木齐高新技术产业开发区国有资产投资管理有限公司公司债券上市交易的通知	2013/4/11	上证债字〔2013〕166号
153	关于2013年厦门市杏林建设开发公司企业债券上市交易的通知	2013/4/11	上证债字〔2013〕181号
154	关于2013年烟台市城市建设发展有限公司公司债券上市交易的通知	2013/4/11	上证债字〔2013〕178号
155	关于2013年益阳高新技术产业资产经营总公司企业债券上市交易的通知	2013/4/11	上证债字〔2013〕182号
156	关于2013年浙江省德清县交通投资集团有限公司公司债券上市交易的通知	2013/4/11	上证债字〔2013〕177号
157	关于2013年镇江市水利投资公司企业债券上市交易的通知	2013/4/11	上证债字〔2013〕172号
158	关于2013年重庆三峡产业投资有限公司公司债券上市交易的通知	2013/4/11	上证债字〔2013〕175号
159	关于2010年北京市朝阳区国有资本经营管理中心企业债券上市交易的通知	2013/4/18	上证债字〔2013〕188号

续表

序号	名　　称	发文日期	文　　号
160	关于2012年马鞍山经济技术开发区建设投资有限公司市政项目建设债券上市交易的通知	2013/4/18	上证债字〔2013〕195号
161	关于2013年北京市朝阳区国有资本经营管理中心企业债券上市交易的通知	2013/4/18	上证债字〔2013〕193号
162	关于2013年海宁市资产经营公司公司债券上市交易的通知	2013/4/18	上证债字〔2013〕204号
163	关于2013年杭州余杭创新投资有限公司公司债券上市交易的通知	2013/4/18	上证债字〔2013〕191号
164	关于2013年合肥市工业投资控股有限公司公司债券上市交易的通知	2013/4/18	上证债字〔2013〕200号
165	关于2013年河源市城市开发投资有限公司公司债券上市交易的通知	2013/4/18	上证债字〔2013〕202号
166	关于2013年淮安清河新区投资发展有限公司公司债券上市交易的通知	2013/4/18	上证债字〔2013〕196号
167	关于2013年晋中市公用基础设施投资建设有限责任公司公司债券上市交易的通知	2013/4/18	上证债字〔2013〕207号
168	关于2013年南充发展投资(控股)有限责任公司公司债券上市交易的通知	2013/4/18	上证债字〔2013〕201号
169	关于2013年宁波市鄞州区城市建设投资发展有限公司公司债券上市交易的通知	2013/4/18	上证债字〔2013〕208号
170	关于2013年荣成市经济开发投资公司企业债券上市交易的通知	2013/4/18	上证债字〔2013〕192号
171	关于2013年山东省微山湖矿业集团有限公司公司债券上市交易的通知	2013/4/18	上证债字〔2013〕197号
172	关于2013年绍兴县中心城建设投资开发有限公司公司债券上市交易的通知	2013/4/18	上证债字〔2013〕198号
173	关于2013年泰州三福船舶工程有限公司公司债券上市交易的通知	2013/4/18	上证债字〔2013〕194号
174	关于2013年泰州市交通产业集团有限公司公司债券上市交易的通知	2013/4/18	上证债字〔2013〕206号
175	关于2013年渭南市城市建设投资开发有限责任公司公司债券上市交易的通知	2013/4/18	上证债字〔2013〕203号
176	关于2013年乌兰察布市集宁区城市建设投资开发有限责任公司公司债券上市交易的通知	2013/4/18	上证债字〔2013〕205号
177	关于2013年武汉地产开发投资集团有限公司公司债券上市交易的通知	2013/4/18	上证债字〔2013〕189号
178	关于2013年祥源控股集团有限责任公司公司债券上市交易的通知	2013/4/18	上证债字〔2013〕190号
179	关于2013年邹城市城市资产经营有限公司公司债券上市交易的通知	2013/4/18	上证债字〔2013〕199号

续表

序号	名　称	发文日期	文　号
180	关于2013年北京市基础设施投资有限公司公司债券上市交易的通知	2013/4/25	上证债字〔2013〕228号
181	关于2013年长治市投资建设开发有限公司公司债券上市交易的通知	2013/4/25	上证债字〔2013〕214号
182	关于2013年华峰集团有限公司公司债券上市交易的通知	2013/4/25	上证债字〔2013〕229号
183	关于2013年临海市基础设施投资有限公司公司债券上市交易的通知	2013/4/25	上证债字〔2013〕216号
184	关于2013年闽西兴杭国有资产投资经营有限公司公司债券上市交易的通知	2013/4/25	上证债字〔2013〕227号
185	关于2013年浙江省德清县交通投资集团有限公司公司债券上市交易的通知	2013/4/25	上证债字〔2013〕215号
186	关于2013年重庆市涪陵国有资产投资经营集团有限公司公司债券上市交易的通知	2013/4/25	上证债字〔2013〕212号
187	关于广州汽车集团股份有限公司2012年公司债券(第一期)上市交易的通知	2013/4/25	上证债字〔2013〕220号
188	关于华电福新能源股份有限公司2013年公司债券上市交易的通知	2013/4/25	上证债字〔2013〕219号
189	关于平顶山天安煤业股份有限公司2013年公司债券上市交易的通知	2013/4/25	上证债字〔2013〕217号
190	关于天士力制药集团股份有限公司2013年度第一期公司债券上市交易的通知	2013/4/25	上证债字〔2013〕218号
191	关于芜湖港储运股份有限公司2012年公司债券上市交易的通知	2013/4/25	上证债字〔2013〕221号
192	关于中国东方航空股份有限公司2012年公司债券(第一期)上市交易的通知	2013/4/25	上证债字〔2013〕213号
193	关于2012年成都市兴锦城市建设投资有限责任公司公司债券上市交易的通知	2013/5/3	上证债字〔2013〕234号
194	关于2012年山东新查庄矿业有限责任公司公司债券上市交易的通知	2013/5/3	上证债字〔2013〕231号
195	关于2013年常德市城市建设投资集团有限公司公司债券上市交易的通知	2013/5/3	上证债字〔2013〕236号
196	关于2013年大石桥市城市建设投资有限公司公司债券上市交易的通知	2013/5/3	上证债字〔2013〕237号
197	关于2013年九江富和建设投资有限公司公司债券上市交易的通知	2013/5/3	上证债字〔2013〕232号
198	关于2013年山西能源交通投资有限公司公司债券上市交易的通知	2013/5/3	上证债字〔2013〕235号
199	关于2013年西安高新控股有限公司公司债券上市交易的通知	2013/5/3	上证债字〔2013〕233号

续表

序号	名　　称	发文日期	文　　号
200	关于2013年第一期深圳市地铁集团有限公司公司债券上市交易的通知	2013/5/6	上证债字〔2013〕238号
201	关于2013年山东省鲁信投资控股集团有限公司公司债券上市交易的通知	2013/5/6	上证债字〔2013〕241号
202	关于2013年新乡投资集团有限公司公司债券上市交易的通知	2013/5/6	上证债字〔2013〕239号
203	关于中国南车股份有限公司2013年公司债券(第一期)上市交易的通知	2013/5/6	上证债字〔2013〕240号
204	关于2013年北京歌华文化发展集团企业债券上市交易的通知	2013/5/9	上证债字〔2013〕243号
205	关于2013年江苏海州湾发展集团有限公司公司债券上市交易的通知	2013/5/9	上证债字〔2013〕242号
206	关于2013年阿拉善盟基础设施建设投资经营有限责任公司公司债券上市交易的通知	2013/5/13	上证债字〔2013〕244号
207	关于2013年苏泊尔集团有限公司公司债券上市交易的通知	2013/5/13	上证债字〔2013〕245号
208	关于2013年宿州市建设投资有限责任公司公司债券上市交易的通知	2013/5/13	上证债字〔2013〕246号
209	关于2013年烟台开发区国有资产经营管理公司企业债券上市交易的通知	2013/5/15	上证债字〔2013〕247号
210	关于2012年临沂市城市资产经营开发有限公司公司债券上市交易的通知	2013/5/20	上证债字〔2013〕256号
211	关于2013年吉林市城市建设控股集团有限公司公司债券上市交易的通知	2013/5/20	上证债字〔2013〕252号
212	关于2013年山西潞安矿业(集团)有限责任公司公司债券上市交易的通知	2013/5/20	上证债字〔2013〕250号
213	关于2013年深圳市龙岗区投资管理有限公司公司债券上市交易的通知	2013/5/20	上证债字〔2013〕254号
214	关于2013年天津滨海发展投资控股有限公司公司债券上市交易的通知	2013/5/20	上证债字〔2013〕257号
215	关于2013年通辽市城市投资集团有限公司公司债券上市交易的通知	2013/5/20	上证债字〔2013〕258号
216	关于2013年烟台市城市建设发展有限公司公司债券上市交易的通知	2013/5/20	上证债字〔2013〕253号
217	关于2013年营口经济技术开发区城市开发建设投资有限公司公司债券上市交易的通知	2013/5/20	上证债字〔2013〕251号
218	关于2013年重庆市双桥经济技术开发区开发投资集团有限公司公司债券上市交易的通知	2013/5/20	上证债字〔2013〕255号
219	关于2013年临沧市国有资产经营有限责任公司公司债券上市交易的通知	2013/5/21	上证债字〔2013〕260号

续表

序号	名　　称	发文日期	文　　号
220	关于2013年翔宇实业集团有限公司公司债券上市交易的通知	2013/5/21	上证债字〔2013〕261号
221	关于华电福新能源股份有限公司2013年公司债券上市交易的通知	2013/5/22	上证债字〔2013〕264号
222	关于2013年红河州公路开发经营有限责任公司公司债券上市交易的通知	2013/5/24	上证债字〔2013〕265号
223	关于2013年安徽省南翔贸易(集团)有限公司公司债券上市交易的通知	2013/5/28	上证债字〔2013〕269号
224	关于2013年大同煤矿集团有限责任公司公司债券上市交易的通知	2013/5/28	上证债字〔2013〕267号
225	关于2013年海南金海浆纸业有限公司公司债券上市交易的通知	2013/5/28	上证债字〔2013〕268号
226	关于2013年九江市国有资产经营有限公司公司债券上市交易的通知	2013/5/28	上证债字〔2013〕270号
227	关于2013年南通市经济技术开发区总公司企业债券上市交易的通知	2013/5/28	上证债字〔2013〕272号
228	关于2013年绥芬河海融城市建设投资发展有限公司公司债券上市交易的通知	2013/5/28	上证债字〔2013〕266号
229	关于2013年溧阳市城市建设发展有限公司公司债券上市交易的通知	2013/6/3	上证债字〔2013〕276号
230	关于2013年南京市国有资产投资管理控股(集团)有限责任公司公司债券上市交易的通知	2013/6/3	上证债字〔2013〕274号
231	关于2013年绍兴市交通投资集团有限公司公司债券上市交易的通知	2013/6/3	上证债字〔2013〕277号
232	关于2013年常州高新技术产业开发区发展(集团)总公司企业债券上市交易的通知	2013/6/5	上证债字〔2013〕279号
233	关于2013年上海金外滩(集团)发展有限公司公司债券上市交易的通知	2013/6/5	上证债字〔2013〕280号
234	关于2013年江苏大丰海港控股集团有限公司公司债券上市交易的通知	2013/6/7	上证债字〔2013〕285号
235	关于2013年桐乡市城市建设投资有限公司公司债券上市交易的通知	2013/6/7	上证债字〔2013〕281号
236	关于2013年西安投资控股有限公司公司债券上市交易的通知	2013/6/7	上证债字〔2013〕283号
237	关于2013年新疆金特钢铁股份有限公司公司债券上市交易的通知	2013/6/7	上证债字〔2013〕284号
238	关于2013年浙江省新昌县投资发展有限公司公司债券上市交易的通知	2013/6/7	上证债字〔2013〕282号
239	关于2013年常熟市发展投资有限公司公司债券上市交易的通知	2013/6/14	上证债字〔2013〕292号

续表

序号	名　　称	发文日期	文　　号
240	关于2013年楚雄州开发投资有限公司公司债券上市交易的通知	2013/6/14	上证债字〔2013〕287号
241	关于2013年海航集团有限公司公司债券上市交易的通知	2013/6/14	上证债字〔2013〕289号
242	关于2013年丽水市城市建设投资有限责任公司公司债券上市交易的通知	2013/6/14	上证债字〔2013〕291号
243	关于2013年临汾市投资集团有限公司公司债券上市交易的通知	2013/6/14	上证债字〔2013〕290号
244	关于2013年自贡市高新投资有限公司公司债券上市交易的通知	2013/6/14	上证债字〔2013〕286号
245	关于张家港保税科技股份有限公司2013年公司债券上市交易的通知	2013/6/14	上证债字〔2013〕288号
246	关于浙江升华拜克生物股份有限公司2012年公司债券(第一期)上市交易的通知	2013/6/14	上证债字〔2013〕293号
247	关于2013年华盛江泉集团有限公司公司债券上市交易的通知	2013/6/17	上证债字〔2013〕294号
248	关于2013年泉州市城建国有资产投资有限公司公司债券上市交易的通知	2013/6/17	上证债字〔2013〕295号
249	关于2013年石家庄市地产集团有限公司公司债券上市交易的通知	2013/6/17	上证债字〔2013〕296号
250	关于华泰证券股份有限公司2013年公司债券上市交易的通知	2013/6/17	上证债字〔2013〕298号
251	关于2013年鞍山市城市建设投资发展有限公司公司债券上市交易的通知	2013/6/21	上证债字〔2013〕304号
252	关于2013年江苏华靖资产经营有限公司公司债券上市交易的通知	2013/6/21	上证债字〔2013〕302号
253	关于2013年武汉新港建设投资开发集团有限公司公司债券上市交易的通知	2013/6/21	上证债字〔2013〕303号
254	关于2013年日照市经济开发投资公司企业债券上市交易的通知	2013/6/25	上证债字〔2013〕309号
255	关于2013年咸宁市荣盛投资发展有限公司公司债券上市交易的通知	2013/6/25	上证债字〔2013〕308号
256	关于2013年重庆大足国有资产经营管理集团有限公司公司债券上市交易的通知	2013/6/25	上证债字〔2013〕307号
257	关于2013年重庆市南发城建发展有限公司公司债券上市交易的通知	2013/6/25	上证债字〔2013〕305号
258	关于2013年重庆市万盛经济技术开发区开发投资集团有限公司公司债券上市交易的通知	2013/6/25	上证债字〔2013〕306号
259	关于岳阳林纸股份有限公司2012年公司债券(第一期)上市交易的通知	2013/6/25	上证债字〔2013〕311号

续表

序号	名　　称	发文日期	文　　号
260	关于浙江尖峰集团股份有限公司 2013 年公司债券(第一期)上市交易的通知	2013/6/25	上证债字〔2013〕310 号
261	关于 2013 年晋江市城市建设投资开发有限责任公司公司债券上市交易的通知	2013/6/28	上证债字〔2013〕315 号
262	关于 2013 年南京铁路建设投资有限责任公司公司债券上市交易的通知	2013/6/28	上证债字〔2013〕317 号
263	关于第一拖拉机股份有限公司 2012 年公司债券(第二期)上市交易的通知	2013/6/28	上证债字〔2013〕316 号
264	关于中信证券股份有限公司 2013 年公司债券(第一期)上市交易的通知	2013/6/28	上证债字〔2013〕318 号
265	关于 2012 年广西交通投资集团有限公司公司债券上市交易的通知	2013/7/1	上证债字〔2013〕320 号
266	关于 2013 年云南省投资控股集团有限公司公司债券上市交易的通知	2013/7/1	上证债字〔2013〕322 号
267	关于 2012 年上海豫园旅游商城股份有限公司公司债券(第一期)上市交易的通知	2013/7/3	上证债字〔2013〕323 号
268	关于 2013 年长沙市轨道交通集团有限公司公司债券上市交易的通知	2013/7/3	上证债字〔2013〕324 号
269	关于 2013 年金坛市建设资产经营有限公司公司债券上市交易的通知	2013/7/3	上证债字〔2013〕325 号
270	关于 2013 年眉山市宏大建设投资有限责任公司公司债券上市交易的通知	2013/7/3	上证债字〔2013〕326 号
271	关于 2013 年哈尔滨水务投资有限责任公司公司债券上市交易的通知	2013/7/9	上证债字〔2013〕334 号
272	关于 2013 年海拉尔区城市基础设施投资开发置业有限责任公司公司债券上市交易的通知	2013/7/9	上证债字〔2013〕328 号
273	关于 2013 年溧水县城镇建设投资有限责任公司公司债券上市交易的通知	2013/7/9	上证债字〔2013〕335 号
274	关于 2013 年沈阳市苏家屯区城乡建设投资有限公司公司债券上市交易的通知	2013/7/9	上证债字〔2013〕333 号
275	关于 2013 年信阳市弘昌管道燃气工程有限责任公司公司债券上市交易的通知	2013/7/9	上证债字〔2013〕332 号
276	关于 2013 年重庆市合川工业投资(集团)有限公司公司债券上市交易的通知	2013/7/9	上证债字〔2013〕331 号
277	关于 2013 年贵阳铁路建设投资有限公司公司债券上市交易的通知	2013/7/15	上证债字〔2013〕343 号
278	关于 2013 年衡阳弘湘国有资产经营有限责任公司湘江流域重金属污染治理公司债券上市交易的通知	2013/7/15	上证债字〔2013〕340 号

续表

序号	名　　称	发文日期	文　　号
279	关于2013年湖北三宁化工股份有限公司公司债券上市交易的通知	2013/7/15	上证债字〔2013〕338号
280	关于2013年温州市交通投资集团有限公司公司债券上市交易的通知	2013/7/15	上证债字〔2013〕339号
281	关于2013年西宁经济技术开发区投资控股集团有限公司公司债券上市交易的通知	2013/7/15	上证债字〔2013〕341号
282	关于2013年兖州市惠民城建投资有限公司公司债券上市交易的通知	2013/7/15	上证债字〔2013〕342号
283	关于2013年珠海华发集团有限公司公司债券上市交易的通知	2013/7/15	上证债字〔2013〕337号
284	关于2013年安庆经济技术开发区建设投资集团有限公司公司债券上市交易的通知	2013/7/16	上证债字〔2013〕352号
285	关于2013年昌吉州国有资产投资经营有限责任公司公司债券上市交易的通知	2013/7/16	上证债字〔2013〕351号
286	关于2013年广州市番禺交通建设投资有限公司公司债券上市交易的通知	2013/7/16	上证债字〔2013〕354号
287	关于2013年新郑新区发展投资有限责任公司公司债券上市交易的通知	2013/7/16	上证债字〔2013〕353号
288	关于2013年北京粮食集团有限责任公司公司债券上市交易的通知	2013/7/22	上证债字〔2013〕355号
289	关于2013年海南省洋浦开发建设控股有限公司公司债券上市交易的通知	2013/7/22	上证债字〔2013〕356号
290	关于2013年南昌水利投资发展有限公司公司债券上市交易的通知	2013/7/22	上证债字〔2013〕357号
291	关于2013年景德镇市国有资产经营管理有限公司公司债券上市交易的通知	2013/7/25	上证债字〔2013〕360号
292	关于2013年瓦房店市国有资产经营管理中心企业债券上市交易的通知	2013/7/25	上证债字〔2013〕359号
293	关于2013年郴州市新天投资有限公司湘江流域重金属污染治理公司债券上市交易的通知	2013/7/26	上证债字〔2013〕363号
294	关于2013年杭州市运河综合保护开发建设集团有限责任公司公司债券上市交易的通知	2013/7/30	上证债字〔2013〕365号
295	关于2013年新疆五家渠城市建设投资经营有限公司公司债券上市交易的通知	2013/7/30	上证债字〔2013〕366号
296	关于2013年白银市城市发展投资(集团)有限公司公司债券上市交易的通知	2013/8/13	上证债字〔2013〕371号
297	关于2013年南昌县城市建设投资发展有限公司公司债券上市交易的通知	2013/8/13	上证债字〔2013〕373号
298	关于2013年岳阳市城市建设投资有限公司公司债券上市交易的通知	2013/8/13	上证债字〔2013〕372号

续表

序号	名　　称	发文日期	文　　号
299	关于2013年郑州公共住宅建设投资有限公司公司债券上市交易的通知	2013/8/13	上证债字〔2013〕374号
300	关于2013年中国电力投资集团公司企业债券上市交易的通知	2013/8/13	上证债字〔2013〕375号
301	关于2013年北京生物医药产业基地发展有限公司公司债券上市交易的通知	2013/8/14	上证债字〔2013〕378号
302	关于2013年湘潭振湘国有资产经营投资有限公司湘江流域重金属污染治理公司债券上市交易的通知	2013/8/16	上证债字〔2013〕379号
303	关于永泰能源股份有限公司2013年公司债券上市交易的通知	2013/8/19	上证债字〔2013〕381号
304	关于2013年北京市海淀区国有资本经营管理中心企业债券上市交易的通知	2013/8/21	上证债字〔2013〕385号
305	关于2013年滨州城建投资经营有限公司公司债券上市交易的通知	2013/8/21	上证债字〔2013〕384号
306	关于中信证券股份有限公司2013年公司债券(第二期)上市交易的通知	2013/8/21	上证债字〔2013〕387号
307	关于2013年博尔塔拉蒙古自治州国有资产投资经营有限责任公司公司债券上市交易的通知	2013/8/23	上证债字〔2013〕390号
308	关于2013年福建闽北经济开发区投资开发有限公司公司债券上市交易的通知	2013/8/30	上证债字〔2013〕394号
309	关于2013年重庆市城市建设投资(集团)有限公司公司债券上市交易的通知	2013/8/30	上证债字〔2013〕395号
310	关于2013年重庆市地产集团有限公司公司债券上市交易的通知	2013/8/30	上证债字〔2013〕397号
311	关于中国国际航空股份有限公司2012年公司债券(第二期)上市交易的通知	2013/8/30	上证债字〔2013〕396号
312	关于2013年安信证券股份有限公司债券上市交易的通知	2013/9/3	自律监管决定书〔2013〕1号
313	关于2013年徐州市铜山区城市建设投资有限责任公司公司债券上市交易的通知	2013/9/3	自律监管决定书〔2013〕2号
314	关于2013年滨州城建投资经营有限公司公司债券上市交易的通知	2013/9/6	自律监管决定书〔2013〕5号
315	关于北京京客隆商业集团股份有限公司2013年公司债券上市交易的通知	2013/9/6	自律监管决定书〔2013〕4号
316	关于四川路桥建设股份有限公司2013年公司债券上市交易的通知	2013/9/6	自律监管决定书〔2013〕3号
317	关于2013年吐鲁番地区国有资产投资经营有限责任公司公司债券上市交易的通知	2013/9/10	自律监管决定书〔2013〕6号

续表

序号	名　　称	发文日期	文　　号
318	关于山东黄金矿业股份有限公司2013年公司债券(第一期)上市交易的通知	2013/9/11	自律监管决定书〔2013〕7号
319	关于2013年张家港保税区张保实业有限公司公司债券上市交易的通知	2013/9/17	自律监管决定书〔2013〕8号
320	关于2013年山西煤炭运销集团有限公司公司债券上市交易的通知	2013/9/18	自律监管决定书〔2013〕9号
321	关于2013年遂宁发展投资有限责任公司公司债券上市交易的通知	2013/9/18	自律监管决定书〔2013〕10号
322	关于2013年梅州市康达公路建设有限公司公司债券上市交易的通知	2013/9/26	自律监管决定书〔2013〕12号
323	关于2013年蚌埠市城市投资控股有限公司公司债券上市交易的通知	2013/9/30	自律监管决定书〔2013〕14号
324	关于2013年黔南州国有资本营运有限责任公司公司债券上市交易的通知	2013/9/30	自律监管决定书〔2013〕15号
325	关于2013年石家庄市建设投资集团有限责任公司公司债券上市交易的通知	2013/9/30	自律监管决定书〔2013〕13号
326	关于2013年北京京煤集团有限责任公司公司债券上市交易的通知	2013/10/9	自律监管决定书〔2013〕17号
327	关于2013年四川成阿发展实业有限公司公司债券上市交易的通知	2013/10/9	自律监管决定书〔2013〕16号
328	关于2013年北京市谷财国有资产经营有限公司公司债券上市交易的通知	2013/10/11	自律监管决定书〔2013〕19号
329	关于2013年大洼县城市建设投资有限公司公司债券上市交易的通知	2013/10/11	自律监管决定书〔2013〕18号
330	关于2013年钦州滨海新城资产管理有限公司公司债券上市交易的通知	2013/10/11	自律监管决定书〔2013〕20号
331	关于2013年上海南房(集团)有限公司公司债券上市交易的通知	2013/10/11	自律监管决定书〔2013〕21号
332	关于2013年珠海汇华基础设施投资有限公司公司债券上市交易的通知	2013/10/11	自律监管决定书〔2013〕22号
333	关于2013年临汾市尧都区投资建设开发有限公司公司债券上市交易的通知	2013/10/17	自律监管决定书〔2013〕24号
334	关于2013年乳山市城市国有资产经营有限公司公司债券上市交易的通知	2013/10/17	自律监管决定书〔2013〕25号
335	关于2013年天津市房地产开发经营集团有限公司公司债券上市交易的通知	2013/10/17	自律监管决定书〔2013〕23号
336	关于2013年昌润投资控股集团有限公司公司债券上市交易的通知	2013/10/21	自律监管决定书〔2013〕28号
337	关于2013年萍乡市汇丰投资有限公司公司债券上市交易的通知	2013/10/21	自律监管决定书〔2013〕26号

续表

序号	名　称	发文日期	文　号
338	关于2013年三明市城市建设投资集团有限公司公司债券上市交易的通知	2013/10/21	自律监管决定书〔2013〕30号
339	关于2013年阳江市恒财城市投资控股有限公司公司债券上市交易的通知	2013/10/21	自律监管决定书〔2013〕29号
340	关于浙江航民股份有限公司2011年公司债券(第二期)上市交易的通知	2013/10/21	自律监管决定书〔2013〕27号
341	关于2013年江苏福如东海发展集团有限关于2013年江苏福如东海发展集团有限公司公司债券上市交易的通知	2013/10/23	自律监管决定书〔2013〕32号
342	关于2013年北京未来科技城开发建设有限公司公司债券上市交易的通知	2013/10/25	自律监管决定书〔2013〕33号
343	关于2013年克孜勒苏柯尔克孜自治州国有资产投资经营有限责任公司公司债券上市交易的通知	2013/10/25	自律监管决定书〔2013〕34号
344	关于2012年营口沿海开发建设有限公司公司债券上市交易的通知	2013/10/30	自律监管决定书〔2013〕36号
345	关于2013年湖北省供销合作社社有资产经营管理公司企业债券上市交易的通知	2013/10/30	自律监管决定书〔2013〕37号
346	关于2013年龙岩工贸发展集团有限公司公司债券上市交易的通知	2013/10/30	自律监管决定书〔2013〕42号
347	关于2013年平凉市投资发展公司企业债券上市交易的通知	2013/10/30	自律监管决定书〔2013〕43号
348	关于2013年上虞杭州湾新区城市建设投资发展有限公司公司债券上市交易的通知	2013/10/30	自律监管决定书〔2013〕41号
349	关于2013年天津宝星工贸有限公司公司债券上市交易的通知	2013/10/30	自律监管决定书〔2013〕40号
350	关于2013年铜陵市建设投资控股有限责任公司公司债券上市交易的通知	2013/10/30	自律监管决定书〔2013〕35号
351	关于2013年许昌市投资总公司企业债券上市交易的通知	2013/10/30	自律监管决定书〔2013〕38号
352	关于2013年重庆市碚城建设开发有限责任公司公司债券上市交易的通知	2013/10/30	自律监管决定书〔2013〕39号
353	关于2013年郑州发展投资集团有限公司公司债券上市交易的通知	2013/10/31	自律监管决定书〔2013〕44号
354	关于魏桥纺织股份有限公司2013年公司债券第一期上市交易的通知	2013/10/31	自律监管决定书〔2013〕45号
355	关于2013年安徽省池州市平天湖建设工程有限公司公司债券上市交易的通知	2013/11/5	自律监管决定书〔2013〕50号
356	关于2013年第二期国家电网公司企业债券上市交易的通知	2013/11/5	自律监管决定书〔2013〕59号

续表

序号	名　　称	发文日期	文　　号
357	关于2013年河北广电信息网络集团股份有限公司公司债券上市交易的通知	2013/11/5	自律监管决定书〔2013〕51号
358	关于2013年姜堰市城市建设投资发展有限公司公司债券上市交易的通知	2013/11/5	自律监管决定书〔2013〕58号
359	关于2013年荆门市城市建设投资公司企业债券上市交易的通知	2013/11/5	自律监管决定书〔2013〕52号
360	关于2013年龙岩市汇金资产经营发展有限公司公司债券上市交易的通知	2013/11/5	自律监管决定书〔2013〕57号
361	关于2013年郫县国有资产投资经营公司企业债券上市交易的通知	2013/11/5	自律监管决定书〔2013〕49号
362	关于2013年十堰市城市基础设施建设投资有限公司公司债券上市交易的通知	2013/11/5	自律监管决定书〔2013〕48号
363	关于2013年塔城地区国有资产投资经营公司公司债券上市交易的通知	2013/11/5	自律监管决定书〔2013〕56号
364	关于2013年泰州市城市建设投资集团有限公司公司债券上市交易的通知	2013/11/5	自律监管决定书〔2013〕55号
365	关于2013年无锡城市发展集团有限公司公司债券上市交易的通知	2013/11/5	自律监管决定书〔2013〕46号
366	关于2013年雅安发展投资有限责任公司公司债券上市交易的通知	2013/11/5	自律监管决定书〔2013〕53号
367	关于2013年重庆鸿业实业(集团)有限公司公司债券上市交易的通知	2013/11/5	自律监管决定书〔2013〕54号
368	关于2013年株洲市城市建设发展集团有限公司公司债券上市交易的通知	2013/11/5	自律监管决定书〔2013〕47号
369	关于2009年厦门海沧投资总公司企业债券上市交易的通知	2013/11/8	自律监管决定书〔2013〕66号
370	关于2013年郴州高科投资控股有限公司湘江流域重金属污染治理公司债券上市交易的通知	2013/11/8	自律监管决定书〔2013〕62号
371	关于2013年寿光市城市建设投资开发有限公司公司债券上市交易的通知	2013/11/8	自律监管决定书〔2013〕63号
372	关于2013年唐山曹妃甸发展投资集团有限公司公司债券上市交易的通知	2013/11/8	自律监管决定书〔2013〕61号
373	关于2013年新沂市城市投资发展有限公司公司债券上市交易的通知	2013/11/8	自律监管决定书〔2013〕65号
374	关于2013年重庆市双福建设开发有限公司公司债券上市交易的通知	2013/11/8	自律监管决定书〔2013〕64号
375	关于2013年大连顺兴投资有限公司公司债券上市交易的通知	2013/11/15	自律监管决定书〔2013〕68号
376	关于2013年第一期湖北省交通投资有限公司公司债券上市交易的通知	2013/11/15	自律监管决定书〔2013〕67号

续表

序号	名称	发文日期	文号
377	关于2013年葫芦岛市投资集团有限公司公司债券上市交易的通知	2013/11/15	自律监管决定书〔2013〕70号
378	关于2013年怀化市工业园投资开发有限公司公司债券上市交易的通知	2013/11/15	自律监管决定书〔2013〕69号
379	关于2013年湘潭九华经济建设投资有限公司公司债券上市交易的通知	2013/11/18	自律监管决定书〔2013〕71号
380	关于2013年永州市城市建设投资开发公司企业债券上市交易的通知	2013/11/18	自律监管决定书〔2013〕74号
381	关于2013年湛江市基础设施建设投资集团有限公司公司债券上市交易的通知	2013/11/18	自律监管决定书〔2013〕72号
382	关于2013年重庆西部现代物流产业园区开发建设有限责任公司公司债券上市交易的通知	2013/11/18	自律监管决定书〔2013〕73号
383	关于2010年开元旅业集团有限公司公司债券上市交易的通知	2013/11/19	自律监管决定书〔2013〕75号
384	关于2013年山东任城融鑫发展有限公司公司债券上市交易的通知	2013/11/19	自律监管决定书〔2013〕76号
385	关于2013年宿迁市城市建设投资有限公司公司债券上市交易的通知	2013/11/19	自律监管决定书〔2013〕77号
386	关于2013年丹阳投资集团有限公司公司债券上市交易的通知	2013/11/21	自律监管决定书〔2013〕79号
387	关于2013年江门市高新技术工业园有限公司公司债券上市交易的通知	2013/11/21	自律监管决定书〔2013〕80号
388	关于2013年吴忠市城乡建设投资开发有限公司公司债券上市交易的通知	2013/11/21	自律监管决定书〔2013〕78号
389	关于2013年上海陈家镇建设发展有限公司公司债券上市交易的通知	2013/11/25	自律监管决定书〔2013〕82号
390	关于2013年武汉光谷联合集团有限公司公司债券上市交易的通知	2013/11/25	自律监管决定书〔2013〕83号
391	关于2013年资阳市水务投资有限责任公司公司债券上市交易的通知	2013/11/25	自律监管决定书〔2013〕84号
392	关于2009年衡阳市城市建设投资有限公司公司债券上市交易的通知	2013/11/27	自律监管决定书〔2013〕86号
393	关于2013年巴彦淖尔市临河区城市发展投资有限责任公司公司债券上市交易的通知	2013/11/27	自律监管决定书〔2013〕85号
394	关于2013年北京金利源国有资产经营管理中心企业债券上市交易的通知	2013/11/27	自律监管决定书〔2013〕87号
395	关于2013年第一期普兰店市建设投资有限公司公司债券上市交易的通知	2013/12/3	自律监管决定书〔2013〕89号
396	关于2013年南阳投资集团有限公司公司债券上市交易的通知	2013/12/3	自律监管决定书〔2013〕88号

续表

序号	名　　称	发文日期	文　　号
397	关于2013年商洛市城市建设投资开发有限公司公司债券上市交易的通知	2013/12/3	自律监管决定书〔2013〕92号
398	关于2013年武汉地铁集团有限公司可续期公司债券上市交易的通知	2013/12/3	自律监管决定书〔2013〕93号
399	关于2013年盐城市亭湖区公有资产投资经营公司企业债券上市交易的通知	2013/12/3	自律监管决定书〔2013〕91号
400	关于2013年中国宜兴环保科技工业园发展总公司企业债券上市交易的通知	2013/12/3	自律监管决定书〔2013〕90号
401	关于2013年海盐县国有资产经营有限公司公司债券上市交易的通知	2013/12/4	自律监管决定书〔2013〕102号
402	关于2013年邯郸市交通建设有限公司公司债券上市交易的通知	2013/12/4	自律监管决定书〔2013〕101号
403	关于2013年平度市国有资产经营管理有限公司公司债券上市交易的通知	2013/12/4	自律监管决定书〔2013〕100号
404	关于2013年浙江永利实业集团有限公司公司债券上市交易的通知	2013/12/4	自律监管决定书〔2013〕94号
405	关于2013年中国外运股份有限公司公司债券(第一期)上市交易的通知	2013/12/4	自律监管决定书〔2013〕99号
406	关于2013年中信建投证券股份有限公司债券上市交易的通知	2013/12/4	自律监管决定书〔2013〕97号
407	关于东吴证券股份有限公司2013年公司债券上市交易的通知	2013/12/4	自律监管决定书〔2013〕98号
408	关于华域汽车系统股份有限公司2013年公司债券上市交易的通知	2013/12/4	自律监管决定书〔2013〕96号
409	关于云南煤业能源股份有限公司2013年公司债券上市交易的通知	2013/12/4	自律监管决定书〔2013〕95号
410	关于2013年广东省粤垦投资有限公司公司债券上市交易的通知	2013/12/10	自律监管决定书〔2013〕104号
411	关于2013年江阴临港新城开发建设有限公司公司债券上市交易的通知	2013/12/10	自律监管决定书〔2013〕107号
412	关于2013年柳州东城投资开发有限公司公司债券上市交易的通知	2013/12/10	自律监管决定书〔2013〕105号
413	关于2013年天津市静海城市基础设施建设投资集团有限公司公司债券上市交易的通知	2013/12/10	自律监管决定书〔2013〕106号
414	关于2013年郑州交通建设投资有限公司公司债券上市交易的通知	2013/12/11	自律监管决定书〔2013〕108号
415	关于2013年邯郸市城市建设投资有限公司公司债券上市交易的通知	2013/12/13	自律监管决定书〔2013〕110号
416	关于2013年襄阳市建设投资经营有限公司公司债券上市交易的通知	2013/12/13	自律监管决定书〔2013〕112号

续表

序号	名　　称	发文日期	文　　号
417	关于海通证券股份有限公司 2013 年公司债券(第一期)上市交易的通知	2013/12/13	自律监管决定书〔2013〕111 号
418	关于 2013 年第一期库车城市建设投资(集团)有限公司公司债券上市交易的通知	2013/12/17	自律监管决定书〔2013〕113 号
419	关于 2013 年海宁市尖山新区开发有限公司公司债券上市交易的通知	2013/12/17	自律监管决定书〔2013〕114 号
420	关于 2010 年云南建工集团有限公司公司债券上市交易的通知	2013/12/23	自律监管决定书〔2013〕115 号
421	关于 2012 年惠安县国有资产投资经营有限公司公司债券上市交易的通知	2013/12/23	自律监管决定书〔2013〕117 号
422	关于 2013 年荆州经济技术开发区发展总公司企业债券上市交易的通知	2013/12/23	自律监管决定书〔2013〕118 号
423	关于 2013 年乌兰察布市投资开发有限公司公司债券上市交易的通知	2013/12/23	自律监管决定书〔2013〕116 号
424	关于 2012 年上海闵行城市建设投资开发有限公司公司债券上市交易的通知	2013/12/27	自律监管决定书〔2013〕121 号
425	关于 2013 年第一期六安城市建设投资有限公司公司债券上市交易的通知	2013/12/27	自律监管决定书〔2013〕120 号
426	关于 2013 年大冶市城市建设投资开发有限公司公司债券上市交易的通知	2013/12/30	自律监管决定书〔2013〕123 号
427	关于 2013 年诸暨市越都投资发展有限公司公司债券上市交易的通知	2013/12/30	自律监管决定书〔2013〕124 号
428	关于盛屯矿业集团股份有限公司 2013 年公司债券上市交易的通知	2013/12/30	自律监管决定书〔2013〕122 号

基金

序号	名　　称	发文日期	文　　号
1	关于万家上证 380 交易型开放式指数证券投资基金上市交易的通知	2013/11/20	自律监管决定书〔2013〕81 号
2	关于易方达沪深 300 医药卫生交易型开放式指数证券投资基金上市交易的通知	2013/10/21	自律监管决定书〔2013〕31 号
3	关于上证企债 30 交易型开放式指数证券投资基金上市交易的通知	2013/8/8	上证基字〔2013〕151 号
4	关于上证 180 高贝塔交易型开放式指数证券投资基金上市交易的通知	2013/7/19	上证基字〔2013〕147 号
5	关于上证市值百强交易型开放式指数证券投资基金上市交易的通知	2013/5/27	上证基字〔2013〕128 号
6	关于广发中证 500 交易型开放式指数证券投资基金上市交易的通知	2013/5/16	上证基字〔2013〕122 号

续表

序号	名　称	发文日期	文　号
7	关于纳斯达克100交易型开放式指数证券投资基金上市交易的通知	2013/5/9	上证基字〔2013〕118号
8	关于上证能源等5只交易型开放式指数发起式证券投资基金上市交易的通知	2013/4/25	上证基字〔2013〕113号
9	关于银华交易型货币市场基金上市交易的通知	2013/4/11	上证基字〔2013〕105号
10	关于易方达沪深300交易型开放式指数证券投资基金上市交易的通知	2013/3/18	上证基字〔2013〕87号
11	关于上证5年期国债交易型开放式指数证券投资基金上市交易的通知	2013/3/15	上证基字〔2013〕85号
12	关于南方中证500交易所交易基金上市交易的通知	2013/3/8	上证基字〔2013〕83号
13	关于华宝兴业现金添益交易型货币市场基金上市交易的通知	2013/1/21	上证基字〔2013〕17号
14	关于华夏沪深300交易所交易基金(ETF)上市交易的通知	2013/1/10	上证基字〔2013〕4号

(三)2013年作出的暂停上市决定目录

序号	名　称	发文日期	文　号
1	关于对中国长江航运集团南京油运股份有限公司股票实施暂停上市的决定	2013/5/7	上证公字〔2013〕19号
2	关于对山东金泰集团股份有限公司股票实施暂停上市的决定	2013/5/7	上证公字〔2013〕20号

(四)2013年作出的恢复上市决定目录

序号	名　称	发文日期	文　号
1	关于有条件同意广西北生药业股份有限公司股票恢复上市申请的通知	2012/12/31	上证公字〔2012〕84号
2	关于有条件同意西安宏盛科技发展股份有限公司股票恢复上市申请的通知	2012/12/31	上证公字〔2012〕85号

续表

序号	名　　称	发文日期	文　　号
3	关于同意济南轻骑摩托车股份有限公司股票恢复上市申请的通知	2013/6/28	上证公字〔2013〕27 号
4	关于 2008 年广州造纸股份有限公司公司债券恢复上市的通知	2013/7/15	上证债字〔2013〕347 号

(五)2013 年作出的终止上市决定目录

序号	名　　称	发文日期	文　　号
1	关于河南天方药业股份有限公司股票终止上市的决定	2013/7/10	上证公字〔2013〕33 号
2	关于浙江东南发电股份有限公司股票终止上市的决定	2013/11/5	自律监管决定书〔2013〕60 号

(上海证券交易所供稿)

二、深圳证券交易所

(一)2013 年法制建设工作综述

2013 年,深圳证券交易所按照中国证监会统一部署,转变监管观念,创新监管方式,推进监管转型,法制建设取得新进展。

一、以"简化、透明化"为原则,完善业务规则体系建设

(一)完善规则制定修改机制,开门立法,加强规则解读说明

完成第九次业务规则清理,初步建立起以"简化、透明化"为原则的业务规则体系,便于市场主体理解执行规则。在业务规则制定和修改过程中,始终坚持"开门立法",事前征求意见,事中反馈沟通,事后说明解读。在 2013 年"12 · 4 法制宣传日"活动中,利用在线交流平台公开听取市场主体对规则的意见建议。在制定新股发行配套规则后,除通过配发新闻稿、答记者问等传统形式解释说明外,还在新浪、腾讯微博举办微访谈活动,让投资者对规则看得到、看得懂、用得了。

(二)根据业务发展需要,及时修订《交易规则》等业务规则

2013 年 7 月和 11 月,两次修订《交易规则》,完善了大宗交易制度,对创新型基金实行 T+0 差异化安排。继续推动修订《会员管理规则》,补充投资者适当性管理和客户交易行为管理等要求,目前规则修订稿已向全体会员征求意见。适应市场需求,全面启动《上市公司规范运作指引》修订工作,贯彻落实近期一系列市场化改革的新要求。年内制定、修订的 20 多件各类业务规则中,《上市公司信息披露直通车业务指引》、《上市公司信息披露考核工作办法》等规则充分体现了监管理念转变。《资

产证券化业务指引》、《质押式报价回购交易及登记结算业务办法》等规则为开展各类业务创新提供了规则保障。

二、转变监管理念，推进监管转型，推动市场主体归位尽责

（一）建立审核登记事项动态清理机制，提高市场运行效率

2013 年 7 月进行第三次审核登记事项清理工作，将审核登记事项由 31 项调整为 16 项，减幅达 48%。对外公开《审核和登记事项公开一览表》以及《审核和登记事项办理指南》，方便市场参与主体办理相关业务。此外，主动对自律监管职能进行了分类梳理，并根据中国证监会信息披露监管执法部署进行了全面评估，取消、放宽部分事前审查环节，切实减轻市场负担，提高市场运行效率。

（二）以信息披露为中心，全面加强上市公司监管

继 2011 年率先启动信息披露直通车业务，2012 年逐步扩大试点，2013 年实现了整体实施，扩大直通公司范围和公告类别，涵盖 86% 的上市公司，推动了监管方式上向以信息披露为核心转变。

修订《上市公司信息披露工作考核办法》，将信息披露考核结果应用于信息披露直通车、监管风险评估等制度创新和监管实务，并作为出具再融资等事项持续监管意见的参考依据，强化市场约束机制。

配合中国证监会做好并购重组分道制工作，采用信息披露考核结果进行分道制评价，全面修订风险分类标准，督促上市公司充分揭示风险，同时优化材料报送和停牌程序，严查并购重组内幕交易，切实保护投资者合法权益。

（三）以风险防控为导向，加大交易监管力度

贯彻实时监控、定期核查、专项核查和联动监管四项监控机制，强化重大事项停牌核查机制，及时、主动排查各类市场风险和媒体质疑事项，严厉打击违法交易行为，保障市场平稳运行。2013 年，深交所共开展专项核查千余家次，平均每日停牌核查 4 家次。累计上报异动线索百余起，其中 80% 以上是涉嫌内幕交易线索，2013 年中国证监会稽查局针对深交所上报异动线索的调查启动率超过 90%。

实施“深化遏制炒新”专项行动，加强会员自律管理，提高投资者适当性管理针对性，建立炒新账户分类管理与风险警示机制，提升新股交易监控智能化水平。2013 年 12 月，发布新股发行配套规则，调整和完善新股上市首日开盘价格形成机制，改进新股交易特征信息揭示，加强对炒新行为的约束。

三、严格依法惩处违法违规，维护“公开、公平、公正”

按照“加快推进工作重心从事前审批向事中、事后监管执法转变”的要求，加强自律监管执法，严格执法，公正执法，对侵害投资者合法权益的违法违规行为，毫不手软地追究到底、处分到位。

（一）严格执法，严惩违法违规行为

2013 年度，共组织召开纪律处分委员会审议会议 14 次，作出 65 份纪律处分决定，涉及上市公司 59 家次以及有关责任人员 261 人次。其中，主板公司 21 家次，中小板公司 24 家次，创业板公司 14 家次。被公开谴责的公司 6 家，其中，主板公司 4 家，中小板公司 1 家，创业板公司 1 家；被公开谴责的人员 63 人（包括 2 名保荐代表人和 3 名注册会计师）。被通报批评的公司 27 家次，其中，主板公司 11 家，中小板公司 10 家，创业板公司 6 家；被通报批评的人员 198 人（包括 4 名保荐代表人）。

2013 年上市公司被处分情况表

板块 类型	主板（家次）	中小板（家次）	创业板（家次）	总计
公开谴责	4	1	1	6
通报批评	11	10	6	27
总计	15	11	7	33

2013 年度，共采取限制交易措施 25 起，涉及 34 个从事异常交易的投资者的 36 个证券账户。其中，机构账户 16 个，个人账户 20 个；所有被限制账户均涉及违规超比例增减持股份，其中有 3 个账户同时存在短线交易。

从执法情况来看，2013 年度自律监管执法呈现以下特点：

一是执法的数量明显增加。2013 年度纪律处分委员会审议会次数、纪律处分决定份数、被处分的责任人员以及限制交易次数，均为历年来的最高值。

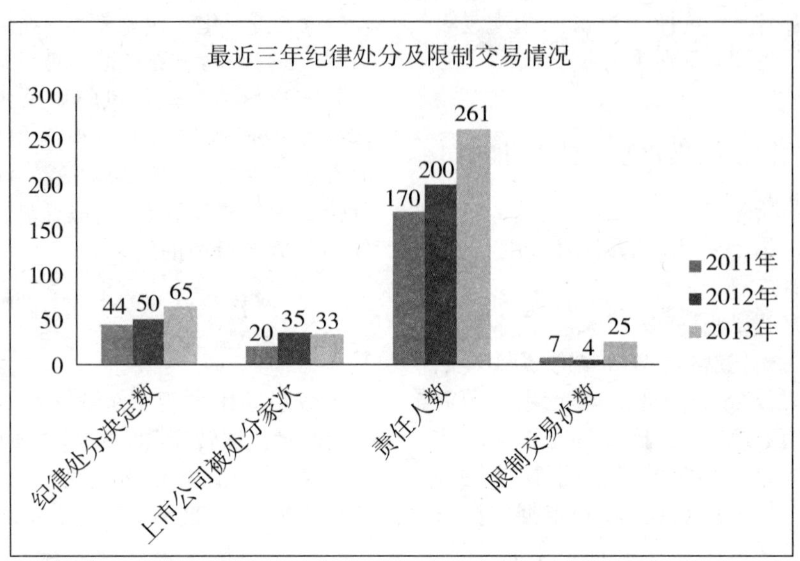

二是信息披露违规仍是主要违规类型。2013年度处分原因可大致分为信息披露违规、公司治理违规、证券交易违规以及其他违规行为等四类。其中,信息披露违规35起,占比最高。

按照违规原因划分的纪律处分分布

<table>
<tr><th>违规类型</th><th colspan="2">信息披露违规</th><th colspan="2">证券交易违规</th><th colspan="2">公司治理违规</th><th colspan="2">其他违规行为</th></tr>
<tr><td rowspan="5">违规类型细分</td><td>重大事项披露违规</td><td>21</td><td>违规超比例增/减持</td><td>9</td><td>资金占用</td><td>5</td><td rowspan="3">拒不配合监管工作</td><td rowspan="3">1</td></tr>
<tr><td>业绩预告/业绩快报违规</td><td>8</td><td>短线交易</td><td>1</td><td>关联交易</td><td>2</td></tr>
<tr><td>财务会计报告违规</td><td>4</td><td>敏感期交易</td><td>9</td><td>违规使用募集资金</td><td>2</td></tr>
<tr><td rowspan="2">其他</td><td rowspan="2">2</td><td>离职后六个月内减持</td><td>2</td><td>违规提供担保及财务资助</td><td>2</td><td rowspan="2">其他</td><td rowspan="2">2</td></tr>
<tr><td>同时存在违规超比例增/减持和短线交易</td><td>2</td><td>其他重大事项未履行审议程序</td><td>4</td></tr>
<tr><td>各类违规小计</td><td colspan="2">35</td><td colspan="2">23</td><td colspan="2">15</td><td colspan="2">3</td></tr>
</table>

三是打击力度明显增强。财务报告披露的违规行为是执法打击的重点,2013年度共有6家上市公司被公开谴责,其中3家因财务报告披露的违规行为而被处分。另外,对2名保荐代表人和3名注册会计师予以公开谴责,是近年来首次对保荐代表人和证券服务机构人员进行公开谴责。

(二)优化纪律处分执法机制,确保监管执法公平公正

"明确的执法标准、统一的执法要求、规范的执法程序是严格、公正、文明执法的重要保障,也是影响整体执法效果的核心内容。"2013年,根据监管转型、加强执法效果需要,深交所对纪律处分执法机制进行了优化调整:一是进一步提升执法标准的透明度和规范性。在公布创业板公司公开谴责标准的基础上,于2013年1月进一步公开中小板公司公开谴责的认定标准。促进执法标准的板块协调,统一性和差异化有机结合,提升公正执法的能力。二是完善纪律处分程序流程。2013年1月发布《纪律处分听证程序细则》并公开外部听证委员名单,推进听证工作标准化、透明化。优化处分事先告知书送达环节,建立公告送达制度,扩大纪律处分影响力。三是继续丰富诚信档案。2013年,新增纪律处分信息65条,新增限制交易信息25条。执法信息全部及时纳入诚信档案,作为实施分类监管、交易监控、配合并购重组分道制等工作的重要依据,营造"守信受益、失信惩戒"的市场氛围,增强自律监管执法的效能。

四、以投资者保护为导向，全面深化监管服务和普法培训

（一）打造五位一体的服务平台，全方位服务投资者需求

根据投资者的特点和诉求，全力打造“五位一体”的投资者综合服务平台：以热线电话为基础的投资者咨询投诉平台——“呼叫易”，基于网络的上市公司与投资者互动交流平台——“互动易”，基于网络的在线投教游戏平台——“投知易”，基于网络的在线投资分析平台——“分析易”，基于网络视频的股东大会直播与网络投票平台——“投票易”。综合服务平台弥补中小投资者在信息、分析、投票、调研等方面的先天不足，得到广泛认可。2013 年度“呼叫易”接到投资者来访合计 2.04 万件，回复率近 100%。“互动易”目前注册用户数突破 14 万人，日均访问量 28 万人次，回复率 96%。“投知易”用户数 7.15 万户，总访问量 187.1 万次。2013 年 2 月起，开展“网络视频股东大会”试点工作，通过全景网、新浪财经进行现场直播，投资者累计点击观看 30 万人次。

（二）全方位深化投资者适当性管理

采取跟踪指导、重点督促等方式，持续加强创业板投资者适当性管理，努力解决交易经验不足投资者占比过高的问题。健全上市公司发布风险提示公告和会员向客户提示风险的联动机制，减少投资者盲目参与交易。督促会员履行客户管理责任，完善退市公司、新股和高风险股票的风险警示信息送达机制。总结经验，研究建立场内产品适当性分级、投资者分类与准入标准。

（三）配合落实投资者利益补偿和解创新方式

在“万福生科”虚假陈述案件处理过程中，积极参与实施专项基金先行补偿方案，督促万福生科保荐机构设立补偿基金赔付受损投资者，1.28 万户投资者共获得 1.79 亿元补偿，赔付率 99.56%。

（四）贴近市场，倾听市场意见

围绕“践行中国梦，打造多层次资本市场升级版”的主题，开展“走进上市公司”、“走进券商营业部”、“走进高校”等系列专项活动 60 余期，组织投资者 3500 多人次，走访上市公司 50 余家次、券商 14 家，倾听市场意见并落实改进措施。

（五）提高监管透明度，主动接受社会监督

坚持进行专项业务公开，对重大资产重组披露、撤销风险警示等重要登记审核事项，通过业务系统实时公开办理进度。上线“咨询易”，通过业务专区解答上市公司信息披露业务具体问题，公开问答过程。

（六）依托“中小企业之家”进行普法培训

“中小企业之家”是深交所 2013 年着力打造的，涵盖培训、信息、上市、研究、展示、商务等六大增值服务的综合性公益、开放服务平台。借助“中小企业之家”平台，深交所不断创新培训模式，为提高中小企业诚信守法意识和规范运作水平发挥了积极作用。

另外，深交所继续做好上市公司相关法制培训，举办上市公司董事会秘书资格培训及后续培训、上市公司控股股东和实际控制人培训班、专项法制培训等各类培训，提高上市公司依法规范运作水平。

五、依法治所，加强自律监管组织和法律专业队伍建设

（一）推动完善交易所法人治理结构

2013 年深交所监事会正式成立并开展工作，先后对本所财务和管理情况进行了监督检查，进一步完善了内部治理结构。结合《证券法》修改工作，研究进一步完善证券交易所治理结构的建议，推动修订《证券交易所管理办法》和章程。

（二）加强法律专业队伍建设

2013 年，依托深交所法律专业协会，组织开展宪法知识、证券期货监管执法评估以及《证券法》修订，举办了三期集中学习活动。先后发布《洪良国际造假上市事件及其启示》、《光大 8·16 事件引发的反思及规则完善建议》、《阿里巴巴合伙人制度上市相关法律问题解析》、《证券定义》四期协会简报，整理监管案例，总结研究成果，为全所员工学习交流法律知识创造机会。

六、积极参与重大立法，做好自律监管执法总结和统计分析

（一）积极参与资本市场重大立法工作

配合开展《证券法》修改相关工作。2013

年6月,根据中国证监会分工,深交所就"证券上市制度、证券的范围及证券衍生品法律制度、证券市场创新配套法律制度"进行论证研究,提出具体的条文结构和内容修改建议。深交所还筹备了全国人大财经委《证券法》修改调研会议,听取上市公司、券商、基金公司等市场意见建议,推动《证券法》修改工作进程。

深交所协助中国证监会开展"资本市场法律体系建设"课题研究,提出法律体系建设规划建议。此外,深交所按照中国证监会要求,对重大资产重组、上市公司收购、公司债券发行、虚假陈述民事诉讼司法解释等法律法规的制定、修订进行研究并提出反馈意见。

(二)做好监管执法总结、统计工作

深交所连续多年发布《年度自律监管工作报告》,从制度建设、监管执法、日常监管等方面总结梳理当年自律监管主要工作,提出进一步提高自律监管工作质量、提升投资者保护水平的建议。

完成《2012 年证券市场违法违规情况报告》,全面收集整理 2012 年证券市场监管机构查处违法违规案件数据资料,以违法违规类型、行为主体、处理机关、处理措施种类等项目作为统计维度,分析违法违规行为的特征与历年变化。报告还对欺诈发行做了专项分析,就改进欺诈发行案件监管执法机制提出建议。

(三)稳步推进境外资本市场法律文献翻译工作

完成《欧盟另类投资基金管理人指令》、《欧盟证券监管法规汇编》、《欧盟金融监管体制改革法规汇编》出版稿校对并安排出版。目前相关文献已交付印刷出版。

(二)2013 年作出的核准上市决定目录

序号	发文日期	文　　号	文　件　标　题
1	2013/01/24	深证上〔2013〕37 号	关于安徽泰尔重工股份有限公司可转换公司债券上市交易的通知
2	2013/08/14	深证上〔2013〕273 号	关于东华软件股份有限公司可转换公司债券上市交易的通知
3	2013/08/23	深证上〔2013〕281 号	关于天水华天科技股份有限公司可转换公司债券上市交易的通知
4	2013/09/09	深证上〔2013〕314 号	关于美的集团股份有限公司人民币普通股股票上市的通知
5	2013/11/12	深证上〔2013〕403 号	关于徐工集团工程机械股份有限公司可转换公司债券上市交易的通知

(三)2013 年作出的暂停上市决定目录

序号	发文日期	文　　号	文　件　标　题
1	2013/04/25	深证上〔2013〕139 号	关于葫芦岛锌业股份有限公司股票暂停上市的决定

(四)2013年作出的恢复上市决定目录

序号	发文日期	文 号	文件标题
1	2013/07/16	深证上〔2013〕235号	关于同意吉林制药股份有限公司股票恢复上市的决定

(五)2013年作出的终止上市决定目录

序号	发文日期	文 号	文件标题
1	2013/04/25	深证上〔2013〕138号	关于广州白云山制药股份有限公司股票终止上市的决定
2	2013/08/09	深证上〔2013〕265号	关于广东金马旅游集团股份有限公司股票终止上市的决定
3	2013/09/09	深证上〔2013〕313号	关于广东美的电器股份有限公司股票终止上市的决定

(六)2013年采取的纪律处分决定目录

编号	印发日期	文 号	文件名称
1	2013/01/30	深证上〔2013〕42号	关于对山东德棉股份有限公司及相关当事人给予通报批评处分的决定
2	2013/01/30	深证上〔2013〕54号	关于对海虹企业(控股)股份有限公司及相关当事人给予处分的决定
3	2013/03/07	深证上〔2013〕80号	关于对西王食品股份有限公司及相关当事人给予处分的决定
4	2013/03/15	深证会〔2013〕29号	关于对平安证券有限责任公司保荐代表人吴文浩、何涛给予公开谴责的决定
5	2013/03/15	深证上〔2013〕87号	关于对万福生科(湖南)农业开发股份有限公司及相关当事人给予公开谴责的决定
6	2013/03/15	深证上〔2013〕88号	关于对中磊会计师事务所注册会计师黄国华、王越、邹宏文给予公开谴责的决定

续表

编号	印发日期	文　号	文 件 名 称
7	2013/03/20	深证上〔2013〕89 号	关于对芜湖亚夏汽车股份有限公司股东陈德胜和陈鹏给予通报批评处分的决定
8	2013/03/22	深证上〔2013〕96 号	关于对钟志强给予处分的决定
9	2013/05/13	深证上〔2013〕152 号	关于对东方日升新能源股份有限公司时任监事陈漫给予通报批评的决定
10	2013/05/16	深证上〔2013〕161 号	关于对马汉文给予处分的决定
11	2013/05/20	深证上〔2013〕162 号	关于对贵州信邦制药股份有限公司及相关当事人给予通报批评处分的决定
12	2013/05/20	深证上〔2013〕167 号	关于对青岛东方铁塔股份有限公司时任独立董事田树桐给予通报批评处分的决定
13	2013/06/06	深证会〔2013〕54 号	关于对中国民族证券有限责任公司何继兵、冯春杰给予通报批评处分的决定
14	2013/06/06	深证上〔2013〕191 号	关于对江苏常铝铝业股份有限公司及相关当事人给予处分的决定
15	2013/06/06	深证上〔2013〕194 号	关于对浙江宏磊铜业股份有限公司及相关当事人给予处分的决定
16	2013/06/24	深证上〔2013〕202 号	关于对潘国平给予处分的决定
17	2013/06/28	深证上〔2013〕208 号	关于对新疆中基实业股份有限公司及相关当事人给予处分的决定
18	2013/07/01	深证上〔2013〕212 号	关于对北京嘉利恒德房地产开发有限公司及相关当事人给予处分的决定
19	2013/07/02	深证上〔2013〕213 号	关于对恒泰艾普石油天然气技术服务股份有限公司原董事郑天才给予处分的决定
20	2013/07/08	深证上〔2013〕221 号	关于对天津红日药业股份有限公司时任监事刘强给予通报批评的决定
21	2013/07/09	深证上〔2013〕222 号	关于对河南辉煌科技股份有限公司胡江平、李翀给予通报批评处分的决定
22	2013/07/24	深证上〔2013〕233 号	关于对紫光古汉集团股份有限公司及相关当事人给予处分的决定
23	2013/07/25	深证上〔2013〕251 号	关于对广东威华股份有限公司及相关当事人给予通报批评处分的决定
24	2013/07/25	深证上〔2013〕253 号	关于对广东东方锆业科技股份有限公司及相关当事人给予通报批评处分的决定
25	2013/07/25	深证上〔2013〕254 号	关于对广东超华科技股份有限公司实际控制人、董事长梁俊丰给予通报批评处分的决定
26	2013/08/16	深证上〔2013〕274 号	关于对三亚成大投资有限公司及其法人代表艾承宏给予通报批评处分的决定
27	2013/08/16	深证上〔2013〕275 号	关于对华塑控股股份有限公司及相关当事人给予通报批评处分的决定

续表

编号	印发日期	文　号	文件名称
28	2013/08/16	深证上〔2013〕276号	关于对天津国恒铁路控股股份有限公司及相关当事人给予处分的决定
29	2013/08/21	深证上〔2013〕279号	关于对广西河池化工股份有限公司及相关当事人给予处分的决定
30	2013/08/30	深证上〔2013〕291号	关于对武汉锅炉股份有限公司及相关当事人给予处分的决定
31	2013/09/03	深证上〔2013〕298号	关于对东方日升新能源股份有限公司及相关当事人给予通报批评的决定
32	2013/09/03	深证上〔2013〕299号	关于对湖南大康牧业股份有限公司及相关当事人给予处分的决定
33	2013/09/03	深证上〔2013〕300号	关于对广东万家乐股份有限公司及相关当事人给予处分的决定
34	2013/09/03	深证上〔2013〕301号	关于对北京海兰信数据科技股份有限公司及相关当事人给予通报批评的决定
35	2013/09/03	深证上〔2013〕302号	关于对北京神州泰岳软件股份有限公司副总经理许芃给予通报批评的决定
36	2013/09/03	深证上〔2013〕303号	关于对陕西坚瑞消防股份有限公司及相关当事人给予通报批评的决定
37	2013/09/03	深证上〔2013〕304号	关于对天立环保工程股份有限公司及相关当事人给予处分的决定
38	2013/09/03	深证上〔2013〕305号	关于对天立环保工程股份有限公司时任董事兼财务总监俞夏林给予处分的决定
39	2013/09/04	深证上〔2013〕306号	关于对深圳市零七股份有限公司及相关当事人给予处分的决定
40	2013/09/06	深证会〔2013〕89号	关于对国金证券股份有限公司保荐代表人张胜、时任保荐代表人隋英鹏给予通报批评处分的决定
41	2013/09/06	深证上〔2013〕310号	关于对四川科伦药业股份有限公司及相关当事人给予通报批评处分的决定
42	2013/09/09	深证上〔2013〕312号	关于对欣龙控股(集团)股份有限公司及相关当事人给予处分的决定
43	2013/09/16	深证上〔2013〕326号	关于对内蒙古四海科技股份有限公司原控股股东和原实际控制人给予处分的决定
44	2013/09/24	深证上〔2013〕331号	关于对新疆北新路桥集团股份有限公司及相关当事人给予通报批评处分的决定
45	2013/09/24	深证上〔2013〕332号	关于对长春高新技术产业(集团)股份有限公司及相关当事人给予处分的决定
46	2013/09/25	深证上〔2013〕337号	关于对上海张江高科技园区开发股份有限公司给予通报批评处分的决定

续表

编号	印发日期	文　　号	文 件 名 称
47	2013/09/25	深证上〔2013〕336 号	关于对浙江康盛股份有限公司持股 5% 以上股东、副董事长陈伟志给予通报批评处分的决定
48	2013/10/14	深证上〔2013〕349 号	关于对山东兴民钢圈股份有限公司及相关当事人给予通报批评处分的决定
49	2013/10/14	深证上〔2013〕350 号	关于对山东兴民钢圈股份有限公司时任董事兼副总经理王兵给予公开谴责处分的决定
50	2013/10/14	深证上〔2013〕356 号	关于对振兴生化股份有限公司及相关当事人给予处分的决定
51	2013/10/14	深证上〔2013〕357 号	关于对振兴集团有限公司及相关当事人给予处分的决定
52	2013/10/18	深证上〔2013〕362 号	关于对湖南博云新材料股份有限公司时任董事长蒋辉珍给予通报批评处分的决定
53	2013/10/18	深证上〔2013〕363 号	关于对蓉胜超微股东珠海市科见投资有限公司和亿涛国际有限公司给予通报批评处分的决定
54	2013/11/01	深证上〔2013〕379 号	关于对永清环保股份有限公司董事、副总经理、财务总监刘佳给予通报批评的决定
55	2013/11/04	深证上〔2013〕380 号	关于对惠州中京电子科技股份有限公司时任董事黎柏其给予通报批评处分的决定
56	2013/11/07	深证上〔2013〕386 号	关于对海南康芝药业股份有限公司及相关当事人给予通报批评处分的决定
57	2013/11/07	深证上〔2013〕387 号	关于对四川泸天化股份有限公司及相关当事人给予处分的决定
58	2013/11/08	深证上〔2013〕399 号	关于对上海倚和资产管理有限公司给予处分的决定
59	2013/12/04	深证上〔2013〕429 号	关于对浙江亚厦装饰股份有限公司董事长丁海富和监事王震给予通报批评处分的决定
60	2013/12/05	深证上〔2013〕430 号	关于对江苏旷达汽车织物集团股份有限公司及相关当事人给予通报批评处分的决定
61	2013/12/05	深证上〔2013〕431 号	关于对江粉磁材股东深圳市平安创新资本投资有限公司给予通报批评处分的决定
62	2013/12/05	深证上〔2013〕432 号	关于对三维工程证券事务代表李克胜给予通报批评处分的决定
63	2013/12/05	深证上〔2013〕433 号	关于对广东东方锆业科技股份有限公司及相关当事人给予通报批评处分的决定
64	2013/12/06	深证上〔2013〕442 号	关于对尤洛卡矿业安全工程股份有限公司股东夏建文给予通报批评的决定
65	2013/12/17	深证上〔2013〕459 号	关于对厦门三五互联科技股份有限公司及相关当事人给予通报批评的决定

(七)2013年采取的限制交易措施目录

编号	发文时间	文　号	限 制 对 象
1	2013/01/29	深圳证券交易所限制交易通知书〔2013〕1号	生命人寿保险股份有限公司
2	2013/01/30	深圳证券交易所限制交易通知书〔2013〕2号	陈德胜、陈鹏
3	2013/02/26	深圳证券交易所限制交易通知书〔2013〕3号	长安国际信托股份有限公司
4	2013/03/06	深圳证券交易所限制交易通知书〔2012〕4号	马汉文
5	2013/05/03	深圳证券交易所限制交易通知书〔2013〕5号	紫光集团有限公司
6	2013/05/21	深圳证券交易所限制交易通知书〔2013〕6号	梁俊丰
7	2013/05/23	深圳证券交易所限制交易通知书〔2013〕7号	陈伟志
8	2013/06/06	深圳证券交易所限制交易通知书〔2013〕8号	上海张江高科技园区开发股份有限公司
9	2013/06/07	深圳证券交易所限制交易通知书〔2013〕9号	湖北长兴物资有限公司
10	2013/06/19	深圳证券交易所限制交易通知书〔2013〕10号	马信琪
11	2013/07/05	深圳证券交易所限制交易通知书〔2013〕11号	银河基金管理有限公司
12	2013/07/16	深圳证券交易所限制交易通知书〔2013〕12号	珠海市科见投资有限公司、亿涛国际有限公司
13	2013/07/18	深圳证券交易所限制交易通知书〔2013〕13号	三亚成大投资有限公司
14	2013/07/29	深圳证券交易所限制交易通知书〔2013〕14号	徐玉锁
15	2013/08/21	深圳证券交易所限制交易通知书〔2013〕15号	江苏高鼎科技创业投资有限公司
16	2013/09/02	深圳证券交易所限制交易通知书〔2013〕16号	乌鲁木齐曜丰股权投资有限合伙企业
17	2013/10/14	深圳证券交易所限制交易通知书〔2013〕17号	湖北化纤开发有限公司

续表

编号	发文时间	文　号	限　制　对　象
18	2013/10/28	深圳证券交易所限制交易通知书〔2013〕18 号	深圳市平安创新资本投资有限公司
19	2013/11/20	深圳证券交易所限制交易通知书〔2013〕19 号	丁翠玉、褚庆年
20	2013/12/02	深圳证券交易所限制交易通知书〔2013〕20 号	江苏恒元房地产发展有限公司
21	2013/12/04	深圳证券交易所限制交易通知书〔2013〕21 号	尤玉仙、尤丽娟、尤友岳、尤友鸾、尤雪仙、苏凤娇、章棉桃
22	2013/12/12	深圳证券交易所限制交易通知书〔2013〕22 号	柴国生
23	2013/12/12	深圳证券交易所限制交易通知书〔2013〕23 号	李庆跃
24	2013/12/13	深圳证券交易所限制交易通知书〔2013〕24 号	吴志东
25	2013/12/26	深圳证券交易所限制交易通知书〔2013〕25 号	HEDDINGTON LIMITED

(八)2013 年制定、修改的主要自律规则目录

序号	发布时间	文　号	业务规则名称
1	2013/01/07	深证上〔2013〕1 号	深圳证券交易所创业板行业信息披露指引第 1 号——上市公司从事广播电影电视业务
2	2013/01/07	深证上〔2013〕1 号	深圳证券交易所创业板行业信息披露指引第 2 号——上市公司从事药品、生物制品业务
3	2013/01/14	深证上〔2013〕14 号	深圳证券交易所中小企业板上市公司公开谴责标准
4	2013/01/14	深证上〔2013〕15 号	深圳证券交易所纪律处分听证程序细则
5	2013/01/25	深证会〔2013〕18 号	关于调整融资融券标的股票范围的通知
6	2013/01/28	深证上〔2013〕40 号	深圳证券交易所上市公司信息披露直通车业务指引
7	2013/01/30	深证会〔2013〕20 号	关于深化落实新股交易投资者适当性管理工作的通知
8	2013/03/18	深证会〔2013〕30 号	关于上市公司限售股份、解除限售存量股份参与融资融券交易相关问题的通知
9	2013/03/22	深证会〔2013〕32 号	深圳证券交易所货币市场基金实时申购赎回业务指引
10	2013/03/29	深证会〔2013〕35 号	质押式报价回购交易及登记结算业务办法

续表

序号	发布时间	文　号	业务规则名称
11	2013/04/08	深证上〔2013〕112 号	深圳证券交易所上市公司信息披露工作考核办法(2013 年修订)
12	2013/04/22	深证会〔2013〕38 号	深圳证券交易所资产证券化业务指引
13	2013/05/24	深证会〔2013〕44 号	股票质押式回购交易及登记结算业务办法(试行)
14	2013/05/29	深证会〔2013〕45 号	深圳证券交易所会员客户高风险证券交易风险警示业务指引
15	2013/05/30	深证上〔2013〕179 号	关于中小企业可交换私募债券试点业务有关事项的通知
16	2013/06/28	深证会〔2013〕59 号	关于为证券公司次级债券提供转让服务有关事项的通知
17	2013/07/29	深证会〔2013〕66 号	深圳证券交易所交易规则(2013 年修订)
18	2013/07/31	深证会〔2013〕68 号	关于债券交易型开放式指数证券投资基金有关事项的通知
19	2013/08/20	深证会〔2013〕78 号	深圳证券交易所资产管理计划份额转让业务指引
20	2013/09/06	深证会〔2013〕92 号	关于扩大融资融券标的证券范围的通知
21	2013/09/13	深证上〔2013〕323 号	关于配合做好并购重组审核分道制相关工作的通知
22	2013/09/27	深证会〔2013〕108 号	关于债券交易型开放式指数证券投资基金有关事项的通知(2013 年 9 月修订)
23	2013/11/29	深证会〔2013〕135 号	深圳证券交易所交易规则(2013 年 11 月修订)
24	2013/12/11	深证会〔2013〕143 号	关于黄金交易型开放式证券投资基金有关事项的通知
25	2013/12/13	深证上〔2013〕455 号	深圳市场首次公开发行股票网下发行实施细则
26	2013/12/13	深证上〔2013〕456 号	深圳市场首次公开发行股票网上按市值申购实施办法
27	2013/12/13	深证会〔2013〕142 号	关于首次公开发行股票上市首日盘中临时停牌制度等事项的通知
28	2013/12/30	深证上〔2013〕475 号	深圳证券交易所股票上市公告书内容与格式指引(2013 年 12 月修订)

(深圳证券交易所供稿)

三、上海期货交易所

(一)2013 年法制建设工作综述

2013 年是“六五”普法规划实施的第三年。根据中共中央、国务院转发的《中央宣传部、司法部关于在公民中开展法制宣传教育的第六个五年规划(2011 年 – 2015 年)》、第十一届全国人大常委会第 20 次会议作出的《关于进一步加强法制宣传教育的决议》以及证监会《全国证券期货监管系统“六五”普法工作规划》和《关于开展资本市场 2013 年“12 · 4”全国法制宣传日系列宣传活动的通知》的要求,我所在证监会的统一部署和要求下,稳步推进各项法治建设工作,取得了显著成效。现将我所 2013 年度法制建设工作报告如下:

一、建立健全领导体制和工作机制,坚持领导干部带头学法

我所对“六五”普法工作十分重视,为贯彻落实证监会“六五”普法的要求,专门成立了“六五”普法领导小组,在领导小组下成立了“六五”普法办公室,具体由法律事务部牵头,制定了交易所“六五”普法规划。我所通过交易所党委中心组学习、每月一课等多种形式学习法律知识,领导带头强化学法、用法意识,分别以党的十八大报告、廉政建设、《期货法》研究、加快推进原油期货市场等为主题进行研讨和学习;坚持开展每月一课活动,采用集中讨论、邀请专家学者讲课、观看警示教育片、参观监狱、印制发放相关学习材料等多种形式,进一步提高领导干部的法律知识水平和法制理论水平,提高依法决策、依法监管的能力。

二、继续推动《期货法》立法研究工作,普及期货法律知识

在前期完成《上期所期货立法建议稿》的基础上,我所继续推动期货立法相关研究工作。一是根据证监会《期货法》立法工作领导小组办公室的要求,修订、完善《上期所期货立法建议稿》及其立法说明稿,共 13 章 142 条;并对美国、英国等主要国家和地区期货相关的行政、民事和刑事案件进行研究,整理、完善《境内外期货相关案例》。二是配合会法律部,完成全国人大财经委法案室《期货法》立法调研活动。三是落实《“期货法”立法研究》的出版工作。上述研究成果将为我国加快推动制定《期货法》提供理论资料基础。同时,也有效促进了我所的普法学习,掀起了期货法规研究和学习的热潮。

三、积极推进原油期货相关法规及业务规则研究

按照全国证券期货监管工作会议有关“抓紧建设原油期货市场,吸引全球投资者参与”的要求,我所积极开展原油期货交易组织形式设计及相关法规、规则修订工作。一是全面梳理,整理汇编原油期货相关法规、规则。二是切合实际,提出《期货交易所管理办法》等规章修改建议稿,深度参与《期货公司管理办法》以及原油期货投资者适当性制度等规章的修订工作。三是统筹兼顾,分别按照两种方案制定并修订“原油期货相关法规与业务规则”,起草了《上海期货交易所境外特殊参与者管理办法》、《原油期货标准合约及附件》、《原油期货交割实施细则》等,为原油期货推进及上市打下坚实的制度基础。四是增进合作,加强协作交流,与央行、外管局、海关总署、商务部等国家部委就原油期货上市涉及的外汇、海关、进出口相关政策等事宜保持密切沟通,为原油期货上市争取各项政策和规章层面的支持。

四、完善我所现有合约、规则和实施细则的修订

年初至今，为切实落实证券期货监管会议的精神，更好地服务实体经济，满足广大投资者的需要，我所对黄金、白银、螺纹钢及有色金属等8个期货合约进行了修订，新增《上海期货交易所沥青期货标准合约》。修订完善了《上海期货交易所结算细则》和《上海期货交易所交割细则》等14个实施细则，新增《上海期货交易所连续交易细则》、《上海期货交易所石油沥青期货交割实施细则（试行）》和《上海期货交易所指定存管银行管理办法》等4个实施细则。就制度层面而言，我所先后完善了持仓梯度保证金、时间梯度保证金、比例限仓、期转现等制度，发布了单向大边制度、套利制度等交易制度。合约、规则及制度的完善，切实方便了会员和投资者，有效促进了期货品种的功能发挥。

五、成功举办首届“上期法治论坛”，呼吁尽快推出《期货法》，完善期货法治建设

2013年5月27日，为期三天的“第十届上海衍生品论坛”在上海国际会议中心拉开序幕。其中，首次举办的“上期法治论坛”作为本次会议分会之一，于5月28日下午召开。本次“上期法治论坛”得到了证监会、国务院有关部委、全国人大相关委员会、上海市司法机构和国内外业界及有关方面的高度重视和大力支持。论坛由我所席志勇副总经理致辞，国务院法制办安建副主任、全国人大财经委法案室龚繁荣主任，证监会期货监管一部冉华副主任，证监会法律部程合红副主任，上海市高级人民法院金融庭杨路庭长，温顿投资管理有限公司（Winton Capital Management Limited）法律顾问Patricia N Gillman女士，中国人民大学刘俊海教授分别做了专题演讲。

本次会议的主旨为集合期货市场各领域期货立法的呼声，促使期货立法的尽快推出。演讲嘉宾从各自角度、各自立场对期货法立法提出多种建议，普遍认为发展期货市场必须走法治的道路，我国期货市场处于突破性发展的临界点，法治建设的意义重大，需要我们集中智慧和力量，有重点、有针对性的加强期货立法，完善期货市场法律体系。众多与会嘉宾对论坛的成功举办给予了高度肯定，特别是对《期货法》立法的必要性有了深入的认识，对如何立好《期货法》产生了浓厚的兴趣。

六、以“大力维护投资者权益，共建法治资本市场”为主题，精心组织和落实“12·4”全国法制宣传日系列普法活动

（一）设置期货法规共享平台，多种形式开展普法宣传

我所通过在内网平台共享新发布的相关法律法规和研究报告，向全所员工普及期货市场法律法规和最新立法动态，加强了员工关于期货市场法律知识的沟通和交流。以《期货法》立法课题研究为契机，组织召开多次内部研讨会，充分讨论期货市场的法规和规则，普及期货法律知识。

我所以“十八届三中全会推进法治建设”、“最近一年法律法规修改对小明生活的影响”、“最近一年规则修改对小明交易的影响”为分主题，分别在期货大厦一楼大堂、交易所内推出了宣传展板10版，对交易所会员、投资者与全所员工进行普法宣传。宣传展板生动地再现了最近一年国家法律法规的变化以及交易所业务规则的变化情况，吸引了众多投资者和员工驻足观看。不仅给法制学习增添了乐趣，更使法律知识深入人心，记忆深刻。

（二）拓展投资者教育的广度和深度，推动市场稳健运行

我所采取“风险警示会”、“风险管理研讨会”、“期货交易员、结算员、交割员培训班”等多种方式，使期货市场广大参与主体全面、深入地了解期货市场法规和规则的诚信规范要求，普遍、牢固树立起诚信交易、诚信投资的理念。2013年，我所共举办5期“交易员、结算员、交割员培训班”，参加人数达500多人次，大大提高了会员的法治意识和理性运作意识。编制并印刷《上海期货交易所章程、交易规则及实施细则汇编》（2013版），向全体会员单位组织发放，累计发放2000余册，满足了会员和客户深入研究我所规则的迫切需求，印制并分发各品种合约手册、基础知识等资料共22万余册，以增强会员和客户规则意识。通过各类研讨会、投资者报告会，视频讲座、风险警示教育等达到向会员和市场投资者宣传、解释期货市场相关

法规及我所业务规则的目的，同时起到在市场中弘扬遵法守规精神的作用。

（三）多种形式发布媒体报道，加强社会法治教育

为贯彻落实党的十七届六中全会精神，惩治违法失信，弘扬法治诚信，我所注重对会员和客户进行法规规则教育、加强违规处罚的对外宣传警示工作，多渠道、广范围地警示市场参与者，维护期货市场秩序。一是在我所外网增设专栏，作为违规案件宣传警示的窗口，每季度通告我所违规案件处理情况。二是在我所会员服务系统内按季度将受到我所自律处罚的客户信息向各会员单位公布，提示会员加强对自身客户的管理，防范违规案件的发生。三是在《期货日报》、《中国证券报》、《上海证券报》、《证券时报》、《新华08网》、《东方早报》、《国际金融报》、《新闻晨报》等媒体上报道我所违规案件的查处情况，通过媒体向市场宣传惩治违规失信，弘扬合规诚信。

（四）组织提供法律义务咨询，解决市场法律疑问

以“大力维护投资者权益、共建法治资本市场”为主题，我所与上海市期货同业公会共同举办法律义务咨询活动，邀请著名律师在上海期货大厦分别围绕交易所业务规则、期货实践产生的相关法律问题，为我所员工、会员和客户提供义务咨询。活动现场气氛活跃，增强了会员、客户的法治意识，取得了很好的法制宣传效果，同时起到了在市场中弘扬遵法守规精神的作用。另外，我所还通过设置普法宣传展板的方式，大力宣传法规及合规运作。

七、加大违规处罚力度，完善违规处罚制度，提高监管效率

为促进市场稳健运行，我所继续加大违规处罚力度，已处理违规案件25起，对57位客户采取了警告、通报批评、限制开仓等自律处罚措施，其中自然人客户49位，法人客户7位，单位客户1位。在加大违规处罚力度的同时，我所对《上海期货交易所违规处理办法》进行了全面修订，并于今年3月25日开始实施。新实施的违规处理办法新增公开谴责处罚措施，延长限制开仓时间，进一步提升了案件处理精益化水平。

（二）2013年采取的纪律措施决定目录

序号	文　　号	发文日期	处分对象	违规事实	处 分 依 据
1	上期交〔2013〕1号	2013/1/10	法人客户、自然人客户	对敲转移资金（法人账户资金转移至自然人账户）	《上海期货交易所违规处理办法》第二十八条
2	上期交〔2013〕2号	2013/1/10	单位（非法人）客户、自然人客户	对敲转移资金	《上海期货交易所违规处理办法》第二十八条
3	上期交〔2013〕3号	2013/1/10	自然人客户	对敲转移资金	《上海期货交易所违规处理办法》第二十八条
4	上期交〔2013〕4号	2013/1/10	自然人客户	对敲转移资金	《上海期货交易所违规处理办法》第二十八条

续表

序号	文　　号	发文日期	处分对象	违规事实	处 分 依 据
5	上期交〔2013〕5 号	2013/1/28	法人客户、自然人客户	对敲转移资金（法人账户资金转移至自然人账户）	《上海期货交易所违规处理办法》第二十八条
6	上期交〔2013〕6 号	2013/1/28	法人客户、自然人客户	对敲转移资金（法人账户资金转移至自然人账户）	《上海期货交易所违规处理办法》第二十八条
7	上期交〔2013〕7 号	2013/1/28	法人客户、自然人客户	对敲转移资金（法人账户资金转移至自然人账户）	《上海期货交易所违规处理办法》第二十八条
8	上期交〔2013〕8 号	2013/2/20	自然人客户	对敲转移资金	《上海期货交易所违规处理办法》第二十八条
9	上期交〔2013〕9 号	2013/2/20	法人账户、自然人客户	对敲转移资金（自然人账户资金转移至法人账户）	《上海期货交易所违规处理办法》第二十八条
10	上期交〔2013〕10 号	2013/2/20	法人客户、自然人客户	对敲转移资金（法人账户资金转移至自然人账户）	《上海期货交易所违规处理办法》第二十八条
11	上期交〔2013〕11 号	2013/2/20	自然人客户	对敲转移资金	《上海期货交易所违规处理办法》第二十八条
12	上期交〔2013〕12 号	2013/3/21	自然人客户	对敲转移资金	《上海期货交易所违规处理办法》第二十八条
13	上期交〔2013〕13 号	2013/3/21	法人客户、自然人客户	对敲转移资金（法人账户资金转移至自然人账户）	《上海期货交易所违规处理办法》第二十八条
14	上期交〔2013〕14 号	2013/3/21	自然人客户	对敲转移资金	《上海期货交易所违规处理办法》第二十八条
15	上期交〔2013〕15 号	2013/3/21	自然人客户	对敲转移资金	《上海期货交易所违规处理办法》第二十八条
16	上期交〔2013〕16 号	2013/5/2	自然人客户	对敲转移资金	《上海期货交易所违规处理办法》第二十九条
17	上期交〔2013〕17 号	2013/7/5	自然人客户	对敲转移资金	《上海期货交易所违规处理办法》第二十九条

续表

序号	文　　号	发文日期	处分对象	违规事实	处 分 依 据
18	上期交〔2013〕18 号	2013/7/5	自然人客户	对敲转移资金	《上海期货交易所违规处理办法》第二十九条
19	上期交〔2013〕19 号	2013/7/30	法人客户、自然人客户	对敲转移资金(法人账户资金转移至自然人账户)	《上海期货交易所违规处理办法》第二十九条
20	上期交〔2013〕20 号	2013/7/30	自然人客户	对敲转移资金	《上海期货交易所违规处理办法》第二十九条
21	上期交〔2013〕21 号	2013/7/30	自然人客户	对敲转移资金	《上海期货交易所违规处理办法》第二十九条
22	上期交〔2013〕22 号	2013/8/28	法人客户、自然人客户	对敲转移资金(法人账户资金转移至自然人账户)	《上海期货交易所违规处理办法》第二十九条
23	上期交〔2013〕23 号	2013/8/28	自然人客户	对敲转移资金	《上海期货交易所违规处理办法》第二十九条
24	上期交〔2013〕24 号	2013/11/6	自然人客户	对敲转移资金	《上海期货交易所违规处理办法》第二十九条
25	上期交〔2013〕25 号	2013/11/6	自然人客户	对敲转移资金	《上海期货交易所违规处理办法》第二十九条

(三)2013 年制定、修改的主要自律规则目录

序号	发文号和文件名称	制定、修订规则项目
1	上期所公告〔2013〕3 号《关于印发〈上海期货交易所违规处理办法〉(修订案)的公告》	1.《上海期货交易所违规处理办法》(修订案)
2	上期所公告〔2013〕7 号《关于印发黄金、白银和螺纹钢等 3 个期货合约和连续交易细则等 7 个实施细则修订案的公告》	1.《上海期货交易所黄金期货标准合约》修订案 2.《上海期货交易所白银期货标准合约》修订案 3.《上海期货交易所螺纹钢期货标准合约》修订案 4.《上海期货交易所连续交易细则》 5.《上海期货交易所结算细则》修订案 6.《上海期货交易所交易细则》修订案 7.《上海期货交易所风险控制管理办法》修订案 8.《上海期货交易所交割细则》修订案 9.《上海期货交易所燃料油期货交割实施细则(试行)》修订案 10.《上海期货交易所黄金期货交割实施细则(试行)》修订案

续表

序号	发文号和文件名称	制定、修订规则项目
3	上期所公告〔2013〕12 号《关于印发〈上海期货交易所铅期货标准合约〉和〈上海期货交易所风险控制管理办法〉修订案的公告》	1.《上海期货交易所铅期货标准合约》修订案 2.《上海期货交易所风险控制管理办法》修订案
4	上期所公告〔2013〕14 号《关于印发上海期货交易所石油沥青期货标准合约及相关规则的公告》	1.《上海期货交易所石油沥青期货标准合约》 2.《上海期货交易所风险控制管理办法》修订案 3.《上海期货交易所石油沥青期货交割实施细则（试行）》 4.《上海期货交易所套期保值交易管理办法》修订案 5.《上海期货交易所交割细则》修订案 6.《上海期货交易所标准仓单管理办法》修订案 7.《上海期货交易所结算细则》修订案
5	上期所公告〔2013〕16 号《关于印发〈上海期货交易所指定存管银行管理办法〉的公告》	1.《上海期货交易所指定存管银行管理办法》
6	上期所公告〔2013〕17 号《关于印发〈上海期货交易所套利交易管理办法〉和〈上海期货交易所风险控制管理办法〉修订案的公告》	1.《上海期货交易所套利交易管理办法》 2.《上海期货交易所风险控制管理办法》修订案
7	上期所公告〔2013〕18 号《关于印发〈上海期货交易所结算细则〉修订案的公告》	1.《上海期货交易所结算细则》修订案
8	上期所公告〔2013〕19 号《关于印发阴极铜、铝、锌、铅四个期货合约修订案的公告》	1.《上海期货交易所阴极铜标准合约》修订案 2.《上海期货交易所铝标准合约》修订案 3.《上海期货交易所锌期货标准合约》修订案 4.《上海期货交易所铅期货标准合约》修订案

（上海期货交易所供稿）

四、大连商品交易所

（一）2013 年法制建设工作综述

2013 年，大连商品交易所（以下简称“大商所”）以提高法律规则研究水平和加强制度建设为主线，结合市场需求积极推进各项规则制定修改工作，切实履行合规审核职责，稳步探索合规管理新职能，认真贯彻落实党的十八大和全国证券期货监管工作会议精神，始终坚持服务实体经济发展方向，积极推进改革创新，深化拓展市场服务，推动期货市场发展迈上新台阶。大商所在 2013 年期货市场法制建设方面主要开展了以下工作：

一、全力开展《期货法》的立法研究工作

由于我国现行的期货法规体系不能很好的适应期货市场快速发展的要求，期货市场 20 年

建设成果用《期货法》这样的法制形式固化下来的需求就显得特别迫切,2013年大商所积极参与到《期货法》的立法研究中,从以下几个方面做好相关工作:

(一)开展期货立法需求起草工作

根据《关于征求〈期货法〉立法需求意见的通知》(证监办发〔2013〕56号)的要求,大商所在前期期货法立法研究工作的基础上,结合自身业务实践和市场发展需要,起草了《关于期货法立法需求意见的报告》(约13万字),重点从九个方面提出了40项立法需求,其中大部分内容已被中国证监会以不同形式在期货法草案中采纳。

(二)做好期货法建议稿草案及说明的起草工作

经过认真调研和内部讨论,大商所起草完成了《中华人民共和国期货法(大商所建议稿)》及相关立法说明。该草案共计145条,其中大部分条文被中国证监会草拟的《期货法》草案采纳,特别是建议的立法框架被中国证监会直接采用。另外,被中国证监会采纳的意见中还包括多个富有创新性的条款,如行政罚款可纳入投资者保障基金、交易所可从事衍生品相关的现货服务、交易所自律管理民事责任豁免等等,这些条款对于期货交易所强化自律管理职能、进行业务创新和对外开放具有积极意义。

(三)完成境外期货立法资料收集和课题研究工作

为配合中国证监会期货立法论证材料编纂工作,大商所组织完成了美国、英国、德国、欧盟、日本等约260万字境外立法资料收集、整理、和翻译工作,并组织完成约4万字的《美国、英国、日本、德国及欧盟期货立法与监管问题研究》分析报告的撰写工作。同时对期货立法涉及的重点问题进行了全面、系统的研究,完成多篇《期货法》立法研究课题报告,包括《关于期货相关法律问题研究报告》、《期货交易所法律性质与法律地位研究》、《交易所民事责任豁免原则研究》、《期货法立法宗旨与调整范围研究》、《证券期货执法和解制度域外借鉴研究》等,约30万字。

二、制定、修改并完善业务规则,促进市场健康发展

期货市场环境处于不断变化之中,只有顺应市场变化,完善各项业务规则,才能满足相关产业链企业在价格波动中管理价格风险的需求,提升期货市场服务实体经济的能力,提高市场运行质量,促进市场的健康发展。为此,2013年大商所在规则制度建设方面,做了如下工作:

(一)积极开展期权规则的梳理完善工作

2013年,大商所根据期权业务整体工作进度安排,积极参与期权规则的研究讨论和草案的逐条审核完善工作。期间,多次参与中国证监会组织的规章层面的《期权交易管理办法》起草和修改工作;根据中国证监会的部署要求,牵头制定国内四家期货交易所期权规则的对比和期权规则范本;完成了《大连商品交易所期权交易细则(草案修订稿)》的修改;设计完成了《大连商品交易所做市商管理办法》(草案)。

(二)认真做好新品种规则的制定,为期货市场的稳定拓宽提供有力支持

2013年,大商所加快新品种上市步伐,按照高标准、稳起步原则,先后成功上市了焦煤、铁矿石、鸡蛋、木材纤维板和胶合板等共5个新品种,上市品种总数量已达14个,初步形成了粮食、油脂、塑料化工、能源矿产、畜产品和林产品等六个品种系列,市场对实体经济的覆盖范围大大拓宽。大商所认真做好新品种规则审核与起草工作,尤其对焦煤质量争议解决、鸡蛋各项业务节点和风险防控、铁矿石车船板交割等重要问题反复论证,确保为新品种上市提供稳定可靠的规则支持。

(三)修改和完善老品种的相关规则

2013年大商所共组织开展了13项老品种的规则修改工作,其中7项已落地实施,3项已获中国证监会批准,3项规则正在组织论证。这些规则涉及品种合约质量标准、交割制度、保证金和限仓管理等等风险控制度及信息披露等各项基础性规则,进一步贴近了市场,理顺了业务操作,平衡了各方权利义务关系。通过这些规则的制定和修改,进一步落实法律法规对期货市场的内在要求,增强可操作性,提高法规的执行力,进一步完善期货市场法律规则体系,为期货市场的稳步健康发展夯实基础。

(四)召开业务规则座谈会,加强与会员的交流与沟通

为增强大商所业务规则的市场适应性,贴近市场开展规则工作,大商所今年先后在杭州、深圳、北京、长沙、重庆等五个地区举办了5场

会员业务规则座谈会，向会员介绍了大商所规则制定修改整体情况和下一步规则修改工作思路，就规则修改、业务优化以及市场服务等方面工作与会员进行了交流，并听取了会员的意见和建议。在此过程中，共征集会员意见66条，并进行了答复和落实，会员对此均较为满意。对于具有共性的问题，起草了统一书面答复意见，并在会员服务系统中进行发布。

（五）规则专项课题研究工作

大商所对实际工作中遇到的规则问题进行了深入思考和调研，并完成了专题研究报告13篇。其中，《期货品种近月合约不活跃的市场影响、原因及对策》分析报告深入论述了大商所近月合约不活跃相关问题产生的原因及解决方案，得到中国证监会领导的批示；《关于郑商所调整玻璃升贴水引发争议相关情况的报告》及时探讨了境内外交易所调整升贴水的合法性问题，并对相关工作提出建议；《多层次衍生品法律与监管问题研究》课题成果4万余字，为下一步推进场外市场建设提供了大量参考资料；与中国证监会稽查局合作课题《关于国际金融危机的监管执法反思及借鉴》于2013年1月获中国证监会2011－2012年度稽查立功奖项中稽查执法优秀课题奖的第一名（证监办发〔2013〕5号）；课题研究报告《国际金融危机监管执法反思及借鉴》被印发中国证监会会内全系统进行参阅（中国证监会办公厅参阅件〔2013〕2号）；2013年5月受邀中国证监会稽查总队《关于资本市场操纵行为监管执法趋势研究》课题，负责该项课题的推进工作，拟定相关研究方案，并负责具体研究工作推进，完成《商品期货市场操纵行为发展趋势及监管执法对策研究》及四项分报告，该课题相关工作得到了稽查总队和兄弟交易所的肯定，课题成果上报参加2012－2013年度稽查立功评奖；此外，结合业务实践和发展需要，针对境外期货交易所实物交割环节法律地位、ICE场外市场交易结算制度、强平强减法律属性、境外市场期货立法演变原因与过程、焦炭合约零碎持仓处理以及会员资格费清退等相关问题展开专题研究，撰写了课题研究报告。

（六）完成中国证监会征求意见的复函

大商所关于中国证监会对各类法律法规、部门规章及规范性文件征求意见的来函，经过认真研究，分别就期货交易所管理办法修正案、5号指引修正案、中美投资合作协议、证券法修改等来函撰写回函30篇，将相关意见及时反馈中国证监会。

三、成功举办期货法律理论与实务座谈会

为加强与法律界的沟通联系，发展创造更好的法律和司法环境，大商所在2013年首次举办了期货法律理论与实务座谈会。座谈会以"期货市场规范发展与法律风险防范"为主题，中国证监会期货一部、法律部、最高院、辽宁省高院、大连市中院、大连仲裁委、相关高校、律师界等机构具有较高级别的领导和知名专家出席了会议。参会各方结合实际工作，探讨了交易所业务规则的法律效力以及期货立法相关问题，通过分析典型案例，总结了期货纠纷案件的主要类型、特点和趋势，对交易所如何防范和应对法律风险、规避法律纠纷提供了宝贵意见，并对期货法制建设和交易所规范发展带来了很多有益启示。会议得到了参会各方的高度认可。

四、加强风险管理意识，为期货市场的稳健运行提供全方位的保障

有效的风险管理是期货市场充分发挥功能的前提和基础，可以减缓或消除期货市场对经济与生活不良冲击，也是适应世界经济自由化和国际化发展的需要。面对2013年活跃的期货市场，大商所采取多种措施，防范和化解风险，保障期货市场的平稳运行。

（一）加强合规审核，防范法律风险

大商所今年共完成合规审核事务182件，其中合同审核26件，专项事务审核8件，合规咨询17件，合规评估3件，88家交割仓库的年审和41家新增交割仓库资格的审核。

（二）加强监管、严查违规，维护市场正常秩序

违规行为的查处，是市场公平秩序的保障，也是投资者利益保护的重要手段。2013年，大商所以对违规行为继续坚持"零容忍"的态度，加大了违规行为的监控力度，依法依规对对敲、盗码、影响市场价格等违规行为进行了查处，保障了市场的公平秩序。2013年，大商所共筛查违规线索2万余条，查处违规交易行为为98起，移交中国证监会调查案件4起，采取纪律措施的客户6

名,帮助客户挽回经济损失700余万元。

(三)强化一线监控,防范市场风险

2013年大商所加强了市场监控,对市场运行风险、保证金和涨跌停板、异常交易、程序化交易、实际控制关系账户等进行分析和报告,排查可能存在的风险和违规行为,保证了市场的平稳运行。2013年,大商所共完成各类报告近300份,其中包括监察日报74份、监察周报151份、异常交易月报11份,对玉米、豆粕和焦煤等重点品种和合约情况进行了系统总结和分析,全年完成各类专项分析报告15份,进行风险管理参数调整1311次;排查市场异常波动上千条,查处异常交易135起,其中自成交达标93起,频繁报撤达标31起,实际控制关系账户超仓11起,处置盘中超仓20起;完成230组实际控制关系账户的筛查和认定工作,发出疑似实际控制关系账户50余组。

(四)加强交割管理,防范交割风险

2013年大商所交割量再创历史新高,完成实物交割1199笔、交割金额57.45亿元,其中焦煤为首次交割,玉米、焦炭和LLDPE均为上市以来最大交割量。大商所采用多种措施加强交割仓库管理,积极化解大交割量风险,共完成88家交割仓库年审,开展现场检查70余次。

(五)加强保证金存款管理,规范结算账户和资金调拨工作,把控结算风险

大商所2013年发布实施《存管银行管理办法》,并以此为契机,大力推进银期合作,与银行在资源共享、产品创新、厂库保函、仓单融资等多方面加大合作力度,借助银行丰富的客户资源提升市场为实体经济服务的能力。梳理银行对我所保证金账户管理相关规定及现状,完成《关于银行对我所保证金账户资金管理情况的报告》和《大商所专用结算账户管理工作规程》等报告。

五、积极开展法制宣传教育,提高相关主体对期货市场相关法律、规则的认知程度

(一)组织举办"12·4"全国法制宣传日宣传活动

根据中国证监会的指示精神,大商所围绕"弘扬宪法精神、服务科学发展"主题,结合《期货交易管理条例》的修改,开展了2013年的法制宣传活动,通过展板和发放宣传材料的方式宣传期货市场的法律、法规和交易所的自律规则。

(二)通过期货学院、市场推介会和产业大会等平台,将法制宣传贯穿于市场推介培训工作中

大商所2013年共举办了21场新品种分析师培训,累计培训分析师3000人次;产业链培训班、东北地区营业部经理EDP培训项目和企业期货交易团队培训班累计培训880人。举办的塑料、煤焦、玉米和油脂四个产业大会总参会规模为3041人。以"投资者权益保护"为中心,在西北、东北、华中、西南、东南等地共开展了五期合规培训,累计培训60余家会员单位共300多名参会人员。其他另有40次产业服务活动,合计培训产业客户9389人次。这些活动中,累计发放宣传资料3万余册。

大商所将普法宣传与上述市场推介培训等工作有机结合起来,将市场推介和培训作为一个重要的法制宣传载体,把普法宣传工作贯穿在全年的工作中,取得了良好的效果。

(三)注重发挥微博、微信等新兴媒体的传播优势,将法制宣传与网络营销有机结合

大商所开展了微博、微信等网络营销工作,目前已经开通期货学院新浪微博,及时发布法制法规、规则细则等相关培训信息。同时,正积极筹备创建期货学院微信公众平台,借这些新兴媒体的传播优势,扩大法制宣传的范围,增强法制宣传的效果。

六、切实做好查询出证工作和司法协助执行工作

大商所严格按照协助执法工作办法规定的流程和时限做好查询出证和司法协助执行工作。累计全年共办理查询出证事务337件,接待询证调查人员347人674次,出具书证495页,收取询证费2633元。日均办理询证事务近2件,接待询证人员2人3次,所办理出具的书证无一差错。办理司法协助执行事务1件,协助人民法院冻结会员单位的会员资格。

七、加强管理制度和机制建设,进一步规范内部治理结构

2013年大商所以深入开展群众路线教育实践活动为契机,努力提高内部管理和队伍建设水平,加强纪检监察和内部监督工作,以IT

采购、招标等领域为重点，加强党风廉政建设。

(一)探索完善内部工作架构和工作机制、切实加强内部管理

大商所制定了《关于完善法人治理结构的实施方案》，建立起了决策、执行、监督相结合的运行机制；同时对财务费用支出、出国、公务接待、采购招标等方面的十余项管理制度，调整优化了部门组织架构和职能设置，加强采购、财务、资产和投资管理。

(二)制定、完善财务制度，加强内审工作

2013年大商所针对业务发展和财务管理的要求，相继制定了《大连商品交易所预算管理制度》、《大连商品交易所银行账号管理办法》、《大连商品交易所资金管理办法》以及《大连商品交易所工程项目财务支出审批规定》，并对《大连商品交易所财务支出审批规定》、《大连商品交易所费用支出管理办法》、《大连商品交易所出国费用内部管理规定》、《大连商品交易所市场发展与服务费用管理办法》及《大连商品交易所理事会费用支出管理规定》进行了修订，完善了相关财务审计制度。与此同时大商所针对重大采购项目进行了专项审计；组织内部审计相关课题研究，完成《金融企业内部审计信息化建设的研究与思考》(被评为辽宁内部审计协会优秀论文)等四项阶段性初步研究成果。

(三)加强纪检监察工作

2013年大商所以党的十八大精神为指导，认真贯彻习近平总书记关于反腐倡廉的重要论述和十八届中纪委二次全会精神，从教育、制度、监督三方面入手，全面推进惩治和预防腐败体系建设，努力提高反腐倡廉工作水平；加强作风建设，扎实开展党的群众路线教育实践活动，倡导廉政文化，防止违法违规案件的发生。

(四)加强理事会工作

2013年大商所共计召开了理事会及专门委员会会议共21次，审议议题30项，还根据实际需要推动和支持理事会专门委员会独立开展工作，并增补理事会咨询委员会、清算委员会等专门委员会，及时有力地保障了交易所各项业务的顺利开展。

2013年，国内期货市场创新发展步伐明显加快，市场“量”和“质”的发展实现了双提升，服务实体经济的能力不断增强。这一年，也是大商所创新发展最快的一年，全年期货成交量和成交额分别达到14.01亿手和94.31万亿元，分别比上年增长10.66%和41.51%。在2014年，大商所将在党的十八大和十八届三中全会精神指引下，在会党委的正确领导下，紧紧抓住我国全面深化改革的重要战略机遇，适应监管转型对市场建设的要求，围绕使市场在资源配置中起决定性作用，加快推进各项改革创新，深化拓展市场服务，稳步推进开放合作，坚决维护市场安全稳定，推动我所在服务国民经济发展中发挥更大的作用。

(二)2013年采取的纪律措施决定目录

序号	处罚日期	处分对象	违规事实	处分依据	处罚措施
1	2013/5/23	宁波远唐化工有限公司	通过对敲转移资金	《大连商品交易所违规处理办法》第二十九条	警告
2	2013/5/23	自然人客户	通过对敲转移资金	《大连商品交易所违规处理办法》第二十九条	警告
3	2013/5/23	自然人客户	通过对敲转移资金	《大连商品交易所违规处理办法》第二十九条	警告
4	2013/5/23	自然人客户	通过对敲转移资金	《大连商品交易所违规处理办法》第二十九条	警告

续表

序号	处罚日期	处分对象	违规事实	处分依据	处罚措施
5	2013/5/23	自然人客户	通过对敲转移资金	《大连商品交易所违规处理办法》第二十九条	警告
6	2013/5/23	自然人客户	未妥善保管账户导致账户被他人利用实施违规行为	《大连商品交易所违规处理办法》第二十九条	警告

(三)2013年制定、修改的主要自律规则目录

序号	发文日期	文 号	文 件 标 题
1	2013/01/29	大商所发〔2013〕24号	关于发布施行《大连商品交易所风险管理办法》修正案的通知
2	2013/03/15	大商所发〔2013〕62号	关于公布施行《大连商品交易所焦煤期货合约》和相关实施细则修正案的通知
3	2013/04/11	大商所发〔2013〕93号	关于修改无成交合约结算价相关规则的通知
4	2013/07/08	大商所发〔2013〕166号	关于发布施行《大连商品交易所套利交易管理办法》的通知
5	2013/07/29	大商所发〔2013〕188号	关于发布施行限仓相关规则的通知
6	2013/08/05	大商所发〔2013〕191号	关于调整黄大豆2号合约粗蛋白指标检验方法的通知
7	2013/08/14	大商所发〔2013〕201号	关于发布施行《大连商品交易所指定存管银行管理办法》的通知
8	2013/10/14	大商所发〔2013〕245号	关于公布施行《大连商品交易所铁矿石期货合约》和相关实施细则修正案的通知
9	2013/11/04	大商所发〔2013〕273号	关于公布施行《大连商品交易所鸡蛋期货合约》和相关实施细则修正案的通知
10	2013/11/27	大商所发〔2013〕289号	关于修改信息管理办法相关规则的通知
11	2013/11/28	大商所发〔2013〕291号	关于公布施行《大连商品交易所纤维板期货合约》、《大连商品交易所胶合板期货合约》和相关实施细则修正案的通知
12	2013/12/20	大商所发〔2013〕304号	关于修改玉米期货合约交割质量标准的通知

(大连商品交易所供稿)

五、郑州商品交易所

(一)2013 年法制建设工作综述

2013 年,在中国证监会的正确领导下,郑州商品交易所(以下简称“郑商所”)牢牢把握服务实体经济根本要求,坚持“两维护,一促进”,监管转型与深化服务并重,安全组织交易,创新驱动发展,在期货市场法治建设方面主要做了以下工作:

一、做好业务规则及内部管理制度建设工作,优化和完善自律监管体系

期货交易所的业务规则构成了期货市场自律监管体系的制度基石,是法律法规在期货市场运行的延伸,与期货市场参与者密切相关。内部管理制度则是期货交易所做好自律监管的前提和基础。做好业务规则及内部管理制度建设工作对优化自律监管体系至关重要,自律监管体系的优化则更有利于保障期货市场的稳定运行。

(一)完善规则制度,优化自律监管规则

2013 年是监管转型开局之年,为配合中国证监会监管转型的要求、顺应市场发展,郑商所积极修订自身业务规则,为市场功能发挥、保护期货投资者利益提供制度支持。

结合当前期货市场发展实际情况,遵照放松管制、加强监管的工作思路,充分考虑降低交易成本、提高市场运行效率,方便产业客户、机构投资者套利套保交易,统一规则、便于投资者熟悉掌握等几个重要方面的问题,郑商所在多次召开会员及产业客户座谈会、充分征求市场意见和建议的基础上,制定、修订了《郑州商品交易所套利交易管理办法》、《郑州商品交易所套期保值管理办法》、《郑州商品交易所期货交易风险控制管理办法》、《郑州商品交易所期货交易细则》、《郑州商品交易所期货交割细则》、《郑州商品交易所标准仓单管理办法》和《郑州商品交易所期货结算细则》。为确保保证金存管安全,郑商所对新形势下保证金存管业务进行了深入调研,制定了《郑州商品交易所指定存管银行管理办法》。

(二)积极推进郑商所内部管理制度建设工作规范化

制度及管理的规范化是现代企业管理的核心,也是法治社会企业文明程度的象征。推进郑商所向现代化企业管理转变,既是提高自身管理水平所必需的,也是为做好期货市场监管、防范风险所需要的。郑商所在内部管理制度建设工作方面做了许多工作。

2013 年,为实现郑商所审计工作全过程的规范化和科学化,郑商修订了《郑州商品交易所内部审计管理办法》。本次修订的一大亮点是引入全面风险管理的理念,使其成为郑商所审计工作开展的根本指针和重要依据。2013 年,郑商所对交易所采购工作进行了内部审计工作,在审计报告提出的问题和风险点基础上,修订了《郑州商品交易所采购管理办法》,使郑商所采购工作在制度建设上迈上新台阶。同时,在采购监督方面,郑商所新制定了《郑州商品交易所采购工作纪检监察实施办法》(试行),加强对采购工作的党纪政纪监督,不断降低采购各类风险。2013 年,在分析研究郑商所现行制度机制,做好前期资料分析、整体框架设计准备工作的基础上,郑商所草拟了《郑州商品交易所制度制定及实施管理办法(草稿)》的框架大纲,为建立、健全郑商所体系化、规范化制度生成机制打下了较为扎实的基础。在信息系统管理工作方面,为加强郑商所信息系统安全保障工作,建立健全信息安全事件应急处置工作机制,制定了《郑州商品交易所信息安全事件应急预案》。为提高郑商所内部工作的规范化,郑商所还适时制定、修订了《郑州商品交易所劳动人事管理制度》、《郑州商品交易所岗职体系管理办法》、《郑州商品交易所绩效管理办法》、《郑州商品交易所岗位问责管理办法》、《郑州商品交易所先进评选表彰办法(试行)》、《郑州商品交易所廉洁自律违规问责办法(试行)》、《郑州商品交易所科研合作基地管理办法(试行)》等内部制度,结合市场发展情况,不断优化、完善工作流程与标准。以上制度的修订制定和工作流程优化完善,有力推进了郑商所内部管理制度建设工作的规范化。

二、防控市场风险、加强市场监察工作,保障期货市场健康发展

防控期货市场风险、查处违规行为,是维护期货市场稳定、有序发展的重要环节。面对国内外复杂多变的经济形势,郑商所坚持以防控风险为主、查处违规行为为辅,狠抓监察信息系统建设,维护市场"三公"。

(一)防控市场风险,保障期货市场稳健运行

防控期货市场风险是保障期货市场平稳、健康运行的前提和基础,2013年,郑商所采取多种措施防范和化解风险,确保市场稳健运行。

郑商所针对市场风险情况和交易特点,根据市场风险情况,适时调整了部分品种的交易保证金标准和涨跌停板幅度,2013年全年共调整交易保证金标准和涨跌停板幅度11次。其中,国家法定节假日常规调整保证金标准和涨跌停板幅度7次。2013年,针对期货交易中存在的风险隐患,郑商所加强了对风险苗头的监测识别、预警预防,快速反应、积极应对,及时做好了相关合约的风险防范工作,保障了市场健康运行。

(二)严查违规行为,保障市场有序运行

查处期货市场违规行为,是期货市场自律监管的重要环节,也是维护期货市场"三公"的重要举措。郑商所积极组织人员严查违规行为,确保期货市场有序发展。

2013年,郑商所按照自律规则和程序排查异常交易及违规交易线索175条,对全部线索依规进行了相应处理;另外,办理大户报告审查274起。2013年,郑商所共认定实际控制关系账户1685组。截至2013年11月底,采取书面检查与现场检查相结合的方式,对浙江和江苏地区的21家会员单位进行了年度合规运作检查。通过以上举措,有力地维护了期货市场的有序发展,保障了资本市场的合法、合规正常运转。

(三)狠抓监察信息系统建设,提升监控手段

监察信息系统是期货市场自律监管的有力技术工具,做好监察信息系统建设,对于稳定期货市场秩序、维护市场"三公"有着积极的作用。

为适应新业务规则修订和有关业务需要,郑商所针对交易、会员服务和市场监察等信息系统升级编制了详细的测试提纲和测试案例,圆满完成了监察信息系统的升级测试。2013年,郑商所完成期权交易监察系统开发上线,满足了期货和期权仿真交易监控的需要。随着特殊单位和资管业务的发展,郑商所对市场监察系统中新增模块进行升级,使之更智能地识别特殊单位及资管业务客户的疑似实际控制关系。此外,郑商所对市场监察演示系统进行两次升级,分别使其支持强麦等品种新老合约代码转换和价格角分位显示,极大的提高了市场违规行为的识别能力。

(四)加强学习交流,提高业务能力和监管水平

为了提高自身业务能力和监管水平,郑商所多次组织人员到兄弟单位开展交流,学习同行业在市场监管、数据分析和系统建设等方面的经验,进一步提高自律监管水平。在期货保证金监控中心、中金所交易部到郑商所调研期间,就监察、技术等业务开展座谈交流,积累了宝贵的经验。郑商所充分利用每年中国证监会稽查干部到郑商所培训的机会,就稽查工作进行经验座谈交流,提升员工的业务能力。郑商所建立有以境外培训、专项培训、高阶培训、新员工培训及个性化培训等相结合的培训体系。2013年,郑商所积极开展员工培训活动,以学习新知识、新技能、新收获为主旨,极大的提高了员工的业务素质。

三、践行十八届三中全会精神,做好法制宣传工作,为期货市场稳定保驾护航

期货交易所处于市场的最前沿,以期货交

易所为核心的自律监管机构承担着重要的法制宣传任务。郑商所认真学习宣传党的十八大和习总书记关于全面推进依法治国的重要论述精神，通过举办法制宣传讲座、开展保护中小投资者权益立法研讨，以及内部守法培训等方式，弘扬社会主义法治精神、促进期货市场形成知法守法的良好氛围，实现资本市场依法治市，持续营造知法守法的市场环境。

（一）做好"12·4"全国法制宣传日系列宣传活动

为大力弘扬法治精神，向全体员工宣传法治理念，切实维护投资者合法权益，推进资本市场实现监管转型，郑商所认真组织落实了有关"12·4"法制宣传活动，通过举办法律知识讲座向员工宣扬法治。12月初，一场主题为"弘扬宪政法治理念，关紧权力制衡之笼，保护投资者合法权益"的法制讲座，为郑商所员工进一步深入理解肖钢主席监管转型工作要求，切实做好期货市场一线自律监管转型工作，提升"三公"期货交易平台功能，有效保障投资者合法权益，提供了一场深入浅出的理论大餐。12月底，一场主题为"民商事审判经验视角上的期货市场自律监管"司法审判指导讲座，为郑商所员工提供了一场法律知识饕餮大餐。

（二）研提期货投资者保护立法建议、探索保护中小投资者合法权益的新途径

保护投资者特别是中小投资者的合法权益就是保障和改善民生，就是维护社会公平正义。郑商所借参与期货立法工作之机，就开展的投资者保护课题研究，在"投资者自我保护、投资者教育和分类、健全保证金安全存管监控制度、健全期货投资者保障基金制度、民事责任、纠纷解决"等方面提出了立法建议，切实保护投资者合法权益。除此之外，郑商所积极建立健全保障中小投资者知情权和信访投诉的制度，探索信息披露新途径。通过加强中小投资者教育、适时建立郑商所官方微博，及时回复投资者合理诉求等方式，努力搭建"法律保护、监管保护、自律保护、市场保护、自我保护"的保护体系。

（三）培养内部员工守法意识、提升内部廉政建设

郑商所通过围绕社会主义核心价值体系建设，进一步采取多种形式开展理想信念、宗旨教育和廉政法规教育，加强廉政文化建设。通过开展警示教育活动，组织员工观看警示教育录像片等，教育引导干部员工牢固树立正确的人生观、价值观、权力观和利益观，正确处理人情关系，严格执行任职回避、公务回避、离职回避和内幕信息管理制度，自觉做到不逾越法纪红线，不突破做人底线，进一步筑牢思想道德防线和法纪防线，真正使党员干部"不想腐"。按照"监管权力配置科学、权责明确、依法行使、运行公开"的总体要求，郑商所通过加强制度建设，建立完善廉政风险防控机制。探索建立从员工岗位间横向制约、上下级间纵向制约，合规审核、审计、监事会、纪检监察等全过程、多渠道、全方位的立体监督制约体系，减少职权行使的随意性和人为干预，努力从源头上抓好廉政反腐败工作，真正使党员干部"不能腐"。

四、献力期货市场法制建设，为资本市场法制添砖加瓦

期货市场法制建设对于整个期货行业意义重大、影响深远。郑商所通过多种途径配合上级单位工作，通过多种形式献力期货市场法制建设工作。

（一）为国家法律法规及规范性文件提供立法建议

郑商所积极承办中国证监会等上级机关及相关单位有关法律法规及规范性文件的征求意见工作，向上级单位提供立法建议。2013年，郑商所共为22部法律法规及规范性文件提供立法建议，形成的工作报告主要有：《关于对〈私募证券投资基金业务管理暂行办法〉意见建议的报告》、《关于对〈新修订的〈证券投资基金法〉若干配套规定〉意见建议的报告》、《关于对投资者保护相关制度意见建议的报告》、《关于对〈公开募集证券投资基金运作管理办法〉意见建议的报告》、《关于对〈新闻信息发布管理办法〉意见建议的报告》、《关于对〈期货交易所管理办法（修订稿）〉意见建议的报告》、《关于对〈关于审理证券市场虚假陈述侵权民事赔偿案件的若干规定（修订稿）〉意见建议的报告》、《关于对证券期货业信息安全审计规范意见建议的报告》、《关于对证券期货违法行为举报工作暂行规定意见建议的报告》、《关于对〈税收征管法〉意见建议的报告》等。

(二)承办期货法立法相关课题研究

2013 年,郑商所积极参与并推动期货立法工作。按照中国证监会要求,郑商所先后召开四次专业座谈会,及时上报期货法立法需求大纲及论证报告。并在此基础上,邀请本地相关专家、学者对期货法立法有关问题进行了研究与分析,将研究成果进一步细化为期货法草稿建议条文,草拟了相应的立法说明。郑商所通过起草上报中国大陆地区、我国台湾地区、香港地区期货立法情况报告及相关地区期货立法类书籍,为中国证监会推动期货立法工作提供借鉴参考资料。除此之外,郑商所通过承担中国证监会布置的《英国 2000 年金融服务和市场法》翻译出版工作,将欧美先进地区的期货法引进大陆,为期货市场法治添砖加瓦。

资本市场的法治工作是一项长期、系统性工程,需要长期不懈的坚持与努力。今后,郑商所将继续深入学习宣传党的十八大和习总书记关于全面推进依法治国的重要论述精神,在期货市场坚持弘扬社会主义法治精神,形成守法光荣的良好氛围,为实现资本市场依法治市持续营造良好的社会环境。

(二)2013 年采取的纪律措施决定目录

序号	处分时间	处分对象	处分原因	处 分 依 据
1	2013/2/19	自然人客户	对敲交易行为	《郑州商品交易所违规处理办法》第二十八条
2	2013/2/19	法人客户	对敲交易行为	《郑州商品交易所违规处理办法》第二十八条
3	2013/2/19	自然人客户	对敲交易行为	《郑州商品交易所违规处理办法》第二十八条
4	2013/2/19	自然人客户	不如实申报实际控制关系相关信息、隐瞒事实真相等	《郑州商品交易所违规处理办法》、《关于〈郑州商品交易所异常交易行为监管工作指引(试行)〉有关实际控制关系账户认定标准及报备制度的通知》第二条
5	2013/2/19	法人客户	对敲交易行为	《郑州商品交易所违规处理办法》第二十八条
6	2013/5/17	自然人客户	对敲交易,影响市场交易秩序并违规转移资金	《郑州商品交易所违规处理办法》第二十八条
7	2013/10/25	自然人客户	实际控制关系账户合并持仓第二次超限	《郑州商品交易所违规处理办法》、《郑州商品交易所异常交易行为监管工作指引(试行)》

(三)2013 年制定、修改的主要自律规则目录

序号	名 称	实施时间	备 注
1	《郑州商品交易所期货交易风险控制管理办法》	2013/11/18	修改
2	《郑州商品交易所期货交割细则》	2013/11/18	修改

续表

序号	名　称	实施时间	备　注
3	《郑州商品交易所标准仓单管理办法》	2013/11/18	修改
4	《郑州商品交易所期货结算细则》	2013/09/16	修改
5	《郑州商品交易所套期保值管理办法》	2013/09/16	修改
6	《郑州商品交易所期货交易细则》	2013/09/16	修改
7	《郑州商品交易所套利交易管理办法》	2013/09/16	制定
8	《郑州商品交易所指定存管银行管理办法》	2013/08/29	制定

（郑州商品交易所供稿）

六、中国金融期货交易所

（一）2013年法制建设工作综述

2013年是股指期货健康平稳发展，成功嵌入我国资本市场，国债期货实现“高标准、稳起步”目标顺利上市，交易所各项事业加速发展的一年。在中国证监会的正确领导下，中国金融期货交易所（以下简称中金所）认真领会党的十八大、十八届三中全会精神，深入学习肖钢同志关于监管执法转型和中小投资者保护等系列重要讲话和署名文章，全面落实金融期货市场各项监管安排，不断完善业务规则体系，持续强化市场监测监控，积极开展《期货法》立法研究和普法工作。

一、构建了全新的业务规则体系，为产品创新和市场功能深化提供制度支持

（一）突破传统体系和框架限制，重构业务规则体系

中金所原有规则体系主要针对沪深300股指期货单一产品进行设计，较多借鉴国内商品期货市场的规则架构，存在内容分工不合理、拓展性与兼容性不足等问题。为适应业务发展和产品创新需要，全面修订了《交易规则》、《违规违约处理办法》、《交易细则》、《结算细则》、《风险控制管理办法》、《信息管理办法》、《会员管理办法》、《套期保值与套利交易管理办法》、《金融期货投资者适当性制度实施办法》、《金融期货投资者适当性制度操作指引》等10余项业务规则，完成沪深300股指期货持仓限额调整，新制定《沪深300股指期货合约交易细则》和《期货公司会员资格管理业务指引》、《指定存管银行管理办法》等3项业务规则。通过合理区分具有共性的基本业务制度与不同产品个性化制度，完成了业务与产品并重、多维度和多层次的规则体系重构，有效解决了规则体系“牵一发而动全身”的问题，实现了产品创新与规则配套的“即插即用”，迈出了国内期货交易所规则体系重构的实质性步伐。《中国证券报》等媒体给予高度评价，认为中金所“在期货市场率先突破传统规则体系和框架限制，实现了交易所业务规则体系的重要创新。”

（二）制定国债期货合约规则，为国债期货上市及平稳运行提供制度保障

按照国债期货上市整体工作安排，制定《5年期国债期货合约》、《5年期国债期货合约交易细则》、《5年期国债期货合约交割细则》等合约规则和《5年期国债期货大户持仓制度操作指引》、《国债期货信息发布指引》等业务指引，与中国证券登记结算公司、中国债券登记结算

公司签署交割业务操作协议及备忘录。

二、积极开展《期货法》立法研究和相关法律法规修订

2013 年,中国证监会将夯实市场基础制度,加快推动《期货法》立法列入年度重点工作,并被纳入十二届全国人大常委会立法规划。中金所在中国证监会统一部署下,充分发挥自身优势,广泛听取市场呼声,大力推动立法研究和相关法律法规修订及调研工作。

(一)广泛调研,起草中金所《期货法》建议稿

一是通过"请进来、走出去",全方位征求期货公司、证券公司和基金公司等市场机构等多方意见,形成了数十万字的立法需求报告,较充分反映了市场主体对《期货法》的立法需求,为做好立法工作,服务实体经济发展奠定基础。二是在深刻领会《期货法》立法工作指导思想,充分总结期货市场治理整顿和规范发展经验教训,参考证券市场的发展与监管经验,积极借鉴域外市场成熟做法的基础上,结合当前期货市场由量的扩张到质的提升的阶段性特征,突出金融衍生品市场发展需求,在较短时间内形成了具有金融期货特色的《期货法》建议稿草案,就《期货法》立法中的重大理论和实践问题提出解决方案。

(二)以产品创新和《期货法》立法为重点,大力推动法律研究

一是为解决产品和制度创新中的焦点和难点问题,撰写专题研究报告,为解决国债期货合约制度设计、实物交割的法律关系、交割资产保护、国债交割过户依据、商业银行参与国债期货交易和结算的模式、保证金的法律属性及模式、场外清算业务等重大问题提供切实可行的解决思路和实现路径。二是发挥立足一线、了解市场的优势,加大资源投入,扩大联合研究范围,为条文起草奠定理论基础。三是加强立法基础准备工作。建立了涵盖 22 个国家和地区近 30 部最新衍生品法律的境外衍生品立法资料库。整理、汇编三卷本《中金所法律部期货法立法主要成果汇编》。翻译出版《美国期监会规章》,填补了我国在美国期货法律制度规章层面的资料空白,得到监管部门、业界和学界的充分肯定。以翻译项目为契机,组建所内法律文献和业务规则译校团队。四是加强与理论界、实务界的交流互动。扩大合作高校数量,组织金融期货市场法制建设座谈会等会议 12 次,参加上证法治论坛、中国法学会证券法学研究会年会等研讨会 20 人次。组建金融期货法治研究专家顾问团,充实法治研究资源。

(三)配合全国人大、中国证监会等单位立法修法调研

参与《证券法》、《期货交易所管理办法》、《指定银行业金融机构从事期货保证金存管业务管理办法》、《做市商管理办法》、《关于进一步推进新股发行体制改革的意见》(征求意见稿)、《关于会管公司持股参与公司治理征求意见的函》、《私募证券投资基金监管工作征求意见》等 20 余部法律法规和规范性文件的意见征求反馈工作。其中,在《证券法》修订过程中,中金所就证券的范围、证券衍生品立法例与法律适用以及证券衍生品交易、结算等法律制度提出明确的修订意见。

三、完善金融期货监管体系,深化市场运行监管

(一)构建国债期货跨市场监管协作机制

一是在证监会系统内,与上证所、深交所、中证登、监控中心签署协议,建立交易所国债市场与国债期货市场跨市场监管协作制度,完成跨市场信息交换平台改造与联调测试。二是在证监会系统外,与中国外汇交易中心就建立国债期现货跨市场监测协作机制达成初步共识,积极推动与中债登的跨市场监管协作事宜。

(二)开展国债期货上市督导检查,把好市场"入门关"

一是组建国债期货上市督导检查组,深入市场一线开展国债期货上市集中督导检查,共检查 103 家会员、2245 名客户。二是加大服务会员力度,推动全行业国债期货业务准备。督导监查组指导会员特别是中小会员加快业务准备进程。针对全体会员高管、首席风险官、开户人员、市场开发人员,广泛开展合规业务培训。

(三)加强市场运行监测监控和跨市场监管协作

一是盘前加强对重大市场信息及影响的分析,明确关注重点,盘中加强市场运行和交易行为监控,做到及时发现、及时排查、及时报告。二是与跨市场监管协作方通过数据交换、绿色通道与月度例会等渠道共享监管资源。三是广

泛征求市场意见，积极开展长效机制建设，加强自律监管的透明度和科学性。

（四）强化异常交易处置，规范实控关系、程序化交易监管

一是强化异常交易管理，针对日内过度交易行为占比较大的特点，加大对相关会员首席风险官的提示力度。二是完善内部流程，规范实际控制关系、程序化交易监管。优化实际控制关系账户与程序化交易的报备管理与监控发现的内部分工及移交流程。经认定的实际控制关系账户组及程序化交易客户均纳入重点监控名单。

四、大力宣传金融法制，加强投资者教育

（一）创新工作方式，拓宽投资者教育渠道

一是广泛宣传投资者权益保护方式和救济途径。制作了一批面向中小投资者的涵盖金融法律法规等内容的通俗易懂的投资者教育资料，根据投资者需求足额发放，全年发放32万份。二是以多种形式宣传期货法律法规和自律规则。在国债期货上市前后向媒体推送17批次、共12万字的各类新闻素材。在专业媒体刊发16期“中国金融期货交易所业务规则培训专栏”，利用微博、微信对中金所业务规则进行权威解读。三是加强与各地证监局、证券期货业协会合作，提升投资者教育和市场培育的广度与深度。全年与36家辖区证券期货业协会、16家地方证监局合作，在70多个城市共开展各类投资者教育活动逾220场，总计培训近3万人。

（二）培育金融期货高水平从业人员和成熟投资者

一是组织实施国债期货会员种子讲师培训计划，在会员全面开展国债期货市场开发过程中发挥了重要作用。二是优化常规性会员从业人员培训。针对会员单位高管、首席风险官以及关键岗位人员开展了32场业务培训，累计培训逾4800人次。三是持续深入开展会员合作培训，强化培训效果评估和事后监督管理。全年与会员合作培训573场，覆盖111个城市、98家会员，培训数量和质量显著提高。

五、强化风险防范意识，保障交易所依法合规运行

（一）开展“学规则、强监管”活动，推动规则学习

业务规则是交易所组织交易、履行自律管理职责的重要依据。为提高全所员工的合规意识和业务水平，强化突发事件应急处理能力，在全所范围内举行“学规则、强监管”活动，开展相关业务规则的学习、培训和考试，推动全员参与、全程覆盖的合规文化建设，切实提升交易所一线监管能力。

（二）完善内部管理制度，促进交易所规范化运行

全年制定或修订《控股子公司管理办法》、《合同管理办法》、《业务规则制定办法》、《案件审理委员会工作规程》、《诚信档案工作制度》、《外聘律师管理办法》、《协助执行工作制度》等50多个内部规章制度，及时跟进《期货交易所管理办法》修订情况，梳理、完善交易所章程，提升交易所日常运行的制度化、规范化水平。

（二）2013年度采取的纪律措施决定目录

序号	文件标题	文　号	生效日期
1	关于暂停受理和融期货申请开立新的交易编码的决定	中金所函〔2013〕109号	2013/9/12
2	金友期货经纪有限责任公司的监管意见函	中金所函〔2013〕122号	2013/10/22
3	关于对申银万国期货有限公司的监管意见函	中金所函〔2013〕123号	2013/10/22
4	关于对国泰君安期货有限公司的监管意见函	中金所函〔2013〕137号	2013/11/25
5	关于对五矿期货有限公司的监管意见函	中金所函〔2013〕150号	2013/12/30

(三)2013 年度制定的主要自律规则目录

序号	文件标题	文号	生效日期
1	中国金融期货交易所指定存管银行管理办法	中金所结字〔2013〕89 号	2013/8/14
2	中国金融期货交易所交易规则	中金所法字〔2013〕77 号	2013/8/30
3	中国金融期货交易所违规违约处理办法	中金所法字〔2013〕77 号	2013/8/30
4	中国金融期货交易所交易细则	中金所法字〔2013〕77 号	2013/8/30
5	中国金融期货交易所结算细则	中金所法字〔2013〕77 号	2013/8/30
6	中国金融期货交易所风险控制管理办法	中金所法字〔2013〕77 号	2013/8/30
7	中国金融期货交易所会员管理办法	中金所法字〔2013〕77 号	2013/8/30
8	中国金融期货交易所信息管理办法	中金所法字〔2013〕77 号	2013/8/30
9	中国金融期货交易所套期保值与套利交易管理办法	中金所法字〔2013〕77 号	2013/8/30
10	金融期货投资者适当性制度实施办法	中金所法字〔2013〕77 号	2013/8/30
11	金融期货投资者适当性制度操作指引	中金所法字〔2013〕77 号	2013/8/30
12	中国金融期货交易所期货公司会员资格管理业务指引	中金所法字〔2013〕77 号	2013/8/30
13	中国金融期货交易所国债期货信息发布指引	中金所法字〔2013〕77 号	2013/8/30

(中国金融期货交易所供稿)

七、中国证券登记结算公司

2013 年度法制建设工作综述

2013 年,在中国证监会领导下,中国证券登记结算有限责任公司(以下简称中国结算)深入学习和贯彻落实党的十八大、十八届二中全会、十八届三中全会以及《中共中央关于全面深化改革若干重大问题的决定》和习近平总书记系列重要讲话精神,积极践行党的群众路线,牢固树立使命意识、责任意识、服务意识,围绕中国证监会党委中心工作部署和资本市场改革发展大局,继续高度重视法制建设工作,为公司业务、技术、管理等工作提供法律服务、保障和支持,在推进法律制度建设、健全业务规则体系、夯实登记结算制度基础、依法合规运营等多方面取得了显著成效,推动了证券登记结算法制建设再上新的台阶,为公司大力支持资本市场创新发展和公司下一步发展进一步夯实了基础。

一、完善基本业务制度，夯实基础，推进证券登记结算法律制度建设

（一）配合证监会进行《证券法》修改及《期货法》立法建议工作

2013 年 6 月底，中国结算接到证监会办公厅发来的《关于做好证券法修改相关工作的通知》。根据分工安排，公司牵头负责就证券登记结算制度及无纸化制度提出明确的修改意见和建议。根据肖钢主席重要批示的有关精神以及证监会系统修改证券法电视视频会议的具体要求，公司党委书记、董事长周明同志亲自部署，由副总经理刘肃毅同志总负责、公司三地各相关单位和部门参与落实此项工作。

至 2013 年底，公司举办和参加了多场专题研讨会，先后邀请证监会领导及修法工作小组成员、公司领导、公司各部门领导及业务骨干、专家学者、券商代表等围绕重点问题进行深入讨论，广泛听取各方面的意见和建议。在此基础上，公司撰写起草了《关于证券法登记结算相关修改建议的报告》以及《证券法登记结算相关修改建议条文》，并向证监会提交了多份补充论证材料。

与此同时，公司组织搜集整理了境外 31 个国家和地区登记机构设立及业务集中情况资料，并从法律和业务角度全面、深入研究了美国、英国、德国、澳大利亚、中国台湾、中国香港、日本、韩国、芬兰、巴西等 31 个国家或地区的登记、交收、存管、托管业务，形成了关于证券登记、交收、存管、托管体制的中外比较等多份专题研究报告。

此外，根据证监会的相关要求，中国结算积极配合开展了《期货法》立法建议工作。公司整理汇总了关于《期货法》立法需求的相关建议，形成立法建议报告提交证监会。

（二）修订完善基本业务制度和业务规则

公司在 2013 年启动了业务规则全面清理工作，开始着手对公司的业务规则体系现状进行梳理、分析，加强对业务规则的科学有效管理，保证业务规则合法、合理、减少漏洞，为下一步整合业务规则奠定基础，力争实现业务规则的完备性、合法性、协调性、清晰性、透明性、规范性、有效性，并为修订、完善公司中长期业务规则体系规划做准备，推进构建更为科学合理的业务规则体系。根据公司关于党的群众路线教育实践活动整改落实、建章立制工作的方案，业务规则清理已经列为 2014 年建章立制的一项重要任务。

2013 年，公司制定或修订并向市场发布了《标准券折算率（值）管理办法》、《基金类产品质押式回购登记结算暂行办法》、《质押式回购资格准入标准及标准券折扣系数取值业务指引》、《上海市场首次公开发行股票网上按市值申购实施办法》、《深圳市场首次公开发行股票网上按市值申购实施办法》、《中国结算协助托管银行进行客户违约处理的业务流程》、《基金管理公司特定资产管理登记结算业务指南》、《股票质押式回购交易及登记结算业务办法（试行）》、《质押式报价回购交易及登记结算业务办法》、《质押式报价回购交易及登记结算业务办法》、《证券账户非现场开户实施暂行办法》、《合格境外机构投资者境内证券投资登记结算业务实施细则》、《基金管理公司特定客户资产管理登记结算业务指南》、《资产管理计划交易所份额转让登记结算业务指引》、《资产管理计划交易所份额转让登记结算技术指引》、《全国股份转让系统登记结算业务实施细则》等业务规则；同时修订了《结算参与人管理规则》、《关于特殊机构投资者结算参与人资金交收违约处理暂行办法》、《上海证券交易所交易型开放式基金登记结算业务实施细则》、《深圳证券交易所交易型开放式基金登记结算业务实施细则》等，并已上报证监会。此外，公司拟继续全面修订《证券账户管理规则》，待征求市场意见并进一步审议完善后报送中国证监会审批。

上海分公司对外修订发布了《证券质押供需信息发布平台业务操作指引（试行）》、《期权业务管理暂行办法》（征求意见稿）、《国债预发行（试点）交易与登记结算业务办法》、《关于境外投资者办理登记业务需提交的身份证明文件等有关事项通知》、《中国结算上海分公司营业大厅业务指南》、《场内实时申赎货币基金登记结算业务指南》、《ETF 登记结算业务指南》、《债券登记结算业务指南》等业务规则，并配合完成了《证券质押登记实施细则》的修订、《质押式报价回购交易及登记结算业务办法》的会签修订等工作；同时为加强对市场创新业务的

支持力度、防范业务往来风险,签署了与上交所之间的《统计报表服务备忘录》、《全天候测试环境运维备忘录》、《上市公司收购、现金选择权业务备忘录》、《股票质押式回购备忘录》、《退市公司股份转让业务备忘录》、《异常情况处理合作备忘录》、《交易系统和结算系统之间数据核对备忘录》、《国债预发行交易业务备忘录》以及与中金所之间的《国债期货交割登记结算业务备忘录》等9份备忘录。

深圳分公司完成了20部业务指南的制订修订并对外发布,包括:《中国结算深圳分公司上市公司非公开发行证券登记业务指南》、《证券发行人权益分派和配股登记业务指南》、《质押式报价回购登记结算业务指南》、《约定购回式证券交易登记结算业务指南》、《股票质押式回购登记结算业务指南》、《场内实时申赎货币市场基金登记结算业务指南》、《黄金ETF登记结算业务指南》、《中国结算深圳分公司B股业务登记结算服务指南》、《证券账户管理业务指南》、《证券质押业务指南》、《中国结算深圳分公司合格境外机构投资者境内证券投资登记结算业务指南》、《全国中小企业股份转让系统股份登记结算业务指南(适用于原报价转让系统)》、《全国中小企业股份转让系统股份登记结算业务指南(适用于两网公司和退市公司)》、《中小企业可交换私募债试点登记结算业务指引》、《中国结算深圳分公司国债期货实物交割业务指南》、《中国证券登记结算有限公司深圳分公司交易型开放式基金登记结算业务指南》、《关于〈上市公司现金选择权业务指南〉新增附终止条件的现金选择权业务的通知》、《中国结算深圳分公司协助托管银行冻结、解冻、划转违约客户证券业务指南》、《深圳市场首次公开发行股票网下发行实施细则》、《深圳市场首次公开发行股票网上按市值申购实施办法》等。

(三)根据证监会相关要求,完成法律法规、司法解释、部门规章等的意见反馈工作

根据证监会的相关要求,2013年公司积极就《中华人民共和国著作权法(修订草案送审稿)》、《税收征收管理法(修订稿)》、《城镇住房保障条例(征求意见稿)》、《价格鉴证条例(送审稿)》、《定密管理规定(征求意见稿)》、《证券期货违法行为举报工作暂行规定》等三十余部法律法规、司法解释、部门规章反馈书面意见。

二、结算风险处置收尾工作

(一)回购诉讼案件的协调、应诉、再审等相关工作。完成推动了3件回购诉讼案件的结案工作,并继续协调推动3件再审案件尽快审理。

(二)积极推进结算透支债权、结算担保品不当执行的处理等相关工作。2013年已完成甘肃证券破产透支债权确认事项、新华证券结算透支破产债权确认事项,并完成了闽发证券相关质押券的处置工作。

(三)参与推动结算风险处置遗留事项处理工作。公司就南方证券破产清算组相关事项以及齐鲁证券、天同证券要求退还结算资金事宜等开展了协调工作。

(四)国债回购风险处置工作总结报告。目前已完成国债回购风险处置工作总结报告初稿,拟进一步整理大事记、政策规则等材料。

三、协助执法工作

2013年,公司在继续有条不紊地做好日常协助执法工作的基础上,就人民法院电子化查询证券信息事宜,积极参加证监会市场部召开的专题协调会,配合进行电子化查询证券信息的论证工作。同时,就协助司法、纪检和相关监管机构等国家机关查询证券账户信息事宜,公司全面梳理和研究相关法律依据,进一步规范和完善工作流程。

四、公司运营合法合规审核工作和业务创新支持工作

(一)合法合规运营审核工作

2013年,公司制定、修订了《公司合同管理办法》、《公司风险管理委员会议事规则》、《公司风险评估工作指引》等内部规章制度二十余项;继续对合同、备忘录等法律文件进行合法性审查,以继续加强公司总部相关合同的实施、监督工作;加强公司业务和内部管理方面的合法合规审查。

京、沪、深分公司为加强公司内部管理,规范相关业务依法运行,增强登记结算系统抗风险能力,修订了《采购管理办法》、《程序开发维

护管理办法》、《档案管理细则》、《业务项目管理暂行办法》等规章制度。

通过以上措施，全公司上下牢固树立了依法合规运营的理念，并贯彻于公司日常运营和个人行为之中，公司依法合规管理、运营水平进一步得到了提高。

（二）业务创新支持工作

2013 年，公司继续做好支持资本市场业务创新发展工作。公司法律工作积极参与账户整合业务、个股期权业务、证券划转业务、私募市场业务、新三板市场业务、场外市场业务、可交换公司债业务、转融通业务等业务创新的法律论证、规则审核、风险分析、预案编写等工作，以切实的工作努力和工作成果有力支持了资本市场的发展和业务的不断创新。

五、诚信建设工作

根据证监会法律部、信息中心要求报送相关诚信数据；进一步修改和完善《公司诚信档案工作制度》。

六、法律研究工作

2013 年，公司继续推进“证券担保登记法律适用问题的立法研究”的课题研究工作，并结合《证券法》修改建议工作，形成了阶段性的研究成果。同时，公司启动了对于《证券登记结算管理办法》实施效果的评估工作，在完成第一阶段评估的基础上，形成了《证券登记结算管理办法》实施效果评估报告初稿。公司法律工作结合基础理论和业务创新，形成十余篇专题工作研究报告。

为加强金融基础设施建设，促进金融市场安全高效运行和整体稳定，履行国际组织成员职责，根据中国人民银行和中国证监会的要求，公司参与完成了《金融市场基础设施原则》文本的翻译和校对工作，并于 2013 年 12 月启动了《金融市场基础设施原则》内部评估工作。

七、投资者保护工作和普法工作

（一）认真学习投资者保护相关政策并积极研究落实

2013 年 12 月，国务院办公厅发布了《国务院办公厅关于进一步加强资本市场中小投资者合法权益保护工作的意见》。公司根据证监会召开的加强中小投资者保护工作会议的要求和部署，认真学习和领会意见精神，深入研究健全投资者适当性制度、保障中小投资者知情权、健全中小投资者投票机制、建立多元化纠纷解决机制、强化中小投资者教育等内容，拟通过采取多项措施落实意见要求，不断推进投资者保护工作。

（二）对于投资者及上市公司、证券公司等市场参与主体加大普法宣传力度，取得明显成效

2013 年 12 月 4 日，公司在中国证券网举办了“12·4 全国法制宣传日投资者网上交流活动”；2013 年 3 月和 12 月，深圳分公司联合深圳证券交易所、深圳证券信息公司分别了举办“3·15 投资者维权网上咨询”和“12·4 全国法制宣传日在线法律咨询暨业务规则意见征集”活动。借助投资者教育在线交流平台，与投资者进行了在线交流，在广大投资者进一步了解相关法律法规、证券登记结算业务规则的规定以及维护投资者合法权益等方面起到了良好的效果。

同时，公司通过组织上市公司、证券公司培训、走访等多种形式，大力宣传证券登记结算法律法规和证券登记结算业务规则。2013 年公司组织了四场现场培训，共有来自近 100 家证券公司、90 余家结算参与机构和近 600 家上市公司的 1700 余名从业人员参加了培训，合计为参培人员授课 76 场次。深圳分公司组织法律部骨干人员赴北京、太原、武汉三地，就协助执法相关内容对证券公司开展了培训。

在日常工作中，公司通过呼叫中心和热线电话等方式及时为广大投资者答疑解惑，有效帮助市场参与者解决诉求，维护资本市场的正常秩序。为确保电话解答的专业、高效，公司组织整理了现行有效的法律法规和业务规则，不断整理、更新客服知识库。

（三）开展丰富多彩的“六五”普法活动

为了更好地开展普法工作，公司通过各种形式收集、整理相关普法学习材料，为员工的法律学习提供了便利；上海分公司举办了“宪法学与当代中国”法律专题讲座、“企业员工信息安全意识”培训以及《电子签名法》、《民事诉讼法》修订解读等法律和业务培训。为扩大法制宣传的范围与影响，上海分公司在内部论坛上开设了“法制宣传专栏”，将新《证券投资基金

法》、最高人民法院《关于网络查询、冻结被执行人存款的规定》等相关法律法规资料汇编等内容在专栏上发布,供公司员工学习和领会,营造了良好的普法氛围。

此外,公司动员员工积极参加"全国百家网站暨'中国普法'官方微博法律知识竞赛"活动、中国普法官方微博主办的"大力弘扬法治精神,共筑伟大中国梦"主题博文有奖征集活动,组织公司员工积极参加2012年度全国法制好新闻和2011－2012年度全国法制题材电影电视节目评选活动,并上报推荐作品。

(四)向司法机关宣传证券登记结算法律法规和业务规则,加强与司法机关及相关单位的沟通和交流

2013年度,公司继续加强与司法机关等单位的沟通和交流工作,宣传登记结算业务规则,就业务中所涉及的法律问题进行研讨。一是与司法机关的交流。开展了接待司法机关调研来访、主动走访相关司法机关、牵头或参加与司法机关之间的业务交流等工作。二是与立法机关的交流。上海分公司于11月7日参加了全国人大财经委法案室在沪开展《证券法》修订调研活动。三是积极参加学术交流活动。2013年11月,公司领导和相关人员参加了由上海证券交易所主办,北京大学、中国人民大学和华东政法大学联合举办的"第四届上证法治论坛",听取了证监会等单位的领导、专家学者关于"适应资本市场的创新发展,打造中国《证券法》的升级版"的发言并参与了相关主题的讨论。

八、对外法制交流工作

除在内部开展各项法制建设工作之外,公司还积极落实《中介化证券实体法公约》后续工作,并通过参加证券登记结算业务的国际会议等平台,与同行进行切磋和交流,为完善我国登记结算业务制度建设寻求宝贵经验。

(一)2013年5月公司派员参加了在杭州举办的第十五届ACG交互培训会,发表主题演讲并落实ACG法律工作小组召集人换届选举事宜相关工作。2013年10月公司派员参加了在孟加拉国达卡举办的第十七届ACG年会,并做主题演讲。

(二)2013年11月,作为商务部条法司带团的中国代表团成员,前往伊斯坦布尔参加国际统一私法协会组织的新兴市场委员会第三次会议,听取了专家们的报告和讨论,并就相关议题作了发言。

(三)与香港结算就合作项目多次召开专题讨论会,修改四方框架协议,并就相关法律问题进行探讨。

(四)公司还派员赴境外国家或地区进行考察交流或参加培训,深入了解境外同行的运作经验与法律环境,为完善我国登记结算业务制度建设提供了重要借鉴与启示。

(中国证券登记结算公司供稿)

八、中国证券投资者保护基金公司

2013年法制建设工作综述

2013年,中国证券投资者保护基金公司(以下简称保护基金公司、我司)立足于服务资本市场监管的大局,积极探索保护投资者,特别是中小投资者合法权益的新举措和新途径,在前期工作的基础上,进一步拓宽法制建设工作思路,继续积极参与投资者保护立法活动,深入开展投资者保护法制研究,切实提高普法工作实效性等方面进行了有益的探索和实践。

一、稳步推进证券投资者保护立法促进工作

结合证券投资者保护工作需要,开展证券投资者保护立法促进工作是保护基金公司

2013年法制建设工作的重点内容之一，具体包括以下内容：

（一）积极推进《证券投资者保护基金管理办法》（以下简称《办法》）的修订

6月底，根据会领导指示精神，由我司牵头成立了包括会机构部、基金部、法律部、期货一部以及期货保证金监控中心有关人员在内的《办法》修订工作小组，通过组织研讨会、市场相关机构座谈会、召开专家委员会会议等方式，对《办法》修订涉及的疑难问题进行反复研究、论证。

此后，我司就《办法（修订草案）》非正式征求了人民银行金融稳定局、财政部金融司以及国务院法制办财金司、国务院办公厅、全国人大常委会法制工作委员会经济法室等单位意见。

11月，证监会就《办法（修订草案）》正式发文征求财政部意见。

《办法》修订内容主要体现在保护基金保护范围、保护基金公司职责与治理结构、保护基金筹集与使用等方面：一是将公募基金管理人纳入保护基金保护范围，当公募基金管理人被风险处置时，参照证券公司风险处置政策，按照国家有关政策规定对因公募基金管理人违法、违规或违反合同约定等行为而造成损失的基金份额持有人予以偿付；二是为解决单个证券公司、基金管理人应对流动性风险能力不足的问题，增加了保护基金用于向证券公司、基金管理人因创新业务或重大突发性事件引发的短期流动性困难提供紧急救助，及时化解由于局部风险引发的整个行业的系统性风险；三是增加了在证券市场相关责任主体发生违法违规行为并因同一行为对众多投资者造成损害时，先以保护基金按一定比例预先偿付投资者损失，而后由保护基金公司对相关责任主体进行追偿的制度安排，从而减轻中小投资者求偿的时间成本和经济成本；四是对保护基金公司治理结构、董事会构成、公司章程制定修改等做了必要调整。

在《办法》修订过程中，我司形成了《关于公开募集证券投资基金份额持有人债权偿付机制的可行性专项报告》、《关于建立证券市场虚假陈述受损害投资者损失偿付机制可行性专项报告》、《关于使用证券投资者保护基金向证券公司、基金管理人提供紧急救助的报告》等多篇专项研究报告。

（二）充分认识《证券法》修改工作的重要意义，积极响应《证券法》修改相关立法建议

鉴于《证券法》修改的重要性、复杂性和紧迫性，我司将切实全力配合《证券法》修改工作作为当前的一项重要任务来抓。立足于我司保护投资者权益的法律职责和成立使命，结合近年来保护基金公司对保护中小投资者合法权益新举措、新方法的研究、探索和实践，我司积极支持在《关于〈证券法〉完善意见的评估报告（讨论稿）》中提出关于“引导和建立诉讼之外的替代性纠纷解决机制，增加规定证券行业仲裁机制”、“引入第三方专业调解机制”以及“在证券类民事赔偿诉讼中引入机关、团体代表诉讼等特殊诉讼制度安排，授权证券投资者保护基金公司代表投资者提起民事诉讼”等《证券法》完善意见，同时建议把完善保护基金制度放在更大范围内来规定。

二、深入开展投资者保护研究工作

保护基金公司自成立以来，一直高度重视投资者保护研究工作，以不断深化和提高认识水平，为推进投资者保护法制建设打下理论基础。2013年，结合境外主要国家和地区投资者保护的新情况和新进展，以及我司《办法》修订的实际情况，保护基金公司继续深入开展投资者保护研究，取得了以下主要成果：

（一）开展投资者赔偿机制研究

我司参加证监会“国务院关于进一步转变职能加强资本市场投资者保护的若干意见”起草小组工作，配合投资者保护局开展投资者赔偿机制研究相关工作，并形成了《投资者赔偿机制研究报告》。报告介绍了国际投资者赔偿机制的概况、阐述了我国证券投资者赔偿机制的确立和不足之处、并对进一步完善证券投资者赔偿机制提出了相关工作建议。

（二）开展会管公司持股参与上市公司治理研究

我司对会管公司持股参与上市公司治理有关问题进行了认真研究，向证监会报送了相关意见，就关于承担持股行权工作的会管机构及持股范围和数量、上市公司治理存在的问题及会管机构持股行权发挥的作用、关于会管机构持股行权以及参与上市公司治理的具体规则等相关问题进行了详细论述，并提出了保护基金

公司开展持股行权工作的优势、问题及相关工作建议。

2013年度,我司先后派员参加了因受偿债权分配而持有股份的9家上市公司的15次股东大会,对91项股东大会议案进行了审议,就10多项议案相关内容向上市公司进行质询,对3项议案投了反对票,并主动与上市公司管理层沟通,传递依法规范运作及保护投资者权益的理念。同时与深圳证监局联合召开"机构投资者参与上市公司治理研讨会",围绕机构投资者参与上市公司治理的现状、经验与做法、存在的问题及国际经验借鉴等议题展开深入探讨,就如何推动我国机构投资者在完善上市公司治理、提升保护投资者水平方面发挥更大的作用取得一定共识。

(三)开展投资者补偿机制研究

我司就保护基金公司开展投资者损害补偿机制和投诉评价机制有关问题进行了认真研究,提出在借鉴美国投资者公平基金成功运作经验的基础上,可以探索建立我国投资者补偿专项基金机制,并对目前设立该基金在法规制度和操作实施方面面临的问题进行了阐述,同时建议结合证监会"12386"投资者服务热线的建设工作,可以将证券公司的投诉评价指标作为评价证券公司风险的考量因素。

(四)开展投资者保护制度研究

我司作为重要成员参与了投资者保护局"投资者保护制度与措施"课题研究工作。结合工作职责和实际情况,我司重点围绕12386热线建设工作和保护基金使用范围扩大研究两方面,提出了完善投资者维权途径、畅通投诉渠道以及建立投资者补偿机制的具体建议和措施,形成了《关于完善投资者保护制度的研究报告》。

(五)开展境外及我国投资者保护相关情况研究

我司对涉及境外及我国投资者保护相关问题进行了研究,形成专题研究报告。报告梳理了我国消费者、投资者保护法律体系与组织体系,论述了投资者保护基金制度与投资者保护,最后以德国为例,详细介绍了德国金融监管体系和投资者保护情况。

(六)开展上市公司监事会制度研究

监事会作为公司内部专职监督机构,是公司法人治理结构中不可或缺的组成部分。自我国实行改革开放尝试建立现代公司制度以来,监事会职能虚化的状况也日益凸显。近年来,我国上市公司治理频频出现混乱情况,监事会未能有效发挥监督作用是其中的一个重要原因,公司监事会制度亟待完善。该项研究报告介绍了我国上市公司的制度规范体系、境外主要国家的监事会制度及对我国的启示(主要以德国、日本为例),指出了我国上市公司监事会制度存在的问题,提出了进一步完善我国上市公司监事会制度的相关建议。

(七)开展上市公司控股股东、实际控制人背信违约赔偿制度研究

上市公司质量是资本市场稳定发展的基石,核心是建立和完善良好的公司治理结构。健全的上市公司控股股东、实际控制人治理规范,是完善上市公司治理的重要内容。实践中,上市公司控股股东、实际控制人的承诺全面涵盖了发行上市、股改、上市公司重大资产重组、再融资等环节,各项承诺在后续履行过程中出现诸多问题,严重损害了中小股东的利益和资本市场诚信环境。该项报告从上市公司控股股东、实际控制人承诺的类型入手,介绍了控股股东、实际控制人背信违约行为与法律后果,在此基础上提出了完善控股股东、实际控制人背信违约赔偿制度的相关建议。

(八)投资者保护相关课题研究工作

按照我司2013年度重大研究课题相关工作安排,确立了四个投资者保护相关课题委托外部科研院所开展研究,分别是:金融危机后各国保护基金制度新发展及我国保护基金制度新定位;资本市场的紧急救助制度研究;中国资本市场投资者权益保障体系的构建与完善以及虚假陈述民事责任研究,目前课题研究工作进展顺利。

三、切实提高普法工作的实效性

2013年,保护基金公司紧紧围绕证券法制工作重点,将普法工作与公司具体业务相结合,严格落实上级有关工作的部署,从实践出发,采取灵活多样的方式深入开展法制宣传教育,积极探索提高普法工作的实效性。

(一)将公司内网作为日常普法宣传的平台。一是由公司法律部在总结内控及合规审查

常见问题的基础上，上传相关资料，对一些带有共性的、容易在认识上有误区的问题进行专门解释，其他业务部门上传相关业务研究报告，及时传递资本市场最新动态。二是由办公室和法律部随时汇总整理证监会新近发布的规范性文件或文件解读，在内网发布供全体员工自我学习。该平台成为面向员工进行法制宣传的一个窗口，极大地方便了全公司员工证券法律知识的学习，取得了良好的效果。三是结合日常工作和市场热点，通过公司内网及时发布肖钢主席发表的文章及演讲稿等学习资料，发布证券市场热点追踪研究6篇，发布投资者保护研究15期，有针对性地开展宣传和教育，努力提高普法工作的实效性。

（二）专门购置法律类书籍，开辟“法律图书角”。普法工作离不开的最基本的物质载体是法律书籍。我司图书馆特别设立了专门经费用来购置法律类书籍，法律部也开辟了“法律图书角”，征订了中国审判指导丛书系列等刊物以及法律类书籍共200余册，这些法律刊物与员工的工作、生活等实际中所遇到的法律法规问题紧密联系，大部分刊物采用问答式编写，用法律案例进行解答，通俗易懂，便于记忆，深受部分领导和其他部门员工们的喜爱。大家一致认为，这是学习法律的好机会，不仅极大提高了员工学法、用法积极性，还进一步提高了员工的法律意识和修养。

（三）尝试“法律建议书”等灵活机动的法律意见载体方式。法律审核工作中，我司法律部除了出具《法律意见书》，还尝试了《法律建议书》等多种法律意见载体形式，主动提示主办部门对一些法律问题予以关注，引导各部门对照工作实践，不断改进工作方式，从而达到深化理论学习的成果，把灌输转变为引导，变“被动接受”为“主动学习”。

（中国证券投资者保护基金公司供稿）

九、中国证券金融公司

2013年法制建设工作综述

2013年，中国证券金融股份有限公司（以下简称“公司”）认真贯彻落实证监会党委的各项决策和工作要求，深化转融通业务试点，完善公司治理，不断提升经营管理水平。法治建设方面，公司领导带头学法，逐步形成法治思维；结合公司内部管理和业务发展需要，梳理规则流程并完善制度建设；采取多种手段进行法制宣传，努力塑造合规文化。

一、领导带头学习，形成法治思维

法治建设首先需要一个尊重法律制度，组织领导率先垂范的良好环境。公司领导从公司成立之日起就对此高度重视，带头学法、普法。

一是公司党委多次召开会议认真学习党的十八大以来关于全面推进依法治国的重要论述。党委中心组组织专题学习，热烈讨论，认为应提升运用法治思维和法治方式深化改革、推动发展、化解矛盾、维护稳定的能力。在金融改革的新形势下，公司发展正处于关键时期，既要勇于探索、不断创新，力求新的突破；又必须在发展过程中依法合规，牢固树立法治意识，结合自身业务特点推进资本市场的法治建设。

二是深入学习、宣传证监会领导关于保护投资者、加强监管执法的讲话精神。通过学习，公司上下对加强监管执法，维护投资者特别是中小投资者合法权益的认识更加深化，并形成共识，今后要在营造更加公平的市场环境、优化转融通业务模式、深化转融通业务范围、更好保护市场主体权益等方面下工夫，进一步活跃市场交易，为市场提供更多流动性支持。同时，要持续做好融资融券数据采集、分析、报告工作，促进市场功能更加充分发挥，投资者合法权益得到有效保障。

三是积极参与、聆听证监会组织的法律法规政策讲座。2013 年，公司领导班子成员通过视频认真聆听了证监会组织的百名法学家百场报告会关于领导干部的法治思维和法治方式的报告，以及私募基金的发展与监管政策等讲座。公司全体员工也参加了证监会关于优先股制度设计、《国务院中小企业股份转让的决定》解读的视频讲座。这些讲座内容新、起点高，使参加人员加深了对依法监管政策思路的理解。

四是主动邀请知名法学教授讲课，增进对公司治理内涵的理解。2013 年 6 月，公司结合第二次增资扩股工作，邀请清华大学法学院前院长、资深公司法学专家王保树教授就现代企业公司治理进行授课，公司主要领导出席了讲座。讲座就公司治理的重要意义、《公司法》和《公司章程》之间的关系、"三会一层"各自的职能定位、应该履行的职责以及相关法律程序均进行了深入阐述，增进了公司全体员工对《公司法》有关条文的理解，进一步强化了运用法治思维、在《公司法》框架内解决现实问题的认识。

二、梳理规则流程，完善制度建设

公司进一步梳理既有的内部流程和业务规则，查漏补缺，完善内部治理和管理的各项规章制度，拟订业务规则的修改方案并将其中的重要内容提升为《证券法》修法建议。同时，也就其他国家立法、有关部委规章的制定提出合理化建议。

（一）梳理内部流程，补充完善公司各项规章制度

一是公司党委从廉洁从业角度，制定并印发实施了《公司员工回避管理办法》、《公司员工廉洁从业行为准则》等制度，并要求公司各部门绘制权力运行及廉政风险防控流程图，完善了公司廉政方面的规范。

二是公司监事会在治理层面于 2013 年初印发了《监事会工作规程》，使监事会在《公司法》、《公司章程》之下，切实履行职责、发挥监督作用有了实实在在的依据。下半年，依据上述规程制定了《监事会对公司董事、高级管理人员履职监督细则》，并着手研究财务监督方面的细则，逐步形成"法律—章程—规程—细则"四个层次的监督规范体系，使监事会监督工作在制度上有了更坚实的保障。

三是在公司经营层面，风险管理部组织各业务部门对转融通业务关键风险点、内控执行效果和内控制度建设情况进行梳理和自查，开展了对财务部的合规检查。通过检查，督促相关部门制定授信管理办法，加强转融通交易管理，完善财务内控制度。同时，对自公司成立之日起签订的所有书面合同文件进行了梳理，推动完善合同管理。制定《公司合同管理办法》，规范合同制定、审核、保管工作流程。一年来，公司相继制定完成了《转融资费率管理办法》、《转融资业务操作管理办法》等业务制度，《授信管理办法》正在研究起草中。公司《固定资产管理办法》、《互联网站管理办法(试行)》、《风险管理办法》等一批内部制度也经总经理办公会或董事会审议后正式发布实施。

（二）梳理业务规则，拟定修改方案并完善立法

融资融券业务运行近四年来，已成为证券市场的重要交易方式。转融通业务作为融资融券业务的配套制度安排，有利地支持了两融业务的发展。公司在一年多的转融通业务试点过程中，着重积累业务经验，密切跟踪市场反映的各类问题，逐步形成业务推进与发展的一些思路。据此，公司对融资融券业务及转融通业务的相关部委规章、业务规则进行了梳理，初步形成《融资融券及转融通业务规则修改建议(征求意见稿)》，就信用证券账户开户条件、机构投资者参与人、合约展期、风险控制指标比例、信用证券账户的权限、转融资转融券期限、提取保证金比例等事项提出了修改方案，并向有关机构征求意见，拟成熟一项推出一项。

在此基础上，公司还梳理了融资融券业务和转融通业务涉及的重大法律问题，建议以国家法律条文的形式加以规定，确立业务开展的基本法制框架，从法律的高度保障交易安全和效力。公司将这些问题与境外立法例和业务实践进行对比研究，充分阐释了立法的背景和理由，形成《证券法》修改建议稿报送中国证监会。

（三）就国家立法、部委规章草案提出合理化建议

公司还认真研究证监会转来的国家立法或

相关部委规章的征求意见稿，结合公司的具体业务提出合理化建议。一年来，对《行政诉讼法修正案（草案）》、《存款保险条例（征求意见稿）》、《典当业管理条例（修改稿）》、《审理证券市场虚假陈述侵权民事赔偿案件的若干规定（修订稿）》、《私募证券投资基金管理办法》等多件法律、法规提出了修改建议。

三、开展法制宣传，塑造合规文化

2013年，公司开展了多种形式的法制宣传活动，向投资者、证券公司普及转融通业务，促使学法、用法、守法的良好氛围在公司内部逐渐形成。

一是年初结合转融券业务的启动推出，在四大证券报上发布相关新闻及解读类文章。文章客观介绍了转融券的具体业务规则、相关基础知识和作用效果，回答了市场的疑问，对一些不确切的理解给予了说明和澄清，起到了较好的宣传普及效果。

二是面向证券公司举办转融通业务培训班。在转融通试点阶段，公司分批次不断扩大试点券商范围。每次新增试点券商参与转融通业务后，公司均举办转融通业务培训，向新加入的券商业务人员讲解转融通法律法规和业务规则，详细回答他们提出的问题，加深业务人员对转融通这项创新业务的理解，将可能发生的操作风险尽可能在业务上线前化解。

三是做好“12·4”普法宣传，系统学习新修订的《证券投资基金法》。为促进公司业务发展，带动基金相关业务与转融通业务之间形成良好的协同效应，公司把学习新修订的《证券投资基金法》定为今年“12·4”普法工作的重点。组织全体员工对《证券投资基金法》以及《非银行金融机构开展证券投资基金托管业务暂行规定》等监管规章进行自学。邀请证监会基金部副主任到公司进行专题讲座，阐述法律修订的总体背景、修法精神和重要关注点，介绍新法实施后的基金市场情况，私募基金、各类基金业务的监管动态等。法制宣传讲座使公司员工了解了《证券投资基金法》的基本内容，对法的运行有了更深入的体会，在业务工作和自学过程中遇到的问题得到了解答，理解上的偏差得到了纠正。

四是针对新入职公司员工，继续举办新员工上岗培训讲座。由公司纪委书记主讲第一课，要求新员工遵守各项纪律、规范，尤其是不能逾越职务廉洁、从业人员操守的法律“红线”。公司其他主要领导和各部门负责人分别介绍证券领域，尤其是融资融券及转融通领域的法律法规和具体规则，帮助新员工尽快熟悉与公司业务相关的法律规范。

五是组织女职工劳动权益保障方面法律法规的学习。组织女员工学习《劳动法》、《婚姻法》、《妇女权益保障法》、《女职工劳动保护特别规定》，组织全体员工参加妇女权益保障法律法规知识竞赛活动，普及保障妇女合法权益的法律知识，树立关爱女员工的良好企业文化。

六是继续深入研究与公司业务相关的境外法律制度。研究证券借贷、员工持股计划、客户交易结算资金集中存管等具体业务规则，撰写《欧美证券借贷市场最新发展与启示》、《韩国员工持股计划开展情况研究》、《韩国客户交易结算资金集中存管制度的启示与借鉴》等研究报告。公司员工通过学习研究境外法律制度，进一步内化和提升了自身的法治意识。

（中国证券金融公司供稿）

十、中国期货保证金监控中心公司

2013年法制建设工作综述

2013年，在中国证监会党委的坚强领导下，在中国证监会相关部门及各期货交易所的支持下,中国期货保证金监控中心不断完善各项基础制度建设,全面提升法制、服务意识和工作水平,着力推进各项重点工作,进一步巩固和提升了监控中心在服务监管、服务市场方面的职能和作用。

一、积极参与行业政策法规的制定修改

对十二届全国人大一次会议上人大代表提交的《期货法(建议稿)》进行逐条研究,提出对期货立法的具体章节和条款内容的建议。在中国证监会正式启动《期货法》立法工作后,针对会办公厅征求立法需求意见的通知,安排下一步期货立法的工作计划,结合梳理已完成的工作与监控中心相关业务制度及所需资料,厘清需解决的基本问题;根据中国证监会《期货法》立法工作领导小组办公室的要求,起草完成《期货法》"期货市场监测监控机构"一章的草案。

2013 年,对多项行业政策法规进行研究,提出自己的建议:研究《期货交易所管理办法》修改草案,参加研讨会;研究《期货公司管理办法(修订稿)》、《金融稳定法》提案、新修订的《证券投资基金法》若干配套规定、《期货经纪合同指引》(征求意见稿)和《投资者适当性制度管理规则(试行)》,并提出相应建议。

二、进一步完善公司治理结构,严格内部管理

落实会党委决定,成立董事会,取消管委会,选举产生了第一届董事会董事和董事长,聘任了新一届行政管理班子。进一步完善公司治理结构,为增强监控中心开展工作的自主性和独立性创造条件。同时,加强内部管理,完善制度建设,建立《关于加强互联网终端保密管理》、《因公临时出国(境)信息公开有关规定》等一系列制度;完善决策机制,建立健全重大工作集体决策机制,实行重大事项专题会议制度;探索实行重大工作督办制度;注重干部队伍建设,加强人事管理。

三、认真履行统一开户和保证金监控职责,促进期货市场规范有序运行

在资管业务统一开户问题解答的基础上,进一步研究制定了特殊单位客户参与资产管理开户业务规则。根据期货市场的发展和业务创新要求,对人民币合格境外机构投资者、债券基金等新的特殊单位客户参与期货市场的开户要求进行研究,明确其开户要求和业务规范,在此基础上修改了业务操作指引,组织协调期货交易所、期货软件商和期货公司完成了统一开户系统的改造和升级。通过统一开户,严格落实实名制、一户一码、市场禁入和投资者适当性制度,保证了客户身份的真实性,提高了参与群体的风控意识。

严格做好保证金监控工作。认真开展数据催报、基础信息维护、系统运维和预警信息分析处理等日常监控工作,开展新存管银行数据报送测试并开始接纳新存管银行数据报送。及时准确预警,2013 年共发出预警 52 次,与去年相比下降 10% 以上。预警基础工作不断强化,预警质量不断提高,预警次数持续下降,促进期货公司风险控制和合规水平不断提高。通过每日资金监控,有效保护了投资者的合法权益。统一开户和资金监控工作,促进了市场规范,为市场创新奠定了基础。

四、积极做好业务系统论证改造,从技术和制度上支持并配合推进期货市场创新

一是针对连续交易、原油、商品期权和个股期权等市场创新业务,研究制定并开发改造开户制度、保证金存管制度和市场监控方案,使市场创新在有效监控下安全高效运行。二是满足特殊单位客户开户需要。发布《特殊单位客户统一开户业务操作指引》,提高了特殊单位客户的开户效率;对 RQFII、债券基金以及下一步私募基金和商业银行等特殊单位客户参与期货市场的开户要求进行研究,提前做好了相关准备。三是配合国债期货上市,对金融期货投资者适当性制度资金标准的核查验证规则进行修订,"事后核查"改为"事先核查",并取消投资者适当性制度资金标准预警。四是满足资产管理业务开户需要。制定发布了特殊单位客户参与期货公司资产管理业务的开户业务规则;组织系统改造,尽快将资管业务纳入统一开户系统。这些工作有效地支持了期货市场创新业务的推进。

五、全面建成"期货市场运行监测监控二期系统",不断提升市场监控工作的自动性和针对性,打击违法违规行为

"期货市场运行监测监控二期系统"于

2013年5月正式投入使用，二期系统由报警系统、档案系统、风险监测系统和报表系统等四个功能模块构成。该系统在第四届证券期货科学技术奖评选中，荣获终审第一名的佳绩。依托该系统，我们加强对市场的监测分析，研究总结市场运行规律，协助证监会和各期货交易所及时发现、遏制和打击各种违法违规行为，维护了市场秩序。

实现对各类异常交易行为和违法违规行为的指标化预警与监测，遏制和打击违法违规行为，保障市场合规运行。落实证监会各项监管指引的要求，对市场的异常交易行为和违法违规线索进行分析和挖掘；回溯市场上重大事件发生、重要信息发布时的异常交易行为，及时监测、发现内幕交易行为；与交易所分工合作，做好实控账户维护管理工作，通过监控实际控制关系账户组，及时发现分仓行为，协助期货交易所有效执行限仓制度，从源头上遏制市场操纵行为。

六、强化信息服务和分析研究，为监管部门和公检法机构提供数据和信息支持

强化信息服务。不断优化指标、完善统计系统，提高期货市场统计工作的效率和质量，做好各种数据的收集、整理和报送工作，为监管部门提供数据支持。配合公检法对嫌疑人的开户和交易情况进行查询，为他们依法办案提供查询服务和数据支持。

强化分析研究，为监管部门制定监管政策和配合推进市场创新提供支持。开展对期货市场交易结算的综合分析，对跨期货交易所的市场交易行为进行深入研究。完善宏观产业数据库，开展宏观、产业和期货市场互动研究。跟踪分析境外期货市场发展与监管动态，持续开展中美期货市场比较研究，做好国际监管体制的分析研究。

七、扎实做好各项技术基础设施建设，提高系统安全防护和保障能力，为依法监管提供支撑

在升级改造业务系统，满足市场创新需要的同时，扎实做好各项技术基础设施建设。完成洋桥机房基础技术系统建设，实现同城灾备，并启动北京新数据中心租用；建成基于虚拟化技术的专用仿真测试平台；加强信息安全工作，配合处置突发安全事件，参加行业信息安全联合应急演练；积极参与行业基础设施建设，启动行业身份证验证系统建设，作为主要承建单位之一，配合证联网设计建设等。

八、做实做细投资者服务和保护工作，保障投资者合法权益

着力建立投资者服务和保护的长效机制，目前已形成了以统一开户为基础，以保证金监控、市场监测监控为抓手，以保障基金风险处置、投资者教育调查和分析工作为配套，从投资者进入到退出的完整的投资者服务和合法权益保护体系。2013年，着力采取措施提高客户权益查询系统访问率，并将查询期限从两个月延长至六个月，日均访问达到24万人次。继续管好用好保障基金，稳步推进北亚期货风险处置，将8家机构和28位自然人列入保障基金赔付范围，已完成7户自然人的补偿资金发放工作，正在发放补偿资金；尝试开展期货经营机构培训，协助部分证监局对辖内机构开展合规培训。

这一年来，我中心在推进基础性工作的同时，注重法律意识的培养，积极开展系统性法制建设。下一步我们将不断完善规则体系，促进市场诚信法制建设，着力推进、完善内部管理，促进中心规范化运作。

（中国期货保证金监控中心公司供稿）

十一、中证资本市场运行统计监测中心公司

2013年法制建设工作综述

2013年是中证资本市场运行统计监测中心有限责任公司(以下简称“中证监测”)成立后的第一个完整年度,中证监测按照法制基础建设先行的原则,在各项统计监测业务的开展过程中始终高度重视制度建设对于规范、保障统计监测工作的基础作用,不断健全统计基础制度、提升公司规范化治理水平,创新推出系统性风险监测指标体系,持续加强内部管理规范化、制度化水平,较好的落实了中证监测为中国证监会及系统内单位提供统计监测服务的职能和作用。

一、进一步推进统计监测工作制度基础建设

在前期深入研究宏观审慎监管、系统性风险防范等具体要求,制定《证券期货业统计指标标准指引》以及首席经济学家、上市公司、行业分析师调查制度的基础上,中证监测根据中国证监会监管转型的整体部署,不断对原有统计制度进行完善,坚持开展统计监测工作制度基础建设。

(一)扎实推进统计制度、标准制定工作

一是落实并继续修订《统计指标标准指引》,召开了统计指标标准的培训会议,在报刊发布了十个主要统计指标的诠释,修正原有20个指标和新增40个指标,拟于2014年1月公布并执行;二是适应加强上市公司监管需要,推进制定了上市公司及新三板挂牌公司控股情况分类指引,正在开展上市公司产业行业分类统计工作;三是为给并购重组制度完善提供信息支持,制定了并购重组信息统计标准,现已进入数据收集处理阶段;四是以落实“保护中小投资者”监管要求为契机,从自然属性、交易特征、持有结构等多个方面对自然人投资者进行系统的分类研究,并积极推进投资者分类标准制定工作。

(二)全力推动系统性风险防控工作制度化科学化发展

一是推动出台证监会《关于明确资本市场系统性风险防控归口部门的通知》(证件办发〔2013〕51号),明确市场部、中证监测和相关单位的工作职责;二是基本形成了风险监测指标体系框架,围绕系统重要性金融机构的相关指标,从内部因素和外部因素加以分析,制定相关指标75个,初步具备识别资本市场系统重要性金融机构、评估系统性重要机构的风险敞口、评估市场运行情况与风险水平等基本功能。

二、落实教育实践活动,推进内部管理完善

按照党中央、会党委关于开展党的群众路线教育实践活动的要求,中证监测领导班子广泛开展征求意见、对照检查、落实整改活动,根据征求到的意见建议、针对查摆出“四风”方面的问题,制定了整改落实方案、专项整治方案和制度建设计划。目前,为了进一步提高工作效率、保障工作质量,正在完善监测系统管理办法、中心数据管理办法、各频度报表制作流程等8项规定;为了确保运行规范、促进学习创新,已根据会管单位人事管理和厉行节约相关文件要求,对中心职务职级管理制度和财务支出管理办法制度中40余条规定作了修改,对内部学习培训、沟通协作、员工考核等制度进行了完善。

与此同时,中证监测还根据党中央八项规定、《党政机关厉行节约反对浪费条例》、《党政机关国内公务接待管理规定》,重点加强了会议管理、精简了文件简报、整合了统计产品、严格了公务接待和出国访问管理、构建了调查研究机制。

(中证资本市场运行统计监测中心公司供稿)

十二、全国股份转让系统公司

(一)2013 年法制建设工作综述

2013 年,是全国中小企业股份转让系统(以下简称全国股份转让系统)打基础、稳起步的一年。在中国证监会的正确领导下,全国中小企业股份转让系统有限责任公司(以下简称我司)认真贯彻落实十八大和十八届三中全会会议精神,顺利实现了全国股份转让系统的良好开局并向全国扩展。在这个过程中,我司高度重视法制建设,扎实推进市场制度建设,努力构建依法治市的工作机制和市场环境,取得了积极成效。

一、初步建立业务规则体系,夯实市场长远发展的制度基础

按照"整体设计、急用先行、分步实施、有效衔接"的原则,我司 2013 年陆续发布业务规则 24 件、服务指南 25 件。为落实《国务院关于全国中小企业股份转让系统有关问题的决定》(以下简称《国务院决定》并配合《非上市公众公司监督管理办法》(以下简称《非公办法》)的修改,配套修订业务规则 6 件。业务规则涵盖挂牌准入、投资者准入、发行融资、股票交易、信息披露、主办券商管理、市场监管等多方面。市场规则体系与《证券法》、《国务院决定》、《非公办法》及《全国中小企业股份转让系统有限责任公司管理暂行办法》等证监会规章组成层次鲜明、较为完备的制度框架体系。

(一)构建市场准入制度

1. 明确挂牌准入的条件、程序及信息披露要求。在《业务规则(试行)》明确六项挂牌条件的基础上,我司对挂牌条件进行了解读性细化,出台了《股票挂牌条件适用基本标准指引(试行)》,并陆续发布了《公开转让说明书内容与格式指引(试行)》等规范挂牌准入程序、信息披露要求的规则,总计 13 个挂牌准入文件。同时,根据 2013 年 12 月 14 日发布的《国务院决定》和修改后的《非公办法》,区分挂牌公司股东是否超过 200 人适用不同的申请程序,对《公开转入说明书内容与格式指引(试行)》等 3 项规则进行了修订。

挂牌制度设计体现了三个层次的理念。第一,守住标准底线。申请挂牌公司必须符合六条基本准入条件及其细化的基本标准。第二,重在信息披露。要求申请挂牌公司重点披露投资者关心的信息,既要突出公司特点和核心竞争力,又要充分揭示风险。第三,发挥市场化的选择机制,挂牌条件不设财务标准,由主办券商着眼股票销售进行价值判断和企业选择,着眼提升企业价值提供持续服务和督导;投资者基于信息披露自主进行价值判断和投资决策。

2. 设置投资者准入条件。2013 年 2 月 8 日,我司发布了《投资者适当性管理细则(试行)》,规定机构投资者注册资本 500 万元;个人投资者持有 300 万证券类资产,同时具备一定的风险识别能力。2013 年 12 月 30 日,结合市场覆盖范围至全国的新形势,我司对《投资者适当性管理细则(试行)》进行了修订,将自然人投资者的准入财务条件提高至持有 500 万元证券类资产,对机构投资者的准入标准维持不变。

全国股份转让系统实施了严格的投资者适当性制度,主要考虑:一是市场的流动性源于投资人的多元化而非低端化,我司致力于构建多元化的机构投资人队伍;二是多数挂牌企业规模较小、业绩波动较大,在挂牌准入体现包容性的背景下,需对投资者准入设定高标准;三是市场制度创新和产品创新,需要较高的投资者准入条件作为支撑。

(二)建立股票融资制度

2013 年 12 月 30 日,我司出台了股票发行规则,主要包括:《股票发行业务细则(试行)》、《股票发行业务指引(试行)(第1号至第4号)》)以及《股票发行业务指南(试行)》。股票发行规则充分考虑了挂牌企业融资需求特点,明确了"小额、快速、按需"的融资机制。

股票发行规则具体呈现出了以下特点:一是秉承挂牌准入的监管逻辑,发行条件未设定财务指标等硬性要求;二是发行对象严格限制,除挂牌公司董事、监事、高级管理人员,核心技术人员外,其他投资者应当符合投资者适当性管理的要求;三是发行方式选择尊重发行人需求,可以自主对接确定后委托主办券商销售,也可以通过市场化的询价方式确定发行价格和发行对象;四是发行制度灵活,挂牌企业自主选择股票发行时点,可在挂牌同时发行,也可以在挂牌以后发行股票;新增股份不强制限售,也没有发行间隔的时间要求;公司章程自主决定现有股东的优先认购;五是发行效率高,实行信息披露文件的事后备案制度。

(三)发布股票交易规则

为保障市场交易的顺利开展,我司于2013年2月8日发布了《过渡期股票转让暂行办法(试行)》、《过渡期登记结算暂行办法(试行)》,并实施至新的交易系统上线。为进一步提升市场流动性,形成连续价格曲线,完善市场价格发现和风险管理功能,我司于12月30日发布了《股票转让细则(试行)》,规定了协议、做市、竞价三种转让方式并行,挂牌公司可以自主选择其中之一并按规定程序转换转让方式。这一制度安排适应了挂牌公司股权分布差异较大的特点,也为市场内部分层预留了制度选择空间。

《股票转让细则(试行)》主要特点体现在以下几个方面:一是引入做市制度,以期提高市场流动性。同时,在做市转让方式中引入了撮合机制,以提高投资者订单的成交效率;二是优化协议转让方式,增加收盘的自动匹配功能,以进一步提高市场效率;三是增加有针对性的竞价转让方式。

(四)建立市场化的主办券商自律管理制度

本着"放松管制、加强监管"的原则,我司陆续制订了《主办券商管理细则(试行)》、《主办券商相关业务备案申请文件内容与格式指南(试行)》等7个规范性文件,初步建立了市场化的主办券商自律管理体系。

主办券商管理的制度特点体现在:一是取消主办券商业务资格的事前审批,满足相应的要求进行备案即可,同时强化过程管理和行为管理;二是对主办券商进行持续培训、主动披露和事后检查相结合的市场化自律管理;三是通过市场化的机制,引导主办券商与挂牌公司建立稳定的合作关系。

(五)构建"信息披露为核心"的公司监管制度

全国股份转让系统正在逐步建立和完善以"信息披露为核心"的制度体系。本年度,我司陆续发布了《信息披露细则(试行)》、《年度报告指引(试行)》、《半年度报告指引(试行)》、《临时公告模板(试行)》等6份文件,指引和规范挂牌公司信息披露。在满足投资者信息需求的同时,实现我司对挂牌公司的有效管理。

以上制度设计上体现了以下特色:一是适度基本披露与灵活自主披露相结合;二是通过主办券商"事前督导",规范和指导挂牌公司信息披露;三是强调"易得、易懂、易用"。"易得"指采用电子化披露形式,让投资者更方便及时地获得信息;"易懂"指引导企业简明扼要的披露与企业经营关联性强的信息;"易用"指设计信息披露模板,降低企业填报难度,减少信息披露成本。

另外,我司设立单独板块承接两网及退市公司,同时制定颁布了《两网公司及退市公司信息披露暂行办法(试行)》和《两网公司及退市公司股票转让暂行办法(试行)》,为老三板公司的信息披露及交易做出妥善安排。

二、探索建立自律管理体系,维护市场秩序,促进规范发展

一年来,我司不断探索建立自律监管体系。一是初步形成了市场主体的监管思路,即以诚信记录和信息披露为基本方法,强化主体自我约束和市场监督制约;二是不断总结研究挂牌公司的违规行为监管,研究探索新交易制度下可能发生的交易违规及其管理;三是我司发布的《业务规则(试行)》、《股票发行业务细则(试行)》、《主办券商推荐业务规定(试行)》等规则,均有专章作出了自律管理安排,明确了相应的自律管理措施;四是起草了《自律处分程

序细则》,明确自律处分工作机构和实施程序,保障自律处分的公开和透明,为市场的健康发展提供保障。

(一)探索挂牌公司的自律管理机制

为提升对挂牌公司的自律管理水平,我司实地调研百余家挂牌公司,发出调查文件200余份,形成相关报告,以此为基础开展了相关工作。一是明确自律管理流程,制定了新挂牌公司监管衔接和违规案件处理的工作流程;二是建立由我司相关部门组成的联合工作机制,从前期监控、跟踪调查、后续处置、信息共享四个环节进行联合自律管理;三是建立挂牌公司的舆情监控机制;四是建立了挂牌公司诚信档案,将全部挂牌公司的违规行为记录,形成诚信档案。

(二)建立主办券商的自律管理机制

按照强化过程管理和行为管理的思路,一年来不断完善主办券商自律管理机制。一是建立了以信息披露为核心的主办券商业务及日常管理制度,明确主办券商基本信息、定期报告、重大事项报告等信息披露的格式及流程;二是研究建立了主办券商等中介机构的执业信息管理制度;三是研究制订了主办券商执业评价方案,探索建立奖优罚劣的主办券商考评机制;四是加大与证监会相关部门的沟通力度,推动自律管理与行政监管的有效衔接。

(三)做好过渡期的交易监察工作

由于新的交易系统尚未上线,本年度一直沿用过渡期的交易制度。我司严格按照《过渡期股票转让暂行办法(试行)》、《过渡期登记结算暂行办法(试行)》的规定,对异常报价和异常成交进行日常监控。对异常价格成交的,要求相关主体发布临时公告进行说明,对负有责任的主办券商口头警示。注重交易监控工作总结,本年度已完成42期监控工作周报,同时还探索建立案例分析制度。

另外,我司已初步建立涵盖三种交易方式的市场监察指标体系。同时做好与证监会稽查等部门的工作衔接准备工作。

三、持续开展证券法制培训和宣传,不断推进投资者教育,积极参与立法工作,全面推进市场发展

(一)开展公司内部法制培训

我司先后组织开展了《关于进一步深化新股发行体制改革的指导意见》、《国务院关于开展优先股试点的指导意见》、《合同管理办法》、《业务规则制定办法》等多项规则的培训,在员工中取得了良好的反响。为了保证培训效果,专门就每次培训情况组织问卷调查,听取参与者对于培训的意见和建议。同时,我司还探索建立党组中心组学习、干部任职培训、新入职员工专题培训以及公司内部定期专题培训等多个长效法制宣传培训平台,力求将公司法制培训常态化。多策并举,不断提高我司员工的法制意识和依法办事的水平。

(二)强化市场各主体法制宣传和培训

1. 大力开展面向挂牌企业的业务规则宣传培训。我司深入全国各地举办各类宣传活动,讲解全国股份转让系统的市场特点与制度规则。本年度共举办213场宣讲活动,参加人数逾3万人,宣讲足迹遍布29个省市(除内蒙古、西藏外),覆盖全国大部分区域。

2. 深入开展面向中介机构的业务规则培训。我司主动上门服务,先后在北京、上海、深圳等地组织举办了4场业务培训会,受训人员累计近600人次,覆盖全部主办券商、律师事务所、会计师事务所等中介机构主要业务人员,收到了良好的效果。同时,我司还建立了培训需求征集机制,培训课程、培训资源的安排更加符合中介机构对市场制度的了解需要。

3. 利用多种渠道,不断加大业务规则宣传力度。我司与工信部中小企业促进中心签订合作协议,组团开展针对中小企业的市场规则培训与服务对接;与各地金融办、证监局及高新区建立信息沟通机制,我司定期发送市场规则相关信息;完成业务规则汇编以及业务规则解读,更好地向市场宣传市场业务规则体系。

(三)开展投资者教育工作

1. 开展投资者适当性管理工作。一是对全体主办券商集中进行投资者适当性管理专题培训;二是在公司网站上发布《主办券商投资者适当性管理问题解答》;三是组织全体从事经纪业务的主办券商开展落实投资者适当性管理制度情况的自查活动。

2. 开展多种形式的投资者教育。一是我司高度重视,专门成立投资者保护工作领导小组;二是在全国范围内开展200余场培训讲座,以讲解、咨询答疑等形式进行投资者教育活动;

三是编撰投资者教育资料,通过网络、报纸及我司官网向社会发布。

(四)积极参与立法工作

1. 积极参与《证券法》的修订。我司积极参与《证券法》修订工作,梳理《证券法》中涉及全国股份转让系统的相关问题,充分征求公司各业务部门的意见。在汇总各部门意见的基础上进行反复研讨,经过多轮修改最终形成我司上报证监会的修改报告及具体条文建议。同时,我司积极与证监会证券法修改工作小组沟通,并接待相关课题组来我司调研并探讨交流,多方面支持《证券法》的修订工作。

2. 参与资本市场其他法律法规的修订。我司认真完成证监会关于《公司法》、《科技成果促进法》等多部法律法规征求意见工作,认真研究形成修改建议,为优化资本市场法制环境积极献计献策。

四、加强内部管理制度建设,进一步提升公司规范治理水平

一年来,在公司筹备期工作的基础上,我司陆续发布实施了30件内部管理制度,重点对党务工作、议事规则、综合管理、财务管理、人事管理等五个方面进行规范,为公司的平稳高效运行提供了制度保障。一是发布《党风廉政建设责任实施办法》,加强党风廉政建设工作;二是制定并实施了党委会、股东会、董事会、监事会、总办会议事规则,经过一年的运行,权责明确、运转高效的"四会一层"的治理结构日益完善;三是颁布了《文件处理办法》、《合同管理办法》、《定密管理规定》、《档案管理办法》、《信访工作规则》等综合管理文件,保障了公司内部规范有序的管理。其中,公司严格按照《合同管理办法》的规定,有效控制合同风险,全年签署的合同70余件未出现任何法律纠纷;四是建立和完善财务管理制度,制定了《财务管理制度》、《货币资金管理暂行规定》、《基本会计核算暂行办法》、《财务审议会议制度》等,不断为财务活动提供制度规范和保障;五是建立人事制度,出台了《员工招聘录用管理办法》、《全国中小企业股份转让系统劳动合同管理办法》、《员工福利管理办法》等,在人员录用、绩效考核、员工福利等方面做出了明确的规定,更好的吸引和留住人才。

(二)2013年制定、修改的主要自律规则目录

序号	时 间	文 号	规则名称
1	2013/12/30	股转系统公告〔2013〕40号	全国中小企业股份转让系统业务规则(试行)
2	2013/12/30	股转系统公告〔2013〕54号	关于境内企业挂牌全国中小企业股份转让系统有关事项的公告
3	2013/02/08	股转系统公告〔2013〕7号	关于全国中小企业股份转让系统有限责任公司有关收费事宜的通知
4	2013/02/08	股转系统公告〔2013〕3号	全国中小企业股份转让系统主办券商推荐业务规定(试行)
5	2013/06/14	股转系统公告〔2013〕18号	全国中小企业股份转让系统股票挂牌条件适用基本标准指引(试行)
6	2013/12/30	股转系统公告〔2013〕42号	全国中小企业股份转让系统公开转让说明书内容与格式指引(试行)
7	2013/12/30	股转系统公告〔2013〕43号	全国中小企业股份转让系统挂牌申请文件内容与格式指引(试行)

续表

序号	时　间	文　号	规 则 名 称
8	2013/02/08	股转系统公告〔2013〕6 号	全国中小企业股份转让系统主办券商尽职调查工作指引(试行)
9	2013/12/30	股转系统公告〔2013〕49 号	全国中小企业股份转让系统股票发行业务细则(试行)
10	2013/12/30	股转系统公告〔2013〕50 号	股票发行业务指引第 1 号——备案文件的内容与格式
11	2013/12/30	股转系统公告〔2013〕51 号	股票发行业务指引第 2 号——股票发行方案与发行情况报告书的内容与格式(试行)
12	2013/12/30	股转系统公告〔2013〕52 号	股票发行业务指引第 3 号——主办券商关于股票发行合法合规性意见的内容与格式(试行)
13	2013/12/30	股转系统公告〔2013〕53 号	股票发行业务指引第 4 号——法律意见书的内容与格式(试行)
14	2013/02/08	股转系统公告〔2013〕3 号	全国中小企业股份转让系统挂牌公司信息披露细则(试行)
15	2013/02/08	股转系统公告〔2013〕6 号	全国中小企业股份转让系统挂牌公司年度报告内容与格式指引(试行)
16	2013/06/26	股转系统公告〔2013〕21 号	全国中小企业股份转让系统挂牌公司半年度报告内容与格式指引(试行)
17	2013/02/08	股转系统公告〔2013〕4 号	全国中小企业股份转让系统过渡期股票转让暂行办法
18	2013/02/08	股转系统公告〔2013〕4 号	全国中小企业股份转让系统过渡期登记结算暂行办法
19	2013/12/30	股转系统公告〔2013〕46 号	全国中小企业股份转让系统股票转让细则(试行)
20	2013/12/30	股转系统公告〔2013〕47 号	全国中小企业股份转让系统证券代码、证券简称编制管理暂行办法
21	2013/02/08	股转系统公告〔2013〕3 号	全国中小企业股份转让系统主办券商管理细则(试行)
22	2013/12/30	股转系统公告〔2013〕41 号	全国中小企业股份转让系统投资者适当性管理细则(试行)
23	2013/02/08	股转系统公告〔2013〕5 号	全国中小企业股份转让系统两网公司及退市公司股票转让暂行办法
24	2013/02/08	股转系统公告〔2013〕5 号	全国中小企业股份转让系统两网公司及退市公司信息披露暂行办法

(全国股份转让系统公司供稿)

十三、中国证券业协会

(一)2013 年法制建设工作综述

2013 年,中国证券业协会紧紧围绕资本市场改革发展的大局,坚持市场化改革导向,注重运用法治思维和法治方式破解制约行业发展的突出问题,化解市场运行的矛盾风险,在改革完善自律制度、建立健全多元化纠纷解决机制、完善自律监察和"整非"工作机制、推进诚信建设和从业人员法制教育、深化投资者教育和适当性管理等方面切实履职尽责,努力推动证券业在强化风险控制的前提下创新发展、转型发展,不断拓展、提高服务实体经济和投资者的范围与水平。

一、改革完善自律制度,保障行业创新发展

2013 年,协会适应行业创新发展的需要,一年内新发布、修订 16 件自律规则,废止自律规则 41 件,市场监测中心发布备案指引类文件 3 件。截至 2013 年 12 月 31 日,协会现行有效的自律规则 73 件,市场监测中心现行有效的指引类文件 3 件,为行业的规范发展奠定了规则基础。2013 年,协会继续组织对既有自律规则的全面清理,重点清理明显制约行业创新发展或颁布时间较长、落后于实际的自律规则,按照"去行政化"的原则梳理协会自律管理职责,将与之不符的职责项目从制度层面予以修改。

(一)大力推进私募市场制度建设。2013 年,协会积极推动私募市场制度建设,努力健全私募市场的自律规则体系。

2012 年 8 月,证监会发布《关于规范证券公司参与区域性股权交易市场的指导意见》(证监会公告〔2012〕20 号),赋予协会对证券公司参与区域性股权交易市场的自律管理职责。在此基础上,协会起草并于 2013 年 2 月 7 日发布了《证券公司参与区域性股权交易市场业务规范》,对证券公司参与区域性市场的程序与备案要求、业务范围、适当性管理、风险控制和合规管理做出了规定。截至 12 月 31 日,已有 59 家(次)证券公司完成参与区域性股权交易市场备案程序。同时,协会还提出了建立区域性市场业务指导机制的具体建议。

2013 年,协会完善了私募产品创设机制。目前监管政策未能全面覆盖证券公司私募产品,除部分产品要求审批或备案外,产品创设监管存在灰色地带。针对私募产品种类多、个性化特征明显、非标准化程度较高等特性,协会于 2013 年 6 月在总结证券公司柜台业务专业评价工作基础上,提出"业务方案分类评价、具体产品事后备案、第一次出现的新产品报证监会批准"的产品创设思路,并于 2013 年 8 月 13 日发布了《证券公司创新业务(产品)专业评价工作指引》,目前已形成"方案专业评价 + 产品事后备案"的私募产品创设监管过渡性安排。

2013 年 3 月协会以"多层次资本市场建设"为主题的重点课题研究工作,侧重研究场外市场、私募市场,具体包括 6 个专题:我国证券公司柜台市场建设与管理研究;证券公司柜台市场等私募市场监管研究;机构间市场建设与监管研究;金融衍生品市场研究;我国多层次资本市场转板机制研究;证券公司柜台市场做市商交易机制研究等。经评审,最终确认 44 项课题立项。部分课题研究成果已在《传导》上系列刊出。

(二)积极推动行业创新发展。为积极支持证券公司开展创新业务,服务中小企业融资需求,协会继 2012 年发布《证券公司开展中小企业私募债券承销业务试点办法》之后,又于 2013 年 1 月 16 日发布了《证券公司开展中小企业私募债券承销业务尽职调查指引》。根据证监会的统一安排,协会负责对证券公司中小

企业私募债券承销业务试点进行专业评价和自律管理，通过专业评价的证券公司方可开展承销业务。截至2013年12月底，73家证券公司通过专业评价获得业务试点资格。

在广泛征求意见的基础上，协会组织行业制定了《中国证券市场金融衍生品交易主协议》(2013年版)和补充协议、《证券公司金融衍生品柜台交易业务规范》和《证券公司金融衍生品柜台交易风险管理指引》三项自律规则，并于2013年3月15日发布实施。主协议及相关自律规范的发布，提高了行业对金融衍生品的认识，对于证券市场金融衍生品交易业务的开展发挥了重要作用。同时，为进一步完善主协议文件群的完整性、为金融衍生品市场参与者提供标准术语及解释、提高金融衍生品交易效率，协会于2013年8月组织起草《中国证券市场金融衍生品交易权益类证券衍生品定义文件》，目前，定义文件初稿已形成，拟于进一步修改完善并征求监管部门和行业意见后发布。

截至2013年12月底，协会共完成对23家证券公司38项具体金融衍生品交易业务方案的评价；市场监测中心共收到12家证券公司金融衍生品初始交易报备549笔，初始名义金额167.12亿元。其中，11家证券公司报备股票收益互换产品初始交易548笔，初始名义金额166.39亿元；终止交易346笔，终止名义金额88.11亿元；名义金额余额78.28亿元；期权产品1笔，初始名义金额0.73亿元。

在推动证券公司具体业务(产品)创新的过程中，协会组织对创新业务(产品)开展过程中的经验与问题进行深入研究，并在全面总结梳理的基础上撰写了柜台业务试点、金融衍生品、中小企业私募债、融资类业务、互联网金融、中小企业差异化发展、T+0交易机制等七类共15项创新事项工作总结报告，并通过《传导》、协会内部网站等平台发布。创新事项工作总结报告为证券公司创新业务的开展、创新规则的制定等提供了有益的依据和参考。

(三)促进行业支持小微企业发展。2013年，协会在充分开展行业调查的基础上起草了《关于证券行业支持小微企业发展的建议(征求意见稿)》，从证券公司资管业务、直投业务、私募债业务、股票质押回购业务、股权质押融资业务、行业增信机制等11个方面提出支持小微企业发展的具体建议，拟待上报证监会，获批准后由协会发布实施。

为加强对小微企业支持和服务力度，进一步促进直接投资业务发展，协会直接投资业务专业委员会2013年组织修订了《证券公司直接投资业务规范》，扩大直接投资业务的投资范围，取消证券公司不得对直投子公司及其下属机构的担保禁止性要求，允许直投子公司及其下属机构、直投基金为补充流动性或进行并购过桥贷款负债经营，扩大直投基金合格投资者范围。

(四)积极配合新股发行体制改革和完善上市公司并购重组财务顾问执业能力专业评价工作。研究制定《首次公开发行股票承销业务规范》等相关自律规则，规范首次公开发行股票中的路演、询价、定价、配售等行为，加强对投资银行业务的自律管理。继续完善财务顾问执业能力专业评价工作，促进财务顾问归位尽责，提升行业执业水平，完善财务顾问分道制，支持上市公司并购重组。

(五)积极推动证券从业人员管理改革。2013年，协会组织起草了《证券从业人员管理办法(草稿)》(以下简称《办法》)，并组织了《办法》配套文件的修改工作，包括《证券从业人员资格管理办法评估报告》、《证券从业人员管理办法实施细则》、《证券从业人员分类管理实施意见》，将择机发布。上述自律规则和文件的修订与起草贯彻了“层级管理”和“分类管理”的思路，理清了行政监管与协会自律管理、机构内部管理三者关系，将从业人员首先分为一般从业人员、专项业务类人员和管理人员三类，以此为基础，三类人员分别适用不同的准入条件、考试办法、年检程序、行为监管和诚信管理。

此外，协会按照“分类管理”思路，组织起草了《证券业从业考试办法》，对目前施行的《证券业从业人员资格考试办法(试行)》做了颠覆性的修改，针对从业人员三种基本分类，分别规定了基础考试、专项业务考试和高管测试，并在专项业务考试之下，对各具体类别的专项业务考试做出了具体规定。

二、积极参与《证券法》修改工作，研究梳理自身职能定位与自律监管模式

根据证监会《关于做好证券法修改相关工作的通知》(证监办发〔2013〕55 号)要求，协会负责完成对《证券法》第九章行业自律管理制度提出明确的修改意见和建议。同时，协会将组织行业对《证券法》中事关证券行业长远发展、行业内建议修改呼声较强烈的若干重大问题，如"证券"定义、业务范围以及功能监管、账户与登记托管结算制度、场外及私募业务监管等，提出修改意见。与此同时，协会启动对证券法相关专题的研究讨论。协会组织行业代表，就《证券法》修改的立法理念、证券业务及其准入管理、证券登记、托管、客户资金管理、场外市场的发展路径与监管模式、证券私募发行、证券公司净资本风控指标体系修改建议、行业自律组织性质与职能研究等课题开展研究、讨论，形成研究报告和对《证券法》修改的具体建议，发布于协会《传导》刊物上。

三、建立多元化的证券纠纷解决机制，努力维护资本市场和谐稳定

纠纷调解是证券法赋予证券业协会的一项重要法定职责。2013 年，协会以保护投资者权益为核心，继续发挥自律管理和专业优势，在监管部门、司法部门的支持下，借鉴国际经验，加强行业交流，进一步指导和支持地方证券业协会和会员单位开展纠纷调解和投诉处理工作，完善证券纠纷行业调解机制，推动诉调对接、仲调对接、信调对接机制建设，提高调解员的专业素质，提高调解质量和效率，推进证券纠纷调解工作，建立多元化的纠纷解决机制，促进中国资本市场健康稳定发展。

2013 年，协会先后与北京市西城区人民法院签署了诉调对接合作协议，与北京仲裁委签署了战略合作框架协议，与证监会投保局就行业调解机制和 12386 投资者投诉热线受理机制的对接达成了共识，并正在与证监会信访办研究明确信访工作与行业调解工作的对接途径。

5 月，协会牵头保护基金公司、中国结算、深交所和平安证券，成立万福生科案件投资者利益补偿协调小组，利用自律组织优势，号召和协调托管万福生科股票的证券公司协助相应投资者完成接受补偿的手续，为平安证券与投资者达成主动和解起到了桥梁和纽带作用，开创了行业调解的新模式。

为了加强对证券纠纷行业调解机制及工作成果的宣传，增强证券纠纷调解工作的社会影响力，协会年内组织人员深入到广东、深圳等八个地区，召开了八场证券纠纷调解工作座谈会，宣传证券纠纷调解机制。11 月 25 日和 12 月 18 日，协会分别在《证券时报》和《中国证券报》上，以推进证券纠纷调解工作，保护投资者合法权益等为主题进行专版宣传。根据证监会投资者保护局的策划安排，协会还为《中国证券报》"3 · 15 证券投资者保护"专版及《交流》杂志"投资者保护"专刊提供稿件，介绍证券纠纷行业调解在投资者保护中的作用，宣传证券纠纷调解机制。

协会还通过参加和举办中外调解论坛、培训、研讨沙龙等活动，学习和借鉴其他调解组织的成功经验，同时也宣传了证券纠纷行业调解机制。2013 年，协会与德国国际合作机构(GIZ)共同举办了中德金融纠纷调解实践国际研讨会，围绕"金融行业协会开展纠纷调解的优势"、"中德金融调解制度的比较"等议题开展专题研讨。

截至 2013 年 12 月 31 日，协会调解中心通过在线申请平台和处理投诉函的方式，接收了 72 起证券纠纷调解申请，受理了其中的 49 起纠纷，在地方协会的协助下，成功调解了 30 起纠纷。2013 年 1 月到 10 月，全国 36 家地方协会通过各自的调解申请受理渠道，共受理了 610 起证券纠纷，调解成功了 580 起。

四、健全自律监察和"整非"工作机制，维护市场正常秩序

2013 年协会进一步加大从业人员管理力度，重点查处考试违纪等违法违规行为。全年共查处考试违纪人员 180 名，其中从业人员 8 名；全年共对 18 名从业人员做出纪律处分。

2013 年，协会采取多种举措强化整非工作力度。一是积极组织会员开展"整非"工作，按照《中国证券业协会会员单位参与整治利用网络等媒体从事非法证券活动工作指引》的要求，2013 年 1 月，107 家证券公司、21 家证券投资咨询公司提交了"2012 年公司参与整非工作

报告”,在此基础上协会首次编撰完成了《2012年度证券公司参与整非工作情况报告》。二是进一步完善黑名单发布流程和内容,截至12月底,共发布9期黑名单,公示了非法仿冒网页、网站、博客等总计1033个,受到多家媒体的关注。自9月26日起,开展“整非宣传月”活动。三是做好行业信息技术安全工作。建立健全了证券公司网络与信息安全突发事件通报和处理机制,承担会员单位信息安全敏感时期日报告、月报告、事故分析报告和信息安全“零报告”等通报工作;以国家和行业政策要求、技术标准、工作部署、备份能力建设、网上交易强身份认证为重点,开展行业信息安全培训。

2013年,协会积极开展与奇虎360等第三方组织的合作,建立证券行业预防和打击仿冒网站的工作机制,形成合力。根据证监会整非工作的要求,2013年3月,协会启动“整非”典型案例编写工作,将近几年证监会查处的案件,以及会员单位、投资者举报的案例进行了整理、修改,形成了《假冒合法机构从事非法证券活动》、《以推荐“内幕消息”的名义从事非法证券投资咨询活动》、《以假冒专家荐股的方式从事非法证券活动》、《以虚假收益承诺从事非法证券投资咨询活动》、《以代客委托理财方式从事非法证券活动》和《非法机构或个人销售“荐股软件”》六集典型案例Flash动画,将网络非法证券活动的典型手法公布于众。此外,为提高从业人员对整非工作的认识,协会还制作了《证券从业人员参与整非工作指引》、《整治利用网络等媒体从事非法证券活动——案例判解》培训课件,要求从业人员认真学习。

五、深化诚信建设和从业人员法制教育,建设诚信合规的行业文化

诚信是市场经济的道德基石。推进证券业诚信建设,健全诚信约束和激励机制,是协会的一项重要职责。为此,协会主要采取了以下措施:一是合并修订《会员诚信信息管理暂行办法》、《证券从业人员诚信信息管理暂行办法》,并于8月13日正式发布《中国证券业协会诚信管理办法》。二是升级改进协会诚信信息管理系统,进一步强化行业诚信约束机制。三是研究起草证券行业诚信评估方案和评估指标体系,为及时、准确反映行业诚信状况、推进行业诚信建设奠定基础。四是健全从业人员执业准则体系,细化各类专业人员的诚信执业要求。

在普法宣传方面,过去的一年中,我会严格执行“六五”普法规划关于普法期间集中学习法律的时间不少于30小时、每年不少于6小时的部署,多次组织针对员工的资本市场新法规新政策以及我会新自律规则的集中培训,利用《女职工劳动保护特别规定》实施一周年契机,组织全体女职工集中学习国家有关女职工保护的法律、法规,充分利用“12·4”全国法制宣传日开展面向全体员工和从业人员的宣传教育活动。持续做好从业人员后续职业培训工作,把法律制度、职业道德等作为培训的重要内容,努力培育诚信合规的行业文化。按照2013年培训计划,顺利组织了28期境内面授培训班,培训7074人;6期境外面授培训班,共培训152人。共制作发布远程培训课件69门、99学时,课件数量同比增加60.47%。远程培训系统共有21.98万人报名学习,报名科次共计185.64万。

在创新普法平台工作方面,我会充分利用办公信息平台、协会网站、从业人员远程培训系统、从业人员管理系统、会员管理系统等五大信息系统升级改造契机,加大对法制建设和诚信建设的信息支持力度,建立和完善投资者教育栏目、法律法规栏目、诚信建设模块,同时做好《传导》(电子版)、《中国证券》等刊物的编辑工作,加大法制宣传力度。

2012年,协会新推出内部刊物《法律工作通讯》。《法律工作通讯》每两月一期,旨在介绍与行业、员工权益相关的法律法规动态、汇总我会自律规则和内部规章动态、介绍和分析热点法律问题。截至目前,《法律工作通讯》已推出介绍劳动、反腐败、基金、行政处罚、场外市场、美国海外账户税收法案等相关法律法规、域外经验的相关文章。

六、推进投资者教育和适当性管理,努力维护投资者合法权益

投资者适当性制度是控制市场风险、保护投资者合法权益的重要举措,是实现行业创新发展的重要制度保障。协会开展2013年证券公司投资者教育与服务专项调查工作,结合2012年专项调查结果所发现的问题、行业反馈

意见以及发展新情况,对 2013 年指标体系进行了修订。

2013 年,协会完成《雨后春笋》、《兔子赛跑》等 5 部公益广告片的制作,与银河证券联合开展"慧眼行动"投资者防范金融欺诈宣传活动。根据会员单位需求,制作了《来福学投资》光盘等宣传品,并向各证券公司、地方协会等发送。今年来共收集、整理 60 余家证券公司的 400 多件电子投教产品,并在协会投资者园地发布。

2013 年,协会启动对《中国证券业协会会员投资者教育工作指引(试行)》和《证券公司营业部投资者教育工作业务规范》的合并式修订工作,起草完成了《中国证券业协会会员投资者教育服务工作指引》及修订说明,向各证券公司、地方协会及部分投资咨询机构等会员单位征求了意见。目前,已完成《指引》修订工作,拟按协会要求报请履行发布程序。

在投资者教育与适当性管理方面,协会今年还组织对证券市场涉及投资者适当性管理的行政法规、部门规章及自律规则等 30 多项现行制度文件进行梳理、汇编,与证监会保护局、广东证监局共同编写了《投资者适当性工作手册》,并向系统各单位发送。根据证监会投资者保护文件起草相关要求,进一步研究了境外 8 个国家和地区投资者适当性制度,起草了《境外资本市场投资者适当性制度与实践》报告。研究起草证券公司投资者适当性制度现场检查工作底稿,联合组织并直接参与对 6 家证券公司的投资者适当性管理执业现场检查工作。

2013 年,协会组织举办了 2 次北京辖区中小投资者座谈会。与相关证券公司就联合各公司网站建立协会投资者信息服务平台研究起草建设方案,研究利用行业互联网资源建立直接面向投资者的行业性互动信息平台,目前已完成后台模块设计及安装工作,并逐步链接证券公司测试运行。根据运行情况,逐步完善信息推送、交流互动、投资者调查等功能模块。此外,完成协会网络投资者园地日常维护工作,整理、发布行业投教动态、产品等信息约 160 项。

七、加强协会内部制度建设,增强行业自律组织发挥职能的机制和效率

2013 年,协会启动内部规章评估和集中修订工作,检查、评估协会内部管理制度执行情况,并根据检查、评估情况,修订相关制度。目前已完成 15 项内部规章的修订工作,涉及财务管理、员工考核考勤、会议管理、合同管理等方面。

2013 年,协会新的从业人员管理系统、远程培训系统、会员信息系统等均正式上线,提高了协会对行业的服务能力和自律管理效率;适应行业发展需要,新设场外市场、固定收益、托管结算、证券投资咨询 4 个专业委员会,专业委员会数量达到 19 个,赋予专业委员会评估、修改、拟定行业自律规则的权力,把专业委员会办成行业"交流平台、议事平台、办事平台",提高协会工作的专业性、代表性。根据证监会统一部署,认真开展党的群众路线教育实践活动。

八、开展执业检查工作,监督规范证券公司合法合规经营

2013 年,协会和市场监测中心积极参与、组织对证券公司业务开展情况进行检查,评估相关制度规则的有效性和落实执行情况。主要做了以下工作:(1)健全联合检查机制。参加证监会机构部组织的对 13 家证券公司资产管理业务进行的联合检查,对代销金融产品和融资融券业务的联合检查,同时独立承担对 19 家证券公司执行《证券公司投资者适当性制度指引》情况的检查工作。目前,正在根据检查情况拟定检查报告,并研究对存在问题的后续处理措施。11 月,协会又配合证监会债券办开展了资信评级机构执业检查工作。(2)建立"风险导向"的现场检查方式。市场监测中心会同地方证监局对备案审查中发现问题的华福证券和恒泰证券进行专项核查。对华福证券"海西 1 号限额特定集合资产管理计划"涉嫌关联方交易和利益输送的问题进行了专项核查,华福证券已被福建证监局出具行政监管措施,市场监测中心也将华福证券私募产品备案列为限制类,期限为三个月;对恒泰证券资产管理业务关联交易问题进行了专项核查,重点核查了恒泰证券资产管理业务与"明天系"有关的业务,恒泰证券已被内蒙古证监局出具责令增加合规检查次数的行政监管措施,市场监测中心也将恒泰证券私募产品备案列为限制类,期限为三个月。(3)实行典型案例发布制度。已发布 6 期证券公司私募业务违法违规案例,规范证券公司私募业务,在行业引起较大反响。

（二）2013年采取的纪律惩戒决定目录

序号	文件标题	文号	发文日期
1	关于对朱燕玲采取自律惩戒措施的决定	中国证券业协会自律惩戒措施决定书〔2013〕1号	2013/4/11
2	关于袁立对采取自律惩戒措施的决定	中国证券业协会自律惩戒措施决定书〔2013〕2号	2013/4/11
3	关于对傅湘冬采取自律惩戒措施的决定	中国证券业协会自律惩戒措施决定书〔2013〕3号	2013/4/11
4	关于对刘丁元采取自律惩戒措施的决定	中国证券业协会自律惩戒措施决定书〔2013〕9号	2013/7/3
5	关于对田凤栋采取自律惩戒措施的决定	中国证券业协会自律惩戒措施决定书〔2013〕9号	2013/7/3
6	关于对张青采取自律惩戒措施的决定	中国证券业协会自律惩戒措施决定书〔2013〕10号	2013/7/3
7	关于对曹晓尘采取自律惩戒措施的决定	中国证券业协会自律惩戒措施决定书〔2013〕11号	2013/7/3
8	关于对刘雷采取自律惩戒措施的决定	中国证券业协会自律惩戒措施决定书〔2013〕12号	2013/10/17
9	关于对吴文浩采取自律惩戒措施的决定	中国证券业协会自律惩戒措施决定书〔2013〕13号	2013/11/8
10	关于对何涛采取自律惩戒措施的决定	中国证券业协会自律惩戒措施决定书〔2013〕14号	2013/11/8
11	关于对薛荣年采取自律惩戒措施的决定	中国证券业协会自律惩戒措施决定书〔2013〕15号	2013/11/8
12	关于对曾年生采取自律惩戒措施的决定	中国证券业协会自律惩戒措施决定书〔2013〕16号	2013/11/8
13	关于对崔岭采取自律惩戒措施的决定	中国证券业协会自律惩戒措施决定书〔2013〕17号	2013/11/8
14	关于对汤德智采取自律惩戒措施的决定	中国证券业协会自律惩戒措施决定书〔2013〕18号	2013/11/8
15	关于对邓德兵采取自律惩戒措施的决定	中国证券业协会自律惩戒措施决定书〔2013〕19号	2013/11/8
16	关于对刘小群采取自律惩戒措施的决定	中国证券业协会自律惩戒措施决定书〔2013〕20号	2013/11/8
17	关于对胡冰采取自律惩戒措施的决定	中国证券业协会自律惩戒措施决定书〔2013〕21号	2013/11/27
18	关于对廖建华采取自律惩戒措施的决定	中国证券业协会自律惩戒措施决定书〔2013〕22号	2013/11/27

(三)2013 年制定、修改的主要自律规则目录

序号	标　　题	发布日期
1	中国证券业协会境外证券类机构驻华代表处特别会员管理规则	2013/1/15
2	证券公司中小企业私募债券承销业务尽职调查指引	2013/1/16
3	证券公司参与区域性股权交易市场业务规范	2013/2/7
4	中国证券市场金融衍生品交易主协议、补充协议(2013 年版)	2013/3/15
5	证券公司金融衍生品柜台交易业务规范	2013/3/15
6	证券公司金融衍生品柜台交易风险管理指引	2013/3/15
7	证券公司开立客户账户规范	2013/3/15
8	证券公司私募产品备案管理办法	2013/3/15
9	关于规范证券公司聘用第三方机构为集合资产管理计划提供投资决策相关专业服务的通知	2013/6/7
10	关于规范证券公司与银行合作开展定向资产管理业务有关事项的通知	2013/7/19
11	中国证券业协会诚信管理办法	2013/8/13
12	证券公司创新业务(产品)专业评价工作指引	2013/8/13
13	证券公司从事上市公司并购重组财务顾问业务执业能力和专业评价指引	2013/9/6
14	证券公司私募产品代码管理办法(试行)	2013/9/6
15	证券期货科学技术奖励管理办法(试行)	2013/9/9
16	首次公开发行股票承销业务规范	2013/12/27

(中国证券业协会供稿)

十四、中国期货业协会

(一)2013 年法制建设工作综述

2013 年,协会在中国证监会的正确领导下,紧紧围绕期货及其他衍生品市场创新发展和国家期货法制建设主线,持续推动自律规则体系化和行业诚信建设,进一步深化了行业自律监督和管理职能。同时,协会不断关注和研究期货及其他衍生品市场的新情况、新问题,积极建立行业纠纷替代性解决机制,不断推动行业规范发展和保护投资者合法权益。

一、持续完善诚信体系建设，不断提升行业诚信水平

2013 年，协会通过加强诚信建设和规范竞争秩序不断强化自律管理，进一步提升了行业的规范程度。

（一）继续加强行业诚信文化宣传和建设

在 2012 年开展的“诚信从我做起”征文比赛基础上，协会对诚信表彰大会演讲内容和诚信征文进行了整理，形成了光盘资料，面向全行业所有的期货经营机构、监管部门、地方协会和获奖者发放，共计 1320 份。同时，协会筛选出 8 篇获奖优秀文章刊载于《中国期货》，进一步加大了诚信文化的宣传力度。

（二）开展期货行业推进诚信建设的调查研究

为进一步促进期货行业的诚信文化建设，协会对行业内外诚信建设情况展开调查研究，形成《夯实诚信建设基础：优化期货市场环境——关于进一步推进期货行业诚信建设的调研报告》。该报告分析了期货行业诚信建设的背景，总结归纳了期货行业诚信建设的成功经验和不足，力图探寻进一步推动诚信建设工作的方向，提出工作建议，供行业参考。

（三）不断加强信息平台的管理和信息披露

1. 加强数据库管理工作，完善会员基本信息

协会每月从行业信息管理平台下载期货公司会员信息，在汇总整理和编辑更新的基础上上传协会共享平台，同时根据会员单位的变更信息，及时修改行业信息管理后台数据库，保障数据的实时更新。

2. 披露期货公司财务等信息，提升行业信息透明度

为进一步提升行业信息的透明度，增进投资者对行业信息的了解和监督，保护投资者的合法权益，协会在网站上披露了期货公司财务信息，包括注册资本、净资本、净资产、客户权益、手续费收入和净利润六项指标。此外，依照中国证监会的工作安排，协会还在网站发布了期货公司分类监管的评价结果。

二、围绕期货行业创新发展主线，不断完善期货市场自律规则体系

2013 年是期货及衍生品市场创新发展较快的一年。为了推动各项创新业务的有序开展，协会充分践行“创新发展，制度先行”的理念，根据中国证监会的整体工作部署和市场的发展要求，不断完善期货行业自律规则体系。

（一）积极配合完成报批事项的清理工作，提升期货行业管理的自主性

协会积极配合中国证监会完成报批事项的清理工作，取消审核事项一项、备案事项一项、非正式的报告要求三项，与此同时，还根据市场发展的现实需要，进一步调整和明确了《期货投资者教育工作指引》、《期货公司网上期货信息系统技术指引》等有关报告义务的要求，赋予市场更多的自主性和灵活性。

（二）积极开展自律规则清理工作，持续推动自律规则的体系化建设

为了持续适应期货及其他衍生品市场发展要求，进一步提升期货行业自律规则的体系性，不断降低期货公司的合规成本，协会在广泛征求理事单位意见的基础上，撰写了本年度的自律规则清理工作报告，制定了清理清单，建议制定自律规则 7 件，修改 8 件，废止 2 件，内容涉及会员管理、从业人员管理、信息技术、IB 业务、纠纷调解、行业创新发展、经纪管理等若干方面。

（三）以自律规则修订和制定工作为抓手，积极推动期货市场创新发展

为了满足期货行业创新发展要求，提高期货公司的核心竞争力和服务实体经济的能力，协会及时修订了《关于〈期货公司资产管理合同指引〉的补充规定》、《关于连续交易的补充协议》、《〈期货经纪合同〉指引》等，制定了《期货公司执行金融期货投资者适当性制度管理规则》、《期货公司设立子公司开展以风险管理服务为主的业务试点工作指引》等 20 余项自律规则和内部制度、流程。同时，针对行业技术革新发展的需要，协会还特别制定了《期货公司核心应用软件产品与技术服务合同指引》，参与修订了《证券期货科学技术奖励管理办法》等。

(四)制定《自律规则制定程序》,为规则构建提供依据和保障

期货及其他衍生品市场的迅捷发展对行业协会自律规范提出了新的要求。为了适应期货及其他衍生品市场创新发展环境的变化,协会在总结以往自律规则制定经验的基础上,制定了《自律规则制定程序》,重点从“立项”、“起草和通过”、“批准、备案和实施”、“解释、修改和废止”等几个方面对于程序进行了规范,形成了自我约束机制,为全面、高效地完成自律规则构建工作提供了明确的依据。

三、开展自律规则合规检查,强化对期货公司和从业人员的自律管理

(一) 合规检查

协会进一步规范了从业人员管理,对3万多名从业人员的资格管理、后续培训、执业行为等进行了全面检查,完成了对50家期货公司的信息技术升级检查和抽查工作。

(二)纪律惩戒

为了维护市场秩序和行业声誉,规范期货公司和从业人员的执业行为,协会共组织召开了4次纪律委员会、2次申诉委员会会议,完成了对54名从业人员、5家期货公司的纪律惩戒工作。处理的从业人员违规案件有四类:以个人或他人名义从事期货交易(涉及49人)、以个人名义接受客户委托代理客户从事期货交易(涉及3人)、参与配资交易(1人)以及与客户发生肢体冲突(1人);处理的期货公司违规案件是公司为本公司员工开立期货账户(涉及5家公司)。

(三)批评警示

对于违规情节显著轻微,不需要给予纪律惩戒的期货公司,协会采取了批评警示的方式,在对市场主体行为较少干预的前提下,达到了及时纠正公司违规行为,有效强化公司合规意识的目标。

1. 约见高管谈话

在2013年度从业人员资格定期检查中,协会发现部分从业人员持有期货账户,其中部分原因是期货公司本身对从业人员管理不善。针对此问题,协会对于22家公司给予约见高管谈话处理。

2. 书面警示

书面警示主要针对期货公司从业人员资格管理工作不规范等问题,如以不及时办理注销从业资格手续的方式限制人员流动等,本年度协会共向两家违规公司发出了书面警示函。

四、结合期货及其他衍生品市场发展需要,积极开展政策研究

(一)以调查研究为抓手,深入了解期货市场发展的政策需求

协会专门成立了“培育产业客户和机构投资者工作组”,与中国证监会有关部门、交易所就交易制度、规则等进行了深入沟通,推动产业客户进入期货市场的制度发展。同时,协会完成了居间人管理调研,形成了《期货居间人自律管理思路汇报材料》,组织证监会相关部门召开了协调会议,不断推动居间人的规范管理。此外,为积极引导子公司试点业务开展,协会组织召开了专题业务培训暨研讨会和座谈会,对北京、上海、浙江、深圳等地区试点业务开展情况进行了实地调研,及时总结、推广子公司在仓单服务、合作套保、基差交易等业务上取得的成效和经验,深入了解子公司业务规则的发展需求。

(二)有效利用“中期协联合研究计划”与“高校论文大赛”等平台,积极推动期货行业法制研究

着眼期货市场制度的长远建设,结合期货市场现实发展需求,协会以“中期协联合研究计划”为平台,优选了一些法制课题,组织行业开展研究。本年度计划完成的主要包括《境外期货交易纠纷替代性解决机制及借鉴》、《跨境交易中的投资者保护研究》、《期货市场信用交易与担保制度研究》、《期货公司全面风险控制体系研究》等。同时,在“高校论文大赛”中,也有一些如《欧盟无实体CDS禁令的法理分析与评价》、《我国期货投资基金培育及监管》等优秀的研究成果。

五、积极构建行业调解机制,探索构建行业仲裁机制

为了进一步完善期货行业纠纷调解工作,提高调解工作法治化、规范化水平,2013年,协会在总结过去纠纷调解工作经验的基础上启动了建立期货行业纠纷调解机制工作。

在进行充分的前期调研,先后对美国国家

期货协会(NFA)、中国证券业协会等国内外14个行业协会的调解机制进行比较研究,并赴中国证券业协会、北京保险行业协会等单位进行实地调研的基础上,协会完成了《中国期货业协会调解规则》、《中国期货业协会调解委员会工作办法》、《中国期货业协会调解员守则》、《中国期货业协会调解员聘任管理办法》四个办法,初步构建了协会主导、地方协会协作参与、会员单位配合的期货纠纷行业调解机制。

与此同时,协会完成了《关于行业仲裁工作有关情况的报告》,与北京市西城法院签署了《诉讼与非诉讼对接合作协议书》,并与北京仲裁委等15家单位发起成立了"北京调解论坛",进一步探索建立行业性仲裁机构的可行性。

六、教育和保护投资者,有效处理纠纷投诉

(一)举办期货投资者保护研讨会暨专题培训班

为了总结近年协会投资者保护工作成果,评估当前期货市场投资者保护形势,研讨创新业务的投资者保护风险点,以投资者保护为主题,协会召开了"期货投资者保护研讨会暨专题培训班"。本次会议参加人员共220余人,是期货行业第一次就"投资者保护"主题召开的重要会议,对于厘清当前期货投资者保护工作的重点、促进和加强期货行业对于投资者保护工作的全面认识、提升行业投资者保护水平起到了很好的导向作用。

(二)组织出版《金融衍生品系列丛书》,召开《投资者保护与维权》编写座谈会

为了使投资者了解拟上市的国债期货、外汇期货、期权等金融衍生品知识,扩充投资者的知识储备,提升投资者保护意识,协会组织出版了《国债期货》、《外汇期货》、《场外衍生品》、《金融期权》、《结构化产品》和《金融衍生品习题集》6册图书。与此同时,为加强对期货投资者保护的关注力度,应对创新业务发展环境下期货市场的投资者保护新形势,协会组织召开了由期货二部和北京证监局、协会律师、期货公司等单位参加的《投资者保护与维权》编写座谈会议,初步拟定了手册大纲。

(三)参与设立"12386"热线,为投资者答疑解问

协会参与草拟了证监会"12386"热线流程的建立方案,并严格根据流程要求,协调相关部门答复多个投资者提问,组织编写了《投资者舆情》等。

(四)有效处理投资者的纠纷投诉,及时化解矛盾纠纷

协会通过网上投诉平台、电话、当事人来访等形式共接待投资者投诉近30件。在处理过程中,工作人员耐心与投资者沟通,讲解法律法规和行业自律规则,同时协助其与公司沟通,解决纠纷,或将投诉引导至诉讼、仲裁等纠纷解决渠道,较好地实现了平息纠纷的作用。

七、其他工作

(一)完成期货经纪合同审查备案工作

在《〈期货经纪合同〉指引》修订后,有100多家公司向协会提出报备申请。2013年全年,协会共完成期货经纪合同审查备案141件。

(二)为监管机构提供政策建议

协会提供了有关《期货公司管理办法(修订)》、《期货交易所管理办法(修订)》、《证券投资基金法》相关文件、《公开募集证券投资基金运作管理办法》及配套规则、《税收征收管理修正案(送审稿)》、《资本市场系统性风险防控有关文件》等30份政策建议。

(三)积极参与推动期货交易所相关规则的修改

通过组成专项小组,对棉花、大豆等品种的现货和期货交易运行模式进行了有针对性的研究后,协会与大连商品交易所进行了座谈,对如何改进交易规则,更好地服务产业客户提出了建设性意见。

(二)2013年采取的纪律惩戒决定目录

序号	发文日期	名　称	惩戒原因	惩戒种类	惩戒依据
1	2013/6/3	关于对王一晓给予纪律惩戒的决定	未能诚实守信、勤勉尽责地为客户提供服务,与客户产生经济纠纷,在处理纠纷过程中与客户发生肢体冲突,造成恶劣影响,后在接受浙江证监局就客户投诉其涉嫌违规的调查过程中,未如实提供必要资料且提供的证言存在前后不一致	训诫	《期货从业人员执业行为准则(修订)》第六条、《中国期货业协会纪律惩戒程序(修订)》第二十五条、《期货从业人员执业行为准则(修订)》第三十七条
2	2013/11/27	关于对新晟期货有限公司纪律惩戒的决定	允许本公司员工在公司持有期货账户并交易	训诫	《期货交易管理条例》第二十六条和《期货公司管理办法》第五十条、《中国期货业协会纪律惩戒程序(修订)》第二十条
3	2013/11/27	关于对浙江中大期货有限公司纪律惩戒的决定	允许本公司员工在公司开立期货账户并交易	训诫	《期货交易管理条例》第二十六条、《期货公司管理办法》第五十条、《中国期货业协会纪律惩戒程序(修订)》第二十条
4	2013/11/27	关于对弘业期货股份有限公司纪律惩戒的决定	个别员工在本公司开立期货账户	训诫	《期货交易管理条例》第二十六条和《期货公司管理办法》第五十条、《中国期货业协会纪律惩戒程序(修订)》第二十条
5	2013/11/27	关于对华安期货有限责任公司纪律惩戒的决定	有个别员工在本公司持有期货账户(未发生交易)	训诫	《期货交易管理条例》第二十六条、《期货公司管理办法》第五十条、《中国期货业协会纪律惩戒程序(修订)》第二十条
6	2013/11/27	关于对经易期货经纪有限公司纪律惩戒的决定	个别员工在本公司持有期货账户	训诫	《期货交易管理条例》第二十六条、《期货公司管理办法》第五十条、《中国期货业协会纪律惩戒程序(修订)》第二十条
7	2013/11/27	关于对陈学斌给予纪律惩戒的决定	违规开立期货账户从事期货交易	撤销从业资格并在3年内拒绝受理从业资格申请	《期货从业人员管理办法》、《期货从业人员执业行为准则(修订)》、《中国期货业协会纪律惩戒程序(修订)》第二十一条

续表

序号	发文日期	名　称	惩戒原因	惩戒种类	惩戒依据
8	2013/11/27	关于对曹向阳给予纪律惩戒的决定	违规开立期货账户从事期货交易	暂停从业资格12个月	《期货从业人员管理办法》、《期货从业人员执业行为准则(修订)》、《中国期货业协会纪律惩戒程序(修订)》第二十一条
9	2013/11/27	关于对付强给予纪律惩戒的决定	违规持有期货账户从事期货交易	暂停从业资格12个月	《期货从业人员管理办法》、《期货从业人员执业行为准则(修订)》、《中国期货业协会纪律惩戒程序(修订)》第二十一条
10	2013/11/27	关于对胡鹏飞给予纪律惩戒的决定	违规持有期货账户从事期货交易	暂停从业资格12个月	《期货从业人员管理办法》、《期货从业人员执业行为准则(修订)》、《中国期货业协会纪律惩戒程序(修订)》第二十一条
11	2013/11/27	关于对李小龙给予纪律惩戒的决定	违规持有期货账户从事期货交易	暂停从业资格12个月	《期货从业人员管理办法》、《期货从业人员执业行为准则(修订)》、《中国期货业协会纪律惩戒程序(修订)》第二十一条
12	2013/11/27	关于对刘畅坤给予纪律惩戒的决定	违规持有期货账户从事期货交易	暂停从业资格12个月	《期货从业人员管理办法》、《期货从业人员执业行为准则(修订)》、《中国期货业协会纪律惩戒程序(修订)》第二十一条
13	2013/11/27	关于对马达给予纪律惩戒的决定	违规持有期货账户从事期货交易	暂停从业资格12个月	《期货从业人员管理办法》、《期货从业人员执业行为准则(修订)》、《中国期货业协会纪律惩戒程序(修订)》第二十一条
14	2013/11/27	关于对孙子峰给予纪律惩戒的决定	违规持有期货账户从事期货交易	暂停从业资格12个月	《期货从业人员管理办法》、《期货从业人员执业行为准则(修订)》、《中国期货业协会纪律惩戒程序(修订)》第二十一条
15	2013/11/27	关于对谢晋给予纪律惩戒的决定	违规持有期货账户从事期货交易	暂停从业资格12个月	《期货从业人员管理办法》、《期货从业人员执业行为准则(修订)》、中国期货业协会纪律惩戒程序(修订)》第二十一条
16	2013/11/27	关于对姚克莉给予纪律惩戒的决定	违规持有期货账户从事期货交易	暂停从业资格12个月	《期货从业人员管理办法》、《期货从业人员执业行为准则(修订)》、《中国期货业协会纪律惩戒程序(修订)》第二十一条
17	2013/11/27	关于对郁超给予纪律惩戒的决定	违规持有期货账户从事期货交易	暂停从业资格12个月	《期货从业人员管理办法》、《期货从业人员执业行为准则(修订)》、《中国期货业协会纪律惩戒程序(修订)》第二十一条

续表

序号	发文日期	名　称	惩戒原因	惩戒种类	惩戒依据
18	2013/11/27	关于对赵春海给予纪律惩戒的决定	违规开立期货账户从事期货交易	暂停从业资格12个月	《期货从业人员管理办法》、《期货从业人员执业行为准则（修订）》、《中国期货业协会纪律惩戒程序（修订）》第二十一条
19	2013/11/27	关于对崔英豪给予纪律惩戒的决定	违规持有期货账户从事期货交易	暂停从业资格12个月	《期货从业人员管理办法》、《期货从业人员执业行为准则（修订）》、《中国期货业协会纪律惩戒程序（修订）》第二十一条
20	2013/11/27	关于对顾香给予纪律惩戒的决定	违规持有期货账户从事期货交易	暂停从业资格12个月	《期货从业人员管理办法》、《期货从业人员执业行为准则（修订）》、《中国期货业协会纪律惩戒程序（修订）》第二十一条
21	2013/11/27	关于对黄妙容给予纪律惩戒的决定	违规持有期货账户从事期货交易	暂停从业资格12个月	《期货从业人员管理办法》、《期货从业人员执业行为准则（修订）》、《中国期货业协会纪律惩戒程序（修订）》第二十一条
22	2013/11/27	关于对廖玖玲给予纪律惩戒的决定	违规持有期货账户从事期货交易	暂停从业资格12个月	《期货从业人员管理办法》、《期货从业人员执业行为准则（修订）》、《中国期货业协会纪律惩戒程序（修订）》第二十一条
23	2013/11/27	关于对刘静华给予纪律惩戒的决定	违规开立期货账户从事期货交易	暂停从业资格12个月	《期货从业人员管理办法》、《期货从业人员执业行为准则（修订）》、《中国期货业协会纪律惩戒程序（修订）》第二十一条
24	2013/11/27	关于对倪佳给予纪律惩戒的决定	违规开立期货账户从事期货交易	暂停从业资格12个月	《期货从业人员管理办法》、《期货从业人员执业行为准则（修订）》、《中国期货业协会纪律惩戒程序（修订）》第二十一条
25	2013/11/27	关于对谭竞贤给予纪律惩戒的决定	违规持有期货账户从事期货交易	暂停从业资格12个月	《期货从业人员管理办法》、《期货从业人员执业行为准则（修订）》、《中国期货业协会纪律惩戒程序（修订）》第二十一条
26	2013/11/27	关于对谢晓琦给予纪律惩戒的决定	违规开立期货账户从事期货交易	暂停从业资格12个月	《期货从业人员管理办法》、《期货从业人员执业行为准则（修订）》、《中国期货业协会纪律惩戒程序（修订）》第二十一条
27	2013/11/27	关于对叶昊给予纪律惩戒的决定	违规开立期货账户从事期货交易	暂停从业资格12个月	《期货从业人员管理办法》、《期货从业人员执业行为准则（修订）》、《中国期货业协会纪律惩戒程序（修订）》第二十一条

续表

序号	发文日期	名　称	惩戒原因	惩戒种类	惩戒依据
28	2013/11/27	关于对张立军给予纪律惩戒的决定	违规持有期货账户从事期货交易	暂停从业资格12个月	《期货从业人员管理办法》、《期货从业人员执业行为准则(修订)》、《中国期货业协会纪律惩戒程序(修订)》第二十一条
29	2013/11/27	关于对周锟给予纪律惩戒的决定	违规持有期货账户从事期货交易行为	暂停从业资格12个月	《期货从业人员管理办法》、《期货从业人员执业行为准则(修订)》、《中国期货业协会纪律惩戒程序(修订)》第二十一条
30	2013/11/27	关于对陈必文给予纪律惩戒的决定	违规持有期货账户从事期货交易	暂停从业资格12个月	《期货从业人员管理办法》、《期货从业人员执业行为准则(修订)》、《中国期货业协会纪律惩戒程序(修订)》第二十一条
31	2013/11/27	关于对邓飞给予纪律惩戒的决定	违规开立期货账户从事期货交易	暂停从业资格12个月	《期货从业人员管理办法》、《期货从业人员执业行为准则(修订)》、《中国期货业协会纪律惩戒程序(修订)》第二十一条
32	2013/11/27	关于对何香给予纪律惩戒的决定	违规持有期货账户从事期货交易	暂停从业资格12个月	《期货从业人员管理办法》、《期货从业人员执业行为准则(修订)》、《中国期货业协会纪律惩戒程序(修订)》第二十一条
33	2013/11/27	关于对李虎给予纪律惩戒的决定	违规开立期货账户从事期货交易	暂停从业资格12个月	《期货从业人员管理办法》、《期货从业人员执业行为准则(修订)》、《中国期货业协会纪律惩戒程序(修订)》第二十一条
34	2013/11/27	关于对林成给予纪律惩戒的决定	违规持有期货账户从事期货交易	暂停从业资格12个月	《期货从业人员管理办法》、《期货从业人员执业行为准则(修订)》、《中国期货业协会纪律惩戒程序(修订)》第二十一条
35	2013/11/27	关于对刘涛给予纪律惩戒的决定	违规持有期货账户从事期货交易	暂停从业资格12个月	《期货从业人员管理办法》、《期货从业人员执业行为准则(修订)》、《中国期货业协会纪律惩戒程序(修订)》第二十一条
36	2013/11/27	关于对潘桦给予纪律惩戒的决定	违规持有期货账户从事期货交易	暂停从业资格12个月	《期货从业人员管理办法》、《期货从业人员执业行为准则(修订)》、《中国期货业协会纪律惩戒程序(修订)》第二十一条
37	2013/11/27	关于对王川给予纪律惩戒的决定	违规持有期货账户从事期货交易	暂停从业资格12个月	《期货从业人员管理办法》、《期货从业人员执业行为准则(修订)》、《中国期货业协会纪律惩戒程序(修订)》第二十一条

续表

序号	发文日期	名　称	惩戒原因	惩戒种类	惩戒依据
38	2013/11/27	关于对胥缘给予纪律惩戒的决定	违规持有期货账户从事期货交易行为	暂停从业资格12个月	《期货从业人员管理办法》、《期货从业人员执业行为准则(修订)》、《中国期货业协会纪律惩戒程序(修订)》第二十一条
39	2013/11/27	关于对叶龙给予纪律惩戒的决定	违规持有期货账户从事期货交易	暂停从业资格12个月	《期货从业人员管理办法》、《期货从业人员执业行为准则(修订)》、《中国期货业协会纪律惩戒程序(修订)》第二十一条
40	2013/11/27	关于对张青松给予纪律惩戒的决定	违规持有期货账户从事期货交易	暂停从业资格12个月	《期货从业人员管理办法》、《期货从业人员执业行为准则(修订)》、《中国期货业协会纪律惩戒程序(修订)》第二十一条
41	2013/11/27	关于对周柳波给予纪律惩戒的决定	违规持有期货账户从事期货交易	暂停从业资格12个月	《期货从业人员管理办法》、《期货从业人员执业行为准则(修订)》、《中国期货业协会纪律惩戒程序(修订)》第二十一条
42	2013/11/27	关于对程彬给予纪律惩戒的决定	违规开立期货账户从事期货交易	暂停从业资格12个月	《期货从业人员管理办法》、《期货从业人员执业行为准则(修订)》、《中国期货业协会纪律惩戒程序(修订)》第二十一条
43	2013/11/27	关于对冯莉给予纪律惩戒的决定	违规持有期货账户从事期货交易	暂停从业资格12个月	《期货从业人员管理办法》、《期货从业人员执业行为准则(修订)》、《中国期货业协会纪律惩戒程序(修订)》第二十一条
44	2013/11/27	关于对胡敬华给予纪律惩戒的决定	违规持有期货账户从事期货交易	暂停从业资格12个月	《期货从业人员管理办法》、《期货从业人员执业行为准则(修订)》、《中国期货业协会纪律惩戒程序(修订)》第二十一条
45	2013/11/27	关于对李晟给予纪律惩戒的决定	违规开立期货账户从事期货交易	暂停从业资格12个月	《期货从业人员管理办法》、《期货从业人员执业行为准则(修订)》、《中国期货业协会纪律惩戒程序(修订)》第二十一条
46	2013/11/27	关于对林健给予纪律惩戒的决定	违规持有期货账户从事期货交易	暂停从业资格12个月	《期货从业人员管理办法》、《期货从业人员执业行为准则(修订)》、《中国期货业协会纪律惩戒程序(修订)》第二十一条
47	2013/11/27	关于对刘旭辉给予纪律惩戒的决定	违规持有期货账户从事期货交易	暂停从业资格12个月	《期货从业人员管理办法》、《期货从业人员执业行为准则(修订)》、《中国期货业协会纪律惩戒程序(修订)》

续表

序号	发文日期	名　称	惩戒原因	惩戒种类	惩戒依据
48	2013/11/27	关于对宋驰给予纪律惩戒的决定	违规持有期货账户从事期货交易	暂停从业资格12个月	《期货从业人员管理办法》、《期货从业人员执业行为准则（修订）》、《中国期货业协会纪律惩戒程序（修订）》第二十一条
49	2013/11/27	关于对肖传明给予纪律惩戒的决定	违规持有期货账户从事期货交易	暂停从业资格12个月	《期货从业人员管理办法》、《期货从业人员执业行为准则（修订）》、《中国期货业协会纪律惩戒程序（修订）》第二十一条
50	2013/11/27	关于对徐运琦给予纪律惩戒的决定	违规持有期货账户从事期货交易	暂停从业资格12个月	《期货从业人员管理办法》、《期货从业人员执业行为准则（修订）》、《中国期货业协会纪律惩戒程序（修订）》第二十一条
51	2013/11/27	关于对余明东给予纪律惩戒的决定	违规持有期货账户从事期货交易	暂停从业资格12个月	《期货从业人员管理办法》、《期货从业人员执业行为准则（修订）》、《中国期货业协会纪律惩戒程序（修订）》第二十一条
52	2013/11/27	关于对张硕给予纪律惩戒的决定	违规开立期货账户从事期货交易	暂停从业资格12个月	《期货从业人员管理办法》、《期货从业人员执业行为准则（修订）》、《中国期货业协会纪律惩戒程序（修订）》第二十一条
53	2013/11/27	关于对周宜荣给予纪律惩戒的决定	违规持有期货账户从事期货交易	暂停从业资格12个月的纪律惩戒	《期货从业人员管理办法》、《期货从业人员执业行为准则（修订）》、《中国期货业协会纪律惩戒程序（修订）》
54	2013/11/29	关于对陶暘给予纪律惩戒的决定	利用投资并控股的上海筑金有限公司和上海筑欣实业有限公司的名义从事期货交易	撤销从业资格并在3年内拒绝受理其从业资格申请	《期货从业人员管理办法》、《期货从业人员执业行为准则（修订）》、《期货从业人员执业行为准则（修订）》第四十条、《中国期货业协会纪律惩戒程序（修订）》第二十一条
55	2013/12/10	关于对张延祥给予纪律惩戒的决定	操作客户期货交易账户、接受客户委托代理客户从事期货交易	撤销从业资格并永久性拒绝受理其从业资格申请	《期货从业人员执业行为准则（修订）》第十二条、《期货从业人员执业行为准则（修订）》第四十条、《中国期货业协会纪律惩戒程序（修订）》第二十一条
56	2014/1	关于对车治远给予纪律惩戒的决定	违规持有期货账户从事期货交易	暂停从业资格12个月	《期货从业人员管理办法》、《期货从业人员执业行为准则（修订）》、《中国期货业协会纪律惩戒程序（修订）》第二十一条

(三)2013 年制定的主要自律规则目录

序号	发文日期	文件标题	备注
1	2013/2/26	关于《期货公司资产管理合同指引》的补充规定	修订类
2	2013/3/18	期货公司设立子公司开展以风险管理服务为主的业务试点工作指引	制定类
3	2013/9/4	《期货经纪合同》指引(修订)	修订类
4	2013/9/4	期货公司执行金融期货投资者适当性制度管理规则(修订)	修订类
5	2013/12/16	期货公司核心应用软件产品与技术服务合同指引	制定类
6	2013/12/16	证券期货科学技术奖励管理办法	修订类

(中国期货业协会供稿)

十五、中国上市公司协会

(一)2013 年法制建设工作综述

2013 年,中上协紧密围绕“服务、自律、规范、提高”的办会宗旨,坚持服务为先,加强自律规范,努力推动上市公司科学发展,提高上市公司整体质量,在法制建设方面开展了以下工作,取得良好效果。

(一)深入调查研究,为促进企业发展创造良好的法制环境

法制环境和制度环境是关系企业发展的重要外部环境,为促进改善企业的发展环境,深入落实党的十八大提出的关于“经济体制改革核心问题是处理好政府与市场的关系”,今年以来,中上协深入开展了多项专题调研,为促进企业发展创造良好的法制环境。

一是开展“改进政府与企业的关系,改善企业发展环境”调研活动。先后在北京等 4 地实地调研,发放回收了 1526 份有效调查问卷,形成《改进政府与企业关系,改善企业发展环境》的调研报告。报告从企业的角度,用第一手资料分析了政企关系,提出了“减少政府干预、改进市场监管、减轻税费负担、解决融资难题、改善创新环境”等 24 项改善企业发展环境的政策建议,得到国务院领导的重视,国家有关部门专门听取中上协对国务院行政审批制度改革的意见。在调研报告基础上,中上协组织出版了《中国企业发展环境报告 2013》一书,引起了社会广泛关注和认可。

二是开展“改善上市公司转型升级的政策与环境”调研活动。2013 年 7 - 8 月,中上协联合深圳证券交易所、中金公司针对改善企业转型升级的形势和政策需求进行了专题调研,先后在北京等 5 地召开了 10 场座谈会,并组织回收了 1256 份调查问卷,形成了《改善企业转型升级的政策与环境》调研报告。该报告得到了国务院领导的重要批示,并批转给 15 个中央部委研究落实。

三是开展“加强和改进市场监管”调研活

动。今年11月,中上协受中编办委托就“当前市场监管存在的突出问题及其改进建议”课题开展调研,先后在深圳、长沙和杭州等地实地访谈企业近30家、召开6场现场座谈会,目前已形成《企业对改进市场监管的看法与建议》、《改进市场监管的调研与建议》等系列报告。

四是针对影响会员发展的行业政策进行系统论证与研究,推动政策改进。今年年初,中上协就高速公路重大节假日免费通行政策进行深入研究,及时召开行业会员企业座谈会,在广泛听取相关意见和建议的基础上形成《高速公路重大节日免费通行政策对上市公司的影响及建议》,得到国务院领导的批示,有关部门在完善相关制度中吸纳了相关建议。

(二)参与资本市场法制建设,推动上市公司合规发展

2013年是中国资本市场法制建设取得重要进展的一年。《证券法》、《期货法》的评估修立、新股发行体制的全面改革、非上市公众公司的监管转型以及新三板制度体系的探索建立等,共同推动了资本市场法制环境的日益健全和完善。一年来,中上协紧密围绕中国证监会的监管改革方向,积极参与资本市场法制建设,先后开展了以下工作:

一是参与《证券法》的评估修改工作。2013年3月,根据证监会部署,中上协广泛发动会员中的全国两会代表,就启动证券法修改工作向两会建言献策,并协助两会代表论证起草相关提议案,积极推动相关制度的完善。同年7月,作为证券法修改工作小组成员,中上协在广泛征集会员意见的基础上,完成了关于修改证券法意见建议的报告,就上市公司自律管理制度提出了修法建议。

二是参与资本市场并购重组制度改革。中上协通过并购融资委员会工作平台,深入学习研究证监会关于深化并购重组的改革措施,并组织会员及业内专家研提意见,形成《关于证监会深化并购重组改革措施十五条的建议》,就简化审批情形、推行市场化定价、支持创新工具、推行分道制审核、等同审核标准等问题提出明确建议。

三是参与其他政策法规的制定修改。先后参与《上市公司监督管理条例》、《上市公司监管协作指引》、《非上市公众公司监督管理办法》、《关于对审理证券市场虚假陈述侵权民事赔偿案件的若干规定》等多项政策法规的意见征集、政策传导、反应诉求等工作,根据广大上市公司会员意见,对相关政策法规提出修立建议。配合证监会就退市新规实施后上市公司的退市情况及后续措施进行跟踪研究和评估。

(三)以公司治理为抓手,促进提高上市公司整体质量

促进改善公司治理,引导上市公司规范发展,是中上协的重要职责。2013年,中上协从多个方面采取措施,努力促进提高上市公司治理水平。

一是总结“倡导公司治理最佳实践”的工作成果。形成《中国上市公司治理报告2013》,在总结、梳理、分析、提炼450多个最佳实践案例的基础上,对公司治理在我国20余年的实践及各项制度执行情况进行了客观评价,为构建公司治理自律规则体系积累了大量的实践素材。

二是组织起草《上市公司独立董事履职指引》。通过调查问卷、现场座谈、实地调研等多种方式,对独立董事的履职现状进行摸底调研,先后起草了《上市公司独立董事履职状况报告》和《上市公司独立董事履职指引》,在对独立董事制度10年实践进行评估的基础上,提出了进一步完善独董履职制度的意见和建议。

三是积极倡导上市公司履行社会责任。在联合国全球契约组织中国峰会上,中上协通过董事会秘书委员会发起倡议,携手100名上市公司董秘共同签署《建设生态文明履行社会责任倡议书》。发布2013年度中国上市公司责任报告,并研究编制《上市公司社会责任报告电子化披露标准》。策划组织“生态文明·阿拉善对话”公益活动等。

四是引导深化监事会在公司治理中的作用。深入走访会员监事单位,探讨如何发挥监事会的监督作用,并于2013年12月正式成立由监管机构、上市公司及专家学者组成的上市公司监事会工作指引课题组,拟在总结监事会履职现状的基础上,探索制定明确可行的监事会履职指引。

五是探索建立统一的公司治理及诚信评价标准。参加国家标准化委员会的有关培训,学习行业标准的制定规范和程序要求,向全国金融标准化技术委员会提交上市公司治理评价及诚信评价标准的立项申请,并获得立项审批。

(四)坚持“两维护,一促进”的工作理念,积极参与投资者保护工作

一是开展“走进上市公司”专项活动。深入走访天津、福建、湖南等地上市公司,通过专家介绍和案例分享等方式,将加强投资者关系管理、提高投资者回报理念带入上市公司。

二是探索建立“诉调对接”工作机制。与北京西城人民法院签署《诉讼与非诉讼对接合作协议书》,建立诉调对接工作机制。通过发挥协会在上市公司会员涉诉案件中的调解作用,与法院形成合力,及时化解上市公司之间、上市公司与投资者以及与其他主体之间的诉讼纠纷,建立矛盾纠纷缓冲区。

三是加强与中国证监会投资者保护局的工作对接。组织会员就《关于保护证券期货市场中小投资者合法权益的意见》研提修改意见,并根据工作需要组织制订《中国上市公司协会2013年投资者保护工作计划》等。

(五)配合监管部门做好上市公司自律管理和监管工作

一是承担上市公司行业分类工作。根据中国证监会的工作安排,承担上市公司行业分类的组织实施,成立上市公司行业分类专家委员会,及时发布行业类别划分和变更情况,并建立了行业分类的动态维护机制。

二是组织编写《中国上市公司年鉴》。召开《中国上市公司年鉴》(2013)编纂工作会议,完成年鉴2013年的全国上市公司数据采集、整理、分析、校对工作,先后有近百家机构、上千人参与编纂工作,目前已经连续出版发行6期。

三是参与其他重要课题研究。参与中国证监会《资本市场监管体系建设》、《上市公司实际控制人违法问题研究》、《资本市场系统性风险评估与防控》等课题研究。配合中国证监会进行互联网舆情监测。会同国资委、中国期货交易所开展《百家国有控股上市公司治理考察》研究课题等。

(二)2013年制定的主要自律规则目录

序号	文件名称	生效时间
1	《上市公司独立董事履职指引》	已经证监会批准,拟于近期发布后生效

(中国上市公司协会供稿)

十六、中国证券投资基金业协会

(一)2013年度法制建设工作综述

一、大力开展新《基金法》的宣传培训工作

2013年,为推动新《证券投资基金法》(以下简称《基金法》)的贯彻落实,加强法制宣传教育,促进市场主体全面理解和掌握《基金法》,协会通过组织培训、媒体宣传等多种形式大力开展《基金法》的宣传培训工作。

(一)组织新《基金法》培训工作。为加深行业对基金法的理解,提高学法积极性,协会于2013年4月起在上海、深圳、北京等地先后开

展了七期《基金法》系列培训。全国人大财经委、证监会法律部、基金部有关负责人分别就《基金法》立法背景和立法理念、具体法规的理解与适用、配套规则制定的情况以及实施要求等相关问题进行了全面细致的讲解。约2000名从业人员参加培训，引发了行业学法积极性。同时，为促使媒体准确了解《基金法》，把握报道的专业性、客观性，协会于2013年9月至11月在北京、海口、武汉、成都、大连等五地举办了证券投资基金业务媒体培训班，共有394名财经记者（包括215家全国性媒体、网络媒体和地方媒体）接受培训，主动打开媒体行业报道新局面。

（二）做好《基金法》的宣传工作。《基金法》发布后，协会及时起草并发布了《关于认真学习宣传贯彻〈证券投资基金法〉的通知》，向全行业发布，号召全体会员单位认真学习、宣传和贯彻《基金法》。随后，为推动《基金法》的宣传工作，协会5月在官网设立了新《基金法》宣传教育专栏，解读法律修订相关内容。同时，联合中国证券报、上海证券报和证券时报三大报组成宣传专项工作小组，制定了新《基金法》的宣传方案，向会员单位征集学习宣传资料。在65家会员单位的积极响应下，三大报设立专题陆续刊登文章百余篇，展示基金行业在新《基金法》实施过程中的思考与建议。

二、加强自律管理制度建设

2013年，协会共制定并发布了《证券投资基金产品创新评审规则（试行）》、《短期理财基金产品业务运作规范》等8项自律规则，发布了《中国证券投资基金业协会资产管理行业投资总监倡议书》，起草、修订了《基金管理公司风险管理指引（草案）》、《基金管理公司及其子公司特定客户资产管理业务电子签名合同操作指引（草案）》等19项自律规则草案。

（一）支持并规范业务创新。为积极推动基金产品的创新，进一步完善基金创新机制，满足投资者需求，保护投资者利益，制定并发布了《证券投资基金产品创新评审规则（试行）》，并制定了若干内部流程制度；为推动证券期货业科学技术发展，奖励证券期货业科学技术进步突出成果，与证券业协会、期货业协会联合制定并发布《证券期货科学技术奖励管理办法》。

（二）完善基金从业人员管理。一是，为配合《基金法》的贯彻落实，规范基金从业人员本人、配偶、利害关系人的证券投资行为，维护基金份额持有人的合法权益，制定并发布了《基金从业人员证券投资管理指引（试行）》。二是，为提高投资管理人员的执业操守，协会投资联席会发布了《中国证券投资基金业协会资产管理行业投资总监倡议书》，倡导投资管理人员合规经营，树立良好的职业道德和职业操守，坚持委托人利益优先的原则，坚持科学、审慎、稳健的投资理念等。三是，根据《基金法》起草《基金业从业人员资格管理办法（征求意见稿）》，拟规范从业人员资格管理。

（三）加强行业风险管理。一是，为规范专项资产管理业务，根据对基金管理公司子公司业务的调研情况及行业需求，发布《关于加强专项资产管理业务风险管理有关事项的通知》。二是，为促进基金管理公司强化风险意识，增强风险防范能力，建立全面的风险管理体系，起草了《基金管理公司风险管理指引（草案）》，拟于2014年初发布。三是，根据行业需求，起草《基金管理公司洗钱和恐怖融资风险评估及客户分类管理指引（草案）》。

（四）制定行业标准和业务规范。根据行业发展需要，发布《短期理财基金产品业务运作规范》、《黄金交易型开放式基金及联接基金会计核算和估值业务指引（试行）》、《证券投资基金参与国债预发行交易会计核算和估值业务指引（试行）》、“中基协（AMAC）基金行业股票估值指数”等行业标准和业务规范，起草《基金管理公司及其子公司特定客户资产管理业务电子签名合同操作指引（草案）》等规范。

三、促进行业加快提高公司治理水平

为建立以会员为主体、以专业委员会为平台的自律监管体系，促进基金行业提高公司治理水平，于2013年12月成立公司治理委员会。为贯彻十八届三中全会精神，落实《证券投资基金法》相关规定，保护基金持有人利益，起草了《关于进一步完善基金管理公司治理相关问题的意见》，已经委员会讨论通过、理事会审议通过，拟于2014年发布。

2013年12月，国务院发布了《关于管理公开募集基金的基金管理公司有关问题的批复》,明确自然人既可以作为非主要股东参股基金管理公司,也可以作为主要股东发起设立基金管理公司。根据这一政策,协会及时起草并发布新闻稿《基金业协会支持基金管理公司专业人士持股》,表示鼓励基金管理公司探索多元化的公司治理模式、股权结构和组织形式,支持基金管理公司根据自身状况实施专业人士持股等多元化的长效激励约束机制,并提出基金管理公司在探索实施专业人士持股等长效激励约束机制过程中应遵循的原则和理念。

四、初步建立自律监察制度

成立自律监察专业委员会,邀请行业机构、监管部门及高校学界的专家加入委员会,负责对会员或从业人员涉嫌违规案件的审理及复核。制定《自律监察委员会工作规则》,建立委员会工作机制。

起草《纪律处分实施办法(试行草案)》,拟理顺自律案件审理、复议程序,强化社会治理和行业意思自治功能,通过对涉嫌违规会员及从业人员自律案件的审理、复核及处分,维护行业健康发展秩序,创新推进协会自律管理工作。

借鉴境外先进行业自律管理经验,起草《自律检查规则(试行草案)》,设计切实可行的自律检查方案和流程,建立行业自律检查制度;起草《投诉处理办法(试行草案)》,建立投诉处理制度,指派专人负责投诉处理工作,妥善处理投诉案件,维护会员合法权益;起草《投资基金纠纷调解规则(试行草案)》,探索建立专业投资基金纠纷调解制度。

五、通过专业平台加强行业合规与风险管理

成立合规与风险管理委员会,利用专家力量促进行业提升合规与风险管理水平。委员会开展了子公司风险管理等课题研究,参与制定《基金从业人员证券投资管理指引(试行)》、《基金管理公司风险管理指引(草案)》等多项自律规则,在2013年做了大量工作,对于推动协会法制建设工作具有重要作用。

六、积极准备私募基金自律管理

起草《私募投资基金管理人登记和基金备案办法(试行草案)》,积极与中登公司、期货保证金监控中心及中债登等沟通协调,制定了私募基金开户流程。研究外资私募基金登记问题,完成了《外资私募股权基金管理机构有关情况报告》。积极开展并购基金研究,结合境外私募基金培训,完成了12项境外私募基金专题研究。

七、积极参与政策法规的制定修改

参与《证券法》、《期货法》等法律法规的修订工作,对《公开募集证券投资基金管理人董事、监事和高级管理人员监督管理办法(征求意见稿)》等多项证监会规章提出修改建议,召开座谈会,组织行业就《中国证监会关于进一步推进新股发行体制改革的意见(征求意见稿)》、《基金管理运作管理办法(征求意见稿)》等法律文件提出意见、建议。

八、深入开展投资者教育

一是进行投资者调查。共有65家基金管理公司和独立基金销售机构参与组织,使用调查样本超过6万份,完成并发布《2012年度基金投资者情况调查》,为开展投资者保护工作提供科学决策依据。二是开发并推介投资者教育产品。参与《中国资本市场投资词典》基金篇编纂工作,涉及近600个词条释义;完成《证券投资基金知识小贴士》,以问答方式涵盖了基金投资中140个主要概念;优选证监会系统单位及会员机构10个投资者教育产品向媒体推介,加大普及力度。三是丰富投资者教育方式,在现有通过协会官网、合作媒体宣传、出版书籍刊物等方式的基础上,开通协会官方微信订阅号,发挥新媒体在信息传播和交流中的重要作用。四是成立投资者教育和公共关系专业委员会,优化工作机制,加强行业交流与合作。五是及时处理咨询事项,处理12386热线转来的全部35条咨询事项,及时向相关部门和投资者进行反馈。

九、持续做好法制培训工作

全年共举办境内、外培训班及专家讲坛共46期,参加人数约6400人次。其中,共举办境内培训班37期,内容涉及新《基金法》、国债期货业务、资产证券化业务、互联网金融业务等各个方面,覆盖全面,紧跟行业发展形势。在境外

培训资源方面，邀请国际知名专家举办6期专家讲坛，组织英国雷丁大学风险管理高级研修班、美国加州大学伯克利私募业务研修班，共同组织美国芝加哥期权创新业务培训班，形成了多篇研究报告。

（二）2013年度制定、修改的主要自律规则目录

制定类：

1. 关于发布《证券投资基金产品创新评审规则（试行）》的通知（中基协发〔2013〕11号，2013/5/7）

2. 关于发布《短期理财基金产品业务运作规范》的通知（中基协发〔2013〕6号，2013/5/13）

3. 关于发布《黄金交易型开放式证券投资基金及联接基金会计核算和估值业务指引（试行）》的通知（中基协发〔2013〕17号，2013/7/16）

4. 关于发布《证券期货科学技术奖励管理办法（试行）》的通知（中证协发〔2013〕160号，证券、基金、期货业协会联合发布，2013/9/9）

5. 关于加强专项资产管理业务风险管理有关事项的通知（中基协发〔2013〕29号，2013/11/26）

6. 关于发布《证券投资基金参与国债预发行交易会计核算和估值业务指引（试行）》的通知（中基协发〔2013〕24号，2013/12/5）

7. 关于发布《基金从业人员证券投资管理指引（试行）》的通知（中基协发〔2013〕32号，2013/12/30）

修订类：

8. 关于发布中基协（AMAC）基金行业股票估值指数的通知（中基协发〔2013〕13号，2013/5/20）

（中国证券投资基金业协会供稿）

第七部分　监管专题

《多层次资本市场登记结算体系研究》报告

资本市场登记结算后台是具有全局性影响的重要金融市场基础设施之一，这个基础设施是否完善决定了多层次资本市场建设能否顺利推进、系统性风险能否有效防范。为积极推进多层次资本市场建设，有效发挥登记结算后台的重要职能，我们对我国资本市场登记结算体系的现状及存在的问题进行了广泛调研，结合境外市场的实践经验，从有利于市场长远发展的角度，提出了建立我国多层次资本市场登记结算体系的主要工作思路，形成了本报告。

一、资本市场登记结算的基本情况

目前，按照《证券法》和证监会的相关制度规定，上海证券交易所、深圳证券交易所以及全国中小企业股份转让系统（以下简称全国股转系统）由中国证券登记结算有限责任公司（以下简称中国结算）进行集中统一的登记结算。截至2013年4月底，中国结算登记存管的沪、深两市证券总市值为24.55万亿元。对于基金等理财产品，部分由中国结算提供登记结算服务，部分由基金公司自建系统办理登记结算。

银行间债券市场方面，国债、企业债、金融债等由中央国债登记结算有限责任公司（以下简称中债登）承担登记结算职能，短期融资券等的登记结算工作由上海清算所（以下简称上清所）负责办理。截至2013年4月底，中债登托管证券面值为24.70万亿元，上清所相应托管量约为2万亿元。

地方性股权交易市场主要通过本市场内设部门或单独设立专门机构办理登记结算业务。

证券公司柜台交易市场包括两种情形：客户交易限于证券公司内部的单点柜台市场主要由证券公司自建系统、并由其内设机构直接为投资者办理登记结算。对于客户交易跨机构进行的机构间市场，中国结算与证券业协会已就其登记结算运营主体及相关制度安排达成合作协议，中国结算作为主要参与者承担其登记结算。

此外，期货市场方面，上海期货交易所、大连商品交易所、郑州商品交易所和中国金融期货交易所均采用了自办结算的模式，由中国期货保证金监控中心统一开立账户。金融衍生品方面，目前已有中信等证券公司通过客户定制等方式尝试开展利率互换等业务，并自办相关结算业务。

资本市场登记结算后台现状

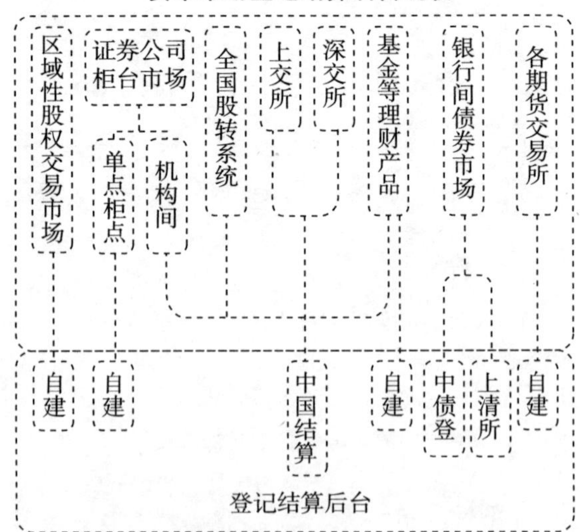

（说明：中国结算已作为主要参与者介入私募产品机构间市场登记结算前期工作，本图亦将机构间市场登记结算业务纳入中国结算运营范围。）

二、存在的主要问题

证券交易所市场采取的集中登记结算制度

是随着证券市场发展逐步形成的。自1990年上海、深圳证券交易所成立后，上市证券的登记结算业务经历了一个从分散到集中、从地方到全国、从手工处理到利用电脑系统运作的发展过程，经过多年运营实践，做法已经相对成熟，法规制度基本框架已初步形成，在提升市场运作效率、保护投资者合法权益、提高市场透明度、防范市场风险等方面发挥了重要作用。银行间债券市场、全国股转系统等在建立之初即借鉴了交易所市场登记结算后台的经验，也采取了集中登记结算的制度。比较而言，区域性场外市场和证券公司柜台交易市场的登记结算系统建设主要采取了分散运作的业务模式，但需要从顶层设计方面统筹协调的相关工作未能及时跟进，不利于多层次资本市场长远、有序发展。总的来看，随着多层次资本市场建设的推进，登记结算后台呈现出的一些问题需要重点关注并予以解决。

（一）法律体系尚不完善，不利于保护投资者合法权益

法制建设落后于证券无纸化的市场实践，证券无纸化条件下，证券资产划转和权属确认采取了电子簿记化处理方式，但现有法律法规体系对证券无纸化的规定明显不足。

证券名义持有制度缺乏法律层面的支持，不利于多级持有体系及跨境交易条件下投资者合法权益保护的有效落实。

现有的证券担保法律法规在让与担保等方面也难以满足市场创新的需求。

在区域性场外市场和证券公司柜台市场方面，还存在证券登记公信力不强的问题。各市场自办登记，缺乏普遍适用、具有强制力的法律支持，涉及跨行政区域司法诉讼等情形时往往得不到异地司法机关等的认可，市场自办登记与工商登记的职责划分尚待明确。

（二）后台之间缺乏统筹协调及有效衔接，不利于提高市场效率及降低市场成本

因历史原因、监管主体不同等因素造成的绝大部分市场现行账户体系各自独立、参与人管理体系相互分割，特别是各个分散的区域性场外市场和证券公司柜台市场，其登记结算后台缺乏统一的业务规范和技术标准，难以实现对同一层次不同市场之间，以及不同层次多个市场之间的统筹考虑和有效衔接。由此导致登记结算后台业务初步呈现“碎片化”特征，同时参与多个市场业务的主体在业务处理链中难以实现对各项业务的统筹管理及协调运作。这种情形尽管在一定程度上有利于单个市场的灵活性要求，但对多层次市场体系顶层设计来说，则形成明显阻碍，难以实现市场信息的便捷交互及跨市场业务的直通处理，影响了市场运作效率的进一步提升，增加了市场成本，也不利于投资者对其证券资产的统一管理。

（三）各市场状况难以集中掌控，不利于及时预警、化解全局性市场风险

随着市场规模的扩大、产品品种的丰富、投资者及证券公司等市场参与人队伍的壮大，市场数据信息的种类和数量迅速增长。特别是在交叉挂牌产品与跨市场ETF越来越多、现货及衍生品市场联动性越来越强，以及市场参与人普遍地同时在多个市场开展业务的背景下，由于登记结算后台由不同主体分散运作，尤其是关键业务数据标准缺失，难以及时便捷地提取、传输、交换和使用各市场数据信息，将严重影响市场透明度，不利于整体掌控、研判市场情况及风险状况，难以防范风险从单个产品、单个参与人传导至其他产品、其他参与人甚至从单个市场传导至其他市场，增加了系统性风险防控的难度。

三、多层次资本市场登记结算体系建设目标及相关建议

为推进多层次资本市场的建设，从提高市场效率、降低市场成本及防范市场风险出发，积极、稳妥地解决资本市场登记结算后台建设存在的问题，建议围绕“健全法制、规范标准、互联互通、数据集中”的总体工作目标，结合跨市场、跨境业务的开展，对登记结算体系进行统一规划，做好相关的制度建设、技术规范等顶层设计工作。

完善登记结算体系的主要建议如下：

（一）坚持和加强全国集中统一运营的证券登记结算体制，优化登记结算机构、证券公司之间分工与合作的业务格局。

集中统一的后台设施有利于促进信息流转，提高市场整体运作效率，有利于充分发挥规模经济效应，降低市场运作成本，同时也有利于防范市场风险，但也存在灵活性不足等问题。

通常而言,对于共性强、易于标准化的产品和业务,适宜采取集中统一的登记结算体制;对于灵活性强、难以标准化的产品与业务,可以采取分散处理的登记结算模式,这既是国际金融监管组织的广泛共识,也是成熟市场采取的普遍做法。

具体在我国多层次市场后台建设方面,对于证券交易所市场、全国股转系统等交易场所,应继续坚持和加强现行的全国集中统一的登记结算体制;对于其他市场,根据挂牌产品特征、投资者范围等因素,适合采用集中统一的登记结算体制的,提前做好规划安排,避免因初期路径选择出现偏差阻碍未来市场发展。适应市场灵活性等需要,业务架构兼容多种持有模式及结算方式,重视发挥证券公司等市场主体的积极作用,拓展其托管职能,明确登记结算机构与相关主体各自在登记结算业务中的角色定位与主要职责,形成各司其职、分工合作的工作机制。近期,配合《证券法》等法律的修改,进一步明确集中统一的登记结算体制的法律地位、具体适用范围及相关主体的职能划分,对多级持有模式等涉及的证券权益的归属、流转和保护予以明确和规范。

(二)适应功能性监管的新形势,对证券登记、结算、托管业务实行业务资格管理,防范和化解潜在的系统性风险。

安全高效的登记结算后台有助于维护和推动市场稳定发展,但登记结算后台也会聚集风险。倘若管理不当,登记结算后台可能成为市场风险震荡的源头,或成为风险传导到其他参与人、其他市场的主要渠道。特别是对于具体承担证券登记、结算、托管业务职能的机构,由于其直接为投资者办理的证券资产权属确认、证券划转与资金划付等业务涉及重要利益问题,风险往往容易在这些机构集聚、引发,境外成熟市场普遍对这类机构实施严格的资格管理,境内其他监管部门对第三方支付等类似业务在管理上也采取了相同做法。随着资本市场发展,集中登记结算体制下业务分工机制的建立,尤其是区域性场外市场、证券公司柜台市场等采取后台分散运作的格局已初步形成,有必要借鉴境内外市场成功经验,结合监管体制正从机构监管转向功能监管,对于承担登记结算职责的机构,采取相应的业务准入制度,符合一定条件的方可开展登记结算业务。

(三)实现交易所债券市场与银行间债券市场托管系统之间传输托管数据的电子化,提高转托管效率。

由于监管主体不同、协调难度大等原因,目前交易所债券市场与银行间债券市场之间转托管仍难以摆脱手工作业的局面,债券跨市场转托管T日申报,最快T+1日能使用,加之纸面文件流转存在延误可能等原因,业务处理周期难以保证,特别是企业债从银行间市场转入交易所市场按照现有规定投资者必须向中债登邮寄申请材料原件,业务办理耗时更长的情况显得更为突出。这种局面严重影响了债券市场效率,不利于市场正常套利等活动的开展,也影响到国债期货的运作,不利于统一的债券市场的形成与发展壮大。为此,需站在全局高度,加强监管协调,推进交易所市场与银行间市场的电子化直连,实现债券跨市场转托管的直通处理。

(四)进一步加强证券期货行业数据集中管理,实行区域性股权交易市场、证券公司柜台交易市场等场外市场数据集中存储制度,进而实现场内场外数据集中存储系统的互联互通。

随着大数据时代的到来,市场数据的集中存储与使用有利于显著提升市场信息对监管部门和公众的透明度,便于及时进行趋势研判、风险预警等工作,为市场发展、监管决策提供有力支持。为此,建议组织协调各方力量对不同层次市场的交易、登记、结算数据实行集中存储管理。在此基础上,各个监管主体可建立量化的市场监控及预警体系,各司其职,各负其责,及时掌握投资者及参与人风险敞口等市场动态,有效防范市场风险,切实保护投资者合法权益。

具体实施上,继续推进目前证券期货行业数据中心、中证资本市场运行统计监测中心的建设,实现对证券交易所市场、全国股转系统等市场数据的集中存储。做好区域性市场、证券公司柜台市场等场外市场数据集中存储制度建设工作,对于难以实现由同一机构进行集中存储的,可建立各集中存储系统的技术连接,实现场内场外集中存储系统的互联互通,便利数据交换。对于短期内难以通过行政力量将相关市场数据纳入集中存储的,可探索通过遵守保密规定、数据增值服务收益分成等市场化方式,实现全市场数据的集中。

（五）加强数据通信标准、证券账户体系、行业数字证书等行业技术标准和基础设施的建设，为登记结算后台互联互通提供技术实现可能。

登记结算后台互联互通有利于跨市场业务的效率提升及成本节省，在我国特定国情下还可发挥重要的社会效益，例如，在多层次市场的架构下，企业便捷地自下向上转板有利其拓宽融资渠道，顺畅地自上向下转板有利于及时化解社会矛盾。这些均离不开后台的互联互通，这种互联互通不仅不会妨碍各个市场的功能定位、模糊各自的市场界限，反而有利于各个市场形成有机联系，实现协调发展。当前，在不同市场登记结算后台可能由不同机构运营，尤其是区域性场外市场、证券柜台市场后台高度分散运营的市场格局下，实现不同市场后台的互联互通，关键要制定统一的重要业务编码、投资者识别方式、通讯传输协议等业务规范和技术标准，并确保贯彻实施。标准制定过程中，兼顾标准的通用性及具体市场的适用性，这方面可以结合业务运作实践经验，发挥登记结算机构的专业优势。例如，对于区域性市场和柜台市场，在监管部门的统一部署下，可由中国结算探索尝试通过参与有代表性的区域性市场后台业务等方式，制定既紧贴区域性市场需要又符合国际趋势的业务规范和技术标准。

建立登记结算公共基础设施方面，重点推动通用于各个市场的数字证书、证券账户、证券编码等的集中配发和管理，建立行业公用的资金代收代付体系。目前中国结算积极推进建立的以投资者为核心、服务多个市场的统一管理的证券账户体系、电子证书认证服务体系以及资金代收代付系统，均是属于建立行业公用基础设施的开拓性工作，这些工作不仅有利于投资者参与多个市场及投资者适当性管理，也有利于参与多个市场的市场主体提高资金划付效率及降低成本费用。

（六）研究支持资本市场创新发展的税收政策，既鼓励创新发展，又培育和涵养税源。

登记结算后台直接涉及证券资产权属变更确认，并办理证券与资金清算，涉及证券交易印花税、所得税等重要税种的征收支持配合，面临的证券市场税收问题相对集中。典型的如一些市场创新业务涉及的证券划转行为，由于现行税收法律规定对其是否应当征收印花税等并不明确，若简单套用现行规定征收印花税等税种，因税负过高将不利于业务的开展。这不仅影响市场创新的生命力，也可能由于创新业务受阻影响到与创新派生的相关基础产品交易规模的扩大，反而影响了交易的印花税的收取，总体上不利于拓展税基。为鼓励市场创新、促进市场发展，并培育和涵养税源，建议对资本市场发展、创新过程中所涉及的税收问题进行全面梳理，协调税务主管部门予以规范和明确。

（七）加强证券衍生品登记结算的监管，实行标准化的证券衍生品场外交易场内中央对手方结算制度。

总结金融危机的经验教训，加强对证券衍生品的监管已形成了国际普遍共识。为防范和化解衍生品市场风险，及时掌握市场参与各方的风险头寸等状况，对于易于标准化的场外证券衍生产品，应当实行场内集中清算，2009 年 G20 峰会即对此做出了明确承诺。对于各国最为关注的因简单推行衍生品场内集中清算可能导致场外风险向场内转移的问题，2012 年国际清算银行支付结算体系委员会（CPSS）与国际证监会组织（IOSCO）联合发布了《金融市场基础设施原则》，进一步对承担场内集中清算职能的中央对手方提出了准入要求，要求这类机构建立健全风险管理框架，确保能够识别、监测自身风险以及结算参与人、参与人的客户和其他主体的风险。对此，我们要从具体的制度保障、中央对手方选择等方面予以贯彻落实。

（八）促进境内与境外登记结算机构之间的业务合作，促进业务技术系统的跨境连接。

随着资本市场对外开放的持续推进以及人民币国际化进程的明显加快，境内资本走出去、境外资本引进来的需求日益迫切，这对登记结算后台提出了处理跨境业务的新的要求。较之通过证券公司等中介机构间接实现登记结算后台连接的方式，通过建立境内外登记结算机构之间的直接连接，是成熟市场降低跨境交易等国际业务的成本、实现直通处理的普遍做法，这也有利于借助登记结算机构风险管控的成熟经验和有效手段，防范市场风险从境外传导至境内甚至形成系统性风险。

为此，对跨境业务的整体设计安排上，宜采取境内登记结算机构与境外等结算机构直接连接模式,明确相应的制度规定。目前中国结算也正通过B转H业务探索建立与香港结算的直连模式。

附件:

1. 登记结算后台在提高市场效率、防范市场风险等方面的重要作用

2. 境外市场登记结算业务实践经验概述

3. 首次公开发行股票网上按市值申购项目工作总结报告

附件1:

登记结算后台在提高市场效率、防范市场风险等方面的重要作用

国际清算银行支付结算体系委员会(CPSS)与国际证监会组织(IOSCO)2012年联合发布的《金融市场基础设施原则》明确指出,作为登记结算体系主要组成部分的中央存管机构(CSD)、证券结算系统(SSS)以及承担中央对手方(CCP)职能的机构等均属于具有系统重要性的金融市场基础设施。这也表明各个国家和地区对登记结算后台的重要性形成了广泛共识。应该指出,作为保障资本市场正常运转的关键环节,登记结算体系是否完善在很大程度上决定了资本市场能否顺利发展、系统性风险能否有效防范。

一、提高效率及降低成本方面

提高市场效率、降低市场成本是资本市场发展的永恒目标,资本市场前台交易制度安排对效率及成本的要求均离不开登记结算后台在缩短业务处理周期、减少人工投入、实现直通处理等方面的有效支持。从资本市场实践来看,由于市场创新的推动,对前台交易制度、交易品种的调整变革的广度、深度以及市场包容性等方面提出了更高的要求,效率和成本日益成为市场关注的焦点,同时,市场效率的提高、市场成本的降低也为市场创新、市场发展提供了新的契机,这些均对登记结算后台形成了更大的压力,登记结算后台的重要性越发凸显。例如,对市场效率和成本要求很高的转板安排、跨市场ETF、交叉挂牌等业务能否顺利开展在很大程度取决于登记结算后台能否在证券账户的跨市场识别、结算资金的归集使用等方面进行有效支撑。近期B转H等跨境业务的开通,也进一步凸显了登记结算后台对前台市场连通的重要支撑作用。

二、防范市场风险方面

登记结算后台直接涉及证券权属确认、资金与证券的清算和交收,市场风险一旦发生,登记结算后台将首当其冲面临冲击,因此登记结算后台对市场风险天然抱有警惕性。通过建立有公信力的登记制度、制定参与人准入标准、设立结算保证金、加强业务流程管理、注重风险监控等工作,登记结算后台可以从交易产品、市场参与人、交易市场等维度及时、有效地识别、监测、处置风险情况,重点防范风险从个别产品、个别参与人转移至其他产品、其他参与人甚至从个别市场转移至其他市场,坚决避免形成区域性、系统性风险。2008年金融危机后,进一步发展与完善登记结算体系已成为各个国家和地区防范资本市场整体风险的重要抓手。

附件2:

境外市场登记结算业务实践经验概述

从境外市场实践来看,美国多层次资本市场发展最为完善,不同层次市场的特色最为鲜明,既包括全国性及区域性的证券交易所,也包括形式多样、发育充分的场外市场,相应的登记结算制度安排也表现出系统化的特点。比较而言,包括英国、日本、德国、印度、台湾等市场由于当地经济规模、幅员范围、市场结构、历史传统等方面的限制,往往形成场外市场较弱、场内市场独大的格局。综合看来,境外市场登记结算后台建设可借鉴之处主要有以下几点:

一、登记结算后台连通有力地促进了市场的发展完善

功能完善的多层次资本市场不仅表现为不同层次市场各具特色、发育完全,具有各自不同的市场定位,而且也要求同一层次市场不同交易场所之间,乃至不同层次市场之间需建立有机联系,避免市场割裂带来的效率低下、恶性竞争问题,实现统筹协调发展,这必然要求打通参与人、挂牌产品在不同市场之间的联系。在打

通参与人在不同市场之间联系方面，对于合资格的投资者、证券公司等市场参与人应允许便捷地开展跨市场业务。在打通挂牌产品在不同市场之间联系方面，对于合资格的挂牌企业应允许在不同市场之间进行便捷转板，甚至在条件成熟时允许采取交叉挂牌等制度安排。在交易前台采取上述做法可充分满足投资者对投资标的、交易价格、手续费用等差异化要求。为此，美国证监会2005年3月通过了《全美市场体系修正案》(NMS)，致力于打通市场联系，促使在不同市场的交易遵循最优成交原则。

对于包括上述情形在内的联系紧密的前台制度安排，以互联互通为基础的登记结算体系构成了至为关键的支撑。具体而言，建立在各市场均认可的挂牌产品、投资者、证券公司识别体系等基础上的互联互通的登记结算后台，不仅有利于投资者、证券公司等参与人高效、低成本地从事跨市场业务，也有利于证券产品转板、交叉挂牌交易等业务的开展。可以发现，在为同一市场乃至为不同市场提供服务的登记结算主体之间，建立紧密的技术连接，对于多层次资本市场的发展完善至为重要，目前这已成为市场广泛共识。

二、是否采取集中登记结算体系取决于市场本身特性

产品标准化程度、投资者分布范围等是影响一个市场是否采取集中登记结算制度的关键因素，境外市场相关的历史演进过程呈现出"自然选择、殊途同归"的特征。具体而言，对于非标准化或仅限于同一平台交易的证券产品，其需求往往也是个性化的，基本限于在开发该项产品的交易商柜台进行交易，投资者主要与该交易商进行交易，这类产品大多由交易商自建系统自行办理登记结算。对于标准化且不限于在同一平台交易的证券产品，其需求往往更为广泛，这类产品的交易不仅跨越不同的经纪商，甚至跨越不同的市场，从业务效率、规模经济等角度，它们往往由一家中央登记结算机构进行集中登记结算，这一做法也完全符合金融危机后"场外标准化产品需实行统一清算"监管精神。目前，美、英等中央登记结算机构基本上既办理所有证券交易所市场的登记结算业务，同时也办理主要场外市场的登记结算业务，但基本上不办理仅在单个机构内部完成交易的非标准化产品的登记结算业务。

三、登记结算数据集中是防范风险的关键要素

2008年金融危机前，部分场外市场尤其是非标准化产品登记结算业务往往由交易商等机构自行办理，决策监管机构往往难以掌握市场整体风险情况。对于此种情形，要求由相关机构集中收取各类市场的交易、登记、结算等数据，实行集中监控，有利于及时发现风险隐患，切实提高市场透明度，美国中央登记结算机构DTCC金融危机前即已着手开展相关工作，搜集信用违约互换(CDS)等市场的相关交易数据，并建立数据库，在金融危机期间，这一数据库为监管机构掌握市场状况、采取相应的监管措施提供了较好的支持。此外，美国金融监管局(FINRA)于2002年7月设立的"交易报告及合规系统"(简称TRACE系统)也承担了类似功能。反思金融危机的经验教训，加强对包括登记结算数据在内的场外市场数据监控工作已成为国际共识和普遍做法，前述《金融市场基础设施原则》以及美国2010年发布的《多德－弗兰克法案》均对场外市场产品集中数据库建设提出了明确要求。

为配合IPO重启，做好新股发行体制改革工作，自2013年8月起，中国证监会请公司研究首次公开发行股票网上按市值申购方案，形成了《首次公开发行股票网上按市值申购项目工作总结报告》。

附件3：

首次公开发行股票网上按市值申购项目工作总结报告

为配合IPO重启，做好新股发行体制改革工作，证监会请我司研究首次公开发行股票网上按市值申购方案，并牵头开展相关准备工作。该项目时间要求紧迫，系统复杂性以及市场敏感性高。根据证监会的统一部署，在公司领导的高度重视下，公司三地相关部门通力合作，主要完成了以下工作：

一、业务准备工作

(一)研究论证网上按市值申购方案

召开三地视频会讨论证监会具体要求，明确三地职责分工及工作安排；组织证券公司讨论市值界定与计算、申购流程等方案要点;针对关键问题设计问卷,小范围了解投资者需求。公司三地分别提举方案,经反复研讨、完善后形成方案报告,上报公司领导并与证监会发行部沟通和完善方案细节。

(二)起草完善沪、深网上按市值申购实施办法

根据确定方案,起草沪、深市场首次公开发行股票网上按市值申购实施办法初稿,先后两次上报证监会,两次正式发函、多次非正式沟通征求交易所意见,不定期召开三地视频会讨论相关问题。根据各方反馈意见,并结合工作开展过程中出现的问题,在体例和内容上不断完善实施办法,顺利定稿。

(三)做好相关业务规则所司联合发布及宣传工作

根据证监会统一部署,在《关于进一步推进新股发行体制改革的意见》正式发布后,启动相关业务规则发布工作。一方面,与上海、深圳证券交易所对沪、深新股网上申购和网下发行实施办法做最后的沟通校对,完成所司联合发文程序,配合《证券发行与承销管理办法》修订稿的发布于12月14日向市场公布业务规则;另一方面,起草规则发布新闻稿和常见问题解答,及时发布在新闻媒体和公司网站上,做好相关的宣传工作。

(四)研究探讨老股转让相关纳税问题

根据发行部要求,配合开展老股转让的纳税工作,提请会计部同财政部、税务总局沟通协调,明确老股转让纳税的相关事项要求,并提供相关建议方案。

二、技术准备工作

为及早完成技术系统的准备工作,10月我司协调上海、深圳证券交易所拟定技术开发时间进度表。两所一司按进度表紧锣密鼓地开展技术开发和内部测试工作,在业务规则发布前实现了技术系统的正式上线。

12月14日沪、深网上申购和网下发行实施办法发布后,两地启动技术系统的全市场测试工作,具体情况如下:

(一)上海市场全市场测试工作

1. 全天候测试。12月16日至12月20日,我司配合上交所开展网上按市值申购及网下配售对象资金到账文件发送的全天候测试。测试在全天候仿真测试环境中运行,测试过程中我司系统未发现任何异常。

2. 全网测试。12月21日,我司配合上交所开展网上按市值申购新股项目的全市场全网测试。测试中,涉及我司的账户组和市值文件发送、日终处理、结算数据发送等测试环节均未发现异常情况。

(二)深圳市场全市场测试工作

1. 仿真测试。12月16日至12月20日,我司配合深交所进行仿真测试。仿真测试中,我司系统运行正常。

2. 全网测试。12月21日,深交所联合我司组织全网测试,主要通过模拟深市新股首次发行可申购额度发送、新股申购等处理过程,检验市场参与各方技术系统的正确性。经测试,我司系统各项功能运行正常。

(中国结算供稿)

关于对天津辖区上市公司内幕信息管理制度建设及执行情况现场检查的总结报告

按照年度工作安排,天津证监局组成检查组完成了对辖区所有38家上市公司内幕信息管理制度建设及执行情况的全面检查,现将检查情况报告如下:

一、检查对象

检查涉及辖区所有38家上市公司。

二、检查内容

（一）上市公司、上市公司大股东、实际控制人内幕信息知情人登记管理制度建立情况；

（二）上市公司重大敏感信息披露情况；

（三）上市公司、大股东及实际控制人、中介机构内幕信息知情人登记及档案保管情况；

（四）上市公司涉及收购、重大资产重组、发行证券等事项的，上市公司制作重大事项进程备忘录情况；

（五）上市公司监事会对内幕信息知情人登记管理制度实施情况的监督情况；

（六）上市公司、大股东、实际控制人就涉及内幕信息事项向有关部门汇报、沟通的，告知保密及记录备查情况；

（七）上市公司国有股东、实际控制人内幕信息管理制度、负责机构、联系人向国资委报备情况。

三、检查情况

为做好检查工作，检查组首先进行了准备工作，包括学习 2010 年以来国务院办公厅转发证监会等五部门文件、证监会、国务院国资委、天津市政府相关文件及最高院、最高检《内幕交易司法解释》等法律文件；搜集、整理检查对象信息披露文件；研究检查范围，下发检查通知等。

检查中，检查组人员主要进行了以下工作：

（一）查阅相关文件资料。查阅了 38 家上市公司内幕信息管理文件，内幕信息知情人登记表、三会纪要、经理办公会纪要、公司披露文件等信息资料。

（二）与公司董事、监事、高管进行谈话。检查组听取了部分上市公司负责人相关工作汇报。

四、检查结论

从检查情况看，可以得到如下结论：

（一）制度建设方面，所有上市公司均建立了内幕信息管理制度和内幕信息知情人登记制度，并对公司确认的重大敏感信息进行了登记。

（二）制度执行方面，与去年检查相比，总体都有提升。所有上市公司在制度执行方面均比去年有了明显提升，部分上市公司执行良好。

（三）部分上市公司制度建设和执行方面尚需改进。一是未明确要求签署保密协议。二是内幕信息知情人范围不全。只登记了董监高，没有对财务、行政等关键岗位人员、中介机构人员、大股东及外部信息使用人员等进行登记。三是登记事项不全。只对定期报告形成过程进行了登记，没有对业绩预告、涉及重组、重大资产、人员变化等临时公告事项进行登记。个别公司对重大事项未制作进程备忘录。四是登记要素不全。只登记了姓名、身份证号码、知悉时间、地点、内幕信息所处阶段、登记时间等要素的其中一项或几项。五是档案材料零散，未按规定查询内幕信息知情人买卖本公司股票情况并记录，或未集中汇总保管。

五、已采取的监管措施

自 2010 年部署打击内幕交易以来，天津证监局采取培训、宣讲、发文、检查等多种方式，对辖区上市公司制度建设和执行情况进行了持续推动。经过持之以恒的努力，取得了很大成效，上市公司、股东层面普遍建立了制度，董监高具备了相应的意识。从上述检查情况看，这仍是一项长期而艰巨的任务，需要继续下大力气做好。为此，已采取了如下监管措施：

一是发文通报检查情况。将检查情况以正式文件形式发送辖区所有上市公司及大股东、实际控制人，要求存在上述问题的上市公司立即开展整改。

二是持续督促上市公司完善内幕信息知情人登记制度，利用各种时机强化制度的落实。针对检查中发现的部分公司制度建设不完善之处，在要求其整改的基础上，跟踪监管其整改过程及结果，直到达到规定要求。在督促落实方面，持续将内幕信息管理制度执行情况作为公司各种检查的必检内容，持之以恒推动各公司将内幕信息制度落实到位。

三是进一步加强与交易所、地方政府部门的信息沟通和监管协作，利用监管合力，推动辖区上市公司及股东单位做好内幕信息管理和内幕交易防控工作。

（天津证监局供稿）

广东证监局转变监管职能加强监管执法的总结报告

2013年以来,广东局深入学习贯彻会党委关于推进监管转型的决策部署,提高认识,转变观念,优化监管资源配置,在简政放权、放松管制的同时进一步强化事中、事后监管,把工作重点全面转移到加强监管执法和保护投资者特别是中小投资者权益上来。前11个月,广东局共实施行政监管措施40项,是2012年全年的3倍;对29起案件进行立案或初步调查,同比增长32%,均为"史上最多"。

一、简政放权,放松管制,切实转变监管职能

为贯彻落实会党委有关简政放权、转变职能的要求,2013年以来,广东局认真做好放松管制这篇"减法"文章,对现行行政许可事项和监管文件进行了全面清理,该取消的坚决取消,该调整的及时调整,既为监管对象创造了更加宽松的环境,又腾出更多的时间和精力用于加强事中和事后监管。一是减文件,全面清理规范监管政策措施。适应资本市场创新发展的需要,按照"依法履职、放松管制、加强监管、提升服务"的要求,依法按程序对历年下发的171份规范性文件进行全面清理,共废止117件,修订4件,及时取消过时的监管要求和过严的监管措施,给监管对象留出更大的自主决策、自我管理空间。二是减报备,大幅削减证券期货机构备案事项。对辖区证券经营机构备案事项进行认真清理简化,清理后备案事项比清理前减少了32%,报送的纸质材料数量减少了53%,大大减轻了证券经营机构备案工作负担。三是减程序,大力推进行政许可电子化建设。积极推行"阳光"审批,自主开发行政许可网上审批和备案管理系统、行政许可电子监察系统,实现行政许可项目申报、受理、审核、咨询、办复服务、办理许可证、监督和非行政许可审核项目备案全程网上办理、网上流转、网上监察,既提高了工作效率,方便了群众,又较好地杜绝了"门难进、脸难看、事难办"现象,受到辖区证券期货经营机构的广泛好评。

二、集中资源,动真碰硬,进一步强化事中和事后监管

加强监管执法,关键是要提高发现问题、解决问题的能力。为此,广东局注重做好加强事中事后监管的"加法",对发现的问题敢于动真碰硬,保持高压严管。一是加人手,加强监管执法队伍建设。配齐配强稽查执法力量,2013年新招录的9名工作人员中有6人充实到稽查和行政处罚处室,目前广东局稽查执法人员共有42人,占全局在编人员的近30%。精心挑选具备丰富法律、会计等专业经验的业务骨干充实到监管业务处室,有效保证监管执法人员的专业素质。二是加检查,拓展现场检查的广度和深度。一方面,修订完善岗位职责与业务工作流程,完善现场检查工作规程、检查底稿等工作制度,进一步强化现场检查职能,把现场检查作为日常监管的主要手段;另一方面,充实现场检查力量,将"警察"压向路面,坚持以"摸清情况、查清问题"为标准,不设检查时限,拓展现场检查的深度和广度,并在检查中积极采用检查软件和稽查取证手段;提高发现问题的能力。2013年以来,共组织开展对辖区上市公司、证券期货经营机构和中介机构的现场检查210家次,及时发现、及时制止、及时查处了一批违规问题。三是加问责,用好用足行政监管措施。依法对涉及违规的市场主体实施监督管理措施,强化行政问责。针对日常监管发现的问题,共下发监管关注函178份,从严采取行政监管措施40家次。同时,督促相关公司严格进行内部问责30多人次,使违规责任人员付出经济、名誉、精神上的代价。四是加协作,强化日常监管与稽查执法的联动。建立完善稽查与日常监管"平战结合"的工作模式,根据办案需要合理

调配监管资源，并实行现场检查、稽查提前介入、非正式调查、立案稽查等监管执法措施“步步升级，层层递进”的工作机制，实现现场检查、专项核查、立案调查“三查”监管联动。2013年以来共将检查中发现的8宗证券期货违法案件线索移交稽查。五是加查处，集中力量查办重大违法案件。2013年以来共主办虚假信息披露、内幕交易、操纵市场、欺诈发行、欺诈投资者等类型的案件31起，其中立案和初步调查案件29起，查处了易方达基金公司基金经理马喜德利用债券代持输送利益案、和佳股份高管人员内幕交易案、珠海中富信息披露违法案等一批大案要案和新型案件。在马喜德案中，广东局稽查部门第一时间提前介入，迅速立案，克服相关当事人被羁押、涉及公司已被吊销并未实际经营、债券交易链条长、隐蔽性强等实际困难，仅用了短短3个月时间就完成调查，将该案移送证监会处罚委审理处罚。该案涉案金额近5亿元，当事人涉嫌非法牟利2000多万元。此外，广东局还办理协查案件26起，对2起自办案件作出行政处罚，协调推动公安机关侦破非法证券案件4宗，抓捕犯罪嫌疑人30多人，涉案金额达2500多万元。

三、积极探索，深化改革，着力提升监管执法质量和效率

监管转型不是原有监管的简单叠加和延续，而应是监管理念、监管模式、监管方法的一次革新和重构。因此，广东局推进监管转型，不仅立足做“加法”，还注重做“乘法”，向改革要效率，向管理要效率，向信息技术要效率，以取得事半功倍的效果。一是改革监管模式，探索推行功能监管。适应形势变化，调整传统的“人盯人”监管模式。首先在上市公司和证券经营机构监管中探索实行“前后台分工协作”的功能监管模式，将上市一处和机构一处调整为综合协调处室，专门负责信息审核、行政许可、监管档案、监管信息系统维护等综合协调业务和非现场监管工作，并为现场监管工作提供后台支持；将上市二处和机构二处调整为现场检查处室，专门负责上市公司、证券经营机构全面检查、专项核查等现场监管工作，通过加强检查带动监管执法。下一步，还要在深入研究的基础上，把机构一处、机构二处、基金处、期货处4个处整合为机构一处、机构二处、机构三处，进一步整合监管资源，同时把优化出来的监管资源向稽查执法倾斜，在保持内设机构总编制不变的情况下，增设稽查三处，进一步充实稽查力量，强化稽查执法工作。二是改进监管方法，不断完善分类监管。在上市公司监管和证券期货经营机构监管中全面推行并不断完善市场化导向的分类监管机制，从公司治理、信息披露、诚信记录、合规风险等方面建立健全分类评价指标体系，根据分类评价结果合理配置监管资源，对不同类别的公司或机构采取差异化的监管措施，加大“扶优限劣”力度，切实提高监管的针对性和有效性。三是延伸监管手臂，强化中介机构监管。建立健全年报审计跟踪监管、保荐机构问核监管、中介执业质量检查和评价、引入独立第三方机构协助会计监管等工作机制，持续加大对中介机构的监管力度，督促中介机构勤勉执业、归位尽责，充分发挥中介机构资本市场“看门人”作用。2013年以来，共调阅中介机构工作底稿60家次，要求保荐机构核查13家次，约见谈话162家次，发函通报情况46家次，建议证监会有关部门对4家审计评估机构采取行政监管措施或立案稽查。四是借助信息技术，提高监管执法效率。广东局先后开发了上市公司监管信息系统、上市公司现场检查软件、内幕信息知情人管理系统、证券公司非现场检查系统、内幕交易案件调查分析系统，为稽查处室配备了电子取证等技术装备，并组建了稽查执法电子技术专业队伍，显著提高了监管执法效率。有关信息系统得到会领导和相关部门的充分肯定，其中上市公司监管信息系统还被中国证监会推广到系统各派出机构。

四、健全机制，创新方法，持续加强投资者保护

牢固树立“保护中小投资者就是保护资本市场”的理念，多管齐下，综合运用司法保护、行政保护、自我保护等多种手段，把维护投资者特别是中小投资者合法权益贯穿监管工作的始终。一是完善与投资者的沟通机制。建立落实领导干部联系投资者代表制度，通过召开座谈会、电话访谈、开展在线调查等方式定期与投资者代表沟通交流，全面掌握投资者特征，广泛收集投资者的意见和建议。建立辖区“12386”热

线工作机制,落实处级干部信访值班制度,畅通投资者信访渠道。二是在日常监管中强化投资者权益保护。加大检查力度,将投资者适当性管理、投资者关系管理列为对各类市场主体现场检查的必备内容。探索建立辖区证券经营机构代销金融产品公示机制,防范机构及其从业人员欺诈、误导投资者行为。持续加强上市公司承诺履行情况的网上集中公示,开展专项检查,督促辖区上市公司切实履行公开承诺,落实分红政策,提升股东回报。2013 年以来辖区实施现金分红的上市公司达 148 家,分红总额 182 亿元,同比分别增长 12.9% 和 7.2%。三是深入开展投资者教育。开发建立覆盖辖区 500 多万投资者的投资者保护手机信息平台,拓展投资者教育的便捷渠道。组织开展投资者保护宣传教育、投资者关系管理月、基金大讲堂、投资者教育进社区进高校、"12.4"证券期货法制宣传、期货新品种投资者教育等系列活动,持续加强投资者教育,引导投资者增强理性投资和依法维权意识。四是充分发挥信访窗口的投资者保护职能。秉承"把信访人当家人,把信访事当家事"的理念,坚持对每 1 件投资者信访材料由局领导亲自批办,对重要信访案件实施领导包案,组织认真核查,依法妥善处理,督促上市公司、证券期货经营机构落实信访维稳主体责任,推动案结事了。建立多元化纠纷解决机制,加大调解力度,促进定纷止争,累计组织调解各类信访事项 69 宗,经调解投资者撤诉的有 30 宗,被投诉机构主动赔偿投资者损失的有 19 宗。

(广东证监局供稿)

2013 年期货一部重要专项工作总结

一、国债期货平稳上市

推进国债期货市场建设是国务院 2013 年深化经济体制改革的重点工作。历经 18 年的研究论证特别是近几年的精心筹备,9 月 6 日国债期货在中金所正式挂牌上市。这是我国多层次资本市场建设取得的重要成果,标志着我国金融衍生品市场迈入了新的发展阶段。在此过程中,一是扎实推进上市准备工作。坚持"高标准、稳起步"的原则,科学设计了 5 年期合约,制定了实行滚动交割的实物交割制度,建立了以风险控制为核心的规则制度体系,发布实施金融期货投资者适当性制度,明确证券公司、基金公司等参与国债期货交易的相关规定。与财政部、人民银行、银监会等部委加强沟通协调,推动解决上市中的交割、监管等关键问题。深入开展了国债期货仿真交易、投资者教育和培训工作。二是全力确保国债期货安全运行。与财政部、人民银行、银监会、保监会建立健全国债期货跨部委协调机制和监管框架,推进中金所、上交所、深交所、中国结算、中央结算建立国债期货与现货跨市场监管协调机制,防范跨市场操纵风险。三是深化机构投资者培育。目前,证券公司、基金公司、期货公司等金融机构已参与国债期货交易,正会同银监会、保监会研究落实商业银行、保险公司参与国债期货的相关政策规定。

国债期货是国际金融市场成熟、简单、应用广泛的利率衍生产品,是管理国债价格波动的基础工具。开展国债期货交易,是建设多层次资本市场和金融市场化改革的重要组成,对深化金融市场改革和推进资本市场创新具有重要意义:一是有利于建立市场化的定价基准,完善国债发行体制,推进利率市场化改革,引导资源优化配置。二是有利于风险管理工具的多样化,为金融机构提供更多的避险工具和资产配置方式。三是有利于完善金融机构创新机制,增强其服务实体经济能力。此外,一些国家已开始持有我国国债,推出国债期货也可以为外国包括央行在内的投资者提供套期保值工具,从而有利于推进人民币国际化进程。

我国国债期货具有以下特点:一是采用名

义标准券设计，剩余期限在4－7年的记账式国债均可以交收，大大增加可交割券的范围。二是实行买卖双边举手滚动交割和集中交割的规则，反映买卖双方真实交割意愿，延长交割期限，大大降低交割违约风险。三是在跨部委协调机制推动下，由中金所在银行间市场、交易所市场分别设立国债期货交收账户，解决两个国债市场投资者不一致、部分投资者之间无法交收债券的问题，确保国债跨市场转托管和交收的顺利进行。四是财政部调整5、7年期记账式国债招标时间，确保所有投资者只能在国债期货非交易时段获知招标结果，防止利用国债招标信息优势在期货市场进行内幕交易。

二、铁矿石期货成功起航

为落实十八大提出的“深化资源性产品价格改革”的战略部署，推进铁矿石价格市场化改革，提升我国在国际贸易中的谈判地位和定价影响力，我们攻坚克难，积极研发并顺利推出全球首个实物交割的铁矿石期货，不仅标志着黑色金属期货产业链的完善，同时为争夺全球定价权迈出了重要一步。

从2008年铁矿石长协定价机制破裂开始，供需双方都在铁矿石定价市场化过程中，努力寻求有利于己方的定价模式。在首轮市场化角逐过程中，必和必拓、力拓、淡水河谷三大矿商凭借其现货优势，推动形成了现货贸易以普氏指数进行结算的定价模式。这种以供方意志为主导的市场价格既不透明也缺乏公正性。我国作为世界铁矿石第一大进口国和消费国，长期被动接受不合理的贸易价格，钢铁产业常年维持在盈亏平衡线上下，正常的生产经营受到严重影响。

在铁矿石国际贸易定价模式深刻调整的背景下，中国证监会认真总结国际大宗商品的定价演变规律，及时筹划，指导交易所研发上市了符合我国现货特点的铁矿石期货。我国上市的铁矿石期货充分利用港口库存较大的现货条件，采用实物交割方式，有利于更加准确反映铁矿石供需关系；同时针对铁矿石进口量大、仓储转运成本高的特点，在我国期货市场首创提货单交割制度，省去仓库环节，买卖双方直接对接，最大限度降低交割成本。我国铁矿石期货明确进口矿和国产矿均可交割，并制定了公平透明的交割质量标准和可量化的检验指标，充分发挥市场在资源配置和价格形成中的作用。此外，我国铁矿石期货还对不同品质交割品设计了升贴水标准，限制高硫含量铁矿石交割，利用市场手段引导企业使用高品质矿石，减少污染排放。

铁矿石期货上市后，市场运行平稳，产业客户高度关注，流动性较充足，没有出现过度投机现象，初步具备实体产业管理价格风险的市场规模。

目前参与铁矿石期货交易的法人客户已有564家，法人客户成交、持仓占比分别达到11.27%和28.54%，基本达到成熟期货品种水平。在法人客户中，贸易商的成交占比为52.14%，钢铁企业占5.04%，矿山企业参与较少，基金、私募等其他机构投资者占42.82%。一些企业已经在利用铁矿石期货管理价格风险，如沙钢集团通过套保、套利操作，实现吨钢利润300元/吨的水平，远高同期4.2元/吨的行业平均利润。建设银行青岛分行对使用铁矿石期货进行风险管理的现货企业，因能有效降低坏账风险，将其抵押融资比例从70%提高至95%，大大提高了企业资金使用效率。

从价格运行情况看，我国铁矿石期货交易主力合约价格与青岛港现货价格相关性由上市首月的0.32提高至目前的0.71，期货价格与现货价格的基差基本稳定。从价格运行空间看，铁矿石期货主力合约价格总体呈下降趋势，并表现出近月高、远月底的特点，这种价格的远期贴水结构反映了投资者对未来铁矿石供应增加、需求放缓的预期。从价格传导关系看，我国铁矿石期货市场对普氏指数已经有引导关系，主力合约价格平均比普氏指数低70元/吨左右。

在国际影响力方面，美国嘉吉、荷兰托克、香港来宝等境外大型贸易商已经参与交易，具有外资背景企业的成交量占到法人客户总成交的24%；贸易量最大的外资贸易商嘉能可已经开户备战。必和必拓、力拓、淡水河谷等国际主要矿商，一直密切关注我国铁矿石期货市场的发展，并提出愿与交易所建立定期沟通机制。国际钢铁协会近期还邀请大连商品交易所参加了2014年铁矿石国际大会。

三、煤炭期货挂牌交易

为贯彻落实国务院2013年深化经济体制

改革重点工作和《能源发展十二五规划》的部署,我们紧密结合电煤市场化改革新形势,深入研究、稳步推进煤炭期货上市工作。上市了焦煤、动力煤期货,不仅健全了煤炭期货品种序列,有利于增强企业抗风险能力,缓解煤电联动压力,同时进一步完善了煤炭市场交易体系。

焦煤期货、动力煤期货分别于2013年3月22日和9月26日上市交易。上市以来,焦煤期货市场运行平稳,产业客户参与较积极,期、现货良性互动;动力煤期货客户参与较少,成交量较小,与现货市场规模不匹配,服务实体经济功能有待提高。

受益于市场的平稳运行和较为充足的流动性,以及市场培训的不断深入,焦煤期货吸引了产业客户的积极参与,服务实体经济功能逐步发挥。焦煤期货上市以来,法人客户持仓绝对值不断提高,于10月24日达到最大值95,317万手,法人持仓绝对值占比也稳步提高并保持较高水平,于7月19日达到最大值35.5%,相关产业客户表现了较强的套保意愿。以江苏沙钢集团为例,因进口焦煤周期长,一般从洽谈开始、再到合同签订、开立信用证、国外客户租船再到发运及路途时间,最短周期为两个月,有时达三个月。这过程中,往往货到时与市场价格有较大差异。自从焦煤期货在大连商品交易所上市后,沙钢经营人员大胆利用其套期保值功能。通过套期保值做法,合计进口了焦煤298万吨,有效地保障了生产供给,使得原先因犹豫未能及时采购造成供给脱节的现象不复存在。

上市以来的法人持仓平均值为5.71万手,占比的平均值为21.0%。焦煤产业链条上的客户参与是较为积极的,焦化企业、焦煤贸易商、钢厂等全链条的产业客户均有参与,国内最大的焦煤生产企业——山西焦煤集团、国内最大的两家民营钢厂——沙钢国贸和日钢集团、国内最大的蒙古焦煤进口商——中铝国贸、国内最大的澳洲焦煤进口商——中冶联合国际、国内最大的独立焦化企业——旭阳集团等都已开户交易,其中,沙钢、日钢、中铝和中冶都参与了实物交割。这里需要说明的是,相当一部分民营焦化厂老板是以个人身份开户参与交易。

目前,国有大型钢厂和焦化厂参与的程度还是不够,而且相对于整个产业链上的数千家企业来说,参与企业数还有待提高。主要原因是对期货市场的认识有待提高,相应的期货操作人才有所不足,人才培训周期较长;国有企业参与有一定政策障碍,需要国资委等主管部门审批,企业参与的自主性受到限制。

四、原油期货市场建设获得阶段性重要成果

原油期货市场建设工作有序推进,并取得积极进展。一是成立了以我会、发展改革委、能源局牵头,联合相关部委、上海市政府以及涉油企业在内的20家单位的原油期货上市推进工作组。组织召开了2次推进工作组会议,对原油期货市场建设总体方案达成共识,相关配套政策取得积极进展;草拟完成《关于上报我国原油期货市场建设方案的请示(草稿)》,正就相关内容非正式征求牵头单位和其他相关部委意见。二是在会内成立了原油期货市场建设领导小组,召开了三次领导小组会议;推动引入境外投资者、修改《期货交易所管理办法》、《期货公司管理办法》及颁布《期货公司代理境外客户参与境内期货交易管理办法》等。三是配合筹建了上海国际能源交易中心股份有限公司。11月22日,交易中心正式成立,将具体承担国际原油期货平台的筹建工作,为加快推进原油期货市场建设提供更好的组织保障。

(期货一部供稿)

上海局2013年度律师从事证券法律业务监管情况报告

为了加强对辖区证券律师的监管,促进律师事务所(以下简称"律所")从事证券法律业

务的规范开展,2013年,上海局根据《律师事务所从事证券法律业务管理办法》(证监会令第41号,以下简称"《管理办法》")和《律师事务所证券法律业务监管工作分工协作规程》(以下简称"《协作规程》")的相关规定,共计接受法律部委托开展律所证券法律业务违法违规案件查处1家次,独自查处2家次,所涉内容包括重大资产重组、首次公开发行(以下简称"IPO")等证券法律业务。

一、案件查处基本情况

1. 国浩所均胜电子重组项目查处情况。2013年3月,按照法律部来函要求(法律部〔2013〕93号),上海局对于国浩律师(上海)事务所(以下简称"国浩所")在辽源均胜电子股份有限公司(以下简称"均胜电子")重组项目申报过程中的执业情况开展了专项核查工作。专项核查的重点为:国浩所在均胜电子重组项目中对于所涉及的均胜电子购买德国普瑞(Preh公司)25.10%股权的交易行为是否需要国家发改委审批问题的勤勉尽责义务履行情况。核查过程中,上海局根据法律部来函要求,全面调取了国浩所均胜电子重组项目申报过程中的执业案件材料,包括前后三次发表的法律意见书、与发行人签订的法律服务协议、律师身份证件以及国浩所聘请律师的相关合同、前后三次律师就"核查申请人本次交易是否已经履行了必要的审批程序,并发表明确的专业意见"的工作底稿以及相关证据,以及国浩所关于风险控制的规章制度以及对本次交易发表的三次法律意见书的复核情况等各类用以证明律所是否勤勉尽责的报告和材料。核查结束后,上海局向法律部及时回函汇报了相关工作情况并送交了证据材料。

2. 李志强律师证券执业举报核查情况。2013年下半年,根据信访举报材料,上海局对上海市金茂凯德律师事务所李志强律师IPO过程中的执业利益冲突情况(该名律师的岳母作为股东的一人公司上市前入股该所经办的IPO项目)进行检查,并通过下发监管关注函的方式,要求律所及李志强律师在今后从事证券法律业务过程中,严格遵守关于证券从业律师执业独立性的有关规定,不断提高合规意识和风险防范能力,避免类似情况的再次发生。

3. 汇达丰所有关律师涉嫌违规查处情况。2013年下半年,上海局在上市公司条线的日常监管工作中发现,上海市汇达丰律师事务所存在有关律师涉嫌违反证券法律法规的行为。在进行调查的基础上,向该所下发监管关注函,要求其在从事证券法律业务过程中,应当保持执业独立性,诚实守信,勤勉尽责。

二、案件查处经验体会

经过对于辖区律所证券法律业务违法违规案件的查处实践,上海局初步形成了一套较为行之有效的案件查处工作方法,主要有以下四点经验体会。

1. 做好律所查处工作需要局内相关业务处室的积极配合。在查处过程中,上海局始终坚持保持局内各相关处室的相互沟通与联系。在查处准备阶段,针对拟查处律所和项目的具体情况,通过局内各业务监管处室先期进行情况了解,初步确立拟查处律所和项目可能存在的问题,明确下一步核查的重点和方向。在查处实施过程中,由法制部门与局内相关业务部门同志共同组成联合检查组实施现场核查,提高了查处方向的针对性、重点事项的准确性、判断的合理性,总体上提高了查处效率。

2. 既关注法律意见形式上的合规性,又注重法律专业人士特别注意义务履行的必要性。在查处过程中,上海局一方面严格把控律所出具法律意见形式上的合规性,确保法律意见书在必备内容和格式上符合证监会的相关规定。同时,上海局还对《管理办法》所要求的"特别注意义务"予以高度关注,要求律师在出具法律意见时,切实履行法律专业人士特别的注意义务。尤其是当法律具体规定存在空白的时候,要求律师在做出实质性法律判断时,必须严格比照法律设定的基本原则和精神(如民法的专家责任和义务履行标准),全面履行面谈、书面审查、实地调查、查询和函证、复核等各项查验程序,审慎得出相关法律结论。

3. 通过违法违规案件的查处进一步促进律所管理制度的规范化建设。一方面,上海局在案件查处过程中,严格按照法律部的来函要求,专项核查相关项目的工作底稿及执业材料,主动督促辖区律所建立健全以内部复核为重点的风险控制制度,要求其在执业过程中形成风控有效、自我监督的内控机制。另一方面,上海局也通过专项核查工作,进一步审视和规范自身开展律所监管的各项制度,按照依法行政、依法监管的基本要求,进一步制定和完善律所监管的工作流程和检查底稿,为今后更加规范地开展辖区律所证券法律业务监管打下良好基础。

4. 律师行业主管部门的支持也是做好查处工作必不可少的因素。在核查开展过程中,上海局主动与司法局、律师协会取得联系,就现场检查、调查取证发现的情况和问题,及时与上述律师行业主管部门进行沟通与交流,得到两家单位的大力支持,并建立了良好的工作机制。在核查处理阶段,上海局严格按照《协作规程》的规定,及时将采取的监管措施抄送司法局与律师协会,增强了查处工作的针对性与有效性。

特此报告。

(上海证监局供稿)

上海期货交易所创新连续交易的总结报告

在证监会的正确领导下,连续交易的上线是上海期货交易所今年制度创新的一项重要举措。连续交易上线以来市场整体运行平稳,黄金、白银品种市场规模显著扩大、投资者结构不断优化、市场功能发挥更加充分、国际影响力得到提升。与此同时,我所结合连续交易运行以来的新情况,就交易运作机制、风险管理制度和内部管理流程等进行了一系列的创新和完善,风险管理能力不断增强,市场服务水平全面提升。现将具体情况报告如下:

一、连续交易运行平稳,市场运行效率全面提升

(一)黄金、白银品种市场规模显著扩大

1. 交易量显著增长

截至2013年11月底,连续交易时段共成交1.64亿手,成交金额14.63万亿元,其中黄金期货成交1886.42万手,白银期货成交14502.93万手。连续交易上线以来,黄金期货日均成交量28.37万手,白银期货日均成交量258.83万手,分别较连续交易上线前环比提高2.2倍和5.3倍。连续交易时段,黄金、白银期货成交量分别占同期该品种总成交量的69.26%和58.65%;在连续交易的带动下,黄金、白银市场活跃度全面提升,市场潜力得到激发。

2. 持仓规模显著扩大

连续交易上线以来,随着交易时段覆盖度的扩大,黄金、白银品种价格连续性得到改善,投资者的持仓规模显著提升。截至11月底,我所黄金持仓量较连续交易上线前环比增长34.09%达16.47万手;白银持仓量环比增长110.53%达59.50万手。

3. 市场参与客户数显著增长

连续交易上线以来,客户参与数显著增长。黄金期货日均参与客户数较连续交易前环比上升266.78%;白银环比上升256.63%。市场信息显示,在黄金、白银品种增量客户中,包含了一批从事境外时段交易的客户和内外盘套利客户。

4. 合约持仓结构更趋优化

连续交易上线以来,黄金、白银近月合约明显活跃,逐渐形成了与纽约商业交易所(以下简称COMEX)相应品种近月合约联动的态势,期货与现货市场之间联动性增强。与此同时,白银主力合约出现了逐月换月的趋势。这些变化有利于改善价格连续性,提升产品的价格发现功能。

(二)黄金、白银投资者结构不断优化

1. 产业客户参与度明显提升

截至11月底,黄金单位客户日均持仓量较连续交易前环比增长45.17%,白银环比增长103.11%。黄金品种日均套保持仓量较连续交易前环比增长65.35%,白银环比增长50.53%。单位客户持仓量和套保持仓量的大幅攀升显示连续交易上线以来产业客户参与度显著提升，黄金、白银市场在满足实体经济风险管理需求方面的功能发挥更加充分。

2. 机构投资者参与度显著上升

随着连续交易的开展，各类机构投资者参与度显著提升。截至11月底，参与黄金品种的日均机构客户较连续交易前增长147.70%；白银品种增长140.10%。其中，特殊单位客户黄金持仓量较连续交易上线前环比增长142.50%，白银持仓量环比增长357.24%；商业银行会员黄金期货持仓量较连续交易上线前环比增长112.76%。

（三）黄金、白银国际影响力显著增强

1. 国际相关市场之间价格联动更加紧密

连续交易上线以来，交易时间基本覆盖国际贵金属主要交易时段，国际相关市场之间的联动更加紧密。黄金、白银价格与COMEX对应品种价格关联紧密，连续交易时段黄金主力合约收盘价与COMEX黄金主力合约对应时间价格之比平均为6.21，波动区间6.07－6.47，白银主力合约收盘价与COMEX白银主力合约对应时间价格之比平均为6.28，与人民币汇率基本一致，说明两品种价格均表现出明显的相关性。

2. 黄金、白银成交量占国际份额明显提升

连续交易上线以来，我所在全球贵金属期货市场中份额显著提升。目前，我所黄金成交量与同期COMEX黄金标准合约成交量之比由连续交易上线前均值0.08增长至0.30，提高约3.8倍；白银成交量与同期COMEX白银标准合约成交量之比由连续交易上线前均值0.28增长至2.67，提高约9.5倍。其中，连续交易上线以来白银期货成交量已稳超COMEX同期白银成交量。

连续交易成功推出后，白银期货成交量已跃居全球第一，白银合约也获得期货期权世界杂志（FOW）颁发的"2012－2013年度亚洲最佳合约"。

二、以连续交易为契机，提升市场风险管理水平

连续交易上线以来，我所密切跟踪研究连续交易给市场带来的新变化和新特点，加强风险预研预判，通过系统的事前和事中风险管理措施，不断提升市场风险管理水平。

（一）利用连续交易时间窗口调整白银1312合约非整倍数持仓

连续交易上线以来，白银期货参与会员和客户数大幅增加，近月合约参与度显著提升，这一现象在改善白银近月合约流动性的同时，也为风控工作带来了新的挑战。11月29日收盘后，由于合约规模整体扩大，进入交割月份的白银1312合约共计有69家会员216户客户持仓未按要求调整为整倍数，高于平时水平。我所积极跟进这一市场变化，依据风险控制管理办法，将非整倍数调整工作也延伸到连续交易时段。这样一方面扩展了风险管控工作的时间维度，同时也在市场平稳运行方面收到了良好的效果。

（二）加强预研预判，紧盯白银持仓和成交变化

在连续交易带动下，白银期货近月合约在实现交易量增长的同时，持仓量也不断增加，这在改善白银期货合约市场厚度与深度以及价格发现功能的同时，增大了交易所日间风险监控的压力。我所通过对成交量与持仓量走势的预研预判，从风险防范角度出发，在白银主力1312合约进入交割月前提前一个月针对持仓过高的问题进行事前风险防备，交易运维部门设置专人跟踪，并建立每日持仓情况跟踪报告制度，临近交割月份后进一步对持仓量大的会员安排专岗进行事中风险提示。截至11月底，白银1312的持仓已由11月初的31.92万手下降至6.79万手，在保持近月合约适度活跃的同时，将持仓量维持在合理水平。与此同时，产品部门也在这一阶段抓紧白银品种的入库工作，通过多方面措施确保白银期货品种的运行平稳。

三、开展管理制度创新，确保连续交易平稳运行

连续交易开展以来，我所在交易、结算、监查、技术、运维管理和应急处置流程等方面进行了系统性的创新和完善，对连续交易的平稳顺利开展发挥了重要作用。

（一）加强领导，提高连续交易管理水平

连续交易开展以来，我所成立了由所领导、值班长和值班人员组成的连续交易运维团队。所领导每日值班，现场指导，值班长具体负责连续交易运维管理，保证连续交易期间各项工作顺利开展。

（二）优化制度，提高连续交易保障水平

为确保连续交易的平稳运行，我所不断完

善和优化内部管理制度,专门制定了一个“制度”(《连续交易运维管理制度》)和两本“手册”(《连续交易操作手册(所领导使用)》和《连续交易操作手册》)。其中,一个“制度”从制度层面规定了连续交易的总体运维模式,两本“手册”从操作层面明确了连续交易的具体操作流程。同时,我所在每天的连续交易期间落实“两会”(班前会和班后会)和“四表”(连续交易运维值班长日记以及交易、结算、监查连续交易记录和交接表)。此外,我所对人力资源进行统筹规划,满足了连续交易运维管理的人员配置要求。后勤保障部门多方面细致安排,解决了连续交易运维人员的后顾之忧。

(三)有效对接,提高全市场结算业务水平

连续交易需要交易所、保证金监控中心、存管银行以及会员单位在结算业务模式上进行有效对接。在连续交易上线之前,我所协调各方对全市场结算数据时间节点设置、期货资金管理系统和网上银行系统业务流程等进行了系统的创新完善,形成了一套能够适应连续交易运作环境要求的结算业务模式。连续交易开始以后,我所继续对结算流程进行优化,不断提高结算效率,并通过指定会员每日进行连续交易盘前入金测试,确保了连续交易时段资金运行安全平稳高效。通过连续交易情况下各方结算业务的协同运作,全市场结算水平得到了全面的提高。

(四)全面升级,提高全市场技术保障能力

连续交易需要技术系统长时间连续运转,对技术系统准备速度和运行工作效率都提出了更高要求。连续交易上线前,我所全面升级技术系统保障水平,完善了技术运维管理制度,完成了第二套交易系统硬件环境的搭建;与相关会员、软件供应商、通讯运营商、行情转发商等建立夜间联动机制,形成了连续交易环境下突发情况处置机制;同时为提高会员盘后工作效率,制作了《期货公司连续交易盘后技术运维建议》,帮助会员单位缩短结算和交易初始化前的技术准备时间,统筹规划,确保了连续交易有备而战。连续交易开始后,我所进一步优化技术系统保障流程,增强连续交易时段的人员配备,加强对会员的技术指导,全市场技术系统保障能力得到了全面的提升。

(五)定期培训,提高连续交易运维水平

我所在连续交易启动前后就连续交易业务知识、操作流程以及应急预案等方面共开展了三期全员培训(面向值班长一期,面向值班人员两期)。培养全体运维人员理解并掌握连续交易运维的知识和规律,让每一位参与连续交易运维的员工都能做到“规定时间做规定动作,规定时间做正确动作”。

(六)完善预案,提高连续交易抗风险能力

为提高连续交易期间的应急能力,我所针对连续交易期间的各种应急情形制定了标准化的应急流程,并将相关应急场景细化为具体的操作步骤,保证一旦出现风险事件,能够妥善、及时、有序得到处理。

四、下一步的工作

在下一步的工作中,我们要切实落实证监会关于“在黄金、白银连续交易试点成功的基础上适时推广至其他期货品种”的指示要求,扎实做好连续交易运维管理工作,深化推广连续交易机制创新的经验和成果,提升市场服务能力和水平。

一是在总结连续交易机制创新经验的基础上做好有色金属连续交易上线的各项准备工作。在总结前期贵金属连续交易成功经验的基础上,我所本着“认真安排部署,精心组织实施,稳步有序推进”的原则,按照既定工作计划从合约规则、技术系统、市场培训等方面多管齐下,确保有色金属连续交易平稳上线运行。

二是根据连续交易的新特点做好风险防范,强化市场风险的预研预判能力。坚持把风险防范放在期货监管首位,通过充分发挥“五位一体”期货监管协调工作机制的优势,加强连续交易的协同监管。同时结合连续交易实际业务中形成的经验,进一步研究连续交易给市场带来的新变化,提高市场监控能力,促进市场跟踪和风险预研预判工作的系统化、常态化,不断提升期货市场风险管理水平。

三是深化风险警示教育。按照证监会领导关于连续交易要加强对新交易时间、新交易规则的宣传和培训的指示,进一步做好市场培训和投资者教育工作,提高培训的专业性和针对性,不断扩大连续交易培训的市场覆盖面,将规则讲透,将风险讲够,引导投资者用好连续交易这一风险管理工具。

(上海期货交易所供稿)

四川证监局2013年投资者保护工作总结

2013年，在会党委的领导下，会投保局的悉心指导下，我局以维护“三公”原则为目标，以保护中小投资者合法权益为重点，强化投保意识，创新工作机制，落实投保责任，积极开展投资者保护工作，着重对投资者应有的资产安全权、知情权、公平交易权、决策参与权、投资收益权、接受教育权、寻求救济权进行保护，取得了一定成效，现将全年投保工作总结如下：

一、理清辖区投资者保护工作体系基本思路

1. 明确宗旨：认真落实肖钢主席关于投资者保护工作的三个要求：保护中小投资者就是保护资本市场，保护中小投资者就是保护全体投资者，无救济即无保护；投资者保护工作的重点就是保护中小投资者。

2. 找准目标：投资者保护是对投资者资产安全权、知情权、公平交易权、投资受益权、决策参与权、接受教育权、寻求救济权的保护。一级市场致力于源头治理；二级市场强化风险揭示；衍生品市场立足于公平博弈；场外市场重在违规打击。

3. 完善体系：着力构建以证券监管、稽查为核心，上市公司、证券期货业经营机构为主体，中介机构、行业组织为有效补充的多层次投资者保护架构。

4. 细化措施：结合我局投资者保护工作方案及《中国证监会派出机构投资者保护工作评价项目表》相关内容，构建我局及辖区行业自律组织投保工作职责体系。一是更高效地打击各类违法违规行为，更严厉地制裁各违法违规主体；二是建立更便捷的反映诉求的渠道，形成更畅通的矛盾、纠纷解决机制；三是更准确、全面地提供各类信息，不断提升投资者自我保护能力；四是更充分地发挥市场各方的作用，共同维护辖区市场秩序。

二、完善投资者保护工作保障机制

1. 建立组织保障体系。明确以办公室牵头，各业务处室、行业协会根据自身职责分工协作的全局投资者保护工作机制；各处室制定了辖区投资者保护工作方案，明确了处室负责人为投资者保护工作的第一责任人，设立投资者保护工作专人专岗。

2. 完善工作机制。建立了投资者保护工作季度例会机制。定期由分管局领导牵头，各处室负责人参加，专题研究投资者保护工作措施，总结分析，查找不足，提出进一步改进措施。

3. 强化检查和督促。形成了“四结合一评价”的工作体系，通过结合市场联系机制、现场检查、非现场监管和投诉处理，强化对辖区市场主体的投资者保护工作评价。

4. 广开渠道强化信息公开。加强外网信息发布，向社会公开我局工作信息；每月通过平面媒体公开行政许可批复情况；借助省委宣传部短信平台不定期向全省手机用户发送投保资讯；通过新闻媒体，向公众普及市场知识，传递监管动态。向中国证券投资者保护基金公司报送辖区协会制作的信访案例手册。

5. 构建综合保护工作体系。向成都金融仲裁院推荐2名处级干部担任金融仲裁员，积极指导证券期货纠纷案件仲裁；通过“一行三局”联席会议沟通交流，形成监管合力，有力防范系统性风险。加强与省委宣传部、省公安、维稳等有关部门及各地方政府的协作，互通信息，加强合作。

三、广泛开展投资者教育

（一）投资者教育活动开展情况

1. 组织、引导辖区证券期货业经营机构开展形式多样、内容丰富的投资者教育活动，充分发挥证券期货业经营机构在投资者保护宣传工作中的主力军作用。

一是通过公司网站、营业部宣传栏、短信等方式推送投资者警示教育词条，遏制非理性投机行为，倡导理性投资。截至三季度末，辖区机

构共发送相关短信 78 万条。

二是通过举办股民学校、开办投资者教育专场等方式普及证券知识，提高投资者投资能力和风险识别能力。截至三季度末，举办讲座 327 场。

三是通过大力开展内部员工投资者保护培训，提高证券经营机构投资者服务与保护工作的积极性和主动性。截至三季度末，内部员工培训 374 场次。

四是通过公众媒体搭建广泛的宣传平台，进行证券知识普及和防控非法证券活动宣传教育。在《金融投资报》的平面和网络版，以及会外网投资者保护栏目上连载了《国债期货基础知识》系列和《国债期货交易的误区》系列等投教文章七篇，进行专题性风险提示。截至三季度末，通过公众媒体进行防控非法证券活动宣传教育 95 次。

五是积极组织辖区证券期货业经营机构、证券期货业协会开发投教产品。

2. 积极组织、参与各类投资者教育活动。

一是创新举办“证监局开放日”活动，与投资者和媒体代表面对面交流，宣传监管部门的投资者保护工作和投资者救济途径，促进投资者充分了解维权渠道。

二是与四川省银监局等部门联合在辖区内开展打非处非联合宣传专项工作。

（二）充分落实投资者适当性管理制度

1. 通过现场检查，督促各机构从认识的适当性、营销的适当性、服务的适当性、产品的适当性四个方面提升营业部客户适当性管理工作能力和实效。对公司融资融券业务准备情况进行验收，重点关注适当性管理问题。

2. 强化信息披露，督导公司加强产品适当性管理工作。加大对各公司金融产品销售的监测和分析力度，要求公司对销售产品属性进行充分披露和风险提示。对公司报备的拟销售产品材料进行认真审阅，对存在的问题进行整改，切实做好产品风险揭示工作。

3. 强化风险管理，做好辖区证券公司资产管理“通道业务”适当性管理。召集辖区证券公司合规风控人员，对银行通过证券公司专项资产管理转移表内资产业务中的适当性问题进行研究。要求各公司在开展此类“通道业务”过程中谨慎选择合作银行，努力做好最终资产投向尽职调查工作，有效规避银行业风险向证券业扩散。

4. 结合投诉处理，落实适当性管理具体工作。在投诉处理工作中，要求各证券经营机构在展业过程中加强对新产品、新业务中涉及投资者权益的交易规则等事项的充分揭示，在充分提示风险、充分风险测评、充分适当性界定、充分过程留痕的基础上为投资者提供服务。

5. 加强基础服务，指导协会制定投资者教育“产品库”。指导协会对市场上的各类金融产品进行分类和风险属性研究，形成了投资者教育“产品库”资管分册，为辖区证券经营机构在资产管理产品销售中做好适当性管理工作提供指引。

通过严格执行上述工作举措，四川辖区 2013 年全年未发生因适当性引发的投资者权益受损情况。

（三）及时进行市场风险提示

1. 加大对新产品、新业务风险的研判和提示。通过调研、召开专题会议和现场检查，研判辖区证券公司资产管理业务风险，指导各公司加强业务合规与内控建设，健全业务管理制度。

2. 督促辖区证券公司有效防范新业务操作风险。针对光大证券“8 · 16”事件及时做出风险提示，要求辖区公司自营、资产管理等业务从系统建设、交易方式、合规风险控制状况等方面进行摸底调查，加强对公司创新交易模式的监控和业务管控。

3. 督促辖区证券公司排查防范融资类业务风险。通过问卷调查、自查摸排、专项调研、重点抽查等方式，督促公司防范两融、代销等业务风险。

四、落实投资者服务工作

（一）推动投资者关系管理工作

1. 督促和推动辖区上市公司全部设立了投资者咨询电话、邮箱，绝大部分公司在公司官方网站开辟了“投资者关系专栏”，有的公司还开设了官方微博、投资者关系 QQ 群等。通过各种方式如现场调研或检查、会议通知、开展主题活动等要求上市公司加强信息披露、落实现金分红机制、保证投资者合法权益、保持投资者沟通渠道畅通。目前，辖区绝大部分公司均设立了负责投资者关系维护的专职部门，并配备了专职人员，制定了投资者关系工作的相关制度和规定。

2. 在7月开展了投资者保护月活动。组织了投资者集体接待日、“董秘值班周”、投资者关系管理及舆情管理培训等各类活动。投资者集体接待日共有80家上市公司的200多位高管参加，占辖区上市公司总数的90%以上；“董秘值班周”活动辖区90家上市公司全部参加；投资者关系管理及舆情管理培训共有69家上市公司和11家拟上市公司的近90位董秘或高管参加。

（二）积极稳妥处理咨询服务、投诉纠纷

1. 做好信访投诉处理日常工作。一是严格信访台账管理。详细记录信访投诉及各项潜在风险点的相关事项，及时跟进、督促各机构采取有效措施妥善处理，充分发挥信访台账信访排查、预警、督办、总结等作用；二是加大对机构信访处理督导力度。对在信访工作中表现不积极、处理不及时、不得当的机构，会信访办证券期货信访简报涉及的机构，及时对相关责任人进行谈话并督促整改；针对长期存在的转销户投诉，建立专门台账，按季度进行统计，对涉诉较多机构约见谈话，有效维护辖区市场秩序。

2. 采取有力措施，积极推进倾向性信访投诉事项处理工作，参与构建辖区市场多元化纠纷解决机制。及时关注舆情动态；全力做好来访人员解释疏导工作；针对来访反映出的问题，及时引导协会牵头辖区机构座谈，围绕构建良好劳资关系、切实防范相关风险、稳妥处理纠纷，交流经验，提出措施。

3. 切实做好“12386”热线转办工作。通过制定制度、建立系统，将热线转办工作落到实处，积极督促市场主体与投资者沟通协商。

（三）探索建立多层次的投资者救济机制

1. 与成都金融仲裁院调研座谈，了解辖区金融仲裁现状及存在问题。推荐工作人员担任金融仲裁员，积极参与仲裁工作。

2. 指导四川省证券期货业协会成立纠纷调解委员会，组建纠纷调解中心，以行业自律化解行业风险。

3. 指导四川省证券期货业协会与成都金融仲裁院合作，构建包括仲裁在内的辖区证券期货行业矛盾纠纷综合化解机制。

4. 指导四川省证券期货业协会与律师事务所联系，为辖区投资者提供法律援助服务。

五、积极开展检查评估工作

（一）积极开展专项检查工作

一是按照全年的工作安排和部署，认真开展对证券期货经营机构和上市公司的投资者保护工作专项检查工作，及时总结报送。

二是组织对辖区证券经营机构涉及昌九生化融资融券业务专项摸底调查工作；派员参加机构部组织的融资业务专项检查。

（二）认真开展日常检查工作

将投资者保护列入对上市公司和证券期货经营机构现场检查内容。对上市公司信息披露存在问题，影响投资者知情权，损害投资者利益的行为，坚决采取监管措施并要求上市公司及时整改。从证券期货经营机构的内控和公司治理、投资者教育与服务、投资者资产和交易安全、信息披露四个方面，检查证券期货经营机构是否将投资者保护工作落到实处。对涉嫌违法的移送稽查立案调查。

六、投资者保护专项工作

（一）充分落实统一部署工作

1. 按时报送《集中答复投资者问题信息表》、《投资者保护工作信息表》等工作报表，积极报送投资者保护工作简报和各类投资者保护研究报告、总结，及时汇报日常投资者保护工作情况。

2. 做好“12386”热线转办工作，按时提交受理意见、答复口径和办理报告。建立局内“12386”热线转办系统，将热线转办工作的受理、流转、办理、审批、档案查询、经验总结等各环节都固化在热线转办信息系统中，进一步完善“12386”热线转办的程序化管理，提升工作实效。

（二）切实开展投资者保护研究工作

充分认识到投资者保护研究工作的重要性，加大调研力度，积极指导工作。《社交媒体对资本市场投资者保护的影响与对策》已被会投保局转载，《密切监管协作，提升上市公司治理水平》、《积极沟通顺民心　耐心答疑抚民情》被《交流》杂志刊载，《现行中小投资者保护专项制度安排的实施现状及政策建议》一文被会研究网重点推荐。

目前,我局已着手开展辖区投资者保护基础性工作专项调研,深入了解四川辖区上市公司、证券期货经营机构投资者保护工作的开展情况,探索投资者救济机制建设路径,对辖区的投资者保护工作作出科学评价。

七、目前存在的问题及建议

(一)辖区上市公司投资者关系管理工作水平有待进一步提高

部分公司与投资者电话交流沟通的有效性不高,存在以"不知道、不清楚"、"请见公司公告文件"、"无应披露未披露信息"等搪塞投资者提问的情况;部分公司网站及投资者关系专栏内容更新不及时,对公司基础信息内容披露不足,主动信息披露的意识不强;部分公司在沪、深交易所互动平台上与投资者交流的质量不高,存在选择性答复、答复信息关联度不高、答复时间滞后等情况。

(二)中小投资者参与上市公司决策程度不高,话语权未得到有效提高

辖区上市公司股东大会采用网络投票方式的,中小股东平均参与率较低,绝大部分中小投资者未能参与;中小投资者参与征集投票的情况极少,更鲜有出现中小投资者主动征集投票的情形;累积投票制度对大部分公司仅是一项摆设,少有出现中小投资者提名董事、监事候选人的情形;就类别股东表决制度而言,在股改时期中小投资者参与较为积极,但是实现全流通后该项制度的推行基本陷于停滞。

(三)建议

1. 应围绕《公司法》所赋予的知情权、查询权、分配权、质询权、建议权、股东大会召集权、提案权、提名权、表决权等权利,作出相应制度安排予以综合保护。由中国上市公司协会、中国证券业协会、中国期货业协会联合牵头,尽快成立"中小投资者保护协会",处理涉及中小投资者权益的一般纠纷;在司法层面,进一步加强与行政监管的衔接,加快相应案件的立案、办理、审理的环节。

2. 尊重投资选择,着力保护知情权。一是强化上市公司信息披露监管,研究差异化的信息披露机制,提高中小投资者决策有用性;二是督促上市公司加强投资者关系管理,建立与投资者良性互动的沟通机制;三是可以考虑借鉴国外模式,适时引入检查人选任制度,满足部分中小投资者全面了解公司业务和财务状况的需要。

3. 优化细化现有制度,激发中小投资者参与积极性、可行性。一是探索更多渠道的网络投票实现路径,增强中小股东联合的便利性;二是降低中小股东提案最低股份比例要求,让"小散户"也能发出声音;三是完善类别股东表决制度,尽快推进优先股,实现基于优先股、普通股的类别股东表决制度。

4. 科学把握中小投资者保护度。过度的行政保护反而不利于中小投资者的成熟,应当充分发挥法律、市场和自律组织的作用,指导投资者实现有效的自我保护。通过中小投资者保护产生对大股东的正向激励,通过提高上市公司质量实现全体投资者权益增长,提高投资者回报水平。

5. 积极推进适当性管理评价工作。结合监管工作,对证券期货经营机构开展投资者保护的意愿、能力、措施和效果进行检查和评估。

(四川证监局供稿)

浙江证监局开展支付宝"余额宝"媒体报道有关情况的专项检查报告

2013年6月13日,支付宝(中国)网络技术有限公司(以下简称"支付宝公司")正式推出"余额宝"业务。货币基金与第三方支付业务的这一组合创新随即受到了社会的极大关注。在中国证监会基金部的指导下,按照辖区监管责任制要求,浙江证监局在前期走访调研

的基础上对支付宝公司进行了专项现场检查,重点关注投资者资金安全和投资者权益保护。

浙江证监局在“余额宝”业务开展初期就对支付宝公司进行了实地调研和走访,及时了解业务运作模式,主动掌握运行情况并进行专项检查。同时,浙江证监局监管干部以普通投资者的身份专门开通了支付宝账户,体验“余额宝”投资经历,感受服务全流程,掌握第一手资料。2013年7月9日至10日,浙江证监局对支付宝公司“余额宝”业务进行了为期2天的现场检查。通过查询支付系统、核对账目及约谈相关人员等方式对账目往来和资金安全进行了重点关注。

一、浙江证监局掌握的“余额宝”基本情况

经测算,支付宝8亿多注册账户里日均余额约为400亿元-500亿元左右。“余额宝”的推出主要是为了解决支付宝沉淀资金越多、10%的备付金压力越大的问题。支付宝公司以“增利宝”货币基金为突破口,将天弘基金管理有限公司(以下简称“天弘基金”)的直销系统内置到支付宝网站,投资者将资金转入“余额宝”时,即一站式完成基金开户、基金购买。使用“余额宝”进行网上购物或支付时,相当于实时赎回基金。截至2013年7月12日,“余额宝”累计用户453.5万户,存量规模123亿元,累计转入资金156亿元,累计转出金额33亿元,日均净转入资金4.1亿元,人均投资额2878元。“增利宝”货币基金以协议存款、国债等作为主要投资标的,7月12日公布的7天年化收益率4.884%,远高于活期存款。“增利宝”在不到一个月的时间里成为国内客户数量最大的货币基金,“余额宝”潜在规模可能超千亿元。

二、现场检查发现“余额宝”存在的几个主要问题

浙江证监局在现场检查时,发现“余额宝”部分业务环节与现行规定和做法不完全相符。主要有以下三点:

一是基金支付归集分账户同时作为备付金账户,各种收付资金与基金申购、赎回资金混同使用。支付宝公司在中信银行开立了基金支付归集总账户(42945),在中国工商银行等19家银行开立了基金支付归集分账户。除光大银行、中国农业银行、中国建设银行外,其余开立在16家银行的基金支付归集分账户均同时作为支付宝公司备付金收付账户,第三方支付资金与基金申购、赎回资金混同使用。同时,开立在中国工商银行的基金支付归集分账户(66465)与主存管账户(64190)及开立在中信银行的基金支付归集总账户(42945)之间的资金流划拨通过轧差实现,未实现基金支付资金专户存放和基金销售结算资金封闭运行。

二是支付宝“T+0”交易机制及天弘基金的“非交易过户”,使得部分支付结算资金游离于监督银行体系之外。支付宝公司对外宣传“余额宝”随存随取,但“余额宝”客户大多为淘宝客户,如在网上购物或实时消费时,则需要把基金份额过户给天弘基金。支付宝公司向天弘基金确认后即为投资者支付宝账户进行资金结算,但实际并未产生现金流。同时,天弘基金对基金份额进行赎回操作,所有现金流于T+1日实现交割,即第二天由天弘基金将赎回资金直接汇入支付宝公司开立在中国工商银行的基金支付归集分账户(66465),而绕开了开立在监督银行中信银行的基金支付归集总账户(42945)。据测算,这部分资金日均金额为1.24亿元。

三是风险提示不明显,销售适当性工作有待改进。浙江证监局监管干部在亲身体验购买“余额宝”时发现,系统一方面未作投资者风险承受能力测试、等级评估和销售匹配;另一方面,风险提示的协议《余额宝服务协议》、《天弘基金网上交易直销自助式前台服务协议》默认同意,不需阅读即确认后进入购买页面。目前的用户体验容易误导投资者产生如下认识:一是“余额宝”就是销售基金的;二是“余额宝”是有收益的。同时,为了兼顾用户体验简化了流程,省去一系列必要环节。存在没有理解“余额宝”的含义和货币基金的运作,投资者就购买了基金的可能。一旦发生亏损,极易出现纠纷。

三、下一步工作思路及建议

“余额宝”的推出,为投资者提供了便捷的理财方式,为基金产品直销开创了另一种思路,是互联网金融的有益探索。下一步,浙江证监局将密切跟踪关注“余额宝”业务,了解实情、

掌握动态。督促支付宝公司严格落实基金部提出的整改要求。同时,对辖区基金销售机构、基金销售支付结算机构的业务开展情况进行梳理,要求特别重视产品风险提示,特别重视销售适当性和投资者适当性工作,保护投资者合法权益。

同时,浙江证监局建议对"余额宝"进一步深入研究,明确相关政策要求,防范流动性风险,做好其他支付机构推出类似产品的监管准备工作。一是要求支付宝公司对备付金账户和基金支付归集分账户混同使用进行整改,尽快完成专户存放和资金封闭运行;二是研究特殊"T+0"模式下易货交易时资金流的监管问题,发挥监督银行作用,避免出现监督盲区和监管盲点;三是研究界定"支付机构+基金公司"直销模式下,风险揭示和销售适当性工作如何分工及落实,如何有效保护投资者合法权益。

(浙江证监局供稿)

证券公司现场检查专项工作报告

为贯彻落实"加强监管,放松管制"、"以执法检查带动监管"的监管思路,2013 年,中国证监会机构监管部在大力推动行业创新发展、切实做好日常监管各项工作的同时,将对行业创新业务和风控合规管理的现场检查列为全年重要的专项工作之一。

一、工作概况

2013 年上半年,机构监管部组织对 105 家证券公司的资产管理业务、债券业务、合规管理和风险管理情况进行了专项现场检查;下半年,对33 家证券公司的融资类业务(包括融资融券业务、约定购回式证券交易、股票质押式回购交易、质押式报价回购交易)和代销金融产品业务进行了专项现场检查。通过检查,总体掌握了证券行业相关创新业务开展情况,发现了这些业务快速发展过程中存在的问题和蕴含的风险隐患,对违规经营的证券公司及时采取监管措施,督促整改,取得了积极成效。

二、主要工作

按照"扎实、按时、有效果"的原则,周密布置、统筹安排,明确各阶段工作任务,突出过程管理和质量控制,确保检查工作按时高效完成。

(一)前期充分准备。一是制定详细的检查方案,对组织方式、实施步骤、经费保障、工作要求等进行细致安排。二是根据相关法规及具体业务规则制定工作底稿,明确各项业务的检查事项和检查方法。三是协调系统内各有关单位,统筹调配监管力量。四是对检查人员进行集训,详细讲解有关业务及其检查重点和方法、纪律要求、注意事项等内容。充分的准备,为现场检查工作顺利开展打好基础。

(二)全面认真检查。检查中,综合运用人员谈话、调阅资料、穿行测试、查看系统、数据分析、回访客户、查看办公邮件以及薪酬发放记录等方法,对证券公司制度建设、业务开展、内部管控、人员管理等情况进行全面排查,重点抽查大额或可疑交易,细致筛查可能存在的问题和潜在风险点,不留死角。对发现的线索、疑点进行集中讨论分析,制订针对性的检查方案,深入挖掘,绝不轻易放过。同时,约谈证券公司负责人、部门负责人、合规人员及业务人员,向其传导中国证监会鼓励合规经营、严厉打击违法违规行为的监管理念,引导证券公司及相关人员进一步提高合规管理和风险控制的意识。

(三)客观公正处理问题。检查结束后,及时对检查发现的问题进行梳理汇总、分析归类和定性处理。对部分违法违规问题依法采取行政监管措施,严肃处理;对不规范问题,督促证券公司整改;对发现的新情况、新问题,认真分析研究,尽早明确处理措施。

三、有效做法

(一)高度重视,发挥监管合力。2013 年度证券公司专项现场检查工作作为证券经营机构监管转型的一项重点工作，机构监管部高度重视，组织全体人员积极参与，还邀请了27家证监局和6家自律组织派员参加检查，为检查工作顺利开展提供了有力保障。

（二）合理选定检查对象，兼顾覆盖面和典型性。综合考虑业务规模、增速、风险、媒体报道以及地域分布等因素，在对行业进行全面检查的基础上，选取部分有代表性的公司进行重点检查。

（三）提高检查精度，突出质量控制。在对证券公司总部业务运作全面核查的基础上，选取部分证券营业部重点核查，通过证券营业部业务开展情况校验证券公司整体业务运作情况，点面结合，提高了检查精度。建立质量控制机制，部领导现场巡视，查漏纠偏；设定专人每天及时掌握检查进度、通报关注的风险点和有效做法。

（四）检查与调研相结合，改进完善监管工作。专项检查与调研结合，在检查的同时，实地了解行业业务发展的情况，行业的想法、做法和意见，对相关监管政策的实施效果进行评估，为完善监管政策法规和改进监管工作打下基础。

（机构部供稿）

中国证券业协会2013年创新发展工作报告

2013年，在对证券行业创新发展工作“总结、交流、巩固、提高”的思路和背景下，中国证券业协会（以下简称“协会”）继续巩固行业创新发展成果，研究进一步提升行业创新发展的能力和水平，认真探索服务行业创新发展的最佳路径和方式，积极推动行业创新和发展方式转变，促进多层次资本市场体系建设，充分发挥了协会自律、服务、传导的职能。

一、创新事项

（一）2013年协会主导的创新事项

1. 柜台交易。协会共完成18家公司柜台交易业务方案的专业评价，其中8家公司获得业务试点资格。目前各试点证券公司已初步建立了相对完整的柜台市场制度，柜台交易系统整合和建设已基本完成。截至2013年11月底，投资者累计开立8.65万个柜台产品账户，共有13家试点公司的635只产品在柜台市场交易，包括111只资管产品（含6只代销资管产品）、4只其他产品（海通证券“一海通财”理财产品）、1只代销银行理财产品、516笔衍生品交易（包括515笔互换和1笔场外期权）、3笔股票协议逆回购。总的来看，柜台市场交易的产品以资管计划和衍生品交易为主。

2. 金融衍生品。截至2013年12月底，协会共完成对23家证券公司38项具体金融衍生品交易业务方案的专业评价。为推动证券市场金融衍生品业务规范发展，协会于2013年3月15日发布了《中国证券市场金融衍生品交易主协议》及补充协议、《证券公司金融衍生品柜台交易业务规范》和《证券公司金融衍生品柜台交易风险管理指引》，主协议及相关自律规范的发布，提高了行业对金融衍生品的认识，对于证券市场金融衍生品交易业务的发展发挥了重要作用。

中证资本市场发展监测中心共收到12家证券公司金融衍生品初始交易报备549笔，初始名义金额167.12亿元。其中，11家证券公司报备股票收益互换产品初始交易548笔，初始名义金额166.39亿元；终止交易346笔，终止名义金额88.11亿元；名义金额余额78.28亿元；期权产品1笔，初始名义金额0.73亿元。

3. 资产托管。协会共完成对11家公司的资产托管业务方案的专业评价，其中10家公司的业务方案获得通过。2013年6月，修订后的《证券投资基金法》及《非银行金融机构开展证券投资基金托管业务暂行规定》正式发布实施，非银行金融机构可以开展基金托管业务，证券公司开始申请基金托管资格。2014 年 1 月海通、国信首批获得基金托管资格。

4. 中小企业私募债券承销。协会共完成 11 家公司中小企业私募债券承销试点资格业务方案的专业评价,其中 9 家公司业务方案获得通过。根据 Wind 统计数据,2013 年全年共发行中小企业私募债 220 笔,发行总额 271 亿元。

5. 融资类业务。协会共完成 9 家公司 10 项场外市场质押及担保类融资业务方案、4 家公司收益凭证类融资业务方案、10 家公司融资融券业务方案的专业评价。融资融券业务方案专业评价均获通过。截至 2013 年 12 月 31 日,上交所融资融券余额约 2299 亿元,深交所融资融券余额约 1166 亿元。

6. 互联网金融。协会共完成 5 家公司互联网金融业务方案专业评价,方案内容主要是通过建设网上商城销售理财产品和通过完善账户支付功能扩充券商的服务范围。

7. 探讨搭建证券行业统一支付平台。根据证监会统一要求,目前协会正负责牵头制定证券公司联网互通支付平台的建设方案。

8. 财务顾问执业能力专业评价。为激励证券公司提升业务水准质量、培育核心竞争力,2013 年协会首次组织开展了财务顾问执业能力专业评价工作,公告了 72 家证券公司评价结果,其中 A 类财务顾问 10 家,B 类财务顾问 24 家,C 类财务顾问 38 家。

(二)协会参与的创新事项

为贯彻落实《关于推进证券公司改革开放、创新发展的思路与措施》,综合推进 2012 年 11 项创新措施的落实,2013 年协会参与推动了以下创新事项:

1. 资产管理产品事后备案。集合资产管理计划审批改备案工作已完成。协会于 2012 年 10 月 19 日发布实施《证券公司客户资产管理业务规范》,明确了备案程序和相关要求;2013 年 3 月 15 日发布《证券公司私募产品备案管理办法》,私募产品的备案与日常管理工作转由中证资本市场发展监测中心有限责任公司负责。

2. 非现场开户。截至 2013 年 9 月底,齐鲁、招商、华泰、国信、国泰君安 5 家证券公司与中登公司签署《中国证券登记结算有限公司数字证书认证业务代理及使用协议》,成为业内首批获得中登公司授权认可网上开户的证券公司。

3. 营业网点放开。证券公司营业网点的放开由证监会机构部牵头,协会配合。证监会于 2013 年 3 月 15 日发布实施《证券公司分支机构监管规定》,允许证券公司依法选择决定分支机构的组织形式,在总公司的业务范围内决定分支机构的业务范围。

(三)行业其他创新事项

1. 私募基金综合托管。2013 年,中国证券投资者保护基金有限责任公司按照证监会机构部意见,进一步简化私募基金综合托管创新方案专业评价流程,在机构部出具无异议函之前,完成了国泰君安等 14 家证券公司私募基金综合托管方案的审查和意见反馈。

2. 证券公司消费支付。深圳证券交易所组织了证券公司支付业务创新方案的评审、技术系统评估和业务运行监控工作。目前,光大、华创等 9 家公司首批获得证监会机构部关于开展客户证券资金消费支付服务试点无异议函,光大等 8 家公司采用后端清算方式,华创证券采用前端清算方式,保护基金公司对两种方式下的客户交易结算资金流转实施了有效监控。

3. 交易所股票质押式回购交易。2013 年 6 月 24 日,上交所和深交所正式推出股票质押式回购业务,首批有 9 家证券公司获得该项业务资格。2013 年 7 月 5 日,上交所、深交所再分别批准 15 家、23 家证券公司开展股权质押式回购证券交易业务。截止 2013 年 9 月底,上交所共有 83 家会员开通交易权限。

4. 国债期货、股指期权、个股期权等金融衍生品业务。2013 年 9 月 6 日,国债期货在中金所正式上市。2013 年 11 月 8 日,中金所正式启动全市场股指期权仿真交易。同时,上交所正在准备进行个股期权的全市场仿真交易测试。

二、行业创新发展特点分析

(一)创新以业务(产品)创新为主导

1. 协会于 2009 – 2011 年组织的 113 个证券公司自主申请评价事项,80% 以上的事项为信息技术、管理、投资者教育与服务类;

2. 2012 年 182 个创新事项专业评价中,自主申请评价事项 35 个,占整体的 19.2% ,80% 以上为业务(产品)创新类;

3. 2013 年至今 129 个专业评价的创新事项皆为业务(产品)创新类。

(二)具体创新事项集中在衍生品和融资类两个方向

1. 金融衍生品业务占评价事项总体的 25.2%;

2. 融资类业务占评价事项总体的 27.5%(包括质押融资、收益凭证、融资融券等)。

(三)证券公司由单纯中介向资本中介转变

证券公司的业务发展方向由传统的单纯中介模式逐渐向资本中介型业务转变,从"以产品为中心"向"以客户为中心"转变,一定程度地实现了"服务内容"与"服务平台"进一步融合。

(四)证券公司私募业务得到一定发展

在证监会领导下,协会加强了对场外市场特别是私募市场的研究,负责证券公司参与区域性市场的自律管理和组织证券公司柜台市场试点工作。在此背景下,证券公司私募业务发展取得一定成果。

三、2014 年证券行业创新方向

一是推动建立多层次、多品种、市场化、包容性的资本市场体系,将继续完善私募市场、债券市场和金融衍生品市场建设;

二是支持证券公司系统布局并规范开展各类创新业务,引导证券公司发展资本中介业务、鼓励创新业务的相互融合、支持证券公司场外业务的发展;

三是健全和完善支持证券公司创新发展的业务基础,完善创新产品的创设机制、完善风险管理体系;

四是探索建立适应创新发展方向的行业发展战略和自律规范体系,促进行业发展、加强行业自律。

(中国证券业协会供稿)

中国证券业协会证券纠纷调解工作专项报告

为落实《证券法》赋予证券业协会的法定职责,促进证券行业更好地履行社会责任,保护证券投资者合法权益,中国证券业协会(以下简称"协会")在中国证监会的大力支持下,在地方证券业协会(以下简称"地方协会")及会员单位的全力配合下,于 2012 年正式成立了证券调解专业委员会和证券纠纷调解中心(以下简称"调解中心"),制定并颁布了证券纠纷调解相关制度,在协会网站上设立了证券纠纷调解专区,开设了在线申请平台,聘任了证券纠纷调解员,建立起了协会主导、地方协会协作参与、会员单位配合的证券纠纷行业调解机制,并开始在全国范围内开展证券纠纷调解工作。

2013 年,协会通过建立诉调、仲调、信调对接机制,调整调解员结构,促进行业和解,加大宣传力度,加强与其他调解组织合作等方式,完善行业调解机制,推进证券纠纷调解工作。

一、建立诉调、仲调和信调对接机制,提升行业调解的效力和影响力

3 月 19 日,协会与北京市西城区人民法院签署了诉调对接合作协议。根据协议,调解中心以特约调解组织身份参与法院的诉前与诉中调解;协会证券纠纷调解也可聘请法院法官参与指导;调解中心将与西城法院开展证券纠纷调解协议的司法确认的尝试。2013 年 11 月 5 日,协会与北京仲裁委签署了战略合作框架协议,根据协议,经调解中心调解成功的案件,当事人如有增强调解协议法律效力的要求,可以向北京仲裁委申请将调解协议制作成仲裁裁决书,赋予调解结果强制执行力;调解中心未调解成功的纠纷,可以引导当事人向北京仲裁委申请调解。根据协议,双方还将在宣传多元纠纷解决机制、培训调解员等方面进行合作。协会还积极促进信调对接机制建设,已经与证监会投保局就行业调解机制和 12386 投资者投诉热线受理机制的对接达成了共识,并正在与证监会信访办研究明确信访工作与行业调解工作的对接途径。

二、调整调解员结构,增强行业调解的公信力

为改变调解员结构不合理,业内调解员占比过高,来自律师事务所和大专院校的调解员占比过小的状况,今年8月份,协会增聘了74名调解员。在此次增聘调解员过程中,重点从律师事务所、高校及科研单位中遴选有志于从事证券纠纷调解事业的相关专业人士,补充到协会的调解员队伍当中。经过此次增聘调解员,协会在全国范围聘任的证券纠纷调解员达到了199名,来自证券公司等行业内的调解员为105人,比例比增聘前有所下降;来自律师事务所、大专院校、退休法官的调解员达到46人,占比有所提高。经过调整,调解员队伍结构更趋合理,证券纠纷行业调解机制的公信力和吸引力得到进一步的提升。

三、促进证券经营机构以主动和解方式化解与投资者群体性纠纷,创新调解形式

为了促使首例保荐机构主动承担责任,设立专项基金,通过市场运作方式,补偿因上市公司虚假陈述而给投资者造成经济损失的"万福生科案件投资者利益补偿工作"的顺利进行,协会在5月份牵头保护基金公司、中国结算、深交所和平安证券,成立了万福生科案件投资者利益补偿协调小组,调解中心履行协调小组办公室职责。协调小组各成员单位密切配合、各司其职,圆满完成了各自的任务,保证了投资者利益补偿及主动和解工作的顺利完成。协会利用自律管理组织的职能优势,号召和协调托管万福生科股票的证券公司协助相应投资者完成接受补偿的手续,为投资者与平安证券达成和解起到了桥梁和纽带的作用。万福生科案件投资者补偿工作中,行业调解组织在促进证券经营机构通过与投资者群体主动和解方式解决纠纷过程中发挥了积极作用,开创了行业调解的新模式。

四、正式启动证券纠纷调解工作系统,提升与地方协会协作开展调解工作的效率

8月份,证券纠纷调解工作系统正式投入使用,实现了调解中心与地方协会之间证券纠纷调解资料共享、在线实时办理业务和证券纠纷数据的统计与处理,调解中心与地方协会协作开展证券纠纷调解工作的效率得到了大幅提升,同时改善了调解中心收集全国范围内证券纠纷调解数据的技术手段。

五、建立证券公司调解工作联系人制度,借助会员单位力量,推进调解工作

协会要求证券公司指定合规部、法律部或投诉处理主管部门负责人为证券纠纷调解工作联系人,建立了证券公司调解工作联系人制度。调解中心通过证券纠纷调解工作联系人及时收集证券公司总部及分支机构对证券纠纷调解工作的意见与建议,形成证券公司投诉处理机制与行业调解机制的有效对接,便于宣传证券纠纷行业调解机制,促进证券经营机构及其客户通过调解方式化解证券纠纷。

六、加大对证券纠纷调解的宣传力度,扩大影响力

协会年内组织人员深入到广东、深圳、上海、浙江、江苏、宁波、武汉、海南等地区,在地方协会配合下,召开了八场当地证券经营机构相关部门人员参加的证券纠纷调解工作座谈会,宣传证券纠纷调解机制。为加大对调解工作的宣传力度,11月25日和12月18日,协会分别在《证券时报》和《中国证券报》上,以"推进证券纠纷调解工作,保护投资者合法权益、促进证券市场健康发展"和"借鉴德国金融纠纷解决经验,完善证券纠纷调解机制,保护投资者合法权益"为主题,组织稿件进行专版宣传。根据证监会投资者保护局的策划安排,协会还为《中国证券报》"3·15证券投资者保护"专版,及中国证监会出版发行的《交流》杂志"投资者保护"专刊,提供了题为"建立证券纠纷调解行业调解机制,保护投资者合法权益"的稿件,介绍证券纠纷行业调解在投资者保护中的作用,宣传证券纠纷调解机制。

七、加强与其他调解机构的合作与交流,提升调解工作组织能力

2013年4月,协会以联合主办人的身份,参加了近20家调解组织发起的,来自调解组织、法院、律师事务所、法学研究机构及高校的150余名代表参加的首届北京调解论坛。调解中心还在论坛期间加入了“北京调解联盟”，这一由16家多元争议解决机构共同发起设立的日常沟通交流与合作平台。调解中心在年内，多次参加调解联盟组织的交流活动，加深了对调解理念的理解，学习和借鉴了兄弟调解组织的成功经验，同时也宣传了证券纠纷行业调解机制。

调解中心除频繁参加北京仲裁委组织的调解和其他争议解决培训、研讨沙龙等活动外，还几次聘请北京仲裁委的专业人员为协会证券纠纷调解培训班授课。6月，北京仲裁委在英国伦敦举办的“中国商事争议解决高峰论坛”上，发布了《中国商事争议解决年度观察（2013）》。该报告的题为《中国商事调解年度观察（2013）》的分报告当中，以大量篇幅介绍了中国证券业协会建立证券纠纷调解机制和推进证券纠纷调解工作的有关情况，起到了在国际多元化纠纷解决领域宣传中国证券纠纷行业调解机制的良好效果。

八、与德国国际合作机构联合举办调解国际研讨会，借鉴国际多元纠纷解决经验，促进调解工作

12月11日，协会与德国国际合作机构（GIZ）在北京民族饭店共同举办了中德金融纠纷调解实践国际研讨会。会议旨在交流中国和德国在组织金融纠纷调解中的经验，提高协会和地方证券业协会组织调解工作的能力，提升调解员的调解理念及调解技巧，加深证券经营机构对协会主导的证券纠纷调解机制的认识。会上，中国证监会、最高人民法院、德国国际合作机构、德国私人银行协会、中国证券业协会、地方证券业协会、北京仲裁委、北京保险行业协会的专家，围绕“证券纠纷调解与投资者保护”、“金融行业协会开展纠纷调解的优势”、“中德金融调解制度的比较”、“调解制度与其他制度的衔接”等议题做主题演讲和专题研讨。德国私人银行协会的金融纠纷申诉专员制度在充分发挥金融行业协会自律管理职能，最大限度地保护中小金融消费者权益方面积累了宝贵的实践经验，可供协会在完善证券纠纷行业调解机制时参考借鉴。

九、受理证券纠纷调解申请，开展调解工作

2013年，调解中心通过在线申请平台和处理投诉函的方式，接收了72起证券纠纷调解申请，受理了其中的49起纠纷，在地方协会的协助下，成功调解了30起纠纷。2013年1月到10月，全国36家地方协会通过各自的调解申请受理渠道，共受理了610起证券纠纷，调解成功了580起。

开展证券纠纷行业调解工作是健全资本市场多元化纠纷解决机制、拓宽投资者维权渠道、保护投资者合法权益的一项重要举措。协会将在中国证监会及最高人民法院的大力支持和指导下，在地方协会和会员单位的全力配合下，不断总结证券纠纷调解工作经验，完善证券纠纷调解机制，稳步推进证券纠纷调解工作，促进中国资本市场持续、稳定、健康发展。

（中国证券业协会供稿）

第八部分　综述评析

2013 年资本市场法治建设述评*

上海证券交易所法律部**

摘要：2013 年，以支持改革创新和促进规范发展为主线，资本市场法治建设的各项工作稳步推进。顶层设计揭开了新篇章，立法步伐加快，《公司法》完成了一次快速的专项修订，《证券法》修改和《期货法》制定纳入全国人大常委会立法规划，资本市场法律体系建设绘制了路线图，中小投资者合法权益保护颁布了首部纲领性文件，监管转型的理念与思路首次全面阐述；制度建设实现了新突破，证监会部门规章、规范性文件和自律组织业务规则不断修订和完善，有力地支持了新股发行市场化改革、全国中小企业股份转让系统建设、资产证券化、优先股、ETF 期权和行业创新等工作；监管执法取得了新成果，开展了新股发行财务专项核查，将信息披露违规作为证券稽查执法新重点，查处了万富生科欺诈上市、光大证券内幕交易、天能科技欺诈发行等案件，切实加强了投资者保护；自律监管进行了新探索，全面推进“上市公司信息披露直通车”，引导和推动上市公司现金分红，放松与规范闲置募集资金使用，通过微博、微信、媒体见面会、投资者说明会等形式推进自律监管的公开化、透明化，进一步规范了纪律处分与监管措施的适用标准和程序；证券司法取得了新进展，适时发布相关司法解释，审理了绿大地、廊坊发展、新嘉联等典型刑、民事案件，进一步强化了证券市场司法保障；法治研究出现了新动向，更加关注资本市场实务法律问题，更加注重发挥对《证券法》等法律修改的支持和推动作用，“中国资本市场法治化 20 周年纪念论坛暨中国证券法学研究会 2013 年年会”、“2013 年中国资本市场法治论坛：公司法与证券法联动修改的前沿问题”、“第四届上证法治论坛：打造升级版的证券法，促进资本市场改革创新”等重要会议相继举办，促进了立法、司法、证券监管和市场机构之间的交流，凝聚了资本市场法治建设共识。

关键词：资本市场　法治建设　述评

回首 2013 年，资本市场法治建设继续扎实推进，顶层设计进一步深化，法律、规则体系进一步完善，监管执法和自律管理进一步加强，司法环境进一步优化，法治研究进一步贴近市场，较好地保障了资本市场的改革创新和规范发展。

一、顶层设计新篇章

资本市场的法治建设，顶层设计尤为重要。2013 年，资本市场的顶层设计揭开了新的篇章。

（一）顶层设计的指导思想：十八届三中全会决定

改革就是变法。2013 年 11 月党的十八届三中全会审议通过的《中共中央关于全面深化改革若干重大问题的决定》（以下简称《决定》），是新时期全面推进改革的纲领性文件，对下一步我国资本市场改革也做出了部署。《决定》的相关内容既是为资本市场改革明确

---

* 本文仅代表作者本人观点，与作者所在单位无关。

** 执笔人为王升义、梁胜。

了路径，也是为资本市场法制建设指明了方向，成为资本市场法治建设顶层设计的指导思想。

首先，资本市场法治建设要坚持“两维护，一促进”目标。《决定》提出，全面深化改革必须“以促进社会公平正义、增进人民福祉为出发点和落脚点”，“两维护，一促进”（维护市场公开、公平、公正，维护投资者特别是中小投资者合法权益，促进资本市场健康发展）正是促进社会公平正义、增进人民福祉的重要内容，是证监会的核心职责，也是资本市场法治建设的终极目标。

其次，资本市场法治建设要突出市场化导向。《决定》提出，“经济体制改革是全面深化改革的重点，核心问题是处理好政府和市场的关系，使市场在资源配置中起决定性作用和更好发挥政府作用。市场决定资源配置是市场经济的一般规律，健全社会主义市场经济体制必须遵循这条规律，着力解决市场体系不完善、政府干预过多和监管不到位问题。”，“必须积极稳妥从广度和深度上推进市场化改革，大幅度减少政府对资源的直接配置，推动资源配置依据市场规则、市场价格、市场竞争实现效益最大化和效率最优化。政府的职责和作用主要是保持宏观经济稳定，加强和优化公共服务，保障公平竞争，加强市场监管，维护市场秩序，推动可持续发展，促进共同富裕，弥补市场失灵。”近年来，证监会也将“市场化、法制化、国际化”作为资本市场改革的基本取向。其中，市场化首当其冲。市场化意味着，意味着放松管制、加强监管，“对不该管的事情，要坚决地放、逐步地放、放到位；法律允许放的，抓紧放，法规还不允许放的，修订法规条例后逐步地放；对不符合转变职能要求的行为，要坚决地改、逐步地改；对需要管好的事情，要坚决地管住管好”，意味着证监会要把工作重点切实转到加强监管执法和保护投资者特别是中小投资者合法权益上来。

最后，资本市场法治建设既要整体推进，又要重点突破。《决定》提出全面深化改革要“坚持正确处理改革发展稳定关系，胆子要大、步子要稳，加强顶层设计和摸着石头过河相结合，整体推进和重点突破相促进”，并针对资本市场改革做了具体部署，包括“健全多层次资本市场体系，推进股票发行注册制改革，多渠道推动股权融资，发展并规范债券市场，提高直接融资比重”、“鼓励金融创新，丰富金融市场层次和产品”、“推动资本市场双向开放”，“落实金融监管改革措施和稳健标准，完善监管协调机制”、“加强金融基础设施建设，保障金融市场安全高效运行和整体稳定”等。这些工作部署内容全面、重点突出，是未来一段时期资本市场法制建设的着力方向。

（二）《公司法》修订：小步快跑见成效

公司是市场经济的微观细胞，《公司法》于1993年颁布、2005年做了一次较大修订，是市场经济法律体系的核心之一，也是我国资本市场法律制度的重要组成部分，对保障公司、股东及其他利益相关者的合法权益，鼓励投资兴业，维护交易安全，促进社会主义市场经济包括资本市场健康发展，发挥了重要作用。但近年来，实践中诟病比较多的一个突出问题仍然是公司设立门槛较高、程序复杂。本次《公司法》快速修订，除了顺应市场呼声之外，国务院正在推进的政府职能转变无疑为其提供了重要契机和推动力。

根据国务院2013年3月14日通过的《机构改革和职能转变方案》，“对按照法律、行政法规和国务院决定需要取得前置许可的事项，除涉及国家安全、公民生命财产安全等外，不再实行先主管部门审批、再工商登记的制度，商事主体向工商部门申请登记，取得营业执照后即可从事一般生产经营活动；对从事需要许可的生产经营活动，持营业执照和有关材料向主管部门申请许可。将注册资本实缴登记制改为认缴登记制，并放宽工商登记其他条件。”国务院2013年5月18日发布的《关于2013年深化经济体制改革重点工作意见》进一步提出了具体改革措施，包括公司资本制度改革、公司登记制度改革等。这就迫切需要对《公司法》中公司资本制度的相关规定进行修订，以满足在投资领域转变政府职能、全面建设服务型政府等方面的需要。

本次《公司法》修订专门针对公司资本制度，主要涉及三个方面内容：一是确立认缴资本制。取消了关于公司股东（发起人）应自公司成立之日起2年内（投资公司在5年内）缴足出资以及一人有限责任公司股东应一次足额缴纳出资的规定，除法律、行政法规以及国务院决定对公司注册资本实缴有另行规定外，由公司股东(发起人)自主约定认缴出资额、出资方式、出资期限等并记载于公司章程。二是放宽注册资本登记条件。除对公司注册资本最低限额有另行规定的以外,取消了有限责任公司、一人有限责任公司、股份有限公司最低注册资本分别应达 3 万元、10 万元、500 万元的限制,也不再限定公司设立时股东(发起人)的首次出资比例以及货币出资比例。三是简化公司登记事项和登记文件。有限责任公司股东认缴出资额、公司实收资本不再作为登记事项,公司登记时不需要提交验资报告。

《公司法》的本次修订,降低了公司设立门槛,有助于鼓励创业,刺激经济发展;注册资本由认缴、实缴相结合变为全面实缴,对市场主体诚信提出了新的要求,有利于促进我国信用体系加快建立;对与注册资本相关的行政、刑事、民事法律制度带来影响,例如公司登记制度需要作出相应调整,现行法中董事、高管督促股东及时履行出资义务的责任、股东之间对出资不到位所负有的连带责任以及刑法上的虚假出资罪、抽逃出资罪等与注册资本相关联的条款都需要重新审视。

本次修订采取了专项修订、快速推进的模式,务实、高效,得到各方肯定,其经验可供资本市场立法(国家法律层面的立法)参考,也为行政法规、部门规章乃至市场自律规则的制定、修改提供了有益的借鉴。基于对市场效率的要求,可以预计,《公司法》这种小步快跑、及时修订的立法模式,在资本市场各层次立法中将会得到更广泛的运用,频繁修订可能会成为资本市场立法的一个常态。

(三)《证券法》修改:正式列入全国人大立法规划第一类项目

《证券法》1998 年颁布,2005 年与《公司法》同步做了一次全面修订,自 2006 年 1 月 1 日实施至今已有八年多时间,其间我国资本市场运行的基础和环境发生了重大变化,例如产品多样化、发行与交易方式多元化、证券无纸化、市场多层次和国际化等,《证券法》日益暴露出新的不适应性:一是直接融资和间接融资结构失衡问题突出,市场内部层次架构不合理,市场功能的进一步发挥受到制约;二是对市场的管制过严造成市场准入成本较高,但监管手段不足,违法成本过低,市场化约束机制不够完善,影响了市场运行的质量和效率;三是上市公司依然存在治理结构不健全、内部控制缺失、信息披露质量不高的现象,欺诈发行、虚假陈述、内幕交易、操纵市场等损害投资者利益的行为屡禁不绝,规范市场主体行为,维护市场秩序,保护投资者任务十分艰巨;四是股票市场个人投资者占比偏高,专业机构投资者整体规模较小,投资短期化特征明显,企业重融资、轻回报现象较为突出,长期投资、价值投资的文化尚未形成;五是市场发展与创新实践突破了证券法的调整范围,证券行业创新发展受到较多制度限制;六是资本市场的对外开放以及跨境监管合作也缺乏必要的基本制度设计。

《证券法》修订时机也越来越成熟。国家全面深化改革、推进政府职能转变为《证券法》修订提出了要求、提供了契机,各方面对修法的认识更加深入,研究更加务实,共识逐步形成,为修法奠定了良好的基础。其中,证监会牵头组织的《证券法》实施评估工作取得重要成果,总结了《证券法》在制度上存在的问题、提出了具体立法建议,为正式启动修法创造了条件。

根据十八届三中全会《决定》精神,《证券法》修改应当坚持市场化、法治化、国际化的取向,力求处理好法律的稳定性与变动性、现实性与前瞻性、原则性与可操作性之间的关系,对资本市场健康稳定发展做出一系列全局性、长远性的制度安排。建议进行较大幅度的修改,主要是如下几个方面:一是丰富证券市场品种,为市场创新打开空间;二是确立股票发行注册制,为企业融资提供便利;三是完善场外市场、债券市场、私募等法律制度,健全多层次资本市场体系,满足多样化的市场需求;四是完善证券交易、登记、结算和担保等制度,提高市场运行效率;五是完善信息披露、公司治理制度,提高市场透明度和规范运作水平;六是完善投资者保护制度,提升市场的公信力和吸引力;七是推进证券监管转型,在放松管制的同时,加强监管执法,提升市场信心;八是推进资本市场双向开放,提升市场的核心竞争力和国际影响力。

2013 年 10 月,十二届人大常委会将《证券法》修改纳入本届人大五年立法规划“条件比较成熟、本届任期内拟提请审议”的第一类项目。2013 年 12 月,全国人大财经委员会在人民大会堂召开《证券法》修改起草组成立暨第一次全体会议，正式启动证券法修改工作。2014年3月，十二届全国人大二次会议确定将《证券法》修改纳入2014年立法计划，标志着修法工作进一步加快。

尽管对一些具体问题还存在分歧，修法进程也难以预计，但我们有理由期待，经过本次修订，中国资本市场将迎来一部更加完善的《证券法》，而这也将进一步加快中国资本市场从"新兴加转轨市场"向成熟市场迈进的步伐。

(四)《期货法》制定：再次纳入全国人大立法规划第二类项目

目前，我国规范期货市场的基础性制度是《期货交易管理条例》。条例制定于1999年6月，2007年3月、2012年10月做了两次修改。条例主要从行政监管的角度对期货市场进行规制，有关期货市场基础民事法律关系、法律责任的规定比较欠缺，对于场外衍生品市场、期货投资者保护、期货市场对外开放等重要问题还缺乏基本规定；加上其法律位阶和效力层级较低，不能满足期货市场创新发展的深层次法制需求。长期以来，市场上一直呼吁制定一部期货市场的基本法即《期货法》，以更好地规范和促进市场发展。

实际上，早在八届全国人大期间(1993年3月至1998年3月)，《期货法》就被列入立法规划。十届、十一届全国人大常委会立法规划也将其列为"研究起草、条件成熟时安排审议"的第二类立法项目。十届全国人大期间曾形成相对成熟的《期货法》草案，但因为金融危机爆发、股指期货尚未推出等多方面原因，相关草案最终未提交审议。目前，商品期货品种不断增加，股指期货、国债期货等金融期货也已成功推出且运行平稳，监管实践更加丰富，为制定《期货法》进一步创造了条件。

《期货法》的制定，目的在于确立期货市场的基础性法律制度，某种意义上是《期货交易管理条例》的升级版。建议重点规定以下内容：一是明确调整范围，如场外衍生品的市场监管、发行类衍生品和非发行类衍生品的监管界限；二是确立结算机构和具有结算职能的期货交易所中央对手方地位；三是完善期货品种上市机制，确立市场化导向的品种创新机制；四是强化投资者保护，将投资者适当性等制度上升到法律层面；五是将现有司法解释中的结算财产司法保护政策，如结算担保金等结算财产免于查封、冻结、扣押等制度上升到法律层面；六是将实践中业已确立的独具特色、行之有效的期货保证金监控监测制度上升到法律层面；七是强化期货交易所的自律监管功能，赋予期货交易所充分的自律监管权。

《期货法》的制定需要处理好与《证券法》的关系。现行《证券法》规定证券衍生品种的发行和交易由国务院另行规定。这就涉及到《期货法》与《证券法》调整范围的划分问题，即对"证券衍生品种"，哪些应由《证券法》调整、哪些应由《期货法》规制。总体建议是，节约立法资源，及时满足市场创新的需要，避免不必要的交叉重叠和法律适用上的不确定性。

(五)资本市场法律体系建设：绘制路线图

资本市场法律体系建设是资本市场法治建设的基础。截至2013年年底，现行有效的证券期货法律法规、规章、规范性文件500余件，其中规章70余件，规范性文件400余件，资本市场法律体系初步形成，但在协调性、完备性、前瞻性等方面仍存在许多不足。2013年12月9日出版的《新世纪》(2013年第47期)发表了中国证监会主席肖钢主席署名文章《法制强则市场兴》，描绘了资本市场法律体系建设的路线图。路线图分三个层次推进：

一是在法律和行政法规方面，尽快修订《证券法》，抓紧制定《期货法》，及时制定上市公司监管条例、证券期货投资者保护基金条例、类别股份发行管理规定、私募基金监管条例。

二是在司法解释和司法政策方面，尽快修订虚假陈述民事赔偿司法解释，抓紧制定内幕交易、市场操纵民事赔偿司法解释和虚假陈述、市场操纵、"老鼠仓"刑事司法解释，抓紧研究制定认定证券期货交易场所、登记结算公司商事规则法律效力的司法解释。

三是在部门规章和规范性文件方面，按照规制内容与法律关系的不同性质，全面整合现有规章和规范性文件，适时制定必要的行政规章，尽可能做到同一性质、类型的事项由同一个规章规定，形成相对科学完备的法律实施规范子体系，具体包含八大子体系。

"融资与并购"子体系。要围绕以信息披露为中心的监管理念，紧扣投资者权益变动的制度定位，按照注册制的法律规制要求，在证券发行、上市类现行制度规则的基础上,整合形成证券发行管理办法、兼并收购办法、信息披露办法等规章。

"市场交易"子体系。要以交易秩序的维护与交易结果的确认为核心,正确处理公平与效率的关系,在现行证券、期货交易所管理办法有关交易规则的内容规范基础上,针对证券、期货分别形成交易管理办法、结算管理办法等规章。

"产品业务"子体系。要紧扣证券期货产品、业务等金融服务规范的制度定位,围绕以明确执业标准、强化行为规范为中心的监管理念,在基金类现有规则的基础上,统合形成适用于证券公司、基金公司、期货公司,涉及公募私募、运作管理、信息披露等方面的资产管理类规章;制定证券期货投资咨询办法;针对证券、期货分别制定自营、经纪业务管理办法;分别形成发行保荐、财务顾问、资信评级、审计服务、法律服务、资产评估等专项业务管理办法。

"市场与机构主体"子体系。要以不同市场组织主体和市场机构主体的设立和治理规范为核心,在机构、基金、期货有关公司管理的现行制度规定基础上,整合形成证券公司管理办法、基金公司管理办法、期货公司管理办法,在当前规则基础上制定涵盖不同市场层次的证券、期货交易场所管理办法。

"对外开放"子体系。要以引导、规范境内主体利用国际市场为核心,制定境内机构提供跨境证券投资服务管理办法、跨境监管执法合作管理办法等规章。

"审慎监管"子体系。要以系统性风险的监测、预警与防控为核心,统合形成市场统计监测办法、市场风险基金管理办法、风控指标管理办法、信息技术安全保障办法等规章。

"投资者保护"子体系。要以投资者权益的保障与救济为核心,在现有的投资者适当性制度、销售适当性、现金分红政策的基础上,统合形成适用于整个证券期货市场的投资者适当性办法、产品销售规则、股东权益保障与实现办法,制定投资者公平基金办法、公益机构支持投资者维权诉讼管理办法等规章。

"监管执法"子体系。要以统一证券期货监管执法程序与实体性认定标准为核心,统合形成监管工作职责规定、监管信息公开办法、信访工作规则等规章,根据发现、立案、调查、处罚、复议等执法工作关键节点分别制定投诉举报处理办法、立案审查处理办法、行政和解实施规定、行政处罚实施办法等规章,针对操纵市场、内幕交易、"老鼠仓"等重大违法行为相应制定实体性认定办法。

资本市场法律体系建设路线图的提出,总结了近年来资本市场立法的经验,兼顾了未来市场发展的需要,有助于全面推动资本市场法律体系的完善,指导和促进法律规范的清理整合,不断提升资本市场法律制度的系统性和科学性。值得注意的是,尽管路线图未明确纳入市场自律组织的业务规则,但从境内外市场实践看,自律规则也是资本市场法律规则体系的有机组成部分,特别是在市场组织、行业管理等方面发挥着独特作用,在我国推进政府职能转变和证券监管转型的背景下,自律组织和自律规则的作用将得到进一步发挥。

(六)中小投资者合法权益保护:颁布首部纲领性文件

投资者是资本市场可持续发展的根基和源泉,否则市场就可能成为无本之木、无源之水。证监会高度重视投资者保护工作,先后提出"保护投资者利益是我们工作的重中之重"、"保护中小投资者就是保护资本市场"。近年来,我国中小投资者保护工作取得了积极成效,但与成熟市场相比、与市场规模的快速发展相比、与投资者的期待相比,仍然滞后,存在的问题仍然突出。为贯彻落实党的十八大、十八届三中全会精神和国务院有关要求,进一步加强资本市场中小投资者合法权益保护工作,2013年12月25日国务院办公厅发布《关于进一步加强资本市场中小投资者合法权益保护工作的意见》。

意见包括九个方面的内容:一是健全投资者适当性制度,制定完善中小投资者分类标准,科学划分风险等级,进一步完善规章制度和市场服务规则;二是优化投资回报机制,引导和支持上市公司增强持续回报能力,完善利润分配制,建立多元化投资回报体系,发展服务中小投资者的专业化中介机构;三是保障中小投资者知情权,增强信息披露的针对性,提高市场透明度,督促上市公司等信息披露义务主体切实履行信息披露职责;四是健全中小投资者投票机制，完善中小投资者投票等机制，建立中小投资者单独计票机制，保障中小投资者依法行使权利；五是建立多元化纠纷解决机制，完善纠纷解决机制，发挥第三方机构作用，加强与司法机关等协调配合；六是健全中小投资者赔偿机制，督促违规或者涉案当事人主动赔偿投资者，建立上市公司退市风险应对机制，完善风险救助机制；七是加大监管和打击力度，完善监管政策，坚决查处损害中小投资者合法权益的违法行为，强化执法协作；八是强化中小投资者教育，加大普及证券期货知识力度，提高投资者风险防范意识；九是完善投资者保护组织体系，构建综合保护体系，完善组织体系，优化政策环境。

意见从我国资本市场实际情况出发，以投资者需求和合法权益保障为导向，针对长期以来投资者保护存在的突出问题，在我国资本市场发展历程中首次全面构建了资本市场中小投资者权益保护的制度体系，是指导我国资本市场中小投资者权益保护工作和促进资本市场持续健康发展的纲领性文件，成为我国资本市场发展历程中的又一重要里程碑。意见的发布与落实，对于保护投资者利益、维护资本市场“三公”、增强市场信心和促进市场健康稳定发展必将产生深远影响。意见的内容全面，导向明确，共提出了八十多项政策举措，其中有不少制度创新和改革亮点。例如，“公司首次公开发行股票、上市公司再融资或者并购重组摊薄即期回报的，应当承诺并兑现填补回报的具体措施”，就是针对长期困扰投资者的发行人“业绩变脸”问题提出来的；“研究建立‘以股代息’制度，丰富股利分配方式”，为投资者取得回报提供了更多的选择；“制定自愿性和简明化的信息披露规则”，有利于落实投资者的知情权；“督促违规或者涉案当事人主动赔偿投资者”，“研究建立公开发行公司债券的偿债基金制度”，“上市公司退市引入保险机制，在有关责任保险中增加退市保险附加条款”，“健全证券中介机构职业保险制度”，“研究实行证券发行保荐质保金制度和上市公司违规风险准备金制度”，“研究扩大证券投资者保护基金和期货投资者保障基金使用范围和来源”等，有利于保障投资者及时获得赔偿；“将投资者教育逐步纳入国民教育体系”，有利于培养理性投资者、提升投资者的自我保护能力。

（七）监管转型：首次全面阐述

监管是资本市场有序运行的重要保障，也是一个不断调整和持续完善的过程。在中央提出全面深化改革和国务院大力推进政府职能转变的背景下，在我国资本市场经过 20 余年发展、市场基础已经发生重大变化的情况下，加快监管转型具有重要的现实意义。2014 年 1 月 21 日召开的全国证券期货监管工作会议上，证监会肖钢主席做了《大力推进监管转型》的报告。

报告指出，监管转型是指监管理念、监管模式和监管方法的革新和转变过程，是对社会主义市场经济条件下现代证券期货监管规律的新探索。监管转型的核心是实现“六个转变”，即监管取向从注重融资，向注重投融资和风险管理功能均衡、更好保护中小投资者转变，监管重心从偏重市场规模发展，向强化监管执法，规模、结构和质量并重转变，监管方法从过多的事前审批，向加强事中事后、实施全程监管转变，监管模式从碎片化、分割式监管，向共享式、功能型监管转变，监管手段从单一性、强制性、封闭性，向多样性、协商性、开放性转变，监管运行从透明度不够、稳定性不强，向公正、透明、严谨、高效转变。当前大力推进监管转型，是进一步发挥资本市场功能、激发经济活力的迫切需要，是促进资本市场长期稳定健康发展的内在要求，是全面增强证券期货服务业竞争力的重要举措，也是提升监管效能、切实履行核心职责的现实选择。

报告明确了监管转型的主要任务，包括进一步精简行政审批备案登记等事项、推进股票发行注册制改革、确立以信息披露为中心的监管理念、理顺监管与执法的关系、强化派出机构职责、促进证券期货服务业提升竞争力、提高稽查执法效能、推进资本市场中央监管信息平台建设、建设法律实施规范体系等九个方面。同时，报告就监管转型的组织落实作了部署，提出监管转型“关键在人、重在落实”，强调要加强监管队伍建设、统一思想、明确责任、强化衔接协调、加强督查评估。

这是近年来监管机构首次对监管转型做出的全面阐述，回答了为什么要转型和怎么转型的问题，既涉及监管理念的转变，又涉及监管方式、手段的调整，既高屋建瓴，又脚踏实地，对未来一段时期的监管工作具有切实的指导意义。其中不少表述,颇有新意,例如:明确提出“不改革,没出路;要转型,有风险。但是,只有转型和改革,才有解决问题的机会,才是希望所在”,体现了推进改革和转型的决心和魄力;又如,在行政审批制度改革方面,除了证监会机关继续清理、精简行政审批事项外,对派出机构、交易所、协会和会管单位的审批备案等事项也要求在2014年6月底前全面完成清理,凡法律法规没有规定的行政许可审批事项一律取消,非行政许可审批事项逐步废止,没有法律规定的各类事前备案、报告等事项一律取消(确有必要的改为事后备案),所有审批备案事项必须公布标准、流程、期限和方式,不公布的不得实施,这体现了监管机构简政放权的坚定和彻底;再如,在信息披露方面,强调“要把满足投资者的需求作为出发点和落脚点”,“以投资者需求为导向,使信息披露更好地为投资者服务,而不是以监管自身需求为中心”,为加强投资者保护的努力又增加了一个注脚。有媒体就此评论,“证监会要革自己的命”,诚哉斯言。

二、制度建设新突破

资本市场的顶层设计,需要各领域、各环节的具体法律制度予以支撑。2013年,资本市场的制度建设不断取得新的突破。

(一)新股发行市场化改革:从核准制向注册制过渡

第一,发布新一轮新股发行体制改革的指导性文件《关于进一步推进新股发行体制改革的意见》。

在深入调查研究、广泛听取市场意见的基础上,2013年11月30日,中国证监会发布了《关于进一步推进新股发行体制改革的意见》,这是逐步推进股票发行从核准制向注册制过渡的重要步骤,新一轮股票发行注册制改革就此拉开序幕。

意见明确,本轮新股发行体制的目标是厘清和理顺新股发行过程中政府与市场的关系,加快实现监管转型,提高信息披露质量,强化市场约束,促进市场参与各方归位尽责,为实行股票发行注册制奠定良好基础。改革的总体原则是坚持市场化、法制化取向,综合施策、标本兼治,进一步理顺发行、定价、配售等环节的运行机制,发挥市场决定性作用,加强市场监管,维护市场公平,切实保护投资者特别是中小投资者的合法权益。《意见》主要包括五个方面内容:

一是推进新股市场化发行机制。将招股说明书预先披露时点提前至发行人招股说明书申报稿正式受理后;预先披露后不得随意更改;股票发行审核以信息披露为中心,发行人和保荐机构、会计师事务所、律师事务所、资产评估师等证券服务机构各司其职、各负自责,中国证监会发行监管部门和股票发行审核委员会依法对发行申请文件和信息披露内容的合法合规性进行审核,不对发行人的盈利能力和投资价值作出判断,投资者应当认真阅读发行人公开披露的信息,自主判断企业的投资价值,自主做出投资决策,自行承担股票依法发行后因发行人经营与收益变化导致的风险;鼓励持股满三年的原有股东将部分老股向投资者转让,发行人应根据募投项目资金需要量合理确定新股发行数量,新股数量不足法定上市条件的,可以通过转让老股增加公开发行股票的数量,新股发行超募的资金,要相应减持老股;放宽首次公开发行股票核准文件的有效期至12个月。

二是强化发行人及其控股股东等责任主体的诚信义务。加强对相关责任主体的市场约束,发行人控股股东、持有发行人股份的董事和高级管理人员应在公开募集及上市文件中就减持价、锁定期作出公开承诺以及提出稳定公司股价的预案;公开发行前持股5%以上股东应披露持股意向及减持意向,减持需提前三个交易日予以公告;强化对相关责任主体承诺事项的约束,对不履行承诺的行为及时采取监管措施。

三是进一步提高新股定价的市场化程度。发行价格由发行人与承销的证券公司自行协商确定;约束网下配售的机构投资者报高价,确定发行价时先剔除报价最高的10%的申购量,设定有效报价人数要求,发挥个人投资者参与发行定价的作用;强化定价过程的信息披露要求,发行市盈率高于同行业上市公司二级市场平均市盈率的应发布投资风险特别公告。

四是改革新股配售方式。引入主承销商自主配售机制,提高网下配售的比例,限制网下配售的投资者家数,增加单个网下投资者的配售数量，强化股票配售过程的信息披露要求。

五是加大监管执法力度。发行人和中介机构从申报时点起，就需要对所披露的信息承担相应法律责任；在发审会前，监管部门将抽查在审企业中介机构的尽职履责情况，被抽查的企业将接受比日常审核更为严格细致的审查；审核中，一旦发现违法违规线索，根据程度的不同，将分别采取中止审核、移交稽查、移交司法机关，直至追究相关当事人责任；加强对报价、定价过程的监管，打击高报不买、高报少买、串通报价等行为，打击新股炒作行为。如信息披露严重违法，给投资者造成损失的，相关责任主体须依法赔偿投资者损失；如影响对发行上市条件判断的，要求发行人回购已发行的新股，控股股东购回已转让的限售股。

第二，完善新股发行体制改革配套制度。

2013 年 12 月 2 日，证监会发布《首次公开发行股票时公司股东公开发售股份暂行规定》。老股转让是境外主要市场的成熟做法，本次改革在 2012 年新股发行体制改革的基础上完善了该项制度，有利于进一步缓释上市公司资金超募问题，增加可流通股份数量，促进买、卖双方充分博弈，理顺发行、定价、配售等环节的运行机制。明确持股满 36 个月的老股东可以在公开发行新股时按照平等协商原则向公众发售老股，增加新上市公司流通股数量。为促进新股合理定价，发行人需依据募投项目资金需要量合理确定新股发行数量，并在发行方案中明确新股发行与老股转让数量的调整机制。

2013 年 12 月 13 日，证监会修订并发布《证券发行与承销管理办法》，改革和规范定价与配售方式，进一步提高新股发行的市场化程度。本次修订主要包括以下五个方面内容：一是取消行政限价手段，引入主承销商自主配售机制，提高定价和配售的市场化程度；二是提高网下配售比例，调整有效报价投资者家数的限制，发挥公募基金、社保基金定价作用，加强对定价和配售的市场化约束；三是调整回拨机制，改进网上配售方式，尊重网上投资者认购意愿；四是提高发行承销全过程的信息披露要求，强化社会监督；五是完善行政处罚、监管措施、自律监管、记入诚信档案等多层次的监管体系，进一步加强监管，强化事后问责。

2013 年 12 月 27 日，证监会发布《关于进一步加强保荐机构内部控制有关问题的通知》，贯彻以信息披露为中心的发行监管要求，健全保荐业务内控制度，强化执业过程的风险和责任意识。核心内容是要求保荐机构应进一步健全覆盖立项、尽职调查、内核、质量控制、持续督导等环节的内控制度安排、组织体系和控制措施，不断增强自我约束和风险控制能力。

2013 年 12 月 27，中国证券业协会发布《首次公开发行股票承销业务规范》，细化了在新股发行定价和询价、配售、路演推介、投资价值研究报告、信息披露等方面的规定，对承销商执业检查及自律管理措施进行了更加明确、严格的规定，是协会在投资银行全业务链领域颁布实施的首个自律规则。规范秉承市场化、法制化改革思路，在严格监管执法的同时，进一步放松管制，赋予包括承销商在内的市场主体更大的自主权，有助于引导承销商在规范框架内灵活自主开展相关业务活动。

自 2009 年开始，新股发行体制改革先后进行了四轮（2009 年、2010 年、2012 年、2013 年）。本轮改革贯彻落实党的十八届三中全会关于“推进股票发行注册制改革”的部署，旗帜鲜明地提出了注册制的改革方向，坚持市场化、法制化取向，更加注重改革的系统性、整体性、协同性，致力于解决新股发行中存在的“三高”（高发行价、高市盈率、高超募资金）、投资者权益容易受到损害等问题，着眼于厘清和理顺新股发行过程中政府与市场的关系，加快实现监管转型，提高信息披露质量，强化市场约束，促进市场参与各方归位尽责，为向注册制过渡进一步创造条件。意见及其配套文件对证券发行申请、定价、承销、配售、信息披露、审核、监管执法等提出了一系列改革措施，在放松管制的同时，更加突出事中加强监管、事后严格执法，切实维护市场公开、公平、公正，从而实现筹资与投资、发行人与投资者、一级市场与二级市场的协调发展和良性循环。当然，由于《证券法》还没有修订，目前证券发行仍实行核准制、仍保留发审委制度，意见还只是一部阶段性、过渡性文件，股票发行注册制还有待立法等各方面条件成熟后才能真正到位。

新股发行体制改革将是一个长期、渐进的过程，仍需根据实际情况不断调整、不断完善。

(二)多层次资本市场法律体系建设:"新三板"规则体系基本形成

第一,国务院发布《关于全国中小企业股份转让系统有关问题的决定》。

2013年12月14日,国务院发布了《关于全国中小企业股份转让系统有关问题的决定》,提出充分发挥股转系统服务中小微企业发展的功能,建立不同层次市场间的有机联系,简化行政许可程序,建立和完善投资者适当性管理制度,加强事中事后监管、保障投资者合法权益,加强协调配合、为挂牌公司健康发展创造良好环境。

《关于全国中小企业股份转让系统有关问题的决定》以国务院文件的形式,进一步明确了股转系统的性质、功能和定位,即"全国股份转让系统是经国务院批准,依据证券法设立的全国性证券交易场所,主要为创新型、创业型、成长型中小微企业发展服务"。决定的内容包含一系列制度创新,例如在准入条件上,不设公司规模、财务指标要求;在行政许可安排上,简化核准程序,对股东人数未超过200人的股份公司申请挂牌以及挂牌公司向特定对象发行证券后证券持有人累计不超过200人,予以豁免核准;在多层次资本市场的有机联系上,建立区域性股权转让市场与股转系统、股转系统与交易所之间的转板机制。这些制度安排,不仅契合了中小微企业和全国股份转让系统的特点,也将推动新股发行制度向注册制过渡的有益探索。

第二,新三板配套制度和规则体系建设不断完善。

2013年12月26日,证监会发布了《关于修改〈非上市公众公司监督管理办法〉的决定》、《股东人数超过200人的未上市股份有限公司申请行政许可有关问题的审核指引》、《公开转让说明书》、《公开转让股票申请文件》、《定向发行说明书和发行情况报告书》、《定向发行申请文件》以及证监会关于实施行政许可工作的公告等7项配套规则。针对历史上股东人数已经超过200人的问题,要求申请挂牌的公司应当依法设立并合法存续、不违反当时法律的禁止性规定,股权结构清晰,经营规范,公司治理与信息披露制度健全;针对非上市公众公司挂牌行政许可,明确在20个工作日内作出核准、中止审核、终止审核或不予核准的决定,不设发审委或发审委性质的专门委员会,内部审核会议安排不把反馈会、初审会等设定为必经程序;针对非上市公众公司信息披露,制定了信息披露内容与格式准则,明确了披露要求,尽可能降低公司成本。

《关于全国中小企业股份转让系统有关问题的决定》及其配套规则的颁布,标志着新三板法律、规则体系初步形成,也意味着股份转让系统试点扩大至全国工作正式启动,为进一步完善多层次资本市场体系、服务中小微企业发展奠定了坚实的基础。上述新三板规则体系更加注重市场化运作的要求,并注意与现有规则的衔接协调,将为新三板的健康发展提供有力的支持。

(三)债券市场发展:以制度保障创新与规范

第一,债券市场创新步伐加快。2013年3月,财政部、中国人民银行、证监会发布《关于开展国债预发行试点的通知》,2013年9月,上交所、中国结算公司发布《国债预发行(试点)交易及登记结算业务办法》,推出国债预发行交易试点。2013年5月,深交所发布《关于中小企业可交换私募债券试点业务有关事项的通知》,推出中小企业可交换私募券试点。2013年12月,上交所发布《关于国家开发银行金融债券发行交易试点的通知》、《上海证券交易所债券招标发行业务操作指引》,推出政策性金融债券发行交易试点。2013年11月10日,中国证监会和中国银监会联合发布《关于商业银行发行公司债券补充资本的指导意见》,允许符合条件的商业银行按照规定申请发行包含减记条款的公司债券(减记债)及其他类型的公司债券补充资本。此外,2013年10月29日,武汉地铁集团发行2013年武汉地铁集团有限公司可续期公司债券,被视为内地版永续债的破冰之作,该债券是作为企业债券经国家发改委批准发行,但值得关注的是,目前对此类债券的会计处理(即究竟是作为权益还是债务)、风险防范等尚缺乏有针对性的规定。

第二,债券市场开放稳步推进。2013年3月1日,证监会、央行和国家外管局联合发布《人民币合格境外机构投资者境内证券投资试点办法》,允许合格境外机构投资者(QFII)进入银行间债券市场,标志着银行间债市的国际化迈出了重要一步。离岸人民币债券市场亦取得了可喜的进展,香港、伦敦、新加坡和台湾地区的人民币债券市场都实现了突破。

第三,债券的发行和交易进一步规范。国家发改委2013年4月发布《关于进一步改进企业债券发行审核工作的通知》,2013年5月发布《关于对企业债发行申请部分企业进行专项核查工作的通知》,2013年8月发布《关于进一步改进企业债券发行工作的通知》,2013年11月发布《关于开展企业债券预审工作的通知》,在进一步简化审核程序、提高审核效率的同时,强化债券风险防范。与此同时,证券交易场所拓展和规范债券交易服务。2013年3月,上交所发布《关于为证券公司次级债券提供转让服务的通知》、《关于为资产支持证券提供转让服务的通知》,明确了证券公司次级债券和资产支持证券转让的基本规范。2013年4月,上交所发布《关于优化公司债券上市流程的通知》和《公司债券业务指南》,简化了公司债上市流程,整合、完善了业务操作指南。2013年5月,深交所发布《深圳证券交易所上市公司可转换公司债券发行上市业务办理指南》,完善了上市公司可转换公司债券的业务办理流程。2013年1月,中国证券业协会发布《证券公司中小企业私募债券承销业务尽职调查指引》,规范中小企业私募债券承销业务,促进证券公司做好尽职调查工作。

第四,银行间市场进一步加强监管。2013年1月,银行间市场交易商协会出台《非金融企业债务融资工具信用评级业务自律指引》,规范信用评级业务,促进市场公开透明、保护投资者权益。2013年7月,银行间市场交易商协会出台《非金融企业债务融资工具存续期信息披露表格体系》,规范存续期信息披露行为。2013年7月,央行发布《中国人民银行公告(2013)第8号》,正式叫停了不透明的线下交易。2013年10月,全国银行间同业拆借中心宣布将新增现券买卖请求报价功能,以完善做市商制度,提高交易效率。2013年12月,中央国债登记结算有限责任公司发布《券款对付业务实施细则》公布,银行间债市正式统一采用券款对付(DVP)。密集、频繁的监管文件出台,旨在促进银行间债券市场的规范运行。

按照十八届三中全会《决定》提出的"发展并规范债券市场,提高直接融资比重"要求,2013年债券市场各方面都取得了积极进展,发展与规范始终是一条主线。但债券市场长期存在的市场割裂、监管规则不统一的问题始终悬而未决,有待于通过《证券法》修改和加强金融监管协调来解决;同时,债券市场的进一步规范(例如银行间市场"丙类户"运作不规范问题),以及受经济周期等因素影响,部分债券品种及发行人风险较大(例如"超日债")等问题,也需要对监管制度进行有针对性的完善;另外,债券市场的规则总体上政出多门、比较零散,需要适时进行整合,以统一监管标准和程序。

(四)证券公司资产证券化业务:转常规、出新规

资产证券化是提升证券公司服务实体经济能力,更好地满足社会投融资需求的重要途径,也有助于推进证券行业的转型发展,提升证券公司的市场竞争力。2005年8月,证监会开始了企业资产证券化的试点。2009年5月,证监会发布了《关于通报证券公司企业资产证券化业务试点情况的函》及《证券公司企业资产证券化业务试点指引(试行)》,明确了证券公司进行企业资产证券化业务试点的相关政策及监管要求。由于2008年国际金融危机,证券公司资产证券化业务一度暂停。2011年下半年,证监会重启了企业资产证券化项目的审批。2013年3月,证监会颁布《证券公司资产证券化业务管理规定》,标志着证券公司资产证券化业务从试点转入常规。《证券公司资产证券化业务管理规定》的内容包括以下几方面:

第一,拓展证券公司资产证券化业务内涵。试点期间,对基础资产类型、特殊目的载体形态、获得基础资产的方式、原始权益人等均有严格的限定,对业务的持续发展客观上形成了一定阻碍。此次立法,将业务名称改为证券公司资产证券化业务、删除"企业"字样,并对业务进行了重新定义,扩大了资产证券化业务的载体范围,在继续采用专项计划作为特殊目的载体并明确专项计划资产为信托财产基础上,为将来引入基金、特殊目的公司或其他形式的载体预留了空间;扩展了基础资产的内涵和外延,允许企业应收款、信贷资产、信托受益权、基础设施收益权等财产权利,商业票据、债券、股票

等有价证券,商业物业等不动产财产等均可作为基础资产,还允许以基础资产产生的现金流循环购买新的基础资产方式组成专项计划资产;未限制获得基础资产的具体方式,除转让方式外,为可能采用财产信托等其他基础资产转移方式留下制度空间,同时也兼顾了原始权益人不特定的资产证券化业务类型;将"资产支持受益凭证"修改成"资产支持证券",以便和《证券公司集合资产管理业务实施细则》等规范性文件及市场通行称谓保持一致,更容易被市场上机构投资者认可和接受。

第二,降低了业务门槛。取消有关证券公司分类结果、净资本规模等门槛限制,具备证券资产管理业务资格、近一年无重大违法违规行为等基本条件的证券公司均可申请设立专项资产计划开展资产证券化业务。考虑到资产证券化业务过程中,证券公司可以通过有关措施防范可能存在的利益冲突,未对证券公司在与原始权益人存在关联关系情况下设立专项计划和担任管理人作禁止性规定,但对此种情况下作为管理人的证券公司提出了严格的信息披露要求。

第三,强化了流动性安排。为了提高产品的流动性,允许资产支持证券在证券交易所、中国证券业协会机构间报价与转让系统、证券公司柜台交易市场以及中国证监会认可的其他交易场所进行转让。此外,还允许证券公司为资产支持证券提供双边报价服务,即证券公司可以成为资产支持证券的做市商,按照交易场所的规则为产品提供流动性服务。符合公开发行条件的资产支持证券,还可以公开发行,并可以成为质押回购标的。

第四,取消了管理人自有资金及关联资金投资专项计划规模上限等限制性要求。为便于产品设计,未对自有资金投资专项计划的比例和规模限制。另外,考虑到证券公司发行的集合计划也可以认购资产支持证券,为鼓励证券公司设计能够满足客户需求、结构灵活的集合理财产品,允许证券公司"以其管理的集合资产管理计划认购资产支持证券的比例上限可以根据具体业务需要自行确定"。

第五,简化审核程序。为提高审核效率,明确了对于非公开发行的资产证券化产品,证券公司可直接向我会提交资产证券化相关产品的申请,无须事先取得交易场所的论证意见,对于公开发行的资产证券化产品,证监会受理申请后可以组织召开专家论证会对产品进行技术论证。

上述管理规定的出台,提升了证券公司资产证券化监管文件的法律层级,取消了诸多限制性规定,释放了市场创新的空间与活力,必将有力地促进该业务的发展、创新与规范。

(五)优先股试点:立法先行

优先股是相对于普通股而言的,指其股份持有人优先于普通股股东分配公司利润和剩余财产,但参与公司决策管理等权利受到限制的股份。优先股与普通股属于公司法上的类别股份。从境外情况看,优先股的种类有很多,例如累积型优先股与非累积型优先股、参加型优先股与非参加型优先股、可转换优先股与不可转换优先股、可赎回优先股与不可赎回优先股等,近些年还出现了浮动股息优先股、信托型优先股等创新类型的优先股。我国资本市场发展早期,曾有一些上市公司例如"金杯汽车"、"天目药业"、"万科"等发行了优先股,但总体规模极小。2006 年 8 月,"天目药业"将其发行的 1890 万股优先股转换为普通股,标志着优先股彻底告别了交易所市场。

当前,在我国推出优先股有利于深化金融体制改革,支持实体经济发展;有利于进一步深化企业股份制改革,为发行人提供灵活的直接融资工具,优化企业财务结构,推动企业兼并重组;有利于丰富证券品种,为投资者提供多元化的投资渠道,提高直接融资比重,促进资本市场稳定发展。但目前我国上市公司发行的股份均为普通股,现行《公司法》、《证券法》的相关规定均是针对普通股的,且《公司法》第 132 条规定"国务院可以对公司发行本法规定以外的其他种类的股份另行作出规定",因此在我国推出优先股首先需要解决法律依据问题,即要由国务院制定相关规定。正是基于此,2013 年 11 月,国务院发布了《关于开展优先股试点的指导意见》,主要内容包括以下几方面:

第一,明确优先股股东的权利与义务。优先股股东权利义务的特殊性在于:享有优先分配利润的权利,即优先股股东按照约定的票面股息率,优先于普通股股东分配公司利润,公司应当以现金的形式向其支付股息,在完全支付约定的股息之前,不得向普通股股东分配利润;享有优先分配剩余财产的权利,即公司因解散、破产等原因进行清算时,公司财产在按照公司法和破产法有关规定进行清偿后的剩余财产,应当优先向优先股股东支付未派发的股息和公司章程约定的清算金额,不足以支付的按照其持股比例分配;享有按章程规定转换为普通股和由发行人回购的权利;表决权受限制,除列明的特定情形外,优先股股东不出席股东大会会议,所持股份没有表决权;在公司累计3个会计年度或连续2个会计年度未按约定支付优先股股息时,优先股股东表决权恢复;除恢复表决权的情形外,不纳入《公司法》中相关表决权计算。

第二,规范优先股的发行与交易。发行主体限于上市公司和非上市公众公司(其中非上市公众公司只能非公开发行);发行数量不得超过公司普通股股份总数的百分之五十、且筹资金额不得超过发行前净资产的百分之五十(已回购、转换的优先股不纳入计算);公开发行的,应当在公司章程中规定固定股息率、强制派息、累积条款、不参加条款等内容;交易、转让场所限于证券交易所、全国中小企业股份转让系统或者国务院批准的其他证券交易场所,交易、转让环节的投资者适当性标准应当与发行环节一致;优先股可以作为并购重组支付手段;除恢复表决权的情形外,不纳入《证券法》中相关表决权计算。

第三,加强组织管理和配套政策安排。要求证监会和交易所制定配套规章、规则,加强市场监管;就会计、税务、社保和企业年金投资、外资等方面的政策,予以明确。指导意见体现了市场化、保护投资者合法权益和平稳起步的指导思想,确立了优先股的基本法律制度,奠定了优先股试点的上位法基础,是对现行《公司法》、《证券法》的重要补充,为企业融资和投资者投资开辟了新的渠道,是资本市场制度的又一重要创新。为落实指导意见要求,2013年12月,证监会发布《优先股试点管理办法(征求意见稿)》,对优先股发行种类、同股同权原则、优先股股东权利的行使、优先股的发行条件与程序、交易转让与登记结算、信息披露、回购与并购重组、监督管理等事项做了进一步明确。

(六)证券衍生品种法律制度完善:以国债期货回归和ETF期权试点为突破口

第一,国债期货18年后回归期货市场。我国历史上曾经有过国债期货交易,后因运作不规范,特别是"327国债期货事件"爆发后,1995年5月,中国证监会发出《关于暂停中国范围内国债期货交易试点的紧急通知》,开市仅两年零六个月的国债期货退出市场。2013年7月4日,中国证监会批准中金所上市国债期货。2013年8月,中国证监会相继发布了《关于建立金融期货投资者适当性制度的规定》、《证券公司参与股指期货、国债期货交易指引》、《公开募集证券投资基金参与国债期货交易指引》,中国金融期货交易所发布了《5年期国债期货合约》及相关业务规则,上述规定明确了国债期货交易的投资者适当性要求、证券公司及公募基金参与国债期货、合约标的、保证金、交易、交割等事项,为国债期货的推出奠定了制度基础。其中,为确保风险可测可控,制定了一系列国债期货风险防范措施,主要包括每日价格最大波动限制、最低交易保证金、梯度提高保证金、梯度限仓标准等四项制度。2013年9月6日,国债期货在中国金融期货交易所上市交易。国债期货的再次挂牌上市,是我国多层次资本市场建设取得的重要成果,是继股指期货之后证券衍生品种创新发展的重要突破。

第二,ETF期权试点积极研究、推进。ETF期权是海外市场成熟的产品,有利于丰富投资者的风险管理工具,活跃市场交易,扩展市场的广度和深度,提高市场效率和价格发现能力。从目前情况看,在我国开展ETF期权试点的条件已基本成熟,同时也需要采取有效措施防范风险,对此相关机构正在积极研究、推进。ETF期权推出所面临的主要法律问题和解决思路如下:

一是法律法规依据。《期货交易管理条例》明确将期权交易纳入条例调整范围,并为期货交易所之外的其他交易场所(包括证券交易所)依法开展期权交易提供了依据。ETF期权的制度设计,总体上应依照《期货交易管理条例》针对期货交易规定的具体制度和监管要求做出安排。同时,考虑到期权业务创新所面临的特殊制度和监管背景,对于《期货交易管理条例》没有明确规定的部分,可由证监会层面出台有针对性的衔接性、补充性规定,以夯实证券交易所开展期权业务的制度基础。

二是 ETF 期权的交易场所。证券交易所组织开展 ETF 期权业务,应当遵循《条例》规定,按照期货交易的基本原理,构建相应的交易、风控与结算制度。

三是 ETF 期权交易的参与主体。目前所设计的业务方案,将证券公司作为 ETF 期权交易的重要中介,主要是考虑到 ETF 期权和证券投资群体的高度一致性,有利于节约市场成本、提升市场效率。期货公司则可根据自身发展要求选择以交易参与人或其他适当方式参与,但在业务实现上,还需要考虑账户体系、保证金存管监控、证券实物交割等方面的具体安排,采取合适的方式进行。

四是 ETF 期权交易的结算模式。与期货交易所自行完成期货清算交割的模式不同,证券交易所是通过中登公司来完成证券交易的结算业务。在法律依据上,《期货交易管理条例》规定证监会可批准设立期货专门结算机构,履行期货结算等职责(第 83 条)。由中登公司作为专门的期货结算机构之一,承担 ETF 期权清算交割业务,是有法律依据的。

五是 ETF 股期权保证金安全存管的监控体系。证券交易所市场开展 ETF 期权交易的保证金监控体系应落实《期货交易管理条例》规定的期货交易保证金安全存管监控制度的规制目的和要求。

六是 ETF 期权的基本交易制度与风险控制制度。证券交易所应按照期货交易所开展期货交易的基本模式,构建相应的交易与风控制度,以有效防范和控制 ETF 期权交易风险。ETF 期权交易中的风险控制,同样应建立保证金、当日无负债结算、涨跌停板、持仓限额和大户持仓报告、风险准备金及结算互保金等风险管理制度,执行《期货交易管理条例》关于期货交易风险管理制度的要求。

(七)并购重组:审核分道制启动

并购重组审核分道制是指证监会对并购重组行政许可申请审核时,根据财务顾问的执业能力、上市公司的规范运作和诚信状况产业政策和交易类型的不同,实行差异化的审核制度安排。其中,对符合标准的并购重组申请,实行豁免审核或快速审核。

2013 年9 月13 日,证监会宣布上市公司实施分道制的各项准备工作已经完成,启动条件具备,10 月 8 日起将实施"分道制"。上市公司并购重组审核分道制按照"先分后合、一票否决、差别审核"原则,由证券交易所、证监局、证券业协会及财务顾问分别对上市公司合规情况、中介机构职业能力、产业政策及交易类型三项进行评价,按评价汇总结果将并购重组申请划入豁免/快速、正常、审慎三条审核通道。其中,进入豁免/快速通道、不涉及发行股份的项目,豁免审核,由证监会直接核准;涉及发行股份的,实行快速审核,取消预审环节,直接提请并购重组审核委员会(以下简称重组委)审议。进入审慎通道的项目,依据《证券期货市场诚信监督管理暂行办法》,综合考虑诚信状况等相关因素,审慎审核申请人提出的并购重组申请事项,必要时加大核查力度。进入正常通道的项目,按照现有流程审核。整个评价过程采用客观标准,结果自动生成。在放松管制的同时,强化事中、事后监管。对披露文件中存在的虚假记载、误导性陈述和重大遗漏问题,视情节轻重,采取行政监管措施或移交稽查。目前,上市公司信息披露和规范运作水平评价以及所聘请财务顾问在执业质量评价两项评价结果均为 A 类,且重组项目属于《国务院关于促进企业兼并重组的意见》和工信部等 12 部委《关于加快推进重点行业企业兼并重组的指导意见》确立的"汽车、钢铁、水泥、船舶、电解铝、稀土、电子信息、医药、农业产业化龙头企业"等九个推进兼并重组重点行业,交易类型属于同行业或上下游并购、不构成借壳上市的,将进入快速(豁免/快速)审核通道。

实施分道制,是证监会加大行政审批制度改革力度,切实将监管重心从事前审核向事中、事后监管转移的重要举措,具有重要的现实意义。一是与产业政策挂钩,体现加快推进重点行业企业兼并重组的政策导向,更好地服务于国民经济"转方式、调结构"的大局;二是与上市公司规范运作水平挂钩,体现分类监管、扶优限劣的理念,加大对失信主体的约束;三是与中介机构的执业质量挂钩,强化市场的激励约束机制,培育专业化、具有竞争力和创新意识的中介机构;四是有效提升上市公司监管的标准化、合理性和一致性水平,并为下一步行政许可的改革夯实基础。

（八）证券行业创新：发展与规范并重

2013 年 5 月，“2013 年证券公司创新发展研讨会”举行。会议对新形势下如何进一步深化改革持续发展形成了五个方面的共识，即创新必须持续不断地向前推进，创新必须致力于提升证券公司核心竞争力，创新发展与风控合规必须动态均衡，创新发展必须深化改革、加快配套机制建设，监管工作必须跟上行业创新发展的步伐。这是对证券行业创新 20 多年的探索实践和经验教训的总结。2013 年，证券行业创新稳步推进：

在经纪业务方面，取消对证券公司设立分支机构和非现场开户的不合理限制。2013 年 3 月，中国证监会发布《证券公司分支机构监管规定》，允许经营规范、具备管理控制能力、不存在重大风险的证券公司自主设立分支机构，放宽了之前对于券商开设分支机构的主体资格限制、地域限制、数量限制，对分支机构业务范围不做具体限定，为证券公司轻型营业部的设立提供了依据。2013 年 3 月，中国证券业协会发布《证券公司开立客户账户规范》，中国证券登记结算公司发布了《证券账户非现场开户实施暂行办法》，允许在符合开户流程、投资者教育到位、客户资料真实完整、客户回访制度有效落实的前提下，放宽客户非现场开户（见证、网上等）限制。

在投行和自营业务方面，对证券公司参与新三板、区域性股权交易市场等做出规范。2013 年 2 月，证监会发布《全国中小企业股份转让系统有限责任公司管理暂行办法》，明确新三板实行主办券商制度。中国证券业协会发布《证券公司参与区域性股权交易市场业务规范》，对证券公司参与新三板的业务资格、参与程序、服务规范、投资者适当性管理、风险控制与合规管理等事项予以明确。同时，中国证券业协会直接投资业务专业委员会 2013 年组织修订了《证券公司直接投资业务规范》，扩大直接投资业务的投资范围。

在资产管理业务方面，继续完善配套制度。2013 年 3 月，上交所发布《关于为资产支持证券提供转让服务的通知》，为证券公司发行的资产支持证券提供转让服务。2013 年 6 月，证监会修订发布《证券公司客户资产管理业务管理办法》、《证券公司集合资产管理业务实施细则》，主要是修改与 2013 年 6 月 1 日施行的新《基金法》相冲突的条款，包括删除投资者超过 200 人的集合计划的相关规定、按照新《基金法》非公开募集基金的统一规定调整证券公司资产管理计划的监管要求等。

在创新业务方面，进一步加强监管和服务。2013 年 3 月，中国证券业协会发布《中国证券市场金融衍生品交易主协议》（2013 年版）及其补充协议、《证券公司金融衍生品柜台交易业务规范》和《证券公司金融衍生品柜台交易风险管理指引》三项自律规则，分别明确了证券公司开展金融衍生品业务的协议示范文本，柜台交易的业务资格、风险管理、资料保管、信息报送要求，以及衍生品风险管理的总体原则、组织架构。为进一步完善主协议文件群完整性，2013 年 8 月，中国证券业协会组织起草《中国证券市场金融衍生品交易权益类证券衍生品定义文件》，目前已形成初稿。2013 年 3 月，中国证券业协会发布《证券公司私募产品备案管理办法》，就备案范围、备案机构、备案程序、备案审查、备案管理等作出规定。2013 年 8 月，证券市场监测中心发布《证券公司私募产品备案管理指引》，对证券公司私募产品备案审查、分类备案、日常报告等作出规定。2013 年 8 月，中国证券业协会发布《证券公司创新业务（产品）专业评价工作指引》，对证券公司创新业务（产品）专业评价的评价范围及要求、评价程序、评价专家等作出明确规定。

如果说 2012 年证券行业创新突出了“全面松绑”（2012 年 8 月，证监会发布《关于推进证券公司改革开放、创新发展的思路与措施》，提出了 11 条阶段性措施，包括提高证券公司理财类产品创新能力、加快新业务新产品创新进程、放宽业务范围和投资方式限制、扩大证券公司代销金融产品范围、支持跨境业务发展等），那么 2013 年则是行业创新继续深化和稳健推进的一年，重在“巩固、深化、完善、提高”，在鼓励创新的同时更加关注风险控制，例如通道业务的风险、债券业务的风险、柜台业务的风险等，这有利于促进行业创新的有序推进和健康发展。在资本市场仍处于“新兴加转轨”阶段、包括《证券法》在内的法律规则体系尚待完善、监管执法需进一步强化等现实条件下，证券行业创新采取“小步快跑”的策略或许是一个更合适的选择。

(九)基金行业创新:新《基金法》配套规则体系的修订提供支撑

2012 年年底修订通过的新《基金法》定于 2013 年 6 月 1 日起施行。为配合新《基金法》的实施,促进基金行业创新发展,需要制订、修订配套规则体系。相关工作在新《基金法》施行前后抓紧推进,取得丰硕成果。

在基金管理方面,拓展公募基金管理主体的范围。2013 年 2 月,证监会发布《资产管理机构开展公募证券投资基金管理业务暂行规定》,允许证券公司、保险资产管理公司以及私募证券基金管理机构(即专门从事非公开募集证券投资基金管理业务的资产管理机构)等三类机构开展公募证券投资基金管理业务,明确了申请条件、业务规范和监管事项。2013 年 6 月,证监会发布《保险机构投资设立基金管理公司试点办法》,对保险公司、保险集团(控股)公司、保险资产管理公司和其他保险机构设立基金管理公司的申请程序、风险控制和监管事项作出规定。

在基金销售方面,进一步放宽市场准入条件、明确监管要求。2013 年 3 月,证监会发布修订后的《证券投资基金销售管理办法》,明确办法针对的是公开募集基金销售业务,对基金销售业务资格申请实行注册制、实施主体调整为中国证监会派出机构,扩大基金销售机构范围、允许期货公司及保险机构等参与基金销售业务,对各类基金销售机构具有符合资质要求人员的数量进行明确,对基金销售业务资格申请机构因行政处罚被限制申请资格的情形限于受到重大处罚,将证券公司、期货公司没有挪用客户资产/保证金等损害客户利益的行为的时间要求由原先的 2 年提高到 3 年,取消对独立销售机构及其分支机构名称、组织机构等方面的限制要求,取消只有基金销售机构总部方可与基金管理人签订销售协议的限制,取消基金销售人员未经基金销售机构聘任不得从事基金销售活动的要求,进一步加强对基金销售机构、基金销售支付结算机构等在业务开展过程违法违规行为的处罚力度。2013 年 3 月,证监会发布《证券投资基金销售机构通过第三方电子商务平台开展业务管理暂行规定》,明确了基金销售机构通过第三方电子商务平台开展基金销售业务的监管要求,对第三方电子商务平台的资质条件和业务边界也作出了规定。2013 年 6 月,证监会发布《保险机构销售证券投资基金管理暂行规定》,明确了保险机构参与销售业务的具体监管要求以及相关监管机构之间的职责与分工。2013 年 6 月,证监会发布《关于修改〈开放式证券投资基金销售费用管理规定〉的决定》,允许基金销售的差异化收费,明确单次总申(认)购费与销售服务费合计不得超过 3%,允许设定强制性的惩罚性赎回费。

在基金托管方面,进一步放宽准入范围、严格托管责任。2013 年 4 月,证监会发布《证券投资基金托管业务管理办法》,进一步提高基金托管资格准入的专业化要求,允许符合条件的在华外资法人银行申请取得基金托管资格,建立托管资格退出机制,进一步落实基金托管人的共同受托职责。在此之前,2013 年 3 月,证监会发布《非银行金融机构开展证券投资基金托管业务暂行规定》,对非银行金融机构申请基金托管资格的条件和许可程序进行具体规范。

在基金运作方面,规范了基金管理公司固有资金运用和风险准备金管理。2013 年 8 月,证监会发布《基金管理公司固有资金运用管理暂行规定》,扩大了固有资金的投资范围,提出了固有资金运用的原则及要求,规定了基金管理公司应当在公司治理、内部控制、决策交易、关联交易、信息披露等方面加强对固有资金运用的监督管理,以及证监会对相关违法违规行为的处罚措施等内容。2013 年 9 月,证监会发布《公开募集证券投资基金风险准备金监督管理暂行办法》,确立了风险准备金的运作规范和监管事项。

在基金产品创新方面,为推出黄金 ETF 提供操作性依据。2013 年 1 月,证监会发布《黄金交易型开放式证券投资基金暂行规定》,明确了黄金 ETF 的定义、投资范围、风险控制、相关主体责任、监管要求等事项。

此外,在私募基金监管方面,证监会起草并公布了《私募证券投资基金业务管理暂行办法(征求意见稿)》,将在进一步修订完善后适时发布。中国证券业协会进一步完善了私募产品创设机制,在总结证券公司柜台业务专业评价工作的基础上,于 2013 年 6 月提出"业务方案分类评价、具体产品事后备案、第一次出现的新产品报证监会批准"的产品创设思路，并于2013年8月13日发布了《证券公司创新业务(产品)专业评价工作指引》，目前已形成"方案专业评价+产品事后备案"的私募产品创设监管过渡性安排。中国基金业协会积极制定《私募投资基金管理人登记基金备案办法(试行草案)》，并在与中登公司、期货保证金监控中心等沟通协调的基础上，制定了私募基金开户流程。同时，基金业协会结合境外私募基金培训，积极开展外资私募基金登记问题研究、并购基金研究等一系列研究工作，形成了包括《外资私募股权基金管理机构有关情况报告》在内的12项境外私募基金专题研究成果，为后续的私募基金监管工作打下列良好基础。

(十)期货行业发展:进一步夯实制度基础

2013年，期货市场按照进一步简政放权，减少行政审批，加强事中事后监管的整体思路，进一步完善基础性制度建设。

第一，放宽市场准入。2013年2月，证监会发布《关于进一步规范期货营业部设立有关问题的规定》，降低了设立营业部的门槛，放宽了营业部设立与分类评价结果挂钩的条件，简化了营业部设立的审核程序，减少审核中的征求意见环节，将拟设营业部开业前的验收检查改为开业后的备案管理。2013年8月，证监会修订了《关于建立股指期货投资者适当性制度的规定(试行)》，将名称改为《关于建立金融期货投资者适当性制度的规定》，适用于所有的金融期货，并确立了投资者适当性管理的"将适当的产品销售给适当的投资者"核心原则。

第二，明确业务准则。2013年2月，证监会正式公布了《证券期货业信息系统运维管理规范》和《期货经纪合同要素》两项金融行业标准，引导行业规范发展。2013年8月，证监会发布《证券公司参与股指期货、国债期货交易指引》，明确了证券公司参与股指期货、国债期货交易的建章建制、内部控制、风险监控、投资策略、应急预案、风控指标以及自营、受托、资管业务参与交易的具体要求等。2013年9月，证监会发布《公开募集证券投资基金投资参与国债期货交易指引》，明确公募基金参与国债期货交易应当以套期保值为目的，货币市场基金、短期理财债券基金不得参与国债期货交易，以及投资比例、信息披露、风险管理、内部控制等要求。此外，为贯彻落实修订后的《期货交易管理条例》，目前正大力推进《期货交易所管理办法》等配套法规文件的修订工作；研究起草《期货公司自有资金运用管理暂行规定》、《期货经纪人管理暂行规定》等规章及规范性文件。

第三，强化风险控制。2013年2月，证监会修订发布《期货公司风险监管指标管理办法》，适应期货公司创新业务发展需要，建立风险资本准备概念，在风险可控的前提下放松对期货公司的资本管制，体现扶优限劣政策导向，以净资本为核心的风险监管指标与公司分类评价结果挂钩。配套制定《关于期货公司风险资本准备计算标准的规定》，具体明确了期货公司风险资本准备的基准计算标准和分类计算系数。2013年7月，证监会发布《关于加强证券期货经营机构客户交易终端信息等客户信息管理的规定》，明确了证券期货经营机构客户交易终端信息等客户信息采集、记录、存储、报送、管理等方面的业务规范。2013年11月，商务部、中国人民银行、证监会联合发布《商品现货市场交易特别规定(试行)》，确立了对商品现货市场交易的联合监管机制，明确监管职责，创造良好的市场秩序。2013年12月，证监会会同国家发改委、工信部、商务部、工商总局、银监会联合发布《关于禁止以电子商务名义开展标准化合约交易活动的通知》，禁止以电子商务名义，采取集合竞价、连续竞价、电子撮合、匿名交易、做市商等集中方式进行标准化合约交易，有序推动各类交易场所清理整顿工作，保护投资者合法权益。此外，扎实做好日常监管，包括对期货市场风险的监测和处置，如配合做好光大事件处置工作。

三、监管执法新成果

2013年，证券监管机构严厉查处证券市场违法违规行为，全年共受理证券期货违法违规线索190件，移送司法机关案件41年，同比2012年分别增长68%和20%。证监会16家派出机构自办案件40件，为2012年的3.6倍，其中已经办结18件。涉及罚没款共计2.5亿元，比2012年增长近6倍。2013年共做出79项行政处罚决定书和21项市场禁入决定书，其中对

25 人实施了终身市场禁入。

在对内幕交易行为持续保持高压态势的同时,加大对信息披露违法行为、中介机构未勤勉尽责行为以及各种新型违法行为的查处力度。严肃查处了万福生科、天能科技、新大地等欺诈发行案件,光大证券等内幕交易案件,华锐风电、海联讯等上市公司虚假信息披露案件,以及招商基金、博时基金相关从业人员的“老鼠仓”案件。

(一)进一步加强稽查执法工作:出台专项意见

稽查执法是证监会的基本职责和核心工作,是加快资本市场改革开放、实现市场创新发展的重要基础,是维护公开公平公正的市场秩序、维护投资者合法权益、促进资本市场健康发展的根本保障。为进一步加强稽查执法工作,2013 年 8 月,证监会发布《关于进一步加强稽查执法工作的意见》。该意见包括六个方面的内容:第一,提升线索发现和处理能力。要求提高监管工作发现违法违规线索的能力,拓宽发现违法违规线索的渠道,完善违法违规线索处理工作机制。第二,完善调查案件的管理机制。要求进一步加强立案工作,建立案件分类管理制度,改进案件调查组织方式,明确调查取证基本要求。第三,坚持和优化查审分离机制。要求全面授予派出机构行政处罚权限,加强调查、审理工作的衔接、配合,建立特殊案件快速会商处理机制,建立完善快速结案制度。第四,加强系统内外的协调配合。要求完善内部执法联动机制,加大行政司法衔接配合力度,健全行政执法外部协作体系。第五,严格执法监督与考核问责。要求完善稽查执法流程控制,建立健全执法评估评价机制,建立健全执法监督问责机制。第六,健全稽查执法组织保障体系。要求强化稽查执法信息技术保障,加大稽查执法经费保障,大力充实稽查执法力量,强化执法队伍建设。

执法意见贯彻了简政放权、转变职能的要求,是加快推进证监会工作重心从事前审批向事中、事后监管执法转变的重要举措,有助于切实解决实践中不同程度存在的执法标准不明确、要求不统一、程序不规范的问题,有助于切实提高工作质量和效率、充分发挥稽查执法的综合功效,有助于切实加强稽查执法部门之间、稽查执法与日常监管以及与系统外单位的协作。同时,执法意见也体现了严格执法、公正执法、文明执法的理念,有助于切实加强投资者保护、维护公开公平公正的证券市场秩序。

(二)新股发行财务专项核查:首次大规模执法严防财务造假

发行人财务信息的真实、准确、完整、及时,是投资者做出投资决策最核心的判断依据。为切实推进以信息披露为中心的新股发行体制改革,提高首次公开发行股票公司财务会计信息披露质量,督促中介机构勤勉尽责,中国证监会自 2012 年末对在审 IPO 企业发出《关于做好首次公开发行股票公司 2012 年度财务报告专项检查工作的通知》,对拟发行人 2012 年度财务报告开展专项检查。检查过程中,共 622 家企业提交自查报告,268 家企业提交终止审查申请。

本次财务专项检查,旨在推动发行人和中介机构提高诚信意识,真实、客观反映企业实际情况,严格遵守首发各项规则要求。针对抽查中发现的问题,例如部分企业存在财务基础较为薄弱、内部控制质量有待提高、会计处理不恰当、招股说明书财务信息披露针对性不足等情况,部分中介机构在执业过程中未严格遵守执业准则、核查程序不到位、未能保持必要的执业敏感和谨慎性等情况,证监会相关部门及时反馈给发行人和保荐机构,并结合日常审核工作将有关要求落实到发行人和中介机构的信息披露行为之中去。对于检查和抽查中发现严重信息披露质量问题的发行人及中介机构,证监会依法做出了严肃处理。例如,天丰节能公司于 2012 年 4 月 12 日向证监会报送 IPO 申请文件,2013 年 4 月 15 日,证监会 IPO 财务专项检查小组进驻天丰节能开展现场检查,发现其存在违法违规嫌疑。4 月 18 日,证监会稽查总队对天丰节能进行初步调查,发现该公司涉嫌虚增收入、虚增资产、关联交易非关联化、关联交易未入账等违法违规行为,在报送 IPO 申请文件及财务自查报告中虚假记载;保荐机构光大证券、审计机构利安达会计师事务所以及北京竞天公诚律师事务所等中介机构涉嫌未勤勉尽责,导致出具的相关文件存在虚假记载等违法违规行为。5 月 6 日,证监会对天丰节能正式立案;6 月 14 日,证监会对上述三家中介机构立案。

提高首发信息披露质量是一项需要常抓不懈的任务,不会通过一次专项检查活动就解决全部问题。但本次专项检查,作为一次有益的探索,无疑具有积极意义。证监会也表示,将适时总结本次专项检查积累的经验和做法,纳入未来优化规则体系之中,融入到发行监管实务中去,形成常态性要求和长效机制,不断提升首发信息披露质量。

(三)银行间债市监管风暴:发展与监管哪个更重要

20 世纪 90 年代,“327 国债期货事件”等风险事件发生后,1997 年 6 月,中国人民银行下令商业银行退出交易所市场,并依托中国外汇交易中心暨同业拆借中心和中央国债登记结算有限责任公司,建立了银行间债券市场,此后该市场快速发展,债券托管量、交易量远远超过交易所债券市场。近年来,银行间债券市场的发展既有明显的优势,也暴露出一些问题,特别是债券发行承销以及二级市场交易中的暗箱操作、利益输送、内幕交易等问题,2010 年年底以来就先后曝出原财政部国债司张锐案、西南证券固定收益部副总经理薛晨案、易方达基金经理马喜德案、中信证券固定收益部执行总经理杨辉案、万家基金公司基金经理邹昱案等一系列案件,受到各方关注。

针对市场中存在的问题,2013 年以来,银行间债券市场进行了集中清理和整治,掀起监管风暴,取得积极成效。相关改革措施主要集中在的账户开户、线下交易、非交易过户、结算方式等方面:4 月 25 日,中央国债登记结算公司今日起暂停信托计划、券商资管及基金专户新设账户。同时,人民银行也暂停受理报备。

5 月 7 日,中央国债登记结算公司发布《关于非金融机构法人债券账户暂停有关业务的通知》,要求各结算代理人即日起对丙类账户除了卖出、履行未到期结算合同、转托管已经持有的债券外,暂停办理其他业务,同时将对丙类账户买入债券等业务进行暂停处理。此举意味着自 2000 年以来实行的结算代理银行向中央结算公司直接发送委托人结算业务的交易方式宣告结束。5 月 7 日,国家发改委宣布即日起新发企业债券改为簿记建档。5 月 9 日,中央国债登记结算公司通知要求停止同一家银行的自营债券账户与理财产品债券账户,以及同一家银行的各理财产品债券账户之间的债券交易结算,同时取消当日(5 月 9 日)已发生的此类交易结算业务,并从 5 月 13 日起,对此类结算指令进行检查和控制。7 月 9 日,央行发布 2013 年第 8 号公告,全面叫停线下交易,要求债券交易必须通过全国银行间同业拆借中心交易系统达成,一旦达成交易则不可撤销和变更,并要求发文日起市场参与者 1 个月内要完成与同业拆借中心的联网。8 月 8 日,中央国债登记结算公司发布《债券账户业务指引 V2.4》,修订银行间债券市场债券账户开户备案流程,明确备案前置有关规定,要求投资者申请开立债券账户时,必须先提交央行出具的银行间债券市场准入备案通知书。8 月 12 日,中央国债登记结算公司发布《关于进一步完善银行间债券市场结算业务的通知》,关闭从中债综合业务系统客户端录入银行间债券市场现券买卖、质押式回购、买断式回购、债券远期和债券借贷结算指令的功能。9 月 2 日,银行间交易商协会发布簿记建档自律规范文件,要求中期票据和短期融资券在簿记建档发行前报备。9 月 5 日,中国人民银行发布 2013 年第 12 号公告,宣布在公告发布后的三个月过渡期后,在银行间债券市场统一实行券款对付(DVP)结算。

银行间债券市场与交易所债券市场在发行审核、市场准入、交易机制、监管 体制等方面存在较大差异,总体而言其制度设计更为灵活,加上央行的政策扶持(目前央行对商业银行进入交易所债券市场仍限制在上市商业银行范围,交易品种限于竞价交易的债券),其发展成绩有目共睹。但在发展的同时,如何有效监管、确保公平确实值得深思。银行间债券市场长期以来游离于《证券法》规定的集中统一监管体系之外,可能产生监管标准不统一带来的监管套利问题,值得关注。

(四)严查信息披露违规:证券稽查执法新重点

2013 年来,证监会持续加大对信息披露等违法违规行为的打击力度。5 月 17 日,证监会召开新闻发布会,通报对隆基股份、勤上光电、华塑股份等 8 家上市公司信息披露违法违规行为进行立案调查的情况。10 月 11 日,证监会召开新闻发布会,通报对珠海中富、恒顺电气、友利控股等 6 家上市公司信息披露违法违规行为进行立案调查的情况。11 月 8 日,证监会召开新闻发布会,通报对北大荒、ST 生化、零七股份、康芝药业等 4 家上市公司信息披露违法违规行为进行立案调查的情况。12 月 6 日,证监会召开新闻发布会,通报对神开股份、上海家化、通源石油等 3 家上市公司信息披露违法违规行为进行立案调查的情况。

据证监会通报,2013 年,证监会及 36 个证监局完成了 319 家上市公司(仅含主板和中小板)的年报现场检查。发现上市公司问题 3 467 个,各证监局已下发监管关注函 268 份,进行监管谈话 12 次,下发警示函 32 份,责令改正 41 家次,责令公开说明 4 家次,责令参加培训 3 家次,累计采取行政监管措施 92 项,另移送初步调查或立案稽查 15 家。目前,上市公司已整改 1392 个问题。不难看出,对于信披违规现象,证监会保持了零容忍态度和高压态势。

如果说上市公司是资本市场的基石,信息披露则是资本市场最为核心的制度。信息披露违法行为不仅损害投资者利益,而且严重损害资本市场的公信力。证监会在保持对内幕交易、操纵市场高压态势的同时,加大对信息披露违法行为的查处力度,非常及时、必要。

(五)光大证券内幕交易案:老革命碰到新问题

据证监会查明,2013 年 8 月 16 日 11 时 05 分,光大证券在进行 ETF 申赎套利交易时,因程序错误,其所使用的策略交易系统以 234 亿元巨量申购 180ETF 成分股,实际成交达 72.7 亿元,引起指数大幅波动。巨量申购和成交可能对投资者判断产生重大影响,从而对沪深 300 指数、180ETF、50ETF 和股指期货合约价格产生重大影响。上述因程序错误而发生巨额交易的信息于当日 11 时 05 分发生,而光大于当日 14 时 22 分公告发布,同时不晚于 11 时 40 分,光大证券徐浩明、沈诗光和杨剑波开会,达成通过做成股指期货、卖出 ETF 对冲风险的意见,并由杨剑波实施,因此认定光大证券知悉内幕信息的时间应不晚于 11 时 40 分。

本案是我国资本市场成立以来的首例,是一起极端个别事件,也是一起跨现货、期货两个市场的新型内幕交易案件,对于监管机构而言是老革命遇到了新问题。本案内幕交易分 ETF 内幕交易和股指期货内幕交易两部分,相关人士对 ETF 内幕交易存在一些不同认识。其核心在于光大证券因程序错误而发生巨额交易是否构成内幕信息,以及证监会依兜底条款进行处理是否合适。

光大证券在巨额错单交易发生后、错单信息公开前,进行反向对冲操作,严重违反了资本市场"三公"原则,损害了广大中小投资者的利益,扰乱了证券市场秩序。证监会认定光大证券构成内幕交易,完全符合《证券法》的原则规定和立法精神;在现行法律对这一"资本市场成立以来的首例"特殊情形缺乏有针对性的具体规定的情况下,证监会在《证券法》的明确授权和自身法定职责范围内,依据案件事实及其恶劣影响,做出个案处理和适当裁量,也是合情合理的。

第一,ETF 内幕交易适用《证券法》的规定。ETF 是证券投资基金的一种。《证券法》第 2 条第 2 款规定,证券投资基金份额的上市交易,适用本法,其他法律、行政法规另有规定的,适用其规定。由于《证券投资基金法》及其他法律、行政法规对证券投资基金的内幕交易未做具体规定,故基金内幕交易应当适用《证券法》的规定,具体包括《证券法》第 5 条、第 73 条、第 74 条、第 75 条、第 202 条。由于现行《证券法》规范的主要对象是股票、公司债券,当时的立法背景下内幕交易也主要发生在股票交易中,其他证券品种内幕交易的实践不足,因此《证券法》第 74 条、第 75 条在界定"内幕信息知情人"和"内幕信息"时,主要从"公司证券"(股票、公司债券)的角度出发,但考虑到《证券法》适用于所有证券品种,《证券法》第 74 条、第 75 条也规定了兜底条款,即第 74 条第 1 款第(七)项和第 75 条第 2 款第(八)项,分别授权证监会对列举之外的其他情形进行规定、认定,以防止立法出现漏洞。并且,《证券法》第 5 条、第 73 条、第 202 条有关内幕交易的规定均针对所有证券,而不限于公司证券。因此,ETF 内幕交易适用《证券法》的规定应无疑义。

第二,光大证券的 ETF 交易行为符合内幕交易的构成要件。光大证券因程序错误以 234 亿元的巨量资金申购 180ETF 成分股,实际成交 72.7 亿元,对 180ETF、50ETF 价格产生重大影响,同时这一信息在一段时间内处于未公布状态,可能影响投资者判断,符合内幕信息的重大性、非公开性、价格敏感性等特征。证监会根据《证券法》第75条第2款第(八)项,认定该信息为内幕信息,符合《证券法》的立法精神。光大证券自身是上述内幕信息产生的主体,无疑应为内幕信息知情人。光大证券作为内幕信息知情人,在内幕信息公开前,通过专门开会决策,决定将当日上午买入的180指数成分股换购成相应ETF卖出,具备内幕交易的主观故意,客观上"利用"了内幕信息。

第三,光大证券依法负有信息披露及在披露之前戒绝交易的义务。一方面,光大证券作为上市公司,错单交易成交的金额高达72.7亿元,构成《证券法》第67条规定的"可能对上市公司股票交易价格产生较大影响的重大事件",光大证券就此负有信息披露义务。另一方面,作为市场交易主体,光大证券知悉错单交易的事实,较一般投资者具有信息优势,根据《证券法》第3条确立的公平原则,在错单交易信息公开前,光大证券应当负有戒绝交易的义务;并且,参照《刑法》第180条第4款关于利用非公开信息交易罪的立法精神,光大证券错单交易的信息构成"非公开信息",在该信息公开前,当事人也负有戒绝交易的义务。

第四,证监会在法律授权和自身职责范围内,依据案件事实及其恶劣影响,对"光大证券816事件"这一极端个别事件做出个案处理和适当裁量,具有合理性。应当看到,法律天然具有滞后性,因而需要立法上的授权条款和执法上的自由裁量。法律的滞后性主要表现在两个方面:一是法律调整的社会关系是复杂、多样并且不断变化的,立法者很难对未来出现的情况进行全面、充分、准确的预测;二是法律条文所包含的内涵和外延往往是有限的,需要有权机关进行适当的解释、修正,方能更好地适用于实践。《证券法》第74、75条在规定内幕交易时,采取了概括加列举的立法方式。同时,考虑到市场情况的复杂性,为了更好地适应打击内幕交易的需要,提高执法效率,《证券法》授权证监会对第75条第2款第(八)项中"对证券交易价格有显著影响的其他重要信息"进行认定。

第五,"光大证券816事件"是一起极端个别事件,证监会对光大证券及相关人员内幕交易的认定与处罚并不适用于一般的错误交易。在光大证券内幕交易的认定中,证监会根据法律的授权,并结合具体情况行使该自由裁量权。经测算,180ETF与沪深300指数在2013年1月4日至8月21日期间的相关系数达99.82,即巨量申购和成交180ETF成分股对沪深300指数,180ETF、50ETF和股指期货合约价格均产生重大影响,最终认定错单交易信息为内幕信息。可见,证监会对自由裁量权的行使并不是随意的,而是在法律授权范围内,结合内幕信息特征,经过科学的计算和综合的评估后作出的认定,体现了行政行为合法性和合理性的统一。实践中,并非所有错单交易信息都构成内幕信息,只有会对相关证券的价格产生重大影响的未公开信息,才会被认定为内幕信息。光大证券内幕交易作为我国资本市场上首次发生的新型案件,既没有具体的法律条文对该行为进行列举,也没有类似案例提供借鉴。但其错单交易涉及的股票数量多、成交量大、造成当日市场剧烈波动,影响特别重大,决定其具有特殊性,证监会根据授权条款对其认定和处罚,完全符合内幕交易立法目的。相反,对此类行为如果听之任之,可能会给市场错误的信号,甚至引导市场发展出类似的盈利模式(恶意申报误导市场并借机对冲牟利),严重损害中小投资者的利益,破坏公开、公平、公正的市场秩序。

光大证券内幕交易案也给资本市场的创新发展提出了新的课题,例如如何监管程序化交易、如何建立我国的错误交易撤销制度、如何加强跨市场监管协作等等,这些都需要深入研究。

(六)万福生科欺诈上市案:开启证券民事赔偿新机制

2013年9月24日,证监会发布了四份行政处罚决定书([2013]47、48、49、50号),针对万福生科欺诈上市的相关责任主体进行行政处罚。万福生科作为创业板曾经的绩优公司,被认定连续三年财务造假,受到严厉处罚。作为万福生科上市的保荐人,平安证券同样具有不可推卸的责任,证监会也对平安证券及相关负责人给予处罚。本案中,对于投资者损失的先行赔偿安排具有一定的开创意义。

2013年5月10日,平安证券宣布斥资3亿元设立专项补偿基金,采取"先偿后追"方式(即平安证券先行以基金财产偿付符合条件的投资者,再通过法律途径向万福生科虚假陈述事件的主要责任方及其他连带责任方追偿)，补偿万福生科投资者因万福生科虚假陈述而遭受的投资损失。积极补偿的投资者范围为从2011年9月14日起至2013年3月2日期间买入万福生科股票，且在2012年9月15日、2012年10月26日、2013年3月2日三个关键时点中任一时点持有万福生科股票的投资者。投资者于2012年9月15日之前卖出万福生科股票或于2013年3月2日之后买入万福生科股票所产生的投资损失不属于基金的补偿范围。在认定符合条件投资者范围后，将计算补偿金额，并以投资者因万福生科虚假陈述而实际发生的直接损失为限，具体的计算公式为：补偿金额 = 投资差额损失 + 投资差额损失部分的佣金和印花税 + 资金利息。补偿基金由中国证券投资者保护基金有限责任公司担任管理人，负责基金的日常管理及运作。截至2013年7月3日，超1.2万投资者接受了诉前和解方案，实际获赔1.79亿元。

在本案中，万福生科的保荐机构平安证券主动拿出3亿元设立专项补偿基金，开创了国内资本市场保荐机构为造假垫付理赔的先河，是在司法途径之外，为符合条件的投资者提供一条相对高效、便捷的渠道。回顾近年来的证券侵权案，通过民事诉讼解决投资者赔偿问题的效果不明显，存在取证难、耗时长、索赔难等问题。也说明了通过协商方式解决侵权损害，是一种高效率、低成本解决证券市场民事侵权纠纷和保护投资者利益的有益尝试，协商方式也不影响提起民事诉讼的诉权。

本次万福生科案的主动赔偿有别于国外的和解。万福生科及其保荐人在主动提出赔偿投资者的同时，均被监管机构采取了严厉的行政处罚措施，而国外和解案例往往是在行政审裁程序前或审裁进行中和解。万福生科赔偿方案虽非严格意义上的和解方案，但与和解方案有异曲同工之效，根本作用是尽快赔偿投资者的损失，将社会成本降到最低。在法律框架内以公平的方式迅速赔偿投资者，是对投资者最大的公平，也是对后来造假者的警告。万福生科案赔偿方案是一个创新，其本质是处罚与补偿并重，是中国式和解新途径的一种探索，开启了证券民事侵权补偿机制的市场化探索。

(七)天能科技欺诈发行案：撤回申报后的追责

中国证监会11月1日公布了四份行政处罚决定书(〔2013〕43、44、45、46号)和三份市场禁入决定书(〔2013〕8、9、10号)，均与天能科技造假案有关。根据当事人违法行为的事实、性质、情节与社会危害程度，依据《证券法》相关规定，证监会对天能科技、民生证券、北京市君泽君律师事务所、大信会计师事务所以及公司高管、签字保荐人、律师和注册会计师等共计24名责任人进行了严厉处罚。其中，天能科技有15名责任人受到处罚。

证监会对天能科技案件的处罚，是预披露制度实施后首例在发行人撤回IPO申报材料情况下仍被追究造假责任的案例。在未启动IPO，尚未造成严重后果或实际损害的前提下，就对相关责任人进行重罚，包括三份终身市场禁入处罚书，无不彰显了证监会加强监管执法的态度。此案也引发了一些思考，例如，不断为拟上市公司背书的地方政府应当承担何种责任——在证监会对天能科技的行政处罚书中，天能科技虚增收入的项目均为政府项目，当地政府以及相关部门，已成为造假链条上的一环，发挥了关键作用，但如何追责似乎是个难题。

(八)其他典型行政处罚案：亮点频现

第一，新大地案凸显新股发行财务造假手段多样化。

据证监会2013年10月15日作出的行政处罚决定书(〔2013〕53、54、55、56号)，2012年5月18日，新大地首次公开发行上市申请获证监会创业板发审会通过；6月28日，有关媒体报道了新大地涉嫌欺诈上市；7月3日，新大地及其保荐机构南京证券向中国证监会提交终止发行上市申请。新大地的造假手法包括：选择真实客户进行“兑水掺假”，即以真实销售客户的名义虚增销售收入，使其造假更具迷惑性；将造假数据“化整为零”，即将虚增收入分散到数量众多的客户，这种手法查处起来所花费的人力物力更多，从调查走访的嫌疑客户来看，造假数额多则几十万，少则只有几千元；与此同时，调查人员还发现，新大地实际控制人曾向某私募基金和投资公司私下转让股份300万股获取资金，新大地则涉嫌将这部分资金中的大部分用于虚增销售收入。最后，证监会对新大地、相关中介机构及相关责任人员予以警告、没收、罚款等处罚。

第二,证券从业人员买卖股票三起案件受罚。

《证券法》规定证券从业人员不得买卖股票,系受到当时立法局限所作的规定,存在一定的缺陷。在现实中证券从业人员买卖股票的行为不同程度存在,但证监会较少就此作过行政处罚。

2013年证监会对于证券从业人员买卖股票的行为开出了三例处罚书,分为吴晓佳(〔2013〕70号)、吴寿康(〔2013〕77号)、宋华峰(〔2013〕78号)违规定买卖股票案件,具体的处罚措施为警告或罚款。

从国际经验看,允许从业人员买卖股票并按规定申报是比较普遍的作法,我国《证券法》的相关规定确实需要检讨,在这方面,2012年底修订通过《证券投资基金法》值得借鉴,该法第18条规定,"公开募集基金的基金管理人的董事、监事、高级管理人员和其他从业人员,其本人、配偶、利害关系人进行证券投资,应当事先向基金管理人申报,并不得与基金份额持有人发生利益冲突。公开募集基金的基金管理人应当建立前款规定人员进行证券投资的申报、登记、审查、处置等管理制度,并报国务院证券监督管理机构备案。"

第三,内幕交易案件认定标准进一步明确。

2013年的监管处罚案件中,内幕交易案件仍属于数量较多的案件类型,内幕交易案件的认定规则进一步明晰。例如:对于利于配偶账户进行买卖股票行为的认定进一步明确,顾振其案(〔2013〕1号)、冯振民案(〔2013〕14号)均是利用配偶账户进行内幕交易。进行内幕交易并未获得收益、反而亏损的情形也会受到处罚,如谭淑智内幕交易"云内动力"案(〔2013〕4号)、邓永祥内幕交易"大元股份"案(〔2013〕36号),从另一个角度警示内幕信息知情人不要进行内幕交易。除此之外,较多的内幕信息均涉及公告的利好消息,如王瑞苹因担任上市公司地质勘查项目而获得利好信息案(〔2013〕6号)、齐凯知晓森源电器利好消息(〔2013〕13号)、金瑞达上海电气案(〔2013〕16号)、吕顺龙知晓莱茵置业利好信息案(〔2013〕31号)等。

第四,操纵市场案件多样化。

首先是利用自己的账户进行不间断、大量、持续性的交易对股价进行操纵的案件,如王建森操纵ST中冠股份的案件(〔2013〕40号),其中对成交量和股价均产生了重要的影响,因其配合调查和情节不严重,而且受到了亏损,证监会进行从轻处罚。另外,柳宏操纵捷成股份案件(〔2013〕73号),其所掌握的账户具有较大的资金量和持股优势,通过连续大额的买卖、对倒,人为抬高股价,影响市场的波动。

其次是对于期货交易价格进行操纵的案件,如海南大印对天然橡胶期货合约价格进行操纵的案件(〔2013〕67号),主要通过自买自卖、互为对手方交易、虚假申报等方式影响期货合约价格。

第五,信息披露违规案件加大处罚力度。

上市公司信息披露案件主要包括三大类:第一类是信息披露内容违规,常见的是对于应当披露的事项未进行披露,除了上文提到的发行过程中的信披违规之外,还有如亚星化学案件(〔2013〕3号)、国能集团案件(〔2013〕10号),山东海龙案(〔2013〕61号)均是对关联方或者关联交易披露不充分而受到的处罚。第二类是信息披露不及时,如方向光电案(〔2013〕5号)、朗科科技案(〔2013〕17号)等案件。第三类是超比例持股,因持有多人账户或者在同一控制人控制之下,合计持有比例超限而未披露受到处罚,主要有尤利丰案(〔2013〕7号)、上海金陵案(〔2013〕33号)、杨成社案(〔2013〕34号)、何海潮梁瑞芝夫妻案(〔2013〕42号)、方福全案(〔2013〕64号)等。

第六,注重行政处罚程序与司法案程序之间的街接关系。

对于行政处罚案件的时效问题,2013年证监会通过对陈新案(〔2013〕8号)的处罚,明确了案件因移送到司法机关后,未能够获得行政处罚确定,而进行中止审理,在检察院做出不起诉的决定后,证监会恢复了本案的调查,此案进一步明确了行政处罚与司法案件之间的街接关系。

四、自律监管新探索

自律管理是资本市场监管体系的重要组成部分。2013年,证券交易所等自律组织积极履行法定职责,在自律管理方面进行了积极的探索。

(一)上市公司信息披露直通车全面推进:自律监管模式的革命

2013 年,沪深交易所全面推进信息披露直通车,将拟对外披露的特定类别公告通过交易所技术平台直接提交给指定披露媒体,所披露的信息无需要经过交易所审核。以上交所为例,2013 年 2 月 19 日,上交所发布《上海证券交易所信息披露直通车业务指引》,于 2013 年 7 月 1 日实施。根据指引,绝大部分的公告类别实施直通车,上市公司可以自行登记直接披露。

信息披露从事前审核为主改为事后审核为主,不仅是审核方式的调整,更是监管理念的变革,有利于推动市场主体归位尽责,健全市场的信用机制和责任体系。根据《证券法》及交易所《股票上市规则》的规定,上市公司是信息披露的义务人和责任人,必须保证依法披露的信息真实、准确、完整。直通车的实施,一方面强化了上市公司作为信息披露义务人的主体地位,另一方面贯彻了“放松管制、加强监管”的理念,大幅减少事前形式审核,集中并整合现有监管资源,将工作重点转向对违规行为的事后监管,更好地保护投资者的合法权益。实施直通车也有利于进一步提升信息披露效率和市场运行效率。实施直通车还有利于进一步促进市场的法治化和公开化。伴随着直通车的推出,交易所有关上市公司的信息披露监管标准、业务流程将进一步完善和公开。

(二)引导和规范上市公司现金分红:拿投资者的钱要给投资者回报

2013 年 1 月 7 日,上交所发布《上海证券交易所上市公司现金分红指引》,指引综合考虑了沪市上市公司近三年现金分红的实际情况,将 30% 和 50% 分别作为平均分红水平和高分红水平的衡量基准。在此基础上,针对具体执行过程中可能存在的不同情形,分别规定了相应的约束性措施和鼓励性措施。提供了固定金额政策、固定比率政策、超额股利政策、剩余股利政策四种备选分红政策;鼓励上市公司明确现金分红优先于股票股利的利润分配方式;鼓励上市公司在现金股利之外采用现金回购股份等方式回报股东。

上市公司现金分红是为投资者提供良好回报的基础。上市公司为投资者提供的回报包括现金回报和公司价值的提升两部分。首先,投资者提供资金给上市公司,上市公司给予投资者现金回报天经地义。其次,公司价值的提升在证券市场上反映为股票价格的上涨,投资者借此还可获得资本利得。上市公司为投资者提供相对稳定、可预期的现金回报,不仅是证券这一金融资产的基本属性,也是经典理论中股票合理定价与估值的关键因素。国际成熟市场经验已经证明,只有建立了有效、稳定的上市公司分红机制,才能吸引以获取稳定分红收益加合理资本利得为目标的长期资金类机构投资者,市场估值才会相对合理、稳健。

2013 年 4 月 8 日,深交所发布对《上市公司信息披露工作考核办法》进行了修订,修订的内容主要为深交所加强对上市公司履行现金分红承诺考核等。

(三)闲置募集资金使用:放松管制与规范管理并举

为进一步规范上市公司募集资金的管理和使用行为,提高募集资金使用效率,保护投资者的合法权益,2013 年 4 月 2 日,上交所发布修订后的《上海证券交易所上市公司募集资金管理规定》。本次修订贯彻了证监会《上市公司监管指引第 2 号——上市公司募集资金管理和使用的监管要求》的相关要求,主要修改内容包括:

第一,进一步放宽闲置募集资金的管理和使用,提高募集资金的使用效率。允许暂时闲置募集资金用于暂时补充流动资金外,还允许对暂时闲置募集资金进行现金管理,投资符合安全性高、流动性好等相关要求的产品,并就此规定了相应的决策程序和信息披露要求。同时简化程序,取消了上市公司以闲置募集资金暂时用于补充流动资金的金额限制,且简化了上市公司内部决策程序,不论金额大小,均只需经上市公司董事会审议通过,并由独立董事、监事会、保荐机构发表意见即可,无需提交股东大会审议。此外,延长闲置募集资金暂时补充流动资金的期限。

第二,进一步规范超募资金的管理和使用,规定上市公司超募资金可用于永久补充流动资金或归还银行贷款,但每 12 个月累计使用金额不得超过超募资金总额的 30%,且应当承诺在补充流动资金后的12个月内不进行高风险投资以及为他人提供财务资助。超募资金用于永久补充流动资金或归还银行贷款的，应当经上市公司董事会、股东大会审议通过，并为股东提供网络投票表决方式，独立董事、监事会、保荐机构发表明确同意意见。上市公司应当在董事会会议后2个交易日内报告本所并公告。

（四）微博、微信、媒体见面会、投资者说明会：推进自律监管的公开化、透明化

自律监管的公开化、透明化一直是交易所努力的方向。2013年，交易所在推进监管公开的过程中，更加重视发挥互联网等多种渠道的作用。

例如，上交所通过新闻发布会、微信、微博、媒体见面会、投资者说明会等方式和组织中小投资者走进上交所等活动，主动回应投资者关切。在ST宏盛、北大荒、昌九生化等市场热点问题的处理中，尝试通过要求上市公司公告本所监管函件的方式，有重点、分步骤推进监管过程公开。上交所还成立信息披露咨询委员会，借助专业人士力量更好处置疑难问题。2013年6月2日，上交所正式在新浪网等四大网站开通官方微博，同时建立新闻发言人制度，加强与市场各方沟通交流。2013年8月19日，上交所微信"上交所发布"正式上线运行。同时，上交所进一步深化与媒体合作，不断形成投资者保护舆论氛围。借助"我是股东"现场走访、启动仪式等，搭建媒体平台，成员包括央视、新华社等17家财经主流媒体；举办"投教媒体培训班"，与一批有影响力的地方媒体建立良好合作机制，加强与地方媒体的互动沟通；举办"投教媒体联谊会"，夯实媒体平台，不断形成投资者保护的舆论氛围。在新形式监管途径基础上，通过完善程序标准，大力强化事后监管。

（五）规范纪律处分与监管措施：推进自律监管的公平、公正

为了规范上市公司的纪律处分和监管措施的实施，维护市场秩序，保护投资者合法权益，2013年6月20日，上海证券交易所发布了《上海证券交易所纪律处分和监管措施实施办法》。该办法贯彻落实证监会"进一步加强事中事后监管"和推进"规则公开、过程公开、结果公开"的要求，规定了9种纪律处分和19种监管措施，其中纪律处分的实施适用"查审分离"程序，违规调查和审核分别由监管业务部门和纪律处分委员会作出，上交所根据其意见作出决定。监管措施由轻到重分别适用三种不同程序。同时，为了保护监管对象的合法权益，提高监管办法的公开性，通过多种程序设计，为监管对象提供了充分表达意见、进行辩解的渠道。

2013年1月15日，深圳证券交易所正式发布实施《中小企业板上市公司公开谴责标准》，明确中小板上市公司公开谴责的认定标准，进一步健全和完善纪律处分自律监管执法机制。突出了对重点违规行为的监管，按照违规行为类型设定不同的处分标准，确保处分标准的针对性和可操作性。一是从资金占用、违规担保、违规使用募集资金三个方面设定明确的处分标准，突出监管"高压线"，确保监管威慑力；二是针对上市公司重大事项披露违规、定期报告披露违规等频发的违规事项，作出了细化规定，进行重点规制和打击，以强化监管；三是充分考虑中小板公司的规模，在对具体数据进行测算的基础上，设定违规事项的触发指标。

为充分保护当事人的合法权益，深交所还配套发布了《深圳证券交易所纪律处分听证程序细则》，以保证纪律处分的公平公正。同时，《中小板公开谴责标准》中还专门细化了复核机制，有关上市公司对深交所作出的公开谴责决定不服的，可以在收到处分决定之日起的15个工作日内向深交所申请复核。

（六）网上互动平台：促进上市公司投资者关系管理

按照《公司法》、《证券法》的规定，股东主要享有知情权、资产收益权、参与重大决策权和选择管理者权利等权利。其中，知情权是股东知悉公司重大情况的权利，是其他权利的基础，但目前是这种知情权的获得或行使，没有足够便利和低成本的途径。针对此问题，2013年7月5日，上证e互动网络平台（sns. sseinfo. com）正式上线试运行。这是由上交所建立、所有市场参与主体无偿使用的沟通平台，开创了一个由各方参与的证券市场的"社交平台"。这一平台，不仅能够帮助上市公司、投资者实现"零距离"接触，亦让上交所的市场化监管方式下的自律监管找到了创新的"落脚点"，

有助于交易所的监管人员及时了解市场,提高公司监管的针对性、有效性。上证e互动平台也是上交所转变监管理念、改变监管方式等方面得到了体现,是未来自律监管新形式的探索。

深交所自律监管以投资者保护为向导,全面深化监管服务。根据投资者的特点和诉求,全力打造“五位一体”的投资者综合服务平台:以热线电话为基础的投资者咨询投诉平台——“呼叫易”,基于网络的上市公司与投资者互动交流平台——“互动易”,基于网络的在线投教游戏平台——“投知易”,基于网络的在线投资分析平台——“分析易”,基于网络视频的股东大会直播与网络投票平台——“投票易”。综合服务平台弥补中小投资者在信息、分析、投票、调研等方面的先天不足,得到广泛认可。

五、证券司法新进展

2013年,证券市场相关司法工作稳步推进,资本市场司法环境进一步优化。

(一)司法解释:稳步推进

一是发布《公安机关办理刑事案件适用查封、冻结措施有关规定》。2013年9月1日,最高人民法院、最高人民检察院、公安部等联合发布《公安机关办理刑事案件适用查封、冻结措施有关规定》,进一步规范司法机关执法行为,提升执法能力。该司法解释的主要内容为三个方面:其一是规范查封、冻结行为,进一步规范和加强公安机关与有关部门的协作配合;其二是做好深化积案攻坚,司法案件做到底数清、台账清、责任清,措施有力、效果明显;其三是强化执法监督,进一步规范了提起监督、调查核实、纠正过错、责任追究等工作程序。对于资本市场相关刑侦案件的侦查工作,在适用查封、冻结措施时,也应当遵循司法解决的相关规定。一方面积极、有效行使司法权,另一方面做到对相关主体的权益保护,规范工作流程,防止司法权的被滥用。

二是发布《最高人民法院关于适用〈中华人民共和国企业破产法〉若干问题的规定(二)》。2013年9月12日,最高人民法院发布《最高人民法院关于适用〈中华人民共和国企业破产法〉若干问题的规定(二)》,作为《破产法》第二个司法解释,主要内容是针对债务人财产的认定。企业破产法施行以来,由于企业破产法律程序繁琐,涉及大量程序性、实体性权利行使,尤其是债务人财产这部分,因涉及到与合同法、物权法、公司法、侵权责任法、证券法、民事诉讼法等多部法律的衔接,更为复杂,而我国目前的相关法律制度尚不完善,各地法院在审理破产案件时对债务人财产的认定掌握的执法尺度不一,影响了债权人权利的依法保护,为此,我们围绕债务人财产认定中所涉的法律适用问题制定了该司法解释。该司法解释明确除债务人所有的货币、实物外,债务人依法享有的可以用货币估价并可以依法转让的债权、股权、知识产权、用益物权等财产和财产权益,人民法院均应认定为债务人财产。其中的很多权益和财产,都与资本市场相关概念有密切联系,对资本市场相关金融资产的认定为债务人财产提供了法律依据。

三是积极研究制定全面的证券侵权司法解释。目前,最高院正在研究制定比较全面的证券侵权司法解释,主要涉及以下内容:第一,关于证券侵权,虚假陈述、内幕交易、操纵市场各有行为特点,能否建立起一以贯之的解释体系是一个重大问题。可借鉴美国证券欺诈的构成要件,并且对它进行适当的改造和修正。第二,关于证券侵权民事责任的构成要件。在证券欺诈的理论框架下,有必要细化构成要件。美国联邦最高法院认为原告主张证券侵权赔偿必须符合下面五个条件:被告实施的侵权行为具有重大性;与侵权交易有关;被告知悉;原告的投资决定与被告行为存在因果关系;原告遭受了实际损失。从法律解释的科学性来说,上述责任要件可供参考。第三,关于类型化。对于侵权行为的法律构成,现行立法没有明确规定,司法解释可在总结违法行为形态的基础上,将侵权行为类型化。第四,关于主观故意的客观化证明方法问题。对于欺诈问题,主观方面的证明是比较困难的,趋势上看世界各国证券欺诈的领域对重大性的事件越来越多地采用客观化的证明方法。可借鉴域外法制经验,在证明主观故意时,对重大性主要借助与相关信息行为对证券交易价格和成交量影响来考量,对内部人涉嫌内幕交易的可以基于主体身份进行推定,对市场操纵可从行为本身推定其主观上存在故意。

(二)刑、行衔接:有待加强

为进一步做好资本市场行政执法与刑事司法之间的衔接工作,加大对内幕交易、操纵市场、欺诈发行、虚假陈述等证券违法犯罪行为的打击力度,2013 年 3 月 29 日,证监会召开“做好行刑衔接,强化执法合力”座谈会,邀请最高人民法院、最高人民检察院、公安部等部门的代表座谈。

通过座谈的形式,加强了相互沟通和了解,有助于证券行政执法与刑事司法的进一步衔接,确保证券执法的有效性。面对证券执法仍然存在的一些困难和问题,需要重点围绕以下几个方面强化执法合力:一是进一步完善工作机制,充分发挥现有机制作用,健全沟通制度,强化信息共享,增强各执法环节的开放度与透明度。二是通过案件查办过程中的执法协作,就调查取证以及法律适用等事宜及时总结经验,不断形成共识。三是进一步突出行政执法与刑事司法衔接的工作重点,集中力量打击性质恶劣、严重危害市场秩序、严重损害投资者合法权益的违法犯罪行为,推动在一些难点问题上取得突破,做好重大典型案件的查办工作。

(三)绿大地刑事案:中小板欺诈上市第一案

绿大地欺诈发行股票案被证监会认定为“案情重大、性质极为恶劣”,并移送司法机关处理。2011 年 12 月 2 日,昆明市官渡区法院作出对上市公司罚款 400 万元、对何学葵等责任人判处缓刑的判决,引发了市场的强烈质疑。虽然后来昆明市中院做了改判,加大了对责任主体的刑罚力度,但市场上认为判罚过轻的声音仍不绝于耳。2013 年 2 月 7 日,在经历了原审法院一审、检察院抗诉之后,昆明市中院对绿大地一案做出一审判决并生效。在法定上诉期内,何学葵等五名被告向云南省高级人民法院提出上诉。直至 2013 年 4 月,云南省高级人民法院裁定驳回上诉。法院最终认定,绿大地犯欺诈发行股票罪、伪造金融凭证罪、故意销毁会计凭证罪,判决执行罚金人民币 1040 万元,何学葵犯欺诈发行股票罪、伪造金融票证罪、违规披露重要信息罪、故意销毁会计凭证罪,数罪并罚,决定执行有期徒刑 10 年,并处罚金 60 万元,同时还对责任人蒋凯西、庞明星、赵海丽、赵海艳作出相应刑罚。

从早年的红光实业、通海高科、大庆联谊到近年的苏州恒久、胜景山河、绿大地,欺诈发行屡禁不止,一个很重要的原因在于欺诈上市的法律责任与违法所获得的收益不成比例。我国《证券法》第 189 条和《刑法》第 160 条对欺诈发行的罚金均规定为“处以非法所募集资金金额百分之一以上百分之五以下的罚款”。绿大地虚增收入 2.96 亿元,IPO 募资近 3.5 亿元,即使对其按照上限进行处罚,也仅占其违法收益的很小部分。何学葵等人的刑期虽经抗诉得以加长,但与其通过公司上市后股份转让获得巨额收益相比,违法成本仍然偏低,难以发挥案件的警示作用。要彻底打消行为人欺诈上市的念头,就必须解决法律责任与违法收益不成比例的问题,一方面提高欺诈发行罚金的比例和限额,提高刑期的幅度;另一方面进一步完善民事责任追究机制,简化民事索赔的程序,探索由专门机构代理投资者维权,及时冻结责任人的资产确保对投资者的清偿,从而对有违法意图的主体产生威慑效力,切实保护投资者权益。

(四)廊坊发展案:2013 年度赔偿金额最大案件

2008 年 5 月前后,有专业财务人士公开质疑廊坊发展前身华夏建通 2007 年年报数据,中国证监会随后介入调查。2011 年 1 月证监会发布行政处罚决定书,该份处罚决定书显示华夏建通存在六项虚假陈述事实:包括 2003 年 2 月建通集团置换进入华夏建通的资产存在重大不实;华夏建通 2003 年至 2007 年年度报告资产状况的披露存在重大虚假记载;子公司北京华夏通网络技术服务有限公司虚增营业收入、虚增利润,导致华夏建通 2007 年年度报告虚假记载利润 1715.81 万元等。由此,来自全国各地的 66 名受损投资者开始对廊坊发展提起民事诉讼。2013 年 5 月 27 日至 5 月 31 日,石家庄中级法院公开审理了此案。主办法官积极进行庭前调解,终于 2013 年 12 月 5 日调解结案,66 位投资者全部得到了赔偿,公司合计赔偿金额为 1294.57 万元,成为年度赔偿金额最大案件。

廊坊发展信披违规案的处理,从保护投资者合法权益和维护证券市场健康发展的角度说,具有积极意义。但确实也面临一个尴尬的问题:作出虚假陈述行为的上市公司付出了巨大的代价,轻则付出数千万、上亿元的经济赔偿和声誉损失代价,重则面临退市或被收购的困境,这必然会影响公司的价值和二级市场的价格,最终损害的仍然是上市公司股东的利益,即公司违规、股东埋单。要走出怪圈,需要在处罚公司的同时,加大对董事、监事、高级管理人员等直接责任人员的责任追究,包括刑事责任,如此,才可能对违法行为主体产生足够的威慑力。

(五) 新嘉联案:根据财政部行政处罚提起的虚假陈述民事赔偿诉讼

2011 年 1 月 6 日,新嘉联公告称,公司收到了财政部驻浙江省财政监察专员办事处《关于浙江新嘉联电子股份有限公司会计信息检查结论和处理决定》及《行政处罚事项告知书》。基于此,共有 29 名投资者以证券虚假陈述为由向杭州中院提起赔偿诉讼。2013 年 1 月 10 日,杭州中院开庭审理了部分案件,有 24 位投资者与公司在庭外达成和解协议。此案件为近两年来,因财政部行政处罚引发的投资者索赔案件投资者获得了赔偿,具有重要意义。

六、法治研究新动向

2013 年,监管层、理论界和实务界围绕资本市场改革和创新相关法治建设召开工作会议、举办研讨活动,进一步推动资本市场法治研究。

(一) 中国证券法学研究会 2013 年年会:纪念中国资本市场法治化 20 周年

2013 年 4 月 22 日,由中国证券法学研究会主办的"中国资本市场法治化 20 周年纪念论坛暨中国证券法学研究会 2013 年年会"在北京召开。来自全国金融监管部门、司法界、金融机构、学界、企业界、传媒行业的两百多余位领导、著名专家和学者参加了此次论坛。本次论坛旨在纪念国务院颁布实施《股票发行与交易管理暂行条例》20 周年,全面回顾中国资本市场法治化的伟大成就和经验,深入讨论和分析资本市场法治建设的平静和困难,理性思考和展望中国资本市场法治化的未来道路和趋向,并同时庆祝中国证券法学研究会成立五周年。论坛围绕"《股票条例》20 周年:资本市场法治建设的基本经验与伟大成就"、"资本市场改革的顶层设计"、"投资者保护"、"全球化背景下的资本市场法制建设"等主题,展开了深入讨论。

(二) 2013 年中国资本市场法治论坛:公司法与证券法联动修改的前沿问题

2013 年 9 月 7 日,由中国人民大学商法研究所主办、德恒律师事务所协办的"2013 年中国资本市场法治论坛:公司法与证券法联动修改的前沿问题"召开。2013 年是公司法颁布 20 周年,证券法颁布 15 周年,在证监会及社会各界推动下,证券法修改已于今年列入全国人大常委会立法规划项目,但公司法的修改尚未被提及。与会专家学者呼吁:公司法与证券法是一般法与特别法的关系,为了健全我国资本市场法律体系、释放全社会投资能量、打造服务型政府、深化经济体制改革和完善社会主义市场经济体制,公司法和证券法应该联动修改。

(三) 第四届上证法治论坛:打造升级版的证券法,促进资本市场改革创新

2013 年 11 月 28 日,由上海证券交易所主办,由北京大学、中国人民大学、华东政法大学联合举办的"第四届上证法治论坛"在北京举行。论坛以"打造升级版的证券法,促进资本市场改革创新"为主题,围绕"多层次资本市场建设与证券发行、上市和交易制度的完善"、"完善基础性制度,推进证券行业创新"和"强化证券监管执法,加强投资者保护"三个专题,进行了深入探讨。

第九部分　案例评析

炎黄在线行政复议案

2013年1月7日，江苏炎黄在线物流股份有限公司（以下简称炎黄在线）不服我会对其作出的行政处罚决定，申请行政复议。

一、案件基本情况

炎黄在线是原深交所上市公司。因炎黄在线两名高管实名举报，经江苏证监局非正式调查后，我会于2009年3月对炎黄在线涉嫌信息披露虚假正式立案调查。2012年12月，我会作出《行政处罚决定书》（〔2012〕48号），认定炎黄在线存在以下违法行为：一是未按规定披露关联关系及关联交易。炎黄在线2006年年度报告没有依法将高能控股有限公司（以下简称高能控股）、北京诚通兴业物流有限公司（以下简称诚通兴业）、北京融昌泰和投资咨询有限公司（以下简称融昌泰和）披露为公司关联方，没有将与上述3家公司发生的业务披露为关联交易；二是虚增物流代理收入和债权转让收入。炎黄在线在2003年至2005年连续3年亏损的情况下，为规避退市风险，虚增物流代理收入70万元，虚增债权转让收入179.8万元。两项虚增利润使炎黄在线2006年由亏损变为盈利。上述行为违反了《证券法》第六十三条的规定，我会据此责成炎黄在线改正其违法行为，给予警告，并处以30万元罚款。

二、申请人的复议请求与理由

申请人请求撤销《行政处罚决定书》（〔2012〕48号）对其作出的行政处罚决定，主要理由是：

（一）申请人与高能控股等三家公司不构成关联关系

一是申请人与高能控股不构成关联关系。申请人认为，处罚决定书以炎黄在线副董事长王云在高能控股领取工资，在财务审批单据上签字等证据，认定王云为高能控股的实际控制人与事实不符。从股权结构上看，高能控股的控股股东是王章树。王云在2006年12月之前并没有担任高能控股的董事、监事和高级管理人员，也未持有高能控股的股权；从实际控制上看，高能控股工资单上有王云的名字是因为其被聘为公司管理顾问，王云在财务审批单据上签字，只是对相关单据业务的核实，其对高能控股财务等经营活动没有最终决定权。

二是申请人与诚通兴业不构成关联关系。申请人认为，处罚决定书根据诚通兴业属于炎黄在线第一大股东中企华盛投资有限公司（以下简称中企华盛）和高能控股共同参股的公司，其董事长杨志由高能控股派出等证据认定诚通兴业与炎黄在线存在关联关系的理由不能成立。从股权比例上看，诚通兴业第一大股东是国资委下属中国诚通集团的全资子公司中国物流，作为央企，诚通兴业不可能将控制权交给民企性质的中企华盛和高能控股。从证人证言上看，杨志在高能控股和诚通兴业担任的职务与申请人没有利害关系，且其几次证言前后不一致，不应作为认定事实的依据。

三是申请人与融昌泰和不构成关联关系。申请人认为，处罚决定书根据杨志为融昌泰和办理了工商登记手续，融昌泰和用于收购炎黄在线坏账资产的资金来源于高能控股等证据，认定融昌泰和与炎黄在线构成关联关系的理由不能成立。从工商登记上看，融昌泰和股东为王晨阳和刘清，杨志只是受融昌泰和的委托，代办了工商登记手续；从资金来源上看，融昌泰和收购资金的来源不能作为判断是否构成关联关系的因素,资金来源本身并不影响交易的性质。

(二)申请人与诚通兴业的物流中介业务真实有效,所取得的70万元业务收入依据充分

申请人认为,其与诚通兴业签订《代理服务协议》,并经双方协商签订《补充协议》,协议约定由炎黄在线代理诚通兴业物流业务,诚通兴业支付炎黄在线中介服务费70万元,此项业务真实有效。处罚决定书以《代理服务协议》约定的是物流代理费用,而《补充协议》约定的是中介服务费,两种服务性质不同,且2006年年度报告注册会计师审计工作底稿中没有发现《补充协议》,没有足够证据证明业务实际发生等理由,认为申请人为规避退市风险虚构了此项业务的理由不能成立。一是以《补充协议》代替《代理服务协议》是双方协商一致的结果,双方协议书、收入通知单、汇款单等证据,足以证明此项业务真实存在;二是在注册会计师现场审计时,申请人已经提供了《补充协议》,审计工作底稿中没有发现《补充协议》不是申请人的责任;三是处罚决定书以申请人连续3年亏损,2006年继续亏损将面临退市风险,进而推定申请人虚构此项业务,属于主观判断;四是处罚决定书以申请人没有专人负责物流业务,没有专门的台账为由认定缺乏业务依据的主张不能成立,有无专人负责、有无专门台账与是否真实发生相关业务没有关联。

(三)申请人与融昌泰和的债权转让真实合法,处罚决定书认定虚增债权转让收入的理由不能成立

申请人认为其与融昌泰和2006年12月签署了《债权转让协议》,约定将原值1929.84万元,账面净值400.15万元债权以580万元的折扣价格转让给融昌泰和,整个过程真实、有效。处罚决定以融昌泰和购买债权的款项来源于高能控股和诚通兴业,融昌泰和不具备持续经营的条件和资金实力,以580万元购买净值400.15万元的债权显失公平等理由,认定炎黄在线虚增债权转让收入179.8万元的理由不能成立。一是炎黄在线与融昌泰和的债权转让是为了落实公司董事会盘活和处置公司资产的决议而采取的具体措施;二是融昌泰和作为合法存续的有限责任公司,经平等协商,与申请人签订《债权转让协议》,属于双方真实意思表示,是合法有效的行为;三是债权转让款来源于高能控股和诚通兴业不能否定协议的真实性,融昌泰和的注册地址、注册资本、股东身份真假以及被吊销营业执照等问题,均不影响协议的效力;四是债权的账面净值是计提坏账损失后的价值,并不是实际的价值,因此,以580万元购买账面价值1929.84万元的债权公平合理。

三、处罚委的答复意见

针对上述复议申请,处罚委认为申请人的复议理由与其在处罚听证阶段的理由基本类似,对这些理由在审理过程中已经进行了充分的考虑和审查,申请人的理由不能成立,建议维持我会的行政处罚决定。

(一)炎黄在线与高能控股等三家公司构成关联关系

一是炎黄在线与高能控股构成关联关系。在工资支取上,王云作为炎黄在线副董事长,不仅在高能控股领取工资而且工资记录位于《工资单》首位,金额最高。在财务审批上,高能控股大额支出财务凭证附件主管审批栏曾多次出现王云签字,且在调查过程中相关凭证被多次篡改。在证人证言上,原公司董事长何为民等人的询问笔录证明王云是高能控股实际控制人,姚某某询问笔录证明王云曾让其向高能控股出资人账户汇入30万元,而高能控股名义出资人无法说清高能控股注册资金来源、董事会人员、财务负责人等情况。此外,2007年4月,高能控股法定代表人变更为王云的父亲王某忠。

二是炎黄在线与诚通兴业构成关联关系。在股权关系上,诚通兴业是炎黄在线第一大股东中企华盛和高能控股的参股公司,诚通兴业法定代表人杨志是高能控股的董事。在证人证言上,杨志询问笔录证明2006年诚通兴业的实际控制人为高能控股,诚通兴业总裁梁某某询问笔录证明诚通兴业经营与财务由高能控股和中企华盛控制,财务资料和公章由高能控股保管。

三是炎黄在线与融昌泰和构成关联关系。在工商注册上,融昌泰和的工商登记资料显示,2005年7月,高能控股副董事长杨志办理了该公司变更注册登记,且融昌泰和的出资人王晨阳、刘清的身份证为假身份证。在证人证言上,杨志询问笔录承认,2006年度融昌泰和的实际

控制人为王云，王云想找一个资金走账的空壳公司，给了杨志5000块钱去工商局门口买了融昌泰和这家公司。在资金来源上，融昌泰和购买炎黄在线债权的580万元资金来源于诚通兴业和高能控股。

处罚委认为，上述财务资料、工商登记资料、证人证言相互佐证，可以认定炎黄在线与高能控股、诚通兴业和融昌泰和构成关联关系，相互之间的交易属于关联交易。

（二）炎黄在线虚增了与诚通兴业的物流代理收入

申请人提出，其与诚通兴业先行签订《代理服务协议》，后又签订《补充协议》替代原协议，并根据《补充协议》约定，为诚通兴业介绍了客户，据此收取70万元中介服务费，相关业务真实发生。对此，处罚委认为，申请人中介服务费的说法不能成立。在合同内容上，《代理服务协议》（无合同日期）约定的是，由炎黄在线负责诚通兴业在江苏地区的物流业务管理，诚通兴业向炎黄在线支付物流代理服务费，而《补充协议》约定的是，由炎黄在线将新疆地区三家客户介绍给诚通兴业，诚通兴业支付的是中介服务费，两份合同约定的是两种完全不同的业务。在收入性质上，物流代理服务费属于主营业务收入，而中介服务费属于其他业务收入，证据显示，申请人和注册会计师审计工作底稿均将该笔收入确认为物流代理服务费，而没有根据《补充协议》将该笔收入确认为中介服务费，诚通兴业向炎黄在线出具的也是物流代理收入通知单。在审计底稿上，申请人2006年年度报告注册会计师审计工作底稿没有发现该《补充协议》，而是在2007年10月我会日常检查后，2007年财务报告审计时补充取证。此外，诚通兴业董事长杨志在介绍该笔业务时前后不一致，无法提供炎黄在线为诚通兴业提供中介服务的具体情况，也无法提供相关业务资料。因此，上述证据足以认定炎黄在线虚构了物流代理收入。

（三）炎黄在线虚增债权转让收入

申请人提出，其与融昌泰和签订的债权转让协议程序和内容合法、履行有效。对此，处罚委认为申请人的复议理由不能成立。在合同主体上，申请人此次转让债权共计262户，均为多年未能收回的债权，绝大多数债务人分布于江苏地区，而受让方融昌泰和是一家住所地在北京市海淀区，注册资本仅10万元的投资咨询公司，股东身份证为虚假身份证，不具备持续经营的条件和资金实力，且公司多次因未按期年度检验被工商部门处罚，并已于2007年11月被吊销营业执照；在交易标的上，虽然转让债权账面价值为1929.84万元，但已提坏账准备1529.69万元，账面净值400.15万元，而融昌泰和却以580万元的价格溢价购入，交易行为显失公允，且融昌泰和支付的债权转让款，分别来源于高能控股和诚通兴业；在会计准则上，根据财政部《关联方之间出售资产等有关会计处理问题暂行规定》（财会〔2001〕64号）的规定，“上市公司与关联方之间的交易，如果没有确凿证据表明价格公允的，对显失公允的交易价格部分，一律不得确认为当期利润，应当作为资本公积处理”，申请人出售多年未收回债权，债权账面净值比转让价格低179.85万元，显失公允，不能确认为当期利润。因此，上述证据足以认定炎黄在线虚增债权转让收入179.85万元。

四、关于本案的审查意见

本案涉及多家关联公司，往来账目十分复杂且财务凭证被多次篡改，关键证人均为证券市场多年从业人员，询问笔录前后多处矛盾，给事实认定带来了较大困难。经梳理，认为本案主要有以下两个焦点问题：

（一）关于认定关联关系

根据《上市公司信息披露管理办法》（证监会令第40号）第七十一条的规定，可以根据“实质重于形式”的原则认定关联关系。经审查，调查部门和处罚部门提供的王云在高能控股领取工资、在大额支出财务凭证上签字、融昌泰和的工商登记资料、杨志等人的询问笔录等间接证据属实。经综合判断，我会取得了大量的可以互相佐证的间接证据，当事人也没有提供有效证据来否定我会的认定意见，炎黄在线与3家公司构成关联关系。

（二）关于认定申请人虚增利润

经审理，我们认为，认定炎黄在线物流代理业务的真实性应从业务背景和财务处理等情况综合判断，炎黄在线与诚通兴业签订的《代理服务协议》约定的是物流代理服务费，但申请人没有专门人员从事物流代理业务，缺乏实际发生的业务依据。关于申请人进而提出的已经通过《补充协议》取代《代理服务协议》,物流代理服务费变成中介服务费的主张,经审查,审计工作底稿中没有申请人主张的《补充协议》,诚通兴业出具的仍是物流代理收入通知单,注册会计师确认的收入也是物流代理收入,因此,申请人中介服务费的提法与协议内容和财务处理不一致。结合诚通兴业董事长对中介服务业务说法前后矛盾、当事人也没有提供中介服务的相关业务凭证等情况,可以认定该笔业务应为虚构。

关于债权转让收入,我们认为,应从合同主体、债权质量、资金来源等方面判断此次债权转让是否公允,经审查,在合同主体上,融昌泰和股东身份证为虚假身份证,不具备持续经营的条件和资金实力,且公司多次因未按期年度检验被工商部门处罚,并已于2007年11月被吊销营业执照;在债权质量上,虽然转让债权账面价值为1,929.84万元,但已提坏账准备1,529.69万元,账面净值400.15万元,而融昌泰和却以580万元的价格溢价购入,在会计处理上,交易行为显失公允;在资金来源上,融昌泰和购买炎黄在线债权的580万元资金来源于炎黄在线的关联法人诚通兴业和高能控股。根据财政部《关联方之间出售资产等有关会计处理问题暂行规定》(财会〔2001〕64号),此次债权转让价格超过账面净值的部分显失公允,不得确认为当期利润,因此,申请人构成虚增利润的违法行为。

综上,我们认为处罚决定认定的炎黄在线与高能控股等三家公司存在关联关系和关联交易,炎黄在线虚增物流代理业务收入,虚增债权转让收入的违法事实成立。复议决定维持对炎黄在线的行政处罚决定。

张庆瑞行政复议案

2013年10月21日,张庆瑞不服我会《行政处罚决定书》(〔2013〕41号),申请行政复议。

一、案件基本情况

申请人张庆瑞,自由职业者。2013年1月16日,我会对张庆瑞涉嫌内幕交易北人印刷机械股份有限公司(以下简称ST北人)股票进行立案调查。经调查,张庆瑞在内幕信息公开前与内幕信息知情人仇某联络,在价格敏感期内买入北人股份股票53.8289万股,交易金额达270.96万元,交易时间与其和内幕信息知情人联系时间高度吻合,且交易风格同以往相比有较大差异。2013年9月18日,我会作出《行政处罚决定书》(〔2013〕41号),认定张庆瑞构成《证券法》第202条规定的内幕交易行为,没收违法所得542,712.12元,并处以542,712.12元罚款。

二、申请人的复议请求与理由

申请人不服我会行政处罚决定,复议请求予以撤销。主要理由为:

一是决定书认定申请人构成内幕交易,事实不清、证据不足。申请人3月与内幕信息知情人仇某联系,是因自己答应仇某帮忙办事但未实现承诺引起,在内幕信息敏感期内的通话不涉及ST北人重组的内幕信息。决定书没有证据证明此期间的通话内容涉及内幕信息,认定其构成内幕交易缺乏完整的证据链支持。

二是决定书认定申请人违法的逻辑存在疑问。申请人购买ST北人股票的资金只是其自有资金一小部分,如果知悉内幕信息,在长达一周时间内完全有能力筹集资金买入更多;若知悉会告诉持有股票账户的亲属去购买获利。但其实际未从事上述行为。

三是决定书未充分考虑申请人买入ST北人股票的原因。申请人买入ST北人股票是因为长期关注ST北人,其提供的网页材料等可以证明;ST北人代表了北京国资委的形象,相关领导考察ST北人的实际控股人旗下公司是ST北人具备重组条件的先兆。

四是决定书认定申请人“交易风格较以往有较大差异”与事实不符。申请人之前也有“全仓买入”的情况，不存在交易风格变化的问题。

三、处罚委的答复意见

针对上述复议请求和理由，处罚委逐一作出答复，认为申请人提出的复议理由不能成立，建议维持行政处罚决定。答复意见可以归纳为以下几个方面：

一是我会认定申请人构成内幕交易的证据充分。根据相关法律法规的规定，我会认定内幕交易需要取得较为充分的证据，但是并不要求取得通话内容。依照《证券法》和其他现行法律法规的要求，我会没有取得通话内容的权力，之前也从未通过获取通话内容来认定内幕交易。本案的证据能够形成完整的链条，达到了明显优势的证明标准。

二是我会作出的处罚决定逻辑正确。我会认定张庆瑞构成内幕交易是基于其与内幕信息知情人的联络、交易情况等证据作出。申请人提出一周内(3月30日至4月5日)没有交易，是因3月31日、4月1日至4日为周末和清明节休市，其无法进行交易，也无法向资金账户里转账。其经济实力与本案没有直接关系，内幕交易并不要求当事人以全部财富进行投入。另外，申请人提出其亲属没有交易与本案没有关联。

三是申请人交易异常，交易风格较以往有较大差异。自2009年至2012年4月，“张庆瑞”证券账户单日买入数量最多是6万股；单日交易额最多是24.93万元，申请人投入200多万买入ST北人股票已属异常。申请人在听证时提到其一直是全仓买入所有股票，但其交易记录等证据显示，其在其他时间里买入均是同时持有多支股票，但在2012年4月6日，申请人将账户中所有资金全部买入ST北人一只股票，和以前的交易风格差异较大。

四是申请人提出的理由无法解释其交易异常的原因。申请人称买入ST北人股票是因为长期关注了ST北人，ST北人代表了北京国资委的形象等理由，无法解释其交易异常的原因，其提供的网络信息是股吧里一些人的讨论情况，与本案没有直接关系。

四、复议审查情况

本案争议焦点是认定内幕交易是否必须有直接证据。

我们认为，两高《关于办理内幕交易、泄露内幕信息刑事案件具体应用法律若干问题的解释》(法释〔2012〕6号)和最高人民法院《关于审理证券行政处罚案件证据若干问题的座谈会纪要》针对内幕交易调查举证认定难问题，在赋予当事人合理抗辩权利和机会的前提下，允许运用间接证据结合适当推定认定内幕交易的标准和规则。

经审查，本案中，我会据以认定申请人内幕交易的证据主要包括四个方面，即申请人与内幕信息知情人之间的固有关系与惯常联系、申请人实施交易行为之前与内幕信息知情人的联络情况、申请人交易时间与内幕信息知情人联系时间的吻合度、申请人买入行为的异常情况。申请人主张相关联络通话内容与内幕信息无关，但未能提出有力证据，无法合理解释其异常交易行为，不能证明其交易行为合法。我会认定依据的证据虽然属于间接证据，但能够相互印证，构成较为完整的证据链条，可以推定认定其构成内幕交易。

综上，我们认为，根据现有证据材料，可以认定申请人从事内幕交易，申请人提出的决定书认定事实不清、证据不足，与事实不符，不能成立，本案处罚程序方面亦符合法律要求。复议决定维持我会对张庆瑞作出的行政处罚决定。

周耐不服北京证监局信息公开行政诉讼案

一、案件基本情况

周耐于2013年3月向北京证监局(以下简称北京局)递交《证券期货监督管理信息公开申请表》,其申请北京局提供的信息是“国泰君安证券股份有限公司北京德外大街证券营业部违规展业、无证营销事实认定的违规时间、拟采取监管措施的形式、文件、是否已经实施了监管措施,以及监管措施的实施时间”。

北京局在此前接到周耐关于国泰君安证券股份有限公司(以下简称国泰君安)北京德外大街证券营业部(以下简称德外营业部)违规问题的举报材料,调查发现德外营业部存在违规使用无证经纪人的问题,同时国泰君安北京地区其他部分营业部也存在类似问题,且该违规事实的根源在国泰君安北京分公司的管理层面。考虑到德外营业部属于执行层面,北京局制作并对国泰君安北京分公司下发了《监管提示函》。因此,北京局认为对国泰君安北京分公司下发的《监管提示函》是北京局在监管工作中制定的唯一符合原告请求,且与原告利益直接相关的监管信息,符合《中华人民共和国政府信息公开条例》和《中国证券监督管理委员会证券期货监督管理信息公开办法(试行)》依申请公开的有关规定,制作了《监管信息公开告知书》,并对原告公开了该《监管提示函》。

周耐认为北京局随《监管信息公开告知书》公开的信息中的监管对象及内容并非其申请公开的内容,于2013年7月诉至北京市西城区人民法院(以下简称一审法院),要求确认北京局所做《监管信息公开告知书》违法,并判决北京局重新提供所需信息的完整内容。

二、法院审理情况

一审和二审法院认定本案的焦点问题是:北京局提供的信息与周耐申请公开信息的关联度,即北京局对国泰君安北京分公司下发的《监管提示函》是否包含对德外营业部违规行为的处理。其中主要涉及的法律问题是北京局对周耐公开的《监管提示函》是否符合信息公开规则规定。

一审法院判决驳回周耐的诉讼请求。周耐不服一审判决,上诉至北京市第二中级人民法院(以下简称二审法院),二审法院驳回上诉,维持一审判决。

原告在《证券期货监督管理信息公开申请表》中申请提供的信息是“国泰君安证券股份有限公司北京德外大街证券营业部违规展业、无证营销事实认定的违规时间、拟采取监管措施的形式、文件、是否已经实施了监管措施,以及监管措施的实施时间”。北京局对其公开的是针对国泰君安北京分公司下发的《监管提示函》。原告在一审和二审中都认为北京局公开的不是其申请公开的信息,北京局在对其公开之前已经与其进行沟通,说明北京局并未对德外营业部单独采取监管措施,对国泰君安北京分公司下发的《监管提示函》已经涵盖了对德外营业部的处理措施,北京局在一审、二审答辩状和庭审环节均做了上述说明。同时北京局在二审庭审中进一步说明,北京局并没有针对德外营业部单独采取过监管措施。两级法院在判决中均认定北京局前述《监管提示函》是北京局在履行职责过程中制作或者获取的,以一定形式记录、保存的,唯一符合原告申请要求并与之利益直接相关的监管信息,北京局将上述监管信息向原告公开,符合相关规定。

三、本案主要启示

随着政府信息透明度的要求日渐提高,资本市场参与者对监管信息公开的要求也将不断增加,近几年证券期货监管系统信息公开年度报告、行政复议和行政诉讼案件已经表现出这一趋势。面对这一趋势,证券期货监管机构应进一步增强信息公开工作的规范化水平,进一步细化信息公开工作操作规则，规范信息公开告知书格式文书，针对各种不同情况分别设计格式文书，做好培训工作。同时，应进一步注意信息公开工作的程序留痕，保存好电话沟通、送达的证明材料。

要进一步增强执法文书起草的严谨性，提高透明度，保障相对人和相关人员的知情权。

（北京证监局供稿）

兴业全球基金诉熔盛重工缔约过失责任纠纷案

一、案情概要

2011 年 4 月 26 日，被告江苏熔盛重工有限公司（以下简称熔盛重工）与安徽省全椒县人民政府签订《产权交易合同》，约定被告熔盛重工受让安徽全柴集团有限公司（以下简称全柴集团）100% 国有股权，自双方签字盖章并依法报审批机构批准后生效。2011 年 4 月 28 日，安徽全柴动力股份有限公司（以下简称全柴动力）发布《安徽全柴动力股份有限公司要约收购报告书（摘要）》（以下简称《要约收购报告书》）公告，披露因受让全柴集团从而间接控制上市公司全柴动力 44.39% 的股权，构成对全柴动力的间接收购，触发全面要约收购义务。该次要约收购是以 16.62 元/股收购除全柴集团以外全体股东所持全部全柴动力股份。此后，全柴动力陆续披露了要约收购进展情况，提示交易风险。

原告兴业全球基金管理有限公司（以下简称兴业基金）诉称因信赖被告将通过中国证监会的备案审查，于 2011 年 5 月至 6 月期间，其所管理的兴全趋势投资混合型证券投资基金（以下简称兴全趋势基金）以 17 元/股左右大量买入全柴动力股票。2012 年 8 月 17 日被告熔盛重工公告宣布放弃收购，兴业基金于 2012 年 8 月 23 日将持有的 200 万股股票以 8.4349 元/股卖出，遭受损失 16370200 元，原告认为此损失是被告取消要约收购违背诚实信用原则造成的，故提起诉讼要求赔偿。

江苏省南通市中级人民法院于 2012 年 11 月 5 日、12 月 31 日公开开庭审理了此案，并于 2013 年 1 月 9 日依法送达了一审判决：驳回原告兴业基金的诉讼请求。兴业基金不服一审判决，向江苏省高级人民法院提起上诉，江苏省高院于 2012 年 10 月 9 日作出终审判决，驳回兴业基金的上诉，维持原判。

二、主要争议焦点及相关法律问题

本案的无论一审还是二审，争议的焦点都集中在两个方面：一是熔盛重工在要约收购过程中是否违反先合同义务，是否应承担缔约过失责任；二是熔盛重工的要约收购行为与兴业基金主张的损失间是否存在因果关系。

（一）关于熔盛重工是否存在缔约过失及违反先合同义务的行为

原告兴业基金主张被告熔盛重工违反诚实信用原则存在缔约过失的具体行为体现在以下四个方面：1. 撤回行政许可申请；2. 未及时上报补正材料；3. 未及时披露国务院国资委批复的有效期；4. 部分公告未提示风险。

首先，关于撤回许可申请的问题。一审法院认为：第一，当事人享有自愿缔结合同的权利。熔盛重工撤回行政许可申请材料，应为当事人中断磋商，不继续进行订立合同的行为。该行为应属当事人自由缔结合同的行为，不能以一方中断缔约为由追究其责任。第二，缔结合同不得违反诚实信用原则。熔盛重工发布的《要约收购报告书》作为非正式要约，已提示风险，在全柴动力随后发布的公告中，屡次提及本次交易存在的风险。熔盛重工撤回要约收购申请，并于次日即发布了公告，已履行了及时告知义务，符合证券法的规定。由此可见，被告熔盛重工在已尽告知和注意义务情况下撤回申请，中断缔约，符合缔约自由的原则，且不违反诚实信用原则。

其次,关于未及时补正材料的问题。原告兴业基金主张被告熔盛重工违背承诺未及时上报补正材料。被告熔盛重工辩称补正材料尚未完成以致未能上报。一审法院认为,补正材料的上报同样为合同磋商过程中的行为,是否继续磋商由当事人自主决定。在无规范性文件明确规定补正材料的延期期间和后果的情况下,根据合同自由原则,被告熔盛重工不负有继续磋商的义务,亦无法强制其履行本案要约收购报批义务,以促成合同的最终成立。被告熔盛重工通过全柴动力多次分别以公告或年报、季报的形式提示补正材料未上报。原告兴业基金已从陆续的信息披露中得知本次要约收购活动的进展情况,并已注意到补正材料未上报,从而来判断交易的风险。故应认定被告熔盛重工已履行了缔约过程中的此项先合同义务。

再次,关于国务院国资委批复有效期的披露问题。原告兴业基金主张被告熔盛重工未及时披露批复有效期为 12 个月,存在重大遗漏。一审法院认为《上市公司收购管理办法》仅明确应特别提示要约须经批准,而对相关批复的有效期是否应披露未有明确规定。因本案被告熔盛重工所负的先合同义务为告知交易风险,提请相对方注意,原告兴业基金在国务院国资委批复前已买入了案涉股票,在有效期披露后未影响其交易,故披露批复有效期非为缔约过程的先合同义务范畴。退一步讲,即便有效期应予及时披露,根据最高人民法院《关于审理证券市场因虚假陈述引发的民事赔偿案件的若干规定》第六条规定,因原告兴业基金未就上述情形申请有权机关作出行政处罚,作出构成重大遗漏的事实认定,故原告兴业基金主张被告熔盛重工信息披露存在重大遗漏依据不足。

最后,关于部分公告未提示风险的问题。原告兴业基金主张被告熔盛重工 2011 年 8 月 31 日至 2012 年 7 月 16 日期间未提示交易风险。一审法院认为,《要约收购报告书》已经披露且提示了交易风险,之后全柴动力曾不断发布年报、季报、公告,披露补正材料未上报的情况。该补正材料进展情况系案涉要约收购披露事项的延续,无相关规定强制要求其在此类延续性的信息披露时,必须持续不间断地提示风险。

综上,合同法设立缔约过失责任制度的价值主要在于保护缔约过程中无过错方的信赖利益,通过施以过错方一定的损害赔偿责任促使合同主体在缔约过程中诚实磋商、忠实缔约。缔约过失责任是对订立合同中合同主体意思自治的限制,但是该限制应在合理的范围内,否则不利于鼓励磋商、鼓励交易、增进社会财富。本案中,被告熔盛重工在要约收购过程中真实、及时、完整地披露了要约收购的进展情况,已尽了相应的告知义务,并不存在缔约上的过失。

上诉人认为:1. 熔盛重工违背其 2011 年 6 月 29 日《关于延期上报有关补正材料的公告》中“待取得国务院国资委、商务部反垄断局相关批复文件后立即将补正材料上报中国证监会”的承诺,其通过拖延补正材料上报,最终达到于 2012 年 8 月 17 日向中国证监会撤回“收购股份要约”申请材料的目的。2. 2011 年 10 月 29 日《全柴动力 2011 年第三季度报告》载明“截至 2011 年 9 月 30 日,本次交易触发的要约收购尚未获得中国证监会出具的无异议函”,结合此前熔盛重工通过全柴动力于 2011 年 6 月 29 日发布的公告中承诺的“待取得国务院国资委、商务部反垄断局相关批复文件后立即将补正材料上报中国证监会”,以及 2011 年 8 月 9 日熔盛重工通过全柴动力公告的熔盛重工收购全柴集团 100% 股权转让事宜已获得国务院国资委批准,任何具有普通文字水平的人都会得出熔盛重工已在当年 8 月 31 日后将补正材料上报了中国证监会,只是未获得中国证监会出具的无异议函的结论。熔盛重工的上述行为存在重大误导。3. 熔盛重工信息披露存在重大遗漏。其一,熔盛重工在要约收购存在重大不确定性的情况下,仅在部分公告中提示风险;其二,熔盛重工公告披露已收到国资委的相关批复文件,但未对该批复的有效期进行公告,直至有效期临近届满才公告,导致兴业基金对公告内容产生误判。

二审法院认为:1. 熔盛重工因要约收购产生先合同义务,主要是告知义务,其履行告知义务的主要方式是信息披露。信息披露是否符合规范要求是认定熔盛重工是否适当地履行先合同义务的重要标准。本案中,全柴动力 2011 年 4 月 28 日发布公告,登载了熔盛重工《要约收购报告书》内容,同时载明报告书须经商务部反垄断局等批准,披露了批准文件的进展情况,提示了此要约收购报告书摘要的目的仅为向社会公众投资者提供本次要约收购的简要情况，收购要约并未生效，具有相当的不确定性。熔盛重工上述行为符合信息披露的相关规定，应认定其适当地履行了先合同义务。2. 根据《上市公司收购管理办法》第三十一条规定，收购人向中国证监会报送申请要约收购书之后，公告要约收购前，可自行决定继续或取消收购计划。熔盛重工于2012年8月17日向中国证监会撤回要约收购申请，并于次日发布公告对该情况进行了披露，并不违反法律规定。3. 延期上报补正材料的具体期限法律并无强制性规定，是否继续提交补正材料应由熔盛重工自主决定。熔盛重工延期未提交补正材料，正体现了其对于是否继续或取消收购的不确定心理，其最终未提交补正材料，表明了其最终决定终止收购，不再就订立合同进行磋商。熔盛重工上述行为并不违反法律规定。全柴动力分别在公告、年报、季报上对补正材料未上报等情况进行了告知，兴业基金等股东亦已从上述信息中获知有关要约收购的相关情况。兴业基金关于熔盛重工未及时上报补正材料有违诚信的理由，于法无据。4. 兴业基金主张熔盛重工未及时公告国务院国资委批复有效期为12个月，信息披露存在重大遗漏。法院认为，收购要约尚未发出，能否发出处于不确定阶段，对于该阶段收购方信息披露的要求，《证券法》及《上市公司收购管理办法》均作了规定，目的是便于被收购方了解要约收购的进程。熔盛重工已按规定告知《要约收购报告书》须经有关部门批准，并对批准文件的进展情况也及时予以公告。《上市公司收购管理办法》对有关批准文件的具体内容及有效期进行披露并未作出明确规定。熔盛重工于2011年8月31日公告披露转让事宜已获国务院国资委批准。此后，亦多次提示要约收购风险，并于2012年7月30日国务院国资委批复有效期前公告告知。熔盛重工上述行为并无不当。且即便兴业基金该主张成立，对于熔盛重工信息披露是否存在重大遗漏的认定，亦应属于证券市场虚假陈述范畴，依据《最高人民法院关于审理证券市场因虚假陈述引发的民事赔偿案件的若干规定》，对于虚假陈述行为提起的民事赔偿诉讼，亦应以行政机关的行政处罚决定或者人民法院的刑事裁判为前置，兴业基金以此直接主张熔盛重工承担赔偿责任，因欠缺法定条件，依法不能成立。5. 2011年4月28日全柴动力发布《要约收购报告书》，明确提示了交易风险。无相关规定强制要求受让人在此后所有延续性地信息披露时必须不间断地提示风险。6. 2011年6月29日《关于延期上报有关补正材料的公告》中“待取得国务院国资委、商务部反垄断局相关批复文件后立即将补正材料上报中国证监会”、2011年8月9日熔盛重工收购“全柴集团100%股权的反垄断审查申请已获商务部反垄断局批准”的公告以及2011年10月29日《全柴动力2011年第三季度报告》所载“截至2011年9月30日，本次交易触发的要约收购尚未获得中国证监会出具的无异议函”，均是对要约收购有关事项的客观表述，意思表示明确且语义相互独立，无论从公告内容，亦或公告间意思的关联性，均不能得出熔盛重工于2011年8月31日后将补正材料上报了中国证监会的结论。兴业基金关于熔盛重工信息披露存在重大误导的理由，不能成立。综上，二审法院认为兴业基金主张熔盛重工违反先合同义务，应承担缔约过失责任的理由，均不成立。

（二）熔盛重工要约收购中的行为与原告兴业基金损失之间有无因果关系，如有，损失如何确定

一审法院认为，缔约过失责任的因果关系是指违反先合同义务的行为与损害结果之间的引起与被引起关系，即相对人损失系由于行为人违反先合同义务所导致。本案中，原告兴业基金于2011年5月至6月期间买入全柴动力7535838股，在案涉《要约收购报告书》不断发布经商务部反垄断局、国务院国资委批准的信息后，原告兴业基金却从此时起短时间内卖出5535838股，卖出的股票数量远超其继续持有数量。从原告兴业基金卖出股票的行为推定其对案涉要约收购存在风险是有充分认识的，其主张信赖程度逐渐递增，最终会被要约收购的认知与其实际行动并不相符。之后，在被告熔盛重工多次提示交易风险的情况下，原告兴业基金仍继续持有200万股全柴动力股票，应为根据交易风险判断而作出的市场决策行为，该行为本身就蕴含着投资风险。原告因股价下跌所遭受的损失，系其本身对风险判断失误所致，其完

全可选择适当时机卖出 200 万股以减少损失。因此,被告熔盛重工要约收购过程中的行为,不是造成原告损失的充分条件,与原告兴业基金的损失之间不存在缔约过失责任上的因果关系。

二审法院指出,因兴业基金主张熔盛重工违反先合同义务的理由均不能成立,故对于熔盛重工的要约收购行为与兴业基金损失间有无因果关系以及兴业基金具体损失等,不予理涉。

(江苏证监局供稿)

梁丽珍诉银河证券、小榄营业部、梁键伟民事赔偿案

一、案情概要

梁键伟于2001 年5 月至2011 年4 月13 日间在中国银河证券股份有限公司(以下简称银河证券)下属营业部广东中山小榄营业部(以下简称小榄营业部)任职,2002 年 1 月起任理财服务部经理。2006 年至 2011 年间,梁键伟通过制作虚假资产管理协议、虚假对账单、伪造公司营业部印章、在营业部场所外签订合同等手段,骗取包括梁丽珍在内的 15 名受害人人民币 4904. 5 万元。2012 年 8 月经过中山市中级人民法院审理,梁键伟犯诈骗罪被判处无期徒刑。绝大部分赃款未能缴回。

2012 年 5 月,包括梁丽珍在内的 14 位受害人以银河证券、小榄营业部、梁键伟为被告向中山市第二人民法院(以下简称一审法院)提起民事诉讼,要求赔偿因梁键伟诈骗而遭受的损失,共计人民币 5019. 84 万元。一审法院经三次开庭审理,判决梁键伟赔偿原告梁丽珍理财资金损失 1270 万元,小榄营业部对梁键伟不能赔偿的损失承担 40% 的份额,银河证券与小榄营业部承担共同赔偿责任。被告银河证券、小榄营业部对一审判决不服,向中山市中级人民法院(以下简称二审法院)提起上诉。二审法院判决变更了一审判决认定的损失数额,对一审判决认定的小榄营业部、银河证券的赔偿责任及分担比例判决维持。

二、主要法律问题

(一)民事责任属性

一审判决在认定银河证券、小榄营业部存在管理漏洞与梁丽珍等人的损失存在因果关系,并认为其责任形态属于间接责任。该认定引起了被告的质疑。二审判决未继续沿用间接责任理论,但维持了对小榄营业部存在过错的认定。

在侵权行为法上,如果行为人实施了侵权行为并因此导致他人遭受损害,在符合侵权责任构成要件的情况下,行为人应就其实施的侵权行为对他人遭受的损害承担侵权责任,这种侵权责任称之为"个人责任"或"自己责任""直接责任";如果是行为人之外的第三人实施了侵权行为并因此导致受害人遭受损害,行为人就第三人实施的侵权行为对受害人承担侵权责任,行为人承担的此种侵权责任即为间接责任。间接责任是未直接实施侵权行为的人基于帮助、教唆等特定行为,或与直接侵权人之间的特定关系而承担的责任,故间接责任属于特殊侵权行为的责任形式。

而关于替代责任与间接责任的区别,有学者认为是同一种责任形式在不同法系国家的法律用语不同①。实质都是行为人就与自己有某

① 张民安:《替代责任的比较研究》,甘肃政法学院学报　总第 106 期"如果行为人同第三人之间存在某种特殊关系或者如果行为人同受害人之间存在特殊关系,当第三人对他人实施某种侵权行为并因此导致他人遭受损害,行为人应当就第三人实施的侵权行为对受害人承担侵权责任。行为人承担的此种侵权责任被称作替代责任(vicarious liability)、优势责任(respondeat superior)、被强加的过失责任(imputed negligence)、间接责任(responsibility indirecte)或者因别人的行为承担的侵权责任(responaability du fait d'autrui)。其中,替代责任是英美法系国家和我国学说使用的概念,优势责任、被强加的过失责任是英美法系国家使用的概念,而间接责任、因他人行为产生的侵权责任则是法国学说使用的概念。无论是替代责任、优势责任、被强加的过失责任、间接责任还是因他人行为产生的侵权责任,其意义都是一样的,这就是:行为人不是就自己的侵权行为引起的损害对他人承担侵权责任,而是就第三人实施的侵权行为对他人承担的侵权责任。"

种关系的第三人实施的侵权行为对受害人承担的侵权责任。学界普遍认为雇主责任是一种典型的替代责任。所以如果从学理方面分析本案侵权责任的性质，替代责任的提法更符合主流观点。而间接责任的提法多见于版权、知识产权领域[①]。梁键伟作为小榄营业部理财服务部经理，与小榄营业部及银河证券属雇佣关系，梁键伟应该在职责和授权范围内向客户提供服务。关于雇佣关系中的侵权责任分配，在《侵权责任法》、《民法通则》和司法解释中都有规定，其中与本案情节最为接近的是《侵权责任法》第三十四条和《民法通则》第四十三条。《侵权责任法》第三十四条第一款规定"用人单位的工作人员因执行工作任务造成他人损害的，由用人单位承担侵权责任。"《民法通则》第四十三条"企业法人对它的法定代表人和其他工作人员的经营活动，承担民事责任。"但从本案来看，梁键伟的行为已远远超出了"执行工作任务""经营活动"的范围，属于欺诈的故意侵权行为。对于这类工作人员利用职务便利实施故意侵权行为，现行法律法规中没有直接规定。也正因如此，一审判决进行了法理分析，引用了间接责任的理论来确定小榄营业部和银河证券的民事责任。

从替代责任理论来看，对于雇员利用职务便利进行的欺诈行为是否需要由雇主来承担责任，1867 年前英美法系国家司法实践认为雇主不就其雇员实施的欺诈行为对受害者承担侵权责任。到了 1867 年，英国司法判例在著名的 Barwick v. English Joint Stock Bank 一案中重新确立审判规则[②]。这一规则认为，如果雇员是为了雇主的利益实施的欺诈行为，则雇主应当就其雇员的欺诈行为对受害人承担侵权责任；如果雇员仅仅为了自己的利益实施欺诈行为，雇主不就其欺诈行为承担侵权责任；但能够证明雇员实施的欺诈行为被认为是他们实际代理权限或者表见代理权限范围内的行为，雇主则需对其雇员的侵权行为承担责任[③]。这一规则被认为是当时英美法系国家审理此类案件的主流规则。后来陆续有判例在个案中对审理规则进行了演化适用，但基本原则没有变化。

在我国司法实践中，现行《证券法》实施前后都有证券公司营业部业务人员在从事经纪业务时，擅自动用客户账户资金、伪造对账单、超越代理权限买卖客户股票而引发诉讼，但具体情节各自不同。法院判决中证券公司承担责任的案例和客户自行承担责任的案例都有发生[④]。但基本是审理思路仍是以过错责任原则为基础，综合分析当事人各自过错情况来确定责任分配。本案梁键伟虽然从事的是资产管理业务，但在履行职务行为上与已生效案例有相同之处。可见，在法律法规没有直接规定的情况下，依据基础法律规定和法律原则进行判决是审理该类案件通行做法。

（二）小榄营业部、银河证券承担侵权责任的法律要件是什么

本案法院判决援引的法律依据包括了《侵权责任法》第六条第一款，即过错责任的规定。在过错责任制度下，行为人承担侵权责任需满足以下要件：一是行为人实施了某一行为；二是行为人行为时有过错；三是受害人的民事权益受到损害；四是行为人的行为与损害结果之间存在因果关系。小榄营业部和银河证券是否需要对原告承担侵权责任，需要看是否满足以上要件。

法院判决书中对于小榄营业部和银河证券承担责任的条件归纳为："银河证券、银河证券小榄营业部对梁丽珍所受的损失应否承担赔偿责任，须以银河证券小榄营业部内控机制和管理制度存在漏洞，以及银河证券小榄营业部没有尽到监督、管理及防免损害发生之责与损害结果的发生有因果关系为前提"。判决书将侵权责任要件二和四作为本案两被告承担责任的要件进行了集中论述。对于要件一，"行为人实施了某一行为"，这里的行为包括作为和不作为。不作为的侵权行为是行为人应当履行某

---

① 参见李澜：《著作权间接责任制度研究》、熊琦：《著作权间接责任的扩张与限制》、关继转：《网络服务商的间接责任》等。

② Barwick v English Joint Stock Bank, COURT OF EXCHEQUER CHAMBER, HEARING - DATES: 08 FEBRUARY, 18 MAY 1867.

③ 张民安：《侵权责任法上的替代责任》，北京大学出版社 2010 年版，第 272 - 274 页。

④ 2009 年北京市西城区人民法院审理的王玉清诉招商证券股份有限公司北京德胜门东滨河路证券营业部证券欺诈赔偿纠纷案；2006 年厦门中级人民法院审理的戴真真诉厦门证券有限公司案；2000 年厦门中级人民法院审理的吴敏诉华福证券公司厦门湖滨南路证券营业部案等。

种法定作为义务而没有履行产生的,法定义务的存在是不作为义务产生的前提。《证券公司内部控制指引》《证券公司客户资产管理业务试行办法》等证券业务规则对证券公司员工从业行为以及证券公司的监督管理义务进行了系统规定,是小榄营业部、银河证券负有作为义务的法律依据,即小榄营业部和银河证券对梁键伟与从业相关行为负有监督管理的责任。如果能够证明小榄营业部和银河证券没有付出应有的监督管理行为,即是一种不作为的侵权行为。

要件一的证明内容与要件二直接相关。当事人的过错分为故意和过失两类。从案情来看,小榄营业部、银河证券没有造成原告损失的故意,如果两被告有过错则只能为过失。早期侵权责任法上对过失的判断主要考察行为人的主观心理状态,也叫主观判断标准。发展到现在对过失的认定逐步客观化,不从单个行为人的主观状态认定其过失,而主要依据客观标准①。所以对小榄营业部和银河证券的过失判断应从以下两方面来衡量:

1. 两被告是否违反了证券法律、行政法规明确规定的义务。

2. 两被告是否尽到了合理注意义务。

具体到本案,应判断的事实有小榄营业部是否按照法律法规等相关规则和监管部门要求制定了相应的内部控制制度和管理制度,上述制度有没有漏洞,各项制度是否落实执行到位。对上述问题的事实证明是认定两原告侵权责任的关键所在,既可以证明两被告是否履行了监督管理职责,即侵权行为要件一,也可以证明两被告相关内部制度是否健全,是否对梁键伟的从业行为尽到了合理的管理义务,是否存在过错,即侵权行为要件二。对上述事实的判断法院借助了广东证监局编发的一期内部工作文件机构监管工作动态 2001 年第 23 期以及广东证监信函〔2011〕15 号复函。第 23 期机构监管工作动态认为"证券经营机构存在的管理问题。……一是用章管理制度不完善,在实际工作中未能严格执行用章登记和审批留痕,导致个别员工利用管理漏洞盗用业务用章从事非法活动。二是合同文本管理不完善……导致个别员工能随意取得公司空白合同文本。三是人员管理不规范,合规教育和管理工作不到位。……四是客户开户资料审核不严。五是投资者教育或客户回访工作不到位。"机构监管工作动态较为清楚地指出了小榄营业部当时存在的内控制度和管理制度漏洞以及执行不到位的现状,说明小榄营业部对梁键伟的从业行为管理存在缺失,进一步从行业监管部门的角度肯定了营业部内部管理缺失导致个别员工的欺诈行为有机可乘,是对小榄营业部和银河证券存在过失的直接佐证。

在案件的二审中,小榄营业部和银河证券的过错证明仍然是案件焦点所在。但法官较为谨慎,没有直接援引机构监管动态来证明,采用说理方式维持了一审的观点。

要件三因损害事实比较明显,判决中没有专门论述。

关于要件四因果关系的证明,一审判决认为本案中造成原告损失的直接原因是梁键伟的欺诈行为,间接原因是小榄营业部制度和管理上的疏漏,没有尽到监督管理梁键伟以防止其从事违法行为的义务。但对于小榄营业部内部管理制度漏洞与损害结果之间的因果关系,即侵权行为要件四,二审法院判决论证较一审判决更为充分些。

理论认为,当损害结果由多种原因引起就应当区分各种原因对损害结果发生所起的不同作用,依据其与损害结果关系的远近来确定责任范围。其中直接原因是指必然引起某种后果发生的原因,间接原因是指一般不会引起某种损害结果的发生,但由于其他原因的介入而造成该种损害的原因②。区分直接原因与间接原因的意义在于确定间接原因是否需要对损害结果承担责任。

实践中对于因果关系的证明也是相当复杂,按照谁主张谁举证的证明原则,原告需要对小榄营业部和银河证券在管理和制度上的疏漏是导致其损失的间接原因进行举证,但判决中未见详细记载。要证明小榄营业部和银河证券是造成原告损失的间接原因,其证明逻辑应为:小榄营业部内控制度和管理存在漏洞,未对梁键伟尽到职业管理约束责任,导致梁键伟成功

① 张民安:《侵权责任法上的替代责任》,北京大学出版社 2012 年版,第 40 页。

② 王利民、杨立新:《侵权行为法》,法律出版社 1996 年版。

利用了上述制度漏洞和管理疏漏对原告等人实施了诈骗行为。如果要用证据对应证明的话，需要对刑事判决中认定的梁键伟实施的私刻营业部公章、伪造"定向资产管理合同"、对账单等一系列诈骗行为的具体细节，按照小榄营业部及银河证券的内部制度进行比对，比照发现小榄营业部在日常经营中能够发现梁键伟违法行为的情节和时机，从而证明小榄营业部不作为的失职。这些具体情节和证据才是间接原因的证据基础。从常理上推断，一个管理存在漏洞、对员工约束不力的营业部通常存在服务隐患，只是要确定究竟这样的隐患在实际造成损失的原因中占了多大比重，需要具体情节和证据的支撑。

一审判决对因果关系的认定主要是采信了广东证监局机构监管工作动态的认定，借助动态中对小榄营业部的检查结果以及同期发生的白伟彤案来予以证明，其潜在的逻辑是因为缺乏将梁键伟一系列犯罪行为情节与营业部管理制度漏洞具体对应的证据，因而只能用机构监管动态的结论性判断来说明，推断出营业部管理缺失与原告损失有因果关系。二审判决没有直接援引机构监管动态，但是援引了证监会广东证监局在〔2011〕15 号信访答复函中对小榄营业部存在问题的认定，并通过较为详细的说理肯定了"银河证券公司小榄营业部对客户经理的监督和管理确实存在较大的漏洞，给客户经理实施犯罪行为以可乘之机。"

综合上述侵权行为要件的证明情况，两级法院对于小榄营业部的责任认定是一致的。

三、本案对监管工作的启示

（一）行业监管部门的文件在证券类侵权案件中作用显著

从本案证据使用情况来看，广东局的机构监管工作动态等内部文件对认定被告是否存在过错、是否存在疏于监管的不作为行为、不作为行为与损害后果的因果关系等关键问题上起到了重要的证明作用。这体现出审判机关在审理证券类侵权案件中对行业内部专业问题，基本采信证券监管部门的监管意见。派出机构处于监管一线，无论是日常检查还是处理信访投诉，都要与当地分支机构频繁接触，对于分支机构存在的问题应该具有更加敏锐的监管直觉，对于发现的问题一方面应尽可能规范、全面的搜集证据，查清事实，确定监管责任；另一方面应注意所出具的监管意见，应当事实清楚、书写规范、规则准确，能够经得起可能面临的司法审查。

（二）明确证券公司内控制度有效性标准，合理界定公司免责条件，建立防范员工道德风险的内控底线

从本案刑事部分案情看，梁键伟的行为已超出了职务行为的范畴，属于利用职务便利进行诈骗的犯罪行为。但梁键伟的行为是否真正超出营业部监管能力范围？在长达近六年多的时间里，梁键伟十多次实施诈骗行为，营业部未曾发现，其内控机制是否真的存在并落实？其有效性该如何评价？

借鉴英国 Barwick 一案确立的审判规则，在雇员为了雇主利益或者雇员的行为被认为符合实际代理权或表见代理权，那么雇主应当为雇员的欺诈行为对受害人承担侵权责任。

近几年特别是证券公司综合治理后，证券经营机构及其分支机构从业人员超越代理权的执业行为或者欺诈行为多数为员工为自己利益而为，不存在营业部授意。但本案中由于梁键伟在营业部财务服务部任职，当时公司也正在销售"定向资产管理"的理财产品，使其一系列造假行为混同于合法的资产管理业务行为，对原告有很大的欺骗性。虽然判决书中没有提及梁键伟的行为是否符合了表见代理，但这方面的探讨对证券经营机构内控制度的有效性还是有很大帮助。我们认为，衡量证券经营机构内控制度是否有效的重要标准是，在对外服务过程中，能否最大限度的降低表见代理的可能性，防止恶性侵害客户权益的事件发生。虽然员工道德风险难以彻底防范，但合理有效的约束机制是及时发现、及时制止、及时查处的前提。主要员工在长达六年的时间了实施十多次诈骗行为而营业部未曾发现，很难说这样的内控制度是合规有效的。

（北京证监局供稿）

第十部分　司法文书选编

北京市高级人民法院行政判决书

(2013)高行终字第3号

上诉人(一审原告)浙江九龙山国际旅游开发有限公司,住所地平湖市乍浦镇外山东沙湾7号办公楼。

法定代表人李勤夫,董事长。

委托代理人严义明,上海严义明律师事务所律师。

委托代理人司马炜娜,上海严义明律师事务所律师。

被上诉人(一审被告)中国证券监督管理委员会,住所地北京市西城区金融大街19号。

法定代表人郭树清,主席。

委托代理人朱建新,男,中国证券监督管理委员会干部。

委托代理人李莉,女,中国证券监督管理委员会干部。

上诉人浙江九龙山国际旅游开发有限公司(以下简称九龙山国旅)因行政处罚决定一案,不服北京市第一中级人民法院(2012)一中行初字第2828号行政判决,向本院提起上诉,本院受理后依法组成合议庭公开开庭审理了本案。九龙山国旅的委托代理人严义明,中国证券监督管理委员会(以下简称中国证监会)的委托代理人朱建新、李莉到庭参加诉讼。本案现已审理终结。

九龙山国旅、OCEAN公司、维尔京群岛Resort Property International Ltd.(以下简称RESORT公司)在完成受让日本松冈株式会社(以下简称日本松冈)所持的上海九龙山股份有限公司(以下简称上海九龙山)股票后,6个月内共减持上海九龙山A股31 892 500股,减持上海九龙山B股41 716 867股,占上海九龙山股本总额的8.47%,盈利人民币84 436 801.34元、美元21 875 496.15元,上述行为违反了《中华人民共和国证券法》(以下简称《证券法》)第四十七条的规定,构成《证券法》第一百九十五条所述的行为。故依据《证券法》第一百九十五条,决定:一、责成上海九龙山董事会向九龙山国旅追讨短线交易所获收益84 436 801.34元,向RESORT公司追讨短线交易所获利益19 157 936.40美元,向OCEAN公司追讨短线交易所获利益2 717 559.75元;二、对九龙山国旅、RESORT公司和OCEAN公司给予警告,并分别处以10万元罚款。九龙山国旅不服中国证监会作出的上述54号处罚决定,向北京市第一中级人民法院(以下简称一审法院)提起行政诉讼。

一审法院判决认定,中国证监会认定九龙山国旅在2009年3月2日至6月5日期间,共减持上海九龙山A股31 892 500股,净盈利84 436 801.34元,减持前持股比例为15.25%,减持后持股比例为11.58%,九龙山国旅对上述事实均不持异议,中国证监会据此作出54号处罚决定并无不当。九龙山国旅在与日本松冈签订的《转让上海九龙山股份有限公司66 254 198股A股之股份转让协议》中明确约定,股份所有权转移日为双方按照上海证券交易所的相关规定在中国证券登记结算有限责任公司上海分公司办理完毕标的股份的过户登记手续之日。因此,54号处罚决定以2009年1月13日,即过户登记之日作为九龙山国旅买入股票的时间并无不当。九龙山国旅主张其买入股票的时间应为股份转让协议生效之日,缺乏事实及法律依据。通过协议转让股份虽然在形式上不同于通过证券交易所在二级市场上买卖股票,但其同样存在利用行为人的身份优势、信息优势进行短线交易获利的可能,亦应属于《证券法》第四十七条所禁止的短线交易方式。因此,九龙山国旅关于协议转让不在《证券法》第四十七条所规定的交易方式之列的主张,不予支持。此外,只要特定身份的主体将其持有的公司股票在买入后六个月内卖出,或者在卖出后六个月内又买入,即构成《证券法》第四十七条所禁止的短线交易行为,而不考虑其主观上是否存在过错。故九龙山国旅关于其不具有短线交易的本意和动机的主张,不影响对其行为本身违法性的认定。54 号处罚决定主文的第一项内容,即责成上海九龙山董事会向九龙山国旅等三家公司追讨短线交易所获收益,不具备行政处罚的法律特征,中国证监会将其列于 54 号处罚决定主文应属不当,但鉴于其并未对九龙山国旅的权利义务产生实际影响,特此指正,中国证监会应当在今后处罚决定的行文中予以注意。综上,依照最高人民法院《关于执行〈中华人民共和国行政诉讼法〉若干问题的解释》第五十六条第(四)项之规定,判决驳回九龙山国旅的诉讼请求。

九龙山国旅不服一审判决,提起上诉。诉称,1. 九龙山国旅买入股票的时间应认定为合同生效之日,即 2008 年 2 月 28 日商务部批准上海九龙山 A 股股权转让之日;2. 九龙山国旅买入上海九龙山 A 股股票是通过协议转让,而非二级市场买卖,故九龙山国旅的买卖行为不属于《证券法》第四十七条所禁止的短线交易行为;3. 九龙山国旅不存在短线交易的本意及动机。综上,一审法院判决认定事实不清,适用法律错误,请求二审法院撤销一审判决,同时撤销中国证监会作出的 54 号处罚决定。

中国证监会辩称,1. 根据《证券法》第一百六十条第二款规定,九龙山国旅买入股票的时间应为股票登记过户之日,即 2009 年 1 月 13 日;2. 协议转让可以构成《证券法》第四十七条规定的短线交易行为;3. 九龙山国旅关于买卖股票动机的意见不影响对短线交易的违法定性。综上,一审法院判决认定事实清楚,适用法律正确,请求二审法院驳回九龙山国旅的上诉,维持一审判决。

本案一审审理期间,中国证监会向一审法院提交了以下主要证据:1. 九龙山国旅减持上海九龙山股票的说明、上海九龙山股权分置改革说明书(摘要)、日本松冈与九龙山国旅股份转让协议、九龙山国旅向日本松冈支付股权转让款凭证及上海九龙山公告、《商务部关于上海九龙山股份有限公司股权转让的批复》(商资批〔2008〕155 号)、中国证监会《关于核准豁免 RESORT PROPERTY INTERNATIONAL LIMITED、OCEAN GARDENHOLDINGS LTD、浙江九龙山国际旅游开发有限公司及平湖茉织华实业发展有限公司要约收购上海九龙山股份有限公司股份义务的批复》(证监许可〔2008〕1090 号)、中国证券登记结算有限责任公司上海分公司过户登记确认书、李勤夫等人的询问笔录;2. 上海九龙山股东更名公告、减持盈利表及缴税凭证、工商登记资料、九龙山国旅的证券开户资料、资金流水、交易流水、大宗交易申请书、资金账户对账单、上海九龙山 2008 年年度报告、股票交易流水;3.《行政处罚事先告知书》(处罚字〔2011〕10 号)及送达回证、送达回执、当事人营业执照复印件;4. 54 号处罚决定及送达回证等。中国证监会同时向一审法院提交了《证券法》和《中国证券监督管理委员会行政处罚听证规则》作为其作出 54 号处罚决定的法律依据。

九龙山国旅向一审法院提交了以下主要证据:1. 中国证监会〔2012〕12 号行政复议决定、复议决定签收单、54 号处罚决定;2. 上海茉织华股份有限公司股权分置改革方案实施公告、上海九龙山详式权益变动报告书;3. 日本松冈与九龙山国旅股份转让协议、《商务部关于上海九龙山股份有限公司股权转让的批复》(商资批〔2008〕155 号)、中国证监会《关于核准豁免 RESORT PROPERTY INTERNATIONAL LIMITED、OCEAN GARDEN HOLDINGS LTD、浙江九龙山国际旅游开发有限公司及平湖茉织华实业发展有限公司要约收购上海九龙山股份有限公司股份义务的批复》(证监许可〔2008〕1090 号)、中国证券登记结算有限责任公司上海分公司过户登记确认书;4. 上海九龙山有限售条件的流通股上市流通的公告、上海九龙山关于股东减持股份的公告(临 2009 - 09)、上海九龙山关于股东减持股份的公告(临 2009 - 10)、上海九龙山关于股东减持股份的公告(临 2009 - 11)、上海九龙山简式权益变动报告书。

一审法院经审查认为,中国证监会提交的证据1－3、证据4中除54号处罚决定外的其他证据与本案具有关联性,证据的形式合法,内容真实,予以采纳,中国证监会提交的证据4中证据接纳。九龙山国旅提交的证据1中的中国证监会〔2012〕12号行政复议决定和复议决定签收单、证据2、3与本案具有关联性,且真实、合法,予以采纳;九龙山国旅提交的证据4与本案并无关联,不予采纳;九龙山国旅提交的证据1中的54号处罚决定系本案所审查的具体行政行为,不能作为证据接纳。

上述证据均已随案移送本院。二审期间,九龙山国旅向本院提交了以下证据:1. 上海市卢湾区人民法院(2009)卢民二(商)初字第984号生效民事判决书;2. 2008年3月10日获发的《外商投资企业批准证书》;3. 九龙山国旅支付转让价款清单;4. 上海九龙山2008年度股东大会决议公告;5. 上述股票减持明细表(处罚决定书算法)及按照2009年1月13日算法;6. 2009年1月13日至6月5日上证指数变动情况。根据最高人民法院《关于行政诉讼证据若干问题的规定》第七条第二款的规定,对九龙山国旅在二审期间提交的上述证据,本院不予接纳。以上其他证据经庭审质证及审查核实,本院确认一审法院认证意见正确并据此认定本案如下事实:

根据上海九龙山(原上海茉织华股份有限公司)股权分置改革的相关承诺,2007年11月16日,日本松冈与九龙山国旅签订《转让上海九龙山股份有限公司66 254 198股A股之股份转让协议》,协议约定:日本松冈将其持有的上海九龙山66 254 198股A股转让给九龙山国旅,转让价格为每股人民币3.29元,总计为人民币217 976 311元,股份所有权转移日为双方按照上海证券交易所的相关规定在中国证券登记结算有限责任公司上海分公司办理完毕标的股份的过户登记手续之日。2008年2月28日,中华人民共和国商务部作出《商务部关于上海九龙山股份有限公司股权转让的批复》(商资批〔2008〕155号),批准同意前述股权转让行为。2008年9月2日,中国证监会作出《关于核准豁免RESORT PROPERTY INTERNATIONAL LIMITED、OCEAN GARDEN HOLDINGS LTD、浙江九龙山国际旅游开发有限公司及平湖茉织华实业发展有限公司要约收购上海九龙山股份有限公司股份义务的批复》(证监许可〔2008〕1090号),核准豁免九龙山国旅等公司因受让持有上海九龙山66 254 198股限售流通A股及88 380 000股B股股份,导致合计持有该公司66.41%的股份而应履行的要约收购义务。2009年1月13日,九龙山国旅完成受让上海九龙山66 254 198股A股的过户登记手续。自2009年3月2日至2009年6月5日,九龙山国旅合计减持上海九龙山A股31 892 500股,成交金额165 390 539.49元,盈利112 582 401.78元,扣除所得税后,净盈利84 436 801.34元。九龙山国旅减持前持股比例为15.25%,减持后持股比例为11.58%。中国证监会经调查,在取得九龙山国旅证券开户资料、股票交易流水、股份转让协议及询问笔录等证据后,委托中国证券监督管理委员会上海监管局(以下简称上海证监局)于2011年11月11日向九龙山国旅送达了《行政处罚事先告知书》(处罚字〔2011〕10号),对拟处罚的违法事实、理由、依据及相对人享有的陈述、申辩、听证权利进行了告知,九龙山国旅明确表示不需要陈述和申辩,不要求举行听证会。2011年12月13日,中国证监会作出54号处罚决定,并委托上海证监局于2011年12月29日向九龙山国旅送达了54号处罚决定。九龙山国旅不服,向中国证监会提起行政复议,中国证监会于2012年5月18日作出〔2012〕12号行政复议决定,维持了54号处罚决定。九龙山国旅仍不服,向一审法院提起行政诉讼。

本院认为,为防止上市公司具有特定身份的内部人员,以及持有一定比例以上股份的股东利用自身的身份优势、信息优势进行短线交易,侵害公司和其他投资者的合法权益,扰乱证券市场交易秩序,《证券法》第四十七条第一款作出了如下规定,上市公司董事、监事、高级管理人员、持有上市公司股份百分之五以上的股东,将其持有的该公司的股票在买入后六个月内卖出,或者在卖出后六个月内又买入,由此所得收益归该公司所有,公司董事会应当收回其所得收益。该法第一百九十五条同时规定,上市公司的董事、监事、高级管理人员、持有上市公司股份百分之五以上的股东,违反本法第四十七条的规定买卖本公司股票的，给予警告，可以并处三万元以上十万元以下的罚款。根据上述法律的规定，结合本案，九龙山国旅在2009年3月2日至6月5日期间，共减持上海九龙山A股31 892 500股，净盈利84 436 801.34元，减持前持股比例为15.25%，减持后持股比例为11.58%，上述事实九龙山国旅均不持异议。因此，中国证监会据此作出54号处罚决定对九龙山国旅的处罚并无不当。

证券持有人持有证券的事实应当以证券登记结算的结果为依据，这是《证券法》第一百六十条第二款作出的明确规定。九龙山国旅在与日本松冈签订的《转让上海九龙山股份有限公司66 254 198股A股之股份转让协议》中亦明确约定，股份所有权转移日为双方按照上海证券交易所的相关规定在中国证券登记结算有限责任公司上海分公司办理完毕标的股份的过户登记手续之日。因此，54号处罚决定以2009年1月13日，即过户登记之日作为九龙山国旅买入股票的时间并无不当。九龙山国旅提出其买入股票的时间应为股份转让协议生效之日的诉讼主张缺乏事实及法律依据，本院不予支持。

由于《证券法》第四十七条对买入股票的方式并未作出特别的限定，所以，通过协议转让股份亦应属于该条所禁止的短线交易方式。因此，九龙山国旅关于协议转让不在《证券法》第四十七条所规定的交易方式之列的诉讼主张，本院不予支持。

根据《证券法》第四十七条的规定，只要特定身份的主体将其持有的公司股票在买入后六个月内卖出，或者在卖出后六个月内又买入，即构成该条规定所禁止的短线交易行为，并不考虑短线交易行为主体主观上是否存在过错。因此，九龙山国旅关于其不具有短线交易的本意和动机的主张，不影响对其行为违法性的认定。

中国证监会作出的54号处罚决定主文第一项内容并不具有行政处罚的法律特征，将其列入处罚决定主文实属不当，本院特此指正。

综上，一审法院判决驳回九龙山国旅的诉讼请求正确，本院应予维持。九龙山国旅的上诉请求和理由缺乏事实及法律依据，本院不予支持。据此，依照《中华人民共和国行政诉讼法》第六十一条第（一）项的规定，判决如下：

驳回上诉，维持一审判决。

二审案件受理费人民币50元，由上诉人浙江九龙山国际旅游开发有限公司负担（已交纳）。

本判决为终审判决。

二〇一三年二月四日

北京市高级人民法院行政判决书

（2013）高行终字第354号

上诉人（一审原告）龙长生（英文名LONG KEVIN CHANG－SIIENG），男，美利坚合众国籍，护照号码:710696721。

委托代理人张建仲，上海市华亭律师事务所律师。

被上诉人（一审被告）中国证券监督管理委员会，住所地北京市西城区金融大街19号。

法定代表人肖钢，主席。

委托代理人吴陶，女，中国证券监督管理委员会干部。

委托代理人武建华，女，中国证券监督管理委员会干部。

上诉人龙长生因行政处罚一案，不服中华人民共和国北京市第一中级人民法院（2012）一中行初字第3242号行政判决，向本院提起上诉。本院受理后依法组成合议庭公开开庭进行了审理。上诉人龙长生的委托代理人张建仲，被上诉人中国证券监督管理委员会（以下简称证监会）的委托代理人吴陶、武建华到庭参加了诉讼。本案现已审理终结。

2012年3月22日,证监会作出〔2012〕7号《行政处罚决定书》,认定上海宏盛科技发展股份有限公司(以下简称宏盛科技)的行为违反了《中华人民共和国证券法》(以下简称《证券法》)第六十三条关于"发行人、上市公司依法披露的信息,必须真实、准确、完整,不得有虚假记载、误导性陈述或者重大遗漏"的规定,构成《证券法》第一百九十三条所述"发行人、上市公司或者其他信息披露义务人未按照规定披露信息,或者所披露的信息有虚假记载、误导性陈述或者重大遗漏"的行为。根据当事人违法行为的事实、性质、情节与社会危害程度,依据《证券法》第一百九十三条的规定,决定对龙长生给予警告,并处以30万元罚款的行政处罚。同时对宏盛科技的董事鞠淑芝、沈哲男给予相应的处罚。龙长生不服对其行政处罚决定,向中华人民共和国北京市第一中级人民法院(以下简称一审法院)提起行政诉讼。

一审法院判决认为,《证券法》第六十三条规定,发行人、上市公司依法披露的信息,必须真实、准确、完整,不得有虚假记载、误导性陈述或者重大遗漏。该法第一百九十三条规定:"发行人、上市公司或者其他信息披露义务人未按照规定披露信息,或者所披露的信息有虚假记载、误导性陈述或者重大遗漏的,由证券监督管理机构责令改正,给予警告,处以三十万元以上六十万元以下的罚款。对直接负责的主管人员和其他直接责任人员给予警告,并处以三万元以上三十万元以下的罚款。"本案中,结合中华人民共和国上海市第一中级人法院(2009)沪一中刑初字第100号《刑事判决书》(以下简称第100号刑事判决书)及中华人民共和国上海市高级人法院(2010)沪高刑终字第23号《刑事判决书》(以下简称第23号刑事判决书)的相关认定、中国出口信用保险公司(以下简称中信保公司)回函、宏盛科技2005年至2006年年报及审计报告等证据,可以认定,2005年至2006年,宏盛科技通过407份虚假提单骗取信用证承兑,该407份虚假提单并无对应贸易,没有真实的对外贸易发生,所涉金额巨大,且占2005年和2006年披露的主营业务收入比重较大。宏盛科技2005年和2006年年度报告存在虚假记载。龙长生作为宏盛科技董事长,控制宏盛科技的财务权和经营权,是宏盛科技信息披露虚假行为直接负责的主管人员,其上述行为已违反了《证券法》的相关规定,且已构成犯罪。证监会基于上述事实,依法履行了调查、听证、送达等程序,据此作出的被诉决定认定事实清楚,适用法律正确,程序合法。龙长生请求撤销〔2012〕7号《行政处罚决定书》中针对其本人处罚的诉讼请求,缺乏事实及法律依据,不予支持。据此,依照最高人民法院《关于执行〈中华人民共和国行政诉讼法〉若干问题的解释》第五十六条第(四)项的规定,判决驳回龙长生的诉讼请求。

龙长生不服一审判决,向本院提起上诉。诉称,一、所谓虚假单据对应的贸易是真实的。涉案407笔信用证所对应的4.85亿美元中,90%以上的货款已从美国收回,证明所涉贸易的真实性。中信保公司和上海立信会计师事务所有限公司的审计报告均证明贸易的真实性。宏盛科技的承兑是在确定有关单项下的货物已由香港发往美国,并且美国经销商已确定收到货物发出确认通知书后再作出的,不是根据所谓虚假的提单承兑的。二、2005年、2006年年度报告不存在虚假记载。三、上诉人没有涉及有关银行承兑单据的审核等办公程序细节,当时没有任何人向其汇报有关香港货运提单的问题,其没有向任何人示意承兑不符的空运提单。综上,请求撤销一审判决,撤销〔2012〕7号《行政处罚决定书》中对其行政处罚决定。

证监会答辩认为,一、仅凭有关款项从美国回到国内,没有与本案涉及的407份信用证对应的提单作为证据,不能证明贸易的真实存在。二、中信保公司向证监会提供的材料未确认贸易的真实性。三、宏盛科技2006年年报被审计机构上海立信会计师事务所有限公司出具保留意见的审计报告,未对宏盛科技转口业务的真实性予以确认。上海复兴明方会计师事务所出具的专项审计报告认为宏盛科技利用407份虚假提单办理信用证的付汇构成逃汇行为。四、证监会依据生效刑事判决作出行政决定符合法律规定。除生效刑事判决外,年报、司法审计报告、中信保提供的宏盛项目情况说明及相关材料的复函等也能辅助证明407份提单是虚假的,对应贸易并不存在。五、由于宏盛科技并没有真实的对外贸易发生,在2005年和2006年年报表中披露的相关贸易金额、应收账款,主营业务收入及利润存在虚假记载，虚构贸易金额高达4.85亿余美元。六、龙长生作为宏盛科技的董事长，控制宏盛科技的财务权和经营权，知悉宏盛科技407份虚假提单骗取外汇的犯罪行为，且因此被追究刑事责任，应被认定为对宏盛科技信息披露虚假行为直接负责的主管人员。综上，〔2012〕7号《行政处罚决定书》认定事实清楚，证据确凿，程序合法，上诉人所提出的理由缺乏事实和法律依据，请求驳回上诉，维持一审判决。

本案一审审理期间，证监会在法定期限内向一审法院提交了如下证据：1. 第100号刑事判决书和第23号刑事判决书；2. 宏普国际发展（上海）有限公司（以下简称宏普国际）、安曼电子（上海）有限公司（以下简称安曼电子）公司登记资料；3. 宏盛科技2005年、2006年年报；4. 宏盛科技2007年、2008年、2009年年度报告；5. 龙长生在听证阶段提交的申辩材料；6. 关于提供宏盛项目情况说明及相关材料的复函；7. 行政处罚及市场禁入事先告知书、送达回证及当事人填写的回执；8. 听证通知书；9. 行政处罚决定书及市场禁入决定书送达回证。

龙长生未向法院提交证据。

一审法院经审查认为，证监会提交的证据与本案具有关联性，且真实、合法，能够证明其作出〔2012〕7号《行政处罚决定书》的事实依据及其履行的相关程序，予以采纳。

上述证据均已随案移送本院。经审查核实，本院确认一审法院认证意见正确，并据此认定本案如下事实：

龙长生系上市公司宏盛科技的董事长。2003年7月至2007年9月，龙长生担任法定代表人的宏盛科技以宏普国际、安曼电子（上述两公司为宏盛科技控股子公司）的名义，与龙长生实际控制的境外关联企业香港长龙国际集团有限公司（以下简称香港长龙）、美国INTERNATIONAL RELIANCE CORP（以下简称美国IRC）等公司一起从事存储卡等产品的转口贸易，由美国IRC等公司接收美国零售商的订单，由宏普国际、安曼电子向香港长龙进货再将货物销给美国IRC等公司。为此，宏普国际、安曼电子先后在上海银行、中国银行上海市浦东开发区支行、中信银行西藏南路支行、交通银行上海市西支行4家银行申请开立受益人为香港长龙的进口信用证，用于向香港长龙采购产品。其中，上海银行、中国银行上海市浦东开发区支行、中信银行西藏南路支行均由中信保公司提供担保。2005年1月至2006年12月期间，龙长生利用银行信用证业务只审核单据不管货物、信用证凭单付款以及保税区内企业国际收支只申报不核销的便利，明知香港长龙将部分实际没有货物抵运上海的虚假提单混杂在上述转口贸易的真实提单中用于向银行提示承兑信用证，仍指使宏盛科技工作人员对开证银行给宏普国际、安曼电子进行审核的包括上述虚假提单在内的信用证项下单据一律予以确认同意承兑，宏盛科技通过407份虚假提单骗取信用证承兑金额合计4.85亿余美元。据此，中华人民共和国上海市高级人民法院于2010年9月3日终审判决宏盛科技、宏普国际、安曼电子和龙长生犯逃汇罪，其中龙长生判处有期徒刑六年。

证监会对宏盛科技上述违法违规行为进行了立案调查，于2011年6月27日作出处罚字〔2010〕第106号《行政处罚及市场禁入事先告知书》并于同年7月14日送达，告知宏盛科技及龙长生等“2005年至2006年，宏盛科技通过407份虚假提单骗取信用证承兑，金额合计485 126 547美元，其2005年、2006年年度报告存在虚假记载”的违反证券法律法规行为的主要事实及拟处罚结果，同时告知当事人享有陈述、申辩和听证的权利。2012年2月28日，证监会依龙长生申请召开听证会，龙长生的委托代理人向证监会作了陈述和申辩。2012年3月22日，证监会作出〔2012〕7号《行政处罚决定书》，其中认定：宏盛科技2005年和2006年披露的主营业务收入分别为人民币5 103 692 016.23元和人民币6 042 155 455.7元。宏盛科技通过407份虚假提单骗取信用证承兑485 126 547美元，占其2005年和2006年披露的主营业务收入比重较大。宏盛科技2005年和2006年年度报告披露的主营业务收入存在虚假记载。龙长生作为宏盛科技的董事长，直接控制宏盛科技“两头在外”的业务模式，并一人把持宏盛科技的财务权和经营权，知悉宏盛科技407份虚假提单骗取外汇一事，是宏盛科技信息披露虚假行为直接负责的主管人员。宏盛科技的上述行为违反了《证券法》第六十三条关于“发行人、上市公司依法披露的信息,必须真实、准确、完整,不得有虚假记载、误导性陈述或者重大遗漏”的规定,构成《证券法》第一百九十三条所述“发行人、上市公司或者其他信息披露义务人未按照规定披露信息,或者所披露的信息有虚假记载、误导性陈述或者重大遗漏”的行为。根据当事人违法行为的事实、性质、情节与社会危害程度,依据《证券法》第一百九十三条的规定,决定对龙长生给予警告,并处以30万元罚款的行政处罚。同时对宏盛科技的董事鞠淑芝、沈哲男给予相应的处罚。龙长生不服对其行政处罚决定,向一审法院提起行政诉讼。

本院认为,《证券法》第六十三条规定,发行人、上市公司依法披露的信息,必须真实、准确、完整,不得有虚假记载、误导性陈述或者重大遗漏。《证券法》第一百九十三条规定,发行人、上市公司或者其他信息披露义务人未按照规定披露信息,或者所披露的信息有虚假记载、误导性陈述或者重大遗漏的,由证券监督管理机构责令改正,给予警告,处以三十万元以上六十万元以下的罚款。对直接负责的主管人员和其他直接责任人员给予警告,并处以三万元以上三十万元以下的罚款。

本案中,证监会认定宏盛科技2005年和2006年年度报告存在虚假记载,证据充分。龙长生作为宏盛科技董事长,控制宏盛科技的财务权和经营权,是宏盛科技信息披露虚假行为直接负责的主管人员,且其违法行为经法院判决构成犯罪,证监会对其作出的行政处罚决定,具有事实和法律根据,程序合法。

综上,〔2012〕7号《行政处罚决定书》认定事实清楚,适用法律正确,程序合法,一审法院判决驳回龙长生的诉讼请求正确,本院应予支持。龙长生的上诉请求缺乏事实和法律依据,本院不予支持。依据《中华人民共和国行政诉讼法》第六十一条第(一)项的规定,判决如下:

驳回上诉,维持一审判决。

二审案件受理费人民币50元,由上诉人龙长生负担(已交纳)。

本判决为终审判决。

二〇一三年八月二十二日

江苏省高级人民法院行政判决书

(2013)苏行终字第0051号

上诉人(原审原告)周小军,男,汉族,1973年1月2日生,居民身份证号码430426197301024071,住上海市杨浦区国顺东路179弄32号902室。

上诉人(原审原告)尹洁,女,汉族,1979年12月17日生,居民身份证号码310113197912171921,住上海市宝山区淞南四村47号101室。

上诉人(原审原告)周慧,男,汉族,1981年5月16日生,居民身份证号码430202198105163018,住湖南省长沙市芙蓉区远大一路132号。

以上三上诉人的委托代理人郑小均、卢卫东,上海市李国机律师事务所律师。

被上诉人(原审被告)中国证券监督管理委员会江苏监管局,地址在江苏省南京市中山东路90号华泰证券大厦19楼。

法定代表人王明伟,该局局长。

委托代理人黄锡成,该局干部。

委托代理人王和平,江苏三法律师事务所律师。

周小军、尹洁、周慧(以下简称周小军等三人)诉中国证券监督管理委员会江苏监管局(以下简称江苏证监局)不履行证券监管法定职责一案,不服江苏省南京市中级人民法院(2013)宁行初字第29号行政判决,向本院提起上诉。2013年9月2日,本院立案受理后依法组成合议庭并于2013年10月9日公开开庭审理了本案。上诉人的委托代理人郑小均,被上诉人江苏证监局的委托代理人黄锡成、王和平到庭参加诉讼。本案现已审理终结。

原审法院认定,2012 年 11 月 22 日,周小军等三人以特快专递方式向江苏证监局提出书面申请,请求其履行法定职责,依法查实南京银行 2007 年至 2011 年报表中存在的虚假记载嫌疑事实,依法对南京银行及高管、审计机构普华永道中天会计师事务所有限公司(以下简称普华会计师公司)进行行政处罚。江苏证监局收到该申请后,于 2012 年 11 月 30 日作为信访案件予以立案受理,其后江苏证监局向南京银行和普华会计师公司进行了调查,并制作了谈话笔录,南京银行和普华会计师公司也向江苏证监局提供了相关材料予以说明。因情况较为复杂,江苏证监局于 2013 年 1 月 17 日经负责人批准延长办理期限,但未将此情况及延期理由告知周小军等三人。2013 年 2 月 22 日,江苏证监局作出苏证监信复字〔2013〕13 号信访答复函(以下简称"13 号信访答复")告知周小军等三人,经查未发现南京银行股份有限公司在信访投诉涉及的 2007 年至 2011 年年报项目中存在虚假记载情况;江苏证监局在以往类似信访处理过程中,已多次与信访人、李国机律师事务所有关代理律师等进行过反馈和交流。周小军等三人认为江苏证监局采取"行政不作为"的行为违法,遂诉至法院。

原审法院认为,《中华人民共和国证券法》第七条的规定,江苏证监局作为中国证监会的派出机构之一,根据授权依法对辖区内的上市公司、从事证券业务的会计师事务所等进行监督管理。依照国务院《信访条例》第二条和《中国证券监督管理委员会信访工作规则(试行)》第三条第一款规定的:"证券期货信访事项包括:(一)举报有关机构或者个人违反证券期货法律、行政法规、规章的行为,……"本案中,江苏证监局在接到周小军等三人寄送的申请书后,根据其反映的内容结合上述规定,以信仿件的形式进行登记受理并无不当。江苏证监局经向南京银行、普华会证师公司调查核实,未发现周小军等三人所指称的违法、违规行为,故未提出立案稽查建议,但在业经延长的办理期限内,已将调查结果书面答复周小军等三人。根据国务院《信访条例》第三十三条、《中国证券监督管理委员会信访工作规则(试行)》第二十七条的规定,江苏证监局延长办理期限,应告知周小军等三人延期理由。江苏证监局未将延期情况和理由告知周小军等三人,存在瑕疵,但结合其前后履行职责情况,并不构成行政不作为。周小军等三人认为江苏证监局以信访答复函的形式作出回复即属于"不作为"、江苏证监局应对南京银行和普华会计师公司作出行政处罚的诉讼主张。因缺乏事实和法律依据,法院不予支持。据此,依照最高人民法院《关于执行〈中华人民共和国行政诉讼法〉若干问题的解释》第五十六条第(一)项之规定,判决驳回周小军等三人的诉讼请求。

上诉人周小军等三人上诉称,上诉人申请的事项不属于《信访条例》第十四条规定的情形,原审将上诉人的申请书认定为信访,违反了最高人民法院《关于执行〈中华人民共和国行政诉讼法〉若干问题的解释》第三十九条的规定,系适用法律错误。原审法院不采信"南京市中级人民法院(2013)宁行辖字第 58 号审查意见函",对同一行为作出不同认定,系事实不清。请求本院依法撤销原审判决,确认被上诉人行政不作为违法。

被上诉人江苏证监局辩称,被上诉人针对上诉人反映内容的处理符合相关法律规定;被上诉人依法履行了调查核实和答复职责,不存在行政不作为;上诉人曲解了相关法律规定的本意。请求本院驳回上诉,维持原判。

上诉人周小军等三人提起上诉后,原审法院已将各方当事人在原审中提交的全部证据材料随案移送本院。本院从证据的关联性、合法性、真实性三个方面对各方当事人提交的证据进行了审核。经审查,本院认定的案件事实与原审法院认定的事实无异,本院依法予以确认。

本院庭审中,各方当事人围绕江苏证监局作出的"13 号信访答复"是否属于行政诉讼审查范围以及被诉行为是否构成不履行法院职责进行了辩论。

上诉人周小军等三人与江苏证监局均各自坚持其在上诉状和答辩状中的观点。

本院认为,(2005)行立他字第 4 号最高人民法院《关于不服县级以上人民政府信访行政管理部门、负责受理信访事项的行政管理机关以及镇(乡)人民政府作出的处理意见或者不再受理决定而提起的行政诉讼人民法院是否受理的批复》中明确规定,排除在行政诉讼审查范围之外的信访行为,是指信访工作机构和有权处理的行政机关直接依据《信访条例》作出的、对信访人不具有强制力,对信访人的实体权利义务不产生实质影响的行为。结合本案的具体情况,"13号信访答复"虽冠以信访之名,但其作出的直接法律依据不是《信访条例》,同时,"13号信访答复"对当事人的实体权利义务产生了具体而直接的影响,因此,"13号信访答复"不属于《批复》所规定的应当排除在行政诉讼审查范围之外的信访行为。原审法院依法受理本案并作出实体判决符合法律的规定。上诉人认为原审违反最高人民法院《关于执行〈中华人民共和国行政诉讼法〉若干问题的解释》第三十九条规定的观点与事实不符,本院依法不予支持。

依照《中华人民共和国证券法》第七条的规定,江苏证监局作为中国证监会的派出机构之一,有权依法对辖区内的上市公司、从事证券业务的会计师事务所等进行监督管理。本案中,江苏证监局在接到周小军等三人寄送的申请书后,根据其反映的内容依法向南京银行、普华会计师公司调查核实,未发现周小军等三人所指称的违法、违规行为,故未提出立案稽查建议。且在延长的办理期限内,已经向周小军等三人作出了书面答复。综合上述案件事实可以认定,江苏证监局客观上已经履行了相关法定职责,不存在上诉人所诉应当履行而未履行的情形。江苏证监局未依法告知相对人延期办理的理由虽有不妥,但鉴于"13号信访答复"处理结果并无不当,故该情形可以作为瑕疵对待。上诉人的上诉请求和理由因缺乏事实根据和法律依据,本院亦不予支持。

综上,原审法院认定事实清楚,审判程序合法,判决结果并无不当。依照《中华人民共和国行政诉讼法》第六十一条第(一)项的规定,判决如下:

驳回上诉,维持原判。

二审案件受理费用人民币50元,由上诉人周小军、尹洁、周慧负担。

本判决为终审判决。

二〇一三年十月二十四日

山东省济南市中级人民法院
行政判决书

(2013)济行终字第120号

上诉人(原审原告)陈慈,女,1979年1月28日出生,汉族,无业,住上海市浦东新区锦和路289弄21号902室。

被上诉人(原审被告)中国证券监督管理委员会山东监管局,住所地济南市经七路86号。

法定代表人徐铁,局长。

委托代理人李有伟,该局工作人员。

委托代理人孙伟春,该局工作人员。

上诉人陈慈因政府信息公开一案,不服济南市市中区人民法院(2013)市行初字第12号行政判决,向本院提起上诉。2013年8月19日,本院收到陈慈提出的书面审理请求。本院依法组成合议庭,对本案进行了审理,现已审理终结。

原审法院查明的事实:原告陈慈原系天同证券有限责任公司员工。2012年11月24日,被告中国证券监督管理委员会山东监管局收到原告政府信息公开申请,要求被告公开:1. 天同证券有限责任公司何时重组的信息;2. 天同证券有限责任公司重组后被齐鲁证券有限公司托管的信息;3. 天同证券有限责任公司被齐鲁证券有限公司托管后职工安置的信息;4. 天同证券有限责任公司重组的信息;5. 天同证券有限责任公司指定清算人的信息;6. 天同证券有限责任公司被齐鲁证券有限公司重组后对原职工陈慈安置的信息;7. 天同证券有限责任公司被齐鲁证券有限公司重组,原天同证券《员工安置方案》经过职代会审议的信息;8. 天同证券有限责任公司被齐鲁证券有限公司重组,原天同证券《员工安置方案》经过职代会通过的信息;9. 天同证券有限责任公司被齐鲁证券有限公司重组,原天同证券《员工安置方案》经过职代会决议的信息;10. 天同证券有限责任公司何时并入齐鲁证券有限公司的信息。2012年12月11日,被告向原告作出延期答复告知书,告知将延期至2013年1月7日前答复。2012年12月26日,被告作出依申请公开(2012)第3号——《监管信息公开告知书》,对于上述原告第1、2、4、5、10项申请,被告答复为:天同证券系2006年3月17日被中国证监会决定以行政处罚决定书(证监罚字〔2006〕10号)决定取消证券业务许可,并责令关闭,并非进行重组。中国证监会决定委托齐鲁证券有限公司组织成立托管组,自2006年3月17日收市后对天同证券经纪业务及所属分公司、证券营业部、服务部进行托管。2006年3月17日,山东省政府决定委托北京市天铎律师事务所开展天同证券清算工作;2007年,通过公开询价,齐鲁证券被确定为天同证券证券类资产受让方,以2007年1月11日为交接基准日,天同证券证券类资产向齐鲁证券进行了转让。2008年1月15日,山东省济南市中级人民法院裁定受理了天同证券的破产申请,并指定天同证券清算组为破产清算管理人。2008年4月25日,山东省济南市中级人民法院正式裁定宣告天同证券破产。对于上述原告第3、6、7、8、9项申请,被告答复认为上述信息系天同证券员工安置信息,《天同证券员工安置方案》系天同证券清算组与齐鲁证券联合下发并实施,不属于被告依法履行职责过程中制作或者获取的,以一定形式记录、保存的信息。原告对被告的上述信息公开答复不服,在法定期限内向法院提起行政诉讼。

原审法院认为,被告作为县级以上人民政府的部门,履行其法定职责,依法系《中华人民共和国政府信息公开条例》规定的信息公开主体。关于原告的第1、2、4、5、10项申请,原、被告对上述申请的信息公开事项存在不同理解,被告认为天同证券有限责任公司并非重组。原告在提出申请时对申请公开的具体信息表述在概念和范围上并不精确。第2项"托管后的信息"具体指向不明,不能明确是否为托管过程、具体托管措施等,至于"托管后信息"更为难以确定,不能明确到底为托管后的哪些信息。第4项"重组的信息",原告认为天同证券系重组,但重组是一个极为复杂的过程,形成的信息复杂多样,更多的信息需要统筹计算。第5项"指定清算人的信息",该申请事项不能明确指向具体清算人、清算人指定的过程、清算人所承担的责任、清算人具体清算工作等。第10项"何时并入",原告认为天同证券有限责任公司存在并入齐鲁证券有限公司的情况,但企业间的并入并非一个简单确定的短暂过程,而且企业合并存在不同的事项,包括业务、资产、职工等,针对本案更系存在复杂系统的过程,原告要求被告提供"何时并入"的准确信息,存在现实的不确定性及难度。原审法院认为,被告针对原告的上述申请,需要一定程度的自由裁量并结合确实掌握的信息,被告针对上述申请的答复,无不当之处。关于原告第3、6、7、8、9项申请。《中华人民共和国政府信息公开条例》第二条的规定:本条例所称政府信息,是指行政机关在履行职责过程中制作或者获取的,以一定形式记录、保存的信息。原告认为根据现有法律、法规的规定及证券行业管理培训、本案天同证券重组的相关社会稳定、风险控制的角度出发,被告依法应当掌握天同证券有限责任公司员工安置方案的有关信息。原审法院认为,根据中国证券监督管理委员会《派出机构监管工作职责》(证监发〔2003〕86号)的规定,被告的职责主要为对辖区内证券期货市场和上市公司资本运作的监督管理。本案天同证券有限责任公司因违规操作导致的系列问题系证券公司合法正常经营外出现的特殊情况,从《中华人民共和国证券法》及上述《派出机构监管工作职责》的具体规定来看,没有规定要求被告按照职责的具体要求掌握天同证券有限责任公司员工安置的有关信息。且通过庭审调查,被告亦提出确未掌握上述信息,本案中尚无足够证据、依据证实被告应当或已经掌握上述信息。故,原告第3、6、7、8、9项政府信息公开申请,无法律及事实依据,法院不予支持。依照最高人民法院《关于执行〈中华人民共和国行政诉讼法〉若干问题的解释》第五十六条第(四)项的规定,判决:驳回原告陈慈的诉讼请求。案件受理费50元,由原告陈慈负担。

上诉人陈慈不服原审判决上诉称:一、原审判决既确认了上诉人申请的政府信息涉及第三方权益,需要被上诉人向第三方征求意见,又认为尚无足够证据、依据证实被上诉人应当或已经掌握上诉人申请公开的信息,前后矛盾。《证据规则》和《行政诉讼法》均有规定,对于公理性或者各方诉讼当事人均认可的事实,不需要证据证明。二、被上诉人没有履行法定监管职责,被上诉人依职权作出了行政决定,由齐鲁证券有限公司全面托管天同证券有限公司,将数十亿的国有资产、几千名在职员工、无数股民权益一托了之,显然违反常理。三、如果上诉人在提出信息公开申请时,对政府信息表达不精确,被上诉人应当要求上诉人修改和补正,被上诉人未要求上诉人补正,错在被上诉人,应由被上诉人承担不利后果。四、行政机关的规范性文件不得作为判决的依据,原审判决适用了中国证券监督管理委员会《派出机构监管工作职责》(证监发〔2003〕86号),属于适用法律错误。五、原审判决对原告提交的证据8未做调查,即认定该证据内容的真实性无法确认,违反审判程序。请求二审法院依法改判或发回重审,诉讼费由被上诉人承担。

被上诉人中国证券监督管理委员会山东监管局答辩意见与原审答辩意见相同。请求驳回上诉人的上诉请求,维持原审判决。

被上诉人中国证券监督管理委员会山东监管局在法定期限内向原审法院提供了以下作出被诉具体行政行为的证据、依据:1. 邮寄信封复印件2份,邮寄人为上诉人,时间为2012年11月19日、11月22日;2. 山东证监局证券期货监督管理信息公开申请表;3. 上诉人身份证及齐鲁证券名片复印件;4. 被上诉人2012年11月26日收件证明;5. 被上诉人2012年12月11日延期答复告知书;6. 被上诉人2012年12月26日依申请公开(2012)第3号——《监管信息公开告知书》;7. 中国证券监督管理委员会2006年3月17日行政处罚决定书(证监罚字〔2006〕10号),该委员会对天同证券有限责任公司作出取消证券业务许可,责令关闭的行政处罚;8. 中国证券监督管理委员会办公厅《关于对天同证券有限责任公司实施托管有关事项的通知》(证监办发〔2006〕32号),决定委托齐鲁证券有限公司组织成立托管组,自2006年3月17日收市后对天同证券经纪业务及所属分公司、证券营业部、服务部进行托管,托管期间,天同证券的证券经纪及相关业务正常进行;9. 山东省济南市中级人民法院(2008)济民破字第1号民事裁定书,裁定受理天同证券有限责任公司破产清算申请;10. 山东省济南市中级人民法院(2008)济民破字第1号民事判定书,决定指定天同证券有限责任公司清算组为天同证券有限责任公司破产清算管理人;11. 山东省济南市中级人民法院(2008)济民破字第1-1号民事裁定书,裁定宣告天同证券有限责任公司破产;12. 2007年1月9日天同证券有限责任公司清算组、托管组《关于确定移交基准日的通知》(天同清发〔2007〕009号),决定2007年1月11日为天同证券证券类资产移交的基准日;13.《中华人民共和国证券法》的规定;14.《中华人民共和国信息公开条例》的规定;15.《中国证券监督管理委员会证券期货监督管理信息公开办法(试行)》的规定;16. 中国证券监督管理委员会《派出机构监管工作职责》(证监发〔2003〕86号)。

上诉人陈慈向原审法院提交了如下证据材料:1. 山东证监局证券期货监督管理信息公开申请表;2. 挂号信函证明2份,均为证券大厦收发章签收,济南签收时间分别为2012年11月21日、24日;3. 被上诉人依申请公开(2012)第3号——《监管信息公开告知书》;4. 山东省政府信息公开申请表10份;5. 山东证监局监管信息公开申请表电子版及电子邮件;6. 邮件交寄清单及收据;7. 被上诉人2012年12月11日延期答复告知书;8. 山东省济南市中级人民法院(2008)济民破字第1号民事裁定书;9. 新华网2007年3月21日评论,标题为《山东证监局:上半年将完成天同证券风险处置工作》,新华网济南3月20日电(记者吕福明)山东证监局负责人20日表示,今年上半年将结束天同证券风险处置工作。目前,天同证券账户清理工作已经完成,证券营业部等资产已正式转让给齐鲁证券,员工安置基本完毕;10. 中国证券监督管理委员会《派出机构监管工作职责》（证监发〔2003〕86号）；11. 中国证券监督管理委员会办公厅《关于对天同证券有限责任公司实施托管有关事项的通知》（证监办发〔2006〕32号）。

上述证据均经一审庭审质证并随卷移送本院。经审查，本院对证据的分析及对事实的认定与原审法院一致。

本院认为，《中华人民共和国政府信息公开条例》第二十一条规定："对申请公开的政府信息，行政机关根据下列情况分别作出答复：（一）属于公开范围的，应当告知申请人获取该政府信息的方式和途径；（二）属于不予公开范围的，应当告知申请人并说明理由；（三）依法不属于本行政机关公开或者该政府信息不存在的，应当告知申请人，对能够确定该政府信息的公开机关的，应当告知申请人该行政机关的名称、联系方式。"2012年11月21日与11月24日，被上诉人收到上诉人陈慈的信息公开申请，2012年12月11日，被上诉人对上诉人作出延期答复告知，2012年12月26日，被上诉人作出（2012）第3号——《监管信息公开告知书》，对于上诉人提出的第1、2、4、5、10项申请予以答复，对于上诉人提出的第3、6、7、8、9项申请，认为不属于被上诉人依法履行职责过程中制作或者获取的，以一定形式记录、保存的信息。被上诉人信息公开过程、处理方式以及答复内容并不违反法律、法规规定，对其合法性应予确认。原审判决对此认定正确。

对于上诉人第一项上诉理由，上诉人认为原审判决对同一事实作出了矛盾的结论。因为上诉人提出的10项信息公开申请中，一部分申请被上诉人应予答复，对该部分信息涉及第三方权益，需要征求相关方面意见；而还有一部分申请，不属于被上诉人依法履行职责过程中制作或者获取的，以一定形式记录、保存的信息，对该部分信息原审判决认为"尚无足够证据、依据证实被告应当或已经掌握上述信息"。故原审判决系针对不同的事实作出的结论，并不矛盾。

对于上诉人第二项上诉理由，上诉人认为被上诉人没有履行法定监管职责。被上诉人是否履行了法定监管职责，并不是本案的审查范围，本院对此不予审查。

对于上诉人第三项上诉理由，上诉人认为被上诉人应当要求上诉人修改和补正信息公开申请。上诉人、被上诉人对申请的信息公开事项存在不同理解，上诉人在提出申请时对申请公开的具体信息表述在概念和范围上并不精确，这是原审法院根据双方庭审意见得出的结论。单从被上诉人一方来看，被上诉人在作出信息公开告知时理解是明确的，并不存在不同理解，因而作出"并非进行重组"的答复。故被上诉人没有要求上诉人修改和补正信息公开申请，并无不当。

对于上诉人第四项上诉理由，上诉人认为原审判决不应适用《派出机构监管工作职责》（证监发〔2003〕86号）。最高人民法院《关于执行〈中华人民共和国行政诉讼法〉若干问题的解释》第六十二条规定："人民法院审理行政案件，适用最高人民法院司法解释的，应当在裁判文书中援引。人民法院审理行政案件，可以在裁判文书中引用合法有效的规章及其他规范性文件。"故原审判决适用《派出机构监管工作职责》（证监发〔2003〕86号），并无不当。

对于上诉人第五项上诉理由，上诉人认为原审判决对证据8未做调查，即认定该证据内容的真实性无法确认，违反审判程序。上诉人提供的证据8在原审法庭上出示，并经庭审质证。人民法院有权根据各方当事人的质证意见，进行全面、客观和公正的分析判断，审核认定证据的关联性、合法性和真实性，故原审庭审程序并未违反相关规定。

综上所述，原审判决程序合法、认定事实清楚、适用法律正确，应予维持。对上诉人陈慈的上诉请求不予支持。依照《中华人民共和国行政诉讼法》第六十一条第（一）项之规定，判决如下：

驳回上诉，维持原判。

二审案件受理费50元，由上诉人陈慈负担。

本判决为终审判决。

二〇一三年八月十九日

云南省高级人民法院刑事裁定书

(2013)云高刑终字第365号

原公诉机关云南省昆明市人民检察院。

上诉人(原审被告人)何学葵,女,1969年10月15日出生,汉族,云南省永平县人,大学文化,家住昆明市华山东路黄河巷39号,原系云南绿大地生物科技股份有限公司(以下简称绿大地公司)董事长。2011年3月17日因涉嫌犯欺诈发行股票罪被执行逮捕。2011年12月1日被取保候审。2012年1月21日因涉嫌犯伪造、变造金融票证罪、故意销毁会计凭证罪被执行逮捕。现羁押于云南省看守所。

辩护人刘胡乐,云南刘胡乐律师事务所律师。

辩护人沈泽敬,北京市浩天信和律师事务所律师。

上诉人蒋凯西,男,1957年10月12日出生,汉族,河北省唐县人,大学文化,家住昆明市华山南路64号2幢5单元701室,原系绿大地公司财务总监。2011年1月4日因涉嫌犯违规披露重要信息罪被刑事拘留,同年2月10日因涉嫌犯欺诈发行股票罪被执行逮捕。2011年12月1日被取保候审。2012年1月21日因涉嫌犯伪造、变造金融票证罪被执行逮捕。现羁押于云南省看守所。

辩护人兰进,云南刘胡乐律师事务所律师。

上诉人庞明星,男,1963年5月30日出生,汉族,四川省郫县人,大专文化,家住四川省成都市温江区44号。原系四川华源会计师事务所所长,绿大地公司聘请的财务顾问。2011年2月11日被刑事拘留,同年3月19日因涉嫌犯欺诈发行股票罪被执行逮捕。2011年12月2日被取保候审。2012年1月21日因涉嫌犯伪造、变造金融票证罪被执行逮捕。现羁押于云南省看守所。

辩护人廖华,四川省泰和泰律师事务所律师。

上诉人赵海丽,女,1985年7月10日出生,汉族,云南省永平县人,中专文化,家住昆明市霖雨路江东耀龙康城7幢1单元302室,原系绿大地公司出纳主管。2011年1月4日因涉嫌犯违规披露重要信息罪被刑事拘留,2011年2月10日因涉嫌犯欺诈发行股票罪被执行逮捕。2011年12月1日被取保候审。2012年1月21日因涉嫌犯伪造、变造金融票证罪、故意销毁会计凭证罪被执行逮捕。现羁押于云南省看守所。

辩护人张星、宣凌,云南乐孚律师事务所律师。

上诉人赵海艳,女,1983年9月11日出生,汉族,云南省永平县人,中专文化,家住大理市下关庭院小区A型28号附1号。原系绿大地公司大客户中心负责人。2011年1月4日因涉嫌犯违规披露重要信息罪被刑事拘留,2011年2月10日因涉嫌犯欺诈发行股票罪被执行逮捕,2011年3月8日被取保候审。2013年2月6日被执行逮捕。现羁押于云南省看守所。

辩护人何锡峰,云南唯真律师事务所律师。

原审被告单位云南绿大地生物科技股份有限公司。住所地:昆明市经济技术开发区经浦路6号。法定代表人:杨槐璋,系该公司董事长。

诉讼代表人王光中,男,1954年7月17日出生,绿大地公司董事,家住云南省昆明市官渡区大树营市政府小区北区25幢1单元7号。

云南省昆明市中级人民法院审理昆明市人民检察院指控被告单位绿大地公司、被告人何学葵、蒋凯西、庞明星、赵海丽、赵海艳犯欺诈发行股票罪、违规披露重要信息罪;被告单位绿大地公司、被告人何学葵、蒋凯西、庞明星、赵海丽犯伪造金融票证罪;被告单位绿大地公司、被告人何学葵、赵海丽犯故意销毁会计凭证罪一案,于2013年2月7日作出(2012)昆刑一初字第73号刑事判决,原审被告单位绿大地公司服判未上诉,何学葵等五名原审被告人不服,提出上诉。本院依法组成合议庭,经过阅卷、提讯被告人,并充分听取了各辩护人及原审被告单位诉讼代表人的意见,认为本案事实清楚,决定不开庭审理。现已审理终结。

原判认定,2004年至2007年6月,被告人何学葵、蒋凯西、庞明星共同策划让被告单位绿大地公司发行股票并上市,并安排被告人赵海丽、赵海艳登记注册了一批由绿大地公司实际控制或者掌握银行账户的关联公司,并利用相关银行账户操控资金流转,采用伪造合同、发票、工商登记资料等手段,少付多列,将款项支付给其控制的公司,虚构交易业务、虚增资产人民币70,114,000.00元、虚增收入人民币296,102,891.7元。绿大地公司招股说明书中包含了上述虚假内容。2007年12月21日被告单位绿大地公司在深圳证券交易所首次发行股票并上市,非法募集资金达人民币3.4629亿元。

2005年至2009年期间,被告单位绿大地公司为达到虚增销售收入和规避现金交易、客户过于集中的目的,在被告人何学葵、蒋凯西、庞明星安排下,由被告人赵海丽利用银行空白进账单,填写虚假资金支付信息后,私刻银行印章加盖于单据上,伪造了各类银行票证共计74张。

2007年12月21日被告单位绿大地公司上市后,依法负有向股东和社会公众如实披露真实信息的义务,但该公司经被告人何学葵、蒋凯西、庞明星共同策划、被告人赵海丽、赵海艳具体实施,采用伪造合同、伪造收款发票等手段虚增公司资产和收入,多次将上述虚增的资产和收入发布在绿大地公司的半年报告及年度报告中。其中,《2007年度报告》虚增资产人民币21,240,000.00元,虚增收入人民币96,599,026.78元;《2008年半年度报告》虚增资产人民币97,350,000.00元,虚增收入人民币52,549,690.00元;《2008年度报告》虚增资产人民币163,353,150.00元,虚增收入人民币85,646,822.39元;《2009年半年度报告》虚增收入人民币47,002,891.14元;《2009年度报告》虚增资产人民币104,070,550.00元,虚增收入人民币68,560,911.94元。

2010年3月,在中国证监会立案调查被告单位绿大地公司期间,被告单位绿大地公司为掩盖公司财务造假的事实,在被告人何学葵的指示下,被告人赵海丽将依法应当保存的66份会计凭证替换并销毁。

据以上事实和相关证据,原审判决依照《中华人民共和国刑法》第一百六十条、第一百六十一条、第一百六十二条之一、第一百七十七条、第二十五条、第三十条、第三十一条、第六十九条之规定,以被告单位绿大地公司犯欺诈发行股票罪,判处罚金人民币一千万元;犯伪造金融票证罪,判处罚金人民币二十万元;犯故意销毁会计凭证罪,判处罚金人民币二十万元;决定执行罚金人民币一千零四十万元;被告人何学葵犯欺诈发行股票罪,判处有期徒刑三年;犯伪造金融票证罪判处有期徒刑五年,并处罚金人民币二十万元;犯违规披露重要信息罪,判处有期徒刑二年,并处罚金人民币二十万元;犯故意销毁会计凭证罪,判处有期徒刑一年,并处罚金人民币二十万元;决定执行有期徒刑十年,并处罚金人民币六十万元;被告人蒋凯西犯欺诈发行股票罪,判处有期徒刑三年;犯伪造金融票证罪判处有期徒刑三年,并处罚金人民币二十万元;犯违规披露重要信息罪,判处有期徒刑一年,并处罚金人民币十万元;决定执行有期徒刑六年,并处罚金人民币三十万元;被告人庞明星犯欺诈发行股票罪,判处有期徒刑二年;犯伪造金融票证罪判处有期徒刑三年,并处罚金人民币二十万元;犯违规披露重要信息罪,判处有期徒刑一年,并处罚金人民币十万元;决定执行有期徒刑五年,并处罚金人民币三十万元;被告人赵海丽犯欺诈发行股票罪,判处有期徒刑二年,犯伪造金融票证罪,判处有期徒刑二年,并处罚金人民币十万元;犯违规披露重要信息罪,判处有期徒刑六个月,并处罚金人民币十万元;犯故意销毁会计凭证罪,判处有期徒刑六个月,并处罚金人民币十万元;决定执行有期徒刑五年,并处罚金人民币三十万元;被告人赵海艳犯欺诈发行股票罪,判处有期徒刑二年;犯违规披露重要信息罪,判处有期徒刑六个月,并处罚金人民币五万元;决定执行有期徒刑二年零三个月,并处罚金人民币五万元。

宣判后,上诉人何学葵上诉称:一审审理程

序存在重大瑕疵,认定事实不清、证据不足,在侦查阶段因受到诱供而作出虚假供述,一审判决量刑畸重。其辩护人提出:1.《司法会计鉴定意见书》不具有法律效力,绿大地公司虽确有虚增资产的事实,但即使扣除虚增部分,其仍具各上市条件,认定欺诈发行股票罪缺乏事实和法律依据;2. 上诉人并非上市公司信息披露的直接责任人员,不应作为处罚对象,一审法院未认定绿大地公司构成违规披露重要信息罪,却对个人定罪处罚属逻辑错误;3. 上诉人伪造的银行进账单并非刑法意义上的金融票证,且没有实际结算,未扰乱金融秩序,复印件不能作为定案证据,以伪造金融票证罪对上诉人数罪并罚,是对牵连行为的重复评价;4. 伪造的会计凭证并非应当依法保存的会计凭证,上诉人的行为不符合销毁会计凭证罪的构成要件等辩护意见。

上诉人蒋凯西上诉称:一审判决所认定的欺诈发行股票罪量刑过重,伪造金融票证罪和违规披露重要信息罪事实不清,证据不足。其辩护人提出:1. 一审判决认定蒋凯西在绿太地公司的单位犯罪中,以"直接负责的主管人员"身份来确定其刑事责任的事实证据不足;2. 蒋凯西是唯一当庭对公诉机关指控其犯有欺诈发行股票罪自愿认罪的被告人,应当得以从轻或者减轻处罚的辩护意见。

上诉人庞明星上诉称:自己只是提供了一些咨询意见,并未实际参与绿大地公司的全部犯罪,一审判决所认定的欺诈发行股票罪、伪造金融票证罪、违规披露重要信息罪均事实不清、证据不足。其辩护人认为:1. 庞明星没有在招股说明书、认股书及财务资料上签字或者盖章,也没有实施共谋、策划欺诈发行股票的行为,认定其犯欺诈发行股票罪缺乏事实依据;2. 庞明星的身份不是违规披露重要信息罪的犯罪主体;3. 庞明星没有实施任何伪造金融票证的行为。

上诉人赵海丽上诉称:自己不是单位的责任人员,所涉及的银行进账单没有进入银行结算,也没有销毁会计凭证的故意,曾经所作出的有罪供述不真实,一审判决定罪量刑显失公平。其辩护人认为:1. 赵海丽没有实施欺诈发行股票罪的相关行为;2. 对于本案违规披露的重要信息,没有达到严重损害股东或其他人利益的程度,赵海丽没有决定权,不应承担相应的刑事责任。

上诉人赵海艳上诉称:自己不是欺诈发行股票罪、违规披露重要信息罪的犯罪主体,由于受到诱供、骗供,在侦查阶段曾作出过虚假供述。其辩护人认为:赵海艳具有多项法定或酌定从轻、减轻或者免除处罚的情节,一审判决量刑过重。

经审理查明,2004 年至 2007 年 6 月,原审被告单位绿大地公司为达到发行股票并上市的目的,经上诉人何学葵、蒋凯西、庞明星共同策划,在上诉人赵海丽、赵海艳的积极参与下,采取伪造合同、财务资料,虚增荒山使用权、虚设基地围墙、灌溉系统、土壤改良等工程项目的手段,虚增公司资产累计人民币 70,114,000.00 元;并采用虚假苗木交易销售,编造虚假会计资料等手段虚增营业收入人民币 206,102,891.7 元。绿大地公司招股说明书中包含了上述虚假内容。2007 年 12 月 21 日绿大地公司在深圳证券交易所首次发行股票并上市,非法募集资金人民币达 3.4629 亿元。

2005 年至 2009 年期间,原审被告单位绿大地公司为解决现金交易和客户过于集中的问题,并达到虚增销售收入的目的,在上诉人何学葵、蒋凯西、庞明星安排下,由上诉人赵海丽利用银行空白进账单,填写虚假资金支付信息后,私刻银行印章加盖于单据上,伪造了各类银行票证共计 74 张。

2007 年至 2009 年,原审被告单位绿大地公司在向股东和社会公众披露重要信息时,上诉人何学葵、蒋凯西、庞明星、赵海丽、赵海艳经共同策划,将采用伪造合同、伪造收款发票等手段虚增的公司资产和收入,发布在绿大地公司的半年报告及年度报告中,多次违规向社会公众披露虚假信息。其中,《2007 年度报告》虚增资产人民币 21,240,000.00 元,虚增收入人民币 96,599,026.78 元;《2008 年半年度报告》虚增资产人民币 97,350,000.00 元,虚增收入人民币 52,549,690.00 元;《2008 年度报告》虚增资产人民币 163,353,150.00 元,虚增收入人民币 85,646,822.39 元;《2009 年半年度报告》虚增收入人民币 47,002,891.14 元;《2009 年度报告》虚增资产人民币 104,070,550.00 元,虚增收入人民币 68,560,911.94 元。

2010年3月,在中国证监会立案调查绿大地公司期间,为挂盖公司财务造假的事实,在上诉人何学葵的指示下,上诉人赵海丽将伪造的应当向行政机关提供的66份会计凭证替换并销毁。

上述事实,有一审法院开庭审理中经质证确认的绿大地公司《单位企业法人营业执照副本》;各被告人在绿大地公司任职情况说明;户口证明;《绿大地公司的招股说明书》、绿大地公司相关财务会计凭证、资料、相关业务单位的财务会计凭证等财务资料;云南云审司法鉴定中心的司法鉴定书;绿大地公司作假账所使用假发票、假印章;2007－2009年《年度报告》;伪造的74张银行进账单;刑事科学技术鉴定书;司法会计鉴定报告;证人严文艳、李鹏、陈芊岍、晋小钦、朱珏娟、陈玢竹、陈翠英、徐云葵、陈星竹、韩绍晶、连琦、唐素琦、段薇、张膑月、王文、郭贞、李永谦、金建康、徐微微、赵石稳、漆良、周梅、张正娟、张发顺、李蓉晖、王鑫、晁晓林、韩鹏胜、李清华、陈忠英、朱晓丹、胡玉纯、尹理中、张开平、马艳萍、李保云、陈佑德、吕正富、雷吟天、苏兴尧、王碧发、吕光辉、史怀仁、沐鸿斌、赵双福、李洪源、赵华平、毛华明、高树全、李红章、管艳平、高国亮、谢小白、钱发元、许荣德、杨继华、李文辉、夏惠东、刘建清、尹国书、杨艳洪、毛平、陈德生、陆荣保、陆昌亮、陆亚权、陆茂兵、卢加庭、王志洪、陆顺祥、刘怀刚、王文宽、桑涛、梁峰、廖福澍、姚国勇、刘仕川、曾丽华、黎海祥、张奇志、钱星伊、龚莉、杨梅、谢崇远、李迅冬证言等证据证实。上诉人何学葵、蒋凯西、庞明星、赵海丽、赵海燕亦供认。足以认定。

本院认为:原审被告单位绿大地公司为达到上市发行股票的目的,由上诉人何学葵、蒋凯西、庞明星共同策划,在上诉人赵海丽、赵海艳的积极参与下,在招股说明书中编造重大虚假内容,发行股票;多次违规向社会公众披露虚假信息,严重损害了股东及其他人的利益;为达到公司虚增资产和收入目的,伪造银行进账单;为逃避审查故意销毁会计凭证的行为均已触犯《中华人民共和国刑法》关于破坏社会主义市场经济秩序的罪名和刑罚规定,严重妨害了对公司、企业的管理秩序和金融管理秩序,依法构成欺诈发行股票罪、违规披露重要信息罪、伪造金融票证罪、故意销毁会计凭证罪。上诉人何学葵作为绿大地公司董事长、蒋凯西作为财务总监,庞明星作为财务顾问,是单位犯罪直接负责的主管人员,上诉人赵海丽、赵海艳在单位犯罪中行为积极,是单位犯罪其他直接责任人员,应根据其实施的犯罪行为,分别定罪,并予数罪并罚。其中,上诉人何学葵的行为构成欺诈发行股票罪、伪造金融票证罪、违规披露重要信息罪、故意销毁会计凭证罪。上诉人蒋凯西的行为构成欺诈发行股票罪、伪造金融票证罪、违规披露重要信息罪。上诉人庞明星的行为构成欺诈发行股票罪、伪造金融票证罪、违规披露重要信息罪。上诉人赵海丽的行为构成欺诈发行股票罪、伪造金融票证罪、违规披露重要信息罪、故意销毁会计凭证罪。上诉人赵海艳的行为构成欺诈发行股票罪、违规披露重要信息罪,均应依法惩处。

针对各上诉人及其辩护人所提上诉理由和辩护意见,本案综合评判如下:

关于何学葵和各辩护人均提出:“本案一审程序存在重大瑕疵”的上诉理由和辩护意见。本院经审查认为,原公诉机关昆明市人民检察院是在前诉已经消灭的情况下,按照审判管辖权的相关规定,以确定的犯罪事实和罪名向昆明市中级人民法院提起公诉,故一审程序合法。昆明市中级人民法院审理后,被告单位和被告人仍有提起上诉的权利,其上诉权不受影响。因此,上诉人的上诉理由和辩护人的辩护意见,本院不予采纳。

关于何学葵及其辩护人、庞明星的辩护人、赵海丽的辩护人、赵海艳的辩护人提出:“一审法院定罪量刑的关键证据《司法会计鉴定意见书》不具有法律效力”的上诉理由和辩护意见。本院经审查认为,《财政部、证监会关于从事证券期货相关业务的资产评估机构有关管理问题的通知》规范的是证券业务的资产评估,而本案鉴定人是针对绿大地公司的财务会计报表所作的司法会计鉴定,不受该通知的约束;云南省司法鉴定协会亦明确“目前对上市公司进行司法会计鉴定尚无特殊规定”。鉴定机构依据复印件作出的鉴定意见,同样具有客观性,辩护人在未提出反证的情况下,仅据此认为鉴定程序和鉴定方法存在问题,依据不足。因此,上诉人的上诉理由和辩护人的辩护意见,本院不予采纳。

关于何学葵及其辩护人、庞明星的辩护人、赵海艳的辩护人提出:“伪造金融票证罪与欺诈发行股票罪等罪名存在牵连关系”的上诉理由和辩护意见。本院经审查认为,绿大地公司为达到发行股票上市、进行公司非法运作、逃避审查等目的,在不同的阶段分别实施了数个犯罪行为,并具有相应的社会危害性,分别触犯了四项罪名,故仅以数罪之间的牵连关系对原审被告单位及各上诉人进行处断,不能客观地反映案件的全貌,不足以对本案的社会危害性作出全面的评价,只有定以数罪,科以并罚,才能真正体现我国刑法罪责刑相一致的基本原则。因此,上述辩护意见,本院不予采纳。

关于何学葵的辩护人提出:“一审法院未认定绿大地公司构成违规披露重要信息罪,却对个人定罪处罚,属逻辑矛盾”的辩护意见。本院经审查,一审判决已经认定被告单位绿大地公司构成违规披露重要信息罪,根据《中华人民共和国刑法》第一百六十一条对违规披露重要信息罪所规定的刑罚原则,一审判决对构成该罪的上诉人进行处罚,并无不当,故辩护人所提辩护观点不能成立。

关于何学葵及各辩护人提出:“银行进账单不是应当依法保存的会计凭证,并非刑法意义上的金融票证,未进入银行结算,未造成危害后果”的上诉理由和辩护意见,本院认为,一审判决系根据中国人民银行银发(2004)205 号文件、中国人民银行办公厅银便函(2003)8 号文件的规定,认定本案涉及的银行进账单、解款单属于刑法规定的金融票证,至于该金融票证是否进入银行结算以及实际造成的危害后果不是构成犯罪的必备要件。因此,上述辩护观点不能成立,本院不予采纳。

关于各辩护人提出:“本案中,绿大地公司虽确有虚增资产的事实,但即使扣除虚增部分,其仍具备上市条件,不应构成犯罪”的辩护意见。本院经审查,根据《中华人民共和国刑法》第一百六十条的规定,绿大地公司通过非法手段虚增资产、发行股票的犯罪事实即已成立,辩护人以“具备上市条件”为由,认为不构成犯罪与刑法规定不相符合。因此,辩护人的辩护意见,本院不予采纳。

关于各辩护人均提出:“上诉人不是本案各罪的犯罪主体”的辩护意见,本院经审查,何学葵身为绿大地公司董事长,蒋凯西是财务总监,庞明星是财务顾问,均分别实施了策划、决定、授意的行为,是单位犯罪的直接负责的主管人员;赵海丽、赵海艳行为积极,起较大作用,是其他直接责任人员,依法应分别承担相应的刑事责任。因此,对各辩护人的辩护意见,本院不予采纳。

关于何学葵、赵海丽、赵海艳提出:“在侦查阶段受到诱供、骗供作出虚假供述”的上诉意见。本院经审查,各上诉人所作供述与在案相关证据能够相互印证,且无证据证实上诉人在刑事诉讼过程中,有被“诱供、骗供”的事实,故其上诉理由不能成立,本院不予采纳。

关于蒋凯西及其辩护人、赵海艳的辩护人提出:“上诉人具有法定或酌定的从轻、减轻或者免除处罚的情节”的上诉理由和辩护意见。本院经审查,原审判决根据各上诉人的犯罪性质、社会危害程度作出刑罚时,已综合考虑了各上诉人所具各的犯罪情节,因此,对上诉人及辩护人对量刑所提的意见,本院不再采纳。

综上所述,本院认为,原审判决根据本案事实、情节及社会危害程度,所作刑事判决认定事实清楚,适用法律正确,对原审被告单位绿大地公司及何学葵等五名上诉人定罪准确,量刑适当,审判程序合法。据此,依照《中华人民共和国刑事诉讼法》第二百二十五条第一款第(一)项的规定,裁定如下:

驳回上诉,维持原判。

本裁定为终审裁定。

二〇一三年四月三日

广东省高级人民法院刑事裁定书

(2013)粤高法刑二终字第274号

原公诉机关广东省深圳市人民检察院。

上诉人(原审被告人)冯大明,男,1967年11月4日出生,汉族,大学文化,原系深圳市德赛电池科技股份有限公司董事、总经理。因本案于2012年9月18日被刑事拘留,同年10月23日被逮捕。现押于广东省深圳市第三看守所。

辩护人尹军,广东金圳律师事务所律师。

原审被告人谢晖,女,1977年7月7日出生,汉族,大学文化,个体经营户。因本案于2012年9月18日被刑事拘留,2012年10月23日被逮捕,2013年9月4日被取保候审。

广东省深圳市中级人民法院审理广东省深圳市人民检察院指控原审被告人冯大明、谢晖犯内幕交易罪一案,于2013年8月28日作出(2013)深中法刑二初字第174号刑事判决。宣判后,原审被告人冯大明不服,提出上诉。本院依法组成合议庭,决定以不开庭方式进行审理。通过阅卷、讯问上诉人、听取辩护人的意见,现已审理终结。

原判认定,2011年,被告人冯大明筹备公司资产重组事宜,由深圳市德赛电池科技股份有限公司(以下简称德赛公司)定向发行股份购买德赛公司下属三家子公司25%股权。经中国证券监督管理委员会认定,上述德赛公司资产重组的相关事项属于内幕信息,内幕信息敏感期为2011年11月8日至2012年2月20日,冯大明为该内幕信息知情人员。在上述内幕信息敏感期内,冯大明分别指使李某某、被告人谢晖以刘某某、张某某之名开立证券账户并交由其掌控后,向上述两账户各注资1600万元,之后操作刘某某账户买入德赛公司的股票(股票代码000049,以下称德赛电池股票)72万余股,成交金额计人民币(下同)1576万余元,操作李某某账户并买入德赛电池股票43万余股,卖出25万余股,成交金额计1670万余元。谢晖与冯大明共同操作张某某账户买入德赛电池股票71万余股,成交金额计1578万余元;操作车某某账户买入德赛电池股票13万余股并卖出9万余股,成交金额计509万余元。经深圳证券交易所认定,在本案内幕信息敏感期间,刘某某账户交易德赛电池股票盈利903万余元;张某某账户交易德赛电池股票盈利939万余元;李某某账户德赛电池股票盈利-7万余元;车某某账户交易德赛电池股票盈利3万余元,上述四个账户总计获利1837万余元。

原判认定上述事实,有书证、证人证言、被告人供述、鉴定意见等证据证实。

原判认为,被告人冯大明、谢晖的行为均已构成内幕交易罪。在共同犯罪中,冯大明系主犯,应当按照其组织的全部犯罪处罚;谢晖系从犯,应减轻处罚。谢晖归案后如实供述其犯罪事实,主动预缴罚金五十万元,可酌情从轻处罚。谢晖犯罪情节较轻,认罪态度较好,有悔罪表现,对其适用缓刑不致再危害社会,可宣告缓刑。依照《中华人民共和国刑法》第一百八十条第一款,第二十五条第一款,第二十六条第一、四款,第二十七条,第五十二条,第五十三条,第六十四条,第六十七条第三款,第七十二条第一、三款,第七十三条第二、三款之规定,作出判决:(一)被告人冯大明犯内幕交易罪,判处有期徒刑七年,并处罚金人民币一千九百万元;(二)被告人谢晖犯内幕交易罪,判处有期徒刑三年,缓刑五年,并处罚金人民币五十万元;(三)扣押在案的笔记本电脑、IPAD等作案工具,由扣押机关依法没收;(四)扣押在案的赃款依法予以没收,上缴国库。

上诉人冯大明上诉提出,证监会关于本案内幕信息及内幕信息敏感期的认定与事实不符;实际获利不等于非法获利,原判认定的涉案获利金额不当,导致判处其罚金刑过重;其具有自首情节。请求改判无罪。

上诉人冯大明的辩护人辩护提出,证监会关于本案内幕信息、内幕信息敏感期的认定与事实不符;原判认定冯大明是资产重组项目的主要负责人不当,冯大明主观上不具有实施内幕交易的故意,客观上没有实施内幕交易行为,冯大明的行为不构成内幕交易罪;原判认定冯大明获利金额不当,应以复牌当日的收盘价计算。

经审理查明,2011年上半年,时任德赛公司(深圳证券交易所上市公司)董事、总经理的上诉人冯大明负责筹备德赛公司重大资产重组的前期工作,拟由德赛公司定向发行股份购买德赛公司管理团队持有的惠州市德赛聚能电池有限公司(以下简称聚能公司)、惠州市德寒电池有限公司(以下简称惠州德赛公司)、惠州市蓝微电子有限公司(以下简称蓝微公司)三家子公司25%股权。同年11月8日,德赛公司召开会议讨论德赛公司资本运作项目计划并成立了资产重组项目工作组。2012年2月20日,德赛公司发布停牌公告,宣布公司筹划资产重组事项,德赛电池股票自当日停牌。经中国证券监督管理委员会认定,上述德赛公司资产重组的相关事项属于内幕信息,内幕信息敏感期为2011年11月8日至2012年2月20日,冯大明作为德赛公司总经理及资产重组项目的主要负责人,为该内幕信息知情人员。

2011年11月底,冯大明决定向他人借款购买德赛电池股票,并授意其女朋友原审被告人谢晖、李某某以他人名义开立证券账户供其使用。11月29日,李某某以刘某某之名开立证券账户并交由冯大明操作。12月7日,谢晖以张某某之名开立证券账户并告知冯大明该账户的相关信息。12月14日,冯大明、谢晖向张某某借款,之后冯大明向刘某某账户注资1600万元,谢晖向张某某账户注资1600万元。2011年11月8日至2012年2月9日间,冯大明操作刘某某账户先后买入德赛电池股票计72万余股,成交金额计1576万余元;又操作李某某账户先后买入德赛电池股票计43万余股,卖出计25万余股,成交金额计1670万余元;还伙同谢晖共同操作张某某账户先后买入德赛电池股票计71万余股,成交金额计1578万余元;还伙同谢晖共同操作车某某账户先后买入德赛电池股票计13万余股,卖出计9万余股,成交金额计509万余元。

经深圳证券交易所统计,2011年11月8日至2012年2月9日,以后进先出法计算,刘某某账户交易德赛电池股票盈利计903万余元,张某某账户交易德赛电池股票盈利计939万余元,李某某账户交易德赛电池股票盈利计-7万余元,车某某账户交易德赛电池股票盈利计3万余元,上述四个账户总计盈利计1837万余元。

上述事实,有下列证据证实:

一、物证、书证

1. 公安部证券犯罪侦查局第三局出具的抓获经过:2012年9月5日,该局对冯大明、谢晖涉嫌内幕交易案立案侦查,初步锁定犯罪嫌疑人冯大明、谢晖等人。9月17日,该局民警根据情报线索在广东省惠州市西三环路小隐山庄发现冯大明、谢晖并将二人拘传至惠州市公安局调查。9月18日,该局对冯大明、谢晖采取刑事拘留强制措施。

2. 公安部证券犯罪侦查局第三局制作的搜查笔录、扣押物品清单:该局于2012年9月17日在广东省惠州市上诉人冯大明住处查获证券交易机2台、笔记本电脑2台、IPAD平板电脑2部;在广东省惠州市原审被告人谢晖住处查获电脑4部。

3. 中国证券监督管理委员会调取的工商登记资料及相关文件:德赛公司成立于1985年9月4日,企业类型为股份有限公司(上市),刘二某某为法定代表人;惠州市上阳投资股份有限公司(以下简称上阳公司)成立于2011年8月8日,企业类型为股份有限公司,上诉人冯大明为法定代表人、股东,占股21.75%。

4. 上海申银万国证券研究所有限公司(以下简称申万研究所)出具的重组方案、财务顾问协议、德赛公司2011年度报告、募投项目研究材料、电子邮件资料、出差记录及报告:德赛公司进行资产重组的情况。

5. 公安部证券犯罪侦查局第三局调取的德赛公司向特定对象发行股份购买资产暨关联交易计划书、内幕信息知情人登记表及情况说明:该计划书总体方案是认为德赛公司资产重组(定向增发股票购买资产)与再融资(发行股票募集资金)不宜同时操作,建议先进行资产重组再进行融资。2011年7月30日,上阳公司召开创立大会;8月2日,德赛公司召开董事会、监事会介绍上述计划书的内容。

6. 德赛公司提供的公告及股权转让协议:德赛公司于2011年11月15日公告成立上阳公司及收购香港创源投资有限公司(以下简称创源公司)股份。

7. 公安部证券犯罪侦查局第三局调取的德赛公司关于资产重组的股东会会议决议、董事会会议记录、股份转让协议等相关文件:德赛公司资产重组项目启动及进展情况。

8. 公安部证券犯罪侦查局第三局调取的重组收购创源股权的内幕信息知情人名单及游某某出具的情况说明:上阳公司于2011年7月30日召开创立大会,德赛公司于同年11月15日公告上阳公司收购创源公司股份。冯大明为该内幕信息知情人之一,其知悉时间登记为2011年7月30日。

9. 德赛公司提供的上阳公司及董事、监事、高级管理人员关于买卖德赛电池股票的自查报告:冯大明等董事、监事、高级管理人员均声称在2011年8月10日至2012年2月9日德赛公司重大资产重组期间没有买卖德赛电池股票。

10. 德赛公司提供的停牌、复牌公告:德赛公司公告因正在筹划重大资产重组事项,德赛电池股票于2012年2月10日起临时停牌,同年2月20日起停牌;因无法在停牌期间内完成资产重组的相关工作,决定终止资产重组并于同年3月26日复牌。

11. 公安部证券犯罪侦查局第三局调取的借款协议书、转账记录、担保书:谢晖、饶某某于2011年12月14日向张一某某各借款1200万元,借款期限为一年,年息15%,由冯大明提供担保。同日,张一某某分别向谢晖、饶某某的银行账户各汇入1200万元,还向冯大明的银行账户汇入1600万元。上述书证的复印件均经张一某某签名确认。

12. 公安部证券犯罪侦查局第三局调取的银行交易流水记录:上诉人冯大明、原审被告人谢晖于2012年5月至9月间向张一某某还款的情况。上述银行交易流水记录均经张一某某签名确认。

13. 公安部证券犯罪侦查局第三局调取的纸条:原审被告人谢晖指示张某某应对调查部门相关问题的情况。张某某后来将该纸条交给饶某某保管。上述纸条经饶某某、张某某签名确认。

14. 公安部证券犯罪侦查局第三局调取的刘某某证券账户资料及交易明细:刘某某于2011年11月29日开立证券账户0151333624,同年12月14日至16日存入1600万元,同年12月14日起该账户大量买入德赛电池股票,2012年5月24日至7月13日陆续卖出上述股票,2012年7月2日至9月5日间先后提取1798万元,操作途径有网上委托(附MAC地址)、大智慧手机及掌证宝金股板。

15. 公安部证券犯罪侦查局第三局调取的张某某证券账户资料及交易明细:张某某于2011年12月7日开立证券账户1900007885,下挂账号0151415458,同年12月14日至19日存入1600万元,同年12月14日起该账户大量买入德赛电池股票,后于2012年7月13日至7月16日间陆续卖出,2012年7月18日又买入一批德赛电池股票并于同日及次日全部卖出。

16. 公安部证券犯罪侦查局第三局调取的李某某证券账户资料及交易明细:李某某于2007年8月1日开立证券账户20932208,下挂账号0114937748;2010年8月27日开立证券账户609000050,下挂账号0600010012。上述账户自2011年1月10日至12月1日大量买入德赛电池股票。

17. 公安部证券犯罪侦查局第三局调取的车某某证券账户资料及交易明细:车某某于2007年6月7日开立证券账户0112565853,2011年11月11日至2012年4月16日该账户多次买卖德赛电池股票。

18. 公安部证券犯罪侦查局第三局调取的银行账户资料及信托账户资料、冻结文书:上诉人冯大明、原审被告人谢晖及车某某、张一某某、李某某、刘某某、张某某、惠州锋华涂装有限公司、惠州锋达实业有限公司等个人和公司名下银行账户及李某某、刘一某某名下信托账户的资金往来情况。

19. 证人李某某提供的涉案股票账户资料及出具的情况说明:李某某名下账户和刘某某

名下账户的资金均由冯大明控制,李某某证券账户内的款项只有300万元系其本人的,其余系冯大明的,上述二账户与惠州锋华涂装有限公司、惠州锋达实业有限公司没有关系,李某某在冯大明的指使下使用上述二公司及其他个人账户帮助冯大明置换资金。

20. 中国证券监督管理委员会调取的证券账户资料:刘某某、张某某、李某某、车某某的证券账户交易德赛电池股票的情况。

21. 中国证券监督管理委员会调取的银行账户交易流水资料:冯大明:谢晖、刘某某、张某某、李一某某、张一某某、饶某某、李某某、车某某的银行账户在案发期间的资金进出情况。

22. 公安部证券犯罪侦查局第三局调取的冯大明的资金澄清说明:冯大明于2012年6月11日书面确认其于2011年12月中旬汇给李某某指定的李一某某账户中的1200万元是返还惠州锋华涂装有限公司刘总的贷款。

23. 深圳证券交易所市场监察部出具的情况说明:2011年11月8日至2012年2月9日间,车某某的证券账户0112565853、0600015948买入德赛电池股票计136424股,买入金额计3099211.31元,对应卖出计136424股,卖出金额计3153570.65元,实际盈利金额计32447.42元;李某某的证券账户0114937748、0600010012买入德赛电池股票计439290股,买入金额计10624286.30元,对应卖出计439290股,卖出金额计10620330.35元,实际盈利金额计-78310.13元;刘某某的证券账户0151333624买入德赛电池股票计723106股,买入金额计15767415.94元,对应卖出计723106股,卖出金额计24897466.23元,实际盈利金额计9030408.18元;张某某的证券账户0151415458买入德赛电池股票计715663股,买入金额计15789125.99元,对应卖出计715663股,卖出金额计25167139.29元,实际盈利金额计9391001.54元。

24. 中国证券监督管理委员会调取的手机通话及短信记录:上诉人冯大明、原审被告人谢晖案发期间的手机联系情况。

25. 德赛公司提供的劳动合同、辞职公告:上诉人冯大明于2010年4月1日至2013年3月31日被聘任为德赛公司总经理,其于2012年6月13日辞去所有职务;原审被告人谢晖于2008年1月1日至2010年12月31日被聘任为蓝微公司物流中心经理。

26. 中国证券监督管理委员会出具的关于冯大明等人涉嫌内幕交易案有关问题的认定函:德赛公司定向发行股份收购香港创源公司持有的3家子公司25%股权进行重大资产重组的相关事项属于内幕信息,内幕信息敏感期为2011年11月8日至2012年2月20日,冯大明为内幕信息知情人。

27. 公安部证券犯罪侦查局第三局调取的户籍证明材料:上诉人冯大明、原审被告人谢晖的出生日期等个人身份情况。

二、证人证言

1. 证人刘二某某的证言:我从2004年11月起任德赛公司董事长。德赛公司是惠州市德赛工业发展有限公司(持股48.15%)和社会公众(持股51.85%)投资成立的。冯大明原系德赛公司的董事、总经理。我负责董事会层面及与证券监管部门的沟通联系,冯大明负责德赛公司的日常管理。2006年开始,为体现在上市公司中的市场价值,冯大明多次提出进行公司重组。但由于公司业绩不好,大股东惠州德赛工业发展有限公司领导层一直没有同意。2010年,公司业绩明显改善。2011年上半年公告后,公司业绩较好,大股东没有再次反对冯大明的资产重组提议。2011年4月,冯大明开始做德赛公司资产重组的前期工作。11月8日,我与冯大明、白某某等人开会研究德赛公司资本运作项目计划书,并讨论重组机构的设立和项目推进计划及工作进程。12月6日,我与冯大明等人再次开会讨论公司重组事宜,决定由冯大明牵头负责重组事宜。2012年2月9日,公司申请停牌,2月10日,公司临时停牌,3月,公司申请复牌并公告重组中止。重组中止原因是,一是香港创源公司股东内部对资产重组意见不统一;二是德赛公司下属聚能公司亏损,投资者提出重组增持会损害股民利益。我认为德赛公司重组项目是内幕信息,是上市公司的重大事项,对股份有重大影响,需要向社会公众披露,德赛公司在报给证券管理机构的内幕信息知情人中登记了冯大明。

2. 证人游某某的证言:我系德赛公司董事会秘书,对内负责组织董事会、监事会、股东会,对外负责与证监局、交易所等监管部门、媒体、投资者的联系。2011 年 4、5 月，德赛公司管理团队拟成立一家由德赛公司及子公司经营管理层人员实名持股的法人机构用以收购香港创源公司股份，2011 年 11 月，上阳公司收购了香港创源公司，需要发布公告。11 月 8 日，重组方案讨论会确定了项目领导小组和项目工作组，讨论了再融资计划，确定重组为主，再融资为辅的方案。12 月 6 日，我参加了公司业务讨论会，会后胡某某称德赛公司重组事项已经确定。我认为内幕信息人的知悉时间是 2011 年 7 月 30 日，即上阳公司创立时间。冯大明是重组的主要领导，资产重组的整体思路、进展节奏、方案拍板均由他确定。德赛公司重组事项内幕信息知情人员名单是我报给证监局的。

3. 证人胡某某的证言：我系德赛公司事业部管理中心总监，兼任惠州市亿能电子有限公司运营总监，系德赛公司资产重组具体经办人，对冯大明负责。我和冯大明等人找申万研究所咨询惠州市亿能电子有限公司上市事宜，还谈到解决德赛公司管理层持股的事情。2011 年 4 月，申万研究所给我们提交了一个关于德赛公司资产重组事项的详细计划书，计划书的核心内容是把管理团队持有的惠州德赛公司、蓝微公司、聚能公司 3 家子公司 25% 的股权置换成上市公司的股权。德赛公司同意我们先进行整改，再进行资产重组。德赛公司资产重组的具体过程是：我们成立上阳公司，通过上阳公司收购香港创源公司，上阳公司再成立香港鼎祥公司收购上阳公司持有的惠州德赛公司、蓝微公司、聚能公司三家公司 25% 的股权，之后，再将 25% 股权评估作价，通过德赛公司向上阳公司定向增发股份的方式，将上述 25% 的股权置换成上市公司的股权。德赛公司公告过上阳公司收购香港创源公司的事情，上阳公司成立后开过会，说明了成立上阳公司的原因，确定了内幕信息知情人员的知悉时间，冯大明知道内幕信息知情人登记这件事。2011 年 11 月 7、8 日，我们在德赛公司召开了资产重组的讨论会，参与会议的人员有冯大明、刘二某某、白某某和我等，会议主要讨论了重组及再融资方案。2012 年 2 月 9 日，我们又召开了一个会议，议定了停牌的细节。

4. 证人蒋某某的证言：我系申万研究所项目经理，主要负责业务开发，包括股权激励、投资者关系管理、收购、兼并等业务。我参与了德赛公司资产重组的事情。我于 2010 年在上海认识了德赛公司的总经理冯大明，他提出要将德赛公司管理层持有的下属子公司股权注入上市公司，以实现最终的股权激励目标。申万研究所提出了德赛公司先规范后重组的思路。2011 年 5 月 11 日，申银万国证券股份公司副总陆某某及申万研究所的王某某、我与德赛公司的董事长刘二某某、冯大明等人开会研究德赛公司重组事项，还明确了该项目的负责人，申万研究所由我负责，我向王某某负责，上阳公司由胡某某负责，他向冯大明负责。按照该方案，冯大明于 2011 年 8 月 8 日成立了上阳公司。11 月 12 日，上阳公司、周某某（代表香港创源公司）、冯大明（代表德赛公司管理层）签订了三方协议，由上阳公司收购香港创源公司，期间思路变为重组加再融资。2012 年 2 月 9 日，我们所与德赛公司签署财务顾问协议，共同召开会议并确定了重组及再融资的具体方案及时间规划，决定申请临时停牌，以避免内幕信息泄露。2 月 10 日，公司股票停牌。按照相关规定这次重组属于内幕信息，冯大明属于内幕信息知情人。我认为内幕信息敏感期应定为 2011 年 7 月 30 日即上阳公司成立之日。2011 年 11 月左右，德赛公司成立重组项目组，由冯大明负责牵头和总体协调，德赛公司重组项目在重大资产重组一开始就可以确定了。

5. 证人张二某某的证言：我系申银万国证券股份公司员工。我公司以独立财务顾问身份参与了德赛公司资产重组，我负责具体操作。我草拟了德赛公司内幕信息知情人员档案，我将内幕信息知悉日填报为 2012 年 2 月 9 日，是我当时理解错误，不应将确定停牌的日子定为内幕信息知悉日。

6. 证人张一某某的证言：我系冯大明的校友。2011 年 10 月至 11 月间，冯大明以经营小隐山庄和茅台白金酒项目急需用钱为由向我借款 4000 万元，我表示同意并签订了三份借款协议和一份担保书，内容为：其中借给冯大明 1600 万元，年息 20%，借款期限半年；借给谢晖 1200 万元，年息 15%，借款期限半年；借给饶某某 1200 万元，年息 15%，借款期限一年；冯大明为谢晖、饶某某的借款提供担保。2011 年 12

月14日,我按协议分别划款1600万元到冯大明的账号、划款1200万元到饶某某的账号及划款1200万元到谢晖的账号。2012年6月,冯大明汇了1600万元到我个人账户,还支付了100多万元利息给我;同年8月,谢晖汇了1200万元到我个人账户,支付了60万元利息给我;借给饶某某的1200万元还没还。我在冯大明借钱前听说过德赛公司要重组。

7. 证人饶某某的证言:我于2000年认识冯大明。我系惠州市小隐山庄总经理,冯大明在小隐山庄有投资,占65%的股份,谢晖是冯大明在小隐山庄的代言人,他俩关系比较密切。2011年11月12日,冯大明看到白金酒业的广告,准备投资做这个项目,与我商量以小隐山庄名义融资做该项目,后来由冯大明运作,我以小隐山庄的名义向张一某某借了1200万元,月息1.5%。2012年5月的一天晚上,冯大明与谢晖说有紧急事情要与我商量,他们说证监会在调查他与谢晖内幕交易的事情,想让我配合他们,若证监会找我问话就说谢晖炒股的资金是小隐山庄借来的。他们还想让我配合他们说明三个方面的内容:一是向张一某某借款炒股的事我是知情的;二是借款是以谢晖的名义帮小隐山庄借的;三是他们借款来炒德赛电池股票我是知情的。对此,我没有答应。6月1日,证监会找我谈话,我没有按照他们的说法去做。6月的一天,冯大明拿了几份借款协议来要我签名,其中一份是小隐山庄向张一某某借款1200万元的借款协议,我在该协议上补签了名。

谢晖还授意张某某做伪证。谢晖在接受证监会调查后,让张某某说是我委托张某某开立证券账户,谢晖还写了一张纸条给张某某,内容是如何应对证监会的问话,后来张某某把这张纸条交给我。

8. 证人张某某的证言:我原系小隐山庄的厨师。我于2011年11月应谢晖要求开立了一个股票账户,之后将账户相关资料交给了谢晖,我从未操作过该账户。2012年4月底,证监会通知我去谈话。5月1日下午,谢晖给我一张纸条并对我说证监会问话就按照纸条的内容回答。纸条的内容大致是在回答证监会问题时回避我的证券账户开户情况及对冯大明、谢晖的了解。次日,我到证监会就按照纸条上的意思说了。6月初,证监会又通知我去谈话,饶某某告诉我要实事求是地向证监会说明情况,不要连累自己了。于是我如实向证监会反映了情况。

9. 证人李某某的证言:我于2003年认识冯大明,他是德赛公司的总经理,他公司是我公司的客户,但这两年没有业务往来,我和冯大明之间也没有借贷关系。

2008年,我哥哥刘三某某说冯大明要我帮他开立一个股票账户用来炒股,我就以我的名义在光大证券公司惠州下埔营业部开立了一个股票账户,之后我将账户号码及密码告诉冯大明。我投了300万元资金在该账户,我和冯大明约定按实际投资比例三七分成,冯大明占七成,我占三成。该股票账户基本都是冯大明在操作,我主要负责该股票账户所对应的银行账户资金的转拨。

2011年10月,冯大明通过刘三某某告诉我开多一个股票账户,并强调不要我本人开,也不要在惠州开,冯大明的意思是在异地且不用我的名字就不容易引起别人的注意。于是我以我侄子刘某某的名义在东莞开了一个股票账户,然后我把股票账户及密码告诉冯大明。冯大明让我给一个除了我和刘某某名下之外的银行账户,我将李一某某的银行账户给了冯大明,不久冯大明汇入800万元到李一某某的银行账户,让我将800万元转到刘某某的账户;过了一段时间,冯大明又汇了400万元给我,还交代我这400万元先放在我公司使用,再从我公司的银行账户汇400万元到刘某某账户,我就按他的意思操作了。还有400万元从我在光大证券公司惠州下埔营业部的账户转到刘某某账户。2012年5月的一天,深圳证监局通知我到该局问话。当日中午,冯大明、刘三某某和我商量如何应付证监局的调查,主要是怎么解释资金、账户等情况,冯大明编造了一套说法让我应付证监会调查:一是资金,其中800万元是我公司向冯大明借来建酒店,后来酒店不用那么多资金,才拿去买股票;二是谁操作,说股票买卖系我操作的;三是操作的工具是冯大明送我的IPAD平板电脑,买卖股票的地址不固定等。冯大明还让我把手提电脑和无线网卡给他,我按照冯大明的指示操作资金,这样显示出来是我在操作刘某某账户的股票。我还按冯大明指示从刘某某账户里多次提现给谢晖。

10. 证人刘某某的证言：我婶婶李某某于2011年11月让我在东莞开立股票账户，之后我将该账户的相关资料、交易密码等交给李某某。

11. 证人李一某某的证言：我系惠州锋华涂装有限公司文员，李某某让我开立一个工商银行的账户给她使用，我记得2011年12月她用该账户转款七八百万元。我替李某某取过六七次现金，每次100万左右，这些钱李某某没拿回公司。

12. 证人刘三某某的证言：我系惠州锋华涂装有限公司副总经理，李某某系财务经理，公司账户由李某某掌控，我不清楚冯大明与公司账户有巨额资金往来的情况。2011年下半年，冯大明向我借过三四百万元。

13. 证人车某某的证言：我的股票账户是2007年开立的，该账户是我女儿谢晖操作的，资金也是谢晖的，是赚是亏我不知道。

14、证人刘四某某的证言：我系蓝微公司管理部总监，负责公司的电脑安装及维护，我应冯大明要求在他办公电脑安装了同花顺炒股软件，该电脑一直用到现在。我还帮冯大明的笔记本电脑安装了炒股软件。

三、被告人供述

1. 上诉人冯大明的供述：我于2001年认识谢晖，她是我的女朋友。我从2004年起担任德赛公司总经理，主要负责公司的日常经营。

2007年年底或2008年春节前后，德赛公司开始研究经营团队的激励问题，德赛公司董事长刘二某某、董事钟某某和我等董事会成员开会研究决定分两步走，第一步先由经营团队收购德赛公司外方股东香港创源公司持有的德赛公司下属子公司聚能公司、惠州德赛公司、蓝微公司三家公司25%的股份；第二步再由德赛公司收购经营团队从香港创源公司购买的聚能公司、惠州德赛公司、蓝微公司三家公司25%的股份。会后，德赛公司对本次会议确定的整体构想进行了公告，之后德赛公司的经营团队开始实质操作。2008年年底，德赛公司经营团队以四人代持的形式完成对周某某持有的香港创源公司100%股权的收购，从而间接实现对聚能公司、惠州德赛公司、蓝微公司三家公司25%股份的控制，当时虽变更了股权，但由于外汇管制的原因，该笔收购合法的付款手续未完成。收购完成后，我代表德赛公司经营团队赴上海向申万研究所咨询，主要是以下问题：一是如何完善收购香港创源公司的手续；二是德赛公司如何能100%收购经营团队持有的25%股份。申万研究所向我们提供了经营团队收购香港创源公司股权的整改方案及德赛公司与经营团队之间如何对价的方案。之后，德赛公司经营团队开始对收购香港创源公司股权进行整改，决定先成立上阳公司，再由上阳公司在香港成立香港鼎祥公司，然后通过香港鼎祥公司收购香港创源公司，由香港鼎祥公司申购外汇后付给香港创源公司。2011年8月8日，上阳公司成立。同年10月整改期间，我们经营团队与申万研究所签订了整改顾问协议。11月初，我与刘二某某讨论再融资、重组等相关方案，为此开过一次会并同意了股权重组的方向，并成立了一个项目组。2012年年初，德赛公司与上阳公司共同向申万研究所咨询对价的方案及是否同时进行25%股权的配套融资。同年2月左右，香港鼎祥公司成立。由于当时整改还没有完成，我们担心引起德赛电池股票股价波动，德赛公司董事会决定对公司股票申请停牌。同年2月底，德赛电池股票停牌。由于2011年聚能公司亏损无法承诺利润，惠州德赛公司、蓝微公司利润前景不明朗等原因，最终，德赛公司收购上阳公司停止运作，随后德赛电池股票复牌交易。

在资产重组中我既是德赛公司经营团队负责人，也是公司经营的负责人。在这次资产重组中，我负责香港创源公司的整改、代表公司经营团队与公司大股东就对价方案进行讨论及负责对德赛公司的整体经营。

2011年11月底12月初，我安排谢晖、李某某、饶某某找一些可靠的人开立股票账户购买德赛电池股票。我还与谢晖约定股票的亏损由我负责，如有收益由我来安排处理。过了一段时间，李某某给了我刘某某的证券账户的相关信息，包括资金账号和密码。谢晖把张某某的证券账号信息告诉我。12月初，我向张一某某借款1600万元，其中1200万元用于偿还刘三某某的借款，400万元借给谢晖，我还帮饶某某、谢晖向张一某某各借过1200万元，我担任担保人，谢晖后来归还了全部借款。

我使用张某某的账户交易过德赛电池股

票。我也用过李某某账户交易过德赛电池股票,该账户共1600万元,其中1200万元是我向李某某的还款,另外400万元是李某某的资金。此外,我还用了李某某及谢晖母亲车某某的证券账户交易德赛电池股票。上述股票交易都是用我的笔记本电脑和IPAD平板电脑进行操作。

2012年3月底4月初,证监部门找我谈话,调查德赛公司资产重组相关事宜,之后,我与李某某、刘三某某商量对策,就说刘某某账户的钱是我还给他的,下单交易是李某某自己操作的,下单交易时是用李某某的电脑和我送给她的IPAD平板电脑。后来,每隔一段时间,我与李某某、刘三某某就应对证监部门商量对策,商量的内容主要是账户的钱和下单操作问题,目的就是减少我和刘某某证券账户的关联性。

我是德赛公司的创始人,一直鼓励朋友买德赛公司股票,也倡导重大信息及时披露。我认为回购股份信息不算内幕信息,因为该信息此前已多次披露,只是一直没有形成方案,有很大的不确定性,这一信息也没有对股价产生重大影响。

2. 原审被告人谢晖的供述:我与冯大明是亲密的朋友关系。我于1999年8月至2000年3月在德赛公司任营销员,2000年3月至2002年8月任该公司总经理办公室文职。

2011年年底,我打算借钱投资小隐山庄的二期建设,于是向张一某某借钱。12月初,张一某某转账1200万元给我。冯大明也转账了400万元给我。但当时二期工程有延误,上述款项暂时用不上,冯大明和饶某某提议开立证券账户炒股票。隔了一两天后,我和张某某到东莞证券开立了证券账户,我设了交易密码、取款号码并告诉冯大明。12月中旬,我把1600万元转到了张某某的证券账户上,用来购买茅台酒和德赛电池股票。此外,我还用我母亲车某某的证券账户购买德赛电池股票。后来我通过工商银行卡转账1200万元还给张一某某,主要是从张某某账户、小隐山庄和白金酒项目转款,还有冯大明让我向李某某拿的现金。我于2012年6月将张某某账户购买的德赛电池股票卖了,赚了1000多万元。我操作张某某账户用的是我的三星笔记本电脑和IPAD平板电脑。

2012年3月,证监会找我调查。之后,我和冯大明、刘三某某、李某某商量过口径,一是资金来源,说是我和饶某某借的,并修改了合同,写了担保书;二是开户方面让张某某按照我写的纸条内容回答证监会;三是下单说是我操作的。

冯大明在德赛公司停牌之后说公司在运作一些事情,若运作成功的话我以前持有的股权激励就可以上市流通。

四、鉴定意见

1. 深圳市公安司法鉴定中心出具的公(深)鉴(电子物证)字(2012)8163号鉴定文书:涉案的四部电脑的MAC地址分别与涉案的四个证券账户交易记录中的MAC码对应。

2. 深圳市司法会计鉴定中心出具的司法会计鉴定意见书:刘某某、张某某账户中共计3200万元资金的转入及获利后资金转出的情况。

关于本案内幕信息及内幕信息敏感期的认定问题。经查,2011年上半年,上诉人冯大明负责筹备德赛公司资产重组的前期工作。2011年11月8日,德赛公司召开会议讨论公司资本运作项目计划并成立了资产重组项目工作组。2012年2月20日,德赛公司发出公告,宣布公司筹划资产重组事项,德赛电池股票停牌。根据相关法律规定,德赛公司资产重组属于公司股权结构的重大变化,该事项在未公开披露前属于内幕信息。该内幕信息于2011年11月8日基本确定,应当认定该日为内幕信息形成日,该内幕信息于2012年2月20日公开披露,该日应认定为内幕信息敏感期的终结日。因此,中国证券监督管理委员会认定德赛公司资产重组属于内幕信息、内幕信息敏感期为2011年11月8日至2012年2月20日理据充分。冯大明及其辩护人认为中国证券监督管理委员会对本案内幕信息及内幕信息敏感期的认定与事实不符缺乏理据,不予采纳。

关于上诉人冯大明是否是德赛公司资产重组项目主要负责人问题。经查,证人刘二某某证实冯大明提议德赛公司进行资产重组并为主负责重组事宜;证人游某某证实冯大明是德赛公司资产重组的主要领导,重组的整体思路、进展节奏等均由冯大明确定;证人胡某某证实他是德赛公司资产重组的具体经办人,向冯大明负责。以上证据足以证实冯大明是德赛公司资产重组项目的主要负责人,冯大明的辩护人对此提出质疑理据不足,不予采纳。

关于上诉人冯大明的行为是否构成内幕交易罪的问题。经查,冯大明作为德赛公司总经理及资产重组项目的主要负责人,是内幕信息的知情人,其主观上显然明知该内幕信息;在资产重组信息确定后未公布前,其伙同原审被告人谢晖使用他人证券账户大量交易德赛电池股票,客观上实施了内幕交易行为,原判认定其行为构成内幕交易罪理据充分。冯大明的辩护人认为原判认定冯大明的行为构成内幕交易罪有误理据不足,不予采纳。

关于涉案获利金额的认定问题。经查,张某某、刘某某、李某某、车某某的涉案证券账户在本案内幕信息敏感期内大量买入德赛电池股票并在案发前全部卖出。深圳证券交易所在核算上述涉案证券账户实际交易记录的相关数据的基础上,根据上述涉案证券账户在内幕信息敏感期间购买的德赛电池股票所对应的卖出金额扣减期间买入股票金额和交易税费再加上股息收益计算得出实际获利金额,其中对应卖出金额按照先进先出法计算获利金额为1921万余元,以后进先出法计算获利金额为1837万余元。原判根据现有证据情况并按照有利于被告人的原则认定涉案获利金额为1837万余元依据充分。冯大明及其辩护人对此提出质疑理据不足,不予采纳。

关于上诉人冯大明是否具有自首情节的问题。经查,现有证据证实侦查机关在冯大明交代其所犯内幕交易罪行前已掌握了该犯罪事实,冯大明如实交代该犯罪事实只能认定为坦白行为,不具有自首情节。因此,冯大明及其辩护人提出冯大明具有自首情节缺乏理据,不予采纳。

本院认为,上诉人冯大明身为证券交易内幕信息的知情人员,原审被告人谢晖身为非法获取证券交易内幕信息的人员,二人在内幕信息尚未公开前交易相关股票,情节特别严重,其行为均已构成内幕交易罪。在共同犯罪中,冯大明起策划、组织作用,系主犯,依法应当按照其组织的全部犯罪处罚;谢晖受冯大明指使参与犯罪,起次要作用,系从犯,依法应减轻处罚。谢晖归案后能如实供述其犯罪事实,主动预缴罚金五十万元,可酌情从轻处罚。根据谢晖的犯罪情节和悔罪表现,对其判处有期徒刑并宣告缓刑对所居住社区没有重大不良影响,依法可以宣告缓刑。原审判决认定事实清楚,证据确实、充分,定罪准确,量刑适当,审判程序合法。冯大明及其辩护人要求改判冯大明无罪理由不成立,不予采纳。依照《中华人民共和国刑法》第一百八十条第一款,第二十五条第一款,第二十六条第一、四款,第二十七条,第五十二条,第五十三条,第六十四条,第六十七条第三款,第七十二条第一、三款,第七十三条第二、三款;《最高人民法院、最高人民检察院关于办理内幕交易、泄露内幕信息刑事案件具体应用法律若干问题的解释》第一条第(一)项,第二条第(二)项,第五条,第七条第(一)、(三)项,第九条及《中华人民共和国刑事诉讼法》第二百二十五条第一款第(一)项的规定,裁定如下:

驳回上诉,维持原判。

本裁定为终审裁定。

二〇一三年十二月十六日

上海市第一中级人民法院刑事判决书

(2013)沪一中刑初字第3号

公诉机关中华人民共和国上海市人民检察院第一分院。

被告人郑拓,男,1968年3月28日出生于黑龙江省哈尔滨市,汉族,硕士研究生文化,户籍所在地上海市浦东新区锦绣路 333 弄 49 号 502 室,原系交银施罗德基金管理有限公司稳健配置混合型证券投资基金经理;因涉嫌犯利用未公开信息交易罪于 2012 年 4 月 27 日被刑事拘留,同年 5 月 21 日被逮捕,现羁押于上海市看守所。

辩护人廖佩娟,上海廖得律师事务所律师。

辩护人寇树才,上海卿云律师事务所律师。

被告人夏伟红(英文名 XIA WEIHONG,加拿大国籍,护照号码 BA537430),女,1968 年 10 月 14 日出生于黑龙江省哈尔滨市,硕士研究生文化,原系艾派克斯动力工具(上海)有限公司供应链经理,住上海市浦东新区香楠路 178 弄 16 号;因涉嫌犯利用未公开信息交易罪于 2012 年 4 月 27 日被刑事拘留,同年 5 月 21 日被逮捕,现羁押于上海市看守所。

辩护人董仑楚、高雅,上海市广厦律师事务所律师。

被告人夏伟玲,女,1972 年 12 月 31 日出生于黑龙江省哈尔滨市,汉族,大学文化,户籍所在地黑龙江省哈尔滨市道里区友谊路 280 号副 1 号 3 单元 501 室,住上海市商城路 108 弄 7 号 204 室;因涉嫌犯利用未公开信息交易罪于 2012 年 4 月 27 日被刑事拘留,同年 5 月 21 日被逮捕,现羁押于上海市看守所。

辩护人袁杰,上海市和平律师事务所律师。

上海市人民检察院第一分院以沪检一分刑诉〔2012〕274 号起诉书指控被告人郑拓、夏伟红、夏伟玲犯利用未公开信息交易罪,于 2012 年 12 月 26 日向本院提起公诉。本院受理后,依法组成合议庭,于 2013 年 2 月 26 日公开开庭审理了本案。上海市人民检察院第一分院指派代理检察员胡春健出庭支持公诉。被告人郑拓及辩护人廖佩娟、寇树才,被告人夏伟红及辩护人董仑楚、高雅,被告人夏伟玲及辩护人袁杰到庭参加诉讼。现已审理终结。

上海市人民检察院第一分院指控:

2009 年,被告人郑拓和夏伟红、夏伟玲经预谋后,由郑拓利用其担任交银施罗德基金管理有限公司(以下简称交银施罗德公司)稳健配置混合型证券投资基金(以下简称交银稳健基金)经理的职务便利,在交银稳健基金进行股票买卖的信息尚未披露前,通过其本人或者指使夏伟红、夏伟玲根据郑拓提供的未公开信息,借用原晓丽开设在中信建投哈尔滨中医街营业部证券账户和国泰君安北京知春路营业部证券账户,先于或同期于郑拓管理的交银稳健基金买入相同股票,并从中牟利。2009 年 2 月 28 日至 8 月 20 日,上述 3 名被告人采用上述方法买入“西山煤电”、“保利地产”等 11 只股票,成交 2,837,030 股,交易金额为人民币 46,384,812.25 元(以下币种均为人民币),获利金额 12,427,516.4 元。

为支持上述指控事实,公诉机关出示了证人李旭利、周炜炜、陈晓秋、原晓丽等人的证言,交易系统日志、股票清单、成交汇总、交易指令执行反馈单、出差纪录、住宿登记表、公司管理制度等书证,司法鉴定意见书,被告人郑拓、夏伟红和夏伟玲的供述以及案发经过等证据。据此,公诉机关认为,被告人郑拓系基金管理公司的从业人员,利用职务便利获得该基金管理公司尚未公开的信息后,违反规定,通过本人或者指使被告人夏伟红、夏伟玲从事与该信息相关的证券交易活动,情节严重,其行为均已触犯了《中华人民共和国刑法》第一百八十条之规定,应以利用未公开信息交易罪追究刑事责任;鉴于郑拓系主犯,夏伟红、夏伟玲系从犯,并应依照《中华人民共和国刑法》第六条、第二十五条、第二十六条、第二十七条之规定处罚。

被告人郑拓对指控的主要犯罪事实及罪名不持异议,但提出其没有与夏伟红、夏伟玲预谋。

被告人郑拓的辩护人对郑拓的行为构成未公开信息交易罪不持异议,但提出如下意见:(1)郑拓与夏伟红、夏伟玲之间不存在预谋,且目前证据无法证明夏伟红、夏伟玲曾接受郑拓指令操作过个人股票账户,无法认定本案系共同犯罪;(2)本案指控的犯罪金额有误,有部分股票的买入不应认定为利用了未公开信息,如所涉“西山煤电”、“中国神华”、“中煤能源”、“中国平安”、“万科 A”、“华侨城 A”、“保利地产”、“金地集团”等,全案所涉成交数量应为 1,263,830股,交易金额 18,321,767.25 元,获利金额 1,228,829.12 元;(3)郑拓对基金买卖股票并不具有完全的决策权,利用的未公开信息具有不确定性;(4)违法所得不应按照行为人利用未公开信息买卖股票所赚取的差价来计算,而应以行为人利用未公开信息买卖股票平均价格与基金买卖同一支股票的平均价格之差乘以行为人交易的总股数来计算;(5)应认定被告人郑拓自动投案后如实供述犯罪事实,具有自首情节。据此,请求对郑拓从轻处罚,适用缓刑。辩护人同时提供了原晓丽证券账户交易明细、被告人郑拓的讯问笔录等证据。

被告人夏伟红提出其没有与郑拓及夏伟玲预谋,对于郑拓系利用未公开信息交易并不完全明知。

被告人夏伟红的辩护人提出,目前证据尚难以证明夏伟红构成利用未公开信息交易罪的共犯,主要理由是:(1)夏伟红主观上一直想通过郑拓的专业知识买卖股票,与郑拓并不存在利用未公开信息交易的共同故意;(2)现有证据不能认定夏伟红具体实施了涉案账户的股票交易;(3)夏伟红不符合利用未公开信息交易罪所要求的主体身份。辩护人还提出,如认定夏伟红有罪,也应认定夏伟红具有自首情节,综合全案事实、情节对其适用缓刑。辩护人同时提供了夏伟红的讯问笔录等证据。

被告人夏伟玲提出,其没有与郑拓、夏伟红预谋,也未从股票交易中获利。

被告人夏伟玲的辩护人提出,目前证据尚难以认定夏伟玲构成利用未公开信息交易罪的共犯,主要理由是:(1)被告人夏伟玲与郑拓、夏伟红之间并不存在预谋,并不能认定夏伟玲主观上的共同犯罪故意;(2)夏伟玲因没有工作赋闲在家,根据郑拓在聊天工具上发布的股票信息偶尔帮助夏伟红操作,不应认定夏伟玲系接受郑拓指使从事股票交易;(3)夏伟玲在涉案账户中没有资金,也没有分得任何利益;(4)鉴定意见根据交易记录所显示的MAC地址认定夏伟玲参与2009年6月2日操作买入保利地产依据不足。辩护人还提出,如认定夏伟玲有罪,也应认定夏伟玲具有自首情节,综合考虑其情节及社会危害程度,对夏伟玲免予刑事处罚或适用缓刑。

经审理查明:

2007年3月至2009年8月,被告人郑拓实际负责交银稳健基金的投资管理工作;2007年7月4日起,郑拓正式担任交银稳健基金经理,2009年8月20日正式离任。任职期间,郑拓对于交银稳健基金投资股票的种类、数量、价格及时间具有决定权或建议权。

2009年3月至7月间,郑拓利用担任交银稳健基金经理的职务便利,在交银稳健基金买卖股票的信息尚未公开前,由郑拓本人或者将需要购买的股票种类、数量、价格等告知夏伟红、夏伟玲,借用原晓丽名下中信建投哈尔滨中医街营业部证券账户、国泰君安北京知春路营业部证券账户,先于或同期于郑拓管理的交银稳健基金买卖相同股票,并从中牟利。其间,郑拓伙同夏伟红采用上述方法买卖“万科A”、“泛海建设”、“华侨城A”、“吉林敖东”、“西山煤电”、“保利地产”、“盆地集团”、“中国神华”、“西部矿业”、“中国平安”、“中煤能源”等股票11只,一共成交283万余股,交易(买入)金额为4638万余元,获利金额为1242万余元。其中,夏伟玲参与交易金额522万余元,获利金额122万余元。

认定上述事实的证据如下:

第一组证据,证实被告人郑拓的主体身份及职务情况。

1. 证人李旭利(时任交银施罗德公司投资总监)的证言证明:2007年后,交银稳健基金由其下一任基金经理郑拓管理。基金经理投资金额在所管理基金净值的3%以内有完全的自主权,不需要向任何人汇报,超过3%的话需要向投资总监汇报,经其网上审批才可以下单买入,但一般情形下也是将权限下放,只是网上走一个审批流程。投资金额超过基金净值5%的话,就需要公司投资决策委员会开会讨论决定。基金经理买入股票的来源是公司提供的一个约含400只股票的股票池,基金经理只能从股票池里挑选所要投资的股票。基金经理选中要买入的股票后,通过自己的账户将买入指令发送给交易员,指令的内容包括买入股票的数量及价格区间等,然后由交易员独立完成下单工作。股票的抛售完全按照基金经理的意愿,由经理全权决定,不受任何人限制。

2. 被告人郑拓的供述证明:其自2007年3月起从海富通基金公司离职后应聘到交银施罗德公司任职,于2009年8月离职。由于行业内有从业的静默期,故直到2007年7月才被正式任命为交银稳健基金的基金经理。作为基金经理,其需要从公司研究部门提供的股票池内选取股票投资。公司规定大盘股的投资金额不能超过所管理基金净值的3%,小盘股的投资金额不能超过所管理基金净值的1%,在该范围内,其有自主决定投资的权限,当然投资总监和风控部门能够看到所作的投资决定。超过上述3%和1%的范围,其投资决定必须经投资总监审批同意才能下达指令。投资指令是以郑拓的名义通过电脑发送到交易室,指令的内容包括所投资股票的名称,买入、卖出数量,买入、卖出价格区间,另外规定了交易是当日单(仅在当日有效)还是长单(规定一段时间的指令有效期),指令下达到交易室并分配给交易员操作后,交易员在其下达的指令范围内以最优价格操作。

3. 证人周炜炜(时任交银施罗德公司基金经理)关于交银施罗德公司基金经理权限的证言与被告人郑拓的供述及证人李旭利的证言相印证。

4. 交银施罗德公司投资管理制度证明:投资决策委员会是公司基金投资的最高决策机构,投资总监及基金经理在投资决策委员会制定的权限范围内负责基金投资具体工作。

5. 交银施罗德公司出具的情况说明证明:郑拓于2007年3月至2009年8月负责交银稳健基金的投资管理工作;2007年7月至2009年8月担任交银稳健基金经理。

第二组证据,证实被告人郑拓利用职务便利获取涉案未公开信息。

1. 交银施罗德公司提供的登录交易系统日志等证明:2009年3月至7月间,郑拓成功登录公司系统并指令交易买卖股票;2009年3月20日,郑拓委托周炜炜下达交易指令买入股票。

2. 证人周炜炜的证言证明:2009年3月20日郑拓去北京出差前,电话委托其在3月20日当天帮他管理交银稳健基金,大幅加仓买入"有色金属"和"煤炭能源股"。买入股票包括"西山煤电"、"中国神华"、"中煤能源"等7只股票,并明确了买入金额、数量和比例等。其在郑拓管理的基金内买入上述股票完全是按照郑拓的具体指令执行的。

被告人郑拓的供述证明:2009年3月至7月间,由郑拓本人下达交易指令,交银稳健基金先后买入了"万科A"、"泛海建设"、"华侨城A"、"吉林敖东"、"金地集团"、"西部矿业"、"中国平安"、"保利地产"等股票;由其委托周炜炜下达交易指令买入了"中国神华"、"中煤能源"、"西山煤电"等股票。

3. 交银稳健基金成交汇总表、交易指令执行反馈单等证明:2009年3月至7月间,郑拓管理的交银稳健基金买入了"万科A"等11只股票,具体包括:(1)2009年5月8日、5月19日,先后买入"万科A"股票;(2)2009年5月4日、5月5日、5月8日,先后买入"泛海建设"股票;(3)2009年5月8日、5月15日,先后买入"华侨城A"股票;(4)2009年4月2日、4月7日,先后买入"吉林敖东"股票;(5)2009年3月20日,买入"西山煤电"、"中国神华"、"中煤能源"股票;(6)2009年6月2日、6月3日、6月12日、6月15日,先后买入"保利地产"股票;(7)2009年7月23日,买入"金地集团"股票;(8)2009年3月23日、4月1日,先后买入"西部矿业"股票;(9)2009年3月24日、3月31日,先后买入"中国平安"股票。上述交易指令执行反馈单均有被告人郑拓及相关经手人员签名。

4. 中国证券监督管理委员会《关于郑拓涉嫌利用未公开信息交易案有关问题的认定函》证明:本案所涉及的"未公开信息",是指郑拓担任交银稳健基金经理期间,因管理该只基金而掌握的有关投资决策、交易等方面的重要信息,包括相关基金投资股票的名称、数量、价位以及买卖时机等。

第三组证据,证实被告人郑拓、夏伟红、夏伟玲利用未公开信息,在原晓丽名下证券账户内进行股票交易并从中获利。

1. 被告人郑拓的供述证明:(1)其曾利用夏伟红名下的证券账户炒股。在2008年上投摩根基金管理有限公司唐建因利用未公开信息交易被证监会处罚后,郑拓与夏伟红称其作为证券行业从业人员,不能再使用夏伟红的证券账户买卖股票,并商议借用夏伟红的嫂子原晓丽的账户继续买卖股票,同时由夏伟红将账户内的资金转入原晓丽账户内。(2)其担任交银稳健基金经理期间,会在基金买卖的同时在原晓丽的账户中也买卖一部分相同的股票。其一般看好哪只股票就在原晓丽的账户内买入,也会下达指令让基金买入。郑拓操作私人账户下单比较方便,基金买入的话需要走程序,相对慢一点;基金有时会在一段时间内追加投资,如果觉得先期投资的股票不错的话，其也会在原晓丽账户内继续买入。原晓丽账户内买入股票存在早于基金买入的情况，也有与基金在同一时期买入的情况。(3)原晓丽账户主要由郑拓操作，其一般是用自己的 IBM 笔记本电脑和交银施罗德公司配发的笔记本电脑在自己公司或在外地出差的宾馆等地从网上下单买卖股票。在交银施罗德公司对于个人电脑的使用管理越来越严格后，其没有办法在公司下单交易了，就在不方便操作时通知夏伟红、夏伟玲买卖股票，其通过 QQ、MSN 等网络聊天工具将要买卖的股票名称或代码、股票价格及股数告知她们。(4)2009 年 3 月 20 日，郑拓在北京出差住在北京京广中心新世界酒店内，在宾馆房间内使用随身携带电脑登录原晓丽账户下单买入了"神华股份"、"西山煤电"、"中煤能源"。郑又打电话给公司另一位基金经理周炜炜，要求周使用稳健基金资金购入上述三只股票。(5)2008 年，其和夏伟红协议离婚，约定两人在原晓丽账户内的资金归夏伟红所有。

交银施罗德公司出具的出差纪录等证明 2009 年 3 月 19 日至 21 日，郑拓到北京出差，住宿在北京京广中心新世界酒店。

2. 被告人夏伟红在侦查阶段的供述证明：(1)2004 年郑拓到基金公司工作后，郑称有机会获悉基金公司股票建仓或者抛售信息。其在申银万园上海银城中路营业部开设了个人证券账户，交给郑拓操作，后又转到了中信建投福山路营业部。郑拓大都是按照所管理的基金投资股票种类和时间在夏的账户中买卖相应股票。(2)2008 年，夏伟红和郑拓开始借用原晓丽的证券账户操作，其将自己证券账户内的资金转到原晓丽在中信建投哈尔滨中医街的证券账户内，后来这些账户内的资金又转到了原晓丽在国泰君安北京知春路营业部的证券账户内。郑拓按照基金买卖股票情况在原晓丽账户中买卖股票，其也会根据郑拓的指令来操作，有时会根据郑拓提供的股票信息让夏伟玲操作。(3)其记得在原晓丽的账户中根据郑拓的指令操作过"万科 A"、"保利地产"和"中煤能源"这些股票。其和夏伟玲大都在香楠路家里通过网上下单交易，主要使用过两台笔记本电脑。(4)原晓丽在账户内也有部分资金投入。

3. 被告人夏伟玲在侦查阶段的供述证明：(1)夏伟红曾开设了证券账户，主要由郑拓操作。夏伟红称郑拓操作股票交易与郑担任基金经理有关，主要根据郑拓管理基金买卖股票的情况在夏伟红账户内买卖相同的股票。(2)2008 年，夏伟红将名下证券账户销户并将股票和资金转至原晓丽证券账户，由郑拓继续操作原晓丽的证券账户。郑当时担任交银施罗德公司基金经理，能够决定所管理基金投资股票的种类、数量、价格等，郑拓会根据基金买入或者卖出的股票，在原晓丽的证券账户内买卖相同的股票，这样赢面比较大，对此大家心照不宣。有时郑拓会告诉夏伟红当天买卖股票的种类、价格区间以及买卖数量，由夏伟红负责操作；在夏伟红外出或者不方便操作时，她会将上述信息告诉夏伟玲，夏伟玲一般是在香楠路家中操作交易。(3)其和夏伟红主要使用夏伟红的一台白色索尼上网本和灰色戴尔笔记本电脑交易股票。(4)其记得操作过的股票有"保利地产"、"中国神华"、"西部矿业"和"中煤能源"等。

4. 证人原晓丽(系夏伟红的嫂子)的证言及出具的情况说明证明：2007 年左右，夏伟红或者夏伟玲让原晓丽开设证券账户借给她们使用。其在哈尔滨中信建投证券公司开设股票账户后，就把账号和密码给了她们。过了一年多，夏伟红称哈尔滨的证券营业部收费太高，北京的费用低，让原晓丽把账户转到北京知春路上一家国泰君安证券营业部。其在该账户内有部分资金。

5. 上海沪港金茂会计师事务所有限公司司法鉴定意见书、司法鉴定补充意见书及原晓丽证券账户涉案股票成交资料等附件证明：(1)2009 年 2 月 28 日至 8 月 20 日间，原晓丽中信建投哈尔滨中医街营业部证券账户、原晓丽国泰君安北京知春路营业部证券账户的交易记录中，符合先于或同期于交银稳健基金买入或卖出同一支股票特征的股票共计 11 只，成交数量为 2,837,030 股，且均于交银稳健基金卖出，交易(买入)金额为 46,384,812.25 元，获利金额为 12,427,516.4 元。其中，2009 年 3 月 20 日"西山煤电"、"中国神华"、"中煤能源"股票，2009 年 3 月 23 日买入"西部矿业"股票，2009 年 3 月 24 日买入"中国平安"股票，2009 年 4 月 2 日买入"吉林敖东"股票，2009 年 4 月 30 日、5 月 4 日先后买入"泛海建设"股票，2009 年 5 月

4日、5月15日先后买入“华侨城A”,股票,2009年5月15日买入“万科A”股票,2009年6月2日买入“保利地产”股票,2009年7月23日买入“金地集团”股票。(2)原晓丽中信建投哈尔滨中医街营业部证券账户股票交易的IP地址中,部分与郑拓出差地(北京)的IP地址以及与郑拓支付宝账号登录的IP地址一致,MAC地址中出现与郑拓操作电脑相同的MAC地址;原晓丽国泰君安北京知春路营业部证券账户股票交易的IP地址中,部分与郑拓支付宝账号登录IP地址相吻合,MAC地址中出现与郑拓操作电脑相同的MAC地址。(3)原晓丽国泰君安北京知春路营业部证券账户2009年6月2日买入“保利地产”、2009年7月27日卖出“保利地产”委托记录中的MAC地址与夏伟红所使用电脑的MAC地址一致。(4)由夏伟红、夏伟玲参与买入“保利地产”共计223,130股,交易(买入)金额为522万余元,获利金额为122万余元。

此外,被告人郑拓、夏伟红、夏伟玲的供述证实:被告人郑拓、夏伟红和夏伟玲于2012年4月27日去证监部门接受调查前,商定由夏伟玲一人承担全部责任。案发经过及三名被告人的供述等证明:三名被告人的到案情况及供述过程。

以上证据均经庭审举证、质证,证据之间能够相互印证,本院予以采信。

针对主要争议焦点,本院评判如下:

一、关于利用未公开信息从事股票交易行为的界定

被告人郑拓的辩护人提出,应认定郑拓利用未公开信息买入股票金额为1832万余元,获利金额为122万余元。

经查,从本案所涉11只股票来看,存在以下情形:(1)涉案账户与交银稳健基金在同一天买入,如“西山煤电”、“中煤能源”、“中国神华”、“金地集团”4只股票;(2)涉案账户与交银稳健基金在同一天买入,之后基金又在关联时间内买入,如“吉林敖东”、“保利地产”、“西部矿业”、“中国平安”4只股票;(3)涉案账户在交银稳健基金建仓期间买入,如“万科A”;(4)涉案账户先行买入,数天后涉案账户与交银稳健基金在同一天买入,之后基金又在关联时间内买入,如“泛海建设”;(5)涉案账户先行买入,数天后交银稳健基金买入,之后涉案账户与基金又在同一天买入,如“华侨城A”。本院认为,从上述情形看,涉案账户与交银稳健基金买入的同一股票均存在交易时间上的直接与实质关联,系利用尚未公开的基金投资方向及持仓量变动方面的交易信息来获取利益,均可认定为涉案账户先于或同期于交银稳健基金买入同一股票。据此,应认定郑拓系利用未公开信息进行股票交易,交易金额4638万余元,获利金额1242万余元。辩护人的相关辩护意见不予采纳。

二、关于被告人夏伟红、夏伟玲是否构成利用未公开信息交易罪的共犯

三名被告人的辩护人提出,难以认定夏伟红、夏伟玲构成利用未公开信息交易罪的共犯。

本院认为,应认定夏伟红、夏伟玲构成利用未公开信息交易罪的共犯。主要理由是:

1. 被告人夏伟红、夏伟玲与郑拓有共同利用未公开信息交易的主观故意。理由是:(1)夏伟红、夏伟玲在侦查阶段的供述证明,两人均明知原晓丽账户买卖的股票与郑拓管理的交银稳健基金所买卖的股票有关。(2)夏伟红、夏伟玲在庭审中供述,两人至少知道郑拓可能在原晓丽账户股票交易中存在“内部信息”,对于系利用未公开信息交易至少有概括认识。(3)被告人郑拓在侦查阶段的供述亦可印证夏伟红、夏伟玲明知原晓丽账户的股票交易与郑拓管理交银稳健基金买卖股票有关。(4)从常理判断,夏伟红系郑拓前妻,且离婚后仍保持密切联系;夏伟玲系夏伟红的妹妹,两人对郑拓所从事的职业及职业的性质有非常清楚的认识,应当知道系利用郑拓管理基金的股票交易信息在原晓丽证券账户中从事股票交易。

2. 被告人夏伟红、夏伟玲客观上实施了利用未公开信息买卖相关股票的行为。理由是:(1)被告人郑拓、夏伟红、夏伟玲的供述均证明,在交银施罗德公司对于个人电脑使用管理越来越严格后,郑拓无法在公司上网下单交易,就通过QQ、MSN等将要买卖的股票名称或代码、股票价格及股数告知夏伟红、夏伟玲,由她们操作。(2)经查,原晓丽账户2009年6月2日买入“保利地产”及2009年7月27日卖出

"保利地产"委托记录中的MAC地址，与夏伟红所使用电脑的MAC地址一致。（3）被告人夏伟红的供述称，其在原晓丽的账户中根据郑拓提供的信息操作过"万科A"、"保利地产"和"中煤能源"等股票。（4）被告人夏伟玲的供述称，其根据郑拓提供的信息操作过的股票有"保利地产"、"中国神华"、"西部矿业"和"中煤能源"等。

3. 虽然被告人夏伟红、夏伟玲并非证券、基金行业从业人员，但依法可认定为利用未公开信息交易罪的共犯。本案中，夏伟红系涉案资金的出资者与获利者，且根据郑拓提供的信息操作过部分股票，参与程度较深；夏伟玲亦根据郑拓提供的信息，在夏伟红不方便操作时具体实施股票交易，在一定程度上促成了本案利用未公开信息交易行为的完成。综合夏伟红、夏伟玲的共同犯罪故意与客观行为，依据刑法总则关于共同犯罪的规定与共同犯罪的一般原理认定两名被告人为利用未公开信息交易罪的共犯并无不妥。

三、关于数额认定

1. 关于违法所得金额的认定

被告人郑拓的辩护人提出，违法所得金额不应以被告人通过利用未公开信息交易行为最终所获利益认定，而应按照被告人利用未公开信息买入股票过程中所赚取的差价来计算，即应以被告人利用未公开信息买入股票的平均价格与基金买入同一支股票的平均价格之差乘以买入股票的总股数来认定。

本院认为，本案中，涉案账户11只股票全部系先于或同期于交银稳健基金买入，且最终均系先于交银稳健基金卖出，全都获利均与利用的未公开信息直接关联，应以被告人的实际获利金额认定违法所得金额，故本案违法所得金额为1242万余元。辩护人所提计算方法并不具有合理性，相关意见不予采纳。

2. 关于被告人夏伟红、夏伟玲犯罪数额的认定

本院认为，被告人夏伟红系涉案资金的出资者与获利者，应当对全案承担刑事责任，故认定其参与交易金额4638万余元，获利金额1242万余元。而从被告人夏伟玲的情况看，其既未出资也未实际获利，故只应对其所参与具体操作的涉案股票承担相应的刑事责任。基于被告人夏伟玲所作的关于其参与具体操作了"保利地产"等4只股票的陈述，查证的原晓丽账户买卖"保利地产"委托记录中的MAC地址与夏伟红所使用电脑的MAC地址一致，且夏伟红与夏伟玲的供述均证明夏伟红的电脑系两人共同使用等证据，本院认定夏伟玲参与具体操作"保利地产"股票。故认定夏伟玲参与交易金额为522万余元，获利金额为122万余元。

四、关于三名被告人是否具有自首情节

三名被告人的辩护人提出，被告人郑拓、夏伟红、夏伟玲具有自首情节。

经查，根据案发经过及三名被告人的供述等证据，三名被告人接到证监部门的电话通知后主动到案，但因接受调查之前三名被告人已商定由夏伟玲一人承担全部责任，故郑拓、夏伟红、夏伟玲到案后均未如实供述所涉犯罪事实，后经多次讯问才如实交代。据此，不能认定三名被告人具有自首情节。

本院认为，被告人郑拓身为基金管理公司的从业人员，利用因职务便利获取的基金投资信息这一未公开信息，违反规定，由其本人或者安排被告人夏伟红、夏伟玲共同从事与该信息相关的证券交易活动，情节严重，其行为均已构成利用未公开信息交易罪。其中被告人郑拓、夏伟红利用未公开信息交易金额4638万余元，获利金额1242万余元；夏伟玲参与利用未公开信息交易金额522万余元，获利金额122万余元。被告人郑拓在共同犯罪中起主要作用，系主犯；夏伟红、夏伟玲在共同犯罪中起次要作用，系从犯，依法应当从轻、减轻或者免除处罚。被告人郑拓、夏伟红、夏伟玲能如实供述罪行，依法可以从轻处罚；本案追缴退赔情况亦在量刑时予以考虑，各名辩护人的相关辩护意见予以采纳。据此，为维护证券市场的公开、公平、公正秩序，保护广大证券投资者和基金投资者的合法利益，综合三名被告人的犯罪事实、性质、情节及对社会的危害程度，依照《中华人民共和国刑法》第一百八十条第一款及第四款、第六条、第二十五条第一款、第二十六条第一款及第四款、第二十七条、第六十七条第三款、第七十二条第一款及第三款、第七十三条、第五十三条以及第六十四条之规定，判决如下：

一、被告人郑拓犯利用未公开信息交易罪,判处有期徒刑三年,并处罚金人民币六百万元。

(刑期自判决执行之日起计算,即自2012年4月27日起至2015年4月26日止。罚金自本判决生效之日起一个月内向本院缴纳完毕。)

二、被告人夏伟红犯利用未公开信息交易罪,判处有期徒刑二年,缓刑二年,并处罚金人民币六百万元。

(缓刑考验期限自判决确定之日起计算。罚金自本判决生效之日起一个月内向本院缴纳完毕。)

三、被告人夏伟玲犯利用未公开信息交易罪,判处拘役六个月,缓刑六个月,并处罚金人民币五十万元。

(缓刑考验期限自判决确定之日起计算。罚金自本判决生效之日起一个月内向本院缴纳完毕。)

四、违法所得予以追缴。

被告人夏伟红、夏伟玲回到社区后,应当遵守法律、法规,服从监督管理,接受教育,完成公益劳动,做一名有益社会的公民。

如不服本判决,可在接到判决书的第二日起十日内,通过本院或者直接向上海市高级人民法院提出上诉。书面上诉的,应当提交上诉状正本一份,副本一份。

二〇一三年三月二十二日

北京市高级人民法院民事判决书

(2013)高民终字第606号

上诉人(原审原告)吴屹峰,男,1974年5月30日出生,汉族,住所地山西省太原市杏花岭区半坡西街11-15,现住山西省太原市兴隆街颐园6号楼1单元单号0901。

委托代理人成建国,山西锋镝律师事务所律师。

被上诉人(原审被告)黄光裕,男,1969年5月9日出生,香港永久性居民,身份证号P786803(4),现在北京市监狱服刑。

委托代理人付三中,北京市观韬律师事务所律师。

委托代理人李默,北京市创世律师事务所律师。

被上诉人(原审被告)杜鹃,女,1972年10月25日出生,汉族,住所地北京市西城区百万庄大街甲21号6楼1门201号,现住北京市朝阳区嘉林路甲1号70幢。

委托代理人赵国华,北京市铭基律师事务所律师。

委托代理人许敬斌,北京市观韬律师事务所律师。

上诉人吴屹峰与被上诉人黄光裕、被上诉人杜鹃证券内幕交易责任纠纷一案,不服北京市第二中级人民法院(2011)二中民初字第20526号民事判决,向本院提出上诉。本院依法组成合议庭,于2013年7月10日公开开庭审理了本案。上诉人吴屹峰及其委托代理人成建国,被上诉人黄光裕的委托代理人付三中、李默,被上诉人杜鹃的委托代理人赵国华、许敬斌到庭参加诉讼,本案经合议庭评议,现已审理终结。

吴屹峰在原审起诉称:2007年七八月,北京中关村科技发展(控股)股份有限公司(以下简称中关村科技公司)拟收购北京鹏润地产控股有限公司(以下简称鹏润公司)全部股权进行重组。在信息公告前,黄光裕指令他人,以案外人曹楚娟等79人的身份证开立相关个人股票账户,并由黄光裕控制,同时安排杜鹃协助管理以上股票账户。杜鹃于同年8月13日至9月28日间,按照黄光裕的指令,指使杜薇、杜非、谢某等人使用上述股票账户,累计购入中关村科技公司股票1.04亿余股,成交额共计

13.22亿余元,至2008年5月7日信息公告日时,上述股票的账面收益额为3.06亿余元。其间,黄光裕指令许钟民指使许伟铭在广东借用他人身份证开立个人股票账户或直接借用他人股票账户共计30个。上述股票账户于2007年8月13日至9月28日期间,累计购入中关村科技公司股票3166万余股,成交额共计4.14亿余元,2008年5月7日信息公告日时,上述30个股票账户的账面收益额为9021万余元。2008年8月13日,中关村科技公司发布重组停滞公告。2008年11月7日,黄光裕被立案侦查。2010年8月30日,黄光裕被北京市高级人民法院以内幕交易罪判处有期徒刑9年,并处罚金6亿元。杜鹃被北京市高级人民法院以内幕交易罪判处有期徒刑3年,缓期3年执行。

受到黄光裕内幕交易行为的影响,吴屹峰从2007年9月21日开始买卖中关村科技公司股票,截至2008年8月20日,吴屹峰共计损失5 528 914.86元。吴屹峰认为该损失系由于黄光裕、杜鹃内幕交易行为所致,根据证券法"内幕交易行为给投资者造成损失的,行为人应当依法承担赔偿责任"的规定,黄光裕、杜鹃理应赔偿吴屹峰的损失。同时,根据民事诉讼法的有关规定以及最高人民法院奚晓明副院长于2007年5月30日的《充分发挥民商事审判职能为构建社会主义和谐社会提供司法保障——在全国民商事审判工作会议上的讲话》精神,吴屹峰诉至法院,请求判令:1. 黄光裕、杜鹃赔偿吴屹峰经济损失5 528 914.86元及利息58 877.41元(自2008年10月20日始至2011年9月19日止,按照中国人民银行活期存款基准利率计算),共计5 587 792.27元;2. 黄光裕、杜鹃承担本案诉讼费用。

黄光裕、杜鹃在原审答辩称:吴屹峰要求黄光裕、杜鹃赔偿其投资损失没有事实根据和法律依据,根本不能成立,请求法院驳回其诉讼请求。1. 吴屹峰提交的资金股份对账单显示,其在2007年9月21日之前即已买卖中关村科技公司股票,且有盈利;在2008年9月23日之后仍然在买卖中关村科技公司股票,该证据无法证明其存在投资损失。2. 即使吴屹峰存在投资损失,也与黄光裕和杜鹃的交易行为没有因果关系。从证券法第76条第3款的规定看,内幕交易行为人承担赔偿责任需同时具备三个要件:第一,行为人实施了内幕交易;第二,投资者有损失;第三,内幕交易行为与投资者的损失之间存在因果关系。本案中,吴屹峰没有提交任何证据证明其投资损失与黄光裕、杜鹃的交易行为之间存在因果关系。黄光裕、杜鹃认为,吴屹峰买卖股票的行为是其自主选择、自主研究分析、自主进行价值判断、自主做出投资决策的,黄光裕、杜鹃和吴屹峰互不相识,都在各自通过深圳交易所电子交易系统交易股票,黄光裕、杜鹃没有对吴屹峰的买卖决策施加任何影响。因此,无论吴屹峰是否有投资损失,与黄光裕、杜鹃交易行为之间不存在任何因果关系,吴屹峰主张由黄光裕、杜鹃承担其损失不能成立。3. 即使吴屹峰存在投资损失,也是由于市场系统风险、投资失误、投资水平、证券市场价格波动等因素造成的。(1)吴屹峰投资中关村科技公司股票到主张索赔的时间点期间发生了空前严重的市场系统风险,这是造成吴屹峰投资损失的根本原因。2007年下半年的全球性金融危机引发了世界各国金融证券市场出现了严重的系统风险,中国证券市场也未能幸免。中国政府的宏观紧缩调控政策也致使股票价格严重下跌。受国际国内系统风险因素影响,国内证券市场各大盘指数、板块指数及股票整体暴跌,中国股市于2007年下半年开始逐步进入快速下降通道,并在2008年10月前后达到最低点。(2)投资证券本身具有高风险,吴屹峰在大盘趋势上投资判断严重失误,在股票高价位买入,在低价位卖出,造成了投资损失。其在2007年9月21日当天一次性投入资金745万余元买入中关村科技公司股票465 900股,作为散户该投资行为极其异常,说明其此时大量买入应有其特定原因和目的,而当时大盘和中关村科技公司股票均处于高位,风险已经很大,说明其投资风险意识较差,由此产生损失应自行承担,不能转嫁给其他当事人。

原审法院查明:

一是与涉案内幕交易行为有关的事实。2007年七八月,中关村科技公司拟收购鹏润公司全部股权进行重组。在信息公告前,黄光裕指使他人以曹楚娟等79人的身份证开立相关个人股票账户,并由黄光裕控制,安排杜鹃协助管理以上股票账户。杜鹃于同年8月13日至9月28日间,按照黄光裕的指令,指使案外人使用上述股票账户,累计购入中关村科技公司股票1.04 亿余股,成交额共计 13.22 亿余元。2008 年 5 月 7 日,中关村科技公司发布第三届董事会 2008 年度第四次临时会议决议公告及关于非公开发行股份购买资产暨关联交易预案公告,内容包括购买鹏润公司 100% 股权。至2008 年 5 月 7 日该信息公告日时,黄光裕、杜鹃所控制的上述股票的账面收益额为 3.06 亿余元。其间,许钟民也接受黄光裕的指令,借用他人身份证开立个人股票账户或直接借用他人股票账户共计 30 个,上述股票账户于2007 年 8 月 13 日至 9 月 28 日期间,累计购入中关村科技公司 3166 万余股,成交额共计4.14 亿余元,至 2008 年 5 月 7 日该信息公告日时,上述 30 个股票账户的账面收益额为 9021万余元。

2008 年 8 月 29 日,中关村科技公司发布第三届董事会 2008 年度第七次临时会议决议公告,告知全体股东,公司决议放弃上述购买预案。

因涉嫌犯内幕交易罪,黄光裕于 2008 年11 月 17 日被羁押,杜鹃于 2008 年 12 月 21 日被羁押。2010 年 8 月 27 日,经北京市高级人民法院终审判决,黄光裕、杜鹃犯内幕交易罪。

二是吴屹峰所持中关村科技公司股票的交易情况。吴屹峰向原审法院提交了一份由山西证券股份有限公司太原西矿证券营业部于2010 年 9 月 20 日出具的资金股份对账单,该对账单显示:吴屹峰于 2007 年 9 月 17 日买入中关村科技公司股票 278 000 股,于 2007 年 9 月18 日全部卖出;于 2007 年 9 月 21 日买入中关村科技公司股票 465 900 股,交易金额为7 413 913元,佣金共计 14 826.44 元,印花税共计22 239.66元;于 2008 年 5 月 8 日、2008 年 5月 12 日共买入中关村科技公司股票80 400股,交易金额共计1 272 098元,佣金共计 1908.04元,印花税共计 1272.03 元;吴屹峰于 2008 年 8月 20 日将其持有的中关村科技公司股票546 300股全部卖出,交易金额为3 205 355.96元,佣金共计 4808.16 元,印花税共计 3205.49元。随后,吴屹峰又于 2008 年 9 月 23 日买入中关村科技公司股票107 700股,于 2009 年 1月 5 日买入25 000股,于 2009 年 2 月 9 日买入28 800股,于 2009 年 2 月 20 日买入70 000股,于 2009 年 3 月 5 日将持有的中关村科技公司股票231 500股全部卖出。

三是吴屹峰主张的损失计算情况。因2007 年 9 月 17 日、18 日买卖的278 000股中关村科技公司股票未发生亏损,吴屹峰未主张该部分存在损失;对于 2008 年 8 月 20 日卖出546 300股中关村科技公司股票,吴屹峰主张其买入价与卖出价之间的交易金额损失5 480 655.04元,佣金损失21 542.64元,印花税损失26 717.18 元,以上合计5 528 914.86元;另主张自 2008 年 10 月 20 日起至 2011 年 9 月 19日止,按照中国人民银行活期存款基准利率计算上述损失的利息损失为58 877.41元。

原审诉讼中,吴屹峰申请法院调取黄光裕案一、二审刑事判决书,黄光裕、杜鹃、许钟民在案件侦查、起诉和审理阶段就内幕交易所作供述及辩解,以及其他人对内幕交易事实的证言;向深圳证券交易所或中国证券登记结算公司调取黄光裕、杜鹃所使用的 85 人股票账户中关村科技公司股票申报、成交情况,包括开户资料,成交明细;并请求鉴定黄光裕、杜鹃的内幕交易行为与吴屹峰因购买中关村科技公司股票受到损失之间的因果关系。

原审法院认为:黄光裕系香港居民,故本案参照涉外民事诉讼的规定,相关程序问题适用《中华人民共和国民事诉讼法》第四编关于“涉外民事诉讼程序的特别规定”。本案系证券内幕交易责任纠纷,根据《中华人民共和国涉外民事关系法律适用法》第四十四条“侵权责任,适用侵权行为地法律”的规定,本案黄光裕、杜鹃的内幕交易行为地在中国境内,故应适用中华人民共和国法律作为处理本案争议的准据法。

关于吴屹峰的诉讼请求。《中华人民共和国证券法》第七十六条规定,内幕交易行为给投资者造成损失的,行为人应当依法承担赔偿责任。所谓内幕交易行为是指内幕信息的知情人在该信息依法公开前实施的买卖相关证券、泄露内幕信息、建议他人买卖相关证券等行为。内幕交易人利用信息优势买卖股票获利,往往导致不明真相的对手投资者遭受损失。本案中,根据审理查明的事实,黄光裕、杜鹃在中关村科技公司拟收购鹏润公司股权的内幕信息公布前,大量购入中关村科技公司股票,且内幕交易成交额及其所控制的股票账户在内幕信息公告日的账面收益额均特别巨大，其行为已构成内幕交易罪。在黄光裕、杜鹃实施内幕交易行为的2007年8月13日至9月28日期间内，吴屹峰于2007年9月21日买入中关村科技公司股票465 900股，主要从事的是与黄光裕、杜鹃同向的证券交易。在涉案内幕信息公布后，吴屹峰又分两次共计买入中关村科技公司股票80 400股，随后于2008年8月20日将其持有的546 300股中关村科技公司股票全部卖出，此时已不属于黄光裕、杜鹃的内幕交易行为期间。由于吴屹峰持有中关村科技公司股票的数量较大，其在高价位买入，在低价位卖出，因而产生巨额价差损失。对此，原审法院认为，股票价格的涨跌受到经济环境及股市大盘指数等多种因素影响，吴屹峰根据自身的投资经验从事买卖股票的交易行为，应当自行承担由此产生的投资风险。现吴屹峰未举证证明其在2008年8月20日卖出546 300股中关村科技公司股票所产生的交易金额、佣金、印花税等损失与黄光裕、杜鹃的内幕交易行为之间存在因果关系，故吴屹峰要求黄光裕、杜鹃赔偿其上述损失及利息的诉讼请求，缺乏事实和法律依据，不予支持。对于吴屹峰提出的调查取证及鉴定申请，不予准许。

综上，依据《中华人民共和国民事诉讼法》第六十四条的规定，判决：驳回吴屹峰的诉讼请求。

吴屹峰不服原审判决，向本院提出上诉称：1. 吴屹峰申请原审法院调查取证，原审法院拒绝没有法律依据。原审中，吴屹峰申请法院调取黄光裕、杜鹃内幕交易的详细记录，用以证明双方当事人之间是反向交易，也是内幕交易民事案件中吴屹峰获得赔偿的基础。但原审法院在没有调取该证据，且黄光裕、杜鹃的证据也没有证明双方当事人之间是反向交易的情况下，得出双方当事人之间的交易是同向交易，并驳回吴屹峰的诉讼请求是完全错误的。2. 吴屹峰申请原审法院鉴定，原审法院未鉴定也未说明理由，没有法律依据。为了证明吴屹峰的交易行为、交易损失与黄光裕、杜鹃的内幕交易行为之间存在因果关系，吴屹峰特申请法院进行鉴定，但原审法院既不鉴定，也不说明理由，而直接认定吴屹峰的损失与黄光裕、杜鹃的行为之间不存在因果关系没有法律依据。3. 原审法院将举证责任完全分配给吴屹峰，违反最高法院证据规则的规定。证据规则规定，法律、司法解释没有规定如何分配举证责任时，依据公平原则、诚实信用原则、举证能力大小等分配举证责任。本案黄光裕、杜鹃清楚自己是何时进行的内幕交易行为，举证能力明显优于吴屹峰，理应承担举证责任。原审法院要求吴屹峰承担举证责任，显然不当。综上，原审判决认定事实不清，违反法定程序，请求二审法院：撤销原审判决，发回重审或依法改判。

黄光裕、杜鹃二审答辩称：1. 本案双方当事人交易中关村科技公司股票的基本情况。2007年8月13日至9月28日，黄光裕策划对中关村科技公司进行重大资产重组，在此信息公布前买入股票1.04亿股。2008年5月重大利好内幕信息公布日，中关村科技公司股价大幅上涨，黄光裕账面大量盈利，后因国际金融危机等因素导致国内外证券市场出现系统风险，股票整体快速暴跌，黄光裕交易的中关村科技公司股票亏损数亿元。吴屹峰与黄光裕在同样时间，即重大利好内幕信息公告前的2007年9月，大量买入中关村科技公司股票743 900股，2008年5月重大利好内幕信息公布日，吴屹峰持有的中关村科技公司股票出现大量盈利，但吴屹峰当时判断失误，在重大利好信息公布后，未选择及时卖出，后因国际金融危机等因素导致国内外证券市场出现系统风险，股票整体快速暴跌，吴屹峰持有的中关村科技公司股票出现损失。上述交易过程说明，黄光裕对吴屹峰在重大利好内幕信息公开前自行买入中关村科技公司股票的权利没有任何侵害。2. 吴屹峰提出的三个上诉理由均无依据，不能成立。吴屹峰申请法院调查取证的理由根本不成立，没有任何法律依据，属于无理要求，原审法院不予调取完全正确。吴屹峰申请原审法院委托鉴定本案因果关系属于无理要求，原审法院不予批准正确。3. 吴屹峰买卖中关村科技公司股票损失的根本原因是证券市场系统风险以及自身投资判断失误，与黄光裕无关。

本院查明的事实与原审法院查明的事实基本一致。

二审期间，吴屹峰向本院提出如下申请：1. 调取黄光裕一、二审刑事判决书，黄光裕、杜鹏、许钟民在案件侦查、起诉和审理阶段就内幕交易所作供述及辩解,以及其他人对内幕交易事实的证言;2. 向深圳证券交易所或中国证券登记结算公司调取黄光裕、杜鹏所使用的85人股票账户中关村科技公司股票申报、成交情况,包括开户资料,成交明细;3. 鉴定黄光裕、杜鹏的内幕交易行为与吴屹峰因购买中关村科技公司股票受到损失之间的因果关系。

本院在庭审过程中,针对吴屹峰提出的申请进行了审理:1. 黄光裕、杜鹏的代理人向本院提交了黄光裕和杜鹏的二审刑事判决书,再调取一审刑事判决书已经无意义;二审刑事判决书中对黄光裕、杜鹏、许钟民在案件侦查、起诉和审理阶段就内幕交易所作供述及辩解,以及其他人对内幕交易事实的证言已经进行了认定,故再调取上述笔录亦无必要。2. 关于调取黄光裕、杜鹏所使用的85人股票账户中关村科技公司股票的成交明细等问题。本院要求黄光裕、杜鹏提供,其代理人当庭表示:黄光裕、杜鹏操作的账户是在2007年通过各种方式开立的,开立的账户代理人不掌握,黄光裕、杜鹏也对这些账户失去控制,无法联系,且这些账户分布在各地,所以无法提供。另外,双方当事人也均未提供黄光裕、杜鹏所控制的股票账户名称,故本院无法调取。3. 关于吴屹峰提出鉴定黄光裕、杜鹏的内幕交易行为与吴屹峰因购买中关村科技公司股票受到损失之间的因果关系问题。本院要求吴屹峰提供有相关鉴定资质的鉴定机构,吴屹峰称庭后了解情况,但一直未提供。

上述事实,有吴屹峰提交的黄光裕案一审刑事判决书及二审刑事判决报道、资金股份对账单、损失计算明细,黄光裕、杜鹏提交的中关村科技公司公告及当事人陈述意见在案佐证。

本院认为,原审判决认定本案黄光裕、杜鹏的内幕交易行为地在中国境内,故本案应适用中华人民共和国法律正确。但原审判决认定吴屹峰主要从事的是与黄光裕、杜鹏同向的证券交易根据不足。因没有证据证明黄光裕、杜鹏控制的股票账户中关村科技公司股票买与卖的具体情况,因此,亦无证据证明吴屹峰主要从事的是与黄光裕、杜鹏同向的证券交易。

吴屹峰持有中关村科技公司股票初期,中关村科技公司股票受重大利好内幕信息公布刺激一直处于上涨阶段,吴屹峰充分享受了股票上涨过程,其投资大量盈利,但吴屹峰未及时卖出股票兑现利润;后受国际金融危机等因素影响,国内外证券市场出现系统风险,股票整体快速下跌,在此情况下,吴屹峰卖出中关村科技公司股票造成损失,与其自身投资经验亦有关系,吴屹峰应自行承担投资损失。原审判决未支持吴屹峰的诉讼请求并无不当,吴屹峰上诉理由不成立,本院不予支持。根据最高人民法院《关于修改后的民事诉讼法施行时未结案件适用法律若干问题的规定》第一条的规定,本案二审程序适用修改后的民事诉讼法。依照《中华人民共和国民事诉讼法》第一百七十条第一款第(一)项的规定,判决如下:

驳回上诉,维持原判。

一审案件受理费50 915元,由吴屹峰负担(已交纳)。二审案件受理费50 915元,由吴屹峰负担(已交纳)。

本判决为终审判决。

江苏省南通市中级人民法院民事判决书

(2012)通中商初字第0087号

原告兴业全球基金管理有限公司,住所地上海市金陵东路368号。

法定代表人兰荣,该公司董事长。

委托代理人黄晨、施潇勇,上海市瑛明律师事务所律师。

被告江苏熔盛重工有限公司,住所地江苏省如皋市长江镇(如皋港)疏港路1号。

法定代表人邬振国,该公司董事长。

委托代理人李全德、李昌悦，上海阳光卓众律师事务所律师。

原告兴业全球基金管理有限公司（以下简称兴业基金）诉被告江苏熔盛重工有限公司（以下简称熔盛重工）缔约过失责任纠纷一案，本院于2012年9月12日立案受理后，依法组成合议庭，于2012年10月23日组织双方当事人进行庭前证据交换，于2012年11月5日、12月31日公开开庭进行了审理。原告兴业基金的委托代理人黄晨、施潇勇，被告熔盛重工的委托代理人李全德、李唱悦到庭参加诉讼。本案现已审理终结。

原告兴业基金诉称：2011年4月26日，被告熔盛重工与安徽省全椒县人民政府（以下简称全椒县政府）签订《产权交易合同》，约定被告熔盛重工受让其所持安徽全柴集团有限公司（以下简称全柴集团）100%国有股权，该合同自双方签字盖章并依法报审批机构批准后生效。2011年4月28日，被告熔盛重工发布公告《安徽全柴动力股份有限公司要约收购报告书（摘要）》（以下简称《要约收购报告书》），披露因受让全柴集团从而间接控制上市公司安徽全柴动力股份有限公司（以下简称全柴动力）44.39%的股权，构成对全柴动力的间接收购，触发全面要约收购义务。该次要约收购是以16.62元/股收购除全柴集团以外全体股东所持全部全柴动力股份。

2011年6月29日，被告熔盛重工公告称，《要约收购报告书备案》申请材料报送至中国证券监督管理委员会（以下简称中国证监会）审核。被告已向中国证监会申请延期上报有关补正材料，待取得国务院国有资产监督管理委员会（以下简称国务院国资委）、商务部反垄断局相关批复文件后立即将补正材料上报。2011年8月9日、8月31日，被告熔盛重工分别公告称已获商务部反垄断局及国务院国资委批准。

至此，原告兴业基金信赖被告会立即将补正材料上报，且案涉《要约收购报告书》将通过中国证监会的备案审查。原告所管理的兴全趋势投资混合型证券投资基金（LOF）（以下简称兴全趋势基金），以每股17元左右大量购入或继续持有全柴动力的股票。然被告熔盛重工不履行其所发出的全面要约收购义务，又隐瞒了未及时上报补正材料、拟终止《产权交易合同》等信息。致使原告与被告缔约成交的期待落空，于2012年8月23日将持有的200万股股票以8.4349元/股卖出，遭受损失16 370 200元。被告取消要约收购违背诚实信用原则，具有过失，原告的损失与此存有因果关系。请求法院判令被告赔偿原告损失16 370 200元，并承担本案的诉讼费用。

原告兴业基金为证明其主张，向本院提供以下证据：

第一组证据：企业法人营业执照、基金管理资格证书、中国证监会关于同意兴全趋势基金（LOF）募集的批复及证券账户卡、兴全趋势基金基金合同（草案），证明原告兴业基金诉讼主体资格。

第二组证据：企业基本信息，证明被告熔盛重工诉讼主体资格。

第三组证据：《要约收购报告书》，证明被告熔盛重工发出了缔约意向，证券交易合同进入缔约阶段。

第四组证据：1. 全柴动力分别于2011年4月28日、6月29日、8月9日、8月31日、12月27日、2012年7月17日、7月30日、8月7日、8月13日、8月18日、8月22日发布的公告。2. 全柴动力分别于2011年8月30日、10月29日、2012年3月29日、4月28日发布的《2011年半年度报告》、《2011年第三季度报告》、《2011年年度报告》、《2012年第一季度报告》（与本案有关页）。证明被告熔盛重工存在缔约过失及行为。

第五组证据：兴全趋势基金账户股票交割记录（光盘）及中国证券登记结算有限责任公司上海分公司（以下简称中登公司上海分公司）投资者记名证券持有数量查询表，证明原告兴业基金的损失。

被告熔盛重工辩称：一、本案诉争的收购要约未生效。缔约过失责任必须在合同订立过程中发生，要约生效是前提。本案《要约收购报告书》系全柴动力对其控股股东股权转让进展情况公告的组成部分，非正式要约。报告书明确交易具有不确定性，且特别提示须在收到中国证监会无异议函后，方能正式公告发出。原、被告之间合同的磋商订立过程尚未开始，不存在法律上的权利、义务关系。二、全柴动力依法及时、全面、真实地披露了要约收购进展情况的信息,不存在隐瞒情形。2011 年 12 月 28 日至 2012 年 7 月 16 日期间因相关情况未发生新变化从而没有新的公告,但该期间全柴动力的年报、季报已披露了进展情况。三、原告兴业基金所主张的合理期待和信赖,与其减持行为不符。2011 年 5 月至 6 月期间原告大幅度买入全柴动力股票,最多持股 753 万余股。案涉产权交易获国务院国资委批准后,原告大量卖出 553 万余股。其动机非期待要约收购,而是典型的市场投机行为。四、原告兴业基金的损失是其错误解读判断所致,与被告熔盛重工无关。且原告主张的 1600 万余元的损失,系按照《要约收购报告书》生效后履行合同的可得利益而计算,没有法律依据。综上,请求驳回原告兴业基金的诉讼请求。

被告熔盛重工为证明其主张,向本院提供以下证据:

第一组证据:《要约收购报告书》,证明已提示交易风险。

第二组证据:2011 年 4 月 28 日《上海证券报》、上海证券交易所网站要约收购栏目资料,证明案涉《要约收购报告书》非正式发布的要约,且未生效。

第三组证据:全柴动力分别于 2011 年 4 月 28 日、6 月 29 日、8 月 9 日、8 月 31 日、12 月 27 日、2012 年 7 月 17 日、8 月 7 日、8 月 13 日、8 月 18 日、8 月 22 日发布的公告,证明已全面、准确地披露要约收购进展情况,且已提示风险。

第四组证据:2011 年 4 月至 2012 年 7 月新浪网全柴动力股票交易周 K 线图及全柴动力股东户数变化表,证明市场对要约收购的不确定性有预料。

第五组证据:全柴动力主要股东表、基金持股统计表和兴全趋势基金《2011 年年度报告》(节选),证明原告对交易风险有预见。

被告熔盛重工对原告兴业基金提供的证据质证意见为:对原告提供的证据真实性、合法性均无异议。对第三、四、五组证据的证明目的有异议。

原告兴业基金对被告熔盛重工提供的证据质证意见为:对被告提供的证据真实性、合法性均无异议。认为《要约收购报告书》由被告熔盛重工董事长签字,应视为被告发布。对第三、四、五组证据的证明目的有异议。

本院认证认为:原、被告双方对彼此提供的证据的真实性、合法性均无异议,本院依法予以确认。

本院经审理查明:原告兴业基金于 2003 年 9 月 30 日成立,于 2005 年 9 月 7 日经中国证监会批准同意作为基金管理人募集兴全趋势基金(LOF),证券账户号为 D890746961。被告熔盛重工于 2006 年 6 月 8 日成立,系台港澳与境内合资的有限责任公司。

2011 年 4 月 26 日,被告熔盛重工与全椒县政府签订《产权交易合同》,约定被告熔盛重工受让全柴集团 100% 国有股权,自双方签字盖章并依法报审批机构批准后生效。

2011 年 4 月 28 日,全柴动力发布《要约收购报告书》公告,内容为:重要声明:本要约收购报告书摘要的目的仅为向社会公众投资者提供本次要约收购的简要情况,本次要约收购文件尚须报中国证监会审核,本收购要约并未生效,具有相当的不确定性。如中国证监会对要约收购文件未提出异议,要约收购报告书全文将刊登于中国证券报和上海证券交易所网站。投资者在做出是否预受要约的决定之前,应当仔细阅读要约收购报告书全文,并以此作为投资决定的依据。……1. 本次要约收购系因熔盛重工通过产权交易方式受让全椒县政府所持全柴集团 100% 的股权,从而成为全柴集团控股股东,并通过全柴集团间接控制全柴动力 44. 39% 的股权而触发。本次要约收购的主体为熔盛重工。2. 本次要约收购的实施尚需经安徽省人民政府国有资产监督管理委员会关于国有股权转让的核准、国务院国资委关于国有股权转让的核准及商务部关于反垄断审查的核准。只有在取得上述批准后,中国证监会方受理本次要约收购申请,本报告书需经中国证监会出具无异议函方得以正式公告发出。3. 本次要约收购不以终止全柴动力上市地位为目的,……本次要约收购的主要内容:一、被收购公司基本情况。二、收购人的名称、住所、通讯地址。三、收购人关于本次要约收购的决定。四、要约收购的目的。五、收购人是否拟在未来 12 个月内继续增持上市公司股份。六、本次要约收购股份的情况。本次要约收购股份包括全柴动力除全柴集团所持有的股份以外的全部已上市流通股,具体情况如下:股份类别流通股,要约价格 16.62 元/股，要约收购股份数量157 607 500股，占总股本比例 55.61%。七、要约收购资金的有关情况。八、要约收购期限。九、收购人聘请的财务顾问及律师事务所情况。十、要约收购报告书签署日期。本报告书于 2011 年 4 月 27 日签署。收购人声明……要约收购具体内容：第一节释义。第二节收购人的基本情况。第三节要约收购目的。第四节要约收购方案。第五节专业机构意见。第六节其他重大事项。

2011 年 4 月 28 日，全柴动力发布《简式权益变动报告书》。同日，全柴动力发布关于控股股东股权挂牌转让进展情况的提示性公告，载明：经向控股股东——全柴集团了解关于国企改制及引进战略投资者工作进展情况获悉：安徽省产权交易中心及全椒县政府对挂牌公告期间报名的意向受让方资格审查、确认工作已完毕，熔盛重工以投标价2 148 870 000元中标，成功购得全椒县政府持有的全柴集团 100% 股权。2011 年 4 月 26 日，双方在全椒县政府签订了《股权转让协议》。鉴于本次股权转让涉及国有股份转让、上市公司间接收购并触发要约收购，按照相关规定，需逐级分别上报至国务院国资委和中国证监会审批。全柴集团引进战略投资者能否成功存在重大不确定性，本公司将就该项工作的进展情况及时履行信息披露义务，敬请广大投资者注意投资风险。

2011 年 6 月 29 日，全柴动力发布关于延期上报有关补正材料的公告，载明：……熔盛重工完成协议所涉交易，需取得国务院国资委、商务部反垄断局、中国证监会的批准和同意。2011 年 5 月 4 日，熔盛重工将《全柴动力收购报告书备案》行政许可申请材料报送至中国证监会审核。2011 年 5 月 16 日，熔盛重工收到中国证监会出具的 110946 号《中国证监会行政许可申请材料补正通知书》（以下简称《补正通知》），要求熔盛重工在 30 个工作日向中国证监会行政许可申请受理部门报送有关补正材料。按照《补正通知》要求，熔盛重工需要补充提供相关的批准文件。本次交易已取得全椒县政府、安徽省滁州市人民政府、安徽省人民政府的相关批复文件，安徽省国有资产监督管理委员会就全柴集团股权转让事宜已上报国务院国资委，商务部反垄断局对本次交易已正式立案。鉴于本次交易所涉及的事项尚需取得国务院国资委、商务部反垄断局的相关批复文件，且该等批复文件为中国证监会要求的补正材料之一。因此，熔盛重工已向中国证监会申请延期上报有关补正材料，待取得国务院国资委、商务部反垄断局相关批复文件后立即将补正材料上报中国证监会。

2011 年 8 月 9 日，全柴动力发布关于控股股东股权转让的提示性公告，称：本公司于 2011 年 8 月 8 日接控股股东——全柴集团书面通知，告之：有关熔盛重工收购全柴集团 100% 股权的反垄断审查申请已获商务部反垄断局批准。上述收购涉及国有股份转让、上市公司间接收购并触发要约收购，按照相关规定，尚需国务院国资委和中国证监会批准。全柴集团引进战略投资者能否成功尚存在重大不确定性，本公司将就该项工作的进展情况及时履行信息披露义务，敬请广大投资者注意投资风险。

2011 年 8 月 30 日，全柴动力发布《2011 年半年度报告》，其中载明：2011 年 8 月 8 日，有关熔盛重工收购全柴集团 100% 股权的反垄断审查申请已获商务部反垄断局批准。

2011 年 8 月 31 日，全柴动力发布关于控股股东股权转让的提示性公告，称：近日，本公司收到国务院国资委抄送本公司的《关于全柴动力国有股东性质变更有关问题的批复》（国资产权〔2011〕1018 号）文件，本公司控股股东全柴集团 100% 国有股权转让暨本公司国有股份间接转让事宜已获国资委批准。

2011 年 10 月 29 日，全柴动力发布《2011 年第三季度报告》，其中载明：截至 2011 年 9 月 30 日，本次交易触发的要约收购尚未获得中国证监会出具的无异议函。

2011 年 12 月 27 日，全柴动力发布关于控股股东股权转让的提示性公告，称：……近日，本公司接熔盛重工通知，由于除上述批复文件之外其他补正相关问题的答复仍在准备当中，有关补正材料尚未上报中国证监会。

2012 年 3 月 29 日，全柴动力发布《2011 年年度报告》，其中载明：经向熔盛重工询问，截至本报告披露之日，由于除上述批复文件之外其他补正相关问题的答复仍在准备当中，有关补正材料尚未上报中国证监会。

2012 年 4 月 28 日，全柴动力发布《2012 年第一季度报告》,其中载明:经向熔盛重工询问,截至本报告披露之日,由于除上述批复文件之外其他补正相关问题的答复仍在准备当中,有关补正材料尚未上报中国证监会。

2012 年 7 月 17 日,全柴动力发布关于控股股东股权转让的提示性公告,称:……2011 年 8 月 31 日,本公司发布公告,本公司收到国务院国资委抄送本公司的《全柴动力国有股东性质变更有关问题的批复》(国资产权〔2011〕1018 号)文件,本公司控股股东全柴集团 100% 国有股权转让暨本公司国有股份间接转让事宜已获国务院国资委批准。该批复于 2011 年 8 月 26 日印发,自印发之日起 12 个月内有效。截至目前,熔盛重工尚未向中国证监会上报相关补正材料。今日,本公司接熔盛重工函告称,本次交易的有关情况,请参考中国熔盛重工集团控股有限公司 2012 年 6 月 1 日和 2012 年 6 月 5 日的公告。……熔盛重工正根据国际、国内的经济形势及其和全柴集团的经营情况探讨和研究分析行业分布与产业板块未来的发展战略规划和布局计划、公司定位及治理模式、上市公司与非上市资产或上市公司之间同业竞争、关联交易、行业整合或产业升级等各方面问题,目前上述工作尚在进行中。但因欧债危机造成的动荡仍未有平稳的迹象,欧债危机对国际、国内经济的具体影响尚无法详细评估,故何时完成准备存在不确定性。熔盛重工已注意到国务院国资委"国资产权〔2011〕1018 号"批复的有效期限,目前熔盛重工拟与全椒县政府商议延期的可能性。本次交易能否成功尚存在重大不确定性,本公司将根据该项工作的进展情况及时履行信息披露义务,敬请广大投资者注意投资风险。

2012 年 7 月 30 日,全柴动力发布关于控股股东股权转让的提示性公告,称:……2012 年 7 月 27 日,本公司接全柴集团转送熔盛重工《关于全柴集团 100% 股权转让交易进展函》,就本次交易事项的风险及进展函告如下:"2011 年以来,国际、国内经济环境发生重大变化,经济形势逐步恶化,经济增长存在进一步下滑的可能,且国际、国内金融资本市场均已出现大幅度的震荡和下跌,近日全柴动力股票也发生较大的价格波动,特提醒投资者关注投资风险。""全柴动力在 2011 年 4 月 28 日、2011 年 8 月 9 日、2012 年 7 月 17 日,分别公告提醒投资者注意'全柴集团引进战略投资者能否成功尚存在重大不确定性',现再次提醒投资者注意本次交易能否成功尚存在重大不确定性。全柴集团 100% 国有股权转让事宜已获得国务院国资委批准批复,该批复于 2011 年 8 月 26 日印发,自印发之日起 12 个月内有效。""目前,熔盛重工正与全椒县政府磋商本次交易的有关事项。"……

2012 年 8 月 7 日,全柴动力发布关于控股股东股权转让的提示性公告,称:……2012 年 8 月 6 日,本公司接到熔盛重工《关于全柴集团 100% 股权转让交易进展函》,就本次交易事项的进展及风险函告原文如下:"1. 2012 年 7 月 16 日,熔盛重工再次通过全柴动力揭示本次交易的风险和重大不确定性,……目前,因欧债危机造成的动荡仍未有平稳的迹象,欧债危机对国际、国内经济的具体影响尚无法详细评估,熔盛重工正根据国际、国内的经济形势及其和全柴集团的经营情况论证分析行业分布与产业板块未来的发展战略规划和布局计划、公司定位及治理模式、上市公司与非上市资产或上市公司之间同业竞争、关联交易、行业整合或产业升级等各方面问题的可行性。2. 熔盛重工、全椒县政府正积极磋商本次交易有关事项。3. 本次交易能否成功尚存在重大不确定性。"……

2012 年 8 月 13 日,全柴动力发布关于控股股东股权转让的提示性公告,称:……今日本公司接到熔盛重工《关于全柴集团 100% 股权转让交易进展函》,就本次交易事项的进展及风险函告原文如下:"熔盛重工、全椒县政府正积极磋商本次交易的有关事项。本次交易能否成功尚存在重大不确定性。"……

2012 年 8 月 18 日,全柴动力发布关于控股股东股权转让的提示性公告,称:……今日本公司接到熔盛重工《关于全柴集团 100% 股权转让交易进展函》,就本次交易事项的进展及风险函告原文如下:"鉴于欧债危机造成的全球金融危机愈演愈烈,市场已发生根本变化,根据《产权交易合同》的约定和全柴动力历次公告内容及中国现有的法律规定,经协商:1. 2012 年 8 月 17 日已向中国证监会申请撤回'向全柴动力除全柴集团之外的全体股东发出收购股份的要约的行政许可申请材料'。2. 双方积极协商后续方案及事宜。"本次交易能否成功尚存在重大不确定性,本公司将根据该项工作的进展情况及时履行信息披露义务,敬请广大投资者注意投资风险。

2012 年 8 月 22 日,全柴动力发布关于控股股东股权转让进展公告,称:2012 年 8 月 21 日,本公司接到熔盛重工的《函》,内容如下:“经各方协商,就 2012 年 8 月 17 日熔盛重工《关于全柴集团 100% 股权转让交易进展函》的相关事项函告如下:1. 2012 年 8 月 20 日已取回向中国证监会申报的‘向全柴动力除全柴集团之外的全体股东发出收购股份的要约’的行政许可申请材料。全柴动力要约收购计划不再实施。2. 自全柴动力公告本函件内容之日起 12 个月内,熔盛重工不再对全柴动力进行收购;熔盛重工将在 2012 年 8 月 22 日向中登公司上海分公司申请返还全柴动力要约收购保证金及利息。”本公司股票自 2012 年 8 月 22 日起复牌。

另查明:2011 年 5 月至 6 月,原告兴业基金所管理的兴全趋势基金以 17 元/股左右买入全柴动力股票,截至 2011 年 6 月 30 日,持股 7 535 838股,占比 2. 6591%。2011 年 8 月至 9 月,兴全趋势基金卖出全柴动力股票5 535 838 股,截至 2011 年 9 月 30 日,持股 200 万股,占比 0. 7057%。2012 年 8 月 23 日,兴全趋势基金以 8. 4349 元/股卖出 200 万股。

2011 年 4 月至 2012 年 8 月,上证指数持续走低,从 3000 点上下波动,并逐渐下跌至 2000 点左右。全柴动力股票自 2011 年 4 月达到 18 元左右后,一直呈回落趋势。2011 年 7 月至 9 月期间在 16、17 元左右,2011 年 10 月至 2012 年 2 月跌至 14 元左右,2012 年 4、5 月小幅上升后下跌,至 2012 年 8 月跌至 8 元左右。全柴动力股东户数从 2010 年 12 月 31 日的 24 571 户逐渐减至 2012 年 6 月 30 日的 19 590 户。

经当事人确认,本案的争议焦点为:1. 缔约过失责任是否以要约生效为前提。2. 被告熔盛重工是否存在缔约过失及违反先合同义务的行为。3. 被告熔盛重工要约收购中的行为与原告兴业基金损失之间有无因果关系,如有,损失如何确定。

本院认为,缔约过失责任,是指在合同订立过程中,一方因违反先合同义务,致使另一方利益受损,而应承担的民事责任。当事人为缔结合同接触、磋商之际,已由一般普通关系进入特殊联系关系,相互之间建立了一种特殊信赖关系。故缔约过程中,当事人应承担因诚实信用而产生的协作、告知、保密等义务,此时,如果因为缔约一方的过失而违反了这类先合同义务,过失方就要承担责任。《中华人民共和国合同法》(以下简称《合同法》)第四十二条规定,当事人在订立合同过程中有下列情形之一,给对方造成损失的,应当承担损害赔偿责任:(一)假借订立合同,恶意进行磋商;(二)故意隐瞒与订立合同有关的重要事实或者提供虚假情况;(三)有其他违背诚实信用原则的行为。

本案纠纷缘起被告熔盛重工的要约收购行为。上市公司要约收购是收购方以要约的形式收购上市公司的股份。缔约的一方为收购方,另一方则为众多的持有上市公司股份的股东。作为证券交易合同缔约的双方,要约收购的缔约过程有一定的特殊性,双方当事人并无直接的接触磋商,而是以上市公司信息披露的形式来传达缔约意向,反映订立合同的过程。由此,收购方应负的先合同义务主要是告知义务,履行要约收购告知义务的方式主要是信息披露。根据《中华人民共和国证券法》第六十三条规定,发行人、上市公司依法披露的信息,必须真实、准确、完整,不得有虚假记载、误导性陈述或者重大遗漏。信息披露是否符合规范性要求是判断收购方有无适当地履行先合同义务的重要方面。本案中,被告熔盛重工发布了要约收购的缔约意向,其相应承担的为缔约过程中的告知义务,以提请相对方注意。

同时,根据《上市公司收购管理办法》第二十二条规定,上市公司的收购及相关股份权益变动活动中的信息披露义务人采取一致行动的,可以以书面形式约定由其中一人作为指定代表负责统一编制信息披露文件,并同意授权指定代表在信息披露文件上签字、盖章。各信息披露义务人应当对信息披露文件中涉及其自身的信息承担责任;对信息披露文件中涉及的与多个信息披露义务人相关的信息,各信息披露义务人对相关部分承担连带责任。本案中,被告熔盛重工作为收购方,应为信息披露义务人。而收购标的公司全柴动力为上市公司,拥有证券市场信息披露的平台,被告熔盛重工通过全柴动力进行信息披露符合该办法规定。对全柴动力所披露的案涉要约收购进展情况的信息,被告熔盛重工承担连带责任。

关于争议焦点1。原告兴业基金主张《要约收购报告书》一经发出,原、被告双方即进入了缔约阶段。被告熔盛重工则辩称缔约过失责任以要约生效为前提,而本案要约收购未经审批生效,故缔约未开始,也就不存在缔约过失。本院认为,根据《合同法》第四十二条规定,当事人在订立合同过程中有该条所列情形之一,给对方造成损失的,应当承担损害赔偿责任。由此可见,合同法并未要求缔约过失责任须以要约生效为前提,缔约过失产生的时间段在"订立合同过程中"。本案中,上市公司要约收购双方是收购人和被收购上市公司的股东,要约收购的标的是被收购上市公司的股份。被告熔盛重工披露拟要约收购除全柴集团以外的所有股东所持有的全柴动力股份的意向,原告兴业基金持有全柴动力股份,虽案涉《要约收购报告书》未生效,具有相当的不确定性,但双方通过证券交易平台表达了要约收购的意愿,已进入订立合同的准备过程中,此时,被告熔盛重工的先合同义务已经产生。故对于被告熔盛重工该项辩解本院依法不予采纳。

关于争议焦点2。本案中,原告兴业基金主张被告熔盛重工违反诚实信用原则存在缔约过失的具体行为体现在以下四个方面:1. 撤回行政许可申请;2. 未及时上报补正材料;3. 未及时披露国务院国资委批复的有效期;4. 部分公告未提示风险。

首先,关于撤回行政许可申请的问题。本院认为:一、当事人享有自愿缔结合同的权利。《合同法》第四条规定,当事人依法享有自愿订立合同的权利,任何单位和个人不得非法干预。该条款确立了合同自由原则,体现了法律对于合同主体意思自治的尊重。在合同缔结过程中,当事人享有缔约自由,即除法律规定强制缔约外,当事人依其意志可以选择缔结不缔结合同,也可以决定合同的具体内容。本案中,双方尚处于该合同缔结磋商过程中,被告熔盛重工将案涉《要约收购报告书》申请报批的行为,应为订立合同前的准备行为。被告熔盛重工撤回行政许可申请材料,应为当事人中断磋商,不继续进行订立合同的行为。该行为应属当事人自由缔结合同的行为,不能以一方中断缔约为由追究其责任。二、缔结合同不得违反诚实信用原则。法律在保护合同自由的同时,也以诚实信用原则对此作出了必要限制。结合具体案情,本院以被告盛重工是否已尽告知义务,提请相对方注意交易风险来判断其是否违反诚实信用原则:1. 被告熔盛重工发布的《要约收购报告书》仅系缔约意向信息的传递,该报告书在明显的位置作出重要声明:"本要约收购报告书摘要的目的仅为向社会公众投资者提供本次要约收购的简要情况,本次要约收购文件尚须报中国证监会审核,本次要约收购并未生效,具有相当的不确定性。"在中国证监会核准前,该《要约收购报告书》系被告熔盛重工向公众预先披露的内容摘要,非正式要约,并已提示风险。2. 全柴动力随后发布的2011年4月28日、8月9日、2012年7月17日等信息中,屡次提及本次交易存在风险。3. 根据《上市公司收购管理办法》第三十一条规定,收购人向中国证监会报送要约收购报告书后,在公告要约收购报告书之前,拟自行取消收购计划的,应当向中国证监会提出取消收购计划的申请及原因说明,并予以公告。本案中,被告熔盛重工于2012年8月17日向中国证监会撤回申请,不再进行要约收购计划,属在要约收购报告书公告前自行取消收购计划,全柴动力于次日即发布了公告对该情况进行了信息披露,应为被告熔盛重工已履行了及时告知义务,符合证券法的规定。由此可见,被告熔盛重工在已尽告知和注意义务情况下撤回申请,中断缔约,符合缔约自由的原则,且不违反诚实信用原则。故本院对于原告兴业基金该项主张不予支持。

其次,关于未及时上报补正材料的问题。原告兴业基金主张被告熔盛重工违背承诺未及时上报补正材料。被告熔盛重工辩称补正材料尚未完成以致未能上报。本院认为,补正材料的上报同样为合同磋商过程中的行为,是否继续磋商由当事人自主决定。中国证监会虽要求被告熔盛重工在30个工作日内补正,但未明确限定如未按指定补正期限上报补正材料所产生的法律后果,并且也未禁止延期补正。在无规范性文件明确规定。补正材料的延期期间和后果的情况下,根据合同自由原则,被告熔盛重工不负有继续磋商的义务,亦无法强制其履行本案要约收购报批义务,以促成合同的最终成立。当然,被告熔盛重工应将补正材料进展情况告知相对方,以履行先合同告知义务。结合本案案情,被告熔盛重工通过全柴动力分别于2011年10月29日、12月27日、2012年3月29日、4月28日、7月17日分别以公告或年报、季报的形式提示补正材料未上报。原告兴业基金已从陆续的信息披露中得知本次要约收购活动的进展情况,并已注意到补正材料未上报,从而来判断交易的风险。故应认定被告熔盛重工已履行了缔约过程中的此项先合同义务。

再次,关于国务院国资委批复有效期的披露问题。原告兴业基金主张被告熔盛重工未及时披露批复有效期为12个月,存在重大遗漏。本院认为,根据《上市公司收购管理办法》第三十条规定,收购人按照本办法第四十七条拟收购上市公司股份超过30%,须改以要约方式进行收购的,收购人应当在达成收购协议或者作出类似安排后3日内对要约收购报告书摘要作出提示性公告,并按照本办法第二十八条、第二十九条的规定履行报告和公告义务,同时免于编制、报告和公告上市公司收购报告书;依法应当取得批准的,应当在公告中特别提示本次要约须取得相关批准方可进行。上述规定仅明确应特别提示要约须经批准,而对相关批复的有效期是否应披露未有明确规定。本案中,案涉《要约收购报告书》被告熔盛重工已明确披露须经商务部反垄断局、国务院国资委、中国证监会等批准,批准文件的进展情况也已及时予以披露,符合上述信息披露规定。至于国务院国资委批复有效期的披露问题,因本案被告熔盛重工所负的先合同义务为告知交易风险,提请相对方注意。原告兴业基金在国务院国资委批复前已买入了案涉股票,在有效期披露后未影响其交易,故披露批复有效期非为缔约过程的先合同义务范畴。退一步讲,即便有效期应予及时披露,根据最高人民法院《关于审理证券市场因虚假陈述引发的民事赔偿案件的若干规定》第六条规定,投资人以自己受到虚假陈述侵害为由,依据有权机关的行政处罚决定或者人民法院的刑事裁判文书,对虚假陈述行为提起的民事赔偿诉讼,符合民事诉讼法第一百零八条规定的,人民法院应当受理。原告兴业基金未就上述情形申请有权机关作出行政处罚,作出构成重大遗漏的事实认定,故本院对该事实亦难以认定。原告兴业基金主张被告熔盛重工信息披露存在重大遗漏依据不足。

最后,关于部分公告未提示风险的问题。原告兴业基金主张被告熔盛重工2011年8月31日至2012年7月16日期间未提示交易风险。本院认为,《要约收购报告书》已经披露且提示了交易风险,之后全柴动力曾不断发布年报、季报、公告,披露补正材料未上报的情况。该补正材料进展情况系案涉要约收购披露事项的延续,无相关规定强制要求其在此类延续性的信息披露时,必须持续不间断地提示风险。故对原告兴业基金关于被告熔盛重工在该期间未提示风险违反先合同义务的主张本院亦不予支持。

综上,合同法设立缔约过失责任制度的价值主要在于保护缔约过程中无过错方的信赖利益,通过施以过错方承担一定的损害赔偿责任促使合同主体在缔约过程中诚实磋商、忠实缔约。缔约过失责任是对订立合同中合同主体意思自治的限制,但是该限制应在合理的范围内。如缔约过程中,缔约一方已尽到必要的告知、协作等义务,则不能课以缔约过失责任,否则对合同主体自愿缔约限制过于严苛,不利于鼓励磋商、鼓励交易、增进社会财富。本案中,被告熔盛重工在要约收购过程中真实、及时、完整地披露了要约收购的进展情况,已尽了相应的告知义务,并不存在缔约上的过失。

关于争议焦点3。本院认为,缔约过失责任的因果关系是指违反先合同义务的行为与损害结果之间的引起与被引起关系,即相对人损失系由于行为人违反先合同义务所导致,如果相对人在缔约过程中所发生的损失并非一方当事人违反先合同义务和过错所致,则无从产生缔约过失责任。本案中,原告兴业基金于2011年5月至6月期间买入全柴动力7 535 838股,在案涉《要约收购报告书》不断发布经商务部反垄断局、国务院国资委批准的信息后,原告兴业基金却从此时起短时间内卖出5 535 838股,卖出的股票数量远超其继续持有数量。从原告兴业基金卖出股票的行为推定其对案涉要约收购存在风险是有充分认识的,其主张信赖程度逐渐递增,最终会被要约收购的认知与其实际行动并不相符。之后,在被告熔盛重工多次提示交易风险的情况下,原告兴业基金仍继续持有200万股全柴动力股票,应为根据交易风险判断而作出的市场决策行为,该行为本身就蕴含着投资风险。原告因股价下跌所遭受的损失,系其自身对风险判断失误所致,其完全可选择适当时机卖出 200 万股以减少损失。因此,被告熔盛重工要约收购过程中的行为,不是造成原告损失的充分条件,与原告兴业基金的损失之间不存在缔约过失责任上的因果关系。原告兴业基金在已充分认识和考量市场风险的情况下,作出了买卖或持有全柴动力股票的行为,其再行主张因信赖缔约成功而导致损失,本院对此不予支持。

因被告熔盛重工在要约收购中不具有缔约过失,无违反诚实信用原则等先合同义务的行为,且与原告兴业基金的损失之间并无因果关系,故对原告兴业基金所主张的具体损失问题,本院不再理涉。

综上,原告兴业基金的诉讼请求不能成立,本院依法不予支持。依据《中华人民共和国合同法》第四条、第六条、第四十二条和《中华人民共和国证券法》第六十三条、第六十七条、第七十条、第八十五条、第八十八条、第八十九条、第九十条、第九十一条之规定,判决如下:

驳回原告兴业全球基金管理有限公司的诉讼请求。

案件受理费 120 021 元,由原告兴业全球基金管理有限公司负担。

如不服本判决,可在判决书送达之日起十五日内,向本院递交上诉状,并按对方当事人的人数提交副本,上诉于江苏省高级人民法院,同时根据《诉讼费交纳办法》的有关规定,向该院预交上诉案件受理费(该院开户行:中国农业银行南京山西路支行,账号:10 - 113301040002475)。

二○一二年三月三十一日

广东省高级人民法院民事裁定书

(2013)粤高法立民终字第 557 号

上诉人(原审被告):宝安鸿基地产集团股份有限公司。住所地:深圳市罗湖区。

法人代表人:陈泰泉,董事长。

委托代理人:曾铁山、付晶晶,广东华商律师事务所律师。

被上诉人(原审原告):尚影娣,女,汉族,住安徽省合肥市包河区。

委托代理人:王智斌,上海杰赛律师事务所律师。

上诉人宝安鸿基地产集团股份有限公司(下称鸿基公司)因与被上诉人尚影娣证券虚假陈述责任纠纷管辖权异议一案,不服广东省深圳市中级人民法院(2013)深中法商初字第 16 号民事裁定,向本院提起上诉。本院依法组成合议庭进行审理,现已审理终结。

原审法院认为:本案系证券虚假陈述责任纠纷,《中华人民共和国民事诉讼法》第十八条规定:“中级人民法院管辖下列第一审民事案件:(一)重大涉外案件;(二)在本辖区有重大影响的案件;(三)最高人民法院确定由中级人民法院管辖的案件。”根据最高人民法院《关于审理证券市场因虚假陈述引发的民事赔偿案件的若干规定》第八条规定:“虚假陈述证券民事赔偿案件,由省、直辖市、自治区人民政府所在的市、计划单列市和经济特区中级人民法院管辖。”鸿基公司住所地为深圳市罗湖区,原审法院对本案有管辖权。综上,被告鸿基公司提出的异议理由不成立,不予采纳。依照《中华人民共和国民事诉讼法》第十八条、第一百二十七条、第一百五十四条第一款第二项,最高人民法院《关于审理证券市场因虚假陈述引发的民事赔偿案件的若干规定》第八条之规定,裁定驳回被告鸿基公司提出的管辖权异议。

鸿基公司不服原审裁定,向本院提起上诉,请求:1. 依法撤销原审法院〔2013〕深中法商初字第 16 号民事裁定书;2. 依法将案件移送至广东省高级人民法院管辖。事实和理由:(一)本案确属在全省有重大影响的第一审民商事案件。首先,虚假陈述纠纷案件较一般民商事案件更为复杂,通常在影响案件判决的关键问题认定上存在较大争议,而相关现行法律法规缺乏全面、细致、明确的规定,给审判工作带来较大难度。同时,涉及投资人对资本市场的投资信心、上市公司合理赔偿与长远发展的平衡、证券市场交易秩序的维护等方面。此外,我国证券市场并未完全成熟,该类案件属新生案件,审判结果也将对整个证券市场纠纷案件的审理工作造成一定导向,审理结果甚至可能在全国范围内引发较大反响。因此,本案无论从性质、审判难易程度、法律及社会效果等任一方面考虑,均属在全省有重大影响的第一审民商事案件。(二)本案应当适用最高人民法院法发(2008)10号《关于调整高级人民法院和中级人民法院管辖第一审民商事纠纷案件标准的通知》以及《全国各省、自治区、直辖市高级人民法院和中级人民法院管辖第一审民商事案件标准》的规定,由广东省高院管辖审理。即便是依最高人民法院《关于审理证券市场因虚假陈述引发的民事赔偿案件的若干规定》应由深圳中院管辖,但如属在全省有重大影响的第一审民商事案件,也应移交广东省高级人民法院进行审理。

被上诉人尚影娣在法定期限内未提交书面答辩意见。

经查,2013年4月8日,尚影娣向原审法院提起诉讼,请求判令鸿基公司赔偿其投资差额损失人民币25 877.28元、印花税损失25.88元、佣金损失77.64元和利息损失467.95元。事实和理由:2012年12月31日,鸿基公司收到中国证监会下达的《行政处罚决定书》(〔2012〕53号)并公告。根据《行政处罚决定书》,鸿基公司在2007年3月19日的澄清公告及2006年至2009年的年度报告中未如实披露其"代持股"问题,存在信息披露违法的问题。根据最高人民法院《关于审理证券市场因虚假陈述引发的民事赔偿案件的若干规定》,鸿基公司作为信息披露义务人已经构成证券法意义上的虚假陈述。由于鸿基公司虚假陈述行为,严重影响其投资判断,进而导致其遭受投资损失,故起诉请求赔偿。尚影娣起诉时向法院提交了鸿基公司关于收到中国证监会行政处罚决定书的公告、身份证及证券账户卡公证书、涉案股票的历史成交情况表等作为证据。

本院认为,本案是证券虚假陈述责任纠纷。根据最高人民法院《关于审理证券市场因虚假陈述引发的民事赔偿案件的若干规定》第八条的规定,该类纠纷案件由中级法院一审管辖。本案被告鸿基公司的住所地在深圳市,原审法院作为被告住所地的中级法院,对本案依法拥有管辖权。

上诉人鸿基公司提出本案属在全省有重大影响的第一审民商事案件,应当适用最高人民法院法发〔2008〕10号《关于调整高级人民法院和中级人民法院管辖第一审民商事纠纷案件标准的通知》由本院一审管辖。但上诉人鸿基公司只是从证券虚假陈述行为及其后果对证券交易市场的影响进行阐述,对认定本案属于有重大影响的案件并没有举证证明。而且,本案法律关系明确,纠纷事实并不复杂,诉讼标的金额较小,人民法院审理因虚假陈述引发的民事赔偿案件,对有关证券法律和政策的把握和适用也无障碍,因此,上诉人认为本案属于在全省有重大影响,主张由本院一审管辖的理据不足,本院不予采纳。

综上,原审法院驳回鸿基公司提出的管辖权异议正确,本院予以维持。依照《中华人民共和国民事诉讼法》第一百六十九条第一款、第一百七十条第一款第一项、第一百七十一条、第一百七十五条的规定,裁定如下:

驳回上诉,维持原裁定。

本裁定为终审裁定。

二〇一三年十一月二十日

第十一部分　法律意见书选编

一、非公开发行类

关于平安银行股份有限公司非公开发行的法律意见书

致:平安银行股份有限公司

北京市海问律师事务所(以下简称“本所”)是具有中华人民共和国(以下简称“中国”)法律执业资格的律师事务所。本所受平安银行股份有限公司(原名称为“深圳发展银行股份有限公司”,于2012年7月更名为“平安银行股份有限公司”,以下简称“发行人”)的委托,就发行人拟根据其第八届董事会第二十九次会议、2013年第一次临时股东大会的批准向中国平安保险(集团)股份有限公司(以下简称“中国平安”)非公开发行不超过1,323,384,991股人民币普通股(以下简称“本次发行”)事宜,出具本法律意见书。

为出具本法律意见书之目的,本所依据《中华人民共和国公司法》(以下简称“《公司法》”)、《中华人民共和国证券法》(以下简称“《证券法》”)、《中华人民共和国商业银行法》(以下简称“《商业银行法》”)、《上市公司证券发行管理办法》(以下简称“《管理办法》”)和《上市公司非公开发行股票实施细则》(以下简称“《实施细则》”)等中国有关法律、行政法规以及规范性文件的规定,按照中国律师行业公认的业务标准、道德规范和勤勉尽责精神,对发行人申请本次发行的法定资格及条件进行了调查,查阅了本所认为出具本法律意见书所需查阅的文件,就有关事项向发行人及其高级管理人员进行了必要的询问和讨论,并就有关事项取得了发行人的确认。

在前述调查过程中,本所得到发行人如下保证,即其已经提供了本所认为出具本法律意见书所必需的、真实完整的原始书面材料、副本材料或口头证言,有关材料上的签字和/或印章均是真实的,有关副本材料或者复印件均与正本材料或者原件一致。对于出具本法律意见书至关重要而又无法得到独立的证据支持的事实,本所依赖于政府有关主管部门、发行人或者其他有关机构出具的证明文件或口头陈述而出具相应的意见。

本所发表法律意见所依据的是本法律意见书出具之日以前已经发生或存在的有关事实和正式颁布实施的有关法律、行政法规以及规范性文件的规定,本所基于对有关事实的了解和对有关法律的理解而发表法律意见。本所认定某些事项是否合法有效是以该等事项发生之时所应适用的法律、行政法规为依据,同时也充分考虑了政府有关主管部门给予的相关批准和确认(无论是书面的或是口头的)以及发行人已进行的公开信息披露。

本所仅就与发行人申请本次发行有关的法律问题发表法律意见,并不对有关会计审计、信用评级、资产评估、盈利预测、投资决策等专业事项发表评论。在本法律意见书中如涉及会计审计、信用评级、资产评估、盈利预测、投资决策等内容时,均为严格按照有关中介机构出具的报告或发行人提供的文件引述,并不表示本所对该等内容的真实性和准确性做出任何明示或默示的保证。

本所及经办律师依据《证券法》、《律师事务所从事证券法律业务管理办法》和《律师事务所证券法律业务执业规则(试行)》等规定及本法律意见书出具日以前已经发生或者存在的事实,严格履行了法定职责,遵循了勤勉尽责和诚实信用原则,进行了充分的核查验证,保证本法律意见所认定的事实真实、准确、完整,所发表的结论性意见合法、准确,不存在虚假记载、误导性陈述或者重大遗漏,并承担相应法律责任。

本法律意见书仅供发行人为申请本次发行之目的使用。本所同意将本法律意见书作为发行人申请本次发行的必备文件,随同其他申报材料提呈中国证券监督管理委员会(以下简称“证监会”)审查。本法律意见书不得由任何其他人使用,或用于任何其他目的。

基于上述,本所出具法律意见如下:

一、关于本次发行的批准和授权

1. 本次发行的发行对象为中国平安,截至发行人审议本次发行的第八届董事会第二十九次会议召开日,中国平安直接持有并通过其控股子公司中国平安人寿保险股份有限公司(以下简称“平安寿险”)间接控制发行人发行在外总股本中约52%的股份,是发行人的控股股东。根据《深圳证券交易所股票上市规则》的规定,中国平安是发行人的关联方,本次发行构成发行人的关联交易。

2. 发行人于2013年9月6日召开第八届董事会第二十九次会议,对本次发行股票的种类和面值、发行方式、发行数量、发行对象、发行价格及定价方式、发行数量及价格的调整、本次发行股票的锁定期、募集资金数额及用途、上市地、本次发行前滚存未分配利润的安排、本次发行股东大会决议的有效期等进行了逐项表决。该次董事会会议审议批准了前述发行方案、发行人与中国平安于2013年9月6日签署的《股份认购协议》以及其他与本次发行相关的议案,并提请发行人召开临时股东大会,对前述事项进行审议。关联董事回避了对相关议案的表决,独立董事一致同意相关议案,并发表了独立董事意见。

本所经核查后认为,发行人第八届董事会第二十九次会议召开程序、表决程序、决议内容符合法律、法规、规范性文件及发行人公司章程的相关规定,合法有效。

3. 发行人于2013年9月24日召开2013年第一次临时股东大会,对本次发行股票的种类和面值、发行方式、发行数量、发行对象、发行价格及定价方式、发行数量及价格的调整、本次发行股票的锁定期、募集资金数额及用途、上市地、本次发行前滚存未分配利润的安排、本次发行股东大会决议的有效期等进行了逐项表决。该次股东大会以特别决议批准了前述发行方案,并同意授权董事会,或在适当情形下由董事会授权董事长,在有关法律法规、股东大会决议许可的范围内,从维护发行人利益最大化的原则出发,全权办理本次发行股票的全部事宜,以普通决议批准了与本次发行有关的其他议案,包括关于符合非公开发行股票条件的议案以及关于非公开发行股票募集资金使用可行性报告的议案。中国平安和平安寿险作为关联股东,回避了对相关议案的表决。

本所经核查后认为,发行人2013年第一次临时股东大会召开程序、表决程序、决议内容以及股东大会对董事会的有关授权符合法律、法规、规范性文件及发行人公司章程的相关规定,合法有效。

4. 2013年10月16日,中国银行业监督管理委员会(以下简称“银监会”)以银监复〔2013〕534号《中国银监会关于平安银行非公开发行股票方案的批复》,核准发行人非公开发行A股普通股以及中国平安认购本次发行股份的股东资格。

5. 2013年8月29日,中国保险业监督管理委员会(以下简称“保监会”)以保监发改〔2013〕635号《关于中国平安保险(集团)股份有限公司投资平安银行股份有限公司的监管意见的函》,批准中国平安认购本次发行股份。

6. 根据《管理办法》等相关规定,本次发行尚待获得证监会的核准。

综上所述,本所认为,本次发行已获得发行人董事会和股东大会的批准,银监会对发行人非公开发行A股普通股的核准以及对中国平安认购本次发行股份的股东资格的核准,保监会对中国平安认购本次发行股份的批准,尚待获得证监会的核准。

二、关于发行人的主体资格

1. 发行人目前持有银监会颁发的机构编码为 B0014H144030001 的《中华人民共和国金融许可证》。

2. 发行人目前持有深圳市市场监督管理局颁发的注册号为 440301103098545 号的《企业法人营业执照》(已通过 2012 年年度检验)。根据该营业执照的记载,发行人的企业类型为股份有限公司(上市)。

3. 根据有关法律、行政法规及发行人的公司章程,截至本法律意见书出具之日,发行人并无需要终止的情形出现。

综上所述,本所认为,截至本法律意见书出具之日,发行人为有效存续的股份有限公司,其股票在深圳证券交易所上市交易,具备申请本次发行的主体资格。

三、关于本次发行的实质条件

发行人本次发行属于上市公司向特定对象非公开发行股票,应符合《公司法》、《证券法》、《管理办法》、《实施细则》等有关法律、法规、规范性文件规定的上市公司非公开发行股票的条件。

1. 根据发行人第八届董事会第二十九次会议、2013 年第一次临时股东大会审议通过的决议,发行人本次发行的对象为中国平安,发行对象不超过十名,符合《管理办法》第 37 条和《实施细则》第 8 条的规定。

2. 根据发行人第八届董事会第二十九次会议、2013 年第一次临时股东大会审议通过的决议,本次发行的定价基准日为发行人第八届董事会第二十九次会议决议公告日,本次发行的发行价格为 11.17 元/股,不低于定价基准日前 20 个交易日公司股票交易均价的 90%,即 9.63 元/股。在本次发行定价基准日至发行日期间,若发行人进行权益分派、公积金转增股本或配股等除息、除权行为,本次发行的发行价格将做相应调整,发行数量也将随之进行调整,符合《管理办法》第 38 条和《实施细则》第 7 条的规定。

3.. 根据发行人第八届董事会第二十九次会议、2013 年第一次临时股东大会审议通过的决议,以及中国平安和发行人于 2013 年 9 月 6 日签订的《股份认购协议》,本次发行的股份自发行结束之日起三十六个月内不得转让,但是,在适用法律许可的前提下,在中国平安关联机构(直接或间接控制中国平安、直接或间接受中国平安控制、与中国平安共同受他人控制的人)之间进行转让不受此限,符合《管理办法》第 38 条和《实施细则》第 9 条的规定。

4. 根据第八届董事会第二十九次会议、2013 年第一次临时股东大会审议通过的决议,本次发行的募集资金在扣除相关发行费用后将全部用于补充发行人资本金,本次发行的募集资金用途合法,符合《管理办法》第 10 条和第 38 条的规定。

5. 根据发行人的书面确认及本所适当核查,发行人本次发行申请文件不存在虚假记载、误导性陈述或者重大遗漏,符合《管理办法》第 39 条的规定。

6. 根据发行人的书面确认及本所适当核查,截至本法律意见书出具之日,发行人在业务、资产、人员、机构和财务方面均独立于控股股东及其控制的其他企业,不存在发行人的权益被控股股东和实际控制人严重损害的情形,符合《管理办法》第 39 条的规定。

7. 根据发行人的书面确认,截至本法律意见书出具之日,发行人总行及其分行不存在违规对外担保且尚未解除的情形,符合《管理办法》第 39 条的规定。

8. 根据发行人的书面确认及本所适当核查,截至本法律意见书出具之日,发行人现任董事、高级管理人员在最近三十六个月内未受到过证监会的行政处罚,在最近十二个月内亦未受到过证券交易所的公开谴责,符合《管理办法》第 39 条的规定。

9. 根据发行人的书面确认,截至本法律意见书出具之日,发行人及其现任董事、高级管理人员不存在因涉嫌犯罪正被司法机关立案侦查或涉嫌违法违规正被证监会立案调查的情形,符合《管理办法》第 39 条的规定。

10. 发行人最近一年(即 2012 年度)的财务报表未被注册会计师出具保留意见、否定意见或无法发表意见的审计报告,符合《管理办法》第 39 条的规定。

11. 根据发行人的书面确认及本所适当核查,截至本法律意见书出具之日,发行人不存在严重损害投资者合法权益和社会公共利益的情形，符合《管理办法》第39条的规定。

综上所述，本所认为，截至本法律意见书出具之日，本次发行符合《公司法》、《证券法》和《管理办法》、《实施细则》等有关法律、法规、规范性文件规定的上市公司非公开发行股票的实质条件。

四、关于发行人的设立

发行人的前身为深圳信用银行。1987年5月，经中国人民银行深圳经济特区分行以(87)深人融管字第39号文批准，深圳信用银行筹备组向社会公开发行深圳信用银行普通股股票50万股，每股面值人民币20元，社会公众实际认购股票396,894股。

1987年9月，经中国人民银行以银夏〔1987〕305号《关于在深圳筹建一家商业银行问题的批复》批准，深圳信用银行更名为“深圳发展银行”。1987年11月，中国人民银行以银复〔1987〕365号文批准设立深圳发展银行。

基于上述，本所认为，发行人为依据其设立当时有关法律、行政法规和规范性文件的规定而设立，其设立取得了有权主管部门的批准。

五、关于发行人的独立性

1. 根据发行人的书面确认及本所适当核查，本所认为，截至本法律意见书出具之日，发行人在业务、资产、人员、机构和财务方面独立于其控股股东及其控制的其他企业。

(1)业务独立

发行人通过其总行和下属各分支机构开展业务，具有独立的业务体系，发行人具有独立从事其业务的能力，其业务独立于控股股东及其控制的其他企业。

(2)资产独立

发行人拥有独立的经营和办公场所，拥有经营所需的设备和其他资产，其资产独立于控股股东及其控制的其他企业。

(3)人员独立

发行人与控股股东及其控制的其他企业在劳动、人事及工资管理方面均相互独立；行长、副行长等高级管理人员均在发行人处领取薪酬；发行人有权自主招聘经营管理人员和其他职员。发行人的人员独立于控股股东及其控制的其他企业。

(4)机构独立

发行人依据有关法律、法规和规范性文件的规定设立了以股东大会、董事会、监事会和高级管理层为主体的内部组织结构，其机构独立于控股股东及其控制的其他企业。

(5)财务独立

发行人设立了独立的财务会计部门，建立了独立的财务管理制度和会计核算体系，单独核算，独立纳税，设有独立的财务会计账簿，其财务独立于控股股东及其控制的其他企业。

2. 根据发行人的书面确认及本所适当核查，本所认为，截至本法律意见书出具之日，发行人具有独立面向市场的自主经营能力。

六、关于发行人的主要股东

截至本法律意见书出具之日，对发行人的持股占发行人发行在外总股份5%以上的主要股东有中国平安和平安寿险两家，具体情况如下：

1. 中国平安直接持有并通过其控股子公司平安寿险间接控制发行人发行在外总股本中约52%的股份，为发行人的控股股东。根据中国平安获发的注册号为100000000012314的《企业法人营业执照》(已通过2012年年度检验)，中国平安的注册资本为7,916,142,092元人民币，经营范围为：许可经营项目：投资保险企业；监督管理控股投资企业的各种国内、国际业务；开展保险资金运用业务；经批准开展国内、国际保险业务；经保监会及国家有关部门批准的其他业务；一般经营项目：无。

2. 平安寿险直接持有发行人发行在外总股本中约10%的股份。根据平安寿险获发的注册号为100000000037463的《企业法人营业执照》(已通过2012年年度检验)，平安寿险的注册资本为33,800,000,000元人民币，经营范围为：许可经营项目：承保人民币和外币的各种人身保险业务，包括各类人寿保险、健康保险、意外伤害保险等保险业务；办理上述业务的再保险业务；办理各种法定人身保险业务；代理国内外保险机构检验、理赔、及其委托的其他有关事宜；依照有关法律法规从事资金运用业务；经保监会批准的其他业务；一般经营项目：无。

根据发行人的书面确认及本所适当核查，

中国平安及平安寿险均为现时依法有效存续的企业法人,截至本法律意见书出具之日,该等股东持有的发行人股份不存在设定质押的情形。

七、关于发行人的股本及演变

1. 发行人设立时的股本情况

发行人的前身为深圳信用银行。1987 年 5 月,经中国人民银行深圳经济特区分行以(87)深人融管字第 39 号文批准,深圳信用银行筹备组向社会公开发行深圳信用银行普通股股票 50 万股,每股面值人民币 20 元,社会公众实际认购股票 396,894 股。

1987 年 9 月,经中国人民银行以银夏〔1987〕305 号《关于在深圳筹建一家商业银行问题的批复》批准,深圳信用银行更名为“深圳发展银行”。1987 年 11 月,中国人民银行以银复〔1987〕365 号文批准设立深圳发展银行。深圳信用银行筹备组发行的深圳信用银行普通股股票原则上全部转为深圳发展银行(即发行人)普通股股票。发行人设立时的股份总数为 396,894 股。

2. 发行人设立后历次股本变更情况

(1)1988 年发行优先股和增发新股

1988 年 3 月,经国家外汇管理局深圳分局以(88)深外管字第 46 号文批准,发行人向国营、集体企业(不含金融机构)和境内居民发行港币优先股票 10 万股,每股面值 100 元港币。该优先股未计入发行人股本。

1988 年 5 月,经中国人民银行深圳经济特区分行以(88)深人融管字第 12 号文批准,发行人发行普通股股票 253,106 股,每股面值人民币 20 元。

前述发行完成后,发行人的普通股股份总数变更为 650,000 股(每股面值人民币 20 元),优先股 100,000 股(每股面值 100 元港币)。

(2)1989 年发行优先股和增发新股

1989 年 3 月,经国家外汇管理局深圳分局以(89)深外管字第 037 号文批准,发行人向国内企业和个人发行外汇优先股票 71,358 股(每股面值 100 元港币)。该优先股未计入发行人股本。

1989 年 3 月,经中国人民银行深圳经济特区分行以(89)深人银复字第 014 号文批准,发行人发行第三期普通股票 67.5 万股,每股面值人民币 20 元。

前述发行完成后,发行人的普通股股份总数变更为 1,325,000 股,优先股变更为 171,358 股(每股面值 100 元港币)。

(3)1990 年股票拆细、送红股及配股

1990 年 3 月,经中国人民银行深圳经济特区分行以〔1990〕深人银复字第 015 号文批准,①发行人将原有的每股面值人民币 20 元的 132.5 万股人民币普通股拆细为每股面值人民币 1 元的 2,650 万股人民币普通股;②发行人增发人民币普通股 2200 万股,每股面值人民币 1 元,其中:按每 2 股送 1 股比例向原普通股股东送红股 1325 万股;按每 10 股配 1 股比例向原普通股股东配售 265 万股人民币普通股;按每 1 股配 10 股的比例向优先股股东配售 171.358 万股人民币普通股;并定向发售给深圳的基金会组织 438.642 万股。

前述股票拆细及配送、发行完成后,发行人的普通股总数变更为 48,500,000 股(每股面值人民币 1 元),优先股为 171,358 股(每股面值 100 港元)。

(4)1991 年送红股、配股及优先股转为普通股

1991 年,发行人按每 10 股送 4 股的比例分配利润,共送红股 19,400,000 股,发行人股份总数变为 67,900,000 股。

1991 年 7 月,经中国人民银行深圳经济特区分行以〔1991〕深人银复字第 062 号文批准,发行人按每 10 股配 3 股的比例向原普通股股东配售股票,共配售 20,370,000 股;按每 1 股优先股转换为 9 股普通股的比例,将 164,627 股优先股转换为 1,481,643 股普通股。

前述送红股、配股及优先股转为普通股完成后,发行人的普通股总数变更为 89,751,643 股,优先股减少至 6731 股(每股面值 100 港元)。

(5)1992 年优先股转为普通股及送红股

1992 年,发行人 5123 股优先股转换为 46,107股普通股。经中国人民银行深圳经济特区分行以深人银复字(1992)第 023 号文批准,发行人按照每 2 股送 1 股的比例分配利润,共派发红股 44,898,875 股。

前述转换及送红股完成后,发行人的普通股股本变更为 134,696,625 股,优先股减少至

1,608 股(每股面值 100 港元)。

(6)1993 年优先股转换为普通股、公积金转增股本、送红股及配股

1993 年,发行人 1450 股优先股转换为 13,050股普通股。经中国人民银行深圳经济特区分行以深人银复字(1993)第 112 号文批准,发行人按照 10 股转增 5 股的比例以公积金转增股本 67,354,837 股;按照 10 股送 3.5 股的比例送红股 47,148,386 股;按照每 10 股普通股配 1 股的比例配售新股,实际配售 13,470,000 股;向发行人员工配售 6,735,000 股。

前述转换、转增、送红股及配股完成后,发行人的普通股总数变更为 269,417,899 股,优先股减少至 158 股(每股面值 100 港元)。

(7)1994 年送红股、公积金转增股本及配股

1994 年 7 月,深圳市证券管理办公室以深证〔1994〕166 号文批准,发行人按照每 10 股送 3 股的比例分配利润,并按照每 10 股转增 2 股的比例以公积金转增股本,共增加股本 134,708,950 股;按照每 10 股配 1 股的比例配售新股,共配售 26,941,789 股。

前述送红股、转增及配售完成后,发行人的普通股总数变更为 431,068,638 股,优先股不变,仍为 158 股(每股面值 100 港元)。

(8)1995 年送红股

1995 年 9 月,经深圳市证券管理办公室以深证〔1995〕89 号文批准,发行人按照每 10 股送 2 股的比例分配利润,共送红股 86,213,727 股,发行人的普通股股本变更为 517,282,364 股。同年,经发行人董事会决议通过,发行人将剩余 158 股优先股赎回,发行人不再有优先股。

(9)1996 年送红股及公积金转增股本

1996 年 5 月,经深圳市证券管理办公室以深证〔1996〕16 号文批准,发行人按照每 10 股送 5 股的比例分配利润,共送红股 258,641,182 股;按照每 10 股转增 5 股的比例以公积金转增股本,共转增股本 258,641,182 股。前述送红股和公积金转增股本完成后,发行人股份总数变更为 1,034,564,728 股,均为普通股。

1996 年 12 月 6 日,中国人民银行印发银复〔1996〕420 号《关于核准深圳发展银行注册资本及章程的批复》。根据该批复,核准发行人的注册资本调整为人民币 1,034,564,728 元。

(10)1997 年送红股

1997 年 8 月,经深圳市证券管理办公室以深证办复〔1997〕109 号文批准,发行人按照每 10 股送 5 股的比例分配利润,共送红股 517,282,364 股,发行人股份总数变更为 1,551,847,092 股。

(11)2000 年配股

经中国人民银行以银复〔1999〕79 号文、证监会以证监公司字〔2000〕154 号文批准,发行人配售 393,975,057 股普通股,其中,向国家股股东和国有法人股股东配售 852,595 股,向社会法人股股东配售 71,632,132 股,向社会公众股股东配售 321,490,330 股,发行人股份总数变更为 1,945,822,149 股。

(12)2001 年非流通股转为流通股

根据证监会证监公司字〔2000〕163 号文的批准,2001 年,发行人第一大股东深圳市投资管理公司所持发行人 16,237,201 股法人股转为流通股。前述转换完成后,发行人股本总额未发生变化。

(13)2004 年大股东变更

2004 年,经银监会《关于深圳发展银行引进境外战略投资者的批复》(银监复〔2004〕146 号)、证监会《关于 Newbridge Asia AIV Ⅲ, L. P. 收购深圳发展银行股份有限公司信息披露的意见》(证监公司字〔2004〕63 号)和国务院国有资产监督管理委员会《关于转让深圳发展银行股份有限公司国有股的批复》(国资产权〔2004〕957 号)的批准,Newbridge Asia AIV Ⅲ, L. P.(以下简称"新桥投资")受让发行人原股东深圳市投资管理公司、深圳国际信托投资有限责任公司、深圳市城市建设开发(集团)公司、深圳市劳动和社会保障局所持有的发行人股份合计 348,103,305 股,约占发行人当时发行在外总股份的 17.89%,并因此成为发行人第一大股东,其股份性质为外资法人股。

(14)2007 年股权分置改革

经发行人于 2007 年 6 月 8 日召开的 2007 年第一次临时股东大会暨相关股东会议表决通过,并经银监会以银监复〔2007〕236 号文批准,发行人于 2007 年 6 月实施了股权分置改革。股权分置改革实施完成后,发行人的股份总数变更为 2,086,758,345 股。

(15)2007 年认股权证发行

经发行人于 2007 年 6 月 8 日召开的 2007 年

第一次临时股东大会暨相关股东会议表决通过,并经银监会以银监复〔2007〕236 号文和证监会以证监发行字〔2007〕145 号文的批准,发行人按股权分置改革实施后的股本数量为基数,向认股权证发行股权登记日(2007 年6 月25 日)登记在册的全体股东按 10:1 的比例免费派发存续期为六个月的认股权证 208,675,834 份,按 10:0.5 的比例免费派发存续期为十二个月的认股权证 104,337,917 份,共计 313,013,751 份。前述认股权证行权完毕后,发行人的股份总数变更为 2,388,795,202 股。

(16)2008 年送红股

经发行人于 2008 年 10 月 15 日召开的 2008 年第一次临时股东大会表决通过,发行人以分红前总股本为基数,每 10 股送红股 3 股,共送红股 716,638,560 股,发行人的股份总数变更为 3,105,433,762 股。

(17)2010 年大股东变更

经保监会《关于中国平安保险(集团)股份有限公司投资深圳发展银行股份有限公司的批复》(保监发改〔2010〕231 号)、银监会《关于深圳发展银行股权转让及相关股东资格的批复》(银监复〔2010〕147 号)的批准,中国平安于 2010 年5 月受让新桥投资持有的发行人 520,414,439 股股份。前述股份转让完成后,中国平安直接持有并通过平安寿险间接控制了发行人合计 665,742,687 股股份,约占发行人当时发行在外股份总额的 21.44%;新桥投资不再持有发行人股份;发行人总股本仍为 3,105,433,762 股。

(18)2010 年非公开发行

经发行人第七届董事会第十六次会议和 2009 年第二次临时股东大会审议通过,并经银监会《关于深圳发展银行非公开发行 A 股普通股的批复》(银监复〔2009〕389 号)、银监会《关于深圳发展银行股权转让及相关股东资格的批复》(银监复〔2010〕147 号)和证监会《关于核准深圳发展银行股份有限公司非公开发行股票的批复》(证监许可〔2010〕862 号)批准,发行人于 2010 年 6 月向平安寿险非公开发行 379,580,000 股股份。前述发行完成后,中国平安直接持有并通过平安寿险间接控制了发行人合计 1,045,322,687 股股份,约占发行人当时发行在外股份总额的 29.99%;发行人股份总数变更为 3,485,013,762 股。

(19)2011 年发行股份购买资产

经发行人第七届董事会第二十七次会议、第七届董事会第二十九次会议和 2010 年第一次临时股东大会审议通过,并经银监会《关于深圳发展银行、平安银行重大交易及有关事项的批复》(银监复〔2011〕9 号)、证监会《关于核准深圳发展银行股份有限公司向中国平安保险(集团)股份有限公司发行股份购买资产的批复》(证监许可〔2011〕1022 号)、《关于核准中国平安保险(集团)股份有限公司公告深圳发展银行股份有限公司收购报告书并豁免其要约收购义务的批复》(证监许可〔2011〕1023 号)以及《关于核准中国平安保险(集团)股份有限公司重大资产重组方案的批复》(证监许可〔2011〕1024 号)批准,发行人于 2011 年 7 月向中国平安非公开发行 1,638,336,654 股股份,中国平安以其所持原平安银行股份有限公司(以下简称"原平安银行",原平安银行于 2012 年被发行人吸收合并,并于 2012 年 6 月 12 日办理了工商注销登记)的 7,825,181,106 股股份(约占原平安银行总股本的 90.75%)以及等额于原平安银行约 9.25% 股份评估值的现金 269,005.23 万元认购。前述交易完成后,中国平安直接持有并通过平安寿险间接控制了发行人合计 2,683,659,341 股股份,约占发行人发行在外总股本的 52.38%,成为发行人的控股股东;发行人的股份总数变更为 5,123,350,416 股。

(20)2013 年送红股

经发行人于 2013 年 5 月 23 日召开的 2012 年年度股东大会表决通过,发行人以分红前总股本为基数,每 10 股送红股 6 股,共送红股 3,074,010,249 股,发行人的股份总数变更为 8,197,360,665 股。

本所认为,发行人设立当时及设立后历次股本变更在实质方面符合当时有关法律、行政法规和规范性文件的规定。

八、关于发行人的业务

1. 发行人的经营范围

发行人目前持有银监会颁发的机构编码为 B0014H144030001 的《中华人民共和国金融许可证》和深圳市市场监督管理局颁发的注册号为 440301103098545 的《企业法人营业执照》

（已通过 2012 年年度检验）。

根据发行人在深圳市市场监督管理局临时信用信息平台登记的信息，发行人的经营范围为办理人民币存、贷、结算、汇兑业务，人民币票据承兑和贴现，各项信托业务，经监管机构批准发行或买卖人民币有价证券，外汇存款、汇款，境内境外借款，在境内境外发行或代理发行外币有价证券，贸易、非贸易结算，外币票据的承兑和贴现，外汇放款，代客买卖外汇及外币有价证券，自营外汇买卖，资信调查、咨询、见证业务，保险兼业代理业务，黄金进口业务，经有关监管机构批准或允许的其他业务。

本所认为，发行人的上述经营范围符合有关法律、行政法规和规范性文件的规定。

2. 发行人在中国大陆以外的经营情况

根据发行人的书面确认及本所适当核查，截至本法律意见书出具之日，发行人未在中国大陆以外从事经营活动。

3. 发行人业务变更情况

发行人目前登记的经营范围相对于发行人设立时《企业法人营业执照》中记载的经营范围有所增加，但其主营业务未发生变更，一直主要从事商业银行业务。发行人前述经营范围的增加已经获得中国人民银行或银监会或其他有权监管部门的核准，符合有关法律、法规和规范性文件的规定。

4. 发行人的主营业务及持续经营

根据发行人提供的资料（包括发行人经审计的财务报告）及本所适当核查，发行人的主营业务突出，主要为商业银行业务。

截至本法律意见书出具之日，发行人已通过近三年的工商年度检验，为合法存续的股份有限公司，应不存在持续经营的重大法律障碍。

九、关于发行人的关联交易和同业竞争

1. 持有发行人股份 5% 以上的关联方

截至本法律意见书出具之日，持有发行人发行在外总股份 5% 以上的主要股东有两家，即中国平安和平安寿险。

2. 重大关联交易

根据《商业银行与内部人和股东关联交易管理办法》，重大关联交易是指发行人与一个关联方之间的单笔交易金额占发行人资本净额 1% 以上，或发行人与一个关联方发生交易后发行人与该关联方的交易余额占发行人资本净额的 5% 以上的交易。

2012 年 5 月 23 日，发行人 2011 年年度股东大会审议通过了《深圳发展银行股份有限公司关于与平安集团等关联方持续性日常关联交易的议案》，对发行人与中国平安及其控股子公司、交通银行股份有限公司、香港上海汇丰银行股份有限公司和东亚银行有限公司 2012 年至 2014 年的持续性日常关联交易额度上限进行了规定，并同意在额度上限内，根据持续性日常关联交易的交易原则，授权发行人管理层按照日常业务审批权限审批及执行各类日常关联交易，并处理与此相关的其他事宜。根据发行人的书面确认及本所适当核查，2013 年上半年，发行人与前述关联方之间发生的日常关联交易金额未超过发行人 2011 年年度股东大会审议通过的持续性日常关联交易额度上限。

除前述重大持续性日常关联交易外，根据发行人的书面确认及本所适当核查，截至 2013 年 6 月 30 日，发行人正在履行的重大关联交易共 1 笔，为与关联方平安寿险的协议存款交易。该项重大关联交易已获得董事会批准，出席会议的独立董事投票赞成该关联交易。

3. 关联交易的公允决策程序

发行人公司章程及发行人制定的《平安银行股份有限公司关联交易管理办法》对有关关联交易的决策程序作了明确规定，发行人董事会设立了关联交易控制委员会并制定了《关联交易控制委员会工作细则》，该等规则就关联交易的公允决策程序作了明确规定，符合有关法律、行政法规及规范性文件的要求。

4. 关于关联交易的承诺

为减少和规范中国平安及其控制的其他企业与发行人的关联交易，维护发行人及其中小股东的合法权益，中国平安已作出如下承诺：

就中国平安及中国平安控制的其他企业与发行人之间发生的构成发行人关联交易的事项，中国平安及中国平安控制的其他企业将遵循市场交易的公开、公平、公正的原则，按照公允、合理的市场价格与发行人进行交易，并依据有关法律、法规及规范性文件的规定履行决策程序，依法履行信息披露义务。中国平安保证中国平安及中国平安控制的其他企业将不通过与发行人的交易取得任何不正当的利益或使发

行人承担任何不正当的义务。

综上，本所认为，就关联交易方面，发行人已采取必要的措施对发行人及其小股东的利益进行保护，发行人的公司章程和其他内部规定中已经就关联交易的公允决策程序作出了规定，该等规定符合有关法律、法规及规范性文件的要求。

5. 同业竞争

(1)同业竞争现状

根据发行人的书面确认及本所适当核查，截至本法律意见书出具之日，发行人的控股股东中国平安及其控制的其他企业与发行人的经营范围不同，并未从事与发行人构成同业竞争的业务，也未控制中国其他商业银行，故与发行人之间不存在同业竞争。

(2)避免同业竞争的承诺

为有效避免未来中国平安及其控制的其他企业可能与发行人产生的同业竞争，维护发行人及其中小股东的合法权益，中国平安已作出如下承诺：

在中国平安作为发行人的控股股东期间，针对中国平安以及中国平安控制的其他企业未来拟从事或实质性获得与发行人同类业务或商业机会，且该等业务或商业机会所形成的资产与业务与发行人可能构成潜在同业竞争的情况，中国平安将不从事并尽力促使中国平安控制的其他企业不从事与发行人相同或相近的业务，以避免与发行人的业务经营构成直接或间接的竞争。

综上，发行人与控股股东中国平安已采取必要措施，避免将来可能产生的同业竞争。

6. 关联交易和同业竞争的披露

本所认为，发行人已就有关重大关联交易和避免同业竞争的承诺或措施进行了相应的披露，无重大遗漏和重大隐瞒。

十、关于发行人的主要财产

1. 自有物业

(1)位于深圳的自有物业

根据发行人提供的资料，截至2013年6月30日，发行人在深圳共有约547项房产，总建筑面积约213,531.83平方米；其中406项房产已取得房地产权证，总建筑面积约195,085.98平方米；另外141项房产未取得房地产权证，总建筑面积约18,445.85平方米。就前述未取得房地产权证的141项房产的具体情况，请参见本所就本次发行出具的《律师工作报告》“十、发行人的主要财产”的相关部分。

综上，就上述发行人在深圳的自有物业，发行人拥有该等物业的有效产权，且该等物业上不存在权利瑕疵、权利负担或产权纠纷，除非有关权利瑕疵、权利负担或产权纠纷已在本所就本次发行出具的《律师工作报告》“十、发行人的主要财产”中进行说明，或者该等权利瑕疵、权利负担或产权纠纷不会单独地或共同地对本次发行产生重大不利影响。此外，由于发行人于2012年7月办理了更名手续(由“深圳发展银行股份有限公司”更名为“平安银行股份有限公司”)，发行人正在相应办理前述位于深圳的自有物业的权利人名称变更手续。截至2013年6月30日，发行人已完成401项自有物业的权利人名称变更手续，尚有5项自有物业的权利人名称变更手续正在办理中。

(2)在深圳之外的自有物业

根据发行人提供的资料，在深圳之外，发行人的自有物业的主要情况为：①在杭州市拥有10处建筑面积合计约为2565.79平方米的房产；②在天津市拥有53处建筑面积合计约为12,691.73平方米的房产，另有一处建筑面积约934.08平方米的房产未取得房地产权证；③在广州市拥有32处建筑面积合计约为6386.35平方米的房产，另有18处建筑面积合计约为3017.59平方米的房产未取得房地产权证；④在珠海市拥有5处总建筑面积合计约为1983.40平方米的房产；⑤在重庆市拥有11处建筑面积合计约为5382.90平方米的房产；⑥在青岛市拥有1处建筑面积约为4909.96平方米的房产；⑦在佛山市拥有27处建筑面积合计约为4664.88平方米的房产；⑧在成都市拥有1处建筑面积约为5454.25平方米的房产；⑨在北京市拥有2处建筑面积合计约为8131.25平方米的房产；⑩在海口市拥有14处建筑面积合计约为11,409.74平方米的房产；⑪在温州市拥有5处建筑面积合计约为1400.6平方米的房产；⑫在大连市拥有1处建筑面积约为3902.79平方米的房产；⑬在济南市拥有18处建筑面积合计约为15,913.14平方米的房产；⑭在南京市拥有10处建筑面积合计约为11,633.63平方米的房产；⑮在宁波市拥有3处建筑面积合计约为337.71平方米的房产；⑯在上海市拥有1处建筑面积约为1639.43平方米的房产。

就上述发行人在深圳之外的自有物业，发行人拥有该等物业的有效产权，且该等物业上不存在权利瑕疵、权利负担或产权纠纷，除非有关权利瑕疵、权利负担或产权纠纷已在本所就本次发行出具的《律师工作报告》"十、发行人的主要财产"中进行说明。根据发行人的书面确认及本所适当核查，此等权利瑕疵、权利负担或产权纠纷不会对发行人的生产经营和本次发行构成重大不利影响。此外，由于发行人于2012年7月办理了更名手续，发行人目前正在办理前述位于深圳之外的部分自有物业的权利人名称变更手续。

2. 商标

根据发行人提供的资料，截至2013年6月30日，发行人在中国大陆拥有的主要注册商标共计56项，并在香港、澳门、台湾地区取得了6项商标的注册核准。经核查，前述56项在中国大陆注册的商标的权利人仍登记为发行人更名前的名称，发行人正在相应办理权利人名称变更为平安银行股份有限公司的手续。本所认为，发行人合法拥有前述在中国大陆注册的56项注册商标的商标权。

除上述已取得的注册商标外，发行人目前正在使用中国平安拥有的13项注册商标，该等注册商标的具体情况请参见本所就本次发行出具的《律师工作报告》"附件三、发行人的知识产权情况"的相关部分。就此等发行人正在使用的注册商标，中国平安已分别于2010年9月8日和2011年10月15日与发行人签署《商标使用许可合同》，同意无偿许可发行人在此等商标的有效期及商品或服务项目范围内使用此等商标，并同意一旦中国平安在中国注册了其他商标，若适用，中国平安将通知发行人并许可其使用。

3. 软件著作权及专利

根据发行人提供的资料，截至2013年6月30日，发行人拥有4项计算机软件著作权、1项专利和1项专利申请。

4. 发行人的对外投资

根据发行人的说明及本所核查，截至2013年6月30日，发行人存在16项对外长期股权投资。其中，除投资中国银联股份有限公司、SWIFT会员股份、城市商业银行资金清算中心外，发行人持有其他企业的股权不符合《商业银行法》的规定。本所认为，发行人虽存在不符合《商业银行法》规定的对外长期股权投资情况，但该等对外投资均为历史投资或抵债股权，且发行人已采取措施逐步处置该等对外投资，该等对外投资不会对本次发行造成实质性不利影响。

5. 抵债资产

根据发行人的说明，截至2013年6月30日，发行人尚有未处置的抵债资产约58项（包括抵债股权）。上述抵债资产均以法院裁定或者协议抵债的方式取得，除3项抵债股权的投资金额总计约人民币3.59亿元外，其他55项抵债资产目前的账面价值总计约人民币10.3亿元。发行人存在对部分抵债资产超过2年未予处置的情况，不符合《商业银行法》的有关规定。根据发行人的说明，发行人计划在未来逐步对抵债资产进行处置。本所认为，发行人存在对部分抵债资产超过2年未处置的情况不会对本次发行造成实质性不利影响。

十一、关于发行人的重大债权债务

1. 本所律师审查了发行人向本所提供的有关发行人重大债权债务的文件，该等文件包括截至2013年6月30日尚在履行期内的重大关联交易协议、贷款（含进口押汇）余额最大的前10位借款人的相关贷款合同以及进口押汇申请书、金额最大的前10位协议存款客户的相关存款合同、已发行未到期债券文件以及金额最大的前5笔保函合同。

2. 根据发行人的书面确认及本所适当核查，发行人上述重大债权债务合法，不存在对本次发行构成重大不利影响的情形。

3. 根据发行人的书面确认，截至本法律意见书出具之日，发行人没有因环境保护、知识产权、产品质量、劳动安全、人身权等原因产生的重大侵权之债。

4. 根据发行人的书面确认，截至2013年6月30日，除已在本所就本次发行出具的《律师工作报告》"九、关联交易和同业竞争"中描述的重大关联交易外，发行人与其关联方之间不存在其他重大债权债务；截至本法律意见书出具之日,发行人与其关联方之间不存在违规提供担保的情形。

5. 根据发行人提供的资料并经向发行人有关人士核查,截至2013年6月30日,发行人金额最大的前10项其他应收、应付款均系因正常的经营活动而发生。

十二、关于发行人的重大资产变化及收购兼并

1. 2012年,经发行人第八届董事会第十一次会议和2012年第一次临时股东大会审议通过,并经银监会《中国银监会关于深圳发展银行吸收合并平安银行的批复》(银监复〔2012〕192号)批准,发行人吸收合并原平安银行。2012年6月13日,原平安银行收到深圳市市场监督管理局出具的《企业注销通知书》,深圳市市场监督管理局核准原平安银行于2012年6月12日注销登记。原平安银行注销登记后,其分支机构成为发行人的分支机构,其全部资产、负债、证照、许可、业务以及人员均由发行人依法承继,附着于其资产上的全部权利和义务亦由发行人依法享有和承担。根据发行人的书面确认及本所适当核查,除前述合并事项外,发行人自设立以来未发生其他合并、分立或减少注册资本的情形;发行人设立以来发生的增资扩股行为详见本法律意见书第七部分。

2. 根据发行人的书面确认及本所适当核查,截至本法律意见书出具之日,除本法律意见书第七部分披露的2011年发行股份购买资产交易外,发行人近三年未发生《上市公司重大资产重组管理办法》规定的重大收购或出售资产的行为。发行人亦无拟进行的《上市公司重大资产重组管理办法》规定的重大收购或出售资产行为。

十三、关于发行人公司章程的制定与修改

1. 发行人设立时制定的《深圳发展银行章程》由发行人首届股东大会审议通过,并经中国人民银行银复〔1987〕365号文批准,已履行适当的法定程序。

2. 截至本法律意见书出具之日,发行人近三年来对其公司章程进行了六次修订,并已经发行人股东大会审议通过。发行人已将上述公司章程修订事项报银监会审批,尚待取得银监会的批准。

3. 经本所核查,发行人的现行公司章程是依据《公司法》、《上市公司章程指引》和《股份制商业银行公司治理指引》等法律、法规和规范性文件制订的,其内容符合现行法律、法规和规范性文件的规定。

十四、关于发行人股东大会、董事会、监事会议事规则及规范运作

1. 发行人依据有关法律、法规和规范性文件及发行人公司章程的规定设立了以股东大会、董事会、监事会和高级管理层为主体的内部组织结构,发行人的内部组织结构合法。

2. 发行人依据有关法律、法规和规范性文件及发行人公司章程的规定制定了《股东大会议事规则》、《董事会议事规则》和《监事会议事规则》,其现行《股东大会议事规则》、《董事会议事规则》和《监事会议事规则》的内容符合有关法律、法规和规范性文件及发行人公司章程的规定。

十五、关于发行人董事、监事和高级管理人员及其变化

1. 根据有关法律、法规及规范性文件的规定,发行人董事和高级管理人员的任职资格需获得银监会的核准或备案。截至本法律意见书出具之日,发行人董事和高级管理人员的任职资格均已获得银监会的核准或备案。本所认为,发行人现任董事、监事和高级管理人员不存在《公司法》第147条所述的有关禁止任职的情形,亦不存在被证监会确定为市场禁入者的情形,其任职符合《公司法》等法律、法规、规范性文件及发行人公司章程的规定。

2. 截至本法律意见书出具之日,发行人近三年来董事、监事和高级管理人员的更换程序符合更换当时法律、法规、规范性文件及当时有效的发行人公司章程的规定,履行了必要的法律程序。

3. 发行人公司章程和其他公司治理文件中关于独立董事设置及其职权的规定符合有关法律、法规和规范性文件的要求。

十六、关于发行人的税务

1. 发行人目前执行的税种、税率符合有关法律、法规的规定。

2. 发行人深圳分行根据《深圳市支持金融业发展若干规定实施细则》和《深圳市金融发展专项资金管理办法》获得租赁自用办公用房补贴，发行人大连分行根据《大连市促进金融业发展的政策措施》、《大连市支持中小企业稳定健康发展若干政策措施》获得信贷和多渠道融资奖励政策兑现补贴，发行人福州分行根据《福建省财政厅关于印发〈福建省银行类金融机构贡献奖励办法（试行）〉的通知》获得银行类金融机构贡献奖励，发行人南京分行根据《江苏省直接债务融资引导办法》获得接债务融资引导奖励资金，发行人济南分行根据《山东省对金融机构支持山东半岛蓝色经济区和黄河三角洲高效生态经济区建设奖励资金管理办法（试行）》获得奖励资金，发行人温州分行根据温州市鹿城区政府《关于印发金融机构支持温州市鹿城区经济发展业绩考评奖励暂行办法（修订）的通知》获得支持鹿城区经济发展业绩考评先进单位奖金。经核查，发行人所享有的前述财政补贴、补偿或奖励政策取得了国家有权部门的批准，符合法律、法规的有关规定。

十七、关于发行人的环境保护和产品质量、技术等标准

1. 根据发行人的书面确认及本所适当核查，截至本法律意见书出具之日，发行人的经营活动在一切重大方面符合有关法律、行政法规关于环境保护的要求。

2. 根据发行人的书面确认及本所适当核查，截至本法律意见书出具之日，发行人近三年没有因违反环境保护的法律、行政法规而受到重大处罚的情形。

3. 发行人属于金融服务企业，不存在违反有关产品质量和技术监督方面的法律、行政法规而受到重大处罚的情况。

十八、关于募集资金的运用

1. 本次发行募集资金的运用及有关授权和批准

本次发行募集资金在扣除发行费用后拟全部用于补充发行人资本金，符合国家产业政策和有关环境保护、土地管理等法律和行政法规的规定。根据发行人的书面确认，本次发行的募集资金数额不超过发行人对资本金的需求量。

本次发行募集资金的用途已经发行人第八届董事会第二十九次会议、2013 年第一次临时股东大会审议通过。

根据发行人的书面确认，发行人已按照《管理办法》和发行人《募集资金管理制度》的要求设立本次发行的募集资金专项账户。

2. 发行人本次发行募集资金的运用不涉及与他人进行合作。

3. 发行人前次募集资金使用情况

经发行人第七届董事会第二十七次会议、第七届董事会第二十九次会议和 2010 年第一次临时股东大会审议通过，并经银监会《关于深圳发展银行、平安银行重大交易及有关事项的批复》（银监复〔2011〕9 号）、证监会《关于核准深圳发展银行股份有限公司向中国平安保险（集团）股份有限公司发行股份购买资产的批复》（证监许可〔2011〕1022 号）、《关于核准中国平安保险（集团）股份有限公司公告深圳发展银行股份有限公司收购报告书并豁免其要约收购义务的批复》（证监许可〔2011〕1023 号）以及《关于核准中国平安保险（集团）股份有限公司重大资产重组方案的批复》（证监许可〔2011〕1024 号）批准，发行人于 2011 年 7 月向中国平安非公开发行 1,638,336,654 股股份，购买其持有的原平安银行 7,825,181,106 股股份（约占原平安银行总股本的 90.75%），并向其募集 269,005.23 万元人民币。根据经批准的发行方案，前述发行所获得的募集资金在扣除相关发行费用后将用于发行人后续整合原平安银行，如因后续整合事宜使用或有剩余，将用于补充发行人资本金。

发行人董事会于 2013 年 3 月 7 日出具了《平安银行股份有限公司（原名深圳发展银行股份有限公司）关于前次募集资金使用情况的专项报告》，确认发行人已按照经批准的前次发行方案，在整合原平安银行的交易中使用了前次发行所募集的资金，发行人前次募集资金的实际使用情况与募集资金计划保持一致，不存在变更募投项目、募投项目发生对外转让或置换的情况。

根据安永华明会计师事务所于 2013 年 3 月 7 日出具的安永华明（2013）专字第 60438538_H06 号《前次募集资金使用情况专项鉴证报告》，安永华明会计师事务所确认，发行人的上

述关于前次募集资金使用情况的专项报告已按照证监会《关于前次募集资金使用情况报告的规定》(证监发行字〔2007〕500号)编制,并在所有重大方面反映了截至2012年12月31日止发行人前次募集资金使用情况。

基于上述,本所认为,发行人不存在改变前次募集资金用途的情形。

十九、关于发行人的诉讼、仲裁或行政处罚

1. 根据发行人提供的资料及本所适当核查,截至本法律意见书出具之日,发行人不存在未公开披露的尚未了结的、如作出不利判决或裁决将可能实质性地影响发行人财务、正常经营、资产状况及本次发行的重大诉讼、仲裁。

2. 根据发行人的书面确认及本所适当核查,截至本法律意见书出具之日,不存在相关监管部门对发行人做出的可能对发行人造成重大影响的重大行政处罚。

3. 根据发行人的书面确认,截至本法律意见书出具之日,发行人持股5%以上的股东在中国不存在可能对发行人造成重大影响的重大诉讼、仲裁或行政处罚案件。

4. 根据发行人的书面确认,截至本法律意见书出具之日,发行人的董事长、行长不存在尚未了结的或可预见的重大诉讼、仲裁及行政处罚案件。

二十、结论性意见

综上所述,本所认为,截至本法律意见书出具之日,发行人为有效存续的股份有限公司,其股票在深圳证券交易所上市交易,具备申请本次发行的主体资格;根据《公司法》、《证券法》、《管理办法》和《实施细则》的相关规定,发行人符合本次发行的实质条件;发行人本次发行已获得发行人董事会和股东大会的批准,银监会对发行人非公开发行A股普通股的核准以及对中国平安认购本次发行股份的股东资格的核准,以及保监会对中国平安认购本次发行股份的批准,尚待获得证监会的核准。

本法律意见书正本一式四份。

特此致书。

(以下无正文)

(此页无正文,为《北京市海问律师事务所关于关于平安银行股份有限公司非公开发行的法律意见书》之签署页)

北京市海问律师事务所
负 责 人:江惟博
经办律师:江惟博　卞　昊

二、境内发行上市类

(一)上市公司再融资

关于深圳市燃气集团股份有限公司公开发行可转换公司债券的法律意见书

致:深圳市燃气集团股份有限公司

上海市锦天城律师事务所(下称本所)接受深圳市燃气集团股份有限公司(下称发行人)委托,依据发行人与本所签订的《专项法律服务委托合同》,作为发行人公开发行可转换公司债券(下称本次发行)的专项法律顾问。

本所根据《中华人民共和国公司法》、《中华人民共和国证券法》、《上市公司证券发行管理办法》、《关于规范上市公司国有股东发行可交换公司债券及国有控股上市公司发行证券有关事项的通知》等有关法律、法规、规章和规范性文件的

规定,就本次发行所涉有关事宜出具本法律意见书。

声明事项

一、本所及本所经办律师依据《证券法》、《律师事务所从事证券法律业务管理办法》、《律师事务所证券法律业务执业规则》、《公开发行证券公司信息披露的编报规则第12号——公开发行证券的法律意见书和律师工作报告》等规定及本法律意见书出具日以前已经发生或者存在的事实,严格履行了法定职责,遵循了勤勉尽责和诚实信用原则,进行了充分的核查验证,保证本法律意见书所认定的事实真实、准确、完整,所发表的结论性意见合法、准确,不存在虚假记载、误导性陈述或者重大遗漏,并承担相应法律责任。

二、本所仅就与发行人本次发行有关法律问题发表意见,而不对有关会计、审计、资产评估、内部控制等专业事项发表意见。在本法律意见书和本所出具的律师工作报告(下称《律师工作报告》)中对有关会计报告、审计报告、资产评估报告和内部控制报告中某些数据和结论的引述,并不意味着本所对这些数据和结论的真实性及准确性做出任何明示或默示保证。

三、本法律意见书中,本所及本所经办律师认定某些事件是否合法有效是以该等事件所发生时应当适用的法律、法规、规章和规范性文件为依据。

四、本法律意见书的出具已经得到发行人如下保证:

1. 发行人已经提供了本所为出具本法律意见书所要求发行人提供的原始书面材料、副本材料、复印材料、确认函或证明。

2. 发行人提供给本所的文件和材料是真实、准确、完整和有效的,并无隐瞒、虚假和重大遗漏之处,文件材料为副本或复印件的,其与原件一致和相符。

五、对于本法律意见书至关重要而又无法得到独立证据支持的事实,本所及本所经办律师依据有关政府部门、发行人或其他有关单位出具的证明文件出具法律意见。

六、本所同意将本法律意见书和《律师工作报告》作为发行人本次发行所必备的法律文件,随同其他材料一同上报,并愿意承担相应的法律责任。

七、本所同意发行人部分或全部在募集说明书中自行引用或按中国证监会审核要求引用本法律意见书内容,但发行人作上述引用时,不得因引用而导致法律上的歧义或曲解。

八、本法律意见书仅供发行人为本次发行之目的使用,非经本所书面同意,不得用作任何其他目的。

基于上述,本所及本所经办律师根据有关法律、法规、规章和中国证监会的有关规定,按照律师行业公认的业务标准、道德规范和勤勉尽责精神,出具法律意见书如下。

正　文

一、本次发行的批准与授权

(一)本次发行的批准程序及内容

1. 2013年4月22日,发行人第二届董事会第二十三次临时会议审议通过了《关于公司符合发行可转换公司债券条件的议案》、《关于公司拟发行可转换公司债券发行方案的议案》、《关于本次发行可转换公司债券募集资金项目的可行性报告的议案》、《关于公司前次募集资金使用情况报告的议案》及《关于提请股东大会授权董事会全权办理本次发行可转换公司债券具体事宜的议案》等议案,并提请公司股东大会审议。

2. 2013年5月22日,深圳市国资委出具《深圳市国资委关于深圳市燃气集团股份有限公司公开发行可转换公司债券有关问题的批复》(深国资委函〔2013〕215号),同意发行人本次公开发行总额不超过16亿元(含16亿元)可转换公司债券的方案,募集资金用于建设深圳市天然气储备与调峰库工程及天然气高压管道支线项目。

3. 2013年5月28日,深圳市住建局出具

《深圳市住房和建设局关于发行可转债事项出具监管意见的复函》(深建燃〔2013〕28号),对本次发行出具监管意见并作出批复,同意发行人的本次发行方案,认为深圳市天然气储备与调峰库工程及天然气高压管道支线项目对保障深圳市天然气稳定供应具有重要意义,符合深圳市燃气行业发展的实际需要。

4. 2013年5月29日,发行人2012年度股东大会审议通过了《关于公司拟发行可转换公司债券发行方案的议案》,主要内容包括:发行债券种类、发行规模、存续期限、票面金额和发行价格、票面利率、付息、转股期、转股价格的确定、转股价格的调整及计算方式、转股价格向下修正条款、转股时不足一股金额的处理方法、赎回条款、回售条款、转股后的股利分配、发行方式及发行对象、向原股东配售的安排、债券持有人会议相关事项、募集资金用途、担保事项、本次发行的有效期限等。

此外,股东大会还审议通过了下列与本次发行有关的议案:《关于公司符合发行可转换公司债券条件的议案》、《关于本次发行可转换公司债券募集资金项目的可行性报告的议案》、《关于公司前次募集资金使用情况报告的议案》、《关于提请股东大会授权董事会全权办理本次发行可转换公司债券具体事宜的议案》等。

(二)本所意见

本所认为,发行人第二届董事会第二十三次临时会议与2012年度股东大会的召集、召开程序、出席会议人员资格、召集人资格、表决程序、决议内容及表决结果等事宜均符合《公司法》、《上市公司股东大会规则》等法律、行政法规和其他规范性文件及《公司章程》的有关规定,均为合法有效;本次发行已取得深圳市国资委及深圳市住建局等部门的批复,尚待中国证监会核准。

二、本次发行的主体资格

(一)发行人系经商务部《关于同意深圳市燃气集团有限公司转为股份公司并增加经营范围的批复》(商资批〔2006〕2533号)批准,由其前身燃气集团整体改制变更设立的股份有限公司。

(二)2009年8月17日,经中国证监会发行审核委员会第74次工作会议审核通过,并经中国证监会《关于核准深圳市燃气集团股份有限公司首次公开发行股票的批复》(证监许可〔2009〕1269号文)核准,发行人于同年12月3日至16日向社会公众发行13,000万股人民币普通股,注册资本变更为123,000万元。同年12月25日,经上海证券交易所《关于深圳市燃气集团股份有限公司人民币普通股股票上市交易的通知》(上证发字〔2009〕21号文)批准,发行人股票在上海证券交易所正式挂牌上市交易,股票代码为601139。

(三)2011年9月22日,经中国证监会《关于核准深圳市燃气集团股份有限公司非公开发行股票的批复》(证监许可〔2011〕1532号)批准,发行人向深圳市国资委等8名对象非公开发行9030万股新股,发行完成后股本总额变更为132,030万股。

(四)2012年4月23日,发行人2011年度股东大会审议通过了深圳燃气2011年度利润分配及资本公积转增股本方案:以总股本1,320,300,000股为基数,向全体股东每10股派发现金1.3元(含税);每10股转增5股,共转增660,150,000股,实施后总股本为1,980,450,000股。

(五)发行人现持有深圳市市场监督局于2013年6月4日颁发的《企业法人营业执照》,基本信息如下:

注册号:440301501128985

企业名称:深圳市燃气集团股份有限公司

法定代表人:包德元

企业住所:深圳市福田区深南大道6021号喜年中心B座101

成立日期:1996年4月30日

注册资本:198,045万元

公司类型:股份有限公司(中外合资,上市)

经营期限:自1996年4月30日至2054年4月8日

经营范围:管道燃气业务的经营,包括以管道输送形式向用户供应液化石油气(LPG)、液化天然气(LNG)、天然气、掺混气、人工煤气及其他气体燃料,并提供相关服务;燃气输配管网的投资、建设和经营;深圳市城市天然气利用工程的开发、建设和经营;液化石油气,天然气,燃气，燃气用具，钢瓶检测。经营性道路危险货物（液化石油气、液化天然气）运输；承担燃气管道安装工程；在盐田区沙头角海景二路棕榈湾小区一楼等十七处设有经营场所从事经营活动。（燃气经营许可证有效期至2016年09月26日，道路运输经营许可证有效期至2015年06月28日）

（六）发行人已通过2012年度年检。

（七）本所认为，发行人系依法设立并经核准公开发行股票的上市公司，依法有效存续，具有本次发行的主体资格。

三、本次发行的实质条件

发行人本次发行符合《公司法》、《证券法》和《管理办法》等现行法律、法规及规范性文件所规定的各项实质性条件的要求。

（一）发行人组织机构健全、运行良好

1. 经本所律师核查，发行人已根据中国证监会的规定制订了完善的公司章程，公司章程合法有效；并且，发行人股东大会、董事会、监事会和独立董事制度健全，能够依照相关法律法规和公司章程的规定依法有效履行职责，符合《管理办法》第六条第（一）款的规定。

2. 经本所律师核查，发行人内部控制制度健全，能够有效保证公司运行的效率、合法合规性和财务报告的可靠性；内部控制制度的完整性、合理性、有效性不存在重大缺陷，符合《管理办法》第六条第（二）款的规定。

3. 经本所律师核查，发行人现任董事、监事和高级管理人员具备任职资格，能够忠实和勤勉地履行职务，不存在违反《公司法》第一百四十八条、第一百四十九条规定的行为，且最近三十六个月内未受到过中国证监会的行政处罚、最近十二个月内未受到过证券交易所的公开谴责，符合《管理办法》第六条第（三）款的规定。

4. 经本所律师核查，发行人与控股股东和实际控制人的人员、资产、财务分开，机构、业务独立，能够自主经营管理，符合《管理办法》第六条第（四）款的规定。

5. 经本所律师核查并根据发行人承诺，发行人最近十二个月内不存在违规对外提供担保的行为，符合《管理办法》第六条第（五）款的规定。

（二）发行人的盈利能力具有可持续性

1. 根据德勤华永出具的《2012年度审计报告》，截至2012年12月31日，发行人的净资产为4,487,418,671.29元，净资产额高于三千万元，符合《公司法》第一百五十四条、《证券法》第十六条第一款的规定。

2. 经本所律师核查发行人的财务资料并根据德勤华永出具的《2010年度审计报告》、《2011年度审计报告》及《2012年度审计报告》，发行人2010年、2011年、2012年的归属于母公司股东的净利润为320,047,352.11元、405,304,276.85元、528,400,721.20元，本所律师认为，发行人最近三个会计年度连续盈利，符合《管理办法》第七条第（一）款的规定。

3. 经本所律师核查，发行人自设立以来一直从事城市燃气经营，目前主要从事城市管道燃气供应、液化石油气批发、瓶装液化石油气零售及燃气投资业务等，主营业务没有发生重大变化。本所律师认为，发行人业务和盈利来源相对稳定，不存在严重依赖于控股股东、实际控制人的情形，符合《管理办法》第七条第（二）款的规定。

4. 发行人现有主营业务或投资方向能够可持续发展，经营模式和投资计划稳健，该等业务的市场前景良好，行业经营环境和市场需求不存在现实或可预见的重大不利变化，符合《管理办法》第七条第（三）款的规定。

5. 发行人高级管理人员和核心技术人员稳定，最近十二个月内未发生重大不利变化，符合《管理办法》第七条第（四）款的规定。

6. 发行人拥有的土地使用权、房屋、特许经营权等重要资产、核心技术或其他重大权益的取得合法，能够持续使用，目前不存在现实或可预见的重大不利变化，符合《管理办法》第七条第（五）款的规定。

7. 经本所律师合理核查，发行人不存在可能影响公司持续经营的担保、诉讼、仲裁或其他重大事项，符合《管理办法》第七条第（六）款的规定。

（三）发行人的财务状况良好

1. 根据发行人现有的内部控制制度并经本所律师核查，发行人会计基础工作规范，严格遵循国家统一会计制度的规定，符合《管理办法》第八条第（一）款的规定。

2. 经本所律师核查，发行人 2010 年、2011 年、2012 年财务报表均未被注册会计师出具保留意见、否定意见或无法表示意见的审计报告；也不存在被注册会计师出具带强调事项段的无保留意见审计报告的情况，符合《管理办法》第八条第(二)款的规定。

3. 经本所律师核查并根据德勤华永出具的《2012 年度审计报告》，发行人资产质量良好，发行人不存在足以对发行人财务状况造成重大不利影响的不良资产，符合《管理办法》第八条第(三)款的规定。

4. 发行人一直从事城市燃气经营，目前主营业务为城市管道燃气供应、液化石油气批发、瓶装液化石油气零售及燃气投资业务等，经本所律师核查并根据德勤华永出具的《2010 年度审计报告》、《2011 年度审计报告》及《2012 年度审计报告》，发行人经营成果真实，现金流量正常；营业收入和成本费用的确认严格遵循国家有关企业会计准则的规定，最近三年资产减值准备计提充分合理，不存在操纵业绩的情形，符合《管理办法》第八条第(四)款的规定。

5. 经本所律师核查，发行人 2010 年度向全体股东每 10 股派发现金红利 1.3 元(含税)，共派发现金红利总额 159,900,000 元；2011 年度向全体股东每 10 股派发现金红利 1.3 元(含税)，共派发现金红利总额 171,639,000 元；2012 年度向全体股东每 10 股派发现金红利 1.36 元(含税)，共派发现金红利总额 269,341,200 元；发行人 2010 年、2011 年、2012 年的归属于母公司股东的净利润为 320,047,352.11 元、405,304,276.85 元、528,400,721.20 元；近三年实现的年均归属于母公司的净利润为 417,917,450.053 元。因此，发行人最近三年以现金方式累计分配的利润不少于最近三年实现的年均可分配利润的百分之三十，符合《管理办法》第八条第(五)款的规定。

(四)经本所律师合理核查，发行人最近三十六个月内财务会计文件无虚假记载，且不存在下列重大违法行为，符合《管理办法》第九条的规定：

1. 违反证券法律、行政法规或规章，受到中国证监会的行政处罚，或者受到刑事处罚；

2. 违反工商、税收、土地、环保、海关法律、行政法规或规章，受到行政处罚且情节严重，或者受到刑事处罚；

3. 违反国家其他法律、行政法规且情节严重的行为。

(五)发行人募集资金的数额和使用符合下列规定

1. 发行人本次发行募集资金不超过 16 亿元，全部用于深圳市天然气储备与调峰库工程及天然气高压管道支线项目的建设，项目总投资额合计 16.73 亿元。发行人本次发行募集资金数额不超过项目需要量，符合《管理办法》第十条第(一)款的规定。

2. 发行人本次发行集资金将用于建设深圳市天然气储备与调峰库工程及天然气高压管道支线项目。根据国家发改委《产业结构调整指导目录(2011 年本)》，本次发行募集资金建设项目属于鼓励类项目。本所律师认为，发行人本次发行募集资金用途符合国家产业政策和有关环境保护、土地管理等法律和行政法规的规定，符合《证券法》第十六条第(四)款、《管理办法》第十条第(二)款及《125 号通知》第七条的规定(详见“十八、发行人募集资金的运用”)。

3. 经本所律师核查，发行人本次募集资金使用项目不存在为持有交易性金融资产和可供出售的金融资产、借予他人、委托理财等财务性投资的情形，也不存在直接或间接投资于以买卖有价证券为主要业务的公司的情形，符合《管理办法》第十条第(三)款的规定。

4. 发行人投资项目实施后，不会与控股股东或实际控制人产生同业竞争或影响发行人生产经营的独立性，符合《管理办法》第十条第(四)款的规定。

5. 发行人第一届董事会第一次临时会议审议通过了《募集资金使用管理办法》，建立了募集资金专项存储制度。募集资金将存放于公司董事会决定的专项账户，符合《管理办法》第十条第(五)款的规定。

(六)经本所律师核查，发行人符合《管理办法》第十一条的规定，不存在下列不得公开发行证券的情形：

1. 本次发行申请文件有虚假记载、误导性陈述或重大遗漏；

2. 擅自改变前次公开发行证券募集资金的用途而未作纠正；

3. 发行人最近十二个月受到过证券交易所的公开谴责；

4. 发行人及其控股股东或实际控制人最近十二个月内存在未履行向投资者作出的公开承诺的行为；

5. 发行人或其现任董事、高级管理人员因涉嫌犯罪被司法机关立案侦查或涉嫌违法违规被中国证监会立案调查；

6. 严重损害投资者的合法权益和社会公共利益的其他情形。

（七）发行人本次发行符合《管理办法》第十四条的规定，具体如下：

1. 根据德勤华永出具的《2010 年度审计报告》、《2011 年度审计报告》、《2012 年度审计报告》以及发行人 2010 年、2011 年和 2012 年年度报告，发行人 2010 年扣除非经常性损益后的加权平均净资产收益率为 11.82%，2011 年扣除非经常性损益后的加权平均净资产收益率为 14.49%，2012 年扣除非经常性损益后的加权平均净资产收益率为 12.37%，最近三个会计年度加权平均净资产收益率平均不低于 6%，符合《管理办法》第十四条第（一）款的规定。

2. 经本所律师核查，本次发行前，发行人未曾发行过公司债券。根据德勤华永出具的《2012 年度审计报告》，发行人截至 2012 年 12 月 31 日的净资产为 4,487,418,671.29 元，本次拟发行的可转换公司债券金额不超过 16 亿元，因此，发行人本次发行可转换公司债券后累计公司债券余额不超过发行人最近一期末净资产额的百分之四十，符合《证券法》第十六条第（二）款及《管理办法》第十四条第（二）款的规定。

3. 根据德勤华永出具的《2010 年度审计报告》、《2011 年度审计报告》及《2012 年度审计报告》，发行人 2010 年、2011 年、2012 年的归属于母公司股东的净利润为 320,047,352.11 元、405,304,276.85 元、528,400,721.20 元；近三年实现的年均归属于母公司的净利润为 417,917,450.053 元；发行人本次拟发行的可转换公司债券金额不超过 16 亿元，票面利率不超过 2%。因此，根据目前债券市场利率情况，发行人最近三个会计年度实现的年均可分配利润不会少于其本次拟发行的可转换公司债券一年的利息，符合《证券法》第十六条第（三）款及《管理办法》第十四条第（三）款的规定。

（八）关于本次发行的信用评级

1. 本次发行的可转换公司债券的信用等级由中诚信进行了评级，主体信用等级为 AA +，债券信用等级为 AA +，发行人本次发行的可转换公司债券上市后，中诚信将进行跟踪评级，符合《管理办法》第十七条的规定。

2. 经本所律师核查，中诚信持有中国证监会颁发的 2012 年 1 月 20 日颁发的编号为 ZPJ001 的《证券市场资信评级业务许可证》，具备为发行人本次发行可转换公司债券进行信用等级评定并出具《信用评级报告》的资质。

本所律师认为，中诚信系合法成立并有效存续的信用评级机构，其出具的《信用评级报告》所确认的评级结果可以作为确定有关发行条款的依据并予以披露。经中诚信评级机构评级，发行人本次发行可转换公司债券的信用级别为 AA + 级，债券信用级别良好，符合《管理办法》第十七条的规定。

（九）债券持有人会议及其会议规则

为保障债券持有人通过债券持有人会议行使职权，发行人制定了《债券持有人会议规则》，对债券持有人会议的召集、会议的通知、会议的召开、会议的表决与决议等事项作出了详细的规定。

经核查，本所律师认为，《债券持有人会议规则》明确约定了保护债券持有人权利的办法以及债券持有人会议的权利、程序和决议生效条件，符合《管理办法》第十九条的规定。

（十）本次发行的担保

本次发行的可转换公司债券无担保，根据德勤华永出具的《2012 年度审计报告》，发行人截至 2012 年 12 月 31 日的净资产 4,487,418,671.29 元，不低于十五亿元，符合《管理办法》第二十条的规定。

（十一）其他

1. 发行人于 2013 年 5 月 29 日召开 2012 年度股东大会审议通过了《关于公司拟发行可转换公司债券发行方案的议案》及其他与本次发行相关的议案，符合《公司法》第一百六十二条的规定。

2. 发行人本次发行可转换公司债券的期限为 6 年，符合《管理办法》第十五条的规定。

3. 发行人本次发行可转换公司债券每张

面值100元,符合《管理办法》第十六条的规定。

综上所述,本所律师认为,发行人本次发行符合《公司法》、《证券法》、《管理办法》及《125号通知》等现行法律、法规及规范性文件所规定的各项实质性条件的要求。

四、发行人的设立

(一)发行人前身燃气集团

1. 1995年11月15日,深圳市人民政府下发深府〔1995〕270号《关于市液化石油气管理公司与市煤气公司合并重组为深圳市燃气集团有限公司的通知》,决定原深圳市液化石油气管理公司和原深圳市煤气公司合并重组为深圳市燃气集团有限公司(燃气集团),公司性质为国有独资有限责任公司,股东为深圳市投资管理公司。深圳市工商局于1996年4月30日颁发了燃气集团的《企业法人营业执照》,注册号为19240839-2,原深圳市液化石油气管理公司和原深圳市煤气公司于同日办理了注销手续。成立之初,燃气集团注册资本为12,000万元,经深圳兴蒙会计师事务所出具的验资报告(深兴验字〔1996〕第025号)验证,公司注册资本全部到位。

2. 2002年7月22日,深圳市人民政府国有资产管理办公室作出《关于深圳市燃气集团有限公司国有股权转让问题的批复》(深国资办〔2002〕135号),同意深圳市投资管理公司采用股权转让和增资相结合的方式对燃气集团进行改制,公司改制后,深圳市投资管理公司持有燃气集团60%的股权,新股东持有燃气集团40%的股权。

3. 2003年10月8日,深圳市投资管理公司与中华煤气投资、港华投资、中华煤气(深圳)、四川希望投资及联华信托签订《股权转让及增资协议书》,深圳市投资管理公司将所持燃气集团40%的股权转让给受让方,其中,向中华煤气投资转让20%的股权、向港华投资转让9%的股权、向中华煤气(深圳)转让1%的股权、向四川希望投资转让1%的股权、向联华信托转让9%的股权。同时,各方股东按出资比例增加注册资本合共35,200万元,即燃气集团的注册资本由12,000万元增至47,200万元。

4. 本次股权转让价格是在审计、评估基础上溢价转让。根据深圳执信会计师事务所出具的《深圳市燃气集团有限公司审计报告》(深执信审字〔2003〕第070号),以及深圳市中勤信资产评估有限公司出具的《关于深圳市燃气集团有限公司资产评估报告书》(中勤信资评报字(2003)第A028号),深圳市投资管理公司本次转让40%权益的转让价格36,200万元,较经审计净资产值溢价95.9%,较经评估净资产值溢价59.13%。

5. 2004年2月24日,国家发改委作出《关于深圳市燃气集团资产权益转让、增资及深圳市天然气利用项目的批复》(发改外资〔2004〕310号),批准了上述增资及股权转让;2004年3月25日,商务部作出《关于同意深圳市燃气集团有限公司变更为外商投资企业的批复》(商资一批〔2004〕388号),同意燃气集团变更为中外合资企业,燃气集团于2004年3月25日领取了《中华人民共和国外商投资企业批准证书》(商外资资审字〔2004〕0063号),并在深圳市工商局换领了《企业法人营业执照》(企合粤深总字第110611号),注册资本47,200万元,股权结构为:

股东名称	出资额(万元)	持股比例
深圳市投资管理公司	28,320	60%
中华煤气投资	9440	20%
港华投资	4248	9%
中华煤气(深圳)	472	1%
联华信托	4248	9%
四川希望投资	472	1%
合计	47,200	100%

经深圳众环会计师事务所出具众环验字〔2004〕180号、众环验字〔2004〕210号及众环验字〔2004〕228号验资报告验证,上述注册资本已全部到位。

6. 根据深圳市委市政府国有资产管理和国有企业改革领导小组2004年6月14日会议精神,深圳市国资委决定将包括燃气集团在内的16户市属骨干企业的国有产权划归市国资委持有(深国资委〔2004〕88号文)。燃气集团第一届董事会于2004年10月8日召开第二次会议并通过决议,同意深圳市投资管理公司将所持有燃气集团60%股权划转深圳市国资委持有,其他各方股东放弃优先购买权。同日,各方股东签署了《〈中外合资经营深圳市燃气集团有限公司合同书〉的补充合同二》及《〈深圳市燃气集团有限公司章程〉的补充章程二》,将股东"深圳市投资管理公司"改为"深圳市人民政府国有资产监督管理委员会"。深圳市人民政府办公厅2005年7月13日下发关于《深圳市水务(集团)有限公司等三家中外合资企业国有股权划转的批复》(深府办函〔2005〕56号),同意将深圳市投资管理公司所持有燃气集团60%的股权划归深圳市国资委持有。另外,有关股权划转的工商变更手续也于同年完成。

7. 2005年6月21日,燃气集团董事会通过《关于增加注册资本的董事会决议》(深燃董〔2005〕17号),同意公司注册资本由47,200万元增加到77,200万元,增加的30,000万元由各股东按照出资比例认购。商务部于2006年1月13日作出《关于同意深圳市燃气集团有限公司转股、增资的批复》(商资批〔2006〕92号),深圳市贸易工业局于2006年1月13日下发《关于合资企业深圳市燃气集团有限公司转股、增资的通知》(深贸工资复〔2006〕0042号),均批准同意上述股权转让及增资。

8. 深圳法威会计师事务所于2006年2月23日出具了深法威验字〔2006〕第178号验资报告,确认各方股东增加的注册资本已全部到位。

9. 2006年2月28日,深圳市工商局向燃气集团核发了新的《企业法人营业执照》,注册号为企合粤深总字第110611号,注册资本为77,200万元。企业类型为有限责任公司(中外合资)。第二次增资后燃气集团的股权结构如下:

股东名称	出资额(万元)	持股比例
深圳市国资委	46,320	60%
中华煤气投资	15,440	20%
港华投资	6948	9%
中华煤气(深圳)	772	1%
联华信托	6948	9%
四川希望投资	772	1%
合计	77,200	100%

10. 根据《公司法》、《中外合资经营企业法》以及《中外合资经营企业法实施细则》等法律法规,本所认为,

(1)燃气集团的设立与变更、股权转让与增资等均依法遵循了必要的程序,合法有效。

(2)深圳市投资管理公司所持有的原燃气集团的60%股权划转深圳市国资委持有,系基于深圳市国资委的设立并代表国家行使出资人职权,以及深圳市政府对市属骨干企业国有产权监管的战略调整;该项股权划转已依据相关法律、法规履行了各项必要的法律手续,合法有效;深圳市投资管理公司及深圳市国资委先后持有原燃气集团股权,均系经深圳市政府授权代表国家履行出资人职责,因此,该项划转并未导致实际控制人发生变更,也未导致管理层、主营业务、独立性等发生变化,不存在规避《管理办法》发行条件的情形。

(二)发行人的变更设立

1. 2006年7月31日,深圳市国资委下发《关于同意燃气集团开展改制上市前期工作的函复》(深国资委函〔2006〕212号),原则同意燃气集团开展改制上市的前期工作。同日,燃气集团董事会通过《关于深圳市燃气集团有限公司进行股份制改造的决议》(深燃董〔2006〕16号),决定燃气集团进行股份制改造,由中外合资有限责任公司整体变更为中外合资股份有限公司。

2. 2006年8月31日,深圳市工商局作出《名称变更预先核准通知书》(〔2006〕第452635号),同意预先核准名称由"深圳市燃气集团有限公司"变更为"深圳市燃气集团股份有限公司"。

3. 2006年9月9日,深圳市建设局下发《关于同意深圳市燃气集团有限公司变更为深圳市燃气集团股份有限公司的批复》(深建复〔2006〕28号),同意燃气集团变更为股份有限公司及展开改制上市的前期工作。

4. 2006年10月18日,德勤华永向燃气集团出具的德师(深圳)报审字(06)第P261号《审计报告和会计报表》显示,燃气集团在基准日2006年7月31日的净资产为1,256,673,288.15元。

5. 2006年11月18日,燃气集团各股东在深圳签署《发起人协议》,一致同意按照整体变更、发起设立的方式,以基准日审计报告核定的净资产额为基础,以燃气集团原有的六家股东作为发起人,将燃气集团整体变更为股份有限公司。《发起人协议》约定,将净资产1,256,673,288.15元中的1,100,000,000

元按 1∶1 折股,折股总数为 1,100,000,000 股,每股面值 1.00 元;另 118,455,549.92 元作为未分配利润分配予各股东;剩余 38,217,738.23 元转为股份公司的资本公积;整体变更后,各发起人在股份公司的持股比例和变更前各股东在燃气集团的出资比例相同。

6. 2006 年 12 月 6 日,深圳市国资委下发《关于深圳市燃气集团有限公司整体变更设立股份有限公司的批复》(深国资委〔2006〕477 号),同意燃气集团以审计净资产为基础折股整体变更设立股份有限公司的改制方案。

7. 2006 年 12 月 31 日,商务部下发《关于同意深圳市燃气集团有限公司转为股份公司并增加经营范围的批复》(商资批〔2006〕2533 号),同意燃气集团以总股本 11 亿股、每股面值 1 元整体变更为中外合资股份有限公司,注册资本 11 亿元,其中深圳市国资委持股 66,000 万股,占 60%,中华煤气投资持股 22,000 万股,占 20%,港华投资持股 9900 万股,占 9%,中华煤气(深圳)持股 1100 万股,占 1%,联华信托持股 9900 万股,占 9%,四川希望投资持股 1100 万股,占 1%;同意燃气集团的名称变更为深圳市燃气集团股份有限公司;同意《发起人协议》及公司章程等。商务部的该项批复经深圳市贸易工业局转批复下发至燃气集团。

8. 2006 年 12 月 31 日,燃气集团持商务部批复换领了《中华人民共和国外商投资企业批准证书》。

9. 2007 年 1 月 22 日,发行人召开创立大会,全部发起人(包括委托代理人)出席了创立大会,所代表的股份数占发行人总股本的 100%。会议以出席会议的股东所持表决权的 100% 审议通过了《深圳市燃气集团股份有限公司筹办情况的报告》、《关于设立深圳市燃气集团股份有限公司的议案》、《深圳市燃气集团股份有限公司章程》、《深圳市燃气集团股份有限公司股东大会议事规则》等,选举产生发行人第一届董事会成员及第一届监事会的股东代表监事;2007 年 1 月 22 日发行人召开了职工代表大会,选举产生了二名职工代表监事。

10. 2007 年 1 月 30 日,深圳市工商局向发行人核发《企业法人营业执照》,注册号为企股粤深总字第 110611 号,注册资本 110,000 万元,企业类型为未上市的中外合资股份有限公司,法定代表人包德元,注册地址深圳市福田区深南大道 6021 号喜年中心 B 座 101,经营期限至 2054 年 4 月 8 日。

11. 发行人经变更登记后的股权结构为:

股东	出资额(万元)	持股数(万股)	持股比例
深圳市国资委	66,000	66,000	60%
中华煤气投资	22,000	22,000	20%
港华投资	9900	9900	9%
中华煤气(深圳)	1100	1100	1%
联华信托	9900	9900	9%
四川希望投资	1100	1100	1%
合计	110,000	110,000	100%

12. 2007 年 10 月 24 日,四川希望投资与新希望集团签订《合并协议》,约定新希望集团以吸收合并方式吸收四川希望投资,吸收合并后四川希望投资所有的债权债务由新希望集团承继。新希望集团《股东会决议》同意新希望集团吸收合并四川希望投资;2008 年 2 月 25 日,四川希望投资依法办理了工商注销手续;2008 年 3 月 28 日,深圳燃气召开 2007 年度股东大会,各股东一致同意公司股东四川希望投资变更为新希望集团;2008 年 4 月 22 日,商务部换发《中华人民共和国外商投资企业批准证书》(商外资资审字〔2004〕0063 号),批准深圳燃气股东之一四川希望投资变更为新希望集团;2008 年 5 月 16 日,公司取得股东变更后的新的《企业法人营业执照》,变更后的注册号为 440301501128985。

(三)发行人上市

2009 年 8 月 17 日,经中国证监会发行审核委员会第 74 次工作会议审核通过,并经中国证监会《关于核准深圳市燃气集团股份有限公司首次公开发行股票的批复》(证监许可〔2009〕1269 号文)核准,发行人于同年 12 月 3 日至 16 日向社会公众发行 13,000 万股人民币普通股。同年 12 月 25 日,经上海证券交易所《关于深圳市燃气集团股份有限公司人民币普通股股票上市交易的通知》(上证发字〔2009〕21 号文)批准,发行人股票在上海证券交易所正式挂牌上市交易。发行人发行后股本总额 123,000 万股。

(四)发行人非公开发行股票

2011 年 9 月 22 日,经中国证监会《关于核准深圳市燃气集团股份有限公司非公开发行股票的批复》(证监许可〔2011〕1532 号)核准,深圳燃气向深圳市人民政府国有资产监督管理委员会等 8 名对象非公开发行 9030 万股新股,发行完成后股本总额变更为 132,030 万股。

(五)发行人 2011 年度利润分配及公积金转增股本

2012 年 4 月 23 日,发行人 2011 年度股东大会审议通过了深圳燃气 2011 年度利润分配及资本公积转增股本方案:以总股本 1,320,300,000 股为基数,向全体股东每 10 股派发现金 1.3 元(含税);每 10 股转增 5 股,共转增 660,150,000 股,实施后总股本为 198,045 万股。

(六)经核查发行人设立至今的各项文件资料,本所认为:

1. 发行人设立过程中所签订的《发起人协议》符合相关法律、法规和规范性文件的规定,合法有效;发行人的设立行为不存在潜在的法律纠纷和风险。

2. 发行人变更设立过程已进行了必要的审计、资产评估和验资程序,符合当时法律、法规及规范性文件的有关规定。

3. 发行人创立大会的召开程序及所议事项等均符合法律、法规及规范性文件的有关规定。

4. 发行人设立、上市、非公开发行、利润分配及公积金转增股本的条件、程序、资格、方式等均符合当时的法律、法规和规范性文件的规定,并得到有权部门的批准,合法有效。

五、发行人的独立性

(一)发行人的资产独立

发行人拥有独立完整的资产结构,资产的产权关系明晰。发行人具备与生产经营有关的管网系统和配套设施,合法拥有与生产经营有关的土地、房产、设备以及商标等的所有权或者使用权,不存在资金被控股股东、实际控制人及其控制的其他企业占用的情况;也不存在发行人有以资产、权益为控股股东、实际控制人及其控制的其他企业进行担保的情形。

本所认为,发行人资产独立。

(二)发行人的人员独立

根据《公司章程》规定,发行人董事会共设 15 名董事,其中独立董事 5 名;发行人监事会共设 5 名监事,其中 2 名为职工代表监事;此外,发行人聘有总裁 1 人,副总裁 4 人,首席财务官(财务总监)1 人,高级顾问 1 人,总会计师 1 人,总经济师 1 人,董事会秘书 1 人。发行人的总裁、副总裁、首席财务官(财务总监)、高级顾问、总会计师、总经济师和董事会秘书等高级管理人员均在发行人专职工作及领取薪酬,上述人员未在发行人的控股股东、实际控制人及其控制的其他企业中担任除董事、监事以外的其他职务,未在控股股东、实际控制人及其控制的其他企业领薪,亦不存在自营或为他人经营与发行人经营范围相同业务的情形;发行人的财务人员未在控股股东、实际控制人及其控制的其他企业中兼职。根据本所核查发行人的股东大会、董事会相关文件记录,从历届董事会及高级管理人员的产生过程看,经发行人股东推荐当选或就任的董事、监事均通过合法程序产生,不存在干预发行人董事会和股东大会已经作出的人事任免决定的情形。

本所认为,发行人人员独立。

(三)发行人的财务独立

发行人设有单独的财务部门,负责发行人的会计记录和核算工作。发行人订有系统完整的财务管理制度,建立了独立的财务核算体系,能够独立作出财务决策。发行人在中国工商银行股份有限公司深圳喜年支行开设基本结算账户,不存在与控股股东、实际控制人及其控制的其他企业共用银行账户的情形。发行人在深圳市国税局、深圳市地税局进行税务登记,独立进行纳税申报并缴纳税款。

本所认为,发行人的财务独立。

(四)发行人的机构独立

根据《公司法》、《公司章程》及各项管理规定,发行人建立了股东大会、董事会(下设董事会秘书处)、监事会和经营层的组织机构体系,设置了总裁办公室、审计部、人力资源部、计划财务部、发展部、安全设备部、技术部、物资管理部等职能部门,制定了相应的规章制度,对各部门作了明确分工,并下设运输分公司、建设分公司、输配分公司、龙岗分公司、宝安分公司及客户服务分公司等六家分公司,根据本所实地走访及发行人的说明,发行人的机构设置、运作及场所等方面与控股股东、实际控制人及其控制的其他企业完全分开,不存在机构混同的情形。

本所认为,发行人机构独立。

(五)发行人的业务独立

根据发行人与深圳市建设局签订的《特许经营协议》,发行人系深圳市行政管辖范围内从事管道燃气业务的唯一营运商,主要业务为向用户提供管道燃气及各项配套服务。经本所查证,发行人实际经营的业务与其企业法人营业执照所记载的营业范围以及《特许经营协议》的约定相符,且均为自主实施,独立于控股股东、实际控制人及其控制的其他企业,与控股股东、实际控制人及其控制的其他企业间不存在同业竞争或者显失公平的关联交易,也不存在需要依靠股东或其他关联方的关联交易才能获得盈利的情况。

本所认为,发行人业务独立。

(六)截至本法律意见书出具之日,发行人在独立性方面不存在其他严重缺陷。

六、发起人和股东

(一)发起人股东

经核查,发行人的发起人股东共6名,分别为深圳市国资委、中华煤气投资、港华投资、中华煤气(深圳)、新希望集团及联华信托(已更名为兴业国际信托有限公司),具体情况如下:

1. 深圳市国资委

2004年5月21日,中共深圳市委、深圳市人民政府根据国务院《企业国有资产监督管理暂行条例》的规定及《中共广东省委、广东省人民政府关于深圳市深化行政管理体制改革试点方案的批复》(粤委〔2004〕6号)下发《深圳市深化行政管理体制改革试点方案实施意见》(深办发〔2004〕3号),决定设立深圳市国资委;2004年5月28日,深圳市国资委取得深圳市质量技术监督局颁发的《中华人民共和国组织机构代码证》,代码为K3172806-7,机构类型为机关法人。

2009年7月31日,中共深圳市委、深圳市人民政府印发经中央机构编制委员会和广东省机构编制委员会批准的《深圳市人民政府机构改革方案》。根据该份文件,深圳市国资委更名为深圳市国资局。机构改革完成后,深圳市市场监督局向深圳市国资局核发了《中华人民共和国组织机构代码证》,代码为K3172806-7,机构类型机关法人,地址为广东省深圳市福田区深南大道4009号投资大厦9楼,有效期自2009年9月9日至2013年9月8日。

2011年6月24日,深圳市人民政府作出《关于调整市国有资产监督管理局机构名称及性质的通知》(深府〔2011〕96号),同意将深圳市国资局更名为“深圳市国资委”。据此,发行人控股股东及实际控制人深圳市国资局更名为深圳市国资委。

2. 中华煤气投资

中华煤气投资全称香港中华煤气投资有限公司(英文名 Hong Kong & China Gas Investment Holdings Limited),系一家依照英属维尔京群岛法律于2003年7月14日在英属维尔京群岛注册成立的有限责任公司,其住所为P.O. Box 957, Offshore Incorporations Centre, Road Town, Tortola, British Virgin Islands(中文译址:英属维尔京群岛托尔托拉岛路城海外公司注册中心957号邮箱),法定代表人陈永坚,系中华煤气的全资控制的子公司。

3. 港华投资

港华投资全称港华投资有限公司,系于2002年3月26日在深圳市注册成立的外商独资投资性企业,持有商务部(原对外经济贸易合作部)颁发的外经贸资审字〔2002〕0019号《中华人民共和国外商投资企业批准证书》,《企业法人营业执照》的注册号为440301503344034号,法定代表人陈永坚,注册资本3000万美元,注册地址为深圳市福田区福中一路1016号地铁大厦11楼01-10单元及13-19单元,经核准的经营范围为:(1)在国家允许外商投资的领域依法进行投资。(2)受其所投资企业的书面委托(经董事会一致通过),提供下列服务:①协助或代理所投资企业从国内外采购所投资企业自用的机器设备、办公室设备和生产所需的物料、元器件和零部件,和在国内外销售所投资企业的产品,并提供售后服务;②协助所投资企业招聘和培训人员,并提供技术支持、市场开发及咨询服务,和提供企业内部人事管理等服务;③协助所投资企业寻求贷款和为其提供担保;④在外汇管理部门的同意和监督下,在其所投资企业之间平衡外汇。(3)为投资者提供咨询服务,为其关联公司提供与其投资有关的市场信息、投资政策等咨询服务。(4)在中国境内设立科研中心或部门,从事新产品及高新技术的研究开发，转让其研究开发成果，并提供相应的技术服务。(5)承接其母公司和关联公司的服务外包业务。燃气灶具、燃气热水器、取暖设备、热水和蒸汽供应设备、抽油烟机、餐具消毒及其他厨卫用品的批发、上门维修、上门安装、售后服务及相关配套业务(不涉及国营贸易管理商品，涉及配额、许可证管理及其他专项规定管理的商品，按国家有关规定办理申请)。港华投资系中华煤气全资控制的子公司。

4. 中华煤气(深圳)

中华煤气(深圳)全称香港中华煤气(深圳)有限公司(英文名为Hong Kong & China Gas (Shenzhen) Limited)系依照英属维尔京群岛法律于1994年1月28日在英属维尔京群岛注册设立的有限责任公司，住所为P. O. 71, Craigmuir Chambers, Road Town, Tortola, British Virgin Islands(中文译址：英属维尔京群岛托尔托拉岛路城格梅雅大厦71号邮箱)，法定代表人陈永坚，系中华煤气全资控制的子公司。

5. 新希望集团

四川希望投资原系燃气集团整体变更设立深圳燃气时的发起人股东之一，原股东分别为刘永好、刘畅及李巍。2007年10月24日，四川希望投资与新希望集团签订《合并协议》，约定新希望集团以吸收合并方式吸收四川希望投资，吸收合并后四川希望投资所有的债权债务由新希望集团承继。2008年2月25日，四川希望投资依法办理了工商注销手续。

经查，新希望集团系一家依中国法律注册设立的有限责任公司，成立于1997年1月9日，吸收合并四川希望投资之前持有四川省工商行政管理局核发的《企业法人营业执照》，注册号5100001809384，注册资本623,00万元，股东为刘永好、刘畅及李巍，持股比例分别为61.95%、36.93%及1.12%；新希望集团吸收合并四川希望投资后于2007年12月19日取得四川省工商行政管理局核准换发的新《企业法人营业执照》，注册号510000000029559(1－1)，注册资本80,000万元，股东仍为刘永好、刘畅及李巍，持股比例分别为62.34%、36.35%及1.31%。2007年12月10日，四川华瑞中和会计师事务所有限公司出具《验资报告》(华瑞中和验字〔2007〕第40号)，确认新希望集团因吸收合并四川希望投资而新增的注册资本已全部到位。

2008年4月22日，商务部向深圳燃气换发《中华人民共和国外商投资企业批准证书》(商外资资审字〔2004〕0063号)，确认新希望集团为深圳燃气的投资者之一，其注册地为中国，出资额(持股)1100万股。

2008年5月16日，深圳市工商局向公司颁发新《企业法人营业执照》，核准登记新希望集团为公司发起人股东。

本所认为，新希望集团吸收合并四川希望投资履行了各项法定程序，可依法承继原四川希望投资作为深圳燃气发起人股东的权利义务。

6. 联华信托

(1)联华信托原系一家依中国法律注册成立的有限责任公司，持有福建省工商行政管理局核发的《企业法人营业执照》，注册号为350000100021366，注册地址福州市鼓楼区五四路137号信和广场25至26层，法定代表人杨华辉，注册资本51,000万元，企业类型为有限责任公司(中外合资)，营业期限自2003年3月18日至2053年3月17日。

(2)根据中国银行业监督管理委员会《关于联华国际信托有限公司变更股权及调整股权结构的批复》(银监复〔2011〕35号)，兴业银行股份有限公司获准受让新希望集团持有联华信托的15.69%股权、四川南方希望实业有限公司持有联华信托的25.49%股权、福建华投投资有限公司(原"福建华侨投资(控股)公司")持有联华信托的10%股权。本次股权转让后，联华信托股权结构为：

股东	出资额(万元)	持股比例
兴业银行股份有限公司	26,100	51.18%
福建华投投资有限公司	11,200	21.96%
澳大利亚国民银行	10,200	20%
永安资产管理有限公司	2500	4.9%
南平市投资担保中心	1000	1.96%
合计	51,000	100%

2011年3月28日，福建省工商行政管理局就上述股权转让核准变更登记，并向联华信托换发《企业法人营业执照》。

(3)2011年5月3日，中国银行业监督管理委员会福建监管局出具《关于联华国际信托有限公司变更公司名称的批复》(闽银监复

〔2011〕161 号),同意联华信托中文全称由"联华信托国际有限公司"变更为"兴业国际信托有限公司",中文简称由"联华信托"变更为"兴业信托",并相应变更公司章程,2011 年 5 月 23 日,兴业信托取得福建省工商行政管理局颁发的《企业法人营业执照》(注册号 350000100021366),载明住所位于福州市鼓楼区五四路 137 号信和广场 25 至 26 层,法定代表人杨华辉,注册资本及实收资产 51,000 万元,公司类型为有限责任公司(中外合资,外资比例低于 25%),营业期限自 2003 年 3 月 18 日至 2053 年 3 月 17 日,经核准的经营范围为:资金信托;动产信托;不动产信托;有价证券信托:其他财产或财产权信托;作为投资基金或者基金管理公司的发起人从事投资基金业务;经营企业资产的重组、购并及项目融资、公司理财、财务顾问等业务;受托经营国务院有关部门批准的证券承销业务;办理居间、咨询、资信调查等业务;代保管及保管箱业务;以存放同业、拆放同业、贷款、租赁、投资方式运用固有财产;以固有财产为他人提供担保;从事同业拆借;法律法规规定或中国银行业监督管理委员会批准的其他业务(涉及审批许可项目的,只允许在审批许可的范围和有效期限内从事经营活动)。

(二)控股股东与实际控制人

1. 截至 2013 年 3 月 31 日,深圳市国资委持有发行人 1,010,029,500 股,占发行人股份总数的 51%,为发行人的控股股东与实际控制人。

2. 根据发行人第二届董事会第二十三次临时会议决议、2012 年度股东大会决议,本次发行的可转换公司债券全额向发行人原股东实行优先配售。本次发行前,控股股东、实际控制人深圳市国资委持有发行人 1,010,029,500 股,持股比例为 51%。本次发行后,(1)如深圳市国资委行使优先认购权认购本次发行可转换公司债券的 51%,在全部可转换公司债券转股后,深圳市国资委持有深圳燃气的股份比例为 51%,仍是发行人的控股股东、实际控制人。(2)如深圳市国资委不行使优先认购权,按转股价 10 元计算,可转债全部转股后,深圳市国资委的持股比例会下降为 47.19%。而发行人第二大股东中华煤气投资及其一致行动人的持股比例为 26.82%(行使优先认购权)或 24.82%(不行使优先认购权)。则在此情况下,深圳市国资委仍是发行人的第一大股东,对发行人仍处于相对控股地位。

本所认为,本次发行完成后,发行人控股股东和实际控制人不会发生变动。

(三)截至 2013 年 3 月 31 日,发行人总股本为 1,980,450,000 股,情况如下:

	持股数量(股)	持股比例
有限售条件股份	75,870,735	3.83%
无限售条件流通股份	1,904,579,265	96.17%
合计	1,980,450,000	100%

前十名股东持股情况(截至 2013 年 3 月 31 日)

股东名称	持股数(股)	持股比例	股份性质
深圳市国资委	1,010,029,500	51.00%	流通及限售 A 股
中华煤气投资	330,000,000	16.66%	无限售 A 股
港华投资	184,841,235	9.33%	流通及限售 A 股
南方希望	148,500,000	7.50%	无限售 A 股
中华煤气(深圳)	16,500,000	0.83%	无限售 A 股
新希望集团	16,500,000	0.83%	无限售 A 股
中国建设银行—华安宏利股票型证券投资基金	11,299,900	0.57%	无限售 A 股
兴业银行股份有限公司—中欧新趋势股票型证券投资基金(LOF)	7,809,300	0.39%	无限售 A 股
中国农业银行—中邮核心成长股票型证券投资基金	7,770,000	0.39%	无限售 A 股
深圳金创资产管理中心	7,049,000	0.36%	无限售 A 股

(四)本所认为,发行人的发起人股东及主要股东具有法律、法规和规范性文件规定担任发起人或进行出资的主体资格,均合法持有发行人股份。

七、发行人的股本及其演变

（一）发行人变更设立前原燃气集团的股权演变

1. 经深圳市人民政府批准，发行人前身原燃气集团于1996年4月30日由原深圳市液化石油气管理公司和深圳市煤气公司合并设立，设立时系国有独资有限公司，注册资本12,000万元，深圳市投资管理公司持有100%的股权。

2. 经深圳市人民政府国有资产管理办公室、国家发改委及商务部批准，燃气集团于2004年4月9日变更为中外合资经营企业并领取了《企业法人营业执照》，注册资本增加至47,200万元，变更后股权结构为：深圳市投资管理公司持股60%，中华煤气投资持股20%，港华投资持股9%，中华煤气（深圳）持股1%，联华信托持股9%，四川希望投资持股1%。

3. 经商务部2006年1月13日批准，燃气集团原由深圳市投资管理公司持有的60%股权转由深圳市国资委持有，公司注册资本由47,200万元增加至77,200万元，增加的注册资本由各股东按持股比例认购。深圳市工商局于2006年2月28日核准燃气集团的上述股权转让及增资的变更登记，变更后的股权结构为：深圳市国资委持股60%，中华煤气投资持股20%，港华投资持股9%，中华煤气（深圳）持股1%，联华信托持股9%，四川希望投资持股1%。

本所认为，发行人变更设立前原燃气集团的股权设置、股权结构及历次变动均符合当时的法律法规，合法有效，不存在潜在纠纷及风险。

（二）发行人变更设立时的股本结构

经商务部、深圳市建设局及深圳市国资委的批准，并经深圳市工商局核准登记，发行人由原燃气集团整体变更发起设立时注册资本为110,000万元，股份总数为110,000万股，股权设置为：

股东	股份数（万股）	占总股本比例
深圳市国资委	66,000	60%
中华煤气投资	22,000	20%
港华投资	9900	9%
联华信托	9900	9%
中华煤气（深圳）	1100	1%
四川希望投资	1100	1%
合 计	110,000	100%

根据深圳巨源会计师事务所出具深巨验字〔2007〕004号《验资报告》及相关法律法规，本所认为，发行人设立时的股权设置、股本结构合法有效；经本所查验，发行人自变更设立以来，股东及股本结构未发生变化，不存在潜在纠纷及法律风险。

（三）发行人的国有股权设置

深圳市国资委所持有发行人60%股权的性质为国家股。深圳市国资委于2006年12月6日核发了《关于深圳市燃气集团有限公司整体变更设立股份有限公司的批复》（深国资委〔2006〕477号），同意燃气集团上报的国有股权管理方案。

本所认为，发行人的国有股权设置符合法律、法规的有关规定，合法有效。

（四）发行人上市后股本结构

发行人系经商务部《关于同意深圳市燃气集团有限公司转为股份公司并增加经营范围的批复》（商资批〔2006〕2533号）批准，由其前身燃气集团整体改制变更设立的股份有限公司。2009年8月17日，经中国证券监督管理委员会（下称中国证监会）发行审核委员会第74次工作会议审核通过，并经中国证监会《关于核准深圳市燃气集团股份有限公司首次公开发行股票的批复》（证监许可〔2009〕1269号文）核准，发行人于同年12月3日至16日向社会公众发行13,000万股人民币普通股，注册资本变更为123,000万元。同年12月25日，经上海证券交易所《关于深圳市燃气集团股份有限公司人民币普通股股票上市交易的通知》（上证发字〔2009〕21号文）批准，发行人股票在上海证券交易所正式挂牌上市交易，股票代码601139。

2009年11月27日，经中国证监会证监许可〔2009〕1269号文核准，发行人在上海证券交易所以上网定价的发行方式向社会公开发行人民币普通股（A股）13,000万股，每股面值1元，发行价格为6.95元/股。2009年12月25日，发行人股票在上海证券交易所挂牌交易，股票发行后总股本123,000万股，募集资金共计903,500,000元。在扣除保荐承销费、律师费、发行手续费等发行费用37,488,320.45元后，发行人实际募集资金净额为866,011,679.55元，经德勤华永2009年12月16日出具的德师报（验）字（09）第0044号验资报告验证，募集资金已全部到位。

(五)非公开发行股票后股本结构

2010年5月26日,发行人2010年度股东大会审议通过了《关于公司符合非公开发行A股股票条件的议案》、《关于公司非公开发行股票预案的议案》、《关于本次非公开发行A股股票募集资金使用可行性报告的议案》。

2011年9月22日,经中国证监会《关于核准深圳市燃气集团股份有限公司非公开发行股票的批复》(证监许可〔2011〕1532号)批准,深圳燃气向深圳市国资委等8名特定对象非公开发行9030万股新股,发行完成后股本总额变更为132,030万股。

发行人于2011年12月8日在上海证券交易所以每股10.90元的发行价格非公开发行90,300,000股人民币普通股(A股),股款计984,270,000元。扣除非公开发行股票的保荐和承销费31,512,370元后,发行人实际收到上述A股的募集资金952,757,630元,扣除由发行人支付的其他发行费用计2,130,000元后,实际募集资金净额为950,627,630元,经中审国际会计师事务所有限公司验证并出具中审国际验字〔2011〕01020346号验资报告验证,募集资金已全部到位。

(六)2011年度利润分配及公积金转增股本后股本结构

2012年4月23日,发行人2011年度股东大会审议通过了深圳燃气2011年度利润分配及资本公积转增股本方案:以总股本1,320,300,000股为基数,向全体股东每10股派发现金1.3元(含税);每10股转增5股,共转增660,150,000股,实施后总股本为198,045万股。

2012年6月15日,深圳市经贸信委出具《关于深圳市燃气集团股份有限公司增资的批复》(深经贸信息资字〔2012〕0765号),同意发行人总股本由1,320,300,000股增至1,980,450,000股。增资后,发行人股本结构变更为:深圳市国资委持股51%,中华煤气投资持股16.66%,港华投资持股9.33%,兴业信托持股7.5%;全国社会保险基金理事会持股0.98%;新希望集团有限公司持股0.83%;中华煤气(深圳)持股0.83%;社会公众持股12.87%。

2012年11月23日,发行人取得深圳市人民政府换发的《中华人民共和国外商投资企业批准证书》(商外资资审字〔2004〕0063)。

2012年12月27日,中审国际会计师事务所有限公司验证并出具中审国际验字〔2012〕09030044号验资报告,此次变更后发行人注册资本实收金额为1,980,450,000元,股本为1,980,450,000股。

前十名股东持股情况(截至2013年3月31日)

股东名称	持股数(股)	持股比例	股份性质
深圳市国资委	1,010,029,500	51.00%	流通及限售A股
中华煤气投资	330,000,000	16.66%	无限售A股
港华投资	184,841,235	9.33%	流通及限售A股
南方希望	148,500,000	7.50%	无限售A股
中华煤气(深圳)	16,500,000	0.83%	无限售A股
新希望集团	16,500,000	0.83%	无限售A股
中国建设银行—华安宏利股票型证券投资基金	11,299,900	0.57%	无限售A股
兴业银行股份有限公司—中欧新趋势股票型证券投资基金(LOF)	7,809,300	0.39%	无限售A股
中国农业银行—中邮核心成长股票型证券投资基金	7,770,000	0.39%	无限售A股
深圳金创资产管理中心	7,049,000	0.36%	无限售A股

(七)公司发起人股东所持股权的质押

经本所查验及发起人股东所作的书面承诺,发起人股东所持公司股份不存在冻结和质押的情形。

(八)本所认为,发行人历次股本结构的变动均履行了必要的批准、登记等程序,合法、合规、真实、有效。

八、发行人的业务

(一)燃气集团历次经营范围的变更

经本所核查,燃气集团历次经营范围的变

更均已获有权部门批准并办理了工商变更登记手续，符合法律、法规及其他规范性文件的规定，合法有效。

（二）发行人变更设立时的经营范围

发行人变更设立时，深圳市工商局于2007年1月30日颁发的《企业法人营业执照》载明，发行人当时的经营范围为："管道燃气业务的经营，包括以管道输送形式向用户供应液化石油气（LPG）、液化天然气（LNG）、天然气、掺混气、人工煤气及其他气体燃料，并提供相关服务；燃气输配管网的投资、建设和经营；深圳市城市天然气利用工程的开发、建设和经营；液化石油气，天然气，燃气，燃气用具，钢瓶检测；经营性道路危险货物（液化石油气、液化天然气）运输；承担燃气管道安装工程"。

发行人经营范围中，"经营性道路危险货物（液化石油气、液化天然气）运输"已取得广东省交通厅核发的粤交运管许可深字440300002527号《中华人民共和国道路运输经营许可证》，"承担燃气管道安装工程"已取得广东省建设厅核发的B3544044030403号《建筑业企业资质证书》。

（三）发行人目前的经营范围

2011年3月25日，经深圳市市场监督局批准，发行人经营范围新增"在盐田区沙头角海景二路棕榈湾小区一楼等十七处设有经营场所从事经营活动"，并办理了工商变更登记。

2012年5月15日，经深圳市市场监督局批准，发行人经营范围新增"（燃气经营许可证有效期至2016年9月26日，道路运输经营许可证有效期至2015年6月28日）"，并办理了工商变更登记。

据此，发行人目前的经营范围为"管道燃气业务的经营，包括以管道输送形式向用户供应液化石油气（LPG）、液化天然气（LNG）、天然气、掺混气、人工煤气及其他气体燃料，并提供相关服务；燃气输配管网的投资、建设和经营；深圳市城市天然气利用工程的开发、建设和经营；液化石油气，天然气，燃气，燃气用具，钢瓶检测。经营性道路危险货物（液化石油气、液化天然气）运输；承担燃气管道安装工程；在盐田区沙头角海景二路棕榈湾小区一楼等十七处设有经营场所从事经营活动。（燃气经营许可证有效期至2016年9月26日，道路运输经营许可证有效期至2015年6月28日）"

经本所查证，截至本法律意见书出具之日，发行人经营范围未再发生变更。

本所认为，发行人的业务与其《企业法人营业执照》所记载的经营范围相符，发行人的经营范围和经营方式符合《市政公用事业特许经营管理办法》、《城市燃气管理办法》、《深圳市燃气条例》和其他相关法律法规的规定，符合燃气集团与深圳市建设局签订的《特许经营协议》及深圳市建设局颁发的《管道燃气特许经营授权书》的规定。

（四）发行人的主营业务

发行人自设立以来一直从事城市燃气经营，目前主要从事城市管道燃气供应、液化石油气批发、瓶装液化石油气零售和燃气投资业务等，主营业务没有发生重大变化。

（五）发行人的持续经营

1. 经本所审查，发行人近三年连续通过工商年检，发行人经营所需的资质证书、授权文件均在有效期内，不存在法律、法规和《公司章程》规定的终止或解散的事由。

2. 经查询及发行人承诺，发行人的生产经营正常，未受到相关政府部门的处罚，不存在法律、法规和《公司章程》规定的导致无法持续经营的情形。

3. 本所核查了发行人将要履行、正在履行以及履行完毕但可能对发行人有重大影响的合同，该等合同、协议及其对发行人具有约束力的文件不存在可能影响发行人持续经营能力的内容。

4. 发行人高级管理人员、核心技术人员专职在发行人工作，董事、监事、高级管理人员及员工队伍稳定。

本所认为，截至本法律意见书出具之日，发行人不存在影响其持续经营的法律障碍。

九、发行人的关联交易及同业竞争

（一）发行人的关联方

根据《企业会计准则——关联方关系及其交易的披露》、《编报规则》与中国证监会《股票发行审核标准备忘录》等规范性文件及《深圳市燃气集团股份有限公司关联交易管理办法》，本所将发行人的关联方列举如下：

1. 发行人控股股东

深圳市国资委持有发行人51%的股份，系

发行人的控股股东及实际控制人。

2. 持有发行人股份5%以上的股东

(1)中华煤气投资持有发行人16.66%的股份,系发行人的关联法人;

(2)港华投资持有发行人9.33%的股份,系发行人的关联法人;

(3)南方希望持有发行人7.5%的股份,系发行人的关联法人。

3. 发行人的控股子公司

发行人的控股子公司包括深燃石油气公司、深燃投资公司、梧州深燃天然气有限公司、深圳市燃气工程监理有限公司、九江县深燃天然气有限公司、肇庆深燃天然气销售有限公司、深圳市华安利民液化石油气有限公司、深圳市深燃物业服务有限公司、江西省铅山深燃天然气有限公司、华安公司、安徽深燃鑫瑞天然气供应有限公司、深圳市深燃天然气贸易有限公司、定远县深燃天然气有限公司、宣城深燃天然气有限公司、湖北深捷清洁能源有限公司、乌审旗京鹏天然气有限公司、华安液化石油气(香港)有限公司、广东深汕特别合作区深燃天然气有限公司、黄山市深燃清洁能源有限公司、庐山深燃天然气有限公司、九江深燃天然气有限公司、赣州深燃天然气有限公司、瑞金深燃天然气有限公司、赣州深燃燃气设备经营有限公司、景德镇深燃天然气有限公司、宜春深燃天然气有限公司、安徽深燃天然气有限公司、肥东深燃天然气有限公司、肥西深燃天然气有限公司、明光深燃天然气有限公司、长丰深燃天然气有限公司、海丰深燃中顺燃气有限公司、赣县深燃天然气有限公司、龙南深燃天然气有限公司及南京绿源燃气有限公司等35家公司。

4. 发行人持股超过20%的参股公司

深圳市燃气用具有限公司、中海油深燃公司、深圳中石油深燃天然气利用有限公司、泰安昆仑耐特天然气有限公司、深圳中油深燃清洁能源有限公司、九江深港燃气有限公司及深圳中石化深燃天然气有限公司等7家公司。

5. 发行人的关联自然人

公司的董事、监事和高级管理人员,以及与董事、监事和高级管理人员关系密切的亲属,包括其配偶、父母、年满18周岁具有完全民事行为能力的子女,兄弟姐妹、配偶的父母、子女的配偶、配偶的兄弟姐妹和兄弟姐妹的配偶等。

6. 其他关联方

中华煤气作为中华煤气投资、港华投资、中华煤气(深圳)三家外方股东(三家股东合计持有发行人26.82%的股份)的控股股东,系发行人的关联方。新希望集团作为南方希望实业有限公司的控股股东,系发行人的关联方。

(二)发行人与关联方之间的关联交易

1. 经本所核查并根据德勤华永近三年出具的审计报告,发行人与关联方之间的关联交易情况为:

(1)2010年1月至12月,发行人向中海油深燃公司采购天然气,金额为1496.53万元。

(2)2011年1月至12月,发行人向中海油深燃公司采购天然气,金额为3580.40万元。

(3)2011年1月至12月,发行人向广州东永港华燃气有限公司销售液化石油气,金额为11,342.55万元。

(4)2011年1月至12月,发行人向中石油深燃天然气利用有限公司销售天然气,金额为107.05万元。

(5)2012年1月至12月,发行人向中海油深燃公司采购天然气,金额为392.36万元。

(6)2012年1月至12月,发行人向广州东永港华燃气有限公司销售液化石油气,金额为7415.29万元。

(7)2012年1月至12月,发行人向深圳中石油深燃天然气利用有限公司销售天然气,金额为695.18万元。

(8)2009年年末,发行人对原持有50%股权的下属合营公司深圳市建业冠德石油产品有限公司拥有一笔其他应收款540万元。2010年8月9日,发行人与中石化签署《深圳市建业冠德石油产品有限公司50%股权转让合同》,于股权转让时收到中石化代深圳市建业冠德石油产品有限公司偿还的540万元款项。

(9)2010年3月25日,发行人第一届董事会第六次会议审议通过《关于收购成都深燃天然气有限公司50%股权暨关联交易的议案》,同意深燃投资公司收购景德镇投资公司持有的成都深燃公司50%股权,收购价格为1,947万元。收购完成后,深燃投资公司持有成都深燃公司100%股权,目前已完成股权过户相关手续,成都深燃公司已于2011年5月24日领取了新《企业法人营业执照》,公司类型为有限责任公司(法人独资)。

(10)2013 年 1 月 28 日,深燃投资公司下属子公司九江深燃公司与九江港华燃气有限公司合资设立九江深港燃气有限公司,注册资本 1000 万元,九江深燃公司与九江港华燃气有限公司各持有该公司 50% 的股权,分别货币出资 500 万元。由于九江港华燃气有限公司系港华投资公司下属全资子公司的参股公司,此次共同投资行为构成关联交易。

2. 控股股东及其他关联方资金占用情况

根据德勤华永出具的德师报(函)字(13)第 Q0123 号《关于深圳市燃气集团股份有限公司控股股东及其他关联方资金占用情况的专项说明》,发行人关联方应收、应付款项余额不含有发行人控股股东及除下属子公司以外的其他关联方占用发行人资金的情况。发行人会计师对发行人控股股东及其他关联方资金占用情况进行了专项审核,确认对资金占用情况汇总表所载资料与审计发行人年度财务报表时所复核的会计资料和经审计的财务报表的相关内容进行了核对,在所有重大方面没有发现不一致。

3. 关键管理人员报酬

发行人向关键管理人员支付薪酬的情况如下:

年度(期间)	2012 年	2011 年	2010 年
关键管理人员薪酬(万元)	1254.12	1188.07	942.27

(三)关联交易的公允性

经核查,发行人在近三年发生的关联交易均严格履行了《公司章程》规定的程序,价格公允,近三年未发生重大关联交易。

(四)发行人关于关联交易决策程序的规定

发行人已在《公司章程》及其他内部规定中明确规定了关联交易公允决策的程序,有利于保护发行人、非关联股东及中小股东的利益。

(五)同业竞争

1. 经本所核查及深圳市国资委书面声明,发行人的控股股东和实际控制人深圳市国资委目前除在发行人投资并持有股份外,未在深圳及深圳以外的任何区域投资或经营与发行人相同或相近的业务,与发行人不存在任何形式的同业竞争。据此,本所认为,发行人与控股股东、实际控制人及其控制的其他企业间不存在同业竞争。

2. 经本所核查及中华煤气投资、中华煤气(深圳)及港华投资等三家外方股东书面声明,三家外方股东除对发行人投资并持有股份外,未在发行人业务所在的深圳市行政区域和发行人已有投资的其他区域投资或经营与发行人相同或相近的业务,在该等区域内,与发行人不存在同业竞争。据此,本所认为,发行人与三家外方股东也不存在同业竞争。

(六)避免同业竞争的措施

1. 发行人控股股东及实际控制人深圳市国资委于 2008 年 5 月 20 日向发行人出具《关于避免同业竞争的承诺函》,承诺自该函出具之日起,除在发行人投资并持有股份外,将不在深圳及深圳以外的任何区域投资或经营与发行人相同或相近的业务,不与发行人发生同业竞争。

2. 发行人三家外方股东于 2008 年 5 月 19 日向发行人出具《关于避免同业竞争的承诺函》,承诺自该函出具之日起,除在发行人投资并持有股份外,将不在发行人业务或投资所在的同一区域投资或经营与发行人相同或相近的业务,避免同业竞争。

据此,本所认为,发行人控股股东、实际控制人等有关方面已作出有效承诺避免同业竞争。

(七)发行人对关联交易和避免同业竞争的承诺已作充分披露

经本所审查,发行人本次发行的申报材料、审计报告、法律意见书以及律师工作报告中均已对有关关联方、关联关系和关联交易的内容、金额和避免同业竞争的承诺等予以了充分披露。发行人关于关联交易与同业竞争所披露的的内容真实、准确、完整,不存在重大遗漏或重大隐瞒。

十、发行人的主要财产

(一)发行人的主要财产包括注册商标、专利权、软件、特许经营权、土地使用权、房屋及生产经营设备

1. 注册商标

发行人目前拥有 22 项注册商标(详见律师工作报告正文第十项“发行人的主要财产”)。

2. 专利权

发行人目前拥有"移动式液化天然气加臭调压箱"外观设计、实用新型专利权,"液化石油气钢瓶(黄色)"外观设计专利权,"钢塑过渡管件"实用新型专利权。

3. 软件

发行人目前拥有的软件主要包括地下燃气管网管理系统以及办公软件等。根据德勤华永出具的《2012 年度审计报告》,截至 2012 年 12 月 31 日,前述软件的净值为 29,121,950.46 元。

4. 特许经营权

(1)深圳市人民政府 2003 年 8 月 26 日下发《关于授权市建设局等单位签署公用事业特许经营授权书的通知》(深府〔2003〕152 号),授权"市建设局作为燃气特许经营监管部门代表市政府签署《管道燃气特许经营授权书》,并与被授权人签署有关法律文件"。

(2)深圳市建设局依据上述授权,于 2003 年 8 月 29 日向燃气集团出具《管道燃气特许经营授权书》(深建字〔2003〕71 号),"授予深圳市燃气集团有限公司(被授权人)管道燃气特许经营权",期限为"30 年,自 2003 年 9 月 1 日至 2033 年 9 月 1 日",该授权书的效力为"授权书一经作出,即具有法律效力,被授权人依本授权书取得的特许经营权及其有关权益受中华人民共和国法律保护"。

(3)2004 年 9 月 7 日,深圳市建设局与燃气集团签订《特许经营协议》,以协议的方式进一步明确了燃气集团所享有的特许经营权的内容、范围、区域、授予、期限、使用及费用等事项。该协议将管道燃气特许经营权明确界定为深圳市建设局"依据《管道燃气特许经营授权书》的内容授予乙方的管道燃气业务专营权及管道燃气设施的投资建设权(包括改造和更换权)",明确自 2003 年 9 月 1 日起,由燃气集团"统一经营特许经营区域内的一切管道燃气业务",有效期限为三十年,即"2003 年 9 月 1 日至 2033 年 9 月 1 日"。协议还约定,深圳市及其辖区各级人民政府或各部门在特许经营区域范围内投资建设的全部市政管道燃气设施租赁给燃气集团用于管道燃气特许经营,租金为每年壹元。另据深圳市建设局与燃气集团签订的《特许经营协议之补充协议一》,深圳市建设局经深圳市政府授权将新增管道燃气设施租赁给燃气集团用于特许经营,租赁费不再另行收取,双方就此无须另行签订协议。

(4)2008 年 4 月 23 日,深圳市建设局下发《关于深圳市燃气集团股份有限公司首次公开发行股票并上市及相关问题的批复》(深建复〔2008〕10 号),同意发行人在国内 A 股公开发行股票并上市,重申发行人在上市后仍享有深圳市管道燃气特许经营权,并从 2007 年起将原有的管道燃气特许经营监管费改为特许经营使用费,具体缴交标准为:2007 年度 300 万元,2008 年度及 2009 年度均为 600 万元,2010 年起按管道燃气业务当年销售收入的 0.5% 缴纳并以每年 1000 万元为限。

(5)2009 年 7 月 13 日,深圳市建设局与发行人签订《特许经营协议之补充协议二》,再次明确发行人特许经营的业务范围为"管道燃气业务经营。包括以管道输送形式向用户供应液化石油气(LPG)、液化天然气(LNG)、天然气、掺混气、人工煤气及其他气体燃料,并提供相关服务;燃气输配管网的投资、建设和经营;深圳市城市天然气利用工程的开发、建设和经营"。协议还约定,发行人获得特许经营权需向深圳市建设局支付特许经营权使用费,自 2009 年起每年 4 月 30 日之前缴纳上一年度特许经营权使用费,具体标准为:2008 年、2009 年度分别为 600 万元/年;2010 年起按照管道燃气业务当年销售收入的 0.5% 缴纳,达到或超过 1000 万元/年时原则上按 1000 万元/年缴纳,若情况发生变化需要调整时,双方再另行商定。

经查,发行人已依约缴交 2010 年至 2012 年度特许经营权使用费。

(6)此外,发行人在深圳市行政区域以外的其他地区从事管道燃气业务并已获得当地有关部门授予的特许经营权的子公司,包括九江深燃天然气有限公司、赣州深燃天然气有限公司、景德镇深燃天然气有限公司、梧州深燃天然气有限公司、宜春深燃天然气有限公司、肥东深燃天然气有限公司、肥西深燃天然气有限公司、明光深燃天然气有限公司、长丰深燃天然气有限公司、瑞金深燃天然气有限公司、九江县深燃天然气有限公司、江西省铅山深燃天然气有限公司、定远县深燃天然气有限公司、庐山深燃天然气有限公司、南京绿源燃气有限公司、深燃投资公司、龙南深燃天然气有限公司等（详见律师工作报告正文第十项“发行人的主要财产”）。

5. 土地使用权

截至本法律意见书出具日，发行人已就33宗土地与深圳市规土委签订了土地使用权出让合同，全部地价均已付清，其中福田中央供气站用地、坪地天然气抢险服务中心及调压站用地、横岗抢险服务中心及调压站用地及布吉西郊抢险服务中心及调压站用地已取得《房地产证》（详见律师工作报告正文第十项“发行人的主要财产”）。

6. 房产

截至本法律意见书出具日，发行人及其主要子公司已取得房地产证的房产共108项（详见律师工作报告正文第十项“公司的主要财产”）。

7. 主要生产经营设备

发行人拥有包括门站、调压站、气化站、气站、管网系统、天然气次高压管道、仪器仪表、发电机、空压机、套丝机、运输设备、电子设备、器具及家具及其他设备等生产经营设备。本所审查了主要生产经营设备的购置凭证，抽查了部分生产经营设备，该等设备均处于有效使用期内，并在正常使用中。

8. 本所认为：

发行人的注册商标及专利权系依法申请、合法取得，均已取得相关权属证明文件；发行人的计算机软件及生产经营设备系经合法购买取得，均有有效的购置凭证；发行人的管道燃气特许经营权系经政府授权及签订协议合法取得，并持有政府颁发的《特许经营授权书》；发行人所拥有的房产及土地使用权系经出让、受让等合法方式取得。本所认为，上述财产为发行人合法拥有，不存在产权纠纷或潜在风险

（二）发行人的主要财产被设置抵押、质押及其他权利受到限制的情形

根据发行人承诺及本所核查，发行人的主要财产没有抵押、质押及其他权利受限制的情形。

发行人部分子公司有抵押担保向银行借款的情形（详见律师工作报告正文第十项“发行人的主要财产”），本所经核查后认为，该等子公司签署的借款合同和抵押担保合同合法有效，符合相关法律法规的规定。

（三）发行人租赁土地、房屋的情况

发行人及其子公司租赁土地、房屋的情形详见律师工作报告正文第十项“发行人的主要财产”，经审查发行人及子公司签订的租赁合同，本所认为，该等租赁合同系发行人与出租人自愿订立，为双方真实意思的表示，内容不违反法律、行政法规的禁止性规定，合法有效。

十一、发行人的重大债权债务

（一）发行人将要履行、正在履行的重大合同

公司将要履行、正在履行以及已履行完毕且可能对其生产、经营活动以及资产、负债和权益产生显著影响的重大合同主要包括：借款合同、燃气购销合同、天然气买卖与输送框架协议以及其他重大合同（详见律师工作报告正文第十一项“发行人的重大债权债务”）。

本所认为，上述将要履行、正在履行的重大合同均属发行人在正常经营活动中产生，内容及形式合法有效，不存在潜在纠纷或风险。

（二）发行人与关联方之间的重大债权债务及担保

根据德勤华永出具的审计报告，截至2012年12月31日，发行人与关联方之间不存在重大债权、债务关系。发行人与关联方之间没有相互提供担保，不存在因担保损害公司利益的潜在风险。

（三）金额较大的其他应收款、其他应付款

经审查，发行人金额较大的其他应收款和其他应付款均为正常的生产经营过程中发生，合法有效。

（四）侵权之债

经核查及发行人说明，发行人近三年不存在因环境保护、知识产权、产品质量、劳动安全及人身权等方面的原因产生的侵权之债。

十二、发行人重大资产变化及收购兼并

（一）经本所核查，发行人于2009年12月16日向社会公众发行13,000万股人民币普通股，注册资本变更为123,000万元，于2010年1月15日完成工商登记变更手续。

（二）经本所核查，发行人经整体变更设立至股票公开发行前，无合并、分立、增资扩股或减少注册资本的行为，也未进行重大资产重组，

所发生的历次增资扩股详见本报告正文第四部分“发行人的设立”。

(三)2011 年 9 月 22 日,经中国证监会《关于核准深圳市燃气集团股份有限公司非公开发行股票的批复》(证监许可〔2011〕1532 号)批准,发行人向深圳市国资委等 8 名对象非公开发行 9,030 万股新股,发行完成后股本总额变更为 132,030 万股。

(四)发行人 2011 年度利润分配及公积金转增股本

2012 年 4 月 23 日,发行人 2011 年度股东大会审议通过了深圳燃气 2011 年度利润分配及资本公积转增股本方案:以总股本 1,320,300,000 股为基数,向全体股东每 10 股派发现金 1.3 元(含税);每 10 股转增 5 股,共转增 660,150,000 股,实施后总股本为 198,045 万股。该次变更完成后至今,发行人无合并、分立、增资扩股或减少注册资本的行为。

本所认为,发行人首次公开发行、非公开发行、利润分配及公积金转增股本的条件、程序、资格、方式等均符合当时的法律、法规和规范性文件的规定,并得到有权部门的批准,合法有效。

(五)发行人近三年来的重大资产收购、出售事项主要有喜年中心 9 处房产、万商大厦 2 处房产及宏兴苑 14 处房产转让、华安公司 19% 股权收购、成都深燃公司 50% 股权收购、海丰县中顺燃气实业有限公司 65% 股权收购、赣县沪江管道燃气有限公司 100% 股权收购、南京绿源天然气有限公司 100% 股权收购、深圳市建业冠德石油产品有限公司 50% 股权转让、泰安深燃液化天然气利用有限公司 70% 股权转让、江西中石油昆仑天然气利用有限公司 25% 股权转让、深圳市深燃麟觉燃气销售有限公司的注销等(详见律师工作报告正文第十二项“发行人重大资产变化及收购兼并”)。

经本所核查,发行人近三年来的重大资产收购、出售等均按有关规定履行了评估、报批或备案手续,程序和内容符合法律、法规和规范性文件及公司章程的规定,合法有效。

(六)发行人近三年来新设子公司主要包括江西省铅山深燃天然气有限公司、深圳市深燃物业服务有限公司、安徽深燃鑫瑞天然气供应有限公司、深圳市深燃天然气贸易有限公司、定远县深燃天然气有限公司、宣城深燃天然气有限公司、湖北深捷清洁能源有限公司、乌审旗京鹏天然气有限公司、华安液化石油气(香港)有限公司、黄山市深燃清洁能源有限公司、广东深汕特别合作区深燃天然气有限公司、庐山深燃天然气有限公司、龙南深燃天然气有限公司等(详见律师工作报告正文第十二项“发行人重大资产变化及收购兼并”)。

经本所核查,发行人近三年来新设的子公司均按有关规定履行了审批、工商登记或备案等手续,程序和内容符合法律、法规和规范性文件及公司章程的规定,合法有效。

(七)发行人新建的梅林天然气生产调度大厦,主体工程建设已经完成,正在进行内部装修,部分区域已完成内部装修,已初步具备使用条件,尚未进行竣工验收(详见律师工作报告第十二项“发行人重大资产变化及收购兼并”)。

经本所核查,发行人新建梅林天然气生产调度大厦均按有关规定履行了报批和备案等手续,程序和内容符合法律、法规和规范性文件及公司章程的规定,合法有效。

(八)2013 年 5 月 29 日,发行人 2012 年度股东大会审议通过了《关于转让湖北深捷清洁能源有限公司 51% 股权的议案》和《关于转让肇庆深燃天然气销售有限公司 60% 股权的议案》,拟通过深圳联合产权交易所以不低于评估价公开挂牌转让。

综上,经本所核查及发行人确认,发行人除拟转让湖北深捷清洁能源有限公司 51% 股权及肇庆深燃天然气销售有限公司 60% 股权外,不存在其他拟进行的资产置换、资产剥离、资产出售或收购等行为。

十三、发行人章程的制定与修改

经核查,本所认为,发行人公司章程的制定及修改均由股东大会审议通过,已履行法定程序;发行人现行《公司章程》条款齐全、内容完备,符合《公司法》、《上市公司章程指引》等法律、法规和规范性文件的要求。

十四、发行人股东大会、董事会、监事会议事规则及规范运作

(一)发行人的组织机构

发行人建立了股东大会、董事会、监事会和

经营层的组织机构体系，设置了董事会秘书处、审计部、总裁办公室、人力资源部、计划财务部、发展部、安全设备部、技术管理部、物资管理部等职能部门，下设运输分公司、建设分公司、输配分公司、龙岗分公司、宝安分公司及客户服务分公司等六家分公司，制定了相应的规章制度，对各部门作了明确分工，各部门负责人由公司按照《公司章程》规定的程序任免。

本所认为，发行人的组织机构健全。

（二）发行人的三会规则

经本所审查，发行人的《股东大会议事规则》、《董事会议事规则》、《监事会议事规则》的内容均符合《公司法》、《上市公司治理准则》、《上市公司股东大会规则》等法律、法规和规范性文件的规定。

（三）发行人历次股东大会、董事会、监事会及其规范运作

本所查阅了发行人近三年来的历次股东大会、董事会、监事会会议记录、决议等材料，认为该等股东大会、董事会、监事会的通知、召集、召开程序、召集人和参加会议人员资格、表决程序和结果、决议内容及签署合法、合规、真实、有效。

（四）发行人股东大会或董事会的历次授权或重大决策

本所对发行人股东大会或董事会的历次授权或重大决策等进行了核查，认为发行人股东大会或董事会的历次授权或重大决策等行为合法、合规、真实、有效。

十五、发行人董事、监事和高级管理人员及其变化

（一）发行人董事、监事、高级管理人员的任职及其变化

1. 发行人现任董事、监事、高级管理人员

（1）发行人董事会现有15名董事（包括5名独立董事）：分别为包德元、陈永坚、欧大江、刘秋辉、韩德宏、张小东、吕华、关育才、黄维义、樊斌、俞伟峰、张建军、王晓东、刘磅及杜文君。

（2）发行人监事会现有5名监事（包括2名职工代表监事）：赵守日、杨松坤、邓中富、陈长征及骆文建。

（3）发行人设总裁、副总裁、高级顾问、财务总监、总会计师、总经济师、董事会秘书等高级管理人员，其中欧大江任总裁，陈秋雄、李青平、王文杰及郭加京任副总裁，李勇坚任高级顾问，黄至仁任首席财务官（财务总监），孙平贵任总会计师，薛波任总经济师，杨光任董事会秘书。

2. 发行人董事的产生及变更

（1）2007年1月22日，发行人创立大会选举包德元、陈永坚、于剑、钟绍星、欧大江、李勇坚、姚小雄、关育材、黄维义、张涛为公司第一届董事会董事；同日，公司董事会选举包德元为董事长和法定代表人，陈永坚为公司副董事长。

（2）2007年3月21日，于剑、李勇坚、姚小雄因工作正常调动向公司请求辞去董事职务；2007年4月12日，发行人2006年度股东大会改选刘秋辉、吕华、张小东为公司董事，并根据修订后的章程增选俞伟峰、张建军、王晓东、刘磅、李黑虎为公司独立董事。

（3）2010年5月7日，发行人召开2010年第一次临时股东大会，根据《公司法》、《公司章程》的有关规定对董事会进行了换届选举；选举包德元、陈永坚、欧大江、刘秋辉、钟绍星、张小东、吕华、关育材、黄维义、樊斌为第二届董事会董事，选举俞伟峰、张建军、王晓东、刘磅、杜文君为第二届董事会独立董事。同日，发行人召开第二届董事会第一次会议，选举包德元为董事长、陈永坚为副董事长。

第一届董事会成员中除张涛董事、李黑虎独立董事分别由樊斌、杜文君接任外，其余均续任发行人第二届董事会成员。

（4）2011年4月22日，发行人召开第二届董事会第三次会议，同意钟绍星辞去公司董事职务，辞职生效日为选出接任董事之日。

（5）2011年5月26日，发行人召开2010年度股东大会，选举韩德宏为第二届董事会董事，任期自2011年5月26日起，至发行人第二届董事会任期届满止。

3. 发行人监事的产生及变更

（1）2007年1月22日，发行人创立大会选举施佑生、李宝霖、彭扶民为第一届监事会股东代表监事。2007年1月22日，发行人四届三次职工代表大会选举陈长征、骆文建为第一届监事会职工代表监事；2007年1月22日，发行人第一届监事会第一次会议选举施佑生为监事会主席。

（2）2007年4月12日，发行人2006年度股东大会同意李宝霖辞去发行人监事的职务并

选举杨松坤为发行人监事。

(3)发行人 2008 年度股东大会审议通过《关于更换公司监事的议案》,同意股东新希望集团提名的邓中富先生担任公司第一届监事会监事,任期自 2009 年 3 月 25 日起,至发行人第一届监事会任期届满时止;原监事彭扶民先生由于工作变动,不再担任监事。

(4)2010 年 3 月 8 日,发行人召开四届七次职工代表大会,根据《公司法》、《公司章程》的有关规定对监事会进行换届选举,选举陈长征、骆文建为发行人第二届监事会职工代表监事;2010 年 5 月 7 日,发行人召开 2010 年第一次临时股东大会,选举施佑生、杨松坤、邓中富为第二届监事会监事。同日,发行人召开第二届监事会第一次会议,选举施佑生为监事会主席。

发行人第一届监事会成员均续任第二届监事会成员。

(5)2011 年 4 月 22 日,发行人召开第二届监事会第四次会议,同意施佑生辞去公司监事及监事会主席职务,辞职生效日为选出接任监事及监事会主席之日。

(6)2011 年 5 月 26 日,发行人召开 2010 年度股东大会,选举赵守日为第二届监事会监事,任期自 2011 年 5 月 26 日起,至发行人第二届监事会任期届满止。同日,公司召开第二届监事会第六次会议,选举赵守日为公司第二届监事会主席。

4. 发行人高级管理人员的产生及变更

(1)2007 年 1 月 22 日,发行人第一届董事会第一次会议经审议表决,聘于剑任发行人总经理;聘陈秋雄、欧大江、李勇坚、李青平、黄至仁任发行人副总经理;聘黄至仁兼任发行人财务总监;聘孙平贵任发行人总会计师;聘薛波任发行人总经济师;聘郭加京任发行人董事会秘书,聘期均为三年。

(2)根据深圳市人民政府深府任〔2007〕1 号文,发行人总经理于剑调任深圳市水务集团有限公司董事长并辞去发行人董事及总经理职务,2007 年 3 月 22 日,发行人第一届董事会第二次会议通过决议任命发行人原副总经理欧大江接任发行人总经理一职。

(3)2010 年 5 月 7 日,发行人召开第二届董事会第一次会议,同意聘任欧大江为发行人总裁,聘任陈秋雄、李勇坚、李青平、黄至仁为发行人副总裁;聘黄至仁兼任发行人财务总监,为发行人财务负责人;聘任孙平贵为发行人总会计师、薛波为发行人总经济师、郭加京为发行人董事会秘书。

(4)2011 年 1 月 26 日,发行人召开第二届董事会第八次临时会议,同意李勇坚、黄至仁辞去发行人副总裁职务,聘任李勇坚为发行人高级顾问、黄至仁为发行人首席财务官(财务总监)、王文杰为发行人副总裁、郭加京为发行人副总裁。

(5)2011 年 4 月 22 日,发行人召开第二届董事会第三次会议,同意郭加京不再兼任发行人董事会秘书,聘杨光任发行人董事会秘书。

(二)发行人独立董事的设立

1. 发行人根据《公司章程》和《独立董事工作规则》建立了独立董事制度, 2007 年 4 月 12 日召开的发行人 2006 年度股东大会选举俞伟峰、张建军、王晓东、刘磅、李黑虎为发行人独立董事,其中张建军为会计专业人士。

2. 2010 年 5 月 7 日发行人召开 2010 年第一次临时股东大会选举刘磅、杜文君、张建军、俞伟峰及王晓东为发行人独立董事,其中张建军为会计专业人士。

3. 根据发行人《独立董事工作规则》,发行人独立董事除应当具有《公司法》和其他相关法律、法规赋予董事的职权外,还应当赋予独立董事具有以下特别职权:

(1)公司拟与关联人达成的重大关联交易(指公司拟与关联方达成的交易金额在人民币 300 万元以上,且占公司最近一期经审计净资产绝对值 0.5% 以上的关联交易)应由独立董事认可后,提交董事会讨论。独立董事作出判断前,可以聘请中介机构出具独立财务顾问报告,作为其判断的依据;

(2)向董事会提议聘任或解聘会计师事务所;

(3)向董事会提请召开临时股东大会;

(4)提议召开董事会;

(5)独立聘请外部审计机构或咨询机构;

(6)可以在股东大会召开前公开向股东征集投票权。

(三)本所认为:

1. 发行人现任董事、监事和高级管理人员的任职符合法律、法规和规范性文件以及公司章程的规定,现任董事、监事和高级管理人员不存在下列情形：

(1)被中国证监会采取证券市场禁入措施尚在禁入期的；

(2)最近36个月内受到中国证监会行政处罚，或者最近12个月内受到证券交易所公开谴责的；

(3)因涉嫌犯罪被司法机关立案侦查或者涉嫌违法违规被中国证监会立案调查，尚未有明确结论意见的。

2. 发行人最近3年内董事、监事和高级管理人员没有发生重大变化；最近3年内董事、监事和高级管理人员发生的任免情况，符合有关规定，履行了必要的法律程序。

3. 发行人现有5名独立董事(其中一名具有会计专业的高级职称)，均具有中国证监会《关于在上市公司建立独立董事制度的指导意见》所要求的独立性，其任职资格及职权范围符合有关法律、法规和规范性文件的规定。

十六、发行人的税务及补贴

(一)根据发行人提供的资料，德勤华永出具的《2012年度审计报告》和本所核查，发行人及其控股子公司目前执行的税种、税率及相关优惠政策如下：

1. 主要税种及税率

<table>
<tr><th>税项</th><th>计税依据</th><th colspan="3">税率</th></tr>
<tr><td>增值税</td><td>液化石油气、天然气销售额，其他商品销售额和运输收入</td><td colspan="3">11%、13%或17%</td></tr>
<tr><td>营业税</td><td>租赁收入、开户费收入、工程收入等</td><td colspan="3">3%或5%</td></tr>
<tr><td>关税</td><td>液化石油气、材料进口采购价</td><td colspan="3">1%、3%、5%、7%或8%</td></tr>
<tr><td>城市维护建设税</td><td>已交营业税、增值税</td><td colspan="3">5%或7%</td></tr>
<tr><td>教育费附加</td><td>已交营业税、增值税</td><td colspan="3">3%</td></tr>
<tr><td rowspan="4">企业所得税</td><td rowspan="4">应纳税所得额</td><td></td><td>2011年</td><td>2012年</td></tr>
<tr><td>发行人</td><td>24%</td><td>25%</td></tr>
<tr><td>发行人深圳地区子公司</td><td>24%</td><td>25%</td></tr>
<tr><td>发行人异地子公司</td><td>25%</td><td>25%</td></tr>
</table>

2. 税收优惠

(1)发行人作为深圳经济特区的外商投资企业，根据《广东省经济特区条例》、《中华人民共和国外商投资企业和外国企业所得税法》及深圳市地税局2006年1月18日《关于深圳市燃气集团有限公司企业所得税减免问题的复函》(深地税七函〔2006〕4号)等相关规定，原执行企业所得税税率为15%，且自第一个获利年度2005年起在15%税率的基础上执行“两免三减半”的政策。

(2)根据2008年1月1日起施行的《中华人民共和国企业所得税法》、国务院2007年12月26日发布的《关于实施企业所得税过渡优惠政策的通知》(国发〔2007〕39号)，以及财政部、国家税务总局2008年2月20日发布的《关于贯彻落实国务院关于实施企业所得税过渡优惠政策有关问题的通知》(财税〔2008〕21号)，发行人及其子公司2008年起调整执行新的企业所得税税率。发行人及深圳地区的子公司2012年度的企业所得税率为25%，2011年度的企业所得税率为24%。

(二)发行人近三年享受的政府财政补贴

1. 发行人因在上海证券交易所成功上市，经深圳市福田区经济发展资金联席会议审核委员会认定为福田区经济发展资金扶持企业，于2010年7月2日收到深圳市福田区总商会拨付的专项资金120万元。

2. 发行人子公司景德镇深燃公司根据江西景德镇高新技术产业园区管理委员会2010年2月9日作出的《关于拨付历尧村等10家单位及企业奖励和补助经费的抄告》(景高新抄字〔2010〕16号)，获得企业发展基金补助20万元。2012年景德镇深燃公司获得政府企业发展基金5,368,980元。

3. 发行人根据深圳市人民政府2012年4月27日作出的《关于授予2011年度深圳市市长质量奖的通报》(深府〔2012〕47号)，获得2011年度深圳市市长质量奖，于2012年7月13日收到深圳市财政局国库拨付的奖金300万元。

4. 发行人子公司宜春深燃公司分别于2010年、2011年及2012年获得政府税收返还140,580元、1,125,500元及499,500元。

(三)本所认为，发行人及其子公司所适用

的税种、税率符合现行法律、法规和规范性文件的要求;发行人及其子公司所享受的税收优惠政策和政府财政补贴合法、合规、真实、有效。

(四)深圳市福田区国税局于2013年5月27日出具《证明》(深国税证〔2013〕第01081号),深圳市福田区地税局于2013年5月27日出具《税务违法违规状况证明》(深地税福违证〔2013〕10000161号),证明发行人在2010年1月1日至2013年3月31日期间无税务违法违规记录。

十七、发行人的环境保护和产品质量、技术等标准

(一)根据深圳市人力资源和社会保障局于2013年5月24日出具的《关于深圳市燃气集团股份有限公司守法情况的复函》,发行人自2010年1月1日至2013年3月31日期间无因违反劳动法律法规而被行政处罚的记录。

(二)根据深圳市市场监督局于2013年6月3日出具的《复函》(深市监信证〔2013〕287号),发行人2010年1月1日至2013年4月30日没有违反市场监督管理有关法律法规的记录。

(三)根据深圳市社会保险基金管理局于2013年6月3日出具的《证明》,发行人在2010年1月1日至2013年3月31日期间无因违反社会保险法律、法规或者规章而被行政处罚的记录。

(四)根据深圳市福田区安全生产监督管理局于2013年6月8日出具的证明,发行人自2010年1月1日至2013年3月31日,未因违反安全生产法律法规而受到行政处罚,也未接到有关发行人发生安全生产事故的报告。

(五)根据深圳市人居委于2013年6月21日出具的《关于深圳市燃气集团股份有限公司环保守法情况的证明》(深人环法证字〔2013〕第216号),发行人自2010年1月1日起至2013年3月31日未发生环境污染事故和环境违法行为;现阶段未对环境造成污染,已达到国家和地方规定的环保要求。

(六)经查询及发行人确认,发行人经营活动符合国家和省市相关产业政策,三年内无产品质量重大问题和服务质量重大投诉,未有违反燃气经营相关法律法规受到主管部门行政处罚或不良行为记录。

十八、发行人募集资金的运用

(一)募集资金的用途

发行人本次发行募集的资金将全部用于深圳市深圳市天然气储备与调峰库工程及天然气高压管道支线项目项目,建设地点为深圳市,项目建设内容为:在大鹏新区葵涌街道下洞建设一座8万立方米的液化天然气(LNG)储罐、气化能力为24万标准立方米/小时的气化系统及相应配套设施和6公里天然气高压管线,总投资167,284万元。

(二)募集资金投资项目的授权和批准

1. 发行人本次发行的募集资金投资项目符合国家产业政策,已取得有权部门的批准。

(1)2011年4月1日,深圳市公安局消防监督管理局出具《关于华安天然气应急储备气源改扩建项目消防安全意见的回复函》,认为改扩建方案经局部修改和深化设计,可以满足现行国家消防技术规范的要求。

(2)2011年11月10日,广东省地震局出具《关于深圳市华安天然气应急储备库工程场地地震安全性评价报告的批复》(粤震安评〔2011〕390号),认为《深圳市华安天然气应急储备库工程场地地震安全性评价报告》符合国家标准《工程场地地震安全性评价》的要求。

(3)2011年11月17日,广东省国土资源厅出具《关于深圳市华安天然气应急储备库建设项目用地是否压覆矿床的审查意见》(粤国土资矿查〔2011〕307号),认为建设项目用地无压覆重要矿床。

(4)2011年11月22日,深圳市规土委滨海管理局作出《关于华安天然气应急储备库项目用地预审的复函》(深规土滨函〔2011〕706号),认为项目选址用地位于允许建设区,未涉及已批非农建设用地,未占用基本农田保护用地。2011年11月24日,深圳市规土委滨海管理局认为华安天然气应急储备库项目符合城市规划要求并根据《中华人民共和国城乡规划法》第36条规定,对该项目下发了《建设项目选址意见书》(深规土选BH-2011-0037号)。

(5)2011年11月24日,深圳市住建局出具《关于深圳市华安天然气应急储备库工程安全预评价备案请示的复函》(深建函〔2011〕

1164号),要求发行人在项目的设计和建设施工等环节认真落实各项安全措施,从源头上控制安全风险,提供项目本质安全水平。

(6)2011年12月7日,深圳市人居委作出《关于〈深圳市华安天然气应急储备库工程环境影响报告书〉的批复》(深环批函〔2011〕093号),认为项目建设对环境的影响可以接受,项目建设可行。

(7)2011年12月20日,深圳市发展和改革委员会出具《深圳市外商投资项目核准通知书》(深发改核准〔2011〕0338号),认为"深圳市华安天然气应急储备库工程"符合深圳市外商投资项目核准条件,准予核准,项目总投资147,795万元。2012年5月9日,深圳市发改委出具《深圳市外商投资项目核准变更通知书》(深发改函〔2012〕574号),同意将项目名称调整为"深圳市天然气储备与调峰库工程"

(8)2012年10月17日,深圳市发改委出具《关于深圳市天然气储备与调峰库工程天然气高压管道支线项目前期工作的复函》(深发改函〔2012〕1577号),同意发行人开展项目建设相关前期工作。2013年6月4日,深圳市发改委出具《深圳市社会投资项目核准通知书》(深发改核准〔2013〕0208号),认为"深圳市天然气储备与调峰库工程天然气高压管道支线(含中压管道)工程"符合深圳市社会投资项目核准条件,准予核准,项目总投资19,489万元。

(9)2012年10月22日,深圳市政府举行五届六十六次常务会议,审议通过了深圳市规划和国土资源委员会关于发行人"华安天然气应急储备库"的用地审核意见。

(10)2013年5月17日,深圳市人居委作出《深圳市人居委建设项目环境影响审查批复》(深环批〔2013〕100117号),同意"深圳市天然气储备与调峰库工程天然气管道支线位于深圳市大鹏新区葵涌街道下洞社区和坪山新区坪山街道金龟社区建设"。

(11)2013年6月24日,发行人取得深圳市规土委滨海管理局核发的《建设用地规划许可证》(深规土许BH-2013-0011号),用地项目名称为深圳市天然气储备与调峰库工程,地块编号为2012-50F-0011,用地性质为特种仓库用地,建设用地面积为28,428.5平方米。

2. 发行人本次发行的募集资金投资项目已经股东大会通过。

2013年5月29日,发行人召开2012年度股东大会,审议通过了《关于公司拟发行可转换公司债券方案的议案》等与本次发行相关的议案,同意发行人本次发行募集资金主要用于深圳市天然气储备与调峰库工程及天然气高压管道支线项目。

综上,本所认为,本次发行募集资金的投资项目已取得必要的授权与批准,项目建设用地不存在权属争议的情形。发行人取得《建设用地规划许可证》后两个月内签订国有土地使用权出让合同,并办理后续相关手续,不会对本次发行造成重大障碍。天然气高压管道支线项目主要建设6公里天然气高压管线。天然气管道主要沿部分山地敷设,仅在施工时临时占用,无需征地。发行人向深圳市规土委报送管道敷设路由方案,经审批同意后,取得规划国土部门核发的《建设工程规划许可证》;确定施工单位后,向深圳市住建局申请核发《建设工程施工许可证》,即可开工建设。

(三)发行人募集资金项目的合作与同业竞争

发行人系深圳市行政辖区范围内唯一享有管道燃气业务特许经营权的企业,在该等区域内,并无任何其他企业或机构从事同类业务,因此,募集资金拟投资的深圳市天然气储备与调峰库工程及天然气高压管道支线项目的实施不会导致同业竞争,也不涉及与其他方进行合作的事宜。

(四)发行人前次募集资金使用情况

经核查,发行人前次募集资金的使用与原募集计划一致,不存在擅自改变募集资金用途的情形,募集资金的使用符合有关法律、法规和规范性文件的规定。

十九、发行人业务发展目标

(一)"十二五"发展战略目标

发行人2010年11月17日召开《深圳市燃气集团股份有限公司"十二五"发展规划》专家评审会,邀请来自宏观经济、战略管理、行业技术、财务管理和法律咨询等领域的七位专家对其编制的2011年至2015年期间业务发展规划进行评审,获专家组一致同意通过。根据该项《"十二五"发展规划》,发行人业务发展目标如下:

1. 使命:成就绿色品质生活。

2. 愿景:成为国内一流的城市清洁能源运营商。

3. 价值观:弘道养正、臻于至善。

4. 战略定位:实现从城市燃气运营商向清洁能源运营商的战略转型。

5. 指导思想:

(1)以科学发展观为指导,紧紧围绕从城市燃气运营商向清洁能源运营商转型的战略主题,按照“大管网、大客户、大信息、大发展”的要求,实施“主业跨越、两翼支撑、三大保障”的发展战略。

(2)以天然气板块为龙头,以石油气板块和清洁能源综合利用板块为两翼,持续优化高效畅通的资本运营能力,严格的安全管理体系、口碑优秀的品牌与服务三大保障体系。

(3)强力实施五年倍增计划,以深圳为根基,以异地为枝叶;以实业投资为主,以资本投资为辅;协同发展,主次分明,综合提升,全面收效。

6. 业务板块:

(1)天然气业务板块:集中精力做好西气东输二线天然气的市场落实工作,考虑发展LNG车运、船运等多种运输模式和LNG接收、储存、气化运输的投资运营,完善深圳天然气管网覆盖率,大力推进深圳市燃气安全储备库项目,尝试发展LNG卫星站业务。

(2)石油气业务板块:瓶装零售业务适时考虑“走出去”,大力国产LNG批发业务和出口保税业务,开创新的利润增长点;适时考虑石油气业务的异地终端市场。

(3)清洁能源综合利用业务:通过资本运作参与新能源项目,大力推进供应发电天然气、丙烷脱氢、冷热电三联供、汽车加气等项目,积极探索生物质沼气、煤层气、冷能利用、天然气与太阳能互补等项目,从而凸显天然气的清洁能源优势。

(二)未来业务发展目标

1. 天然气业务

发行人的天然气业务力争到2015年年底实现居民用户突破150万户,天然气销售量达到80万吨(不含电厂及其他清洁能源的综合利用);完成西气东输二线深圳配套工程的建设,建成149公里高压管线;加快中压市政管建设,提升龙岗、宝安两区市政管网覆盖率至50%以上;建成深圳市天然气安全应急储备库,构建完善的三级应急供应系统;不断完善和优化管网,提高整个输配系统的供气能力和可靠性,实现输配系统在线模拟,满足“多气源、一张网”的系统调度,做好深圳市“一张网”的技术衔接和硬件准备工作。

2. 液化石油气业务

发行人的液化石油气业务力争2015年实现销售总量83万吨,其中华安公司对外批发64万吨,对深燃石油气公司批发16万吨,对利民石油气公司批发3万吨。

3. 清洁能源综合利用业务

发行人的清洁能源综合利用业务力争2015年实现:供应发电用气33亿方/年;深圳市精细化工园区丙烷脱氢项目建成投产;建设2-3个分布式能源示范项目;大力发展天然气汽车业务,汽车加气售气量力争达到4.8亿方;积极推进广东大鹏冷能利用项目;涉足并重点发展合同能源管理(EMC)业务;探索发展生物质沼气、煤层气、冷能利用、天然气与太阳能等新能源互补等业务。

4. 异地投资业务

发行人的异地投资业务力争2015年完成5至10个对外投资项目,计划项目股权投资4亿元;计划完成已有城市燃气项目固定资产投资5.4亿元;2015年年末,实现管道气销量15万吨。

(三)本所认为,发行人业务发展目标与主营业务一致,上述发展目标系发行人根据自身情况和现有业务发展水平提出,是对发行人未来发展趋势的审慎规划。本次募集资金项目的有效实施是实现上述发展目标的重要保障。经审核,发行人的业务发展目标符合国家法律、法规和规范性文件的规定,符合国家产业政策,不存在潜在的法律风险。

二十、诉讼、仲裁或行政处罚

(一)根据发行人、持有发行人5%以上(含5%)的主要股东及实际控制人提供的材料及承诺,并经本所核查,持有发行人、发行人5%以上(含5%)的主要股东及实际控制人不存在尚未了结的或可预见的重大诉讼、仲裁及行政处罚案件。

(二)根据发行人董事长、总裁提供的材料及承诺,并经本所核查,发行人的董事长、总裁不存在尚未了结的或可预见的重大诉讼、仲裁及行政处罚案件。

二十一、发行人本次发行方案法律风险评价

本所参与了发行人本次发行有关法律问题的讨论，并审阅了发行方案，本所认为，发行方案不存在虚假记载、误导性陈述或者重大遗漏，不存在因上述原因可能引起的法律风险。

二十二、本次发行的总体结论性意见

综上所述，本所认为，发行人具备本次公开发行可转换公司债券的主体资格；本次发行已获发行人股东大会批准和授权；本次发行方案符合《公司法》、《证券法》、《上市公司证券发行管理办法》及《125 号通知》等我国现行有效的法律、法规及规范性文件的规定，经中国证监会核准后，发行人即可实施本次发行方案。

（此页无正文，为《上海市锦天城律师事务所关于深圳市燃气集团股份有限公司公开发行可转换公司债券的法律意见书》之签署页）

上海市锦天城律师事务所
负 责 人：吴明德
经办律师：蒋毅刚　宋　晏　陈长红

（二）上市公司并购重组

关于《重庆啤酒股份有限公司要约收购报告书》的法律意见书

致：嘉士伯啤酒厂香港有限公司

北京市君合律师事务所（以下简称“本所”）是经中华人民共和国（以下简称“中国”，为本法律意见书之目的不包括香港特别行政区、澳门特别行政区和台湾地区）北京市司法局批准成立，具有合法执业资格的律师事务所。本所接受嘉士伯啤酒厂香港有限公司（Carlsberg Brewery Hong Kong Ltd，以下简称“收购人”或“嘉士伯香港”）的委托，担任嘉士伯香港向重庆啤酒股份有限公司（以下简称“重庆啤酒”）所有其他股东发出部分收购要约（以下简称“本次要约收购”）的特聘专项法律顾问。应嘉士伯香港的要求，本所根据《中华人民共和国公司法》（以下简称“《公司法》”）、《中华人民共和国证券法》（以下简称“《证券法》”）、中国证券监督管理委员会（以下简称“中国证监会”）制定的《上市公司收购管理办法》（以下简称“《收购管理办法》”）和《公开发行证券的公司信息披露内容与格式准则第 17 号——要约收购报告书》（以下简称“《格式准则》”）等现行的法律、法规、行政规章和规范性文件的规定，就嘉士伯香港为本次要约收购编制的《重庆啤酒股份有限公司要约收购报告书》（以下简称“《要约收购报告书》”）的有关事项出具本法律意见书。

为出具本法律意见书，本所依据中国律师行业公认的业务标准、道德规范和勤勉尽责精神，对涉及嘉士伯香港本次要约收购的有关事实和法律事项进行了核查，查阅了本所认为必须查阅的文件，包括收购人提供的有关政府部门的批准文件、有关记录、资料和证明，以及现行有关法律、法规、行政规章和其他规范性文件，并就收购人本次要约收购及与之相关的问题向有关管理人员做了询问或与之进行了必要的讨论，对有关问题进行了核实。

为出具本法律意见书，本所特作如下声明：

1. 本所发表法律意见所依据的是本法律意见书出具日前已经发生或存在的有关事实和正式颁布实施且现行有效的法律、法规、行政规章和其他规范性文件，本所基于对有关事实的了解和对有关法律的理解而发表法律意见；

2. 本所律师审查了收购人提供的有关文

件及其复印件,并在进行核查时基于收购人向本所律师作出的如下保证:收购人已提供了出具本法律意见书所必需的、真实的、完整的原始书面材料("原件")、副本材料或口头证言,不存在任何遗漏或隐瞒;其所提供的副本材料或复印件与原件完全一致;原件的效力在其有效期内均未被有关政府部门撤销,且于本法律意见书出具之日均由其各自的合法持有人持有;收购人所提供的文件及文件上的签名和印章均是真实的;收购人所提供的文件及所述事实均为真实、准确和完整。对于那些对出具本法律意见书至关重要而又无法得到独立证据支持的事实,本所依赖有关政府部门、收购人或其他有关单位出具的证明文件;

3. 对于中国以外的其他司法管辖区域的法律事项,本所依赖收购人的相关陈述及境外专业机构的意见,本法律意见书并不就中国以外的其他司法管辖区域的法律问题发表意见;

4. 本所仅就与本次要约收购有关的法律问题发表意见,并不对有关会计、审计、资产评估及投资决策等非法律专业事项发表意见;本所在本法律意见中对有关审计报告、验资报告、资产评估报告、内部控制审计报告等专业报告中某些数据和结论的引述,并不意味着本所对这些数据、结论的真实性和准确性作出任何明示或默示的保证,本所并不具备核查并评价该等数据、结论的适当资格;

5. 本所同意将本法律意见书作为本次要约收购所必备的法律文件,随其他申报材料一同上报,并承担相应的法律责任;本所同意收购人在《要约收购报告书》中自行引用或按中国证监会的审核要求引用本法律意见书全部或部分的内容,但收购人作上述引用时,不得因引用而导致法律上的歧义或曲解;

6. 为本法律意见书之目的,"关联方"应具有《上海证券交易所股票上市规则(2012 年修订)》第十章规定的"关联人"之含义;

7. 本法律意见书仅供收购人为本次要约收购之目的使用,不得由任何其他人使用或用于任何其他目的。

基于上述,本所出具法律意见如下:

一、收购人的基本情况

(一)经查阅嘉士伯香港提供的嘉士伯香港及其股东的注册登记证明等文件,嘉士伯香港为一家于中国香港特别行政区设立的有限责任公司。根据《要约收购报告书》中的披露及嘉士伯香港的说明,嘉士伯香港是由嘉士伯啤酒厂有限公司(Carlsberg Breweries A/S,一家于丹麦设立的公司,以下简称"嘉士伯啤酒厂")和嘉士伯亚洲有限公司(Carlsberg Asia Pte. Ltd.,一家于新加坡设立的私人股份有限公司,以下称"嘉士伯亚洲")共同出资设立;嘉士伯亚洲100%的股权由嘉士伯啤酒厂持有;嘉士伯有限公司(Carlsberg A/S,一家于丹麦注册并于丹麦哥本哈根交易所上市的公司,以下简称"嘉士伯")持有嘉士伯啤酒厂 100% 的股权。注册于丹麦的嘉士伯基金会是嘉士伯香港的实际控制人。

根据嘉士伯香港的确认,嘉士伯香港目前依法存续,不存在任何导致嘉士伯香港需要终止的事由。

(二)根据嘉士伯香港的确认,嘉士伯香港最近五年内未受到过与证券市场有关的重大行政处罚或刑事处罚,亦未涉及与经济纠纷有关的重大民事诉讼或者仲裁。

(三)根据嘉士伯香港董事会于 2013 年 3 月 1 日作出的决议,嘉士伯香港董事已经同意以部分要约收购的方式收购重庆啤酒的股份,并通过与重庆啤酒(集团)有限责任公司(以下简称"重啤集团")签署《重庆啤酒(集团)有限责任公司与嘉士伯啤酒厂香港有限公司关于重庆啤酒股份有限公司 20% 股份的股份转让锁定协议》(以下简称"《股份转让锁定协议》")事宜。根据嘉士伯于 2013 年 2 月 26 日作出董事会决议,同意可以对重庆啤酒发起部分要约收购,收购完成后的总持股比例不超过 60%。

(四)根据嘉士伯香港提供的资料和说明并经本所律师核查,截至本法律意见书出具之日,嘉士伯香港不存在《上市公司收购管理办法》第六条规定的不得收购上市公司的情形。

(五)根据嘉士伯香港的确认和提供的相关文件,截至《要约收购报告书》签署之日,收购人持有重庆啤酒已发行的 59,294,582 股股份,占重庆啤酒股份总数的 12.25%,与收购人存在同一控制关系的关联方嘉士伯重庆有限公司(Carlsberg Chongqing Limited,以下简称"嘉士伯重庆")持有重庆啤酒的 84,500,000 股股份,占重庆啤酒股份总数的17.46%。此外，收购人的控股股东嘉士伯啤酒厂有限公司目前还通过其所控制的新疆嘉酿投资有限责任公司持有一家在上海证券交易所上市的新疆啤酒花股份有限公司（股票简称“啤酒花”，股票代码为600090）的110,370,072股股份，占啤酒花股份总数的29.99%，为新疆啤酒花股份有限公司的实际控制人。除上述外，收购人及其实际控制人并不直接或间接持有、控制其他中国境内上市公司5%以上的已发行股份。

（六）商务部的批准

根据中华人民共和国商务部反垄断局于2013年9月18日出具的《审查决定通知》（商反垄审查函〔2013〕第136号），对嘉士伯香港通过公开要约收购重庆啤酒部分股权的经营者集中案不予禁止，从即日起可以实施集中。据此，本次要约收购涉及经营者集中的事宜已经通过商务部反垄断局的审查。

根据中华人民共和国商务部于2013年9月26日出具的《商务部关于原则同意嘉士伯啤酒厂香港有限公司战略投资重庆啤酒股份有限公司的批复》（商资批〔2013〕1012号），商务部已经原则批复同意收购人以要约收购重庆啤酒已经发行上市的146,588,136股股份；该批文自9月26日起180日内有效。

综上，本所认为，嘉士伯香港为一家于中国香港特别行政区设立的有限责任公司，其发出本次要约收购已经获得其所需的内部批准。收购人发出本次要约已经获得中华人民共和国商务部的原则批复，并已经通过了中国法律要求的反垄断审查。

二、本次要约收购的方案

根据《要约收购报告书》，本次要约收购的方案为：

（一）根据《证券法》及《收购管理办法》的规定，嘉士伯香港主动向重庆啤酒的所有其他股东发出收购要约，收购重庆啤酒已经发行并上市的146,588,136股股份，拟要约股份数占重庆啤酒全部已发行股份的30.29%。

（二）基于在《要约收购报告书》摘要公告前30个交易日重庆啤酒股份的每日加权平均价格的算术平均值为人民币15.87元/股，并且，在公告《要约收购报告书》摘要之日前6个月内，嘉士伯香港不存在买卖重庆啤酒股份的情形，为此，嘉士伯香港确定本次要约收购的价格为人民币20元/股。

嘉士伯香港已按照要约收购提示性公告之日中国人民银行发布的汇率将等值于人民币586,352,544元（即本次要约收购所需最高资金总额的20%）的美元存入中国证券登记结算有限责任公司指定账户，作为本次要约收购的履约保证。

（三）本次要约收购期限共计30个自然日（除非嘉士伯香港向中国证监会申请延期并获得批准），期限自【】年【】月【】日至【】年【】月【】日。

（四）2013年3月4日，嘉士伯香港和重啤集团签订了《股份转让锁定协议》，重啤集团将在要约收购期间内以其持有的全部重庆啤酒股份（96,794,240股）接受要约，并在要约收购完成后向嘉士伯香港转让全部或尽可能多的重庆啤酒股份，且该等股份不附带任何权利限制。《股份转让锁定协议》自双方签署后成立并生效，但如果按照适用法律上述协议需相关国资管理部门批准的，则上述协议在获取该等批准后方即行生效。本所认为，根据有关国有资产管理的法律法规，重啤集团在履行《股份转让锁定协议》向收购人转让其所持有的相关重庆啤酒股份交易需要获得国务院国有资产管理委员会（以下简称“国务院国资委”）的批准。根据重庆啤酒于2013年9月11日发出的公告，国务院国资委已于近日发出《关于重庆啤酒（集团）有限责任公司转让重庆啤酒股份有限公司股份有关问题的批复》（国资产权〔2013〕848号），国务院国资委已经原则同意重庆啤酒（集团）有限责任公司接受收购要约，以每股20元的价格将所持重庆啤酒的96,794,240股股份转让给收购人。

根据《股份转让锁定协议》及嘉士伯香港的确认，上述收购重啤集团存在的剩余股份安排与本次部分要约收购相互独立。本所认为，在本次要约收购完成后，如嘉士伯香港与重啤集团实施上述剩余股份交易，则仍需取得相关监管机构针对剩余股份收购事项的批准。

（五）根据《要约收购报告书》，本次要约收购的生效条件为：在要约期内最后一个交易日15:00时，登记公司临时保管的预受要约的重庆啤酒股票申报数量不低于96,794,240股(占重庆啤酒已发行股份总数的20%)的股份。若在要约期间届满时,预受要约的股份数量未达到上述要约收购的生效条件的要求,则本次要约收购自始不生效,登记公司自动解除对相应股份的临时保管,所有预受的股份将不被收购人接受。本次要约收购为收购人向除了其自身外的重庆啤酒所有其他股东发出的部分收购要约,无其他约定条件。

(六)本次要约收购不以终止重庆啤酒股票上市交易为目的,收购人亦没有在未来12个月内终止重庆啤酒上市地位的计划。

经本所核查,本所认为本次要约收购方案符合《证券法》、《收购管理办法》、中国证监会发布的有关规定及上海证券交易所的有关规则。收购人发出本次要约收购涉及外国投资者增持中国境内上市公司股份的交易,该增持股份交易已经取得中华人民共和国商务部的原则批复,并已经通过中国法律要求的反垄断审查。重啤集团履行《股份转让锁定协议》接受本次收购要约向收购人转让其所持有的相关重庆啤酒股份交易已经获得国务院国资委的原则同意。

三、本次要约收购的资金来源

根据《要约收购报告书》中的披露及嘉士伯香港的说明,就本次要约收购所需资金的筹集事宜,嘉士伯啤酒厂有限公司已经承诺就本次要约收购为嘉士伯香港提供所需资金,并出具了承担连带责任和不可撤销的承诺函;本次要约收购资金不直接或间接来源于重庆啤酒或重庆啤酒的其他关联方(嘉士伯香港和嘉士伯啤酒厂有限公司除外)。

本所认为,如嘉士伯啤酒厂有限公司能确实履行其承诺,嘉士伯香港将具备本次要约收购所需的资金来源。

四、本次要约收购完成后的后续计划

(一)根据《要约收购报告书》中的披露及嘉士伯香港的说明,在本次要约收购完成后,收购人没有在未来12个月内对重庆啤酒主营业务进行重大改变或调整的计划。也无在未来12个月内对重庆啤酒或其子公司的资产和业务进行出售、合并、与他人合资或合作的计划,也没有对重庆啤酒拟购买或置换资产的重组计划。

(二)根据《要约收购报告书》中的披露及嘉士伯香港的说明,截至《要约收购报告书》签署之日,嘉士伯香港没有拟改变重庆啤酒现任董事会或高级管理人员组成的计划。本次要约收购完成后,嘉士伯香港将视情况考虑是否依法行使股东权利,向重庆啤酒推荐合格的董事及高级管理人员候选人,并由重庆啤酒股东大会依据有关法律、法规及公司章程进行董事会人员的选举,并由董事会决定聘任高级管理人员。

(三)除上述外,根据《要约收购报告书》中的披露及嘉士伯香港的说明,在本次要约收购完成后,收购人没有任何计划在未来12个月内:

1. 对重庆啤酒章程中可能阻碍对其进行后续收购的条款进行修改;

2. 对重庆啤酒员工聘用计划作重大变动;

3. 对重庆啤酒分红政策进行重大调整;

4. 其他对重庆啤酒业务和组织结构有重大影响的计划。

(四)股份增持计划

根据嘉士伯香港和重啤集团于2013年3月4日签订的《股份转让锁定协议》,如果在要约收购期间届满时重啤集团存在任何剩余的重庆啤酒股份,重啤集团有权利根据适用法律及重庆啤酒适用的上市公司股份交易规则,按照与要约价格同等的价格向嘉士伯香港出售全部或部分剩余股份,且嘉士伯香港有义务按照上述价格自重啤集团购买该等剩余股份。因此根据《股份转让锁定协议》的规定,嘉士伯香港可能在本次要约收购完成后12个月内继续增持重庆啤酒的股份。

除以上计划外,截至《要约收购报告书》披露之日,收购人无其他在本次要约收购完成后12个月内通过直接或间接的方式继续增持重庆啤酒股份的计划,但不排除收购人根据市场情况和嘉士伯的战略安排增持重庆啤酒股份的可能。若收购人后续拟增持重庆啤酒股份,收购人需依照届时的有效的相关法律法规履行相关的审批及信息披露义务以完成潜在的增持安排。

根据上述,本所认为,收购人不存在于本次

要约收购后任何将对上市公司造成重大不利影响的后续计划。

五、收购人与重庆啤酒及其子公司之间的重大交易

（一）根据嘉士伯香港的确认并经本所核查，嘉士伯香港及其关联方在《要约收购报告书》公告之日前24个月内嘉士伯香港与重庆啤酒之间存在以下共同对外投资交易：2011年8月，重庆啤酒以持有的重庆啤酒攀枝花有限公司的100%股权和湖南重庆啤酒国人有限公司的85.75%股权增资至重庆轻纺控股（集团）公司（以下简称"轻纺集团"）100%控股的重庆嘉酿啤酒有限公司（以下简称"重庆嘉酿"），上述两公司的评估值为34,936.96万元，嘉士伯香港以等值于人民币20,383.39万元的外币认购增资。该次增资完成后，重庆啤酒持有重庆嘉酿51.42%股权，嘉士伯香港持有重庆嘉酿30%股权，轻纺集团持有重庆嘉酿18.58%股权。2012年11月，轻纺集团、重啤集团与嘉士伯香港签订了《股权转让合同》，分别将其持有的重庆嘉酿公司8.58%股权和10%的股权（由重啤集团于2012年8月自轻纺集团受让取得）转让给嘉士伯香港。该次股权转让交易完成后，嘉士伯香港持有的重庆嘉酿的股权增加到48.58%。

除前述及本意见书第七节第（三）项"关联交易"所述之相关重大关联交易外，在《要约收购报告书》签署之日前24个月内，嘉士伯香港及其关联方与重庆啤酒及其子公司之间未发生合计金额高于人民币3,000万元或者高于重庆啤酒最近经审计净资产值5%以上的交易。

根据本所的核查，前述交易合同合法有效，交易合同项下的合资及股权转让交易已经获得有权的审批机关的批准，且交易已经完成。

（二）根据嘉士伯香港的确认，嘉士伯香港及其董事（嘉士伯香港未设置监事及高级管理人员）在《要约收购报告书》签署之日前24个月内，与重庆啤酒的董事、监事、高级管理人员未发生合计金额超过人民币5万元的交易。

（三）根据嘉士伯香港的确认，在《要约收购报告书》签署之日前24个月内，嘉士伯香港及其董事（嘉士伯香港未设置监事及高级管理人员）不存在对拟更换的重庆啤酒董事、监事、高级管理人员进行补偿或者存在其他任何类似安排。

（四）根据嘉士伯香港的确认，除《要约收购报告书》中披露的信息外，在《要约收购报告书》签署之日前24个月内，嘉士伯香港及其董事（嘉士伯香港未设置监事及高级管理人员）不存在任何可能对重庆啤酒股东是否接受要约的决定有重大影响的其他已签署或正在谈判的合同、默契或者安排。

综上，本所认为，收购人与重庆啤酒及其子公司之间的前述重大交易合法有效，已经获得所需的中国政府审批并且已经完成交易；收购人与重庆啤酒及其子公司之间不存在对本次要约收购有实质性不利影响的重大交易。

六、收购人持股情况及其董事、监事和高级管理人员前六个月内买卖重庆啤酒挂牌交易股票的情况

（一）根据嘉士伯香港的确认并经本所核查，截至本法律意见书出具之日，收购人及其实际控制人直接和间接持有重庆啤酒股份的情况如下：

股东名称	持股数量（股）	持股比例（%）	股份性质
嘉士伯香港	59,294,582	12.25	流通股
嘉士伯重庆	84,500,000	17.46	流通股

（二）除上述披露信息外，收购人及其董事（嘉士伯香港未设置监事及高级管理人员）在本法律意见书出具之日不持有重庆啤酒的股份。根据嘉士伯香港的确认并经本所核查，嘉士伯香港及其关联方在《要约收购报告书》摘要公告之日前六个月内没有买卖重庆啤酒挂牌交易股票的行为。

（三）根据嘉士伯香港的确认并经本所核查，收购人及其董事（嘉士伯香港未设置监事及高级管理人员），以及上述人员的直系亲属在《要约收购报告书》摘要公告之日前六个月内未曾持有上市公司股份或拥有其上的权益，且没有买卖重庆啤酒挂牌交易股票的行为。

综上，本所认为，除本法律意见书中的前述披露外，收购人及其董事（嘉士伯香港未设置监事及高级管理人员）在本法律意见书出具之日不持有重庆啤酒的股份，该等主体及相关人员在前六个月内不存在买卖重庆啤酒挂牌交易股票的情况。

七、本次要约收购对上市公司的影响

(一)上市公司独立性

根据收购人确认并经本所核查,嘉士伯香港本次要约收购旨在进一步加强嘉士伯对于重庆啤酒的战略投资,基于嘉士伯对中国啤酒市场的良好预期,收购人希望进一步增持其在重庆啤酒的股份数,并相信此次收购将有助于深化双方的合作,进一步提升重庆啤酒公司价值及对社会公众股东的投资回报。

本次要约收购完成后,如能完成本次要约收购的目标,嘉士伯香港及其关联方将扩大在重庆啤酒中的持股总数,但重庆啤酒的最终实际控制人仍为嘉士伯基金会。根据嘉士伯香港的陈述,嘉士伯香港及相关关联方将严格按照《公司法》、《公司章程》以及其他法律履行相关程序,并无任何重大不利于上市公司的后续计划,也无任何在未来12个月内对重庆啤酒主营业务、员工聘用计划及上市公司业务和组织结构有重大影响、重大改变或调整的计划,嘉士伯香港及相关关联方将继续严格按照《公司法》、《公司章程》以及其他法律履行相关程序依法行使股东权利,向重庆啤酒推荐合格的董事及高级管理人员候选人,并由重庆啤酒股东大会依据有关法律、法规及公司章程进行董事会人员的选举,并由董事会决定聘任高级管理人员。

据此,本次要约收购不会对上市公司的人员独立、资产完整、财务独立产生不利影响。收购人将按照相关的法律法规及重庆啤酒章程的规定行使股东权利并履行相应的义务,维护重庆啤酒的独立经营能力。重庆啤酒将在采购、生产、销售、知识产权等方面保持独立。

(二)同业竞争

根据《要约收购报告书》中的披露及嘉士伯香港的说明,收购人之控股股东嘉士伯在国内的啤酒业务可分为国际品牌以及本土品牌两大部分。国际品牌包括嘉士伯、乐堡、K1664、科罗娜、健力士,销售范围为全国;除重庆啤酒下属品牌外,本土品牌还包括大理、拉萨、黄河、乌苏、西夏等,销售范围主要为各本土品牌所在省份。重庆啤酒目前主要在重庆市、四川省、贵州省、广西自治区、安徽省、浙江省以及湖南省销售包括山城、重庆、大梁山在内的本土品牌啤酒,并在重庆市、湖南省、四川省、柳州市及浙江省部分地区销售嘉士伯和乐堡品牌啤酒。

1. 同业竞争情况描述

根据《要约收购报告书》中的披露及嘉士伯香港的说明,嘉士伯在中国境内与重庆啤酒的同业竞争方面的情况如下:

(1)本土品牌啤酒

从本土品牌啤酒业务来看,收购人目前主要通过以下列表公司生产和销售当地品牌啤酒:

主要销售区域	公司名称	嘉士伯持股/控制比例
云南	昆明华狮啤酒有限公司	
	大理啤酒有限公司	
西藏	西藏拉萨啤酒有限公司	33% *
甘肃	兰州黄河嘉酿啤酒有限公司	
	天水黄河嘉酿啤酒有限公司	
	酒泉西部啤酒有限公司	
青海	青海黄河嘉酿啤酒有限公司	50%
新疆	新疆啤酒花股份有限公司	
	新疆乌苏啤酒有限责任公司	
宁夏	宁夏西夏嘉酿啤酒有限公司	70%
重庆	重庆啤酒股份有限公司	29.71%

*　嘉士伯啤酒厂已经与丹麦发展中国家工业化基金会签署股权收购协议,如果该等协议能够获得相关部门的批准,嘉士伯啤酒厂将持有西藏拉萨啤酒有限公司50%的股权。

除此之外,2013年6月,嘉士伯香港与重啤集团签署了《合作协议》约定嘉士伯香港将积极参与重庆啤酒集团资产管理有限公司("资产管理公司")未来的股权转让挂牌程序以实现收购由重啤集团持有的资产管理公司100%股权(以下简称"资产管理公司交易")。如果嘉士伯香港未来收购了资产管理公司,嘉士伯将增加在江苏省、安徽省和浙江省的啤酒厂数量。资产管理公司目前拥有9家啤酒厂和一家麦芽厂,其相关详细信息如下:

主要销售区域	公司名称	资产管理公司控制比例
江苏	重庆啤酒集团常州天目湖啤酒有限公司	100%
	重庆啤酒集团盐城有限责任公司	70%
	重庆啤酒集团湖州有限责任公司	100%
	江苏金山啤酒原料有限公司	55%
	重庆啤酒集团安徽天岛啤酒有限公司	75%
	重庆啤酒集团镇江有限责任公司	100% *

续表

主要销售区域	公司名称	资产管理公司控制比例
安徽	重庆啤酒集团含山有限责任公司	
	重庆啤酒集团庐江有限责任公司	100%
	重庆啤酒集团宣城古泉啤酒有限公司	100%
浙江	重庆啤酒集团绍兴有限责任公司	90%

*　重庆啤酒集团镇江有限公司由重庆啤酒集团常州天目湖啤酒有限公司100%持有，目前尚在建设阶段。

由于啤酒产品一般而言具有一定的运输半径，本土品牌的定位和定价均相对较低，目前上述本土品牌主要在本省市生产和销售。因此，嘉士伯控制的现有本土品牌的生产和销售区域与重庆啤酒的品牌不存在重叠情况，不存在直接竞争关系。然而，如果嘉士伯香港在重啤集团可能启动的资产管理公司股权转让挂牌程序中中标并与其签署关于资产管理公司100%股权的最终股权转让协议，并且取得所有必要相关审批及完成所有该等交易的其他前置条件，则嘉士伯香港将由于完成资产管理公司交易而最终取得资产管理公司的100%股权。据此，收购人将通过资产管理公司的业务在安徽省和浙江省与重庆啤酒形成竞争关系。

(2)国际品牌啤酒

嘉士伯目前在国内销售的品牌主要有嘉士伯、乐堡、K1664、科罗娜和健力士，其中嘉士伯、乐堡和K1664为嘉士伯自主品牌，科罗娜和健力士为代销品牌。

嘉士伯目前在中国境内销售的国际品牌均为高端产品，平均定价总体高于重庆啤酒本土品牌产品，而且该等高端产品主要在夜店、酒吧等场所进行销售，与重庆啤酒旗下的本地品牌啤酒的销售渠道也有较大的差异，因此在国际品牌的销售方面不存在直接竞争关系。

2012年3月26日，为帮助重庆啤酒改善盈利能力，发挥协同效应，重庆啤酒与嘉士伯广东签署了有关使用乐堡和嘉士伯商标及相关生产技术的《许可协议》(以下称“《许可协议》”)，且嘉士伯广东随后向重庆啤酒发出了三封函件，约定重庆啤酒可以使用乐堡和嘉士伯商标及相关知识产权生产和包装乐堡和特醇嘉士伯啤酒并在重庆市、湖南省、四川省、柳州市及浙江省部分地区的部分渠道推广及销售部分规格的特醇嘉士伯和乐堡啤酒产品。同时，在《许可协议》中嘉士伯广东也承诺将不会将其或关联方生产的已许可重庆啤酒销售的产品在已许可重庆啤酒销售的区域进行分销或销售，在《许可协议》各方严格遵守上述许可协议所规定的权利义务情况下，收购人及其实际控制人与重庆啤酒之间将不会就许可范围内产品产生直接竞争关系。

2. 嘉士伯对于避免同业竞争的承诺

根据《要约收购报告书》中的披露及嘉士伯香港的说明，为了避免潜在同业竞争关系，嘉士伯已就避免潜在的同业竞争事宜出具了承诺函，对同业竞争事宜做出如下承诺：

(1)为避免潜在同业竞争承诺

a)国内现有投资的潜在同业竞争

虽然嘉士伯在国内的现有本土品牌啤酒和国际品牌啤酒与重庆啤酒并不存在现实的直接竞争关系，但为避免潜在同业竞争，嘉士伯承诺在获得监管部门、上市公司股东的批准，以及相关资产少数股东同意情况下，按照符合国际惯例的合理估值水平，将其与重庆啤酒存在潜在竞争的国内的啤酒资产和业务注入重庆啤酒。为保证能够切实完成承诺，嘉士伯承诺在本次要约收购完成后的4－7年的时间内按照前述方式彻底解决潜在的同业竞争，并争取在更短的时间内完成。同时，嘉士伯亦将考虑采用其他能够彻底解决潜在同业竞争问题的方式。

由于彻底解决同业竞争问题需要一定的时间，在此期间嘉士伯将统筹安排境内下属企业开展业务，限制下属企业不与重庆啤酒产生直接竞争关系，并在重庆啤酒能力范围内为其提供更多的业务机会，改善其盈利能力。若重庆啤酒发现嘉士伯或其下属控股子公司在实际运营过程中与重庆啤酒产生直接的竞争关系，则重庆啤酒有权向嘉士伯提出异议并要求嘉士伯予以解决。

b)国内潜在新收购资产带来的同业竞争

由于资产管理公司在安徽省和浙江省拥有啤酒厂，因此如果嘉士伯香港在资产管理公司挂牌时中标，并且完成资产管理公司交易而最终取得资产管理公司的100%股权，则据此将通过资产管理公司的业务在安徽省和浙江省与重庆啤酒形成竞争关系。

资产管理公司拥有的主要销售区域位于安

徽省和浙江省的啤酒厂目前处于亏损状态,主要销售区域位于安徽省的公司在2010、2011年和2012年合计分别亏损6462万元、5978万元和2782万元,主要销售区域位于浙江省的公司在2010、2011年和2012年亏损1344万元、1092万元和1742万元,且上述公司在短期内无法实现盈利。

考虑到上述情况,为解决销售区域重叠问题,在本次要约收购以及资产管理公司100%股权收购完成后,嘉士伯承诺提出将上述公司委托给重庆啤酒管理的议案,并将提交股东大会由非关联股东进行表决,未来将视上述公司经营业绩情况采用出售、关闭、注入上市公司等多种方式彻底解决销售区域重叠问题。

对于由资产管理公司控制的其他公司,将按照前述"国内现有投资的潜在同业竞争"的方式处理。

(2)未来投资机会的承诺

本次要约收购完成后,若嘉士伯(包括下属各级全资、控股企业,不包括其控制的其他境内上市公司)在中国地区获得有关与重庆啤酒具有直接竞争关系的投资机会,且重庆啤酒有意参与且具备该等投资机会的运营能力,同时相关第三方亦同意按照合理的条款将该机会提供给重庆啤酒,那么嘉士伯、重庆啤酒和第三方应进行善意协商以促使重庆啤酒实施该等投资机会。

若未来在中国地区的投资机会与重庆啤酒不产生直接竞争,或重庆啤酒无意或暂不具备运营该等投资机会的能力,或第三方拒绝提供或不以合理的条款将该等机会提供给重庆啤酒,则嘉士伯可以进行投资或收购,并将按照上述避免同业竞争的承诺对该等投资或收购予以安排。

3. 结论

就本所律师所具备的法律专业知识而言,本所认为,在本法律意见书出具之日,收购人及其关联方不存在与重庆啤酒经营直接竞争业务的情形,不存在实质性的竞争关系。然而,如果资产管理公司交易得以完成,则嘉士伯香港将由于完成资产管理公司交易而最终取得资产管理公司的100%股权,据此将通过资产管理公司的业务在安徽和浙江省与重庆啤酒形成竞争关系。本次要约收购完成后,如能完成本次要约收购的目标,嘉士伯香港及其关联方将扩大在重庆啤酒中的持股总数,但重庆啤酒的最终实际控制人仍为嘉士伯基金会。本次要约收购行为将不会从同业竞争角度对上市公司带来任何重大不利影响。同时,对于重庆啤酒与控股股东及实际控制人可能存在的潜在的从事相同或相似业务及潜在收购可能引起的同业竞争的情形,嘉士伯已经就避免潜在的同业竞争事宜做出前述承诺,如果嘉士伯能够完全切实有效地落实和执行《要约收购报告书》中所披露的各项避免同业竞争承诺,未来将能有效避免或解决、消除潜在的实质性同业竞争。

(三)关联交易

1. 收购人与上市公司前24个月内关联交易情况

截至《要约收购报告书》摘要公告之日,除本意见书第五节第(一)项所述之与上市公司共同投资重庆嘉酿的交易外,收购人与重庆啤酒之间不存在其他重大关联交易。

2. 收购人关联方与上市公司前24个月内重大关联交易情况

2010-2012年期间,收购人关联方与重庆啤酒之间的重大关联交易主要为委托重庆啤酒加工生产嘉士伯和乐堡品牌产品、因许可重庆啤酒销售嘉士伯特醇和乐堡啤酒产品而收取的商标许可费及相关的经销、包销协议安排等,具体情况如下:

(1)委托加工生产

2011年8月,重庆啤酒与嘉士伯广东签署了《委托加工生产协议》,约定由嘉士伯广东委托重庆啤酒在重庆生产嘉士伯(Carlsberg)和乐堡(Tuborg)品牌啤酒,公司以加工生产服务成本加上合理利润为定价方式。合同有效期至2014年12月31日自动终止。该关联交易已经由重庆啤酒于2011年8月17日召开的公司2011年第一次临时股东大会审议通过。

(2)商标许可

2012年3月26日,重庆啤酒与嘉士伯广东签署了有关使用嘉士伯(Carlsberg)及乐堡(Tuborg)商标及相关技术的《许可协议》,且嘉士伯广东随后向重庆啤酒发出了三封函件,上述文件书面授权重庆啤酒可以使用前述商标及相关知识产权生产和包装部分规格的乐堡和特醇嘉士伯啤酒产品并在重庆市、湖南省、四川省、柳州市及浙江省部分地区的部分渠道推广及销售其所生产的部分规格的乐堡和特醇嘉士伯啤酒产品。重庆啤酒按照净营业额的一定比例向嘉士伯广东支付商标许可费。《许可协议》的有效期限至2016年12月31日止[①]；协议的期限届满时，双方可书面延展协议的有效期限。该关联交易已经由重庆啤酒于2012年4月20日召开的公司2011年度股东大会审议通过。

(3)经销框架安排

2013年8月29日，嘉士伯广东与重庆啤酒签署了《经销框架协议》，约定重庆啤酒可从嘉士伯广东获得经销权以在柳州市、湖南省和浙江省部分地区的部分经销渠道销售特醇嘉士伯及乐堡的部分规格产品。《经销框架协议》进一步规定重庆啤酒的控股子公司重庆啤酒集团宁波大梁山有限公司、柳州山城啤酒有限责任公司以及湖南重庆啤酒国人有限责任公司可依《经销框架协议》直接向嘉士伯广东采购产品，并在《经销框架协议》约定的地区及经销渠道销售前述约定的特醇嘉士伯及乐堡产品。

(4)包销安排

2009年1月5日，重庆啤酒与重庆嘉威啤酒有限公司(以下称"重庆嘉威")签订了《产品包销框架协议》，约定在协议期限内，重庆嘉威将仅生产山城牌商标系列啤酒，且应将其生产的全部啤酒交由重庆啤酒包销，包销价格按重庆啤酒在重庆九龙坡区和北部新区的啤酒企业同品种、同规格、同市场的出厂价计算。其中重庆嘉威为重庆嘉酿的参股子公司，重庆嘉酿持有重庆嘉威33%股权。重庆啤酒和嘉士伯香港分别持有重庆嘉酿的51.42%和48.58%股权。该项关联交易已经于2009年1月21日由重庆啤酒2009年第一次临时股东大会审议通过。

3. 有关关联交易的承诺

为维护中小股东利益，嘉士伯已经出具承诺函承诺：

(1)本次要约收购完成后，嘉士伯将尽量减少并按照相关法律法规规范本公司及关联企业与重庆啤酒之间的关联交易。

(2)对于无法避免或者有合理原因而发生的关联交易，嘉士伯承诺将遵循市场公平、公正、公开的原则，依法签订协议，履行合法的程序，保证关联交易决策程序合法，交易价格、交易条件及其他协议条款公平合理，不通过关联交易损害上市公司及其他股东的合法权益。

嘉士伯同时承诺将督促嘉士伯香港同样遵守并执行以上承诺，避免损害重庆啤酒及其关联股东的利益。

4. 结论

本所认为，前述重大关联交易合法有效，交易各方已履行了中国法律法规和重庆啤酒的公司章程规定的审批程序并已经按照中国法律法规及相关上市规则进行了信息披露。本次要约收购行为本身不产生新的关联交易。嘉士伯已经就与重庆啤酒的关联交易事项做出了相关承诺，如该承诺得到确实履行，将有利于未来收购人、嘉士伯与重庆啤酒之间的关联交易的持续规范。

综上，本所认为，本次要约收购不会对上市公司的独立性、同业竞争及关联交易的规范带来实质性不利影响。

八、《要约收购报告书》的格式与内容

经审核，《要约收购报告书》包含"释义"、"收购人介绍"、"要约收购的目的及决定"、"要约收购方案"、"收购资金来源"、"后续计划"、"对上市公司的影响分析"、"与上市公司之间的重大交易"、"前6个月内买卖上市交易股份的情况"、"专业机构意见"、"收购人的财务资料"、"其他重大事项"和"备查文件"共13节，且已在扉页作出各项必要的声明，在格式和内容上符合《格式准则》的要求。

九、参与本次要约收购的专业机构

(一)嘉士伯香港为本次要约收购聘请的财务顾问为中信证券股份有限公司(以下简称"中信证券")，中国法律顾问为本所。

(二)经与中信证券确认，除为嘉士伯香港本次要约收购提供财务顾问服务外，中信证券与嘉士伯香港、重庆啤酒及本次要约收购行为之间不存在关联关系。

(三)本所除为嘉士伯香港提供中国法律

① 2013年6月，重庆啤酒与嘉士伯广东签署了《有关2012年3月26日许可协议的修订协议》，对许可费的计算比例做出相关调整。双方约定该修订协议下对许可协议的各项修订自2013年7月1日起生效。

顾问服务外,与嘉士伯香港、重庆啤酒及本次要约收购行为之间不存在关联关系。

十、结论意见

基于上述内容,本所认为,嘉士伯香港为本次要约收购编制的《要约收购报告书》内容真实、准确、完整,不存在虚假记载、误导性陈述或重大遗漏。

本次要约收购方案的实施将导致收购方增持在上市公司中的股份。本次要约收购已经取得中华人民共和国商务部的原则同意并已经通过中国法律要求的反垄断审查。重啤集团履行《股份转让锁定协议》以接受要约方式以每股20元的价格向收购人转让其所持有的相关重庆啤酒股份交易已经获得国务院国资委的原则同意。

本法律意见书经本所经办律师签字及本所盖章后生效。

(本页以下无正文)

(本页无正文,为《关于〈重庆啤酒股份有限公司要约收购报告书〉的法律意见书》的签字页)

北京市君合律师事务所

负 责 人:刘大力

经办律师:华晓军 周 舫

关于北京掌趣科技股份有限公司发行股份及支付现金购买资产并募集配套资金的法律意见书

致:北京掌趣科技股份有限公司

根据《中华人民共和国公司法》、《中华人民共和国证券法》、《上市公司重大资产重组管理办法》及《关于规范上市公司重大资产重组若干问题的规定》、《上市公司收购管理办法》、《公开发行证券的公司信息披露内容与格式准则第26号—上市公司重大资产重组申请文件》、《深圳证券交易所创业板股票上市规则》等法律、法规以及规范性文件的有关规定,北京市君泽君律师事务所接受委托,作为北京掌趣科技股份有限公司特聘专项法律顾问,就北京掌趣科技股份有限公司本次发行股份及支付现金购买资产并募集配套资金事宜,出具本法律意见书。

声　明

1. 本所及经办律师依据《中华人民共和国证券法》、《律师事务所从事证券法律业务管理办法》和《律师事务所证券法律业务执业规则(试行)》等规定及本法律意见书出具日以前已经发生或者存在的事实,严格履行了法定职责,遵循了勤勉尽责和诚实信用原则,进行了充分的核查验证,保证本法律意见书所认定的事实真实、准确、完整,所发表的结论性意见合法、准确,不存在虚假记载、误导性陈述或者重大遗漏,并承担相应法律责任。

2. 本次重组各方保证已经提供了本所律师认为出具本法律意见书所必需的、真实的原始书面材料、副本材料或者口头证言,一切足以影响本法律意见书的事实和文件均已向本所披露,并无隐瞒、虚假或误导之处。本次交易各方保证上述文件和证言真实、准确、完整,文件上所有签字与印章真实,复印件与原件一致。

3. 对于本法律意见书所依据的从有关政府部门、会计师事务所、资产评估机构等公共机构取得的文书材料,本所律师依据相关规则要求适当履行了注意义务或进行了查验。

4. 本所律师仅就本法律意见书出具日之前已发生并存在的、与本次交易相关的事实发表法律意见,但本所律师并不对与本次重组相关的会计、审计、资产评估等专业事项发表意见。在本法律意见书中涉及该等内容时,均为本所律师在履行注意义务后,严格按照有关中介机构出具的报告引述。

5. 本法律意见书仅供北京掌趣科技股份有限公司为本次重组向中国证券监督管理委员会申报之目的专项使用,不得直接或间接用作任何其他目的。

6. 本所同意将本法律意见书作为北京掌趣科技股份有限公司本次重组申报材料所必备的法律文件,并依法对本法律意见书承担责任。

正　文

一、本次重组的方案

1.1　交易方案概述

掌趣科技拟通过发行股份和支付现金相结合的方式,购买宋海波等10位股东合法持有的动网先锋合计100%股权,并募集配套资金。具体方式如下:

1.1.1　参考《资产评估报告》的评估结果并经各方友好协商,本次交易的总对价确定为81,009万元。在此基础上,考虑到交易完成后各交易对方所获对价的形式、未来承担的业绩承诺责任和补偿风险的不同,交易对方内部协商后同意向王贵青、李智超、广州联动、广州肯瑞收购其持有的动网先锋58.05%股权的对价为31,542.00万元,全部以现金支付;向宋海波、李锐、张洁、陈嘉庆、韩常春、澄迈锐杰6名动网先锋股东收购其持有的动网先锋41.95%股权的对价为49,467.00万元,其中现金对价24,733.50万元,其余24,733.50万元对价由掌趣科技非公开发行股票支付。本次交易完成后,掌趣科技将直接持有动网先锋100%股权;

1.1.2　拟向不超过10名其他特定投资者发行股份募集配套资金,配套资金总额27,003.00万元,用于本次交易的部分现金对价支付。募集配套资金不超过本次发行股份及支付现金购买资产交易总金额(本次收购对价81,009.00万元与本次融资金额27,003.00万元之和)的25%;

1.1.3　同时,为充分考虑到交易完成后动网先锋实际经营业绩可能超出评估报告中收益法各年预测净利润、目前对动网先锋的估值结果低于其实际价值的可能;同时也为避免交易对方各年在实现承诺利润后缺乏动力进一步地发展业务,本次交易方案中设置了奖励对价:

1.1.3.1　如果承诺期实际实现的包含政府补助的净利润总和高于承诺期承诺净利润的总和的,超出部分作为奖励对价由上市公司向截至2015年12月31日仍在动网先锋留任的管理层股东支付,但该等奖励对价最高不高于10,000万元。

1.1.3.2　奖励对价在动网先锋2015年度《专项审核报告》及《减值测试报告》披露后十个工作日内,由上市公司一次性以现金支付。该等奖励对价按照截至2015年12月31日仍留任的管理层股东在股权交割日前各自所持动网先锋的出资额占全部留任的管理层股东在股权交割日前合计持有动网先锋出资额的比例进行分配。上市公司有权在奖励总额及奖励发放时间不变的情况下,根据管理层股东的履职情况在管理层股东内部对分配比例进行调整。

1.2　本次现金支付具体情况

根据《交易协议》,本次交易的现金对价总额为56,275.50万元,其中,向王贵青、李智超、广州肯瑞、广州联动支付现金对价31,542.00万元,向宋海波、李锐、张洁、陈嘉庆、韩常春、澄迈锐杰支付现金对价24,733.50万元。

1.2.1　上市公司分三期向王贵青、李智超、广州肯瑞、广州联动支付现金对价:

1.2.1.1　股权交割日后十个工作日内,支付11,039.7万元;

1.2.1.2　上市公司在指定媒体披露动网先锋2013年度《专项审核报告》后的十个工作日内,支付15,771万元;

1.2.1.3　上市公司在指定媒体披露动网先锋2014年度《专项审核报告》后的十个工作日内,支付4731.3万元;

1.2.1.4　王贵青、李智超、广州肯瑞、广州联动按其在股权交割日各自持有动网先锋出资额占其合计持有的动网先锋出资额的比例收取上述对价。

1.2.2　上市公司分四期向宋海波、李锐、张洁、陈嘉庆、韩常春、澄迈锐杰支付现金对价:

1.2.2.1　股权交割日后十个工作日内,支付11,130.08万元;

1.2.2.2　上市公司在指定媒体披露动网先锋2013年度《专项审核报告》后的十个工作日内,支付4,946.7万元;

1.2.2.3　上市公司在指定媒体披露动网先锋2014年度《专项审核报告》后的十个工作日

日内,支付4,946.7万元;

1.2.2.4 上市公司在指定媒体披露动网先锋2015年度《专项审核报告》及《减值测试报告》后的十个工作日内,支付3,710.02万元;

1.2.2.5 宋海波、李锐、张洁、陈嘉庆、韩常春、澄迈锐杰按其在股权交割日各自持有动网先锋出资额占该6位股东合计持有动网先锋出资额的比例收取上述对价;

1.2.2.6 如根据《交易协议》的相关约定,宋海波、李锐、张洁、陈嘉庆、韩常春、澄迈锐杰负有向上市公司补偿的义务的,上市公司向其支付上述现金对价前应先扣除补偿金额,余额在上述条款约定的期限内支付予该6位股东。

1.2.3 现金对价中29,272.50万元将以上市公司超募资金支付,剩余27,003.00万元现金对价将以向其他不超过10名特定投资者发行股份募集的配套资金支付。如配套融资未能实施,上市公司将自筹资金支付该部分现金对价。

1.3 本次发行股份具体情况

本次交易涉及两次发行:(1)发行股份购买资产:掌趣科技拟向宋海波、李锐、张洁、陈嘉庆、韩常春、澄迈锐杰发行股份支付收购对价款的50%部分,即24,733.5万元;(2)发行股份募集配套资金:掌趣科技拟向其他不超过10名特定投资者发行股份募集配套资金27,003万元。

1.3.1 发行种类和面值

本次发行的股票为人民币普通股(A股),每股面值人民币1.00元。

1.3.2 发行方式及发行对象

1.3.2.1 发行股份购买资产

本次发行股份购买资产的发行方式为非公开发行,发行对象为宋海波、李锐、张洁、陈嘉庆、韩常春、澄迈锐杰。

1.3.2.2 发行股份募集配套资金

本次发行股份募集配套资金的发行方式为非公开发行,发行对象为符合中国证监会规定的证券投资基金管理公司、证券公司、信托投资公司、财务公司、保险机构投资者、合格境外机构投资者、其他境内法人投资者和自然人等不超过10名的其他特定投资者。

1.3.3 发行股份的定价依据、定价基准日和发行价格

1.3.3.1 发行股份购买资产

本次发行股份购买资产的定价基准日为掌趣科技第一届董事会第二十五次会议决议公告日。

按照《重组管理办法》第四十四条规定,上市公司发行股份的价格不得低于本次发行股份购买资产的董事会决议公告日前20个交易日公司股票交易均价;定价基准日前20个交易日股票交易均价:董事会决议公告日前20个交易日公司股票交易均价=决议公告日前20个交易日公司股票交易总额/决议公告日前20个交易日公司股票交易总量。据此计算,掌趣科技定价基准日前20个交易日的股票交易均价为23.25元/股。

掌趣科技向宋海波、李锐、张洁、陈嘉庆、韩常春、澄迈锐杰发行股票的发行价格为定价基准日前20个交易日股票交易均价,即23.25元/股。

在本次发行股份购买资金的定价基准日至发行日期间,如上市公司实施现金分红、送股、资本公积金转增股本等除权、除息事项,则将根据深交所的相关规定对发行价格作相应调整。

1.3.3.2 发行股份募集配套资金

本次发行股份募集配套资金的定价基准日为掌趣科技第一届董事会第二十五次会议决议公告日。

根据《发行管理办法》及其《实施细则》等相关规定,上市公司非公开发行股票的价格不得低于定价基准日前20个交易日公司股票交易均价的90%。本次向其他特定投资者募集配套资金的发行底价为20.93元,最终发行价格将在本次发行获得中国证监会核准后,由公司董事会根据股东大会的授权,按照相关法律、行政法规及规范性文件的规定,依据发行对象申购报价的情况,与本次重组的独立财务顾问协商确定。

在本次发行股份募集配套资金的定价基准日至发行日期间,如上市公司实施现金分红、送股、资本公积金转增股本等除权、除息事项,则将根据深交所的相关规定对发行价格作相应调整。

1.3.4 发行数量

1.3.4.1 发行股份购买资产

本次交易的股份对价24,733.5万元,向宋

海波、李锐、张洁、陈嘉庆、韩常春、澄迈锐杰非公开发行的股票数量合计为10,638,061股。

宋海波、李锐、张洁、陈嘉庆、韩常春、澄迈锐杰按在股权交割日各自持有动网先锋的出资额占其合计持有动网先锋出资的比例计算取得本次发行的相应股份数量,计算结果如出现不足1股的尾数应舍去取整。具体情况如下:

序号	交易对方	所获股份数量(股)
1	宋海波	6,339,726
2	李锐	2,535,892
3	张洁	760,767
4	陈嘉庆	253,589
5	韩常春	253,589
6	澄迈锐杰	494,498
合计		10,638,061

最终发行数量将以中国证监会最终核准的发行数量为准。

1.3.4.2　发行股份募集配套资金

本次交易拟募集配套资金总额不超过27,003万元。按照配套融资的发行底价20.93元计算,向其他不超过10名特定投资者发行股份数量不超过12,901,576股。最终发行数量将根据最终发行价格确定。

在本次发行的定价基准日至发行日期间,如上市公司实施现金分红、送股、资本公积金转增股本等除权、除息事项,则将根据深交所的相关规定对发行价格作相应调整,发行数量随之作出调整。

1.3.5　上市地点

本次向特定对象发行的股票拟在深交所创业板上市。

1.3.6　本次发行股份锁定期

1.3.6.1　发行股份购买资产

1.3.6.1.1　张洁、陈嘉庆、澄迈锐杰承诺:自股份交割日起三十六个月内不转让其因本次交易获得的上市公司股份。同时,为保证本次交易盈利预测补偿承诺的可实现性,动网先锋在指定媒体披露2015年度《专项审核报告》及《减值测试报告》后,张洁、陈嘉庆、澄迈锐杰因本次交易获得的上市公司股份方可解锁。

1.3.6.1.2　宋海波、韩常春承诺:自股份交割日起十二个月内不转让其在本次发行中取得的上市公司股份;同时,为保证本次交易盈利预测补偿承诺的可实现性,待满足以下条件后,方可转让其于本次交易中所获上市公司股份:

1.3.6.1.2.1　上市公司在指定媒体披露动网先锋2013年度《专项审核报告》后,宋海波、韩常春当年可解锁股份数不超过其于本次交易获得的上市公司股份的25%;

1.3.6.1.2.2　上市公司在指定媒体披露动网先锋2014年度《专项审核报告》后,宋海波、韩常春当年可解锁股份数不超过其于本次交易获得的上市公司股份的35%;

1.3.6.1.2.3　上市公司在指定媒体披露动网先锋2015年度《专项审核报告》及《减值测试报告》后,宋海波、韩常春当年可解锁股份数不超过其于本次交易获得的上市公司股份的40%。

1.3.6.1.3　李锐承诺:李锐于本次交易取得的上市公司股份中的35%及李锐通过澄迈锐杰间接享有的上市公司权益,自股份交割日起三十六个月内不转让,解锁规则与张洁、陈嘉庆、澄迈锐杰相同;其余65%股份的锁定和解锁规则与宋海波、韩常春相同。

1.3.6.1.4　如宋海波、李锐、张洁、陈嘉庆、韩常春、澄迈锐杰根据《交易协议》的约定负有股份补偿义务的,则宋海波、李锐、张洁、陈嘉庆、韩常春、澄迈锐杰当年实际可解锁股份数应以当年可解锁股份数的最大数额扣减当年应补偿股份数量,如扣减后实际可解锁数量小于或等于0的,则宋海波、李锐、张洁、陈嘉庆、韩常春、澄迈锐杰当年实际可解锁股份数为0,且次年可解锁股份数量还应扣减该差额的绝对值。

1.3.6.1.5　前述条款中,锁定期所述"于本次交易取得的上市公司股份"包括锁定期内因上市公司分配股票股利、资本公积转增等衍生取得的上市公司股份。

1.3.6.1.6　如宋海波、李锐、张洁、陈嘉庆、韩常春、澄迈锐杰根据《交易协议》约定负有股份补偿义务,则其应在当年《专项审核报告》及《减值测试报告》(如有)披露后5个交易日内向登记结算公司发出将其当年需补偿的股份划转至上市公司董事会设立的专门账户并对该等股份进行锁定的指令,并需明确说明仅上市公司有权作出解除该等锁定的指令。扣减上述补偿股份后当年可解锁股份尚有余额的,由上市公司董事会向宋海波、李锐、张洁、陈嘉庆、韩常春、澄迈锐杰出具确认文件方可解锁,如宋海波、李锐、张洁、陈嘉庆、韩常春、澄迈锐杰已经根据协议约定计算补偿股份数量并将其委托上市公司董事会代管,上市公司应当在五个交易日内出具上述确认文件。如根据本协议约定宋海波、李锐、张洁、陈嘉庆、韩常春、澄迈锐杰不负有补偿义务的,上市公司应当在《专项审核报告》及《减值测试报告》(如有)披露后的十个工作日内向宋海波、李锐、张洁、陈嘉庆、韩常春、澄迈锐杰出具确认文件。

1.3.6.1.7 上市公司应为宋海波、李锐、张洁、陈嘉庆、韩常春、澄迈锐杰办理协议约定的股份解锁手续提供协助及便利。宋海波、李锐、张洁、陈嘉庆、韩常春、澄迈锐杰因本次交易获得的上市公司股份在解锁后减持时需遵守《公司法》、《证券法》、《深圳证券交易所创业板股票上市规则》等法律、法规、规章的规定,以及上市公司《公司章程》的相关规定。

1.3.6.2 发行股份募集配套资金

本次发行股份募集配套资金向其他不超过10名特定投资者发行的股份,自其认购的股票完成股权登记之日起十二个月内不转让,在此之后按中国证监会及深交所的有关规定执行。

本次发行结束后,由于公司送红股、转增股本等原因增持的公司股份,亦应遵守上述约定。

1.3.7 期间损益

自2012年12月31日起至股权交割日止,动网先锋在此期间产生的收益由上市公司享有;动网先锋在此期间产生的亏损由交易对方按照各自的持股比例承担,交易对方应当于审计报告出具之日起五个工作日内将亏损金额以现金方式向上市公司补偿。

标的股权交割后,由各方共同认可的具有证券业务资格的审计机构对动网先锋进行审计,确定基准日至股权交割日期间标的股权产生的损益。若股权交割日为当月15日(含15日)之前,则期间损益审计基准日为上月月末;若股权交割日为当月15日之后,则期间损益审计基准日为当月月末。

1.3.8 标的资产滚存未分配利润的安排

动网先锋截至基准日的未分配利润及基准日后实现的净利润归上市公司所有。

1.3.9 上市公司滚存未分配利润安排

在股份交割日后,为兼顾新老股东的利益,由上市公司新老股东共同享有本次发行前上市公司的滚存未分配利润。

1.3.10 配套募集资金用途

本次交易募集的配套资金27,003万元将用于支付收购动网先锋股权的现金对价。

综上,本所律师按照独立、客观、公正、审慎及重要性等查验原则,以书面审查的方式,查验了本次重组相关的《交易协议》、董事会决议、《资产评估报告》、《审计报告》等文件资料。本所律师认为,本次重组的方案符合法律、行政法规、规章、规范性文件以及掌趣科技《公司章程》的规定。本次重组在取得本法律意见书所述必要的授权和批准后,其实施不存在法律障碍。

二、本次交易相关各方的主体资格

本次交易主体包括发行股份及支付现金购买资产的购买方掌趣科技、资产出让方广州联动、广州肯瑞、澄迈锐杰、宋海波、王贵青、李锐、李智超、张洁、韩常春、陈嘉庆。

2.1 掌趣科技为本次交易的股份发行人及资产购买方

2.1.1 掌趣科技系由掌趣有限于2010年11月9日以整体变更方式设立的股份有限公司。2012年5月11日,掌趣科技首次向社会公众发行人民币普通股4091.5万股并在深交所创业板上市。

2.1.2 掌趣科技现持有北京市工商行政管理局核发的注册号为110108007372334的《企业法人营业执照》,住所为北京市海淀区马甸东路17号8层916,法定代表人为姚文彬,注册资本为16,366万元,经营范围:许可经营项目:第二类增值电信业务中的信息服务业务(不含固定网电话信息服务和互联网信息服务);因特网信息服务业务(除新闻、教育、医疗保健、药品、医疗器械以外的内容);利用互联网经营游戏产品;互联网游戏出版,手机游戏出版。一般经营项目:技术推广;销售计算机、软件及辅助设备;货物进出口、技术进出口、代理进出口。

2.1.3 经查验,掌趣科技已通过2011年度工商年检。

2.1.4　根据掌趣科技提供的文件并经本所律师查验，截至本法律意见书出具之日，掌趣科技不存在需要终止的情形。

本所律师按照独立、客观、公正、审慎及重要性等查验原则，以书面审查的方式，查验了掌趣科技的工商档案、信息披露资料等书面材料。本所律师认为，掌趣科技系依法设立并有效存续的股份有限公司，不存在根据法律、行政法规及其《公司章程》需要终止的情形。根据法律法规的有关规定，在履行相关批准程序后，掌趣科技可实施上市公司重大资产重组行为，具备进行本次交易的合法主体资格。

2.2　广州联动、广州肯瑞、澄迈锐杰、宋海波、王贵青、李锐、李智超、张洁、韩常春、陈嘉庆为本次交易的交易对方及资产出让方

2.2.1　广州联动

2.2.1.1　广州联动现持有广州市工商行政管理局萝岗分局颁发的注册号为440108000018522的《企业法人营业执照》，广州联动已通过2011年度工商年检。其《企业法人营业执照》记载的主要内容如下：

名称	广州联动商务咨询服务有限公司
住所	广州高新技术产业开发区神舟路9号北塔4楼403
法定代表人	王孝萍
注册资本	10万元
实收资本	10万元
企业类型	有限责任公司（自然人投资或控股）
经营范围	商务信息咨询，企业管理咨询，财务信息咨询，投资管理、咨询（期货、证券、咨询及涉及行政许可项目除外）
成立日期	2008年3月24日
营业期限	2008年3月24日至2037年3月10日

2.2.1.2　广州联动系动网先锋股东，持有动网先锋300万元出资额，占注册资本的21.6%。

2.2.2　广州肯瑞

2.2.2.1　广州肯瑞现持有广州市工商行政管理局番禺分局颁发的注册号为440126000038338的《企业法人营业执照》，广州肯瑞已通过2011年度工商年检。其《企业法人营业执照》记载的主要内容如下：

名称	广州肯瑞企业投资咨询有限公司
住所	广州番禺区大石街105国道大石段237号204房
法定代表人	胡文宝
注册资本	100万元
实收资本	100万元
企业类型	有限责任公司（自然人投资或控股）
经营范围	企业投资咨询；企业管理咨询。（经营范围涉及法律、行政法规禁止经营的不得经营；涉及许可经营的未取得许可前不得经营）
成立日期	2009年11月16日
营业期限	2009年11月16日至2019年11月16日

2.2.2.2　广州肯瑞系动网先锋股东，持有动网先锋250万元出资额，占动网先锋注册资本的18%。

2.2.3　澄迈锐杰

2.2.3.1　澄迈锐杰现持有海南省澄迈县工商行政管理局于2012年12月18日颁发的注册号为469027000024218的《合伙企业营业执照》，其《合伙企业营业执照》记载的主要内容如下：

名称	澄迈锐杰科技咨询服务中心（有限合伙）
主要经营场所	海南省老城高新技术示范区海南生态软件园
执行事务合伙人	李锐
合伙企业类型	有限合伙
经营范围	企业管理信息咨询（以上项目凡涉及许可证经营的凭许可证经营）
成立日期	2012年12月18日
合伙期限	2012年12月18日至2017年12月18日

2.2.3.2　澄迈锐杰系动网先锋股东，持有动网先锋27.0833万元出资额，占动网先锋注册资本的1.95%。

2.2.4　宋海波

2.2.4.1　宋海波，中国国籍，无境外永久居留权，身份证号码为46003219780603 * * * *，住所为海南省海口市龙华区。

2.2.4.2　宋海波系动网先锋股东，持有动网先锋347.2222万元出资额，占动网先锋注册资本的25%，任动网先锋董事长、总经理。其中，交易对方韩常春与宋海波存在关联关系，系宋海波配偶的弟弟。

2.2.5　王贵青

2.2.5.1　王贵青，中国国籍，无境外永久居

留权,身份证号码为37042119730824＊＊＊＊,住所为广东省广州市海珠区。

2.2.5.2　王贵青系动网先锋股东,持有动网先锋200万元出资额,占动网先锋注册资本的14.4%,任动网先锋董事、副总裁。

2.2.6　李锐

2.2.6.1　李锐,中国国籍,无境外永久居留权,身份证号码为45040419740424＊＊＊＊,住所为广东省广州市天河区。

2.2.6.2　李锐系动网先锋股东,持有动网先锋138.8889万元出资额,占动网先锋注册资本的10%,任动网先锋首席运营官。

2.2.7　李智超

2.2.7.1　李智超,中国国籍,无境外永久居留权,身份证号码为41010219770403＊＊＊＊,住所为海南省海口市龙华区。

2.2.7.2　李智超系动网先锋股东,持有动网先锋56.25万元出资额,占动网先锋注册资本的4.05%。

2.2.8　张洁

2.2.8.1　张洁,中国国籍,无境外永久居留权,身份证号码为43042619820201＊＊＊＊,住所为广东省深圳市南山区。

2.2.8.2　张洁系动网先锋股东,持有动网先锋41.6667万元出资额,占动网先锋注册资本的3%,任动网先锋首席技术官。

2.2.9　韩常春

2.2.9.1　韩常春,中国国籍,无境外永久居留权,身份证号码为46003219820203＊＊＊＊,住所为海南省海口市龙华区。

2.2.9.2　韩常春系动网先锋股东,持有动网先锋13.8889万元出资额,占动网先锋注册资本的1%,任动网先锋副总裁。其中,交易对方宋海波与韩常春存在关联关系,系韩常春姐姐的配偶。

2.2.10　陈嘉庆

2.2.10.1　陈嘉庆,中国国籍,无境外永久居留权,身份证号码为35058219840811＊＊＊＊,住所为广东省广州市天河区。

2.2.10.2　陈嘉庆系动网先锋股东,持有动网先锋13.8889万元出资额,占动网先锋注册资本的1%,任动网先锋副总裁。

本所律师按照独立、客观、公正、审慎及重要性等查验原则,以书面审查的方式,查验了宋海波等动网先锋自然人股东的身份证、广州联动、广州肯瑞、澄迈锐杰的工商底档以及动网先锋全体股东出具的调查表、书面承诺等文件材料。本所律师认为,广州联动、广州肯瑞具有独立法人资格,澄迈锐杰为依法设立并有效存续的有限合伙企业,宋海波、王贵青、李锐、李智超、张洁、陈嘉庆、韩常春具有完全民事行为能力,动网先锋全体股东具备参与本次交易的合法主体资格。

三、本次重组的批准和授权

3.1　本次重组已经获得的批准和授权

3.1.1　掌趣科技的批准和授权

3.1.1.1　2012年12月7日,掌趣科技召开第一届董事会第二十三次会议,审议通过《关于公司筹划重大资产重组事项的议案》,批准掌趣科技筹划重大资产重组事项。

3.1.1.2　2013年2月1日,掌趣科技召开第一届董事会第二十五次会议,审议通过了《关于北京掌趣科技股份有限公司发行股份及支付现金购买资产并募集配套资金的议案》和《关于北京掌趣科技股份有限公司与广州联动商务咨询服务有限公司、广州肯瑞企业投资咨询有限公司、澄迈锐杰科技咨询服务中心(有限合伙)、王贵青、李智超、宋海波、李锐、张洁、陈嘉庆、韩常春签署附生效条件的〈发行股份及支付现金购买资产协议〉的议案》等与本次重组相关的议案,并提议召开2013年第二次临时股东大会审议本次重组相关议案。

3.1.1.3　2013年2月20日,掌趣科技召开了2013年第二次临时股东大会,审议并通过了《关于北京掌趣科技股份有限公司符合向特定对象非公开发行股份及支付现金购买资产并募集配套资金条件的议案》、《关于北京掌趣科技股份有限公司发行股份及支付现金购买资产并募集配套资金的议案》、《关于公司使用超募集资金支付海南动网先锋网络科技有限公司部分收购款项的议案》、《关于本次重组符合〈上市公司重大资产重组管理办法〉第四十二条第二款规定的议案》、《关于批准本次发行股份及支付现金购买资产相关审计报告、盈利预测审核报告及资产评估报告的议案》、《关于北京掌趣科技股份有限公司与广州联动商务咨询服务有限公司、广州肯瑞企业投资咨询有限公司、澄迈锐杰科技咨询服务中心（有限合伙）、王贵青、李智超、宋海波、李锐、张洁、陈嘉庆、韩常春签署附生效条件的〈发行股份及支付现金购买资产协议〉的议案》、《关于〈北京掌趣科技股份有限公司发行股份及支付现金购买资产并募集配套资金报告书（草案）及其摘要〉的议案》、《关于对董事会办理本次重大资产重组事宜的具体授权的议案》等与本次重组相关的议案。

3.1.2　动网先锋的批准和授权

3.1.2.1　2013年1月31日，动网先锋召开股东会会议作出决议，批准宋海波等动网先锋全体股东将合计持有的动网先锋100%的股权参考《资产评估报告》中按照收益现值法对动网先锋100%股权进行评估的评估结果作价81,009万元转让给掌趣科技；批准全体股东与掌趣科技签署《交易协议》；批准宋海波、李锐、张洁、陈嘉庆、韩常春、澄迈锐杰以其持有的动网先锋股权认购掌趣科技向其定向发行的股份；并且，动网先锋各股东放弃其他股东拟对外转让股权的优先购买权；本次股权转让完成后，掌趣科技将持有动网先锋100%股权，批准相应修改动网先锋的公司章程及股东名册。

3.1.3　交易对方中法人单位及合伙企业的批准和授权

3.1.3.1　2013年1月31日，广州联动召开股东会会议作出决议，批准广州联动将持有的动网先锋21.6%的股权作价11,736.56万元转让给掌趣科技；批准广州联动与掌趣科技签署《交易协议》；批准放弃对动网先锋其他股东拟转让给掌趣科技的动网先锋股权的优先购买权。

3.1.3.2　2013年1月31日，广州肯瑞召开股东会会议作出决议，批准广州肯瑞将持有的动网先锋18%的股权作价9780.47元转让给掌趣科技；批准广州肯瑞与掌趣科技签署《交易协议》；批准放弃对动网先锋其他股东拟转让给掌趣科技的动网先锋股权的优先购买权。

3.1.3.3　2013年1月31日，澄迈锐杰的执行事务合伙人李锐作出执行事务合伙人决定，批准澄迈锐杰将持有的动网先锋1.95%股权以2299.42万元的价格转让给掌趣科技，其中，转让对价的50%由掌趣科技以现金支付，剩余50%对价以掌趣科技向澄迈锐杰发行股份方式支付，股份发行价格为23.25元/股；批准澄迈锐杰与掌趣科技签署《交易协议》；批准放弃对动网先锋其他股东拟转让给掌趣科技的动网先锋股权的优先购买权。

3.2　本次重组尚需获得的批准

本次重组尚需获得中国证监会核准后方可实施。

本所律师按照独立、客观、公正、审慎及重要性等查验原则，以书面审查的方式，查验了掌趣科技就本次重组作出的董事会决议及议案、股东大会决议及议案，动网先锋及其法人股东、有限合伙企业执行事务合伙人就本次重组作出的决议文件等文件资料。本所律师认为，本次重组已经履行了现阶段应当履行的批准和授权程序，尚需取得中国证监会的核准后方可实施。

四、本次交易的《交易协议》

2013年2月1日，掌趣科技与广州肯瑞、广州联动、澄迈锐杰、宋海波、王贵青、李锐、李智超、张洁、陈嘉庆、韩常春十方签署了《交易协议》，该协议就本次交易的方案、本次交易的性质、本次交易实施的先决条件、交易对价及价款支付方式、资产交割、期间损益安排、盈利承诺和补偿、税费、保密、信息披露、违约责任、协议生效条件与解除等作出了约定，协议的主要内容如下：

4.1　本次交易的方案

4.1.1　上市公司拟以发行股份及支付现金相结合的方式收购广州联动、广州肯瑞、澄迈锐杰、宋海波、王贵青、李锐、李智超、张洁、韩常春、陈嘉庆持有的动网先锋100%股权；同时，上市公司进行配套融资，向不超过十名特定投资者定向发行股份募集配套资金，募集配套资金规模不超过本次重组总金额的25%；本次发行股份及支付现金购买资产与配套融资不互为前提，最终配套融资成功与否不影响本次交易的实施。

4.1.2　本次交易的作价及其依据：本次交易参考《资产评估报告》的评估结果并经各方友好协商作价，宋海波、李锐、张洁、韩常春、陈嘉庆、澄迈锐杰持有的标的股权合计作价49,467万元，广州联动、广州肯瑞、王贵青、李智超持有的标的股权合计作价31,542万元。如动网先锋在承诺期实际实现的含政府补助的净利润之和高于《交易协议》约定的承诺净利润的，则上市公司应按照协议的相关约定向截至2015年12月31日仍留任的管理层股东支付业绩超额实现的奖励对价，该等奖励对价最高不高于10,000万元。

4.1.3 本次交易的对价支付方式：本次交易的对价以上市公司向宋海波等动网先锋全体股东发行股份及支付现金方式支付。其中，上市公司以支付现金方式购买广州联动、广州肯瑞、王贵青、李智超持有的动网先锋全部股权；以发行股份及支付现金方式购买宋海波、李锐、张洁、韩常春、陈嘉庆、澄迈锐杰持有的动网先锋全部股权，该等对价的50%以现金方式支付，其余50%以上市公司向其定向发行股份方式支付。

4.2 本次交易实施的先决条件

4.2.1 上市公司股东大会审议批准本次交易；

4.2.2 中国证监会核准本次交易。

本所律师按照独立、客观、公正、审慎及重要性等查验原则，以书面审查的方式，查验了《交易协议》的内容。本所律师认为，上述协议内容符合法律规定，缔约各方权利义务明确；上述协议在本次交易经掌趣科技股东大会、中国证监会批准后生效，对缔约各方具有法律约束力。

五、本次重组的实质条件

根据《重组管理办法》第十一条和第十三条的规定，本次交易构成上市公司重大资产重组。本所律师对本次重组涉及的实质性条件逐项进行了审查：

5.1 本次重组符合《重组管理办法》的相关规定

5.1.1 动网先锋主营业务为网页游戏产品的开发与运营。根据《中共中央关于深化文化体制改革、推动社会主义文化大发展大繁荣若干重大问题的决定》、《文化产业振兴规划》、《关于推动我国动漫产业发展的若干意见》，网络游戏行业为国家鼓励发展的行业，符合国家产业政策，并且，动网先锋已被依法认定为软件企业，本次交易符合国家产业政策；动网先锋的日常经营不涉及违反国家环境保护法律法规的情形，其从事的业务符合国家环境保护的相关法律法规；根据掌趣科技编制的《重组报告书》并经本所律师查验，掌趣科技本次重组不存在违反有关土地管理、反垄断等国家法律、法规的规定。本次重组符合《重组管理办法》第十条第(一)项的规定。

5.1.2 截至本法律意见书出具之日，掌趣科技的股本总额为163,660,000股，本次发行股份数量不超过23,539,637股，如上述股份全部发行完毕，掌趣科技的股本总额将增至187,199,637股，并且社会公众持有掌趣科技的股份不低于25%。本次重组完成后，掌趣科技的股本总额和股权分布符合《证券法》、《上市规则》的规定，本次交易不会导致掌趣科技不符合相关法律、法规、规章和规范性文件规定的股票上市条件。本次重组符合《重组管理办法》第十条第(二)项的规定。

5.1.3 根据中企华出具的中企华评报字(2013)第1008号《资产评估报告》，截至评估基准日，标的资产的评估价值为83,772.02万元。2013年2月1日，掌趣科技与动网先锋全体股东签订《交易协议》，确定本次交易的价格为81,009万元。掌趣科技的独立董事发表的独立意见认为，本次交易的定价具有公允性、合理性，不会损害公司及股东特别是中小股东的利益。本次重组符合《重组管理办法》第十条第(三)项的规定。

5.1.4 根据动网先锋出具的相关文件并经本所律师查验，本次交易的标的资产是宋海波等10名动网先锋股东合计持有的动网先锋100%股权。经本所律师查验，截至本法律意见出具之日，标的资产权属清晰，不存在任何争议或潜在纠纷，不存在质押、查封、冻结或任何其他限制或禁止该等股权转让的情形，标的资产过户或转移不存在法律障碍，相关债权债务处理合法有效。本次重组所涉及的资产权属清晰，资产过户或者转移不存在法律障碍。本次重组符合《重组管理办法》第十条第(四)项的规定。

5.1.5 本次重组完成后，动网先锋将成为掌趣科技的全资子公司，掌趣科技的主营业务不会发生变化。动网先锋所涉业务符合国家产业政策，不存在违反法律、法规和规范性文件而导致其无法持续经营的情形。根据大华会计师事务所出具的《盈利预测审核报告》和《备考盈利预测审核报告》，本次重组有利于增强掌趣科技的持续经营能力，有利于掌趣科技突出主业、增强抗风险能力，不存在可能导致掌趣科技在本次重组后主要资产为现金或者无具体经营业务的情形。本次重组符合《重组管理办法》第十条第（五）项的规定。

5.1.6　本次重组完成后，动网先锋将成为掌趣科技的全资子公司。掌趣科技的业务、资产、财务、人员、机构等方面仍独立于其控股股东、实际控制人及其关联方，本次重组不会影响掌趣科技的独立性。本次重组符合中国证监会关于上市公司独立性的相关规定，符合《重组管理办法》第十条第（六）项的规定。

5.1.7　经本所律师查验，掌趣科技已严格按照《公司法》、《证券法》、《上市公司治理准则》等法律、法规、规章和规范性文件的规定以及中国证监会的相关要求设立了股东大会、董事会、监事会等组织机构并制定了相应的议事规则，具有健全的组织结构和完善的法人治理结构。掌趣科技上述规范法人治理的措施不因本次重组而发生重大变化，本次重组完成后，掌趣科技仍将保持其健全有效的法人治理结构。本次重组符合《重组管理办法》第十条第（七）项的要求。

5.1.8　根据掌趣科技编制的《重组报告书》和大华会计师事务所出具的《盈利预测审核报告》和《备考盈利预测审核报告》。本次重组完成后，掌趣科技的资产规模、业务规模、盈利能力及抵御风险的能力将大幅增强。经本所律师查验，本次交易交易对方宋海波、李锐、张洁、陈嘉庆、韩常春、澄迈锐杰已分别出具了《关于避免同业竞争的承诺函》及《关于减少及规范关联交易的承诺》，该等承诺有利于规范本次重组完成后相关交易对方与上市公司的关联交易，并能有效避免同业竞争。本次重组不会影响掌趣科技的独立性，符合《重组管理办法》第四十二条第一款第（一）项的规定。

5.1.9　根据天健正信会计师事务所有限公司出具无保留意见的《审计报告》（天健正信审（2012）GF 字 010001 号）以及掌趣科技的书面说明并经本所律师查验，截至本法律意见书出具之日，掌趣科技不存在近一年财务会计报告被注册会计师出具保留意见、否定意见或者无法表示意见的审计报告的情形。本次重组符合《重组管理办法》第四十二条第一款第（二）项的规定。

5.1.10　掌趣科技本次重组的标的资产为交易对方持有的动网先锋 100% 的股权，动网先锋的股权权属清晰，不存在任何争议或潜在纠纷，不存在质押、查封、冻结或任何其他限制或禁止该等股份转让的情形，在约定期限内办理完毕权属转移手续不存在法律障碍。本次重组符合《重组管理办法》第四十二条第一款第（三）项的规定。

5.1.11　本次重组是上市公司为了促进产业整合，增强与现有主营业务的协同效应，本次重组完成后上市公司的实际控制权不发生变更。本次重组不存在向控股股东、实际控制人或者其控制的关联人发行股份购买资产的情形，本次重组向交易对方发行股份购买资产所发行股份数量将不低于发行后上市公司总股本的 5%。本次重组符合《重组管理办法》第四十二条第二款的规定。

5.1.12　本次交易中发行股份购买资产的股份发行价格为 23.25 元/股，系掌趣科技第一届董事会第二十五次会议决议公告日前的 20 个交易日的股票交易均价。本次发行股份的价格符合《重组管理办法》第四十四条的规定。

5.1.13　根据《交易协议》及交易对方宋海波、李锐、张洁、陈嘉庆、韩常春、澄迈锐杰出具的股份锁定承诺，本次发行股份购买资产的发行对象的股份锁定承诺符合《重组管理办法》第四十五条的规定。

5.2　本次重组符合《发行管理办法》及《实施细则》的规定

5.2.1　根据《重组报告书》、《交易协议》并经本所律师查验，本次重组中发行股份购买资产的股份发行价格为 23.25 元/股，不低于定价基准日前 20 个交易日掌趣科技股票交易均价，即 23.25 元/股；募集配套资金的股份发行价格为 20.93 元/股，不低于定价基准日前 20 个交易日上市公司股票交易均价的 90%。本次重大资产重组所涉及的非公开发行股份的发行价格符合《发行管理办法》第三十八条第（一）项及《实施细则》第七条的规定。

5.2.2　根据《重组报告书》、《交易协议》及交易对方宋海波、李锐、张洁、陈嘉庆、韩常春、澄迈锐杰出具的承诺，并经本所律师查验，就本次交易取得的股份，本次交易的交易对方根据持有标的资产是否超过 12 个月，承诺了不短于《重组管理办法》的股份锁定期；就上市公司募集配套资金向特定投资者非公开发行的股份,特定投资者应承诺自股份发行结束之日起12个月内不以任何方式转让。本次重组所涉及的非公开发行股份的锁定期安排符合《发行管理办法》第三十八条第(二)项的及《实施细则》第九条、第十条的规定。

5.2.3　根据掌趣科技第一届董事会第二十五次会议决议,本次重组将向不超过10名特定投资者募集配套资金,拟募集配套资金总额不超过本次交易总金额的25%,本次重组所募集的配套资金将用于支付收购动网先锋的现金对价。根据掌趣科技说明及承诺并经本所律师查验,本次交易所募集配套资金数额将不会超过本次交易涉及项目的资金需要量;该资金使用符合相关产业政策和有关环境保护、土地管理等法律和行政法规的规定;本次重组所募集配套资金将不会用于持有交易性金融资产和可供出售的金融资产、借予他人、委托理财等财务性投资,不会直接或间接投资于以买卖有价证券为主要业务的公司。本次重组所募集配套资金所涉投资项目实施后,不会与掌趣科技控股股东、实际控制人产生同业竞争或影响掌趣科技生产经营的独立性;掌趣科技将建立募集资金专项存储制度,募集资金将存放于董事会决定的专项账户。本次重组所涉募集资金的数额和使用符合《发行管理办法》第十条、第三十八条第(三)项的规定。

5.2.4　经本所律师查验,本次重组实施前,掌趣科技总股本为16,366万股,掌趣科技的实际控制人姚文彬、叶颖涛合计持有上市公司61,074,000股股份,占上市公司总股本的37.32%,姚文彬和叶颖涛共同控制上市公司。本次重组上市公司拟向动网先锋股东发行10,638,061股股份,同时向不超过10名其他特定投资者发行不超过12,901,576股股份;以此计算,本次重组完成后,姚文彬和叶颖涛合计持有掌趣科技32.63%的股权,仍为掌趣科技的控股股东、实际控制人。本次重组不会导致掌趣科技控制权发生变化,不存在《发行管理办法》第三十八条第(四)项的情形。

5.2.5　根据掌趣科技出具的书面承诺,并经本所律师查验,截至本法律意见出具之日,掌趣科技不存在以下情形:(1)掌趣科技本次发行申请文件有虚假记载、误导性陈述或重大遗漏;(2)掌趣科技的权益被控股股东或实际控制人严重损害且尚未消除;(3)掌趣科技及其附属公司违规对外提供担保且尚未解除;(4)掌趣科技现任董事、高级管理人员最近36个月内受到中国证监会的行政处罚,或最近12个月内受到交易所公开谴责;(5)掌趣科技或其现任董事、高级管理人员因涉嫌犯罪正被司法机关立案侦查或涉嫌违法违规正被中国证监会立案调查;(6)掌趣科技最近一年财务报表被注册会计师出具保留意见、否定意见或无法表示意见的审计报告;(7)掌趣科技存在严重损害投资者合法权益和社会公共利益的其他情形。本次重组涉及的非公开发行符合《发行管理办法》第三十九条的规定。

综上,本所律师按照独立、客观、公正、审慎及重要性等查验原则,以书面审查方式,查验了本次重组的《重组报告书》、《交易协议》、《审计报告》等文件资料。本所律师认为,掌趣科技本次重组符合《公司法》、《发行管理办法》及其《实施细则》、《重组管理办法》等法律、法规的规定的实质条件。

六、本次交易的标的资产

本次交易的标的资产为动网先锋100%的股权。动网先锋于2002年10月24日经海南省海口工商行政管理局登记设立,宋海波等10名股东合计持有动网先锋100%股权。

6.1　基本情况

截至本法律意见书出具之日,动网先锋持有海南省澄迈县工商行政管理局于2013年1月5日颁发的《企业法人营业执照》,记载的基本信息如下:

注册号	460100000026385
住所	海南省老城高新技术示范区海南生态软件园
法定代表人	宋海波
注册资本	人民币1388.8889万元
实收资本	人民币1388.8889万元
企业类型	有限责任公司
经营范围	电脑网络系统集成,电脑网络策划、制作及维护,电脑网络程序开发,电脑服务器托管,增值电信业务。(以上项目凡涉及许可经营的凭许可证经营)
成立日期	2002年10月24日
营业期限	至2020年10月24日

经本所律师查验，动网先锋已通过2011年度工商年检，根据海南省澄迈县工商行政管理局出具的《证明》，动网先锋最近36个月不存在违反工商行政管理法律、法规而受到处罚的情形。

6.2　历史沿革

6.2.1　2002年10月设立

动网先锋系由李喜凤、宋海波于2002年10月24日以现金方式出资设立，设立时注册资本为10万元，实收资本为10万元。

2002年11月28日，海南海昌会计师事务所出具的海昌验字〔2002〕第011100号《验资报告》，验证结果为：截至2002年11月27日止，动网先锋已收到全体股东缴纳的注册资本10万元整，均为货币出资。

2002年10月24日，动网先锋领取了海南省海口工商行政管理局核发的注册号为4601002072706的《企业法人营业执照》。动网先锋设立时股权结构如下：

序号	股东姓名	出资额（万元）	持股比例（%）
1	李喜凤	5.00	50.00
2	宋海波	5.00	50.00
合计		10.00	100.00

6.2.2　2004年3月增资

2004年2月29日，动网先锋召开股东会会议并作出决议，批准动网先锋的注册资本增加至110万元，新增注册资本由原股东按照出资比例认缴，并批准相应修改动网先锋《公司章程》。

2004年3月4日，海南华合会计师事务所出具的海华合会验字〔2004〕第803188号《验资报告》，验证结果为：截至2004年3月4日止，动网先锋已收到全体股东缴纳的注册资本100万元整，均为货币出资。动网先锋就上述增资事宜于2004年3月办理了工商变更登记手续。

本次增资完成后，动网先锋的股权结构如下：

序号	股东姓名	出资额（万元）	持股比例（%）
1	李喜凤	55.00	50.00
2	宋海波	55.00	50.00
合计		110.00	100.00

6.2.3　2006年3月股权转让

2006年3月1日，蔡文胜分别与宋海波、李喜凤签订《股权转让协议》，约定宋海波、李喜凤将各自持有的动网先锋11万元出资额转让给蔡文胜。

2006年3月1日，动网先锋召开股东会会议并作出决议，批准上述股权转让事宜并批准相应修改动网先锋《公司章程》。

动网先锋就上述股权转让事宜办理了工商变更登记手续，并取得了海南省海口工商行政管理局于2006年3月3日换发的《企业法人营业执照》。

本次股权转让完成后，动网先锋的股权结构如下：

序号	股东姓名	出资额（万元）	出资比例（%）
1	李喜凤	44.00	40.00
2	宋海波	44.00	40.00
3	蔡文胜	22.00	20.00
合计		110.00	100.00

6.2.4　2006年6月股权转让

2006年5月31日，高翔分别与宋海波、李喜凤签订《股权转让协议》，约定宋海波、李喜凤将各自持有的动网先锋27.5万元出资额转让给高翔。

2006年5月31日，动网先锋召开股东会会议并作出决议，批准上述股权转让事宜并批准相应修改动网先锋《公司章程》。

动网先锋就上述股权转让事宜于2006年6月办理了工商变更登记手续。

本次股权转让完成后，动网先锋的股权结构如下：

序号	股东姓名	出资额（万元）	出资比例（%）
1	高翔	55.00	50.00
2	蔡文胜	22.00	20.00
3	李喜凤	16.50	15.00
4	宋海波	16.50	15.00
合计		110.00	100.00

6.2.5　2006年11月股权转让

2006年11月7日，李喜凤与李智超签订《股权转让协议》，约定李喜凤将其持有的动网先锋16.5万元出资额转让给李智超。

2006年11月7日，动网先锋召开股东会会议并作出决议，批准上述股权转让事宜并批准相应修改动网先锋《公司章程》。

动网先锋就上述股权转让等事宜于2006年11月办理了工商变更登记手续。

本次股权转让完成后,动网先锋的股权结构如下:

序号	股东姓名	出资额(万元)	出资比例(%)
1	高翔	55.00	50.00
2	蔡文胜	22.00	20.00
3	李智超	16.50	15.00
4	宋海波	16.50	15.00
合计		110.00	100.00

6.2.6　2008年12月股权转让

2008年12月22日,李智超与宋海波签订《股权转让协议》,约定李智超将其持有的动网先锋16.5万元出资额转让给宋海波。

2008年12月22日,动网先锋召开股东会会议并作出决议,批准上述股权转让事宜并批准相应修改动网先锋《公司章程》。

动网先锋就上述股权转让事宜于2008年12月办理了工商变更登记手续。

本次股权转让完成后,动网先锋的股权结构如下:

序号	股东姓名	出资额(万元)	出资比例(%)
1	高翔	55.00	50.00
2	宋海波	33.00	30.00
3	蔡文胜	22.00	20.00
合计		110.00	100.00

6.2.7　2009年1月增资

2009年1月19日,动网先锋召开股东会会议并作出决议,批准公司的注册资本增加至1,000万元,新增注册资本由原股东按照出资比例认缴,并批准相应修改动网先锋《公司章程》。

2009年1月16日,海南荣德诚会计师事务所出具荣德诚会验字〔2009〕第D00041号《验资报告》,验证结果为:截至2009年1月15日,动网先锋已收到全体股东缴纳的新增注册资本890万元整,均为货币出资。

动网先锋就上述增资事宜办理了工商变更登记手续,并取得了海南省海口工商行政管理局于2009年1月20日换发的《企业法人营业执照》。

本次增资完成后,动网先锋的股权结构如下:

序号	股东姓名	出资额(万元)	出资比例(%)
1	高翔	500.00	50.00
2	宋海波	300.00	30.00
3	蔡文胜	200.00	20.00
合计		1000.00	100.00

6.2.8　2009年7月股权转让

2009年7月6日,蔡文胜与宋海波签订《股权转让协议》,约定蔡文胜将其持有的动网先锋200万元出资额转让给宋海波。

2009年7月6日,动网先锋召开股东会会议并作出决议,批准上述股权转让事宜并批准相应修改动网先锋《公司章程》。

动网先锋就上述股权转让事宜办理了工商变更登记手续,并取得了海南省海口市工商行政管理局于2009年7月9日换发的《企业法人营业执照》。本次股权转让完成后,动网先锋的股权结构如下:

序号	股东姓名	出资额(万元)	出资比例(%)
1	宋海波	500.00	50.00
2	高翔	500.00	50.00
合计		1000.00	100.00

6.2.9　2009年10月股权转让

2009年9月1日,宋海波分别与吴萌、李锐、蔡文胜、李智超签订《股权转让协议》,约定宋海波将其持有的动网先锋62.5万元出资额转让给吴萌、50万元出资额转让给李锐、25万元出资额转让给蔡文胜、56.25万元出资额转让给李智超;同日,高翔分别与王贵青、广州联动签订《股权转让协议》,约定高翔将其持有的动网先锋200万元出资额转让给王贵青、300万元出资额转让给广州联动。

2009年9月1日,动网先锋召开股东会会议并作出决议,批准上述股权转让事宜并批准相应修改动网先锋《公司章程》。

动网先锋就上述股权转让事宜于2009年10月办理了工商变更登记手续。

本次股权转让完成后,动网先锋的股权结构如下:

序号	股东姓名/名称	出资额(万元)	出资比例(%)
1	宋海波	306.25	30.625
2	广州联动	300.00	30.000
3	王贵青	200.00	20.000
4	吴萌	62.50	6.250

续表

序号	股东姓名/名称	出资额(万元)	出资比例(%)
5	李智超	56.25	5.625
6	李锐	50.00	5.000
7	蔡文胜	25.00	2.500
合计		1000.00	100.000

6.2.10 2010年11月增资

2010年10月26日,动网先锋召开股东会会议并作出决议,批准公司注册资本增加至1,250万元,新增注册资本由广州肯瑞认缴,并批准相应修改动网先锋《公司章程》。

2010年9月3日,海南嘉德信会计师事务所出具的嘉德信会验字〔2010〕第1006号《验资报告》,验证结果为:截至2010年9月1日止,动网先锋已收到广州肯瑞缴纳的新增注册资本合计250万元整,均为货币出资。

动网先锋就上述增资事宜办理了工商变更登记手续,并取得了海南省海口工商行政管理局于2010年11月8日换发的《企业法人营业执照》。

本次增资完成后,动网先锋的股权结构如下:

序号	股东姓名/名称	出资额(万元)	出资比例(%)
1	宋海波	306.25	24.50
2	广州联动	300.00	24.00
3	广州肯瑞	250.00	20.00
4	王贵青	200.00	16.00
5	吴萌	62.50	5.00
6	李智超	56.25	4.50
7	李锐	50.00	4.00
8	蔡文胜	25.00	2.00
合计		1250.00	100.00

6.2.11 2011年7月增资

2011年6月20日,动网先锋召开股东会会议并作出决议,批准公司注册资本增加至1,388.8889万元,新增注册资本由宋海波、吴萌、李锐及新增股东韩常春和海口优玩认缴,并批准相应修改动网先锋《公司章程》。

2011年6月24日,海南华合会计师事务所出具的海华合会验字〔2011〕第806054号《验资报告》,验证结果为:截至2011年6月22日止,动网先锋已收到原股东宋海波、吴萌、李锐及新增股东韩常春、海口优玩缴纳的新增注册资本合计138.8889万元,均为货币出资。动网先锋就上述增资事宜办理了工商变更登记,并取得了海南省海口工商行政管理局于2011年7月27日换发的《企业法人营业执照》。本次变更完成后,动网先锋的股权结构如下:

序号	股东姓名/名称	出资额(万元)	出资比例(%)
1	宋海波	320.8333	23.10
2	广州联动	300.0000	21.60
3	广州肯瑞	250.0000	18.00
4	王贵青	200.0000	14.40
5	吴萌	104.8611	7.55
6	李锐	90.2778	6.50
7	李智超	56.2500	4.05
8	海口优玩	27.7778	2.00
9	蔡文胜	25.0000	1.80
10	韩常春	13.8889	1.00
合计		1388.8889	100.00

6.2.12 2012年2月股权转让

2012年2月2日,吴萌、宋海波签订《股权转让协议》,约定吴萌将其持有的动网先锋104.8611万元出资额转让给宋海波。

2012年2月2日,动网先锋召开股东会会议并作出决议,批准上述股权转让事宜并批准相应修改动网先锋《公司章程》。

动网先锋就上述股权转让事宜办理了工商变更登记手续,并取得了海南省海口工商行政管理局于2012年3月22日换发的《企业法人营业执照》。

本次股权转让完成后,动网先锋的股权结构如下:

序号	股东姓名/名称	出资额(万元)	出资比例(%)
1	宋海波	425.6944	30.65
2	广州联动	300.0000	21.60
3	广州肯瑞	250.0000	18.00
4	王贵青	200.0000	14.40
5	李锐	90.2778	6.50
6	李智超	56.2500	4.05
7	海口优玩	27.7778	2.00
8	蔡文胜	25.0000	1.80
9	韩常春	13.8889	1.00
合计		1388.8889	100.00

6.2.13 2012年3月变更经营范围

2012年3月26日,动网先锋股东作出股东会决议,批准动网先锋的经营范围变更为"电脑网络系统集成,电脑网络策划、制作及维护,电脑网络程序开发,电脑服务器托管,增值电信服务(含互联网信息服务业务)”,并批准相应修改《公司章程》。

动网先锋就上述经营范围变更事宜办理了工商变更登记手续,并取得了海南省海口工商行政管理局于2012年3月28日换发的《企业法人营业执照》。

6.2.14 2012年12月股权转让

2012年11月23日,蔡文胜与李锐签订《股权转让协议》,约定蔡文胜将其持有的动网先锋25万元出资额转让给李锐。同日,宋海波分别与陈嘉庆、李锐、张洁签订《股权转让协议》,约定宋海波将其持有的动网先锋13.8889万元的出资额转让给陈嘉庆、23.6111万元的出资额转让给李锐、13.8889万元的出资额转让给张洁。同日,海口优玩与张洁签订《股权转让协议》,约定海口优玩将其持有的动网先锋27.7778万元的出资额转让给张洁。

2012年11月21日,动网先锋召开股东会会议并作出决议,批准上述股权转让事宜并批准相应修改动网先锋《公司章程》。

动网先锋就上述股权转让事宜办理了工商变更登记,并取得了海南省澄迈县工商行政管理局于2012年12月12日换发的《企业法人营业执照》。

本次变更完成后,动网先锋的股权结构如下:

序号	股东姓名/名称	出资额(万元)	出资比例(%)
1	宋海波	374.3055	26.95
2	广州联动	300.0000	21.60
3	广州肯瑞	250.0000	18.00
4	王贵青	200.0000	14.40
5	李锐	138.8889	10.00
6	李智超	56.2500	4.05
7	张洁	41.6667	3.00
8	韩常春	13.8889	1.00
9	陈嘉庆	13.8889	1.00
合计		1388.8889	100.00

6.2.15 2013年1月股权转让

2012年12月24日,宋海波与澄迈锐杰签署了《股权转让协议》,约定宋海波将其持有的动网先锋27.0833万元出资额转让给澄迈锐杰。

2012年12月24日,动网先锋召开股东会会议并作出决议,批准上述股权转让事宜并批准相应修改动网先锋《公司章程》。

动网先锋就上述股权转让事宜办理了工商变更登记,并取得了海南省澄迈县工商行政管理局于2013年1月5日换发的《企业法人营业执照》。

本次股权转让完成后,动网先锋股权结构如下:

序号	股东姓名/名称	出资额(万元)	出资比例(%)
1	宋海波	347.2222	25.00
2	广州联动	300.0000	21.60
3	广州肯瑞	250.0000	18.00
4	王贵青	200.0000	14.40
5	李锐	138.8889	10.00
6	李智超	56.2500	4.05
7	张洁	41.6667	3.00
8	澄迈锐杰	27.0833	1.95
9	韩常春	13.8889	1.00
10	陈嘉庆	13.8889	1.00
合计		1388.8889	100.00

6.2.16 标的资产的权利限制情况

根据广州联动、广州肯瑞、澄迈锐杰、宋海波、王贵青、李锐、李智超、张洁、韩常春、陈嘉庆出具的说明,截至本法律意见出具之日,交易对方持有的动网先锋合计100%的股权权属清晰,不存在受托持股或信托持股的情形,本次交易的标的资产上不存在质押、冻结或其他法律、法规或相关公司章程所禁止或限制转让或受让的情形。

本所律师按照独立、客观、公正、审慎及重要性等查验原则,以书面审查与访谈动网先锋股东的方式相结合,查验了动网先锋的工商登记资料、海南省澄迈县工商行政管理局出具的证明文件、交易对方出具的说明等文件资料。本所律师认为,动网先锋设立以来的历次股权变动均符合当时有效的《公司法》的规定;本次交易的交易对方不存在受托持股或信托持股的情形,标的资产权属清晰,不存在质押、冻结或其他法律、法规或相关公司章程所禁止或限制转让或受让的情形,标的资产过户不存在法律障碍。

6.3 下属子公司

经查验,截至本法律意见书出具之日,动网先锋共有8家控股子公司、2家分公司及1家参股子公司,动网先锋子公司蚂蚁兄弟有1家分公司,其基本情况如下:

6.3.1　广州网创

广州网创系由动网先锋于2011年2月21日出资设立的全资子公司，设立时注册资本为100万元，自设立至今未发生股权变动。

广州网创现持有广州市工商行政管理局天河分局颁发的《企业法人营业执照》，广州网创已通过2011年年检，其主要工商登记的信息如下：

注册号	440106000369510
住所	广州市天河区新塘长庚大街68号203房
法定代表人	宋海波
注册资本	人民币100万元
实收资本	人民币100万元
企业类型	有限责任公司(法人独资)
经营范围	计算机网络技术、计算机软硬件的研究、开发；网页设计；计算机系统集成技术服务(计算机信息系统集成除外)
成立日期	2011年2月11日
营业期限	2011年2月11日至长期

6.3.2　广州亚游

广州亚游系由动网先锋、陈顺国、陈笑游、董刚于2011年11月16日共同出资设立，设立时注册资本为10万元。2012年7月2日，广州亚游注册资本变更为110万元，新增注册资本由动网先锋、陈顺国、陈笑游、董刚按各自持股比例认缴。

截至本法律意见书出具之日，广州亚游的股权结构如下：

序号	股东姓名/名称	出资额(万元)	出资比例(%)
1	动网先锋	66.00	60.00
2	陈顺国	37.40	34.00
3	陈笑游	3.30	3.00
4	董刚	3.30	3.00
合计		110.00	100.00

广州亚游现持有广州市工商行政管理局天河分局颁发的《企业法人营业执照》，广州亚游已通过2011年年检，其主要工商登记的信息如下：

注册号	440106000526991
住所	广州市天河区中山大道建工路13、15号703房(本住所限写字楼功能)
法定代表人	陈顺国
注册资本	人民币110万元
实收资本	人民币110万元
企业类型	其他有限责任公司
经营范围	计算机网络设备的研究、开发、维护；计算机系统集成技术服务；计算机软件开发。
成立日期	2011年11月16日
营业期限	2011年11月16日至长期

6.3.3　海南珍珑

海南珍珑系由动网先锋、刘国斌、欧磊、朱中茂、邓明杰于2012年6月11日共同出资设立，设立时注册资本为500万元，实收资本为100万元，动网先锋持股比例为60%。2012年12月25日，刘国斌、欧磊、朱中茂、邓明杰将所持海南珍珑的全部股权转让给动网先锋。截至本法律意见书出具之日，动网先锋持有海南珍珑100%的股权。

海南珍珑现持有海南省澄迈县工商行政管理局于2012年12月25日核发的《企业法人营业执照》，其主要工商登记信息如下：

注册号	469027000022479
住所	海南老城经济开发区疏港南路海南生态软件园
法定代表人	邓明杰
注册资本	人民币500万元
实收资本	人民币500万元
企业类型	有限责任公司(法人独资)
经营范围	电脑网络系统集成、电脑网络策划、制作及维护、电脑网络程序开发、电脑服务器托管、动漫网络游戏开发与运营(以上项目凡涉及许可证经营的凭许可证经营)
成立日期	2012年6月11日
营业期限	2012年6月11日至2042年6月11日

6.3.4　海南战天

海南战天系由动网先锋、陈礼国于2012年6月12日共同出资设立，设立时注册资本为500万元，实收资本为100万元，动网先锋持股比例为60%。2012年12月25日，陈礼国将所持海南战天全部股权转让给动网先锋。截至本法律意见书出具之日，动网先锋持有海南战天100%的股权。

海南战天现持有海南省澄迈县工商行政管理局于2012年12月25日核发的《企业法人营业执照》，其主要工商登记信息如下：

注册号	469027000022487
住所	海南省老城高新技术示范区海南生态软件园
法定代表人	陈礼国
注册资本	人民币 500 万元
实收资本	人民币 500 万元
企业类型	有限责任公司(法人独资)
经营范围	电脑网络系统集成,电脑网络策划、制作及维护,电脑网络程序开发,电脑服务器托管,动漫网络游戏开发与运营(以上项目凡涉及许可证经营的凭许可证经营)
成立日期	2012 年 6 月 12 日
经营日期	至 2042 年 6 月 12 日

6.3.5 蚂蚁兄弟

蚂蚁兄弟系由动网先锋与徐靖丰、左玉民于 2012 年 6 月 11 日共同出资设立,设立时注册资本为 500 万元,实收资本为 100 万元,动网先锋持股比例为 60%。2012 年 12 月 25 日,徐靖丰、左玉民将各自持有的蚂蚁兄弟全部股权转让给动网先锋。截至本法律意见书出具之日,动网先锋持有蚂蚁兄弟 100% 的股权。

蚂蚁兄弟现持有海南省澄迈县工商行政管理局于 2012 年 12 月 25 日核发的《企业法人营业执照》,其主要工商登记信息如下:

注册号	469027000022454
住所	海南省老城高新技术示范区海南生态软件园
法定代表人	徐靖丰
注册资本	人民币 500 万元
实收资本	人民币 500 万元
企业类型	有限责任公司(法人独资)
经营范围	电脑网络系统集成,电脑网络策划、制作及维护,电脑网络程序开发,电脑服务器托管,动漫网络游戏开发与运营(以上项目凡涉及许可证经营的凭许可证经营)
成立日期	2012 年 6 月 11 日
经营日期	至 2042 年 6 月 11 日

6.3.6 海南火极

海南火极系由动网先锋与张虎于 2012 年 6 月 11 日共同出资设立,设立时注册资本为 500 万元,实收资本为 100 万元,动网先锋持股比例为 60%。2012 年 12 月 25 日,张虎将其持有海南火极全部股权转让给动网先锋。截至本法律意见书出具之日,动网先锋持有海南火极 100% 的股权。

海南火极持有海南省澄迈县工商行政管理局于 2012 年 12 月 25 日核发的《企业法人营业执照》,其主要工商登记信息如下:

注册号	469027000022446
住所	海南老城经济开发区疏港南路海南生态软件园区
法定代表人	张虎
注册资本	人民币 500 万元
实收资本	人民币 500 万元
企业类型	有限责任公司(法人独资)
经营范围	电脑网络系统集成,电脑网络策划、制作及维护,电脑网络程序开发,电脑服务器托管,动漫网络游戏开发与运营(以上项目凡涉及许可证经营的凭许可证经营)
成立日期	2012 年 6 月 11 日
经营日期	至 2042 年 6 月 11 日

6.3.7 海南动景

海南动景系由动网先锋与韩存畴于 2012 年 6 月 11 日共同出资设立,设立时注册资本为 500 万元,实收资本为 100 万元,动网先锋持股比例为 60%。2012 年 12 月 25 日,韩存畴将其持有的海南动景全部股权转让给动网先锋。截至本法律意见书出具之日,动网先锋持有海南动景 100% 的股权。

海南动景持有海南省澄迈县工商行政管理局于 2012 年 12 月 25 日核发的《企业法人营业执照》,其主要工商登记信息如下:

注册号	469027000022420
住所	海南老城经济开发区疏港南路海南生态软件园区
法定代表人	韩存畴
注册资本	人民币 500 万元
实收资本	人民币 500 万元
企业类型	有限责任公司(法人独资)
经营范围	电脑网络系统集成,电脑网络策划、制作及维护,电脑网络程序开发,电脑服务器托管,动漫网络游戏开发与运营(以上项目凡涉及许可证经营的凭许可证经营)
成立日期	2012 年 6 月 11 日
经营日期	至 2042 年 6 月 11 日

6.3.8 动网香港

根据廖国辉律师事务所出具的法律意见书,动网香港系由动网先锋出资 1 万美元于 2010 年 11 月 5 日在香港设立的全资子公司(公司注册号为:1525097),注册地址为:香港中环都爹利街 11 号律敦治行 12 楼(12thFloor,RuttonjeeHouse,11DuddellStreet,Central,HongKong),公司唯一董事为宋海波,法定股本为10,000美元。

6.3.9 广州小小游

广州小小游系由肖剑毅、陆荣幸、叶小盈于2011年10月18日共同出资设立,设立时注册资本为10万元。2012年1月13日,动网先锋对广州小小游增资,增资完成后,广州小小游注册资本变更为12.5万元。

截至本法律意见书出具之日,广州小小游的股权结构如下:

序号	股东姓名/名称	出资额(万元)	出资比例(%)
1	萧剑毅	6.25	50.00
2	陆荣幸	2.50	20.00
3	动网先锋	2.50	20.00
4	叶小盈	1.25	10.00
合计		12.50	100.00

广州小小游现持有广州市工商行政管理局天河分局于2012年1月13日核发的《企业法人营业执照》,广州小小游已通过2011年年检,其主要工商登记信息如下:

注册号	440106000514818
住所	广州市天河区迎龙路1街自编B10房
法定代表人	萧剑毅
注册资本	12.5万元
实收资本	12.5万元
企业类型	有限责任公司(自然人投资或控股)
经营范围	网络技术、计算机软件的开发;计算机系统集成技术服务(计算机信息系统集成除外)。
成立日期	2011年10月18日
经营日期	2011年10月18日至长期

6.3.10 动网先锋分公司

6.3.10.1 动网先锋广州分公司

动网先锋广州分公司于2008年2月1日设立,现持有广州市工商行政管理局天河分局核发的《营业执照》,动网先锋广州分公司已通过2011年年检,其主要工商登记信息如下:

注册号	(分)440106000666092
营业场所	广州市天河区中山大道89号附楼101房
负责人	宋海波
经营范围	计算机系统集成技术服务及维护;计算机软、硬件开发。
成立日期	2008年2月1日

6.3.10.2 动网先锋北京分公司

动网先锋北京分公司于2010年8月16日设立,现持有北京市工商行政管理局海淀分局核发的《营业执照》,动网先锋北京分公司已通过2011年年检,其主要工商登记信息如下:

注册号	110108013130463
营业场所	北京市海淀区知春路51号五层5301室
负责人	左燕斌
经营范围	许可经营项目:无一般经营项目:电脑网络程序开发;电脑网络系统集成。
成立日期	2010年8月16日

6.3.11 蚂蚁兄弟广州分公司

蚂蚁兄弟广州分公司设立于2012年9月27日,现持有广州市工商行政管理局天河分局核发的《营业执照》,其主要工商登记信息如下:

注册号	(分)440106000691199
名称	海南蚂蚁兄弟网络科技有限公司广州分公司
营业场所	广州市天河区黄埔大道中336号3A01房(本住所限写字楼功能)
负责人	徐靖丰
经营范围	计算机网络系统集成技术服务。
成立日期	2012年9月27日

本所律师按照独立、客观、公正、审慎及重要性等查验原则,以书面审查的方式,查验了上述动网先锋分支机构的工商底档、廖国辉律师事务所就动网香港出具的法律意见书及该等分支机构的主管部门开具的证明文件等文件资料。本所律师认为,动网先锋对上述分支机构拥有合法的股东权益。

6.4 主要资产状况

6.4.1 房屋租赁合同

截至本法律意见书出具之日,动网先锋及其控股子公司、分公司租赁房产情况如下(单位:平方米):

序号	承租方	出租方	坐落	建筑面积	租赁期限	房产证号
1	动网先锋	韩素青	海口市金龙路51号万利隆花园A栋802房	256.57	2011-04-26至2014-04-26	海房字HK318347号
2	广州亚游	姚倩	广州天河科韵路天河软件园建中路62号六楼605房	460.00	2012-10-08至2013-10-07	粤房地证字第C3353413号
3	广州网创	简锦培	天河区新塘长庚大街68号203房	30.00	2012-06-07至2013-06-06	—
4	动网先锋广州分公司	王如真	广州市海珠区琶洲大道东路3号303-309房	1425.37	2011-09-16至2016-11-15	粤房地证字第C6466188号——粤房地证字第C6466194号
5	动网先锋广州分公司	张积江	广州市海珠区琶洲大道东路3号310-319房	1396.07	2011-09-16至2016-11-15	粤房地证字第C6466195号——粤房地证字第C6466199号粤房地证字第C6607203号粤房地证字第C6607204号穗房地证字第0820015104号——穗房地证字第0820015106号
6	动网先锋广州分公司	张积江	广州市海珠区琶洲大道东路3号301、302房	197.17	2011-09-16至2016-11-15	粤房地证字第C6466186号——粤房地证字第C6466187号
7	动网先锋广州分公司	广州华庭物业发展有限公司	广州市中山大道89号附楼101号	20.00	2013-01-01至2014-12-31	穗集地证字第005421号
8	动网先锋北京分公司	刘文华	北京市海淀区知春路129号泛亚大厦695室	125.32	2012-09-01至2014-08-31	京房权证市海私字第0540033号
9	蚂蚁兄弟广州分公司	广州市御发置业有限公司	广州市天河区黄埔大道中路336号3A01号	328.00	2012-09-20至2013-09-19	—
合计				4238.50		

本所律师按照独立、客观、公正、审慎及重要性等查验原则,以书面审查的方式,查验了上述租赁房产的租赁合同及房屋所有权证等文件资料。本所律师认为,动网先锋分支机构承租的房产中有2处房产,其出租方未向本所律师提供该等租赁房产的房屋所有权证书或其他权利证明,该等租赁合同的效力存在不确定性。但上述瑕疵房产的面积占动网先锋及其分支机构租赁总面积的比例较小。并且,本次交易的交易对方已对动网先锋子公司可能遭受的损失作出承诺,若动网先锋及其子公司因上述租赁合同无效导致损失的,由交易对方按照其股权交割日在动网先锋的持股比例承担该等损失,并给予动网先锋或其子公司全额赔偿。因此,该等事项不会构成本次交易的实质性法律障碍。

6.4.2　注册商标

截至本法律意见书出具之日,动网先锋共拥有4项注册商标专用权,动网先锋已就该等注册商标取得了《商标注册证》,其具体情况如下:

序号	商标	核定服务项目	注册号	有效期限
1	动网论坛	第42类	3876374	2006-06-07至2016-06-06
2		第42类	3876375	2006-06-07至2016-06-06
3		第42类	8651993	2011-09-21至2021-09-20
4		第42类	9905088	2012-11-07至2022-11-06

本所律师按照独立、客观、公正、审慎及重要性等查验原则，以书面审查的方式，查验了上述注册商标的登记证书等文件资料。本所律师认为，动网先锋合法拥有上述注册商标的专用权。

6.4.3　软件著作权

截至本法律意见书出具之日，动网先锋公司及其下属子公司共拥有40项计算机软件著作权，动网先锋已就该等软件著作权取得了《计算机软件著作权登记证书》，其具体情况如下：

序号	软件名称	著作权人	登记号	开发完成——首次发表日期	登记日期
1	动网先锋论坛系统V7.0[简称：动网论坛]	动网先锋	2004SR00001	2003-12-15	2004-01-02
2	商业大亨OnLine网页游戏软件V1.0[简称：商业大亨Online]	动网先锋	2009SR08303	2008-11-07	2009-03-03
3	超级明星OnLineV1.3.3	动网先锋	2009SR034291	2008-11-07	2009-08-26
4	富人国网络游戏软件[简称：富人国]V1.0	动网先锋	2010SR062231	2010-06-10	2010-11-19
5	开心车位online系统游戏软件[简称：开心车位]V1.0	动网先锋	2010SR062230	2010-08-20	2010-11-19
6	星空传奇online系统游戏软件[简称：星空传奇]V1.0	动网先锋	2010SR062229	2010-08-20	2010-11-19
7	超级明星网络游戏软件[简称：超级明星]V1.4.4	动网先锋	2010SR063550	2010-11-08	2010-11-26
8	三分天下online系统游戏软件[简称：三分天下]V1.0.0	动网先锋	2010SR065709	2010-10-10	2010-12-06
9	植物战怪兽网络游戏软件[简称：植物战怪兽]V1.0	动网先锋	2010SR065708	2010-06-03	2010-12-06
10	动网先锋寻侠系统游戏软件[简称：寻侠]V1.0	动网先锋	2011SR028210	2011-04-06	2011-05-13
11	动网先锋仙魂系统游戏软件[简称：仙魂]V1.0	动网先锋	2011SR040460	2011-03-03	2011-06-24
12	动网先锋功夫系统游戏软件[简称：功夫]V1.0	动网先锋	2011SR040459	2011-05-06	2011-06-24
13	幻世天龙系统游戏软件[简称：幻世天龙]V1.0	动网先锋	2011SR058893	2011-03-03	2011-08-19
14	动网先锋双龙诀游戏系统软件[简称：双龙诀]V1.0	动网先锋	2011SR058891	2011-06-22	2011-08-19
15	动网先锋商业大亨2游戏系统软件[简称：商业大亨2]V1.0	动网先锋	2011SR058884	2011-07-17	2011-08-19
16	动网先锋海岛大亨游戏系统软件[简称：海岛大亨]V1.0	动网先锋	2011SR060979	2011-05-23	2011-08-26
17	动网先锋幻世仙征游戏系统软件[简称：幻世仙征]V1.0	动网先锋	2011SR063864	2011-03-03	2011-09-6
18	动网先锋扣扣手机应用软件[简称：扣扣]V1.0	动网先锋	2011SR063852	2011-07-25	2011-09-06
19	动网先锋智斗星游戏系统软件[简称：智斗星]V1.0	动网先锋	2012SR007665	2010-12-20	2012-02-08
20	动网先锋本色三国游戏系统软	动网先锋	2012SR012057	2012-01-05	2012-02-22
21	动网先锋神龙纪游戏系统软件[简称：神龙纪]V1.0	动网先锋	2012SR014656	2012-01-21	2012-02-29
22	动网先锋武道破天游戏系统软件[简称：武道破天]V1.0	动网先锋	2012SR021928	2012-02-20	2012-03-21
23	动网先锋侠义江湖游戏系统软件[简称：侠义江湖]V1.0	动网先锋	2012SR039725	2012-03-03	2012-05-16
24	动网先锋明星梦想游戏系统软件[简称：明星梦想]V1.0	动网先锋	2012SR043303	2012-04-15	2012-05-25
25	动网先锋烽火九州游戏系统软件[简称：烽火九州]V1.0	动网先锋	2012SR049733	2012-05-25	2012-06-13
26	动网先锋乱世春秋游戏系统软件[简称：乱世春秋]V1.0	动网先锋	2012SR049730	2012-05-15	2012-06-13
27	动网先锋武侠萌主游戏系统软件[简称：武侠萌主]V1.0	动网先锋	2012SR049723	2012-05-28	2012-06-13
28	动网先锋航海帝国游戏系统软件[简称：航海帝国]V1.0	动网先锋	2012SR074593	2012-08-01	2012-08-14
29	动网先锋战国魂游戏系统软件[简称：战国魂]V1.0	动网先锋	2012SR136475	2012-12-06	2012-12-28
30	动网先锋三分天下移动版游戏软件[简称：三分天下移动版]V1.0	动网先锋	2013SR003037	2012-12-05	2013-01-10
31	动网先锋寻侠移动版游戏软件[简称：寻侠移动版]V1.0	动网先锋	2013SR003134	2012-12-15	2013-01-10
32	动网先锋卧虎藏龙游戏软件[简称：卧虎藏龙]V1.0	动网先锋	2013SR006643	2012-12-25	2013-01-22
33	《91富人国》手机游戏软件[简称：91富人国]V1.0	动网先锋 福建博瑞网络科技有限公司	2012SR108615	2011-12-08	2012-11-13
34	亚游刀剑无双游戏系统软件[简称：刀剑无双]V1.0	广州亚游	2012SR003043	2011-12-29	2012-01-16
35	亚游论剑天下游戏系统软件	广州亚游	2012SR101952	2012-10-15	2012-10-29
36	动景创世王者雄心系统游戏软件[简称：王者雄心]V1.0	海南动景	2012SR097919	2012-09-25	2012-10-18
37	火极中华侠影游戏系统软件[简称：中华侠影]V1.0	海南火极	2012SR104696	2012-7-25	2012-11-05

续表

序号	软件名称	著作权人	登记号	开发完成——首次发表日期	登记日期
38	火极魔战游戏软件[简称:魔战]V1.0	海南火极	2013SR008616	2013-01-07	2013-01-28
39	战天网络盛世西游游戏系统软件[简称:盛世西游]V1.0	海南战天	2012SR079017	2012-07-28	2012-08-27
40	战天网络西游降魔篇游戏系统软件[简称:西游降魔篇]V1.0	海南战天	2013SR003039	2012-12-01	2013-01-10
41	动景创世盛九州游戏软件[简称:盛世九州]V1.0	海南动景	2013SR012030	2013-01-15	2013-02-06

本所律师按照独立、客观、公正、审慎及重要性等查验原则,以书面审查的方式,查验了上述软件著作权的登记证书等文件资料。本所律师认为,动网先锋及其子公司合法拥有上述软件著作权。

6.4.4 域名

根据动网先锋公司提供的域名注册证书,动网先锋及其子公司动网香港共有的14个域名,其基本情况如下表:

序号	域名	注册所有人	注册时间	到期时间
1	huoji. com	动网先锋	1997-04-11	2015-04-12
2	uwan. com	动网先锋	2002-07-15	2015-07-15
3	cndw. com	动网先锋	2002-12-08	2015-12-08
4	aspsky. net	动网先锋	2003-12-25	2014-12-25
5	gamebto. com	动网先锋	2008-04-10	2015-04-10
6	gameto. net	动网先锋	2008-04-11	2014-04-11
7	gamebto. cn	动网先锋	2008-04-11	2014-04-11
8	popwan. com	动网先锋	2008-04-26	2014-04-26
9	popwan. com. cn	动网先锋	2008-07-11	2015-07-11
10	dwedns. com	动网先锋广州分公司	—	2020-07-06
11	dovogame. cn	动网先锋广州分公司	—	2015-08-03
12	dovogame. com. cn	动网先锋广州分公司	—	2015-08-03
13	dovomobile. com	动网先锋	2011-03-15	2013-03-15
14	dovogame. com	动网香港	2008-04-15	2019-04-15

本所律师按照独立、客观、公正、审慎及重要性等查验原则,以书面审查的方式,查验了上述域名登记证书并在万维网上查询了上述注册商标的权属登记情况。本所律师认为,动网先锋及其子公司合法拥有上述域名的所有权。

6.4.5 动网先锋的业务及经营资质

6.4.5.1 动网先锋的主营业务

根据动网先锋的说明并经本所律师查验,动网先锋的主营业务为网页游戏产品的开发与运营。

6.4.5.2 动网先锋的经营资质

截至本法律意见书出具之日,动网先锋已取得的经营资质具体如下:

序号	证书名称	编号	业务范围	有效期
1	互联网出版许可证	新出网证(琼)字003号	互联网游戏出版	2011-10-10至2019-12-30
2	网络文化经营许可证	琼网文〔2012〕0418-002号	利用互联网经营:游戏产品,网络游戏虚拟货币发行	2012-07至2015-07
3	增值电信业务经营许可证	琼B2-20090005	第二类增值电信业务中的信息服务业务(不含固定网电话信息服务)	2012-10-23至2014-03-19

本所律师认为,截至本法律意见书出具之日,动网先锋及其下属公司从事现时业务符合国家相关产业政策并已取得了必要的经营许可。根据海南省通信管理局、海南省文化广电出版体育厅出具的证明文件,动网先锋报告期内合法经营,其运营的游戏产品不存在违法、违

规内容,未受到过行业主管部门的处罚。

6.4.6　税务与财政补贴

6.4.6.1　税务登记

截至本法律意见书出具之日,动网先锋及其子公司目前持有的税务登记证书情况如下:

序号	公司名称	证书编号	发证机关
1	动网先锋	琼澄字 460027742567559 号	海南省澄迈县地方税务局澄迈县国家税务局
2	海南战天	琼地税澄迈字 4600275949 2527X 号	海南省澄迈县地方税务局
3	海南珍珑	琼地税澄迈字 4600275949 2535X 号	海南省澄迈县地方税务局
4	蚂蚁兄弟	琼地税澄迈字 460027594925237 号	海南省澄迈县地方税务局
5	海南火极	琼地税澄迈字 460027594925325 号	海南省澄迈县地方税务局
6	海南动景	琼地税澄迈字 460027594925165 号	海南省澄迈县地方税务局
7	广州亚游	粤国税字 44010058568200X 号	广州市国家税务局
		粤地税字 44010658568200X 号	广州市地方税务局
8	广州网创	粤国税字 440100567949743 号	广州市国家税务局
		粤地税字 440106567949743 号	广州市地方税务局

6.4.6.2　税种和税率

根据大华会计师事务所出具的《审计报告》并经本所律师查验,动网先锋及其控股子公司目前所执行的税种、税率情况如下:

6.4.6.2.1 流转税和附加税费

税种	计税依据	税率
增值税	应税服务收入	3%
营业税	应纳税营业额	3%、5%
城建税	应纳流转税额	5%、7%
教育费附加	应纳流转税额	3%
地方教育费附加	应纳流转税额	2%
堤围防护费	应税收入	0.1%

6.4.6.2.2　企业所得税

公司名称	报告期	税率
动网先锋	2011 年度	12%
	2012 年度	12.5%
广州网创	2011－2012 年度	25%
广州亚游	2011－2012 年度	25%
海南珍珑	2012 年度	25%
海南动景	2012 年度	25%
海南火极	2012 年度	25%
蚂蚁兄弟	2012 年度	25%
海南战天	2012 年度	25%
动网香港	2011－2012 年度	16.5%

6.4.6.3　纳税情况

根据动网先锋及其控股子公司的主管税务机关出具的书面证明,并经本所律师查验,动网先锋及其控股子公司最近三年能够遵守有关税务方面的法律、法规,均依法纳税,不存在税务重大违法行为,未受到过重大税务行政处罚。

6.4.6.4　税收优惠

动网先锋根据《国务院关于鼓励投资开发海南岛的规定》及《国务院关于印发进一步鼓励软件产业和集成电路产业发展若干政策的通知》等相关规定,享受企业所得税在过渡期税率的基础上两免三减半的税收优惠,具体情况如下:

动网先锋于 2008 年 6 月 27 日取得海南省工业经济与信息产业局下发的《软件企业认定证书》(证书编号琼 R－2008－0003);根据动网先锋提供的工商底档等资料,动网先锋自设立至今注册地均为海南省。

根据《财政部和国家税务总局关于企业所得税若干优惠政策的通知(2008)》(财税〔2008〕1 号)和《国务院关于印发进一步鼓励软件产业和集成电路产业发展若干政策的通知》(国发〔2011〕4 号)的规定,并根据海口市国家税务局出具的《纳税人企业所得税减免税备案审核表》,动网先锋自 2009 年度起享受软件企业企业所得税二免三减半的税收减免优惠。

根据《国务院关于鼓励投资开发海南岛的规定》第十二条的规定,在海南岛举办的企业(国家银行和保险公司除外),从事生产、经营所得和其他所得,均按 15% 的税率征收企业所得税。此税收优惠政策经《国务院关于实施企业所得税过渡优惠政策的通知》(国发〔2007〕39 号)认可,属于可以实施过渡的优惠政策,其过渡期税率 2011 年应按 24% 执行,2012 年应按 25% 执行,并且,自 2008 年 1 月 1 日起,原享受企业所得税"两免三减半"、"五免五减半"等定期减免税优惠的企业,新税法施行后继续按原税收法律、行政法规及相关文件规定的优惠办法及年限享受至期满为止。

综上,根据动网先锋提供的资料,并经本所律师查验,动网先锋自 2009 年起享受软件企业二免三减半的企业所得税优惠政策,2011 年、2012 年度分别按照 24% 及 25% 的税率减半征收,实际所得税税负为 12% 及 12.5%。

6.4.6.5 财政补贴

根据动网先锋提供的说明,以及相关部门的批准或证明文件,并经本所律师查验,截至本法律意见书出具之日,动网先锋自 2011 年 1 月 1 日至 2012 年 12 月 31 日,实际收到 8 项财政补贴,具体情况如下(单位:万元):

序号	时间	批准文件	补贴金额	补贴支付单位
1	2011-01-31	海南省文化广播出版体育厅《关于拨付动漫游戏产业"走出去"项目扶持资金的函》	30	文化部产业司
2	2011-05-24		50	海南省财政厅
3	2011-08-16	海南省财政厅《关于下达 2011 年省知识产权专项资金(第一批)的通知》	90	海南省财政厅
4	2011-09-19	海南省科学技术厅、海南省财政厅《关于下达 2011 年度省科技型中小企业技术创新资金项目计划的通知》、海南省财政厅《关于拨付 2011 年度省科技型中小企业创新资金的通知》	40	海南省财政厅
5	2011-12-20	海口市科学技术工业信息化局《关于 2011 年度海口市重点科技计划项目立项批复》	20	海口市科学技术工业信息化局
2011 年度合计		—	230	—
6	2012-07-23	海南省财政厅《关于分配 2012 年省知识产权专项资金的通知》	165	海南省科技厅
7	2012-11-30	科技部科技型中小企业技术创新基金管理中心与动网先锋《科技型中小企业技术创新基金无偿资助项目合同》	49	科技部科技型中小企业技术创新基金管理中心
8	2012-12-27	海南省人民政府《关于应付海南省鼓励和支持战略性新兴产业和高新技术产业发展的若干政策(暂行)的通知》	49.9	海南生态软件园投资发展有限公司澄迈县财政局
			68.1	
2012 年度合计		—	332	—

根据动网先锋与海南生态软件园投资发展有限公司于 2012 年 5 月 25 日签署的编号为 GF-2000-0171 的《商品房买卖合同》及其补充协议,动网先锋向海南生态软件园投资发展有限公司购买坐落于老城经济开发区美伦南路西侧的 B-22 幢写字楼,建筑面积 1,976.9 平方米。双方一致同意,自协议签署之日至 2013 年 12 月 31 日前,动网先锋根据海南省人民政府《关于应付海南省鼓励和支持战略性新兴产业和高新技术产业发展的若干政策(暂行)的通知》的规定取得的扶持款可用以冲抵购房款。截至 2012 年 12 月 31 日,动网先锋以该等扶持款冲抵购房款的金额为 68.1 万元(上述补贴第 8 项)。

本所律师按照独立、客观、公正、审慎及重要性等查验原则,以书面审查的方式,查验了动网先锋的税务登记证、纳税申报表、税务主管部门出具的相关文件、取得税收优惠的备案文件、取得各项财政补贴的相关规范性文件及资金入账凭证等文件资料。本所律师认为,动网先锋适用的税种、税率符合相关法律法规的规定,取得的税收优惠合法、合规,财政补贴收入真实。

七、本次交易涉及的债权债务处理及人员安置

7.1 本次交易涉及的债权债务的处理

根据《交易协议》及《重组报告书》的记载,本次交易完成后,掌趣科技将持有动网先锋 100% 的股权,动网先锋作为掌趣科技的控股子公司仍为独立存续的法人主体,其全部债权债务仍由其自身享有或承担。本次交易不涉及债权债务的转移。

7.2 本次交易涉及的人员安置

根据《交易协议》及《重组报告书》的记载,动网先锋掌趣科技的控股子公司仍为独立存续的法人主体,其与员工已缔结的劳动合同关系继续有效。本次交易不涉及人员劳动关系的变动。

本所律师按照独立、客观、公正、审慎及重要性等查验原则，以书面审查的方式，查验了本次交易的《交易协议》及《重组报告书》等文件资料。本所律师认为，本次交易不涉及动网先锋债权债务的转移及人员劳动关系变动，在债权债务的处理及人员安置方面符合有关法律、法规的规定。

八、本次重组信息披露义务的履行

截至本法律意见书出具之日，掌趣科技就本次交易已履行信息披露义务的情况如下：

8.1　2012 年 12 月 4 日，因正在筹划重大资产重组事项，有关事项存在不确定性，为维护投资者利益，避免对上市公司股价造成重大影响，掌趣科技发布了《董事会关于重大资产重组停牌公告》，掌趣科技股票自 2012 年 12 月 4 日起停牌。

8.2　2012 年 12 月 7 日，掌趣科技召开第一届董事会第二十三次会议，审议通过了《关于公司筹划重大资产重组事项的议案》，同意掌趣科技筹划重大资产重组事项，并由董事会在相关工作完成后召开会议，审议本次重大资产重组的预案，掌趣科技于 2012 年 12 月 11 日对上述董事会决议进行了公告。

8.3　掌趣科技董事会分别于 2012 年 12 月 11 日、2012 年 12 月 18 日、2012 年 12 月 25 日发布了《重大资产重组进展公告》。

8.4　2012 年 12 月 29 日，掌趣科技董事会发布了《关于重大资产重组延期复牌暨进展公告》，说明由于本次重组工作涉及的核查工作量较大，重组方案涉及的相关问题仍需要与交易对方及有关方面进行持续沟通，经公司向深交所申请，公司股票将继续停牌，预计于 2013 年 2 月 4 日公告重组相关内容。

8.5　掌趣科技董事会分别于 2013 年 1 月 8 日、2013 年 1 月 15 日、2013 年 1 月 22 日、2013 年 1 月 29 日发布了《重大资产重组进展公告》。

8.6　2013 年 2 月 2 日，掌趣科技董事会发布了《关于重大资产组延期复牌的公告》，说明尚有部分问题仍待确认，需要与有关方面进行沟通，经公司向深交所申请，公司股票继续停牌，待相关事项确认后再予以复牌。

8.7　2013 年 2 月 1 日，掌趣科技召开第一届董事会第二十五次会议，审议通过《关于北京掌趣科技股份有限公司符合向特定对象非公开发行股份及支付现金购买资产并募集配套资金条件的议案》、《关于北京掌趣科技股份有限公司发行股份及支付现金购买资产并募集配套资金的议案》、《关于公司使用超募集资金支付海南动网先锋网络科技有限公司部分收购款项的议案》、《关于本次发行股份及支付现金购买资产不构成关联交易的议案》、《关于本次重组符合〈关于规范上市公司重大资产重组若干问题的规定〉第四条规定的议案》、《关于本次资产重组符合〈上市公司重大资产重组管理办法〉第四十二条第二款规定的议案》、《关于本次发行股份及支付现金购买资产暨募集配套资金履行法定程序完备性、合规性及提交法律文件的有效性的议案》、《关于本次交易的评估机构独立性、评估假设前提合理性、评估方法与评估目的相关性及评估定价公允性的议案》、及《关于召开公司 2013 年第二次临时股东大会的议案》等与本次重组相关的议案。掌趣科技于 2013 年 2 月 5 日对上述董事会决议进行了公告，并发出了并于召开公司 2013 年度第二次临时股东大会的通知。

8.8　2013 年 2 月 5 日，掌趣科技董事会同时发布了《发行股份及支付现金购买资产并募集配套资金报告(草案)》、《发行股份及支付现金购买资产并募集配套资金报告书(草案)摘要》、《华泰联合证券有限责任公司关于公司发行股份及支付现金购买资产并募集配套资金之独立财务顾问报告》、《中信证券股份有限公司关于公司超募资金使用计划的保荐意见》、《关于使用超募资金支付收购海南动网先锋网络科技有限公司部分现金对价款的可行性研究报告》、《关于超募资金使用计划的公告》、《北京掌趣科技股份有限公司备考盈利预测审核报告》、《海南动网先锋网络科技有限公司盈利预测审核报告》、《北京掌趣科技股份有限公司备考财务报表的审计报告》、《海南动网先锋网络科技有限公司审计报告》、《北京掌趣科技股份有限公司拟收购海南动网先锋网络科技有限公司股权项目评估报告》、《北京市君泽君律师事务所关于公司发行股份及支付现金购买资产并募集配套资金的法律意见书》、《独立董事关于公司发行股份及支付现金购买资产并募集配套资金的独立意见》、《独立董事关于公司超募资金使用的独立意见》等。

8.9　2013年2月18日,掌趣科技董事会发布了《关于召开公司2013年第二次临时股东大会的提示性公告》,对上市公司将于2013年2月20日召开的2013年第二次临时股东大会的相关事项进行了再次提示。

8.10　2013年2月20日,掌趣科技召开了2013年度第二次临时股东大会,会议审议并通过了《关于北京掌趣科技股份有限公司符合向特定对象非公开发行股份及支付现金购买资产并募集配套资金条件的议案》、《关于北京掌趣科技股份有限公司发行股份及支付现金购买资产并募集配套资金的议案》、《关于公司使用超募资金支付海南动网先锋网络科技有限公司部分收购款项的议案》、《关于批准本次发行股份及支付现金购买资产相关审计报告、盈利预测审核报告及资产评估报告的议案》、《关于北京掌趣科技股份有限公司与广州联动商务咨询服务有限公司、广州肯瑞企业投资咨询有限公司、澄迈锐杰科技咨询服务中心(有限合伙)、王贵青、李智超、宋海波、李锐、张洁、陈嘉庆、韩常春签署附生效条件的〈发行股份及支付现金购买资产协议〉的议案》等与本次重组相关的议案。掌趣科技董事会于2013年2月21日对上述股东大会决议进行了公告。

本所律师按照独立、客观、公正、审慎及重要性等查验原则,以书面审查和查询的方式,查验了上市公司相关信息披露文件。本所律师认为,截至本法律意见书出具之日,掌趣科技已进行的信息披露符合相关法律、法规及规范性文件的规定,本次重组不存在需要披露而未披露的有关文件、协议或安排等,符合《重组管理办法》的规定。掌趣科技尚需按照《重组管理办法》、《上市规则》等相关法律法规的规定,根据本次重组的进展情况持续履行信息披露义务。

九、关联交易和同业竞争

9.1　关联交易

9.1.1　发行人本次交易不构成关联交易

本次交易的交易对方为广州联动、广州肯瑞、澄迈锐杰、宋海波、王贵青、李锐、李智超、张洁、韩常春、陈嘉庆。根据相关各方作出的承诺并经本所律师查验,交易对方与发行人及其股东以及董事、监事以及高级管理人员不存在关联关系。因此,本次交易不构成关联交易。

9.1.2　本次交易完成后的关联交易情况

根据大华会计师事务所出具的《备考审计报告》,本次交易完成后,上市公司最近一年的备考关联交易情况如下:

9.1.2.1　关联方情况

9.1.2.1.1　上市公司的实际控制人:姚文彬、叶颖涛。

9.1.2.1.2　上市公司的子公司,具体如下表:

子公司名称	注册地	业务性质	注册资本(万元)	持股比例(%)
北京华娱聚友兴业科技有限公司	北京市	信息服务业务	300.00	100
北京聚游掌联科技有限公司	北京市	信息服务业务	100.00	100
指尖娱乐(香港)有限公司	香港	信息服务业务	1.29万美元	100
北京华娱聚友科技发展有限公司	北京市	信息服务业务	1100.00	100
北京丰尚佳诚科技发展有限公司	北京市	信息服务业务	1000.00	100
北京九号科技发展有限公司	北京市	信息服务业务	100.00	100
广州市好运通讯科技有限公司	广州市	信息服务业务	1000.00	100
大连卧龙科技有限公司	大连市	信息服务业务	400.00	100
北京富姆乐信息技术有限公司	北京市	信息服务业务	100.00	100
动网先锋	海南省澄迈县	游戏研发	1388.89	100
广州网创	广州市	游戏研发	100.00	100
广州亚游	广州市	游戏研发	110.00	60
海南珍珑	海南省	游戏研发	500.00	100
海南动景	海南省澄迈县	游戏研发	500.00	100
海南火极	海南省澄迈县	游戏研发	500.00	100
蚂蚁兄弟	海南省澄迈县	游戏研发	500.00	100
海南战天	海南省澄迈县	游戏研发	500.00	100
动网香港	香港	游戏运营	1万美元	100

9.1.2.1.3 其他关联方

其他关联方名称	其他关联方与本企业的关系
华谊兄弟传媒股份有限公司	持有上市公司5%以上股份的股东
范丽华	报告期内,曾任公司监事
北京雷神互动科技有限公司	参股公司
杭州斯凯网络科技有限公司	上市公司监事为其董事
广州闪游	动网先锋股东控制的企业
韩常春	动网先锋高级管理人员(副总裁)
广州小小游	被投资方,本公司持股20%

9.1.2.2 关联交易情况

9.1.2.2.1 购销商品、提供服务

单位:万元

关联方	关联交易内容	关联交易定价方式	本期发生额	上期发生额
			金额	金额
华谊兄弟传媒股份有限公司	CP分成	市场价	6.50	15.72
杭州斯凯网络科技有限公司	通道	市场价	111.49	667.16

9.1.2.2.2 销售商品、提供劳务的关联交易

单位:万元

关联方	关联交易内容	关联交易定价方式	本期发生额	上期发生额
			金额	金额
杭州斯凯网络科技有限公司	MTK	市场价	67.29	92.50

9.1.2.2.3 关联方资产转让、债务重组情况

单位:万元

关联方	关联交易内容	关联交易定价原则	金额
广州闪游	无形资产(著作权)	协议价	95.00

9.1.2.2.4 董事、监事及高级管理人员薪酬(不含未领取报酬、津贴的董事、监事)

项目	2012年度	2011年度
年末人数	15	12
金额(万元)	351	256

9.1.2.2.5 关联方应收应付款项

9.1.2.2.5.1 应收关联方款项

项目名称	关联方	期末余额		期初余额	
		账面余额	坏账准备	账面余额	坏账准备
应收账款	杭州斯凯网络科技有限公司	3.64	0.04	6.93	0.07
	合计	3.64	0.04	6.93	0.07
预付款项	北京雷神互动科技有限公司	260.00	—	—	—
	合计	260.00	—	—	—
其他应收款	动网先锋及高管	—	—	894.40	—
	韩常春	7.84	0.08	0.84	0.01
	合计	7.84	0.08	895.24	0.01

9.1.2.2.5.2　应付关联方款项

项目名称	关联方	期末余额	期初余额
应收账款	华谊兄弟传媒股份有限公司	—	10.52
	杭州斯凯网络科技有限公司	0.70	81.44
	合计	0.70	91.96
其他应付款	范丽华	—	56.00
	宋海波	—	0.09
	广州小小游	90.00	—
	合计	90.00	56.09

9.2　本次交易完成后,关联交易的规范

为规范本次交易完成后可能存在的关联交易,交易对方宋海波、李锐、张洁、陈嘉庆、韩常春、澄迈锐杰出具了《关于规范关联交易的承诺函》,承诺以下事项:"在本次重组完成后,本人/本合伙企业及本人/本合伙企业控制的企业将尽可能减少与掌趣科技的关联交易,不会利用自身作为掌趣科技股东之地位谋求与掌趣科技在业务合作等方面给予优于市场第三方的权利;不会利用自身作为掌趣科技股东之地位谋求与掌趣科技达成交易的优先权利。若存在确有必要且不可避免的关联交易,本人/本合伙企业及本人/本合伙企业控制的企业将与掌趣科技按照公平、公允、等价有偿等原则依法签订协议,履行合法程序,并将按照有关法律、法规和《北京掌趣科技股份有限公司章程》等的规定,依法履行信息披露义务并办理相关内部决策、报批程序,保证不以与市场价格相比显失公允的条件与掌趣科技进行交易,亦不利用该类交易从事任何损害掌趣科技及其他股东的合法权益的行为。"

本所律师按照独立、客观、公正、审慎及重要性等查验原则,以书面审查方式,查验了宋海波、李锐、张洁、陈嘉庆、韩常春、澄迈锐杰出具的《关于规范关联交易的承诺函》。本所律师认为,交易对方已经就本次交易完成后可能产生的关联交易作出承诺,该等承诺合法有效,有利于保护上市公司及其非关联股东的合法权益。

9.3　同业竞争

9.3.1　本次交易实施前,同业竞争的规范

根据交易对方的承诺及说明并经本所律师查验,在本次重组前,李锐的父亲李树尧、配偶梁涛、兄弟李铭合计持有广州闪游100%的股权。广州闪游的主营业务为游戏产品研发,存在与动网先锋经营相同或相似业务的情形。

就上述情况,李锐出具承诺:"广州闪游至2012年12月31日止停止全部业务,着手办理工商注销登记;现有开发完成的一款游戏产品按照公允价格转让予动网先锋;广州闪游于2013年5月31日前办理完毕注销登记手续"。

根据李锐及动网先锋提供的资料,2012年12月10日,广州闪游与动网先锋签署转让合同,将其开发的1款页面游戏技术成果作价95万元转让予动网先锋。广州闪游股东会于2013年1月16日作出决议,批准广州闪游清算注销。2013年1月18日,广州闪游已在《新快报》B20版刊登注销公告。截至本法律意见书出具之日,广州闪游正在办理清算注销手续。

9.3.2　交易对方关于避免同业竞争的承诺

除李锐外的全体交易对方出具承诺:"本次重组前,不存在与动网先锋、掌趣科技经营相同或相似业务的情形"。

交易对方宋海波、李锐、张洁、陈嘉庆、韩常春、澄迈锐杰出具承诺:"本次重组完成后,本人/本合伙企业及本人/本合伙企业控制的其他企业不会直接或间接经营任何与掌趣科技及其下属公司经营的业务构成竞争或可能构成竞争的业务,亦不会投资任何与掌趣科技及其下属公司经营的业务构成竞争或可能构成竞争的其他企业;如本人/本合伙企业及本人/本合伙企业控制的企业的现有业务或该等企业为进一步拓展业务范围,与掌趣科技及其下属公司经营的业务产生竞争,则本人/本合伙企业及本人/本合伙企业控制的企业将采取停止经营产生竞争的业务的方式,或者采取将产生竞争的业务纳入掌趣科技的方式,或者采取将产生竞争的业务转让给无关联关系第三方等合法方式,使本人/本合伙企业及本人/本合伙企业控制的公司不再从事与掌趣科技主营业务相同或类似的

业务,以避免同业竞争”。

本所律师按照独立、客观、公正、审慎及重要性等查验原则,以书面审查方式,查验了广州闪游的工商登记资料、广州闪游在《新快报》刊登的清算注销公告及其股东会决议、广州闪游与动网先锋签署的《游戏产品转让协议》、交易对方出具的《关于避免同业竞争的承诺函》等文件资料。本所律师认为,广州闪游与动网先锋存在经营相同或相似业务的情形,但本次交易的交易对方李锐已就解决该等同业竞争情形作出了承诺,并且,广州闪游已停止全部业务且正在办理清算注销登记,该等注销登记办理完毕后,广州闪游与动网先锋的同业竞争情形将得以规范;交易对方宋海波、李锐、张洁、陈嘉庆、韩常春、澄迈锐杰已就本次交易完成后,其本人/本合伙企业及其关联方与掌趣科技之间避免同业竞争的措施作出承诺,该等承诺真实、有效,有利于避免同业竞争。

十、参与本次重组的证券服务机构的资格

10.1　独立财务顾问

根据华泰联合持有的《企业法人营业执照》(注册号:440301103047195)和《经营证券业务许可证》(编号:Z26774000),华泰联合具有保荐资格,具备担任本次重组独立财务顾问的资格。

10.2　审计机构

根据大华会计师事务所持有的《合伙企业营业执照》(注册号:110000014619822)、《会计师事务所执业证书》(会计师事务所编号:11010148)、《会计师事务所证券、期货相关业务许可证》(证书号:000108),大华会计师事务所具备为掌趣科技出具与本次重组相关的审计报告和盈利预测审核报告的资格。

10.3　资产评估机构

根据中企华持有的《企业法人营业执照》(注册号:110000005092155)、《资产评估资格证书》(证书编号:11020110)、《证券期货相关业务评估资格证书》(证书编号:0100011004),中企华具备出具与本次交易相关的资产评估报告的资格。

10.4　法律顾问

根据本所持有的《律师事务所执业许可证》(证号:21101200910545561),本所具备为上市公司本次重组提供法律服务、担任法律顾问的资格。

本所律师按照独立、客观、公正、审慎及重要性等查验原则,以书面审查方式,查验了上述中介机构及其经办人员持有的资格证书。本所律师认为,上述中介机构具有有权部门核发的资格证书,具有为本次重组提供相关服务的专业资质。

十一、相关方买卖上市公司股票情况的自查

11.1　相关方买卖上市公司股票基本情况

掌趣科技现任董事、监事、高级管理人员、持股5%以上股东及其他知情人,动网先锋现任股东、董事、监事、高级管理人员,相关中介机构及具体业务经办人员以及前述自然人的关系密切的家庭成员,包括配偶、父母及配偶的父母、兄弟姐妹及其配偶、年满18周岁的子女及其配偶、配偶的兄弟姐妹自上市公司董事会首次审议本次重组事项之日前6个月至本法律意见书出具之日买卖上市公司股票的情况如下:

易丽君于2012年10月19日以25.68元/股价格买入上市公司股票1900股,2013年2月5日(掌趣科技股票复牌后首个交易日),易丽君将上述股票以25.15元/股的价格全部卖出,就上述股票买卖事宜易丽君未获利。截至本法律意见书出具之日,易丽君不再持有上市公司股票。

根据易丽君出具的声明及上市公司提供的资料,易丽君系上市公司投资总监。易丽君与上市公司于2012年10月30日签订《劳动合同》,正式入职掌趣科技担任投资总监职务。2012年11月18日,易丽君收到上市公司通知参与对本次重组标的公司动网先锋的商务谈判。

11.2　买卖上市公司股票的相关方出具的声明与承诺

就上述买入和持有掌趣科技股票的情况,易丽君作出声明与承诺如下:“本人购买掌趣科技股票之时是出于本人看好掌趣科技长期发展,上述买入掌趣科技股票之时,本人尚未成为掌趣科技的员工,且并不知晓掌趣科技重大资产购买的相关事项,本人在二级市场买入掌趣科技股票行为系本人根据市场信息和个人独立判断作出的投资决策,不存在其他任何获取本

项目内幕信息进行股票交易的情形。鉴于此次买入掌趣科技股票行为造成的不良影响,在掌趣科技公告《发行股份购买资产并募集配套资金报告书(草案)》并复牌交易后三个交易日内,本人将已买入的1900股掌趣科技股票全部卖出,并将全部收益上缴掌趣科技。在掌趣科技公告《发行股份购买资产并募集配套资金报告书(草案)》并复牌交易至发行股份购买资产交易完成之日或掌趣科技宣布终止发行股份购买资产期间,本人不再买卖掌趣科技的股票(上述卖出1900股的处置行为除外)。在掌趣科技成功实施发行股份购买资产后,本人将严格遵守《公司法》、《证券法》等法律法规及证券主管机关颁布之规范性文件、掌趣科技之公司章程、掌趣科技关于员工买卖公司股票的相关规定。"

11.3 掌趣科技关于员工买卖上市公司股票的管理措施

2012年9月,掌趣科技向全体员工发布了《关于内幕信息知情人的相关规定》,就内幕信息知情人泄露、利用内幕信息导致的法律责任进行了宣导。

2013年1月,掌趣科技下发了《关于员工买卖公司股票的相关规定》,进一步明确规定,任职于公司企业发展部及证券部的员工(以下简称"任职员工")及其相关人不得买卖公司股票。如任职员工违反前述规定的,对于其及其相关人买卖股票的收益,自买入公司股票之日起至卖出公司股票之日不满一年的,如有获利,获利部分应于卖出次日上缴公司;如在持有公司股票期间离职的,以离职当日与其购买日计算获利,获利部分于离职当日上缴公司。如任职员工未按时将前述获利上缴公司的,公司有权从其工资中扣除相应金额。

本所律师按照独立、客观、公正、审慎及重要性等查验原则,以书面审查方式,查验了登记结算公司出具的《信息披露义务人持股及股份变更查询证明》以及本次交易的相关各方及中介机构出具的《自查报告》、易丽君关于买卖上市公司股票的声明及承诺、掌趣科技《关于内幕信息知情人的相关规定》、《关于员工买卖公司股票的相关规定》等文件资料。本所律师认为,根据易丽君的声明,易丽君购买掌趣科技股票时尚未正式办理入职手续,并不知悉本次重组的相关信息,其买卖掌趣科技股票系基于个人的独立判断。因此,易丽君上述买入并持有掌趣科技股票的行为,不属于利用内幕信息买卖股票的行为。掌趣科技已进一步对员工买卖股票的行为予以规范,该等制度的实施,有利于防范内幕交易,进一步规范了上市公司内部治理。

十二、结论意见

综上所述,本所律师认为,掌趣科技本次重组符合《公司法》、《证券法》和《重组管理办法》等法律、法规及规范性文件的规定的实质条件;本次重组的主体均具有相应的资格;本次重组标的资产权属清晰,标的资产转移不存在法律障碍;本次交易《交易协议》内容不存在违反相关法律、法规规定的情形,该协议经签订且生效后对协议各方均具有约束力;本次重组涉及的有关事项在现阶段已经履行了能够履行的全部必要的手续,本次重组尚需获得上市公司股东大会审议通过、中国证监会核准后方可实施。

本法律意见书正本三份,副本三份,经本所盖章及本所承办律师签字后生效,各份具有同等法律效力。

(以下无正文)

(此页无正文,为《北京市君泽君律师事务所关于北京掌趣科技股份有限公司发行股份及支付现金购买资产并募集配套资金法律意见书》的签署页)

北京市君泽君律师事务所
负 责 人:王 冰
经办律师:李 敏 张 弘

关于浙江浙能电力股份有限公司换股吸收合并浙江东南发电股份有限公司的法律意见书

引　言

致：浙江浙能电力股份有限公司

本所接受合并方委托，作为合并方本次合并的专项法律顾问，根据《公司法》、《证券法》、《发行办法》、《重组办法》、《证券法律业务管理办法》、《证券法律业务执业规则》和《编报规则第12号》等法律、行政法规、规范性文件和中国证监会的有关规定，就本次换股吸收合并所涉及的有关事项，出具本法律意见书。

为出具本法律意见书，本所及经办律师根据中国现行的法律、行政法规、部门规章及其他规范性文件，对涉及本次换股吸收合并的有关事实和法律事项进行了核查。

本所依据本法律意见书出具日以前已经发生或存在的事实和现行法律、法规和规范性文件及中国证监会、上交所的有关规定发表法律意见。

本所仅就与本次换股吸收合并有关的法律问题发表意见，而不对有关会计、审计及资产评估等专业事项发表意见。本法律意见书对有关会计报告、审计报告和资产评估报告书中某些数据和结论的引述，并不意味着本所对这些数据、结论的真实性和准确性作出任何明示或默示保证。

本法律意见书的出具已得到本次换股吸收合并有关各方的如下保证：

1. 其已经向本所提供了为出具本法律意见书所要求其提供的原始书面材料、副本材料、复印材料、确认函或证明；

2. 其提供给本所的文件和材料是真实的、准确的、完整的、有效的，并无任何隐瞒、遗漏、虚假或误导之处，且文件材料为副本或复印件的，其均与正本或原件一致。

对于本法律意见书至关重要而又无法得到独立证据支持的事实，本所依赖有关政府部门、合并双方或其他有关机构出具的证明文件出具法律意见。

本所同意将本法律意见书作为本次换股吸收合并必备的法律文件，随其他申报材料一起提交中国证监会和上交所审核，并依法对所出具的法律意见承担相应的法律责任。

本所同意浙能电力在其为本次换股吸收合并所制作的相关文件中按照中国证监会的审核要求引用本法律意见书的相关内容，但其作上述引用时，不得因引用而导致法律上的歧义或曲解。本所有权对上述相关文件的相关内容再次审阅并确认。

本所及经办律师按照律师行业公认的业务标准、道德规范和勤勉尽责精神，对本次换股吸收合并相关各方提供的有关文件和事实进行了核查和验证，现出具法律意见如下：

正　文

一、本次合并的方案和协议

（一）本次合并的方案

根据浙能电力第一届董事会第十四次会议及第十六次会议决议、东南发电第六届董事会第十一次会议及第十二次会议决议、《报告书》、《换股吸收合并协议》及其《补充协议》等相关文件资料并经核查，本次合并方案的主要内容如下：

1. 本次合并的方式

浙能电力向东南发电除浙能电力以外的全体股东发行A股股票，并以换股方式吸收合并东南发电。本次合并完成后，浙能电力将作为存续公司承继及承接东南发电的全部资产、负债、业务、人员、合同及其他一切权利与义务，东南发电终止上市并注销法人资格。同时，浙能电力的 A 股股票(包括为本次换股吸收合并发行的 A 股股票)将申请在上交所上市流通。因本次合并的对价为浙能电力本次发行的全部 A 股股票,因此,本次合并及本次发行系不可分割之整体安排,需同步进行、互为条件。

2. 合并生效日和合并完成日

本次合并生效日为下述的所有生效条件均获满足之日:

(1)本次合并分别获得浙能电力、东南发电股东大会的批准,即本次合并须经出席浙能电力股东大会的非关联股东所持表决权的三分之二以上表决通过;以及须分别经出席东南发电股东大会的全体非关联股东和 B 股非关联股东所持表决权的三分之二以上表决通过;

(2)本次合并涉及的相关事项取得中国证监会、商务部、国有资产监督管理部门及/或任何其他对本次合并具有审批、审核权限的国家机关、机构或部门的必要批准、核准、同意;

(3)不存在限制、禁止或取消本次换股吸收合并的法律、法规,政府机构的禁令或命令,或法院的判决、裁决、裁定。

本次合并完成日为存续公司就本次换股吸收合并完成相应的工商变更登记手续之日及东南发电完成工商注销登记手续之日,以两者中较晚之日为准。

3. 换股实施方案

(1)本次发行的股票种类和面值

本次发行的股票为境内上市的人民币普通股(A 股),每股面值为人民币 1 元。

(2)本次发行的对象

本次发行的对象为换股股东登记日收市后在证券登记结算机构登记在册的除浙能电力以外的东南发电全体股东(包括此日收市后已在证券登记结算机构登记在册的现金选择权提供方)。

其中,东南发电股东华能集团、八达股份、浙电置业以及香港兴源承诺,就其所持有的东南发电股份全部参与换股,并在本次换股吸收合并中放弃主张任何形式现金选择权的权利;东南发电股东浙电物资承诺,在完成内部相关的报批手续后,将所持有的东南发电股份全部参与换股,并在本次换股吸收合并中放弃主张任何形式现金选择权的权利。

浙能电力持有的全部东南发电股份均不参与换股,也不行使现金选择权,该部分股份将在本次合并完成后予以注销。

(3)换股价格

东南发电换股价格为 0.779 美元/股,较定价基准日前 20 个交易日的 B 股股票交易均价 0.552 美元/股有 41.12% 的溢价,按照东南发电 B 股停牌前一日,即 2012 年 11 月 20 日中国人民银行公布的人民币对美元汇率中间价折合人民币 4.90 元/股。

自定价基准日至本次合并完成前,若东南发电发生派息、送股、资本公积金转增股本等除权除息事项,则前述换股价格将按照上交所的相关规则相应调整。

(4)发行价格

根据合并双方于 2013 年 4 月 8 日为审议与本次换股吸收合并相关的其他未决事宜而召开的董事会决议,综合考虑当前资本市场情况、浙能电力合并东南发电后的盈利情况以及火力发电行业 A 股可比公司估值水平等因素,浙能电力本次发行的 A 股股票发行价格为 5.53 元/股。

自发行价格确定之日至本次合并完成前,若浙能电力发生派息、送股、资本公积金转增股本等除权除息事项,则上述发行价格将相应调整。在其他情况下,浙能电力发行价格不再进行调整。

(5)换股比例

换股比例 = 东南发电的换股价格/浙能电力 A 股的发行价格(计算结果按四舍五入保留三位小数)。本次换股吸收合并的换股比例为 0.886,即换股股东所持有的每股东南发电 B 股股票可以换得 0.886 股浙能电力本次发行的 A 股股票。

除非根据相关法律、法规、有权监管部门的规定或要求或根据《浙江浙能电力股份有限公司与浙江东南发电股份有限公司换股吸收合并协议》和/或《补充协议》的约定作出调整,上述换股比例在任何其它情形下均不做调整。

(6)现金选择权

为充分保护东南发电全体股东的利益,本次合并将向现金选择权目标股东提供现金选择权,并由浙能集团和中金公司担任现金选择权提供方,以美元方式提供给现金选择权目标股东。

在现金选择权实施股权登记日登记在册的现金选择权目标股东,可以在现金选择权申报期自行选择以其持有的东南发电股票按照0.580美元/股的价格全部或部分申报行使现金选择权,但下述股东除外:已承诺放弃现金选择权的东南发电股东;其他存在权利限制且届时未依法或按约解除权利限制的东南发电股东。

根据浙能集团、中金公司的承诺并经合并双方协商一致同意,现金选择权提供方应受让的股份数量范围及相应现金对价金额的确定方式为:

如东南发电股东有效申报行使现金选择权的股份数量不超过554,995,891股,则浙能集团承诺将在该等股份数量范围内,以0.580美元/股的价格无条件受让东南发电股东有效申报行使现金选择权的股份并支付相应现金对价(对应的最大金额为321,897,616.78美元)。如东南发电股东有效申报行使现金选择权的股份数量超过554,995,891股,则浙能集团和中金公司将共同担任现金选择权提供方,其中,浙能集团将以0.580美元/股的价格无条件受让其中554,995,891股并支付相应现金对价(对应的金额为321,897,616.78美元),中金公司将以0.580美元/股的价格无条件受让其余有效申报行使现金选择权的东南发电股份数量,此种情形下,中金公司最多应受让的东南发电股份数量为131,434,149股(对应的最大金额为76,231,806.42美元)。

自定价基准日至本次合并完成前,若东南发电发生派息、送股、资本公积金转增股本等除权除息事项,则上述现金选择权价格和现金对价金额将相应调整。

(7)换股实施日

换股实施日为换股股东将其所持东南发电的全部股票按换股比例转换为浙能电力A股股票之日,该日期将由浙能电力与东南发电另行协商确定并公告。

(8)换股方法

换股股东登记日收市后在证券登记结算机构登记在册的除浙能电力外的东南发电的全体股东(包括此日收市后已在证券登记结算机构登记在册的现金选择权提供方)所持的东南发电股票按照换股比例全部转换为浙能电力本次发行的A股股票。

本次合并中,换股股东通过换股持有的浙能电力本次发行的A股股票所涉股份登记及管理等事宜,按合并双方相关股东大会会议决议、本次合并的报告书及本次合并的方案等文件执行。

(9)换股发行股份的数量

浙能电力因本次换股吸收合并将发行1,072,092,605股A股股票,全部用于吸收合并东南发电。

自定价基准日至本次合并完成前,若东南发电、浙能电力发生派息、送股、资本公积金转增股本等除权除息事项,则上述发行股份的数量将相应调整。

(10)浙能电力发行股份的上市流通

浙能电力的A股股票(包括为本次换股吸收合并发行的A股股票)将申请于上交所上市流通。

(11)浙能电力异议股东退出请求权

在浙能电力股东大会审议本次合并方案时投出有效反对票的浙能电力异议股东,有权要求浙能电力或浙能集团及其指定的第三方以公平合理价格购买其持有的浙能电力股份。有权行使异议股东退出请求权的异议股东应在上述为审议本次合并方案而召开的股东大会上,向浙能电力或浙能集团及其指定的第三方提出要求其以公平价格购买该异议股东所持浙能电力全部或部分股份的书面通知(书面通知的内容应明确且具体、不存在歧义并经异议股东适当、有效签署)。

如有异议股东持有的浙能电力股份存在权利限制,或依法不得行使异议股东退出请求权,则持有该部分股份的异议股东无权就该部分股份主张异议股东退出请求权。

如有异议股东撤销或丧失(因未在上述股东大会上提出书面通知或主动声明放弃上述异议股东退出请求权或其他原因)上述异议股东退出请求权,则该股东将成为存续公司的股东。

(12)零碎股处理方法

换股股东取得的浙能电力A股股票应当为整数,如其所持有的东南发电股票乘以换股比例后的数额不是整数,则按照其小数点后尾数大小排序,每一位股东依次送一股,直至实际换股数与计划发行股数一致。如遇尾数相同者多于余股时则采取计算机系统随机发放的方式,直至实际换股数与计划发行股数一致。

(13)权利受限的东南发电股份的处理

对于存在权利限制的东南发电股份,该等股份在换股时均应转换成浙能电力本次发行的A股,但原在东南发电股份上已存在的权利限制状态将在换取的浙能电力相应A股之上继续维持有效。

4. 募集资金用途

本次发行的A股股票全部用于换股吸收合并东南发电,不另向社会公众公开发行股票,因此不涉及募集资金用途。

5. 滚存利润安排

除非本次合并终止,在2013年内且东南发电退市前,除浙能电力根据其于2012年9月26日与河北港口集团等签署的《股份认购协议》所需实施的2012年度利润分配以外,浙能电力将不再进行任何形式的利润分配。本次合并完成后,存续公司截至本次合并完成日的滚存未分配利润应由存续公司的新老股东按照本次合并完成后持股比例共享。

6. 债权人保护

浙能电力、东南发电将于本次换股吸收合并方案分别获得各自股东大会通过后,按照相关法律法规的要求履行债权人通知和公告程序,并将根据各自债权人于法定期限内提出的要求向各自债权人提前清偿债务或提供担保。

7. 有关资产、负债、业务等的承继与承接

浙能电力、东南发电按照《公司法》及相关法律、法规和规范性文件的规定向各自债权人发布有关本次合并事宜的通知和公告后,将依法按照各自债权人于法定期限内提出的要求向各自债权人提前清偿债务或为其另行提供担保。浙能电力、东南发电所有未予偿还的债务、尚需履行的义务和/或责任在合并完成日后将由存续公司承担。

自合并完成日起,东南发电的全部资产、负债、业务、合同及其他一切权利与义务将由存续公司承继和承接。东南发电承诺其将采取一切行动或签署任何文件,或应浙能电力的要求(该要求不得被不合理地拒绝)采取一切行动或签署任何文件以使得前述资产、负债、业务、合同及其他一切权利与义务能够尽快过户和转移至存续公司名下。

东南发电负责自《换股吸收合并协议》生效日起12个月内办理完成将相关资产、负债、业务、合同及其他一切权利与义务转移至存续公司名下的相关手续,包括但不限于移交、过户、登记、备案。应东南发电的要求,浙能电力同意协助东南发电办理移交手续。如在《换股吸收合并协议》生效日起12个月内未能办理完毕形式上的移交手续(如房地产、商标、专利等过户手续,对外投资权益的变更手续以及车辆过户手续等等),则该等资产的实质权利、权益、负债亦自合并完成日起归属于存续公司。

8. 员工安置

合并完成日后,浙能电力的管理人员和职工将根据其与浙能电力签署的劳动合同,继续留任原来的工作。东南发电的全体在册员工将由存续公司浙能电力全部接受,并予以妥善安排。东南发电作为东南发电现有员工雇主的全部权利和义务将自本次合并的合并完成日起由存续公司浙能电力享有和承担。

截至本法律意见书出具日,本次合并涉及的员工安置方案已分别经浙能电力职工大会及东南发电职工代表大会审议通过。

9. 过渡期安排

在过渡期内,为实现业务的平稳过渡,在确有必要的情况下,如浙能电力、东南发电的任一方在业务的开展过程中需要另一方予以配合(包括但不限于提供相关资料、出具说明、共同向主管部门开展申报行为等),则另一方对此予以积极配合。

在过渡期内,浙能电力、东南发电均应遵循以往的运营惯例和经营方式运作,维持好与政府主管部门、客户及员工的关系,制作、整理及保管好各自的文件资料,及时缴纳有关税费,且不会进行任何异常交易或引致任何异常债务。

10. 配股

在境外居民能够认购A股股票之前,或境外居民持有的A股股票完全出售之前,浙能电力将慎重面对部分A股账户交易权利受限这一客观事实,在处理一些相关的重大事项如配股时,充分考虑各类投资者参与权利的公平性。

11. 与差异化红利税有关的持股时间

经国务院批准,自2013年1月1日起,对个人从公开发行和转让市场取得的上市公司股票、股息红利所得按持股时间长短实行差别化

个人所得税政策。鉴于换股股东取得浙能电力A股的时间为换股实施日，因此换股股东因本次换股吸收合并而持有的浙能电力A股登记的初始持有日期为换股实施日，持有浙能电力A股的时间亦自换股实施日起算。

12. 锁定期安排

浙能电力的A股股票（包括为本次换股吸收合并发行的A股股票）将申请在上交所上市流通，该等股票将根据相关规定确定限售期限。具体为：

浙能电力的控股股东浙能集团承诺：自浙能电力股票上市交易之日起36个月内，不转让或委托他人管理其直接和间接持有的浙能电力本次发行前已发行的股份，也不由浙能电力回购该等股份。

浙能电力股东兴源投资承诺：自浙能电力股票上市交易之日起36个月内，不转让或者委托他人管理其持有的浙能电力本次发行前已发行的股份，也不由浙能电力回购该等股份。

浙能电力股东航天基金、河北港口集团和信达资产承诺：自其入股浙能电力的工商变更登记完成之日起36个月内，不转让或者委托他人管理其持有的浙能电力本次发行前已发行的股份，也不由浙能电力回购该等股份。

东南发电股东华能集团承诺：自浙能电力股票在上交所上市之日起36个月内，不转让其通过换股所持有的浙能电力股份，也不由浙能电力回购该等股份。

东南发电股东八达股份和浙电置业承诺：自浙能电力股票在上交所上市之日起36个月内，不转让或者委托他人管理其所持有的浙能电力股份，也不会要求浙能电力回购其所持的浙能电力股份。

东南发电股东浙电物资承诺：在完成内部相关的报批手续后，自浙能电力股票在上交所上市之日起36个月内，不转让或者委托他人管理其所持有的浙能电力股份，也不会要求浙能电力回购其所持的浙能电力股份。

东南发电股东香港兴源承诺：自浙能电力股票在上交所上市之日起36个月内，不转让或者委托他人管理其通过换股所持有的浙能电力股份，也不由浙能电力回购该等股份。

（二）本次合并的协议

浙能电力与东南发电于2013年2月19日和2013年4月8日分别签署附生效条件的《换股吸收合并协议》和《补充协议》，该等协议对本次合并的合并方和被合并方主体名称、本次合并的主要安排、换股、现金选择权、浙能电力异议股东退出请求权、过渡期安排、员工安置、有关资产、负债、权益、业务等的承继与承接、存续公司的经营管理、税费及其他费用的承担原则、保密义务、违约责任、适用法律和争议解决、通知、协议的生效及终止等内容进行了约定。

《换股吸收合并协议》及《补充协议》的生效以及本次合并取决于以下先决条件的全部成就及满足：

1. 本次合并分别获得浙能电力、东南发电股东大会的批准，即本次合并须经出席浙能电力股东大会的非关联股东所持表决权的三分之二以上表决通过；以及须分别经出席东南发电股东大会的全体非关联股东和B股非关联股东所持表决权的三分之二以上表决通过；

2. 本次合并涉及的相关事项取得中国证监会、商务部、国有资产监督管理部门及/或任何其他对本次合并具有审批、审核权限的国家机关、机构或部门的必要批准、核准、同意；

3. 不存在限制、禁止或取消本次换股吸收合并的法律、法规，政府机构的禁令或命令，或法院的判决、裁决、裁定。

基于上述，本所经办律师认为，本次合并方案的内容符合《公司法》、《证券法》、《发行办法》、《重组办法》等法律法规及规范性文件的有关规定，该方案在取得本法律意见书第二（二）部分“本次合并尚需履行的批准和授权”所述的全部授权和批准后依法可以实施；《换股吸收合并协议》及其《补充协议》的内容不存在违反法律法规强制性规定的情形，该等协议将自其规定的先决条件全部得到满足之日起生效。

二、本次合并的批准和授权

（一）本次合并已获得的批准和授权

1. 合并方董事会的批准

2013年2月19日，浙能电力召开第一届董事会第十四次会议，审议通过《关于公司换股吸收合并浙江东南发电股份有限公司方案的议案》、《关于〈浙江浙能电力股份有限公司换股吸收合并浙江东南发电股份有限公司预案〉的议案》、《关于签署〈浙江浙能电力股份有限公司与浙江东南发电股份有限公司换股吸收合并协议〉的议案》、《关于公司本次换股吸收合并构成关联交易的议案》、《关于提请股东大会授权董事会办理本次换股吸收合并相关事宜的议案》、《关于聘请中介机构的议案》等议案。浙能电力的独立董事对关联交易议案予以事前认可并发表了独立意见。

2013 年 4 月 8 日,浙能电力召开第一届董事会第十六次会议,审议通过《关于公司换股吸收合并浙江东南发电股份有限公司方案(补充)的议案》、《关于〈浙江浙能电力股份有限公司换股吸收合并浙江东南发电股份有限公司报告书(草案)〉及其摘要的议案》、《关于签署〈浙江浙能电力股份有限公司与浙江东南发电股份有限公司换股吸收合并协议之补充协议〉的议案》、《关于〈浙江浙能电力股份有限公司章程(草案)〉的议案》、《关于本次董事会后暂不召开股东大会并授权公司发出召开临时股东大会通知的议案》等议案。浙能电力的独立董事对关联交易议案予以事前认可并发表了独立意见。

2. 被合并方董事会的批准

2013 年 2 月 19 日,东南发电召开第六届董事会第十一次会议,审议通过《关于浙江浙能电力股份有限公司换股吸收合并公司方案的议案》、《关于〈浙江浙能电力股份有限公司换股吸收合并浙江东南发电股份有限公司预案〉的议案》、《关于签署〈浙江浙能电力股份有限公司与浙江东南发电股份有限公司换股吸收合并协议〉的议案》、《关于公司本次换股吸收合并构成关联交易的议案》、《关于提请股东大会授权董事会办理本次换股吸收合并相关事宜的议案》、《关于聘请本次换股吸收合并独立财务顾问和专项法律顾问的议案》、《关于聘请本次换股吸收合并专项审计机构的议案》等议案。东南发电的独立董事对关联交易议案予以事前认可并发表了独立意见。

2013 年 4 月 8 日,东南发电召开第六届董事会第十二次会议,审议通过《关于浙江浙能电力股份有限公司换股吸收合并公司方案(补充)的议案》、《关于〈浙江浙能电力股份有限公司换股吸收合并浙江东南发电股份有限公司报告书(草案)〉及其摘要的议案》、《关于签署〈浙江浙能电力股份有限公司与浙江东南发电股份有限公司换股吸收合并协议之补充协议〉的议案》等议案。东南发电的独立董事对关联交易议案予以事前认可并发表了独立意见。

(二)本次合并尚需获得的批准和授权

根据《公司法》、《证券法》、《发行办法》、《重组办法》等法律法规以及《换股吸收合并协议》及《补充协议》,本次合并尚需获得如下批准和授权:

1. 本次合并涉及的相关事项尚需分别取得浙能电力股东大会及东南发电股东大会的批准和授权;

2. 本次合并涉及的相关事项尚需取得国务院国资委的批准同意;

3. 本次合并涉及的相关事项尚需取得商务部①的批准同意;

4. 本次合并涉及的相关事项尚需取得中国证监会的核准;本次发行完成后,发行人 A 股股票于上交所挂牌交易尚需获得上交所的审核同意。

基于上述,本所经办律师认为,除本法律意见书第二(二)部分“本次合并尚需获得的批准和授权”所述以外,本次合并已履行相应的批准和授权程序。

三、合并双方的主体资格

(一)合并方的主体资格

浙能电力为本次合并的合并方,本次发行的发行人。浙能电力进行本次合并的主体资格情况如下:

1. 如本法律意见书第五(一)部分“合并方的设立”以及第八部分“发行人的股本及其演变”所述,浙能电力系经浙江省国资委《关于浙江省电力开发有限公司整体变更设立为浙江浙能电力股份有限公司的批复》(浙国资企改〔2011〕27 号)批准,由电开公司整体变更设立的股份有限公司。浙能电力设立的程序、资格、条件、方式等符合当时适用的法律、行政法规、规范性文件及《公司章程》的规定。

根据浙能电力提供的经浙江省工商局历年

---

① 根据《关于外商投资企业合并与分立的规定》等法律法规,本次合并涉及的相关事项尚需取得商务部的批准同意。

年检的《企业法人营业执照》并经本所经办律师核查，浙能电力为依法设立并有效存续的股份有限公司，截至本法律意见书出具日，不存在相关法律、行政法规、规范性文件及《公司章程》规定的应当终止的情形，符合《发行办法》第八条之规定。

2. 如本法律意见书第五(一)部分“合并方的设立”第2项所述，浙能电力系按照电开公司经审计的净资产值折股整体变更设立的股份有限公司，其持续经营时间已达三年以上，符合《发行办法》第九条之规定。

3. 如本法律意见书第五(一)部分“合并方的设立”第3项所述，浙能电力的注册资本已足额缴纳，发起人用作出资的资产之财产权转移手续已办理完毕，浙能电力的主要资产不存在重大权属纠纷，符合《发行办法》第十条之规定。

4. 如本法律意见书第六(一)部分“浙能电力的业务体系的完整性和独立经营能力”及第九部分“发行人的业务”所述，根据浙能电力现时有效的《企业法人营业执照》及《公司章程》并经本所经办律师核查，浙能电力生产经营在相关重大方面符合法律、行政法规和《公司章程》的规定，符合国家产业政策，符合《发行办法》第十一条之规定。

5. 如本法律意见书第六部分“发行人的独立性”及第十六部分“发行人的董事、监事和高级管理人员及其变化”所述，截至本法律意见书出具日，浙能电力最近三年内主营业务和董事、高级管理人员没有发生重大变化，实际控制人没有发生变更，符合《发行办法》第十二条之规定。

6. 如本法律意见书第七部分“发起人和股东”及第八部分“发行人的股本及其演变”所述，浙能电力股权清晰，控股股东或受控股股东支配的股东持有的浙能电力股份不存在重大权属纠纷，符合《发行办法》第十三条之规定。

基于上述，本所经办律师认为，浙能电力具备本次合并和本次发行上市的主体资格。

(二)被合并方的主体资格

东南发电为本次合并的被合并方。东南发电进行本次合并的主体资格情况如下：

1. 如本法律意见书第五(二)部分“被合并方的设立”所述，东南发电系经浙江省人民政府证券委员会《关于同意设立浙江东南发电股份有限公司的批复》(浙证委〔1997〕49号)和中国证监会《关于对浙江东南发电股份有限公司(筹)先行设立公司后立即增资发行新股的复函》(国际业务部〔1997〕4号)批准，以发起方式设立并于1997年5月15日在浙江省工商局注册成立的股份有限公司。1997年9月23日，经国务院证券委员会证委发〔1997〕第44号文核准，东南发电首次公开发行的B股股票在上交所挂牌交易，在全球配售的GDR在伦敦证券交易所挂牌交易。

2. 东南发电现持有浙江省工商局核发的注册号为企股浙总字第002189号的《企业法人营业执照》。东南发电的基本情况如下：

公司名称	浙江东南发电股份有限公司
注册号	330000400000852
住所	杭州市延安路528号标力大厦
法定代表人	毛剑宏
公司类型	股份有限公司(台港澳与境内合资、上市)
经营范围	电力的投资，开发及经营。
注册资本	201,000.0万元
成立日期	1997年05月15日
股本结构	浙能电力持有39.80%股份，华能集团持有25.57%股份，八达股份持有0.20%股份，浙电物资持有0.05%股份，浙电置业持有0.05%股份；其他股东合计持有34.33%股份。
年检情况	已通过2011年度工商年检
公司状态	存续

3. 根据东南发电历年经年检的《企业法人营业执照》并经本所经办律师核查，东南发电依法设立并有效存续，不存在法律、行政法规、规范性文件及《浙江东南发电股份有限公司公司章程》规定的应当终止的情形。

基于上述，本所经办律师认为，东南发电具备进行本次合并的主体资格。

四、本次合并的实质条件

本次合并系由浙能电力向东南发电除浙能电力以外的全体股东发行A股股票，并以换股方式吸收合并东南发电，浙能电力的A股股票(包括为本次换股吸收合并发行的A股股票)将申请在上交所上市流通。本次合并及本次发行上市须符合《证券法》、《公司法》、《发行办法》及《重组办法》等法律法规规定的有关实质条件。

(一)本次合并及本次发行上市符合《证券法》、《公司法》规定的相关条件

1. 如本法律意见书第六(五)部分“浙能电力的机构独立”所述,浙能电力已经具备健全且运行良好的组织机构,符合《证券法》第十三条第一款第(一)项之规定。

2. 根据《审计报告》、浙能电力的说明并经本所经办律师核查,浙能电力最近三年持续盈利,具有持续盈利能力,财务状况良好,符合《证券法》第十三条第一款第(二)项之规定。

3. 根据《审计报告》、浙能电力的说明并经本所经办律师核查,浙能电力最近三年财务会计文件无重大虚假记载;根据相关政府主管部门出具的证明文件、浙能电力的说明并经本所经办律师核查,浙能电力近三年无重大违法行为,符合《证券法》第十三条第一款第(三)项及第五十条第一款第(四)项之规定。

4. 根据天健于 2012 年 12 月 11 日出具的《验资报告》(天健验〔2012〕398 号)及浙能电力现时有效的《企业法人营业执照》,经本所经办律师核查,截至本法律意见书出具日,浙能电力股本总额为人民币 803,334 万元,不少于人民币 3000 万元,符合《证券法》第五十条第一款第(二)项之规定。

5. 根据浙能电力第一届董事会第十六次会议决议、《报告书》并经本所经办律师核查,本次合并完成后,浙能电力公开发行的股份数将不少于浙能电力股份总数的 10%,符合《证券法》第五十条第一款第(三)项之规定。

6. 根据浙能电力第一届董事会第十六次会议决议、《报告书》并经本所经办律师核查,本次合并实施后,未行使现金选择权的东南发电境外 B 股投资者将因此持有浙能电力 A 股股票。本次合并涉及的该等情形,在取得浙能电力、东南发电股东大会的批准及中国证监会、商务部、国有资产监督管理部门等有权政府部门批准同意后,符合《证券法》第一百六十六条第二款的规定。

7. 根据浙能电力第一届董事会第十六次会议决议、《报告书》并经本所经办律师核查,浙能电力本次发行的股份为同一类别股份,即人民币普通股(A 股),同股同权,每股的发行价格和条件相同,符合《公司法》第一百二十七条之规定。

(二)本次合并及本次发行上市符合《发行办法》规定的相关条件

1. 发行人的主体资格

如本法律意见书第三(一)部分“合并方的主体资格”所述,浙能电力具备本次合并和本次发行并上市的主体资格,符合《发行办法》第八条至第十三条之规定。

2. 发行人的独立性

如本法律意见书第六部分“发行人的独立性”所述,浙能电力具有完整的业务体系和直接面向市场独立经营的能力,其资产、财务、机构及业务独立,在浙能集团、毛剑宏先生按照其作出的说明与承诺消除毛剑宏先生交叉任职及在控股股东领薪的情形后,浙能电力的人员独立,符合《发行办法》第十四条至第二十条之规定。

3. 发行人的规范运行

(1)如本法律意见书第十五部分“发行人股东大会、董事会、监事会议事规则及规范运作”所述,浙能电力已经依法建立健全了股东大会、董事会、监事会、独立董事、董事会秘书等制度,相关机构和人员能够依法履行职责,符合《发行办法》第二十一条之规定。

(2)根据浙能电力提供的文件资料和说明,浙能电力的董事、监事和高级管理人员参加了与股票发行上市有关的辅导培训,已经了解与股票发行上市有关的法律法规,知悉上市公司及其董事、监事和高级管理人员的法定义务和责任,符合《发行办法》第二十二条之规定。

(3)如本法律意见书第十六部分“发行人董事、监事和高级管理人员及其变化”所述,除本法律意见书第六(三)部分“浙能电力的人员独立”所披露的毛剑宏先生目前存在的交叉任职及在控股股东领薪情形外,浙能电力的董事、监事和高级管理人员符合法律、行政法规和规章规定的任职资格,且不存在下列情形,符合《发行办法》第二十三条之规定:

ⅰ. 被中国证监会采取证券市场禁入措施尚在禁入期的;

ⅱ. 最近 36 个月内受到中国证监会行政处罚,或者最近 12 个月内受到证券交易所公开谴责;

ⅲ. 因涉嫌犯罪被司法机关立案侦查或者

涉嫌违法违规被中国证监会立案调查，尚未有明确结论意见。

（4）根据《内控报告》、浙能电力说明并经本所经办律师核查，浙能电力的内部控制制度健全且被有效执行，能够合理保证财务报告的可靠性、生产经营的合法性、营运的效率与效果，符合《发行办法》第二十四条之规定。

（5）根据浙能电力的说明、相关政府主管部门出具的证明文件并经本所经办律师核查，浙能电力不存在下列情形，符合《发行办法》第二十五条之规定：

ⅰ. 最近36个月内未经法定机关核准，擅自公开或者变相公开发行过证券；或者有关违法行为虽然发生在36个月前，但目前仍处于持续状态；

ⅱ. 最近36个月内违反工商、税收、土地、环保、海关以及其他法律、行政法规，受到行政处罚，且情节严重；

ⅲ. 最近36个月内曾向中国证监会提出发行申请，但报送的发行申请文件有虚假记载、误导性陈述或重大遗漏；或者不符合发行条件以欺骗手段骗取发行核准；或者以不正当手段干扰中国证监会及其发行审核委员会审核工作；或者伪造、变造浙能电力或其董事、监事、高级管理人员的签字、盖章；

ⅳ. 本次报送的发行申请文件有虚假记载、误导性陈述或者重大遗漏；

ⅴ. 涉嫌犯罪被司法机关立案侦查，尚未有明确结论意见；

ⅵ. 严重损害投资者合法权益和社会公共利益的其他情形。

（6）根据浙能电力的说明并经本所经办律师核查，浙能电力的《公司章程》中已明确对外担保的审批权限和审议程序，不存在为控股股东、实际控制人及其控制的其他企业进行违规担保的情形，符合《发行办法》第二十六条之规定。

（7）根据《内控报告》、《审计报告》、浙能电力的说明并经本所经办律师核查，浙能电力有严格的资金管理制度。截至本法律意见书出具日，除本法律意见书第十（二）部分"重大关联交易"第2(2)项及第4(1)项披露的浙能富兴向杭州浙能工程建设项目管理有限公司提供委托贷款以及浙能电力对黄岩热电的长期应收账款事项外，浙能电力不存在资金被控股股东、实际控制人及其控制的其他企业以借款、代偿债务、代垫款项或者其他方式占用的情形，符合《发行办法》第二十七条之规定。

4. 财务会计

（1）根据《审计报告》，浙能电力资产质量良好，资产负债结构合理，盈利能力较强，现金流量正常，符合《发行办法》第二十八条之规定。

（2）天健已就浙能电力内部控制情况出具了无保留意见的《内控报告》。根据《内控报告》和浙能电力说明，浙能电力的内部控制在所有重大方面是有效的，符合《发行办法》第二十九条之规定。

（3）根据《审计报告》、《内控报告》和浙能电力的说明，浙能电力会计基础工作规范，财务报表的编制符合企业会计准则和相关会计制度的规定，在所有重大方面公允地反映了浙能电力的财务状况、经营成果和现金流量，并由注册会计师出具了无保留意见的审计报告，符合《发行办法》第三十条之规定。

（4）根据《审计报告》、《内控报告》和浙能电力的说明并经本所经办律师核查，浙能电力编制财务报表以实际发生的交易或者事项为依据；在进行会计确认、计量和报告时保持了应有的谨慎；对相同或者相似的经济业务，选用了一致的会计政策，未进行随意变更，符合《发行办法》第三十一条之规定。

（5）根据《报告书》、《审计报告》、浙能电力的说明并经本所经办律师核查，浙能电力完整披露关联方关系并按重要性原则恰当披露关联交易。截至本法律意见书出具日，浙能电力目前正在履行的关联交易价格公允，不存在通过关联交易操纵利润的情形，符合《发行办法》第三十二条之规定。

（6）根据《审计报告》、浙能电力的说明并经本所经办律师核查，浙能电力符合《发行办法》第三十三条规定之下列条件：

ⅰ. 浙能电力2010年度、2011年度及2012年度归属母公司股东的净利润（以扣除非经常性损益前后较低者为计算依据）分别为人民币1,956,500,123.29元、1,895,522,356.58元及3,325,268,742.89元，浙能电力最近3个会计年度净利润均为正数且累计超过人民币

3000万元,符合《发行办法》第三十三条第(一)项之规定;

ⅱ. 浙能电力2010年度、2011年度及2012年度经营活动产生的现金流量净额分别为人民币7,761,897,894.11元、5,373,752,381.88元及9,067,977,361.26元,浙能电力最近3个会计年度经营活动产生的现金流量净额累计超过人民币5,000万元,符合《发行办法》第三十三条第(二)项之规定;

ⅲ. 浙能电力2010年度、2011年度及2012年度营业收入分别为人民币36,335,062,301.01元、43,653,088,770.30元及47,061,207,541.46元,浙能电力最近3个会计年度营业收入累计超过人民币3亿元,符合《发行办法》第三十三条第(二)项之规定;

ⅳ. 浙能电力本次发行前的股本总额为人民币803,334万元,不少于人民币3000万元,符合《发行办法》第三十三条第(三)项之规定;

ⅴ. 截至2012年12月31日,浙能电力无形资产(扣除土地使用权、水面养殖权和采矿权等后)为210,040,728.57元,占净资产的比例为0.53%,不高于20%,符合《发行办法》第三十三条第(四)项之规定;

ⅵ. 截至2012年12月31日,浙能电力不存在未弥补亏损,符合《发行办法》第三十三条第(五)项之规定。

(7)根据《审计报告》、浙能电力提供的纳税申报表、缴税凭证以及浙能电力税务主管机关出具的纳税证明并经本所经办律师核查,浙能电力最近三年依法纳税,各项税收优惠符合相关法律法规的规定,浙能电力的经营成果对税收优惠不存在严重依赖,符合《发行办法》第三十四条之规定。

(8)根据《审计报告》、浙能电力的说明并经本所经办律师核查,浙能电力不存在重大偿债风险,不存在影响持续经营的担保、诉讼以及仲裁等重大或有事项,符合《发行办法》第三十五条之规定。

(9)根据《审计报告》、《报告书》等申报文件和浙能电力的说明并经本所经办律师核查,浙能电力的申报文件中不存在下列情形,符合《发行办法》第三十六条之规定:

ⅰ. 故意遗漏或虚构交易、事项或者其他重要信息;

ⅱ. 滥用会计政策或者会计估计;

ⅲ. 操纵、伪造或篡改编制财务报表所依据的会计记录或者相关凭证。

(10)根据《审计报告》、浙能电力的说明并经本所经办律师核查,浙能电力不存在下列情形,符合《发行办法》第三十七条之规定:

ⅰ. 浙能电力的经营模式、产品或服务的品种结构已经或者将发生重大变化,并对浙能电力的持续盈利能力构成重大不利影响;

ⅱ. 浙能电力的行业地位或浙能电力所处行业的经营环境已经或者将发生重大变化,并对浙能电力的持续盈利能力构成重大不利影响;

ⅲ. 浙能电力最近1个会计年度的营业收入或净利润对关联方或者存在重大不确定性的客户存在重大依赖;

ⅳ. 浙能电力最近1个会计年度的净利润主要来自合并财务报表范围以外的投资收益;

ⅴ. 浙能电力在用的商标、专利、专有技术以及特许经营权等重要资产或技术的取得或者使用存在重大不利变化的风险;

ⅵ. 其他可能对浙能电力持续盈利能力构成重大不利影响的情形。

5. 募集资金的运用

根据《换股吸收合并协议》、《报告书》,本次发行的A股股票全部作为本次合并的对价,并不向其他公众投资者发行和募集资金。因此,浙能电力本次发行不适用《发行办法》第三十八条至第四十三条关于募集资金运用的规定。

(三)本次合并符合《重组办法》规定的相关条件

1. 根据《报告书》、相关政府主管部门出具的证明、合并方的说明、承诺措施及合并方提供的其他文件资料,如本法律意见书第九部分“发行人的业务”及第十八部分“发行人的环境保护和产品质量、技术等标准”所述,本次合并符合国家产业政策和有关环境保护、土地管理等法律和行政法规的规定,符合《重组办法》第十条第(一)项之规定。

2. 截至本法律意见书出具日,浙能电力的股本总额为8,033,340,000股。根据《报告书》、本次合并方案及现金选择权提供方的说明及承诺,本次合并完成后,社会公众股东合计持有的股份将不低于存续公司股份总数的10%，不会导致存续公司不符合上市条件的情形，符合《重组办法》第十条第(二)项之规定。

3. 根据《报告书》、合并方的说明、承诺措施及合并方提供的其他文件资料和说明，本次合并浙能电力的发行价格，系由合并双方依据浙能电力的盈利情况以及资本市场状况，自主协商确定；本次合并的换股价格，系由合并双方充分考虑东南发电二级市场交易情况、中小股东利益等因素后，自主协商确定。浙能电力及东南发电的独立董事均就本次合并的发行价格、换股价格的定价公允性均发表了独立意见。本次合并的发行价格、换股价格的定价公允，不存在损害上市公司和股东合法权益的情形，符合《重组办法》第十条第(三)项之规定。

4. 根据《报告书》、合并双方的说明、承诺措施及合并双方提供的其他文件资料和说明，如本法律意见书第十一部分"合并双方的主要财产"所述，本次合并所涉及的合并双方主要资产产权清晰、权属明确，本次合并涉及的相关债权债务的处理安排合法合规；在相关法律程序和本次合并先决条件得到适当履行的情形下，合并双方在约定期限内办理完毕本次合并涉及的资产过户及债权债务的转移将不存在重大的法律障碍和风险，符合《重组办法》第十条第(四)项之规定。

5. 根据《报告书》、合并方的说明并经核查，本次合并前，浙能电力主要从事火力发电业务，辅以提供热力等产品以及核电投资；本次合并完成后，浙能电力为存续公司，东南发电的业务将全部纳入存续公司，存续公司仍主要从事火力发电业务，辅以提供热力等产品以及核电投资。据此，本次合并不存在可能导致存续公司主要资产为现金或者无具体经营业务的情形。根据《报告书》，本次合并有利于存续公司增强持续经营能力，符合《重组办法》第十条第(五)项之规定。

6. 根据《报告书》、浙能集团及毛剑宏先生的承诺并经核查，在浙能集团、毛剑宏先生按照其作出的说明与承诺消除毛剑宏先生交叉任职及在控股股东领薪的情形后，存续公司在业务、资产、财务、人员和机构等方面与浙能集团及其关联人保持独立，符合《重组办法》第十条第(六)项之规定。

7. 根据《报告书》、浙能集团的承诺并经核查，本次合并有利于浙能电力保持健全有效的法人治理结构，符合《重组办法》第十条第(七)项之规定。

基于上述，本所经办律师认为，本次合并及本次发行上市符合《公司法》、《证券法》、《发行办法》、《重组办法》以及《关于外商投资企业合并与分立的规定》等法律法规规定的实质条件。

五、合并双方的设立

(一)合并方的设立

1. 合并方设立的程序、资格、条件和方式

(1)合并方的基本情况

如本法律意见书本部分及本法律意见书第八部分"发行人的股本及其演变"所述，合并方系经浙江省国资委《关于浙江省电力开发有限公司整体变更设立为浙江浙能电力股份有限公司的批复》(浙国资企改〔2011〕27号)批准，由电开有限整体变更设立的股份有限公司。

根据合并方设立时的《企业法人营业执照》及其公司章程，合并方设立时，其住所为杭州市天目山路152号浙能大楼19、20楼，法定代表人为吴国潮，注册资本为77亿元，经营范围为"电力开发、经营管理，电力及节能技术的研发、技术咨询、节能产品销售，电力工程、电力环保工程的建设和监理，电力设备检修，实业投资，资产管理"。

(2)合并方设立的程序

2011年6月7日，浙江省省属国有企业改革领导小组出具《关于省能源集团公司电力主业资产整体重组改制上市总体方案的批复》(浙企改发〔2011〕1号)，同意电开有限整体变更为股份公司。

2011年6月28日，电开有限召开股东会会议，同意以2011年6月30日为股份制改制基准日，通过整体变更的方式设立股份有限公司，并聘请天健、万邦对电开公司整体资产进行审计、评估。

2011年8月2日，浙江省工商局核发《企业名称变更核准通知书》[(浙工商)名称变核内〔2011〕第062897号]，就电开有限名称变更为"浙江浙能电力股份有限公司"予以核准。

2011年9月1日，电开有限召开股东会会

议,同意以电开有限截至2011年6月30日经审计的账面净资产值折股,整体变更为股份有限公司。股份有限公司总股本为7,700,000,000股,每股面值为1元,公司净资产超过注册资本部分计入股份有限公司的资本公积。

2011年9月1日,浙能集团与兴源投资签署《发起人协议》,同意电开有限以截至2011年6月30日经审计的账面净资产值折股,整体变更为股份有限公司。详见本法律意见书第五(一)部分“合并方的设立”第2项。

2011年9月16日,浙江省国资委出具《关于浙江省电力开发有限公司整体变更设立为浙江浙能电力股份有限公司的批复》(浙国资企改〔2011〕27号),同意电开有限整体变更为股份有限公司。

2011年9月22日,浙江省国资委出具《关于浙江浙能电力股份有限公司(筹)国有股权管理方案的批复》(浙国资产权〔2011〕50号),同意由浙能集团和兴源投资作为发起人,以发起方式设立浙江浙能电力股份有限公司(筹)。公司总股本为770,000万股,其中浙能集团持有731,500万股,占总股本的95%;兴源投资持有38,500万股,占总股本的5%;上述股东均为国有股东。

2011年10月8日,浙能电力召开创立大会暨首次股东大会,审议通过了《关于〈浙江浙能电力股份有限公司筹办情况报告〉的议案》、《关于〈浙江浙能电力股份有限公司章程〉的议案》等议案,并选举了非由职工代表担任的首届董事、监事。

2011年10月31日,浙能电力取得了由浙江省工商局核发的《企业法人营业执照》(注册号:330000000045902)。

(3)发起人的资格

根据合并方提供的相关文件资料及说明并经本所经办律师核查,合并方的2名发起人浙能集团和兴源投资均为依据中国法律在境内设立并有效存续的企业法人,具备发起设立股份有限公司的资格(具体情况详见本法律意见书第七部分“发起人和股东”)。

(4)合并方设立的条件

根据合并方提供的相关文件资料及说明并经本所经办律师核查,合并方在如下方面具备《公司法》第七十七条规定的股份有限公司设立条件:

ⅰ. 发起人共2名法人,符合法定人数,且住所均在中国境内;

ⅱ. 发起人缴纳的注册资本为770,000万元,达到股份有限公司注册资本的最低限额;

ⅲ. 发起人认购股份有限公司设立时的全部股份,股份发行、筹办事项符合法律规定;

ⅳ. 发起人共同制定了《公司章程》;

ⅴ. 公司具有公司名称,并且设立了股东大会、董事会、监事会、总经理等股份有限公司应当具备的组织机构;

ⅵ. 合并方具有固定的公司住所。

(5)合并方设立的方式

根据合并方提供的相关文件资料及说明并经本所经办律师核查,合并方系由电开有限按账面净资产值折股整体变更设立的股份有限公司。

综上,本所经办律师认为,合并方设立的程序、资格、条件和方式,符合当时法律、行政法规和规范性文件的规定,履行了国有股权管理程序并得到有权部门的批准。

2. 合并方设立时的改制重组合同

2011年9月1日,浙能集团与兴源投资签署《发起人协议》,对合并方的名称、住所、合并方的经营宗旨、经营范围、发起人的出资、合并方的股本结构、发起人的权利和义务等事项进行了明确约定。

经核查,本所经办律师认为,上述《发起人协议》符合有关法律、行政法规和规范性文件的规定,不会引致合并方设立行为存在纠纷。

3. 合并方设立过程中的审计、资产评估、国有股权管理、验资事项

(1)合并方设立过程中的审计、评估事项

2011年7月15日,天健出具《审计报告》(天健审〔2011〕4736号)载明,截至2011年6月30日,电开有限经审计的账面净资产值为24,096,369,321.33元。

2011年9月20日,万邦出具《浙江省电力开发有限公司整体改制为股份有限公司相关股东全部权益评估项目资产评估报告》(浙万评报〔2011〕69号)载明,截至2011年6月30日,电开有限经评估的净资产值为29,398,492,784.70元。

(2)合并方设立过程中的国有股权管理事项

2011 年 9 月 22 日,浙江省国资委出具《关于浙江浙能电力股份有限公司(筹)国有股权管理方案的批复》(浙国资产权〔2011〕50 号),同意由浙能集团和兴源投资作为发起人,以发起方式设立股份有限公司。股份有限公司总股本为 770,000 万股,其中浙能集团持有 731,500 万股,占总股本的 95%;兴源投资持有 38,500 万股,占总股本的 5%;上述股东均为国有股东。

(3)合并方设立过程中的验资事项

2011 年 9 月 22 日,天健出具《验资报告》(天健验〔2011〕406 号)验证,截至 2011 年 6 月 30 日止,浙江浙能电力股份有限公司(筹)已收到全体出资者所拥有的截至 2011 年 6 月 30 日电开有限经审计的净资产 24,096,369,321.33 元。

综上,本所经办律师认为,合并方设立过程中已经履行了有关审计、资产评估、国有股权管理、验资等必要程序,符合当时法律、行政法规和规范性文件的规定。

4. 合并方设立时创立大会的程序及所议事项

2011 年 10 月 8 日,合并方召开创立大会暨首次股东大会,审议通过了《关于〈浙江浙能电力股份有限公司筹办情况报告〉的议案》、《关于〈浙江浙能电力股份有限公司章程〉的议案》等议案,并选举吴国潮先生、毛剑宏先生、陈一勤先生和黄伟建先生为首届董事会非职工董事,选举张谦先生和王莉娜女士为首届监事会非职工监事。

本所经办律师认为,合并方创立大会召集、召开的程序及所议事项符合法律、法规和规范性文件的规定。

(二)被合并方的设立

根据《浙江东南发电股份有限公司境内上市外资股(B 股)招股说明书》及东南发电提供的相关资料,被合并方东南发电系根据《公司法》等法律、法规和规范性文件,以发起设立方式设立的股份有限公司,其设立过程如下:

1. 设立批复

1997 年 4 月 23 日,浙江省人民政府证券委员会出具《关于同意设立浙江东南发电股份有限公司的批复》(浙证委〔1997〕49 号),同意由浙江省电力公司、电开公司、八达股份、浙电物资及浙江电力房地产开发有限责任公司等五家企业作为发起人,以发起设立的方式设立股份有限公司,股本总额 132,000 万元。

2. 资产评估

1997 年 5 月 15 日,国家国有资产管理局出具的《对组建浙江东南发电股份有限公司并发行 B 种上市股票项目资产评估结果的确认批复》(国资评〔1997〕418 号)确认,浙江省电力公司和电开公司投入东南发电的经评估净资产总额为 195,019.73 万元。

3. 验资

1997 年 5 月 9 日,浙江会计师事务所出具《验资报告》(浙会验〔1997〕第 75 号)验证,截至 1997 年 5 月 9 日,东南发电已收到其发起股东投入的资本人民币 1,959,101,339.80 元,其中,股本 1,320,000,000.00 元,资本公积 639,101,339.80 元。浙江省电力开发公司、电开公司以其持有的台州电厂经评估的净资产分别出资 762,917,199.33 元、1,187,280,140.47 元;八达股份、浙电物资和浙江电力房地产开发有限责任公司分别以现金出资 5,936,000.00 元、1,484,000.00 元、1,484,000.00 元。

4. 创立大会

1997 年 5 月 12 日,东南发电召开创立大会,同意以发起设立方式设立浙江东南发电股份有限公司。

5. 工商登记注册

1997 年 5 月 15 日,东南发电取得了由浙江省工商局核发的《企业法人营业执照》(注册号:14294345 - 0)。

6. 国有股权管理

1997 年 5 月 23 日,国家国有资产管理局出具《关于浙江东南发电股份有限公司国有股权管理有关问题的批复》(国资企发〔1997〕88 号),同意由浙江省电力公司、电开公司、八达股份、浙电物资及浙江电力房地产开发有限责任公司五家作为发起人,设立东南发电。东南发电公开募股前总股本为 132,000 万股,其中浙江省电力公司持有 51,403.68 万股,电开公司持有 79,996.32 万股,浙电物资持有 100 万股,均为国有法人股;八达股份持有 400 万股,浙江电力房地产开发有限责任公司持有 100

万股。

7. 发行境内上市外资股

1997年7月21日,国务院证券委员会出具《关于同意浙江东南发电股份有限公司发行境内上市外资股的批复》(证委发〔1997〕44号),批准东南发电发行600,000,000股B股(其中最多300,000,000股B股以GDR的形式配售),并可行使不超过本次B股发行额度15%的超额配售权。

根据东南发电1997年9月20日发布的《浙江东南发电股份有限公司上市公告书》,东南发电实际发行600,000,000股B股(并未行使不超过本次B股发行额度15%的超额配售权①),其中72,614,700股以GDR的形式配售,代表1,452,294份GDR,B股发行价格为2.868元/股,GDR发行价格为143.4元/份。浙江会计师事务所于1997年9月18日出具的《验资报告》(浙会验(1997)第128号)验证,截至1997年9月18日止,东南发电累计股本壹拾玖亿贰仟万元正(192,000万元)、资本公积1,699,285,090.56元。

1997年9月23日,东南发电B股股票在上交所挂牌交易,在全球配售的GDR在伦敦证券交易所挂牌交易②。上市后,东南发电总股本变更为2,010,000,000元。

本所经办律师认为,东南发电设立的程序、资格、条件及方式等均符合国家当时关于股份有限公司设立的法律、法规和规范性文件的规定,并得到了有权主管部门的批准,其设立合法有效。

六、发行人的独立性

(一)浙能电力的业务体系的完整性和独立经营能力

根据浙能电力现时有效的《企业法人营业执照》、《公司章程》并经本所经办律师核查,浙能电力经核准登记的经营范围为:电力开发,经营管理,电力及节能技术的研发、技术咨询、节能产品销售,电力工程、电力环保工程的建设与监理,电力设备检修。(上述经营范围不含国家法律法规规定禁止、限制和许可经营的项目。)

根据《报告书》、浙能电力的说明并经本所经办律师核查,浙能电力目前主要从事火力发电业务,辅以提供热力等产品以及核电投资,浙能电力依法独立从事经营范围内的业务。根据浙能电力提供的相关文件资料及说明,并结合本法律意见书第十部分“关联交易及同业竞争”所述,浙能电力的业务独立于控股股东、实际控制人及其控制的其他企业,不因与关联方之间存在关联关系而使浙能电力经营的完整性、独立性受到重大不利影响。

基于上述,本所经办律师认为,浙能电力具有完整的业务体系和直接面向市场独立经营的能力,符合《发行办法》第十四条之规定。

(二)浙能电力的资产独立完整

根据浙能电力提供的相关资产权属证明并经本所经办律师核查,如本法律意见书第十一(一)部分“合并方的主要财产”所述,除尚存在少量瑕疵资产外,浙能电力合法拥有与其生产经营有关的土地使用权、房屋等财产的使用权或所有权,并拥有与火力发电等业务有关的资产,以及相关的注册商标、专利的所有权或者使用权。上述主要资产取得方式合法有效、权属清晰,不存在争议或潜在法律纠纷,不存在控股股东、实际控制人及其控制的其他企业占用资产而损害浙能电力利益的情况;浙能电力具有独立的原料采购和产品销售系统,不存在依赖控股股东或实际控制人进行采购、销售的情形。单就其少量瑕疵财产而言,如本法律意见书第十一(一)部分“合并方的主要财产”所述,因其账面价值、所占相关权属的比例等均相对较小,且根据浙能电力的确认其并未因此引发任何重大法律争议及其他可预见的重大纠纷并已积极采取切实有效的防控措施,不会对浙能电力的生产经营与财务状况构成重大不利影响。

基于上述,本所经办律师认为,浙能电力的资产独立完整,符合《发行办法》第十五条之规定。

---

① 经东南发电股东大会授权且经国务院证券委员会批准的9000万股的超额配售权,于1997年9月23日至25日被行使。

② 根据东南发电2013年2月22日发布的公告,经东南发电2013年第一次临时股东大会审议通过,2013年2月21日东南发电GDR已从英国金融服务监管局正式名单中退出并从伦敦证券交易所正式退市;同时,东南发电已终止与纽约银行(Bank of New York,现更名为Bank of New York Mellon)签署的《存托协议》。

（三）浙能电力的人员独立

根据浙能电力提供的文件资料和说明并经本所经办律师核查，除毛剑宏先生存在交叉任职及在控股股东领薪的情形外，浙能电力按照《公司法》有关规定设立了健全的法人治理结构；浙能电力的财务人员没有在控股股东、实际控制人及其控制的其他企业中兼职；浙能电力的董事、总经理及其他高级管理人员均通过合法程序产生，不存在控股股东、其他任何部门、单位或人士违反《公司章程》规定干预公司人事任免的情况；浙能电力设有包括劳动、人事及工资管理的独立管理机构，制定了完整、系统的管理制度、规章。

本所经办律师注意到，截至本法律意见书出具日，浙能电力总经理毛剑宏先生兼任控股股东浙能集团的副总经理并在浙能集团领薪。针对上述情况，浙能集团与毛剑宏先生说明并承诺：1. 浙能集团为浙江省国资委全资控股的省属国有企业，毛剑宏先生担任浙能集团副总经理，主要分管浙能集团电力业务板块整体上市事务，有利于浙能电力本次合并及上市各项工作的统一协调及有力推进；2. 上述交叉任职及在控股股东领薪的情形，不会影响毛剑宏先生独立履行其作为浙能电力总经理应履行的职责，并且，毛剑宏先生确认其过往担任浙能电力总经理时已按法律、法规、规章、规范性文件和《公司章程》的要求勤勉尽责地履行职责，未因该等交叉任职情形而影响其在浙能电力履行职责的时间和精力，毛剑宏先生进一步承诺，今后将继续按法律、法规、规章、规范性文件和《公司章程》的要求，勤勉尽责地履行其作为浙能电力总经理应履行的职责，确保不会因该等交叉任职情形而影响其在浙能电力履行职责的时间和精力；3. 浙能集团、毛剑宏先生将根据中国证监会关于上市公司治理的有关要求、国家及地方关于国有企业高管人事任免的有关规定以及《公司章程》的有关规定，在一年内或中国证监会要求的期限内尽快消除上述交叉任职及在控股股东领薪的情形。

基于上述，本所经办律师认为，上述的毛剑宏先生交叉任职及在控股股东领薪的情况不符合《发行办法》关于“发行人的总经理、副总经理、财务负责人和董事会秘书等高级管理人员不得在控股股东、实际控制人及其控制的其他企业中担任除董事、监事以外的其他职务，不得在控股股东、实际控制人及其控制的其他企业领薪”的有关规定。在浙能集团、毛剑宏先生按照其作出的说明与承诺消除毛剑宏先生该等交叉任职及在控股股东领薪的情形后，浙能电力的人员独立，符合《发行办法》第十六条之规定。

（四）浙能电力的财务独立

根据浙能电力提供的说明并经本所经办律师核查，浙能电力设立了独立的财务部门，建立了独立的财务核算体系，能够独立作出财务决策，具有规范、独立的财务会计制度和对下属公司的财务管理制度。浙能电力在中国工商银行杭州市武林支行开立了独立账户（账号1202021209014402182），不存在与控股股东及其控制的其他企业共用一个银行账户的情况。发行人已获得税务登记证（编号：330000142912005号），独立纳税。

基于上述，本所经办律师认为，浙能电力的财务独立，符合《发行办法》第十七条之规定。

（五）浙能电力的机构独立

根据《公司章程》、浙能电力历次相关股东大会决议、董事会决议、监事会决议、浙能电力其他内部规章制度并经本所经办律师核查，浙能电力依法设置了股东大会、董事会、监事会、总经理、副总经理、财务负责人等机构或职位，董事会下设战略委员会、审计委员会和薪酬与考核委员会等专门委员会，并设有董事会秘书；公司已建立独立董事制度且独立董事人数不少于董事会人数的三分之一。浙能电力还设置了财务产权部、投资计划部、生产安全部、人力资源部、证券部、审计部等业务职能部门。

根据浙能电力提供的相关文件资料及说明，浙能电力组织机构和各经营管理部门均按照《公司章程》及其他内部规章制度的规定，独立行使各自职权。浙能电力与控股股东、实际控制人及其控制的其他企业间不存在机构混同的情形。浙能电力的主要办公机构和生产经营场所独立于股东及其他关联方。

基于上述，本所经办律师认为，浙能电力的机构独立，符合《发行办法》第十八条之规定。

（六）浙能电力的业务独立

根据浙能电力《公司章程》、《企业法人营业执照》并经本所经办律师核查，截至本法律意见书出具日,浙能电力主要从事火力发电业务,辅以提供热力等产品以及核电投资,独立开展业务并对外签署合同,在业务上独立于控股股东、实际控制人及其控制的其他企业。如本法律意见书第十部分“关联交易及同业竞争”所述,浙能电力与控股股东、实际控制人及其控制的其他企业间不存在同业竞争或者显失公平的关联交易。

基于上述,本所经办律师认为,浙能电力的业务独立,符合《发行办法》第十九条之规定。

(七)经核查,本所经办律师认为,截至本法律意见书出具日,发行人在独立性方面不存在其他严重缺陷,符合《发行办法》第二十条之规定。

七、发起人和股东

(一)发起人的资格

根据《发起人协议》和发行人提供的相关文件资料并经本所经办律师核查,发行人的发起人为浙能集团和兴源投资。

根据发行人提供的相关文件资料并经本所经办律师核查,上述发起人均合法设立并依法存续,具有法律、法规和规范性文件规定的担任发起人并进行出资的主体资格。

(二)发起人的人数、住所、出资比例

根据发行人提供的相关文件资料并经本所经办律师核查,发行人两家发起人的住所均在中国境内。

根据发行人设立时的《公司章程》及天健于2011年9月22日出具的《验资报告》(天健验〔2011〕406号),发行人各发起人出资比例如下:浙能集团出资731,500万元,占注册资本的95%;兴源投资出资38,500万元,占注册资本的5%。

本所经办律师认为,发行人的发起人人数、住所、出资比例符合有关法律、行政法规和规范性文件的规定。

(三)发起人的出资

1. 根据《公司章程》、《发起人协议》、天健于2011年9月22日出具的《验资报告》(天健验〔2011〕406号)并经本所经办律师核查,发行人系各发起人以其对电开有限出资形成的权益所对应的经审计净资产(审计基准日2011年6月30日)按1∶0.3196的比例折股整体变更设立的股份有限公司。

本所经办律师认为,该出资方式符合《公司法》的相关规定;各发起人投入发行人的资产产权关系清晰,将上述资产投入发行人不存在法律障碍。

2. 经本所经办律师核查,发行人发起设立过程中,不存在发起人以其全资附属企业或其他企业先注销再以其资产折价入股的情形,也不存在发起人以其在其他企业中的权益折价入股的情形。

(四)发行人的实际控制人

发行人的控股股东为浙能集团,浙能集团系浙江省人民政府授权浙江省国资委履行出资人职责进行监督管理的国有独资公司,因此发行人的实际控制人为浙江省国资委。

(五)发行人的现时股东

根据发行人提供的相关文件资料,截至本法律意见书出具日,发行人现时股东包括浙能集团、兴源投资、河北港口集团、航天基金和信达资产。

1. 浙能集团

截至本法律意见书出具日,浙能集团持有发行人731,500万股股份,占发行人股份总数的91.0581%,系发行人的控股股东。

根据浙能集团现时有效的《企业法人营业执照》及其公司章程,其基本情况如下:

公司名称	浙江省能源集团有限公司
注册号	330000000054307
住所	杭州市天目山路152号
法定代表人	吴国潮
公司类型	有限责任公司(国有独资)
经营范围	许可经营项目:煤炭批发经营(详见《煤炭经营资格证》,有效期至2013年8月5日)。一般经营项目:经营国家授权的集团公司及其所属企业的国有资产和国有股权;实业投资开发;技术咨询服务,煤炭运输信息的技术咨询服务,可再生能源的开发利用,石油天然气运行管理,工程技术与服务,钢材、有色金属、建筑材料、机械设备、电气电缆的销售。(上述经营范围不含国家法律法规规定禁止、限制和许可经营的项目)
注册资本	100亿元
成立日期	2001年3月21日
股权结构	浙江省国资委持有100%股权
年检情况	已通过2011年度工商年检
公司状态	存续

2. 兴源投资

截至本法律意见书出具日,兴源投资持有发行人38,500万股股份,占发行人股份总数的4.7925%。

根据兴源投资现时有效的《企业法人营业执照》及其公司章程，其基本情况如下：

公司名称	浙江兴源投资有限公司
注册号	330000000030648
住所	杭州市环城北路华浙广场1号15楼C座
法定代表人	范小宁
公司类型	有限责任公司（法人独资）
经营范围	实业投资；小水电、小热电、房地产投资；基础设施、信息化工程、环保工程；电力成套设备、机电设备、金属材料的销售；物业管理；酒店管理。（上述经营范围不含国家法律法规规定禁止、限制和许可经营的项目。）
注册资本	6.6亿元
成立日期	2003年8月15日
股权结构	浙能集团持有100%股权
年检情况	已通过2011年度工商年检
公司状态	存续

3. 河北港口集团

截至本法律意见书出具日，河北港口集团持有发行人16,293万股股份，占发行人股份总数的2.0282%。

根据河北港口集团现时有效的《企业法人营业执照》及其公司章程，其基本情况如下：

公司名称	河北港口集团有限公司
注册号	130300000020032
住所	石家庄市裕华东路45号
法定代表人	邢录珍
公司类型	有限责任公司（国有独资）
经营范围	港口建设投资及投资管理；房屋、港口设施、设备租赁；港区内货物装卸、仓储经营；码头经营；（以下限分支机构经营）：输送机、装卸货物用机械、起重机械及部件的制造、安装、维修；国内外船舶航修；水上辅助服务（船舶加水、接送检疫人员）；承包境外港务工程及境内国际招标工程，上述境外工程所需的设备、材料出口，对外派遣实施上述境外工程所需的劳务人员；自动消防设施安装、施工；通信电力及低压配电安装、电气安装、维修；综合布线；钢结构制造；锅炉非压力容器部门维修；通信及有线广播、电视设计、施工、安装、维修；锅炉修理、改造、安装；管道安装、维修；供水、供暖服务；计算机设计、开发、安装、维修及咨询服务；餐饮服务、住宿、房屋设备租赁、清洁服务。
注册资本	80亿元
成立日期	2002年8月28日
股权结构	河北省人民政府国有资产监督管理委员会持有100%股权
年检情况	已通过2011年度工商年检
公司状态	存续

续表

4. 航天基金

截至本法律意见书出具日，航天基金持有发行人9,523万股股份，占发行人股份总数的1.1854%。

根据航天基金现时有效的《合伙企业营业执照》，其基本情况如下：

企业名称	北京航天产业投资基金（有限合伙）
注册号	10000012665190
主要经营场所	北京市海淀区阜成路16号四层
执行事务合伙人	航天产业投资基金管理（北京）有限公司（委派吴艳华为代表）
企业类型	有限合伙企业
成立日期	2010年3月3日
经营范围	许可经营项目：无 一般经营项目：非证券业务的投资；非证券业务的投资管理、咨询。（不得从事下列业务：（1）发放贷款；（2）公开交易证券投资或金融衍生品交易；（3）以公开方式募集资金；（4）对被投资企业以外的企业提供担保。）
年检情况	已通过2011年度工商年检
企业状态	存续

根据航天基金合伙协议，航天基金的合伙人及出资情况如下：

序号	合伙人	性质	出资额（亿元）	出资比例（%）
1	航天投资控股有限公司	有限合伙人	10	24.750
2	北京亦庄国际投资发展有限公司	有限合伙人	10	24.750
3	北京市海淀区国有资本经营管理中心	有限合伙人	5	12.375
4	中国中信集团公司	有限合伙人	5	12.375
5	中国长江三峡集团公司	有限合伙人	5	12.375
6	泰康人寿保险股份有限公司	有限合伙人	5	12.375
7	航天产业投资基金管理（北京）有限公司	普通合伙人	0.404	1.000
合计			40.404	100

5. 信达资产

截至本法律意见书出具日,信达资产持有发行人7518万股股份,占发行人股份总数的0.9358%。

根据信达资产现时有效的《企业法人营业执照》及其公司章程,其基本情况如下:

公司名称	中国信达资产管理股份有限公司
注册号	100000000031562
住所	闹市口大街9号院1号楼
法定代表人	侯建杭
公司类型	股份有限公司
经营范围	许可经营项目:(1)收购、受托经营金融机构和非金融机构不良资产,对不良资产进行管理、投资和处置;(2)债权转股权,对股权资产进行管理、投资和处置;(3)破产管理;(4)对外投资;(5)买卖有价证券;(6)发行金融债券、同业拆借和向其他金融机构进行商业融资;(7)经批准的资产证券化业务、金融机构托管和关闭清算业务;(8)财务、投资、法律及风险管理咨询和顾问;(9)资产及项目评估;(10)国务院银行业监督管理机构批准的其他业务。
注册资本	3,014,002.4035万元
成立日期	1999年4月19日
股本结构	中华人民共和国财政部持有83.46%股权,全国社会保障基金理事会持有8%股权,UBS AG持有4.99%股权,中信资本金融控股有限公司持有2.03%股权,Standard Chartered Financial Holdings持有1.52%股权
年检情况	已通过2011年度工商年检
公司状态	存续

经本所经办律师核查,发起人的现时股东均系依法设立并有效存续的企业,不存在根据法律、法规和规范性文件或其章程应当终止的情形,具有法律、法规规定作为发行人股东并进行出资的主体资格。

八、发行人的股本及其演变

(一)发行人前身—电开公司及电开有限的历史沿革

1. 电开公司的设立及主要历史沿革(全民所有制阶段)

1985年5月17日,浙江省计划经济委员会下发《关于成立浙江省电力开发公司的通知》(浙计经政〔1985〕324号),决定成立浙江省电力开发公司。

1985年6月17日,经浙江省计划经济委员会、浙江省工商局审批同意,电开公司开业。

1986年6月23日,电开公司取得由杭州市工商局核发的《营业执照》(杭工商工字011434号)。根据该《营业执照》,电开公司设立时企业地址为西湖区金祝南路2号,企业负责人为张国诚,注册资金为7780.9万元,经济性质为全民所有制,生产经营范围为"主营电力开发,发、供电"。

1991年1月22日,经浙江省计划经济委员会批准同意、浙江省工商局核准,电开公司注册资金由7780.9万元增加至172,552万元。

1992年3月16日,经浙江省计划经济委员会批准同意、浙江省工商局核准,电开公司注册资金由172,552万元增加至254,500万元。

2001年2月21日,浙江省人民政府下发《浙江省人民政府关于组建浙江省能源集团有限公司的通知》(浙政发〔2001〕6号),决定以电开公司和浙江省煤炭集团公司的资产为基础组建浙能集团,浙能集团成为电开公司的出资人。

2005年11月17日,经浙江省国资委《关于同意增加浙江省电力开发公司注册资金的批复》(浙国资法产〔2005〕152号)批准,电开公司注册资金由254,500万元增加至330,000万元。

2. 电开有限的改制设立及主要历史沿革(有限责任公司阶段)

(1)电开有限的改制设立

2009年12月4日,浙江省工商局出具《企业名称变更核准通知书》[(浙工商)名称变核字〔2009〕第046193号],就电开公司名称变更为"浙江省电力开发有限公司"予以核准。

2009年12月8日,浙江省国资委出具《关于浙江省电力开发公司改制总体方案的批复》(浙国资企改〔2009〕19号),同意浙江省电力开发公司整体改制为一人有限责任公司,注册资本保持不变,改制基准日为2008年12月31日。

2009年12月20日,万邦出具《浙江省电力开发公司整体改制为一人有限责任公司相关股东全部权益评估项目资产评估报告》(浙万评报〔2009〕87号),截至2008年12月31日,电开公司经评估的净资产值为19,839,241,490.75元,增值率为35.75%。

2009年12月29日,浙江省国资委出具《关于浙江省电力开发公司改制实施方案的批复》(浙国资企改〔2009〕20号),同意电开公司按照《资产评估报告》(浙万评报〔2009〕87号)

确定的评估值相应调整账务，以截至2008年12月31日净资产评估值中的3,300,000,000元作为改制后公司的实收资本，剩余金额计入资本公积。

2009年12月30日，中审亚太会计师事务所有限公司浙江（万邦）分所出具《验资报告》（中审亚太验字〔2009〕第090012号）验证，截至2009年12月30日，浙能集团以电开公司经评估确认后的净资产出资330,000万元，合计投入注册资本330,000万元。

2009年12月31日，电开有限取得由浙江省工商局核发的《企业法人营业执照》（330000000045902）。根据该《企业法人营业执照》，电开有限设立时公司住所为杭州市天目山路152号浙能大楼19、20楼，法定代表人为吴国潮，注册资本为33亿元，经营范围为：电力开发，经营管理，电力及节能技术的研发、技术咨询、节能产品销售，电力工程、电力环保工程的建设与监理，电力设备检修，实业投资，资产管理。

（2）电开有限设立后的股东及股权变动

2011年6月15日，浙能集团与兴源投资签署《关于浙江省电力开发有限公司国有股权划转协议》，约定浙能集团将其所持有的电开有限5%股权无偿划转给兴源投资。

2011年6月20日，浙能集团作出股东决定，同意以2011年1月1日为基准日，将其所持有的电开有限5%股权无偿划转给其全资子公司兴源投资。

2011年6月23日，浙江省国资委出具《关于同意浙江省电力开发有限公司部分国有股权无偿划转的批复》（浙国资产权〔2011〕32号），同意上述股权划转。

2011年6月24日，电开有限就本次国有股权无偿划转办理了工商变更登记。

经核查，本所经办律师认为，电开公司、电开有限的设立及电开有限历次股权变动均依法履行了相关法律、法规、规范性文件及其公司章程规定的内部决策程序，并依法办理了工商变更登记，历次股权变动合法、合规、真实、有效。

（二）发行人设立时的股本结构

如本法律意见书第五（一）部分“合并方的设立”所述，发行人整体变更设立股份有限公司时的股东及股本结构如下：

序号	发起人	持股股数（万股）	持股比例（%）
1	浙能集团	731,500	95
2	兴源投资	38,500	5
合计	—	770,000	100

经核查，本所经办律师认为，发行人设立时的股权设置、股本结构合法有效，产权界定和确定不存在纠纷及风险。

（三）发行人设立后的股东及股份变动

经本所经办律师核查，发行人设立后至本法律意见书出具日，发行人通过增资扩股引入投资者，具体情况如下：

2012年4月28日，万邦出具《浙江浙能电力股份有限公司引进战略投资者涉及的股东全部权益评估项目资产评估报告书》（浙万评报〔2012〕46号），截至2011年12月31日，评估后浙能电力的股东全部权益价值为30,692,028,226.91元。

2012年9月26日，浙能电力召开董事会，审议同意公司拟新增发行33,334万股股份。发行价格以万邦《浙江浙能电力股份有限公司引进战略投资者涉及的股东全部权益评估项目资产评估报告书》（浙万评报〔2012〕46号）载明的、并经相关国有资产监督管理部门核准/备案的公司截至2011年12月31日股东全部权益的评估价值30,692,028,226.91元为作价基础，确定为3.99元/股。其中，河北港口集团以现金65,009.07万元认购本次发行的16,293万股股份，航天基金以现金37,996.77万元认购本次发行的9523万股股份，信达资产以现金29,996.82万元认购本次发行的7518万股股份。同日，浙能电力与河北港口集团、航天基金、信达资产及浙能集团、兴源投资签署《股份认购协议》。

2012年9月29日，浙江省国资委出具《关于核准浙江浙能电力股份有限公司资产评估项目的批复》（浙国资产权〔2012〕42号），对上述资产评估结果予以核准。

2012年10月12日，浙能电力召开股东大会，审议通过了前述增发股份、引进战略投资者的议案。

2012年11月20日，浙江省国资委出具《关于浙江浙能电力股份有限公司引进战略投资者及增资扩股事项的批复》（浙国资产权〔2012〕49号），同意浙能电力向河北港口集团增发16,293万股股份、向航天基金增发9523万股股份、向信达资产增发7518万股股份。

2012 年 12 月 11 日,天健出具《验资报告》(天健验〔2012〕398 号)验证,截至 2012 年 12 月 10 日,浙能电力已收到河北港口集团、航天基金及信达资产缴纳的新增注册资本(实收资本)合计人民币 333,340,000 元,计入资本公积(股本溢价)996,686,600 元。变更后的注册资本为人民币 8,033,340,000 元,累计实收资本人民币 8,033,340,000 元。

2012 年 12 月 31 日,浙能电力就本次股本变动办理了工商变更登记。

2013 年 1 月 6 日,浙江省国资委就浙能电力本次增资扩股出具《关于浙江浙能电力股份有限公司国有股权管理方案的批复》(浙国资产权〔2013〕1 号),认定浙能集团、兴源投资、河北港口集团及信达资产所持的浙能电力股份为国有股。

本次增资完成后,浙能电力的股本结构如下表所示:

序号	股东	所持股份(万股)	持股比例(%)
1	浙能集团	731,500	91.0580
2	兴源投资	38,500	4.7925
3	河北港口集团	16,293	2.0282
4	航天基金	9523	1.1854
5	信达资产	7518	0.9359
合计	—	803,334	100

基于上述,本所经办律师认为,发行人设立后的股本变动依法履行了相关法律、法规、规范性文件及其公司章程规定的内部决策程序,并依法办理了工商变更登记,股本变动合法、合规、真实、有效。

(四)发行人的股东所持发行人股份的质押情况

根据发行人股东的说明及发行人的工商登记资料,截至本法律意见书出具日,发行人的股东所持发行人股份不存在质押的情形。

九、发行人的业务

(一)发行人的经营范围和经营方式

1. 浙能电力的经营范围

根据浙能电力现时有效的《企业法人营业执照》、《公司章程》,浙能电力经核准登记的经营范围为:电力开发,经营管理,电力及节能技术的研发、技术咨询、节能产品销售,电力工程、电力环保工程的建设与监理,电力设备检修。

根据《报告书》及发行人的说明,浙能电力主要从事火力发电业务,辅以提供热力等产品以及核电投资。

2. 浙能电力的生产经营资质及许可

根据浙能电力提供的相关文件资料及说明,浙能电力及其控股子公司取得的生产经营资质主要为《电力业务许可证》、《港口经营许可证》及《煤炭经营资格证》等。发行人及其子公司分别拥有上述生产经营资质的具体情况详见本法律意见书之附件一"浙能电力及其控股子公司取得的主要生产经营资质"。

本所经办律师注意到,浙能电力下属发电企业中尚有萧山电厂、浙江浙能镇海天然气发电有限公司、浙江浙能镇海联合发电有限公司及钱清发电尚未取得排污许可证。但鉴于:

(1)根据浙江省环境保护厅于 2013 年 3 月 12 日出具的《关于浙江浙能电力股份有限公司所属燃煤发电企业排污许可证办理情况的说明》,根据《浙江省环境保护厅排污许可证审查程序规定(试行)》及相关要求,浙江省环境保护厅将督促杭州市、宁波市和绍兴市环保部门为萧山电厂、浙江浙能镇海天然气发电有限公司、浙江浙能镇海联合发电有限公司、钱清发电及时办理相应的排污许可证。

(2)根据浙江省环保厅及发行人各控股子公司所在地环保局出具的证明,发行人及其控股子公司最近三年未因违反有关环境保护方面的法律法规而受到行政处罚。

(3)浙能集团确认浙能电力该等尚未取得排污许可证的下属发电企业自成立至今运营正常,并没有因未取得相关排污许可证而受到重大不利影响,不存在导致浙能电力重大损失以至于不符合本次合并及本次发行条件的情形;就浙能电力运营该等发电企业,不存在第三方就此主张权利或要求赔偿的情况,亦不存在相关政府主管部门限制、禁止其运营或就此进行行政处罚的情形;浙能集团将督促并确保该等企业依法及时取得排污许可证。

基于上述,本所经办律师认为,浙能电力下属四家发电企业尚未完成排污许可证办理工作的情形不会对本次合并构成实质性法律障碍。

综上,根据浙能电力提供的相关文件资料及说明并经本所经办律师核查,除已披露的四家下属发电企业尚未完成排污许可证的办理外,浙能电力在其《企业法人营业执照》核准的经营范围内开展业务，发行人及其子公司已取得从事该等业务必需的许可和资质，发行人的经营范围和经营方式符合有关法律、行政法规和规范性文件的规定。截至本法律意见书出具日，发行人主营业务持续开展，其业务政策没有因其相关子公司尚未完成排污许可证的办理工作而受到重大不利影响。

（二）发行人在中国大陆之外从事经营的情况

根据《审计报告》、浙能电力提供的说明并经本所经办律师核查，浙能电力目前未在中国大陆之外从事生产经营活动。

（三）发行人业务的变更情况

根据浙能电力提供的相关文件资料及说明并经本所经办律师对浙能电力历次变更的《企业法人营业执照》的核查，报告期内，浙能电力的主营业务未发生过重大变更。

（四）发行人的主营业务

根据《报告书》和浙能电力提供的说明并经本所经办律师核查，浙能电力主要从事火力发电业务，辅以提供热力等产品以及核电投资。

根据《审计报告》，浙能电力2010年度、2011年度、2012年度的主营业务收入分别为人民币34,173,314,159.97元、39,994,301,340.04元和41,769,978,164.64元；主营业务收入占营业总收入的比例分别为94.05%、91.62%、88.76%。

基于上述，本所经办律师认为，浙能电力的主营业务突出。

（五）浙能电力的持续经营能力

根据浙能电力现行有效的《企业法人营业执照》及《公司章程》，浙能电力为永久存续的股份有限公司，依法有效存续。

根据工商、税务、环保、土地、安监、电监、产品质量和技术监督等主管部门出具的证明，浙能电力近三年未受到上述主管部门的重大处罚，不存在法律、行政法规和规范性文件规定的影响其持续经营的情形。

根据《审计报告》及浙能电力的说明，截至2012年12月31日，浙能电力的财务会计状况良好，能够支付到期债务，不存在尚未了结的或可预见的重大诉讼、仲裁及行政处罚等可能导致浙能电力解散并清算的情形，浙能电力不存在持续经营方面的法律障碍。

基于上述，本所经办律师认为，浙能电力不存在持续经营的法律障碍。

十、关联交易及同业竞争

（一）关联方

根据《审计报告》、《报告书》及浙能电力提供的文件资料和说明，截至2012年12月31日浙能电力的关联方主要包括：

1. 浙能电力的控股股东、实际控制人及持有其5%以上股份的股东

浙能电力的控股股东为浙能集团。截至2012年12月31日，浙能集团持有浙能电力731,500万股股份（占浙能电力股份总数的91.0580%），并通过其全资子公司兴源投资持有浙能电力38,500万股股份（占浙能电力股份总数的4.7925%）。除此之外，浙能电力其余3名股东的持股比例均低于5%。浙江省国资委通过浙能集团及兴源投资间接持有浙能电力95.8505%股份，系浙能电力的实际控制人。浙能集团的具体情况详见本法律意见书第七（五）部分“浙能电力的现时股东”第1项所述。

2. 浙能电力控股子公司

根据《审计报告》、浙能电力提供的相关文件资料及说明，截至2012年12月31日，浙能电力拥有36家控股子公司，具体情况详见本法律意见书第十一（一）部分“合并方的主要财产”第8项所述。

3. 浙能电力的合营和联营企业

根据《审计报告》、浙能电力提供的相关文件资料及说明，截至2012年12月31日，浙能电力的合营和联营企业如下：

序号	关联方名称	与浙能电力关系
1	淮浙煤电	合营企业
2	杭州华电半山发电有限公司	联营企业
3	国电浙江北仑第一发电有限公司	联营企业
4	浙江温州特鲁莱发电有限责任公司	联营企业
5	神华国华（舟山）发电有限责任公司	联营企业
6	温州燃机发电有限公司	联营企业
7	浙江国华浙能发电有限公司	联营企业
8	核电秦山联营有限公司	联营企业
9	三门核电有限公司	联营企业
10	浙江大唐乌沙山发电有限责任公司	联营企业
11	国电浙江北仑第三发电有限公司	联营企业
12	安徽兴皖矿业有限公司	联营企业
13	浙江浙能煤运投资有限责任公司	联营企业
14	浙江浙能北海水力发电有限公司	联营企业

续表

序号	关联方名称	与浙能电力关系
15	浙江长兴捷通物流有限公司	联营企业
16	大同市南郊城区发煤站有限责任公司	联营企业
17	长兴远大能源服务有限公司	联营企业
18	香港兴源投资贸易有限公司	联营企业

4. 控股股东控制的其他企业

根据《审计报告》、浙能电力提供的相关文件资料及说明,截至2012年12月31日,除浙能电力外,浙能集团控制的其他企业情况请参见本法律意见书之附件二“浙能集团的其他二级控股子公司”。

5. 浙能电力的董事、监事和高级管理人员

浙能电力现任董事、监事和高级管理人员具体情况如下:

(1)浙能电力的董事

截至本法律意见书出具日,浙能电力共有9名董事,其中独立董事3名。发行人董事的具体情况如下:

序号	姓名	职务	身份证号码	住所
1	吴国潮	董事长	33060219560413××××	杭州市下城区中江花园
2	毛剑宏	董事	33020319640112××××	杭州市西湖区绿园紫竹苑
3	陈一勤	董事	33010419621001××××	杭州市江干区北景东苑
4	黄伟建	董事	33260119640701××××	杭州市江干区南肖埠景和苑
5	刘贺莹	董事	43010419660117××××	河北省秦皇岛市海港区仁合里
6	戚国水	职工董事	33260119570606××××	浙江省平湖市乍浦镇嘉电新村
7	姚先国	独立董事	33010619530213××××	杭州市西湖区求是村
8	汪祥耀	独立董事	33010619570722××××	杭州市西湖区翠苑新村四区
9	陈锦梅	独立董事	33010219520628××××	杭州市上城区定安苑

(2)浙能电力的监事

截至本法律意见书出具日,浙能电力共有3名监事,其中职工监事1名。发行人监事的具体情况如下:

序号	姓名	职务	身份证号码	住所
1	王莉娜	监事会主席	33010619621220××××	杭州市西湖区文三路233号欣园居
2	马绍晶	监事	51010619750316××××	上海市闵行区金汇南路301弄
3	虞国平	职工监事	33010619651024××××	宁波市镇海区蛟川街道发电厂家属区

(3)浙能电力的高级管理人员

截至本法律意见书出具日,浙能电力共有3名高级管理人员,具体情况如下:

序号	姓名	职务	身份证号码	住所
1	毛剑宏	总经理	33020319640112××××	杭州市西湖区绿园紫竹苑
2	曹路	副总经理、董事会秘书、财务负责人	33010619651105××××	杭州市下城区中山北园
3	金利勤	副总经理	33052319601024××××	浙江省湖州市吴兴区龙泉街道白鱼潭小区

6. 浙能电力董事、监事、高级管理人员的关系密切家庭成员

根据浙能电力董事、监事、高级管理人员的说明,并经本所经办律师核查,所述人员的关系密切家庭成员包括其配偶、父母、配偶的父母、兄弟姐妹及其配偶、年满18周岁的子女及其配偶、配偶的兄弟姐妹和子女配偶的父母。

7. 浙能电力董事、监事、高级管理人员及其关系密切的家庭成员控制、共同控制或施加重大影响的其他企业

根据浙能电力董事、监事和高级管理人员的说明,截至本法律意见书出具日,浙能电力董

事、监事和高级管理人员及其关系密切的家庭成员不存在其控制、共同控制或施加重大影响的、对浙能电力有重大影响的企业。

（二）重大关联交易

根据《审计报告》、《报告书》、浙能电力提供的相关文件资料及说明，并经本所经办律师核查，浙能电力报告期内关联交易情况如下：

1. 经常性关联交易

（1）采购商品和接受劳务

关联方	关联交易内容	定价方式	2012年度		2011年度		2010年度	
			金额（元）	占同类交易比例（%）	金额（元）	占同类交易比例（%）	金额（元）	占同类交易比例（%）
浙江省天然气开发有限公司	天然气	政府定价	2,221,451,193.62	99.87	1,960,761,388.42	100	1,063,855,181.51	100
浙江天虹物资贸易有限公司	设备、物资、材料款、仓储管理、代理采购	协议价	395,355,599.63	10.82	601,014,329.41	7.79	699,268,690.53	22.40
大同市南郊城区发煤站有限责任公司	燃煤	协议价	326,156,247.77	1.24	450,986,691.74	1.71	256,925,131.46	1.27
浙江天地环保工程有限公司	工程施工	招投标价	502,742,488.74	13.76	427,412,172.94	5.54	361,228,722.91	11.57
浙江富兴海运有限公司	煤炭运输服务	协议价	404,529,447.99	14.48	384,608,089.79	13.04	388,602,457.80	15.33
浙江天澜贸易有限公司	燃油	协议价	30,313,417.11	0.12	312,148,013.57	1.18	117,731,303.92	0.58
国电浙江北仑第一发电有限公司	委托运行维护费及考核费、水费、维修材料费	协议价	169,145,369.32	4.63	184,327,519.57	2.39	141,727,960.19	4.54
繁昌县荣华石灰石矿有限公司	石灰石	协议价	54,674,985.78	1.50	97,410,732.48	1.26	66,520,871.62	2.13
浙江省电力建设有限公司	工程施工、监理	招投标价	129,825,090.40	3.55	96,395,293.60	1.25	52,443,911.00	1.68
上海国能物流有限公司	设备、物资、材料款、运输、咨询	协议价	26,989,973.50	0.74	90,418,593.21	1.17	5,296,907.21	0.17
浙江富兴	燃油、燃煤	协议价	40,359,975.32	0.15	85,792,153.70	0.33	47,276,092.46	0.23
浙江东发环保工程有限公司	设备、工程物资、材料款、废水处理	招投标价	64,258,707.46	1.76	57,842,909.11	0.75	52,866,535.41	1.69

续表

关联方	关联交易内容	定价方式	2012年度		2011年度		2010年度	
			金额(元)	占同类交易比例(%)	金额(元)	占同类交易比例(%)	金额(元)	占同类交易比例(%)
浙江天工自信科技工程有限公司	设备、物资、材料款、工程施工、技术服务	协议价	35,551,442.07	0.97	49,848,380.85	0.65	22,703,474.67	0.73
浙江浙能石油新能源有限公司	燃油、材料款	协议价	32,098,918.97	0.88	46,335,064.48	0.60	129,978,847.08	4.16
宁波富兴电力燃料有限公司	燃煤	协议价			39,574,939.63	0.15	347,230,022.65	1.72
上海富兴电力燃料有限公司	燃煤	协议价					13,635,563.50	0.07
浙江长兴捷通物流有限公司	燃煤卸船、转驳、储煤管理服务费	协议价	24,599,263.50	0.88	36,820,000.00	1.25	24,324,360.00	0.96
浙江浙能能源技术有限公司	技术监督、开发及咨询服务	协议价	32,438,115.50	0.89	25,478,043.00	0.33	10,395,350.00	0.33
浙江天达环保股份有限公司	脱硫剂加工	协议价	27,245,684.31	0.75	24,074,198.35	0.31	24,453,885.8	0.78
宁波越华能源检测有限公司	燃煤检测	协议价	22,216,441.70	0.61				
温州燃机发电有限公司	替代发电	政府定价	13,555,255.35	0.37	20,948,089.00	0.27		
兰溪天达环保建材有限公司	脱硫剂加工	协议价	9,857,522.55	0.27	12,078,857.32	0.16	13,827,338.98	0.44
台州天达环保建材有限公司	脱硫剂加工	协议价	6,766,282.59	0.19	7,375,662.68	0.10	8,210,070.80	0.26
长兴天达环保建材有限公司	脱硫剂加工	协议价	6,949,992.82	0.19	6,992,572.70	0.09		
宁波市镇海天达环保建材有限公司	脱硫剂加工	协议价	5,572,515.00	0.15	6,853,982.31	0.09	8,319,445.00	0.27
浙江浙电设备监理有限公司	监理	招投标价	6,732,947.62	0.18	3,102,000.00	0.04		

续表

关联方	关联交易内容	定价方式	2012年度		2011年度		2010年度	
			金额(元)	占同类交易比例(%)	金额(元)	占同类交易比例(%)	金额(元)	占同类交易比例(%)
浙江天音管理咨询有限公司	招投标代理	协议价			527,535.00	0.01		
浙江浙能节能科技有限公司	物资	协议价	1,733,464.11	0.05	205,128.21	0.00		
浙江浙能催化剂技术有限公司	催化剂	协议价	13,674,964.10	0.37				
宁波海运股份有限公司	运输服务	协议价	302,320,690.22	10.82				
宁波江海运输有限公司	运输服务	协议价	56,172,626.73	2.01				
浙能通利航运有限公司	运输服务	协议价	25,740,579.08	0.92				
香港兴源投资贸易有限公司	煤炭	协议价	40,567,623.01	0.15				
上虞市浙能汽运油品天然气有限公司	燃油	协议价	3,683,760.70	0.01				
浙江鸿程计算机系统有限公司	软件维护	协议价	25,000.00	0.00	271,500.00	0.00		
宁波文昌大酒店有限责任公司	会务	协议价	3465.10	0.00				

(2)出售商品和提供劳务

关联方	关联交易内容	定价方式	2012年度		2011年度		2010年度	
			金额(元)	占同类交易比例(%)	金额(元)	占同类交易比例(%)	金额(元)	占同类交易比例(%)
浙江温州特鲁莱发电有限责任公司	燃煤、检修、运行维护、替代发电	协议价	1,000,820,536.50	20.09	1,149,622,082.54	34.35	1,047,261,784.25	57.86
浙江国华浙能发电有限公司	替代发电	政府定价	137,254,829.10	0.33	85,290,341.88	0.22		

续表

关联方	关联交易内容	定价方式	2012 年度		2011 年度		2010 年度	
			金额(元)	占同类交易比例(%)	金额(元)	占同类交易比例(%)	金额(元)	占同类交易比例(%)
国电浙江北仑第三发电有限公司	替代发电	政府定价	14,495,785.47	0.04			67,572,649.57	0.20
黄岩热电	燃煤	协议价	50,001,763.51	1.00	44,605,543.62	1.33		
浙江富兴	燃煤	协议价			34,654,543.74	1.04		
浙江长兴捷通物流有限公司	燃煤	协议价	57,964,138.44	1.16	26,619,825.19	0.80	10,892,731.32	0.60
淮浙煤电	工程施工	协议价	25,635,383.55	8.31	25,723,392.46	8.23	27,443,228.31	7.80
浙江天达环保股份有限公司	粉煤灰	协议价	18,528,642.17	6.00	7,934,373.04	2.54	3,267,795.45	0.93
兰溪天达环保建材有限公司	粉煤灰	协议价	15,797,598.33	5.12	3,375,197.31	1.08		
台州天达环保建材有限公司	供热、粉煤灰	协议价	5,076,828.41	1.65	3,289,558.81	1.05	1,348,512.53	0.38
长兴天达环保建材有限公司	供热、粉煤灰	协议价	3,174,451.30	1.03	2,385,106.22	0.76	2,204,742.83	0.63
浙江东发环保工程有限公司	运行维护	协议价	1,907,000.00	0.62	1,723,850.80	0.55	3,801,020.51	1.08
浙江天地环保工程有限公司	脱硫设备维修检测	协议价	1,250,000.00	0.41	1,250,000.00	0.40	1,110,000.00	0.32
洞头风电	检修	协议价	1,490,318.13	0.48	1,163,875.33	0.37	1,246,893.13	0.35
宁波市镇海天达环保建材有限公司	粉煤灰	协议价	1,935,984.99	0.63	1,095,284.77	0.35		
绍兴天达环保建材有限公司	粉煤灰、工程施工	协议价	1,101,042.93	0.36	915,169.67	0.29		
温州燃机发电有限公司	工程施工	协议价	22,239,829.04	0.07				
宁波北仑力远天达环保材料有限公司	粉煤灰	协议价	3,541,538.46	1.15				

续表

关联方	关联交易内容	定价方式	2012 年度		2011 年度		2010 年度	
			金额（元）	占同类交易比例(%)	金额（元）	占同类交易比例(%)	金额（元）	占同类交易比例(%)
浙江浙能天然气运行有限公司	工程施工	协议价	327,220.00	0.11	242,900.00	0.08		
浙江逸欣天然气有限公司	照明安装服务	协议价			103,760.00	0.03		
浙江天虹物资贸易有限公司	工程施工	协议价			32,820.51	0.01		
浙江富兴海运有限公司	物资	协议价					11,500.00	0.00

(3)房产及土地租赁

根据《审计报告》、《报告书》、浙能电力提供的相关文件资料及说明，并经本所经办律师核查，近三年内，浙能电力及其子公司与关联方之间发生的房产及土地租赁情况如下：

出租方	承租方	租赁资产情况	租赁起始日	租赁终止日	租赁价格确定依据	年度租赁费用（万元）
浙能电力	浙江天虹物资贸易有限公司	新世纪大厦 26、27 层，21 层 G 室，3 号一幢 18 号车库	2009.01.01	2012.10.31	协议价	82.00
浙能电力	兴源投资	华浙广场 1 号 11 楼 A、B、B1、G、H、I 共 6 室	2009.01.01	2014.12.31	协议价	87.00
浙能电力	兴源投资	艮山福居 8 幢 2 单元 202 室、1702 室和 9 幢 1 单元 1702 室、2 单元 1701 室共四套单身公寓	2009.01.01	2014.12.31	协议价	17.00
浙能电力	财务公司	华浙广场 1 号 9 楼 A－I 室共 9 室	2009.01.01	2014.12.31	协议价	160.00
东南发电	浙能集团	延安路 528 号标力大厦 22－23 层	2006.06.01	2020.05.31	协议价	150.00
台州电厂	浙江东发环保工程有限公司	废水处理设备及厂区土地	2010.01	2012.12	协议价	67.62
浙江浙能北仑发电有限公司	浙江天虹物资贸易有限公司	公元大厦北楼 1601 室	2011.06.08	2012.06.07	协议价	100.56
浙江浙能北仑发电有限公司	兴源投资	公元大厦北楼 1601 室	2012.06.08	2014.06.07	协议价	100.56

续表

出租方	承租方	租赁资产情况	租赁起始日	租赁终止日	租赁价格确定依据	年度租赁费用（万元）
浙江长兴捷通物流有限公司	浙江浙能长兴发电有限公司	码头及码头煤场	2010. 01. 01	2010. 12. 31	协议价	902. 00
浙江长兴捷通物流有限公司	浙江浙能长兴发电有限公司	码头及码头煤场	2011. 01. 01	2012. 12. 31	协议价	988. 00
杭州浙能工程建设项目管理有限公司	浙能富兴	杭州市滨江区滨盛路 1751 号	2012. 01. 01	2018. 12. 31	协议价	338. 73
浙江富兴	浙能富兴	秦皇岛市海港区文化路 245 号 3 – 6 层办公室	2006. 01. 01	2016. 12. 31	协议价	138. 00
浙能集团	浙能电力	浙能大厦 2 楼西侧	2011. 12. 01	2014. 12. 31	协议价	30. 60
浙能集团	东南发电	浙能大厦 8 – 10 层	2006. 01. 01	2020. 05. 31	协议价	67. 62

2. 偶发性关联交易

(1)提供担保

担保人	债权人	债务人	担保金额(万元)	借款期限	担保类别	是否履行完毕
浙江浙能电力股份有限公司	国家开发银行	核电秦山联营有限公司③	7999. 06	1997. 05. 20 – 2018. 07. 31	保证	否
浙江浙能电力股份有限公司	中国工商银行浙江省分行	华东桐柏抽水蓄能发电有限责任公司④	7406. 00	2001. 12. 01 – 2016. 11. 30	保证	否

③ 根据浙能电力前身电开公司与国家开发银行于 2002 年签署的《国家开发银行人民币资金借款合同》(合同编号：3300100672002020010 号)之《保证合同》,浙能电力为其下属参股公司核电秦山联营有限公司提供保证担保,担保范围为借款人偿付主合同项下人民币 102,451 万元借款本金、利息、罚息、补偿金、违约金、损害赔偿金和实现债权的费用,保证期间为主合同项下每笔债务履行期届满之日(2014 年 12 月 20 日)起两年。该保证合同至借款人核电秦山联营有限公司在主合同项下的全部债务清偿之日终止。截至 2012 年 12 月 31 日,该项担保余额为 7999. 06 万元。

④ 根据浙能电力前身电开公司与中国工商银行浙江省分行于 2001 年签署的《桐柏抽水蓄能电站建设项目保证合同》(〔2001〕项信保字 001 号),浙能电力为浙能集团下属浙江桐柏抽水蓄能发电有限责任公司(现已更名为华东桐柏抽水蓄能发电有限责任公司)与中国工商银行浙江省分行所签署的借款合同〔2001〕项信字 001 号)提供保证担保,担保范围为借款合同项下借款 34,500 万元及相应的利息、复利、罚息、违约金、赔偿金、实现债权的费用(含律师费)和相关应付费用,保证期间为自 2016 年 12 月 1 日起两年,浙江桐柏抽水蓄能发电有限责任公司偿清其在借款合同项下全部债务后,浙能电力不再承担保证责任。截至 2012 年 12 月 31 日,该项担保余额为 7406. 00 万元。为妥善处理上述历史遗留事宜,浙能集团作出如下承诺:“(1)如浙能电力因前述保证合同而产生任何损失或支出任何费用,本公司同意将在第一时间以现金方式等额补偿浙能电力;(2)鉴于浙能电力已不再是桐柏公司股东,本公司已着手协调安排由桐柏公司现股东水电公司承继浙能电力在保证合同项下全部权利、义务;该等安排已在积极办理中且不存在实质法律障碍。”

（2）资金拆借

借入单位	借出单位	拆借金额（万元）	起始日	到期日	年利率（%）	备注
浙江浙能台州第二发电有限责任公司	浙能集团	6000	2012.03.07	2013.03.07	6.56	委托贷款
		13,000	2012.08.02	2013.08.02	6.00	
杭州浙能工程建设项目管理有限公司	浙能富兴⑤	200	2011.10.13	2012.10.12	6.56	
		1300	2011.10.13	2013.04.11	6.56	

（3）无形资产及固定资产转让

关联方	关联交易内容	定价方式	2012 年度		2011 年度		2010 年度	
			金额（元）	占同类交易比例（%）	金额（元）	占同类交易比例（%）	金额（元）	占同类交易比例（%）
浙江天达环保股份有限公司	转让土地使用权	参考浙江省国土资源厅浙土资函〔2010〕6号文规定的定价			13,237,138.00	100.00	4,607,965.12	68.71
长兴天达环保建材公司	转让土地使用权						1,386,630.00	20.68
宁波市镇海天达环保建材公司	转让土地使用权						711,500.00	10.61
国电浙江北仑第一发电有限公司	受让土地使用权	协议价			44,130,100.00	20.58		
浙江天达环保股份有限公司	转让设备	评估价					2,124,326.00	0.26
浙江长兴捷通物流有限公司	受让土地使用权	评估价	17,316,410.00	100.00				
浙江浙能石油新能源有限公司	转让油库资产及附属土地使用权	评估价	32,084,315.00	100.00				

⑤ 2011 年 10 月 13 日，浙能富兴与杭州浙能工程建设项目管理有限公司（“浙能工程”）、兴业银行杭州分行签署《委托贷款借款合同》，浙能富兴委托兴业银行杭州分行向浙能工程发放贷款合计 1,500 万元，年利率为 6.56%，借款期限为 2011 年 10 月 13 日至 2012 年 10 月 12 日（后展期至 2013 年 4 月 11 日），截至 2012 年 12 月 31 日，上述委托贷款余额为1,300 万元，浙能富兴已收到浙能工程支付的贷款利息合计 941,797.34 元。为妥善处理上述关联方资金拆借问题，浙能集团作出不可撤销之承诺如下：（1）本企业将采取一切必要之措施，督促浙能工程按照《委托贷款借款合同》的约定及时、足额向浙能富兴支付还款及相应利息；如浙能工程未按时归还上述款项及相应利息，本企业同意向浙能富兴全额补偿尚未归还的款项及相应利息；若因浙能工程未按时还款导致浙能电力或浙能富兴产生任何损失或支出任何额外费用，本企业同意以现金方式给予浙能电力或浙能富兴以等额补偿；（2）本企业保证不会再要求浙能电力以借款、代偿债务、代垫款项、预付投资款或者其他方式将资金、资产和资源直接或间接地提供给本企业及关联方使用，并保证不会互相代为承担成本和其他支出；（3）本企业及关联方发生违法占用浙能电力资金情形且给浙能电力造成损失的，本企业将对浙能电力造成的损失进行全额赔偿。

(4)股权转让

根据《审计报告》及浙能电力子公司浙能富兴于2012年12月19日与兴源投资签署的《股权转让协议》,浙能富兴将持有的浙江长兴捷通物流有限公司6%的股权以评估价898.10万元转让给兴源投资,该公司已于2012年12月24日办妥工商变更登记。

根据《审计报告》以及浙能电力与浙能集团于2012年12月14日签署的《关于淮浙煤电有限责任公司国有股权转让协议》,浙能电力按评估值收购浙能集团所持有的淮浙煤电50%股权。根据浙能电力提供的相关文件资料及说明,截至2012年12月31日,上述股权转让已完成工商变更登记。关于本次股权转让相关事宜,详见本法律意见书第十三(一)部分“发行人的重大资产变化及其收购兼并”第3项所述。

根据《审计报告》及浙能富兴于2011年12月31日与兴源投资签署的《增资扩股协议》,浙能富兴以截至2011年7月31日香港兴源投资贸易有限公司经评估的净资产为基准,对其增资2,706.84万美元,取得该公司40%股份。

根据《审计报告》及浙能集团与浙能电力子公司浙江浙能北仑发电有限公司、浙江浙能镇海发电有限责任公司、浙江浙能嘉兴发电有限公司、钱清发电签署的《股权转让协议》,浙能集团以公开挂牌价65,146,676.94元受让上述公司持有的浙江富兴17.06%股权,并于2010年4月23日办妥股权交割手续。

(5)资产划转

根据《审计报告》、《报告书》、发行人提供的相关文件资料及说明,并经本所经办律师核查,发行人在整体变更为股份有限公司前(时为电开有限)通过资产划转进行了资产整合及剥离。关于本次资产划转相关事宜,详见本法律意见书第十三(一)部分“发行人的重大资产变化及其收购兼并”第5项所述。

3. 资金管理及借贷

根据《审计报告》、《报告书》、浙能电力提供的相关文件资料及说明,报告期内,财务公司为浙能电力及其子公司提供金融服务,具体包括存款、贷款、资金结算等,具体情况如下:

(1)浙能电力及其子公司存放于财务公司款项余额

项目	2012.12.31	2011.12.31	2010.12.31
存放于财务公司款项余额	6,050,391,051.07	5,830,302,434.40	6,414,618,302.15
小计	6,050,391,051.07	5,830,302,434.40	6,414,618,302.15

(2)浙能电力及其子公司从财务公司取得的存款利息收入

项目	2012年度	2011年度	2010年度
从财务公司取得的存款利息收入	76,237,292.96	80,541,249.58	65,142,502.36
小计	76,237,292.96	80,541,249.58	65,142,502.36

(3)财务公司向浙能电力及其子公司发放贷款及委托贷款情况如下:

i. 截至2012年12月31日,财务公司向浙能电力下属子公司共计发放贷款1,280,700万元(其中财务公司信用借款308,000.00万元、质押借款245,000万元,能源集团委托贷款719,700万元,浙江省煤炭开发公司委托贷款8000.00万元);

ii. 截至2011年12月31日,财务公司向浙能电力下属子公司共计发放贷款1,409,454万元(其中财务公司信用借款224,000万元、质押借款245,000万元,能源集团委托贷款914,454万元,浙江浙能资产经营管理有限公司委托贷款8000万元,浙江省煤炭开发公司委托贷款7000万元,浙江浙能煤运投资有限责任公司委托贷款9000万元,温州燃机发电有限公司委托贷款2000万元);

iii. 截至2010年12月31日,财务公司向浙能电力下属子公司共计发放贷款1,331,646万元(其中财务公司信用借款281,000万元、质押借款195,000万元,能源集团委托贷款847,646万元,浙江浙能资产经营管理有限公司委托贷款8000万元)。

(4)浙能电力及其子公司向财务公司支付的贷款利息及向各委托方支付的委托贷款利息

支付对象	2012 年度	2011 年度	2010 年度
财务公司	320,307,302.90	250,172,398.37	231,025,369.75
能源集团	485,566,313.79	469,989,535.16	299,186,975.90
温州燃机发电有限公司	751,665.09	517,511.14	
浙江浙能资产经营管理有限公司	5,335,466.90	4,660,911.37	
浙江省煤炭开发公司	4,709,169.05	3,405,132.50	
浙江浙能煤运投资有限责任公司	2,031,300.00	3,743,347.50	3,345,300.00
小计	818,701,217.73	732,488,836.04	533,557,645.65

4. 关联方应收应付款项

根据《审计报告》、《报告书》、发行人提供的相关文件资料及说明，并经本所经办律师核查，发行人近三年与关联方发生的应收应付款项余额情况如下：

（1）应收关联方款项

单位名称	2012.12.31	2011.12.31	2010.12.31
	账面余额	账面余额	账面余额
应收账款			
浙江温州特鲁莱发电有限责任公司	40,193,409.79	59,301,587.09	24,957,482.00
黄岩热电⑥	74,289,002.06	50,309,396.00	50,309,396.00
浙江国华浙能发电有限公司	23,260,901.00		
温州燃机发电有限公司	7,305,280.00		
浙江天地环保工程有限公司		1,462,500.00	
淮浙煤电	7,710,959.00	7,885,777.00	6,061,206.67
浙江天达环保股份有限公司		175,701.60	
绍兴天达环保建材有限公司		136,455.04	
兰溪天达环保建材有限公司	526,348.18	599,071.14	
浙江东发环保工程有限公司	207,000.00		1,940,250.00
国电浙江北仑第一发电有限公司	126,362.00		
国电浙江北仑第三发电有限公司	2,174,300.00		
浙江富兴海运有限公司			3190.00
小计	155,793,562.03	119,870,487.87	83,271,524.67
预付款项			
上海国能物流有限公司		28,104,542.10	30,779,543.70
浙江天虹物资贸易有限公司	76,401,297.50	37,669,209.63	40,212,625.32
大同市南郊城区发煤站有限责任公司	40,362,500.00	14,101,042.28	
浙江东发环保工程有限公司	438,080.00		125,000.00
浙江省天然气开发有限公司		2,185,764.56	1,694,074.65

⑥ 2012 年末浙能电力应收账款余额中含应收黄岩热电 5 年以上供煤款 4596.38 万元，根据 2010 年 3 月 8 日《浙江省人民政府专题会议纪要》（〔2010〕10 号），浙能集团、黄岩经济开发总公司、黄岩区电力开发公司等黄岩热电股东对黄岩热电的债权应转为股权，因此上述 4596.38 万元应收账款作为单项金额虽不重大但单项计提坏账准备的应收款项已在以前年度单独进行减值测试并全额计提坏账准备。此外，2012 年年末浙能电力应收款余额中还含应收黄岩热电 1 年以内款项 2397.96万元、1－2 年款项 434.56 万元。2012 年年末，浙能电力对黄岩热电应收账款合计为 7428.90 万元，占全部应收账款余额的 1.45%。针对浙能电力上述应收款项，浙能集团作出不可撤销之承诺如下：

（1）本企业将采取一切必要之措施，督促并协调黄岩热电尽快按有关约定向浙能富兴支付上述应付款项；如黄岩热电自本次换股吸收合并完成之日起两年内，仍未能支付上述款项，本企业同意向浙能富兴全额补偿尚未支付的款项及相应利息。若因黄岩热电未按时支付导致浙能电力或浙能富兴产生任何损失或支出任何额外费用，本企业同意以现金方式给予浙能电力或浙能富兴以等额补偿；（2）本企业保证不会再要求浙能电力以借款、代偿债务、代垫款项、预付投资款或者其他方式将资金、资产和资源直接或间接地提供给本企业及关联方使用，并保证不会互相代为承担成本和其他支出；（3）本企业及关联方发生违法占用浙能电力资金情形且给浙能电力造成损失的，本企业将对浙能电力造成的损失进行全额赔偿。

续表

单位名称	2012.12.31	2011.12.31	2010.12.31
	账面余额	账面余额	账面余额
浙江浙电设备监理有限公司		797,700.00	
浙江天工自信科技工程有限公司	789,310.00	315,002.10	
小计	117,991,187.50	83,173,260.67	72,811,243.67
其他应收款			
浙江浙能工程建设项目管理有限公司	13,000,000.00	15,000,000.00	
兴源投资	8,981,031.03		
淮浙煤电	3,357,135.50	1,833,640.00	897,590.00
浙江天虹物资贸易有限公司		251,779.27	158,651.40
浙江温州特鲁莱发电有限责任公司	120,000.00	200,000.00	
浙江天音管理咨询有限公司			660,000.00
浙江东发环保工程有限公司			155,610.00
浙江天地环保工程有限公司	365,472.80		52,600.00
国电浙江北仑第一发电有限公司	450,000.00		
浙江国华浙能发电有限公司	98,629.00		
浙江浙能天然气运行有限公司	16,361.00		
小计	26,388,629.33	17,285,419.27	1,924,451.40
其他非流动资产			
浙江天地环保工程有限公司	125,234,608.71		88,328,208.00
浙江东发环保工程有限公司	29,784,162.80	7,446,040.70	2,471,320.20
浙江省电力建设有限公司	10,000,000.00	44,679,513.20	
小计	165,018,771.51	52,125,553.90	90,799,528.20

(2)应付关联方款项

单位名称	2012.12.31	2011.12.31	2010.12.31
应付账款			
浙江天地环保工程有限公司	180,559,647.28	96,301,981.04	45,962,328.07
浙江富兴海运有限公司	78,958,512.05	45,636,146.72	22,053,883.20
浙江省天然气开发有限公司	36,967,765.82	28,236,023.81	
浙江长兴捷通物流有限公司	17,316,410.00		
浙江浙能催化剂技术有限公司	15,999,708.00		
浙江天工自信科技工程有限公司	9,780,862.13	7,185,382.96	6,294,237.37
浙江富兴	689,200.00	5,423,200.00	5,445,699.99
浙江省电力建设有限公司	1,820,000.00	5,365,963.00	
兰溪天达环保建材有限公司		5,316,873.12	1,609,559.76
繁昌县荣华石灰石矿有限公司		3,663,643.81	3,500,990.84
浙江东发环保工程有限公司	4,599,616.95	2,046,229.79	15,085,623.39
浙江天虹物资贸易有限公司	91,225,007.78	2,007,529.94	19,161,093.92
浙江浙能能源技术有限公司	3,434,800.00	1,736,000.00	2,315,750.00
宁波市镇海天达环保建材有限公司		1,000,000.00	
长兴天达环保建材有限公司		567,814.80	
上海国能物流有限公司	376,882.40	376,882.40	426,083.40
浙江天达环保股份有限公司		343,839.95	637,021.71
浙江浙能石油新能源有限公司	1,402,933.99	248,465.55	12,829,076.60
浙江浙能节能科技有限公司	30,000.00	60,000.00	
温州燃机发电有限公司	1,947,614.76		
宁波海运股份有限公司	43,637,164.81		
小计	488,746,125.97	205,515,976.89	135,321,348.25
其他应付款			

续表

单位名称	2012.12.31	2011.12.31	2010.12.31
浙能集团	69,270,234.00		84,012,419.41
国电浙江北仑第一发电有限公司	20,385,746.65	51,664,129.73	34,988,922.29
浙江天地环保工程有限公司	21,936,104.00	21,078,167.00	46,271,911.00
浙江东发环保工程有限公司	8,632,084.57	7,992,445.40	4,352,496.00
浙江天工自信科技工程有限公司	1,765,392.60	3,619,648.25	8,906,133.20
浙江天虹物资贸易有限公司	39,870.00	2,680,560.74	3,643,112.73
浙江省电力建设有限公司	4,077,935.00		
上海国能物流有限公司		1,510,400.00	190,101.25
浙江浙能能源技术有限公司	1,788,226.42	1,008,000.00	
浙江天工科技工程有限公司		46,600.00	
浙江天达环保股份有限公司	2000.00	2000.00	
浙江浙能资产经营管理有限公司	284,560.50	2,646,667.45	
小计	128,182,153.74	92,248,618.57	182,365,095.88

（三）关联交易的公允性

根据《报告书》、《审计报告》、发行人的说明并经本所经办律师核查，上述关联交易的价格及条件合理，对于交易的一方是发行人股东的关联交易发行人已经采取必要措施对其他股东的利益进行保护，不存在损害发行人及其他股东利益的情况。

（四）关联交易决策制度

经本所经办律师核查，发行人在《公司章程》、《股东大会议事规则》、《董事会议事规则》、《独立董事工作制度》、《关联交易管理制度》、《对外担保管理制度》中，规定了关联股东、关联董事对关联交易的回避制度，明确了关联交易公允决策的权限和程序，主要包括：

1.《公司章程》的相关规定

（1）第38条规定：公司对股东、实际控制人及其关联人提供的担保须经股东大会审议通过。股东大会在审议为股东、实际控制人及其关联人提供的担保议案时，该股东或受该实际控制人支配的股东，不得参与该项表决，该项表决须经出席股东大会的其他股东所持表决权的过半数通过。

（2）第75条规定：股东大会审议有关关联交易事项时，关联股东不应当参与投票表决，其所代表的有表决权的股份数不计入有效表决总数。

（3）第106条规定：董事会应当确定关联交易的权限，建立严格的审查和决策程序。

（4）第113条规定：董事与董事会会议决议事项所涉及的企业有关联关系的，不得对该项决议行使表决权，也不得代理其他董事行使表决权。该董事会会议由过半数的无关联关系董事出席即可举行，董事会会议所作决议须经无关联关系董事过半数通过。出席董事会的无关联董事人数不足3人的，应将该事项提交股东大会审议。

2.《股东大会议事规则》的相关规定

（1）《股东大会议事规则》第5条规定：公司对股东、实际控制人及其关联人提供的担保须经股东大会审议通过。股东大会在审议为股东、实际控制人及其关联人提供的担保议案时，该股东或受该实际控制人支配的股东，不得参与该项表决，该项表决须经出席股东大会的其他股东所持表决权的过半数通过。

（2）《股东大会议事规则》第41条规定：股东大会审议有关关联交易事项时，关联股东不应当参与投票表决，其所代表的有表决权的股份数不计入有效表决总数；并相应规定了关联股东的回避和表决程序。

（3）第47条规定：股东大会对提案进行表决前，应当推举两名股东代表参加计票和监票。审议事项与股东有关联关系的，相关股东及代理人不得参加计票、监票。

3.《董事会议事规则》的相关规定

（1）第13条规定：在审议关联交易事项时，非关联董事不得委托关联董事代为出席；关联董事也不得接受非关联董事的委托。

（2）第20条规定：《公司章程》规定的因董事与会议提案所涉及的企业有关联关系而须回避的其他情形，董事应当对有关提案回避表决。

在董事回避表决的情况下,有关董事会会议由过半数的无关联关系董事出席即可举行,形成决议须经无关联关系董事过半数通过。出席会议的无关联关系董事人数不足三人的,不得对有关提案进行表决,而应当将该事项提交股东大会审议。

4.《独立董事工作制度》的相关规定

(1)第18条规定:依照法律、法规及《公司章程》须经董事会或股东大会审议的重大关联交易应由独立董事认可后,提交董事会讨论;独立董事作出判断前,可以聘请中介机构出具独立财务顾问报告,作为其判断的依据。

(2)第22条规定:独立董事需要就提交董事会或股东大会审议的关联交易向董事会或股东大会发表独立意见。针对公司的股东、实际控制人及其关联企业对公司现有或新发生的总额高于300万元或高于公司最近经审计净资产值的5%的借款或其他资金往来,以及公司是否采取有效措施回收欠款,独立董事也需要发表独立意见。

5.《关联交易管理制度》

该制度对关联方的认定、关联交易的认定、关联交易的定价原则、关联交易的决策权限、关联交易的信息披露等内容进行了具体的规定。

6.《对外担保管理制度》

(1)第12条规定,对股东、实际控制人及其关联方提供的担保必须经股东大会审议通过。

(2)第22条规定,股东大会在审议为股东、实际控制人及其关联人提供的担保议案时,该股东或受该实际控制人支配的股东,不得参与该项表决,该项表决须经出席股东大会的其他股东所持表决权的过半数通过。

(五)独立董事意见

针对公司报告期内发行人关联交易情况,发行人独立董事发表了如下意见:

报告期内,公司涉及关联交易的董事会、股东大会的召开程序、表决程序符合相关法律、法规及《公司章程》的规定;报告期内,相关董事会、股东大会在审议关联交易事项议案时,关联董事、股东均按照规定回避表决,会议履行了法定程序。

报告期内,公司与关联方之间发生的关联交易,遵循了平等、自愿、等价、有偿的原则,定价合理,关联交易公平、公正,不存在通过关联交易操纵公司利润的情形,不存在损害公司利益及股东利益之情形。

(六)关联交易预计变化情况及规范措施

为满足浙能电力生产经营发展的需要,根据对未来关联交易情况的预计,浙能电力分别与浙能集团、浙江省能源集团财务有限责任公司及国电浙江北仑第一发电有限公司等合营、联营企业签署了关联交易框架协议,具体情况如下:

序号	合同名称	合同对方	交易内容	定价原则	合同期限
1	《关联交易框架协议》	大同市南郊城区发煤站有限责任公司	销售燃煤	由双方顺序选择政府定价、政府指导价、市场价、成本价确定双方的关联交易价格:对于双方间的服务和交易,如果有政府定价的,适用政府定价;无政府定价但有政府指导价的,适用政府指导价;没有政府定价也无政府指导价的,适用市场价;无政府定价和政府指导价,且无可以参考的市场价的,适用成本价。采取成本价的,应以实际发生的材料成本、人工成本、管理费用、税金加上不超过25%的合理利润等综合因素确定。	2013.01.01 – 2015.12.31
2		淮浙煤电	委托运行		
3		黄岩热电	销售燃煤		
4		浙江温州特鲁莱发电有限责任公司	委托运行,销售燃煤		
5	《油气板块服务合作框架协议》	浙能集团天然气石油分公司	天然气销售,燃料油销售,柴油销售,润滑油、危化品销售,其他销售		
6	《能源服务合作框架协议》	浙能集团科技工程与服务产业分公司	物资销售,脱硫、脱硝工程,电煤装卸服务,粉煤灰销售,设备、场地租赁,燃料销售		

续表

序号	合同名称	合同对方	交易内容	定价原则	合同期限
7	《可再生能源板块服务合作框架协议》	浙能集团可再生能源分公司	委托运行，设备维修		
8	《煤炭板块服务合作框架协议》	浙能集团煤炭及运输分公司	销售燃油，货物运输		
9	《煤炭运输框架协议》	宁波海运股份有限公司	煤炭运输	价格根据不同航线结合航运市场的趋势以每一年度确定每条航线的基本价格，并根据运输成本的变化合理调整附加费用。	
10	《委托贷款协议》	浙能集团、浙江省能源集团财务有限责任公司	委托贷款	委托贷款利率由各方参照中国人民银行颁布的同期基准贷款利率及现行市况协商厘定，不高于同期基准贷款利率，且不高于乙方通过丙方向与甲方同等信用级别的其他客户发放委托贷款的同期利率。	2012. 01. 01 – 2014. 12. 31
11	《金融服务协议》	浙江省能源集团财务有限责任公司	存款业务，贷款业务，票据业务，担保业务，结算服务，财务顾问服务，其他金融服务	1. 存款利率由双方按照中国人民银行统一颁布的存款利率执行。 2. 贷款利率由双方参照中国人民银行颁布的同期基准贷款利率及现行市况协商厘定，不高于同期基准贷款利率，且不高于其他金融机构向甲方发放贷款的同期、同档贷款利率，同时也不高于乙方向与甲方同等信用级别的其他客户发放贷款的同期、同档贷款利率。 3. 贴现利率不高于同期同档银行贴现基准利率，且不高于其他金融机构同期给予甲方的贴现利率，同时也不高于乙方同期给予与甲方同等信用级别的其他客户的贴现利率。 4. 除存款、贷款及贴现外的其他各项金融服务，服务费用按双方约定的标准执行，收取的费用应不高于同期国内其他金融机构提供的同类服务费标准，同时也不高于乙方同期向其他公司开展同类业务的收费水平。	2012. 01. 01 – 2014. 12. 31

浙能集团作为浙能电力的控股股东，为减少及规范其与浙能电力之间的关联交易，保证可能发生的关联交易的公平性、公允性与合理性，作出承诺如下：

1. 本企业及关联方（以现行有效之《上海证券交易所股票上市规则》定义为准，下同）将尽量避免和减少与浙能电力之间的关联交易。

2. 浙能电力有权独立、自主地选择交易对方。对于无法避免或有合理原因而发生的关联交易，本企业及关联方将与浙能电力依法签署规范的关联交易协议，并按照有关法律、法规、规章、其他规范性文件和公司章程的规定履行批准程序；关联交易价格依照与无关联关系的独立第三方进行相同或相似交易时的价格确定，保证关联交易价格具有公允性；保证按照有关法律、法规和公司章程的规定履行关联交易的信息披露义务。

3. 对于无法避免或有合理原因而发生的关联交易，本企业及其他关联方将遵循市场公开、公平、公正的原则，并按如下定价原则与浙能电力进行交易：

（1）对于双方间的服务和交易，如果有政府定价的，适用政府定价；无政府定价但有政府指导价的，适用政府指导价；

（2）没有政府定价也无政府指导价的，适用市场价；

（3）无政府定价和政府指导价，且无可以参考的市场价的，适用成本价。采取成本价的，应以实际发生的材料成本、人工成本、管理费用、税金加上合理利润等综合因素确定。

4. 本企业保证不要求或接受浙能电力在任何一项市场公平交易中给予本企业的条件优于第三者给予的条件。

5. 本企业保证将依照浙能电力的公司章程参加股东大会,平等地行使相应权利,承担相应义务,不利用控股股东地位谋取不正当利益,不利用关联交易非法转移浙能电力的资金、利润,保证不损害浙能电力其他股东(特别是中小股东)的合法权益。本企业承诺在浙能电力股东大会对涉及本企业及本企业控制的其他企业的有关关联交易事项进行表决时,履行回避表决的义务。

6. 若违反上述声明和保证,本企业将对相关行为给浙能电力造成的损失向浙能电力进行赔偿。

(七)本次合并构成关联交易

根据《中华人民共和国公司法》以及《公司章程》等相关规定,本次换股吸收合并构成关联交易。

如本法律意见书第二(一)部分"本次合并已获得的批准和授权"所述,浙能电力第一届董事会第十四次会议及第十六次会议以及东南发电第六届董事会第十一次会议及第十二次会议已分别审议批准本次关联交易涉及的相关事宜;因本次合并属于关联交易,浙能电力及东南发电的关联董事均回避表决相关议案,也未代理非关联董事行使表决权,浙能电力及东南发电的独立董事均就上述议案进行了事前认可,并发表了独立意见。

(八)同业竞争

1. 发行人的主营业务

如本法律意见书第九部分"发行人的业务"所述,浙能电力目前主要从事火力发电业务,辅以提供热力等产品以及核电投资。

2. 浙能集团及其控制的其他企业的主要业务

截至本法律意见书出具日,浙能集团控制的其他企业的主要业务情况请参见本法律意见书第十(一)部分"关联方"第4项。

3. 同业竞争情况

根据《报告书》、浙能电力提供的相关文件资料及浙能集团说明,浙能集团及其控制的其他企业中,除水电公司、洞头风电、龙泉生物质发电、黄岩热电、浙江富兴、香港兴源及宁夏枣泉发电有限责任公司的经营范围与浙能电力现有业务存在类似之外,并不存在与浙能电力从事相同或类似业务情况,具体如下:

(1)可再生能源发电

根据浙能电力提供的相关文件资料及浙能集团说明,浙能集团下属企业中,水电公司、洞头风电、龙泉生物质发电主要从事可再生能源发电业务,其中,水电公司主营业务为水力发电、水利综合开发;洞头风电主营业务为风力发电;龙泉生物质发电主营业务为风力发电。在中国现行的电力监管体系和电网调度机制下,水电公司、洞头风电、龙泉生物质发电与浙能电力不构成实质性的同业竞争,不会对浙能电力及其他股东造成不利的影响。

i. 水电公司、洞头风电、龙泉生物质发电与浙能电力在电量销售方面不存在竞争关系

在中国现行电网调度机制下,发电企业所发电量主要销售给电网公司。水力发电、生物质发电、风力发电作为可再生能源,具有清洁、绿色的特质,受国家政策重点扶持,享有发电量优先调度、全额上网的权利。因此,水电公司、洞头风电、龙泉生物质发电与从事化石能源发电的浙能电力在电量销售方面不存在竞争关系。相关法律法规如下:

①《中华人民共和国可再生能源法》规定:"电网企业应当与依法取得行政许可或者报送备案的可再生能源发电企业签署并网协议,全额收购其电网覆盖范围内可再生能源并网发电项目的上网电量,并为可再生能源发电提供上网服务"。

②《节能发电调度办法(试行)》(发展改革委、环保总局、电监会、能源办)规定:"(五)各类发电机组按以下顺序确定序位:1. 无调节能力的风能、太阳能、海洋能、水能等可再生能源发电机组;2. 有调节能力的水能、生物质能、地热能等可再生能源发电机组和满足环保要求的垃圾发电机组;3. 核能发电机组;4. 按'以热定电'方式运行的燃煤热电联产机组,余热、余气、余压、煤矸石、洗中煤、煤层气等资源综合利用发电机组;5. 天然气、煤气化发电机组;6. 其他燃煤发电机组,包括未带热负荷的热电联产机组;7. 燃油发电机组。"

③《电网企业全额收购可再生能源电量监管办法》(电监会令第25号)规定:"电网企业全额收购其电网覆盖范围内可再生能源并网发电项目上网电量,可再生能源发电企业应当协助、配合"、"电力调度机构进行日计划方式安排和实时调度,除因不可抗力或者有危及电网安全稳定的情形外,不得限制可再生能源发电出力"。

ii. 水电公司、洞头风电、龙泉生物质发电与浙能电力在上网定价方面不存在竞争关系

在中国现行的电力监管体系下,上网电价直接受到政府监管,发电企业无法控制或改变上网电价的核定标准,因此,水电公司、洞头风电、龙泉生物质发电与浙能电力在产品销售价格方面不存在竞争关系。相关法律法规如下:

①《中华人民共和国电力法》和《上网电价管理暂行办法》规定,在电力销售过程中,发电企业的上网电价由以国家发改委为主的价格主管部门根据发电项目经济寿命周期,按照合理补偿成本、合理确定收益和依法计入税金的原则核定。通过政府招标确定上网电价的,按招标确定的电价执行。

②《中华人民共和国可再生能源法》规定:"可再生能源发电项目的上网电价,由国务院价格主管部门根据不同类型可再生能源发电的特点和不同地区的情况,按照有利于促进可再生能源开发利用和经济合理的原则确定,并根据可再生能源开发利用技术的发展适时调整"。

iii. 水电公司、洞头风电、龙泉生物质发电与浙能电力在主营业务方面存在较大差异,在电力销售以外的领域亦不存在竞争关系

虽然水电公司、洞头风电、龙泉生物质发电与浙能电力同属发电企业,但水电公司从事水力发电业务且兼具水利、防洪等社会职能,洞头风电从事风力发电业务,龙泉生物质发电从事生物质发电业务,与浙能电力所从事的火力发电业务在生产流程、发电源动力、装机容量、生产设备、人力资源等方面都存在较大差异。因此,除了在电力销售领域不存在竞争关系以外,水电公司、洞头风电、龙泉生物质发电与浙能电力在其他领域也不存在竞争关系。

综上所述,由于发电企业的上网电价和上网电量直接受到政府监管和电网公司的统一调度、管理,水电公司、洞头风电、龙泉生物质发电与浙能电力无法控制上网电量的制定,也无法控制或改变上网电价的核定标准。此外,水电公司、洞头风电、龙泉生物质发电与浙能电力生产的产品虽然相同,但在原材料和生产技术等方面却完全不同,在除电力销售以外的方面与浙能电力亦不存在竞争关系。因此,在现行的电力行业体制下,水电公司、洞头风电、龙泉生物质发电与浙能电力不会产生实质性的同业竞争,上述情形也不会对浙能电力及其他中小股东造成不利影响。

(2)黄岩热电

根据浙能电力提供的相关文件资料及浙能集团说明,浙能集团控制的其他企业中,黄岩热电的业务以供热为主,并采取以热定电的方式进行发电,所生产的蒸汽主要供应其周边的化工、罐头、印染、电镀等企业。黄岩热电与浙能电力不构成实质性的同业竞争,不会对浙能电力及其他股东造成不利的影响。具体原因如下:

黄岩热电"以热定电"的经营模式决定了其与浙能电力在主营业务方面存在较大差异。黄岩热电的生产运行并不以发电为主,发电机组的运行旨在保障供热生产的稳定、持续,是典型的"以热定电"企业,上网电量由供热量决定。而浙能电力及其下属发电企业以火力发电为主,不从事热力生产,热力是作为火力发电的副产品和衍生品存在。浙能电力主营业务为火力发电,虽然其下属子公司将火力发电生产的副产品蒸汽对外销售,但其目的在于提高企业整体运行效益,减少运行损耗。前述供热业务净资产、净利润占浙能电力净资产、净利润比例极低。因此,黄岩热电在主营业务方面与浙能电力不存在实质性同业竞争。

此外,黄岩热电供热区域为其周边黄岩经济开发区轻化投资区内供热管线覆盖的用汽企业。而浙能电力下属供热子公司与黄岩热电供热区域不重合、下游客户不重合。

2013年2月1日,浙江省经信委出具《浙江省经济和信息化委员会关于同意黄岩热电有限公司全厂关停的批复》(浙经信电力〔2013〕68号),为加快淘汰落后产能,原则同意黄岩热电全厂发电机组关停。

就黄岩热电关停事宜,浙能集团承诺:"为

避免未来可能存在的同业竞争对浙能电力的负面影响,自浙能电力发行的A股股票在上交所上市之日起三年内,浙能集团将完成关停黄岩热电发电机组的工作。如因未及时关停黄岩热电发电机组而给浙能电力造成实际经济损失的,浙能集团将给予全额补偿。”

(3)浙江富兴、香港兴源

根据浙能电力提供的相关文件资料及浙能集团说明,浙能集团控制的其他企业中,浙江富兴主要从事煤炭贸易业务,香港兴源经营范围为能源产业的投资、能源相关成套设备、机电产品、物资材料、煤炭的贸易与流通业务。浙江富兴和香港兴源从事煤炭贸易业务,但仅限于煤炭流通领域,都是贸易型企业,不从事任何发电业务。

而浙能电力下属专业化的煤炭采购子公司浙能富兴,主要负责浙能电力下属发电公司和重要参股公司的电煤采购、供应业务,担负着浙江省能源安全保障的重要职责,所采购的电煤基本上都供应给浙能电力及其重要参股公司作为燃煤发电的原材料。因此浙能富兴从事的煤炭采购和供应业务,只是浙能电力主营业务中的一个内部环节。浙能电力主要从事火力发电业务,辅以提供热力等产品以及核电投资。

综上所述,由于主营业务存在较大差异,浙江富兴、香港兴源与浙能电力在主营业务方面存在较大差异,因此不构成实质性的同业竞争,上述情形也不会对浙能电力和股东造成不利的影响。

此外,浙江富兴和香港兴源从事煤炭贸易业务,主要目的是在煤炭流通市场上以贸易方式赚取进销差价,其销售基本针对浙能电力以外的客户,对浙能电力不存在依赖关系。

(4)宁夏枣泉发电有限责任公司

根据浙能电力提供的相关文件资料及浙能集团说明,2013年2月4日,浙能集团从宁夏发电集团有限责任公司处协议受让了宁夏枣泉发电有限责任公司50%的股权。宁夏枣泉发电有限责任公司注册资本6000万元,本次股权转让后浙能集团与中电投宁夏青铜峡能源铝业集团有限公司分别持有其50%的股权。宁夏枣泉发电有限责任公司的经营范围为:从事火电厂开发建设,电力生产和销售,电力技术服务,电力生产的副产品经营及服务。目前该公司正在向国家能源局申请同意其开展枣泉电厂一期2×600MW工程项目的前期工作,所属电厂项目尚未开始建设。

鉴于宁夏枣泉发电有限责任公司所属的枣泉电厂一期2×600MW工程项目尚未取得国家有关部门对该项目的最终核准,还处在项目前期阶段,因此宁夏枣泉发电有限责任公司与浙能电力之间不构成实质性同业竞争。

基于上述,经本所经办律师查阅浙能电力提供的相关文件资料、与浙能电力控股股东相关管理人员的访谈等方式予以核查,本所经办律师认为,浙能集团控制的其他企业与浙能电力不存在实质性同业竞争的情况。

4. 控股股东关于避免同业竞争的承诺

浙能集团已出具避免同业竞争的承诺函,主要内容如下:

(1)本公司确定浙能电力作为本公司控制的火力发电业务的唯一整合平台。

(2)本公司承诺,本公司及本公司控制的其他企业(不包含浙能电力及其控制的企业,下同)现在或将来均不会在中国境内和境外,单独或与第三方,以任何形式直接或间接从事或参与任何与浙能电力及其控制的企业目前及今后进行的主营业务构成竞争或可能构成竞争的业务或活动;不会在中国境内和境外,以任何形式支持第三方直接或间接从事或参与任何与浙能电力及其控制的企业目前及今后进行的主营业务构成竞争或可能构成竞争的业务或活动;亦不会在中国境内和境外,以其他形式介入(不论直接或间接)任何与浙能电力及其控制的企业目前及今后进行的主营业务构成竞争或可能构成竞争的业务或活动。

本公司及本公司控制的其他企业出于投资目的而购买、持有与浙能电力及其控制的企业的主营业务构成或可能构成竞争的其他上市公司不超过5%的权益,或因其他公司债权债务重组原因使本公司及本公司控制的其他企业持有与浙能电力及其控制的企业的主营业务构成或可能构成竞争的其他公司不超过5%的权益的情形,不适用于本公司的上述承诺。

(3)本公司承诺,如果本公司及本公司控制的其他企业发现任何与浙能电力及其控制的企业主营业务构成或可能构成直接或间接竞争的新业务机会,应立即书面通知浙能电力及其控制的企业,并尽力促使该业务机会按合理和公平的条款和条件首先提供给浙能电力及其控制的企业。浙能电力及其控制的企业在收到该通知的30日内,有权以书面形式通知本公司及本公司控制的其他企业准许浙能电力及其控制的企业参与上述之业务机会,本公司及本公司控制的其他企业在收到该等通知后,应当无偿将该新业务机会提供给浙能电力及其控制的企业。仅在浙能电力及其控制的企业明确书面表示放弃该等新业务机会时,本公司及本公司控制的其他企业方可自行经营有关的新业务。

(4)本公司承诺,如浙能电力及其控制的企业放弃前述竞争性新业务机会且本公司及本公司控制的其他企业从事该等与浙能电力及其控制的企业主营业务构成或可能构成直接或间接相竞争的新业务时,本公司将给予浙能电力选择权,即在适用法律及有关证券交易所上市规则允许的前提下,浙能电力及其控制的企业有权随时一次性或多次向本公司及本公司控制的其他企业收购在上述竞争性业务中的任何股权、资产及其他权益,或由浙能电力及其控制的企业根据国家法律许可的方式选择采取委托经营、租赁或承包经营等方式拥有或控制本公司及本公司控制的其他企业在上述竞争性业务中的资产或业务。

如果第三方在同等条件下根据有关法律及相应的公司章程具有并且将要行使法定的优先购买权,则上述承诺将不适用,但在这种情况下,本公司及本公司控制的其他企业应尽最大努力促使该第三方放弃其法定的优先购买权。

(5)本公司承诺对本公司目前控制的与浙能电力及其控制的企业从事类似业务但不构成实质性同业竞争的其他企业的经营活动进行协调,以避免可能出现的同业竞争。在本公司作为浙能电力控股股东期间,如果本公司及本公司控制的其他企业与浙能电力及其控制的企业在经营活动中发生同业竞争,浙能电力有权要求本公司进行协调并通过浙能电力在合理时限内收购或本公司对外出售等适当措施加以解决。

(6)本公司承诺不利用控股股东的地位和对浙能电力的实际控制能力,损害浙能电力以及浙能电力其他股东的权益。

(7)自本承诺函出具日起,本公司承诺赔偿浙能电力因本公司违反本承诺函作任何承诺而遭受的一切实际损失、损害和开支。

基于上述,本所经办律师认为,在浙能集团前述承诺函妥善及适当履行基础上,前述避免同业竞争措施适当、有效。

(8)发行人对关联交易和解决同业竞争的承诺或措施的披露

经本所经办律师核查,浙能电力对上述关联交易情况及避免同业竞争事项已在《报告书》中予以充分披露,该等披露不存在重大遗漏或重大隐瞒。

十一、合并双方的主要财产

(一)合并方的主要财产

浙能电力及其控股子公司的主要财产情况如下:

1. 土地使用权

根据浙能电力及其控股子公司提供的《土地使用证》等相关资料及其书面确认,并经本所经办律师核查,截至本法律意见书出具日,浙能电力及其控股子公司拥有的土地使用权共计146宗、总面积为10,276,799.01平方米(详见本法律意见书之附件三“浙能电力及其控股子公司拥有的土地使用权”),除1宗正在办理出入手续的土地使用权外,浙能电力及其控股子公司就该等土地使用权均持有相应的《土地使用证》。

本所经办律师注意到,如本法律意见书第十三(一)部分“发行人的重大资产变化及收购兼并”第4项所述,浙能电力子公司钱清发电已经浙江省经信委批复同意关停并已与当地政府签署了关停补偿协议,关停后钱清发电的4宗土地使用权(面积合计为174,266平方米)将由当地政府收回,钱清发电将根据与当地政府签署的关停补偿协议获得相应补偿。

浙能电力及其控股子公司自有土地使用权的情况如下:

(1)浙能电力及其控股子公司通过出让方式取得的土地使用权共计134宗、面积共计9,790,424.67平方米,占浙能电力及其控股子公司拥有的土地使用权总面积的95.27%。

(2)浙能电力及其控股子公司通过划拨方式取得的土地使用权共计11宗、面积共计453,067.34平方米,占浙能电力及其控股子公司拥有的土地使用权总面积的 4.41%。

浙能电力及其控股子公司拥有的上述划拨土地使用权中，有 6 宗、面积共计 423,409.07 平方米的划拨土地正在办理划拨转出让手续，占浙能电力及其控股子公司拥有的土地使用权总面积的 4.12%。根据浙能电力的说明并经核查，本所经办律师认为，在与当地国土主管部门签署土地出让协议并足额缴纳土地出让金后，该等划拨土地办理出让不存在可合理预见的实质性法律障碍。

根据浙能电力提供的资料、书面确认并经本所经办律师核查，浙江浙能镇海联合发电有限公司、浙江浙能镇海燃气热电有限责任公司及浙江浙能镇海发电有限责任公司拥有的 4 宗划拨工业用地（面积合计 27,993.27 平方米，占浙能电力及其控股子公司拥有的土地使用权总面积的 0.27%）因当地土地利用总体规划发生变更而无法办理转出让手续，建于该等划拨土地上的 41 幢房屋（面积合计 38,804.87 平方米，占浙能电力及其控股子公司所拥有房屋总建筑面积的 3.05%）因此无法办理《房屋所有权证》。

为此，如本法律意见书第十一（一）部分"合并方的主要财产"第 3 项所述，浙能集团已就此出具了有关承诺函；同时，宁波市镇海区政府、宁波市镇海区规划局亦出具了相关说明："鉴于三家公司在前述 4 宗土地上建厂在先且建厂时符合当时城市总体规划的历史事实，同意三家公司继续按原划拨方式及规划用途使用前述 4 宗土地及其上所附 41 幢房屋及其他构筑物，亦不会因前述情形对三家公司给予任何处罚；三家公司可继续开展生产经营活动。镇海区当前之城市总体规划是一个中长期规划，短期内不会实施；如将来确有必要按新规划用途处置三家公司的前述 4 宗土地及其所附 41 幢房屋及其他构筑物，将会充分尊重历史事实，并考虑三家公司的生产经营需要，采取切实可行的措施保障三家公司权益"。

基于上述，本所经办律师认为，上述 4 宗因当地规划变更而无法办理出让手续的划拨土地及其上无法办理《房屋所有权证》的 41 幢房产，占合并完成后存续公司所拥有的土地、房产面积比例较小，且宁波市镇海区人民政府、宁波市规划局镇海分局及浙能集团已分别就此出具了说明和承诺，浙江浙能镇海联合发电有限公司、浙江浙能镇海燃气热电有限责任公司及浙江浙能镇海发电有限责任公司继续拥有并使用该等土地、房产不会对其生产经营产生重大不利影响，不会对本次合并构成实质性法律障碍。

（3）浙能电力下属子公司东电新疆阿克苏能源开发有限公司 1 宗面积为 33,307 平方米的土地使用权正在办理《土地使用证》，占合并完成后存续公司土地总面积的 0.32%。

根据浙能电力提供的资料、书面确认并经本所经办律师核查，截至本法律意见书出具日，浙能电力下属子公司东电新疆阿克苏能源开发有限公司已就 1 宗面积为 33,307 平方米的土地使用权与当地国土主管部门签署土地出让合同并缴纳了全部土地出让金，其办理取得该等出让土地的《土地使用证》不存在实质性法律障碍。

2. 自有房屋

根据浙能电力及其控股子公司提供的《房屋所有权证》等相关资料及其书面确认，并经本所经办律师核查，截至本法律意见书出具日，浙能电力及其控股子公司自有房屋共计 755 项，建筑面积共计 1,271,749.54 平方米（详见本法律意见书之附件四"浙能电力及其控股子公司拥有的房产"）。

本所经办律师注意到，如本法律意见书第十三（一）部分"发行人的重大资产变化及收购兼并"第 4 项所述，浙能电力子公司钱清发电已经浙江省经信委批复同意关停并已与当地政府签署了关停补偿协议，关停后钱清发电的土地使用权将由当地政府收回，该等土地上原有建筑物及其他附属设施（面积合计为 263,030 平方米）原则上将被拆除，钱清发电将根据与当地政府签署的关停补偿协议获得相应补偿。

（1）已取得《房屋所有权证》的房屋

截至本法律意见书出具日，浙能电力及其控股子公司已取得 646 项房屋的《房屋所有权证》，建筑面积共计 1,161,967.70 平方米，占浙能电力及其控股子公司所拥有房屋总建筑面积的 91.37%。

（2）尚未取得《房屋所有权证》的房屋

根据浙能电力提供的资料和书面确认并经本所经办律师核查，浙能电力及其控股子公司拥有的房屋中尚有 14 项、建筑面积共计 37,535.77

平方米的房屋（占浙能电力及其控股子公司所拥有房屋总建筑面积的2.95%）正在办理《房屋所有权证》。根据浙能电力的说明并经核查，本所经办律师认为该等房屋取得《房屋所有权证》不存在可合理预见的实质性法律障碍。

根据浙能电力提供的资料、书面确认并经本所经办律师核查，浙能电力及其控股子公司拥有的房屋中尚有95项、建筑面积共计72,246.07平方米的房屋（占浙能电力及其控股子公司所拥有房屋总建筑面积的5.68%）因所在土地规划变更或属于构筑物及临时建筑等原因，暂无法取得《房屋所有权证》。如本法律意见书第十一（一）部分"合并方的主要财产"第3项所述，针对该等未取得《房屋所有权证》的房屋，浙能集团已就此出具了有关承诺函。

基于上述，本所经办律师认为，该等尚未取得《房屋所有权证》的房产，不会对浙能电力及其控股子公司的生产经营活动产生重大不利影响，不会对本次合并造成实质性法律障碍。

3. 瑕疵物业规范措施

截至本法律意见书出具日，浙能电力及其控股子公司拥有的无法办理出让手续的土地使用权面积共计29,648.27平方米，占浙能电力及其控股子公司所拥有土地使用权总面积的0.29%；浙能电力及其控股子公司所拥有的尚无法取得《房屋所有权证》的房屋面积共计73,396.97平方米，占浙能电力及其控股子公司所拥有房屋总建筑面积的5.68%。

针对上述瑕疵物业，浙能电力出具说明："浙能电力及子公司目前可实际占有或合理使用相关物业，并没有因未取得或暂未取得相关的权属证明而受到重大不利影响，也不存在导致浙能电力重大损失以至于不符合本次合并条件的情形；就浙能电力及其控股子公司实际占有和使用该等土地、房屋的情形，不存在第三方就此主张权利或要求赔偿的情况，亦不存在相关政府主管部门限制、禁止其占有和使用该等物业或就此进行行政处罚的情形。浙能电力将积极解决目前不规范使用物业的行为：对于因手续不全造成瑕疵的物业，尽快补办相关手续，办理相关权属文件；对于无法通过补办手续获得相关权属文件的物业，论证寻找相应地段的可替代的合法合规的经营场所，在稳健经营的同时，逐步更换目前使用的不规范物业。"

同时，浙能电力控股股东浙能集团亦承诺：

"1. 如浙能电力及其下属公司因：(1)正在办理权属证书的土地、房产未能及时办理；或(2)无法办理相关土地、房产权属证书；或(3)其他土地、房产不规范情形，而造成浙能电力实际经济损失的，本企业将给予全额补偿。

2. 对浙能电力及其下属公司拥有的划拨土地使用权，本企业承诺：如因该等划拨土地使用权未能及时办理或无法办理划拨土地转出让手续，而造成浙能电力及其下属公司实际经济损失的，本企业将给予全额补偿。"

综上所述，本所经办律师认为，浙能电力及其控股股东浙能集团提出的承诺规范措施合理、适当，在该等措施得到严格执行的基础上，将有利于规范浙能电力及其控股子公司资产的独立及完整性，控制浙能电力及其控股子公司的经营风险和财务风险；结合该等瑕疵物业具体用途、对浙能电力开展业务的作用、价值、占浙能电力净资产比例、浙能电力及其控股股东浙能集团提出的承诺规范措施等因素，浙能电力及其控股子公司在物业拥有和使用方面存在的不规范情形不会对其持续经营构成重大不利影响，不会对本次合并构成实质性法律障碍。

4. 租赁房屋

截至本法律意见书出具日，浙能电力及其子公司租赁的主要房产情况如下：

序号	承租人	出租人	房屋坐落	建筑面积	租赁期限	租金标准
1	浙能电力	浙能集团	杭州市天目山路152号浙能大厦二楼西侧	340m^2	2011年12月1日至2014年12月31日	日租金人民币2.5元/m^2（月租金人民币25500元）
2	浙能电力	金家安、殷美英	西湖区黄龙世纪苑2幢2单元1005室	127m^2	2012年5月17日至2013年5月16日	月租金人民币6800元
3	浙江浙能富兴燃料有限公司	浙江富兴电力燃料有限公司	秦皇岛市海港区文化路245号3-6层办公室	2500m^2	2011年1月1日至2016年12月31日	138万元/年

续表

序号	承租人	出租人	房屋坐落	建筑面积	租赁期限	租金标准
4	浙江浙能富兴燃料有限公司	杭州浙能工程建设项目管理有限公司	杭州市滨江区滨盛路1751号浙能第二大厦二、十三、十四、十五、十六、十七、十八、十九层办公用房	7733.52m^2	2012年1月1日至2018年12月31日	1.2元/平方米/天,共计338.73万元/年
5	东南发电	浙能集团	浙能大厦8-10层	2850m^2	2006年6月1日至2020年5月31日	1,500,000元/年

根据发行人的说明并经本所经办律师核查,浙能电力及其子公司租赁的上述房产均已签署了租赁合同,合同签署后,对合同各方构成合法、有效并可强制执行的约束力。浙能电力及其子公司使用该等房屋的利益可依据该合同得到法律的保护。

5. 海域使用权

根据浙能电力及其控股子公司提供的《海域使用权证》等相关资料并经本所经办律师核查,截至本法律意见书出具日,浙能电力及其控股子公司拥有8项宗海面积共计290.5093公顷的海域使用权,具体情况如下:

序号	使用权人	证书号	发证机关	用海类型	用海面积(公顷)	有效期截止日
1	浙江浙能嘉兴发电有限公司	国海证2012D33048202396号	平湖市人民政府	一级类交通运输用海;二级类港口用海	21.89	2042.07.30
2	浙江浙能乐清发电有限责任公司	国海证083300145	乐清市人民政府	一级类工矿用海;二级类临海工业用海	156.8643	2015.05.19
3	浙江浙能中煤舟山有限责任公司	国海证073300209	舟山市普陀区人民政府	围海造地用海(临海工业建设填海)	47.82	至换发土地证之日止
4	浙江浙能温州发电有限公司	国海证020700383号	乐清市人民政府	海上交通(2万吨级码头、进排水口)	30.862	2014.12.30
5	台州电厂	国海证073300020号	台州市椒江区人民政府	工矿用海	3.103	2016.12.30
6	台州电厂	国海证073300019号	台州市椒江区人民政府	工矿用海	28.30	2016.12.30
7	台州电厂	国海证063300029号	台州市椒江区人民政府	工矿用海	0.79	2015.12.30
8	台州电厂	国海证063300063号	台州市椒江区人民政府	工矿用海	0.88	2015.12.30

6. 知识产权

(1)注册商标权

i. 浙能电力及其控股子公司拥有的注册商标权

根据浙能电力提供的《商标注册证》等文件资料及本所经办律师在中国商标网(http://sbcx.saic.gov.cn/trade/)查询的结果,截至2012年12月31日,浙能电力及其控股子公司共拥有8项注册商标,具体情况如下:

序号	注册证号	商标图样	权利人	核定使用商品类别	专用权期限
1	5478915	富兴	浙能富兴	12	2010.03.07－2020.03.06
2	5478916	富动	浙能富兴	4	2009.09.21－2019.09.20
3	3897180		嘉兴发电有限责任公司[注]	37	2007.02.21－2017.02.20
4	3897181			1	2006.12.07－2016.12.06
5	1960143	ZZPC	浙江浙能镇海发电有限责任公司	39	2012.12.14－2022.12.13
6	1221991		浙江东南发电股份有限公司	39	2008.11.07－2018.11.06
7	1615439	静悄悄	台州市联源热力有限公司	32	2011.08.07－2021.08.06
8	1647367			32	2011.10.07－2021.10.06

注：嘉兴发电有限责任公司现已更名为浙江浙能嘉兴发电有限公司，该等商标正在办理更名手续

ii. 他人许可使用的注册商标

根据浙能电力提供的其与浙能集团签署的《商标使用许可合同》，浙能集团将其拥有的5项注册商标（如下表所示），许可浙能电力及其下属企业无偿使用，许可使用期限自合同生效之日起至许可商标的有效期届满之日；若许可商标续展注册的，则自动延至续展注册后的有效期届满之日。截至本法律意见书出具日，该等许可商标正在办理备案手续。

序号	注册证号	商标图样	权利人	核定使用商品类别	专用权期限
1	5730625	ZHENENG	浙能集团	39	2010.01.07－2020.01.06
2	5730638			1	2009.11.28－2019.11.27
3	5730661			39	2009.11.28－2019.11.27
4	5731185	浙能		39	2009.11.28－2019.11.27
5	5731188	ZHENENG		1	2009.11.28－2019.11.27

针对上述许可商标,浙能集团作出承诺如下:

“1. 2013年1月15日,本企业与浙能电力签署了《商标使用许可合同》,根据该合同,本企业将注册号为5730625、5730638、5730661、5731185、5731188的商标在许可使用范围内无偿许可浙能电力及其下属企业使用。

2. 本企业保证将严格遵守与浙能电力签署的《商标使用许可合同》的约定,除本企业及其下属企业外,浙能电力及其下属企业为唯一有权在《商标使用许可合同》规定的商标使用许可范围内使用5730638号、5731188号注册商标的主体。

3. 在本企业作为浙能电力控股股东期间,本企业及其下属企业取得的与浙能电力主营业务相关的注册商标(如有),均应参照上述《商标使用许可合同》,在双方约定的商标使用许可范围内,无偿许可浙能电力使用。

4. 在本企业合法拥有许可商标的注册商标权期限内,本企业如欲转让许可商标或拥有的与浙能电力生产经营有关的其他注册商标,将征得浙能电力的同意,并且保证浙能电力有同等条件下的优先受让权。”

(2)专利权

i. 根据本所经办律师对专利证书、变更通知书等相关权利证明文件的核查及本所经办律师在中国知识产权局网站(http://www.sipo.gov.cn)查询的结果,截至2012年12月31日,浙能电力及其控股子公司已取得由中国知识产权局授予专利证书的专利共14项,其中发明2项,实用新型12项,并有6项专利为与他人共有,具体情况如下:

序号	名称	类别	专利号	权利人	申请日	授权公告日
1	一种带有充油率标示的液力偶合器	实用新型	ZL 2012 2 0078344.0	浙江浙能嘉兴发电有限公司	2012.03.05	2012.10.03
2	一种干渣输送装置	实用新型	ZL 2011 2 0500857.1	浙江浙能嘉兴发电有限公司	2011.12.06	2012.08.01
3	一种输灰阀门的阀板和阀座的阀门开关结构	实用新型	ZL 2011 2 0518589.6	浙江浙能嘉兴发电有限公司	2011.12.13	2012.08.29
4	一种用于汽轮发电机组主机冷油器的O型密封圈	实用新型	ZL 2012 2 0006784.5	浙江浙能嘉兴发电有限公司	2012.01.10	2012.09.05
5	用于污泥干化系统的湿式旋风除尘器	实用新型	ZL 2012 2 0005738.3	浙江浙能嘉兴发电有限公司	2012.01.09	2012.09.05
6	一种捞渣机上的导轮结构	实用新型	ZL 2011 2 0003751.0	浙江浙能嘉兴发电有限公司	2011.01.07	2011.09.28
7	用于脱硫吸收塔搅拌器减速箱的皮带轮结构	实用新型	ZL 2011 2 0103180.8	浙江浙能嘉兴发电有限公司	2011.04.11	2011.11.30
8	发电厂生产实时参数分类报警和识别辅助方法	发明	ZL 2008 1 0163519.6	浙江浙能嘉兴发电有限公 司	2008.12.29	2011.06.15
9	用于脱硫氧化风机的双控通风罩	实用新型	201120448090.2	上海圣丰环保设备有限公司、浙江浙能嘉兴发电有限公司	2011.11.14	2012.07.11
10	带氢汽轮机组中励磁机-联轴器隔声消音通风罩	实用新型	201020603422.5	上海圣丰环保设备有限公司、浙江嘉源电力工程有限公司	2010.11.11	2011.06.29

续表

序号	名称	类别	专利号	权利人	申请日	授权公告日
11	组合式汽轮机－高压水泵隔声消音通风罩	实用新型	201020569238.3	上海圣丰环保设备有限公司、浙江嘉源电力工程有限公司	2010.10.20	2011.06.01
12	外燃式富氧点火和超低负荷稳燃煤粉燃烧器	发明	200810162917.6	浙江大学、浙江浙能温州发电有限公司	2008.12.08	2010.07.14
13	海水淡化一级反渗透产水的缓蚀剂加药装置	实用新型	201220154739.4	浙江浙能乐清发电有限责任公司、武汉大学	2012.04.13	2012.11.21
14	一种处理发电机定冷水的微碱化三层离子交换床	实用新型	201220058416.5	浙江大学、浙江浙能乐清发电有限责任公司	2012.02.22	2012.11.21

ii. 根据本所经办律师对专利申请受理通知书等文件的核查及本所经办律师在中国知识产权局网站（http://www.sipo.gov.cn）查询的结果，截至2012年12月31日，浙能电力及其控股子公司正在申请的专利共计7项，其中发明6项，实用新型1项，具体情况如下：

序号	名称	类别	申请号	申请日	申请人
1	煤粉锅炉水冷壁烟气组分分布矩阵式检测装置及方法	发明	201210068455.8	2012.03.15	浙江大学;浙江浙能兰溪发电有限责任公司;浙江浙能乐清发电有限责任公司
2	一种带式输送机的托辊更换装置	发明	201210202377.6	2012.06.19	浙江浙能嘉兴发电有限公司
3	一种供机械检修用的拉马	发明	201210175264.1	2012.05.31	浙江浙能嘉兴发电有限公司
4	一种带氢汽轮机组中励磁机－联轴器隔声消音通风罩	发明	201010541079.0	2010.11.11	上海圣丰环保设备有限公司;浙江嘉源电力工程有限公司
5	一种组合式汽轮机－高压水泵隔声消音通风罩	发明	201010513387.2	2010.10.20	上海圣丰环保设备有限公司;浙江嘉源电力工程有限公司
6	一种新的给水泵汽轮机高压汽源控制方法	发明	201010132797.2	2010.03.26	浙江省电力试验研究院;浙江浙能乐清发电有限责任公司
7	带式输送机的托辊更换装置	实用新型	201220288194.6	2012.06.19	浙江浙能嘉兴发电有限公司

iii. 2013年2月5日，浙能电力与浙能集团、浙江省电力公司电力科学研究院、国家电网公司签署《专利权转让证明》，浙能集团将其所拥有的专利号为200910153856.1的发明专利共有权转让给浙能电力。根据发行人提供的相关文件资料及说明，截至本法律意见书出具日，上述专利共有权转让正在办理备案手续。经核查，本所经办律师认为，上述专利共有权转让并办理备案手续不存在实质性法律障碍。截至本法律意见书出具日，200910153856.1号专利的情况如下：

序号	名称	类别	专利号	权利人	申请日	授权公告日
1	一种大型汽轮机滑压优化的修正方法	发明	200910153856.1	浙江省电力试验研究院、浙能集团	2009.11.16	2013.01.09

7. 浙能电力拥有的主要生产经营设备

根据浙能电力说明及《审计报告》，并经本所经办律师的现场走访调查，截至2012年12月31日，浙能电力及其控股子公司拥有生产经营所需生产经营设备，具体包括通用设备、专用设备、运输工具及其他设备，账面价值分别为人民币1,204,764,980.86元、28,776,349,710.76元、202,245,313.10元、71,708,281.86元,合计人民币30,255,068,286.58元。根据浙能电力的说明并经本所经办律师核查,该等设备不存在重大的产权纠纷或潜在纠纷。

8. 对外投资

根据《审计报告》及浙能电力提供的文件资料,截至2012年12月31日,浙能电力的控股子公司共计36家,参股公司共计25家。相关基本情况如下:

(1)浙能电力的控股子公司

根据《审计报告》、浙能电力的说明并经本所经办律师核查,截至2012年12月31日,浙能电力控股子公司共计36家,具体情况详见本法律意见书之附件五“浙能电力的控股子公司”。

根据浙能电力提供的控股子公司《企业法人营业执照》、章程、工商档案等资料并经本所经办律师核查,浙能电力控股子公司均为依法设立并有效存续的有限责任公司,不存在根据相关法律、行政法规、规范性文件及《公司章程》规定的应当终止的情形。浙能电力直接或间接持有的其控股子公司股权均真实合法有效,不存在质押等权利受限制的情形。

(2)浙能电力参股公司

根据《审计报告》、浙能电力的说明并经本所经办律师核查,截至2012年12月31日,浙能电力参股公司共计25家,具体情况详见本法律意见书之附件六“浙能电力的参股公司”)。

根据浙能电力提供的参股公司《企业法人营业执照》、章程、工商档案等资料并经本所经办律师核查,浙能电力参股公司均为依法设立并有效存续的有限责任公司,不存在根据相关法律、行政法规、规范性文件及《公司章程》规定的应当终止的情形。浙能电力直接或间接持有的该等参股公司股权均真实合法有效,不存在质押等权利受限制的情形。

9. 重大的在建工程

根据《审计报告》及浙能电力的说明,并经本所经办律师核查,截至2012年12月31日,浙能电力及其子公司现主要有六横电厂工程、浙江浙能台州第二发电厂工程、浙能长兴天然气热电联产工程、浙能常山天然气热电联产工程及浙能宁波镇海动力中心天然气热电联产工程等在建工程,截至2012年12月31日,该等在建工程的账面价值为人民币3,120,399,102.66元。

(二)被合并方的主要财产

东南发电及其控股子公司的主要财产情况如下:

1. 土地使用权

根据东南发电及其控股子公司提供的《土地使用证》等相关资料、书面确认并经本所经办律师核查,截至本法律意见书出具日,东南发电及其控股子公司自有土地使用权共计45宗、总面积为2,207,696.13平方米(详见本法律意见书附件三“浙能电力及其控股子公司拥有的土地使用权”第102项至第146项),除1宗土地正在办理出让手续外,东南发电及其控股子公司就该等土地使用权持有相关《土地使用证》,其中:

(1)东南发电及其控股子公司通过出让取得共计43宗土地使用权、面积共计2,172,724.13平方米,占东南发电及其控股子公司拥有的土地使用权总面积的98.42%。

(2)东南发电及其控股子公司通过划拨取得共计1宗土地使用权、面积共计1,665平方米,占东南发电及其控股子公司拥有的土地使用权总面积的0.08%。

(3)如本法律意见书第十一(一)部分“合并方的主要财产”第1(3)项所述,截至本法律意见书出具日,东南发电子公司东电新疆阿克苏能源开发有限公司已就1宗面积为33,307平方米(占东南发电及其控股子公司拥有的土地使用权总面积的1.51%)的土地使用权与当地国土主管部门签署土地出让合同并缴纳了全部土地出让金,其办理取得该等出让土地的《土地使用证》不存在实质性法律障碍。

综上,本所经办律师认为,东南发电合法拥有上述国有土地使用权,本次合并方案获得所有有关部门批准后,东南电力拥有的土地使用权转移浙能电力不存在实质性法律障碍。

2. 自有房屋

根据东南发电及其控股子公司提供的《房屋所有权证》等相关资料、书面确认并经本所经办律师核查,截至本法律意见书出具日,东南发电及其控股子公司自有房屋共计366项,建筑面积共计369,430.84平方米(详见本法律意见书附件四“浙能电力及其控股子公司拥有的房产”第390项至第755项)。

(1)已取得《房屋所有权证》的房屋

截至本法律意见书出具日,东南发电及其控股子公司已取得363项房屋的《房屋所有权证》,建筑面积共计367,141.84平方米,占东南发电及其控股子公司所拥有房屋总建筑面积的99.38%。

(2)正在办理《房屋所有权证》的房屋

根据东南发电提供的资料、书面确认并经本所经办律师核查,东南发电控股子公司东电新疆阿克苏能源开发有限公司拥有的房屋中尚有3项、建筑面积共计2289.00平方米的房屋(占东南发电及其控股子公司所拥有房屋总建筑面积的0.62%)因其所在土地正在办理土地出让手续(具体参见本法律意见书第十一(一)部分“合并方的主要财产”第1(3)项),尚未取得《房屋所有权证》。根据东南发电的说明并经核查,本所经办律师认为,在东电新疆阿克苏能源开发有限公司依法办理完成上述土地出让手续后,该等房屋取得《房屋所有权证》不存在可合理预见的实质性法律障碍。

经东南发电确认并经本所经办律师核查,除东南发电控股子公司浙江长兴东南热力有限责任公司拥有的部分房产存在抵押外(参见本法律意见书之附件四“浙能电力及其控股子公司拥有的房产”),东南发电拥有的房产未设定任何第三方权益,亦未被司法查封或冻结。

本所经办律师认为,本次换股吸收合并完成后,浙能电力依法承继东南发电相关房屋所有权,该等房屋所有权转移至浙能电力不存在实质性法律障碍。

3. 租赁房屋

截至本法律意见书出具日,东南发电租赁的主要房产情况如下:

序号	承租人	出租人	房屋坐落	建筑面积	租赁期限	租金标准
1	东南发电	浙能集团	浙能大厦8-10层	2,850m^2	2006年6月1日至2020年5月31日	1,500,000元/年

东南发电已就本次合并事宜通知了其承租房屋的出租方,并已取得了出租方的书面同意。

本所经办律师经核查后认为,本次合并完成后,东南发电承租的该等房屋由浙能电力承租不存在实质性法律障碍。

4. 海域使用权

根据东南发电提供的《海域使用权证》等相关资料并经本所经办律师核查,截至本法律意见书出具日,东南发电下属之台州电厂拥有4项宗海面积共计33.073公顷的海域使用权,且均已取得《海域使用权证》,具体情况参见本法律意见书第十一(一)部分“合并方的主要财产”第5项。

5. 知识产权

(1)注册商标权

根据东南发电提供的《商标注册证》、商标申请受理通知书等相关文件资料及本所经办律师在中国商标网(http://sbcx.saic.gov.cn/trade/)查询的结果,截至2012年12月31日,东南发电及其控股子公司共拥有3项注册商标权,具体情况如下:

序号	注册证号	商标图样	权利人	核定使用商品类别	专用权期限
1	1221991		浙江东南发电股份有限公司	39	2008.11.07-2018.11.06
2	1615439	静悄悄	台州市联源热力有限公司	32	2011.08.07-2021.08.06
3	1647367		台州市联源热力有限公司	32	2011.10.07-2021.10.06

根据东南发电确认并经本所经办律师核查,东南发电已拥有的注册商标权不存在重大产权纠纷,未设定质权或其他任何第三方权益,亦未被司法查封或冻结。

本所经办律师认为,本次合并完成后,浙能电力承继东南发电注册商标的所有权及正在申请过程中的商标项下的权利不存在法律障碍。

(2)专利权

根据东南发电提供的资料并经本所经办律师在中国知识产权局网站(http://www.sipo.gov.cn)查询的结果,截至2012年12月31日,东南发电及其控股子公司不存在拥有或正在申请专利权的情形。

6. 东南发电拥有的主要生产经营设备

根据东南发电说明及东南发电《审计报告》,截至2012年12月31日,东南发电拥有生产经营所需生产经营设备,具体包括通用设备、专用设备、运输工具及其他设备,账面价值分别为人民币626,961,854.94元、5,335,729,718.02元、31,603,111.06元、11,695,527.07元,合计人民币6,005,990,211.09元。根据东南发电的说明并经本所经办律师核查,该等设备不存在重大的产权纠纷或潜在纠纷。

经东南发电确认并经本所经办律师核查,上述东南发电及其控股子公司拥有的主要生产经营设备权属清晰,未设定质押权或其他任何第三方权益,亦未被司法查封或冻结。

本所经办律师认为,本次合并完成后,浙能电力承继东南发电及其控股子公司上述主要生产经营设备不存在法律障碍。

7. 对外投资

根据东南发电《审计报告》及东南发电提供的文件资料,截至2012年12月31日,东南发电的控股子公司共计6家,参股公司共计10家。相关基本情况如下:

(1)东南发电的控股子公司

根据东南发电《审计报告》、东南发电的说明并经本所经办律师核查,截至2012年12月31日,东南发电控股子公司共计6家,分别为浙江浙能长兴发电有限公司、东电新疆阿克苏能源开发有限公司、台州市海天电力工程有限公司、台州市联源热力有限公司、浙江华隆电力工程有限公司、浙江长兴东南热力有限责任公司(具体情况详见本法律意见书之附件六“浙能电力的控股子公司”)。

(2)东南发电主要参股公司

根据东南发电《审计报告》、东南发电的说明并经本所经办律师核查,截至2012年12月31日,东南发电主要参股公司共计10家,分别为浙江浙能嘉华发电有限公司、浙江浙能北海水力发电有限公司、浙江浙能兰溪发电有限责任公司、浙江浙能台州第二发电有限责任公司、安徽兴皖矿业有限公司、浙江浙能运输贸易有限公司、浙江长兴捷通物流有限公司、长兴远大能源服务有限公司、浙江省创业投资集团有限公司、台州市凤凰山庄有限公司。

截至本法律意见书出具日,除浙江浙能嘉华发电有限公司外,东南发电已经取得其直接持股子公司其他股东的关于同意本次合并及放弃优先受让东南发电所持有的该等公司股权的确认函。

8. 重大的在建工程

根据东南发电《审计报告》及发行人的说明,并经本所经办律师核查,截至2012年12月31日,东南发电及其控股子公司现主要有新疆阿克苏热网工程等在建工程,截至2012年12月31日,该等在建工程的账面价值为人民币10,932,968.00元。

十二、发行人的重大债权、债务

根据浙能电力提供的相关文件资料及说明并经本所经办律师核查,截至2012年12月31日,除本法律意见书第十部分“关联交易和同业竞争”已披露的关联交易框架协议以外,浙能电力及其控股子公司正在履行的重大合同具体情况如下:

(一)重大合同

经本所经办律师核查,截至2012年12月31日,除本法律意见书第十部分“关联交易和同业竞争”已披露的关联交易框架协议以外,发行人正在履行或将履行的重大合同,主要包括购售电合同及并网协议、售汽/热合同、燃料采购合同、基建技改合同、设备采购合同、借款合同、委托贷款合同、对外担保合同及其他重大商务合同等。该等重大合同的具体情况见本法律意见书附件七“发行人重大合同”。

此外,根据发行人提供的资料、说明并经本所经办律师核查,就钱清发电关停事项,钱清发电、浙能电力分别与当地政府签署了《浙江浙能钱清发电有限责任公司机组关停补偿协议》、《浙江浙能钱清发电有限责任公司机组关停职工安置补偿协议》,目前该等协议尚在履行中，具体情况请参见本法律意见书第十三（一）部分“发行人的重大资产变化及收购兼并”第4项。

（二）侵权之债

根据发行人的说明并经本所经办律师核查，截至本法律意见书出具日，发行人不存在因环境保护、知识产权、产品质量、劳动安全、人身权等原因产生的侵权之债。

（三）与关联方之间的重大债权债务及担保

根据《审计报告》及本所经办律师核查，截至2012年12月31日，发行人与关联方之间存在的重大债权债务及担保情况，详细情况请见本法律意见书第九部分“关联交易及同业竞争”。

（四）金额较大的其他应收、应付款项

根据《审计报告》、本所经办律师核查及发行人的说明，截至2012年12月31日，发行人金额较大的其他应收、应付款均系正常的生产经营活动所发生，合法有效，不存在损害其他股东利益的情形。

基于上述，本所经办律师认为，浙能电力的重大债权债务关系合法、合规，不存在潜在的纠纷。

（五）本次合并涉及的债权债务的处置方案

根据《报告书》、《换股吸收合并协议》及合并双方的相关董事会会议决议等文件，本次浙能电力换股吸收合并东南发电后，浙能电力继续存续，东南发电将注销法人资格，双方所有未予偿还的债务、尚需履行的义务和/或责任在合并完成日后将由存续公司承担。

自合并完成日起，东南发电的全部资产、负债、业务、合同及其他一切权利与义务将由存续公司承继和承接。东南发电承诺其将采取一切行动或签署任何文件，或应浙能电力的要求（该要求不得被不合理地拒绝）采取一切行动或签署任何文件以使得前述资产、负债、业务、合同及其他一切权利与义务能够尽快过户和转移至浙能电力名下。

东南发电负责自《换股吸收合并协议》生效日起12个月内办理完成将相关资产、负债、业务、合同及其他一切权利与义务转移至浙能电力名下的相关手续，包括但不限于移交、过户、登记、备案。应东南发电的要求，浙能电力同意协助东南发电办理移交手续。如在《换股吸收合并协议》生效日起12个月内未能办理形式上的移交手续（如房地产、商标、专利等过户手续，对外投资权益的变更手续以及车辆过户手续等等），则该等资产的实质权利、权益、负债亦自合并完成日起归属于存续公司。

根据《报告书》、《换股吸收合并协议》、合并双方相关董事会会议决议等文件并经核查，本所经办律师认为，本次合并涉及的债权债务的处置方案，符合公司法等法律法规的规定；截至本法律意见书出具日，合并双方已着手按照债权债务的处置方案履行相关手续。

十三、发行人的重大资产变化及收购兼并

（一）发行人的重大资产变化及收购兼并

1. 合并、分立或减资

除本法律意见书所述的正在进行的本次合并之外，发行人自设立至本法律意见书出具日没有发生过其他合并、分立或减资的情形。

2. 增资扩股

发行人增资扩股的情况详见本法律意见书第八部分“发行人的股本及演变”。

经核查，本所经办律师认为，发行人设立至今的增资扩股符合当时的法律、法规和规范性文件的规定，并已履行必要的法律手续。

3. 收购浙能集团持有的淮浙煤电50%股权

经浙能电力2012年12月4日董事会会议及2012年12月19日股东大会会议审议批准，浙能电力向浙能集团收购其持有的淮浙煤电50%股权。浙能电力独立董事已就该关联交易事项发表了事前认可意见及独立意见。

2012年12月6日，浙江万邦资产评估有限公司出具的《资产评估报告》（浙万评报〔2012〕155号）载明，截至评估基准日（2012年6月30日），淮浙煤电经评估的净资产值为人民币2,869,302,233.01元。

2012年12月14日，浙能电力与浙能集团签署《国有股权转让协议》，约定按被收购股权所对应的经评估的净资产值扣除相关分红后的金额，确认本次股权转让的交易价格为1,254,488,513.16元。

2012年12月20日，淮浙煤电召开股东会，

同意股东浙能集团将其所持有的淮浙煤电50%股权全部转让予浙能电力,另一股东淮南矿业(集团)有限责任公司就本次股权转让承诺放弃优先购买权。

2012年12月24日,浙能集团出具《关于浙能集团所持淮浙煤电有限责任公司50%股权协议转让至浙能电力的通知》(浙能资〔2012〕792号),决定将浙能集团所持有的淮浙煤电50%股权以协议方式转让至浙能电力。

2012年12月28日,淮浙煤电就本次股权转让涉及的工商变更事宜办理完成了工商变更登记手续。

根据发行人的说明并经本所经办律师核查,发行人已根据《公司法》等相关法律法规的规定履行本次收购应履行的相关手续。

4. 钱清发电关停

2012年7月25日,钱清发电召开2012年第一次临时股东会,同意在绍兴县人民政府、绍兴县钱清镇人民政府同意进行补偿的前提下对公司1#、2#机组实施关停,具体关停时间以浙江省人民政府有关部门的批文为准;同意机组关停补偿方案并签署《浙江浙能钱清发电有限责任公司机组关停补偿协议》、同意职工安置补偿方案;在完成机组设备处置并收到全部补偿金后,同意公司土地使用权按相关程序规定移交当地政府。

2012年7月31日钱清发电(甲方)与绍兴县人民政府、绍兴县钱清镇人民政府(乙方)签署了《浙江浙能钱清发电有限责任公司机组关停补偿协议》,甲方同意关停其#1、#2发电机组,乙方同意向甲方以现金方式支付补偿金总计人民币27,500万元。乙方应于甲方第一台机组关停后十个工作日内支付补偿金4,000万元,于甲方第二台机组关停后十个工作日内支付补偿金4,000万元,于甲方机组设备、地上建(构)筑物(除原钱清镇政府大楼、大寺山岙建筑物外)全部拆除并经乙方验收认可后十个工作日内付清余款。钱清发电资产处置完成并在甲方收到全部补偿金后,钱清发电土地使用权由乙方收回。

2012年7月31日浙能电力(甲方)与绍兴县人民政府、绍兴县钱清镇人民政府(乙方)签署了《浙江浙能钱清发电有限责任公司机组关停职工安置补偿协议》,协议约定,甲方作为钱清发电的控股股东负责钱清发电关停完成后(暂定3年)现有职工的后续安置,乙方为此同意向甲方以现金方式支付人民币14,000万元,于甲方机组设备、地上建(构)筑物(除原钱清镇政府大楼、大寺山岙建筑物外)全部拆除并经乙方验收认可后十个工作日内一次性付清。

2012年11月28日,浙江省经济和信息化委员会出具《浙江省经济和信息化委员会关于同意浙江浙能钱清发电有限责任公司机组关停的批复》(浙经信电力〔2012〕722号),同意对钱清发电的两台发电机组实施分步关停,具体为2012年9月底前关停1#机组,2013年9月底前关停2#机组。

2012年12月,钱清发电完成了1#发电机组的关停;2013年1月,钱清发电收到了绍兴县钱清镇人民政府支付的第一笔机组关停补偿金人民币4,000万元。

综上,本所经办律师认为钱清发电的关停行为符合法律、行政法规和规范性文件的要求,并已履行了现阶段所必要的法律手续。

5. 资产划转

根据《审计报告》、发行人提供的相关资料、说明并经本所经办律师核查,发行人在整体变更为股份有限公司前(时为电开有限且由浙能集团独资)通过资产划转("本次资产划转")进行了资产整合及剥离。

本次资产划转的范围包括划入13项资产(自浙能集团划入10项股权资产、自兴源投资划入2项股权资产、自浙江富兴划入1项股权资产),划出8项资产(向浙能集团划出3项股权资产和应收款及利息资产、向水电公司划出5项股权资产)两部分,具体如下:

(1)划入资产

i. 电开有限自浙能集团划入的资产共计10项,具体如下:浙能集团持有的浙江浙能乐清发电有限责任公司51%股权、浙江浙能兰溪发电有限责任公司72%股权、浙江浙能绍兴滨海热电有限责任公司88%股权、国电浙江北仑第三发电有限公司40%股权、浙江大唐乌沙山发电有限责任公司35%股权、三门核电有限公司20%股权、浙江浙能长兴发电有限公司17.50%股权、中核辽宁核电有限公司10%股权、浙能富兴80%股权、浙江浙能中煤舟山煤电有限责任公司44.11%股权。

ii. 电开有限自兴源投资划入的资产共计2项，具体如下：兴源投资持有的浙能富兴15%股权及浙江浙能中煤舟山煤电责任有限公司8%股权。

iii. 电开有限自浙江富兴划入的资产1项，具体如下：浙江富兴持有的浙能富兴5%股权。

(2)划出资产

i. 电开有限向浙能集团划出的资产共计3项，具体如下：电开有限持有的兴源投资10%股权和"其他应收款－电网改造及电厂输出配套项目"1,513,032,299.78元及相应的"其他应付款－电网改造及电厂输出配套项目资金计提利息"117,014,848.20元。

ii. 电开有限向水电公司划出的资产共计5项，具体如下：电开有限持有的浙江华光潭水力发电有限公司90%股权、华东天荒坪抽水蓄能有限责任公司11.11%股权、浙江珊溪经济发展有限责任公司15.36%股权、华东桐柏抽水蓄能发电有限责任公司23%股权、浙江浙能北海水力发电有限公司65%股权。

(3)本次资产划转的程序

2011年4月12日，浙能集团作出股东决定，同意电开有限进行本次资产划转。

2011年6月7日，浙江省省属国有企业改革领导小组出具《关于省能源集团公司电力主业资产整体重组改制上市总体方案的批复》(浙企改发〔2011〕1号)(《上市总体方案批复》)，同意包括本次资产划转在内的电开有限重组改制上市方案。

2011年6月15日，浙江省国资委出具《关于同意浙江省电力开发有限公司改制上市涉及部分企业国有产权(资产)、负债无偿划转的批复》(浙国资产权〔2011〕31号)("《无偿划转批复》")，同意本次资产划转事项。

2012年3月15日，天健会计师事务所(特殊普通合伙)以2011年12月31日为审计基准日对发行人进行审计并出具了天健审〔2012〕1988号《审计报告》。根据该《审计报告》，本次资产划转后，发行人已经进行了相应账务调整。

截至本律师报告出具日，本次资产划转涉及的有关工商变更等手续已完成。

综上，本所经办律师认为，发行人设立至今的重大资产收购、及资产划转行为符合有关法律、法规和规范性文件的规定，并已履行必要的法律手续。

(二)发行人拟进行的重大资产置换、剥离、收购或出售

除本次换股吸收合并外，发行人目前无其他资产收购、资产置换、资产剥离、资产出售计划。

十四、发行人章程的制定与修改

(一)发行人章程的制定

2011年10月8日，浙能电力创立大会审议通过了其设立时的章程，并在工商机关备案。

2012年9月12日，浙能电力2012年第四次临时股东大会审议通过了《公司章程》，《公司章程》在浙能电力设立时章程的基础上，参照《章程指引》的主要规定，在公司治理、组织机构设置等方面，进行了进一步的完善。该章程已在工商机关备案，为发行人现行有效的章程。

2013年4月8日，发行人召开第一届董事会第十六次会议，该次董事会会议审议通过了《公司章程(草案)》，该《公司章程(草案)》系为本次合并之目的对《公司章程》进行修订而成，待股东大会审议通过后，将于本次发行的A股股票在上交所上市之日起生效。

(二)发行人(包括其前身电开有限)章程近三年来的修改

1. 2009年12月21日，浙能集团做出股东决定，通过《浙江省电力开发有限公司章程》。

2. 2011年6月20日，电开有限股东会审议通过了关于修改公司章程的决议，兴源投资通过股权划转而成为电开有限股东。

3. 2011年10月8日，浙能电力创立大会审议通过了其设立时的章程。

4. 2012年9月12日，浙能电力2012年第四次临时股东大会审议通过了《公司章程》，《公司章程》在浙能电力设立时章程的基础上，参照《章程指引》的主要规定，在公司治理、组织机构设置等方面，进行了进一步的完善。

5. 2012年12月5日，浙能电力2012年第六次临时股东大会审议通过了关于投资者入股后增加注册资本、变更股本结构以及变更经营范围的议案，对公司章程以章程修正案的形式进行了修订。

6. 2013 年 1 月 4 日,浙能电力 2013 年第一次临时度股东大会审议通过了关于增加董事会董事人数(董事会人数由八人增加至九人)及命名公司英文名称的议案并以章程修正案的形式对《公司章程》进行了修订。

7. 2013 年 4 月 8 日,发行人召开第一届董事会第十六次会议,该次董事会会议审议通过了《公司章程(草案)》,该《公司章程(草案)》系为本次合并之目的对《公司章程》进行修订而成,待股东大会审议通过后,将于本次发行的 A 股股票在上交所上市之日起生效。

经本所经办律师核查,发行人《公司章程》、《公司章程(草案)》的制定,以及公司章程近三年的修改均已履行了法定程序。

(三)发行人《公司章程》和《公司章程(草案)》的内容

经本所经办律师核查,《公司章程》和《公司章程(草案)》的内容均符合《公司法》第八十二条规定应载明的事项及其他法律、行政法规和规范性文件的规定。

(四)发行人《公司章程(草案)》根据有关上市公司章程的规定所作修订

经本所经办律师核查,发行人现行有效的《公司章程》依据《公司法》制定;《公司章程(草案)》系根据《公司法》、《章程指引》、《上海证券交易所股票上市规则(2012 年修订)》、《关于在上市公司中设立独立董事制度的指导意见》和《上市公司治理准则》等法律、行政法规和规范性文件的规定,对现行有效的《公司章程》修订而成;发行人《公司章程》近三年的修改已履行法定程序,内容符合现行法律、行政法规、规范性文件的规定。

十五、发行人股东大会、董事会、监事会议事规则及规范运作

(一)发行人的组织机构

经本所经办律师核查,发行人设置了股东大会、董事会、监事会、总经理、副总经理、财务负责人、董事会秘书等机构或职位;董事会由 9 名董事组成,包括 3 名独立董事,独立董事人数占全体董事人数的三分之一以上;董事会下设战略、审计及薪酬与考核委员会 3 个专门委员会,并设有董事会秘书,董事会秘书下设董事会办公室;监事会由 2 名股东代表监事和 1 名职工代表监事组成,职工代表监事占全体监事人数的三分之一以上。

基于上述,本所经办律师认为,发行人具有健全的组织机构。

(二)发行人的股东大会、董事会、监事会议事规则

1. 发行人股东大会、董事会、监事会议事规则的制定

2012 年 4 月 30 日,发行人 2012 年第二次临时股东大会审议通过了《股东大会议事规则》、《董事会议事规则》以及《监事会议事规则》。

2. 发行人股东大会、董事会、监事会议事规则的内容

发行人的《股东大会议事规则》对股东、股东的权利与义务,股东大会的职权、召开和议事程序等内容进行了明确的规定,以保障公司所有股东公平、合法地行使股东权利,并维护股东利益。

发行人的《董事会议事规则》对董事会相关职能机构、会议的议事范围、召集、召开、表决程序,以及董事会决议、董事会秘书、会议记录等内容作了规定,以确保董事会能高效运作和科学决策。

发行人的《监事会议事规则》对监事会的组成、职权、召集、召开、表决程序,以及监事会决议、会议记录等内容作了规定,以保障监事会能够独立有效地行使监督权。

经本所经办律师核查后认为,发行人具有健全的股东大会、董事会、监事会议事规则,该等议事规则符合相关法律、行政法规和规范性文件的规定。

(三)发行人的历次股东大会、董事会、监事会

根据浙能电力提供的相关文件资料并经本所经办律师核查,发行人自设立以来,共召开了 11 次股东大会、16 次董事会会议、8 次监事会会议。

根据发行人提供的上述各次会议的通知、会议决议、会议记录等法律文件,本所经办律师认为,发行人成立至今的股东大会、董事会、监事会的召开、决议的内容及签署合法、合规、真实、有效。

（四）股东大会或董事会历次授权或重大决策等行为

根据发行人股东大会、董事会会议决议、会议记录等文件资料并经核查，本所经办律师认为，发行人股东大会或董事会做出授权或重大决策，履行了《公司法》、《公司章程》、《股东大会议事规则》、《董事会议事规则》及公司其他内部规章制度所规定的决策程序，该等授权或重大决策行为合法、合规、真实、有效。

十六、发行人董事、监事和高级管理人员及其变化

（一）发行人董事、监事和高级管理人员的任职

发行人董事会现由9名董事组成，其中独立董事3名；监事会由3名监事组成，其中职工监事1名。浙能电力总经理为毛剑宏先生，副总经理为曹路先生、金利勤先生，财务总监、董事会秘书为曹路先生。发行人董事、监事和高级管理人员的具体情况详见本法律意见书第十（一）部分“关联方”第5项。

根据发行人董事、监事、高级管理人员的简历及说明并经核查，本所经办律师认为，除本法律意见书第六（三）部分“浙能电力的人员独立”所披露的毛剑宏先生目前存在的交叉任职及在控股股东领薪情形外，发行人现任董事、监事和高级管理人员的任职符合法律、法规、规范性文件以及《公司章程》的规定。

（二）发行人最近三年董事、监事及高级管理人员变化情况如下：

1. 董事变化情况

2009年12月21日，浙能集团做出股东决定，委派吴国潮先生、沈志云先生、蔡建平先生、童亚辉先生、毛剑宏先生为电开有限董事；同日，电开有限召开职工代表大会一致选举卢嘉三先生为职工董事。

2011年10月8日，浙能电力创立大会选举吴国潮先生、毛剑宏先生、陈一勤先生、黄伟建先生为第一届董事会董事；同日，浙能电力职工代表大会选举金利勤先生担任浙能电力第一届董事会职工董事。

2012年3月15日，浙能电力职工代表大会选举戚国水先生为第一届董事会职工董事，金利勤先生不再担任职工董事。

2012年9月12日，浙能电力2012年第四次临时股东大会增选姚先国先生、汪祥耀先生、陈锦梅女士为公司第一届董事会独立董事。

2013年1月4日，浙能电力2013年第一次临时股东大会增选刘贺莹先生为公司第一届董事会董事。

基于上述，本所经办律师认为，上述董事增加及更换等变化情形符合《公司法》、《公司章程》等有关规定并履行了必要的法律程序。

2. 监事变化情况

2009年12月21日，浙能集团做出股东决定，委派毛申良先生、陈明东先生为电开有限监事；同日，电开有限召开职工代表大会一致选举唐坚先生为职工监事。

2011年10月8日，浙能电力创立大会选举张谦先生、王莉娜女士为第一届监事会监事；同日，浙能电力职工代表大会选举顾振海先生担任浙能电力第一届监事会职工监事。

2013年1月4日，浙能电力2013年第一次临时股东大会同意张谦先生辞去公司监事职务，选举马绍晶先生为公司第一届监事会监事。

2013年3月12日，浙能电力召开职工大会，同意顾振海先生辞去职工监事职务，选举虞国平先生担任公司第一届监事会职工监事。

基于上述，本所经办律师认为，上述监事的增加及更换等变化情形符合《公司法》、《公司章程》等有关规定并履行了必要的法律程序。

3. 高级管理人员变化情况

2009年12月21日，电开有限第一届董事会第一次会议聘任张谦先生为公司总经理、曹路先生为公司副总经理。

2011年10月8日，浙能电力第一届董事会第一次会议，聘任毛剑宏先生为公司总经理，聘任曹路先生为公司副总经理。

2012年4月13日，浙能电力第一届董事会第六次会议，聘任曹路先生为公司董事会秘书、财务负责人，聘任金利勤先生为公司副总经理。

根据《公司章程》的规定，发行人的高级管理人员为总经理、副总经理、财务负责人及董事会秘书。

本所经办律师认为，上述高级管理人员的变化符合《公司法》、《公司章程》等有关规定，履行了必要的法律程序。

(三)发行人的独立董事

2012年9月12日发行人2012年第四次临时股东大会,选举姚先国先生、汪祥耀先生及陈锦梅女士等三人为发行人第一届董事会独立董事。本所经办律师认为,发行人独立董事的组成、人数符合《关于在上市公司建立独立董事制度的指导意见》、《公司法》及《公司章程》的规定。

根据发行人《公司章程》、《董事会议事规则》和独立董事任职声明,本所经办律师认为,发行人独立董事的任职资格符合《关于在上市公司建立独立董事制度的指导意见》、《公司法》及《公司章程》的规定。

发行人2012年第二次临时股东大会审议通过了《独立董事制度》,该制度规定了独立董事的职权。发行人《独立董事制度》所规定的独立董事职权范围符合《关于在上市公司建立独立董事制度的指导意见》、《公司法》等法律、行政法规、规范性文件及《公司章程》的规定。

十七、发行人的税务

(一)税务登记

发行人现持有浙江省国家税务局于2011年12月13日核发的编号为浙国税[直]字330000142912005的《税务登记证》和浙江省地方税务局于2001年9月3日核发的编号为330000142912005的《税务登记证》。

根据《审计报告》及发行人提供的纳税文件,经本所经办律师核查,发行人目前执行的主要税种、税率情况如下:

税种	税率	计税依据
增值税	17%、13%	销售货物或提供应税劳务
营业税	5%、3%	应纳税营业额
房产税	1.2%、12%	从价计征的,按房产原值一次减除30%后余值的1.2%计缴; 从租计征的,按租金收入的12%计缴
城市维护建设税	7%、5%	应缴流转税税额
教育费附加	3%	应缴流转税税额
地方教育附加	2%	应缴流转税税额
企业所得税	25%、24%、20%	应纳税所得额

经本所经办律师核查,发行人执行的税种、税率符合现行法律、行政法规和规范性文件的要求。

(二)发行人近三年享受的税收优惠和政府补助

1. 企业所得税优惠

发行人控股子公司浙江浙能镇海联合发电有限公司(系外商投资企业)2010年度和2011年度分别按20%和24%的税率计缴企业所得税。

经本所经办律师核查,浙江浙能镇海联合发电有限公司享受上述税收优惠政策符合《国务院关于实施企业所得税过渡优惠政策的通知》(国发〔2007〕39号)的规定。

2. 政府补助

根据《审计报告》并经本所经办律师核查,发行人(含其前身电开有限及分、子公司)在报告期内获得的较大金额政府补助情况如下:

(1)2012年度获得的较大金额政府补助如下:

补贴项目	补贴金额(元)	补贴依据文件
商贸流通业发展专项资金	143,910,000.00	[注]
烟气脱硫工程环境保护专项资金摊销	35,669,946.86	浙财建字〔2004〕182号文、浙财建字〔2005〕247号文、浙财建字〔2006〕254号文、浙财建字〔2007〕46号文、浙财建字〔2007〕232号文、浙财建字〔2009〕279号文、浙财建字〔2008〕247号文、浙财建字〔2010〕248号文等
其他专项资金摊销	1,770,087.32	
烟气脱硝工程环境保护专项资金摊销	7,062,845.88	浙财建〔2011〕329号文、浙财建字〔2010〕248号文
镇海发电厂3#灰库灰管政策处理费摊销	4,583,333.00	与宁波市镇海区区政府签署的《3#库灰管延伸项目实施协议书》

续表

补贴项目	补贴金额(元)	补贴依据文件
工业有效投入财政专项奖励资金	2,108,110.91	绍县财会〔2012〕250 号文
大型企业发展补助资金	6,650,000.00	甬财政工〔2012〕735 号文
长兴电厂省级环境保护专项资金	4,000,000.00	长财建〔2012〕36 号文
其他	12,596,136.89	杭财建〔2012〕919 号文、浙水保〔2011〕77 号文、兰财建〔2011〕127 号文、兰财建〔2011〕128 号文、金市财工〔2012〕349 号文、绍县财企〔2012〕177 号文、浙地税政〔2011〕1345 号文等
合计	218,350,460.86	—

注:根据宁波大榭开发区财政局《关于浙江浙能富兴燃料有限公司有关扶持资金的说明》,"为促进企业进一步发展,根据管委会有关扶持办法,经财政局和区经发局对该公司各项经营指标进行考核,根据该企业申请,2010 年对该公司予以商贸流通业发展专项资金 11,412 万元,2011 年对该公司予以商贸流通业发展专项资金 8103 万元,2012 年对该公司予以商贸流通业发展专项资金 14,391 万元"。

(2)2011 年度获得的较大金额政府补助如下:

补贴项目	补贴金额(元)	补贴依据文件
商贸流通业发展专项资金	81,030,000.00	[注]
烟气脱硫工程环境保护专项资金摊销	36,687,156.54	浙财建字〔2004〕182 号文、浙财建字〔2005〕247 号文、浙财建字〔2006〕254 号文、浙财建字〔2007〕46 号文、浙财建字〔2007〕232 号文、浙财建字〔2008〕247 号文、浙财建字〔2009〕279 号文、浙财建字〔2010〕248 号文等
镇海发电厂 3#灰库灰管政策处理费	9,166,666.67	与宁波市镇海区区政府签署的《3#库灰管延伸项目实施协议书》
工业转型升级(技术改造)财政转型资金	4,990,000.00	浙财企〔2010〕410 号文
脱硝减排项目补助	4,330,000.00	浙财企〔2011〕329 号文
其他	9,054,862.21	甬财政工〔2011〕813 号文、浙财企〔2011〕345 号文、台财经发〔2010〕27 号文、长财建〔2011〕59 号文、甬财政工〔2011〕1118 号文、台椒地税政〔2010〕18 号文等
合计	147,034,615.55	—

注:根据宁波大榭开发区财政局《关于浙江浙能富兴燃料有限公司有关扶持资金的说明》,"为促进企业进一步发展,根据管委会有关扶持办法,经财政局和区经发局对该公司各项经营指标进行考核,根据该企业申请,2010 年对该公司予以商贸流通业发展专项资金 11,412 万元,2011 年对该公司予以商贸流通业发展专项资金 8103 万元,2012 年对该公司予以商贸流通业发展专项资金 14,391 万元"。

(3)2010 年度获得的较重要政府补助如下:

补贴项目	补贴金额(元)	补贴依据文件
商贸流通业发展专项资金	114,120,000.00	[注]
烟气脱硫工程环境保护专项资金摊销	63,673,268.21	浙财建字〔2004〕182 号文、浙财建字〔2005〕247 号文、浙财建字〔2006〕254 号文、浙财建字〔2006〕247 号文、浙财建字〔2007〕46 号文、浙财建字〔2007〕232 号文、浙财建字〔2008〕247 号文、浙财建字〔2009〕279 号文、台财经发〔2007〕27 号文、台财经发〔2008〕19 号文等
其他	9,442,931.97	镇环〔2010〕69 号文、浙财企〔2010〕385 号文、甬节能办〔2010〕52 号文、甬财政工〔2010〕1404 号文、浙财建字〔2010〕148 号文、台财经发〔2009〕18 号文等
合计	187,236,200.18	—

注:根据宁波大榭开发区财政局《关于浙江浙能富兴燃料有限公司有关扶持资金的说明》,"为促进企业进一步发展,根据管委会有关扶持办法,经财政局和区经发局对该公司各项经营指标进行考核,根据该企业申请,2010 年对该公司予以商贸流通业发展专项资金 11,412 万元,2011 年对该公司予以商贸流通业发展专项资金 8103 万元,2012 年对该公司予以商贸流通业发展专项资金 14,391 万元"。

经本所经办律师核查,发行人享受上述政府补助,均已取得相关有权部门的批准。

(三)发行人的纳税情况

根据《审计报告》、发行人及其子公司所在地税务主管部门出具的证明及发行人的确认,本所经办律师认为,发行人近三年依法纳税,不存在被税务部门处罚的情形。

十八、发行人的环境保护和产品质量、技术等标准

(一)发行人生产经营活动的环境保护情况

根据浙江省环境保护厅及发行人各子公司所在地环境保护部门出具的相关证明及发行人的确认,发行人及其子公司的生产经营活动符合环境保护要求,发行人及其控股子公司最近三年未因违反有关环境保护方面的法律法规而受到行政处罚。

(二)产品质量、技术

根据浙江电力调度控制中心、各相关质量技术监督局出具的证明,发行人及其子公司近三年未因违反有关电力生产及其他产品质量和技术监督方面的法律法规而受到重大行政处罚的情形。

十九、发行人募集资金的运用

根据《报告书》并经本所经办律师核查,发行人本次发行的 A 股股票全部作为本次换股吸收合并的对价,没有募集资金,不涉及募集资金的使用。

二十、发行人业务发展目标

(一)发行人业务发展目标与主营业务的一致性

根据《报告书》及发行人的说明,发行人的业务发展目标为:围绕着实现经济效益提升和电力安全保障双重目标,以电煤资源保障为前提,以技术创新为动力,以节能环保为要求,以高效、节能火电和加大核电投资力度为发展方向,加快发展环保型燃煤发电,积极拓展分布式能源,适度发展气电,着力推进供热改造,全面实施污染物减排和节能降耗;通过加强与大型煤炭资源企业的战略合作,确保电煤供给安全;通过加强科技创新和技术投入力度,应用超临界、超超临界等先进发电技术,建设清洁高效燃煤机组和节能环保电厂;通过加强省际间区域能源合作和国际能源合作,以市场换资源,推动省外煤电一体化和大型煤电基地建设,做强做优做大电力产业;使企业成为规模优势显著、节能技术领先、内部运营高效国内一流电力上市公司。

经核查,本所经办律师认为,发行人的业务发展目标与其主营业务一致。

(二)发行人业务发展目标的合法性

经核查,本所经办律师认为,发行人业务发展目标符合相关法律、行政法规和规范性文件的规定,不存在潜在的法律风险。

二十一、合并双方涉及的诉讼、仲裁或行政处罚

(一)发行人的诉讼、仲裁或行政处罚

1. 持有发行人 5% 以上股份的主要股东诉讼、仲裁、行政处罚情况

根据浙能集团说明并经本所经办律师在全国法院被执行人信息查询网站(http://zhixing.court.gov.cn/search/)查询核查,截至本法律意见书出具日,浙能集团不存在尚未了结的或可预见的重大诉讼、仲裁及行政处罚案件。

2. 发行人及其控股子公司的诉讼、仲裁、行政处罚情况

(1)发行人及其子公司的诉讼、仲裁情况

根据发行人的说明并经本所经办律师在全国法院被执行人信息查询网站(http://zhixing.court.gov.cn/search/)查询核查,截至 2012 年 12 月 31 日,发行人及其控股子公司存在一宗未决的重大诉讼,具体情况如下:

2012 年 6 月 25 日,浙能电力控股子公司浙江浙能中煤舟山煤电有限责任公司与力勤投资有限公司就铁矿石中转服务事项出现纠纷,力勤投资有限公司将浙江浙能中煤舟山煤电有限责任公司诉至宁波海事法院。力勤投资有限公司诉称因浙江浙能中煤舟山煤电有限责任公司未能按照双方签署的有关协议的约定向其安排铁矿石中转等相关服务,导致其相关船舶滞期并遭受船舶滞期费损失,诉求宁波海事法院判令其与浙江浙能中煤舟山煤电有限责任公司签署的有关协议已被合法解除/终止,并要求判令浙江浙能中煤舟山煤电有限责任公司向其返还

工程建设费用9,535,26.00元以及所产生的相关利息(按中国人民银行同期企业银行贷款利率计算),判令浙江浙能中煤舟山煤电有限责任公司向其赔偿船舶滞期费4,834,808.50元以及所产生的相关利息(按中国人民银行同期企业银行贷款利率计算),以及案件诉讼和其他相关费用。

2012年12月10日,浙江浙能中煤舟山煤电有限责任公司参加了第一审程序第一次庭审。

截至本法律意见书出具日,该案仍处于一审程序中,鉴于本案中浙江浙能中煤舟山煤电有限责任公司涉诉金额占浙能电力截至2012年12月31日的净资产比例很小,本所经办律师认为,该未决诉讼不会对浙能电力的生产经营产生重大不利影响,不会对本次换股吸收合并构成实质性法律障碍。

(2)发行人及其子公司的行政处罚情况

i. 2011年7月5日,发行人控股子公司宁波发电工程有限公司一名员工因违章跨越护栏内危险区域作业导致死亡。2011年9月30日,舟山市普陀区安全生产监督管理局作出(普)安监管罚〔2011〕31号行政处罚,对宁波发电工程有限公司处以罚款人民币12万元。宁波发电工程有限公司已及时缴纳完毕全部罚款。2012年4月25日,舟山市普陀区安全生产监督管理局出具《说明》确认宁波发电工程有限公司前述安全生产事故属一般事故,情节轻微,不构成重大违法行为,前述行政处罚不属于重大行政处罚。

ii. 2011年6月25日,因发行人控股子公司浙江浙能绍兴滨海热电有限责任公司未取得国土资源部门的用地核准即开工建设浙江浙能绍兴滨海热电厂项目,绍兴县国土资源局对其作出绍县国土罚字〔2011〕218号行政处罚,对浙江能绍兴滨海热电有限责任公司处以罚款人民币6,646,430.00元。浙江能绍兴滨海热电有限责任公司已及时缴纳完毕相关罚款。2011年8月1日,绍兴县国土资源局出具《说明》确认浙江浙能绍兴滨海热电有限责任公司在取得国土资源部门关于该项目的建设用地预审(国土资预审字〔2007〕219号)及国家发展和改革委员会发改能源〔2009〕1830号核准后即积极主动办理相关报批手续,且该项目建设用地申请已于2011年4月26日上报中华人民共和国国土资源部审批,前述行为不属于重大违法违规行为。

基于上述,本所经办律师认为,报告期内发行人及其子公司不存在对其业务经营及财务状况构成重大不利影响的行政处罚事项。

3. 根据发行人董事长、总经理的说明并经本所经办律师在全国法院被执行人信息查询网站(http://zhixing.court.gov.cn/search/)查询核查,浙能电力董事长、总经理不存在尚未了结的或可预见的重大诉讼、仲裁及行政处罚案件。

(二)东南发电的诉讼、仲裁、行政处罚情况

1. 根据东南发电的说明并经本所经办律师在全国法院被执行人信息查询网站(http://zhixing.court.gov.cn/search/)查询核查,东南发电及其控股子公司不存在尚未了结的或可预见的重大诉讼、仲裁及行政处罚案件。

2. 根据浙能电力的说明并经本所经办律师在全国法院被执行人信息查询网站(http://zhixing.court.gov.cn/search/)查询核查,在报告期内浙能电力、华能集团不存在尚未了结的或可预见的重大诉讼、仲裁及行政处罚案件。

3. 根据东南发电董事长、总经理的说明并经本所经办律师在全国法院被执行人信息查询网站(http://zhixing.court.gov.cn/search/)查询核查,东南发电董事长、总经理不存在尚未了结的或可预见的重大诉讼、仲裁及行政处罚案件。

二十二、发行人报告书法律风险的评价

经审阅《报告书》引用本法律意见书相关内容的部分,本所经办律师认为,《报告书》引用本法律意见书相关内容与本法律意见书无矛盾之处。金杜确认《报告书》不致因引用本法律意见书的内容而出现虚假记载、误导性陈述或重大遗漏。

二十三、结论意见

综上所述,本所经办律师认为,本次合并符合《公司法》、《证券法》、《发行办法》、《重组办法》等法律法规的规定,并已依法履行现阶段应当履行的法律程序,在取得本法律意见书第二部分“本次合并的批准和授权”所述的全部

批准及授权后,本次合并的实施将不存在实质性法律障碍。

本法律意见书正本一式四份。

(下接签署页)

(本页无正文,为《北京市金杜律师事务所关于浙江浙能电力股份有限公司换股吸收合并浙江东南发电股份有限公司的法律意见书》之签署页)

北京市金杜律师事务所

单位负责人:王　玲

经 办 律 师:张兴中　焦福刚　黄任重

三、境外发行上市类

(一)上市公司境外首次公开发行

关于中国生物技术股份有限公司发行境外上市外资股(H股)并上市的法律意见书

敬启者:

根据中生集团与本所签订的《专项法律顾问协议》,本所作为中生集团整体改制设立股份公司,并在境外发行境外上市外资股之中国法律顾问,为中生股份本次境外发行提供中国法律服务并出具法律意见书(以下简称"本法律意见书")。

本法律意见书依据《公司法》、《证券法》、《特别规定》和证监会的有关规定,按照律师行业公认的业务标准、道德规范和勤勉尽责精神出具。

根据《专项法律顾问协议》的约定,本所对中生集团改制为股份公司并进行本次发行的法律资格及其具备的条件进行了调查,查阅了本所认为出具本法律意见书所需查阅的文件,包括但不限于涉及本次发行的授权批准、公司发行股票的主体资格、本次发行的实质条件、公司的设立及股本演变、公司的发起人、公司的独立性、公司的业务、关联交易及同业竞争、公司的主要财产、公司的重要子公司、公司的重大债权债务、公司的重大资产变化及收购兼并、公司章程的制定和修改、公司董事、监事和高级管理人员及其变化、公司的税务、公司的环境保护、安全生产和产品质量等事宜、公司募集资金的运用、未决诉讼、仲裁或行政处罚、公司招股说明书中国法律风险评价等方面的有关记录、资料和证明,并就有关事项向中生股份高级管理人员作了询问并进行了必要的讨论。

在前述调查过程中,本所得到公司如下保证:公司已经提供了本所认为出具本法律意见书所必需的,真实、完整的原始书面材料、副本材料或口头证言,不存在任何遗漏或隐瞒;其所提供的所有文件及所述事实均为真实、准确和完整;公司所提供的文件及文件上的签名和印章均是真实的;公司所提供的副本材料或复印件与原件完全一致。本所依据本法律意见书出具日以前已经发生或存在的事实及中国法律法规,并基于对有关事实的了解和对法律的理解发表法律意见。

在本所进行合理核查的基础上,对于出具本法律意见书至关重要而又无法得到独立的证据支持的事实,或者基于本所专业无法作出核查及判断的重要事实,本所依赖政府有关部门、公司、公司股东、公司雇员或者其他有关方出具的证明文件或专业意见作出判断,并出具本法律意见书。

本所仅就与本次发行涉及的中国法律问题发表意见,并不对发行人是否符合香港联交所的上市条件发表意见,亦不对有关审计结论、资产评估结果、投资项目分析、投资收益等发表评论。本所在本法律意见书中对会计报表、审计报告、评估报告和投资项目可行性报告等报告中某些数据和结论的引述,不表明本所对这些数据和/或结论的真实性和准确性做出任何明示或暗示的保证。对本次发行所涉及的财务数据、投资分析等专业事项,本所未被授权,亦无权发表任何评论。

本所及本所经办律师依据《证券法》、《律师事务所从事证券法律业务管理办法》和《律师事务所证券法律业务执业规则》等规定及本法律意见书出具日以前已经发生或者存在的事实,严格履行了法定职责,遵循了勤勉尽责和诚实信用原则,进行了充分的核查验证,保证本法律意见所认定的事实真实、准确、完整,所发表的结论性意见合法、准确,不存在虚假记载、误导性陈述或者重大遗漏,并承担相应法律责任。

遵照中国证监会于2007年11月20同发布的关于印发《〈律师事务所从事证券法律业务管理办法〉第十一条有关规定的适用意见——证券期货法律适用意见〔2007〕第2号》意见的通知(证监法律字〔2007〕14号)的要求,本所仅向中生股份为本次发行之目的出具法律意见,不得同时向保荐人及承销商为其履行独立法定职责、勤勉尽职义务或减免法律责任之目的出具任何法律意见。在前述原则下,本所同意发行人按照中国证监会的要求,将本法律意见书作为提交本次发行申请所需提供的法定文件之一,随其他本次发行的申请材料一起上报。本所同意发行人在招股说明书及其他本次发行相关文件中引用或按中国证监会的审核要求引用本法律意见书的部分或全部内容,但作出上述引用时,不应导致法律上的歧义或曲解,并且就引用部分应取得本所经办律师审阅确认。

本法律意见书仅供中生股份本次发行之目的使用,不得用作任何其他目的。

本所作为本次发行的中国法律顾问,已按照律师行业公认的业务标准、道德规范和勤勉尽职精神,对本次发行及发行人为此提供或披露的资料、文件和有关事实以及所涉及的法律问题进行了合理及必要的核查与验证。在此基础上本所出具法律意见如下:

一、本次发行的授权和批准

(一)2010年9月13日,国务院国资委作出《关于中国医药集团总公司生物制药业务重组改制并境外上市有关事项的批复》(国资改革〔2010〕970号),批准中生集团整体改制设立为股份公司并境外上市的方案。

(二)为实施本次发行及上市,公司召开2011年第一次临时股东大会审议通过了有关本次发行并上市的相关事项:

1. 批准公司首次公开发行境外上市外资股(H股)股票并在香港联交所主板上市;

2. 同意公司转为境外募集股份有限公司并向国务院国资委提出申请;

3. 批准公司在境外首次公开发行H股募集资金的用途;

4. 同意在公司本次发行时,国药集团和中国国新将持有公司的相当于本次境外发行H股股份数10%的股份(如行使超额配售权,则还应包括超额配售H股股份数10%的股份)划归社保理事会持有;

5. 批准公司在境外首次公开发行H股并上市后适用的公司章程(草案)。

(三)2011年10月27日,国务院园资委作出《关于中国生物技术股份有限公司国有股转持有关问题的批复》(国资产权〔2011〕1252号),批准了公司的国有股转持方案。

(四)2011年11月30日,国务院国资委作出《关于中国生物技术股份有限公司转为境外募集股份有限公司的批复》(国资改革〔2011〕1348号),批准公司转为境外募集的股份公司及境外上市的章程(修订案)。

(五)2012年1月30日,社保理事会出具了《关于中国生物技术股份有限公司香港上市国有股转持有关问题的函》(社保基金发〔2012〕9号),决定持有划拨给社保理事会的公司国有股,并委托公司在向证监会申请上市时,同时申请将其持有的公司的全部国有股转为境外上市外资股。

(六)2012年2月22日,公司召开2012年第四次临时股东大会审议通过了有关本次发行并上市的其他相关事项:

1. 授权公司董事会及其授权人士全权处理有关股份公司境外公开发行股票及上市的一切事宜;

2. 批准本次发行前滚存利润的分配方案;

3. 同意对经公司2011年第一次临时股东大会审议通过的公司H股上市后适用的公司章程(草案)进行相应修订。

(七)公司本次发行尚待取得中国证监会和香港联交所的批准。

综上,本所认为:

1. 中生集团本次重组改制,由国药集团联合中国国新设立股份公司并境外发行上市的方案已取得国务院国资委的批准。

2. 公司本次发行相关事宜已取得公司股东大会的批准,相关决议合法有效。

3. 公司董事会及其授权人士办理本次发行具体事宜,已经公司内部适当的授权,授权范围、程序合法有效。

4. 公司国有股转持方案已取得国务院国资委的批准,并已获得社保基金会的委托函。

5. 公司转为境外募集股份有限公司已获国务院国资委的批准。

6. 公司本次发行除尚待取得证监会的批准外,已取得中国境内的必要的批准及授权,且该等批准及授权合法有效且截至本法律意见书出具之日并没有被更改、废除或取消。

二、公司发行股票的主体资格

(一)公司系经国务院国资委批准,由国药集团作为主要发起人,联合中国国新,在中生集团整体资产业务的基础上改制设立的股份公司。

(二)2011年7月,国药集团与中国国新签订了《发起人协议》,约定将中生集团整体改制设立为股份公司。

(三)2011年8月18日,国务院国资委作出《关于中国生物技术股份有限公司(筹)国有股权管理有关问题的批复》(国资产权〔2011〕944号),同意关于设立公司的国有股权管理方案。

(四)2011年9月5日,国务院国资委作出《关于设立中国生物技术股份有限公司的批复》(国资改革〔2011〕1034号),批准设立公司。

(五)2011年10月26日,公司在国家工商总局办理了变更为股份公司的登记手续并取得该局核发的《企业法人营业执照》,注册号为100000000010069。公司已经通过2011年度工商年检。

(六)根据公司章程,公司为永久存续的股份有限公司。

(七)根据本所适当核查和公司确认,公司目前不存在中国法律法规和公司章程规定的需要终止的情形。

综上,本所认为:

1. 公司为由国药集团作为主发起人,联合中国国新,在中生集团整体资产业务的基础上改制并设立的股份公司。公司设立已取得国务院国资委批准。

2. 公司依法设立并有效存续,不存在根据中国法律法规和公司章程规定需要终止的情形。

3. 公司具有申请本次发行及上市的主体资格。

三、本次发行的实质条件

公司本次发行为股份公司申请境外公开发行股票。公司本次发行符合中国法律、法规规定的实质条件。

(一)公司为依法以整体改制方式设立的股份公司,发起人不少于2家,且超过一半发起人的住所位于中国境内。公司的设立方式、发起人人数和发起人住所的内容符合《公司法》第七十七条第(一)项、第七十九条及《特别规定》第六条之规定。

(二)公司于2011年10月26日设立为股份公司,股份由发起人全部认购。依据天职对发起人的实际出资予以验证后出具的《验资报告》,发起人的出资已全部缴足,符合《公司法》第八十一条的规定。

(三)根据公司股东大会批准的公司本次发行募集资金拟投资的项目清单,公司本次发行所募集的资金拟投资的项目符合国家产业政策、利用外资政策及国家有关投资项目管理的规定,符合《境外上市通知》第一条第二项的规定。

(四)公司已聘请天职为本次发行出具《审计报告》。依据天职出具的《审计报告》,公司截至2012年4月30日的净资产(合并报表)超过4亿元,2011年度净利润(合并报表)超过6000万元。根据公司拟定的发行方案,公司本次发行筹资额不少于5000万美元,符合《境外上市通知》第一条第三项的规定。

(五)公司设立了股东大会、董事会和监事会,具有规范、健全及运行良好的法人治理结构和组织机构、较完善的内部管理制度,有稳定的高级管理层,符合《境外上市通知》第一条第四项以及《证券法》第十三条第一项的规定。

(六)根据《特别规定》和中国有关外汇管理的法律、法规,公司本次发行上市后,可依法用其人民币向外汇指定银行购汇用于向H股股东分红派息,上市后分红派息有可靠的外汇来源,符合《境外上市通知》第一条第五项的规定。

(七)公司已就本次发行并上市拟定了H股发行并上市后适用的《章程》(修正案),该《章程》(修正案)已载明《必备条款》和《补充修改意见》所要求的内容,并已取得国务院国资委批准,符合《特别规定》第十三条之规定。

综上,本所认为:

1. 公司满足中国法律、法规规定的本次发行的实质条件。

2. 公司本次发行仍需获得证监会的核准以及香港联交所的批准或同意。

四、公司的设立及股本演变

(一)公司的设立过程

1. 改制前的基本情况

(1)中生集团的前身系经国家机构编制委员会国机编〔1988〕57号文的批准,于1989年4月18日成立的中国生物制品总公司。

(2)2000年5月,经财政部以财社字〔1999〕214号文批准,原直属卫生部的北京生物制品研究所、长春生物制品研究所、成都生物制品研究所、兰州生物制品研究所、上海生物制品研究所和武汉生物制品研究所(以下简称“六大所”)的净资产划入中国生物制品总公司,由中国生物制品总公司对六大所资产进行统一管理。

(3)2003年8月,经国家工商总局批准,中国生物制品总公司更名为“中国生物技术集团公司”。

(4)国务院国资委于2009年9月24日《关于中国医药集团总公司与中国生物技术集团公司重组的通知》(国资改革〔2009〕943号),同意国药集团和中生集团实施联合重组。

(5)2011年6月3日,国务院国资委作出《关于国药集团所属中国生物技术集团公司整体改制有关事项的复函》(国资厅改革〔2011〕388号),同意国药集团保留中生集团作为全资子公司,整体改制设立股份公司。

(6)中生集团于2011年6月21日完成出资人由国务院国资委变更为国药集团的工商登记变更手续。

(7)截至中生股份设立前,中生集团持有国家工商总局于2011年6月28日颁发的注册号为100000000010069的《企业法人营业执照》。根据该营业执照记载,中生集团注册资金为人民币1,786,231,000元,经济性质为全民所有制,法定代表人为杨晓明,住所为北京市朝阳区惠新东街4号富盛大厦26层,经营范围为主营“对所属生物制品企业的经营管理和资产管理;生物制品的技术转让、技术服务;自营和代理除国家组织统一联合经营的出口商品和国家实行核定公司经营的进口商品以外的其他商品及技术的进出门业务;经营进料加工和‘三来一补’业务;经营对销贸易和转口贸易”,兼营“销售与生物制品有关的仪器设备塑料制品、玻璃用品及包装材料;各种培养基;医学实验动物”。

2. 公司改制设立过程

(1)2010年9月13日,国务院国资委作出《关于中国医药集团总公司生物制药业务重组改制并境外上市有关事项的批复》(国资改革〔2010〕970号),批准中生集团整体改制设立为股份公司并境外上市的方案。

(2)2010年12月22日,国药集团董事会作出决议,批准中生集团整体改制设立为股份公司并境外上市的重组方案。

(3)为本次重组改制之目的,中生集团委托天职对本次重组投入股份公司的中生集团全部净资产所涉及的财务报告进行审计。2011年6月23日,天职出具了天职京QJ〔2011〕2039号《审计报告》。

(4)为本次重组改制之目的,中生集团委托中企华对国药集团在本次重组改制中投入股份公司的中生集团全部净资产以2010年12月

31 日为评估基准日进行评估并出具中企华评报字(2011)第 1221 号《评估报告》。根据《评估报告》,截至评估基准日,中生集团的净资产的评估价值为人民币 1,023,165.01 万元。前述资产评估结果已经国务院国资委以编号为 20110071 号的《国有资产评估项目备案表》备案。国药集团以该等经评估的净资产作为出资投入股份公司。

(5)2011 年 7 月 18 日,中国国新董事会作出决议,同意作为股份公司的发起人。

(6)2011 年 7 月 27 日,国药集团董事会作出决议,批准了设立股份公司的方案,包括发起人、净资产折股比例、发起人持股比例等。

(7)2011 年 7 月,国药集团与中国国新签订了《发起人协议》,约定将中生集团整体改制设立为股份公司。国药集团以 2010 年 12 月 31 日为基准同将中生集团评估后的净资产 1,023,165.01万元作为出资,中国国新以货币现金 53,850.79 万作为出资。国药集团投入的净资产与中国国新投入的现金均按相同比例折为公司股本,共计 750,000 万股(每股面值人民币 1 元)。

(8)2011 年 9 月 27 日,中生集团的职工代表大会通过决议,批准了中生集团整体改制并设立为股份有限公司的方案。

(9)2011 年 8 月 18 日,国务院国资委作出《关于中国生物技术股份有限公司(筹)国有股权管理有关问题的批复》(国资产权〔2011〕944 号),批准了公司的国有股权设置及管理方案。

公司经批准的股权结构如下:

股东	出资额(万元/人民币)	折股数(万股)	持股比例	股东性质
国药集团	1,023,165.01	712,500	95%	国有股股东(SS)
中国国新	53,850.79	37,500	5%	国有股股东(SS)

(10)2011 年 9 月 5 日,国务院国资委作出《关于设立中国生物技术股份有限公司的批复》(国资改革〔2011〕1034 号),批准设立公司。

(11)2011 年 9 月 7 日,天职出具了天职京 QJ〔2011〕2039 号《验资报告》,验证截至 2011 年 9 月 6 日,公司已经收到各股东缴纳的注册资本共计人民币 75 亿元,其中发起人国药集团缴纳注册资本 712,500 万元、中国国新缴纳注册资本 37,500 万元。

(12)2011 年 10 月 26 日,公司在国家工商总局办理了变更为股份有限公司的工商登记手续并取得该局核发的注册号为 100000000010069 的《企业法人营业执照》。根据该营业执照,公司的住所为北京市朝阳区惠新东街 4 号富盛大厦 26 层;法定代表人为杨晓明;公司类型为股份有限公司(非上市);注册资本和实收资本均为人民币 75 亿元;经营范围为"许可经营项目:无;一般经营项目;投资;生物制品的技术开发、技术咨询、技术转让、技术服务;进出口业务;仪器设备、塑料制品、玻璃用品及包装材料的销售"。

(13)公司现行章程系依据《公司法》制定并经公司创立大会通过,已报国家工商总局备案并生效。

(二)创立大会

1. 2011 年 9 月 28 日,国药集团和中国国新召开公司创立大会。前述发起人的法定代表人或授权代表出席了该次会议,代表公司总股份的 100%。出席创立大会的发起人代表及所代表的股份数符合有关法律、法规及公司章程的规定。

2. 会议审议并通过了公司的筹办情况、设立公司、公司章程(草案)、发起人出资资产评估作价及折股情况、关于申请批准公司与发起人签署《重组协议》等议案,选举产生了第一届董事会成员和第一届监事会中由股东代表出任的监事。

(三)重组协议

1. 经公司创立大会通过,国药集团与公司签订了《重组协议》。《重组协议》对本次重组资产的权属、价值评估、税项、收益及亏损的计算、主发起人的责任、重组的实施等事项进行了约定。

2.《重组协议》自公司成立之日起生效。《重组协议》的内容符合中国法律法规的规定,权利义务明确、清晰,不会因此引致公司设立行为存在潜在纠纷。

(四)截至本法律意见书出具之日,公司的组织结构图如下:

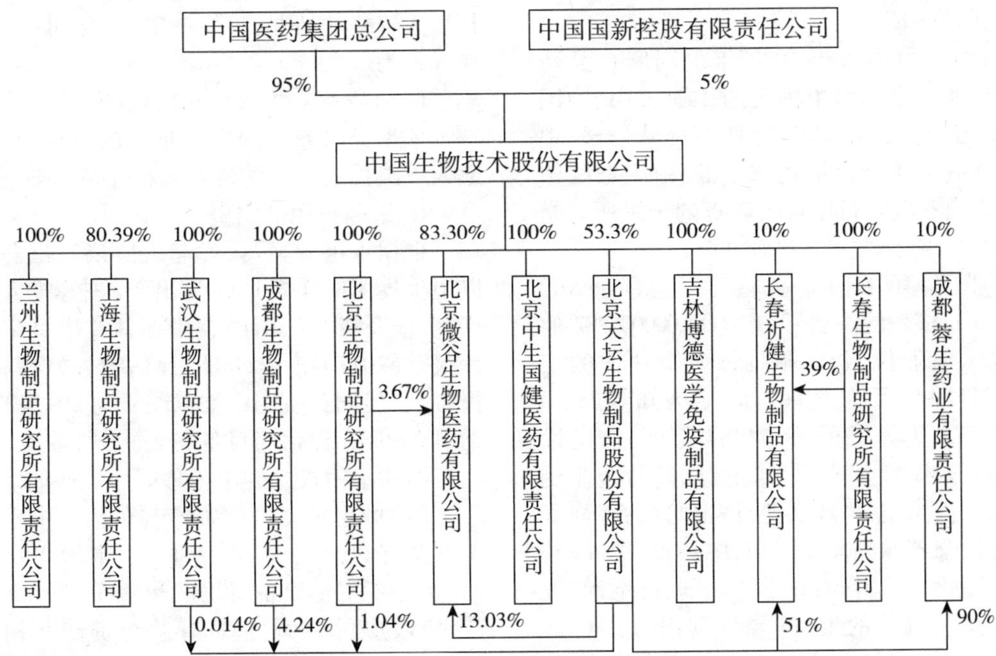

（五）公司的股本及演变

1. 公司设立后至本法律意见书出具之日，公司股本及股权结构未发生变更。

2. 根据本所适当核查及公司的书面确认，发起人国药集团、中国国新所持公司的股份无设定质押或其他第三方权益的情况。

3. 国有股转持

（1）2011年10月27日，国务院国资委作出《关于中国生物技术股份有限公司国有股转持有关问题的批复》（国资产权〔2011〕1252号），同意将国药集团和中国国新持有的28,750万股国有股划拨给社保理事会。

（2）2012年1月30日，社保理事会出具了《关于中国生物技术股份有限公司香港上市国有股转持有关问题的函》（社保基金发〔2012〕9号），决定持有划拨给社保理事会的公司国有股，并委托公司在向证监会申请上市时，同时申请将其持有的公司的全部国有股转为境外上市外资股。

（3）公司经转持及发行后的股权结构为（不考虑超额配售权的行使）：

综上，本所认为：

1. 中生集团本次重组改制的方案已经在征求相关职工意见的基础上经由职工代表大会审议通过，并取得国务院国资委的批准。

2. 国药集团投入公司的资产已经履行了合法的评估手续并经国务院国资委备案，发起人国药集团和中国国新的股权比例及股东性质已获得国务院国资委的确认，符合国有资产管理的有关规定。

3. 公司的设立已取得的有权部门的适当批准，设立程序、股权设置、股本结构符合中国法律法规的规定。

4. 公司已依法设立并有效存续，能依法独立行使民事权利及承担相应民事责任，自设立以来不存在根据中国法律法规和公司章程需要终止的情形。

5. 公司与主发起人之间为本次重组改制签订的《重组协议》的相关安排符合法律、法规之规定。

6. 发起人所持公司的股份无设定质押或其他第三方权益的情况。

7. 本次发行已按照中国法律法规的要求以及有关主管部门的批准进行国有股转持。

五、公司的发起人

（一）公司发起人的主体资格

公司的发起人为国药集团和中国国新。

1. 国药集团

(1)国药集团系于1998年由国家食品药品监督管理局原直属中国医药工业公司、中国医药(集团)公司、中国医药对外贸易公司、中国医疗器械工业公司组建成立的、由国务院国资委代表国务院履行出资人职责的全民所有制企业。

(2)国药集团目前持有国家工商总局于2012年7月13日核发的注册号为100000000005882的《企业法人营业执照》。根据该营业执照的记载,国药集团住所为北京市海淀区知春路20号,注册资金为人民币89.71484亿元,法定代表人为佘鲁林,经营范围为"主营:医药企业受托管理、资产重组;医药实业投资项目的咨询服务;举办医疗器械的展览展销;中药材、中成药、中药饮片、化学原料药、化学药制剂、抗生素、生化药品、生物制品的批发(经营期限以许可证为准)。兼营:提供与主营业务有关的咨询服务"。国药集团已通过2011年工商年检。

(3)根据国药集团的书面确认及本所适当核查,国药集团目前有效存续,不存在可能终止其法人资格的情况,过往三年不存在重大违法、违规行为。

2. 中国国新

(1)根据中国国新提供的资料,中国国新成立于2010年12月1日,系由国家出资设立的国有独资公司,属于国家授权投资的机构。中国国新由国务院国资委代表国务院履行出资人职责,为国务院国资委履行出资人职责的企业。

(2)中国国新目前持有国家工商总局于2011年6月15日核发的注册号为100000000042879的《企业法人营业执照》。根据该营业执照的记载,中国国新住所为北京市海淀区复兴路9号博兴大厦6层,注册资本和实收资本均为45亿元人民币,法定代表人为刘东生,公司类型为有限责任公司(国有独资),经营范围为"许可经营项目:无;一般经营项目:从事授权范围内的国有资产经营与管理,国有股权经营与管理,受托管理,资本运营,为开展上述业务所进行的投资和咨询业务"。中国国新已通过2011年工商年检。

(3)根据中国国新的书面确认及本所适当核查,中国国新目前有效存续,不存在可能终止其法人资格的情况,过往三年不存在重大违法、违规行为。

(二)发起人投入公司的资产

依据经国务院国资委批准的重组方案,发起人重组投入公司的资产和权益情况如下:

1. 国药集团的出资

根据重组方案及《发起人协议》,国药集团以中生集团的净资产作为出资,该等投入的资产、负债及权益已由中企华评估并出具中企华评报字(2011)第1221号《评估报告》,该《评估报告》已经国务院国资委以编号为20110071号的《国有资产评估项目备案表》予以备案。

国药集团投入的中生集团净资产如下:

(1)中生集团本部资产与负债。中生集团本部持有的记载于《评估报告》中的固定资产(包括但不限于设备、设施、运输车辆)、无形资产、应收应付款项、银行存款等资产及相关负债。

(2)截至2010年12月31日,中生集团直接持有的11家境内企业的股权/权益:

1)北京生物制品研究所(改制前)100%的权益;

2)上海生物制品研究所(改制前)100%的权益;

3)武汉生物制品研究所(改制前)100%的权益;

4)成都生物制品研究所(改制前)100%的权益;

5)长春生物制品研究所(改制前)100%的权益;

6)兰州生物制品研究所(改制前)100%的权益;

7)北京国生医药开发中心(改制前)100%的权益;

8)北京微谷生物医药有限公司80.05%的股权;

9)北京天坛生物制品股份有限公司53.3%的股权;

10)长春祈健生物制品有限公司10%的股权;

11)成都蓉生药业有限责任公司10%的股权。

(3)前述二级企业所持有的三级及三级以下企业的股权随同该等二级企业股权/权益一

并进入股份公司。

2. 中国国新的出资

根据重组方案，中国国新以货币现金出资，依与国药集团投入资产的相同比例折为股份公司的股本。

3. 发起人投入资产/权益涉及的相关处置

（1）根据重组方案，中生集团直接持有的下属7家全民所有制企业，均已改制为有限责任公司。

（2）鉴于本次重组改制属于整体改制并设立股份公司，法律主体前后延续。原由中生集团直接持有资产（包括股权、房屋等）的产权由公司承继，中生集团直接持有的11家境内企业的股东已经变更登记为中生股份。除相关商标正在办理专用权人更名手续外，原中生集团相关权属文件已经完成了证载权利人更名程序；原以中生集团名义签署的尚在履行的合同由公司承继，中生集团已经就改制变更设立为股份公司设立事宜履行了必要的通知合同对方义务。

（3）中生集团下属的上市公司天坛生物于2011年10月31日就中生集团整体改制设立为股份有限公司事宜发布了相应公告。

（4）发起人出资的资产中涉及需取得银行贷款的债权银行同意、通知债权银行或者取得其他重大合同相对方同意的，已依法取得该等债权银行的书面同意、通知债权银行和合同相对方出具的书面同意。

4. 发起人出资涉及的验资手续

国药集团和中国国新的全部出资已经天职完成验资手续并出具编号为天职京QJ〔2011〕2039号的《验资报告》。

综上，本所认为：

1. 公司的发起人均为依法设立并有效存续的法人，过往三年不存在重大违法、违规行为，具有中国法律法规规定的担任发起人的资格。

2. 公司的发起人人数符合中国法律法规的规定。

3. 发起人合法持有所投入公司的资产，该等资产产权关系清晰。发起人将该等资产投入公司不存在实质性法律障碍。

4. 发起人已依照《公司法》、公司章程的规定，缴纳了全部出资并经合资格的验资机构验证出资到位。

六、公司的独立性

（一）业务

1. 根据公司持有的最新《企业法人营业执照》，公司的经营范围为：许可经营项目：无。一般经营项目：投资；生物制品的技术开发、技术咨询、技术转让、技术服务；进出口业务；仪器设备、塑料制品、玻璃用品及包装材料的销售。

2. 根据公司的书面确认及本所适当核查，公司目前的主要业务为人用生物制药（包括人用预防性生物制药产品、人用治疗性生物制药产品及人用诊断试剂）业务。公司及下属子公司已取得从事前述业务所必需的相应资质、许可及授权，独立开展业务不存在法律障碍（详见本法律意见书之“七、公司的业务”）。

3. 公司目前拥有为经营业务所必需的、独立完整的科研、生产、供应、销售系统。

4. 经公司确认及本所适当核查，公司与控股股东国药集团及其控制的其他企业间已拟定了公平合理的关联交易协议，不存在显失公平的关联交易安排。

5. 依据《重组协议》及《不竞争协议》，国药集团承诺不会并促使其附属企业及参股企业不会从事或参与和公司目前及今后进行的主营业务构成竞争或可能构成竞争的业务。对于国药集团拟向第三方转让、出售、出租、许可使用或以其他方式转让或允许使用将来其可能获得的与主营业务构成或可能构成直接或间接相竞争的新业务、资产或权益，公司享有优先受让权。对于国药集团发现任何与公司主营业务构成或可能构成直接或间接竞争的新业务机会，将立即书面通知公司并保证尽力促使公司按合理和公平的条款和条件对该业务机会的优先交易及选择权。

（二）资产

1. 公司系中生集团整体改制设立而成，中生集团所拥有的所有权益、资产全部由公司承继。

2. 中生集团子公司所拥有与业务经营有关的生产系统、业务系统和配套设施及其与生产经营有关的主要土地、房产、机器设备以及商标的所有权随该等子公司股权进入公司。

3. 根据公司的书面确认及本所适当核查，

公司的资产完整、独立,不存在被股东占用、挪用的情况。

4. 公司及下属企业为经营需要,向国药集团或其控制的除公司外的下属企业有偿租赁少量的房屋和土地,公司已就此租赁事宜与国药集团签订了相关关联交易协议。该等租赁为公司经营的正常安排,不存在损害公司利益的情况。

(三)人员

1. 根据公司的确认,与重组进入公司资产和业务有关的人员随同有关资产、业务和股权进入公司。

2. 经公司确认及本所适当核查,公司董事、监事和高级管理人员与发起人之间不存在中国法律、法规限制的交叉任职情况。公司的总经理、首席科学家、副总经理、总法律顾问、财务总监、董事会秘书等高级管理人员未在发起人及其控制的其他企业中担任除董事、监事以外的其他职务,也未在发起人及其控制的其他企业领薪。

3. 公司目前实行劳动合同制,依国家或地方相关法律、行政法规制定了独立的人事管理制度,有关劳动、人事、工资管理等诸方面均独立于国药集团。

4. 根据公司的书面确认,公司的财务人员未在发起人及其控制的其他企业中兼职。

(四)机构

1. 公司的内部组织结构加下:

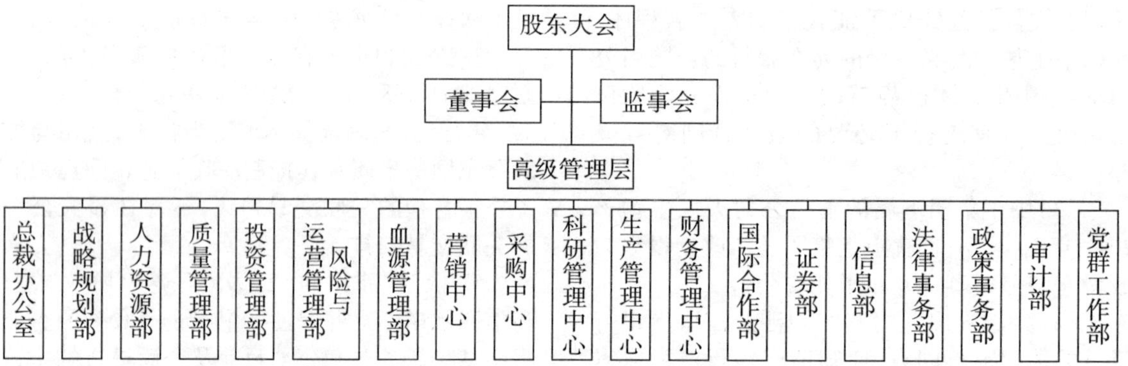

2. 根据公司章程的规定,公司的机构由公司董事会决定设置。

3. 经公司书面确认及本所适当核查,公司的机构与控股股东的机构互相独立,不存在混合经营、合署办公的情形。

(五)财务

1. 经公司书面确认及本所适当核查,公司设有独立的财务部门及专门的财务人员从事公司的财务管理工作。公司已建立独立的财务核算体系,独立作出财务决策。

2. 公司及下属子公司已依法独立办理了税务登记手续。

3. 公司拥有独立的基本存款账户。

4. 经公司书面确认及本所适当核查。公司制订了规范的财务会计制度和对子公司的财务管理制度。

5. 经公司书面确认及本所适当核查,截至本法律意见书出具之日,公司不存在为发起人的债务提供担保的情况。

综上,本所认为:

1. 公司的业务、资产、人员、机构、财务独立于公司的股东及其他第三方。

2. 公司拥有独立完整的科研、生产、供应、销售系统,具有独立从事生产活动的能力。

3. 公司具有独立面向市场的自主经营能力。

七、公司的业务

(一)根据公司的确认及本所适当核查,公司目前主要从事的业务与其营业执照记载的范围一致。

(二)据公司提供的资料和本所适当核查,公司及其下属子公司的主营业务为人用生物制药(人用预防性生物制药产品、人用治疗性生物制药产品及人用诊断试剂)业务,公司本部主要行使管理职能,不直接从事业务经营,其主要通过其下属12家子公司开展此业务。该等子公司详情参见本法律意见书"十、公司的主要股权投资”。

（三）根据公司提供的资料和本所适当核查，截至2012年6月30日，公司及下属子公司均已取得在中国境内从事生物制药相关业务所必需的资质、认证、许可、批准及授权。具体情况如下：

1. 药品生产许可证

根据《药品管理法》的规定，开办药品生产企业，须经企业所在地省、自治区、直辖市人民政府药品监督管理部门批准并发给《药品生产许可证》，凭《药品生产许可证》到工商行政管理部门办理登记注册。

依据公司提供的资料并经本所适当核查，公司及子公司中从事药品生产的企业共10家，均已取得药品监管部门颁发的《药品生产许可证》，详见本法律意见书附表一：《中国生物技术股份有限公司及子公司生物制药业务资质一览表》。

2. 药品生产质量管理规范（“《药品GMP证书》”）

根据《药品管理法实施条例》的规定，新开办药品生产企业、药品生产企业新建药品生产车间或者新增生产剂型的，应当自取得药品生产证明文件或者经批准正式生产之日起30日内，按照规定向药品监督管理部门申请《药品生产质量管理规范》认证。

依据公司提供的资料并经本所适当核查，公司及子公司需取得《药品生产质量管理规范》认证的均已取得药品监管部门颁发的相关《药品GMP证书》，详见本法律意见书附表一：《中国生物技术股份有限公司及子公司生物制药业务资质一览表》。

3. 药品经营许可证

根据《药品管理法》的规定，开办药品批发企业，须经企业所在地省、自治区、直辖市人民政府药品监督管理部门批准并发给《药品经营许可证》；开办药品零售企业，须经企业所在地县级以上地方药品监督管理部门批准并发给《药品经营许可证》，凭《药品经营许可证》到工商行政管理部门办理登记注册。

依据公司提供的资料并经本所适当核查，公司及子公司中从事药品经营的企业共4家，均已取得药品监管部门颁发的《药品经营许可证》，详见本法律意见书附表一：《中国生物技术股份有限公司及子公司生物制药业务资质一览表》。

4. 药品经营质量管理规范（“《药品GSP证书》”）

根据《药品管理法》的规定，药品经营企业必须按照国务院药品监督管理部门依据该法制定的《药品经营质量管理规范》经营药品。药品监督管理部门按照规定对药品经营企业是否符合《药品经营质量管理规范》的要求进行认证；对认证合格的，发给认证证书。

依据公司提供的资料并经本所适当核查，公司及子公司中从事药品经营的企业均已取得药品监管部门颁发的《药品GSP证书》，详见本法律意见书附表一：《中国生物技术股份有限公司及子公司生物制药业务资质一览表》。

5. 药品注册证书

根据《药品管理法》的规定，研制新药，必须按照国务院药品监督管理部门的规定如实报送研制方法、质量指标、药理及毒理试验结果等有关资料和样品，经国务院药品监督管理部门批准后，方可进行临床试验。完成临床试验并通过审批的新药，由国务院药品监督管理部门批准，发给新药证书。此外，根据《药品注册管理办法》的规定，药品注册申请包括新药申请、仿制药申请、进口药品申请及其补充申请和再注册申请。境内申请人申请药品注册按照新药申请、仿制药申请的程序和要求办理，境外申请人申请进口药品注册按照进口药品申请的程序和要求办理。

依据公司提供的资料并经本所适当核查，公司及子公司需办理药品注册手续的均已经获得相关药品注册证书，详见本法律意见书附表一：《中国生物技术股份有限公司及子公司生物制药业务资质一览表》。

6. 其他业务资质、许可

除上述主营业务资质、许可外，公司子公司还取得部分其他业务资质、许可，包括《实验动物生产许可证》、《实验动物使用许可证》、《医疗器械生产企业许可证》、《药品包装用材料和容器许可证》、《印刷经营许可证》等。该等资质、许可情况详见本法律意见书附表一：《中国生物技术股份有限公司及子公司生物制药业务资质一览表》。

（四）公司子公司中由原全民所有制企业

改制设立为有限责任公司的,原全民所有制企业业务经营所需的资质均由改制后设立的有限责任公司承继。其中涉及需按照规定办理相应更名手续,相关子公司正在办理持有人名称变更为改制后企业名称的资质、许可变更手续,该等变更手续的办理不存在实质性法律障碍。

(五)根据天职出具的《审计报告》,公司过往三年的收入和利润主要来自其主营业务。

综上,本所认为:

1. 公司所从事主要业务的经营范围、经营方式符合中国法律法规的规定。

2. 公司及其子公司已取得在中国境内从事其经营范围内业务所必需的资质和许可。

3. 公司主营业务突出,不存在持续经营的法律障碍。

八、关联交易及同业竞争

(一)关联交易

本法律意见书系为公司在境外发行并上市所涉及的中国法律问题而出具,有关关联方的界定及关联交易的调查结果,均由公司香港律师按照《香港联交所上市规则》规定加以判断和认定,本所仅对被认定为关联交易的相关协议在中国法下的合法性进行审核。据此,公司设立后与关联方之间发生的关联交易及签订的关联交易协议如下:

1. 关联交易协议

根据公司香港律师按照香港联交所上市规则对"关联方"的界定以及"关联交易"的调查结果,公司与国药集团、国药集团财务有限公司及中国医药集团联合工程有限公司等关联方拟订了如下关联交易协议:

(1)与国药集团之间的房屋租赁协议

该协议约定:国药集团及/或其附属企业与公司及/或其附属企业相互出租部分其拥有的房屋,承租方按照协议之规定支付相应对价。双方依据国家有关法律、法规以及当地的公平的市场价值协商确定租赁房屋的租金。双方同意租赁期限届满后,双方经协商并参照当时市场价格对租赁房屋的年租金进行调整,但调整后的价格不得高于由独立评估师确认的市场价,聘请独立评估师的费用由承租方负担。

该协议有效期为3年,自签署后追溯至2012年1月1日起至2014年12月31日止。双方约定,协议有效期满,在符合有关法律法规及公司上市地上市规则的前提下,经双方同意可以将协议自动延长或续期3年。

前述关联交易事项及《房屋租赁协议》已经公司2012年第二次临时股东大会审议通过。

(2)与国药集团之间的土地使用权租赁协议

该协议约定:国药集团及/或其附属企业同意将其拥有的土地使用权出租给公司及/或其附属企业,公司及/或其附属企业按照协议之规定支付相应对价。双方依据国家有关法律、法规以及当地的公平的市场价值协商确定租赁土地的租金。双方同意租赁期限届满后,双方经协商并参照当时市场价格对租赁土地的年租金进行调整,但调整后的价格不得高于由独立评估师确认的市场价,聘请独立评估师的费用由承租方负担。

该协议有效期为3年,自签署后追溯至2012年1月1日起至2014年12月31日止。双方约定,协议有效期满,在符合有关法律法规及公司上市地上市规则的前提下,经双方同意可以将协议自动延长或续期3年。

前述关联交易事项及《土地使用权租赁协议》已经公司2012年第二次临时股东大会审议通过。

(3)与国药集团之间的商标使用许可协议

该协议约定:国药集团同意公司在协议规定的许可使用期限内按规定的条款和条件使用标的商标,该等许可为无偿许可。

该协议有效期为3年,自签署后追溯至2012年1月1日起至2014年12月31日止。双方约定,协议有效期满,在符合有关法律法规及公司上市地上市规则的前提下,经双方同意可以将协议自动延长或续期3年。

前述关联交易事项及《商标使用许可协议》已经公司2012年第二次临时股东大会审议通过。

(4)与国药集团之间的综合产品和服务互供协议

该协议约定:国药集团向公司提供的产品和服务包括:产品供应类(包括生物制品、化学试剂、医疗设备、生物原材料和辅料;水、电等能源供应等);服务类(包括进口代理、后勤服务等)。

该协议项下各项产品的价格按照以下原则和顺序确定：

1）凡有政府定价的，执行政府定价；

2）凡没有政府定价，但有政府指导价的，执行政府指导价；

3）没有政府定价和政府指导价的，执行市场价。但如果产品由国药集团提供给公司，则需执行对公司而言优于市场的价格；

4）前三者都没有的或无法在实际交易中适用以上交易原则的，执行协议价。

该协议项下各项服务的价格按照以下原则和顺序确定：

1）如须通过招标程序选择服务供货商，由招标价格决定应付费用；

2）如无须以招标程序决定服务费用，则按市场价格决定；但如果服务由国药集团提供给公司，则需执行对公司而言优于市场的价格；

3）倘本协议一方提供的投标价格和其他条款相当于或优于其他参与招标的独立服务供货商，另一方必须优先选择对方，而非这些其他独立服务供货商。

该协议有效期为3年，自签署后追溯至2012年1月1日起至2014年12月31日止。双方约定，协议有效期满，在符合有关法律法规及公司上市地上市规则的前提下，经双方同意可以将协议自动延长或续期3年。

前述关联交易事项及《综合产品和服务互供协议》已经公司2012第二次临时股东大会审议通过。

（5）与中国医药集团联合工程有限公司之间的工程服务框架协议

该协议约定：中国医药集团联合工程有限公司向公司提供的工程服务包括：工程管理、设计、咨询、施工、监理和总承包等服务。

公司所需的工程服务将按照国家适用法律法规的规定采取公开招投标的方式确定服务提供方并确定价格。中国医药集团联合工程有限公司应按照招投标法的规定以及公司邀标书的具体要求投标。公司根据项目的具体情况自主确定中标方，在且仅在中国医药集团联合工程有限公司投标条件优于或者不劣于其他投标方的情况下，公司应优先考虑中国医药集团联合工程有限公司作为中标方。

该协议有效期为3年，自签署后追溯至2012年1月1日起至2014年12月31日止。双方约定，协议有效期满，在符合有关法律法规及公司上市地上市规则的前提下，经双方同意可以将协议自动延长或续期3年。

前述关联交易事项及《工程服务框架协议》已经公司2012年第二次临时股东大会审议通过。

（6）与国药集团财务有限公司之间的金融服务框架协议

该协议约定：国药集团财务有限公司向公司及/或其附属企业提供的金融服务包括：存款服务；贷款及委托贷款服务；包括票据贴现及承兑服务、融资租赁服务、结算服务及委托贷款代理服务在内的其他金融服务；中国银行业监督管理委员会批准的其他服务。

该协议有效期为3年，自签署后追溯至2012年1月1日起至2014年12月31日止。双方约定，协议有效期满，在符合有关法律法规及公司上市地上市规则的前提下，经双方同意可以将协议自动延长或续期3年。

前述关联交易事项及《金融服务框架协议》已经公司2012年第二次临时股东大会审议通过。

2. 公司制定的关联交易公允决策程序。

公司根据《必备条款》及《补充修改意见》的规定以及香港联交所的相关要求和规定制定了《公司章程》（草案），其中对关联交易决策程序有以下规定：

（1）第78条规定："股东大会审议有关关联交易事项时，如果公司股票上市的交易所的上市规则有要求，则关联股东不应当参与表决，其所代表的有表决权的股份数不计入有效表决总数。"

（2）第122条规定："董事与董事会会议决议事项所涉及的企业有关连关系的，不得对该项决议行使表决权，也不得代理其他董事行使表决权。该董事会会议由过半数的无关连关系董事出席即可举行筭董事会会议所作决议须经无关连关系董事过半数通过。出席董事会的无关连关系董事人数不足三人的，应将该事项提交股东大会审议。"

（3）第159条规定："董事不得就任何董事会决议批准其或其任何联系人（按适用的不时生效的证券上市规则的定义）拥有重大权益的

合同、交易或安排或任何其他相关建议进行投票,在确定是否有法定人数出席会议时,有关董事亦不得计算在内。"

(二)同业竞争

1. 公司目前从事的业务为人用生物制药(包括人用预防性生物制药产品、人用治疗性生物制药产品及人用诊断试剂)的研发、生产及销售为主的业务。根据国药集团的确认并经本所适当核查,目前保留在国药集团的下属企业从事的业务主要为化工药品、中药的研发、生产、销售及西药的销售、药品展览等业务,不包括人用生物制药(包括人用预防性生物制药产品、人用治疗性生物制药产品及人用诊断试剂)的研发、生产及销售业务,因此国药集团及其控制的下属企业与公司不存在同业竞争。

2.《不竞争协议》

为避免未来可能发生的同业竞争,公司2012年第二次临时股东大会审议通过了公司与国药集团之间的《不竞争协议》。依据该协议约定:

(1)国药集团确认其本身及其附属企业目前没有以任何形式从事或参与公司主营业务在中国境内和境外存在直接或间接竞争或可能产生竞争的任何业务(以下简称"竞争性业务");

(2)国药集团不会,并促使其附属企业及参股企业不会在中国境内和境外,单独或与他人,以任何形式(包括但不限于投资、并购、联营、合资、合作、合伙、承包或租赁经营、购买上市公司股票或参股)直接或间接从事或参与或协助从事或参与任何竞争性业务;

(3)国药集团不会,并促使其附属企业及参股企业不会在中国境内和境外,以任何形式支持或协助股份公司或其附属企业以外的他人从事竞争性业务;国药集团不会,并促使其附属企业及参股企业不会以其他方式介入(不论直接或间接)竞争性业务;

(4)如图药集团发现任何与公司主营业务构成或可能构成直接或间接竞争的新业务机会,将立即书面通知公司,向公司提供是否从事前述新业务机会所合理必要的一切资料,并尽力促使该业务机会按合理和公平的条款和条件首先提供给公司或其附属企业;及

(5)如国药集团拟向第三方转让、出售、出租、许可使用或以其他方式转让或允许使用将来其可能获得的与主营业务构成或可能构成直接或间接相竞争的新业务、资产或权益,国药集团将保证公司或其附属企业对保留业务、新业务、资产或权益的优先受让权;国药集团将尽最大努力促使其除附属企业外参股企业提供上述优先受让权。

综上,本所认为:

1. 公司已经签署的关联交易协议的内容不违反中国法律法规的规定,该等协议一旦生效,对协议双方具有法律拘束力并可强制执行。

2. 公司通过章程规定了关联交易公允决策的程序,该等规定合法有效。公司已采取必要的措施对非关联股东的利益进行保护。

3. 国药集团及其下属企业与公司不存在同业竞争。

4. 公司与国药集团签订的《不竞争协议》,能有效避免双方之间可能的竞争。该协议内容合法、有效,对国药集团具有法律拘束力并可强制执行。

九、公司的主要财产

根据公司提供的材料,截至2012年6月30日,公司拥有及使用的主要资产包括:

(一)公司拥有的下属子公司的股权

公司所属子公司的情况详见本法律意见书"十、公司的主要股权投资"。

(二)林业权(包括林地使用权)

公司及下属子公司持有1项,面积为251.25亩林地的林业权,相关《林权证》的详细信息列载于本法律意见书附表二.2:《中国生物技术股份有限公司及其下属子公司拥有的林业权一览表》。

(三)土地使用权及房屋

1. 土地使用权

根据公司提供的材料并经本所适当核查,公司及其下属各级全资、控股子公司自有使用和租赁使用共67宗,总面积2,554,029.17平方米土地。

(1)公司自有土地使用权

公司及其下属各级全资、控股子公司自有使用的土地有66宗,总面积为2,431,483.21平方米。包括:

1)以出让方式取得的土地使用权

公司及其下属各级全资、控股子公司通过

出让方式取得的土地使用权有63宗,共计面积2,371,196.47平方米。详见附表二.1:《中国生物技术股份有限公司及其下属子公司通过出让方式取得的土地使用权一览表》。

上述土地使用权中,公司已同土地所在地县级以上土地管理部门签署了《土地使用权出让协议》、支付了相应土地使用权出让金并取得《国有土地使用证》。

2)以保留划拨方式取得的土地使用权

依据《关于改革土地估价结果确认和土地资产处置审批办法的通知》(国土资发〔2001〕44号)、《划拨用地目录》(国土资源部令第9号)及《经济适用住房管理办法》(建住房〔2004〕77号)的规定,经相关土地管理部门批准,可继续以划拨方式使用(以下简称"保留划拨")。

公司及其下属各级全资、控股子公司通过保留划拨方式取得的土地使用权有1宗,共计面积2782.00平方米,具体信息如下:

证载权利人	土地使用权证号	性质	土地面积(m^2)	土地坐落位置	用途	是否设置抵押	备注
上海生物制品研究所有限责任公司	沪房地长字(2011)第013868号	划拨	2782.00	虹桥路街道129街坊7/7丘	绿化	否	—

3)正在办理出让手续的土地使用权

公司及其下属各级全资、控股子公司自有使用的土地中有2宗正在办理土地使用权出让手续并获得相应《国有土地使用证》,该等土地总面积为57,504.74平方米,占公司使用中土地总面积的2.25%。详见附表二.3:《中国生物技术股份有限公司及下属子公司正在办理出让手续的土地使用权一览表》。

国药集团在《重组协议》中承诺:自重组生效之日起,将协助股份公司和/或控股子公司向相关的土地管理部门申领土地使用权证书,该土地使用权证书应以相应的股份公司和/或控股子公司为使用权人。赔偿股份公司因国药集团未及时协助办理上述手续而遭受的损失,但依法应缴纳的土地出让金由股份公司承担。

(2)公司租赁使用的土地

根据公司提供的资料并经本所适当核查,公司及其下属各级全资、控股子公司租赁使用的土地有1宗,总面积为122,545.96平方米,出租方已取得出让性质的《国有土地使用证》(详见附表二.4:《中国生物技术股份有限公司及下属子公司租赁的土地使用权一览表》)。

(3)土地使用权抵押情况

根据公司提供的材料并经本所适当核查,公司自有土地使用权中有2宗,面积共计158,063.66平方米的土地设置了抵押。该等抵押土地的使用权人均为股份公司下属企业。截至2012年6月30日,除上述已经提及的土地使用权抵押情况外,公司自有土地使用权无其他抵押、第三者优先购买权、查封、其他权利受限制的情况或任何可能造成上述情形的协议。

2. 房屋

根据公司提供的材料并经本所适当核查,公司及其下属各级全资、控股子公司自有和租赁的房屋共计618项、总建筑面积为732,400.05平方米。具体情况如下:

(1)公司自有房屋

公司及其下属各级全资、控股子公司自有的房屋共计540项,总面积为681,921.67平方米。包括:

1)已取得《房屋所有权证》的房屋

公司及其下属各级全资、控股子公司拥有已取得《房屋所有权证》的房屋共518项、总建筑面积为592,863.33平方米。详见附表三.1:《中国生物技术股份有限公司及下属子公司拥有的已取得〈房屋所有权证〉且位于合法取得使用权土地上的房屋一览表》。

2)未取得《房屋所有权证》的房屋

根据公司提供的材料并经本所适当核查,公司及其下属各级全资、控股子公司拥有的房屋中尚有22项、总建筑面积为89,058.34平方米的房屋(占公司使用房屋总建筑面积的12.16%)尚未取得《房屋所有权证》,详见附表三.2:《中国生物技术股份有限公司及下属子公司拥有的未取得〈房屋所有权证〉的房屋一览表》。

对上述正在办理《房屋所有权证》的房屋,国药集团在《重组协议》中承诺:自重组生效日起,国药集团将协助股份公司和/或其控股子公司向相关的房屋管理部门申请《房屋所有权证》,该等《房屋所有权证》应以相应的股份公司和/或其控股子公司为所有权人,并且赔偿股份公司因国药集团未及时协助办理上述手续而遭受的损失。

(2)公司租赁使用的房屋

根据公司提供的材料并经本所适当核查,公司及其下属各级全资、控股子公司租赁使用的房屋共78项、总建筑面积为50,478.38平方米,详见附表三.3:《中国生物技术股份有限公司及下属子公司租赁使用的房屋一览表》。具体为:

1)有77项,总建筑面积为44,978.38平方米的租赁房屋,其出租方已经取得《房屋所有权证》。

2)其他1项,总建筑面积为5500.00平方米的租赁房屋(占公司使用房屋总建筑面积的0.75%),其出租方尚未取得《房屋所有权证》。

对于上述出租方未取得《房屋所有权证》的房屋,国药集团在《重组协议》中承诺:

对于国药集团和国药集团下属未重组进入股份公司的企业以外的第三方出租给公司下属子公司使用的上述房屋,国药集团保证股份公司和/或附属企业可以无争议地使用该等房屋。若发生权属争议,国药集团将负责解决由此发生的一切纠纷,承担由此导致的一切法律责任及由此发生的或与之相关的费用、开支;若由于该等房屋的权属争议,给公司下属子公司造成损失、索赔、支出和费用的,由该第三方承担赔偿责任,但如公司向第三方提出赔偿请求之日起九十日内,该第三方未赔偿或未全部赔偿损失的,由国药集团承担全部或其余未赔偿部分的赔偿责任,主发起人承担前述赔偿责任后,享有对该第三方的追索权。

(3)房屋抵押的情形

根据公司提供的材料并经本所适当核查,截至2012年6月30日,公司及其下属各级全资、控股子公司自有房屋均未设置抵押。

(四)知识产权

1. 自有注册商标

依据公司提供的资料并经本所适当核查,公司及子公司尚在有效期的注册商标有98项,该等注册商标均未设置质押或其他第三方权利,具体参见本法律意见书附表四:《中国生物技术股份有限公司及子公司自有注册商标清单》。

此外,部分商标因商标权人改制为一人有限公司,已经办理完毕《商标注册证》权利人更名的手续。原中生集团名下的商标正在办理《商标注册证》权利人更名为股份公司的手续,该等商标权人名称变更手续的完成不存在实质性法律障碍。

2. 正在申请中的商标

根据公司说明并经本所适当核查,公司及子公司无正在申请中的商标。

3. 自有注册专利

依据公司提供的资料并经本所适当核查,公司不持有注册专利,其子公司的自有注册专利共有46项,该等专利均未设置质押或其他第三方权利,具体参见本法律意见书附表五.1:《中国生物技术股份有限公司及子公司注册专利清单》。

此外,部分专利因专利权人改制为一人有限公司,需要相应将专利证书变更到改制完成后的公司名下,该等专利权人名称变更手续正在办理过程中,相关变更手续的完成不存在实质性法律障碍。

4. 专利申请

依据公司提供的资料并经本所适当核查,公司不持有正在申请中的专利,其子公司有38项正在申请中的专利,具体参见本法律意见书附表五.2:《中国生物技术股份有限公司及子公司正在申请中的专利清单》。

综上,本所认为:

1. 对于公司下属子公司拥有的林业权,在该等《林权证》注明的使用期限内,公司下属子公司依法享有相关的林地使用权、森林、林木的所有权及使用权,上述权利业经合法登记,受法律保护;在《林权证》所载林地使用期内,公司下属子公司有权占有、使用该等林地,可以依法转让、抵押、作价入股或者作为合资、合作造林及经营林木的出资、合作条件,该等权利并未设定任何抵押或其他第三人权利。

2. 对于公司及其下属各级全资、控股子公司拥有的土地使用权

(1)公司及其下属各级全资、控股子公司合法取得通过出让方式获得的土地使用权。在出让土地所取得的《国有土地使用证》载明的

有效使用期限内,公司及其下属各级全资、控股子公司有权依法独立享有占有、使用、赠与、转让、出租、抵押或以其他符合中国法律法规的方式处分该等土地使用权。

(2)公司及其下属各级全资、控股子公司合法取得以保留划拨方式取得的土地使用权。在保留划拨土地《国有土地使用证》载明的土地用途范围内,公司及其下属各级全资、控股子公司有权依法独立享有占有、使用该等土地使用权。在履行完土地使用权出让手续并交纳土地使用权出让金后或者经土地所在地县级以上人民政府批准并以转让、出租、抵押所获收益抵交土地使用权出让金后,公司及其下属子公司可以转让、出租、抵押该等土地使用权。

(3)对于正在办理出让手续的土地使用权,待取得相应《国有土地使用证》后,公司及其下属各级全资、控股子公司对于该等土地使用权的使用受中国法律保护。该等土地使用权未发现存在会对公司生产经营造成重大影响的权属争议或纠纷且占公司使用中的土地总面积比例很低,不会对本次发行上市以及公司生产经营造成重大不利影响或构成重大法律风险。

(4)国药集团在《重组协议》中对公司作出的承诺合法、有效,对国药集团具有法律拘束力并可强制执行。

(5)因改制涉及土地使用权人更名的正在办理权利人更名手续,该等手续的办理不存在实质性法律障碍。

3. 公司及其下属各级全资、控股子公司租赁使用出租方已取得出让性质《国有土地使用证》的出让土地的行为合法、有效,在土地租赁有效期内,公司对于该等租赁土地的使用权利受中国法律的保护。

4. 对于公司及其下属各级全资、控股子公司拥有的房屋

(1)公司及其下属各级全资、控股子公司合法拥有已获得《房屋所有权证》的房屋的所有权,可以依法独立享有占有、使用、转让、赠与、出租、抵押或以其他合法方式处分该等房屋所有权的权利。

(2)对于未取得《房屋所有权证》的房屋,公司及其下属各级全资、控股子公司在取得该等房屋的《房屋所有权证》后,始能完整、有效地拥有其所有权。该等房屋面积占公司使用房屋总面积的比例较低,且不存在会对公司生产经营造成重大影响的权属争议或纠纷,不会对本次发行上市和公司生产经营造成重大不利影响或构成重大法律风险。

(3)国药集团在《重组协议》中就该等房屋对公司作出的承诺合法、有效,并对国药集团具有法律拘束力并可强制执行。

(4)因改制涉及房屋所有权人更名的正在办理权利人更名手续,该等手续的办理不存在实质性法律障碍。

5. 对于公司及其下属各级全资、控股子公司租赁使用的房屋

(1)公司及其下属各级全资、控股子公司租赁使用已取得《房屋所有权证》的房屋的行为合法有效。出租方依法有权将该等房屋出租给公司及其下属各级全资、控股子公司。《房屋租赁协议》签订后,对协议各方构成合法、有效并可强制执行的约束力。

(2)公司及其下属各级全资、控股子公司租赁使用未取得《房屋所有权证》的租赁房屋存在不能对抗善意第三人的风险。该等房屋面积占公司使用房屋总面积的比例较低,且不存在会对生产经营造成重大影响的权属争议或纠纷,不会对本次发行上市和公司生产经营造成重大不利影响或构成重大法律风险。

(3)国药集团在《重组协议》中对公司作出的承诺合法、有效并对国药集团具有拘束力。

6. 对于公司及下属子公司已经取得的注册商标,公司及下属子公司享有商标专用权,该等注册商标均未设置质押或其他第三方权利。因改制涉及商标专用权人更名的已经办理完毕权利人的名称变更手续,原中生集团名下的商标正在办理商标专用权人更名至股份公司名下的手续,该等手续的办理不存在实质性法律障碍。

7. 对于公司下属及子公司正在申请中的商标,公司及下属子公司在获得商标注册证后始享有商标专用权。

8. 对于公司及下属子公司已经取得的注册专利,公司及下属子公司享有专利权,该等注册专利均未设置质押或其他第三方权利。因改制涉及专利权人更名的正在办理权利人的名称变更手续,该等手续的办理不存在实质性法律障碍。

9. 对于公司及下属子公司已经取得受理通知书的专利申请,公司及下属子公司在获得专利权证书后对所申请专利从申请日起享有专利权。

十、公司主要股权投资

公司的二级子公司共10家,重要三级子公司共2家,具体情况如下:

1. 上海生物制品研究所有限责任公司

上海生物制品研究所有限责任公司为一家有限责任公司。截至本法律意见书出具之日,中生股份直接持有其80.39%股权,中国医药集团总公司直接持有其19.61%股权。

上海生物制品研究所有限责任公司目前持有上海市工商行政管理局于2012年2月28日颁发的注册号为310105000054583《企业法人营业执照》,注册地址为上海市长宁区延安西路1262号;法定代表人为晏子厚;注册资本为人民币228,882.15万元;实收资本为人民币228,882.15万元;公司类型为有限责任公司(国内合资);经营范围为“生产销售血液制品、疫苗、生物工程产品、医用实验动物、三类6840医用体外诊断试剂;从事货物及技术的进出口业务;生物技术及生物制品领域内的技术开发、技术转让、技术咨询、技术服务。(企业经营涉及行政许可的,凭许可证件经营)”;成立日期为1993年9月8日;营业期限为1993年9月8日至“不约定期限”。该公司已通过2011年度工商年检。

2. 成都生物制品研究所有限责任公司

成都生物制品研究所有限责任公司为一家有限责任公司。截至本法律意见书出具之日,中生股份直接持有其100%股权。

成都生物制品研究所有限责任公司目前持有四川省工商局于2012年2月22日颁发的注册号为510000000113467的《企业法人营业执照》,注册地址为成都市锦江区锦华路三段379号;法定代表人为葛永红;注册资本为人民币100,000万元;实收资本为人民币100,000万元;公司类型为有限责任公司(法人独资);经营范围为“许可经营项目:药品(生物制品)生产;第三类:6840体外诊断试剂生产;生物制品(不含预防性生物制品)、生物制品(一类疫苗、二类疫苗)批发。(以上项目及期限以许可证为准)。一般经营项目(以下范围不含前置许可项目,后置许可项目凭许可证或审批文件经营);实验动物生产;生物技术推广服务;商品批发与零售;进出口业”;成立日期为1981年11月25日;营业期限为2011年9月7日至“长期”。该公司已通过2011年度工商年检。

3. 兰州生物制品研究所有限责任公司

兰州生物制品研究所有限责任公司为一家有限责任公司。截至本法律意见书出具之日,中生股份直接持有其100%股权。

兰州生物制品研究所有限责任公司目前持有甘肃省工商行政管理局于2011年9月2日颁发的注册号为620000100000364的《企业法人营业执照》,注册地址为兰州市城关区盐场路888号;法定代表人为朱莉萍;注册资本为人民币175,000万元;实收资本为人民币175,000万元;公司类型为一人有限公司(法人);经营范国为“生物制品、血液制品(有效期2015年12月31日)、医疗器械、诊断用品;经营该所研制开发的技术和生产的科技产品出口业务;经营该所科研生产所需的技术、原辅材料、机械设备、仪器仪表、零备件的进口业务;承办该所对外合资经营、合作生产及‘三来一补’业务”;成立日期为1983年4月4日;营业期限为1983年4月4日至2033年4月4日。该公司已通过2011年度工商年检。

4. 武汉生物制品研究所有限责任公司

武汉生物制品研究所有限责任公司为一家有限责任公司。截至本法律意见书出具之日,中生股份直接持有其100%股权。

武汉生物制品研究所有限责任公司目前持有武汉市工商行政管理局江夏分局于2012年2月20日颁发的注册号为420100000086927的《企业法人营业执照》,注册地址为武汉市江夏区郑店黄金工业园路1号;法定代表人为魏树源;注册资本为人民币86,400万元;实收资本为人民币86,400万元;公司类型为有限责任公司(法人独资);经营范围为“生物制品、血液制品制造、销售;经营本企业自产产品及相关技术的出口业务;经营本企业生产科研所需原辅材料、机械设备、仪器仪表、零配件及相关技术的进口业务;经营本企业的进料加工和‘三来一补’业务。(有效期与许可证件核定的期限一致)。普通货运(有效期与许可证件核定的期限一致)";成立日期为1990年3月8日。该公司已通过2011年度工商年检。

5. 长春生物制品研究所有限责任公司

长春生物制品研究所有限责任公司为一家有限责任公司。截至本法律意见书出具之日，中生股份直接持有其100%股权。

长春生物制品研究所有限责任公司目前持有长春市工商行政管理局于2011年9月2日颁发的注册号为220101000010101的《企业法人营业执照》,注册地址为绿园区西安大路3456号;法定代表人为金于兰;注册资本为人民币52,500万元;实收资本为人民币52,500万元;公司类型为有限责任公司(法人独资);经营范围为"生物制品制造、经销;经营本所及直属企业科研开发和生产产品出口业务及生产科研所需原辅材料机械设备仪器仪表及零配件的进口业务三来一补业务";成立日期为1985年12月5日;营业期限为1985年12月5日至"长期"。该公司已通过2011年度工商年检。

6. 北京生物制品研究所有限责任公司

北京生物制品研究所有限责任公司为一家有限责任公司。截至本法律意见书出具之日，中生股份直接持有其100%股权。

北京生物制品研究所有限责任公司目前持有北京市工商行政管理局于2012年2月2日颁发的注册号为100000020309266的《企业法人营业执照》,注册地址为北京市朝阳区三间房南里4号院;法定代表人为王玉琳;注船资本为人民币2200万元;实收资本为人民币2200万元;公司类型为有限责任公司(法人独资);经营范围为"许可经营项目:生产片剂。一般经营项目:研发菌苗、疫苗、类毒素混合制剂等防疫制品及抗毒素血液制品、诊断用品、血清等生物制品";成立日期为1964年3月1日;营业期限为2011年10月20日至"长期"。该公司已通过2011年度工商年检。

7. 北京中生国健医药有限责任公司

北京中生国健医药有限责任公司为一家有限责任公司。截至本法律意见书出具之日,中生股份直接持有其100%股权。

北京中生国健医药有限责任公司目前持有北京市工商行政管理局朝阳分局于2012年6月11日颁发的注册号为110108002205697的《企业法人营业执照》,注册地址为北京市朝阳区惠新东街甲4号6层601内604、605、606、607;法定代表人为张利东;注册资本为人民币200万元;实收资本为人民币200万元;公司类型为有限责任公司(法人独资);经营范围为"许可经营项目:销售生物制品、疫苗、体外诊断试剂。一般经营项目:技术开发。(未取得行政许可的项目除外)";成立日期为1996年12月27日;营业期限为2011年10月18日至2041年10月17日。该公司已通过2011年度工商年检。

8. 吉林博德医学免疫制品有限公司

吉林博德医学免疫制品有限公司为一家有限责任公司。截至本法律意见书出具之日,中生股份直接持有其100%股权。

吉林博德医学免疫制品有限公司目前持有吉林市工商行政管理局于2011年11月29日颁发的注册号为220214000002360的《企业法人营业执照》,注册地址为吉林高新区深东路2008号;法定代表人为朱华松;注册资本为人民币6100万元;实收资本为人民币6100万元;公司类型为有限责任公司(国有独资);经营范围为"药用包装材料(口服液体药用高密度聚乙烯瓶、低密度聚乙烯药用滴眼剂瓶)、塑料制品生产;生物试剂开发;包装装潢印刷品(印刷经营许可证有效期至2013年6月3日);消毒服务";成立日期为2007年4月9日;营业期限为2007年4月9日至2014年12月31日。该公司已通过2011年度工商年检。

9. 北京微谷生物医药有限公司

北京微谷生物医药有限公司为一家有限责任公司。截至本法律意见书出具之日,中生股份直接持有其83.30%股权,通过北京天坛生物制品股份有限公司间接持有其13.03%股权,以及通过北京生物制品研究所有限责任公司间接持有其3.67%股权。

北京微谷生物医药有限公司目前持有北京市工商行政管理局于2011年12月9日颁发的注册号为110000009723803的《企业法人营业执照》,注册地址为北京市北京经济技术开发区荣华南路16号1幢1005、1006室;法定代表人为杨晓明;注册资本为12,276.742658万元;实收资本为12,276.742658万元;公司类型为其他有限责任公司;经营范围为"许可经营项目:生产疫苗;一般经营项目:研究开发生物医药;生物技术咨询服务";成立日期为 2006 年 6 月 13 日;营业期限为 2006 年 6 月 13 日至 2026 年 6 月 12 日。该公司已通过 2011 年度工商年检。

10. 北京天坛生物制品股份有限公司

北京天坛生物制品股份有限公司为一家股份有限公司。该公司于 1998 年 5 月经中国证券监督管理委员会以《关于北京天坛生物制品股份有限公司(筹)申请公开发行股票的批复》(证监发字〔1998〕111 号)批准,向社会公开发行人民币普通股并在上海证券交易所上市,股票代码为 600161,股票简称为天坛生物。

截至本法律意见书出具之日,中生股份直接持有其 53.3% 股权,通过成都生物制品研究所有限责任公司间接持有其 4.24% 股权,通过北京生物制品研究所有限责任公司间接持有其 1.04% 股权,通过武汉生物制品研究所有限责任公司间接持有其 0.014% 股权。

北京天坛生物制品股份有限公司目前持有北京市工商行政管理局于 2012 年 2 月 29 日颁发的注册号为 110000005200184 的《企业法人营业执照》,注册地址为北京市北京经济技术开发区西环南路 18 号 A 座 126 室;法定代表人为杨晓明;注册资本为人民币 51,546.6868 万元;实收资本为人民币 51,546.6868 万元;经济性质为其他股份有限公司(上市);经营范围为"许可经营项目:制造生物制品、体外诊断试剂;普通货运:货物专用运输(冷藏保鲜)。一般经营项目:技术进出口;货物进出口;代理进出口。(其中土地使用权出资为 536.5383 万元,股权出资为 2185.1485 万元)";成立日期为 1998 年 6 月 8 日;营业期限为 1998 年 6 月 8 日至"长期"。该公司已通过 2011 年度工商年检。

11. 长春祈健生物制品有限公司

长春祈健生物制品有限公司为一家有限责任公司。截至本法律意见书出具之日,中生股份直接持有其 10% 的股权,通过长春生物制品研究所有限责任公司间接持有其 39% 股权,通过北京天坛生物制品股份有限公司间接持有其 51% 股权。

长春祈健生物制品有限公司目前持有长春市工商行政管理局于 2011 年 7 月 1 日颁发的注册号为 220107000010125 的《企业法人营业执照》,注册地址为高新开发区火炬路 1 号;法定代表人为曾令冰;注册资本为人民币 14,000 万元;实收资本为人民币 14,000 万元;公司类型为有限责任公司;经营范围为"疫苗(冻干水痘减毒活疫苗、麻疹减毒活疫苗)生产(该项目有效期至 2015 年 12 月 31 日),开发、研究生物药品;生物技术转让、咨询、服务(以上各项法律、行政法规、国务院规定禁止的不准经营;需经专项审批的项目未获批准之前不准经营)";成立日期为 2003 年 12 月 8 日,营业期限至"长期"。该公司已通过 2011 年度工商年检。

12. 成都蓉生药业有限责任公司

成都蓉生药业有限责任公司为一家有限责任公司。截至本法律意见书出具之日,中生股份直接持有其 10% 股权,通过北京天坛生物制品股份有限公司间接持有其 90% 股权。

成都蓉生药业有限责任公司目前持有成都市工商行政管理局于 2011 年 7 月 1 日颁发的注册号为 510109000098313 的《企业法人营业执照》,注册地址为成都高新区起步园科园南路 7 号;法定代表人为曾令冰;注册资本为人民币 30,326.1 万元;实收资本为人民币 30,326.1 万元;公司类型为其他有限责任公司;经营范围为"生物制品的研究、开发及科研成果的转让;生产血液制品(凭药品生产许可证核定的范围在有效期内经营);批发生物制品(不含预防性生物制品)、化学药制剂(凭药品经营许可证核定的范围在有效期内经营);经营企业自产产品及技术的进口业务;经营本企业及成员企业生产所需的原辅原料、仪器仪表、机械设备、零配件及技术的出口业务(国家限定公司经营和国家禁止进出口的商品及技术除外);经营进料加工和'三来一补'业务";成立日期为 1997 年 3 月 12 日;营业期限为 1997 年 3 月 12 日至 2027 年 3 月 11 日。该公司已通过 2011 年度工商年检。

经公司确认并经本所适当核查,公司持有的上述子公司的股权,未有设置任何质押或其他第三者权益的情况,未有被冻结、执行或保全的情况。

综上,本所认为:

1. 公司上述子公司均系依中国法律合法设立并有效存续,不存在中国法律法规及公司章程规定的需要终止的情形。

2. 公司合法持有上述子公司的股权，未有设置任何质押或其他第三者权益的情况，未有被冻结、执行或保全的情况。

十一、公司的重大债权债务

（一）本所对公司及子公司截至2012年6月30日正在履行且适用中国法律的各类重大合同进行了审阅。鉴于该等合同数量较大，本所依据重要性原则对各类重大合同进行了核查。前述重大合同共计6类，详述如下：

1. 关联交易协议

详见本法律意见书之“八、关联交易及同业竞争”。

2. 采购合同

依据公司提供的资料及确认并经本所适当核查，公司及子公司尚在履行中金额排名前十位的重大采购合同的情况详见附表六：《中国生物技术股份有限公司及子公司重大采购合同一览表》。

3. 产品销售合同

依据公司提供的资料及确认并经本所适当核查，公司及子公司尚在履行中金额排名前十位的重大产品销售合同情况详见附表七：《中国生物技术股份有限公司及子公司重大产品销售合同一览表》。

4. 工程合同

依据公司提供的资料及确认并经本所适当核查，公司及子公司尚在履行中金额排名前十位的重大工程合同的情况详见附表八：《中国生物技术股份有限公司及子公司重大工程合同一览表》。

5. 银行贷款合同

依据公司提供的资料及确认并经本所适当核查，公司及子公司尚在履行中金额在5000万元人民币以上（含5000万元）的人民币贷款合同共计14份。该等贷款的情况详见附表九：《中国生物技术股份有限公司及子公司重大借款合同一览表》。

6. 中期票据

2011年8月17日，中生集团获得中国银行间市场交易商协会发出的《接受注册通知书》（中市协注〔2011〕MTN135号），同意接受中生集团发行总额为24亿元的中期票据注册。

2011年8月30日，中生集团发行“2011年度第一期中期票据”（代码：1182237），发行总额为16亿元人民币，起息日为2011年8月30日，到期日为2014年8月29日，发行利率6.6%。该等中期票据为中市协注〔2011〕MTN135号《接受注册通知书》注册的24亿元额度内的第一次发行。

中生股份于2011年10月31日做出《关于中国生物技术集团公司整体改制并更名为中国生物技术股份有限公司及债务承继的公告》，承诺中生集团的债权债务全部由中生股份继承。

2012年5月10日，公司发行“2012年度第一期中期票据”（代码：1282148），发行总额为8亿元人民币，起息日为2012年5月10日，到期日为2015年5月9日，发行利率5.10%。该等中期票据为中市协注〔2011〕MTN135号《接受注册通知书》注册的24亿元额度内的第二次发行。

（二）上述重大合同中，由中生集团签署且约定就本次整体改制导致的合同主体变更需取得合同对方书面同意的，公司均已经取得该等同意。

（三）根据公司的书面确认及本所适当核查，至本法律意见书出具之日，公司未因环境保护、知识产权、产品质量、劳动安全及人身权等原因产生重大侵权之债。

综上，本所认为：

1. 公司及其子公司正在履行的适用中国法律的重大合同内容合法、有效，其履行无法律障碍。

2. 公司及其子公司不存在因环境保护、知识产权、产品质量、劳动安全及人身权等原因而产生的侵权之债。

十二、公司的重大资产变化及收购兼并

（一）根据公司提供的资料并经本所适当核查，自公司设立以来至本法律意见书出具之日，公司无合并、分立、增资扩股、减少注册资本、重大收购或出售资产等事项。

（二）根据公司的确认，公司目前未有进行重大资产置换、资产剥离、资产出售或收购等安排。

综上，本所认为：

1. 截至本法律意见书出具之日,发行人设立至今未有合并、分立、增资扩股、减少注册资本、重大收购或出售资产等事项。

2. 根据公司的确认,截至本法律意见书出具之日,发行人目前尚无进行重大资产置换、资产剥离、资产出售或收购等安排。

十三、公司章程的制定和修改

(一)公司现行章程

2011 年 9 月 28 日,公司发起人召开公司创立大会,审议通过公司现行章程。该章程已在国家工商总局备案登记,自公司设立时生效。

(二)公司设立后的章程修改情况

2012 年 7 月,公司 2012 年第一次临时股东大会作出决议,同意根据公司董事会组成人数的变化对章程中关于董事会组成的条款进行修改。公司已经就该等章程修改事宜办理相应的工商备案登记。

(三)公司上市适用的章程(修正案)

1. 为本次境外发行股票和上市之目的,2011 年 11 月 3 日,公司召开 2011 年第一次临时股东大会,审议通过了公司 H 股发行并在香港联交所上市后适用的章程(修正案),并授权董事会按国家有关主管机关和公司股票上市地证券交易所的意见,对公司 H 股发行并上市后适用的章程(修正案)进行相应修改。2012 年 10 月 22 日,公司召开 2012 年第四次临时股东大会,对经公司 2011 年第一次临时股东大会审议通过的章程(修正案)进行了修订。

2. 上述章程(修正案)已经国务院国资委国资改革〔2011〕1348 号文批准并待本次发行并上市之日起生效。

3. 公司章程(修正案)已载明了《必备条款》、《补充修改意见》规定的全部内容,未对《必备条款》、《补充修改意见》规定的内容进行实质性修改或删除,不存在针对股东(特别是小股东)依法行使权利的限制性规定。

综上,本所认为:

1. 公司现行章程的内容符合中国法律法规的规定。

2. 公司为本次发行所作的章程(修正案)的内容符合中国法律法规的规定。

3. 公司制定、修改章程的程序符合中国法律法规及《公司章程》的规定。

十四、公司股东大会、董事会、监事会会议及规范运作

1. 根据公司提供的文件及本所适当核查,公司已根据《公司法》及其他相关法律、法规的规定,建立、健全了股东大会、董事会和监事会等公司组织机构,董事会并下设了审核委员会、薪酬与提名委员会及战略与投资委员会等专门委员会。公司并制定了《股东大会议事规则》、《董事会议事规则》、《监事会议事规则》及相关董事会专门委员会工作细则,前述议事规则或工作细则已经公司有权机关审议通过。

2. 根据公司提供的文件及本所适当核查,自股份公司设立至本法律意见书出具之日,公司共召开了七次股东大会(含创立大会)、九次董事会、二次监事会。其中,有部分股东大会未提前通知股东,但公司董事会已经依据《公司章程》的规定就此获得了全体股东关于豁免提前通知的同意,并不存在损害股东利益的情形。

经审查公司提供的有关三会文件并经本所适当核查,本所认为:

1. 公司股东大会的召开程序不存在损害股东利益的情形,公司前述董事会、监事会的召开程序及股东大会、董事会、监事会的决议内容,符合《公司法》及《公司章程》之规定。

2. 公司制定了股东大会、董事会、监事会议事规则及各专门委员会工作细则,该等制度的内容符合中国法律法规的规定。

十五、公司董事、监事和高级管理人员及其变化

(一)公司董事、监事和高级管理人员的变化情况

1. 2011 年 9 月 28 日,公司创立大会选举产生了公司第一届董事会成员,同时选举产生了第一届监事会中由股东代表出任的监事,该等股东代表监事与公司于 2012 年 9 月 27 日经职工代表大会选举产生的职工代表监事共同组成公司第一届监事会。

2. 2011 年 9 月 28 日,公司分别召开第一届董事会第一次会议、第一届监事会第一次会议,选举了公司董事长、监事会主席,并聘任了公司总裁、首席科学家、副总裁、总法律顾问、财务总监和董事会秘书等高级管理人员。

3. 2012年6月25日，公司召开职工代表大会选举朱京津为职工代表监事，赵春山不再担任公司职工代表监事。

4. 2012年7月12日，公司召开2012年第一次临时股东大会增选了公司第一届董事会独立非执行董事及1名董事。

5. 2012年10月22日，公司召开2012年第三次临时股东大会，选举周斌为公司董事，王丽峰不再担任公司董事、副董事长等职务。

6. 截至本法律意见书出具之日，公司现有9名董事，其中独立董事3名，董事长为佘鲁林；3名监事，其中职工代表监事1名，监事会主席为徐林立；高级管理人员10名。

（二）公司现任董事、监事、高级管理人员的任职情况详见下表：

姓名	在中生股份及下属子公司任职	目前在国药集团及其下属企业任职（除中生股份及其下属企业外）	在国药集团及其下属企业外的其他单位任职
佘鲁林	董事长	国药集团副董事长、总经理 国药控股股份有限公司董事长	—
周　斌	董事	国药集团副总经理 上海现代制药股份有限公司董事长 中国医药工业研究总院院长、党委书记 国药控股股份有限公司非执行董事	上海医药行业协会副会长 上海市生物医药行业协会副会长 全国医药技术市场协会理事长
刘存周	董事	国药集团首席专家 上海现代制药股份有限公司非执行董事	际华集团股份有限公司非执行董事
封多佳	董事	国药集团副总经理	—
杨晓明	董事、总裁 北京天坛生物制品股份有限公司董事长 北京微谷生物医药有限公司董事长	—	—
赵　铠	董事	中国医药工业研究总院董事	—
周八骏	独立非执行董事	国药控股股份有限公司独立非执行董事	中国光大集团高级研究员、中国光大资料研究有限公司董事、上海社会科学院港澳研究中心常务理事
饶戈平	独立非执行董事	—	北京大学教授和博士生导师、北京大学港澳台法律研究中心主任、北京大学港澳研究中心主任、国务院发展研究中心港澳研究所副所长兼高级研究员、全国人大常委会香港基本法委员会委员、中国国际法协会常务副会长、全国高等教育自学考试法学类专业委员会主任委员 中信证券股份有限公司独立董事、中国民航信息网络股份有限公司独立董事、保利文化集团股份有限公司独立董事
王瑞华	独立非执行董事	—	中央财经大学MBA教育中心主任、博士生导师 北京中科三环高科技股份有限公司、北京航天长峰股份有限公司国金证券股份有限公司独立董事、安徽古井贡酒股份有限公司独立董事 北京农村商业银行股份有限公司外部监事、国家电网公司高级培训中心客座教授
徐林立	监事会主席	国药集团工会主席、职工董事	—
邓金栋	监事	国药集团总会计师 国药产业投资有限公司董事、财务总监 国药控股股份有限公司董事 国药集团财务有限公司董事长 国药集团资产管理中心总经理 国药集团医疗健康投资管理有限责任公司董事长	—

续表

姓名	在中生股份及下属子公司任职	目前在国药集团及其下属企业任职（除中生股份及其下属企业外）	在国药集团及其下属企业外的其他单位任职
朱京津	职工代表监事	—	—
谢贵林	副总裁	—	—
张利东	副总裁 北京天坛生物制品股份有限公司董事	—	—
吴永林	副总裁 北京天坛生物制品股份有限公司董事	—	—
张锡麟	副总裁、财务总监 北京天坛生物制品股份有限公司监事会主席	—	—
沈心亮	首席科学家 北京天坛生物制品股份有限公司董事	—	—
杨忠东	副总裁	—	—
董　慧	副总裁	—	—
陈　曦	副总裁、总法律顾问、公司秘书 北京天坛生物制品股份有限公司董事	—	—
宋　飞	董事会秘书 总裁办公室主任	—	—

（三）根据公司书面确认并经本所适当核查，截至本法律意见书出具之日，公司高级管理人员未在发起人及发起人控制的其他企业中担任除董事、监事以外的其他职务，也未在发起人及其控制的其他企业领薪。

综上，本所认为：

1. 公司董事和股东代表监事均系公司依法选举产生，公司职工代表监事由公司职工民主选举产生。公司的高级管理人员均系由公司董事会聘任。董事、监事、高级管理人员的产生程序符合中国法律法规及公司章程的规定。

2. 公司高级管理人员不存在中国法律法规禁止的交叉任职的情况。担任公司董事长、副董事长及执行董事的国药集团高级管理人员未超过2名。公司董事、监事、高级管理人员的任职符合《公司法》、《公司章程》及《改革意见》的规定。

3. 公司现任董事会中，外部董事占董事会人数的1/2以上，并有2名以上的独立非执行董事，符合《改革意见》的规定。

十六、公司的税务

（一）税务登记

公司及子公司已办理合法的税务登记，其国税与地税的登记证号情况详见附表十：《中国生物技术股份有限公司及子公司税务登记证一览表》。

（二）税种、税率

依据公司提供的资料及本所适当核查，公司及子公司执行的主要税种、税率情况详见附表十一：《中国生物技术股份有限公司及子公司税种税率情况一览表》。

（三）重大税收优惠及财政补贴

依据公司提供的资料及本所适当核查，公司及子公司过往三年中享受的重大税收优惠的情况详见附表十二.1：《中国生物技术股份有限公司及子公司享受的重大税收优惠情况一览表》。

公司及子公司过往三年中享受的单笔在500万元人民币以上的财政补贴的情况详见附表十二.2：《中国生物技术股份有限公司及子

公司享受的财政补贴情况一览表》。

(四)纳税证明

根据公司及子公司所在地税务机关出具的纳税证明,已发生纳税事项的企业自2009年至今均依法进行纳税申报,除北京天坛生物制品股份有限公司和北京微谷生物医药有限公司分别因逾期未办理税务登记变更手续及未按期进行纳税申报而遭受过100元和110元的处罚外,未载明因违反税收法律、法规而受到处罚的情形。

根据公司提供的资料并经本所适当核查,北京天坛生物制品股份有限公司和北京微谷生物医药有限公司已经按照税务机关的处罚决定缴纳了相关罚款并已纠正其违法行为。

综上,本所认为:

1. 公司及子公司已依法办理了税务登记。

2. 公司及子公司所执行的税种、税率符合中国法律法规的规定。

3. 公司及子公司享受的税收优惠政策具有合法依据,并已取得有权部门的批准。

4. 根据公司确认和本所适当核查,除本法律意见书另有披露者外,公司及子公司自2009年至今均依法进行纳税申报,未有因违反税收相关法律、法规而受到处罚的记录。鉴于北京天坛生物制品股份有限公司和北京微谷生物医药有限公司的被处罚金额很小且已经缴纳相关罚款并纠正其违法行为,不会对公司的生产经营造成重大不利影响,也不会对本次发行构成实质性障碍。

十七、公司的环境保护、安全生产和产品质量等事宜

(一)环境保护

1. 环境保护核查

根据原国家环境保护总局环发〔2003〕101号、环办〔2007〕105号以及环办函〔2008〕373号文的规定,公司对下属从事生物制品生产业务中涉及重污染的企业进行了环保核查。2012年9月3日,环保部以环函〔2012〕219号《关于中国生物技术集团股份有限公司上市环保核查情况的函》予以批复。

2. 环境保护证明

公司子公司中除需要进行环境保护核查的子公司外,从事药品销售业务的企业不会对环境造成污染。其余从事相关业务的子公司由于其业务性质,其经营过程不会对环境造成重大污染,依据该等子公司所在地主管环境保护局出具的证明,该等子公司近三年未因环境保护问题受到环境保护主管部门的重大行政处罚。

(二)产品质量、技术标准及行业规范

根据公司的书面确认、相关政府部门出具的证明及本所适当核查,公司及其子公司从事的生物制品业务活动符合产品质量、技术标准及行业规范有关法律、法规的要求,近三年未有因产品质量、技术标准及行业规范事宜而受到重大行政处罚的情况。

(三)安全生产

1. 依据《安全生产许可证条例》的规定,药品生产行业不实行安全生产许可证制度,国家药监局具体负责全国药品安全生产监督管理工作。

2. 根据公司确认及本所适当核查,公司及其下属子公司从事的生物制品业务活动符合国家安全生产有关法律、法规的要求,近三年未有因重大安全事故而受到处罚的情况。

综上,本所认为:

1. 公司的生产经营活动符合国家环境保护的有关法律、法规的要求,公司及控股子公司近三年未有因违反有关环境保护法规而受到重大处罚的情况。公司已就本次发行获得环保部出具的环境保护核查批复文件。

2. 公司及其下属子公司未有因违反技术标准或行业规范方面的法律法规和规范性文件而受到重大行政处罚的情形。

3. 公司及其下属子公司从事的生物制品业务活动符合国家安全生产有关法律、法规的要求,近三年未有因重大安全事故而受到处罚的情况。

十八、公司募股资金的运用

(一)根据公司2011年第一次临时股东大会及公司第一届董事会第六次会议决议,公司本次发行的募股资金拟投资的项目及资金使用计划如下:

1. 约48%的募集资金用于新产业化基地建设,对现有生产线进行改造与升级,通过产能扩充,提升盈利能力。

2. 约25%的募集资金将用于潜在境内收

购,通过收购拓展中生股份境内业务,以外延式发展快速提升规模和业绩,并改善业务布局。

3. 约17%的募集资金用于研究和开发新技术、新产品,包括建设综合测试大楼,以及用于新产品研发投入、引进国际尖端科研人员、采购科研设备和材料、购买国内外先进技术。

4. 约10%的募集资金将用于补充流动资金。

上述募股资金用途以经公司董事会批准的招股说明书最后稿披露内容为准。

(二)募股资金投向项目审批情况

公司募集资金投资项目中涉及固定资产投资的项目,已经获得下列相关项目主管部门的核准或备案:

序号	项目名称	审批文号	发文机关	发文日期
1	奉贤生物医药产业化基地开发项目	沪奉发改备2011-021	上海市奉贤区发展和改革委员会	2011.01.26
2	卡介苗系列产品产业化项目	锦发改备案(企)〔2010〕3号	成都市锦江区发展和改革委员会	2010.03.16
3	综合测试大楼	甘发改高技(备)〔2009〕131号	甘肃省发展和改革委员会	2009.11.03

综上,本所认为:

1. 公司本次发行募集资金有明确的使用方向,且用于公司的主营业务。

2. 公司本次募集资金投资项目符合《外商投资产业指导目录(2011年修订)》以及其他国家产业政策的规定。

3. 公司本次发行募集资金的运用项目已经内部有权机关审议批准。

4. 本次募集资金投资项目涉及固定资产投资的项目已取得相关主管部门的核准或备案。

十九、诉讼、仲裁或行政处罚

(一)根据公司的书面确认及本所适当核查,截至本法律意见书出具之日,公司控股股东国药集团不存在尚未了结的或可预见的对本次发行构成实质性不利影响的重大诉讼、仲裁及行政处罚案件。

(二)根据公司书面确认及本所适当核查,截至本法律意见书出具之日,公司董事、监事及高级管理人员不存在尚未了结的或可预见的重大诉讼、仲裁及行政处罚案件。

(三)经公司书面确认及本所适当核查,截至2012年9月30日,公司及子公司存在1项诉讼金额在人民币1000万元以上的未决诉讼,详情见下表:

序号	原告(申请人)	被告(被申请人)	起诉日期	标的额(万元)	案由及进展情况	刑事责任情况
1	石舒扬	山西国际旅行卫生保健中心、厦门卫健医药有限公司、杭州默沙东制药有限公司、上海生物制品研究所有限责任公司、美国默克公司、上海美罗医药有限公司、北京市华生医药生物技术开发有限公司	2007.08	1018	因原告至第一被告处接种了白破二联疫苗和麻腮风三联疫苗后诊断为变应性血管炎、脱髓鞘性周围神经病,2007年8月,原告向太原市中级人民法院对被告山西国际旅行卫生保健中心,厦门卫健医药有限公司,杭州默沙东制药有限公司提起诉讼,请求被告履行对原告造成的人身伤害治疗义务,判令支付医疗费、护理费、精神抚慰金等共计218万元。 2008年6月,原告申请法院追加上海所等四方当事人为共同被告,并将要求被告承担的医疗费等增加至1018万元,目前本案正在审理过程中。	尚不涉及

综上,本所认为:

公司及子公司的上述未决重大诉讼不会对公司的生产经营构成重大不利影响,亦不会构成本次发行的实质性障碍。

二十、公司招股说明书法律风险评价

本所未参与招股说明书的制作,但参与了对招股说明书的讨论,并对其作了总括性的审阅,对招股说明书中引用本法律意见书的相关内容作了特别审查。

本所认为,公司招股说明书不会因引用本法律意见书的相关内容而出现虚假记载、误导性陈述或重大遗漏。

二十一、参与公司本次股票发行的中介机构及经办人员

(一)境内机构

1. 北京市嘉源律师事务所

本所为公司本次发行的公司境内律师,依法持有21101200010193258号《律师事务所执业许可证》。经办律师张汶、易建胜分别持有证号为14403201110047788号、11101201010432212号《律师执业证》。

2. 国浩律师(上海)事务所

国浩律师(上海)事务所为公司本次发行的保荐人境内律师,依法持有23101199310605523号《律师事务所执业许可证》。经办律师吴小亮、周一杰分别持有证号为13101201011322132号、13101201110885417号《律师执业证》。

3. 天职

天职为公司本次发行的境内会计师,持有注册号为110000003185333号的《企业法人营业执照》和北京市财政局核发的006207号《会计师事务所执业证书》及中华人民共和国财政部、中国证券监督管理委员会核发的000032号《会计师事务所证券、期货相关业务许可证》。经办会计师邱靖之、汪吉军分别持有430100100028号、510100050145号《注册会计师执业证》。

4. 中企华

中企华为公司本次发行的境内资产评估师,持有注册号为1100002509215的《企业法人营业执照》,持有北京市财政局编号为11020110的《资产评估证书》。经办评估师顾爱国、王斌录分别持有11001097号、11001107号《资产评估师资格证书》。

(二)境外机构

1. 公司本次发行的境外保荐人为中国国际金融(香港)有限公司(China International Capital Corporation(Hong Kong) Limited)、摩根士丹利亚洲有限公司(Morgan Stanley Asia Limited)以及瑞士银行(UBS AG)。

2. 公司本次发行的公司境外律师为瑞生国际律师事务所(Latham & Watkins)。

3. 公司本次发行的保荐人境外律师为美富律师事务所(Morrison & Foerster)。

4. 公司本次发行的境外核数师为普华永道中天会计师事务所有限公司(Pricewaterhouse Coopers)。

二十二、律师认为需要说明的其他重大法律问题

根据公司的书面确认及本所适当核查,公司无未披露但对本次股票发行、上市有重大影响的其他重大法律问题。

二十三、结论意见

1. 公司本次发行已取得中国境内除证监会外的其他有权机关之批准,尚待取得证监会同意境外发行的批准和香港联交所的批准。

2. 公司为依法设立并有效存续的股份公司,自设立以来不存在依照中国法律法规规定需要终止的情形,具备本次发行的主体资格。

3. 公司的股权设置、股本结构合法有效。公司设立后至本法律意见书出具前,其股本及股权结构未发生过变更。

4. 公司设立后至今未有任何合并、分立、增资扩股、减少注册资本、重大收购或出售资产的行为。

5. 公司的现有股东依法设立、有效存续,过往三年不存在重大违法、违规行为,该等股东所持有公司的股权未设置任何抵押、质押等第三者权益的情况。

6. 公司制订、历次修改的章程和根据《必备条款》的要求制定的境外上市的章程合法、有效,其境外上市章程已取得合法批准。

7. 在获得证监会关于本次发行的正式批准后,公司即具备了中国法律法规规定的本次发行的实质性条件。

8. 公司的业务、资产、人员、机构、财务独立于股东及其他第三方。公司拥有独立完整的生产、供应、销售系统,具有独立从事生产活动和独立面向市场经营的能力。

9. 公司主营业务突出,其主要利润均来源于其主营业务。公司所从事的主营业务已经按照法律法规的要求获得必需的资质、授权以及许可。

10. 公司已经签署的关联交易协议的内容不违反中国法律法规之规定。公司与国药集团及其下属企业之间在人用生物制药业务方面不存在同业竞争。公司与国药集团签订的《不竞争协议》,能有效避免双方之间可能的竞争。该协议内容合法、有效。

11. 除本法律意见书已披露者外,公司合法拥有或者合法使用其正在使用的土地使用权及房屋所有权并有权在法律允许的范围内处分该等权利。

12. 公司合法拥有自有商标的商标权和自有专利的专利权,该等注册商标和专利未设置质押或任何其他第三方权利。

13. 公司正在履行期的重大合同内容合法、有效,继续履行无重大法律障碍。

14. 公司的股东大会、董事会、监事会的设立和运行合法有效,内部治理结构符合中国法律法规的规定。

15. 公司已办理了合法的税务登记、现行执行的税种、税率符合国家法律的规定,除本法律意见书已披露者外,中生股份及子公司最近三年未有因违反税收法律、法规及规范性文件受到处罚的记录。鉴于北京天坛生物制品股份有限公司和北京微谷生物医药有限公司的处罚金额很小且已经缴纳相关罚款并纠正其违法行为,不会对公司的生产经营造成重大不利影响,也不会对本次发行构成实质性障碍。

16. 公司已就本次发行上市获得环保部出具的环境保护核查批复文件。

17. 公司从事的生物制药业务活动符合国家产品质量和安全生产有关法律、法规的要求,近三年未因产品质量或安全事故而受到重大处罚,亦未有因违反技术标准或行业规范方面的法律法规和规范性文件而受到处罚的情形。

18. 公司的募集资金投向符合国家产业政策的有关规定。

19. 公司没有对本次发行构成实质不利影响的重大未决诉讼、仲裁和行政处罚。

20. 公司的子公司均依法设立并有效存续,不存在法律上或相关子公司章程规定的需要终止的情形。

21. 本次发行的境内中介机构具有合法资质。

本法律意见书正本三份。

本法律意见书仅供本次发行、上市之目的使用,任何人不得将其用作任何其他目的。

特此致书!

(此页无正文)

北京市嘉源律师事务所
负 责 人:郭 斌
经办律师:张 汶 易建胜

(二)上市公司境外再融资

关于华能新能源股份有限公司非公开发行境外上市外资股(H股)事宜的法律意见书

致:华能新能源股份有限公司

德恒是在中国北京市依法注册设立的律师事务所,有资格根据中国法律出具本法律意见书;本法律意见书的经办律师均为在中国注册登记的执业律师,有资格根据中国法律发表法律意见。

德恒受发行人的委托,就发行人本次增发H股事宜,担任发行人的中国法律顾问,依据中国法律、法规、规范性文件就发行人本次增发H股的合法性及对本次增发H股有重大影响的其他法律问题出具本法律意见书。

对本法律意见书,德恒及德恒律师作出如

下声明：

1. 为出具本法律意见书，德恒律师按照中国律师行业公认的业务标准、道德规范和勤勉尽责精神，对发行人本次增发 H 股的相关事项进行了合理、必要和可能的调查，对有关资料和有关事实的真实性、准确性、完整性进行了核查、验证，并就有关事项向发行人董事会成员及高级管理人员作了询问并进行了必要的讨论。对出具本法律意见书至关重要而又无法得到独立证据支持的事实，德恒律师依赖于发行人、政府部门、其他有关单位或有关人士出具或提供的证明文件、证言或文件出具法律意见。

发行人保证：(1)其已经提供了德恒出具本法律意见书所必需的原始书面材料或副本材料；(2)其提供的上述材料真实、准确、完整，不存在重大遗漏或误导性陈述；(3)其提供的上述材料文件上所有签字与印章真实、合法、有效；(4)其提供的上述材料中复印件与原件一致，副本与正本一致。

2. 德恒已经按照《律师事务所从事证券法律业务管理办法》第三条的要求指派律师参与本次增发 H 股的尽职调查工作，德恒承诺在工作过程中严格遵守法律、行政法规及相关规定，遵循诚实、守信、独立、勤勉、尽责的原则，恪守律师职业道德和执业纪律，严格履行法定职责，并保证所出具文件的真实性、准确性、完整性。

3. 德恒律师承诺在出具法律意见书时，已经尽到了法律专业人士应尽的特别注意义务，对其他业务事项履行了普通人一般的注意义务，并确保出具的所有文件不存在虚假记载、误导性陈述或者重大遗漏。

4. 德恒依据本法律意见书出具日之前已经发生或存在的事实，并基于对有关事实的了解和对中国法律的理解发表法律意见。德恒仅根据现行有效的中国法律、法规、规范性文件发表法律意见，并不依据除中国法律之外的其他任何法律发表法律意见，对其中涉及的境外法律事项，德恒均引用发行人境外律师提供的相关法律意见。

5. 德恒仅就与发行人本次增发 H 股有关的问题发表法律意见，并不对有关会计、审计、资产评估等专业事项发表意见。德恒在本法律意见书中对有关会计报表、审计报告、盈利预测报告和资产评估报告书等相关专业报告中某些数据和结论的引述，完全依赖于有关会计、审计、资产评估机构出具的有关会计、审计和资产评估报告，德恒的该等引述并不意味着对这些数据、结论的真实性、准确性、完整性、合法性做出任何明示或默示的保证，对于该等会计、审计和资产评估报告等文件的内容，德恒并不具备核查和做出评价的适当资格。

6. 对于从国家机关、具有管理公共事务职能的组织、会计师事务所、资产评估机构、资信评级机构、公证机构等机构直接取得或德恒律师从上述机构抄录、复制的文书或材料，德恒律师直接作为出具法律意见书的依据；对于不是从上述机构直接取得或未经确认的文书，经德恒律师核查和验证后方作为出具法律意见书的依据。德恒律师保证引用上述文书或材料时，已按照《律师事务所从事证券法律业务管理办法》第十四条规定尽到律师应尽的注意义务并在德恒出具的文件中加以说明。

基于上述，德恒律师根据《公司法》、《证券法》等现行法律、法规和规范性文件的要求，按照中国律师行业公认的业务标准、道德规范和勤勉尽责精神，就本次增发 H 股相关事宜出具法律意见如下：

一、本次增发 H 股的批准和授权

（一）内部批准和授权

1. 2012 年 6 月 26 日，发行人召开的 2011 年年度股东大会通过《关于公司发行股份的一般授权的议案》，该议案授权事项：为了在发行任何股票时确保灵活性并给予董事会酌情权，股东大会拟给予董事会一般性授权；此一般性授权将授权董事会分别可发行、配发及处理不超过公司现已发行内资股及 H 股面值总额 20% 的额外内资股及 H 股。同时授权董事会适当修订公司章程，以反映发行或配发额外股份后的公司股本架构。该一般授权的有效期自股东大会审议通过之日起至下列事项最早发生者：(1)公司下一年度股东大会结束时；(2)相关法律、法规及公司章程规定的公司须举行下一年度股东大会的期限届满时；(3)公司股东大会通过特别决议撤销或修改该授权时。

2. 2013 年 6 月 7 日，发行人第一届董事会第十七次会议审议通过了《关于公司非公开增发 H 股的议案》。

(二)外部批准和授权

发行人本次增发H股尚需取得中国证监会的核准。

经核查,德恒认为:

1. 发行人于2012年6月26日召开的2011年年度股东大会、2013年6月7日召开的第一届董事会第十七次会议的召集、召开程序及所作决议合法有效。

2. 发行人于2012年6月26日召开的2011年年度股东大会已授权发行人董事会全权处理境外公开发行股票及上市全部事宜,该项授权的授权范围及程序合法有效;2013年6月7日召开的第一届董事会第十七次会议通过的《关于公司非公开增发H股的议案》合法有效。

3. 发行人已就本次增发H股取得必要的公司批准和授权;尚需取得中国证监会的核准以及香港联交所的批准或同意。

4. 发行人本次增发H股无须适用《减持办法》等减持国有股的相关规定。《减持办法》第五条规定,"……国家拥有股份的股份有限公司(包括在境外上市的公司)向公共投资者首次发行和增发股票时,均应按融资额的10%出售国有股……"该第五条规定国有股减持适用的情形是"向公共投资者首次发行和增发股票",而发行人本次增发H股并非面向公共投资者,而是向特定的投资者定向发行股份,故从发行对象而言,本次发行不适用《减持办法》之规定。

二、发行人本次增发H股的主体资格

发行人为经国务院国资委《关于设立华能新能源股份有限公司的批复》(国资改革〔2010〕818号)批准,并由新能源有限重组改制设立的股份有限公司,现持有国家工商总局于2012年3月27日颁发的《企业法人营业执照》(注册号为100000000037334)。

经核查发行人相关证照、《公司章程》、股东大会、董事会及监事会会议文件等文件,德恒认为:

1. 发行人作为经国家工商总局登记注册的股份有限公司,具有独立的企业法人资格,能够独立享有民事权利及承担民事义务。

2. 经中国证监会以证监许可〔2010〕1558号《关于核准华能新能源股份有限公司发行境外上市外资股的批复》批准,并经香港联交所同意,发行人获准首次公开发行H股2,646,898,000股并于2011年6月10日在香港联交所主板上市交易。

3. 发行人为依法设立且有效存续的股份有限公司,自成立之日起至本法律意见书出具日,不存在任何中国法律、法规以及其公司章程规定需要终止的情形。

4. 发行人已经具备本次增发H股的主体资格。

三、本次增发H股的实质条件

经德恒律师核查,发行人本次增发H股符合下列条件:

1. 发行人具备健全且运行良好的组织机构。

(1)发行人章程符合《公司法》、《必备条款》及《章程指引》的规定,合法有效。

(2)发行人股东大会、董事会、监事会和独立董事制度健全,能够依法有效履行职责。

(3)经核查,发行人的现任董事、监事和高级管理人员具备任职资格,能够忠实和勤勉地履行职务。

(4)经核查,发行人具有完整的法人治理结构,其人员、资产、财务独立,不存在发行人资产被占用、发行人利益被明显损害之情形,亦不存在为其股东及实际控制人提供担保之情形。

(5)截至本法律意见书出具之日,最近十二个月内,发行人不存在违规对外提供担保之情形。

2. 发行人具有持续盈利能力,财务状况良好。

(1)根据《审计报告》,发行人2010年、2011年、2012年三个会计年度连续盈利,公司具有持续盈利能力。

(2)根据发行人的说明及德恒律师核查,发行人业务和盈利来源相对稳定,不存在严重依赖控股股东、实际控制人的情形。

(3)根据发行人的说明及德恒律师核查,发行人现有主营业务或投资方向能够持续发展,经营模式和投资计划稳健,主要产品或服务的市场前景良好,行业经营环境和市场需求不存在现实或可预见的重大不利变化。

(4)根据发行人的说明及德恒律师核查，发行人的高级管理人员和核心技术人员稳定，截至本法律意见书出具之日止最近十二个月内未发生重大不利变化。

(5)根据发行人的说明及德恒律师核查，发行人的重要资产、核心技术或其他重大权益的取得合法，能够持续使用，不存在现实或可预见的重大不利变化。

(6)根据发行人的说明及德恒律师核查，发行人不存在可能严重影响公司持续经营的担保、诉讼、仲裁或其他重大事项。

(7)根据德恒律师核查，发行人最近三年及一期财务报表未被注册会计师出具保留意见、否定意见或无法表示意见的审计报告。

3. 根据发行人说明并经德恒律师核查，发行人在最近三年内财务会计文件无虚假记载，且不存在以下重大违法违规行为：

(1)违反证券法律、行政法规或规章，受到中国证监会的行政处罚，或者受到刑事处罚；

(2)违反工商、税收、土地、环保、海关法律、行政法规或规章，受到行政处罚且情节严重，或者受到刑事处罚；

(3)违反国家其他法律、行政法规且情节严重的行为。

综上所述，德恒认为，发行人本次增发H股符合《证券法》等有关法律、法规、规章及规范性文件规定的实质条件。

四、发行人的设立及股本演变

(一)发行人前身及主要历史沿革

发行人前身为华能新能源产业控股有限公司，系由华能集团持股100%的有限责任公司。

1. 根据国家电力公司于2002年9月5日下发的《关于同意组建华能交通产业(控股)公司等三家产业公司的批复》(国电人资〔2002〕第613号)、中立会计师事务所有限公司于2002年10月11日出具的《验资报告》(中立验字〔2002〕第008号)、国家工商总局于2002年11月11日颁发的《企业法人营业执照》(注册号为1000001003733)，华能集团独资组建华能新能源环保产业控股有限公司，注册资本为人民币8000万元，经营范围为水电、风电、城市垃圾发电、太阳能利用、烟气脱硫、海水淡化、污水处理循环利用及其他新能源环保项目的投资、开发、组织生产、经营、工程建设；工程建设设备的销售、成套；相关技术的开发、转让、培训、服务、咨询。

2. 根据华能集团于2003年7月3日作出的《关于华能新能源环保产业控股有限公司修改公司章程的批复》(华能经〔2003〕273号)和2003年8月5日作出的《关于华能新能源环保产业控股有限公司增资工作中有关问题的批复》(华能财〔2003〕302号)、2003年6月的《华能新能源环保产业控股有限公司章程》、中立会计师事务所有限公司于2003年7月15日出具的《验资报告》(中立验字〔2003〕第004号)、国家工商总局于2003年8月12日颁发的《企业法人营业执照》(注册号为1000001003733)，华能新能源环保产业控股有限公司注册资本增加至26,000万元，增加的18,000万元全部由资本公积转增。

3. 根据华能集团于2004年11月17日作出的《关于华能新能源环保产业控股有限公司修改章程的批复》(华能法务〔2004〕519号)、《关于对新能源环保公司增加资本金投入的通知》(华能财〔2004〕360号)、《关于增拨华能新能源环保控股有限公司资本金的通知》(华能集财便字〔2004〕第30号)、2004年11月17日的《华能新能源产业控股有限公司章程》、中立会计师事务所有限公司于2004年12月2日出具的《验资报告》(中立验字〔2004〕第003号)、国家工商总局于2004年12月6日颁发的《企业法人营业执照》(注册号为1000001003733)，公司的名称变更为华能新能源产业控股有限公司，注册资本增加至45,150万元，增加的19,150万元由华能集团以货币方式缴纳；经营范围变更为：水电、风电、城市垃圾发电、太阳能利用及其他新能源项目的投资、开发、组织生产、经营、工程建设；工程建设设备的销售、成套；相关技术的开发、转让、培训、服务、咨询。

(二)发行人的设立

1. 根据国务院国资委《关于华能新能源产业控股有限公司重组改制并上市有关事项的批复》(国资改革〔2010〕292号)，国务院国资委原则同意新能源有限重组改制并上市方案。

2. 根据华能集团《关于成立华能新能源股份有限公司的通知》(华能人〔2010〕482号)，华能集团决定与华能资本公司共同投资，在新能源有限基础上,重组改制设立华能新能源股份有限公司。股份公司注册资本为580,000万元人民币,华能集团和华能资本公司的持股比例分别为95%、5%。

3. 2010年6月12日,华能集团与华能资本公司签署《发起人协议》,就设立股份公司有关具体事项作出约定并授权新能源有限负责股份公司设立的筹备工作。

4. 根据北京天健兴业资产评估有限公司于2010年7月20日出具的《华能新能源产业控股有限公司拟重组改制设立股份公司资产评估报告》(天兴评报字〔2010〕第109号),截至评估基准日(2009年12月31日),华能集团拟作为出资投入股份公司的新能源有限净资产账面值为人民币229,938.81万元,评估价值为人民币362,760.35万元。2010年8月2日,国务院国资委出具《国有资产评估项目备案表》(备案编号:20100047),对前述资产评估报告予以备案。

5. 国务院国资委于2010年8月3日下发《关于华能新能源股份有限公司(筹)国有股权管理有关问题的批复》(国资产权〔2010〕740号),同意股份公司的国有股权管理方案,股份公司总股本为580,000万股,其中国有股东持有股份情况为:华能集团(SS)持有551,000万股,占总股本的95%;华能资本公司(SS)持有29,000万股,占总股本的5%。

6. 国务院国资委于2010年8月4日下发《关于设立华能新能源股份有限公司的批复》(国资改革〔2010〕818号),批准设立股份公司。

7. 发行人于2010年8月4日召开了第一次股东大会,通过了设立股份公司、批准公司章程、选举股份公司第一届董事会成员和第一届监事会成员的决议。

8. 经发行人第一次股东大会通过,2010年8月5日,华能集团、华能资本公司与发行人签订了《重组协议》。《重组协议》对重组资产的权属、价值评估、税项、收益及亏损的计算、主发起人的责任、重组的实施等事项进行了约定。《重组协议》自股份公司成立之日起生效。《重组协议》的内容符合有关法律、法规和规范性文件的规定,权利义务明确、清晰,不会因此引致公司设立行为存在潜在纠纷。

9. 根据毕马威华振于2010年8月2日出具的《验资报告》(KPMG-A(2010)CR N0.0016号),华能集团以评估基准日经评估的新能源有限净资产价值人民币3,627,603,545元、货币1,882,396,455元出资,出资共计5,510,000,000元,占股份公司注册资本的95%;华能资本公司货币出资290,000,000元,占股份公司注册资本的5%。华能集团和华能资本公司累计实缴注册资本为人民币5,800,000,000元,占股份公司已登记注册资本总额的100%。

10. 发行人于2010年8月5日取得了由国家工商总局颁发的《企业法人营业执照》(注册号为100000000037334)。该《企业法人营业执照》核准登记内容如下:

名称	华能新能源股份有限公司
住所	北京市海淀区复兴路甲23号10、11层
法定代表人	曹培玺
注册资本	58亿元人民币
企业类型	股份有限公司
经营范围	风力发电、城市垃圾发电、太阳能利用、潮汐发电及其他新能源项目的投资、开发、组织生产、工程建设; 工程建设设备、材料、工艺的研制、开发、设计、生产、销售、成套集成、成果转让;项目投资管理。

(三)发行人设立时的股本

1. 发行人是由华能集团联合华能资本公司将新能源有限以整体重组改制的方式设立的股份有限公司。发行人设立时的股本为58亿股,每股面值为1元人民币,由华能集团和华能资本公司(均为国有股东)持有。其中,华能集团以经评估的新能源有限净资产价值人民币362,760.35万元,货币出资188,239.65万元,出资共计551,000万元;华能资本公司货币出资29,000万元。发行人设立时取得了国务院国资委的批准,发起人签署了《发起人协议》,聘请会计师和资产评估师进行了审计和评估,并最终完成了工商注册登记。

2. 发行人设立时的股本及股权结构如下:

股东名称	持股股数(万股)	股东性质	持股比例
华能集团	551,000	国有股东	95%
华能资本公司	29,000	国有股东	5%
总计	580,000	—	100%

(四)国有股及国有股减持/转持

1. 根据国务院国资委《关于华能新能源股

份有限公司(筹)国有股权管理有关问题的批复》(国资产权〔2010〕740号),同意股份公司国有股权设置方案,股份公司总股本为580,000万股,其中国有股东持有股份情况为:华能集团(SS)持有551,000万股,占总股本的95%;华能资本公司(SS)持有29,000万股,占总股本的5%。

2. 根据华能集团向国务院国资委提交的国有股减持方案,发行人在首次公开发行H股的过程中,华能集团和华能资本公司将按当次拟发行H股股份总量的10%减持国有股,转由社保基金会持有,股份性质为H股。按H股新股发行数量为248,571万股(不包括超额配售)计算,华能集团和华能资本公司减持/转持国有股数量为24,857万股;如果包括15%的超额配售,H股新股发行数量为285,857万股,华能集团和华能资本公司减持/转持国有股数量为28,586万股。如果实际发行新股数量发生变化,华能集团和华能资本公司减持/转持国有股数作相应调整,减持/转持总数仍为H股筹资额的10%。

3. 国务院国资委于2010年8月3日下发国资产权〔2010〕762号文件,批准在发行人境外发行H股时,华能集团和华能资本公司分别将持有的发行人27,157万股和1429万股股份(合计28,586万股)划转给社保基金会(按当次发行上限285,857万股的10%计算);若发行人实际发行H股的股份数量低于当次发行的上限285,857万股,则发起人应划转给社保基金会的发行人股份数量低于当次已划转的28,586万股,二者相抵后的差额部分在发行人H股发行结束后按照相应持股比例自动回拨给发起人分别持有。

4. 2010年8月11日,社保基金会出具了《社保基金会关于华能新能源股份有限公司在香港上市国有股转持有关问题的函》(社保基金发〔2010〕132号),决定持有上述划拨给社保基金会的国有股,并委托发行人在向中国证监会申请上市时,同时申请将其持有的发行人的全部国有股转为境外上市外资股。

(五)发行人首次公开发行H股后的股本

经中国证监会以证监许可〔2010〕1558号《关于核准华能新能源股份有限公司发行境外上市外资股的批复》批准,并经香港联交所同意,发行人获准首次公开发行H股2,646,898,000股并于2011年6月10日在香港联交所主板上市交易。发行人首次公开发行H股后的股本结构为:

股东	首次公开发行前		首次公开发行后	
	股数(万股)	股比	股数(万股)	股比
华能集团	551,000	95%	525,854.56	62.25%
华能资本	29,000	5%	27,676.56	3.28%
社保基金会	—	—	26,468.88	3.13%
H股社会公众股东(不含社保基金会)	—	—	264,689.8	31.34%
合计	580,000	100%	844,689.8	100%

经核查,德恒认为:

1. 发行人的设立及历次变更履行了必要的法律程序,符合中国法律法规的规定,获得了必要的授权和批准。

2. 新能源有限整体重组改制为股份公司已经获得国务院国资委的批准。发行人设立过程中有关的审计、资产评估、验资履行了必要的程序,符合法律、法规及规范性文件的要求。

3.《发起人协议》和《重组协议》的内容符合有关法律、法规和规范性文件的规定,不存在因此导致发行人设立行为存在纠纷或潜在纠纷的情形。

4. 发行人设立时及历次变更后的股本设置、股本结构合法有效,不存在潜在纠纷及法律风险。

5. 发行人在首次公开发行H股时已依据《减持办法》的规定履行了国有股减持/转持的报批义务,国有股减持/转持已取得国务院国资委的批准。

五、发行人的独立性

(一)经德恒律师核查,发行人是有效存续、独立享有民事权利并承担民事义务的企业法人。

(二)经德恒律师核查并经发行人确认,发行人在其营业执照所载明的经营范围内开展其业务,发行人的主营业务完整、突出,均是通过其下属子公司进行的,其业务独立于华能集团和其他关联方,拥有完整的业务体系和直接面向市场独立经营的能力。发行人与控股股东、实际控制人及其控制的其他企业间不存在实质性同业竞争或者显失公平的关联交易。

(三)经德恒律师核查并经发行人确认,发行人及其下属子公司独立拥有与生产经营有关的主要土地、厂房、机器设备以及商标的所有权或者使用权。

(四)经德恒律师核查并经发行人确认,发行人具有完善的劳动、人事及工资管理制度,发行人人员独立于其控股股东华能集团;发行人的总经理、副总经理、总会计师等高级管理人员不在控股股东华能集团及其控制的其他企业中担任除董事、监事以外的其他职务,不在控股股东华能集团及其控制的其他企业领薪;发行人的财务人员不在控股股东华能集团及其控制的其他企业中兼职。

(五)经德恒律师核查并经发行人确认,发行人建立了独立的财务核算体系,能够独立作出财务决策,具有规范的财务会计制度和对子公司的财务管理制度;发行人拥有独立的银行账户,未与控股股东华能集团及其控制的其他企业共用银行账户。

(六)经德恒律师核查并经发行人确认,发行人设立了健全的组织机构体系,独立行使经营管理职权,董事会、监事会及其他内部机构独立运作,不存在与华能集团及其控制的其他企业间机构混同的情形。

(七)经德恒律师核查,发行人在独立性方面不存在缺陷。

经核查,德恒认为:发行人具备业务、资产、人员、财务和内部机构设置的独立性,其经营不依赖任何股东,具有面向市场自主经营的能力。

六、发行人的控股股东

华能集团现直接及间接持有发行人65.53%的股份,为发行人的控股股东。

国务院于1988年8月24日下发《国务院办公厅关于组建中国华能集团公司的复函》(国办函〔1988〕44号),同意成立中国华能集团公司。华能集团于1989年3月31日成立,现持有国家工商总局颁发的《企业法人营业执照》(企业注册号:100000000010028),企业性质为全民所有制,华能集团的出资人为国务院。

德恒经核查后认为,发行人的控股股东华能集团为依法设立、有效存续并独立享有民事权利和承担民事义务的企业法人,不存在可能终止其法人资格的情况,过往三年不存在重大违法、违规行为,具有法律、法规和规范性文件规定担任发行人的控股股东的资格。

七、发行人的业务

根据发行人的《营业执照》,发行人经营范围为"风力发电、城市垃圾发电、太阳能利用、潮汐发电及其他新能源项目的投资、开发、组织生产、工程建设;工程建设设备、材料、工艺的研制、开发、设计、生产、销售、成套集成、成果转让;项目投资管理"。

根据发行人提供的资料并经德恒律师核查,发行人的主营业务为风力发电业务。

经核查,德恒认为:

1. 发行人的经营范围已取得相关批准及许可并已经在国家工商总局核准登记,发行人实际经营业务与发行人的《营业执照》所记载的经营范围相符,符合有关法律、法规和规范性文件的规定。

2. 根据德恒律师的核查,发行人自成立以来,上述主营业务未发生变更;根据经审计的财务报表,发行人过往三年的业务收入和利润主要来自其主营业务,发行人的主营业务突出。

3. 根据发行人的《营业执照》和《公司章程》,发行人为永久存续的股份有限公司,并依照法律、法规及规范性文件的规定在其经营范围内开展经营活动。发行人下属子公司的经营已取得业务经营所需的许可、资格、资质、授权以及批准。

八、发行人的主要财产

(一)对外投资

截至2013年5月31日,发行人在中国境内的重大股权投资共计67项,其中有48家全资子公司、14家控股子公司、5家参股公司;境外股权投资1项,为1家全资子公司。

经核查,德恒认为:

1. 发行人上述子公司均依中国法律合法设立并有效存续,截至本法律意见书出具之日,不存在按照中国法律可能被撤销或终止的情形。

2. 截至本法律意见书出具之日,发行人上述子公司产权清晰。

3. 发行人上述子公司已取得在中国境内外从事其经营范围内业务所必需的业务资质和许可,该等资质均系有权部门颁发,均尚在有效期内,所实际从事的业务符合法律法规的有关规定。

4. 发行人上述子公司不存在重大的违反中国法律、法规及规范性文件或国家政策的情况,不存在影响其持续经营和本次增发H股的实质性重大法律障碍。

(二)土地使用权

1. 经德恒律师核查,发行人主要通过出让方式和保留划拨方式取得土地使用权。

依据《关于改革土地估价结果确认和土地资产处置审批办法的通知》(国土资发〔2001〕44号)及《划拨用地目录》(国土资源部令第9号)的规定,企业原使用的划拨土地,改制后只要用途符合法定的划拨用地范围,经相关土地管理部门批准,可继续以划拨方式使用(简称"保留划拨")。发行人通过保留划拨方式取得使用权的土地,均已取得县级以上土地管理部门关于保留划拨的批复以及相应的《国有土地使用证》。

2. 根据发行人确认并经德恒律师核查,发行人均按照政府许可的用途使用上述土地,不存在因违反规定的用途被处罚的情况和风险。发行人合法取得所使用土地的使用权,在《国有土地使用证》载明的土地用途范围内,有权依法独立享有占有、使用该等土地。在履行完土地使用权出让手续并交纳土地使用权出让金或经土地所在地县级以上人民政府批准并以转让、出租、抵押所获收益抵交土地使用权出让金后,发行人可以依法转让、出租、抵押该等土地使用权。

3. 对于正在办理出让或保留划拨手续的土地,发行人均已经依据法律法规的要求取得了相关土地行政主管部门出具的建设项目用地预审意见,确认该等土地用于项目建设符合国家产业政策或土地政策。

4. 对于在建工程占用的尚待办理《国有土地使用证》的土地,发行人均已经依据法律法规的要求取得了相关土地行政主管部门出具的建设项目用地预审意见,确认该等土地用于项目建设符合国家产业政策或土地政策。

5. 根据发行人确认并经德恒律师核查,截至本法律意见书出具之日,发行人自有土地使用权无抵押、第三者优先购买权、查封、其他权利受限制的情况或任何可能造成上述情形的协议。

(三)自有和租赁的房屋

1. 经发行人确认并经德恒律师核查,发行人拥有的房屋所有权合法有效,不存在产权法律纠纷或潜在纠纷,且发行人均按照权证载明的用途使用该等房屋。发行人自有房屋不涉及抵押、第三者优先购买权或任何可能造成上述情形的协议。

2. 经核查,德恒认为发行人租赁的房屋的行为均合法有效。出租方依法有权将该等房屋出租给发行人。该等房屋的《房屋租赁协议》符合中国有关法律和法规的要求,对协议各方构成合法、有效的约束力。

(四)海域使用权

经德恒律师核查并经发行人确认,发行人下属子公司依法享有已取得《海域使用权证书》项下的海域使用权。发行人均按照政府许可的用途使用该等海域,不存在因违反规定的用途被处罚的情况和风险。

(五)知识产权

1. 自有注册商标

依据发行人提供的资料并经德恒律师核查,截至本法律意见书出具之日,发行人持有的境内注册商标均已取得了国家工商总局商标局核发的《注册商标证》。

2. 被许可使用的注册商标

华能集团和发行人于2010年8月6日签订《商标使用许可合同》,华能集团许可发行人及其下属子公司无偿使用华能集团的注册商标"HUANENG"和"華能",《商标使用许可合同》的有效期为10年,在符合有关法律法规及发行人上市地的上市规则要求的情况下,经发行人书面申请并经华能集团书面同意,合同有效期将自动延长3年。

3. 域名

根据发行人提供的《中国国家顶级域名证书》并经德恒律师核查,截至本法律意见书出具日,发行人已注册并正在使用的互联网域名均拥有注册证书。

经德恒律师核查,发行人上述知识产权未设置担保,不存在被采取查封、冻结或者扣押等司法(行政)强制措施以及划扣、拍卖等司法(行政)强制执行措施的情形。

九、关联交易

根据香港联交所上市规则对"关联方"的界定以及"关联交易"的调查结果,发行人已经与华能集团及其关联方签订了《保证合同》、《商标使用许可合同》、《房屋租赁合同》、《技术开发合同》、《监造合同》等关联交易协议。经核查,德恒认为:

1. 发行人的关联交易协议的内容和形式均不违反中国法律法规的有关规定,不存在损害发行人及其他股东利益的可能,也不会影响发行人此次股票的境外公开发行上市。根据发行人的确认,该等交易所规定的交易条件和内容是公平、合理的,符合正常的商业条件和一般的商业惯例。上述关联交易协议对双方均有约束力并可强制执行。

2. 为了避免和消除主要股东利用其主要股东地位在有关商业交易中影响发行人,从而使发行人作出对主要股东有利但可能会损害其他股东利益的决定,发行人在《公司章程》中规定了董事会、股东大会表决关联交易事项时,关联董事、关联股东对关联交易应执行回避制度,明确了关联交易公允决策的程序。发行人的该等制度为保护其他股东的权益和避免不正当交易提供了适当的法律保障。

根据发行人的确认和德恒律师核查,发行人已经依据相关的法律、法规对关联方、关联交易和为规范关联交易而采取的措施进行了充分的披露,不存在重大遗漏或重大隐瞒。

十、同业竞争

(一)经德恒律师核查,华能集团除发行人之外的其他下属企业,保留部分风电项目。依据《中华人民共和国可再生能源法》、《电网企业全额收购可再生能源电量监管办法》、《可再生能源发电有关管理规定》的规定,电网企业需要确保全额收购其电网覆盖范围内可再生能源并网发电项目的上网电量。

根据国家发改委发布的《关于完善风力发电上网电价政策的通知》,全国分资源区制定陆上风电标杆上网电价。按风能资源状况和工程建设条件,决定将全国分为四类风能资源区,相应制定风电标杆上网电价。自2009年8月1日起,新建陆上风电项目,包括沿海地区多年平均大潮高潮线以上的潮上滩涂地区和有固定居民的海岛地区,统一执行所在风能资源区的风电标杆上网电价,分别为每千瓦时人民币0.51元、0.54元、0.58元及0.61元。2009年8月1日之前核准的风电项目,上网电价仍按原有规定执行。

综上,德恒认为,发行人现有运营风电项目与华能集团未纳入发行人上市范围的现有运营风电项目不存在实质性同业竞争。

(二)发行人成立后,为避免华能集团与发行人未来产生潜在的同业竞争,华能集团与发行人分别于2010年8月6日和2010年11月23日签署《避免同业竞争协议》和《避免同业竞争协议补充协议》。根据上述协议,华能集团将发行人作为华能集团风电等新能源业务最终整合的唯一平台,用五年左右的时间促使系统内企业以市场化方式进行整合。同时,华能集团对发行人做出以下承诺:除目前的保留风电业务外,除非发行人放弃,华能集团及其全资子公司,并促使有控制权的非上市公司,将不会经营或参与与发行人形成竞争的新能源业务,并授予发行人在风电方面的新业务机会选择权、购买保留风电业务及若干未来有竞争的风电新业务的选择购买权以及在处置保留风电业务或有竞争的风电新业务时的优先受让权。

综上,德恒认为,华能集团与发行人签订的《避免同业竞争协议》和《避免同业竞争协议补充协议》,能有效避免双方之间可能的竞争。该协议内容合法、有效,对双方均有约束力并可强制执行,为有效避免同业竞争提供了法律保障。

十一、发行人的重大债权、债务

(一)德恒律师对发行人及其下属子公司正在履行的重大借款合同、重大担保合同以及对其生产、经营活动及资产、负债和权益产生显著影响的或所涉金额在1亿元人民币以上的重大经营合同进行了核查。

经核查,德恒认为,发行人正在履行的重大合同的内容及形式合法、有效,不存在因违反我国法律、法规等有关规定而导致不能成立或无效的潜在纠纷或风险。

（二）根据发行人的书面确认及德恒律师核查，截至本法律意见书出具日，发行人未因环境保护、知识产权、产品质量、劳动安全及人身权等原因产生重大侵权之债。

（三）其他应收、应付款

根据经审计的财务报表并经德恒律师核查，发行人金额较大的其他应收及应付款均为正常生产经营过程中发生的，合法有效。

十二、发行人重大资产变化及收购兼并

（一）发行人设立前的重大资产变化

1. 华能大理水电有限责任公司股权转让事宜

根据新能源有限与云南华能澜沧江水电有限公司于2008年签署的《关于华能大理水电有限责任公司股权转让合同》，新能源有限将其持有的华能大理水电有限责任公司60%的股权转让给云南华能澜沧江水电有限公司，股权转让价款为人民币15,000万元。根据华能大理水电有限责任公司于2008年10月21日作出的《临时股东会决议》，华能大理水电有限责任公司的股东大理白族自治州国有资产经营投资有限责任公司及云南电力投资有限公司均放弃对上述股份的优先购买权，并同意新能源有限将上述股权转让给云南华能澜沧江水电有限公司。

国务院国资委于2009年1月23日下发《关于华能大理水电有限责任公司国有股权协议转让有关问题的批复》（国资产权〔2009〕55号），同意新能源有限转让上述股权。

2. 华能启东风力发电有限公司股权转让事宜

根据新能源有限与华能国际电力股份有限公司于2009年3月31日签署的《华能启东风力发电有限公司股权转让协议》，新能源有限将其持有的华能启东风力发电有限公司65%的股权转让给华能国际电力股份公司，股权转让价款为人民币10,300万元。

国家开发银行股份有限公司企业局于2009年4月29日下发《关于同意转让华能启东风力发电有限公司股权的函》（开行企业函〔2009〕37号），同意新能源有限转让其持有的上述股权，并同意由华能启东风力发电有限公司直接承接公司通过国家开发银行对启东风电统借统还的基建贷款。

国务院国资委于2009年8月28日下发《关于华能启东风力发电有限公司国有股权协议转让有关问题的批复》（国资产权〔2009〕942号），同意新能源有限按协议价格转让上述股权。

3. 云和县石塘水电站产权的划转

2010年3月2日，新能源有限与华能综合产业公司签署《浙江省云和县石塘水电站73.4%股权无偿划转协议》，约定新能源有限将持有的浙江省云和县石塘水电站73.4%的股权及对应的全部权益自2009年11月30日起无偿划转给华能综合产业公司持有并管理。双方确认划转基准日为2009年11月30日，所划73.4%股权以浙江省云和县石塘水电站的专项审计报告数据作为划转依据。

华能集团于2010年3月16日下发《关于华能新能源产业控股有限公司划转云和县石塘水电站73.4%股权的批复》（华能资〔2010〕170号），同意本次股权划转事宜。

经核查，德恒认为，前述股权转让及产权划转行为履行了必要的法律手续，该等行为合法、有效。

（二）根据发行人说明并经德恒律师核查，截至本法律意见书出具之日，发行人无合并、分立、重大收购或出售资产、资产置换或剥离等事项的安排及计划。

十三、发行人公司章程的制定、修改与生效

（一）发行人设立时的章程

2010年8月4日，发行人的发起人召开第一次股东大会，审议通过发行人的公司章程。该章程已于2010年8月5日在国家工商总局备案登记，自发行人设立时生效。经德恒律师核查，发行人设立时的章程符合《公司法》及其他相关法律、法规和规范性文件的要求。

（二）《公司章程》

2010年8月6日，发行人2010年第一次临时股东大会审议通过了新的《公司章程（草案）》。该章程于发行人首次公开发行的H股在香港联交所上市交易之日生效。该章程是按《必备条款》、《补充修改意见》起草的，载明了《必备条款》、《补充修改意见》所规定的主要内容，符合其规定。《公司章程》未对《必备条

款》、《补充修改意见》规定的内容进行实质性修改或删除,不存在针对股东(特别是小股东)依法行使权利的非法的限制性规定。

2011 年 11 月 1 日,发行人 2011 年第一次临时股东大会审议通过了《关于修改〈华能新能源股份有限公司章程〉的议案》,根据首次公开发行 H 股的情况及香港联交所的相关监管要求,分别对股本数额、股票生效条件、董事会通知时间、发送董事会会议记录的时间及监事会召开方式等内容进行了修订。

综上,德恒认为:

1. 发行人设立时的章程的制定和修改符合《公司法》及其他中国法律、法规、规范性文件规定的程序。

2. 公司现行有效的《公司章程》的内容符合《公司法》、《必备条款》、《补充修改意见》及其他法律、法规和规范性文件规定的内容。

十四、发行人股东大会、董事会、监事会会议及规范运作

(一)发行人已根据《公司法》及其他相关法律、法规的规定,建立、健全了股东大会、董事会和监事会等组织机构,并在董事会下设审核委员会、薪酬委员会和提名委员会。发行人已经 2010 年 8 月 4 日第一次股东大会选举产生第一届董事会和第一届监事会组成人员;2010 年 8 月 2 日发行人职工大会选举产生一名职工代表监事。

(二)根据发行人提供的资料并经德恒律师核查,发行人历次股东大会、董事会、监事会的召集、召开程序和决议内容符合《公司法》及《公司章程》之规定,签署的决议和会议记录合法、真实、有效。

(三)根据发行人提供的资料并经德恒律师核查,发行人历次股东大会及董事会历次授权或重大决策行为合法、真实、有效。

(四)根据发行人《公司章程》,发行人的董事每届任期三年、监事每届任期三年,符合中国法律法规的规定。

综上,德恒认为,发行人已经根据其章程和有关法律、法规的规定设立了股东大会、董事会、监事会等组织机构,具备规范的公司治理结构,并且实现了规范运作。

十五、发行人董事、监事和高级管理人员及其变化

(一)发行人现任董事、监事、高级管理人员的任职情况见下表:

序号	姓名	推荐(委派)职务	在华能集团任职情况
1	曹培玺	董事长	华能集团总经理、华能国际电力开发公司董事长、华能国际电力股份有限公司董事长
2	张廷克	副董事长	华能集团副总经理、化能山东石岛湾核电有限公司董事长
3	赵克宇	董事	华能集团规划部主任
4	林　刚	董事、总经理	无
5	肖　俊	董事、副总经理	无
6	杨　青	董事、总会计师、副总经理	无
7	余春平	董事、副总经理	无
8	秦海岩	独立非执行董事	无
9	戴慧珠	独立非执行董事	无
10	周绍朋	独立非执行董事	无
11	尹锦滔	独立非执行董事	无
12	黄　坚	监事会主席	华能集团总经理助理、华能资本服务有限公司常务副董事长、华能国际电力股份有限公司非执行董事、华能海南发电有限公司董事长、华能碳资产经营有限公司董事长
13	王焕良	监事	华能集团审计部主任
14	于泽卫	职工代表监事	无
15	宋育红	董事会秘书	无
16	何　骥	副总经理	无
17	丁　坤	副总经理	无
18	胡　瑛	副总经理	无
19	关树森	副总经理	无

(二)发行人的董事、监事和高级管理人员的变化情况

1. 发行人经 2010 年 8 月 4 日召开的第一次股东大会选举曹培玺、黄龙、赵克宇、赵世明、牛栋春、杨青、何焱为第一届董事会董事,选举徐平和王焕良为第一届监事会股东代表监事;发行人职工大会选举梁宗信为第一届监事会职工代表监事;经 2010 年 8 月 4 日召开的第一届董事会第一次会议决议聘任赵世明为总经理,聘任牛栋春、杨青、何焱为副总经理,聘任杨青

为总会计师，聘任宋育红为董事会秘书；经2010年8月6日召开的2010年第一次临时股东大会增选秦海岩、戴慧珠、周绍朋和尹锦滔为第一届董事会独立非执行董事。

2. 发行人经2011年11月1日召开的2011年第一次临时股东大会选举张廷克为第一届董事会董事，选举黄坚为第一届监事会股东代表监事。

3. 发行人经2011年4月29日召开的第一届董事会第七次会议决议聘任丁坤、胡瑛为副总经理。

4. 发行人经2011年8月23日召开的第一届董事会第八次会议决议聘任关树森为副总经理。

5. 发行人经2012年2月23日召开的第一届董事会第十次会议决议聘任林刚为总经理。

6. 发行人经2012年6月26日召开的2011年年度股东大会选举林刚为第一届董事会董事。

7. 发行人经2012年7月27日召开的职工大会选举于泽卫为第一届监事会职工代表监事。

8. 发行人经2012年12月19日召开的第一届董事会第十四次会议决议聘任余春平、何骥为副总经理。

根据发行人提供的资料并经德恒律师核查，德恒认为：

1. 上述董事、监事和高级管理人员均不属于《公司法》规定不能担任公司董事、监事和高级管理人员职务的情况。其担任发行人董事、监事和高级管理人员的资格符合《公司法》及有关法律法规和规范性文件的要求。

2. 上述董事、监事的选举程序和高级管理人员的任命程序符合发行人《公司章程》的规定。

3. 根据对发行人各董事、监事及高级管理人员持股情况的审查，董事、监事及高级管理人员并不直接或间接持有发行人股份。

4. 发行人董事、监事、高级管理人员不存在法律法规禁止的交叉任职的情况。

十六、发行人的税务

(一)经德恒律师核查，发行人及其下属子公司已依法办理了税务登记。

(二)经德恒律师核查，发行人及其下属子公司所执行的税种、税率符合国家有关法律法规的规定。

(三)经德恒律师核查，发行人及其下属子公司享受的税收优惠和财政补贴均具有合法依据。

(四)经德恒律师核查，发行人及其下属子公司中已发生涉税事项的企业自2008年或自成立至今均未因纳税问题而受到重大处罚。

十七、发行人的环境保护和安全生产等事宜

(一)环境保护

发行人下属子公司均从事风力发电，其经营过程中不存在重大环境污染问题。发行人下属子公司近三年未因环境保护问题受到环境保护主管部门的重大行政处罚。

(二)安全生产

1. 依据《安全生产许可证条例》以及《电力安全生产监管办法》的规定，电力生产行业不实行安全生产许可证制度，国家电力监管委员会具体负责全国电力安全生产监督管理工作。

2. 发行人实际从事电力生产业务的下属子公司在电力生产经营中能够执行《电力安全生产监管办法》及其他相关法律、法规和规章的规定，最近三年内不存在因违反前述安全生产法律、法规和规章而受到行政处罚的情形，亦未发生重大安全生产事故。

综上，德恒认为：

1. 发行人的生产经营活动符合国家环境保护的有关法律、法规的要求，发行人及下属子公司近三年未有因违反有关环境保护法规而受到重大处罚的情况。

2. 发行人从事的电力生产业务活动符合国家安全生产有关法律、法规的要求，近三年未有因重大安全事故而受到处罚的情况。

十八、发行人本次募集资金的运用

根据发行人2013年6月7日召开的第一届董事会第十七次会议决议，本次增发H股的募集资金将用于一般公司用途。德恒经核查后认为公司本次增发H股募集资金投向符合相关法律法规的规定且经公司有权机关审议批准。

十九、重大诉讼、仲裁及行政处罚

(一)重大诉讼

1. 经德恒律师核查,截至本法律意见书出具之日,发行人不存在尚未了结的或可预见的对本次发行构成实质性不利影响的重大诉讼、仲裁案件。

2. 根据发行人确认及德恒律师核查,截至本法律意见书出具之日,发行人的董事、监事、高级管理人员不存在尚未了结的或可预见的重大诉讼、仲裁。

(二)重大行政处罚

经德恒律师核查并经发起人及发行人书面确认,发行人没有受到对本次增发 H 股具有实质性重大不利影响的重大行政处罚。

二十、结论意见

综上所述,德恒认为,发行人本次增发 H 股的申请符合《公司法》、《证券法》、《特别规定》等法律、法规和规范性文件的规定,具备增发 H 股的条件,发行人本次增发 H 股不存在法律障碍。发行人本次增发 H 股尚需取得中国证监会的核准以及香港联交所的批准或同意。

本法律意见书的标题仅为方便参考而拟定,不得作解释本法律意见书之用。

本法律意见书以中文制作,正本一式六份,仅供发行人本次增发 H 股之目的使用,未经本所事先书面同意,不得用作任何其他目的。

(本页以下无正文)

(此页为《北京德恒律师事务所关于华能新能源股份有限公司非公开发行境外上市外资股(H 股)事宜之法律意见》签署页)

北京德恒律师事务所

负 责 人:王 丽

经办律师:张杰军 丘 汝 王 璇

四、业务资格类

关于津投期货经纪有限公司
申请金融期货经纪业务资格的法律意见书

津投期货经纪有限公司:

天津观典律师事务所(下称:本事务所)接受津投期货经纪有限公司(下称:津投期货公司)的委托,指派邓露茸、柏高原律师(下称:本律师)就津投期货公司申请金融期货经纪业务资格事宜出具法律意见书,依照法律规定及律师执业规范,本着勤勉尽责的精神进行了审慎调查,并出具本法律意见书(下称:本意见书)。

1. 出具本意见书的依据

1.1 本律师出具本意见书的法律依据为:

1.1.1 《中华人民共和国公司法》;

1.1.2 《期货公司管理办法》;

1.1.3 《期货交易管理条例》;

1.1.4 《期货公司董事、监事和高级管理人员任职资格管理办法》。

1.2 本律师为出具本意见书审查了津投期货公司提交的下列文件资料:

1.2.1 津投期货公司《企业法人营业执照》;

1.2.2 津投期货公司《组织机构代码证》;

1.2.3 津投期货公司《经营期货业务许可证》;

1.2.4 《津投期货经纪有限公司章程》;

1.2.5 天津市工商行政管理局出具的津投期货公司 2010 - 2012 年无违反企业登记管理法律法规的《证明》;

1.2.6 天津市河西区地方税务局出具的津投期货公司 2011 年无欠税无税务处罚的《纳税证明》;

1.2.7 天津市河西区地方税务局出具的津投期货公司2012年无欠税无税务处罚的《纳税证明》；

1.2.8 天津市和平区人力资源和社会保障局出具的津投期货公司近二年无违反劳动保障法律、法规的情形的《证明》；

1.2.9 公司高管人员任职资格证明：

1.2.9.1 2013年2月22日天津证监局出具的《关于核准朱志水期货公司副总经理任职资格的批复》[津证监许可字(2013)8号]；

1.2.9.2 2012年2月9日天津证监局出具的《关于核准韩涛期货公司总经理任职资格的批复》[津证监许可字(2012)5号]；

1.2.9.3 2013年2月22日天津证监局出具的《关于核准赵晶期货公司首席风险官任职资格的批复》[津证监许可字(2013)9号]；

1.2.9.4 2004年2月10日天津证监局出具的《关于核准陆铁栋等三人期货经纪公司高级管理人员任职资格的通知》[津证监期货字(2004)3号]；

1.2.9.5 2013年2月22日关于选举李唐为津投期货公司董事长的《2013年度第一次临时董事会决议》；

1.2.9.6 2013年5月3日关于同意变更韩涛为津投期货公司总经理的《2013年度第二次临时董事会决议》。

1.2.10 公安机关出具的高级管理人员近2年未受到过刑事处罚的证明：

1.2.10.1 天津市公安局2013年6月25日出具的李唐在津期间无违法前科记录的《检索证明》[津刑检(2013)年Z13346号]；

1.2.10.2 天津市公安局2013年7月2日出具的韩涛在津期间无违法前科记录的《检索证明》[津刑检(2013)年Z14195号]；

1.2.10.3 天津市公安局2013年7月2日出具的朱志水在津期间无违法前科记录的《检索证明》[津刑检(2013)年Z14193号]；

1.2.10.4 天津市公安局2013年6月25日出具的赵晶在津期间无违法前科记录的《检索证明》[津刑检(2013)年Z13348号]。

1.2.11 地方税务局出具的高级管理人员未因涉嫌违反税收管理法律、行政法规正在被税务部门调查，在申请日前2年内未因违反税收管理法律、行政法规受到税务部门行政处罚的证明：

1.2.11.1 天津市地方税务局出具的韩涛2011年度《个人所得税完税证明》；

1.2.11.2 天津市地方税务局出具的李唐2011年度《个人所得税完税证明》；

1.2.11.3 天津市地方税务局出具的朱志水2011年度《个人所得税完税证明》；

1.2.11.4 天津市地方税务局出具的赵晶2011年度《个人所得税完税证明》；

1.2.11.5 天津市地方税务局出具的李唐2012年度《个人所得税完税证明》；

1.2.11.6 天津市地方税务局出具的朱志水2012年度《个人所得税完税证明》；

1.2.11.7 天津市地方税务局出具的赵晶2012年度《个人所得税完税证明》。

1.2.12 中国人民银行征信中心出具的公司高级管理人员《个人信用报告》：

1.2.12.1 中国人民银行征信中心出具韩涛的《个人信用报告》；

1.2.12.2 中国人民银行征信中心出具李唐的《个人信用报告》；

1.2.12.3 中国人民银行征信中心出具朱志水的《个人信用报告》；

1.2.12.4 中国人民银行征信中心出具赵晶的《个人信用报告》。

1.2.13 会计师事务所出具的近两年公司的审计报告：

1.2.13.1 华寅五洲会计师事务所2013年1月8日出具的《津投期货经纪有限公司2012年度财务报表审计报告》；

1.2.13.2 五洲松德联合会计师事务所2012年2月10日出具的《津投期货经纪有限公司2011年度财务报表审计报告》。

1.2.14 公司各高级管理人员出具的承诺书：

1.2.14.1 津投期货公司董事长李唐出具的《承诺书》；

1.2.14.2 津投期货公司总经理韩涛出具的《承诺书》；

1.2.14.3 津投期货公司副总经理朱志水出具的《承诺书》；

1.2.14.4 津投期货公司首席风险官赵晶出具的《承诺书》。

1.2.15 天津投资集团公司《企业法人营

业执照》。

1.2.16 天津投资集团公司《组织机构代码证》。

1.2.17 《天津投资集团公司章程》。

1.2.18 天津市工商行政管理局出具的天津投资集团公司 2010－2012 年无违反企业登记管理法律法规的《证明》。

1.2.19 天津市地方税务局出具的天津投资集团公司无违章处罚记录的《证明》。

1.2.20 天津市和平区人力资源和社会保障局出具的天津投资集团公司近 2 年无因违反劳动保障法律、行政法规受到调查、处罚记录的《证明》。

1.2.21 会计师事务所出具的天津投资集团公司近两年的审计报告:

1.2.21.1 华寅五洲会计师事务所出具的天津投资集团公司 2012 年度《审计报告》;

1.2.21.2 华寅五洲会计师事务所出具的 2012 年度《天津投资集团公司(合并)审计报告》;

1.2.21.3 五洲松德联合会计师事务所出具的《天津投资集团公司 2011 年度合并财务报表审计报告》。

1.2.22 天津投资集团公司出具的《承诺书》。

1.2.23 津投期货公司《2013 年第三次临时董事会决议》。

1.2.24 津投期货公司出具的《承诺书》。

1.3 本律师对津投期货公司提交的文件资料所做的审慎调查。

2. 本律师对本意见书发表如下声明:

2.1 津投期货公司已向本律师做出保证其已提交的全部资料、文件均真实、完整、合法、有效,所有复印件与原件核对无误;并承诺已对本次申请金融期货经纪业务资格的有关的资料、情况进行了及时、充分的披露,没有隐瞒任何可能影响申请金融期货经纪业务资格的情况、资料。

2.2 本律师为出具本意见书,对津投期货公司提交的文件资料的原件、复印件及副本的复印件及可能与本次审查相关的事宜进行了必要的审查、询问和调查。

2.3 本意见书将本意见书 1.2.13.1、1.2.13.2、1.2.21.1、1.2.21.2、1.2.21.3 所列的《审计报告》作为本律师发表法律意见的依据之一,而未对《审计报告》本身做出任何评价。

2.4 本律师同意将本意见书作为本次申请金融期货经纪业务资格的申报材料之一,随同其他申报材料一同上报审批部门。

3. 就津投期货公司申请金融期货经纪业务资格发表法律意见如下:

3.1 津投期货公司基本情况

根据天津市工商行政管理局颁发的《企业法人营业执照》(注册号:120000000004529),津投期货公司成立于 2004 年 5 月 31 日;注册资本:捌仟伍佰万元人民币;法定代表人:李唐;住所:天津市河西区马场道 59 号 A 座 9 层;经营范围:商品期货经纪。

根据《津投期货经纪有限公司章程》,公司股东出资计股权比例比例为:天津投资集团公司出资人民币 3500 万元,持有津投期货公司 41.1%股权;天津天狮集团有限公司出资人民币 3000 万元,持有津投期货公司 35.3%股权;天津海泰控股集团有限公司出资人民币 1000 万元,持有津投期货公司 11.76%股权;天津市供销商社出资人民币 1000 万元,持有津投期货公司 11.76%股权。

3.2 津投期货公司合法合规情况

3.2.1 行政方面

根据天津市工商行政管理局出具的《证明》,津投期货公司已参加 2010 年度、2011 年度、2012 年度年检,年检中未发现违反企业登记法律法规的行为;

根据天津市河西区地方税务局出具的《纳税证明》,津投期货公司 2011 年无欠税无税务处罚情况;

根据天津市河西区地方税务局出具的《纳税证明》,津投期货公司 2012 年无欠税无税务处罚情况;

根据天津市和平区人力资源和社会保障局出具的《证明》,津投期货公司近二年无违反劳动保障法律、法规的情形;

根据华寅五洲会计师事务所 2013 年 1 月 8 日出具的《津投期货经纪有限公司 2012 年度财务报表审计报告》,津投期货公司 2012 年度财务报表,财务状况无违法违规情况;

根据五洲松德联合会计师事务所 2012 年

2月10日出具的《津投期货经纪有限公司2011年度财务报表审计报告》，津投期货公司2011年度财务报表、财务状况无违法违规情况。

综上，本律师认为，津投期货公司近2年内未因违法违规受过行政处罚。

3.2.2　刑事方面

根据津投期货公司出具的《承诺书》，津投期货公司在经营活动中遵守国家法律法规，近3年未因违法违规经营被司法机关立案调查或受过刑事处罚。

根据本律师登录中国证券监督管理委员会网站查询，截至本法律意见书出具之日，未发现津投期货公司刑事或行政处罚记录。

综上，本律师认为，津投期货公司近两年内未受过刑事处罚，未因违法违规经营受过行政处罚，且不存在因涉嫌违法违规经营正在被有权机关立案调查的情形。

3.3　津投期货公司高级管理人员基本情况

3.3.1　津投期货公司高级管理人员任职资格

根据《津投期货经纪有限公司章程》规定，公司现有高级管理人员四名，分别为：董事长李唐、总经理韩涛、副总经理朱志水、首席风险官赵晶。

根据2004年2月10日天津证监局出具的《关于核准陆铁栋等三人期货经纪公司高级管理人员任职资格的通知》[津证监期货字(2004)3号]，李唐任期货经纪公司总经理资格已经天津证监局核准；

根据《期货公司董事、监事和高级管理人员任职资格管理办法》第三十六条规定，取得经理层人员任职资格的人员，担任董事职务，不需重新申请任职资格，由拟任职期货公司按照规定依法办理其任职手续。故李唐已具备担任期货经纪公司董事的任职资格；

根据2012年2月9日天津证监局出具的《关于核准韩涛期货公司总经理任职资格的批复》[津证监许可字(2012)5号]，韩涛任期货经纪公司总经理资格已经天津证监局核准；

根据2013年2月22日天津证监局出具的《关于核准朱志水期货公司副总经理任职资格的批复》[津证监许可字(2013)8号]，朱志水任期货经纪公司副总经理资格已经天津证监局核准；

根据2013年2月22日天津证监局出具的《关于核准赵晶期货公司首席风险官任职资格的批复》[津证监许可字(2013)9号]，赵晶任期货经纪公司首席风险官资格已经天津证监局核准。

综上，本律师认为，上述高级管理人员任职程序、主体资格符合法律、法规规定，为适格的高级管理人员。

3.3.2　期货经纪公司高级管理人员合法合规情况

3.3.2.1　刑事方面

根据天津市公安局2013年6月25日出具的《检索证明》[津刑检(2013)年Z13346号]，津投期货公司董事长李唐在津期间无违法前科记录；

根据天津市公安局2013年7月2日出具的《检索证明》[津刑检(2013)年Z14195号]，津投期货公司总经理韩涛在津期间无违法前科记录；

根据天津市公安局2013年7月2日出具《检索证明》[津刑检(2013)年Z14193号]，津投期货公司副总经理朱志水在津期间无违法前科记录；

根据天津市公安局2013年6月25日出具的《检索证明》[津刑检(2013)年Z13348号]，津投期货公司首席风险官赵晶在津期间无违法前科记录。

综上，本律师认为，津投期货公司高级管理人员：董事长李唐、总经理韩涛、副总经理朱志水、首席风险官赵晶近两年未受过刑事处罚。

3.3.2.2　行政方面

根据天津市地方税务局出具的韩涛2011年度《个人所得税完税证明》，韩涛2011年无欠税情况，亦未受过税务处罚；

根据天津市地方税务局出具的李唐2011年度《个人所得税完税证明》、2012年度《个人所得税完税证明》，李唐2011年至2012年无欠税情况，亦未受过税务处罚；

根据天津市地方税务局出具的朱志水2011年度《个人所得税完税证明》、2012年度《个人所得税完税证明》，朱志水2011年至2012年无欠税情况，亦未受过税务处罚；

根据天津市地方税务局出具的赵晶2011年度《个人所得税完税证明》、2012年度《个人所得税完税证明》,赵晶2011年至2012年无欠税情况,亦未受过税务处罚。

综上,本律师认为,津投期货公司高级管理人员:董事长李唐、总经理韩涛、副总经理朱志水、首席风险官赵晶近两年不存在因违法违规经营受到行政处罚的情形。

3.3.2.3 个人信用方面

根据中国人民银行征信中心出具的李唐《个人信用报告》,津投期货公司董事长李唐无不良信用记录;

根据中国人民银行征信中心出具韩涛的《个人信用报告》,津投期货公司总经理韩涛无不良信用记录;

根据中国人民银行征信中心出具朱志水的《个人信用报告》,津投期货公司副总经理朱志水无不良信用记录;

根据中国人民银行征信中心出具赵晶的《个人信用报告》,津投期货公司首席风险官赵晶无不良信用记录。

综上,本律师认为,津投期货公司高级管理人员:董事长李唐、总经理韩涛、副总经理朱志水、首席风险官赵晶均无不良信用记录。

根据本律师登录中国证券监督管理委员会网站查询,截至本法律意见书出具之日,未发现津投期货公司高级管理人员:李唐、韩涛、朱志水、赵晶刑事或行政处罚记录。

根据津投期货公司董事长李唐、总经理韩涛、副总经理朱志水、首席风险官赵晶出具的《承诺书》,作为高级管理人员,近两年内未受过刑事处罚,未因违法经营受过行政处罚,无不良信用记录,且不存在因涉嫌违法违规经营正被有权机关调查的情形。

根据津投期货公司出具的《承诺书》,津投期货公司高级管理人员:李唐、韩涛、朱志水、赵晶近两年内未受过刑事处罚,未因违法经营受过行政处罚,无不良信用记录,且不存在因涉嫌违法违规经营正被有权机关调查的情形。

综上,本律师认为,津投期货公司高级管理人员董事长李唐、总经理韩涛、副总经理朱志水、首席风险官赵晶近2年内未受过刑事处罚,未因违法违规经营受过行政处罚,无不良信用记录,且不存在因涉嫌违法违规经营正在被有权机关调查的情形。

3.4 津投期货公司的控股股东和实际控制人合法合规情况

3.4.1 津投期货公司控股股东、实际控制人情况

3.4.1.1 津投期货公司控股股东情况

天津投资集团公司持有津投期货公司41.18%的股权,为津投期货公司最大股东,持有的股权所享有的表决权已足以对股东会的决议产生重大影响,故津投期货公司控股股东为天津投资集团公司。

3.4.1.2 津投期货公司实际控制人

天津投资集团公司作为津投期货公司控股股东,持有津投期货公司41.18%的股权,其注册资本为壹拾捌亿玖仟捌佰万元人民币,为国有独资公司。

天津海泰控股集团有限公司作为津投期货公司股东,持有津投期货公司11.76%的股权,其注册资本为贰拾伍亿陆仟壹佰伍拾叁万元整,为国有独资公司。

综上,津投期货公司实际控制人应为国有资产监督管理机构。

3.4.2 津投期货公司的控股股东合法合规情况

3.4.2.1 行政方面

根据天津市工商行政管理局2013年6月28日出具的《证明》,天津投资集团公司已参加2010年度、2011年度、2012年度年检,年检中未发现违反企业登记管理法律法规的行为;

根据天津市地方税务局2013年7月4日出具的《证明》,天津投资集团公司目前无违章处罚记录;

根据天津市和平区人力资源和社会保障局2013年6月28日出具的《证明》,天津投资集团公司不存在因违反劳动保障法律、行政法规正在被调查的情形,且在近2年内不存在因违反劳动保障法律、行政法规受到调查和处罚的情形;

根据五洲松德联合会计师事务所出具的《天津投资集团公司2011年度合并财务报表审计报告》,天津投资集团公司2011年度合并过程的财务报表、财务状况无违法违规情况;

根据华寅五洲会计师事务所出具的天津投资集团公司2012年度的《审计报告》,天津投资

集团公司2012年度的财务报表、财务状况无违法违规情况；

根据华寅五洲会计师事务所出具的《天津投资集团公司(合并)审计报告》，天津投资集团公司2012年度合并过程的财务报表、财务状况无违法违规情况。

综上，本律师认为，天津投资集团公司近2年内未因违法违规受过行政处罚。

3.4.2.2　刑事方面

根据天津投资集团公司出具的《承诺书》，天津投资集团公司作为津期货公司的控股股东，近3年内未受过刑事处罚，未因违法违规经营受过行政处罚，且未因涉嫌违法违规经营被有权机关立案调查；

根据本律师登录中国证券监督管理委员会网站查询，截至本法律意见书出具之日，未发现天津投资集团公司行政或刑事处罚记录。

综上，本律师认为，天津投资集团公司近2年内未受过刑事处罚，未因违法违规经营受过行政处罚，且不存在因涉嫌违法违规经营正在被有权机关立案调查的情形。

4. 关于本次申请金融期货经纪业务资格的董事会决议效力

2013年7月25日，津投期货公司召开第三届董事会2013年第三次临时董事会会议，并通过决议：同意向中国证监会申请金融期货经纪业务资格。

经审核《津投期货经纪有限公司章程》及上述董事会决议，本律师认为，上述董事会决议真实有效，符合法律法规及《津投期货经纪有限公司章程》的规定。

5. 结论意见：

综上所述，本律师认为，津投期货公司本次申请金融期货经纪业务资格符合《期货公司管理办法》第十二条第(六)项、第(八)项、第(九)项和第(十一)项规定的条件，且关于此次申请金融期货经纪业务资格的董事会决议合法有效，津投期货公司可向证监会申请金融期货经纪业务资格。

(本意见书主文完毕)

本法律意见书正本一式陆份。

说明：

1. 本意见书除仅供津投期货公司作为本次申请金融期货经纪业务资格上报材料之外，没有其他任何法律意义，亦不可用于其他任何用途；

2. 本意见书未对除本意见书所指明事项以外的任何事宜有任何评价；

3. 本意见书的修改权及最终解释权属天津观典律师事务所。除本所外，其他任何人对本意见书的全部或部分条款做出的阐释、演绎、注解、引申等均为无效。

天津观典律师事务所

负　责　人：邓露茸

经办律师：伯高原

附　录

2013年资本市场法制建设大事记

一月

1月7日，中国证监会正式发布《证券投资基金编码规范》、《证券投资基金参与方编码规范》、《股指期货业务基金期货数据交换接口》及《证券期货业网络时钟授时规范》四项金融行业标准，促进市场规范发展。《证券投资基金参与方编码规范》以及《证券投资基金编码规范》两项行业标准，规定了证券投资基金参与方以及产品编码的编码规则，建立了统一分配管理机制。《股指期货业务基金期货数据交换接口》行业标准，统一了基金公司参与股指期货业务的数据交换格式。《证券期货业网络时钟授时规范》明确了证券期货业网络时钟的授时规范，对证券期货业采用的时钟源及设备要求、网络时钟授时系统的建设与运行维护要求，以及交易所与会员机构的时间同步要求等进行了明确的规定。

1月7日，中国证监会召开会计监管会议，总结2012年资本市场会计监管工作，分析资本市场会计监管面临的形势和存在的问题，并部署下一步工作。会议指出，会计师事务所要充分认识到质量是会计师事务所的生命线，切实从重规模、轻质量的“粗放型”发展模式转变为质量至上的品牌发展模式上来，不断提高执业质量，全面提升服务资本市场的能力；证券监管机构要秉承监管与服务并重的理念，进一步加大对会计师事务所违法违规行为的查处力度，健全诚信档案建设，同时不断提升监管服务水平，为会计师事务所营造良好的执业环境。

1月7日，证监会制订并发布了《证券期货业统计指标标准指引》（以下简称《指引》），这是自资本市场建立以来，中国证监会首次对外发布的全行业、系统性、规范化的统计指标标准指引，是重要的统计基础规范，填补了证监会系统统计指标标准的空白。《指引》用于规范证券期货监管系统内部的统计工作。按照急用先行等原则，《指引》对证券期货行业的统计指标进行了全面梳理，目前形成了99个一级统计指标。《指引》中每个指标的要素包括指标代码、基本定义、统计属性、指标种类、指标说明、相关制度规则等。

1月8日，中国证监会发布非上市公众公司监管指引第1号、2号、3号。作为《非上市公众公司监督管理办法》的配套规则——《非上市公众公司监管指引第1号——信息披露》、《非上市公众公司监管指引第2号——申请文件》和《非上市公众公司监管指引第3号——章程必备条款》，自公布之日起正式实施。这些监管指引的主要内容包括：信息披露指引，披露内容主要包括公司基本情况、业务与产品、财务状况；年报和半年报的披露内容比照进行；公司可以自主约定和选择信息披露平台；公司和董监高有保证披露内容真实准确完整的义务。申请文件指引，该文件主要规定有非上市公众公司申请核准时需要编制和报送的申请文件目录；公司应保证申请文件的内容真实、准确、完整，证券公司和证券服务机构要保证出具的文件内容真实、准确、完整。章程必备条款指引，该文件采用必备条款的形式，内容主要体现《监管办法》关于公司治理的规定，不做具体条款规定，只做原则性要求，公司根据自己的实际情况做具体落实。

1月8日，中国证监会在北京召开“首次公开发行（IPO）在审企业2012年度财务报告专项检查工作会议”，对此次专项检查工作做出动员和部署。会议强调,此次专项检查并不改变发行人和各中介机构的责任体系,发行人仍然是信息披露第一责任人,各派出机构会后应以适当方式将此次会议精神尽快传达给发行人,以便中介机构开展自查工作。各保荐机构、会计师应在2013年3月31日之前将自查工作报告报送证监会。无法在规定时间内提交自查报告的,应向证监会提出中止审查的申请。在规定期限内不提交自查报告,又未及时提出中止申请的,将按照《中国证券监督管理委员会行政许可实施程序的规定》,对有关申请给予终止审查。在对创业板公司自查时,若创业板首发公司2012年度经营业绩出现下滑,导致不符合发行条件的,发行人和保荐机构应尽快撤回发行上市申请。此外,根据《证券法》的相关规定,发行人向证监会报送的证券发行申请文件必须真实、准确、完整。中介机构在自查工作中发现重大问题后,应及时向发行监管部门及辖区证监局报告。

1月14日,中国证监会主席郭树清在亚洲金融论坛上发表演讲,郭树清就中国资本市场的发展近况和下一步的政策开放做了阐述,包括,进一步放松行政管制,改进新股发行制度,完善退市制度,强化上市公司分红,加快多层次资本市场建设以及进一步扩大内地资本市场的对外开放等。郭树清表示,将按照"逐步实现人民币资本项目可兑换"的总体要求,从中国资本市场发展的实际需要出发,稳步提高市场开放的广度和深度。重点针对资本账户中尚未实现完全可兑换的项目,进一步优化开放政策工具,更多地采用有条件的总体监控措施,逐步代替简单化的硬性规定。

1月21日,2013年全国证券期货监管工作会议在北京召开。中国证监会主席郭树清提出了2013年改革和监管十个方面的重点工作,对2013年重点工作做出部署:一是加快发展多层次资本市场。二是进一步深化发行和退市制度改革。三是不断促进上市公司质量提升。四是进一步发挥期货市场服务实体经济功能。五是大力培育机构投资者队伍。六是继续引导各类中介机构规范发展。七是继续积极稳妥地推进对外开放。八是持之以恒地做好投资者教育和服务。九是切实改进市场监管和执法。十是进一步营造有利于资本市场创新发展的政策环境。

1月22日,中国证监会在京召开全系统纪检监察工作会议,传达学习十八届中央纪委二次全会精神。中国证监会党委书记、主席郭树清就贯彻党的十八大和中央纪委二次全会精神提出总体要求,纪委书记黎晓宏对2013年纪检监察工作作具体部署。郭树清强调,要坚定不移反对腐败,严格落实党风廉政建设责任制。坚持有案必查、有腐必惩。认真执行党风廉政建设责任制,落实"一岗双责",做到监管工作与反腐倡廉"两不误、两促进"。

1月23日,中国证监会在北京举行稽查立功表彰大会,对2011至2012年度稽查执法一、二、三等功和嘉奖的46个先进集体、32名先进个人进行表彰。据统计,2008年至2012年,证监会共新增案件调查1458起,作出行政处罚决定276件,罚没款金额总计6亿元,移送公安机关案件125起,处理打非线索1325起。

1月25日,中国证监会召开新闻通气会,发布了《黄金交易型开放式证券投资基金暂行规定》,共九条,分别对黄金ETF的定义、投资范围、风险控制、相关主体责任、监管要求等内容进行了规范。

1月25日,中国证监会召开新闻通气会,公布了《非银行金融机构开展证券投资基金托管业务暂行规定(征求意见稿)》(以下简称《暂行规定》),并向社会公开征求意见。《暂行规定》共十九条,规定了非银行金融机构开展基金托管业务的准入条件,主要包括净资产指标、专门托管部门设置、系统配备、人员素质、制度建设等。在防范利益冲突方面,要求非银行金融机构不从事与托管业务潜在重大利益冲突的其他业务,切实保障托管职责的有效履行。在审核程序方面,按照《基金法》规定,非银行金融机构基金托管资格申请只需报证监会审核,并在受理后20个工作日内做出行政许可决定。在申请材料报送要求及审核方式上,与商业银行托管资格许可一致。

1月29日,大陆方面证券及期货监督管理机构负责人郭树清先生及台湾方面金融监督管理机构负责人陈裕璋先生在台北共同主持了首次两岸证券及期货监管合作会议,就ECFA框架下进一步加强两岸资本市场合作的有关事宜进行了富有成效的磋商。会议的主要情况及取得的主要成果包括进一步加强两岸证券及期货监督管理合作机制;双方将共同推动两岸资本市场在资金双向流动及机构准入等方面进一步加强合作;双方就允许大陆企业直接赴台上市的有关议题进行了有益的交流。

二月

2月2日,中国证监会公布《全国中小企业股份转让系统有限责任公司管理暂行办法》(以下简称《暂行办法》),自公布之日起实施。《暂行办法》共6章35条,包括总则、全国股份转让系统公司的职能、全国股份转让系统公司的组织结构、全国股份转让系统公司的自律监管、监督管理及附则。

2月8日,中国证监会正式公布《证券期货业信息系统运维管理规范》和《期货经纪合同要素》两项金融行业标准。《证券期货业信息系统运维管理规范》对证券期货行业信息系统的运行维护管理工作进行了规范。《期货经纪合同要素》明确了期货公司与客户间期货经纪合同的必备要素。

2月8日,全国中小企业股份转让系统有限责任公司发布《全国中小企业股份转让系统业务规则(试行)》以及涉及相关业务规定和细则、交易结算、两网公司及退市公司、相关业务指引以及收费事宜的十四个配套文件。业务规则明确规定,对企业挂牌不设财务指标,申请挂牌公司不受股东所有制性质的限制,也不限于高新技术企业,这标志着全国场外市场运行制度初步建立。

2月18日,中国证监会公布了《资产管理机构开展公募证券投资基金管理业务暂行规定》(以下简称《暂行规定》)。《暂行规定》共十八条,主要规定了申请开展基金管理业务的资产管理机构应当具备的条件。在业务运营方面,上述机构开展基金管理业务应当统一适用《证券投资基金法》及配套法规的有关规定,《暂行规定》主要从业务独立、风险隔离、公平交易、利益冲突防范等方面提出了要求,并对监督管理和处罚方面进行了规定。

2月20日,中国证监会公布了《私募证券投资基金业务管理暂行办法(征求意见稿)》(以下简称《暂行办法》),并向社会公开征求意见。《暂行办法》共7章,38条,分为总则、基金管理人登记、合格投资者、业务规范、监督管理、法律责任、附则等部分。《暂行办法》还根据新基金法的规定,对私募基金募集方式、财产托管、信息提供、从业人员、管理人禁止性行为及内控和风控要求等进行了原则性规定,对违反办法的行为规定了相应的处罚措施。

2月20日,中国证监会公布了《关于进一步规范期货营业部设立有关问题的规定》(以下简称《规定》)。《规定》自公布之日起施行。《规定》的主要内容包括:一是降低营业部的准入门槛,放宽营业部设立与分类评价结果挂钩的条件。二是简化营业部设立的审核程序,减少审核中的征求意见环节。三是将拟设营业部开业前的验收检查改为开业后的备案管理。

2月21日,中国证监会正式公布《期货公司风险监管指标管理办法》(以下简称《办法》)及《关于期货公司风险资本准备计算标准的规定》(以下简称《规定》)。自2013年7月1日起实施,《办法》修订的内容主要包括三个方面:一是适应期货公司创新业务发展需要,建立风险资本准备概念;二是在风险可控的前提下放松对期货公司的资本管制;三是体现扶优限劣政策导向,以净资本为核心的风险监管指标与公司分类评价结果挂钩。

2月22日,中国证监会召开新闻通气会,对外公布《关于修改〈开放式证券投资基金销售费用管理规定〉的决定(征求意见稿)》。

2月22日,证监会通报冯大明、孙伟、李明智、邹炎涉等人涉嫌内幕交易案情况,通报夏侯文浩涉嫌利用未公开信息交易股票案情况。

2月22日　中国证监会通报投资者保护工作推进情况,探索与投资者直接对话的方式与渠道,开展投资者教育,强化投资者服务,设立投资者服务办公室,借鉴国际经验,推动证券行业调解制度试点工作。同时将继续加强法规建设,制定专门的规定,规范各市场主体在投资者保护方面的职责义务、行为规范、监管处罚。在起草各项规章政策的过程中,注意听取投资者尤其是中小投资者的意见。

三月

3月3日,中国证监会圆满完成2012年建议提案办理工作。2012年,证监会共承办全国人大代表建议和全国政协委员提案共计246件,目前已全部办理完毕。其中,主办30件,独办、分办 59 件,协(会)办 128 件,转信、参阅办理 29 件。

3 月 6 日,中国证监会向社会公布《人民币合格境外机构投资者境内证券投资试点办法》和《关于实施〈人民币合格境外机构投资者境内证券投资试点办法〉的规定》。修改主要内容包括扩大试点机构类型,放宽投资范围限制,明确了 RQFII 投资范围和持股比例等相关要求,简化了申请文件,便利试点机构的投资运作。

3 月 12 日,中国证监会批准大连商品交易所开展焦煤期货交易。

3 月 13 日,财政部、中国人民银行和中国证监会联合发布《关于开展国债预发行试点的通知》(以下简称《试点通知》),决定开展国债预发行试点。《试点通知》明确了国债预发行业务的基本原则,强调国债预发行参与者应当具备一定的证券投资经验和风险承担能力。禁止以任何形式操纵国债预发行价格。

3 月 14 日,中国证监会将《基金管理公司固有资金运用管理暂行规定(征求意见稿)》(以下简称《暂行规定》)向社会公开征求意见,征求意见为期半个月。《暂行规定》共 21 条,扩大了固有资金的使用范围,允许固有资金用于以下投资:银行存款、债券、央行票据、证券投资基金、商业银行理财产品、特定客户资产管理计划、集合资产管理计划、集合资金信托计划、设立子公司、进行与经营资产管理业务相关的股权投资等,《暂行规定》不适用于风险准备金。《暂行规定》还对基金管理公司固有资金投资本公司管理的基金、投资股权等行为进行了规范,要求基金管理公司加强固有资金运用的授权管理,建立相应内控制度,对固有资金运用情况定期进行信息披露和总结评估,并规定了相关的监管措施。

3 月 14 日,中国证监会就《合格境内机构投资者境外证券投资管理试行办法》及其配套规则修订草案公开向社会各界征求意见。此次修订的内容主要包括以下几个方面:调整证券经营机构 QDII 业务的资格准入条件,进一步推动市场化改革;豁免基金管理公司境外子公司担任 QDII 业务的境外投资顾问的条件,理顺母子公司的合作机制;根据实践情况调整 QDII 产品的业绩披露标准;调整 QDII 产品投资金融衍生品的市场范围等。

3 月 14 日,中国证监会公布《公开募集证券投资基金风险准备金监督管理暂行办法(征求意见稿)》(以下简称《暂行办法》),并向社会公开征求意见。《暂行办法》的主要内容包括:一是明确了公募基金风险准备金制度的适用范围与指定用途;二是建立了基金托管人的风险准备金管理制度,完善了基金管理人风险准备金的有关管理规定并扩大了其投资范围,同时明确了基金管理人与托管人风险准备金在账户开立、资金划转与使用等方面的制度安排;三是确立了基金行业风险准备金的集中统一管理机制,确保基金管理人与托管人风险准备金的合规管理运作,充分保障公募基金持有人的合法权益。

3 月 15 日中国证监会组织相关单位,联合多家媒体开展"证券 3·15　维权在行动"主题宣传活动,帮助投资者了解维权手段、渠道,倡导增强维权意识。

3 月 15 日,中国证监会公布《证券投资基金销售机构通过第三方电子商务平台开展业务管理暂行规定》(以下简称《暂行规定》)。《暂行规定》明确规定了第三方电子商务平台和基金销售机构的备案要求、服务责任、信息展示、投资人权益保护、第三方电子商务平台经营者责任、账户管理、投资人资料及交易信息的安全保密、违规行为处罚等内容。

3 月 15 日,中国证监会发布《证券公司分支机构监管规定》(以下简称《规定》)。《规定》放开了证券公司设立分支机构的主体资格限制、地域限制和数量限制,支持证券公司依法自主设立分支机构,自主确定分支机构业务范围。

3 月 15 日,中国证监会公布《证券公司资产证券化业务管理规定》(以下简称《规定》)。《规定》降低了证券公司从事资产证券化业务的准入门槛,扩大了基础资产范围,提升了资产支持证券的流动性,促进证券公司发展资产证券化业务。

3 月中旬,中国证监会发布《非银行金融机构开展证券投资基金托管业务暂行规定》(以下简称《暂行规定》),自 2013 年 6 月 1 日起施行。发布的《暂行规定》共 19 条,规定了非银行金融机构开展基金托管业务的准入条件、申请材料要求以及审核程序与方式等。在基金托管职责履行、内控制度建设方面,非银行金融机构托管人与银行托管人一样,均应遵守《基金法》、《证券投资基金托管业务管理办法》相关规定。针对非银行金融机构的经营现状与业务特点,《暂行规定》从保护基金持有人角度出发,强调了资产独立、业务隔离、信息保密、从业人员管理、结算职责、风险准备金制度等方面的要求,并对监督管理和处罚方面进行了相应规定。

3 月 16 日,中国证监会发布修改后的《证券投资基金销售管理办法》及配套规则。

3 月 16 日,中国证监会将《证券公司股权激励约束机制管理规定(征求意见稿)》(以下简称《管理规定》)向社会公开征求意见。《管理规定》共 4 章 21 条,分为总则、一般规定、实施程序及信息披露要求、附则等部分。

3 月 20 日,中国证监会主席肖钢在北京会见香港特别行政区行政长官梁振英先生,双方就继续加强内地与香港资本市场的合作交换了意见。

3 月 29 日,中国证监会正式发布《公开发行证券的公司信息披露编报规则第 20 号——创业板上市公司季度报告的内容与格式》(2013 年修订)(以下简称《创业板季报规则》),自公布之日起施行。修订后的《创业板季报规则》共 4 章 19 条。

3 月底,中国证监会召开"做好行刑衔接强化执法合力座谈会",邀请最高人民法院刑事审判第二庭、最高人民检察院侦查监督厅和公诉厅、公安部经济犯罪侦查局(证券犯罪侦查局)和部分地区公安机关的代表座谈。面对证券执法仍然存在的一些困难和问题,需要重点围绕以下几个方面强化执法合力:一是进一步完善工作机制,充分发挥现有机制作用,健全沟通制度,强化信息共享,增强各执法环节的开放度与透明度。二是通过案件查办过程中的执法协作,就调查取证以及法律适用等事宜及时总结经验,不断形成共识。三是进一步突出行政执法与刑事司法衔接的工作重点,集中力量打击性质恶劣、严重危害市场秩序、严重损害投资者合法权益的违法犯罪行为,推动在一些难点问题上取得突破,做好重大典型案件的查办工作。

四月

4 月 2 日,中国证监会与中国银监会联合发布《证券投资基金托管业务管理办法》(以下简称《业务管理办法》),自 2013 年 4 月 2 日起施行。《业务管理办法》共 6 章 42 条,主要包括托管业务准入、托管职责履行、托管业务内部控制、托管监督管理等内容。

4 月初,证监会通报首次公开发行(IPO)在审企业自查阶段基本结束并完成第一批抽查企业的选取工作。中国证监会自去年末对在审 IPO 企业发出《关于做好首次公开发行股票公司 2012 年度财务报告专项检查工作的通知》后,至 3 月 31 日自查阶段已基本结束。截至 3 月 31 日,共收到 610 家企业的自查工作报告,其中,主板、中小板、创业板分别收到 138 家、265 家、207 家;因未完成自查工作而提交中止审查申请的有 107 家企业,其中,主板、中小板、创业板分别有 28 家、49 家、30 家。在此期间,提交终止审查申请的有 162 家企业,其中,主板、中小板、创业板分别为 9 家、47 家、106 家。

4 月 12 日,证监会通报强化稽查执法监测预警机制建设情况。近年来,监管部门着力强化稽查执法综合监测预警机制建设,成效日益显现。一是充分发挥交易所一线实时监察监控优势,各证券期货交易所均全面建立预警驱动、信息驱动相结合的异常交易监察模式,打造了性能先进、精准高效、国际一流的市场监控系统,形成了多渠道、多层次的案件线索分析发现机制。二是不断拓展通畅案件线索快速处理机制。三是持续推进稽查执法信息化系统建设。特别针对市场关注和投资者反映较为突出的利用网络虚假信息欺诈及操纵股价等问题,监管部门将在该系统中专门建设市场信息传闻监测子系统,基于云计算、云定位、云搜索等领先的网络技术功能,建立全面的虚假信息监测网络。

4 月 12 日,中国证监会同意启动期货市场连续交易试点。

4 月 19 日,中国证监会对外发布《关于进一步完善证券公司缴纳证券投资者保护基金有关事项的补充规定》(以下简称《补充规定》),下调证券公司缴纳证券投资者保护基金比例。《补充规定》明确,保护基金规模在 200 亿元以上时,4 大类 10 个级别的证券公司将分别按照营业收入的0.5%、0.75%、1%、1.5%、1.75%、2%、2.5%、2.75%、3%、3.5%的比例缴纳保护基金。

证监会对《公开发行证券的公司信息披露内容与格式准则第3号——半年度报告的内容与格式》(以下简称《半年报准则》)与《公开发行证券的公司信息披露编报规则第13号——季度报告内容与格式特别规定》(以下简称《季报规则》)进行了修订。本次修订遵循《年报准则》的修订原则,以投资者需求为导向,注意回应投资者最为关心的核心问题,简化披露内容。修订后的《半年报准则》、《季报规则》适用于主板、中小板上市公司,分别由4章51条和4章14条组成。

4月26日,中国证监会就修订《证券投资基金运作管理办法》对外公开征求意见。在修订内容上,主要包括三个方面:一是根据新《基金法》的规定作出相应调整,如拓宽管理人和托管人范围、明确对基金关联交易的要求、完善了召集基金份额持有人大会的程序等;二是进一步强化监管,加强风险防范和投资者保护,如提高对股票型基金仓位下限的要求、强化对基金分散投资的要求、明确规定基金投资的杠杆上限等;三是进一步放松管制,拓宽行业创新发展的空间,如取消拟募集基金不得与基金公司旗下现有基金雷同的规定、优化发起式基金通道并引入种子基金模式、进一步丰富基金的类别等。

4月27日,中国证监会对深圳市鹏城会计师事务所有限公司及相关责任人在绿大地欺诈发行上市时未勤勉尽责的行为作出行政处罚。

五月

5月4日,青年节来临之际,中国证监会党委书记、主席肖钢对证券期货监管系统青年的寄语。肖钢指出,资本市场二十余年发展由小及大,正加快形成多层次的市场体系,成为实现"中国梦"的重要载体。我国资本市场充满活力,青年人应当成为资本市场改革、创新、发展的生力军,为"中国梦"贡献青春力量。

5月7日,中国证券监督管理委员会和中国财政部与美国公众公司会计监察委员会签署执法合作备忘录,正式开展中美会计审计跨境执法合作。作为中美双方提供和交换各自管辖范围内调查相关审计文件的框架性协议,此备忘录的签署标志着中美会计审计跨境执法合作迈出了重要一步,为今后双方开展跨境协查打下了良好基础。

5月10日,中国证监会通报万福生科涉嫌欺诈发行及相关中介机构违法违规案。该案件行政调查现已终结。涉及行政处罚部分,现已进入行政处罚预先告知阶段。下一步,证监会将依照法定程序,作出正式处罚决定。根据《证券法》的相关规定,证监会拟责令万福生科改正违法行为,给予警告,并处以30万元罚款;对龚永福给予警告,并处以30万元罚款;同时对严平贵等其他19名高管给予警告,并处以25万元至5万元罚款。此外,拟对龚永福、覃学军采取终身证券市场禁入措施。同时,证监会拟对平安证券及相关人员采取以下行政处罚和行政监管措施:对平安证券给予警告并没收其万福生科发行上市项目的业务收入2555万元,并处以2倍的罚款,暂停其保荐机构资格3个月;对保荐代表人吴文浩、何涛给予警告并分别处以30万元罚款,撤销保荐代表人资格,撤销证券从业资格,采取终身证券市场禁入措施;对保荐业务负责人、内核负责人薛荣年、曾年生和崔岭给予警告并分别处以30万元罚款,撤销证券从业资格;对保荐项目协办人汤德智给予警告并处以10万元罚款,撤销证券从业资格。此外,证监会还对其他中介机构中磊会计师事务所、湖南博鳌律师事务所等也做出了处罚。

5月13日,中国证监会对云南绿大地生物科技股份有限公司及其相关责任人因欺诈发行上市、报送的报告存在虚假记载等行为作出行政处罚。

5月17日,中国证监会就《公开募集证券投资基金管理人管理办法》及配套的《关于实施〈公开募集证券投资基金管理人管理办法〉有关问题的规定》修订草案向社会公开征求意见。修订的主要内容包括:将基金公司与申请开展公募基金业务的其他机构一并纳入监管范围。进一步优化主要股东、非主要股东和境外股东的条件,降低基金公司的准入门槛。放宽基金公司股东"一参一控"、同业经营限制,弱化行业门槛管制,规范行业竞争秩序。强化基金公司激励约束机制,进一步规范股东、实际控制人行为。明确基金公司上市的行业监管要求,进一步取消部分行政许可项目。细化法律责任,强化监管措施等。

5 月 17 日,中国证监会公布《证券投资基金服务机构业务管理办法(征求意见稿)》,向社会公开征求意见。其主要内容包括重点强调了从事基金销售及销售支付业务时所应遵从的基金销售适用性原则、基金销售结算资金的安全及时划付等业务规范。规定了从事基金份额登记业务的机构应具备的基本条件、业务规范、利益冲突防范、持续监管等内容。明确了基金估值核算机构的资格条件、法定职责及注册程序等,同时要求基金管理人要审慎选择,强化对基金估值核算机构的评价和约束。适应基金行业不断专业化的需求,尊重基金管理人将部分投资业务外包给投资顾问的现实,满足基金投资人对理财规划和资产配置专业化服务的需求。将核心应用软件开发、信息系统运营维护、信息安全保障和基金交易电子商务平台等信息技术系统服务业务纳入监管。监督管理和法律责任上除明确相关行政处罚外,还规定中国证监会可以采取责令改正、监管谈话、出具警示函、公开谴责、暂停办理相关业务等行政监管措施。

5 月 17 日,中国证监会就《公开募集证券投资基金管理人董事、监事和高级管理人员监督管理办法(征求意见稿)》(以下简称《高管监管办法》)及其配套规则《关于实施〈公开募集证券投资基金管理人董事、监事和高级管理人员监督管理办法〉有关问题的规定》向社会各界公开征求意见。主要修订内容如下:一是按照新基金法的有关规定,将经证监会核准开展公募基金管理业务的资产管理机构的法定代表人、总经理、负责公募基金业务的副总经理、合规负责人等人员纳入监督管理,不留监管空白。二是明确要求基金管理人保障董事、监事的履职条件,同时增加了独立董事须每年报备年度工作报告、明确监事任职条件等强化独立董事的独立性及独立董事、监事勤勉尽责义务的内容,强调以基金份额持有人利益最大化为出发点。三是贯彻行政审批制度改革精神,简政放权,取消对基金托管人基金托管部门高管人员和基金管理人副总经理的任职审批,充分发挥市场主体自律遴选机制,合理调整对高管人员代行职务时间和兼职行为的规定,通过规定任职条件、相关信息备案、行业自律管理及对违法行为事后稽查处罚等方式加强后续监管。四是将任免信息报送方式由纸质申报改为电子化报送方式为主,适当延长信息报送时间。五是拟将实践中多年从事资产管理业务或者基金监管工作、具有丰富行业经验的人员认定为具有基金从业资格,以避免单纯考试存在的弊端。六是增加责令更换相关职务人员、认定为不适当人选等行政监管措施,丰富监管手段,提高处理措施的针对性和有效性,加大对违法违规行为的打击力度。

5 月 17 日,中国证监会通报对隆基股份、勤上光电、华塑股份、青鸟华光、海联讯、承德大路、西藏天路、宏磊股份 8 家上市公司信息披露违法违规行为进行立案调查的情况。证监会已对上述案件正式立案,目前正在调查过程中。

5 月 21 日,中国证监会党委中心组召开(扩大)学习会议,认真学习贯彻李克强总理在国务院机构职能转变动员电视电话会议上的重要讲话。证监会党委书记、主席肖钢就证监会系统如何转变职能作了讲话。肖钢指出,证监会作为监管部门,对不该管的事情,要坚决地放、逐步地放、放到位;法律允许放的,抓紧放,法规还不允许放的,修订法规条例后逐步地放;对不符合转变职能要求的行为,要坚决地改、逐步地改;对需要管好的事情,要坚决地管住、管好。

5 月 31 日,中国证监会通报对广东新大地生物科技股份有限公司(以下简称新大地)和山西天能科技股份有限公司(以下简称天能科技)及相关中介机构在公司申请首次公开发行股票过程中涉嫌违法违规案件的查处情况,以及对华锐风电科技(集团)股份有限公司(以下简称华锐风电)的立案情况。

六月

6 月 7 日,中国证监会与中国保监会联合发布《保险机构销售证券投资基金管理暂行规定》(以下简称《暂行规定》)。《暂行规定》明确了保险机构参与基金销售业务的具体监管要求,以及两会的监管职责和分工,有利于规范保险机构的基金销售活动,以满足投资人日益多样化的金融需求。

6 月 7 日,中国证监会发布修改后的《开放式证券投资基金销售费用管理规定》(以下简称《费用规定》),主要内容包括明确《费用规定》的适用范围,为依据《证券投资基金法》并经中国证监会注册的公开募集开放式证券投资基金。基金公司可以在产品设计时自主采用多种收费模式和收费水平,基金销售机构可以根据自身服务进行差异化收费。丰富基金销售费用收取方式。征收惩罚性赎回费,鼓励长期投资。取消基金管理人只能与基金销售机构总部签订销售协议的限制,支持符合条件的基金销售机构分支机构与基金管理人员签署销售协议并办理基金的销售业务等。

6月7日,中国证监会通报首次公开发行(IPO)在审企业财务专项检查第二批抽查企业产生情况。

6月7日,中国证监会就《关于进一步推进新股发行体制改革的意见》向社会公开征求意见,意见从推进新股市场化发行机制、强化发行人及其控股股东等责任主体的诚信义务、进一步提高新股定价的市场化程度、改革新股配售方式、加大监管执法力度,切实维护"三公"原则等五方面内容。在市场化发行方面,《意见》进一步提前招股说明书预先披露时点,发行人招股说明书申报稿正式受理后,即在中国证监会网站披露。IPO企业可以申请先行发行公司债,或以股债结合的方式融资。批文核准发行后新股发行时点由发行人自主选择,放宽首次公开发行股票核准文件的有效期至12个月。发行人诚信义务方面,要包括发行人股票减持价格承诺、股价稳定预案、持股5%以上股东减持意向等。在提高定价市场化方面,措施包括发挥个人投资者参与发行定价作用等。配售方面,网下配售的新股中至少40%应优先向公募证券投资基金和由社保基金投资管理人管理的社会保障基金配售;调整回拨比例等。

6月7日,中国证监会与保监会联合发布了《保险机构投资设立基金管理公司试点办法》(以下简称《试点办法》)。《试点办法》分为总则、申请程序、风险控制、监督管理和附则共5章21条,主要规定了保险机构投资设立基金管理公司的申请程序、风险控制要求、监管合作与沟通机制等。其中,在申请主体方面,申请投资设立基金管理公司的保险机构,包括保险公司、保险集团(控股)公司、保险资产管理公司和其他保险机构。在申请程序方面,申请投资设立基金管理公司的保险机构,应当符合中国保监会有关股权投资的规定。

6月21日,中国证监会通报对河南天丰节能板材科技股份有限公司及相关中介机构在公司申请首次公开发行股票(IPO)过程中涉嫌违法违规的立案情况,对国信证券股份有限公司在隆基股份发行过程中涉嫌违法违规的立案情况,以及对青海贤成矿业股份有限公司在再融资过程中涉嫌违法违规的立案情况。

6月28日,中国证监会通报修订《证券公司客户资产管理业务管理办法》(以下简称《管理办法》)、《证券公司集合资产管理业务实施细则》(以下简称《集合细则》)有关情况。修订主要内容包括修改《管理办法》和《集合细则》的调整范围,删除投资者超过200人的集合计划的相关规定。按照新《基金法》非公开募集基金的统一规定,调整证券公司资产管理计划的监管要求。同时,关于证券公司现存投资者超过200人的集合计划的后续处理,证监会将继续深入研究制定证券公司现存投资者超过200人的集合计划的后续处理方案,包括:符合条件的转为公募基金;维持集合计划形式,继续存续运作;终止集合计划;转为私募基金等。为维护政策的统一性和执行的一致性,待关于现存各类理财产品的规范政策明确后,将出台相关指导性文件明确证券公司现存投资者超过200人的集合计划的具体处理方案。

6月28日,中国证监会正式发布《公开发行证券的公司信息披露内容与格式准则第31号——创业板上市公司半年度报告的内容与格式》(2013年修订)(以下简称《创业板半年报准则》),自公布之日起施行。修订后的《创业板半年报准则》共4章53条。本次修订的主要内容包括:增加信息披露内容,突出创业板特色;突出风险因素披露,充分揭示风险;简化半年报摘要,提高信息披露的针对性;推进电子化披露,降低披露成本;对部分条款进行必要的调整、补充和完善。

七月

7月3日,财政部、中国人民银行和中国证监会联合发布《关于7年期国债开展预发行试点的通知》(以下简称《通知》)。

《通知》决定将7年期记账式国债作为首

批开展发行试点的券种。交易场所符合《试点通知》规定后即可开展7年期记账式国债预发行交易。

7月5日,证监会召开新闻发布会,通报华证期货闵明涉嫌挪用客户保证金案件、景兴纸业徐俊发等人涉嫌内幕交易案件移送公安机关情况。

7月5日,中国证监会发布了《关于修改〈关于建立股指期货投资者适当性制度的规定(试行)〉的决定(征求意见稿)》,向社会公开征求意见。本次修订内容的主要包括《规定》的名称、适用范围、核心原则等。一是修改《规定》的名称,将“股指期货”更换为“金融期货”,并去除“试行”二字。二是将《规定》适用范围扩大至整个金融期货领域,将相关条款中涉及“股指期货”的内容调整为“金融期货”。三是将“把适当的产品销售给适当的投资者”这一投资者适当性制度的核心原则在《规定》中予以明确。本次修订还对其他条款予以适当修改。

7月5日,中国证监会对外通报正式批准中国金融期货交易所开展国债期货交易。

7月9日,中国证监会召开党的群众路线教育实践活动动员大会,部署证监会系统开展群众路线教育实践活动。肖钢指出,证监会作为证券期货监管部门,直面市场,直面社会,直面亿万人民群众,必须贯彻群众路线,提高决策科学性。要进一步简政放权,转变职能,创新监管思维,把工作重点切实转到加强监管执法和保护投资者特别是中小投资者合法权益上来,努力建设让社会、市场和群众满意的监管机构。

7月12日,中国证监会、中国人民银行及国家外汇管理局决定将合格境外机构投资者(QFII)投资额度增加到1500亿美元,并将人民币合格境外机构投资者(RQFII)试点在新加坡、伦敦等地进一步拓展。

7月12日,中国证监会就《公开募集证券投资基金参与国债期货交易指引》向社会公开征求意见(以下简称《指引》)。《指引》共14条,对基金投资国债期货的投资策略、参与程序、比例限制、信息披露、风险管理、内控制度等提出了具体要求,主要内容:一是在投资策略上以套期保值为主,严格限制投机;二是针对不同类型的基金产品实行分类监管原则;三是按照套期保值、控制风险、循序渐进的思路,严格限制投资比例;四是明确基金管理公司参与国债期货交易的决策制度;五是引导基金管理公司和托管银行以审慎的态度对待基金参与国债期货交易的问题;六是强化基金参与国债期货交易的信息披露工作。

7月19日,证监会召开新闻发布会,通报顾某涉嫌内幕交易案和周某、万某涉嫌内幕交易案移送公安机关的情况。

7月26日,中国证监会发布《关于加强证券期货经营机构客户交易终端信息等客户信息管理的规定》。该《规定》明确规范了客户交易终端信息的采集内容、记录方式、存储期限等技术要求,强调了证券期货经营机构的相关义务。一是妥善管理义务,要求证券期货经营机构采集的客户交易终端信息必须真实、准确、完整;二是保密义务,证券期货经营机构应当对客户交易终端信息等客户信息承担保密义务;三是报告义务,发生影响客户交易终端信息安全的重大事件时,证券期货经营机构应及时向证券期货监管机构报告。

八月

8月1日,中国证监会主席肖钢在《求是》杂志发表署名文章《监管执法:资本市场健康发展的基石》。肖钢从加强监管执法是资本市场健康运行的重要前提、我国资本市场监管执法面临的形势和挑战和努力构建符合国情的资本市场执法体制机制三个方面阐述了其观点。肖钢指出,推进资本市场健康发展,需要我们提高运用法治思维深化改革、推动发展、化解矛盾、维护稳定的能力,探索加强监管执法的新路子。要建立健全“主动型”立法保障机制,加大制度供给力度。要建立健全“高效型”行政执法机制,提高监管作为能力。要建立健全“制约型”查审分离机制,提高行政执法工作水平。要建立健全“紧密型”政府部门协同机制,提高风险防范和处置能力。

8月2日,中国证监会公布《基金管理公司固有资金运用管理暂行规定》(以下简称《暂行规定》)。《暂行规定》明确了固有资金运用的定义、扩大了固有资金的投资范围,同时提出了固有资金运用的原则及要求,规定了基金管理公司应当在公司治理、内部控制、决策交易、关联交易、信息披露等方面加强对固有资金运用的监督管理,以及证监会对相关违法违规行为的处罚措施等内容。《暂行规定》在放松固有资金投资限制的同时,还要求固有资金运用应当要遵循谨慎稳健、分散风险的原则,确保资金的安全性和流动性;要遵循合法、公平的原则,建立防火墙制度和加强对关联交易的管理,避免与基金管理公司及其子公司管理的投资组合之间发生利益冲突,禁止任何形式的利益输送行为,不得损害基金份额持有人和其他客户的合法权益。

8月9日,中国证监会修改并重新发布了《关于建立金融期货投资者适当性制度的规定》。自征求意见以来,在收到的19份意见中,涉及《适当性规定》的意见共有13份,主要集中在三方面:一是该制度是否适用于金融期权。依据《期货交易管理条例》第2条的规定,从事金融期权交易活动的,原则上应该遵守《关于建立金融期货投资者适当性制度的规定》。当前,我会正对期权交易进行深入研究,如未来对金融期权的投资者适当性有新的要求,我会再另行发布规定。二是第14条中"行业监管政策要求"是否可以明确其具体内容。本条的修改,是为证券、期货等中介机构未来可能的行业监管政策调整预留法律适用空间。三是50万的开户门槛是否可以降低。依据法律文件的层级体系及分工,具体开户标准由中金所根据《适当性规定》的原则予以明确。

8月16日,中国证监会发布《2012年上市公司执行企业会计准则监管报告》,对上市公司2012年度财务报告编制和披露的总体情况进行总结,对非现场审阅中发现的共性问题进行分析,引导会计主体切实提高财务信息披露质量。

8月18日,中国证监会通报了8月16日光大证券交易异常的应急处置和初步核查情况。上海证监局决定先行采取行政监管措施,暂停相关业务,责成公司整改,进行内部责任追究。同时,中国证监会决定对光大证券正式立案调查,根据调查结果依法作出严肃处理,及时向社会公布。

8月19日,中国证监会发布《中国证监会关于进一步加强稽查执法工作的意见》,意见包括6大方面21项内容。该意见在案件线索发现及处理、立案调查取证、健全稽查执法组织保障体系等方面,对证券期货稽查执法工作流程的各个环节要求上均做了全面部署。这也是中国证监会首次印发稽查执法工作领域指导意见,它将是指导当前和今后一个时期证券期货稽查执法工作的纲领性文件。

8月19日,证监会召开证券期货稽查执法工作会议,中国证监会主席肖钢在会上系统阐述了下一步加强稽查执法工作的基本原则与要求、贯彻执行《意见》的各项工作部署、加强稽查执法队伍建设三方面内容。他明确指出,将大幅提高违法失信成本,长期严格执法,不搞"运动式执法",更不根据市场指数涨跌调整执法力度;将进一步明确执法标准,减少自由裁量空间,快速高效执法,切实加大违法违规者的经济成本;同时也将区分市场创新与违法违规的边界,给市场主体"自我修正"留出空间。证监会全体在京会领导、证监会机关及全体稽查执法人员在京主会场参加会议,各派出机构、会管单位、交易所、行业协会在分会场参会。

8月20日,中国证监会与国资委共同发布《关于推动国有股东与所控股上市公司解决同业竞争规范关联交易的指导意见》,意见首次提出了培育的概念,意见指出,有条件的国有股东在与所控股上市公司充分协商的基础上,可利用自身品牌、资源、财务等优势,按照市场原则,代为培育符合上市公司业务发展需要、但暂不适合上市公司实施的业务或资产。上市公司与国有股东约定业务培育事宜,应经上市公司股东大会授权。国有股东在转让培育成熟的业务时,上市公司在同等条件下有优先购买的权利。

8月21日,中国证监会发布《证券公司参与股指期货、国债期货交易指引》。《交易指引》对证券公司参与股指期货、国债期货交易作出了规范,明确了证券公司参与股指期货、国债期货的风控指标计算标准,强化了证券公司风险管理要求。

8月22日,中国证监会批准郑州商品交易所开展动力煤期货交易。

8月28日,中国证监会批准中国金融期货交易所上市5年期国债期货合约。

8月30日,中国证监会通报光大证券异常交易事件的调查处理情况。光大证券异常交易事件虽然是因证券经营机构交易系统设计缺陷导致的,但是,这一事件暴露了光大证券在内部控制、风险管理、合规经营等方面存在很大问题。事件发生后,光大证券及其事件相关人员在考虑对冲风险、调剂头寸,降低可能产生的结算风险时,采取了错误的处理方案,构成内幕交易、信息误导、违反证券公司内控管理规定等多项违法违规行为。

8 月 30 日,中国证监会与乌克兰国家证券和股市委员会通过邮寄方式重新签署《证券期货监管合作谅解备忘录》。迄今,中国证监会已相继同 50 个国家和地区的证券期货监管机构签署了 54 个监管合作谅解备忘录。

九月

9 月 6 日,中国证监会发布《中国证券监督管理委员会公告》,宣布即日起开通"12386"中国证监会热线试运行。

9 月 6 日,国债期货正式在中国金融期货交易所上市交易。中共中央政治局委员、上海市委书记韩正与中国证监会党委书记、主席肖钢共同为国债期货首日交易鸣锣开市。上市国债期货有利于建立市场化的定价基准,完善国债发行体制,推进利率市场化改革,引导资源优化配置;有利于风险管理工具的多样化,为金融机构提供更多的避险工具和资产配置方式;有利于完善金融机构创新机制,增强其服务实体经济能力;也可以为外国包括中央银行在内的投资者提供套期保值工具,从而有利于推进人民币国际化进程。

9 月 12 日,中国证监会批准大连商品交易所开展铁矿石期货交易。同意郑州商品交易所上市动力煤期货合约。

9 月 12 日,中国证监会对外发布《公开发行证券的公司信息披露解释性公告第 2 号——财务报表附注中政府补助相关信息的披露》和《公开发行证券的公司信息披露解释性公告第 3 号——可供出售金融资产减值披露》,对涉及政府补助和可供出售金融资产减值方面的财务信息披露进行规范。

9 月 16 日,中国证监会对外宣布近日批准上海期货交易所上市石油沥青期货合约。上期所将根据市场状况和各项准备工作的进展情况,适时挂牌石油沥青期货合约。

9 月 27 日,中国证监会通报陈维立等涉嫌内幕交易案和李民俊等涉嫌内幕交易案移送公安机关的情况。

9 月 27 日,中国证监会通报,依据 2013 年 7 月发布的《关于印发〈中国证券监督管理委员会派出机构行政处罚工作规定〉的通知》,决定授予所有派出机构行政处罚权,自 2013 年 10 月 1 日起实施。当日,证监会 36 家派出机构在其网站上统一发布了行政处罚听证规则。

9 月 27 日,中国证监会发布《公开募集证券投资基金风险准备金监督管理暂行办法》(以下简称《暂行办法》),自 2014 年 1 月 1 日起施行。《暂行办法》共分 5 章 22 条,主要内容包括:一是明确了公募基金风险准备金制度的适用范围与指定用途;二是建立了基金托管人的风险准备金管理制度,完善了基金管理人风险准备金的有关管理规定,适当增加了风险准备金可投资的低风险品种,明确了基金管理人与托管人风险准备金在账户开立、资金划转与使用等方面的制度安排;三是确立了风险准备金存管银行对风险准备金的提取、管理与使用等情况进行日常监督的制度安排,确保基金管理人与托管人风险准备金合规运作,充分保障公募基金持有人的合法权益;四是明确了相关罚则,保证风险准备金制度落到实处。

9 月 27 日,中国证监会对外宣布批准大连商品交易所上市鸡蛋期货合约。

9 月 29 日,证监会发布资本市场支持促进中国(上海)自由贸易试验区若干政策措施,包括拟同意上海期货交易所在自贸区内筹建上海国际能源交易中心股份有限公司,具体承担推进国际原油期货平台筹建工作。支持自贸区内符合一定条件的单位和个人按照规定双向投资于境内外证券期货市场。区内企业的境外母公司可按规定在境内市场发行人民币债券。支持证券期货经营机构在区内注册成立专业子公司。支持区内证券期货经营机构开展面向境内客户的大宗商品和金融衍生品的柜台交易。

十月

10 月 8 日,中国证监会正式启动上市公司并购重组"分道制"审核。"分道制"是指中国证监会在审核上市公司并购重组行政许可申请时,根据财务顾问的执业能力与上市公司的规范运作、诚信状况、产业政策和交易类型的不同,实行差异化的审核制度安排。根据“分道制”改革方案,审核程序中由证券交易所和证监局、证券业协会、财务顾问分别对上市公司合规情况、中介机构执业能力、产业政策及交易类型三个分项进行评价,之后根据分项评价的汇总结果,有条件地简化审核流程。其中,对符合标准的并购重组申请,实行豁免审核或快速审核。

10月10日,酝酿多年的国债预发行交易正式启动。10月15日,上海证券交易所首次国债预发行交易顺利结束,本次预发行交易标的为2013年记账式付息(二十期)国债,期限为7年。

10月11日,中国证监会对外通报批准大连商品交易所上市铁矿石期货合约。

10月11日,中国证监会通报对珠海中富、恒顺电气、友利控股等6家上市公司信息披露违法违规行为及珠海中富的资产评估机构北京恒信德律未勤勉尽责的行为进行立案调查的情况。

10月11日,中国证监会通报IPO财务专项检查开展情况。目前,现场检查工作已经完成,本次检查过程中,共622家企业提交自查报告,268家企业提交终止审查申请,终止审查数量占此前在审IPO企业家数的30.49%。针对检查发现的问题,中国证监会通过反馈意见向发行人和中介机构明确提出,要求整改落实,符合立案标准的,将移送稽查部门立案稽查。后续,中国证监会将从充实和细化首发信息披露规则、建立监督检查长效机制、加强保荐机构内核制度建设、加大社会监督力度和加大对违法违规行为的查处力度等方面落实以信息披露为中心的监管理念,提高IPO企业财务信息披露质量。

10月16日,中国证监会主席肖钢在《人民日报》发表署名文章《保护中小投资者就是保护资本市场》。指出要全面构筑保护中小投资者合法权益的制度体系,要保障中小投资者知情权、健全上市公司股东投票和表决机制、建立多元化纠纷解决机制、完善中小投资者赔偿制度。同时,肖钢提出,要将保护中小投资者合法权益贯穿监管工作始终,坚决查处欺诈发行、违法披露、内幕交易、操纵市场、老鼠仓等违法行为,提高违法违规成本。

10月18日,中国证监会批准郑州商品交易所开展粳稻、晚籼稻期货交易。通报批准大连商品交易所开展纤维板、胶合板期货交易。

10月18日,中国证监会通报证监会对万福生科、天能科技、新大地及相关中介机构违法违规案作出处罚决定。证监会于2013年9月24日、9月25日、10月15日分别对万福生科案、天能科技案、新大地案的涉案主体及相关责任人员作出行政处罚决定。2012年8月28日、9月14日、9月21日,证监会先后对新大地、万福生科、天能科技涉嫌财务造假等违法违规行为立案稽查。相关中介机构平安证券、民生证券、南京证券、中磊会计师事务所、大信会计师事务所、大华会计师事务所、湖南博鳌律师事务所、北京市君泽君律师事务所、北京市大成律师事务所等因涉嫌未勤勉尽责,后续分别被立案调查。证监会在履行告知听证程序后,对上述主体的违法事实作出认定,并依法做出了相应的处理决定。

10月25日,中国证监会通报派出机构对水井坊、三峡新材、上海物贸、天津磁卡4家上市公司信息披露违法违规行为及相关中介机构未勤勉尽责行为立案调查的情况。

10月31日,中国证监会与财政部联合公布了《关于进一步规范证券资格会计师事务所整合行为、加强执业质量控制的通知(征求意见稿)》(以下简称《通知》),并向社会公开征求意见。《通知》主要包括三个方面的内容:一是规范证券资格会计师事务所整合行为,强化分支机构管理;二是规范证券资格会计师事务所质量控制机制,提升证券期货相关业务质量;三是规范员工独立性管理,切实加强内部治理机制建设。

十一月

11月8日,中国证监会和中国银监会联合发布《关于商业银行发行公司债券补充资本的指导意见》,为商业银行拓宽资本补充渠道提供了制度规范,也有利于促进债券市场发展和互联互通。《意见》共十五条,主要包括发行主体、资本工具选择、发行管理、公开发行的交易机制安排及投资者适当性管理、风险防范机制和措施、非公开发行的监管安排六方面。初期,发行主体范围为在沪、深交易所上市的商业银行，发行境外上市外资股的境内商业银行，申请在境内首次公开发行股票的在审商业银行。《意见》也为拓宽发行人范围预留了空间。

11 月 8 日，中国证监会通报部分上市公司信息披露违法违规案件立案情况，黑龙江北大荒农业股份有限公司、振兴生化股份有限公司、深圳市零七股份有限公司、海南康芝药业股份有限公司 4 家上市公司因涉嫌信息披露违法违规被立案调查。

11 月 8 日，中国证监会批复同意郑州商品交易所挂牌粳稻期货合约。

11 月 12 日，中国共产党第十八届中央委员会第三次全体会议公报全文发布，要求完善金融市场体系，健全多层次资本市场体系，推进股票发行注册制改革，多渠道推动股权融资，发展并规范债券市场，提高直接融资比重。鼓励金融创新，丰富金融市场层次和产品。

11 月 14 日，中国证监会党委召开党委中心组(扩大)学习会议，认真学习党的十八届三中全会精神，并结合我国资本市场改革发展实际，对证券期货监管系统学习贯彻十八届三中全会精神作出了明确要求和部署。中国证监会党委书记、主席肖钢要求证监会系统各级领导班子和领导干部认真组织学习领会三中全会精神，把干部职工的思想和行动统一到党中央决策部署上来，并联系工作实际认真贯彻执行。

11 月 15 日，中国证监会公布对光大证券异常交易事件涉及违法违规行为的正式行政处罚决定。8 月 18 日，证监会会对光大证券内幕交易行为及梅键信息误导行为立案稽查，经查明，光大证券在进行 ETF 申赎套利交易时，因程序错误，其所使用的策略交易系统巨额申购和成交，在公众投资者尚不知悉市场异动真正原因时，光大证券在内幕信息依法披露前即着手反向交易，且交易数额巨大，对市场造成了严重影响。证监会依法决定，没收光大证券 ETF、股指期货内幕交易违法所得并处 5 倍罚款，对 4 名相关负责人予以警告、分处罚款、采取终身证券和期货市场禁入措施。该事件对证券期货市场造成了很大的负面影响，给投资者特别是中小投资者造成了损失，证监会严格执法，对相关主体和责任人员处以严厉处罚，反映了中国证监会严惩违法违规，禁止不当交易，维护市场公正的一贯决心和态度。

11 月中旬，中国证监会与耿西金融服务委员会签署《证券期货监管合作谅解备忘录》，监管合作谅解备忘录的签署，对于进一步加强双方在证券期货领域的监管交流合作、促进双方资本市场的健康发展均具有重要的意义，标志着双方证券监管机构的合作进入一个新的阶段。

11 月 18 日，商务部、中国人民银行、中国证监会联合发布《商品现货市场交易特别规定(试行)》，规定中国证监会派出机构负责商品现货市场非法期货交易活动的认定等工作。

11 月 19 日，中国证监会主席肖钢出席《财经》年会，并发表主题演讲。肖钢提出，解决当前资本市场存在的问题，没有别的办法，唯一的办法就是积极稳妥地推进市场化的改革，同时，推进市场化的改革必须以法治化作为保障，市场化也必然要求国际化。肖钢指出，要进一步简政放权，转变职能，把证监会职能切实转到“两维护，一促进”上来，要建设一个公正的、透明的证监会，实现规则公开、过程公开、结果公开，要严谨、高效执法，证监会要从审批者转变为真正的监管者。

11 月 22 日，中国证监会批复同意大连商品交易所挂牌纤维板、胶合板期货合约。

11 月 22 日，中国证监会通报“2013 年 1 月至 10 月证券期货稽查执法情况”。1 到 10 月，证监会各项主要执法数据均全面超越去年全年水平，受理各类证券期货违法违规线索 486 件，同比增长 44%；启动调查 286 起，同比增长 25%；新办理涉外协查案件 74 起，同比增长 35%；收缴罚没款 14876.3 万元，同比增长近 2 倍，罚没款执行率 85.58%；移送公安机关案件 34 起，同比增长 70%。当年，证监会线索发现和案件查办能力进一步增强，加大对欺诈发行和虚假信息披露的打击力度，形成了一套行之有效的内幕交易线索发现、调查和认定规则，在巩固前期内幕交易执法成果的基础上，确保了一大批重大典型案件得到迅速有效查处。

11 月 28 日，第四届“上证法治论坛”召开，本届论坛主题为“打造升级版的《证券法》，促进资本市场改革创新”。在回顾和总结证券立法和实践的基础上，对完善当前资本市场法律制度进行系统性思考和研讨，为《证券法》修改工作提供了有力的理论支持。中国证监会主席肖钢出席该论坛，并发表题为《证券法的法理与逻辑》的演讲。肖钢提出证券法修改的法理和逻辑应当主要体现以下三个方面：《证券法》应当以公众投资者利益保护作为基本价值取向；应当以有效激发市场活力为核心；应当以行为统一监管为原则。针对《证券法》修订涉及公众投资者保护的内容，肖钢建议，研究建立完善证券侵权民事赔偿制度、证券市场的公益诉讼制度、和解金赔偿制度、监管机构责令购回制度、承诺违约强制履约制度、侵权行为人主动补偿投资者的制度、证券专业调解制度。

11 月 29 日，中国证监会修改并发布《证券公司年度报告内容与格式准则》，此次修订是为了针对证券公司业务创新，进一步提高其信息披露的相关性、准确性。修订后的准则于 2014 年 1 月 1 日起实施。

11 月 30 日，中国证监会下发并实施《关于在借壳上市审核中严格执行首次公开发行股票上市标准的通知》，明确借壳上市条件与 IPO 标准等同，不允许在创业板借壳上市。发布《通知》意在引导资本等市场资源和监管资源向规范运作程度高的绩优公司集中，有利于优化资本市场资源配置功能，促进产业结构优化升级，服务于国民经济调结构、转方式的总体大局。

11 月 30 日，国务院下发《国务院关于开展优先股试点的指导意见》，决定开展优先股试点。该《意见》规定了优先股股东的权利与义务、优先股发行与交易、组织管理和配套政策三部分内容。推出优先股试点，有利于进一步深化企业股份制改革，为发行人提供灵活的直接融资工具，优化企业财务结构，推动企业兼并重组；有利于丰富证券品种，为投资者提供多元化的投资渠道，提高直接融资比重，促进资本市场稳定发展。

11 月 30 日，中国证监会就贯彻落实国务院《关于开展优先股试点的指导意见》，稳妥推进优先股试点进行了说明，明确证监会按照《意见》制定优先股试点管理的部门规章，证券交易所、全国股份转让系统公司等市场自律组织也制订或修订有关配套业务规则，确保优先股试点工作稳妥推进。

11 月 30 日，中国证监会发布《上市公司监管指引第 3 号——上市公司现金分红》。《指引》立足资本市场实情，从保护投资者合法权益、培育市场长期投资理念出发，多措并举引导上市公司完善现金分红机制，强化回报意识。主要内容包括：要求上市公司在章程中明确现金分红政策；督促公司严格执行现金分红政策；从健全政策机制入手，培育长期投资理念。《指引》依据公司不同情形提出差异化的现金分红政策，要求现金分红在本次利润分配中所占比重最低分别达到 80%、40%、20% 三档。

11 月 30 日，中国证监会发布《关于进一步推进新股发行体制改革的意见》。《意见》坚持市场化、法制化取向，突出以信息披露为中心的监管理念，加大信息公开力度，审核标准更加透明，审核进度同步公开，通过提高新股发行各层面、各环节的透明度，努力实现公众的全过程监督。监管部门对新股发行的审核重在合规性审查，企业价值和风险由投资者和市场自主判断。经审核后，新股何时发、怎么发，将由市场自我约束、自主决定，发行价格将更加真实地反映供求关系。《意见》以保护中小投资者合法权益为宗旨，着力保护中小投资者的知情权、参与权、监督权、求偿权。调整新股配售机制，更加尊重中小投资者申购意愿。约束发行人定高价，抑制投资者报高价，遏制股票上市后“炒新”行为。《意见》进一步明确了发行人和保荐机构、会计师事务所、律师事务所、资产评估师等证券服务机构及人员在发行过程中的独立主体责任，规定发行人信息披露存在重大违法行为给投资者造成损失的，发行人及相关中介机构必须依法赔偿投资者损失。对中介机构的诚信记录、执业情况将按规定予以公示。

十二月

12 月 2 日，中国证监会制定并发布《首次公开发行股票时公司股东公开发售股份暂行规定》。《规定》是新一轮新股发行体制改革的重要配套措施之一，明确持股满 36 个月、不存在限制转让情形的老股东可以在公开发行新股时按照平等协商原则向公众发售老股，增加新上市公司流通股数量。为促进新股合理定价，发行人需依据募投项目资金需要量合理确定新股发行数量，并在发行方案中明确新股发行与老股转让数量的调整机制。

12月6日,中国证监会通报部分上市公司信息披露违法违规案件立案情况,上海神开石油化工装备股份有限公司、上海家化联合股份有限公司、西安通源石油科技股份有限公司3家上市公司因涉嫌信息披露违法违规,被正式立案调查。

12月6日,中国证监会制定并发布《关于首次公开发行股票并上市公司招股说明书财务报告审计截止日后主要财务信息及经营状况信息披露指引》、《关于首次公开发行股票并上市公司招股说明书中与盈利能力相关的信息披露指引》,进一步促进发行人提高信息披露质量。《及时性披露指引》规定,审计截止日至招股说明书签署日之间超过4个月的,应补充提供期间季度的财务报表并披露主要财务信息,以及审计截止日后的主要经营情况,并作充分风险提示。《盈利能力披露指引》要求发行人应结合自身所处行业、经营模式、同行业比较等,深入而有针对性地对盈利能力信息进行分析和披露,解决以往部分首发公司招股说明书存在财务分析针对性不足的问题。

中国证监会主席肖钢在《新世纪》杂志发表题为《法制强则市场兴》的署名文章。文章提出,证监会作为监管机构,要按照功能监管的基本理念,适应市场发展的现实要求,遵循证券期货监管的法理逻辑,按照规制内容与法律关系的不同性质,全面整合现有规章和规范性文件,适时制定必要的行政规章,尽可能做到同一性质、类型的事项由同一个规章规定,形成相对科学完备的法律实施规范子体系。文章提出,建立"融资与并购"子体系、"市场交易"子体系、"产品业务"子体系、"市场与机构主体"子体系、"对外开放"子体系、"审慎监管"子体系、"投资者保护"子体系、"监管执法"子体系等法律法规子体系。

12月13日,中国证监会就《优先股试点管理办法(征求意见稿)》(以下简称《办法》)公开征求意见。《办法》是落实《国务院关于开展优先股试点的指导意见》的重要配套文件,共9章70条,包括总则、优先股股东权利的行使、上市公司发行优先股、非上市公众公司非公开发行优先股、交易转让及登记结算、信息披露、回购与并购重组、监管措施和法律责任、附则等。《办法》起草坚持三项原则:保护投资者合法权益,充分考虑普通股和优先股两类股东权益的平衡;坚持市场化原则,在制度设计上预留空间以满足不同发行人和投资者的需求;坚持平稳起步原则,从信息披露较充分、公司治理较完善的上市公司和非上市公众公司开始试点。

12月13日,中国证监会修订并公布《证券发行与承销管理办法》。为落实《中国证监会关于进一步推进新股发行体制改革的意见》提出的改革内容,此次《办法》主要进行了五个方面修改:一是取消行政限价手段,引入主承销商自主配售机制,提高定价和配售的市场化程度;二是提高网下配售比例,调整有效报价投资者家数的限制,发挥公募基金、社保基金定价作用,加强对定价和配售的市场化约束;三是调整回拨机制,改进网上配售方式,尊重网上投资者认购意愿;四是提高发行承销全过程的信息披露要求,强化社会监督;五是完善行政处罚、监管措施、自律监管、记入诚信档案等多层次的监管体系,进一步加强监管,强化事后问责。

12月14日,国务院发布《国务院关于全国中小企业股份转让系统有关问题的决定》(以下简称《决定》),对全国股份转让系统的定位、市场体系建设、行政许可制度改革、投资者管理、投资者权益保护及监管协作六个方面进行了原则性规定。《决定》明确全国股份转让系统是经国务院批准,依据证券法设立的全国性证券交易场所,境内符合条件的股份公司均可通过主办券商申请在全国股份转让系统挂牌,公开转让股份,进行股权融资、债权融资、资产重组等。按照《决定》要求,在全国股份转让系统挂牌的公司,达到股票上市条件的,可以直接向证券交易所申请上市交易。在符合《国务院关于清理整顿各类交易场所切实防范金融风险的决定》要求的区域性股权转让市场进行股权非公开转让的公司,符合挂牌条件的,可以申请在全国股份转让系统挂牌公开转让股份。

12月14日,中国证监会就认真落实《国务院关于全国中小企业股份转让系统有关问题的决定》发布新闻,表示将积极落实《国务院决定》的各项要求,制定、修改相关业务规则和工作流程,积极推进全国股份转让系统建设。主要工作包括:修改《非上市公众公司监督管理办法》相关内容;制定发布非上市公众公司信息披露内容与格式准则;针对《非公办法》施行前股东人数超过200人的未上市股份有限公司，出台相关审核指引；公开行政许可事项的依据、条件、程序、期限和审核流程；制定非上市公众公司并购重组监管规则。

12月16日，中国证监会就修改《非上市公众公司监督管理办法》向社会公开征求意见。本次修改主要围绕《国务院决定》进行调整，主要内容包括：调整非上市公众公司范围的表述；明确非上市公众公司股票公开转让只能在全国股份转让系统进行；调整股票登记存管要求；明确非上市公众公司可以依法进行股权融资、债权融资、资产重组等活动；删除非上市公众公司年报和半年报披露的时限性要求；简化审核程序，提高审核效率；删除小额融资豁免的相关规定；进一步明确全国股份转让系统的职责和定位；调整历史上股东人数超过200人的股份公司纳入监管的程序。

12月27日，中国证监会就上市公司2012年年报现场监管情况进行通报。根据2012年年报监管工作部署，上半年完成了年报审核、审阅与分析等非现场监管工作并通报了相关情况，下半年年报监管工作以现场监管为主。中国证监会36个证监局已完成了319家上市公司（仅含主板和中小板，下同）的年报现场检查，中国证监会上市公司监管部门联合沪深专员办完成了10家公司的年报现场检查。在现场监管中，中国证监会贯彻"严格监管"理念，加大对信息披露违法违规行为的监督、检查和打击力度，通过监管"亮剑"形成威慑，推动上市公司提高透明度。

中国证监会发布《公开发行证券的公司信息披露解释性公告第4号——财务报表附注中分步实现企业合并相关信息的披露》和《公开发行证券的公司信息披露解释性公告第5号——财务报表附注中分步处置对子公司投资者至丧失控制权相关信息的披露》，针对上市公司分步实现企业合并和分布处置子公司投资提出了更具体、更有针对性的信息披露要求，帮助投资者更好地理解企业合并和股权处置相关交易的经济实质。

部际联席会议清理整顿各类交易场所验收工作基本结束。清理整顿工作开展以来，34省区市清理整顿工作已经通过联席会议检查验收，全国各地共关闭了200余家各类交易场所，清理整顿工作取得明显成效。文化艺术品份额化交易、大宗商品类期货交易等行为得到集中整顿和纠正，一批严重违法违规的交易场所被取缔或关闭，有关责任人员被追究刑事责任，滥设交易场所的势头得到了有效遏制。通过清理整顿工作，规范了市场秩序，防范化解了风险，维护了经济社会稳定，各类交易场所有序发展的环境得到改善，一批运作规范的交易场所得以更好地发挥服务实体经济作用。

12月27日，国务院办公厅发布《关于进一步加强资本市场中小投资者合法权益保护工作的意见》。国办《意见》是落实十八届三中全会《决定》精神和国务院一系列部署的重要举措，在我国资本市场发展历程中首次全面构建了保护中小投资者合法权益的政策体系，是指导资本市场中小投资者保护工作的一个纲领性文件。其主要包括健全投资者适当性制度、优化投资回报机制、保障中小投资者知情权、健全中小投资者投票机制、建立多元化纠纷解决机制、健全中小投资者赔偿机制、加大监管和打击力度、强化中小投资者教育、完善投资者保护组织体系九个方面的内容。

国务院下发《国务院关于管理公开募集基金的基金管理公司有关问题的批复》（以下简称《批复》）。明确了参股基金管理公司股东、实际控制人的有关条件。中国证监会将认真落实《批复》，支持各类符合条件的机构和专业人士参与基金行业，完善基金管理公司治理，健全长效激励约束机制，促进公募基金向财富管理机构全面升级转型。

中国证监会发布《关于修改〈非上市公众公司监督管理办法〉的决定》、《股东人数超过200人的未上市股份有限公司申请行政许可有关问题的审核指引》、《公开转让说明书》、《公开转让股票申请文件》、《定向发行说明书和发行情况报告书》、《定向发行申请文件》以及证监会关于实施行政许可工作的公告7项配套规则。这些配套规则的发布，标志着全国中小企业股份转让系统（以下简称全国股份转让系统）试点扩大至全国工作正式启动，凡是在境内注册的、符合挂牌条件的股份公司，均可以经主办券商推荐申请在全国股份转让系统挂牌公开转让，不再受高新园区的地域范围限制。

中国证监会发布《上市公司监管指引第4

号——上市公司实际控制人、股东、关联方、收购人以及上市公司承诺履行》,对上市公司实际控制人、股东等在首次公开发行股票、再融资、股改、并购重组以及公司治理专项活动等过程中做出解决同业竞争、资产注入、股权激励、解决资产瑕疵等各项承诺事项做出了规范。

12月31日,中国证监会下发《关于做好商品现货市场非法期货交易活动认定有关工作的通知》,要求各证监局严格按照《关于认定商品现货市场非法期货交易活动的标准和程序》的要求,做好商品现货市场非法期货交易活动的依法认定。

后　　记

为了全面反映过去一年中资本市场法制建设的实践情况,客观记录中国资本市场法制发展的工作成果和文献资料,我们组织编辑了《中国资本市场法制发展报告(2013)》。在编辑过程中,中国证监会会内相关部门、各派出机构、各系统单位提供了大量的资料,给予了大力支持和帮助。中国证监会领导一直关心《报告》的编辑工作,并对《报告》提出了许多指导和建议。相关部门、机构和工作人员做了大量工作,付出了艰辛的劳动。我们在此一并表示感谢!

由于编写时间有限,书中难免有疏漏、不足之处,欢迎读者批评指正。

中国证监会法律部

2013 年 10 月

图书在版编目(CIP)数据

中国资本市场法制发展报告.2013 / 中国证券监督管理委员会编.—北京:法律出版社,2014.10

ISBN 978-7-5118-6799-5

Ⅰ.①中… Ⅱ.①中… Ⅲ.①证券法—研究报告—中国—2013 Ⅳ.①D922.287.4

中国版本图书馆 CIP 数据核字(2014)第 200044 号

责任编辑/麦 锐　　**装帧设计**/贾丹丹

出版/法律出版社　　**编辑统筹**/法规出版分社
总发行/中国法律图书有限公司　　**经销**/新华书店
印刷/北京中科印刷有限公司　　**责任印制**/吕亚莉

开本/787 毫米×1092 毫米 1/16　　**印张**/61.25　　**字数**/960千
版本/2014 年 11 月第 1 版　　**印次**/2014 年 11 月第 1 次印刷

法律出版社/北京市丰台区莲花池西里 7 号(100073)
电子邮件/info@lawpress.com.cn　　**销售热线**/010-63939792/9779
网址/www.lawpress.com.cn　　**咨询电话**/010-63939796

中国法律图书有限公司/北京市丰台区莲花池西里 7 号(100073)
全国各地中法图分、子公司电话:
第一法律书店/010-63939781/9782　　**西安分公司**/029-85388843　　**重庆公司**/023-65382816/2908
上海公司/021-62071010/1636　　**北京分公司**/010-62534456　　**深圳公司**/0755-83072995

书号:ISBN 978-7-5118-6799-5　　**定价:**260.00 元

(如有缺页或倒装,中国法律图书有限公司负责退换)